Großkommentare der Praxis

FGG

Gesetz über die Angelegenheiten der freiwilligen Gerichtsbarkeit mit Nebengesetzen und bundes- und landesrechtlichen Ergänzungs- und Ausführungsvorschriften

Kommentar

bearbeitet von

Paul Jansen

Senatspräsident am Kammergericht a. D.

2., neubearbeitete und erweiterte Auflage

BERLIN 1970

WALTER DE GRUYTER & CO.

vormals G. J. Göschen'sche Verlagshandlung — J. Guttentag, Verlagsbuchhandlung — Georg Reimer — Karl J. Trübner — Veit & Comp.

FGG

Gesetz über die Angelegenheiten der freiwilligen Gerichtsbarkeit mit Nebengesetzen und bundes- und landesrechtlichen Ergänzungs- und Ausführungsvorschriften

ZWEITER BAND

Zweiter bis neunter Abschnitt

§§ 35 bis 166

BERLIN 1970

WALTER DE GRUYTER & CO.

vormals G. J. Göschen'sche Verlagshandlung — J. Guttentag, Verlagsbuchhandlung — Georg Reimer — Karl J. Trübner — Veit & Comp.

Archiv-Nr. 27 00 70 1

Satz und Druck: Druckerei Chmielorz GmbH, 1 Berlin 44

Vorwort

Der zweite Band enthält eine Erläuterung des Zweiten bis Neunten Abschnitt des Gesetzes (§§ 35 bis 166). Die umfangreiche Gesetzgebung der 5. Legislaturperiode des Bundestages, die auch das Verfahren der freiwilligen Gerichtsbarkeit in wesentlichen Teilen berührt hat, ist durchweg berücksichtigt. Auf dem Gebiet des *Familien- und Erbrechts* hat das am 1. Juli 1970 in Kraft tretende Gesetz über die rechtliche Stellung der nichtehelichen Kinder vom 19. August 1969 (BGBl. I 1243) zahlreiche Änderungen des Zweiten Abschnitts Vormundschaftssachen mit sich gebracht, das Recht der Kindesannahme (§§ 65 bis 68c) und der Legitimation durch nachfolgende Ehe (§ 31 PStG n. F.) wesentlich geändert und auch dem Nachlaßgericht neue Aufgaben zugewiesen (§ 83a). Erläutert ist auch das Kastrationsgesetz vom 15. August 1969 (BGBl. I 1143) im Hinblick auf die darin dem Vormundschaftsgericht zugewiesenen Aufgaben (Anh. zu § 55a). Das Gesetz über den ehelichen Güterstand von Vertriebenen und Flüchtlingen vom 4. August 1969 (BGBl. I 1067) beeinflußt die Führung des Güterrechtsregisters und ist deshalb an der einschlägigen Stelle (§ 161) dargestellt. Auf dem Gebiet des *Handels- und Gesellschaftsrechts* haben das Gesetz zur Durchführung der Ersten Richtlinie des Rates der Europäischen Gemeinschaften zur Koordinierung des Gesellschaftsrechts vom 15. August 1969 (BGBl. I 1146) und das Gesetz über die Rechnungslegung von bestimmten Unternehmen und Konzernen vom 15. August 1969 (BGBl. I 1189) Änderungen des FGG zur Folge gehabt (§§ 132, 144a, 145, 146) und zusammen mit dem Gesetz zur Ergänzung der handelsrechtlichen Vorschriften über die Änderung der Unternehmensform vom 15. August 1969 (BGBl. I 1171) neue Zuständigkeiten des Registerrechts begründet. Das Verfahrensrecht im allgemeinen wird berührt durch das Rechtspflegergesetz vom 5. November 1969 (BGBl. I 2065) und das Beurkundungsgesetz vom 28. August 1969 (BGBl. I 1513). Alle diese Gesetzesänderungen haben in der Kommentierung ihren Niederschlag gefunden.

Der dritte Band, der das Werk abschließt, wird im Herbst dieses Jahres erscheinen. Er wird anstelle des aufgehobenen Zehnten Abschnitts (§§ 167 bis 184) eine Kommentierung des *Beurkundungsgesetzes*, ferner die Erläuterung der Schlußbestimmungen des FGG (§§ 185 bis 200), die Anlagen und das Sachverzeichnis enthalten.

Berlin, im April 1970

Paul Jansen

Inhaltsverzeichnis

Seite

Gesetzestext

Der in Band I S. 19 bis 52 wiedergegebene Gesetzestext hat inzwischen die nachstehenden Änderungen erfahren

a) durch das Gesetz zur Durchführung der Ersten Richtlinie des Rates der Europäischen Gemeinschaften zur Koordinierung des Gesellschaftsrechts vom 15. 8. 1969 (BGBl. I 1146), in Kraft getreten am 1. 9. 1969;

b) durch das Gesetz über die Rechnungslegung von bestimmten Unternehmen und Konzernen vom 15. 8. 1969 (BGBl. I 1189), in Kraft getreten am 21. 8. 1969;

c) durch das Gesetz über die rechtliche Stellung der nichtehelichen Kinder vom 19. 8. 1969 (BGBl. I 1243), in Kraft getreten am 1. 7. 1970;

d) durch das Beurkundungsgesetz vom 28. 8. 1969 (BGBl. I 1513), in Kraft getreten am 1. 1. 1970.

Erster Abschnitt

Allgemeine Vorschriften

§§ 1 bis 33 [unverändert]

§ 34 [Akteneinsicht, Abschriften]

Die Einsicht der Gerichtsakten kann jedem insoweit gestattet werden, als er ein berechtigtes Interesse glaubhaft macht. Das gleiche gilt von der Erteilung einer Abschrift; die Abschrift ist auf Verlangen von der Geschäftsstelle zu beglaubigen[1]).

Zweiter Abschnitt

Vormundschaftssachen

Die Vorschriften dieses Abschnitts werden nachstehend im Zusammenhang, auch soweit sie nicht geändert worden sind, wiedergegeben.

§ 35 [Sachliche Zuständigkeit]

Für die dem Vormundschaftsgericht obliegenden Verrichtungen sind die Amtsgerichte zuständig.

§ 36[2]) [Örtliche Zuständigkeit für die Vormundschaft, die Beistandschaft und die Pflegschaft nach § 1706 BGB]

(1) Für die Vormundschaft ist das Gericht zuständig, in dessen Bezirk der Mündel zu der Zeit, zu der die Anordnung der Vormundschaft erforderlich wird oder in der die Vormundschaft kraft Gesetzes eintritt, seinen Wohnsitz oder bei Fehlen eines inländischen Wohnsitzes

[1]) § 34 Satz 2 Halbs. 2 durch Einfügung der Worte „von der Geschäftsstelle" geändert durch § 57 Abs. 5 Nr. 1 BeurkG.

[2]) § 36 Abs. 2 neu gefaßt durch Art. 4 Nr. 1 FamRÄndG v. 11. 8. 1961 (BGBl. I 1221; Berlin-West ÜG v. 21. 8. 1961, GVBl. 1121); in Kraft seit 1. 1. 1962 (Art. 9 IV FamRÄndG). Bei den übrigen Änderungen des FGG durch das FamRÄndG gilt für den Zeitpunkt des Inkrafttretens und die Übernahme für Berlin-West das Entsprechende. Abs. 1 Satz 1 geändert, Abs. 4 angefügt durch Art. 7 Nr. 1 NichtehelG.

seinen Aufenthalt hat. Wird die Anordnung einer Vormundschaft über Geschwister erforderlich, die in den Bezirken verschiedener Vormundschaftsgerichte ihren Wohnsitz oder ihren Aufenthalt haben, so ist, wenn für einen der Mündel schon eine Vormundschaft anhängig ist, das für diese zuständige Gericht, anderenfalls dasjenige Gericht, in dessen Bezirk der jüngste Mündel seinen Wohnsitz oder seinen Aufenthalt hat, für alle Geschwister maßgebend.

(2) Ist der Mündel Deutscher und hat er im Inland weder Wohnsitz noch Aufenthalt, so ist das Amtsgericht Schöneberg in Berlin-Schöneberg zuständig. Es kann die Sache aus wichtigen Gründen an ein anderes Gericht abgeben; die Abgabeverfügung ist für dieses Gericht bindend.

(3) Für die Vormundschaft über einen Minderjährigen, dessen Familienstand nicht zu ermitteln ist, ist das Gericht zuständig, in dessen Bezirk der Minderjährige aufgefunden wurde.

(4) Die Absätze 1 und 2 gelten für die Beistandschaft und die Pflegschaft nach § 1706 des Bürgerlichen Gesetzbuchs entsprechend.

§ 36a[3]) [Örtliche Zuständigkeit für die Bestellung eines Vormundes oder Pflegers vor der Geburt des Kindes]

Für die Bestellung eines Vormunds oder Pflegers vor der Geburt des Kindes (§§ 1708, 1774 Satz 2 des Bürgerlichen Gesetzbuchs) ist das Gericht zuständig, in dessen Bezirk die Mutter zu der Zeit, zu der das Gericht mit der Angelegenheit befaßt wird, ihren Wohnsitz oder bei Fehlen eines inländischen Wohnsitzes ihren Aufenthalt hat. § 36 Abs. 2 ist entsprechend anzuwenden.

§ 36b[4]) [Eilgerichtsstand des Vormundschaftsgerichts des Geburtsorts]

Ist eine Vormundschaft oder Pflegschaft kraft Gesetzes eingetreten, so ist bis zum Eingreifen des nach § 36 zuständigen Vormundschaftsgerichts auch das Gericht, in dessen Bezirk das Kind geboren ist, für die erforderlichen Maßregeln zuständig. Das Gericht soll von den angeordneten Maßregeln dem nach § 36 zuständigen Vormundschaftsgericht Mitteilung machen.

§ 37[5]) [Örtliche Zuständigkeit für die Ergänzungspflegschaft]

(1) Soll jemand nach § 1909 des Bürgerlichen Gesetzbuchs einen Pfleger erhalten, so ist, wenn bei einem inländischen Gericht eine Vormundschaft, Beistandschaft oder Pflegschaft nach § 1706 des Bürgerlichen Gesetzbuchs für ihn anhängig ist, für die Pflegschaft dieses Gericht zuständig. Im übrigen finden auf die Pflegschaft die Vorschriften des § 36 Anwendung.

(2) Für die Pflegschaft über einen Ausländer, für den bei einem inländischen Gericht eine Vormundschaft nicht anhängig ist und der im Inlande weder Wohnsitz noch Aufenthalt hat, ist das Gericht zuständig, in dessen Bezirk das Bedürfnis der Fürsorge hervortritt.

§ 38 [Gebrechlichkeitspflegschaft]

Auf die Zuständigkeit für die Pflegschaft über einen Gebrechlichen finden die Vorschriften des § 36 Abs. 1, 2 und des § 37 Abs. 2 entsprechende Anwendung.

§ 39 [Abwesenheitspflegschaft]

(1) Für die Pflegschaft über einen Abwesenden ist das Gericht zuständig, in dessen Bezirk der Abwesende seinen Wohnsitz hat.

(2) Hat der Abwesende im Inlande keinen Wohnsitz, so finden die Vorschriften des § 36 Abs. 2 und des § 37 Abs. 2 entsprechende Anwendung.

[3]) § 36 a eingefügt durch Art. 7 Nr. 2 NichtehelG.

[4]) § 36 b eingefügt durch Art. 7 Nr. 2 NichtehelG.

[5]) § 37 Abs. 1 Satz 1 durch Einfügung der Worte „Beistandschaft oder Pflegschaft nach § 1706 BGB“ hinter Vormundschaft geändert durch Art. 7 Nr. 3 NichtehelG.

§ 40[6]) [Pflegschaft für eine Leibesfrucht]

Für die Pflegschaft über eine Leibesfrucht ist das Gericht zuständig, welches für die Vormundschaft oder die Pflegschaft nach § 1706 des Bürgerlichen Gesetzbuchs zuständig sein würde, falls das Kind zu der Zeit, zu welcher das Bedürfnis der Fürsorge hervortritt, geboren wäre.

§ 41 [Pflegschaft für unbekannte Beteiligte]

Wird im Falle des § 1913 des Bürgerlichen Gesetzbuchs die Anordnung einer Pflegschaft für den bei einer Angelegenheit Beteiligten erforderlich, so ist das Gericht zuständig, in dessen Bezirk das Bedürfnis der Fürsorge hervortritt.

§ 42 [Pflegschaft für ein Sammelvermögen]

Für die Pflegschaft zum Zwecke der Verwaltung und Verwendung eines durch öffentliche Sammlung zusammengebrachten Vermögens ist das Gericht des Ortes zuständig, an welchem bisher die Verwaltung geführt wurde.

§ 43[7]) [Zuständigkeit für einzelne Verrichtungen]

(1) Die Zuständigkeit für eine Verrichtung des Vormundschaftsgerichts, die nicht eine Vormundschaft, Beistandschaft oder Pflegschaft betrifft, bestimmt sich, soweit sich nicht aus dem Gesetz ein anderes ergibt, nach den Vorschriften des § 36 Abs. 1, 2; maßgebend ist für jede einzelne Angelegenheit der Zeitpunkt, in welchem das Gericht mit ihr befaßt wird.

(2) Steht die Person, deretwegen das Vormundschaftsgericht tätig werden muß, unter Vormundschaft oder Pflegschaft oder ist dem Vater oder der Mutter dieser Person ein Beistand bestellt, so ist das Gericht zuständig, bei dem die Vormundschaft, Pflegschaft oder Beistandschaft anhängig ist.

§ 43a[8]) [Örtliche Zuständigkeit für die Ehelicherklärung]

(1) Für die Ehelicherklärung auf Antrag des Vaters ist das Gericht zuständig, in dessen Bezirk der Vater seinen Wohnsitz oder, falls ein solcher im Inland fehlt, seinen Aufenthalt hat; maßgebend ist der Wohnsitz oder Aufenthalt in dem Zeitpunkt, in dem der Antrag eingereicht oder im Falle des § 1733 Abs. 2 des Bürgerlichen Gesetzbuchs der Notar mit der Einreichung betraut wird.

(2) Ist der Vater Deutscher und hat er im Inland weder Wohnsitz noch Aufenthalt, so ist das Amtsgericht Schöneberg in Berlin-Schöneberg zuständig. Es kann die Sache aus wichtigen Gründen an ein anderes Gericht abgeben; die Abgabeverfügung ist für dieses Gericht bindend.

(3) Für die Ehelicherklärung auf Antrag des Kindes und die Verfügung, durch die der Mutter des Kindes nach § 1740 g des Bürgerlichen Gesetzbuchs der Name des Vaters erteilt wird, gelten die vorstehenden Vorschriften entsprechend. An die Stelle des Vaters tritt jedoch bei der Ehelicherklärung der überlebende Elternteil oder, wenn beide Eltern gestorben sind, das Kind, bei der Namenserteilung die Mutter.

[6]) § 40 durch Einfügung des Hinweises auf die Pflegschaft nach § 1706 BGB geändert durch Art. 7 Nr. 4 NichtehelG.

[7]) § 43 Abs. 2 i. d. F. des Art. 4 Nr. 1 GleichberG v. 18. 6. 1957 (BGBl. I 609; Berlin-West ÜG v. 24. 6. 1957, GVBl. 697). Bei den weiteren Änderungen des FGG durch das GleichberG gilt für die Übernahme nach Berlin-West das Entsprechende. Abs. 1 durch Einfügung der Beistandschaft geändert durch Art. 7 Nr. 5 NichtehelG.

[8]) § 43 a eingefügt durch Art. 4 Nr. 2 FamRÄndG v. 11. 8. 1961 (BGBl. I 1221). Abs. 1 geändert und Abs. 3 angefügt durch Art. 7 Nr. 6 NichtehelG. In Abs. 1 Halbs. 2 sind die bisherigen Worte „das Gericht oder" gemäß § 56 Abs. 2 Nr. 1 BeurkG mit Wirkung v. 1. 1. 1970 weggefallen.

§ 44 [Zuständigkeit für gewisse einstweilige Maßregeln]

Für die in den §§ 1693[9]), 1846 des Bürgerlichen Gesetzbuchs und imArt. 23 Abs. 2 des Einführungsgesetzes zum Bürgerlichen Gesetzbuche bezeichneten Maßregeln ist auch das Gericht zuständig, in dessen Bezirk das Bedürfnis der Fürsorge hervortritt. Das Gericht soll, wenn eine Vormundschaft, Pflegschaft oder Beistandschaft anhängig ist, von den angeordneten Maßregeln dem nach § 43 Abs. 2 zuständigen Gerichte Mitteilung machen.

§ 44a[10]) [Befreiung vom Eheverbot der Schwägerschaft und der Geschlechtsgemeinschaft]

(1) Für die Befreiung vom Eheverbot wegen Schwägerschaft und Geschlechtsgemeinschaft ist das Gericht zuständig, in dessen Bezirk einer der Verlobten seinen gewöhnlichen Aufenthalt hat. Hat keiner von ihnen seinen gewöhnlichen Aufenthalt im Inland, so ist das Amtsgericht Schöneberg in Berlin-Schöneberg zuständig. Es kann die Sache aus wichtigen Gründen an ein anderes Gericht abgegeben; die Abgabeverfügung ist für dieses Gericht bindend.

(2) Die Verfügung, durch die das Gericht die Befreiung erteilt, ist unanfechtbar. Das Gericht darf sie nicht mehr ändern, wenn die Ehe geschlossen worden ist.

§ 44b[10]) [Befreiung vom Eheverbot des Ehebruchs]

(1) Für die Befreiung vom Eheverbot wegen Ehebruchs ist das Gericht zuständig, in dessen Bezirk der wegen Ehebruchs geschiedene Verlobte seinen gewöhnlichen Aufenthalt hat. Sind beide Verlobte wegen Ehebruchs geschieden, so ist das Gericht zuständig, in dessen Bezirk der Mann seinen gewöhnlichen Aufenthalt hat. Hat im Falle des Satzes 1 der geschiedene Verlobte, im Falle des Satzes 2 der Mann im Inland keinen gewöhnlichen Aufenthalt, so ist das Gericht zuständig, in dessen Bezirk der andere Verlobte seinen gewöhnlichen Aufenthalt hat. Hat keiner der Verlobten seinen gewöhnlichen Aufenthalt im Inland, so ist § 44 a Abs. 1 Satz 2, 3 anzuwenden.

(2) Die Verfügung, durch die das Gericht die Befreiung erteilt, ist unanfechtbar. Das Gericht darf sie nicht mehr ändern, wenn die Ehe geschlossen worden ist.

§ 45[11]) [Zuständigkeit für Streitigkeiten unter Ehegatten]

(1) Wird in einer Angelegenheit, welche die persönlichen Rechtsbeziehungen der Ehegatten oder der geschiedenen Ehegatten zueinander oder das eheliche Güterrecht betrifft, eine Tätigkeit des Vormundschaftsgerichts erforderlich, so ist das Gericht zuständig, in dessen Bezirk die Ehegatten ihren gemeinsamen gewöhnlichen Aufenthalt haben oder zuletzt gehabt haben.

(2) Hat keiner der Ehegatten im Bezirk dieses Gerichts seinen gewöhnlichen Aufenthalt oder haben sie einen gemeinsamen gewöhnlichen Aufenthalt im Inland nicht gehabt, so ist das Gericht zuständig, in dessen Bezirk der Ehegatte seinen gewöhnlichen Aufenthalt hat, dessen Recht durch die beantragte Verfügung beeinträchtigt würde. Hat dieser seinen gewöhnlichen Aufenthalt nicht im Inland oder läßt sich sein gewöhnlicher Aufenthalt im Inland nicht feststellen, so ist das Gericht zuständig, in dessen Bezirk der Antragsteller seinen gewöhnlichen Aufenthalt hat.

(3) Ist ein Ehegatte verstorben, so ist das Gericht zuständig, in dessen Bezirk der überlebende Ehegatte seinen gewöhnlichen Aufenthalt hat oder zuletzt gehabt hat.

(4) Ist die Zuständigkeit eines Gerichts nach den vorstehenden Vorschriften nicht begründet, so ist das Amtsgericht Schöneberg in Berlin-Schöneberg zuständig.

9) Gemäß Art. 4 Nr. 2 GleichberG v. 18. 6. 1957 (BGBl. I 609) wurde die Verweisung auf § 1665 BGB durch die auf § 1693 BGB ersetzt.

10) §§ 44 a und 44 b eingefügt durch Art. 4 Nr. 3 FamRÄndG v. 11. 8. 1961 (BGBl. I 1221).

11) § 45 i. d. F. des Art. 4 Nr. 3 GleichberG v. 18. 6. 1957 (BGBl. I 609).

(5) Für die Zuständigkeit ist in jeder einzelnen Angelegenheit der Zeitpunkt maßgebend, in dem das Gericht mit ihr befaßt wird.

§ 46[12]) [Abgabe von Vormundschaftssachen]

(1) Das Vormundschaftsgericht kann die Vormundschaft aus wichtigen Gründen an ein anderes Vormundschaftsgericht abgeben, wenn sich dieses zur Übernahme der Vormundschaft bereit erklärt; hat der Mündel bereits einen Vormund erhalten, so ist jedoch dessen Zustimmung erforderlich. Als ein wichtiger Grund ist es in der Regel anzusehen, wenn ein unter Vormundschaft stehender Minderjähriger wegen einer strafbaren Handlung vor einem anderen Gericht angeklagt ist.

(2) Einigen sich die Gerichte nicht oder verweigert der Vormund oder, wenn mehrere Vormünder die Vormundschaft gemeinschaftlich führen, einer von ihnen seine Zustimmung, so entscheidet das gemeinschaftliche obere Gericht und, falls dieses der Bundesgerichtshof ist, dasjenige Oberlandesgericht, zu dessen Bezirke das Gericht gehört, an welches die Vormundschaft abgegeben werden soll. Eine Anfechtung der Entscheidung findet nicht statt.

(3) Diese Vorschriften sind auf die Pflegschaft, die Beistandschaft und die im § 43 bezeichneten Angelegenheiten entsprechend anzuwenden.

§ 47[13]) [Vormundschaft und Pflegschaft im Ausland. Abgabe an das Ausland]

(1) Ist über einen Deutschen, der im Auslande seinen Wohnsitz oder Aufenthalt hat, die nach den Vorschriften des Bürgerlichen Gesetzbuchs erforderliche Vormundschaft im Ausland anhängig, so kann die Anordnung der Vormundschaft im Inland unterbleiben, wenn dies im Interesse des Mündels liegt.

(2) Hat ein Deutscher, über den im Inland eine Vormundschaft besteht, im Auslande seinen Wohnsitz oder Aufenthalt, so kann das Gericht, bei welchem die Vormundschaft anhängig ist, sie an den ausländischen Staat abgeben, wenn dies im Interesse des Mündels liegt, der Vormund seine Zustimmung erteilt und der ausländische Staat sich zur Übernahme bereit erklärt. Verweigert der Vormund oder, wenn mehrere Vormünder die Vormundschaft gemeinschaftlich führen, einer von ihnen seine Zustimmung, so entscheidet an Stelle des Gerichts, bei welchem die Vormundschaft anhängig ist, das im Instanzenzuge vorgeordnete Gericht. Eine Anfechtung der Entscheidung findet nicht statt.

(3) Diese Vorschriften gelten auch für die Pflegschaft und die Beistandschaft. Einer Beistandschaft kann dabei eine Pflegschaft nach ausländischem Recht oder eine andere der Beistandschaft ähnliche ausländische Rechtseinrichtung gleichgeachtet werden.

§ 48[14]) [Anzeigepflicht des Standesbeamten]

Wird einem Standesbeamten der Tod einer Person, die ein minderjähriges Kind hinterlassen hat, oder die Geburt eines ehelichen Kindes nach dem Tode des Vaters oder die Geburt eines unehelichen Kindes oder die Auffindung eines Minderjährigen, dessen Familienstand nicht zu ermitteln ist, angezeigt, so hat der Standesbeamte hiervon dem Vormundschaftsgericht Anzeige zu machen.

§ 49[15]) [Anzeigepflicht des Gemeindewaisenrats]

[12]) § 46 Abs. 2 Satz 1 i. d. F. des G v. 22. 5. 1910 (RGBl. 767). § 46 Abs. 1 Satz 2 i. d. F. des JGG v. 16. 2. 1923 (RGBl. I 135). Abs. 1 Satz 1 Halbs. 2 und Abs. 3 geändert durch Art. 7 NichtehelG.

[13]) § 47 in Abs. 1, Abs. 2 Satz 1 und Abs. 3 geändert durch Art. 7 Nr. 8 NichtehelG.

[14]) § 48 i. d. F. des Art. 4 Nr. 4 GleichberG v. 18. 6. 1957 (BGBl. I 609).

[15]) § 49 ist aufgehoben durch Art. 7 Nr. 9 NichtehelG.

§ 50[16]) [Anzeigepflicht der Gerichte]

Wird infolge eines gerichtlichen Verfahrens eine Tätigkeit des Vormundschaftsgerichts erforderlich, so hat das Gericht dem Vormundschaftsgericht Mitteilung zu machen.

§ 51[16]) [Wirksamkeit von Verfügungen]

(1) Eine Verfügung, durch die von dem Vormundschaftsgericht festgestellt wird, daß ein Elternteil auf längere Zeit an der Ausübung der elterlichen Gewalt tatsächlich verhindert ist, wird mit der Bekanntmachung an den anderen Elternteil wirksam, wenn dieser die elterliche Gewalt während der Verhinderung kraft Gesetzes allein ausübt, anderenfalls mit der Übertragung der Ausübung der elterlichen Gewalt auf ihn oder mit der Bestellung des Vormundes.

(2) Eine Verfügung, durch die von dem Vormundschaftsgericht festgestellt wird, daß der Grund für das Ruhen der elterlichen Gewalt eines Elternteils nicht mehr besteht, wird mit der Bekanntmachung an diesen wirksam.

§ 52 [Wirksamkeit der Anordnung und Aufhebung der vorläufigen Vormundschaft]

Eine Verfügung, durch die ein Volljähriger unter vorläufige Vormundschaft gestellt wird, tritt, wenn die Entmündigung wegen Geisteskrankheit beantragt ist, mit der Bestellung des Vormundes, wenn die Entmündigung wegen Geistesschwäche, wegen Verschwendung oder wegen Trunksucht beantragt ist, mit der Bekanntmachung an den zu Entmündigenden, eine Verfügung, durch die eine vorläufige Vormundschaft aufgehoben wird, tritt mit der Bekanntmachung an den Mündel in Wirksamkeit.

§ 53[17]) [Wirksamkeit einzelner Verfügungen des Vormundschaftsgerichts]

(1) Eine Verfügung, durch die auf Antrag die Ermächtigung oder die Zustimmung eines anderen zu einem Rechtsgeschäft ersetzt oder die Beschränkung oder Ausschließung der Schlüsselgewalt aufgehoben wird, wird erst mit der Rechtskraft wirksam. Das gleiche gilt von einer Verfügung, durch die auf Antrag des Kindes die Zustimmung der Mutter oder der Ehefrau des Vaters zur Ehelicherklärung ersetzt wird.

(2) Bei Gefahr im Verzuge kann das Gericht die sofortige Wirksamkeit der Verfügung anordnen. Die Verfügung wird mit der Bekanntmachung an den Antragsteller wirksam.

§ 53a[18]) [Verfahren zur Regelung der Ausgleichsforderung bei Zugewinngemeinschaft und des Erbausgleichsanspruchs des nichtehelichen Kindes]

(1) In den Verfahren nach den §§ 1382, 1383, 1934 d Abs. 5 des Bürgerlichen Gesetzbuchs soll das Gericht mit den Beteiligten mündlich verhandeln und darauf hinwirken, daß sie sich gütlich einigen. Kommt eine Einigung zustande, so ist hierüber eine Niederschrift aufzunehmen; die Vorschriften, die für die Niederschrift über einen Vergleich in bürgerlichen Rechtsstreitigkeiten gelten, sind entsprechend anzuwenden. Der Vergleich kann auch die Verpflichtung des Schuldners zur Zahlung der Ausgleichsforderung enthalten.

(2) Die Verfügung des Gerichts wird erst mit der Rechtskraft wirksam. In der Verfügung, in der über den Antrag auf Stundung der Ausgleichsforderung entschieden wird, kann das

[16]) §§ 50, 51 i. d. F. des Art. 4 Nr. 5 GleichberG v. 18. 6. 1957 (BGBl. I 609).

[17]) § 53 i. d. F. des Art. 4 Nr. 6 GleichbergG v. 18. 6. 1957 (BGBl. I 609). Durch Art. 7 Nr. 10 NichtehelG ist Abs. 1 Satz 2 geändert worden.

[18]) § 53 a eingefügt durch Art. 4 Nr. 7 GleichberG v. 18. 6. 1957 (BGBl. I 609). Durch Art. 7 Nr. 11 NichtehelG ist § 1934 d Abs. 5 BGB in Abs. 1 Satz 1 eingefügt worden.

Gericht auf Antrag des Gläubigers auch die Verpflichtung des Schuldners zur Zahlung der Ausgleichsforderung aussprechen.

(3) Das Gericht kann einstweilige Anordnungen treffen, wenn hierfür ein Bedürfnis besteht. Die Anordnungen können nur mit der Endentscheidung angefochten werden.

(4) Rechtskräftige Entscheidungen, gerichtliche Vergleiche und einstweilige Anordnungen werden nach den Vorschriften der Zivilprozeßordnung vollstreckt.

§ 54 [Sicherungshypothek an Grundstücken des Vormundes]

(1) Liegen nach dem Ermessen des Vormundschaftsgerichts die Voraussetzungen vor, unter denen der Vormund, der Pfleger oder der Beistand zur Sicherheitsleistung angehalten werden kann, so ist das Gericht befugt, das Grundbuchamt um die Eintragung einer Sicherungshypothek an Grundstücken des Vormundes, des Pflegers oder des Beistandes zu ersuchen. Der Vormund, der Pfleger oder der Beistand soll soweit tunlich vorher gehört werden. Die Hypothek entsteht mit der Eintragung.

(2) Diese Vorschriften sind auf die Eintragung einer Schiffshypothek entsprechend anzuwenden[19]).

§ 55[20]) [Beschränkung des Abänderungsrechts]

(1) Eine Verfügung, durch welche die Genehmigung zu einem Rechtsgeschäft erteilt oder verweigert wird, kann von dem Vormundschaftsgericht insoweit nicht mehr geändert werden, als die Genehmigung oder deren Verweigerung einem Dritten gegenüber wirksam geworden ist.

(2) Eine Verfügung, durch welche die Zustimmung zu einer Ehelicherklärung ersetzt wird, kann nicht mehr geändert werden, wenn die Ehelicherklärung erfolgt ist.

§ 55a[21]) [Genehmigung der Unterbringung eines Mündels]

(1) Eine Verfügung, durch die das Vormundschaftsgericht die Genehmigung zur Unterbringung eines Mündels, die mit Freiheitsentziehung verbunden ist, erteilt, wird erst mit der Rechtskraft wirksam.

(2) Das Gericht kann die sofortige Wirksamkeit der Verfügung anordnen.

(3) Das Gericht kann vor der Entscheidung einstweilige Anordnungen treffen.

§ 55b[22]) [Feststellung des Vaters eines nichtehelichen Kindes nach dem Tode des Mannes oder des Kindes]

(1) In dem Verfahren, das die Feststellung des Vaters eines nichtehelichen Kindes zum Gegenstand hat, hat das Gericht die Mutter des Kindes sowie, wenn der Mann gestorben ist, dessen Ehefrau, Eltern und eheliche Kinder zu hören. War der Mann nichtehelich, so braucht dessen Vater nicht gehört zu werden. Das Gericht darf von der Anhörung einer Person nur absehen, wenn diese zur Abgabe einer Erklärung dauernd außerstande oder ihr Aufenthalt dauernd unbekannt ist.

(2) Eine Verfügung, durch die das Vormundschaftsgericht über den Antrag auf Feststellung der Vaterschaft entscheidet, wird erst mit der Rechtskraft wirksam.

(3) Gegen die Verfügung, durch die das Vormundschaftsgericht die Vaterschaft feststellt, steht den nach Absatz 1 zu hörenden Personen und dem Kinde die Beschwerde zu.

[19]) § 54 Abs. 2 i. d. F. der 1. DVO z. SchiffsRegG v. 21. 12. 1940 (RGBl. I 1609).

[20]) § 55 Abs. 2 sprachlich geändert durch Art. 7 Nr. 12 NichtehelG.

[21]) § 55 a eingefügt durch Art. 4 Nr. 4 FamRÄndG v. 11. 8. 1961 (BGBl. I 1221).

[22]) § 55 b eingefügt durch Art. 7 Nr. 13 NichtehelG.

§ 56 [Volljährigkeitserklärung]

(1) Die Volljährigkeitserklärung soll nur auf Antrag des Minderjährigen oder desjenigen gesetzlichen Vertreters des Minderjährigen erfolgen, welchem die Sorge für die Person zusteht.

(2) Die Verfügung, durch welche der Minderjährige für volljährig erklärt wird, tritt erst mit der Rechtskraft in Wirksamkeit.

§ 56a[23]) [Wirksamwerden und Anfechtbarkeit der Ehelicherklärung auf Antrag des Vaters]

(1) Eine Verfügung, durch die das Vormundschaftsgericht ein uneheliches Kind auf Antrag seines Vaters für ehelich erklärt, wird mit der Bekanntmachung an den Vater, nach dem Tode des Vaters, unbeschadet der Vorschrift des § 1733 Abs. 3 des Bürgerlichen Gesetzbuchs, mit der Bekanntmachung an das Kind wirksam. Die Verfügung ist unanfechtbar; das Gericht darf sie nicht ändern.

(2) Gegen eine Verfügung, durch die der Antrag auf Ehelicherklärung abgelehnt wird, steht, falls der Vater verstorben ist, die Beschwerde dem Kinde zu.

§ 56b[24]) [Ehelicherklärung auf Antrag des Kindes; Namenserteilung an die Mutter]

(1) Eine Verfügung, durch die das Vormundschaftsgericht ein nichteheliches Kind auf seinen Antrag für ehelich erklärt oder der Mutter des Kindes nach § 1740 g des Bürgerlichen Gesetzbuchs den Namen des Vaters erteilt, wird erst mit der Rechtskraft wirksam.

(2) Die Beschwerde steht auch den Personen zu, die nach den Vorschriften des Bürgerlichen Gesetzbuchs zu hören sind.

§ 56c[25]) [Anfechtung der Ehelichkeit und der Anerkennung eines nichtehelichen Kindes]

(1) Eine Verfügung, durch die das Vormundschaftsgericht über die Anfechtung der Ehelichkeit eines Kindes oder die Anfechtung der Anerkennung eines nichtehelichen Kindes entscheidet, wird erst mit der Rechtskraft wirksam.

(2) Ist die Anfechtung gleichzeitig Gegenstand eines Rechtsstreits nach den Vorschriften der Zivilprozeßordnung, so ist das Verfahren vor dem Vormundschaftsgericht bis zur Erledigung des Rechtsstreits auszusetzen.

§ 56d[26]) [Aufhebung des Kindesannahmeverhältnisses]

(1) Eine Verfügung, durch die das Vormundschaftsgericht das durch die Annahme an Kindes Statt begründete Rechtsverhältnis aufhebt, wird erst mit der Rechtskraft wirksam. Gegen die Verfügung steht die Beschwerde dem Annehmenden und dem Kinde zu; in den Fällen des § 1757 Abs. 2 des Bürgerlichen Gesetzbuchs ist auch der Ehegatte des Annehmenden beschwerdeberechtigt.

(2) Ist der Annehmende der gesetzliche Vertreter des Kindes, so ist dem Kinde für das Verfahren ein Pfleger zu bestellen.

[23]) § 56 a eingefügt durch Art. 4 Nr. 5 FamRÄndG v. 11. 8. 1961 (BGBl. I 1221). Abs. 2 sprachlich geändert durch Art. 7 Nr. 14 NichtehelG.

[24]) § 56 b eingefügt durch Art. 7 Nr. 15 NichtehelG.

[25]) § 56 c als § 56 b eingefügt durch Art. 4 Nr. 5 FamRÄndG v. 11. 8. 1961 (BGBl. I 1221). Durch Art. 7 Nr. 16 NichtehelG hat die Vorschrift die Nr. 56 c erhalten und ist Abs. 1 geändert und Abs. 2 angefügt worden.

[26]) § 56 d als § 56 c eingefügt durch Art. 4 Nr. 5 FamRÄndG v. 11. 8. 1961 (BGBl. I 1221). Durch Art. 7 Nr. 17 NichtehelG hat die Vorschrift die Nr. 56 d erhalten.

§ 57[27]) [Beschwerdeberechtigung in Vormundschaftssachen]

(1) Die Beschwerde steht, unbeschadet der Vorschriften des § 20, zu:

1. gegen eine Verfügung, durch welche die Anordnung einer Vormundschaft abgelehnt oder eine Vormundschaft aufgehoben wird, jedem, der ein rechtliches Interesse an der Änderung der Verfügung hat, sowie dem Ehegatten, den Verwandten und Verschwägerten des Mündels, es sei denn, daß die Verfügung eine vorläufige Vormundschaft betrifft;
2. gegen eine Verfügung, durch welche die Anordnung einer vorläufigen Vormundschaft abgelehnt oder eine solche Vormundschaft aufgehoben wird, denjenigen, welche den Antrag auf Entmündigung zu stellen berechtigt sind;
3. gegen eine Verfügung, durch welche die Anordnung einer Pflegschaft abgelehnt oder eine Pflegschaft aufgehoben wird, jedem, der ein rechtliches Interesse an der Änderung der Verfügung hat, in den Fällen der §§ 1909, 1910 des Bürgerlichen Gesetzbuchs auch dem Ehegatten sowie den Verwandten und Verschwägerten des Pflegebefohlenen; diese Vorschrift gilt jedoch im Falle des § 1910 nur dann, wenn eine Verständigung mit dem Pflegebefohlenen nicht möglich ist;
4. gegen eine Verfügung, durch welche die Einsetzung eines Familienrats abgelehnt oder der Familienrat aufgehoben wird, dem Ehegatten sowie den Verwandten und Verschwägerten des Mündels;
5. [aufgehoben];
6. gegen eine Verfügung, durch die ein Antrag des Gegenvormundes zurückgewiesen wird, gegen den gesetzlichen Vertreter wegen pflichtwidrigen Verhaltens einzuschreiten oder den Vormund oder den Pfleger aus einem der im § 1886 des Bürgerlichen Gesetzbuchs bezeichneten Gründe zu entlassen, dem Antragsteller;
7. gegen eine Verfügung, durch die dem Vormund, Pfleger oder Beistand eine Vergütung bewilligt wird, dem Gegenvormund;
8. gegen eine Verfügung, durch welche die Anordnung einer der in den §§ 1666, 1667, 1693 des Bürgerlichen Gesetzbuchs vorgesehenen Maßregeln abgelehnt oder eine solche Maßregel aufgehoben wird, den Verwandten und Verschwägerten des Kindes;
9. gegen eine Verfügung, die eine Entscheidung über eine die Sorge für die Person des Kindes oder des Mündels betreffende Angelegenheit enthält, jedem, der ein berechtigtes Interesse hat, diese Angelegenheit wahrzunehmen.

(2) Die Vorschrift des Absatzes 1 Nr. 9 findet auf die sofortige Beschwerde keine Anwendung.

§ 57a[28]) [Beschwerderecht gegen Namensregelung bei der Kindesannahme]

Gegen eine Verfügung, durch die im Falle des § 1758 a des Bürgerlichen Gesetzbuchs die Zustimmung des verstorbenen Ehemannes ersetzt wird, steht die Beschwerde den Eltern des Verstorbenen zu. War der Ehemann nichtehelich, so steht die Beschwerde nur seiner Mutter zu.

§ 58[29]) [Beschwerderecht mehrerer Vormünder]

(1) Führen mehrere Vormünder, Pfleger oder Beistände ihr Amt gemeinschaftlich, so kann jeder von ihnen für den Mündel oder das Kind das Beschwerderecht selbständig ausüben.

27) § 57 Abs. 1 Nr. 5 aufgehoben durch Art. 4 Nr. 8 GleichberG v. 18. 6. 1957 (BGBl. I 609). § 57 Abs. 1 Nr. 8 i. d. F. des Art. 4 Nr. 8 GleichberG. Abs. 1 Nr. 6 durch Streichung des Beistandes, Abs. 1 Nr. 7 durch Hinzufügung des Beistandes geändert durch Art. 7 Nr. 18 NichtehelG.

28) § 57 a eingefügt durch Art. 4 Nr. 9 GleichberG v. 18. 6. 1957 (BGBl. I 609). Satz 2 angefügt durch Art. 7 Nr. 19 NichtehelG.

29) § 58 Abs. 2 i. d. F. des Art. 4 Nr. 10 GleichberG. Abs. 1 i. d. F. des Art. 7 Nr. 20 NichtehelG.

(2) Diese Vorschrift findet in den Fällen der §§ 1630 Abs. 2, 1798 des Bürgerlichen Gesetzbuchs entsprechende Anwendung.

§ 59 [Beschwerde des Kindes und Mündels]

(1) Ein unter elterlicher Gewalt stehendes Kind oder ein unter Vormundschaft stehender Mündel kann in allen seine Person betreffenden Angelegenheiten ohne Mitwirkung seines gesetzlichen Vertreters das Beschwerderecht ausüben. Das gleiche gilt in Angelegenheiten, in denen der Mündel vor einer Entscheidung des Vormundschaftsgerichts gehört werden soll.

(2) Diese Vorschriften finden auf Personen, die geschäftsunfähig sind oder nicht das vierzehnte Lebensjahr vollendet haben, keine Anwendung.

§ 60 [Sofortige Beschwerde in Vormundschaftssachen]

(1) Die sofortige Beschwerde findet statt:

1. gegen eine Verfügung, durch die ein als Vormund, Pfleger, Gegenvormund, Beistand oder Mitglied des Familienrats Berufener übergangen wird[30]);
2. gegen eine Verfügung, durch welche die Weigerung, eine Vormundschaft, Pflegschaft, Gegenvormundschaft oder Beistandschaft zu übernehmen, zurückgewiesen wird;
3. gegen eine Verfügung, durch die ein Vormund, Pfleger, Gegenvormund oder Beistand gegen seinen Willen entlassen wird;
4. gegen eine Verfügung, durch die der Familienrat aufgehoben oder ein Mitglied des Familienrats gegen seinen Willen entlassen wird;
5. gegen eine Verfügung, durch die ein Volljähriger unter vorläufige Vormundschaft gestellt wird;
6. gegen Verfügungen, die erst mit der Rechtskraft wirksam werden.

(2) Die Frist beginnt in den Fällen des Abs. 1 Nr. 1 mit dem Zeitpunkt, in welchem der Beschwerdeführer von seiner Übergehung Kenntnis erlangt, im Falle der Aufhebung des Familienrats mit dem Zeitpunkt, in welchem das Vormundschaftsgericht die bisherigen Mitglieder von der Aufhebung in Kenntnis setzt.

§ 61 [Folgen der Aufhebung der vorläufigen Vormundschaft]

Wird eine Verfügung, durch die ein Volljähriger unter vorläufige Vormundschaft gestellt ist, von dem Beschwerdegericht aufgehoben, so kann die Wirksamkeit der von oder gegenüber dem Volljährigen vorgenommenen Rechtsgeschäfte nicht auf Grund der aufgehobenen Verfügung in Frage gestellt werden.

§ 62 [Beschränkung der Abänderungsbefugnis des Beschwerdegerichts]

Soweit eine Verfügung nach § 55 von dem Vormundschaftsgericht nicht mehr geändert werden kann, ist auch das Beschwerdegericht nicht berechtigt, sie zu ändern.

§ 63 [Weitere Beschwerde]

Auf die weitere Beschwerde finden die Vorschriften der §§ 57 bis 62 entsprechende Anwendung.

[30]) In § 60 Abs. 1 Nr. 1 ist der Beistand, der durch Art. 4 Nr. 11 GleichberG gestrichen worden war, durch Art. 7 Nr. 21 NichtehelG wieder eingefügt worden.

§ 63a[31]) [Ausschluß der weiteren Beschwerde in Verfahren zur Regelung des Verkehrsrechts]

In Verfahren, die eine Regelung des Verkehrs des Elternteils, dem die Sorge für die Person des Kindes nicht zusteht, mit dem Kinde zum Gegenstand haben (§ 1634 Abs. 2, § 1711 Abs. 1 des Bürgerlichen Gesetzbuchs), ist die weitere Beschwerde ausgeschlossen.

§ 64 [Instanzenzug bei Entlassung eines Familienratsmitgliedes]

Gegen eine Verfügung, durch die über die Entlassung eines Mitglieds des Familienrats von dem Gerichte, welches dem Vormundschaftsgericht im Instanzenzuge vorgeordnet ist, entschieden wird, findet die Beschwerde an das Oberlandesgericht statt. Die weitere Beschwerde ist ausgeschlossen.

Dritter Abschnitt

Annahme an Kindes Statt

§ 65 [Sachliche Zuständigkeit]

Für die Bestätigung des Vertrages, durch den ein Kind an Kindes Statt angenommen oder das Annahmeverhältnis aufgehoben wird, sind die Amtsgerichte zuständig; sie entscheiden auch über die Befreiung von den Erfordernissen des § 1741 Satz 1 und des § 1744 Satz 1, 3 des Bürgerlichen Gesetzbuchs[32]).

§ 66[33]) [Örtliche Zuständigkeit]

(1) Für die Bestätigung ist das Gericht zuständig, in dessen Bezirk der Annehmende zu der Zeit, zu welcher der Antrag auf Bestätigung eingereicht oder nach Maßgabe des § 1753 Abs. 2 des Bürgerlichen Gesetzbuchs der Notar mit der Einreichung betraut wird, seinen Wohnsitz oder in Ermangelung eines inländischen Wohnsitzes seinen Aufenthalt hat.

(2) Ist der Annehmende Deutscher und hat er im Inland weder Wohnsitz noch Aufenthalt, so ist das Amtsgericht Schöneberg in Berlin-Schöneberg zuständig. Es kann die Sache aus wichtigen Gründen an ein anderes Gericht abgeben; die Abgabeverfügung ist für dieses Gericht bindend.

§ 66a[34]) [aufgehoben]

§ 67 [Bestätigung eines Annahme- oder Aufhebungsvertrages. Änderungsverbot]

(1) Der Beschluß, durch den das Gericht einen Annahme- oder Aufhebungsvertrag bestätigt, wird mit der Bekanntmachung an den Annehmenden wirksam[35]).

(2) Nach dem Tode des Annehmenden wird der Beschluß, unbeschadet der Vorschriften des § 1753 Abs. 3 und des § 1770 des Bürgerlichen Gesetzbuchs, mit der Bekanntmachung an das Kind, im Falle des § 1769 des Bürgerlichen Gesetzbuchs mit der Bekanntmachung an die übrigen Beteiligten wirksam.

(3) Der Beschluß ist unanfechtbar; das Gericht darf ihn nicht ändern.

31) § 63 a eingefügt durch Art. 7 Nr. 22 NichtehelG.

32) § 65 i. d. F. des Art. 4 Nr. 6 FamRÄndG v. 11. 8. 1961 (BGBl. I 1221).

33) § 66 Abs. 2 i. d. F. des Art. 4 Nr. 7 FamRÄndG v. 11. 8. 1961 (BGBl. I 1221). In § 66 Abs. 1 sind die Worte „das Gericht oder" gemäß § 56 Abs. 2 Nr. 1 BeurkG mit Wirkung v. 1. 1. 1970 fortgefallen.

34) § 66 a aufgehoben durch Art. 4 Nr. 8 FamRÄndG v. 11. 8. 1961 (BGBl. I 1221).

35) §§ 67 und 68 i. d. F. des Art. 4 Nr. 9 FamRÄndG v. 11. 8. 1961 (BGBl. I 1221).

§ 68 [Rechtsmittel gegen Versagung der Bestätigung]

Der Beschluß, durch den das Gericht die Bestätigung eines Annahme- oder Aufhebungsvertrages versagt, kann mit der sofortigen Beschwerde angefochten werden. Die Beschwerde steht auch dem Vertragschließenden zu, der die Bestätigung nicht beantragt hatte. Die Vorschriften des § 22 Abs. 2, des § 24 Abs. 3 und des § 26 Satz 2 sind nicht anzuwenden[35].

§ 68a [Befreiung vom Erfordernis der Kinderlosigkeit]

(1) Wird Befreiung vom Erfordernis der Kinderlosigkeit (§ 1741 Satz 1 des Bürgerlichen Gesetzbuchs) beantragt, so soll das Gericht auch die leiblichen Abkömmlinge des Annehmenden hören; es darf von der Anhörung eines Abkömmlings nur absehen, wenn dieser zur Abgabe einer Erklärung dauernd außerstande oder sein Aufenthalt dauernd unbekannt ist. Abkömmlinge, die das vierzehnte Lebensjahr vollendet haben, sollen nach Möglichkeit persönlich gehört werden. Außerdem soll das Gericht das Jugendamt hören, das für den gewöhnlichen Aufenthalt der minderjährigen Abkömmlinge zuständig ist[36].

(2) Der Beschluß, durch den über den Antrag auf Befreiung entschieden wird, ist dem Annehmenden, nach dem Tode des Annehmenden dem Kinde bekanntzumachen.

(3) Wird die Befreiung versagt, so steht die Beschwerde nach dem Tode des Annehmenden dem Kinde zu.

§ 68b [Befreiung vom Alterserfordernis und vom Erfordernis der Minderjährigkeit]

(1) Der Beschluß, durch den über den Antrag auf Befreiung von den Erfordernissen des § 1744 Satz 1, 3 des Bürgerlichen Gesetzbuchs entschieden wird, ist dem Annehmenden, nach dem Tode des Annehmenden dem Kinde bekanntzumachen[37].

(2) Wird die Befreiung versagt, so steht die Beschwerde nach dem Tode des Annehmenden dem Kinde zu.

§ 68c [Verbindung von Befreiung und Bestätigung]

Das Gericht kann in demselben Beschluß von den Erfordernissen des § 1741 Satz 1 und des § 1744 Satz 1, 3 des Bürgerlichen Gesetzbuchs befreien und den Annahmevertrag bestätigen[37].

Vierter Abschnitt

Personenstand

§ 69 bis 71 [unverändert]

Fünfter Abschnitt

Nachlaß- und Teilungssachen

§ 72 bis 83 [unverändert]

[36]) § 68 a eingefügt durch Art. 4 Nr. 10 FamRÄndG v. 11. 8. 1961 (BGBl. I 1221). In Abs. 1 Satz 1 ist gemäß Art. 7 Nr. 23 NichtehelG das Wort „ehelichen“ durch „leiblichen“ ersetzt worden.

[37]) §§ 68 b und 68 c eingefügt durch Art. 4 Nr. 10 FamRÄndG v. 11. 8. 1961 (BGBl. I 1221).

§ 83a[38]) [Verfahren zur Stundung eines Pflichtanteilsanspruchs oder Erbersatzanspruchs]

Für das Verfahren, das die Stundung eines Pflichtteilsanspruchs oder eines Erbersatzanspruchs zum Gegenstand hat (§ 2331 a in Verbindung mit §§ 1382, 1934 b Abs. 2 des Bürgerlichen Gesetzbuchs), gilt § 53 a entsprechend.

§§ 84 bis 99 [unverändert]

Sechster Abschnitt

Schiffspfandrecht

§§ 100 bis 124[39]) [aufgehoben]

Siebenter Abschnitt

Handelssachen

§§ 125 bis 127 [unverändert]

§ 128[40]) [Form der Anmeldungen und Zeichnungen]

§§ 129 bis 131 [unverändert]

§ 132 [Ordnungsstrafverfahren des Registergerichts]

(1) Sobald das Registergericht von einem sein Einschreiten nach § 14 des Handelsgesetzbuchs, §§ 407, 408 des Aktiengesetzes, § 28 Abs. 3 des Einführungsgesetzes zum Aktiengesetz oder § 21 des Gesetzes über die Rechnungslegung von bestimmten Unternehmen und Konzernen vom 15. August 1969 (BGBl. I S. 1189)[41]) rechtfertigenden Sachverhalt glaubhafte Kenntnis erhält, hat es dem Beteiligten unter Androhung einer Ordnungsstrafe aufzugeben, innerhalb einer bestimmten Frist seiner gesetzlichen Verpflichtung nachzukommen oder die Unterlassung mittels Einspruchs gegen die Verfügung zu rechtfertigen.

(2) Die Beschwerde gegen diese Verfügung ist unzulässig.

§§ 133 bis 144 [unverändert]

§ 144a[42]) [Feststellung eines Mangels der Satzung einer Aktiengesellschaft, einer Kommanditgesellschaft auf Aktien oder einer Gesellschaft mit beschränkter Haftung]

(1) Enthält die Satzung einer in das Handelsregister eingetragenen Aktiengesellschaft oder einer Kommanditgesellschaft auf Aktien eine der nach § 23 Abs. 3 Nr. 1 oder 4 des Aktien-

[38]) § 83 a eingefügt durch Art. 7 Nr. 24 NichtehelG. In Kraft getreten am 1. 7. 1970.

[39]) §§ 100 bis 124 aufgehoben durch Artikel 1 Abs. 1 Nr. 4 der 1. DVO z. SchiffsRG v. 21. 12. 1940 (RGBl. I 1609).

[40]) § 128 ist mit Wirkung v. 1. 1. 1970 aufgehoben durch § 57 Abs. 5 Nr. 2 BeurkG.

[41]) § 132 Abs. 1 i. d. F. des § 22 Abs. 2 Nr. 1 des G über die Rechnungslegung von bestimmten Unternehmen und Konzernen v. 15. 8. 1969 (BGBl. I 1189), in Kraft getreten am 21. 8. 1969.

[42]) § 144 a eingefügt durch Art. 5 des G zur Durchführung der Ersten Richtlinie zur Koordinierung des Gesellschaftsrechts v. 15. 8. 1969 (BGBl. I 1146), in Kraft getreten am 1. 9. 1969.

gesetzes wesentlichen Bestimmungen nicht oder ist eine dieser Bestimmungen oder die Bestimmung nach § 23 Abs. 3 Nr. 3 des Aktiengesetzes nichtig, so hat das Registergericht die Gesellschaft aufzufordern, innerhalb einer bestimmten Frist eine Satzungsänderung, die den Mangel der Satzung behebt, zur Eintragung in das Handelsregister anzumelden oder die Unterlassung durch Widerspruch gegen die Verfügung zu rechtfertigen. Das Gericht hat in der Verfügung darauf hinzuweisen, daß ein nicht behobener Mangel nach Absatz 2 festzustellen ist und daß die Gesellschaft dadurch nach § 262 Abs. 1 Nr. 5, § 289 Abs. 2 Nr. 2 des Aktiengesetzes aufgelöst wird.

(2) Wird innerhalb der nach Absatz 1 bestimmten Frist weder der Aufforderung genügt noch Widerspruch erhoben oder ist ein Widerspruch zurückgewiesen worden, so hat das Gericht den Mangel der Satzung festzustellen. Die Feststellung kann mit der Zurückweisung des Widerspruchs verbunden werden.

(3) Gegen Verfügungen, durch welche eine Feststellung nach Absatz 2 getroffen oder ein Widerspruch zurückgewiesen wird, findet die sofortige Beschwerde statt.

(4) Diese Vorschriften gelten sinngemäß, wenn der Gesellschaftsvertrag einer in das Handelsregister eingetragenen Gesellschaft mit beschränkter Haftung eine der nach § 3 Abs. 1 Nr. 1 oder 4 des Gesetzes betreffend die Gesellschaften mit beschränkter Haftung wesentlichen Bestimmungen nicht enthält oder eine dieser Bestimmungen oder die Bestimmung nach § 3 Abs. 1 Nr. 3 des Gesetzes betreffend die Gesellschaften mit beschränkter Haftung nichtig ist.

§ 145 [Sonstige handelsrechtliche Verrichtungen des Amtsgerichts]

(1) Die Amtsgerichte sind zuständig für die nach § 146 Abs. 2, §§ 147, 157 Abs. 2, § 166 Abs. 3, § 338 Abs. 3, § 524 Abs. 1 und 2, § 530 Abs. 1, §§ 590, 685, 729 Abs. 1, § 884 Nr. 4 des Handelsgesetzbuchs, die nach § 33 Abs. 3, §§ 35, 73 Abs. 1, §§ 85, 103 Abs. 3, §§ 104, 122 Abs. 3, § 142 Abs. 2 bis 6, § 147 Abs. 3, § 163 Abs. 2 bis 5, § 258 Abs. 1, § 265 Abs. 3 und 4, § 270 Abs. 3, § 273 Abs. 2 bis 4, §§ 315, 350 Abs. 1 und 4 des Aktiengesetzes, die nach § 2 Abs. 3, § 6 Abs. 4 bis 7, § 12 Abs. 3, § 14 Abs. 1 Satz 5 des Gesetzes über die Rechnungslegung von bestimmten Unternehmen und Konzernen vom 15. August 1969 (Bundesgesetzbl. I 1189), die nach § 11 Abs. 3 des Gesetzes über die Mitbestimmung der Arbeitnehmer in den Aufsichtsräten und Vorständen der Unternehmen des Bergbaus und der Eisen und Stahl erzeugenden Industrie vom 21. Mai 1951 (Bundesgesetzbl. I S. 347), die nach § 10 Abs. 2 des Gesetzes zur Ergänzung des Gesetzes über die Mitbestimmung der Arbeitnehmer in den Aufsichtsräten und Vorständen der Unternehmen des Bergbaus und der Eisen und Stahl erzeugenden Industrie vom 7. August 1956 (Bundesgesetzbl. I S. 707) und nach § 47 Abs. 3 Satz 2 Nr. 2 des Gesetzes über die Beaufsichtigung der privaten Versicherungsunternehmungen und Bausparkassen vom Gericht zu erledigenden Angelegenheiten[43]).

(2) Ist die Führung des Handelsregisters für mehrere Amtsgerichtsbezirke einem Amtsgericht übertragen worden, so gehören zur Zuständigkeit dieses Amtsgerichts auch die im Absatz 1 bezeichneten Angelegenheiten, mit Ausnahme derjenigen Geschäfte, welche den Gerichten nach § 524 Abs. 1, 2, § 530 Abs. 1, §§ 590, 685, § 729 Abs. 1, § 884 Nr. 4 des Handelsgesetzbuchs obliegen.

§ 146 [Verfahren]

(1) Soweit in den im § 145 bezeichneten Angelegenheiten ein Gegner des Antragstellers vorhanden ist, hat ihn das Gericht wenn tunlich zu hören.

[43]) § 145 Abs. 1 i. d. F. des § 43 Nr. 3 EGAktG v. 6. 9. 1965 (BGBl. I 1185) und i. d. F. des § 22 Abs. 2 Nr. 2 des G über die Rechnungslegung von bestimmten Unternehmen und Konzernen v. 15. 8. 1969 (BGBl. I 1189), in Kraft getreten am 21. 8. 1969.

(2) Gegen die Verfügung, durch welche über den Antrag entschieden wird, findet die sofortige Beschwerde statt. Die Vorschriften des Aktiengesetzes und des Gesetzes über die Rechnungslegung von bestimmten Unternehmen und Konzernen vom 15. August 1969 (Bundesgesetzbl. I S. 1189) über die Beschwerde bleiben unberührt[44]).

(3) Eine Anfechtung der Verfügung, durch welche einem nach § 524 Abs. 1 und 2, § 530 Abs. 1, §§ 685, 729 Abs. 1 und § 884 Nr. 4 des Handelsgesetzbuchs gestellten Antrage stattgegeben wird, ist ausgeschlossen[45]).

§§ 147 bis 158 [unverändert]

Achter Abschnitt

Vereinssachen, Güterrechtsregister

§§ 159 bis 162 [unverändert]

Neunter Abschnitt

Offenbarungseid. Untersuchung und Verwahrung von Sachen. Pfandverkauf

§§ 163 bis 166 [unverändert]

Zehnter Abschnitt

Gerichtliche und notarielle Urkunden

§§ 167 bis 184[46]) [aufgehoben]

Elfter Abschnitt

Schlußbestimmungen

§§ 185 bis 190 [unverändert]

§ 191[47]) [aufgehoben]

[44]) § 146 Abs. 2 Satz 2 angefügt durch § 43 Nr. 4 EGAktG v. 6. 9. 1965 (BGBl. I 1185) und geändert durch § 22 Abs. 2 Nr. 3 des G über die Rechnungslegung von bestimmten Unternehmen und Konzernen v. 15. 8. 1969 (BGBl. I 1189).

[45]) § 146 Abs. 3 i. d. F. des § 43 Nr. 5 EGAktG v. 6. 9. 1965 (BGBl. I 1185).

[46]) Der Zehnte Abschnitt ist aufgehoben durch § 57 Abs. 5 Nr. 2 des Beurkundungsgesetzes v. 28. 8. 1969 (BGBl. I 1513), in Kraft getreten am 1. 1. 1970. Der Text des Beurkundungsgesetzes ist abgedruckt in Anlage 7. Die Vorschriften des Gesetzes sind an der Stelle des bisherigen Zehnten Abschnitts erläutert.

[47]) § 191 ist aufgehoben mit Wirkung v. 1. 1. 1970 durch § 57 Abs. 5 Nr. 2 BeurkG.

§§ 192 bis 197 [unverändert]

§ 198[48] [aufgehoben]

§ 199 [unverändert]

§ 200[49] [Landesgesetzliche Ergänzungs- und Ausführungsvorschriften]

(1) Durch Landesgesetze können Vorschriften zur Ergänzung und Ausführung dieses Gesetzes, mit Einschluß der erforderlichen Übergangsvorschriften, auch insoweit erlassen werden, als dieses Gesetz Vorbehalte für die Landesgesetzgebung nicht enthält.

[48]) § 198 ist aufgehoben mit Wirkung v. 1. 1. 1970 durch § 57 Abs. 5 Nr. 2 BeurkG.

[49]) § 200 Abs. 2 ist aufgehoben mit Wirkung v. 1. 1. 1970 durch § 57 Abs. 5 Nr. 2 BeurkG.

Zweiter Abschnitt
Vormundschaftssachen

Vorbemerkungen

I. Bedeutung des Abschnitts

1. Vormundschaftssachen im Sinne des zweiten Abschnitts sind nicht nur die Vormundschaftssachen im engeren Sinne, sondern alle durch das BGB und andere (Reichs-)Bundesgesetze dem VormG übertragenen Verrichtungen, die bei § 35 Rdn. 3 ff. zusammengestellt sind. Daneben gibt es familienrechtliche Angelegenheiten, für die das Amtsgericht als solches zuständig ist, wie die Aufgaben des Bestätigungsgerichts bei der Kindesannahme (§§ 65 bis 68c), die Personenstandssachen (§§ 69 bis 71) und das Verfahren nach der VO über die Behandlung der Ehewohnung und des Hausrats nach der Scheidung (HausratsVO) vom 21. 10. 1944 (RGBl. I, 256). Diese Angelegenheiten sind keine Vormundschaftssachen, so daß der Zweite Abschnitt auf sie keine Anwendung findet. 1

2. Inhalt des Zweiten Abschnitts. Er betrifft in § 35 die sachliche Zuständigkeit, in den §§ 36 bis 45 die örtliche Zuständigkeit, und zwar in § 36 für die Vormundschaft, die Beistandschaft und die Pflegschaft nach § 1706 BGB, in § 36a für die Bestellung eines Vormundes oder Pflegers vor der Geburt des Kindes, in § 36b für Eilmaßnahmen des Vormundschaftsgerichts des Geburtsorts, in §§ 37 bis 42 für Pflegschaften, in § 43 für vormundschaftsgerichtliche Einzelverrichtungen, in § 43a für die Ehelicherklärung, in § 44 für vorläufige Maßnahmen, in § 45 für gewisse Streitigkeiten unter Eheleuten; in den §§ 44a, 44b werden die örtliche Zuständigkeit und das Verfahren bei der Befreiung von den Eheverboten der Schwägerschaft, der Geschlechtsgemeinschaft und des Ehebruchs geregelt. Die folgenden Vorschriften regeln die Abgabe einer Sache an inländische oder ausländische Behörden (§§ 46, 47), die Anzeigepflicht von Behörden (§§ 48 bis 50), den Eintritt der Wirksamkeit vormundschaftsgerichtlicher Verfügungen (§§ 51 bis 53), das Verfahren bei der Regelung der Ausgleichsforderung bei Zugewinngemeinschaften und des Erbausgleichsanspruchs des nichtehelichen Kindes (§ 53a), die Eintragung einer Sicherungshypothek an Grundstücken des Vormunds (§ 54), Einschränkungen der Abänderung gerichtlicher Verfügungen (§§ 55, 62), die Volljährigkeitserklärung (§ 56), die Wirksamkeit von Verfügungen über die Genehmigung der Unterbringung eines Mündels (§ 55a), über die Feststellung des Vaters eines nichtehelichen Kindes nach dem Tode des Mannes oder des Kindes (§ 55b), über die Ehelicherklärung auf Antrag des Vaters oder des Kindes (§§ 56a, 56b), über die Anfechtung der Ehelichkeit und der Anerkennung eines nichtehelichen Kindes (§ 56c) und über die Aufhebung der Annahme an Kindes Statt (§ 56d). Die §§ 57 bis 64 enthalten Besonderheiten über das Beschwerdeverfahren in Vormundschaftssachen. 2

3. Zu landesrechtlichen Ergänzungs- und Ausführungsvorschriften in Vormundschaftssachen auf Grund des § 200 FGG gab die im wesentlichen erschöpfende Regelung des Reichsgesetzes den meisten Landesrechten keinen Anlaß. Lediglich die Vorbehalte in EGBGB Art. 147 und FGG §§ 189, 190, 194, 195, 196 haben zum Erlaß landesgesetzlicher Vorschriften geführt, auf die, soweit sie noch von Bedeutung sind, in den Bemerkungen zu den angeführten Bestimmungen hingewiesen wird. Eine umfassende Regelung hat Württemberg in WürttAGBGB Art. 61 bis 72 getroffen (abgedruckt in *Anl. 17).* 3

4. Mitteilungspflichten. Mitteilungspflichten in Vormundschaftssachen sind zusammengestellt in der AnO über Mitteilungen in Zivilsachen (MiZi) vom 1. 10. 1967[1]), und zwar für Vormundschafts- und Pflegschaftssachen in Abschn. XIII, für Legitimations- und Ehelichkeits- 4

[1]) Dazu Hartmann, JVBl. 1967, 241; Haeuseler ABl. f. Berlin 1967, 1236.

erklärungssachen in Abschn. XIV, für Erziehungsbeistands- und Fürsorgeerziehungssachen in Abschnitt XV.

5 *5. Kosten.* Gebühren und Auslagen für die Tätigkeit des Vormundschaftsgerichts werden **nach der Kostenordnung** i. d. F. vom 26. 7. 1957 (BGBl. I, 960) unter Berücksichtigung der Änderungen durch Art. 7 GleichberG vom 18. 6. 1957 (BGBl. I, 609), durch Art. 6 FamRÄndG vom 11. 8. 1961 (BGBl. I, 815) und durch Art. 11 NichtehelG vom 19. 8. 1969 (BGBl. I, 1243) erhoben. Die einschlägigen Bestimmungen sind enthalten in den §§ 91 bis 97a, 99, 130, 136 bis 139, 142 KostO.

II. Reform des Rechts des nichtehelichen Kindes

6 Das *Gesetz über die rechtliche Stellung der nichtehelichen Kinder* vom 19. 8. 1969 ist im BGBl. 1969 I, 1243 verkündet und für Berlin durch ÜbernahmeG vom 26. 8. 1969 (GVBl. S. 1525) übernommen worden. Es tritt am 1. 7. 1970 in Kraft. Der Gesetzgeber erfüllt damit den ihm vom Grundgesetz in Art. 6 Abs. 5 erteilten Auftrag zur Reform des Rechts des nichtehelichen Kindes auf dem Gebiet des bürgerlichen Rechts. Wäre dies nicht bis zum Ende der 5. Legislaturperiode des Bundestages geschehen, so wäre nach einem Beschluß des BVerfG vom 29. 1 1969 (FamRZ 1969, 196 = JZ 1969, 294 = NJW 1969, 597) der Wille der Verfassung so weit wie möglich von der Rechtsprechung zu verwirklichen gewesen; die Verfassungsnorm hätte insoweit derogierende Kraft gegenüber entgegenstehendem einfachen Recht erlangt (BVerfG aaO.), Es ist aber nicht anzunehmen, daß der Gesetzgeber dadurch, daß er das Inkrafttreten des neuen Rechts bis zum 1. 7. 1970 hinausgeschoben hat, die Grenzen des gesetzgeberischen Ermessens überschritten hat*). Für Berlin vgl. noch die AO der All. Kommandantur BK/O (70) 2 vom 9. 2. 1970 (GVBl. 424).

7 Die Bundesregierung hatte dem Bundestag am 7. 12. 1967 den Entwurf eines Gesetzes über die rechtliche Stellung der unehelichen Kinder vorgelegt (BT-Drucks. V/2370), der die Änderungen des BGB enthielt, sowie am 14. 1. 1969 den Entwurf eines Einführungsgesetzes zum Gesetz über die rechtliche Stellung der unehelichen Kinder (BT-Drucks. V/3719), der Änderungen weiterer Gesetze und Übergangs- und Schlußvorschriften zum Gegenstande hatte. Der Rechtsausschuß des Bundestages hat beide Entwürfe zu einem einheitlichen Gesetzgebungswerk zusammengefaßt. Seine Beratungen führten neben einer Reihe von kleineren Änderungen vor allem auf dem Gebiet des Erbrechts zu bedeutenden Änderungen und Ergänzungen (vgl. den Bericht des Rechtsausschusses zu BT-Drucks. V/4179). Während die Regierungsentwürfe die bisherige Bezeichnung „unehelich" beibehalten hatten, wählte der Rechtsausschuß die Bezeichnung „nichtehelich". Die in dem Entwurf eines Einführungsgesetzes (Art. 2) vorgesehenen Änderungen des JWG konnte der Rechtsausschuß, um nicht die Verabschiedung des Gesetzes noch in der 5. Legislaturperiode zu gefährden, nicht mehr beraten; sie blieben deshalb der 6. Legislaturperiode vorbehalten. Der Bundestag hat aber am 14. 5. 1969 eine Entschließung angenommen, in welcher die Bundesregierung ersucht wird, den Entwurf der Änderung des JWG erneut so rechtzeitig einzubringen, daß das Gesetz am 1. 7. 1970, also gleichzeitig mit dem NichtehelG, in Kraft treten kann.

8 Das Gesetz bringt in den Art. 1 bis 11 Änderungen des BGB, des EheG, der HöfeO, des GVG, der ZPO, der KO, des FGG, des PStG, des GKG, der BRAGebO und der KostO. Art. 12 enthält in den §§ 1 bis 27 die Übergangs- und Schlußbestimmungen. Das neue Recht hat auch umfangreiche Änderungen des FGG notwendig gemacht; neu eingefügt sind die

*) Vgl. dazu Bosch, Einführung in das neue Nichtehelichenrecht, FamRZ 1969, 505 zu III; Flessner, Interregnum im Recht der nichtehelichen Kinder, JuS 1969, 558; Lange, NJW 1970, 297 zu III 2. Zusammenstellungen des umfangreichen Reformschrifttums, das hier nicht im einzelnen ausgebreitet werden kann, finden sich bei Bosch, FamRZ 1967, 517 ff.; 1968, 621 ff.; 1969, 505 ff. zu I; Bähr, Die Reform des Unehelichenrechts, JuS 1969 545. Darstellung des Gesetzesinhalts von Lange, Das neue Nichtehelichenrecht, NJW 1970, 297; Firsching, Rpfleger 1970, 8 und 41; Göppinder, FamRZ 1970, 57-69; Deisenhofer, Neues Recht für das nichteheliche Kind, UJ 1970, 15-28, 66-76 u. 117-126.

§§ 36a, 36b, 55b, 56b, 63a und 83a, geändert sind die §§ 36, 37, 40, 43, 43a, 46, 47, 53, 53a, 56a, 56b, 57 Abs. 1 Nr. 6 und 7, 57a, 58, 60 Abs. 1 Nr. 1, 68a; die bisherigen §§ 56b und 56c haben die Bezeichnung 56c und 56d erhalten; § 49 ist aufgehoben worden. Aus dem neuen Recht ist hervorzuheben:

1. Verwandtschaft, Anerkennung und Feststellung der Vaterschaft. Die Vorschrift des **9** § 1589 Abs. 2 BGB, nach welcher ein uneheliches Kind und dessen Vater als nicht verwandt gelten, fällt weg. Nach § 1600a BGB n. F. wird die Vaterschaft zu einem nichtehelichen Kinde durch Anerkennung oder gerichtliche Entscheidung mit Wirkung für und gegen alle festgestellt. Während das Vaterschaftsanerkenntnis des früheren Rechts nur die Einrede des Mehrverkehrs ausschloß (§ 1718 BGB a. F.) und diese Frage auch der Nachprüfung im Statusverfahren (§§ 640 ff. ZPO) nicht entzog, hat die Anerkennung jetzt dieselben bürgerlichrechtlichen Wirkungen wie ein Abstammungsurteil. Da nach dem Wegfall des § 1589 Abs. 2 BGB das nichteheliche Kind mit dem Vater und den väterlichen Verwandten auch im bürgerlichrechtlichen Sinne verwandt ist, hat die Anerkennung der nichtehelichen Vaterschaft nunmehr ungleich weitergehende Rechtswirkungen als früher. Die Anerkennungserklärung und die Zustimmung des Kindes hierzu müssen öffentlich beurkundet werden; die Zustimmung des gesetzlichen Vertreters ist in öffentlich beglaubigter Form abzugeben (§ 1600c BGB n. F.). Für die Beurkundung dieser Erklärungen bestehen auch nach dem Inkrafttreten des Beurkundungsgesetzes außer der Zuständigkeit der Notare (§ 20 BNotO) weitere Zuständigkeiten des Amtsgerichts, des Standesbeamten und des Jugendamts (§ 62 BeurkG, § 29a PStG n. F., § 49 JWG). Die Anerkennung der Vaterschaft ist in der Regel durch Klage anzufechten; nach dem Tode des Kindes oder des Mannes wird die Anerkennung jedoch durch Antrag beim Vormundschaftsgericht angefochten (§ 1600l BGB, § 56c FGG, vgl. die Bem. zu § 56c). Das Vormundschaftsgericht ist auch zuständig für die gerichtliche Feststellung der Vaterschaft nach dem Tode des Mannes oder des Kindes (§ 1600n Abs. 2 BGB, § 55b FGG, vgl. die Bem. zu § 55b).

2. Unterhalt. Grundsätzlich erhält auch das nichteheliche Kind Verwandtenunterhalt nach **10** den allgemeinen Vorschriften (§ 1615a BGB n. F.). Sonderregelungen finden sich in §§ 1615b-1615i, 1615o BGB n. F. Bei der Bemessung des Unterhalts ist die Lebensstellung beider Eltern zu berücksichtigen (§ 1615c BGB n. F.). Das nichteheliche Kind, ebenso dessen Abkömmlinge, können mit dem Vater sowie dessen Verwandten Vereinbarungen über den Unterhalt treffen, insbesondere einen Abfindungsvertrag schließen (§ 1615e BGB n. F.), der der Genehmigung des Vormundschaftsgerichts bedarf. Im allgemeinen hat der Vater bis zur Vollendung des achtzehnten Lebensjahres des Kindes mindestens einen Regelunterhalt zu zahlen (§§ 1615f-1615h BGB n. F.). Die Fortdauer des Unterhaltsanspruchs des nichtehelichen Kindes über den Tod des Vaters hinaus (§ 1712 BGB a. F.) entfällt.

3. Erbausgleichsanspruch. Nach dem vom Rechtsausschuß eingefügten § 1934d BGB n. F. **11** kann das nichteheliche Kind vom 21. bis zum 27. Lebensjahr von seinem Vater einen vorzeitigen Erbausgleich in Geld verlangen. Die Höhe bestimmt sich nicht nach dem Erbrecht im Falle des Todes des Vaters, sondern nach dem zuletzt geschuldeten Unterhalt. In der Regel beläuft sich der Anspruch auf das dreifache, mindestens jedoch das einfache, höchstens das zwölffache des durchschnittlichen Unterhalts der letzten Jahre (§ 1934d Abs. 2 BGB n. F.). Der Vater kann unter Umständen Stundung des Anspruchs verlangen (§ 1934d Abs. 5 BGB n. F.); hierüber ist vom Vormundschaftsgericht im Verfahren nach § 53a FGG zu entscheiden. Ist über den Erbausgleich eine wirksame Vereinbarung getroffen oder der Anspruch durch rechtskräftiges Urteil zuerkannt, so entfallen die durch die nichteheliche Verwandtschaft begründeten Erbberechtigungen (§ 1934e BGB n. F.). Der Anspruch kann nur von dem Kinde geltend gemacht werden; der Vater hat kein Recht, das Kind gegen seinen Willen abzufinden. Eine Vereinbarung zwischen dem Kinde und dem Vater über den Erbausgleich bedarf der notariellen Beurkundung (§ 1934d Abs. 4 Satz 1 BGB n. F.).

4. Elterliche Gewalt. Das nichteheliche Kind steht, solange es minderjährig ist, unter der **12** elterlichen Gewalt der Mutter (§ 1705 BGB n. F.). Sofern es nicht eines Vormundes bedarf, erhält das Kind für bestimmte Angelegenheiten einen Pfleger (§ 1706 BGB n. F.). Zu den Aufgaben des Pflegers gehören die Feststellung der Vaterschaft, die Geltendmachung von Unterhaltsansprüchen (einschließlich einer Abfindung) und die Regelung von Erb- und Pflichtteilsrechten des Kindes nach dem Vater und seinen Verwandten (§ 1706 BGB n. F.). Im Regelfall wird das Jugendamt mit der Geburt des Kindes Pfleger (§ 1709 n. F.) oder Vormund, wenn das Kind eines solchen bedarf (§ 1791c BGB n. F.). Pfleger und Vormund können schon vor der Geburt des Kindes bestellt werden (§§ 1708, 1774 Satz 2 BGB n. F.). Auf Antrag der Mutter hat jedoch das Vormundschaftsgericht, wenn dies dem Wohl des Kindes nicht widerspricht, anzuordnen, daß keine Pflegschaft eintritt, oder den Wirkungskreis des Pflegers zu beschränken (§ 1707 BGB n. F.). Vgl. dazu § 36 Rdn. 27 und die Bem. zu § 36a sowie Göppinger, Elterliche Gewalt über nichteheliche Kinder, FamRZ 1970, 57 ff.

13 Der Regierungsentwurf und die Vorschläge des Rechtsausschusses hatten vorgesehen, daß die Mutter für alle Angelegenheiten einen Beistand erhält, der bestimmte Aufgaben an Stelle der Mutter wahrnimmt. Die getroffene Regelung, die sich erst im Vermittlungsausschuß durchsetzte, geht auf die Vorschläge des Bundesrats zurück, der in der gesetzlichen Beistandschaft eine gewisse Herabsetzung der Mutter und des Kindes erblickte (vgl. BT-Drucks. V/2370 S. 105, zu Drucks. V/4179 S. 4).

14 5. *Ehelicherklärung und Legitimation durch nachfolgende Ehe.* Während nach § 1723 BGB i. d. F. des FamRÄndG vom 11. 8. 1961 ein nichteheliches Kind auf Antrag seines Vaters vom Vormundschaftsgericht für ehelich erklärt werden kann, wird in § 1723 BGB n. F., der den Inhalt der bisherigen §§ 1723 und 1734 BGB zusammenfaßt, klargestellt, daß es sich bei der Ehelicherklärung um keine Ermessensentscheidung des Gerichts handelt („ist ... für ehelich zu erklären"). Nach § 1727 Abs. 2 BGB kann das Vormundschaftsgericht jetzt abweichend vom bisherigen Recht unter allerdings eng begrenzten Voraussetzungen auch die Einwilligung der Ehefrau des Vaters ersetzen (vgl. dazu § 56a Rdn. 7, § 53 Rdn. 17). Die Vorschrift des § 1737 BGB, nach der die Wirkungen der Ehelicherklärung sich nicht auf die Verwandten des Vaters erstreckten, ist weggefallen (vgl. § 56a Rdn. 1). Eine Verbesserung der Stellung des sog. Brautkindes bringt § 1740a BGB n. F. Danach ist ein nichteheliches Kind auf seinen Antrag (§ 1740c BGB n. F.) für ehelich zu erklären, wenn die Eltern des Kindes verlobt waren und das Verlöbnis durch den Tod eines Elternteils aufgelöst worden ist. Zur Ehelicherklärung ist die Einwilligung des überlebenden Elternteils erforderlich (§ 1740b BGB n. F.). Das Verfahren ist geregelt in den §§ 43a, 56b FGG. Der Eintritt der *Legitimation* durch nachfolgende Ehe (§ 1719 BGB) wird nicht mehr durch eine Entscheidung des Vormundschaftsgerichts festgestellt. § 31 PStG, der dieses Verfahren regelte, ist dahin geändert, daß der Standesbeamte selbständig die Legitimation in das Geburtenbuch einzutragen hat, sobald die Vaterschaft des Mannes anerkannt oder rechtskräftig festgestellt ist; kommt jedoch für die Legitimation ausländisches Recht in Betracht, so hat der Standesbeamte nach § 31 Abs. 2 PStG n. F. das Amtsgericht anzurufen, welches im Verfahren nach §§ 48 bis 50 PStG entscheidet. Es liegt also keine Verrichtung des Vormundschaftsgerichts mehr vor. Vgl. dazu Anh. II nach § 56a.

15 6. *Namensrecht.* Nach § 1617 Abs. 1 BGB n. F. erhält das nichteheliche Kind den Familiennamen, den die Mutter zur Zeit der Geburt des Kindes führt, auch wenn dies ein durch Eheschließung erworbener Ehename ist. Für Kinder, die vor dem 1. 7. 1970 geboren sind, gilt dies grundsätzlich nicht. Nach Art. 12 § 6 NichtehelG kann aber das Vormundschaftsgericht dem Kinde auf seinen Antrag den Ehenamen der Mutter erteilen; das Verfahren ist dargestellt in Anh. D zu § 56b. Nach § 1618 BGB n. F. kann ferner der Ehemann der Mutter oder des Vaters des Kindes diesem mit seiner Einwilligung und der Einwilligung der Mutter durch Erklärung gegenüber dem Standesbeamten seinen Namen erteilen; eine Mitwirkung des Vormundschaftsgerichts ist hierzu nicht erforderlich. Schließlich kann das VormG nach § 1740g BGB n. F. der Mutter auf ihren Antrag den Namen des Vaters des Kindes erteilen, wenn das Kind nach dem Tode des Vaters für ehelich erklärt worden ist. Das Verfahren ist dargestellt bei § 43a und § 56b Anm. C.

7. Wegen des Einflusses des Nichtehelichenrechts auf das *Recht der Kindesannahme* vgl. Vorbem. E vor § 65, auf das *Erbrecht* Vorbem. II vor § 72. **16**

8. *Übergangs- und Schlußbestimmungen.* Das Gesetz gilt grundsätzlich auch für die vor seinem Inkrafttreten (1. 7. 1970) geborenen Kinder und deren Abkömmlinge (Art. 12 § 1). Wer vor dem Inkrafttreten seine Vaterschaft in einer öffentlichen Urkunde anerkannt oder sich in einem vollstreckbaren Schuldtitel zur Erfüllung des Unterhaltsanspruchs nach § 1708 BGB verpflichtet hat oder in einer rechtskräftigen Entscheidung dazu verurteilt worden ist, ist als Vater im Sinne des neuen Rechts anzusehen, sofern Vater, Mutter und Kind nicht bereits verstorben sind (Art. 12 § 3 Abs. 1). Die Vaterschaft kann jedoch angefochten werden (dazu § 56c Rdn. 41). Besondere Übergangsvorschriften beziehen sich auf den Übergang von der Vormundschaft zur Pflegschaft (Art. 12 § 7), auf die Legitimation durch nachfolgende Ehe und die Ehelicherklärung (Art. 12 § 8) sowie auf die Ehelicherklärung auf Antrag des Kindes (Art. 12 § 9). Wegen erbrechtlicher Übergangsvorschriften vgl. Vorbem. II vor § 72. **17**

III. Recht der DDR

Familienrecht der DDR und des Ostsektors Berlin. Am 1. 4. 1966 ist in der DDR und im Ostsektor Berlins das Familiengesetzbuch vom 20. 12. 1965 (GBl. DDR 1966 I, 1, VOBl. Berlin-Ost I, 117) in Kraft getreten. Es enthält außer einer Präambel über die gesellschaftliche Bedeutung der Familie in sechs Teilen allgemeine Grundsätze des Familienrechts (§§ 1 bis 4), Vorschriften über die Ehe (§§ 5 bis 41), über das Rechtsverhältnis zwischen Eltern und Kindern (§§ 42 bis 78), über verwandtschaftliche Beziehungen (§§ 79 bis 87), Vormundschaft und Pflegschaft (§§ 88 bis 107) und über Verjährung (§§ 108 bis 110). Ein EinführungsG vom 20. 12. 1965 (GBl. DDR 1966 I, 19, VOBl. Berlin-Ost I, 135) enthält Übergangs- (§§ 1 bis 8) und Anpassungsbestimmungen (§§ 9 bis 14), das internationale Familienrecht (§§ 15 bis 25), Vorschriften über die Anerkennung ausländischer und westdeutscher Entscheidungen in Ehesachen (§ 26) und über die Aufhebung bisherigen Rechts (§ 27). Aufgehoben sind nach § 27 EGFGB u. a. das Vierte Buch des BGB, die §§ 10, 11, 1931 bis 1934, 2050 Abs. 1, 2077 Abs. 1 Satz 2 und Abs. 2 BGB, die Art. 13 bis 23 EGBGB mit der Maßgabe, daß an die Stelle der Art. 27, 29 und 30 EGBGB in Familiensachen die §§ 22 bis 24 EGFGB treten, das JugWohlfG vom 9. 7. 1922 (RGBl. I, 633), die VO über Eheschließung und Eheauflösung vom 24. 11. 1955 (GBl. DDR I, 849, VOBl. Berlin-Ost I, 519), die VO über die Annahme an Kindes Statt vom 29. 11. 1956 (GBl. I, 1326, VOBl. Berlin-Ost I, 941), die 1. bis 6. DVO-EheG (RGBl. 1938, 923, 1323; 1940 I, 1488; 1941 I, 654; 1943 I, 145; 1944 I, 256), das FamRÄndG vom 12. 4. 1938 (RGBl. I, 380) mit Ausnahme des Art. 29 EGBGB, die DVO dazu vom 23. 4. 1938 (RGBl. I, 417) sowie § 29 Abs. 4 TestG vom 31. 7. 1938 (RGBl. I, 973)[2]). Wegen näherer Einzelheiten kann zum Recht der Kindesannahme auf Vorbem. F vor § 65, zur Legitimation durch nachfolgende Ehe auf Anh. nach § 43a, § 31 PStG Anm. 5, zur Volljährigkeitserklärung und Ehemündigkeit auf Anh. zu § 56, Anm. 7, zur Rechtsstellung des nichtehelichen Kindes und zur Ehelichkeitserklärung auf § 43a Anm. 9, wegen der Eheverbote auf § 44a Anm. 8 und § 44b Anm. 6 und wegen des ehelichen Güterrechts auf § 161 Anm. E verwiesen werden. **18**

Das Verfahren in Familiensachen ist für die Gerichte geregelt in der VO zur Anpassung der Bestimmungen über das gerichtliche Verfahren in Familiensachen an das FGB vom 17. 2. **19**

[2]) Vgl. dazu Das Familienrecht der DDR, Lehrkomm., hersgg. v. MdJ der DDR, 1966; Beiträge von Benjamin, Eberhardt, Hauschild/Schmidt, Lübchen, Krüger in NJ 1966, 1, 8, 12, 14, 132; Thürmer, Musiolik, Schlicht in ROW 1966, 52-67; Granzow FamRZ 1965, 465 u. 1966, 217; Boschan StAZ 1966, 125; Marcks StAZ 1967, 279; Pernutz NJW 1966, 530; Wassermann JR 1966, 96; Raiser JZ 1966, 423. Inhaltsübersicht bei Keidel Vorbem. 76 a ff vor § 35; Überblick unter dem Gesichtspunkt des Rechts des unehelichen Kindes bei Staudinger-Göppinger BGB[11] Vorbem. 72 ff. vor § 1705; v. Friesen-Heller, Das Familienrecht in Mitteldeutschland, hrsgg. v. BMin. f. Gesamtdeutsche Fragen, 1967; Willenberg, Das neue internationale Familienrecht der DDR, FamRZ 1966, 385; Drobnig, Ideologie, Recht und Wirklichkeit der Familie in der DDR, Jb. f. Ostrecht VIII/2 (1967) S. 157-184; Baumann, Die standesamtliche Praxis in der BRD im Verhältnis zum mitteldeutschen Recht, StAZ 1968, 248.

1966 (GBl. DDR II, 171, VOBl. Berlin-Ost I, 409) — VerfAnpVO — und für die Organe der Jugendhilfe in der VO über die Aufgaben und die Arbeitsweise der Organe der Jugendhilfe vom 3. 3. 1966 (GBl. DDR II, 215, VOBl. Berlin-Ost I, 422) — JugendhilfeVO. Soweit die Staatlichen Notariate in Familiensachen zuständig sind, gilt die Notariatsverfahrensordnung vom 16. 11. 1956 (GBl. DDR I, 1288, VOBl. Berlin-Ost I, 875), geändert durch § 13 des G vom 17. 4. 1963 (GBl. DDR I, 65). In den Angelegenheiten, in denen nach westdeutschem Recht eine Tätigkeit der Gerichte der freiwilligen Gerichtsbarkeit in Betracht kommt, ist die Zuständigkeit wie folgt geregelt:

20 *a) Zuständigkeit des Prozeßgerichts.* In Ehesachen muß das Gericht bei Ausspruch der Scheidung oder Nichtigkeit der Ehe auch über die Regelung des elterlichen Erziehungsrechts nach Maßgabe der §§ 25, 26 FGB entscheiden (§ 18 Abs. 1 Nr. 1 VerfAnpVO)[8]). Auf Antrag kann das Gericht hierbei anordnen, daß das Kind dem Erziehungsberechtigten zuzuführen ist. Auf Antrag der Parteien sind die Verhandlung über den Anspruch auf Verteilung des gemeinschaftlichen Eigentums und Vermögens (§ 39 FGB), den Ausgleichsanspruch (§ 40 FGB) und über die Regelung der Rechtsverhältnisse an der Ehewohnung (§ 34 FGB) mit der Ehesache zu verbinden (§ 18 Abs. 2, 3 VerfAnpVO). Die Entscheidung ergeht durch Urteil. Das Gericht entscheidet nach §§ 33, 48 VerfAnpVO auf Klage des Organs der Jugendhilfe oder der Eltern durch Urteil auch über die Übertragung oder Entziehung des elterlichen Erziehungsrechts (§§ 47 Abs. 3 Satz 4, 51 Abs. 1 FGB), über die Änderung von Entscheidungen des Organs der Jugendhilfe nach §§ 44 Abs. 2, 45 Abs. 3, 46 Abs. 2, 47 Abs. 3 FGB, über die Ausübung des Erziehungsrechts bei Getrenntleben der Eltern (§ 45 Abs. 4 FGB), über Ansprüche des Erziehungsberechtigten auf Zuführung des Kindes, wenn es ihm widerrechtlich vorenthalten wird (§ 45 Abs. 5 FGB) und über die Rückübertragung des entzogenen Erziehungsrechts (§ 51 Abs. 3 FGB). Das Gericht kann auf Antrag einstweilige Anordnungen über die Ausübung des Erziehungsrechts durch begründeten Beschluß erlassen, gegen den die sofortige Beschwerde stattfindet (§§ 9, 25 Abs. 1 VerfAnpVO). In Kindesannahmesachen entscheidet das Gericht auf Klage über die Ersetzung der elterlichen Einwilligung zur Kindesannahme (§ 70 Abs. 1 FGB) und über die Aufhebung des Kindesannahmeverhältnisses nach §§ 74 bis 76 FGB (§ 34 VerfAnpVO). Im Verfahren gilt der Amtsermittlungsgrundsatz (§§ 25 Abs. 1, 2 Abs. 2 VerfAnpVO).

21 *b) Zuständigkeit der Organe der Jugendhilfe.* Organe der Jugendhilfe sind in der Unterstufe die Referate Jugendhilfe, die Jugendhilfeausschüsse und die Vormundschaftsräte bei den Räten der Kreise, Stadtkreise und Stadtbezirke, in der Mittelstufe die Referate Jugendhilfe und die Jugendhilfeausschüsse bei den Räten der Bezirke, in der Oberstufe das Ministerium für Volksbildung und der bei diesem gebildete Zentrale Jugendhilfeausschuß (§ 4 JugendhilfeVO). Fürsorgerische Aufgaben nehmen Jugendhilfekommissionen bei den Räten der Städte, Stadtbezirke und Gemeinden wahr (§§ 4 Abs. 1 Buchst. a, 11 bis 14 Jugendhilfe-Verordnung). Die Verteilung der den Organen der Jugendhilfe durch das FGB zugewiesenen Aufgaben auf die einzelnen Organe ist in den §§ 12, 13, 17, 18 bis 23, 27, 30 bis 32 JugendhilfeVO geregelt. Die Organe der Jugendhilfe sind zuständig für die Ausschließung des Rechts des nicht erziehungsberechtigten Elternteils zum Umgang mit dem Kinde nach der Scheidung (§ 27 Abs. 2 FGB), zur Ersetzung seiner Einwilligung zur Namensänderung des Kindes (§ 65 Abs. 3 FGB), zur Übertragung des Erziehungsrechts, wenn der erziehungsberechtigte Elternteil oder beide verstorben sind oder das Erziehungsrecht verloren haben, auf Großeltern oder den anderen Elternteil oder auf den Vater des nichtehelichen Kindes oder auf den Stiefelternteil (§§ 45 Abs. 2, 3, 46 Abs. 2, 47 Abs. 3 FGB), Maßnahmen bei Gefährdung der Person oder der wirtschaftlichen Interessen des Kindes, insbesondere durch Anordnung der Erziehungsaufsicht oder der Heimerziehung oder der Entziehung der Vertretungsmacht in einzelnen Angelegenheiten (§ 50 FGB, §§ 23, 27 JugendhilfeVO), Anord-

[8]) Dazu Rohde, Die gerichtliche Entscheidung über das elterliche Erziehungsrecht, NJ 1966, 465; Hoffmann, Zur Sorgerechtsregelung bei Ehescheidung in Mitteldeutschland, FamRZ 1965, 25; Sczostak, JR 1959, 295.

nung der Vormundschaft über Minderjährige, Bestellung und Beaufsichtigung des Vormunds (§§ 88, 96 FGB), Übernahme einer Amtsvormundschaft (§ 89 Abs. 3 FGB), Entscheidung von Meinungsverschiedenheiten unter mehreren Vormündern (§ 90 Abs. 3 FGB), Anordnungen über Sicherung und Verwaltung des Mündelvermögens (§ 94 Abs. 2 FGB), Bewilligung einer Vergütung für den Vormund (§ 94 Abs. 3 FGB), Maßnahmen vor Bestellung oder bei Verhinderung des Vormundes oder bei Gefährdung des Kindes (§ 95 FGB), Entlassung des Vormundes auf seinen Antrag oder von Amts wegen bei Pflichtwidrigkeit oder Ungeeignetheit (§ 97 Abs. 2 FGB), Bestellung von Ergänzungspflegern oder eines Pflegers für eine Leibesfrucht (§ 104 FGB). Die *örtliche Zuständigkeit* richtet sich nach dem Wohnsitz oder Aufenthalt des Minderjährigen; hilfsweise ist für einen Minderjährigen, der „Bürger der DDR" ist, das Organ der Jugendhilfe seines letzten Wohnsitzes oder des Stadtbezirks Berlin-Mitte zuständig (§§ 33, 34 JugendhilfeVO). Der Leiter des Referates Jugendhilfe kann vorläufige Verfügungen erlassen, die nach Ablauf von acht Wochen ihre Wirksamkeit verlieren (§ 22 JugendhilfeVO). Von der Anhörung der Beteiligten kann abgesehen werden, wenn sie nicht möglich ist oder unzweckmäßig erscheint; Vertretung durch Bevollmächtigte ist nur zulässig, wenn das persönliche Erscheinen aus berechtigten Gründen nicht möglich ist; Akteneinsicht wird nicht gewährt (§ 37 JugendhilfeVO). Entscheidungen ergehen durch begründeten Beschluß, der mit einer Rechtsmittelbelehrung zu versehen ist, wenn der Beschluß der Zustellung bedarf (§ 40 JugendhilfeVO). Über Beschwerden, die innerhalb von zwei Wochen einzulegen sind, entscheidet endgültig das übergeordnete Organ der Jugendhilfe, das Beschwerderecht steht Eltern, anderen Erziehungsberechtigten, Pflegern und sonstigen unmittelbar Beteiligten sowie dem Minderjährigen zu, wenn er das 16. Lebensjahr vollendet hat (§§ 50 bis 52 JugendhilfeVO). Auf Antrag des Leiters der Abteilung Jugendhilfe beim Minsterium für Volksbildung oder des Referats Jugendhilfe beim Rat des Bezirks kann der Zentrale Jugendhilfeausschuß beim Ministerium für Volksbildung Entscheidungen der örtlichen Organe aufheben oder ändern (§ 53 JugendhilfeVO). Die Jugendhilfeausschüsse der Unterstufe können ihre Entscheidungen aufheben oder ändern, Entscheidungen übergeordneter Jugendhilfeausschüsse nur auf Grund neuer Tatsachen oder einer Änderung der Verhältnisse (§ 45 JugendhilfeVO).

c) Zuständigkeit der Staatlichen Notariate. Die Staatlichen Notariate sind in Vormund- **22**
schaftssachen zuständig für die Anordnung der Vormundschaft über Entmündigte und der vorläufigen Vormundschaft (§§ 98, 99 FGB) sowie für die Anordnung von Pflegschaften für unbekannte Beteiligte oder für Volljährige wegen rechtlicher oder tatsächlicher Verhinderung, wegen Abwesenheit oder Gebrechlichkeit (§ 105 FGB). Allgemeine Verfahrensvorschriften enthalten §§ 3 bis 20, besondere Vorschriften für Vormundschaften und Pflegschaften die §§ 40 bis 51 NotVerfO, von denen § 40 dem § 36 FGG, § 43 dem § 33 FGG, § 47 dem § 55 Abs. 1 FGG, § 48 den § 32, 61 FGG, § 49 den §§ 38, 39 FGG, § 50 dem § 57 Abs. 1 Nr. 1 bis 3 und dem § 58 Abs. 1 FGG, § 51 dem § 60 Abs. 1 Nr. 2, 3, 5 FGG entsprechen. Über Beschwerden entscheidet endgültig das Kreisgericht (§§ 17 bis 20 NotVerfO mit § 38 Abs. 3 GVG vom 17. 4. 1963, GBl. DDR I, 45).

Sachliche Zuständigkeit

35 Für die dem Vormundschaftsgericht obliegenden Verrichtungen sind die Amtsgerichte zuständig.

Übersicht

A. Sachliche Zuständigkeit

1 *Die sachliche Zuständigkeit* in Vormundschaftssachen ist bundesrechtlich den Amtsgerichten zugewiesen. Der Amtsrichter entscheidet als Einzelrichter, § 22 Abs. 4 GVG. Ist ein *Familienrat* eingesetzt, so hat dieser im Rahmen seiner Zuständigkeit die Rechte und Pflichten des VormG, § 1872 BGB.

2 Eine Vereinigung der Aufgaben des *Jugendrichters* und des Vormundschaftsrichters sieht § 34 des Jugendgerichtsgesetzes vom 4. 8. 1953 (BGBl. I, 751) i. d. F. des G vom 19. 12. 1964 (BGBl. I, 1067) vor, der bestimmt:

§ 34 JGG. Dem Jugendrichter liegen alle Aufgaben ob, die ein Amtsrichter im Strafverfahren hat.

Der Jugendrichter soll nach Möglichkeit zugleich auch Vormundschaftsrichter sein. Ist dies nicht durchführbar, so sollen ihm für die Minderjährigen über vierzehn Jahren die vormundschaftsrichterlichen Erziehungsaufgaben übertragen werden. Aus besonderen Gründen, namentlich wenn der Jugendrichter für den Bezirk mehrerer Amtsgerichte bestellt ist, kann hiervon abgewichen werden.

Vormundschaftsrichterliche Erziehungsaufgaben sind

1. **die Unterstützung der Eltern, des Vormundes und des Pflegers durch geeignete Maßregeln (§ 1631 Abs. 2, §§ 1800, 1915 des Bürgerlichen Gesetzbuchs),**
2. **die Maßnahmen zur Abwendung einer Gefährdung des Minderjährigen (§§ 1666, 1838, 1915 des Bürgerlichen Gesetzbuchs),**
3. **die Entscheidungen, die die Erziehungsbeistandschaft und die Fürsorgeerziehung betreffen.**

3 Diese Zuständigkeit des Jugendrichters ist durch das Rechtspflegergesetz unberührt geblieben. Soweit die Aufgaben des § 34 Abs. 3 JGG für straffällig gewordene Jugendliche durch den Geschäftsverteilungsplan dem Jugendrichter zugewiesen sind, scheidet eine Tätigkeit des sonst für Vormundschaftssachen zuständigen Richters und damit auch des Rechtspflegers aus, auch soweit diese Aufgaben (z. B. § 1631 Abs. 2 BGB, vgl. nachst. Rdn. 69) dem Rechtspfleger übertragen wären; weder § 3 Abs. 1 Nr. 2 Buchst. a noch § 12 Nr. 22 RechtspflG sind insoweit anwendbar[1]). Über Beschwerden gegen Verfügungen des Jugend-

[1]) Arndt RechtspflG § 12 Anm. 67, 69; a.M. anscheinend Hofmann-Kersting RechtspflG § 12 Anm. XXII a; Keidel Vorbem. 53 vor § 35, die § 12 Nr. 22 RechtspflG für einschlägig halten.

richters in Vormundschaftssachen entscheidet nicht die Jugendkammer (§ 33 JGG), sondern eine Zivilkammer des Landgerichts[1a]).

B. Landesgesetzliche Vorbehalte

Das *Landesrecht* hat nach Art. 147 EGBGB mit § 189 FGG die Befugnis, die Verrichtungen des VormG an andere als gerichtliche Behörden zu überweisen. Hiervon hatten Hamburg, Mecklenburg und Württemberg Gebrauch gemacht. Für Hamburg sind die Vormundschaftssachen durch VO vom 11. 12. 1935 (RGBl. I, 1449) auf das Amtsgericht übertragen worden. In Mecklenburg erging die VO vom 1. 3. 1946 (ABl. 67), die durch die Rechtsentwicklung in der DDR überholt ist. Die VO über die Zuständigkeit der Amtsgerichte in Vormundschafts- und Nachlaßsachen vom 10. 6. 1936 (RGBl. I, 488), aufgehoben durch Art. 9 I Abs. 2 Nr. 8 FamRÄndG, bestimmte allgemein, daß die Verrichtungen des VormG und des NachlG zu einem von dem RJM zu bestimmenden Zeitpunkt auf die Amtsgerichte übergehen. Diese Anordnung des RJM ist nicht ergangen. Im württembergischen Rechtsgebiet des Landes Baden-Württemberg ist nach Art. 61, 62 WürttAGBGB das in jeder Gemeinde bestehende staatliche VormG (ordentliches VormG) zuständig, dessen Geschäfte der Bezirksnotar besorgt. Dem Amtsgericht sind die in Art. 68 WürttAGBGB i. d. F. vom 30. 6. 1958 (GBl. 168) aufgeführten Geschäfte vorbehalten. Änderungen dieser Einrichtung durch den Bundesgesetzgeber bedürfen jetzt gemäß Art. 138 GG der Zustimmung der Landesregierung. **4**

C. Vormundschaftssachen

Unter Vormundschaftssachen sind nicht nur die Bevormundungen im engeren Sinne zu verstehen, sondern alle im Bürgerlichen Gesetzbuch oder in sonstigen Reichs-(Bundes-)Gesetzen dem Vormundschaftsgericht zugewiesenen Verrichtungen. *Bundesrechtliche Verrichtungen* des Vormundschaftsgerichts sind: **5**

1. die Anordnung der Vormundschaft und der Pflegschaft und die im Vormundschaftsrecht (§§ 1773 ff. BGB) vorgesehene gerichtliche Mitwirkung bei der Vormundschaft und der Pflegschaft mit Ausnahme jedoch der Nachlaßpflegschaft (§ 1962) und vorbehaltlich der Sondervorschriften in §§ 88, 97 FGG; ferner die in Sondergesetzen vorgesehene Anordnung und Führung von Pflegschaften nach § 10 ZustErgG (dazu § 39 Rdn. 2), nach § 29a LandBeschG und § 149 BBauG (dazu § 39 Rdn. 3, § 41 Rdn. 7), nach § 44 Abs. 1 BBeamtG und § 19 Abs. 2 BDiszO (dazu § 38 Rdn. 16) sowie nach §§ 292, 433 StPO (dazu § 39 Rdn. 4); **6**

2. die Volljährigkeitserklärung (§ 3 BGB); vgl. § 56 mit Bem.; **7**

3. die Genehmigung für den gesetzlichen Vertreter eines Minderjährigen, diesen zum selbständigen Geschäftsbetrieb zu ermächtigen sowie die erteilte Ermächtigung zurückzunehmen (§ 112 BGB); **8**

4. bei bevormundeten Personen die Ersetzung einer vom Vormund verweigerten Ermächtigung zur Eingehung von Dienst- und Arbeitsverhältnissen seitens des Mündels (§ 113 Abs. 3 BGB); **9**

5. die Befreiung von dem Erfordernis der Ehemündigkeit (§ 1 Abs. 2 EheG); vgl. Anh. zu § 56; **10**

6. die Ersetzung der Einwilligung des gesetzlichen Vertreters oder des Sorgeberechtigten zur Eheschließung (§ 3 Abs. 3 EheG) sowie die Ersetzung der nachträglichen Genehmigung einer ohne Einwilligung geschlossenen Ehe (§ 30 Abs. 3 EheG); **11**

7. die Befreiung vom Eheverbot der Schwägerschaft und der Geschlechtsgemeinschaft (§ 4 Abs. 3 EheG, § 44a FGG); vgl. § 44a mit Bem.; **12**

8. die Befreiung vom Eheverbot des Ehebruchs (§ 6 Abs. 2 EheG, § 44b FGG); vgl. § 44b mit Bem.; **13**

[1a]) Dallinger-Lackner JWG § 34 Anm. 17; Keidel § 30 Anm. 8, § 35 Anm. 2.

14 *9.* die Untersagung der Führung des Mannesnamens durch die geschiedene oder überlebende Frau (§ 57 EheG, § 2 des G über die Rechtswirkungen des Ausspruchs einer nachträglichen Eheschließung vom 29. 3. 1951 [BGBl. I, 215]);

15 *10.* die Entscheidung unter Eheleuten bei Streitigkeiten wegen Beschränkung oder Aufhebung der Schlüsselgewalt der Frau (§ 1357 BGB);

16 *11.* die Ersetzung der Zustimmung eines Ehegatten zur Verfügung über das Vermögen im ganzen oder über Gegenstände des ehelichen Hausrats beim Güterstand der Zugewinngemeinschaft (§§ 1365 Abs. 2, 1369 Abs. 2 BGB);

17 *12.* Maßnahmen zur Stundung und Regelung der Ausgleichsforderung nach Beendigung des Güterstandes der Zugewinngemeinschaft (§§ 1382, 1383 BGB); vgl. § 53a mit Bem.;

18 *13.* die Ersetzung der Zustimmung der Frau oder des Mannes bei Rechtsgeschäften über das eingebrachte Gut, soweit die Güterstände der Errungenschaftsgemeinschaft und der Fahrnisgemeinschaft gemäß Art. 8 I Nr. 7 GleichberG noch fortgelten (§§ 1379, 1402, 1525, 1550 a. F. BGB) und bei Rechtsgeschäften über das Gesamtgut dieser Güterstände (§§ 1447, 1451, 1519, 1549 a. F. BGB), bei Rechtsgeschäften über das Gesamtgut der allgemeinen Gütergemeinschaft (§§ 1426, 1430, 1452, 1458 n. F. BGB, Art. 8 I Nr. 6 GleichberG) sowie die entsprechenden Geschäfte bei der fortgesetzten Gütergemeinschaft (§ 1487 BGB);

19 *14.* die Genehmigung für den Vormund zum Abschluß eines Ehevertrages für den Mündel (§ 1411 BGB) sowie zum Abschluß eines Erbvertrages des Mündels mit dem Ehegatten oder Verlobten (§ 2275 BGB);

20 *15.* die Genehmigung zur Ablehnung oder Aufhebung der fortgesetzten Gütergemeinschaft seitens eines überlebenden Ehegatten, der unter elterlicher Gewalt oder Vormundschaft steht (§§ 1484, 1492 BGB), sowie die Mitwirkung bei der Aufhebung der fortgesetzten Gütergemeinschaft infolge Wiederverheiratung (§ 1493 BGB);

21 *16.* die Genehmigung zum Verzicht eines unter elterlicher Gewalt oder Vormundschaft stehenden Abkömmlings auf seinen Anteil am Gesamtgut (§ 1491 BGB);

22 17. die Genehmigung für den gesetzlichen Vertreter eines geschäftsunfähigen Mannes zur Anerkennung der Vaterschaft (§ 1600d Abs. 1 Satz 2 BGB) und zur Anfechtung der Ehelichkeit eines Kindes (§ 1595 Abs. 2 Satz 1 BGB, § 640b ZPO), entsprechend zur Anfechtung durch den gesetzlichen Vertreter eines geschäftsunfähigen Elternteils des Mannes (§§ 1595a Abs. 3, 1595 Abs. 2 Satz 1 BGB, § 640b ZPO); die Genehmigung zur Anfechtung der Anerkennung der Vaterschaft durch den gesetzlichen Vertreter eines geschäftsunfähigen Anfechtungsberechtigten (§ 1600k Abs. 2 BGB); die Genehmigung zur Erhebung der Klage auf Scheidung oder Aufhebung der Ehe durch den gesetzlichen Vertreter eines geschäftsunfähigen Ehegatten (§ 612 Abs. 2 ZPO);

23 18. die Genehmigung zur Anfechtung der Ehelichkeit oder der Anerkennung der Vaterschaft durch den gesetzlichen Vertreter des minderjährigen Kindes (§§ 1597 Abs. 1 Satz 1, 1600k Abs. 1 Satz 2 BGB);

24 18a. die Entscheidung über die Feststellung der Vaterschaft zu einem nichtehelichen Kinde nach dem Tode des Mannes oder des Kindes (§ 1600n Abs. 2 BGB, § 55b FGG); vgl. § 55b mit Bem.;

25 19. die Entscheidung über die Anfechtung der Ehelichkeit und der Anerkennung eines nichtehelichen Kindes nach dem Tode des Kindes oder des Mannes (§§ 1599 Abs. 2, 1600l Abs. 2, 1721, 1735a BGB, Art. 12 § 8 NichtehelG, § 56b FGG); vgl. § 56b mit Bem.;

26 *20.* die Entscheidung von Streitigkeiten zwischen Eltern und unverheirateten Kindern über die Art der Unterhaltsgewährung (§ 1612 BGB);

27 *21.* die Unterstützung der Eltern bei der Erziehung des Kindes (§ 1631 Abs. 2 BGB);

22. die Entscheidung über den Anspruch auf Herausgabe eines Kindes im Falle des § 1632 **28**
Abs. 2 BGB;

23. die Mitwirkung bei der Vermögensverwaltung der Eltern in den gesetzlich bestimm- **29**
ten Fällen (§§ 1639, 1642 bis 1645, 1682, 1689 BGB);

24. die Bestellung eines Beistandes für den Elternteil, dem die elterliche Gewalt oder die **30**
Sorge für die Person oder das Vermögen des Kindes allein zusteht, sowie die gerichtlichen Geschäfte bei Führung der Beistandschaft (§§ 1685 bis 1692 BGB);

25. die Entziehung der Vertretung des Kindes bei der elterlichen Gewalt (§§ 1629, 1796 **31**
BGB);

26. das Einschreiten im Falle einer Verhinderung der Eltern bei Ausübung der elterlichen **32**
Gewalt sowie im Falle einer Gefährdung der Person oder des Vermögens des Kindes und die Mitwirkung bei Eingehung einer neuen Ehe des Vaters oder der Mutter (§§ 1693, 1666 bis 1670, 1680, 1683, 1684, 1838, 1845 BGB, § 9 EheG);

27. die Entscheidung von Meinungsverschiedenheiten zwischen gesamtvertretungsberech- **33**
tigten Eltern über eine das Wohl des Kindes berührende Frage; vgl. dazu § 53 Rdn. 13;

28. bei der Pflegschaft über ein Kind in elterlicher Gewalt die Entscheidung von Mei- **34**
nungsverschiedenheiten zwischen den Eltern und dem Pfleger (§ 1630 Abs. 2 BGB);

29. die Entscheidung von Meinungsverschiedenheiten zwischen unehelicher Mutter und Vor- **35**
mund in Staatsangehörigkeitsfragen nach G zur Regelung von Fragen der Staatsangehörigkeit vom 22. 5. 1955 (BGBl. I, 65) i. d. F. vom 19. 8. 1957 (BGBl. I, 1251) § 15 Abs. 2;

30. die Feststellung des Ruhens der elterlichen Gewalt und des Wiederaufhörens dieses **36**
Zustandes (§ 1674 BGB);

31. die Regelung der elterlichen Gewalt bei nicht nur vorübergehendem Getrenntleben der **37**
Eltern oder bei Scheidung, Aufhebung oder Nichtigkeitserklärung der Ehe (§§ 1671, 1672, 1681 Abs. 2 BGB, § 37 Abs. 1 EheG), bei Feststellung des Ruhens der elterlichen Gewalt (§ 1678 Abs. 2 BGB) oder der Verwirkung durch einen Elternteil (§ 1679 BGB) sowie die Regelung des persönlichen Verkehrs der Eltern mit dem Kinde (§§ 1634, 1711 BGB) sowie die Änderung dieser Entscheidungen (§§ 1696, 1711 Abs. 1 Satz 3 BGB);

32. die Anordnung, daß die Pflegschaft nach § 1706 BGB nicht eintritt oder der Wir- **38**
kungskreis des Pflegers beschränkt wird (§ 1707 BGB) und die Änderung dieser Entscheidungen (§ 1707 Abs. 2 Satz 2 BGB); vgl. dazu § 36a Rdn. 10 ff.;

33. die Genehmigung einer Vereinbarung zwischen dem unehelichen Kind und seinem **39**
Vater über den Unterhalt für die Zukunft oder über die Gewährung einer Abfindung (§ 1615e BGB);

34. die Ehelicherklärung auf Antrag des Vaters (§ 1723 BGB) oder auf Antrag des Kin- **40**
des (§ 1740a BGB) sowie die Erteilung des Vaternamens an die Mutter des auf seinen Antrag für ehelich erklärten Kindes (§ 1740g BGB); vgl. §§ 43a, 56a, 56b FGG mit Bem.;

35. die Ersetzung der Einwilligung der Mutter des Kindes oder der Ehefrau des Vaters **41**
zur Ehelicherklärung (§ 1727 BGB);

36. die Genehmigung zu dem Antrag des in der Geschäftsfähigkeit beschränkten Vaters **42**
auf Ehelicherklärung (§ 1728 Abs. 2 BGB);

37. die Ersetzung der Einwilligung eines Elternteils zur Kindesannahme (§ 1747 Abs. 3 **43**
BGB); vgl. dazu Vorbem. B 2 vor § 65;

38. die Genehmigung zum Abschluß eines Vertrages über Annahme an Kindes Statt in **44**
den Fällen des § 1751 BGB sowie zur Aufhebung eines solchen Vertrages in den gleichen Fällen (§ 1770 BGB);

45 *39.* die Ersetzung der Zustimmung des Ehemannes der Annehmenden zu der Vereinbarung, daß das Kind den Ehenamen der Frau erhalten soll (§ 1758a Abs. 2 BGB, Art. 8 I Nr. 10 GleichberG); dazu § 57a mit Bem.;

46 *40.* die Mitwirkung bei der Verwaltung des Vermögens des Angenommenen gemäß § 1760 BGB;

47 *41.* die gerichtliche Aufhebung des Kindesannahmeverhältnisses (§§ 1770a, 1770b BGB, § 56d FGG);

48 *41a.* die Rückübertragung der Ausübung der elterlichen Gewalt auf die Mutter nach Ehelicherklärung, wenn die elterliche Gewalt des Vaters endigt oder ruht oder wenn ihm die Sorge für die Person des Kindes entzogen ist (§ 1738 Abs. 2 BGB); die Rückübertragung der elterlichen Gewalt auf die leiblichen Eltern nach Kindesannahme, wenn die elterliche Gewalt des Annehmenden endigt oder ruht (§ 1765 Abs. 2 BGB);

49 *41b.* die Erteilung des Ehenamens der Mutter an ein vor dem 1. 7. 1970 geborenes nichteheliches Kind (Art. 12 § 6 Abs. 2 NichtehelG); vgl. dazu § 56b Rdn. 34 ff.);

50 *41c.* die Entscheidung über den Antrag des Vaters auf Stundung des Erbausgleichsanspruchs des nichtehelichen Kindes (§ 1934d Abs. 5 BGB, § 53a FGG); vgl. § 53a mit Bem.;

51 *42.* die Genehmigung einer mit Freiheitsentziehung verbundenen Unterbringung eines Mündels oder Pflegebefohlenen durch den Vormund oder Pfleger (§§ 1800 Abs. 2, 1915 BGB, § 55a FGG);

52 *43.* die Genehmigung zur Anfechtung eines Erbvertrages für einen geschäftsunfähigen Erblasser (§ 2282 BGB);

53 *44.* die Genehmigung zur Aufhebung eines Erbvertrages und zum Erbverzicht in den besonderen Fällen der §§ 2290 und 2347 BGB;

54 *45.* die Genehmigung zum Antrag auf Entlassung eines Kindes oder Mündels aus der Staatsangehörigkeit nach näherer Maßgabe des Reichs- und StaatsangehörigkeitsG vom 22. 7. 1913 §§ 19, 35 und der VO über die deutsche Staatsangehörigkeit vom 5. 2. 1934 (RGBl. I, 85);

55 *46.* die Genehmigung der Auswanderung eines Mädchens unter 18 Jahren (VO gegen Mißstände im Auswanderungswesen vom 14. 2. 1924, RGBl. I, 107);

56 *47.* die Erteilung von Weisungen nach § 21 Abs. 4 des G über die Verbreitung jugendgefährdender Schriften vom 9. 6. 1953 (BGBl. I, 377) und nach § 12 des G zum Schutze der Jugend in der Öffentlichkeit i. d. F. vom 27. 7. 1957 (BGBl. I, 1058);

57 *48.* Vermittlung und Entscheidung bei Streitigkeiten, betreffend die religiöse Kindererziehung (G vom 15. 7. 1921);

58 *49.* die Genehmigung zum Antrag des gesetzlichen Vertreters auf Todeserklärung oder Feststellung der Todeszeit (§§ 16 Abs. 3, 40 VerschG);

59 *50.* die Genehmigung des Antrags des Vormundes oder Pflegers auf Änderung des Familiennamens (§ 2 d. G vom 5. 1. 1938, RGBl. I, 9);

60 *51.* die Feststellung, daß ein uneheliches Kind durch die Eheschließung seiner Eltern ehelich geworden ist (§ 31 PStG); dazu Anh. nach § 56a;

61 *52.* die Maßnahmen und Anordnungen bei der gesetzlichen und bestellten Amtsvormundschaft (§§ 1791b, 1791c, 1887, 1889 Abs. 2 BGB, §§ 40, 44 JWG), der Amtspflegschaft (§§ 1709, 1791b, 1791c Abs. 3, 1915 BGB), der Vereinsvormundschaft (§§ 1791a, 1887, 1889 Abs. 2, 1915 BGB), der Erziehungsbeistandschaft und der Fürsorgeerziehung (§§ 57, 64 ff. JugWohlfG, § 34 Abs. 2 JugGerG); die Aufgaben des Vormundschaftsrichters nach §§ 53, 67 Abs. 4, 70 JugGerG;

52a. die Genehmigung nach § 6 des Gesetzes über die freiwillige Kastration und andere Behandlungsmethoden vom 15. 8. 1969 (BGBl. I 1143) zur Einwilligung des Vormundes oder Pflegers in den Fällen des § 3 Abs. 3, 4 sowie des § 4 Abs. 2 des Gesetzes; dazu Anh. zu § 55a; **62**

53. die Entscheidungen in *Kindergeldsachen* (§§ 3, 8 Abs. 2 KindGG); auch nachdem die Kindergeldgesetze durch § 47 des Bundeskindergeldgesetzes vom 14. 4. 1964 (BGBl. I, 265) — BKindGG — mit Wirkung vom 1. 7. 1964 aufgehoben worden sind, bleibt die Zuständigkeit des VormG für die Anordnung der anderweitigen Auszahlung bestehen, soweit der Anspruch auf Grund der aufgehobenen Kindergeldgesetze entstanden ist[2]); **63**

54. Entscheidungen auf Grund des § 3 Abs. 4 des Bundeskindergeldgesetzes vom 14. 4. 1964 (BGBl. I, 265) — BKindGG — und des § 14a Abs. 2 BKindGG i. d. F. des G vom 5. 4. 1965 (BGBl. I, 223), geändert durch Art. 7 des G vom 20. 12. 1965 (BGBl. I, 2065) und Art. 9 des G vom 23. 12. 1966 (BGBl. I, 697) i. d. F. des Art. 10 des G vom 21. 12. 1967 (BGBl. I, 1259). Danach entscheidet das VormG auf Antrag des Jugendamts oder von Personen, die ein berechtigtes Interesse nachweisen, darüber, welcher Peron das *Kindergeld* oder die *Ausbildungszulage* zu gewähren ist, wenn mehrere Personen die Anspruchsvoraussetzungen erfüllen und die Rangfolge nicht gesetzlich geregelt ist oder wenn von der gesetzlichen Rangfolge abgewichen werden soll[3]). Zuständig ist der Rechtspfleger[4]); **64**

55. Ersetzung der Zustimmung des Berechtigten zur Auszahlung der *Kinderzulage zur Verletztenrente* aus der Unfallversicherung an einen Dritten, der den Unterhalt des Kindes überwiegend bestreitet, nach § 583 Abs. 7 RVO i. d. F. des Art. 1 des Unfallversicherungs-Neuregelungsgesetzes vom 30. 4. 1963 (BGBl. I, 241); der Dritte muß zwar die Auszahlung der Kinderzulage beim Versicherungsträger beantragen, jedoch setzt das Verfahren des VormG keinen förmlichen Antrag voraus; **65**

56. nach § 20 Abs. 3 des BundesbesoldungsG i. d. F. vom 18. 12. 1963 (BGBl. I, 917) kann das VormG, wenn für ein Kind ein Vormund oder Pfleger bestellt ist, bei der vorgesetzten Dienstbehörde den Antrag stellen, zu bestimmen, daß der *Kinderzuschlag* an den Vormund, den Pfleger oder das VormG gezahlt wird. **66**

D. Die Zuständigkeit des Rechtspflegers

Vormundschaftssachen gehören zum Gebiet der Vorbehaltsübertragung (vgl. allgemein § 1 Rdn. 103 ff.). Das bedeutet, daß die richterlichen Geschäfte in Vormundschaftssachen grundsätzlich auf den Rechtspfleger übertragen sind (§ 3 Nr. 2 Buchst. a RechtspflG), soweit nicht einzelne Geschäfte dem Richter vorbehalten sind. Diese Geschäfte waren in § 12 RechtspflG i. d. F. des Art. 6 GleichberG vom 18. 6. 1957 (BGBl. I, 609) und des Art. 8 FamRÄndG vom 11. 8. 1961 (BGBl. I, 1221) aufgeführt. Jetzt ist der wesentlich eingeschränkte Katalog der Richtervorbehalte in § 14 des am 1. 7. 1970 in Kraft getretenen RechtspflG vom 5. 11. 1969 (BGBl. I 2065) enthalten[4a]). Soweit nach dem Inkrafttreten des **67**

[2]) BGH FamRZ 1967, 464.

[3]) Vgl. dazu außer den Komm. z. BKindGG Kleinheyer, FamRZ 1964, 398; Berner Rpfleger 1964, 165; Karle BWNotZ 1964, 133; Schieckel, Sozialgerichtsbarkeit 1964, 221; Hamm RdJ 1966, 212 = ZBlJR 1966, 208; Keidel 11 vor § 35.

[4]) BayObLG Rpfleger 1969, 240.

[4a]) Dazu Marquordt, Das Rechtspflegergesetz 1969, Rpfleger 1970, 1; Habscheid, RpflBl. 1970, 4; Arnold/Meyer-Stolte, Rechtspflegergesetz, 1970. Eine Reform des Rechtspflegergesetzes 1969, die möglichst zum 1. 7. 1970 in Kraft treten soll, ist bereits in Vorbereitung; vgl. BT-Drucks. Nr. VI/289 und dazu DRiZ 1970, 31; Marquordt, Rpfleger 1970, 1, 7 zu IX. Nach Art. 1 Nr. 4 des Entwurfs sollen die Richtervorbehalte des § 14 Nr. 4 RechtspflG beschränkt werden auf die Anordnung einer vorläufigen Vormundschaft (§ 1906 BGB), einer Gebrechlichkeitspflegschaft (§ 1910 BGB), es sei denn, daß die Gebrechlichkeitspflegschaft zum Zwecke der Geltendmachung eines auf dem öffentlichen Recht beruhenden Rentenanspruchs angeordnet wird, einer Vormundschaft oder Pflegschaft über einen Ausländer einschließlich der vorläufigen Maßregeln (Art. 23 EGBGB) und einer Pflegschaft auf Grund dienstrechtlicher Vorschriften. Daraus ergeben sich entsprechende Änderungen des § 16 Abs. 1 Nr. 1 und 8 in Bezug auf vom Nachlaßgericht anzuordnende Pflegschaften.

RechtspflG (1. 7. 1957) den Gerichten durch Bundesgesetz weitere Aufgaben zugewiesen wurden, gehörten sie zur Zuständigkeit des Richters, falls nicht etwas anderes ausdrücklich bestimmt war (§ 3 Abs. 2 RechtspflG). Eine Zuweisung weiterer Aufgaben lag aber nicht vor, wenn nur die gesetzlichen Grundlagen schon bisher bestehender Zuständigkeiten geändert wurden[5]). Das RechtspflG vom 5. 11. 1969 enthält eine dem § 3 Abs. 2 RechtspflG a. F. entsprechende Bestimmung nicht mehr. Bei künftiger Übertragung neuer Aufgaben auf die Gerichte kommt es daher, wenn ein Richtervorbehalt nicht angeordnet ist, darauf an, ob das Geschäft seiner Art nach zu den übertragenen Geschäften gehört. Auf landesrechtliche Angelegenheiten ist das Gesetz nicht anwendbar[6]). Durch § 37 RechtspflG n. F. werden aber die Länder ermächtigt, landesrechtliche Angelegenheiten auf den Rechtspfleger zu übertragen. Auch die Zuständigkeit der im Landesteil Württemberg des Landes Baden-Württemberg auf Grund des Art. 147 EGBGB als ordentliche Vormundschaftsgerichte bestehenden Bezirksnotariate (oben Rdn. 2) wird durch das Gesetz nicht berührt; dem Amtsgericht sind aber die in Art. 68 WürttAGBGB — *Anl. 17* — aufgeführten Geschäfte auf dem Gebiet des Vormundschaftswesens vorbehalten, die im wesentlichen mit den in § 14 Rechtspflegergesetz aufgezählten Geschäften übereinstimmen. Durch § 35 Abs. 4 Satz 1 RechtspflG wird lediglich klargestellt, daß über die Abänderung von Entscheidungen der Bezirksnotare (vgl. § 195 Rdn. 1) der Richter entscheidet. Für das badische Rechtsgebiet des Landes Baden-Württemberg enthält § 35 Abs. 1 bis 3 RechtspflG eine Sonderregelung, nach welcher gewisse Geschäfte der Notariate von zum Rechtspflegeramt befähigten Beamten wahrgenommen werden können; diese Regelung hat jedoch für Vormundschaftssachen keine Bedeutung, weil die badischen Notare außer für die Verpflichtung von Vormündern und Pflegern (§ 30 BadLFGG) in Vormundschaftssachen nicht zuständig sind.

I. Richtervorbehalte

Der Richtervorbehalt erstreckt sich gemäß § 14 RechtspflG auf folgende vormundschaftsgerichtliche Angelegenheiten:

68 *1.* Nr. 1: die Volljährigkeitserklärung (§ 3 BGB, § 56 FGG);

69 *2.* Nr. 2: die Aufhebung einer Beschränkung oder Ausschließung der Schlüsselgewalt (§ 1357 BGB); vgl. § 53 Rdn. 15;

3. Nr. 3: die Geschäfte, welche betreffen

70 *a)* die Anfechtung der Ehelichkeit durch ein minderjähriges Kind (§ 1597 Abs. 1 BGB), eines gestorbenen Kindes oder durch das Kind nach dem Tode des Mannes (§ 1599 Abs. 2 BGB); vgl. § 56 c mit Bem.;

71 *b)* die Anfechtung der Anerkennung durch ein minderjähriges Kind (§ 1600k BGB), eines gestorbenen Kindes oder die Anfechtung der Anerkennung durch das Kind oder die Mutter nach dem Tode des Mannes (§ 1600 Abs. 2 BGB); vgl. § 56c mit Bem.;

72 *c)* die Feststellung der Vaterschaft nach dem Tode des Kindes oder des Mannes (§ 1600n Abs. 2 BGB); vgl. § 55b mit Bem.;

73 *d)* die Ehelicherklärung auf Antrag des Vaters oder des Kindes (§§ 1723 ff., 1740a ff. BGB) einschließlich der Erteilung des Namens des Vaters an die Mutter nach § 1740g BGB; vgl. §§ 43a, 56a, 56b mit Bem.; für die Erteilung des Ehenamens der Mutter an das Kind nach Art. 12 § 6 Abs. 2 NichtehelG (dazu § 56b Rdn. 34 ff.) besteht kein Richtervorbehalt;

74 *e)* die Ersetzung der Einwilligung in eine Annahme an Kindes Statt (§ 1747 Abs. 3 BGB) und die Aufhebung des Kindesannahmeverhältnisses (§§ 1770a, 1770b BGB); vgl. dazu Vorbem. B 2 von § 65 und § 56d mit Bem.; für die Verfügung nach § 1758a Abs. 2 BGB und für die Erteilung vormundschaftsgerichtlicher Genehmigungen zur Kindesannahme besteht

[5]) Arndt RechtspflG § 3 Rdn. 32.

[6]) Arndt RechtspflG § 1 Anm. 26.

kein Richtervorbehalt mehr. In Bezug auf die Annahme an Kindes Statt sind an dieser Stelle nur die dem Vormundschaftsgericht als solchem zugewiesenen Geschäfte gemeint; die dem Amtsgericht im Zusammenhang mit der Bestätigung zugewiesenen Geschäfte (§§ 1741, 1745, 1770 BGB) sind keine Vormundschaftssachen; insoweit gilt jetzt die Vorbehaltsübertragung nach § 3 Nr. 2 Buchst. b mit § 15 RechtspflG;

4. Nr. 4: die Anordnung einer Vormundschaft über einen Volljährigen oder einen Ausländer sowie einer Pflegschaft einschließlich der Auswahl und Entlassung des Vormundes oder Pflegers und der vorläufigen Maßnahmen nach Art. 23 Abs. 2 EGBGB, es sei denn, daß eine Gebrechlichkeitspflegschaft (§ 1910 BGB) zum Zwecke der Geltendmachung eines auf dem öffentlichen Recht beruhenden Rentenanspruchs geltend gemacht wird; ein deutscher Staatsangehöriger mit mitteldeutschem Personalstatut (vgl. § 35 Anm. F I 2) kann insoweit einem Ausländer nicht gleichgestellt werden. Auf den Rechtspfleger übertragen ist die Verpflichtung des vom Richter ausgewählten Vormundes oder Pflegers (§§ 1789, 1915 BGB), die Bewilligung einer Vergütung (§§ 1836, 1915 BGB) und die Führung der allgemeinen Aufsicht; **75**

5. Nr. 5: die Entscheidung von Meinungsverschiedenheiten verschiedener Gewalthaber (§§ 1630 Abs. 2, 1797, 1798, 1915 BGB); **76**

6. Nr. 6: die Ersetzung der Einwilligung oder Genehmigung eines Ehegatten, eines Gewalthabers oder eines Abkömmlings zu einem Rechtsgeschäft (§§ 113 Abs. 3, 1365 Abs. 2, 1366 Abs. 3, 1369 Abs. 2, 1426, 1430, 1452, 1487, 1687, 1810, 1812 BGB); **77**

7. Nr. 7: die Entscheidung über den Anspruch auf Herausgabe eines Kindes nach § 1632 BGB; **78**

8. Nr. 8: die Maßnahmen und Anordnungen auf Grund des § 1666 und des § 1838 BGB; für Maßnahmen nach § 1631 Abs. 2 BGB ist, sofern sie nicht der Jugendrichter nach § 34 Abs. 2 Nr. 1 JGG erläßt, der Rechtspfleger zuständig[7]); **79**

9. Nr. 9: die vormundschaftsgerichtlichen Genehmigungen nach § 1822 Nr. 1 bis 3, 12 und § 1823 BGB und den entsprechenden für die Eltern geltenden Vorschriften; **80**

10. Nr. 10: die Genehmigung einer Freiheitsentziehung nach § 1800 Abs. 2, §§ 1897, 1915 BGB: **81**

11. Nr. 11: die Aufhebung einer vorläufigen Vormundschaft (§ 1908 Abs. 3 BGB) und einer Pflegschaft nach § 1910 BGB im Fall des § 1919 BGB; die Aufhebung der Vormundschaft nach den §§ 1883, 1884 BGB und die Aufhebung einer sonstigen Pflegschaft nach §§ 1919, 1920, 1921 BGB sowie die Aufhebung einer Beistandschaft nach § 1692 BGB und die Anordnungen nach § 1707 BGB sind auf den Rechtspfleger übertragen; wegen der Anordnungen nach §§ 1708, 1774 Satz 2 BGB vgl. § 36a Rdn. 3; **82**

12. Nr. 12: die Ersetzung der Einwilligung des gesetzlichen Vertreters und des Sorgeberechtigten zur Eheschließung (§ 3 Abs. 3 EheG) sowie die Ersetzung der Genehmigung des gesetzlichen Vertreters nach erfolgter Eheschließung (§ 30 Abs. 3 EheG); **83**

13. Nr. 13: die Untersagung der Führung des Mannesnamens durch die geschiedene oder überlebende Frau (§ 57 Abs. 1 EheG, § 2 des G über die Rechtswirkungen des Ausspruchs einer nachträglichen Eheschließung vom 29. 3. 1951, BGBl. I, 215); die Genehmigung zur Änderung des Familiennamens nach § 2 Abs. 1 NamensÄndG vom 5. 1. 1938 (RGBl. I, 9) ist dagegen auf den Rechtspfleger übertragen[8]); **84**

14. Nr. 14: die Genehmigung zur Erhebung der Ehescheidungsklage und der Eheaufhebungsklage durch den gesetzlichen Vertreter eines geschäftsunfähigen Ehegatten (§ 612 Abs. 2 Satz 2 ZPO); **85**

[7]) Arndt RechtspflG § 12 Rdn. 7 Nr. 4; Hofmann-Kersting RechtspflG § 12 Anm. XXVII; Keidel Vorbem. 35 vor § 35; a.M. Potrykus ZBlJR 1959, 224, 227.

[8]) Hofmann-Kersting RechtspflG § 12 Anm. XXI Nr. 23; Keidel Vorbem. 43 vor § 35; a.M. Arndt RechtspflG § 12 Anm. 53.

86 *15.* Nr. 15: die Übertragung der elterlichen Gewalt gemäß den §§ 1671, 1672 BGB und nach § 37 EheG sowie die Entscheidung über die Rückübertragung der elterlichen Gewalt nach den §§ 1738 Abs. 2, 1765 Abs. 2 BGB; zum Verfahren nach § 1671 BGB gehört wegen des untrennbaren Zusammenhangs auch die Anordnung einer Vormundschaft oder Pflegschaft nach § 1671 Abs. 5 BGB und deren Aufhebung sowie die Anordnung nach § 1681 Abs. 2 Satz 3 BGB; dagegen sind die Anordnungen nach §§ 1678 bis 1680 BGB auf den Rechtspfleger übertragen;

87 *16.* Nr. 16: die Regelung des persönlichen Verkehrs zwischen Eltern und Kindern (§§ 1634, 1711 BGB);

88 *17.* Nr. 17: die Genehmigungen bei Erbverträgen (§§ 2275, 2282 Abs. 2, 2290 bis 2292 BGB) und Erbverzichten (§§ 2347, 2351, 2352 BGB);

89 *18.* Nr. 18: die Befreiungen vom Erfordernis der Ehemündigkeit nach § 1 Abs. 2 EheG (dazu Anh. zu § 56), vom Eheverbot wegen Schwangerschaft und Geschlechtsgemeinschaft nach § 4 Abs. 3 EheG (dazu § 44a mit Bem.) und vom Eheverbot wegen Ehebruchs nach § 6 Abs. 2 EheG (dazu § 44b mit Bem.);

90 *19.* Nr. 19: die Maßnahmen des Vormundschaftsgerichts, welche sich auf die religiöse Kindererziehung beziehen (§ 1801 BGB, §§ 2, 3, 7, 9 und 10 des G über die religiöse Kindererziehung vom 15. 7. 1921, RGBl. 939);

91 *20.* Nr. 20: die Genehmigung nach § 6 des Gesetzes über die freiwillige Kastration und andere Behandlungsmethoden vom 15. 8. 1969 (BGBl. I 1143);

92 *21.* Nr. 21: die im Jugendgerichtsgesetz vom 4. 8. 1953 (BGBl. I, 731) dem Vormundschaftsgericht zugewiesenen Verrichtungen; hierzu gehören die Aufgaben nach §§ 53, 104 Abs. 4, 70 JGG;

93 *22.* Nr. 22: die in Abschnitt VI des G über Jugendwohlfahrt vom 11. 8. 1961 (BGBl. I, 1206) genannten Verrichtungen, nämlich die Aufgaben bei der Erziehungsbeistandschaft und der Fürsorgeerziehung (§§ 57, 58 Abs. 2, 61 Abs. 2, 64 bis 68, 71 Abs. 4, 73, 75 bis 77 JWG);

94 Unter dem Gesichtspunkt des Art. 92 GG bedenklich ist das Fehlen eines Richtervorbehalts für die Stundung der Ausgleichsforderung und die Übertragung von Gegenständen unter Anrechnung auf die Ausgleichsforderung nach den §§ 1382, 1383 BGB (vgl. bisher § 12 Nr. 18a RechtspflG a. F.) sowie für die Stundung des Erbausgleichsanspruchs des nichtehelichen Kindes nach § 1934d Abs. 5 BGB (vgl. § 53a mit Bem.). Die Erwägung, daß hierbei Tatfragen zu beurteilen und wirtschaftliche Belange der Beteiligten gegeneinander abzuwägen seien, ohne daß im allgemeinen rechtliche Schwierigkeiten aufträten (so die amtl. Begr. BT-Drucks. V/3134 S. 3134), kann die Übertragung nicht rechtfertigen, weil es sich eindeutig um echte Streitsachen und um Aufgaben der Rechtsprechung handelt (vgl. § 1 Rdn. 6). Dieselben Bedenken bestehen gegen die Übertragung der Entziehung der Vertretungsmacht des Vaters oder der Mutter (§§ 1629 Abs. 2 Satz 2, 1796 BGB) und der Maßnahmen zur Entziehung der elterlichen Vermögenssorge nach §§ 1667, 1668, 1669, 1684 BGB.

II. Aufgaben des Rechtspflegers

95 Soweit *kein Richtervorbehalt* gemäß § 14 RechtspflG angeordnet ist, ist der *Rechtspfleger* zuständig unbeschadet der Befugnis des Richters, gemäß § 8 Abs. 1 RechtspflG übertragene Geschäfte wirksam vorzunehmen (vgl. § 7 Rdn. 17). Im Rahmen seiner Zuständigkeit trifft der Rechtspfleger alle zur Erledigung des Geschäfts erforderlichen Maßnahmen (§ 4 Abs. 1 RechtspflG), soweit nicht Beschränkungen nach § 4 Abs. 2, 3 RechtspflG angeordnet sind oder er die Sache nach § 5 Abs. 1 RechtspflG dem Richter vorlegt; eine Verletzung dieser Vorlegungspflicht zieht keine Unwirksamkeitsfolgen nach sich[11]). Der Rechtspfleger kann auch

[11]) Arndt RechtspflG § 5 Rdn. 25.

Ordnungsstrafen in Geld androhen und verhängen und die Anwendung unmittelbaren Zwangs anordnen (§ 33 Rdn. 59), sofern damit, wie es bei Vorführungen der Fall sein wird, keine Freiheitsentziehung verbunden ist (Art. 104 GG, § 4 Abs. 2 Nr. 2 RechtspflG). Er ist auch zuständig für Gebote und Verbote nach § 1837 BGB sowie für Maßnahmen nach §§ 1693, 1846 BGB, soweit nicht eine Freiheitsentziehung in Betracht kommt. Für Maßnahmen nach § 23 Abs. 2 EGBGB (vgl. § 44 Rdn. 4) besteht ein Richtervorbehalt nach § 14 Nr. 4 RechtspflG.

Die *Rechtsbehelfe* gegen Entscheidungen des Rechtspflegers sind abweichend von der Darstellung bei § 19 Rdn. 49 in § 11 RechtspflG n. F. dahin geregelt, daß die Erinnerung, wenn der Rechtspfleger ihr nicht abhilft oder nicht abhelfen kann (nämlich weil die Erinnerung befristet ist, § 11 Abs. 1 Satz 2), dem Richter vorzulegen ist. Der Richter entscheidet über die Erinnerung, wenn er sie für zulässig und begründet erachtet oder wenn gegen die Entscheidung, falls er selbst sie erlassen hatte, ein Rechtsmittel nicht gegeben wäre. Anderenfalls legt er die Erinnerung dem Beschwerdegericht vor und unterrichtet die Beteiligten hiervon. Die Erinnerung gilt in diesem Fall als Beschwerde gegen die Entscheidung des Rechtspflegers (§ 11 Abs. 2 RechtspflG). Die bedingte Beschwerde (§ 10 Abs. 4 RechtspflG a. F.) ist damit fortgefallen; in diesem Sinne ist nunmehr jede Erinnerung, ohne daß es besonders erklärt werden müßte, eine bedingte Erinnerung. Die Erinnerung ist befristet nicht nur, wenn die Beschwerde gegen eine entsprechende Verfügung des Richters eine sofortige wäre, sondern auch, wenn eine entsprechende Verfügung des Richters unanfechtbar wäre (§ 11 Abs. 1 Satz 2 RechtspflG. Für die Entgegennahme der weiteren Beschwerde zum Protokoll der Geschäftsstelle (§ 29 Rdn. 19) ist in allen Fällen nicht mehr der UdG, sondern der Rechtspfleger zuständig (§ 24 Abs. 1 Nr. 1 Buchst. a RechtspflG). 96

E. Internationale Zuständigkeit des Vormundschaftsgerichts

Wegen der Bedeutung der internationalen Zuständigkeit im allgemeinen vgl. § 1 Randnummern 134 ff. Für die internationale Zuständigkeit in Vormundschaftssachen ergeben sich folgende Grundsätze: 97

I. Internationale Zuständigkeit für Vormundschaften und Pflegschaften über Nichtdeutsche

Die Voraussetzungen, unter denen im Inland über einen Ausländer oder Nichtdeutschen eine Vormundschaft oder Pflegschaft angeordnet werden kann, ergeben sich entweder aus dem deutschen Kollissionsrecht (Art. 23 Abs. 1, 18 Abs. 2 Satz 2 EGBGB) oder aus internationalen Vereinbarungen. 98

1. Art. 23 Abs. 1 EGBGB

a) Grundsatz. Aus Art. 23 Abs. 1 EGBGB, der die Ausnahmen regelt, ergibt sich der Grundsatz, daß für Anordnung einer Vormundschaft oder Pflegschaft die internationale Zuständigkeit des Heimatstaates begründet ist[12]). Ausnahmsweise gestattet Art. 23 Abs. 1 EGBGB die Anordnung einer inländischen Vormundschaft oder Pflegschaft über einen Ausländer, wenn er nach seinem Heimatrecht der Fürsorge bedarf oder im Inland entmündigt ist und der Heimatstaat die Fürsorge nicht übernimmt. Diese Voraussetzungen gelten auch für die vorläufige Vormundschaft[13]). Außerdem ist, wie sich aus § 36 Abs. 1 FGG ergibt, für die Anordnung der Vormundschaft erforderlich, daß der Ausländer im Inland Wohnsitz oder schlichten Aufenthalt hat[14]). Für die Pflegschaft ist inländischer Wohnsitz oder Auf- 99

[12]) Soergel-Kegel BGB[9] Art. 23 EG Anm. 1, 13; Palandt-Lauterbach BGB[28] Art. 23 EG Anm. 3.

[13]) KGJ 21 A 209; 27 A 164; 31 A 45; KG OLGR 46, 200; darüber, daß die vorl. Vormundschaft nicht als vorläufige Maßregel nach Art. 23 Abs. 2 EGBGB angeordnet werden kann, vgl. § 44 Rdn. 4.

[14]) KG RJA 12, 82; Schlegelberger § 36 Anm. 21; Keidel § 35 Anm. 9; Palandt-Lauterbach BGB[28] Art. 23 EG Anm. 3 d; Erman-Marquordt BGB[4] Art. 23 EG Anm. 4 a; Raape IPR[5] § 37 I; für Ersetzung des Wohnsitzes durch den gewöhnlichen Aufenthalt Soergel-Kegel BGB[9] Art. 23 EG Anm. 18; inländischen Wohnsitz oder Aufenthalt nicht erfordernd Beitzke FamRZ 1967, 592 zu V 3.

enthalt nicht erforderlich; es genügt, wie sich aus §§ 37 Abs. 2, 38, 39 Abs. 2, 44 FGG ergibt, daß das Bedürfnis der Fürsorge im Inland hervortritt[15]). Art. 23 bezieht sich weder in Abs. 1 noch in Abs. 2 auf Maßnahmen zur Entziehung, Beschränkung oder Regelung der elterlichen Gewalt oder auf andere vormundschaftsgerichtliche Maßnahmen außerhalb einer Vormundschaft oder Pflegschaft; insoweit ist die internationale Zuständigkeit nach anderen Grundsätzen begründet (vgl. nachst. Rdn. 121 ff.).

100 *b) Prüfungspflicht des VormG.* Besteht nach Lage der Sache hinreichender Anlaß zum vormundschaftsgerichtlichen Einschreiten durch Anordnung einer Vormundschaft oder Pflegschaft, worüber das Ermessen des VormG unter Berücksichtigung des Schutzbedürfnisses des Betroffenen und der Bedürfnisse des innerstaatlichen Rechtsverkehrs entscheidet[16]), so hat das VormG von Amts wegen zu prüfen (§ 12), ob die Voraussetzungen des Art. 23 Abs. 1 EGBGB vorliegen, insbesondere die Staatsangehörigkeit des Beteiligten zu ermitteln, nach Maßgabe seines Heimatrechts zu prüfen, ob er der Fürsorge bedarf, sowie festzustellen, ob der Heimatstaat die Fürsorge nicht übernimmt[17]). In dem besonderen Fall der inländischen Entmündigung eines Ausländers (Art. 8 EGBGB) ist die Notwendigkeit der Fürsorge kraft deutschen Rechts gegeben, so daß es nur noch darauf ankommt, ob der Heimatstaat die Fürsorge übernimmt[18]). Hierfür genügt es nicht, daß der Heimatstaat sich bisher nicht um den Fürsorgebedürftigen gekümmert hat; es muß vielmehr festgestellt werden, daß er den Sachverhalt kennt und die Fürsorge trotzdem nicht übernehmen will[19]). Diese Feststellung erfordert in der Regel eine Anfrage bei dem Heimatstaat, die auf diplomatischem Wege zu veranlassen ist[20]). Eine ausdrückliche Ablehnung ist nicht erforderlich; gibt der Heimatstaat trotz der ihm gegebenen Anregung nicht in angemessener Frist seine Fürsorgebereitschaft zu erkennen, so darf angenommen werden, daß er zur Übernahme der Fürsorge nicht bereit ist[21]). Die Anfrage entfällt, wenn feststeht, daß der ausländische Staat aus tatsächlichen oder rechtlichen Gründen die Fürsorge nicht übernehmen kann, z. B. weil er keine diplomatische oder konsularische Vertretung in der BRD (und keine Militärmission in Berlin-West) unterhält[22]) oder weil die Vertretungsmacht des Vormundes nach ausländischem Recht sich nicht auf das Inlandsvermögen erstreckt[23]). Daß der Heimatstaat die Fürsorge nicht übernimmt, kann ferner angenommen werden, wenn sein Kollisionsrecht auf die Zuständigkeit der deutschen Behörden verweist[24]). Der Heimatstaat verliert durch seine anfängliche Weigerung nicht das Recht, die Fürsorge später zu übernehmen; in diesem Fall ist die inländische Vormundschaft an den ausländischen Staat abzugeben[25]). Ob der Heimatstaat die im Inland angeordneten Maßnahmen anerkennt oder nicht, ist für die deutsche internationale Zuständigkeit ohne Bedeutung. Bei Staatenlosen kommt eine Anfrage nicht in Betracht (Art. 29 EGBGB); sie entfällt auch bei heimatlosen Ausländern nach § 11 HeimatlAuslG[26]).

101 *c)* Für *Pflegschaften* ist Art. 23 Abs. 1 EGBGB maßgebend, wenn es sich um eine Personenpflegschaft (§§ 1909, 1910, 1911 BGB) handelt; vgl. § 37 Rdn. 6, § 38 Rdn. 10, § 39 Rdn. 7 und zu § 10 ZustErgG § 39 Rdn. 2. Andere Grundsätze gelten für die Pflegschaft für un-

[15]) Soergel-Kegel aaO.; Keidel § 36 Anm. 9; Schlegelberger § 37 Anm. 3.

[16]) Raape IPR^5 § 37 I; Erman-Marquordt BGB^4 Art. 23 EG Anm. 4 b; Palandt-Lauterbach BGB^{28} Art. 23 EG Anm. 3 c; KGJ 27 A 164.

[17]) KGJ 27 A 164; 32 A 23; Keidel § 35 Anm. 9; Soergel-Kegel BGB^9 Art. 23 EG Anm. 21. Die Vorfrage z. B., ob eine Ehe besteht und deswegen ein Fürsorgebedürfnis zu verneinen ist, ist nach dem Heimatrecht des Kindes zu beantworten; Henrich StAZ 1969, 141, 147.

[18]) Raape IPR^5 § 37 I.

[19]) KG OLGR 6, 309; KGJ 27 A 164 = RJA 4, 78; KGJ 31 A 45; Schlegelberger Anm. 19 zu § 36.

[20]) KGJ 41, 25; AG Rottweil FamRZ 1957, 227 mit Anm. v. Gündisch; Soergel-Kegel BGB^9 Art. 23 EG Anm. 21.

[21]) KG OLGR 6, 309; Breslau OLGR 30, 144; Dresden ZBlFG 14, 305; Schlegelberger § 36 Anm. 19; Raape IPR^5 § 37 I.

[22]) Vgl. KG JW 1918, 377 mit Anm. v. Klein; Staudinger-Raape BGB^9 Art. 23 EG Anm. 3 b S. 608; AG Rottweil FamRZ 1957, 227; Niclas, Die Rechtsstellung ausländischer unehelicher Mütter in der BRD, in Gegenwartsfragen des Unehelichkeitsschutzes, 1964, S. 136 ff., 137; Keidel § 35 Anm. 9.

[23]) Vgl. Palandt-Lauterbach BGB^{28} Art. 23 EG Anm. 3 b; Schlegelberger § 37 Anm. 3; Soergel-Kegel BGB^9 Art. 23 Anm. 24.

[24]) Beitzke FamRZ 1967, 592 zu V 3.

[25]) Schlegelberger § 36 Anm. 20.

[26]) Beitzke in Beitzke-Bachmann, Personenstand heimatloser Ausländer in Deutschland, 1951, S. 51; Raape IPR^5 § 37 Fn. 182.

bekannte Beteiligte (§ 1913 BGB) und die Sammlungspflegschaft (§ 1914 BGB); vgl. § 41 Rdn. 4, § 42 Rdn. 4. Wegen der Leibesfruchtpflegschaft (§ 1912 BGB) vgl. § 40 Rdn. 4. Ein Pfleger zur Vertretung des Kindes im Ehelichkeitsanfechtungsrechtsstreit nach Art. 18 Abs. 2 Satz 2 EGBGB kann bestellt werden, auch wenn die Voraussetzungen des Art. 23 Abs. 1 EGBGB nicht vorliegen[27]).

d) Zu vorläufigen Maßregeln in bezug auf Ausländer ist das deutsche VormG nach Art. 23 Abs. 2 EGBGB befugt, solange eine Vormundschaft oder Pflegschaft nicht angeordnet ist; dazu § 44 Rdn. 4. **102**

e) Die *gesetzliche Amtsvormundschaft* des Jugendamtes tritt nach § 40 Abs. 1 JWG nur ein, wenn der Geburtsort im Inland liegt und die Mutter deutsche Staatsangehörige oder Deutsche i. S. des Art. 116 Abs. 1 GG oder Nichtdeutsche mit deutschem Personalstatut ist, nämlich Staatenlose mit gewöhnlichem Aufenthalt im Inland (Art. 29 EGBGB) oder Flüchtling i. S. des Abkommens vom 28. 7. 1951 über die Rechtsstellung der Flüchtlinge (BGBl. 1953 II, 559), wobei im letztgenannten Fall der sonst für die Begründung des deutschen Personalstatus nach Art. 12 der Flüchtlingskonvention erforderliche inländische Wohnsitz gemäß § 40 Abs. 1 Satz 1 JWG durch den gewöhnlichen Aufenthalt ersetzt wird. Ergibt sich die Unehelichkeit erst später aus einer gerichtlichen Entscheidung über die Anfechtung der Ehelichkeit oder aus einer Todeserklärung des Ehemanns der Mutter, so tritt die gesetzliche Amtsvormundschaft des nach § 11 JWG zuständigen JA ein, in dessen Bezirk das Kind zur Zeit der Rechtskraft der Entscheidung seinen gewöhnlichen Aufenthalt hat. Deutsches Personalstatut der Mutter und inländischer Aufenthalt des Kindes begründen mithin kumulativ die internationale Zuständigkeit des deutschen Jugendamts und die Anwendbarkeit der Vorschriften der §§ 40 bis 45 JWG über die gesetzliche Amtsvormundschaft[28]). Für andere nichtdeutsche außereheliche Kinder, nämlich ausländische oder staatenlose mit fremden Personalstatut, kann nur unter den Voraussetzungen des Art. 23 Abs. 1 EGBGB eine Einzelvormundschaft oder eine bestellte Amtsvormundschaft nach § 46 JWG angeordnet werden. Für deutsche im Ausland geborene außereheliche Kinder tritt nach § 40 Abs. 3 JWG die Amtsvormundschaft des nach § 11 JWG zuständigen JA erst ein, wenn sie im Inland Aufenthalt nehmen, sofern nicht bereits eine deutsche Einzelvormundschaft angeordnet ist[29]). **103**

Für die *gesetzliche Amtspflegschaft* des Jugendamts nach §§ 1706, 1709 BGB müssen dieselben Grundsätze gelten bis zu der beabsichtigten Anpassung des Jugendwohlfahrtsgesetzes an das neue Nichtehelichenrecht (vgl. BT-Drucks. V/3719 Art. 2 §§ 40 bis 42 nebst Begründung S. 25). **104**

f) Hinsichtlich des anwendbaren Rechts ist zwischen dem Bestand der Vormundschaft (Pflegschaft) und ihrem Inhalt zu unterscheiden. Der Bestand der Vormundschaft, also die Voraussetzungen ihrer Entstehung und ihrer Beendigung, richten sich stets nach dem Heimatrecht oder sonstigen Personalstatut des Mündels (Vormundschaftstatut). Der Inhalt der Vormundschaft dagegen richtet sich nach dem Recht des Staates, dessen Behörde sie anordnet, so daß für die Führung der inländischen Vormundschaft über einen Ausländer das deutsche Recht maßgebend ist[30]). Zum Inhalt der Vormundschaft gehören die Auswahl des Vormundes einschließlich der Benennungs- und Ausschließungsrechte der Eltern und des Rechts, zum Vormund berufen zu werden[30a]), seine Bestellung und Beaufsichtigung, die Beschränkung seiner Befugnisse, seine Entlassung, die Gewährung einer Vergütung[31]), der Umfang seines **105**

[27]) Raape IPR⁵ § 32 A II 1; Soergel-Kegel BGB⁹ Art. 18 EG Anm. 18; Erman-Marquordt BGB⁴ Art. 18 EG Anm. 6 b, Art. 23 Anm. 4 a.

[28]) Kegel IPR² § 20 XII 2 a; Erman-Marquordt BGB⁴ Art. 23 EG Anm. 3 e bb.

[29]) Vgl. Palandt-Lauterbach BGB²⁸ § 40 JWG Anm. 2 c; Riedel JWG⁴ § 40 Anm. 4; Niclas in Gegenwartsfragen des Unehelichenschutzes, 1964, S. 136 ff., 142 ff.

[30]) KGJ 42, 52; Karlsruhe JFG 4, 72; RGZ 170, 200; Soergel-Kegel BGB⁹ Art. 23 EG Anm. 23; Palandt-Lauterbach BGB²⁸ Art. 23 EG Anm. 5; Staudinger-Raape BGB⁹ Art. 23 EG Anm. B III 4.

[30a]) Staudinger-Raape BGB⁹ Art. 23 EG Anm. B III 4 b (mit Einschränkungen); a.M. (Kindschaftsstatut) Frankenstein IPR IV, 1935, S. 250 ff.

[31]) KGJ 53, 77; Hamburg NJW 1960, 1207.

Personensorgerechts einschließlich des Anspruchs auf Herausgabe des Mündels und sein Recht zur Verwaltung des Mündelvermögens sowie seine Vertretungsmacht und deren Einschränkung durch das Erfordernis vormundschaftsgerichtlicher Genehmigungen[32]) sowie die Bestellung eines Gegenvormundes. Das Recht, die Übernahme einer Vormundschaft oder Pflegschaft abzulehnen, bestimmt sich ebenfalls nach deutschem Recht. Danach sind Nichtdeutsche, da die Auferlegung dieser staatsbürgerlichen Pflicht Personalhoheit voraussetzt, zur Übernahme nicht verpflichtet (§ 1785 BGB); es kommt nicht darauf an, ob das Heimatrecht des Ausländers eine derartige Übernahmepflicht kennt, weil diese Pflicht nur gegenüber dem Heimatstaat besteht[33]).

106 *g) Das Verfahren* des deutschen VormG richtet sich sowohl bei der Anordnung der Vormundschaft oder Pflegschaft als auch bei den zu ihrer Durchführung erforderlichen Maßnahmen nach deutschem Recht[34]); das gilt auch für das Beschwerderecht[35]).

107 *h) Die Anerkennung* von im Ausland über Ausländer und Staatenlose angeordneten Vormundschaften und Pflegschaften setzt voraus, daß die Vormundschaftsbehörden des anordnenden Staates im Sinne des deutschen Rechts international zuständig gewesen sind (§ 1 Rdn. 148); es muß also entweder der Heimatstaat oder ein dritter Staat unter der Voraussetzung gehandelt haben, daß bei Fürsorgebedürfnis in diesem Staat der Heimatstaat die nach dem Personalstatut notwendige Fürsorge nicht übernommen hat oder der Ausländer in dem betreffenden dritten Staat entmündigt war. Die Anerkennung vorläufiger Maßregeln in einem beliebigen Staat setzt lediglich ein Fürsorgebedürfnis in diesem Staat voraus. Eine ausländische Vormundschaft über einen Deutschen wird im Inland anerkannt, wenn die Voraussetzungen des § 47 FGG für einen Verzicht auf die deutsche Vormundschaft vorliegen[36]).

108 *i) Die Wirksamkeit* der inländischen Vormundschaft (Pflegschaft) wird dadurch, daß dem deutschen Gericht die internationale Zuständigkeit gefehlt hat, nicht berührt[37]); die Vormundschaft ist aber auf Beschwerde oder von Amts wegen (§ 18) aufzuheben, wenn der Mangel erkannt wird. Wird die nach Maßgabe des ausländischen Sachrechts erforderliche Fürsorgebedürftigkeit (oben Rdn. 94) verkannt, also etwa ein nach seinem Heimatrecht Volljähriger irrig für minderjährig gehalten und ihm ein Vormund bestellt, so richten sich die Folgen des Mangels nach deutschem Recht; die Vormundschaft ist also wirksam[38]). Die irrige Annahme, daß gesetzliche Amtsvormundschaft (Rdn. 97) eingetreten sei, kann Rechte und Pflichten des vermeintlichen Amtsvormundes nicht begründen.

109 *2. Internationale Vormundschaftsabkommen.* Die in Staatsverträgen vereinbarte Regelung des internationalen Vormundschaftsrechts geht im Verhältnis zu den Vertragsstaaten den allgemeinen Normen des innerstaatlichen Kollisionsrechts vor; durch die staatsvertragliche Regelung werden die Bestimmungen des EGBGB verdrängt, soweit in ihnen die gleiche Materie geregelt ist[39]). Auch der allgemeine Vorbehalt des ordre public (Art. 30 EGBGB) greift gegenüber staatsvertraglichen Regelungen nicht durch, soweit nicht der Staatsvertrag selbst Vorbehalte enthält[40]), was für die Vormundschaftsabkommen nicht zutrifft. Für *Doppelstaater,* insbesondere Angehörige des Forumstaates mit zugleich ausländischer Staatsangehörigkeit eines der Vertragsstaaten, haben die Vormundschaftsabkommen keine besonderen Bestimmungen getroffen. Für die Frage, welche Staatsangehörigkeit maßgebend ist, gelten

[32]) BayObLGZ 21, 197; RGZ 170, 198; KGJ 42, 52; Palandt-Lauterbach BGB[28] Art. 23 EG Anm. 5.

[33]) Vgl. KGJ 37 A 63; Staudinger-Raape BGB[9] S. 610; a.M. Soergel-Kegel BGB[9] Art. 23 EG Anm. 7.

[34]) KGJ 42, 52; BayObLGZ 21, 197; RGZ 170, 198.

[35]) KG JR 1926 Nr. 1957.

[36]) Vgl. § 47 Rdn. 1, 2; Kegel IPR[2] § 20 XII 3 a, b; Raape IPR[5] II 1, 2; Erman-Marquordt BGB[4] Art. 23 EG Anm. 2 c, 5.

[37]) RGZ 84, 95; KG JFG 5, 98; Karlsruhe Rpfleger 1957, 308; BGHZ 49, 1 = FamRZ 1968, 26 = DNotZ 1968, 437 (Nachlaßpflegschaft); Kegel IPR[2] § 20 XII 3 b; Raape IPR[5] § 37 I; Erman-Marquordt BGB[4] Art. 23 EG Anm. 4 a.

[38]) Vgl. § 7 Rdn. 27; Staudinger-Raape BGB[9] Art. 23 EG Anm. B III 5 S. 614; Staudinger-Engler BGB[11] § 1773 Anm. 17.

[39]) Raape IPR[5] § 37 IV; Jayme NJW 1965, 13 zu 3.

[40]) Soergel-Kegel BGB[9] Art. 23 EG Anm. 39; Jayme NJW 1965, 13 zu 4 mit Schrifttumsnachweisen in Fn. 79.

deshalb die Regeln des innerstaatlichen Rechts; danach wird grundsätzlich auf die Staatsangehörigkeit des Forumstaates abgestellt[41]).

a) Haager Vormundschaftsabkommen

110 *α) Geltungsbereich.* Das Haager Abkommen vom 12. 6. 1902 zur Regelung der Vormundschaft über Minderjährige (RGBl. 1904, 240) — *Anl. 2* — ist für Deutschland am 30. 7. 1904 in Kraft getreten (RGBl. 1904, 249)[42]). Ratifiziert haben außer Deutschland Belgien, Frankreich, Luxemburg, die Niederlande, Rumänien und Schweden unter Hinterlegung der Ratifikationsurkunden am 1. 6. 1904 (RGBl. 249), Spanien am 30. 6. 1904 (RGBl. 307), Italien und die Schweiz am 17. 7. 1905 (RGBl. 716), Portugal am 2. 3. 1907 (RGBl. 84), Ungarn am 22. 9. 1911 (RGBl. 919). Gekündigt haben das Abkommen Frankreich zum 1. 6. 1914, Bek. vom 25. 1. 1914 (RGBl. 9), Schweden zum 1. 6. 1959, Bek. vom 15. 5. 1959 (BGBl. II, 582). Nach Art. 282 Nr. 26 des Versailler Vertrages vom 28. 6. 1919 (RGBl. 687) trat das Abkommen ab 10. 1. 1920 wieder in Kraft zwischen Deutschland und denjenigen alliierten und assoziierten Mächten, die daran als Vertragschließende beteiligt waren. Mit Ungarn wurde das Abkommen erneuert gemäß Bek. vom 10. 12. 1924 (RGBl. II, 455). Dazu Protokoll vom 28. 11. 1923 mit G vom 16. 9. 1924 (RGBl. II, 363, 366) und Bek. vom 9. 9. 1926 (RGBl. II, 553) sowie G vom 30. 11. 1928 über den Beitritt von Staaten zu den Haager familienrechtlichen Abkommen (RGBl. II, 630). Polen und Danzig sind dem Haager Abkommen beigetreten ab 25. 8. 1929 (RGBl. II, 640), jedoch geht im Verhältnis zu Polen das deutsch-polnische Vormundschaftsabkommen vom 5. 3. 1924 (RGBl. 1925 II, 145, 1926 II, 237) vor. Für Rumänien s. Bek. vom 25. 6. 1940 (RGBl. II, 140). Für die Zeit nach dem Zweiten Weltkrieg ist die Wiederanwendbarkeit im Verhältnis zu den ehemaligen Feindstaaten nach Maßgabe der Differenzierungstheorie[43]) anzunehmen. Als Vertragsstaaten sind daher jetzt anzusehen Deutschland, Belgien, Italien, Luxemburg, Niederlande, Polen, Portugal, Rumänien, die Schweiz, Spanien und Ungarn; ausdrücklich ist die Wiederanwendbarkeit festgestellt für Belgien, Italien (BGBl. 1955 II, 188), Luxemburg (BGBl. 1955 II, 626) und die Niederlande (BGBl. 1955 II, 1)[44]). Das Abkommen erstreckt sich nach Art. 10 nur auf die europäischen Gebiete der Vertragsstaaten. Für die Schweiz ist die von Deutschland mit der Schweiz zur Vereinfachung des Verkehrs in Vormundschaftssachen getroffene Vereinbarung vom 26. 6. 1914, Bek. vom 6. 7. 1914 (RGBl. Seite 251) zu beachten, nach deren Art. 1 unmittelbarer Geschäftsverkehr stattfindet. In gleichem Umfange wie mit der Schweiz findet auch unmittelbarer Geschäftsverkehr mit den Justizbehörden des Fürstentums Liechtenstein statt, Bek. vom 25. 3. 1959 (BAnz. Nr. 73).

111 *β) Grundsätze des HVormAbk.* Das Abkommen ist nach Art. 9 anwendbar auf die Vormundschaft über Minderjährige, die Angehörige eines der Vertragsstaaten sind, also nicht für Staatenlose, und ihren gewöhnlichen Aufenthalt in einem dieser Staaten haben. Beide Voraussetzungen müssen kumulativ zusammentreffen; fehlt auch nur eine von ihnen, so ist

41) Vgl. Ferid, Zur kollisionsrechtlichen Behandlung von Inländern mit zugleich ausländischer Staatsangehörigkeit, RabelsZ 1958, 498; Makarow, Allgemeine Lehren des Staatsangehörigkeitsrechts, 2. Aufl. 1962 S. 295 ff.; Schwind, Der Mehrstaater im vertraglich geregelten internationalen Privatrecht, FamRZ 1964, 481. Vgl. ferner § 36 Rdn. 22 mit Fn. 63.

42) Vgl. dazu die Denkschrift in den Stenogr. Berichten über die Verhdlg. des Reichstags, 11. Legislaturper., I. Session 1903/1904, 3. Anlageband, Nr. 347 S. 1984; Schrifttum außer den Kommentaren zu Art. 23 EGBGB: Jayme, Die Wiederanwendung der Haager Familienrechtsabkommen von 1902 und 1905, NJW 1965, 13; Knöpfel, Das Haager Vormundschaftsabkommen und das Sorgerecht der Eltern aus geschiedenen Ehen, FamRZ 1959, 483; Drobnig, Die Regelung des Sorgerechts für Kinder geschiedener Niederländer, FamRZ 1966, 84; Niclas, Die Rechtsstellung ausländischer unehelicher Mütter und ihrer Kinder in der BRD, in Gegenwartsfragen des Unehelichenschutzes, 1964, S. 136 ff., 138 f. Das Haager Abkommen vom 5. 10. 1961 über den Schutz Minderjähriger, das das HVormAbk. ablösen soll, ist von der BRD noch nicht ratifiziert; vgl. dazu Ferid, RabelsZ 1962, 428; Kopholler, Das Haager Abkommen über den Schutz Minderjähriger, 1966.

43) Vgl. Soergel-Kegel BGB[9] vor Art. 7 EG Rdn. 11-13; Jayme NJW 1965, 13 zu 2.

44) Im Fundstellennachweis B, Völkerrechtliche Vereinbarungen, Beil. z. BGBl. II, S. 76 sind als Vertragsstaaten nur angeführt Belgien, Italien, Luxemburg, Niederlande, Portugal, Schweiz, Spanien; ebenso Maßfeller, Das ges. Familienrecht Bd. 2 S. 97.

Art. 23 EGBGB maßgebend. Art. 7 (vorläufige Maßregeln) und Art. 8 (Benachrichtigungspflicht) finden jedoch auch auf minderjährige Angehörige eines Vertragsstaates Anwendung, die nicht ihren gewöhnlichen Aufenthalt in einem der anderen Vertragsstaaten haben, z. B. wenn sie bei einem vorübergehenden Aufenthalt fürsorgebedürftig werden (Art. 9 Abs. 2). Das Abkommen hat ferner nur die einer Anordnung (vgl. Art. 3) bedürftige Vormundschaft im engeren Sinne zum Gegenstand, nicht die Regelung oder Beschränkung der elterlichen Gewalt[45]), oder die gesetzliche Vormundschaft ehelicher oder unehelicher Eltern[46]), und zwar auch dann nicht, wenn das maßgebende ausländische Recht nach Auflösung der Ehe durch Tod oder Scheidung eine Elternvormundschaft vorsieht, wie z. B. in den Niederlanden nach Art. 378, 284, 152a BW[47]). Auf die Vormundschaft über Volljährige bezieht sich das Abkommen nicht; insoweit ist Art. 23 EGBGB auch im Verhältnis zu den Vertragsstaaten maßgebend, sofern nicht Art. 8 bis 10 des Haager Entmündigungsabkommens vom 17. 7. 1905 (RGBl. 1912 Seite 463) eingreifen[48]). Auch sonstige Maßnahmen des Vormundschaftsgerichts fallen nicht unter das Abkommen, wie Beistandschaft oder Fürsorgeerziehung; eine Pflegschaft kann unter den Voraussetzungen des Art. 7 nur als vorläufige Maßregel angeordnet werden.

112 Die *Grundsätze des Abkommens* stimmen im wesentlichen mit der sich aus Art. 23 EGBGB ergebenden Rechtslage überein. Der Staatsangehörigkeitsgrundsatz ist streng durchgeführt (Art. 1). Beginn und Ende der Vormundschaft sowie die Gründe für die Anordnung und Beendigung richten sich stets nach dem Heimatrecht des Mündels (Art. 1, 5), auch wenn die Vormundschaft nicht von der Behörde des Heimatstaats geführt wird. Dem Heimatrecht darf auch auf Grund des Art. 30 EGBGB die Anwendung nicht versagt werden (Denkschrift S. 45; oben Rdn. 102); Rück- und Weiterverweisung sind nicht zu beachten[49]). Die Verwaltungsbefugnis des Vormunds erstreckt sich auf das gesamte Vermögen des Mündels, auch wenn es außerhalb des anordnenden Staates belegen ist (Art. 6 Abs. 1); ein anderer Vertragsstaat darf mithin nicht eine Güterpflege für die auf seinem Gebiet belegenen Vermögensgegenstände anordnen. Ausnahmen sind gemäß Art. 6 Abs. 2 nach Maßgabe der lex rei sitae für gebundenen Immobiliarbesitz (Fideikommisse, Lehen, Erbhöfe, Heimstätten) zulässig.

113 Die *internationale Zuständigkeit* liegt grundsätzlich bei den Behörden des Heimatstaates (Art. 1). Ordnen diese eine Vormundschaft an, so ist das Heimatrecht außer für Beginn und Beendigung der Vormundschaft (Art. 5) auch maßgebend für die Zuständigkeit der Behörden, die Aufsicht und das Verfahren, die gesetzliche und testamentarische Berufung zur Vormundschaft, die Befähigung dazu und die Pflichten des Vormunds, nicht aber für die Verpflichtung zur Übernahme der Vormundschaft (Denkschr. S. 45). Das Heimatrecht ist auch maßgebend, wenn die Staatsangehörigkeit während der Dauer der Vormundschaft wechselt, insbesondere durch Heirat[50]); in diesem Fall soll aber die Vormundschaft fortgeführt werden, bis der neue Heimatstaat die Fürsorge übernimmt; tut er dies nicht, so kann der Aufenthaltsstaat die Vormundschaft nach Maßgabe des Art. 3 fortführen (Denkschr. S. 46). Die Behörden des Aufenthaltsstaats haben nach Art. 8 dem Heimatstaat den Sachverhalt mitzuteilen, der Anlaß zur Einleitung einer Vormundschaft gibt; das geschieht auf diplomatischem Wege, sofern nicht unmittelbarer Schriftwechsel durch besonderes Übereinkommen gestattet ist, wie im Verkehr mit der Schweiz (oben Rdn. 103 a. E.)[51]). Der ausländische Staat kann die Führung der Vormundschaft durch die zuständige Heimatbehörde anordnen oder nach Art. 2 seinen diplomatischen oder konsularischen Vertreter beauftragen, die Vormundschaft zu führen, wenn der

[45]) KGJ 45, 18 = RJA 13, 178; KG OLGR 46, 200 = IPRspr. 1926/27 Nr. 87 = JR 1927 Nr. 1030; KG JW 1933, 2065; KG FamRZ 1963, 576; München JFG 18, 155 = HRR 1938 Nr. 1463 = DFG 1938, 218.

[46]) Soergel-Kegel BGB[9] Art. 23 EG Anm. 39; Erman-Marquordt BGB[4] Anh. zu Art. 23 EG Anm. 2 b.

[47]) Raape IPR[5] § 37 IV 1; Knöpfel FamRZ 1959, 483; a.M. Drobnig FamRZ 1966, 84.

[48]) Wegen des Geltungsbereichs vgl. Soergel-Kegel BGB[9] Art. 8 EG Anm. 16 und Fundstellennachweis B, Beil. z. BGBl. II, S. 77, wo nur Italien und Niederlande genannt werden.

[49]) Schnitzer IPR[4] S. 490; Soergel-Kegel BGB[9] Art. 23 EG Anm. 39.

[50]) Vgl. auch KG KGJ 21 A 203.

[51]) Über uneheliche Kinder italienscher Mütter vgl. AV v. 2. 10. 1941 (DJ 973).

Empfangsstaat dies zuläßt. Mangels eines Staatsvertrages sind aber die deutschen Konsuln nach Aufhebung der Konsulargerichtsbarkeit nicht berechtigt, im Ausland als Vormundschaftsrichter tätig zu werden; auch gesteht Deutschland den ausländischen Konsuln mangels Staatsvertrages nicht das Recht zu, Aufgaben des Vormundschaftsgerichts gegenüber ihren Staatsangehörigen wahrzunehmen[52]). Ob Konsularverträge oder Handelsverträge ausländische Konsuln in Deutschland oder deutsche Konsuln im Ausland zur Führung von Vormundschaften ermächtigen, ist streitig und zweifelhaft[53]); die Zulassung entspricht jedenfalls nicht der deutschen Praxis.

Der *Staat des gewöhnlichen Aufenthalts* kann nach Art. 3 eine Vormundschaft anordnen, 114
wenn der Heimatstaat sie trotz Benachrichtigung (Art. 8) nicht anordnet. Die internationale Zuständigkeit des Aufenthaltsstaats ist also neben der des Heimatstaats konkurrierend, aber sekundär. In diesem Fall richtet sich die Führung der Vormundschaft, vorbehaltlich der Art. 5 und 6 Abs. 2, vollständig nach den Gesetzen des Aufenthaltsorts, einschließlich der Voraussetzungen für die Beendigung des Amtes des einzelnen Vormunds (oben Rdn. 98). Ist Deutschland der Heimatstaat, so kann die Anordnung der inländischen Vormundschaft auch gemäß § 47 FGG im Interesse des Mündels unterbleiben, wenn es für vorteilhafter erachtet wird, daß er beim Gericht des Aufenthaltsorts bevormundet wird (Denkschrift S. 46). Bei Verlegung des gewöhnlichen Aufenthalts ist auch die Abgabe einer bereits angeordneten Vormundschaft an einen anderen Vertragsstaat zulässig, wenn das innerstaatliche Recht dies gestattet (vgl. § 47 FGG) und die Behörden des anderen Staates zustimmen (Denkschr. S. 47). Der Heimatstaat kann eine Vormundschaft auch noch anordnen, nachdem bereits der Aufenthaltsstaat dies auf Grund des Art. 3 getan hat (Art. 4). Der Heimatstaat hat hiervon den Aufenthaltsstaat auf diplomatischem Wege zu benachrichtigen. Die ältere Vormundschaft endet alsdann nach dem Recht des Aufenthaltsstaats (Art. 4 Abs. 3); da das deutsche Recht Vorschriften hierüber nicht enthält, bedarf es einer Aufhebung durch das VormG, die zu verfügen ist, sobald das VormG von der Maßnahme des Heimatstaats Kenntnis erlangt; vgl. auch § 1893 Abs. 1 BGB, § 32 FGG.

Vorläufige Maßregeln können die Behörden eines Vertragsstaates zum Schutze der Per- 115
son oder des Vermögens des minderjährigen Angehörigen eines anderen Vertragsstaates gemäß Art. 7 erlassen entweder solange eine Vormundschaft nicht angeordnet ist oder in allen dringenden Fällen. Dringlichkeit liegt vor, wenn das Kindeswohl oder öffentliche Belange ein Eingreifen dringend erfordern[54]); in diesem Fall ist eine vorläufige Maßregel mithin auch zulässig, wenn in einem anderen Staat eine Vormundschaft bereits angeordnet ist, z. B. wenn der Vormund am rechtzeitigen Eingreifen verhindert ist; diese Regelung geht über Art. 23 Abs. 2 EGBGB (dazu § 44 Rdn. 4) hinaus. Die Zuständigkeit zu Eilmaßnahmen setzt nicht voraus, daß der Minderjährige im Inland seinen gewöhnlichen Aufenthalt oder überhaupt einen Aufenthalt hat (Art. 9 Abs. 2); Vermögensinteressen können mithin am Ort des Fürsorgebedürfnisses auch ohne inländischen Aufenthalt geschützt werden. Als vorläufige Maßregel ist auch die Anordnung einer Pflegschaft (§§ 1846, 1909 Abs. 3 BGB) zulässig[55]), soweit dadurch die Tätigkeit eines (noch nicht bestellten oder am Eingreifen verhinderten) Vormunds ersetzt werden soll, nicht aber Anordnungen zur Beschränkung der elterlichen Gewalt[56]) oder Fürsorgeerziehung, für welche die allgemeinen Grundsätze gelten.

Die *örtliche Zuständigkeit* des deutschen VormG bestimmt sich für die Anordnung der 116
Vormundschaft (Art. 3) nach § 36 Abs. 1 FGG (§ 36 Rdn. 4), für die Anordnung von Pflegschaften und sonstigen vorläufigen Maßnahmen (Art. 7) nach §§ 37, 44 FGG. Wegen des maßgeblichen Zeitpunkts vgl. § 36 Rdn. 7 a. E.

[52]) Raape IPR[5] § 37 IV 3; Keidel § 35 Anm. 5.

[53]) Vgl. Soergel-Kegel BGB[9] Art. 23 EG Anm. 47; Palandt-Lauterbach BGB[28] Anh. zu Art. 23 EG Anm. 1; Erman-Marquordt BGB[4] Art. 23 Anm. 13 d.

[54]) RGZ 162, 329.

[55]) KGJ 35 A 15; 45, 18; Soergel-Kegel BGB[9] Art. 23 EG Anm. 42; Zitelmann IPR Bd. 2 S. 936; Lewald IPR S. 164, h. M.

[56]) KG OLGR 46, 200 = JR 1927 Nr. 1030 = IPRspr. 1926/27 Nr. 87; Palandt-Lauterbach BGB[28] Anh. zu Art. 23 EG Anm. 3 c.

b) Zweiseitige Vormundschaftsabkommen

117 *α) Österreich.* Das Vormundschaftsabkommen mit der Republik Österreich vom 5. 2. 1927 mit G vom 16. 7. 1927 (RGBl. II, 510), in Kraft getreten gemäß Bek. vom 27. 8. 1927 (RGBl. II Seite 878) am 24. 10. 1927, blieb auch nach dem Anschluß für den Rechtsverkehr maßgebend[57]) und war daher als fortgeltend anzusehen. Seine Wiederanwendbarkeit ist festgestellt gemäß Bek. vom 21. 10. 1959 (BGBl. II, 1250). Es regelt ebenso wie das HaagVormAbk. nur die Vormundschaft im engeren Sinne, nicht die Regelung oder Beschränkung der elterlichen Gewalt oder sonstige Aufgaben des VormG[58]). Nach Art. 1 Abs. 1 wird ein Minderjähriger, der einem der beiden Staaten angehört, sich aber gewöhnlich in dem anderen Staat aufhält, von den Behörden des Aufenthaltsstaats bevormundet. Einer vorherigen Befragung der ausländischen Behörde bedarf es nicht; die Behörden des Heimstataates können aber jederzeit die Aufhebung der Vormundschaft verlangen. Die Vormundschaft erstreckt sich auf die Person und das Vermögen, gleichgültig, wo es belegen ist; eine Ausnahme besteht nur für Grundstücke. Das Recht des Heimatstaates bestimmt, wann und aus welchem Grunde eine Vormundschaft beginnt oder endet (Art. 4 Abs. 1). Abgesehen hiervon gilt aber für die Führung der Vormundschaft, wie im Fall des Art. 23 Abs. 1 EGBGB (oben Rdn. 98), einschließlich der Auswahl und Bestellung des Vormundes gemäß Art. 4 Abs. 2 das Recht des Staates, dessen Behörde die Vormundschaft führt[59]). Für außereheliche österreichische Kinder, die, wenn sie in Österreich geboren werden, unter gesetzliche Amtsvormundschaft treten, muß das deutsche VormG, wenn das Kind in der BRD geboren wird, eine Vormundschaft anordnen[60]), in der Regel nach § 46 JWG. Außerdem ist die Vereinbarung vom 4. 6. 1932 über Pflegekinderschutz (Ziehkinderschutz) und über den Geschäftsverkehr in Jugendsachen geschlossen worden, in Kraft gemäß Bek. vom 3. 10. 1932 (RGBl. II, 197) am 1. 10. 1932, wieder anwendbar gemäß Bek. vom 13. 3. 1952 (BGBl. II, 436). Diese Vereinbarung tritt außer Kraft mit dem Inkrafttreten des Abkommens vom 17. 1. 1966 über Fürsorge und Jugendwohlfahrtspflege, G vom 28. 12. 1968, BGBl. 1969 II, 1 nebst DurchfBest. vom 28. 5. 1969 (BGBl. II 1285); Bek. über Inkrafttreten v. 11. 8. 1969 (BGBl. II 1550).

118 *β) Polen, Slowakei.* Mit Polen ist das deutsch-polnische Vormundschaftsabkommen vom 5. 3. 1924 (RGBl. 1925 II, 145; 1926 II, 237) geschlossen worden, das dem HVormAbk. vorgeht und nach der Differenzierungstheorie (oben Rdn. 103 zu Fn. 43) als fortgeltend anzusehen ist[61]). Mit der Slowakei ist das Abkommen über Vormundschaften und Entmündigungen vom 21. 1. 1941 (RGBl. 1942 II, 251) geschlossen worden, dessen Fortgeltung ungeklärt ist.

119 *3. Konsularabkommen.* Mitunter ist in Konsularverträgen den beiderseitigen Konsuln die Befugnis zur Ausübung vormundschaftlicher Obliegenheiten über die Angehörigen ihres Staates eingeräumt worden, z. B. in Art. 11 Nr. 8 der deutsch-spanischen Konsular-Konvention vom 12. 1. 1872 (RGBl. 1872, 211)[62]). In anderen Fällen können dieselben Rechte auf Grund von Meistbegünstigungsklauseln bestehen[63]). Nach Art. 29 des deutsch-sowjetischen Konsularvertrages vom 25. 4. 1958 (BGBl. 1959 II, 232, 469) sind die Konsuln nur berechtigt, geeignete

[57]) Vgl. AV v. 6. 4. 1938 (DJ 532); RGZ 160, 372; 170, 201; München JFG 23, 292 = HRR 1942 Nr. 782.

[58]) München JFG 23, 292; Soergel-Kegel BGB[9] Art. 23 EG Anm. 46.

[59]) BayObLGZ 1966, 28 zu III 1 c.

[60]) Niclas aaO. (Fn. 42) S. 142.

[61]) Soergel-Kegel BGB[9] Art. 23 EG Anm. 45; auch Keidel § 35 Anm. 8; a.M. (suspendiert) Palandt-Lauterbach BGB[28] Anh. zu Art. 23 Anm. 2; Erman-Marquordt BGB[4] Art. 23 EG Anm. 13 c.

[62]) Noch fortgeltend nach Fundstellennachweis B, Beil. z. BGBl. II, S. 54; Erman-Marquordt BGB[4] Art. 23 EG Anm. 13 d; Soergel-Kegel BGB[9] Art. 23 EG Anm. 47.

[63]) Vgl. Soergel-Kegel und Erman-Marquordt aaO. Die Fortgeltung dieser Befugnisse ist jedoch streitig, vgl. Palandt-Lauterbach BGB[28] Anh. zu Art. 23 EG Anm. 1. Der deutsch-italienische Konsularvertrag vom 17. 2. 1872 (RGBl. 1872, 134), der auf den Konsularvertrag zwischen dem Norddeutschen Bund und Italien vom 21. 12. 1868 (BGBl. 1869, 113) verweist, ist nach der übereinstimmenden Auffassung beider Regierungen suspendiert und ohne Rechtswirkung (vgl. Jayme, StAZ 1969, 30, Fn. 52); auch die in dem deutsch-italienischen Handels- und Schiffahrtsvertrag vom 31. 10. 1925 (RGBl. II 1021, 1158) Art. 37 enthaltene Meistbegünstigungsklausel ist durch Freundschafts-, Handels- und Schiffahrtsvertrag vom 21. 11. 1957 (BGBl. 1959 II 949, 1961 II 1662), der eine Klausel nicht mehr enthält, außer Kraft getreten.

Personen als Vormünder, Pfleger und Vermögensverwalter vorzuschlagen. Deutsche Konsuln können die deutschen Vormundschaftsgerichte bei der Durchführung vormundschaftsgerichtlicher Aufgaben im Ausland unterstützen; sie können z. B. ersucht werden, einen Vormund zu verpflichten und ihn zu überwachen[64]).

Ausländische Konsuln dürfen gerichtliche Befugnisse nicht schon deswegen ausüben, weil **120**
ihr Entsendestaat sie ihnen verleiht. Sie bedürfen dafür der Gestattung durch den Empfangsstaat, die nicht schon in der Erteilung des Exequatur liegt, sondern besonderer staatsvertraglicher Vereinbarungen bedarf oder ihre Grundlage im Völkergewohnheitsrecht finden kann. Dieses sieht die Ausübung von Gerichtsbarkeit durch Konsuln ohne Gestattung des Empfangsstaats nur in sehr engen Grenzen vor, welche die freiwillige Gerichtsbarkeit in Statussachen nicht umfassen[64a]).

II. Internationale Zuständigkeit für vormundschaftsgerichtliche Verrichtungen in bezug auf Nichtdeutsche außerhalb einer Vormundschaft oder Pflegschaft

1. Elterliche Gewalt. Bei vormundschaftsgerichtlichen Maßnahmen, welche die eheliche **121**
Kindschaft (Art. 19 EGBGB) mit sich bringt, steht es dem Tätigwerden des deutschen Vormundschaftsgerichts nicht entgegen, daß das Rechtsverhältnis gemäß dem deutschen Kollisionsrecht nach ausländischem Recht zu beurteilen ist (§ 1 Rdn. 139). Dasselbe gilt bei Maßnahmen zur Regelung des Rechtsverhältnisses der nichtehelichen Mutter (Art. 20 EGBGB) zu dem Kinde[65]) oder der Rechtsbeziehungen des nichtehelichen Vaters[66]). Die Beschränkungen der internationalen Zuständigkeit durch Art. 23 EGBGB (und das Haager Vormundschaftsabkommen) beziehen sich auf diese familienrechtlichen Angelegenheiten nicht[67]). Hierher gehören Maßnahmen zur Abwendung einer Gefährdung der Person oder des Vermögens des Kindes nach Art der §§ 1666 bis 1669 BGB[68]), die Regelung der elterlichen Gewalt oder des Sorgerechts oder des Verkehrsrechts bei Getrenntleben oder nach Auflösung der Ehe der Eltern[69]), die Gewährung von Erziehungshilfe nach Art. des § 1631 BGB[70]), die Entziehung der elterlichen Gewalt wegen Interessenkollision nach Art des § 1796 BGB, die Entscheidung über die Herausgabe des Kindes nach § 1632 Abs. 2 BGB oder die Erteilung vormundschaftsgerichtlicher Genehmigungen zu Rechtsgeschäften des elterlichen Gewalthabers[71]). Der Sorgerechtsregelung nach Eheauflösung steht es nicht entgegen, daß die maßgebliche Rechtsordnung die Scheidung nicht anerkennt[72]). Für die Begründung der internationalen Zuständigkeit sind die an die Person des Kindes anknüpfenden Vorschriften des FGG über die örtliche

[64]) Keidel § 35 Anm. 5.

[64a]) Wengler, Völkerrecht II 962 ff., 967; Geck, Hoheitsakte auf fremdem Staatsgebiet, in Strupp-Schlochauer, Wörterbuch des Völkerrechts I, 795 ff.; Dahm Völkerrecht I, 250; vgl. auch Staudinger-Raape BGB[9] Art. 23 EG Anm. G VI 2 S. 628.

[65]) KG JFG 13, 167 = JW 1936, 392; München JFG 23, 288.

[66]) Bremen FamRZ 1964, 219 = NJW 1964, 555 = ZBlJR 1964, 175 (Verkehrsrecht); Palandt-Lauterbach BGB[28] Art. 21 EG Anm. 5.

[67]) KGJ 45, 18; KG FamRZ 1963, 576; Karlsruhe FamRZ 1969, 161; Staudinger-Raape BGB[9] Art. 23 EG Anm. F; Kegel IPR[2] § 20 VIII 2; Saarbrücken OLGZ 1965, 367.

[68]) KGJ 45, 18 = RJA 13, 178; KGJ 53, 56; RG WarnR 1927 Nr. 121; BayObLGZ 22, 240; 25, 369; BayObLG JW 1934, 699; München JFG 18, 15; BGHZ 40, 1, 12; Hamm FamRZ 1965, 89; Staudinger-Raape BGB[9] Art. 19 EG Anm. B X 5 b; Soergel-Kegel BGB[9] Art. 19 EG Anm. 44.

[69]) KGJ 46, 27, 33; KG FamRZ 1963, 576; KG OLGZ 1966, 321; Hamm FamRZ 1965, 92; Saarbrücken OLGZ 1965, 367 = FamRZ 1966, 42 = NJW 1966, 308; Karlsruhe FamRZ 1969, 161; Bremen NJW 1964, 555 (Verkehrsrecht des nichtehel. Vaters); Staudinger-Raape BGB[9] Art. 19 EG Anm. C II 2 b; Beitzke in Festschr. f. H. Lehmann 1956 Bd. 2 S. 493, 499.

[70]) KG JFG 19, 50 = JW 1939, 350 = DFG 1939, 10 = HRR 1939 Nr. 223; Soergel-Kegel BGB[9] Art. 19 EG Anm. 44.

[71]) RG JW 1932, 588 mit Anm. v. Frankenstein; RGZ 170, 198 (Österreich, interlokal); Soergel-Kegel BGB[9] Art. 19 EG Anm. 44; die Erteilung von Genehmigungen zu Rechtsgeschäften des Vormunds setzt voraus, daß die Vormundschaft (oder eine Pflegschaft) im Inland anhängig ist.

[72]) Beitzke in Festschr. f. Lehmann, 1956, Bd. 2 S. 493, 506; KG IPRspr. 1954/55 Nr. 102; KG OLGZ 1966, 321; BayObLGZ 1966, 248; Hamm FamRZ 1965, 92; Saarbrücken OLGZ 1965, 366 = NJW 1966, 308 = FamRZ 1966, 42 (Italien).

Zuständigkeit (§§ 43 Abs. 1, 36 Abs. 1 Satz 1) ein hinreichender Anknüpfungspunkt[73]). Dabei ist jedoch der für die örtliche Zuständigkeit maßgebende gesetzliche Wohnsitz besser durch den gewöhnlichen Aufenthalt oder in Ermangelung eines solchen den schlichten Aufenthalt des betroffenen Kindes im Inland zu ersetzen[74]). Bei ausländischen Kindern, die sich im Ausland aufhalten, besteht im allgemeinen kein Bedürfnis für ein Tätigwerden des deutschen Vormundschaftsgerichts[75]); deshalb kommt auch der Geschwistergerichtsstand (§ 43 Abs. 1 mit § 36 Abs. 1 Satz 2) im Rahmen der internationalen Zuständigkeit nicht in Betracht[76]). Nicht erforderlich ist es, daß sich sämtliche Beteiligte, außer dem Kinde also auch beide Eltern, im Inland befinden und daß die Entscheidung im Heimatstaat anerkannt würde[77]). Die inländische Ehescheidung begründet für sich allein beim Fehlen eines inländischen Aufenthalts des Kindes nicht die internationale Zuständigkeit zur Regelung der elterlichen Gewalt[78]).

122 Auch ohne inländischen Aufenthalt des (ausländischen) Kindes kann das deutsche Vormundschaftsgericht Anlaß haben, in die elterliche Gewalt einzugreifen, wenn im Inland belegene Vermögensinteressen des Kindes der Fürsorge bedürfen[79]). Ferner kann die deutsche Zuständigkeit dadurch begründet sein, daß (infolge deutscher Staatsangehörigkeit des Vaters) deutsches Recht Kindschaftsstatut ist, mag auch das Kind eine ausländische Staatsangehörigkeit besitzen und im Ausland leben, z. B. für die Erteilung vormundschaftsgerichtlicher Genehmigungen[80]) oder eines Auseinandersetzungszeugnisses nach § 9 EheG[81]). Über die Voraussetzungen einer weitergehenden *Notzuständigkeit* vgl. § 1 Rdn. 141.

123 Eine hiernach bestehende internationale Zuständigkeit ist neben einer im Ausland begründeten *konkurrierend*[82]), insbesondere neben der Zuständigkeit des Heimatstaates oder eines dritten Staates, der unter Anwendung vorstehender Maßstäbe international zuständig wäre (vgl. § 1 Rdn. 148). Entscheidungen einer hiernach international zuständigen ausländischen Vormundschaftsbehörde sind also anzuerkennen, auch wenn durch sie die Rechtslage, die durch eine vorher ergangene deutsche Entscheidung geregelt wurde, wegen Eintritts veränderter Verhältnisse durch eine andere Regelung abgelöst wird[83]). Andererseits sind auch die deutschen Gerichte, ihre internationale Zuständigkeit vorausgesetzt, befugt, den durch eine anzuerkennende ausländische Entscheidung geschaffenen Rechtszustand durch eine andere Regelung zu ersetzen, wenn das materielle Recht der lex causae dies zuläßt (vgl. § 1696 BGB); sollte das maßgebliche ausländische Recht die Änderung einer Regelung, die im Hinblick auf das Kindeswohl notwendig unter der clausula rebus sic stantibus stehen muß, nicht zulassen, so würde diese Starrheit gegen den deutschen ordre public verstoßen[84]). Es besteht auch kein

[73]) BayObLGZ 1959, 8 = EJF A II Nr. 7 mit Anm. v. Eppelsheimer = FamRZ 1959, 364 mit Anm. v. Schwimann = NJW 1959, 1038; BayObLGZ 1962, 39; 1963, 123/124; 1964, 443; 1966, 248; Karlsruhe FamRZ 1969, 161; BGHZ 40, 1, 12; KG FamRZ 1963, 576; 1968, 92; KG OLGZ 1966, 321; Saarbrücken OLGZ 1965, 366; Kegel IPR² § 20 VIII 3 1; Raape IPR⁵ S. 354; Beitzke FamRZ 1967, 592 zu V 4; Staudinger-Schwoerer BGB¹¹ § 1671 Rdn. 195; Keidel § 35 Rdn. 13.

[74]) KG FamRZ 1963, 576; Kegel IPR² § 20 VIII 3 1.

[75]) RG JW 1932, 588; KG JFG 11, 44; KG FamRZ 1963, 576.

[76]) Soergel-Kegel BGB⁹ Art. 19 EG Anm. 41.

[77]) BayObLGZ 1959, 8; 1966, 248; KG FamRZ 1963, 576, beide unter Aufgabe von BayObLGZ 1952, 74 = JZ 1952, 723 mit Anm. v. Makarow und KG JFG 11, 44; Karlsruhe FamRZ 1969, 161; Beitzke FamRZ 1967, 592 zu V 4; Soergel-Kegel BGB⁹ Art. 19 EG Rdn. 42; Raape IPR⁵ S. 354; einschränkend Dölle RabelsZ 27 (1962/63), 201 ff., 217, der bei fehlender Anerkennung des Heimatstaats Zuständigkeit nur bei dringendem Fürsorgebedürfnis annimmt.

[78]) BayObLGZ 1959, 8, 13; KG FamRZ 1963, 576; Schwimann FamRZ 1959, 325 Fn. 95; Dölle RabelsZ 27 (1962/63) 201 ff., 219; Jansen EJF B II Nr. 5 Anm. zu II; a.M. Beitzke FamRZ 1967, 592, 603; Kegel Festschr. f. Dölle Bd. 2 S. 219/220.

[79]) Staudinger-Raape BGB⁹ Art. 19 EG B X 5 b S. 479; Soergel-Kegel BGB⁹ Art. 19 EG Anm. 39; Kegel IPR² S. 318; BayObLGZ 1958, 100 zu III 2. Vgl. auch § 44 Rdn. 2, 4.

[80]) KGJ 39 A 198, 203.

[81]) KG FamRZ 1961, 477 = StAZ 1961, 339; vgl. § 36 Rdn. 23.

[82]) BayObLGZ 1959, 8; Raape IPR⁵ S. 354; Beitzke in Festschr. f. H. Lehmann S. 496.

[83]) Staudinger-Raape BGB⁹ Art. 19 EG Anm. C II 2 c.

[84]) Staudinger-Raape aaO.; vgl. § 1 Rdn. 155.

hinreichender Grund, für Sorgerechtsregelungen in bezug auf deutsche Kinder die ausschließlich deutsche internationale Zuständigkeit in Anspruch zu nehmen[85]), vorbehaltlich der Änderungsbefugnis des deutschen VormG (§ 1696 BGB).

Eine gleichzeitig vor einer ausländischen Behörde bestehende *Rechtshängigkeit* schließt die deutsche internationale Zuständigkeit nicht notwendig aus[86]). Wäre die in dem ausländischen Verfahren ergehende Entscheidung anzuerkennen, so ist das deutsche Gericht befugt, aber nicht dazu verpflichtet, seine Tätigkeit einzustellen, wenn die Sache besser der Gerichtsbarkeit des anderen Staates überlassen bleibt (§ 1 Rdn. 144). Verändert ein Beteiligter in fraudem legis oder mißbräuchlich die für die Begründung der internationalen Zuständigkeit maßgeblichen Tatsachen, indem er etwa Wohnsitz oder Aufenthalt wechselt oder das Kind treuwidrig in das Ausland entführt, so darf das Gericht unter Abwägung des fortbestehenden Fürsorgebedürfnisses die Veränderung der Verhältnisse außer Betracht lassen[87]). **124**

2. Weitere Verrichtungen des Vormundschaftsgerichts. Zur internationalen Zuständigkeit für die Befreiung von Eheverboten vgl. § 44a Rdn. 15 bis 22, § 44b Rdn. 15, für die Befreiung vom Erfordernis der Ehemündigkeit Anh. nach § 56 Rdn. 10, für die Volljährigkeitserklärung § 56 Rdn. 4, für die Ehelicherklärung § 43a Rdn. 10 bis 17, für die Feststellung der Legitimation durch nachfolgende Ehe Anh. nach § 56a Rdn. 4, für die Ersetzung der Einwilligung der Mutter zur Ehelicherklärung (§ 1727 BGB) § 43a Rdn. 18, für die Ersetzung der elterlichen Einwilligung zur Kindesannahme (§ 1747 Abs. 3 BGB) Vorbem. 33 vor § 65, für die Aufhebung des Kindesannahmeverhältnisses § 56c Rdn. 9, für die Ehelichkeitsanfechtung § 56b Rdn. 27, für Streitigkeiten unter Eheleuten § 45 Rdn. 19, für die Fürsorgeerziehung und andere Freiheitsentziehungen § 1 Rdn. 143. **125**

III. Internationale Zuständigkeit für Vormundschaften und Pflegschaften über Deutsche

Durch § 36 Abs. 2 FGG wird neben der örtlichen zugleich die internationale Zuständigkeit der deutschen Gerichte als der Gerichte des Heimatstaats für alle deutschen Staatsangehörigen und Deutschen i. S. des Art. 116 Abs. 1 GG eröffnet ohne Rücksicht darauf, wo sie ihren Wohnsitz, gewöhnlichen oder schlichten Aufenthalt haben. Dasselbe gilt auf Grund der Verweisungen in § 37 Abs. 1 Satz 2, § 38 und § 39 Abs. 2 auf § 36 Abs. 2 für die in diesen Vorschriften geregelten Personenpflegschaften. Eine ausländische internationale Zuständigkeit kann nach Maßgabe des § 47 begründet sein, wenn das deutsche Vormundschaftsgericht mit Rücksicht auf die ausländische Vormundschaft von der Anordnung einer Vormundschaft im Inland absieht (§ 47 Abs. 1) oder die inländische Vormundschaft an den ausländischen Staat abgibt (§ 47 Abs. 2); dasselbe gilt für Pflegschaften (§ 47 Abs. 3). Wird jedoch vom deutschen VormG eine Vormundschaft oder (gleichartige) Pflegschaft angeordnet oder die bereits angeordnete nicht abgegeben, so wird damit die im Ausland angeordnete unwirksam[88]). Soweit es sich um die internationale Zuständigkeit, also das Verhältnis zum Ausland handelt, ist der Begriff des *Inlands* im Sinne des § 36 Abs. 2 staatsrechtlich zu bestimmen als das Gebiet Deutschlands nach dem Gebietsstande vom 31. Dezember 1937[89]). Deutsche im Sinne des § 36 Abs. 2 sind auch die Bewohner der DDR und des Ostsektors Berlin, welche die deutsche Staatsangehörigkeit nach Maßgabe des Reichs- und Staatsangehörigkeitsgeset- **126**

[85]) KG JFG 12, 80 = JW 1935, 2750; Beitzke aaO. S. 496.

[86]) BayObLGZ 1959, 8; 1966, 248 zu II 1 a; Soergel-Kegel BGB[9] Art. 19 EG Anm. 46; Kralik ZZP 79 (1966), 475; vgl. auch Karlsruhe FamRZ 1969, 161.

[87]) Riezler IZPR S. 329 ff.; Reu, Die staatliche Zuständigkeit im IPR, 1938, S. 204 ff.; Neuhaus, Die Grundbegriffe des IPR, 1962, S. 127; Raape IPR[5] S. 355; Schnitzer IPR[4] S. 250 ff.; BayObLGZ 1958, 358 = FamRZ 1959, 122 (interzonal).

[88]) KG FamRZ 1958, 426 = EJF B II Nr. 22 = IzRspr. 1958/59 Nr. 196 (interzonal); Soergel-Kegel BGB[9] Art. 23 EG Anm. 19.

[89]) Schlegelberger § 36 Anm. 22; vgl. § 1 Nr. 1 ZustErgG.

zes vom 22. 7. 1913 (RGBl. S. 583) und der Folgegesetze erworben haben[90]). Hiernach wird durch § 36 Abs. 2 die örtliche und internationale Zuständigkeit der deutschen Gerichte, hier des AG Schöneberg, für alle deutschen Staatsangehörigen und Deutschen i. S. des Art. 116 Abs. 1 GG begründet, die auf dem Gebiet Deutschlands nach dem Gebietsstande vom 31. Dezember 1937 weder Wohnsitz noch Aufenthalt haben. Hieraus ergibt sich bereits, daß die Auffangzuständigkeit des AG Schöneberg nach § 36 Abs. 2 nicht begründet ist für deutsche Bewohner der DDR und des Ostsektors Berlin; andererseits kann die örtliche und internationale Zuständigkeit nach § 36 Abs. 2 gegeben sein, die an dritter Stelle zu prüfende *interzonale Zuständigkeit* dagegen fehlen und aus diesem Grunde ein Tätigwerden des westdeutschen VormG entfallen (nachst. Anm. F).

F. Interzonales Recht

127 Die Rechtsentwicklung in der DDR und im Ostsektor Berlins (vgl. zur Gerichtsverfassung und zum Verfahrensrecht Einl. II S. 5 ff., zum Familienrecht Vorbem. vor § 35 Rdn. 18 ff.) und die dadurch eingetretene Rechtsverschiedenheit, die die Möglichkeit begründet, daß derselbe Sachverhalt in beiden Teilrechtsgebieten Deutschlands von Rechts wegen verschieden beurteilt wird, haben es unumgänglich gemacht, Rechtssätze über ein *interzonales Privat- und Verfahrensrecht* zu entwickeln[91]). Interlokales Recht hat es stets gegeben, wenn in Gebieten innerhalb desselben Staates verschiedenes Recht gilt[92]), so in Deutschland vor der Vereinheitlichung des bürgerlichen Rechts durch das BGB und nach dem Anschluß Österreichs und des Sudetenlandes[93]). Eine vergleichbare Rechtslage ist seit dem Jahre 1945 infolge der Zonentrennung eingetreten; nur sollte der Ausdruck „interlokales Recht" den Fällen vorbehalten bleiben, in denen zwei Rechtsordnungen divergieren, die einer gemeinsamen oberen Rechtsordnung zugehören[94]). Da es hieran im Verhältnis zur DDR fehlt, sollte der Bezeichnung „interzonales Recht" der Vorzug gegeben werden, die zwar ebenfalls der derzeitigen staatsrechtlichen Entwicklung nicht mehr voll entspricht, aber zum Ausdruck bringt, daß Unterschiede zum internationalen Privat- und Verfahrensrecht bestehen.

128 Die Regeln des *interzonalen Privatrechts* sind hier nicht darzustellen. In Ermangelung besonderer Kollisionsnormen, die auf dem Gebiet des bürgerlichen Rechts weitgehend feh-

[90]) Das Staatsbürgerschaftsgesetz der DDR vom 20. 2. 67 (GBl. DDR I 3) nebst DVO vom 3. 8. 67 (GBl. DDR II 681) hat in diesem Zusammenhang keine Bedeutung. Soweit es pauschal Bewohner der BRD einschließlich Berlins (West) erfaßt (Sowjetzonenflüchtlinge), ist es völkerrechtswidrig (vgl. Blumenwitz, Das neue Staatsbürgerschaftsgesetz der DDR, Jb. f. Ostrecht VIII/1 (1967) S. 175-209; Wittmann, Rechtsfragen zum Staatsbürgergesetz, BayVBl. 1967, 223; Baumann StAZ 1968, 248 zu VI; Erklärung des BInnMin. Sten.Ber. des Bundestages v. 23. 2. 1967 S. 4419; Doehring, Die Teilung Deutschlands als Problem des Fremdenrechts, 1968, S. 22; Maunz-Dürig-Herzog, GG Art. 16 Rdn. 20 ff.; G. Zieger, Das StaatsbürgerschaftsG der DDR, Auswirkungen auf die Rechtsordnung der BRD, 1969). Die BRD ist nicht gehindert, die Bewohner der DDR als der BRD Zugehörige und mithin als Nichtfremde zu behandeln (Doehring aaO. S. 14;, es dürfen ihnen nur keine Pflichten auferlegt werden, die eine Personalhoheit voraussetzen, z. B. zur Übernahme einer Vormundschaft (§ 1785 BGB). Überblick über den Gesetzesinhalt bei Waehler, JZ 1968, 776.

[91]) Schrifttum: Beuck, Interzonales Privatrecht, 1952; Ficker, Grundfragen des dt. interlokalen Rechts, 1952; Beitzke, Hauptprobleme des interzonalen Privatrechts, JR 1952, 1, 144, 419; ders., Internationales und interlokales Privatrecht, in Festschr. f. Nipperdey, 1954, S. 41; ders., Die Anwendung der Grundsätze des IPR auf interlokale Kollisionen in Deutschland, in Festschr. f. Boehmer, 1954, S. 125; Ernst Wolff, Probleme des interlokalen Privatrechts in Deutschland, in Festschr. f. Raape S. 181 ff.; Wengler NJW 1951, 48; Drobnig, Interzonale Kollisionsnormen in der Gesetzgebung Deutschlands, RabelsZ 19 (1954) S. 463-474; ders., Die entspr. Anwendung des internationalen Privatrechts auf das interzonale Recht Deutschlands, Jb. f. Ostrecht II/2 (1961) S. 31-55.; Raape IPR[5] § 20 II; Soergel-Kegel BGB[9] vor Art. 7 Rdn. 322 ff.; G. Caty, Le statut juridique des états divisés, 1967, S. 214 ff. Zum interzonalen Verfahrensrecht Beitzke MDR 1954, 321; JR 1957, 20 Anm.; Brunn, MDR 1956, 513. Über die Rechtsprechung berichtet die Sammlung der dt. Entscheidungen zum interzonalen Privatrecht, bearb. v. Drobnig (IzRspr.), 1945/53; 1954/57, 1958/59 u. 1960/61.

[92]) Zitelmann IPR Bd. 1 (1897) S. 395; Raape IPR[5] § 20 I.

[93]) Vgl. KG JFG 21, 203; RGZ 170, 198.

[94]) Doehring, Die Teilung Deutschlands als Problem des völker- und staatsrechtlichen Fremdenrechts, 1968, S. 17.

len[95]), sind die Regeln des interzonalen Privatrechts im wesentlichen den Normen des deutschen internationalen Privatrechts zu entnehmen, ohne daß dadurch sachgemäße Abwandlungen ausgeschlossen werden[96]). An die Stelle der Staatsangehörigkeit tritt dabei als Anknüpfungspunkt das interzonale Personalstatut, welches in erster Linie durch den gewöhnlichen Aufenthalt begründet wird[97]). Das *interzonale Verfahrensrecht* der freiwilligen Gerichtsbarkeit hat es entsprechend dem internationalen Recht der freiwilligen Gerichtsbarkeit (§ 1 Rdn. 133) mit der Frage zu tun, unter welchen Voraussetzungen die Gerichte oder Behörden des westdeutschen Rechtsgebiets zur Vornahme von Verrichtungen der freiwilligen Gerichtsbarkeit interzonal zuständig sind, sowie mit der Frage, ob und unter welchen Voraussetzungen den Rechtsakten mitteldeutscher Gerichte und Behörden im westdeutschen Rechtsgebiet die Anerkennung versagt werden darf.

I. Interzonale Zuständigkeit

1. Verfahrensrechtliche Bedeutung. Bei Rechtsverhältnissen, die Beziehungen zur DDR oder zum Ostsektor Berlins aufweisen, ist außer der örtlichen (und internationalen) auch die interzonale Zuständigkeit als selbständige Verfahrensvoraussetzung zu prüfen[98]). Die interzonale Zuständigkeit regelt entsprechend der internationalen Zuständigkeit die Frage, ob allgemein die Gerichte des einen deutschen Teilrechtsgebiets im Verhältnis zum anderen überhaupt zur Entscheidung berufen sind, während die örtliche Zuständigkeit darüber befindet, welches der mehreren gleichgeordneten Gerichte des einen oder des anderen Rechtsgebiets sich mit der Sache zu befassen hat. Die Prüfung der örtlichen Zuständigkeit geht der Prüfung der internationalen und interzonalen Zuständigkeit voraus[99]). Mithin ist zunächst zu fragen, ob ein nach den §§ 36 ff. zur Begründung der *örtlichen* Zuständigkeit geeigneter Anknüpfungspunkt zum eigenen Rechtsgebiet vorhanden ist, wozu der schlichte Aufenthalt (§ 36 Rdn. 15) in diesem Gebiet genügt und Anknüpfungspunkte zum anderen Rechtsgebiet, z. B. der Wohnsitz im Rechtssinne, außer Betracht bleiben müssen, da es ja darauf ankommt, eine Auswahl unter den Gerichten des eigenen Rechtsgebiets zu treffen. Allerdings darf die Prüfung nicht mit der Feststellung abgeschlossen werden, daß keine Gerichtsstandsbestimmung des positiven Rechts die örtliche Zuständigkeit eines westdeutschen Gerichts begründe, da es Fälle geben kann, in denen die westdeutsche interzonale Zuständigkeit eine positiv nicht geregelte örtliche Zuständigkeit nach sich zieht, die alsdann nach den allgemeinen Grundsätzen zu bestimmen ist, die den Zuständigkeitsnormen zugrunde liegen; in Vormundschaftssachen kommt hierfür das Bedürfnis der Fürsorge und, wenn dieses Bedürfnis nicht im Inland hervortritt, die Auffangzuständigkeit des AG Schöneberg in entsprechender Anwendung des § 36 Abs. 2 FGG in Betracht[100]). Im übrigen gelten für die verfahrensrechtliche Behandlung der interzonalen Zuständigkeit dieselben Grundsätze wie im internationalen Verfahrensrecht (§ 1 Rdn. 135). 129

[95]) Ausnahme Art. 2 § 7 VerschÄndG und dazu KG NJW 1960, 580 = Rpfleger 1960, 163 mit Anm. v. Arnold; KG NJW 1964, 1422 = Rpfleger 1964, 272.

[96]) Raape IPR[5] S. 154; Soergel-Kegel BGB[9] vor Art. 7 EG Rdn. 128; Erman-Marquordt BGB[4] vor Art. 7 EG Anm. 8 a; Wolff IPR[3] S. 92; KG FamRZ 1957, 383; 1958, 464; 1961, 126 = NJW 1961, 677 = ROW 1961, 68 = IzRspr. 1960/61 Nr. 181; FamRZ 1968, 91; KG OLGZ 1966, 251; BGHZ 40, 32; BVerfGE 5, 17, 21; Bremen FamRZ 1960, 158; Celle NdsRpfl. 1964, 158; Düsseldorf FamRZ 1968, 43; zum interlokalen Recht vgl. KG JFG 21, 203; RG HRR 1942 Nr. 865; RGZ 170, 198.

[97]) KG FamRZ 1957, 383; 1958, 464; OLGZ 1966, 251; Hamm StAZ 1959, 294; BGHZ 40, 32, 35; Düsseldorf FamRZ 1968, 43; Soergel-Kegel BGB[9] vor Art. 7 EG Rdn. 135; Erman-Marquordt BGB[4] vor Art. 7 EG Anm. 8 b; Raape IPR[5] S. 154.

[98]) BayObLGZ 1957, 213 = NJW 1957, 1599 = EJF B II Nr. 13 mit Anm. v. Jansen; KG FamRZ 1958, 426 = EJF B II Nr. 22 = IzRspr. 1958/59 Nr. 196; Keidel § 36 Anm. 3; Soergel-Kegel BGB[9] vor Art. 7 EG Anm. 349.

[99]) KG FamRZ 1958, 426 = IzRspr. 1958/59 Nr. 196; KG JR 1963, 144; Hamm JMBl-NRW 1963, 265; Jansen EJF B II Nr. 13 Anm.; ders., JR 1963, 421 Anm.; Keidel § 36 Anm. 3; vgl. zur intern. Zuständigkeit § 1 Rdn. 134.

[100]) Jansen, JR 1963, 421 zu 2; Keidel § 36 Anm. 3; zur internationalen Zuständigkeit vgl. § 1 Rdn. 134 Abs. 2.

130 *2. Interzonales Personalstatut.* Da die Zuständigkeitsvorschriften des gesetzten Rechts vielfach an persönliche Verhältnisse der Beteiligten anknüpfen (Staatsangehörigkeit, Vorhandensein oder Fehlen eines Wohnsitzes, gewöhnlichen oder schlichten Aufenthalts im Inland), hierbei aber eine Abgrenzung zum Ausland im Auge haben, kommt es zunächst darauf an, die Kriterien zu bestimmen, nach denen ein Beteiligter dem einen oder anderen deutschen Teilrechtsgebiet zuzuordnen ist. Die Staatsangehörigkeit ist interzonal ohne Unterscheidungskraft, da nach westdeutscher Rechtsauffassung an der gesamtdeutschen Staatsangehörigkeit festzuhalten ist und dem Staatsbürgerschaftsgesetz der DDR in diesem Zusammenhang keine Bedeutung beigemessen werden kann (oben Rdn. 126 mit Fn. 90). Maßgeblich ist statt dessen das interzonale Personalstatut. Dieses wird bestimmt in erster Linie durch den gewöhnlichen Aufenthalt, hilfsweise den letzten gewöhnlichen Aufenthalt, den schlichten Aufenthalt, den letzten schlichten Aufenthalt oder die engste Verbindung zu einem der deutschen Teilrechtsgebiete[101]). Die Auffangzuständigkeit des AG Schöneberg nach § 36 Abs. 2 ist demnach nicht gegeben für deutsche Staatsangehörige ohne Wohnsitz und (gewöhnlichen oder schlichten) Aufenthalt im Inland nach dem Gebietsstande vom 31. Dezember 1937 (oben Rdn. 126), die ein mitteldeutsches Personalstatut haben[102]), weil insoweit zwar die internationale, aber nicht die interzonale Zuständigkeit gegeben ist. Die Übertragung des Grundsatzes des § 36 Abs. 2 auf das interzonale Recht ergibt die interzonale Zuständigkeit nur für Kinder oder Mündel mit westdeutschem Personalstatut, die in der BRD oder in West-Berlin weder Wohnsitz noch Aufenthalt haben. Die Fragestellung, ob die DDR noch als Inland und die Angehörigen der DDR noch als Deutsche i. S. des § 36 Abs. 2 anzusehen sind[103]), ist hiernach unergiebig. Vielmehr tritt, wo in Zuständigkeitsvorschriften an die Staatsangehörigkeit angeknüpft wird, an deren Stelle das interzonale Personalstatut, und an die Stelle der Begriffe „Inland" oder „Ausland" tritt interzonalrechtlich das eine oder andere deutsche Teilrechtsgebiet[104]). Die wegen der eingetretenen Rechtsspaltung gebotene und unvermeidliche Begründung einer selbständigen Verfahrensvoraussetzung der interzonalen Zuständigkeit führt mithin dazu, daß die für das Verhältnis zum Ausland gegebenen Vorschriften über die örtliche Zuständigkeit, die zugleich die internationale indizieren, auf deutsche Staatsangehörige mit mitteldeutschem Personalstatut grundsätzlich *entsprechend* angewendet werden. Die entsprechende Anwendung muß aber dem Sinn dieser Vorschriften gerecht werden; es geht deshalb nicht an, zu § 36 Abs. 2 FGG die Auffassung zu vertreten, die Bewohner der DDR und des Ostsektors Berlin seien zwar noch Deutsche, dieses Gebiet sei aber nicht mehr als Inland anzusehen. Das wäre eine unzulässige Begriffsvertauschung, weil das Begriffspaar „Deutscher-Inland" nur einheitlich entweder unmittelbar internationalrechtlich oder in übertragener Bedeutung interzonalrechtlich angewendet werden kann. Anderenfalls wäre für sämtliche Bewohner der DDR ohne weitere einschränkende Voraussetzungen eine westdeutsche Zuständigkeit gegeben, was nicht erwünscht sein kann und jedenfalls über das Ziel, eine sinnvolle Lösung der interzonalen Probleme zu finden, weit hinausgeht. Im einzelnen ergeben sich hieraus folgende Folgerungen:

131 *3. Vormundschaft.* Für die Vormundschaft ist interzonal mindestens schlichter Aufenthalt im westlichen Rechtspflegegebiet erforderlich[105]). Eine Zuständigkeit nach § 36 Abs. 2 für Mündel mit mitteldeutschem Personalstatut kommt mithin nicht in Betracht. Außerdem ist

[101]) Soergel-Kegel BGB[9] Anm. 133-137, 361 vor Art. 7 EG; Blumenwitz, Das neue Staatsbürgerschaftsgesetz der DDR, Jb. f. Ostrecht VIII/1 (1967) S. 175 ff., 195.

[102]) Das AG Schöneberg ist z. B. zuständig für einen in Moskau wohnenden Angestellten eines westdeutschen Unternehmens und dessen Angehörige, nicht aber für einen deutschen Staatsangehörigen, der aus der DDR dorthin entsandt oder übergesiedelt ist.

[103]) So Keidel § 36 Anm. 2, 19; dazu zutreffend Soergel-Kegel BGB[9] vor Art. 7 EG Anm. 323; Kegel IPR[2] § 22 VII 2.

[104]) Soergel-Kegel BGB[9] vor Art. 7 EG Anm. 359; Jansen JR 1963, 422 zu 5; KG NJW 1957, 1198 = FamRZ 1957, 272 = EJF B II Nr. 10; KG NJW 1961, 884 = ROW 1961, 119 = IzRspr. 1960/61 Nr. 211; Hamm OLGZ 1966, 354; vgl. bereits KG JFG 21, 203 (Österreich); LG Berlin 1954, 108.

[105]) KG RJA 12, 82; Soergel-Kegel BGB[9] Art. 23 Anm. 18, 54.

entsprechend Art. 23 EGBGB zu erfordern, daß der Mündel nach mitteldeutschem Recht der Fürsorge bedarf, also z. B. minderjährig ist und nicht unter elterlicher Gewalt steht, oder im Westen entmündigt ist[106]). Ob ein *nichteheliches Kind* unter Vormundschaft steht, richtet sich gemäß Art. 20 Satz 1 EGBGB nach dem Heimatrecht der Mutter. Hat sie westdeutsches interzonales Personalstatut, so tritt eine Vormundschaft ohne Rücksicht auf den Aufenthalt des Kindes ein; die örtliche Zuständigkeit richtet sich nach § 36 Abs. 1, 2. Siedelt die Mutter unter Zurücklassung des Kindes im westdeutschen Rechtsgebiet nach Mitteldeutschland über, so bleibt die Vormundschaft entsprechend Art. 20 Satz 2 EGBGB bestehen[107]). Hat die Mutter mitteldeutsches Personalstatut, so tritt nach dem maßgebenden mitteldeuschen Recht Vormundschaft auch dann nicht ein, wenn das Kind seinen gewöhnlichen Aufenthalt im Westen hat[108]). Siedelt die nichteheliche Mutter mit dem Kinde in das westliche Rechtspflegegebiet über, so tritt infolge der Wandelbarkeit des Kindschaftsstatuts nach § 40 Abs. 3 JWG Amtsvormundschaft ein[109]); läßt sie das Kind zurück, so ist Einzelvormundschaft anzuordnen[109a]). Soweit hiernach die Führung der Vormundschaft über ein Kind in Betracht kommt, welches im Westen weder Wohnsitz noch (gewöhnlichen oder schlichten) Aufenthalt hat, ist die örtliche Zuständigkeit nach den bei § 36 Rdn. 26 erörterten Grundsätzen zu bestimmen.

Diese Grundsätze gelten entsprechend für die gesetzliche (Amts- oder Einzel-) *Pflegschaft nach § 1706* BGB für das nichteheliche Kind einer Mutter mit westdeutschem interzonalen Personalstatut. 132

4. Pflegschaft. Für die Anordnung einer Pflegschaft für einen deutschen Staatsangehörigen mit mitteldeutschem, interzonalem Personalstatut, der in der BRD oder in West-Berlin weder Wohnsitz noch (gewöhnlichen oder schlichten) Aufenthalt hat, ist entsprechend §§ 37 Abs. 2, 38, 39 Abs. 2 das Gericht zuständig, in dessen Bezirk das Bedürfnis der Fürsorge auftritt (dazu § 37 Rdn. 6)[110]). Ob ein Pflegschaftsfall gegeben ist, der Betroffene also der Fürsorge bedarf, entscheidet bei den Personenpflegschaften der §§ 1909 bis 1911 BGB entsprechend Art. 23 Abs. 1 EGBGB das mitteldeutsche Heimatrecht[111]). In § 10 ZustErgG sind dagegen auch die sachlichrechtlichen Voraussetzungen der Abwesenheitspflegschaft selbständig und abweichend vom Personalstatut geregelt[112]). 133

5. Sorgerechtssachen

a) Aufenthaltszuständigkeit. In Fragen der Regelung, Entziehung oder Beschränkung der elterlichen Gewalt (§§ 1666 bis 1669, 1671, 1672 BGB), der Feststellung ihres Ruhens[113]), der Regelung des Verkehrsrechts (§ 1634 BGB) und der Änderung derartiger Entscheidungen (§ 1696 BGB) sowie für Maßnahmen und Anordnungen nach §§ 1631, 1632 Abs. 2 BGB sind die Vorschriften des FGG über die örtliche Zuständigkeit (§§ 43 Abs. 1, 36 Abs. 1 Satz 1), wie im internationalen Verfahrensrecht (oben Rdn. 113), ein hinreichender Anknüpfungspunkt auch für die Begründung der interzonalen Zuständigkeit. Nur ist der nach § 36 Abs. 1 Satz 1 134

106) Soergel-Kegel aaO. vor Art. 7 EG Anm. 359.
107) KG FamRZ 1963, 308; 1965, 448; Keidel 77 vor § 35; a.M. Soergel-Kegel aaO. Art. 20 Anm. 31; Palandt-Lauterbach BGB[28] vor Art. 7 EG S. 1808.
108) Stuttgart JZ 1953, 572 = ZBlJR 1953, 218; KG FamRZ 1957, 383 = EJF A II Nr. 3; Hamm ZBlJR 1954, 144; a.M. Hamm FamRZ 1956, 114 = ZBlJR 1955, 295.
109) Stuttgart JZ 1953, 572; Hamm JMBlNRW 1959, 18; Beitzke in Achilles-Greiff BGB[21] § 35 JWG Anm. 7; Keidel 77 vor § 35.
109a) A.M. KG NJW 1969, 375 = OLGZ 1969, 174; vgl. auch Palandt (elterl. Gewalt der Mutter nach Ostrecht).
110) KG FamRZ 1957, 272 = IzRspr. 1954/57 Nr. 370 a. E.; KG NJW 1961, 884 = ROW 1961, 119 = IzRspr. 1960/61 Nr. 211; Hamm FamRZ 1965, 291 = JMBlNRW 1965, 127; Hamm OLGZ 1966, 354 = NJW 1966, 1225; AG Schöneberg FamRZ 1966, 113; Keidel § 36 Anm. 19 Fn. 2, § 39 Anm. 5; a.M. (§ 36 Abs. 2) Braunschweig NdsRpfl. 1962, 279 = MDR 1963, 136; Celle NdsRpfl. 1965, 105 u. FamRZ 1966, 115. Wie hier jetzt Celle OLGZ 1970, Heft 1 = NJW 1969, 2098 = FamRZ 1969, 555.
111) KG FamRZ 1957, 272.
112) Soergel-Kegel BGB[9] Art. 23 Anm. 49.
113) Dazu Düsseldorf FamRZ 1968, 43; KG FamRZ 1968, 91.

für die örtliche Zuständigkeit maßgebende Wohnsitz durch den *gewöhnlichen Aufenthalt* (dazu § 45 Rdn. 8) zu ersetzen, weil insbesondere der abgeleitete Wohnsitz des Kindes vielfach rein fiktiv ist und deshalb kein hinreichendes Kriterium für die Zuordnung zu dem einen oder anderen Rechtsgebiet darstellt. Die interzonale Zuständigkeit ist daher gegeben, wenn das Kind seinen gewöhnlichen Aufenthalt im Westen hat, mag es auch einen abgeleiteten Wohnsitz in Mitteldeutschland haben[114]). Dagegen reicht es im allgemeinen nicht aus, daß ein Elternteil Wohnsitz und gewöhnlichen Aufenthalt im westlichen Rechtsgebiet hat, während der andere und das Kind in beiden Beziehungen der DDR angehören[115]) oder das Kind sogar einen abgeleiteten westlichen Wohnsitz hat[116]). Der Geschwistergerichtstand (§ 43 Abs. 1 mit § 36 Abs. 1 Satz 2) kann zur Begründung der interzonalen Zuständigkeit für die Geschwister, die im westlichen Rechtsgebiet keinen Aufenthalt haben, nicht herangezogen werden[117]). Außerdem ist, wie bei der internationalen Zuständigkeit, auch der *schlichte Aufenthalt* des Kindes zur Begründung der interzonalen Zuständigkeit geeignet, jedenfalls wenn ein drinendes Fürsorgebedürfnis im westlichen Rechtsgebiet hervortritt[118]).

135 *b) Statutszuständigkeit.* Es können keine Bedenken dagegen bestehen, entsprechend der internationalen Zuständigkeit (§ 1 Rdn. 138, oben Rdn. 122, § 36 Rdn. 26) eine interzonale Statutszuständigkeit anzunehmen, die eingreift, wenn das Rechtsverhältnis zwischen den Eltern und dem Kinde (Art. 19, 20 EGBGB) vom westdeutschen Sachrecht beherrscht wird, mag auch eine westdeutsche Aufenthaltszuständigkeit in der Person des Kindes nicht begründet sein. Der Gesichtspunkt allein, daß die Entscheidung am Aufenthaltsort des Kindes wahrscheinlich nicht durchsetzbar sein wird, sollte nicht zur Resignation nötigen, zumal auch die Eltern Anspruch auf Rechtsschutz durch ihre heimatliche Gerichtsbarkeit haben[119]). Außerdem ist die Statutszuständigkeit unentbehrlich, wenn es sich etwa um die Erteilung vormundschaftsgerichtlicher Genehmigungen zu Rechtsgeschäften des elterlichen Gewalthabers, die Erteilung eines Auseinandersetzungszeugnisses (§ 9 EheG) oder ähnliche vormundschaftsgerichtliche Verrichtungen handelt. Das demnach maßgebliche interzonale Kindschaftsstatut sollte nicht in sklavischer Anlehnung an Art. 19 EGBGB durch das Recht des gewöhnlichen Aufenthalts des Vaters allein bestimmt werden, sondern durch das gemeinsame interzonale Personalstatut beider Eltern oder ihr letztes gemeinsames interzonales Personalstatut, wenn wenigstens ein Elternteil es beibehalten hat[120]). Demnach ist eine westdeutsche interzonale Zuständigkeit auch begründet, wenn beide Eltern ein westdeutsches interzonales Personalstatut haben, mag auch das Kind sich ständig oder vorübergehend in Mitteldeutschland aufhalten, oder wenn ein Elternteil mit dem Kinde aus der BRD nach Mitteldeutschland

114) BGHZ 21, 306 = NJW 1956, 1439 = FamRZ 1956, 347 = JR 1957, 20 mit Anm. v. Beitzke = EJF B II Nr. 5 mit Anm. v. Jansen; KG NJW 1957, 1198 = FamRZ 1957, 272 = EJF B II Nr. 10 = IzRspr. 1954/57 Nr. 370; KG FamRZ 1958, 426 = IzRspr. 1958/59 Nr. 196; KG ROW 1964, 224; KG OLGZ 1966, 251 = FamRZ 1966, 266; KG FamRZ 1968, 91; BayObLGZ 1957, 213 = NJW 1957, 1599 = EJF B II Nr. 13 mit Anm. v. Jansen; Hamm NJW 1966, 1225 = OLGZ 1966, 354; BayObLGZ 1959, 416, 418; Soergel-Kegel BGB[9] vor Art. 7 EG Anm. 355; Erman-Marquordt BGB[4] vor Art. 7 EG Anm. 8 b, Art. 19 EG Anm. 9 b; Beitzke MDR 1954, 324; Hahnenfeld NJW 1956, 166; Keidel § 36 Anm. 2; für Berücksichtigung des abgeleiteten, nicht effektiven Wohnsitzes Dunz EJF B II Nr. 14 Anm.; Stuttgart JR 1963, 421 mit abl. Anm. v. Jansen; Hamm JMBlNRW 1963, 265.

115) KG NJW 1957, 1198 = FamRZ 1957, 272 = EJF B II Nr. 10 = IzRspr. 1954/57 Nr. 370; Keidel § 36 Anm. 2.

116) BayObLGZ 1957, 213 = NJW 1957, 1599 = EJF B II Nr. 13 mit zust. Anm. v. Jansen; anders aber BayObLGZ 1959, 416.

117) BayObLGZ 1957, 311 = MDR 1958, 110 = NJW 1958, 308 = EJF B II Nr. 14 abl. Anm. v. Dunz; Soergel-Kegel BGB[9] vor Art. 7 EG Anm. 356; Keidel § 36 Anm. 2.

118) KG FamRZ 1958, 426 = IzRspr. 1958/59 Nr. 196; Düsseldorf FamRZ 1968, 43; Soergel-Kegel BGB[9] vor Art. 7 EG Anm. 355 mit Fn. 19; offen gelassen in BGHZ 21, 306.

119) Erwägungen in dieser Richtung bereits bei Dunz, EJF B II Nr. 14 Anm., Jansen EJF B II Nr. 13 Anm.

120) Beitzke JR 1952, 144; Soergel-Kegel BGB[9] Art. 19 Rdn. 62; a.M. Erman-Marquordt BGB[4] Art. 19 EG Anm. 9 a.

übergesiedelt ist, während der andere im westdeutschen Rechtsgebiet zurückgeblieben ist[121]). Die örtliche Zuständigkeit bestimmt sich in diesen Fällen, wenn das Kind einen abgeleiteten westlichen Wohnsitz hat, nach diesem, sonst nach dem Ort, an dem das Bedürfnis der Fürsorge hervortritt; das wird in der Regel der Wohnsitz des Elternteils sein. Haben die Eltern im (staatsrechtlichen) Inland keinen Wohnsitz oder Aufenthalt, so ist letzten Endes das AG Schöneberg entsprechend § 36 Abs. 2 örtlich zuständig.

c) Notzuständigkeit. Unter Umständen kann es geboten sein, zur Vermeidung einer Rechts- **136**
verweigerung eine subsidiäre Notzuständigkeit entweder des VormG, in dessen Bezirk das Bedürfnis der Fürsorge hervortritt, oder des AG Schöneberg entsprechend § 36 Abs. 2 FGG zu begründen, wenn nach Lage der Verhältnisse eine sachgerechte Entscheidung durch die mitteldeutschen Vormundschaftsbehörden nicht zu erwarten ist (ordre-public-Zuständigkeit, vgl. § 1 Rdn. 141). Hierbei ist zu bedenken, daß nach der Rechtsprechung des Obersten Gerichts der DDR einem „republikflüchtigen" Elternteil das Sorgerecht in keinem Falle übertragen werden darf[122]).

d) Änderungsbefugnis. Entscheidungen in Sorgerechtssachen, die unter der clausula rebus **137**
sic stantibus stehen (§ 1696 BGB), können von den Gerichten des anderen Rechtsgebiets, sofern sie interzonal zuständig sind, nach Maßgabe des sachlichen Rechts geändert werden[123]).

6. Weitere Verrichtungen des Vormundschaftsgerichts. Zur interzonalen Zuständigkeit für **138**
die Befreiung von Eheverboten vgl. § 44a Rdn. 23, § 44b Rdn. 15, für die Befreiung vom Erfordernis der Ehemündigkeit Anh. nach § 56 Rdn. 11, für die Volljährigkeitserklärung § 56 Rdn. 5, für die Ehelicherklärung § 43a Rdn. 19, für die Feststellung der Legitimation durch nachfolgende Ehe Anh. nach § 56a Rdn. 5, für die Ersetzung der elterlichen Einwilligung zur Kindesannahme (§ 1747 Abs. 3 BGB) Vorbem. 33 vor § 65, für die Aufhebung des Kindesannahmeverhältnisses § 56c Rdn. 9, für die Ehelichkeitsanfechtung § 56b Rdn. 27, für Streitigkeiten unter Eheleuten § 45 Rdn. 19. Für die *Fürsorgeerziehung* und andere Freiheitsentziehungen gelten die Grundsätze der internationalen Zuständigkeit (§ 1 Rdn. 143) entsprechend.

7. Fortdauer der interzonalen Zuständigkeit. Mit dem Ende der maßgeblichen personellen **139**
Beziehung zu einem der deutschen Teilrechtsgebiete entfällt grundsätzlich dessen interzonale Zuständigkeit[124]). Fallen diese Umstände erst nach Eintritt der Rechtshängigkeit fort, so gelten die für die Fortdauer der internationalen Zuständigkeit maßgebenden Grundsätze[125]). Ordnet das interzonal zuständige Gericht des einen Rechtsgebiets eine Vormundschaft oder Pflegschaft an, so wird die in dem anderen Rechtsgebiet anhängige unwirksam[126]).

[121]) Von diesem Standpunkt aus ist die interzonale Zuständigkeit in Hamm JMBlNRW 1963, 265 (Eltern im Westen, Kind im Osten) und BayObLGZ 1959, 416 (Übersiedlung eines Elternteils mit dem Kinde in die DDR) im Ergebnis mit Recht bejaht worden und sie hätte richtigerweise auch im Fall BayObLGZ 1957, 311 = EJF B II Nr. 14 mit Anm. v. Dunz bejaht werden sollen. In Stuttgart JR 1963, 421 dagegen war der Vater unter Zurücklassung der Mutter und des Kindes in die BRD übergesiedelt und hatte ein westdeutsches Scheidungsurteil erwirkt; die Eltern hatten mithin zuletzt ein gemeinsames mitteldeutsches Personalstatut, so daß mangels Aufenthalts des Kindes die interzonale Zuständigkeit mit Recht abgelehnt worden ist. Wie im Text jetzt Celle OLGZ 1970, Heft 1 = NJW 1969, 2098 = FamRZ 1969, 555.

[122]) OG DDR NJ 1958, 684 = ROW 1958, 250; weitere Rechtsprechungsbeispiele in IzRspr. 1960/61 Nr. 16, 17, 20; vgl. Sczostak JR 1959, 295.

[123]) Vgl. § 1 Rdn. 155; oben Rdn. 123; BGHZ 21, 306 = LM § 36 FGG Nr. 1 mit Anm. v. Ascher = NJW 1956, 1439 = FamRZ 1956, 347 = JR 1957, 20 mit Anm. v. Beitzke = EJF B II Nr. 5 mit Anm. v. Jansen; KG FamRZ 1958, 426 = EJF B II Nr. 22 = IzRspr. 1958/59 Nr. 196; LG Hildesheim NJW 1962, 348 = IzRspr. 1960/61 Nr. 188; AG Wennigsen ROW 1962, 40 = IzRspr. 1960/61 Nr. 186; Soergel-Kegel BGB[9] vor Art. 7 EG Anm. 399; Keidel § 35 Anm. 17, § 36 Anm. 2 a; Lent-Habscheid[4] § 30 II 3.

[124]) Vgl. Schnitzer IPR[4] S. 825.

[125]) Vgl. § 1 Rdn. 144; BayObLGZ 1958, 358 = FamRZ 1959, 122 = NJW 1959, 533; Kegel IPR[2] § 22 VII 3; Keidel § 36 Anm. 2 a.

[126]) KG FamRZ 1958, 426 = EJF B II Nr. 22 = IzRspr. 1958/59 Nr. 196; Soergel-Kegel BGB[9] Art. 23 EG Anm. 19; Lent-Habscheid[4] § 11 III B 1.

II. Anerkennung mitteldeutscher Entscheidungen

140 Entscheidungen der interzonal zuständigen Gerichte und Behörden der DDR und des Ostsektors Berlin in Angelegenheiten der freiwilligen Gerichtsbarkeit sind im Interesse der Wahrung der Rechtseinheit grundsätzlich ohne besonderes Anerkennungsverfahren im Bundesgebiet wirksam und, soweit erforderlich, vollziehbar[127]). Im Einzelfall kann ihnen aber die Anerkennung versagt werden. Als Versagungsgrund kommt in erster Linie der westdeutsche ordre public (Arz. 30 EGBGB, § 328 Abs. 1 Nr. 4 ZPO in Betracht[128]). Danach muß einer Entscheidung die Anerkennung versagt werden, wenn sie entweder wegen ihres Inhalts mit den guten Sitten oder dem Zweck eines deutschen Gesetzes nicht vereinbar ist oder wenn sie auf einem Verfahren beruht, in welchem die rechtsstaatlichen Grundsätze, die an ein geordnetes Verfahren gestellt werden müssen, in erheblichem Maße verletzt worden sind[129]). Als ein derartiger Verstoß ist es anzusehen, wenn eine Sorgerechtsentscheidung durch ideologische Erwägungen (z. B. wegen der „Republikflucht" eines Elternteils) bestimmt[130]) oder mitbestimmt ist[131]) oder wenn einem Elternteil die elterliche Gewalt ohne gesetzliche Grundlage nach Ermessen entzogen wird[132]). Die Wahrung des rechtlichen Gehörs ist nach westdeutscher Auffassung ein fundamentaler Grundsatz des Verfahrensrechts; er gehört zum prozessualen ordre public. Ist einem Beteiligten das rechtliche Gehör nicht gewährt worden, so kann die Entscheidung nicht anerkannt werden[133]). Ein Versagungsgrund ist nicht schon der Umstand, daß eine nach mitteldeutschem Recht zuständige Verwaltungsbehörde entschieden hat[134]). Entscheidungen mitteldeutscher Behörden allerdings, die zu einem endgültigen Rechtsverlust führen und nach mitteldeutschem Verfahrensrecht nur im Verwaltungswege anfechtbar sind, können bei hinreichender Beziehung zum westdeutschen Rechtsgebiet das Grundrecht aus Art. 19 Abs. 4 GG auf Justizgewährung durch ein unabhängiges Gericht verletzen und deshalb nicht anzuerkennen sein[135]).

141 Der *Mangel der fehlenden interzonalen Zuständigkeit* (vgl. § 1 Rdn. 148) wird in der Regel nicht vorliegen, weil die Zuständigkeit beider Teilrechtsgebiete meistens konkurrierend sein wird[136]), z. B. wenn im westdeutschen Rechtsgebiet eine Aufenthaltszuständigkeit, im mitteldeutschen aber eine Statutszuständigkeit begründet ist oder umgekehrt. Wenn aber nach westdeutschen Zuständigkeitsregeln eine interzonale Zuständigkeit der mitteldeutschen Behörden nicht gegeben ist, besteht kein ausreichender Anlaß, diesen Versagungsgrund des internationalen Verfahrensrechts nicht auch im interzonalen Recht anzuwenden[137]).

III. Deutsche Ostgebiete

142 Deutsche Staatsangehörige mit gewöhnlichem Aufenthalt in den unter sowjetischer oder polnischer Verwaltung stehenden deutschen Ostgebieten jenseits der Oder-Neiße-Linie inner-

[127]) BGHZ 21, 306, 313; KG JR 1954, 265 = IzRspr. 1954/57 Nr. 380; KG FamRZ 1961, 126 = NJW 1961, 677 = ROW 1961, 68 = DAVorm. 34 (1961), 131 = IzRspr. 1960/61 Nr. 181; KG OLGZ 1965, 214 (NachlG); LG Stuttgart IzRspr. 1960/61 Nr. 176; Soergel-Kegel BGB[9] vor Art. 7 EG Anm. 327, 371; Beitzke FamRZ 1956, 36; Firsching FamRZ 1956, 299 zu VIII e; Keidel § 35 Anm. 17.

[128]) BGHZ 20, 323 (für Urteile); BGHZ 21, 306, 313 (Sorgerechtsentscheidung); KG JR 1954, 265 = IzRspr. 1954/57 Nr. 380; KG NJW 1961, 677; KG OLGZ 1965, 214; Soergel-Kegel BGB[9] vor Art. 7 EG Anm. 372; Lent-Habscheid[4] § 30 II 2; Keidel § 35 Anm. 17.

[129]) BGHZ 20, 323, 335; KG OLGZ 1965, 214, 217.

[130]) Hamm JMBlNRW 1961, 677 = ROW 1961, 258 = SchlHA 1961, 174 = EJF A I f Nr. 33 = IzRspr. 1960/61 Nr. 175; AG Riedlingen IzRspr. 1960/61 Nr. 183.

[131]) KG IzRspr. 1960/61 Nr. 182.

[132]) KG NJW 1961, 677 = FamRZ 1961, 126 = IzRspr. 1960/61 Nr. 181.

[133]) BGHZ 20, 323, 335; KG NJW 1955, 27 = MDR 1955, 616 = FamRZ 1955, 55; KG OLGZ 1965, 214; Beitzke FamRZ 1956, 36 zu II d; Soergel-Kegel BGB[9] vor Art. 7 EG Anm. 375; Keidel § 35 Anm. 17.

[134]) LG Stuttgart IzRspr. 1960/61 Nr. 176; Soergel-Kegel BGB[9] vor Art. 7 EG Anm. 374.

[135]) KG OLGZ 1965, 214 = ROW 1965, 258 = JZ 1967, 123 mit (abl.) Anm. v. Wengler; Keidel § 72 Anm. 35; a.M. Palandt-Keidel BGB[28] § 2227 Anm. 8.

[136]) Vgl. Beitzke, NJW 1955, 552; ders., JR 1957, 24; KG NJW 1955, 552 a. E.; KG NJW 1957, 1198 = FamRZ 1957, 272 = EJF B II Nr. 10 = IzRspr. 1954/57 Nr. 370.

[137]) Zum Zivilprozeß wie hier BGHZ 34, 134; zweifelnd Kegel IPR[2] § 22 VII 3.

halb der Grenzen Deutschlands nach dem Gebietsstande vom 31. Dezember 1937 haben weder ein westdeutsches noch ein mitteldeutsches interzonales Personalstatut. Ihnen ein besonders interzonales Personalstatut einzuräumen, besteht auf dem Gebiet des Vormundschaftsrechts kein hinreichender Anlaß. In bezug auf die Führung von Vormundschaften und Pflegschaften sind die allgemeinen Grundsätze der internationalen Zuständigkeit für Deutsche anzuwenden[138]). Schwierigkeiten ergeben sich bei der Bestimmung der örtlichen Zuständigkeit. § 36 Abs. 2 ist nicht allgemein anwendbar, weil diese Gebiete staatsrechtlich noch Inland sind. Die Zuständigkeit hätte im Zuständigkeitsergänzungsgesetz vom 7. 8. 1952 (BGBl. I, 407) geregelt werden können; dort sind aber in §§ 8, 9 nur Bestimmungen über die Fortführung von Vormundschaften und Pflegschaften getroffen, die am 8. 5. 1945 anhängig waren, mit Ausnahme der in § 10 besonders eröffneten Möglichkeit für die Anordnung von Abwesenheitspflegschaften. Es ist aber anerkannt, daß das ZustErgG keine erschöpfende Regelung enthält und Lücken unter entsprechender Anwendung der im Gesetz enthaltenen Grundsätze durch die Rechtsprechung auszufüllen sind (vgl. Vorbem. zu § 1 ZustErgG — *Anl. 1* —). Nach diesen Grundsätzen (vgl. §§ 8 Satz 2, 10 Abs. 3, 7 Abs 1 ZustErgG) kommt in erster Linie das Gericht, in dessen Bezirk das Bedürfnis der Fürsorge hervortritt, hilfsweise das AG Schöneberg in Betracht.

Örtliche Zuständigkeit für die Vormundschaft, die Beistandschaft und die Pflegschaft nach § 1706 BGB

36 **Für die Vormundschaft ist das Gericht zuständig, in dessen Bezirk der Mündel zu der Zeit, zu der die Anordnung der Vormundschaft erforderlich wird oder in der die Vormundschaft kraft Gesetzes eintritt, seinen Wohnsitz oder bei Fehlen eines inländischen Wohnsitzes seinen Aufenthalt hat. Wird die Anordnung einer Vormundschaft über Geschwister erforderlich, die in den Bezirken verschiedener Vormundschaftgerichte ihren Wohnsitz oder ihren Aufenthalt haben, so ist, wenn für einen der Mündel schon eine Vormundschaft anhängig ist, das für diese zuständige Gericht, anderenfalls dasjenige Gericht, in dessen Bezirk der jüngste Mündel seinen Wohnsitz oder seinen Aufenthalt hat, für alle Geschwister maßgebend.**

Ist der Mündel Deutscher und hat er im Inland weder Wohnsitz noch Aufenthalt, so ist das Amtsgericht Schöneberg in Berlin-Schöneberg zuständig. Es kann die Sache aus wichtigen Gründen an ein anderes Gericht abgeben; die Abgabeverfügung ist für dieses Gericht bindend.

Für die Vormundschaft über einen Minderjährigen, dessen Familienstand nicht zu ermitteln ist, ist das Gericht zuständig, in dessen Bezirk der Minderjährige aufgefunden wurde.

Die Absätze 1 und 2 gelten für die Beistandschaft und die Pflegschaft nach § 1706 des Bürgerlichen Gesetzbuchs entsprechend.

Abs. 2 i. d. Fassung des Art. 4 Nr. 1 FamRÄndG. In Kraft getreten am 1. 1. 1962. Abs. 1 Satz 1 geändert, Abs. 4 angefügt durch Art. 7 Nr. 1 des G über die rechtliche Stellung der nichtehelichen Kinder vom 19. 8. 1969 (BGBl. I 1243), in Kraft getreten am 1. 7. 1970.

138) Wegen der Beibehaltung der deutschen Staatsangehörigkeit vgl. Celle NJW 1952, 475; LG Frankenthal NJW 1955, 108 = JZ 1955, 22 mit Anm. v. Makarov (Pflegschaft); KG ZLA 1968, 351; KG MDR 1958, 692; zur fortdauernden Geltung deutschen Rechts vgl. Celle NdsRpfl. 1961, 248 u. 249 = StAZ 1962, 100 = IzRspr. 1960/61 Nr. 10, 11; LG Aachen FamRZ 1962, 385 mit Anm. v. Meyer-Stolte = IzRspr. 1960/61 Nr. 12. Hierzu Stoll, Die Rechtsstellung der deutschen Staatsangehörigen in den polnisch verwalteten Gebieten, 1968.

Übersicht

A. Bedeutung

1 Die Vorschrift regelt die *örtliche Zuständigkeit* für die *Vormundschaft.* Sie enthält zunächst in Abs. 1 Satz 1 eine allgemeine Regel und trifft sodann Einzelbestimmungen für drei besondere Fälle, nämlich für die Vormundschaft über Geschwister, die ihren Wohnsitz oder Aufenthalt in den Bezirken verschiedener Vormundschaftsgerichte haben (Abs. 1 Satz 2), für Mündel deutscher Staatsangehörigkeit, die im Inland weder Wohnsitz noch Aufenthalt haben (Abs. 2), sowie für minderjährige Findelkinder (Abs. 3). Durch Abs. 4 i. d. F. des Art. 7 Nr. 1 NichtehelG wird ferner die örtliche Zuständigkeit für die *Beistandschaft* (§§ 1685, 1690 BGB) und die für das nichteheliche Kind nach § 1706 BGB bestehende *Pflegschaft* in der Weise geregelt, daß die Absätze 1 und 2 entsprechend anwendbar sind.

B. Anwendungsbereich

1. Sachlicher Umfang

2 *a) Vormundschaft.* Die Vorschrift bezieht sich auf die Vormundschaft im Sinne des bürgerlichen Rechts (§ 1774 BGB), also die umfassende Fürsorge, die von einer amtlich bestellten Person, dem Vormund, unter staatlicher Aufsicht über Person und Vermögen eines anderen Menschen ausgeübt wird, den die Rechtsordnung als außerstande ansieht, seine Angelegenheiten selbst zu besorgen und für den eine sonstige gesetzliche Fürsorge nicht vorhanden ist. Daraus, daß die Vorschrift allgemein von der Vormundschaft spricht, ergibt sich, daß sie sich auf alle Verrichtungen bezieht, die das Gesetz in den §§ 1773 bis 1908 BGB dem VormG in Ansehung der Vormundschaft zuweist; das nach § 36 örtlich zuständige VormG ist mithin für alle einschlägigen Verrichtungen in Ansehung der bei ihm anhängigen Vormundschaft zuständig[1]), z. B. für die Erteilung der vormundschaftsgerichtlichen Genehmigungen oder die Genehmigung der mit einer Freiheitsentziehung verbundenen Unterbringung des Mündels nach § 1800 Abs. 2 BGB (vgl. dazu § 55a Anm. 4). Diese Maßnahmen, die unmittelbar die Führung der Vormundschaft und die Aufsicht über den Vormund betreffen, sind keine selbständigen Einzelverrichtungen des VormG im Sinne des § 43, sondern unselbständige Maßnahmen innerhalb der anhängigen Vormundschaft; für sie kann daher eine örtliche Zuständigkeit aus Rechtsgründen nicht selbständig begründet sein. Sie können des-

1) Wellstein[2] Anm. 1; Keidel Anm. 1.

halb auch nicht losgelöst von der Vormundschaft für sich allein nach § 46 Abs. 3 FGG an ein anderes Gericht abgegeben werden; nur die Vormundschaft insgesamt kann abgegeben werden. Anders verhält es sich mit Verrichtungen, die zwar dem VormG zugewiesen sind, die aber „nicht die Vormundschaft betreffen" (vgl. die Eingangsworte des § 43), mögen sie sich auch auf ein Mündel beziehen und mag eine Vormundschaft anhängig sein (vgl. §§ 1 Abs. 2, 3 Abs. 3 EheG, §§ 1727, 1747 Abs. 3 BGB). Für diese Verrichtungen wird die örtliche Zuständigkeit in § 43 selbständig begründet, wenn auch wegen des Sachzusammenhangs nach § 43 Abs. 2 regelmäßig das VormG zur Entscheidung berufen ist, bei welchem die Vormundschaft anhängig ist; insoweit ist eine selbständige Abgabe der Verrichtung nach § 46 Abs. 3 statthaft.

Ist ein Vormund (für ein eheliches oder nichteheliches Kind) nach § 1774 Satz 2 BGB schon vor der Geburt des Kindes zu bestellen, so bestimmt sich die örtliche Zuständigkeit dafür nicht nach § 36, sondern nach § 36a. Das Vormundschaftsgericht, welches im Gerichtsstand des § 36a den Vormund bestellt hat, bleibt vorbehaltlich einer Abgabe nach § 46 auch für die Führung der Vormundschaft zuständig (§ 36a Rdn. 6). **3**

b) Die gesetzliche Amtsvormundschaft des Jugendamts über nichteheliche Kinder tritt nach § 1791c Abs. 1 BGB n. F. nur noch ein, wenn das Kind eines Vormundes bedarf, also wenn die elterliche Gewalt der nichtehelichen Mutter (§ 1705 BGB) ruht, etwa weil sie geschäftsunfähig oder in der Geschäftsfähigkeit beschränkt ist oder nach § 1910 Abs. 1 BGB einen Pfleger erhalten hat (§ 1673 BGB). Die örtliche Zuständigkeit des VormG bestimmt sich ebenfalls nach § 36; das ergab sich für die bisherige Rechtslage aus § 40 Abs. 2 JWG, wo das „zuständige VormG" dem „Amtsgericht des Geburtsorts" gegenübergestellt wird[2]), und ist jetzt durch die Neufassung des § 36 Abs. 1 Satz 1 klargestellt. Das Amtsgericht des Geburtsorts ist nach § 36b FGG neben dem nach § 36 Abs. 1 zuständigen VormG für erforderliche Eilmaßnahmen zuständig, z. B. für die Erteilung der Bescheinigung nach § 1791 c Abs. 3 BGB oder für vorläufige Anordnungen auf Grund des § 1666 Abs. 1 BGB. Diese örtliche Zuständigkeit bleibt bestehen, bis das nach § 36, Abs. 1 zuständige VormG tatsächlich eingreift[3]). Andererseits ist dieses Gericht natürlich auch für Eilmaßnahmen zuständig, wenn es rechtzeitig von deren Erforderlichkeit Kenntnis erhält; es darf nicht etwa darauf verweisen, daß auch das Amtsgericht des Geburtsorts zuständig sei[4]). Auch wenn das Kind eines Vormundes bedarf, tritt aber die gesetzliche Amtsvormundschaft des Jugendamts nach § 1791c Abs. 1 Satz 1 Halbs. 2 BGB nicht ein, wenn dem Kind nach § 1774 Satz 2 BGB schon vor der Geburt ein Vormund bestellt ist (vgl. dazu § 36a FGG). Über die *Abgabe* der Amtsvormundschaft von Jugendamt zu Jugendamt vgl. § 46 Rdn. 33. **4**

Wegen der örtlichen Zuständigkeit für die Pflegschaft nach § 1706 BGB und die Beistandschaft vgl. nachst. Rdn. 29, 31. **5**

2. Persönlicher Geltungsbereich. Die Regelung in Abs. 1 und Abs. 2 bezieht sich auf die Vormundschaft über *Minderjährige* (§ 1773 BGB) und über *Volljährige* (§§ 1896, 1906 BGB), während Abs. 3 nur Minderjährige betrifft, deren Familienstand nicht zu ermitteln ist. Die vorläufige Vormundschaft und die nach der Entmündigung sich anschließende endgültige Vormundschaft sind verschiedene Angelegenheiten; für die Anordnung der endgültigen Vormundschaft kann mithin ein anderes Gericht zuständig sein, wenn sich die für die örtliche Zuständigkeit maßgebenden Verhältnisse seit der Anordnung der vorläufigen Vormundschaft geändert haben[5]). Dasselbe gilt für die Pflegschaft für einen Volljährigen und die nach seiner Entmündigung erforderlich werdende Vormundschaft[6]). Die Zuständigkeit nach Abs. 1 gilt ohne Rücksicht auf die Staatsangehörigkeit des Mündels; daß Abs. 1 sich auch auf **6**

[2]) KG JFG 2, 123; Köln JMBlNRW 1960, 94; Schlegelberger Anm. 1; Keidel Anm. 22.
[3]) BayObLGZ 1959, 180 = FamRZ 1959, 372.
[4]) Köln JMBlNRW 1960, 94.
[5]) KG Recht 1913 Nr. 1375; Schlegelberger Anm. 3; Keidel Anm. 7; Staudinger-Engler BGB[11] § 1906 Anm. 15.
[6]) Köln JMBlNRW 1960, 131.

Ausländer und *Staatenlose* bezieht, ergibt sich aus der Gegenüberstellung zu Abs. 2[7]). Inwieweit für einen Ausländer im Inland eine Vormundschaft angeordnet werden kann, ist eine Frage der internationalen Zuständigkeit und des sachlichen Rechts (vgl. § 35 Rdn. 98 ff., § 44 Rdn. 4).

C. Maßgebender Zeitpunkt

7 Für die Begründung der örtlichen Zuständigkeit maßgeblich sind die tatsächlichen Verhältnisse in dem Zeitpunkt, in welchem nach Maßgabe des sachlichen Rechts (§§ 1773, 1896, 1906 BGB, Art. 23 EGBGB) die Anordnung der Vormundschaft erforderlich wird oder die gesetzliche Amtsvormundschaft kraft Gesetzes eintritt (§ 1791c BGB). Es kommt also nicht auf den Zeitpunkt an, in welchem das VormG von dem Vormundschaftsfall Kenntnis erlangt oder sonst mit der Sache befaßt oder in der Sache tätig wird oder gar auf den Zeitpunkt, in dem die Vormundschaft angeordnet wird. Eine spätere Veränderung oder ein Wegfall der Umstände, auf denen die Zuständigkeit beruht, insbesondere eine Verlegung des Wohnsitzes oder Aufenthalts zwischen dem Zeitpunkt, in welchem die Anordnung der Vormundschaft nötig wird, und dem ihrer Anordnung ist ohne Bedeutung[8]). Für die unter die gesetzliche Amtsvormundschaft des Jugendamts tretenden unehelichen Kinder ist maßgebend der Zeitpunkt der Geburt[9]) oder, wenn die Unehelichkeit erst später festgestellt wird oder sich aus der Todeserklärung des Ehemanns der Mutter ergibt, der Zeitpunkt der Rechtskraft der gerichtlichen Entscheidung (§ 1791c Abs. 1 Satz 2 BGB). Haben beide Elternteile die elterliche Gewalt verwirkt, so ist die Rechtskraft des Strafurteils maßgebend (§ 1676 Abs. 2 BGB); dieser Zeitpunkt wird auch maßgebend sein müssen, wenn nur ein Elternteil die elterliche Gewalt verwirkt hat, das VormG aber eine Vormundschaft nach § 1679 Abs. 1 Satz 2 BGB anordnet, weil die Ausübung der elterlichen Gewalt durch den anderen Elternteil mit dem Wohl des Kindes nicht vereinbar ist. Für die Anordnung der Vormundschaft nach § 1671 Abs. 5 BGB muß das VormG für zuständig erachtet werden, welches für die Einleitung des Verfahrens nach § 1671 BGB oder des Änderungsverfahrens nach § 1696 BGB gemäß §§ 43, 36 FGG zuständig ist, da die Anordnung der Vormundschaft diese Verfahren abschließt und die örtliche Zuständigkeit je nach dem Ausgang des Verfahrens keine verschiedene sein kann. Die Anordnung der Vormundschaft über einen Volljährigen wird erforderlich in dem Zeitpunkt, in dem der Entmündigungsbeschluß wirksam wird. Der Meinung, das VormG dürfe die Vormundschaft bereits anordnen, bevor der Entmündigungsbeschluß wirksam geworden ist[10]), dürfte schwerlich beizutreten sein. Die Entmündigung wird wirksam mit der Zustellung des Beschlusses an den Entmündigten (§§ 661 Abs. 2, 683 Abs. 2 Satz 1 ZPO), bei der Entmündigung wegen Geisteskrankheit, wenn der Entmündigte unter elterlicher Gewalt oder Vormundschaft steht, mit der Zustellung an den gesetzlichen Vertreter, dem die Sorge für die Person zusteht, gegebenenfalls also an den vorläufigen Vormund, anderenfalls mit der Bestellung des Vormundes (§ 661 Abs. 1 ZPO). Für den Fall, daß die Entmündigung erst mit der Bestellung des Vormundes wirksam wird, ergibt sich die Schwierigkeit, den maßgebenden Zeitpunkt für die Begründung der Zuständigkeit des hierzu berufenen VormG zu bestimmen. In diesem Sonderfall wird auf den Zeitpunkt abzustellen sein, in dem das VormG gemäß § 660 ZPO von der Entmündigung Kenntnis erlangt[11]). Ist die Entmündigung bei bestehender elterlicher Gewalt oder Altersvormundschaft bereits während der Minderjährigkeit wirksam geworden, so wird die Anordnung der Vormundschaft nach § 1896 BGB mit dem Eintritt der Volljährigkeit erforderlich. Für die Anordnung der vorläufigen

7) Wellstein[2] Anm 2; Keidel Anm. 12; KG NJW 1961, 1584 = FamRZ 1961, 383; KG OLGZ 1966, 321, 322; BayObLGZ 1962, 39; 1963, 123; Saarbrücken OLGZ 1965, 367.

8) KG OLGR 6, 301; KG DFG 1939, 20; BayObLGZ 14, 231 = JFG 3, 60; Wellstein[2] Anm. 2 c; Ebert-Dudek-Lindemann[2] Anm. 2 a β ; Keidel Anm. 7.

9) BayObLG JFG 3, 60; Köln JMBlNRW 1960, 94.

10) So Staudinger-Engelmann BGB[9] § 1896 Anm. 3; Soergel-Germer BGB[9] § 1896 Anm. 5; Erman-Hefermehl BGB[3] § 1896 Anm. 3; dagegen mit Recht BGB-RGRK[11] § 1896 Anm. 1.

11) Planck BGB[3] Anm. 1; Schlegelberger Anm. 12.

Vormundschaft kommt es auf den Zeitpunkt an, in dem das Gericht die Voraussetzungen des § 1906 BGB für gegeben erachtet. Bei Anordnung der Vormundschaft über einen *Ausländer* ist der Zeitpunkt entscheidend, in dem die Anordnung der Vormundschaft im Inland erforderlich wird, in dem also festgestellt ist, daß der Heimatstaat die Fürsorge nicht übernimmt und die Voraussetzungen des Art. 23 EGBGB erfüllt sind[12]); die Ermittlungen hierüber hat das VormG anzustellen, welches nach § 36 Abs. 1 zuständig wäre, wenn der Mündel ein Inländer wäre[13]).

Die einmal begründete örtliche Zuständigkeit bleibt bestehen, auch wenn die die Zuständigkeit begründenden Umstände sich später ändern *(perpetuatio fori)*[14]), und zwar auch bei einer Änderung vor Einleitung der Vormundschaft[15]). Ein anderes VormG kann nur auf Grund einer Abgabe nach § 46 zuständig werden. 8

D. Maßgeblichkeit des Wohnsitzes

Die örtliche Zuständigkeit richtet sich in erster Linie nach dem *Wohnsitz des Mündels* in dem Zeitpunkt, in dem die Anordnung der Vormundschaft erforderlich wird; fehlt ein solcher, so ist der *Aufenthalt* (nicht der letzte Wohnsitz) des Mündels maßgebend. Für Deutsche, die das Recht der Exterritorialität genießen, sowie für Beamte des Bundes oder eines deutschen Landes, die im Ausland angestellt sind, geht jedoch die Sonderregelung des § 3 FGG i. V. m. § 15 ZPO der Regelung des § 36 vor (vgl. § 3 mit Bem.). Für den Begriff des Wohnsitzes, seine Begründung und Aufhebung verweist das Gesetz stillschweigend auf die Vorschriften des bürgerlichen Rechts, also die §§ 7 bis 9, 11 BGB. Da diese Vorschriften hier zur Ausfüllung einer verfahrensrechtlichen Norm herangezogen werden, sind sie als das am Sitz des Gerichts geltende Recht (lex fori) auch anzuwenden, wenn der Mündel nicht die deutsche Staatsangehörigkeit besitzt. Das Recht, welches nach den Normen des internationalen Privatrechts das zu regelnde Rechtsverhältnis beherrscht, ist bei der Ermittlung des inländischen Wohnsitzes einer Person als Anknüpfungspunkt für die Bestimmung des örtlich zuständigen deutschen Gerichts nicht heranzuziehen; das gilt sowohl für den gewillkürten als auch für den abgeleiteten Wohnsitz des Ausländers[16]). Soweit aber die Begründung oder Aufhebung des Wohnsitzes nach deutschem Recht von der Geschäftsfähigkeit abhängt (§ 8 BGB), ist diese nach dem Heimatrecht zu beurteilen (Art. 7 Abs. 1 EGBGB); ebenso entscheidet die vom deutschen internationalen Privatrecht berufene Rechtsordnung darüber, ob das Kind im Sinne des § 11 BGB ein eheliches ist[16a]). 9

1. Wohnsitz. Die Begründung eines Wohnsitzes setzt die tatsächliche Niederlassung an einem Ort mit dem durch die Niederlassung in Erscheinung tretenden Willen voraus, diesen Ort zum räumlichen Schwerpunkt der Lebensverhältnisse zu machen (Domizilwillen). Der zur Begründung eines Wohnsitzes erforderliche Willensentschluß braucht sich nicht auf den Rechtserfolg des Wohnsitzes, sondern nur auf die Niederlassung zu erstrecken. Dieser Wille braucht nicht ausdrücklich erklärt zu werden. Er wird in der Regel durch schlüssige Handlungen zum Ausdruck kommen und kann aus dem gesamten Verhalten und den sonstigen Umständen geschlossen werden[17]). Der Annahme einer ständigen Niederlassung steht der Umstand nicht entgegen, daß von Anfang an mit einer späteren Verlegung des Wohnsitzes 10

[12]) Rostock OLGR 5, 443; Ebert-Dudek-Lindemann² Anm. 2 a β; Josef FGG² § 36 Zus.; Schlegelberger Anm. 21.

[13]) Dresden OLGR 7, 202; Josef FGG² § 36 Zus.; Schlegelberger Anm. 21.

[14]) BayObLG OLGR 30, 405; KG DFG 1938, 97; Keidel Anm. 7; Schlegelberger Anm. 12; Baur FG § 7 III 2, § 17 II 2 b.

[15]) BayObLG JFG 3, 60.

[16]) KG NJW 1961, 1584 = FamRZ 1961, 383; KG OLGZ 1966, 321, 323; BayObLGZ 1966, 203; zum Zivilprozeß KG JW 1936, 3571 mit zust. Anm. v. Süß; BGH ZZP 76, 221, 225; Neuhaus FamRZ 1961, 540 zu II; Jansen JR 1963, 421 zu 3; Serick ZZP 68, 278, 293; Beitzke FamRZ 1967, 592 zu V 1 a; Palandt-Lauterbach BGB²⁶ Art. 19 EG Anm. 5; Keidel Anm. 8 Fn. 2; vgl. ferner die Nachweise bei Schwimann, FamRZ 1959, 325 Fn. 117; Karlsruhe FamRZ 1969, 161; BayObLG FamRZ 1969, 341.

[16a]) BayObLGZ 1966, 203, 206.

[17]) BGHZ 7, 104.

nach dem Eintritt geänderter Verhältnisse gerechnet wird; mit einer ständigen Niederlassung ist nicht eine solche gemeint, die für immer gewollt ist[18]). An einer ständigen Niederlassung fehlt es aber, wenn sich jemand an dem Ort zu einem vorübergehenden Zweck, dessen Erreichung in absehbarer Zeit zu erwarten ist, niederläßt, z. B. bei auch längerem Aufenthalt zur Ausbildung als Schüler oder Student oder als Wehrpflichtiger zur Ableistung des Wehrdienstes (vgl. § 9 Abs. 2 BGB). Unter besonderen Umständen kann aber auch am Studienort ein Wohnsitz begründet werden, wenn der bisherige räumliche Mittelpunkt der Lebensverhältnisse aufgegeben ist (Flüchtling). Durch die Eingehung eines Arbeitsverhältnisses auch auf längere Dauer ohne Begründung eines eigenen Hausstandes am Arbeitsort wird in der Regel kein Wohnsitz begründet, sofern nicht ausnahmsweise das Dienstverhältnis den Charakter einer dauernden Erwerbsstellung hat[19]). Beruht die Ortsanwesenheit auf äußerem Zwang, so wird ein Wohnsitz nicht begründet, daher nicht für den Strafgefangenen am Anstaltsort, sofern ein anderer Ort nach der Willensrichtung der Person Mittelpunkt der Lebensverhältnisse bleibt[20]). Ob ein Geisteskranker durch die Unterbringung in einer Heilanstalt dort einen Wohnsitz im Rechtssinne, nicht nur einen Aufenthalt, erlangt, richtet sich nach den Umständen und der Willensrichtung des gesetzlichen Vertreters in den die Personensorge betreffend die Angelegenheiten, dem das Aufenthaltsbestimmungsrecht zusteht (§§ 1631, 1793, 1800, 1901, 1915 BGB). Bei einem für ständig in einer Anstalt untergebrachten unheilbaren Geisteskranken kann die Annahme einer Wohnsitzbegründung am Anstaltsort in Betracht kommen[21]). Bei einem Verschollenen ist in Ermangelung von Anzeichen für einen Wohnsitzaufgabewillen die Fortdauer des bisherigen Wohnsitzes anzunehmen[22]). Wegen des Wohnsitzes der Soldaten vgl. § 3 Rdn. 13. Eine Ehefrau kann nach Aufhebung des § 10 BGB durch Art. 1 Nr. 3 GleichberG einen Wohnsitz selbständig ohne Zustimmung des Mannes begründen oder aufheben; dasselbe Recht hat nach § 8 Abs. 2 BGB die minderjährige Ehefrau sowie eine Frau, die verheiratet war und das 18. Lebensjahr vollendet hat. Auch zur *Aufhebung des Wohnsitzes* bedarf es außer der tatsächlichen Aufgabe der bisherigen Niederlassung eines rechtlich erheblichen Willens dahin, den bisherigen räumlichen Schwerpunkt der allgemeinen Lebensverhältnisse nunmehr aufzugeben. Der Wohnsitzaufgabewillen fehlt zwar regelmäßig, wenn die Ortsveränderung auf äußerem Zwang beruht, er braucht aber nicht nur vorzuliegen, wenn die Wohnsitzänderung den Interessen und Wünschen der Person entspricht; er kann auch gegeben sein, wenn die Verlegung des Wohnsitzes ihr durch Verhältnisse aufgenötigt wird, denen sie sich nicht entziehen kann und mit denen sie sich abfinden muß. Der Wohnsitz kann auch ohne Begründung eines neuen aufgegeben werden. Ein *doppelter Wohnsitz* ist rechtlich möglich (§ 7 Abs. 2 BGB); dazu ist erforderlich, daß an mehreren Orten dauernd Wohnungen unterhalten werden, in denen abwechselnd Aufenthalt in der Weise genommen wird, daß von dem jeweiligen Ort aus die gesamten Lebensverhältnisse geregelt werden[23]). Geht jemand von seinem Wohnort aus in einer anderen Gemeinde einer Beschäftigung nach, so hat er an dem Beschäftigungsort keinen Wohnsitz[24]).

11 2. *Wohnsitz des Kindes.* In § 11 BGB wird für das Kind ein gesetzlicher Wohnsitz ohne Rücksicht auf den Aufenthalt des Kindes oder einen Wohnsitzbegründungswillen bestimmt.

18) BayObLG OLGR 10, 56; 13, 306; Staudinger-Coing BGB[11] § 7 Anm. 6; Soergel-Siebert BGB[9] § 7 Anm. 6.

19) Vgl. BayObLG OLGR 2, 71, 72; Dresden OLGR 2, 443, 444; Karlsruhe OLGR 3, 36; KG JFG 3, 61; Schlegelberger Anm. 4; Enneccerus-Nipperdey[15] § 96 Fn. 11; teilw. abw. Köln JMBlNRW 1960, 188.

20) Staudinger-Coing BGB[11] § 7 Anm. 4; Soergel-Siebert BGB[9] § 7 Anm. 6; BayObLGZ 1, 763.

21) Vgl. Karlsruhe OLGR 2, 445; Colmar OLGR 17, 359; Rostock OLGR 33, 19; Oldenburg SeuffA 55 Nr. 64 S. 134; KG DFG 1941, 127; Soergel-Siebert BGB[9] § 8 Anm. 7; Staudinger-Coing BGB[11] § 8 Anm. 4; Schlegelberger Anm. 4.

22) KG DFG 1943, 27; Staudinger-Coing BGB[11] § 7 Anm. 14; Palandt-Danckelmann BGB[26] § 7 Anm. 3.

23) PrOVG OLGR 35, 26; PrOVGE 54, 185; BVerfGE 5, 2, 9; Palandt-Danckelmann BGB[26] § 7 Anm. 4; Soergel-Siebert BGB[9] § 7 Anm. 11.

24) KG WM 1957, 819; BGH LM § 7 BGB Nr. 3 = MDR 1962, 380.

Dieser gesetzliche, regelmäßig von dem Wohnsitz der Eltern abgeleitete Wohnsitz ist aber nicht ausschließlich; es kann neben ihm (§ 7 Abs. 2 BGB) oder unter Aufhebung des abgeleiteten Wohnsitzes ein gewillkürter Wohnsitz begründet werden (§§ 7, 8, 11 Abs. 1 Satz 3 BGB).

a) Gesetzlicher Wohnsitz des Kindes. Ein Minderjähriges Kind teilt nach § 11 BGB i. d. F. 12
des Art. 1 Nr. 1 NichtehelG ohne weiteres den Wohnsitz der Eltern; ist nur noch ein Elternteil vorhanden, so teilt es dessen Wohnsitz. Abweichend von § 11 BGB a. F. wird zwischen ehelichen und nichtehelichen Kindern nicht mehr unterschieden. Eltern i. S. des § 11 Satz 1 sind daher die leiblichen ehelichen oder nichtehelichen Eltern, also auch der nichteheliche Vater. Durch eine Ehelicherklärung auf Antrag des Vaters (§ 1723 BGB) oder des Kindes (§ 1740a BGB) wird die Zuordnung des Kindes zu dem Elternpaar nicht geändert. Durch eine Kindesannahme erlangt das Kind gemäß § 1757 BGB die rechtliche Stellung eines ehelichen Kindes des Annehmenden; als Eltern i. S. des § 11 Satz 1 sollen deshalb auch der oder die Annehmenden zu verstehen sein (BT-Drucks. V/2370 S. 23 zu § 11); der Sachlage besser entspricht in diesem Fall aber die Anwendung des § 11 Satz 2 (nachst. Rdn. 14). Hierbei wird ein gemeinsamer Wohnsitz der Eltern (oder ein gemeinsamer mehrfacher Wohnsitz nach § 7 Abs. 2 BGB) vorausgesetzt. Die Ableitung des Wohnsitzes des ehelichen Kindes vom Elternwohnsitz nach §§ 11 Abs. 1 Satz 1 Halbs. 1 BGB a. F. galt unabhängig davon, ob den Eltern und welchem von ihnen die gesetzliche Vertretung des Kindes oder das Sorgerecht zustand[25]); eine besondere Regelung für den Fall, daß die Eltern nicht denselben Wohnsitz haben, enthielt § 11 Abs. 1 Satz Halbs. 2 BGB a. F. in Form einer Verknüpfung von elterlicher Gewalt und Kindeswohnsitz in der Weise, daß der Kindeswohnsitz dem Wohnsitz des Elternteils folgte, der das Kind in den persönlichen Angelegenheiten vertritt. Jetzt bestimmt § 11 Satz 1 Halbs. 2 BGB n. F., daß das Kind nicht den Wohnsitz eines Elternteils teilt, dem das Recht fehlt, für die Person des Kindes zu sorgen. Es muß ihm also die tatsächliche Sorge für die Person des Kindes (§ 1631 Abs. 1 BGB) nicht zustehen; daß ihm nur die Vertretung des Kindes in den persönlichen Angelegenheiten nicht zusteht, genügt nicht. Erst hieraus ergibt sich, daß das nichteheliche Kind nicht den Wohnsitz seines Vaters teilt; es teilt ihn neben dem der Mutter erst dann, wenn es durch nachfolgende Ehe legitimiert ist (§ 1719 BGB), und es teilt den Wohnsitz des Vaters allein bei Ehelicherklärung auf Antrag des Vaters (§§ 1736, 1738 Abs. 1 BGB) und auf Antrag des Kindes (§ 1740a BGB), wenn der Vater der überlebende Elternteil ist. Wird ferner einem Elternteil die elterliche Gewalt (oder wenigstens die tatsächliche Personensorge) nach den §§ 1671, 1672, 1678 Abs. 2, 1738 Abs. 2, 1765 Abs. 2 BGB übertragen oder steht sie ihm nach den §§ 1678 Abs. 1, 1679, 1680 BGB allein zu, so teilt das Kind mit dem Eintritt des maßgeblichen Tatbestandes oder dem Wirksamwerden der Entscheidung des VormG ohne weiteres (nur noch) den Wohnsitz dieses Elternteils[26]).

Aus der Regelung des § 11 Abs. 1 Satz 1 Halbs. 2 BGB a. F. i. V. mit § 1629 Abs. 1 13
BGB ergab sich, daß in der Regel bei verschiedenem Wohnsitz der Eltern das Kind den Wohnsitz des Vaters teilte. Nachdem aber § 1629 Abs. 1 durch das BVerfG (BVerfGE 10, 59 = BGBl. 1959 I, 633) für nichtig erklärt worden ist und mithin grundsätzlich beide Eltern gemeinsam zur Vertretung des Kindes berufen sind, war eine Gesetzeslücke für den Fall eingetreten, daß gesamtvertretungsberechtigte Eltern verschiedene Wohnsitze haben. Diese Gesetzeslücke ist auch nach der Neufassung des § 11 BGB für den Fall bestehen geblieben, daß mindestens die tatsächliche Personensorge beiden Eltern gemeinsam zusteht, sei es daß sie während bestehender Ehe getrennt leben, ohne daß eine (endgültige oder vorläufige) Anordnung nach § 1672 BGB oder eine einstweilige Anordnung nach § 627 ZPO, welche die Personensorge einem von ihnen allein überträgt, ergangen ist, oder bevor nach Scheidung der Ehe eine Regelung nach § 1671 BGB getroffen ist. Über die Ausfüllung dieser Gesetzeslücke bestehen Meinungsverschiedenheiten. Unter dem Gesichtspunkt der Gleich-

[25]) Dölle FamR § 90 I 4; Soergel-Siebert BGB[9] § 11 Anm. 4; Keidel Anm. 9 a.

[26]) BayObLGZ 1961, 119; 1966, 203, 209; Soergel-Siebert BGB[9] § 11 Anm. 6; Erman-Ronke BGB[3] § 1631 Anm. 4 a; Dölle FamR § 90 I 4 Fn. 41.

berechtigung (Art. 3 Abs. 2 GG) sind mehrere Lösungen vertretbar, nämlich daß das Kind die Wohnsitze beider Eltern teilt, also einen doppelten Wohnsitz erlangt, oder den letzten gemeinsamen Wohnsitz behält oder unter Umständen keinen abgeleiteten Wohnsitz hat. In dieser Frage ist die Auffassung vertreten worden, daß ein vor der Trennung der Eltern geborenes Kind den letzten gemeinsamen Wohnsitz der Eltern behalte, solange noch ein Elternteil diesen Wohnsitz beibehält[27]), und daß das Kind keinen abgeleiteten Wohnsitz habe, wenn die Eltern zu keiner Zeit einen gemeinsamen Wohnsitz gehabt haben oder ihn zur Zeit der Geburt des Kindes nicht mehr haben[28]); ebenso, wenn beide Elternteile den gemeinsamen Wohnsitz aufgeben und je verschiedene Wohnsitze begründen[29]). Diese Lösung hätte für die Begründung der örtlichen Zuständigkeit jedenfalls den Vorzug der Einfachheit, da dann der Aufenthalt des Kindes maßgebend ist. Es ist jedoch der Auffassung beizutreten, daß in allen genannten Fällen das Kind einen von beiden Eltern abgeleiteten doppelten Wohnsitz hat[29a]). Das gilt auch für den Fall, daß nur ein Elternteil den gemeinsamen ehelichen Wohnsitz aufgibt und einen neuen Wohnsitz begründet[29b]). Selbstverständlich bleibt stets zu prüfen, ob die Eltern einen gewillkürten Wohnsitz des Kindes begründet haben (Rdn. 16).

14 Ein *nichteheliches Kind* teilte nach § 11 Abs. 1 Satz 2 BGB a. F. den Wohnsitz der Mutter, auch wenn dieser die Personensorge nicht zustand. Jetzt muß ihr nach § 11 Satz 1 Halbs. 2 BGB n. F. mindestens die tatsächliche Personensorge zustehen; vorausgesetzt wird also, daß ihr die elterliche Gewalt nach § 1705 BGB zusteht, mag sie auch durch eine Pflegschaft nach § 1706 BGB beschränkt sein, oder daß ihr als minderjähriger oder beschränkt geschäftsfähiger Mutter die Personensorge nach § 1673 Abs. 2 BGB neben dem Vormund zusteht. Steht keinem der (ehelichen oder nichtehelichen) Elternteile die tatsächliche Personensorge zu, so teilt das Kind nach §§ 11 Satz 2 BGB den Wohnsitz desjenigen, dem dieses Recht zusteht; das ist also der Vormund oder der Pfleger, dessen Wirkungskreis die Personensorge umfaßt. Hierunter sind nach einer Kindesannahme auch die Adoptiveltern zu verstehen; denn daß das Kind nach § 1757 BGB die rechtliche Stellung eines ehelichen Kindes des Annehmenden erlangt, macht den Annehmenden nicht zu einem Elternteil i. S. des § 11 Satz 1. Mit einer Wohnsitzänderung der Person, von der sich der Kindeswohnsitz ableitet, ändert sich auch der gesetzliche Wohnsitz des Kindes. Ein durch Ehelichkeitserklärung legitimiertes oder an Kindes Statt angenommenes Kind erwirbt einen von dem Vater oder dem (den) Annehmenden abgeleiteten Wohnsitz nur, wenn es zur Zeit der Legitimation oder der Kindesannahme noch minderjährig ist. Für ein Findelkind bestimmt der nach § 1773 Abs. 2 zu bestellende Vormund den Wohnsitz (§ 1800 BGB); diese Bestimmung gilt so lange, bis sich der Familienstand herausstellt; dann greift § 11 BGB ein[30]).

15 Der gesetzliche (abgeleitete) Wohnsitz des Kindes bleibt auch über den Eintritt der Volljährigkeit hinaus bestehen. Das volljährige Kind nimmt auch an einem Wohnsitzwechsel der

[27]) Hamm NJW 1960, 1723; FamRZ 1963, 652; 1966, 315; BayObLGZ 1962, 63; Stuttgart JR 1963, 421; Hamburg MDR 1952, 219; KG OLGZ 1967, 79; Beitzke JR 1959, 401, 404; Lange NJW 1961, 1889; Soergel-Lange BGB[9] Vorbem. 32 vor § 1626; Soergel/Schultze-v. Lasaulx BGB[10] § 11 Anm. 6; BGB-RGRK[11] § 1671 Anm. 67 c; anders (Doppelwohnsitz) Karlsruhe FamRZ 1960, 503; 1962, 528; 1963, 560; 1966, 243 = OLGZ 1966, 240; Düsseldorf JMBlNRW 1960, 197; Nürnberg FamRZ 1961, 450; Schwoerer NJW 1959, 2093 u. 1962, 2038; ders., FamRZ 1961, 195; Staudinger-Schwoerer BGB[11] § 1671 Anm. 158; Staudinger-Donau BGB[11] § 1631 Anm. 25; Dölle FamR § 90 I 4; Palandt-Danckelmann BGB[26] § 11 Anm. 1 a; Pikart-Henn Lb. d. Freiw. Gerbkt. S. 38, 152.

[28]) BayObLGZ 1962, 115; Celle NdsRpfl. 1962, 278; Saarbrücken JBlSaar 1964, 181; KG OLGZ 1967, 79; Lange JZ 1964, 65; Beitzke FamR[12] S. 147; Soergel/Schultze-v.Lasaulx BGB[10] § 11 Anm. 7; anders Karlsruhe FamRZ 1963, 260 = NJW 1963, 1252; Schwoerer NJW 1962, 2039; Dölle FamR § 90 I 4; Staudinger-Donau BGB[11] § 1631 Anm. 25.

[29]) Celle NdsRpfl. 1962, 278.

[29a]) Düsseldorf FamRZ 1967, 492; BGHZ 48, 228 = FamRZ 1967, 606 mit Anm. v. Beitzke = JZ 1968 mit Anm. v. Lange = NJW 1967, 2253; Karlsruhe FamRZ 1968, 94; KG OLGZ 1968, 345; KG Rpfleger 1968, 226.

[29b]) Karlsruhe FamRZ 1968, 94; 1969, 657; Düsseldorf JMBlNRW 1969, 38.

[30]) Staudinger-Coing BGB[11] § 11 Anm. 8; Keidel Anm. 9 a.

Eltern teil, wenn es keinen eigenen Wohnsitz begründet[31]). Er bleibt auch bestehen, wenn die Eltern (die Mutter) aufhören, einen Wohnsitz zu haben, indem sie etwa ihren Wohnsitz aufgeben, ohne einen neuen zu begründen, oder infolge Todes oder Todeserklärung[32]). Gibt nur ein Elternteil ohne Begründung eines neuen seinen Wohnsitz auf, so teilt das Kind den Wohnsitz des Elternteils, der noch einen Wohnsitz hat. Diese Grundsätze gelten, solange für das Kind kein gewillkürter Wohnsitz begründet wird (s. nachstehend).

b) Gewillkürter Wohnsitz des Kindes. Den gesetzlichen Wohnsitz behält das Kind nur, 16
bis es ihn rechtsgültig aufhebt (§ 11 Satz 3 BGB n. F.). Das kann durch das volljährige geschäftsfähige (§ 8 BGB) Kind selbst dadurch geschehen, daß es nach Maßgabe des § 7 BGB den abgeleiteten Wohnsitz aufhebt, ohne einen neuen zu begründen, oder durch Begründung eines neuen Wohnsitzes. Ein von dem Wohnsitz der Eltern abweichender selbständiger Wohnsitz kann für das Kind aber auch während seiner Minderjährigkeit begründet werden. Dazu ist nach §§ 7, 8 BGB erforderlich, daß der andere Wohnsitz entweder durch den gesetzlichen Vertreter in den persönlichen Angelegenheiten für das Kind oder durch das Kind mit Zustimmung des gesetzlichen Vertreters begründet wird. Steht die elterliche Gewalt den gesamtvertretungsberechtigten Eltern zu, so ist hierzu die Mitwirkung beider Elternteile erforderlich. Die minderjährige nichteheliche Mutter, der die Personensorge nach § 1673 Abs. 2 BGB zusteht, kann den von ihr abgeleiteten Wohnsitz des Kindes nicht ohne Zustimmung des Vormundes aufheben; andererseits ist der Vormund hierzu nicht gegen den Willen der Mutter in der Lage, solange diese die Personensorge hat. Die bloße Erklärung des gesetzlichen Vertreters, daß er den Wohnsitz des Kindes verlege, genügt allerdings nicht; es muß nach § 7 die tatsächliche Niederlassung mit dem Willen, den neuen Ort zum Schwerpunkt der Lebensverhältnisse des Kindes zu machen, hinzukommen[33]). Andererseits bedarf es für die Wohnsitzbegründung als geschäftsähnliche Handlung überhaupt keiner ausdrücklichen Erklärung oder nach außen erkennbaren Willensäußerung; der Wille kann auch aus den Umständen erschlossen werden[34]). In der Unterbringung in einem Internat, einem Kinderheim oder einer Pflegeanstalt kann ein solcher Wille regelmäßig nicht gefunden werden. Auch aus dem Umstand allein, daß einer der gesamtvertretungsberechtigten Eltern den Aufenthalt des Kindes bei dem anderen Elternteil hinnimmt oder duldet, kann noch nicht gefolgert werden, daß er der Aufhebung des von ihm selbst abgeleiteten Wohnsitzes und der Begründung eines gewählten Wohnsitzes am Wohnort des anderen Elternteils zustimmt, wenn dafür keine weiteren Anhaltspunkte vorliegen[35]). Folgt die Zustimmung des gesetzlichen Vertreters der tatsächlichen Begründung oder Aufhebung der Niederlassung nach, so wirkt sie nicht zurück[36]). Ein gewählter Wohnsitz bleibt bis zu seiner Aufhebung durch den Bestimmungsberechtigten bestehen; er wird nicht ohne weiteres durch eine Änderung des abgeleiteten Wohnsitzes ersetzt[37]).

3. Bei *Streit oder Ungewißheit* über den Wohnsitz, also über die den Wohnsitz oder seine 17
Aufhebung begründenden Tatumstände oder die rechtliche Beurteilung des Sachverhalts, ist, soweit davon die örtliche Zuständigkeit mehrerer streitender VormGe abhängt, nach § 5 FGG zu entscheiden. Bei mehrfachem Wohnsitz entscheidet gemäß § 4 FGG der Vorgriff; ist noch keines der mehreren zuständigen VormGe in der Sache tätig geworden, so ist eines von ihnen von dem nach § 5 zuständigen vorgeordneten Gericht nach Zweckmäßigkeitsgründen als das allein zuständige zu bestimmen[38]).

[31]) Karlsruhe JZ 1955, 341.
[32]) Dölle FamR § 90 I 4 S. 120; Enneccerus-Nipperdey Allg. Teil[15] § 96 II 2 d; Staudinger-Coing BGB[11] § 11 Anm. 3 b, 5.
[33]) BayObLGZ 1931, 218; KG DR 1939, 246; Staudinger-Donau BGB[11] § 1631 Anm. 25 a.E.; Staudinger-Coing BGB[11] § 11 Anm. 6; Soergel/Schultze-v. Lasaulx BGB[10] § 11 Anm. 14.
[34]) BGHZ 7, 104; Dölle FamR § 90 I 4 S. 121.
[35]) Karlsruhe NJW 1961, 271; Nürnberg FamRZ 1961, 450; Dölle FamR § 90 Fn. 56; abw. Staudinger-Donau BGB[11] § 1631 Anm. 25 a.E.
[36]) So mit Recht Schwoerer NJW 1962, 2038 Fn. 22; a.M. BayObLGZ 1959, 180; Erman/Böhle-Stamschräder BGB[3] § 11 Anm. 1 a. E.; Palandt-Danckelmann BGB[26] § 8 Anm. 1; Soergel/Schultze-v. Lasaulx BGB[10] § 11 Anm. 2; Keidel Anm. 9 b.
[37]) BayObLGZ 1962, 11, 14.
[38]) Schwoerer FamRZ 1961, 196; Staudinger-Schwoerer BGB[11] § 1671 Anm. 158; Karlsruhe NJW 1961, 271; OLGZ 1966, 240; Keidel Anm. 10.

E. Aufenthalt

18 „In Ermangelung" eines inländischen Wohnsitzes des Mündels ist das VormG örtlich zuständig, in dessen Bezirk der Mündel seinen Aufenthalt hat. Das Fehlen eines inländischen Wohnsitzes ist in Übereinstimmung mit der Auslegung, die § 16 ZPO[39]) und § 132 Abs. 2 Satz 2 BGB gefunden haben, bereits anzunehmen, wenn die Ermittlung des Wohnsitzes mit den nach Lage der Sache vernünftigerweise anzustellenden Nachforschungen nicht möglich gewesen ist[40]). Diese Auslegung ist bei den Gesetzesvorarbeiten ausdrücklich gebilligt worden[41]). Ein festgestellter Wohnsitz im Ausland schließt die Aufenthaltszuständigkeit nicht aus. Unter Aufenthalt ist der rein tatsächliche Zustand des Verweilens an einem Ort ohne Rücksicht auf Dauer und Freiwilligkeit zu verstehen[42]). Dauer und Grund des Aufenthalts sind unerheblich[43]); ein vorübergehender kurzer Aufenthalt zu der Zeit, als die Anordnung der Vormundschaft erforderlich wurde, genügt (schlichter Aufenthalt im Gegensatz zum gewöhnlichen, vgl. § 45 Rdn. 8).

F. Geschwistergerichtsstand (Abs. 1 Satz 2)

19 Die Vorschrift des Abs. 1 Satz 2 trägt der Bestimmung des § 1775 BGB Rechnung, nach welcher, wenn mehrere Geschwister zu bevormunden sind, für alle Mündel nur ein Vormund zu bestellen ist, sofern nicht besondere Gründe für die Bestellung mehrerer Vormünder vorliegen, und zieht hieraus die verfahrensrechtliche Folgerung, daß Vormundschaften über Geschwister grundsätzlich bei demselben VormG geführt werden sollen. Ein Antrag in der Reichstagskommission, diese Vorschrift zu streichen, wurde abgelehnt, nachdem als Auffassung der Kommission festgestellt worden war, daß die Verschiedenheit der Wohn- oder Aufenthaltsorte von bevormundeten Geschwistern das VormG zu den in den §§ 1775, 1797 BGB vorgesehenen Maßnahmen berechtigt, nämlich zur Ernennung mehrerer Einzelvormünder oder zur Teilung der vormundschaftlichen Geschäfte unter mehrere Mitvormünder nach Wirkungskreisen, und daß diese Umstände dem VormG Anlaß geben könnten, nach Einleitung der Vormundschaft eine etwa wünschenswerte Trennung für die einzelnen Geschwister vorzunehmen und die eine oder andere der Vormundschaften an ein anderes Gericht abzugeben[44]). Die weitere Bestimmung, nach welcher, wenn noch keine Vormundschaft anhängig ist, das für den jüngsten Mündel zuständige Gericht für alle Geschwister zuständig ist, rechtfertigt sich aus der Erwägung, daß der jüngste Mündel voraussichtlich am längsten zu bevormunden sein wird, zumal das jüngste Kind sich in der Regel dort befinden wird, wo die Eltern gestorben sind, und dort auch die meisten Geschwister leben werden[45]).

20 *1. Geschwister.* Unter Geschwistern sind sowohl vollbürtige als auch halbbürtige zu verstehen[46]), daher auch die unehelichen Kinder derselben Mutter[47]). Beim Tode einer verwitweten Frau mit ehelichen und außerehelichen Kindern gehört mithin die Vormundschaft über die ehelichen Kinder vor das Gericht, bei welchem die außerehelichen Kinder bereits bevormundet werden oder unter Pflegschaft nach § 1706 BGB stehen. Da nach Aufhebung des § 1589 Abs. 2 BGB durch Art. 1 Nr. 3 NichtehelG auch die ehelichen und nichtehelichen Kinder desselben Vaters Halbgeschwister sind. gehört nach dem Tode des verwitweten Vaters die Vormundschaft über seine ehelichen Kinder vor das Gericht, bei welchem seine nichtehelichen Kinder bevormundet werden oder unter Pflegschaft nach § 1706 stehen, ein häufig nicht angemessenes Ergebnis, welches zu Abgaben nach § 46 Anlaß geben wird. Die An-

[39]) RGZ 27, 400; Düsseldorf OLGZ 1966, 303; Stein-Jonas-Pohle ZPO[19] § 16 Anm. III.
[40]) BayObLG OLGR 2, 262; BayObLGZ 10, 379; 17, 182; 1950, 261; Köln JMBlNRW 1960, 188; Schlegelberger Anm. 7; Keidel Anm. 11.
[41]) KommBer. S. 38; Wellstein[2] Anm. 2 b.
[42]) KGJ 32 A 5; KG FamRZ 1958, 426; KG OLGZ 1968, 462 = FamRZ 1968, 489; Keidel Anm. 11; Schlegelberger Anm. 7.
[43]) Stuttgart Rechtspr. 18 Nr. 132.
[44]) KommBer. S. 39; Wellstein[2] Anm. 3; vgl. aber § 46 Anm. B 2.
[45]) Denkschr. S. 43; Josef[2] Anm. 7; Schlegelberger Anm. 13.
[46]) KGJ 47, 10; Hamburg OLGR 33, 4; Celle ZBlJugR 1954, 90; Köln Rpfleger 1960, 337; Schlegelberger Anm. 15; Keidel Anm. 13.
[47]) Hamburg OLGR 29, 296.

hängigkeit einer Vormundschaft über die Mutter zieht nicht die Vormundschaft über deren Kind nach sich[49]).

2. *Anhängigkeit einer Vormundschaft.* Anhängig ist die Vormundschaft nicht schon mit dem Eingang der Anzeige von dem Vormundschaftsfall, sondern sobald sie gemäß § 1774 BGB angeordnet ist[50]), beim Eintritt der gesetzlichen Amtsvormundschaft mit der Geburt (§ 1791c BGB)[51]). Nicht mehr anhängig ist die Vormundschaft, wenn sie kraft Gesetzes beendigt ist (§§ 1882, 1884 Abs. 2 BGB), mag dieser Tatbestand auch noch nicht förmlich festgestellt sein; sonst erst, wenn das VormG die erforderliche Aufhebung (§§ 1883, 1884 Abs. 1) verfügt hat. Eine hiernach rechtlich beendete Vormundschaft ist nicht deswegen als noch anhängig anzusehen, weil sie noch der tatsächlichen Abwicklung bedarf. Auf die Art der Vormundschaft kommt es nicht an; der Geschwistergerichtsstand gilt daher auch, wenn die anhängige Vormundschaft eine Altersvormundschaft, die später einzuleitende eine solche über Volljährige oder eine vorläufige Vormundschaft oder umgekehrt ist[52]). Auch ist es unerheblich, ob aus besonderen Gründen (§ 1775) mehrere Vormünder bestellt werden sollen. Über das Verhältnis zur Pflegschaft vgl. § 37 Rdn. 5. Das VormG, bei dem eine Vormundschaft anhängig ist, ist auch für alle später einzuleitenden Vormundschaften über Geschwister dieses Mündels zuständig. Dabei macht es keinen Unterschied, ob das VormG, bei welchem eine Vormundschaft anhängig ist, auf Grund des § 36 Abs. 1 Satz 1 oder des Abs. 2 von Anfang an zuständig gewesen oder erst durch eine Abgabe nach § 46 oder nach § 36 Abs. 2 Satz 2 zuständig geworden ist[53]). Wenn aber von mehreren bei demselben VormG anhängig gewordenen Geschwistervormundschaften nur eine (oder einige) an ein anderes Gericht abgegeben worden ist, bleibt das bisherige VormG im Hinblick auf die bei ihm anhängig gebliebenen Vormundschaften auch für die später einzuleitenden zuständig; die Abgabe der Vormundschaft über eines der Geschwister zieht nicht ohne weiteres den Übergang der Zuständigkeit für die übrigen nach sich und ist für sich allein auch kein ausreichender Grund für die Abgabe (§ 46) der weiteren Vormundschaften[54]). Auch wenn ein Vormund für mehrere Mündel bestellt ist, handelt es sich rechtlich um so viele Vormundschaften, wie Mündel vorhanden sind[55]). Sind unter Außerachtlassung des § 36 Abs. 1 Satz 2 Vormundschaften über Geschwister nacheinander bei verschiedenen VormGen auf Grund einer Anordnung nach § 1774 BGB anhängig geworden, so bleiben diese zuständig; Abhilfe kann, sofern die später eingeleitete nicht wegen örtlicher Unzuständigkeit im Beschwerdewege aufgehoben wird, nur durch eine Abgabe nach § 46 geschaffen werden[56]); für später einzuleitende Vormundschaften ist das Gericht zuständig, bei welchem die erste Vormundschaft angeordnet worden und noch anhängig ist. Die Führung der gesetzlichen Amtsvormundschaft (§ 1791c BGB) durch ein nach § 36 unzuständiges VormG dagegen begründet nicht die Zuständigkeit dieses Gerichts. Wenn von den Geschwistern einige ihren Wohnsitz oder Aufenthalt im Inland, andere aber dort weder Wohnsitz noch Aufenthalt haben, so findet die Vorschrift ebenfalls Anwendung, wenn über eines der Geschwister bereits eine Vormundschaft im Inland anhängig ist[57]). Nach dem Gesetzeswortlaut wird vorausgesetzt, daß die Geschwister in den Bezirken verschiedener VormGe ihren Wohnsitz oder Aufenthalt haben; die Vorschrift ist nach ihrem Zweck aber auch anzuwenden, wenn die Mündel denselben Wohnsitz haben, etwa wenn der Wohnsitz des bereits bevormundeten Mündels an den Ort verlegt worden ist, an dem der später zu bevormundende Mündel seinen Wohnsitz hat, oder wenn die Vormundschaft vor der Geburt des zweiten Kindes, 21

[49]) Stuttgart Rechtspr. 18 Nr. 133; München BayZ 1932, 331.
[50]) Wellstein[2] Anm. 3; Schlegelberger Anm. 14; Keidel Anm. 15.
[51]) Schlegelberger Anm. 14.
[52]) Keidel Anm. 13; Schlegelberger Anm. 16.
[53]) München OLGR 28, 332 = SeuffBl. 78, 44; a.M. Keidel Anm. 15; wie hier ersichtlich auch Schlegelberger Anm. 15.
[54]) Stuttgart JFG 9, 64; BayObLGZ 1948, 1.
[55]) KGJ 44, 284.
[56]) BayObLG Recht 1913 Nr. 1804; BayObLGZ 1948, 22.
[57]) Wellstein[2] Anm. 3; Dorner Anm. 6 a; Fuchs Anm. 2 c; Schlegelberger Anm. 16; Keidel Anm. 17; KG Recht 1916 Nr. 1370; Köln OLGR 28, 333.

welches denselben Wohnsitz wie das bereits bevormundete hat, an ein anderes VormG abgegeben worden ist[58]).

22 *3. Keine anhängige Vormundschaft.* Ist noch keine Vormundschaft anhängig, so ist für die gleichzeitig notwendig werdende Anordnung der Vormundschaft über Geschwister das VormG zuständig, in dessen Bezirk der jüngste Mündel seinen Wohnsitz oder in Ermangelung eines inländischen Wohnsitzes seinen Aufenthalt hat. Wenn von den Geschwistern einige ihren Wohnsitz oder Aufenthalt im Inland, andere aber dort weder Wohnsitz noch Aufenthalt haben, und noch keine inländische Vormundschaft anhängig ist, so ist dasjenige inländische Gericht für alle Geschwister zuständig, welches für das jüngste derjenigen Geschwister zuständig ist, welche Wohnsitz oder Aufenthalt im Inland haben, wobei der Wohnsitz dem Aufenthalt vorgeht[59]). Die Meinung, daß, wenn der jüngste Mündel im Inland weder Wohnsitz noch Aufenthalt hat, die Zuständigkeit für alle Geschwister sich nach § 36 Abs. 2 bestimme[60]), übersieht, daß die Auffangzuständigkeit des AG Schöneberg erst ersatzweise in Betracht kommt, wenn keine Zuständigkeit nach § 36 Abs. 1 eingreift, während die weiter vertretene Meinung, daß der Mündel, der weder Wohnsitz noch Aufenthalt im Inland hat, für sich allein einen Gerichtsstand nach § 36 Abs. 2 habe[61]), den Grundsatz der Vereinigung aller Geschwistervormundschaften bei demselben Gericht außer acht läßt.

23 Außer einer Vormundschaft zieht auch die Anhängigkeit einer Pflegschaft nach § 1706 BGB oder einer Beistandschaft (§§ 1685, 1690 BGB) die Zuständigkeit für Vormundschaften nach sich (nachst. Rdn. 32, 34). Die Anhängigkeit einer anderen Pflegschaft als einer solchen nach § 1706 BGB oder einer Einzelverrichtung zieht keine Zuständigkeit für Vormundschaften nach sich (vgl. § 37 Rdn. 5, § 43 Rdn. 14).

G. Örtliche Zuständigkeit für Deutsche im Ausland (Abs. 2)

24 *1. Rechtsentwicklung.* § 36 Abs. 2 a. F. sah vor, daß für deutsche Mündel ohne Wohnsitz oder Aufenthalt im Inland das Gericht seines letzten inländischen Wohnsitzes, in Ermangelung eines solchen das im Verwaltungswege bestimmte Gericht zuständig ist. Eine entsprechende Regelung enthielten § 66 Abs. 2 für die Annahme an Kindes Statt und § 73 Abs. 2 für Nachlaßsachen. Durch § 14 der VO zur Vereinheitlichung der Zuständigkeit in Familien- und Nachlaßsachen vom 31. 5. 34 (RGBl. I, 472, BGBl. III, 315—2) wurde diese Regelung dahin geändert, daß das AG Berlin zuständig ist mit der Befugnis, die Sache aus wichtigen Gründen mit bindender Wirkung an ein anderes Gericht abzugeben. An die Stelle des AG Berlin trat gemäß der Bek. d. KGPräs. v. 27. 3. 49 (VOBl. Berlin I, 128) das AG Schöneberg in Berlin-Schöneberg. Diese Regelung, die sich bewährt hat, ist durch Art. 4 Nr. 1 FamRÄndG mit Wirkung vom 1. 1. 1962 in das Gesetz selbst übernommen worden (BT-Drucks. 530/58 S. 27). Sachlich ist daher eine Änderung des bisherigen Rechtszustandes nicht eingetreten. Jedoch ist eine *Vereinheitlichung* in der Weise erzielt worden, daß die nach 1945 in den Ländern der ehemals franz. Zone in Abänderung des Reichsrechts erlassenen Vorschriften, welche an Stelle des AG Berlin das Gericht des Fürsorgebedürfnisses als zuständig bestimmten (Rheinland-Pfalz G v. 22. 6. 48, GVBl. I, 244, Baden RAO v. 23. 11. 45, ABl. 1946 S. 49), mit Wirkung vom 1. 1. 1962 aufgehoben worden sind (FamRÄndG Art. 9 I Abs. 2 Nr. 22, 24, IV). Die Regelung des § 36 Abs. 2 gilt daher nunmehr für das gesamte Bundesgebiet und Berlin West. Für die Übergangszeit ergibt sich aus dem Grundsatz der perpetuatio fori, daß eine nach den angeführten Bestimmungen begründete örtliche Zuständigkeit bestehen bleibt, wenn die dafür maßgebenden Umstände vor dem 1. 1. 1962 eingetreten sind. Eine Abgabe an das AG Schöneberg kann insoweit nicht erfolgen.

[58]) KG OLGR 14, 151; München OLGR 28, 332 = SeuffBl. 78, 44; Ebert-Dudek-Lindemann[2] Anm. 3 a; Schlegelberger Anm. 15; a.M. BayObLGZ 9, 220 = DJZ 1908, 216; BayObLGZ 1948, 22; Keidel Anm. 17.

[59]) Dorner Anm. 6 a; Rausnitz Anm. 3 b; Wellstein[2] Anm. 3.

[60]) So Schlegelberger Anm. 16; vgl. KG Recht 1916 Nr. 1370 zu § 36 Abs. 2 a. F.

[61]) So Fuchs § 36 Anm. 2 c.

2. *Auffangzuständigkeit des AG Schöneberg.* Die örtliche Zuständigkeit eines deutschen Gerichts wird für den deutschen Mündel (Kind, Pflegebefohlenen, vgl. die Verweisungen in §§ 43 Abs. 1, 37 Satz 2, 38, 39 Abs. 2, 40) durch Abs. 2 stets gewährleistet, selbst wenn der Mündel im Inland weder Wohnsitz noch Aufenthalt hat oder gehabt hat. Maßgebend ist die deutsche Staatsangehörigkeit des Mündels (Kindes), nicht die der Eltern. Ausländische Staatsangehörigkeit eines Elternteils oder beider und Wohnsitz des Kindes und der Eltern im Ausland schließen die Zuständigkeit nach Abs. 2 nicht aus[62]). Besitzt das Kind mehrere Staatsangehörigkeiten, von denen eine die deutsche ist, so bleibt die ausländische Staatsangehörigkeit außer Betracht[63]). Ein Bedürfnis für eine inländische Vormundschaft kann aber fehlen, wenn für den deutschen Mündel eine Vormundschaft im Ausland angeordnet ist oder wird (vgl. § 47). Deutsche i. S. d. Art. 116 Abs. 1 GG stehen deutschen Staatsangehörigen gleich (Art. 9 II Nr. 5 FamRÄndG); für den Begriff der Vertriebenen deutscher Volkszugehörigkeit i. S. des Art. 116 Abs. 1 GG sind die §§ 1, 6 bis 8 BVFG i. d. F. v. 23. 10. 61 (BGBl. I, 1883) maßgebend[64]). Deutscher ohne deutsche Staatsangehörigkeit nach Art. 116 Abs. 1 GG ist nicht geworden, wer im Zeitpunkt des Inkrafttretens des Grundgesetzes (24. 5. 49) Deutschland wieder verlassen hatte, mag er auch später zurückkehren[65]). Die Regelung des Art. 9 II Nr. 5 FamRÄndG hat klarstellende Bedeutung und wirkt daher zurück auf den Zeitpunkt, in dem die Person Deutsche i. S. des Art. 116 GG geworden ist. Die Auffangzuständigkeit des AG Schöneberg wird jedoch durch eine nach § 3 begründete verdrängt (§ 3 Rdn. 10). 25

3. *Entsprechende Anwendung (Statutszuständigkeit).* Ein Bedürfnis für eine deutsche Zuständigkeit kann auch bestehen, wenn keiner der Beteiligten (Eltern, Kind) Wohnsitz oder Aufenthalt im Inland hat und das Kind nicht die deutsche Staatsangehörigkeit besitzt, z. B. wenn ein Rechtsgeschäft eines deutschen Vaters eines ausländischen, im Ausland befindlichen Kindes der Genehmigung des VormG bedarf (Art. 19 EGBGB) oder wenn ein deutscher, im Ausland wohnender Elternteil eines ausländischen Kindes für die Erteilung des Ehefähigkeitszeugnisses (§ 69b PStG) ein Auseinandersetzungszeugnis des VormG (§ 9 EheG, Art. 13 Abs. 1 EGBGB) benötigt. In diesen Fällen ist zunächst zu prüfen, ob ein deutscher *Gerichtsstand des Fürsorgebedürfnisses* gegeben ist, da den Vorschriften über die örtliche Zuständigkeit des VormG (§§ 37 Satz 2, 38, 39 Abs. 2, 40, 41, 44) der allgemeine Grundsatz zu entnehmen ist, daß, wenn es an einer sonstigen Zuständigkeitsnorm fehlt, hilfsweise das VormG eintritt, in dessen Bezirk das Bedürfnis der Fürsorge hervortritt[66]). Die Tatsache, aus welcher sich das Bedürfnis der Fürsorge herleitet, kann auch inländischer Wohnsitz oder Aufenthalt eines Elternteils sein. Letzten Endes, wenn also das Bedürfnis der Fürsorge nicht im Inland hervortritt, ist kraft der Anwendbarkeit deutschen Sachrechts 26

62) Beitzke in Festschr. f. Lehmann, 1956, S. 495.

63) RG LZ 1924, 741 Nr. 9; RG JW 1929, 434 Nr. 1; RGZ 150, 382; BGHZ 3, 178 = NJW 1952, 184 = MDR 1952, 36; BGH FamRZ 1969, 28 zu 3; BayObLGZ 1964, 385, 389; 1965, 221; Karlsruhe, ZS Freiburg, FamRZ 1969, 161; Raape IPR[5] § 9 II; Gamillscheg RabelsZ 27 (1963), 586; ders., FamRZ 1969, 79 zu 2 d; Palandt-Lauterbach BGB[28] Bem. 7 a vor Art. 7 EG; Keidel § 35 Anm. 12; abw. hiervon nimmt die neuere Rechtslehre zunehmend an, daß der Staatsangehörigkeit der Vorzug zu geben sei, mit welcher der Mehrstaater (etwa durch Wohnsitz oder gewöhnlichen Aufenthalt) am engsten verbunden sei; so Ferid RabelsZ 23 (1958), 498; Kegel IPR § 13 II 5; Soergel-Kegel BGB[9] Art. 29 EG Anm. 29; Enneccerus-Nipperdey Allg. Teil[15] § 67 III 4; Erman-Arndt BGB[3] Art. 29 EG Anm. 8; Schwind FamRZ 1964, 481; Beitzke JZ 1959, 124; Neuhaus, Die Grundbegriffe des IPR S. 143; Dierk Müller RabelsZ 31 (1967), 575; Stuttgart FamRZ 1968, 390.

64) Maßfeller, Dt. StaatsangR, Art. 116 Anm. I 4; Bonner Kommentar Art. 116 Anm. II A 4; Hamann GG[2] Art. 116 Anm. 1-6; Maunz-Dürig-Herzog GG Art. 116 Rdn. 24; über den Erwerb und Verlust dieser Eigenschaft vgl. BayObLGZ 1958, 309; BVerwG DÖV 1960, 66; BVerfGE 17, 224; Soergel-Kegel BGB[9] Anh. zu Art. 29 EG Anm. 32 ff.; Kanein StAZ 1969, 174.

65) BayObLGZ 1958, 309; zur Auslegung des Art. 116 GG vgl. BVerwGE 23, 272 = NJW 1966, 1529; Doehring, Die Teilung Deutschlands als Problem des völker- und staatsrechtlichen Fremdenrechts, 1968, S. 16 ff.; Herz, MittRheinNotK 1968, 517.

66) KGJ 39 A 198, 203; KG FamRZ 1961, 477 = StAZ 1939, 339; Hamm OLGZ 1966, 514, 516.

(Statutszuständigkeit) die Zuständigkeit des AG Schöneberg entsprechend § 36 Abs. 2 gegeben[67]). Die Notwendigkeit zur Begründung einer derartigen Zuständigkeit kann auch eintreten bei der Ersetzung der Einwilligung der Mutter zur Ehelichkeitserklärung (§ 43a Rdn. 18) oder eines Elternteils zur Kindesannahme (Vorbem. vor § 65 Rdn. 33) oder bei der Aufhebung des Kindesannahmeverhältnisses (§ 56d Rdn. 9).

27 *4. Abgabebefugnis des AG Schöneberg.* Die Befugnis des AG Schöneberg, die Sache aus wichtigen Gründen mit bindender Wirkung an ein anderes Gericht, welches nur ein VormG sein kann, abzugeben, entspricht der bisherigen Regelung in § 14 VereinheitlVO v. 31. 5. 1934 (RGBl. I, 472, BGBl. III, 315—2). Die bisherigen Rechtsprechungsgrundsätze haben ihre Bedeutung behalten. Die Abgabebefugnis setzt voraus, daß das Amtsgericht Schöneberg selbst nach § 36 Abs. 2 örtlich zuständig ist. Es kann die Sache an ein nach seinem Ermessen auszuwählendes anderes VormG abgeben, welches bisher nicht zuständig gewesen ist, durch die Abgabe aber nunmehr zuständig wird, und zwar mit der Bekanntgabe der Abgabeverfügung an das andere Gericht. Bei der Auswahl soll sich das AG Schöneberg von in der Sache liegenden Erwägungen leiten lassen und ein Gericht auswählen, welches nach der Sachlage (Belegenheit von Vermögen) oder der Person der Beteiligten bei sachgemäßer Würdigung der Umstände am ehesten zur Führung der Vormundschaft geeignet ist. Sofern aber das AG Schöneberg nach § 36 Abs. 2 örtlich zuständig ist, die Abgabe also auf diese Vorschrift stützen kann, findet im Zuständigkeitsstreit nach § 5 keine Nachprüfung in der Richtung statt, ob wichtige Gründe für die Abgabe vorliegen[68]), auch nicht bei behauptetem Ermessensmißbrauch[69]); das andere Gericht kann daher die Übernahme nicht mit der Begründung verweigern, es lägen keine wichtigen Gründe i. S. des § 36 Abs. 2 Satz 2 vor oder es hätte besser ein anderes Gericht ausgewählt werden sollen. Die Abgabeverfügung ist unanfechtbar[70]); sie kann aber vom AG Schöneberg gemäß § 18 geändert werden, solange das andere Gericht nicht tätig geworden ist[71]). Eine Weiterabgabe durch das vom AG Schöneberg ausgewählte Gericht an ein anderes Gericht nach § 46 ist statthaft, wenn sich später auf Grund einer Veränderung der Umstände wichtige Gründe i. S. des § 46 ergeben, nicht aber aus Gründen, die das AG Schöneberg bei der von ihm zu treffenden Auswahl schon hätte berücksichtigen können[72]). Gegen die Weigerung des AG Schöneberg, die Sache abzugeben, ist die Beschwerde nach § 19 zulässig[73]).

H. Zuständigkeit bei Nichtermittlung des Personenstandes (Abs. 3)

28 Die Vorschrift ist eine verfahrensrechtliche Ergänzung zu § 1773 Abs. 2 BGB, wonach ein Minderjähriger einen Vormund auch erhält, wenn sein Familienstand nicht zu ermitteln ist. Unter Familienstand ist hier nicht, wie sonst, das Verhältnis in bezug auf eine Verehelichung zu verstehen, sondern der Personenstand[74]), also das in der Regel durch Abstammung von bestimmten Eltern vermittelte familienrechtliche Verhältnis einer Person zu einer anderen Person (vgl. Vorbem. A vor § 69). Da ein Wohnsitz des Minderjährigen sich in diesem Fall nicht feststellen läßt, kam für die Begründung einer Zuständigkeit nur entweder der Aufenthaltsort oder der Auffindungsort in Betracht; nach dem Vorbild einiger Landesrechte hat der Gesetzgeber sich für den Auffindungsort entschieden. Dieser Ort bleibt maßgebend, auch wenn das Kind inzwischen in dem Bezirk eines anderen VormG untergebracht ist (Anm. C). Kann der Auffindungsort, d. h. seine Zugehörigkeit zu einem bestimmten Gerichtsbezirk, nicht festgestellt werden, z. B. bei Auffindung in einem sich bewegenden Verkehrsmittel, so ist das zuständige Gericht nach § 5 zu bestimmen. Anzuwenden ist die Vorschrift zunächst auf Findelkinder, d. h. auf ein Kind bis zum Alter von etwa einem Jahr, wenn es ohne ersichtliche Verbindung mit seinen Verwandten hilflos in einer Umgebung

[67]) KG FamRZ 1961, 477 = StAZ 1961, 339; Soergel-Kegel[9] Art. 19 EG Rdn. 39; Neuhaus, FamRZ 1959, 482 zu II 1; zust. Keidel Anm. 19 Fn. 4.

[68]) KG JFG 14, 200; KG OLGZ 1966, 127, 129; BayObLGZ 1954, 161; Keidel Anm. 20.

[69]) KG NJW 1955, 108.

[70]) KG JFG 23, 201; Keidel Anm. 20.

[71]) Keidel Anm. 20 unter Hinweis auf BayObLG AR 6/60.

[72]) KG JFG 14, 200, 203.

[73]) KG DFG 1938, 245; Keidel Anm. 20.

entdeckt wird, die nicht weiß, woher es stammt und wohin es gehört[75]); ferner auf ältere Minderjährige, deren Personenstand i. S. des § 26 PStG nicht festgestellt werden kann, d. h. unbekannt und auch nicht zu ermitteln ist. Das „Auffinden" ist nicht wörtlich zu nehmen; es sind darunter alle Fälle zu verstehen, in denen ein Minderjähriger, dessen Personenstand nicht zu ermitteln ist, angetroffen wird, z. B. wenn er von unbekannten Personen in fremder Obhut zurückgelassen wird; die Feststellung der Verlassung hat dann als Auffindung zu gelten[76]). Die zur Feststellung des Personenstandes erforderlichen Ermittlungen hat das Gericht des Auffindungsorts vor Anordnung der Vormundschaft von Amts wegen anzustellen. Die Erteilung eines Namens und die Bestimmung des Geburtstages und -ortes ist Sache der Verwaltungsbehörde (§§ 25, 26 PStG); über die Staatsangehörigkeit s. § 4 Abs. 2 RuStAngG, über die Anzeigepflicht des Standesbeamten § 48 FGG. Die Vorschrift ist ebenso wie § 1773 Abs. 2 BGB nicht anzuwenden, wenn der Personenstand nur streitig ist; hier kommen nur Maßnahmen nach § 1846, gegebenenfalls auch die Anordnung einer Pflegschaft in Betracht[77]). Für Volljährige gilt die Vorschrift nicht; für sie kommt die Anordnung einer Gebrechlichkeitspflegschaft durch das Gericht des Aufenthalts in Betracht (§ 1910 BGB, § 38 FGG).

I. Amtsermittlungspflicht

Die für die Zuständigkeit maßgebenden tatsächlichen Verhältnisse hat das zuerst mit der Sache, insbesondere auf Grund einer Anzeige nach § 48, befaßte Gericht von Amts wegen aufzuklären, vor allem bevor es die Sache zur Bestimmung des zuständigen Gerichts nach § 5 dem oberen Gericht vorlegt (§ 5 Rdn. 19). Bei Schutzbedürfnis ist sogleich vorbehaltlich der Klärung der örtlichen Zuständigkeit ein Vormund zu bestellen[78]) und, wenn sich später die Zuständigkeit eines anderen Gerichts ergibt, die Sache an dieses abzugeben oder eine Entscheidung nach § 5 herbeizuführen. Wegen der Folgen der Verletzung der örtlichen Zuständigkeit vgl. § 7 Rdn. 11. 29

J. Örtliche Zuständigkeit für die Pflegschaft nach § 1706 BGB (Abs. 4)

I. Voraussetzungen

Die der Mutter des nichtehelichen Kindes nach § 1705 BGB zustehende elterliche Gewalt ist im allgemeinen nach § 1706 BGB durch eine Pflegschaft für das Kind mit dem in § 1706 Nrn. 1 bis 3 bezeichneten Wirkungskreis beschränkt. Statt dieser Pflegschaft tritt eine Vormundschaft nur noch ein, wenn das Kind eines Vormundes bedarf, wenn also der Mutter die elterliche Gewalt (§ 1705) nicht zusteht, weil sie geschäftsunfähig oder in der Geschäftsfähigkeit beschränkt ist (§ 1673 BGB). Die Pflegschaft nach § 1706 BGB tritt mit der Geburt des Kindes kraft Gesetzes ein. Ergibt sich erst später aus einer gerichtlichen Entscheidung, z. B. auf Grund einer Anfechtung der Ehelichkeit, daß das Kind nichtehelich ist, so tritt die Pflegschaft nach § 1706 gemäß §§ 1791c Abs. 1 Satz 2, 1915 BGB mit dem Zeitpunkt ein, in dem die Entscheidung rechtskräftig wird. Für ein nichteheliches deutsches Kind, welches außerhalb des Geltungsbereichs des JWG geboren ist, tritt die Pflegschaft nach § 1706 BGB erst ein, wenn das Kind seinen gewöhnlichen Aufenthalt im Geltungsbereich dieses Gesetzes nimmt (vgl. § 40 Abs. 3 JWG und § 40 Abs. 4 JWG i. d. F. des Entwurfs des EG z. NichtehelG, BT-Drucks. V/3719 S. 4), sofern nicht bereits vorher eine Pflegschaft nach § 1706 BGB gemäß §§ 1774 Satz 1, 1915 BGB, § 47 FGG angeordnet ist. In der Regel wird das Jugendamt mit der Geburt des Kindes oder, wenn die Pflegschaft nach § 1706 unter den angeführten Voraussetzungen erst später eintritt, mit diesem Zeitpunkt kraft Gesetzes Pfleger (§ 1709 30

[74]) BGB-RGRK[11] § 1773 Anm. 5; Schlegelberger Anm. 23.
[75]) Vgl. § 25 PStG; Brandis-Maßfeller PStG § 25 Anm. 5; Pfeiffer-Strickert PStG § 25 Anm. 2.
[76]) Mot. IV 824; Dorner Anm. 10 c; Schlegelberger Anm. 23.
[77]) Soergel-Germer BGB[9] § 1173 Anm. 5; BGB-RGRK[11] § 1773 Anm. 5; Keidel Anm. 21.
[78]) KGJ 42, 32; Schlegelberger Anm. 26; Keidel Anm. 6.

Satz 1 BGB). An die Stelle des Jugendamts tritt jedoch ein Einzelpfleger, wenn das VormG nach § 1708 BGB schon vor der Geburt des Kindes einen Pfleger bestellt hat; diese Bestellung berührt aber nicht die Rechtsnatur der Pflegschaft als kraft Gesetzes eingetretener, da die Bestellung nur die Bedeutung einer vorweggenommenen Ersetzung des Jugendamts durch einen Einzelpfleger hat (§ 36a Rdn. 1). Die Pflegschaft nach § 1706 BGB tritt nicht ein, wenn das VormG gemäß § 1707 Abs. 1 Nr. 1 BGB schon vor der Geburt des Kindes angeordnet hat, daß sie nicht eintreten soll (vgl. dazu § 36a Rdn. 10 ff.); dadurch erlangt die Mutter mit der Geburt die volle elterliche Gewalt. Ferner verwandelt sich eine Vormundschaft über ein nichteheliches Kind gemäß § 1710 BGB kraft Gesetzes in eine Pflegschaft nach § 1706 BGB, wenn die Vormundschaft endet, z. B. weil die Mutter volljährig wird, die Voraussetzungen für die Pflegschaft aber vorliegen, sofern nicht die auch für diesen Fall zulässige Anordnung nach § 1707 Abs. 1 Nr. 1 BGB (vgl. § 36a Rdn. 10) getroffen ist, daß die Pflegschaft nicht eintritt.

31 Auf einer *Anordnung* i. S. des § 1774 Satz 1 BGB beruht die Pflegschaft nach § 1706 BGB, wenn nach § 1707 Abs. 1 Nr. 1 BGB vor der Geburt des Kindes angeordnet war, daß sie nicht eintritt, oder wenn die zunächst kraft Gesetzes eingetretene Pflegschaft gemäß § 1707 Abs. 1 Nr. 2 BGB aufgehoben worden ist und das VormG alsdann gemäß § 1707 Abs. 2 Satz 2 BGB die Pflegschaft (wieder) anordnet. Auf einer Anordnung beruht die Pflegschaft nach § 1706 BGB ferner, wenn sie für ein im Ausland geborenes und dort seinen gewöhnlichen Aufhalt habendes deutsches nichteheliches Kind, dessen Mutter westdeutsches interzonales Personalstatut hat, gemäß §§ 1774 Satz 1, 1915 BGB, § 47 FGG, angeordnet wird.

II. Örtliche Zuständigkeit

32 Für die Pflegschaft nach § 1706 BGB gelten gemäß Abs. 4 die Vorschriften der Abs. 1 und 2 entsprechend. Zuständig ist mithin in erster Linie das Gericht, in dessen Bezirk das Kind seinen Wohnsitz und beim Fehlen eines inländischen Wohnsitzes seinen Aufenthalt hat. Ist das Kind Deutscher ohne Wohnsitz oder Aufenthalt im Inland, so ist nach Abs. 2 das Amtsgericht Schöneberg mit Abgabebefugnis örtlich zuständig. Auch die Vorschriften des § 36 Abs. 1 Satz 2 über den Geschwistergerichtsstand sind anwendbar. Besteht daher für ein Geschwister- oder Halbgeschwisterkind des Kindes, für welches eine Pflegschaft nach § 1706 BGB eintritt oder anzuordnen ist, eine Vormundschaft, so ist das Gericht, bei welchem die Vormundschaft anhängig ist, auch für die Pflegschaft zuständig. Die der Vormundschaft durch § 36 Abs. 1 Satz 2 verliehene Attraktivkraft ist aber nach Abs. 4 auch einer Pflegschaft nach § 1706 BGB beizumessen; diese Pflegschaft ist, da sie sich gewissermaßen als eine Rest-Vormundschaft darstellt, für die Anwendung der Vorschriften über die örtliche Zuständigkeit einer Vormundschaft in jeder Hinsicht gleichzustellen. Eine bereits bestehende Pflegschaft nach § 1706 BGB zieht daher die Zuständigkeit für eine gleichartige Pflegschaft oder für eine Vormundschaft (oder Beistandschaft) über ein Geschwister- oder Halbgeschwisterkind des Kindes nach sich, für welches die Pflegschaft besteht. Dieselbe Attraktivkraft hat die Beistandschaft (Rdn. 34). Ist daher für ein eheliches Kind eine Beistandschaft anhängig, so ist dieses Gericht für die Pflegschaft nach § 1706 BGB zuständig, welche für ein nichteheliches Kind derselben Mutter eintritt. Da mehrere nichteheliche Kinder desselben Vaters Halbgeschwister sind (oben Rdn. 17), müßte die Anhängigkeit einer Pflegschaft nach § 1706 BGB auch die Zuständigkeit für die Pflegschaft über weitere Kinder desselben Vaters nach sich ziehen; das wird aber regelmäßig, wenn nicht ausnahmsweise die Vaterschaft nach § 1600b Abs. 2 BGB schon vor der Geburt des Kindes anerkannt ist, daran scheitern, daß zu dem Zeitpunkt, in welchem das zuständige Gericht bestimmt werden muß, die Vaterschaft noch nicht anerkannt oder gerichtlich festgestellt ist (§ 1600a BGB). Es wird auch nicht angenommen werden können, daß das Gericht, welches seine Zuständigkeit nach Maßgabe des § 36 Abs. 1, 2 unter Außerachtlassung der für ein anderes Kind desselben Vaters bereits anhängigen Pflegschaft angenommen hat, sich nachträglich als unzuständig erweist, wenn die Vaterschaft später anerkannt oder festgestellt wird; insoweit müssen die Umstände, wie sie zur

Zeit des Eintritts der Pflegschaft oder der Notwendigkeit ihrer Anordnung tatsächlich bestanden, weiter maßgebend bleiben. Wegen des maßgebenden Zeitpunkts im übrigen gelten die Bem. oben zu Rdn. 7 entsprechend. Beim Vorhandensein von Halbgeschwistern sind mehrfache Geschwistergerichtsstände nicht ausgeschlossen; in diesem Fall entscheidet gemäß § 4 FGG der Vorgriff.

Eine *Zuständigkeit abweichend von § 36* kann sich ergeben, wenn gemäß § 1708 BGB schon vor der Geburt des Kindes von dem nach § 36a zuständigen VormG ein Pfleger nach § 1706 BGB bestellt worden ist. Das VormG, das diese Bestellung vorgenommen hat, ist nach der Geburt des Kindes auch für die Führung der Pflegschaft zuständig (vgl. § 36a Rdn. 4, 6). Wegen der Zuständigkeit für Anordnungen nach § 1707 BGB vgl. § 36a Rdn. 10. War vor der Geburt des Kindes der Wirkungskreis des Pflegers nach § 1707 Abs. 1 Nr. 3 BGB von dem nach § 36b zuständigen Gericht beschränkt worden, so richtet sich die Zuständigkeit für die Führung der Pflegschaft nach der Geburt des Kindes gleichwohl nach § 36, da kein Rechtsgrund ersichtlich ist, der diese Zuständigkeit ausschließen könnte (§ 36a Rdn. 10). 33

K. Örtliche Zuständigkeit für die Beistandschaft (Abs. 4)

Die örtliche Zuständigkeit für die Beistandschaft (§§ 1685, 1690 BGB), die sich bisher aus § 43 ergab, ist gemäß Abs. 4 ebenfalls unter entsprechender Anwendung der Abs. 1, 2 zu bestimmen. Auch ein Beistand wird dem Inhaber der elterlichen Gewalt im Interesse des Kindes bestellt, so daß dessen Verhältnisse, nicht die des Elternteils, für die örtliche Zuständigkeit maßgebend sind. Anwendbar ist auch § 36 Abs. 1 Satz 2, so daß, wenn für ein Geschwister- oder Halbgeschwisterkind des Kindes, für welches der Beistand bestellt werden soll, bereits eine Vormundschaft oder eine Pflegschaft nach § 1706 BGB besteht, das Gericht, bei dem diese Verfahren anhängig sind, für die Anordnung der Beistandschaft zuständig ist. Dagegen zieht die Anhängigkeit einer anderen Pflegschaft als einer solchen nach § 1706 BGB nicht mehr, wie bisher nach § 43 Abs. 2, die Zuständigkeit für die Anordnung der Beistandschaft nach sich; diese ist vielmehr selbständig begründet. Die Beistandschaft wird durch Abs. 4, wie bisher schon nach § 43 Abs. 2, der Vormundschaft und der Pflegschaft nach § 1706 BGB gleichgestellt, weil es sich wie bei diesen um eine einheitliche und dauernde Tätigkeit handelt. Deshalb muß andererseits auch die Beistandschaft ihrerseits entsprechend § 36 Abs. 1 Satz 2 Attraktivkraft für Vormundschaften und Pflegschaften nach § 1706 BGB über Geschwister und Halbgeschwister haben. Da die Beistandschaft nach §§ 1685, 1690 BGB nur auf Antrag des Elternteils angeordnet wird, sind für die örtliche Zuständigkeit die tatsächlichen Verhältnisse in dem Zeitpunkt maßgebend, in welchem der Antrag bei einem sachlich zuständigen VormG eingeht. 34

Örtliche Zuständigkeit für die Bestellung eines Vormundes oder Pflegers vor der Geburt des Kindes

§ 36a Für die Bestellung eines Vormunds oder Pflegers vor der Geburt des Kindes (§§ 1708, 1774 Satz 2 des Bürgerlichen Gesetzbuchs) ist das Gericht zuständig, in dessen Bezirk die Mutter zu der Zeit, zu der das Gericht mit der Angelegenheit befaßt wird, ihren Wohnsitz oder bei Fehlen eines inländischen Wohnsitzes ihren Aufenthalt hat. § 36 Abs. 2 ist entsprechend anzuwenden.

Eingefügt durch Art. 7 Nr. 2 des G über die rechtliche Stellung der nichtehelichen Kinder vom 19. 8. 1969 (BGBl. I 1243), in Kraft getreten am 1. 7. 1970.

I. Bedeutung

Die der Mutter des nichtehelichen Kindes nach § 1705 BGB zustehende elterliche Gewalt ist im allgemeinen nach § 1706 BGB durch eine Pflegschaft mit dem dort bezeichneten Wirkungskreis beschränkt. In der Regel wird das Jugendamt mit der Geburt des Kindes kraft Gesetzes Pfleger (§ 1709 Satz 1 BGB). Wenn aber eine als Pfleger geeignete Einzelperson 1 vorhanden ist, wäre es eine vermeidbare Umständlichkeit, wenn zunächst das Jugendamt kraft Gesetzes Pfleger wäre und danach alsbald durch einen Einzelpfleger ersetzt würde. Um zu erreichen, daß in solchen Fällen die gesetzliche Amtspflegschaft von vornherein nicht eintritt, läßt § 1708 BGB es zu, daß das VormG schon vor der Geburt des Kindes einen Pfleger mit dem Wirkungskreis des § 1706 BGB bestellt, dessen Bestellung mit der Geburt des Kindes wirksam wird (BT-Drucks. V/2370 S. 66). Die Bestellung eines Pflegers nach §§ 1706, 1708 BGB kommt jedoch nicht in Betracht, wenn zu erwarten ist, daß das Kind im Zeitpunkt seiner Geburt eines Vormundes bedarf, etwa weil die Mutter im Zeitpunkt der Niederkunft noch minderjährig sein wird (§ 1673 Abs. 2 BGB). In diesem Fall kann aber ebenfalls schon vor der Geburt des Kindes nach § 1774 Satz 2 BGB ein Vormund bestellt werden; dadurch wird nach § 1791c Abs. 1 Satz 1 Halbs. 2 BGB der Eintritt der gesetzlichen Amtsvormundschaft des Jugendamts ausgeschlossen. Im übrigen ist § 1774 Satz 2 BGB auch für eheliche Kinder anwendbar, etwa wenn der Vater verstorben ist oder seine elterliche Gewalt ruht und die Mutter zur Zeit der Niederkunft voraussichtlich noch minderjährig ist (§§ 1678 Abs. 1, 1673 Abs. 2 BGB). Ein Unterschied ergibt sich aber daraus, daß, wenn das eines Vormundes bedürftige Kind als eheliches geboren wird, die Bestellung des Vormundes nach § 1774 Satz 2 BGB zugleich die nach § 1774 Satz 1 erforderliche Anordnung der Vormundschaft enthält, während bei der Bestellung eines Vormundes oder Pflegers für ein nichteheliches Kind die Rechtsnatur der Vormundschaft oder Pflegschaft als kraft Gesetzes eingetretener nicht berührt wird, die Bestellung vielmehr die Bedeutung einer vorweggenommenen Ersetzung des Jugendamts durch einen Einzelvormund oder Einzelpfleger (vgl. § 1887 Abs. 1, 1915 BGB) hat.

II. Verfahren

2 *1. Einleitung.* Pfleger oder Vormund werden von Amts wegen bestellt (§§ 1915, 1774 Satz 1 BGB). In der Regel wird die Anregung dazu von der werdenden Mutter oder dem Jugendamt ausgehen[1]). Für die Auswahl gilt § 1779 BGB. Vor der Anordnung sollte entsprechend § 1887 Abs. 3 Satz 2 BGB das *Jugendamt* gehört werden, welches ohne die Anordnung voraussichtlich Amtsvormund oder Amtspfleger werden würde.

2. Zuständigkeit

3 *a) Sachlich zuständig* ist das VormG, also das AG (§ 35), in Württemberg der Bezirksnotar (Art. 62 WürttAGBGB). Bestellung und Auswahl sind auf den *Rechtspfleger* übertragen (§ 3 Nr. 2 Buchst. a RechtspflG), soweit es sich um die Anordnung einer Vormundschaft handelt, nicht aber die Bestellung und Auswahl eines Pflegers (§ 14 Nr. 4 RechtspflG), eine für diesen Fall reichlich inkonsequente Regelung (vgl. aber BT-Drucks. VI/289).

4 *b) Die örtliche Zuständigkeit* bestimmt sich gemäß § 36a nicht nach den Grundsätzen des § 36 mit der entsprechend der Regelung bei der Leibesfruchtpflegschaft (vgl. § 40) gebotenen Abwandlung, daß es so anzusehen ist, als wenn das Kind zur Zeit der Befassung des VormG bereits geboren wäre (so § 36a i. d. F. des Reg.-Entw., vgl. BT-Drucks. V/3719 S. 13), sondern es soll auf die Verhältnisse in der Person der Mutter, also auf deren Wohnsitz oder Aufenthalt ankommen, weil, wie der Bundesrat meinte, sonst das zuständige Gericht nicht bestimmt werden könne und das Kind gemäß § 11 BGB ohnehin den Wohnsitz der Mutter teile (BT-Drucks. V/3719 S. 80). Diese Regelung ist nicht durchdacht; bei einer Reform sollte der systemgerechtere Vorschlag des Reg.-Entwurfs übernommen werden[2]). Sie führt dazu, daß, wenn für ein Geschwisterkind bereits eine Vormundschaft oder eine Pflegschaft nach § 1706 BGB anhängig ist, für die Maßnahmen nach §§ 1708, 1774 Satz 2 BGB der Geschwistergerichtsstand nach § 36 Abs. 1 Satz 2 ausscheidet und die Durchführung des Grundsatzes des § 1775 BGB erschwert wird, so daß Pflegschaften oder Vormundschaften

[1]) Ein förmlicher Antrag ist aber nicht erforderlich; a.M. Göppinger FamRZ 1970, 57 zu A I 4 a.

[2]) Bedenken auch bei Göppinger aaO. Fn. 132, 135.

über Geschwister bei verschiedenen Gerichten anhängig werden und Abhilfe nur durch eine Abgabe nach § 46 geschaffen werden könnte (vgl. § 36 Rdn. 18). Ferner sind, wenn für die Leibesfruchtpflegschaft nach § 1912 BGB ein Geschwistergerichtsstand begründet ist (vgl. § 40 Rdn. 3), die Mutter aber im Bezirk eines anderen VormG ihren Wohnsitz hat, für die Anordnung der Pflegschaft nach § 1912 und der nach § 1708 verschiedene VormGe zuständig, obwohl nach der Absicht des Gesetzgebers (BT-Drucks. V/2370 S. 88) der Leibesfruchtpfleger zweckmäßig zugleich zum Pfleger nach § 1708 bestellt werden soll. Weitere Schwierigkeiten ergeben sich, wenn Anordnungen nach § 1707 Abs. 1 Nrn. 1, 3 vor der Geburt des Kindes zu treffen sind (nachst. Rdn. 10).

Örtlich zuständig ist hiernach das Gericht, in dessen Bezirk die Mutter ihren Wohnsitz im Rechtssinne (§ 36 Rdn. 8) oder beim Fehlen eines inländischen Wohnsitzes ihren (schlichten) Aufenthalt hat (dazu § 36 Rdn. 15). Es kommt nicht darauf an, ob für das Kind, wenn es bereits geboren wäre, ein Geschwistergerichtsstand nach § 36 Abs. 1 Satz 2 begründet wäre. Steht die Mutter selbst noch unter Vormundschaft oder einer Pflegschaft nach § 1706, so zieht deren Anhängigkeit nicht die Zuständigkeit für die Maßnahmen nach § 36 a nach sich. Ist die Mutter Deutsche ohne Wohnsitz oder Aufenthalt im Inland, so ist nach § 36 a Satz 2 mit § 36 Abs. 2 die Auffangzuständigkeit des Amtsgerichts Schöneberg mit Abgabebefugnis begründet. Das gilt auch, wenn bei einem anderen inländischen VormG bereits eine Vormundschaft oder eine Pflegschaft nach § 1706 für ein anderes Kind der Mutter anhängig ist. **5**

Zeitlich maßgebend für die Begründung der örtlichen Zuständigkeit sind die tatsächlichen Verhältnisse zu der Zeit, zu welcher das Gericht mit der Sache befaßt wird. Das ist der Zeitpunkt, in dem das Gericht amtliche Kenntnis von den Tatsachen erhält, die zu Maßnahmen nach § 1708 oder § 1774 Satz 2 Anlaß geben können (vgl. § 43 Rdn. 13), in der Regel also der Zeitpunkt, in welchem die Anregung der Mutter oder des Jugendamts dazu bei dem Gericht eingeht. Wechselt die Mutter ihren Wohnsitz nach diesem Zeitpunkt, aber noch vor der Bestellung des Vormundes oder Pflegers, so wird dadurch die Zuständigkeit nicht berührt (§ 36 Rdn. 6). Es wird anzunehmen sein, daß das Vormundschaftsgericht, welches die Bestellung nach § 36 a vorgenommen hat, in den Fällen, in denen die Vormundschaft oder Pflegschaft nach § 1706 BGB kraft Gesetzes eintritt und die Bestellung mithin nur die Bedeutung einer vorweggenommenen Ersetzung des Jugendamts durch einen Einzelvormund oder Einzelpfleger hat (Rdn. 1), nach der Geburt des Kindes auch für die Führung der Vormundschaft zuständig ist, selbst wenn nach den zur Zeit der Geburt bestehenden Verhältnissen gemäß § 36 Abs. 1, 2 ein anderes VormG zuständig wäre; bei Bestellung eines Vormundes für ein eheliches Kind nach § 1774 Satz 2 BGB ergibt sich dies bereits daraus, daß darin zugleich die nach § 1774 Satz 1 erforderliche Anordnung der Vormundschaft liegt. Die Zuständigkeit kann mithin nur durch eine Abgabe nach § 46 auf ein anderes VormG übertragen werden. **6**

3. Wirksamwerden der Bestellung. Die Bestellung wird nach § 1708 Satz 2, § 1774 Satz 2 Halbs. 2 erst mit der Geburt des Kindes wirksam. Vorher muß aber die Bestellungsverfügung durch Bekanntmachung an den Vormund (Pfleger) und Verpflichtung (§ 16 Abs. 1 FGG, § 1789 Satz 1 BGB) wirksam geworden sein; geschieht dies erst nach der Geburt, mag das Verfahren auch schon vor der Geburt anhängig gewesen sein, so ist bereits mit der Geburt des Kindes die gesetzliche Amtspflegschaft oder Amtsvormundschaft des Jugendamts nach § 1709 Abs. 1 Satz 1, § 1791 c Abs. 1 eingetreten, und das Jugendamt könnte nur noch nach §§ 1887, 1889 Abs. 2 durch einen Einzelvormund oder Einzelpfleger ersetzt werden. Die Bedeutung der §§ 1708 Satz 2, 1774 Satz 2 Halbs. 2 BGB besteht darin, daß die Erlangung der gesetzlichen Vertretungsmacht durch den (verfahrensrechtlich wirksam bestellten) Vormund oder Pfleger durch die Lebendgeburt des Kindes aufschiebend bedingt ist. Bei Fehlgeburt, Totgeburt oder Tod der Mutter vor der Entbindung wird die Bestellung nicht wirksam. Ergibt sich, daß die Schwangerschaft irrig angenommen worden ist, so ist die Pflegschaft aufzuheben (§ 1919). Werden Zwillinge geboren, so erstreckt sich die Bestellung auf beide Kinder. Schließt die ledige Mutter vor der Geburt des Kindes eine Ehe, gleichgültig ob mit **7** dem Erzeuger oder einem anderen Mann (§ 1593 BGB), so wird die Bestellung gegenstandslos, da sie nur die Bedeutung einer vorweggenommenen Ersetzung des Jugendamts durch einen Einzelvormund oder Einzelpfleger hat, Vormundschaft oder Pflegschaft aber nicht kraft Gesetzes eingetreten sind; ist einem ehelichen Kinde in der Erwartung, daß es eines Vormundes bedürfen würde, nach § 1774 Satz 2 BGB ein Vormund bestellt worden, so wird die darin zugleich nach § 1774 Satz 1 BGB liegende Anordnung der Vormundschaft nach dem Grundsatz des § 1882 BGB mit der Eheschließung hinfällig.

8 Die Fähigkeit, namens des Kindes als dessen gesetzlicher Vertreter zu handeln, erlangt der Pfleger (Vormund) erst mit der Geburt des Kindes. Soll schon vorher namens des Kindes durch einen gesetzlichen Vertreter gehandelt werden, etwa durch Zustimmung zur Anerkennung der Vaterschaft (§ 1600 c) oder Erwirkung einer einstweiligen Verfügung (§ 1615 o), so ist nach § 1912 ein Leibesfruchtpfleger zu bestellen (vgl. § 40 Rdn. 1).

III. Rechtsmittel

9 Gegen die Verfügung, durch welche ein Pfleger (Vormund) bestellt oder die Bestellung abgelehnt wird, sowie gegen die Auswahl des Pflegers (Vormundes) findet nach § 19 die unbefristete Beschwerde, mithin, wenn der Rechtspfleger entschieden hat, die unbefristete Erinnerung nach § 11 RechspflG statt. Hinsichtlich des *Beschwerderechts* ist zu unterscheiden. Wird einem ehelichen Kind in der Erwartung, daß es eines Vormundes bedürfen würde, nach § 1774 Satz 2 BGB ein Vormund bestellt, so steht wegen der darin zugleich liegenden Anordnung der Vormundschaft (§ 1774 Satz 1) die Beschwerde den Eltern zu; wegen des Beschwerderechts gegen die Auswahl vgl. § 20 Rdn. 31. Wird die Bestellung des Vormundes abgelehnt, so steht die Beschwerde wegen der darin liegenden Ablehnung der Anordnung der Vormundschaft nach § 57 Abs. 1 Nr. 1 den rechtlich Interessierten und den Verwandten des Mündels, also auch den Eltern zu. Wird einem voraussichtlich nichtehelichen Kinde ein Pfleger oder Vormund bestellt oder die Bestellung abgelehnt, so steht weder der Mutter noch dem nichtehelichen Vater ein Beschwerderecht aus § 20 Abs. 1 zu, da sie kein eigenes Recht darauf haben, daß statt des Jugendamts ein anderer Vormund oder Pfleger werde; auch das Jugendamt hat kein Beschwerderecht aus § 20; denn der Eintritt der Amtsvormundschaft oder -pflegschaft ist davon abhängig, daß das VormG nichts anderes bestimmt. Gegen die Ablehnung der Bestellung ergibt sich auch kein Beschwerderecht aus § 57 Abs. 1 Nr. 1 oder 3, das es sich nicht darum handelt, daß die Anordnung der Vormundschaft oder Pflegschaft, die ohnehin kraft Gesetzes eintreten, überhaupt abgelehnt wird, sondern nur um die vorweggenommene Ersetzung des Jugendamts durch einen Einzelvormund oder -pfleger. Es kommt daher nur ein im Interesse des Kindes auszuübendes Beschwerderecht nach § 57 Abs. 1 Nr. 9 in Betracht; dasselbe gilt für die Beschwerde gegen die Auswahl (§ 20 Rdn. 31).

IV. Anhang Nichteintritt, Aufhebung oder Beschränkung der Pflegschaft (§ 1707 BGB)

In Bezug auf die Pflegschaft nach § 1706 BGB bestimmt *§ 1707 BGB:*

Auf Antrag der Mutter hat das Vormundschaftsgericht

1. anzuordnen, daß die Pflegschaft nicht eintritt,

2. die Pflegschaft aufzuheben oder

3. den Wirkungskreis des Pflegers zu beschränken.

Dem Antrag ist zu entsprechen, wenn die beantragte Anordnung dem Wohle des Kindes nicht widerspricht. Das Vormundschaftsgericht kann seine Entscheidung ändern, wenn dies zum Wohle des Kindes erforderlich ist.

10 *1. Zuständigkeit.* Die Anordnung, daß die Pflegschaft nicht eintritt, kann nach § 1709 Satz 2 bereits vor der Geburt des Kindes ergehen. Die örtliche Zuständigkeit dafür muß sich wegen des Sachzusammenhangs ebenfalls aus § 36 a ergeben, da sonst eine Zuständigkeit nicht

begründet wäre[3]). Tritt die Pflegschaft nach § 1706 BGB kraft Gesetzes ein, nachdem zunächst eine Vormundschaft bestanden hat (§ 1710 BGB), z. B. weil die Mutter volljährig geworden ist (§ 1673 Abs. 2 BGB), so kann die Anordnung nach § 1707 Abs. 1 Nr. 1 auch vor Eintritt dieses Tatbestandes ergehen; zuständig ist das Gericht, bei dem die Vormundschaft anhängig ist. Auch die Anordnung, den Wirkungskreis des Pflegers zu beschränken (Abs. 1 Nr. 3), wird vor der Geburt des Kindes oder dem Eintritt des Tatbestandes des § 1710 ergehen können; im ersten Fall bestimmt sich die Zuständigkeit ebenfalls nach § 36 a. Ist die Pflegschaft bereits anhängig, so ist für die Anordnungen nach Abs. 1 Nrn. 2, 3 das Gericht der Pflegschaft zuständig. War vor der Geburt des Kindes der Wirkungskreis des Pflegers nach § 1707 Abs. 1 Nr. 3 im Gerichtsstand des § 36 a beschränkt worden, so ist für die Führung der Pflegschaft gleichwohl das nach § 36 Abs. 4 mit Abs. 1, 2 zuständige VormG zuständig. War vor der Geburt des Kindes im Gerichtsstand des § 36 a angeordnet worden, daß die Pflegschaft nicht eintritt, und soll diese Verfügung nach § 1707 Abs. 2 Satz 2 durch Anordnung der Pflegschaft geändert werden, so bestimmt sich die Zuständigkeit dafür, da es sich um eine neue Sache handelt, nach § 36; maßgebend sind die Verhältnisse in dem Zeitpunkt, in dem die Anordnung der Pflegschaft erforderlich wird. Das Verfahren ist auf den *Rechtspfleger* übertragen (§ 3 Nr. 2 Buchst. a RechtspflG).

2. *Wirksamwerden.* Die Anordnung, daß die Pflegschaft nicht eintritt, wird, wenn sie vor **11**
der Geburt des Kindes ergeht, mit der Bekanntgabe an die Mutter wirksam (§ 16 Abs. 1), im Fall des § 1710 mit der Bekanntgabe an den Vormund; außerdem ist nachrichtliche Mitteilung im ersten Fall an das Jugendamt, im zweiten Fall an die Mutter geboten. Die anfängliche Beschränkung des Wirkungskreises wird mit der Bekanntmachung an die Mutter, die nachträgliche mit der Bekanntmachung an den Pfleger wirksam. Die Aufhebung der Pflegschaft wird wirksam mit der Bekanntmachung an den Pfleger (§ 16 Rdn. 11).

3. *Rechtsmittel.* Gegen die Anordnungen nach § 1707 Abs. 1 und ihre Ablehnung findet **12**
die unbefristete Beschwerde nach § 19, mithin, wenn der Rechtspfleger entschieden hat, die unbefristete Erinnerung nach § 11 RechtspflG statt. Gegen die Ablehnung der Anordnungen steht die Beschwerde nach § 20 Abs. 2 allein der antragsberechtigten Mutter zu; auch das Beschwerderecht aus § 57 wird durch § 20 Abs. 2 ausgeschlossen (§ 57 Rdn. 2). Die Anordnung, daß die Pflegschaft nicht (kraft Gesetzes) eintritt, ist der Ablehnung ihrer Anordnung gleichzustellen; gegen diese Verfügung, die Aufhebung der Pflegschaft und die Beschränkung des Wirkungskreises kann sich ein Beschwerderecht rechtlich Interessierter aus § 57 Abs. 1 Nr. 3 ergeben, z. B. für die Mutter um geltend zu machen, daß sie den Antrag nicht gestellt habe oder um den Antrag zurückzunehmen (vgl. § 20 Rdn. 20). Dem Kind steht die Beschwerde gegen Anordnungen nach § 1707 Abs. 1 Nrn. 2, 3 nach Maßgabe der §§ 20, 59 zu. Das Interesse des nichtehelichen Vaters oder anderer Dritter daran, daß das Kind statt von der Mutter von einem Pfleger vertreten werde, kann als rechtliches i. S. des § 57 Abs. 1 Nr. 3 nicht anerkannt werden, da das Kind jedenfalls vertreten ist und die Art der Vertretung die Rechtslage Dritter nicht beeinflußt. Ein Beschwerderecht im Kindesinteresse kann sich aber aus § 57 Abs. 1 Nr. 9 ergeben. Der Pfleger hat gegen die Aufhebung der Pflegschaft und die anfängliche oder nachträgliche Beschränkung des Wirkungskreises, die einer Teilaufhebung der Pflegschaft gleichsteht, ein Beschwerderecht weder aus eigenem Recht noch namens des Kindes (§ 20 Rdn. 29, 30, 36).

4. *Änderungsbefugnis.* Eine Verfügung, durch die Anträge der Mutter nach § 1707 Abs. 1 **13**
zurückgewiesen werden, kann nur auf Antrag der Mutter geändert werden (§ 18 Abs. 1 Halbs. 2). Über den wiederholten Antrag ist ohne Bindung an die frühere Entscheidung nach Maßgabe des § 1707 Abs. 2 Satz 1 zu befinden. Eine dem Antrag der Mutter stattgebende Verfügung kann nach § 1707 Abs. 2 Satz 2 vom VormG von Amts wegen dahin geändert werden, daß die Pflegschaft, deren Nichteintritt angeordnet oder die aufgehoben worden ist,

[3]) Göppinger FamRZ 1970, 57 zu V1 tritt für die entspr. Anwendung des § 40 (Leibesfruchtpflegschaft) ein, ein Lösungsvorschlag, der viel für sich hat.

(wieder) angeordnet oder der durch die frühere Verfügung beschränkte Wirkungskreis des Pflegers bis zum Umfang des § 1706 BGB ausgedehnt wird. Gegen diese Verfügungen steht die Beschwerde aus § 20 Abs. 1 der Mutter und dem Kinde (§ 59) zu, nicht aber dem Vater; ein erweitertes Beschwerderecht im Kindesinteresse kann nach Lage des Falles nach § 57 Abs. 1 Nr. 9 in Betracht kommen.

Eilgerichtsstand des Vormundschaftsgerichts des Geburtsortes

§ 36b Ist eine Vormundschaft oder Pflegschaft kraft Gesetzes eingetreten, so ist bis zum Eingreifen des nach § 36 zuständigen Vormundschaftsgerichts auch das Gericht, in dessen Bezirk das Kind geboren ist, für die erforderlichen Maßregeln zuständig. Das Gericht soll von den angeordneten Maßregeln dem nach § 36 zuständigen Vormundschaftsgericht Mitteilung machen.

Eingefügt durch Art. 7 Nr. 2 des G über die rechtliche Stellung der nichtehelichen Kinder vom 19. 8. 1969 (BGBl. I, 1243), in Kraft getreten am 1. 7. 1970.

I. Allgemeines

1 Die Vorschrift entspricht in ihrem Satz 1 dem bisherigen § 40 Abs. 2 JugWohlfG. Satz 2 regelt die Mitteilungspflicht in Anlehnung an § 44 Abs. 1 Satz 3 JugWohlfG (BT-Drucks. V/3719 S. 51); vgl. insoweit auch § 77 Abs. 1 Satz 2 JugWohlfG und § 44 Satz 2 FGG. Im Hinblick auf das besondere Schutzbedürfnis nichtehelicher Kinder wird für gewisse Maßnahmen die Zuständigkeit des VormG des Geburtsorts neben der nach § 36 (oder § 36 a) bestehenden ordentlichen Zuständigkeit begründet.

II. Anwendungsbereich

2 Die Vorschrift ist nur anwendbar, wenn eine Vormundschaft oder Pflegschaft kraft Gesetzes eingetreten ist, also nicht, wenn sie auf einer Anordnung des Gerichts (§§ 1774 Satz 1, 1915 BGB) beruht. Das nichteheliche Kind erhält kraft Gesetzes einen Pfleger nach § 1706 BGB, sofern nicht nach § 1707 Abs. 1 Nr. 1 BGB angeordnet ist, daß die Pflegschaft nicht eintritt, oder das Kind eines Vormundes bedarf. Eine Vormundschaft tritt für das nichteheliche Kind kraft Gesetzes ein (§ 1706 Satz 1, § 1791 c Abs. 1), wenn die Mutter die elterliche Gewalt (§ 1705 BGB) im Zeitpunkt der Geburt kraft Gesetzes nicht ausüben kann, weil sie geschäftsunfähig oder in der Geschäftsfähigkeit beschränkt ist (§ 1673 BGB). Endet oder ruht die elterliche Gewalt der Mutter infolge eines erst nach der Geburt des Kindes eintretenden Tatbestandes (§§ 1673 Abs. 1, 1674, 1676, 1677 BGB) und endet infolgedessen gemäß den in diesem Fall richtigerweise anzuwendenden §§ 1882, 1915 BGB auch die nach § 1706 BGB bestehende Pflegschaft, so bedarf es einer Anordnung der Vormundschaft nach § 1774 Satz 1 BGB; war jedoch bis dahin das Jugendamt Pfleger nach § 1706, so verwandelt sich die Pflegschaft gemäß 1791 c Abs. 2 BGB kraft Gesetzes in eine Vormundschaft des Jugendamts. Kraft Gesetzes ist die Vormundschaft oder die Pflegschaft nach § 1706 auch eingetreten, wenn das VormG nach §§ 1708, 1774 Satz 2 vor der Geburt des nichtehelichen Kindes einen Vormund oder Pfleger bestellt hat, da hierin nicht die Anordnung der Vormundschaft oder Pflegschaft i. S. der §§ 1774 Satz 1, 1915 BGB liegt, sondern die vorweggenommene Ersetzung des Jugendamts durch einen Einzelvormund oder Einzelpfleger (vgl. § 36 a Rdn. 1).

III. Gerichtsstand des Geburtsorts

3 *1. Abgrenzung.* Da ein Schutzbedürfnis alsbald nach der Geburt des nichtehelichen Kindes und außerhalb des Bezirks des nach § 36 zuständigen Gerichts auftreten kann, wird durch § 36 b eine Zuständigkeit des Gerichts begründet, in dessen Bezirk das Kind geboren ist. Diese Zuständigkeit verdrängt nicht die nach § 36 (oder § 36a, vgl. § 36a Rdn. 6) begründete,

sondern tritt ergänzend neben sie („auch"). Das zur Führung der Vormundschaft nach § 36 berufene VormG für die nach § 36 b gebotenen Maßnahmen gleichfalls zuständig, wenn es rechtzeitig von deren Erforderlichkeit Kenntnis erlangt; es darf nicht etwa darauf verweisen, daß auch das Amtsgericht des Geburtsorts zuständig sei[1]). Die Zuständigkeit des Gerichts des Geburtsorts beschränkt sich auf die „erforderlichen Maßregeln". Das sind solche Maßregeln, die nicht nur sachlich, sondern auch zeitlich sogleich geboten sind, wenn also Gründe vorliegen, die ein Abwarten bis zum Eingreifen des ordentlichen VormG als nicht tragbar oder wenigstens als unzweckmäßig erscheinen lassen. In Betracht kommt die Erteilung der Bescheinigung nach §§ 1791 c Abs. 3, 1915 BGB oder der Erlaß einer vorläufigen Anordnung nach § 1666 Abs. 1 BGB. Ist die nichteheliche Mutter, soweit ihr die elterliche Gewalt nach § 1705 BGB neben dem Pfleger nach § 1706 zusteht, an deren Ausübung verhindert (§ 1693 BGB), oder ist der Pfleger nach § 1706 im Rahmen seines Wirkungskreises oder der Vormund an der Erfüllung seiner Pflichten verhindert (§§ 1846, 1915 BGB), so kann auch der Gerichtsstand des Fürsorgebedürfnisses nach § 44 FGG begründet sein (vgl. § 44 Rdn. 1, 2, 4). Die Zuständigkeit nach § 36 b bleibt bestehen, bis das nach §§ 36, 36 a zuständige VormG tatsächlich eingreift[2]); sie endet nicht schon mit der Erstattung der Anzeige nach Satz 2.

2. *Anzeigepflicht.* Das VormG des Geburtsorts soll nach Satz 2 dem nach § 36 zuständigen VormG von den angeordneten Maßregeln Mitteilung machen. Ist der Vormund oder Pfleger gemäß §§ 1708, 1774 Satz 2 BGB schon vor der Geburt des Kindes bestellt worden, so ist die Mitteilung an das nach § 36 a zuständige VormG zu richten. Die Mitteilung als solche beendet aber noch nicht die nach § 36 b bestehende Zuständigkeit. Die entstandenen Vorgänge sind an das nach §§ 36, 36 a zuständige VormG abzugeben. **4**

3. *Änderungsbefugnis.* Das VormG des Geburtsorts kann die von ihm erlassenen Maßregeln gemäß § 18 ändern, solange seine Zuständigkeit nicht durch das Eingreifen des ordentlichen VormG erloschen ist. Nach Beendigung dieser Zuständigkeit kann das ordentliche zuständige VormG diese Verfügungen ändern (§ 18 Rdn. 15). **5**

4. *Beschwerdegericht.* Über Beschwerden gegen Verfügungen des VormG des Geburtsorts entscheidet, wenn dessen Zuständigkeit durch Eingreifen des ordentlichen VormG beendet ist, das diesem vorgeordneten Landgericht (§ 19 Rdn. 43, § 44 Rdn. 4). Hat der Rechtspfleger die Verfügung erlassen, so entscheidet über die Erinnerung der Richter des ordentlichen VormG. Erinnerung und Beschwerde können bei beiden VormGen oder den ihnen vorgeordneten Landgerichten eingelegt werden (vgl. zu § 77 JWG § 44 Rdn. 9). **6**

Örtliche Zuständigkeit für die Ergänzungspflegschaft

37 Soll jemand nach § 1909 des Bürgerlichen Gesetzbuches einen Pfleger erhalten, so ist, wenn bei einem inländischen Gericht eine Vormundschaft, Beistandschaft oder Pflegschaft nach § 1706 des Bürgerlichen Gesetzbuches für ihn anhängig ist, für die Pflegschaft dieses Gericht zuständig. Im übrigen finden auf die Pflegschaft die Vorschriften des § 36 Anwendung.

Für die Pflegschaft über einen Ausländer, für den bei einem inländischen Gericht eine Vormundschaft nicht anhängig ist und der im Inlande weder Wohnsitz noch Aufenthalt hat, ist das Gericht zuständig, in dessen Bezirk das Bedürfnis der Fürsorge hervortritt.

Abs. 1 Satz 1 durch Einfügung der Worte „Beistandschaft oder Pflegschaft nach § 1706 BGB" hinter Vormundschaft geändet durch Art. 7 Nr. 3 des G über die rechtliche Stellung der nichtehelichen Kinder v. 19. 8. 1969 (BGBl. I 1243), in Kraft getreten am 1. 7. 1970.

[1]) Köln JMBlNRW 1960, 94. [2]) BayObLGZ 1959, 180.

A. Bedeutung

1 Die Vorschrift regelt die örtliche Zuständigkeit für die *Ergänzungspflegschaft* (§ 1909 Abs. 1 BGB), die für Personen, die unter elterlicher Gewalt oder Vormundschaft stehen, anzuordnen ist, wenn die Eltern oder der Vormund an der Besorgung einzelner oder eines Kreises von Angelegenheiten tatsächlich oder rechtlich verhindert sind, sowie für die *Ersatzpflegschaft* (§ 1909 Abs. 3 BGB) über Personen, für die eine Vormundschaft anzuordnen, ein Vormund aber noch nicht bestellt ist. Die Ergänzungspflegschaft kann neben jeder Art von Vormundschaft über Minderjährige oder Volljährige, auch neben einer vorläufigen Vormundschaft oder einer Amtsvormundschaft[1]) angeordnet werden. Bei Verhinderung eines Pflegers oder eines Beistandes mit den Rechten eines Pflegers (§ 1690) kann ein Unterpfleger bestellt werden[2]), nicht aber für einen Gegenvormund. Die Bestellung eines Gegenvormundes neben einem Pfleger ist zulässig (§ 1915 Abs. 2). Die Verhinderung kann sich auf einzelne oder einen Kreis von Angelegenheiten, eine Angelegenheit der Personensorge oder der Vermögenssorge oder auf die gesetzliche Vertretung beziehen. Bei Verhinderung des gesetzlichen Vertreters einer juristischen Person kann eine Pflegschaft nicht angeordnet werden[3]); vgl. jetzt aber § 10 ZustErgG (*Anl. 1*). *Sonderfälle* für die Vertretung im gerichtlichen Verfahren sind geregelt in § 56 d Abs. 2 FGG, § 5 Abs. 2 Satz 2 FrEntzG, § 67 Abs. 4 Satz 3 JugGerG sowie in einigen Landes-Unterbringungsgesetzen.

B. Verfahren

2 *1.* Das Verfahren wird *von Amts wegen* eingeleitet (§§ 1915, 1774)[4]). Den Eltern und dem Vormund wird in § 1909 Abs. 2 eine Anzeigepflicht auferlegt. Zur Anzeige verpflichtet sind auch Gegenvormund, Pfleger und Beistand mit Vermögensverwaltung (§§ 1799 Abs. 1 Satz 2, 1915 Abs. 1, 1690 BGB), ferner das Jugendamt (§ 49 FGG) und das Gericht, wenn die Anordnung der Pflegschaft infolge eines gerichtlichen Verfahrens erforderlich wird (§ 50 FGG). Für die Anordnung der Pflegschaft und die Auswahl des Pflegers besteht *Richtervorbehalt* nach § 14 Nr. 4 RechtspflG. Um das Vorliegen der gesetzlichen Voraussetzungen beurteilen zu können, muß das VormG sich Klarheit über den Sachverhalt verschaffen und zu diesem Zweck von Amts wegen gemäß § 12 die erforderlichen Ermittlungen anstellen[5]). Dem betroffenen Gewalthaber ist vor der Anordnung *rechtliches* Gehör zu gewähren, da in seine Rechte eingegriffen werden soll; bereits die Bestellung des Pflegers enthält einen Eingriff in das Elternrecht, der im Hinblick auf das Grundrecht des elterlichen Erziehungsprimats aus Art. 6 Abs. 2 Satz 1 GG durch das Wächteramt der staatlichen Gemeinschaft nach Art. 6 Abs. 1 Satz 2 GG nur gerechtfertigt werden kann, wenn die gesetzlichen Voraussetzungen vorliegen.

3 *2. Prüfungspflicht des Vormundschaftsgerichts. a) Verhinderung.* Die Prüfung des VormG erstreckt sich zunächst darauf, ob der Gewalthaber tatsächlich oder rechtlich verhindert ist. Eine tatsächliche Verhinderung kann bei Abwesenheit, Krankheit, Haft in Betracht kommen, aber auch bei Selbstablehnung des Elternteils, nämlich der Erklärung, wegen Interessenwiderstreits nicht für das Kind handeln zu können[6]) Für eine rechtliche Verhinderung scheiden bei der Anwendung des § 1909 Abs. 1, da diese Vorschrift nur die Verhinderung bei einzelnen oder einem Kreis von Angelegenheiten regelt, die Fälle aus, in denen nach § 1773 Abs. 1 BGB ein Vormund zu bestellen ist oder in denen die elterliche Gewalt dem anderen Elternteil allein zusteht (§§ 1678 Abs. 1, 1679 Abs. 1 Satz 1, Abs. 2, 1680 BGB) oder auf ihn zu übertragen ist (§§ 1670 Abs. 2, 1678 Abs. 2 BGB). Wird die Sorge für die Person oder das

[1]) BayObLG JFG 4, 146.
[2]) BayObLGZ 1958, 247; KG OLGZ 1965, 237.
[3]) KG OLGR 41, 79.
[4]) KG OLGR 18, 287; KGJ 28 A 9, 12; 33 A 65, 67; Staudinger-Engler BGB[11] § 1909 Anm. 31.
[5]) KG JFG 17, 113, 116 = DJ 1938, 427 = HRR 1938 Nr. 589 = DFG 1938, 53 = JW 1938, 1168.
[6]) BayObLGZ 1961, 277 zu III 3 e = FamRZ 1962, 36; Staudinger BGB[9] § 1909 Anm. 2 b α; Erman-Hefermehl BGB[3] § 1909 Anm. 2 a.

Vermögen des Kindes einem gesamtvertretungsberechtigten Elternteil entzogen (§§ 1666, 1669 BGB) und kommt eine Übertragung auf den anderen Elternteil nicht in Betracht, so ergibt sich die Rechtsgrundlage für die Anordnung der Pflegschaft aus §§ 1680, 1679 Abs. 1 Satz 2 BGB). In § 1909 Abs. 1 findet die Pflegschaft ihre Rechtsgrundlage, wenn dem Elternteil als alleinigem Inhaber der elterlichen Gewalt ein Teilbereich davon, nämlich die Personensorge (§ 1666 Abs. 1) oder die Vermögenssorge (§§ 1666 Abs. 2, 1669, 1670 Abs. 1) oder ein einzelner Bestandteil, z. B. das Aufenthaltsbestimmungsrecht, entzogen worden ist. Bei Verhinderung der unehelichen Mutter an der Ausübung des ihr nach § 1673 Abs. 2 BGB neben einem Vormund zustehenden Nebensorgerechts fällt dieses Recht ohne weiteres dem Vormund an; ein Pfleger kann nicht bestellt werden[7]). Ist die nichteheliche Mutter an der Ausübung der ihr nach § 1705 neben einem Pfleger nach § 1706 BGB zustehenden elterlichen Gewalt, insbesondere des Personensorgerechts verhindert, so ist ein Pfleger zu bestellen. Das Hauptgebiet für die Anwendung des § 1909 Abs. 1 bilden die Fälle, in denen die Eltern oder der Vormund von der Vertretung des Kindes (Mündels) kraft Gesetzes ausgeschlossen sind (§§ 1629 Abs. 2, 1795, 181 BGB) oder in denen das VormG ihnen nach §§ 1629 Abs. 2 Satz 2, 1796 BGB die Vertretung für einzelne oder einen Kreis von Angelegenheiten entzogen hat. Liegt ein gesetzlicher Ausschließungsgrund nur in der Person eines der gesamtvertretungsberechtigten Elternteile vor, so soll damit, wie aus der Fassung des § 1629 Abs. 2 Satz 1 geschlossen wird, auch der andere Elternteil ausgeschlossen und die Bestellung eines Pflegers erforderlich sein[8]). Im Unterhaltsrechtsstreit ist für den namens des Kindes klagenden Elternteil das Hindernis des § 1795 Abs. 1 Nr. 3 durch § 1629 Abs. 2 Satz 1 Halbs. 2 BGB beseitigt, wenn die Eltern getrennt leben; da der beklagte Elternteil nach §§ 1795 Abs. 2, 181 BGB ausgeschlossen ist, steht dem anderen insoweit die alleinige Vertretungsmacht zu; die Bestellung eines Pflegers ist nicht erforderlich[9]). Leben die Eltern in häuslicher Gemeinschaft, so wäre zwar die Bestellung eines Pflegers für den Unterhaltsrechtsstreit nach § 1629 Abs. 2, 1795 Abs. 1 Nr. 3 rechtlich notwendig, es wird aber regelmäßig das Bedürfnis dafür fehlen, weil der Ehegatte von dem anderen im eigenen Namen den Familienunterhalt verlangen kann, der den Lebensbedarf der gemeinsamen ehelichen Kinder mitumfaßt (§§ 1360 Satz 1, 1360a Abs. 1 BGB)[10]). Handelt es sich darum, daß namens des Kindes ein Rechtsstreit gegen den Inhaber der elterlichen Gewalt erhoben werden soll, so ist dieser allerdings in dem Rechtsstreit nach den §§ 1629 Abs. 2, 1795 Abs. 2, 181 BGB von der Vertretung des Kindes gesetzlich ausgeschlossen; von der Entschließung darüber aber, ob der Rechtsstreit geführt werden soll, ist der Gewalthaber nicht kraft Gesetzes ausgeschlossen; möglicherweise besteht ein Interessenwiderstreit; dieser schließt aber den Gewalthaber nicht kraft Gesetzes aus, sondern kann dem VormG nach §§ 1629 Abs. 2 Satz 2, 1796 BGB nur Veranlassung geben, ihm die Vertretung in dieser Angelegenheit zu entziehen. Der Gewalthaber ist mithin i. S. des § 1909 Abs. 1 Satz 1 BGB rechtlich erst verhindert, die Bestellung eines Pflegers also erst statthaft, wenn das VormG zuvor festgestellt hat, daß bei der Entschließung, ob die Klage erhoben werden soll, zwischen dem Gewalthaber und dem Kinde ein erheblicher Interessengegensatz i. S. des § 1796 BGB besteht und es ihm deshalb die Vertretung in die-

7) KG JFG 9, 48; Soergel-Lade BGB[9] § 1707 Anm. 12; Staudinger-Göppinger BGB[11] § 1707 Anm. 36.

8) BayObLGZ 1959, 370 = FamRZ 1960, 33 = EJF A I f Nr. 26 mit Anm. v. Jansen; Dölle FamR § 140 II 1 a; Soergel-Lade BGB[9] § 1629 Anm. 23; Palandt-Lauterbach BGB[26] § 1629 Anm. 5; Erman-Ronke BGB[3] § 1629 Anm. 5 a; BGB-RGRK[11] § 1629 Anm. 22; Staudinger-Donau BGB[11] § 1629 Anm. 78; kritisch aber Jansen, EJF A I f Nr. 26 Anm.

9) Arnold, FamRZ 1959, 427; Jansen, Anm. zu EJF A I 4 Nr. 26; Schaub, NJW 1960, 84; Lange, NJW 1961, 1889 zu IV 3; Blechschmidt AcP 160, 237; BGH NJW 1965, 394; Köln FamRZ 1960, 199; LG Berlin FamRZ 1960, 406; LG Freiburg MDR 1961, 414; jetzt h. M.

10) KG JR 1959, 20; Erman-Hefermehl BGB[3] § 1909 Anm. 3 b; a.M. Dölle FamR § 140 II Fn. 36.

ser Angelegenheit entzieht[11]). Diese Grundsätze gelten auch dann, wenn die Entschließung, die von dem gesetzlichen Vertreter zu treffen ist, die Anfechtung der Ehelichkeit namens des Kindes betrifft[12]). Ein erheblicher Interessengegensatz besteht, wenn nach den Umständen des Falles die Förderung des einen Interesses nur auf Kosten des anderen möglich ist[13]). Nach Scheidung der Ehe der Eltern ist der Ausschließungsgrund des § 1795 Abs. 1 Nr. 3 BGB nicht mehr gegeben; die geschiedene Mutter, der die elterliche Gewalt nach § 1671 BGB übertragen worden ist, kann daher das Kind in dem Ehelichkeitsanfechtungsrechtsstreit des Vaters gegen das Kind vertreten[14]); eine Entziehung der Vertretungsmacht nach §§ 1629 Abs. 2, 1796 BGB kann in Betracht kommen, wenn ersichtlich die Interessenlage der Mutter nicht dahin geht, zur Feststellung der Scheinehelichkeit des Kindes beizutragen, diese Feststellung aber im Interesse des Kindes liegt; ferner kann eine Entziehung in Betracht kommen, wenn die Mutter entgegen dem Interesse des Kindes eine Anfechtungsklage nicht erhebt[15]). In der Bestellung des Pflegers liegt die stillschweigende Entziehung der Vertretungsmacht nach § 1796 BGB mit der Folge, daß der Gewalthaber von der Vertretung des Kindes in dieser Angelegenheit nach § 1630 Abs. 1 BGB ausgeschlossen ist, selbst wenn kein Rechtsgrund zur Bestellung des Pflegers bestand[16]). Rechtsstaatliche Gründe erfordern es jedoch, daß die Entziehung bei Widerspruch des Betroffenen durch begründeten Beschluß besonders ausgesprochen wird[17]). Ist das Bestehen einer rechtlichen Verhinderung zweifelhaft, so daß andere Stellen, etwa das Prozeßgericht, eine Verhinderung annehmen könnten, so reichen diese Zweifel aus, im Einverständnis mit dem Gewalthaber einen Pfleger zu bestellen, um im Interesse des Kindes klare Verhältnisse zu schaffen[18]). Eine Nachprüfung, ob der Pfleger rechtmäßig bestellt ist und ob die sachlich-rechtlichen Voraussetzungen dafür vorlagen, steht weder dem Prozeßgericht noch einem anderen Gericht der streitigen oder freiwilligen Gerichtsbarkeit zu, vor dem der Pfleger als gesetzlicher Vertreter des Kindes auftritt[19]).

4 *b) Bedürfnisprüfung.* Das VormG hat weiter zu prüfen, ob ein Bedürfnis für die Anordnung einer Pflegschaft besteht, ob also eine bestimmte einzelne Angelegenheit zu besorgen und für deren Erledigung ein Pfleger notwendig ist. Daran kann es fehlen, wenn das Kind oder der Mündel die Angelegenheit selbst besorgen kann (§§ 112, 113 Abs. 2 Satz 2 BGB, § 59 FGG) oder wenn das VormG die erforderlichen Handlungen selbst vornimmt (§§ 1668 Abs, 2, 1693, 1844 Abs. 2, 1846 BGB, § 54 FGG). Zur Bestellung eines Unterhaltspflegers besteht kein Anlaß, wenn der Unterhaltspflichtige den Anspruch anerkennt und tatsächlich erfüllt. Das Bestehen eines Interessenwiderstreits ist nicht immer ein ausreichender Grund zur Bestellung eines Pflegers. Handelt es sich um die Geltendmachung von Ansprü-

[11]) KG, KGJ 31 A 10; OLGE 14, 273; 18, 305; 34, 262; JW 36, 2748; JFG 17, 114 = JW 38, 1168; KG in EJF A I Nr. 1; KG OLGZ 1966, 331 = NJW 1966, 1320 = FamRZ 1966, 239; BayObLG, JFG 3, 57, 59; BayObLGZ 61, 277, 281 = NJW 61, 2309 = FamRZ 62, 36; BayObLG 63, 132 = FamRZ 63, 578; ebenso OLG Hamburg, JW 31, 1381; Kipp, Familienrecht, 7. Bearb., § 116 III 4 c; Achilles-Greiff-Beitzke, BGB, 21. Aufl., § 1909 Anm. 4; Soergel-Germer, BGB, 9. Aufl., § 1795 Anm. 7; Erman-Hefermehl, BGB, 3. Aufl., § 1795 Anm. 2 a. E., § 1909 Anm. 7.

[12]) KG OLGZ 1966, 331 = NJW 1966, 1320 = FamRZ 1966, 239; Frankfurt FamRZ 1969, 106; Achilles-Greiff-Beitzke, aaO.; Soergel-Lange, aaO., § 1597 Anm. 3; BGB-RGRK, 10./11. Aufl., § 1597 Anm. 1; Oldenburg Nds.-Rpfl. 1969, 104; a.M. Frankfurt FamRZ 1964, 269; Palandt-Lauterbach BGB[28] § 1597 Anm. 2 a.

[13]) KGJ 29 A 25; KG OLGZ 1966, 331, 334; vgl. auch BGH NJW 1955, 217 = FamRZ 1955, 100; Staudinger-Engler BGB[11] § 1909 Anm. 6.

[14]) Staudinger (Lauterbach), 10./11. Aufl. Bem. 4 zu § 1597 BGB; RGRK 10./11. Aufl. Anm. 1 zu § 1597 BGB und Anm. 25 zu § 1671 BGB; Erman-Wagner, 3. Aufl. Anm. 7 zu § 1599 BGB; Beitzke, ZBlJugR 1961, 314-320; KG, JR 1962, 264; Brühl, FamRZ 1962, 12.

[15]) Schmidt, NJW 1964, 2096; Hamm FamRZ 1963, 580.

[16]) Staudinger-Donau BGB[11] § 1629 Anm. 73; Kipp FamR[7] § 80 I 3; BayObLGZ 6, 553; KG OLGZ 1966, 331, 334.

[17]) KG OLGZ 1966, 331, 334 = NJW 1966, 1320 = FamRZ 1966, 239; Staudinger-Engler BGB[11] § 1909 Anm. 33; vgl. § 16 Rdn. 4.

[18]) KG JFG 12, 230; KG DR 1941, 1734; BayObLGZ 1959, 370, 378; Erman-Hefermehl BGB[3] § 1909 Anm. 2 b.

[19]) RGZ 81, 206, 212; 137, 324, 341; BGH FamRZ 1960, 483; MDR 1961, 44; KG JFG 12, 230 = JW 1935, 2154; Dölle FamR § 140 V.

chen des Kindes oder Mündels gegen den gesetzlichen Vertreter, z. B. von Pflichtteilsansprüchen gegen den zum Alleinerben eingesetzten Elternteil, kann es dem Interesse des Kindes an der Wahrung des Zusammenhalts der Familie dienen, diese Ansprüche zur Zeit nicht geltend zu machen, wenn eine Gefährdung nicht zu befürchten ist[20]). Handelt es sich aber um den Abschluß eines Vertrages mit dem Kinde, so darf die Bestellung des Pflegers nicht mit der Begründung abgelehnt werden, daß der Vertragsabschluß nicht dem Kindesinteresse entspreche; hierüber hat der Pfleger und gegebenenfalls das VormG bei der Erteilung der Genehmigung zu befinden[21]). Allenfalls kann die Bestellung abgelehnt werden, wenn es offensichtlich ist, daß der Vertrag nicht die Genehmigung des VormG finden würde[22]). Zweifel daran, ob das Rechtsgeschäft, an dessen Vornahme die Eltern verhindert sind, noch wirksam vorgenommen werden kann, schließen die Bestellung eines Pflegers nicht aus[23]). Will der Gewalthaber oder ein Dritter bei Verhinderung des Gewalthabers gegen das Kind klagen, so ist im allgemeinen die Bestellung eines Pflegers geboten. Die Bestellung eines Pflegers kann jedoch, mag das Kind Kläger oder Beklagter sein, unter dem Gesichtspunkt des fehlenden Bedürfnisses abgelehnt werden, wenn der beabsichtigte Rechtsstreit sich ohne weiteres als aussichtslos oder mutwillig darstellt[24]). Stets muß eine gegenwärtig zu besorgende Angelegenheit vorliegen; eine Beobachtungspflegschaft für den Fall eines künftig auftretenden Bedürfnisses gibt es nicht[25]).

3. Örtliche Zuständigkeit

a) Grundsätzliche Regelung (Abs. 1). Ist für den, dem nach § 1909 Abs. 1 BGB ein Ergän- 5
zungspfleger bestellt werden soll, bei einem inländischen Gericht eine Vormundschaft anhängig, so ist dieses Gericht auch für die Anordnung der Pflegschaft zuständig (Abs. 1 Satz 1). Diese Regelung beruht auf dem Gedanken, daß dem Pfleger neben dem Vormund nur ein Teilbereich des im übrigen umfassenden Wirkungskreises des Vormundes zusteht und eine Zersplitterung der vormundschaftsgerichtlichen Aufsicht vermieden werden soll. Doch kann die Pflegschaft — gesondert von der Vormundschaft — nach § 46 Abs. 3 abgegeben werden, z. B. wenn sie entfernt gelegenen Grundbesitz betrifft. Über Anhängigkeit der Vormundschaft vgl. § 36 Anm. F 2. Durch Abs. 1 Satz 1 i. d. F. des Art. 7 Nr. 3 NichtehelG sind die Pflegschaft nach § 1706 BGB und die Beistandschaft (§§ 1685, 1690 BGB) der Vormundschaft gleichgestellt worden. Die Anhängigkeit einer anderen Pflegschaft als einer solchen nach § 1706 BGB, der gleichsam die Bedeutung einer Rest-Vormundschaft zukommt begründet die Zuständigkeit für weitere Pflegschaften über denselben Pflegebefohlenen nicht[26]). Wird mithin für ein Kind, für welches bei dem Amtsgericht A auf Grund der §§ 1909 Abs. 1 Satz 2, 1638 BGB eine Pflegschaft zur Verwaltung des dem Kinde zugewendeten Vermögens anhängig ist, eine Sorgerechtspflegschaft erforderlich, nachdem der Wohnsitz des Kindes aus dem Bezirk des Amtsgerichts A in den des Amtsgerichts B verlegt worden ist, so ist für diese Pflegschaft nach § 37 Abs. 1 Satz 2, 36 Abs. 1 Satz 1 das Amtsgericht B zuständig. Sofern sich aus der Anhängigkeit von Pflegschaften über dieselbe Person bei verschiedenen Gerichten Unzuträglichkeiten ergeben, kann ihnen durch Abgabe an das besser geeignete Gericht nach § 46 abgeholfen werden. Ist über den Pflegebefohlenen keine Vormundschaft, Pflegschaft nach § 1706 BGB oder Beistandschaft anhängig, so richtet sich die

20) KG OLGR 14, 273; KG JW 1936, 2748; JW 1937, 2205; KG EJF A I 1 Nr. 1; BayObLGZ 1963, 132; Frankfurt NJW 1964, 552 = FamRZ 1964, 154.

21) BayObLG JFG 4, 126; Erman-Hefermehl BGB[3] § 1909 Anm. 7; Palandt-Lauterbach BGB[26] § 1909 Anm. 2 b.

22) LG Lübeck FamRZ 1956, 117; Dölle FamR § 140 II S. 931.

23) BayObLGZ 1959, 370 = NJW 1960, 577.

24) KGJ 49, 24; 50, 38; BayObLG DJZ 1924, 403; Freiburg EJF 1951/52, 118; Staudinger-Donau BGB[11] § 1629 Anm. 45; Soergel-Germer BGB[9] § 1909 Anm. 18; Keidel Anm. 1.

25) KGJ 50, 46 = RJA 16, 10; BayObLGZ 13, 584; Dölle FamR § 140 II 2; Palandt-Lauterbach BGB[26] § 1909 Anm. 2 b.

26) BayObLGZ 3, 14; 20, 220; KG KGJ 47, 11 = RJA 14, 251; KG JFG 21, 146; KG 1 AR 33/61, mitgeteilt von Rehbinder in JR 1963, 88; Schlegelberger Anm. 2; Keidel Anm. 3; Pikart-Henn Lb. d. Freiw. Gerbkt S. 154; Rehbinder aaO.

örtliche Zuständigkeit für die Pflegschaft nach § 36 (§ 37 Abs. 1 Satz 2). Es ist also das Gericht zuständig, welches für die Anordnung einer Vormundschaft über den Pflegebefohlenen zuständig wäre[27]); maßgebend hierfür ist der Zeitpunkt, zu welchem die Anordnung der Pflegschaft gesetzlich notwendig wird[28]). Zuständig ist mithin das Gericht des Wohnsitzes oder in Ermangelung eines inländischen Wohnsitzes das Gericht des Aufenthalts (§ 36 Abs. 1 Satz 1); ist der Pflegebefohlene Deutscher ohne Wohnsitz oder Aufenthalt im Inland, so greift die Auffangzuständigkeit des AG Schöneberg nach § 36 Abs. 2 ein. Wird die Anordnung einer Pflegschaft über *Geschwister* erforderlich, so ist das Gericht zuständig, in dessen Bezirk das jüngste der Geschwister seinen Aufenthalt hat; ist aber über eines der Geschwister bereits eine Vormundschaft, Pflegschaft nach § 1706 BGB oder Beistandschaft anhängig, so ist dieses Gericht auch für die Pflegschaften über die anderen Geschwister zuständig. Ferner ist das Gericht, bei welchem eine Vormundschaft usw. über ein Geschwisterkind anhängig ist, örtlich zuständig für die Anordnung einer Pflegschaft über die anderen Geschwister[29]). Dagegen ist die Verweisung des § 37 Abs. 1 Satz 2 auf § 36 Abs. 1 Satz 2 nicht dahin zu verstehen, daß die Anhängigkeit einer Pflegschaft für ein Geschwisterkind außer einer solchen nach § 1706 BGB auch die Zuständigkeit für später anzuordnende Pflegschaften über seine Geschwister nach sich zieht[30]). Insgesamt ergeben sich hiernach aus einem Zusammenhalt der Vorschriften in §§ 36 Abs. 1 Satz 2, 37 Abs. 1 Satz 2, 43 Abs. 2 FGG und § 77 Abs. 2 JugWohlfG für den *Geschwistergerichtsstand* folgende Grundsätze: Anhängigkeit einer Vormundschaft, Pflegschaft nach § 1706 BGB oder Beistandschaft begründet Zuständigkeit für Vormundschaften, Pflegschaften nach § 1706 BGB und Beistandschaften über Geschwister sowie für Pflegschaften und Einzelverrichtungen beim Mündel und den Geschwistern; Anhängigkeit einer Pflegschaft mit Ausnahme einer solchen nach § 1706 BGB begründet Zuständigkeit nur für Einzelverrichtungen wegen desselben Pflegebefohlenen; Anhängigkeit einer Einzelverrichtung (§ 43) begründet die Zuständigkeit für weiteres nicht; nur Anhängigkeit einer Erziehungsbeistandschaft oder eines Fürsorgeerziehungsverfahrens begründet Zuständigkeit für andere Einzelverrichtungen bei demselben Minderjährigen (nicht aber bei seinen Geschwistern).

6 *b) Zuständigkeit für Pflegschaften über Ausländer (Abs. 2).* Die Regelung in Abs. 1 gilt für Deutsche, Staatenlose und Ausländer, für diese, wenn sie im Inland bevormundet werden oder hier Wohnsitz oder Aufenthalt haben[31]). Ein Bedürfnis, eine Pflegschaft für einen Ausländer anzuordnen, kann aber auch auftreten, wenn diese Voraussetzungen in seiner Person nicht erfüllt sind. Hierbei ist vor allem an den Fall gedacht worden, daß sich die im Ausland angeordnete Vormundschaft oder Pflegschaft nach dem dortigen Recht nicht auf das im Inland, also in Deutschland befindliche Vermögen erstreckt[32]). Als zuständig wird in Abs. 2 das Gericht bestimmt, in dessen Bezirk das *Bedürfnis der Fürsorge* hervortritt. Für die Zuständigkeit kommt es darauf an, ob die Tatsache, aus welcher das Bedürfnis der Fürsorge hergeleitet wird, in den örtlichen Bereich des angerufenen Gerichts fällt; ist dies der Fall, so ist die Frage, ob diese Tatsache die Notwendigkeit einer Fürsorge begründet, als bereits zur Sachprüfung gehörig für die örtliche Zuständigkeit bedeutungslos[33]). Über die Voraussetzungen, unter denen im Inland eine Pflegschaft über einen Ausländer angeordnet werden kann, vgl. § 35 Rdn. 98 ff. und § 44 Rdn. 4.

7 *c) Interzonale Zuständigkeit.* Abs. 2 ist entsprechend anzuwenden (§ 35 Rdn. 133).

27) Wellstein[2] Anm. 3; Josef[2] Anm. 2.
28) Keidel Anm. 4.
29) KG JFG 21, 146; Keidel Anm. 2.
30) KG JFG 21, 146 unter Aufgabe von KGJ 47, 11; Keidel Anm. 3; ebenso für nicht gleichartige Pflegschaften Schlegelberger Anm. 2; Staudinger-Engler BGB[11] § 1909 Anm. 32; a.M. Rehbinder JR 1963, 88.
31) Keidel Anm. 4.
32) Denkschr. S. 44; Wellstein[2] Anm. 4; Josef[2] Anm. 3; Keidel Anm. 6; vgl. KG RJA 3, 113 = OLGR 5, 100 (USA); Darmstadt ZBlFG 11, 659 (USA); dazu Soergel-Kegel BGB[9] Art. 23 EG Anm. 24; Koppenhöfer, Dower und Guardianship im IPR Deutschlands, DNotZ 1961, 461.
33) KG DJ 07 Sp. 828; KG NJW 1961, 884; Ebert-Dudek-Lindemann[2] Anm. 2 b.

Gebrechlichkeitspflegschaft

38 Auf die Zuständigkeit für die Pflegschaft über einen Gebrechlichen finden die Vorschriften des § 36 Abs. 1, 2 und des § 37 Abs. 2 entsprechende Anwendung.

1. Allgemeines. Die Vorschrift regelt die örtliche Zuständigkeit für die *Gebrechlichkeitspflegschaft* nach § 1910 BGB. Diese Pflegschaft, die über einen nicht unter Vormundschaft stehenden Volljährigen angeordnet werden kann, ist entweder eine Gesamtpflegschaft für alle Angelegenheiten der Person und des Vermögens oder eine Sonderpflegschaft für einzelne oder einen bestimmten Kreis von Angelegenheiten. Beruht die Unfähigkeit zur Besorgung der Angelegenheiten auf körperlichen Gebrechen, so kann je nach dem Bedürfnis eine Gesamtpflegschaft oder eine Sonderpflegschaft, bei geistigen Gebrechen dagegen nur eine Sonderpflegschaft angeordnet werden (§ 1910 Abs. 2 BGB)[1]. Verschwendung und Trunksucht sind keine Gebrechen im Sinne dieser Vorschrift. Als Mittel zur Unschädlichmachung von Querulanten sollte die Gebrechlichkeitspflegschaft nicht dienen[2]. Geistiges Gebrechen ist auch Geisteskrankheit im Sinne des § 104 Nr. 2 BGB. Auch wenn jemand infolge eines geistigen Gebrechens seine Angelegenheiten insgesamt nicht zu besorgen vermag, ist eine Gebrechlichkeitspflegschaft statthaft, die Entmündigung also entbehrlich, wenn ein Schutzbedürfnis nur für einzelne oder einen bestimmten Kreis von Angelegenheiten besteht[3]. Auch das Aufenthaltsbestimmungsrecht kann nach § 1910 Abs. 2 BGB einem Pfleger übertragen werden[4]. Die Aufenthaltsbestimmung des Pflegers bindet den Pflegebefohlenen, sofern er geschäftsunfähig ist[5]. Bei einer Sonderpflegschaft hat das VormG den Wirkungskreis des Pflegers genau abzugrenzen. Eine unzulässige und deshalb im Beschwerdewege aufzuhebende Gesamtpflegschaft über einen geistig Gebrechlichen wäre es aber, wenn als Wirkungskreis des Pflegers die Besorgung der Vermögensangelegenheiten und das Recht zur Bestimmung des Aufenthalts und der Heilbehandlung bezeichnet würde, da weitere Angelegenheiten nicht mehr verbleiben (vgl. § 1901 BGB). Jedoch ist die Pflegschaftsanordnung nicht nichtig, wenn die Bezeichnung des Wirkungskreises unterblieben ist oder wenn die Aufzählung aller denkbaren Angelegenheiten ergibt, daß in Wahrheit eine nach § 1910 Abs. 2 BGB unzulässige Gesamtpflegschaft vorliegt[6]. Bei umfassendem Fürsorgebedürfnis ist Entmündigung unumgänglich. Für die Berufung zur Pflegschaft gelten die §§ 1915 Abs. 1, 1899, 1900 BGB, für die Ausahl des Pflegers § 1779 Abs. 2 BGB. 1

2. Verfahren. Die Gebrechlichkeitspflegschaft wird von Amts wegen angeordnet (§§ 1915 Abs. 1, 1774 BGB); sie kann mithin auch angeordnet werden, wenn die Anregung zu ihrer Anordnung zurückgenommen wird[7]. Für die Anordnung und die Auswahl des Pflegers besteht *Richtervorbehalt,* sofern die Pflegschaft nicht zur Geltendmachung eines auf öffentlichem Recht beruhenden Rentenanspruchs angeordnet wird (§ 14 Nr. 4 RechtspflG). Für die *Prüfungspflicht des VormG* sind folgende Gesichtspunkte maßgebend: 2

a) ob ein körperliches oder geistiges *Gebrechen* vorliegt, worüber gegebenenfalls ein 3

1) BayObLG OLGR 26, 284 = Recht 1913 Nr. 964; RG HRR 1933 Nr. 731; Dölle FamR § 141 III 2; BGHZ 48, 147, 163.

2) A.M. BayObLG Recht 1913 Nr. 861.

3) RGZ 52, 240 = RJA 5, 10; RG JW 1935, 929; KG KGJ 30 A 29 = RJA 6, 2; KG RJA 7, 79; Karlsruhe FamRZ 1957, 423; KG FamRZ 1960, 503; BayObLG OLGR 26, 284; HRR 1935 Nr. 99; Hamm OLGZ 1966, 595; Dölle FamR § 141 III 2; KG OLGZ 1969, 257.

4) KG NJW 1961, 2114; BayObLGZ 1961, 332; Hamm OLGZ 1966, 585; Henke FamRZ 1959, 7; Bosch FamRZ 1959, 32; Rohs NJW 1959, 2283.

5) KG NJW 1961, 2114 = FamRZ 1961, 494; BGHZ 48, 147 = NJW 1967, 2404, 2407 = FamRZ 1967, 620 = JR 1968, 100 mit Anm. v. Jansen; BGB-RGRK[11] § 1910 Anm. 4; a.M. (auch bei Geschäftsfähigkeit) BayObLGZ 1961, 332; Dölle FamR § 141 V 2 b; anders (auch bei Geschäftsunfähigkeit nicht) Maurer FamRZ 1960, 468 zu VII 1 b; Kemper NJW 1962, 677; LG Bonn FamRZ 1962, 483; AG Wedding FamRZ 1968, 547 (eingehend); noch anders, nämlich daß der Pfleger der Fähigkeit zur Aufenthaltsbestimmung durch die Genehmigung des VormG nach § 1800 Abs. 2 BGB erwerbe, Beitzke FamRZ 1960, 507; Erman-Hefermehl BGB[3] § 1910 Anm. 4.

6) München JFG 15, 271; Köln JMBlNRW 1960, 131, 132; vgl. Kipp-Wolff FamR[7] § 102 V 3; Dölle FamR § 117 IV 3 b.

7) KG OLGZ 1967, 347 = FamRZ 1967, 686 = MDR 1967, 922; Dölle FamR § 141 IV.

Gutachten eines Sachverständigen einzuholen ist; jedoch ist eine zwangsweise Vorführung vor den Sachverständigen oder die Anordnung zwangsweiser Unterbringung in einer Anstalt zwecks Beobachtung des Geisteszustandes im Pflegschaftsverfahren nicht zulässig (vgl. § 12 Rdn. 66, 68).

4 *b)* ob der Volljährige infolge seines Gebrechens seine *Angelegenheiten* ganz oder zum Teil *nicht besorgen* kann; auch bei Feststellung eines geistigen Gebrechens kann diese Fähigkeit noch vorhanden sein, wenn dem Pflegebefohlenen nur eine bescheidene Rente zur Verfügung steht, die er zur Bestreitung seines Lebensunterhalts sachgemäß verwendet. Andererseits kann die Fähigkeit zur Besorgung der Angelegenheiten auf einem gewissen Gebiet fehlen, im übrigen aber vorhanden sein, wenn die Einsichtsfähigkeit und die freie Willensbestimmung auf einem Teilgebiet ausgeschlossen sind (partielle Geschäftsunfähigkeit)[8]).

5 *c)* ob und wieweit ein *Schutzbedürfnis* besteht; daran kann es fehlen, wenn ein geeigneter Bevollmächtigter vorhanden ist[9]), vorausgesetzt, daß der Pflegebefohlene in der Lage ist, den Bevollmächtigten zu überwachen[10]). Zielt die Pflegschaft darauf ab, daß der Pfleger die Unterbringung des Pflegebefohlenen in einer Heilanstalt veranlaßt, wozu er auf Grund des Aufenthaltsbestimmungsrechts berechtigt wäre[11]), jedoch im Hinblick auf Art. 104 Abs. 2 GG gemäß §§ 1915, 1800 Abs. 2 BGB, sofern damit eine Freiheitsentziehung verbunden ist, nur mit Genehmigung des VormG (vgl. § 55a mit Bem.), so hat das VormG vor der Anordnung der Pflegschaft zu prüfen, ob ein Bedürfnis besteht, dem Pflegebefohlenen gegen seinen Willen einen anderen Aufenthalt zuzuweisen, während die Prüfung, ob die Unterbringung zu genehmigen ist, dem Verfahren nach § 1800 Abs. 2 vorzubehalten ist.

6 *d)* ob die Anordnung der Pflegschaft im *Interesse des Pflegebefohlenen* liegt. Die Gebrechlichkeitspflegschaft dient der Unterstützung des Pflegebefohlenen, nicht seiner Bevormundung[12]). Die Pflegschaft muß daher mindestens auch im Interesse des Gebrechlichen liegen, nicht nur im Interesse eines Dritten[13]). Das gilt auch für Passivprozesse gegen den Gebrechlichen, insbesondere für eine gegen ihn zu erhebende Ehescheidungsklage[14]).

7 *e)* ob der Gebrechliche seine *Einwilligung* erteilt hat, die keiner Form bedarf, aber aktenkundig zu machen ist, oder ob eine Verständigung mit ihm nicht möglich ist (§ 1910 Abs. 3 BGB). Hierüber ist im Interesse einer zuverlässigen Sachaufklärung regelmäßig persönliche Anhörung durch den Richter geboten[15]). Eine Verständigung ist nicht möglich, wenn der Gebrechliche die Bedeutung der Maßnahme nicht verstehen und seinen Willen nicht verständlich ausdrücken kann. Die Äußerung eines entgegenstehenden Willens ist aber rechtlich unbeachtlich, wenn der Gebrechliche gemäß § 104 Nr. 2 BGB geschäftsunfähig ist[16]).

[8]) Frankfurt MDR 1963, 219; BayObLGZ 1965, 59; BGB-RGRK[11] § 1910 Anm. 3; Palandt-Lauterbach BGB[26] § 1910 Anm. 1 b.

[9]) Colmar OLGR 23, 365.

[10]) BayObLGZ 1965, 59, 62; KG OLGZ 1967, 347 = FamRZ 1967, 686; Dölle FamR § 141 II 2; BGB-RGRK[11] § 1910 Anm. 3; Erman-Hefermehl BGB[3] § 1910 Anm. 3.

[11]) KG OLGR 14, 272; 34, 269; KGJ 39 A 8; 43, 67; KG JR 1955, 20.

[12]) Lehmann FamR[3] S. 277 zu 2; Beitzke FamR[10] § 40 III; Maurer FamRZ 1960, 474.

[13]) KG JW 1933, 2067; BayObLGZ 1965, 59, 61; Hamm OLGZ 1969, 111 = FamRZ 1968, 612; Erman-Hefermehl BGB[3] § 1910 Anm. 3.

[14]) Karlsruhe FamRZ 1957, 423; Hamm JMBl-NRW 1965, 88; Beitzke FamRZ 1957, 424; Dölle FamR § 141 II 3; BGB-RGRK[11] § 1910 Anm. 3; Erman-Hefermehl BGB[3] § 1910 Anm. 3; Soergel BGB[9] § 1910 Anm. 6; a.M. BayObLGZ 1965, 483 = NJW 1966, 662 unter nicht zutreffender Berufung auf KG OLGR 1, 317; dagegen mit Recht in der Beeck/Wuttke NJW 1968, 1165 zu II 3. Dazu auch Staudinger-Engler BGB[11] § 1910 Anm. 8, 9.

[15]) LG Mannheim Rpfleger 1963, 413; Frankfurt Rpfleger 1967, 181; Keidel Rpfleger 1963, 414; KG OLGZ 1969, 257, 261.

[16]) BayObLG RJA 6, 27 = KGJ 30 A 295; RG RJA 8, 1; RGZ 65, 199; KG JFG 18, 298 = JW 1939, 168; KG FamRZ 1960, 503, 505 zu II 1; KG OLGZ 1967, 347; 1969, 257; BGHZ 35, 1, 5; Soergel-Germer BGB[9] § 1910 Anm. 9; Erman-Hefermehl BGB[3] § 1910 Anm. 2; nach BVerfGE 19, 93 verletzt diese Auffassung kein Grundrecht; a.M. BGB-RGRK[11] § 1910 Anm. 6; Gernhuber FamR § 69 VI 1; Dölle FamR § 141 II 4; Dunz JZ 1960, 475 zu B; Beitzke FamRZ 1960, 506; in der Beeck/Wuttke NJW 1968,1165 zu II 4; Stein-Jonas-Schlosser ZPO[10] I vor § 645; Voraufl.; Frankfurt Rpfleger 1967, 181; AG Wedding FamRZ 1968, 547; Staudinger-Engler BGB[11] § 1910 Anm. 14.

Von der persönlichen Anhörung zum Zwecke der Sachaufklärung ist die Gewährung rechtlichen Gehörs zu unterscheiden, die auch vor Anordnung der Gebrechlichkeitspflegschaft geboten ist, und zwar auch gegenüber einem Geschäftsunfähigen[17]). Werden im Verfahren zur Anordnung oder Aufhebung der Pflegschaft Beweisergebnisse und Entscheidungsgründe dem Betroffenen nicht bekanntgemacht, weil nach ärztlichem Urteil Nachteile für seinen Gesundheitszustand zu befürchten sind, so ist dem Betroffenen zur Wahrnehmung seiner Rechte im Verfahren von Amts wegen ein Rechtsanwalt beizuordnen, auch wenn die Voraussetzungen für die Bewilligung des Armenrechts nicht vorliegen[17a]).

3. Rechtsfolgen der Pflegschaft. Der Gebrechliche bleibt, soweit nicht § 104 Nr. 2 BGB vorliegt, neben dem Pfleger geschäfts- und handlungsfähig[18]). Der Pfleger bedarf nicht der Genehmigung des VormG, wenn der geschäftsfähige Pflegebefohlene zustimmt[19]). § 53 ZPO ist in der FG nicht anwendbar. Die Anordnung hat das Ruhen der elterlichen Gewalt, § 1673 Abs. 2 BGB, und die Untauglichkeit zum Beistand, Vormund, Gegenvormund, Mitglied des Familienrats, Pfleger, Testamentsvollstrecker zur Folge, §§ 1691 Abs. 1, 1781 Nr. 2, 1792 Abs. 4, 1866 Nr. 2, 1915, 2201, 2225 BGB. Sie zieht den Verlust des Wahlrechts nach sich (§§ 13 Nr. 1, 16 Abs. 2 Nr. 1 BWahlG und entsprechende Vorschriften für Landes-, Kreis- und Gemeindewahlen). 8

4. Beendigung und Aufhebung der Pflegschaft. Die Pflegschaft endet kraft Gesetzes durch Tod[20]), Rechtskraft des die Todeserklärung aussprechenden Beschlusses, §§ 1915, 1897, 1884 Abs. 2 BGB mit § 29 VerschG, Erledigung der einzelnen Angelegenheit, § 1918 Abs. 3 BGB; infolge Aufhebung durch das VormG bei Verschollenheit, §§ 1915, 1897, 1884 Abs. 1, bei Wegfall des Grundes, § 1919, auf Antrag des Gebrechlichen, § 1920, auch wenn der Grund für die Anordnung noch fortbesteht[21]). Der auf § 1920 BGB gestützte Aufhebungsantrag ist aber nur wirksam, wenn der Antragsteller nicht geschäftsunfähig ist[22]). 9

5. Örtliche Zuständigkeit. Zuständig ist das Gericht, welches zuständig wäre, wenn statt der Pflegschaft eine Vormundschaft und, wenn die Pflegschaft über einen Ausländer angeordnet werden soll, der im Inland weder Wohnsitz noch Aufenthalt hat, eine Ergänzungspflegschaft nach § 1909 BGB anzuordnen wäre. Mithin ist in erster Linie das VormG zuständig, in dessen Bezirk der Gebrechliche seinen Wohnsitz oder in Ermangelung eines inländischen Wohnsitzes seinen Aufenthalt hat (§ 38 mit § 36 Abs. 1 Satz 1), hilfsweise bei deutschen Staatsangehörigen oder Deutschen i. S. des Art. 116 Abs. 1 GG mit westdeutschem interzonalen Personalstatut ohne Wohnsitz oder Aufenthalt im Inland das AG Schöneberg (§ 38 mit § 36 Abs. 2). Auf § 36 Abs. 1 Satz 2 kann sich aber eine nur „entsprechend" angeordnete Anwendung des § 36 nicht beziehen[23]). Für Ausländer ohne Wohnsitz oder Aufenthalt im Inland ist das Gericht zuständig, in dessen Bezirk das Bedürfnis der Fürsorge hervortritt (§ 38 mit § 37 Abs. 2); vgl. § 37 Rdn. 6). Zeitlich maßgebend für die Begründung der örtlichen Zuständigkeit ist, wie die Verweisung des § 38 auf § 36 Abs. 1 Satz 1 ergibt, der Zeitpunkt, in dem die Anordnung der Pflegschaft erforderlich wird; das ist der Zeitpunkt, in dem das Schutzbedürfnis erkennbar hervortritt und, wenn es nach § 1910 Abs. 3 BGB der Einwilligung des Gebrechlichen bedarf, diese Einwilligung erteilt wird. Abweichend von der gesetzlichen Regelung unter Heranziehung des § 43 Abs. 1 den Zeitpunkt entscheiden zu lassen, in dem das Gericht mit der Angelegenheit befaßt wird[24]), besteht kein hinreichender Anlaß. 10

[17]) BVerfGE 19, 93, 99; BGHZ 35, 1, 8; KG FamRZ 1960, 503 mit zust. Anm. v. Beitzke; Maunz-Dürig GG Art. 103 Anm. 91; Röhl NJW 1958, 1268 zu I; Keidel Rpfleger 1963, 414.

[17a]) KG OLGZ 1969, 257.

[18]) RGZ 52, 224.

[19]) RG HRR 1930 Nr. 615.

[20]) KG JFG 17, 333 = JW 1938, 2142; BayObLGZ 1964, 351.

[21]) KGJ 28 A 176 = RJA 4, 196; BGHZ 48, 147, 159.

[22]) RGZ 65, 199; KG JFG 18, 298, 300; KG OLGZ 1966, 380 zu III; Hamm JMBlNRW 1962, 48; a.M. KGJ 28 A 176; AG Wedding FamRZ 1968, 547; Staudinger-Engler BGB[11] § 1920 Anm. 2.

[23]) Schlegelberger Anm. 3; Keidel Anm. 2.

[24]) So Karlsruhe ZS Freiburg Rpfleger 1956, 71; Keidel Anm. 2.

11 *6. Interzonale Zuständigkeit.* § 37 Abs. 2 ist entsprechend anzuwenden (§ 35 Rdn. 133).

12 *7. Rechtsmittel.* Gegen die Verfügung, durch welche eine Gebrechlichkeitspflegschaft angeordnet oder aufgehoben oder ihre Anordnung oder Aufhebung abgelehnt wird, findet die unbefristete Beschwerde nach § 19 statt. Das Beschwerderecht steht aus § 20 Abs. 1 dem Gebrechlichen zu; über seine Befähigung, das Beschwerderecht, auch wenn er geschäftsunfähig ist, selbständig auszuüben, vgl. § 13 Rdn. 20). Gegen die Ablehnung der Anordnung und die Aufhebung der Pflegschaft hat ein Beschwerderecht nach § 57 Abs. 1 Nr. 3, sofern eine Verständigung mit dem Pflegebefohlenen nicht möglich ist, jeder rechtlich Interessierte sowie der Ehegatte und die Verwandten und Verschwägerten des Pflegebefohlenen (vgl. näher § 57 Rdn. 12 ff.). Wenn der Wirkungskreis des Pflegers die Personensorge umfaßt, z. B. das Aufenthaltsbestimmungsrecht, kann, wenn der Pflegebefohlene geschäftsunfähig ist, ein Beschwerderecht Dritter auch aus § 57 Abs. 1 Nr. 9 in Betracht kommen (§ 57 Rdn. 30).

13 *8. Mitteilungspflichten.* Die Anordnung, Aufhebung oder Beendigung einer Pflegschaft wegen geistiger oder körperlicher Gebrechen ist der Gemeinde und dem Landkreis mitzuteilen (MiZi XIII/2 mit abw. Best. für Berlin, Bremen, Hamburg, Nordrhein-Westfalen und Rheinland-Pfalz).

14 *9. Gebühren* KostO §§ 93, 92.

15 *10.* In der *DDR* und im Ostsektor Berlins sind die Staatlichen Notariate zuständig (§ 2 Nr. 3 NotVerfO, GBl. DDR 1956, 1288, VOBl. Groß-Berlin-Ost 1956 I 875).

11. Beamtenrechtliche Pflegschaften

16 *a) Gesetzliche Grundlagen.* Einige Sonderfälle der Pflegschaft sieht das Beamtenrecht vor. Einem dienstunfähigen Beamten, dessen Versetzung in den Ruhestand beabsichtigt ist, ist auf Antrag des Dienstvorgesetzten ein Pfleger als gesetzlicher Vertreter in dem Verfahren zu bestellen, wenn der Beamte zur Wahrnehmung seiner Rechte in dem Verfahren nicht in der Lage ist (§ 44 Abs. 1 BBeamtG i. d. F. v. 22. 10. 65, BGBl. I, 1776). Auf Grund des § 26 Abs. 1 BeamtRRG i. d. F. v. 22. 10. 65 (BGBl. I, 1754) sind gleichlautende Bestimmungen in den Landesbeamtengesetzen enthalten: *Baden-Württemberg* LBG v. 9. 7. 68 (BWGBl. 309) § 49; *Bayern* BeamtG i. d. F. v. 20. 12. 66 (GVBl. 1967, 153) Art. 58; BayRiG v. 26. 2. 65 (GVBl. 13) Art. 68 Abs. 2; *Berlin* LBeamtG i. d. F. v. 1. 8. 69 (GVBl. 1914) § 79; *Bremen* BrBeamtG i. d. F. v. 20. 12. 66 (GVBl. 230) § 45; *Hamburg* BeamtG i. d. F. v. 6. 1. 70 (GVBl. 9) § 47; *Hessen* BeamtG i. d. F. v. 16. 2. 70 (GVBl. 109) § 53; *Niedersachsen* BeamtG i. d. F. v. 1. 6. 67 (GVBl. 175) § 56; *Nordrhein-Westfalen* LBeamtG v. 1. 8. 66 (GVBl. 427) § 47; *Rheinland-Pfalz* LBeamtG v. 29. 1. 70 (GVBl. 37) § 58; *Saarland* BeamtG i. d. F. v. 1. 10. 68 (ABl. 753) § 52, Saarl. RichterG v. 15. 5. 68 (Abl. 338) § 63 Abs. 1 Satz 2; *Schleswig-Holstein* BeamtG i. d. F. v. 25. 7. 68 (GVBl. 192) § 56. Eine ähnliche Regelung besteht im Beamtendisziplinarrecht. Nach § 19 Abs. 2 BDiszO i. d. F. v. 20. 7. 67 (BGBl. I, 725) bestellt das Amtsgericht auf Antrag der Einleitungsbehörde einen Pfleger als gesetzlichen Vertreter zur Wahrnehmung der Rechte des Beamten in dem Verfahren, wenn der Beamte verhandlungsunfähig oder durch Abwesenheit verhindert ist; der Pfleger muß Beamter sein. Gleichartige Bestimmungen bestehen im Landesdisziplinarrecht: *Baden-Württemberg* LDiszO v. 1. 8. 62 (GBl. 141) § 18; *Bayern* DienststrafO v. 28. 9. 55 (BayBS III, 293) i. d. F. des Art. 223 Abs. 1 Nr. 3 BayBeamtG i. d. F. v. 20. 12. 66 (GVBl. 1967, 153); *Berlin* LDiszO v. 8. 5. 69 (GVBl. 515) § 19, RichterDienststrafO v. 2. 12. 66 (GVBl. 1149) § 14; *Hamburg* DiszO v. 25. 7. 61 (GVBl. 249) § 15; *Hessen* DiszO v. 21. 3. 62 (GVBl. 145) § 16; *Niedersachsen* DiszO v. 13. 12. 61 (GVBl. 345) § 19; *Nordrhein-Westfalen* DiszO v. 20. 1. 70 (GVBl. 70) § 19; *Schleswig-Holstein* BeamtDienststrafO v. 14. 9. 60 (GVBl. 161) § 20. Im disziplinargerichtlichen Verfahren gegen Soldaten bestellt das Amtsgericht nach § 64 Abs. 2 WehrDiszO i. d. F. v. 9. 6. 61 (BGBl. I 697) auf Antrag des Wehrdisziplinaranwalts einen Pfleger als gesetzlichen Vertreter zur Wahrnehmung der Rechte des Beschuldigten in dem

Verfahren, wenn dieser nach Begehung des Dienstvergehens geisteskrank oder sonst verhandlungsunfähig geworden ist; der Pfleger muß Soldat sein.

b) Verfahren. In diesem Bestimmungen ist jeweils bestimmt, daß die Vorschriften des FGG über das *Verfahren* bei Anordnung einer Pflegschaft nach § 1910 BGB entsprechend gelten. Die örtliche Zuständigkeit richtet sich daher nach § 38[25]), der Verfahrensgang im übrigen nach den allgemeinen Vorschriften mit der Maßgabe, daß das Verfahren nur auf Antrag eingeleitet wird (vgl. auch § 57 Rdn. 13). Hinsichtlich der sachlichrechtlichen Voraussetzungen ist § 1910 BGB nicht anwendbar, da die Pflegschaften auf öffentlichem Recht beruhen[26]). Die Einwilligung des Beamten ist daher nicht erforderlich; ein Antrag nach § 1920 BGB unzulässig. Auch die Bedürfnisfrage ist nicht zu prüfen. Wohl aber unterliegt es der Prüfung des VormG[27]), ob der Beamte zur Wahrnehmung seiner Rechte in dem Verfahren unfähig ist[28]). Verhandlungsunfähigkeit i. S. d. § 19 Abs. 2 BDiszO und der entsprechenden Landesgesetze liegt nur vor, wenn sie auf einem geistigen Gebrechen beruht, nicht bei einem nur körperlichen Leiden[29]). Die Pflegschaft endet nach Maßgabe des § 1918 Abs. 3 BGB. Der nach § 19 Abs. 2 BDiszO zum Pfleger bestellte Beamte hat keinen Anspruch auf *Vergütung;* seine Auslagen gehören nach § 111 Abs. 2 Nr. 8 BDiszO zu den Kosten des Verfahrens[30]). Auslagen und Vergütung eines nach § 44 Abs. 1 BBeamtG bestellten Pflegers trägt die Dienstbehörde[31]); die Vergütung kann nicht vom VormG nach §§ 1915, 1836 BGB festgesetzt werden, da diese Vorschriften eine Pflegschaft nach bürgerlichem Recht voraussetzen und das VormG nur ermächtigen, dem Mündel, nicht aber einem Dritten, die Zahlung einer Vergütung aufzuerlegen[32]). **17**

Abwesenheitspflegschaft

39 Für die Pflegschaft über einen Abwesenden ist das Gericht zuständig, in dessen Bezirk der Abwesende seinen Wohnsitz hat.

Hat der Abwesende im Inlande keinen Wohnsitz, so finden die Vorschriften des § 36 Abs. 2 und des § 37 Abs. 2 entsprechende Anwendung.

A. Allgemeines

Die Vorschrift regelt die örtliche Zuständigkeit für die *Abwesenheitspflegschaft* nach § 1911 BGB. Sie ist eine Personenpflegschaft, die der Fürsorge für (alle oder einzelne) Vermögensangelegenheiten eines Abwesenden Volljährigen dient. Sie berechtigt nicht zur Vertretung in persönlichen Angelegenheiten, wie im Scheidungsrechtsstreit[1]), zur Änderung des Wohnsitzes[2]) oder zur Abgabe eines Vaterschaftsanerkenntnisses[3]). Zur Vertretung bei der Ausübung der elterlichen Gewalt kann dem Abwesenden kein Pfleger bestellt werden[4]). Abwesenheit ist zu beziehen auf den Ort, an dem die Angelegenheit der Fürsorge bedarf, nicht notwendig auf den Wohnort[5]). Unbekannt (§ 1911 Abs. 1) ist der Aufenthalt, wenn das VormG den Aufenthalt nicht kennt und diese Unkenntnis nicht leicht zu beheben ist[6]), **1**

[25]) BayObLGZ 29, 380 = JW 1930, 72 zu § 62 RBeamtG.
[26]) KGJ 30 A 28; KG JFG 16, 259 = JW 1938, 129; KG NJW 1961, 2166; BayObLGZ 1957, 349; 1964, 396; Hamm JVBl 1959, 151; OLGZ 1968, 239; Hitzelberger NJW 1958, 86; Keidel Anm. 3.
[27]) In Abweichung vom früheren Recht, vgl. KG JFG 16, 259.
[28]) BayObLGZ 1957, 349; LG Dortmund FamRZ 1962, 485; KG NJW 1961, 2166 zu III 4; Hamm OLGZ 1968, 239; Dölle FamR § 146 II; a.M. noch Erman-Hefermehl BGB[3] Einl. 6 vor § 1909.
[29]) KG NJW 1961, 2166; BGB-RGRK[11] § 1910 Anm. 5; Stuttgart OLGZ 1969, 490.
[30]) Behnke BDiszO § 15 Anm. 5.
[31]) Fischbach BBeamtG[3] § 44 Anm. I; Plog-Wiedow BBeamtG § 44 VV 5; Bochalli BBeamtG § 44 Anm. 2.
[32]) A.M. Hamm JVBl. 1959, 151; Keidel Anm. 3.
[1]) RGZ 126, 261.
[2]) KG NJW 1956, 264; Dölle FamR § 142 III 2 c; a.M. Schlegelberger § 36 Anm. 6 a.
[3]) Beitzke ZBlJR 1961, 296; Erman-Hefermehl BGB[3] § 1911 Anm. 3.
[4]) KG JFG 17, 71 = JW 1938, 1033.
[5]) RGZ 98, 263.
[6]) KG OLGR 18, 307.

worüber Feststellungen von Amts wegen zu treffen sind[7]). Verschollenheit (§ 1 VerschG) braucht nicht vorzuliegen; die Anordnung ist auch noch zulässig, wenn eine Lebensvermutung nach § 10 VerschG nicht mehr besteht[8]). Die spätere Feststellung des Todes des Abwesenden ist ohne Einfluß auf die Wirksamkeit der Pflegschaft, mag der Todeszeitpunkt vor oder nach der Anordnung der Pflegschaft liegen; der Pfleger hat dann mit Wirkung für und gegen die Erben gehandelt[9]). Wenn aber feststeht, daß der Abwesende verstorben oder für tot erklärt ist, kann eine Abwesenheitspflegschaft nicht mehr angeordnet werden[10]). Der Unbekanntheit des Aufenthalts steht es nach § 1911 Abs. 2 gleich, wenn der Abwesende, dessen Aufenthalt bekannt ist, an der Rückkehr und der Besorgung seiner Vermögensangelegenheiten verhindert ist; das ist auch dann möglich, wenn er sich im Ausland an seinem Wohnsitz aufhält und ihm in Deutschland Vermögen zugefallen ist, er aber an der erforderlichen Reise nach Lage des Falles gehindert ist[11]). Keiner Fürsorge bedarf der Abwesende, wenn er sich um seine Angelegenheiten kümmern kann, dies aber nicht will[12]). Ob ein Fürsorgebedürfnis besteht, ist nach dem Interesse des Abwesenden zu beurteilen; daß die Pflegschaft daneben auch einem Dritten dienlich ist, hindert allerdings nicht[13]). Berufung zur Pflegschaft: §§ 1915 Abs. 1, 1899, 1900 BGB. Beendigung der Pflegschaft kraft Gesetzes nach § 1918 Abs. 3 (Erledigung der einzelnen Angelegenheit), § 1921 Abs. 3 (Rechtskraft des die Todeserklärung aussprechenden Beschlusses); infolge Aufhebung durch VormG bei Wegfall des Grundes, § 1919, oder des Fürsorgebedürfnisses, § 1921 Abs. 1, oder bei Tod des Abwesenden, § 1921 Abs. 2.

B. Besondere Pflegschaftsfälle

2 *a) § 10 ZustErgG.* Die Vorschrift des § 1911 BGB wird für natürliche Personen erweitert und auf juristische Personen und deren Organe sowie auf Gesellschaften ausgedehnt durch § 10 ZustErgG *(Anl. 1).* Voraussetzung dafür ist, daß im Geltungsbereich dieses Gesetzes Vermögensangelegenheiten zu erledigen sind und die Verbindung mit dem Aufenthalt der natürlichen Person oder den zur Vertretung berechtigten Personen der juristischen Person oder Gesellschaft unterbrochen oder in einer Weise erschwert ist, daß die Vermögensangelegenheiten nicht ordnungsgemäß besorgt werden können. Ein Abwesenheitspfleger kann auch für ein zustimmungsberechtigtes Organ, z. B. den Aufsichtsrat oder einzelne seiner Mitglieder bestellt werden (§ 10 Abs. 2 ZustErgG). Die Bestellung ist auch statthaft, wenn die vertretungsberechtigten Personen oder Organe nicht mehr bestehen[14]). Die Vorschrift gilt auch für OHG und KG[15]) sowie für juristische Personen des öffentlichen Rechts[16]). Der Wirkungskreis des Pflegers beschränkt sich auf die im Geltungsbereich des Gesetzes wahrzunehmenden Vermögensangelegenheiten, auch wenn diese Beschränkung bei der Bestellung nicht besonders zum Ausdruck gekommen ist[17]). Auf die Staatsangehörigkeit oder das Personalstatut kommt es nicht an; die Beschränkungen des Art. 23 EGBGB gelten nicht[18]). *Örtlich zuständig* ist das Gericht, in dessen Bezirk das Bedürfnis der Fürsorge hervortritt, gegebenenfalls das der Zweigniederlassung (§ 10 Abs. 3 ZustErgG).

3 *b)* Die Bestellung eines *Vertreters* durch das VormG für abwesende Beteiligte des Enteignungsverfahrens auf Ersuchen der Enteignungsbehörde ist in § 29a LandBeschG v. 23. 2. 57 (BGBl. I, 134) i. d. F. des Art. 1 des G v. 23. 12. 60 (BGBl. I, 1078) vorgesehen. Örtlich

[7]) BayObLG OLGR 28, 328.
[8]) BayObLGZ 14, 632 = RJA 13, 176; 1952, 129 = MDR 1952, 612; LG Darmstadt MDR 1960, 311; Celle MDR 1950, 349; Hamm Rpfleger 1953, 517; LG Augsburg DNotZ 1968, 558; Dölle FamR § 142 II 5.
[9]) Braunschweig NdsRpfl. 1960, 14; Jansen DNotZ 1954, 592; Dölle FamR § 142 III 2 b; a.M. (Handeln für wen es angeht) Müller NJW 1956, 653; Zimmermann JR 1950, 751.
[10]) Neustadt DNotZ 1959, 548.
[11]) KG OLGR 21, 297; BayObLGZ 9, 431; RGZ 98, 263.
[12]) BayObLG OLGR 30, 160.
[13]) OGHbrZ NJW 1948, 552; KG JR 1950, 690; Hamm Rpfleger 1952, 591; 1953, 517; Dölle FamR § 142 II 4.
[14]) LG Hannover NJW 1962, 1970; Dölle FamR § 142 II 3.
[15]) Eich NJW 1965, 240.
[16]) Frankfurt WM IV 1053, 270; Keidel Anm. 8.
[17]) Dölle FamR § 142 II 3.
[18]) Soergel-Kegel BGB[9] Art. 23 EG Anm. 49.

zuständig ist das VormG, in dessen Bezirk das von der Enteignung betroffene Grundstück liegt (§ 29a Abs. 2 LandBeschG). Eine ähnliche Regelung mit erweiterten sachlichrechtlichen Voraussetzungen ist in § 149 BBauG v. 23. 6. 60 (BGBl. I, 341 getroffen; auch hierfür ist das VormG zuständig, in dessen Bezirk das betroffene Grundstück liegt[19]). Die Bedürfnisfrage ist hier nicht zu prüfen, wohl aber die übrigen sachlichrechtlichen Voraussetzungen. Nach § 80 des Landesverwaltungsgesetzes Schleswig-Holstein v. 18. 4. 67 (GVBl. Schl.-H. S. 131) kann auf Antrag der Behörde von dem VormG, in dessen Bezirk die antragstellende Behörde ihren Sitz hat, ein Vertreter für unbekannte oder abwesende Beteiligte oder herrenlose Sachen zur Vertretung im Verwaltungsverfahren bestellt werden. Über die Abwesenheitspflegschaft im Auseinandersetzungsverfahren s. §§ 88, 99 FGG, im Verfahren zur Klarstellung der Rangverhältnisse § 96 GBO.

c) Eine besondere Art der Abwesenheitspflegschaft ist die *Güterpflege* in den Fällen §§ 292, 433 StPO; sie dient dem öffentlichen Interesse und soll den flüchtigen Angeschuldigten zur Gestellung veranlassen, darf jedoch die Interessen des Flüchtigen nicht mehr beeinträchtigen, als der Zweck der Beschlagnahme es erfordert[20]). Bei Beschlagnahmen nach §§ 106, 380 RAbgO ist die Anordnung einer Abwesenheitspflegschaft nur unter den allgemeinen Voraussetzungen des § 1911 zulässig[21]). 4

d) Die VO über die Abwesenheitspflegschaft v. 11. 10. 39 (RGBl. I, 2026) mit DVO v. 18. 10. 1939 (RGBl. I, 2056), 22. 1./17. 6. 40 (RGBl. I, 232, 889), 30. 6. 41 (RGBl. I, 372) und ErgVO v. 16. 4. 42 (RGBl. I, 178) ist aufgehoben durch G v. 14. 6. 51 (BGBl. I, 391). Die Abwesenheitspflegschaften für Angehörige der Vereinten und neutraler Nationen nach Allg.AO Nr. 4 gemäß MRG 52 und VObrZJA v. 8. 1. 48 mit Erg. v. 30. 3. 48 (VOBlBrZ 1, 95) haben sich erledigt. 5

e) Beamtenrechtliche Abwesenheitspflegschaft. Nach § 19 Abs. 2 BDiszO i. d. F. v. 20. 7. 1967 (BGBl. I 725) bestellt das Amtsgericht auf Antrag der Einleitungsbehörde einen Pfleger als gesetzlichen Vertreter zur Wahrnehmung der Rechte des Beamten in dem Verfahren außer bei Verhandlungsunfähigkeit (dazu § 38 Rdn. 17) auch, wenn der Beamte durch Abwesenheit an der Wahrnehmung seiner Rechte verhindert ist. Der Pfleger muß Beamter sein. Die Vorschriften des FGG über das Verfahren bei Anordnung einer Pflegschaft nach § 1911 BGB gelten entsprechend. Die örtliche Zuständigkeit bestimmt sich mithin nach § 39. Die Bedürfnisfrage ist nicht zu prüfen, wohl aber, ob der Beamte durch Abwesenheit an der Wahrnehmung seiner Rechte gehindert ist (vgl. § 38 Rdn. 17). 6

C. Verfahren

a) Die Abwesenheitspflegschaft nach § 1911 BGB wird von Amts wegen angeordnet (§§ 1915 Abs. 1, 1774 BGB). *Richtervorbehalt* besteht nach § 14 Nr. 4 RechtspflG für die Anordnung und die Auswahl des Pflegers. Vgl. aber BT-Drucks. VI/289. 7

b) Örtliche Zuständigkeit. Örtlich zuständig ist in erster Linie das Gericht, in dessen Bezirk der Abwesende seinen Wohnsitz hat (Abs. 1). Der Wohnsitz, den der Abwesende bei Beginn der Abwesenheit gehabt hat, kann für die örtliche Zuständigkeit als fortbestehend angesehen werden, aber nur, solange nicht feststeht, daß er aufgegeben worden ist[22]). Es wird nicht etwa eine Zuständigkeit des Gerichts begründet, in dessen Bezirk der Abwesende seinen letzten inländischen Wohnsitz hatte[23]). Der Wohnsitz ist maßgebend, gleichgültig, ob der Abwesende Inländer oder Ausländer ist und ob das Bedürfnis der Fürsorge in dem Bezirk dieses oder eines anderen Gerichts hervortritt[24]). Ist ein inländischer Wohn- 8

[19]) Hennig JR 1959, 378; Brüggelmann BBauG § 149 Anm. IV 2 c; Keidel Anm. 12.

[20]) Dazu KGJ 29 A 238; 44, 60; JW 1937, 412; BayObLG JFG 1, 90; BayObLGZ 1963, 257 = NJW 1964, 301 = MDR 1964, 199.

[21]) KG JFG 12, 136.

[22]) Keidel Anm. 2.

[23]) Die abw. Auffassung von Schlegelberger Anm. 2 beruht noch auf der früheren, seit der VereinheitlVO v. 31. 5. 34 (RGBl. I 472) nicht mehr anwendbaren Fassung des § 36 Abs. 2 Satz 1, wie bereits Schwoerer DFG 1942, 84 festgestellt hat.

[24]) Celle JR 1947, 292; Hamm JMBlNRW 1949, 19; Wellstein[2] Anm. 3; Schlegelberger Anm. 2.

sitz des Abwesenden nicht zu ermitteln, so bestimmt sich die Zuständigkeit nach § 39 Abs. 2. Hiernach kommt es darauf an, ob der Abwesende Deutscher oder Ausländer ist. Ist er Deutscher, so ist nach Abs. 2 i. V. m. § 36 Abs. 2 das Amtsgericht Schöneberg zuständig. Ist er Ausländer, so ist nach Abs. 2 i. V. m. § 37 Abs. 2 das Gericht zuständig, in dessen Bezirk das Bedürfnis der Fürsorge hervortritt (vgl. dazu § 37 Rdn. 6). Wenn feststeht, daß der Abwesende zu Beginn der Abwesenheit Deutscher war, ist für die Zuständigkeitsbestimmung von der Fortdauer dieser Staatsangehörigkeit auszugehen, solange ihr Verlust nicht erwiesen ist[25]). Als der für die Bestimmung der örtlichen Zuständigkeit maßgebende Zeitpunkt hat der zu gelten, zu welchem das Bedürfnis der Fürsorge erkennbar hervortritt[26]).

9 *c) Interzonale Zuständigkeit.* § 37 Abs. 2 ist entsprechend anzuwenden (§ 35 Rdn. 133).

D. Rechtsmittel

10 Gegen die Verfügung, durch welche eine Abwesenheitspflegschaft angeordnet oder aufgehoben oder ihre Anordnung oder Aufhebung abgelehnt wird, findet die unbefristete Beschwerde nach § 19 statt. Das Beschwerderecht gegen diese Verfügungen steht nach § 20 Abs. 1 dem Abwesenden zu, gegen die Anordnung und die Ablehnung der Aufhebung in seinem Namen auch dem Pfleger. Dritte haben gegen die Anordnung und die Ablehnung ihrer Aufhebung kein Beschwerderecht, da ihre Rechte durch das Bestehen der Pflegschaft nicht berührt werden, daher nicht ein Gläubiger oder Prozeßgegner des Abwesenden[27]), auch nicht die Ehefrau[28]). Ist der Tod des Abwesenden festgestellt, so haben gegen die Anordnung oder die Ablehnung der Aufhebung auch die Erben im Hinblick auf § 1921 Abs. 2 ein Beschwerderecht aus § 20 Abs. 1, ebenso ein für den Nachlaß des Abwesenden bestellter Abwesenheitspfleger. Gegen die Ablehnung der Anordnung und die Aufhebung der Pflegschaft hat außerdem nach § 57 Abs. 1 Nr. 3 jeder rechtlich Interessierte ein Beschwerderecht; vgl. dazu § 57 Rdn. 12 ff.). Dem Nachlaßpfleger und dem Nachlaßgericht steht gegen Ablehnung der Abwesenheitspflegschaft für einen Erben kein Beschwerderecht zu[29]). Soweit die Pflegschaft nur auf Antrag angeordnet werden kann (oben Rdn. 3), steht die Beschwerde gegen die Ablehnung der Anordnung nach § 20 Abs. 2 nur dem Antragsteller zu (§ 57 Rdn. 13).

E. Gebühren

11 KostO §§ 93, 92.

F. In der DDR

12 sind die Staatlichen Notariate zuständig (§ 2 Nr. 4 NotVerfO, GBl. DDR 1956, 1288, VOBl.Groß-Berlin-Ost 1956 I, 875).

Pflegschaft für eine Leibesfrucht

40 Für die Pflegschaft über eine Leibesfrucht ist das Gericht zuständig, welches für die Vormundschaft oder die Pflegschaft nach § 1706 des Bürgerlichen Gesetzbuchs zuständig sein würde, falls das Kind zu der Zeit, zu welcher das Bedürfnis der Fürsorge hervortritt, geboren wäre.

Der Hinweis auf die Pflegschaft nach § 1706 BGB ist eingefügt durch Art. 7 Nr. 4 des G über die Rechtsstellung der nichtehelichen Kinder vom 19. 8. 1969 (BGBl. I 1243), in Kraft getreten am 1. 7. 1970.

[25]) BayObLG OLGR 6, 305; 10, 17; Josef FGG[2] § 39 Zus.; Keidel Anm. 3.
[26]) Wellstein[2] Anm. 5.
[27]) BayObLGZ 9, 366.
[28]) Celle JR 1948, 292; Schlegelberger § 20 Anm. 12.
[29]) Colmar OLGR 30, 174; vgl. § 20 Rdn. 81.

1. Allgemeines. Die Vorschrift regelt die örtliche Zuständigkeit für die Pflegschaft über eine Leibesfrucht nach § 1912 BGB n. F. Nach § 1912 Abs. 1 Satz 1 BGB kann ein Pfleger bestellt werden für die Wahrung der künftigen Rechte der Leibesfrucht, sofern die Fürsorge nicht den Eltern zusteht (§ 1912 Abs. 2) und soweit das Gesetz diese Rechte anerkennt, z. B. §§ 328, 331 Abs. 2 BGB[1]), 1923 Abs. 2, 844 Abs. 2 Satz 2, § 3 Abs. 2 Satz 2 HaftpflichtG, § 10 Abs. 2 Satz 2 StrVerkG, § 35 Abs. 2 Satz 2 LuftVerkG. Hierzu gehört auch der Unterhaltsanspruch des nichtehelichen Kindes, obwohl er erst mit der Geburt entsteht[2]), da der Anspruch nach § 1615 o Abs. 1 BGB durch einen für die Leibesfrucht bestellten Pfleger schon vor der Geburt des Kindes gegen den Mann, der die Vaterschaft anerkannt hat (§ 1600 b Abs. 2 BGB) oder dessen Vaterschaft nach § 1600 o BGB vermutet wird, im Wege der einstweiligen Verfügung geltend gemacht werden kann. Bei der Pflegschaft für eine Leibesfrucht auf Antrag des Jugendamts oder der werdenden Mutter nach § 1912 Abs. 1 Satz 2 BGB, welche die Annahme voraussetzt, daß das Kind nichtehelich geboren werden wird (bisher § 43 JugWohlfG), braucht ein Bedürfnis für die Wahrung bestimmter Rechte der Leibesfrucht nicht vorzuliegen; deshalb kann für die Zuständigkeit nur der Zeitpunkt des Eingangs des Antrags maßgebend sein. Aufgabe des Pflegers kann es sein, den Vater zu ermitteln, ihn zur Anerkennung der Vaterschaft zu veranlassen (§ 1600b Abs. 2 BGB), dieser Anerkennung zuzustimmen (§ 1600c BGB), eine Verpflichtung des Vaters zur Zahlung von Unterhalt herbeizuführen, gegebenenfalls eine einstweilige Verfügung nach § 1600 o BGB zu erwirken und eine Vaterschaftsklage vorzubereiten (BT-Drucks. V/2370 S. 88). Die Wahrung der Rechte der Mutter aus §§ 1615k, 1615 l BGB durch den Pfleger ist ausgeschlossen[3]). Die Pflegschaft endet kraft Gesetzes mit der Geburt des Kindes (§ 1918 Abs. 2 BGB). Soll schon vor der Geburt des Kindes für die Zeit nach der Geburt Vorsorge getroffen werden, so kann der Leibesfruchtpfleger schon im voraus zugleich nach § 1708 BGB zum Pfleger mit dem Wirkungskreis des § 1706 BGB oder, wenn das Kind voraussichtlich eines Vormundes bedarf, nach § 1774 Satz 2 BGB zum Vormund bestellt werden (BT-Drucks. V/2370 S. 88). Bei Fehlgeburt, Totgeburt, Eheschließung der künftigen Eltern, Tod der Mutter vor der Entbindung ist die Leibesfruchtpflegschaft nach § 1919 aufzuheben. 1

2. Verfahren

a) Die Pflegschaft nach § 1912 Abs. 1 Satz 1 BGB wird *von Amts wegen* eingeleitet, sobald das VormG von der Notwendigkeit der Fürsorge Kenntnis erlangt; die Pflegschaft nach § 1912 Abs. 1 Satz 2 BGB erfordert dagegen einen Antrag des nach § 11 JWG zuständigen Jugendamts oder der unverehelichten Mutter. 2

b) Örtliche Zuständigkeit. Die Zuständigkeit des VormG bestimmt sich nach § 36. Für die maßgebenden Umstände, insbesondere den Wohnsitz, ist es so anzusehen, als wenn das Kind schon geboren wäre. Maßgeblicher Zeitpunkt ist das Hervortreten des Fürsorgebedürfnisses, für die Pflegschaft nach § 1912 Abs. 1 Satz 2 BGB, die ein solches nicht voraussetzt, der Eingang des Antrags. Der Geschwistergerichtstand nach § 36 Abs. 1 Satz 2 gilt sinngemäß[4]). 3

c) Internationale Zuständigkeit. Für die internationale Zuständigkeit kommt es nicht darauf an, ob die deutschen Gerichte, wenn das Kind bereits geboren wäre, für die Anordnung der Vormundschaft nach Art. 23 Abs. 1 EGBGB zuständig wären, da dann bei hypothetischen Auslandswohnsitz oder Aufenthalt eine Zuständigkeit nicht begründet wäre, sondern es genügt entsprechend §§ 37 Abs. 2, 38, 39 Abs. 2, 44 FGG das Hervortreten des Fürsorgebedürfnisses im Inland[5]). Ob der nasciturus ein Personalstatut hat oder ob das Recht des jeweiligen Rechtsverhältnisses (Wirkungsstatut) maßgebend ist, ist im übrigen streitig. 4

1) KGJ 29 A 153.
2) KGJ 22 A 30 = RJA 2, 116; BayObLG OLGR 24, 42; Soergel-Germer BGB[9] § 1912 Anm. 4; Dölle FamR § 143 II 2; a.M. BGB-RGRK[11] § 1912 Anm. 1.
3) BayObLG OLGR 24, 42.
4) Wellstein[2] Anm. 2; Keidel Anm. 2; a.M. Fuchs Anm. 2; Rausnitz Anm. 3.
5) Soergel-Kegel BGB[9] Art. 23 EG Anm. 18.

5 *d) Rechtsmittel.* Das Beschwerderecht gegen die Ablehnung oder Aufhebung ergibt sich aus § 57 Abs. 1 Nr. 3. Gegen die Anordnung kann es im Fall des § 1912 Abs. 2 BGB den Eltern zustehen. Bei Ablehnung des Antrags aus § 1912 Abs. 1 Satz 2 BGB steht das Beschwerderecht nach § 20 Abs. 2 nur dem Antragsteller zu.

Pflegschaft für unbekannte Beteiligte

41 Wird im Falle des § 1913 des Bürgerlichen Gesetzbuchs die Anordnung einer Pflegschaft für den bei einer Angelegenheit Beteiligten erforderlich, so ist das Gericht zuständig, in dessen Bezirk das Bedürfnis der Fürsorge hervortritt.

1 *1. Allgemeines.* Die Vorschrift regelt die örtliche Zuständigkeit für die in § 1913 BGB vorgesehene Pflegschaft für unbekannte oder ungewisse Beteiligte an einer Angelegenheit. Die Pflegschaft ist eine Personenpflegschaft für den, den es angeht, keine Sachpflegschaft. Sie kann daher nicht für ein herrenloses Grundstück angeordnet werden[1]), u. U. aber für den künftigen Eigentümer[2]). Daß als Beteiligter eine noch unbekannte juristische Person in Betracht kommt, hindert nicht; anders, wenn nur ihr gesetzlicher Vertreter unbekannt ist[3]). Unschädlich ist es, wenn die Ungewißheit sich darauf beschränkt, wer aus einem Kreis bekannter Personen der Berechtigte ist[4]). Bei einer Mehrheit teils bekannter, teils unbekannter Beteiligter ist ein Pfleger nur für die unbekannten zu bestellen[5]). Sind ein bekannter und ein erst durch künftige Ereignisse zu bestimmender unbekannter Nacherbe unter entgegengesetzten Bedingungen eingesetzt, so ist ein Pfleger nur für die letzteren zu bestellen[6]). Die Pflegschaft kann auch für noch nicht Erzeugte angeordnet werden, soweit das Gesetz ihnen eine gewisse rechtlich geschützte Stellung zuweist, z. B. nach §§ 328, 331 Abs. 2, 2101, 2104, 2105, 2106, 2109, 2162, 2178 BGB[7]), vor allem für noch ungewisse oder noch nicht erzeugte Nacherben (Deszendenzpflegschaft)[8]); aber nicht zum Abschluß eines Kaufvertrages mit den künftigen Nachkommen[9]). Die Bestellung eines Pflegers ist auch für noch nicht erzeugte Ersatznacherben erforderlich, wenn der Nacherbe sein Anwartschaftsrecht auf den Vorerben übertragen will[10]). Sind als Nacherben die zur Zeit des Eintritts des Nacherbfalls lebenden Abkömmlinge des Vorerben oder eines Dritten eingesetzt, so müssen diese als unbekannte oder ungewisse Beteiligte auch gelten, soweit sie bereits geboren sind, da es gleichwohl ungewiß ist, ob sie zur Nachfolge gelangen werden[10a]). In jedem Fall muß eine gegenwärtige bestimmte Angelegenheit der Fürsorge im Interesse der unbekannten Beteiligten bedürfen[11]); das Bedürfnis entfällt, wenn anderweit vorgesorgt ist, z. B. durch eine Testamentsvollstreckung[12]) oder eine Nachlaßpflegschaft[13]). Der Pfleger soll die unbekannten Beteiligten, soweit möglich, ermitteln[14]). Die Pflegschaft endet kraft Gesetzes nach § 1918 Abs. 3 BGB, sonst mit der Aufhebung durch das VormG nach § 1919, die auch bei Wegfall des Fürsorgebedürfnisses statthaft ist.

2. Verfahren

2 *a)* Die Pflegschaft wird *von Amts wegen* angeordnet (§§ 1915 Abs. 1, 1774), sobald die Voraussetzungen dafür vorliegen und zur Kenntnis des VormG gelangen; eines Antrags

[1]) Karlsruhe RJA 14, 304; diese Möglichkeit eröffnet jetzt § 149 Nr. 5 BBauG, auch § 80 LVerwG Schleswig Holstein, nachst. Anm.
[2]) KGJ 50, 50 = OLGR 35, 13.
[3]) KG JW 1920, 497; vgl. aber jetzt § 10 ZustErgG.
[4]) KG JW 1937, 2598; BayObLGZ 1956, 445 = MDR 1957, 361.
[5]) BayObLG LZ 1928, 1483 = HRR 1929 Nr. 1322.
[6]) KG JW 1936, 3562 = HRR 1936 Nr. 1507 = DFG 1936, 212.
[7]) RGZ 65, 77; KGJ 50, 41; Dresden JFG 4, 134.
[8]) KGJ 46, 97; KG OLGR 41, 80.
[9]) KGJ 20 A 241 = OLGR 2, 35.
[10]) LG Duisburg NJW 1960, 1205.
[10a]) KGJ 42, 224 = OLGR 23, 338; Dresden ZBlFG 1910/11, 548; BayObLGZ 1959, 493, 501 = NJW 1960, 965; BGB-RGRK[11] § 1913 Anm. 2; Soergel-Germer BGB[9] § 1913 Anm. 3; vgl. auch Hamm OLGZ 1969, 406 = Rpfleger 1969, 347 mit Anm. v. Haegele für den Fall, daß die bereits vorhandenen Nachkommen als Nacherben im Grundbuch eingetragen sind.
[11]) KGJ 28 A 9; KG OLGR 35, 13.
[12]) KG OLGR 10, 305; 34, 298.
[13]) KG OLGR 10, 18.
[14]) KG JW 1938, 2401.

bedarf es nicht[15]). Ob eine Angelegenheit vorliegt, an der unbekannte oder ungewisse Personen beteiligt sind und ob ein Schutzbedürfnis besteht, ist von Amts wegen aufzuklären (§ 12).

b) Örtliche Zuständigkeit. Der Gerichtsstand wird durch den Ort bestimmt, an dem das Bedürfnis der Fürsorge hervortritt. Darüber entscheiden die Umstände des Einzelfalls; notfalls muß eine Bestimmung nach § 5 herbeigeführt werden. Bei einer Pflegschaft für noch nicht erzeugte Nacherben tritt das Fürsorgebedürfnis jedenfalls an dem Ort hervor, an dem sich der Nachlaß befindet[16]), aber auch der Wohnsitz der Eltern[17]). Auch der Ort, an dem Wertpapiere hinterlegt sind[18]) oder eine Erklärung abgegeben werden oder sonst gehandelt werden soll, kann in Betracht kommen. Als der für die Bestimmung der örtlichen Zuständigkeit maßgebende Zeitpunkt ist der anzusehen, zu dem das Bedürfnis der Fürsorge erkennbar hervortritt[19]). 3

c) Internationale Zuständigkeit. Aus § 41 ergibt sich zugleich, insoweit abweichend von Art. 23 Abs. 1 EGBGB, die deutsche internationale (und interzonale) Zuständigkeit. Das nach Art. 23 EGBGB grundsätzlich maßgebliche Heimatrecht wird im Fall des § 1913 Satz 1 BGB in der Regel ebenfalls unbekannt sein und ist durch deutsches materielles Recht zu ersetzen, es sei denn, daß im Einzelfall feststeht, daß der unbekannte Beteiligte nur einem bestimmten ausländischen Staat angehören kann[20]). Für die Pflegschaft für unbekannte Nacherben (§ 1913 Satz 2 BGB) sind die erbrechtlichen Kollisionsnormen (Art. 24, 25 EGBGB) maßgebend[21]). 4

d) Rechtsmittel. Es findet die unbefristete Beschwerde nach § 19 statt. Das Beschwerderecht gegen die Anordnung oder die Ablehnung der Aufhebung ergibt sich aus § 20 Abs. 1. Es steht z. B. dem zu, der behauptet, der wahre Beteiligte zu sein[22]). Die Anordnung einer Pflegschaft für noch nicht erzeugte Nacherben begründet aber keine Rechtsbeeinträchtigung des Vorerben[23]). Ist die Person des Nacherben noch ungewiß, so steht ein Beschwerderecht gegen die Anordnung dem Beschwerdeführer nicht schon deswegen zu, weil er zu dem Kreis der möglicherweise in Betracht kommenden Nacherben gehört[23a]), auch nicht den Eltern noch nicht erzeugter Kinder[23b]). Bei Ablehnung oder Aufhebung steht das Beschwerderecht nach § 57 Abs. 1 Nr. 3 jedem rechtlich Interessierten zu[24]), z. B. dem Schuldner bei Ungewißheit des Gläubigers[25]). Der Pfleger hat gegen die Aufhebung kein Beschwerderecht[26]). 5

3. Gebühren §§ 93, 92 KostO. 6

4. In der *DDR* sind die Staatlichen Notariate zuständig (vgl. § 39 Anm. F). 7

5. Besondere Pflegschaftsfälle. Nach § 29a LandBeschG i. d. F. v. 23. 12. 60 (BGBl. I, 1078) und § 149 BBauG hat das VormG auf Antrag der zuständigen Behörde Vertreter zu bestellen für unbekannte oder ungewisse Beteiligte, nach § 149 BBauG auch für herrenlose Grundstücke und unter gewissen Voraussetzungen auch für bekannte Beteiligte, wenn sie trotz Aufforderung keinen Vertreter bestellen. Zuständig ist das VormG, in dessen Bezirk das betroffene Grundstück oder grundstücksgleiche Recht liegt[27]). Eine ähnliche, dem § 149 BBauG nachgebildete Regelung trifft § 80 LVerwG Schleswig-Holstein v. 18. 4. 67 (GVBl. 8

15) KG OLGR 10, 18.
16) KG OLGR 10, 18; KG ZBlFG 1916, 228.
17) Bay ObLG Recht1911 Nr. 387; Keidel Anm. 1; a.M. Schlegelberger Anm. 2.
18) BayObLGZ 11, 380; Keidel Anm. 1.
19) Vgl. § 39 Anm. C b; nicht erst der Zeitpunkt, an dem die Pflegschaft angeordnet wird, wie Dölle FamR § 144 IV meint.
20) Soergel-Kegel BGB[9] Art. 23 EG Anm. 3; a.M. (Art. 23 EG) Erman-Marquordt BGB[3] Art. 23 EG Anm. 3 d bb.
21) Staudinger-Raape BGB[9] S. 622; Palandt-Lauterbach BGB[28] Art. 23 Anm. 1 b; Soergel-Kegel BGB[9] Art. 23 Anm. 3; Erman-Marquordt BGB[3] Art. 23 EG Anm. 3 d bb.
22) KG OLGR 41, 10.
23) Dresden OLGR 39, 19; KG JFG 12, 143.
23a) Hamm OLGZ 1969, 410.
23b) BayObLGZ 3, 1 = KGJ 24 D 4; KG OLGR 16, 38; Hamm OLGZ 1969, 410.
24) KG OLGR 10, 18.
25) KGJ 28 A 9; vgl. auch Dölle FamR § 144 IV.
26) KGJ 40, 41; BGH NJW 1953, 1666.
27) Vgl. Henning JR 1959, 378; Brüggelmann BBauG § 149 mit Bem.; Keidel Anm. 5; vgl. weiter § 39 Rdn. 3.

Schl.-H. S. 131). Im Rangbereinigungsverfahren kann das Grundbuchamt Pfleger für unbekannte Beteiligte bestellen (§ 96 GBO).

Pflegschaft für ein Sammelvermögen

42 Für die Pflegschaft zum Zwecke der Verwaltung und Verwendung eines durch öffentliche Sammlung zusammengebrachten Vermögens ist das Gericht des Ortes zuständig, an welchem bisher die Verwaltung geführt wurde.

1 *1. Bedeutung.* Die Vorschrift regelt die örtliche Zuständigkeit für die in § 1914 BGB vorgesehene Pflegschaft für ein durch öffentliche Sammlung für einen vorübergehenden Zweck zusammengebrachtes Vermögen *(Sammelvermögen)*, die angeordnet werden kann, wenn die zur Verwaltung und Verwendung berufenen Personen weggefallen sind. § 1914 BGB ist der einzige Fall einer Güterpflegschaft, den das bürgerliche Recht kennt[1]). Über die Rechtsnatur des Sammelvermögens besteht keine Klarheit. Jedenfalls hat es keine eigene Rechtspersönlichkeit. Die Sammler sind treuhänderisch gebundene Rechtsträger des Sammelvermögens[2]). Der bei Wegfall der berufenen Sammler zu bestellende Pfleger hat die Verwaltung und Verwendung des Vermögens im Sinne des Sammlungszwecks zu besorgen, aber nicht die Sammlung fortzusetzen. Er ist nicht gesetzlicher Vertreter der Spender oder der Begünstigten. Er klagt ähnlich einer Partei kraft Amtes im eigenen Namen.

2 Grobe Pflichtverletzungen der Verwalter begründen die Anordnung einer Pflegschaft nach § 1914 BGB nicht. Dagegen ist es nicht ausgeschlossen, daß die Anordnung einer Pflegschaft nach § 1913 BGB (vgl. § 41) für die unbekannten Beteiligten, welche Beiträge geleistet haben, zwecks Geltendmachung ihrer Regreßansprüche in Betracht kommen kann[3]).

3 *2. Verfahren.* Örtlich zuständig ist das Gericht des Ortes, an welchem die weggefallenen berufenen Sammler bisher die Verwaltung geführt haben. Vornahme tatsächlicher Verwaltungshandlungen (Verwahrung) genügt für die Annahme eines Verwaltungsortes. Beschwerderecht gegen Ablehnung oder Aufhebung § 57 Abs. 1 Nr. 3, gegen Anordnung § 20, etwa wenn bisherige Verwalter ihren Wegfall bestreiten.

4 *3. Internationale Zuständigkeit.* Aus § 42 ergibt sich zugleich die internationale (und interzonale) Zuständigkeit des Staates, in dem bisher die Verwaltung geführt wurde; Art. 23 EGBGB ist insoweit nicht anwendbar[4]).

Zuständigkeit für einzelne Verrichtungen

43 Die Zuständigkeit für eine Verrichtung des Vormundschaftsgerichts, die nicht eine Vormundschaft, Beistandschaft oder Pflegschaft betrifft, bestimmt sich, soweit sich nicht aus dem Gesetz ein anderes ergibt, nach den Vorschriften des § 36 Abs. 1, 2; maßgebend ist für jede einzelne Angelegenheit der Zeitpunkt, in welchem das Gericht mit ihr befaßt wird.

Steht die Person, deretwegen das Vormundschaftsgericht tätig werden muß, unter Vormundschaft oder Pflegschaft oder ist dem Vater oder der Mutter dieser Person ein Beistand bestellt, so ist das Gericht zuständig, bei dem die Vormundschaft, Pflegschaft oder Beistandschaft anhängig ist.

Abs. 1 durch Einfügung der Beistandschaft geändert durch Art. 7 Nr. 5 des G über die rechtliche Stellung der nichtehelichen Kinder v. 19. 8. 1969 (BGBl. I 1243), in Kraft getreten am 1. 7. 1970.

[1]) KG SeuffA 56, 314; RGZ 147, 124.
[2]) Staudinger-Coing, Vorbem. 26 vor § 80; Soergel-Siebert, § 1914 Anm. 1; vgl. auch Dölle FamR § 145 I; Enneccerus-Nipperdey Allg. Teil[15] § 117 I 2; Staudinger-Engler BGB[11] § 1914 Anm. 3 nehmen Eigentum der (oft gar nicht feststellbaren) Spender bis zur Verwendung an.
[3]) Wellstein[2] Anm. 2.
[4]) Soergel-Kegel BGB[9] Art. 23 EG Anm. 3; Erman-Marquordt BGB[3] Art. 23 EG Anm. 3 d bb.

A. Anwendungsbereich

1 Die Vorschrift regelt die örtliche Zuständigkeit für solche Verrichtungen des VormG, die nicht eine Vormundschaft, Beistandschaft oder Pflegschaft betreffen. Eine begriffliche Zusammenfassung dieser Angelegenheiten ist bei der Vielgestaltigkeit der Aufgaben, die dem VormG zugewiesen werden können, nicht angängig; sie lassen sich, wie in § 43 Abs. 1 geschehen, nur negativ abgrenzen. Es fallen darunter nicht die Aufgaben, die unmittelbar mit der Anordnung und Führung der Vormundschaft oder Pflegschaft und mit der Aufsicht über Vormund und Pfleger zusammenhängen, wie die Erteilung vormundschaftsgerichtlicher Genehmigungen zu den Rechtsgeschäften des Vormundes oder Pflegers, die Festsetzung der Vergütung (§§ 1836, 1915), das Einschreiten bei Pflichtwidrigkeiten (§ 1837), die Entlassung des Vormundes oder Pflegers (§§ 1886, 1915). Für derartige Angelegenheiten wird eine örtliche Zuständigkeit nicht selbständig begründet; sie gehören ohne weiteres zum Aufgabenbereich des Vormundschaftsgerichts, bei dem die Vormundschaft anhängig ist (vgl. § 36 Anm. B). Außerdem gibt es Verrichtungen des VormG, die auch bei Anhängigkeit einer Vormundschaft oder Pflegschaft als selbständige Angelegenheiten gelten und für welche die örtliche Zuständigkeit durch § 43 besonders begründet wird. Das sind zunächst solche, die ein Tätigwerden des VormG unabhängig davon erfordern, ob eine Vormundschaft oder Pflegschaft anhängig ist und von denen man deshalb nicht sagen kann, daß sie die Vormundschaft oder Pflegschaft beträfen, wie z. B. Entscheidungen nach § 3 Abs. 3 EheG, §§ 1747 Abs. 3, 1758a BGB oder die Anordnung der Erziehungsbeistandschaft oder der Fürsorgeerziehung[1]); ferner Entscheidungen, welche die Beendigung der Vormundschaft zur gesetzlichen Folge haben, wie die Volljährigkeitserklärung (§ 5 BGB). Die Unterscheidung zwischen unselbständigen Maßnahmen innerhalb einer anhängigen Vormundschaft oder Pflegschaft und selbständigen Einzelverrichtungen ist übrigens für die Begründung der örtlichen Zuständigkeit ohne Bedeutung, da § 43 Abs. 2 ohnehin die Zuständigkeit des Gerichts begründet, bei dem die Vormundschaft oder Pflegschaft anhängig ist; von Bedeutung ist die Frage nur dafür, ob die Verrichtung für sich allein nach § 46 Abs. 3 an ein anderes Gericht abgegeben werden kann. Ihre Hauptbedeutung hat die Vorschrift des § 43 mithin für Verrichtungen, die das Gesetz auch bei bestehender elterlicher Gewalt dem VormG zuweist. Die Zuständigkeit nach § 43 greift aber *nicht* ein, soweit das Gesetz etwas anderes bestimmt; abweichend wird die örtliche Zuständigkeit geregelt in den §§ 43a, 44a, 44b, 45. Dagegen ist § 44 keine Ausnahme von der Regelung des § 43, sondern begründet für gewisse Fälle einen Notgerichtsstand neben dem des § 43; dasselbe gilt für § 77 Abs. 1 JugWohlfG. Als Verrichtungen, für die sich die Zuständigkeit nach § 43 richtet, kommen hiernach von den bei § 35 Anm. C angeführten vormundschaftsgerichtlichen Aufgaben, soweit es sich nicht um die Genehmigung von Rechtsgeschäften des Vormundes oder Pflegers handelt, in Betracht die Nrn. 2, 3, 5, 6, 15, 16, 18—23, 25—31, 35—41c, 43—49, 51 bis 56. Nach § 43, nicht nach § 45 oder dem Wohnsitz des Bezugsberechtigten richtet sich auch die örtliche Zuständigkeit des VormG in *Kindergeldsachen* nach §§ 3, 8 Abs. 2 KindGG und §§ 3 Abs. 4, 14a Abs. 2 BKindGG (vgl. § 35 Rdn. 56, 57)[1a]).

B. Örtliche Zuständigkeit

2 *1. Wohnsitz oder Aufenthalt.* Regelmäßig ist der Wohnsitz, in Ermangelung eines inländischen Wohnsitzes der (schlichte) Aufenthalt der Person maßgebend, in deren Interesse die Verrichtung des VormG vorgenommen wird (§ 43 Abs. 1 mit § 36 Abs.1 Satz 1). Das ist in

[1]) KG JFG 22, 75; KG JFG 17, 126; Staudinger-Göppinger BGB[11] Anh. zu § 1666 Anm. 55; Gräber JWG § 57 Anm. 3 A.

[1a]) BayObLGZ 1955, 299; 1958, 110, 159; 1964, 300, 303; 1968, 4; KG FamRZ 1956, 192; KG NJW 1961, 677; BGH NJW 1956, 1520; Frankfurt MDR 1959, 670 = Rpfleger 1960, 25; Schleswig SchlHA 1959, 196; Oldenburg NdsRpfl. 1959, 111; Düsseldorf JMBlNRW 1963, 164 = Rpfleger 1963, 298; Köln Rpfleger 1960, 337; Keidel Anm. 2 a. E.; a.M. Celle Rpfleger 1959, 102; Stuttgart Rpfleger 1962, 409 mit Anm. v. Berner; vgl. zum Meinungsstand Meyer-Stolte FamRZ 1963, 321 zu I 4 c; auch Kleinheyer FamRZ 1964, 398.

der Regel das Kind, kann aber auch ein Volljähriger sein, soweit das VormG im Interesse Volljähriger tätig wird, im Fall des § 1758a Abs. 2 BGB z. B. der volljährige Anzunehmende. Auch ein Beistand (§ 36 Abs. 4) wird dem Inhaber der elterlichen Gewalt im Interesse des Kindes bestellt, so daß dessen Verhältnisse, nicht die des Elternteils, für die örtliche Zuständigkeit maßgebend sind[2]). Der (abgeleitete oder gewillkürte) Wohnsitz des Kindes entscheidet auch dann, wenn er von dem des Vaters oder der Mutter verschieden ist, z. B. bei einer verheirateten Tochter (§ 8 Abs. 2 BGB); ebenso entscheidet der Aufenthalt des Kindes, wenn zwar die Eltern, nicht aber das Kind einen Wohnsitz haben. Über den Begriff des Wohnsitzes vgl. § 36 Anm. D, über den Aufenthaltsbegriff § 36 Anm. E. Diese Zuständigkeit besteht unabhängig von der Staatsangehörigkeit des Kindes, also auch, wenn es nicht die deutsche Staatsangehörigkeit besitzt[3]). Bei ausländischen Kindern muß aber außerdem die internationale Zuständigkeit gegeben sein (dazu § 35 Rdn. 113 ff.). Hat ein Kind deutscher Staatsangehörigkeit ein mitteldeutsches Personalstatut (§ 35 Rdn. 122), so muß auch die interzonale Zuständigkeit geprüft werden (dazu § 35 Rdn. 125 ff.).

3 2. *Fehlen inländischen Wohnsitzes oder Aufenthalts.* Hat das Kind im Inland (Begriff § 35 Rdn. 126) weder Wohnsitz noch Aufenthalt, so kommt es auf die Staatsangehörigkeit an.

4 *a)* Ist das Kind *deutscher Staatsangehöriger* oder Deutscher im Sinne des Art. 116 Abs. 1 GG, so ist das Amtsgericht Schöneberg zuständig (§ 43 Abs. 1 mit § 36 Abs. 2), vorbehaltlich des Rechts zur Abgabe aus wichtigen Gründen nach § 36 Abs. 2 Satz 2. Das gilt nicht, soweit eine örtliche Zuständigkeit nach § 3 begründet ist (§ 3 Rdn. 10).

5 *b)* Ist das Kind *Ausländer,* so wird eine Zuständigkeit nach § 43 grundsätzlich nicht begründet. Für vorläufige Maßregeln nach Art. 23 Abs. 2 EGBGB ist die Zuständigkeit in § 44 geregelt; zuständig ist also das Gericht, in dessen Bezirk das Bedürfnis der Fürsorge hervortritt. Eine inländische Zuständigkeit kann ferner auch bei ausländischer Staatsangehörigkeit des Kindes begründet sein, wenn für das Rechtsverhältnis das deutsche Recht maßgebend ist *(Statutszuständigkeit);* in diesem Fall greift in erster Linie der Gerichtsstand des Fürsorgebedürfnisses, hilfsweise die Zuständigkeit des AG Schöneberg entsprechend § 36 Abs. 2 ein (§ 36 Rdn. 26).

6 3. *Geschwistergerichtsstand.* Bezieht sich die vorzunehmende Einzelverrichtung derselben Art auf mehrere Geschwister, so ist auf Grund der Verweisung in § 43 Abs. 1 auch die Vorschrift des § 36 Abs. 1 Satz 2 anzuwenden, und zwar unter Einbeziehung des § 36 Abs. 4 in folgender Weise:

7 *a)* Die Vormundschaft über einen Geschwisterteil, der nach § 36 Abs. 4 die Pflegschaft nach § 1706 BGB und die Beistandschaft gleichstehen, zieht die Zuständigkeit für Einzelverrichtungen nach sich, mögen diese auch nur die anderen Geschwister betreffen[4]); das gilt nicht für die Pflegschaft mit Ausnahme einer solchen nach § 1706 BGB, wenn die Einzelverrichtung nur die anderen, nicht unter der Pflegschaft stehenden Geschwister betrifft[5]);

8 *b)* Ist für keines der Geschwister eine Vormundschaft, Pflegschaft oder Beistandschaft anhängig, so ist der Wohnsitz oder Aufenthalt des jüngsten derjenigen Geschwister maßgebend, welche die Einzelverrichtung gemeinschaftlich betrifft.

9 *c)* Ist für eines der Geschwister, für welche dieselbe Einzelverrichtung gemeinschaftlich vorzunehmen ist, eine Pflegschaft oder Beistandschaft anhängig, so zieht die für dieses Kind nach § 43 Abs. 2 begründete Zuständigkeit auch die Zuständigkeit für die anderen Geschwister nach sich[6]).

[2]) BayObLGZ 8, 513.
[3]) BayObLGZ 1962, 39; 1963, 123, 124; Keidel Anm. 7.
[4]) KGJ 50, 58; KG JFG 21, 146; a.M. Kiel OLGR 34, 242; Keidel Anm. 12.
[5]) KG JFG 21, 146; Keidel Anm. 12; a.M. Schlegelberger Anm. 22 a; Rehbinder JR 1963, 88.
[6]) Keidel Anm. 11; Schlegelberger Anm. 22 a.

d) Das Bestehen einer Pflegschaft mit Ausnahme einer solchen nach § 1706 BGB oder einer Beistandschaft für einen Geschwisterteil begründet keine Zuständigkeit für eine Einzelverrichtung, die nur andere Geschwister betrifft[7]). 10

e) Die Anhängigkeit einer Einzelverrichtung für einen Geschwisterteil begründet keine Zuständigkeit für Einzelverrichtungen in bezug auf andere Geschwister[8]). 11

f) Sind Vormundschaften, Pflegschaften oder Beistandschaften, die nach vorstehend zu a) und c) die Eignung haben, die Zuständigkeit für weitere Verrichtungen nach sich zu ziehen, über Geschwister bei verschiedenen Gerichten anhängig, etwa auf Grund einer Abgabe nach § 46 oder weil die mehrfache Zuständigkeit unter Verletzung des § 36 Abs. 1 Satz 2 begründet würde, so ist jedes dieser Gerichte zuständig; es entscheidet gemäß § 4 der Vorgriff desjenigen Gerichts, welches zuerst tätig geworden ist, andernfalls Bestimmung nach Zweckmäßigkeitsgründen nach § 5. Ist eine gemeinsame Zuständigkeit für Geschwister nach vorstehenden Grundsätzen nicht begründet, so bestimmt sich die Zuständigkeit nach den Verhältnissen jeweils der Geschwister, welche die Angelegenheit betrifft; eine Vereinigung der Zuständigkeit bei einem Gericht kann, wenn dafür wichtige Gründe vorliegen, durch eine Abgabe nach § 46 herbeigeführt werden. Betrifft eine einheitliche Angelegenheit, wie es z. B. bei *Kindergeldsachen* nach §§ 3, 8 Abs. 2 KindGG, §§ 3 Abs. 4, 14a Abs. 2 BKindGG (vgl. § 35 Rdn. 56, 57) vorkommen kann, mehrere Kinder oder Mündel gemeinschaftlich, die nicht Geschwister oder Halbgeschwister im Rechtssinne sind, dann ist jedes Gericht zuständig, welches für eines der beteiligten Kinder oder für eine der beteiligten Geschwistergruppen VormG i. S. des § 43 ist; unter den mehreren Gerichten entscheidet der Vorgriff (§ 4)[9]). Fehlt es an einem Vorgriff, so ist im Verfahren nach § 5, wenn Zweckmäßigkeitsgründe keine andere Regelung erfordern, in der Regel dasjenige Gericht als zuständig zu bestimmen, welches zuerst mit der Sache befaßt worden ist und den Zuständigkeitsstreit lediglich deswegen heraufbeschworen hat, weil neben ihm noch ein anderes Gericht zuständig sei. 12

4. *Maßgebender Zeitpunkt.* Für die Begründung der örtlichen Zuständigkeit maßgeblich sind die tatsächlichen Verhältnisse in dem Zeitpunkt, in welchem das Gericht mit der einzelnen Angelegenheit befaßt wird (Abs. 1 Halbs. 2), also nicht, wie nach § 36, der Zeitpunkt, in dem die Vornahme der Verrichtung gesetzlich notwendig wird; entscheidend ist der Zeitpunkt, in dem die Befassung mit der Sache tatsächlich eintritt[10]). Befaßt mit der Sache ist das Gericht im Amtsverfahren, sobald es amtliche Kenntnis von den Tatsachen erhält, die Anlaß zum Einschreiten geben[11]), im Antragsverfahren mit dem Eingang des Antrags, nicht erst mit dem Tätigwerden im Sinne des § 4[12]). Diese Zuständigkeit bleibt bis zur Beendigung des Verfahrens bestehen, auch wenn die tatsächlichen Verhältnisse, z. B. durch Verlegung des Wohnsitzes des Kindes in einen anderen Gerichtsbezirk, sich nachträglich ändern (*perpetuatio fori*, vgl. § 36 Rdn. 6). Ein anderes Gericht kann nur noch durch eine Abgabe nach § 46 zuständig werden. Es ist jedoch zu beachten, daß die Zuständigkeit für jede selbständige Einzelverrichtung durch § 43 besonders begründet wird. Eine neue Verrichtung, für welche die Zuständigkeit sich nach den Verhältnissen in dem Zeitpunkt richtet, in welchem das Gericht mit ihr befaßt wird, ist die Änderung einer Verkehrsregelung (§§ 1696, 1634 BGB)[13]), oder die Änderung der Zuweisung der elterlichen Gewalt (§§ 13

[7]) KG JFG 21, 146; Keidel Anm. 12.

[8]) KG JFG 21, 146; München ZBlJR 1958, 23; BayObLGZ 1966, 322; Keidel Anm. 12; a.M. Kiel OLGR 34, 242.

[9]) BayObLGZ 1958, 160 u. 336 = Rpfleger 1958, 271 u. 1959, 97; Oldenburg, Hamm Rpfleger 1959, 98, 100; KG 1 AR 99/58; Schleswig SchlHA 1959, 56; Frankfurt, Düsseldorf, Köln, München, Karlsruhe Rpfleger 1960, 25, 26, 27, 294, 337; Saarbrücken JBl. Saar 1961, 90; Bremen DAV 1961, 217; Düsseldorf JMBlNRW 1963, 164 = Rpfleger 1963, 298; Keidel Anm. 13; a.M. Celle Rpfleger 1959, 102; Stuttgart Rpfleger 1962, 409 mit Anm. v. Berner; Karle BWNotZ 1964, 137.

[10]) BayObLGZ 1950, 174; Köln JMBlNRW 1958, 199.

[11]) KG OLGR 44, 77; Dresden HRR 1936 Nr. 1220; BayObLG JFG 8, 68; vgl. § 5 Rdn. 12.

[12]) KG MDR 1957, 366.

[13]) KG JW 1929, 1752; BayObLGZ 1955, 122; Staudinger-Schwoerer BGB[11] § 1634 Anm. 113.

1696, 1671, 1672 BGB)[14]). Eine gegenüber den vorausgegangenen Verfahren nach §§ 1672, 1634 BGB selbständige Verrichtung ist die Regelung der elterlichen Gewalt gemäß § 1671 oder des Verkehrsrechts nach inzwischen erfolgter Ehescheidung[15]), ferner die Entscheidung über die Herausgabe des Kindes nach § 1632 Abs. 2 BGB[16]). Das Gericht, bei welchem eine Vormundschaft oder Pflegschaft nach § 1671 Abs. 5 BGB oder nach §§ 1679 Abs. 1 Satz 2, 1680 BGB anhängig ist, bleibt jedoch für deren Aufhebung und die anderweite Regelung der elterlichen Gewalt zuständig[17]). Eine einheitliche Angelegenheit ist auch die Beistandschaft nach § 1685 BGB, ferner die Erziehungsbeistandschaft nach § 57 JWG sowie die Fürsorgeerziehung[18]), so daß für die im Rahmen dieser Angelegenheiten erforderlichen Maßnahmen, wie ihre Aufhebung oder den Widerruf einer unter Vorbehalt aufgehobenen Fürsorgeerziehung (§ 75 Abs. 2 Satz 3 JWG) das VormG zuständig ist, bei welchem diese Angelegenheiten anhängig oder auf Grund einer Abgabe nach § 46 anhängig geworden sind, ohne daß es auf den jetzigen Wohnsitz oder Aufenthalt des Minderjährigen ankommt.

14 *5. Anhängigkeit einer Vormundschaft, Pflegschaft oder Beistandschaft (Abs. 2).* Eine besondere Zuständigkeit wird durch Abs. 2 für Einzelverrichtungen begründet, die im Interesse einer Person vorzunehmen sind, für welche bereits eine Vormundschaft, Pflegschaft oder Beistandschaft anhängig ist; zuständig ist alsdann auch für die Einzelverrichtung das Gericht, bei welchem diese Angelegenheiten anhängig sind. Diese Vorschrift beruht auf der Erwägung, daß dieses Gericht mit den Verhältnissen des Fürsorgebedürftigen regelmäßig bereits vertraut ist und dessen Interessen daher am besten gedient ist, wenn alle seine Angelegenheiten bei demselben Gericht bearbeitet werden[19]). Die Beistandschaft ist hierbei der Vormundschaft und Pflegschaft gleichgestellt worden, weil es sich wie bei diesen um eine einheitliche und dauernde Tätigkeit handelt (Denkschr. S. 45). Die Zuständigkeit nach Abs. 2 schließt daher diejenige nach Abs. 1 aus[19a]), auch wenn nach den tatsächlichen Verhältnissen, wie sie zur Zeit der Befassung mit der Einzelverrichtung bestehen, oder infolge einer Abgabe die Zuständigkeit des Gerichts, bei welchem die Vormundschaft, Pflegschaft oder Beistandschaft anhängig ist, für deren Anordnung nicht begründet wäre. Durch § 77 Abs. 2 JugWohlfG wird die Anwendbarkeit des Abs. 2 auf die Erziehungsbeistandschaft und die Fürsorgeerziehung ausgedehnt; die Anhängigkeit dieser Verfahren zieht daher ebenfalls die Zuständigkeit für Einzelverrichtungen in bezug auf denselben Minderjährigen nach sich. Die Zuständigkeit für eine Verkehrsregelung (§ 1634 BGB) wird daher durch die Anhängigkeit einer Erziehungsbeistandschaft begründet[20]). Andererseits sind Erziehungsbeistandschaft und Fürsorgeerziehung selbst selbständige Einzelverrichtungen i. S. des § 43 Abs. 1, die wiederum der Anwendbarkeit des § 43 Abs. 2 und des § 77 Abs. 2 JugWohlfG unterliegen, so daß sie nicht nur selbst Attraktivkraft ausüben, sondern auch der Attraktivkraft der ihnen gleichgestellten Angelegenheiten nachfolgen. Daher wird die Zuständigkeit für das Fürsorgeerziehungsverfahren auch begründet durch eine Sorgerechtspflegschaft[21]) oder eine Erziehungsbeistandschaft[22]). Hinsichtlich der anhängigen Pflegschaft kommt es nicht darauf an, welcher Art sie ist. Auch eine Vermögenspflegschaft ist geeignet, die Zuständigkeit für eine Einzelverrichtung nach sich zu ziehen, welche die Sorge für die Person betrifft[23]). Trotz des angeführten gesetzgeberischen Grundgedankens macht es auch nichts aus, daß die Pfleg-

[14]) Freiburg Rpfleger 1951, 319; München BayJMBl. 1951, 206; Schleswig SchlHA 1952, 11; Köln JMBlNRW 1953, 58; Oldenburg NdsRpfl. 1953, 31; Hamm MDR 1953, 496; BayObLGZ 1953, 223; KG NJW 1955, 552; BGHZ 21, 315; Keidel Anm. 15; Staudinger-Schwoerer BGB[11] § 1671 Anm. 159; Staudinger-Donau BGB[11] § 1696 Anm. 31.

[15]) BayObLGZ 1962, 115 = FamRZ 1962, 267; BGHZ 48, 228 = FamRZ 1967, 606 zu III 1 = NJW 1967, 2253; Hamm OLGZ 1966, 125 = FamRZ 1966, 242; OLGZ 1968, 383.

[16]) Schwoerer EJF A III Nr. 18 Anm.; Staudinger-Schwoerer BGB[11] § 1671 Anm. 159.

[17]) Freiburg NJW 1952, 981; KG NJW 1955, 552; Hamm EJF A III Nr. 3; Köln JMBlNRW 1961, 147; Staudinger-Schwoerer BGB[11] § 1671 Anm. 159.

[18]) KG JFG 19, 139; Staudinger-Göppinger BGB[11] Anh. zu § 1666 Anm. 114.

[19]) KG JFG 17, 126, 128; Schlegelberger Anm. 24.

[19a]) Irrig Staudinger-Donau BGB[11] § 1630 Anm. 14.

[20]) KG JFG 2, 84.

[21]) Karlsruhe ZBlJugR 1955, 141.

[22]) KG JFG 17, 126.

[23]) KGJ 27 A 161.

schaft nur zur Besorgung einer einzelnen Angelegenheit angeordnet ist, sofern nur diese noch nicht erledigt ist (§ 1918 Abs. 3 BGB), z. B. eine Prozeßpflegschaft für eine Unterhaltsklage[24]). Über die Frage, wann eine Vormundschaft anhängig ist, vgl. die Bem. bei § 36 Rdn. 18; für die Pflegschaft gelten dieselben Grundsätze. Eine Erziehungsbeistandschaft muß nach der Fassung des § 77 Abs. 2 JWG vom VormG angeordnet sein (§ 57 Abs. 1 JWG), während es für die Fürsorgeerziehung genügt, daß das Verfahren zu ihrer Anordnung eingeleitet ist. Beide Maßnahmen bleiben anhängig, bis sie entweder kraft Gesetzes enden oder vom VormG aufgehoben werden (§§ 61, 75 JWG); ist die Fürsorgeerziehung unter dem Vorbehalt des Widerrufs aufgehoben (§ 75 Abs. 2 Satz 3 JWG), so wird anzunehmen sein, daß sie weiter anhängig ist. Die Anhängigkeit einer Vormundschaft, Pflegschaft oder Beistandschaft beim württ. Bezirksnotar zieht die Zuständigkeit des dem Bezirksnotar vorgeordneten Amtsgerichts für die diesem vorbehaltenen Verrichtungen nach sich[25]). Die Anhängigkeit einer sonstigen Einzelverrichtung (außer Erziehungsbeistandschaft und Fürsorgeerziehung) begründet keine weitere Zuständigkeit, auch nicht für Verrichtungen bezüglich desselben Minderjährigen[26]). Nach Abs. 2 bemißt sich die örtliche Zuständigkeit auch für Einzelverrichtungen in bezug auf ausländische Kinder, für die eine Pflegschaft usw. anhängig ist[27]).

Unrichtig gestellt ist die Frage, ob die Anordnung der vorläufigen Fürsorgeerziehung **15**
nach § 77 Abs. 2 JugWohlfG auch die Zuständigkeit für das endgültige Verfahren begründet. Vielmehr ist das nach §§ 43, 36 zuständige Gericht mit der endgültigen Fürsorgeerziehung schon in dem Zeitpunkt befaßt, in welchem ihm die Tatsachen bekannt werden, die ihm zunächst nur zur Anordnung der vorläufigen Fürsorgeerziehung Anlaß geben; denn das vorläufige Verfahren ist nur ein Teil des gesamten Verfahrens[28]). Dagegen begründet die Befassung im Eilgerichtsstand des § 77 Abs. 1 JugWohlfG (dazu § 44 Anm. D) keine Zuständigkeit für das endgültige Verfahren[29]).

6. *Abgabe.* Eine Abgabe der Einzelverrichtung an ein anderes Gericht (§ 46 Abs. 3) bleibt **16**
statthaft. Die Abgabe der Sache, welche nach Abs. 2 die Zuständigkeit für die Einzelverrichtung begründet hat, zieht nicht zwangsläufig den Übergang oder die Abgabe der Einzelverrichtung nach sich (vgl. § 46 Rdn. 27).

7. *Gebühren* des Gerichts bestimmen sich nach §§ 94, 95, 96, 97 Abs. 1 Nr. 2, 97a, 99 **17**
KostO.

Örtliche Zuständigkeit für die Ehelicherklärung und die Erteilung des Vaternamens an die Mutter des Kindes

43 a (1) Für die Ehelicherklärung auf Antrag des Vaters ist das Gericht zuständig, in dessen Bezirk der Vater seinen Wohnsitz oder, falls ein solcher im Inland fehlt, seinen Aufenthalt hat; maßgebend ist der Wohnsitz oder Aufenthalt in dem Zeitpunkt, in dem der Antrag eingereicht oder im Falle des § 1733 Abs. 2 des Bürgerlichen Gesetzbuches der Notar mit der Einreichung betraut wird.

(2) Ist der Vater Deutscher und hat er im Inland weder Wohnsitz noch Aufenthalt, so ist das Amtsgericht Schöneberg in Berlin-Schöneberg zuständig. Es kann die Sache aus wichtigen Gründen an ein anderes Gericht abgeben; die Abgabeverfügung ist für dieses Gericht bindend.

[24]) Karlsruhe BadRspr. 1936, 92; Schlegelberger Anm. 24.
[25]) KG JFG 23, 196.
[26]) KG JFG 21, 146; Köln JMBlNRW 1953, 58; Keidel Anm. 5.
[27]) BayObLGZ 1958, 100; Keidel Anm. 13 a. E.
[28]) Karlsruhe (ZS Freiburg) NJW 1955, 1885 = ZBlJR 1956, 27; Köln JMBlNRW 1958, 198; Neustadt ZBlJR 1961, 278; BayObLGZ 1961, 317; Stuttgart Die J 1964, 269; Keidel Anm. 4.
[29]) BayObLG JFG 8, 68; KG JFG 17, 126; Karlsruhe aaO. Fn. 28; Keidel Anm. 4.

(3) Für die Ehelicherklärung auf Antrag des Kindes und die Verfügung, durch die der Mutter des Kindes nach § 1740g des Bürgerlichen Gesetzbuchs der Name des Vaters erteilt wird, gelten die vorstehenden Vorschriften entsprechend. An die Stelle des Vaters tritt jedoch bei der Ehelicherklärung der überlebende Elternteil oder, wenn beide Eltern gestorben sind, das Kind, bei der Namenserteilung die Mutter.

Eingefügt durch Art. 4 Nr. 2 FamRÄndG. In Kraft getreten am 1. 1. 1962. Absatz 1 geändert und Absatz 3 angefügt durch Art. 7 Nr. 6 des G über die rechtliche Stellung der nichtehelichen Kinder vom 19. 8. 1969 (BGBl. I 1243), in Kraft getreten am 1. 7. 1970. In Absatz 1 Halbsatz 2 sind die bisherigen Worte „das Gericht oder" gemäß § 56 Abs. 2 Nr. 1 BeurkG mit Wirkung vom 1. 1. 1970 weggefallen.

I. Rechtsentwicklung

1 Die *Ehelicherklärung* auf Antrag des Vaters erfolgte nach § 1723 BGB a. F. durch Verfügung der Staatsgewalt, also durch Verwaltungsentscheidung. Zuständig war der Präs. des LG, in dessen Bezirk der Vater seinen Wohnsitz oder in Ermangelung eines solchen seinen Aufenthalt hat, ersatzweise der Präs. des LG Berlin (§ 10 VereinheitlVO v. 31. 5. 1934, RGBl. I, 472), bei fehlender Reichsangehörigkeit des Vaters oder des Kindes der OLG Präs. (Nr. 7 Abs. 2 DurchfBest. v. 27. 7. 34, RGBl. I, 738, mit Art. 1 VO v. 17. 5. 35, RGBl. I, 682). Beschwerden gegen ablehnende Entscheidungen gingen an den OLGPräs. und den JM (§ 13 VereinheitlVO mit Art. 1 VO v. 17. 5. 35). Die Vorbereitung der Entscheidung lag dem AG ob (Nr. 7 Abs. 3 DurchfBest.). Der Verwaltungsrechtsweg wurde für zulässig erachtet. Vom 1. 4. 60 bis 31. 12. 61 war das OLG im Verfahren nach den §§ 23 ff. EGGVG i. d. F. des § 179 VwGO anzurufen. Durch § 1723 BGB i. d. F. des Art. 1 Nr. 13 FamRÄndG ist die Ehelicherklärung auf Antrag des Vaters mit Wirkung vom 1. 1. 1962 dem Vormundschaftsgericht als Rechtspflegeakt der freiwilligen Gerichtsbarkeit zugewiesen worden. Das Gesetz über die rechtliche Stellung der nichtehelichen Kinder vom 19. 8. 1969 (BGBl. I 1243) hat mit Wirkung vom 1. 7. 1970 die §§ 1723, 1727, 1728, 1729, 1735, 1738 BGB geändert und die §§ 1725, 1731, 1734, 1735a und 1737 BGB aufgehoben mit dem Ziel, die Ehelicherklärung auf Antrag des Vaters zu erleichtern (vgl. §§ 1723, 1725, 1727 BGB n. F.) und die Rechtsstellung des für ehelich erklärten Kindes zu verbessern (vgl. § 1738 BGB n. F.). Es führt ferner in den §§ 1740a bis 1740g BGB n. F. eine neue Art der Ehelicherklärung ein, nämlich die Ehelicherklärung auf Antrag des Kindes, wenn seine Eltern verlobt waren und das Verlöbnis durch Tod aufgelöst worden ist (dazu § 56b mit Bem.). Für diesen Fall ist in § 1740g BGB n. F. ferner vorgesehen, daß das Vormundschaftsgericht der Mutter des für ehelich erklärten Kindes auf ihren Antrag den Namen des Vaters erteilt (dazu § 56b Rdn. 20). Diese Änderungen des materiellen Rechts haben die Änderung des § 43a und die Einfügung des § 56b FGG nach sich gezogen.

II. Zuständigkeit

2 *1. Sachliche Zuständigkeit.* Die Ehelicherklärung wird durch § 1723 BGB n. F. dem *VormG,* also dem AG (§ 35 FGG) zugewiesen; auch in Württemberg ist nicht der Bezirksnotar, sondern das AG zuständig (Art. 68 Nr. 18 WürttAGBGB i. d. F. d. G. v. 19. 12. 61, GBl. 371). Sie ist mithin kein im Verwaltungswege zu erlassender Gnadenakt, sondern ein Rechtspflegeakt der FG (§ 1 FGG). Der *Richtervorbehalt* folgt aus § 14 Nr. 3 Buchst. d RechtspflG (Meyer-Stolte, Rpfleger 1961, 391). Aus der Zuweisung an das VormG ergibt sich die grundsätzliche Anwendbarkeit des 2. Abschnitts des FGG (Vorbem. 1 vor § 35). Dasselbe gilt für die Ehelicherklärung auf Antrag des Kindes (§ 1740a) und die Erteilung des Vaternamens an die Mutter des Kindes (§ 1740g). Sondervorschriften enthalten § 43a über die örtliche Zuständigkeit und §§ 56a, 56b über das Wirksamwerden, die Änderung und die Anfechtbarkeit der Verfügungen.

2. *Die örtliche Zuständigkeit* des VormG richtet sich, entsprechend der Regelung bei der Kindesannahme (§ 66 Rdn. 1) nach den Verhältnissen des *Vaters*, nicht nach denen des Kindes. Für die Ehelicherklärung auf Antrag des Kindes (§ 1740a BGB) kommt es auf die Verhältnisse des überlebenden Elternteils und nur, wenn beide Elternteile verstorben sind, auf die des Kindes, für die Namenserteilung auf die Verhältnisse der Mutter an (Abs. 3). Für die Verrichtungen des VormG im Zusammenhang mit einer Ehelicherklärung, bei welchen das VormG eine Fürsorgetätigkeit im Interesse des Kindes ausübt, nämlich für die vormundschaftsgerichtliche Genehmigung nach § 1728 Abs. 2 und für die Ersetzung der Einwilligung der Mutter oder der Ehefrau des Vaters nach § 1727, verbleibt es bei der Anwendbarkeit der §§ 43, 36, so daß hierfür in der Regel das Gericht zuständig sein wird, bei welchem die Vormundschaft oder Pflegschaft anhängig ist. Das wird nicht selten ein anderes als das für die Ehelicherklärung nach § 43a zuständige sein. Dieser Umstand allein ist jedoch kein zureichender Grund für eine *Abgabe* der Ehelichkeitserklärungssache nach dem grundsätzlich anwendbaren § 46 an das Gericht, welches die Vormundschaft führt, oder umgekehrt; das wäre eine Nichtachtung der gesetzlichen Zuständigkeitsregelung. Der Abgabegrund muß in der Sache selbst begründet sein, nicht nur in dem Bestreben, mehrere Verrichtungen, für welche nach dem Gesetz verschiedene Gerichte zuständig sind, in der Hand eines Richters zu vereinigen (vgl. für die Kindesannahme Vorbem. B vor § 65). 3

3. Abs. 1 gilt für Deutsche, Staatenlose und Ausländer. Ob ein deutsches Gericht tätig werden kann, wenn der Vater Nichtdeutscher ist, ist eine Frage der internationalen Zuständigkeit (Rdn. 10). 4

4. *Örtlicher Anknüpfungspunkt* für die Bestimmung des zuständigen Gerichts ist der Wohnsitz (§§ 7, 8, 9, BGB) oder in Ermangelung eines solchen der (schlichte) Aufenthalt (§ 36 Rdn. 15) des Vaters. Der verfahrensrechtliche Wohnsitzbegriff ist auch bei der Beteiligung eines Ausländers nicht nach dessen Heimatrecht, sondern nach der lex fori, also nach deutschem Recht, zu beurteilen[1]). Bei der Ehelicherklärung auf Antrag des Kindes (§ 1740a) kommt es auf den Wohnsitz oder Aufenthalt des Vaters nur an, wenn er der überlebende Elternteil ist, anderenfalls und bei der Namenserteilung (§ 1740g) auf Wohnsitz oder Aufenthalt der Mutter. Erst in letzter Linie, wenn beide Elternteile verstorben sind, werden Wohnsitz oder Aufenthalt des Kindes für maßgebend erklärt (Abs. 3 Satz 2); insofern enthält die Regelung eine Abweichung von § 43; das Gericht des Wohnsitzes oder Aufenthalts des Kindes ist für die Ehelicherklärung nach § 1740a BGB auch zuständig, wenn sonst für vormundschaftsgerichtliche Einzelverrichtungen nach §§ 43, 36 ein anderes VormG berufen wäre, etwa weil ein Geschwistergerichtsstand oder ein Gerichtsstand der Pflegschaft begründet wäre. 5

5. *Zeitlich maßgebend* für die Begründung der örtlichen Zuständigkeit sind nicht die Verhältnisse zur Zeit der Beurkundung des Antrags (§ 1730), sondern nach Abs. 1 Halbs. 2 zu dem Zeitpunkt, in welchem der (beurkundete) Antrag eingereicht wird, d. h. bei einem sachlich zuständigen Gericht mit dem Willen des Antragstellers eingeht, mag dieses Gericht auch nicht das örtlich zuständige sein. Das Gericht muß den Antrag an das örtliche zuständige Gericht weiterleiten. Das gilt auch dann, wenn der Vater nach der Einreichung des Antrags stirbt, da § 1733 Abs. 2 die Ehelichkeitserklärung nach dem Tode des Vaters zuläßt, wenn der Antrag „beim VormG" eingereicht war, also nicht gerade bei dem örtlich zuständigen, und das Gesetz es genügen lassen will, daß der Vater vor seinem Tode das zur Erlangung der Ehelichkeitserklärung Erforderliche getan hat (vgl. auch § 66 Rdn. 3). 6

Eine Veränderung der Umstände nach dem maßgebenden Zeitpunkt berührt nicht die einmal begründete Zuständigkeit des VormG, vorbehaltlich einer Abgabe nach § 46. 7

6. Ist der *Vater* vor der Einreichung des Antrags *gestorben*, so ist die Ehelichkeitserklärung nach § 1733 Abs. 2 noch zulässig, wenn der Vater bei oder nach der Beurkundung 8

[1]) KG FamRZ 1961, 383; Neuhaus FamRZ 1961, 541 zu II.

seines Antrags den Notar mit der Einreichung betraut hatte; der Zeitpunkt dieser Betrauung entscheidet nach Abs. 1 Halbs. 2 auch über die örtliche Zuständigkeit. Das „Betrauen" braucht nicht ausdrücklich oder gar förmlich zu geschehen. Es genügt, wenn der Vater durch schlüssiges Verhalten dem Notar die Einreichung des Antrags beim VormG überlassen hat. Ein eigenes oder gesetzlich vermutetes Recht, den Antrag aus eigenem Antriebe einzureichen, hat der Notar nicht. Bei der Ehelicherklärung auf Antrag des Kindes entfällt die Anwendbarkeit des § 1733 Abs. 2 (§ 1740a Abs. 2 BGB).

9 7. Für *Deutsche im Ausland*, also für Väter, welche die deutsche Staatsangehörigkeit besitzen oder Deutsche i. S. des Art. 116 Abs. 1 GG sind (§ 36 Rdn. 22) begründet Abs. 2 die zentrale Zuständigkeit des AG *Schöneberg* mit der Befugnis, die Sache mit bindender Wirkung an ein anderes AG abzugeben. Die Regelung entspricht der des § 36 Abs. 2 n. F. für Vormundschaftssachen. Auf die Bem. dazu bei § 36 Rdn. 24 kann verwiesen werden. Im Fall des Abs. 3 kommt es für die Zuständigkeit des AG Schöneberg darauf an, ob der überlebende Elternteil, bei Vorversterben des Vaters also die Mutter, wenn beide Elternteile verstorben sind, das Kind Deutscher ist und im Inland weder Wohnsitz noch Aufenthalt hat. Treffen diese Voraussetzungen z. B. für die Mutter zu, so ist das AG Schöneberg auch zuständig, wenn das Kind Wohnsitz oder Aufenhalt im Inland hat.

10 *8. Internationale Zuständigkeit*[2]) Voraussetzungen und Wirkungen der Ehelichkeitserklärung bestimmen sich gemäß Art. 22 Abs. 1 EGBGB, der zu einer vollständigen Kollisionsnorm auszugestalten ist, nach dem Heimatrecht des Vaters zur Zeit des Wirksamwerdens der Ehelichkeitserklärung. Dieser Grundsatz wird, wenn ein deutsches Kind für das eheliche Kind eines Ausländers erklärt wird, durch Art. 22 Abs. 2 EG dahin eingeschränkt, daß die deutschen Einwilligungserfordernisse zu beachten sind. Für die internationale Zuständigkeit ergeben sich folgende Folgerungen:

11 *a)* Ist der *Vater Deutscher*, so ist stets die deutsche internationale Zuständigkeit gegeben, und zwar als ausschließliche, so daß eine Ehelichkeitserklärung durch eine ausländische Behörde im Inland nicht anerkannt wird[3]). Ausländische Staatsangehörigkeit des *Kindes* steht der deutschen Zuständigkeit nicht entgegen, selbst wenn das Heimatrecht des Kindes die Ehelichkeitserklärung nicht kennt oder weitere Erfordernisse als das deutsche Recht aufstellt. Jedoch kann bei der Ermessensentscheidung nach § 1723 BGB berücksichtigt werden, ob es nach Lage des Falles dem Wohl des Kindes abträglich ist, daß die Ehelichkeitserklärung in seinem Heimatstaat nicht anerkannt wird, und ob der Erwerb einer doppelten Staatsangehörigkeit, nämlich der deutschen nach § 5 RuStAG neben der bisherigen, besser zu vermeiden ist[4]).

12 *b)* Für ein *deutsches Kind* wird nach deutschem Recht die internationale Zuständigkeit des ausländischen Heimatstaates des Vaters anerkannt, ebenso die Zuständigkeit eines dritten Staates, welche der Heimatstaat anerkennt; die Anerkennung der fremden Zuständigkeit auch für deutsche Kinder setzt Art. 22 Abs. 2 EGBGB voraus[5]). Jedoch wird die ausländische Ehelichkeitserklärung im Inland nach Art. 22 Abs. 2 EGBGB als wirksam nur anerkannt, wenn die Einwilligungserfordernisse des deutschen Rechts erfüllt sind[6]). Deutsche Staatsangehörigkeit des Kindes für sich allein begründet die deutsche Zuständigkeit nicht.

13 *c)* Ist der *Vater nicht deutscher Staatsangehöriger* oder Deutscher i. S. des Art. 116 Abs. 1 GG, so ist die deutsche internationale Zuständigkeit gegeben, wenn nach dem Heimat-

[2]) Schrifttum: Beitzke, Internationale Zuständigkeit in Legitimationssachen, in Festschrift f. Kraus, S. 20; De la Moutte-Schwenn, Art. Legitimation in Das intern. Familienrecht Frankreichs und Deutschlands, 1955, S. 340; Kegel, IPR, § 20 X; Raape, IPR[5] § 34 B; M. Wolff, IPR Deutschlands[3] § 46; ferner die Kommentare zu Art. 22 EGBGB.

[3]) Raape IPR[5] § 34 B I; Beitzke aaO. S. 24; Schwenn aaO. S. 364; Achilles-Greiff[21] Art. 22 EG Anm. 2; Palandt[25] Art. 22 EG Anm. 4 b; a.M. Soergel-Kegel[9] Art. 22 EG Anm. 32, 37.

[4]) Beitzke aaO. S. 24.

[5]) Beitzke aaO. S. 25; Schwenn aaO. S. 364; Raape IPR[5] § 19 B, § 34 B Fußn. 165; Soergel-Kegel[9] Art. 22 EG Anm. 32.

[6]) Raape, Beitzke aaO.; BayObLG 8. 6. 21 (21, 266 = JFG 1, 137 = OLGE 42, 105.

recht des Vaters deutsches Recht anwendbar ist *(Gleichlauf* von anwendbarem Recht und Zuständigkeit, *Statutszuständigkeit)*. Das ist der Fall

aa) wenn der Vater *Staatenloser* mit gewöhnlichem oder in Ermangelung eines solchen **14** mit schlichtem Aufenthalt im Inland (Art. 29 EGBGB) oder internationaler (nichtvolksdeutscher) *Flüchtling* oder *Verschleppter* nach AHKG Nr. 23 mit deutschem Personalstatut ist[7]). Vgl. näher § 44a Rdn. 19.

bb) wenn das Heimatrecht des Vaters eine *Rückverweisung* (Art. 27 EGBGB) auf das **15** deutsche Recht als das Recht des Wohnsitzes oder domicile enthält oder wenigstens auf die deutsche verfahrensrechtliche Zuständigkeit verweist[8]).

cc) Die Notwendigkeit, gemäß Art. 22 Abs. 1 EGBGB *fremdes Recht* anzuwenden, scheint **16** auch bei gewöhnlichem Aufenthalt des Vaters im Inland nach der bisherigen Verwaltungspraxis die deutsche Zuständigkeit ausgeschlossen zu haben[9]). Doch dürfte die Anwendbarkeit fremden Rechts die deutsche Zuständigkeit nicht grundsätzlich hindern (so auch Soergel-Kegel[9] Art. 22 EG Anm. 32; vgl. für die weitgehend rechtsähnliche Kindesannahme § 66 Rdn. 14), es sei denn, daß der Heimatstaat des Vaters die ausschließliche internationale Zuständigkeit beansprucht, was allerdings überwiegend der Fall zu sein scheint[10]). Für Nichtbeachtung mangelnder Anerkennung durch den Heimatstaat Kegel IPR § 20 X 3 S. 313[11]).

dd) Ein Tätigwerden des deutschen Gerichts ist *ausgeschlossen*, mag auch das Kind die **17** deutsche Staatsangehörigkeit haben, wenn das Heimatrecht des Vaters die Ehelichkeitserklärung nicht kennt (z. B. Frankreich, vgl. Schwenn a. a. O. S. 373; wegen der Schweiz vgl. Schnitzer, Hdb. d. IPR[4] S. 454) oder eheliche und uneheliche Kinder einander gleichstellt (Norwegen, Polen, Tschechoslowakei).

d) Die *Ersetzung der Einwilligung der Mutter* (§ 1727) richtet sich nach deutschem Recht, **18** wenn dieses gemäß Art. 22 Abs. 1 EG Legitimationsstatut ist, mag selbst für das Rechtsverhältnis zwischen der Mutter und dem Kinde gemäß Art. 20 EG fremdes Recht maßgebend sein, vgl. zu § 1747 Abs. 3 BGB Vorbem. vor § 65 Rdn. 33. In Ermangelung eines die Zuständigkeit begründenden Anknüpfungspunktes in der Person des Kindes (§§ 43, 36) oder eines Gerichtsstandes des Fürsorgebedürfnisses ist in letzter Linie für das Verfahren nach § 1727 BGB die Statutszuständigkeit des AG Schöneberg entsprechend § 36 Abs. 2 gegeben. Dasselbe wird für die Ersetzung der Einwilligung der Ehefrau des Vaters (§ 1727 Abs. 2 BGB) gelten müssen.

9. Interzonale Zuständigkeit. In der SBZ und im Ostsektor Berlins gelten die §§ 1723 **19** ff. BGB a. F. nicht mehr. Das 4. Buch des BGB ist aufgehoben seit 1. 4. 1966 durch § 27 Nr. 1 EGFGB (vgl. Vorbem. 3 vor § 35). Eine völlige rechtliche Gleichstellung des nichtehelichen Kindes mit dem ehelichen im Verhältnis zum Vater ist nicht eingetreten[12]). Eine Ehelichkeitserklärung ist gesetzlich nicht vorgesehen. Das Erziehungsrecht für ein nichteheliches Kind steht der Mutter zu; nach ihrem Tode oder wenn ihr das Erziehungsrecht entzogen ist, kann es durch das Organ der Jugendhilfe dem Vater übertragen werden (§ 46 FGB). Das Kind erhält den Familiennamen der Mutter (§ 64 FGB); es ist nach dem Vater erbberechtigt, nach Eintritt der Volljährigkeit allerdings unter Beschränkungen (§ 9 EGFGB)[13]). Hat der Vater seinen gewöhnlichen Aufenthalt in Mitteldeutschland oder im

[7]) Vgl. § 44 a Anm. 7 d; Soergel-Kegel[9] Anh. zu Art. 29 EG Anm. 20 ff.

[8]) Beitzke aaO. S. 25; Soergel-Kegel[9] Art. 22 EG Anm. 32.

[9]) Vgl. Maßfeller, JW 1934, 2115; dafür auch Beitzke aaO. S. 26.

[10]) Beitzke aaO. S. 23 zu Fußn. 12; Raape IPR[5] § 34 B I; Schwenn, aaO. S. 364; Schnitzer, Hdb. d. IPR[4] S. 810; teilw. abw. jetzt Beitzke FamRZ 1967, 592 zu V 4 d.

[11]) Wegen des Einflusses der Legitimation durch einen Ausländer auf die Staatsangehörigkeit des Kindes vgl. § 17 Nr. 5 RuStAG und Art. 16 Abs. 1 GG und dazu AV d. Sen. f. Justiz von Berlin v. 21. 12. 61 (ABl. 1962, 6 = StAZ 1962, 38).

[12]) Ostmann NJ 1954, 499; 1955, 45; Granzow FamRZ 1960, 85 zu III 7; 1965, 465 zu II 9.

[13]) Vgl. Staudinger-Göppinger BGB[11] Vorbem. 87 ff. vor § 1705; Staudinger-Bökelmann BGB[11] § 1723 Anm. 37.

Ostsektor Berlins, so kann hiernach ein westdeutsches VormG das Kind, auch wenn es seinen gewöhnlichen Aufenthalt im Westen hat, wegen der Maßgeblichkeit des Ostrechts (Art. 22 Abs. 1 EGBGB) nicht für ehelich erklären. Im übrigen gelten für die interzonale Zuständigkeit die Bem. zur Kindesannahme (§ 66 Rdn. 20) entsprechend mit der Maßgabe, daß an die Stelle des Annehmenden der Vater tritt[14]).

III. Verfahren

20 Das Verfahren im übrigen ist dargestellt für die Ehelicherklärung auf Antrag des Vaters bei § 56a, für die Ehelicherklärung auf Antrag des Kindes und für die Erteilung des Vaternamens an die Mutter des Kindes bei § 56b.

Zuständigkeit für gewisse einstweilige Maßregeln

44 Für die in den §§ 1693, 1846 des Bürgerlichen Gesetzbuchs und im Artikel 23 Abs. 2 des Einführungsgesetzes zum Bürgerlichen Gesetzbuche bezeichneten Maßregeln ist auch das Gericht zuständig, in dessen Bezirk das Bedürfnis der Fürsorge hervortritt. Das Gericht soll, wenn eine Vormundschaft, Pflegschaft oder Beistandschaft anhängig ist, von den angeordneten Maßregeln dem nach § 43 Abs. 2 zuständigen Gerichte Mitteilung machen.

GleichberG Art. 4 Nr. 2 hat die bisherige Verweisung auf § 1665 durch die Verweisung auf § 1693 ersetzt.

A. Allgemeines

1 Die Vorschrift begründet für gewisse Maßnahmen zum Schutze von Kindern und Mündeln eine *subsidiare Notzuständigkeit* des Gerichts, in dessen Bezirk das Bedürfnis der Fürsorge hervortritt.

B. Anwendungsbereich

2 *1. Verhinderung der Eltern.* Nach § 1693 BGB hat das VormG die im Interesse des Kindes erforderlichen Maßnahmen zu treffen, wenn die Eltern verhindert sind, die elterliche Gewalt auszuüben. Die Verhinderung kann tatsächlicher (Abwesenheit, Haft, Krankheit) oder rechtlicher (§ 1629 Abs. 2 BGB) Art sein, dauernd oder vorübergehend, vollständig oder nur in einzelner Hinsicht bestehen[1]); stets aber sind nur Maßregeln beschränkter Art statthaft, die der Abhilfe bei einem bestimmten vorübergehenden Bedürfnis dienen[2]). Steht die elterliche Gewalt beiden Eltern gemeinsam zu, so wird grundsätzlich vorausgesetzt, daß beide Eltern verhindert sind, da anderenfalls der andere Elternteil die elterliche Gewalt allein ausübt (§ 1678 Abs. 1 BGB); wenn jedoch der Elternteil verhindert ist, in dessen Obhut sich das Kind befindet, können Maßnahmen nach § 1693 erforderlich sein, bis der andere Elternteil die Fürsorge übernehmen kann[3]). Welche Maßnahmen zum Schutze des Kindes erforderlich sind, bestimmt das VormG nach pflichtmäßigem Ermessen[4]). Es kann die Bestellung eines Pflegers mit beschränktem Wirkungskreis, aber auch eine unmittelbare Anordnung, wie die vorläufige Unterbringung des Kindes in einem Heim, bei drohendem Rechtsverlust auch ein Handeln des VormG in Vertretung des Kindes in Betracht kommen[5]). Vor endgültiger Feststellung der Verhinderung können vorläufige Sicherungsmaßnahmen unter den Voraussetzungen ergehen, unter denen allgemein vorläufige Anordnungen des

[14]) Vgl. auch Staudinger-Bökelmann BGB[11] § 1723 Anm. 25.
[1]) KG DFG 1943, 39.
[2]) KG OLGR 12, 329.
[3]) Staudinger-Donau BGB[11] § 1693 Anm. 2.
[4]) Soergel-Lange BGB[9] § 1693 Anm. 3; BGB-RGRK[11] § 1693 Anm. 2; Staudinger-Donau BGB[11] § 1693 Anm. 7.
[5]) Soergel-Lange BGB[9] § 1693 Anm. 3; Staudinger-Donau BGB[11] § 1693 Anm. 8.

VormG statthaft sind (vgl. § 19 Rdn. 28), also wenn die Verhinderung glaubhaft ist und ein dringendes Bedürfnis für ein unverzügliches Einschreiten vorliegt[6]).

2. Fehlen und Verhinderung des Vormundes. Nach § 1846 BGB hat das VormG die im Interesse des Mündels erforderlichen Maßregeln zu treffen, wenn ein Vormund noch nicht bestellt oder der Vormund an der Erfüllung seiner Pflichten verhindert ist. Die Verhinderung kann auch hier tatsächlicher oder rechtlicher Art sein. Die Vorschrift soll dem VormG die Möglichkeit eröffnen und zugleich die Pflicht auferlegen, durch einstweilige Maßregeln dem schutzbedürftigen Mündel zu Hilfe zu kommen; nach diesem Zweck ist das VormG in der Auswahl der zu treffenden, im voraus nicht zu übersehenden Maßregeln nicht beschränkt[7]). Es kommt die Bestellung eines Pflegers in Betracht[8]), die übrigens vor der Bestellung eines Vormundes ihre Grundlage in § 1909 Abs. 3 BGB findet. Das VormG kann auch unmittelbar selbst handelnd eingreifen[9]), z. B. Vermögenswerte des Mündels sicherstellen oder die vorläufige Unterbringung des geisteskranken Mündels in einer Anstalt anordnen[10]). In besonderen Eilfällen kann es unmittelbar in Vertretung des Mündels handeln, z. B. einen Strafantrag stellen[11]) oder einen Arrest beantragen[12]). Stets muß aber ein dringender Fall vorliegen[13]). Bei der Geburt unehelicher Kinder von Müttern mit deutschem Personalstatut hat das Amtsgericht des Geburtsorts bis zum Eingreifen des zuständigen VormG die erforderlichen Maßnahmen zu treffen (§ 36b FGG); vgl. § 36b mit Bem. 3

3. Vorläufige Maßnahmen in bezug auf Ausländer. Art. 23 EGBGB bestimmt:

Eine Vormundschaft oder eine Pflegschaft kann im Inland auch über einen Ausländer, sofern der Staat, dem er angehört, die Fürsorge nicht übernimmt, angeordnet werden, wenn der Ausländer nach den Gesetzen dieses Staates der Fürsorge bedarf oder im Inland entmündigt ist.

Das deutsche Vormundschaftsgericht kann vorläufige Maßregeln treffen, solange eine Vormundschaft oder Pflegschaft nicht angeordnet ist.

Art. 23 Abs. 1 EG gestattet dem VormG, nach seinem pflichtmäßigen Ermessen („kann") über einen Ausländer eine Vormundschaft anzuordnen, wenn er nach seinem Heimatrecht der Fürsorge bedarf oder im Inland entmündigt ist, der Heimatstaat die Fürsorge nicht übernimmt und, wie sich aus § 36 Abs. 1 FGG ergibt, der Ausländer Wohnsitz oder Aufenthalt im Inland hat. Entsprechendes gilt für die Pflegschaft, doch ist für diese Wohnsitz oder Aufenthalt im Inland nicht erforderlich; es genügt, daß das Bedürfnis der Fürsorge im Inland hervortritt (§ 37 Abs. 2 FGG)[14]). Da bis zu der Feststellung, daß der Heimatstaat die Fürsorge nicht übernimmt, geraume Zeit vergehen kann, gestattet Art. 23 Abs. 2 EG den Erlaß vorläufiger Maßregeln. Diese setzen mithin voraus, daß nach dem Heimatrecht des Ausländers eine Vormundschaft oder Pflegschaft überhaupt in Betracht kommen kann, aber weder im Inland noch im Ausland angeordnet ist; dagegen entfällt beim Erlaß der vorläufigen Maßnahme die Prüfung, ob der Heimatstaat die Fürsorge übernimmt. Im Geltungsbereich des HaagVormAbk, welches dem Art. 23 EG vorgeht, können vorläufige Maßregeln in bezug auf minderjährige Mündel nach dessen Art. 7 in dringenden Fällen auch angeordnet werden, wenn eine Vormundschaft im Ausland besteht, der Vormund aber am rechtzei- 4

[6]) KG FamRZ 1962, 200; Staudinger-Donau BGB[11] § 1693 Anm. 10, § 1674 Anm. 28; BGB-RGRK[11] § 1693 Anm. 2; Palandt-Lauterbach BGB[26] § 1693 Anm. 1; vgl. auch Erman-Ronke BGB[3] § 1693 Anm. 2; a.M. Stuttgart KGJ 41, 262 = RJA 11, 8; Schlegelberger Anm. 1 a.

[7]) Mugdan, Mot. Bd. 4 S. 612; RGZ 71, 168.

[8]) KG RJA 15, 99.

[9]) RGZ 71, 168.

[10]) Hamm JMBlNRW 1964, 174; OLGZ 1968, 232 = Rpfleger 1968, 185; Fröhlich DRiZ 1965, 52 zu III; Keidel Anm. 2.

[11]) RGSt. 75, 146; Schleswig SchlHA 1955, 226.

[12]) Soergel-Lange BGB[9] § 1846 Anm. 4; Erman-Hefermehl BGB[3] § 1846 Anm. 1; zweifelnd RGZ 71, 168.

[13]) KG RJA 15, 99; Soergel-Lange BGB[9] § 1846 Anm. 3.

[14]) Raape IPR[5] § 37 I; Soergel-Kegel BGB[9] Art. 23 EG Anm. 18; Beitzke FamRZ 1967, 592 zu V 3, der jedoch auch für die Vormundschaft inländischen Aufenthalt nicht voraussetzt.

tigen Eingreifen verhindert ist. Für die Maßnahme muß ein konkretes Bedürfnis vorliegen, also zu besorgen sein, daß das Eingreifen der zuständigen ausländischen Behörde zu spät kommen würde[15]). Sie muß sich ihrer Natur nach auf eine vorläufige Regelung beschränken; daher ist ausgeschlossen eine Entscheidung über die Änderung der religiösen Kindererziehung[16]) oder die Genehmigung einer Eheschließung[17]). Die Maßregel muß sich ferner im Rahmen des Fürsorgebedürfnisses halten, dessen Befriedigung die in Aussicht genommene Vormundschaft oder Pflegschaft dient. Die internationale Zuständigkeit für Verrichtungen außerhalb einer Vormundschaft oder Pflegschaft, z. B. in Fragen der elterlichen Gewalt, insbesondere der Entziehung oder Regelung der elterlichen Gewalt oder des Verkehrsrechts, und für die Genehmigung von Rechtsgeschäften richtet sich nicht nach Art. 23[18]), sondern nach anderen Grundsätzen (vgl. § 35 Rdn. 113 ff.). In Betracht kommen Maßnahmen zur Sicherung des Vermögens (Aufnahme eines Vermögensverzeichnisses, Hinterlegung, Bestellung eines Verwahrers) oder der Person (vorläufige Unterbringung eines Kindes in einem Heim, eines Geisteskranken in einer Anstalt). Die Anordnung einer (vorläufigen) Vormundschaft oder Pflegschaft ist als vorläufige Maßregel nicht statthaft, weil diese Maßnahmen an die engeren Voraussetzungen des Art. 23 Abs. 1 EG gebunden sind[19]). Daß § 44 FGG eine Grundlage auch für endgültige Maßnahmen in bezug auf Ausländer biete[20]), kann nicht anerkannt werden. Vielmehr muß dann die deutsche internationale Zuständigkeit durch andere Normen begründet sein, z. B. als Statutszuständigkeit (vgl. § 36 Rdn. 23) oder auf Grund des § 31 PStG (vgl. Anh. nach § 56a, § 31 PStG Rdn. 4) und nur für die Begründung der örtlichen Zuständigkeit kann, wenn es an einer Zuständigkeitsnorm fehlt, den §§ 37 Satz 2, 38, 39 Abs. 2, 40, 41, 44 der Grundsatz entnommen werden, daß hilfsweise der Gerichtsstand des Fürsorgebedürfnisses eintritt.

C. Subsidiäre Notzuständigkeit

5 *1. Abgrenzung.* Für die in Anm. B erörterten Maßnahmen richtet sich die örtliche Zuständigkeit des VormG nach §§ 36 ff., 43 FGG. Da aber ein Schutzbedürfnis häufig in eiligen Fällen und außerhalb des Bezirks des zuständigen Gerichts auftritt, wird durch § 44 eine Zuständigkeit des Gerichts begründet, in dessen Bezirk das Bedürfnis der Fürsorge hervortritt. Diese Zuständigkeit ist keine ausschließliche, sondern sie tritt ergänzend neben die nach §§ 36 ff., 43 begründete. Tritt das Bedürfnis der Fürsorge in den Bezirken mehrerer Gerichte auf, so entscheidet unter den nach § 44 zuständigen Gerichten nach § 4 der Vorgriff; dagegen schließt das Tätigwerden des nach § 44 zuständigen Gerichts nicht gemäß § 4 die Zuständigkeit des ordentlichen VormG aus, da beide Zuständigkeiten nicht gleichwertig sind; auch ziehen Maßnahmen des Eilgerichts nicht die Zuständigkeit für die spätere Anordnung der Vormundschaft nach sich[21]). Die außerordentliche Zuständigkeit gilt für Fälle, in denen die Anrufung des allgemein zuständigen Gerichts ohne Nachteil nicht mehr möglich ist, und nur für vorläufige Maßnahmen vorbehaltlich der Entscheidung des eigentlich berufenen Gerichts[22]). Selbstverständlich gibt § 44 dem Eilgericht nicht die Befugnis, dem bereits mit der Sache befaßten ordentlichen VormG durch seine Maßnahmen entgegenzutreten[23]). Die außerordentliche Zuständigkeit endet, wenn das Fürsorgebedürfnis

15) KGJ 31 A 35.

16) KGJ 31 A 45.

17) KGJ 32 A 28, 31.

18) Soergel-Kegel BGB^{9} Art. 23 EG Anm. 4; Staudinger-Göppinger BGB^{11} § 1666 Anm. 404; vgl. auch RG JW 1932, 588 mit Anm. v. Frankenstein.

19) KGJ 21 A 209; 27 A 164; 31 A 45; KG OLGR 46, 200; Raape IPR^{5} § 37 I; Palandt-Lauterbach BGB^{26} Art. 23 EG Anm. 6; Erman-Marquordt BGB^{3} Art. 23 EG Anm. 10 a; a.M. Soergel-Kegel BGB^{9} Art. 23 EG Anm. 12; Lewald IPR S. 164; M. Wolff IPR^{7} S. 224 Fn. 6; LG Osnabrück IPRspr. 1929 Nr. 90 S. 130; dahingestellt gelassen in Karlsruhe Rpfleger 1957, 308; vgl. auch BayObLGZ 32, 324 über Bestellung eines Prozeßvertreters. Im Rahmen des Art. 7 HaagVormAbk. ist die Anordnung einer Pflegschaft als vorläufige Maßnahme statthaft, KGJ 35 A 15. Vgl. § 35 Rdn. 108.

20) So Keidel Anm. 7; zweifelnd BayObLGZ 1958, 102.

21) Keidel, Anm. 2.

22) KG JFG 14, 204; Erman-Ronke BGB^{3} § 1693 Anm. 3; weitergehend Keidel Anm. 2.

23) Vgl. KGJ 36 A 3.

wegfällt oder die erforderliche vorläufige Maßnahme getroffen ist; die Vorgänge sind an das nach §§ 36, 37, 43 zuständige Gericht abzugeben[24]). Die Zuständigkeit endet auch, sobald das Gericht sich der Sache zugunsten des endgültig zuständigen Gerichts entäußert[25]) oder dieses sich der Sache annimmt[26]). Weicht die Verfügung des ordentlichen Gerichts von der vorläufigen Maßnahme des Eilgerichts ab, so wird diese infolge Überholung gegenstandslos, ohne daß es einer förmlichen Aufhebung bedarf[27]). Das ordentliche VormG darf aber auch, sobald es die Sache übernommen hat, die Verfügung des Eilgerichts gemäß § 18 aufheben, da das Eilgericht nur der verlängerte Arm des ordentlichen Gerichts ist. Für die Beschwerde gegen die Verfügung ist, wenn inzwischen das nach § 36 zuständige Gericht die Sache übernommen hat, das diesem vorgeordnete Landgericht zuständig[28]).

2. *Anzeigepflicht.* Durch Satz 2 wird dem Eilgericht zur Pflicht gemacht, dem nach § 43 **6**
Abs. 2 zuständigen VormG, bei dem eine Vormundschaft, Pflegschaft oder Beistandschaft anhängig ist, von den angeordneten Maßregeln Mitteilung zu machen. Die Beschränkung auf das nach § 43 Abs. 2 zuständige Gericht ist jedoch zu eng. Die Mitteilung ist auch angebracht, wenn das ordentliche VormG nach §§ 36, 37, 43 Abs. 1 zuständig ist, um diesem eine Prüfung zu ermöglichen, ob weitere Maßnahmen geboten sind[29]). Vgl. MiZi XIII/4.

3. *Die sachliche Zuständigkeit* des Eilgerichts ist insofern zu eng, als es Maßnahmen nur **7**
bei Verhinderung der Eltern oder des Vormundes treffen kann (Rdn. 2, 3). Es fehlt eine Ermächtigung für das Eilgericht, das Kind auch vor seinen Eltern zu schützen, wenn diese sich außerhalb des Bezirks des zuständigen VormG einer Vernachlässigung des Kindes oder eines Mißbrauchs des Sorgerechts schuldig machen (§ 1666 Abs. 1) und zum Schutze des Kindes ein unverzügliches Einschreiten geboten ist. Bei einer solchen Sachlage ist es unumgänglich, dem Eilgericht auch die Befugnis zu vorläufigen Anordnungen nach § 1666 Abs. 1 BGB einzuräumen[30]). Dagegen geht es wohl zu weit, diese Befugnis auf Maßnahmen nach §§ 1632, 1671, 1696 BGB auszudehnen[31]).

4. Der *Rechtspfleger* ist zuständig für Maßnahmen nach §§ 1693, 1846 BGB[32]), soweit nicht **8**
die Bestellung eines Vormundes für einen Volljährigen oder einen Ausländer oder eines Pflegers oder eine Freiheitsentziehung in Betracht kommt (§ 14 Nr. 4, 10 RechtspflG); bei Maßnahmen nach Art. 23 Abs. 2 EGBGB besteht der Richtervorbehalt nach § 14 Nr. 4 RechtspflG.

D. Anhang

Eilgerichtsstand für Erziehungsbeistandschaft und Fürsorgeerziehung. Für eilige, die Er- **9**
ziehungsbeistandschaft und die Fürsorgeerziehung betreffende Maßregeln ist nach § 77 Abs. 1 JWG neben dem nach § 43 FGG zuständigen Gericht einstweilen auch das Gericht zuständig, in dessen Bezirk das Bedürfnis der Fürsorge auftritt, in dem also z. B. der Minderjährige unter Umständen, die Gefahr im Verzuge begründen (§ 67 JWG), aufgegriffen wird. Aus der einstweiligen Natur dieser Zuständigkeit ergibt sich, daß allenfalls vorläufige Fürsorgeerziehung, nicht endgültige, angeordnet werden kann. Das Eilgericht hat die angeordnete Maßnahme unverzüglich dem nach § 43 zuständigen Gericht mitzuteilen, regelmäßig durch Übersendung einer Ausfertigung des Beschlusses und der Akten, wodurch dieses ausschließlich zuständig wird (§ 77 Abs. 1 Satz 2 JWG) und die Befugnis erlangt, den Beschluß gegebenenfalls wieder aufzuheben (§ 18 Abs. 1 FGG mit § 67 Abs. 2 Satz 3

[24]) Schleswig SchlHA 1953, 73; Keidel Anm. 2.
[25]) KG JFG 20, 118.
[26]) Erman-Ronke BGB³ § 1693 Anm. 3.
[27]) Schlegelberger Anm. 3; Keidel Anm. 2; Staudinger-Donau BGB¹¹ § 1696 Anm. 6.
[28]) KGJ 50, 20; KG JFG 20, 118.
[29]) KG JFG 14, 206; Schlegelberger Anm. 4; Keidel Anm. 4; Pikart-Henn S. 155/156.
[30]) So auch Schlegelberger unter Anführung einer unveröffentlichten Entsch. des KG 1 a X 1233/13.
[31]) So Asmussen SchlHA 1964, 225; Keidel Anm. 5.
[32]) Hofmann-Kersting RechtspflG § 12 Anm. XXVIII 8.

JWG[33]); das Eilgericht ist nach Hinausgabe der Mitteilung zu einer Änderung nicht mehr befugt, da seine Zuständigkeit beendet ist. Die Beschwerde kann bei beiden VormGen oder den ihnen vorgeordneten Landgerichten eingelegt werden[34]). Über die Beschwerde entscheidet nach erfolgter Mitteilung das dem endgültig zuständigen VormG vorgeordnete Landgericht[35]).

Befreiung von den Eheverboten der Schwägerschaft und der Geschlechtsgemeinschaft

Örtliche Zuständigkeit, Verfahren

44 a (1) Für die Befreiung vom Eheverbot wegen Schwägerschaft und Geschlechtsgemeinschaft ist das Gericht zuständig, in dessen Bezirk einer der Verlobten seinen gewöhnlichen Aufenthalt hat. Hat keiner von ihnen seinen gewöhnlichen Aufenthalt im Inland, so ist das Amtsgericht Schöneberg in Berlin-Schöneberg zuständig. Es kann die Sache aus wichtigen Gründen an ein anderes Gericht abgeben; die Abgabeverfügung ist für dieses Gericht bindend.

(2) Die Verfügung, durch die das Gericht die Befreiung erteilt, ist unanfechtbar. Das Gericht darf sie nicht mehr ändern, wenn die Ehe geschlossen worden ist.

Eingefügt durch Art. 4 Nr. 3 FamRÄndG. In Kraft getreten am 1. 1. 1962.

1 *1. Rechtsentwicklung.* Die Regelung der Eheverbote der Verwandtschaft, der Schwägerschaft und der Geschlechtsgemeinschaft in § 4 Abs. 1, 2 EheG entspricht der des § 1310 BGB a. F. Eine Befreiung von den Eheverboten der Schwägerschaft und der Geschlechtsgemeinschaft wurde erstmals eingeführt durch Art. 1 § 1 FamRÄndG vom 12. 4. 1938 (RGBl. I, 380). Das EheG 1938 beseitigte in §§ 6, 7 das Eheverbot der Geschlechtsgemeinschaft, behielt aber die Möglichkeit der Befreiung vom Eheverbot der Schwägerschaft bei. § 4 EheG 1946 führte das Eheverbot der Geschlechtsgemeinschaft wieder ein, sah aber in § 4 Abs. 3 eine Befreiung nur vom Eheverbot der Schwägerschaft vor. Jedoch wurde überwiegend angenommen, daß auch von dem schwächeren Eheverbot der Geschlechtsgemeinschaft Befreiung erteilt werden könne[1]); für die frühere britische Zone war die Befreiung auch von diesem Eheverbot zugelassen durch VO vom 27. 8. 1948 (VOBlbrZ, 247). Das Befreiungsverfahren war geregelt in den §§ 3, 4, 10, 11, 12 1. DVO-EheG vom 27. 7. 1938 (RGBl. I, 923), für die frühere britische Zone geändert durch AusfVO-EheG vom 12. 7. 1948 (VOBlbrZ, 210). Es entschied der LGPräs., u. U. (Ausländer, Befreiung nach Eheschließung) der OLGPräs. (Justizverwaltungsakt). Die Vorbereitung der Entscheidung lag dem Amtsgericht ob. Gegen ablehnende Bescheide förmliche Beschwerde an LJMin. (§§ 3, 11, 1. DVO-EheG). Der Verwaltungsrechtsweg wurde für zulässig erachtet[2]). Vom 1. 4. 1960 bis 31. 12. 1961 war das OLG im Verfahren nach den §§ 23 ff. EGGVG i. d. F. des § 179 VwGO anzurufen.

2 *2. § 4 EheG* ist in Abs. 1 und 2 (sachlicher Umfang der Eheverbote) unverändert geblieben. Geändert ist Abs. 3 (Befreiung) durch Art. 2 Nr. 1 Buchst. b FamRÄndG; die §§ 1—12 1. DVO-EheG, §§ 1—12 AusfVO-EheG für die britische Zone sind gleichzeitig durch Art. 9 Abs. 1 Nr. 11, 25 FamRÄndG aufgehoben worden. Durch Art. 2 Nr. 1 NichtehelG ist der Nachsatz des Abs. 1, „gleichgültig, ob die Verwandtschaft auf ehelicher oder unehelicher Geburt beruht", wegen Aufhebung des § 1589 Abs. 2 BGB mit Wirkung vom 1. 7. 1970 fortgefallen. Eine sachliche Änderung ist damit nicht eingetreten. § 4 EheG lautet hiernach:

[33]) Staudinger-Göppinger BGB[11] Anh. zu § 1666 Anm. 400.

[34]) Vgl. § 21 Rdn. 3; Palandt-Lauterbach BGB[28] § 77 JWG Anm. 2; Staudinger-Göppinger aaO. Anm. 401.

[35]) KG JFG 3, 97; BayObLGZ 1959, 182 = EJF E I Nr. 30 mit Anm. v. Riedel; Bremen EJF E I Nr. 23; Hamm ZBlJR 1961, 216; Keidel § 43 Anm. 16; Staudinger-Göppinger aaO. Anm. 401.

[1]) Vgl. Palandt, § 4 EheG Anm. 7; Siebert-Vogel, § 4 EheG Anm. 8; Bosch, FamRZ 1960, 437; a.M. Beitzke, FamR, § 9 II 1 c.

[2]) BVerwG FamRZ 1960, 435 = DVBl. 1960, 851 = NJW 1961, 892 = JZ 1961, 62.

(1) Eine Ehe darf nicht geschlossen werden zwischen Verwandten in gerader Linie, zwischen vollbürtigen und halbbürtigen Geschwistern sowie zwischen Verschwägerten in gerader Linie.

(2) Eine Ehe darf nicht geschlossen werden zwischen Personen, von denen die eine mit Eltern, Voreltern oder Abkömmlingen der anderen Geschlechtsgemeinschaft gepflogen hat.

(3) Das Vormundschaftsgericht kann von dem Eheverbot wegen Schwägerschaft und Geschlechtsgemeinschaft Befreiung erteilen. Die Befreiung soll versagt werden, wenn wichtige Gründe der Eingehung der Ehe entgegenstehen.

a) Verwandtschaft. Von dem Eheverbot der Verwandtschaft (§ 1589 BGB), gemäß § 1589 Abs. 1 BGB einschließlich der auf nichtehelicher Geburt beruhenden, kann keine Befreiung erteilt werden. Eine entgegen diesem trennenden Eheverbot geschlossene Ehe ist nichtig (vernichtbar), §§ 21 Abs. 1, 23 EheG. Der Standesbeamte kann vor dem Erlaß des Aufgebots den Nachweis des Fehlens des Eheverbots verlangen (§ 5 Abs. 2 PStG). Der Streit über das Bestehen des Eheverbots ist als Personenstandssache im Verfahren nach § 45 PStG vor dem AG auszutragen. Eine vom VormG erteilte Befreiung vom Eheverbot der Verwandtschaft wäre nichtig. **3**

b) Schwägerschaft[3]). Schwägerschaft i. S. des § 4 EheG ist das Verhältnis des einen Ehegatten zu den Blutsverwandten des anderen, gleichgültig, ob die Verwandtschaft auf ehelicher oder auf unehelicher Geburt beruht. Die Vermutungen der §§ 1717, 1718 BGB a. F. sowie die Regelung der §§ 1591, 1593 BGB gelten insofern nicht[4]). Eine Witwe kann mithin nicht den Sohn ihres Mannes heiraten, den dieser mit einer anderen Ehefrau im Ehebruch erzeugt hat, mag die Ehelichkeit auch nicht angefochten worden sein. Andererseits bleiben die Wirkungen der §§ 1591, 1600a, 1719, 1736 bestehen, solange sie nicht mit allgemeinbindender Wirkung beseitigt sind. Ein Mann ist daher mit der während der Ehe außerehelich empfangenen Tochter seiner Frau, solange die Unehelichkeit nicht rechtskräftig festgestellt ist, gemäß § 1591 verwandt, nicht nur verschwägert. Auflösung der Ehe durch Tod, Aufhebung (§§ 29, 30 EheG), Scheidung (§ 41 EheG) oder Wiederverheiratung, nachdem der andere Ehegatte für tot erklärt worden ist (§ 38 Abs. 2 EheG), beendet das Schwägerschaftsverhältnis nicht (§ 1590 Abs. 2 BGB), so daß das Eheverbot bestehen bleibt. Jedoch kann Schwägerschaft nach der Auflösung der Ehe nicht mehr entstehen; daher ist der erste Ehemann nicht verschwägert mit den Kindern seiner früheren Ehefrau aus einer zweiten Ehe. Auch eine vernichtbare Ehe begründet die Schwägerschaft. Erst mit der rechtskräftigen Nichtigerklärung der Ehe entfällt das Eheverbot der Schwägerschaft mit Rückwirkung (anders § 7 Abs. 1 EheG 1938); jedoch wird dann in der Regel das Eheverbot der Geschlechtsgemeinschaft bestehen. Eine Nichtehe (§ 11 EheG, Art. 13 Abs. 3 EGBGB) ist nicht geeignet, Schwägerschaft zu begründen. **4**

Das Eheverbot besteht zwischen Verschwägerten in gerader Linie, also dem Ehegatten oder früheren Ehegatten und den Blutsverwandten in gerader Linie des anderen Ehegatten. Verboten ist mithin dem Mann eine Ehe mit seiner Schwiegermutter, seiner Stieftochter, der Tochter seiner Stieftochter, seiner Schwiegertochter, der Frau seines Enkels, seiner Stiefmutter, der Frau eine Ehe mit ihrem Schwiegervater, ihrem Stiefsohn, dem Sohn ihres Stiefsohnes, ihrem Schwiegersohn, dem Mann ihrer Enkelin, ihrem Stiefvater[5]). Nicht verboten ist die Ehe zwischen Verschwägerten in der Seitenlinie, z. B. einer Frau und dem Mann ihrer verstorbenen Stieftochter, einem Witwer und der Schwester seiner Frau oder zwischen einem Mann und der Witwe seines Bruders. **5**

Schwägerschaft in gerade Linie begründet ein trennendes Eheverbot. Eine gleichwohl ohne Befreiung geschlossene Ehe ist nichtig (vernichtbar), §§ 21 Abs. 1, 23 EheG. Jedoch wird der Nichtigkeitsgrund rückwirkend geheilt, wenn die Befreiung nach der Eheschließung, **6**

[3]) Schrifttum: Rietdorf-Schmidt, Eheerfordernisse und Ehehindernisse, 1960, S. 61 ff.

[4]) RGZ 165, 250; Staudinger-Dietz BGB[11] § 4 EheG Rdn. 35 mit Rdn. 13.

[5]) Vgl. Bluhm, StAZ 1957, 16.

aber natürlich vor rechtskräftiger Nichtigerklärung, bewilligt wird (§ 21 Abs. 2 EheG). Da der Staatsanwalt Nichtigkeitsklage auch nach Auflösung der Ehe erheben kann, sofern noch ein Ehegatte lebt (§ 24 EheG), ist Befreiung auch nach Auflösung der Ehe möglich, solange ein Ehegatte lebt und die Ehe nicht rechtskräftig für nichtig erklärt ist[6]).

7 *c) Geschlechtsgemeinschaft,* die in oder außer der Ehe mit Eltern, Voreltern oder Abkömmlingen des anderen Ehebewerbers gepflogen worden ist, begründet ein aufschiebendes Eheverbot. Darunter ist nur der Beischlaf zu verstehen, nicht sonstige unzüchtige Handlungen (vgl. § 173 StGB). Einmalige Beiwohnung genügt. Der Tatbestand wird häufig für den Standesbeamten schwer nachprüfbar sein (vgl. Motive z. BGB IV S. 21 ff.). Verweigert der Standesbeamte den Erlaß des Aufgebots, weil er das Bestehen des Eheverbots annimmt, so kann der Ehebewerber, der den Tatbestand leugnet, nicht Befreiung nach § 4 EheG nachsuchen, sondern er muß gegen die Weigerung des Standesbeamten das AG im Verfahren nach § 45 PStG anrufen. Je nach dem Ergebnis der Ermittlungen in diesem Verfahren ist dann entweder der Standesbeamte zur Vornahme der Amtshandlung anzuweisen oder die Weigerung des Standesbeamten wird für berechtigt erklärt mit der Folge, daß der Ehebewerber nunmehr die Befreiung beim VormG nachsuchen kann (Bosch, FamRZ 1960, 437 zu 6). Die trotz des Eheverbots geschlossene Ehe ist gültig (arg. § 21 Abs. 1 EheG). Daher ist für eine nachträgliche Befreiung nach der Eheschließung kein Raum.

8 *3. Die Rechtsgültigkeit* der Eheverbote der Schwägerschaft und der Geschlechtsgemeinschaft unterliegt keinen begründeten Bedenken. Sie sind mit Art. 2 und 6 GG vereinbar[7]). Es liegt auch keine Verletzung des Art. 12 der Europäischen Konvention zum Schutze der Menschenrechte vom 4. 11. 1950 (BGBl. 1952 II, 685, 953; 1954 II, 14) vor, wie Guradze, Der Stand der Menschenrechte im Völkerrecht, 1956, S. 219, und Krüger in Krüger-Breetzke-Nowack, GleichberG, Einl. Randn. 158 für die Eheverbote der Schwägerschaft und des Ehebruchs, Guradze a. a. O. auch für das der Geschlechtsgemeinschaft annehmen. Denn Art. 12 MRK gewährt ein Recht zur Ehe nur nach Maßgabe der nationalen Gesetze[8]). Die Vorschriften der Konvention als solche sind auch nicht allgemeine Regeln des Völkerrechts i. S. des Art. 25 GG, sondern Bundesrecht im Range eines einfachen Bundesgesetzes[9]). Da Völkervertragsrecht keine innerstaatliche Bindung des nationalen Gesetzgebers begründet[10]), war der Bundesgesetzgeber nicht gehindert, die Eheverbote zu bestätigen, wie es durch die Änderung der §§ 4 und 6 EheG geschehen ist, selbst wenn sie der Konvention widersprechen würden. Art. 16 der UN-Deklaration der Menschenrechte (bei Schätzel, Die Charta Vereinten Nationen, 2. Aufl. 1957) über das Recht zur Ehe hat keinen Rechtssatzcharakter und ist keine allgemeine Regel des Völkerrechts[11]).

4. Befreiung

9 *a) Zuständigkeit.* Die Befreiung wird durch § 4 Abs. 3 EheG dem VormG übertragen, ist also eine Angelegenheit der FG (§ 1 FGG). Zuständig ist das AG (§ 35 FGG, Art. 68 Nr. 1a WürttAGBGB i. d. F. d. G vom 19. 12. 1961, GBl., 371), und zwar der *Richter*

[6]) Maßfeller, StAZ 1938, 281; Staudinger-Dietz BGB[11] § 21 EheG Anm. 36; Hoffmann-Stephan EheG[2] § 21 Anm. 6; Keidel Anm. 11.

[7]) BVerwGE 10, 340 = FamRZ 1960, 435 = DVBl. 1960, 851 = NJW 1961, 892 = JZ 1961, 62; Hamm FamRZ 1963, 248; Celle StAZ 1965, 332 zu § 6 EheG; Bosch FamRZ 1960, 437 zu 6; Beitzke FamR § 9 II 1 b; Katholnigg, FamRZ 1964, 123; Göppinger FamRZ 1965, 10; Hoffmann-Stephan EheG[2] § 4 Anm. 2; Dölle FamR I 104 Fn. 25; BGB-RGRK[11] § 4 EheG Anm. 2; Staudinger-Dietz BGB[11] § 4 EheG Anm. 30; Hamburg FamRZ 1970, 27; a.M. Ramm JZ 1963, 47 zu III 2 b; für das Eheverbot der Geschlechtsgemeinschaft auch Lüke NJW 1962, 2175.

[8]) Münch JZ 1961, 153 zu I a. E.; KG NJW 1961, 2209 = FamRZ 1961, 480.

[9]) BayVerfGH NJW 1961, 1619; KG NJW 1961, 2209 = FamRZ 1961, 480; Maunz-Dürig GG Art. 1 Rdn. 59; Herzog DÖV 1960, 775; Münch JZ 1961, 153.

[10]) Str., vgl. Mosler, Das Völkerrecht in der Praxis der deutschen Gerichte, 1957, S. 39; Münch, JZ 1961, 153 zu II.

[11]) Süsterhenn, DVBl. 1955, 753; Guradze aaO. S. 127; Berber, Lehrb. d. VölkerR § 3 V S. 32, § 57 S. 373; Dahm, VölkerR Bd. 1 S. 429; Maunz-Dürig, GG Art. 1 Rdn. 56 Anm. 3.

(§ 14 Nr. 18 RechtspflG). Die Befreiung ist kein Gnadenakt, sondern ein Akt der Rechtspflege.

b) Voraussetzungen. Die Befreiung ist nicht in das Ermessen des VormG in dem Sinne gestellt, daß es, wenn der Eingehung der Ehe keine wichtigen Gründe entgegenstehen (§ 4 Abs. 3 Satz 2 EheG), die Befreiung nach seinem Ermessen erteilen oder versagen dürfte, insoweit also Handlungsermessen hätte; durch das „kann" wird ausgedrückt, das dem VormG die Entscheidungsbefugnis übertragen ist[12]). Das VormG hat aber bei der Würdigung der für und gegen die Eingehung der Ehe sprechenden Umstände ein Beurteilungsermessen auszuüben (vgl. § 27 Rdn. 24). Eine Rechtspflicht zur Versagung besteht nach § 4 Abs. 3 Satz 2 EheG, wenn wichtige Gründe der Eingehung der Ehe entgegenstehen. „Soll" bedeutet nicht, daß das Gericht in Ausnahmefällen die Befreiung gleichwohl erteilen dürfte, sondern bringt zum Ausdruck, daß eine Verletzung nicht die Rechtsfolge der Unwirksamkeit nach sich zieht. Die Sollvorschrift muß daher vom Gericht beachtet werden[13]). Die Nichtbeachtung stellt eine Amtspflichtverletzung und eine Gesetzesverletzung dar (§ 27 FGG Rdn. 13). Das Vorliegen eines wichtigen Grundes ist ein vom Rechtsbeschwerdegericht nachprüfbarer unbestimmter Rechtsbegriff (§ 27 FGG Rdn. 25). Wenn wichtige Gründe nicht entgegenstehen, kann das Gericht nach Maßgabe der vorliegenden Umstände die Befreiung entweder erteilen oder versagen (Rechtsfolgeermessen). Die bei der Ermessensausübung in Betracht zu ziehenden Gesichtspunkte ergeben sich aus dem Wesen und Zweck der Eheverbote. Sie beruhen auf der sittlichen Vorstellung, daß ein gesundes und reines Familienverhältnis es erfordert, die Beziehungen zwischen Verwandten und Verschwägerten frei von Geschlechtsliebe zu halten. Hinzu kommt die Widernatürlichkeit der verwandtschaftlichen Beziehungen, die sich ergeben können, wenn aus der die Schwägerschaft begründenden Ehe oder aus der Geschlechtsgemeinschaft Kinder hervorgegangen sind[14]). Hiernach kommt es darauf an, ob die beabsichtigte Verbindung bei einer Gesamtwürdigung aller Umstände in gröberem oder geringerem Maße anstößig ist und ob ein geringes Maß von Anstößigkeit (z. B. Auflösung der verschwägernden Ehe durch Tod und Fehlen von Kindern) durch sittliche oder soziale Umstände, welche eine Zulassung der beabsichtigten Eheschließung vertretbar erscheinen lassen, aufgewogen wird. Auch gesundheitliche Bedenken können Berücksichtigung finden. Sachfremd, weil auf eine Bevormundung hinauslaufend, wäre eine Versagung wegen ungünstiger Bestandsprognose oder wegen erheblichen Altersunterschiedes, es sei denn, daß der Altersunterschied die sittliche Anstößigkeit der beabsichtigten Verbindung verstärkt[15]). 10

5. Verfahren

a) Antrag. Ein förmlicher Antrag wird vom Gesetz nicht erfordert, wenn auch das Gericht in der Regel ohne Anrufung durch die Beteiligten zu Maßnahmen keinen Anlaß haben und zur Entscheidung tatsächlich außerstande sein wird. Immerhin ist es denkbar, daß, wenn die Ehe ohne Befreiung geschlossen ist, der Staatsanwalt zur Vermeidung einer Nichtigkeitsklage oder ein aus der Ehe hervorgegangenes Kind die nachträgliche Befreiung vom Eheverbot der Schwägerschaft oder des Ehebruchs anregt, etwa wenn die Ehegatten selbst den Antrag nicht stellen, weil sie bereits wieder auseinanderstreben. § 18 Abs. 1 Halbs. 2 und § 20 Abs. 2 sind mithin nicht anwendbar; das Gericht darf eine ablehnende Verfügung auch ohne Antrag ändern, und die Beschwerde dagegen steht nicht nur dem Antragsteller zu. Da ein Antrag nicht gesetzliche Bedingung für die Einleitung des Verfahrens ist, kann die Frage nicht auftreten, ob, wenn die Befreiung nach der Eheschließung nachgesucht wird, der „Antrag" von beiden Ehegatten gestellt werden muß[16]). Übrigens kann einem Ehegatten, 11

[12]) Staudinger-Dietz BGB[11] § 4 EheG Anm. 43; vgl. zu § 1 Abs. 2 EheG KG FamRZ 1960, 501; a.M. AchillesGreiff-Eggel BGB[21] Nachtr. zu § 4 EheG Anm. II.

[13]) Vgl. BayObLG NJW 1961, 1865; Enneccerus-Nipperdey, Allg. Teil § 49 Fußn. 16; Saage, DNotZ 1960, 582.

[14]) Hamm FamRZ 1963, 248; Motive z. BGB IV S. 21; Lehmann, FamR § 10 I 3; Beitzke, FamR § 9 II 1.

[15]) Wie hier Staudinger-Dietz BGB[11] § 4 EheG Anm. 45; Hoffmann-Stephan EheG[2] § 4 Rdn. 24; Hamburg FamRZ 1970, 27 zu II 2; a.M. BGB-RGRK[11] § 4 EheG Anm. 34.

[16]) So aber Staudinger-Dietz BGB[11] § 4 EheG Anm. 51, § 21 Anm. 34.

der aus der Ehe fortstrebt, kein berechtigtes Interesse daran zugebilligt werden, daß ein behebbarer Nichtigkeitsgrund nicht behoben wird.

12 *b) Beteiligte. Beteiligt* sind nur die Verlobten, und zwar notwendig beide, da ein zweiseitiges Eheverbot vorliegt. Der ehemündige (§ 1 EheG) minderjährige oder in der Geschäftsfähigkeit beschränkte Verlobte ist selbständig verfahrensgeschäftsfähig (§ 13 Rdn. 19), da die Eheschließung ein höchstpersönliches Rechtsgeschäft ist und aus diesem Grunde ein Fall bürgerlichrechtlicher Teilgeschäftsfähigkeit vorliegt. Die Ausübung der Rechte im Verfahren durch den gesetzlichen Vertreter kommt deshalb nicht in Betracht[17]). Die Einwilligung des gesetzlichen Vertreters oder des Sorgeberechtigten nach § 3 EheG ist kein Teil der Ehewillenserklärung selbst, also kein Vertretungsakt. Für einen Geschäftsunfähigen kann auch der gesetzliche Vertreter den Antrag nicht stellen (§ 2 EheG).

13 *6. Örtlich zuständig* ist jedes VermG, in dessen Bezirk einer der Verlobten seinen gewöhnlichen Aufenthalt (Begriff § 45 Rdn. 8) hat. Der Wohnsitz im Rechtssinne ist nicht maßgebend. Die Anhängigkeit einer Vormundschaft oder Pflegschaft für einen Verlobten zieht die Zuständigkeit nicht nach sich. Eine Abgabe nach § 46 ist nicht statthaft. Bei gewöhnlichem Aufenthalt der Verlobten in den Bezirken verschiedener Gerichte entscheidet der Vorgriff (§ 4). Gleichzeitige Befassung beider Gerichte ist nicht statthaft, da eine einheitliche Angelegenheit vorliegt. Bei Streit oder Ungewißheit über den Vorgriff ist das zuständige Gericht nach § 5 zu bestimmen. Daß beide Gerichte nacheinander angerufen werden, nachdem das zuerst angerufene die Befreiung abgelehnt hat, ist praktisch schwer vermeidbar, worauf Finke, FamRZ 1958, 408 hinweist. Das zweite Gericht muß, wenn es von dem ersten Verfahren Kenntnis erlangt, wegen örtlicher Unzuständigkeit ablehnen, da es seine Zuständigkeit durch das Tätigwerden des zuerst angerufenen Gerichts verloren hat (§ 4), es sei denn, daß die Nachsuchung der Befreiung bei dem zweiten Gericht auf neue Tatsachen gestützt wird und deshalb nicht dieselbe „Sache" ist.

14 Eine *Ersatzzuständigkeit* begründet Abs. 1 Satz 2, wenn keiner der Verlobten seinen gewöhnlichen Aufenthalt im Inland hat. Inland ist verfahrensrechtlich im Sinne des Geltungsbereichs der Vorschrift zu verstehen, also BRD einschließlich Berlin-West (§ 45 Rdn. 13; Keidel § 45 II 3). In diesm Fall ist die zentrale Zuständigkeit des AG Schöneberg begründet mit der Befugnis, die Sache unanfechtbar und bindend an ein anderes VormG entsprechend § 36 Abs. 2 n. F. abzugeben (§ 36 Rdn. 24). Oft wird die Abgabe an das VormG angemessen sein, in dessen Bezirk der eine oder andere Verlobte seinen letzten gewöhnlichen Aufenthalt im Inland hatte oder in dessen Bezirk die Ehe geschlossen werden soll. Schlichter Aufenthalt im Inland schließt die Zuständigkeit des AG Schöneberg, abweichend von § 36 Abs. 2, nicht aus.

15 *7. Internationale Zuständigkeit.* Über das Vorliegen von Eheverboten als sachlichen Voraussetzungen der Eheschließung entscheidet gemäß Art. 13 Abs. 1 EGBGB das Personalstatut jedes Verlobten im Zeitpunkt der Heirat. Soweit die Eheschließung einen Statutenwechsel herbeiführt (etwa bei der Frau) kommt es auf das Personalstatut unmittelbar vor der Heirat an (Antrittsrecht). Späterer Staatswechsel macht eine gültig geschlossene Ehe nicht ungültig[18]), kann aber Heilung eines dem neuen Heimatstaat unbekannten Nichtigkeitsgrundes des Eheschließungsstatuts bewirken[19]). Einem Verlobten, nach dessen Personalstatut ausländisches Recht anzuwenden ist, kann von einer deutschen Behörde Befreiung von einem Eheverbot, mag es aufschiebender oder trennender Art sein, nicht erteilt werden[20]). Insoweit besteht mithin ein Gleichlauf von internationaler Zuständigkeit und anzu-

[17]) Hoffmann-Stephan EheG[2] § 4 Anm. 29; Staudinger-Dietz BGB[11] § 4 EheG Anm. 51; vgl. § 13 Rdn. 19 und zu § 1 Abs. 2 EheG Anh. nach § 56 Rdn. 8.

[18]) Raape IPR[5] § 27 II; Kegel IPR § 20 III 1 c.

[19]) Raape aaO.; a.M. Kegel aaO.; Soergel-Kegel, BGB[9] Art. 13 EG Anm. 31.

[20]) KG NJW 1961, 2209 = FamRZ 1961, 480; Staudinger[9] § 1322 Anm. 3 a; Raape IPR[5] § 27 V I Anm. 38, § 30 D II; Soergel-Kegel[9] Art. 13 EG Anm. 76; Neumayer RabelsZ 1955, 72; Beyer StAZ 1957, 33; Ferid SJZ 1949, 782; Staudinger-Dietz BGB[11] § 4 EheG Anm. 72; Erman-Marquordt BGB[4] Art. 13 EG Anm. 5 b; Keidel Anm. 8.

wendendem Recht (Statutszuständigkeit). Diesen Standpunkt hat auch die Bundesrepublik bei der Unterzeichnung des Übereinkommens vom 10. 9. 1964 zur Erleichterung der Eheschließung im Ausland eingenommen (vgl. Vorbem. vor § 69 Rdn. 14). Unter besonderen Umständen kann aber unter dem Gesichtspunkt der Notzuständigkeit eine internationale Zuständigkeit des deutschen VormG auch bei Anwendung fremden Sachrechts gegeben sein[20a]). Hiernach kann die Befreiung erteilt werden:

a) deutschen Staatsangehörigen (Art. 13 EGBGB); eine daneben vorhandene fremde Staatsangehörigkeit bleibt außer Betracht[21]); neuerdings gewinnt die Auffassung Raum, daß das Personalstatut von der Rechtsordnung bestimmt werde, welcher der Mehrstaater am engsten verbunden sei[22]); **16**

b) Personen, die, ohne die deutsche Staatsangehörigkeit zu besitzen, Deutsche im Sinne des Art. 116 Abs. 1 GG sind (Art. 9 II Nr. 5 FamRÄndG); dazu Soergel-Kegel Art. 29 Anmerkung 32; **17**

c) Staatenlosen, die ihren gewöhnlichen Aufenthalt oder in Ermangelung eines solchen ihren schlichten Aufenthalt in der Bundesrepublik oder in Berlin-West haben (Artikel 29 EGBGB); **18**

d) internationalen (nichtvolksdeutschen) Flüchtlingen i. S. des Art. 1 des Genfer Abkommens über die Rechtsstellung der Flüchtlinge vom 28. 7. 1951 (BGBl. 1953 II, 560) mit Artikel 2 I 2 des ZustimmungsG vom 1. 9. 1953 (BGBl. II, 559), die in der Bundesrepublik oder in Berlin-West ihren Wohnsitz oder in Ermangelung eines Wohnsitzes ihren Aufenthalt haben (Art. 12 des Abkommens). Ferner verschleppte Personen und Flüchtlinge i. S. des Art. 10 Buchst. a AHGK 23 vom 17. 3. 1950 (ABlAHK 140) i. d. F. des AHKG 48 vom 1. 1. 1951 (ABlAHK 808), Berlin-West G Nr. 9 vom 28. 8. 1950 (VOBl. 458) i. d. F. des G Nr. 14 vom 13. 4. 1951 (GVBl. 332), die ihren gewöhnlichen, hilfsweise den schlichten Aufenthalt in Gebiet der Bundesrepublik oder Westberlins haben und eine amtliche Bescheinigung über ihre Betreuung durch den Flüchtlingskommissar der Vereinten Nationen besitzen, sowie heimatlose Ausländer i. S. des HeimatlAuslG vom 25. 4. 1951 (BGBl. I, 269), Berlin-West G vom 28. 2. 1952 (GVBl. 126), im Saarland in Geltung gesetzt durch § 1, Nr. 11, § 3 VO vom 26. 8. 1957 (BGBl. I, 1255)[23]). Durch das Protokoll über die Rechtsstellung der Flüchtlinge vom 31. 1. 1967 (BGBl. 1969 II 1294) mit ZustimmungsG vom 11. 7. 1969 (BGBl. 1969 II 1293) wird die Geltung der Art. 2 bis 34 des Genfer Abkommens vom 28. 7. 1951 auf Flüchtlinge i. S. des Art. 1 des Abkommens ohne Rücksicht darauf erstreckt, ob sie infolge vor dem 1. 1. 1951 eingetretener Ereignisse Flüchtlinge geworden sind. Das Protokoll ist noch nicht in Kraft getreten; **19**

e) fremden Staatsangehörigen, wenn das Recht ihres Heimatstaates wegen der sachlichen Voraussetzungen der Eheschließung auf das deutsche Recht zurückverweist (Art. 27 EGBGB). Im Rahmen der Geltung des HaagEheschlAb. vom 12. 6. 1902 (RGBl. 1904, 221/229) muß eine Rückverweisung des Heimatrechts auf deutsches Recht in einer ausdrücklichen Gesetzesbestimmung niedergelegt sein[24]). **20**

Bei zweiseitigen Ehehindernissen muß den Personalstatuten beider Verlobten genügt sein, bei einseitigen Hindernissen nur dem des Gehinderten. **21**

Auf den Ort der Eheschließung kommt es nicht an. Die nachträgliche Befreiung (§§ 21 Abs. 2, 22 Abs. 2 EheG) kann, wenn nach vorstehenden Ausführungen die deutsche internationale Zuständigkeit gegeben ist, auch bei Eheschließung im Ausland erteilt werden und **22**

[20a]) Vgl. § 1 Rdn. 141; Beitzke FamRZ 1967, 592 zu III 3; Hamm OLGZ 1969, 238 = NJW 1969, 373; dazu Dieckmann StAZ 1970, 8.

[21]) Raape IPR[5] § 9 II; BGHZ 3, 180.

[22]) Ferid RabelsZ 1958, 498; Kegel IPR § 13 II 5; Soergel-Kegel[9] Art. 29 Anm. 29; Enneccerus-Nipperdey, Allg. Teil § 67 III 4; vgl. auch § 36 Rdn. 22 mit Fn. 63.

[23]) Vgl. Soergel-Kegel BGB[9] Anh. zu Art. 29 EG Anm. 20 ff.; Staudinger-Dietz BGB[11] § 10 EheG Rdn. 27-39; Feaux de la Croix, Zum Begriff der Flüchtlingseigenschaft im Sinne der Genfer Konvention, NJW RzW 1968, 289-292; Kimminich, Der internationale Rechtsstatus des Flüchtlings, 1962.

[24]) RG JW 1931, 1340.

wird gerade bei Auslandsehen häufig in Betracht kommen (Staudinger-Raape, BGB S. 237). Dasselbe gilt interzonal (Luther, FamRZ 1957, 6 zu IV 2).

23 *8. Interzonale Zuständigkeit.* Im interzonalen Privatrecht ist Art. 13 Abs. 1 EGBGB grundsätzlich entsprechend anzuwenden. An die Stelle der Staatsangehörigkeit tritt als *Anknüpfungspunkt* richtigerweise statt des Wohnsitzes der gewöhnliche Aufenthalt[25]). Das Staatsbürgerschaftsgesetz der DDR vom 20. 2. 1967 (GBl. DDR I, 3) hat in diesem Zusammenhang keine Bedeutung (vgl. § 35 Rdn. 126 mit Fn. 90). Eine *Rechtsverschiedenheit* ergibt sich daraus, daß in der Sowjetzone und im Ostsektor Berlins durch die *EheVO* vom 24. 11. 1955 (GBl. DDR I, 849), Berlin-Ost vom 6. 12. 1955 (VOBl. I, 519) die Eheverbote der Schwägerschaft, der Geschlechtsgemeinschaft und des Ehebruchs beseitigt sind, seit dem 1. 4. 1966 gemäß § 8 FGB. Bei *Zonenwechsel* nach der Eheschließung durch Übersiedlung nach dem Westen entsteht die Frage, ob es einer nachträglichen Befreiung von den Eheverboten der §§ 4, 6 EheG bedarf. Hierfür gilt der Grundsatz, daß für die Frage der Ehenichtigkeit das Heimatrecht beider Verlobten zur Zeit der Eheschließung maßgebend ist. Die Ehe von Angehörigen der DDR, die dort nach der Rechtsspaltung durch die EheVO geschlossen worden ist, bleibt mithin nach der Übersiedlung gültig, ohne daß es einer Befreiung von einem nach Westrecht vorliegenden Eheverbot bedarf. Bei Heirat ohne Befreiung *und* Übersiedlung *vor* der Rechtsspaltung bleiben §§ 4, 6, 21, 22 EheG anwendbar; bei Übersiedlung nach der Rechtsspaltung hat die Änderung des als Personalstatut maßgebenden Sowjetzonenrechts den Mangel behoben[26]).

24 Die entsprechende Anwendung des Art. 13 Abs. 1 EGBGB darf allerdings nicht so weit gehen, daß Deutsche mit gewöhnlichem Aufenthalt in der SBZ oder im Ostsektor Berlins für eine Eheschließung in der BRD oder in Berlin-West keiner Befreiung bedürften[27]). Hier gebührt dem Recht der BRD der Vorrang[28]). Schließen Verlobte, von denen mindestens einer seinen gewöhnlichen Aufenthalt in der BRD hat, die Ehe ohne eine nach Westrecht erforderliche Befreiung in der SBZ oder im Ostsektor Berlins, so ist die Ehe mit dem Nichtigkeitsmangel behaftet, da es nach Art. 13 auf den Eheschließungsort nicht ankommt. Das gilt unabhängig davon, ob eine Umgehungsabsicht vorlag[29]). Er bedarf also einer nachträglichen Befreiung.

25 *9.* Die *Wirksamkeit* einer ablehnenden Verfügung tritt mit der Bekanntmachung an den Antragsteller ein. Die Erteilung der Befreiung ist ihrem Inhalt nach für beide Verlobte bestimmt (§ 16 Abs. 1) und wird, da sie nur einheitlich ergehen kann, mit der letzten Bekanntmachung wirksam (§ 16 Rdn. 13; Maßfeller, StAZ 1961, 301). Die wirksam gewordene Befreiung ist für den Standesbeamten bindend (§ 16 Rdn. 22). Er kann ihre Richtigkeit auch nicht im Verfahren nach § 45 Abs. 2 PStG zur Nachprüfung stellen, wohl aber den Mangel der Wirksamkeit oder etwaige Nichtigkeitsgründe. Bis zur Eheschließung kann er allenfalls die Änderung der Verfügung beim VormG anregen (Rdn. 27), ohne daß ihm jedoch gegen die Ablehnung der Änderung ein Beschwerderecht zusteht (Rdn. 26).

26 *10. Rechtsmittel.* Die Erteilung der Befreiung ist mit Rechtsmitteln nicht anfechtbar. Weist erst das Beschwerdegericht das AG zur Erteilung der Befreiung an, so ist die Entscheidung des Beschwerdegerichts unanfechtbar. Gegen die Versagung der Befreiung ist die einfache (unbefristete) Beschwerde nach § 19 gegeben. Das *Beschwerderecht* (§ 20 Abs. 1) steht jedem Verlobten unabhängig von dem anderen zu. Ein minderjähriger oder sonst beschränkt ge-

[25]) KG NJW 1957, 1198 = FamRZ 1957, 272; FamRZ 1957, 383; 1958, 426; BayObLGZ 1957, 213 = NJW 1957, 1599 = MDR 1957, 751 = EJF B II Nr. 13 mit Anm. v. Jansen; BayObLGZ 1957, 311 = NJW 1958, 308 = MDR 1958, 110 = EJF B II Nr. 14 mit Anm. Dunz; BayObLGZ 1959, 416; Soergel-Kegel BGB[9] Anm. 353 vor Art. 7 EG, Art. 13 EG Anm. 119; Raape IPR[5] S. 154; Erman-Marquordt BGB[4] Art. 13 EG Anm. 15 b; Keidel Anm. 9.

[26]) Vgl. Luther, FamRZ 1957, 6; Kegel IPR § 20 III 6; Soergel-Kegel[9] Art. 13 EG Anm. 115 ff.

[27]) So Luther, FamRZ 1957, 6 zu I 2 c.

[28]) Vgl. Wengler, NJW 1951, 52, 491; ders., RabelsZ 1958, 535 ff., 550; Raape IPR[5] § 20 II S. 153; a.M. Soergel-Kegel[9] Anm. 132 vor Art. 7 EG.

[29]) Luther aaO. zu IV; Soergel-Kegel[9] Vorbem. 64 vor Art. 7, Art. 13 Anm. 98.

schäftsfähiger Verlobter kann das Beschwerderecht selbständig ausüben (§ 59). Ein Beschwerderecht Dritter kann in Ermangelung einer Rechtsbeeinträchtigung (§ 20 Abs. 1) nicht in Betracht kommen. § 57 Abs. 1 Nr. 9 ist nicht anwendbar.

11. Änderungsbefugnis. Für die Änderung ablehnender Verfügungen gelten die Bem. zu § 18 Rdn. 6. Die Änderung einer die Befreiung erteilenden Verfügung durch das VormG nach § 18 Abs. 1 Halbs. 1 wird durch ihre Unanfechtbarkeit nicht ausgeschlossen (§ 18 Rdn. 10). Nach der Eheschließung jedoch ist eine Änderung der Befreiung vom Eheverbot der Schwägerschaft unstatthaft, da die bereits geschlossene Ehe nicht gemäß § 21 EheG rückwirkend nichtig gemacht werden soll (Maßfeller, StAZ 1961, 302). Ist die Befreiung erst nach der Eheschließung erteilt worden (Rdn. 6), so entfällt eine Änderungsbefugnis schlechthin. Eine Änderung der Befreiung von dem nur aufschiebenden Eheverbot der Geschlechtsgemeinschaft ist nach der Eheschließung gegenstandslos. Gegen eine die Befreiung aufhebende Verfügung findet die Beschwerde wie gegen die Versagung statt (Rdn. 26). **27**

12. Gebühren. a) des *Gerichts* § 97a KostO i. d. F. d. Art. 6 Nr. 2 FamRÄndG. Für die Befreiung volle Gebühr; die Versagung ist gebührenfrei. Im Beschwerdeverfahren gilt § 131 KostO. b) des *Rechtsanwalts* § 118 BRAGebO. **28**

Befreiung vom Eheverbot des Ehebruchs

Örtliche Zuständigkeit. Verfahren.

44 b **(1) Für die Befreiung vom Eheverbot wegen Ehebruchs ist das Gericht zuständig, in dessen Bezirk der wegen Ehebruchs geschiedene Verlobte seinen gewöhnlichen Aufenthalt hat. Sind beide Verlobte wegen Ehebruchs geschieden, so ist das Gericht zuständig, in dessen Bezirk der Mann seinen gewöhnlichen Aufenthalt hat. Hat im Falle des Satzes 1 der geschiedene Verlobte, im Falle des Satzes 2 der Mann im Inland keinen gewöhnlichen Aufenthalt, so ist das Gericht zuständig, in dessen Bezirk der andere Verlobte seinen gewöhnlichen Aufenthalt hat. Hat keiner der Verlobten seinen gewöhnlichen Aufenthalt im Inland, so ist § 44a Abs. 1 Satz 2, 3 anzuwenden.**

(2) Die Verfügung, durch die das Gericht die Befreiung erteilt, ist unanfechtbar. Das Gericht darf sie nicht mehr ändern, wenn die Ehe geschlossen worden ist.

Eingefügt durch Art. 4 Nr. 3 FamRÄndG. In Kraft getreten am 1. 1. 1962.

1. Rechtsentwicklung. Das Eheverbot des Ehebruchs in § 1312 BGB a. F. wurde in § 9 EheG 1938 beibehalten, jedoch die Befreiung begünstigt durch den Zusatz, daß sie *nur* versagt werden soll, wenn schwerwiegende Gründe der Eingehung der neuen Ehe entgegenstehen (wegen der hierfür maßgebend gewesenen, z. T. nationalsozialistisch bedingten Erwägungen s. Anz. JW 1938, 2072). § 6 EheG 1946 behielt diese Regelung unverändert bei. Das Befreiungsverfahren war geregelt in den §§ 5, 6, 10, 11, 12 1. DVO-EheG vom 27. 7. 1938 (RGBl. I, 923), für die frühere britische Zone geändert durch AusfVO-EheG vom 12. 7. 1948 (VOBlbrZ, 210). Es entschied der Präsident d. LG des Ehescheidungsrechtsstreits, u. U. (Auslandsbeziehungen, Befreiung nach Eheschließung) der OLGPräs. (Justizverwaltungsakt). Die Entscheidung wurde von einer Zivilkammer vorbereitet. Gegen ablehnende Bescheide förmliche Beschwerde an LJMin. (§ 11 1. DVO-EheG). Der Verwaltungsrechtsweg wurde für zulässig erachtet[1]). Vom 1. 4. 1960 bis 31. 12. 1961 war das OLG im Verfahren nach den §§ 23 ff. EGGVG i. d. F. des § 179 VwGO anzurufen. **1**

2. § 6 EheG ist in Abs. 1 (sachliche Voraussetzungen des Eheverbots) unverändert geblieben. Geändert ist Abs. 2 (Befreiung) durch Art. 2 Nr. 1 Buchst. c FamRÄndG; die bisherigen Ausführungsvorschriften in §§ 5, 6, 10—12 1. DVO-EheG, §§ 5, 6, 10-12 AusfVO- **2**

[1]) OVG Münster NJW 1953, 1240 = DVBl. 1953, 701 = DÖV 1953, 768; FamRZ 1957, 261.

EheG für die britische Zone sind gleichzeitig durch Art. 9 Abs. 1 Nr. 11, 25 FamRÄndG aufgehoben worden. § 6 EheG lautet hiernach:

(1) Eine Ehe darf nicht geschlossen werden zwischen einem wegen Ehebruchs geschiedenen Ehegatten und demjenigen, mit dem er den Ehebruch begangen hat, wenn dieser Ehebruch in dem Scheidungsurteil als Grund der Scheidung festgestellt ist.

(2) Das Vormundschaftsgericht kann von dieser Vorschrift Befreiung erteilen. Die Befreiung soll versagt werden, wenn wichtige Gründe der Eingehung der Ehe entgegenstehen.

3 *a) Ehebruch*[2]). Die frühere Ehe muß wegen Ehebruchs (§ 42 EheG) gerade mit dem anderen Ehebewerber geschieden und dies in dem Urteil festgestellt sein (§ 624 ZPO). Die Feststellung gehört grundsätzlich in den Urteilstenor, jedoch genügt auch Feststellung in den Gründen[3]). Die Feststellung ist für den Standesbeamten bindend[4]). Das Eheverbot besteht nur, wenn der Ehebruchspartner in dem Urteil namentlich bezeichnet ist, weil es sonst für den Standesbeamten nicht feststellbar ist[5]). Unrichtige oder unvollständige Namensangabe ist unschädlich, wenn die Nämlichkeit feststeht[6]). Wenn aber nur Ehebruch mit einer unbekannten oder nicht identifizierten Person festgestellt ist, besteht das Ehehindernis nicht, auch wenn diese Person später festgestellt werden kann. Die Ehe muß laut dem Urteil, sei es auch neben anderen Gründen, wegen des Ehebruchs auf Klage oder Widerklage geschieden sein. Nicht ausreichend ist es, wenn der Ehebruch nur als „andere Eheverfehlung" im Sinne des § 43 EheG geltend gemacht[7]) oder nach § 51 Abs. 2 EheG unterstützend oder zur Begründung eines Mitschuldausspruchs nach § 52 Abs. 3 EheG oder eines Schuldausspruchs nach § 53 Abs. 2 EheG bei einer Klage nach §§ 44 bis 46 und 48 EheG herangezogen wird, da der Ehebruch dann nicht Eheauflösungsgrund ist[8]). Ein Aufhebungsurteil (§ 29 EheG) steht dem Scheidungsurteil gleich, wenn in dem Rechtsstreit Aufhebung und Scheidung begründet begehrt worden sind und gemäß § 18 1. DVO-EheG nur auf Aufhebung erkannt worden ist[9]). Wird die geschiedene Ehe später für nichtig erklärt, so entfällt das Eheverbot[10]). Tod oder Wiederverheiratung des früheren Ehegatten sind unerheblich, können aber bei der Befreiung berücksichtigt werden[11]).

4 *b)* Die gegen die *Verfassungsmäßigkeit des Eheverbots* im Schrifttum[12]) erhobenen Bedenken greifen im Ergebnis im Hinblick auf die Möglichkeit, in begründeten Fällen Befreiung zu erteilen, nicht durch[13]). Vgl. auch § 44a Rdn. 8.

5 *c) Wirkung.* Das Eheverbot ist *trennend.* Eine ohne Befreiung geschlossene Ehe ist nichtig (vernichtbar), §§ 22 Abs. 1, 23 EheG. Der Nichtigkeitsgrund wird rückwirkend geheilt, wenn die Befreiung nach der Eheschließung, aber vor rechtskräftiger Nichtigerklärung, bewilligt wird (§ 22 Abs. 2 EheG). Da der Staatsanwalt Nichtigkeitsklage auch nach Auflösung der

[2]) Schrifttum: Rietdorf-Schmidt, Eheerfordernisse und Ehehindernisse, 1960, S. 93 ff.

[3]) KG OLGR 17, 267; RGZ 99, 80.

[4]) Hamburg OLGR 5, 393; Reichel AcP 124, 210.

[5]) BGH FamRZ 1957, 86 mit Anm. v. Schätzel = MDR 1957, 160 mit Anm. v. Beitzke, h.M.

[6]) LG Frankfurt StAZ 1930, 275; Staudinger-Dietz BGB[11] § 6 EheG Anm. 29.

[7]) Vgl. v. Scanzoni, FamRZ 1957, 24; Staudinger-Dietz BGB[11] § 6 EheG Anm. 23.

[8]) RGZ 163, 77, 81; Staudinger-Dietz aaO. Anm. 20.

[9]) Hoffmann-Stephan, EheG, § 6 Anm. 3 A; Gerold, EheG, § 6 Anm. 9; v. Scanzoni, EheG 1938[3], § 9 EheG Anm. 6 a; Palandt, § 6 EheG Anm. 2 a; Peters, StAZ 1960, 303.

[10]) Wolff, FamR § 15 II 3; Dölle FamR I 132; Siebert-Vogel BGB[9] § 6 Anm. 3; Gerold § 6 Anm. 14; Hoffmann-Stephan EheG[2] § 6 Anm. 10; Erman-Hefermehl BGB[4] § 6 EheG Anm. 2; Staudinger-Dietz BGB[11] § 6 EheG Anm. 38; a.M. Palandt-Lauterbach BGB[28] § 6 EheG Anm. 2 a.

[11]) Lehmann FamR[3] § 10 I 5.

[12]) Lüke NJW 1962, 2180; Ramm, JZ 1963, 47, 49.

[13]) Hamm FamRZ 1964, 212; Celle MDR 1965, 661 = StAZ 1965, 332 = NdsRpfl. 1965, 157 = FamRZ 1965, 438 (L); LG Hamburg NJW 1964, 773 = MDR 1964, 418 = FamRZ 1964, 366; Stuttgart OLGZ 1968, 362; BGHZ 39, 179, 184 (beiläufig); Katholnigg FamRZ 1964, 123; Bosch, Neue Rechtsordnung in Ehe und Familie, 1954, S. 5; Dölle FamR I 129; Gernhuber FamR S. 84; Hoffmann-Stephan EheG[2] § 6 Anm. 2; Staudinger-Dietz BGB[11] § 6 EheG Anm. 10; Erman-Hefermehl BGB[4] § 6 EheG Anm. 1; Palandt-Lauterbach BGB[28] § 6 EheG Anm. 1.

Ehe erheben kann, sofern noch ein Ehegatte lebt (§ 24 EheG), ist *Befreiung auch nach Auflösung der Ehe möglich*, solange ein Ehegatte lebt und die Ehe nicht rechtskräftig für nichtig erklärt ist[14]).

3. Befreiung

a) Zuständigkeit. Die *Befreiung* wird durch § 6 Abs. 2 EheG dem VormG übertragen, ist also eine Angelegenheit der FG (§ 1 FGG). Zuständig ist das AG (§ 35 FGG, Art. 68 Nr. 1a WürttAGBGB i. d. F. d. G vom 19. 12. 1961, GBl. 371), und zwar der *Richter* (§ 14 Nr. 18 RechtspflG). Die Befreiung ist kein Gnadenakt, sondern ein Akt der Rechtspflege. **6**

b) Voraussetzungen. Durch das Wort „kann" in § 6 Abs. 2 Satz 1 EheG wird dem Vormundschaftsgericht die Entscheidungsbefugnis zugewiesen; es bedeutet nicht, daß dem VormG Handlungsermessen in dem Sinne zustände, daß es auch beim Fehlen wichtiger Gründe (§ 6 Abs. 2 Satz 2) die Befreiung nach freiem Ermessen versagen dürfte. Aber das VormG hat, auch wenn der Tatbestand des § 6 Abs. 2 Satz 2 EheG nicht vorliegt, immer noch ein wertendes Beurteilungsermessen in der Richtung auszuüben, ob den Umständen nach die Befreiung gerechtfertigt ist oder nicht. Hierin hat die Neufassung des § 6 Abs. 2 EheG gegenüber der Rechtslage nach EheG 1938 und EheG 1946 eine erhebliche Änderung gebracht. Während bisher seit EheG 1938 die Befreiung ***nur*** versagt werden sollte, d. h. durfte (vgl. § 44a Rdn. 10), wenn der Eheschließung schwerwiegende Gründe entgegenstehen, so daß im Hinblick auf diesen unbestimmten Rechtsbegriff für ein Handlungsermessen kein Raum blieb (unrichtig insofern OVG Münster, FamRZ 1957, 261), soll nach der Fassung des FamRÄndG unter Fortfall des „nur" die Befreiung versagt werden, wenn wichtige Gründe entgegenstehen. Durch die Streichung des „nur" hat der Rechtsausschuß des BT zum Ausdruck gebracht, daß das Eheverbot des Ehebruchs „nicht bagatellisiert werden dürfe" (BT-Drucks. zu 2812/3. Wahlp. S. 9). Das VormG kann mithin die Befreiung auch versagen, wenn wichtige Gründe nicht entgegenstehen, so daß anders als bisher schon der Ehebruch als solcher bei entsprechender Schwere der Schuld die Versagung rechtfertigen kann[15]). Darin kommt gegenüber der Auffassung von 1938 eine verstärkte soziale Mißbilligung des Ehebruchs zum Ausdruck. Das Vorliegen eines wichtigen Grundes ist ein vom Beschwerdegericht nachprüfbarer *unbestimmter Rechtsbegriff*[16]), der ohne Ermessensfreiheit zur Versagung nötigt (wegen der Bedeutung der Sollvorschrift vgl. § 44a Rdn. 10). Soweit beim Fehlen entgegenstehender wichtiger Gründe die Erteilung oder Versagung dem Beurteilungsermessen des VormG unterliegt, ergeben sich die Grenzen des Ermessens aus dem Zweck der Ermächtigung. Das Eheverbot ist im öffentlichen Interesse erlassen (RGZ 55, 246). Es dient nicht der Genugtuung für den verletzten Ehegatten oder der Sühne für begangenes Unrecht, sondern ist ebenso wie der Absolutheitscharakter des Scheidungsgrundes in § 42 EheG ein Ausdruck der sozialen Mißbilligung des Ehebruchs[17]). Es wird also darauf ankommen, ob die Ehebewerber nach ihrem Gesamtverhalten einer Befreiung würdig sind. Im Rahmen des öffentlichen Interesses können auch die Belange des verletzten Ehegatten und der Kinder Berücksichtigung finden, insbesondere, daß der geschiedene Ehemann seine Unterhaltspflicht ihnen gegenüber längere Zeit hindurch freiwillig erfüllt hat und nicht zu befürchten ist, er werde nach der Befreiung die Leistungen einstellen[18]). Ferner sind die gesamten Verhält- **7**

[14]) Maßfeller, StAZ 1938, 281; Dölle FamR I 273; Erman-Hefermehl BGB[4] § 22 EheG Anm. 1; BGB-RGRK[11] § 22 EheG Anm. 3; Staudinger-Dietz BGB[11] § 22 EheG Anm. 7; Hoffmann-Stephan EheG[2] § 22 Anm. 4; a.M. Gerold EheG § 22 Anm. 3; Soergel-Vogel BGB[9] § 22 EheG Anm. 3.

[15]) Katholnigg FamRZ 1964, 123; a.M. BGB-RGRK[11] § 6 EheG Anm. 29; Staudinger-Dietz BGB[11] § 6 EheG Anm. 50.

[16]) Hamm FamRZ 1964, 212; Celle NdsRpfl. 1965, 157 = MDR 1965, 661; Stuttgart OLGZ 1968, 362; BGB-RGRK[11] § 6 EheG Anm. 29; Staudinger-Dietz BGB[11] § 6 EheG Anm. 47; Göppinger FamRZ 1965, 11.

[17]) Vgl. hierzu Sasse, GruchBeitr. 71 (1931) S. 217 ff.

[18]) BGB-RGRK[11] § 6 EheG Anm. 37; Palandt-Lauterbach BGB[28] § 6 EheG Anm. 4; Erman-Hefermehl BGB[4] § 6 EheG Anm. 5; Hamm FamRZ 1962, 162; Celle MDR 1965, 661; Stuttgart OLGZ 1968, 362; a.M. Dölle FamR I 134; Gernhuber FamR S. 85; Staudinger-Dietz BGB[11] § 6 EheG Anm. 53.

nisse des geschiedenen Ehegatten und seines Mitschuldigen zu berücksichtigen, namentlich die Schwere der Schuld, etwaige in dem Verhalten des anderen liegende Milderungsgründe sowie das Maß der Anstößigkeit der neuen Ehe für die Umwelt. Auch das Interesse an der Legitimation außerehelicher Kinder durch nachfolgende Ehe kann berücksichtigt werden[19]). Dagegen ist eine Bestandsprognose der beabsichtigten Ehe wohl kein beachtlicher Gesichtspunkt.

4. Verfahren

8 *a) Antrag.* Ohne Antrag durch einen der Ehebewerber wird das VormG in der Regel nicht tätig werden können und dazu auch keinen Anlaß haben. Jedoch hat das Nachsuchen um die Befreiung bei dem Schweigen des Gesetzes nicht die verfahrensrechtliche Bedeutung eines förmlichen Antrags. Es ist daher nicht ausgeschlossen, daß, wenn eine Ehe entgegen dem Eheverbot ohne Befreiung geschlossen worden ist, die nachträgliche Befreiung von einem der Ehegatten allein oder von einem aus der Ehe hervorgegangenen Kinde nachgesucht oder zur Vermeidung einer Nichtigkeitsklage von dem Staatsanwalt angeregt wird (vgl. § 44a Rdn. 11). § 18 Abs. 1 Halbs. 2 und § 20 Abs. 2 sind mithin nicht anwendbar; das Gericht darf eine ablehnende Verfügung auch ohne Antrag ändern und die Beschwerde dagegen steht nicht nur dem Antragsteller zu.

9 *b) Beteiligte.* Am Verfahren beteiligt sind nur die Verlobten, und zwar notwendig beide, da ein zweiseitiges Ehehindernis vorliegt. Ein Dritter, der die Befreiung angeregt hat (Rdn. 8), ist nicht Beteiligter, da ein Recht auf die Befreiung (§ 20 Abs. 1) einem anderen als den Verlobten nicht zustehen kann. Der ehemündige (§ 1 EheG) minderjährige oder in der Geschäftsfähigkeit beschränkte Verlobte ist selbständig verfahrensgeschäftsfähig, da insoweit wegen der höchstpersönlichen Natur der Angelegenheit Teilgeschäftsfähigkeit gegeben ist (§ 13 Rdn. 19). Der gesetzliche Vertreter ist zur Ausübung der Rechte des Verlobten im Verfahren nicht berufen (§ 44a Rdn. 12). Nicht am Verfahren beteiligt ist der geschiedene, durch den Ehebruch verletzte frühere Ehegatte; er kann zwar zur Aufklärung des Sachverhalts gehört werden (§ 12 FGG), und dies wird sich in der Regel empfehlen, er hat aber kein eigenes Recht darauf, daß von dem im öffentlichen Interesse erlassenen Eheverbot (Rdn. 7) keine Befreiung erteilt wird und kann deshalb die Stellung eines Verfahrensbeteiligten nicht in Anspruch nehmen[20]). Nicht beteiligt sind auch die Kinder, die durch die beabsichtigte Eheschließung legitimiert würden.

10 5. Die *örtliche Zuständigkeit* ist abweichend von §§ 43, 36 geregelt. Maßgebend ist nicht der Wohnsitz im Rechtssinne (§ 7 BGB), sondern, wie bereits in §§ 44a, 45 der *gewöhnliche Aufenthalt* (Begriff § 45 Rdn. 8). Maßgeblicher Zeitpunkt für das Vorhandensein dieser die Zuständigkeit begründenden örtlichen Beziehung ist nach dem in §§ 43 Abs. 1 Halbs. 2, 45 Abs. 5 für Einzelverrichtungen des VormG zum Ausdruck gekommenen allgemeinen Grundsatz, der hier vom Gesetz nicht besonders ausgesprochen wird, der Zeitpunkt, in welchem das VormG mit der Sache befaßt wird, in welchem also das Gesuch um Befreiung bei einem VormG eingeht. Die Anhängigkeit einer Vormundschaft oder Pflegschaft für einen Verlobten zieht die Zuständigkeit nicht nach sich. Auch eine Abgabe nach § 46 findet nicht statt.

Das Gesetz unterscheidet folgende Fälle:

11 *a)* Grundsätzlich ist das VormG örtlich zuständig, in dessen Bezirk der wegen Ehebruchs mit dem anderen Ehebewerber *geschiedene Verlobte* seinen gewöhnlichen Aufenthalt hat (Abs. 1 Satz 1). Schlichter Aufenthalt genügt nicht.

12 *b)* Sind *beide Verlobte* wegen Ehebruchs miteinander geschieden, so ist das VormG des gewöhnlichen Aufenthalts des *Mannes* ausschließlich zuständig (Abs. 1 Satz 2). Die Anknüpfung an die Verhältnisse des Mannes überrascht, nachdem Art. 4 Nr. 3 GleichberG bei der Neufassung des § 45 FGG die Anknüpfung an den Manneswohnsitz im Hinblick auf die auf Art. 3 Abs. 2 gestützten Bedenken (vgl. Keidel, FamRZ 1955, 123; BayObLGZ 1957, 308)

19) Stuttgart OLGZ 1968, 362.

20) Vgl. KGJ 49, 45; BayObLG FamRZ 1968, 602.

beseitigt hatte. Die Vorschrift wird damit gerechtfertigt, daß die Zuständigkeit mehrerer VormGe vermieden werden solle (BT-Drucks. 530/3. Wahlp. S. 32). Jedoch ist die mehrfache Zuständigkeit in § 44a in Kauf genommen worden (§ 44a Rdn. 13). Gleichwohl wird die Vorschrift als gültig betrachtet werden müssen, weil sich anders nicht die schwere Unzuträglichkeit vermeiden läßt, daß die Verlobten nach erfolgloser Anrufung des einen Gerichts sich an das andere wenden (ebenso Finke, FamRZ 1958, 408 zu IV a 3). — Der Fall des Abs. 1 Satz 2 liegt nur vor, wenn die Ehen beider Verlobten wegen Ehebruchs jeweils mit dem anderen Ehebewerber geschieden worden sind. Ist nur die Ehe der Frau wegen Ehebruchs mit dem jetzigen Verlobten geschieden worden, die des Mannes aber wegen Ehebruchs mit einer dritten Person, so verbleibt es bei der gemäß Satz 1 nach dem gewöhnlichen Aufenthalt der Frau begründeten Zuständigkeit. Sind beide Ehen wegen Ehebruchs mit Dritten geschieden, so besteht kein Eheverbot (Rdn. 3).

c) Hat der Verlobte, dessen Verhältnisse nach Satz 1 oder Satz 2 für die Begründung der **13**
örtlichen Zuständigkeit maßgebend sind, im Inland keinen gewöhnlichen Aufenthalt, also entweder gar keinen oder nur einen schlichten Aufenthalt, so ist das Gericht des gewöhnlichen Aufenthalts des anderen Verlobten zuständig (Satz 3). *Inland* ist verfahrensrechtlich im Sinne des Geltungsbereichs der Vorschrift zu verstehen, also BRD einschließlich Berlin-West (§ 44a Rdn. 14, § 45 Rdn. 13). Diese Vorschrift wird auch anzuwenden sein, wenn die Befreiung nach der Eheschließung nachgesucht wird und einer der Ehegatten nicht mehr lebt (Rdn. 5) oder unbekannten Aufenthalts ist.

d) Hat keiner der Verlobten seinen gewöhnlichen Aufenthalt im Inland, also im Gel- **14**
tungsbereich der Vorschrift, so wird durch Satz 4 in Verbindung mit § 44a Abs. 1 Satz 2, 3 die zentrale Zuständigkeit des *AG Schöneberg* begründet mit der Befugnis, die Sache unanfechtbar und bindend an ein anderes VormG entsprechend § 36 Abs. 2 n. F. abzugeben (vgl. § 36 Rdn. 24). Schlichter Aufenthalt im Inland begründet nicht die Zuständigkeit des VormG des Aufenthalts, schließt also die das AG Schöneberg, abweichend von § 36 Abs. 2, nicht aus. Meistens wird die Abgabe an das VormG angemessen sein, in dessen Bezirk der wegen des Ehebruchs geschiedene Verlobte seinen letzten gewöhnlichen Aufenthalt im Inlande hatte oder in dessen Bezirk die Ehe geschlossen werden soll.

6. Internationale und interzonale Zuständigkeit[21]). Es gelten die Bem. zu § 44a Rdn. 15 **15**
bis 24. Bei dem Eheverbot des Ehebruchs ist besonders zu beachten, daß es ein zweiseitiges ist. Der dem (west-)deutschen Personalstatut unterliegende Verlobte bedarf daher zur Eheschließung im In- oder Auslande (oder in der SBZ und im Ostsektor Berlins) der Befreiung, selbst wenn das Heimatrecht des anderen Verlobten dem nicht entgegensteht, weil es das Eheverbot nicht kennt. Das gilt auch dann, wenn nicht die Ehe des dem westdeutschen Personalstatut unterstehenden Verlobten, sondern die des anderen wegen Ehebruchs geschieden und ersterer nur als Mitschuldiger in dem Urteil genannt ist[22]). Auch die Scheidung wegen Ehebruchs durch ein (anerkanntes) Auslandsurteil oder ein Urteil der SBZ oder des Ostsektors Berlins begründet das Eheverbot. Streitig ist, ob das Eheverbot auch begründet wird durch die Scheidung nach einem Recht, welches den Ehebruch als besonderen Scheidungsgrund nicht kennt, wie jetzt das Recht der SBZ (§ 8 FGB, vgl. § 44a Rdn. 23). Die Frage wird zu verneinen sein, weil der Ehebruch nach § 6 EheG nicht lediglich die Ursache der Ehezerrüttung, sondern der Grund der Scheidung sein muß[23]).

[21]) Schrifttum: Sasse, Zur Lehre vom Ehehindernis des Ehebruchs gemäß § 1312 BGB, Gruch. 71 (1931) 208 ff.; Maßfeller, Das Ehehindernis des Ehebruchs bei der Eheschließung von ausländischen Staatsangehörigen, StAZ 1934, 307; Luther, Das Ehehindernis des Ehebruchs im interzonalen Privatrecht, FamRZ 1957, 6.

[22]) Staudinger-Raape[9] Art. 13 EGBGB Bem. A II 3 b; Palandt, Art. 13 EG Anm. 2; Kegel, IPR S. 241; Raape IPR[5] S. 240.

[23]) LG Bielefeld NJW 1957, 64 = StAZ 1957, 99; Fischer StAZ 1956, 70; Stein FamRZ 1956, 265; Muser StAZ 1957, 49; Pfeiffer-Strickert, PStG § 5 Anm. 19; a.M. Luther FamRZ 1957, 7; Palandt[21] § 6 Anm. 2 b; Kubisch NJW 1957, 388.

16 7. Für den *Eintritt der Wirksamkeit* der Verfügung gelten die Bem. bei § 44a Rdn. 25 entsprechend.

17 8. *Rechtsmittel.* Die Anfechtbarkeit ist ebenso geregelt wie bei der Befreiung vom Eheverbot der Schwägerschaft. Die Bem. bei § 44a Rdn. 26 gelten entsprechend. Die Befreiung ist in jedem Falle unanfechtbar, auch für den anderen, durch den Ehebruch verletzten geschiedenen Ehegatten. Dieser hätte übrigens ohnehin kein Beschwerderecht nach § 20 Absatz 1[24]).

18 9. *Änderungsbefugnis.* Für die Änderung ablehnender Verfügungen gelten die Bem. zu § 18 Rdn. 6. Die Änderung einer die Befreiung erteilenden Verfügung durch das VormG nach § 18 Abs. 1 Halbs. 1 wird durch ihre Unanfechtbarkeit nicht ausgeschlossen (§ 18 Rdn. 10). Nach der Eheschließung jedoch ist eine Änderung der Befreiung unstatthaft, da die bereits geschlossene Ehe nicht gemäß § 22 EheG rückwirkend nichtig gemacht werden soll (BT-Drucks. 530/3. Wahlp. S. 32; Maßfeller, StAZ 1961, 302). Die aufhebende Verfügung muß also noch vor der Eheschließung durch Bekanntmachung an beide Verlobte wirksam geworden sein; andernfalls kann sie nicht mehr wirksam werden, mag sie auch vor der Eheschließung im Sinne des § 18 Anm. 1 erlassen sein. Ist die Befreiung erst nach der Eheschließung erteilt worden (Rdn. 5), so entfällt die Änderungsbefugnis schlechthin.

19 10. *Gebühren* wie bei § 44a Rdn. 28.

Zuständigkeit für Streitigkeiten unter Ehegatten

45 Wird in einer Angelegenheit, welche die persönlichen Rechtsbeziehungen der Ehegatten oder der geschiedenen Ehegatten zueinander oder das eheliche Güterrecht betrifft, eine Tätigkeit des Vormundschaftsgerichts erforderlich, so ist das Gericht zuständig, in dessen Bezirk die Ehegatten ihren gemeinsamen gewöhnlichen Aufenthalt haben oder zuletzt gehabt haben.

Hat keiner der Ehegatten im Bezirk dieses Gerichts seinen gewöhnlichen Aufenthalt oder haben sie einen gemeinsamen gewöhnlichen Aufenthalt im Inland nicht gehabt, so ist das Gericht zuständig, in dessen Bezirk der Ehegatte seinen gewöhnlichen Aufenthalt hat, dessen Recht durch die beantragte Verfügung beeinträchtigt würde. Hat dieser seinen gewöhnlichen Aufenthalt nicht im Inland oder läßt sich sein gewöhnlicher Aufenthalt im Inland nicht feststellen, so ist das Gericht zuständig, in dessen Bezirk der Antragsteller seinen gewöhnlichen Aufenthalt hat.

Ist ein Ehegatte verstorben, so ist das Gericht zuständig, in dessen Bezirk der überlebende Ehegatte seinen gewöhnlichen Aufenthalt hat oder zuletzt gehabt hat.

Ist die Zuständigkeit eines Gerichts nach den vorstehenden Vorschriften nicht begründet, so ist das Amtsgericht Schöneberg in Berlin-Schöneberg zuständig.

Für die Zuständigkeit ist in jeder einzelnen Angelegenheit der Zeitpunkt maßgebend, in dem das Gericht mit ihr befaßt wird.

Vorbemerkung

1 Fassung des Art. 4 Nr. 3 GleichberG. Die Neufassung beseitigt im Hinblick auf Art. 3 Abs. 2 GG die Benachteiligung der Frau, die darin erblickt wurde, daß für die örtliche Zuständigkeit bisher der Wohnsitz oder Aufenthalt des Mannes maßgebend war (vgl. BayObLGZ 1957, 308 = MDR 1958, 110), und regelt die örtliche Zuständigkeit in Anlehnung an die Grundsätze des § 606 ZPO für das streitige Verfahren in Ehesachen. Durch die Einbeziehung der Rechtsbeziehungen geschiedener Ehegatten zueinander regelt die Vorschrift nunmehr auch die Zuständigkeit für das Verfahren nach § 57 EheG, die sich bisher nach den durch Art. 8 II Nr. 2 GleichberG aufgehobenen Bestimmungen des § 20 Abs. 2 der 1. DVO-EheG und des § 19 Abs. 2 AusfVObrZ-EheG richtete.

[24]) KGJ 49, 45; BayObLGZ 1968, 230 = FamRZ 1968, 602; Siebert-Vogel BGB[9] § 6 EheG Anm. 3; Hoffmann-Stephan EheG[2] § 6 Anm. 34 u. 40.

A. Anwendungsbereich

Die Vorschrift regelt die örtliche Zuständigkeit des VormG für zweierlei Arten von Angelegenheiten:

1. Angelegenheiten, welche *die persönlichen Rechtsbeziehungen* der Ehegatten oder geschiedenen Ehegatten zueinander betreffen. Darunter sind die Rechtsbeziehungen zu verstehen, die unabhängig vom Güterstand durch die Ehe begründet werden, sie mögen vermögensrechtlicher oder nicht vermögensrechtlicher Art sein, §§ 1353 bis 1362 BGB. Dem VormG sind hiervon zugewiesen während des Bestehens der Ehe die Entscheidung über den Antrag der Frau auf Aufhebung der Beschränkung oder Ausschließung der Schlüsselgewalt gemäß § 1357 Abs. 2 BGB (vgl. dazu § 53 Rdn. 15), nach der Scheidung die Untersagung der Führung des Mannesnamens durch die Frau nach § 57 EheG. *Nicht hierher* gehören die Fälle, in denen das VormG eine Fürsorgetätigkeit im Interesse der Kinder ausübt, wie die Regelung der elterlichen Gewalt bei Getrenntleben oder nach Scheidung der Ehe, §§ 1671, 1672 BGB, Erteilung des Auseinandersetzungszeugnisses, § 9 EheG, Gestattung des Aufschubs der Auseinandersetzung, §§ 1493 Abs. 2, 1683, 1845 BGB, Entscheidungen nach §§ 3, 8 KindGG; ferner nicht die Fälle, in denen das VormG bei der Genehmigung oder Auflösung der Ehe Erklärungen des gesetzlichen Vertreters ersetzt oder genehmigt, § 30 Abs. 3 EheG, § 612 Abs. 2 ZPO. In diesen Sachen richtet sich die Zuständigkeit nach den §§ 43, 36. Die gerichtlichen Verrichtungen auf Grund der HausratsVO und wegen der Hausratsverteilung bei Getrenntleben nach § 1361a BGB sind nicht dem VormG, sondern dem Amtsgericht als solchem zugewiesen, §§ 11, 18a HausratsVO, fallen also nicht unter § 45. Die Vorschrift begründet auch nicht etwa eine allgemeine sachliche Zuständigkeit des VormG für die Entscheidung von Meinungsverschiedenheiten unter Ehegatten; für deren Austragung kann nur die Klage auf Herstellung des ehelichen Lebens in Betracht kommen[1]). 2

2. Angelegenheiten des ehelichen Güterrechts. Hierzu gehören:

a) die Ersetzung der Zustimmung eines Ehegatten zur Verfügung über das Vermögen im ganzen oder über Gegenstände des ehelichen Hausrats beim Güterstand der Zugewinngemeinschaft (§§ 1365 Abs. 2, 1369 Abs. 2 BGB); 3

b) Maßnahmen zur Stundung und Regelung der Ausgleichsforderung nach Beendigung des Güterstandes der Zugewinngemeinschaft (§§ 1382, 1383 BGB); vgl. dazu § 53a; 4

c) die Ersetzung der Zustimmung der Frau oder des Mannes bei Rechtsgeschäften über das eingebrachte Gut, soweit die Güterstände der Errungenschaftsgemeinschaft und der Fahrnisgemeinschaft gemäß Art. 8 I Nr. 7 GleichberG noch fortgelten (§§ 1379, 1402, 1525, 1550 BGB a. F.) und bei Rechtsgeschäften über das Gesamtgut dieser Güterstände (§§ 1447, 1451, 1519, 1549 BGB a. F.), bei Rechtsgeschäften über das Gesamtgut der allgemeinen Gütergemeinschaft (§§ 1426, 1430, 1452, 1458 BGB n. F. BGB, Art. 8 I Nr. 6 GleichberG) sowie die entsprechenden Geschäfte bei der fortgesetzten Gütergemeinschaft (§ 1487 BGB). 5

Es sind nur Verrichtungen innerhalb eines bestehenden *Güterstandes* oder nach dessen Beendigung gemeint. Die bei der Begründung oder Veränderung von Güterrechtsverhältnissen erforderliche vormundschaftsgerichtliche Genehmigung (s. § 35 Rdn. 19 bis 21) folgt den Zuständigkeitsregeln der §§ 36, 43. Nach § 45 richtet sich ferner die örtliche Zuständigkeit für die Auseinandersetzung über das Gesamtgut der ehelichen Gütergemeinschaft, sofern nicht ein Anteil am Gesamtgut zu einem Nachlaß gehört, § 99 Abs. 2 und dort Rdn. 13. 6

B. Für die örtliche Zuständigkeit maßgebend ist nicht der Wohnsitz, sondern der gewöhnliche Aufenthalt der Ehegatten

1. Der *gewöhnliche Aufenthalt* ist zu unterscheiden vom schlichten Aufenthalt (§ 36 Rdn. 18) und dem Wohnsitz im Rechtssinne (§ 36 Rdn. 10). Der Begriff muß nicht in allen Fällen, in denen er als räumlicher Anknüpfungspunkt dient (Art. 29 EGBGB, § 606 ZPO, § 8 Abs. 2 StPO, § 4 FrEntzG, § 14 StAnpG, § 11 JWG, §§ 98, 103 BSozHG), denselben 7

[1]) Hamm JMBlNRW 1964, 254.

Inhalt haben. Einigkeit besteht darüber, daß seine Begründung keine Rechtshandlung ist, also die Fähigkeit zu rechtsgeschäftlichem Handeln nicht voraussetzt. Im übrigen gehen die Meinungen darüber auseinander, ob der Begriff rein objektiv zu bestimmen ist als der Zustand des längeren, durch eine gewisse Stetigkeit und Dauer gekennzeichneten Verweilens einer Person an einem Ort, oder ob auch die natürliche Willensrichtung der Person zu berücksichtigen ist. Soweit es sich um die Begründung einer verfahrensrechtlichen Zuständigkeit handelt, wird das Willensmoment eher außer acht gelassen werden können, als wenn der gewöhnliche Aufenthalt für die Bestimmung des Personalstatuts im internationalen (Art. 29 EGBGB) und interlokalen Privatrecht maßgebend ist[2]). Da § 45 dem § 606 ZPO nachgebildet ist, sind die dazu entwickelten Grundsätze heranzuziehen. Danach ist unter gewöhnlichem Aufenthalt der Ort zu verstehen, an dem jemand ständig oder wenigstens auf längere Zeit, wenn auch nicht ununterbrochen, sich aufzuhalten pflegt, insbesondere den tatsächlichen Mittelpunkt seines Daseins hat; eine vorübergehende, u. U. auch längere Abwesenheit aus besonderem Anlaß hebt den gewöhnlichen Aufenthalt nicht auf, sofern aus der Beibehaltung der Wohnung, der dortigen beruflichen Stellung oder ähnlichen Umständen ersichtlich ist, daß der wirtschaftliche Daseinsmittelpunkt aufrechterhalten und nach Fortfall der vorübergehenden Abwesenheit wieder eingenommen werden wird[3]). Eine Beschränkung der Freizügigkeit ist ohne Bedeutung. Die zwangsweise Begründung eines Aufenthalts unter Umständen, die die Bewegungsfreiheit aufheben, wird nicht genügen[4]). Bei Verschiedenheit des Wohn- und Arbeitsorts ist der Wohnort maßgebend[5]). Ein mehrfacher gewöhnlicher Aufenthalt ist rechtlich möglich, wenn jemand an verschiedenen Orten Wohnungen unterhält und abwechselnd hier und dort wohnt. Der gemeinsame gewöhnliche Aufenthalt von Eheleuten ist dort, wo sie das gemeinsame Eheleben führen[6]); er liegt nicht vor, wenn sie an demselben Ort getrennt leben.

2. Die *örtliche Zuständigkeit im einzelnen* ist wie folgt geregelt:

8 *a)* In der *Regel* ist das VormG zuständig, in dessen Bezirk die Ehegatten ihren gemeinsamen gewöhnlichen Aufenthalt (Rdn. 8) haben oder zuletzt gehabt haben, sofern (Abs. 2 Satz 1) wenigstens ein Ehegatte seinen gewöhnlichen Aufenthalt in dem Bezirk dieses VormG hat. Es ist unschädlich, wenn er diesen Aufenthalt erst nach einer Unterbrechung wieder genommen hat[7]).

9 *b)* Das *VormG* des gewöhnlichen Aufenthalts des *Ehegatten*, dessen Recht durch die beantragte Verfügung *beeinträchtigt* würde, ist zuständig, wenn keiner der Ehegatten seinen gewöhnlichen Aufenthalt mehr in dem Bezirk des Gerichts hat, in dem sie ihren letzten gemeinsamen gewöhnlichen Aufenthalt hatten, oder wenn sie seit der Eheschließung einen gemeinsamen gewöhnlichen Aufenthalt im Inland nicht gehabt haben.

10 Der Begriff der Beeinträchtigung ist im Sinne des § 20 Abs. 1 zu verstehen. Maßgebend ist der gegenwärtige Zustand; wer seine Änderung betreibt, erstrebt eine Verfügung, die den anderen Ehegatten beeinträchtigen würde. Deshalb wird der Mann beeinträchtigt, wenn die Frau einen Antrag nach § 1357 Abs. 2 BGB stellt.

11 Der Begriff des *Inlands* ist hier verfahrensrechtlich im Sinne des Geltungsbereichs dieser Vorschrift zu verstehen, entsprechend der Rechtsprechung zu § 606 ZPO[8]).

[2]) Vgl. Mann, Der gewöhnliche Aufenthalt im internationalen Privatrecht, JZ 1956, 466. Den objektiven Zustand lassen entscheiden für das Steuerrecht RGZ 91, 228; BFH Gutachten v. 19. 10. 40 (RStBl. 925); für die interlokale Zuständigkeit BGHZ 21, 318; zu § 8 BEntschG BGH RzW 1955, 220; zu EGBGB Art. 29 fordern eine Berücksichtigung der Willensrichtung Hamm NJW 1954, 1731; Köln NJW 1955, 755; KG 1 W 3360/55, auch Schleswig SchlHA 1955, 98; vgl. auch Rötelmann NJW 1959, 2124 Anm.; nach BVerwG WM 1966, 1154 kommt der Wille, einen Aufenthalt „ständig" zu haben, lediglich als Beweisanzeichen für die Ständigkeit in Betracht, wenn darüber zu entscheiden ist, welcher von mehreren tatsächlich bestehenden Aufenthalten als ständiger anzusehen ist.

[3]) RG DR 1944, 913; BayObLGZ 1949, 39.

[4]) Vgl. Schleswig, SchlHA 1955, 98; Schneider, FamRZ 1960, 54.

[5]) KG WM 1957, 819.

[6]) Schleswig SchlHA 1953, 11.

[7]) BayObLGZ 1949, 38; Keidel Anm. 16.

[8]) Vgl. BGHZ 7, 218; KG FamRZ 1956, 231; Keidel Anm. 14.

c) Das VormG, in dessen Bezirk der *Antragsteller* seinen gewöhnlichen Aufenthalt hat, ist zuständig (Abs. 2 Satz 2), wenn eine örtliche Zuständigkeit nach a) nicht begründet ist und der beeinträchtigte Ehegatte (Anm. b) seinen gewöhnlichen Aufenthalt nicht im Inland hat oder sein gewöhnlicher Aufenthalt im Inland sich nicht ermitteln läßt. 12

d) Das Gericht, in dessen Bezirk der *überlebende Ehegatte* seinen gewöhnlichen Aufenthalt hat oder zuletzt gehabt hat ist zuständig nach dem Tode des anderen Ehegatten (Abs. 3). 13

e) Die *Auffangzuständigkeit des AG Schöneberg* wird durch Abs. 4 begründet, wenn eine andere örtliche Zuständigkeit nach Anm. a) bis d) nicht gegeben ist. Nach der früheren Fassung des § 45 Abs. 2 war § 36 Abs. 2 entsprechend anzuwenden, so daß das *AG Schöneberg* seine Zuständigkeit gemäß ZuständigkeitsVO vom 31. 5. 1934 (RGBl. I, 472) § 14 mit bindender Wirkung auf ein anderes Gericht übertragen konnte (vgl. § 36 Anm. 13). Die neue Fassung sieht eine solche Regelung nicht vor. Daraus wird zu schließen sein, daß diese Befugnis dem AG Schöneberg nicht zusteht. 14

3. Die Regelung der *örtlichen Zuständigkeit* ist in allen Fällen des § 45 abschließend. Sie gilt abweichend von § 43 Abs. 2 auch dann, wenn für einen der Beteiligten eine Vormundschaft oder Pflegschaft anhängig ist. Auch eine Abgabe der Sache nach § 46 findet nicht statt. 15

4. Maßgeblicher Zeitpunkt für die Begründung der Zuständigkeit, also für die Frage, ob und wo der Ehegatte oder der Antragsteller seinen gewöhnlichen Aufenthalt hat oder zuletzt gehabt hat, ist derjenige, in welchem das Gericht mit der einzelnen Sache befaßt wird (Absatz 5), also in welchem der Antrag bei ihm eingeht (§ 43 Rdn. 13). Eine spätere Veränderung berührt die Zuständigkeit nicht mehr. 16

5. Die *internationale (interzonale) Zuständigkeit* wird durch die Vorschrift nicht geregelt. Über sie muß gegebenenfalls für das einzelne Rechtsverhältnis nach den Grundsätzen des internationalen (interzonalen) Privat- und Verfahrensrechts entschieden werden (Maßfeller-Reinicke, BAnz. Nr. 59/57 Beil. S. 14; nähere Hinweise gibt Keidel, Anm. 21 ff.; ferner Beitzke, FamRZ 1967, 592 zu IV 3 c). Vgl. Art. 14, 15 EGBGB. Die Frage, ob eine Angelegenheit der freiwilligen oder der streitigen Gerichtsbarkeit zugewiesen ist, richtet sich nach der lex fori, auch wenn sachlich ausländisches Recht anzuwenden ist[9]). Die persönlichen Rechtsbeziehungen deutscher Ehegatten, die ihren gewöhnlichen Aufenthalt in verschiedenen Rechtsgebieten Deutschlands haben, richten sich nach dem jeweiligen Recht des letzten gemeinsamen gewöhnlichen Aufenthalts der Ehegatten[10]). 17

6. Gebühren. §§ 97 Abs. 1 Nr. 1, 130 KostO. 18

Abgabe von Vormundschaftssachen

46 Das Vormundschaftsgericht kann die Vormundschaft aus wichtigen Gründen an ein anderes Vormundschaftsgericht abgeben, wenn sich dieses zur Übernahme der Vormundschaft bereit erklärt; hat der Mündel bereits einen Vormund erhalten, so ist jedoch dessen Zustimmung erforderlich. Als ein wichtiger Grund ist es in der Regel anzusehen, wenn ein unter Vormundschaft stehender Minderjähriger wegen einer strafbaren Handlung vor einem anderen Gericht angeklagt ist.

Einigen sich die Gerichte nicht oder verweigert der Vormund oder, wenn mehrere Vormünder die Vormundschaft gemeinschaftlich führen, einer von ihnen seine Zustimmung, so entscheidet das gemeinschaftliche obere Gericht und, falls dieses der Bundesgerichtshof ist, dasjenige Oberlandesgericht, zu dessen Bezirk das Gericht gehört, an welches die Vormundschaft abgegeben werden soll. Eine Anfechtung der Entscheidung findet nicht statt.

[9]) KG JW 1936, 2473 m. Anm. v. Süß.

[10]) KG FamRZ 1958, 464 = WM 1958, 1341; BGH FamRZ 1961, 261 = ROW 1961, 64 = IzRspr. 1960/61 Nr. 8.

Diese Vorschriften sind auf die Pflegschaft, die Beistandschaft und die im § 43 bezeichneten Angelegenheiten entsprechend anzuwenden

Abs. 2 Satz 1 i. d. F. des G v. 22. 5. 1910 (RGBl. 767). Abs. 1 Satz 2 i. d. F. des JGG v. 16. 2. 1923 (RGBl. I 135). Abs. 1 Satz 1 Halbs. 2 und Abs. 3 geändert durch Art. 7 Nr. 7 des G über die rechtliche Stellung der nichtehelichen Kinder v. 19. 8. 1969 (BGBl. I 1243), in Kraft getreten am 1. 7. 1970. In Abs. 1 Satz 1 Halbs. 2 haben die bisherigen Worte „nach der Bestellung des Vormundes" die neue Fassung erhalten, um die kraft Gesetzes eintretende Vormundschaft und gemäß Abs. 3 die Pflegschaft des Jugendamts nach § 1706 BGB zu erfassen. In Abs. 3 war die Einfügung der Beistandschaft erforderlich, weil diese nach §§ 43 Abs. 1 Satz 1, 36 Abs. 4 n. F. nicht mehr zu den Angelegenheiten des § 43 gehört.

A. Allgemeines

1 Der Grundsatz, daß die einmal begründete Zuständigkeit eines Gerichts durch eine Veränderung der Umstände, auf denen sie beruht, nicht berührt wird, kann bei Angelegenheiten, deren Gegenstand die Ausübung einer dauernden Fürsorge ist, zu Unzuträglichkeiten führen, insbesondere bei Vormundschaften, Pflegschaften und Beistandschaften. Das Gesetz gestattet deshalb einen Wechsel des zuständigen Gerichts, macht aber den Übergang der Zuständigkeit im Interesse der Rechtsklarheit von besonderen Verfügungen abhängig. Um eine beweglichere Gestaltung des Verfahrens zu ermöglichen, wird auch die Abgabe von Einzelverrichtungen des VormG im Sinne des § 43 zugelassen (Abs. 3). Die Vorschrift regelt die Voraussetzungen der Abgabe und das Verfahren.

B. Voraussetzungen der Abgabe

Die Abgabe nach § 46 setzt voraus:

2 *1. Anhängigkeit der Sache.* Die Vormundschaft muß bereits anhängig sein[1]). Im voraus kann die Zuständigkeit für etwa zu erwartende Verrichtungen des VormG nicht abgegeben werden[2]). Bei der Vormundschaft (und Pflegschaft, Abs. 3) genügt es auch nicht, daß das Gericht mit der Sache, etwa auf Grund einer Anzeige nach § 48, lediglich befaßt ist. Die Entscheidung darüber, ob eine Vormundschaft anzuordnen ist, kann nicht einem anderen Gericht übertragen werden. Das VormG muß daher mindestens seine eigene örtliche Zuständigkeit und einen Fall der Bevormundung festgestellt haben; ein Vormund braucht jedoch noch nicht bestellt zu sein (Abs. 1 Satz 1 Halbs. 2)[3]).

3 *2. Wichtige Gründe.* Sie sind gegeben, wenn durch die Abgabe ein Zustand geschaffen wird, der eine leichtere und zweckmäßige Führung der Vormundschaft ermöglicht[4]). Bei der Beurteilung der Gründe kommt es auf den Zeitpunkt der Entscheidung an, nicht auf die künftige Entwicklung[5]). Maßgebend ist in erster Linie das Wohl des Mündels. Daneben kann das Interesse des Vormunds an leichterem Verkehr mit dem VormG Beachtung finden, nicht dagegen das eigene Interesse etwa des abgebenden Gerichts an seiner Entlastung oder des übernehmenden Gerichts daran, eine vernachlässigte Sache nicht fortführen zu müssen[6]). Auch von der vorherigen Beseitigung von Mängeln darf die Übernahme nicht abhängig gemacht werden (KG, DJZ 1932, 233). Im übrigen sind die nach Lage der Umstände für und gegen die Abgabe sprechenden Zweckmäßigkeitsgründe nach vernünftigem Ermessen unter Berücksichtigung des Zwecks der Vormundschaft gegeneinander abzuwägen, wofür es auch darauf ankommt, ob Aufgaben der Vermögensverwaltung oder solche der Personensorge im Vordergrunde stehen. Bei der *Einzelvormundschaft* ist der Umstand, daß der Mün-

[1]) BayObLGZ 17, 47; Hamburg OLGR 36, 185.
[2]) KGJ 25 A 190; KG JFG 23, 199; BayObLGZ 1950, 171.
[3]) BayObLGZ 1, 96 = OLGR 1, 486; 6, 396 = OLGR 12, 208; Colmar OLGR 26, 280; Keidel Anm. 5; a.M. Schlegelberger Anm. 2, der Befaßtsein genügen läßt.
[4]) BayObLG OLGR 28, 334; Hamm ZBlJR 1955, 84.
[5]) BayObLGZ 18, 233; 18, 137.
[6]) A.M. Colmar OLGR 10, 32.

del in einen anderen Gerichtsbezirk verzieht, kein ausreichender Abgabegrund; das Gesetz geht, wie die Zuständigkeitsregelung in § 36 zeigt, selbst davon aus, daß der Mündel nicht stets seinen Wohnsitz im Bezirk des VormG haben müsse. Demnach ist der Umstand, daß das um die Übernahme ersuchte Gericht nach den Verhältnissen, wie sie zur Zeit des Übernahmeverlangens bestehen, für die Einleitung der abzugebenden Sache örtlich zuständig wäre, für sich allein kein ausreichender Abgabegrund[6a]). Auch für die Auswahl des übernehmenden Gerichts sind allein Zweckmäßigkeitsgründe maßgebend. Insbesondere wird eine Abgabe nicht in Betracht kommen, wenn der Vormund im Bezirk des VormG verbleibt[7]); anders, wenn Vormund, Mutter und Mündel die Bindung zum bisherigen Wohnsitz gänzlich aufgeben und einen festen anderen Wohnsitz begründen. Bei mehreren *Geschwistern* kann die Vormundschaft hinsichtlich einzelner Geschwister abgegeben werden, wobei der Umstand, daß nur ein einheitliches Aktenstück angelegt war, nicht entgegenstehen kann[8]). KB 39 zu § 3 bezeichnet es als „zweifellos", daß eine Verschiedenheit der Wohn- bzw. Aufenthaltsorte von Geschwistern als ein wichtiger Grund im Sinne des § 46 anzusehen sei. Gleichwohl kann die gemeinschaftliche Führung der Vormundschaften im Geschwistergerichtsstand (§ 36 Abs. 1 Satz 2) zweckmäßig sein, auch wenn jedes der Geschwister an einem anderen Ort wohnt und dort einen eigenen Vormund hat[9]). Die Unterbringung eines Mündels oder Pflegebefohlenen in einer *Heilanstalt* oder einem Erziehungsheim macht die Abgabe der Vormundschaft oder Pflegschaft vom Wohnsitzgericht an das Gericht des Anstaltsorts in der Regel nicht erforderlich[10]); anders, wenn besondere Verhältnisse vorliegen, insbesondere wenn das bisherige Gericht nur kraft der Anstaltsunterbringung zuständig war und die Beziehungen des Mündels zu diesem Ort durch seine Verlegung in eine andere Anstalt enden[11]). Wegen des Einflusses, den die Genehmigung der Unterbringung nach § 1800 Abs. 2 BGB auf das Erfordernis einer Abgabe haben kann, ist auf die Bem. zu § 55a Rdn. 8 zu verweisen. *Unterhaltspflegschaften* sind grundsätzlich im Interesse der erleichterten Geltendmachung der Ansprüche bei dem für den Wohnort des Unterhaltspflichtigen zuständigen VormG zu führen und daher dorthin abzugeben, wenn das nicht wegen häufigen Wechsels des Beschäftigungsorts unzweckmäßig ist[12]). Bei der *Amtsvormundschaft* ist der Umstand allein, daß ein nicht im Bezirk des VormG gelegenes Jugendamt wegen Wegzugs der Mutter und des Kindes die Amtsvormundschaft nach § 44 JugWohlfG übernommen hat (vgl. dazu Rdn. 33), im allgemeinen kein wichtiger Grund für die Abgabe der Vormundschaft; jedoch ist eine sorgfältige Abwägung aller Umstände erforderlich, wobei es auch darauf ankommen wird, ob die persönlichen oder vermögensrechtlichen Verhältnisse der Mutter oder des Kindes einen persönlichen Verkehr des VormG mit dem Amtsvormund und der Mutter vorteilhaft erscheinen lassen[13]) oder ob die Mutter bei der *Amtspflegschaft* des Jugendamts nach § 1706 BGB, auf welche diese Grundsätze entsprechend anzuwenden sind, einen Antrag nach § 1707 Abs. 1 Nr. 2 BGB gestellt hat.

3. Bereitwilligkeit des anderen VormG zur Übernahme. Die Ablehnung der Übernahme **4**
steht nicht im Belieben des angegangenen Gerichts. Es muß die Gründe für die Abgabe pflichtmäßig in Erwägung ziehen; dazu werden die Abgabegründe von dem abgebenden Gericht allerdings klargestellt werden und, wo Zweifel tatsächlicher Art bestehen, vorher

[6a]) KG OLGZ 1968, 498 = NJW 1969, 195 = Rpfleger 1968, 394; a.M. München Rpfleger 1968, 91.
[7]) München Rpfleger 1960, 124 mit zust. Anm. v. Keidel.
[8]) BayObLG OLGR 28, 334; Stuttgart JFG 9, 64; Nürnberg OLGR 25, 398.
[9]) Hamm ZBlJR 1955, 84.
[10]) Karlsruhe OLGR 2, 443; Düsseldorf MDR 1954, 428.
[11]) Karlsruhe JZ 1955, 342 = Rpfleger 1956, 49; Hamm OLGZ 1965, 327; Celle OLGZ 1969, 90.
[12]) Hamburg JFG 2, 134; KG 1 AR 81/56; Hamm Rpfleger 1958, 189 mit zust. Anm. v. Keidel; Köln JMBlNRW 1958, 200 = EJF B II Nr. 20; Hamm ZBlJR 1956, 211; Müller, DFG 1944, 81.
[13]) KG OLGR 45, 95; Hamm JMBlNRW 1959, 193; Rpfleger 1962, 99; Köln JMBlNRW 1959, 266 = Rpfleger 1960, 90 mit Anm. v. Keidel; Düsseldorf MDR 1960, 852; Schleswig SchlHA 1964, 169; Celle Rpfleger 1967, 147; Hofrichter, Rpfleger 1959, 47; Keidel Rpfleger 1962, 99 Anm.; geringere Anforderungen an die Abgabe stellen Nürnberg MDR 1960, 504; Karlsruhe Rpfleger 1961, 303, 304.

aufgeklärt werden müssen. Von sachfremden Erwägungen darf das angegangene Gericht sich nicht bestimmen lassen. Es kann die Übernahme der Vormundschaft z. B. nicht mit der Begründung ablehnen, daß der Vormund zur Führung des Amtes nicht geeignet erscheine oder daß er wegen weiter Entfernung zuvor von dem abgebenden Gericht entlassen werden müsse[14]). Bei der Würdigung der Frage, ob ein wichtiger Grund vorliegt, hat das um die Übernahme angegangene Gericht von der Tatsache des Bestehens der Vormundschaft (Pflegschaft) auszugehen und nicht zu prüfen, ob die sachlichen Voraussetzungen für die Anordnung vorgelegen haben oder noch vorliegen[15]). Auch ob das abgebende Gericht seine örtliche Zuständigkeit mit Recht angenommen hat, ist nicht zu prüfen; es genügt, daß es sich für zuständig hält und das Abgabeverlangen darauf stützt, daß die Sache besser von dem anderen Gericht bearbeitet werde[16]). Beide Fragen sind daher auch von dem oberen Gericht bei einer Vorlegung nach § 46 Abs. 2 nicht zu prüfen (KG 1 AR 81/56). Wird das Abgabeverlangen jedoch auf die örtliche Unzuständigkeit des abgebenden Gerichts gestützt, mag es sie auch erst nachträglich erkannt haben, dann liegt kein Abgabestreit nach § 46, sondern ein Zuständigkeitsstreit nach § 5 vor[17]). Die Bereiterklärung kann dem Übernahmeverlangen auch vorausgehen, wenn ein bisher nicht zuständiges VormG die Sache vom zuständigen Gericht übernehmen will. An eine Form ist sie ebensowenig wie die Erklärung der Abgabebereitschaft gebunden[17a]). Die Erklärungen können auch in schlüssigem Verhalten zum Ausdruck kommen, z. B. Übersenden oder Behalten der Akten zum Verbleib[17b]).

5 *4. Bereitwilligkeit des VormG zur Abgabe.* Die Abgabe ist durch das Wort „kann" nicht in das freie Ermessen des VormG gestellt, zumal der Begriff des wichtigen Grundes ein unbestimmter Rechtsbegriff ist (§ 27 Rdn. 25); das VormG darf also, wenn ein wichtiger Grund vorliegt und die übrigen Voraussetzungen erfüllt sind, die Abgabe nach seinem Ermessen nicht gleichwohl ablehnen. Es hat von dem ihm eingeräumten Ermessen (Beurteilungsermessen) einen pflichtmäßigen Gebrauch zu machen und muß die Sache abgeben, wenn überwiegende sachliche Gründe für die Abgabe sprechen.

5. Zustimmung des Vormunds (Pflegers).

6 *a)* Sie ist nach Abs. I Satz I Halbs. 2 nur erforderlich, wenn er bereits bestellt oder das Jugendamt gemäß §§ 1791c Abs. 1, 1709 BGB kraft Gesetzes Vormund oder Pfleger ist. Daraus ist zu folgern, daß die Abgabe nicht von der Bestellung eines Vormundes zwecks Erteilung der Zustimmung abhängt, wenn das Amt des Vormundes wegen Todes oder Entlassung zeitweise unbesetzt ist[18]). Bei mehreren Vormündern (§ 1797 Abs. 1) muß jeder zustimmen, ohne daß die Meinungsverschiedenheit vom VormG nach § 1797 Abs. 1 Satz 2 entschieden werden dürfte; ebenso müssen mehrere Mitvormünder, deren Wirkungskreise nach § 1797 Abs. 2 aufgeteilt sind, jeder für sich zustimmen[19]). Die Zustimmung des Gegenvormundes wird nicht erfordert. Keiner Zustimmung des Vormundes bedarf es bei einer Abgabe wegen Unzuständigkeit des abgebenden Gerichts[20]).

7 *b)* Die *Einholung der Zustimmung* ist Sache des Gerichts, welches abzugeben beabsichtigt; erst nach ihrer Beschaffung kann es der Abgabe nähertreten. Die Zustimmung muß nicht ausdrücklich oder förmlich erklärt werden; es genügt, daß der Vormund erklärt, daß er nicht widerspreche oder daß er sein Einverständnis durch schlüssiges Verhalten zum Aus-

[14]) Wellstein[2] Anm. 3 b.

[15]) KGJ 47, 14; BayObLGZ 4, 255; Freiburg Rpfleger 1952, 493; Hamm Rpfleger 1958, 189 mit zust. Anm. v. Keidel; a.M. Hamburg OLGR 30, 405.

[16]) KGJ 47, 14; BayObLGZ 27, 200; 1950, 157; Oldenburg JZ 1951, 465; Freiburg Rpfleger 1952, 493; Keidel Rpfleger 1960, 91; a.M. Neustadt MDR 1955, 493; Köln Rpfleger 1960, 90; Baur § 7 III 2 S. 92; Schlegelberger Anm. 2.

[17]) Freiburg Rpfleger 1952, 493; BayObLGZ 1950, 157; Frankfurt Rpfleger 1958, 314.

[17a]) KG JW 1929, 1752.

[17b]) Hamm Rpfleger 1967, 147.

[18]) Str., wie hier BayObLGZ 19, 302; 27, 200; Darmstadt OLGR 40, 19; Wellstein[2] Anm. 3 c; Ebert-Dudek-Lindemann[2] Anm. 2 c; Keidel Anm. 10; Müller DFG 1944, 82; Pikart-Henn, Lb. d. freiw. Gerbkt. S. 157; a.M. KGJ 38 A 76; Dresden OLGR 36, 187; Josef[2] Anm. 3; Schlegelberger Anm. 6; Voraufl.

[19]) Kiel HRR 1931 Nr. 669; Wellstein[2] Anm. 3, 4; Keidel Anm. 9.

[20]) Colmar OLGR 30, 155.

druck bringt[21]). Keine Zustimmung liegt aber darin, daß der Vormund eine ihm gebotene Gelegenheit zur Äußerung nicht wahrgenommen hat[22]).

Die Zustimmung muß zur Abgabe an ein bestimmtes Gericht erteilt werden. Fehlt eine erforderliche Zustimmung, so darf das andere Gericht die Sache nicht übernehmen. 8

C. Grenzen der Abgabe

Das Abgabeverfahren nach § 46 findet nur im Verhältnis der Gerichte der Bundesrepublik einschließlich Westberlins zueinander statt; die Grenzen der Länder haben hierbei keine Bedeutung. Wegen der Abgabe an das Ausland und an die Behörden der DDR und der Übernahme von dort vgl. die Bem. zu § 47. Das Verfahren nach § 46 Abs. 2 setzt voraus, daß die beteiligten Gerichte der inländischen Gerichtsverfassung unterliegen, weil sonst ein gemeinsames oberes Gericht fehlt, das bindend entscheiden könnte[22a]). 9

D. Vollziehung der Abgabe

1. Liegen die Voraussetzungen der Anm. B 1 bis 5 vor, so darf die Abgabe vollzogen werden. Sie vollzieht sich durch die Abgabeverfügung des abgebenden Gerichts und die Übernahmeerklärung des übernehmenden Gerichts, die keiner Form bedürfen und einseitige Verfügungen im Sinne des § 19 sind, nicht etwa ein öffentlichrechtlicher Vertrag[23]). Durch die beiderseitigen Erklärungen der beteiligten Gerichte ist der Übergang der Zuständigkeit eingetreten. Der Gerichtswechsel ist auch wirksam, wenn ein wichtiger Grund zur Abgabe oder eine notwendige Zustimmung (Rdn. 6, 29) nicht vorgelegen hat[24]). Die Abgabe- und die Übernahmeverfügung können nach der Vollziehung der Abgabe nicht mehr nach § 18 geändert werden[25]). Auch das Verfahren vor dem oberen Gericht nach § 46 Abs. 2, 3 ist nach Vollziehung von Abgabe und Übernahme nicht mehr statthaft[26]); es kann unter den Voraussetzungen des § 46 eine Rückübernahme stattfinden oder Beschwerde eingelegt werden (Rdn. 13). 10

2. Anhängigkeit im Beschwerderechtszug steht der Abgabe nicht entgegen; sie vollzieht sich von VormG zu VormG, gegebenenfalls auf Veranlassung des Beschwerdegerichts. Unzulässig ist daher die Abgabe eines im Beschwerderechtszug anhängigen Verfahrens an ein anderes Landgericht, ohne daß zuvor das diesem nachgeordnete VormG die Sache übernommen hat[26a]). Da aber für die Dauer der Anhängigkeit einer Sache in der Beschwerdeinstanz auch die Befugnisse des VormG hinsichtlich der Abgabe der Sache auf das vorgeordnete Beschwerdegericht übergehen, ist es unbedenklich, daß dieses unmittelbar mit einem ihm nicht nachgeordneten VormG über die Abgabe der Sache verhandelt[27]). 11

3. Der *Rechtspfleger* ist in übertragenen Geschäften gemäß § 4 Abs. 1 RechtspflG, also auch bei der Einzelvormundschaft, befugt, über die Abgabe oder Übernahme zu befinden und die Entscheidung des gemeinschaftlichen oberen Gerichts herbeizuführen, nicht aber in Sachen, die dem Richter vorbehalten sind[27a]). Die Meinung, daß bei einem Streit der 12

[21]) BayObLGZ 1950, 98.
[22]) München JZ 1952, 436.
[22a]) KGJ 21 A 203; KG JFG 15, 298.
[23]) Dresden KGJ 43, 277 = RJA 11, 166; Schlegelberger Anm. 7; Keidel Anm. 8; a.M. (Vertragsnatur) Schmidt-Bardeleben, Rechtszug, S. 35 ff.; Oetker, RheinZ 1923, 233.
[24]) München DFG 1942, 150; Karlsruhe ZBlJR 1956, 26; BayObLGZ 1958, 283; Schlegelberger Anm. 7.
[25]) KG Recht 1908 Nr. 3679; KG DJZ 1931, 503; BayObLGZ 1958, 284.
[26]) München DFG 1942, 150; Karlsruhe ZBlJR 1956, 26; BayObLGZ 1958, 284.
[26a]) KG SchlHA 1909, 125; Karlsruhe FamRZ 1958, 387 = NJW 1958, 2073; Bremen JZ 1957, 96; BayObLGZ 1964, 28; Keidel Anm. 13.
[27]) KG SchlHA 1909, 125; BayObLG Rpfleger 1969, 242.
[27a]) KG JFG 3, 41; Hamm Rpfleger 1957, 412; Hamburg Rpfleger 1959, 93; München Rpfleger 1960, 124; Frankfurt Rpfleger 1958, 384 (Richtervorbehalt); a.M. für Einzelvormundschaft Düsseldorf Rpfleger 1959, 162; dazu Keidel, Rpfleger 1959, 145 u. 1960, 126.

Rechtspfleger vor der Anrufung des Obergerichts zunächst die Entscheidung des Richters herbeigeführt werden müsse, trifft nicht zu, da die Vorlegung kein Rechtsmittel ist[27b]).

E. Rechtsmittel im Abgabeverfahren

13 *1. Statthaftigkeit der Beschwerde.* Für die Frage, inwieweit Verfügungen der VormGe im Abgabeverfahren mit der Beschwerde nach § 19 an das vorgeordnete LG anfechtbar sind, ist davon auszugehen, daß zur Vermeidung einer Häufung von Rechtszügen die Beschwerde stets unstatthaft ist, wenn die Voraussetzungen für eine Anrufung des gemeinschaftlichen oberen Gerichts nach § 46 Abs. 2 vorliegen, so daß umgekehrt die Beschwerde nach § 19 statthaft ist, wenn für eine Anrufung des oberen Gerichts nach § 46 Abs. 2 kein Raum ist[28]). Hierbei ist zu beachten, daß das Verfahren nach § 46 Abs. 2 auch stattfindet, wenn ein bisher nicht zuständiges Gericht die Sache vom zuständigen Gericht übernehmen will, dieses aber die Abgabe verweigert. Hiernach ist die *Beschwerde nach § 19* statthaft:

14 *a) nach vollzogener Abgabe* sowohl gegen die Abgabeverfügung als auch gegen die Übernahmeverfügung des übernehmenden Gerichts[29]);

15 *b) vor vollzogener Abgabe* gegen die Ablehnung der Abgabe oder die Ablehnung der Übernahme, sofern die beteiligten Gerichte und der Zustimmungsberechtigte darin übereinstimmen, daß eine Abgabe nicht stattfinden soll; denn wenn zwischen diesen Beteiligten eine Meinungsverschiedenheit über die Abgabe besteht, kann unter Ausschluß der Beschwerde nur das obere Gericht nach § 46 Abs. 2 angerufen werden. Aus demselben Grunde findet gegen das Unterbleiben der Abgabe keine Beschwerde statt, wenn zwar die beteiligten Gerichte über die Abgabe einig sind, aber der Zustimmungsberechtigte seine Zustimmung verweigert. Auf Beschwerde eines beschwerdeberechtigten Beteiligten kann aber das Gericht, welches zur Abgabe oder zur Übernahme bereit ist, dazu angehalten werden, den Streit durch Anrufung des gemeinschaftlichen oberen Gerichts nach § 46 Abs. 2 zur Entscheidung zu bringen[30]). Da ferner der Vormund oder sonstige Zustimmungsberechtigte die Entscheidung des oberen Gerichts nicht herbeiführen kann, wenn die beteiligten Gerichte sich über die Nichtabgabe einig sind[31]), ist die Beschwerde gegen die Ablehnung der Abgabe oder der Übernahme mit dem Ziel statthaft, daß das Gericht mit dem anderen Gericht über die Abgabe verhandele[32]); bleiben diese Verhandlungen erfolglos, so ist eine Beschwerde unstatthaft, da das durch das Beschwerdegericht angewiesene Gericht als der Abgabe zustimmend gilt und nunmehr das Verfahren nach § 46 Abs. 2 statthaft ist.

16 *2. Beschwerderecht.* Die Beschwerde gegen die in Rdn. 13, 14 genannten Verfügungen steht aus § 20 Abs. 1 dem Vormund, soweit sein Zustimmungsrecht verletzt ist, aus eigenem Recht, sonst namens des Mündels zu. Der Mündel kann sein Beschwerderecht aus § 20 unter den Voraussetzungen des § 59 auch selbständig ausüben. Wenn die abzugebende Sache eine die Sorge für die Person betreffende Angelegenheit ist, wie die Vormundschaft, kann ein Beschwerderecht nach § 57 Abs. 1 Nr. 9 jedem zustehen, der ein berechtigtes Interesse hat, die Angelegenheit wahrzunehmen[33]). Die Beschwerde gegen eine vom zuständigen Gericht erlassene Sachentscheidung kann aber nicht darauf gestützt werden, daß es die Sache nach § 46 oder nach §§ 65 Abs. 5, 57 Abs. 5 JugWohlfG hätte abgeben sollen[34]).

17 *3. Rechtspfleger.* Hat in übertragenen Sachen der Rechtspfleger über die Abgabe oder Übernahme entschieden (Rdn. 11), so ist gegen seine Verfügung statt der Beschwerde Erinnerung (§ 11 Abs. 1 RechtspflG) einzulegen.

[27b]) KG OLGZ 1968, 472 = Rpfleger 1968, 225; BayObLG Rpfleger 1969, 18; Stöber, Rpfleger 1967, 129; Keidel Rdn. 4; a.M. Köln Rpfleger 1967, 148.

[28]) Dresden KGJ 43, 277 = RJA 11, 166; KGJ 47, 21; Wellstein FGG² Anm. 4.

[29]) Dresden aaO.; München DFG 1942, 150; BayObLGZ 1958, 284; Keidel Anm. 25; a.M. bez. Übernahmeverfügung Schlegelberger Anm. 8.

[30]) KG DFG 1943, 140; nach dem hier vertretenen Standpunkt (Rdn. 22) fehlt es für diese Beschwerde jedoch an einem Rechtsschutzinteresse, weil das obere Gericht unmittelbar angerufen werden kann.

[31]) BayObLGZ 19, 15; Keidel Anm. 17.

[32]) KG OLGR 2, 347; Jena OLGR 33, 5.

[33]) KG OLGR 2, 347; Keidel Anm. 23, 24.

[34]) KG JFG 22, 297.

4. Wirkung der Beschwerdeentscheidung. Wird nach vollzogener Abgabe die Abgabe- oder die Übernahmeverfügung auf Beschwerde oder Erinnerung aufgehoben, so entfällt die Übereinstimmung der VormGe und damit die Wirksamkeit der Abgabe, so daß die Zuständigkeit, ohne daß es einer besonderen Verfügung bedarf, wieder dem abgebenden VormG anfällt, unbeschadet der Wirksamkeit der inzwischen von dem übernehmenden Gericht erlassenen Verfügungen (§ 7)[35]. Beharrt das andere, nicht aufgehobene Gericht auf seiner Verfügung, so steht die Anrufung des oberen Gerichts nach § 46 Abs. 2 offen. Ebenso ist dieser Weg frei, wenn eines der VormGe zur Abgabe oder zur Übernahme oder zu Verhandlungen mit dem anderen Gericht auf Beschwerde angewiesen wird und eine Übereinstimmung der Gerichte nicht zustandekommt oder der Zustimmungsberechtigte nicht zustimmt. **18**

F. Anrufung des gemeinschaftlichen oberen Gerichts (Abs. 2)

1. Voraussetzung der Anrufung ist, daß die Gerichte sich nicht einigen oder der Vormund (oder einer der Vormünder) seine Zustimmung verweigert. Das ist der Fall, wenn **19**

a) die Gerichte im entgegengesetzten Sinne dahin Stellung genommen haben, daß das eine die Sache abgeben, das andere aber sie nicht übernehmen will oder umgekehrt; dem steht es gleich, wenn eines der beiden Gerichte im Beschwerdewege angehalten worden ist, die Sache zu übernehmen oder abzugeben (Rdn. 14). Unschädlich ist es, wenn außer einem der Gerichte auch der Vormund widerspricht[36]. Andererseits macht seine Zustimmung bei Divergenz der Gerichte die Anrufung nicht entbehrlich; **20**

b) die Gerichte sich übereinstimmend für eine Abgabe ausgesprochen haben, der Vormund oder einer der Vormünder aber seine Zustimmung verweigert. **21**

Es muß also stets die Bereitschaft mindestens eines der Gerichte zur Abgabe oder zur Übernahme vorliegen. Ein Streit zwischen dem Vormund und dem VormG über die Abgabe kann in diesem Verfahren erst ausgetragen werden, wenn das andere Gericht entgegengesetzt zu dem VormG Stellung genommen hat[37]. Bei Übereinstimmung der VormGe darüber, daß nicht abgegeben werden soll, findet das Verfahren nicht statt, gleichviel ob der Vormund zustimmt oder nicht; die Weigerung eines der Gerichte muß zunächst mit der Beschwerde überwunden werden (Rdn. 14). **22**

2. Zuständiges Gericht ist das gemeinschaftliche obere Gericht der beteiligten VormGe. Gehören sie demselben LGBezirk an, so entscheidet das LG, bei Zugehörigkeit zu verschiedenen LGBezirken, aber zu demselben OLGBezirk das OLG. Gehören sie den Bezirken verschiedener OLGe an, so entscheidet das OLG, welches dem um die Übernahme angegangenen Gericht vorgeordnet ist, in Bayern jedoch das BayObLG, in Rheinland-Pfalz das OLG Zweibrücken; vgl. § 5 Anm. Rdn. 8, § 199 Rdn. 8 bis 10. In Württemberg ist gemeinschaftliches oberes Gericht der Vormundschaftsbehörden desselben AGBezirks das Amtsgericht (§ 194 Rdn. 3). **23**

3. Verfahren des oberen Gerichts

a) Tätig wird es in der Regel auf Anrufung eines der beteiligten Gerichte, auch desjenigen, welches im Gegensatz zum VormG die Sache übernehmen möchte. Auch Anrufung durch den Vormund ist nicht ausgeschlossen, sofern nur die sachlichen Voraussetzungen, nämlich Bereitschaft des einen Gerichts zur Abgabe oder Übernahme und Weigerung des anderen, vorliegen; es wäre ein überflüssiger Umweg, den Vormund in diesem Fall darauf zu verweisen, eines der Gerichte im Beschwerdewege zur Anrufung des oberen Gerichts anzuhalten[38]. Es genügt, daß Anlaß zur Entscheidung gegeben ist[39]. Das obere Gericht kann also auch **24**

[35] Dresden KGJ 43, 277 = RJA 11, 166.

[36] KGJ 39 A 11; BayObLGZ 16, 85 = OLGR 31, 276 unter Aufgabe der abw. Auff.; Wellstein FGG² Anm. 4; Keidel Anm. 16.

[37] München DFG 1937, 163.

[38] A.M. anscheinend Keidel Anm. 17.

[39] BayObLG OLGR 2, 442; Schlegelberger Anm. 8.

von Amts wegen oder auf eine beliebige Anregung tätig werden (vgl. § 5 Rdn. 17, 18), z. B. wenn es irrig zur Entscheidung eines Zuständigkeitsstreits nach § 5 angerufen worden ist.

25 *b)* Die Erklärungen der beteiligten Gerichte zur Abgabe müssen vorliegen. Der Vormund oder sonstige Zustimmungsberechtigte muß gehört worden sein[40]), d. h. er muß Gelegenheit zur Stellungnahme gehabt haben. Daß er sich auch geäußert hat, ist nicht erforderlich, da die Äußerung nicht erzwungen werden kann.

26 *c)* Die *Entscheidung* ergeht darüber, ob das Übernahmeverlangen gerechtfertigt ist. Ein drittes, um die Übernahme nicht oder nicht mehr angegangenes Gericht kann, anders als im Zuständigkeitsstreit nach § 5 (§ 5 Rdn. 21), nicht angewiesen werden, es sei denn, daß auch dieses bereits abgelehnt hat und die Vorstellung sich hilfsweise auch hiergegen wendet[41]). Über die Verbindung mit einem Verfahren nach § 5 vgl. § 5 Rdn. 21. Nach Vollziehung der Abgabe (Rdn. 9) kann eine Entscheidung nach § 46 Abs. 2 nicht mehr ergehen, auch wenn die Zustimmung des Vormunds fehlte; dann nur noch Beschwerde nach § 19 (Rdn. 13)[42]).

27 *d)* Eine Vorlegung nach § 28 Abs. 2 an den BGH findet nicht statt.

28 *e)* *Wirksam* wird die Entscheidung mit der Bekanntmachung an das Gericht, das zur Übernahme oder zur Abgabe angewiesen wird. Sie ist mit Rechtsmitteln nicht anfechtbar (Abs. 2 Satz 2) und bindend (vgl. § 5 Rdn. 27). Das obere Gericht kann sie nach § 18 ändern[43]).

G. Abgabe von Pflegschaften, Beistandschaften und anderen Verrichtungen (Abs. 3)

29 *1. Allgemeines.* Das für die Abgabe einer Vormundschaft in § 46 Abs. 2, 3 geregelte Verfahren findet nach Abs. 3 auf die Abgabe einer Pflegschaft, Beistandschaft und einer selbständigen Einzelverrichtung des VormG im Sinne des § 43 entsprechende Anwendung. Zu den abgabefähigen Einzelverrichtungen gehören auch die Verfahren nach §§ 43a, 44, § 1 Abs. 2 EheG (Anh. nach § 56), §§ 55b, 56c, nicht aber nach § 44a, 44b, 45 (vgl. jeweils die Bem. zu diesen Vorschriften). Es kann aber nur eine selbständige Verrichtung abgegeben werden, nicht ein unselbständiges Geschäft innerhalb einer Vormundschaft oder Pflegschaft (§ 4 Rdn. 4, § 55a Rdn. 8). Dabei ist der Grundsatz zu beachten, daß jede rechtlich selbständige Angelegenheit gesondert abgegeben werden kann, mag auch derselbe Mündel (Kind, Pflegebefohlener) betroffen sein. Eine Ergänzungspflegschaft (§ 1909 BGB, § 37 FGG) kann gesondert von der Vormundschaft abgegeben werden, eine Pflegschaft nach § 1671 Abs. 5 BGB gesondert von dem Verfahren nach § 1671[44]). Die Anhängigkeit einer Vormundschaft, Pflegschaft, Beistandschaft oder Erziehungsbeistandschaft hindert nicht die Abgabe einer bei demselben Gericht anhängigen Fürsorgeerziehung für sich allein, wie auch die Abgabe der Vormundschaft usw. nicht zwangsläufig die Abgabe der Fürsorgeerziehung nach sich zieht[45]). Ebenso werden sonstige Einzelverrichtungen selbständig abgegeben[46]).

30 2. Nur *Verrichtungen des VormG* können nach § 46 abgegeben werden, nicht Geschäfte, für die das AG als solches zuständig ist, z. B. bei der Kindesannahme (§ 66 Rdn. 1). Die *Nachlaßpflegschaft* kann gemäß § 75 nach Maßgabe des § 46 von NachlG an NachlG abgegeben werden.

31 *3.* Für das *Verfahren* und die Voraussetzungen der Abgabe gelten die in Anm. B bis F erörterten Grundsätze entsprechend. Auch die Angelegenheiten des § 43 können nur einzeln von Fall zu Fall, nicht allgemein im voraus abgegeben werden[47]). Hinsichtlich der Person

[40]) BayObLGZ 33, 222; 1950, 88; 1958, 281, 286; KGJ 38 A 79.
[41]) Köln JMBlNRW 1958, 200; vgl. Karlsruhe FamRZ 1957, 183 = ZBlJR 1957, 279 = EJF B II Nr. 15; Keidel Anm. 19.
[42]) München DFG 1942, 150; Karlsruhe ZBlJR 1956, 26.
[43]) Keidel Anm. 20.
[44]) KG JFG 21, 75; Keidel Anm. 32.
[45]) KG JFG 22, 75 unter Aufgabe d. fr. Auff.; Celle NdsRpfl. 1950, 171; München EJF 1, 14; Schleswig EJF 1, 76; Keidel Anm. 34; BayObLGZ 1964, 25.
[46]) BayObLG LZ 1928, 1403.
[47]) KGJ 25 A 190.

des Zustimmungsberechtigten ist zu beachten, daß der Regelung des § 46 Abs. 1 Satz 1 Halbs. 2 der Gedanke zugrunde liegt, den Mündel im Verfahren über die Abgabe nicht unvertreten zu lassen[48]). Deswegen tritt bei der Pflegschaft an die Stelle des Vormundes der Pfleger, bei den Angelegenheiten des § 43 der Inhaber der elterlichen Gewalt, dem die Vertretung in dieser Angelegenheit zusteht, oder der Betroffene selbst, wenn er volljährig ist oder wenn er als beschränkt Geschäftsfähiger selbständig beteiligtenfähig ist (§ 59 Anm.), z. B. bei der Ehemündigerklärung (Anh. nach § 56 Rdn. 8). Bei der Erziehungsbeistandschaft ist der Vertreter des Kindes in den persönlichen Angelegenheiten zustimmungsberechtigt, nicht der Erziehungsbeistand[49]), bei der Beistandschaft der Beistand an Stelle des Elternteils nur, wenn er nach § 1690 BGB die Stellung eines Pflegers hat[50]).

4. Abgabe der Erziehungsbeistandschaft und der Fürsorgeerziehung, §§ 57 Abs. 5, 65 Abs. 5 JWG. Das Verhältnis dieser Sondervorschriften zu der allgemeinen Vorschrift des § 46 ist dahin zu bestimmen, daß sie eine Abgabe nach § 46 nicht ausschließen. Gemeint ist, daß über § 46 hinaus, wonach die Abgabe erfolgen kann, wenn wichtige Gründe vorliegen, in dem Sonderfall des § 57 Abs. 5, 65 Abs. 5 JWG die Abgabe erfolgen soll, wenn das zuständige JA (§ 11 JWG) sie beantragt, sofern nicht besondere Gründe entgegenstehen. Das Verfahren kann also auch ohne Antrag oder auf Antrag eines unzuständigen JA nach Maßgabe des § 46 abgegeben werden[51]). Diese Grundsätze gelten auch für das JWG i. d. F. v. 11. 8. 1961 (BGBl. I, 1206). Neu ist nur, daß der Antrag des JA erst gestellt werden kann, „wenn ein VormG entschieden hat". Darunter wird zu verstehen sein, daß es die Erziehungsbeistandschaft oder die endgültige Fürsorgeerziehung angeordnet hat, mag diese auch noch nicht rechtskräftig sein. Vorher findet nur die allgemeine Abgabe nach § 46, nicht aber die erleichterte nach §§ 57 Abs. 5, 65 Abs. 5 JWG statt[52]). Die Abgabe nach § 46 oder nach § 65 Abs. 5 JWG ist auch nach rechtskräftiger Anordnung der Fürsorgeerziehung bis zu ihrer gesetzlichen Beendigung oder Aufhebung zulässig[53]). **32**

H. Umfang und Wirkung der Abgabe

Die Abgabe bewirkt den Übergang der örtlichen Zuständigkeit für die abgegebene Angelegenheit auf das übernehmende Gericht. Übergegangen sind alle Geschäfte, die mit der abgegebenen Sache eine rechtliche Einheit bilden (vgl. § 4 Rdn. 4). Eine Vormundschaft oder Pflegschaft kann nur insgesamt abgegeben werden, nicht etwa nur hinsichtlich eines einzelnen Vermögensgegenstandes oder hinsichtlich einer einzelnen unselbständigen Verrichtung, z. B. der vormundschaftsgerichtlichen Genehmigung nach § 1800 Abs. 2 BGB[54]). Geschwistervormundschaften aber sind so viele Vormundschaften, wie Geschwister vorhanden sind; sie können also getrennt abgegeben werden (Rdn. 3). Die Abgabe einer Vormundschaft zieht nicht zwangsläufig auch den Übergang einer selbständigen Einzelverrichtung i. S. d. § 43 nach sich (vgl. Rdn. 27). **33**

Wegen der Änderungsbefugnis des übernehmenden Gerichts (§ 18), der Zuständigkeit zur Entscheidung über Beschwerden gegen Verfügungen des abgebenden Gerichts und die Art der Beschwerdeeinlegung gelten die Bem. zu § 5 Rdn. 26. **34**

J. Anhang. Entscheidung über die Abgabe der gesetzlichen Amtsvormundschaft oder Amtspflegschaft nach § 1706 BGB (§ 44 Abs. 2 JWG)

In § 44 Abs. 1 JWG ist die Abgabe der gesetzlichen Amtsvormundschaft von Jugendamt zu Jugendamt geregelt, wenn das Wohl des Mündels dies erfordert. Maßgebend dafür ist allein das Kindesinteresse; grundsätzlich soll das Jugendamt die Amtsvormundschaft füh- **35**

48) KGJ 38 A 76; KG JFG 23, 63; München JFG 15, 351.
49) KG JFG 23, 63.
50) Keidel Anm. 31.
51) KG JFG 16, 359; KG JW 1939, 43.
52) So auch Baumbach-Lauterbach[25] § 57 JWG Anm. 3; a.M. Staudinger-Göppinger[11] Anh. zu § 1666 Anm. 56; Krug Anm. 9; Riedel Anm. 5; Jans-Happe Anm. 9, je zu § 57 JWG.
53) KG JFG 19, 139.
54) Vgl. § 55 a Anm. 4; Jansen, EJF A IV Nr. 12-14 Anm. zu II; Keidel Anm. 27; Schlegelberger Anm. 1.

ren, in dessen Bezirk der Mündel sich dauernd aufhält; ob eine Ausnahme hiervon im Interesse des Mündels gerechtfertigt ist, ist unter Berücksichtigung aller Umstände des Einzelfalls zu beurteilen[55]). Die Weiterführung der Vormundschaft ist bei dem Jugendamt, welches sie übernehmen soll, zu beantragen. Antragsberechtigt sind das die Vormundschaft führende Jugendamt, welches zur Antragstellung verpflichtet ist („soll"), wenn die gesetzlichen Voraussetzungen vorliegen, ferner das Jugendamt eines anderen Bezirks, die Mutter, der über 14 Jahre alte Mündel entsprechend § 59 FGG sowie jeder, der ein berechtigtes Interesse des Mündels geltend macht. Einigen sich die beteiligten Jugendämter über die Übernahme, so geht die Vormundschaft ohne Mitwirkung des VormG ohne weiteres auf das andere JA über[56]). Das VormG wechselt nur, wenn es selbst sein Verfahren nach § 46 abgibt. Gegen die Ablehnung des Antrags um Übernahme oder gegen die Verweigerung der Abgabe kann nach § 44 Abs. 2 JWG das VormG angerufen werden. Das VormG wird mithin nur auf Antrag tätig. Antragsberechtigt ist jeder, der nach § 39 Abs. 1 JWG zur Stellung des Antrags auf Abgabe oder Übernahme bei dem JA befugt ist, auch wenn diesen Antrag ein anderer Antragsberechtigter gestellt hat. Örtlich zuständig ist das VormG, welches die Vormundschaft über den Mündel führt[57]). Es entscheidet der Rechtspfleger[58]). Die Anordnung der Übernahme wird mit der Bekanntgabe an das bisher die Vormundschaft führende JA wirksam (§ 16 Abs. 1). Gegen die Entscheidung findet die unbefristete Beschwerde nach § 19 statt[59]) mithin gegen die Verfügung des Rechtspflegers die unbefristete Erinnerung nach § 11 Abs. 1 RechtspflG. Bei Zurückweisung des Antrags ist nach § 20 Abs. 2 nur der Antragsteller beschwerdeberechtigt[60]). Wird die Abgabe oder die Übernahme antragsgemäß angeordnet, so steht die Beschwerde nach § 20 Abs. 1 dem JA zu, welches zur Abgabe oder Übernahme angehalten worden ist[61]); außerdem kann sich ein Beschwerderecht aus § 57 Abs. 1 Nr. 9, 59 FGG ergeben[62]). Die weitere Beschwerde ist nicht ausgeschlossen; die Erforderlichkeit der Abgabe für das Kindeswohl ist ein unbestimmter Rechtsbegriff[63]). Der Meinung, daß gegen die Bereitschaft der Jugendämter zur Abgabe oder Übernahme der Verwaltungsrechtsweg stattfinde[64]), ist nicht beizutreten; vielmehr kann in Erweiterung des § 44 Abs. 2 JWG auch insoweit das VormG kraft Sachzusammenhangs angerufen werden, da Art. 19 Abs. 4 GG sich nicht darin erschöpft, den ordentlichen Rechtsweg hilfsweise zu eröffnen, sondern auch einen gegebenen, aber in der Ausgestaltung unvollständig gebliebenen besonderen Rechtsweg erweitert[65]).

36 Auf die *Amtspflegschaft* des Jugendamts nach § 1706 BGB ist § 44 JWG bis zu der beabsichtigten Anpassung des JWG an das neue Recht (vgl. BT-Drucks. V/3719 Art. 2 Nr. 5 § 43 und wegen der Zurückstellung der Gesetzesänderung BT-Drucks. zu V/4179 unter I 3) entsprechend anzuwenden.

Vormundschaft und Pflegschaft im Ausland. Abgabe an das Ausland

47 Ist über einen Deutschen, der im Auslande seinen Wohnsitz oder Aufenthalt hat, die nach den Vorschriften des Bürgerlichen Gesetzbuchs erforderliche Vormundschaft im Ausland anhängig, so kann die Anordnung der Vormundschaft im Inland unterbleiben, wenn dies im Interesse des Mündels liegt.

[55]) KG JFG 13, 442, 445; BayObLGZ 1956, 77, 81; 1965, 362; Stuttgart DAV 1962, 11; Celle ZBlJR 1952, 123; Oldenburg FamRZ 1965, 457; Karlsruhe ZBlJR 1967, 342; Hamm OLGZ 1968, 503.
[56]) BayObLG JFG 11, 76; Dölle FamR § 123 II 1.
[57]) Karlsruhe JFG 8, 84; Keidel § 36 Anm. 22 a.
[58]) Arndt, RechtspflG § 12 Anm. 7 Nr. 46; Keidel § 46 Anm. 34; vgl. auch Potrykus, ZBlJR 1959, 226.
[59]) KG JFG 3, 70; Karlsruhe JFG 8, 84; BayObLGZ 1956, 77, 80; Keidel § 36 Anm. 22 a.
[60]) BayObLGZ 1956, 77; Keidel § 36 Anm. 22 a.
[61]) KG JFG 3, 70; BayObLGZ 1956, 77; 1965, 362.
[62]) BayObLGZ 1956, 77.
[63]) BayObLGZ 1965, 362; Karlsruhe ZBlJR 1967, 342; a.M. Riedel JWG § 44 Anm. 3 b; Gräber JWG Anm. 2 A; vgl. § 27 Rdn. 25, 27.
[64]) So Palandt-Lauterbach BGB[28] § 44 JWG Anm. 4, 5.
[65]) BGHZ 34, 244, 249; Jansen, Wandlungen im Verfahren der FG, 1964, S. 10 Fn. 11; vgl. Vorbem. vor § 8 Rdn. 78.

Hat ein Deutscher, über den im Inland eine Vormundschaft besteht, im Auslande seinen Wohnsitz oder Aufenthalt, so kann das Gericht, bei welchem die Vormundschaft anhängig ist, sie an den ausländischen Staat abgeben, wenn dies im Interesse des Mündels liegt, der Vormund seine Zustimmung erteilt und der ausländische Staat sich zur Übernahme bereit erklärt. Verweigert der Vormund oder, wenn mehrere Vormünder die Vormundschaft gemeinschaftlich führen, einer von ihnen seine Zustimmung, so entscheidet an Stelle des Gerichts, bei welchem die Vormundschaft anhängig ist, das im Instanzenzuge vorgeordnete Gericht. Eine Anfechtung der Entscheidung findet nicht statt.

Diese Vorschriften gelten auch für die Pflegschaft und die Beistandschaft. Einer Beistandschaft kann dabei eine Pflegschaft nach ausländischem Recht oder eine andere der Beistandschaft ähnliche ausländische Rechtseinrichtung gleichgeachtet werden.

Abs. 1 und Abs. 2 Satz 1 sowie Abs. 3 geändert durch Art. 7 Nr. 8 des G über die rechtliche Stellung der nichtehelichen Kinder v. 19. 8. 1969 (BGBl. I 1243), in Kraft getreten am 1. 7. 1970. In Abs. 1 und Abs. 2 Satz 1 ist jeweils das bisherige Wort „angeordnet" durch „anhängig" bezw. „besteht" ersetzt worden, um auch Vormundschaften und (Abs. 3) Pflegschaften kraft Gesetzes zu erfassen. In Abs. 3 ist die Beistandschaft eingefügt worden.

1. Allgemeines. Die *deutsche internationale Zuständigkeit* zur Führung der Vormundschaft erstreckt sich auch auf Deutsche im Auslande, arg. Art. 23 EGBGB. Die inländische Vormundschaft ist daher auch für Deutsche im Ausland grundsätzlich von Amts wegen anzuordnen (§ 1774 BGB, § 36 Abs. 2 FGG). § 47 läßt einen *Verzicht* auf die deutsche und eine Anerkennung der ausländischen internationalen Zuständigkeit für Deutsche im Auslande zu. Die rechtliche Möglichkeit für den ausländischen Staat, eine Vormundschaft über Deutsche anzuordnen, ergibt sich aus seinem internationalen Privatrecht und etwaigen Staatsverträgen. Vgl. hierzu oben Bem. zu § 35 Rdn. 98 ff. und Haager Abkommen (Anl. 2) und dazu § 35 Rdn. 110 ff. **1**

2. Verzicht auf deutsche Vormundschaft. Nach Abs. 1 ist das deutsche VormG befugt, von der Anordnung einer Vormundschaft abzusehen, wenn über einen Deutschen, der in einem ausländischen Staat Wohnsitz oder schlichten Aufenthalt hat, in diesem Staat eine Vormundschaft angeordnet ist. Unter den gleichen Umständen kann nach Abs. 2 eine im Inland angeordnete Vormundschaft mit ersetzbarer Zustimmung des oder der Vormünder an den ausländischen Staat abgegeben werden, wenn dieser zur Übernahme bereit ist, was der vorherigen Feststellung bedarf. Die Entschließung unterliegt dem Ermessen des an sich zuständigen Gerichts, welches dabei außer der Interessenlage des Mündels auch prüfen wird, ob das ausländische Vormundschaftsrecht eine dem deutschen Recht etwa entsprechende hinreichende Fürsorge gewährleistet. **2**

Örtlich zuständig ist im Fall des Abs. 1 das VormG, welches für die Anordnung der Vormundschaft zuständig wäre (§ 36 Abs. 2, § 3 mit § 15 ZPO). Die Abgabe nach Abs. 2 kommt auch in Betracht, wenn der Mündel während der Dauer der Vormundschaft seinen Wohnsitz oder Aufenthalt in das Ausland verlegt hat. Vgl. Haager Abkommen (Anl. 2) Art. 3 und § 35 Rdn. 114. Wegen des Schriftwechsels mit der ausländischen Behörde entscheiden die bestehenden Staatsverträge und die völkerrechtliche Übung. Die Abgabe bedeutet Aufhebung der inländischen Vormundschaft. Kehrt der Mündel später zurück, so bestimmt sich für neue Maßnahmen die Zuständigkeit nach den neuen Verhältnissen[1]). **3**

3. Rechtsmittel. Gegen die Entschließung, von der Anordnung einer inländischen Vormundschaft abzusehen oder sie abzugeben, findet Beschwerde statt, § 57 Abs. 1 Nr. 1. Vgl. auch § 97 Abs. 2. Wird eine inländische Vormundschaft angeordnet, so wird damit die im **4**

[1]) BayObLGZ 24, 379 = JW 1926, 1993.

Ausland angeordnete für deutsche Rechtsverhältnisse unwirksam (Soergel-Kegel Art. 23 EG Anm. III 2a, bb) bbb).

5 Verliert der im Ausland befindliche Mündel die deutsche Staatsangehörigkeit, so ist die inländische Vormundschaft aufzuheben, nachdem festgestellt ist, daß der ausländische Staat die Fürsorge übernimmt, EGBGB Art. 23 Abs. 1[2]). Auf Verlangen des neuen Heimatstaates ist die Vormundschaft an ihn abzugeben[3]).

6 *4.* Für die Ersetzung der *Zustimmung des Vormundes* ist im Instanzenzuge vorgeordnetes Gericht das Landgericht auch im Falle der §§ 194, 195, wenn eine nichtgerichtliche Behörde VormG ist. Die Entscheidung des LG ist unanfechtbar.

7 *5.* Außer für die *Pflegschaft*, vor allem eine solche nach § 1706 BGB, gelten die Vorschriften auch für die Beistandschaft (§ 1685 BGB), und zwar nach der Gesetzesänderung, abweichend vom bisherigen Recht, nicht nur, wenn der Beistand nach § 1690 BGB die rechtliche Stellung eines Pflegers hat. In der amtl. Begründung (BT-Drucks. V/3719 S. 51 zu §§ 37, 40 u. S. 52 zu § 47) wird die Einbeziehung der Beistandschaft damit gerechtfertigt, daß die bei nichtehelichen Kindern anstelle der Vormundschaft vorgesehene Beistandschaft der Vormundschaft ähnlich ausgestaltet sei und ihr deshalb gleichgestellt werden solle. Nachdem aber diese Art von Beistandschaft im weiteren Gesetzgebungsverfahren durch die Pflegschaft nach § 1706 BGB ersetzt worden ist, greift dieser Gesichtspunkt nicht mehr durch und für die Beistandschaft nach § 1685 dürfte, wie bisher, ein Bedürfnis für die getroffene Regelung kaum bestehen. Abs. 3 Satz 2 trägt dem Umstand Rechnung, daß viele ausländische Rechte eine Beistandschaft nicht kennen. Sieht das BGB eine Beistandschaft vor, so soll es für die Anwendung des § 47 genügen, daß im Ausland eine Pflegschaft oder eine andere der Beistandschaft ähnliche Rechtseinrichtung besteht oder angeordnet wird. Hierbei ist auch an eine Vormundschaft gedacht, wenn die Befugnisse des Vormunds in einer Weise beschränkt werden, daß sie denen des Beistands nach deutschem Recht annähernd entsprechen (BT-Drucks. V/3719 S. 52).

8 Für weitere Angelegenheiten als Vormundschaften, Pflegschaften und Beistandschaften gelten die Vorschriften des § 47 nicht.

9 *6.* Im *interlokalen Privatrecht* ist § 47 auf das Verhältnis zur DDR und zum Ostsektor Berlins entsprechend anzuwenden, und zwar sowohl für den Verzicht auf die eigene interzonale Zuständigkeit (§ 35 Rdn. 129) gemäß Abs. 1 als auch für die Abgabe einer Sache nach Abs. 2; daher keine Abgabe nach § 46[4]).

Anzeigepflicht des Standesbeamten

48 Wird einem Standesbeamten der Tod einer Person, die ein minderjähriges Kind hinterlassen hat, oder die Geburt eines ehelichen Kindes nach dem Tode des Vaters oder die Geburt eines unehelichen Kindes oder die Auffindung eines Minderjährigen, dessen Familienstand nicht zu ermitteln ist, angezeigt, so hat der Standesbeamte hiervon dem Vormundschaftsgericht Anzeige zu machen.

Fassung des Art. 4 Nr. 4 GleichberG, wodurch wegen Wegfalls des § 1697 BGB a. F. die Anzeigepflicht bei der Eheschließung einer Frau, die ein minderjähriges Kind hat, beseitigt wurde.

1 *1. Allgemeines.* Die Vorschrift begründet die Pflicht des Standesbeamten, gewisse Personenstandsfälle dem VormG anzuzeigen, damit dieses prüfen kann, ob und welche vormundschaftsgerichtlichen Maßnahmen einzuleiten sind.

[2]) KGJ 42, 11 = RJA 12, 82; KGJ 21 A 209.
[3]) KGJ 21 A 203 = RJA 2, 55 = OLGR 2, 260.
[4]) Köln NJW 1959, 775 = EJF B II Nr. 25; Pikart-Henn S. 158; a.M. Keidel Anm. 3; vgl. auch § 46 Anm. C.

2. Die *Anzeigepflicht* besteht in folgenden Fällen:

a) Tod einer Person (Mann oder Frau), die ein *minderjähriges* Kind hinterläßt, auch wenn keine elterliche Gewalt über das Kind bestand, und bei Verwirkung oder Entziehung der elterlichen Gewalt, und zwar hier wegen der Anordnung betreffs der Sorge für die Person des Kindes; vgl. §§ 1679 Abs. 1 Satz 4, 1680, 1673 Abs. 2 BGB. Nach Fortfall des § 1589 Abs. 2 BGB ist die Vorschrift auch auf nichteheliche Kinder eines Mannes zu beziehen. Im übrigen ist die Anzeigepflicht veranlaßt bei Vorhandensein eines überlebenden Ehegatten, dem die elterliche Gewalt allein zusteht (§ 1681 Abs. 1 BGB), wegen §§ 1682, 1685, 1909 BGB, sonst wegen §§ 1773, 1791c Abs. 2 BGB. Ein Prüfung, ob Maßnahmen des VormG veranlaßt sind, liegt dem Standesbeamten nicht ob. Für Hessen vgl. § 24 HessOrtsgerG. **2**

b) Geburt eines ehelichen Kindes nach dem Tode des Vaters, d. h. eines innerhalb 302 Tagen nach dem Tode des Vaters geborenen Kindes (§§ 1591, 1592 BGB), vgl. aber bei neuer Ehe der Mutter § 1600 BGB. **3**

c) Geburt eines nichtehelichen Kindes, §§ 1706, 1791c BGB, § 40 JugWohlfG. Diese Anzeige ist durch Vermittlung des Jugendamts des Geburtsorts zu machen, § 41 JugWohlfG. Nach § 222 Abs. 1 Buchst. d DAfStA ist Anzeige auch zu machen, wenn sich die Unehelichkeit eines Kindes infolge einer Todeserklärung, einer gerichtlichen Feststellung der Todeszeit oder infolge verspäteter Beurkundung des Todes ergibt. **4**

d) Auffindung eines Minderjährigen, dessen Familienstand nicht zu ermitteln ist, da eine Vormundschaft anzuordnen ist, § 1773 Abs. 2 BGB, § 36 Abs. 3 FGG, §§ 25, 26 PStG i. d. F. v. 8. 8. 1957 (BGBl. I, 1125). **5**

3. Die *Anzeige* kann der Standesbeamte, von dem Fall des § 41 JWG abgesehen, an das AG, in dessen Bezirk er seinen Amtssitz hat, absenden; dieses gibt sie nötigenfalls an das zuständige VormG weiter (§§ 222 Abs. 2, 298 Abs. 1 DAfStA). Dadurch wird zugleich gewährleistet, daß dieses AG nach den §§ 36b, 44 FGG etwa erforderliche Eilmaßnahmen treffen kann. Wegen der Pflichten des VormG bei Zweifeln über seine Zuständigkeit vgl. § 36 Rdn. 29. **6**

4. Weitere Anzeigepflichten des Standesbeamten in Vormundschaftssachen kann das Landesrecht begründen. Vgl. im übrigen die Dienstanweisung für die Standesbeamten und ihre Aufsichtsbehörden i. d. F. v. 16. 4. 1968 (Beil. z. BAnz. Nr. 85 v. 7. 5. 1968). Nach dieser sind dem VormG über § 48 hinaus anzuzeigen: Änderung des Namens eines unehelichen Kindes durch Einbenennung oder behördliche Verfügung (§ 222 Abs. 1 Buchst. e), Tod eines minderjährigen unehelichen Kindes (§ 299) sowie wegen § 31 PStG die Eheschließung, wenn die Ehegatten ein gemeinsames voreheliches Kind haben (§ 460 Abs. 1 Buchst. g). **7**

5. Privatpersonen sind Mitteilungspflichten gegenüber dem VormG auferlegt in §§ 1683, 1799, 1845, 1894, 1895, 1909 Abs. 2 BGB. **8**

6. *Mitteilungspflichten der Gerichte* gegenüber den Standesämtern sind zusammengestellt i. d. bundeseinheitl. AO über Mitteilungen in Zivilsachen v. 1. 10. 1967 (MiZi III/6, XIII/7, XIII/10, XIV/1, XVI/1). Auf dem Gebiet der freiwilligen Gerichtsbarkeit sind mitzuteilen: **9**

a) Entscheidungen, durch welche die Abstammung eines ehelichen Kindes festgestellt wird (§§ 1599 Abs. 2, 1600n BGB, §§ 55b, 56c FGG, § 30 PStG), **10**

b) Entscheidungen, durch die der Familienname einer Frau auch mit Wirkung für ein von ihr adoptiertes Kind geändert wird (§ 1758a Abs. 5 BGB, Beschlüsse nach §§ 57, 37 EheG, durch die der Frau die Weiterführung des Namens des Mannes untersagt wird), ferner Beschlüsse nach § 1740g BGB über die Namenserteilung an die Mutter des Kindes und nach Art. 12 § 6 NichtehelG über Erteilung des Ehenamens der Mutter an das Kind, **11**

c) Beschlüsse, durch die festgestellt wird, daß ein Kind durch die Eheschließung seiner Eltern ehelich geworden ist (§ 1719 BGB, § 31 PStG), **12**

13 *d)* Beschlüsse, durch die der Vertrag über die Annahme an Kindes Statt oder der Vertrag über die Aufhebung eines solchen Vertrages bestätigt (§§ 1754, 1770 BGB) oder das Annahmeverhältnis aufgehoben wird (§§ 1770a, 1770b BGB, § 30 PStG),

14 *e)* Beschlüsse, durch die die Vormundschaft oder Pflegschaft über ein Kind aufgehoben worden ist, wenn das Kind im Geltungsbereich des Personenstandsgesetzes in einem Personenstandsbuch geführt wird und im Ausland an Kindes Statt angenommen worden ist,

15 *f)* Beschlüsse, durch die ein Kind für ehelich erklärt wird (§§ 1723, 1740a BGB),

16 *g)* gerichtliche Urkunden, in denen die Vaterschaft oder die Mutterschaft zu einem unehelichen Kind anerkannt wird (§ 641c ZPO, §§ 29, 29b PStG).

17 *h)* Die Geschäftsstelle des Amtsgerichts übersendet eine Ausfertigung aller rechtskräftigen Entscheidungen, durch die jemand für tot erklärt oder die Todeszeit einer Person festgestellt oder durch die eine dieser Entscheidungen aufgehoben oder geändert wird, dem Standesbeamten des Standesamts I in Berlin (West) (§ 40 PStG, § 31 Abs. 2 und 3 AVoPStG).

18 Gerichtliche Entscheidungen nach a) bis f) sind, wenn gegen sie kein Rechtsmittel oder nur ein unbefristetes Rechtsmittel stattfindet, alsbald nach ihrem Erlaß, sonst nach Rechtskraft mit einem entsprechenden Vermerk, Urkunden nach g) alsbald nach ihrer Aufnahme zu übersenden (MiZi Allg. 4).

Anzeigepflicht des Jugendamts

49 *Erlangt der Gemeindewaisenrat von einem Falle Kenntnis, in welchem ein Vormund, ein Gegenvormund oder ein Pfleger zu bestellen ist, so hat er dem Vormundschaftsgericht Anzeige zu machen. Zugleich soll er die Person vorschlagen, die sich zum Vormunde, Gegenvormund oder Pfleger eignet.*

Die Vorschrift ist aufgehoben durch Art. 7 Nr. 9 des G über die rechtliche Stellung der nichtehelichen Kinder v. 19. 8. 1969 (BGBl. I 1243), in Kraft getreten am 1. 7. 1970. Sie soll bei der Anpassung des JugWohlfG an das neue Recht ersetzt werden durch die im wesentlichen gleichlautende Vorschrift des § 47 Abs. 2 JugWohlfG (BT-Drucks. V/3719 Art. 2 Nr. 5); jedoch ist diese Änderung des JugWohlfG noch nicht verabschiedet worden.

1 1. *Anzeigepflicht des Jugendamts.* Der in § 49 FGG a. F. noch erwähnte Gemeindewaisenrat ist durch die Neufassung der §§ 1779, 1849 bis 1851 BGB beseitigt. Seine Aufgaben sind dem Jugendamt zugewiesen, nachdem schon bis dahin das Jugendamt nach §§ 47, 4 Nr. 2, 18 JugWohlfG v. 11. 8. 1961 (BGBl. I 1206) zugleich Gemeindewaisenrat gewesen war (BT-Drucks. V/2370 S. 82 zu Nr. 46 Abschn. 4). Für die bestellte Amtsvormundschaft und Amtspflegschaft über Volljährige (§§ 1791b, 1897, 1015 BGB) ermächtigt § 1897 Satz 2 BGB n. F. die Landesregierungen, durch RechtsVO zu bestimmen, daß andere Behörden an die Stelle des Jugendamts treten. Über die in § 49 FGG a. F. genannten Fälle hinaus bestehen weitergehende Anzeigepflichten a) des Jugendamts, wenn nicht ein Verein Vormund ist, (§ 1851a BGB), nach §§ 1850, 1897, 1915 BGB bei der Überwachung der Vormünder und Pfleger der sich in seinem Bezirk aufhaltenden (auch volljährigen) Mündel und Pflegebefohlenen, b) des Jugendamts nach § 1694 BGB in Angelegenheiten der elterlichen Gewalt. Andererseits Mitteilungspflicht des VormG gegenüber dem Jugendamt nach §§ 1851, 1851a BGB und Pflicht zur Anhörung des Jugendamts in den die Sorge für die Person betreffenden Angelegenheiten, § 48 JugWohlfG, und bei der Auswahl des Vormundes, Gegenvormundes, Pflegers und Beistands, §§ 1779 Abs. 1, 1729 Abs. 4, 1897, 1915, 1691 BGB.

2 2. Nach §§ 1849, 1897, 1915, 1792 Abs. 4, 1691 BGB hat das Jugendamt die Pflicht (und das Recht), dem VormG geeignete Personen als Vormund, Gegenvormund, Pfleger, Beistand und Mitglied des Familienrats vorzuschlagen. § 49 Satz 2 bestimmt hierzu, daß dieser Vorschlag, soweit er einen Vormund, Gegenvormund oder Pfleger betrifft, nach Möglichkeit gleichzeitig mit der Anzeige nach Satz 1 gemacht werden soll. Vgl. auch § 1779 Abs. 1 BGB.

3. Die Anzeigepflicht (Rdn. 1) gewährt dem Jugendamt kein Recht im Sinne des § 20 auf das Einschreiten des VormG (München JFG 15 283). Die Nichteinholung des Vorschlags des Jugendamts (Anm. 2) verletzt dessen Vorschlagsrecht und gewährt die Beschwerde nach § 20; sachlich kann die Beschwerde jedoch nur auf die mangelnde Eignung des unter Außerachtlassung des Vorschlagsrechts ausgewählten Vormundes gestützt werden (KGJ 53 46). In den die Person betreffenden Angelegenheiten wird in der Regel ein Beschwerderecht nach § 57 Abs. 1 Nr. 9 gegeben sein, § 57 Rdn. 43, falls die Beschwerde keine sofortige ist § 57 Abs. 2). 3

4. Das *Jugendamt* hat das VormG nach § 33 Abs. 2 JWG unverzüglich zu benachrichtigen, wenn es bei Gefahr im Verzuge ein Pflegekind aus der Pflegestelle entfernt und vorläufig anderweit unterbringt. 4

5. Mitteilungspflichten des VormG gegenüber dem Jugendamt bestehen nach §§ 1851 Abs. 1, 1851a, 1897, 1915, 1792 Abs. 4, 1691 Abs. 1 BGB (vgl. auch MiZi XIII/1) für die Anordnung und Aufhebung von Vormundschaften und Pflegschaften (auch über Volljährige) sowie für jeden in der Person des Vormundes, Gegenvormundes, Pflegers oder Beistandes eintretenden Wechsel. 5

Anzeigepflicht der Gerichte

50 Wird infolge eines gerichtlichen Verfahrens eine Tätigkeit des Vormundschaftsgerichts erforderlich, so hat das Gericht dem Vormundschaftsgericht Mitteilung zu machen.

Vorbemerkung. Fassung des Art. 4 Nr. 5 GleichberG. Durch die neue Fassung wurde die auf § 50 beruhende Anzeigepflicht der Gerichte wesentlich erweitert. Während sie bisher auf Fälle beschränkt war, in denen infolge eines gerichtlichen Verfahrens die Anordnung einer Vormundschaft oder Pflegschaft erforderlich wurde, besteht sie jetzt in jedem Falle, in welchem infolge eines solchen Verfahrens *irgendeine Tätigkeit* des VormG erforderlich wird (Maßfeller-Reinicke, Beil. z. BAnz. Nr. 59 v. 26. 3. 1957 S. 14). 1

1. Die Notwendigkeit eines Tätigwerdens des VormG muß die *Folge* eines gerichtlichen Verfahrens sein, d. h. das gerichtliche Verfahren muß in bestehende Rechtsverhältnisse in einer Weise eingreifen, die zur anderweiten Regelung des dadurch geschaffenen Zustandes die Notwendigkeit vormundschaftsgerichtlicher Maßnahmen unmittelbar nach sich zieht. Eine Mitteilungspflicht nach § 50 besteht daher nicht, wenn nur gelegentlich eines gerichtlichen Verfahrens Verhältnisse zutage treten, die ein Einschreiten des Vormundschaftsgerichts geboten erscheinen lassen (§§ 1666, 1667, 1886 BGB), wenn auch in diesen Fällen eine Benachrichtigung des VormG durch Übersendung der Akten, einer Abschrift der Anklage oder des Urteils, regelmäßig geboten sein wird. 2

2. Die Tätigkeit des VormG kann in der Einleitung oder Aufhebung eines Verfahrens oder in Maßnahmen innerhalb eines anhängigen Verfahrens bestehen und veranlaßt sein durch 3

a) Entmündigung eines Volljährigen oder ihre Wiederaufhebung (§ 1896 BGB); insoweit ergibt sich eine Mitteilungspflicht auch aus §§ 660, 683 Abs. 2, 678 Abs. 3, 685 ZPO; die Mitteilungspflichten nach §§ 657, 680 Abs. 3, 674, 679 Abs. 4 ZPO gehen zum Teil über § 50 hinaus; dazu über Mitteilungen in Entmündungsssachen AV d. RJM V. 12. 1. 1943 (DJ 44), Baden-Württemberg AV v. 4. 5. 1954 (Justiz 170); jetzt MiZi VI/2, 3 und 4; 4

b) Todeserklärung eines Elternteils, wenn nicht dem anderen Teil die elterliche Gewalt allein zusteht, §§ 1677, 1681 Abs. 2, 1773 BGB, oder wenn der von der Entscheidung Betroffene selbst ein minderjähriges uneheliches Kind oder eine minderjährige Vollwaise gewesen ist; MiZi XVI/3; 5

c) Verwirkung der elterlichen Gewalt infolge eines an dem Kinde verübten Verbrechens oder vorsätzlichen Vergehens, §§ 1676, 1679 BGB; 6

7 *d)* Eröffnung und Aufhebung des Konkursverfahrens über das Vermögens eines Inhabers der elterlichen Gewalt, §§ 1670, 1680, 1679 BGB; MiZi XII 2, 3;

8 *e)* Entmündigung, vorläufige Vormundschaft, Pflegschaft nach § 1910 Abs. 1 für die Person und das Vermögen bei einem Inhaber der elterlichen Gewalt, sofern nicht der andere Teil die elterliche Gewalt allein ausübt, §§ 104 Nr. 3, 114, 1673, 1675, 1678 BGB; dazu in Nordrhein-Westfalen AV v. 4. 10. 1958 (JMBlNRW 241); Baden-Württemberg AV v. 4. 5. 1954 (Justiz 170);

9 *f)* Scheidung, Aufhebung oder Nichtigkeitserklärung oder Feststellung des Nichtbestehens der Ehe der Eltern, § 1671 BGB, § 37 Abs. 1 EheG; ferner einstweilige Anordnungen nach § 627 ZPO, die sich auf Kinder beziehen, sowie Protokolle des Prozeßgerichts, die einen Vorschlag über die Regelung der elterlichen Gewalt enthalten; MiZi VII/3; über Mitteilungen in Ehesachen an das Jugendamt vgl. MiZi VII/1;

10 *g)* rechtskräftige Entscheidungen in Kindschaftssachen (§§ 640 ff. ZPO), wenn dadurch die Anordnung einer Vormundschaft oder die Aufhebung einer Vormundschaft oder Pflegschaft nach § 1706 BGB erforderlich wird oder diese nach §§ 1709 Satz 2, 1791c Abs. 1 Satz 2 BGB kraft Gesetzes eintreten;

11 *h)* Entmündigung, Todeserklärung, Anordnung der vorläufigen Vormundschaft oder der Gebrechlichkeitspflegschaft, Konkurseröffnung oder Verlust der bürgerlichen Ehrenrechte bei einem Vormund, Gegenvormund, Pfleger oder Beistand, §§ 104 Nr. 3, 1780, 1781, 1885, 1886, 1915, 1792 Abs. 4, 1691 BGB.

12 Weitere Anzeigepflichten ergeben sich aus §§ 292 Abs. 2, 433 Abs. 3 StPO; §§ 53, 70 JGG.

Wirksamkeit von Verfügungen

51 Eine Verfügung, durch die von dem Vormundschaftsgericht festgestellt wird, daß ein Elternteil auf längere Zeit an der Ausübung der elterlichen Gewalt tatsächlich verhindert ist, wird mit der Bekanntmachung an den anderen Elternteil wirksam, wenn dieser die elterliche Gewalt während der Verhinderung kraft Gesetzes allein ausübt, anderenfalls mit der Übertragung der Ausübung der elterlichen Gewalt auf ihn oder mit der Bestellung des Vormundes.

Eine Verfügung, durch die von dem Vormundschaftsgericht festgestellt wird, daß der Grund für das Ruhen der elterlichen Gewalt eines Elternteils nicht mehr besteht, wird mit der Bekanntmachung an diesen wirksam.

Vorbem. Fassung des Art. 4 Nr. 5 GleichberG. Die Neufassung des Abs. 1 war durch die Änderung des Rechts der elterlichen Gewalt bedingt, wobei an dem Grundgedanken der bisherigen Regelung des § 51 festgehalten wurde; Abs. 2 ist sachlich unverändert geblieben (Maßfeller-Reinicke, Beil. z. BAnz. Nr. 59 v. 26. 3. 1957 S. 14).

1 *1. Das Ruhen der elterlichen Gewalt* eines Elternteils, der sie auf längere Zeit tatsächlich nicht ausüben kann, tritt anders als im Fall des § 1673 BGB nicht kraft Gesetzes ein. Im Interesse der Rechtsklarheit bedarf es dazu nach § 1674 Abs. 1 BGB einer diesen Sachverhalt feststellenden Verfügung des VormG, da die Verhältnisse oft nicht klar zutage liegen werden. Mit dem Wirksamwerden dieser Verfügung tritt die Rechtsfolge ein, daß der tatsächlich verhinderte Elternteil nunmehr die elterliche Gewalt auch rechtlich nicht mehr ausüben kann, selbst wenn er tatsächlich dazu in der Lage wäre (§ 1675 BGB). Die feststellende Verfügung ist daher nicht nur rechtsbekundend, sondern es kommt ihr gestaltungsähnliche Wirkung zu (§ 18 Rdn. 28). Das Ruhen tritt mit Bindungswirkung (§ 16 Rdn. 22) auch ein, wenn die Feststellung tatsächlich unrichtig ist[1]).

[1]) KGJ 37 A 48. Zu den Voraussetzungen des Ruhenstatbestandes vgl. BayObLG FamRZ 1965, 283; LG Berlin FamRZ 1968, 474 (Untersuchungshaft); Düsseldorf FamRZ 1968, 43; KG OLGZ 1968, 76 = FamRZ 1968, 91 (DDR-Aufenthalt); Frankfurt FamRZ 1966, 109 (Taubstummheit); BayObLGZ 1967, 269 (geistige Erkrankung).

2. In § 51 wird *das Wirksamwerden* der auf die tatsächliche Verhinderung bezüglichen Verfügungen des VormG teilweise abweichend von § 16 geregelt. Die Vorschrift ist ebenso wie § 1674 BGB entsprechend auf den Elternteil anzuwenden, dem nur die Personensorge zusteht[2]). Für das Wirksamwerden der Verfügung, welche die tatsächliche Verhinderung feststellt *(Abs. 1)*, ist zu unterscheiden: **2**

a) Mit der *Bekanntmachung* an den nicht verhinderten Elternteil wird die Verfügung wirksam, wenn dieser während der Verhinderung des anderen die elterliche Gewalt kraft Gesetzes allein ausübt. Das ist bei bestehender Ehe der Regelfall (§§ 1675, 1678 Abs. 1 Halbs. 1 BGB), gilt aber auch bei Getrenntleben oder Scheidung (Aufhebung, Nichtigerklärung) der Ehe, solange keine Anordnung nach §§ 1672, 1671 BGB ergangen ist. **3**

b) Mit der *Übertragung der Ausübung der elterlichen Gewalt* auf den anderen Elternteil auf dessen Antrag nach § 1678 Abs. 2 BGB wird die Verfügung wirksam, wenn die elterliche Gewalt dem verhinderten Elternteil nach §§ 1671, 1672 BGB übertragen war. **4**

c) Mit der *Bestellung des Vormundes* (§ 1789 BGB) wird die Verfügung in allen anderen Fällen wirksam. Ein Vormund ist zu bestellen, wenn der andere Elternteil verstorben ist oder wenn seine elterliche Gewalt ruht, §§ 1673, 1674, oder verwirkt ist oder ihre Bestandteile entzogen sind, §§ 1676, 1666, 1669; ferner, falls dem verhinderten Elternteil die elterliche Gewalt nach den §§ 1671, 1672 übertragen war, wenn der Antrag aus § 1678 Abs. 2 nicht gestellt oder zurückgewiesen wird. Die Bestellung eines Pflegers kommt in Betracht, wenn dem verhinderten Elternteil nur die Personen- oder die Vermögenssorge zustand (§§ 1670, 1671 Abs. 4) oder wenn dem andern Elternteil nur einer dieser Teile der elterlichen Gewalt entzogen ist. Wird eine Feststellung nach § 1674 Abs. 1 in Bezug auf die der nichtehelichen Mutter nach § 1705 BGB neben einem Pfleger nach § 1706 BGB zustehende elterliche Gewalt getroffen und endet infolgedessen gemäß den in diesem Fall richtigerweise anzuwendenden §§ 1882, 1915 BGB die Pflegschaft nach § 1706 BGB, so bedarf es einer Anordnung der Vormundschaft nach § 1774 Satz 1 BGB; die Verfügung nach § 1674 Abs. 1 BGB wird also mit der Bestellung des Vormundes wirksam. War jedoch in diesem Fall bis dahin das Jugendamt Pfleger nach § 1706 BGB, so verwandelt sich die Pflegschaft gemäß § 1791c Abs. 2 BGB kraft Gesetzes in eine Vormundschaft des Jugendamts; in diesem Fall wird anzunehmen sein, daß die Verfügung analog der ersten Alternative des § 51 Abs. 1 mit der Bekanntmachung an das Jugendamt wirksam wird. **5**

Mit der Bestellung des Vormunds tritt die Wirksamkeit allen Beteiligten gegenüber ein. Diese Abweichung von § 16 ist gerechtfertigt, um eine öffentliche Zustellung an abwesende Eltern entbehrlich zu machen. Ist das für die Feststellung nach § 43 zuständige VormG in besonderen Fällen nicht nach § 36 für die Anordnung der Vormundschaft zuständig, so hat es diesem Gericht nach § 50 durch Übersendung einer Ausfertigung der Feststellungsverfügung Mitteilung zu machen. Dieses Gericht ist zwar an die Feststellung nicht gebunden, da sie durch die Anordnung der Vormundschaft erst wirksam werden soll. Die sich hieraus ergebenden, im Schrifttum erörterten Schwierigkeiten[3]) werden richtigerweise dadurch behoben, daß man dem feststellenden VormG gegen die Weigerung des anderen Gerichts, eine Vormundschaft anzuordnen, ein Beschwerderecht gewährt, wie es auch sonst bei einem Streit zweier Gerichte anerkannt ist[4]). **6**

3. Die *Verfügung*, durch die das VormG nach § 1674 Abs. 2 BGB feststellt, daß der *Grund für das Ruhen* der elterlichen Gewalt *nicht mehr besteht*, wird nach der Regel des § 16 Abs. 1 mit der Bekanntmachung an den bisher verhindert gewesenen Elternteil wirksam (Abs. 2). Mit diesem Zeitpunkt endet die etwa angeordnete Vormundschaft kraft Gesetzes (§ 1882), eine Übertragung der Ausübung der elterlichen Gewalt nach § 1678 Abs. 2 endet, **7**

[2]) KGJ 42, 30; KG JFG 11, 54.

[3]) Josef, SächsRpflA 15, 89; Schlegelberger Anm. 2; GruchBeitr. 59, 221; Keidel Anm. 5.

[4]) Vgl. KG JFG 13, 295; JFG 14, 168; oben § 20 Rdn. 78.

ohne daß es einer Verfügung des VormG bedarf[5]), und im Fall des § 1678 Abs. 1 Halbs. 1 BGB üben beide Eltern die elterliche Gewalt wieder gemeinsam aus.

8 *4.* Eine *Bekanntmachung* der nach § 1674 zu treffenden Verfügungen und der Bestellung des Vormundes an den bisherigen Gewalthaber ist im Hinblick auf das Beschwerderecht und auf § 1698a BGB, soweit ausführbar, in jedem Falle geboten, auch soweit der Eintritt der Wirksamkeit der Verfügung nicht davon abhängt. Eine öffentliche Zustellung ist aber nicht angebracht[6]).

9 *5.* Die Feststellungen nach § 1674 BGB sind dem *Rechtspfleger* übertragen; auch für die Anordnung der Vormundschaft und das Verfahren nach § 1678 Abs. 2 besteht kein Richtervorbehalt mehr (§§ 3 Nr. 2 Buchst. a, 14 RechtspflG).

10 *6. Gebühren* §§ 95 Abs. 1 Nr. 2, Abs. 3, 94 Abs. 1 Nr. 4, Abs. 2 Satz 2 KostO.

52 Eine Verfügung, durch die ein Volljähriger unter vorläufige Vormundschaft gestellt wird, tritt, wenn die Entmündigung wegen Geisteskrankheit beantragt ist, mit der Bestellung des Vormundes, wenn die Entmündigung wegen Geistesschwäche, wegen Verschwendung oder wegen Trunksucht beantragt ist, mit der Bekanntmachung an den zu Entmündigenden, eine Verfügung, durch die eine vorläufige Vormundschaft aufgehoben wird, tritt mit der Bekanntmachung an den Mündel in Wirksamkeit.

A. Allgemeines

1 Die Vorschrift regelt das *Wirksamwerden* von Verfügungen über die Anordnung und Aufhebung der *vorläufigen Vormundschaft* teilweise abweichend von § 16 FGG. Sie stellt sich als verfahrensrechtliche Ergänzung zu *§ 1906 BGB* dar, welcher bestimmt:

Ein Volljähriger, dessen Entmündigung beantragt ist, kann unter vorläufige Vormundschaft gestellt werden, wenn das Vormundschaftsgericht es zur Abwendung einer erheblichen Gefährdung der Person oder des Vermögens des Volljährigen für erforderlich erachtet.

B. Voraussetzungen

2 *1.* Ein *Entmündigungsantrag* gegen einen Volljährigen, sei es wegen Geisteskrankheit, Geistesschwäche, Verschwendung oder Trunksucht muß gestellt sein (§ 6 BGB, §§ 645 Abs. 2, 680 Abs. 2 ZPO). Nicht erforderlich ist, daß das Gericht die Einleitung des Entmündigungsverfahrens (§§ 648, 649, 680 Abs. 3 ZPO) bereits angeordnet hat[1]). Das Prüfungsrecht des VormG gestaltet sich jedoch verschieden je nachdem, ob das Entmündigungsgericht das Verfahren eingeleitet hat oder nicht. Vor der Einleitung des Verfahrens hat das VormG zu prüfen, ob ein wirksamer Entmündigungsantrag bei dem zuständigen Gericht (§§ 648, 680 Abs. 3 ZPO) von einem Antragsberechtigten (zur Antragsberechtigung vgl. § 57 Rdn. 8 bis 11) gestellt und ob der Antrag nicht offensichtlich unbegründet ist. Beim Fehlen eines Antrags an das zuständige Gericht ist die Anordnung der vorläufigen Vormundschaft nichtig[2]), ebenso wenn der Antrag zurückgenommen oder rechtskräftig abgewiesen ist. Ist aber das Entmündigungsverfahren eingeleitet, so hat das VormG die Zulässigkeit dieses Verfahrens nicht mehr zu prüfen[3]). Die Prüfung des VormG hat sich auch nicht auf die sachlichen Voraussetzungen der Entmündigung, die Begründetheit und die Erfolgsaussichten des

[5]) Soergel-Lange BGB[9] § 1678 Anm. 10.
[6]) A.M. Keidel Anm. 4.
[1]) KG OLGR 43, 385.
[2]) KG JFG 14, 255 = JW 1937, 474 = HRR 1937 Nr. 397; BGB-RGRK[11] § 1906 Anm. 2; Palandt-Lauterbach § 1906 Anm. 2 a; Dölle FamR § 138 X 1 b; Kipp FamR § 127 IX 1; Schlegelberger § 7 Anm. 7; Staudinger-Engler BGB[11] § 1906 Anm. 4.
[3]) KGJ 21 A 212; KG JR 1926 Nr. 1363; BayObLGZ 28, 193 = JFG 5, 116; BayObLGZ 1963, 91, 92; Keidel § 12 Anm. 35.

Entmündigungsantrags zu erstrecken[4]). Die vorläufige Vormundschaft kann nicht angeordnet werden, wenn bereits aus anderem Grunde eine Vormundschaft besteht[5]) oder wenn der Entmündigungsantrag abgewiesen ist[6]). Das Bestehen einer Gebrechlichkeitspflegschaft nach § 1910 BGB steht nicht entgegen[7]), auch nicht eine Aussetzung des Entmündigungsverfahrens nach § 681 ZPO[8]). Die Anordnung der vorläufigen Vormundschaft darf aber nicht bis zur Entscheidung über den Entmündigungsantrag ausgesetzt werden[9]).

2. *Erhebliche Gefährdung der Person oder des Vermögens.* Die Besorgnis der Gefährdung muß auf Tatumständen beruhen, die einen Entmündigungsgrund darstellen können[10]). Das bedeutet, daß der Kreis der Tatsachen, die die Annahme einer Gefährdung rechtfertigen können, auf solche beschränkt ist, die als Entmündigungsgründe in Betracht kommen können; es bedeutet aber nicht, daß die Wahrscheinlichkeit eines Entmündigungsgrundes und seines ursächlichen Zusammenhangs mit einem Gefährdungstatbestand dargetan sein muß[11]). Das VormG kann die Gefährdung auch in einem Entmündigungsgrund finden, der dem Entmündigungsantrag nicht zugrunde liegt[12]). Es müssen Umstände vorliegen, die den Eintritt einer Schädigung nach verständigem Ermessen wahrscheinlich machen[13]), nicht nur als möglich erscheinen lassen[14]). Diese, die Besorgnis einer erheblichen Gefährdung der Person oder des Vermögens rechtfertigenden Umstände müssen als erwiesen festgestellt, nicht nur glaubhaft sein[15]). Die Feststellung einer Geisteskrankheit allein genügt nicht[16]). Erhebliche Gefährdung ist ein unbestimmter Rechtsbegriff (§ 27 Rdn. 25), der im Rechtsbeschwerdeverfahren nicht nur daraufhin nachprüfbar ist, ob der Begriff verkannt ist, sondern auch ob die festgestellten Tatsachen die Merkmale dieses Begriffs erfüllen[17]). 3

3. *Schutzbedürfnis.* Die vorläufige Vormundschaft muß zur Abwendung der Gefährdung erforderlich sein. Daran kann es fehlen, wenn bei beantragter Entmündigung wegen Verschwendung kein gefährdetes Vermögen vorhanden ist[18]), nicht aber schon wegen Bestehens einer Gebrechlichkeitspflegschaft[19]). 4

C. Verfahren

1. *Die örtliche Zuständigkeit* bestimmt sich nach § 36. Richtervorbehalt besteht nach § 14 Nr. 4 RechtspflG. Das Verfahren wird von Amts wegen eingeleitet, sobald das VormG von dem Entmündigungsverfahren Kenntnis erlangt, meist auf Grund einer Anzeige des Entmündigungsgerichts (§§ 657, 680 ZPO) oder des Jugendamts (§ 49). Beteiligter ist der zu Entmündigende. Der Antragsteller des Entmündigungsverfahrens kann sich im Hinblick auf sein Beschwerderecht aus § 57 Abs. 1 Nr. 2 an dem Verfahren beteiligen (§ 6 Rdn. 5), muß aber nicht notwendig von Amts wegen hinzugezogen werden; meist wird das aber zur Aufklärung des Sachverhalts (§ 12) zweckmäßig sein. Dem zu Entmündigenden ist grundsätzlich vor der Anordnung rechtliches Gehör zu gewähren, sofern nicht aus besonderen Gründen Eilbedürftigkeit oder Gefahr der Vereitelung vorliegt; dann ist das Gehör im Beschwerdeverfahren nachzuholen[20]). 5

[4]) BayObLGZ 34, 146; KG JW 1934, 909; München JFG 17, 207; BGB-RGRK[11] Anm. 2; Soergel-Germer[9] Anm. 3; Palandt-Lauterbach Anm. 2 a; Staudinger-Engler BGB[11] Anm. 6, je zu § 1906; a.M. BayObLGZ 1963, 91, 93; Zweibrücken FamRZ 1967, 55.

[5]) BayObLGZ 28, 193 = JFG 5, 116.

[6]) KG RJA 3, 226.

[7]) KGJ 26 A 23.

[8]) KG OLGR 27, 122.

[9]) KG JFG 13, 297; Staudinger-Engler BGB[11] § 1906 Anm. 18.

[10]) KG OLGR 41, 78 Fußn. 1; Soergel-Germer[9] § 1906 Anm. 4.

[11]) So BayObLGZ 1963, 91, 93; Zweibrücken FamRZ 1967, 55.

[12]) Schlegelberger Anm. 2.

[13]) KG JW 1918, 145; Hamm JMBlNRW 1964, 255; Köln NJW 1961, 609; Soergel-Germer[9] Anm. 4, Erman-Hefermehl[3] Anm. 3, je zu § 1906.

[14]) Hamm JMBlNRW 1964, 255; BayObLGZ 1963, 91, 94.

[15]) Köln NJW 1956, 1925; 1961, 609.

[16]) Braunschweig OLGR 30, 159; Schleswig FamRZ 1962, 209; Soergel-Germer[9] § 1906 Anm. 4; Dölle § 138 X c; a.M. Palandt-Lauterbach § 1906 Anm. 2 b.

[17]) Göppinger, FamRZ 1961, 499; vgl. auch BayObLGZ 1963, 91, 94.

[18]) KG OLGR 42, 148 Anm.

[19]) KGJ 26 A 23.

[20]) Vgl. § 12 Rdn. 96; Köln NJW 1961, 609; Keidel § 12 Anm. 83.

6 2. *Eintritt der Wirksamkeit.* Das Wirksamwerden der auf die vorläufige Vormundschaft bezüglichen Verfügungen wird in § 52 wie folgt geregelt:

7 *a)* Die *Anordnung* der vorläufigen Vormundschaft durch das VormG wird nach der Regel des § 16 Abs. 1 mit der Bekanntmachung an den zu Entmündigenden wirksam, wenn die Entmündigung wegen *Geistesschwäche, Verschwendung* oder *Trunksucht* (§ 6 Nr. 1 bis 3 BGB) beantragt ist. Da dem Mündel die sofortige Beschwerde zusteht (§§ 20 Abs. 1, 60 Abs. 1 Nr. 5), muß die Bekanntmachung förmlich durch Zustellung oder zu Protokoll erfolgen (§§ 16 Abs. 2, 3). Wird der Vormund schon vorher bestellt (§ 1789), so erwirbt er doch seine Vertretungsbefugnis erst im Zeitpunkt der Bekanntmachung an den zu Entmündigenden. Der Bekanntmachung steht weder die Tatsache, daß der Mündel auf andere Weise von der Bestellung des Vormundes Kenntnis erlangt hat, noch eine sonst geartete Mitteilung des VormG gleich[21]).

8 *b)* Mit der *Bestellung des Vormundes* (§ 1789) wird die Verfügung wirksam, wenn die Entmündigung wegen *Geisteskrankheit* (§ 6 Nr. 1 BGB) beantragt ist. Das gilt auch dann, wenn der Antrag von Geistesschwäche auf Geisteskrankheit geändert ist[22]). Zweckmäßig wird die Stunde der Bestellung vermerkt[23]). Die förmliche Bekanntmachung an den zu Entmündigenden (Rdn. 7) wird dadurch nicht überflüssig[24]).

9 *c)* Die *Aufhebung der vorläufigen Vormundschaft* wird ebenfalls mit der Bekanntmachung an den Mündel wirksam, auch wenn die Entmündigung wegen Geisteskrankheit beantragt ist. Da die Beschwerde unbefristet ist und deshalb keine Frist in Lauf gesetzt wird, genügt formlose Bekanntmachung. In diesem Zeitpunkt endet das Amt des vorläufigen Vormundes, auch wenn ihm die Verfügung noch nicht bekannt ist, vorbehaltlich der Fortführung der Geschäfte nach §§ 1897, 1893, 1698a BGB; im Hinblick hierauf ist ihm ebenfalls Kenntnis zu geben. Das VormG ist zur Aufhebung wegen des Änderungsverbots des § 18 Abs. 2 nur aus dem sachlichrechtlichen Grunde des § 1908 Abs. 3 und bei Verschollenheit (§§ 1897, 1884 Abs. 1) befugt (Richtervorbehalt § 14 Nr. 11 RechtspflG). Die Beendigung der vorläufigen Vormundschaft kraft Gesetzes (§§ 1908 Abs. 1 und 2, 1897, 1882, 1884 Abs. 2 BGB) gehört nicht hierher.

10 *d) Wirksamwerden der Beschwerdeentscheidung.* Die Regelung des § 52 ist auch von Einfluß auf die Wirksamkeit der Beschwerdeentscheidung, wenn erst das Beschwerdegericht eine vorläufige Vormundschaft anordnet oder aufhebt. Es müssen die Erfordernisse des § 52 und des § 26 kumulativ erfüllt werden. Lehnt das VormG die Anordnung ab, ordnet aber das LG die vorl. Vormundschaft an, so wird diese Entscheidung nicht schon nach § 26 Satz 1 mit der Rechtskraft, sondern erst mit der Bestellung des Vormundes wirksam, wenn die Entmündigung wegen Geisteskrankheit beantragt ist (Rdn. 8); ist sie wegen Geistesschwäche, Verschwendung oder Trunksucht beantragt, so wird die Entscheidung des LG mit der Rechtskraft wirksam, sofern sie vorher dem zu Entmündigenden bekanntgemacht war (Rdn. 7), ebenso eine aufhebende Entscheidung des LG. Das LG kann aber nach § 26 Satz 2 die sofortige Wirksamkeit seiner Entscheidung anordnen; dann tritt die Wirksamkeit schon vor der Rechtskraft bei wegen Geisteskrankheit beantragter Entmündigung mit der Bestellung des Vormundes, sonst mit der Bekanntmachung der Beschwerdeentscheidung an den zu Entmündigenden ein. Die Regelung des § 52 läßt also den § 26 unberührt; sie will nur den Vorgang näher kennzeichnen, mit welchem die Entscheidung wirksam wird, setzt aber voraus, daß die Verfügung überhaupt die Fähigkeit, in dieser Weise wirksam zu werden, bereits erlangt hat[25]).

[21]) KG Recht 1905, 316 Nr. 1512; 1907, 66 Nr. 81.
[22]) Stettin LZ 1928, 997.
[23]) Josef, AcP 96, 219; ders,- FGG[2] Anm. 1.
[24]) Brettner GruchBeitr. 44, 701; einschränkend Schlegelberger Anm. 4.
[25]) BayObLGZ 1962, 408; 1966, 435, 443; Unger ZZP 41, 178[83]; Keidel § 26 Anm. 4 a; a.M. KGJ 25 A 188 = RJA 3, 172; Voraufl.; Schlegelberger Anm. 4.

D. Rechtsmittel

Gegen die Anordnung findet die sofortige Beschwerde statt (§§ 60 Abs. 1 Nr. 5, 63). **11** Das Beschwerderecht steht dem zu Entmündigenden zu (§ 20 Abs. 1), der es ohne Rücksicht auf seine Geschäftsfähigkeit selbst oder für den es der vorläufige Vormund ausüben kann (vgl. § 13 Rdn. 20). Die Beschwerde wird im Hinblick auf § 114 BGB nicht dadurch gegenstandslos, daß inzwischen die vorläufige Vormundschaft nach § 1908 Abs. 2 BGB kraft Gesetzes beendigt ist[26]) oder das VormG sie nach § 1908 Abs. 3 BGB aufgehoben hat[27]). Gegen die Ablehnung oder die Aufhebung der vorläufigen Vormundschaft ist die unbefristete Beschwerde gegeben (§ 19); das Beschwerderecht steht nach § 57 Abs 1 Nr. 2 nur den für die Entmündigung Antragsberechtigten zu (vgl. § 57 Rdn. 8). Vgl. ferner § 60 Anm. Rdn. 13.

E. In der DDR

und im Ostsektor Berlins ist das Staatliche Notariat zuständig (§ 2 Nr. 4 NotVerfO). **12** Das Verfahren ist entsprechend §§ 52, 57 Abs. 1 Nr. 2, 60 Abs. 1 Nr. 5 FGG geregelt (§§ 41, 50 Abs. 1 Nr. 2, 51 Nr. 3 NotVerfO).

F. Gebühren

KostO § 92 **13**

G. Mitteilungspflichten

bestehen nach MiZi XIII/1, 2 und 3. **14**

Wirksamwerden gewisser Verfügungen des Vormundschaftsgerichts

53 Eine Verfügung, durch die auf Antrag die Ermächtigung oder die Zustimmung eines anderen zu einem Rechtsgeschäft ersetzt oder die Beschränkung oder Ausschließung der Schlüsselgewalt aufgehoben wird, wird erst mit der Rechtskraft wirksam. Das gleiche gilt von einer Verfügung, durch die auf Antrag des Kindes die Zustimmung der Mutter oder der Ehefrau des Vaters zur Ehelicherklärung ersetzt wird.

Bei Gefahr im Verzuge kann das Gericht die sofortige Wirksamkeit der Verfügung anordnen. Die Verfügung wird mit der Bekanntmachung an den Antragsteller wirksam.

Vorbem. Fassung des Art. 4 Nr. 6 GleichberG. Die Änderung berücksichtigt den Wegfall des § 1358 BGB (Kündigungsrecht des Mannes bei Diensten der Frau) und bringt im übrigen sprachliche Verbesserungen. Durch Art. 7 Nr. 10 des G über die rechtliche Stellung der nichtehelichen Kinder vom 19. 8. 1969 (BGBl. I 1243), in Kraft getreten am 1. 7. 1970, ist Abs. 1 Satz 2 durch Einfügung der Ersetzung der Zustimmung der Ehefrau des Vaters zur Ehelicherklärung (§ 1727 Abs. 2 BGB n. F.) geändert worden.

A. Allgemeines

Die Vorschrift bestimmt, daß eine Reihe von Verfügungen des VormG, die sich auf den **1** rechtsgeschäftlichen Verkehr beziehen, erst mit der Rechtskraft wirksam werden. Daß eine Verfügung erst mit der Rechtskraft wirksam wird, stellt eine Abweichung von § 16 Abs. 1 dar, die bei den hier geregelten Verfügungen auf dem Gedanken beruht, daß sie in ihren Folgen ohne Gefährdung des Vertrauens in die Rechtssicherheit nicht mehr beseitigt werden können, wenn auf Grund der wirksam gewordenen Verfügung Dritten gegenüber Rechts-

[26]) BayObLGZ 1959, 169; Hamm JMBlNRW 1964, 255.

[27]) BayObLGZ 28, 503; Keidel § 60 Anm. 18.

handlungen vorgenommen worden sind. Wird die Rechtshandlung, zu der es der Zustimmung oder Ermächtigung bedarf, vor dem Wirksamwerden der ersetzenden Verfügung vorgenommen, so ist zu unterscheiden: ein einseitiges Rechtsgeschäft ist unwirksam, §§ 1367, 1427 Abs. 1, 1458 BGB; Konvaleszenz tritt auch bei späterem Wirksamwerden der ersetzenden Verfügung nicht ein, vielmehr ist Wiederholung erforderlich (Schlegelberger Randn. 1). Ein Vertrag ist schwebend unwirksam und wird mit dem Wirksamwerden der die Genehmigung ersetzenden Verfügung ex tunc wirksam, §§ 1366, 1427, 1458 BGB. Bei Verträgen kann die Wirksamkeit des die Genehmigung ersetzenden Beschlusses außer von dem Eintritt der formellen Rechtskraft oder einer Anordnung nach Abs. 2 noch davon abhängig sein, daß der vertragschließende Ehegatte ihn dem Dritten innerhalb einer zweiwöchigen Frist mitteilt, falls nämlich der Dritte den Ehegatten aufgefordert hatte, die erforderliche Genehmigung des anderen Ehegatten zu beschaffen (§§ 1366 Abs. 3, 1427, 1458 BGB). Eine vertragliche Verlängerung der zweiwöchigen Frist ist statthaft (Knur, DNotZ 1957, 453).

B. Die Ermächtigung oder Zustimmung eines Dritten zu einem Rechtsgeschäft,

2 die nach bürgerlichem Recht erforderlich ist, kann in einer Reihe von Fällen auf Antrag vom VormG ersetzt werden, wenn sie ohne ausreichenden Grund verweigert wird. Hierher gehören:

3 *1.* Die Ersetzung einer vom Vormund verweigerten *Ermächtigung* des Minderjährigen zur *Eingehung eines Dienst- oder Arbeitsverhältnisses* (§ 113 Abs. 3 BGB); antragsberechtigt ist der Minderjährige.

4 *2. Ersetzung der Einwilligung* des gesetzlichen Vertreters oder des Sorgeberechtigten zur *Eheschließung* eines Minderjährigen oder aus anderen Gründen in der Geschäftsfähigkeit Beschränkten (§ 3 Abs. 3 EheG) sowie die Ersetzung der nachträglichen Genehmigung einer ohne die erforderliche Einwilligung geschlossenen Ehe (§ 30 Abs. 3 EheG). Antragsberechtigt ist der Verlobte, der der Einwilligung bedarf.

5 *3.* Ersetzung der *Zustimmung eines Ehegatten* zur Verfügung über das Vermögen im ganzen oder über Gegenstände des ehelichen Hausrats beim Güterstand der Zugewinngemeinschaft (§§ 1365 Abs. 2, 1369 Abs. 2). Antragsberechtigt ist der Ehegatte, der der Zustimmung bedarf. Örtliche Zuständigkeit nach § 45. Maßgebend sind die Verhältnisse nicht zur Zeit des Vertragsschlusses, sondern im Zeitpunkt der Entscheidung der letzten Tatsacheninstanz[1]).

6 *4.* Ersetzung der *Zustimmung der Frau oder des Mannes* bei Rechtsgeschäften über das eingebrachte Gut, soweit die Güterstände der Errungenschaftsgemeinschaft und der Fahrnisgemeinschaft gemäß GleichberG Art. 8 I Nr. 7 noch fortgelten (§§ 1379, 1402, 1525, 1550 BGB a. F.) und bei Rechtsgeschäften über das Gesamtgut dieser Güterstände (§§ 1447, 1451, 1519, 1549 BGB a. F.), bei Rechtsgeschäften über das Gesamtgut der allgemeinen Gütergemeinschaft (§§ 1426, 1430, 1452, 1458 BGB n. F., Art. 8 I Nr. 6 GleichberG) sowie die entsprechenden Geschäfte bei der fortgesetzten Gütergemeinschaft (§ 1487 BGB). Örtliche Zuständigkeit nach § 45.

7 *5.* Ersetzung der Zustimmung des Ehemannes der Annehmenden zu der Vereinbarung, daß das Kind den Ehenamen der Frau erhalten soll (§ 1758a Abs. 2 BGB, Art. 8 I Nr. 10 GleichberG); vgl. die Bem. zu § 57a sowie § 65 Rdn. 14.

8 *6.* Ersetzung der Einwilligung eines Elternteils zur *Kindesannahme* nach § 1747 Abs. 3 BGB; vgl. dazu näher Vorbem. B 2 vor § 65 Rdn. 24 ff.

9 *7.* Ersetzung der *Zustimmung des Grundstückseigentümers* zur Veräußerung oder Belastung des Erbbaurechts nach § 7 Abs. 3 ErbbVO. Sachlich zuständig ist das Amtsgericht als solches, nicht als VormG oder Vollstreckungsgericht; örtlich zuständig ist das AG, in dessen

[1]) BayObLGZ 1968, 97 = FamRZ 1968, 315.

Bezirk das Grundstück liegt. Nach § 7 Abs. 3 Satz 2 ErbbVO gelten die §§ 53 Abs. 1 Satz 1 und Abs. 2, 60 Abs. 1 Nr. 6 FGG entsprechend. Es handelt sich nicht um eine Vormundschafts- oder Grundbuchsache, sondern um ein Streitverfahren der FG[1a]). Antragsberechtigt ist der Erbbauberechtigte, ferner dessen Gläubiger, für den der Anspruch auf Zustimmung nach §§ 851 Abs. 1, 857 Abs. 3 ZPO gepfändet und zur Ausübung überwiesen worden ist[2]), sowie der Konkursverwalter[2a]) und der das Zwangsversteigerungsverfahren betreibende Gläubiger[2b]). Die Zustimmung kann auch nach Eintragung der zustimmungsbedürftigen Belastung ersetzt werden, setzt aber voraus, daß das Erbbaurecht bereits eingetragen ist[3]). Die Zustimmung des Eigentümers zur Teilung des Erbbaurechts kann nicht in diesem Verfahren, sondern nur durch Urteil des Prozeßgerichts ersetzt werden[3a]).

8. *Nicht hierher* gehören nachstehende Fälle, in denen über die Anwendbarkeit des § 53 Zweifel bestehen können oder Streit herrscht: 10

a) Die Ersetzung der *Genehmigung* des *Gegenvormundes* (§§ 1810, 1812 Abs. 2 BGB)[4]). 11
Denn hierbei absorbiert die Genehmigung des VormG die des Gegenvormundes, so daß dessen Mitwirkung bei dem Rechtsgeschäft sich erübrigt. Ferner gehören hierher nicht die Fälle, in denen das VormG beim Fehlen eines Gegenvormundes dessen sonst erforderliche Genehmigung an seiner Stelle erteilt (§§ 1810 Satz 2, 1812 Abs. 3 BGB) oder bei der Sicherheitsleistung des Vormunds (§ 54) nach § 1844 Abs. 2 BGB an Stelle des Mündels handelt[5]). Die Genehmigung des Beistandes und deren Ersetzung durch das VormG entfällt nach Aufhebung der §§ 1687, 1688 BGB durch Art. 1 Nr. 23 NichtehelG.

b) Die Ersetzung der *Zustimmung des Schenkers* zur Abweichung von seinen Anord- 12
nungen über die Verwaltung des dem Kinde, dem Mündel oder dem Pflegebefohlenen zugewendeten Vermögens (§§ 1639 Abs. 2, 1803 Abs. 3, 1917 Abs. 3 BGB)[6]). Denn da eine unberechtigte Abweichung von den Anordnungen die Wirksamkeit des anordnungswidrigen Rechtsgeschäfts nicht berührt[7]), trifft der Rechtsgrund des § 53 (vgl. Anm. A) nicht zu; es handelt sich um eine Erlaubnis (vgl. § 55 Rdn. 2), die das VormG an Stelle des Dritten erteilt.

c) Entscheidung von Meinungsverschiedenheiten zwischen gesamtvertretungsberechtigten 13
Eltern über eine das Wohl des Kindes berührende Frage. Nachdem § 1628 BGB i. d. F. des GleichberG über das Entscheidungsrecht des Vaters für verfassungswidrig erklärt worden ist (BVerfGE 10, 59), sind die Eltern, wenn sie sich nicht einigen können (§ 1627 BGB) befugt, das VormG anzurufen[8]). Das VormG wird nur auf Antrag eines Elternteils tätig[9]). Die Meinungsverschiedenheit muß für das Kindeswohl von wesentlicher Bedeutung sein. Das VormG darf in das Elternrecht nur insoweit eingreifen, als es zur Behebung des Streits erforderlich ist[10]). In der Regel wird das VormG dem Elternteil, dessen Meinung es billigt, die Entscheidungsbefugnis übertragen; bei der Vielgestaltigkeit der denkbaren Fälle ist es aber auch zulässig, daß das VormG im Rahmen der Anträge die erforderliche Sachentscheidung trifft[11]). Die Unanwendbarkeit des § 53 folgt daraus, daß nicht die Zustimmung eines Elternteils zu einem etwa beabsichtigten Rechtsgeschäft ersetzt, sondern dem anderen die alleinige Sorge einschließlich der Vertretung in dieser Angelegenheit übertragen

1a) BayObLGZ 1960, 467, 470.
2) Hamm Rpfleger 1953, 521; BGHZ 33, 76; str., a.M. Palandt-Lauterbach[25] § 7 ErbbVO Anm. 1; KG JW 1938, 1039; München JFG 17, 179.
2a) Hamm OLGZ 1966, 574.
2b) Köln OLGZ 1969, 228.
3) KG JW 1938, 1039; KG JFG 13, 366.
3a) LG Bochum NJW 1969, 1673.
4) KGJ 38 A 44 = RJA 10, 167; Schlegelberger Anm. 3; Keidel Anm. 7; Erman-Ronke BGB[3] § 1687 Anm. 4.
5) Schlegelberger Anm. 3.
6) A.M. Schlegelberger Anm. II 1 g; Keidel Anm. 6.
7) Allg. Meinung, vgl. Staudinger-Engler[11] § 1639 Anm. 15; BGB-RGRK[11] § 1803 Anm. 5; Dölle FamR § 126 II 2 a.
8) Vgl. die Nachweise bei Dölle FamR § 91 III 2 d.
9) Soergel-Lange BGB[9] § 1628 Anm. 17; BGB-RGRK[11] § 1627 Anm. 6; Staudinger-Donau[11] § 1628 Anm. 17.
10) Hamm OLGZ 1966, 249.
11) Vgl. zum Meinungsstand Dölle FamR § 91 Fußn. 30; Staudinger-Donau[11] § 1628 Anm. 22 ff.

wird. Auch eine Analogie ist nicht geboten, da die Verfügungen, durch die das VormG einem Elternteil die elterliche Gewalt nicht nur für eine einzelne Angelegenheit, sondern insgesamt überträgt (§§ 1671, 1672 BGB), ebenfalls sogleich nach Maßgabe des § 16 Abs. 1 wirksam werden[12]). Das VormG kann vorläufige Anordnungen (§ 19 Rdn. 28) erlassen[13]).

14 *d) Entscheidung von Meinungsverschiedenheiten* zwischen Eltern und Pfleger, mehreren Vormündern oder Pflegern (§§ 1630 Abs. 2, 1797 Abs. 1, Satz 2, 1798, 1915)[14]). Vgl. dazu § 58 mit Bem. Auch die Entscheidung von Meinungsverschiedenheiten zwischen Vormund und unehelicher Mutter nach § 15 Abs. 2 StAngRegG und § 9 Abs. 1 2. StAngRegG gehört nicht hierher[15]). Nach § 1630 Abs. 2 BGB ist auch zu entscheiden über Meinungsverschiedenheiten zwischen der nichtehelichen Mutter und dem nach § 1706 BGB bestellten Pfleger.

C. Schlüsselgewalt

15 Die Aufhebung der Beschränkung oder Ausschließung der Schlüsselgewalt nach § 1357 Abs. 2 BGB wird ebenfalls erst mit der Rechtskraft wirksam. Das GleichberG hat es bei der einseitigen Schlüsselgewalt der Frau und der Befugnis des Mannes, sie ohne gerichtliche Mitwirkung zu beschränken oder aufzuheben, belassen, jedoch die Aufhebung der Entziehung durch das VormG schon beim Fehlen ausreichender Gründe nach objektivem Maßstab, nicht erst bei Mißbrauch seitens des Mannes zugelassen. Dazu Schwarzhaupt FamRZ 1957, 36; Arnold, FamRZ 1958, 193. Zuständigkeit § 45 FGG. Richtervorbehalt § 14 Nr. 2 RechtspflG. Die minderjährige Ehefrau ist selbständig antrags- und beschwerdeberechtigt, § 13 Rdn. 19. Die Aufhebung der Ausschließung oder Beschränkung hat keine rückwirkende Kraft[16]). Über die Eintragung in das Güterrechtsregister vgl. § 161 Rdn. 15.

D. Zustimmung zur Ehelichkeitserklärung

16 Nach § 1727 Abs. 1 BGB kann die Einwilligung der Mutter und nach § 1727 Abs. 2 BGB n. F. unter engen Voraussetzungen auch die Einwilligung der Ehefrau des Vaters zur Ehelicherklärung durch das VormG ersetzt werden. Das allein antragsberechtigte Kind bedarf, wenn es minderjährig ist, zur Stellung des Antrags der Mitwirkung des gesetzlichen Vertreters, auch wenn es das 14. Lebensjahr vollendet hat, da § 59 nur für das Beschwerderecht, nicht für das Antragsrecht gilt (§ 59 Rdn. 12). Anhörung: §§ 1695, 1847 BGB, § 48 JWG. Vgl. im übrigen § 56a Rdn. 7, 9.

E. Eine ausdehnende Anwendung

17 der Vorschriften, in denen das Gesetz die Ersetzung der Zustimmung oder Ermächtigung eines Dritten vorsieht, auf rechtsähnliche Fälle ist unzulässig[17]). Daher kann die Einwilligung des Vormundes zur Ehelicherklärung (§§ 1726 Abs. 1 Satz 2, 1728 Abs. 2 BGB) nicht ersetzt werden; die Verweigerung der Einwilligung durch das Jugendamt als Amtsvormund kann auch nicht im Verwaltungsstreitverfahren angefochten werden[18]). Der Vormund kann aber unter den Voraussetzungen des § 1837 BGB vom VormG zur Erteilung der Einwilligung angewiesen werden[19]). Bei der Kindesannahme kann die Einwilligung des Ehegatten

[12]) Im Ergebnis wie hier Keidel Anm. 7; Palandt-Lauterbach § 1628 Anm. 3; a.M. Staudinger-Donau BGB[11] Vorbem. 73 vor § 1626; Soergel-Lange BGB[9] § 1628 Anm. 24.

[13]) Karlsruhe Justiz 1962, 80; BGB-RGRK[11] § 1627 Anm. 10; Dölle FamR § 91 zu Fn. 31.

[14]) Str., wie hier KGJ 38 A 44 = RJA 10, 167 unter Aufgabe von KGJ 26 A 18 = RJA 3, 221; Wellstein[2] Anm. 1 a; Staudinger-Engelmann § 1797 Anm. 4 b; Staudinger-Engler BGB[11] § 1797 Anm. 18; Erman-Hefermehl BGB[3] § 1797 Anm. 3; a.M. BayObLGZ 13, 474; Schleswig SchlHA 1957, 31; Schlegelberger Anm. II 1 h; Keidel Anm. 6; Staudinger-Donau[11] § 1630 Anm. 18; Soergel-Lange BGB[9] § 1630 Anm. 9; Soergel-Germer § 1797 Anm. 3; Palandt-Lauterbach[28] § 1797 Anm. 4.

[15]) A.M. Keidel Anm. 6.

[16]) KG OLGR 30, 39.

[17]) KG JFG 7, 82.

[18]) VerwG Berlin EJF G I Nr. 1 mit Anm. v. Guggumos.

[19]) Bremen OLGZ 1966, 455.

des Annehmenden oder des Anzunehmenden (§ 1746 BGB) nicht ersetzt werden (§ 65 Rdn. 19).

F. Wirksamwerden

Die dem Antrag stattgebende ersetzende oder die Ausschließung der Schlüsselgewalt aufhebende Verfügung wird erst mit dem Eintritt der formellen Rechtskraft wirksam. Über formelle Rechtskraft s. § 31 Rdn. 4, 5. Verfügungen, die erst mit der Rechtskraft wirksam werden, müssen allen Beteiligten nach den Vorschriften der ZPO und nötigenfalls durch öffentliche Zustellung bekanntgemacht werden (§ 16 Abs. 2) falls nicht Bekanntmachung zu Protokoll erfolgt (§ 16 Abs. 3). **18**

G. Rechtsmittel

Gegen die ersetzende Verfügung findet nach § 60 Abs. 1 Nr. 6 die *sofortige Beschwerde* statt; deshalb besteht nach § 18 Abs. 2 keine Änderungsbefugnis des VormG. Wiedereinsetzung in den vorigen Stand ist nicht ausgeschlossen, doch ist dann § 32 zu beachten. Eine die Ersetzung ablehnende Verfügung ist mit der unbefristeten Beschwerde nach § 19 anfechtbar[20]); sie kann nach § 18 Abs. 1 Halbs. 2 auf Antrag geändert werden. **19**

H. Anordnung der sofortigen Wirksamkeit (Abs. 2)

1. Die sofortige Wirksamkeit der Verfügung kann das Gericht durch eine Ermessensentscheidung[21]) anordnen, wenn *Gefahr im Verzuge* ist, wenn also die Interessen des Antragstellers durch einen Aufschub der Wirksamkeit bis zur Rechtskraft gefährdet würden. Auch wo eine mit dem Aufschub verbundene Gefahr sachliche Voraussetzung der Ersetzung ist (§§ 1365 Abs. 2, 1426, 1458 BGB) muß das Gericht nicht notwendig die Anordnung nach Abs. 2 treffen; denn es kann sein, daß die Erteilung der Zustimmung zwar keinen Aufschub bis zur Beendigung der Abwesenheit oder der Verhinderung des Zustimmungsberechtigten verträgt, wohl aber die Ersetzung der Zustimmung einen Aufschub bis zum Eintritt der Rechtskraft; a. M. Schlegelberger Randn. 8, Keidel Anm. 3. Die Anordnung kann auf Antrag oder von Amts wegen, gleichzeitig mit der Sachentscheidung oder nach ihr ergehen und ist unanfechtbar. Für das Beschwerdegericht bedeutet Abs. 2 eine Abweichung von § 26 Satz 2, § 26 Rdn. 11. § 24 Abs. 3 ist anwendbar. Die Anordnung sofortiger Wirksamkeit ändert nichts daran, daß das Rechtsmittel gegen die ersetzende Verfügung die *sofortige* Beschwerde ist[22]). § 32 ist anwendbar; bei Ersetzung der Zustimmung zur Ehelichkeitserklärung Sonderregelung in § 55 Abs. 2. **20**

2. Wirksam wird die Anordnung nach Abs. 2 mit der Bekanntmachung an den Antragsteller, auch wenn sie ihrem Inhalt nach noch für andere Beteiligte bestimmt ist (§ 16 Abs. 1). In den Fällen der §§ 1366 Abs. 3, 1427, 1458 BGB ist zur Herbeiführung der Wirksamkeit weiter erforderlich, daß der antragstellende Ehegatte die Verfügung innerhalb der zweiwöchigen Frist dem anderen Vertragsteil mitteilt (vgl. Anm. A). **21**

I. Richtervorbehalt besteht für alle unter § 53 fallende Angelegenheiten,

da es sich um echte Streitsachen handelt (§ 14 Nrn. 2, 6, 12 RechtspflG), übrigens auch für die in Rdn. 12 und 13 erörterten Geschäfte (§ 14 Nr. 5 RechtspflG), nicht aber für die Fälle der Rdn. 10, 11 (Arndt, RechtspflG § 12 Anm. 31). Für die Aufgaben des AG nach § 7 Abs. 3 ErbbVO Rdn. 7 liegt eine Übertragung auf den Rechtspfleger nicht vor. **22**

K. Gebühren

§§ 94 Abs. 1 Nrn. 5, 8, 97 Abs. 1 Nrn. 1, 2 KostO. **23**

[20]) KG JFG 7, 80; Hamm Rpfleger 1960, 296.
[21]) RGZ 103, 126.
[22]) So jetzt auch BGHZ 42, 223 = LM § 55 a FGG Nr. 1 mit Anm. v. Ascher.

Verfahren zur Regelung der Ausgleichsforderung bei Zugewinngemeinschaft und des Erbausgleichsanspruchs des nichtehelichen Kindes

53a In den Verfahren nach den §§ 1382, 1383, 1934d Abs. 5 des Bürgerlichen Gesetzbuchs soll das Gericht mit den Beteiligten mündlich verhandeln und darauf hinwirken, daß sie sich gütlich einigen. Kommt eine Einigung zustande, so ist hierüber eine Niederschrift aufzunehmen; die Vorschriften, die für die Niederschrift über einen Vergleich in bürgerlichen Rechtstreitigkeiten gelten, sind entsprechend anzuwenden. Der Vergleich kann auch die Verpflichtung des Schuldners zur Zahlung der Ausgleichsforderung enthalten.

Die Verfügung des Gerichts wird erst mit der Rechtskraft wirksam. In der Verfügung, in der über den Antrag auf Stundung der Ausgleichsforderung entschieden wird, kann das Gericht auf Antrag des Gläubigers auch die Verpflichtung des Schuldners zur Zahlung der Ausgleichsforderung aussprechen.

Das Gericht kann einstweilige Anordnungen treffen, wenn hierfür ein Bedürfnis besteht. Die Anordnungen können nur mit der Endentscheidung angefochten werden.

Rechtskräftige Entscheidungen, gerichtliche Vergleiche und einstweilige Anordnungen werden nach den Vorschriften der Zivilprozeßordnung vollstreckt.

Eingefügt durch GleichberG Art. 4 Nr. 7. Durch Art. 7 Nr. 11 des G über die rechtliche Stellung der nichtehelichen Kinder v. 19. 8. 1969 (BGBl. I 1243), in Kraft getreten am 1. 7. 1970, ist Abs. 1 Satz 1 durch Einfügung des § 1934d Abs. 5 BGB geändert worden.

I. Bedeutung

1 *1. Zugewinngemeinschaft*[1]*). Gewährung richterlicher Vertragshilfe* sehen die §§ 1382, 1383 BGB *zur Regelung der Ausgleichsforderung* vor, die sich für einen Ehegatten gegen den anderen ergeben kann, wenn der Güterstand der Zugewinngemeinschaft auf andere Weise als durch den Tod eines Ehegatten beendet wird (§ 1372 BGB). Die Vorschriften gelten auch, wenn der überlebende Ehegatte nach § 1371 Abs. 2 BGB Ausgleich des Zugewinns verlangen kann. Nach § 1382 darf das VormG die Ausgleichsforderung, soweit sie unbestritten ist, gegen Verzinsung stunden; auf Antrag kann es dem Schuldner Sicherheitsleistung für die gestundete Forderung auferlegen. Nach § 1383 kann das VormG dem Schuldner aufgeben, bestimmte Gegenstände seines Vermögens unter Anrechnung auf die Ausgleichsforderung auf den Gläubiger zu übertragen. Während das Stundungsverfahren im Interesse des Schuldners dem Zweck dient, diesen vor den Schwierigkeiten zu bewahren, in die er durch die Notwendigkeit, sofort einen erheblichen Geldbetrag aufzubringen, geraten kann, dient das Zuteilungsverfahren dem Interesse des Gläubigers daran, nicht allein durch Geld abgefunden, sondern gegenständlich mit Sachwerten befriedigt zu werden, welche die Grundlage der ehelichen Lebensgemeinschaft gewesen sind; insofern schafft § 1383 BGB einen gewissen Ausgleich dafür, daß der Güterstand der Zugewinngemeinschaft dem Ehegatten keine dingliche Beteiligung an dem während der Ehe von dem anderen Ehegatten erworbenen Vermögen gewährt.

2 2. *Erbausgleichsanspruch des nichtehelichen Kindes.* Infolge der Streichung des § 1589 Abs. 2 BGB durch Art. 1 Nr. 3 NichtehelG ist grundsätzlich auch das nichteheliche Kind nach seinem Vater und dessen Verwandten zur gesetzlichen Erbfolge berufen, wenn das Kind nach dem 30. 6. 1949 geboren und der Erblasser nicht vor dem 1. 7. 1970 gestorben ist (Art. 12 § 10 NichtehelG). Allerdings steht dem Kinde beim Tode des Vaters und von väterlichen Verwandten neben ehelichen Abkömmlingen und dem Ehegatten des Erblassers anstelle des

[1]) Schrifttum außer den Kommentaren und Lehrbüchern zum BGB, FGG und GleichberG: *Koeniger*, Der Schutz des Ausgleichsschuldners innerhalb der Zugewinngemeinschaft, DRiZ 1959, 80; *Gerold*, Die Stundung des Zugewinnausgleichs, NJW 1960, 1744; *Schopp*, Probleme der Zugewinngemeinschaft bei der Ehescheidung, Rpfleger 1964, 69; *Furtner*, Sicherung des Anspruchs auf Ausgleich des Zugewinns, NJW 1965, 373.

gesetzlichen Erbteils ein nach Pflichtteilsgrundsätzen ausgestalteter Erbersatzanspruch in Höhe des Wertes des Erbteils zu (§§ 1934a, 1934b BGB). Nach der vom Rechtsausschuß des Bundestages eingefügten Vorschrift des § 1934d BGB ist das nichteheliche Kind berechtigt, in der Zeit von seinem 21. bis 27. Lebensjahr von seinem Vater einen vorzeitigen Erbausgleich in Geld zu verlangen. Das Kind kann auf diese Weise, statt eine weit spätere und ungewisse Verwirklichung seiner erbrechtlichen Anwartschaft abzuwarten, eine finanzielle Ausstattung schon zu einer Zeit erhalten, in der es sein Berufsleben beginnt oder eine Ehe gründet (BT-Drucks. zu V/4179 S. 6). Der Anspruch ist von einem Verlangen des Kindes abhängig, welches, solange über den Erbausgleich nicht eine notariell beurkundete Vereinbarung getroffen ist oder ein rechtskräftiges Urteil vorliegt, ohne Einwilligung des Vaters zurückgenommen werden kann (§ 1934d Abs. 4 BGB). Eine wirksame Vereinbarung oder die rechtskräftige Zuerkennung des Erbausgleichs bewirkt, daß beim Tode des Vaters und väterlicher Verwandter das Kind und dessen Abkömmlinge nicht gesetzliche Erben und nicht pflichtteilsberechtigt sind (§ 1934e BGB). Nach § 1934d Abs. 5 kann der Vater Stundung des Ausgleichsbetrages verlangen, wenn er dem Kinde laufenden Unterhalt zu gewähren hat und soweit ihm die Zahlung neben der Gewährung des Unterhalts nicht zugemutet werden kann, in anderen Fällen auch, wenn ihn die sofortige Zahlung des gesamten Ausgleichsbetrages besonders hart treffen würde und dem Kinde eine Stundung zugemutet werden kann. Die Vorschriften des § 1382 BGB über die Stundung der Ausgleichsforderung bei der Zugewinngemeinschaft gelten nach § 1934d Abs. 5 Satz 3 BGB entsprechend; daraus ergibt sich insbesondere die Zuständigkeit des Vormundschaftsgerichts. Durch Einfügung des § 1934d Abs. 5 BGB in § 53a FGG wird zum Ausdruck gebracht, daß auch diese Verfahrensvorschrift anwendbar ist.

II. Verfahren

1. Antragsverfahren. Das Verfahren wird nur auf *Antrag* eingeleitet. Antragsberechtigt **3**
ist in den Fällen der §§ 1382, 1934d der Schuldner, im Fall des § 1383 nur der Gläubiger. Nach ihrem Tode kann der Antrag von dem Erben (Nachlaßpfleger, Nachlaßverwalter, Testamentsvollstrecker) gestellt werden. Bei einer Mehrheit von Erben kann der Stundungsantrag, da er der Erhaltung des Nachlasses dient, gemäß § 2038 Abs. 1 BGB von jedem Miterben allein gestellt werden[2]), während bei der Stellung des Antrags aus § 1383 BGB gemäß § 2040 Satz 1 BGB alle Erben mitwirken müssen, da der Antrag auf eine Verfügung über die Forderung gerichtet ist[3]). Im Konkurs des Schuldners ist die Ausgleichsforderung eine (nicht bevorrechtigte) Konkursforderung (§ 61 Nr. 6 KO); antrags- und beschwerdeberechtigt ist während der Dauer des Konkursverfahrens an Stelle des Schuldners der Konkursverwalter[4]). Zur Konkursmasse des Gläubigers gehört die Ausgleichsforderung nur, wenn sie durch Vertrag anerkannt oder rechtshängig geworden ist (§ 852 ZPO, § 1 KO); nur unter dieser Voraussetzung ist der Konkursverwalter berufen, die Rechte des Gläubigers in dem Verfahren auszuüben. Zur Einleitung des Verfahrens nach §§ 1382, 1934d genügt der Verfahrensantrag; ein bestimmter *Sachantrag* ist nicht erforderlich, wenn es auch angebracht ist, daß der Schuldner in dem Antrag das Maß der erstrebten Stundung und deren Modalitäten angibt, damit das Gericht Anhaltspunkte für die Ausübung seines Ermessens erhält[5]). Dagegen muß der Gläubiger in dem Antrag nach § 1383 die Gegenstände, deren Übertragung er erstrebt, bezeichnen (§ 1383 Abs. 2) und insofern einen bestimmten Sachantrag stellen, der sich jedoch nicht auf den Übernahmepreis zu erstrecken braucht.

Eine Befristung des Antrags ist nicht vorgesehen. Der Antrag kann frühestens nach Been- **4**
digung des Güterstandes der Zugewinngemeinschaft gestellt werden. Im Fall des § 1934d BGB muß das Kind das Verlangen an den Vater gestellt haben.

[2]) Staudinger-Felgentraeger BGB[11] § 1382 Anm. 6; Keidel Anm. 4.

[3]) Staudinger-Felgentraeger BGB[11] § 1383 Anm. 22.

[4]) Vgl. BayObLGZ 1953, 92 = NJW 1953, 1227.

[5]) Keidel Anm. 4 (der den Sachantrag, wie hier, nur empfiehlt, aber nicht zur Bedingung des Verfahrens macht); Krüger-Breetzke GleichberG § 53 a FGG Anm. 1; Staudinger-Felgentraeger BGB[11] § 1382 Anm. 8.

5 *a) Über die Stundung der Ausgleichsforderung* entscheidet das VormG nur, wenn kein Rechtsstreit anhängig ist, und nur, soweit die Forderung vom Schuldner nicht bestritten wird (§ 1382 Abs. 1, 5). Nicht erforderlich ist, daß der Schuldner die Forderung ausdrücklich anerkennt; es genügt, daß die Absicht, sie nicht bestreiten zu wollen, aus seinen übrigen Erklärungen hervorgeht. Anders als nach § 11 VHG steht auch ein Bestreiten dem Grunde nach der Stundung durch das VormG entgegen. Ist die Forderung nur zu einem Teilbetrag unstreitig, so kann insoweit eine Entscheidung ergehen. Das *Nichtbestreiten* ist nicht eine Voraussetzung für die Zulässigkeit des Verfahrens, sondern für den Erlaß der Sachentscheidung. Es genügt, daß der Schuldner die Forderung *im Zeitpunkt der Entscheidung*, gegebenenfalls des Beschwerdegerichts (§ 23 FGG), nicht mehr bestreitet und es steht der Stundung entgegen, wenn er nach anfänglichem Nichtbestreiten zum Bestreiten der Forderung dem Grunde oder der Höhe nach übergeht[6]). Auch ein Streit über Grund und Höhe der Forderung kann also durch Vergleich vor dem VormG beigelegt werden.

6 Unzulässig ist das Stundungsverfahren vor dem VormG, soweit ein *Rechtsstreit* über die Ausgleichsforderung anhängig wird (§ 1382 Abs. 5). Bei Teilklagen bleibt das VormG für den nicht rechtshängigen unbestrittenen Teilbetrag zuständig. Versäumt es der Schuldner, den Stundungsantrag (vorsorglich) bei dem Prozeßgericht zu stellen, so kann er auch das VormG nicht mehr anrufen, es sei denn, daß das Stundungsverlangen auf eine nach der Entscheidung des Prozeßgerichts eingetretene wesentliche Änderung der Verhältnisse gestützt wird (§ 1382 Abs. 6). Dazu kann es genügen, daß das Bedürfnis für eine Stundung erst nach der letzten Tatsachenverhandlung im Rechtsstreit hervorgetreten ist[7]). Auch wenn das Urteil des Prozeßgerichts keine Entscheidung über die Stundung enthält, stellt sich die Gewährung von Stundung durch das VormG als eine Änderung der zu sofortiger Leistung verurteilenden Entscheidung des Prozeßgerichts dar und fällt deshalb unter die erschwerenden Voraussetzungen des § 1382 Abs. 6 BGB[8]). Umstände, die schon vor der Entscheidung des Prozeßgerichts vorlagen, können aber unterstützend zusammen mit neuen Tatsachen bei der Beurteilung der Frage herangezogen werden, ob eine wesentliche Änderung der Verhältnisse eingetreten ist.

7 *b) Für die Übertragung von Vermögensgegenständen* (§ 1383) ist allein das VormG unter Ausschluß des Prozeßgerichts zuständig. Für diesen Fall bestimmt das Gesetz nicht, daß die Forderung nach Grund und Höhe unbestritten sein müsse. Der Antrag des Gläubigers ist daher auch bei Bestreiten des Schuldners zulässig und kann zur Anberaumung einer mündlichen Verhandlung und zu einem Vergleichsversuch Anlaß geben. Auch eine Sachentscheidung auf Zurückweisung des Antrags ist statthaft, wenn das Übertragungsverlangen ohne Rücksicht auf das Bestehen der Forderung unbegründet ist. Eine Übertragungsanordnung jedoch setzt voraus, daß mindestens der für die Anrechnung erforderliche Teilbetrag der Ausgleichsforderung vom Schuldner nicht bestritten wird. Fehlt es hieran, so muß der Antrag als zur Zeit unbegründet zurückgewiesen oder das Verfahren bis zur rechtskräftigen Beendigung eines Rechtsstreits ausgesetzt werden[9]). Eine Übertragung von Gegenständen unter der Bedingung der Feststellung der Forderung durch rechtskräftiges Urteil oder Einigung unter Ausschluß der Vollstreckbarkeit erscheint nicht gangbar, auch wenig praktikabel[10]). Abweichend vom Stundungsverfahren ist ein *Sachantrag* erforderlich, in welchem der Gläubiger die zu übertragenden Gegenstände bezeichnet (§ 1383 Abs. 2). Bei Mängeln hat das Gericht

[6]) Saage VHG § 11 2 g.

[7]) Maßfeller, Betrieb 1957, 527; Palandt § 1382 Anm. 5.

[8]) Erman-Bartholomeyczik BGB[3] § 1382 Anm. 3; Keidel Anm. 5; BGB-RGRK[11] § 1382 Anm. 28; a.M. Koeniger DRiZ 1959, 80 zu II 5; Staudinger-Felgentraeger BGB[11] § 1382 Anm. 52, die den Antrag nach den allgemeinen Voraussetzungen ohne die Beschränkung des § 1382 Abs. 6 zulassen, den Schuldner aber mit jedem Stundungsbegehren präkludieren wollen, welches er in dem Rechtsstreit hätte geltend machen können; der Unterschied gegenüber der Auffassung im Text ist daher nur gering.

[9]) Maßfeller-Reinicke § 1383 Anm. 6; Erman-Bartholomeyczik BGB[3] § 1383 Anm. 3; Krüger-Breetzke GleichberG § 1383 Anm. 1; Keidel Anm. 23; BGB-RGRK[11] § 1383 Anm. 5.

[10]) So aber Staudinger-Felgentraeger BGB[11] § 1383 Anm. 19.

auf Ergänzung hinzuwirken. Der Antrag kann ohne Einwilligung des Gegners geändert werden. Hinsichtlich des Gegenstandes darf das Gericht von dem Antrag nicht abweichen; dagegen ist es bei der Festsetzung des Übernahmepreises an Anträge nicht gebunden.

2. *Sachlich zuständig* ist das AG (§ 35). Richtervorbehalt besteht nicht (§ 35 Rdn. 94). In Württemberg entscheidet das ordentliche VormG (Bezirksnotar); ein Vorbehalt für das AG besteht nur für die Aufhebung oder Änderung der in einem Rechtsstreit über die Ausgleichsforderung durch Urteil ergangenen Entscheidung gemäß § 1382 Abs. 6, Art. 68 Nr. 12. WürttAGBGB. **8**

Die *örtliche Zuständigkeit* bestimmt sich für die Regelung des Zugewinnausgleichs (§§ 1382, 1383 BGB) nach § 45 FGG; eine Abgabe nach § 46 findet nicht statt. Für die Regelung des Erbausgleichs (§ 1934d BGB) richtet sich die örtliche Zuständigkeit nach §§ 43, 36 FGG. Maßgebend ist daher in erster Linie der Wohnsitz oder Aufenthalt des Kindes, nicht des Vaters; auch ein Geschwistergerichtsstand ist nicht ausgeschlossen (§ 43 Rdn. 6); für diesen Fall ist auch eine Abgabe nach § 46 statthaft; zustimmungsberechtigt (§ 46 Anm. G 3) ist das Kind. **9**

3. *Mündliche Verhandlung* mit den Beteiligten ist dem Gericht abweichend von § 13 Abs. 2 HausratsVO, § 44 WEG nicht nur „in der Regel", sondern nach dem Vorbild des § 14 VHG *stets* zur Pflicht gemacht. Durch das „soll" wird die Anordnung mündlicher Verhandlung nicht in das Belieben des Gerichts gestellt, sondern nur bestimmt, daß ein Verstoß nicht schlechthin einen wesentlichen Verfahrensmangel darstellt und das Gericht auch beim Ausbleiben eines Beteiligten entscheiden kann[11]). Hauptzweck der mündlichen Verhandlung ist die Herbeiführung eines gütlichen Ausgleichs, auf den das Gericht vornehmlich hinzuwirken hat; daneben dient sie der Aufklärung des Sachverhalts und der Wahrung des rechtlichen Gehörs. Das persönliche Erscheinen der Beteiligten kann mit der Folge des § 13 Satz 2 angeordnet, aber nicht erzwungen werden (§ 12 Rdn. 69, § 13 Rdn. 32). Auch im ersten Beschwerderechtszug ist mündliche Verhandlung geboten. **10**

4. Eine *Verhandlungsniederschrift* ist zwingend vorgeschrieben, wenn eine Einigung zustande kommt; maßgebend sind §§ 159 bis 163a ZPO. Hiernach muß der Vergleich insbesondere in die Niederschrift oder deren Anlage aufgenommen (§ 160 Abs. 2 Nr. 1, Abs. 3), den Beteiligten vorgelesen oder zur Durchsicht vorgelegt und von ihnen genehmigt (nicht auch unterschrieben) und dieser Vorgang im Protokoll festgestellt werden (§ 162). Auf die Einhaltung dieser Formvorschriften können die Beteiligten nicht wirksam verzichten[12]). Diktat ersetzt nicht die Vorlesung. Das Protokoll wird von dem Vorsitzenden (Amtsrichter) und dem Urkundsbeamten unterschrieben (§ 163). Von der Zuziehung eines Urkundsbeamten kann abgesehen werden (§ 163 Abs. 2). Bei der Aufnahme eines Vergleichs in eine kurzschriftliche Anlage zum Protokoll sind die Formerfordernisse des § 163a ZPO zu beachten[13]). **11**

5. *Vergleichsabschluß.* Wegen des *Vergleichs* im allgemeinen siehe Vorbem. vor § 8 Rdn. 80 ff. Auch wenn der Schuldner in dem Vergleich eine Zahlungsverpflichtung übernimmt, ist eine ausdrückliche Unterwerfung unter die sofortige Zwangsvollstreckung (§ 794 Abs. 1 Nr. 5 ZPO) nicht erforderlich, da die Vollstreckbarkeit des in den Formen der §§ 159 bis 163a ZPO beurkundeten Vergleichs sich aus Abs. 4 ergibt. Eine vollstreckbare Zahlungsverpflichtung kann nicht nur wegen der Ausgleichsforderung, auch soweit sie bisher streitig war, sondern auch wegen anderer, in den Vergleich einbezogener Ansprüche und nicht nur von dem Schuldner, sondern auch von jedem anderen Beteiligten oder hinzugezogenen Dritten übernommen werden, vgl. Vorbem. vor § 8 Rdn. 81. Die Verpflichtung kann auf vollstreckungsfähige Leistungen beliebigen Inhalts, z. B. auf Sicherheitsleistung gerichtet sein. Die enge Fassung des Gesetzes rechtfertigt keinen Umkehrschluß. Kommt ein Vergleich über den Erbausgleich zustande, so wird die nach § 1934d Abs. 4 Satz 1 BGB erforderliche notarielle Beurkundung gemäß § 127a BGB durch das nach den Vorschriften der ZPO errichtete Protokoll des VormG ersetzt. Dazu § 1 BeurkG Rdn. 35 ff. **12**

[11]) Saage VHG § 14 II 1; vgl. § 12 Rdn. 63.
[12]) Oldenburg NdsRpfl. 1958, 208.
[13]) Vgl. BGHZ 14, 381.

13 Der Vergleich kann auch die Tragung der gerichtlichen und außergerichtlichen Kosten regeln oder als Teilvergleich die Entscheidung über die Kostenerstattung nach Maßgabe des § 13a dem Gericht überlassen. Enthält er keine Kostenregelung, so findet eine Kostenerstattung nicht statt. § 98 ZPO ist nicht anwendbar.

14 *6. Entscheidung.* Inhalt einer den Anträgen aus §§ 1382, 1383, 1934d Abs. 5 BGB stattgebenden Entscheidung kann sein:

15 *a) Stundung* der Ausgleichsforderung. Die mit der Entstehung der Forderung eingetretene Fälligkeit (§ 271 BGB) wird bis zu einem bestimmten Zeitpunkt hinausgeschoben oder es werden Ratenzahlungen bewilligt. Auch eine Verfallklausel ist nicht ausgeschlossen, wenn auch im Hinblick auf die Möglichkeit der Änderung nach § 1382 Abs. 6 nicht empfehlenswert. Erlaß oder Teilerlaß der Forderung ist nicht zulässig. Der Stundungsausspruch ist eine rechtsgestaltende Entscheidung, deren Wirkungen mit der Rechtskraft eintreten und die einer Zwangsvollstreckung nicht bedarf.

16 *b) Verzinsung* der gestundeten Ausgleichsforderung, die stets angeordnet werden muß (§ 1382 Abs. 2). Zinslos darf mithin nicht gestundet werden. Den Zinssatz bestimmt das VormG nach billigem Ermessen (§ 1382 Abs. 4). Der Zinssatz des § 246 BGB gilt nicht, da hier „ein anderes bestimmt ist". Ein Zinssatz unter 4% ist daher nicht schlechthin ausgeschlossen. In diesen Fall kann der Gläubiger vom Ende der Stundung an die weitergehenden Ansprüche aus § 288 BGB geltend machen. Rechtsgestaltende Entscheidung wie zu a).

17 *c) Ausspruch der Zahlungsverpflichtung.* Er setzt einen Antrag des Gläubigers und die Feststellung voraus, daß der Schuldner die Ausgleichsforderung nicht bestreitet. Da diese Feststellung nur in einer Sachentscheidung getroffen werden kann, darf der Ausspruch nicht ergehen, wenn der Antrag des Schuldners als unzulässig zurückgewiesen wird; dagegen ist er auch statthaft, wenn die Stundung aus sachlichen Gründen abgelehnt wird. Im Falle der Stundung ist die Verpflichtung zur künftigen Leistung am Fälligkeitstage auszusprechen (§§ 257, 751 Abs. 1 ZPO). Die Forderung muß in der Formel der Entscheidung so genau bezeichnet werden, daß eine Zwangsvollstreckung möglich ist.

18 *d) Auferlegung einer Sicherheitsleistung* auf Antrag des Gläubigers, § 1382 Abs. 3. Ermessensentscheidung, die voraussetzt, daß eine Stundungsanordnung ergeht. Über Art und Umfang der Sicherheitsleistung bestimmt das VormG nach billigem Ermessen, § 1382 Abs. 4, ohne Bindung an § 232 ff. BGB. Eine Sicherungsübereignung darf aber nicht angeordnet werden, da sie dem Gläubiger mehr Rechte verschafft, als der Zweck der Regelung gebietet[14]). Das Gericht kann sich auch darauf beschränken, die Höhe der Sicherheitsleistung zu bestimmen und ihre Art der nach §§ 232 ff. BGB zu treffenden Wahl des Schuldners überlassen[14a]). Zwangsvollstreckung nach § 887 ZPO[15]). Bestimmt das Gericht auch die Art der Sicherheitsleistung, so ersetzt die rechtskrätige Anordnung nach § 984 ZPO eine erforderliche Willenserklärung des Schuldners, z. B. zur Bestellung einer Sicherungshypothek oder zur Verpfändung einer Hypothekenforderung oder Grundschuld, und bildet einen vollstreckbaren Titel für die Herausgabe (Hinterlegung) beweglicher Sachen, §§ 883, 884, 886, 897 ZPO. § 54 FGG ist nicht anwendbar. Die Sicherheitsleistung kann nach rechtskräftig angeordneter Stundung und bis zu deren Ablauf auf Antrag des Gläubigers auch nachträglich angeordnet werden[16]).

19 *e) Anordnung der Übertragung von Vermögensgegenständen* (§ 1383). Die Anordnung, daß der Schuldner aus seinem Vermögen bestimmte *Gegenstände auf den Gläubiger zu übertragen* hat, ergeht unter Festsetzung des Betrages, der auf die Ausgleichsforderung anzurechnen ist, § 1383; vgl. Rdn. 7. Für die Bemessung des Übernahmepreises ist der Verkehrswert zur Zeit der Entscheidung des VormG maßgebend, der erforderlichenfalls unter Hinzuzie-

[14]) A.M. Keidel Anm. 13; Staudinger-Felgentraeger BGB[11] § 1382 Anm. 41; Gerold NJW 1960, 1744 zu I 3; wie hier Krüger-Breetzke GleichberG § 1382 Anm. 6.

[14a]) Krüger-Breetzke, GleichberG § 1382 Anm. 6; Keidel Anm. 13; Staudinger-Felgentraeger BGB[11] § 1382 Anm. 41; a.M. Gerold NJW 1960, 1477 zu I 3.

[15]) KG JW 1936, 677.

[16]) BGB-RGRK[11] § 1382 Anm. 12.

hung von Sachverständigen zu ermitteln ist. Der Wert, zu dem der Gegenstand bei der Berechnung des Zugewinns nach Maßgabe des Berechnungszeitpunktes (§§ 1384, 1387 BGB) angesetzt worden ist, ist hierbei nicht maßgeblich. Nicht ausgeschlossen ist es, daß das Gericht einen Gegenstand überträgt, dessen Wert die Ausgleichsforderung übersteigt, sofern das Einverständnis des Gläubigers damit vorliegt; in diesem Fall ist die Übertragung Zug um Zug gegen Zahlung des Unterschiedsbetrages anzuordnen[17]). Das Verfahren kann mit einem auf Antrag des Schuldners eingeleiteten Stundungsverfahren verbunden werden. Gegenstand der Übertragung können bewegliche und unbewegliche Gegenstände oder Rechte sein. Die Entscheidung bewirkt den Rechtsübergang *nicht rechtsgestaltend*, sondern verpflichtet den Schuldner zu einer Leistung[18]). Ihm ist daher die Abgabe der Willenserklärungen und die Vornahme der Rechtshandlungen aufzugeben, die nach den für die Übertragung des Rechts geltenden Vorschriften für den Rechtsübergang erforderlich sind. Eine Willenserklärung gilt nach § 984 ZPO als abgegeben, die Herausgabe ist nach §§ 883, 897 ZPO zu erzwingen[19]). Eine vollstreckbare Verpflichtung zur Zahlung der Ausgleichsforderung (Rdn. 15) kann in diesem Verfahren nicht begründet werden. Die Übertragung von Gegenständen kann auch wiederholt beantragt und angeordnet werden, soweit sie nicht schon rechtskräftig abgelehnt ist, sofern die Ausgleichsforderung noch nicht durch Anrechnung oder Zahlung getilgt ist[20]).

f) Aufhebung oder Änderung rechtskräftiger Entscheidungen wegen nachträglicher we- **20**
sentlicher Änderung der Verhältnisse, § 1382 Abs. 6. Antragsberechtigt sind Gläubiger und Schuldner. Die Änderung kann zugunsten des Schuldners oder zugunsten des Gläubigers erstrebt werden. Gegenstand der Änderung können die Stundung, die Verzinsung oder die Sicherheitsleistung sein, nicht aber eine Übertragungsanordnung nach § 1383; auch kein Eingriff in die Höhe der Ausgleichsforderung. Die zu ändernde rechtskräftige Entscheidung kann eine solche des VormG oder des Prozeßgerichts (§ 1382 Abs. 5) sein. Hatte der Schuldner vor dem Prozeßgericht keinen Stundungsantrag gestellt, so kann er das Stundungsverlangen beim VormG nur noch auf § 1382 Abs. 6 stützen, vgl. Rdn. 6. Liegt noch kein vollstreckbarer Titel vor, so kann der Zahlungsausspruch nach § 53a Abs. 2 Satz 2 auch im Änderungsverfahren ergehen. Gerichtliche Vergleiche vor dem VormG oder dem ProzeßG sind hinsichtlich der Abänderbarkeit gerichtlichen Entscheidungen gleichzustellen, vgl. § 17 Abs. 2, HausratsVO, § 45 Abs. 4 WEG. Das Änderungsverfahren kann auch mehrfach durchgeführt werden[21]). Hiervon zu unterscheiden ist die Frage, ob nach Ablauf der bewilligten Stundung eine *Wiederholung* des Stundungsverfahrens zulässig ist. Die Frage wird im Hinblick auf das Schweigen des Gesetzes zu bejahen sein, vorausgesetzt, daß die jetzt begehrte weitere Stundung in dem früheren Verfahren nicht schon rechtskräftig abgelehnt worden ist; in diesem Fall müssen die Voraussetzungen des Änderungsverfahrens nach §§ 1382 Abs. 6 BGB erfüllt sein. Andernfalls kann der wiederholte Antrag unbeschränkt auf die Gründe des § 1382 Abs. 1 BGB gestützt werden. Es ist nicht angebracht, den neuen Antrag auf Gründe zu beschränken, die in dem früheren Verfahren nicht geltend gemacht werden konnten, wenn der Schuldner damals glaubte, eine weitergehende Stundung nicht zu benötigen[22]).

Die Entscheidung, durch die eine gerichtliche Entscheidung des VormG oder des Prozeß- **21**
gerichts oder ein gerichtlicher Vergleich geändert wird, beseitigt oder ändert auch deren Vollstreckbarkeit. Eine gleichwohl aus dem früheren Titel betriebene Zwangsvollstreckung ist nach §§ 775 Nr. 1, 776 ZPO aufzuheben; einer Vollstreckungsklage bedarf es nicht.

7. Wirksamwerden der Entscheidung. Rechtsmittel. Die Wirksamkeit der Entscheidung **22**
ist an den Eintritt der *formellen Rechtskraft* (§ 31 Anm. 1, 2) geknüpft. Daher findet die

17) BGB-RGRK[11] § 1383 Anm. 3.
18) Erman-Bartholomeyczik BGB[3] § 1383 Anm. 3; Baur FamRZ 1958, 252 zu II 1 c; Keidel Anm. 25; BGB-RGRK[11] § 1383 Anm. 15; Staudinger-Felgentraeger BGB[11] § 1383 Anm. 26; a.M. Krüger-Breetzke GleichberG § 53 a FGG Anm. 8.
19) Stein-Jonas-Schönke § 897 I.
20) Staudinger-Felgentraeger BGB[11] § 1383 Anm. 29.
21) Keidel Anm. 19.
22) Vgl. Koeniger DRiZ 1959, 80 zu II 2 u. 4; BGB-RGRK[11] § 1382 Anm. 27; teilw. abw. Staudinger-Felgentraeger BGB[11] § 1382 Anm. 46.

sofortige Beschwerde statt, § 60 Abs. 1 Nr. 6. Die sofortige Wirksamkeit der Entscheidung kann nicht angeordnet werden, auch nicht vom Beschwerdegericht, § 26 Anm. 3; aber einstweilige Anordnung (Rdn. 21). Der *materiellen Rechtskraft* fähig sind die Anordnungen, welche die Auferlegung einer Leistung enthalten (Rdn. 15 bis 17), während die Anordnung der Stundung und der Verzinsung als rechtsgestaltende Entscheidungen mit dem Eintritt ihrer Wirksamkeit die materielle Rechtslage unmittelbar verändern und deshalb keiner materiellen Rechtskraft fähig sind (§ 31 Rdn. 10). Keine Änderungsbefugnis, § 18 Abs. 2, vorbehaltlich des Änderungsverfahrens nach § 1382 Abs. 6 (Rdn. 18).

23 *8. Einstweilige Anordnungen* setzen voraus, daß ein das Verfahren einleitender Antrag nach §§ 1382 Abs. 1 oder 6, 1383 gestellt ist; außerdem muß der Güterstand der Zugewinngemeinschaft bereits beendet sein[23]). Daß aber die Zulässigkeit des Antrags bei Erlaß der einstweiligen Anordnung bereits feststehen müsse[24]), kann in dieser Allgemeinheit nicht anerkannt werden; die Anordnung kann auch sinnvoll sein, wenn der Ausgang der Zulässigkeitsprüfung noch ungewiß ist. Der Erlaß der einstweiligen Anordnung erfordert keinen förmlichen Antrag eines Beteiligten, sie kann also auch von Amts wegen ergehen, wenn auch das Gericht, ohne von einem Beteiligten darum angegangen zu sein, in der Regel zu Maßnahmen keinen Anlaß haben wird. Mündliche Verhandlung ist nicht erforderlich. Anhörung des Gegners jedoch meistens angebracht. An Anträge ist das Gericht nicht gebunden; es trifft im Falle eines Bedürfnisses diejenigen Maßnahmen, die es nach pflichtmäßigem Ermessen für erforderlich hält, um zu vermeiden, daß durch eine Veränderung der Sachlage der Endentscheidung vorgegriffen wird. Die Maßnahmen können zum Schutze des Schuldners oder zur Sicherung des Gläubigers erlassen werden (vgl. § 12 Abs. 1 VHG). In Betracht kommen die Gewährung vorläufigen Zahlungsaufschubs, auch unter Abhängigmachung von Ratenzahlungen, beim Vorliegen eines vollstreckbaren Titels die einstweilige Einstellung der Zwangsvollstreckung und die Aufhebung von Vollstreckungsmaßregeln mit oder ohne Sicherheitsleistung; zugunsten des Gläubigers kann eine vorläufige Sicherstellung angeordnet oder ein Veräußerungsverbot (§ 938 Abs. 2 ZPO, § 136 BGB) erlassen werden, letzteres insbes. im Verfahren nach § 1383[25]).

24 Einstweilige Anordnungen, durch welche die Zwangsvollstreckung aus einem vollstreckbaren Titel einstweilen eingestellt oder die einstweilige Einstellung oder die Aufhebung einer Vollstreckungsmaßregel angeordnet wird, sind von dem Vollstreckungsorgan nach Maßgabe der §§ 775 Nr. 2, 776 ZPO zu beachten. Mit Rücksicht auf die weitgehende Zulässigkeit einstweiliger Anordnungen durch das VormG nach § 53a Abs. 3 kommen die §§ 765a, 813a ZPO, 30a ZVG als Grundlage für die Gewährung von Vollstreckungsschutz durch das VormG nicht in Betracht[25a]). Andererseits wird die Zuständigkeit des Vollstreckungsgerichts nach §§ 765a, 813a, 30a ZVG nicht dadurch verdrängt, daß das VormG nach §§ 1382, 1934d Abs. 5 angerufen werden könnte, weil die rechtsgestaltende Stundung aus Gründen des materiellen Rechts nach § 1382 auf einer anderen Ebene liegt als die verfahrensrechtliche Befugnis des Vollstreckungsgerichts und dessen Maßnahmen, die Fälligkeitsfolgen und Verzug unberührt lassen, gerechtfertigt sein können, auch wenn die Voraussetzungen für eine Stundung durch das VormG nach §§ 1382 Abs. 1 und 6, 1934d Abs. 5 nicht vorliegen[25b]). Wenn allerdings ein Änderungsverfahren nach §§ 1382 Abs. 6, 1934d Abs. 5 BGB bereits anhängig ist, kann nach Lage des Falles mit Rücksicht auf die Befugnis des VormG aus § 53a Abs. 3 für Vollstreckungsschutzanträge an das Vollstreckungsgericht das Rechtsschutzinteresse fehlen.

25 Die einstweilige Anordnung behält ihre Bedeutung, falls sie nicht geändert wird (Rdn. 24) oder ihr eine frühere zeitliche Grenze gesetzt ist, über den Erlaß der Endentscheidung hin-

[23]) Über die Möglichkeiten, den Ausgleichsanspruch des Gläubigers schon vor Beendigung des Güterstandes durch Arrest oder einstweilige Verfügung des Prozeßgerichts zu sichern, vgl. Furtner NJW 1965, 373.

[24]) So anscheinend Staudinger-Felgentraeger BGB[11] § 1382 Anm. 28.

[25]) Vgl. über mögliche Maßnahmen zur Sicherung des Gläubigers im Verfahren nach § 1383 Furtner NJW 1965, 373 zu II 2.

[25a]) A.M. Palandt-Lauterbach BGB[28] § 1382 Anm. 5; wie hier Gernhuber FamR § 36 V 8 Anm. 4.

[25b]) A.M. Baur FamRZ 1958, 255.

aus bis zu deren Wirksamwerden, also bis zum Eintritt der Rechtskraft der Entscheidung in der Hauptsache. Mit diesem Zeitpunkt wird sie hinfällig, ohne daß es einer förmlichen Aufhebung bedarf (§ 19 Rdn. 30).

9. Die einstweilige Anordnung ist unanfechtbar. Sie kann aber von dem Gericht, das sie erlassen hat, auch von Amts wegen *geändert* werden (§ 18 Rdn. 10). Die Vorschrift, daß die Anordnung nur mit der Endentscheidung angefochten werden kann, ist nicht dahin zu verstehen, daß die Anordnung neben der in der Hauptsache eingelegten Beschwerde noch besonders mit einem Rechtsmittel angegriffen werden müßte. Vielmehr ist das Beschwerdegericht, sobald es durch die Einlegung der Beschwerde in der Hauptsache mit der Sache befaßt ist, befugt, eine einstweilige Anordnung der Vorinstanz aufzuheben, zu ändern, zu ergänzen oder durch eine andere zu ersetzen. Unanfechtbar ist auch die Ablehnung der Anordnung. **26**

10. Die *Zwangsvollstreckung* nach den Vorschriften der ZPO findet aus den angeführten Titeln nur statt, sofern sie einen vollstreckungsfähigen Inhalt haben. Daran fehlt es bei Entscheidungen und Vergleichen, die sich auf die Regelung der Stundung und Verzinsung beschränken, ohne eine Zahlungsverpflichtung zu enthalten. Die Vollstreckbarkeit setzt die *Wirksamkeit* der Entscheidung voraus; sie tritt bei einstweiligen Anordnungen mit der Bekanntmachung (§ 16 Abs. 1), bei Endentscheidungen erst mit der Rechtskraft ein. Das Betreiben der Zwangsvollstreckung ist Sache des Gläubigers. § 33 FGG ist nicht anwendbar; das gilt auch für einstweilige Anordnungen. Die vollstreckbare Ausfertigung erteilt der UdG des Gerichts des ersten Rechtszuges, § 724 Abs. 2 ZPO. **27**

Für die *Zuständigkeit im Zwangsvollstreckungsverfahren* verbleibt es bei der Zuständigkeit des *Vollstreckungsgerichts* für diejenigen Aufgaben, welche die ZPO diesem Gericht zuweist. Dagegen ist das *VormG zur Entscheidung berufen* in den Fällen, in denen die ZPO die Zuständigkeit des ProzeßG im Vollstreckungsverfahren bestimmt (§§ 731, 732, 767, 768, 769, 785, 786, 791, 887, 888, 890 ZPO). Das gilt auch für Einwendungen, die nach der ZPO durch *Klage* vor dem ProzeßG des ersten Rechtszuges geltend zu machen sind (§§ 731, 767, 768, 785, 786 ZPO), da Vorschriften wie in § 98 Satz 2 FGG mit § 797 ZPO und § 158 Abs. 3 FGG, durch welche für diese Fälle ein zuständiges ProzeßG bestimmt wird, hier fehlen[26]). Die Vorschriften der ZPO gelten insoweit nur *entsprechend;* Verfahrensgrundsätze und Rechtsmittel richten sich nach dem FGG[27]). **28**

11. Gebühren des Gerichts für die Regelung des Zugewinnausgleichs (§§ 1382, 1383 BGB) nach § 97 Abs. 1 Nr. 1 KostO; der Geschäftswert bestimmt sich gemäß § 97 Abs. 2 KostO nach § 30 Abs. 2 KostO. Für die Regelung des Erbausgleichs Gebühr nach § 106a KostO i. d. F. des Art. 11 Nr. 5 NichtehelG; der Geschäftswert bemißt sich nach § 30 KostO (§ 106a Abs. 2 KostO). Für die Gebühren des Rechtsanwalts ist § 118 BRAGebO maßgebend. **29**

Sicherungshypothek an Grundstücken des Vormundes

54 Liegen nach dem Ermessen des Vormundschaftsgerichts die Voraussetzungen vor, unter denen der Vormund, der Pfleger oder der Beistand zur Sicherheitsleistung angehalten werden kann, so ist das Gericht befugt, das Grundbuchamt um die Eintragung einer Sicherungshypothek an Grundstücken des Vormundes, des Pflegers oder des Beistandes zu ersuchen. Der Vormund, der Pfleger oder der Beistand soll soweit tunlich vorher gehört werden. Die Hypothek entsteht mit der Eintragung.

Diese Vorschriften sind auf die Eintragung einer Schifsfhypothek entsprechend anzuwenden.

[26]) Vgl. § 33 Rdn. 11; Saage, VHG § 16 III 3; Pritsch, LwVG § 31 V; Keidel, FGG, § 33 Anm. 7 und § 53 a Anm. 17; a.M. (Prozeßgericht) Krüger-Breetzke GleichberG § 53 a FGG Anm. 5; Erman-Bartholomeyczik BGB[3] § 1382 Anm. 5; Staudinger-Felgentraeger BGB[11] § 1382 Anm. 44.

[27]) Vgl. KGJ 46, 18.

1 *1. Zur Sicherheitsleistung* für das seiner Verwaltung unterliegende Vermögen kann der Vormund (Pfleger) vom VormG aus besonderen Gründen angehalten werden, §§ 1844, 1915 BGB; auch der Nachlaßpfleger, § 75; vom Beistand kann nur im Falle des § 1690 Sicherheit gefordert werden. Vom Gegenvormund kann Sicherheitsleistung nicht verlangt werden, auch nicht vom Amts- oder Vereinsvormund, §§ 38 Abs. 1, 53 Abs. 4 JugWohlfG. Auf den Inhaber der elterlichen Gewalt ist § 54 nicht anwendbar; statt dessen §§ 1668, 1669 BGB.

2 *2. Ersuchen an das Grundbuchamt.* Das VormG kann unmittelbar das GBA um Eintragung einer *Sicherungshypothek* an Grundstücken des Vormunds (Pflegers) ersuchen, vgl. § 38 GBO und §§ 1184, 1190 BGB. Voraussetzung ist, daß das Grundbuch angelegt ist (KG OLGR 16 158). Bei mehreren Grundstücken des Vormundes kann das VormG die Sicherungshypothek nach seinem Ermessen auf die Grundstücke verteilen oder um die Eintragung zur Gesamthaft ersuchen; §§ 866 Abs. 3, 867, 868 ZPO gelten nicht (Schlegelberger Randn. 1). Das Ersuchen wird wirksam mit dem Eingang beim Grundbuchamt (§ 16 Abs. 1). Gegen die Ablehnung des Ersuchens hat das VormG die Beschwerde nach § 71 GBO. *Richtervorbehalt* besteht seit dem 1. 7. 1970 nicht mehr.

3 *3.* ***Anhörung*** des Vormunds vor Erlaß des Eintragungsersuchens ist geboten insbesondere wegen seines Rechts, die Entlassung zu fordern, §§ 1786 Nr. 6, 1889 BGB. Ob trotz des Antrages auf Entlassung die Eintragung nachgesucht werden kann, falls das Gericht eine Sicherung für die Vergangenheit oder für die Zeit bis zur Ausantwortung des Vermögens für erforderlich hält, ist streitig, aber zu verneinen, weil §§ 1889, 1786 Nr. 6 BGB dem Vormund ein Recht darauf geben, sich der Sicherheitsleistung durch den Antrag auf Entlassung zu entziehen. Es kann aber unter den Voraussetzungen der §§ 916 ff. ZPO wegen der Ansprüche des Mündels aus den §§ 1833, 1890, 1843 Abs. 2 BGB durch einen zu bestellenden Pfleger ein Arrest oder eine einstweilige Verfügung erwirkt werden.

4 *4.* Die *Hypothek* entsteht mit der Eintragung ohne die sonst nach § 873 BGB erforderliche Einigung. Sie bleibt wirksam, auch wenn die Anordnung der Sicherheitsleistung nach der Eintragung gemäß § 18 oder auf Beschwerde des Vormunds (§ 20) aufgehoben wird. Die Kosten der Eintragung trägt der Mündel, § 1844 Abs. 3 BGB. Die Löschung der Hypothek geschieht nicht auf Ersuchen des Gerichts, sondern nach den allgemeinen Vorschriften auf Bewilligung des Gläubigers mit Zustimmung des Eigentümers auf Antrag, §§ 875, 1183 BGB §§ 13, 19, 27 GBO; jedoch wird während des Bestehens der Vormundschaft die Erklärung des Mündels durch die Anordnung des VormG ersetzt, sofern es die Aufhebung der Sicherheit noch während der Amtsdauer des Vormundes angeordnet hat, § 1844 Abs. 2 mit Abs. 1 Satz 3 BGB.

5 *5. Schiffshypothek (Abs. 2).* Ist der Vormund (Pfleger) Eigentümer eines in das Schiffsregister eingetragenen Schiffes oder eines eingetragenen Schiffsbauwerks (§§ 1, 76 SchiffsG), so kann das VormG das Registergericht um Eintragung einer Schiffshypothek ersuchen, die auch als Gesamthypothek begründet werden kann (§§ 8, 24, 28 SchiffsG, § 45 SchiffsRegO). Die Bem. zu Rdn. 2 bis 4 gelten entsprechend.

Beschränkung des Abänderungsrechts

55 Eine Verfügung, durch welche die Genehmigung zu einem Rechtsgeschäft erteilt oder verweigert wird, kann von dem Vormundschaftsgericht insoweit nicht mehr geändert werden, als die Genehmigung oder deren Verweigerung einem Dritten gegenüber wirksam geworden ist.

Eine Verfügung, durch welche die Zustimmung zu einer Ehelicherklärung ersetzt wird, kann nicht mehr geändert werden, wenn die Ehelicherklärung erfolgt ist.

Durch Art. 7 Nr. 12 NichtehelG ist in Abs. 2 das Wort „Ehelichkeitserklärung" aus sprachlichen Gründen durch „Ehelicherklärung" ersetzt worden.

1. Allgemeines. Die Vorschrift untersagt in Abweichung von § 18 FGG unter gewissen Voraussetzungen die Änderung von Verfügungen des VormG, durch welche die Genehmigung zu einem Rechtsgeschäft erteilt oder verweigert oder die Zustimmung zu einer Ehelicherklärung ersetzt wird. Ihr Zweck geht dahin, zu gewährleisten, daß in die Rechte Dritter, wie sie sich auf Grund der Erteilung oder Verweigerung der Genehmigung gestaltet haben, durch Maßnahmen des VormG nicht mehr eingegriffen werden kann (Denkschr. 50). **1**

2. *Anwendungsbereich*

a) Die Vorschrift bezieht sich nur auf Genehmigungen, von denen die Wirksamkeit des Rechtsgeschäfts abhängt, nicht auf sog. Innengenehmigungen (besser Erlaubnis, vgl. §§ 1642 Abs. 2, 1811 BGB)[1]), nämlich: Beginn oder Auflösung eines Erwerbsgeschäfts, §§ 1823, 1645; Abweichung von Anordnungen des Erblassers oder eines Dritten, §§ 1803 Abs. 2, 3, 1639 Abs. 2, 1917 Abs. 3; Anlegung von Mündelgeld, §§ 1642, 1810, 1811, 1817, 1818; Gestattung des Aufschubs der Auseinandersetzung bei Wiederverheiratung, §§ 1493 Abs. 2, 1683, 1740, 1761, 1845, 1897, 1915. Die Vorschrift gilt auch nicht für die Genehmigung der Unterbringung eines Mündels, die mit Freiheitsentziehung verbunden ist (§ 1800 Abs. 2 BGB), da kein Rechtsgeschäft, sondern ein tatsächliches Verhalten des Vormunds genehmigt wird[2]). Die Genehmigung eines Antrags auf Entlassung aus der Staatsangehörigkeit nach § 19 Abs. 1 RuStAngG fällt nicht unter § 55, weil der Schutz der Rechte eines Dritten nicht in Betracht kommt[3]), ebenso wegen Fehlens eines Rechtsgeschäfts die Genehmigung zur Auswanderung von Mädchen unter 18 Jahren nach § 9 VO gegen Mißstände im Auswanderungswesen v. 14. 4. 1924 (RGBl. I, 107). **2**

b) Die Vorschrift gilt für alle rechtsgeschäftlichen Willenserklärungen eines Inhabers der elterlichen Gewalt, Vormundes, Pflegers oder Beistandes (§ 1690 BGB), die zu ihrer Wirksamkeit nach außen der Genehmigung des VormG bedürfen (Außengenehmigung), z. B. für Genehmigungen nach §§ 112, 1411, 1484 Abs. 2, 1491 Abs. 3, 1492 Abs. 3, 1600d Abs. 1, 1615e Abs. 2, 1643, 1644, 1728, 1751, 1755, 1770, 1812, 1813, 1814, 1819 bis 1822, 1824, 1825, 1902, 2275, 2282 Abs. 2, 2290 Abs. 3, 2347, 2351 BGB, ferner für die Fälle, in denen Rechte mit Genehmigung des VormG durch Klage oder Antrag an das Gericht geltend zu machen sind (§§ 1595 Abs. 2, 1595a Abs. 3, 1597, 1600k Abs. 1, 2 BGB, §§ 612, 640b ZPO, § 181 ZVG, § 16 Abs. 3 VerschG). Diese Genehmigungserfordernisse sind nicht zu verwechseln mit der Ersetzung der Zustimmung eines anderen zu einem Rechtsgeschäft (§ 53 Abs. 1). Die Ersetzung der Genehmigung eines Gegenvormundes fällt aber unter § 55[4]). Eine allgemeine Ermächtigung nach § 1825 BGB kann gemäß § 18 FGG unbeschadet der Gültigkeit der auf Grund der Ermächtigung bereits wirksam zustande gekommenen Rechtsgeschäfte widerrufen werden. **3**

3. Die *Genehmigung des VormG* erfordert keinen förmlichen Antrag, ergeht also von Amts wegen, darf aber nicht gegen den Willen des Vormunds erteilt werden[5]). Das VormG hat nach pflichtmäßigem Ermessen zu entscheiden und dabei allein das Wohl und das Interesse des Mündels zu berücksichtigen[6]). Das Interesse Dritter, insbesondere des Vormundes, des anderen Vertragsteils und das öffentliche Interesse haben außer Betracht zu bleiben[7]). Das VormG hat sich auf den Standpunkt eines verständigen, die Tragweite des Geschäfts übersehenden Volljährigen zu stellen und kann deshalb auch Erwägungen der Zweckmäßigkeit und der Nützlichkeit anstellen. Das Geldinteresse muß nicht schlechthin maßgebend sein, wenn nach der Art des Geschäfts, z. B. zur Erhaltung des Familienfriedens, auch ideelle Gesichtspunkte von Bedeutung sind[9]). Die Tatumstände hat das VormG von Amts wegen auf- **4**

[1]) KG OLGR 40, 20.
[2]) BayObLGZ 1960, 358.
[3]) Dresden OLGR 37, 246; München JFG 16, 138; Keidel Anm. 1.
[4]) KG KGJ 38 A 44.
[5]) KG KGJ 52, 43; BGH WM 1966, 1248; Dölle FamR § 128 VI 5.
[6]) KG OLGR 43, 380; KG FamRZ 1963, 467 zu III.
[7]) BGB-RGRK, 10./11. Aufl., § 1828 Anm. 5; Soergel-Germer BGB[9] § 1828 Anm. 9; Dölle FamR § 128 VI 3.
[9]) KG JFG 18, 83; JFG 13, 183.

zuklären (§ 12 FGG); Anhörung des Gegenvormunds, des Mündels, Verwandter und Verschwägerter ist in §§ 1826, 1827, 1847 BGB, des Jugendamts in § 48 JWG vorgesehen. Die Genehmigung zur Erbauseinandersetzung darf nicht von der Beibringung eines Erbscheins abhängig gemacht werden[10]). Bei Genehmigung der Anerkennung der Vaterschaft durch den gesetzlichen Vertreter des geschäftsunfähigen Mannes (§ 1600d Abs. 1 Satz 2 BGB) hat aber das VormG nicht Beweis über die Vaterschaft zu erheben[11]).

5 Maßgebend für die Beurteilung der Verhältnisse ist nicht der Zeitpunkt des Vertragsschlusses, sondern der Entscheidung über die Genehmigung[12]). Nach Beendigung der Vormundschaft oder Pflegschaft kann über die Genehmigung nicht mehr entschieden werden, auch nicht, wenn der Vormund kraft Fortbestands seiner Befugnisse (§§ 1893, 1698a BGB) gehandelt hat[13]). Wenn die Wirksamkeit eines genehmigungsbedürftigen Rechtsgeschäfts nur zweifelhaft ist, darf das VormG die Sachentscheidung nicht schon wegen dieses Bedenkens ablehnen; es darf die Genehmigung auch nicht versagen, sondern muß sie erteilen, sofern das Rechtsgeschäft, seine Gültigkeit unterstellt, den Belangen des Mündels gerecht wird, und muß es den Beteiligten überlassen, die Rechtswirksamkeit notfalls im Prozeßwege klären zu lassen[14]). Eine Entscheidung über die Genehmigung ist nur abzulehnen (nicht etwa die Genehmigung zu versagen), wenn das Rechtsgeschäft offenbar ungültig ist, wenn seine materielle Unwirksamkeit klar zutage liegt, z. B. auch, wenn der Vormund von der Vertretung kraft Gesetzes ausgeschlossen ist[15]). Zur Klärung von Vorfragen im Prozeßwege darf die Entscheidung nicht ausgesetzt werden[16]). Die etwa erforderliche Genehmigung anderer Behörden braucht nicht abgewartet zu werden[17]). Die Genehmigung kann auch unter bestimmten Bedingungen ausgesprochen werden; darin liegt eine Verweigerung der Nachgenehmigung des bereits geschlossenen Vertrages und zugleich die Vorgenehmigung des bedingungsgemäß vorzunehmenden Rechtsgeschäfts[18]). An eine auflösende oder gar widersinnige Bedingung darf die Genehmigung aber nicht geknüpft werden (KG a. a. O.). In der Genehmigung des schuldrechtlichen Rechtsgeschäfts liegt, wenn die Entscheidung nichts Gegenteiliges ergibt, auch die Genehmigung des dinglichen Erfüllungsgeschäfts[19]) und umgekehrt[20]). Die rechtskräftige Verurteilung zur Abgabe einer Willenserklärung (§ 894 ZPO) ersetzt auch die Genehmigung des VormG[21]). Die Frage, ob ein Bescheid des VormG, ein Rechtsgeschäft bedürfe keiner Genehmigung (Negativattest), der Erteilung der Genehmigung gleichzustellen ist, hat der BGH zutreffend verneint[22]). Ist die Genehmigungsbedürftigkeit zweifelhaft, so ist die Genehmigung, wenn das Rechtsgeschäft im übrigen unbedenklich ist, vorsorglich zu erteilen[23]). Ein Vorbescheid, durch den trotz Entscheidungsreife nur angekündigt wird, wie das VormG entscheiden werde, ist unzulässig[24]). Ein Ausspruch darüber, ob ein beabsichtigtes Rechtsgeschäft voraussichtlich genehmigt werden würde, kann bei fehlender Entscheidungsreife nicht verlangt werden; ein solcher Bescheid enthielte weder eine wirksame Erteilung noch eine Versagung der Genehmigung und wäre unverbindlich. Die Vorgenehmigung zu einem Vertrage setzt voraus, daß der wesentliche Inhalt des genehmigungsbedürftigen Rechtsgeschäfts feststeht[25]).

[10]) KG FamRZ 1963, 467.
[11]) Vgl. zum fr. Recht OLG Hamm, FamRZ 1961, 128.
[12]) KG OLGR 43, 382; KG EJF A I k Nr. 1.
[13]) KG JFG 17, 334; BayObLGZ 1964, 350.
[14]) KGJ 32 A 45; 32 A 49; 38 A 50; 52, 50; JFG 12, 117; 13, 196; 14, 249; KG FamRZ 1963, 467, 469; BayObLGZ 1963, 1, 7; 1969, 14 = Rpfleger 1969, 92.
[15]) KG RJA 15, 180; JFG 12, 117; OLGZ 1968, 70, 73; München JFG 15, 183.
[16]) KG KGJ 52, 50.
[17]) BayObLGZ 1955, 169.
[18]) KG JFG 15, 128 = JW 1937, 1551; München JFG 23, 278.
[19]) KG JFG 14, 246.
[20]) RGZ 130, 148.
[21]) KG KGJ 31 A 293; 45, 264; BayObLGZ 1953, 111; BGB-RGRK[11] 7 vor § 1821; Soergel-Germer BGB[9] 4 vor § 1821; Erman-Hefermehl BGB[3] 1 d vor § 1821; Palandt-Lauterbach BGB[26] § 1821 Anm. 1 b; a.M. Kipp-Wolff FamR § 115 V; Dölle FamR § 128 V; Meikel-Imhof-Riedel GBO[5] § 19 Anm. 46; Müller FamRZ 1956, 44 und JR 1962, 441; Kropp MDR 1960, 464.
[22]) BGHZ 44, 325; zust. Staudinger-Engler BGB[11] § 1822 Anm. 158.
[23]) Düsseldorf JMBlNRW 1960, 101; BayObLGZ 1963, 1; a.M. Erman-Hefermehl BGB[3] § 1828 Anm. 5; BGB-RGRK[11] § 1828 Anm. 10.
[24]) BayObLGZ 1958, 170 = JZ 1958, 542 mit Anm. v. Baur.
[25]) KG KGJ 36 A 31; KG OLGZ 1966, 78.

4. Erteilung der Genehmigung. Das VormG kann die Genehmigung nur dem Vormund (Inhaber der elterlichen Gewalt, Pfleger) gegenüber erklären (§§ 1828, 1643 Abs. 3, 1915 BGB). Im Sinne des § 16 Abs. 1 ist mithin die Genehmigung ihrem Inhalt nach für den Vormund bestimmt; mit der Bekanntgabe durch das VormG an ihn wird die Genehmigung in der Weise wirksam, daß der Vormund für das genehmigte Rechtsgeschäft in seiner Vertretungsmacht nicht mehr beschränkt ist. Infolge der Regelung des § 1828 soll der Vormund noch zu diesem Zeitpunkt Gelegenheit haben, erneut etwa auf Grund besserer Einsicht oder im Hinblick auf eine inzwischen eingetretene Änderung der Umstände zu prüfen, ob die Belange des Mündels gewahrt sind und ob er deshalb (bei der Vorgenehmigung) das Rechtsgeschäft vornehmen oder (bei Nachgenehmigung) durch Mitteilung der Genehmigung an den Vertragsgegner die Wirksamkeit des Vertrages herbeiführen will (§ 1829 Abs. 1 Satz 2 BGB), was in dem rechtlich von dem anderen Teil nicht erzwingbaren Ermessen des Vormundes steht[26]). Außerdem bleibt dadurch dem Vormund die Möglichkeit erhalten, bei Verweigerung der Genehmigung oder Erteilung unter Auflagen und Bedingungen Beschwerde einzulegen[27]). Auf die Bekanntgabe der Genehmigung kann der Vormund nicht verzichten, er kann aber einen Dritten zu ihrer Entgegennahme bevollmächtigen[28]). Ohne die Bekanntgabe der Verfügung an den Vormund ist die Genehmigung ihm gegenüber nicht erteilt; ein bloßer Vermerk zu den Akten oder an eine andere Person oder Stelle ist wirkungslos[29]). Das VormG kann sich zur Bekanntgabe aber einer anderen Stelle bedienen[30]), wenn auch ein solches Verfahren nicht zu empfehlen ist. Bei einem Wechsel des Vormundes kann die Genehmigung nur gegenüber dem neuen Vormund erklärt werden; sie wird auch nicht dadurch wirksam, daß der bisherige Vormund sie seinem Nachfolger zuleitet[31]). 6

Außer an den Vormund ist eine *Bekanntgabe an den Mündel* geboten, wenn ein Beschwerderecht nach § 59 in Betracht kommt. 7

5. Der *Eintritt des Änderungsverbots* hängt nicht davon ab, ob die Erteilung oder Verweigerung der Genehmigung nach § 1828 BGB, § 16 FGG dem Vormund gegenüber, sondern ob sie einem *Dritten gegenüber wirksam* geworden ist. Wann das der Fall ist, richtet sich nach den Vorschriften des bürgerlichen Rechts (§§ 1829, 1831, 1643 Abs. 3, 1915). 8

Hiernach kann die Verfügung nicht mehr geändert werden:

a) Bei der Vorgenehmigung eines einseitigen Rechtsgeschäfts (§ 1831 BGB) mit dessen Vornahme, es sei denn, daß ein Fall des § 1831 Satz 2 BGB vorliegt. In den Fällen, in denen die Rechtsprechung die Nachbringung der Genehmigung zu einem einseitigen Rechtsgeschäft zuläßt, wie bei der Erbausschlagung[32]) und bei Eintragungsbewilligungen[33]), entfällt die Änderungsbefugnis, wenn die dem Vormund gegenüber erklärte Genehmigung innerhalb der Ausschlagungsfrist oder der gemäß § 18 GBO gesetzten Frist dem Nachlaßgericht oder dem Grundbuchamt vorgelegt worden ist (RG a. a. O.). 9

b) Bei der Vorgenehmigung eines Vertrages mit dessen Abschluß, ohne daß es auf eine Mitteilung der Genehmigung an den Vertragsgegner ankommt[34]); auch wenn der Vertrag wegen Fehlens einer anderen behördlichen Genehmigung noch schwebend unwirksam sein sollte. Auch mit der Begründung, daß der abgeschlossene Vertrag aus Gründen des sachlichen Rechts nichtig oder mit Erfolg angefochten sei, kann die Vorgenehmigung nicht geändert werden (zust. Keidel Anm. 6; a. A. Schlegelberger Randn. 26). Die Gründe, aus denen nach KG 8. 7. 1937 (JW 2597 = DFG 161) eine nach § 1829 BGB wirksam gewordene Nachgenehmigung auch bei angeblicher Nichtigkeit des Rechtsgeschäfts nicht widerrufen werden 10

[26]) KG JFG 1, 81; RGZ 132, 261.
[27]) RGZ 130, 151.
[28]) RGZ 121, 30; BGHZ 15, 99; Staudinger-Engler BGB[11] § 1828 Anm. 6.
[29]) RGZ 59, 277; BayObLGZ 1960, 284.
[30]) BayObLG aaO.
[31]) BayObLGZ 12, 530; OLGR 32, 19; BGB-RGRK[10/11] § 1828 Anm. 11.
[32]) KGJ 50, 71; RGZ 118, 145; BayObLGZ 1969, 14, 19.
[33]) KG JFG 13, 393; Schleswig SchlHA 1959, 176.
[34]) RG RJA 15, 264.

kann, treffen auch auf die Vorgenehmigung zu. Die Belange des Vertragsgegners, die § 55 schützen will, erfordern es, daß die Nachprüfung der materiellen Wirksamkeit des Rechtsgeschäfts dem Prozeßgericht vorbehalten bleibt. Die Vorgenehmigung wird auch durch den Abschluß eines ungültigen oder angefochtenen Rechtsgeschäfts verbraucht und ermächtigt nicht zu dessen beliebiger Wiederholung. Von dem gegenteiligen Standpunkt aus (Schlegelberger Randn. 27 Abs. 3) könnte allenfalls ein Widerruf der Vorgenehmigung für den künftigen Abschluß weiterer inhaltsgleicher Rechtsgeschäfte zugelassen werden.

11 *c)* Die Verweigerung einer vor Abschluß des Rechtsgeschäfts nachgesuchten Genehmigung kann jederzeit geändert werden, da hier ein Wirksamwerden gegenüber einem Dritten nicht in Betracht kommt.

12 *d)* Die nach dem Abschluß eines Vertrages ausgesprochene Erteilung oder Verweigerung der Genehmigung wird unabänderlich, wenn sie dem anderen Vertragsteil gegenüber durch Mitteilung seitens des Vormundes wirksam geworden ist (§ 1829 Abs. 1 Satz 2 BGB). Diese Mitteilung hat rechtsgeschäftliche Bedeutung, weil der Vormund dadurch kraft seines eigenen Willens das endgültige Wirksamwerden oder Scheitern des Vertrages herbeiführt. Sie ist deshalb nicht frei widerruflich[35]), aber als Rechtsgeschäft wegen Willensmangels anfechtbar[36]). Es genügt nicht, daß das VormG selbst seine Verfügung dem andern Vertragsteil bekanntgemacht hat (BayObLG JW 1922, 1213). Eine Mitteilung im Sinne des § 1829 liegt aber nicht schon darin, daß der Vormund die Entscheidung des VormG dem andern Vertragsteil nur nachrichtlich kundgibt, dabei aber erkennen läßt, daß er die Entscheidung anfechten wolle oder daß er sich seine Entschließung noch vorbehalte[37]). Die Mitteilung kann auch in einem schlüssigen Verhalten liegen[38]), z. B. in der Erklärung der Auflassung unter Hinweis auf die erteilte Genehmigung[39]). Ein Verzicht der Beteiligten auf die Mitteilung durch den Vormund ist unstatthaft[40]). Die Schwierigkeiten des Verfahrens nach § 1829 BGB können dadurch ausgeräumt werden, daß die Beteiligten dem Notar eine doppelte Vollmacht erteilen, die Genehmigung für den Vormund entgegenzunehmen, sie namens des Vormundes allen übrigen Beteiligten mitzuteilen und die Mitteilung für diese entgegenzunehmen. Jedoch muß dieser Vorgang nach außen in Erscheinung treten, zweckmäßig durch einen Vermerk des Notars auf der Ausfertigung des Genehmigungsbeschlusses[41]). Bedenken bestehen gegen die Zulassung der Doppelbevollmächtigung, wenn andere Beteiligte nach § 57 Abs. 1 Nr. 9 oder der Mündel nach § 59 Abs. 1 Satz 2, § 1827 BGB selbständig neben dem Vormund beschwerdeberechtigt sind, weil die Doppelbevollmächtigung dann deren Beschwerderecht vereiteln kann. Der Mißbrauch der Doppelbevollmächtigung zu dem Zweck, dem Mündel das selbständige Beschwerderecht arglistig zu nehmen, macht die Mitteilung der Genehmigung wirkungslos und die Änderung auf Beschwerde des Mündels statthaft[42]). Eine Vereinbarung, daß ein Prozeßvergleich mit dem Eingang der Genehmigung beim Prozeßgericht wirksam werden soll, ist unwirksam[43]).

13 *e)* Die Genehmigungen nach §§ 612, 640b ZPO werden unabänderlich mit der Erhebung der Klage, die Genehmigung nach § 16 Abs. 3 VerschG mit dem Erlaß des Aufgebots (§ 19 VerschG), die Genehmigung nach § 181 ZVG mit der Anordnung der Teilungsversteigerung[44]).

[35]) KG KGJ 25 A 17.
[36]) KG RJA 17, 8; BayObLGZ 1960, 276, 285; Dölle § 128 VI 6 c.
[37]) KG KGJ 38 A 63; RJA 17, 3; München JFG 23, 275.
[38]) KG OLGR 33, 370.
[39]) KG JFG 2, 118; sehr weitgehend BHZ 15, 97; Celle NdsRpfl. 1965, 101; dazu Zunft, NJW 1959, 516.
[40]) KG HRR 1928 Nr. 615; RGZ 121, 30; München DR 1943, 491; OGH 1, 198 = NJW 1949, 64.
[41]) RGZ 121, 30; Neustadt MDR 1957, 752; Hamm DNotZ 1963, 541 = JMBlNRW 1963, 190; vgl. hierzu Wangemann, NJW 1955, 531; Weber, DNotZ 1956, 285; Meyer-Stolte, Vormundschaftsgerichtliche Genehmigung und Grundbuch, Rpfleger 1967, 294; Staudinger-Engler BGB[11] § 1829 Rdn. 11, 39.
[42]) BayObLG JFG 6, 101; 7, 86; Neustadt MDR 1957, 752; BGB-RGRK § 1829 Anm. 11; Keidel Anm. 11.
[43]) Düsseldorf NJW 1959, 391 = DNotZ 1959, 260.
[44]) A.M. (erst mit dem Zuschlag) KG KGJ 30 A 18 = RJA 6, 9; Steiner-Riedel, ZVG § 181 Anm. 2 mit Nachw.

6. Wirkung und Umfang des Änderungsverbots

a) Solange die in Anm. 5 angeführten Voraussetzungen noch nicht eingetreten sind, kann das VormG die Entscheidung über die Genehmigung nach allgemeinen Grundsätzen (§ 18 Abs. 1 Satz 1 FGG) ändern, übrigens auch noch nach Beendigung der Pflegschaft[45]). Nachher ist es an die getroffene Entscheidung gebunden. Auch auf neues Vorbringen und veränderte Umstände darf die Änderung nicht gestützt werden. Ist die Genehmigung verweigert und der Vertrag durch Mitteilung nach § 1829 Abs. 1 Satz 2 BGB endgültig hinfällig geworden, so steht es den Beteiligten allerdings frei, einen neuen, inhaltsgleichen Vertrag zu schließen und diesen wiederum zur Genehmigung vorzulegen[46]); materielle Rechtskraft kommt der Entscheidung des VormG nicht zu. Auch wegen angeblicher Nichtigkeit oder Unwirksamkeit des Rechtsgeschäfts kann die nach § 1829 BGB wirksam gewordene Nachgenehmigung nicht widerrufen werden; über die Rechtswirksamkeit ist im Prozeßwege zu entscheiden[47]). Vor einer beabsichtigten Änderung hat das VormG nach § 12 FGG zu ermitteln, ob bei Vorgenehmigung das Rechtsgeschäft bereits vorgenommen ist, oder bei Nachgenehmigung oder deren Verweigerung, ob der Vormund die Mitteilung nach § 1829 BGB gemacht hat. **14**

b) Bei einer *Mehrheit von Mündeln* (Kindern, Pflegebefohlenen), die an einem genehmigungsbedürftigen Rechtsgeschäft beteiligt sind, mögen auf einer Vertragsseite mehrere durch denselben oder verschiedene gesetzliche Vertreter vertretene Mündel oder Mündelgruppen vorhanden sein oder sich auf beiden Seiten bevormundete Beteiligte gegenüberstehen, ist zu beachten, daß die Genehmigung oder ihre Verweigerung, mag sie auch in derselben Verfügung ausgesprochen sein, in bezug auf jeden Mündel rechtlich selbständig ist. Die für einen Mündel erteilte Genehmigung kann daher zurückgenommen werden, solange sie den anderen Beteiligten gegenüber noch nicht wirksam geworden ist, mögen auch die für die anderen Mündel erteilten Genehmigungen bereits wirksam geworden sein, und andererseits können die wirksam gewordenen Genehmigungen nicht mehr geändert werden, auch wenn in bezug auf andere Mündel die Unabänderlichkeit noch nicht eingetreten ist[48]). Besteht die andere Vertragspartei aus mehreren Personen, so erlischt die Änderungsbefugnis mit der Mitteilung an eine von ihnen[49]). **15**

c) Eine entgegen § 55 vorgenommene Änderung ist unbeachtlich und unwirksam und berechtigt den anderen Vertragsteil, der sich darauf beruft, daß die geänderte Verfügung ihm gegenüber bereits wirksam geworden sei, zur Beschwerde, um eine förmliche Klarstellung dieser Rechtslage herbeizuführen[50]). **16**

7. Die *Anfechtung* der vormundschaftsgerichtlichen Genehmigung wegen Willensmangels des VormG ist ausgeschlossen. Als privatrechtsgestaltender Staatsakt ist die Genehmigung einer Anwendung der §§ 119, 123 BGB über die Anfechtung von Rechtsgeschäften entzogen. Anfechtbar ist nur die Willenserklärung des Vormundes beim Vertragsschluß oder bei der Mitteilung nach § 1829 Abs. 1 Satz 2 BGB. Die Grundsätze über den Widerruf begünstigender Verwaltungsakte können nicht herangezogen werden, weil dem VormG der Widerruf durch § 55 gerade untersagt ist[51]). **17**

8. Die *Beschwerdegerichte* können die Verfügung unter den Voraussetzungen des § 55 ebenfalls nicht mehr ändern (§§ 62, 63). Die Vorschrift gilt nach § 75 Satz 1 auch für das *Nachlaßgericht* bei der Nachlaßpflegschaft und der Nachlaßverwaltung. **18**

[45]) BayObLGZ 1964, 350.
[46]) KG KGJ 25 A 17, 20.
[47]) KG JW 1937, 2597 = DFG 1937, 161.
[48]) KG OLGR 3, 300; BayObLGZ 1960, 276.
[49]) Keidel Anm. 12.
[50]) KG JFG 13, 23; 16, 195; Stuttgart Rpfleger 1959, 158.
[51]) Streitig: wie hier Karlsruhe JFG 2, 121; Kipp, § 115 VIII; Dölle § 128 VI 6 c; Staudinger-Engler BGB[11] § 1828 Anm. 22; Soergel-Germer[9] § 1828 Anm. 5; Erman-Hefermehl[3] § 1828 Anm. 3; Habscheid FamRZ 1957, 112; Keidel JZ 1958, 17; a.M. Darmstadt OLGR 22, 130; Stuttgart, BWNotZ 1956, 196; Schlegelberger § 16 Anm. 19; BGB-RGRK[10/11] § 1828 Anm. 1; Palandt-Lauterbach[25] § 1828 Anm. 2; Müller-Freienfels, Die Vertretung beim Rechtsgeschäft, 1956, S. 386; Müller, JR 1962, 326.

19 *9. Ersetzung der Zustimmung zur Ehelicherklärung, Abs. 2.* Die Vorschrift des Abs. 2 bezieht sich bei der Ehelicherklärung auf Antrag des Vaters (§ 1723 BGB) sowohl auf die Ersetzung der Einwilligung der Mutter nach § 1727 Abs. 1 BGB als auch der Einwilligung der Ehefrau des Vaters nach § 1727 Abs. 2 BGB; vgl. näher § 56a Rdn. 8, 9. Die Verfügung wird nach § 53 Abs. 1 erst mit der Rechtskraft wirksam, ist also nach § 60 Abs. 1 Nr. 6 mit der sofortigen Beschwerde anfechtbar. Deshalb darf das VormG sie nach § 18 Abs. 2 FGG ohnehin nicht ändern. Das Änderungsverbot des § 55 Abs. 2 ist also von Bedeutung nur für die Beschwerdegerichte infolge der Verweisung in §§ 62, 63 FGG auf § 55. Daß die Ehelicherklärung erfolgt, ohne daß die Ersetzung einer erforderlichen Einwilligung rechtskräftig ist, kann vorkommen, wenn das VormG nach § 53 Abs. 2 die sofortige Wirksamkeit der Verfügung angeordnet hat oder weil der Eintritt der Rechtskraft irrig angenommen wurde, oder infolge Wiedereinsetzung in den vorigen Stand nach § 22 Abs. 2. Erfolgt ist die Ehelichkeitserklärung, wenn sie unabänderlich geworden ist, also sobald die Verfügung i. S. der Ausführungen zu § 18 Rdn. 5 „erlassen" ist, nicht erst mit dem Eintritt der Wirksamkeit nach Maßgabe des § 56a Abs. 1 Satz 1 (dazu § 56a Rdn. 14 bis 19) oder mit der ersten Bekanntmachung; vgl. § 56a Rdn. 23, § 67 Rdn. 11. Von diesem Zeitpunkt an wird die Ersetzung der Einwilligung unabänderlich.

Genehmigung der Unterbringung eines Mündels

55a (1) Eine Verfügung, durch die das Vormundschaftsgericht die Genehmigung zur Unterbringung eines Mündels, die mit Freiheitsentziehung verbunden ist, erteilt, wird erst mit der Rechtskraft wirksam.

(2) Das Gericht kann die sofortige Wirksamkeit der Verfügung anordnen.

(3) Das Gericht kann vor der Entscheidung einstweilige Anordnungen treffen.

Eingefügt durch Art. 4 Nr. 4 FamRÄndG. In Kraft getreten am 1. 1. 1962.

1 *1. Rechtsentwicklung.* Nach bürgerlichem Recht umfaßt das dem elterlichen oder vormundschaftlichen Gewalthaber zustehende *Aufenthaltsbestimmungsrecht* (§§ 1631 Abs. 1, 1800 Abs. 1, 1897, 1901 Abs. 1, 1915 BGB) auch das Recht und gegebenenfalls die Pflicht, das Kind, den Mündel oder Pflegebefohlenen in einer geschlossenen Anstalt unterzubringen. Einer Mitwirkung des VormG bedurfte es nicht. Nach dem Erlaß des GG entstand die Frage, ob auf eine solche Unterbringung Art. 104 Abs. 2 GG anzuwenden ist; die vorherrschende Meinung verneinte sie mit BGH, 30. 3. 1955 (17, 108); vgl. Maunz-Dürig, Art. 104 GG Rdn. 3 sowie das bei Saage, Beil. z. BAnz. Nr. 122/60 in Fußn. 3 angegebene Schrifttum. Jedoch hat das BVerfG am 10. 2. 1960 (10, 302) ausgesprochen, daß eine richterliche Entscheidung nach Art. 104 Abs. 2 GG, und zwar durch eine Genehmigung des VormG, auch dann erforderlich ist, wenn der Vormund in Ausübung seines Aufenthaltsbestimmungsrechts den volljährigen Entmündigten in einer geschlossenen Anstalt unterbringt. Diese für das Vormundschaftsrecht bedeutsame Entscheidung hat zu lebhaften Erörterungen ihrer Tragweite im Schrifttum geführt[1]). Das FamRÄndG hat aus dieser Entscheidung die positivrechtlichen

[1]) *Schrifttum:* Saage, Beil. z. BAnz. Nr. 122/60; Sachsenmaier, Blätter d. Wohlfpfl. 1960, 322; Anders, FamRZ 1960, 475; Becker, ZBlJR 1961, 1; Böning, 1960, 1374, Deisenhofer, EJF A IV Nr. 11 Anm.; Dunz, JZ 1960, 475, FamRZ 1961, 247; Erdsiek, NJW 1960, 1385; Ficht, ZBlJR 1960, 328; Franke, NJW 1960, 1369, 1961, 955; Guggumos, EJF A IV Nr. 11 Anm., FamRZ 1960, 478; Jansen, EJF A IV Nr. 12—14 Anm.; Maurer, FamRZ 1960, 468; 1961, 248; Moser von Filseck, Die Justiz 1960, 161; Potrykus, ZBlJR 1960, 233; Rauschert, RdJ 1960, 369; Schmehl, Die Justiz 1960, 254; Schüler-Springorum, FamRZ 1961, 296; Schwarzhaupt, FamRZ 1962, 50; Arnold FamRZ 1963, 484; Franke NJW 1962, 1755; ders., NJW 1963, 376; Hampel FamRZ 1963, 537; Prahl NJW 1964, 530; van Randenborgh, ZBlJugR 1963, 40; Fröhlich DRiZ 1965, 52; Baumann, Unterbringungsrecht, 1966, S. 161 ff.; Ingrid Kroll, Personensorge und Freiheitsentzug, Diss. Bonn 1967; Göppinger, Probleme des Unterbringungsrechts usw., Die Justiz 1968, 148 zu II.

Folgerungen gezogen und das Verfahren des VormG durch Einfügung eines § 1800 Abs. 2 in das BGB und des § 55a in das FGG geregelt (BT-Drucks. zu 2812/61 S. 8, 10).

2. *Sachliche Voraussetzungen.* § 1800 Abs. 2 BGB n. F. bestimmt:

(2) Eine Unterbringung des Mündels, die mit Freiheitsentziehung verbunden ist, ist nur mit Genehmigung des Vormundschaftsgerichts zulässig; das Vormundschaftsgericht soll den Mündel vor der Entscheidung hören. Ohne die Genehmigung ist die Unterbringung nur zulässig, wenn mit dem Aufschub Gefahr verbunden ist; die Genehmigung ist unverzüglich nachzuholen. Das Gericht hat die Genehmigung zurückzunehmen, wenn das Wohl des Mündels die Unterbringung nicht mehr erfordert.

a) Anwendungsbereich. Die Vorschrift gilt, wie sich aus ihrer Stellung im Gesetz ergibt, **2**
für die *Vormundschaft* über *Minderjährige* (§ 1773) und *Volljährige* (§§ 1896, 1906, 1897, 1901 Abs. 1) sowie für die *Pflegschaft* über Minderjährige und Volljährige (§§ 1671 Abs. 5, 1679 Abs. 1, 1680, 1909, 1910, 1915), sofern der Wirkungskreis des Pflegers das Personensorgerecht, mindestens das Aufenthaltsbestimmungsrecht umfaßt. Auch der nach § 1910 Abs. 2 bestellte Gebrechlichkeitspfleger eines Volljährigen ist, wenn die Aufenthaltsbestimmung zu seinem Wirkungskreis gehört, befugt, den Pflegebefohlenen in einer Anstalt unterzubringen, vorausgesetzt, daß der Pflegebefohlene geschäftsunfähig ist und die Geschäftsunfähigkeit feststeht[2]). Jedoch sollte bei der Anordnung von Gebrechlichkeitspflegschaften zum Zwecke der Unterbringung Zurückhaltung geübt und die Bedürfnisfrage sorgfältig geprüft werden (vgl. Dunz, JZ 1960, 477; Franke, NJW 1961, 955 zu II); keinesfalls ist diese wegen der Formlosigkeit des Verfahrens oft bevorzugte Maßnahme dazu bestimmt, das förmliche Verfahren nach den Unterbringungsgesetzen (§ 1 Rdn. 67) zu ersetzen. § 1800 Abs. 2 gilt auch für die Vereinsvormundschaft (§ 1791 a BGB) und die gesetzliche oder bestellte *Amtsvormundschaft* des Jugendamts (§§ 1791 b, 1791 c BGB). Steht die elterliche Gewalt nach § 1705 BGB der nichtehelichen Mutter zu, so entscheidet diese, nicht der Pfleger nach § 1706 über die Unterbringung.

Eltern dürfen in Ausübung der elterlichen Gewalt eine mit einer Freiheitsentziehung ver- **3**
bundene Unterbringung *ohne Genehmigung des VormG* durchführen; das Gesetz hat von einer derartigen Beschränkung der elterlichen Gewalt bewußt abgesehen (BT-Drucks. zu 2812/61 S. 8). Ein solcher Eingriff in das Recht der Eltern zur Pflege und Erziehung der Kinder (Art. 6 Abs. 2, 3 GG) wird auch durch Art. 2 Abs. 2 Satz 2, 104 Abs. 2 GG nicht erfordert; für die Überwachung der elterlichen Betätigung (Art. 6 Abs. 2 Satz 2 GG) genügen die Aufsichtsrechte des VormG nach §§ 1666, 1696 BGB)[3]). Das gilt auch dann, wenn die Eltern die Unterbringung nicht zu Erziehungszwecken, sondern zur Heilbehandlung oder zur Verwahrung eines unheilbar kranken oder erziehungsunfähigen Kindes anordnen[4]). Mithin bedürfen der Genehmigung des VormG nicht Eltern, welche die elterliche Gewalt gemeinsam (§ 1626) oder einzeln (§§ 1671, 1672, 1678—1681) ausüben, der Vater des für ehelich erklärten Kindes, Adoptiveltern[5]); die uneheliche Mutter, der nach § 1705 BGB das Personensorgerecht zusteht[6]).

[2]) KG NJW 1961, 2114 = FamRZ 1961, 494; BGHZ 48, 147 = NJW 1967, 2404 = JR 1968, 100 m. Anm. v. Jansen; a.M. (auch bei Geschäftsfähigkeit) BayObLGZ 1961, 332; Dölle FamR § 141 V 2 b; noch anders (keine Bindung, wenn der Geschäftsunfähige noch einen natürlichen Willen äußern kann) Maurer FamRZ 1960, 468; Kemper NJW 1962, 677; Erman-Hefermehl BGB[3] § 1910 Anm. 4; AG Wedding FamRZ 1968, 547; Gernhuber FamR § 69 V 5; Staudinger-Engler BGB[11] § 1910 Anm. 20.

[3]) Saage, Beil. z. Nr. 122/60 zu D I; Böning, NJW 1960, 1378; Deisenhofer EJF A IV Nr. 11 Anm.; Jansen, EJF A IV Nr. 12—14 Anm.; Maurer, FamRZ 1960, 468 zu V; Bosch, FamRZ 1960, 365; Baur FamRZ 1962, 514 zu IX; Palandt-Lauterbach BGB[28] § 1631 Anm. 4, § 1800 Anm. 3; Baumann, Unterbringungsrecht, S. 162, 212; Keidel Anm. 15; LG Augsburg, LG Stuttgart FamRZ 1961, 323, 325; BayObLGZ 1963, 227; a. M. Erdsiek, NJW 1960, 1386; Franke, NJW 1960, 1270; Potrykus, ZBlJR 1960, 233; Guggumos, EJF A IV Nr. 11 Anm.; BGB-RGRK 11 § 1631 Anm. 15, § 1800 Anm. 5.

[4]) LG Stuttgart FamRZ 1961, 325; a.M. Anders FamRZ 1960, 475.

[5]) Anders FamRZ 1960, 475 zu VII; Saage aaO. Fn. 10a; Becker ZBlJR 1961, 12.

[6]) BT-Drucks. zu 2812/61 S. 8; AG Wennigsen FamRZ 1960, 411; Weyer, FamRZ 1968, 188.

4 *b) Genehmigungsbedürftig* ist jede *Unterbringung, die mit einer Freiheitsentziehung i. S. des Art. 104 Abs. 2 GG verbunden* ist. Die körperlich-räumliche Bewegungsfreiheit muß durch Festhalten an einem eng umgrenzten Ort entzogen, nicht nur eingeschränkt sein; hierfür kommt es auf den Erfolg der Maßnahme an; ob das angewendete Mittel unmittelbarer Zwang (Einsperrung, vgl. § 2 Abs. 1 FrEntzG) oder psychischer Zwang (Strafandrohung, Inaussichtstehen zwangsweiser Rückführung) ist, bleibt gleich (Maunz-Dürig, Art. 104 Rdn. 5—7 GG). Die Unterbringung in einer Familie, einem offenen oder halboffenen Heim ist keine Freiheitsentziehung, mag sie auch mit der Einfügung in eine Haus- oder Anstaltsordnung verbunden sein (vgl. Becker, ZBlJR 1961, 5). Es ist die Auffassung vertreten worden, daß die Unterbringung eines Minderjährigen in einer geschlossenen Anstalt keine Freiheitsentziehung darstelle, wenn sie eine Erziehungsmaßnahme sei[7]). Dem ist insoweit beizupflichten, als kurzfristige Aufhebungen der Bewegungsfreiheit durch den Erziehungsberechtigten oder im Rahmen eines besonderen Gewaltverhältnisses, die sich als anerkannte und herkömmliche Erziehungsmittel darstellen, wie Ausgehverbote und Hausarrest, als durch das Grundrecht auf Erziehung (Art. 6 GG) getragene Maßnahmen nicht den Tatbestand der Freiheitsentziehung erfüllen. Sie sind auch keine „Unterbringung" i. S. des § 1800 Abs. 2. Bei einer Dauerunterbringung in einer geschlossenen Anstalt aber erhält die darin liegende Aufhebung der Bewegungsfreiheit gegenüber dem Erziehungszweck ein derartiges Übergewicht, daß eine richterliche Entscheidung nach Art. 104 Abs. 2 GG geboten ist. Jedenfalls ist das ersichtlich der in § 1800 Abs. 2 BGB zum Ausdruck gekommene Standpunkt des Gesetzes. Auch die Unterbringung eines Minderjährigen durch Vormund oder Pfleger im Wege der freiwilligen Erziehungshilfe (§§ 62, 63 JWG) bedarf daher der Genehmigung des VormG, wenn sie zu einer Unterbringung in einem geschlossenen Heim führen soll[8]).

5 *c) Nur gegen den Willen des Betroffenen oder ohne seinen Willen* im Zustande der Willenlosigkeit durchgeführte Maßnahmen erfüllen den Begriff der Freiheitsentziehung. *Einwilligung* des Betroffenen hebt den Zwangscharakter der Maßnahme auf. Die Einwilligung muß freiwillig, d. h. frei auch von psychischem Druck, erteilt und ernstlich gemeint sein. Geschäftsfähigkeit ist nicht erforderlich, da es sich nicht um eine Willenserklärung handelt; maßgebend ist der *natürliche Wille,* den auch Kinder, Geistesschwache und Geisteskranke bilden können, sofern sie zu einer Willensäußerung fähig und in der Lage sind, die Bedeutung des Eingriffs in ihre Freiheit zu ermessen[9]). Die Einwilligung ist jederzeit frei widerruflich.

6 *d) Das Wohl des Mündels* ist für die Entscheidung maßgebend; die Maßnahme muß zum Wohl des Mündels erforderlich sein (vgl. § 1800 Abs. 2 Satz 3). Die Unterbringung in einer Heil- oder Pflegeanstalt ist zum Wohl des Mündels erforderlich, wenn dadurch erfolgversprechende Heilungs- oder wenigstens Besserungsmöglichkeiten eröffnet werden, aber auch wenn der Mündel sich selbst oder andere gefährdet oder wenn seine Absonderung von der Umwelt zu seinem Schutze erforderlich erscheint[10]). Die Genehmigung darf nicht erteilt

[7]) Schuler-Springorum, FamRZ 1961, 296; Arnold FamRZ 1963, 484; Rauschert ZBlJR 1962, 152; van Randenborgh ZBlJR 1963, 40 ff., 46; Prahl NJW 1964, 530; Soergel-Germer BGB[9] § 1800 Anm. 9; Erman-Hefermehl BGB[3] § 1800 Anm. 2 a, dd; Palandt-Lauterbach BGB[27] § 1800 Anm. 3; Staudinger-Göppinger BGB[11] Anh. zu § 1666 Anm. 156 ff.; AG Hamburg MDR 1962, 654.

[8]) Hamm FamRZ 1962, 397 = JMBlNRW 1962, 220 = ZBlJR 1962, 209; Düsseldorf JMBlNRW 1963, 42 = NJW 1963, 397 = ZBlJR 1963, 54; Celle NJW 1964, 552 = MDR 1964, 236 = NdsRpfl. 1964, 15; AG Wennigsen FamRZ 1962, 40; Beitzke FamR[12] § 37 II 1; Baumann Unterbringungsrecht S. 163, 164 ff.; Krug JWG S. 309; Potrykus NJW 1963, 387; Keidel Anm. 14; Staudinger-Engler BGB[11] § 1800 Anm. 29. Vgl. auch Rauschert RdJ 1961, 319; Schnitzling, Groß, Schuler, RdJ 1962, 4, 39, 47.

[9]) BayObLGZ 1954, 302; BGH VersR 1961, 632; BGH MDR 1964, 298 (durch Irrtum beeinflußte Einwilligung); Maunz-Dürig GG Art. 104 Rdn. 10; Bönig SchlHA 1958, 281; Saage, Beil. z. BAnz. Nr. 122/60 S. 4; Becker ZBlJR 1961, 5; Schmidt-Futterer DOV 1967, 334; Kroll FamRZ 1967, 547.

[10]) BayObLGZ 1960, 375; KG NJW 1961, 2114 = FamRZ 1961, 494; Hamm JMBlNRW 1961, 209; Düsseldorf JMBlNRW 1962, 281; LG Mannheim NJW 1964, 454 = MDR 1964, 236; Frankfurt OLGZ 1966, 102, Böning NJW 1960, 1376; Keidel Anm. 20.

werden, wenn eine mildere, in die persönliche Freiheit weniger tief eingreifende Maßnahme ausreicht und möglich ist, z. B. die Unterbringung in einem Heim, einer Familie oder einer offenen oder halboffenen Anstalt[11]). Querulatorisches Verhalten reicht nicht aus; gewisse Behelligungen und Belästigungen müssen hingenommen werden[12]). Kein gerechtfertigter Grund ist die Unterbringung zwecks Erlangung eines fachärztlichen Gutachtens über den Geisteszustand, damit der Vormund die Nichtigkeit eines Rechtsgeschäfts des Mündels nachweisen kann[13]). Der Umstand, daß der Tatbestand, der die Unterbringung zum Wohl des Mündels erforderlich erscheinen läßt, zugleich die Unterbringung aus polizeilichen Gründen zum Zwecke der Gefahrenabwehr nach den Landesunterbringungsgesetzen rechtfertigen würde, schließt die Unterbringung aus fürsorgerischen Gründen nach § 1800 BGB nicht aus[14]); nur ist das Verfahren nach §§ 1910 Abs. 2, 1800 Abs. 2 BGB nicht dazu geeignet, das öffentliche Interesse einer Behörde an der Unterbringung zu verwirklichen, wenn die Voraussetzungen der Unterbringungsgesetze für die Unterbringung nicht vorliegen[15]).

3. Sachlich zuständig ist das *VormG,* also das AG (§ 35 FGG), auch in Württemberg (Art. 68 Nr. 19a WürttAGBGB i. d. F. d. G vom 19. 12. 1961, GBl., 371). Der Familienrat wirkt nicht mit, wie durch § 1872 Abs. 1 Satz 3 n. F. klargestellt wird (BT-Drucks. zu 2812/61 S. 8). *Richtervorbehalt* besteht nach § 14 Nr. 10 RechtspflG i. d. F. des G vom 5. 11. 1969 (BGBl. I 2065). Die Entscheidung über die Genehmigung ist eine bundesrechtliche Angelegenheit der FG i. S. des § 1 FGG. Das *Verfahren* richtet sich nach den Allgemeinen Vorschriften des 1. Abschnitts (§§ 2—34) und den Vorschriften des 2. Abschnitts über Vormundschaftssachen (§§ 35—64). Die Vorschriften des G über das gerichtliche Verfahren bei Freiheitsentziehungen vom 29. 6. 1956 (BGBl. I, 599) und der landesrechtlichen Unterbringungsgesetze (§ 1 Rdn. 67) sind nicht anwendbar; inwieweit Vorschriften dieser Gesetze ergänzend heranzuziehen sind, bedarf für jede Einzelfrage besonderer Prüfung, wobei Zurückhaltung geboten ist, weil die Beschränkung des Gesetzgebers bei der Regelung des Verfahrens in § 1800 Abs. 2 BGB, § 55a FGG zeigt, daß er die allgemeinen Bestimmungen des FGG-Verfahrens für ausreichend gehalten, insbesondere es nicht für notwendig erachtet hat, dem Gericht weitere Zwangsbefugnisse einzuräumen. **7**

4. Örtlich zuständig ist ausschließlich das VormG, welches die Vormundschaft oder Pflegschaft führt[16]). Dieses Gericht ist auch dann zur Entscheidung berufen, wenn der Mündel oder Pflegebefohlene außerhalb des Bezirks des VormG in einer Anstalt untergebracht ist; eine entsprechende Anwendung des § 4 Abs. 1 FrEntzG oder von Vorschriften der Landesunterbringungsgesetze, welche eine selbständige örtliche Zuständigkeit begründen, ist nicht angängig. Die Entscheidung über die Genehmigung ist keine selbständige Einzelverrichtung des VormG i. S. des § 43, sondern eine unselbständige Maßnahme innerhalb der anhängigen Vormundschaft oder Pflegschaft[17]). Deshalb kann die örtliche Zuständigkeit nicht selbständig begründet sein. Ebenso ist eine *Abgabe* nur des Verfahrens über die Genehmigung nach § 46 Abs. 3 logelöst von der Vormundschaft nicht zulässig[18]). Nur die Vormundschaft (Pflegschaft) insgesamt kann abgegeben werden. Zur Frage, ob die Unterbringung des Mündels in einer Heilanstalt einen wichtigen Grund für die Abgabe der Vormundschaft darstellen kann, vgl. § 46 Rdn. 3; Schlegelberger Anm. 3, Keidel Anm. 6, je zu § 46. Die Notwendigkeit, im Genehmigungsverfahren den Mündel und die Anstaltsärzte zu hören, wird für sich allein in der Regel kein ausreichender Abgabegrund sein. **8**

[11]) BayObLGZ 1963, 209; Franke NJW 1960, 1369, 1372.
[12]) So mit Recht Hamm JMBLNRW 1961, 209.
[13]) Düsseldorf JMBlNRW 1962, 281.
[14]) BayObLGZ 1960, 85 u. 477; 1963, 235, 239; Baumann, Unterbringungsrecht S. 174 ff.; Keidel Anm. 20.
[15]) Vgl. KG FamRZ 1964, 325.
[16]) Celle MDR 1960, 851 = EJF A IV Nr. 12 mit Anm. v. Jansen S. 44 zu II; Neustadt NJW 1961, 274; KG NJW 1961, 2114 = FamRZ 1961, 494; Keidel Anm. 5.
[17]) Vgl. § 4 Rdn. 4; Schlegelberger § 4 Anm. 5; Keidel § 55a Anm. 5; a.M. Bremen Rpfleger 1961, 360.
[18]) Keidel Anm. 6; a.M. Böning NJW 1960, 1376; Hamm JMBlNRW 1961, 211.

9 *5. Verfahrensgrundsätze.* Ein *förmlicher Antrag* wird *nicht* erfordert; da aber das VormG die Unterbringung nicht anordnet, sondern diese Maßnahme des Vormunds nur zu genehmigen hat, muß der Vormund dem Gericht zu erkennen geben, daß er eine mit Freiheitsentziehung verbundene Unterbringung durchführen oder eine bereits durchgeführte (§ 1800 Abs. 2 Satz 2) aufrechterhalten will.

10 *6. Für die Sachaufklärung* gilt der *Amtsermittlungsgrundsatz* (§ 12). Bei der Unterbringung Minderjähriger zum Zwecke der Erziehung ist die Unterstützung des Jugendamts (§ 48 Abs. 1 Satz 1 JWG) in Anspruch zu nehmen. Bei der Unterbringung in einer Krankenanstalt wird die Anhörung eines *ärztlichen Sachverständigen* unerläßlich sein, für dessen Auswahl dem gerichtlichen Ermessen Beschränkungen nicht auferlegt sind (§ 15 FGG, § 404 ZPO). Der Sachverständige muß daher nicht notwendig amtlich bestellt sein. Kommt es zu einer persönlichen Vernehmung des Unterzubringenden, so wird der Sachverständige zweckmäßig hinzugezogen. Im übrigen steht es im Ermessen des Gerichts, ob es schriftliche Begutachtung anordnet oder eine Vernehmung des Sachverständigen für erforderlich hält (§ 15 Rdn. 69). Der Unterzubringende kann nicht gegen seinen Willen genötigt werden, sich zur Begutachtung durch Ärzte zur Verfügung zu stellen, vgl. § 15 Rdn. 13; aus einer Weigerung können daher auch keine nachteiligen Schlüsse gegen ihn gezogen werden. Das Gericht der FG ist ferner *nicht befugt,* zur Aufklärung des Sachverhalts und zur Vorbereitung der Entscheidung die zwangsweise *Unterbringung zur Beobachtung des Geisteszustandes* anzuordnen; § 656 ZPO und § 81 StPO sind nicht entsprechend anwendbar[19]). Auch eine einstweilige Anordnung nach § 55a Abs. 3 (Anm. 15) wird durch diesen Zweck nicht gerechtfertigt[20]). Eine entsprechende Anwendung von Vorschriften der Landesunterbringungsgesetze, welche die Anordnung der Unterbringung zur Vorbereitung eines Gutachtens über den Geisteszustand zulassen, ist wegen der verschiedenen Zielsetzung beider Verfahrensarten nicht angängig. Denn Zweck des Verfahrens nach § 1800 Abs. 2 ist nicht, neben der Fürsorgeerziehung oder der der Unterbringung Geisteskranker und Süchtiger nach den Unterbringungsgesetzen ein weiteres Verfahren zur zwangsweisen Durchführung von Freiheitsentziehungen zu schaffen, sondern eine Maßnahme des Vormundes einer richterlichen Kontrolle zu unterstellen. Kann der Richter sich mit den ihm zur Verfügung stehenden Aufklärungsmitteln die Überzeugung von der Notwendigkeit der Maßnahme nicht verschaffen, so muß sie unterbleiben.

11 *7. Anhörung.* Nach § 1800 Abs. 2 Satz 1 Halbs. 2 *soll* das VormG den Mündel (Pflegebefohlenen) vor der Entscheidung *hören.* Die Anhörung dient sowohl der Wahrung des rechtlichen Gehörs (§ 12 Rdn. 85, 88) als auch der Aufklärung des Sachverhalts. Persönliche Vernehmung durch den Richter ist, abweichend von § 654 ZPO und § 5 Abs. 1 FrEntzG, nicht zwingend vorgeschrieben. Sie wäre auch nicht immer durchführbar, da das Gericht der FG, wenn es an einer besonderen gesetzlichen Ermächtigung wie in § 5 Abs. 1 FrEntzG fehlt, nicht allgemein befugt ist, das persönliche Erscheinen durch Anordnung der Vorführung zu erzwingen[21]). Dem gesetzlichen Erfordernis wird daher genügt, wenn dem Beteiligten Gelegenheit zur Stellungnahme gegeben wird. In der Regel wird es aber angebracht sein, daß der Richter sich einen persönlichen Eindruck von dem Betroffenen verschafft; nach Lage des Falles kann in der Unterlassung eine Verletzung der Aufklärungspflicht liegen[22]). Vernehmung im Wege der Rechtshilfe ist zulässig[23]). Die Anhörung kann ausnahmsweise unter-

[19]) Vgl. § 12 Rdn 66, 68; KGJ 51, 8 = OLGR 40, 6 = RJA 16, 170; Schlegelberger § 15 Anm. 23; Keidel § 12 Anm. 94.

[20]) A.M. Saage Beil. z. BAnz. Nr. 122/60 S. 9; Keidel Anm. 27; in Übereinstimmung mit der hier vertretenen Auffassung hat BGHZ 48, 147 = NJW 1967, 2404 = JR 1968, 100 m. Anm. v. Jansen die Genehmigung einer einstweiligen Unterbringung mit der Begründung aufgehoben, daß die Geschäftsunfähigkeit des Betroffenen nicht zuvor festgestellt worden sei; wie hier Göppinger, Die Justiz 1968, 148 zu II 2 b.

[21]) § 12 Rdn. 69; Nußbaum, ZZP 29, 472; Josef, FGG[2] Art. 17 PrFGG Zus. I E; Ebert-Dudek-Lindemann FGG[2] § 12 Anm. 1 b, § 13 Anm. 3 a; Siehr, FG, S. 37; Schlegelberger § 13 Anm. 17; vgl. auch Baur, FG, § 15 A II 3 Fußn. 11; a.M. Keidel, Anm. 23.

[22]) BayObLGZ 1965, 163; Hampel FamRZ 1962, 515; Arnold FamRZ 1963, 484 zu II 1; Keidel Rpfleger 1967, 323 zu III 3.

[23]) Düsseldorf JMBlNRW 1959, 55; Köln JMBlNRW 1958, 248; vgl. LG Mannheim NJW 1964, 1137 = MDR 1964, 675.

bleiben, wenn sie nach ärztlichem Urteil nicht ohne Nachteil für den Gesundheitszustand des Anzuhörenden ausführbar ist[24]). Gemäß § 1847 BGB sind in der Regel auch *Verwandte oder Verschwägerte* des Mündels zu hören (Saage, Beil. z. BAnz. Nr. 122/60 S. 7).

8. Beteiligtenfähigkeit. Der Unterzubringende, der das 14. Lebensjahr vollendet hat, ist im Hinblick auf die Schwere des drohenden Eingriffs in die persönliche Freiheit ohne Rücksicht auf seinen Geisteszustand befähigt, sich selbständig und unabhängig von seinem gesetzlichen Vertreter an dem Verfahren durch Vornahme von Verfahrenshandlungen zu beteiligen und abweichend von § 59 Abs. 2 FGG Rechtsmittel einzulegen[25]). Die Bestellung eines Verfahrenspflegers, wie in § 5 Abs. 2 FrEntzG ist nicht vorgesehen. Der Bestellung eines Pflegers oder Unterpflegers bedarf es nicht[26]). Ein Rechtsanwalt kann nur beigeordnet werden, wenn die Voraussetzungen der §§ 14 FGG, 114 ZPO für die Bewilligung des Armenrechts und des § 116 ZPO für die Beiordnung gegeben sind, wobei allerdings nicht engherzig verfahren werden sollte; allgemeine rechtsstaatliche Erwägungen rechtfertigen die Beiordnung nicht[27]). Zwar hat der Mündel (Pflegebefohlene) Anspruch auf Rechtsschutz auch gegenüber seinem Vormund (Pfleger); eben deswegen ist das Genehmigungserfordernis nach § 1800 Abs. 2 BGB eingeführt und dem Betroffenen die selbständige Beteiligtenfähigkeit ohne Rücksicht auf seine Geschäftsfähigkeit eingeräumt worden. Wenn er aber nach seinem Geisteszustand willens- und handlungsunfähig ist, scheitert die Möglichkeit, selbständig auf das Verfahren Einfluß zu nehmen, an den tatsächlichen Gegebenheiten; dieser Zustand wird nicht dadurch behoben, daß die Zahl der von Amts wegen zur Wahrnehmung der Interessen des Betroffenen bestellten Personen um eine weitere vermehrt wird. Entscheidend ist, daß auch ein solcher „Verfahrenspfleger", anders als ein Verfahrensbevollmächtigter, von dem Willen des Betroffenen unabhängig und nicht dessen Vertreter ist; er könnte höchstens das VormG bei der Aufklärung des Sachverhalts unterstützen; dazu ist aber das VormG bei pflichtgemäßer Ausübung des Amtsermittlungsgrundsatzes ohnehin in der Lage und verpflichtet. Wenn allerdings auch die Beweisergebnisse und die Entscheidung dem Unterzubringenden nicht vollständig bekanntgemacht werden können, ist die Beiordnung eines Rechtsanwalts unumgänglich (nachst. Rdn. 19, § 12 Rdn. 98). **12**

9. Die *Entscheidung* ergeht dahin, daß die Unterbringung durch den Vormund genehmigt oder die Genehmigung versagt wird. Sie enthält mithin keinen Unterbringungsbefehl, sondern ermächtigt den Vormund, sein Aufenthaltsbestimmungsrecht in bestimmter Weise auszuüben. Der Vormund muß daher nicht schlechthin von der Genehmigung Gebrauch machen, wenn er eine dem Wohl des Mündels dienliche andere Unterbringungsart wählt; auch kann er die Unterbringung nach seinem Ermessen ohne Genehmigung des VormG beenden. Nach Lage des Falles kann aber in der Versäumung der Unterbringung eine Pflichtwidrigkeit liegen, die Aufsichtsmaßnahmen des VormG nach § 1837 auslöst. Die Genehmigung betrifft kein Rechtsgeschäft, insbesondere nicht den vom Vormund mit der Anstalt abzuschließenden Aufnahmevertrag, sondern ein tatsächliches Verhalten des Vormundes; die §§ 55, 62, 63 FGG sind daher nicht anwendbar[28]). Über die Unterstützung des Vormundes bei der Vollziehung s. Anm. 16. **13**

10. Befristung der Genehmigung wird vom Gesetz nicht vorgeschrieben. Die Setzung einer Höchstfrist, nach deren Ablauf die Genehmigung hinfällig wird, wenn sie nicht vorher **14**

[24]) Hamm EJF A IV Nr. 14 mit Anm. v. Jansen = NJW 1960, 2239 = FamRZ 1960, 503 = Rpfleger 1960, 373 = JZ 1961, 21 = ZBlJR 1961, 30; MDR 1967, 1011; BayObLGZ 1965, 359 = NJW 1966, 409; Keidel Rpfleger 1967, 323 zu III 3.

[25]) BayObLGZ 1960, 357 = FamRZ 1960, 411 = JZ 1960, 670 = NJW 1960, 2236 = MDR 1960, 1019 =EJF A IV Nr. 13 mit Anm. v. Jansen; Hamm FamRZ 1961, 130; KG NJW 1961, 2114 = FamRZ 1961, 494; Düsseldorf FamRZ 1963, 528; LG Frankenthal NJW 1965, 448; Frankfurt OLGZ 1966, 102; Keidel Anm. 25; BGB-RGRK[11] § 1800 Anm. 7; Erman-Hefermehl BGB 3 § 1800 Anm. 2 d; Soergel-Germer BGB[9] § 1800 Anm. 13.

[26]) BayObLGZ 1961, 332; Hampel FamRZ 1962, 514; Schmidt-Futterer FamRZ 1965, 303, 306; vgl. auch Arnold FamRZ 1963, 484, 488; a.M. LG Lübeck SchlHA 1965, 64; Keidel Rpfleger 1967, 323, 329.

[27]) Düsseldorf JMBlNRW 1961, 212; dagegen Schmidt-Futterer aaO.; Keidel Anm. 22.

[28]) BayObLGZ 1960, 357; Böning NJW 1960, 1377.

erneuert worden ist, ist nicht schlechthin geboten. Eine Analogie zu den Unterbringungsgesetzen und zu § 9 FrEntzG paßt nicht; die Verwaltungsbehörde würde bei der Vollziehung der Unterbringungsanordnung ohne eine Befristung nicht mehr der Kontrolle des Gerichts unterstehen, während die Amtsführung des Vormunds oder Pflegers nach § 1837 der ständigen Aufsicht des VormG unterliegt. Das VormG kann sich daher in angemessenen Zeiträumen durch Einholung von Berichten des Vormunds oder Anstaltsleiters davon überzeugen, ob die Fortdauer der Unterbringung erforderlich ist, und bei Wegfall des Unterbringungsgrundes die Genehmigung nach § 1800 Abs. 2 Satz 3 zurücknehmen. Es steht jedoch im Ermessen des VormG, eine Befristung anzuordnen, wenn von vornherein ersichtlich ist, daß nur eine vorübergehende Unterbringung angebracht ist und das VormG sich eine Entscheidung über die Fortdauer vorbehalten möchte[29]).

15 Die Genehmigung gilt im übrigen nur für eine konkrete Freiheitsentziehung; sie kann nicht allgemein im voraus erteilt werden. Die Genehmigung wird gegenstandslos, weil verbraucht, mit der Beendigung der genehmigten Unterbringung durch — wenn auch probeweise — Entlassung, allerdings nicht schon durch eine kurzfristige Beurlaubung. Im Fall des Entweichens kommt es darauf an, ob die Rückführung sobald erfolgt, daß die Kontinuität der Unterbringung noch als gewahrt angesehen werden kann[29a]).

16 *11. Änderungsbefugnis.* Für die Änderung einer Verfügung, durch welche die Erteilung der Genehmigung *abgelehnt* wird, gelten die allgemeinen Grundsätze (§ 18). Die Änderung einer Verfügung, durch welche die Genehmigung *erteilt* wird, durch das VormG wird durch § 18 Abs. 2 mit § 55a Abs. 1 ausgeschlossen. § 1800 Abs. 2 Satz 3 gibt jedoch dem VormG die Befugnis, von Amts wegen, also auch auf Anregung jeden beliebigen Dritten, *die Genehmigung* aus dem sachlichrechtlichen Grunde, daß das Wohl des Mündels die Unterbringung nicht mehr erfordert, *zurückzunehmen*[30]). Das kann sowohl vor als auch nach dem Eintritt der formellen Rechtskraft geschehen. Tritt diese Voraussetzung im Laufe des Beschwerdeverfahrens ein, so muß das Beschwerdegericht die genehmigende Verfügung aufheben; deshalb darf das VormG aus *diesem* Grunde auch einer sofortigen Beschwerde abhelfen.

12. Wirksamwerden der Entscheidungen

17 *a)* Eine *Verfügung*, durch welche die Erteilung der Genehmigung *abgelehnt* oder die Genehmigung nach § 1800 Abs. 2 Satz 3 *zurückgenommen* wird, ist ihrem Inhalt nach für den Vormund (Pfleger) bestimmt und wird daher gemäß § 16 Abs. 1 mit der Bekanntmachung an ihn wirksam. Eine Verfügung, durch welche die Zurücknahme der Genehmigung abgelehnt wird, wird wirksam mit der Bekanntmachung an den, der die Zurücknahme angeregt hat. Die Bekanntmachung erfolgt nach § 16 Abs. 2 Satz 2.

18 *b)* Eine Verfügung, durch welche das VormG die *Genehmigung* zur Unterbringung *erteilt*, wird nach § 55a Abs. 1 erst mit der (formellen) *Rechtskraft wirksam.* Die Verfügung muß daher, um die Beschwerdefrist in Lauf zu setzen, allen Beschwerdeberechtigten (Rdn. 23) gemäß § 16 Abs. 2 Satz 1 förmlich zugestellt werden. Ist eine Verfügung mehreren Beschwerdeberechtigten zu verschiedenen Zeitpunkten bekanntgemacht worden, so wird die Verfügung zwar für jeden der Beteiligten nach Maßgabe der für ihn laufenden Beschwerdefrist unanfechtbar, die formelle Rechtskraft tritt aber erst ein, wenn die Verfügung für alle Beteiligten unanfechtbar geworden ist (§ 16 Rdn. 18; BGH, 9. 10. 1951 [3, 214]; Baur § 23 C I 2 c; Siehr S. 69; Saage, FrEntzG, § 8 Anm. 3; a. M. Keidel § 31 Anm. 1; Schlegelberger § 16 Anm. 7). Solange die Verfügung auch nur für einen Beteiligten noch anfecht-

[29]) BayObLGZ 1960, 357 = EJF A IV Nr. 13 mit Anm. v. Jansen; KG NJW 1961, 2114 = FamRZ 1961, 494; Celle NdsRpfl. 1962, 86; Hamm JMBlNRW 1967, 77; Arnold FamRZ 1963, 484, 487; Keidel Anm. 36; Soergel-Germer BGB[9] § 1800 Anm. 10; BGB-RGRK[11] § 1800 Anm. 7.

[29a]) Vgl. Celle NJW 1964, 552; LG München I FamRZ 1969, 439; Hamm OLGZ 1970 = Rpfleger 1970, 27.

[30]) Zu den Voraussetzungen der Rücknahme vgl. BayObLGZ 1962, 181, 184; Hamm FamRZ 1965, 340; Keidel Anm. 45, 46.

bar ist, kann das Rechtskraftattest nicht erteilt und die Verfügung nicht vollzogen werden. Auch die Entscheidung des Beschwerdegerichts wird erst mit der Rechtskraft wirksam.

c) Für die Bekanntmachung an den Unterzubringenden, der selbständig beteiligtenfähig ist (Rdn. 12), wird man es nach dem Vorbild mancher Landesrechte, z. B. § 8 Abs. 2a UntG Berlin vom 5. 6. 1956 (GVBl. 521), zulassen müssen, daß die *Bekanntmachung der Gründe* (nicht der Entscheidung überhaupt) ganz oder teilweise *unterbleibt,* wenn nach ärztlichem Urteil Nachteile für den Gesundheitszustand des Betroffenen zu befürchten sind. Zur Vermeidung der darin liegenden Verkürzung des rechtlichen Gehörs (Art. 103 Abs. 1 GG) wird es dann aber unvermeidlich sein, dem Unterzubringenden einen *Rechtsanwalt* von Amts wegen *beizuordnen,* auch wenn die Voraussetzungen für die Bewilligung des Armenrechts nicht vorliegen. Auch diese Maßnahme bietet vollständige Abhilfe nur, wenn der Betroffene bereit ist, dem Rechtsanwalt Vollmacht zu erteilen. Vgl. ferner § 16 Rdn. 5, § 22 Rdn. 10. **19**

d) Eine Begründung der Entscheidung, durch welche die Genehmigung erteilt oder versagt wird, ist abweichend von § 6 Abs. 1 FrEntzG gesetzlich nicht vorgeschrieben; sie ist aber aus rechtsstaatlichen Gründen in der Regel geboten, insbesondere wenn die Genehmigung erteilt wird[31]). Da aber die Begründung kein gesetzliches Erfordernis ist, hat ihr Fehlen nicht die Folge, daß die Beschwerdefrist nicht in Lauf gesetzt wird[32]). Auch ist das Fehlen oder die Unzulänglichkeit der Begründung für sich allein kein Grund zur Zurückverweisung (§ 23 Rdn. 13). **20**

e) Anordnung der sofortigen Wirksamkeit. Das VormG kann die sofortige Wirksamkeit der Verfügung anordnen (Abs. 2). Die Anordnung liegt im pflichtmäßigen Ermessen des Gerichts; sie kommt in Betracht, wenn das Gericht die sofortige Freiheitsentziehung nach den Umständen des Falles für erforderlich erachtet und ein Rechtsmittel aussichtslos erscheint. Die Anordnung ergeht von Amts wegen; ein Antrag hat nur die Bedeutung einer Anregung. Die Anordnung kann gleichzeitig mit der Sachentscheidung ergehen oder ihr nachfolgen und ist ebenso wie ihre Ablehnung *unanfechtbar* (§ 53 Rdn. 20; Saage, FrEntzG § 8 Anm. 10). Sie wird gemäß § 16 Abs. 1 wirksam mit der Bekanntmachung (§ 16 Abs. 2 Satz 2) an den Vormund. Auch das *Beschwerdegericht* kann die sofortige Wirksamkeit seiner Entscheidung, durch welche es eine vom VormG genehmigte Freiheitsentziehung bestätigt oder sie unter Aufhebung einer ablehnenden Vorentscheidung genehmigt, nach Abs. 2 (nicht nach § 26 Satz 2) anordnen. Es kann aber nicht die sofortige Wirksamkeit der Entscheidung des VormG an dessen Stelle anordnen[33]). Dagegen kann es gemäß § 24 Abs. 3 anordnen, daß die Vollziehung der vom VormG mit sofortiger Wirksamkeit versehenen Genehmigung auszusetzen ist. **21**

13. Nachrichtliche Bekanntmachung. Von den zur Herbeiführung der Wirksamkeit erforderlichen Bekanntmachungen (Rdn. 16) sind die gebotenen nachrichtlichen Bekanntmachungen zu unterscheiden, die nach § 16 Abs. 2 Satz 2 formlos ergehen können. Die Ablehnung der Genehmigung ist dem Betroffenen mitzuteilen, wenn er zu dem Verfahren hinzugezogen war, die Zurücknahme der Genehmigung in jedem Falle. Bei der *Erteilung der Genehmigung* ist Art. 104 Abs. 4 GG zu beachten. Danach hat das Gericht von jeder Entscheidung über die Anordnung oder Fortdauer einer Freiheitsentziehung einen *Angehörigen* des „Festgehaltenen“ *oder eine Person seines Vertrauens* zu benachrichtigen. Die Benachrichtigung ist geboten, wenn der Betroffene sich auf Grund einer einstweiligen Anordnung (Anm. 15) oder gemäß § 1800 Abs. 2, Satz 2 ohne richterliche Genehmigung bereits in einer Anstalt befindet oder wenn die genehmigte Unterbringung mit Unterstützung des VormG nach § 33 FGG vollzogen wird (vgl. Rdn. 35). Die Mitteilung ist unverzüglich nach dem Beginn des Vollzuges und, wenn der Betroffene bei Erlaß der Entscheidung bereits festgehalten wurde, unverzüglich nach dem Erlaß zu bewirken (MiZi. II, 1). Unter diesen Voraussetzungen sind auch Beschwerdeentscheidungen mitzuteilen, und zwar obliegt die Mitteilungspflicht dem Richter[34]). Die Vor- **22**

[31]) Vgl. § 16 Rdn. 4; LG Mannheim NJW 1964, 1137; Bremen OLGZ 1967, 258; Krohn NJW 1967, 1626 Anm.; Keidel Anm. 37 a.

[32]) A.M. Krohn u. Keidel aaO.

[33]) Saage FrEntzG § 8 Anm. 11; a.M. Erichsen SchlHA 1963, 238.

[34]) BVerfGE 16, 119 = NJW 1963, 1820 = JZ 1963, 704 = Rpfleger 1964, 12.

schrift will das spurlose Verschwinden eines Menschen unmöglich machen und ist daher unverzichtbar[35]). Die Vertrauensperson ist gegebenenfalls von Amts wegen zu ermitteln[36]). Als Mitteilung genügt eine formlose Nachricht. Die Benachrichtigung entfällt, wenn bereits unter den Beschwerdeberechtigten, denen die Entscheidung nach Anm. 12b förmlich zugestellt wird, sich ein naher Angehöriger befindet. Vgl. auch Maunz-Dürig, GG Art. 104 Rdn. 43 und zu § 6 Abs. 2c FrEntzG, Saage § 6 Anm. 22. Die Benachrichtigung als solche begründet aber für den Benachrichtigten kein Beschwerderecht. Da eine Verletzung des Art. 104 Abs. 4 GG den sachlichen Inhalt der Entscheidung nicht berührt, rechtfertigt sie nicht deren Aufhebung im Beschwerdewege[37]).

23 Bei *Ausländern* sind zu beachten die internationalen Vereinbarungen über den Nachrichtenaustausch bei Anstaltseinweisungen, Entlassungen und den Tod von Geisteskranken mit Belgien vom 13. 11./30. 12. 1963 (BAnz. Nr. 78/64), Frankreich vom 27. 11. 1964/18. 1. 1965 (BAnz. Nr. 10/67), den Niederlanden vom 13./18. 7. 1961 (BAnz. Nr. 70/62) und Luxemburg vom 31. 5. 1961 (BAnz. Nr. 23/62). Wegen der internationalen Zuständigkeit vgl. § 1 Rdn. 143.

14. Rechtsmittel

24 *a)* Gegen die *Ablehnung* der Genehmigung und gegen ihre *Zurücknahme* (§ 1800 Abs. 2 Satz 3) findet die *einfache* (unbefristete) *Beschwerde* nach § 19 statt. Das gilt auch für eine Entscheidung, durch welche die Zurücknahme der Genehmigung abgelehnt wird, denn sie steht der Erteilung der Genehmigung nicht gleich und es besteht auch kein sachlicher Grund, die Beschwerde in diesem Fall zu befristen[38]). Das Beschwerderecht gegen diese Verfügungen richtet sich nach § 20 Abs. 1 und, wenn der Unterzubringende oder Untergebrachte ein Kind, Pflegebefohlener oder Mündel (§ 57 Rdn. 30) ist, nach § 57 Abs. 1 Nr. 9. Gegen die Ablehnung der Genehmigung zur Unterbringung im Wege freiwilliger Erziehungshilfe ist daher auch das Jugendamt beschwerdeberechtigt[39]). Der Vormund (Pfleger) ist aus eigenem Recht beschwerdeberechtigt (§ 20 Abs. 1), weil sein Aufenthaltsbestimmungsrecht durch die ungerechtfertigte Ablehnung beeinträchtigt wird.

25 *b)* Gegen die *Erteilung der Genehmigung* findet die *sofortige Beschwerde* (§ 22) statt (§ 55a Abs. 1 mit § 60 Abs. 1 Nr. 6); diese Befristung des Rechtsmittels gilt auch, wenn nach § 55a Abs. 2 die sofortige Wirksamkeit der Verfügung angeordnet ist[40]). Das Beschwerderecht richtet sich allein nach § 20 Abs. 1; § 57 Abs. 1 Nr. 9 ist wegen Abs. 2 ebenda nicht anwendbar. Gegen diese gesetzliche Regelung sind mit Recht rechtspolitische Bedenken erhoben worden[41]). Bedenklich ist vor allem der aus der Befristung des Rechtsmittels folgende Ausschluß des Beschwerderechts aus § 57 Abs. 1 Nr. 9, obwohl die Betroffenen des darin liegenden Schutzes besonders bedürften. Das Beschwerderecht aus § 20 Abs. 1 steht zu:

26 α) dem *Kind, Mündel, Pflegebefohlenen* selbst nach Vollendung des 14. Lebensjahres, unabhängig von seiner Geschäftsfähigkeit (Anm. 8);

27 β) namens des Unterzubringenden *dem gesetzlichen Vertreter,* mag er den Antrag auf Unterbringung auch selbst gestellt haben;

28 γ) dem *Ehegatten,* der nicht dauernd getrennt lebt, wegen Verletzung des Rechts zur ehelichen Lebensgemeinschaft (§ 1353)[42]);

29 δ) den *Eltern* nur nach Maßgabe des § 20 Abs. 1; die elterliche Gewalt, die als „Recht" i. S. des § 20 Abs. 1 in Betracht käme, wird ihnen in der Regel nicht mehr zustehen, es sei denn, daß die Unterbringung von einem Pfleger betrieben wird, der nur das Aufenthalts-

[35]) Dünnebier JZ 1963, 693; vgl. auch Hamm JMBlNRW 1965, 129; a.M. Wagner JZ 1963, 689.

[36]) Hamm JMBlNRW 1965, 129.

[37]) BVerfGE 16, 119, 124.

[38]) Ebenso BayObLGZ 1962, 181; 1965, 163; Keidel Anm. 59.

[39]) Düsseldorf JMBlNRW 1963, 42.

[40]) Vgl. § 53 Rdn. 20; BGHZ 42, 223 = NJW 1964, 2304 = LM § 55 a FGG Nr. 1 mit Anm. v. Ascher; Keidel Anm. 54.

[41]) Arnold FamRZ 1963, 484 zu II 5; Jansen JR 1968,100.

[42]) Düsseldorf JMBlNRW 1962, 281; KG 1 W 3350/55; BayObLG NJW 1964, 452; Staudinger-Engler BGB[11] § 1800 Anm. 46.

bestimmungsrecht hat, während das Personensorgerecht im übrigen den Eltern verblieben ist. Das Recht aus § 1619 auf die Dienste des Kindes begründet nur eine mittelbare Rechtsbeeinträchtigung, weil das Recht den Eltern nur so lange zusteht, wie das Kind sich in ihrem Haushalt befindet, und sie keinen Anspruch darauf haben, daß das Kind in ihrem Haushalt verbleibt[43]). Die Eltern haben deshalb kein Beschwerderecht, wenn ein Vormund oder dem volljährigen Kinde ein Pfleger bestellt ist[44]). Dem Gesundheitsamt oder anderen *Behörden* steht ein Beschwerderecht nicht zu[45]).

c) Die *weitere Beschwerde* ist eine *sofortige*, wenn das AG die Genehmigung erteilt hat **30**
(§ 29 Abs. 2), und zwar ohne Rücksicht auf den Inhalt der Beschwerdeentscheidung[46]), aber auch dann, wenn das AG die Genehmigung abgelehnt hat und die erste Beschwerde deshalb eine unbefristete war, das LG aber diese Entscheidung aufgehoben und die Genehmigung erteilt oder das AG angewiesen hat, von seinem Bedenken abzusehen (§ 29 Anm. 10). Der Untergebrachte kann die weitere Beschwerde entsprechend § 7 Abs. 4 FrEntzG auch zum Protokoll des *AG des Verwahrungsorts* einlegen[46a]), aber nicht in anderen Angelegenheiten (§ 29 Rdn. 4).

15. Einstweilige Anordnungen

a) Das VormG kann vor der Entscheidung einstweilige Anordnungen treffen (Abs. 3). **31**
Das kommt vor allem in Betracht, wenn der Vormund den Mündel nach § 1800 Abs. 2 Satz 2 ohne Genehmigung untergebracht hat, weil mit dem *Aufschub Gefahr verbunden* war, und die Genehmigung nunmehr unverzüglich nachholt. Zwar sind Art. 104 Abs. 2 Satz 3 und § 13 Abs. 1 Satz 2 FrEntzG, wonach die Verwaltungsbehörde eine vorläufige Freiheitsentziehung ohne richterliche Entscheidung nicht über den folgenden Tag hinaus aufrechterhalten darf, auf den Vormund (Pfleger) nicht anwendbar; er genügt seiner Pflicht, wenn er die Entscheidung des VormG unverzüglich (§ 121 BGB) nachsucht. Es ergibt sich aber aus der Natur der Sache, daß, wenn die endgültige Entscheidung nicht alsbald ergehen kann, zunächst eine vorläufige Entscheidung über die Rechtmäßigkeit der Maßnahme des Vormunds ergehen muß. Aber auch wenn der Unterzubringende sich noch in Freiheit befindet, kann eine einstweilige Anordnung angebracht sein. Nach den allgemeinen Grundsätzen für vorläufige Anordnungen in Sorgerechtssachen (KG, JFG 20, 247) ist Voraussetzung dafür ein dringendes Bedürfnis für ein sofortiges Einschreiten, welches ein Abwarten bis zur Beendigung der Sachuntersuchung nicht gestattet. Da der Pfleger ein Recht zur Unterbringung nur hat, wenn der Pflegebefohlene geschäftsunfähig ist, setzt auch die Genehmigung der einstweiligen Unterbringung die Feststellung der Geschäftsunfähigkeit voraus[47]). Mithin ist die einstweilige Anordnung nicht lediglich zu dem Zweck zulässig, für die erstrebte Sachentscheidung den Beweis der Geschäftsunfähigkeit erst herbeizuschaffen; die Unterbringung zur Beobachtung des Geisteszustandes kann daher nicht im Wege der einstweiligen Anordnung verfügt werden[48]). Die Anordnung setzt voraus, daß zum Wohl des Mündels ein sofortiges Eingreifen erforderlich ist, bei der Unterbringung in eine Heilanstalt z. B., daß der Mündel sich selbst oder andere ernstlich gefährdet. Ferner muß eine erhebliche Wahrscheinlichkeit dafür bestehen, daß die Unterbringung genehmigt werden wird[49]). Als Notmaßnahme sollte von der Anordnung nur vorsichtiger Gebrauch gemacht werden[50]).

b) Die *Anordnung* ergeht *von Amts wegen;* ein Antrag hat nur die Bedeutung einer **32**
Anregung. Voraussetzung ist, daß bei dem anordnenden VormG ein Verfahren zur Genehmi-

[43]) BayObLG RJA 12, 88.
[44]) LG Frankenthal FamRZ 1962, 478; a.M. Staudinger-Engler BGB[11] § 1800 Anm. 16 unter unzutreffender Berufung auf BGHZ 48, 147, wo eine unbefristete Beschwerde vorlag und deshalb § 57 Abs. 1 Nr. 9 zutraf.
[45]) KG FamRZ 1964, 325.
[46]) KG FamRZ 1964, 325.
[46a]) A.M. Frankfurt NJW 1970, 112 (Vorlegungsbeschluß).
[47]) BGHZ 48, 147 = NJW 1967, 2404 = JR 1968, 100 m. Anm. v. Jansen.
[48]) Vgl. Anm. 6; a.M. Saage Beil. z. BAnz. Nr. 122/60 S. 9; Keidel Anm. 27; diese Auffassung ist mit BGHZ 48, 147 nicht mehr vereinbar.
[49]) BayObLGZ 1963, 209 = NJW 1963, 2373; Saage FrEntzG § 11 Anm. 4; Baumann Unterbringungsrecht S. 511.
[50]) Saage FrEntzG § 11 Anm. 1, 6.

gung der Unterbringung anhängig ist. Ein anderes Gericht kann örtlich nicht zuständig sein; auch ein Eilgerichtsstand (§ 44 FGG) besteht nicht; bei Gefahr im Verzuge ist bei Geisteskranken die Möglichkeit polizeilichen Einschreitens, bei erziehungsbedürftigen Minderjährigen der Gerichtsstand des § 77 Abs. 1 JWG gegeben. Bei Eilbedürftigkeit oder Gefahr der Vereitelung kann die vorherige *Anhörung* des Betroffenen unterbleiben (§ 12 Rdn. 94); sie ist jedoch alsbald nachzuholen. Da die einstweilige Maßnahme nicht über den Erfolg der endgültigen hinausgehen darf, kann das VormG die Unterbringung nicht selbst anordnen, sondern nur die einstweilige Unterbringung durch den Vormund für zulässig erklären, d. h. genehmigen[51]); die Vollziehung ist Sache des Vormunds, gegebenenfalls mit Unterstützung des VormG (Rdn. 34).

33 *c) Wirksam* wird die einstweilige Anordnung mit der Bekanntmachung an den Vormund (§ 16 Abs. 1)[52]). Sie bleibt wirksam über den Erlaß der Endentscheidung hinaus bis zu deren Wirksamwerden, also bei Erteilung der Genehmigung bis zum Eintritt der formellen Rechtskraft oder bis zur Anordnung ihrer sofortigen Wirksamkeit (Rdn. 17, 20); wird die Genehmigung versagt, so wird mit dem Wirksamwerden dieser Entscheidung (Rdn. 16) die einstweilige Anordnung von selbst hinfällig; zur Klarstellung wird sie zweckmäßig aufgehoben. Eine *Befristung* ist nicht vorgeschrieben[53]); § 11 Abs. 1 Satz 2 FrEntzG ist nicht entsprechend anwendbar; das Verfahren ist aber beschleunigt zum Abschluß zu bringen.

34 *d) Änderungsbefugnis. Rechtsmittel.* Die einstweilige Anordnung kann vom VormG jederzeit gemäß § 18 *geändert* (aufgehoben) werden, auch wenn die Hauptsache bereits beim Beschwerdegericht anhängig ist. *Nach* der Sachentscheidung darf die einstweilige Unterbringung vom VormG nicht mehr angeordnet werden (Abs. 3: „vor der Entscheidung"). Die einfache (unbefristete) *Beschwerde* nach § 19 gegen die einstweilige Anordnung und ihre Ablehnung ist nach den Grundsätzen für die Anfechtbarkeit von vorläufigen Anordnungen in Sorgerechtssachen (§ 19 Rdn. 28) zulässig, zumal das Gesetz die Anfechtbarkeit nicht, wie in § 53a Abs. 3 Satz 2, ausschließt. Die Befristung des Rechtsmittels in der Hauptsache (Rdn. 23) gilt für die Anfechtung einstweiliger Anordnungen nicht[54]). Das *Beschwerderecht* richtet sich nach § 20 Abs. 1, § 57 Abs. 1 Nr. 9, § 59, steht mithin z. B. auch den Eltern zu[55]). Das mit einer Beschwerde gegen die einstweilige Anordnung befaßte Beschwerdegericht darf natürlich nur über die Berechtigung dieser Maßnahme, nicht aber über die endgültige Genehmigung befinden[56]).

35 *e)* Für das *Beschwerdegericht* ergibt sich aus der selbständigen Anfechtbarkeit der einstweiligen Anordnung, daß es sie nur ändern kann, wenn es mit einer Beschwerde gegen diese Anordnung befaßt ist, nicht schon, wenn nur eine Beschwerde in der Hauptsache eingelegt ist. Auch kann das Beschwerdegericht, wenn es mit einer Beschwerde in der Hauptsache befaßt ist, nicht als Gericht erster Instanz eine Anordnung nach Abs. 3 erlassen; denn der Instanzenzug des einstweiligen Verfahrens ist derselbe wie der in der Hauptsache. Es kann aber nach § 24 Abs. 3 Halbs. 1 eine einstweilige Anordnung erlassen, die auch in der Genehmigung der einstweiligen Unterbringung bestehen kann (vgl. KG, RJA 4, 189). Diese Anordnung ist unanfechtbar (§ 24 Rdn. 13)[57]).

36 *16.* Die *Vollziehung* der genehmigten Unterbringung ist Aufgabe des Vormundes. Er wählt die Anstalt aus. Das pflichtmäßige Ermessen des Vormundes entscheidet auch darüber, ob er von der Genehmigung Gebrauch macht und wann er die Unterbringung beendet, vorbehaltlich einer Zurücknahme der Genehmigung nach § 1800 Abs. 2 Satz 3. Hierbei untersteht der Vormund der Aufsicht des VormG nach §§ 1837, 1886. Gefährdet der Vormund

[51]) BGHZ 48, 147 = NJW 1967, 2404 = JR 1968, 100 m Anm. v. Jansen; Saage Beil. z. BAnz. Nr. 122/60 zu 9; Keidel Anm. 29.
[52]) BayObLGZ 1962, 175 = NJW 1962, 1771 = FamRZ 1962, 533.
[53]) BayObLGZ 1962, 175.
[54]) BayObLGZ 1962, 175; 1964, 62, 63; Hamm JMBlDRW 1964, 173; BGHZ 48, 147 = NJW 1967, 2404 = JR 1968, 100 m. Anm. v. Jansen; Keidel Anm. 49.
[55]) BGH aaO.
[56]) Hamm JMBlNRW 1963, 192.
[57]) So auch Erichsen SchliHAnz. 1963, 238; a.M. Keidel Anm. 52.

pflichtwidrig durch Unterlassung der Unterbringung oder durch ihre vorzeitige Beendigung das Wohl des Mündels, so kann das VormG im Wege vorläufiger Anordnung im Rahmen eines Entlassungsverfahrens (§ 1886) Anordnungen über den Aufenthalt des Mündels treffen[58]). Gegen den Willen des Vormundes kann das VormG selbst eine Unterbringung nach § 1838 nur zu Erziehungszwecken, also nicht zur Heilbehandlung oder Verwahrung und deshalb in der Regel nicht bei volljährigen Mündeln (§ 1901 Abs. 1), anordnen[59]). Das VormG oder das nach § 44 zuständige Eilgericht kann aber, wenn ein Vormund noch nicht bestellt oder der bestellte verhindert ist, nach § 1846 BGB den Aufenthalt des Mündels in einer geschlossenen Anstalt anordnen, wenn im übrigen die Voraussetzungen des § 1800 Abs. 2 BGB vorliegen[60]); gegen eine solche Anordnung ist die unbefristete Beschwerde nach § 19 gegeben.

Zur *zwangsweisen Durchführung* der Unterbringung kann der Vormund (Pfleger) nach §§ 1631 Abs. 2, 1800, 1897, 1901, 1915 BGB, § 33 FGG die Unterstützung des VormG in Anspruch nehmen[61]). Die *Polizei* darf einem unmittelbaren Ersuchen des Vormundes um Gewaltanwendung nicht stattgeben, sofern nicht zugleich polizeiliche Gründe für eine Unterbringung vorliegen. Zur Anwendung von Gewalt gegen die Person des volljährigen Mündels ist nach § 33 Abs. 2 Satz 1 FGG eine besondere Verfügung des VormG erforderlich. Dieses kann den Gerichtsvollzieher zur Vollziehung der Anstaltsunterbringung anweisen, der seinerseits die Unterstützung der polizeilichen Vollzugsorgane nachsuchen kann. Bedenklich ist daher der RdErl. d. IM NRW vom 21. 9. 1960 (MBlNRW 2525 = JMBlNRW 239), in welchem es in Abschn. 1. 22 heißt: „Können die verantwortlichen Personen (gemeint sind Vormund oder Pfleger) den Kranken nicht selbst in die Anstalt bringen, so können es die Ordnungsbehörden im Einvernehmen mit ihnen tun." **37**

17. Kosten. Das Verfahren des VormG ist gebührenfrei, §§ 91, 95 Satz 2 KostO, ebenso das Beschwerdeverfahren, § 131 Abs. 3 KostO. Für die Gebühren des Rechtsanwalts gilt § 118 BRAGebO, nicht etwa § 112 BRAGebO[62]). **38**

Anhang zu § 55 a

Gesetz über die freiwillige Kastration und andere Behandlungsmethoden vom 15. 8. 1969 (BGBl. I 1143)

I. Bedeutung

Das Gesetz bestimmt, unter welchen Voraussetzungen die Kastration durch einen Arzt oder die Anwendung anderer Behandlungsmethoden nicht als Körperverletzung strafbar ist. Das Gesetz führt also kein Verfahren zur zwangsweisen Durchführung solcher Eingriffe ein[1]). In § 6 ist eine Mitwirkung des Vormundschaftsgerichts vorgesehen. In § 10 wird § 14 Abs. 2 des Gesetzes zur Verhütung erbkranken Nachwuchses vom 14. 7. 1933 i. d. F. vom 26. 6. 1935 (RGBl. I 773) aufgehoben und bestimmt, daß § 14 Abs. 1 dieses Gesetzes sowie die Art. 3 und 4 der 4. Ausf-VO vom 18. 7. 1935 (RGBl. I 1035) auf die Entfernung der Keimdrüsen nicht anzuwenden sind. Das Gesetz ist nach § 11 sechs Monate nach der Verkündung, also am 18. 2. 1970, in Kraft getreten. **1**

58) KG RJA 6, 15.
59) KGJ 43 A 67 = RJA 12, 90; KGJ 45 A 67 = RJA 13, 185.
60) Hamm JMBlNRW 1964, 174; OLGZ 1968, 232; vgl. § 44 Rdn. 3.
61) BayObLGZ 1951, 523 = JZ 1952, 47; Keidel Anm. 41; a.M. Soergel-Lange BGB⁹ § 1631 Anm. 27, weil Maßnahmen des VormG aus §§ 1800, 1631 Abs. 2 nur zu Erziehungszwecken zulässig seien.
62) Karlsruhe AnwBl. 1961, 142; Riedel-Corves-Sußbauer BRAGebO § 112 Anm. 1; Gerold-Schmidt BRAGebO³ § 112 Anm. 10; Schmidt-Futterer FamRZ 1965, 303 zu III 5; a.M. (§ 112) LG Aachen NJW 1961, 2120.
1) Zur Entstehungsgeschichte vgl. die Niederschriften des Sonderausschusses Strafrechtsreform über die 123. Sitzung vom 19. 11. 1968 (S. 2478 ff.), die 124. Sitzung vom 21. 11. 1968 (S. 2515 ff.), die 125. Sitzung vom 27. 11. 1968 (S. 2547 ff.) und die 148. Sitzung vom 13. 5. 1969 (S. 3369 ff.).

II. Kastration und andere Behandlungsmethoden

2 1. *Kastration* ist nach § 1 KastrG eine gegen die Auswirkungen eines abnormen Geschlechtstriebs gerichtete Behandlung, durch welche die Keimdrüsen eines Mannes absichtlich entfernt oder dauernd funktionsunfähig gemacht werden. Das Gesetz bezieht sich also nicht auf die Kastration von Frauen, weil der Eingriff bei diesen nicht geeignet ist, Auswirkungen eines abnormen Geschlechtstriebes zu beeinflussen. Es gilt auch nicht für den Fall der Entfernung der Keimdrüsen aus anderen Gründen als der Bekämpfung eines abnormen Geschlechtstriebes (z. B. Hodenkarzinom). Es betrifft als solches auch nicht unmittelbar die Sterilisation, bei welcher durch Unterbrechung des Ei- oder Samenleiters Zeugungsunfähigkeit herbeigeführt wird.

3 2. *Andere Behandlungsmethoden* sind nach § 4 Abs. 1 KastrG ärztliche Behandlungsarten, die ebenfalls gegen die Auswirkungen eines abnormen Geschlechtstriebes gerichtet sind, mit deren Anwendung aber nicht die Herbeiführung dauernder Funktionsunfähigkeit der Keimdrüsen beabsichtigt ist, die jedoch eine solche Folge haben können. Insoweit gilt das Gesetz auch für die Behandlung von Frauen. Hierfür kommen medikamentöse Behandlungen in Betracht, die zu diesem Zweck auch bei der Frau anwendbar sind oder die beim Mann als weniger einschneidende Maßnahme der Kastration vorzuziehen sein können oder die insbesondere vor Erreichung der für die Kastration vorgesehenen Altersgrenze (§ 2 Abs. 1 Nr. 3) zur Überbrückung dienen sollen, bis bei Erreichen der Altersgrenze beurteilt werden kann, ob nunmehr die Kastration angezeigt ist.

III. Sachliche Voraussetzungen

4 1. *Die Voraussetzungen der Kastration* sind in § 2 KastrG geregelt. In Abs. 1 sind die für den Regelfall geltenden Voraussetzungen aufgestellt, die kumulativ vorliegen müssen (Einwilligung des Betroffenen, medizinische Indikation, Vollendung des 25. Lebensjahres, Verhältnismäßigkeit, Vornahme nach den Erkenntnissen der medizinischen Wissenschaft). Nach § 2 Abs. 2 braucht das Erfordernis der medizinischen Indikation (§ 2 Abs. 1 Nr. 2) nicht erfüllt zu sein, wenn auf Grund des abnormen Geschlechtstriebes die Begehung rechtswidriger Taten im Sinne der §§ 175 Abs. 1 Nr. 1, 176, 177, 178, 183, 211, 212, 223 bis 226 StGB (Sittlichkeitsdelikte, Mord und Totschlag, Körperverletzung) zu erwarten ist und die Kastration nach den Erkenntnissen der medizinischen Wissenschaft angezeigt ist, um dieser Gefahr zu begegnen und damit dem Betroffenen bei seiner künftigen Lebensführung zu helfen. Auch in diesem Fall dient mithin der Eingriff nach der Zielrichtung des Gesetzes dem Schutz der Allgemeinheit nur mittelbar, in erster Linie aber dem Wohl des Betroffenen.

5 Das *Erfordernis der Einwilligung* wird in § 3 näher geregelt. Danach ist die Einwilligung unwirksam, wenn der Betroffene nicht vorher durch ein ärztliches Mitglied der Gutachterstelle (§ 5 Abs. 1 Nr. 1) über Grund, Bedeutung und Nachwirkung der Kastration, über andere in Betracht kommende Behandlungsmöglichkeiten sowie über sonstige Umstände aufgeklärt worden ist, denen er erkennbar Bedeutung beimißt (§ 3 Abs. 1). Andererseits ist die Einwilligung, wie § 3 Abs. 2 zur Behebung von Zweifeln ausspricht, nicht schon deswegen unwirksam, weil der Betroffene zur Zeit der Einwilligung auf richterliche Anordnung in einer Anstalt verwahrt wird. Grundsätzlich wird vorausgesetzt, daß der Betroffene fähig ist, Grund und Bedeutung der Kastration voll einzusehen und seinen Willen danach zu bestimmen. Ist das nicht der Fall, so ist die Kastration noch zulässig, wenn der Betroffene nach Aufklärung durch ein ärztliches Mitglied der Gutachterstelle wenigstens verstanden hat, welche unmittelbaren Folgen eine Kastration hat, und mit ihr einverstanden ist und wenn weiter der *Vormund oder Pfleger,* zu dessen Wirkungskreis die Angelegenheit gehört (§ 1910 BGB), nach Aufklärung (§ 3 Abs. 1, § 5 Abs. 1 Nr. 1) in die Behandlung einwilligt (§ 3 Abs. 3 Nr. 1 und 2). Bei voller Verständnisunfähigkeit des Betroffenen ist der Eingriff mit Einwilligung des (vorher aufgeklärten) Vormundes oder Pflegers nur unter der engen Voraussetzung zulässig, daß die Kastration nach den Erkenntnissen der medizinischen Wissen-

schaft angezeigt ist und vorgenommen wird, um eine lebensbedrohende Krankheit des Betroffenen zu verhüten, zu heilen oder zu lindern; in diesem Fall entfällt auch das Erfordernis des 25. Lebensjahres (§ 3 Abs. 4). Gedacht ist hierbei an Patienten, deren zwanghaft-exzessiver Drang zur Selbstbefriedigung zu lebensbedrohlichen Zuständen führt.

2. *Für andere Behandlungsmethoden* gelten die für die Kastration getroffenen Bestim- **6**
mungen nach § 4 Abs. 2, 3 mit folgenden Abweichungen:

a) Eine Altersgrenze besteht nicht; diese Behandlungsart soll vielmehr beim Mann die **7**
Zeit bis zum frühestmöglichen Eingriffszeitpunkt überbrücken. Die Vorschrift gilt für die Behandlung von Männern und Frauen.

b) Bei Minderjährigen ist nach § 4 Abs. 3 Satz 1 in jedem Falle die Einwilligung des **8**
gesetzlichen Vertreters erforderlich, nämlich auch wenn der Minderjährige selbst in einer nach allgemeinen Grundsätzen wirksamen Weise in die Behandlung eingewilligt hat. Die auf voller Einsicht beruhende Einwilligung des Minderjährigen ist im übrigen nur unter den schon bei der Kastration erörterten Voraussetzungen (Rdn. 5) entbehrlich. Außer der Einwilligung des gesetzlichen Vertreters ist die des oder der Sorgeberechtigten erforderlich, wenn dem gesetzlichen Vertreter die Sorge für die Person nicht zusteht oder neben ihm noch ein anderer sorgeberechtigt ist. Steht der Minderjährige unter Pflegschaft nach § 1706 BGB, so ist hiernach allein die nichteheliche Mutter einwilligungsberechtigt. Die Einwilligung des gesetzlichen Vertreters oder Sorgeberechtigten setzt zu ihrer Wirksamkeit ebenfalls die vorherige Aufklärung voraus.

3. *Die Bestätigung durch eine Gutachterstelle* ist erforderlich

a) bei der Kastration dahin, daß ein ärztliches Mitglied der Gutachterstelle (nicht z. B. **9**
ein Jurist oder Psychologe) den Betroffenen untersucht und die vorgeschriebenen Aufklärungen des Betroffenen und der Einwilligungsberechtigten vorgenommen hat und daß die Voraussetzungen der §§ 2 und 3 vorliegen (§ 5 Abs. 1),

b) bei anderen Behandlungsmethoden nur beim Fehlen voller Einsichtsfähigkeit des **10**
Betroffenen oder wenn dieser das 21. Lebensjahr noch nicht vollendet hat (§ 5 Abs. 2).

Einrichtung und Verfahren der Gutachterstelle bestimmen sich nach Landesrecht (§ 5 **11**
Abs. 3). Vgl. für *Hamburg* G über die Gutachterstelle für die freiwillige Kastration usw. v. 1. 12. 1969 (GVBl. S. 225).

IV. Mitwirkung des Vormundschaftsgerichts

Hierüber bestimmt § 6 KastrG:

Genehmigung des Vormundschaftsgerichts

§ 6. In den Fällen des § 3 Abs. 3, 4 sowie des § 4 Abs. 2 bedarf die Einwilligung der Genehmigung des Vormundschaftsgerichts. Das Vormundschaftsgericht hat den Betroffenen persönlich zu hören. Die Verfügung, durch die es die Genehmigung erteilt, wird erst mit der Rechtskraft wirksam.

1. *Genehmigung des Vormundschaftsgerichts.* Die Genehmigung ist erforderlich zu der **12**
Einwilligung von Vormund, Pfleger, gesetzlichem Vertreter oder Sorgeberechtigten in allen Fällen (§ 3 Abs. 3 und 4, § 4 Abs. 2), in denen die Kastration vorgenommen werden darf oder andere Behandlungsmethoden angewandt werden dürfen, ohne daß außer den jeweils gebotenen weiteren Voraussetzungen eine auf vollem Verständnis des Betroffenen beruhende Einwilligung vorliegt. Sie ist mithin nicht erforderlich zu der Einwilligung des gesetzlichen Vertreters oder des Sorgeberechtigten, wenn der Minderjährige die erforderliche Verstandesreife und Einsichtsfähigkeit besitzt. Das VormG hat zunächst zu prüfen, ob die Einwilligung erforderlich und erteilt und ob sie nicht etwa wegen fehlender Aufklärung (§ 3 Abs. 3 Nr. 2, § 4 Abs. 3 Satz 4) unwirksam ist. Für die Erteilung der Genehmigung ist das Wohl des Betroffenen maßgebend. Daran fehlt es jedenfalls, wenn die Gutachterstelle nicht be-

stätigt hat, daß die Voraussetzungen der §§ 2 und 3 oder des § 4 Abs. 1, 2 vorliegen; Aber auch wenn diese Bestätigung erteilt ist, kann das VormG die Genehmigung gleichwohl versagen, wenn es der Meinung ist, daß der Eingriff nicht dem Wohl des Betroffenen dient.

13 2. *Verfahren.* Sachlich zuständig ist das Vormundschaftsgericht (§ 35). Die örtliche Zuständigkeit bestimmt sich nach §§ 43, 36, 46, Das Verfahren ist dem Richter vorbehalten (§ 12 Nr. 10 b RechtspflG i. d. F. des § 9 KastrG, ab 1. 7. 1970 gemäß § 14 Nr. 20 RechtspflG n. F.). Ein förmlicher Antrag ist nicht erforderlich. Es gilt der Amtsermittlungsgrundsatz (§ 12). Die persönliche Anhörung des Betroffenen ist stets zwingend vorgeschrieben (§ 6 Satz 2); sie kann aber auch im Wege der Rechtshilfe erfolgen. Durch Ordnungsstrafen oder unmittelbaren Zwang (Vorführung) kann das Erscheinen nicht erzwungen werden (§ 12 Rdn. 66, 67, 69). Ein solches Vorgehen wäre hier bei einer Maßnahme, die ganz auf Freiwilligkeit abgestellt ist, besonders unangebracht; leistet der Betroffene den Vorladungen keine Folge, so muß eine Entscheidung über die Genehmigung abgelehnt (nicht etwa die Genehmigung versagt) werden. Inwieweit die Einwilligungsberechtigten und andere Personen (Ehegatte) anzuhören sind, richtet sich nach den Erfordernissen der Sachaufklärung und der Wahrung des rechtlichen Gehörs. Das Jugendamt ist am Verfahren nicht beteiligt.

14 Die *Entscheidung* ergeht dahin, daß die Einwilligung vormundschaftsgerichtlich genehmigt wird. Es ist nicht etwa die Kastration zu genehmigen oder gar anzuordnen. Ob die Kastration vorgenommen werden darf, hat der Arzt bei Vermeidung der strafrechtlichen Folgen des § 7 KastrG selbständig zu prüfen.

15 3. *Rechtsmittel.* Die Verfügung, durch welche das VormG die Entscheidung über die Genehmigung ablehnt oder die Genehmigung versagt, ist nach § 19 mit der unbefristeten Beschwerde anfechtbar. Die Verfügung, durch die es die Genehmigung erteilt, wird nach § 6 Satz 3 erst mit der Rechtskraft wirksam. Es findet mithin nach § 60 Abs. 1 Nr. 6 die sofortige Beschwerde statt. Das Beschwerderecht bestimmt sich nach § 20 Abs. 1; bei Ablehnung kann es auch nach § 57 Abs. 1 Nr. 9 gegeben sein, während ein Beschwerderecht nach dieser Vorschrift bei Erteilung der Genehmigung durch § 57 Abs. 2 ausgeschlossen wird. Ein Beschwerderecht aus § 20 Abs. 1 ist sowohl bei Stattgabe als auch bei Ablehnung zuzubilligen dem Betroffenen, auch wenn er geschäftsunfähig ist (vgl. § 13 Rdn. 20, 22), den Einwilligungsberechtigten und im Hinblick auf § 1353 Abs. 1 BGB dem Ehegatten des Betroffenen. Diesen Beteiligten muß daher die stattgebende Entscheidung, um die Beschwerdefrist in Lauf zu setzen, nach § 16 Abs. 2 Satz 1 oder Abs. 3 förmlich bekannt gemacht werden.

16 Die *Änderungsbefugnis* des Gerichts ergibt sich bei ablehnenden Verfügungen aus § 18 Abs. 1 Halbs. 1; bei Erteilung der Genehmigung ist die Änderung durch § 18 Abs. 2 ausgeschlossen.

17 4. Mit der *Vollziehung* des Eingriffs ist das VormG nicht befaßt; § 33 ist nicht anwendbar, weil keine Verpflichtung durch die gerichtliche Verfügung auferlegt wird. Auch eine Unterstützung der Eltern oder des Vormundes nach §§ 1631 Abs. 2, 1800, 1897, 1901 durch das Vormundschaftsgericht zwecks Durchführung der Behandlung findet nicht statt, da die Maßnahme nicht der Erziehung dient.

Feststellung des Vaters eines nichtehelichen Kindes nach dem Tode des Mannes oder des Kindes

55b **(1) In dem Verfahren, das die Feststellung des Vaters eines nichtehelichen Kindes zum Gegenstand hat, hat das Gericht die Mutter des Kindes sowie, wenn der Mann gestorben ist, dessen Ehefrau, Eltern und eheliche Kinder zu hören. War der Mann nichtehelich, so braucht dessen Vater nicht gehört zu werden. Das Gericht darf von der Anhörung einer Person nur absehen, wenn diese zur Abgabe einer Erklärung dauernd außerstande oder ihr Aufenthalt dauernd unbekannt ist.**

(2) Eine Verfügung, durch die das Vormundschaftsgericht über den Antrag auf Feststellung der Vaterschaft entscheidet, wird erst mit der Rechtskraft wirksam.

(3) Gegen die Verfügung, durch die das Vormundschaftsgericht die Vaterschaft feststellt, steht den nach Absatz 1 zu hörenden Personen und dem Kinde die Beschwerde zu.

Eingefügt durch Art. 7 Nr. 13 des G über die rechtliche Stellung der nichtehelichen Kinder vom 19. 8. 1969 (BGBl. I 1243). In Kraft getreten am 1. Juli 1970.

A. Bedeutung

Die Vorschrift ist eine verfahrensrechtliche Ergänzung zu § 1600 n BGB n. F. Dort ist bestimmt: **1**

§ 1600 n BGB. (1) Ist die Vaterschaft nicht anerkannt, so ist sie auf Klage des Kindes oder des Mannes, der das Kind gezeugt hat, gerichtlich festzustellen.

(2) Nach dem Tode des Mannes ist die Vaterschaft auf Antrag des Kindes, nach dem Tode des Kindes auf Antrag der Mutter vom Vormundschaftsgericht festzustellen.

Die Rechtswirkungen der nichtehelichen Vaterschaft können nach § 1600 a BGB n. F. im allgemeinen erst geltend gemacht werden, wenn die Vaterschaft mit Wirkung für und gegen alle festgestellt ist. Für diese Feststellung eröffnet das Gesetz zwei Wege, die Anerkennung der Vaterschaft mit Zustimmung des Kindes und die gerichtliche Feststellung (§§ 1600 a, 1600 c, 1600 n BGB). Die gerichtliche Feststellung ist in erster Linie durch Klage des Kindes oder des Mannes vor dem Prozeßgericht zu betreiben, wofür die Amtsgerichte sachlich zuständig sind (§ 1600 n Abs. 1 BGB, §§ 640, 641 ZPO n. F., § 23 a Nr. 1 GVG n. F.). Sind der Mann oder das Kind gestorben, so wird entsprechend der für die Anfechtung der Ehelichkeit in § 1599 Abs. 2 BGB und der für die Anfechtung der Anerkennung der nichtehelichen Vaterschaft in § 1600 l Abs. 2 BGB getroffenen Regelung (vgl. die Bem. zu § 56 c) durch § 1600 n Abs. 2 BGB ein Verfahren vor dem Vormundschaftsgericht eröffnet, weil ein streitiges Verfahren vor dem Prozeßgericht wegen Fehlens einer Gegenpartei nicht durchgeführt werden könnte; in Kindschaftssachen ist nach dem Tode einer Partei die Fortsetzung des Rechtsstreits gegen die Erben außer wegen der Kosten ausgeschlossen (§§ 640, 628, 640 g ZPO). Auch nach dem Tode des Kindes kann ein ideelles oder rechtliches Interesse daran bestehen, die Vaterschaft feststellen zu lassen. Hat etwa die Mutter oder ein Dritter dem Kinde bis zu seinem Tode Unterhalt gewährt, so kann Ersatz von dem Vater nur nach Feststellung seiner Vaterschaft verlangt werden. Ist der Vater vor dem Kinde verstorben, so ist auch zur Geltendmachung erbrechtlicher Ansprüche die vorherige Feststellung der Vaterschaft erforderlich (amtl. Begr. BT-Drucks. V 2370 S. 36).

B. Verfahren

I. Zuständigkeit

1. Sachliche Zuständigkeit. Sachlich zuständig ist das Vormundschaftsgericht (§ 1600 n Abs. 2 BGB), also das Amtsgericht (§ 35). Auch in Württemberg ist nicht der Bezirksnotar, sondern das Amtsgericht zuständig (§ 68 Nr. 5 WürttAGBGB). Das Verfahren ist dem *Richter* vorbehalten (§ 14 Nr. 3 Buchst. c RechtspflG i. d. F. des G vom 5. 11. 1969 (BGBl. I 2065). **2**

2. Örtliche Zuständigkeit. Örtlich zuständig ist bei Lebzeiten des Kindes das nach den Verhältnissen des Kindes gemäß den §§ 43, 36 im Zeitpunkt des Eingangs des Antrags zuständige VormG. Eine Abgabe nach § 46 Abs. 3 ist statthaft; zustimmungsberechtigt (§ 46 Rdn. 29) ist das Kind oder sein gesetzlicher Vertreter. Nach dem Tode des Kindes richtet sich die örtliche Zuständigkeit nach § 73 FGG; dann findet eine Abgabe nach § 46 nicht statt. **3**

3. Internationale Zuständigkeit. Sofern nach den Verhältnissen des Kindes eine von den §§ 43, 36, 73 FGG erforderte örtliche oder (§§ 36 Abs. 2, 73 Abs. 2) durch die Staatsangehörigkeit des Kindes begründete Inlandsbeziehung vorliegt, ist auch die deutsche internatio- **4** nale Zuständigkeit gegeben, da die Vorschriften des FGG über die örtliche auch auf die internationale Zuständigkeit hinweisen (§ 1 Rdn. 139); dabei kommt jedoch der Geschwistergerichtsstand (§ 36 Abs. 1 Satz 2) nicht in Betracht und statt auf den Wohnsitz im Rechtssinne ist auf den gewöhnlichen Aufenthalt des Kindes abzustellen. Das gilt auch, wenn nach dem maßgeblichen Personalstatut fremdes Recht anzuwenden ist, selbst wenn der Heimatstaat die Entscheidung nicht anerkennt (vgl. § 56 c Rdn. 34). Ist auf das Statusverhältnis materiell fremdes Recht anwendbar, so befindet dieses jedoch auch darüber, ob und unter welchen Voraussetzungen und mit welcher Wirkung die Abstammung gerichtlich festgestellt werden kann[1]). Nach deutschem IPR ist das Heimatrecht des Vaters maßgebend[2]). Fehlt es in der Person des Kindes an einer örtlichen Inlandsbeziehung i. S. der §§ 43, 36, 73 FGG und hat es auch nicht die deutsche Staatsangehörigkeit (gehabt), so muß das Vorhandensein der örtlichen Inlandsbeziehung in der Person des Antragstellers entsprechend § 640 a Abs. 1 ZPO genügen. Fehlt es auch hieran, so ist bei fremder Staatsangehörigkeit des Kindes, aber Geltung des deutschen Personalstatuts nach Maßgabe des vom deutschen IPR berufenen Mannesrechts zu Verwirklichung der Statutszuständigkeit § 36 Abs. 2 entsprechend anzuwenden (vgl. § 56 c Rdn. 34).

5 *4. Interzonale Zuständigkeit.* Die vorstehend erörterten Grundsätze gelten für die interzonale Zuständigkeit sinngemäß mit der Abwandlung, daß an die Stelle der Staatsangehörigkeit das interzonale Personalstatut des Vaters tritt (§ 35 Rdn. 130). Nach dem Sachrecht der DDR, welches anzuwenden ist, wenn der Vater mitteldeutsches Personalstatut hat, wird die Vaterschaft, wenn sie nicht anerkannt wird, auf Klage der Mutter, des Vormundes oder des volljährigen Kindes gerichtlich festgestellt (§§ 55, 56 FGB).

II. Antragsverfahren

6 *1. Antrag.* Ein förmlicher Antrag eines Antragsberechtigten (Rdn. 9) ist notwendige Voraussetzung für die Einleitung des Verfahrens (§ 1600 n Abs. 2). Der Antrag kann schriftlich beim Gericht eingereicht oder mündlich zum Protokoll der Geschäftsstelle gestellt werden (§ 11). Für die Vertretung durch Bevollmächtigte und den Nachweis der Vollmacht gilt § 13 Satz 2, 3. Eine *Antragsfrist* ist nicht zu wahren (BT-Drucks. V/2370 S. 36). Nach § 1934 c BGB hängt zwar das gesetzliche Erbrecht des Kindes nach dem Vater und seinen Verwandten, wenn die Vaterschaft nicht anerkannt ist, davon ab, daß das Verfahren zur gerichtlichen Feststellung der Vaterschaft zur Zeit des Erbfalls bereits anhängig war oder innerhalb bestimmter Frist anhängig gemacht wird. Damit wird aber nur eine materielle Voraussetzung für das Erbrecht des Kindes begründet, nicht eine verfahrensrechtliche Befristung des Klage- oder Antragsrechts, zumal die Vaterschaft außer in erbrechtlicher auch in anderer Beziehung von Bedeutung sein kann. Hat sich eine zur Zeit des Erbfalls anhängige Feststellungsklage durch den Tod des Mannes erledigt (§§ 640 Abs. 1, 628 ZPO), so ist die Wahrung einer Frist für den alsdann notwendig werdenden Antrag an das VormG nicht einmal Voraussetzung des Erbrechts (BT-Drucks. V/2370 S. 97).

7 *2. Zulässigkeit des Antrags.* Der Antrag an das VormG setzt voraus, daß das Kind nichtehelich und entweder das Kind oder der Mann verstorben ist. Das Kind muß lebend geboren gewesen sein; auf eine Totgeburt ist das Verfahren nicht anwendbar. Der Antrag ist unzulässig, wenn bereits ein anderer Mann die Vaterschaft wirksam anerkannt hat (§ 1600 b Abs. 3); die Anerkennung muß zuvor im Wege der Anfechtung (vgl. § 56 c) beseitigt werden (BT-Drucks. V/2370 S. 36). Eine nach §§ 1600 b bis 1600 e unwirksame Anerkennung, deren Unwirksamkeit nicht nach § 1600 f Abs. 2 geheilt ist, steht jedoch der Feststellung einer anderen Vaterschaft nicht entgegen; über die Unwirksamkeit kann als Vorfrage entschieden werden, obwohl darüber nach § 640 Abs. 2 Nr. 1 Halbs. 2 ZPO auch im Kindschaftsprozeß entschieden werden könnte (§ 56 c Rdn. 3 a. E.). Der Antrag setzt ein *Feststellungsinteresse*

[1]) Soergel-Kegel BGB[9] Art. 21 EG Anm. 21.

[2]) Soergel-Kegel aaO. Anm. 16, 17, 21 mit Fn. 34 (str.).

voraus (vgl. Vorbem. vor § 8 Rdn. 17); für den Antrag des Kindes ist dieses Interesse regelmäßig gegeben, ohne daß es der Darlegung näherer Umstände bedarf, weil die Feststellung Voraussetzung für die Geltendmachung der Vaterschaft ist (§ 1600 a Satz 2). Dasselbe gilt für den Antrag der Mutter, sofern überhaupt noch Ansprüche des Kindes oder der Mutter oder eines Dritten gegen den Vater (vgl. § 1615 b BGB) in Betracht kommen. Die Feststellung der Vaterschaft ist Voraussetzung auch für die Ansprüche der Mutter nach §§ 1615 k, 1615 l BGB, sofern sie nicht gemäß § 1615 o Abs. 2 BGB durch einstweilige Verfügung geltend gemacht werden. Bloßes Nichtbestreiten der Vaterschaft durch den Mann räumt das Feststellungsinteresse nicht aus, solange er nicht wirksam anerkannt hat. Auch das Interesse des Vaters an der positiven Feststellung der Vaterschaft ist als berechtigt anzuerkennen (BT-Drucks. V/2370), wenn das Kind sich weigert, der Anerkennung zuzustimmen (§ 1600 c BGB). Die Möglichkeit eines negativen Feststellungsantrags wird durch § 1600 n Abs. 2 BGB weder für das Kind oder die Mutter noch für den Mann eröffnet.

3. *Antragsberechtigung.* Antragsberechtigt ist nach dem Tode des Mannes das Kind, nach **8**
dem Tode des Kindes die Mutter. Die Mutter ist auch antragsberechtigt, wenn das Kind und der Mann verstorben sind, mag der Vater vor dem Kinde, so daß dieses erbrechtliche Ansprüche haben könnte, oder nach ihm verstorben sein. Erst wenn sowohl der Mann als auch die Mutter und das Kind verstorben sind, entfällt die Möglichkeit, die Vaterschaft mit Wirkung inter omnes festzustellen. Der Vater hat nach dem Tode des Kindes kein Antragsrecht auf Feststellung seiner positiven Vaterschaft. Das Kind wird in dem Verfahren, wenn es geschäftsunfähig oder in der Geschäftsfähigkeit beschränkt ist, von seinem gesetzlichen Vertreter vertreten. Steht das Kind nach §§ 1706, 1709 BGB unter Pflegschaft, so gehört die Vertretung des Kindes nach § 1706 Nr. 1 BGB zum Wirkungskreis des Pflegers. Auch für die Mutter handelt, wenn sie nicht voll geschäftsfähig ist, ihr gesetzlicher Vertreter; § 1600 k Abs. 1 Satz 1 und § 640 b ZPO gelten nur für die Anfechtung der Anerkennung oder der Ehelichkeit. Für eine ausdehnende Anwendung dieser Vorschriften besteht keine Rechtsgrundlage, zumal die Mutter zu Lebzeiten des Kindes für eine Feststellungsklage nach § 1600 n Abs. 1 BGB nicht aktiv legitimiert ist und die Ansprüche der minderjährigen Mutter aus §§ 1615 k, 1615 l BGB durch den gesetzlichen Vertreter geltend gemacht werden müssen.

III. Verfahrensgrundsätze

1. *Beteiligte. Anhörungspflichten.* Am Verfahren beteiligt ist zunächst der Antragsteller, **9**
also das Kind oder die Mutter. Nach Abs. 1 Satz 1, 2 hat das VormG die Mutter des Kindes, sofern sie nicht selbst Antragstellerin ist, sowie, wenn der Mann verstorben ist, dessen Ehefrau, eheliche Kinder und Eltern mit Ausnahme des nichtehelichen Vaters zu hören. Das bedeutet, daß diese Personen von Amts wegen zu dem Verfahren hinzuzuziehen sind und daß ihnen rechtliches Gehör gewährt werden muß. Die Anhörung hat nicht nur die Bedeutung eines Aufklärungsmittels, sondern soll den Genannten auch Gelegenheit geben, in dem Verfahren ihre eigenen Rechte wahrzunehmen, die durch die Begründung einer erbrechtlichen Stellung des Kindes und von Unterhaltspflichten betroffen werden können. Mit Rücksicht hierauf und im Hinblick auf das in Abs. 3 verliehene Beschwerderecht müssen die Anzuhörenden als materiell Beteiligte angesehen werden, die Anspruch auf rechtliches Gehör haben und zu deren Gunsten oder Lasten eine Kostenentscheidung nach § 13 a ergehen kann, wenn sie über eine bloße Stellungnahme hinaus durch widersprechende Anträge an dem Verfahren teilgenommen haben. Eine Pflicht, weitere Personen als die Abs. 1 Satz 1 Genannten hinzuzuziehen besteht nicht. Es ist zwar nicht auszuschließen, daß noch weitere Personen von der Entscheidung betroffen werden, etwa andere nichteheliche Kinder des Vaters, sein Testamentserbe[3]), ferner beim Fehlen von Ehegatten, ehelichen Kindern und Eltern des Vaters

[3]) Der Vorschlag des Referentenentwurfs, der die Anhörung der Erben des Mannes vorsah (vgl. Jansen-Knöpfel, Das neue Unehelichengesetz, S. 469), ist nicht Gesetz geworden.

dessen weitere Verwandte. Es ist aber anzunehmen, daß der Kreis der zu Beteiligenden in Abs. 1 Satz 1 und Abs. 3 abschließend bestimmt wird, wie sich insbesondere aus dem Ausschluß der nichtehelichen Kinder und des nichtehelichen Vaters des Mannes ergibt. Eine solche Beschränkung ist statthaft, wenn sich der formellen Beteiligung aller in ihren Rechten Betroffenen wegen der Unüberschaubarkeit des Personenkreises unüberwindliche Hindernisse entgegenstellen[4]), die das Verfahren erheblich erschweren und die Herbeiführung der formellen Rechtskraft vereiteln könnten. Eine solche Beschränkung ist insbesondere vertretbar, wenn eine Rechtsstellung nicht durch einen konstitutiven Staatsakt begründet werden soll, wie bei der Ehelicherklärung auf Antrag des Kindes (vgl. § 56 b Rdn. 18 a. E.) oder bei der nachträglichen Anerkennung freier Ehen (vgl. § 23 EGGVG Rdn. 5), sondern wenn, wie hier, in einem vom Untersuchungsgrundsatz beherrschten Verfahren aus einem objektiv feststehenden Sachverhalt lediglich die rechtlichen Folgerungen zu ziehen sind.

10 Das *Unterbleiben der Hinzuziehung* eines nach Abs. 1 Satz 1 Anzuhörenden ist ein Verfahrensfehler, der von diesem Beteiligten, nicht von einem der anderen (§ 12 Rdn. 102) mit der Beschwerde gerügt, im Beschwerdeverfahren aber geheilt werden kann; im Rechtsbeschwerdeverfahren liegt der unbedingte Rechtsbeschwerdegrund des § 27 Satz 2 FGG mit § 551 Nr. 5 ZPO vor (§ 27 Rdn. 29, 35), im Wiederaufnahmeverfahren der Nichtigkeitsgrund des § 579 Abs. 1 Nr. 4 ZPO.

11 *Absehen von der Anhörung* ist nach Abs. 1 Satz 3 gestattet, wenn der Anzuhörende zur Abgabe einer Erklärung dauernd außerstande oder sein Aufenthalt dauernd unbekannt ist. Zur Erklärungsabgabe außerstande ist auch der Geschäftsunfähige (§ 56 b Rdn. 7 a. E.). Die in Abs. 1 Satz 3 gebrauchte Formel paßt an sich nur für Erklärungen, bei denen eine Vertretung gesetzlich ausgeschlossen ist; ein solcher Fall liegt hier nicht vor. Das Gesetz will wohl nur die Fälle umschreiben, in denen angenommen werden darf, daß die Anhörung unmöglich ist. Wenn daher die dauernde Unfähigkeit zur Abgabe einer Erklärung auf Geschäftsunfähigkeit beruht, muß der gesetzliche Vertreter gehört werden. Der Abwesenheitspfleger eines Beteiligten, der unbekannten Aufenthalts ist, ist aber wegen der personenrechtlichen Natur der Angelegenheit wohl nicht zur Vertretung berufen.

12 Eine *Streitverkündung* des Kindes (oder der Mutter) an einen Dritten, dessen Inanspruchnahme als Vater für den Fall des Unterliegens in Aussicht genommen wird, ist entsprechend § 641 b ZPO auch im Verfahren vor dem VormG zuzulassen (vgl. Vorbem. vor § 8 Rdn. 66).

13 *Jugendamt* und Staatsanwalt sind nicht zur Mitwirkung berufen.

14 *2. Feststellung der Vaterschaft.* Ziel des Verfahrens ist die Feststellung des wirklichen (biologischen) Vaters (§ 1600 o Abs. 1 BGB; BT-Drucks. zu V/4179 S. 2). Nach § 1600 o Abs. 2 Satz 1 BGB wird vermutet, daß das Kind von dem Mann gezeugt ist, welcher der Mutter während der Empfängniszeit beigewohnt hat. Die Tatsache der Beiwohnung ist daher zunächst durch Beweiserhebungen (§§ 12, 15) aufzuklären. Auf die Vaterschaftsvermutung darf aber die Entscheidung erst gestützt werden, wenn sämtliche der Klärung dienlichen Beweise erhoben worden und keine schwerwiegenden Zweifel an der Abstammung verblieben sind (§ 1600 o Abs. 2 Satz 2). Das Gesetz hat davon abgesehen, die Vaterschaftsvermutung unterschiedlich zu regeln je nachdem, ob der Nachweis des Mehrverkehrs gelingt oder nicht (BT-Drucks. zu V/4179 S. 2). Das Schwergewicht der gerichtlichen Beweiserhebung wird hierdurch in vermehrtem Maße darauf verlegt, für die als Vater in Betracht kommenden Männer einen positiven Beweis aus der naturwissenschaftlichen Expertise und dem sonstigen Beweisergebnis zu erbringen[5]). Wegen der naturwissenschaftlichen Methoden der Vater-

[4]) Vgl. Schlosser, Gestaltungsklagen und Gestaltungsurteile, 1966, § 19 III.

[5]) Vgl. Hummel, Der Stand der medizinischen Wissenschaft in der Abstammungsbegutachtung und die Frage: Vaterschaftsfeststellung ohne Beweisregel?, FamRZ 1969, 19, auf dessen vor dem Rechtsausschuß des BT — Unterausschuß Unehelichenrecht — erstattetes Gutachten die Fassung des § 1600 o BGB beruht. Dazu Reinheimer, FamRZ 1970, 122 zu III.

schaftsfeststellung vgl. die Hinweise bei § 56 c Rdn. 36. Im übrigen ist es nicht ausgeschlossen, daß das Gericht in freier Beweiswürdigung die Überzeugung von der Vaterschaft des Mannes nach Anhörung der Beteiligten auch ohne Beweiserhebung gewinnt, wenn keine durch Tatsachen begründeten Zweifel an der Vaterschaft aufgetreten sind und die nach Abs. 1 Satz 1 Anzuhörenden die Vaterschaft nicht in Abrede stellen. Erkennt der Mann in dem auf Antrag der Mutter eingeleiteten Verfahren die Vaterschaft zu dem verstorbenen Kinde an, so tritt nicht etwa Erledigung der Hauptsache ein, sondern es ist sachlich zu entscheiden, da die Zustimmung des Kindes (§ 1600 c BGB) nicht mehr erteilt werden kann. Ein Vergleich über die Vaterschaft ist nicht zulässig.

Die Vorschrift des § 640 f ZPO, nach welcher das Verfahren von Amts wegen auszusetzen ist, wenn ein (erbkundliches) Gutachten wegen des Alters des Kindes noch nicht erstattet werden kann, gilt auch im Verfahren vor dem VormG. Zuvor muß aber die Beweisaufnahme im übrigen abgeschlossen sein. Gegen die Aussetzung und ihre Ablehnung findet die unbefristete Beschwerde nach § 19 statt (Vorbem. vor § 8 Rdn. 41).

IV. Rechtsmittel

1. Statthaftigkeit. Die Verfügung des VormG wird nach Abs. 2 erst *mit der Rechtskraft wirksam,* gleichviel, ob der Antrag zurückgewiesen oder die Vaterschaft festgestellt wird. Gemäß § 60 Abs. 1 Nr. 6 findet mithin die *sofortige Beschwerde* nach § 22 statt. Die Verfügung muß daher, um die Beschwerdefrist in Lauf zu setzen, allen Beschwerdeberechtigten (Rdn. 18, 19) gemäß § 16 Abs. 2 Satz 1 förmlich zugestellt werden, sofern sie nicht gemäß § 16 Abs. 3 zu Protokoll bekannt gemacht wird. Den Personen, die an sich zu dem Kreis der nach Abs. 1 Satz 1 Anzuhörenden gehören, von deren Anhörung aber nach Abs. 1 Satz 3 abgesehen werden darf, braucht die Verfügung nicht bekannt gemacht zu werden, es sei denn, daß die Unfähigkeit zur Erklärungsabgabe auf Geschäftsunfähigkeit beruht und ein gesetzlicher Vertreter vorhanden ist (Rdn. 12). Das Unterbleiben der Bekanntmachung an sie hemmt auch, weil sie kein Beschwerderecht haben (Rdn. 19), nicht den Eintritt der formellen Rechtskraft. Das VormG ist zu einer Änderung seiner Entscheidung gemäß § 18 Abs. 2 weder vor noch nach Eintritt der formellen Rechtskraft befugt (BT-Drucks. V/3719 S. 53). **16**

2. Beschwerderecht

a) Gegen die *Zurückweisung des Antrags* steht die sofortige Beschwerde nach § 20 Abs. 2 nur dem Antragsteller zu. Hat der Antragsteller nach § 641 b ZPO einem Dritten den Streit verkündet (Rdn. 13) und ist dieser dem Verfahren beigetreten, so kann auch er innerhalb der für den Antragsteller laufenden Beschwerdefrist Rechtsmittel einlegen. **17**

b) Gegen die Verfügung, durch die das VormG die *Vaterschaft feststellt,* steht die sofortige Beschwerde nach Abs. 3 dem Kinde und den nach Abs. 1 Satz 1 Anzuhörenden zu, also der Mutter und, wenn der Mann gestorben ist, seinen dort genannten Angehörigen, und zwar auch dann, wenn sie tatsächlich nicht gehört, d. h. zu dem Verfahren hinzugezogen worden sind. Das Kind und die Mutter bedürfen in ihrer Eigenschaft als Antragsteller keiner Beschwerde, da sie den Antrag bis zum Eintritt der formellen Rechtskraft zurücknehmen können (Vorbem. vor § 8 Rdn. 18, § 20 Rdn. 20); ein Beschwerderecht steht ihnen aber zu um geltend zu machen, daß sie einen Antrag nicht oder nicht wirksam gestellt hätten (BT-Drucks. V/3719) S. 53 zu § 55 b). Da die Anhörungspflicht nach Abs. 1 Satz 3 nicht gegenüber Personen besteht, die zur Abgabe einer Erklärung dauernd außerstande sind oder deren Aufenthalt dauernd unbekannt ist, bezieht sich die Einräumung des Beschwerderechts in Abs. 3 auf sie nicht. Sie können auch nicht mit der Begründung, der in Abs. 1 Satz 3 beschriebene Zustand habe nach dem Erlaß der Verfügung geendet, Rechtsmittel einlegen oder Wiedereinsetzung in den vorigen Stand beantragen (vgl. § 20 Rdn. 11). Problematisch ist es, wenn geltend gemacht wird, das VormG habe das Bestehen dieses Zustandes zu Unrecht angenommen; da eine förmliche Bekanntmachung an diese Person regelmäßig unterblieben sein wird, weil sie vom Standpunkt des VormG aus nicht erforderlich oder nicht ausführbar ist, würde die Zulassung eines auf diesen Einwand gestützten Rechtsmittels bedeuten, daß die **18**

Verfügung nicht formell rechtskräftig und damit nicht wirksam werden kann. Regelungen der in Abs. 1 Satz 3 (und in § 1740 d Satz 1 Halbs. 2 mit § 56 b Abs. 2 FGG) enthaltenen Art sind nur vertretbar, wenn die Verfügung entweder unanfechtbar ist (so die Verfügung nach § 68 a FGG) oder die Beschwerdefrist durch öffentliche Bekanntmachung in Lauf gesetzt wird (vgl. § 48 a PStG) oder wenn entsprechend § 1756 Abs. 2 BGB bestimmt ist, daß aus der unrichtigen Annahme des Tatbestandes Rechtsfolgen nicht hergeleitet werden können. Es wird daher angenommen werden müssen, daß nach dem Ablauf der Beschwerdefrist für die übrigen Beteiligten ein gemäß Abs. 1 Satz 3 nicht Hinzugezogener ein Rechtsmittel nicht auf die Behauptung stützen kann, das VormG habe den Tatbestand des § 55 b Abs. 1 Satz 3 zu Unrecht angenommen. Das gilt aber nicht, wenn die Unfähigkeit zur Abgabe einer Erklärung auf Geschäftsunfähigkeit beruht und die Person einen gesetzlichen Vertreter hat, dessen Bestellung notfalls vom VormG zu veranlassen ist (Rdn. 12); in diesem Fall besteht kein Hindernis, den gesetzlichen Vertreter zu hören, die Entscheidung ihm zuzustellen und ihm ein Beschwerderecht namens des Mündels einzuräumen. Andere Verwandte als die in Abs. 3 mit Abs. 1 Satz 1 genannten sowie die Erben des Mannes als solche haben kein Beschwerderecht (Rdn. 10).

V. Rechtskraftwirkung

19 Die Feststellung der Vaterschaft führt mit dem Eintritt der formellen Rechtskraft unmittelbar eine Veränderung der materiellen Rechtslage herbei, weil die Feststellung nach § 1600 a Satz 2 BGB Voraussetzung für die Geltendmachung der Rechtswirkungen der Vaterschaft ist; sie steht daher als feststellende Verfügung mit Quasi-Gestaltungswirkung (vgl. § 18 Rdn. 28) einer rechtsgestaltenden Verfügung der freiwilligen Gerichtsbarkeit gleich und wirkt deshalb ebenso wie ein rechtskräftiges Statusurteil (§§ 640 h Satz 1, 641 k ZPO) für und gegen alle (§ 16 Rdn. 22; BT-Drucks. V/3719 S. 53 zu § 55 b). Die Verfügung erwächst außerdem in materielle Rechtskraft; das Gericht darf sie nicht ändern (§ 18 Abs. 2). Auch der Verfügung, durch welche der Antrag auf Grund sachlicher Würdigung des Streitstoffs als unbegründet formell rechtskräftig zurückgewiesen worden ist, ist materielle Rechtskraft und Wirkung für und gegen alle beizumessen (BT-Drucks. V/3719) S. 53 zu § 55 b; vgl. § 56 c Rdn. 38). Mit Rücksicht darauf aber, daß die Verfügungen ein Statusurteil ersetzen, wird eine *Wiederaufnahme des Verfahrens* entsprechend §§ 578 ff. ZPO einschließlich der Erweiterung in § 641 i ZPO (neues Vaterschaftsgutachten) zugelassen werden müssen (vgl. § 18 Rdn. 40, 46). Wird der Antrag aus förmlichen Gründen zurückgewiesen, so ist seine Erneuerung (§ 18 Abs. 1 Halbs. 2) unter Behebung des Mangels nicht ausgeschlossen.

VI. Mitteilungspflicht

20 Die rechtskräftige Feststellung der Vaterschaft ist durch die Geschäftsstelle des VormG dem Standesbeamten, der das Geburtenbuch des Kindes führt, mitzuteilen (§ 29 Abs. 2 PStG).

VII. Kosten

21 *Gebühren a)* des *Gerichts* § 94 Abs. 1 Nr. 7 KostO i. d. F. des Art. 11 Nr. 4 NichtehelG. Im Beschwerdeverfahren gilt § 131 KostO. Geschäftswert § 30 Abs. 2, 3 KostO. b) des *Rechtsanwalts* § 118 BRAGebO.

Volljährigkeitserklärung

56 Die Volljährigkeitserklärung soll nur auf Antrag des Minderjährigen oder desjenigen gesetzlichen Vertreters des Minderjährigen erfolgen, welchem die Sorge für die Person zusteht.

Die Verfügung, durch welche der Minderjährige für volljährig erklärt wird, tritt erst mit der Rechtskraft in Wirksamkeit.

1. Allgemeines[1]. Die Vorschrift enthält verfahrensrechtliche Ergänzungen zur *Volljährigkeitserklärung* nach den §§ 3 bis 5 BGB. 1

2. Zuständigkeit

a) Sachlich zuständig ist das VormG (§ 3 Abs. 1 BGB), also das Amtsgericht (§ 35 FGG), auch in Württemberg (Art. 68 Nr. 1 WürttAGBGB). Es entscheidet der *Richter* (§ 14 Nr. 1 RechtspflG). 2

b) Die *örtliche Zuständigkeit* bestimmt sich nach den §§ 43 Abs. 1 mit 36 Abs. 1 und 2, 43 Abs. 2; bei bevormundeten Minderjährigen ist also das Gericht zuständig, bei dem die Vormundschaft anhängig ist. 3

c) Internationale Zuständigkeit. International zuständig sind im Hinblick auf Art. 7 Abs. 1 EGBGB die Gerichte des Heimatstaats (Statutszuständigkeit). Deutschland nimmt die ausschließliche Zuständigkeit für die Volljährigkeitserklärung Deutscher (auch i. S. d. Art. 116 Abs. 1 GG, vgl. § 36 Rdn. 22) in Anspruch; die Entscheidung eines ausländischen Gerichts könnte mithin nicht anerkannt werden[2]. Ein örtlich zuständiges Gericht ist auch bei fehlendem inländischen Wohnsitz oder Aufenthalt nach §§ 43 Abs. 1, 36 Abs. 2 FGG stets vorhanden. Eine deutsche internationale Zuständigkeit für Nichtdeutsche ist nur für den bei § 44a Anm. 7 c bis e genannten Personenkreis begründet (Staatenlose, internationale Flüchtlinge mit deutschem Personalstatut, Rückverweisung). 4

d) Interzonale Zuständigkeit. Art. 7 EGBGB ist entsprechend anzuwenden, jedoch tritt an die Stelle der Staatsangehörigkeit der gewöhnliche Aufenthalt (§ 44a Anm. 8); vgl. im übrigen zur Herabsetzung der Volljährigkeit in der Sowjetzone und im Ostsektor Berlins und deren Anerkennung Anh. zu § 56 Anm. 7. 5

3. Antrag. Ein förmlicher Antrag wird nicht erfordert („soll"), also kein echtes Antragsverfahren. Daher sind § 18 Abs. 1 Halbs. 2 und § 20 Abs. 2 nicht anwendbar; die den Antrag zurückweisende Verfügung darf auch ohne Antrag geändert werden, und die Beschwerde steht nicht nur dem Antragsteller zu[3]. Das Fehlen oder die Unwirksamkeit des Antrags ist verfahrens- und sachlichrechtlich ohne Bedeutung. 6

4. Antragsberechtigung. Antragsberechtigt sind:

a) der *Minderjährige.* Er muß beschränkt geschäftsfähig, darf also nicht geschäftsunfähig sein; der Mitwirkung seines gesetzlichen Vertreters bedarf er nicht. Der Antrag darf schon vor Vollendung des 18. Lebensjahres (§ 3 BGB) zwecks Durchführung der Ermittlungen des VormG gestellt werden[4]. 7

b) der *gesetzliche Vertreter des Minderjährigen,* dem die Sorge für die Person zusteht. Hierfür genügt es, wenn ihm nur die Vertretung in den persönlichen Angelegenheiten zusteht, 8

[1] Schrifttum: Luther, Ehemündigkeit, Volljährigkeit, Strafmündigkeit, 1961; Loeffler-Kowalewsky, Ehemündigkeit und Volljährigkeit, 1961; Rietdorf-Schmidt, Eheerfordernisse und Ehehindernisse, 1960, S. 34 ff.; Göppinger, Die Befreiung vom Erfordernis der Ehemündigkeit, FamRZ 1961, 463; Schwoerer, Die Vorauss. der Volljährigkeits- und Ehemündigkeitserkl., Die Justiz 1962, 27; Horbach, Volljährigkeitserkl. zum Zwecke der Eheschließung, NJW 1962, 1710; Pelzer, Frühehen, Ehemündigkeit und VormG, Caritas 1962, 119; Müllich, Die Volljährigkeits- und Ehemündigkeitserklärung StAZ 1967, 246; Kellner, Zum Problem der Frühehe, ZBlJR 1968, 190; Pfaff, Frühehen — Zur Problematik der vorzeitigen Vollj.- u. Ehemündigkeitserkl., UJ 1963, 398; Becker, Volljährigkeits- u. Ehemündigkeitserkl., MDR 1963, 965; Hecker/Lücken/Fischer-Erling, Die Ehemündigkeit und ihre Grenzen, JugWohl 1965, 117; Kössinger, Die Vollj.-Erkl. u.d. Befreiung vom Erfordernis der Ehemündigkeit unter Berücksichtigung des Rechts der wichtigsten ausl. Staaten, StAZ 1965, 173. Zu den Reformbestrebungen zur Herabsetzung des Volljährigkeits- und Ehemündigkeitsalters vgl. Luther, FamRZ 1969, 113; Becker FamRZ 1969, 116.

[2] Raape, IPR[5] § 22 E; vgl. auch Schnitzer, Hdb. d. IPR[4] S. 288; a.M. Soergel-Kegel[9] Art. 7 Anm. 22, der eine konkurrierende Zuständigkeit der Gerichte des Aufenthaltsstaats befürwortet.

[3] KG JFG 17, 66.

[4] Soergel-Siebert[9] §§ 3-5 Anm. 6; Staudinger-Coing[11] § 3 Anm. 1; a.M. Keidel Anm. 5.

wie dem Vormund neben der tatsächlichen Personensorge der minderjährigen nichtehelichen Mutter nach § 1673 Abs. 2 BGB; denn die Vertretung ist ein Teil der Personensorge (§§ 1626 Abs. 2 Halbs. 2, 1793 BGB)[5]). Wer zwar die Sorge für die Person des Kindes (Mündels) hat, aber nicht gesetzlicher Vertreter ist, hat das Antragsrecht nicht[6]), also namentlich nicht der Inhaber des Nebensorgerechts (§§ 1673 Abs. 2, 1679 Abs. 1 Satz 4 BGB). Steht die elterliche Gewalt einschließlich des Vertretungsrechts, wie in der Regel (BVerfGE 10, 59), beiden Eltern gemeinsam zu, so können sie das Antragsrecht nur gemeinsam ausüben. Sie können deshalb gegen die ablehnende Verfügung auch nur gemeinsam Beschwerde einlegen (§ 20 Rdn. 12; Keidel, FamRZ 1955, 122 zu I 3). Mehrere Vormünder (Pfleger) üben das Antragsrecht gemeinsam aus (§§ 1797, 1915). Die Volljährigkeitserklärung ist eine sowohl die Person als auch das Vermögen betreffende Angelegenheit. Meinungsverschiedenheiten zwischen Gewalthaber und Pfleger, mehreren Vormündern und Pflegern sind nach § 1630 Abs. 2, § 1797 Abs. 1 Satz 2, § 1915 zu regeln. Ist aber die Vertretungsmacht in Ansehung der Sorge für die Person und der Sorge für das Vermögen unter mehreren Vormündern aufgeteilt (§ 1798), so ist antragsberechtigt nur der Vertreter für die Personensorge. Ist die nichteheliche Mutter nach § 1705 Inhaberin der elterlichen Gewalt, so steht das Antragsrecht ihr, nicht dem Pfleger nach § 1706 BGB zu. Der gesetzliche Vertreter übt das Antragsrecht im eigenen Namen, nicht namens des Minderjährigen, aus.

5. *Sachliche Voraussetzungen* sind (§§ 3 bis 5 BGB):

9 *a)* Vollendung des 18. Lebensjahres (§ 3 Abs. 1).

10 *b) Einwilligung des Minderjährigen* (§ 4 Abs. 1). Sie bedarf keiner Form und liegt regelmäßig im Antrag des Minderjährigen. Der gesetzliche Vertreter ist nicht berechtigt, die Einwilligung mit Wirkung für den Minderjährigen zu erklären, deshalb auch nicht der Abwesenheitspfleger[7]); stellt der gesetzliche Vertreter den Antrag, so muß die Einwilligung des Minderjährigen mithin besonders beigebracht werden. Vertretung in der Erklärung (z. B. durch bevollmächtigten Rechtsanwalt) ist aber zulässig.

11 *c) Einwilligung der Eltern,* wenn der Minderjährige unter elterlicher Gewalt steht (§ 4 Abs. 2) und es sich nicht um eine minderjährige Tochter handelt, die verheiratet ist oder verheiratet war (§ 4 Abs. 2 Satz 3). Die Einwilligung eines Elternteils ist jedoch nicht erforderlich, wenn ihm weder die Sorge für die Person noch die Sorge für das Vermögen und auch nicht die Vertretung in diesen Angelegenheiten zusteht. Dieser Fall ist gegeben, wenn die Voraussetzungen der §§ 1666, 1669, 1670 bis 1677, 1679, 1680, 1684 BGB vorliegen[8]). Daß ihm auch die gesetzliche Vertretung in diesen Angelegenheiten zusteht, ist nicht erforderlich. Deshalb genügt das Nebensorgerecht nach § 1673 Abs. 2 BGB[9]). Im Hinblick auf Art. 6 Abs. 2 GG gewährte auch das Sorgerecht der unehelichen Mutter nach § 1707 Abs. 1 Satz 2 BGB a. F. ein Verbietungsrecht[10]). Die erforderliche Einwilligung eines oder beider Elternteile kann vom VormG nicht ersetzt werden[11]). Nur die Entziehung der Personen- und der Vermögenssorge nach §§ 1666, 1669 BGB könnte die Einwilligung entbehrlich machen. Die

[5]) a.M. KG JFG 17, 67.
[6]) KG aaO.
[7]) Erman-Böhle-Stamschräder, BGB[3] Anm. 2; a.M. Soergel-Siebert BGB[9] §§ 3-5 Anm. 7; Palandt-Danckelmann §§ 3-5 Anm. 2 b.
[8]) Ennecerus-Nipperdey, Allg. Teil[15] § 91 Fußn. 4; a.M. Krüger in Krüger-Breetzke-Nowack, Gleichberg, § 4 Anm. 3; vgl. für den Fall des Ruhens der elterlichen Gewalt nach 1674 KG KGJ 37 A 48, 51; KG JW 1930, 1007, 1009; auch bei tatsächlicher Verhinderung nach § 1678, solange sie besteht, wird Einwilligung entfallen müssen, so Soergel-Siebert[9] §§ 3-5 Anm. 14; Staudinger-Coing[11] § 4 Anm. 9.
[9]) Krüger aaO.; Soergel-Siebert §§ 3-5 Anm. 10; a.M. KG JFG 19, 152; Keidel Anm. 16.
[10]) Krüger aaO.; Soergel-Siebert aaO. Anm. 12; Palandt-Danckelmann §§ 3-5 Anm. 2 b; Pikart-Henn S. 234; LG Hamburg ZBlJR 1966, 331; a.M. KG HRR 1927 Nr. 1312; Staudinger-Coing[11] § 4 Anm. 4; Keidel Anm. 16.
[11]) KG DR 1941, 855; LG Fulda FamRZ 1960, 281 mit zust. Anm. der Schriftl. BayObLGZ 1961, 314, 317 beiläufig; Lange NJW 1961, 1889 zu B V, C I; Enneccerus-Nipperdey aaO. § 91 II 1 c; Soergel-Siebert aaO. Anm. 11; a.M. Dölle, JZ 1953, 361.

Versagung der Einwilligung ist für einen so schwerwiegenden Eingriff in der Regel aber kein ausreichender Grund[12]). Die Einwilligung des Vormunds ist nicht erforderlich.

d) Widerruf der Einwilligung der Eltern und des Minderjährigen ist bis zum Eintritt der Rechtskraft zulässig[13]). Mit diesem Ziel kann auch Beschwerde eingelegt werden. **12**

e) Förderung des Besten des Minderjährigen (§ 5 BGB). Es muß ein äußerlich beachtlicher Anlaß vorliegen[14]), z. B. die Fortführung eines ererbten Erwerbsgeschäfts. Häufig bezweckt die Volljährigkeitserklärung die Eheschließung mit der geschwängerten Braut oder die Legitimation eines unehelichen Kindes. Der Wunsch zur Ehe ist allerdings für sich allein kein hinreichender Grund, sondern zunächst nur der zur Volljährigkeitserklärung erforderliche äußerlich beachtliche Anlaß; bei der Würdigung des Sachverhalts fällt er als in der Regel sittlich achtenswerter Beweggrund ins Gewicht. Im übrigen kommt es auf die geistige und sittliche Reife des Jugendlichen, die Persönlichkeit der Braut, die sozialen Verhältnisse und eine Bestandsprognose der beabsichtigten Ehe an. Dagegen ist es mit dem Gesetz nicht vereinbar, zu verlangen, daß der Jugendliche die Reife eines 21jährigen erreicht habe[15]). **13**

6. Verfahren

a) Als *Beteiligte* sind hinzuzuziehen der Minderjährige, sein gesetzlicher Vertreter in Ansehung der Sorge für die Person und die einwilligungsberechtigten Eltern. Diesen gegenüber ist das rechtliche Gehör (Art. 103 Abs. 1 GG) zu wahren. *Anhörung* Verwandter und Verschwägerter ist bei bevormundeten Minderjährigen nach § 1847 BGB geboten; bei unter elterlicher Gewalt stehenden Minderjährigen ist sie nicht vorgeschrieben, auch nicht die eines nach § 4 Abs. 2 BGB nicht einwilligungsberechtigten Elternteils[16]). Jedoch sollten zur Aufklärung des Sachverhalts diese und andere geeignete Personen gehört werden, z. B. die Braut, ihre Eltern, der Arbeitgeber[17]). Nach § 48 JWG i. d. F. des Gesetzes vom 11. 8. 1961 (RGBl. I, 1206) hat das VormG auch bei der Volljährigkeitserklärung vor der Entscheidung das zuständige (§ 11 JWG) *Jugendamt* zu hören. Die Unterlassung ist ein Verfahrensfehler. **14**

b) Der Amtsermittlungsgrundsatz (§ 12) erfordert sorgfältige Nachforschungen über die Person und die Lebensverhältnisse des Minderjährigen und, bei beabsichtigter Eheschließung, seiner Braut sowie über die geistige und sittliche Reife des Minderjährigen. Der Bericht des Jugendamts hat die Bedeutung einer selbständigen Stellungnahme einer sachverständigen Behörde und soll dem VormG einen bestimmten Vorschlag unterbreiten (Potrykus, JWG, § 43 Anm. 3). Er ist kein Beweismittel und enthebt das VormG nicht der Pflicht zur selbständigen Sachaufklärung[18]). **15**

c) Die *Entscheidung* ergeht durch *Beschluß* (§ 3 Abs. 1 BGB), den § 56 Abs. 2 Verfügung nennt. Der Beschluß muß, wenn der Antrag abgelehnt oder ihm gegen den Widerspruch eines Beteiligten stattgegeben wird, mit *Gründen* versehen sein[19]). Die Entscheidung ist trotz des „Kann" in § 3 BGB nicht in das Ermessen des VormG gestellt; liegen die sachlichen Voraus- **16**

[12]) BayObLGZ 1961, 314; a.M. Staudinger-Coing[11] § 4 Anm. 5; vgl. auch Pikart-Henn S. 234, die nach § 226 BGB oder mit dem Einwand der unzulässigen Rechtsausübung über die fehlende Einwilligung hinwegsehen wollen, was schwerlich angängig ist.

[13]) Celle ZBlJugR 1961, 277; BayObLGZ 1961, 315.

[14]) KG HRR 1938 Nr. 431; JW 1938, 368; FamRZ 1960, 500; Soergel-Siebert[9] §§ 3-5 Anm. 19.

[15]) So Göppinger, FamRZ 1960, 253, 479; ähnlich Pelle, ZBlJugR 1961, 37; Luther, Ehemündigkeit, Volljährigkeit, Strafmündigkeit, 1961, S. 22 f. Aus der Rechtsprechung vgl. KG FamRZ 1960, 500, Stuttgart; FamRZ 1960, 286, 285, 287, Hamm FamRZ 1960, 288 = JMBlNRW 1960, 216 = MDR 1961, 53, FamRZ 1960, 404 = JMBlNRW 1960, 251, Karlsruhe NJW 1961, 1924, LG Rottweil, FamRZ 1960 283, LG Landshut FamRZ 1960, 284, BayObLGZ 1963, 181. Grundlegend und zutreffend Schwoerer, Die Justiz 1962, 27.

[16]) KG JFG 19, 154.

[17]) Vgl. Göppinger, FamRZ 1960, 253 zu I.

[18]) KG JFG 17, 286; KG FamRZ 1960, 500; auch Göppinger aaO.

[19]) KG FamRZ 1960, 500; KG OLGZ 1966, 331 = NJW 1966, 1320; Göppinger, FamRZ 1960, 253 Fußn. 9; vgl. § 16 Rdn. 4.

setzungen vor, so muß es dem Antrag stattgeben[20]). Förderung des Besten des Minderjährigen i. S. des § 5 BGB ist unbestimmter Rechtsbegriff (vgl. § 27 Rdn. 25)[21]).

17 *7. Rechtsmittel.* Gegen den zurückweisenden Beschluß ist die unbefristete Beschwerde nach § 19 gegeben. Der stattgebende Beschluß wird nach § 56 Abs. 2 erst mit der Rechtskraft wirksam; die sofortige Wirksamkeit nach § 53 Abs. 2 kann nicht angeordnet werden. Deswegen findet nach § 60 Abs. 1 Nr. 6 die *sofortige* Beschwerde statt. Der Beschluß muß mithin, damit die Rechtskraft herbeigeführt wird, allen Beschwerdeberechtigten förmlich zugestellt (§ 16 Abs. 2) oder nach § 16 Abs. 3 zu Protokoll bekanntgemacht werden. Gegen den Beschluß, durch den das LG das VormG anweist, die Volljährigkeit auszusprechen, findet die sofortige weitere Beschwerde statt[22]).

8. Beschwerderecht

18 *a)* Das Beschwerderecht gegen den zurückweisenden Beschluß kann auf § 20 Abs. 1, aber auch auf § 57 Abs. 1 Nr. 9 gestützt werden[23]). Aus § 20 steht es zu dem Minderjährigen, der es gemäß § 59 selbst oder für den es der gesetzliche Vertreter in den persönlichen Angelegenheiten ausüben kann, ferner dem antragsberechtigten gesetzlichen Vertreter, mehreren nur gemeinschaftlich (Rdn. 7), aus eigenem Recht. Aus § 57 Abs. 1 Nr. 9 steht es zu, z. B. dem Jugendamt.

19 *b)* Das Beschwerderecht gegen die Volljährigkeitserklärung kann aus § 57 Abs. 1 Nr. 9 wegen Abs. 2 ebenda nicht hergeleitet werden[24]). Aus § 20 Abs. 1 steht es zu: dem Minderjährigen, dem Vormund im Interesse des Mündels[25]), den übrigen Antragsberechtigten und, wenn der Minderjährige unter elterlicher Gewalt steht, jedem Elternteil, auch wenn er nicht antragsberechtigt ist, jedoch nicht schlechthin, sondern nur, wenn es nach den in Rdn. 11 dargelegten Grundsätzen gemäß § 4 Abs. 2 BGB seiner Einwilligung bedarf[26]). Die nichteheliche Mutter ist beschwerdeberechtigt, auch wenn das Kind bevormundet wird und ihr nur das Nebensorgerecht nach § 1673 Abs. 2 BGB zusteht (Rdn. 11). Die Beschwerde kann auch von dem Antragsteller oder dem Einwilligungsberechtigten mit dem Ziel eingelegt werden, den Antrag zurückzunehmen oder die erteilte Einwilligung zu widerrufen[27]). Kein Beschwerderecht haben Verwandte oder Verschwägerte[28]) oder die Fürsorgeerziehungsbehörde[29]). Auch das *Jugendamt* ist nicht beschwerdeberechtigt; das gilt zunächst, wenn es gemäß § 48 JWG gehört worden ist, da es kein eigenes Recht darauf hat, daß das VormG seinem Vorschlag folge[30]). Aber auch wenn die Anhörung verfahrenswidrig unterblieben ist, fehlt ein Beschwerderecht[31]). Der verfahrensrechtlichen Pflicht des VormG entspricht kein subjektives Recht des Jugendamtes auf Anhörung. Außerdem wird durch die Eröffnung des Beschwerderechts eine bedenkliche Rechtsunsicherheit in das Verfahren gebracht, da die Entscheidung, wenn das Jugendamt nicht gehört ist, ihm auch nicht zugestellt sein wird und damit weder rechtskräftig noch wirksam wird; damit entfiele auch ein Vertrauensschutz des rechtsgeschäftlichen Verkehrs nach § 32 (§ 32 Rdn. 5).

20) KG FamRZ 1960, 500; Enneccerus-Nipperdey, § 91 II 2; Soergel-Siebert[9] §§ 3-5 Anm. 22; Staudinger-Coing[11] § 3 Anm. 2 mit § 6 Anm. 41; Göppinger, FamRZ 1960, 263 zu III 1 b.

21) KG FamRZ 1960, 500; vgl. auch Stuttgart, FamRZ 1960, 286; Göppinger aaO. zu III 1 c.

22) Vgl. § 29 Rdn. 26; Keidel Anm. 17; a.M. Darmstadt OLGR 32, 328.

23) KG JFG 17, 66.

24) Stuttgart FamRZ 1964, 374 = NJW 1964, 1419.

25) Darmstadt OLGR 32, 328; BayObLGZ 1963, 181.

26) KG JW 1930, 1007; KG JFG 19, 152 unter Aufgabe von KG RJA 11, 83; Keidel Anm. 16; a.M. BGB-RGRK § 4 Anm. 2; Krüger-Breetzke, GleichberG, § 4 Anm. 3; dahingestellt gelassen von Bremen, JZ 1957, 350.

27) Keidel Anm. 16; Schlegelberger Anm. 5.

28) KG RJA 13, 74; 15, 265.

29) KG KGJ 34 A 72 = OLGR 16, 187.

30) Hamm, MDR 1950, 493 = ZBlJR 1950, 138; Karlsruhe ZBlJR 1954, 142, JR 1955, 225, MDR 1958, 435 = FamRZ 1958, 471; Hamburg, DAVorm 28, 280; Stuttgart FamRZ 1964, 374 = NJW 1964, 1419; Keidel Anm. 16; Brüggemann, ZBlJR 1955, 262; Luther (Fußn. 1) S. 21; a.M. Göppinger, FamRZ 1961, 436 Fußn. 20 u. FamRZ 1963, 24; Potrykus, ZBlJR 1961, 68.

31) Palandt-Lauterbach[25] § 48 JWG Anm. 4 a; Gräber JWG[2] § 48 Anm. 25 C; a.M. Hamm OLGZ 1966, 235.

9. Die *Wirksamkeit* der formell rechtskräftigen Volljährigkeitserklärung wird durch das Fehlen ihrer sachlichen Voraussetzungen nicht beeinträchtigt. Nach der Lehre vom fehlerhaften Staatsakt[32]) führt selbst das Fehlen der nach § 4 Abs. 2 BGB erforderlichen Einwilligungen und die Nichterreichung des 18. Lebensjahres keine Ungültigkeit herbei[33]). Bis zum Eintritt der formellen Rechtskraft kann der Beschluß gemäß § 18 Abs. 2 nur im Beschwerdewege, nicht vom VormG selbst geändert werden; der formell rechtskräftige Beschluß kann nicht mehr geändert werden[34]). Ungültig ist die Volljährigkeitserklärung, wenn sie trotz des *Richtervorbehalts* in § 14 Nr. 1 RechtspflG statt vom Richter vom Rechtspfleger verfügt worden ist (§ 8 Abs. 4 Satz 1 RechtspflG; vgl. § 7 FGG Rdn. 17). In diesem Fall tritt auch der Rechtsschutz des § 32 FGG nicht ein (§ 32 Rdn. 7). **20**

Anhang zu § 56

Befreiung vom Erfordernis der Ehemündigkeit

§ 1 Abs. 2 EheG ist durch Art. 2 Nr. 1 Buchst. a FamRÄndG geändert worden. *§ 1 EheG* lautet hiernach:

(1) Ein Mann soll nicht vor Vollendung des einundzwanzigsten Lebensjahres, eine Frau soll nicht vor Vollendung des sechzehnten Lebensjahres eine Ehe eingehen.

(2) Das Vormundschaftsgericht kann dem Mann und der Frau von dieser Vorschrift Befreiung erteilen, dem Manne jedoch nur dann, wenn er das achtzehnte Lebensjahr vollendet hat und nicht mehr unter elterlicher Gewalt oder unter Vormundschaft steht.

1. Rechtsentwicklung. Die Regelung der Ehemündigkeit im § 1 EheG 1946 stimmte wörtlich überein mit § 1 EheG 1938, der von § 1303 BGB a. F. erheblich abwich, insbesondere darin, daß die Ehemündigkeit des Mannes nicht schon durch die Volljährigkeitserklärung eintrat, sondern besonders bewilligt werden mußte; wegen der (nicht mehr maßgeblichen) Gründe für diese Abweichung vgl. Anz, JW 1938, 2069. Das Befreiungsverfahren war geregelt in den §§ 1, 10, 11, 12 1. DVO-EheG vom 27. 7. 1938 (RGBl. I, 923), für die frühere britische Zone geändert durch AusfVO-EheG vom 12. 7. 1948 (VOBlbrZ, 210). Es entschied das VormG nicht als Gericht der FG, sondern durch Verwaltungsentscheidung (§ 11 Abs. 1 1. DVO-EheG). Über Beschwerden gegen Ablehnung wurde im Verwaltungswege (OLGPräs., LJMin.) entschieden (§ 11 DVO). Die Zulässigkeit des Verwaltungsrechtswegs war streitig (vgl. Lücke, JuS 1961, 207/8). Vom 1. 4. 1960 bis 31. 12. 1961 war das OLG im Verfahren nach den §§ 23 ff. EGGVG i. d. F. des § 179 VwGO anzurufen. Die angeführten Ausführungsvorschriften zu § 1 EheG und entsprechende Bestimmungen des Saarlandes sind aufgehoben durch Art. 9 Abs. 1 Nr. 11, 25, 27 FamRÄndG. **1**

2. Ehemündigkeit[1]). Sie ist keine besondere Art der Geschäftsfähigkeit[2]); denn die in der Geschäftsfähigkeit beschränkte Verlobte bedarf trotz Ehemündigkeit der Einwilligung ihres gesetzlichen Vertreters (§ 3 EheG), sondern ein besonderes Erfordernis der Eheschließung, bei deren Fehlen der Verlobte zur Eheschließung nicht zugelassen werden darf. Durch die Befreiung wird dem Verlobten die Eheschließung gestattet, *obwohl* er eheunmündig ist. Das Fehlen der Ehemündigkeit ist ein *einseitiges*, also nur den Verlobten, in dessen Person es vorliegt, behinderndes *aufschiebendes Ehehindernis*, dessen Verletzung die Gültigkeit der Ehe nicht berührt. **2**

[32]) Winkler, Die absolute Nichtigkeit von Verwaltungsakten, 1960; vgl. § 7 Rdn. 25.

[33]) Staudinger-Coing[11] § 3 Anm. 1, § 4 Anm. 10; Enneccerus-Nipperdey[15] § 91 II 2; Soergel-Siebert[9] §§ 3-5 Anm. 33; BGB-RGRK[10] § 3 Anm. 2; Schlegelberger § 7 Anm. 8; Pikart-Henn, Lb. d. Freiw. Gerbkt. S. 235; Göppinger, FamRZ 1960, 347 zu III c; Lent-Habscheid[4] § 25 IV 5 S. 154 zu a; a.M. Baur, Freiw. Gerbkt., § 27 B II b; Habscheid NJW 1966, 1787 zu IV 7 a.

[34]) § 18 Rdn. 18; Göppinger aaO.; a.M. Pikart-Henn aaO.

[1]) Wegen des Schrifttums außer den Kommentaren und Lehrbüchern des Familienrechts vgl. § 56 Fußn. 1.

[2]) So Beitzke FamR[10] § 8 I; Kegel IPR § 17 II 2 b.

3 Die unterschiedliche Festsetzung des Ehemündigkeitsalters auf die Vollendung des 21. Lebensjahres für den Mann, des 16. Lebensjahres für die Frau ist mit Art. 3 Abs. 2 GG vereinbar, da die Altersgrenzen durch die biologische Verschiedenheit von Mann und Frau bedingt sind[3]). Maßgebender Zeitpunkt ist der Tag der Eheschließung. Altersberechnung nach § 187 Abs. 2 BGB.

4 *3.* Die *Befreiung* ist keine Verwaltungsentscheidung mehr (Anm. 1), sondern eine *Angelegenheit der FG.* Das folgt daraus, daß sie durch § 1 Abs. 2 EheG, also durch Bundesgesetz, im Sinne des § 1 FGG den Gerichten übertragen ist. *Sachlich zuständig ist das VormG,* also das AG (§ 35 FGG). In Württemberg ist nicht das ordentliche VormG (Bezirksnotar), sondern das AG zuständig (Art. 68 Nr. 1a WürttAGBGB i. d. F. des Gesetzes vom 19. 12. 1961; GBl., 371). *Richtervorbehalt* ist angeordnet in § 14 Nr. 18 RechtspflG i. d. F. des G vom 5. 11. 1969 (BGBl. I 2065). Die *sachlichen Voraussetzungen* der Befreiung sind für Mann und Frau verschieden:

5 *a)* Der *Mann* muß das 18. Lebensjahr vollendet haben und darf nicht mehr unter elterlicher Gewalt oder Vormundschaft stehen. Er muß also für *volljährig erklärt* sein (§§ 3 Abs. 2, 1626, 1773, 1882 BGB). Da die Volljährigkeitserklärung erst mit der Rechtskraft wirksam wird und die sofortige Wirksamkeit der Verfügung nicht angeordnet werden kann (§ 56 Rdn. 17), setzt die Befreiung die *formelle Rechtskraft* der Volljährigkeitserklärung voraus[4]). Beide Entscheidungen dürfen daher nicht miteinander verbunden werden[5]). Die Möglichkeit, den sofortigen Eintritt der formellen Rechtskraft dadurch herbeizuführen, daß alle Beschwerdeberechtigten auf Rechtsmittel gegen die Volljährigkeitserklärung durch Erklärung gegenüber dem Gericht im voraus verzichten, besteht nicht (§ 21 Rdn. 19)[5a]). War die formelle Rechtskraft der Volljährigkeitserklärung irrig angenommen worden oder wird sie durch Wiedereinsetzung in den vorigen Stand beseitigt, so wird die Befreiung vom Erfordernis der Ehemündigkeit nicht von selbst hinfällig, kann aber nach § 18 Abs. 1 Halbs. 1 FGG aufgehoben werden, jedoch nicht mehr nach der Eheschließung (Rdn. 16). Kommt es zur rechtskräftigen Aufhebung der Volljährigkeitserklärung, so ist die Ehe zwar nicht wegen fehlender Ehemündigkeit fehlerhaft, aber bei mangelnder Einwilligung des gesetzlichen Vertreters nach § 30 EheG aufhebbar; der Ehemann bleibt minderjährig. Entmündigung des für volljährig Erklärten oder vorläufige Vormundschaft müssen aufgehoben sein. Eine Pflegschaft hindert nicht, sofern nicht § 2 EheG vorliegt.

6 *b)* Für die *Frau* besteht keine untere Altersgrenze. Theoretisch ist die unterste Grenze die Vollendung des 7. Lebensjahres (§ 104 Nr. 1 BGB, § 2 EheG). Sie braucht nicht für volljährig erklärt zu sein, bedarf dann aber zur Eheschließung gemäß § 3 EheG der Einwilligung des gesetzlichen Vertreters und des Sorgeberechtigten.

7 *c)* Von diesen mehr förmlichen Voraussetzungen abgesehen stellt das Gesetz keine Richtlinien auf. Durch das Wort „kann" ermächtigt es zur Ermessensausübung *(Rechtsfolgeermessen).* Die Grenzen des Ermessens ergeben sich aus dem Zweck der Ermächtigung. Als Richtschnur wird auch jetzt noch der (aufgehobene) § 2 AusfVO-EheG für die britische Zone vom 12. 7. 1948 (VOBlbrZ, 210) dienen können: „Die Befreiung von dem Erfordernis der Ehemündigkeit ist dem Manne zu versagen, wenn er noch nicht die erforderliche Reife zur Eingehung der Ehe besitzt oder zweifelhaft ist, ob die Ehe von Bestand sein wird."[6]) Diese Prüfung wird zwar schon bei der Volljährigkeitserklärung angestellt worden sein, wenn sie zum Zwecke der Eheschließung des Mannes nachgesucht war. Eine erstmalige Prüfung der

[3]) Staudinger-Dietz BGB[11] § 1 EheG Anm. 12 ff; BGB-RGRK[11] § 1 EheG Anm. 4; a.M. Dölle FamR § 14 II.

[4]) Staudinger-Dietz, BGB[11] § 1 EheG Anm. 27.

[5]) LG Mannheim Die Justiz 1963, 61 = FamRZ 1963, 524 mit Anm. v. Meyer-Stolte = MDR 1963, 501; Schwoerer, Die Justiz 1962, 30; Peters JVBl. 1960, 246; Göppinger FamRZ 1961, 465 zu II 2 und FamRZ 1965, 10; Gernhuber FamRZ § 9 I 2; BGB-RGRK[11] § 1 EheG Anm. 10; Keidel § 56 Anm. 14.

[5a]) A.M. Staudinger-Dietz BGB[11] § EheG Anm. 27.

[6]) Bei den Gesetzesvorarbeiten wurde erwogen, diese Vorschrift dem § 1 Abs. 2 EheG als Zusatz anzufügen, jedoch schließlich davon abgesehen; vgl. Göppinger, FamRZ 1961, 463 Fußn. 10.

Reife zur Ehe im Befreiungsverfahren könnte allenfalls in Betracht kommen, wenn der Minderjährige aus wirtschaftlichen Gründen für volljährig erklärt wurde, etwa um ein ererbtes Handelsgeschäft zu übernehmen, und er sich nun noch vor Erreichung des 21. Lebensjahres verheiraten will. Von diesem seltenen Fall abgesehen hat die Doppelspurigkeit des Verfahrens für den Mann ihren rechtspolitischen Sinn verloren, nachdem die besonderen Belange, deren Wahrung dem Gesetzgeber des EheG 1938 im Rahmen des § 5 BGB nicht gesichert erschien (vgl. Anz, JW 1938, 2069), fortgefallen sind[7]). Bei Mädchen werden an das Erfordernis der geistigen und sittlichen Reife nicht die gleichen Maßstäbe wie beim Mann angelegt werden können[8]).

4. Verfahren. Ein *förmlicher Antrag* wird, wie bei der Volljährigkeitserklärung (§ 56 Anm. 2) vom Gesetz nicht erfordert, wenn auch das Gericht nach der Natur der Sache nicht tätig werden kann, ohne von dem der Befreiung bedürftigen Verlobten angerufen zu sein. § 18 Abs. 1 Halbs. 2 ist mithin nicht anwendbar. *Verfahrensbeteiligter* ist nur der Verlobte, der der Befreiung bedarf. Er ist auch als beschränkt Geschäftsfähiger selbständig beteiligtenfähig (§ 13 Rdn. 19). Ausübung seiner Rechte im Verfahren durch gesetzlichen Vertreter ist nicht zulässig, da die Eheschließung eine höchstpersönliche Angelegenheit ist[9]). **8**

5. Die *örtliche Zuständigkeit* richtet sich nach den allgemeinen Vorschriften der §§ 43, 36 (Maßfeller, StAZ 1961, 301). Es handelt sich um eine Einzelverrichtung im Sinne des § 43. Maßgeblicher Zeitpunkt für das Vorhandensein der die Zuständigkeit begründenden Verhältnisse ist der, in welchem das VormG mit der Sache befaßt wird, in welchem also das Gesuch um Befreiung bei einem VormG eingeht. Eine *Abgabe* der Sache nach § 46 Abs. 3 ist statthaft. Dazu ist die Zustimmung des Verlobten (nicht des gesetzlichen Vertreters) erforderlich (§ 46 Rdn. 29), bei ihrer Verweigerung Bestimmung durch das gemeinschaftliche obere Gericht nach § 46 Abs. 2. Eine Abgabe kann z. B. in Betracht kommen, wenn nach §§ 43, 36 Abs. 1 Satz 2 das VormG zuständig ist, bei welchem die Vormundschaft über einen Geschwisterteil des Verlobten geführt wird (§ 43 Rdn. 7; Keidel, § 43 Anm. 4d), der Verlobte aber zu dem Bezirk dieses Gerichts keine örtlichen Beziehungen hat. **9**

6. Internationale Zuständigkeit. Die Ehemündigkeit gehört zu den sachlichen Voraussetzungen der Eheschließung, über welche gemäß Art. 13 Abs. 1 EGBGB das Personalstatut des Verlobten entscheidet[10]). Maßgebend ist das im Zeitpunkt der Eheschließung geltende Personalstatut, wobei der erst durch die Heirat etwa eintretende Staatswechsel der Frau außer Betracht bleibt. Art. 7 Abs. 2 EGBGB gilt bei Statutenwechsel für die Ehemündigkeit nicht[11]). Die deutsche internationale Zuständigkeit für die Befreiung ist nur gegeben, wenn nach dem Personalstatut deutsches sachliches Recht anzuwenden ist *(Statutszuständigkeit).* Es gelten die hierzu bei § 44a Anm. 7 dargelegten Grundsätze. **10**

7. Interzonale Zuständigkeit. Art. 13 Abs. 1 EGBGB ist entsprechend anzuwenden. Anknüpfungspunkt ist an Stelle der Staatsangehörigkeit der gewöhnliche Aufenthalt (§ 44a Anm. 8). In der Sowjetzone und im Ostsektor Berlins tritt die *Ehemündigkeit* für Mann und Frau mit der Vollendung des 18. Lebensjahres ein (EheVO vom 24. 11. 1955, GBl. DDR I Seite 849, Berlin-Ost, VO vom 6. 12. 1955, VOBl. I, 519), ebenso die *Volljährigkeit* nach dem Gesetz vom 17. 5. 1950 (GBl. DDR, 437), Berlin-Ost, VO vom 8. 6. 1950 (VOBl. I, 149), seit dem 1. 4. 1966 gemäß § 5 Abs. 4 FGB. Eine Befreiung vom Erfordernis der Ehemündigkeit findet nicht statt. Diese Vorschriften sind entsprechend Art. 7 Abs. 1, 13 Abs. 1 EGBGB anzuwenden, wenn ein Bewohner der SBZ oder des Ostsektors Berlins, der seinen dortigen **11**

[7]) Arnold StAZ 1952, 246; Rietdorf-Schmidt, Eheerfordernisse S. 41.

[8]) Vgl. Göppinger FamRZ 1961, 463 zu II 1 b; vgl. aber Hamm OLGZ 1965, 363 = FamRZ 1965, 562 und dagegen Staudinger-Dietz BGB[11] § 1 EheG Anm. 38.

[9]) A.M. Hamm OLGZ 1965, 363 = Rpfleger 1966, 15 = FamRZ 1965, 562 = ZBlJugR 1966, 75; Staudinger-Dietz BGB[11] § 1 EheG Anm. 47; Keidel § 56 Anm. 13 c; wie hier Göppinger, Die Justiz 1967, 124,126; vgl. auch § 13 Rdn. 19 und § 44 a Rdn. 10.

[10]) Soergel-Kegel BGB[9] Art. 13 EG Anm. 14; Raape IPR[5] § 27 I 2.

[11]) Raape IPR[5] § 27 VII 1; Soergel-Kegel BGB[9] Art. 13 EG Anm. 30.

gewöhnlichen Aufenthalt beibehält, anläßlich eines nur schlichten Aufenthalts die Ehe vor einem Standesamt der BRD oder von Berlin-West schließen will. 18jährige Verlobte sind zur Eheschließung zuzulassen, während der 17jährigen Verlobten die Ehemündigkeit fehlt, ohne daß ihr Befreiung erteilt werden könnte. Andererseits bedarf ein 18jähriger Verlobter mit gewöhnlichem Aufenthalt im Bundesgebiet zur Eheschließung in der SBZ der Volljährigkeitserklärung und der Befreiung nach § 1 Abs. 2 EheG; die gleichwohl geschlossene Ehe ist aber wegen des nur aufschiebenden Charakters des Eheverbots gültig; bei fehlender Einwilligung des gesetzlichen Vertreters ist sie aufhebbar nach § 30 EheG. Der Ehemann bleibt minderjährig[12]).

12 Verlegt ein Bewohner der SBZ oder des Ostsektors Berlins nach Vollendung des 18. Lebensjahres seinen gewöhnlichen Aufenthalt in die BDR einschließlich Berlin-West, so bleibt zwar nach jetzt h. M. seine Rechtsstellung als Volljähriger entsprechend Art. 7 Abs. 2 EGBGB erhalten[13]). Dagegen kommt es für die Ehemündigkeit gemäß Art. 13 EG auf das Personalstatut zur Zeit der Eheschließung an; Art. 7 Abs. 2 EG ist nicht anwendbar, weil die Ehemündigkeit nicht eine besondere Art der Geschäftsfähigkeit und damit eine erworbene persönliche Rechtsstellung wie die Volljährigkeit ist (oben Rdn. 2), sondern eine im Zeitpunkt der Eheschließung erforderliche Ehevoraussetzung; der Jugendliche bedarf daher der Befreiung[14]).

13 *8. Anhörung* des *Jugendamts* wird dem VormG auch für das Verfahren nach § 1 Abs. 2 EheG durch § 48 JWG i. d. F. vom 11. 8. 1961 (BGBl. I, 1206) zur Pflicht gemacht. Obwohl die Aufgaben des Jugendamtes sich grundsätzlich nur auf Minderjährige beziehen (§ 48 Abs. 1 Satz 1 JWG), der Mann aber bereits rechtskräftig für volljährig erklärt sein muß (Rdn. 5), besteht die Pflicht zur Anhörung des Jugendamtes auch bei volljährigen Verlobten (Göppinger, FamRZ 1961, 463 zu II 3a). Bei einer minderjährigen Verlobten, die bevormundet wird, sollen nach § 1847 BGB i. d. F. des Art. 1 Nr. 34 FamRÄndG verwandte oder Verschwägerte gehört werden. § 1695 BGB über die Pflicht zur Anhörung der Eltern ist, wenn die minderjährige Verlobte unter elterlicher Gewalt steht, nicht unmittelbar anwendbar, weil die Vorschrift voraussetzt, daß Rechte der Eltern durch die Entscheidung betroffen werden. Daran fehlt es hier, weil den Eltern das Verbietungsrecht aus § 3 EheG verbleibt. Anhörung der Eltern zur Sachaufklärung (§ 12) ist aber regelmäßig unerläßlich.

14 *9.* Die *Wirksamkeit* der Befreiung tritt gemäß § 16 Abs. 1 mit der *Bekanntmachung* an den Verlobten ein (Finke, FamRZ 1958, 405 zu IV a 2). Eine Beschwerde (Rdn. 15) hindert die Eheschließung nicht, sofern nicht das VormG oder das Beschwerdegericht die Vollziehung aussetzt (§ 24). Die Befreiung gilt nur für eine bestimmte Eheschließung (Planck, BGB § 1303 Anm. 2). Deshalb ist der andere Verlobte in der *Entscheidung* zu bezeichnen (AV d. Nds. MdJ vom 1. 9. 1961, NdsRpfl. 192 = StAZ, 306). Da es keine allgemeine Ehemündigkeitserklärung gibt (Rdn. 2), darf die Entscheidung den Verlobten nicht für ehemündig erklären, sondern sie muß ihm Befreiung von dem Erfordernis der Ehemündigkeit zur Eheschließung mit dem namentlich bezeichneten anderen Verlobten erteilen (Göppinger, FamRZ 1961, 463 zu II 4). Die Befreiung eines Volljährigen bedarf keiner *Begründung*, da sie unanfechtbar

[12]) Luther, Ehemündigkeit, Volljährigkeit usw., 1961, S. 34; Soergel-Kegel BGB[9] Art. 7 EG Anm. 36, Art. 13 Anm. 119; Palandt-Lauterbach BGB Bem. 14 g ff vor Art. 7 EG; a.M. Raape IPR[5] § 22 G I.

[13]) KG JR 1951, 241 = JZ 1951, 508 = NJW 1951, 485 = StAZ 1951, 151 = MDR 1953, 45; BVerfGE 5, 17 = NJW 1956, 985 = FamRZ 1956, 217; Soergel-Kegel BGB[9] Art. 7 EG Anm. 34; Palandt-Lauterbach BGB Bem. 14 g aa vor Art. 7 EG; Maunz-Dürig GG Art. 19 Abs. 3 Anm. 28; a.M. Raape IPR[5] § 22 G II.

[14]) So die h.M., KG aaO. (Fn. 13); Düsseldorf NJW 1951, 717; LG Bielefeld FamRZ 1960, 280; Beitzke JZ 1951, 509; Neuhaus DRZ 1950, 467; Schumacher NJW 1951, 169; Luther aaO. S. 34; Maßfeller, Das ges. Familienrecht S. 805, 1119; Raape IPR[5] § 27 VII; Palandt-Lauterbach Bem. 14 g ff vor Art. 7 EG; Maunz-Dürig aaO.; Staudinger-Dietz BGB[11] § 1 EheG Anm. 59; Göppinger FamRZ 1961, 463 Fn. 28; a.M. Dölle StAZ 1950, 178; Schlichting MDR 1951, 139; Soergel-Kegel BGB[9] Art. 7 EG Anm. 36; Kegel IPR § 17 I 2 f, § 20 III 6.

ist (Rdn. 15); einer Begründung bedarf die ablehnende Verfügung (§ 16 Rdn. 4) und wegen der Beschwerdemöglichkeit (Rdn. 15) die Befreiung einer Minderjährigen.

10. Rechtsmittel. Gegen Ablehnung und Erteilung der Befreiung findet die *einfache* (unbefristete) *Beschwerde* nach § 19 statt. Mit der Eheschließung wird die Beschwerde sowohl gegen die Erteilung als auch gegen die Versagung unzulässig. Für das *Beschwerderecht* kommt es auf die Voll- oder Minderjährigkeit des Verlobten an. Bei *volljährigen Verlobten,* also stets bei der Befreiung eines Mannes (Rdn. 5), kann das Beschwerderecht nicht auf § 57 Abs. 1 Nr. 9 gestützt werden, weil die Vorschrift nur für „Kinder" oder „Mündel" gilt (§ 57 Rdn. 30). Andere Personen oder Stellen können durch die Erteilung oder Versagung der Befreiung nicht in ihrem Recht i. S. des § 20 Abs. 1 betroffen sein; das gilt auch für das Jugendamt[15]). Die Befreiung eines *Volljährigen* ist daher mangels Beschwerderechts *unanfechtbar*[16]). Gegen die Versagung steht nur dem Verlobten die Beschwerde nach § 20 Abs. 1 zu. Der andere Verlobte ist nicht beschwerdeberechtigt, weil ein einseitiges Ehehindernis vorliegt. Die *minderjährige Verlobte* kann ihr Beschwerderecht aus § 20 Abs. 1 selbständig ausüben, wenn sie das 14. Lebensjahr vollendet hat (§ 59). Für ein eigenes Beschwerderecht der gesetzlichen Vertreter und Sorgeberechtigten aus § 20 Abs. 1 oder § 57 Abs. 1 Nr. 9 fehlt es an einem Rechtsschutzinteresse, weil sie die Eheschließung durch Versagung ihrer nach § 3 EheG erforderlichen Einwilligung verhindern können. Ist ihre Einwilligung gemäß § 3 Abs. 3 EheG vom VormG ersetzt worden, so ist ihr Interesse nicht mehr schutzwürdig. Im übrigen ist gegen die *Erteilung* der Befreiung ein Beschwerderecht aus § 57 Abs. 1 Nr. 9 grundsätzlich möglich, auch für das Jugendamt. Gegen die *Versagung* haben andere Personen als die Verlobte in der Regel kein Beschwerderecht aus § 57 Abs. 1 Nr. 9; ihr Interesse kann nicht als berechtigt gelten, weil die Befreiung der Verlobten nicht von Dritten aufgenötigt werden sollte. **15**

11. Änderungsbefugnis. Für die Änderung der Erteilung oder Versagung der Befreiung gelten die Bem. zu § 18 Rdn. 6 bis 8. Nach der Eheschließung kann die Verfügung nicht mehr geändert werden, weil das nur aufschiebende Ehehindernis gegenstandslos geworden ist. **16**

12. Gebühren wie bei § 44a Rdn. 28. **17**

Wirksamwerden und Anfechtbarkeit der Ehelicherklärung auf Antrag des Vaters

56a (1) Eine Verfügung, durch die das Vormundschaftsgericht ein uneheliches Kind auf Antrag seines Vaters für ehelich erklärt, wird mit der Bekanntmachung an den Vater, nach dem Tode des Vaters, unbeschadet der Vorschrift des § 1733 Abs. 3 des Bürgerlichen Gesetzbuchs, mit der Bekanntmachung an das Kind wirksam. Die Verfügung ist unanfechtbar; das Gericht darf sie nicht ändern.

(2) Gegen eine Verfügung, durch die der Antrag auf Ehelicherklärung abgelehnt wird, steht, falls der Vater verstorben ist, die Beschwerde dem Kinde zu.

Eingefügt durch Art. 4 Nr. 5 FamRÄndG. In Kraft getreten am 1. 1. 1962. Absatz 2 mit Wirkung vom 1. 7. 1970 sprachlich geändert durch Art. 6 Nr. 14 NichtehelKindG.

1. Die *Ehelicherklärung* verschafft dem nichtehelichen Kinde im Verhältnis zu seinem Vater die Rechtsstellung eines ehelichen Kindes (§§ 1723, 1736). Ihre Rechtfertigung findet sie in dem Grundgedanken, einen Ersatz für die Legitimation durch nachfolgende Ehe zu bieten, wenn die Eheschließung wegen Todes oder Geschäftsunfähigkeit der Mutter nicht möglich oder dem Vater nicht zumutbar ist, ohne daß sie jedoch im Einzelfall auf Fälle dieser Art beschränkt ist[1]). Der Vater wird alleiniger Inhaber der elterlichen Gewalt (§§ 1736, **1**

[15]) Staudinger-Dietz BGB[11] § 1 EheG Anm. 50; a.M. Göppinger FamRZ 1961, 463 zu II 5.

[16]) So auch Keidel § 56 Anm. 18; Staudinger-Dietz aaO.

[1]) BGB-RGRK § 1723 Anm. 1; Lehmann FamR[3] § 32 I.

1740) und wird unterhaltspflichtig (§§ 1739, 1601). Die Mutter verliert das Recht und die Pflicht, die elterliche Gewalt auszuüben (§ 1738). Eine Vormundschaft endigt kraft Gesetzes (§ 1882). Die Wirkungen erstrecken sich auch auf die Abkömmlinge des Kindes und nach der Aufhebung des § 1737 BGB auch auf die Ehefrau und die Verwandten des Vaters und auf den Ehegatten des Kindes. Das Kind wird mithin im Verhältnis zum Vater einem nach der Eheschließung geborenen Kinde gleichgestellt, soweit nicht hinsichtlich der elterlichen Gewalt und der Unterhaltspflicht die Besonderheiten der §§ 1738 Abs. 2, 1739 BGB bestehen.

2. Die *Prüfung des VormG* erstreckt sich auf folgende *Voraussetzungen:*

2 *a)* Ein *Antrag des Vaters* der unbedingt und unbefristet sein muß (§ 1724) und der notariellen Beurkundung bedarf (§ 1730). Der Antrag hat eine Doppelnatur; er ist Verfahrenshandlung, soweit er Voraussetzung für das Tätigwerden des VormG ist, und einseitiges empfangsbedürftiges Rechtsgeschäft, soweit er die Einwilligung des Vaters zur Ehelicherklärung enthält[2]). Wegen der höchstpersönlichen Natur des Antrags ist gesetzliche oder gewillkürte Vertretung ausgeschlossen (§ 1728 Abs. 1). Bei Geschäftsunfähigkeit des Vaters ist Ehelicherklärung mithin nicht möglich, bei nachträglicher Geschäftsunfähigkeit gilt § 130 Abs. 2, 3 BGB, bei Tod § 1733 Abs. 2. Auch eine Vertretung in der Erklärung (vgl. zu dieser Rechtsfigur Boehmer, JZ 1960, 4 zu III) ist mangels eines Bedürfnisses für eine Rechtsfortbildung contra legem nicht zuzulassen, zumal § 1751a n. F. die Vertretung beim Abschluß eines Kindesannahmevertrages nur in begrenztem Umfange zugelassen hat (vgl. Vorbem. A 2, 3 vor § 65). Ein in der Geschäftsfähigkeit beschränkter Vater kann den Antrag selbst mit Zustimmung des gesetzlichen Vertreters und Genehmigung des VormG stellen (§ 1728 Abs. 2). Zu ihrer Erteilung ist der Vertreter in den die Person betreffenden Angelegenheiten berufen (Soergel-Vogel, § 1729 Anm. 4). Die Zustimmung bedarf nicht der Form des § 1730. Die Genehmigung des VormG, für welche sich die Zuständigkeit nicht nach § 43a, sondern nach §§ 36, 43 richtet, muß wegen § 1831 bei der Einreichung des Antrags erteilt sein[3]).

3 *Zurücknahme* des Antrags ist bis zum Wirksamwerden der Ehelichkeitserklärung (Rdn. 14 ff.) zulässig. Das Vertretungsverbot des § 1728 Abs. 1 BGB gilt auch für die Zurücknahme des Antrags[4]). Eine Anfechtung des Antrags wegen Willensmangels erübrigt sich, weil der Antrag bis zur Ehelicherklärung ohnehin frei widerruflich ist (BT-Drucks. V/2370 S. 73). Eine Anfechtung nach der Ehelichkeitserklärung beseitigt wegen § 1735 nicht deren Wirkungen; statt dessen gilt § 1735 Satz 2.

4 *Tod des Kindes* erledigt den Antrag (§ 1733 Abs. 1); eine Ehelichkeitserklärung nur zugunsten der Abkömmlinge des verstorbenen Kindes findet nicht statt. *Tod des Vaters* nach Einreichung des (formgerecht beurkundeten) Antrags bei einem VormG, mag es auch nicht das örtlich zuständige sein (§ 43a Rdn. 6), ist unschädlich; ebenso Tod vor Einreichung, aber nach Betrauung des Notars mit der Einreichung des beurkundeten Antrags (§ 1733 Abs. 2). Zum Begriff des „Betrauens" vgl. § 43a Rdn. 8.

5 Dem *Kinde oder der Mutter* hat das Gesetz *kein Antragsrecht* eingeräumt[5]). Ein Recht der Mutter, das Kind als ihr eheliches erklären zu lassen, wird durch Art. 3 Abs. 2 GG nicht erfordert[6]), zumal zunächst § 1707 Abs. 2 BGB n. F. in gewissem Umfange Abhilfe

[2]) Göppinger FamRZ 1962, 542; Gernhuber FamRZ § 61 II 7; Staudinger-Böckelmann BGB[11] § 1725 Anm. 2-4; Bökelmann FamRZ 1966, 546 zu II 3 b; Pikart-Henn Lb. d. Freiw. Gerbkt. S. 241.

[3]) KG JFG 6, 108.

[4]) Beitzke FamR § 31 II 1 c; Erman-Hefermehl BGB[3] § 1731 Anm. 1; Staudinger-Bökelmann BGB[11] § 1723 Anm. 5; BGB-RGRK[11] § 1731 Anm. 1; Pikart-Henn Lb. d. freiw. Gerbkt. S. 241.

[5]) Beitzke FamR § 31 II 1; Staudinger-Bökelman BGB[11] § 1723 Anm. 2; über Reformbestrebungen vgl. Bökelmann FamRZ 1966, 546 zu III; Knur/Hurst Mitt Rhein NotK 1967, 1.

[6]) OLGPras. Hamburg JZ 1955, 245; Staudinger-Bökelmann BGB[11] § 1723 Anm. 2.

geschaffen hat[7]) und der Mutter jetzt nach § 1705 BGB n. F. grundsätzlich die elterliche Gewalt zusteht, sie übrigens das Kind nach § 1742a BGB an Kindes Statt annehmen kann. Für *Brautkinder* sieht nunmehr § 1740a BGB nach dem Tode eines Elternteils eine Ehelicherklärung auf Antrag des Kindes vor, auch wenn der Vater der überlebende Elternteil ist; vgl. § 56b.

b) Einwilligung des Kindes (§ 1726). Sie ist eine einseitige, bedingungs- und befristungs- **6**
feindliche (§ 1724), empfangsbedürftige Willenserklärung und bedarf der gerichtlichen oder notariellen Beurkundung (§ 1730). Erklärungsgegner ist der Vater oder das VormG (§ 1726 Abs. 2). Mit ihrem Wirksamwerden wird die Einwilligung unwiderruflich (§ 1726 Abs. 2 Halbs. 2); vgl. auch Vorbem. A 3 vor § 65. Sie unterliegt jedoch der Anfechtung nach den allgemeinen Vorschriften, die vom VormG beachtet und vor der Ehelichkeitserklärung auf ihre Begründetheit geprüft werden müßte. Ein in der Geschäftsfähigkeit beschränktes, über 14 Jahre altes Kind muß die Einwilligung persönlich mit Zustimmung des gesetzlichen Vertreters in den die Person betreffenden Angelegenheiten erteilen (§ 1729 Abs. 1 Satz 2). Für ein geschäftsunfähiges oder noch nicht vierzehn Jahre altes Kind erteilt die Einwilligung der gesetzliche Vertreter (§ 1729 Abs. 1 Satz 1). Im übrigen ist Vertretung ausgeschlossen (§ 1728 Abs. 1). Die Einwilligung des gesetzlichen Vertreters bedarf der Form des § 1730, nicht aber seine nach § 1729 zu erteilende Zustimmung. Die Genehmigung des VormG zu diesen Erklärungen ist nicht mehr erforderlich[8]). Die Einwilligung des Vormundes kann nicht ersetzt werden; notfalls schafft § 1886 BGB Abhilfe[12]). In besonderen Fällen kann aber in der Verweigerung der Einwilligung eine grobe Pflichtwidrigkeit des Vormundes liegen, die das VormG ermächtigt, ihn nach § 1837 BGB zur Erklärung der Einwilligung anzuweisen[13]). Gegen die Weigerung des Jugendamtes als Amtsvormund, die Einwilligung zu erteilen, ist der Verwaltungsrechtsweg nicht gegeben[14]), [15]).

c) Einwilligung der Ehefrau des Vaters (§ 1726 Abs. 1 Satz 2). Wegen der Form, Bedin- **7**
gungsfeindlichkeit, Empfangsbedürftigkeit, Unwiderruflichkeit, Anfechtbarkeit und wegen des Ausschlusses der Vertretung gelten §§ 1730, 1724, 1726 Abs. 2, 1728 Abs. 1 BGB. Eine in der Geschäftsfähigkeit beschränkte Frau ist selbständig ohne ihren gesetzlichen Vertreter handlungsfähig (§ 1728 Abs. 3). Bei dauernder Geschäftsunfähigkeit oder dauernd unbekanntem Aufenthalt ist die Einwilligung entbehrlich (§ 1726 Abs. 3). Für Getrenntleben gilt das nicht. Die Einwilligung konnte nach dem bis zum 1. 7. 1970 geltenden Rechtszustand nicht ersetzt werden, auch wenn die Weigerung grundlos ist und das Kind benachteiligt[16]). Nunmehr kann das VormG auf Antrag des Kindes nach § 1727 Abs. 2 BGB n. F. die Einwilligung ersetzen, wenn die häusliche Gemeinschaft der Ehegatten aufgehoben ist, es sei denn, daß berechtigte Interessen der Ehefrau und der Familie der Ehelicherklärung entgegenstehen.

d) Einwilligung der Mutter des Kindes, wenn es noch nicht das 21. Lebensjahr vollendet **8**
hat (§ 1726 Abs. 1), mag es auch volljährig sein. Wegen der Form, Bedingungsfeindlichkeit, Empfangsbedürftigkeit, Unwiderruflichkeit, Anfechtbarkeit und wegen des Ausschlusses der Vertretung gelten §§ 1730, 1724, 1726 Abs. 2, 1728 Abs. 1 BGB. Die Mutter, die zugleich Inhaberin der elterlichen Gewalt ist, wird durch §§ 1629 Abs. 2, 1795 Abs. 2, 181 nicht ge-

[7]) A.M. Dölle JZ 1953, 362; Bosch Rpfleger 1954, 74, FamRZ 1957, 190, 1958, 428; Krüger-Breetzke GleichberG Einl. Rdn. 174; vgl. auch H. Krüger, Die Rechtsstellung des ue. Kindes nach dem GG, 1960, S. 41; Finke NJW 1953, 613.

[8]) Wegen der Gründe dafür vgl. BT-Drucks. V/2370 S. 73 zu Nr. 31.

[12]) KG JFG 7, 79; Hamm FamRZ 1965, 231.

[13]) Bremen OLGZ 1966, 455.

[14]) VerwG Berlin EJF G I Nr. 1.

[15]) Ist der Vater Ausländer oder staatenlos, so hat das VormG das Kind und (oder) den gesetzlichen Vertreter über § 17 Nr. 5 RuStAG, Art. 16 Abs. 1 GG zu belehren und Erklärungen hierüber herbeizuführen, AV d. Sen. f. Justiz v. Berlin v. 21. 12. 61 (ABl. 1962, 6 =StAZ 1962, 38), AV. d. Hamb. JB v. 22. 5. 68 (Hamb. JVBl. 44), AV d. Nds. MdJ v. 25. 2. 69 (NdsRpfl. 1969, 66 = StAZ 1969, 153), AV d. JM Bad.-Württ. v. 30. 4. 69 (Justiz 1969, 130). Die abgegebenen Erklärungen sind der Staatsangehörigkeitsbehörde mitzuteilen, MiZi XIV/3.

[16]) Hamm FamRZ 1965, 231 = NJW 1965, 1281 = MDR 1965, 664; Dölle FamR § 111 II 5; Staudinger-Bökelmann BGB[11] § 1726 Anm. 9; Keidel Anm. 8.

hindert, ihre Einwilligung und die des Kindes als dessen gesetzliche Vertreterin dem Vater oder dem VormG gegenüber zu erklären. Bei beschränkter Geschäftsfähigkeit ist die Mutter selbständig ohne ihren gesetzlichen Vertreter handlungsfähig (§ 1728 Abs. 3). Bei dauernder Geschäftsunfähigkeit oder dauernd unbekanntem Aufenthalt ist ihre Einwilligung entbehrlich (§ 1726 Abs. 3).

9 *Die Ersetzung der mütterlichen Einwilligung* läßt § 1727 BGB zu. Die Ersetzung muß bei der Ehelichkeitserklärung bereits *wirksam* sein, d. h., sie muß entweder formell rechtskräftig sein (§ 53 Abs. 1) oder das VormG muß ihre sofortige Wirksamkeit nach § 53 Abs. 2 angeordnet haben. Zuständig ist das für das Kind nach §§ 36, 43 zuständige VormG, nicht das nach § 43a für den Vater zuständige. Wegen des Verfahrens des VormG vgl. § 53 Rdn. 16, 18, 19, 20, § 55 Abs. 2. Das Gesetz macht für die Ersetzung keinen Unterschied, ob der Mutter nur die tatsächliche Personensorge nach § 1673 Abs. 2 oder nach § 1705 BGB die elterliche Gewalt zusteht. In dem letzten Falle wird ihre Einwilligung als gesetzliche Vertreterin durch die Ersetzung ihrer Einwilligung als Mutter nicht entbehrlich. Jedoch liegt hierin kein Schutz der Mutter, weil die Bestellung eines Pflegers nach §§ 1629 Abs. 2 Satz 2, 1796, 1909 BGB möglich ist[17]). Die verfassungsrechtlichen Bedenken gegen die Ersetzbarkeit[18]) werden mit Rücksicht darauf, daß zum Vater ein biologisches Eltern- und Kindesverhältnis besteht, nicht für durchgreifend erachtet werden können[19]). § 1727 ist infolge der Änderung durch das NichtehelKindG nachkonstitutionelles Recht i. S. des Art. 100 Abs. 1 GG geworden.

10 3. *Beurkundungsgeschäfte.* Die nach § 1730 der Beurkundung bedürfenden Erklärungen (Antrag des Vaters, Einwilligungen nach § 1726) sind rechtsgeschäftlicher Art. Für die Form der Beurkundung gelten daher die Vorschriften der §§ 6 bis 16, 22 bis 26 BeurkG. Zuständig sind nach der Änderung des § 1730 BGB durch § 56 Abs. 1 BeurkG ausschließlich die *Notare* (§ 20 BNotO) einschließlich der Bezirksnotare in Württemberg und der Notare in Baden (§§ 114, 115 BNotO, § 64 BeurkG, Art. 12 Abs. 3 WürttAGBGB, § 22 BadLFGG) und die deutschen Berufskonsuln (§§ 16, 37a KonsularG). Eine Beurkundungszuständigkeit des Amtsgerichts für die in § 1730 BGB genannten Erklärungen besteht nicht. Nach § 62 Nr. 1 BeurkG sind die Amtsgerichte neben den Notaren aber zuständig für die Beurkundung von Erklärungen über die Anerkennung der Vaterschaft, die, wenn die Feststellung der Vaterschaft nicht auf einer gerichtlichen Entscheidung beruht, Voraussetzung für die Ehelicherklärung ist (Rdn. 11). Diese Zuständigkeit umfaßt sämtliche in § 1600e Abs. 1 BGB erwähnten Erklärungen, nämlich die Anerkennungserklärung des Vaters und die Zustimmung des Kindes, die öffentlicher Beurkundung bedürfen, sowie die Zustimmung des gesetzlichen Vertreters zu diesen Erklärungen, die nach § 1600e Abs. 1 Satz 2 BGB der öffentlichen Beglaubigung bedarf. Diese Urkundsgeschäfte sind nach § 3 Abs. 1 Nr. 1 Buchst. e RechtspflG i. d. F. des § 57 Abs. 15 Nr. 1 BeurkG auf den Rechtspfleger übertragen. Nach Aufhebung des Art. 141 EGBGB durch § 57 Abs. 4 Nr. 2 BeurkG ist der Landesgesetzgeber nicht mehr befugt, diese Zuständigkeit der Gerichte auszuschließen. Ist das VormG mit einem Antrag auf Ehelicherklärung befaßt, so kann es im Wege der *Rechtshilfe* um die Beurkundung dieser Erklärungen ersuchen (§ 2 Rdn. 5). Zuständig ist ferner nach § 29a Abs. 1 PStG jeder Standesbeamte, auf dessen Beurkundungen des BeurkG keine Anwendung findet (§ 58 BeurkG). Nach der beabsichtigten Änderung des § 49 JWG (vgl. BT-Drucks. V/3719 S. 6) sind ferner die vom Landesjugendamt ermächtigten Beamten und Angestellten des Jugendamts für die Beurkundung aller in § 1600e Abs. 1 BGB erwähnten Erklärungen (vgl. BT-

[17]) Vgl. BayObLGZ 18, 105 = Recht 1917 Nr. 1433.

[18]) Krüger-Breetzke, GleichberG Einl. Rdn. 206; Göppinger, FamRZ 1959, 397 Fußn. 63; Rüfner FamRZ 1963, 153 zu II 1 c; weitere Nachweise bei Staudinger-Bökelmann BGB[11] § 1727 Anm. 2; vgl. ferner Arnold, Die Ersetzung von Einwilligungen zur Ehelicherklärung und Adoption, in Unehelichenrecht im Wandel, 1967, S. 41-65.

[19]) Staudinger-Bökelmann BGB[11] 1727 Anm. 2; Bökelmann FamRZ 1966, 546 zu II 4; Gernhuber FamR § 61 II 11; Schnitzerling RdJ 1962, 93; ders., StAZ 1963, 177; Schlosser FamRZ 1963, 601, 607 Fn. 94.

Drucks. V/3719 S. 26) zuständig; die Form ihrer Beurkundungen und Beglaubigungen richtet sich nach den Vorschriften des Beurkundungsgesetzes (§ 1 Abs. 2 BeurkG).

4. *Vaterschaft des Antragstellers ist* vom VormG nicht mehr selbständig zu prüfen. Denn **11**
nach § 1723 BGB in Verbindung mit § 1600a Satz 2 BGB setzt die Ehelicherklärung voraus, daß die Vaterschaft anerkannt oder gerichtlich festgestellt ist. An diese Anerkennung oder Feststellung ist das VormG gebunden (§ 1600a Satz 1 BGB, §§ 640h Satz 1, 641i ZPO); es kann also nicht mehr nachprüfen, ob der Antragsteller, der das Kind anerkannt hat, wirklich der Vater ist. Es hat aber gemäß § 1600f BGB zu prüfen, ob die Anerkennung nicht aus einem der in §§ 1600b bis 1600e genannten Gründe unwirksam ist. Dazu gehört auch die Prüfung, ob der Anerkennung des Antragstellers die Anerkennung oder rechtskräftige Feststellung der Vaterschaft eines anderen vorausgegangen ist (§ 1600b Abs. 3). Unwirksam ist eine Anerkennung auch, wenn das Kind das eheliche Kind des Anerkennenden oder eines Dritten ist (BT-Drucks. V/3719 S. 43 zu § 641i). Der Anerkennung nach § 1600a BGB steht es nach der Übergangsvorschrift in Art. 13 § 3 NichtehelKindG gleich, wenn ein Mann vor dem Inkrafttreten dieses Gesetzes (1. 7. 1970) seine Vaterschaft in einer öffentlichen Urkunde (§§ 1718, 1720 Abs. 2 BGB a. F.) anerkannt oder sich in einem vollstreckbaren Schuldtitel zur Erfüllung des Anspruchs aus§ 1708 BGB verpflichtet hat oder wenn er in einer rechtskräftigen Entscheidung zur Erfüllung dieses Anspruchs verurteilt worden ist. Adoption durch einen Dritten steht der Ehelicherklärung nicht entgegen, jedoch treten dann die Legitimationswirkungen nur insoweit ein, als nicht die Adoption entgegensteht[21]).

5. *Als sachliche Voraussetzung erfordert § 1723 BGB n. F.:*

Ein nichteheliches Kind ist auf Antrag seines Vaters vom Vormundschaftsgericht für ehelich zu erklären, wenn die Ehelicherklärung dem Wohle des Kindes entspricht und ihr keine schwerwiegenden Gründe entgegenstehen.

Die Entscheidung ist am *Wohl des Kindes* auszurichten. Die Belange der Mutter oder **12**
des Vaters kommen nicht in Betracht. Es wird wesentlich auf die Person und die Verhältnisse des Vaters und auf die Gründe ankommen, die ihn zur Stellung des Antrags veranlaßt haben. Die Ehelichkeitserklärung ist z. B. nicht angebracht, wenn es dem Vater nur darauf ankommt, sich der lästigen Verpflichtung zur Zahlung des Unterhalts in Geld zu entziehen[22]). *Entgegenstehende schwerwiegende Gründe* rechtfertigen die *Versagung*. Die Gründe für eine Versagung sollen abweichend von der bisherigen Gesetzesfassung nicht nur triftig, sondern schwerwiegend sein, um die Ehelicherklärung zu erleichtern (BT-Drucks. zu V/4179 S. 4). Das Kindeswohl ist nicht allein maßgebend. Die Gründe brauchen nicht in der Person der Beteiligten zu liegen, sondern können ihre Grundlage auch im öffentlichen Interesse haben. Das verkennt Palandt, § 1734 Anm. 1. Wegen der Bedeutung mangelnder Anerkennung im Heimatstaat des Kindes vgl. § 43a Rdn. 11. Eine Ehelichkeitserklärung kommt grundsätzlich nicht in Betracht, wenn die Eltern, statt eine zumutbare Ehe zu schließen, ihr eheähnliches Zusammenleben fortsetzen wollen *(Rentenkonkubinat)*[23]). Das Vorhandensein des Eheverbots der Verwandtschaft oder der Schwägerschaft zwischen den Eltern steht der Ehelichkeitserklärung nach Aufhebung des § 1732 BGB a. F. und des § 9 DVO-FamRÄndG vom 23. 4. 1938 (vgl. Art. 9 I Abs. 1 Nr. 10 FamRÄndG) nicht mehr schlechthin entgegen (BT-Drucks. 530/58 S. 19), wird sie aber oft als anstößig erscheinen lassen, insbesondere wenn die

[21]) KG JFG 9, 62 = JW 1933, 176; Staudinger-Bökelmann BGB[11] § 1723 Anm. 8; str., a.M. Gernhuber § 61 II 5; Dölle § 111 II 1.

[22]) Stuttgart JFG 11, 56.

[23]) Dazu OLGPräs. Nürnberg 6. 9. 58 (FamRZ 428), 29. 7. 60 (FamRZ 1961, 36), Schleswig 26. 9. 61 (FamRZ 540); Schumacher, FamRZ 1960, 13; Bosch, FamRZ 1958, 428, 1959, 170, 1961, 37; Beitzke, FamR[10] § 31 II 3; H. Krüger, Die Rechtsstellung des ue. Kindes nach dem GG, 1960, S. 126 f.; Staudinger-Bökelmann BGB[11] § 1734 Anm. 10, 19; vgl. auch Gernhuber § 61 II 6; Dölle § 111 II 7. Zur Auslegung des § 1734 ferner Göppinger, FamRZ 1963, 272; aus der Rechtsprechung vgl. LG Darmstadt NJW 1963, 161; Schleswig SchlHA 1965, 213. Ebenso zum neuen Recht BT-Drucks. V/2370 S. 72 zu § 1723.

Befreiung vom Eheverbot der Schwägerschaft abgelehnt worden war[24]). Die Ausdrücke „Wohl des Kindes" und „schwerwiegende Gründe" bezeichnen unbestimmte Rechtsbegriffe[25]). Liegen die gesetzlichen Voraussetzungen vor, so muß das VormG dem Antrage stattgeben, wie nunmehr durch die Fassung des § 1723 klargestellt ist. Das VormG ist mithin nicht ermächtigt, die Ehelicherklärung nach freiem Ermessen abzulehnen oder zu bewilligen[26]).

13 6. *Anhörung* Verwandter und Verschwägerter des Mündels nach § 1847 BGB n. F. Anhörung der Mutter und des Vormunds erübrigt sich wegen ihrer Einwilligungen; jedoch kann sie zur Aufklärung des Sachverhalts dienlich sein. Anhörung des Jugendamts wird in § 48 JWG nur bei Erteilung der Genehmigung des VormG zur Einwilligung des Kindes oder seines gesetzlichen Vertreters vorgeschrieben, nicht mehr im Verfahren zur Ehelicherklärung. Da diese Genehmigungserfordernisse fortgefallen sind (Rdn. 6), wäre mithin eine Pflicht zur Anhörung des Jugendamts bei der Ehelicherklärung überhaupt entfallen. Diese Gesetzeslücke beruht aber darauf, daß die vorgeschlagenen Änderungen des JWG zurückgestellt und deshalb noch nicht Gesetz geworden sind (vgl. BT-Drucks. V/ 3719 S. 6, zu V/4179 zu I 3). Es besteht aber die Unterstützungspflicht des Jugendamts nach § 48 Abs. 1 Satz 1 JWG. Ist das Kind noch nicht 14 Jahre alt, so kann das VormG mit ihm persönlich Fühlung nehmen (§ 1729 Abs. 2); das kann auch im Wege der Rechtshilfe geschehen.

14 7. *Wirksamwerden der Ehelichkeitserklärung.* § 56a Abs. 1 Satz 1 regelt den Zeitpunkt, in welchem die Wirkungen der Ehelichkeitserklärung eintreten. Zwei Fälle sind zu unterscheiden:

15 *a) Bekanntmachung an den Vater.* In dem Regelfall, daß Vater und Kind die Ehelichkeitserklärung erleben, wird sie mit der Bekanntmachung (§ 16) an den Vater wirksam. Abweichend von der Regel des § 16 Abs. 1 genügt mithin die Bekanntmachung an den *Vater allein,* um die Wirksamkeit für *alle* Beteiligten, nämlich auch für das Kind und dessen Abkömmlinge (§ 1737) und für die Mutter des Kindes eintreten zu lassen. Da die Ehelichkeitserklärung nach dem Tode des Kindes nicht mehr erfolgen darf (§ 1733 Abs. 1), kann die noch zu Lebzeiten des Kindes *erlassene* (§ 18 Rdn. 5) Ehelichkeitserklärung nicht mehr wirksam werden, wenn sie dem Vater erst nach dem Tode des Kindes bekanntgemacht wird (vgl. zu derselben Lage bei der Adoptionsbestätigung § 67 Rdn. 2); § 1735 setzt eine wirksam gewordene Ehelichkeitserklärung voraus (a. M. Beitzke, FamR § 31 II 3).

16 Vorstehendes gilt für die als Voraussetzung des Wirksamwerdens *erforderliche Bekanntmachung.* Außerdem teilt das VormG die Ehelicheitserlärung den anderen Beteiligten, also dem Kinde und der Mutter mit, ohne daß jedoch an das Unterbleiben Rechtsfolgen geknüpft sind.

17 *b) Bekanntmachung nach dem Tode des Vaters an das Kind.* Ist der Vater verstorben, die Ehelichkeitserklärung aber nach § 1733 Abs. 2 noch zulässig (§ 43a Rdn. 6, 8), so wird die Verfügung mit der Bekanntmachung allein an das Kind wirksam, wiederum mit Wirkung auch für die übrigen Beteiligten. Mit den Worten „unbeschadet der Vorschrift des § 1733 Abs. 3 BGB" bringt das Gesetz zum Ausdruck, daß die Ehelichkeitserklärung auf die Zeit vor dem Tode des Vaters zurückbezogen wird, obwohl die Wirksamkeit der Verfügung erst nach seinem Tode eintritt. Ist das Kind in der Geschäftsfähigkeit beschränkt, so wird ihm die Verfügung zu Händen seines gesetzlichen Vertreters bekanntgemacht, selbst wenn es älter als 14 Jahre ist. Denn wenn es auch in diesem Fall die Einwilligung stets persönlich erteilen muß (Rdn. 6), so bedarf es doch der Zustimmung seines gesetztlichen Verteters (vgl. bei der Kindesannahme § 67 Rdn. 3).

[24]) Lehmann FamR[3] § 32 II 5; Beitzke FamR[11] § 31 II 3; Staudinger-Bökelmann BGB[11] § 1734 Anm. 17.

[25]) Göppinger FamRZ 1963, 272, 273; BGB-RGRK § 1734 Anm. 1; Staudinger-Bökelman BGB[11] § 1734 Anm. 22; a.M. Erman-Hefermehl BGB[3] § 1734 Anm. 1; Palandt-Lauterbach[25] § 1734 Anm. 1.

[26]) Göppinger FamRZ 1963, 273; BGB-RGRK § 1734 Anm. 1; Staudinger-Bökelmann BGB[11] § 1734 Anm. 22; a.M. Erman-Hefermehl BGB[3] § 1734 Anm. 1.

Die Bekanntmachung an die Mutter und die Erben des Vaters ist ebenfalls geboten, ohne daß der Eintritt der Wirksamkeit davon abhängt. Ist das Kind, bevor ihm die Verfügung bekanntgemacht worden ist, ebenfalls verstorben, so kann die Verfügung und damit die Ehelichkeitserklärung nicht mehr wirksam werden. **18**

Für die Form der Bekanntmachungen gilt § 16. **19**

8. Kein Rechtsmittel gegen die Ehelichkeitserklärung. Im Interesse der Sicherung der Rechtsstellung des Kindes ist die Ehelichkeitserklärung, wie die Bestätigung der Kindesannahme (§ 67 Rdn. 7), für alle Beteiligten schlechthin *unanfechtbar* (vgl. BT-Drucks. 530/58 Seite 28). Art. 19 Abs. 4 GG steht nicht entgegen, da kein Verfassungsgrundsatz besteht, daß jedes gerichtliche Verfahren mehr als eine Instanz umfassen müsse[27]). Verwandte des Vaters sind ohnehin nicht i. S. des § 20 Abs. 1 in ihren Rechten unmittelbar beeinträchtigt. Auch Fehlen oder Nichtigkeit des Antrags des Vaters gibt diesem kein Rechtsmittel. Selbst der Beteiligte, dessen nach § 1726 erforderliche Einwilligung irrig nach § 1726 Abs. 3 für entbehrlich gehalten wurde oder der seine erforderliche und nicht ersetzte (§ 1727) Einwilligung verweigert hat, kann gegen die gesetzwidrig gleichwohl ausgesprochene Ehelichkeitserklärung keine Beschwerde einlegen, obwohl der Mangel, anders als bei der Bestätigung der Kindesannahme (§ 65 Rdn. 24), gemäß § 1735 auch im Klagewege nicht geltend gemacht werden kann. Der Grundsatz, daß grob gesetzwidrige Beschlüsse stets anfechtbar sein müßten (vgl. § 19 Rdn. 31), gilt hier nicht. Eine Ausnahme könnte nur zugelassen werden, wenn das Gericht sich in offenbarer Willkür zum Nachteil eines Beteiligten über das Gesetz hinwegsetzen würde[28]). Ist allerdings verkannt worden, daß das Kind das eheliche Kind eines anderen Mannes ist oder als solches gilt (§ 1593 BGB), so wird die Verfügung für nichtig zu erachten sein[29]), ebenso beim Fehlen des Antrags des Vaters (§ 7 Rdn. 22) oder wenn die Ehelicherklärung entgegen § 1733 Abs. 1 nach dem Tode des Kindes erfolgt (Staudinger-Bökelmann BGB 11 § 1733 Rdn. 4). Im übrigen ist es auf die Wirksamkeit der Ehelicherklärung nach. § 1735 Satz 1 BGB ohne Einfluß, wenn das Vorliegen ihrer gesetzlichen Voraussetzungen zu Unrecht angenommen worden ist. Das muß auch gelten, wenn die Unwirksamkeit der Anerkennung nach §§ 1600b bis 1600e BGB übersehen worden ist. Erst eine rechtskräftige gerichtliche Feststellung, daß der Antragsteller nicht der Vater des Kindes ist, führt nach § 1735 Satz 2 BGB die Unwirksamkeit der Ehelicherklärung herbei. **20**

Auch eine *Beschwerdeentscheidung*, welche das VormG anweist, die Ehelichkeitserklärung zu verfügen oder von einem Bedenken abzusehen, ist mit der weiteren Beschwerde nicht anfechtbar. **21**

9. Keine Änderungsbefugnis. Aus denselben Gründen, auf denen der Ausschluß von Rechtsmitteln beruht (Anm. 8), wird dem VormG abweichend von § 18 Abs. 1 (§ 18 Rdn. 10) durch Abs. 1 Satz 2 Halbs. 2 die Befugnis entzogen, die Verfügung, welche das Kind für ehelich erklärt, zu ändern, wenn es sie nachträglich für ungerechtfertigt erachtet. Das gilt ohne Rücksicht auf die Wesentlichkeit des nachträglich erkannten Mangels. Auch wenn sich herausstellt, daß der Antragsteller nicht der Erzeuger des Kindes ist, bleibt es allein den Anfechtungsberechtigten überlassen, die Unehelichkeit geltend zu machen (§ 1735 Satz 2 BGB). **22**

Wegen des Zeitpunkts, in welchem die Verfügung unabänderlich wird, vgl. § 67 Rdn. 11. **23**

Eine *ablehnende Verfügung* kann nach den allgemeinen Grundsätzen (§ 18 Abs. 1 Halbsatz 2) auf *Antrag* des Vaters geändert werden (§ 18 Rdn. 13). Sie erwächst nicht in materielle Rechtskraft (Pikart-Henn S. 243). **24**

[27]) BVerfGE 6, 7, 12; KG DNotZ 1961, 217 = Rpfleger 1961, 409; Maunz-Dürig GG Art. 19 Abs. 4 Rdn. 45.

[28]) Vgl. BVerfGE 3, 364; 6, 53; insbes. zur EhelErkl. BGH LM Nr. 7 zu Art. 7 EGBGB; Keidel Anm. 16.

[29]) Maßfelder StAZ 1963, 197, 199; Hamburg MDR 1964, 507; a.M. Bökelmann StAZ 1969, 169 zu V.

25 *10. Rechtsmittel gegen die ablehnende Verfügung.* Gegen die Ablehnung der Ehelichkeitserklärung findet die *einfache* (unbefristete) *Beschwerde* nach § 19 statt. Das *Beschwerderecht* steht nach § 20 Abs. 1, 2 dem *Vater* zu. Dem *Kind* wird durch Abs. 2 ein Beschwerderecht verliehen, wenn der Vater verstorben und, wie einschränkend zu ergänzen ist, die Voraussetzungen des § 1733 Abs. 2 für eine Ehelichkeitserklärung nach dem Tode des Vaters erfüllt sind. Für die Befugnis des Kindes zur selbständigen Ausübung des Beschwerderechts gilt § 59. Im übrigen gelten für das Beschwerderecht die allgemeinen Vorschriften (BT-Drucks. 530/58 Seite 28). Ein Beschwerderecht anderer Personen, z. B. der Mutter, der Pflegeeltern, des Jugendamts aus § 57 Abs. 1 Nr. 9 kommt nicht in Betracht, da § 20 Abs. 2 das erweiterte Beschwerderecht aus § 57 ausschließt[30]).

26 Das VormG darf der Beschwerde abhelfen.

27 *11. Mitteilung* der Ehelichkeitserklärung durch die Geschäftsstelle des VormG an den *Standesbeamten,* der das Geburtenbuch des Kindes führt, zwecks Eintragung eines Randvermerks, § 30 PStG, §§ 27, 23 Abs. 2, 39 AVO-PStG, § 239 DA, MiZi XIV/1. Keine Eintragung im Familienbuch des Vaters (Pfeifer-Strickert, PStG § 15, Anm. 7).. Mitteilung an das *VormG* des Kindes nach § 50 FGG. Ist das Kind über 14 Jahre alt, so ist die infolge der Ehelichkeitserklärung eintretende Änderung des Familiennamens der Strafregisterbehörde mitzuteilen (§ 15 Abs. 1 Satz 1 StRegV, MiZi. XIV/2).

28 *12. Gebühren des Gerichts* entstehen nicht, auch nicht bei Ablehnung des Antrags (§§ 1, 91 Halbs. 2 KostO). *Beurkundungsgebühr* des Notars für den Antrag des Vaters (1730) eine volle Gebühr nach §§ 36 Abs. 1, 141 KostO. Gleichzeitig beurkundete Einwilligungen (§ 1726) werden hierdurch abgegolten; sonst 1/4 Gebühr nach § 38 Abs. 3 KostO. Geschäftswert § 30 Abs. 3, 2 KostO. Für Beschwerden gilt § 131 KostO. Für Betreiben des Antrags oder der Beschwerde erhält der Notar, auch wenn er Rechtsanwalt ist, nach Maßgabe des § 146 Abs. 2 KostO 1/2 Gebühr.

Anhang zu § 56a

Feststellung der Legitimation durch nachfolgende Ehe

I. Rechtslage für die Zeit bis zum 30. 6. 1970

Das Verfahren des Vormundschaftsgerichts zur Feststellung der Legitimation durch nachfolgende Ehe (§ 1719 BGB) ist in *§ 31 PStG* geregelt. Diese Regelung tritt infolge der Neufassung des 31 PStG durch Art. 8 Nr. 5 des G über die rechtliche Stellung der nichtehelichen Kinder vom 19. 8. 1969 (BGBl. I 1243) mit Wirkung vom 1. 7. 1970 außer Kraft. Nachstehend wird unter I (Rdn. 1 bis 18) die bis zum 30. 6. 1970 geltende Rechtslage dargestellt. Unter II (Rdn. 19 bis 30) folgt die Darstellung des vom 1. 7. 1970 an geltenden Rechts.

In der bis zum 30. 6. 1970 geltenden Fassung lautet *§ 31 PStG:*

(1) Ist ein uneheliches Kind durch die Eheschließung seiner Eltern ehelich geworden, so stellt das Vormundschaftsgericht dies fest, falls die Geburt des Kindes im Geburtenbuch beurkundet oder das Kind infolge der Legitimation in ein Familienbuch einzutragen ist. In anderen Fällen kann das Vormundschaftsgericht die Feststellung treffen, falls zur Zeit der Legitimation der Vater oder das Kind Deutscher war.

(2) Auf das Verfahren sind die Vorschriften des Gesetzes über die Angelegenheiten der freiwilligen Gerichtsbarkeit anzuwenden. Die Beschwerde gegen den Beschluß des Vormundschaftsgerichts steht dem Mann, der Frau und dem Kinde zu.

(3) Der Beschluß, durch den die Legitimation des Kindes festgestellt wird, wird erst mit der Rechtskraft wirksam. Einem Beteiligten, der sich gegenüber dem Vormund-

[30]) Vgl. § 57 Anm. B; a.M. Voraufl. und im Anschluß hieran Keidel Anm. 19; Staudinger-Bökelmann BGB[11] § 1723 Anm. 32; wie im Text Pikart-Henn Lb. d. Freiw. Gerkt. S. 243; BGB-RGRK[11] § 1723 Anm. 5; Erman-Hefermehl BGB[3] § 1723 Anm. 3; Palandt-Lauterbach BGB[26] § 1723 Anm. 3; Dölle FamR § 111 III 2.

schaftsgericht mit der Feststellung der Legitimation einverstanden erklärt hat, wird der Beschluß nur auf seinen Antrag bekanntgemacht; ein Beschwerderecht steht ihm nicht zu. Haben sich alle Beschwerdeberechtigten mit der Feststellung der Legitimation einverstanden erklärt, so ist vom Vormundschaftsgericht auszusprechen, daß der Beschluß rechtskräftig ist.

(4) Steht das Kind, weil es noch minderjährig ist, unter Vormundschaft, so soll diese erst aufgehoben werden, wenn der Beschluß, durch den die Legitimation festgestellt wird, rechtskräftig geworden ist. Ist die Mutter Vormund des Kindes oder ist die Vormundschaft aufgehoben, so ist dem geschäftsunfähigen oder in der Geschäftsfähigkeit beschränkten Kinde ein Pfleger für das Verfahren zu bestellen. § 59 des Gesetzes über die Angelegenheiten der freiwilligen Gerichtsbarkeit bleibt unberührt.

(5) Die Eintragungen im Geburtenbuch und Familienbuch erfolgen auf Grund des rechtskräftigen Beschlusses des Vormundschaftsgerichts. Ein Randvermerk über das Anerkenntnis der Vaterschaft wird im Geburtenbuch nicht mehr eingetragen, wenn die Legitimation des Kindes eingetragen ist.

1. Rechtsentwicklung. Zur Zeit des Inkrafttretens des BGB war ein gerichtliches Verfahren, **1**
in welchem der Eintritt der Legitimation durch nachfolgende Eheschließung der Eltern nach § 1719 BGB festgestellt werden konnte, im Gesetz nicht vorgesehen. Nach § 26 PStG 1875 konnte auf Antrag ein Randvermerk im Geburtenbuch beigeschrieben werden, wenn die Voraussetzungen des § 1719 BGB durch öffentliche Urkunden nachgewiesen waren, insbesondere die Vaterschaft von dem Ehemann der Mutter in öffentlicher Urkunde anerkannt war. Trotz der beschränkten Wirkung dieses Anerkenntnisses (§§ 1718, 1720 Abs. 2 BGB) wurde das Kind nach Eintragung des Randvermerks als legitimiert angesehen und in Geburtsscheinen als ehelich ausgewiesen[1]). Da diese Regelung zu Härten führte, wenn der Vater verstorben war, ohne die Vaterschaft in öffentlicher Urkunde anerkannt zu haben, wurde zunächst durch eine VO über die Eintragung der Legitimation unehelicher Kinder von Kriegsteilnehmern in das Geburtsregister vom 18. 1. 1917 (RGBl., 57) ein Verfahren eingeführt, in welchem das VormG auf Antrag den Eintritt der Legitimation als Grundlage für die Beischreibung des Randvermerks feststellen konnte. Diese auf Kriegsteilnehmer beschränkte Regelung wurde durch § 26 Abs. 2 PStG i. d. F. des Art. 1 Nr. 3 PStG vom 11. 6. 1920 (RGBl., 1209) auf alle Legitimationsfälle unter Wegfall des Antragserfordernisses ausgedehnt. Jedoch blieb die praktische Bedeutung dieser Regelung gering, weil auch weiterhin die Legitimation nach § 26 Abs. 1 PStG a. F. durch einen Randvermerk über die Eheschließung der Eltern und das Vaterschaftsanerkenntnis mit personenstandsrechtlicher Wirkung verlautbart werden konnte. Hierin brachte § 31 PStG i. d. F. des G vom 3. 11. 1937 (RGBl. I, 1146) insofern eine Änderung, als der Feststellungsbeschluß des VormG die alleinige Grundlage für die Verlautbarung der Legitimation mit personenstandsrechtlicher Wirkung im Geburtenbuch wurde[2]). Hierin hat § 31 PStG i. d. F. vom 8. 8. 1957 (BGBl. I, 1125) in den Grundzügen festgehalten. Jedoch wurden die bisher in § 22 1. AVO-PStG vom 19. 5. 1938 (RGBl. I, 533) enthaltenen Verfahrensvorschriften in das Gesetz selbst (§ 31 Abs. 2 bis 4) übernommen und insofern geändert, als eine Mitwirkung der höheren Verwaltungsbehörde nicht mehr stattfindet[3]). Ferner kann die Feststellung zur Klarstellung des Personenstandes des Kindes jetzt auch getroffen werden, wenn die Legitimation nicht in ein deutsches Personenstandsbuch eingetragen werden kann. Schließlich ist es auf die rechtliche Bedeutung und Wirkung des Legitimationsfeststellungsbeschlusses des VormG von wesentlichem Einfluß, daß nach § 1721 BGB i. d. F. des Art. 1 Nr. 12 FamRÄndG vom 11. 8. 1961 (BGBl. I, 1221) die Vorschriften der §§ 1593 bis 1599 BGB über die Anfechtung der Ehelichkeit entsprechend anzuwenden sind,

[1]) Zschacke JW 1937, 2499; Maßfeller StAZ 1939, 37; BayObLGZ 1960, 143, 146.

[2]) Vgl. RGZ 123, 257; KG NJW 1958, 635; Maßfeller, DJ 1938, 1381; ders., StAZ 1939, 37, 54, 80; Schwoerer, DFG 1939, 185; ders., FamRZ 1961, 489; Schopp Rpfleger 1959, 212; Stölzel PStG[5] § 31 Anm. 1; Staudinger-Bökelmann BGB[11] § 1719 Rdn. 23-26.

[3]) Vgl. BGHZ 31, 92; BGH NJW 1968, 1627 = FamRZ 1968, 452.

wenn das VormG die Legitimation durch nachfolgende Ehe rechtskräftig festgestellt hat (nachst. Rdn. 17).

2 *2. Sachliche Zuständigkeit.* Die Feststellung der Legitimation wird durch § 31 Abs. 1 PStG dem VormG, also dem AG (§ 35 FGG) zugewiesen; auch in Württemberg ist nicht der Bezirksnotar, sondern das AG zuständig (Art. 68 Nr. 17b WürttAGBGB i. d. F. des G vom 19. 12. 1961, GBl., 371). Das Verfahren ist dem *Richter* vorbehalten (§ 12 Nr. 20 RechtspflG). Demgemäß dürfen auch Rechtshilfeersuchen nicht vom Rechtspfleger ausgehen oder erledigt werden[4]). Das VormG ist auch zuständig, wenn das Kind bereits volljährig ist.

3 *3.* Die *örtliche Zuständigkeit* richtet sich nicht, wie bei der Ehelichkeitserklärung (§ 43a Rdn. 3), nach den Verhältnissen des Vaters, sondern nach denen des Kindes. Maßgebend ist § 43 FGG. Da die Vormundschaft nicht schon mit der Eheschließung endet (§ 1883 BGB), ist regelmäßig das Gericht zuständig, bei welchem die Vormundschaft anhängig ist (§ 43 Abs. 2 FGG); anderenfalls kommt es auf den Wohnsitz oder beim Fehlen eines inländischen Wohnsitzes auf den Aufenthalt des Kindes an (§ 43 Abs. 1 mit § 36 Abs. 1 Satz 1). Werden mehrere Kinder durch die Eheschließung legitimiert, so sind für den Geschwistergerichtsstand geltende Grundsätze maßgebend (§ 43 Rdn. 6 ff.). Hilfsweise greift bei einem deutschen Kind mit westdeutschem Personalstatut die Auffangzuständigkeit des AG Schöneberg nach § 36 Abs. 2 FGG Platz. Besitzt das Kind nicht die deutsche Staatsangehörigkeit und ist eine Zuständigkeit nach § 43 i. V. m. § 36 Abs. 1 FGG nicht gegeben, so ist unter dem Gesichtspunkt des Fürsorgebedürfnisses das VormG örtlich zuständig, in dessen Bezirk die Geburt beurkundet ist[5]); dasselbe gilt, wenn ein Kind deutscher Staatsangehörigkeit seinen gewöhnlichen und schlichten Aufenthalt in der Sowjetzone oder im Ostsektor Berlins hat und seine Geburt in einem westdeutschen Personenstandsbuch verlautbart ist[6]). Ist die Geburt nicht in einem westdeutschen Geburtenbuch beurkundet und ist das Kind auch nicht in ein Familienbuch einzutragen, so ist, wenn es an Anknüpfungspunkten in der Person des Kindes für die Begründung einer örtlichen Zuständigkeit fehlt, zur Ermöglichung der nach § 31 Abs. 1 Satz 2 PStG zulässigen Feststellung der Legitimation an die Verhältnisse in der Person des Vaters anzuknüpfen, wenn dieser westdeutsches Personalstatut besitzt. Für die Aufhebung der Legitimationsfeststellung, soweit sie noch statthaft ist (Rdn. 17), bleibt das VormG zuständig, das sie getroffen hat (§ 18 Rdn. 14). Beruht der Randvermerk in einem westdeutschen Geburtenbuch auf einem Legitimationsfeststellungsbeschluß, den ein ostdeutsches Gericht auf Grund des § 31 PStG vor dem Inkrafttreten des PStG-DDR (vgl. Vorbem. E. vor § 69) erlassen hat, so zieht die gegebene interzonale Zuständigkeit (Rdn. 5) für die Aufhebung die örtliche Zuständigkeit eines westdeutschen Gerichts nach vorstehenden Grundsätzen nach sich[7]). Eine *Abgabe* des Verfahrens nach § 46 Abs. 3 ist nicht ausgeschlossen.

4 *4. Internationale Zuständigkeit.* Die deutsche internationale Zuständigkeit ist, wie sich aus § 31 Abs. 1 PStG ergibt, stets gegeben, wenn zur Zeit der Legitimation der Vater oder das Kind deutscher Staatsangehöriger oder Deutscher i. S. des Art. 116 Abs. 1 GG ist oder wenn nach dem Heimatrecht des nichtdeutschen Vaters deutsches Recht Anwendung findet (vgl. § 43a Rdn. 13), ferner auch bei ausländischer Staatsangehörigkeit des Vaters oder des Kindes (oder der Mutter), wenn die Geburt in einem deutschen Geburtenbuch eingetragen oder das Kind infolge der Legitimation in ein deutsches Familienbuch einzutragen ist, mag

[4]) Hamm JMBlNRW 1963, 44; Celle NdsRpfl. 1964, 41.

[5]) Frankfurt NJW 1958, 636 = StAZ 1958, 289; Hamm StAZ 1949, 126; BayObLGZ 1965, 366; 1966, 427 = NJW 1967, 504, zu 7; Pfeiffer-Strickert PStG § 31 Anm. 15; Keidel § 69 Anm. 18; Staudinger-Bökelmann BGB[11] § 1719 Anm. 29.

[6]) LG Berlin NJW 1958, 308 = StAZ 1959, 70; AG Schöneberg FamRZ 1966, 113; Hamm OLGZ 1966, Pfeiffer-Strickert PStG § 31 Anm. 9; Keidel § 69 Anm. 18; Staudinger-Bökelmann BGB[11] § 1719 Anm. 30; a.M. Celle FamRZ 1966, 115.

[7]) KG v. 1. 3. 65 (1 W 2820/64).

auch die Eheschließung der Eltern im Ausland stattgefunden haben[8]). Die deutsche Zuständigkeit ist nicht davon abhängig, ob der ausländische Heimatstaat des Vaters die deutsche Entscheidung anerkennt, insbesondere die ausschließliche Zuständigkeit in Anspruch nimmt, da die Feststellung der Legitimation dem inländischen Interesse an der richtigen Führung der Personenstandsbücher dient[9]). Unschädlich ist es, wenn das nach Art. 22 EGBGB maßgebliche ausländische Heimatrecht des Vaters für die Legitimation weitere Erfordernisse als das deutsche Recht aufstellt, insbesondere die Anerkennung des Kindes durch einen oder beide Elternteile verlangt[10]). Wenn allerdings das ausländische Recht die Legitimation auf Grund der Eheschließung und der Anerkennung auch eintreten läßt, wenn der Ehemann der Mutter nicht der Erzeuger des Kindes ist, ist entsprechend Art. 22 Abs. 2 EGBGB die Einwilligung des über 14 Jahre alten deutschen Kindes zu erfordern[11]). Stets aber ist Voraussetzung für die Zulässigkeit des Verfahrens nach § 31 PStG, daß die Eheschließung der Eltern ein wesentliches Tatbestandsmerkmal für den Eintritt der Legitimation ist, mag auch das maßgebende ausländische Recht noch weitere Erfordernisse aufstellen; eine Legitimation, die lediglich auf der Anerkennung beruht, kann nicht als Legitimation durch nachfolgende Ehe i. S. des § 1719 BGB qualifiziert werden, möglicherweise aber Grundlage eines Randvermerks nach § 30 PStG sein[12]). Wird die Legitimation durch ausländisches Urteil, welches im Inland anzuerkennen ist, mit allgemein bindender Wirkung festgestellt, so kommt ein Verfahren nach § 31 PStG nicht in Betracht; der Standesbeamte verfährt nach § 30 PStG[13]). Im übrigen nimmt Deutschland für die Feststellung der Legitimation, wenn die Geburt in einem deutschen Geburtenbuch eingetragen oder das Kind in ein deutsches Familienbuch einzutragen ist, die ausschließliche Zuständigkeit in Anspruch, so daß ein ausländischer Legitimationsfeststellungsbeschluß nicht anzuerkennen ist und das Verfahren nach § 31 PStG nicht entbehrlich macht[14]). Dasselbe wird wegen der teilweise konstitutiven Wirkung der Legitimationsfeststellung (§ 1721 BGB) auch ohne Eintragung oder Eintragbarkeit in ein deutsches Personenstandsbuch (§ 31 Abs. 1 Satz 2 PStG) gelten müssen, wenn der Vater Deutscher ist (vgl. § 43a Rdn. 11). Das Verfahren nach § 31 PStG ist auch zulässig, um einen hinkenden Personenstand des Kindes zu beseitigen, wenn eine in Deutschland vor der Geburt des Kindes vor einem Geistlichen oder durch bloßen Konsens geschlossene, aber nach dem Heimatrecht des Vaters gültige Ehe nachträglich standesamtlich geschlossen wird (vgl. Art. 13 Abs. 3 EGBGB), obwohl in diesem Fall das Kind nach dem gemäß Art. 22 EGBGB maßgebenden Recht von Anfang an als ehelich gilt[15]).

5. Interzonale Zuständigkeit. Die Prüfung der interzonalen Zuständigkeit kommt in Betracht, wenn alle oder einer der Beteiligten (Vater, Mutter, Kind) gewöhnlichen Aufenthalt **5**
in der Sowjetzone oder im Ostsektor Berlins haben oder die Geburt in einem dortigen Geburtenbuch eingetragen ist. Ist die Geburt in einem westdeutschen Geburtenbuch eingetra-

8) KG NJW 1958, 635 = JZ 1958, 366 = StAZ 1958, 96 = EJF A II Nr. 4 mit Anm. v. Schwoerer; KG OLGZ 1966, 240 = StAZ 1966, 204 = FamRZ 1966, 375; Frankfurt NJW 1958, 636 = StAZ 1958, 289; BayObLGZ 1958, 204 = FamRZ 1958, 384 mit Anm. v. Schwoerer; Bay ObLGZ 1959, 47; 1965, 366; 1966, 203, 381; 1966, 424 = NJW 1967, 504; Soergel-Kegel BGB[9] Art. 22 EG Rdn. 28. Vgl. auch Marcks, Legitimation eines im Ausland geborenen Kindes, StAZ 1968, 204.

9) Beitzke, Intern. Zuständigkeit in Legitimationssachen, Festschr. f. Kraus 1954 S. 28; Soergel-Kegel BGB[9] Art. 22 EG Anm. 23; Luther FamRZ 1967, 439.

10) KG aaO. Fn. 8 unter Aufgabe von JFG 7, 107; Raape IPR[5] § 34 V; Soergel-Kegel[9] Art. 22 EG Anm. 27; Beitzke aaO. S. 29; vgl. zur Legitimation nach italienischem Recht Luther, FamRZ 1967, 439; BGH FamRZ 1968, 642; Simitis StAZ 1969, 12.

11) Karlsruhe ZS. Freiburg OLGZ 1965, 99; dazu Frank, FamRZ 1969, 626.

12) KG OLGZ 1966, 240 = StAZ 1966, 204 = FamRZ 1966, 375; LG Tübingen FamRZ 1967, 511 (Ägypten); Hamm OLGZ 1969, 267; AG Hamburg StAZ 1969, 183; Maßfeller StAZ 1950, 159; Beitzke StAZ 1962, 239; Schmitt-Peters, die Eintragungen in deutsche Personenstandsbücher 1960, 156; Soergel-Kegel BGB[9] Art. 22 EG Anm. 12; a.M. AG Schöneberg FamRZ 1966, 373; Wengler JR 1964, 205; Dölle FamR Bd. 2 S. 532.

13) Beitzke aaO. S. 29.

14) BayObLGZ 1966, 424 = NJW 1967, 504; Peters StAZ 1962, 339; a.M. Beitzke FamRZ 1967, 592 zu V 4 d β.

15) Ebenso OLG Frankfurt (ZS Darmstadt) NJW 1968, 359; Frankfurt FamRZ 1969, 168.

gen oder ist das Kind infolge der Legitimation in ein westdeutsches Familienbuch einzutragen, so ist die westdeutsche interzonale Zuständigkeit als ausschließliche entsprechend § 31 Abs. 1 Satz 1 PStG stets gegeben[15a]); wegen der örtlichen Zuständigkeit in diesem Fall vgl. Anm. 3. Auch ohne diese Voraussetzung ist die westdeutsche Zuständigkeit nach § 31 Abs. 1 Satz 2 PStG gegeben, wenn entweder der Vater oder das Kind westdeutsches Personalstatut haben, und zwar als konkurrierende, wenn nur das Kind oder die Mutter ihren gewöhnlichen Aufenthalt im Westen haben, als ausschließliche, wenn der Vater westdeutsches Personalstatut hat (vgl. Rdn. 4 a. E.). Das hiernach zuständige westdeutsche Gericht wendet entsprechend Art. 22 EGBGB[16]) gemäß dem durch den gewöhnlichen Aufenthalt bestimmten Personalstatut des Vaters westdeutsches oder mitteldeutsches Recht an. Hierzu bestimmt § 54 Abs. 4 FGB-DDR, daß ein vor der Eheschließung der Eltern geborenes Kind mit der Eheschließung die Rechtsstellung eines während der Ehe geborenen Kindes erlangt. Die Legitimation tritt also ebenso wie nach § 1719 BGB mit der Eheschließung kraft Gesetzes ein. Ein Legitimationsfeststellungsverfahren ist nicht vorgesehen. Über die Legitimation wird nach § 17 Abs. 2 PStG, § 7 DVO-PStG vom 13. 10. 1966 (GBl. DDR II, 757, VOBl. Berlin-Ost I, 842) ein Randvermerk im Geburtenbuch eingetragen. Grundlage für die Feststellung der Vaterschaft ist entweder ein gerichtliches Urteil (§ 56 FGB) oder ein Vaterschaftsanerkenntnis, das zu seiner Wirksamkeit der Zustimmung der Mutter und des Vormundes des Kindes bedarf; Anerkennung und Zustimmung bedürfen der Beurkundung durch das Organ der Jugendhilfe, das Staatliche Notariat oder den Leiter des Standesamts (§ 55 FGB). Sowohl die Anerkennung der Vaterschaft als auch ihre Feststellung durch Urteil haben entsprechend § 1593 BGB Statuswirkung (§ 58 FGB). Eine Übergangsregelung enthält § 8 EGFGB[16a]). Diese Vorschriften sind, soweit sie materiellrechtlicher Art sind, bei mitteldeutschen Personalstatut des Vaters anzuwenden (Art. 22 EGBGB). Dabei wird der Legitimationsfeststellungsbeschluß des VormG nach § 31 PStG einem gerichtlichen Urteil gleichgestellt werden können; er kann also vom VormG nicht wegen fehlender Vaterschaft geändert, sondern nur durch Ehelichkeitsanfechtungsklage beseitigt werden (Anm. 12).

6 6. *Verfahren.* Das Verfahren wird von Amts wegen eingeleitet, in der Regel auf Grund der Mitteilung des Standesbeamten, vor dem die Ehe geschlossen worden ist (§ 17 Abs. 1 AVO-PStG), aber auch auf Anregung der Beteiligten oder Dritter[17]). Das VormG ist zur Einleitung des Verfahrens verpflichtet, wenn die Geburt im Geburtenbuch beurkundet oder das Kind infolge der Legitimation in ein Familienbuch einzutragen ist (§ 31 Abs. 1 Satz 1 PStG); diese Pflicht wird auf seit dem 1. 7. 1938 eingetretene Legitimationen zu beschränken sein, da die Verpflichtung erst durch § 31 PStG 1937 begründet worden ist (Anm. 1). Zulässig ist das Verfahren ohne zeitliche Grenze aber auch für früher, sei es unter der Geltung des PStG 1875, sei es nach noch älterem Rechtszustand eingetretene Legitimationen[18]) sowie wenn eine Eintragung in einem Geburtenbuch nicht vorliegt und auch eine Eintragung in ein Familienbuch nicht in Betracht kommt; in diesen Fällen ist das VormG nach § 31 Abs. 1 Satz 2 zur Einleitung des Verfahrens befugt; hierfür wird es darauf ankommen, ob ein schutzwürdiges Interesse an der Feststellung vorliegt. Der Tod des Kindes (oder der Eltern) nach der Eheschließung berührt die Zulässigkeit des Verfahrens nicht. Unzulässig ist das Verfahren dagegen, wenn das Kind schon vor der Eheschließung gestorben ist, da die Legitimation erst mit der Eheschließung eintritt und nicht auf den Zeitpunkt der Geburt zurückwirkt[19]); in diesem Fall ist der Beschluß als nichtig zu erachten. Hat aber das vor der Ehe-

[15a]) Hamm OLGZ 1966, 514; Soergel-Kegel BGB[9] Art. 22 EG Anm. 59, 29; Staudinger-Bökelmann BGB[11] § 1719 Anm. 30.

[16]) Vgl. KG OLGZ 1966, 251, 253; unten § 66 Anm. 7.

[16a]) Vgl. auch Richtlinie Nr. 23 des Plenums des Obersten Gerichts zur Feststellung und Anfechtung der Vaterschaft v. 22. 3. 1967 (GBl. DDR II S. 177).

[17]) Vgl. Müllich StAZ 1963, 169; Schnitzerling StAZ 1963, 147; Frankfurt FamRZ 1969, 168.

[18]) Vgl. Maßfeller StAZ 1939, 56; Stölzel PStG[5] § 31 Anm. 9; BayObLGZ 1960, 143.

[19]) Staudinger-Bökelmann BGB[11] § 1719 Anm. 21; LG Hamburg StAZ 1966, 234 = ZBlJR 1967, 230.

schließung verstorbene Kind Abkömmlinge hinterlassen, so muß es zulässig sein, die Erstrekkung der Legitimationswirkungen auf die Abkömmlinge nach § 1722 BGB im Verfahren nach § 31 PStG festzustellen[20]).

7. Verfahrensgrundsätze, Beteiligte. Aus der Zuweisung an das VormG ergibt sich, so- **7**
weit das Verfahren in § 31 PStG nicht abweichend geregelt ist, die Anwendbarkeit der allgemeinen Vorschriften (§§ 2 bis 34) und der Vorschriften des 2. Abschnitts bereits aus §§ 1, 35 FGG, so daß die besondere Verweisung auf die Vorschriften des FGG in § 31 Abs. 2 Satz 1 PStG überflüssig ist. Die Legitimation ist zwar ebenso wie die Ehelichkeitserklärung oder die Kindesannahme ein personenstandsrechtlicher Vorgang, aber keine Personenstandssache i. S. des 4. Abschnitts, so daß die §§ 45 bis 50 PStG, § 71 FGG keine Anwendung finden. *Beteiligte* des Verfahrens sind nur der Mann, die Frau und das Kind (§ 31 Abs. 2 Satz 2 PStG). Das Kind wird in der Regel durch seinen Vormund vertreten. Ist die Mutter Vormund oder ist die Vormundschaft bereits aufgehoben oder ist der Mutter die elterliche Gewalt nach § 1707 Abs. 2 BGB übertragen, so ist dem geschäftsunfähigen oder in der Geschäftsfähigkeit beschränkten Kinde ein Pfleger für das Verfahren zu bestellen (§ 31 Abs. 4 Satz 2 PStG); dasselbe gilt für das Verfahren zur Aufhebung des Feststellungsbeschlusses[21]). Eine in der Geschäftsfähigkeit beschränkte Mutter kann ihre Rechte in dem Verfahren selbständig ausüben (§ 13 Rdn. 19). Eine Beteiligung der höheren Verwaltungsbehörde findet nicht mehr statt (Anm. 1). Auch das Jugendamt ist in seiner Eigenschaft als Jugendwohlfahrtsbehörde an dem Verfahren nicht beteiligt, auch nach § 48 JWG nicht zu hören. Es kann Rechte in dem Verfahren nur ausüben, wenn es Vormund oder Pfleger des Kindes ist. Ist der Mann verstorben, so sind auch seine nach §§ 1721, 1595a BGB zur Anfechtung der Ehelichkeit berechtigten Eltern in Erweiterung des § 31 Abs. 2 Satz 2 PStG als Beteiligte anzusehen (Rdn. 15). Den hiernach Beteiligten ist rechtliches Gehör zu gewähren[21a]).

8. Prüfungspflicht des VormG. Die Legitimation eines unehelichen Kindes tritt nach § 1719 **8**
BGB kraft Gesetzes in dem Zeitpunkt ein, in welchem sich der Vater mit der Mutter verheiratet. Diese Wirkung ist von der Einwilligung der Eltern oder des Kindes nicht abhängig und tritt auch ohne ihr Wissen und gegen ihren Willen ein; für das Kind gilt das selbst dann, wenn es bereits volljährig ist[22]). Demgemäß erstreckt sich die Prüfung des VormG auf folgende *Voraussetzungen:*

a) Unehelichkeit des Kindes. Ob das Kind unehelich ist, richtet sich nach den §§ 1591 bis **9**
1600 BGB. Der Feststellung der Legitimation durch nachfolgende Ehe steht es jedoch nicht entgegen, daß das Kind zuvor auf Antrag des Vaters und jetzigen Ehemanns der Mutter für ehelich erklärt oder von diesem oder der Mutter an Kindes Statt angenommen worden ist, da die Wirkungen der Ehelichkeitserklärung und der Kindesannahme beschränktere sind als die der Legitimation durch nachfolgende Ehe (vgl. §§ 1719, 1737, 1763 BGB)[23]). Auch Adoption durch einen Dritten hindert nicht; jedoch treten dann die Legitimationswirkungen nur insoweit ein, als nicht die Adoption entgegensteht[24]). Kein Hindernis ist die Anerkennung durch einen Dritten nach § 1718 BGB oder die Feststellung seiner Zahlvaterschaft durch Urteil, sofern in dem Verfahren die wirkliche Vaterschaft des Ehemanns der Mutter festgestellt werden kann. Ist die Vaterschaft eines anderen Mannes durch Abstammungsurteil festgestellt, so muß dieses Urteil zunächst durch Klage beseitigt werden (§ 643 Satz 2 ZPO). Ebenso muß bei Ehelichkeitserklärung zugunsten eines Dritten oder Legitimation durch nachfolgende Ehe mit einem von mehreren Beiwohnern die Unehelichkeit auf Anfechtungsklage (§§ 1721, 1735 a, 1593) zuvor rechtskräftig festgestellt sein.

b) Eheschließung der Eltern. Die Legitimation setzt eine gültige Ehe (§ 11 EheG) voraus; **10**
daß die Ehe nichtig (vernichtbar) oder für nichtig erklärt ist (§ 23 EheG), steht nicht ent-

[20]) Vgl. auch Feneberg-Simader PStG § 31 Anm. 1 b.
[21]) BayObLGZ 1960, 88.
[21a]) Vgl. allgemein § 12 Rdn. 87; zu § 31 PStG Frankfurt FamRZ 1969, 168.
[22]) Staudinger-Bökelmann BGB[11] § 1719 Anm. 17; Soergel-Lade BGB[9] § 1719 Anm. 6.
[23]) KG JFG 9, 62 = JW 1933, 176; Staudinger-Bökelmann[11] § 1719 Anm. 6.
[24]) KG aaO. Staudinger-Bökelmann Rdn. 7.

gegen; nur eine Nichtehe ist unbeachtlich. Internationalprivatrechtlich beurteilt sich die Gültigkeit der Ehe nach Art. 11, 13 EGBGB. Ist nach deutschem Recht eine gültige Ehe geschlossen worden, nicht aber nach dem Heimatrecht des Vaters, so ist das Kind legitimiert, wenn es bei Gültigkeit der Ehe nach dem Heimatrecht des Vaters legitimiert wäre; ist die Ehe nur nach dem Heimatrecht des Vaters gültig, nach deutschem Recht aber nicht zustandegekommen, so ist das Kind nicht legitimiert[25]).

11 *c) Vaterschaft des Ehemanns der Mutter.* Der Ehemann der Mutter muß der wirkliche Vater des Kindes sein. Das Gericht hat den Sachverhalt von Amts wegen zu erforschen (§ 12 FGG). Die Vermutung der Empfängnis aus einer Beiwohnung des Ehemanns der Mutter, wenn er ihr innerhalb der gesetzlichen Empfängniszeit beigewohnt hat (§ 1720 Abs. 1 BGB), und die Vermutung der Beiwohnung, wenn der Ehemann der Mutter seine Vaterschaft nach der Geburt des Kindes in öffentlicher Urkunde anerkannt hat (§ 1720 Abs. 2 BGB), gelten auch in dem Verfahren vor dem VormG[26]). Die Widerlegung dieser Vermutungen ist Gegenstand der Amtsermittlungstätigkeit des Gerichts; den Beteiligten obliegt keine subjektive Beweisführungslast. Die Vermutung der Empfängnis aus einer festgestellten oder vermuteten Beiwohnung wird nicht schon durch den Nachweis eines Mehrverkehrs oder das Vaterschaftsanerkenntnis eines Dritten entkräftet, sondern nur durch den Beweis, daß die Empfängnis von dem Ehemann den Umständen nach offenbar unmöglich ist[27]). Gegenstand der Ermittlungstätigkeit des VormG ist daher, wenn kein Vaterschaftsanerkenntnis abgegeben ist, ob der Ehemann der Mutter innerhalb der gesetzlichen Empfängniszeit beigewohnt hat[28]), wenn ein Anerkenntnis vorliegt, ob die daraus folgende Vermutung der Beiwohnung widerlegbar ist, und bei festgestellter oder nicht widerlegbar vermuteter Beiwohnung, ob es offenbar unmöglich ist, daß das Kind von dem Ehemann abstammt. Läßt sich dieser Nachweis nicht erbringen (non liquet), so ist bei festgestellter oder vermuteter Beiwohnung die Legitimation festzustellen. Für die Aufklärung des Sachverhalts können alle zulässigen Beweismittel herangezogen werden, auch blutgruppenserologische oder erbkundliche Untersuchungen (vgl. die Bem. zu § 56c Rdn. 30 und zu § 372a ZPO bei § 15 Rdn. 15 ff. Allerdings wird zu besonderen Ermittlungen nur Anlaß bestehen, wenn der Vater die Beiwohnung bestreitet oder die Unrichtigkeit eines Anerkenntnisses substantiiert behauptet oder wenn Mehrverkehr eingewendet oder von der Mutter eingeräumt wird oder sonstige Anhaltspunkte dafür vorliegen, daß der Ehemann der Mutter nicht als Vater des Kindes in Betracht kommt[29]). Eine *persönliche Anhörung der Beteiligten* wird wegen der verstärkten Wirkungen der Feststellung (§ 1721 BGB) häufiger als früher üblich geboten sein, auch um den Mann über die Rechtsfolge des § 1721 Satz 2 BGB zu belehren[30]).

12 *9. Die Entscheidung* ergeht durch *Beschluß,* der aus rechtsstaatlichen Gründen einer Begründung bedarf (§ 16 Anm. 4), wenn die Legitimation gegen den Widerspruch eines Beteiligten festgestellt oder abgelehnt wird. Das VormG kann nur entweder den Eintritt der Legitimation feststellen oder diese Feststellung ablehnen, nicht aber die förmliche Feststellung treffen, daß das Kind nicht ehelich geworden sei[31]).

[25]) Hamm FamRZ 1959, 28; KG FamRZ 1961, 483; BGHZ 43, 213; Erman-Marquordt BGB[3] Art. 22 Anm. 2 b bb; Maßfeller, Das ges. FamR Bd. 2 Art. 22 EG Anm. 3 b; Soergel-Kegel BGB[9] Art. 22 EG Anm. 21; str., a.M. Wengler JR 1963, 41. Ausländische Vorschriften, welche die Legitimation von Ehebruchskindern ausschließen, sollen wegen Verstoßes gegen Art. 30 EGBGB unbeachtlich sein, so BGHZ 50, 370 (Italien) = NJW 1969, 369 = JZ 1969, 299 mit Anm. v. Heldrich und dazu Simitis StAZ 1969, 12-16.

[26]) KG JFG 14, 130; 22, 292; BayObLGZ 1960, 148; 1965, 370.

[27]) KG JFG 22, 292.

[28]) Wegen der Anwendbarkeit des § 1592 Abs. 2 BGB vgl. BayObLGZ 1962, 101.

[29]) München JFG 22, 229; KG JFG 22, 292; RGZ 169, 158; BayObLGZ 1960, 143, 148; Staudinger-Bökelmann BGB[11] § 1719 Anm. 32; Pfeiffer-Strickert PStG § 31 Anm. 7; Schopp, Rpfleger 1959, 212.

[30]) Müllich StAZ 1963, 169, 171; Pikart-Henn Lb. d. freiw. Gerbkt. S. 239; Staudinger-Bökelmann BGB[11] § 1719 Anm. 33.

[31]) BayObLGZ 1960, 143, 147; Maßfeller StAZ 1939, 80; Waldmann DFG 1943, 63; Keidel § 69 Anm. 3; a.M. Zschacke JW 1937, 2499.

10. Rechtsmittel. Wirksamwerden. Bekanntmachung.

a) Feststellung. Der Beschluß, durch den die Legitimation des Kindes festgestellt wird, 13
wird erst mit der Rechtskraft wirksam (§ 31 Abs. 3 Satz 1 PStG). Es findet daher die *sofortige Beschwerde* (§ 22) statt (§ 60 Abs. 1 Nr. 6 FGG). Das VormG ist zu einer Änderung nicht befugt (§ 18 Abs. 2). Der Beschluß ist grundsätzlich den Beteiligten (Mann, Frau, Kind) förmlich zuzustellen (§ 16 Abs. 2 Satz 1); einem Beteiligten, der sich dem VormG gegenüber mit der Feststellung einverstanden erklärt hat, wird der Beschluß jedoch nur auf Antrag bekanntgemacht; diese Bekanntmachung kann formlos erfolgen. In § 31 Abs. 3 Satz 2, 3 läßt das Gesetz einen im voraus dem Gericht gegenüber zu erklärenden einseitigen Verzicht auf Rechtsmittel gegen die Feststellung zu. Haben sich alle Beschwerdeberechtigten (Rdn. 15) mit der Feststellung der Legitimation einverstanden erklärt, so hat das VormG auszusprechen, daß der Beschluß rechtskräftig ist. Die Vorschrift ist bedenklich[32]) und sollte im Hinblick auf § 1721 BGB nicht beibehalten werden.

b) Ablehnung. Gegen Beschlüsse im Legitimationsfeststellungsverfahren, die einen anderen 14
Inhalt als die Feststellung der Legitimation haben, findet die *unbefristete Beschwerde* nach § 19 statt, mithin gegen die Ablehnung der Feststellung, gegen ihre Aufhebung und gegen die Ablehnung der Aufhebung[33]). Der Beschluß wird mit der formlosen Bekanntmachung an die Beteiligten wirksam (§ 16 Abs. 1). Das VormG kann ihn ohne Antrag ändern (§ 18 Abs. 1 Halbs. 1). Ein Verzicht auf Rechtsmittel ist in diesem Fall nicht statthaft (§ 21 Rdn. 18, 19).

c) Beschwerderecht. Das Beschwerderecht gegen feststellende, ablehnende oder aufhebende 15
Entscheidungen steht nur dem Mann, der Frau und dem Kinde zu (§ 31 Abs. 2 Satz 2), gegen die Feststellung nur, wenn sie sich nicht mit ihr einverstanden erklärt haben (§ 31 Abs. 3 Satz 2 Halbs. 2). Dadurch wird das Beschwerderecht abschließend geregelt; für andere Personen oder Stellen, auch die Standesamtsaufsichtsbehörde, kann es weder aus § 20 Abs. 1 noch aus § 57 Abs. 1 Nr. 9 hergeleitet werden[34]). Auch Erben verstorbener Beteiligter steht ein Beschwerderecht nicht zu[35]). Den Eltern des verstorbenen Mannes, die nach §§ 1721, 1595a BGB zur Anfechtung der Ehelichkeit berechtigt sind, wird man aber ein Beschwerderecht einräumen müssen; insoweit muß § 31 Abs. 2 Satz 2 PStG an § 1721 BGB angepaßt werden. Ist das Kind älter als 14 Jahre, so ist es neben seinem gesetzlichen Vertreter selbständig beschwerdeberechtigt (§ 31 Abs. 4 Satz 3 PStG, § 59 FGG). Das Beschwerderecht verliert es nach § 31 Abs. 3 Satz 2 PStG nur, wenn es sich persönlich mit der Feststellung einverstanden erklärt hat. Die Beschwerdefrist wird aber auch dem Kinde gegenüber mit der Zustellung an den gesetzlichen Vertreter, der allein es im ersten Rechtszuge vertritt, in Lauf gesetzt (§ 59 Rdn. 13).

11. Mitteilung an den Standesbeamten. Eine mit Rechtskraftzeugnis versehene Ausferti- 16
gung des die Legitimation feststellenden Beschlusses übersendet der UdG der Geschäftsstelle des VormG dem Standesbeamten, der das Geburtenbuch des Kindes führt (§ 17 Abs. 3 AVO-PStG), wenn aber die Geburt nicht im Geltungsbereich des PStG beurkundet ist, dem Standesbeamten, der das Familienbuch der Eltern führt (§ 17 Abs. 4 AVO-PStG); vgl. MiZi XIV/1. Der rechtskräftige Beschluß ist die Grundlage für die Eintragung eines Randvermerks im Geburtenbuch und für Vermerke im Familienbuch der Eltern, gegebenenfalls des Kindes (§ 31 Abs. 5 PStG, §§ 35, 41 AVO-PStG). Über *Bindung und Prüfungsrecht des Standesbeamten* vgl. § 45 PStG Rdn. 10 bei § 69. Mitzuteilen ist auch eine Aufhebung der rechtskräftigen Legitimationsfeststellung. Ist das Kind älter als 14 Jahre, so ist die durch die Legitimation eintretende Änderung des Familiennamens der Strafregister-Behörde mitzuteilen (§ 15 Abs. 1 Satz 1 StRegV, MiZi XIV/2).

[32]) Vgl. Emig StAZ 1936, 360; BayObLGZ 1966, 378, 380 läßt Widerruf des Einverständnisses bis zum Erlaß der Entscheidung des VormG zu; ebenso LG Tübingen FamRZ 1967, 511 zu III.

[33]) KG JFG 23, 361; BGH Rpfleger 1960, 48 zu II (Insoweit in BGHZ 31, 92 nicht abgedruckt); BayObLGZ 1960, 90; 1962, 103; Keidel § 70 Anm. 3 a.

[34]) München JFG 20, 167; BGHZ 31, 92; BGH NJW 1968, 1627 = FamRZ 1968, 452; Keidel § 70 Anm. 6.

[35]) München JFG 20, 167; Bedenken dagegen bei Merkel FamRZ 1968, 237.

17 *12. Änderungsbefugnis des Vormundschaftsgerichts.* Durch § 18 Abs. 2 FGG wird das VormG gehindert, eine der sofortigen Beschwerde unterliegende Entscheidung nach dem Eintritt der formellen Rechtskraft zu ändern (aufzuheben); wenn aber die Entscheidung nicht rechtsgestaltend ist und nicht in materielle Rechtskraft erwächst, kann in einem neuen Verfahren eine gegenteilige Feststellung getroffen werden (§ 18 Rdn. 19). Bis zum 1. 1. 1962, dem Inkrafttreten des § 1721 BGB i. d. F. des FamRÄndG v. 11. 8. 61 (BGBl. I, 1221), war anerkannt, daß die Feststellung der Legitimation durch nachfolgende Ehe nur rechtsbekundend und der materiellen Rechtskraft nicht fähig ist, so daß das VormG eine gegenteilige Feststellung insbesondere treffen konnte, wenn sich nachträglich ergab, daß das Kind nicht von dem Ehemann der Mutter abstammt[36]). Hierin ist durch § 1721 BGB n. F. i. V. m. § 1593 BGB insofern eine Änderung eingetreten, als nach der rechtskräftigen Feststellung der Legitimation durch das VormG die Unehelichkeit des Kindes nur geltend gemacht werden kann, wenn die Ehelichkeit angefochten und die Unehelichkeit rechtskräftig festgestellt ist. Daraus folgt, daß das VormG eine abweichende Entscheidung nicht wegen fehlender Vaterschaft des Ehemanns der Mutter treffen kann, da aus diesem Grunde dem Kinde die durch die Legitimationsfeststellung erworbene Rechtsstellung nur durch eine erfolgreiche Ehelichkeitsanfechtungsklage genommen werden kann; das gilt auch für vor dem 1. 1. 1962 rechtskräftig gewordene Legitimationsfeststellungsbeschlüsse[37]). Der Beschluß verschafft also dem Kinde, das nicht von dem Ehemann der Mutter abstammt, die Rechtsstellung eines während der Ehe geborenen scheinehelichen Kindes. Das ist keine Erscheinung der materiellen Rechtskraft[38]), aber auch keine bloße Tatbestandswirkung[39]), sondern eine Gestaltungswirkung. Es handelt sich um eine feststellende Entscheidung mit gestaltungsähnlicher Wirkung[40]); die Entscheidung begründet zwar nicht konstitutiv die Rechtsstellung eines ehelichen Kindes, da diese Stellung auf dem Gesetz (§ 1719 BGB) beruht; konstitutiv wegen des Eintritts der Wirkung des § 1593 BGB ist die Entscheidung aber, soweit sie die wirkliche Abstammung verfehlt[41]); insofern kann man von statusfestigender Wirkung sprechen[42]). Soweit diese Wirkung reicht, ist die Entscheidung der Änderung durch das Vormundschaftsgericht entzogen. Dagegen ist dem VormG eine abweichende Feststellung nach Eintritt der formellen Rechtskraft nicht verwehrt, wenn sich ergibt, daß eine Legitimation aus anderen Gründen als der fehlenden Vaterschaft des Ehemanns der Mutter nicht eingetreten ist, etwa wegen Vorliegens einer Nichtehe oder einer im deutschen Rechtsgebiet nicht gültigen hinkenden Ehe oder infolge Nichtabstammung des Kindes von der Ehefrau oder wegen Fehlens von Voraussetzungen des nach Art. 22 EGBGB maßgebenden ausländischen Rechts[43]). Bei Maßgeblichkeit ausländischen Rechts können sich die Wirkungen der Legitimation vorbehaltlich des Art. 18 Abs. 2 EGBGB ohnehin nicht nach den §§ 1721, 1593 BGB bestimmen. Mit der Begründung, daß die Feststellung der Vaterschaft des Ehemanns der Mutter auf Verfahrensfehlern beruhe, kann die Aufhebung des formell rechtskräftigen Beschlusses nicht gerechtfertigt werden[44]). Daß die in einem zweiten Beschluß getroffene Feststellung in einem weiteren Verfahren wiederum geändert wird, ist rechtsgrundsätzlich nicht ausgeschlossen.

36) KG JFG 23, 360 = DFG 1942, 133; KG NJW 1955, 593; BayObLG HEZ 2, 194; BayObLGZ 1958, 204 = FamRZ 1958, 384; BGH NJW 1957, 1067 = FamRZ 170 = EJF A I h Nr. 1.

37) Hamm OLGZ 1965, 372; = NJW 1965, 2307; BGH NJW 1968, 1626 = FamRZ 1968, 453 = Rpfleger 1968, 278; Staudinger-Bökelmann BGB[11] § 1721 Anm. 21.

38) Schwoerer FamRZ 1961, 489; 1964, 327; Staudinger-Bökelmann BGB[11] § 1719 Anm. 39; a.M. Dölle FamR § 110 VI 2; Pikart-Henn Lb. d. freiw. Gerbkt. S. 240; Bärmann § 21 II 3 b aa. Vgl. auch Gaul FamRZ 1968, 673 zu II 3.

39) So Staudinger-Bökelmann aaO.

40) Vgl. § 18 Rdn. 28; Nicklisch, Die Bindung der Gerichte an gestaltende Gerichtsentscheidungen usw., 1965 S. 115 ff.

41) Gernhuber FamR § 61 I 7.

42) Gaul FamRZ 1963, 534.

43) BayObLGZ 1966, 203; BGH FamRZ 1968, 642; Staudinger-Bökelmann BGB[11] § 1719 Anm. 38; Gernhuber FamR § 61 I 7; Dölle FamR § 110 VI 2 e; BGB-RGRK[11] § 1721 Anm. 2; Ermann-Hefermehl BGB[3] § 1721 Anm. 2 a; Keidel § 70 Anm. 12; Beitzke ZBlJR 1961, 321; Schwoerer FamRZ 1964, 327.

44) A.M. Keidel § 70 Anm. 12.

13. Gebühren. Im ersten Rechtszuge werden Gebühren nicht erhoben (§ 91 KostO). Im Beschwerdeverfahren gilt § 131 KostO. 18

II. Rechtslage für die Zeit ab 1. 7. 1970

In der vom 1. 7. 1970 an geltenden Fassung des Art. 8 Nr. 5 NichtehelG bestimmt *§ 31 PStG:*

(1) Ist ein nichteheliches Kind durch nachfolgende Ehe seiner Eltern ehelich geworden, so ist die Legitimation in das Geburtenbuch einzutragen, sobald die Vaterschaft des Mannes anerkannt oder rechtskräftig festgestellt ist. Die Eintragung ist ohne diese Voraussetzungen zulässig, wenn sich die Legitimation nach ausländischem Recht bestimmt und nach diesem Recht die Rechtswirkungen der Legitimation ohne vorherige Anerkennung oder rechtskräftige Feststellung der Vaterschaft geltend gemacht werden können.

(2) Kommt für die Legitimation die Anwendung ausländischen Rechts in Betracht, so hat der Standesbeamte die Entscheidung des Amtsgerichts darüber herbeizuführen, ob die Legitimation einzutragen ist. Auf das Verfahren sind die Vorschriften der §§ 48, 49 und 50 anzuwenden.

I. Bedeutung

Die Verlautbarung der Legitimation durch nachfolgende Ehe (§ 1719 BGB) im Geburtenbuch des Kindes und im Familienbuch der Eltern (§ 15 Abs. 1 Nr. 2 PStG i. d. F. des Art. 8 Nr. 2 NichtehelG) ist nicht mehr, wie nach § 31 PStG a. F., davon abhängig, daß das Vormundschaftsgericht den Eintritt der Legitimation zuvor rechtskräftig festgestellt hat. Das Verfahren vor dem VormG nach § 31 PStG a. F. ist beseitigt; es ist entbehrlich geworden, weil die Vaterschaft des Ehemannes der Mutter mit Wirkung für und gegen alle (§ 1600a BGB) und die Eheschließung der Eltern regelmäßig durch Urkunden nachzuweisen sind (vgl. BT-Drucks. V/3719 S. 58 u. S. 81 zu Nr. 6). Der Standesbeamte hat auf Grund der vorliegenden Urkunden selbständig zu prüfen, ob die Legitimation eingetreten ist, nicht anders als wenn er sonst nach § 30 PStG einen Randvermerk über eine Veränderung des Personenstandes des Kindes einzutragen hat. Hat er Zweifel an dem Eintritt der Legitimation, so kann er, wenn er die Eintragung nicht durch Bescheid ablehnt, nach § 45 Abs. 2 PStG die Entscheidung des Amtsgerichts anrufen. Die Herbeiführung dieser Entscheidung wird dem Standesbeamten durch § 31 Abs. 2 PStG n. F. zur Pflicht gemacht, wenn für die Legitimation die Anwendung ausländischen Rechts in Betracht kommt, damit die Eintragung durch die vorherige gerichtliche Prüfung auf eine sichere Grundlage gestellt wird (BT-Drucks. V/3719 S. 81). 19

II. Voraussetzungen der Legitimation

1. Eintritt der Legitimation. Nach der unverändert gebliebenen Vorschrift des § 1719 BGB wird ein nichteheliches Kind mit der Eheschließung der Eltern kraft Gesetzes ehelich. Die Legitimation hängt mithin davon ab, daß der Ehemann der Mutter der Vater des Kindes ist. Nach § 1600a Satz 2 BGB können aber die Rechtswirkungen der Vaterschaft zu einem Kinde, welches nicht während einer Ehe oder innerhalb von 302 Tagen nach Auflösung der Ehe (§ 1593 BGB) geboren ist, nur geltend gemacht werden, wenn die Vaterschaft durch Anerkennung oder gerichtliche Entscheidung mit Wirkung für und gegen alle festgestellt ist. Dieser Nachweis muß als Voraussetzung der Eintragung vorliegen; andererseits wird dadurch die Vaterschaft auch für den Standesbeamten und das nachfolgende gerichtliche Verfahren bindend festgestellt. Eine (rechtskräftige) gerichtliche Entscheidung über die Vaterschaft kann ergehen durch Urteil des Prozeßgerichts im Statusverfahren nach §§ 640 Abs. 2 Nr. 1, 641 ZPO, welches für und gegen alle wirkt (§§ 640h, 641k ZPO), oder nach dem Tode des Mannes oder des Kindes durch Beschluß des Vormundschaftsgerichts nach § 1600n Abs. 2 BGB, § 55b FGG (§ 55b Rdn. 20). Wirkung für und gegen alle hat auch die An- 20 erkennung der Vaterschaft durch den Mann. Sie ist eine einseitige, bedingungs- und befristungsfeindliche, nicht empfangsbedürftige Willenserklärung[45]) und ist schon vor der Geburt des Kindes zulässig (§ 1600b Abs. 1, 2); sie kann nicht widerrufen werden[46]). Ein in der Geschäftsfähigkeit beschränkter Mann kann nur selbst mit Zustimmung seines gesetzlichen Vertreters, bei Gesamtvertretung durch die Eltern also beider Elternteile, anerkennen (§ 1600d Abs. 1 Satz 1 BGB). Ist der Mann geschäftsunfähig, so kann sein gesetzlicher Vertreter mit Genehmigung des Vormundschaftsgerichts, die nach § 1831 Satz 1 BGB vor der Abgabe der Erklärung erteilt sein muß, für ihn anerkennen. Zur Anerkennung ist die Zustimmung des Kindes erforderlich (nicht auch die der Mutter), die dem Anerkennenden oder dem nach § 29a Abs. 2 PStG zuständigen Standesbeamten gegenüber zu erklären ist (§ 1600c BGB). Ein in der Geschäftsfähigkeit beschränktes Kind, welches das achtzehnte Lebensjahr vollendet hat, kann nur selbst mit Zustimmung seines gesetzlichen Vertreters der Anerkennung zustimmen; für ein Kind, welches geschäftsunfähig oder noch nicht achtzehn Jahre alt ist, stimmt der gesetzliche Vertreter der Anerkennung zu (§ 1600d Abs. 2 BGB). Die Zustimmung des Kindes und seines gesetzlichen Vertreters sowie des gesetzlichen Vertreters des Anerkennenden können bis zum Ablauf einer Frist von sechs Monaten, die mit der Beurkundung der Anerkennungserklärung, frühestens mit der Geburt des Kindes beginnt, erteilt werden (§ 1600e Abs. 3 BGB). Nach § 1600d Abs. 3 ist eine Vertretung durch Bevollmächtigte bei der Anerkennung und der Zustimmung ausgeschlossen; das ist auch auf Vertreter in der Erklärung zu beziehen[47]).

21 Die Anerkennungserklärung des Mannes und die Zustimmung des Kindes bedürfen der öffentlichen Beurkundung; für die Zustimmung des gesetzlichen Vertreters zu diesen Erklärungen genügt die öffentliche Beglaubigung (§ 1600e Abs. 1 BGB). Zuständig für die Beurkundungen und Beglaubigungen sind die Notare (§ 20 Abs. 1 Satz 1 BNotO), jedes Amtsgericht (§ 62 Nr. 1 BeurkG), und zwar ist dieses Geschäft durch § 3 Abs. 1 Nr. 1 Buchst. e RechtspflG i. d. F. des § 57 Abs. 15 Nr. 1 BeurkG auf den Rechtspfleger übertragen, die deutschen Berufskonsuln (§§ 16, 17, 37a KonsularG), jeder Standesbeamte (§ 29a PStG) und nach der beabsichtigten Änderung des § 49 JWG (vgl. BT-Drucks. V/3719 S. 6) die vom Landesjugendamt ermächtigten Beamten und Angestellten des Jugendamts, deren Zuständigkeit sich auf alle in § 1600e Abs. 1 BGB erwähnten Erklärungen erstreckt (BT-Drucks. V/3719 S. 26). Die Form der Beurkundungen und Beglaubigungen richtet sich nach den Vorschriften des Beurkundungsgesetzes (§ 1 Abs. 2 BeurkG) mit Ausnahme der Beurkundungen durch den Standesbeamten (§ 58 BeurkG).

22 Die Anerkennung ist, solange im Wege der Anfechtung die fehlende Vaterschaft des Anerkennenden nicht rechtskräftig festgestellt ist, nur unwirksam, wenn sie den Erfordernissen des §§ 1600b bis 1600c nicht genügt (§ 1600f Abs. 1 BGB). Zu diesen Erfordernissen gehört auch, daß nicht bereits die Vaterschaft eines anderen Mannes anerkannt oder rechtskräftig festgestellt ist (§ 1600b Abs. 3 BGB). Die Mängel der §§ 1600b bis 1600e BGB werden aber nach § 1600f Abs. 2 BGB geheilt, wenn seit der Eintragung der Anerkennung in ein deutsches Personenstandsbuch (§ 29 PStG) fünf Jahre verstrichen sind (§ 1600f Abs. 2 BGB). Wegen dieser Wirkung hat die Eintragung der auf einer Anerkennung beruhenden Vaterschaft neben der Eintragung der Legitimation selbständige Bedeutung (BT-Drucks. V/3719 S. 58); wenn der Randvermerk nach § 29 PStG bei der Eintragung der Legitimation noch nicht vorliegt, sollte er daher nachgeholt oder mit ihr verbunden werden; die Regelung des § 31 Abs. 5 Satz 2 PStG a. F. ist nicht übernommen worden.

23 Übergangsrechtlich steht es nach Art. 12 § 3 Abs. 1 NichtehelG der Anerkennung oder Feststellung der Vaterschaft im Sinne des § 1600a BGB gleich, wenn ein Mann vor dem Inkrafttreten dieses Gesetzes seine Vaterschaft in einer öffentlichen Urkunde (§§ 1718, 1720 Abs. 2 BGB) anerkannt oder sich in einem vollstreckbaren Schuldtitel zur Erfüllung eines

[45]) Zur Rechtsnatur nach bisher. Recht vgl. Staudinger-Göppinger BGB[11] § 1718 Anm. 45.

[46]) Staudinger-Göppinger aaO. Anm. 33; Dölle FamR II S. 471.

[47]) Vgl. Staudinger-Göppinger BGB[11] § 1718 Anm. 15.

Anspruchs nach § 1708 BGB verpflichtet hat oder wenn er in einer vor dem Inkrafttreten des Gesetzes erlassenen rechtskräftigen Entscheidung zur Erfüllung eines solchen Anspruchs verurteilt worden ist.

2. *Eintritt der Legitimation nach ausländischem Recht* (Abs. I Satz 2). Die Vorschrift des Abs. 1 Satz 2 trägt dem Umstande Rechnung, daß nicht alle ausländischen Rechte eine förmliche Anerkennung oder gerichtliche Feststellung der Vaterschaft als Voraussetzung für den Eintritt der Legitimation durch nachfolgende Ehe fordern[48]). In diesem Fall soll die Eintragung des Randvermerks im Geburtenbuch auch ohne die Voraussetzungen des Abs. 1 Satz 1 zulässig sein. Hieraus folgt im Umkehrschluß, daß eine gerichtliche Entscheidung über die Feststellung der Vaterschaft, welche nach Abs. 1 Satz 1 die Zulässigkeit eines Randvermerks begründet, auch ein ausländisches Urteil sein kann, welches im Inland anzuerkennen ist[49]). **24**

III. Verfahren des Standesbeamten

1. *Sachliche Zuständigkeit.* Die Befugnis des Standesbeamten zur selbständigen Eintragung eines Randvermerks ist davon abhängig, ob die Legitimation sich nach deutschem Recht beurteilt oder ob die Anwendung ausländischen Rechts in Betracht kommt. Legitimationsstatut ist nach Art. 22 Abs. 1 EGBGB das Heimatrecht des Vaters zur Zeit der Eheschließung. Auf den Ort der Eheschließung oder die Staatsangehörigkeit des Kindes kommt es nicht an. Deutsches Recht ist mithin maßgebend, wenn der Vater deutscher Staatsangehöriger oder Deutscher im Sinne des Art. 116 Abs. 1 GG oder Staatenloser mit gewöhnlichem oder in Ermangelung eines solchen mit schlichtem Aufenthalt im Inland (Art. 29 EGBGB) oder internationaler (nicht volksdeutscher) Flüchtling oder Verschleppter mit deutschem Personalstatut ist (zum Flüchtlingsbegriff vgl. näher § 44a Rdn. 19). Die Anwendbarkeit des deutschen Rechts kann aber auch bei ausländischer Staatsangehörigkeit des Vaters darauf beruhen, daß das Heimatrecht des Vaters eine Rückverweisung (Art. 27 EGBGB) auf das deutsche Recht als das Recht des Wohnsitzes oder des domicile enthält[50]). In diesem Fall besteht jedoch die Vorlegungspflicht nach Abs. 2. Denn hierfür kommt es nicht darauf an, ob die Legitimation im Ergebnis nach ausländischem Recht zu beurteilen ist, sondern ob die Anwendung ausländischen Rechts in Betracht kommt, also in Erwägung zu ziehen ist und eine Prüfung des ausländischen Rechts erfordert. Das Recht der DDR und des Ostsektors Berlins ist entsprechend Art. 22 EGBGB anzuwenden, wenn der Vater mitteldeutsches Personalstatut hat, wofür es auf seinen gewöhnlichen Aufenthalt ankommt (oben Rdn. 5). In diesem Fall ist der Standesbeamte zur Eintragung des Randvermerks in eigener Zuständigkeit befugt. Das Recht der DDR kann einem ausländischen Recht i. S. des Abs. 2 nicht gleichgestellt werden, da die Schwierigkeiten, die bei der Prüfung der Anwendbarkeit ausländischen Rechts auftreten können und die Anlaß zur Einführung der Vorlegungspflicht nach Abs. 2 gegeben haben, hier nicht bestehen, zumal das Recht der DDR (oben Rdn. 5) weitgehend mit dem durch das NichtehelG eingeführten westdeutschen Recht übereinstimmt. **25**

2. *Selbständige Eintragung des Randvermerks.* Kommt die Anwendung ausländischen Rechts nicht in Betracht, so befindet der Standesbeamte selbständig über die Eintragung des Randvermerks. Die Voraussetzungen dafür können sich nur aus öffentlichen oder öffentlich beglaubigten Urkunden ergeben (Rdn. 20). Ist der eingetragene Randvermerk unrichtig, so kann er nur im Berichtigungsverfahren nach § 47 PStG (vgl. § 69 FGG Rdn. 16 ff.) beseitigt werden. Lehnt der Standesbeamte die Eintragung ab, so kann er nach § 45 PStG auf Antrag eines Beteiligten oder der Aufsichtsbehörde durch das nach § 50 PStG zuständige Amtsgericht dazu angehalten werden. **26**

[48]) Vgl. Raape IPR[5] § 34 A; Soergel-Kegel BGB[9] Art. 22 EG Anm. 22, 27.

[49]) Über die Anerkennungsfähigkeit ausl. Statusurteile vgl. Stein-Jonas-Schlosser ZPO[19] § 642 II 2.

[50]) Raape IPR[5] § 34 A II.

27 *3. Vorlegungsverfahren (Abs. 2).* Das Tätigwerden des Gerichts setzt eine Vorlegung durch den Standesbeamten voraus. Die Aufsichtsbehörde ist zur Vorlegung nicht berechtigt; sie ist aber an dem Verfahren zu beteiligen, weil sie nach § 49 Abs. 2 PStG beschwerdeberechtigt ist. Auch die Beteiligten sind nicht berechtigt, das Gericht unmittelbar anzurufen; es hat in jedem Fall eine Vorprüfung durch den Standesbeamten stattzufinden. Die Vorlegung ist kein förmlicher Antrag; der Standesbeamte wird dadurch nicht Antragsteller und Beteiligter.

28 *Örtlich zuständig* ist das nach § 50 PStG zuständige Amtsgericht (vgl. § 69 FGG Rdn. 4, 5). Das Verfahren richtet sich nach den §§ 48, 49 PStG. Als Beteiligte hinzuzuziehen sind außer der Aufsichtsbehörde die Eltern und das Kind, aber auch die Eltern des verstorbenen Mannes, wenn die Feststellung der Vaterschaft auf einer Anerkennung beruht und die Eltern nach § 1600g Abs. 2 BGB anfechtungsberechtigt sind (vgl. schon zum bisherigen Recht oben Rdn. 7 und 15). Eine in der Geschäftsfähigkeit beschränkte Mutter kann ihre Rechte in dem Verfahren selbständig ausüben (§ 13 Rdn. 19). Das Kind wird in dem Verfahren, wenn es unter Pflegschaft nach § 1706 BGB steht, von dem Pfleger (vgl. § 1706 Nr. 1 BGB), sonst von dem Vormund vertreten; Vormundschaft und Pflegschaft enden bei Legitimation durch nachfolgende Ehe nicht kraft Gesetzes, sondern erst mit der Aufhebung durch das Vormundschaftsgericht (§§ 1883, 1915 BGB). Ist die Vormundschaft oder Pflegschaft bereits aufgehoben oder steht der Mutter die elterliche Gewalt unbeschränkt zu (§ 1707), so ist die Bestellung eines Pflegers für das Kind nicht mehr, wie nach § 31 Abs. 4 Satz 2 PStG a. F., in jedem Fall geboten, sondern nur, sofern nach Lage des Falles zwischen der Mutter und dem Kinde ein Interessenwiderstreit besteht (§§ 1796, 1915 BGB); als Rechtsstreit i. S. des § 1795 Abs. 1 Nr. 3 BGB kann das Verfahren nicht angesehen werden.

29 Für die *Rechtsmittel* gilt § 49 PStG (vgl. § 70 FGG mit Bem.). Lehnt das Gericht es ab, den Standesbeamten zur Eintragung anzuweisen, so findet dagegen die unbefristete Beschwerde statt (§ 49 Abs. 1 Satz 2 PStG). Die Erteilung der Anweisung wird erst mit der Rechtskraft wirksam und ist mit der sofortigen Beschwerde anfechtbar (§ 49 Abs. 1 Satz 1 PStG). Das in der Geschäftsfähigkeit beschränkte Kind kann sein Beschwerderecht nicht selbständig ausüben; § 59 FGG ist (anders als im Verfahren nach § 31 PStG a. F.) nicht anwendbar, weil keine Verrichtung des VormG vorliegt.

30 *4. Eintragung der Legitimation in das Familienbuch.* Das Verfahren nach § 31 Abs. 1 PStG regelt die Eintragung eines Randvermerks in das Geburtenbuch des Kindes. Die nach § 15 Abs. 1 Nr. 2 PStG i. d. F. des Art. 8 Nr. 2 NichtehelG erforderliche Eintragung des Kindes in das Familienbuch der Eltern erfolgt gemäß § 35 AVO-PStG ausschließlich auf Grund der Mitteilung, die der Standesbeamte, der den Randvermerk im Geburtenbuch einträgt, hiervon dem Standesbeamten macht, der das Familienbuch der Eltern führt; selbständig darf der Standesbeamte, der das Familienbuch führt, die Legitimation nicht eintragen[51]). Diese Befugnis hat er aber auf Grund des § 15 Abs. 1 Nr. 2 PStG, wenn die Geburt nicht in einem (west-)deutschen Geburtenbuch eingetragen ist. Die Voraussetzungen und das Verfahren (vgl. § 15b PStG) unterscheiden sich nicht von der Eintragung eines Randvermerks im Geburtenbuch nach § 31 Abs. 1. Kommt die Anwendung ausländischen Rechts in Betracht, so ist auch der Standesbeamte, der das Familienbuch führt und es durch Eintragung des legitimierten Kindes ergänzen will, nach § 31 Abs. 2 zur Vorlegung verpflichtet, da die Vorschrift insoweit keine Einschränkung enthält. Ist die Geburt nicht in einem (west-)deutschen Geburtenbuch eingetragen und ist für die Eltern auch kein Familienbuch angelegt, so kann die Legitimation nicht von einem Standesbeamten oder dem nach § 50 PStG zuständigen Gericht festgestellt werden. Über den Eintritt der Legitimation kann als Vorfrage in jedem Verfahren befunden werden, in dem es darauf ankommt. Eine Zuständigkeit des Standesbeamten kann aber dadurch begründet werden, daß die Anlegung eines Familienbuchs nach § 15a PStG beantragt wird.

[51]) Vgl. Pfeiffer-Strickert PStG § 15 Anm. 4.

Ehelicherklärung auf Antrag des Kindes; Namenserteilung an die Mutter

56b (1) Eine Verfügung, durch die das Vormundschaftsgericht ein nichteheliches Kind auf seinen Antrag für ehelich erklärt oder der Mutter des Kindes nach § 1740 g des Bürgerlichen Gesetzbuchs den Namen des Vaters erteilt, wird erst mit der Rechtskraft wirksam.

(2) Die Beschwerde steht auch den Personen zu, die nach den Vorschriften des Bürgerlichen Gesetzbuchs zu hören sind.

Eingefügt durch Art. 7 Nr. 15 des G über die rechtliche Stellung der nichtehelichen Kinder vom 19. 8. 1969 (BGBl. I 1243). In Kraft getreten am 1. 7. 1970.

A. Bedeutung

Die Befugnis, die Ehelicherklärung zu beantragen, wird in § 1723 BGB ausschließlich dem Vater vorbehalten; dem Kinde (und seiner Mutter) hat das Gesetz kein Antragsrecht eingeräumt (§ 56a Rdn. 5). Ferner kann der Antrag nach dem Tode des Vaters nicht mehr gestellt werden (§ 1733 Abs. 2 BGB). Dieser Grundsatz wird durch § 1740a BGB i. d. F. des Art. 1 Nr. 37 NichtehelKindG zugunsten der Brautkinder in der Erwägung durchbrochen, daß Kinder, deren Eltern miteinander verlobt waren, jedoch infolge des Todes eines Elternteils eine eheliche Bindung nicht mehr eingehen konnten, eine Sonderstellung einnehmen, da sie soziologisch ehelichen Kindern näherstehen als nichtehelichen (BT-Drucks. V/2370 S. 76). In § 1740a BGB wird daher die Ehelicherklärung auf Antrag des Kindes zugelassen, wenn die Eltern verlobt waren und das Verlöbnis durch den Tod eines Elternteils, also entweder des Vaters oder der Mutter, aufgelöst worden ist. Durch die Ehelicherklärung wird das Kind in jeder Beziehung einem durch Eheschließung seiner Eltern ehelich gewordenen Kind gleichgestellt (§ 1740f BGB); es gelten daher nicht die Besonderheiten, die bei der Ehelicherklärung auf Antrag des Vaters hinsichtlich der elterlichen Gewalt in § 1738 und hinsichtlich der Unterhaltspflicht in § 1739 BGB vorgesehen sind. Ist der überlebende Elternteil die Mutter, so endet eine nach § 1706 BGB etwa bestehende Pflegschaft. Das Kind erwirbt den Familiennamen des Vaters (§ 1616 BGB) und wird nach dem Vater und dessen Verwandten erbberechtigt (§§ 1740a Abs. 2, 1733 Abs. 3 BGB). Ist der Vater jedoch vor dem Inkrafttreten des NichtehelG (1. 7. 1970) verstorben, so ist nach der Übergangsvorschrift in Art. 12 § 9 (Ausschluß des § 1733 Abs. 3) die Ehelicherklärung ohne Einfluß auf die Rechte des (nichtehelichen) Kindes am Nachlaß des Vaters (BT-Drucks. V/3719 S. 69 zu § 9). Ist das Kind auf seinen Antrag nach dem Tode des Vaters für ehelich erklärt worden, so hat das VormG der (noch unverheirateten) Mutter auf ihren Antrag nach Maßgabe des § 1740g BGB den Namen des Vaters zu erteilen, damit auf diesem Wege die Namensgleichheit hergestellt wird, die infolge einer Eheschließung eingetreten wäre. In § 56b wird das Wirksamwerden und die Anfechtbarkeit dieser Verfügungen wesentlich abweichend von § 56a geregelt. **1**

B. Ehelicherklärung auf Antrag des Kindes

I. Zuständigkeit

Die örtliche Zuständigkeit ist in § 43a geregelt. Vgl. auch die dortigen Bem. zur sachlichen, funktionellen, internationalen und interzonalen Zuständigkeit. **2**

II. Prüfung des Vormundschaftsgerichts

Die Prüfung des VormG erstreckt sich auf folgende *Voraussetzungen:*

1. Antrag. Antragsberechtigt ist nur das Kind (§ 1740a), nicht die überlebende Mutter. **3**
Ist der Vater der überlebende Elternteil, so wird er durch den Antrag des Kindes zwar nicht gehindert, auch seinerseits einen Antrag auf Ehelicherklärung nach § 1723 BGB zu stellen; dann ist zunächst über den Antrag des Kindes zu befinden, weil die Voraussetzungen erleichtert und die Wirkungen stärker sind (Rdn. 1); hat der Antrag des Kindes Erfolg, so er-

ledigt sich der Antrag des Vaters. Der Antrag des Kindes muß unbedingt und unbefristet sein (§§ 1740a Abs. 2, 1724) und bedarf der notariellen Beurkundung (§§ 1740a Abs. 2, 1730). Ein in der Geschäftsfähigkeit beschränktes über vierzehn Jahre altes Kind muß den Antrag selbst mit Zustimmung seines gesetzlichen Vertreters stellen (§ 1740c Satz 2); die Zustimmung des gesetzlichen Vertreters bedarf nicht der Form des § 1730. Für ein geschäftsunfähigses oder noch nicht 14 Jahre altes Kind stellt den Antrag der gesetzliche Vertreter (§ 1740c Satz 1). Zuständig ist der Vertreter in den die Person betreffenden Angelegenheiten; besteht für das Kind eine Pflegschaft nach §§ 1706, 1709 BGB, so gehört die Antragstellung zum Wirkungskreis des Pflegers (§ 1706 Nr. 1 BGB). Eine Genehmigung des VormG zur Antragstellung ist nicht erforderlich, weil das VormG ohnehin über den Antrag zu entscheiden hat, obwohl das nach § 43a örtlich zuständige VormG nicht dasjenige zu sein braucht, welches sonst für die Angelegenheiten des Kindes zuständig ist (§ 43a Rdn. 5).

4 2. *Antragsfrist.* Der Antrag ist unbefristet, wenn die Mutter der verstorbene Elternteil ist, durch dessen Tod das Verlöbnis aufgelöst wurde, und der Vater zur Zeit der Antragstellung lebt. Ein Bedürfnis, das Antragsrecht des Kindes zu befristen, hat der Gesetzgeber aber für den Fall angenommen, daß die Ehelicherklärung nach dem Tode des Vaters erstrebt wird, weil dadurch sich die erbrechtliche Stellung des Kindes ändert und die baldige Klärung der Erbfolge im Interesse der Beteiligten liegt (BT-Drucks. V/2370 S. 78). Nach diesem Zweck und dem Wortlaut des Gesetzes wird anzunehmen sein, daß die Befristung auch gilt, wenn das Verlöbnis der Eltern durch den Tod der Mutter aufgelöst worden, nachträglich aber auch der Vater verstorben ist und der Antrag erst nach seinem Tode gestellt wird. Gemäß § 1740e Abs. 1 Satz 1 BGB kann demgemäß das Kind nach dem Tode des Vaters den Antrag nur binnen Jahresfrist stellen. Die Frist beginnt nach § 1740e Abs. 1 Satz 2 nicht vor der Geburt des Kindes und, wenn die Vaterschaft nicht anerkannt ist (und nach der Übergangsvorschrift in Art. 12 § 3 auch nicht als anerkannt gilt), nicht vor ihrer rechtskräftigen Feststellung, da das Kind den Antrag vorher nicht stellen kann (§§ 1740a, 1600a). Übergangsrechtlich beginnt die Frist nach Art. 12 § 9 Satz 2 frühestens mit dem Inkrafttreten des Gesetzes. Die Jahresfrist wird gemäß § 1740e Abs. 1 Satz 3 mit §§ 203, 206 BGB gehemmt, wenn das Kind durch Stillstand der Rechtspflege, durch höhere Gewalt oder mangels gesetzlicher Vertretung (dazu § 56c Rdn. 25) gehindert war, die Frist einzuhalten.

5 Hatte der Vater zur Zeit seines Todes die Vaterschaft noch nicht anerkannt und ist er bei Tod vor dem 1. 7. 1970 auch nicht nach Art. 12 § 3 als Vater anzusehen, fehlte es ferner zu diesem Zeitpunkt auch an einer rechtskräftigen Feststellung der Vaterschaft, so kann das Kind den Antrag innerhalb der Jahresfrist des § 1740e Abs. 1 seit der rechtskräftigen Feststellung nur stellen, wenn außerdem die weiteren Voraussetzungen des § 1740e Abs. 2 erfüllt sind. Da nämlich die Ehelicherklärung nach dem Tode des Vaters mit der Feststellung der Vaterschaft nach diesem Zeitpunkt gemeinsam hat, daß durch einen dem Tode des Erblassers nachfolgenden Rechtsakt ein Erbrecht des Kindes begründet wird, soll das Antragsrecht des Kindes für die Ehelicherklärung ebenso beschränkt sein wie gemäß § 1934c Abs. 1 BGB sein Recht, die Feststellung der Vaterschaft nach dem Tode des Vaters zu betreiben (BT-Drucks. V/2370 S. 78). Das Antragsrecht des Kindes ist daher gemäß §§ 1740e Abs. 2 mit § 1934 Abs. 1 Satz 2 davon abhängig, daß entweder das gerichtliche Verfahren zur Feststellung der Vaterschaft zur Zeit des Erbfalls bereits anhängig war oder, wenn der Vater vor der Geburt des Kindes oder der Vollendung seines sechsten Lebensmonats verstorben ist, der Antrag auf gerichtliche Feststellung der Vaterschaft binnen sechs Monaten gestellt worden war; diese Frist beginnt mit dem Erbfall, jedoch nicht vor der Geburt des Kindes (§ 1934c Abs. 1 Satz 2 Halbs. 2). Eine Hemmung dieser Frist gemäß §§ 203, 206 BGB sieht das Gesetz nicht vor; nach der Gesetzesbegründung (BT-Drucks. V/2370 S. 97) war ihre Zulassung ersichtlich auch nicht beabsichtigt. Für die Ehelicherklärung beeinflußt die Beschränkung des § 1740e Abs. 2 nicht die Jahresfrist des § 1740e Abs. 1, die vielmehr unberührt bleibt, sondern das Antragsrecht des Kindes. Ist der Vater vor dem Inkrafttreten des Gesetzes (1. 7. 1970) verstorben, so gilt die Beschränkung des Antragsrechts des Kindes durch § 1740e Abs. 2 gemäß Art. 13 § 9 Satz 1 nicht, weil in diesem Fall die Ehelicher-

klärung auf die erbrechtliche Stellung des Kindes ohne Einfluß ist (Rdn. 1); die Jahresfrist des § 1740e Abs. 1 bleibt aber auch in diesem Fall anwendbar, damit der Personenstand des Kindes sich nicht noch nach ungebührlich langer Zeit ändert (BT-Drucks. V/3719 S. 69 zu § 9 mit Stellungnahme des Bundesrats ebenda S. 85 zu § 9).

3. Die *Zurücknahme des Antrags* ist bis zum Wirksamwerden der Ehelicherklärung, also bis zum Eintritt ihrer Rechtskraft, zulässig. *Tod des Kindes* erledigt den Antrag (§ 1740a Abs. 2 mit § 1733 Abs. 1); die Vorschrift des § 1733 Abs. 2 ist nicht für anwendbar erklärt. Eine Ehelicherklärung nur zugunsten der Abkömmlinge des verstorbenen Kindes findet nicht statt. Tod des überlebenden Elternteils (Vater oder Mutter) vor oder nach der Antragstellung ist unschädlich, soweit nicht bei Antragstellung nach dem Tode des überlebenden Vaters die Befristung des Antrags nach § 1740e Abs. 1 und die Beschränkung des Antragsrechts nach § 1740e Abs. 2 eingreifen. **6**

4. Einwilligung des überlebenden Elternteils (§ 1740b). Sie ist eine einseitige, bedingungs- und befristungsfeindliche, empfangsbedürftige Willenserklärung und bedarf der notariellen Beurkundung (§ 1740a Abs. 2 mit §§ 1724, 1730). Erklärungsgegner ist das Kind oder das Vormundschaftsgericht (§ 1740b Abs. 2). Die Einwilligung ist unwiderruflich (§ 1740b Abs. 2 Halbs. 2); die Unwiderruflichkeit kann aber nicht vor dem Wirksamwerden der Erklärung eintreten, bei Erklärung unter Abwesenden also nicht schon mit der Beurkundung, sondern gemäß § 130 Abs. 1 BGB erst mit dem Zugehen (vgl. zu § 1748 BGB Vorbem. A 3 vor § 65), so daß vorheriges oder gleichzeitiges Zugehen eines Widerrufs (§ 130 Abs. 1 Satz 2) das Wirksamwerden der Einwilligung und damit den Eintritt der Unwiderruflichkeit hindert. Sie unterliegt der Anfechtung nach den allgemeinen Vorschriften, die vom VormG beachtet und vor der Ehelicherklärung geprüft werden müßte, ebenso von den Beschwerdegerichten, solange die Anfechtung in dem Verfahren noch vorgebracht werden kann. Die Einwilligung kann nicht durch einen Vertreter erteilt werden (§ 1740b Abs. 3 Satz1); auch eine Vertretung in der Erklärung ist mangels eines Bedürfnisses nicht zuzulassen (vgl. § 56a Rdn. 2). Ein in der Geschäftsfähigkeit beschränkter Elternteil bedarf nicht der Zustimmung seines gesetzlichen Vertreters (§ 1740b Abs. 3 Satz 2); die Genehmigung des VormG ist nicht erforderlich. Eine Ersetzung der vom Vater oder der Mutter verweigerten Einwilligung entsprechend § 1727 BGB ist nicht vorgesehen und vom Gesetzgeber bewußt abgelehnt worden (BT-Drucks. V/2370 S. 77), mithin auch nicht zulässig, wenn die Einwilligung aus Schikane (§ 226 BGB) oder Böswilligkeit verweigert wird. Die Einwilligung ist aber nicht erforderlich, wenn der überlebende Elternteil zur Abgabe der Erklärung dauernd außerstande oder sein Aufenthalt dauernd unbekannt ist (§ 1740b Abs. 1 Satz 2). Zur Einwilligung außerstande ist auch der Geschäftsunfähige. Die Geschäftsunfähigkeit muß aber voraussichtlich dauernd sein; ist mit einer Beendigung des Zustandes zu rechnen, so genügt es nicht, daß das Abwarten die Ehelicherklärung ungebührlich verzögern würde[1]). **7**

Die Einwilligung des *Ehegatten* des überlebenden Elternteils oder des Ehegatten des Kindes ist nicht erforderlich. **8**

5. Die Vaterschaft des Vaters, als dessen eheliches das Kind erklärt werden will, muß durch Anerkennung oder rechtskräftige gerichtliche Entscheidung oder nach Maßgabe des Art. 12 § 3 Abs. 1 NichtehelG festgestellt sein. Eine selbständige Prüfung steht dem VormG nicht zu, abgesehen von der Prüfung der Anerkennung auf Unwirksamkeitsgründe nach §§ 1600b bis 1600e BGB; vgl. näher § 56a Rdn. 11. Außerdem muß die Abstammung von der Mutter nachgewiesen sein. **9**

6. Verlöbnis. Die Ehelicherklärung setzt voraus, daß zwischen den Eltern ein rechtswirksames Verlöbnis (§ 1297 BGB) bestanden hat, welches erst durch den Tod eines Verlobten aufgelöst worden ist. Das Verlöbnis muß rechtswirksam zustandegekommen sein. Es darf mithin nicht wegen Scheins (§ 117 BGB) oder Verstoßes gegen die guten Sitten (§ 138 BGB) **10**

[1]) Staudinger-Bökelmann BGB^{11} Anm. 13; BGB-RGRK^{11} Anm. 2, je zu § 1726; Gernhuber § 61 II 8 Anm. 2; a.M. Palandt-Lauterbach BGB^{28} § 1726 Anm. 3.

nichtig oder wegen Geschäftsunfähigkeit eines Partners (§ 105 BGB) unwirksam sein. Nichtig ist auch ein Verlöbnis, wenn die Eheschließung wegen eines Ehehindernisses, von welchem eine Befreiung rechtlich nicht möglich oder nach Lage des Falles objektiv keinesfalls zu erwarten ist, unzulässig ist[2]). Ob ein beschränkt Geschäftsfähiger ein Verlöbnis selbständig ohne Zustimmung des gesetzlichen Vertreters eingehen kann, ist bestritten; man wird der Auffassung zustimmen müssen, nach welcher die Erklärung des beschränkt Geschäftsfähigen ein einstweilen wirksames Verlöbnisverhältnis begründet, welches jedoch von dem Verlobten, solange sein gesetzlicher Vertreter nicht zugestimmt hat, frei auch mit Rückwirkung widerrufen werden kann, bis dahin aber wirksam ist[3]). Diese Auffassung ist im Rahmen des § 1740a umso mehr gerechtfertigt, als der beschränkt geschäftsfähige Elternteil seine Einwilligung zur Ehelicherklärung ohne Mitwirkung des gesetzlichen Vertreters erteilen kann (§ 1740b Abs. 3 Satz 2). Nicht erforderlich ist es, daß das Verlöbnis schon zur Zeit der Geburt des Kindes bestanden hat. Auch ist es kein Hinderungsgrund, wenn die Verlobten nach der Geburt des Kindes die Eheschließung ohne triftigen Grund verzögert haben (so amtl. Begr. BT-Drucks. V/2370 S. 76/77). Erst bei Beendigung des Verlöbnisses vor dem Tod durch Rücktritt, Widerruf der Verlobungserklärung eines Minderjährigen, vereinbarte Aufhebung, Eintritt einer auflösenden Bedingung, nachträgliches Unmöglichwerden der Eheschließung ist der Tatbestand des § 1740a ausgeschlossen. Ungebührliche Verzögerung der Eheschließung kann allenfalls ein Indiz gegen das Zustandekommen des Verlöbnisses oder für seine Beendigung sein, wenn insofern Zweifel bestehen. Auch genügt es nicht, daß einer der Verlobten sich bereits innerlich von dem anderen abgewandt hatte und in seinem Eheschließungswillen schwankend geworden war; das Verlöbnis muß rechtlich beendet gewesen sein. Das Bestehen des Verlöbnisses ist von Amts wegen aufzuklären (§ 12). Bei Nichterweislichkeit des Zustandekommens des Verlöbnisses trifft die Feststellungslast (§ 12 Rdn. 9) den Antragsteller, während bei Nichterweislichkeit der Beendigung vor dem Tode das Fortbestehen des Verlöbnisses anzunehmen ist. Der Beweis des Zustandekommens wird unschwer erbracht, wenn die Verlobung nach außen bekannt gemacht worden ist. Anderenfalls können die Aussagen von Angehörigen oder Freunden oder Briefe als Beweismittel in Betracht kommen. Auf die Auflösung der Verlobung aus anderen Gründen als durch Tod, mögen sie auch unverschuldet sein, etwa infolge von Geisteskrankheit, kann die Vorschrift nicht ausdehnend angewendet werden.

11 *7. Weitere sachliche Voraussetzungen.* § 1740a Abs. 1 BGB n. F. bestimmt:

(1) Ein nichteheliches Kind ist auf seinen Antrag vom Vormundschaftsgericht für ehelich zu erklären, wenn die Eltern des Kindes verlobt waren und das Verlöbnis durch Tod eines Elternteils aufgelöst worden ist. Die Ehelicherklärung ist zu versagen, wenn sie nicht dem Wohle des Kindes entspricht.

Das Kind, dessen Eltern miteinander verlobt waren, sich jedoch infolge des Todes eines von ihnen nicht mehr heiraten konnten, soll ein Recht darauf haben, die Rechtsstellung eines ehelichen Kindes zu erlangen, wenn der überlebende Elternteil einwilligt. Die Ehelicherklärung ist daher die Regel; ein Ermessen steht dem VormG nicht zu. Abweichend von § 1723 ist nicht die positive Feststellung erforderlich, daß die Ehelicherklärung dem Wohl des Kindes entspricht, sondern es genügt, wenn keine Gründe hervorgetreten sind, aus denen sie dem Wohl des Kindes abträglich sein könnte. Auch darf nicht geprüft werden, ob allgemeine, insbesondere auf dem öffentlichen Interesse beruhende schwerwiegende Gründe entgegenstehen (BT-Drucks. V/2370 S. 76). Nur wenn sich ergibt, daß die Ehelicherklärung nach der besonderen Lage des Falles dem Wohl des Kindes widerspricht, ist sie zu versagen. Ein non liquet in dieser Frage führt also zur Stattgabe.

[2]) Staudinger-Dietz BGB[11] vor § 1297 Rdn. 48-50.

[3]) Staudinger-Dietz aaO. Rdn. 35; vgl. auch Palandt-Lauterbach BGB[28] Einf. 1 vor § 1297.

III. Verfahren

1. Anhörungen

a) Nach § 1740a Abs. 2 mit § 1729 Abs. 2 kann das VormG mit dem Kinde, wenn es das 14. Lebensjahr noch nicht vollendet und demgemäß in seinem Namen der gesetzliche Vertreter den Antrag gestellt hat, persönlich Fühlung nehmen. Die Anhörung liegt im Ermessen des VormG; sie kann auch im Wege der Rechtshilfe erfolgen (§ 2 Rdn. 11 a. E.). Steht das Kind unter Vormundschaft, so soll das VormG nach § 1847 BGB Verwandte und Verschwägerte des Mündels hören (dazu § 12 Rdn. 51). Eine Pflicht zur Anhörung des *Jugendamts* im Verfahren zur Ehelicherklärung ist in der geltenden Fassung des § 48 JWG nicht vorgesehen (vgl. § 56a Rdn. 13); der vorgeschlagene § 48a JWG, der in Abs. 1 Nr. 9 eine solche Anhörungspflicht vorsieht, ist noch nicht Gesetz geworden. Einstweilen gilt daher die Unterstützungspflicht des Jugendamts nach § 48 Abs. 1 Satz 1 JWG. 12

b) Anhörungspflicht nach § 1740d. Nach § 1740d BGB hat das VormG die Eltern des verstorbenen Elternteils und, wenn dies der Vater ist, auch dessen eheliche Kinder zu hören. Gegenüber dem nichtehelichen Vater des Verstorbenen (und dessen ehelichen Kindern) besteht die Anhörungspflicht nicht (§ 1740d Satz 2), wohl aber gegenüber der Mutter. Die Anhörung ist zunächst ein wichtiges Aufklärungsmittel, etwa in der Frage, ob ein Verlöbnis bestanden hat oder ob die Ehelicherklärung dem Wohl des Kindes widerspricht. Die Genannten sollen durch die Anhörung aber auch Gelegenheit erhalten, in dem Verfahren ihre eigenen Interessen zu wahren (BT-Drucks. V/2370 S. 78), die durch die Veränderung der erbrechtlichen Stellung des Kindes betroffen werden. Mit Rücksicht hierauf und im Hinblick auf das in § 56b Abs. 2 verliehene Beschwerderecht wird anzunehmen sein, daß die Anzuhörenden materiell Beteiligte sind[4]), denen gegenüber das rechtliche Gehör zu wahren ist und zu deren Gunsten oder Lasten eine Kostenentscheidung nach § 13a ergehen kann, wenn sie über eine bloße Stellungnahme hinaus durch widersprechende Anträge an dem Verfahren teilgenommen haben. Die Anhörungspflicht entfällt, wenn der Anzuhörende zur Abgabe einer Erklärung dauernd außerstande oder sein Aufenthalt dauernd unbekannt ist (§ 1740d Satz 1 Halbs. 2; vgl. oben Rdn. 7 a. E.). Diese Formel paßt an sich nur für Erklärungen, bei denen eine Vertretung gesetzlich ausgeschlossen ist. Ein solcher Fall liegt hier nicht vor; wenn daher die Unfähigkeit zur Abgabe einer Erklärung auf Geschäftsunfähigkeit beruht, muß der gesetzliche Vertreter gehört werden, während ein Abwesenheitspfleger wegen der personenrechtlichen Natur der Angelegenheit wohl nicht zur Vertretung berufen ist. 13

2. Wirksamwerden der Verfügung

a) Eine Verfügung, durch welche der *Antrag* auf Ehelicherklärung *zurückgewiesen* wird, ist ihrem Inhalt nach für den Antragsteller bestimmt und wird daher gemäß § 16 Abs. 1 mit der Bekanntmachung an ihn wirksam. Die Bekanntmachung erfolgt nach § 16 Abs. 2 Satz 2. 14

b) Eine *Verfügung*, durch die das Kind für *ehelich erklärt* wird, wird nach § 56b Abs. 1 erst mit dem Eintritt der formellen Rechtskraft wirksam (dazu § 16 Rdn. 17). Die Verfügung muß daher, um die Beschwerdefrist in Lauf zu setzen, allen Beschwerdeberechtigten (Rdn. 18) gemäß § 16 Abs. 2 Satz 1 förmlich zugestellt werden, sofern sie nicht gemäß § 16 Abs. 3 zu Protokoll bekannt gemacht wird. Den Personen, die an sich zu dem Kreis der nach § 1740d Anzuhörenden gehören, von deren Anhörung aber nach § 1740d Satz 1 Halbs. 8 abgesehen werden darf, braucht die Verfügung nicht bekannt gemacht zu werden, es sei denn, daß die Unfähigkeit zur Erklärungsabgabe auf Geschäftsunfähigkeit beruht und ein gesetzlicher Vertreter vorhanden ist (Rdn. 13). Das Unterbleiben der Bekanntmachung an sie hemmt auch, weil sie kein Beschwerderecht haben (Rdn. 18), nicht den Eintritt der formellen Rechtskraft. Sie können auch nicht mit der Begründung, der in § 1740d Satz 1 Halbs. 2 beschriebene Zustand habe nach dem Erlaß der Verfügung geendet, Rechtsmittel 15

[4]) Vgl. zu der kontroversen Frage, ob die Anerkennung freier Ehen Verfolgter eine Rechtsbeeinträchtigung der Erben des Verstorbenen enthält, § 23 EGGVG Rdn. 5.

einlegen oder Wiedereinsetzung in den vorigen Stand beantragen (vgl. § 20 Rdn. 11). Problematisch ist es, wenn geltend gemacht wird, das VormG habe das Bestehen dieses Zustandes zu Unrecht angenommen; da eine förmliche Bekanntmachung an diese Person regelmäßig unterblieben sein wird, würde die Zulassung eines auf diesen Einwand gestützten Rechtsmittels bedeuten, daß die Verfügung nicht formell rechtskräftig und die Ehelicherklärung damit nicht wirksam wird. Regelungen der in § 1740d Satz 1 Halbs. 2 enthaltenen Art sind nur vertretbar, wenn die Verfügung entweder unanfechtbar ist oder die Beschwerdefrist durch öffentliche Bekanntmachung in Lauf gesetzt wird (vgl. § 48a PStG) oder wenn entsprechend § 1756 Abs. 2 BGB bestimmt wird, daß aus der unrichtigen Annahme des Tatbestandes Rechtsfolgen nicht hergeleitet werden können. Es wird daher angenommen werden müssen, daß nach Ablauf der Beschwerdefrist für die übrigen Beteiligten ein Rechtsmittel nicht auf die Behauptung gestützt werden kann, das VormG haben den Tatbestand des § 1740d Satz 1 Halbs. 2 zu Unrecht angenommen.

16 *3. Änderungsbefugnis. Wirksamkeit.* Die Verfügung, durch die der Antrag zurückgewiesen worden ist, kann gemäß § 18 Abs. 1 Halbs. 2 auf Antrag des Kindes geändert werden (§ 18 Rdn. 13). Sie erwächst nicht in materielle Rechtskraft (§ 56a Rdn. 24). Der inzwischen eingetretene Ablauf einer etwa zu wahrenden Antragsfrist (Rdn. 4) ist unschädlich, weil das Änderungsverfahren mit dem ursprünglichen Verfahren eine Einheit bildet (§ 18 Rdn. 11). Eine dem Antrag stattgebende Verfügung kann gemäß § 18 Abs. 2 vom VormG nicht geändert werden (BT-Drucks. V/3719 S. 53 zu § 56b). Auch nach Eintritt der formellen Rechtskraft ist die Änderung ausgeschlossen; das brauchte hier, anders als in § 56a Abs. 1 Satz 2 Halbs. 2 für die unanfechtbare Ehelicherklärung auf Antrag des Vaters, nicht besonders bestimmt zu werden, weil es sich aus § 18 Abs. 2 ergibt (§ 18 Rdn. 3). Eine Wiederaufnahme des Verfahrens findet nicht statt (§ 18 Rdn. 40). Die Ehelicherklärung entfällt nur, wenn durch rechtskräftige gerichtliche Entscheidung festgestellt wird, daß der Mann nicht der Vater des Kindes ist (§ 1740a Abs. 2 mit § 1735 Satz 2). Im übrigen ist es für die Wirksamkeit der Ehelicherklärung nach § 1735 Satz 1 BGB ohne Einfluß, wenn das Vorliegen ihrer gesetzlichen Voraussetzungen zu Unrecht angenommen worden ist, etwa das Bestehen eines Verlöbnisses. Unwirksamkeit könnten nur die bei § 56a Rdn. 20 angeführten schweren Mängel begründen.

4. Rechtsmittel

17 *a)* Gegen die *Zurückweisung des Antrags* findet die unbefristete Beschwerde nach § 19 statt. Das Beschwerderecht steht gemäß § 20 Abs. 2 allein dem Kinde zu (BT-Drucks. V/3719 S. 53). Ein Beschwerderecht anderer Personen oder Stellen, etwa des Jugendamts, nach § 57 Abs. 1 Nr. 9 kommt nicht in Betracht, weil § 20 Abs. 2 auch das Beschwerderecht aus § 57 ausschließt (§ 57 Anm. B). Das über 14 Jahre alte nicht geschäftsunfähige Kind kann sein Beschwerderecht gemäß § 59 selbständig ohne Mitwirkung seines gesetzlichen Vertreters ausüben. Will das Landgericht der Beschwerde stattgeben, so muß es den nach § 1740d BGB Anzuhörenden rechtliches Gehör gewähren, weil ihnen die sofortige weitere Beschwerde zustände (Abs. 2).

18 *b)* Gegen die *Ehelicherklärung* findet, weil die Verfügung nach Abs. 1 erst mit der Rechtskraft wirksam wird, gemäß § 60 Abs. 1 Nr. 6 die sofortige Beschwerde nach § 22 statt. Ein erweitertes Beschwerderecht aus § 57 Abs. 1 Nr. 9 scheidet wegen Abs. 2 ebenda aus. Ein Beschwerderecht kann sich nur aus § 20 Abs. 1 und aus § 56b Abs. 2 ergeben. Das Kind bedarf keiner Beschwerde, da es den Antrag bis zum Eintritt der formellen Rechtskraft zurücknehmen kann (Vorbem. vor § 8 Rdn. 18, § 20 Rdn. 20); ein Beschwerderecht aus § 20 Abs. 1 steht ihm aber zu um geltend zu machen, daß es einen Antrag nicht oder nicht wirksam gestellt habe. Der überlebende Elternteil ist aus § 20 Abs. 1 beschwerdeberechtigt; er kann geltend machen, daß er seine Einwilligung nicht oder nicht wirksam erteilt oder daß er sie wegen Willensmangels angefochten habe; er kann aber auch bei wirksamer Einwilligung vorbringen, daß die übrigen Voraussetzungen der Ehelicherklärung nicht vorlägen. Dagegen kann er nach Ablauf der Beschwerdefrist für die übrigen Beteiligten nicht

mehr vorbringen, das VormG habe zu Unrecht angenommen, daß er nach § 1740b Abs. 1 Satz 2 zur Abgabe einer Erklärung dauernd außerstande oder sein Aufenthalt dauernd unbekannt sei, weil sonst die Verfügung mangels einer Zustellmöglichkeit nicht formell rechtskräftig und deshalb nicht wirksam werden könnte (vgl. Rdn. 15 zu derselben Regelung in § 1740d Satz 1 Halbs. 2); die Zustellung an den gesetzlichen Vertreter eines Geschäftsunfähigen hilft hier nicht, weil er nach § 1740b Abs. 3 Satz 1 von der Vertretung ausgeschlossen ist. Ferner räumt Abs. 2 ein Beschwerderecht den Personen ein, die nach § 1740d BGB zu hören sind (vgl. dazu Rdn. 13). Da die Anhörungspflicht nach § 1740d Satz 1 Halbs. 2 nicht gegenüber Personen besteht, die zur Abgabe einer Erklärung dauernd außerstande sind oder deren Aufenthalt dauernd unbekannt ist, bezieht sich die Einräumung des Beschwerderechts durch Abs. 2 auf sie nicht. Sie können nach Ablauf der Beschwerdefrist für die übrigen Beteiligten Rechtsmittel auch nicht einlegen mit dem Vorbringen, das VormG habe den Tatbestand des § 1740d Satz 1 Halbs. 2 zu Unrecht angenommen (Rdn. 15). Das gilt aber nicht wenn die Unfähigkeit zur Abgabe einer Erklärung auf Geschäftsunfähigkeit beruht und die Person einen gesetzlichen Vertreter hat (Rdn. 13 a. E.); in diesem Fall besteht kein Hindernis, den gesetzlichen Vertreter zu hören, die Entscheidung ihm zuzustellen und ihm ein Beschwerderecht namens des Mündels einzuräumen. Andere Verwandte als die in § 1740d genannten haben kein Beschwerderecht, auch nicht ein Testamentserbe des Verstorbenen, obwohl dies nicht unzweifelhaft ist[5]) und sich deshalb die vorsorgliche Zuziehung Drittbeteiligter, deren Kreis überschaubar ist, empfiehlt.

5. Mitteilungspflichten. Gebühren. Die Bemerkungen zu § 56a Rdn. 27, 28 gelten entsprechend. **19**

C. Erteilung des Vaternamens an die Mutter des Kindes

I. Rechtsgrundlage

Durch die Ehelicherklärung nach § 1740a BGB erwirbt das Kind den Namen des verstorbenen Vaters (§ 1616 BGB). Da das Kind aber in der Regel im Haushalt der Mutter leben wird, hat die Mutter ein Interesse daran, denselben Namen wie das Kind zu führen. Um die Herstellung der Namensgleichheit zu erleichtern und der Mutter den umständlicheren Weg der öffentlichrechtlichen Namensänderung zu ersparen (BT-Drucks. V/2370 S. 78) bestimmt *§ 1740g BGB:* **20**

Ist das Kind nach dem Tode des Vaters für ehelich erklärt worden, so hat das Vormundschaftsgericht der Mutter auf ihren Antrag den Namen des Vaters zu erteilen, wenn keine schwerwiegenden Gründe entgegenstehen. § 1740d gilt entsprechend. Die Erteilung des Namens ist ausgeschlossen, wenn sich die Mutter nach dem Tode des Vaters verheiratet hat.

II. Sachliche Voraussetzungen

1. Ehelicherklärung. Die Vorschrift ist nur anwendbar, wenn das Kind auf seinen Antrag nach § 1740a, nicht wenn es auf Antrag seines Vaters gemäß § 1723 BGB für ehelich erklärt ist (BT-Drucks. V/2370 S. 78). Die Ehelicherklärung muß ferner bereits erfolgt, also wirksam geworden und demgemäß formell rechtskräftig sein. Es bestehen zwar keine Bedenken dagegen, daß die Anträge aus § 1740a und aus § 1740g nebeneinander gestellt und insbesondere die Anhörungen (§ 1740g Satz 2 mit § 1740d) miteinander verbunden werden. Es muß aber vermieden werden, daß die Namenserteilung formell rechtskräftig, die Ehelicherklärung aber auf Beschwerde aufgehoben wird. Ein im voraus erklärter Rechtsmittelverzicht ist unzulässig (§ 21 Rdn. 19). **21**

2. Verheiratung der Mutter. Die Namenserteilung ist ausgeschlossen, wenn die Mutter nach dem Tode des Vaters eine Ehe eingegangen ist. Die Einheit des Ehenamens soll den **22**

[5]) Vgl. Stein-Jonas-Schlosser ZPO[19] II 3 vor § 640.

Vorrang haben (BT-Drucks. V/2370 S. 78). Maßgebender Zeitpunkt für die Berücksichtigung der Eheschließung ist der Erlaß der Entscheidung der letzten Tatsacheninstanz (§ 27 Rdn. 38, 45). Wird die Ehe nach diesem Zeitpunkt, aber vor Eintritt der formellen Rechtskraft geschlossen, so wird die Namenserteilung an sich zu einem Zeitpunkt wirksam, zu welchem die Mutter nach § 1355 BGB bereits den Ehenamen erworben hat; es wird aber anzunehmen sein, daß der Namenserwerb nach § 1355 der Namenserteilung nach § 1740g ebenso vorgeht, als wenn die Ehe erst nach Wirksamwerden der Namenserteilung geschlossen wird. Satz 3 gilt auch, wenn die Ehe inzwischen wieder aufgelöst ist, es sei denn, daß die Voraussetzungen vorliegen, unter denen die Frau nach § 55 Abs. 2 EheG einen früheren Ehenamen wieder annehmen dürfte; denn die Namenserteilung nach § 1740g soll auch einen Ausgleich dafür schaffen, daß die Mutter den Namen ihres Verlobten nicht mehr durch Eheschließung erwerben konnte. Der nach § 1740g erworbene Name muß also einem Ehenamen i. S. des § 1355 in jeder Hinsicht gleichstehen.

23 3. *Schwerwiegende Gründe.* Die Namenserteilung ist zu versagen, wenn ihr schwerwiegende Gründe entgegenstehen. Wenn allerdings bereits die Ehelicherklärung für gerechtfertigt gehalten worden ist, sind solche Gründe schwer vorstellbar. In diesem Rahmen sollen auch die Belange der Familie des Vaters Berücksichtigung finden können (BT-Drucks. V/2370 S. 78). Es müssen aber wohl ganz besondere Umstände vorliegen, wenn trotz der Ehelicherklärung die Namenserteilung versagt werden soll. Liegen schwerwiegende Gründe für die Versagung nicht vor, so muß das VormG, ohne noch ein Ermessen ausüben zu dürfen, dem Antrage stattgeben.

24 4. *Internationales Privatrecht.* Für die Namenserteilung ist das Legitimationsstatut (Art. 22 Abs. 1 EGBGB) maßgebend, also das Heimatrecht des Vaters zur Zeit des Wirksamwerdens der Ehelicherklärung, nicht das Personalstatut der Mutter, da es sich um eine weitere Folge der Ehelicherklärung handelt (vgl. für die rechtsähnliche Kindesannahme § 66 Rdn. 10).

III. Verfahren

25 1. *Zuständigkeit.* Die örtliche Zuständigkeit ist in § 43a geregelt. Vgl. auch die dortigen Bem. zur sachlichen, funktionellen, internationalen und interzonalen Zuständigkeit.

26 2. *Antrag.* Antragsberechtigt ist nur die Mutter, nicht das Kind (§ 1740g). Die Befähigung zur selbständigen Antragstellung ist der Mutter entsprechend § 1740b Abs. 3 Satz 2 auch einzuräumen, wenn sie in der Geschäftsfähigkeit beschränkt ist; ist sie geschäftsunfähig, so kann der Antrag in ihrem Namen von dem gesetzlichen Vertreter gestellt werden (vgl. § 2 NamensÄndG), ohne daß eine Genehmigung des VormG dazu erforderlich ist. Der Antrag bedarf keiner Form und ist unbefristet; er kann daher auch noch geraume Zeit nach der Ehelicherklärung gestellt werden. Tod des für ehelich erklärten Kindes ist kein gesetzliches Hindernis.

27 3. *Anhörungen.* Nach § 1740g Satz 2 sind in dem Verfahren die in § 1740d genannten Angehörigen des verstorbenen Vaters zu hören; vgl. dazu oben Rdn. 13. Eine Anhörung des Jugendamts kommt nicht in Betracht, auch keine Anhörung nach §§ 1695 Abs. 2, 1847, da keine Angelegenheit des Kindes in Frage steht.

28 4. *Wirksamwerden. Änderungsbefugnis.* Die dem Antrag der Mutter stattgebende Verfügung wird nach Abs. 1 erst mit der Rechtskraft wirksam (dazu § 16 Rdn. 17). Das VormG kann sie gemäß § 18 Abs. 2 weder vor noch nach dem Eintritt der formellen Rechtskraft ändern. Eine den Antrag zurückweisende Verfügung kann gemäß § 18 Abs. 1 Halbs. 2 auf Antrag der Mutter geändert werden.

5. *Rechtsmittel.*

29 *a)* Gegen die *Zurückweisung des Antrags* steht die nach § 19 statthafte unbefristete Beschwerde gemäß § 20 Abs. 2 allein der Mutter zu.

b) Gegen die *Namenserteilung* findet, da die Verfügung nach Abs. 1 erst mit der Rechtskraft wirksam wird, gemäß § 60 Abs. 1 Nr. 6, die sofortige Beschwerde nach § 22 statt. Das Beschwerderecht steht nach Abs. 2 den gemäß § 1740d anzuhörenden Verwandten des Vaters zu (dazu oben Rdn. 13, 18). Ein Beschwerderecht weiterer Verwandter des Vaters oder Träger des Vaternamens kommt mangels Rechtsbeeinträchtigung (§ 20 Abs. 1) nicht in Betracht (vgl. auch § 57a Rdn. 6). Auch das Kind ist nicht beschwerdeberechtigt. Die Mutter bedarf keiner Beschwerde, weil sie den Antrag bis zum Eintritt der Rechtskraft zurücknehmen kann (§ 20 Rdn. 20, Vorbem. vor § 8 Rdn. 18). **30**

6. *Mitteilungspflichten.* Die Namenserteilung ist durch die Geschäftsstelle des VormG dem Standesbeamten, der das Geburtenbuch der Mutter führt, zwecks Eintragung eines Randvermerks mitzuteilen (§ 30 PStG, §§ 27, 23 Abs. 2 AVO-PStG); außerdem der für die Mutter zuständigen Strafregisterbehörde (§ 15 Abs. 1 StrafRegV). **31**

7. *Gebühren* des Gerichts entstehen nicht, auch nicht bei Ablehnung des Antrags (§§ 1, 91 Halbs. 2 KostO). Für Beschwerden gilt § 131 KostO. **32**

IV. Wirkungen der Namenserteilung

Die rechtsgestaltende Wirkung der Namenserteilung tritt mit dem Wirksamwerden der Verfügung ein (oben Rdn. 28); sie wirkt nicht auf den Zeitpunkt des Wirksamwerdens der Ehelicherklärung oder gar, anders als die Ehelicherklärung (§ 1740a Abs. 2 mit § 1733 Abs. 3) auf den Zeitpunkt des Todes des Verlobten zurück. Da aber die Namenserteilung außer der Herstellung der Namensgleichheit mit dem Kinde auch einen Ausgleich dafür schaffen soll, daß die Mutter den Namen ihres Verlobten nicht mehr durch Eheschließung erwerben konnte, muß der nach § 1740g erworbene Name einem durch Eheschließung erworbenen Ehenamen in jeder Hinsicht gleichstehen, nicht etwa einem durch Namensänderung im Verwaltungswege (§§ 4, 10 NamensÄndG) erworbenen Namen. Die Frau muß also für befugt erachtet werden, dem Namen nach § 1355 Satz 2 BGB ihren Mädchennamen hinzuzufügen. Sie verliert den Namen mit einer Verheiratung, kann ihn aber nach Scheidung dieser Ehe gemäß § 55 Abs. 2 EheG wieder annehmen. Sie kann aber gemäß § 55 Abs. 1 EheG auch ihren früheren Familiennamen, in der Regel also den Mädchennamen, wieder annehmen, während sie bei Namensänderung im Verwaltungswege den geänderten Familiennamen wieder annehmen müßte. In den Fällen der §§ 56, 57 EheG erhält die Frau den Familiennamen wieder, den sie ohne die Namenserteilung nach § 1740g BGB führen müßte. Hat die Mutter vor dem Wirksamwerden der Namenserteilung weitere nichteheliche Kinder geboren, so erstreckt sich die Namenserteilung gemäß § 1617 Abs. 1 BGB nicht auf diese Kinder (Abweichung von § 4 NamensÄndG). **33**

D. Anhang. Erteilung des Ehenamens der Mutter an ein vor dem 1. 7. 1970 geborenes nichteheliches Kind

I. Rechtsgrundlage

Nach § 1617 Abs. 1 BGB n. F. erhält das nichteheliche Kind den Familiennamen, den die Mutter zur Zeit der Geburt des Kindes führt, auch wenn dies ein durch Eheschließung (oder Namenserteilung nach § 1740g) erworbener Ehename ist; ist die Ehelichkeit eines nach der Eheschließung geborenen Kindes mit Erfolg angefochten, so behält das Kind den nach § 1616 erworbenen Namen des Vaters nunmehr als den nach § 1617 Abs. 1 BGB von dem Ehenamen der Mutter abgeleiteten Namen (BT-Drucks. V/2370 S. 59). Diese Regelung soll aber nach Art. 12 § 6 Abs. 1 NichtehelG nicht für vor dem 1. 7. 1970 geborene Kinder gelten, um einen Namenswechsel kraft Gesetzes zu vermeiden, der vielleicht nicht im Interesse des Kindes liegt. Für den Namen dieser Kinder bleibt das bisherige Recht maßgebend. Sie führen also gemäß § 1706 Abs. 1, Abs. 2 Satz 1 BGB a. F. den Familiennamen, den die Mutter führen müßte, wenn sie keine Ehe geschlossen hätte, in der Regel also deren Mädchen- **34** namen[6]). Um aber einem im Einzelfall bestehenden Interesse des Kindes an einer Namensangleichung Rechnung tragen zu können, ist vorgesehen, daß dem Kinde durch eine Verfügung des VormG der Ehename der Mutter erteilt werden kann. Hierzu bestimmt *Art. 12 § 6 NichtehelG:*

(1) Für den Familiennamen eines Kindes, das vor dem Inkrafttreten dieses Gesetzes geboren ist, gilt § 1617 des Bürgerlichen Gesetzbuchs nicht.

(2) Führt die Mutter seit der Geburt des Kindes einen Ehenamen, so hat jedoch das Vormundschaftsgericht dem Kinde auf seinen Antrag den Ehenamen der Mutter zu erteilen, wenn dies dem Wohle des Kindes nicht widerspricht. Ein minderjähriges Kind, welches das vierzehnte Lebensjahr vollendet hat, kann den Antrag nur selbst stellen; es bedarf hierzu der Zustimmung seines gesetzlichen Vertreters. Die Verfügung, durch die das Vormundschaftsgericht dem Kinde den Ehenamen der Mutter erteilt, wird erst mit der Rechtskraft wirksam.

(3) Ist dem Kind auf Grund des Absatzes 2 der Ehename der Mutter erteilt worden, so gilt § 1617 Abs. 2 des Bürgerlichen Gesetzbuchs entsprechend.

II. Sachliche Voraussetzungen

35 *1. Namensverschiedenheit zwischen Mutter und Kind.* Das Ziel des § 1617 BGB n. F., zu erreichen, daß das Kind bei der Geburt denselben Namen erhält, den die Mutter führt, soll für vor dem 1. 7. 1970 geborene nichteheliche Kinder im Einzelfall auf Verlangen des Kindes durch eine gerichtliche Entscheidung verwirklicht werden. Es ist daher erforderlich, daß das Kind nichtehelich ist und seine Namensführung auf § 1706 Abs. 1, Abs. 2 Satz 1 BGB a. F. beruht, so daß es einen von der Mutter zur Zeit der Geburt des Kindes geführten Ehenamen nicht erworben hat. Ehename ist der durch Eheschließung erworbene Familienname (§ 1355 BGB), dem der nach § 1740g BGB erteilte Name gleichsteht (oben Rdn. 33). Die Mutter muß diesen Ehenamen schon bei der Geburt des Kindes geführt haben und ihn zur Zeit der Namenserteilung an das Kind noch fortführen (BT-Drucks. V/3719 S. 68). Dem Kind kann daher nicht ein Ehename erteilt werden, den die Mutter zwar bei der Geburt des Kindes geführt hat, den sie jetzt aber nicht mehr führt, etwa weil sie ihn nach §§ 55 bis 57 EheG verloren oder weil sie durch Wiederverheiratung einen anderen Ehenamen erworben hat. Tod der Mutter sollte der Namenserteilung nicht entgegenstehen, da das Kind gleichwohl ein berechtigtes Interesse an dem Namenseinklang haben kann; es muß genügen, daß die Mutter den bei der Geburt des Kindes innegehabten Ehenamen bis zum Tode geführt hat. Minderjährigkeit des Kindes ist nicht erforderlich. Verheiratung des Kindes steht nicht entgegen. Hat das Kind seinerseits Abkömmlinge, auf die sich der Namenswechsel erstrekken würde (§ 1616 BGB), so ist deren Einwilligung nicht erforderlich. Ist das Kind ein verheirateter Mann, so bedarf es nicht der Einwilligung der Ehefrau, obwohl sich der Namenswechsel auf sie erstrecken würde (§ 1355)[7]). Ist das Kind eine verheiratete Frau, so kann ihr der Ehename der Mutter in der Weise erteilt werden, daß sich ihr Mädchenname ändert[8]). Wenn allerdings das Kind unter dem bisherigen Namen bereits eine Familie gegründet hat, wird ein Namenswechsel im allgemeinen nicht seinem Wohl entsprechen, mit Ausnahme vielleicht bei der verheirateten Frau im Hinblick auf §§ 55 bis 57 EheG.

36 *2. Wohl des Kindes.* Das Gesetz steht auf dem Standpunkt, daß der Einklang von Mutter- und Kindesnamen grundsätzlich im Interesse des Kindes liegt. Deshalb ist einem Antrag des Kindes im allgemeinen zu entsprechen, es sei denn, daß der Namenswechsel dem Wohl des Kindes widerspricht. Dazu genügt es nicht schon, daß durch die Namenserteilung der Anschein erweckt wird, das Kind stamme von dem Mann, von dem die Mutter ihren

[6]) Einzelheiten bei Staudinger-Göppinger BGB[11] § 1706 zu II; BGB-RGRK[11] § 1706 zu A.

[7]) Auch am Namenswechsel des Mannes im Verwaltungswege nimmt die Frau ohne ihre Zustimmung teil, vgl. Palandt-Lauterbach BGB[28] § 1355 Anm. 3; a.M. für die Einbenennung Staudinger-Göppinger BGB[11] § 1706 Rdn. 44.

[8]) Vgl. zur Einbenennung Staudinger-Göppinger BGB[11] § 1706 Rdn. 43.

Ehenamen ableitet; diesem Gesichtspunkt hat der Gesetzgeber gerade kein Gewicht beigelegt (BT-Drucks. V/2370 S. 59). Dem Kindeswohl widersprechen könnte die Namenserteilung etwa, wenn das Kind unter dem bisherigen Namen bereits eine gewisse soziale Stellung erlangt hat oder keine Beziehungen mehr zu der Mutter unterhält. Dem Interesse des früheren Ehemannes der Mutter daran, die Weitergabe seines Namens an deren nichteheliche Kinder zu verhindern, wird im allgemeinen durch Maßnahmen nach §§ 56, 57 EheG hinreichend Rechnung getragen.

III. Verfahren

1. Zuständigkeit. Sachlich zuständig ist das VormG, also das Amtsgericht (§ 35), in Württemberg der Bezirksnotar (Art. 62 WürttAGBGB). Ein Richtervorbehalt besteht nicht; das Verfahren ist mithin auf den *Rechtspfleger* übertragen (§ 3 Nr. 2 Buchst. a RechtspflG). Die örtliche Zuständigkeit bestimmt sich nach §§ 43, 36, nicht nach § 43a. **37**

2. Antrag. Das Verfahren setzt einen Antrag voraus. Der Antrag bedarf keiner Form und ist nicht befristet. Antragsberechtigt ist nur das Kind, nicht die Mutter (Art. 12 § 6 Abs. 2). Ein minderjähriges (und nicht geschäftsunfähiges) Kind, welches das vierzehnte Lebensjahr vollendet hat, kann den Antrag nur selbst mit Zustimmung des gesetzlichen Vertreters stellen (Art. 12 § 6 Abs. 2 Satz 2). Für ein geschäftsunfähiges oder noch nicht vierzehn Jahre altes Kind stellt den Antrag der gesetzliche Vertreter. Für ein beschränkt geschäftsfähiges volljähriges Kind müßte hiernach der gesetzliche Vertreter den Antrag allein stellen können, was offenbar ungereimt ist; entsprechend § 1740c Satz 2 BGB ist zu fordern, daß das Kind den Antrag selbst mit Zustimmung des gesetzlichen Vertreters stellt. Zuständig ist der Vertreter in den die Person betreffenden Angelegenheiten; besteht für das Kind eine Pflegschaft nach §§ 1706, 1709 BGB, so gehört die Antragstellung zum Wirkungskreis des Pflegers (§ 1706 Nr. 1 BGB). Die Genehmigung des Vormundschaftsgerichts zur Antragstellung ist nicht erforderlich. Tod des Kindes vor Rechtskraft erledigt den Antrag. **38**

3. Beteiligte des Verfahrens sind das Kind und die Mutter. Auch dem Mann, von dem die Mutter den Ehenamen ableitet, kann im Hinblick auf § 1758a BGB, §§ 56, 57 EheG die materielle Beteiligung nicht abgesprochen werden. Beteiligt sind auch die etwa bereits vorhandenen ehelichen Abkömmlinge eines männlichen Kindes oder die nichtehelichen Abkömmlinge eines weiblichen Kindes, auf die sich die Namensänderung erstrecken würde, ferner die Ehefrau eines verheirateten Sohnes, nicht aber der Ehemann einer verheirateten Tochter, weil nur deren Mädchenname geändert würde (Rdn. 35). Diesen Beteiligten ist durch Hinzuziehung zum Verfahren rechtliches Gehör zu gewähren. Die Anhörung des Jugendamts ist nicht vorgeschrieben (§ 48 JWG). **39**

4. Wirksamwerden. Änderungsbefugnis. Rechtsmittel

a) Gegen die *Zurückweisung des Antrags* ist gemäß § 11 Abs. 1 Satz 1 RechtspflG die unbefristete Erinnerung gegeben; sie steht gemäß § 20 Abs. 2 FGG allein dem Kinde zu. Die Verfügung kann gemäß § 18 Abs. 1 Halbs. 2 auf Antrag des Kindes geändert werden. **40**

b) Die *Namenserteilung* wird nach Art. 12 § 6 Abs. 2 Satz 3 erst mit der Rechtskraft wirksam. Gemäß § 60 Abs. 1 Nr. 6 mit § 22 FGG findet mithin die befristete Erinnerung nach § 11 Abs. 1 Satz 2 RechtspflG statt. Das Gericht darf die Verfügung weder vor noch nach dem Eintritt der formellen Rechtskraft ändern (§ 11 Abs. 2 Satz 1 mit Abs. 1 Satz 2 RechtspflG, § 18 Abs. 2 FGG). Nach § 20 Abs. 1 sind beschwerdeberechtigt die Mutter (BT-Drucks. V/3719 S. 85), der Mann, von dem die Mutter den Ehenamen ableitet (Rdn. 39), die etwa vorhandenen Abkömmlinge des Kindes, auf die sich der Namenswechsel erstrekken würde, die Ehefrau eines verheirateten Sohnes, nicht aber der Ehemann einer verheirateten Tochter (Rdn. 39). Das Kind bedarf keiner Beschwerde, weil es den Antrag bis zum Eintritt der Rechtskraft zurücknehmen kann (§ 20 Rdn. 20, Vorbem. vor § 8 Rdn. 18). **41**

5. Mitteilungspflichten. Die Bemerkungen zu § 56a Rdn. 27 gelten entsprechend. **42**

6. Gebühren des Gerichts entstehen nach §§ 1, 91 Halbs. 2 KostO auch bei Ablehnung des Antrags nicht (BT-Drucks. V/3719 S. 68). Für Beschwerden gilt § 131 KostO. **43**

Anfechtung der Ehelichkeit und der Anerkennung eines nichtehelichen Kindes nach dem Tode des Kindes oder des Mannes

56c (1) Eine Verfügung, durch die das Vormundschaftsgericht über die Anfechtung der Ehelichkeit eines Kindes oder die Anfechtung der Anerkennung eines nichtehelichen Kindes entscheidet, wird erst mit der Rechtskraft wirksam.

(2) Ist die Anfechtung gleichzeitig Gegenstand eines Rechtsstreits nach den Vorschriften der Zivilprozeßordnung, so ist das Verfahren vor dem Vormundschaftsgericht bis zur Erledigung des Rechtsstreits auszusetzen.

Eingefügt durch Art. 4 Nr. 5 FamRÄndG als Verfahrensvorschrift zu § 1599 BGB n. F. In Kraft getreten am 1. 1. 1962. Absatz 1 geändert und Absatz 2 eingefügt durch Art. 7 Nr. 16 des G über die rechtliche Stellung der nichtehelichen Kinder vom 19. 8. 1969 (BGBl. I 1243); in Kraft getreten am 1. 7. 1970. Gleichzeitig hat die Vorschrift statt bisher § 56b die Nummer 56c erhalten.

A. Allgemeines

I. Bedeutung

1 Die Vorschrift ist eine verfahrensrechtliche Ergänzung zu § 1599 BGB und zu § 1600l BGB. In § 1599 BGB wird die Form geregelt, in der die Ehelichkeit eines Kindes angefochten wird. Entsprechend regelt § 1600l BGB die Form, in der die Anerkennung der nichtehelichen Vaterschaft angefochten wird.

§ 1599 BGB hat durch Art. 1 Nr. 5 FamRÄndG folgende Fassung erhalten:

(1) Der Mann und die Eltern des Mannes fechten die Ehelichkeit des Kindes durch Klage gegen das Kind, das Kind ficht die Ehelichkeit durch Klage gegen den Mann an.

(2) Ist das Kind gestorben, so wird die Ehelichkeit durch Antrag beim Vormundschaftsgericht angefochten. Dasselbe gilt, wenn das Kind nach dem Tode des Mannes seine Ehelichkeit anficht.

(3) Wird die Klage oder der Antrag zurückgenommen, so ist die Anfechtung der Ehelichkeit als nicht erfolgt anzusehen.

§ 1600l BGB i. d. F. des Art. 1 Nr. 9 des G über die rechtliche Stellung der nichtehelichen Kinder vom 19. 8. 1969 (BGBl. I 1243) bestimmt über die Anfechtung der Anerkennung der nichtehelichen Vaterschaft:

(1) Der Mann, der die Vaterschaft anerkannt hat, ficht die Anerkennung durch Klage gegen das Kind, das Kind und die Mutter des Kindes fechten die Anerkennung durch Klage gegen den Mann an.

(2) Ist der Mann oder das Kind gestorben, so wird die Anerkennung durch Antrag beim Vormundschaftsgericht angefochten; jedoch fechten die Eltern des Mannes bei Lebzeiten des Kindes die Anerkennung durch Klage gegen das Kind an.

(3) Wird die Klage oder der Antrag zurückgenommen, so ist die Anfechtung als nicht erfolgt anzusehen.

II. Rechtsentwicklung

2 *1. Anfechtung der Ehelichkeit.*[1]. Die Ehelichkeitsanfechtung nach dem Tode des Kindes erfolgte gemäß § 1597 BGB a. F. durch Erklärung des Mannes oder seit der Einfügung des § 1595a BGB a. F. durch das FamRÄndG v. 12. 4. 1938 (RGBl. I, 280) des Staatsanwalts gegenüber dem NachlG. Dieses traf keine Entscheidung. Die Unehelichkeit konnte nur mit Wirkung für ein streitiges Rechtsverhältnis, für welches sie erheblich war, festgestellt werden. § 1

[1]) Schrifttum: Brühl, Die Anfechtung der Ehelichkeit ab 1. 1. 1962, FamRZ 1962, 8; Beitzke, Neuregelung der Ehelichkeitsanfechtung, ZBlJugR 1961, 314 u. JR 1962, 85; Lange, Kritisches zur Ehelichkeitsanfechtung, NJW 1962, 1697; Gaul, Randbemerkungen zum Wesen der Ehelichkeitsanfechtung, FamRZ 1963, 630; vgl. auch Baur, FamRZ 1962, 508 zu V.

Nr. 4 AnglVO v. 6. 2. 1943 (RGBl. I, 80) änderte § 1597 BGB dahin, daß die Unehelichkeit auf Antrag, den nur der Staatsanwalt stellen konnte, vom VormG allgemeinverbindlich festgestellt wird[2]). Nach dem Tode des Mannes konnte nach § 1593 BGB a. F. jedermann die Unehelichkeit geltend machen, wenn der Mann gestorben war, ohne das Anfechtungsrecht verloren zu haben. Seit dem FamRÄndG 1938 konnte auch in diesem Fall nur der Staatsanwalt die Ehelichkeit anfechten. Das FamRÄndG 1961 hält an dem Grundsatz fest, daß Unehelichkeit stets nur geltend gemacht werden kann, wenn die Ehelichkeit angefochten und die Unehelichkeit durch gerichtliche Entscheidung rechtskräftig festgestellt worden ist (§ 1593 BGB n. F.). Es dehnt diesen Grundsatz auf durch nachfolgende Ehe legitimierte und für ehelich erklärte Kinder aus (§§ 1721, 1735a n. F.). Nach dem Tode des Kindes oder des Mannes wird die Entscheidung dem VormG zugewiesen, weil es an einem Anfechtungsgegner fehlt (§§ 1599 Abs. 2, 1721, 1735a n. F.). Das Anfechtungsrecht des Staatsanwalts ist beseitigt. Statt dessen wird dem Kinde in bestimmt umgrenzten Fällen (§§ 1596 bis § 1598 BGB n. F.) und nach dem Tode des Mannes seinen Eltern (§ 1595a BGB n. F.) ein Anfechtungsrecht eingeräumt[3]). Der Mutter des in der Ehe geborenen Kindes billigt das Gesetz kein Anfechtungsrecht zu; das ist mit Art. 3 Abs. 2 GG vereinbar[4]). Inzwischen sind §§ 1721, 1735a BGB durch Art. 1 Nrn. 26 u. 35 NichtehelG mit Wirkung vom 1. 7. 1970 aufgehoben. Eine besondere Anfechtung der Ehelichkeit eines durch nachfolgende Ehe legitimierten oder für ehelich erklärten Kindes findet nicht statt. Beruht der Eintritt der Legitimation oder die Ehelicherklärung auf einer Anerkennung der Vaterschaft, so ist diese anzufechten; insoweit ist auch die Mutter zur Anfechtung berechtigt (§ 1600g Abs. 1 BGB). Beruht die Feststellung der Vaterschaft auf einem gerichtlichen Urteil, so muß dieses durch Wiederaufnahme des Verfahrens beseitigt werden (BT-Drucks. V/2370 S. 71 zu § 1721, S. 73 zu § 1735). Wegen der Ehelicherklärung vgl. § 1735 Satz 2 BGB n. F. Zum Übergangsrecht vgl. nachst. Rdn. 42.

2. *Anfechtung der Anerkennung der nichtehelichen Vaterschaft.* Die Anerkennung der **3**
nichtehelichen Vaterschaft nach § 1600a BGB n. F. ist von dem Vaterschaftsanerkenntnis des bisherigen Rechts (§ 1718 BGB a. F.), das sich nur auf die Unterhaltspflicht (Zahlvaterschaft) bezog, grundsätzlich verschieden. Die Anerkennung der Vaterschaft hat statusändernde Wirkung: sie begründet den Rechtsschein der Vaterschaft und ist neben der gerichtlichen Feststellung Voraussetzung für die Geltendmachung ihrer Rechtswirkungen (§ 1600a BGB). Eine wirksame Anerkennung schließt eine weitere Anerkennung oder gerichtliche Feststellung der Vaterschaft aus (§ 1600b Abs. 3 BGB). Ihre Unrichtigkeit kann nur durch Anfechtung im Wege der Klage geltend gemacht werden; nach dem Tode des Kindes oder des Mannes wird die Entscheidung dem Vormundschaftsgericht zugewiesen, weil es an einem Anfechtungsgegner im Rechtsstreit fehlen würde (§ 1600l BGB). Über die Abstammung kann daher außerhalb dieser Verfahren nicht als Vorfrage entschieden werden, es sei denn, daß es sich um die Unwirksamkeit der Anerkennung aus den Gründen der §§ 1600b bis 1600e BGB handelt (§ 1600f BGB), auf die sich jedermann berufen könnte; der Umstand, daß über die Unwirksamkeit der Anerkennung auch im Kindschaftsprozeß entschieden werden könnte (§ 640 Abs. 2 Nr. 1 Halbs. 2 ZPO n. F.), steht der Entscheidung als Vorfrage in einem anderen Verfahren nicht entgegen (§ 12 Rdn. 16 a. E.; vgl. auch amtl. Begr. BT-Drucks. V/3719 S. 32 zu § 153 ZPO u. S. 33 zu § 640 Abs. 2 ZPO).

B. Anfechtungsberechtigung

I. Anfechtung der Ehelichkeit eines nach der Eheschließung geborenen Kindes

1. *Nach dem Tode des Kindes* steht das Recht, die Ehelichkeit durch *Antrag beim VormG* anzufechten zu:

[2]) Maßfeller, StAZ 1943, 21; Leiß, DR 1943, 473.

[3]) Vgl. Schwarzhaupt, FamRZ 1961, 329.

[4]) Düsseldorf NJW 1958, 712; Dölle FamR § 88 V 3; Stein-Jonas-Schlosser ZPO[19] § 641 Anm. I 2 c; Beitzke, FamR[10] § 24 II 2 c; Lehmann FamR[3] § 23 I; Brühl, FamRZ 1962, 8 zu B I; a.M. Krüger-Breetzke, GleichberG, Einl. 175 ff.; Scheffler in Bettermann-Nipperdy-Scheuner, Die Grundrechte IV 1 S. 286 zu Fußn. 173.

4 *a) dem Mann,* nämlich dem Ehemann oder früheren Ehemann der Mutter, als dessen eheliches Kind das Kind nach den §§ 1591, 1592, 1600 Abs. 1 und 2 BGB gilt (§ 1594 Abs. 1 BGB).

5 *b) den Eltern des verstorbenen Mannes,* nach dem Tode eines Elternteils dem überlebenden Elternteil, nicht aber dem nichtehelichen Vater des Mannes (§ 1595a Abs. 1 Satz 2 BGB n. F.), wenn

6 α) der Mann bis zum Tode von der Geburt des Kindes keine Kenntnis erlangt hat (§ 1595a Abs. 1 Satz 1 und 2) oder

7 β) er diese Kenntnis zwar gehabt hat, aber innerhalb von zwei Jahren nach der Geburt des Kindes gestorben ist, ohne die Ehelichkeit angefochten zu haben (§ 1595a Abs. 2 Satz 1). Die Eltern haben also kein Anfechtungsrecht, wenn der Mann später als zwei Jahre nach der Geburt des Kindes gestorben ist, mag auch für ihn die Anfechtungsfrist zur Zeit seines Todes noch gelaufen sein[5]). Dieses Anfechtungsrecht der Eltern ist ausgeschlossen, wenn der Mann die Ehelichkeit nicht anfechten wollte (§ 1595a Abs. 2 Satz 2). Dazu genügt es, daß der Mann in Kenntnis der in § 1594 Abs. 2 Satz 1 umschriebenen Umstände in irgendeiner Weise seinen Willen zu erkennen gegeben hat, trotz der gegen seine Vaterschaft sprechenden Umstände das Kind als sein eheliches hinzunehmen. In der Anmeldung der Geburt beim Standesamt wird ein solcher Wille noch nicht ohne weiteres zum Ausdruck kommen.

8 Die Eltern können das Anfechtungsrecht nur gemeinschaftlich ausüben.

9 *2. Das Kind* kann *nach dem Tode des Mannes* seine Ehelichkeit unter den in § 1596 Abs. 1 Nr. 1 bis 5 angeführten Voraussetzungen anfechten, nämlich

10 *a)* (Nr. 1) wenn der Mann gestorben oder für tot erklärt ist, ohne das Anfechtungsrecht nach § 1594 verloren zu haben;

11 *b)* (Nr. 2) wenn die Ehe geschieden, aufgehoben oder für nichtig erklärt ist oder wenn die Ehegatten (bis zum Tode des Mannes) seit drei Jahren getrennt gelebt haben und nicht zu erwarten gewesen ist, daß sie die eheliche Gemeinschaft wiederherstellen;

12 *c)* (Nr. 3) wenn die Mutter den Erzeuger des Kindes geheiratet hat;

13 *d)* (Nr. 4) wenn die Anfechtung wegen ehrlosen oder unsittlichen Lebenswandels oder wegen einer schweren Verfehlung des Mannes gegen das Kind sittlich gerechtfertigt ist;

14 *e)* (Nr. 5) Wenn die Anfechtung wegen einer schweren Erbkrankheit des Mannes sittlich gerechtfertigt ist.

II. Anfechtung der Anerkennung eines nichtehelichen, durch nachfolgende Ehe legitimierten oder für ehelich erklärten Kindes

Das Recht zur Anfechtung der Anerkennung steht zu:

15 *1.* dem *Mann,* der die Vaterschaft anerkannt hat (§ 1600g Abs. 1 BGB). Das Anfechtungsrecht ist nicht auf den Fall beschränkt, daß dem Mann die Umstände, die gegen seine Vaterschaft sprechen, erst nach der Anerkennung bekannt geworden sind; selbst eine in Kenntnis ihrer Unrichtigkeit abgegebene Anerkennung kann er anfechten (BT-Drucks. V/2370 S. 31). Der Mann kann die Anfechtung darauf stützen, daß er das Kind nicht gezeugt habe (vgl. § 1600o Abs. 1 BGB). Die Anerkennung begründet allerdings die Vermutung, daß der Anerkennende das Kind gezeugt habe (§ 1600m Satz 1). Diese Tatsachenvermutung kann nur durch den vollen Beweis des Gegenteils entkräftet werden (vgl. § 12 Rdn. 12), nicht schon durch den Nachweis schwerwiegender Zweifel an der Vaterschaft, der im Verfahren zur Feststellung der Vaterschaft die aus einer festgestellten Beiwohnung folgende Abstammungsvermutung nach § 1600o Abs. 2 Satz 2 BGB ausschließen würde. Die durch die Anerkennung begründete Abstammungsvermutung entfällt aber, wenn die Anerkennungserklärung an einem Willensmangel nach §§ 119 Abs. 1, 123 BGB (Irrtum über den Inhalt der

[5]) Kritisch Deisenhofer, UJ 1962, 21.

Erklärung, arglistige Täuschung, Drohung) leidet (§ 1600m Satz 2). In diesem Fall gelten für die (objektive) Beweislast (vgl. § 12 Rdn. 9) im Anfechtungsverfahren die in § 1600o Abs. 2 für das Verfahren zur Feststellung der Vaterschaft aufgestellten Grundsätze, so als wenn die Anerkennung nicht vorläge (BT-Drucks. V/2370 S. 35 zu § 1600m).

2. dem *Kind* (§ 1600g Abs. 1 BGB). Es kann die Anfechtung stets darauf stützen, daß **16**
es nicht von dem Manne abstamme, der es anerkannt hat. Eine Beschränkung auf besondere Anfechtungsgründe, wie § 1596 BGB sie für die Anfechtung der Ehelichkeit durch das Kind enthält, ist für die Anfechtung der Anerkennung nicht vorgesehen.

3. der *Mutter* des Kindes (§ 1600g Abs. 1 BGB). **17**

4. den *Eltern des Mannes*, der die Vaterschaft anerkannt hat (§ 1600g Abs. 2). Nach dem **18**
Tode eines Elternteils steht das Anfechtungsrecht dem überlebenden Elternteil allein zu; war auch der Mann nichtehelich, so ist nur seine Mutter anfechtungsberechtigt (§ 1600g Abs. 2 Satz 2 mit § 1595a Abs. 1 Satz 2, 3 BGB). Das Anfechtungsrecht der Eltern setzt aber voraus, daß der Mann innerhalb eines Jahres seit dem Wirksamwerden (nicht der Abgabe) der Anerkennung gestorben ist, ohne die Anerkennung angefochten zu haben (§ 1600g Abs. 2); hatte er angefochten, ist er aber vor Rechtskraft des Urteils gestorben, so können die Eltern das Verfahren aufnehmen (§ 640g ZPO). Das Anfechtungsrecht der Eltern ist nach § 1600g Abs. 2 Satz 2 mit § 1595a Abs. 2 Satz 2 BGB ausgeschlossen, wenn der Mann die Anerkennung nicht anfechten wollte (vgl. Rdn. 7). Vor dem Vormundschaftsgericht können die Eltern die Anerkennung, nur anfechten, wenn auch das Kind gestorben ist (§ 1600l Abs. 2 Halbs. 2). Zu Lebzeiten des Mannes sind die Eltern nicht anfechtungsberechtigt.

C. Anfechtungsfristen

I. Anfechtung der Ehelichkeit

Das Anfechtungsrecht des Kindes ist in den Fällen des § 1596 Abs. 1 Nr. 4, 5 unbe- **19**
fristet. Im übrigen beträgt die Anfechtungsfrist für das Kind und für den Mann *zwei Jahre* (§§ 1594 Abs. 1, 1596 Abs. 2 Satz 1). Die Frist beginnt für den Mann mit dem Zeitpunkt, in dem er Kenntnis von der Geburt und den Umständen erlangt, die für die Unehelichkeit des Kindes sprechen, frühestens mit der Geburt des Kindes (§ 1594 Abs. 2); für das Kind in den Fällen des § 1596 Abs. 1 Nr. 1 bis 3 in dem Zeitpunkt, in dem das Kind von den Umständen, die für seine Unehelichkeit sprechen, und von dem Sachverhalt Kenntnis erlangt, der nach § 1596 Abs. 1 Nr. 1, 2 oder 3 Anfechtungsvoraussetzung ist (§ 1596 Abs. 2 Satz 2). Bei der Bemessung der an diese Kenntnis zu stellenden Anforderungen ist ein sachlicher Maßstab anzulegen; ein für die Unehelichkeit sprechender Umstand ist in jedem Sachverhalt gegeben, der die Ehelichkeit ernstlich in Frage zu stellen geeignet ist, also die nicht ganz fernliegende Möglichkeit unehelicher Abstammung begründet; ähnliches gilt für den Einfluß von Rechtsunkenntnis[6]). Für ein minderjähriges Kind oder einen geschäftsunfähigen Anfechtungsberechtigten ist die Kenntnis des gesetzlichen Vertreters maßgebend[7]). Das Kind kann in den Fällen, in denen sein Anfechtungsrecht befristet ist (§§ 1596 Abs. 1 Nr. 1 bis 3) noch innerhalb einer mit seiner Volljährigkeit beginnenden Ausschlußfrist von zwei Jahren, deren Lauf von einer Kenntnis der Umstände unabhängig ist, anfechten, wenn der gesetzliche Vertreter während der Minderjährigkeit nicht rechtzeitig angefochten hat (§§ 1598, 1721 Satz 1, 1735a Abs. 2 Satz 2). Eine Fristhemmung tritt für den geschäftsunfähigen Mann nach dem Wegfall seiner Geschäftsunfähigkeit, für das Kind nach dem Eintritt seiner Volljährigkeit nach Maßgabe der §§ 1597 Abs. 4, 1595 Abs. 2 Satz 2, 206 BGB ein.

[6]) RGZ 163, 70; BGHZ 9, 336; 10, 111; 24, 134; OLG Neustadt MDR 1961, 769; OLG Karlsruhe, ZS Freiburg FamRZ 1969, 164 (zu § 1721 BGB); BGB-RGRK[11] § 1594 aF Anm. 6; Staudinger-Lauterbach BGB[11] § 1594 Anm. 10.

[7]) Staudinger-Lauterbach BGB[11] § 1596 Anm. 16; Soergel-Siebert BGB[9] § 1596 Anm. 8; Brühl FamRZ 1962, 8, 11; Neustadt FamRZ 1965, 80 = ZBlJugR 1965, 104; Braunschweig FamRZ 1968, 40.

20 Für die *Eltern* des Mannes beträgt die Anfechtungsfrist nur *ein Jahr*. Sie beginnt mit der Kenntnis eines Elternteils von dem Tode des Mannes und der Geburt des Kindes (§ 1595a Abs. 1 Satz 3, 4 i. d. F. des Art. 1 Nr. 7 NichtehelG), und zwar auch, wenn den Eltern die Umstände, die für die Unehelichkeit sprechen, nicht bekannt sind (BT-Drucks. zu 2812/3 Wahlp. S. 3).

II. Anfechtung der Anerkennung

21 Für den Mann, seine Eltern und die Mutter des Kindes beträgt die Anfechtungsfrist einheitlich ein Jahr (§ 1600h Abs. 1). Für den Mann beginnt die Frist mit dem Zeitpunkt, in dem ihm die gegen seine Vaterschaft sprechenden Umstände bekannt geworden sind; leidet jedoch die Anerkennungserklärung unter einem Willensmangel nach §§ 119 Abs. 1, 123 BGB, so endet die Frist nicht, solange ein Anfechtungsrecht nach den allgemeinen Vorschriften (§§ 121, 124, 144 BGB) bestehen würde (§ 1600h Abs. 2 BGB). Für die Eltern des Mannes ist maßgebend der Zeitpunkt, in dem ein Elternteil von dem Tod des Mannes und Anerkennung Kenntnis erlangt hat (§ 1600h Abs. 3), für die Mutter des Kindes der Zeitpunkt, indem ihr die Anerkennung bekannt geworen ist (§ 1600h Abs. 4).

22 Für das Kind beträgt die Anfechtungsfrist zwei Jahre; sie beginnt, wenn ihm die Anerkennung und die gegen die Vaterschaft sprechenden Umstände bekannt geworden sind (§ 1600i Abs. 1). Die Frist wird erneut eröffnet, wenn die Ehe der Mutter mit dem Mann, der das Kind anerkannt hat, geschieden, aufgehoben oder für nichtig erklärt wird oder wenn die Ehegatten seit drei Jahren getrennt leben (§ 1600i Abs. 2), sowie wenn die Mutter den Erzeuger des Kindes heiratet, während ein anderer Mann die Vaterschaft anerkannt hat (§ 1600i Abs. 3). Schließlich ist die Anfechtung durch das Kind nach § 1600i Abs. 6 unbefristet, wenn sie aus den dort genannten, in der Person des Mannes liegenden Gründen sittlich gerechtfertigt ist.

23 In allen Fällen beginnt dieAnfechtungsfrist nicht vor der Geburt des Kindes und nicht, bevor die Anerkennung nach Maßgabe der §§ 1600b bis 1600e wirksam geworden ist (§§ 1600h Abs. 5, 1600i Abs. 4).

24 Das Kind kann, sofern sein Anfechtungsrecht nach § 1600i Abs. 5 BGB nicht ohnehin unbefristet ist, die Anerkennung noch innerhalb einer mit seiner Volljährigkeit beginnenden Frist von zwei Jahren, deren Lauf von einer Kenntnis der Umstände unabhängig ist, anfechten, wenn der gesetzliche Vertreter nicht rechtzeitig angefochten hat (§ 1600k Abs. 4 Satz 2). Entsprechendes gilt für die übrigen Anfechtungsberechtigten mit Ausnahme der Eltern des Mannes nach Wegfall der Geschäftsunfähigkeit (§ 1600k Abs. 4 Satz 1).

III. Fristenhemmung

25 *Die Anfechtungsfristen werden gehemmt* entsprechend §§ 203, 206 BGB durch höhere Gewalt oder Fehlen des gesetzlichen Vertreters (§§ 1594 Abs. 3, 1595a Abs. 1 Satz 5, 1596 Abs. 2 Satz 3, 1600h Abs. 6, 1600i Abs. 4). Der gesetzliche Vertreter fehlt auch, wenn der vorhandene rechtlich verhindert ist, z. B. nach §§ 1629 Abs. 2, 1795[8]). Höhere Gewalt kann vorliegen, wenn die Erteilung der Genehmigung des VormG (§§ 1595 Abs. 2 Satz 1, 1597 Abs. 1) sich verzögert, wenn das Kind behördlich (VormG, StAmt) als unehelich behandelt worden ist[9]), nicht aber bei schuldhafter Säumnis des Verfahrensbevollmächtigten[10]).

26 Die Anfechtung durch das volljährig gewordene *Kind* (§§ 1598, 1600k Abs. 4 Satz 2) ist nach Ablauf einer Frist von *zwei Jahren* seit dem Eintritt der Volljährigkeit ausgeschlossen; auch diese Frist wird nach Maßgabe der §§ 203, 206 BGB gehemmt[10a]). Einen Verlust des Anfechtungsrechts infolge Verzichts oder Anerkennung durch den Vater gibt es nicht (Schwoerer, NJW 1961, 2291); nur das Anfechtungsrecht der Eltern (Rdn. 6) würde durch

[8]) RGZ 143, 350; Hamm ZBlJugR 1964, 209; Staudinger-Coing[11] § 206 Anm. 3; Palandt, § 206 Anm. 2; str.

[9]) RG JW 1927, 1195; RGZ 160, 92.

[10]) BGHZ 31, 342.

[10a]) Säcker, ZZP 80, 421, 440.

einen Verzicht des Vaters ausgeschlossen. Die bisher für die Anfechtung durch den Mann und die Eltern des Mannes nach §§ 1594 Abs. 4, 1595a Abs. 3 BGB geltende Ausschlußfrist von 10 Jahren ist durch Aufhebung dieser Vorschriften beseitigt (Art. 1 Nr. 6, 7 NichtehelG). Dazu Übergangsvorschrift in Art. 12 § 4 NichtehelG.

D. Verfahren

I. Antragsverfahren

Ein förmlicher Antrag eines Antragsberechtigten ist notwendige Voraussetzung für die **27**
Einleitung des Verfahrens (§§ 1599 Abs. 2, 1600l Abs. 2). Einleitung von Amts wegen ist auch bei Legitimation durch nachfolgende Ehe und Ehelichkeitserklärung ausgeschlossen (BT-Drucks. 530/58 S. 18, 19). Der Antrag kann schriftlich beim Gericht eingereicht oder mündlich vor dem Richter oder zum Protokoll der Geschäftsstelle gestellt werden (§ 11). Der Antrag des Mannes, der Eltern des Mannes oder des volljährigen Kindes kann nicht durch einen Vertreter gestellt werden (§§ 1595 Abs. 1 Satz 1, 1595a Abs. 4, 1597 Abs. 4); dadurch wird nur die Vertretung bei der Willensbildung, nicht bei der Erklärung ausgeschlossen[11]). Von einem Bevollmächtigten wird regelmäßig gemäß § 13 Satz 3 die Vorlegung einer besonderen, auf das Anfechtungsverfahren gerichteten Vollmacht, die nicht notwendig beglaubigt sein muß (§ 13 Rdn. 39), verlangt werden müssen (vgl. §§ 641, 613 ZPO).

Beteiligtenfähig sind der Mann, die Eltern des Mannes, die Mutter des Kindes und das **28**
volljährige Kind, auch wenn sie in der Geschäftsfähigkeit beschränkt sind (§§ 1595 Abs. 1 Satz 2, 1595a Abs. 4, 1597 Abs. 4, 1600k Abs. 1). Bei Minderjährigkeit des Kindes, Geschäftsunfähigkeit des volljährigen Kindes, der Mutter, des Mannes oder seiner Eltern handelt der gesetzliche Vertreter, der für die Anfechtung der Genehmigung des VormG bedarf (§§ 1597 Abs. 1, 4, 1595 Abs. 2 Satz 1, 1595a Abs. 4, 1600k Abs. 2). Die Genehmigung muß vor Stellung des Antrags erteilt werden (§§ 1828, 1831); soweit die Anfechtung befristet ist (Rdn. 16), genügt Nachreichung vor Fristablauf.

Der Eingang des (zulässigen) Antrages beim zuständigen Gericht wahrt die Anfech- **29**
tungsfrist. Der Eingang beim örtlich unzuständigen VormG wahrt die Frist nur, wenn die Einreichung beim unzuständigen Gericht und der verspätete Eingang beim zuständigen auf höherer Gewalt (§ 203 BGB) beruhen[12]). Hat sich ein Anfechtungsrechtsstreit durch Tod des Beklagten in der Hauptsache erledigt, so wahrt die Klageerhebung auch die Frist für die Fortsetzung des Verfahrens vor dem VormG[13]).

Zurücknahme des Antrages ist zulässig, und zwar bis zur Rechtskraft der Entscheidung; **30**
dann gilt die Anfechtung als nicht erfolgt (§ 1599 Abs. 3, § 1600l Abs. 3). *Tod* des Antragstellers vor Rechtskraft erledigt die Hauptsache. Bei Tod des anfechtenden Mannes und Überleben wenigstens eines Elternteils tritt nicht, wie im Zivilprozeß (§ 640g ZPO), Unterbrechung ein. Die Eltern können den Antrag erneut stellen, sofern die Voraussetzungen der §§ 1595a, 1600g Abs. 2 BGB gegeben sind.

II. Zuständigkeit

1. Sachlich zuständig ist das VormG (§ 1599 Abs. 2, § 1600l Abs. 2), also das AG (§ 35 **31**
FGG), auch in Württemberg (Art. 68 Nr. 5 WürttAGBGB i. d. F. d. G v. 19. 12. 1961, GBl. 371). *Richtervorbehalt* besteht nach § 14 Nr. 3 Buchst. a, b RechtspflG.

11) Vgl. KG JFG 20, 198; Brühl, FamRZ 1962, 8, 11; Staudinger-Lauterbach BGB[11] § 1595 Anm. 2; Keidel Anm. 21.

12) Vgl. RGZ 92, 45; 149, 10; so auch Keidel Anm. 20 Fn. 1; für den Zivilprozeß wird bei Verweisung nach § 276 ZPO Fristwahrung angenommen, Staudinger-Lauterbach BGB[11] § 1599 Rdn. 3; dem wird auch für die freiwillige Gerichtsbarkeit zuzustimmen sein, wenn der fristgerecht gestellte Antrag, wenn auch nach Fristablauf, an das örtlich zuständige VormG abgegeben wird, vgl. Celle NJW 1969, 2054.

13) Maßfeller, StAZ 1961, 246; Staudinger-Lauterbach BGB[11] § 1599 Anm. 6, 10; BGB-RGRK[11] § 1599 Anm. 11; Gernhuber FamR § 45 VI 3; Keidel Anm. 10; Stein-Jonas-Schlosser ZPO[19] § 641 zu Fn. 10.

32 2. *Örtlich zuständig* ist bei Lebzeiten des Kindes das nach den Verhältnissen des Kindes gemäß den §§ 43, 36 im Zeitpunkt des Eingangs des Antrags zuständige VormG. Abgabe nach § 46 Abs. 3 ist statthaft; zustimmungsberechtigt (§ 46 Rdn. 29) ist das Kind oder sein gesetzlicher Vertreter. Nach dem Tode des Kindes richtet sich die örtliche Zuständigkeit nach § 73 FGG[14]); dann keine Abgabe nach § 46[15]).

33 3. *Verhältnis zum Prozeßgericht.* Nach dem Tode des Mannes kann es vorkommen, daß sowohl die Eltern des Mannes als auch das Kind die Ehelichkeit anfechten wollen. Dann müßten die Eltern durch Klage gegen das Kind (§ 1599 Abs. 1), das Kind durch Antrag beim VormG anfechten (§ 1599 Abs. 2 Satz 2). Diese Folgerung wird im Schrifttum in der Tat gezogen[15a]) und daraus die Auffassung hergeleitet, daß beide Verfahren nebeneinander selbständig seien; jedes der beiden Gerichte sei zur Aussetzung berechtigt; ergehe eine positive rechtskräftige Entscheidung eines der Gerichte, so erledige sich das andere Verfahren. In Wirklichkeit liegt jedoch, da der Streitgegenstand derselbe ist, Rechtshängigkeit vor, die, wie dieser Fall zeigt, auch im Verhältnis zwischen streitiger und freiwilliger Gerichtsbarkeit eintreten kann (§ 31 Rdn. 14). Nunmehr regelt das Gesetz diese Zuständigkeitskonkurrenz durch Einfügung des § 56c Abs. 2 in der Weise, daß es dem Verfahren vor dem Prozeßgericht den Vorzug gibt und das Vormundschaftsgericht verpflichtet, das vor ihm anhängige Verfahren bis zur Erledigung des Rechtsstreits auszusetzen. Es wird anzunehmen sein, daß diese Aussetzungspflicht auch besteht, wenn das Verfahren vor dem Vormundschaftsgericht (auf Antrag des Kindes) vor dem Rechtsstreit anhängig geworden ist. Andererseits hindert die Klage der Eltern das Kind nicht, etwa zur Fristwahrung, den Antrag bei dem Vormundschaftsgericht zu stellen mit der Folge, daß das Verfahren sogleich ausgesetzt wird. Es muß aber auch für zulässig erachtet werden, daß das Kind in dem auf Klage der Eltern des Mannes eröffneten Rechtsstreit Widerklage erhebt[15b]), wodurch ein bereits beim Vormundschaftsgericht gestellter Antrag wegen Rechtshängigkeit unzulässig würde.

34 4. *Internationale und interzonale Zuständigkeit.* Sofern nach den Verhältnissen des Kindes eine von den §§ 43, 36, 73 FGG erforderte örtliche oder (§§ 36 Abs. 2, 73 Abs. 2) durch die Staatsangehörigkeit begründete Inlandsbeziehung vorliegt, ist auch die deutsche internationale Zuständigkeit gegeben, da die Vorschriften des FGG über die örtliche auch auf die internationale Zuständigkeit hinweisen[16]). Das gilt auch, wenn nach dem maßgeblichen Personalstatut (Art. 18 EGBGB) fremdes Recht anzuwenden ist, selbst wenn der Heimatstaat die Entscheidung nicht anerkennt[17]). Fehlt es in der Person des Kindes an einer örtlichen Inlandsbeziehung i. S. der §§ 43, 36, 73 und hat es auch nicht die deutsche Staatsangehörigkeit (gehabt), so muß das Vorhandensein der örtlichen Inlandsbeziehungen in der Person des Anfechtenden (Mann, Eltern, Mutter) entsprechend § 640a ZPO genügen. Fehlt es auch hieran, so ist bei fremder Staatsangehörigkeit des Kindes, aber Geltung des deutschen Personalstatuts nach Maßgabe des von Art. 18 EGBGB berufenen Mannes- oder Frauenrechts zur Verwirklichung der Statutszuständigkeit § 36 Abs. 2 FGG entsprechend anzuwenden[18]). Diese Grundsätze gelten für die interzonale Zuständigkeit sinngemäß mit der Abwandlung, daß an die Stelle der Staatsangehörigkeit der gewöhnliche Aufenthalt tritt (§ 44a Rdn. 23).

14) Brühl FamRZ 1962, 13; Staudinger-Lauterbach BGB[11] § 1599 Anm. 30; BGB-RGRK[11] § 1599 Anm. 13; Keidel Anm. 13.

15) So auch Keidel Anm. 14 Fn. 2.

15a) Pikart-Henn, Lb. d. freiw. Gerbkt. S. 244; Baur FamRZ 1962, 508, 511; Döll FamR § 88 VI 1; wie hier Stein-Jonas-Schlosser ZPO[19] § 641 II 7.

15b) Über die Zulässigkeit der Widerklage in Kindschaftssachen im allgemeinen vgl. Staudinger-Lauterbach BGB[11] § 1599 Anm. 4; Gaul FamRZ 1963, 630 zu III 2; Stein-Jonas-Schlosser ZPO[19] § 641 II 6.

16) BayObLGZ 1959, 8 = NJW 1959, 1038 = FamRZ 1959, 364; vgl. § 35 Rdn. 113.

17) KG OLGR 26, 242; Soergel-Kegel BGB[9] Art. 18 EG Anm. 29; Baumbach-Lauterbach ZPO[26] § 642 Anm. 2; a.M. Raape IPR[5] § 32 A I 3.

18) Soergel-Kegel[9] Art. 18 Anm. 32-34. Das Rechtsverhältnis der nichtehelichen Vaterschaft ist, soweit es sich nicht um die Unterhaltspflicht (Art. 21 EGBGB) handelt, nach dem Heimatrecht des Vaters zu beurteilen; Soergel-Kegel[9] Art. 21 Rdn. 16, 20 ff.

III. Verfahrensgrundsätze

1. *Beteiligter* im Verfahren ist der Anfechtende. Ein Anfechtungsgegner (Mann oder Kind, bei Anfechtung durch die Eltern Mann und Kind) ist wegen Todes nicht vorhanden. Zu Lebzeiten des Kindes ist dessen Mutter materiell beteiligt, da sie durch die Feststellung der Unehelichkeit die elterliche Gewalt verliert und ihre Rechte durch § 1597 Abs. 3 BGB nicht voll gewahrt werden. Aber auch wenn die Anfechtung sich gegen das verstorbene Kind richtet, wird man annehmen müssen, daß die Rechtsstellung der Mutter i. S. des § 20 Abs. 1 FGG betroffen wird[19]). Die Erben des Mannes oder des Kindes sind nicht beteiligt, da die Regelung des § 1595a gerade bezweckte, erbrechtliche Interessen aus dem Anfechtungsrechtsstreit fernzuhalten (BT-Drucks. zu 2812/3. Wahlp S. 3; Scharzhaupt, FamRZ 1961, 329 zu I; vgl. aber Merkel, FamRZ 1968, 237). Noch weniger der Erzeuger des Kindes, obwohl ihm nach der Feststellung der Unehelichkeit eine Inanspruchnahme durch den Mann oder dessen Erben wegen der Entbindungs- und Unterhaltungskosten droht[20]). Es fehlt an der Unmittelbarkeit der Beeinträchtigung (Reflexwirkung). Auch an dem Verfahren zur Anfechtung der Anerkennung ist ein Dritter, der behauptet, selbst Vater des Kindes zu sein, nicht beteiligt (BT-Drucks. V/2370 S. 32). Ficht die Mutter nach dem Tode des Mannes die Anerkennung der Vaterschaft durch Antrag an das VormG an, so ist das Kind materiell beteiligt; ist die Mutter gesetzliche Vertreterin des Kindes, so muß diesem zur Vertretung im Verfahren ein Pfleger bestellt werden.

Jugendamt oder Staatsanwalt sind nicht zur Mitwirkung berufen. **36**

2. Der *Amtsermittlungsgrundsatz* (§ 12 FGG) gilt abweichend vom Zivilprozeß (§ 640d **37**
ZPO) auch für nicht vorgebrachte ehelichkeits- oder anerkennungs*feindliche* Tatsachen[21]), unbeschadet der Darlegungs- und Förderungspflicht des Antragstellers (§ 12 Rdn. 6). Formlose Ermittlungen nach § 12 FGG werden in der Regel nicht ausreichen, sondern ein förmliches Beweisverfahren nach der ZPO zu veranstalten sein (§ 12 Rdn. 39). Die Mutter des Kindes kann nicht Zeugin sein (Rdn. 28), insbes. wenn sie als gesetzliche Vertreterin auftritt (§ 15 Anm. 4). Wegen der Anordnung blutgruppenserologischer und erbkundlicher Untersuchungen vgl. die Bem. zu § 372a ZPO (§ 15 Rdn. 15 ff). Dazu Richtlinien für die Ausführung gerichtl. Blutgruppenuntersuchungen v. 24. 5. 1960 (BAnz. Nr. 106 und JMBlätter); Dahr, Der heutige Stand der blutgruppenserologischen Vaterschaftsuntersuchungen, ÄrztlMitt. 1960, 2324. Zum Beweiswert erbkundlicher Gutachten grundlegend BGH DRiZ 1961, 257 = MDR 583 = JR 461 = FamRZ 306, je 1961. Vgl. hierzu Keiter, NJW 1967, 1500; Beitzke, FamR[10] § 24 I 4; Baumbach-Lauterbach ZPO[26] § 372a Anm. 3 A; Palandt § 1591 Anm. 4. Darstellung der naturwissenschaftlichen Methoden der Vaterschaftsfeststellung bei Stein-Jonas-Schlosser ZPO 19. Aufl. Anh. zu § 644. Bei Nichterweislichkeit der die Unehelichkeit begründenden Tatsachen trägt der Antragsteller die objektive Feststellungslast[22]). Bei Anfechtung der Anerkennung gelten die Tatsachenvermutungen nach § 1600m Satz 1, 1600o Abs. 2 Satz 1 auch im Verfahren vor dem Vormundschaftsgericht; ihre Widerlegung ist Gegenstand der Amtsermittlungstätigkeit (§ 12 Rdn. 12).

3. *Rechtsmittel.* Die Verfügung des VormG wird erst mit *der Rechtskraft wirksam,* **38**
gleichviel, ob der Antrag zurückgewiesen oder die Unehelichkeit festgestellt wird. Nach § 60 Abs. 1 Nr. 6 findet mithin die *sofortige Beschwerde* statt. Das gilt auch für die Zurückweisung des Antrags als unzulässig, da das Verfahren, wie die Anfechtungsfristen zeigen, auf baldige Klärung der Abstammungsverhältnisse abzielt. Die Entscheidung muß, um die

[19]) Dresden DR 1944, 414; Brühl FamRZ 1962, 8 zu E II; Staudinger-Lauterbach BGB[11] § 1599 Anm. 34. Zur Anfechtung der Anerkennung vgl. BT-Drucks. V/2370 S. 32.

[20]) Vgl. BGHZ 24 9; 26 217.

[21]) Gernhuber FamR § 45 VI 3; seit der 9. Aufl. auch Keidel Anm. 25; vgl. auch Gaul FamRZ 1963, 630 zu III 2 (kritisch zur Anwendung des § 622 Abs. 2 ZPO im Ehelichkeitsanfechtungsrechtsstreit); a.M. Maßfeller, StAZ 1961, 246; Palandt[28] § 1599 Anm. 1; Dölle FamR § 88 VI 2; Pikart-Henn, Lb. d. freiw. Gerbkt. S. 247.

[22]) Brüggemann, Das „non liquet" zur Beiwohnungsfrage im Statusprozeß, FamRZ 1964, 337, insbes. zu IV 1 e S. 342; Staudinger-Lauterbach BGB[11] § 1599 Anm. 32; Keidel Anm. 25.

Beschwerdefrist in Lauf zu setzen, den Beschwerdeberechtigten förmlich zugestellt werden, § 16 Abs. 2 und 3. Ein Beschwerderecht aus § 57 Abs. 1 Nr. 9 scheidet wegen Abs. 2 ebenda aus. Gegen die Zurückweisung des Antrags steht die Beschwerde nur dem Antragsteller zu (§ 20 Abs. 2), den Eltern nur gemeinschaftlich (§ 20 Rdn. 12). Gegen die Feststellung der Unehelichkeit auf Antrag eines anderen steht lediglich der Mutter ein Beschwerderecht nach § 20 Abs. 1 zu[23]), ebenso wenn festgestellt wird, daß das Kind nicht von dem Anerkennenden abstammt. Hat die Mutter nach dem Tode des Mannes die Anerkennung angefochten, so ist das Kind nach §§ 20 Abs. 1, 59 beschwerdeberechtigt. Der Antragsteller hat kein Beschwerderecht, weil er den Antrag auch nach Erlaß der Entscheidung bis zur Rechtskraft zurücknehmen kann, wodurch die Entscheidung hinfällig wird[24]). Das VormG ist zu einer Änderung seiner Entscheidung nicht befugt (§ 18 Abs. 2), vgl. § 18 Rdn. 18.

39 4. *Rechtskraftwirkung.* Die Feststellung der Unehelichkeit führt mit dem Eintritt der formellen Rechtskraft unmittelbar eine Veränderung der materiellen Rechtslage herbei und wirkt deshalb als rechtsgestaltende Verfügung (§ 16 Rdn. 22) ebenso wie ein rechtskräftiges Statusurteil für und gegen alle[25]). Das Gericht darf sie nicht ändern (§ 18 Rdn. 18). Auch die Feststellung, daß das Kind nicht von dem Anerkennenden abstammt, ist statusändernd (Rdn. 4). Mit Rücksicht darauf aber, daß die Verfügungen ein Statusurteil ersetzen, wird man eine *Wiederaufnahme des Verfahrens* entsprechend §§ 578 ff. ZPO zulassen müssen (vgl. § 18 Rdn. 40, 46). Eine Verfügung, welche den Antrag aus förmlichen Gründen zurückweist, schließt die Erneuerung des Antrags, solange die Anfechtungsfrist läuft, unter Behebung des Mangels nicht aus. Ist aber der Antrag auf Grund sachlicher Würdigung des Streitstoffs als unbegründet formell rechtskräftig zurückgewiesen worden, so kommt nur eine Wiederaufnahme des Verfahrens in Betracht, da auch dieser Entscheidung materielle Rechtskraft und Wirkung für und gegen alle beizumessen ist[26]). Wird aber der Anfechtungsantrag des Kindes abgewiesen, weil die Voraussetzungen des § 1596 Abs. 1 Nr. 2 bis 5 BGB nicht vorlägen, so ist damit nicht die Ehelichkeit des Kindes rechtskräftig festgestellt, sondern nur, daß es im Zeitpunkt des Erlasses der Entscheidung der letzten Tatsacheninstanz kein subjektives Anfechtungsrecht gehabt hat; die Rechtskraft steht daher einem wiederholten Anfechtungsantrag des Kindes nicht entgegen, der sich darauf stützt, daß sein Anfechtungsrecht nunmehr entstanden sei, etwa die Voraussetzungen des § 1596 Abs. 1 Nr. 3 bis 5 inzwischen eingetreten seien (Stein-Jonas-Schlosser ZPO 19. Aufl. § 643 I).

40 5. *Mitteilung* der rechtskräftigen Feststellung der Unehelichkeit durch die Geschäftsstelle des VormG an den *Standesbeamten,* der das Geburtenbuch des Kindes führt, § 30 PStG, §§ 27, 23 Abs. 2, 36 AVO-PStG, § 242 DA, MiZi XIII/7, XIV/1. Ebenso ist im Hinblick auf § 29 PStG n. F. zu verfahren, wenn rechtskräftig festgestellt wird, daß das Kind nicht von dem Anerkennenden abstammt.

41 6. *Gebühren a)* des *Gerichts* § 94 Abs. 1 Nr. 7 KostO i. d. F. des Art. 11 Nr. 4 NichtehelG. Im Beschwerdeverfahren gilt § 131 KostO. Geschäftswert § 30 Abs. 3, 2 KostO. *b)* des *Rechtsanwalts* § 118 BRAGebO.

E. Übergangsrecht

42 Die vorstehenden Grundsätze für die Anfechtung der Anerkennung der Vaterschaft gelten nach Art. 12 § 3 NichtehelG auch, wenn ein Mann vor dem Inkrafttreten dieses Ge-

[23]) Vgl. Anm. 8; Brüggemann, FamRZ 1963, 13; BGB-RGRK[11] § 1599 Anm. 14; Staudinger-Lauterbach BGB[11] § 1599 Anm. 34; Keidel Anm. 33, der aber ein Beschwerderecht Dritter nicht scheint ausschließen zu wollen; vgl. dazu oben Rdn. 28; für eine Beschränkung des Beschwerderechts auch Pikart-Henn, Lb. d. Freiw. Gerbkt. S. 248.

[24]) A.M. Pikart-Henn, Lb. d. Freiw. Gerbkt. S. 248.

[25]) Maßfeller, StAZ 1943, 21; Leiß DR 1943, 473; Böhmer, DRiZ 1961, 376; Brühl, FamRZ 1962, 8 zu E II; Keidel Anm. 35; BGB-RGRK[11] § 1599 Anm. 15; Staudinger-Lauterbach BGB[11]; § 1599, Anm. 33; Dölle FamR § 88 VI 2.

[26]) Stein-Jonas-Schlosser ZPO[19] I 4 a vor § 640; Staudinger-Lauterbach BGB[11] § 1599 Rdn. 33; Dölle FamR § 88 VI 2 a.E.; Keidel Anm. 36.

setzes (1. 7. 1970) seine Vaterschaft in einer öffentlichen Urkunde (§§ 1718, 1720 Abs. 2 BGB a. F.) anerkannt oder sich in einem vollstreckbaren Schuldtitel zur Erfüllung des Anspruchs aus § 1708 BGB verpflichtet hat oder wenn er in einer rechtskräftigen Entscheidung zur Erfüllung dieses Anspruchs verurteilt worden ist. Liegt einer dieser Tatbestände vor, so sind damit die Voraussetzungen erfüllt, unter denen nach § 1600a Satz 2 BGB die Rechtswirkungen der Vaterschaft nach Maßgabe des neuen Rechts geltend gemacht werden können. Da diese Wirkungen weit über die Wirkungen hinausgehen, welche die genannten Tatbestände nach bisherigem Recht hatten, wird in Art. 12 § 3 Abs. 2 eine erleichterte Anfechtung der so begründeten Vaterschaft zugelassen. Anfechtungsberechtigt sind der Mann, die Mutter und das Kind, nach dem Tode des Mannes außer seinen Eltern auch seine überlebende Ehefrau und seine (ehelichen oder nichtehelichen) Abkömmlinge, nach dem Tode des Kindes auch sein überlebender Ehegatte und seine Abkömmlinge. Die Vorschriften über das Anfechtungsrecht der Eltern des Mannes (oben Rdn. 5—7) gelten hierbei sinngemäß für seine überlebende Ehefrau und seine Abkömmlinge. Eine Anfechtungsfrist ist für diese Fälle nicht vorgesehen (BT-Drucks. V/3719 zu Art. 13 § 3 Abs. 2 S. 66).

Dagegen findet eine Anfechtung der Anerkennung nach Maßgabe des neuen Rechts nicht **43**
statt, wenn vor dessen Inkrafttreten das Vormundschaftsgericht gemäß § 31 PStG (vgl. Anhang nach § 56a) die Legitimation eines nichtehelichen Kindes durch die Eheschließung seiner Eltern rechtskräftig festgestellt hat oder wenn ein nichteheliches Kind für ehelich erklärt worden ist. In diesen Fällen ist vielmehr gemäß Art. 12 § 8 NichtehelG die Ehelichkeit nach den bisher geltenden Vorschriften (§§ 1721, 1735a BGB a. F.) anzufechten.

Aufhebung des Kindesannahmeverhältnisses

56d **(1) Eine Verfügung, durch die das Vormundschaftsgericht das durch die Annahme an Kindes Statt begründete Rechtsverhältnis aufhebt, wird erst mit der Rechtskraft wirksam. Gegen die Verfügung steht die Beschwerde dem Annehmenden und dem Kinde zu; in den Fällen des § 1757 Abs. 2 des Bürgerlichen Gesetzbuchs ist auch der Ehegatte des Annehmenden beschwerdeberechtigt.**

(2) Ist der Annehmende der gesetzliche Vertreter des Kindes, so ist dem Kinde für das Verfahren ein Pfleger zu bestellen.

Eingefügt durch Art. 4 Nr. 5 FamRÄndG als Verfahrensvorschrift zu § 1770 a, 1770 b BGB n. F. In Kraft getreten am 1. 1. 1962. Durch Art. 7 Nr. 17 NichtehelG hat die Vorschrift mit Wirkung v. 1. 7. 1970 die Nr. 56 d erhalten.

Vorbemerkung. Nach dem Recht des BGB kann das durch die Kindesannahme begrün- **1**
dete Rechtsverhältnis nur durch *Vertrag* zwischen dem Annehmenden und dem Kinde aufgehoben werden, der der gerichtlichen Bestätigung bedarf (§§ 1768, 1770). Die *gerichtliche Aufhebung* eines Kindesannahmeverhältnisses auf einseitigen Antrag des Angenommenen, des Annehmenden oder einer Verwaltungsbehörde ermöglichte das G v. 12. 4. 1938 (RGBl. I, 380) Art. 5 §§ 12 bis 21 unter der Voraussetzung, daß wichtige Gründe in der Person des Annehmenden oder des Kindes die Aufrechterhaltung des Annahmeverhältnisses sittlich nicht mehr gerechtfertigt erscheinen lassen. Vgl. die Bem. in der Voraufl. zu § 65 Anm. 6. Diese Vorschriften sind durch Art. 9 I Abs. 2 Nr. 9 FamRÄndG *aufgehoben* worden. Das Gesetz sieht statt dessen in § 1770a BGB n. F. eine Aufhebung des Annahmeverhältnisses durch das VormG aus Gründen des Kindeswohls vor. Für einen Sonderfall läßt das Gesetz ferner in § 1770b BGB n. F. die Aufhebung des Annahmeverhältnisses zu, wenn ein Kind ohne Einwilligung seiner Eltern (§ 1747 Satz 2) angenommen worden ist. Hierzu regelt § 56d FGG das Verfahren. Schrifttum: Maßfeller, StAZ 1961, 277.

A. Aufhebung des Annahmeverhältnisses aus Gründen des Kindeswohls

Der durch Art. 1 Nr. 29 FamRÄndG eingefügte *§ 1770a BGB* lautet:

Während der Minderjährigkeit des Kindes kann das Vormundschaftsgericht das Annahmeverhältnis aufheben, wenn dies aus schwerwiegenden Gründen zum Wohle

des Kindes erforderlich ist. In den Fällen des § 1757 Abs. 2 kann auch das zwischen dem Kind und einem der Ehegatten bestehende Rechtsverhältnis aufgehoben werden.

1. Die *Aufhebung setzt voraus:*

2 *a) Minderjährigkeit* des Kindes; es darf mithin noch nicht volljährig (§ 2 BGB) oder für volljährig erklärt sein (§ 3 Abs. 2 BGB). Maßgebender Zeitpunkt ist der Erlaß (§ 18 Rdn. 5) der Entscheidung der letzten Tatsacheninstanz (§ 27 Rdn. 38). Die auf Aufhebung lautende Entscheidung des AG muß daher vom LG aufgehoben und die Aufhebung des Annahmeverhältnisses abgelehnt werden, wenn der Angenommene erst während des Beschwerderechtszuges volljährig geworden ist (§ 23). Dagegen kann die weitere Beschwerde nicht darauf gestützt werden, daß der Angenommene nach dem Erlaß der Entscheidung des LG volljährig geworden sei (§ 27 Rdn. 38). Nur wenn das Rechtsbeschwerdegericht aus anderen Gründen zur Aufhebung kommt, kann es die neue Tatsache des Eintritts der Volljährigkeit berücksichtigen (§ 27 Rdn 35)[1]).

3 *b) Schwerwiegende Gründe,* aus denen die Aufhebung *zum Wohle des Kindes* erforderlich ist. Die Vorschrift dient dem Schutze des minderjährigen Kindes, nicht dem Interesse des Annehmenden. Der Annehmende soll sich ebensowenig wie leibliche Eltern von dem Kinde lösen können (BT-Drucks. Nr. 530/58 S. 23; Maßfeller StAZ 1961, 277). Erziehungsschwierigkeiten und Entwicklungsrückstand des Kindes rechtfertigen deshalb, wie bisher, die Aufhebung nicht[2]). Andererseits kann aber das Wohl des Kindes beeinträchtigt werden, wenn die Wahleltern es ablehnen und es als Last empfinden (zur Nieden, FamRZ 1956, 68 zu V a). Der schwerwiegende Grund braucht nicht verschuldet zu sein. Er kann sich z. B. auch aus einer schweren und unheilbaren geistigen oder körperlichen Erkrankung des Annehmenden ergeben (Finke, FamRZ 1958, 405 zu III f. 1). Bei der Abwägung der Gründe ist nicht nur der Verlust des Unterhaltsanspruchs und des Erbrechts des Kindes nach den Annehmenden, sondern auch der Umstand zu berücksichtigen, daß es aus dem Familienverband, in den es hineingewachsen ist, herausgerissen wird. Auch die Annehmenden müssen sich grundsätzlich darauf verlassen dürfen, daß das Annahmeverhältnis nur in seltenen Ausnahmefällen aufgehoben werden kann (BT-Drucks. Nr. 530/58 S. 23). Selbst bei Vorliegen schwerwiegender Gründe ist Aufhebung nicht geboten, wenn sie zum Wohl des Kindes nicht erforderlich ist, also wenn andere Maßnahmen, z. B. aus § 1666 BGB, ausreichen[3]).

4 *c) Bei Annahme als gemeinschaftliches Kind* durch ein Ehepaar (§ 1749 Abs. 1 und 2) kann die Aufhebung auf das zu einem der Ehegatten bestehende, durch die Annahme begründete Rechtsverhältnis beschränkt werden (§ 1770a Satz 2), wenn diese Maßnahme ausreicht, um die schwerwiegende Beeinträchtigung des Kindeswohls i. S. des Satzes 1 zu beseitigen. Das wird vor allem bei Getrenntleben oder Scheidung, Aufhebung oder Nichtigerklärung der Ehe der Wahleltern in Betracht kommen. Jedoch reichen Scheidung und Übertragung der elterlichen Gewalt auf einen Wahlelternteil (§ 1671) für sich allein nicht aus, das Rechtsverhältnis zu dem anderen aufzuheben.

5 Hat ein Ehegatte ein Kind des anderen Ehegatten angenommen, so daß das Kind gemäß § 1757 Abs. 2 die rechtliche Stellung eines gemeinschaftlichen ehelichen Kindes der Ehegatten erlangt hat, so kann nur das Rechtsverhältnis zu dem annehmenden Ehegatten nach Satz 1 aufgehoben werden. Dagegen kann nicht die Rechtsstellung, die der leibliche Elternteil

[1]) Wie hier Staudinger-Engler BGB[11] § 1770 a Anm. 6.

[2]) KG FamRZ 1961, 85; Dölle FamR § 115 VI 2 zu Fn. 67; a.M. Staudinger-Engler BGB[11] § 1770 a Anm. 8, wenn dort gemeint sein sollte, daß die Eltern sich von dem Kinde lösen könnten, wenn sich ergibt, daß es der Heimerziehung bedarf; anders, wenn die Wahleltern sich als erziehungsunfähig erweisen und Maßnahmen nach § 1666 BGB nicht ausreichen; so wohl BGB-RGRK[11] § 1770 a Anm. 4.

[3]) BayObLGZ 1968, 142 = NJW 1968, 1528 = FamRZ 1968, 485; Schnitzerling, ZBlJugR 1964, 258, 259; Staudinger-Engler BGB[11] § 1770 a Anm. 6; Dölle § 115 VI 2; daher kein „Wahlrecht" des VormG zwischen § 1666 und § 1770 a (so Baur FamRZ 1962, 513), wenn auch die Grenzen flüssig sind.

gemäß § 1757 Abs. 2 als Reflexwirkung der Annahme durch seinen Ehegatten und zur Vermeidung der Rechtsfolge des § 1765 Abs. 1 erlangt hat, Gegenstand der Aufhebung nach Satz 2 sein, wie die Gesetzesfassung zum Ausdruck zu bringen und die amtl. Begründung (BT-Drucks. Nr. 530/58 zu Nr. 32b Abs. 2) anzunehmen scheint[4]). Dadurch träte für den leiblichen Elternteil die Rechtsfolge des § 1765 Abs. 1 ein, wozu er bei Erteilung seiner Einwilligung zur Annahme durch seinen Ehegatten (§ 1747) keinesfalls sein Einverständnis erklärt hat. Eine solche Maßnahme liefe auf eine „Weg-Adoption" ohne die erschwerenden Voraussetzungen des § 1747 Abs. 3 hinaus.

d) Nach dem Tode des Annehmenden (nicht des Kindes) wird die Aufhebung des Auf- **6**
nahmeverhältnisses durch das VormG in § 1770c mit der Wirkung zugelassen, daß das Annahmeverhältnis als vor dem Tode aufgehoben gilt. Es ist nicht erforderlich, daß das Verfahren bereits vor dem Tode eingeleitet worden ist. Da das durch die Annahme begründete familienrechtliche Rechtsverhältnis bereits durch den Tod erloschen ist[5]), erschöpfen sich die Wirkungen der Aufhebung in dem Fortfall des Erbrechts des Kindes und des Rechts zur Führung des durch die Annahme erworbenen Namens. Für eine erneute Annahme der Adoptivwaise ist die vorherige Aufhebung nicht erforderlich (§ 1749 Abs. 2 n. F.); dazu bedarf es wiederum der Einwilligung der leiblichen Eltern nach § 1747[6]).

2. *Sachlich zuständig* ist das VormG, also das AG (§ 35 FGG), auch in Württemberg **7**
(Art. 68 Nr. 19 WürttAGBGB i. d. F. d. G. v. 19. 12. 1961, GBl. 371). *Richtervorbehalt* besteht nach § 14 Nr. 3 RechtspflG. Die *örtliche Zuständigkeit* bestimmt sich nach den §§ 43, 36 FGG. *Abgabe* nach § 46 Abs. 3 ist statthaft; zur Erteilung der Zustimmung (§ 46 Abs. 2) berufen sind das Kind, gesetzlich vertreten durch den nach § 56d Abs. 2 zu bestellenden Pfleger, und die Wahleltern.

3. *Internationale und interzonale Zuständigkeit.* Das grundsätzlich unwandelbare Adop- **8**
tionsstatut (Art. 22 Abs. 1, 27 EG) beherrscht auch die Aufhebung der Adoption[7]). §§ 1770a, 1770b sind daher nur anwendbar, wenn zur Zeit der Bestätigung (west-)deutsches Recht Adoptionsstatut war. Das deutsche Adoptionsstatut begründet die deutsche internationale Zuständigkeit. Fehlt es in dem für die Aufhebung maßgebenden Zeitpunkt an einer in der Person des Kindes begründeten Inlandsbeziehung i. S. der §§ 43, 36 Abs. 1 und 2, wie es in Fällen mit Auslandsberührung vorkommen kann (§ 66 Rdn. 14), so muß eine Inlandsbeziehung i. S. des § 66 Abs. 1 in der Person des Annehmenden für die Begründung der örtlichen Zuständigkeit des VormG genügen. Hilfsweise greift die Statutszuständigkeit entsprechend § 36 Abs. 2 ein. *Interzonal* gilt Entsprechendes (§ 66 Rdn. 20).

4. *Amtsbetrieb.* Das Verfahren nach § 1770a wird (anders § 1770b) *von Amts wegen* ein- **9**
geleitet, sobald das VormG von Tatsachen Kenntnis erlangt, welche die Aufhebung rechtfertigen könnten[8]). Anregungen können vom Jugendamt, dem Kinde, den leiblichen Eltern oder einer beliebigen anderen Person oder Stelle ausgehen, auch von dem Annehmenden. Der Anregende wird dadurch nicht Beteiligter i. S. des § 13a Abs. 1 Satz 1.

5. *Beteiligte* im materiellen Sinne (§ 6 Rdn. 5), die mithin zum Verfahren hinzugezogen **10**
werden müssen, sind die Wahleltern und das Kind, gegebenenfalls auch die Abkömmlinge des Kindes, auf die sich die Wirkungen der Kindesannahme nach § 1762 BGB erstrecken. Auch wenn das Verfahren darauf abzielt, das Rechtsverhältnis nur zu einem der Wahlelternteile aufzuheben (§ 1770a Satz 2), ist auch der andere beteiligt, weil auch seine Rechtsstellung durch die Aufhebung des Annahmeverhältnisses zu dem anderen Teil berührt wird.

[4]) Zust. Staudinger-Engler BGB[11] § 1770 a Anm. 14.
[5]) Beitzke, FamR[9] § 32 VIII 1; BayObLGZ 1960, 78.
[6]) Kipp, FamR[5] § 91 Fußn. 19; Jansen, EJF A I i Nr. 11 Anm.
[7]) Staudinger-Raape[9] Art. 22 EG Anm. D II 4 b; Soergel-Kegel[9] Art. 22 EG Anm. 46; Achilles-Greiff-Beitzke[21] Art. 22 EG Anm. 5.
[8]) Kritisch Baur, FamRZ 1962, 513.

11 6. Ein *Pfleger* ist dem Kinde zur Vertretung im Verfahren zu bestellen, wenn der Annehmende gesetzlicher Vertreter des Kinde ist, wie es der Regel entspricht (§ 1757). Das gilt auch dann, wenn gesetzlicher Vertreter nur der Wahlelternteil ist, im Verhältnis zu welchem das Annahmeverhältnis im Fall des § 1770a Satz 2 bestehen bleiben soll. Unterlassung begründet den unbedingten Rechtsyeschwerdegrund des § 551 Nr. 5 ZPO. Auswahl des Pflegers nach §§ 1915, 1779. Doch werden die Verwandten des Kindes (§ 1779 Abs. 2 Satz 3), insbes. die leiblichen Eltern, meist ungeeignet sein, so daß sich die Bestellung des Jugendamts (§ 52 JWG) empfiehlt, auch im Hinblick auf das dem JA als solchem gegen die Aufhebung fehlende Beschwerderecht (Rdn. 15). Gegen die Anordnung der Pflegschaft steht den Wahleltern die Beschwerde (§ 20 Abs. 1, § 57 Abs. 1 Nr. 9) zu, mit welcher sie z. B. das Fehlen eines Bedürfnisses (§ 1909 BGB) rügen können. Das Beschwerderecht gegen die Ablehnunng der Pflegschaft folgt aus § 57 Abs. 1 Nr. 3, steht also auch den leiblichen Eltern als Verwandten zu; das Kind kann sein Beschwerderecht nach Maßgabe des § 59 selbständig ausüben.

12 7. *Anhörung des Jugendamtes* wird dem VormG durch § 48 JWG i. d. F. v. 11. 8. 1961 (BGBl. I, 1206), in Kraft seit 1. 1. 1962, zur Pflicht gemacht. Die Zuständigkeit des Jugendamts bestimmt sich nach § 11 JWG. Wegen der Bedeutung des Berichts für das Verfahren des VormG vgl. § 12 Rdn. 54. Die Unterlassung der Anhörung begründet einen Verfahrensfehler, aber keine Nichtigkeit der Verfügung.

8. *Rechtsmittel.*

13 *a)* Gegen eine die Aufhebung *ablehnende Verfügung* ist die einfache (unbefristete) Beschwerde nach § 19 gegeben. Das *Beschwerderecht* ergibt sich aus § 57 Abs. 1 Nr. 9 (vgl. § 57 Rdn. 30), steht also dem Jugendamt zu, aber auch anderen Personen, die ein berechtigtes Interesse i. S. des § 57 Abs. 1 Nr. 9 geltend machen können. Diese Erweiterung des Kreises der Beschwerdeberechtigten ist im Hinblick auf die Angriffe, welchen das Kindesannahmeverhältnis dadurch von seiten eines nicht festumgrenzten Personenkreises ausgesetzt sein kann, nicht unbedenklich[9]). Für die Befugnis des Kindes zur selbständigen Beschwerdeführung aus § 20 I gilt § 59. Auch ein Beschwerderecht des Annehmenden ist möglich, jedoch nur, wenn er es im Interesse des Kindes ausübt[10]).

14 *b)* Eine das Annahmeverhältnis *aufhebende Verfügung* wird erst mit der Rechtskraft wirksam (§ 56d Abs. 1 Satz 1); vgl. § 53 Rdn. 1. Deshalb findet die *sofortige Beschwerde* statt (§ 60 Abs. 1 Nr. 6), und es besteht nach § 18 Abs. 2 keine Änderungsbefugnis des VormG (§ 18 Rdn. 18). Die Verfügung muß, um die Beschwerdefrist in Lauf zu setzen, allen Beschwerdeberechtigten förmlich zugestellt oder zu Protokoll bekanntgemacht werden (§ 16 Abs. 2, 3). Das *Beschwerderecht* wird durch § 56d Abs. 1 Satz 2 abschließend geregelt. Es steht nur dem Annehmenden, bei Annahme als gemeinschaftliches Kind jedem der Wahleltern unabhängig vom anderen, und dem Kinde zu. Das Beschwerderecht des Kindes wird von seinem gesetzlichen Vertreter oder dem nach § 56d Abs. 2 bestellten Pfleger (Rdn. 12) namens des Kindes, von dem Kinde selbst nach Maßgabe des § 59 ausgeübt. Wird bei Annahme als gemeinschaftliches Kind (§ 1749) das Annahmeverhältnis nur zu einem der annehmenden Ehegatten aufgehoben (Rdn. 5), so ist auch der andere Ehegatte selbständig beschwerdeberechtigt, im Verhältnis zu welchem das Annahmeverhältnis bestehen bleibt (Abs. 1 Satz 2 Halbs. 2). Ferner ist, wenn ein Ehegatte ein Kind des anderen Ehegatten angenommen hat und das zwischen diesem annehmenden Ehegatten und dem Kinde bestehende Annahmeverhältnis aufgehoben worden ist, auch der leibliche Elternteil beschwerdeberechtigt. Das Beschwerderecht besteht auch, wenn die Ehe der Wahleltern oder die Ehe des Annehmenden mit dem leiblichen Elternteil aufgelöst ist, und unabhängig von der Regelung der elterlichen Gewalt nach § 1671[10a]). *Kein Beschwerderecht* haben andere Personen, z. B. die leiblichen Eltern oder

[9]) Zust. Baur FamRZ 1962, 513.

[10]) KG NJW 1962, 2354 = FamRZ 1962, 531; BayObLGZ 1968, 142 = NJW 1968, 1528.

[10a]) Zust. BayObLGZ 1968, 142 = NJW 1968, 1528.

die Abkömmlinge des Kindes, auf welche sich die Wirkungen der Kindesannahme nach § 1762 BGB erstrecken. Auch das Jugendamt als solches hat gegen die Aufhebung kein Beschwerderecht, da § 20 Abs. 1 trotz des Anhörungsgebots in § 48 JWG nicht zutrifft, übrigens durch § 56d Abs. 1 Satz 2 ausgeschlossen wird[11]).

Die *weitere Beschwerde* ist eine *sofortige*, wenn das AG die Aufhebung angeordnet hat, mag auch das LG sie abgelehnt haben (§ 29 Abs. 2), ebenso, wenn das AG die Aufhebung abgelehnt, das LG aber sie auf einfache Beschwerde angeordnet hat (§ 29 Rdn. 26). Das Beschwerderecht für die Einlegung der weiteren Beschwerde richtet sich in beiden Fällen nach den vorstehend zu b) dargelegten Grundsätzen. 15

9. Mitteilung der rechtskräftigen Aufhebung durch Übersendung einer begl. Abschrift des Aufhebungsbeschlusses mit Rechtskraftattest an das *Standesamt* zur Beschreibung eines Randvermerks im Geburtenbuch schreiben vor § 30 PStG, §§ 27, 23 Abs. 2, AusfVO-PStG„ MiZi XIV/1. Benachrichtig,ung der Strafregisterbehörde, wenn das Kind älter als 14 Jahre ist, § 15 Abs. 1 Satz 1 StRegV, MiZi XIV/2. 16

10. Gebühren.

a) des *Gerichts:* Das Verfahren ist gerichtsgebührenfrei (§ 91 KostO; BT-Drucks. Nr. 530/58 S. 30); Schuldner der Auslagen ist das Kind (§ 2 Nr. 2 KostO). Im Beschwerdeverfahren gilt § 131 KostO. Beschwerdewert § 30 Abs. 2 KostO. 17

b) des Rechtsanwalts § 118 BRAGebO. 18

B. Aufhebung des Annahmeverhältnisses wegen fehlender Einwilligung der Eltern

Der durch Art. 1 Nr. 29 FamRÄndG eingefügte *§ 1770b BGB* lautet:

(1) Während der Minderjährigkeit des Kindes hat das Vormundschaftsgericht das Annahmeverhältnis aufzuheben, wenn ein eheliches Kind ohne Einwilligung seiner Eltern, ein uneheliches Kind ohne Einwilligung seiner Mutter an Kindes Statt angenommen worden ist. Dies gilt nicht, wenn durch die Aufhebung des Annahmeverhältnisses das Wohl des Kindes erheblich gefährdet würde.

(2) Das Annahmeverhältnis wird nur auf Antrag aufgehoben. Antragsberechtigt ist der Elternteil, ohne dessen Einwilligung das Kind angenommen worden ist; wer sein Kind im Stich gelassen hat, kann den Antrag nicht stellen.

(3) Der Antrag kann nur innerhalb eines Jahres gestellt werden; die Frist beginnt mit dem Zeitpunkt, in dem der Antragsberechtigte von der Annahme an Kindes Statt Kenntnis erlangt. Die für die Verjährung geltenden Vorschriften der §§ 203, 206 sind entsprechend anzuwenden.

(4) Der Antrag kann nicht durch einen Vertreter gestellt werden. Ist der Antragsberechtigte in der Geschäftsfähigkeit beschränkt, so ist die Zustimmung des gesetzlichen Vertreters nicht erforderlich.

1. Die *Aufhebung setzt voraus:*

a) Minderjährigkeit des Kindes; vgl. oben zu A 1a. 19

b) Übergehen der nach § 1747 Satz 1 erforderlichen *elterlichen Einwilligung* auf Grund des § 1747 Satz 2 mit § 1746 Abs. 2. Die irrige Annahme des das Absehen von der Einwilligung gestattenden Tatbestandes des § 1746 Abs. 2 wird durch die Bestätigung geheilt (§ 1756 Abs. 2). Um die hierin liegende Härte vor allem in den Fällen zu beseitigen, in denen die Nichterreichbarkeit der Eltern auf den Wirren der Nachkriegszeit beruhte, gibt das Gesetz den Eltern das Recht, das ohne ihren Willen zustande gekommene Annahmeverhältnis aufheben zu lassen (BT-Drucks. Nr. 530/58 S. 23), und zwar gleichgültig, ob der Tatbestand des § 1746 Abs. 2 mit Recht oder zu Unrecht angenommen worden ist. Dieser Fall liegt aber 20

[11]) So auch Finke, FamRZ 1958, 405 zu III f. 1 a E.

nach dem Zweck und der Entstehungsgeschichte des Gesetzes nicht vor, wenn der Elternteil wegen Geisteskrankheit zur Abgabe der Erklärung außerstande war und inzwischen genesen ist[12]). Die Vorschrift wird entsprechend anzuwenden sein, wenn bei der Bestätigung irrig angenommen worden ist, der Elternteil sei gestorben[13]) oder wenn er zu Unrecht für tot erklärt worden ist. Dagegen kommt eine Aufhebung nach dieser Vorschrift nicht in Betracht, wenn das Vorhandensein eines einwilligungsberechtigten Elternteils übersehen worden[14]) oder eine erklärte Einwilligung mit Erfolg angefochten worden[15]) und der Annahmevertrag deshalb nichtig ist, ferner nicht, wenn die Einwilligung nach § 1747 Abs. 3 BGB rechtskräftig ersetzt worden ist oder nach § 1749 Abs. 2 Satz 2 BGB nicht erforderlich war[16]). Eine Berücksichtigung des Kindeswohls zugunsten der Aufrechterhaltung des Annahmeverhältnisses gestattet Abs. 1 Satz 2 bei erheblicher Gefährdung des Kindeswohls[17]).

21 2. *Antragsverfahren.* Die Einleitung des Verfahrens setzt einen förmlichen Antrag eines Antragsberechtigten voraus (§ 1770b Abs. 2 Satz 1). Antragsberechtigt ist nur der übergangene Elternteil (Abs. 2 Satz 2), es sei denn, daß er sein Kind (vorsätzlich, wenn auch nicht gerade böswillig) im Stich gelassen, d. h. sich seinen Elternpflichten längere Zeit entzogen und dadurch die Ursache für seine Übergehung bei der Kindesannahme gesetzt hat. Liegt dieser Sachverhalt vor, so ist der Antrag mangels Antragsberechtigung unzulässig. Abs. 4 Satz 1 schließt nur die Vertretung bei der Willensbildung, nicht bei der Erklärung des Willens aus[18]). Von einem Bevollmächtigten wird deshalb regelmäßig die Vorlegung einer besonderen, auf das Aufhebungsverfahren gerichteten Vollmacht gemäß § 13 Satz 3 verlangt werden müssen, die nicht notwendig beglaubigt sein muß (§ 13 Rdn. 39). Der in der Geschäftsfähigkeit beschränkte Antragsberechtigte ist selbständig beteiligtenfähig (Abs. 4 Satz 2). Ein Geschäftsunfähiger kann den Antrag auch nicht durch seinen gesetzlichen Vertreter stellen[19]).

22 3. *Antragsfrist.* Der Antragsteller kann den Antrag nur innerhalb eines Jahres seit Erlangung der Kenntnis von der Kindesannahme stellen (Abs. 3). Übergangsrechtlich beginnt die Frist für vor dem Inkrafttreten des FamRÄndG durchgeführte Kindesannahmen frühestens am 1. 1. 1962 (Art. 9 II Nr. 3, IV FamRÄndG). Fristhemmung entsprechend §§ 203, 206 bei höherer Gewalt oder Wegfall der Geschäftsunfähigkeit, aber keine Wiedereinsetzung in den vorigen Stand, da es sich um eine sachlichrechtliche Ausschlußfrist handelt.

23 4. *Rechtsmittel.* Gegen eine die Aufhebung ablehnende Verfügung steht die einfache (unbefristete) Beschwerde nach § 19 nur dem Antragsteller zu (§ 20 Abs. 2). Anderen Personen, auch dem Jugendamt, steht ein Beschwerderecht nicht zu, da § 20 Abs. 2 FGG das Beschwerderecht aus § 57 Abs. 1 Nr. 9 FGG ausschließt (§ 57 Rdn. 2). Wegen des Wirksamwerdens und der Anfechtbarkeit einer das Annahmeverhältnis aufhebenden Verfügung gelten die Bem. oben zu Rdn. 15. Das Beschwerderecht steht dem Kinde, dem Annehmenden und in den Fällen des § 1757 Abs. 2 BGB dem Ehegatten des Annehmenden zu; auch der Antragsteller kann mit dem Ziel der Zurücknahme des Antrags Beschwerde einlegen[20]).

24 5. Wegen des *Verfahrens* im übrigen gelten die Bem. oben zu Rdn. 8, 9, 11, 12, 13, 17 und 18.

12) A.M. Staudinger-Engler BGB[11] § 1770 b Anm. 3.

13) Keidel Anm. 5; BGB-RGRK[11] § 1770 b Anm. 2.

14) Celle StAZ 1966, 146; Dölle FamR § 115 VII 1.

15) BayObLGZ 1965, 333, 336 = NJW 1966, 354 = FamRZ 1965, 625.

16) Vgl. Dölle § 115 VII 1; Staudinger-Engler BGB[11] § 1770 b Anm. 5, 6.

17) Dazu zur Nieden, FamRZ 1956, 68 zu V b; BTDrucks. zu 2812/3. Wahlp. S. 7/8; Staudinger-Engler aaO. Anm. 10, 11.

18) Vgl. KG JFG 20, 198; wie hier Erman-Hefermehl BGB[3] § 1770 b Anm. 4 b; Keidel Anm. 10 Fn. 3; a.M. BGB-RGRK[11] § 1770 b Anm. 8; Staudinger-Engler BGB[11] Anm. 17; von diesem Standpunkt aus dürfte der Antrag nicht einmal durch einen bevollmächtigten Rechtsanwalt gestellt werden.

19) Finke, FamRZ 1958, 405 zu III f 2. Dölle FamR § 115 VII 2; Staudinger-Engler BGB[11] § 1770 b Anm. 18.

20) A.M. Keidel Anm. 17; Staudinger-Engler BGB[11] § 1770 b Anm. 21.

Beschwerde. §§ 57 bis 64

1. Beschwerderecht

57 Die Beschwerde steht, unbeschadet der Vorschriften des § 20, zu:

1. gegen eine Verfügung, durch welche die Anordnung einer Vormundschaft abgelehnt oder eine Vormundschaft aufgehoben wird, jedem, der ein rechtliches Interesse an der Änderung der Verfügung hat, sowie dem Ehegatten, den Verwandten und Verschwägerten des Mündels, es sei denn, daß die Verfügung eine vorläufige Vormundschaft betrifft;

2. gegen eine Verfügung, durch welche die Anordnung einer vorläufigen Vormundschaft abgelehnt oder eine solche Vormundschaft aufgehoben wird, denjenigen, welche den Antrag auf Entmündigung zu stellen berechtigt sind;

3. gegen eine Verfügung, durch welche die Anordnung einer Pflegschaft abgelehnt oder eine Pflegschaft aufgehoben wird, jedem, der ein rechtliches Interesse an der Änderung der Verfügung hat, in den Fällen der §§ 1909, 1910 des Bürgerlichen Gesetzbuchs auch dem Ehegatten sowie den Verwandten und Verschwägerten des Pflegebefohlenen; diese Vorschrift gilt jedoch im Falle des § 1910 nur dann, wenn eine Verständigung mit dem Pflegebefohlenen nicht möglich ist;

4. gegen eine Verfügung, durch welche die Einsetzung eines Familienrats abgelehnt oder der Familienrat aufgehoben wird, dem Ehegatten sowie den Verwandten und Verschwägerten des Mündels;

5. [weggefallen];

6. gegen eine Verfügung, durch die ein Antrag des Gegenvormundes zurückgewiesen wird, gegen den gesetzlichen Vertreter wegen pflichtwidrigen Verhaltens einzuschreiten oder den Vormund oder den Pfleger aus einem der im § 1886 des Bürgerlichen Gesetzbuchs bezeichneten Gründe zu entlassen, dem Antragsteller;

7. gegen eine Verfügung, durch die dem Vormund, Pfleger oder Beistand eine Vergütung bewilligt wird, dem Gegenvormund;

8. gegen eine Verfügung, durch welche die Anordnung einer der in den §§ 1666, 1667, 1693 des Bürgerlichen Gesetzbuchs vorgesehenen Maßregeln abgelehnt oder eine solche Maßregel aufgehoben wird, den Verwandten und Verschwägerten des Kindes;

9. gegen eine Verfügung, die eine Entscheidung über eine die Sorge für die Person des Kindes oder des Mündels betreffende Angelegenheit enthält, jedem, der ein berechtigtes Interesse hat, diese Angelegenheit wahrzunehmen.

Die Vorschrift des Abs. 1 Nr. 9 findet auf die sofortige Beschwerde keine Anwendung.

Abs. 1 Nr. 5 aufgehoben durch Art. 4 Nr. 8 GleichberG vom 18. 6. 1957 (BGBl. I 609); Abs. 1 Nr. 8 geändert durch Art. 4 Nr. 8 GleichberG vom 18. 6. 57 (BGBl. I 609); in Kraft seit 1. 7. 1958. Abs. 1 Nr. 6 durch Streichung des Beistandes, Abs. 1 Nr. 7 durch Hinzufügung des Beistandes geändert mit Wirkung v. 1. 7. 1970 durch Art. 7 Nr. 18 NichtehelG.

Übersicht

A. Vorbemerkung

1 *Beschwerdeverfahren in Vormundschaftssachen.* Gegenstand der §§ 57 bis 64 ist das Beschwerdeverfahren in Vormundschaftssachen. Die allgemeine Vorschrift des § 20 Abs. 1, nach welcher die Beschwerde jedem zusteht, dessen Recht durch die Verfügung beeinträchtigt wird, wird in Vormundschaftssachen dem besonderen Schutzbedürfnis von Kindern, Mündeln und Pflegebefohlenen nicht ausreichend gerecht. In den §§ 57 bis 59 sind deshalb besondere Bestimmungen über die Befugnis zur Erhebung der Beschwerde getroffen, die gegenüber der Regel des § 20 Abs. 1 *Erweiterungen des Beschwerderechts* enthalten[1]). Diese Erweiterungen gelten auch für die weitere Beschwerde, so daß jeder, dem nach den §§ 57 bis 59 ein Beschwerderecht zusteht, dieses auch mit der weiteren Beschwerde verfolgen kann, soweit dieses Rechtsmittel nach § 27 statthaft ist (vgl. § 63). Einen Vorschlag, noch weiter zu gehen und in Vormundschaftssachen eine allgemeine Popularbeschwerde zuzulassen, hat die Reichstagskommission abgelehnt[2]) In § 60 werden die Fälle der sofortigen Beschwerde geregelt, in § 61 die Wirksamkeit von Rechtsgeschäften bei Aufhebung der vorläufigen Vormundschaft im Beschwerdewege, in § 62 die Unabänderlichkeit gewisser Verfügungen auch im Beschwerdeverfahren, in §§ 63, 63a die weitere Beschwerde und in § 64 der Beschwerderechtszug bei Entlassung eines Familienratsmitglieds. Diese Vorschriften gelten nur in Vormundschaftssachen (Vorbem. 1 vor § 35, § 35 Rdn. 3 ff.), also nicht für andere familienrechtliche Angelegenheiten, für die das Amtsgericht als solches zuständig ist, wie die Aufgaben des Bestätigungsgerichts bei der Kindesannahme (§§ 65 bis 68c) oder die Personenstandssachen (§§ 69 bis 71). Auf Grund der Verweisung in § 75 sind die §§ 57 Abs. 1 Nrn. 3, 6, 7, 58, 60 Abs. 1 Nrn. 2, 3, 6, 62, 63 jedoch auch auf die Nachlaßpflegschaft und die Nachlaßverwaltung anwendbar (§ 75 Anm. 2).

B. Bedeutung

2 Die Vorschrift bezieht sich nur auf die subjektive Berechtigung zur Beschwerdeführung; sie setzt voraus, daß eine nach § 19 beschwerdefähige Verfügung des VormG vorliegt. Das Beschwerderecht wird jeder der in den Nrn. 1 bis 9 bezeichneten Personen „unbeschadet der Vorschriften des § 20" zugestanden. Das bedeutet zunächst, daß neben den gemäß § 20 Abs. 1 zur Beschwerde Berechtigten die hier Bezeichneten, ohne daß die Voraussetzungen des § 20 Abs. 1 in ihrer Person gegeben sein müssen, ebenfalls zu Beschwerde berechtigt sein

[1]) Vgl. Schultzenstein, Beschwerderecht in Vormundschaftssachen, ZZP 25, 189 ff.

[2]) KommBer. S. 21—24, 42—44.

sollen, während die Befugnis eines Beteiligten, dessen Recht im Sinne des § 20 Abs. 1 durch die Verfügung beeinträchtigt ist, seinerseits Beschwerde einzulegen, unberührt bleibt. Die Eingangsworte des § 57 besagen aber ferner, daß auch die Vorschrift des § 20 Abs. 2 unberührt bleibt; soweit daher eine der unter § 57 fallenden Verfügungen nur auf Antrag erlassen werden kann (z. B. §§ 1707 Abs. 1, 1723, 1747 Abs. 3, 1770b, 1981 BGB) und der Antrag zurückgewiesen worden ist, steht das Beschwerderecht nur dem Antragsteller zu, nicht einem nach Maßgabe des § 57 erweiterten Personenkreis[3]). Das Beschwerderecht wird dem in § 57 genannten Personenkreis zu eigenem Recht verliehen; es ist deshalb im eigenen Namen, nicht namens des Kindes oder Mündels auszuüben[4]). Gehört der gesetzliche Vertreter des Kindes oder Mündels zu den nach § 57 Beschwerdeberechtigten, so hat er die Wahl, ob er die Beschwerde im Namen des Kindes oder Mündels oder im eigenen Namen einlegen will. Die nur nach § 57 Beschwerdeberechtigten sind nicht materiell Beteiligte; sie brauchen deshalb nicht von Amts wegen zu dem Verfahren des VormG hinzugezogen zu werden und auch eine Bekanntmachung der Entscheidung des VormG an sie ist nicht geboten; sie werden aber durch die Ausübung des Beschwerderechts für das Beschwerdeverfahren formell Beteiligte mit den sich daraus ergebenden verfahrensrechtlichen Folgerungen, insbesondere der Wahrung des rechtlichen Gehörs ihnen gegenüber und der Kostentragungspflicht. Aber auch im ersten Rechtszuge können sie sich die Stellung eines formell Beteiligten dadurch verschaffen, daß sie aus eigenem Antrieb an dem Verfahren vor dem VormG teilnehmen (§ 6 Rdn. 5). Grundsätzlich ist das erweiterte Beschwerderecht nach § 57 zwar zu eigenem Recht, aber nur im Interesse des Kindes oder Mündels verliehen; nur in den Fällen der Nrn. 1 und 3 können eigene Belange des Beschwerdeführers das Beschwerderecht begründen[5]). Im übrigen bleiben die allgemeinen Vorschriften über die Beschwerde und die weitere Beschwerde (§§ 19 bis 30) unberührt, soweit sich nicht aus den §§ 58 bis 64 etwas anderes ergibt[6]). Soweit das Beschwerderecht aus § 57 einem Minderjährigen oder Geschäftsunfähigen zusteht, kann er es, wenn nicht ein Fall des § 59 vorliegt, nicht selbst ausüben, sondern er bedarf dazu der Mitwirkung seines gesetzlichen Vertreters[7]). Das Beschwerderecht des von der anzufechtenden Verfügung betroffenen Kindes oder Mündels selbst ergibt sich stets nur aus § 20.

C. Voraussetzungen und Umfang des erweiterten Beschwerderechts

1. Zu Nr. 1. Ablehnung der Anordnung oder Aufhebung einer Vormundschaft.

a) Gegenstand der Verfügung. Das erweiterte Beschwerderecht nach Nr. 1 ist gegeben, 3
wenn die Anordnung einer Vormundschaft, die keine vorläufige nach § 1906 BGB ist, abgelehnt oder die Vormundschaft aufgehoben wird. Gegen die Anordnung der Vormundschaft und die Ablehnung ihrer Aufhebung ergibt sich die Beschwerdebefugnis aus § 20 und auch aus § 57 Abs. 1 Nr. 9. Eine Ablehnung der Anordnung kommt nur in den Fällen in Betracht, in denen die Vormundschaft vom VormG nach dem Bestellungsgrundsatz des BGB anzuordnen ist (§§ 1774, 1896 BGB), nicht wenn die Amtsvormundschaft kraft Gesetzes eintritt (§ 1791c); gegen die Ablehnung der Erteilung der Bescheinigung nach § 1791c Abs. 3 oder ihre Einziehung oder eine feststellende Verfügung, daß die Amtsvormundschaft eingetreten oder nicht eingetreten sei, kann sich ein Beschwerderecht aus § 20 oder § 57 Abs. 1 Nr. 9 ergeben. Nicht hierher gehören auch die Fälle, nach denen das Jugendamt oder der Vereinsvormund durch einen Einzelvormund ersetzt werden soll (§§ 1887, 1889 Abs. 2 BGB); vgl. dazu § 60 Rdn. 8. Nicht erforderlich ist, daß der Beschwerdeführer die Anordnung der Vormundschaft angeregt hat. Beschwerden gegen die Auswahl des Vormundes oder gegen die Ablehnung seiner Entlassung gehören nicht hierher[7a]), auch nicht die Ablehnung der Bestellung eines Gegenvormundes[8]). Eine Aufhebung der Vormundschaft im Sinne der Nr. 1

[3]) A.M. KG DRM 1941 Nr. 92 = Recht 1941 Nr. 1625 (nur Leitsatz); Keidel § 20 Anm. 96; Voraufl. § 20 Anm. 8.
[4]) Wellstein[2] Anm. 2; Schlegelberger Anm. 1; Keidel Anm. 1; Unger ZZP 37, 422.
[5]) RGZ 153, 93 = JFG 14, 404 = JW 1937, 623; Schlegelberger Anm. 1.
[6]) KG OLGR 2, 264.
[7]) KGJ 25 A 184.
[7a]) Unger ZZP 37, 415 Fn. 38.
[8]) Josef[2] Anm. 2 a; Keidel Anm. 2.

liegt nur vor, wenn die Vormundschaft nicht, wie in der Regel, kraft Gesetzes endet (§§ 1882, 1884 Abs. 2 BGB), z. B. durch Volljährigkeitserklärung[9]), sondern wenn sie durch Verfügung des VormG aufzuheben ist (§§ 1883, 1884 Abs. 1 BGB). Die Anordnung der Aufhebung durch das LG steht der Aufhebung durch das VormG i. S. der Nr. 1 gleich[11]). Die Entlassung des Vormundes (§ 1886) enthält keine Aufhebung der Vormundschaft. Zur Ablehnung der Bestellung eines Vormundes schon vor der Geburt des Kindes (§ 1774 Satz 2 BGB) vgl. § 36a Rdn. 9.

b) Beschwerdeberechtigt sind zwei Gruppen von Personen:

4 α) Jeder, der ein *rechtliches Interesse* an der Änderung der Verfügung hat. Dieser Begriff ist einerseits weiter als der des beeinträchtigten Rechts nach § 20, andererseits enger als der Begriff des berechtigten Interesses, der z. B. in § 57 Abs. 1 Nr. 9 verwendet wird (nachstehend Rdn. 27). Ein rechtliches Interesse ist ein auf den Bestand oder die Wahrnehmung von Rechten sich beziehendes Interesse; es hat ein auf Rechtsnormen beruhendes und durch sie geregeltes, gegenwärtiges Verhältnis einer Person zu einer anderen Person oder zu einer Sache zur Voraussetzung[12]). Ein Beschwerdeführer hat ein rechtliches Interesse i. S. des § 57 Abs. 1 Nr. 1, wenn er von der Änderung der Verfügung eine günstigere Gestaltung seiner Rechte und seiner Rechtsstellung bei deren Wahrnehmung zu erwarten hat. Im Hinblick auf das Betreiben der Anordnung oder das Bekämpfen der Aufhebung einer Vormundschaft (Pflegschaft, vgl. Nr. 3) über einen anderen bedeutet dieses Interesse den Rechtsvorteil, der darin besteht, daß durch Einrichtung oder Aufrechterhaltung der gesetzlichen Vertretung des Mündels (Pflegebefohlenen) dem Beschwerdeführer der Schutz, der Gebrauch, die Fortführung oder Beendigung seiner Rechtsbeziehungen zu dem Mündel (Pflegebefohlenen) ermöglicht oder wenigstens erleichtert wird[13]). Es kann daher nicht erfordert werden, daß das Rechtsverhältnis durch die Ablehnung der Anordnung betroffen, also i. S. des § 20 Abs. 1 beeinträchtigt wird. Hiernach können (ebenso wie nach Nr. 3) eigene Belange des Beschwerdeführers das Beschwerderecht begründen[14]). Ein rechtliches Interesse hat mithin, wer mit dem zu Bevormundenden in Rechtsgemeinschaft steht oder sein Gläubiger oder Schuldner ist und seine Rechte diesem gegenüber nicht ausüben kann, weil der andere Teil geschäftsunfähig oder in der Geschäftsfähigkeit beschränkt und ohne gesetzlichen Vertreter ist[15]). Als ein solches Interesse anzusehen ist z. B. das Interesse des Vertragspartners des Mündels, den Vertrag durchzuführen, dem Mündel gegenüber eine empfangsbedürftige Willenserklärung (Kündigung, Widerruf, Rücktritt usw.) abzugeben, den Mündel zu mahnen oder zu verklagen oder eine Leistung an ihn bewirken zu können. Dagegen ist der Wunsch, mit dem zu Bevormundenden rechtliche Beziehungen erst anzuknüpfen, z. B. ein ihm gehörendes Grundstück zu erwerben, als ein nur wirtschaftlich begründetes Interesse nicht ausreichend[16]). Der Vormund hat gegen die Aufhebung der Vormundschaft kein Beschwerderecht nach § 20 oder § 57 Abs. 1 Nr. 1[17]), es sei denn, daß er als Gläubiger der festgesetzten Vergütung ein rechtliches Interesse an der Aufrechterhaltung der Vormundschaft hat[18]). Die Tatsachen, die das rechtliche Interesse begründen, sind von dem Beschwerdeführer darzulegen (§ 25 Rdn. 5). Fehlt ein rechtliches Interesse, so ist die Beschwerde ohne Sachprüfung als unzulässig zu verwerfen.

5 β) Der *Ehegatte sowie Verwandte oder Verschwägerte* des Mündels, diese ohne Unterschied des Grades (vgl. §§ 1589, 1590 BGB). Die Ehegatten zweier Geschwister gelten im

[9]) KG RJA 13, 74.
[11]) KG OLGR 5, 201.
[12]) KGJ 40, 43; KG NJW 1962, 1921; NJW 1963, 1553 = Rpfleger 1964, 54; RGZ 151, 57; BGHZ 4, 323; BayObLGZ 1953, 324; vgl. ferner KGJ 25 A 5; 28 A 9; 33 A 65; OLGR 10, 18; 37, 252 = RJA 16, 155; Keidel Anm. 3; Schlegelberger Anm. 4.
[13]) KG NJW 1962, 1921; Unger ZZP 37, 416; Josef WürttZ 1923, 225.
[14]) RGZ 153, 93 = JFG 14, 404; KG NJW 1962, 1921; Unger ZZP 37, 415; Schlegelberger Anm. 1, 4.
[15]) Vgl. Keidel Anm. 3; Schlegelberger Anm. 4; BayObLG OLGR 34, 239; KG RJA 15, 176; Unger ZZP 37, 417.
[16]) KGJ 33 A 65.
[17]) RGZ 151, 62.
[18]) BayObLGZ 1956, 440.

Rechtssinne nicht als verschwägert. Stiefeltern und Stiefkinder sind verschwägert. Stiefgeschwister ist kein rechtlicher Begriff: Halbgeschwister sind Verwandte; zusammengebrachte Kinder dagegen stehen überhaupt in keinem Familienverhältnis. Nicht miteinander verwandt sind mehrere angenommene Kinder desselben Vaters (§ 1762), wohl aber nach Aufhebung des § 1737 BGB durch Art. 1 Nr. 35 NichtehelG mehrere für ehelich erklärte Kinder (§ 56a Rdn. 1). Nach Aufhebung des § 1589 Abs. 2 BGB durch Art. 1 Nr. 3 NichtehelG sind eheliche und nichteheliche Kinder desselben Vaters miteinander verwandt. Bei den in Nr. 1 besonders genannten Personen ist kein rechtliches Interesse erfordert; sie können ihr Beschwerderecht, sofern sie nicht im Einzelfall doch ein rechtliches Interesse haben, deshalb nur im Interesse des Mündels ausüben[19]). Der Ehegatte hat das Beschwerderecht nur, solange die Ehe besteht[20]). Das Verwandtschafts- oder Schwägerschaftsverhältnis muß nachgewiesen sein. Ist der Verwandte oder Verschwägerte geschäftsunfähig oder in der Geschäftsfähigkeit beschränkt, so kann nur der gesetzliche Vertreter das Beschwerderecht für ihn ausüben; § 59 ist nicht anwendbar[21]).

2. *Zu Nr. 2 Ablehnung der Anordnung und Aufhebung einer vorläufigen Vormundschaft.* Wegen der Voraussetzungen für die Anordnung einer vorläufigen Vormundschaft oder ihre Aufhebung (§§ 1906, 1908 BGB) vgl. die Bem. zu § 52, wegen der Rechtsmittel vgl. § 52 Rd. 11 und § 60 Rdn. 13. In § 57 Abs. 1 Nr. 2 wird das Beschwerderecht nur für den Fall geregelt, daß die Anordnung der vorläufigen Vormundschaft abgelehnt oder eine solche Vormundschaft aufgehoben wird; gegen diese Verfügungen findet die unbefristete Beschwerde nach § 19 statt. Beschwerdeberechtigt ist jeder, der den Antrag auf Entmündigung zu stellen berechtigt ist. Das Beschwerderecht besteht unabhängig davon, ob gerade der Beschwerdeführer den Entmündigungsantrag gestellt hat, der nach § 1906 BGB Voraussetzung für die Anordnung der vorläufigen Vormundschaft ist[22]); es genügt, daß er dazu berechtigt wäre. Es wird aber zu erfordern sein, daß dem Beschwerdeführer ein Antragsrecht gerade wegen des Entmündigungsgrundes zusteht, wegen dessen ein anderer Antragsberechtigter die Entmündigung beantragt hat. Das Beschwerderecht ergibt sich hiernach aus der Regelung des Antragsrechts in den §§ 646, 680 ZPO, § 69 Abs. 5 JWG. Hiernach sind *beschwerdeberechtigt:* 6

a) In *allen Fällen* der Entmündigung (§ 6 Abs. 1 Nr. 1 bis 3 BGB) der Ehegatte, sofern die Ehe noch besteht, mögen die Ehegatten auch getrennt leben, ferner jeder Verwandte (nicht auch Verschwägerte) ohne Rücksicht auf die Gradesnähe (§ 1589 BGB) sowie der gesetzliche Vertreter (Inhaber der elterlichen Gewalt, Vormund, Pfleger) des zu Entmündigenden, dem die Sorge für die Person zusteht; Innehabung der nur tatsächlichen Personensorge ohne Vertretungsrecht genügt nicht. Antragsberechtigt ist auch ein Pfleger, dessen Wirkungskreis das Personensorgerecht umfaßt (§ 1909 BGB), jedoch ist die Bestellung eines Pflegers nur zur Stellung des Entmündigungsantrags unstatthaft[23]). Gesamtvertretungsberechtigte Eltern können in ihrer Eigenschaft als gesetzliche Vertreter das Antrags- und damit das Beschwerderecht nur gemeinsam ausüben[24]); § 58 ist nicht anwendbar, weil das Beschwerderecht aus § 57 Abs. 1 Nr. 2 nicht namens des Kindes ausgeübt wird (vgl. § 58 Rdn. 1, 4); soweit sie als Verwandte antragsberechtigt sind, können Vater oder Mutter das Beschwerderecht selbständig ausüben. Das Antragsrecht der Verwandten ist jedoch ausgeschlossen gegen eine Person, die unter elterlicher Gewalt oder Vormundschaft steht; gegen einen Ehegatten kann ein Verwandter den Antrag nur stellen, wenn der andere Ehegatte zur Stellung des Antrags dauernd außerstande oder sein Aufenthalt unbekannt ist oder wenn die 7

[19]) KG JFG 15, 125; Keidel Anm. 4.
[20]) KG JW 1928, 2149 mit Anm. v. Opet; Keidel Anm. 4.
[21]) KGJ 25 A 184; KG JFG 9, 60; Wellstein[2] Anm. 2 a; Keidel Anm. 4.
[22]) BayObLGZ 1966, 439; Wellstein[2] Anm. 2 b; Schlegelberger Anm. 6; Keidel Anm. 11; Unger ZZP 37, 423 Fn. 64.
[23]) Baumbach-Lauterbach ZPO[28] § 646 Anm. 1 C; Keidel Anm. 8; a.M. Dölle FamR § 141 II 3.
[24]) Soergel-Siebert BGB[9] § 1626 Anm. 14; Staudinger-Donau BGB[11] § 1626 Anm. 60.

häusliche Gemeinschaft der Ehegatten aufgehoben ist (§ 646 Abs. 1 ZPO i. d. F. des Art. 2 Nr. 3 GleichberG, § 680 Abs. 3 ZPO). Im Fall der Aufhebung steht dem bisherigen vorläufigen Vormund das Beschwerderecht nicht mehr zu, wenn die aufhebende Verfügung nach § 52 wirksam geworden ist[25]).

8 *b)* Wenn die *Entmündigung wegen Geisteskrankheit oder Geistesschwäche* beantragt ist, der *Staatsanwalt* (§§ 645, 646 Abs. 2 ZPO, nicht aber bei Entmündigung wegen Verschwendung oder Trunksucht, § 680 Abs. 4 ZPO), ferner bei minderjährigen Fürsorgezöglingen das Landesjugendamt (§ 69 Abs. 5 JWG) oder die nach Landesrecht gemäß § 74 Abs. 2 JWG anderweit bestellte Fürsorgeerziehungsbehörde.

9 *c)* Wenn die *Entmündigung wegen Verschwendung oder Trunksucht* beantragt ist, können auf Grund des landesgesetzlichen Vorbehalts in § 680 Abs. 5 ZPO die Gemeinde oder ein Gemeindeverband oder ein Armenverband antrags- und beschwerdeberechtigt sein. Diese Aufgaben nehmen jetzt in der Regel die Träger der Sozialhilfe wahr (§§ 9, 96 BSozHG). Vgl. für Niedersachsen § 1 G v. 18. 12. 1959 (NdsGVBl. 149), für Hessen Art. 1 HessAG-ZPO-ZVG v. 20. 12. 1960 (HessGVBl. 238), für sonstige ehemals preußische Gebiete § 3 PrAGZPO, für Baden § 10 AGZPO i. d. F. vom 13. 10. 1925, für Bayern Art. 28 AG z. BSozHG vom 28. 10. 1962 (BayGVBl. 272), für Bremen § 1 AG-ZPO-KO-ZVG vom 27. 3. 1963 (BremGBl. 51), für Württemberg Art. 282 WürttAGBG.

3. Zu Nr. 3. Ablehnung der Anordnung und Aufhebung einer Pflegschaft.

10 *a) Gegenstand der Verfügung.* Die Vorschrift gewährt ein über die Voraussetzungen des § 20 Abs. 1 hinaus erweitertes Beschwerderecht gegen Verfügungen, durch welche die Anordnung einer Pflegschaft abgelehnt oder eine Pflegschaft aufgehoben wird. Hierunter fällt auch die Ablehnung der Erweiterung des Wirkungskreises des Pflegers. Gegen die Anordnung der Pflegschaft und die Ablehnung ihrer Aufhebung ergibt sich die Beschwerdebefugnis aus § 20 Abs. 1, gegebenenfalls aus § 57 Abs. 1 Nr. 9. Die Vorschrift gilt für alle Fälle einer nach bürgerlichem Recht anzuordnenden Pflegschaft (§§ 1909 bis 1914 BGB, § 10 ZustErgG) und auf Grund der Verweisung in § 75 auch für die Nachlaßpflegschaft und ihre Unterart, die Nachlaßverwaltung[26]). In Ermangelung entgegenstehender Bestimmungen wird anzunehmen sein, daß die Vorschrift auch auf die Pflegschaften außerhalb des BGB anzuwenden ist, die das VormG nach dem Beamten- oder Dienststrafrecht (§ 38 Rdn. 16) oder zur Vertretung unbekannter oder abwesender Beteiligter in einem öffentlich-rechtlichen Verfahren (§ 39 Rdn. 3, 4, § 41 Rdn. 7) anordnen kann. Grundsätzlich werden Pflegschaften von Amts wegen angeordnet (§§ 1915, 1774 BGB)[27]), unbeschadet der Anzeigepflicht, die das Gesetz den Eltern und dem Vormund (§ 1909 Abs. 2), dem Gegenvormund (§ 1799 Abs. 1), dem Pfleger (§ 1915), dem Beistand (§ 1686), dem Jugendamt (§ 1694), dem Gemeindewaisenrat (§ 49 FGG) und den Gerichten (§ 50 FGG) auferlegt. Es kommt daher nicht darauf an, ob derjenige, der gegen die Ablehnung der Anordnung der Pflegschaft Beschwerde einlegt, ihre Anordnung angeregt hat. Soweit aber Pflegschaften nur auf Antrag (§§ 1961, 1981 BGB, § 43 JWG, § 106 Abs. 3 RAO) oder auf Ersuchen einer Behörde (§ 149 BBauG, § 44 BBeamtG, § 26 BeamtRRG) angeordnet werden, steht die Beschwerde gegen die Ablehnung der Anordnung nur dem Antragsteller zu, da § 20 Abs. 2 nach den Eingangsworten des § 57 unberührt bleibt (oben Anm. B). Eine Aufhebung der Pflegschaft im Sinne der Nr. 3 liegt nur vor, wenn die Pflegschaft nicht kraft Gesetzes endet (§§ 1918, 1921 Abs. 3 BGB), sondern wenn sie durch Verfügung des Vormundschaftsgerichts aufzuheben ist (§§ 1919, 1920, 1921 Abs. 1 und 2, 1988 Abs. 2 BGB). Beschwerden, welche sich

[25]) KGJ 25 A 188 = RJA 3, 172; KGJ 40, 41; Keidel Anm. 11.

[26]) RGZ 151, 57.

[27]) KGJ 28 A 9, 12; 33 A 65; KG OLGR 18, 287; auch die bei der Gebrechlichkeitspflegschaft nach § 1910 Abs. 3 BGB erforderliche Einwilligung des Gebrechlichen ist kein Antrag im verfahrensrechtlichen Sinne, sondern eine Tatbestandsvoraussetzung für die Anordnung von Amts wegen; so auch KG OLGZ 1967, 347 = FamRZ 1967, 686 = MDR 1967, 922; mißverständlich Lent-Habscheid Freiw. Gerichtsbarkeit[4] § 6 II 1 S. 30.

auf die Auswahl des Pflegers oder seine Entlassung beziehen, gehören nicht hierher. Zur Ablehnung der Bestellung eines Pflegers nach § 1706 BGB schon vor der Geburt des Kindes (§ 1708 BGB) vgl. § 36a Rdn. 9, zum Beschwerderecht gegen die auf Antrag der Mutter ergehenden Anordnungen nach § 1707 Abs. 1 BGB vgl. § 36a Rdn. 12.

b) Beschwerderecht. Das Beschwerderecht wird in Nr. 3 zunächst allgemein für jede Art von Pflegschaft jedem eingeräumt, der ein rechtliches Interesse an der Änderung der Verfügung hat, sodann für die besonderen Fälle der Ergänzungspflegschaft (§ 1909 BGB) und der Gebrechlichkeitspflegschaft (§ 1910 BGB) darüber hinaus erweitert auf den Ehegatten und die Verwandten und Verschwägerten des Pflegebefohlenen und schließlich durch Halbs. 2 für beide Gruppen von Beschwerdeberechtigten für den Fall der Gebrechlichkeitspflegschaft (§ 1910 BGB) von einer besonderen Voraussetzung abhängig gemacht. **11**

α) Beschwerdeberechtigt ist bei allen Arten von Pflegschaften (mit einer Besonderheit für die Gebrechlichkeitspflegschaft, vgl. nachst. Rdn. 14) jeder, der ein *rechtliches Interesse* an der Änderung der Verfügung hat. Das Beschwerderecht wird diesen Personen zu eigenem Recht und zur Verfolgung ihrer eigenen Interessen eingeräumt; im Gegensatz zu der bei der sachlichen Entscheidung über die Beschwerde zu prüfenden Frage, ob die Anordnung oder Aufrechterhaltung der Pflegschaft den Interessen des Pflegebefohlenen dient, können mithin eigene Belange des Beschwerdeführers das Beschwerderecht begründen[28]). Das Interesse muß jedoch ein rechtliches sein; dazu oben Rdn. 4. Ein rechtliches Interesse ist zuzubilligen dem Hypothekenschuldner an der Anordnung oder Aufrechterhaltung einer Pflegschaft für den unbekannten Gläubiger[29]), dem Nachlaßgläubiger an der Bestellung eines Pflegers für den unbekannten Erben[30]), dem Miterben an der Bestellung eines Nachlaßpflegers für die unbekannten Erben eines seiner Miterben[31]) oder an der Bestellung eines Abwesenheitspflegers für einen Miterben[32]), dem Vermächtnisnehmer an der Aufrechterhaltung der Nachlaßpflegschaft[33]), dem Grundstückseigentümer an der Bestellung eines Pflegers für den Hypothekengläubiger[34]), dem Gläubiger an der Bestellung eines Abwesenheitspflegers für den Schuldner[35]). Das rechtliche Interesse kann auch im öffentlichen Recht wurzeln und deshalb zustehen dem Finanzamt zur Durchsetzung seiner Steueransprüche gegen den Steuerschuldner[36]), der Ausländerpolizeibehörde zur Durchführung ausländerrechtlicher Maßnahmen[36a]), dem Staatsanwalt an der Anordnung oder Aufrechterhaltung einer Pflegschaft im Falle der Vermögensbeschlagnahme[37]). *Kein Interesse* rechtlicher Art dagegen ist das allgemeine Interesse einer Behörde oder eines Gerichts daran, die Erledigung eines vor ihm anhängigen Verfahrens durch Anordnung einer Pflegschaft für einen Verfahrensbeteiligten zu erleichtern oder zu fördern. Deshalb steht kein Beschwerderecht zu der Verwaltungsbehörde, die im Interesse der Namensänderung eines unehelichen Kindes (§ 1706 BGB) die Anordnung einer Pflegschaft zwecks Einwilligung des Kindes betreibt[38]), oder dem Patentamt, das die Anordnung einer Pflegschaft nach § 1910 BGB über den Patentanmelder erstrebt[39]), oder dem Erbschaftssteueramt, welches die Anordnung einer Pflegschaft betreibt, damit der Pfleger die Errichtung einer steuerpflichtigen Stiftung erwirke[40]), oder dem Nachlaßgericht, wenn es die Bestellung einer Deszendenzpflegschaft für unbekannte Nacherben zwecks Mitteilung des eröffneten Testaments wünscht[41]). Kein Beschwerderecht hat das Prozeßgericht, auch nicht das Sozialgericht, gegen die Ablehnung der Bestellung eines Gebrechlichkeitspflegers für einen **12**

[28]) RGZ 153, 93; KG NJW 1962, 1921; Unger ZZP 37, 415; Schlegelberger Anm. 1; Keidel Anm. 15.

[29]) KGJ 28 A 10.

[30]) KGJ 22 A 71.

[31]) KG OLGR 10, 18; KG RJA 7, 29, 32; a.M. Braunschweig OLGR 40, 107.

[32]) KG NJW 1962, 1921 unter Aufgabe von KG RJA 16, 155 = OLGR 37, 252; ebenso Schlegelberger Anm. 9; Keidel Anm. 18.

[33]) Jena ZBlFG 4, 341.

[34]) KGJ 33 A 65.

[35]) KG RJA 15, 176; BayObLG OLGR 34, 239.

[36]) BayObLGZ 1965, 59 = FamRZ 1965, 341 = MDR 1965, 487.

[36a]) LG Berlin NJW 1968, 2201.

[37]) BayObLGZ 33, 374 = HRR 1934 Nr. 631; Unger ZZP 37, 418 Fn. 49; Keidel Anm. 18; a.M. KG RJA 6, 255.

[38]) BayObLGZ 6, 455 = OLGR 12, 210.

[39]) KGJ 44, 57.

[40]) KGJ 25 A 5.

[41]) KGJ 48, 20 = RJA 15, 26.

prozeßunfähigen Beteiligten[42]). Rechtlicher Art ist auch nicht das Interesse eines Armenverbandes (Trägers der Sozialhilfe) an der Bestellung eines Pflegers zur Ermöglichung der Unterbringung des Unterstützungsempfängers[43]). Kein rechtliches Interesse ist zuzubilligen dem mutmaßlichen Erben des Abwesenden an der Anordnung einer Abwesenheitspflegschaft[44]). Der Pfleger, Nachlaßpfleger oder Nachlaßverwalter hat kein eigenes rechtliches Interesse an den Fortbestand der Pflegschaft oder Nachlaßverwaltung und deshalb kein Beschwerderecht gegen die Aufhebung[45]), allenfalls wenn er sonst seine festgesetzte Vergütung nicht einziehen kann[46]).

13 β) *Beschwerdeberechtigt* sind ferner der *Ehegatte*, solange die Ehe besteht, sowie *Verwandte und Verschwägerte* des Pflegebefohlenen, diese ohne Beschränkung auf bestimmte Grade der Verwandtschaft oder Schwägerschaft. Jedoch ist dieses Beschwerderecht nach der Art der Pflegschaft beschränkt auf die Ablehnung der Anordnung oder die Aufhebung einer Ergänzungspflegschaft nach § 1909 BGB oder einer Gebrechlichkeitspflegschaft nach § 1910 BGB. Gegen dieselben Verfügungen bei der Abwesenheitspflegschaft (§ 1911 BGB) kann daher dieser Personenkreis Beschwerde nicht auf Grund dieser Eigenschaft einlegen, sondern nur, wenn im Einzelfall ein rechtliches Interesse dargelegt werden kann[47]). Das Beschwerderecht ist diesen Personen zwar zu eigenem Recht, aber nur im Interesse des Pflegebefohlenen eingeräumt. Es besteht daher nicht, wenn sie mit der Beschwerde ausschließlich ihr eigenes Interesse verfolgen, sofern dieses kein rechtliches ist; die Verfolgung eigener Interessen ist jedoch unschädlich, wenn der Beschwerdeführer daneben auch im vermeintlichen Interesse des Pflegebefohlenen auftritt[48]).

14 γ) *Beschränkung des Beschwerderechts bei Gebrechlichkeitspflegschaft.* Gegen die Ablehnung der Anordnung oder die Aufhebung einer Gebrechlichkeitspflegschaft ist das Beschwerderecht Dritter davon abhängig, daß eine Verständigung mit dem Pflegebefohlenen nicht möglich ist. Diese Beschränkung gilt nicht nur für das Beschwerderecht des Ehegatten, der Verwandten und Verschwägerten, sondern auch für das im Eingang der Nr. 3 den rechtlich Interessierten eingeräumte Beschwerderecht[49]). Diese Beschränkung beruht darauf, daß, wenn eine Verständigung mit dem Pflegebefohlenen möglich ist, die Pflegschaft einerseits nach § 1910 Abs. 3 nur mit seiner Einwilligung angeordnet werden darf, andererseits nach § 1920 auf seinen Antrag aufgehoben werden muß; ein Dritter soll also dem Gebrechlichen eine abgelehnte oder aufgehobene Pflegschaft nicht gegen seinen rechtlich beachtlichen Willen aufdrängen können. Da bei möglicher Verständigung die Geschäftsfähigkeit des Gebrechlichen nicht berührt ist, ist auch ein rechtliches Interesse Dritter an der Pflegschaft nicht ersichtlich. Diese Bedenken entfallen, wenn eine Verständigung mit dem Pflegebefohlenen nicht möglich ist; das ist der Fall, wenn er die Bedeutung der Maßnahme nicht verstehen und seinen Willen nicht verständlich ausdrücken kann, ferner stets, wenn er geschäftsunfähig ist (§§ 104 Nr. 2, 105 Abs. 1 BGB) oder im Fall des § 1920 BGB den Aufhebungsantrag im Zustande der Bewußtlosigkeit oder vorübergehender Störung der Geistestätigkeit (§ 105 Abs. 2 BGB) erklärt hat[50]). Das Fehlen der Verständigungsmöglichkeit oder die Geschäfts-

[42]) A.M. Pickel NJW 1965, 338; zweifelnd Keidel Anm. 18 Fn. 17; vgl. dagegen Keidel § 50 Anm. 3; Schlegelberger § 20 Anm. 33 S. 270/271.

[43]) Unger ZZP 37, 418[49]; Schlegelberger Anm. 9; a.M. Hamburg ZBlFG 1, 496 = Recht 5, 47 Nr. 177; Keidel Anm. 9.

[44]) Unger ZZP 37, 418 Fn. 49; a.M. Keidel Anm. 18.

[45]) KGJ 40, 41; Hamburg OLGR 40, 15; RGZ 151, 57; BGH NJW 1953, 1666; BayObLGZ 1961, 278.

[46]) BayObLGZ 1956, 440 = MDR 1957, 361.

[47]) Unger ZZP 37, 418 Fn. 49; a.M. BayObLG Recht 1917 Nr. 1822; Keidel Anm. 18 (für Mutter).

[48]) RG JFG 14, 404; KG JFG 15, 125; Hamm FamRZ 1965, 85.

[49]) KG JFG 18, 298 = JW 1939, 168; Wellstein[2] Anm. 2 c; Unger ZZP 37, 419 Fn. 50; Schlegelberger Anm. 9; Keidel Anm. 17.

[50]) München RJA 6, 27 = KGJ 30 A 295; RG RJA 8, 1; RGZ 65, 199; KG JFG 18, 298; KG FamRZ 1960, 503, 505; KG OLGZ 1966, 380 zu III; Hamm JMBlNRW 1962, 48; 1964, 272; BGHZ 35, 1; a.M. Frankfurt Rpfleger 1967, 181 Dölle FamR § 141 II 4; v. Tuhr Allg. Teil I S. 410; Dunz JZ 1960, 475 zu B; Beitzke FamRZ 1960, 506; BGB-RGRK[11] § 1910 Anm. 6. Vgl. § 38 Rdn. 7, 9.

unfähigkeit sind Voraussetzungen für die Zulässigkeit des Rechtsmittels und von dem Beschwerdeführer darzulegen; bei Nichterweislichkeit ist das Rechtsmittel als unzulässig zu verwerfen. Ist eine Verständigung mit dem Pflegebefohlenen möglich, so hat nur dieser selbst ein Beschwerderecht. Bei partieller Geschäftsunfähigkeit kann die Möglichkeit der Verständigung auf diesem Teilgebiet fehlen[50a]).

4. Zu Nr. 4. Ablehnung der Einsetzung eines Familienrats und Aufhebung des Familien- 15
rats. Die Vorschrift bezieht sich auf die §§ 1858, 1859, 1879, 1880 BGB, welche die Voraussetzungen regeln, unter denen ein Familienrat vom VormG eingesetzt oder aufgehoben werden soll. Ein Familienrat wird vom VormG von Amts wegen eingesetzt, wenn der Vater oder die eheliche Mutter die Einsetzung durch letztwillige Verfügung angeordnet hat (§§ 1858, 1868, 1777 BGB), was bei volljährigen Mündeln ausgeschlossen ist (§ 1905 BGB), außerdem nach § 1859 BGB auf Antrag von Verwandten oder Verschwägerten oder des Vormundes oder Gegenvormundes des Mündels. Das Beschwerderecht gewährt § 57 Abs. 1 Nr. 4 in Erweiterung des § 20 gegen die Ablehnung der Einsetzung des Familienrats oder gegen seine Aufhebung dem Ehegatten sowie den Verwandten und Verschwägerten des Mündels ohne Rücksicht auf die Gradesnähe aus eigenem Recht, aber im Interesse des Mündels. Außerdem steht das Beschwerderecht aus § 20 Abs. 1 gegen die Ablehnung der Einsetzung dem Mündel nach Maßgabe des § 59, dem Vormund und dem Gegenvormund im Hinblick auf ihr Antragsrecht nach § 1859 BGB, ferner dem nach § 1861 berufenen Mitglied zu; im Fall des § 1859 BGB steht das Beschwerderecht aus § 20 im Hinblick auf § 20 Abs. 2 aber nur dem Antragsberechtigten zu, der den zurückgewiesenen Antrag gestellt hat[51]). Das gilt auch für die in § 57 Abs. 1 Nr. 4 besonders genannten Beschwerdeberechtigten[52]), da § 57 die Beschränkung des § 20 Abs. 2 unberührt läßt (Anm. B). Das bedeutet für das Beschwerderecht des Ehegatten aus § 57 Abs. 1 Nr. 4, da er nach § 1859 nicht antragsberechtigt ist und ein Familienrat nach § 1858 über volljährige Mündel nicht eingesetzt werden kann (§ 1905 BGB), daß es nur eingreifen kann, wenn das Mündel eine minderjährige Ehefrau ist und die Einsetzung ihre Grundlage in § 1858 BGB findet. Gegen die Aufhebung steht die Beschwerde außer den in § 57 Abs. 1 Nr. 4 Genannten nach § 20 Abs. 1 dem Vormund und jedem Mitglied des Familienrats zu, nicht aber dem Gegenvormund[53]). Die Beschwerde ist, wenn die Einsetzung des Familienrats abgelehnt wird, die unbefristete, im Falle der Aufhebung die sofortige (§ 60 Abs. 1 Nr. 4); wegen des Beginns der Beschwerdefrist vgl. § 60 Anm. C 2. Das Beschwerderecht gegen die Einsetzung des Familienrats und die Ablehnung seiner Aufhebung richtet sich nach § 20 Abs. 1.

Zu Nr. 5. Ablehnung der Bestellung eines Beistandes und Aufhebung der Beistandschaft. 16
Die Vorschrift gewährte dem Ehegatten und den Verwandten und Verschwägerten des Kindes ein Beschwerderecht gegen die Ablehnung der Bestellung eines Beistandes und die Aufhebung der Bestellung in den Fällen des § 1687 Nr. 1 und 3 BGB a. F., in denen der Mutter ein Beistand auch gegen ihren Willen bestellt werden konnte. Da ein Beistand jetzt nur noch auf Antrag des Elternteils bestellt werden kann (§§ 1685, 1690 BGB n. F.), mußte auch die Möglichkeit entfallen, dem Elternteil auf eine Beschwerde Dritter eine Beistandschaft aufzudrängen; die Vorschrift ist deshalb durch Art. 4 Nr. 8 GleichberG *aufgehoben* worden. Gegen die Zurückweisung des Antrags auf Bestellung eines Beistandes (§ 1685) oder auf Übertragung der Geltendmachung von Unterhaltsansprüchen oder der Vermögensverwaltung (§ 1690) steht das Beschwerderecht nur dem Elternteil zu, der den Antrag gestellt hat (§ 20 Abs. 2). Die Aufhebung der Beistandschaft und der Übertragung der Vermögensverwaltung soll zwar nach § 1692 BGB nur mit Zustimmung des Elternteils erfolgen; daraus folgt aber nicht, daß das VormG einem solchen Antrag schlechthin stattgeben

50a) Frankfurt MDR 1963, 219; BayObLGZ 1965, 59, 62; BGB-RGRK[11] § 1910 Anm. 6; KG FamRZ 1969, 440 u. 441 = OLGZ 1969, 257.

51) Keidel Anm. 20.

52) A.M. Schlegelberger Anm. 11; Keidel Anm. 20; Unger ZZP 37, 405, 406.

53) Schlegelberger Anm. 11; Keidel Anm. 20.

müsse[54]). Gegen die Aufhebung der Beistandschaft steht dem Elternteil die Beschwerde aus § 20 Abs. 1 zu, nicht aber dem Beistand[55]). Dagegen kann der Beistand gegen Maßnahmen des VormG gegen den Elternteil nach §§ 1666, 1669 BGB Beschwerde einlegen, wenn die Maßnahme darauf gestützt ist, daß neben dem Elternteil auch der Beistand seine Pflichten verletzt habe[56]). Gegen die Aufhebung kann ein Beschwerderecht auch aus § 57 Abs. 1 Nr. 9 in Betracht kommen, soweit es sich um eine die Person des Kindes betreffende Angelegenheit handelt[57]), ferner ein Beschwerderecht des Kindes aus § 20 Abs. 1, 59[58]). Wegen des Beschwerderechts gegen die Auswahl des Beistandes vgl. § 60 Rdn. 2 a. E. und Rdn. 5, gegen die Zurückweisung der Weigerung, die Beistandschaft zu übernehmen, § 60 Rdn. 5, und gegen die Entlassung des Beistandes § 60 Rdn. 8.

17 *6. Zu Nr. 6. Zurückweisung eines Antrags auf Einschreiten gegen den gesetzlichen Vertreter oder auf Entlassung des Vormundes (Pflegers).* Dem *Beistand* und dem *Gegenvormund* legt das Gesetz in §§ 1686, 1799 BGB eine Anzeigepflicht auf, nach der sie dem VormG jeden Fall, in dem es zum Einschreiten berufen ist, unverzüglich anzuzeigen haben. Zur Verstärkung seiner Rechtsstellung gegenüber dem Vormund (Pfleger), insbesondere seines Aufsichtsrechts, gewährt das Gesetz in Nr. 6 dem Gegenvormund ein Beschwerderecht gegen Verfügungen, durch die das VormG es ablehnt, gegen den gesetzlichen Vertreter (Vormund, Pfleger) wegen pflichtwidrigen Verhaltens einzuschreiten (§§ 1837, 1897, 1915 BGB) oder den Vormund (Pfleger) nach §§ 1886, 1915 BGB aus dem Amt zu entlassen, welches dem Gegenvormund sonst aus eigenem Recht (§ 20 Abs. 1) nicht zustände. Das bisher nach Nr. 6 auch dem Beistand (§§ 1685, 1690 BGB) gewährte Beschwerderecht, welches insbesondere gegen die Ablehnung von Maßnahmen gegen den Inhaber der elterlichen Gewalt nach §§ 1666, 1667, 1668, 1669 BGB in Betracht kam, ist durch Art. 7 Nr. 18 Buchst. a NichtehelG beseitigt worden in der Erwägung, daß das Schwergewicht der Aufgaben des Beistandes auf die Unterstützung anstatt auf die Überwachung des Elternteils gelegt werden solle (BT-Drucks. V/3719 S. 54). Ungeachtet dessen kann sich ein Beschwerderecht des Beistandes weiterhin in Angelegenheiten, welche die Sorge für die Person des Kindes betreffen, sofern sie zu seinem Wirkungskreis gehören, aus § 57 Abs. 1 Nr. 9 ergeben, da sein Amt sein Interesse an der Wahrnehmung dieser Angelegenheiten als berechtigt erscheinen läßt. Maßnahmen der in Nr. 6 genannten Art trifft das VormG von Amts wegen, sie setzen also einen zur Einleitung des Verfahrens erforderlichen förmlichen Antrag nicht voraus. „Anträge" dieses Inhalts können nur die Bedeutung von Anregungen zur Einleitung des Amtsverfahrens haben. Wenn das Gesetz gleichwohl von einem Antrag des Gegenvormundes und von einem Beschwerderecht des Antragstellers spricht, so soll damit nur zum Ausdruck gebracht werden, daß das Beschwerderecht dem Gegenvormund nur zusteht, wenn er selbst die Anregung zu dem Einschreiten gegeben hat, nicht aber, wenn die Anregung von einem Dritten ausging oder das VormG ohne Anregung von Amts wegen tätig geworden ist[59]). Das Beschwerderecht nach Nr. 6, welches aus eigenem Recht im Interesse des Kindes oder Mündels auszuüben ist, deckt sich im übrigen nicht mit dem Umfang der Anzeigepflicht nach § 1799 BGB. Es ist enger, da die Anzeigepflicht auch Vorgänge umfaßt, die keine Pflichtwidrigkeiten enthalten. Eine Ausdehnung des Beschwerderechts über den Kreis der in Nr. 6 genannten Verfügungen hinaus auf alle Fälle, in denen eine Anzeigepflicht besteht, oder wegen Verletzung des allgemeinen Aufsichtsrechts des Gegenvormundes ist deshalb nicht zulässig[60]). Es wird aber anzunehmen sein, daß das Beschwerderecht auch besteht, wenn das VormG im Rahmen einer

[54]) Erman-Ronke BGB[3] § 1685 Anm. 2 b, § 1692 Anm. 1; Soergel-Lange BGB[9] § 1692 Anm. 2; Staudinger-Engler BGB[11] § 1692 Anm. 4; Palandt-Lauterbach BGB[27] § 1685 Anm. 2, § 1692 Anm. 1; a.M. Achilles-Greiff-Beitzke[21] § 1692 Anm. 4; BGB-RGRK[11] § 1691 Anm. 8, § 1692 Anm. 3; vgl. zum früheren Recht KG OLGR 23, 414; KG JFG 14, 242; JFG 22, 287.

[55]) KG JFG 14, 242.

[56]) KGJ 38 A 23; BGB-RGRK[11] § 1691 Anm. 9.

[57]) KG JFG 14, 242.

[58]) Keidel Anm. 22.

[59]) Karlsruhe OLGR 3, 37; Wellstein[2] Anm. 2 f; Keidel Anm. 24.

[60]) KGJ 27 A 11 = RJA 4, 75; Keidel Anm. 23.

vom Gegenvormund angeregten Maßnahme im Sinne der Nr. 6 den Erlaß einer vorläufigen Anordnung ablehnt. Ein Beschwerderecht des Gegenvormundes kann sich in Angelegenheiten, welche die Sorge für die Person des Mündels betreffen, ferner aus § 57 Abs. 1 Nr. 9 ergeben, da sein Amt sein Interesse an der Wahrnehmung dieser Angelegenheiten stets als berechtigt erscheinen läßt[61]). Daneben kann dem Mündel ein Beschwerderecht nach §§ 20, 59 zustehen. Auch das allgemeine Beschwerderecht in den die Person des Kindes (Mündels) betreffenden Angelegenheiten aus Nr. 9 bleibt unberührt. Wegen des Beschwerderechts des Gegenvormundes vgl. ferner nachst. zu Nr. 7.

7. Zu Nr. 7. Bewilligung einer Vergütung für Vormund oder Pfleger.

a) Gegenstand der Verfügung. Nach §§ 1836, 1915 BGB kann das VormG dem Vormund oder Pfleger und aus besonderen Gründen auch dem Gegenvormund und dem Beistand (§ 1691 BGB) eine angemessene Vergütung bewilligen. Für den Beistand, der nach § 1690 Abs. 2 die Stellung eines Pflegers hat, richtet sich die Bewilligung einer Vergütung nach den für den Pfleger (Vormund) geltenden Vorschriten der §§ 1915, 1836 BGB[62]). Nach §§ 1915, 1836 BGB richtet sich auch die Vergütung des Nachlaßpflegers (§§ 1960, 1961 BGB)[63]), während der Vergütungsanspruch des Nachlaßverwalters in § 1987 BGB besonders geregelt ist. Über den Ersatz von Aufwendungen (§ 1835 BGB) entscheidet ausschließlich das Prozeßgericht[64]). Die Bewilligung setzt einen förmlichen Antrag des Vormunds nicht voraus, ist also auch von Amts wegen statthaft[65]); sie wird gemäß § 16 Abs. 1 mit der Bekanntmachung an den Vormund (Pfleger) wirksam. Gegen die Bewilligung findet die unbefristete Beschwerde nach § 19 statt. Bei einer Mehrheit von Mündeln ist die Vergütung gegen jeden Mündel gesondert festzusetzen. Die Vergütung kann jederzeit für die Zukunft geändert oder entzogen werden (§ 1836 Abs. 1 Satz 3 BGB). Außerdem kann die Verfügung über die Bewilligung der Vergütung gemäß § 18 FGG nachträglich geändert werden, wenn sie als ungerechtfertigt erkannt wird[66]). Auch nach Beendigung der Vormundschaft (Pflegschaft) und dem Tode des Vormunds (Pflegers) kann die Vergütung noch bewilligt oder eine bewilligte Vergütung gemäß § 18 oder im Beschwerdewege geändert werden[67]). Daß bereits ein zur Zahlung der bewilligten Vergütung verurteilendes Urteil des Prozeßgerichts vorliegt, steht einer Änderung nicht entgegen, rechtfertigt vielmehr die Vollstreckungsgegenklage. Eine Änderung nach § 18 ist jedoch ausgeschlossen, wenn über die Bewilligung der Vergütung durch Erschöpfung des Rechtsmittelzuges auch nur einem der Beteiligten gegenüber formell rechtskräftig entschieden und die Vormundschaft (Pflegschaft) beendet ist[68]). Im Beschwerdeverfahren gilt das Verbot der Schlechterstellung[69]). Sachlichrechtliche Einwendungen (Erfüllung, Verzicht) sind vom VormG nicht zu berücksichtigen, sondern der Entscheidung des Prozeßgerichts vorbehalten[70]). Die Bewilligung durch das VormG hat die Bedeutung einer rechtsgestaltenden Entscheidung über Grund und Höhe des Anspruchs und ist insoweit für das Prozeßgericht bindend[71]). Der Beschluß des VormG ist kein vollstreckbarer Titel und kann auch nicht nach § 33 FGG vollzogen werden, soweit nicht das Landesrecht nach § 200 FGG die Vollstreckbarkeit angeordnet (so nur in Niedersachsen nach Art. 6 Abs. 1 Nr. 3 NdsFGG). **18**

b) Beschwerderecht. Gegen die Bewilligung der Vergütung für Vormund, Pfleger oder Beistand gewährt Nr. 7 dem Gegenvormund aus eigenem Recht im Interesse des Mündels ein Beschwerderecht, welches dem Gegenvormund sonst weder aus eigenem Recht nach § 20 Abs. 1 noch namens des Mündels zustehen würde, da er nicht dessen gesetzlicher Vertreter ist. Die **19**

61) BGB-RGRK[11] § 1799 Anm. 5; Soergel-Germer BGB[9] § 1799 Anm. 5.
62) KGJ 34 A 39.
63) KGJ 53, 77.
64) München JFG 14, 272; BayObLGZ 1953, 50.
65) KG RJA 6, 34; KG NJW 1957, 1441.
66) KG RJA 16, 159; Colmar OLGR 24, 46.
67) KGJ 30, A 22 = RJA 6, 13; KG RJA 6, 33; RGZ 127, 103; KG NJW 1957, 1441.
68) KG JFG 14, 39 = JW 1936, 2562; Palandt-Lauterbach[27] § 1836 Anm. 2 a.
69) KG RJA 14, 96; München DFG 1936, 234.
70) RGZ 127, 103, 107; KG JFG 17, 148 = JW 1938, 1265; KG NJW 1957, 1441; BayObLG JFG 6, 131; BayObLGZ 1951, 346, 351; Soergel-Germer BGB[9] § 1836 Anm. 6.
71) RGZ 127, 103, 107; KG NJW 1957, 1441.

Vorschrift ist nach § 75 auf die Nachlaßpflegschaft und die Nachlaßverwaltung entsprechend anwendbar, sofern bei diesen Pflegschaften ein Gegenvormund bestellt ist (vgl. § 1915 Abs. 2 BGB). Da das Beschwerderecht im Interesse des Mündels verliehen ist, steht es dem Gegenvormund gegen jede das Mündel in Ansehung der Vergütung beeinträchtigende Verfügung zu, also nicht nur gegen die Bewilligung, sondern auch eine spätere Erhöhung (§ 18) und gegen die Ablehnung der Entziehung oder Herabsetzung[72]). Dagegen steht es ihm nicht zu gegen die Ablehnung der Vergütung, ihre Herabsetzung oder Entziehung; gegen diese Verfügungen steht das Beschwerderecht aus § 20 Abs. 1 dem Vormund, Pfleger, Gegenvormund oder Beistand zu, dessen Vergütungsanspruch in Frage steht. Gegen die Bewilligung einer Vergütung steht das Beschwerderecht dem Mündel (Pflegebefohlenen) nach § 20 Abs. 1 zu. Bei Bewilligung einer Vergütung an den Gegenvormund steht die Beschwerde namens des Mündels dem Vormund zu, bei Bewilligung einer Vergütung an den Beistand (§ 1691 BGB) steht die Beschwerde dem Elternteil namens des Kindes als dessen gesetzlichem Vertreter zu. Aus eigenem Recht können Eltern ein Beschwerderecht bei Verletzung der Befugnis aus § 1649 Abs. 2 BGB haben. Falls die durch die Bewilligung der Vergütung eintretende Schmälerung des Kindesvermögens die künftige persönliche Lebensgestaltung des Kindes beeinflußt, kann auch ein Beschwerderecht aus § 57 Abs. 1 Nr. 9 in Betracht kommen[73]). Gläubiger des Mündels haben gegen die Bewilligung oder die Ablehnung der Herabsetzung kein Beschwerderecht[74]).

20 Dem Testamentsvollstrecker steht ein Beschwerderecht zu, wenn die dem Vormund des minderjährigen Miterben bewilligte Vergütung aus dem Nachlaß zu entrichten ist[75]). Wegen des Beschwerderechts bei Festsetzung der Vergütung für den Nachlaßpfleger vgl. § 75 Anm. 4c.

21 *c) Beschwerderecht des Gegenvormundes in sonstigen Fällen.* Von den besonders geregelten Fällen des § 57 Abs. 1 Nr. 6 und 7 abgesehen hat der Gegenvormund ein Beschwerderecht, soweit seine eigenen Rechte beeinträchtigt sind (§ 20). In den Fällen, in welchen gesetzlich seine Anhörung vorgeschrieben ist (§§ 1826, 1836 Abs. 2 BGB), steht ihm demgemäß zwar wegen Unterbleibens dieser Anhörung die Beschwerde zu, nicht aber deshalb, weil nach Anhörung die Entscheidung gegen seine Anträge ergangen ist[76]). Auch gegen die Erteilung oder Versagung der vormundschaftlichen Genehmigung oder gegen die Ersetzung seiner Genehmigung (§§ 1810, 1812 Abs. 2 BGB) hat der Gegenvormund ein Beschwerderecht nur, sofern er Verletzung des § 1826 BGB rügen kann[77]). In den die Sorge für die Person des Mündels betreffenden Angelegenheiten hat er ferner ein Beschwerderecht aus § 57 Abs. 1 Nr. 9, da sein Amt die Wahrnehmung dieser Angelegenheit als berechtigt erscheinen läßt.

8. Zu Nr. 8. Ablehnung der Anordnung und Aufhebung von Maßregeln gegen die Eltern.

22 *a) Gegenstand der Verfügung.* Die hier genannten Vorschriften der §§ 1666, 1667, 1693 BGB regeln die Befugnis des VormG, bei Verhinderung der Eltern an der Ausübung der elterlichen Gewalt die im Interesse des Kindes erforderlichen Maßnahmen zu treffen (§ 1693 BGB) sowie das Einschreiten des VormG gegen die Inhaber der elterlichen Gewalt wegen Gefährdung des geistigen oder leiblichen Wohls oder des Vermögens des Kindes (§§ 1666, 1667 BGB). Die Vorschrift setzt also ein unter elterlicher Gewalt stehendes Kind voraus; bei einem Einschreiten gegen den Vormund nach §§ 1837, 1838 BGB kommt sie nicht in Betracht. Da auch der nichtehelichen Mutter das ihr nach § 1705 BGB neben einem Pfleger nach § 1706 BGB zustehende Personensorgerecht nach § 1666 entzogen werden kann[78]), ist die Vorschrift auch in diesem Fall anwendbar; das gilt erst recht, wenn der nichtehelichen Mutter nach § 1707 BGB die elterliche Gewalt in vollem Umfange zusteht[79]). Auch gegen die Ab-

[72]) Keidel Anm. 26; a.M. Schlegelberger Anm. 17.
[73]) KG DFG 1937, 85; KG JFG 23, 93 = JW 1942, 336.
[74]) Keidel Anm. 26.
[75]) München JFG 14, 9.
[76]) KGJ 27 A 11 = RJA 4, 73; KGJ 38 A 44 = RJA 10, 167.
[77]) KGJ 27 A 11 = RJA 4, 74; BGH NJW 1956, 789.
[78]) KG FamRZ 1963, 308; Staudinger-Göppinger BGB[11] § 1666 Anm. 7.
[79]) Über die Anwendbarkeit des § 1666, nicht des § 1696 in diesem Fall vgl. Staudinger-Göppinger BGB[11] § 1666 Anm. 8.

lehnung oder Aufhebung von Maßregeln, die auf Grund des § 1667 nach den §§ 1668, 1669 BGB getroffen werden können, findet die Beschwerde nach § 57 Abs. 1 Nr. 8 statt[80]). Hierher gehört auch die Anordnung der Herausgabe des Kindes nach § 1632 Abs. 2 BGB, wenn das VormG die Anordnung der Herausgabe nur aus den Gründen des § 1666 Abs. 1 BGB ablehnen kann[81]); § 20 Abs. 2 FGG steht dem erweiterten Beschwerderecht aus Nr. 8 nicht entgegen (vgl. oben Anm. B), weil § 1632 Abs. 2 BGB keinen echten verfahrensrechtlichen Antrag erfordert. Das erweiterte Beschwerderecht der Nr. 8 greift ferner ein, wenn das VormG es ablehnt, den Eltern zu gebieten, den Großeltern den Verkehr mit den Kindern zu gewähren, da diese Maßnahme ihre Grundlage nur in § 1666 BGB finden kann[82]). Bei Maßnahmen zur Unterstützung der Eltern nach § 1631 Abs. 2 BGB scheidet die Anwendung des § 57 Abs. 1 Nr. 8 gemäß § 20 Abs. 2 schon deswegen aus, weil sie nur auf Antrag der Eltern erlassen werden können. Stets aber setzt das erweiterte Beschwerderecht nach Nr. 8 voraus, daß durch die Verfügung des VormG, gegen welche die unbefristete Beschwerde nach § 19 stattfindet, eine Maßnahme der genannten Art abgelehnt oder aufgehoben worden ist. Jedoch ist die Vorschrift auch anzuwenden, wenn das VormG im Rahmen eines derartigen Verfahrens den Erlaß einer vorläufigen Anordnung ablehnt oder eine solche Anordnung aufhebt oder das Verfahren aussetzt.

b) Beschwerderecht. Das Beschwerderecht gegen die Ablehnung oder Aufhebung der in **23**
Anm. a) erörterten Maßnahmen räumt das Gesetz unbeschadet des § 20 Abs. 1 den Verwandten und Verschwägerten des Kindes ohne Rücksicht auf die Gradesnähe ein, mithin z. B. jedem Großelternteil[83]), kraft des Schwägerschaftsverhältnisses einem Stiefelternteil[84]) oder den Geschwistern des Vaters oder der Mutter[85]). Auch der Elternteil, dem die elterliche Gewalt nicht zusteht, ist als Verwandter beschwerdeberechtigt, z. B. die uneheliche Mutter nach der Ehelichkeitserklärung, die leiblichen Eltern nach der Kindesannahme, und auch wenn der Elternteil die elterliche Gewalt verwirkt hat[86]). Infolge Wegfalls des § 1589 Abs. 2 BGB durch Art. 1 Nr. 3 NichtehelKindG ergibt sich aus § 1589 Abs. 1 BGB die rechtliche Verwandtschaft zwischen dem nichtehelichen Kind und seinem Vater und dessen Verwandten, aus § 1590 BGB die Schwägerschaft des nichtehelichen Kindes und seiner Verwandten mit der Ehefrau des Vaters sowie die Schwägerschaft der Ehefrau des nichtehelichen Kindes mit dem Vater und dessen Verwandten; diese Ausweitung des Kreises der Beschwerdeberechtigten ist nicht unbedenklich, da sie leicht zu einer Belästigung der nichtehelichen Mutter mißbraucht werden kann. Das Beschwerderecht ist nicht abhängig davon, daß gerade der Beschwerdeführer den Erlaß der abgelehnten Maßnahme angeregt hat. Der Nachweis eines rechtlichen oder berechtigten Interesses wird nicht erfordert. Das Beschwerderecht, das zu eigenem Recht verliehen ist, muß jedoch im Interesse des Kindes ausgeübt werden[87]). Betrifft eine Anordnung dieser Art die Sorge für die Person des Kindes, so kann auch ein Beschwerderecht nach § 57 Abs. 1 Nr. 9 gegeben sein[88]). Außerdem steht dem über 14 Jahre alten, nicht geschäftsunfähigen Kinde in den seine Person betreffenden Angelegenheiten das Beschwerderecht nach § 20 Abs. 1, 59 zu[89]); daß dem Kinde nach § 59 kein Antragsrecht zusteht, steht nicht entgegen, weil die Maßnahmen nach Nr. 8 keinen Antrag erfordern; auch

80) BayObLG SeuffBl. 74, 776; Keidel Anm. 32; Göppinger Probleme des Rechtsverh. zwischen Eltern und Kindern, 1967, S. 65; a.M. Schlegelberger Anm. 19.

81) BayObLGZ 1965, 140; vgl. auch Stuttgart OLGZ 1966, 471.

82) Vgl. KG JW 1937, 2197; Köln NJW 1961, 2163; Düsseldorf FamRZ 1967, 340; kritisch Birk FamRZ 1967, 306.

83) BayObLGZ 1957, 23; Hamm JMBlNRW 1962, 189.

84) Hamm JMBlNRW 1961, 112.

85) Düsseldorf FamRZ 1964, 456.

86) KGJ 46, 36; Unger ZZP 37, 424 Fn. 70; Staudinger-Göppinger BGB[11] § 1666 Anm. 370; Keidel Anm. 34; a.M. BGB-RGRK[11] § 1666 Anm. 10.

87) München JFG 21, 181.

88) KGJ 30 A 12 = OLGR 12, 210; KG RJA 8, 167; Keidel Anm. 34; Schlegelberger Anm. 19.

89) A.M. neuerdings Stuttgart Die Justiz 1962, 293; Staudinger-Göppinger BGB[11] § 1666 Anm. 369; Keidel Anm. 34 unter Aufgabe der bish. bis zur 8. Aufl. vertretenen Auffassung; wie hier Erman-Ronke BGB[3] § 1666 Anm. 5 c; Palandt-Lauterbach BGB[25] § 1666 Anm. 7; Soergel-Lange BGB[9] § 1666 Anm. 45; Karlsruhe OLGZ 1966, 582.

kommt es nicht darauf an, inwieweit dem Kinde Rechte gegen die Eltern zustehen; es genügt, daß eine Rechtsbeeinträchtigung i. S. des § 20 Abs. 1 vorliegt, wenn das VormG das Kind zu Unrecht dem Mißbrauch des Erziehungsrechts aussetzt. — Wird eine Maßnahme nach §§ 1666, 1667, 1693 getroffen, so steht das Beschwerderecht dem beeinträchtigten Elternteil und dem Kinde nach § 20 Abs. 1 zu, dem Kinde mit den Beschränkungen des § 59, unter Umständen anderen Personen oder Stellen nach § 57 Abs. 1 Nr. 9.

9. Zu Nr. 9. Entscheidungen über eine die Sorge für die Person des Kindes oder Mündels betreffende Angelegenheit.

24 *a) Allgemeines.* Die Vorschrift in Nr. 9 enthält eine nach dem Gegenstand der Verfügung und der Person des Beschwerdeführers beschränkte Generalklausel für die Beschwerdebefugnis in Vormundschaftssachen, ohne jedoch eine Popularbeschwerde zu eröffnen. Im Interesse einer umfassenden Gewährleistung der vormundschaftsgerichtlichen Fürsorge für die in besonderem Maße des Schutzes bedürfenden Kinder und Mündel ist die Vorschrift auf Antrag der Reichstagskommission eingeführt worden. Sie stellt sich als Ausgleich dar zwischen zwei bei den Beratungen hervorgetretenen Richtungen, von denen die eine der früheren preußischen Praxis gemäß jeden zur Beschwerde zulassen wollte, der sich zur Wahrnehmung der sachlichen Interessen des Mündels berufen glaubt, während die andere eine derartige fast schrankenlose Freigabe der Beschwerde im Hinblick auf die damit verbundene Einengung der Bewegungsfreiheit des Vormundes und Inhabers der elterlichen Gewalt für bedenklich hielt und die Befugnis zur Beschwerde nur dem Mündel besonders nahestehenden Personen und auch diesen nicht in reinen Vermögensangelegenheiten vorbehalten wollte[90]). Die Beschwerdebefugnis steht daher unter der doppelten Voraussetzung, daß die angefochtene Entscheidung sich auf die Sorge für die Person des Kindes oder Mündels bezieht und der Beschwerdeführer ein berechtigtes Interesse hat, sich dieser Angelegenheit des Kindes oder Mündels anzunehmen. Zwei weitere Beschränkungen ergeben sich daraus, daß das erweiterte Beschwerderecht nach Nr. 9 nicht eingreift, wenn die Verfügung mit der sofortigen Beschwerde anzufechten ist (Rdn. 46), sowie aus der in den Eingangsworten des § 57 vorbehaltenen Vorschrift des § 20 Abs. 2, nach welcher die Beschwerde gegen die Zurückweisung eines Antrags nur dem Antragsteller zusteht, wenn die Verfügung nur auf Antrag erlassen werden kann.

25 *b) Gegenstand der Verfügung.* Die Angelegenheit, welche Gegenstand der Entscheidung ist, muß die Sorge für die Person des Kindes oder Mündels betreffen. Unter „Kind" ist nach dem Sprachgebrauch des BGB und des FGG eine unter elterlicher Gewalt stehende Person, unter „Mündel" eine unter Vormundschaft stehende Person zu verstehen. Auf volljährige Pflegebefohlene ist die Vorschrift daher nicht anzuwenden; ihrem Schutzzweck gemäß ist aber die entsprechende Anwendung geboten, wenn die Angelgenheit einen *volljährigen Pflegebefohlenen* betrifft, der geschäftsunfähig ist oder wegen geistigen Gebrechens unter Pflegschaft steht[91]). Die Vorschrift bezieht sich auf alle Fälle, in denen eine Verfügung ergangen ist, die eine Entscheidung über eine die Sorge für die Person des Kindes oder Mündels betreffende Angelegenheit enthält, und zwar auch, wenn sie nicht lediglich die Personensorge, sondern zugleich oder sogar vorwiegend auch die Sorge für das Vermögen betrifft. Die Sorge für die Person des Mündels betrifft eine Angelegenheit nicht nur, wenn durch die Verfügung ausdrücklich und unmittelbar über die Personensorge entschieden wird, sondern auch, wenn die in der Verfügung getroffene Regelung auf die Personensorge, also das Recht und die Pflicht, für die Person des Kindes zur Förderung seines leiblichen, geistigen oder sittlichen Wohls die gebotene tatsächliche und rechtliche Fürsorge zu entfalten sowie das Kind zu erziehen, zu beaufsichtigen und seinen Aufenthalt zu bestimmen, mittel-

[90]) Vgl. KommB. S. 21 ff., 42 ff.; Schultzenstein ZZP 25, 189, 209; Unger ZZP 37, 421, 424.

[91]) KG FamRZ 1962, 482; BGHZ 48, 147 = NJW 1967, 2404 = JR 1968, 100 m. Anm. v. Jansen; Keidel Anm. 38; stillschweigend vorausgesetzt in Hamm JMBlNRW 1963, 121; 1965, 55; Hamm OLGZ 1966, 585.

bar einwirkt[92]). Auch eine unmittelbar die Vermögenssorge betreffende Verfügung kann daher dem erweiterten Beschwerderecht nach Nr. 9 unterliegen, wenn die Regelung sich auf die persönliche Lebensführung des Kindes oder Mündels auswirkt, z. B. wenn der Wirkungskreis des Pflegers nur die Vermögensverwaltung umfaßt, das Vermögen aber nur aus einer Rente besteht, die zur Befriedigung der notwendigen Lebensbedürfnisse dient, oder die Vermögensangelegenheit die Grundlage für die spätere Berufsstellung des Kindes schafft[93]). Dagegen ist das erweiterte Beschwerderecht nicht gegeben, wenn die Verfügung nur die Vermögenssorge betrifft und eine Einwirkung auf die Personensorge nicht in Betracht kommt[94]). Das Anwendungsgebiet der Vorschrift umfaßt hiernach Verfügungen des VormG nach den §§ 5, 1629 Abs. 2, 1630, 1631 Abs. 2, 1632 Abs. 2, 1633, 1634, 1666, 1671, 1672, 1674, 1678 Abs. 2, 1679, 1680, 1681 Abs. 2 Satz 3 mit § 1671, 1685, 1693, 1696, 1707, 1708, 1711, 1765 Abs. 2, 1770a, 1774, 1779, 1792, 1796, 1798, 1800, 1801, 1837, 1838, 1886, 1887, 1889 Abs. 2, 1912 Abs. 1 Satz 2 BGB, § 1 EheG (für die minderjährige Verlobte), ferner die Erteilung und Versagung der vormundschaftsgerichtlichen Genehmigung in den die Person betreffenden Angelegenheiten (§§ 1595 Abs. 2, 1597 Abs. 2, 1600d Abs. 1, 1600k Abs. 1, 2, 1615e Abs. 2, 1728 Abs. 2, 1751, 1755, 1770, 1822 Nr. 6 und 7 BGB, § 3 Abs. 2 RelKindErzG, §§ 612 Abs. 2, 640b ZPO, § 16 Abs. 3 VerschG, § 19 Abs. 1 RuStAngG, § 9 VO gegen Mißbräuche im Auswanderungswesen v. 14. 1. 1924 (RGBl. I, 107). Zu beachten ist jedoch, daß ein Beschwerderecht nach § 57 Abs. 1 Nr. 9 auch in den die Personensorge betreffenden Angelegenheiten nicht in Betracht kommt, wenn die Verfügung nur auf Antrag erlassen werden kann und der Antrag zurückgewiesen worden ist (§ 20 Abs. 2, z. B. §§ 113 Abs. 3, 1612 Abs. 2, 1631 Abs. 2, 1685, 1707 Abs. 1, 1723, 1727, 1747 Abs. 3, 1758a Abs. 2, 1770b Abs. 2, 1912 Abs. 1 Satz 2 BGB, §§ 3 Abs. 3, 30 Abs. 3 EheG) oder wenn die Verfügung unanfechtbar ist (§ 56a Abs. 1 Satz 2 FGG) oder der sofortigen Beschwerde unterliegt (§ 57 Abs. 2, z. B. die in § 60 FGG genannten Verfügungen). Nach § 57 Abs. 1 Nr. 9 richtet sich auch das Beschwerderecht im Verfahren nach dem JugWohlfG, soweit die Beschwerde nicht eine sofortige oder das Beschwerderecht in diesem Gesetz besonders geregelt ist. Die Vorschrift gilt daher für die Ablehnung oder Anordnung der Erziehungsbeistandschaft (§ 57 JWG)[95]), während die Ablehnung der Aussetzung des Fürsorgeerziehungsverfahrens nach § 68 JWG unanfechtbar ist[96]) und für die Ablehnung der Anordnung der vorläufigen Fürsorgeerziehung der Kreis der Beschwerdeberechtigten im JWG abschließend begrenzt ist (§ 20 Rdn. 51). Wird der Vereinsvormund mit seinem Einverständnis aus dem Amt als Vormund oder Pfleger entlassen, so findet eine Beschwerde Dritter nicht statt, da eine Wiederbestellung ohne Einverständnis des Vereins nach § 1791a Abs. 1 Satz 2 Halbs. 2 BGB nicht möglich ist[97]); dagegen ist derselbe Grundsatz auf das Jugendamt nicht mehr anwendbar, da dessen Bestellung zum Einzelvormund (Pfleger) nach § 1791b BGB abweichend von § 46 JWG nicht mehr von seinem Einverständnis abhängig ist (BT-Drucks. V/2370 S. 106, zu V/4179 S. 5 zu Nr. 50).

c) Einzelfälle. Als eine die Sorge für die Person betreffende Angelegenheit sind anzuse- **26**
hen die Anordnung und Aufhebung der Vormundschaft[98]), die Bestellung und Auswahl des Vormundes[99]), insbesondere die Berücksichtigung des Religionsbekenntnisses dabei[100]), die Ablehnung der Entlassung des Vormundes[101]), die Abgabe der Vormundschaft oder die Verwei-

[92]) KGJ 36 A 32; 38 A 65; KG FamRZ 1962, 482; BayObLGZ 33, 345; München JFG 13, 329; 14, 469; 15, 134; Hamm JMBlNRW 1963, 121; Schlegelberger Anm. 20; Keidel Anm. 35; abw. Unger ZZP 37, 425; Wellstein[2] Anm. i.

[93]) KG FamRZ 1962, 482; BayObLGZ 1958, 374.

[94]) KG JFG 19, 93; Hamm JMBlNRW 1965, 55.

[95]) Staudinger-Göppinger BGB[11] Anh. zu § 1666 Anm. 71; Palandt-Lauterbach BGB[26] § 57 JWG Anm. 4; Keidel Anm. 40.

[96]) BayObLG ZBlJR 1953, 173; Palandt-Lauterbach § 68 JWG Anm. 3; Soergel-Lange BGB[9] Anh. zu § 1666 Anm. 46; vgl. § 22 Rdn. 5.

[97]) KG JFG 7, 101; Palandt-Lauterbach BGB[26] § 50 JWG Anm. 4.

[98]) BayObLGZ 29, 16; 1953, 323; Keidel Anm. 35; a.M. Unger ZZP 37, 426.

[99]) KGJ 22 A 213 = RJA 2, 113; 36 A 32; 43, 31; 50, 32; KG RJA 16, 9; KG JFG 15, 198; Jena ZBlFG 4, 95; Celle JR 1948, 293; BayObLGZ KGJ 30 A 293 = RJA 6, 28; Köln ZBlJR 1961, 61; BayObLGZ 1965, 50; 1966, 30; unentschieden gelassen in RGZ 64, 288.

[100]) KGJ 43, 41; BayObLGZ 17, 251; Staudinger-Engler BGB[11] § 1779 Anm. 22.

[101]) BayObLG OLGR 10, 33; BayObLGZ 34, 398; KG RJA 11, 164; Schlegelberger Anm. 20; Keidel Anm. 35.

gerung der Abgabe an ein anderes Gericht und ihre Übernahme[102]), die Aufteilung der Vormundschaft nach Wirkungskreisen (§§ 1775, 1797 Abs. 2 BGB)[103]). Dasselbe gilt für entsprechende Verfügungen in bezug auf Mitvormünder, Gegenvormünder und bei der Pflegschaft, sofern die Pflegschaft nicht rein vermögensrechtlicher Art ist[104]), insbesondere die Bestellung eines Unterhaltspflegers[105]). Ferner gehören hierher die Volljährigkeitserklärung[106]), die Unterstützung des Inhabers der elterlichen Gewalt durch das VormG nach § 1631 Abs. 2 BGB[107]), die Regelung des persönlichen Verkehrs mit dem Kinde nach §§ 1634, 1711[108]), ebenso die Ablehnung der Androhung einer Ordnungsstrafe zur Sicherung dieses Verkehrs[109]), Maßnahmen der Aufenthaltsbestimmung[110]), die religiöse Erziehung des Kindes[111]), Maßnahmen nach § 1666 BGB[112]), die Bestimmung des Aufwandes für den Unterhalt des Mündels, sofern von der Höhe der verfügbaren Mittel die Art der Erziehung und des Unterhalts abhängt[113]), die Verpflegung des Kindes[114]), die vormundschaftsgerichtliche Genehmigung einer Unterhaltsvereinbarung nach § 1615e BGB[115]), die Verwendung der Unterhaltsrente[116]), die Bestimmung über die Art der Unterhaltsgewährung[117]), Entscheidungen in Kindergeldsachen nach §§ 3, 14a Abs. 2 BKindGG und über Kinderzulagen nach § 583 Abs. 7 RVO[118]), die Ablehnung oder die Zurücknahme der Genehmigung zur Unterbringung nach § 1800 Abs. 2 BGB (vgl. § 55a Rdn. 22), die Erteilung oder Versagung der vormundschaftsgerichtlichen Genehmigung des Kindesannahmevertrages oder des Vertrages über die Aufhebung des Annahmeverhältnisses (§§ 1751, 1770 BGB[119]) oder der Entlassung aus dem Staatsverband[120]), Entscheidungen über die Herausgabe des Kindes (§ 1632 Abs. 2), die Aufhebung einer zur Unterstützung der Mutter bei der Ausübung der elterlichen Gewalt bestimmten Beistandschaft[121]), die Ablehnung der Aufhebung eines Kindesannahmeverhältnisses nach § 1770a BGB[122]). Keine die Personensorge betreffende Angelegenheit ist die Abwesenheitspflegschaft[123]) oder die Pflegschaft zur Vertretung im Zwangspensionierungsverfahren nach den Beamtengesetzen[123a]).

27 *d) Beschwerderecht.* In subjektiver Hinsicht ist der Kreis der Beschwerdeberechtigten zwar verhältnismäßig weit gezogen, doch begrenzt auf Personen oder Stellen, die ein *berechtigtes Interesse* haben, die in Rede stehende Angelegenheit des Kindes oder Mündels wahrzunehmen[124]). Dieser Begriff ist wesentlich weiter als der des rechtlichen Interesses (vgl. oben Rdn. 4); er umfaßt jedes verständige, durch die Sachlage gerechtfertigte Interesse[125]). Interesse bedeutet hier Anteilnahme am Wohl des Kindes oder Mündels. Das Beschwerderecht wird zwar nicht in Vertretung des Kindes, sondern von dem Beschwerdeführer im eigenen Namen und aus eigenem Recht ausgeübt; er muß dabei jedoch in Wahrnehmung der Interessen des Kindes handeln, also gerade durch die Beschwerdeführung den Interessen des Kin-

102) KG OLGR 2, 347; Dresden KGJ 43, 277 = RJA 11, 166; Keidel Anm. 35; Schlegelberger Anm. 20; a.M. Unger ZZP 37, 426 Fn. 77.
103) München DFG 1937, 90; KG 1 W 78/63.
104) KG JFG 19, 93 = DFG 1939, 70 = JW 1939, 642; BGH NJW 1953, 1666; BayObLGZ 1958, 373; Hamm JMBlNRW 1965, 55; Keidel Anm. 35; Schlegelberger Anm. 20.
105) BayObLGZ 18, 41; 34, 30; München JFG 13, 326; 14, 469; Keidel Anm. 35.
106) KG JFG 17, 66; vgl. § 56 Anm. 8.
107) Karlsruhe OLGZ 1966, 582.
108) RGZ 153, 238 = JFG 14, 515; KG DFG 1938, 13; BayObLGZ 1956, 333, 335; München DFG 1939, 146.
109) KG OLGZ 1966, 353.
110) BayObLGZ 20, 87, 89; 1965, 245, 247.
111) KG RJA 15, 256; BayObLG JFG 8, 79.
112) KGJ 34 A 31; Staudinger-Göppinger BGB[11] § 1666 Anm. 368; Soergel-Lange BGB[9] § 1666 Anm. 45.
113) KGJ 33 A 9 unter Aufgabe von KGJ 29 A 18.
114) KGJ 36 A 44.
115) KGJ 38 A 65; BayObLG BayZ 1934, 193; a.M. KGJ 20 A 136.
116) München JFG 15, 134.
117) BayObLGZ 1958, 13; Keidel Anm. 35.
118) Vgl. KG FamRZ 1956, 192; BGH FamRZ 1956, 345.
119) KGJ 34 A 40; 43, 61; BayObLG ZBlJR 1954, 178.
120) KGJ 33 A 49; Dresden ZBlFG 7, 575; Unger ZZP 37, 425 Fn. 76; Keidel Anm. 35.
121) KG JFG 14, 242.
122) KG NJW 1962, 2354 = FamRZ 1962, 531.
123) KG RJA 6, 255; Keidel Anm. 36.
123a) KG Rpfleger 1968, 396.
124) Einem Antrage, die Beschwerde jedem ohne Einschränkung zu geben, wurde in der Reichstagskommission von einem Bundesratsvertreter entgegengehalten, daß darin die Voraussetzung der Beschwerdeerhebung im Interesse des Mündels nicht zum Ausdruck komme (KommB. S. 43).
125) BayObLGZ 1953, 324.

des dienen wollen. Das Interesse muß der Sorge um das Wohl des Kindes oder Mündels entspringen und nicht lediglich ganz ober überwiegend auf die Förderung der Belange des Beschwerdeführers selbst gerichtet sein, mögen diese auch als berechtigt erscheinen; zur Förderung eigener Belange kann ein Beschwerderecht nur unter den engeren Voraussetzungen der §§ 20 Abs. 1, 57 Abs. 1 Nr. 1 und 3 gegeben sein. Zur Wahrnehmung eigener Belange ist mithin das Beschwerderecht nach Nr. 9 nicht gegeben, mag auch der Beschwerdeführer in der weiter vorausgesetzten persönlichen Beziehung zu dem Kinde oder Mündel stehen[126]). Es ist jedoch unschädlich, wenn der Beschwerdeführer daneben auch eigene Interessen verfolgt[127]). Doch genügt die Beschwerdeführung im Interesse des Kindes für sich allein nicht; das Gesetz stellt außerdem durch das Erfordernis eines „berechtigten" Interesses auf die Person und die Beziehungen des Beschwerdeführers zu dem Kinde oder Mündel ab, um nicht eine Popularbeschwerde zu eröffnen. Die Beschwerdeführung im Interesse des Kindes muß auf persönlichen oder durch den Beruf des Beschwerdeführers begründeten Beziehungen zu dem Kinde oder Mündel beruhen, welche die tätige Anteilnahme an dessen Wohl als sittlich billigenswert oder doch jedenfalls nach billigem Empfinden als beachtenswert erscheinen lassen[128]). Verwandtschaft oder Schwägerschaft begründen nicht schon als solche ein berechtigtes Interesse, sondern es kommt auf die darauf beruhende nahe persönliche Beziehung an, die zwar in der Regel vorhanden sein wird, im Einzelfall aber auch fehlen kann[129]). Andererseits ist es nicht erforderlich, daß die persönliche Beziehung auf Rechtsnormen des Familienrechts beruht; sie kann auch durch rein tatsächliche Verhältnisse begründet sein, die ein persönliches Band geschaffen haben, wie durch tatsächliche Betreuung oder Aufnahme in den Haushalt, so daß das Beschwerderecht auch Pflegeeltern[130]) und nach der Sachlage auch dem unehelichen Vater[131]) zustehen kann. Rein schuldrechtliche Beziehungen genügen nicht, daher nicht die Stellung des von dem Mündel beauftragten Rechtsanwalts[132]). Ein berechtigtes Interesse ist mithin jedem zuzubilligen, der durch eine persönliche Beziehung zu dem Kinde (Mündel) oder durch seine beruflichen Aufgaben, deren Erfüllung mit der vom VormG entschiedenen Angelegenheit eng zusammenhängt, verständlichen Anlaß hat, für das persönliche Wohl des Kindes oder Mündels einzutreten[133]). Das berechtigte Interesse muß sich jedoch gerade auf den Gegenstand der anzufechtenden Verfügung beziehen[134]). Das Kind selbst kann sein Beschwerderecht nur auf § 20 stützen[135]).

e) Einzelfälle. Das *subjektive Beschwerderecht* ist nach vorstehenden Grundsätzen *zuzubilligen:*

aa) Eltern, und zwar jedem Elternteil für sich, soweit ihnen bei Entziehung oder Beschränkung der elterlichen Gewalt oder von Teilen davon oder bei Ablehnung der Aufhebung solcher Beschränkungen ein Beschwerderecht nicht schon aus § 20 zusteht, z. B. gegen die Auswahl des nach § 1909 BGB bestellten Ergänzungspflegers[136]), gegen die Ablehnung der Entlassung des Unterhaltspflegers[137]), nicht aber, da die Vermögenssorge betreffend, ge- **28**

126) RGZ 64, 288 = RJA 8, 3; RGZ 153, 93 = JFG 14, 404 = JW 1937, 623; KG OLGR 33, 379; KGJ 43, 45; 47, 25; KG NJW 1962, 2354 = FamRZ 1962, 531; BayObLG JFG 6, 45; Hamm JMBlNRW 1965, 55; Schultzenstein ZZP 25, 210; Unger ZZP 37, 428; Wellstein FGG[2] Anm. 2 i γ; Josef FGG[2] Anm. 16; Keidel Anm. 37; Schlegelberger Anm. 21.

127) BayObLGZ 33, 345; KG MDR 1966, 53; Keidel Anm. 37.

128) Vgl. Unger, ZZP 37, 428; nicht berechtigt ist z. B. das Interesse der Frau, die mit einem verheirateten getrennt lebenden geschäftsunfähigen Pflegebefohlenen in eheähnlicher Gemeinschaft lebt, so KG MDR 1966, 53.

129) KG OLGR 2, 347; KG OLGR 33, 364.

130) BayObLG KGJ 44, 320; RGZ 153, 238 = JFG 14, 515.

131) Bremen OLGZ 1966, 455; BayObLGZ 1966, 30.

132) München Recht 10 Nr. 2156 = ZBlFG 7 Nr. 159 = DJZ 12, 775; Unger ZZP 37, 430 Fn. 91 d; a.M. BayObLGZ 4, 821; Keidel Anm. 38.

133) RGZ 153, 93 = JFG 14, 404; BGH LM § 57 FGG Nr. 1 = NJW 1954, 1287 = FamRZ 1954, 219; BGHZ 48, 147, 154 = JR 1968, 100 mit Anm. v. Jansen; Keidel Anm. 37; Schlegelberger Anm. 21.

134) KGJ 47, 25; München JFG 13, 331 = JW 1936, 2485; Keidel Anm. 37.

135) BayObLGZ 1964, 280.

136) München DFG 1937, 90.

137) BayObLGZ 18, 41 = OLGR 35, 353.

gen die Ablehnung der Entlassung eines nach §§ 1683, 1909 bestellten Auseinandersetzungspflegers[138]), ferner in Fragen der Aufenthaltsbestimmung[139]). Auch nach Beendigung der elterlichen Gewalt infolge Volljährigkeit steht den Eltern ein Beschwerderecht zu, wenn der Abkömmling wegen Entmündigung unter Vormundschaft oder unter vorläufiger Vormundschaft oder wegen geistiger Gebrechlichkeit unter Pflegschaft (§ 1910 Abs. 2 BGB) steht, z. B. gegen die Auswahl des vorläufigen Vormunds[140]) oder gegen die Ablehnung der Entlassung des Vormundes[141]). Das Beschwerderecht der Eltern wird nicht dadurch berührt, daß das Ruhen ihrer elterlichen Gewalt festgestellt ist[142]). Dasselbe muß grundsätzlich gelten, wenn und soweit einem Elternteil oder beiden die Ausübung der Personensorge entzogen ist (§§ 1666, 1680 mit § 1679 BGB), wenn auch in diesem Fall eine sorgfältige Prüfung, ob das Beschwerderecht im Interesse des Kindes ausgeübt wird, regelmäßig angebracht sein wird[143]); die neuerdings wieder hervorgetretene gegenteilige Auffassung, die aber die Frage offen läßt, ob das auch für Angelegenheiten von besonderer Tragweite gelten soll[144]), kann gegenüber den überzeugenden Ausführungen des KG (KGJ 47, 30) nicht gebilligt werden[145]). Gegenüber dem Elternteil, der den Entziehungstatbestand nicht gesetzt hat, dem aber die Personensorge nach §§ 1680, 1679 gleichwohl nicht zusteht, können die geltend gemachten Gründe ohnehin nicht durchgreifen; dasselbe gilt, wenn der Entziehungstatbestand kein Verschulden voraussetzt (§ 1671 Abs. 5 BGB). Bedenklich ist der Ausschluß des Beschwerderechts ferner, wenn die Entziehung der Personensorge auf einer nur vorläufigen Anordnung beruht. Dazu kommt, daß der Vormund oder Pfleger nach § 3 Abs. 1 JWG die von den bisher personensorgeberechtigten Eltern bestimmte Grundrichtung der Entziehung beizubehalten hat[146]); bei Verletzung dieses Rechts stände den Eltern ein Beschwerderecht sogar nach § 20 Abs. 1 zu. Ferner verbleibt ihnen ein Beschwerderecht bei Verletzung des ihnen auch nach Entziehung des Personensorgerechts verbleibenden Verkehrsrechts[147]). Dieselben Grundsätze müssen Geltung beanspruchen, wenn Eltern die elterliche Gewalt verwirkt oder infolge Adoption durch einen Dritten nach § 1765 BGB verloren haben. Zu den Angelegenheiten besonderer Tragweite, in denen auch die Gegenmeinung den nicht sorgeberechtigten Eltern das Beschwerderecht belassen will, gehören jedenfalls die Auswahl des Pflegers[148]), aber auch Fragen der Erziehung und Berufsausbildung, die für den Lebensweg des Kindes entscheidend sind. *Kein* Beschwerderecht haben Eltern in Angelegenheiten der Vermögenssorge, in denen ihnen die Verwaltung des Kindesvermögens entzogen ist, z. B. nicht gegen die Auswahl des Vermögenspflegers[149]), die Ablehnung seiner Entlassung[150]) oder die Genehmigung eines vom Pfleger über Vermögensgegenstände des Kindes geschlossenen Kaufvertrages[151]).

29 *bb)* der *nichtehelichen Mutter* gegen die Auswahl des Vormundes[152]), auch wenn sie geltendmacht, daß im Kindesinteresse sie selbst hätte bestellt werden müssen[153]), gegen die Ableh-

138) KG JW 1936, 2935; vgl. aber § 20 Rdn. 31, 32.
139) BayObLGZ 20, 89; 1965, 247.
140) BayObLGZ 1954, 132.
141) BayObLGZ 34, 398; ebenso im Verfahren nach § 1800 Abs. 2 BGB; BGHZ 48, 147 = NJW 1967, 2404 = JR 1968, 100 m. Anm. v. Jansen.
142) BayObLGZ 1965, 50.
143) KGJ 47, 30 unter Aufgabe von KG OLGR 16, 189 = ZBlFG 8 Nr. 169, KGJ 34 A 26, OLGR 26, 272; ebenso KG RJA 16, 17; BayObLGZ 15, 725 = Recht 1915 Nr. 642; BayObLGZ 1951, 303; Hamm MDR 1950, 54; a.M. Braunschweig JFG 4, 39; Stuttgart ZBlJR 1954, 271 = EJF B II Nr. 2; EJF A I Nr. 2.
144) BGH LM § 1666 Nr. 6 = NJW 1755 = JZ 764 = FamRZ 379, j e 1956 = EJF B II Nr. 8 mit zust. Anm. v. Dunz; Dölle FamR § 96 II 2 g; Staudinger-Göppinger BGB[11] § 1666 Anm. 311 (mit Vorbehalten); BGB-RGRK[11] § 1666 Anm. 10; Palandt-Lauterbach[26] § 1666 Anm. 5; Erman-Ronke BGB[3] § 1666 Anm. 5 c; ebenso zu § 1671 Abs. 5 BGB Frankfurt OLGZ 1969, 401 = FamRZ 1969, 329.
145) Bedenken auch bei Achilles-Greiff-Beitzke BGB[21] § 1666 Anm. 17; Soergel-Lange BGB[9] § 1666 Anm. 45.
146) Staudinger-Göppinger BGB[11] § 1666 Anm. 271, Anh. zu § 1666 Anm. 457.
147) Vgl. Staudinger-Schwoerer BGB[11] § 1634 Anm. 31.
148) Staudinger-Göppinger BGB[11] § 1666 Anm. 311.
149) BayObLGZ 17, 71; Josef JW 1928, 68.
150) KG RJA 11, 162.
151) BayObLGZ 6, 405; Keidel Anm. 39.
152) Celle JR 1948, 293; Keidel Anm. 38.
153) BayObLG BayZ 1932, 278; Staudinger-Göppinger BGB[11] § 1707 Anm. 104.

nung der Entlassung des Einzelvormundes[154]), gegen die Ablehnung des Antrags, an Stelle des Jugendamts als Amtsvormund oder des Vereinsvormundes einen Einzelvormund zu bestellen (§ 1887 Abs. 2 BGB) oder die Vormundschaft an ein anderes Jugendamt abzugeben (§ 44 JWG), gegen die Ablehnung der Volljährigkeitserklärung, gegen die Erteilung oder Versagung der Genehmigung zu einer Unterhaltsvereinbarung nach § 1615e BGB[155]), gegen die Ablehnung der Anweisung an den Vormund, die Einwilligung zur Namenserteilung nach § 1618 BGB zu erteilen[156]), und gegen die Entscheidung von Meinungsverschiedenheiten zwischen Vormund und Mutter in Angelegenheiten, die sich sowohl auf die Personensorge als auch auf die Vermögenssorge beziehen, nach § 1630 Abs. 2 BGB (vgl. § 58 Rdn. 6, 7). Das Beschwerderecht der Mutter in allen die Personensorge betreffenden Angelegenheiten wird grundsätzlich nicht dadurch berührt, daß ihr die Personensorge oder die elterliche Gewalt nicht mehr zusteht, z. B. nach der Ehelicherklärung des Kindes[157]) oder nach der Kindesannahme oder nachdem ihr die Personensorge nach § 1666 BGB entzogen worden ist (vorst. Anm. aa), sofern ihr in diesen Fällen das Beschwerderecht nicht schon als Verwandter nach § 57 Abs. 1 Nr. 8 zusteht. Soweit eigene Rechte der Mutter berührt werden, wie bei Entziehung des Sorgerechts, bei der Volljährigkeitserklärung des Kindes oder bei Entscheidungen nach §§ 1727, 1747 Abs. 3 BGB, steht ihr ein Beschwerderecht nach § 20 zu (vgl. § 20 Rdn. 40).

cc) dem *nichtehelichen Vater*, wenn über das Rechtsverhältnis der nichtehelichen Vaterschaft hinaus zwischen ihm und dem Kinde nach Lage der Verhältnisse ein persönliches Band besteht und er (mindestens auch) das Interesse des Kindes verfolgt. Unter dieser Voraussetzung kann er ein Beschwerderecht haben gegen die Auswahl des Vormundes[158]), gegen die Ablehnung der Entlassung des Vormundes[159]), gegen die Versagung der vormundschaftsgerichtlichen Genehmigung zur Kindesannahme[160]) oder zur Ehelichkeitserklärung[161]) oder gegen die Ablehnung der Anweisung an den Vormund, seine Einwilligung zur Namenserteilung nach § 1618 BGB oder zur Ehelicherklärung zu erteilen[162]), oder bei Maßnahmen nach § 1666 BGB gegen die Mutter[163]). Bei Versagung der vormundschaftsgerichtlichen Genehmigung zur Unterhaltsvereinbarung nach § 1615e BGB wird es in der Regel an der persönlichen Beziehung zu dem Kinde und an der Beschwerdeführung im Kindesinteresse fehlen[164]). Soweit eigene Rechte des nichtehelichen Vaters betroffen werden (§§ 1711, 1723), steht ihm ein Beschwerderecht aus § 20 zu. **30**

dd) dem *Stiefelternteil*, z. B. dem Stiefvater in Angelegenheiten der Personensorge für das ersteheliche oder uneheliche Kind seiner Frau[165]), nach dem Tode der Mutter auch mit dem Ziel, selbst zum Vormund des verwaisten Kindes bestellt zu werden; anders, wenn der Stiefelternteil keine persönlichen Beziehungen zu dem Kinde begründet hat[166]). **31**

ee) dem *Ehegatten* des Entmündigten (oder des geschäftsunfähigen volljährigen Pflegebefohlenen) in den dessen Personensorge betreffenden Angelegenheiten, z. B. gegen die Auswahl des Vormundes (Pflegers), auch wenn er geltend macht, daß seine eigene Bestellung dem Wohl des Mündels dienlich sei[167]), oder gegen die Ablehnung der Genehmigung der Unterbringung (§ 1800 Abs. 2); gegen die Genehmigung der Unterbringung steht dem Ehegatten die Beschwerde nach § 20 zu (§ 55a Rdn. 26). **32**

154) BayObLGZ 14, 163; KG RJA 11, 164.
155) KGJ 38 A 65 = OLGR 21, 276; Staudinger-Göppinger BGB[11] § 1714 Anm. 37.
156) LG Berlin DAV 1956, 142; Staudinger-Göppinger § 1706 Anm. 37; Keidel Anm. 38.
157) LG u. OLG Stuttgart FamRZ 1962, 207, 208; Staudinger-Göppinger § 1666 Anm. 372.
158) BayObLGZ 1966, 30.
159) BayObLGZ 18, 105; Keidel Anm. 38.
160) Celle JZ 1961, 422 = NdsRpfl. 1961, 86; Keidel Anm. 38.
161) A.M. Schleswig SchlHA 1958, 176; Keidel § 20 Anm. 21.
162) Bremen OLGZ 1966, 455.
163) Karlsruhe ZBlFG 6, 765; Keidel Anm. 38.
164) Die Meinung von KGJ 20 A 136 = RJA 1, 43, daß diese Angelegenheit sich nicht auf die Personensorge beziehe, ist aufgegeben in KGJ 38 A 65.
165) KG RJA 9, 4; OLGZ 1968, 379 = NJW 1968, 1679; BayObLGZ 16, 150; 1951, 440, 443; Staudinger-Göppinger BGB[11] § 1666 Anm. 372.
166) KG OLGR 33, 364.
167) KG OLGR 7, 339; KGJ 50, 32 = RJA 16, 9; BayObLGZ 15, 549 = OLGR 32, 18; Celle NdsRpfl. 1965, 170; Soergel-Germer BGB[9] § 1900 Anm. 2.

33 *ff) Großeltern* und gegebenenfalls anderen *Verwandten* und Verschwägerten, die persönliche Beziehungen zu dem Kinde oder Mündel unterhalten, steht ein Beschwerderecht zu gegen die Auswahl des Sorgerechtspflegers, auch mit dem Ziel, selbst bestellt zu werden[168]), gegen die Ablehnung der Entlassung des Vormundes, gegen Anordnung von Maßnahmen gegen den Elternteil aus § 1666 BGB (wegen Ablehnung solcher Maßnahmen vgl. § 57 Abs. 1 Nr. 8), gegen die Regelung der elterlichen Gewalt nach der Scheidung gemäß § 1671 BGB[169]), gegen die Erteilung der vormundschaftsgerichtlichen Genehmigung zur Kindesannahme[170]). Bei Ablehnung der Gestattung des Verkehrs mit dem Enkelkind ergibt sich das Beschwerderecht der Großeltern, da eine Maßnahme nach § 1666 BGB in Frage steht, bereits aus § 57 Abs. 1 Nr. 8[171]). Gegen Auswahl des Vermögenspflegers haben Verwandte, die nicht zu den gesetzlich als Pfleger Berufenen gehören, regelmäßig kein Beschwerderecht[172]).

34 *gg) Pflegeeltern* gegen die Ablehnung von Maßnahmen gegen die Eltern nach § 1666 BGB[173]) oder gegen den Vormund nach § 1837 BGB, insbesondere gegen die Ablehnung der Anweisung an den Vormund, einen Annahmevertrag mit ihnen abzuschließen[174]), gegen Regelung des Verkehrs der Mutter mit dem Kinde[175]) oder gegen Erteilung der nach Landesrecht erforderlichen Zustimmung des VormG zur Gewährung freiwilliger Erziehungshilfe[176]), ferner gegen die Ablehnung der Genehmigung der Unterbringung nach § 1800 Abs. 2, während gegen die Genehmigung der Unterbringung ein Beschwerderecht nach § 57 Abs. 1 Nr. 9 wegen § 57 Abs. 2 ausgeschlossen ist.

35 *hh)* dem *Annehmenden* gegen die Versagung der vormundschaftsgerichtlichen Genehmigung des Kindesannahmevertrages, sofern nicht § 55 entgegensteht, und nur, wenn er hierbei die Belange des Kindes, nicht nur seine eigenen Belange verfolgt und ein persönliches Band zu dem Kinde bereits hergestellt ist[177]), ferner den *Wahleltern* gegen die Versagung der vormundschaftsgerichtlichen Genehmigung zur Aufhebung des Annahmeverhältnisses (§§ 1768, 1770, 1751 BGB) und gegen die Ablehnung der Aufhebung des Kindesannahmeverhältnisses nach § 1770a BGB, sofern die Beschwerde im Kindesinteresse eingelegt wird[178]). Im übrigen stehen Wahleltern hinsichtlich der Beschwerdeführung aus § 57 Abs. 1 Nr. 9 den leiblichen ehelichen Eltern gleich (vgl. oben Rdn. 34).

36 *ii)* dem *Vormund* und dem *Pfleger* in Personensorgesachen kann wegen der persönlichen Beziehung, in welche sie infolge ihrer Amtsführung zu dem Kinde oder Mündel getreten sind, ein berechtigtes Interesse zur Beschwerdeführung in den die Sorge für die Person betreffenden Angelegenheiten auch Beendigung ihres Amtes nicht abgesprochen werden; daher steht dem Sorgerechtspfleger und dem Unterhaltspfleger die Beschwerde im Interesse des Kindes gegen die Aufhebung der Pflegschaft zu[179]); dem bisherigen Vormund gegen die Aufhebung der Vormundschaft[180]).

37 *kk)* dem *Jugendamt,* auf welches auch die Aufgaben des Gemeindewaisenrats übergegangen sind (§ 49 Rdn. 1), in seiner Eigenschaft als Organ der öffentlichen Jugendhilfe in allen

[168]) München DNotZ 1941, 420; Stuttgart EJF B II Nr. 2 = ZBlJR 1954, 271; BayObLGZ 1961, 190; 1951, 660.

[169]) Köln FamRZ 1964, 524.

[170]) BayObLGZ 1958, 171, 172; Keidel Anm. 38.

[171]) Hamm JMBlNRW 1962, 189.

[172]) KG JFG 19, 93 = DFG 1939, 93 = JW 1939, 642.

[173]) BayObLG KGJ 44, 320 = RJA 12, 86; Staudinger-Göppinger BGB[11] § 1666 Anm. 372.

[174]) BayObLG ZBlJR 1954, 178.

[175]) RGZ 153, 238 = JFG 14, 515.

[176]) LG Göttingen FamRZ 1963, 530 zu § 24 NdsAGJWG; wegen der Bedenken gegen die Vereinbarkeit dieser Regelung mit dem Bundesrecht vgl. Staudinger-Göppinger BGB[11] Anh. zu § 1666 Anm. 136.

[177]) KGJ 34 A 40; 43, 61; nach Lage des Falles verneint von Celle NdsRpfl. 1960, 232 = ZBlJR 1960, 307.

[178]) KG NJW 1962, 2354 = FamRZ 1962, 531; BayObLGZ 1968, 142, 144 = NJW 1968, 1528; vgl. § 56 d Anm. 8.

[179]) KG RJA 13, 73 = OLGR 29, 297; München JFG 17, 61; RG DR 1945, 52.

[180]) BayObLGZ 1953, 323.

die Sorge für die Person betreffenden Angelegenheiten (oben Rdn. 30, 31)[181]), auch hinsichtlich volljähriger Mündel und geschäftsunfähiger Pflegebefohlener (§§ 1897, 1915 BGB). Das Beschwerderecht steht jedoch nur dem nach § 11 JWG, § 1850 BGB mit § 47 JWG zur Zeit seines Tätigwerdens örtlich zuständigen Jugendamt (Gemeindewaisenrat), zu; der Umstand, daß ein anderes Jugendamt gehört worden ist oder sich geäußert hat, gewährt ihm kein Beschwerderecht[182]). Das Jugendamt kann mithin aus eigenem Recht, aber im Interesse des Kindes (Mündels) Beschwerde einlegen in allen Sorgerechtssachen[183]), z. B. gegen die Ablehnung oder Anordnung von Maßnahmen nach § 1666 BGB[184]), auch in Fragen der religiösen Erziehung[185]), gegen Ablehnung der Entziehung der elterlichen Vermögensverwaltung (§ 1666 Abs. 2), wenn sie wegen Unterhaltsverweigerung beantragt ist[186]), gegen die Aufhebung der Vormundschaft als bisherigem Vormund und Gemeindewaisenrat[187]), gegen die Erteilung oder Versagung der vormundschaftsgerichtlichen Genehmigung zu einem Kindesannahmevertrage[188]), bei der Regelung der elterlichen Gewalt (§§ 1671, 1672 BGB) oder des Verkehrsrechts (§ 1634 BGB), gegen die Entscheidung nach § 1707 BGB über den Nichteintritt oder die Aufhebung der Pflegschaft nach § 1706 BGB[189]), jedoch nicht gegen die Zurückweisung des Antrags der Mutter (§ 20 Abs. 2 FGG), gegen die Bestellung eines Vormundes oder Pflegers vor der Geburt des Kindes nach §§ 1708, 1774 Satz 2 BGB (vgl. § 36a Rdn. 9), gegen die Versagung der Genehmigung zur Unterbringung eines Kindes im Wege freiwilliger Erziehungshilfe nach § 1800 Abs. 2 BGB[190]), gegen die Ablehnung oder Anordnung der Erziehungsbeistandschaft (§ 57 JWG)[191]), gegen die Ablehnung der Volljährigkeitserklärung, nicht gegen die stattgebende Verfügung (§ 56 Anm. 8a, b), gegen die Erteilung der Befreiung vom Erfordernis der Ehemündigkeit (Anh. zu § 56 Rdn. 15), gegen die Ablehnung der Aufhebung des Kindesannahmeverhältnisses nach § 1770a BGB (§ 56c Rdn. 14). Gegen die Auswahl des Vormundes oder Sorgerechtspflegers hat das Jugendamt ein Beschwerderecht, wenn es im Kindesinteresse geltend macht, daß der Ausgewählte ungeeignet sei, nicht aber, wenn es beanstandet, daß nicht der von ihm Vorgeschlagene bestellt worden sei[192]); vgl. auch § 49 Rdn. 3. Ist das Jugendamt Amtsvormund oder Pfleger und steht dem Mündel (Pflegebefohlenen) ein Beschwerderecht aus § 20 zu, so kann es die Beschwerde auch namens des Mündels einlegen, sollte aber jeweils zum Ausdruck bringen, in welcher Eigenschaft es handelt[193]).

ll) mit der *Jugendpflege befaßten Stellen oder Vereinigungen.* Vereinen zur Förderung **38**
des Jugendwohls (vgl. §§ 5 Abs. 4, 18 JWG) kann ein Beschwerderecht in Personensorgesachen zustehen, wenn der Vereinszweck darauf gerichtet ist, das leibliche oder geistige Wohl der Jugend in einer dem Gesetz, der allgemeinen Kulturanschauung und der sozialen Ordnung nicht widersprechenden Weise zu fördern, der Verein eine Organisation hat, welche die Erreichung des Vereinszwecks und die Ernsthaftigkeit der Bestrebungen gewährleistet, und die Angelegenheit zum Tätigkeitsfeld des Vereins gehört[194]). In Fragen der religiösen Kin-

[181]) KGJ 20 A 139; 34 A 31; 36 A 32; 45, 34; 47, 25; HRR 1935 Nr. 15; RGZ 102, 283; BayObLGZ 18, 23; 1956, 285; Köln JMBl-NRW 1953, 272; BGH LM § 57 FGG Nr. 1 = NJW 1287 = FamRZ 219 = ZBlJR 236, je 1954; Josef^{2} Anm. 16; Wellstein^{2} Anm. 2 i β; Schlegelberger Anm. 21; Keidel Anm. 38; Riedel JWG^{3} § 37 Vorbem. 4 a; Gräber JWG^{2} § 48 Anm. 25 C; a.M. Unger ZZP 37, 430 Fn. 91 und das dort wiedergegebene ältere Schrifttum.

[182]) KG Recht 02, 510; BayObLGZ 1965, 331; Wellstein^{2} Anm. 2 l β; Josef^{2} Anm. 16; LG Frankenthal Rpfleger 1965, 58 (Jugendorgan der DDR).

[183]) KG HRR 1935 Nr. 19.

[184]) KGJ 45, 34; BGH LM § 57 FGG Nr. 1; Staudinger-Göppinger BGB^{11} § 1666 Anm. 371.

[185]) KGJ 20 A 139 = RJA 1, 87.

[186]) KGJ 34 A 31 = RJA 8, 167; einschränkend KGJ 47, 25.

[187]) Köln JMBlNRW 1953, 272.

[188]) BayObLGZ 1956, 285.

[189]) Vgl. § 36 a Rdn. 12, 13.

[190]) Düsseldorf JMBlNRW 1963, 42; Keidel Anm. 38.

[191]) Staudinger-Göppinger BGB^{11} Anh. zu § 1666 Anm. 71; Palandt-Lauterbach BGB^{26} § 57 JWG Anm. 4.

[192]) KGJ 36 A 32; 53, 46.

[193]) Vgl. Staudinger-Göppinger BGB^{11} § 1666 Anm. 371.

[194]) KGJ 43, 41 im Anschluß an Unger ZZP 37, 431; Schlegelberger Anm. 21; Keidel Anm. 38.

deserziehung ist das Beschwerderecht demgemäß zugebilligt worden dem Caritasverband[195]) und der Zentralwohlfahrtsstelle der Juden in Deutschland e. V.[196]. Das Beschwerderecht ist ferner eingeräumt worden dem örtlich zuständigen Pfarramt in Fragen der religiösen Erziehung der gemeindezugehörigen Minderjährigen[197]), ebenso dem Landesverband der israelitischen Kultusgemeinden[198]); es wird dem Pfarramt und dem Geistlichen aber auch in allgemeinen Fragen der Erziehung einzuräumen sein (vgl. § 5 Abs. 4 Nr. 4 JWG)[199]). Auch die Schulverwaltung kann beschwerdeberechtigt sein[200]). Dagegen kann dem Ortsarmenverband (Träger der Sozialhilfe) kein Beschwerderecht nach § 57 Abs. 1 Nr. 9 im Interesse der Vermeidung von Unterbringungskosten eingeräumt werden, da er zur Wahrnehmung der Kindesinteressen nicht berufen ist[201]); ebensowenig der Polizeibehörde[202]) oder der Gemeinde[203]); diesen Behörden, zu deren Aufgaben nicht unmittelbar die Jugendpflege gehört, kann es überlassen bleiben, gegebenenfalls bei dem Jugendamt Maßnahmen anzuregen.

39 *f) Eine Versagung des Beschwerderechts* kommt gegenüber Personen und Stellen in Betracht, die nach ihren Beziehungen zu dem Kinde oder Mündel nicht berufen sind, für dessen Wohl einzutreten, z. B. gegenüber dem Arbeitgeber des Mündels wegen der Auflage an den Mündel, die Stellung aufzugeben[204]), gegenüber dem Testamentsvollstrecker wegen der Auswahl des Pflegers, der Rechte gegen ihn geltend machen soll[205]), für den entlassenen Ergänzungspfleger gegen die Auswahl des neuen Pflegers[206]), für die Verwaltungsbehörde gegenüber der Genehmigung zu dem Antrage auf Entlassung des Mündels aus dem Staatsverband[207]). Ferner kommt das Beschwerderecht auch für dem Kinde (Mündel) nahestehende Personen nicht in Betracht in reinen Vermögensangelegenheiten, z. B. für Verwandte gegen die Ablehnung der Entlassung des Vormundes, wenn sie nur wegen der Vermögensverwaltung erstrebt wird[208]) oder gegen Auswahl oder Ablehnung der Entlassung des Vermögenspflegers[209]); wegen der Eltern vgl. oben Rdn. 34 a. E.

40 *g) Sofortige Beschwerde (Abs. 2).* Soweit die anzufechtende Verfügung der sofortigen Beschwerde unterliegt, wird das erweiterte Beschwerderecht aus Abs. 1 Nr. 9 durch Abs. 2 versagt. Der Grund dafür liegt darin, daß die Verfügung, um die Beschwerdefrist in Lauf zu setzen, nicht allen nach Abs. 1 Nr. 9 Beschwerdeberechtigten, deren Kreis schwer bestimmbar ist, zugestellt werden könnte, so daß der Eintritt der formellen Rechtskraft ungewiß bliebe[210]). Die Vorschrift gilt gemäß § 63 auch für die weitere Beschwerde (§ 63 Anm. 1c), insbesondere auch, wenn zwar die erste Beschwerde unbefristet war, aber das Rechtsmittel gegen die Beschwerdeentscheidung die sofortige weitere Beschwerde ist. Deshalb hat das Jugendamt keine weitere Beschwerde, wenn das VormG den Vormund entlassen, das Beschwerdegericht aber die Entlassung aufgehoben hat[211]); dasselbe gilt im entsprechenden Fall für die uneheliche Mutter[212]) und für den ehelichen Vater bei vom Beschwerdegericht aufgehobener Entlassung des Unterhaltspflegers[213]).

195) KGJ 43, 41; KG RJA 15, 256; KG OLGR 42, 124.
196) BayObLGZ 1961, 233.
197) KGJ 28 A 12; KG OLGR 26, 123; KGJ 48, 10; BayObLGZ 30, 305; 31, 307; BayObLG JFG 6, 66; 8, 79; 12, 149.
198) BayObLGZ 1961, 233.
199) Unger ZZP 37, 431 Fn. 94; Schlegelberger Anm. 21.
200) KGJ 30 A 12; Unger ZZP 37, 431.
201) Hamburg OLGR 5, 438; München Recht 06 Nr. 3131 = ZBlFG 7, 531 Nr. 408 = BayRpflZ 3, 67; KG RJA 16, 190; Josef DJZ 04, 547; Ebert-Dudek-Lindemann FGG² S. 155; a.M. Hamburg KGJ 24 D 6; KGJ 26 A 183; Keidel Anm. 38, anders aber § 20 Anm. 89; Unger ZZP 37, 431 Fn. 93.
202) A.M. Unger ZZP 37, 431; Schlegelberger Anm. 21; für einen durch Gesetzesänderung obsolet gewordenen Sonderfall KGJ 46, 114.
203) BayObLGZ 29, 16; Keidel Anm. 39.
204) BayObLG KGJ 20 D 10 = RJA 1, 137.
205) KG OLGR 40, 133.
206) KG JW 1935, 2156 Nr. 70; BayObLGZ 1958, 244.
207) Keidel Anm. 39.
208) BayObLGZ 14, 212; Keidel Anm. 39.
209) KG JFG 19, 93; Hamm FamRZ 1966, 46.
210) Unger ZZP 37, 424; Keidel Anm. 40.
211) München JFG 15, 283; Oldenburg NdsRpfl. 1962, 152.
212) KG JFG 12, 122.
213) KG JFG 16, 314 = DFG 1937, 250 = JW 1937, 3241; Keidel Anm. 40; vgl. auch Schleswig JR 1949, 389.

D. Mehrfache Beschwerdeführung

Bei der Vielzahl der nach § 57 Beschwerdeberechtigten kann es vorkommen, daß, nachdem eine Beschwerde gegen eine die Personensorge betreffende Verfügung zurückgewiesen worden ist, dieselbe Verfügung von einem anderen Beschwerdeberechtigten noch einmal angefochten wird, z. B. es legt nach Zurückweisung der Beschwerde eines Verwandten ein anderer Verwandter oder das Jugendamt oder das Mündel selbst Beschwerde ein. Die mehreren Beschwerdeberechtigten sind selbständig und unabhängig von den anderen zur Beschwerde berechtigt und die Ausübung des Beschwerderechts durch einen von ihnen erschöpft nicht das Beschwerderecht der übrigen[214]). Die neue Beschwerde muß daher sachlich beschieden werden. Allerdings kann nach Lage des Falles das Interesse des neuen Beschwerdeführers, wenn er dasselbe Interesse und Ziel wie der frühere, ihm vielleicht nahestehende Beschwerdeführer verfolgt, als im Sinne des § 57 Abs. 1 Nr. 9 nicht mehr berechtigt erscheinen[215]). 41

E. Verfügungen des Rechtspflegers

Die Vorschriften des § 57 über die Beschwerdeberechtigung finden sinngemäß Anwendung auf die Berechtigung zur Einlegung der Erinnerung gegen Verfügungen des Rechtspflegers in Vormundschaftssachen (§ 11 Abs. 4 RechtspflG)[216]). 42

2. Beschwerderecht gegen Namensregelung bei der Kindesannahme

57a Gegen eine Verfügung, durch die im Falle des § 1758a des Bürgerlichen Gesetzbuchs die Zustimmung des verstorbenen Ehemannes ersetzt wird, steht die Beschwerde den Eltern des Verstorbenen zu. War der Ehemann nichtehelich, so steht die Beschwerde nur seiner Mutter zu.

Eingefügt durch GleichberG Art. 4 Nr. 9. Satz 2 angefügt durch Art. 7 Nr. 19 des G über die rechtliche Stellung der nichtehelichen Kinder v. 19. 8. 1969 (BGBl. I 1243), in Kraft getreten am 1. 7. 1970.

1. Allgemeines. Namensregelung bei der Kindesannahme[1]). Nach § 1758 BGB a. F. erhielt das von einer Frau angenommene Kind deren vorehelichen Familiennamen, so daß die Kindesannahme keine Namensgleichheit bewirkte. Diese Regelung war insofern reformbedürftig, als sie der annehmenden Frau die Möglichkeit, dem Kinde ihren Ehenamen zu übertragen, auch dann verschloß, wenn berechtigte Belange des Mannes nicht entgegenstanden[2]). Art. 1 Nr. 25 GleichberG hat den bisherigen § 1758 durch die §§ 1758, 1758a BGB ersetzt. Danach soll in dem Annahmevertrag vereinbart werden, ob das Kind den Ehenamen oder den vorehelichen Namen der Frau erhält. In Ermangelung einer Vertragsbestimmung hierüber gilt 1

214) Vgl. § 20 Rdn. 12; Josef[2] Anm. 16 a. E.

215) KG OLGZ 1968, 379 = NJW 1968, 1679.

216) Arndt RechtspflG § 10 Anm. 35; Hofmann-Kersting RechtspflG § 10 Anm. 3 A c; Keidel Anm. 41.

1) Schrifttum: Graf von Bernstorff, NJW 1957, 1901; ders., FamRZ 1963, 110; Schnitzerling, Der Name des Adoptivkindes, NJW 1960, 566; Hieber, Der Name der adoptierten Witwe oder geschiedenen Frau, DNotZ 1959, 578; über Führung eines Doppelnamens durch den Adoptierten s. Westermann NJW 1961, 1803; Walti NJW 1962, 189.

2) Überwiegend wurde angenommen, daß die Regelung des § 1758 BGB a. F. nicht gegen Art. 3 Abs. 2 GG verstoße, so KG FamRZ 1957, 185 = StAZ 1957, 191; BGHZ 25, 163 = FamRZ 1957, 360 = NJW 1957, 1473. Das BVerfG hat ausgesprochen, daß § 1758 BGB a. F. mit Art. 3 Abs. 2 und 3 GG vereinbar ist, wenn die Ehe der Annehmenden vor dem Inkrafttreten des GG geschieden worden ist (BVerfGE 17, 99); zu § 1758 a BGB hat das BVerfG entschieden, daß die Regelung jedenfalls bei vor dem 1. 4. 1953 geschlossenen Ehen mit dem Grundgesetz vereinbar sei; es hat dabei ausgeführt, daß eine gewisse noch verbleibende Benachteiligung der Frau wegen des Zieles der Regelung, eine Prüfung auch der berechtigten Interessen des Mannes oder seiner Familie zu ermöglichen, tragbar erscheine (BVerfGE 19, 177). Hiernach werden wohl auch bei nach dem 1. 4. 1953 geschlossenen Ehen verfassungsrechtliche Bedenken nicht zu erheben sein. Das BVerfG hat jedoch (aaO.) die Einschränkung des § 1758 a Abs. 2 BGB, wonach die Zustimmung des Mannes nur ersetzt werden kann, wenn das Kind noch nicht 18 Jahre alt ist, für nichtig erklärt.

die Führung des Ehenamens der Frau als vereinbart (§ 1758 Abs. 2). Sowohl zu der ausdrücklichen als auch der vom Gesetz fingierten Vereinbarung ist die Zustimmung des Ehemannes oder des früheren Ehemannes der Frau erforderlich (§ 1758a Abs. 1). Diese Zustimmung kann das VormG auf Antrag ersetzen, wenn der Mann sie verweigert oder wenn er verstorben oder durch Krankheit oder Abwesenheit an der Abgabe der Erklärung verhindert ist, sofern vom Standpunkt des (früheren) Ehemannes oder seiner Familie keine wichtigen Gründe gegen die Vereinbarung sprechen (§ 1758a Abs. 2). Die Einschränkung des § 1758a Abs. 2, daß das Kind noch nicht älter als 18 Jahre sein dürfe, hat das BVerfG für nichtig erklärt (Fußn. 2). Führt die Frau zur Zeit der Kindesannahme einen früheren Ehenamen, den sie nach der Scheidung ihrer letzten Ehe wieder angenommen hat, so ist zu der Namensvereinbarung die Zustimmung des früheren Ehemannes erforderlich oder zu ersetzen, von welchem die Frau den Ehenamen erworben hat[3]). Zustimmung und Ersetzung enfallen aber, wenn die Witwe, die noch den Ehenamen ihres verstorbenen Mannes führt, dessen Kind adoptiert, welches diesen Namen ohnehin führt[3a]). Bei der Würdigung, ob wichtige Gründe gegen die Namensvereinbarung sprechen, handelt es sich um die Anwendung eines unbestimmten Rechtsbegriffs (§ 27 Rdn. 25); das VormG muß hierbei die Auswirkung des Gleichberechtigungsgebots auf das einfache Recht berücksichtigen und abwägen, wieweit ein an sich anzuerkennendes Interesse des Mannes oder seiner Familie hinter dem wesentlichen Interesse von Mutter und Kind an der Führung desselben Namens zurücktreten muß; beim Fehlen solcher wichtigen Gründe ist die Zustimmung zu ersetzen[4]), ebenso bei ihrer Nichterweisbarkeit; ein Zweifel oder ein non liquet führt also zur Ersetzung.

2. *Verfahren*

2 *a)* Das VormG wird nur auf *Antrag* tätig (§ 1758a Abs. 2). In der Einreichung des Annahmevertrages zur Bestätigung bei dem nach § 65 zuständigen Amtsgericht liegt nicht zugleich der an das VormG zu richtende Antrag, auch wenn dieses AG zugleich das zuständige VormG ist[5]); aber natürlich muß das Bestätigungsgericht den Antrag auf Bestätigung beanstanden, wenn in dem Annahmevertrag vereinbart ist oder als vereinbart gilt, daß das Kind den Ehenamen der Frau erhalten soll, und die Zustimmung des Ehemanns nicht beigebracht und nicht ersetzt ist. Vgl. ferner § 65 Anm. 3 g. Nach der Bestätigung des Annahmevertrages kann der Antrag nicht mehr gestellt und einem vorher gestellten Antrag nicht mehr stattgegeben werden (§ 1758a Abs. 3 Satz 1)[6]).

3 *b) Antragsberechtigt* sind das Kind und die Annehmende. Das Antragsrecht des Kindes wird, wenn es in der Geschäftsfähigkeit beschränkt ist, von ihm selbst mit Zustimmung des gesetzlichen Vertreters oder, wenn es älter als 7, aber noch nicht 14 Jahre alt, von dem gesetzlichen Vertreter namens des Kindes ausgeübt; wenn es noch nicht 7 Jahre alt ist, übt nur der gesetzliche Vertreter das Antragsrecht aus (vgl. §§ 1750 Abs. 1, 1751 Abs. 2, 104 Nr. 1, 106 BGB und § 59 Rdn. 9, § 13 Rdn. 19). Zuständigkeit nach §§ 43, 36 FGG. Es entscheidet der Richter; das ergibt sich zwar nicht aus § 14 Nr. 3 Buchst. e, wohl aber aus § 14 Nr. 6 RechtspflG (BT-Drucks. V/3134 S. 20), im württembergischen Rechtsgebiet das AG, Art. 68 Nr. 19 WürttAGBGB. Pfleger zur Vertretung des Mannes im Verfahren ist nicht erforderlich; seine Erklärungen wären ohne rechtliche Bedeutung, da Erteilung oder Verweigerung der Zustimmung höchstpersönliches Rechtsgeschäft, also außerhalb der Vertretungsmacht des gesetzlichen Vertreters liegend, §§ 1758a Abs. 1 Halbs. 2 mit 1748 Abs. 2 Satz 1 BGB; a. M. Achilles-Greiff, § 1758a Anm. 6. Statt dessen ist Anhörung der nächsten Verwandten des Mannes geboten (§ 12 FGG), deren Kreis nicht auf die Eltern des Mannes zu beschränken ist[7]). Der Ersetzung der Zustimmung des Mannes bedarf es abweichend von § 1746 Abs. 2 BGB auch, wenn er geschäftsunfähig ist.

[3]) KG FamRZ 1961, 386 mit Anm. v. Bosch, Graf von Bernstorff u. Schwind.

[3a]) KG OLGZ 1968, 356 = NJW 1968, 1632; Staudinger-Engler BGB[11] § 1758 a Anm. 7; Palandt-Lauterbach BGB[28] § 1758 a Anm. 2.

[4]) BVerfGE 19, 177, 184; vgl. auch Hamm JMBlNRW 1962, 244; LG Dortmund, FamRZ 1963, 56; BayObLGZ 1965, 313.

[5]) Oldenburg NdsRpfl. 1967, 90 = StAZ 1968, 21.

[6]) Zweifelnd Oldenburg aaO.

[7]) Vgl. Dölle FamR § 114 I 2 b.

4 *3. Rechtsmittel.* Gegen ablehnende Entscheidung einfache Beschwerde nur des Antragstellers, §§ 19, 20 Abs. 1 und 2, 59 FGG; nach der Bestätigung des Vertrages wird die Beschwerde unzulässig, da die Zustimmung nicht mehr ersetzt werden kann, § 1758a Abs. 3 Satz 1. Die ersetzende Verfügung wird mit dem Eintritt der Rechtskraft wirksam, § 53 Abs. 1, bei Gefahr im Verzuge nach Maßgabe des § 53 Abs. 2; daher sofortige Beschwerde, § 60 Abs. 1 Nr. 6. Beschwerdeberechtigt ist nur der Mann, § 20 Abs. 1. Das beeinträchtigte Recht ist nicht das Namensrecht (§ 12 BGB), da die Vereinbarung über die Führung des Ehenamens der Frau kein unbefugter Gebrauch des Mannesnamens ist, sondern das dem Mann durch § 1758a Abs. 1 gewährte Verbietungsrecht. Bei unbekanntem Aufenthalt des Mannes ist öffentliche Zustellung erforderlich. Der geschäftsunfähige Mann kann weder selbst noch durch seinen gesetzlichen Vertreter wirksam Beschwerde einlegen (s. oben).

5 Hat das VormG die Voraussetzungen der Ersetzungsbefugnis (z. B. Tod oder Abwesenheit des Ehemanns) irrig angenommen, so ist die formell rechtskräftig gewordene Ersetzung gleichwohl wirksam[7a]).

6 *4. Beschwerderecht der Eltern.* § 57a ergänzt den § 1758a BGB, indem er, wenn der zustimmungsberechtigte Ehemann der Annehmenden verstorben ist, dessen Eltern ein Beschwerderecht gewährt, das ihnen sonst nach § 20 Abs. 1 nicht zustände. Eltern sind die ehelichen Eltern, jeder für sich, und die uneheliche Mutter. Die Mutter des verstorbenen Mannes ist beschwerdeberechtigt auch dann, wenn sie selbst den Namen ihres Sohnes und Ehenamen der Annehmenden nicht mehr führt, da sie stellvertretend für die Belange der Familie handelt, es sei denn, daß sie den Ehenamen nach §§ 55 bis 57 EheG verloren hat. Weitere Angehörige des verstorbenen Mannes haben kein Beschwerderecht, auch nicht nach dem Tode der Eltern, also nicht die Großeltern des Mannes, seine Witwe oder Abkömmlinge, da § 20 Abs. 1 nicht eingreift; ihr Namensrecht wird durch die Ersetzung der Zustimmung nicht unbefugt verletzt (§ 12 BGB)[8]). Die Anfügung des Satzes 2 war durch den Wegfall des § 1589 Abs. 2 BGB erforderlich (BT-Drucks. V/3710 S. 54 zu § 57a).

7 *5. Eine Übergangsvorschrift* enthält Art. 8 Abschn. I Nr. 10 GleichberG für vor dem Inkrafttreten des GleichberG begründete Kindesannahmeverhältnisse. Danach kann das Vormundschaftsgericht auf Antrag der Frau, der nur bis zum 30. 6. 1959 gestellt werden kann, bestimmen, daß das Kind den Ehenamen der Frau erhält. Die Regelung ist im wesentlichen derjenigen der §§ 1758a BGB, 57a FGG nachgebildet.

8 *6. Gebühren.* § 97 Abs. 1 Nr. 3 KostO.

3. Beschwerderecht mehrerer Vormünder, Pfleger oder Beistände

58 Führen mehrere Vormünder, Pfleger oder Beistände ihr Amt gemeinschaftlich, so kann jeder von ihnen für den Mündel oder das Kind das Beschwerderecht selbständig ausüben.

Diese Vorschrift findet in den Fällen der §§ 1630 Abs. 2, 1798 des Bürgerlichen Gesetzbuchs entsprechende Anwendung.

Abs. 2 i. d. F. des Art. 4 Nr. 10 GleichberG. Abs. 1 durch Einfügung des Beistandes geändert durch Art. 7 Nr. 20 des G über die rechtliche Stellung der nichtehelichen Kinder v. 19. 8. 1969 (BGBl. I 1243), in Kraft getreten am 1. 7. 1970.

1 *1. Bedeutung des Abs. 1.* Die Vorschrift regelt bei einer Mehrheit von Vormündern oder Pflegern das Recht eines jeden Vormundes (Pflegers), das *Beschwerderecht des Mündels* (Pflegebefohlenen) für diesen auszuüben. Zu unterscheiden hiervon ist die Beschwerdeführung des Vormundes (Pflegers) aus eigenem Recht; dazu § 20 Rdn. 36.

[7a]) Vgl. § 7 Rdn. 25; BGB-RGRK[11] § 1758 a Anm. 5; Staudinger-Engler BGB[11] § 1758 a Anm. 14.

[8]) So auch BayObLGZ 1965, 313; Keidel Anm. 4; a.M. Krüger-Breetzke-Nowack, GleichberG § 1758 a Anm. 6. Wie hier Staudinger-Engler BGB[11] § 1758 a Anm. 28.

2 *a)* In der Regel soll nur ein Vormund (Pfleger) bestellt werden (§§ 1775, 1915 BGB). Bestellt das VormG mehrere Vormünder (Pfleger), so kann es die Führung der Vormundschaft (Pflegschaft) nach bestimmten Wirkungskreisen verteilen. Innerhalb des ihm überwiesenen Wirkungskreises ist jeder Vormund (Pfleger) selbständig (§§ 1797 Abs. 2, 1915 BGB). In diesem Fall gilt nichts Besonderes; jeder Vormund (Pfleger) übt das Beschwerderecht des Mündels für die in seinen Wirkungskreis fallenden Angelegenheit selbständig aus.

3 *b)* Mehrere Vormünder (Pfleger) sollen aber in der Regel die Vormundschaft (Pflegschaft) gemeinschaftlich führen. Bei einer Meinungsverschiedenheit unter ihnen entscheidet, sofern nicht bei der Bestellung etwas anderes bestimmt ist, das VormG (§§ 1797 Abs. 1, 1915 BGB). Um zu vermeiden, daß eine Meinungsverschiedenheit über die Ausübung des Beschwerderechts zuvor vor dem VormG ausgetragen werden müßte, wird durch Abs. 1 jeder Vormund (Pfleger) in bezug auf die Ausübung des Beschwerderechts selbständig und unabhängig gestellt.

4 *c)* Die Vorschrift gilt nicht nur für die Beschwerde in Vormundschaftssachen, sondern sie regelt den Umfang der Vertretungsbefugnis für die Beschwerdeeinlegung in allen Angelegenheiten der FG[1]). Steht die Vertretungsbefugnis den Eltern gemeinschaftlich zu, so ist § 58 wegen Gleichheit der Interessenlage auch auf die Befugnis jedes Elternteils, namens des Kindes Beschwerde einzulegen, anzuwenden[2]).

5 *d) Mehrheit von Beiständen.* Die Einbeziehung der Beistände durch Art. 7 Nr. 20 NichtehelG trägt dem Umstand Rechnung, daß den Eltern auch mehrere Beistände bestellt werden können[2a]). Für die Anwendung des § 58 kommt aber nur ein Beistand nach § 1690 BGB in Betracht, da der Beistand nach §1685 BGB zur Vertretung des Kindes nicht berufen ist.

6 *2. Beschwerderecht bei Aufteilung des Sorgerechts* (Abs. 2). Die bisherige Verweisung auf § 1629 BGB a. F. ist durch Art. 4 Nr. 10 GleichberG ersetzt durch die Verweisung auf *§ 1630 Abs. 2,* welcher lautet:

Steht die Sorge für die Person oder die Sorge für das Vermögen des Kindes einem Pfleger zu, so entscheidet das Vormundschaftsgericht, falls sich die Eltern und der Pfleger in einer Angelegenheit nicht einigen können, die sowohl die Person als auch das Vermögen des Kindes betrifft.

7 § 1798 bestimmt dasselbe für den Fall, daß dem einen Vormund die Sorge für die Person, dem anderen die für das Vermögen zusteht.

8 *a)* Bei den §§ 1630 Abs. 2, 1798 BGB handelt es sich um besondere Anwendungsfälle des in Anm. 1 Gesagten. Stehen die Sorge für die Person und die Sorge für das Vermögen verschiedenen Personen zu, so ist jede von ihnen in ihrem Wirkungskreis selbständig, auch soweit es sich um die Ausübung des Beschwerderechts namens des Kindes (Mündels, Pflegebefohlenen) handelt. Es kommt aber vor, daß eine Angelegenheit sowohl das eine als auch das andere Gebiet berührt, z. B. wenn es sich um die Bestimmung des für den Unterhalt oder die Ausbildung zu machenden Aufwandes handelt. Über eine hierbei auftretende Meinungsverschiedenheit entscheidet zunächst das VormG. Gegen dessen Entscheidung kann gemäß § 58 jede mit der Sorge für Person oder Vermögen betraute Person selbständig das Beschwerderecht ausüben. Abs. 2 gibt hiernach dem Vater (der Mutter), dem Pfleger oder jedem der Vormünder die Befugnis zur selbständigen Ausübung des Beschwerderechts des Kindes (Mündels, Pflegebefohlenen) gegen die Entscheidung. Außerdem kann ein Beschwerderecht im eigenen Namen, aber im Interesse des Kindes, nach § 57 Abs. 1 Nr. 9 in Betracht kommen[3]). Schließlich kann auch das Kind (Mündel) selbst unter den Voraussetzungen des § 59 Beschwerde einlegen. Es findet die unbefristete Beschwerde statt (str., vgl. § 53 Rdn. 14).

[1]) Unger ZZP 37, 448; Schlegelberger Anm. 1; Keidel Anm. 1.

[2]) Stuttgart NJW 1955, 1721; Keidel Anm. 2.

[2a]) Soergel-Lange BGB[9] § 1685 Anm. 3; Staudinger-Engler BGB[11] § 1685 Anm. 14.

[3]) BayObLG ZBlFG 2, 884 Nr. 227; Wellstein[2] Anm. 2; Keidel Anm. 4.

b) Die Vorschrift des § 58 Abs. 2 ist in allen Fällen anwendbar, in denen die Sorge für die Person und die Sorge für das Vermögen verschiedenen Personen zustehen[4]), z. B. den beiden Eltern nach §§ 1671 Abs. 4, 1672, 1638 Abs. 3 BGB. Vorausgesetzt wird, daß einem Elternteil auf seinem Teilgebiet auch das Recht zur Vertretung des Kindes zusteht, nicht nur die tatsächliche Sorge[5]). Dagegen gilt die Vorschrift nicht, wenn das Gesetz bestimmt, daß die Meinung des einen Teils vorgeht, wie in §§ 1673 Abs. 2, 1679 Abs. 1 Satz 4 BGB. Anwendbar ist Abs. 2 aber, wenn der nichtehelichen Mutter neben einem Pfleger nach § 1706 BGB die elterliche Gewalt nach § 1705 BGB zusteht. **9**

3. Die Vorschrift gilt nach § 63 auch für die weitere Beschwerde. **10**

Beschwerde Minderjähriger und Bevormundeter

59 Ein unter elterlicher Gewalt stehendes Kind oder ein unter Vormundschaft stehender Mündel kann in allen seine Person betreffenden Angelegenheiten ohne Mitwirkung seines gesetzlichen Vertreters das Beschwerderecht ausüben. Das gleiche gilt in Angelegenheiten, in denen der Mündel vor einer Entscheidung des Vormundschaftsgerichts gehört werden soll.

Diese Vorschriften finden auf Personen, die geschäftsunfähig sind oder nicht das vierzehnte Lebensjahr vollendet haben, keine Anwendung.

A. Allgemeine Bedeutung

Die Vorschrift regelt einen besonderen Fall der *Verfahrensgeschäftsfähigkeit (Prozeßfähigkeit).* Ein unter elterlicher Gewalt stehendes Kind wird im Verfahren grundsätzlich durch den oder die Inhaber der elterlichen Gewalt, ein Mündel durch den Vormund vertreten und, soweit der Inhaber der elterlichen Gewalt oder der Vormund verhindert ist (§§ 1629 Abs. 2, 1795 BGB), durch einen Pfleger (§§ 1630 Abs. 1, 1909 BGB); diese Vertretung umfaßt sowohl das Verfahren des ersten Rechtszuges als auch das Beschwerdeverfahren. Der Gesetzgeber hat sich aber von der Erwägung leiten lassen, daß beschränkt geschäftsfähigen Minderjährigen, sobald sie eine gewisse Verstandesreife erlangt haben, und unter Vormundschaft stehenden beschränkt geschäftsfähigen Volljährigen in wichtigen, ihre Person und ihre Lebensstellung berührenden Angelegenheiten die Befugnis, ihre Interessen selbständig geltend zu machen und auf die gerichtliche Regelung Einfluß zu nehmen, nicht gänzlich vorenthalten werden kann. Es wird ihnen deshalb in § 59 in allen ihre Person betreffenden und den in Abs. 1 Satz 2 gleichgestellten Angelegenheiten mit der sich aus Abs. 2 ergebenden Einschränkung die *Befähigung* eingeräumt, ein ihnen nach anderen Vorschriften (§§ 20, 57, 63) zustehendes *Beschwerderecht selbständig auszuüben,* nämlich unabhängig von dem gesetzlichen Vertreter. Die Vorschrift enthält mithin unter Beschränkung auf das Beschwerdeverfahren eine verfahrensrechtliche Privilegierung gegenüber den sonst für die Verfahrensgeschäftsfähigkeit maßgebenden Normen des bürgerlichen Rechts über die Geschäftsfähigkeit. Die Vorschrift kommt deshalb einschließlich ihrer gegenständlichen Begrenzungen und personenbezogenen Einschränkungen von vornherein nicht zur Anwendung, wenn schon das bürgerliche Recht beschränkt Geschäftsfähigen für bestimmte Rechtsgeschäfte und Rechtshandlungen *Teilgeschäftsfähigkeit* verleiht mit der Folge, daß sie insoweit die Befähigung haben, auch das Verfahren selbständig unter Ausschluß des nicht zur Vertretung berufenen gesetzlichen Vertreters zu betreiben (§ 13 Rdn. 19), und zwar auch schon im ersten Rechtszuge. Ferner scheidet die Vorschrift des § 59 einschließlich des Ausschlusses Geschäftsunfähiger in Abs. 2 in den Fällen aus, in denen dem Betroffenen abweichend vom bürgerlichen Recht ohne Rücksicht auf seine Geschäftsfähigkeit eine gegenständlich begrenzte Verfahrensgeschäftsfähigkeit unmittelbar auf Grund der Normen des Grundgesetzes (Art. 1 Abs. 1, 103 Abs. 1, 104 GG) eingeräumt wird, wie bei Freiheitsentziehungen (§ 13 Rdn. 20, 21) und wenn Verfahrens- **1**

[4]) KGJ 33 A 9; München JFG 15, 136.
[5]) Schlegelberger Anm. 5; Unger ZZP 37, 448[142].

gegenstand die Anordnung oder das Bestehen einer Vormundschaft oder Pflegschaft über Volljährige ist (§ 13 Rdn. 22, 23).

B. Anwendungsbereich

2 Die Vorschrift gilt nur in *Vormundschaftssachen*, und zwar in solchen, die durch Bundesgesetz den Gerichten übertragen sind (§ 1); in landesrechtlichen Angelegenheiten ist eine etwa vorhandene landesgesetzliche Regelung maßgebend[1]). Die Vorschrift ist deshalb nicht anwendbar, wenn eine Verrichtung nicht dem Vormundschaftsgericht, sondern dem Amtsgericht als solchem zugewiesen ist, wie die Entscheidung bei der Bestätigung von Kindesannahmeverträgen oder über die Befreiungen von den Erfordernissen der §§ 1741 Satz 1 und 1744 Satz 1, 3 BGB (vgl. § 68 Rdn. 6, § 68a Rdn. 12). Dagegen ist § 59 anwendbar auf Verrichtungen, die dem VormG im Zusammenhang mit einer Kindesannahme obliegen, wie Erteilung der vormundschaftsgerichtlichen Genehmigungen (§§ 1751, 1755, 1770 BGB) und die Entscheidungen nach §§ 1747 Abs. 3, 1770a, 1770b BGB (vgl. Vorbem. vor § 65 Rdn. 34, 32; § 56d Rdn. 15). Nicht anwendbar ist § 59 bei Entscheidungen des Amtsgerichts in Personenstandssachen (§§ 45, 47 PStG)[2]); soweit ein über 14 Jahre alter Minderjähriger den Annahmevertrag selbst zu schließen hat (§ 1751 Abs. 2 BGB), liegt für die Beischreibung des Randvermerks im Geburtenbuch (§ 30 PStG) auch kein Fall von Teilgeschäftsfähigkeit vor, weil der Minderjährige der Zustimmung des gesetzlichen Vertreters bedarf (§ 13 Rdn. 19).

C. Voraussetzungen der selbständigen Befähigung zur Beschwerdeführung

I. Persönliche Voraussetzungen

3 *1. Kind oder Mündel.* Beschwerdeführer muß ein unter elterlicher Gewalt stehendes Kind oder ein unter Vormundschaft stehender Mündel sein. Ein Kind hört nicht deswegen auf, unter elterlicher Gewalt zu stehen, weil ihm in der Angelegenheit wegen Verhinderung des Inhabers der elterlichen Gewalt ein Ergänzungspfleger (§ 1909 BGB) bestellt worden ist oder weil neben der elterlichen Gewalt der Mutter (§ 1705 BGB) eine Pflegschaft nach § 1706 BGB besteht; steht daher der Mutter die elterliche Gewalt nach § 1671 BGB zu und ist dem Kinde für den Abschluß eines Kindesannahmevertrages mit dem Ehemann der Mutter ein Pfleger bestellt worden (§§ 1629 Abs. 2, 1795 Abs. 1 Nr. 1 BGB), so ist das über 14 Jahre alte Kind nach § 59 selbständig beschwerdefähig, wenn der in seinem Namen von dem Pfleger gestellte Antrag auf Ersetzung der Einwilligung des Vaters (§ 1747 Abs. 3 BGB) vom VormG zurückgewiesen wird. Bei Mündeln macht es keinen Unterschied, ob es sich um eine Altersvormundschaft über Minderjährige (§ 1773 BGB) oder um eine Vormundschaft über Volljährige (§§ 1896, 1906 BGB) handelt. Auch wer wegen Geistesschwäche, wegen Verschwendung oder wegen Trunksucht entmündigt ist oder nach § 1906 BGB unter vorläufiger Vormundschaft steht, ist nach Maßgabe des § 59 selbständig beschwerdefähig (vgl. § 114 BGB), soweit er nicht (Abs. 2) aus dem tatsächlichen Grunde des § 104 Nr. 2 BGB geschäftsunfähig ist[3]). Nicht erforderlich ist, daß der Vormund (Pfleger) bereits bestellt ist[4]). Dagegen bezieht sich die Vorschrift nicht auf volljährige *Pflegebefohlene*, da die Anordnung einer Pflegschaft als solche die nach bürgerlichem Recht bestehende Geschäftsfähigkeit und damit die volle Verfahrensgeschäftsfähigkeit ohne die Beschränkungen des § 59 Abs. 1 nicht berührt und § 53 ZPO im Verfahren der freiwilligen Gerichtsbarkeit nicht anwendbar ist[5]).

4 *2. Altersgrenze.* Der Beschwerdeführer muß das 14. Lebensjahr vollendet haben (Abs. 2). Berechnung nach § 187 Abs. 2 Satz 2 BGB; wer am Monatsersten geboren ist, vollendet sein Lebensjahr mit dem Ablauf des vorgehenden Monats[6]). Maßgebend ist der Zeitpunkt der

[1]) Vgl. BayObLG SeuffBl. 75, 573; BayObLGZ 24, 150; Schlegelberger Anm. 4; Keidel Anm. 3.
[2]) A.M. Keidel Anm. 2 a.
[3]) BayObLGZ 11, 248; München DFG 1936, 242.
[4]) KGJ 34 A 11 = RJA 8, 170; Schlegelberger Anm. 2.
[5]) KG OLGR 7, 126; RGZ 52, 223; 145, 284, 288; BGHZ 35, 1, 5; Schlegelberger Anm. 1; Keidel Anm. 5.
[6]) BVerwG NJW 1961, 1227; BGH Betr. 1965, 1368.

Beschwerdeeinlegung; wird das Alter erst im Laufe des Beschwerdeverfahrens erreicht, so tritt nicht Heilung ein, sondern das Rechtsmittel muß wiederholt werden, so daß ein inzwischen eingetretener Ablauf einer Beschwerdefrist schädlich ist. In den Fällen des § 59 Abs. 1 Satz 2 wird die Altersgrenze durch § 1827 Abs. 2 BGB modifiziert; da der Mündel in den dort genannten Angelegenheiten (z. B. vormundschaftsgerichtliche Genehmigung von Rechtsgeschäften über Grundstücke und Erwerbsgeschäfte) erst gehört zu werden braucht, wenn er das 18. Lebensjahr vollendet hat, steht ihm auch die selbständige Beschwerdebefähigung erst von diesem Alter ab zu. Andererseits aber verbleibt es bei der Altersgrenze des § 59 Abs. 2, obwohl nach § 1827 Abs. 1 BGB auch der noch nicht 14 Jahre alte Mündel vor der Entscheidung über die Genehmigung eines Lehr-, Dienst- oder Arbeitsvertrages gehört werden soll.

3. Ausschluß Geschäftsunfähiger. Die verfahrensrechtliche Privilegierung von Kindern und **5**
Mündeln nach Maßgabe des § 59 Abs. 1 soll auf beschränkt Geschäftsfähige begrenzt sein; Geschäftsunfähige werden von dieser Befugnis durch Abs. 2 ausgeschlossen, weil von ihnen die nötige Einsichtsfähigkeit nicht erwartet werden kann. Damit kehrt das Gesetz zu der Regel des § 105 BGB zurück, wonach Willenserklärungen eines Geschäftsunfähigen nichtig und demzufolge seine Verfahrenshandlungen unwirksam sind. Die selbständige Beschwerdebefähigung fehlt daher Kindern und Mündeln, die wegen Geisteskrankheit entmündigt sind (§ 104 Nr. 3 BGB), von dem Zeitpunkt an, in dem die Entmündigung gemäß § 661 ZPO wirksam geworden ist, sowie den aus dem tatsächlichen Grunde des § 104 Nr. 2 BGB wegen Geisteskrankheit Geschäftsunfähigen; insoweit gelten die zu § 13 Rdn. 16 erörterten Grundsätze auch im Rahmen des § 59. Unberührt, weil durch § 59 überhaupt nicht betroffen, bleibt die nicht auf die Beschwerdeeinlegung beschränkte und ohne Rücksicht auf die Geschäftsfähigkeit bestehende Verfahrensgeschäftsfähigkeit bei Freiheitsentziehungen und bei der Anordnung und Aufhebung von Vormundschaften und Pflegschaften (§ 13 Rdn. 20 bis 23).

II. Gegenständliche Voraussetzungen

Die selbständige Fähigkeit zur Beschwerdeführung ist nach dem Gegenstand des Verfah- **6**
rens beschränkt.

1. Die Person betreffende Angelegenheiten. Die Angelegenheit, in der die Beschwerde **7**
eingelegt wird, muß die *Person* des beschwerdeführenden Kindes oder Mündels betreffen. Dieser Begriff ist weiter als der in § 57 Abs. 1 Nr. 9 verwendete Begriff der die *Sorge für die Person* betreffenden Angelegenheiten. Es gehören dazu alle die Person des Kindes oder Mündels, also seine Lebensführung und Lebensstellung unmittelbar oder mittelbar und nicht ausschließlich sein Vermögen berührenden Angelegenheiten. Hierher sind zu rechnen die Verrichtungen des Vormundschaftsgerichts nach §§ 112, 1597, 1599 Abs. 2 Satz 2 mit §§ 1721, 1735a, Art. 12 § 8 NichtehelG (Anfechtung der Ehelichkeit), 1600l Abs. 2 (Anfechtung der Vaterschaftsanerkennung), 1615e Abs. 2, 1631 Abs. 2, 1632 Abs. 2, 1634, 1666 Abs. 1, 1671, 1672, 1674, 1678 Abs. 2, 1679 Abs. 1, 1680, 1681 Abs. 2 Satz 3, 1693, 1711, 1887, 1889 Abs. 1 und 2 BGB, die Entscheidung von Meinungsverschiedenheiten zwischen gesamtvertretungsberechtigten Eltern oder zwischen Eltern und Pfleger nach § 1630 Abs. 2 und die Entziehung des Vertretungsrechts nach §§ 1629, 1796, sofern die Angelegenheit die Person des Kindes betrifft, die Entscheidungen nach §§ 1707, 1727, 1738 Abs. 2, 1740a, 1747 Abs. 3, 1751 Abs. 2, 1755, 1770, 1770a, 1770b, 1758a, 1765 Abs. 2, 1800 BGB, die Entscheidungen nach §§ 15 Abs. 2, 9, 35 RuStAngG, § 57 JWG, §§ 2, 11 NamensÄndG, § 9 Abs. 1 der VO gegen Mißstände im Auswanderungswesen vom 14. 2. 1924 (RGBl. I 107). Wie im Fall des § 57 Abs. 1 Nr. 9 genügt es auch hier, daß die Person des Kindes oder Mündels durch die beanstandete Verfügung mitbetroffen wird. Ausgeschlossen sind nur solche Verfügungen, die sich lediglich auf das Vermögen beziehen[7]). Deshalb gilt § 59 in allen Angelegenheiten, welche die Person und das Vermögen gemeinsam betreffen, z. B. die Anordnung der Vormundschaft oder vorläufigen Vormundschaft überhaupt, die Einsetzung und Aufhebung eines Familienrats, die Abgabe der Vormundschaft an ein anderes Gericht sowie die Auswahl und

[7]) KG JW 1931, 2511; KG EJF A I 1 Nr. 1; Keidel Anm. 10; Schlegelberger Anm. 6.

Entlassung des Vormundes, weil dessen Wirkungskreis nicht auf die Vermögenssorge beschränkt ist, wobei es nicht darauf ankommt, ob die Entlassung im Hinblick auf die Art der Vermögensverwaltung oder im Hinblick auf Maßnahmen der Personensorge erstrebt wird[8]). Auch Angelegenheiten der Vermögensverwaltung können hierher gehören, wenn dadurch der Unterhalt des Kindes oder Mündels berührt wird[9]) oder wenn die vermögensrechtliche Maßnahme zu einer Schmälerung der zum Unterhalt bereitstehenden Mittel führt, z. B. die Festsetzung einer Vergütung für den Vormund[10]). Rein vermögensrechtlicher Art und deshalb nicht unter § 59 fallend ist z. B. die Genehmigung eines Erbverzichts (§ 2347 Abs. 1 BGB) oder der Aufhebung eines Erbvertrages (§ 2290 Abs. 3 BGB).

8 In einer Reihe weiterer Angelegenheiten wird zwar ebenfalls unmittelbar die Person des Kindes oder Mündels betroffen, die Verfahrensgeschäftsfähigkeit beschränkt Geschäftsfähiger ergibt sich aber nicht erst aus § 59 Abs. 1 mit der Beschränkung auf das Beschwerdeverfahren und in Konkurrenz mit dem gesetzlichen Vertreter, sondern sie beruht unmittelbar auf einer vom bürgerlichen Recht verliehenen *Teilgeschäftsfähigkeit* (vgl. bereits § 13 Rdn. 19) mit der Folge, daß der Beteiligte auch im Verfahren einem Geschäftsfähigen völlig gleichsteht[11]). Deshalb ist der Minderjährige selbständig verfahrensgeschäftsfähig für den Antrag auf Ersetzung der Ermächtigung des Vormunds zum Eintritt in ein Dienst- oder Arbeitsverhältnis (§ 113 Abs. 3 BGB), die minderjährige Verlobte im Verfahren nach § 1 Abs. 2 EheG zur Befreiung vom Erfordernis der Ehemündigkeit (Anh. zu § 56 Rdn. 8) oder von den Eheverboten der Schwägerschaft, der Geschlechtsgemeinschaft und des Ehebruchs nach §§ 4 Abs. 3, 6 Abs. 2 EheG (§ 44a Rdn. 12, § 44b Rdn. 9); die minderjährige Verlobte ist fähig, die Erteilung des Auseinandersetzungszeugnisses (§ 9 EheG) selbständig zu betreiben[12]), den Antrag auf Ersetzung der Einwilligung zur Eheschließung (§ 3 Abs. 3 EheG) oder der Genehmigung einer aufhebbaren Ehe (§ 30 Abs. 3 EheG) zu stellen, gegen die Weigerung des Standesbeamten, die Eheschließung entgegenzunehmen oder ein Ehefähigkeitszeugnis (§ 69b PStG) auszustellen, das Amtsgericht nach § 45 PStG anzurufen[13]). Die minderjährige Ehefrau ist verfahrensgeschäftsfähig in Angelegenheiten der Schlüsselgewalt (§ 1357 mit § 165 BGB), die in der Geschäftsfähigkeit beschränkte geschiedene Ehefrau im Hinblick auf § 612 Abs. 1 ZPO im Rahmen der §§ 55, 57 EheG. In diesen Fällen ist die Verfahrensgeschäftsfähigkeit nicht, wie nach § 59, auf das Beschwerdeverfahren beschränkt, sondern sie umfaßt auch das Verfahren des ersten Rechtszuges einschließlich der Stellung des zur Einleitung des Verfahrens etwa erforderlichen Antrags, während § 59 auf die Befugnis zur Antragstellung nicht auszudehnen ist. Ferner führt die Teilgeschäftsfähigkeit dazu, daß in diesem Teilbereich der gesetzliche Vertreter von der Vertretung auch im Verfahren überhaupt ausgeschlossen ist (§ 13 Rdn. 19), während die Beschwerdebefähigung aus § 59 Abs. 1 die Befugnis des gesetzlichen Vertreters, im Namen des Kindes oder Mündels Beschwerde einzulegen, unberührt läßt. Für die Anträge nach § 1612 Abs. 2 BGB und § 3 BGB, § 56 FGG (Volljährigkeitserklärung) besteht Teilgeschäftsfähigkeit schon im ersten Rechtszuge, in diesen Fällen bleibt aber der gesetzliche Vertreter neben dem Minderjährigen zur Vertretung berufen (vgl. § 56 Abs. 1).

9 Die Fähigkeit zur Beschwerdeführung nach § 59 ist beschränkt auf Verfügungen, die in den *Angelegenheiten des Kindes oder Mündels selbst* ergehen; sie gilt nicht für die Anfechtung von Verfügungen, die in Angelegenheiten dritter Personen, etwa von Angehörigen oder Verwandten, ergehen[14]). Auch hier kann aber Teilgeschäftsfähigkeit auf Grund anderer Vor-

[8]) KG JFG 15, 198 = DFG 1937, 85 unter Aufgabe von KGJ 30 A 9 = RJA 6, 7; Schlegelberger Anm. 6; Keidel Anm. 8.
[9]) KGJ 31 A 29 = RJA 6, 198.
[10]) KG JFG 15, 198 = DFG 1937, 85.
[11]) Vgl. KGJ 37 A 39; BayObLG OLGR 33, 11; Jastrow ZZP 25, 531; Aron ZZP 27, 340; Josef DNotV 1904, 380; ders., Recht 1904, 248; Josef FGG² § 13 Zus. I B c, § 59 Anm. 2; Schlegelberger § 13 Anm. 8.
[12]) Josef SeuffBl. 75, 669; Rohde ZBlFG 11, 60; Schlegelberger § 13 Anm. 8.
[13]) Josef FGG² § 13 Zus. I B c; Schlegelberger § 13 Anm. 8.
[14]) KGJ 25 A 184 = RJA 3, 171; KG HRR 1932 Nr. 2190; KG JFG 16, 255; BayObLG SeuffA 70, 205; Unger ZZP 37, 436 Fn. 108; Schlegelberger Anm. 3; Keidel Anm. 10; BayObLGZ 1969, 25, 28.

schriften bestehen; der beschränkt geschäftsfähige Elternteil, dem nach § 1673 Abs. 2 BGB die tatsächliche Personensorge zusteht, ist unbeschränkt verfahrensgeschäftsfähig gegen Beeinträchtigungen dieses Rechts, z. B. gegen die Anordnung der Fürsorgeerziehung seines Kindes sowie in Verfahren nach §§ 1671, 1672 BGB[15]), ebenso nach § 1770b Abs. 4 BGB der beschränkt geschäftsfähige Elternteil für den Antrag auf Aufhebung des Kindesannahmeverhältnisses.

2. *Angelegenheiten, in denen der Mündel vor der Entscheidung gehört werden soll.* Die Befähigung zur selbständigen Beschwerdeführung erstreckt sich nach Abs. 1 Satz 2 ferner auf Angelegenheiten, in denen die Anhörung des Mündels vor der Entscheidung des VormG vorgeschrieben ist. Das Gesetz verweist damit, was den Kreis dieser Angelegenheiten betrifft, auf § 1827 BGB. Danach soll das VormG den Mündel hören ohne Rücksicht auf sein Alter vor der Entscheidung über die Genehmigung eines Lehrvertrages oder eines Vertrages über die Eingehung eines Dienst- oder Arbeitsverhältnisses und, wenn der Mündel das 14. Lebensjahr vollendet hat, vor der Entscheidung über die Genehmigung der Entlassung des Mündels aus dem Staatsverbande, ferner, wenn der Mündel das 18. Lebensjahr vollendet hat, vor der Entscheidung über die Genehmigung eines der in § 1821 und § 1822 Nr. 3 bezeichneten Rechtsgeschäfte sowie vor der Entscheidung über die Genehmigung des Beginns oder der Auflösung eines Erwerbsgeschäfts. Es handelt sich hierbei durchweg um Entscheidungen, die für die Lebensführung und die Vermögensverhältnisse des Mündels von einschneidender Bedeutung sind, so daß es angemessen ist, daß das VormG dessen persönliche Meinung erfährt. Wegen der Bedeutung der Altersgrenzen des § 1827 BGB für die Beschwerdebefähigung vgl. oben Rdn. 4. Die Fähigkeit zur Beschwerdeführung besteht unabhängig davon, ob der Mündel wirklich gehört worden ist oder nicht und ob die Anhörung tunlich war (§ 1827 Abs. 2 BGB) oder nicht. Die in § 59 Abs. 1 Satz 2 gewählte Umschreibung ist nur ein gesetzestechnisches Mittel zur Bezeichnung des Kreises der damit gemeinten Angelegenheiten. Die Beschwerdebefugnis wird nicht dadurch berührt, daß der Mündel bei seiner Anhörung der Verfügung zugestimmt hat, nunmehr aber mit der Beschwerde eine andere Meinung vertritt[16]). Das Gesetz erwähnt in § 59 Abs. 1 Satz 2 abweichend von Satz 1 nur Mündel; für unter elterlicher Gewalt stehende Kinder gilt dieser Teil der Vorschrift mithin nicht; das ergibt sich auch daraus, daß das BGB keine Vorschrift enthält, nach welcher auch unter elterlicher Gewalt stehende Kinder vor der Entscheidung gehört werden sollen; § 1695 Abs. 2 BGB schreibt die Anhörung nicht in diesem Sinne vor. In den Fällen der §§ 1738 Abs. 3 Satz 1, 1765 Abs. 2 Satz 2 BGB ist bereits ein Vormundschaftsfall gegeben. Da aber § 1827 BGB nach § 1915 BGB auf die Pflegschaft entsprechend anwendbar ist, steht die erweiterte Beschwerdebefähigung nach Abs. 1 Satz 2 auch dem unter elterlicher Gewalt stehenden Kinde zu, wenn in der Angelegenheit ein nach § 1909 BGB bestellter Pfleger oder der Pfleger nach § 1706 BGB gehandelt hat, übrigens auch, wenn ein Pflegschaftsfall gegeben, ein Pfleger aber noch nicht bestellt ist[17]). 10

D. Umfang der Beschwerdebefähigung

I. Beschwerdeverfahren

Liegen die Voraussetzungen des § 59 vor, so ist das Kind oder der Mündel nicht nur zur förmlichen Beschwerdeeinlegung, sondern zu allen Verfahrenshandlungen befähigt, die das Beschwerdeverfahren mit sich bringt[18]). Kind und Mündel sind selbständig fähig, Wiedereinsetzung in den vorigen Stand zu beantragen, das Armenrecht für das Beschwerdeverfahren nachzusuchen, Richter und Sachverständige abzulehnen, der Beweisaufnahme beizuwohnen und Zustellungen entgegenzunehmen; sie können auch selbständig einen Rechtsanwalt oder 11

[15]) KG JFG 16, 253; BayObLGZ 1969, 25 (§ 1671); Keidel Anm. 10.

[16]) Denkschr. S. 51; Wellstein[2] § 59 Anm. 1 b; Schlegelberger Anm. 7; Keidel Anm. 11; vgl. aber zu § 31 PStG Anh. zu § 56 a Rdn. 15.

[17]) KGJ 34 A 11 = RJA 8, 170; Schlegelberger Anm. 7; Keidel Anm. 12.

[18]) Keidel Anm. 13; Lent-Habscheid[4] § 15 III 3; Bärmann § 9 II 4 a.

eine andere Person zu ihrem Verfahrensbevollmächtigten bestellen[19]). Die Befugnis des gesetzlichen Vertreters, namens des Kindes oder Mündels Beschwerde einzulegen, bleibt daneben bestehen[20]). Das Beschwerderecht des Kindes oder Mündels ergibt sich nicht aus § 59, wird auch durch diese Vorschrift nicht erweitert, sondern muß nach § 20 begründet sein. In der Ausübung dieses materiell dem Kinde oder Mündel allein zustehenden einheitlichen Beschwerderechts sind aber gesetzlicher Vertreter und Vertretener voneinander unabhängig. Ein Verzicht auf das Beschwerderecht oder eine Rechtsmittelrücknahme durch den gesetzlichen Vertreter ist für das Kind (Mündel) unverbindlich; andererseits kann der gesetzliche Vertreter einen Rechtsmittelverzicht oder eine Rechtsmittelrücknahme des Kindes (Mündels) nicht verhindern[21]).

II. Antragsrecht

12 Aus der dem Kinde oder Mündel in § 59 verliehenen Befähigung zur selbständigen Beschwerdeführung folgt nicht die Befähigung zur Antragstellung, wenn ein Antrag notwendige Voraussetzung für die Einleitung des Verfahrens des ersten Rechtszuges ist[22]). Die Verfahrensgeschäftsfähigkeit für die Stellung von Anträgen muß beschränkt Geschäftsfähigen vom Gesetz besonders (z. B. § 56 FGG) oder dadurch verliehen sein, daß das bürgerliche Recht ihnen für bestimmte Angelegenheiten Teilgeschäftsfähigkeit einräumt (§ 13 Rdn. 19 und oben Rdn. 8). Soweit Verfahren von Amts wegen eingeleitet werden, bleibt es auch beschränkt geschäftsfähigen Kindern und Mündeln unbenommen, mit Anregungen an das VormG heranzutreten (§ 13 Rdn. 26). Erst wenn das VormG ein Einschreiten ablehnt und Gegenstand der Verfügung eine der in § 59 Abs. 1 bezeichneten Angelegenheiten ist, steht ihnen die Befähigung zur Beschwerdeeinlegung zu.

III. Bekanntmachung

13 Aus dem Umstand, daß das Kind (Mündel) nach § 59 zur Beschwerde berechtigt wäre, folgt nicht, daß jede hierunter fallende Verfügung, auch wenn sie nicht auf den Antrag (die Anregung) des Kindes oder Mündels ergangen ist, diesem neben dem Inhaber der elterlichen Gewalt oder dem Vormund bekanntgemacht werden müßte[23]). Das geschieht auch in der Praxis weithin nicht. Die Rechtslage ist ähnlich wie im Fall des § 57, in dem ebenfalls Beschwerderechte eingeräumt werden, ohne daß die Bekanntmachung der Verfügung an alle Beschwerdeberechtigten gewährleistet ist, mit dem Unterschied allerdings, daß im Fall des § 57 die Beschwerdeberechtigten häufig, wenn auch nicht immer, unbekannt sein werden, während hier die Bekanntmachung immerhin durchführbar, wenn auch oft, wie etwa bei Entscheidungen nach §§ 1666, 1634, 1671 BGB, dem Kinde nicht zuträglich wäre. Die Bekanntmachung an das Kind steht daher im Ermessen des VormG. Das muß auch für die Fälle der sofortigen Beschwerde gelten[24]). Im ersten Rechtszuge wird das Kind (Mündel) in den Fällen des § 59 von dem gesetzlichen Vertreter vertreten; die Bekanntmachung der Entscheidung gehört zum ersten Rechtszug, den sie abschließt, und hat deshalb auch mit Wirkung für den Vertretenen an den gesetzlichen Vertreter zu erfolgen. Daraus folgt allerdings, daß die Zustellung an diesen die Beschwerdefrist auch für das Kind oder den Mündel

[19]) KGJ 31 A 29 = RJA 6, 168; München JFG 13, 271; KG FamRZ 1962, 482 a. E.; BayObLGZ 1963, 209, 213; Keidel Anm. 14; wegen der Überwachung des Verkehrs mit dem Bevollmächtigten durch den Vormund vgl. KG JFG 21, 155.

[20]) Darmstadt OLGR 32, 328; Ebert-Dudek-Lindemann FGG[2] Anm. 1; Schlegelberger Anm. 2.

[21]) Josef FGG[2] Anm. 4; Keidel Anm. 13; Wellstein[2] Anm. 3.

[22]) Breit ZBlFG 4, 478, 479; Josef DNotV 4, 377—384; Ebert-Dudek-Lindemann FGG[2] Anm. 3; Josef FGG[2] Anm. 5; Schlegelberger Anm. 5; Lent-Habscheid[4] § 15 III 3; Bärmann § 9 II 4 a; Keidel Anm. 2; Staudinger-Göppinger BGB[11] § 1666 Anm. 325; Pikart-Henn S. 168; a.M. Jastrow ZZP 25, 530—534; Unger ZZP 34, 305 Fn. 167, 37, 437; Baur § 13 Fn. 8.

[23]) Josef FGG[2] Anm. 4; Ebert-Dudek-Lindemann FGG[2] Anm. 1; Wellstein[2] Anm. 4; a.M. Staudinger-Engelmann BGB[9] § 1827 Anm. 5; Soergel-Germer BGB[9] § 1827 Anm. 4.

[24]) A.M. Schlegelberger Anm. 2; Keidel Anm. 15.

in Lauf setzt. Das gilt natürlich nicht, wenn das Kind oder Mündel in dem Verfahren schon für die Stellung des Antrags verfahrensgeschäftsfähig ist (oben Rdn. 8).

IV. Weitere Beschwerde

Auf die Einlegung der weiteren Beschwerde ist § 59 nach § 63 entsprechend anwendbar. **14**

E. Rechtspfleger. Nichtgerichtliche Behörden

Die Regelung des § 59 ist gemäß § 11 Abs. 4 RechtspflG sinngemäß anwendbar auf die **15**
Befähigung zur Einlegung der Erinnerung gegen Verfügungen des Rechtspflegers. Die Vorschrift gilt auch, wenn nach Landesgesetz andere als gerichtliche Behörden zuständig sind (§ 194 Rdn. 2).

F. Sondervorschriften

für die Beschwerdeführung Minderjähriger enthalten §§ 65 Abs. 4, 67 Abs. 2 JWG für **16**
die sofortige Beschwerde gegen die Anordnung der *Fürsorgeerziehung* (vgl. dazu § 13 Rdn. 18). Für die Beschwerde des Minderjährigen gegen die Anordnung der Erziehungsbeistandschaft (§ 57 JWG) gilt § 59 unmittelbar[25]).

5. Sofortige Beschwerde

60 **Die sofortige Beschwerde findet statt:**

1. gegen eine Verfügung, durch die ein als Vormund, Pfleger, Gegenvormund, Beistand oder Mitglied des Familienrats Berufener übergangen wird;

2. gegen eine Verfügung, durch welche die Weigerung, eine Vormundschaft, Pflegschaft, Gegenvormundschaft oder Beistandschaft zu übernehmen, zurückgewiesen wird;

3. gegen eine Verfügung, durch die ein Vormund, Pfleger, Gegenvormund oder Beistand gegen seinen Willen entlassen wird;

4. gegen eine Verfügung, durch die der Familienrat aufgehoben oder ein Mitglied des Familienrats gegen seinen Willen entlassen wird;

5. gegen eine Verfügung, durch die ein Volljähriger unter vorläufige Vormundschaft gestellt wird;

6. gegen Verfügungen, die erst mit der Rechtskraft wirksam werden.

Die Frist beginnt in den Fällen des Abs. 1 Nr. 1 mit dem Zeitpunkt, in welchem der Beschwerdeführer von seiner Übergehung Kenntnis erlangt, im Falle der Aufhebung des Familienrats mit dem Zeitpunkt, in welchem das Vormundschaftsgericht die bisherigen Mitglieder von der Aufhebung in Kenntnis setzt.

In Abs. 1 Nr. 1 ist das Wort „Beistand", nachdem es durch Art. 4 Nr. 11 GleichberG gestrichen worden war, wieder eingefügt worden durch Art. 7 Nr. 21 des G über die rechtliche Stellung der nichtehelichen Kinder v. 19. 8. 1969 (BGBl. I 1243), in Kraft getreten am 1. 7. 1970.

A. Allgemeines

Die Vorschrift bezeichnet eine Reihe von Verfügungen des VormG, gegen welche das nach **1**
§ 19 statthafte Rechtsmittel durch Einführung der *sofortigen Beschwerde* befristet sein soll. Bei den in den Nrn. 1 bis 5 genannten Verfügungen erschien dem Gesetzgeber eine Befristung der Beschwerde geboten, weil sie die Grundlage für die gesamte vormundschaftliche Verwal-

[25]) Riedel JWG § 57 Anm. 14; Staudinger-Göppinger BGB[11] Anh. nach § 1666 Anm. 71; Palandt-Lauterbach BGB[28] § 57 JWG Anm. 4.

tung oder doch für die Tätigkeit des jeweiligen Vormundes oder Pflegers bilden. Bei der Nr. 6 liegt es in der Natur der Sache, daß gegen Verfügungen, deren Wirksamkeit erst mit der Rechtskraft eintritt, nur die sofortige Beschwerde gegeben sein darf, weil ohne die Befristung die formelle Rechtskraft nicht alsbald eintreten würde (Denkschr. S. 51). Die Vorschrift regelt und erweitert nicht etwa das Beschwerderecht, sondern ihre Bedeutung erschöpft sich darin, die Befristung des Rechtsmittels zu bestimmen[1]). Das Beschwerderecht muß sich aus den §§ 20, 57 bis 59 ergeben. Die Befristung des Rechtsmittels in den in § 60 genannten Fällen gilt für alle Beschwerdeberechtigten.

B. Die sofortige Beschwerde

findet nach § 60 gegen nachstehende Verfügungen des VormG statt:

1. Übergehung eines als Vormund, Pfleger, Gegenvormund oder Mitglied des Familienrats Berufenen

2 *a)* Zur Vormundschaft über *Minderjährige* ist nur berufen, wer von den Eltern des Mündels, denen zur Zeit ihres Todes die Sorge für die Person und das Vermögen des Kindes zusteht, durch letztwillige Verfügung als Vormund benannt ist (§§ 1776, 1777 BGB); für eine minderjährige Ehefrau darf jedoch der Mann vor dem Berufenen bestellt werden (§ 1778 Abs. 3 BGB). Auch das Jugendamt und rechtsfähige Vereine dürfen nach §§ 1791a, 1791b, 1915 BGB vor einem Berufenen nur noch bestellt werden, wenn die Voraussetzungen des § 1778 Abs. 1 BGB für dessen Übergehung vorliegen (BT-Drucks. V/2370 S. 84). Dieselben Vorschriften gelten für die Berufung zum Gegenvormund (§ 1792 Abs. 4 BGB). Bei der *Vormundschaft über Volljährige* gibt es eine Berufung nur kraft Gesetzes; berufen sind die Eltern mit gleichem Rang, mithin auch der nichteheliche Vater, was schwerlich angebracht sein kann; jedoch darf der Ehegatte des Mündels vor ihnen bestellt werden (§§ 1898 bis 1900 BGB). Bei der vorläufigen Vormundschaft gibt es keine Berufung (§ 1907 BGB). Für die Berufung zur *Pflegschaft gelten* grundsätzlich die Regeln über die Berufung zur Altersvormundschaft oder zur Vormundschaft über Volljährige, je nachdem, ob der Pflegebefohlene minderjährig oder volljährig ist (§ 1915 BGB). Für die Pflegschaft für eine Leibesfrucht (§ 1912) gelten mithin §§ 1776 bis 1778; zur Gebrechlichkeits- und Abwesenheitspflegschaft (§§ 1910, 1911) sind die Eltern berufen (§ 1915, 1899, 1900). Für die Ergänzungspflegschaften gelten die Vorschriften über die Berufung nicht (1916), jedoch ist für die Pflegschaft nach § 1909 Abs. 1 Satz 2 in § 1917 Abs. 1 ein selbständiger Berufungsgrund geregelt. Bei den Pflegschaften nach §§ 1913, 1914 kommt nach der Natur der Sache eine Berufung nicht in Betracht, ebensowenig bei der Pflegschaft nach § 1706 BGB. Die Berufung zum *Familienrat* regeln §§ 1861, 1868, 1905 Abs. 2 BGB. Der Berufene hat ein subjektives öffentliches Recht darauf, bestellt zu werden[2]), sofern kein Unfähigkeits- oder Untauglichkeitsgrund (§§ 1780, 1781, 1784) und kein gesetzlicher Übergehungsgrund (§§ 1778, 1900 BGB vorliegt. Eine Berufung zum *Beistand* gibt es nicht mehr (1691 n. F. gegen § 1694 BGB a. F.). Die Einbeziehung des Beistandes in Nr. 1 durch Art. 7 Nr. 21 NichtehelG beruht daher auf einem Redaktionsversehen. Der Elternteil kann zwar den Antrag auf die Bestellung eines bestimmten Beistandes beschränken[3]); weicht das VormG hiervon ab, so steht nur dem Elternteil, nicht dem Vorgeschlagenen, ein Beschwerderecht zu.

3 *b) Übergehung* liegt vor, sobald ein Antrag des Berufenen, ihn zu bestellen, zurückgewiesen wird, auch wenn noch keine andere Person bestellt ist[4]); ferner, wenn ein anderer Vormund bestellt wird, gleichviel, ob die Übergehung bewußt oder unwissentlich erfolgte und in der Bestellung ausgedrückt ist[5]). Ist die Zurückweisung des Bestellungsantrags unanfechtbar geworden, so steht dem Übergangenen die Beschwerde auch nicht mehr gegen die Verfügung zu, durch die später ein anderer zum Vormund bestellt wird; der Berufene kann

[1]) KGJ 45, 38 = RJA 13, 188; KG OLGZ 1965, 237.
[2]) Dölle, FamR § 120 I; Staudinger-Engler BGB[11] § 1778 Anm. 2.
[3]) KGJ 34 A 37 = RJA 8, 254.
[4]) KGJ 29 A 7 = RJA 5, 130 = OLGR 10, 322.
[5]) KG OLGR 43, 377 Anm.

nicht wegen seiner Übergehung die Entlassung des Bestellten verlangen[6]). Erlischt das Amt des unter Übergehung des Berufenen bestellten Vormundes, so begründet eine erneute Übergehung eine neue Beschwer[7]). Eine unzulässige Übergehung hat nicht die Nichtigkeit der Verfügung zur Folge, durch die ein anderer bestellt wird[8]).

c) Das *Beschwerderecht* aus § 20 steht dem Übergangenen wegen Verletzung seines subjektiven Rechts auf Bestellung (Rdn. 2) zu. Den in § 1779 Abs. 2 Satz 3 BGB zur Berücksichtigung empfohlenen Verwandten und Verschwägerten (danach auch der unehelichen Mutter) steht wegen ihrer Nichtberücksichtigung kein Beschwerderecht aus § 20 zu[9]), auch nicht, wenn sie entgegen § 1779 Abs. 3 BGB nicht gehört worden sind (§ 12 Rdn. 51). Ein nach § 57 Abs. 1 Nr. 9 Beschwerdeberechtigter kann aber im Interesse des Mündels die Auswahl des Vormundes mit der unbefristeten Beschwerde anfechten und dadurch bei einem Erfolg dieser Beschwerde den Weg für die Bestellung des Berufenen freimachen[10]). Bei einer Häufung beider Beschwerdegründe ist die Beschwerde, soweit sie sich gegen die Übergehung richtet, die sofortige, soweit sie die Auswahl des Bestellten rügt, die unbefristete[11]). Auch die auf § 60 Abs. 1 Nr. 1 gestützte Beschwerde eines Dritten ist die sofortige[12]). Ist die Beschwerde begründet, so muß der bisherige Vormund entlassen und der Berufene zum Vormund bestellt werden. Vor der Entscheidung ist der bestellte Vormund zu hören[13]). Wegen des Beginns der Beschwerdefrist vgl. Rdn. 16. Das VormG kann die eine unberechtigte Übergehung enthaltende Verfügung nicht ändern (§ 18 Abs. 2), auch wenn die Übergehung auf einem erst nachträglich erkannten Tatsachen- oder Rechtsirrtum beruht[13a]). **4**

2. Zurückweisung der Weigerung, eine Vormundschaft, Pflegschaft, Gegenvormundschaft oder Beistandschaft zu übernehmen

a) Die Übernahme dieser Ämter ist eine Staatsbürgerpflicht öffentlich-rechtlicher Art für jeden Deutschen i. S. des Art. 116 Abs. 1 GG (§ 1785)[14]). Ein Angehöriger der DDR oder des Ostsektors Berlins kann aber mangels Personalhoheit von einem westdeutschen Gericht nicht zur Übernahme angehalten werden. Die Übernahmepflicht entfällt, wenn der Ausgewählte nach den §§ 1780 bis 1782, 1784 nicht bestellt werden kann oder soll. Außerdem gewährt das Gesetz ein in § 1786 (§§ 1792 Abs. 4, 1915, 1691) und § 21 Satz 2 SoldatenG abschließend geregeltes Ablehnungsrecht, welches nach Art einer Einrede vor der Bestellung geltend zu machen ist (§ 1786 Abs. 2). Die Weigerung und die Beschwerde gegen ihre Zurückweisung können nur gestützt werden auf das Fehlen einer Übernahmepflicht nach §§ 1780 bis 1782, 1784, 1785 oder auf das Bestehen eines Ablehnungsrechts nach § 1786; dagegen kann der Ausgewählte aus eigenem Recht nicht geltend machen, daß er nach § 1779 Abs. 2 BGB nicht hätte ausgewählt werden sollen; denn diese Vorschrift ist lediglich im Interesse des Mündels gegeben[15]). Unter den Voraussetzungen des § 57 Abs. 1 Nr. 9 kann allerdings die (unbefristete) Beschwerde gegen die Auswahl auch auf § 1779 Abs. 2 BGB gestützt werden, wenn die Beschwerde im Interesse des Mündels eingelegt wird, der Ausgewählte zu den nach § 57 Abs. 1 Nr. 9 Beschwerdeberechtigten gehört und die Angelegenheit die Sorge für die Person betrifft. **5**

b) Die *sofortige Beschwerde* gegen die Zurückweisung der Weigerung, für welche dem Ausgewählten mit der Behauptung des Fehlens einer Übernahmepflicht oder des Bestehens eines Ablehnungsrechts ein Beschwerderecht aus § 20 Abs. 1 zusteht, hat keine aufschiebende Wirkung (§ 24 Abs. 1). Erklärt das VormG die auf ein Ablehnungsrecht (§ 1786) gestützte Weigerung für unbegründet, so hat der Ablehnende das Amt auf Verlangen des VormG **6**

6) KGJ 39 A 5.
7) KG OLGR 5, 201; München DFG 1936, 265.
8) BayObLGZ 1958, 308; Keidel Anm. 3.
9) RGZ 64, 288.
10) KGJ 50, 32; 53, 46; BayObLGZ 1951, 660; Köln ZBlJR 1961, 61.
11) BayObLGZ 1951, 660.
12) BayObLG OLGR 43, 377.
13) BayObLG Recht 1914 Nr. 942.
13a) KGJ 39 A 5; Dölle FamR § 120 III 3; Soergel-Germer BGB[9] § 1778 Anm. 9; Staudinger-Engler BGB[11] § 1778 Anm. 14; a.M. Planck-Unzner BGB § 1778 Anm. 7.
14) KGJ 45, 38 = RJA 13, 188; Dölle FamR § 121 I.
15) KG aaO.; KG FamRZ 1963, 376; Dölle FamR § 120 IV 2; a.M. LG Stade FamRZ 1965, 98.

vorläufig zu übernehmen, wozu er durch Ordnungsstrafen angehalten werden kann (§§ 1787 Abs. 2, 1788). Bei begründeter Beschwerde ist die Entlassung anzuordnen.

7 *c)* Gegen die Verfügung, durch die der *Weigerung stattgegeben* wird, findet die unbefristete Beschwerde nach § 19 statt, ebenso gegen die Zurückweisung eines Entlassungsantrags aus § 1889 BGB. Auf Entscheidungen des VormG über die Abgabe der Amtsvormundschaft nach § 44 Abs. 2 JWG ist § 60 Abs. 1 Nr. 2 nicht anzuwenden[16]).

3. Entlassung des Vormundes, Pflegers, Gegenvormundes oder Beistandes gegen seinen Willen

8 *a)* Eine Entlassung aus dem Amt gegen den Willen seines Inhabers kann ihre Grundlage finden in den §§ 1886, 1888, 1895, 1915 und 1691 BGB. Sie liegt aber auch vor, wenn das VormG den vorübergehend verhindert gewesenen zur Vormundschaft Berufenen auf seinen Antrag an Stelle des bisherigen Vormunds bestellt (§ 1778 Abs. 2) oder wenn bei der Bestellung die Entlassung beim Eintritt eines bestimmten Ereignisses vorbehalten war (§ 1790). Ferner ist ein Fall der sofortigen Beschwerde nach Nr. 3 auch gegeben, wenn die Entlassung durch das VormG von Amts wegen gemäß § 18[17]) oder auf Beschwerde durch das Beschwerdegericht darauf gestützt wird, daß eine der Vorschriften über die Auswahl (z. B. §§ 1779 Abs. 2, 1782 BGB) verletzt ist[18]). Die Vorschrift gilt nach § 75 auch für die Entlassung des Nachlaßpflegers oder Nachlaßverwalters[19]) und für die Aufhebung der Bestellung eines Mitvormundes[20]). Die Beschwerde ist nach Nr. 3 eine sofortige, auch wenn nach § 1887 Abs. 1 BGB das Jugendamt als gesetzlicher oder bestellter Amtsvormund oder der Vereinsvormund durch einen Einzelvormund ersetzt oder an Stelle des Jugendamts ein Vereinsvormund oder umgekehrt bestellt wird; die Entlassung liegt in der Bestellung des Einzelvormundes oder des anderen Vormundes[21]). Dagegen gehört eine Entscheidung des VormG nach § 44 Abs. 2 JWG nicht hierher.

9 *b) Wirksam* wird die vom VormG angeordnete Entlassung nach § 16 Abs. 1 mit der Bekanntmachung an den Entlassenen. Das VormG muß daher unbeschadet einer Beschwerde (§ 24 Abs. 1) sogleich einen anderen Vormund bestellen[22]). Wird die Entlassung erst vom LG angeordnet, so wird sie nur nach Maßgabe des § 26 wirksam. Wird die vom VormG angeordnete Entlassung rechtskräftig aufgehoben, so steht mit Rückwirkung fest, daß der Entlassene im Amt geblieben ist (§ 18 Rdn. 31).

10 *c)* Die *sofortige Beschwerde* findet gegen die vom VormG angeordnete Entlassung statt. Gegen die Ablehnung der Entlassung durch das VormG ist die unbefristete Beschwerde gegeben[23]). Ordnet jedoch auf Beschwerde dagegen das LG die Entlassung an, so ist die weitere Beschwerde eine sofortige (§ 29 Rdn. 26). Wird dem AG die Entlassung des Vormundes vom LG im Beschwerdewege aufgegeben, so muß die sofortige weitere Beschwerde gegen diese Entscheidung, nicht erst gegen die zu ihrer Ausführung vom AG verfügte Entlassung gerichtet werden[24]); ebenso, wenn das LG die Bestellung eines anderen Vormundes anordnet[25]). Die weitere Beschwerde ist in solchen Fällen, soweit sie sich gegen die Anordnung der Entlassung richtet, die sofortige, soweit die Anweisung zur Bestellung eines anderen zum Vormund bekämpft wird, die einfache[26]). Das ist im Hinblick auf § 57 Abs. 2 FGG für das *Beschwerderecht* aus § 57 Abs. 1 Nr. 9 von Bedeutung. Das Beschwerderecht gegen die Entlassung kann nur auf § 20 Abs. 1 gestützt werden, steht also dem Entlassenen und dem Mündel zu, nicht aber dem Jugendamt[27]). Hebt das LG die vom VormG angeordnete

16) Keidel Anm. 9; Palandt-Lauterbach[25] § 44 JWG Anm. 5.
17) Vgl. KG JFG 18, 325.
18) KG JFG 12, 126, 128; München JFG 14, 42; BayObLGZ 1961, 189, 193; a.M. Hamburg OLGR 33, 1.
19) Colmar OLGR 21, 293; München JFG 16, 99.
20) BayObLGZ 21, 293; Keidel Anm. 10.
21) KGJ 36 A 35; vgl. Köln JMBlNRW 1963, 16; AchillesGreiff-Beitzke BGB[20] § 44 JWG Anm. 1; a.M. Palandt-Lauterbach BGB[28] § 50 JWG Anm. 4.
22) KG JFG 12, 122 = JW 1935, 2157.
23) München JFG 14, 61.
24) KGJ 29 A 11; vgl. § 25 Rdn. 12; vgl. auch KG JFG 12, 126; München JFG 14, 42.
25) Colmar ZBlFG 18, 417.
26) KG JFG 12, 126; München JFG 14, 42; BayObLGZ 1958, 246.
27) KGJ 53, 46; Oldenburg NdsRpfl. 1962, 152.

Entlassung auf, so ist das Rechtsmittel ebenfalls die sofortige weitere Beschwerde (§ 29 Abs. 2); ein Beschwerderecht kann also nach § 57 Abs. 2 nicht aus § 57 Abs. 1 Nr. 9 hergeleitet werden, steht also z. B. nicht dem Jugendamt, nahen Verwandten des Mündels oder der unehelichen Mutter zu[28]). Im Verfahren zur Ersetzung des Amts- oder Vereinsvormunds durch einen Einzelvormund (§ 1887 Abs. 1 BGB) ergibt sich ein erweitertes Beschwerderecht aus § 1887 Abs. 2 BGB, für welches die durch § 57 Abs. 2 veranlaßte Beschränkung auf § 20 nicht gilt.

d) Die *unbefristete Beschwerde* nach § 19 steht dem Vormund zu gegen die Entziehung der religiösen Erziehung des Mündels nach § 1801 BGB[29]), dem Pfleger gegen die Beschränkung seines Wirkungskreises, die einer Entlassung nicht gleichgestellt werden kann[30]). Gegen eine Verfügung, durch die dem Vormund seine Entlassung angedroht wird, steht ihm die einfache Beschwerde zu[31]). Eine vorläufige Entlassung ist unstatthaft; das VormG kann aber dem Vormund einzelne Handlungen durch Weisungen nach § 1837 BGB bis zu seiner in Aussicht genommenen Entlassung untersagen[32]). Unbefristet ist das Rechtsmittel auch bei einer Entlassung mit Zustimmung des Entlassenen[33]). Die Aufhebung der gesamten Vormundschaft, Pflegschaft oder Beistandschaft fällt nicht unter Nr. 3, sondern unterliegt der einfachen (unbefristeten) Beschwerde[34]), ebenso eine Entscheidung, welche die Beendigung der Vormundschaft kraft Gesetzes zur Folge hat, wie die Übertragung der elterlichen Gewalt auf die uneheliche Mutter nach § 1707 Abs. 2 BGB[35]). **11**

4. Aufhebung des Familienrats oder Entlassung eines Familienratsmitglieds gegen seinen Willen. Die Aufhebung des Familienrats ist in den §§ 1879 bis 1881 BGB geregelt. Die Verfügung ist nach § 1881 BGB den bisherigen Mitgliedern, dem Vormund und dem Gegenvormund bekanntzumachen, und zwar den Mitgliedern, denen nach § 20 das Beschwerderecht zusteht, förmlich nach § 16 Abs. 2 Satz 1, Abs. 3 FGG wegen des Beginns der Beschwerdefrist (Rdn. 17). Das Beschwerderecht wird durch § 57 Abs. 1 Nr. 4 erweitert (vgl. § 57 Rdn. 18 und Unger, ZZP 37, 482). Die Entlassung eines Familienratsmitglieds gegen seinen Willen kann nach den §§ 1878, 1886 BGB angeordnet werden; der Instanzenzug ist in diesem Fall in § 64 abweichend geregelt. **12**

5. Anordnung der vorläufigen Vormundschaft. Die Voraussetzungen der Anordnung sind bei § 52 Anm. B erörtert; wegen der Rechtsmittel vgl. auch § 52 Anm. D. Die weitere Beschwerde ist eine sofortige, auch wenn das LG die vom VormG angeordnete vorläufige Vormundschaft aufhebt (§ 29 Rdn. 25). Beschwerdeberechtigt ist gegen die Anordnung nach § 20 nur der Mündel (§ 59 mit § 114 BGB), auch wenn er aus dem tatsächlichen Grunde des § 104 Nr. 2 BGB geschäftsunfähig (§ 59 Rdn. 5, 13 Rdn. 22) und in seinem Namen der Vormund[36]); § 57 Abs. 1 Nr. 9 ist wegen § 57 Abs. 2 nicht anwendbar. Beginn der Beschwerdefrist § 22 Abs. 1 Satz 2 mit § 16 Abs. 2, 3. Wegen des Wirksamwerdens der vorläufigen Vormundschaft s. § 52, wegen der Wirksamkeit von Rechtsgeschäften bei Wiederaufhebung im Beschwerdewege § 61. Gegen die Ablehnung oder Aufhebung der vorläufigen Vormundschaft ist die einfache Beschwerde gegeben; das Beschwerderecht regelt § 57 Abs. 1 Nr. 2. Gegen die Auswahl des vorläufigen Vormundes findet die einfache Beschwerde statt. **13**

6. Verfügungen, die erst mit der Rechtskraft wirksam werden. Verfügungen des VormG dieser Art sind geregelt in den §§ 53 Abs. 1, 53a Abs. 2, 55a Abs. 1, 55b Abs. 2, 56 Abs. 2, 56b, 56c, 56d FGG, § 57 Abs. 3 EheG, § 4 Abs. 2 Gesetz über die Anerkennung von **14**

[28]) München JFG 15, 283; Oldenburg NdsRpfl. 1962, 152; Bremen OLGZ 1968, 68; KG JFG 12, 122; Keidel Anm. 13; a.M. für uneheliche Mutter Staudinger-Göppinger BGB[11] § 1707 Rdn. 105; BayObLGZ 1964, 267, 268.
[29]) KGJ 37 A 84.
[30]) KGJ 37 A 86; KG OLGR 43, 366; KG OLGZ 1965, 237.
[31]) KGJ 51, 36 = RJA 16, 164 unter Aufgabe von KGJ 44, 34.
[32]) KG RJA 6, 18.
[33]) KG JFG 7, 101.
[34]) KG OLGR 42, 186 Anm.; BayObLGZ 1965, 349.
[35]) Hamm FamRZ 1963, 302; Stuttgart FamRZ 1963, 526.
[36]) Hamm JMBlNRW 1964, 90.

Nottrauungen vom 2. 12. 1950 (BGBl., 778), § 2 Abs. 3 Gesetz über die Rechtswirkungen des Ausspruchs einer nachträglichen Eheschließung vom 29. 3. 1951 (BGBl. 215) und in § 6 des G über die freiwillige Kastration und andere Behandlungsmethoden vom 15. 8. 1969 (BGBl. I 1143) für die Erteilung der vormundschaftsgerichtlichen Genehmigung zur Einwilligung des Vormundes oder Pflegers in die Kastration. Die Vorschrift des § 60 Abs. 1 Nr. 6 ist entsprechend anwendbar auf die Verfügungen des NachlG nach § 82 Abs. 2 FGG und nach § 83a mit § 53a Abs. 2 FGG und auf die Entscheidung des Amtsgerichts nach § 7 Abs. 3 ErbbVO (vgl. § 53 Rdn. 9). Hat das VormG nach § 53 Abs. 2 die sofortige Wirksamkeit der Verfügung angeordnet, so ist die Beschwerde gleichwohl die sofortige (§ 53 Rdn. 20).

C. Beginn der Beschwerdefrist (Abs. 2)

15 Auf die sofortige Beschwerde nach § 60 finden die allgemeinen Bestimmungen über die Beschwerde und die weitere Beschwerde (§§ 19 bis 30) sowie die §§ 61 bis 64 Anwendung. Zu beachten sind namentlich § 18 Abs. 2 (Änderungsverbot), § 26 (Wirksamwerden der Beschwerdeentscheidung) und §§ 29 Abs. 2, 63 (sofortige weitere Beschwerde). Für den *Beginn der Beschwerdefrist* gelten grundsätzlich die §§ 22, 16 Abs. 2 Satz 1, Abs. 3; hiervon macht jedoch Abs. 2 *zwei Ausnahmen:*

16 *1. Bei der Übergehung eines Berufenen* (Abs. 1 Nr. 1) beginnt die Beschwerdefrist für den Übergangenen, sobald er von seiner Übergehung Kenntnis erlangt. Diese Regelung beruht auf der Erwägung, daß dem Übergangenen, wenn er seine Ernennung bei dem VormG nicht selbst beantragt hatte, die Verfügung, durch die ein anderer ernannt ist, in der Regel nicht bekannt gemacht werden wird (Denkschr. S. 51). Gleichwohl sollte das VormG ihn von der Übergehung in Kenntnis setzen, wenn ihm die Berufung bekannt war[37]). Der Fristlauf beginnt, sobald der Berufene von dem Sachverhalt in einer Art Kenntnis erlangt, die ihm die Prüfung ermöglicht, ob die Bestellung eines anderen Vormunds eine Beeinträchtigung seines Rechts enthält; dazu genügt es, daß der Beschwerdeführer von der Bevormundung des Mündels, seinen Beziehungen zum Mündel, bei Berufung durch letztwillige Verfügung von dieser (§ 1777 Abs. 3) und von der Bestellung eines anderen Vormunds auf irgendeine Weise Kenntnis erhält[38]). Die Kenntnis des zuständigen VormG ist nicht erforderlich[39]). Andererseits genügt nicht Kenntnis von Schritten des VormG, nach denen mit der Bestellung eines anderen Vormundes zu rechnen ist[40]). Durch jede neue Übergehung wird die Frist gesondert in Lauf gesetzt[41]). Diese Regelung gilt nur für den Übergangenen; für andere Beschwerdeberechtigte richtet sich der Fristbeginn nach § 22 Abs. 1[42]).

17 2. Bei der *Aufhebung eines Familienrats* beginnt die Beschwerdefrist für alle, auch die nach § 57 Abs. 1 Nr. 4 Beschwerdeberechtigten mit dem Zeitpunkt, in dem das VormG die bisherigen Familienratsmitglieder von der Aufhebung benachrichtigt, und zwar mit der letzten Zustellung an eines der Mitglieder. Der Grund dafür liegt darin, daß dem VormG nicht alle Beschwerdeberechtigten bekannt sein können.

Folgen der Aufhebung der vorläufigen Vormundschaft durch das Beschwerdegericht

61 Wird eine Verfügung, durch die ein Volljähriger unter vorläufige Vormundschaft gestellt ist, von dem Beschwerdegericht aufgehoben, so kann die Wirksamkeit der von oder gegenüber dem Volljährigen vorgenommenen Rechtsgeschäfte nicht auf Grund der aufgehobenen Verfügung in Frage gestellt werden.

1 *1. Bedeutung.* Der gemäß § 1906 BGB durch Verfügung des VormG unter vorläufige Vormundschaft gestellte Volljährige ist in der Geschäftsfähigkeit wie ein Minderjähriger be-

[37]) Josef WürttZ 1922, 228.
[38]) KG JW 1937, 936; Köln, ZBlJR 1961, 61.
[39]) KG RJA 12, 177.
[40]) Schlegelberger Anm. 8; a.M. KG Recht 1920 Nr. 1618; Keidel Anm. 5.
[41]) München DFG 1936, 265.
[42]) Unger ZZP 37, 482.

schränkt (§ 114 BGB). Die gleichwohl von ihm oder ihm gegenüber ohne Mitwirkung des Vormundes vorgenommenen Rechtsgeschäfte sollen jedoch in ihrer Wirksamkeit nicht berührt werden, wenn die Verfügung vom Beschwerdegericht als ungerechtfertigt aufgehoben wird. Die Vorschrift ist ebenso wie die in § 115 BGB, § 32 FGG getroffene Regelung materiell-rechtlicher Natur[1]).

2. *Aufhebung der Verfügung.*

a) Die Verfügung über die Anordnung der vorläufigen Vormundschaft kann vom VormG nach ihrem Erlaß (§ 18 Rdn. 5) wegen der Zulässigkeit der sofortigen Beschwerde nicht mehr geändert werden (§§ 60 Abs. 1 Nr. 5, 18 Abs. 2 FGG). Eine Aufhebung durch das Beschwerdegericht wird erst mit der Rechtskraft wirksam, es sei denn, daß das Beschwerdegericht die sofortige Wirksamkeit seiner Entscheidung anordnet (§ 26 FGG). Hat das VormG die Anordnung abgelehnt, daß LG aber sie auf Beschwerde (§ 57 Abs. 1 Nr. 2) erlassen, so wird die Entscheidung ebenfalls nach Maßgabe des § 26 wirksam[2]). Wird die Verfügung erst vom Gericht der weiteren Beschwerde aufgehoben, so gilt § 61 nach § 63 entsprechend. Wird die Anordnung der vorläufigen Vormundschaft rechtskräftig, so kann gleichwohl die Wirksamkeit der Rechtsgeschäfte des Volljährigen nach § 115 Abs. 2 mit Abs. 1 Satz 1 BGB nicht in Frage gestellt werden, wenn der Antrag auf Entmündigung zurückgenommen oder rechtskräftig abgewiesen oder der Entmündigungsbeschluß auf Anfechtungsklage aufgehoben wird. 2

b) Wird die vorläufige Vormundschaft nach § 1908 Abs. 3 BGB wegen nachträglichen Fortfalls des Schutzbedürfnisses vom VormG oder auf Beschwerde (§ 57 Abs. 1 Nr. 2) vom LG (OLG) aufgehoben, so gilt § 61 nicht. Auch in diesem Fall können aber die Rechtsgeschäfte des Volljährigen in ihrer Wirksamkeit unberührt bleiben, wenn die Voraussetzungen des § 115 Abs. 2 BGB eintreten; dasselbe gilt nach § 115 Abs. 2 BGB, wenn die vorläufige Vormundschaft gemäß § 1908 Abs. 1 BGB kraft Gesetzes endet. In jedem Fall bleiben Nichtigkeitsgründe des bürgerlichen Rechts, insbesondere nach §§ 104 Nr. 2, 105 BGB, unberührt. 3

3. *Die Rechtsgeschäfte des vorläufigen Vormunds* bleiben ebenfalls wirksam. Das folgt für den Fall der Aufhebung durch das Beschwerdegericht oder das VormG nach § 1908 Abs. 3 aus § 32 FGG, für den Fall, daß die vorläufige Vormundschaft nach § 1908 Abs. 1 BGB kraft Gesetzes endet oder bei einer Beendigung nach § 1908 Abs. 2 und späterer Aufhebung der Entmündigung auf Anfechtungsklage aus § 115 Abs. 2 mit Abs. 1 Satz 2 BGB. Kollisionen zwischen den Rechtsgeschäften des Bevormundeten und des Vormunds sind nach bürgerlichem Recht zu beurteilen (vgl. § 32 Anm. F). 4

4. In der *DDR* gilt eine dem § 61 entsprechende Regelung nach § 48 Abs. 2 NotVerfO. 5

7. Beschränkung der Abänderungsbefugnis des Beschwerdegerichts

62 Soweit eine Verfügung nach § 55 von dem Vormundschaftsgericht nicht mehr geändert werden kann, ist auch das Beschwerdegericht nicht berechtigt, sie zu ändern.

1. *Bedeutung.* Die Vorschrift erstreckt das dem VormG in § 55 auferlegte Verbot, unter den dort genannten Voraussetzungen eine Verfügung, durch welche die Genehmigung zu einem Rechtsgeschäft erteilt oder verweigert oder die Zustimmung zur Ehelichkeitserklärung ersetzt wird, zu ändern, auf das Beschwerdegericht, § 63 auch auf das Gericht der weiteren Beschwerde. Soweit eine solche Verfügung bereits Wirksamkeit gegen Dritte erlangt hat (vgl. die Bem. zu § 55), soll sie außer vom VormG auch von den Beschwerdegerichten nicht mehr geändert werden können. Die Vorschrift schließt nicht das Beschwerderecht aus, sondern macht die Beschwerde zweck- und gegenstandslos und deshalb aus diesem Grunde unzulässig[1]). 1

[1]) Wellstein, FGG², § 61 Anm. 2.
[2]) BayObLGZ 1962, 408; vgl. § 52 Rdn. 10.

[1]) Wellstein FGG² § 62 Anm. 2; a.M. Josef, FGG² § 62 Bem.

2 2. Maßgebend für das Bestehen des *Änderungsverbots* ist der Zeitpunkt der Entscheidung über die Beschwerde, nicht ihrer Einlegung[2]). Eine gleichwohl eingelegte oder aufrechterhaltene Beschwerde ist als unzulässig zu verwerfen[3]). War aber bereits die erste Beschwerde wegen § 62 unzulässig, so ist die weitere Beschwerde zur Nachprüfung dieser Entscheidung zulässig[4]). Eine Verpflichtung, Ermittlungen über die Unabänderlichkeit der angefochtenen Verfügung anzustellen, besteht nur, wenn Anhaltspunkte für den Eintritt der Wirksamkeit vorhanden sind, Schlegelberger Anm. 1; in diesem Falle kann auch das Gericht der weiteren Beschwerde (§ 63) die erforderliche Sachfeststellung treffen[5]), vgl. Anh. zu § 27 Rdn. 42 zu § 561 ZPO. Ergibt sich später, daß die Entscheidung gegen § 62 verstieß, so werden die Rechte des Dritten durch sie nicht berührt; die Änderung ist wirkungslos; zur Klarstellung kann die Entscheidung vom Beschwerdegericht oder auf weitere Beschwerde förmlich aufgehoben werden[6]).

3 3. Das Änderungsverbot aus § 62 findet keine Anwendung auf die nach § 53 Abs. 1 Satz 1 erlassenen Verfügungen, durch welche die Ermächtigung oder die Zustimmung eines anderen zu einem Rechtsgeschäft ersetzt wird. Hat also das VormG die Zustimmung eines Ehegatten zur Verfügung über das Vermögen im ganzen (§ 1365 Abs. 2 BGB) ersetzt und nach § 53 Abs. 2 die sofortige Wirksamkeit dieser Verfügung angeordnet, so ist das Beschwerdegericht nicht gehindert, die Verfügung aufzuheben, selbst wenn das Veräußerungsgeschäft bereits vorgenommen ist; der Erwerber wird durch § 32 FGG geschützt[7]).

4 4. Die Vorschrift gilt nach § 75 Satz 1 auch für Verfügungen des NachlG bei der *Nachlaßpflegschaft.*

8. Weitere Beschwerde

63 Auf die weitere Beschwerde finden die Vorschriften der §§ 57 bis 62 entsprechende Anwendung.

1 *1. Weitere Beschwerde in Vormundschaftssachen.* Unbeschadet der Geltung der allgemeinen Vorschriften über die weitere Beschwerde (§§ 27 bis 30, 199) werden in Fortführung des Grundsatzes des § 29 Abs. 4 die für die erste Beschwerde in Vormundschaftssachen geltenden Vorschriften der §§ 57 bis 62 auf die weitere Beschwerde in diesen Sachen ausgedehnt. Im einzelnen folgt hieraus:

2 *a)* Für die *Beschwerdeberechtigung* der in den §§ 57 bis 59 bezeichneten Beteiligten ist es gleichgültig, ob sie auch die erste Beschwerde eingelegt haben oder nicht oder ob sie in den Vorinstanzen aufgetreten waren.

3 *b)* Für die *Fähigkeit zur selbständigen Beschwerdeführung* nach § 59 genügt es, wenn das Kind oder der Mündel zur Zeit der Einlegung der weiteren Beschwerde 14 Jahre alt und nicht geschäftsunfähig ist.

4 *c)* Das *erweiterte Beschwerderecht* nach § 57 Abs. 1 Nrn. 1 bis 9 setzt für die Einlegung der weiteren Beschwerde voraus, daß die angefochtene Beschwerdeentscheidung den Inhalt hat, der nach diesen Vorschriften Voraussetzung für die Gewährung des Beschwerderechts ist, während der Inhalt der vom Beschwerdegericht etwa geänderten Verfügung des ersten Rechtszuges insoweit ohne Bedeutung ist[1]).

5 *d)* Die *weitere Beschwerde* ist eine *sofortige,* wenn die Entscheidung des Beschwerdegerichts den in § 60 Abs. 1 Nrn. 1 bis 6 bezeichneten Inhalt hat, außerdem gemäß § 29 Abs. 2 FGG aber auch, wenn die Verfügung des ersten Rechtszuges diesen Inhalt hatte, mag sie auch

[2]) KG RJA 15, 7 = OLGR 33, 370.
[3]) München JFG 23, 279; BayObLGZ 1964, 137, 142.
[4]) Vgl. § 27 Rdn. 4; BayObLGZ 1963, 3.
[5]) KG JFG 23, 119; München JFG 23, 279; BayObLGZ 1964, 137 und 350, 357.
[6]) KG JFG 13, 23; Keidel Anm. 4.
[7]) Jastrow, ZZP 25, 162; Josef, FGG[2] Bem. zu § 62 a. E.
[1]) Wellstein FGG[2] § 63 Anm. 2; Keidel Anm. 1.

vom Beschwerdegericht durch eine Entscheidung ersetzt worden sein, gegen die, wenn sie in erster Instanz ergangen wäre, die unbefristete Beschwerde stattfände (vgl. § 29 Rdn. 25).

e) Das *Änderungsverbot* des § 62 ist auch vom Gericht der weiteren Beschwerde zu beachten. Vgl. die Bem. zu § 62. **6**

2. Für die *Nachlaßpflegschaft* gilt § 63 nach § 75 Satz 1 entsprechend. **7**

Ausschluß der weiteren Beschwerde in Verfahren zur Regelung des Verkehrsrechts

63a In Verfahren, die eine Regelung des Verkehrs des Elternteils, dem die Sorge für die Person des Kindes nicht zusteht, mit dem Kinde zum Gegenstand haben (§ 1634 Abs. 2, § 1711 Abs. 1 des Bürgerlichen Gesetzbuchs), ist die weitere Beschwerde ausgeschlossen.

Eingefügt durch Art. 7 Nr. 22 des G über die rechtliche Stellung der nichtehelichen Kinder vom 19. 8. 1969 (BGBl. I 1243). In Kraft getreten am 1. Juli 1970.

A. Entstehungsgeschichte

Die Vorschrift schließt in Abweichung von § 27 FGG die weitere Beschwerde in Verfahren aus, welche die Regelung des Verkehrs des ehelichen Elternteils (§ 1634 BGB) oder des nichtehelichen Vaters (§ 1711 Abs. 1 BGB n. F.) mit dem Kinde zum Gegenstande haben. Sie wird in der amtlichen Begründung (BR-Drucks. 351/68 S. 54 zu Nr. 22) damit gerechtfertigt, daß hier das Interesse an baldiger Befriedung stärker sei als das Interesse an einer im Bundesgebiet einheitlichen Entscheidung von Rechtsfragen, zumal ohnehin in Verkehrsrechtsstreitigkeiten die Tatfragen im Vordergrunde ständen. Daß diese Erwägung nicht zutrifft, zeigt bereits der Umstand, daß der BGH seine Rechtsprechung zu einer wesentlichen Frage auf diesem Rechtsgebiet in kurzem Abstand geändert hat (Aufgabe von BGHZ 42, 364 in BGHZ 51, 219). Von der Herbeiführung einer Befriedung kann ferner keine Rede sein bei Entscheidungen, die nicht in materielle Rechtskraft erwachsen und jederzeit verfahrensrechtlich gemäß § 18 Abs. 1 FGG und sachlichrechtlich gemäß §§ 1696, 1711 Abs. 1 Satz 3 BGB geändert werden können[1]). Zwar hat die Kommission zur Vorbereitung einer Reform der Zivilgerichtsbarkeit[2]) vorgeschlagen, in einfacheren Fällen, insbesondere bei Ermessensentscheidungen, wofür als Beispiel § 1634 BGB angeführt wird, die weitere Beschwerde auszuschließen. Sie hat hierbei aber ersichtlich nur die nähere Ausgestaltung des Verkehrsrechts nach Umfang, Ort und Zeit im Auge gehabt, nicht aber den gänzlichen Ausschluß des Verkehrs nach § 1634 Abs. 2 Satz 2, 1711 Abs. 1 BGB, bei welchem eine Ermessensentscheidung nicht vorliegt; außerdem hat die Kommission die Beschränkung des Rechtsmittelzuges selbst bei Ermessensentscheidungen dadurch gemildert, daß das Landgericht zur Zulassung der weiteren Beschwerde bei grundsätzlicher Bedeutung ermächtigt werden soll. Die Beschränkung des Rechtsmittelzuges ist umso bedauerlicher, als durch die grundsätzliche Zulassung eines Verkehrs des nichtehelichen Vaters mit dem Kinde (§ 1711 Abs. 1 BGB) neue Fragen auftreten, die nunmehr der obergerichtlichen Klärung entzogen werden. Bei einer Reform sollte daher § 63a in der jetzigen Fassung keinesfalls beibehalten werden. **1**

B. Ausschluß der weiteren Beschwerde

I. Gegenstand der Entscheidung

1. Endentscheidungen. Die weitere Beschwerde ist nach § 63a unstatthaft gegen eine Beschwerdeentscheidung des Landgerichts, die auf eine erste Beschwerde gegen eine Verfügung des VormG in einem Verfahren ergangen ist, welches die Regelung des Verkehrs des ehelichen Elternteils (§ 1634 Abs. 2 BGB) oder des nichtehelichen Vaters (§ 1711 Abs. 1 BGB) **2**

[1]) Bedenken äußert auch Göppinger, FamRZ 1966, 418 zu II 8 sowie in FamRZ 1970, 57 zu B II 3 c.

[2]) Bericht (1961) S. 366/367.

mit dem Kinde zum Gegenstand hat. Diese Materien müssen demnach im Verfahren des ersten Rechtszuges Verfahrensgegenstand gewesen sein. Diese Voraussetzung ist erfüllt, wenn in dem Verfahren über die nähere Regelung des Umfangs des Verkehrs (§§ 1634 Abs. 2 Satz 1, 1711 Abs. 1 Satz 2 BGB) entschieden oder gestritten worden ist. Im Hinblick auf die uneingeschränkte Bezugnahme auf § 1634 Abs. 2 BGB einschließlich des Satzes 2 und auf § 1711 Abs. 1 BGB wird sich aber nicht leugnen lassen, daß die Beschränkung des Rechtsmittelzuges auch gilt, wenn Gegenstand des Verfahrens der gänzliche Ausschluß des Verkehrsrechts des ehelichen Elternteils (§ 1634 Abs. 2 Satz 2) oder die Nichtzulassung des Verkehrs des nichtehelichen Vaters (§ 1711 Abs. 1 Satz 2) ist, gleichgültig, ob eine derartige Anordnung ergangen oder in dem Verfahren erstrebt, aber abgelehnt worden ist, obwohl im Fall des § 1634 Abs. 2 Satz 2 BGB ein Eingriff in das dem nicht sorgeberechtigten Elternteil verbliebene natürliche Elternrecht in Rede steht, der nur nach Art. 6 Abs. 2 Satz 2 GG gerechtfertigt sein kann[3]). Die Vorschrift ist über ihren engen, an § 1634 Abs. 1 BGB angelehnten Wortlaut hinaus auch anzuwenden, wenn die Personensorge den getrennt lebenden oder geschiedenen Eltern noch gemeinsam zusteht, weil eine Entscheidung nach §§ 1672, 1671 BGB noch nicht ergangen ist, da auch in diesen Fällen das Verkehrsrecht nach § 1634 Abs. 2 BGB zu regeln ist[4]). Dagegen entfällt mit der Anwendbarkeit des § 1634 BGB auch die des § 63a, wenn den Eltern auf Grund des § 1666 BGB, dem Vormund gemäß § 1837 BGB die Gestattung des Verkehrs des Kindes mit Dritten (Großeltern) aufgegeben wird[5]). Unerheblich ist es, ob eine erste Entscheidung oder eine Änderungsentscheidung (§§ 1696, 1711 Satz 3 BGB, § 18 Abs. 1 FGG) ergangen oder erstrebt wird und ob eine Regelung angeordnet oder abgelehnt worden ist. Der dritte Rechtszug ist auch ausgeschlossen, wenn das Landgericht die erste Beschwerde als unzulässig verworfen oder die Sache an das Amtsgericht zurückverwiesen hat oder wenn nach Erledigung der Hauptsache eine isolierte Kostenentscheidung des Amtsgerichts oder des Landgerichts (§ 20a Abs. 2) ergangen oder eine neben der Hauptsachenentscheidung ergangene Kostenentscheidung des Amtsgerichts entgegen § 20a Abs. 1 angefochten worden ist.

3 Ist *ausländisches Recht* oder das Recht der DDR für die Verkehrsregelung maßgebend, so wird dadurch die Anwendbarkeit des § 63a nicht ausgeschlossen, da die Anführung der §§ 1634, 1711 BGB nur dazu dient, den Verfahrensgegenstand zu kennzeichnen, dieser aber auch bei Anwendung eines fremden Rechts derselbe ist[5a]).

4 2. Auf *vorläufige Anordnungen*, die auch im Verfahren nach § 1634 BGB zulässig sind (§ 19 Rdn. 28) und auch im Verfahren nach § 1711 Abs. 1 Satz 2 BGB in Betracht kommen können (BT-Drucks. V/2370 S. 69), erstreckt sich der Ausschluß des dritten Rechtszuges ebenfalls, da auch ein solches Verfahren die Regelung des Verkehrsrechts, wenn auch nur vorläufig, zum Gegenstand hat und hier die Rechtsmittelbeschränkung noch eher gerechtfertigt ist als gegen die endgültige Entscheidung. Einstweilige Anordnungen nach § 24 Abs. 2, 3 sind ohnehin unanfechtbar (§ 24 Rdn. 13).

5 *3. Zwischenverfügungen.* War Gegenstand der ersten Beschwerde eine (anfechtbare) Zwischenverfügung des Amtsgerichts, die der Endentscheidung vorausgeht und ihrer Vorbereitung dient, so ist nach dem Zweck der Regelung die weitere Beschwerde ebenfalls ausgeschlossen, da es andernfalls zu einer Prüfung eines Inzidentpunkts der Entscheidung zur Hauptsache käme, über den das Landgericht abschließend zu entscheiden hat[6]). Dasselbe gilt für Entscheidungen über die Berichtigung offenbarer Unrichtigkeiten (§ 18 Rdn. 37) und für Entscheidungsergänzungen (§ 18 Rdn. 39). Die Verkürzung des Rechtsmittelzuges

[3]) Vgl. Schwoerer, Zur Bedeutung des in Art. 6 GG den Eltern garantierten Grundrechts für Entscheidungen aus den §§ 1634, 1671, 1672, 1696 BGB, FamRZ 1969, 367, insbes. zu I 5.

[4]) BayObLGZ 1963, 231; KG OLGZ 1965, 102; Staudinger-Schwoerer BGB[11] § 1634 Anm. 39.

[5]) Vgl. zur Unanwendbarkeit des § 1634 BayObLGZ 1963, 293; 1965, 182; KG FamRZ 1968, 325.

[5a]) A.M. Göppinger FamRZ 1970, 57 Fn. 173.

[6]) Zum Zivilprozeß vgl. Stein-Jonas-Grunsky ZPO[19] § 567 Anm. I 3 zu Fn. 19; Blomeyer ZPR § 105 II 4.

wird auch gelten müssen für die weitere Beschwerde gegen Beschwerdeentscheidungen des Landgerichts über die vom AG angeordnete *Aussetzung* des Verfahrens[7]) oder gegen Entscheidungen, durch die das Landgericht eine Entscheidung des AG aufhebt und durch eine Zwischenverfügung ersetzt, z. B. das Verfahren des ersten Rechtszuges aussetzt. Die Aussetzung des Beschwerdeverfahrens durch das LG ist ohnehin unanfechtbar (§ 27 Rdn. 2).

II. Nebenentscheidungen

Da es keinen allgemeinen Rechtssatz des Inhalts gibt, daß der Rechtsmittelzug gegen Nebenentscheidungen nicht länger sein dürfe als der Rechtsmittelzug in der Hauptsache[8]), kommt der Ausschluß des dritten Rechtszuges nicht in Betracht für Entscheidungen, die zwar im Zusammenhang mit einer Verkehrsregelungssache stehen, deren Verfahrensgegenstand aber nicht die Regelung des Verkehrsrechts ist. Daher bleibt die weitere Beschwerde gemäß § 27 zulässig bei Versagung der Akteneinsicht in einer Verkehrsregelungssache durch das Amtsgericht oder bei Entscheidungen, durch die das AG (und das LG) die Ablehnung eines Sachverständigen für unbegründet erklärt (vgl. § 15 Rdn. 68) oder im Verfahren zur Erzwingung der Zeugnis- oder Eidespflicht entscheidet (§ 15 Rdn. 48, 50, 52, auch 18). Auch bietet § 63a keine Grundlage für den Ausschluß der weiteren Beschwerde, wenn Verfahrensgegenstand die Festsetzung von Ordnungsstrafen oder die Anwendung von Gewalt gemäß § 33 zur Vollziehung einer Verkehrsregelungsanordnung ist (§ 33 Rdn. 43, 54), sowenig wie im Zivilprozeß die weitere Beschwerde im Zwangsvollstreckungsverfahren (§§ 568 Abs. 2, 793 ZPO) deswegen ausgeschlossen ist, weil aus einem Urteil des Amtsgerichts vollstreckt wird; dasselbe muß für die Androhung solcher Zwangsmaßnahmen (§ 33 Rdn. 41, 53) gelten. Unberührt bleibt auch die Zulässigkeit der weiteren Beschwerde im Kostenansatz- und Geschäftswertfestsetzungsverfahren nach Maßgabe der §§ 14 Abs. 3 Satz 2, 31 Abs. 3 KostO. **6**

III. Erste Beschwerden gegen Verfügungen des Landgerichts

Unberührt bleibt die Zulässigkeit der ersten Beschwerde gegen solche Verfügungen, die das mit einer Beschwerde befaßte Landgericht erläßt, ohne damit über die Beschwerde zu befinden, soweit die Anfechtbarkeit solcher Verfügungen gesetzlich zugelassen ist (vgl. dazu § 19 Rdn. 48), z. B. gegen einen Beschluß, durch den das Landgericht die Ablehnung eines Amtsrichters oder eines Mitglieds der Beschwerdekammer oder eines von dem Landgericht ernannten Sachverständigen für unbegründet erklärt (§ 6 Rdn. 22, § 15 Rdn. 68), oder gegen sonstige anfechtbare Zwischenentscheidungen im Beweisverfahren. Zulässig bleibt auch die erste Beschwerde gegen die Festsetzung des Beschwerdewerts durch das Landgericht (Vorbem. vor § 13a Rdn. 6). **7**

IV. Armenrechtsverfahren

Die weitere Beschwerde gegen die Versagung des Armenrechts ist ohnehin durch § 14 FGG mit § 127 Satz 3 ZPO allgemein ausgeschlossen (§ 14 Rdn. 87); die Verkürzung des Rechtsmittelzuges in der Hauptsache durch § 63a führt aber dazu, daß auch die Vorschrift des § 127 Satz 2 Halbs. 2 ZPO entsprechend anwendbar ist (§ 14 Rdn. 85); demnach ist die erste Beschwerde unstatthaft gegen einen Beschluß, durch den das Landgericht in einer Verkehrsregelungssache das Armenrecht für das Beschwerdeverfahren verweigert oder entzieht oder über die Verpflichtung zur Nachzahlung entscheidet. **8**

[7]) Die im Zivilprozeß vertretene gegenteilige Auffassung (Celle, MDR 1959, 132; Baumbach-Lauterbach ZPO[28] § 567 Anm. 5) beruht auf der Unterscheidung zwischen Berufung und Beschwerde und ist hier nicht anwendbar („In Verfahren . . .").

[8]) Baumbach-Lauterbach ZPO[28] § 567 Anm. 5; Stein-Jonas-Grunsky ZPO[19] § 567 Anm. I 3.

C. Verfahrensfolgen

9 Wird entgegen § 63a eine weitere Beschwerde eingelegt, so ist das Rechtsmittel, weil unstatthaft, als unzulässig zu verwerfen. Entbehrt das Rechtsmittel außerdem der gesetzlichen Form (§ 29), so ist es geboten, es aus dem stärkeren Grunde der Unstatthaftigkeit, nicht wegen des behebbaren Formmangels zu verwerfen (§ 25 Rdn. 5). Die Statthaftigkeit des Rechtsmittels kann auch nicht damit gerechtfertigt werden, daß das Verfahren an wesentlichen Mängeln leide[9]) oder das rechtliche Gehör verletzt sei (§ 12 Rdn. 105). Über die Erstattung außergerichtlicher Kosten ist nach § 13a Abs. 1 Satz 1 zu entscheiden (§ 13a Rdn. 14), jedoch wird es in der Regel nicht erforderlich sein, den Gegner zu hören, so daß ihm Kosten nicht entstanden sein werden.

D. Änderungsbefugnis des Landgerichts

10 Da das Landgericht als Gericht letzter Instanz entscheidet, richten sich die Zulässigkeit von Gegenvorstellungen und die Änderungsbefugnis des Landgerichts nach den für das Rechtsbeschwerdegericht geltenden Grundsätzen (§ 29 Rdn. 33).

E. Verfassungsbeschwerde

11 Durch den Fortfall der Kontrolle durch das Rechtsbeschwerdegericht gewinnt die Verfassungsbeschwerde in Verkehrsregelungssachen erhöhte Bedeutung (vgl. dazu allgemein Vorbem. vor § 19 Rdn. 39). Als Grundrechtsverletzung kommt außer der Versagung des rechtlichen Gehörs (Art. 103 Abs. 1 GG) insbesondere die Verletzung des durch Art. 6 GG geschützten Elternrechts des Verkehrsberechtigten in Betracht, wenn das Verkehrsrecht ausgeschlossen worden ist, ohne daß diese Maßnahme durch Art. 6 Abs. 2 Satz 2 GG gerechtfertigt wird[10]).

F. Übergangsrecht

12 Die Vorschrift ergreift nur die Rechtsmittel, die nach ihrem Inkrafttreten eingelegt werden (§ 27 Rdn. 16). Weitere Beschwerden, die vor dem 1. 7. 1970 bei einer der zugelassenen Empfangsstellen (§ 29 Rdn. 2) in der gesetzlichen Form (§ 29) eingelegt werden und auch die sonstigen Zulässigkeitserfordernisse erfüllen, bleiben daher zulässig und müssen sachlich beschieden werden. Der Formmangel einer vor dem Inkrafttreten formwidrig eingelegten Beschwerde kann jedoch nach diesem Zeitpunkt nicht mehr behoben werden.

9. Instanzenzug bei Entlassung eines Familienratsmitgliedes

64 Gegen eine Verfügung, durch die über die Entlassung eines Mitglieds des Familienrats von dem Gerichte, welches dem Vormundschaftsgericht im Instanzenzuge vorgeordnet ist, entschieden wird, findet die Beschwerde an das Oberlandesgericht statt. Die weitere Beschwerde ist ausgeschlossen.

1 *1.* Die *Entlassung eines Familienratsmitglieds* gegen seinen Willen erfolgt nach § 1878 Abs. 2 BGB durch das dem VormG im Instanzenzuge vorgeordnete Gericht; das ist auch im Fall des § 195 das Landgericht. Die Beschwerde gegen die Entlassung oder ihre Ablehnung geht an das dem Landgericht übergeordnete Oberlandesgericht, in Bayern an das Oberste Landesgericht, in Rheinland-Pfalz an das Oberlandesgericht Zweibrücken, § 199 Abs. 2. Die Beschwerde ist die sofortige, wenn das Mitglied des Familienrats gegen seinen Willen entlassen wird (§ 60 Abs. 1 Nr. 4), bei Ablehnung die einfache. Bei Einverständnis des Mitglieds spricht der Familienrat die Entlassung aus. Für das Beschwerdeverfahren gelten §§ 21 bis 25, also keine Rechtsbeschwerde.

[9]) Vgl. § 19 Rdn. 31; Stein-Jonas-Grunsky ZPO[19] Einl. IV 1 vor § 511.

[10]) Vgl. Schwoerer, Zur Bedeutung des in Art. 6 GG garantierten Eltern-Grundrechts, FamRZ 1969, 367.

Das *Beschwerderecht* aus § 20 steht dem Mitglied gegen seine Entlassung und gegen die Ablehnung seines nach §§ 1878 Abs. 1, 1889 gestellten Entlassungsantrags zu (§ 20 Abs. 2), dem Vormund gegen die Ablehnung der Entlassung aus §§ 1878 Abs. 1, 1886 BGB. **2**

2. Die *weitere Beschwerde* wird in Abweichung von § 27 durch Satz 2 ausgeschlossen. Eine Vorlegung der Beschwerde an den Bundesgerichtshof nach § 28 Abs. 2 findet nicht statt[1]). **3**

Dritter Abschnitt

Annahme an Kindes Statt

Vorbemerkungen

Bei der Annahme an Kindes Statt kann ein Gericht der freiwilligen Gerichtsbarkeit in doppelter Eigenschaft zur Mitwirkung berufen sein, nämlich als Vormundschaftsgericht und als Bestätigungsgericht, seit dem Inkrafttreten des Beurkundungsgesetzes am 1. 1. 1970 aber nicht mehr als Beurkundungsgericht. Ferner kommt eine Mitwirkung der Notare, der Jugendämter und Landesjugendämter sowie des Standesamtes in Betracht. **1**

A. Beurkundungsgeschäfte

Die Erklärungen zum Zwecke einer Kindesannahme, die notarieller Beurkundung bedürfen oder zur Niederschrift eines Notars abgegeben werden müssen, sind: **2**

der Annahmevertrag (§ 1750);

der Aufhebungsvertrag (§ 1170 mit § 1750);

die Erteilung einer Vollmacht zum Abschluß des Annahme- oder Aufhebungsvertrages (§§ 1751a Abs. 2, 1770);

die Einwilligung des Ehegatten des Annehmenden oder des Anzunehmenden (§§ 1746, 1748 Abs. 3);

die Einwilligung der Eltern oder der unehelichen Mutter eines noch nicht 21jährigen Kindes (§§ 1747, 1748 Abs. 3);

die Zustimmung des Ehemanns oder früheren Ehemanns der Frau zu der Vereinbarung, daß das Kind den Ehenamen der Frau erhalten soll (§§ 1758a Abs. 1 Halbs. 2, 1748 Abs. 3).

Diese Erklärungen sind durchweg rechtsgeschäftlicher Art. Für die Form der Beurkundung gelten daher die Vorschriften der §§ 6 bis 16, 22 bis 26 BeurkG. Zuständig sind stets die *Notare* (§ 20 BNotO) einschließlich der Bezirksnotare in Württemberg (§ 114 Abs. 1 Satz 3 Halbs. 2 BNotO, Art. 12 Abs. 3 WürttAGBGB) und der Notare in Baden (§ 115 BNotO, § 22 BadLFGG). Die Zuständigkeit der *Gerichte* für die Beurkundung der angeführten Erklärungen ist durch das am 1. 1. 1970 in Kraft getretene Beurkundungsgesetz vom 28. 8. 1969 (BGBl. I 1513) beseitigt. Wegen der bis zu diesem Zeitpunkt bestehenden Beurkundungszuständigkeiten vgl. Voraufl. Erg. 1962 Vorbem. A vor § 65[1]). Nach §§ 16, 37a KonsularG sind auch die deutschen Berufskonsuln zuständig. **3**

1. Die *Beurkundung des Annahmevertrages* (§§ 1750, 1751a BGB n. F.) muß abweichend von § 128 BGB bei gleichzeitiger Anwesenheit beider Teile erfolgen (*Simultanbeurkundung*, § 1750). Das Erfordernis der Gleichzeitigkeit besteht nur im Verhältnis der Vertragsgegner zueinander. Sind auf einer Vertragsseite mehrere beteiligt, z. B. ein Ehepaar bei der Annahme als gemeinschaftliches Kind (§ 1749 Abs. 1), so genügt es, wenn jeweils der andere Teil und einer der mehreren Vertragsgegner gleichzeitig die Erklärung abgeben[2]). Angebot und Annahme der gleichzeitig anwesenden Vertragsteile brauchen nicht als besondere Erklä- **4**

[1]) München JFG 15, 164.

[1]) Die einschlägigen Vorschriften des Landesrechts sind durch § 60 BeurkG aufgehoben.

[2]) KG RJA 8, 245.

rungen beurkundet zu werden, wenn die Willensübereinstimmung beurkundet ist[3]). Die Gleichzeitigkeit gehört zu den Formvorschriften, deren Verletzung gemäß § 1756 Abs. 1 durch die Bestätigung geheilt wird[4]). Gleichzeitige Anwesenheit beider Vertragsteile bedeutet nicht notwendig persönliche Anwesenheit (vgl. § 1751a und nachst. Anm. 2).

5 *Vertragsparteien* sind der Annehmende oder das annehmende Ehepaar und der Anzunehmende (§§ 1741 Satz 1, 1749 Abs. 1). Der *Annehmende* muß unbeschränkt geschäftsfähig sein (§ 1744 Satz 2 n. F.); er kann, wenn er in der Geschäftsfähigkeit beschränkt ist, abweichend von § 1751 BGB a. F. den Vertrag auch nicht durch seinen gesetzlichen Vertreter schließen. Wer wegen Geistesschwäche, Verschwendung oder Trunksucht entmündigt ist oder unter vorläufiger Vormundschaft steht (vgl. § 114 BGB), kann mithin nicht adoptieren. Für ein Kind, welches geschäftsunfähig oder noch nicht 14 Jahre alt ist, werden die Vertragserklärungen von dem gesetzlichen Vertreter abgegeben. Das Kind zwischen 7 und 14 Jahren kann daher nicht mehr, wie nach § 1751 BGB a. F., den Vertrag selbst mit Zustimmung des gesetzlichen Vertreters abschließen. Dagegen darf ein Anzunehmender, der das 14. Lebensjahr vollendet hat und nicht geschäftsunfähig ist, nicht durch seinen gesetzlichen Vertreter vertreten werden, sondern er muß selbst Vertragschließender sein; ist er in der Geschäftsfähigkeit beschränkt, so muß der gesetzliche Vertreter zustimmen (§ 1751 Abs. 2); diese Zustimmung bedarf keiner Form[5]). Steht die Sorge für die Person und die Sorge für das Vermögen verschiedenen Personen zu, so ist der gesetzliche Vertreter zur Mitwirkung berufen, dem die Vertretung in den die Person betreffenden Angelegenheiten zusteht[6]). Das Kind kann nach §§ 1629 Abs. 2, 1795 nicht von dem Elternteil vertreten werden, dessen Ehegatte der Annehmende ist; es muß ein Pfleger bestellt werden[7]). Das gilt auch für die Zustimmung als gesetzlicher Vertreter[8]). Gesamtvertretungsberechtigte Eltern (BVerfG, 29. 7. 1959, 10, 59) müssen beim Vertragsabschluß für ihr noch nicht 14jähriges Kind gemeinsam mitwirken; über Vertretung und Genehmigung s. nachstehend.

6 Fehlerhafte Vertretung ist ein sachlicher Mangel des Vertrages, der nicht gemäß § 1756 Abs. 1 durch die Bestätigung geheilt wird[9]). Dagegen wird eine Verletzung von Formvorschriften über die Vollmacht (§ 1751a Abs. 2 Halbs. 2) nach § 1756 Abs. 1 durch die Bestätigung geheilt[10]).

7 2. Die *Zulässigkeit rechtsgeschäftlicher Vertretung* beim Vertragsabschluß, die im Hinblick auf § 1751 Abs. 1 Satz 1 BGB a. F. im Schrifttum streitig war[11]), aber von der Rechtsprechung[12]) in statthafter Rechtsfortbildung contra legem zugelassen worden war, ist nunmehr gesetzlich geregelt in § 1751a BGB n. F. Danach ist *auf Seiten des Anzunehmenden* Bevollmächtigung ausgeschlossen, wenn er beschränkt geschäftsfähig und, weil älter als 14 Jahre, selbst zum Vertragsabschluß berufen ist. Wer nicht unbeschränkt geschäftsfähig ist, soll einen Annahmevertrag nicht durch einen Bevollmächtigten schließen können (BT-Drucks. 530/58 Seite 21). *Ein über 14 Jahre alter Minderjähriger, der nicht geschäftsunfähig ist, oder ein beschränkt geschäftsfähiger Volljähriger muß mithin als Anzunehmender ausnahmslos bei dem Vertragsabschluß persönlich mitwirken.* Dagegen können sich der Annehmende, das volljährige, unbeschränkt geschäftsfähige Wahlkind und der gesetzliche Vertreter des Kindes, soweit er zum Vertragsabschluß, nicht nur zur Zustimmung berufen ist, bei dem Vertragsabschluß durch einen Bevollmächtigten vertreten lassen (§ 1751a Abs. 1). Die Vollmacht muß

3) KG JW 1933, 176.
4) BGH LM § 1750 BGB Nr. 9.
5) LG Lübeck SchlHA 1967, 55 mit Anm. v. Münzberg; Müller StAZ 1957, 14; Staudinger-Engler BGB[11] § 1751 Anm. 18.
6) Hamm JMBlNRW 1967, 162 = DNotZ 1968, 43.
7) KG JFG 12, 101 = JW 1935, 870.
8) LG Wuppertal NJW 1961, 2313; KG OLGZ 1968, 70 = FamRZ 1968, 170 = Rpfleger 1968, 152 = NJW 1968, 942 = DNotZ 1968, 439; Staudinger-Engler BGB[11] § 1751 Anm. 16; Dölle FamR § 112 III 3; a.M. LG Koblenz FamRZ 1967, 344 = DNotZ 1968, 46; BGB-RGRK[11] § 1751 Anm. 4.
9) Karlsruhe FamRZ 1960, 292; Gernhuber FamR § 62 VI 5; Staudinger-Engler BGB[11] § 1751 a Anm. 13.
10) Staudinger-Engler aaO. Fn. 9.
11) Vgl. die Nachweise bei Enneccerus-Nipperdey[15] § 178 Fn. 12 und Boehmer, JZ 1960, 4 zu III.
12) RG DR 1945, 76; BGHZ 5, 345; 30, 311.

abweichend von § 167 Abs. 2 BGB notariell beurkundet sein. Um zu gewährleisten, daß der Bevollmächtigte nur als Vertreter in der Erklärung des Willens, nicht bei der Willensbildung handelt, darf die Vollmacht dem Vertreter keinen Spielraum für eine freie Willensbildung, sei es bei der Auswahl der Vertragsgegner, sei es bei der inhaltlichen Gestaltung des Vertrags lassen[13]). Die Befugnis zur Vertretung gilt auch, wenn das Erbrecht des Kindes ausgeschlossen werden soll (§ 1767 Abs. 1); die Vorschriften über die Form des Erbverzichtsvertrages gelten dafür nicht[14]). Das Gesetz fordert demgemäß, daß die Vollmacht auf den Abschluß eines Annahmevertrages zwischen bestimmten Personen gerichtet ist (§ 1751a Abs. 2). Enthält die Vollmacht über den Inhalt des Vertrages keine besonderen Anweisungen, so wird anzunehmen sein, daß sie zu einem Annahmevertrage mit dem gesetzlichen Inhalt ermächtigt, so daß dem Bevollmächtigten der Abschluß von Vereinbarungen über den Ausschluß des Erbrechts (§ 1767 Abs. 1) und über die Namensführung (§ 1758 Abs. 2) verwehrt, die Vollmacht aber nicht ungültig ist. Hinsichtlich der Bezeichnung der Annehmenden ist dem Erfordernis der Bestimmtheit nach den Grundsätzen über die Inkognito-Adoption (Vorbem. A 4) genügt, wenn die Wahleltern nach Merkmalen bezeichnet werden, die jedem unbeteiligten Dritten die Feststellung der Nämlichkeit der vertragschließenden Wahleltern mit den in der Vollmacht gekennzeichneten gestatten[15]).

Die *Vollmacht* muß beim Vertragsabschluß bereits *wirksam*, also nicht nur beurkundet, sondern dem zu Bevollmächtigenden oder dem Vertragsgegner gegenüber erklärt sein (§ 167 Abs. 1 BGB). Es empfiehlt sich deshalb, die Vorlegung einer Ausfertigung der Vollmacht durch den Bevollmächtigten in dem Vertrage zu beurkunden und eine beglaubigte Abschrift der Vollmacht der Niederschrift über den Annahmevertrag beizufügen (§ 29 Abs. 3 Satz 1 BNotO). Die *nachträgliche Genehmigung* der Erklärungen eines Vertreters ohne Vertretungsmacht oder eines nicht formgerecht, also unwirksam Bevollmächtigten wird nicht zugelassen[16]). **8**

3. Beurkundung der Einwilligungserklärungen[17]) der Ehegatten der Vertragschließenden und der ehelichen Eltern oder der nichtehelichen Mutter eines noch nicht 21 Jahre alten Kindes (§§ 1746, 1747 Abs. 1, 2, 1748). Die Einwilligung eines Elternteils (oder ihre Ersetzung) ist unabhängig davon erforderlich, ob ihm die elterliche Gewalt oder auch nur das Recht und die Pflicht, für die Person des Kindes zu sorgen, zusteht (Engler, NJW 1969, 1999). Die Einwilligung des nichtehelichen Vaters ist auch nach neuem Recht nicht erforderlich (BT-Drucks. V/2370 S. 80 zu Nr. 42); er soll jedoch nach § 1747a BGB n. F. von dem VormG vor der Erteilung vormundschaftsgerichtlicher Genehmigungen zu der Kindesannahme gehört werden. Die Einwilligung der Eltern ist nicht deswegen entbehrlich, weil das noch nicht 21 Jahre alte Kind für volljährig erklärt ist. **9**

Die Einwilligungen sind einseitige, bedingungsfeindliche (§ 1742), empfangsbedürftige Willenserklärungen. Erklärungsgegner ist der Annehmende oder das Kind oder das Bestätigungsgericht (§ 1748 Abs. 1). Die Unwiderruflichkeit der Erklärung (§ 1748 Abs. 1 Halbs. 2) kann nicht vor ihrem Wirksamwerden eintreten, bei Erklärung unter Abwesenden also nicht schon mit der Beurkundung, sondern gemäß § 130 Abs. 1 BGB erst mit dem Zugehen (vgl. Enneccerus-Nipperdey, § 158 II A 1; offen gelassen in BGHZ 2, 294), so daß vorheriges oder gleichzeitiges Zugehen eines Widerrufs (§ 130 Abs. 1 Satz 2) das Wirksamwerden der Einwilligung und damit den Eintritt ihrer Unwiderruflichkeit hindert. Der beschränkt Geschäftsfähige ist selbständig handlungsfähig. Der gesetzliche Vertreter eines Geschäftsunfähigen **10**

[13]) Vgl. BGHZ 5, 350; Dölle FamR § 113 I 3; a.M. für den Inhalt Beitzke FamR[10] § 32 IV; Staudinger-Engler BGB[11] § 1751 a Anm. 12.

[14]) Knur, DNotZ 1962, 581; Staudinger-Engler BGB[11] § 1767 Anm. 19.

[15]) LG Aurich NJW 1962, 1967 = DNotZ 1962, 654 = FamRZ 1962, 476; LG Hannover FamRZ 1964, 54; Staudinger-Engler BGB[11] § 1751 a Anm. 11.

[16]) BGHZ 5, 351; 30, 306 = FamRZ 1959, 456 = DNotZ 1959, 585 = JZ 1960, 26; BGH LM § 1750 Nr. 2; Hamm FamRZ 1968, 110; KG OLGZ 1968, 235, 238; BGH FamRZ 1968, 597 mit krit. Anm. v. Bosch = NJW 1968, 2242; Beitzke StAZ 1961, 98; Staudinger-Engler BGB[11] § 1751 a Anm. 7, § 1750 Anm. 5; a.M. Bosch DNotZ 1951, 172; Boehmer, JZ 1960, 4.

[17]) Schrifttum: Kränzlein, Zu den Einwilligungen bei der Annahme an Kindes Statt, Festschr. f. Nottarp, 1961, S. 111 ff.

ist nicht zur Vertretung berufen, vielmehr ist dann die Einwilligung nach §§ 1746 Abs. 2, 1747 Abs. 1 Satz 2 entbehrlich. Bevollmächtigung ist ausgeschlossen (§ 1748 Abs. 2 Satz 1); auch ein Vertreter in der Erklärung des Willens ist im Hinblick auf § 1751a n. F., der die Bevollmächtigung auf den Vertragsabschluß beschränkt, nicht zuzulassen, da dafür kein dringendes Bedürfnis besteht[18]).

11 Maßgebend dafür, ob und wessen Einwilligung erforderlich ist, ist der Zeitpunkt der Bestätigung[19]). Fehlen einer erforderlichen Einwilligung hindert die Bestätigung und macht die gleichwohl bestätigte Kindesannahme unwirksam (§ 65 Anm. 4). Die Einwilligung kann bis zur Bestätigung nachgebracht, mit heilender Wirkung aber nicht noch nach Bestätigung erteilt werden[20]). Der Formmangel einer bis zur Bestätigung erklärten Einwilligung wird durch die Bestätigung geheilt (§ 1756 Abs. 1). In der Mitwirkung als gesetzlicher Vertreter oder Erteilung der Zustimmung als solcher (§ 1751 Abs. 2) kann in der Regel (Auslegungsfrage) die Erteilung der nach den §§ 1746, 1747 erforderlichen Einwilligung liegen, ebenso in der Mitwirkung als Annehmender bei der Annahme als gemeinschaftliches Kind[21]). Will der Ehegatte des Annehmenden zu dessen Lebzeiten der Kindesannahme beitreten (§ 1749 Abs. 2), so ist eine Einwilligung der Eltern gemäß § 1749 Abs. 2 Satz 2 n. F. abweichend von der bisherigen Rechtslage (KG, 28. 3. 1904, 27 A 184) nicht mehr erforderlich; die Vereinbarkeit dieser Vorschrift, die in BT-Drucks. zu 2812/61 S. 7 gerechtfertigt wird, mit Art. 6 GG erscheint zweifelhaft[22]).

12 Die Einwilligung eines Elternteils oder der unehelichen Mutter kann erst nach einer *Sperrfrist* von drei Monaten seit der Geburt des Kindes erteilt werden, um übereilte Entschlüsse auszuschließen (§ 1747 Abs. 2 n. F.). Nach diesem Zweck der Vorschrift (BT-Drucks. zu 2812/3. Wahlp. S. 7) wird man annehmen müssen, daß die Einwilligung vor Fristablauf nicht nur durch Erklärung gegenüber dem Erklärungsempfänger (§ 1748 Abs. 1) nicht erteilt, sondern nicht einmal beurkundet werden darf. Die Verletzung wird durch Bestätigung geheilt (§ 1756 Abs. 1 n. F.).

13 Die Einwilligungen sind entbehrlich, wenn der Einwilligungsberechtigte zur Abgabe der Erklärung dauernd außerstande (z. B. geisteskrank) oder sein Aufenthalt dauernd unbekannt ist. Darüber befindet das Bestätigungsgericht. Irrige Annahme dieses Tatbestandes wird durch die Bestätigung geheilt (§ 1756 Abs. 2). Über Möglichkeit gerichtlicher Aufhebung des Annahmeverhältnisses bei dieser Sachlage vgl. Bem. B zu § 56d.

14 Die Einwilligung des Ehegatten (§ 1746) kann nicht ersetzt werden, auch wenn die Weigerung grundlos ist und dem Kinde zum Nachteil gereicht[23]); sie ist auch bei Getrenntleben erforderlich. Über die Ersetzung der elterlichen Einwilligung (§ 1747) durch das VormG s. nachstehend Vorbem. B 2.

15 4. Die ***Inkognito-Adoption***, welche die Geheimhaltung der Person der Wahleltern vor den leiblichen Eltern bezweckt, ist ein berechtigtes Anliegen. Sie ist in der Rechtsprechung[24]) und überwiegend im Schrifttum anerkannt. An dem Erfordernis, daß die Einwilligung nur zu

18) Vgl. Boehmer, JZ 1960, 4 zu III 2 c; Staudinger-Engler BGB[11] § 1748 Anm. 9; BGB-RGRK[11] § 1748 Anm. 6; a.M. Palandt § 1748 Anm. 1; Erman-Hefermehl BGB[3] § 1748 Anm. 2.

19) KG JFG 22, 332.

20) Staudinger-Engler BGB[11] § 1748 Anm. 11; BGB-RGRK[11] § 1748 Anm. 5; a.M. Voraufl.; Palandt § 1746 Anm. 1; Kränzlein aaO. Fn. 17; Erman-Hefermehl BGB[3] § 1748 Anm. 2; Soergel-Lade BGB[9] § 1754 Anm. 4.

21) Herschel DFG 1941, 1; BayObLGZ 21, 197; Düsseldorf JMBlNRW 1949, 42; LG Ellwangen FamRZ 1955, 220; vgl. aber Staudinger-Engler BGB[11] § 1747 Anm. 29, § 1748 Anm. 7.

22) Bedenken auch bei Staudinger-Engler BGB[11] § 1749 Anm. 16; Engler FamRZ 1969, 63 zu V 2; Maßfeller, StAZ 1961, 276, hält die Regelung für unbedenklich; ebenso Knur, DNotZ 1962, 579.

23) Celle MDR 1960, 52 = ZBlJR 1960, 93; Hamm FamRZ 1965, 231 = StAZ 1966, 86; BayObLGZ 1968, 291 = FamRZ 1969, 107; Glassing, Vorauss. der Adoption 1957 S. 90; Staudinger-Engler BGB[11] § 1746 Anm. 13 mit Nachw.; Keidel FGG[9] 13 vor § 65; a.M. AG Hamburg NJW 1962, 1303.

24) RGZ 121, 30; BGHZ 2, 287; BGH EJF A I i Nr. 12 mit Anm. v. Jansen = FamRZ 229 = NJW 1059 = MDR 573 = StAZ 206 = ZBlJR 119, je 1960; BVerfG FamRZ 1968, 578 zu C V.

einem bestimmten, hinsichtlich der Person des Annehmenden feststehenden Annahmevertrag erklärt werden kann, also nicht zur Annahme durch beliebige, von der Adoptionsvermittlungsstelle noch erst auszuwählende Wahleltern ermächtigen darf, ist auch bei der Inkognito-Adoption festzuhalten; eine *Blanko-Adoption* ist daher nicht statthaft[25]). Die Wahleltern müssen mithin in der Einwilligung zwar nicht namentlich, aber doch nach objektiven Merkmalen bezeichnet werden, die jedem unbeteiligten Dritten die Feststellung der Nämlichkeit der vertragschließenden Wahleltern mit den in der Einwilligung gekennzeichneten gestatten (RGZ, 121, 30; Guggumos, a. a. O.), z. B. nach der Nummer, unter welcher sie in der Liste einer Adoptionsvermittlungsstelle geführt werden. Die Inkognito-Adoption ist auf diese Weise durchführbar nicht nur, wenn der Elternteil seine Einwilligung nach § 1747 oder seine Zustimmung als gesetzlicher Vertreter nach § 1751 Abs. 2 zu erteilen hat, sondern infolge Zulassung der Bevollmächtigung durch § 1751a auch dann, wenn er als gesetzlicher Vertreter bei dem Vertragsabschluß mitzuwirken hat. Eine Vollmacht mit dem angeführten Inhalt erfüllt auch das Bestimmtheitserfordernis des § 1751a Abs. 2 (oben zu A 2; Guggumos, NJW 1958, 2121). Die Bestellung eines Pflegers zum Vertragsabschluß an Stelle des einwilligungsbereiten, vertretungsbefugten Elternteils ist nicht zulässig[26]). Die Pflegschaft ist seit der Zulassung der Vertretung in der Erklärung des Willens auch nicht notwendig.

Das Inkognito kann dadurch gesichert werden, daß gemäß § 61 Abs. 2, 3 PStG i. d. F. des Art. 8 Nr. 7 NichtehelG auf Antrag des Kindes, d. h. seines gesetzlichen Vertreters, nach der Kindesannahme also der Wahleltern, ein *Sperrvermerk* in das Geburtenbuch und in das Familienbuch eingetragen wird. Unter Umständen kann den leiblichen Eltern die Einsicht in die Adoptionsakten verwehrt werden[27]). **16**

5. Beurkundung der Zustimmung des (früheren) *Ehemanns* der annehmenden Frau zur Führung des Ehenamens durch das Kind (§ 1758a). **17**

Die Zustimmung ist einseitige, bedingungsfeindliche (§ 1742), empfangsbedürftige Willenserklärung. Erklärungsgegner ist die Annehmende oder das Kind oder das Bestätigungsgericht (§ 1758a Abs. 1 Halbs. 2 mit § 1748 Abs. 1). Mit ihrem Wirksamwerden wird die Zustimmung unwiderruflich (oben Rdn. 10). Bevollmächtigung, auch in der Erklärung des Willens, ist nicht statthaft (oben Rdn. 10). Der beschränkt Geschäftsfähige ist selbständig handlungsfähig. Die Zustimmung kann nur bis zur Bestätigung des Annahmevertrages erteilt werden (§ 1758a Abs. 3). Ist der Mann verstorben oder zur Abgabe der Erklärung, z. B. wegen Geisteskrankheit, außerstande oder abwesend, so ist die Zustimmung nicht wie bei den Einwilligungen nach § 1756 Abs. 2, entbehrlich, sondern sie muß, ebenso wie bei ihrer Verweigerung, vom VormG ersetzt werden (§ 1758a Abs. 2). Dazu die Bem. zu § 57a FGG. Wegen der Grundsätze für die Namensführung des Wahlkindes s. § 65 Rdn. 14—16. **18**

B. Aufgaben des Vormundschaftsgerichts bei der Kindesannahme

Soweit das VormG im Zusammenhang mit der Kindesannahme tätig wird, finden auf das Verfahren außer den Allgemeinen Vorschriften (§§ 1 bis 34) nur diejenigen des Zweiten Abschnitts „Vormundschaftssachen" (§§ 35 bis 64) Anwendung. Die Vorschriften des Dritten Abschnitts gelten nur für das Verfahren vor dem Bestätigungsgericht. Die Aufgaben des Dritten Abschnitts sind nicht dem VormG, sondern dem Amtsgericht als solchem übertragen. Die unterschiedliche Regelung der örtlichen Zuständigkeit (§§ 43, 36 einerseits, § 66 andererseits) kann dazu führen, daß verschiedene Gerichte mit derselben Kindesannahmesache befaßt sind. Diese Regelung hat der Gesetzgeber bewußt gewählt, weil bei der vormundschaftlichen **19**

25) RG JW 1933, 2700; BGH aaO.; zur Nieden, JZ 1951, 775; 1959, 401; Guggumos, NJW 1958, 2121; Glässing, Vorauss. der Adoption, 1957, S. 116; Palandt[26], § 1747 Anm. 2; Siebert-Vogel[8] § 1747 Anm. 1; Zarbock ZBlJR 1967, 140-152; OLG Hamm DNotZ 1968, 43; a.M. Weber, DNotZ 1951, 518; Machleid, JZ 1959, 145; Webler, ZBlJugR 1959, 130.

26) KG JW 1935, 1439; Maßfeller DJ 1935, 379; a.M. Ballarin DJ 1938, 335; Glässing, Vorauss. der Adoption S. 119.

27) Vgl. dazu Karlsruhe OLGZ 1966, 201 und dazu Staudinger-Engler BGB[11] § 1747 Anm. 23 a.

Fürsorge das Kind, bei der Bestätigung aber der Annehmende (vgl. Art. 22 EGBGB) und das öffentliche Interesse an der Gesetzmäßigkeit des Vorgangs (§ 65 Rdn. 1) im Mittelpunkt stehen. Es wäre deshalb nicht richtig, die Verrichtungen des VormG grundsätzlich gemäß § 46 an das Bestätigungsgericht abzugeben, um eine Vereinigung beider Verfahren in einer Hand zu erreichen, wie Schlegelberger (Vorbem. 1 vor § 65) empfiehlt. Eine Abgabe nach § 46 ist nur aus in der Sache liegenden Gründen zulässig, nicht lediglich zum Zwecke eines Richteraustausches; ein solches Verfahren wäre im Hinblick auf Art. 101 Abs. 1 Satz 2 GG bedenklich. Es ist im Gegenteil zweckmäßig, die Aufgaben des Vormundschaftsrichters und des Bestätigungsrichters, auch wo sie bei demselben Gericht zusammentreffen, geschäftlich und personell nach Möglichkeit zu trennen (so bereits Wellstein, FGG, § 65 Anm. 2), weil die Betrachtungsweise bei jedem der beiden Aufgabenbereiche eine andere ist und vier Augen mehr sehen als zwei. Es ist zu erwarten, daß sich dadurch auch die recht häufig gewordenen Fälle, in denen der Standesbeamte die Wirksamkeit der Kindesannahme mit Erfolg beanstandet (vgl. z. B. Karlsruhe, FamRZ 1960, 292, und allgemein Beitzke, StAZ 1968, 19), vermindern werden.

Verrichtungen des VormG bei der Kindesannahme sind:

20 *1. Erteilung der vormundschaftsgerichtlichen Genehmigung* zum Abschluß des Kindesannahmevertrages oder des Aufhebungsvertrages und zur Anfechtung dieser Verträge durch den gesetzlichen Vertreter oder das in der Geschäftsfähigkeit beschränkte Wahlkind (§§ 1751, 1755, 1770, 1828, 1829, 1831)[28]).

21 *a)* Für die Erteilung der Genehmigung gelten die allgemeinen Grundsätze (Bem. zu § 55). *Richtervorbehalt* besteht nicht (Drucks. V/3134 S. 20). *Anhörung* des Jugendamts ist zwingend (§ 48 JWG). Wenn der Annehmende fremder Staatsangehöriger ist oder Wohnsitz oder gewöhnlichen Aufenthalt im Ausland hat, ist *neben* dem Jugendamt auch das Landesjugendamt zu hören, um dessen Erfahrungen bei Auslandsadoptionen nutzbar zu machen (§ 48 Abs. 1 Satz 3 JWG). Verstoß begründet Verfahrensfehler, berührt allerdings die Wirksamkeit der Entscheidung nicht. Anhörung der Eltern und des Kindes § 1695, bei Mündeln der Verwandten und Verschwägerten, § 1847 n. F. Die Anhörung des nichtehelichen Vaters ist nach Maßgabe des § 1747a BGB n. F. vorgesehen; dazu Göppinger u. Engler, FamRZ 1970, 57 zu C, 113 zu II 4.

22 *b)* Die Genehmigung des Annahmevertrages kann als Vorgenehmigung schon vor Vertragsabschluß erteilt werden[29]). Sie darf nicht abhängig gemacht werden von der vorherigen Befreiung vom Alterserfordernis[30]) oder vom Erfordernis der Kinderlosigkeit. Das VormG entscheidet nach Zweckmäßigkeitserwägungen; maßgebend ist das Wohl des Kindes[31]). Dabei sollte auch geprüft werden, ob ein ausreichender Grund zur Weggabe des Kindes vorliegt (Glässing, Vorauss. der Adoption, 1957, S. 124). Einem ersichtlich nichtigen Vertrage (Namensadoption) ist die Genehmigung zu versagen[32]); ebenso, wenn sonstige nicht behebbare Unwirksamkeitsgründe zutage liegen[33]). Bei mangelnder Bekenntnisgleichheit zwischen Annehmendem und Kind sollte Genehmigung nur in Ausnahmefällen erteilt werden (Klein, FamRZ 1954, 68). Zweifel daran, ob durch die Annahme ein dem Eltern- und Kindesverhältnis entsprechendes Familienband hergestellt werden soll, berechtigen nicht zur Versagung der vormundschaftsgerichtlichen Genehmigung, wenn dies von einer Würdigung des Sachverhalts abhängt; denn diese Entscheidung wird durch § 1754 Abs. 2 Nr. 2 dem Bestätigungsgericht vorbehalten[34]). Auch der Ausschluß des Erbrechts des Kindes (§ 1767 Abs. 1) ist für sich allein kein Grund zur Versagung der vorm. Genehmigung[35]). Ob die Adoption des unehe-

[28]) Schrifttum: Schnitzerling, Die vorm. Genehmigung des Adoptionsvertrages usw., StAZ 1960, 169.
[29]) KGJ 36 A 29; KG RJA 15, 264; Staudinger-Engler BGB[11] § 1751 Anm. 30.
[30]) KGJ 36 A 29 = OLGR 18, 292; KG RJA 15, 264; KG JFG 1, 92.
[31]) KG RJA 15, 264; Celle NdsRpfl. 1961, 86.
[32]) KGJ 32 A 45 = RJA 7, 82 = OLGR 12, 347.
[33]) BGHZ 30, 308.
[34]) Staudinger-Engler BGB[11] § 1751 Anm. 24 gegen Celle NdsRpfl. 1966, 149.
[35]) Celle NJW 1963, 1880; Dölle FamR § 112 III 4 b.

lichen Kindes durch seinen Vater, der mit der Mutter in eheähnlicher Gemeinschaft lebt, dem Wohl des Kindes dient, ist nach Lage des Einzelfalls zu beurteilen[36]).

c) Die Genehmigung muß bei der Bestätigung erteilt (§ 1828) und dem Vertragsgegner gegenüber nach Maßgabe des § 1829 wirksam geworden sein (vgl. § 55 Rdn. 12; dort auch über Bevollmächtigung des Notars); andernfalls kann die Bestätigung nicht erteilt werden, da ein noch nicht wirksam gewordener Annahmevertrag nicht bestätigt werden darf. Der Meinung, das Gericht könne, wenn es zugleich Bestätigungsgericht und Vormundschaftsgericht ist, die Genehmigung und die Bestätigung in einem einheitlichen Beschluß erteilen[37]), ist daher nicht beizupflichten. Ein gleichwohl bestätigter Vertrag bleibt schwebend unwirksam. Nachbringung der Genehmigung heilt aber rückwirkend[38]). Die Genehmigung des VormG ist auch dann, wenn das über 14 Jahre alte Kind den Vertrag mit Zustimmung des gesetzlichen Vertreters schließt, dem gesetzlichen Vertreter des Kindes gegenüber, nicht dem Kinde selbst zu erteilen, da die Entschließung darüber, ob die Wirksamkeit des Vertrages durch Mitteilung der Genehmigung an den anderen Teil herbeigeführt werden soll (§ 1829), dem gesetzlichen Vertreter verbleiben muß[39]). Über das Beschwerderecht des Kindes s. § 20 Rdn. 33, 34, 44, der Annehmenden § 57 Rdn. 41, des nichtehelichen Vaters (auch gegen die Erteilung) § 57 Rdn. 36. **23**

2. Ersetzung der Einwilligung eines Elternteils zur Kindesannahme. Der durch Art. 1 Nr. 20 FamRÄndG eingefügte *§ 1747 Abs. 3 BGB* bestimmt:

(3) Das Vormundschaftsgericht kann auf Antrag des Kindes die Einwilligung eines Elternteils ersetzen, wenn dieser seine Pflichten gegenüber dem Kind dauernd gröblich verletzt oder die elterliche Gewalt verwirkt hat, und wenn er die Einwilligung böswillig verweigert und das Unterbleiben der Annahme an Kindes Statt dem Kinde zu unverhältnismäßigem Nachteil gereichen würde.

a) Rechtsentwicklung. Verfassungsmäßigkeit. Das BGB sah eine Ersetzung der Einwilligung nicht vor. Die Vorschriften, welche die Ersetzung der Zustimmung eines anderen zu einem Rechtsgeschäft gestatten, sind einer Verallgemeinerung nicht fähig[40]). Die Einwilligung war daher nicht ersetzbar (Siebert-Vogel, § 1747 Anm. 1; Palandt, § 1747 Anm. 1; Beitzke, FamR § 32 IV 1). Eine ausdehnende Anwendung des § 1746 Abs. 2 hatte das Kammergericht in einem besonders krassen Fall mißbräuchlicher Verweigerung der Einwilligung zugelassen[41]). Das KG hat jedoch diese Auffassung als mit dem Gesetz nicht vereinbar aufgegeben[42]). In BGH, 18. 4. 1958 (27, 126 = FamRZ, 317), wurde die Frage offengelassen. Im Schrifttum lehnten ein Übergehen der verweigerten Einwilligung ab Palandt, § 1747 Anm. 2 mit § 1726 Anm. 3; Krüger-Breetzke, GleichberG Einl. Rdn. 207; Klein, FamRZ 1957, 296; Beitzke a. a. O.; Glässing, Vorauss. der Adoption, 1957, S. 101; Bosch, FamRZ 1956, 60; 1959, 379; Jansen EJF, B II Nr. 18 Anm.; Göppinger, FamRZ 1959, 401. De lege ferenda war die Frage, ob die Ersetzbarkeit gesetzlich begründet werden solle, umstritten; unter fürsorgerischen Gesichtspunkten wurde sie befürwortet von Glässing, a. a. O. S. 111; W. Müller, FamRZ 1956, 60; zur Nieden, NJW 1961, 638 u. a., während Klein, FamRZ 1954, 66 und 1957, 295 ein Bedürfnis dafür nicht anerkannte. Verfassungsrechtliche Bedenken erhoben Krüger, Göppinger, Bosch, Beitzke und Jansen a. a. O. **24**

Der Regierungsentwurf 1955 (BT-Drucks. 1586/2. Wahlp.) sah eine Ersetzung der Einwlligung nicht vor; erst der Regierungsentwurf 1958 (BT-Drucks. 530/3. Wahlp.) brachte die Gesetz gewordene Bestimmung in Vorschlag. Bei den Gesetzesvorarbeiten ergaben sich **25**

36) Vgl. LG Göttingen NdsRpfl. 1963, 128; Celle NdsRpfl. 1961, 86; Dölle FamR § 112 III 4 b; Staudinger-Engler BGB[11] § 1751 Anm. 26.

37) So Dölle FamR § 112 III 4 d; Staudinger-Engler BGB[11] § 1751 Anm. 32 a.

38) KGJ 37 A 52 = OLGR 18, 286; BayObLGZ 1956, 291; BGB-RGRK[11] § 1751 Anm. 7; Soergel-Lade BGB[9] § 1751 Anm. 9; Staudinger-Engler BGB[11] § 1751 Anm. 31.

39) So mit Recht Staudinger-Engler BGB[11] § 1751 Anm. 42; a.M. BGB-RGRK[11] § 1751 Anm. 7.

40) KG JFG 7, 82.

41) KG JFG 20, 222; ebenso Hamburg FamRZ 1957, 379; LG Hamburg FamRZ 1957, 328; LG Koblenz FamRZ 1956, 59.

42) KG FamRZ 1957, 184; ebenso Karlsruhe FamRZ 1957, 183; LG Darmstadt FamRZ 1956, 60.

tiefgreifende Meinungsverschiedenheiten (BT-Drucks. zu 2812/61 S. 7; Schwarzhaupt, FamRZ 1961, 329 zu III). Bedenken gegen die Vereinbarkeit der Vorschrift mit Art. 6 GG wurden erhoben von Krüger (GleichberG Einl. Rdn. 206), Göppinger (FamRZ 1959, 401 und 1968, 302) und Beitzke (FamR § 32 IV). Inzwischen hat das Bundesverfassungsgericht jedoch entschieden, daß § 1747 Abs. 3 BGB mit dem Grundgesetz vereinbar und daß seine Anwendung auch bei Inkognito-Adoptionen verfassungsrechtlich zulässig ist[42a]).

26 *b) Sachliche Voraussetzungen.* Nach dem Gesetzeswortlaut kann die Einwilligung nur *eines* Elternteils ersetzt werden. Bei Verweigerung durch beide Eltern wird die Ersetzung aber ebenfalls für zulässig erachtet werden müssen, obwohl das FamRÄndG an anderer Stelle (§ 1595a Abs. 1) zwischen „den Eltern" und „einem Elternteil" sorgfältig unterscheidet[43]).

27 Sachlich wird erfordert alternativ dauernde gröbliche Verletzung der Pflichten gegenüber dem Kinde oder Verwirkung der elterlichen Gewalt i. S. des § 1676 BGB und hierzu kumulativ hinzutretend böswillige Verweigerung der Einwilligung *und* unverhältnismäßiger Nachteil für das Kind aus dem Unterbleiben der Annahme. Nach diesen engen Voraussetzungen ist die Vorschrift nur auf ganz manifeste Mißbrauchsfälle anwendbar.

28 Für eine *dauernde gröbliche,* d. h. in besonderem Maße anstößige *Verletzung der Elternpflichten* wird es nicht ausreichen, daß der Elternteil sich um das bei Pflegeeltern oder nach Scheidung der Ehe bei dem wiederverheirateten anderen Elternteil untergebrachte Kind aus Gleichgültigkeit nicht gekümmert hat. In Betracht kommen wird eine ständige hartnäckige Verletzung der Unterhaltspflicht, die zu einer Beeinträchtigung der Lebenshaltung des Kindes geführt hat; ferner erhebliche Vernachlässigung bei der persönlichen Betreuung des Kindes.

29 *Böswillig* deutet auf eine verwerfliche, feindselige Gesinnung hin[44]). Dazu genügen nicht sachfremde, keinesfalls anzuerkennende Motive (so zur Nieden, NJW 1961, 638). Vielmehr hat der Begriff dieselbe Bedeutung wie in den ebenfalls dem Schutze der Familie und der Jugend dienenden Bestimmungen der §§ 170a, 223b StGB; danach bedeutet böswillig den besonders verwerflichen Beweggrund (Bosheit, Haß, Sadismus, nicht nur Gleichgültigkeit oder Schwäche), die Absicht, dem anderen Böses anzutun (Dreher-Maßen, StGB, § 223b Anm. 6, § 170a Anm. 4; Nagler in Leipz. Komm. § 170a Anm. 2). Das wenn auch verwerfliche Streben nach eigenem Vorteil (Geldentschädigung) genügt mithin nicht, da das Tatbestandsmerkmal „grober Eigennutz" des § 170a StGB in § 1747 Abs. 3 fehlt. Auch bloße Saumseligkeit einer im Ausland weilenden Mutter bei der Erteilung der formgerechten Einwilligung reicht nicht aus[45]).

30 Ein *unverhältnismäßiger Nachteil* liegt wie bei § 1727 BGB, vor, wenn über die mit der Adoption notwendig oder regelmäßig eintretenden günstigen Folgen hinaus im Einzelfall für das Kind besondere Vorteile mit der Adoption verbunden sind, denen gegenüber die natürlichen Belange und das gesetzliche Recht der Eltern zurücktreten müssen[46]). Die Adoption muß erforderlich sein, um eine infolge des Versagens der Eltern bereits eingetretene oder drohende Gefahr für eine gesunde leibliche, geistige oder seelische Entwicklung des Kindes abzuwenden[46a]). Eine von der Adoption zu erwartende Verbesserung der wirtschaftlichen Lage des Kindes genügt in der Regel nicht (vgl. § 1745a Abs. 1 Satz 2 BGB). Unter Umständen kann ins Gewicht fallen, daß eine den Anlagen des Kindes entsprechende bessere Schul-

[42a]) BVerfGE 24, 119 = NJW 1968, 2233 = DNotZ 1969, 112 = FamRZ 1968, 578; dazu Engler, FamRZ 1969, 63; aus dem Schrifttum vgl. ferner Arnold, Die Ersetzung von Einwilligungen zur Ehelicherklärung und Adoption in Unehelichenrecht im Wandel, 1967, S. 41-65; Pelle, ZBlJR 1967, 39; ders., UJ 1968, 312; ders., UJ 1969, 169-171; F. Klein, Das Urteil des BVerfG zu § 1747 III BGB, Jug-Wohl 1969, 58-63; abwegig Dellian NJW 1969, 1332.

[43]) Ebenso Staudinger-Engler BGB[11] § 1747 Anm. 45 a.

[44]) KG OLGZ 1966, 251 = FamRZ 1966, 266; zustimmend Staudinger-Engler BGB[11] § 1747 Anm. 49.

[45]) Karlsruhe FamRZ 1961, 490.

[46]) Hamm JR 1950, 274; FamRZ 1968, 110; Braunschweig FamRZ 1964, 323; BVerfGE 24, 119 = NJW 1968, 2233 = FamRZ 1968, 578 zu C III 3 b; zu § 1727 BGB vgl. auch KG JFG 20, 322 = HRR 1939 Nr. 1503 = DR 1939, 2078; Staudinger-Engler BGB[11] § 1747 Anm. 50; BGB-RGRK[11] § 1747 Anm. 11.

[46a]) BVerfGE aaO.; Staudinger-Engler u. BGB-RGRK aaO.

und Berufsausbildung ohne die Adoption nicht ermöglicht werden könnte. Der Nachteil, der dem Kind beim Unterbleiben der Adoption erwächst, muß „unverhältnismäßig", also besonders groß sein[46b]). Lebt das Kind nach der Scheidung der Ehe der Eltern bei der wiederverheirateten Mutter, der nach § 1671 BGB die elterliche Gewalt übertragen worden ist, so liegt ein unverhältnismäßiger Nachteil nicht schon darin, daß das Kind beim Unterbleiben der Adoption durch den Stiefvater nicht den Ehenamen der Mutter führt[46c]). Aus dem Grundsatz der Verhältnismäßigkeit ergibt sich ferner, daß der Eingriff in das Elternrecht erforderlich sein muß, um eine bereits eingetretene oder drohende Gefahr für die Entwicklung des Kindes abzuwenden; der Eingriff ist nicht zulässig, wenn mildere Mittel ausreichen, wie etwa die zeitweilige Unterbringung des Kindes in einem Heim oder einer Pflegestelle (§ 1666 BGB); erst die Notwendigkeit einer dauernden Heimunterbringung könnte sich als schwerer Nachteil darstellen.

c) Verfahren. Das Verfahren wird nur auf *Antrag* eingeleitet. Antragsberechtigt ist das Kind, vertreten durch den gesetzlichen Vertreter. Das in der Geschäftsfähigkeit beschränkte **31**
über 14 Jahre alte Kind kann den Antrag nicht selbständig stellen, sondern bedarf dazu der Zustimmung des gesetzlichen Vertreters, der seinerseits bei der Antragstellung an die Mitwirkung des Kindes nicht gebunden ist; denn da das Kind zum Vertragsabschluß der Zustimmung des gesetzlichen Vertreters bedarf (§ 1751 Abs. 2), liegt keiner der Fälle vor, in denen ein beschränkt Geschäftsfähiger selbständig handlungsfähig ist (vgl. § 13 Rdn. 19)[47]). *Richtervorbehalt* besteht nach § 14 Nr. 3e RechtspflG. *Anhörung* des Jugendamts ist Pflicht, obwohl § 1747 Abs. 3 in § 48 JWG (wohl nur versehentlich) nicht genannt wird[48]). Anhörung der Eltern und des Kindes § 1695, bei Mündeln der Verwandten und Verschwägerten, § 1847 n. F. Daß der Annahmevertrag bereits geschlossen ist, ist nicht erforderlich.

Die *örtliche Zuständigkeit* bestimmt sich nach §§ 43, 36 FGG. Die *deutsche internationale* **32**
Zuständigkeit des VormG ist gegeben, wenn die des Bestätigungsgerichts begründet ist (§ 66 Rdn. 7—19). Über die Frage, ob eine Einwilligung i. S. des § 1747 erforderlich und mithin auch, ob sie ersetzbar ist, entscheidet die nach Art. 22 Abs. 1, 27 EGBGB berufene Rechtsordnung[49]). Ist hiernach deutsches Recht anwendbar, so kann die Einwilligung auch ersetzt werden, wenn für das Rechtsverhältnis zwischen dem Elternteil und dem Kinde nach Art. 19, 20 EG fremdes Recht maßgebend ist. Ist nach Art. 22 Abs. 1 EG fremdes Recht Adoptionsstatut, so kann das deutsche VormG tätig werden, wenn und soweit das fremde Recht die Ersetzbarkeit vorsieht. Über ausländisches Sachrecht berichtet Glässing, Vorauss. der Adoption, 1957, S. 107 ff.; Nachweise ferner bei Staudinger-Engler, BGB, Vorbem. 67, 68 vor § 1741. Fehlt es an einer die örtliche Zuständigkeit nach den §§ 43, 36 begründenden Inlandsbeziehung in der Person des Wahlkindes, hat das Kind also im Inland weder Wohnsitz noch Aufenthalt und besitzt es auch nicht die deutsche Staatsangehörigkeit, so ist in erster Linie das VormG, welches nach § 66 Bestätigungsgericht ist, als Gericht des Fürsorgebedürfnisses, in letzter Linie das AG Schöneberg entsprechend § 36 Abs. 2 kraft Statutszuständigkeit zuständig (vgl. § 36 Rdn. 23) *Interzonal* gilt Entsprechendes[50]).

d) Rechtsmittel. Gegen die *ablehnende Verfügung* findet die einfache (unbefristete) Be- **33**
schwerde nach § 19 statt. Das Beschwerderecht steht nach § 20 Abs. 2 nur dem Kinde zu, vertreten durch den gesetzlichen Vertreter; unter den Voraussetzungen des § 59 kann das über 14 Jahre alte, in der Geschäftsfähigkeit beschränkte Kind das Beschwerderecht neben seinem gesetzlichen Vertreter auch selbständig ausüben. Ein erweitertes Beschwerderecht etwa

46b) Palandt-Lauterbach BGB[28] § 1747 Anm. 3 b; KG JFG 20, 322.

46c) Braunschweig FamRZ 1964, 323; Hamm FamRZ 1968, 110; zu diesem Fall auch KG OLGZ 1969, 235 = FamRZ 1969, 171.

47) A.M. Braunschweig FamRZ 1964, 323; Staudinger-Engler BGB[11] § 1747 Anm. 51; Keidel § 13 Anm. 30; wie hier Gernhuber FamR § 62 V 7 Fn. 1.

48) A.M. Staudinger-Engler BGB[11] § 1747 Anm. 53.

49) KG OLGZ 1966, 251 = FamRZ 1966, 266; BayObLGZ 1967, 443; Hamm FamRZ 1968, 110; Soergel-Kegel BGB[9] Art. 22 EG Anm. 17.

50) KG OLGZ 1966, 251 = FamRZ 1966, 266.

des Jugendamts oder anderer Personen, welche die Belange des Kindes verfolgen, oder des Annehmenden nach § 57 Abs. 1 Nr. 9 FGG kommt nicht in Betracht, weil § 20 Abs. 2 das Beschwerderecht nach dieser Vorschrift ausschließt (§ 57 Anm. B). Die *ersetzende Verfügung* wird gemäß § 53 Abs. 1 Satz 1 erst mit der Rechtskraft wirksam. Die sofortige Wirksamkeit der Verfügung kann nach § 53 Abs. 2 angeordnet werden. Mithin findet gegen die Ersetzung die sofortige Beschwerde statt (§ 60 Abs. 1 Nr. 6; § 53 Anm. 6; Maßfeller, StAZ 1961, 275). Das Beschwerderecht steht nur dem übergangenen Elternteil zu, §§ 20 Abs. 1, 59, 57 Abs. 2, auch dem Jugendamt nicht und nicht dem nichtehelichen Vater gegen die Ersetzung der Einwilligung der Mutter. Das Kind kann den Antrag bis zur Rechtskraft zurücknehmen.

34 Der Kindesannahmevertrag darf erst bestätigt werden, wenn die ersetzende Verfügung rechtskräftig oder ihre sofortige Wirksamkeit nach § 53 Abs. 2 angeordnet ist. Das VormG darf die ersetzende Verfügung in keinem Falle ändern, auch nicht, wenn es die sofortige Wirksamkeit angeordnet hat (§ 18 Abs. 2). Nach den für die Ehelichkeitserklärung geltenden Vorschriften der §§ 55 Abs. 2, 62, die hier entsprechend anwendbar sein müssen, ist auch dem Beschwerdegericht eine Änderung verwehrt, wenn der Annahmevertrag bestätigt ist, sei es in Verkennung des Fehlens der Rechtskraft oder weil die sofortige Wirksamkeit angeordnet oder wenn Wiedereinsetzung in den vorigen Stand zu gewähren war.

35 Das Verfahren ist *gerichtsgebührenfrei* (§ 91 KostO).

36 *3. Ersetzung der Zustimmung des* (früheren) *Ehemanns* der annehmenden Frau zur Führung des Ehenamens durch das Kind (§ 1758a). Vgl. die Erl. zu § 57a FGG und oben A 5 dieser Vorbem. sowie § 65 Rdn. 13.

37 *4. Aufhebung des Kindesannahmeverhältnisses* durch das VormG nach den §§ 1770a, 1770b. Die Vorschriften sind erläutert bei § 56d FGG.

C. Die Jugendämter und Landesjugendämter

38 wirken vor allem durch Vorbereitung und Vermittlung der Kindesannahme mit. Diese Aufgaben sind hier nicht darzustellen. Die Vermittlung ist geregelt durch das Gesetz über die Vermittlung der Annahme an Kindes Statt vom 29. 3. 1951 (BGBl. I, 214) mit 1. DVO vom 25. 8. 1952 (BGBl. I, 608). Dazu Webler, ZBlJugR 1951, 94 und zur Nieden, Adoptionsvermittlung, 1959. Im gerichtlichen Verfahren ist das Jugendamt zu *hören* vom VormG nach § 48 JWG bei Erteilung vormundschaftsgerichtlicher Genehmigungen anläßlich einer Kindesannahme (§§ 1751, 1755, 1770), bei der Aufhebung des Annahmeverhältnisses nach §§ 1770a, 1770b und bei Ersetzung der elterlichen Einwilligung nach § 1747 Abs. 3 (oben B 2 c dieser Vorbem.). Vom Bestätigungsgericht wird das Jugendamt nur gehört bei der Befreiung vom Erfordernis der Kinderlosigkeit nach § 68a Abs. 1 Satz 3 FGG n. F. Das Landesjugendamt ist vom VormG nach § 48 Abs. 1 Satz 3 im Fall des § 1751 BGB zu beteiligen, wenn der Annehmende fremder Staatsangehöriger ist oder seinen Wohnsitz oder gewöhnlichen Aufenthalt im Ausland hat, um die Erfahrungen des Landesjugendamts bei Auslandsadoptionen nutzbar zu machen (BT-Drucks. zu 2812/61 S. 10; Maßfeller, StAZ 1961, 277).

D. Der Standesbeamte

39 hat gemäß § 30 PStG die Kindesannahme oder ihre Aufhebung von Amts wegen (§ 71 Anm. 1) durch Beischreibung eines Randvermerks in das Geburtenbuch einzutragen. Zu diesem Zweck hat ihm die Geschäftsstelle des Bestätigungsgerichts nach § 30 Abs. 2 PStG, §§ 27, 23 Abs. 2 AusfVO-PStG eine beglaubigte Abschrift des Bestätigungsbeschlusses mit Rechtskrafttest und des Annahmevertrages zu übersenden (Pfeiffer-Strickert, PStG, § 30 Anm. 8, 15). Mit Rücksicht auf die beschränkte Wirkung der Bestätigung, welche nur *ein* konstitutives Tatbestandselement der Kindesannahme ist und heilende Wirkung nur für Formfehler entfaltet (§ 65 Anm. 4), ist der Standesbeamte an die Bestätigung insoweit *nicht gebunden,* als sie sachliche Mängel der Kindesannahme nicht heilt. Er ist daher berechtigt, die Wirksamkeit der Kindesannahme selbständig zu prüfen. Mit Rücksicht darauf aber, daß die bereits gerichtliche vorgenommene Prüfung eine gewisse tatsächliche Vermutung für die Ge-

setzmäßigkeit des Vorgangs begründet (vgl. Kuttner, IherJb. 61, 109, 177) und aus Gründen der Verwaltungsökonomie wird der Standesbeamte Anlaß zur Prüfung nur haben, wenn sich ihm nach Lage des Einzelfalles Bedenken rechtlicher oder tatsächlicher Art aufdrängen[51]). Kann der Standesbeamte seine Zweifel nicht selbst beheben, so kann er nach § 45 Abs. 2 PStG das Amtsgericht, welches nicht das Bestätigungsgericht zu sein braucht, anrufen. In diesem Verfahren ist die Wirksamkeit des bestätigten Kindesannahmevertrages in vollem Umfange zu prüfen[52]). Das Problem wird daher in seiner Bedeutung erheblich überschätzt.

Auslandsadoptionen auf Grund ausländischen Rechtsakts können ebenfalls Grundlage für **40** die Beischreibung eines Randvermerks nach § 30 PStG sein, vorausgesetzt, daß die ausländische Behörde nach deutschem Recht international zuständig gewesen ist und der Akt nach deutschem Recht auch im Inland Wirksamkeit erlangt hat[53]). Der Standesbeamte hat bei Anwendbarkeit ausländischen Rechts selbständig zu prüfen, ob die vorgelegten Urkunden die Eintragung rechtfertigen[54]). Bei Zweifeln kann er die Entscheidung des AG nach § 45 Abs. 2 PStG anrufen.

E. Erneuerung des Adoptionsrechts

Das Gesetz zur Vereinheitlichung und Änderung familienrechtlicher Vorschriften *(Fami-* **41** *lienrechtsänderungsgesetz)* vom 11. 8. 1961 (BGBl. I, 1221), in Kraft getreten am 1. 1. 1962, hat in Art. 1 Nrn. 18 bis 31 das sachliche Adoptionsrecht, in Art. 4 Nr. 5 bis 10 das Verfahrensrecht wesentlich geändert und durch Beseitigung der Rechtszersplitterung vereinheitlicht. Beibehalten ist die Vertragsnatur der Kindesannahme mit der Notwendigkeit gerichtlicher Bestätigung (§ 1741 BGB). Die Änderungen stellen sich als maßvolle Reform des bisher geltenden Rechts dar. Das Mindestalter des Annehmenden ist von 50 auf 35 Jahre herabgesetzt worden (§ 1744). Im Vordergrund steht die Adoption Minderjähriger, während die Erwachsenenadoption als Ausnahme von der Regel erscheint und besonderer Rechtfertigung bedarf (§§ 1744 Satz 3, 1745c); kritisch hierzu Knur, DNotZ 1959, 284. Die Befreiung vom Erfordernis der Kinderlosigkeit ist als Dauerrecht beibehalten und in das BGB und das FGG eingefügt worden (§ 1745a BGB, § 68a FGG). Über alle zulässigen Befreiungen entscheidet das Bestätigungsgericht im Verfahren der FG (§ 1745 BGB, § 65 Halbs. 2 FGG). Beim Vertragsabschluß wird in gewissen Grenzen Vertretung in der Erklärung zugelassen (§ 1751a). § 1749 Abs. 2 n. F. stellt die Statthaftigkeit erneuter Kindesannahme nach dem Tode des Annehmenden klar. Die negative normative Generalklausel des § 1754 Abs. 2 Nr. 2, welche die Herstellung eines Familienbandes gewährleisten und Mißbräuchen der Rechtseinrichtung vorbeugen soll, ist beibehalten, während der weitere Versagungsgrund des § 1754 Abs. 2 Nr. 3 i. d. F. d. G vom 23. 11. 1933 beseitigt ist. Die höhere Verwaltungsbehörde wirkt nicht mehr mit. Dem VormG werden neue Aufgaben zugewiesen durch die Ersetzung der elterlichen Einwilligung (§ 1747 Abs. 3) und die Aufhebung des Kindesannahmeverhältnisses aus Gründen des Kindeswohls (§ 1770a) oder wegen Fehlens der elterlichen Einwilligung (§ 1770b). Zur Reform vgl. Schnitzerling, Das neue Adoptionsrecht, RdJ 1962 Seite 78; Knur, Die Reform des Adoptionsrechts, DNotZ 1962, 571. Über weitere Reformpläne aus Anlaß

51) Beitzke, StAZ 1956, 267; FamRZ 1956, 172; ders., Das Verhältnis von Justiz und Verwaltung im Bereich standesamtl. Tätigkeit, 1957, S. 22 ff.; ders., StAZ 1968, 19 u. 215 zu VI, dessen Ausführungen beizupflichten ist; Hamm StAZ 1954, 37; JMBlNRW 1964, 172 = FamRZ 1965, 287; Schleswig StAZ 1956, 291 = SchlHA 1956, 358; ernste Zweifel fordernd BGH LM § 1754 Nr. 3 = FamRZ 122 = StAZ 77 = DNotZ 419, je 1957; FamRZ 1957, 363; Karlsruhe FamRZ 1960, 292; a.M., das Prüfungsrecht zu stark beschränkend, Baur, FamRZ 1957, 124; Keidel § 68 Anm. 6; Schleswig StAZ 1967, 96; Frankfurt StAZ 1968, 17 u. 18; dagegen mit Recht Beitzke StAZ 1968, 19; vgl. die ausführlichen Nachweise bei Staudinger-Engler BGB[11] § 1754 Anm. 79-82.

52) KGJ 22 A 250; Staudinger-Engler BGB[11] § 1754 Anm. 83.

53) Vgl. für die Ehelichkeitserklärung BayObLG JFG 1, 137; für die Adoption KG IPRspr. 1926 Nr. 81 = OLGR 46, 189 = JR 1927 Nr. 387; stillschweigend unterstellend BGH FamRZ 229 = NJW 1059 = MDR 573 = ZBlJugR 119 = StAZ 206, je 1960; Soergel-Kegel BGB[9] Art. 22 EG Anm. 45; Achilles-Greiff-Beitzke BGB[21] Art. 22 EG Anm. 5; Jansen EJF A I i Nr. 12 Anm.

54) RGZ 88, 250; KG OLGZ 1966, 244, 248.

der Neuregelung des Rechts des unehelichen Kindes berichtet Engler, FamRZ 1966, 551. Durch Art. 1 Nrn. 39 bis 49 des G über die rechtliche Stellung der nichtehelichen Kinder vom 19. 8. 1969 (BGBl. I 1243), in Kraft getreten am 1. 7. 1970, sind die §§ 1741, 1745a, 1745b, 1758 Abs. 4, 1758a Abs. 5, 1765 und 1766 BGB geändert, die §§ 1742a, 1747a und ein Abs. 3 des § 1756 eingefügt und § 1761 BGB aufgehoben worden. Nichteheliche Abkömmlinge stehen für das Erfordernis der Kinderlosigkeit den ehelichen Abkömmlingen gleich (§ 1741 n. F.). Das Vorhandensein weiterer, auch ehelicher Abkömmlinge steht der Annahme des eigenen nichtehelichen Kindes nicht entgegen; insofern bedarf es auch keiner Befreiung vom Erfordernis der Kinderlosigkeit (§ 1742a n. F.). Mit der Kindesannahme verlieren die leiblichen Eltern außer der elterlichen Gewalt jetzt auch die Befugnis, mit dem Kinde persönlich zu verkehren (§ 1765 Abs. 1 n. F.). Endigt die elterliche Gewalt des Annehmenden oder ruht sie nach §§ 1673 Abs. 1, 1674 BGB, so kann das VormG sie den leiblichen Eltern zurückübertragen (§ 1765 Abs. 2 n. F.). Vgl. zu diesen Änderungen BT-Drucks. V/2370 S. 79—82 u. S. 105/106 sowie BT-Drucks. zu V/4179 S. 4/5 und dazu Engler, FamRZ 1970, 113-122.

F. Recht der DDR

42 Die §§ 1741 bis 1772 BGB sind zunächst aufgehoben und ersetzt worden durch die VO über die Annahme an Kindes Statt vom 29. 11. 1956 (GVBl. I, 1326, SaBl. 1957, 176). Im **Ostsektor Berlins** erging eine gleichlautende VO vom 19. 12. 1956 (VOBl. I, 949). Bei dieser Regelung wurde an der Vertragsnatur der Kindesannahme noch festgehalten[55]). Nunmehr ist die Annahme an Kindes Statt in den §§ 66 bis 78 des Familiengesetzbuchs vom 20. 12. 1965 (GBl. DDR 1966 I, 1) geregelt. Dazu Verfahrensvorschriften in § 34 d. VO vom 17. 2. 1966 (GBl. DDR II, 171) und §§ 18 Abs. 1 Nr. 2 Buchst. c, 21 Abs. 1, 32 Abs. 1 Buchst. h, 33 bis 38 der JugendhilfeVO vom 3. 3. 1966 (GBl. DDR II, 215). Dieses Gesetzgebungswerk ist im Ostsektor Berlins eingeführt durch ÜbernahmeVO vom 28. 1. 1966 (FGB), vom 7. 4. 1966 und vom 22. 4. 1966 (VOBl. Berlin-Ost I, 117, 409, 422). Die Kindesannahme wird auf Antrag des Annehmenden durch unanfechtbaren Beschluß des Organs der Jugendhilfe (Jugendhilfeausschuß des Rats des Kreises) verfügt, ergeht also durch Staatsakt; der Annehmende erhält hierüber eine Urkunde (§ 68 FGB). Nur ein Minderjähriger darf angenommen werden (§ 67 FGB). Zur Annahme ist die Einwilligung der Eltern, des gesetzlichen Vertreters des Kindes und des Kindes selbst, wenn es das 14. Lebensjahr vollendet hat, erforderlich (§ 69 FGB); die Einwilligung der Eltern kann unter den Voraussetzungen des § 70 Abs. 1 FGB auf Klage des Organs der Jugendhilfe durch das Gericht ersetzt werden. Inkognito-Adoption ist zulässig (§ 69 Abs. 3 FGB). Das Kind erhält den Familiennamen des Annehmenden oder der annehmenden Ehegatten; das Organ der Jugendhilfe kann die Beibehaltung des bisherigen Familiennamens des Kindes bewilligen (§ 71 FGB). Das Annahmeverhältnis kann auf Klage der leiblichen Eltern unter ähnlichen Voraussetzungen wie nach § 1770b BGB, auf Klage des Organs der Jugendhilfe oder auf Klage des Annehmenden durch das Gericht aufgehoben werden (§§ 74 bis 76 FGB). Nach Eintritt der Volljährigkeit des Angenommenen kann in Ausnahmefällen das Staatliche Notariat das Annahmeverhältnis auf übereinstimmenden Antrag beider Teile aufheben (§ 77 FGB). Das Internationale Privatrecht regelt § 20 EGFGB. Adoptionsstatut ist das Recht des Annehmenden. Die Annahme eines Kindes, das „Bürger der DDR" ist, durch den Angehörigen eines anderen Staates bedarf der Genehmigung des Ministeriums für Volksbildung (§ 20 Abs. 2 EGFGB, § 32 Abs. 1 Buchst. h JugendhilfeVO)[56]).

G. Der Inhalt des Dritten Abschnitts

43 bezieht sich auf die Tätigkeit des Amtsgerichts als Bestätigungsgericht. Er regelt die sachliche und örtliche Zuständigkeit des Gerichts (§§ 65, 66), das Wirksamwerden und die Unabänderlichkeit des Bestätigungsbeschlusses (§ 67), die Rechtsmittel (§ 68) sowie das Verfahren

[55]) Vgl. dazu Wächtler NJ 1957, 17; Glässing, Vorauss. d. Adoption 1957 S. 53 f.; Kegel IPR § 20 X 5; Soergel-Kegel[9] Art. 22 EG Anm. 55; Wassermeyer, Entwicklung des Kindschaftsrechts in Mitteldeutschland 1965 S. 125 f.

[56]) Dazu Ansorg NJ 1965, 246, 248.

bei der Befreiung vom Erfordernis der Kinderlosigkeit (§§ 68a, 68c) und den Erfordernissen des Alters und der Minderjährigkeit (§§ 68b, 68c).

Sachliche Zuständigkeit

65 Für die Bestätigung des Vertrages, durch den ein Kind an Kindes Statt angenommen oder das Annahmeverhältnis aufgehoben wird, sind die Amtsgerichte zuständig; sie entscheiden auch über die Befreiung von den Erfordernissen des § 1741 Satz 1 und des § 1744 Satz 1, 3 des Bürgerlichen Gesetzbuchs.

Fassung des Art. 4 Nr. 6 FamRÄndG. In Kraft getreten am 1. 1. 1962.

1. *Mit der Annahme an Kindes Statt*[1]) wird durch einen gerichtlich zu bestätigenden Vertrag (§§ 1741, 1750, 1754 BGB) ein Eltern- und Kindesverhältnis zwischen den Vertragschließenden begründet. Das Gesetz spricht in § 1754 Abs. 2 Nr. 2 von der Herstellung eines Familienbandes; das Wahlkind erwirbt die rechtliche Stellung eines ehelichen Kindes des Annehmenden (§ 1757) und erhält dessen Familiennamen (§ 1758). Die leiblichen Eltern verlieren die elterliche Gewalt und die Befugnis, mit dem Kinde persönlich zu verkehren (§ 1765 Abs. 1). Durch die *Bestätigung* als Ergebnis eines gerichtlichen Prüfungsverfahrens soll der Abschluß ungültiger Kindesannahmeverträge wegen der sich daraus ergebenden Unzuträglichkeiten, namentlich im öffentlichen Interesse, nach Möglichkeit verhütet werden (Wellstein, FGG, § 65 Anm. 2); durch die normative Prüfung nach § 1754 Abs. 2 Nr. 2 wird außerdem Mißbräuchen der Rechtseinrichtung vorgebeugt. Um die gerichtliche Prüfung zu erzwingen, wird die Wirksamkeit der Kindesannahme in § 1754 Abs. 1 Satz 1 von der Bestätigung abhängig gemacht. Die Prüfung, ob die Kindesannahme dem Wohl der Beteiligten dient, ist nicht Aufgabe des Bestätigungsgerichts, sondern, sofern das Wahlkind nicht unbeschränkt geschäftsfähig ist, des VormG (Vorbem. B 1). Die Erteilung der Bestätigung ist nicht in das Ermessen des Gerichts gestellt, sondern muß erfolgen, wenn kein gesetzlicher Versagungsgrund vorliegt (§ 1754 Abs. 2)[2]). **1**

2. *Sachlich zuständig* ist das AG als solches. Da es sich nicht um eine Verrichtung des VormG handelt, ist Art. 147 EGBGB nicht anwendbar. Die Geschäfte des Amtsgerichts bei der Kindesannahme gehören nach § 3 Nr. 2 Buchst. b RechtspflG i. d. F. des G vom 5. 11. 1969 (BGBl. I 2065) seit dem 1. 7. 1970 zum Gebiet der Vorbehaltsübertragung, sind also auf den Rechtspfleger übertragen; ein Richtervorbehalt besteht nach § 15 RechtspflG für die Befreiung vom Erfordernis der Kinderlosigkeit (§ 1745a BGB) vgl. dazu § 68a. Eine Vorlegungspflicht besteht jedoch nach § 5 Abs. 1 Nr. 3 RechtspflG, wenn die Anwendung von nicht im Geltungsbereich des Gesetzes geltendem Recht in Betracht kommen, also nicht nur von ausländischem Recht, sondern auch von dem Recht der DDR oder des Ostsektors Berlins (vgl. § 66 Anm. II, III). Wenn der Richtervorbehalt des § 15 RechtspflG vorliegt, wird ferner im Hinblick auf § 68c die Entscheidung durch den Richter auch im übrigen wegen Sachzusammenhangs nach § 5 Abs. 1 Nr. 4 RechtspflG regelmäßig geboten sein. **2**

Die sachliche Zuständigkeit erstreckt sich auf die *Bestätigung* des Kindesannahmevertrages (§§ 1741 Satz 2, 1753, 1754) und des Aufhebungsvertrages (§§ 1770, 1741 Satz 2, 1753, 1754 ohne Abs. 2 Nr. 2). Durch Halbs. 2 wird die sachliche Zuständigkeit ferner begründet für die *Befreiung* vom Erfordernis der Kinderlosigkeit (§§ 1741 Satz 1, 1745, 1745a), dem Erfordernis des 35. Lebensjahrs des Annehmenden (§§ 1744 Satz 1, 1745, 1745b) und dem Erfordernis der Minderjährigkeit des Anzunehmenden (§§ 1744 Satz 3, 1745, 1745c). Die **3**

[1]) Schrifttum zum Adoptionsrecht außer den Kommentaren und Lehrbüchern des BGB: R. Becker, Annahme an Kindes Statt, 1950; Schnitzerling, Die Adoption, 1960; ders., Aktuelle Rechtsprobleme der Adoption, UJ 1963, 409-412; Glässing, Voraussetzungen der Adoption, 1957; Heinisch, Beendigung und Nichtigkeit der Adoption, 1960; Kränzlein, Zu den Einwilligungen bei der Annahme an Kindes Statt, in Festschr. f. Nottarp 1961, S. 111 ff.; zur Nieden, Adoptionsvermittlung, 1959; Firsching, Familienrecht (Hdb. d. amtsger. Praxis Bd. V), 2. Aufl. 1962 S. 109 ff.

[2]) KG FamRZ 1957, 185 = StAZ 1957, 191.

Befreiung vom Alterserfordernis ist mithin nicht mehr, wie früher, eine Verwaltungsentscheidung.

4 Ein *Antrag* ist notwendige Voraussetzung der Bestätigung, wie das Gesetz in § 68 Satz 2 voraussetzt[3]) und sich aus der Natur der Sache ergibt, da das Wirksamwerden der Kindesannahme oder ihrer Aufhebung den Vertragsteilen nicht von Amts wegen aufgenötigt werden kann. Vgl. § 7 Rdn. 22.

5 *Antragsberechtigt* ist für die Bestätigung jeder Vertragschließende für sich, wie § 68 Satz 2 zeigt. Ein Antrag aller Vertragschließenden braucht nicht verlangt zu werden, weil sie an den Vertrag gemäß § 1754 bis zur endgültigen Versagung der Bestätigung gebunden sind (Denkschr. S. 54). Das Antragsrecht steht mithin für die Bestätigung des Annahmevertrages jedem Annehmenden, dem Kinde und jedem zur Zeit des Vertragsabschlusses schon vorhandenen Abkömmling des Kindes zu, auf den der Vertragsabschluß nach § 1762 Satz 2 erstreckt wurde, für die Bestätigung des Aufhebungsvertrages jedem nach §§ 1768 Abs. 2, 1769 BGB an dem Vertrage beteiligten Vertragschließenden. Die Einwilligungsberechtigten (§§ 1746, 1747 Abs. 1) haben kein Antragsrecht. Auch der Ehegatte des Annehmenden, der nach § 1768 Abs. 3, 2. Alternative, an dem Aufhebungsvertrage mitzuwirken hat, ist nicht antragsberechtigt[4]). Für ein geschäftsunfähiges oder noch nicht 14 Jahre altes Kind stellt der gesetzliche Vertreter den Antrag; ein über 14 Jahre altes und nicht geschäftsunfähiges Kind muß den Antrag selbst mit Zustimmung des gesetzlichen Vertreters stellen, der gesetzliche Vertreter allein ist dazu nach dem Grundgedanken des § 1751 Abs. 2 BGB nicht legitimiert[5]). Für die Befreiungen dagegen ist nach § 1745 nur der Annehmende antragsberechtigt. Er kann mithin trotz seiner vertragsmäßigen Bindung den Vertrag dadurch zu Fall bringen, daß er den Antrag auf Befreiung, sofern es einer solchen bedarf, nicht stellt oder zurücknimmt und dadurch die Versagung der Bestätigung herbeiführt[6]). Eine gesetzliche Vermutung für die Bevollmächtigung des beurkundenden *Notars* zur Antragstellung (§ 13 Rdn. 45) besteht nicht. Einer *Form* bedarf der Antrag nicht; er muß nur das Verlangen nach Bestätigung erkennen lassen. Eine Frist ist ebenfalls nicht zu wahren.

6 Für das *Verfahren* gelten die allgemeinen Vorschriften des 1. Abschnitts, insbesondere der Amtsermittlungsgrundsatz (§ 12), soweit nicht die §§ 67, 68, 68a, 68b, 68c Abweichendes bestimmen. Ergeben sich behebbare Beanstandungen, so ist die Bestätigung nicht sogleich zu versagen, sondern durch *Zwischenverfügung* unter Fristsetzung auf die Beseitigung des Mangels hinzuwirken[7]).

7 *3.* Bei der *Bestätigung des Annahmevertrages* erstreckt sich die *Prüfungspflicht* des Gerichts auf folgende Voraussetzungen:

8 *a)* Ein *wirksamer Annahmevertrag* (§§ 1742, 1749, 1750, 1751, 1751a). Die Unwirksamkeit kann sich aus dem Mangel der gesetzlichen Form (§§ 1750, 125 Satz 1), aus mangelnder gesetzlicher (§ 1751) oder rechtsgeschäftlicher Vertretung (§ 1751a), aus der inhaltlichen Unzulässigkeit von Vertragsbestimmungen (§§ 1742, 1758, 1767 Abs. 2) oder aus den Nichtigkeitsgründen des Allgemeinen Teils (§§ 117, 134, 138, 139, 142 Abs. 1 BGB) ergeben. Die Zuständigkeit für die Beurkundung, die gesetzlichen Formerfordernisse und die Notwendigkeit und Zulässigkeit gesetzlicher Vertretung der Beteiligten sind erörtert in Vorbem. A und A 1, Form und Umfang einer rechtsgeschäftlichen Vertretung in der Erklärung des Willens in Vorbem. A und A 2. Inhaltlich darf der Vertrag nicht bedingt oder befristet sein (§ 1742). Dispositiv ist lediglich die Regelung des Erbrechts des Kindes gegenüber dem Annehmenden (§ 1767 Abs. 1) und in engen Grenzen des Rechts zur Namensführung (§ 1758). Im übrigen können die Wirkungen der Kindesannahme nicht geändert werden (§ 1767 Abs. 2). Unstatt-

[3]) Unger, ZZP 37, 404; Josef, FGG² § 68 Anm. 7; Schlegelberger § 68 Anm. 2; Keidel § 12 Anm. 2 b; a.M. Dorner, FGG, Anm. 4, Fuchs FGG² Anm. 5 je zu § 68.

[4]) Staudinger-Engler BGB¹¹ § 1770 Anm. 25.

[5]) Pikart-Henn, Lb. d. Freiw. Gerbkt. S. 270; Staudinger-Engler BGB¹¹ § 1754 Anm. 59.

[6]) Zust. Staudinger-Engler BGB¹¹ § 1745 Anm. 11.

[7]) Vgl. BGHZ 25, 163; KG FamRZ 1957, 185 = StAZ 1957, 191; KG FamRZ 1961, 386; Staudinger-Engler BGB¹¹ § 1754 Anm. 14.

haft ist der Ausschluß des Unterhaltsanspruchs des Kindes gegen den Annehmenden (Siebert-Vogel, § 1767 Anm. 1) oder die Vereinbarung, daß das Kind in einer anderen Religion als der des Annehmenden zu erziehen sei[8]). Die äußere Verbindung des Annahmevertrages mit einem anderen Vertrage, z. B. einem Erb-, Erbverzichts- oder Hofübergabevertrage, ist statthaft. Ein Annahmevertrag kann auch wegen Scheins (§ 117 BGB) nichtig sein[9]). Haben aber die Vertragschließenden den ernstlichen Willen gehabt, die Rechtswirkungen der Adoption herbeizuführen, sei es auch um eines von der Rechts- und Sittenordnung nicht gebilligten Zweckes willen, so liegt kein Scheingeschäft vor[10]). Über Sittenwidrigkeit der Kindesannahme vgl. Siebert-Hefermehl, § 138 Anm. 110, Staudinger-Coing, § 138 Anm. 19g. Der Wunsch, die Bindung an einen Erbvertrag durch die Kindesannahme zu beseitigen, kann sittlich nicht zu beanstanden sein[11]). Der Rechtssatz, daß ein Rechtsgeschäft, dessen Rechtsform zum Zweck der Steuerersparnis gewählt wurde, nicht schon aus diesem Grunde sittenwidrig ist (BGB-RGRK, § 138 Anm. 50), gilt auch für die Kindesannahme[12]). Für das Bestätigungsverfahren haben diese Gesichtspunkte an Bedeutung verloren, weil Bedenken dieser Art in der Regel bei Erwachsenen-Adoptionen auftreten werden, die nach § 1745c besonderer Rechtfertigung im Befreiungsverfahren bedürfen, und weil nach § 1754 Abs. 2 Satz 1 Nr. 2 bereits begründete Zweifel in der dort angegebenen Richtung zur Versagung der Bestätigung führen (Anm. k). Auch die Prüfung, ob eine erklärte Anfechtung des Annahmevertrages wegen Willensmangels begründet ist, obliegt dem Bestätigungsgericht[13]), nicht aber die Prüfung, ob der Vertrag anfechtbar ist, wenn die Anfechtung nicht erklärt ist. Bei Teilnichtigkeit (§ 139 BGB) ist die Bestätigung zu versagen, selbst wenn die ungültige Vertragsbestimmung den Bestand des Vertrages im übrigen nicht berührt, da das Gericht nicht seine Hand dazu bieten darf, einem teilweise unwirksamen Vertrage durch die Bestätigung den Rechtsschein der Gültigkeit zu verleihen[14]). Liegen bei einem Vertrage über die gemeinschaftliche Annahme an Kindes Statt (§ 1749) Versagungsgründe nur in der Person eines der annehmenden Ehegatten vor, so muß dem ganzen Vertrag die Bestätigung versagt werden[15]).

b) Annahmefähigkeit des Wahlkindes. Ein angenommenes Kind kann zu Lebzeiten des Annehmenden nicht noch einmal angenommen werden; dazu bedarf es einer vorherigen Aufhebung des Annahmeverhältnisses. Eine Ausnahme gilt nur für die Annahme durch den Ehegatten des Annehmenden (§ 1749 Abs. 2). Diese Ausnahme gilt aber nicht, wenn die Ehe der Wahleltern geschieden worden ist und der Ehegatte des wiederverheirateten Wahlelternteils das Kind annehmen will[16]). Nach dem Tode des (oder der) Annehmenden dagegen ist eine erneute Annahme statthaft[17]), wie nunmehr § 1749 Abs. 2 n. F. klarstellt. Nach dem Tode des Annehmenden können auch die leiblichen ehelichen Eltern das Kind an Kindes Statt annehmen[18]). Abkömmlinge eines Wahlkindes, auf welche sich die Annahme gemäß § 1762 erstreckt, können ohne vorherige Aufhebung des Annahmeverhältnisses angenommen werden[19]). 9

[8]) KGJ 38 A 91.
[9]) Staudinger-Coing[11] § 117 Anm. 12; Enneccerus-Nipperdey[15] § 165 II 1 Fn. 9 gegen v. Tuhr.
[10]) KG OLGR 42, 186; München JFG 1, 101; RGZ 147, 220, 225 = JW 1935, 2132; BGHZ 35, 75 = NJW 1961, 1461 = FamRZ 1961, 306.
[11]) RGZ 138, 373; aber BGH FamRZ 1970, 79.
[12]) BGHZ 35, 75; Staudinger-Engler BGB[11] § 1754 Anm. 40.
[13]) BayObLGZ 1957, 118, 124; Staudinger[9] § 1754 Anm. 1.
[14]) Kipp-Wolff FamR[7] § 91 VI 2 a; KG FamRZ 1957, 185 = StAZ 1957, 191; zweifelnd BGHZ 25, 163 = FamRZ 1957, 360.
[15]) BayObLGZ 1957, 118 = NJW 1957, 982 = EJF A I i Nr. 3 mit Anm. Braxmaier; implicite Karlsruhe FamRZ 1961, 490. Zur Frage, ob ein bestätigter Annahmevertrag in diesem Fall als Einzeladoption seitens des anderen Ehegatten aufrechterhalten werden kann, vgl. BGHZ 24, 234 = LM § 1749 BGB Nr. 1 mit Anm. Johannsen = NJW 1957, 1357 = FamRZ 1957, 305 = EJF A I i Nr. 6 mit Anmerkung Zimmermann; Beitzke, StAZ 1959, 102.
[16]) Schleswig SchlHA 1961, 22; Staudinger-Engler BGB[11] § 1749 Anm. 24.
[17]) BayObLGZ 1960, 78 = EJF A I i Nr. 11 mit Anm. v. Jansen = NJW 1960, 1060 = JR 1960, 339 = FamRZ 1960, 168 = DNotZ 1960, 253.
[18]) LG Oldenburg FamRZ 1965, 395 mit zust. Anm. v. Beitzke; Staudinger-Engler BGB[11] § 1741 Anm. 9; Keidel Anm. 22. Dazu auch Engler, FamRZ 1969, 183.
[19]) Schleswig NJW 1961, 2163.

10 *c)* Erteilung der etwa erforderlichen *Genehmigung des VormG* und deren Wirksamwerden, §§ 1750 Abs. 1, 1751, 1829. Vgl. näher Vorbem. B 1. Die Genehmigung braucht jedoch nicht abgewartet zu werden, wenn feststeht, daß die Bestätigung ohnehin versagt werden muß[20]).

11 *d)* Vorliegen des *Alterserfordernisses* des § 1744 Satz 1 auf Seiten des Annehmenden. Der (die) Annehmende muß das 35. Lebensjahr vollendet haben. Altersberechnung nach § 187 Abs. 2 BGB. Einen Altersunterschied von mindestens 18 Jahren, wie bisher, sieht das Gesetz nicht mehr vor. Ein zu geringer Altersunterschied wird aber bei der Befreiung vom Alterserfordernis (§ 1745b) oder vom Erfordernis der Minderjährigkeit (§ 1745c) ins Gewicht fallen. Maßgebend ist der Zeitpunkt des Vertragsschlusses[21]). Durch Erreichung des Alters oder Tod des Annehmenden vor Bestätigung tritt Heilung nicht ein[22]). Über *Befreiung* s. die Bem. zu § 68b.

12 *e) Fehlen von Abkömmlingen des Annehmenden.* Der Annehmende darf keine (lebenden) Kinder oder fernere Abkömmlinge haben. Nichteheliche Abkömmlinge stehen nach § 1741 BGB i. d. F. des Art. 1 Nr. 39 NichtehelG den ehelichen gleich. Maßgebend ist der Zeitpunkt des Vertragsschlusses[23]). Ein für tot erklärter Abkömmling steht einem verstorbenen gleich; spätere Rückkehr beeinträchtigt die Gültigkeit der Adoption nicht[24]). Eheliche Abkömmlinge sind auch die durch nachfolgende Eheschließung oder Ehelichkeitserklärung legitimierten oder aus einer gemäß § 25 EheG nichtigen Ehe hervorgegangenen Kinder oder scheineheliche Kinder, deren Ehelichkeit nicht angefochten ist; dagegen steht das Vorhandensein anderer Adoptivkinder (§ 1743) der Adoption nicht entgegen. Ob ein Mann als Vater eines nichtehelichen Kindes anzusehen ist, bestimmt sich nach § 1600a BGB und übergangsrechtlich nach Art. 12 §§ 2, 3 Abs. 1 NichtehelG; ein Abkömmling bleibt mithin außer Betracht, wenn zur Zeit des Vertragsabschlusses die Vaterschaft weder anerkannt noch gerichtlich festgestellt ist noch nach Art. 12 § 3 Abs. 1 NichtehelG als festgestellt gilt. Durch § 1756 Abs. 3 BGB n. F. wird klargestellt, daß es die Wirksamkeit des Annahmevertrages nicht berührt, wenn die Vaterschaft erst nach seinem Abschluß anerkannt oder rechtskräftig festgestellt wird. Wer, sei es Mann oder Frau, ein nichteheliches Kind hat, kann hiernach nicht ein anderes Kind (ohne Befreiung) annehmen[25]). Die Annahme des eigenen nichtehelichen Kindes durch Vater oder Mutter ist statthaft[26]), wie nunmehr durch § 1742a BGB klargestellt wird; auch der Umstand, daß der nichtehelichen Mutter die elterliche Gewalt nach §§ 1705, 1707 Abs. 1 Nr. 1 oder 2 BGB in vollem Umfange zusteht, hindert nicht die Annahme dieses Kindes durch die Mutter[27]). Der Annahme des eigenen nichtehelichen Kindes durch Vater oder Mutter steht das Vorhandensein weiterer Abkömmlinge nicht entgegen (§ 1742a Satz 2 BGB); in diesem Fall bedarf es auch keiner Befreiung vom Erfordernis der Kinderlosigkeit (BT-Drucks. V/2370 S. 79). Die Annahme des Enkels durch die Großeltern, wenn er ihr einziger lebender Abkömmling ist oder sie vom Erfordernis der Kinderlosigkeit befreit sind,

[20]) BayObLGZ 1952, 17.

[21]) KG JFG 22, 335; BGHZ 2, 62, 64; BGB-RGRK[11] § 1744 Anm. 2; Staudinger-Engelmann BGB[11] § 1744 Anm. 4; Erman-Hefermehl BGB[3] § 1744 Anm. 1 a; Soergel-Lade BGB[9] § 1744 Anm. 4; Palandt § 1744 Anm. 2; a.M. (Zeitpunkt der Bestätigung) Pikart-Henn Lb. d. Freiw. Gerbkt. S. 265.

[22]) BGHZ 2, 62 = NJW 1951, 706.

[23]) KG JFG 3, 123; Koblenz FamRZ 1956, 390; Dölle FamR § 112 II 1 a; Staudinger-Engler BGB[11] § 1741 Anm. 32; BGB-RGRK[11] § 1741 Anm. 4; a.M. (Zeit der Bestätigung) Pikart-Henn, Lb. d. Freiw. Gerbkt. S. 265.

[24]) Staudinger-Engler BGB[11] § 1741 Anm. 32; Dölle FamR § 112 II 1 a; a.M. Kipp FamR[5] § 91 Fn. 14; Gernhuber FamR § 62 III 2.

[25]) Beitzke FamR[10] § 32 II 1; Lehmann FamR[3] § 33 II 1 a; Weimar, StAZ 1949, 61; Gläsing, Vorauss. der Adoption S. 57; Staudinger-Engler BGB[11] § 1741 Anm. 29; Engler FamRZ 1966, 551 Fn. 6; a.M. BGB-RGRK[11] § 1741 Anm. 4; Erman-Hefermehl BGB[3] § 1741 Anm. 1 a.

[26]) BayObLGZ 15, 543 = KGJ 48, 236 = RJA 14, 120; KG JFG 1, 92; Müller AcP 95, 256 ff.

[27]) Staudinger-Göppinger BGB[11] § 1705 Anm. 18; Staudinger-Engler BGB[11] § 1741 Anm. 13; Arnold FamRZ 1966, 341, 343; LG Kaiserslautern DNotZ 1966, 237; OLG Celle DA-Vorm. 1967 Sp. 227 = StAZ 1967, 273; a.M. LG Hildesheim NJW 1965, 2063 = DAV 1965, 276 = NdsRpfl. 1965, 174; Schnitzerling UJ 1963, 409 u. StAZ 1963, 254; Dölle FamR § 112 II 1 a; Keidel Anm. 21. Dazu auch Engler, FamRZ 1970, 113 zu II 1.

ist zulässig[28]), jedoch gibt es keine Annahme an Enkels Statt[29]). Eltern und Kinder können von demselben Annehmenden nebeneinander angenommen werden[30]). Ein Nasciturus zur Zeit des Vertragsschlusses steht einem Abkömmling im Sinne des § 1741 nicht gleich, auch wenn das Kind noch vor der Bestätigung geboren wird[31]). Ein eigenes eheliches Kind kann nicht angenommen werden, auch nicht durch die geschiedene Mutter[32]). Die gemeinschaftliche Annahme eines ehelichen Kindes eines der Ehegatten aus einer früheren Ehe kann aber, wenn sie (irrig) bestätigt worden ist, als Annahme durch den anderen Ehegatten allein aufrechterhalten werden[33]). Über *Befreiung* s. die Bem. zu § 68a. Nichtbeachtung fehlender Kinderlosigkeit hat trotz Bestätigung Nichtigkeit des Annahmeverhältnisses zur Folge[33a]).

f) Minderjährigkeit des Angenommenen (§ 1744 Satz 3). Der Angenommene darf *zur Zeit des Vertragsabschlusses*[33b]) noch nicht volljährig oder für volljährig erklärt sein (§§ 2, 3 Abs. 2 BGB). Eintritt der Volljährigkeit nach Vertragsabschluß vor Bestätigung ist unschädlich. International- und interlokalprivatrechtlich beurteilt sich die Vorfrage der Minderjährigkeit nicht nach dem Adoptionsstatut (Art. 22 EG), sondern nach dem Personalstatut des Wahlkindes (Art. 7 EG), vgl. Soergel-Kegel, Art. 22 Anm. 17; wegen Erwerbs der Volljährigkeit nach dem Recht der DDR s. Anh. zu § 56 Anm. 7. Über *Befreiung* s. die Bem. zu § 68b. 13

g) Zustimmung des (früheren) Ehemannes einer annehmenden Frau zur *Namensführung* durch das Wahlkind (§§ 1758, 1758a BGB). Die Zustimmung oder, soweit zulässig, ihre Ersetzung durch das VormG (Bem. zu § 57a) ist stets erforderlich, wenn in dem Annahmevertrage vereinbart wird oder beim Schweigen des Vertrages gemäß § 1758 Abs. 2 Satz 2 als vereinbart gilt, daß das Kind den Ehenamen der Frau erhält, d. h. denjenigen Namen, den die Frau durch eine Verheiratung (§ 1355 Satz 1) erworben hat. Führt die Frau durch Hinzufügung ihres Mädchennamens einen Doppelnamen (§ 1355 Satz 2), so kann das Kind auf Grund des § 1758 nur entweder den Mädchennamen oder den Ehenamen erwerben[34]). Übertragen werden kann nur der gegenwärtige Ehename der Frau, gleichgültig, ob sie ihn in der letzten oder in einer früheren Ehe erworben hat; zustimmungsberechtigt ist derjenige Ehemann, von dem die Frau diesen Namen herleitet[35]). Wegen der Form und der Fähigkeit zur Abgabe der Zustimmungserklärung s. Vorbem. A und A 5, wegen ihrer Ersetzbarkeit durch das VormG § 57a mit Bem. 14

Verfassungsmäßige Bedenken aus Art. 3 Abs. 2 GG gegen die Regelung der §§ 1758, 1758a sind nicht begründet[36]). 15

Wird die Zustimmung verweigert oder wird die Ersetzung (rechtskräftig) abgelehnt, so liegt kein Grund zur Versagung der Bestätigung vor, es sei denn, daß nach dem ausdrücklichen oder durch Auslegung zu ermittelnden Vertragsinhalt der Vertrag für diesen Fall nicht gelten soll; das Wahlkind erhält kraft Gesetzes den Namen, den die Annehmende vor der Verheiratung geführt hat (§ 1758a Abs. 3 Satz 2)[37]). 16

[28]) BayObLGZ 15, 343 = KGJ 48, 236 = RJA 14, 120; Dölle FamR § 112 II 1 a.

[29]) KG JFG 8, 98; vgl. Haase, Becker, MDR 1952, 90, 212, 341; Hillenkamp ZBlJugR 1953, 14; Staudinger-Engler BGB[11] § 1741 Anm. 4.

[30]) KG JFG 8, 98 = HRR 1930 Nr. 1733 = DNotZ 1931, 32; Staudinger-Engler BGB[11] § 1741 Anm. 15.

[31]) Mot. IV 958; KG JFG 3, 123; BayObLGZ 31, 304; Koblenz FamRZ 1956, 390; Glässing aaO. S. 58; Dölle FamR § 112 II 1 a; Siebert-Vogel BGB[8] § 1741 Anm. 1; Staudinger-Engler BGB[11] § 1741 Anm. 33; a.M. Beitzke FamR[10] § 32 II 1; Müller AcP 95, 263; Weimar StAZ 1949, 60; Schmidt DR 1941, 1059.

[32]) Düsseldorf JMBlNRW 1958, 58; AG Bielefeld StAZ 1960, 321.

[33]) LG Hamburg StAZ 1959, 101 mit zust. Anm. v. Beitzke.

[33a]) BayObLG JW 1925, 2792; BayObLGZ 1964, 385, 393 = FamRZ 1965, 95.

[33b]) Staudinger-Engelmann BGB[11] § 1744 Anm. 8; BGB-RGRK[11] § 1744 Anm. 4; a.M. (Bestätigung) Pikart-Henn, Lb. d. Freiw. Gerbkt. S. 265.

[34]) Maßfeller-Reinicke, § 1758 a Anm. 3; Achilles-Greiff[21] § 1758 Anm. 7; Schnitzerling, NJW 1960, 566; a.M. Krüger-Breetzke, GleichberG § 1758 Anm. 4.

[35]) KG FamRZ 1961, 386 mit Anm. Graf v. Bernstorff S. 388.

[36]) BGHZ 25, 171; KG FamRZ 1961, 386; LG Stade MDR 1960, 763; vgl. BVerfGE 17, 99; 19, 177 und dazu § 57 a Fn. 2; a.M. Krüger-Breetzke, GleichberG, § 1758 a Anm. 2.

[37]) KG FamRZ 1961, 386; Schnitzerling, NJW 1960, 566 zu 2 b; Hamm FamRZ 1964, 99; Oldenburg NdsRpfl. 1967, 90.

17 Der durch die Annahme erworbene Familienname umfaßt auch frühere *Adelsbezeichnungen* als Namensbestandteile (Art. 109 Abs. 3 Satz 2 WeimVerf.)[38]). Die gegenteilige Bestimmung des Art. 118 Abs. 3 Satz 2 BayrVerf. vom 2. 12. 1946 (GVBl., 333) hat bis zum 1. 1. 1962 als partielles Bundesrecht fortgegolten, ist aber zu diesem Zeitpunkt durch Art. 9 I Abs. 4 FamRÄndG aufgehoben worden[39]).

18 Der *Bestätigungsbeschluß* soll, wenn ein Fall des § 1758 Abs. 2 vorliegt, zweckmäßig aber auch sonst, nach § 1758a Abs. 4 die Feststellung enthalten, welchen *Namen* das Kind erhält. Diese Feststellung hat nur rechtsbekundende, nicht rechtsbegründende Wirkung[40]). Die Namensänderung tritt kraft Gesetzes auch ohne die Feststellung ein, z. B. wenn die Zustimmung noch vor dem Wirksamwerden der Bestätigung (§ 67 Anm. 1) wirksam erteilt oder ersetzt worden und dies nicht mehr zur Kenntnis des Gerichts gelangt ist. Trotz § 67 Abs. 3 kann die Feststellung gemäß § 18 Abs. 1 geändert oder mit der (unbefristeten) Beschwerde nach § 19 angefochten werden. Der Standesbeamte ist an die Feststellung nicht gebunden[40a]).

19 *h) Einwilligung des Ehegatten* des Annehmenden oder des Anzunehmenden (§ 1746). Maßgebend dafür, wessen Einwilligung erforderlich ist, ist der Zeitpunkt der Bestätigung[41]). Die Einwilligung kann nicht ersetzt werden (Vorbem. A 3 vor § 65 zu Fn. 23). Vgl. näher zur Form, Fähigkeit zur Abgabe der Erklärung und weitere Erfordernisse Vorbem. A und A 3 vor § 65.

20 *i) Einwilligung der Eltern* eines ehelichen oder der Mutter eines unehelichen Kindes (§§ 1747 Abs. 1, 2, 1746 Abs. 2). Im Gegensatz zum Erfordernis der Minderjährigkeit (Anm. 3e) ist sie stets erforderlich, wenn das Kind das 21. Lebensjahr noch nicht vollendet hat, mag es auch für volljährig erklärt sein. Maßgebend ist der Zeitpunkt der Bestätigung[42]). Das Einwilligungsrecht ist kein Ausfluß der elterlichen Gewalt, sondern des natürlichen Eltern- und Kindesverhältnisses[43]). Deshalb kann es nicht nach § 1666 entzogen werden (Göppinger, FamRZ 1959, 397 Fn. 61). Es steht auch dem Elternteil zu, der nach der Scheidung die elterliche Gewalt nicht ausübt (§ 1671) oder der sie verwirkt (§ 1676) oder dem das VormG die Bestandteile der elterlichen Gewalt entzogen hat (§ 1666) oder dessen elterliche Gewalt ruht[44]). Auch bei einer wiederholten Kindesannahme ist die elterliche Einwilligung wiederum erforderlich[45]). Deshalb bedenklich § 1749 Abs. 2 Satz 2 n. F., wonach die elterliche Einwilligung nicht erforderlich ist, wenn das Kind zu Lebzeiten des Annehmenden zusätzlich von dessen Ehefrau angenommen wird (vgl. Vorbem. A 3 Abs. 2). Die Einwilligung des nichtehelichen Vaters ist nicht erforderlich.

Vgl. im übrigen näher Vorbem. A 3 und über *Blanko- und Inkognito-Adoption* Vorbemerkung A 4.

21 Die *Ersetzung der elterlichen Einwilligung* durch das VormG sieht § 1747 Abs. 3 BGB n. F. unter eng begrenzten Voraussetzungen vor. Darüber Vorbem. B 2. Wird sie ersetzt, so darf die Bestätigung erst erteilt werden, wenn die Ersetzung *wirksam* geworden ist; vgl. Vorbem. vor § 65 Rdn. 35.

22 *k) Fehlen des Versagungsgrundes des § 1754 Abs. 2 Satz 1 Nr. 2*, nämlich das Bestehen begründeter Zweifel daran, daß durch die Annahme ein dem Eltern- und Kindesverhältnis entsprechendes Familienband hergestellt werden soll. Durch die Annahme soll auf künstlichem Wege ein Familienband hergestellt werden, welches seinem Inhalt nach dem Bande ähnelt,

[38]) RGZ 109, 243; 114, 338, h. M.

[39]) BayObLGZ 1964, 114; Knopp, NJW 1961, 1566; Maßfeller StAZ 1961, 278 zu IV; Bek. d. BayStMdJ v. 19. 10. 61, 337; vgl. auch Graf v. Bernstorff, NJW 1961, 633; RdErl. d. NdsMdI v. 28. 1. 60, MBl. 62 = StAZ 65.

[40]) KG FamRZ 1961, 386; Hamm FamRZ 1964, 99; Schnitzerling NJW 1960, 566 zu 3.

[40a]) Hamm FamRZ 1964, 99.

[41]) KG JFG 22, 332; Celle StAZ 1966, 146.

[42]) KG JFG 22, 332; OLG Celle ZBlJR 1965, 138.

[43]) Mot. IV 964; KGJ 27 A 184; KG OLGZ 1966, 251, 254; RGZ 119, 46; Gernhuber FamR § 26 V 7; Soergel-Lade BGB[9] § 1747 Anm. 2.

[44]) KG OLGZ 1966, 251, 254.

[45]) KGJ 27 A 184; Kipp FamR[5] § 91 Fn. 19; Jansen, EJF Anm. zu A I i Nr. 11; Staudinger-Engler BGB[11] § 1747 Anm. 9.

das durch die natürliche Abstammung geschaffen wird[46]). Das Gesetz geht davon aus, daß die persönlichen Beziehungen zwischen dem Annehmenden und dem Wahlkind sich nach dem Abschluß des Vertrages so gestalten, daß sie einem zwischen natürlichen Eltern und Kindern bestehenden Verhältnis irgendwie entsprechen und daß eine solche Gestaltung von ihnen beabsichtigt ist[47]). Das bedeutet nicht, daß ein solches Band durch die Adoption erst entstehen müsse, also vorher nicht bestanden haben dürfe; auch die Ausstattung eines bereits bestehenden Verhältnisses der gekennzeichneten Art mit Rechtswirkungen kann ein billigenswerter Zweck der Kindesannahme sein[48]). Begründete Zweifel an der Absicht, ein dem Eltern- oder Kindesverhältnis entsprechendes Familienband herzustellen, bestehen, wenn die für und gegen eine derartige Absicht sprechenden Umstände gleich schwer wiegen[49]).

4. Die *Bestätigung* ist ***konstitutiv*** insofern, als ohne sie die Kindesannahme nicht in Kraft **23**
tritt und ihre endgültige Versagung den Annahmevertrag vernichtet, insbesondere die Bindung der Vertragschließenden beseitigt (§ 1754 Abs. 1 Satz 2, Abs. 2 Satz 2 BGB). Sie ist also nicht nur deklaratorisch. Aber sie ist nur eines der konstitutiven Tatbestandselemente des Gesamttatbestandes Kindesannahme, insofern sie unerläßlich dafür ist, daß die Kindesannahme in Kraft tritt[50]). Im übrigen spricht sie als Ergebnis der gerichtlichen Prüfung nur rechtsbekundend aus, daß die sonstigen Erfordernisse der Kindesannahme vorhanden sind. Erweist sich diese Annahme als unrichtig, fehlt ein wesentliches Erfordernis, so ist die Kindesannahme trotz der Bestätigung unwirksam[51]). Ein weiteres konstitutives Element der Bestätigung besteht darin, daß sie nach § 1756 Abs. 1 alle Formmängel und den Mangel verfrühter elterlicher Einwilligung (§ 1747 Abs. 2) sowie von sachlichen Mängeln (nur) die irrige Annahme der Entbehrlichkeit einer Einwilligung (§ 1756 Abs. 2) *heilt.* Wird aber das Vorhandensein einer Person, deren Einwilligung erforderlich ist, übersehen, so ist die Kindesannahme unwirksam[52]). Hiernach wird die Berufung auf sachlich-rechtliche Nichtigkeit (§§ 117, 134, 138 BGB) und die Anfechtung wegen Willensmängel (§§ 119 ff., 1755 BGB) durch die Bestätigung nicht ausgeschlossen; zugelassen wird auch die Anfechtung wegen Eigenschaftsirrtums (§ 119 Abs. 2 BGB), etwa wenn sich später erhebliche Anlagemängel des Kindes zeigen[53]) oder die Berufung auf Unwirksamkeit wegen Fehlens einer Einwilligung, sofern nicht § 1756 Abs. 2 vorliegt[54]). Die Unwirksamkeit kann von jedermann in jedem Verfahren geltend gemacht werden[55]). Wegen des Umfanges der Mangelheilung vgl. auch Vorbem. A 1, 3. Fehlende Zustimmung des Ehemanns zur Namensführung (§ 1758a) berührt, anders als fehlende Einwilligung des Ehegatten nach § 1746 Abs. 1, die Gültigkeit der Kindesannahme nicht, sondern führt zur Berichtigung der Namensfeststellung (Rdn. 13).

5. Die *vertragliche Aufhebung* der Kindesannahme, §§ 1768 bis 1770 BGB, bedarf eben- **24**
falls der gerichtlichen Bestätigung. Sie darf nur versagt werden, wenn ein gesetzliches Erfordernis der Aufhebung fehlt. Beteiligte des Aufhebungsvertrages: §§ 1768 Abs. 2, 3, 1769 BGB. Hat ein Ehegatte ein Kind des anderen Ehegatten angenommen, so ist zur Aufhebung des Vertrages nicht die bloße Einwilligung des leiblichen Elternteils, sondern seine Mitwirkung am Vertragsabschluß erforderlich[56]). Ist ein Kind von Ehegatten (nacheinander oder durch einen einheitlichen Vertrag) an Kindes Statt angenommen worden, so kann auch das

[46]) RGZ 147, 220 = JFG 12, 11 = JW 1935, 2132.

[47]) BGHZ 35, 75 = NJW 1961, 1461 = FamRZ 1961, 306.

[48]) KG JW 1937, 963; München JFG 16, 16; BGHZ 35, 75; Staudinger-Engler BGB[11] § 1754 Anm. 32.

[49]) München JFG 16, 275; BayObLGZ 1952, 17; BGH FamRZ 1957, 126 = NJW 1957, 673 = MDR 1957, 411 mit Anm. v. Beitzke = EJF A I i Nr. 2 mit Anm. v. Jansen; dazu eingehend Bosch FamRZ 1964, 401, 406 ff.

[50]) Wellstein, FGG[2] § 65 Anm. 2; Lange, AcP 152, 241, 243; Siebert-Vogel[8] § 1741 Anm. 4.

[51]) Lange AcP 152, 244.

[52]) Celle StAZ 1966, 146.

[53]) RGZ 147, 310; 152, 228; 155, 348; JW 1938, 376; Hamburg MDR 1956, 295; NJW 1961, 1470.

[54]) KG FamRZ 1957, 184; BGHZ 27, 126 = NJW 1958, 1291 = FamRZ 1958, 317 = MDR 1958, 589 = JZ 1958, 482.

[55]) BGHZ 2, 64; dazu Larenz, ZAkDR 1939, 11; Machleid, FamRZ 1956, 361; 1957, 81; Heinisch, FamRZ 1959, 135; Bosch, FamRZ 1961, 309.

[56]) Karlsruhe FamRZ 1960, 292; Gernhuber FamR § 62 X 2 Fn. 5; Staudinger-Engler BGB[11] § 1768 Anm. 7.

Annahmeverhältnis mit Beschränkung auf einen von ihnen vertraglich aufgehoben werden[57]). Die Aufhebung durch gerichtliche Entscheidung (§§ 1770a, 1770b) gehört nicht zur Zuständigkeit des Bestätigungsgerichts, sondern ist eine Verrichtung des VormG (§ 56d mit Erl.).

25 *6. Mitteilung* des bestätigten Annahmevertrages oder der Aufhebung an das Standesamt zur Beischreibung eines Randvermerks im Geburtenbuch § 30 PStG, §§ 27, 23 Abs. 2, MiZi XIV/1 AusfVO-PStG; an das VormG § 50 FGG. Über Prüfungsrecht des Standesbeamten s. Vorbem. D. Ist das Kind älter als 14 Jahre, so ist die Bestätigung des Annahme- oder Aufhebungsvertrages der Strafregisterbehörde mitzuteilen (§ 15 Abs. 1 Satz 1 StRegV, MiZi XIV/2). Wegen des Rechtskraftattestes vgl. § 67 Rdn. 15.

7. Gebühren

26 *a)* des *Gerichts* § 98 KostO i. d. F. d. Art. 6 Nr. 3 FamRÄndG: Bestätigung $^1/_1$-Gebühr mit Freigrenze, Versagung gebührenfrei; im Beschwerdeverfahren gilt § 131 KostO. *Beurkundung* des Annahme- oder Aufhebungsvertrages §§ 36 Abs. 2, 141 KostO; gleichzeitig beurkundete Zustimmungen und Einwilligungen werden hierdurch abgegolten, sonst $^1/_4$-Gebühr nach § 38 Abs. 3 KostO; Geschäftswert § 30 Abs. 3, 2[58]). Der *Notar* erhält für Anträge und Beschwerden auf Verlangen eines Beteiligten, die zum Vollzuge des beurkundeten Geschäfts erforderlich werden und rechtlicher oder tatsächlicher Begründung bedürfen, nach § 146 Abs. 2 KostO eine halbe Gebühr; dazu Tschischgale, JR 1958, 165. Die BRAGebO gilt hierfür nicht, auch wenn der Notar zugleich Rechtsanwalt ist[59]).

Örtliche Zuständigkeit

66 (1) Für die Bestätigung ist das Gericht zuständig, in dessen Bezirk der Annehmende zu der Zeit, zu welcher der Antrag auf Bestätigung eingereicht oder nach Maßgabe des § 1753 Abs. 2 des Bürgerlichen Gesetzbuchs der Notar mit der Einreichung betraut wird, seinen Wohnsitz oder in Ermangelung eines inländischen Wohnsitzes seinen Aufenthalt hat.

(2) Ist der Annehmende Deutscher und hat er im Inland weder Wohnsitz noch Aufenthalt, so ist das Amtsgericht Schöneberg in Berlin-Schöneberg zuständig. Es kann die Sache aus wichtigen Gründen an ein anderes Gericht abgeben; die Abgabeverfügung ist für dieses Gericht bindend.

Abs. 2 i. d. Fassung des Art. 4 Nr. 7 FamRÄndG. In Kraft getreten am 1. 1. 1962. Abs. 1 i. d. Fassung der Bek. im BGBl. III 315—1. In Abs. 1 sind die Worte „das Gericht oder" gemäß § 56 Abs. 2 Nr. 1 des Beurkundungsgesetzes v. 28. 8. 1969 (BGBl. I 1513) mit Wirkung vom 1. 1. 1970 weggefallen.

I. Örtliche Zuständigkeit

1 *1.* Die *örtliche Zuständigkeit* richtet sich nach den Verhältnissen des *Annehmenden,* nicht des Anzunehmenden. Bei mehrfachem Wohnsitz des Annehmenden haben die Beteiligten die Wahl unter den zuständigen Gerichten; es entscheidet der Vorgriff (§ 4). Dasselbe gilt, wenn bei der Annahme als gemeinschaftliches Kind (§ 1749 BGB) die Ehegatten ihren Wohnsitz im Bezirk verschiedener AG haben, da der Annahmevertrag nur einheitlich bestätigt werden kann. Die Annahme, der Vertrag müsse von beiden für den Wohnsitz der Ehegatten zuständigen Amtsgerichten bestätigt werden[1]), ist irrig; sobald eines der mehreren örtlich zuständigen Gerichte in der Sache tätig geworden ist, entfällt die Zuständigkeit des anderen (§ 4

[57]) So mit Recht Staudinger-Engler BGB[11] § 1768 Anm. 8 gegen Schleswig SchlHA 1961, 22, Düsseldorf DNotZ 1965, 92 und die h. M.

[58]) Zur Bemessung des Geschäftswerts Heissenberg, DNotZ 1963, 670.

[59]) Oldenburg NJW 1958, 2024; BGH DNotZ 1965, 562 = Rpfleger 1965, 332.

[1]) So Müller, StAZ 1956, 233; Erman-Hefermehl BGB[3] § 1741 Anm. 6; wie hier Staudinger-Engler BGB[11] § 1754 Anm. 54; jetzt auch Keidel Anm. 2.

Rdn. 2). Die Bestätigung durch ein örtlich unzuständiges Gericht ist wirksam (§ 7). Eine *Abgabe* nach § 46 ist nicht statthaft. Abs. 1 gilt für Deutsche, Staatenlose und Ausländer. Ob ein deutsches Gericht tätig werden kann, wenn der Annehmende Nichtdeutscher ist, ist eine Frage der internationalen Zuständigkeit (Rdn. 11 ff.).

2. *Örtlich maßgebend* für die Bestimmung des zuständigen Gerichts ist der Wohnsitz (§§ 7, 8, 9 BGB) oder in Ermangelung eines solchen im Inland der (schlichte) Aufenthalt (§ 36 Rdn. 15) des Annehmenden. Der verfahrensrechtliche Wohnsitzbegriff ist auch bei Beteiligung eines Ausländers nicht nach dessen Heimatrecht, sondern nach der lex fori, also nach deutschem Recht, zu beurteilen[2]). **2**

3. *Zeitlich maßgebend* für die Begründung der örtlichen Zuständigkeit sind nicht die Verhältnisse zur Zeit des Vertragsschlusses, sondern zu dem Zeitpunkt, in welchem der Antrag auf Bestätigung bei einem sachlich zuständigen Gericht eingeht, mag es auch örtlich nicht zuständig sein[3]); das Gericht muß den Antrag an das örtlich zuständige Gericht weiterleiten. Das gilt auch dann, wenn der Annehmende nach der Einreichung stirbt, da § 1753 Abs. 2 ebenso wie § 1741 Satz 2 BGB unter dem „zuständigen Gericht" das sachlich zuständige meint, dessen Bestimmung das BGB dem FGG (§ 65) überlassen hat, und das Gesetz nur erfordert, daß einer der Vertragschließenden noch vor dem Tode des Annehmenden das zur Erlangung der Bestätigung Erforderliche getan hat[4]). **3**

Eine Veränderung der maßgebenden Umstände nach dem angegebenen Zeitpunkt berührt nicht die einmal begründete Zuständigkeit des Bestätigungsgerichts. **4**

4. Ist der *Annehmende* vor der Einreichung des Antrags *gestorben*, so ist die Bestätigung nach §§ 1753 Abs. 3, 1770 BGB noch zulässig, wenn einer der Vertragschließenden den beurkundenden Notar mit der Einreichung betraut hatte; der Zeitpunkt dieser Betrauung entscheidet auch über die örtliche Zuständigkeit. Das „Betrauen" (mit der Einreichung des von mindestens einem der Vertragschließenden gestellten Antrags) braucht nicht ausdrücklich oder gar förmlich zu geschehen. Es genügt, wenn die Beteiligten durch schlüssiges Verhalten dem Urkundsnotar die Einreichung ihres Antrags beim Bestätigungsgericht überlassen haben. Außerdem genügt es, wenn einer der Beteiligten vor dem Tode des Annehmenden dem Notar Vollmacht zur Stellung des Antrags erteilt hatte, was ausdrücklich geschehen muß (§ 65 Rdn. 5). **5**

Die Bezugnahme auf § 1753 Abs. 2 BGB bezieht sich lediglich auf den besonderen Fall der Bestätigung nach dem *Tode* des Annehmenden; sie ist deshalb keiner Verallgemeinerung in dem Sinne fähig, daß der Zeitpunkt der Betrauung des beurkundenden Notars mit der Einreichung des Antrags stets für die örtliche Zuständigkeit maßgebend ist, auch wenn der Annehmende bei der Einreichung des Antrags lebt (Schegelberger Anm. 4 a. E.). Deshalb ist entsprechende Anwendung auf die Übersiedlung ins Ausland vor der Einreichung des Antrags unzulässig[5]). Soergel-Kegel Art. 22 EG Anm. 38 Fn. 16 billigt die gegenteilige Auffassung im Ergebnis unter dem Gesichtspunkt der Fürsorgebedürfnis-Zuständigkeit; doch ist ein Fürsorgebedürfnis nicht erkennbar und dieser Zuständigkeitsgrund in Kindesannahmesachen schwerlich anzuerkennen. Vielmehr ist die Bestätigung wegen fehlender örtlicher (und internationaler) Zuständigkeit abzulehnen[6]). **6**

5. Für *Deutsche im Ausland* begründet Abs. 2 die zentrale Zuständigkeit des *AG Schöneberg* mit der Befugnis, die Sache mit bindender Wirkung an ein anderes AG abzugeben. Die Regelung entspricht der des § 36 Abs. 2 n. F. für Vormundschaftssachen. Auf die Bem. dazu kann verwiesen werden. **7**

[2]) KG FamRZ 1961, 383.
[3]) München BayJMBl. 1953, 247.
[4]) Wie hier Staudinger-Engler BGB[11] § 1753 Anm. 10; a.M. Keidel Anm. 7; Schlegelberger Anm. 4.
[5]) A.M. BayObLGZ 1959, 540 = EJF B II Nr. 30 mit abl. Anm. v. Jansen = DNotZ 1960, 248 mit Anm. v. Reithmann = NJW 1960, 1349; OLG Frankfurt DNotZ 1968, 41; Staudinger-Engler BGB[11] § 1754 Anm. 56.
[6]) So bereits bei gleichem Sachverhalt KG OLGR 46, 189.

II. Internationale Zuständigkeit

8 *1. Deutsche Staatsangehörigkeit des Annehmenden.* Die Kindesannahme durch einen deutschen Wahlvater bedarf zur Wirksamkeit im Inland, auch wenn der Annahmevertrag im Ausland geschlossen wird und eine örtliche Zuständigkeit für den Annehmenden nach § 66 Abs. 1 nicht begründet ist, stets der Bestätigung durch das nach § 66 Abs. 2 zuständige Gericht. Deutschland nimmt mithin insoweit die ausschließliche internationale Zuständigkeit in Anspruch[7]). Das gilt auch für die Annahme eines ausländischen Kindes durch einen Deutschen[8]), die auch zulässig ist, wenn das Heimatrecht des Kindes die Adoption nicht kennt, da Art. 22 Abs. 2 EGBGB nicht zu einer zweiseitigen Kollisionsnorm auszugestalten ist[9]). Die Ausschließlichkeit der deutschen Zuständigkeit ergibt sich daraus, daß nach deutscher Rechtsauffassung, wie Art. 22 Abs. 1 EGBGB zeigt, die Veränderung des Status des Annehmenden im Mittelpunkt der Adoption steht und keine Verrichtung des VormG vorliegt, so daß Parallelen zur internationalen Zuständigkeit des VormG und zu § 47 FGG nicht gezogen werden können[10]). Nimmt der ausländische Wohnsitzstaat des deutschen Wahlvaters die Adoption vor (z. B. England), so kommt es zu einer (hinkenden) Adoption mit örtlich beschränkter, im Inland nicht anerkannter Gültigkeit; ein solches Rechtsverhältnis wird im deutschen Geburtenbuch nicht vermerkt[11]). Wird ein Kind von einem Ehepaar als gemeinschaftliches Kind angenommen, und hat einer der Annehmenden die deutsche, der andere eine ausländische Staatsangehörigkeit, so wird analog § 4 FGG anzunehmen sein, daß der Heimatstaat eines jeden der Annehmenden international zuständig ist[12]). Unter besonderen Umständen kann eine konkurrierende internationale Notzuständigkeit (vgl. § 1 Rdn. 141) des ausländischen Gerichts angenommen werden[12a]).

9 *2. Deutsche Staatsangehörigkeit des Anzunehmenden.* Die ausländische (vertragsmäßige oder durch Hoheitsakt begründete) Adoption eines deutschen Wahlkindes durch einen Ausländer bedarf zu ihrer Wirksamkeit im Inland nicht der Bestätigung durch ein deutsches Gericht, da die Bestätigung ein sachliches Erfordernis der deutschen Adoption ist[13]). Denn aus Art. 22 EGBGB ist zu folgern, daß die Kindesannahme durch einen Ausländer sich auch dann nach dessen Heimatrecht richtet, wenn der Angenommene die deutsche Staatsangehörigkeit besitzt[14]). Die Belange des deutschen Kindes werden dadurch gewahrt, daß die ausländische Adoption nach Art. 22 Abs. 2 EGBGB nur anerkannt wird, wenn die dort vorgesehenen nach deutschem Recht erforderlichen Einwilligungen erteilt sind. Die Erfordernisse des Art. 22 Abs. 2 EGBGB können auch durch nachträgliche Erteilung der Einwilligungen

[7]) KG HRR 1928 Nr. 963; Staudinger-Raape BGB[9] Art. 22 EG Anm. D IV 1 a; Raape IPR[5] § 35 II; Kipp FamR[5] § 99 Fn. 12; Achilles-Greiff BGB[21] Art. 22 EG Anm. 5; Erman-Marquordt BGB[3] Art. 22 EG Anm. 3 e; a.M. OLG Zweibrücken FamRZ 1969, 222; Keidel Anm. 9 a; Soergel-Kegel BGB[9] Art. 22 EG Anm. 37; Palandt-Lauterbach BGB[28] Art. 22 EG Anm. 4 c; jetzt auch Beitzke FamRZ 1967, 592 zu V 4 d δ; mit Vorbehalten BayObLGZ 1968, 331 = NJW 1969, 376; dahingestellt gelassen in Köln FamRZ 1964, 466; BayObLGZ 1964, 385, 390; Celle NJW 1969, 993 = StAZ 1969, 216 mit Anm. v. Schröder, der die Ausschließlichkeit der Zuständigkeit ablehnt; vgl. auch Hamburg MDR 1964, 1006; StAZ 1965, 157.

[8]) KG HRR 1928 Nr. 963.

[9]) RGZ 125, 265; str., vgl. Soergel-Kegel BGB[9] Art. 22 EG Anm. 7, 34.

[10]) Staudinger-Raape BGB[9] Art. 22 EG Anm. D IV 1 a.

[11]) KG FamRZ 1961, 483.

[12]) Mit dieser Begründung ist BayObLGZ 1968, 331 im Ergebnis zuzustimmen.

[12a]) Da in dem Fall Zweibrücken, FamRZ 1969, 222 die Annehmende eine rassisch verfolgte Deutsche war, hätte die intern. Zuständigkeit des ausl. Gerichts mit dieser Erwägung anerkannt werden können.

[13]) KG OLGR 46, 189; BGH FamRZ 1960, 229 mit Anm. v. Bosch = NJW 1960, 1059 = StAZ 1960, 206 mit Anm. v. Gündisch s. 319 = MDR 1960, 573 = ZBlJugR 1960, 119 = EJF A I i Nr. 12 mit Anm. v. Jansen; Soergel-Kegel BGB[9] Art. 22 EG Anm. 34; Achilles-Greiff-Beitzke BGB[21] Art. 22 EG Anm. 5; Palandt-Lauterbach BGB[28] Art. 22 EG Anm. 4 c; zweifelnd Raape IPR[5] § 35 II a. E.

[14]) KG JFG 1, 96; 13, 181; Staudinger-Raape BGB[9] Art. 22 EG Anm. D IV 1 b; Frankenstein IPR IV S. 174 (unstr.).

erfüllt werden[15]). Die nach § 66 Abs. 1 für einen ausländischen Annehmenden begründete deutsche Zuständigkeit ist neben der des Heimatstaates des Annehmenden oder neben einer sonst im Ausland begründeten nur eine konkurrierende; das deutsche Recht billigt dem Heimatstaat des Annehmenden ohne Rücksicht auf die Staatsangehörigkeit des Kindes, mag es auch die deutsche sein, stets die internationale Zuständigkeit zu[16]).

Auch der *Namenswechsel* des (deutschen) Kindes richtet sich nach dem (ausländischen) Adoptionsstatut (Art. 22 Abs. 1); das gilt auch dann, wenn nach diesem Recht die Namensänderung nicht kraft Gesetzes eintritt, sondern im Zusammenhang mit der Adoption von der ausländischen Behörde besonders verfügt wird (USA)[17]). 10

3. Ausländische Staatsangehörigkeit des Annehmenden. Für die inländische Bestätigung einer Adoption durch einen *ausländischen Wahlvater* sind die örtliche Zuständigkeit, die internationale Zuständigkeit und das anzuwendende sachliche Recht von Bedeutung. 11

a) Die *örtliche Zuständigkeit* ergibt sich aus § 66 Abs. 1. Da diese Vorschrift im Gegensatz zu Abs. 2 nicht auf die Staatsangehörigkeit abstellt, ist sie auch anwendbar, wenn der Wahlvater Ausländer ist und im Inland Wohnsitz oder Aufenthalt hat[18]). 12

Für die Annahme durch einen Ausländer, der im Inland weder Wohnsitz noch Aufenthalt hat, fehlt es an einer Zuständigkeitsvorschrift, weil ein praktisches Bedürfnis dafür verneint wurde (D. 53). Infolge der Zulassung der Fernadoption durch einen Vertreter in der Erklärung des Willens (Vorbem. A 2) ist diese Lücke fühlbar geworden. Im Schrifttum ist vorgeschlagen worden, den Wohnsitz oder Aufenthalt des Vertreters des Annehmenden in dem Zeitpunkt, in welchem der Antrag auf Bestätigung eingereicht wird, entscheiden zu lassen (Guggumos, NJW 1950, 415; Keidel, Anm. 18; Soergel-Kegel, BGB, Art. 22 EG Rdn. 40; dagegen aber Beitzke, FamRZ 1967, 592 zu V 4 d δ; vgl. auch Frankfurt, DNotZ 1968, 41). Da diesem Anknüpfungspunkt aber eine gewisse Willkürlichkeit anhaftet und er auch versagt, wenn der Vertreter in dem maßgeblichen Zeitpunkt die örtliche Inlandsbeziehung aufgegeben hat, ist der entsprechenden Anwendung des Abs. 2 (AG Schöneberg mit Abgabebefugnis) der Vorzug zu geben; so auch Schlegelberger Anm. 3. Vorauszusetzen ist, daß die deutsche internationale Zuständigkeit wenigstens als *Statutszuständigkeit* (nachstehend zu b) begründet ist; fehlt es auch hieran, dann besteht für die Begründung einer deutschen Zuständigkeit praeter legem kein Anlaß. 13

b) Die *internationale Zuständigkeit* bietet keine Schwierigkeiten, wenn das nach EG Art. 22 Abs. 1 das Adoptionsstatut bestimmende fremde Recht auf das deutsche Recht zurückverweist, etwa auf die lex domicilii des Wahlkindes. Die Kollisionsrechte der Gliedstaaten der USA billigen dem Staat des domicile des Kindes, aber auch des domicile des Annehmenden „jurisdiction" zu, worin in der Regel eine (versteckte) Rückverweisung auf das sachliche Recht des Domizilstaates zu sehen sein wird[19]). Dasselbe wird für England anzunehmen 14

[15]) BayObLGZ 1956, 285 = FamRZ 1957, 225; Karlsruhe FamRZ 1957, 224; Hamm StAZ 1960, 98; Celle FamRZ 1964, 578 = StAZ 1964, 327 = NdsRpfl. 1964, 252 = NJW 1965, 44 mit Anm. v. Lamberg; Gündisch FamRZ 1957, 199; Jansen EJF A I i Nr. 12 Anm.; Achilles-Greiff BGB[21] Art. 22 EG Anm. 7; Palandt-Lauterbach BGB[28] Art. 22 EG Anm. 4 c.

[16]) Soergel-Kegel BGB[9] Art. 22 EG Anm. 37; Jansen EJF A I i Nr. 12 Anm.; a.M. anscheinend KG JFG 16, 211.

[17]) BGH FamRZ 1960, 229 = NJW 1960, 1059; Karlsruhe FamRZ 1957, 224; Gündisch FamRZ 1957, 199, 201; W. Müller NJW 1955, 1061; FamRZ 1956, 174; Kegel IPR S. 311; Reithmann, Die Justiz 1956, 179.

[18]) KG JFG 1, 96 = OLGR 42, 188; KG JFG 16, 211 = JW 1937, 2975; BayObLGZ 1957, 118 = NJW 1957, 952 = EJF A I i Nr. 3 = DNotZ 1957, 429; Frankfurt DNotZ 1968, 41.

[19]) So KG NJW 1960, 248 = FamRZ 1960, 244 = EJF B II Nr. 29; BayObLGZ 1959, 540 = EJF B II Nr. 30 = NJW 1960, 1349 = DNotZ 1960, 248 mit Anm. v. Reithmann; BayObLGZ 1962, 151, 159 = DNotZ 1964, 32; vgl. bereits früher KG JW 1933, 2066 = IPRspr. 53; BayObLGZ 1957, 118 = NJW 1957, 952 = DNotZ 1957, 429; für einen Fall fehlenden Domizils des Kindes und des Annehmenden in Deutschland BayObLGZ 1965, 245; im Schrifttum Reithmann, Adoption durch Engländer und Amerikaner in Deutschland, DNotZ 1955, 133; Raape IPR[5] § 35 II Fn. 176; Dölle, Dt. Notartag 1961 S. 38; Brühl, NJW 1958, 1381; Gündisch StAZ 1955, 114 und FamRZ 1957, 200; ein-

sein, wenn der Annehmende sein domicile i. S. des englischen Rechts in Deutschland hat[20]). Inländischer gewöhnlicher oder schlichter Aufenthalt des Annehmenden ist ein hinreichender Anknüpfungspunkt für die deutsche internationale Zuständigkeit auch dann, wenn gemäß EG Art. 22 Abs. 1 fremdes Recht anzuwenden ist. Eine Bestätigung durch das deutsche Gericht ist jedoch ausgeschlossen:

15 *aa)* wenn das Heimatrecht des Annehmenden die Adoption durch Staatsakt vollzieht, KG, 7. 4. 1933 (StAZ 1934, 280), Celle, 14. 4. 1954 (MDR, 483 = ZBlJR, 211 = JZ, 702 mit Anm. Neuhaus); Beitzke, StAZ 1948, 56 und NJW 1960, 248; Wengler NJW 1960 127 130; Gündisch FamRZ 1961, 352 zu II 3; a. M. Soergel-Kegel, Art. 22 EG Anm. 41 für den Fall, daß das ausländische Recht für den Erlaß des Hoheitsakts einen Vertragsschluß voraussetzt (vgl. für die USA Gündisch, FamRZ 1957, 200), befürwortet Wengler (NJW 1959, 127, 130) die Zulassung der deutschen Bestätigung, sofern zugleich alle Erfordernisse des ausländischen Rechts erfüllt sind; dazu Gündisch a. a. O.; vgl. auch BayObLGZ 1964, 385, 392 = FamRZ 1965, 95 sowie Beitzke, FamRZ 1967, 592, 604; Jayme, StAZ 1969, 30. Nachdem allerdings das deutsche Gericht der freiwilligen Gerichtsbarkeit auf einem verwandten Rechtsgebiet (§ 1723 BGB) ermächtigt ist, statusändernde Rechtsakte zu setzen, erscheint es zweifelhaft, ob dieser Hinderungsgrund noch durchgreift und ob die Vollziehung der Adoption durch rechtsgestaltende Verfügung dem deutschen Gericht noch wesensfremd ist; für ihre Zulassung Beitzke und Jayme a. a. O.; Schröder StAZ 1969, 217 zu III 2;

16 *bb)* wenn das Heimatrecht die ausschließliche internationale Zuständigkeit beansprucht, KG, 30. 9. 1927 (SeuffA 82 Nr. 35 = IPRspr. 1928 Nr. 53), 10. 3. 1933 (JW, 2066 = IPRspr. Nr. 53), 6. 9. 1935 (JFG, 13, 172 = JW, 3481), 8. 10. 1937 (JFG, 16, 211 = JW, 2975), BayObLG 22. 3. 1957 (Z 118 = NJW 952 = DNotZ 429); str., a. M. Soergel-Kegel, Art. 22 EG Anm. 39; wie hier Jayme, StAZ 1969, 30;

17 *cc)* wenn der Heimatstaat des Annehmenden zwar die ausschließliche Zuständigkeit nicht beansprucht, aber die deutsche Zuständigkeit nicht anerkennt (Wengler, NJW 1959, 127); Jayme, StAZ 1969, 30 [Italien]);

18 *dd)* nach der Rechtsprechung des KG ferner, wenn das anzuwendende fremde Recht eine Zweckmäßigkeitsprüfung verlangt, KG, 30. 6. 1922 (JFG, 1, 96 = OLGR, 42, 188), 15. 1. 1932 (DJZ, 683 = IPRspr. Nr. 98 = ZAIP, 6, 311), 10. 3. 1933 (IPRspr. Nr. 53 = JW, 2066). Hieran hat das KG auch festgehalten, nachdem die Änderung des § 1754 BGB durch das Gesetz vom 23. 11. 1933 (§ 66a Anm. 1) auch dem deutschen Bestätigungsgericht eine gewisse Sachprüfung auferlegte, KG, 6. 9. 1935 (JFG, 13, 172 = JW, 3481 = HRR 1936 Nr. 23); anders die überwiegende Lehrmeinung, vgl. die Nachweise bei Soergel-Kegel, EG Art. 22 Anm. V I b, Keidel Anm. 17, sowie Beitzke, FamRZ 1967, 592, 605, denen beizutreten ist;

19 *ee)* bei konkurrierender internationaler Zuständigkeit ist das deutsche Gericht befugt, sein Tätigwerden trotz Zuständigkeit abzulehnen, wenn die Sache besser der Gerichtsbarkeit des

gehend Gündisch, Internationale Zuständigkeit und versteckte Rückverweisung bei Adoptionen durch Amerikaner in Deutschland, FamRZ 1961, 352 gegen Wengler, NJW 1959, 127 und Beitzke, NJW 1960, 248; vgl. aber Beitzke FamRZ 1967, 592 zu V 4 d δ; für Anerkennung der versteckten Rückverweisung auch Neuhaus, Die Grundbegriffe des IPR, 1962, § 37 S. 190; Keidel Anm. 10. Wegen des Domizilbegriffs des Rechts der US-Gliedstaaten vgl. Bleckmann, NJW 1962, 2283; Ferid-Firsching, Intern. Erbrecht II US Grdz. Rdn. 41 ff.; ferner Mößlang, Der Wohnsitzbegriff im Kollisionsrecht der USA, Englands, Frankreichs und Deutschlands, Diss. München 1964. Zum italienischen Adoptionsrecht Jayme, FamRZ 1969, 527; vgl. auch Randzio, Verfahren und Zuständigkeit im internationalen Adoptionsrecht — Eine rechtsvergleichende und rechtsdogmatische Arbeit unter Berücksichtigung des französischen, angelsächsischen, sozialistischen, nordischen und deutschen Rechtskreises, Diss. Kiel 1969.

20) AG Bielefeld StAZ 1960, 321; a.M. Celle MDR 1954, 483 = NdsRpfl. 1954, 101 = JZ 1954, 702 mit Anm. v. Neuhaus; Reithmann, aaO.; vgl. Raape IPR[5] § 35 II Fn. 175; Raape, MDR 1948, 382; Gündisch, FamRZ 1961, 352 Fn. 40; Dopffel, RabelsZ 22 (1957) S. 220 ff.; de Nova, RabelsZ 23 (1958) S. 730 ff.; zum Domizilbegriff des englischen Rechts BayObLGZ 1967, 1. Über deutsch-italienische Adoptionen vgl. Jayme, StAZ 1969, 30; Blume, StAZ 1968, 354.

anderen Staates überlassen bleibt (forum non conveniens-Prinzip); KG, 4. 6. 1959 (EJF B II Nr. 31); dazu Wengler, NJW 1959, 127, 130; Soergel-Kegel, Vorbem. 307 Fn. 5 vor Art. 7 EG; Gündisch, FamRZ 1961, 352 zu I 4.

III. Interzonale Zuständigkeit

Im interzonalen Privatrecht ist Art. 22 EG entsprechend anzuwenden[21]); das gilt auch für das Verhältnis zur SBZ und zum Ostsektor Berlins[22]). Das interzonale Personalstatut wird durch den gewöhnlichen Aufenthalt (§ 44a Anm. 8) des Annehmenden bestimmt. Mithin ist gemäß Art. 22 Abs. 1 EG das Recht des Rechtsgebiets anzuwenden, dem der Annehmende nach seinem gewöhnlichen Aufenthalt angehört; ist hiernach das Recht der SBZ maßgebend, so müssen gemäß Art. 22 Abs. 2 die vom Westrecht erforderten Einwilligungen vorliegen, wenn das Kind den gewöhnlichen Aufenthalt in der BRD oder in Berlin West hat. Wegen des Sachrechts der DDR vgl. Vorbem. F vor § 65. Für die *örtliche Zuständigkeit* gilt § 66 Abs. 1; die *interzonale* erfordert als Anknüpfungspunkt zum westlichen Rechtsgebiet gewöhnlichen Aufenthalt des Annehmenden (§ 35 Rdn. 122), hilfsweise seinen schlichten und gewöhnlichen Aufenthalt des Kindes. Eine Zuständigkeit nach § 66 Abs. 2 ist für mitteldeutsche Annehmende ohne Anknüpfungspunkt zum westlichen Rechtsgebiet nicht gegeben[23]). **20**

66a *Aufgehoben*

Die Vorschrift, eingefügt durch Gesetz vom 23. 11. 1933 (RGBl. I, 979), regelte die Anhörung der höheren Verwaltungsbehörde und ist aufgehoben mit Wirkung vom 1. 1. 1962 durch Art. 4 Nr. 8 FamRÄndG, soweit sie in der ehemals britischen Zone und im Saarland nicht bereits vorher aufgehoben worden war (vgl. Vorauflage § 66a Anm. 1). **1**

Wirksamwerden und Unanfechtbarkeit der Bestätigung. Änderungsverbot

67 (1) Der Beschluß, durch den das Gericht einen Annahme- oder Aufhebungsvertrag bestätigt, wird mit der Bekanntmachung an den Annehmenden wirksam.

(2) Nach dem Tode des Annehmenden wird der Beschluß, unbeschadet der Vorschriften des § 1753 Abs. 3 und des § 1770 des Bürgerlichen Gesetzbuchs, mit der Bekanntmachung an das Kind, im Falle des § 1769 des Bürgerlichen Gesetzbuchs mit der Bekanntmachung an die übrigen Beteiligten wirksam.

(3) Der Beschluß ist unanfechtbar; das Gericht darf ihn nicht ändern.

Fassung des Art. 4 Nr. 9 FamRÄndG. In Kraft getreten am 1. 1. 1962. Das Gesetz beseitigt die durch G v. 23. 11. 33 (RGBl. I 979) eingeführte Änderung und kehrt, von redaktionellen Änderungen abgesehen, zu der Fassung der Bek. v. 20. 5. 1898 (RGBl. 771) zurück.

1. Wirksamwerden des Bestätigungsbeschlusses. § 67 enthält eine verfahrensrechtliche Ergänzung der §§ 1754, 1770 BGB. Nach diesen Vorschriften treten die Annahme an Kindes Statt und die Aufhebung des Annahmeverhältnisses ohne Rückwirkung auf den Zeitpunkt des Vertragsschlusses mit der Bestätigung des entsprechenden Vertrages in Kraft. Ergänzend bestimmt § 67, wann der Bestätigungsbeschluß wirksam wird. Drei Fälle sind zu unterscheiden: **1**

a) Bekanntmachung an den Annehmenden. Abs. 1 betrifft den Regelfall, daß die Vertragschließenden die Bestätigung erleben. Der Bestätigungsbeschluß wird, mag es sich um **2**

21) So für Sudetenland RG HRR 1942 Nr. 865.

22) KG OLGZ 1966, 251; Beitzke, FamRZ 1960, 171; Raape IPR[5] § 35 IV 2; Soergel-Kegel[9] Art. 22 EG Anm. 57; Kegel IPR § 20 X 5.

23) Soergel-Kegel[9] Vorbem. 361 vor Art. 7 EG, Art. 22 EG Anm. 57 Fn. 49; a.M. Hamburg, FamRZ 1956, 395.

die Bestätigung eines Annahmevertrages oder eines Aufhebungsvertrages handeln, mit der Bekanntmachung (§ 16) an den Annehmenden wirksam. Es genügt mithin, abweichend von der Regel des § 16 Abs. 1, die Bekanntmachung an den *Annehmenden allein,* um die Wirksamkeit für *alle* Beteiligten, nämlich auch für das Wahlkind und dessen nach §§ 1762 Satz 2, 1768 Abs. 2 zum Vertragsschluß hinzugezogenen Abkömmlinge, eintreten zu lassen. Wird ein Kind als gemeinschaftliches Kind von einem Ehepaar angenommen (§ 1749 Abs. 1), so muß der Beschluß *beiden* Eheleuten als den Annehmenden bekanntgemacht werden[1]); der Beschluß wird dann nicht mit der ersten Bekanntmachung an einen der Ehegatten (so Rausnitz § 67 Anm. 2a), sondern erst mit der an beide Ehegatten wirksam (Dorner Anm. 3, Fuchs Anm. 2, Wellstein Anm. 2a, je zu § 67). Da der Annahmevertrag oder der mit dem Kinde selbst geschlossene Aufhebungsvertrag nach dem Tode des Kindes nicht mehr bestätigt werden darf (§§ 1753 Abs. 1, 1770), kann der noch zu Lebzeiten des Kindes *erlassene* (§ 18 Anm. 1) Bestätigungsbeschluß nicht mehr wirksam werden, wenn er dem Annehmenden erst nach dem Tode des Kindes bekanntgemacht wird (Wellstein Anm. 2a).

3 Vorstehendes gilt für die als Voraussetzung des Wirksamwerdens *erforderliche* Bekanntmachung. Außerdem teilt das Gericht die Bestätigung den anderen Vertragschließenden, also dem Kinde und dessen nach §§ 1762 Satz 2, 1768 Abs. 2 zum Vertragsschluß hinzugezogenen Abkömmlingen mit, ohne daß jedoch an das Unterbleiben Rechtsfolgen geknüpft sind.

4 *b) Bekanntmachung nach dem Tode des Annehmenden an das Kind.* Ist der Annehmende verstorben und die Bestätigung des Annahme- oder Aufhebungsvertrages nach §§ 1753 Abs. 2, 1770 BGB noch zulässig (§ 66 Anm. 4), so wird der Beschluß mit der Bekanntmachung allein an das Kind wirksam, wiederum mit Wirkung auch für die übrigen Beteiligten (Abs. 2 Halbs. 1). Mit den Worten „unbeschadet der Vorschriften des § 1753 Abs. 3 und des § 1770“ will das Gesetz sagen, daß die Kindesannahme oder die Aufhebung des Annahmeverhältnisses auf die Zeit vor dem Tode des Annehmenden zurückbezogen werden, obwohl der Bestätigungsbeschluß erst nach seinem Tode wirksam wird. Ist das Kind in der Geschäftsfähigkeit beschränkt, so wird ihm der Beschluß zu Händen seines gesetzlichen Vertreters bekanntgemacht, selbst wenn es über 14 Jahre alt ist. Denn wenn es auch in diesem Fall an dem Vertragsschluß stets selbst mitwirken muß (Vorbem. A 2 vor § 65), so bedarf es doch der Zustimmung seines gesetzlichen Vertreters (Denkschr. S. 53; Wellstein Anm. 2b; Keidel Anmerkung 1).

5 Die Bekanntmachung an die übrigen Beteiligten (Anm. 1a) und die Erben des Annehmenden ist ebenfalls geboten, ohne daß der Eintritt der Wirksamkeit davon abhängt. Ist das vertragschließende Kind, bevor ihm der Beschluß bekanntgemacht worden ist, ebenfalls verstorben, so kann die Bestätigung und damit die Annahme oder Aufhebung nicht mehr wirksam werden (Anm. 1a).

6 *c) Bekanntmachung der Bestätigung eines nach dem Tode des Kindes geschlossenen Aufhebungsvertrages nach dem Tode des Annehmenden.* Hat der Annehmende gemäß § 1769 nach dem Tode des Kindes durch Vertrag zwischen ihm und den übrigen Beteiligten das zwischen ihnen bestehende Rechtsverhältnis aufgehoben, und ist er nach der Einreichung des Vertrages zur Bestätigung oder zwar vorher, aber nach der Betrauung des beurkundenden Notars mit der Einreichung verstorben, so daß die Bestätigung nach §§ 1770, 1753 Abs. 2 noch zulässig ist (§ 66 Anm. 4), so läßt § 67 Abs. 2 Halbs. 2 den Beschluß wirksam werden, wenn er allen übrigen Beteiligten, also dem Letzten von ihnen, bekannt gemacht ist. Diese Beteiligten sind sämtliche Abkömmlinge des Kindes, auf welche sich die Wirkungen der Annahme nach § 1762 BGB erstrecken und die deshalb nach § 1768 an den Abschluß des Aufhebungsvertrages teilzunehmen hatten. War der Annahmevertrag von einem Ehepaar geschlossen, so gehört der überlebende Ehegatte ebenfalls zu den Beteiligten. Dagegen gehört die Bekanntmachung an die Erben des Kindes und des Annehmenden nicht zu den Voraussetzungen des Wirksamwerdens der Bestätigung, wie Keidel Anm. 3, Schlegelberger Anm. 4

[1]) BayObLGZ 1959, 435 = FamRZ 1960, 243 = EJF A I i Nr. 10.

meinen; die Erben des Annehmenden sind nur nachrichtlich zu unterrichten, die Erben des Kindes werden im Fall des § 1769, wie das Kind selbst, von der Aufhebung nicht berührt.

2. Für die *Form* der *Bekanntmachungen* gilt § 16. Förmliche Zustellung ist nicht erforderlich, da keine Frist in Lauf gesetzt wird. **7**

3. Kein Rechtsmittel gegen die Bestätigung. Im Interesse der Sicherung der Rechtsstellung des Kindes ist die Bestätigung (des Annahme- oder des Aufhebungsvertrages) für alle Beteiligten für schlechthin mit Rechtsmitteln nicht anfechtbar erklärt worden. Selbst der Beteiligte, der seine nach §§ 1746, 1747 erforderliche und nicht ersetzte (§ 1747 Abs. 3) Einwilligung verweigert hat, kann gegen die gesetzwidrig gleichwohl erfolgte Bestätigung keine Beschwerde einlegen[2]); die Erwägung, daß grob gesetzwidrige Beschlüsse (vgl. § 19 Rdn. 31) stets anfechtbar sein müßten (so Göppinger, FamRZ 1959, 402 Fn. 64) greift nicht durch, weil der Betroffene die Unwirksamkeit wegen des sachlichen Mangels durch Klage geltend machen kann (§ 65 Anm. 4). **8**

Unanfechtbar ist auch ein Beschluß, durch den festgestellt wird, daß der Bestätigung ein bestimmtes Hindernis *nicht* entgegensteht[3]). **9**

Auch die *Beschwerdeentscheidung* ist mit der weiteren Beschwerde nicht anfechtbar, wenn ein die Bestätigung ablehnender oder ihre Versagung aussprechender oder ein der Bestätigung entgegenstehendes Hindernis feststellender Beschluß des AG vom Beschwerdegericht aufgehoben und das AG angewiesen wird, die Bestätigung zu erteilen oder von dem Bedenken abzusehen[4]). **10**

4. Keine Änderungsbefugnis. Aus denselben Gründen, auf denen der Ausschluß von Rechtsmitteln beruht (Anm. 3) wird dem Gericht abweichend von § 18 Abs. 1 (§ 18 Rdn. 10) durch Abs. 3 Halbs. 2 die Befugnis entzogen, seinen die Annahme oder Aufhebung bestätigenden Beschluß zu ändern, wenn es ihn nachträglich für ungerechtfertigt erachtet, und zwar ohne Rücksicht auf die Wesentlichkeit des nachträglich erkannten Mangels, mag er selbst nach den in § 65 Anm. 4 dargelegten Grundsätzen die Unwirksamkeit der Kindesannahme oder ihrer Aufhebung begründen. **11**

Die Änderung wird unstatthaft, sobald der Beschluß i. S. der Ausführungen zu § 18 Rdn. 5 „erlassen" ist, d. h. nicht erst mit dem Eintritt der Wirksamkeit (Anm. 1), auch nicht erst mit der ersten Bekanntmachung (so Wellstein Anm. 4), sondern sobald der UdG für die Bekanntmachung des Beschlusses durch Aushändigung des zu übergebenden Schriftstücks an den Gerichtswachtmeister oder die Post Sorge getragen hat. **12**

5. Rechtsbehelf gegen den Bestätigungsbeschluß des Rechtspflegers. Hat der Rechtspfleger den Bestätigungsbeschluß erlassen (§ 3 Nr. 2 Buchst. b RechtspflG), so findet dagegen nach § 11 Abs. 1 Satz 2 RechtspflG i. V. mit § 67 Abs. 3 FGG innerhalb der Beschwerdefrist von zwei Wochen (§ 22 Abs. 1 FGG) die befristete Erinnerung an den Richter statt, der darüber, ohne die Sache dem Beschwerdegericht vorlegen zu dürfen, auch dann selbst zu entscheiden hat, wenn er die Erinnerung für unzulässig oder unbegründet hält (§ 11 Abs. 2 Satz 3 RechtspflG). Die Wiedereinsetzung in den vorigen Stand ist nicht, wie nach § 68 Satz 3, ausgeschlossen (§ 19 Rdn. 52). Die Entscheidung muß daher allen Erinnerungsberechtigten förmlich durch Zustellung oder zu Protokoll (§ 16 Abs. 2 Satz 1, Abs. 3) bekannt gemacht werden. Schwierigkeiten bereitet die Abgrenzung des Kreises der Erinnerungsberechtigten. Da der Eintritt der Rechtskraft nicht auf ungewisse Zeit in der Schwebe bleiben darf, darf der Kreis der Erinnerungsberechtigten nicht zu weit ausgedehnt werden. Das Beschwerderecht steht jedenfalls den Annehmenden und dem Kinde zu, um den Antrag zurückzunehmen oder Mängel des Vertrages geltend zu machen. Die Abkömmlinge des Annehmenden haben, **13**

[2]) KG FamRZ 1957, 184; BGHZ 27, 126 = NJW 1291 = FamRZ 317 = MDR 589 = JZ 482, je 1958 = EJF B II Nr. 18; Johannsen LM § 68 FGG Nr. 2; Keidel Anm. 9.

[3]) Celle NdsRpfl. 1953, 221; KG FamRZ 1957, 184; Keidel Anm. 9.

[4]) Celle NdsRpfl. 1953, 221; Köln JMBlNRW 1963, 9; Hamm OLGZ 1965, 365, 366; Keidel Anm. 10.

wenn Befreiung vom Erfordernis der Kinderlosigkeit erteilt ist, kein Beschwerderecht (§ 68a Rdn. 14). Ist eine erforderliche Befreiung nicht erteilt worden, so ist der Annahmevertrag nichtig (§ 68c Rdn. 2), ebenso wenn eine Person, deren Einwilligung erforderlich ist, übersehen worden ist (§ 65 Rdn. 23); ein auf diese Weise Übergangener bedarf also keines Beschwerderechts, weil seine Rechte durch die Bestätigung nicht berührt werden und er die Unwirksamkeit der Kindesannahme beliebig geltend machen kann. Anders ist es, wenn bei der Bestätigung angenommen worden ist, daß eine Einwilligung nach §§ 1746 Abs.2, 1747 Abs. 1 Satz 2 BGB nicht erforderlich sei. Da die irrige Annahme dieses Tatbestandes nach § 1756 Abs. 2 BGB durch die Bestätigung geheilt wird, kann diesen Personen ein Beschwerderecht nicht versagt werden. Da aber eine Bekanntmachung des Beschlusses an diese Personen häufig nicht ausführbar sein wird, würde die Zulassung dieses Einwandes bedeuten, daß der Beschluß nicht formell rechtskräftig wird (vgl. wegen derselben Bedenken in den Fällen des § 55b Abs. 1 Satz 3 und des § 1740d Satz 1 Halbs. 2 BGB die Bem. bei § 55b Rdn. 19 und § 56b Rdn. 15). Es wird daher angenommen werden müssen, daß nach dem Ablauf der Erinnerungsfrist für die übrigen Beteiligten ein gemäß §§ 1746 Abs. 2, 1747 Abs. 1 Satz 2 Übergangener den Bestätigungsbeschluß nicht mehr mit der Begründung angreifen kann, das Gericht habe diesen Tatbestand zu Unrecht angenommen. Diese Schwierigkeiten werden vermieden, wenn der Richter die Entscheidung erläßt, sobald der Tatbestand der §§ 1746 Abs. 2, 1747 Abs. 1 Satz 2 BGB in Betracht kommt.

14 Der Beschluß, durch den der Richter die Erinnerung gegen den Bestätigungsbeschluß zurückweist, ist unanfechtbar. Der Beschluß, durch den der Richter den Bestätigungsbeschluß des Rechtspflegers aufhebt und die Bestätigung versagt, hat rückwirkende Kraft (§ 18 Rdn. 31, § 26 Rdn. 13); er ist mit der sofortigen Beschwerde anfechtbar (§ 68).

15 Unbeschadet der Statthaftigkeit der Erinnerung wird der Bestätigungsbeschluß des Rechtspflegers nach Maßgabe des § 67 mit der Bekanntmachung wirksam. Damit tritt nach § 1754 Abs. 1 Satz 1 BGB die Kindesannahme in Kraft, mag sie auch, wenn eine Erinnerung Erfolg hat, rückwirkend wieder entfallen. Der Standesbeamte kann bei dieser Sachlage die Eintragung des Randvermerks (§ 30 PStG) nicht von der Erteilung des Rechtskraftattestes abhängig machen.

Rechtsmittel gegen Versagung der Bestätigung

68 Der Beschluß, durch den das Gericht die Bestätigung eines Annahme- oder Aufhebungsvertrages versagt, kann mit der sofortigen Beschwerde angefochten werden. Die Beschwerde steht auch dem Vertragschließenden zu, der die Bestätigung nicht beantragt hatte. Die Vorschriften des § 22 Abs. 2, des § 24 Abs. 3 und des § 26 Satz 2 sind nicht anzuwenden.

Fassung des Art. 4 Nr. 9 FamRÄndG. In Kraft getreten am 1. 1. 1962. Das Gesetz beseitigt die durch G v. 23. 11. 33 (RGBl. I 979) eingeführte Änderung, und kehrt, von redaktionellen Änderungen abgesehen, zu der Regelung des § 68 Abs. 2 i. d. F. der Bek. v. 20. 5. 1898 (RGBl. 771) zurück.

1 *1. Rechtsmittel gegen andere Entscheidungen als die Bestätigung.* Im Bestätigungsverfahren sind außer der Bestätigung, deren Anfechtbarkeit in § 67 geregelt wird, drei Arten von Entscheidungen möglich, die hinsichtlich ihrer Anfechtbarkeit zu unterscheiden sind:

2 *a)* Gegen einen *Beschluß*, durch welchen das Gericht eine Entscheidung über die Bestätigung *aus verfahrensrechtlichen* Gründen ablehnt, z. B. wegen örtlicher oder internationaler Unzuständigkeit, steht dem Antragsteller (§ 20 Abs. 2) die *einfache* (unbefristete) *Beschwerde* zu[1]). Aus einem solchen Grunde darf das Gericht nicht die Bestätigung versagen, sondern es muß den Bestätigungsantrag zurückweisen. Denn eine rechtskräftige Versagung hätte zur Folge, daß der Vertrag nach § 1754 Abs. 2 Satz 2 seine Kraft verliert; den Beteiligten muß es aber unbenommen bleiben, den Vertrag unter Behebung des Verfahrenshindernisses anderweit zur Bestätigung einzureichen. Andere Antragsberechtigte, die den zurückgewiesenen Antrag nicht gestellt hatten, sind nach § 20 Abs. 2 nicht beschwerdeberechtigt, da die Wir-

kung des § 1754 Abs. 2 Satz 2 nicht eintritt und sie den Antrag ihrerseits erneut stellen können.

3 *b)* Gegen *Zwischenverfügungen,* durch welche das Gericht den Beteiligten die Beseitigung von sachlichen Hindernissen aufgibt, welche nach seiner Meinung der Bestätigung entgegenstehen, mag die Verfügung selbst einen Teil der Sachentscheidung vorwegnehmen, findet ebenfalls die *einfache* (unbefristete) *Beschwerde* statt. Denn die Befristung der Beschwerde gegen die Versagung der Bestätigung in § 68 Satz 1 hat ihren Grund darin, daß der Vertrag mit der endgültigen Versagung nach § 1754 Abs. 2 Satz 2 seine Kraft verliert; diese Wirkung kann aber eine Zwischenverfügung oder eine Teilentscheidung noch nicht haben; daher ist die Beschwerde gegen diese Art von Entscheidungen unbefristet[2]). Das Gericht ist deshalb nach § 18 Abs. 1 zu einer Änderung seiner Entscheidung befugt. Da die Verfügung aber bereits eine beschwerende Sachentscheidung enthält, steht die Beschwerde entsprechend § 68 Satz 2 jedem Vertragschließenden zu, auch wenn er die Bestätigung nicht beantragt hatte.

4 *c)* Die *sofortige Beschwerde* (§ 22) findet nach Satz 1 statt, wenn die Bestätigung aus sachlichen Gründen *versagt* wird, so daß der Vertrag mit der Rechtskraft dieser Entscheidung gemäß § 1754 Abs. 2 Satz 2 seine Kraft verliert. Die Versagung der Bestätigung wird nach der Regel des § 16 Abs. 1 mit der Bekanntmachung an die Vertragschließenden wirksam (Wellstein § 67 Anm. 1; Keidel § 67 Anm. 5), wenn auch noch nicht endgültig i. S. des § 1754 Abs. 2 Satz 2. Um die Beschwerdefrist in Lauf zu setzen, muß der Beschluß nicht nur dem Antragsteller, sondern *allen* Beschwerdeberechtigten, also allen Vertragschließenden, nach § 16 Abs. 2, 3 *förmlich* bekanntgemacht werden.

5 Die *weitere Beschwerde* gegen die Zurückverweisung der ersten Beschwerde ist ebenfalls eine *sofortige* (§ 29 Abs. 2). Hat das AG die Bestätigung versagt, das LG dagegen sie erteilt, so ist die weitere Beschwerde nach § 67 Abs. 3 ausgeschlossen (§ 67 Anm. 3).

6 *Beschwerdeberechtigt* ist nach Satz 2 abweichend von § 20 Abs. 2 *jeder Vertragsteil,* auch wenn er den Antrag nicht gestellt hat. Das in der Geschäftsfähigkeit beschränkte Wahlkind kann, auch wenn es älter als 14 Jahre ist, sein Beschwerderecht zwar nicht selbständig ohne Mitwirkung seines gesetzlichen Vertreters ausüben; § 59 ist nicht anwendbar, weil keine Verrichtung des VormG vorliegt[3]). Aber auch der gesetzliche Vertreter ist in diesem Fall nicht zur alleinigen Ausübung des Beschwerderechts des Kindes befugt; vielmehr ist nach dem Grundgedanken des § 1751 Abs. 2 BGB anzunehmen, daß das Kind mit Zustimmung des gesetzlichen Vertreters die Beschwerde einzulegen hat[4]). Der Ehegatte des Annehmenden, der nach § 1746 BGB in die Kindesannahme eingewilligt hat, hat gegen die Versagung der Bestätigung kein Beschwerderecht[5]).

7 *2. Änderungsverbot.* Das AG darf den die Bestätigung versagenden Beschluß gemäß § 18 Abs. 2 weder vor noch nach der formellen Rechtskraft ändern (§ 18 Rdn. 18; Wellstein Anm. 3; Keidel Anm. 1). Dafür würde es nach der Rechtskraft auch an einer sachlichen Grundlage fehlen, weil der Vertrag gemäß § 1754 Abs. 2 Satz 2 seine Kraft verloren hat. Erkennt das AG später, daß es die Bestätigung zu Unrecht versagt hat, so können die Beteiligten einen neuen Vertrag schließen. Dessen Bestätigung würde *keine materielle Rechtskraft* der früheren Entscheidung entgegenstehen, selbst wenn er inhaltsgleich ist.

8 *3. Satz 3* entzieht dem *Beschwerdegericht* die Befugnis, vor seiner Entscheidung einstweilige Anordnungen zu treffen (§ 24 Abs. 3) oder seiner Entscheidung sofortige Wirksamkeit beizulegen (§ 26 Satz 2). Dadurch soll ein wiederholter Wechsel in der Rechtsstellung des

[1]) Dresden SeuffA 97, 176 Nr. 99; KG NJW 1960, 248 = FamRZ 1960, 244 = EJF B II Nr. 29; Unger, ZZP 37, 479 Fn. 231; Wellstein[2] Anm. 2; Schlegelberger Anm. 2; Keidel Anm. 2; Staudinger-Engler BGB[11] § 1754 Anm. 74.

[2]) KG FamRZ 1957, 185; 1961, 386; BGHZ 25, 166 = FamRZ 1957, 360; Keidel Anm. 2; Staudinger--Engler BGB[11] § 1754 Anm. 74; a.M. Celle ZBlJugR 1960, 93.

[3]) BayObLGZ 1952, 17.

[4]) Pikart-Henn, Lb. d. Freiw. Gerbkt. S. 272; Staudinger-Engler BGB[11] § 1754 Anm. 72; a.M. Keidel Anm. 4; Voraufl. (Erg. 1962) Anm. 1 c.

[5]) KG JFG 13, 172.

Wahlkindes vermieden werden (Wellstein Anm. 3). Demselben Zweck dient der *Ausschluß der Wiedereinsetzung* in den vorigen Stand gegen die Versäumung der Beschwerdefrist (§ 22 Abs. 2); dieser Ausschluß ist übrigens sachlich unschädlich, weil die Beteiligten den Vertrag noch einmal schließen und zur Bestätigung vorlegen können (Anm. 2), wenn sie sich von einer in dem neuen Verfahren rechtzeitig einzulegenden Beschwerde Erfolg versprechen. De lege ferenda geht der Ausschluß aber wohl zu weit.

9 *4.* Hat der *Rechts*pfleger die Bestätigung versagt (§ 3 Nr. 2 Buchst. b RechtspflG), so findet dagegen die befristete Erinnerung statt (§ 11 Abs. 1 Satz 2 RechtspflG). Durch § 68 Satz 3 wird gemäß § 11 Abs. 4 RechtspflG die Wiedereinsetzung in den vorigen Stand auch gegen die Versäumung der Erinnerungsfrist ausgeschlossen.

Befreiung vom Erfordernis der Kinderlosigkeit

68a (1) Wird Befreiung vom Erfordernis der Kinderlosigkeit (§ 1741 Satz 1 des Bürgerlichen Gesetzbuches) beantragt, so soll das Gericht auch die leiblichen Abkömmlinge des Annehmenden hören; es darf von der Anhörung eines Abkömmlings nur absehen, wenn dieser zur Abgabe einer Erklärung dauernd außerstande oder sein Aufenthalt dauernd unbekannt ist. Abkömmlinge, die das vierzehnte Lebensjahr vollendet haben, sollen nach Möglichkeit persönlich gehört werden. Außerdem soll das Gericht das Jugendamt hören, das für den gewöhnlichen Aufenthalt der minderjährigen Abkömmlinge zuständig ist.

(2) Der Beschluß, durch den über den Antrag auf Befreiung entschieden wird, ist dem Annehmenden, nach dem Tode des Annehmenden dem Kinde, bekanntzumachen.

(3) Wird die Befreiung versagt, so steht die Beschwerde nach dem Tode des Annehmenden dem Kinde zu.

Eingefügt durch Art. 4 Nr. 10 FamRÄndG. In Kraft getreten am 1. 1. 1962. In Abs. 1 Satz 1 ist gemäß Art. 7 Nr. 23 NichtehelG mit Wirkung vom 1. 7. 1970 das Wort „ehelichen" durch das Wort „leiblichen" ersetzt worden.

1 *1. Allgemeines.* Die Vorschrift enthält verfahrensrechtliche Ergänzungen zu §§ 1745, 1745a BGB n. F. über die *Befreiung vom Erfordernis der Kinderlosigkeit.* Diese Vorschriften stimmen in den Grundzügen, von einigen Änderungen des Verfahrensrechts abgesehen, überein mit dem Gesetz zur Erleichterung der Annahme an Kindes Statt vom 8. 8. 1950 (BGBl. Seite 356). Zur bisherigen Rechtslage vgl. die Bem. in der Vorauflage zu § 65 Anm. 4, zur Reform BT-Drucks. 530/58 S. 20, 21, 29 und zu 2812/61 S. 6; Finke, FamRZ 1958, 505.

2 *2. Sachliche Voraussetzungen.* Nach § 1741 Satz 1 BGB kann ein Kind nur annehmen, wer keine Abkömmlinge hat. Der Begriff der Kinderlosigkeit ist erläutert bei § 65 Rdn. 11. Hiervon kann das Gericht nach § 1745 auf Antrag des Annehmenden Befreiung erteilen. Über die Voraussetzungen der Befreiung bestimmt *§ 1745a BGB* i. d. F. des Art. 1 Nr. 41 NichtehelG:

(1) Von dem Erfordernis der Kinderlosigkeit soll das Gericht befreien, wenn der Annahme an Kindes Statt keine überwiegenden Interessen der leiblichen Abkömmlinge des Annehmenden entgegenstehen und wenn keine Gefährdung der Interessen des Anzunehmenden durch das Vorhandensein leiblicher Abkömmlinge zu befürchten ist. Vermögensrechtliche Interessen der Beteiligten sollen nicht ausschlaggebend sein.

(2) Ehegatten, die gemeinschaftliche Abkömmlinge haben und in häuslicher Gemeinschaft leben, soll Befreiung nur erteilt werden, wenn sie gemeinschaftlich ein Kind annehmen wollen.

3 Abs. 1 entspricht mit geringfügigen Änderungen dem § 4, Abs. 2 dem § 1 Abs. 2 des Gesetzes vom 8. 8. 1950. Für die vorzunehmende Interessenabwägung behalten daher bish.

Rechtspr. und Schrifttum ihre Bedeutung[1]). Ob der Annehmende der Befreiung „würdig" ist (so BayObLG und Hamm a. a. O.), ist keine beachtliche Erwägung, da die Befreiung kein Gnadenakt ist, und kann allenfalls unter dem Gesichtspunkt des Kindeswohls bei der Genehmigung des VormG ins Gewicht fallen (Karlsruhe a. a. O.). Vermögensrechtliche Belange sollen nicht ausschlaggebend sein, können aber mit berücksichtigt werden.

Abs. 2 soll verhindern, daß künstlich Stiefkinder geschaffen werden. Das Hindernis besteht daher nicht, wenn ein Kind von einem Ehegatten in der Weise angenommen wird, daß es die Stellung eines gemeinschaftlichen ehelichen Kindes der Ehegatten erlangt, z. B. das angenommene (§ 1749 Abs. 2) oder leibliche eheliche Kind des anderen Ehegatten (§ 1757 Abs. 2)[2]), oder das nichteheliche Kind der Frau von dem Ehemann[3]). Nach Aufhebung des § 1589 Abs. 2 BGB durch Art. 1 Nr. 3 NichtehelG erlangt das Kind gemäß § 1757 Abs. 2 BGB auch dann die rechtliche Stellung eines gemeinschaftlichen ehelichen Kindes der Ehegatten, wenn eine Frau das nichteheliche Kind ihres Mannes annimmt (BT-Drucks. V/2370 S. 79/80). **4**

Einer Befreiung bedarf es gemäß § 1742a Satz 2 BGB nicht, wenn der Vater oder die Mutter das eigene nichteheliche Kind an Kindes Statt annimmt (§ 65 Rdn. 11). **5**

Die Befreiung erübrigt nicht mehr, wie nach § 5 des Gesetzes vom 8. 8. 1950, die Befreiung vom Alterserfordernis des § 1744 Satz 1 (BT-Drucks. 530/58 S. 20/21). **6**

3. Verfahren

a) Das Verfahren wird nur auf *Antrag* eingeleitet; *antragsberechtigt* ist allein der Annehmende, nicht das Wahlkind (§ 1745). Bei Annahme durch ein Ehepaar als gemeinschaftliches Kind (§ 1749 Abs. 1) ist jeder Annehmende nur für seine Person antragsberechtigt, soweit er der Befreiung bedarf. Eine gesetzlich vermutete Antragsvollmacht des Notars besteht nicht (§ 65 Anm. 2). Der Antrag kann bereits gestellt werden, bevor der Annahmevertrag geschlossen ist oder zur Bestätigung vorgelegt wird. Jedoch kann Befreiung nur für eine bestimmte Kindesannahme erteilt werden. Das Fehlen der Genehmigung des VormG zum Annahmevertrage und der nach §§ 1746, 1747 erforderlichen Einwilligungen hindert die Befreiung nicht. Die Reihenfolge der Erfüllung der Voraussetzungen der Kindesannahme ist dem Antragsteller anheimgestellt[4]). Tod des Annehmenden nach Stellung des Befreiungsantrags steht der Befreiung nicht entgegen, sofern die Voraussetzungen für eine Bestätigung nach dem Tode des Annehmenden (§ 66 Rdn. 5, § 67 Rdn. 4) erfüllt sind[5]). Es wird auch anzunehmen sein, daß die Vorschrift des § 1753 Abs. 2 entsprechend anzuwenden ist, so daß es genügt, wenn der Annehmende bei oder nach der Beurkundung des Annahmevertrages den beurkundenden Notar mit der Einreichung des Befreiungsantrags betraut oder dem Notar Vollmacht zur Stellung des Antrags erteilt hat. Dagegen geht es über die Grenzen einer zulässigen Gesetzesanalogie hinaus, anzunehmen, daß das anzunehmende Kind antragsberechtigt sei, wenn der Annehmende verstorben ist, ohne in dieser Weise das zur Befreiung Erforderliche getan zu haben[6]). In dem Antrag auf Bestätigung ist nicht schon der Befreiungsantrag und umgekehrt enthalten. **7**

b) Für die *sachliche, örtliche und internationale* (interzonale) *Zuständigkeit* gelten dieselben Grundsätze wie für die Zuständigkeit zur Bestätigung (§ 65 Anm. 2, § 66 Anm. 1 bis 3, 5 bis 7), obwohl dies in § 65 Halbs. 2 nur für die sachliche, nicht aber in § 66 für die **8**

[1]) Vgl. BayObLG 26. 6. 51 (Z 477 = NJW 924 = DNotZ 521), Oldenburg 2. 10. 51 (EJF 1, 122), Hamburg 2. 10. 53 (ZBlJugR 1954, 31), Hamm 5. 11. 53 (ZBlJugR 82 = StAZ 109, je 1954), Karlsruhe 2. 4. 57 (EJF A I i Nr. 1), Braunschweig 11. 6. 57 (Nds-Rpfl. 1958, 73); Maßfeller, StAZ 1950, 22; Peters, Rpfleger 1950, 449; Beitzke, StAZ 1954, 140; Becker (§ 65 Fn. 1) S. 122; Glässing (§ 65 Fn. 1) S. 57 ff.; Schnitzerling, Adoption, S. 21; Feil, UJ 1953, 358; Becker, UJ 1956, 352; LG Düsseldorf FamRZ 1968, 538.

[2]) BayObLG 26. 6. 51 (Z 477), Maßfeller, StAZ 1961, 274.

[3]) Hamm 30. 4. 58 JMBlNRW 244 = FamRZ 340 = StAZ 1959, 100 mit Anm. v. Beitzke.

[4]) BayObLGZ 1951, 477, 481.

[5]) BGHZ 2, 62.

[6]) So aber Pikart-Henn Lb. d. Freiw. Gerbkt. S. 264; Staudinger-Engler BGB[11] § 1745 Anm. 8.

örtliche Zuständigkeit bestimmt wird. Ändern sich in der Zeit zwischen der Einreichung des Befreiungsantrags und der Stellung des Bestätigungsantrags oder umgekehrt die für die örtliche Zuständigkeit maßgebenden Verhältnisse, so läßt es sich nicht vermeiden, daß über Befreiung und Bestätigung verschiedene Gerichte entscheiden. Ebenso, wenn bei gemeinschaftlicher Kindesannahme der Ehegatte, der der Befreiung bedarf, seinen Wohnsitz in dem Bezirk eines anderen Gerichts hat als dem, bei welchem die Bestätigung nach § 66 (auch) beantragt werden kann, vgl. § 66 Anm. 1. Eine *Abgabe* des Befreiungsverfahrens an das für die Bestätigung zuständige Gericht entsprechend § 46 FGG ist nicht statthaft[7]); sie ist auch nicht zwingend geboten, da Befreiung und Bestätigung sehr verschiedenartige Aufgaben sind.

9 *Richtervorbehalt* besteht nach § 15 RechtspflG.

4. Anhörung

10 *a)* der *leiblichen Abkömmlinge*. Beteiligter i. S. des § 6 Rdn. 5 ist nur der Annehmende, der der Befreiung bedarf, nicht die übrigen Vertragschließenden, also das anzunehmende Kind und dessen etwa nach § 1762 Satz 2 einbezogenen Abkömmlinge[8]); das Gesetz hat ihnen kein Recht darauf eingeräumt, daß der Annehmende befreit werde; das gilt auch für das Erfordernis der Minderjährigkeit (§ 1744 Satz 3). Das Kind wird erst Beteiligter, wenn der Annehmende vor der Befreiung gestorben ist (§§ 68a Abs. 3, 68b Abs. 2). Die übrigen Vertragschließenden werden aber regelmäßig im Rahmen der Sachaufklärung zu hören sein. Auch die leiblichen Abkömmlinge des Annehmenden sind bei der Befreiung vom Erfordernis der Kinderlosigkeit nicht Beteiligte[9]). Da aber die Interessen der leiblichen Abkömmlinge durch die Annahme berührt werden, schreibt das Gesetz in Abs. 1 Satz 1, 2 deren Anhörung vor. Diese Anhörungspflicht ist keine Verwirklichung des rechtlichen Gehörs (Art. 103 Abs. 1 GG), da die Rechte der Abkömmlinge i. S. des § 20 Abs. 1 durch die Befreiung nicht betroffen werden, sondern eine Beschränkung des richterlichen Ermessens bei der Sachaufklärung (§ 12). Das Gericht soll die persönliche Einstellung der Abkömmlinge zu der geplanten Kindesannahme ermitteln. Stehen sie ihr feindselig gegenüber, so wird von der Befreiung besser abzusehen sein (Glässing, Vorauss. d. Adoption, S. 69). Deshalb sollen über 14 Jahre alte Abkömmlinge nach Möglichkeit persönlich gehört werden, notfalls im Wege der Rechtshilfe. Bestellung eines Pflegers, wenn der Annehmende selbst gesetzlicher Vertreter, ist nicht erforderlich, wenn persönliche Anhörung durchführbar. Die Pflicht zur Anhörung der unter 14 Jahre alten Abkömmlinge ist gegenüber dem Gesetz vom 8. 8. 1950 neu. Hier genügt (schriftliche oder mündliche) Anhörung des gesetzlichen Vertreters. Schwierigkeiten entstehen, wenn, wie es die Regel sein wird, der Annehmende selbst der gesetzliche Vertreter ist. Die Bestellung eines Pflegers (§§ 1909, 1915, 1779 BGB, § 52 JWG) bringt einerseits eine erhebliche Schwerfälligkeit in das Verfahren, andererseits handelt es sich nicht darum, Rechte der Abkömmlinge gegenüber dem Annehmenden zu wahren, sondern dem Gericht die Umstände zu Gehör zu bringen, die bei der Interessenabwägung nach § 1745a Abs. 1 auf Seiten der Abkömmlinge in Betracht kommen; diese Aufgabe erfüllt aber auch der Bericht des Jugendamtes nach Abs. 1 Satz 3. Die Regelung schießt daher über das Ziel hinaus. Die Bestellung eines Ergänzungspflegers ist weder zweckdienlich noch überhaupt statthaft[10]). *Absehen* von der Anhörung ist in Anlehnung an § 1746 Abs. 2 nur gestattet, wenn der Abkömmling zur Erklärungsabgabe dauernd außerstande, z. B. geisteskrank oder dauernd unbekannten Aufenthalts, ist. Von der *persönlichen* Anhörung eines über 14 Jahre alten Abkömmlings kann abgesehen werden, wenn dadurch erhebliche Nachteile oder eine Störung des Familienfriedens zu besorgen wären[11]).

11 *b)* des nach § 11 JWG für die leiblichen Abkömmlinge zuständige *Jugendamts*, falls die Abkömmlinge minderjährig sind, Abs. 1 Satz 3. Das für das anzunehmende Kind zuständige

7) A.M. Staudinger-Engler BGB[11] § 1745 Anm. 7.
8) A.M. Staudinger-Engler BGB[11] § 1745 Anm. 12.
9) Zust. BayObLGZ 1965, 313, 315.
10) LG Wuppertal MittRheinNotK 1962, 401; Dölle FamR § 112 II 1 b; a.M. Knur DNotZ 1962, 573; Keidel Anm. 3; LG Hannover FamRZ 1964, 577.
11) LG Hannover FamRZ 1964, 577; LG Detmold DAV 1964, 181; Staudinger-Engler BGB[11] § 1745 Anm. 13.

Jugendamt ist nicht mehr zu hören, weil es bereits vom VormG gemäß § 48 JWG gehört wird (Maßfeller, StAZ 1961, 274).

Abkömmlinge und Jugendamt werden durch ihre Anhörung nicht Verfahrensbeteiligte. **12**
Kosten (§ 13a Abs. 1) des Annehmenden können ihnen auch bei erfolglosem Widerspruch nicht auferlegt werden.

5. Bekanntmachung der Entscheidung. Wirksamwerden. Die stattgebende oder ablehnende **13**
Verfügung ist dem Annehmenden bekanntzumachen (§ 16). Ist der Annehmende nach der Stellung des Antrags auf Befreiung (Anm. 2) gestorben und sind die Voraussetzungen erfüllt, unter denen eine Bestätigung des Annahmevertrages nach dem Tode des Annehmenden zulässig ist (§ 66 Rdn. 5, § 67 Rdn. 4), so ergeht die Bekanntmachung an das Wahlkind (Abs. 2); andernfalls ist der Befreiungsantrag durch den Tod erledigt. Mit der Bekanntmachung wird die Entscheidung wirksam (§ 16 Abs. 1).

6. Rechtsmittel. Gegen die *Versagung* der Befreiung ist die *einfache* (unbefristete) *Be-* **14**
schwerde nach § 19 gegeben. Das *Beschwerderecht* steht nach § 20 Abs. 1, 2 nur dem Annehmenden zu (Maßfeller, StAZ 1961, 274). Dem Wahlkind wird ein Beschwerderecht durch Abs. 3 verliehen, wenn der Annehmende nach der Stellung des Antrags auf Befreiung gestorben ist und, wie einschränkend zu ergänzen ist, die Voraussetzungen für eine Bestätigung des Annahmevertrages nach dem Tod des Annehmenden erfüllt sind (Anm. 4). Das in der Geschäftsfähigkeit beschränkte Wahlkind übt sein Beschwerderecht durch den gesetzlichen Vertreter aus; § 59 ist nicht anwendbar.

Die *Erteilung der Befreiung* ist *unanfechtbar*[1]); das wird zwar nicht ausdrücklich be- **15**
stimmt, wie bei der Bestätigung des Annahmevertrages (§ 67 Abs. 3); es fehlt jedoch an einem Beschwerdeberechtigten. Die ehelichen Abkömmlinge haben kein Beschwerderecht (BT-Drucks. 530/58 S. 29; vgl. zur Entstehungsgeschichte des die Anfechtung der Befreiung ausschließenden § 6 Abs. 2 des Gesetzes vom 8. 8. 1950 Glässing, Vorauss. der Adoption, S. 71). Die ehelichen Abkömmlinge werden in keinem subjektiven Recht i. S. des § 20 Abs. 1 unmittelbar betroffen. § 57 Abs. 1 Nr. 9 ist, da keine Vormundschaftssache, nicht anwendbar, so daß auch das Jugendamt nicht beschwerdeberechtigt ist. Unanfechtbar ist auch ein Beschluß des LG, durch den die Befreiung unter Aufhebung der ablehnenden Entscheidung des AG bewilligt wird[2]).

7. Die *Änderungsbefugnis* des AG ist nicht, wie in § 67 Abs. 3 Halbs. 2 für die Bestäti- **16**
gung, ausgeschlossen. Das Gericht darf daher seine ablehnende Verfügung auf Antrag des Annehmenden oder indem es einer von ihm eingelegten Beschwerde abhilft, ändern (§ 18 Abs. 1 Halbs. 2). Die Erteilung der Befreiung darf von Amts wegen geändert werden[3]), aber nicht mehr nach der Bestätigung des Annahmevertrages, da dem Kinde die erworbene Rechtsstellung nicht ohne gesetzliche Ermächtigung entzogen werden darf.

8. Gebühren: a) des *Gerichts* entstehen nicht (§ 1 KostO); BT-Drucks. 530/58 S. 30; im **17**
Beschwerdeverfahren gilt § 131 KostO; *b)* des *Notars* § 146 Abs. 2 KostO; *c)* des *Rechtsanwalts* § 118 BRAGebO.

Befreiung vom Alterserfordernis und vom Erfordernis der Minderjährigkeit

68b (1) Der Beschluß, durch den über den Antrag auf Befreiung von den Erfordernissen des § 1744 Satz 1, 3 des Bürgerlichen Gesetzbuchs entschieden wird, ist dem Annehmenden, nach dem Tode des Annehmenden dem Kinde bekanntzumachen.

(2) Wird die Befreiung versagt, so steht die Beschwerde nach dem Tode des Annehmenden dem Kinde zu.

Eingefügt durch Art. 4 Nr. 10 FamRÄndG. In Kraft getreten am 1. 1. 1962.

[1]) Hamm OLGZ 1965, 365 = FamRZ 1965, 628; BayObLGZ 1965, 313 = FamRZ 1965, 525; Maßfeller StAZ 1961, 274; BGB-RGRK[11] § 1745 Anm. 5; Staudinger-Engler BGB[11] § 1745 Anm. 18; Keidel Anm. 6.

[2]) Hamm aaO.; Keidel Anm. 6; Staudinger-Engler aaO.; Düsseldorf OLGZ 1969, 298.

[3]) Wie hier Staudinger-Engler BGB[11] § 1745 Anm. 20; Pikart-Henn Lb. d. Freiw. Gerbkt. S. 266; a.M. Keidel Anm. 9.

1 *1. Allgemeines.* Die Vorschrift enthält verfahrensrechtliche Ergänzungen zu §§ 1745, 1745b, 1745c BGB n. F. über die *Befreiung vom Alterserfordernis* des 35. Lebensjahres des Annehmenden (§ 1744 Satz 1) und vom *Erfordernis der Minderjährigkeit* des Anzunehmenden (§ 1744 Satz 3). Die Befreiung vom Alterserfordernis war bis dahin eine dem AG zugewiesene Justizverwaltungsentscheidung (vgl. Voraufl. § 65 Anm. 6). Sie ist infolge der Zuweisung an das Gericht durch § 1745 BGB eine Angelegenheit der FG geworden (§ 1 FGG). Das Erfordernis der Minderjährigkeit ist vom FamRÄndG erstmals eingeführt worden, um dem Mißbrauch der Adoption Volljähriger zu unlauteren Zwecken wirksam vorzubeugen (BT-Drucks. 530/58 S. 20 und zu 2812/61 S. 6). Zur Reform Finke, FamRZ 1958, 405; Schwarzhaupt, FamRZ 1961, 329; Knur, Zur Reform der Adoption Volljähriger, DNotZ 1959, 284; Maßfeller, StAZ 1961, 273.

2. Sachliche Voraussetzungen

A. Befreiung vom Alterserfordernis

2 Nach § 1744 Satz 1 muß der Annehmende das 35. Lebensjahr vollendet haben. Dazu § 65 Rdn. 10. Hiervon kann das Gericht nach § 1745 auf Antrag des Annehmenden Befreiung erteilen. Über die Voraussetzungen der Befreiung bestimmt *§ 1745b BGB* i. d. F. des Art. 1 Nr. 42 NichtehelG:

Von dem Erfordernis des fünfunddreißigsten Lebensjahres soll das Gericht, sofern nicht schwerwiegende Gründe entgegenstehen, insbesondere befreien, wenn der Annehmende sein nichteheliches Kind oder wenn er das Kind seines Ehegatten an Kindes Statt annehmen will.

Das Gesetz gibt eine Richtlinie nur für zwei Sonderfälle. Um die Beseitigung von Stiefkinderverhältnissen zu fördern, soll das Gericht grundsätzlich befreien, wenn der (die) Annehmende das leibliche Kind seines Ehegatten annehmen will, sofern, wie zu ergänzen ist, das Kind dadurch die Stellung eines gemeinschaftlichen ehelichen Kindes der Ehegatten erlangt (§ 1757 Abs. 2), also wenn das eheliche Kind des anderen Ehegatten oder das uneheliche Kind der Ehefrau (vgl. § 68a Rdn. 4) angenommen wird. Das gleiche gilt, wenn das angenommene Kind des Ehegatten angenommen wird (§ 1749 Abs. 2), und nach der Gesetzesänderung auch, wenn die Frau das nichteheliche Kind ihres Mannes annehmen will (§ 68a Rdn. 4). Schließlich ist das Alterserfordernis wenig sinnvoll, wenn jemand sein eigenes nichteheliches Kind annehmen will; in diesem Fall soll in der Regel Befreiung erteilt werden. Bei Entgegenstehen schwerwiegender Gründe kann die Befreiung gleichwohl versagt werden.

3 Im übrigen wird das Ermessen des Gerichts nicht beschränkt. Die DurchfVO vom 27. 7. 1934 (RGBl. I, 738 = BGBl. III, 315-2-1) ist aufgehoben (Art. 9 I Abs. 2 Nr. 3 FamRÄndG). Die unterste Grenze ist wegen § 1744 Satz 2 jedenfalls die Volljährigkeit. Trotz des förmlichen Wegfalls des Altersunterschiedes von 18 Jahren (§ 1744 BGB a. F.) wird darauf geachtet werden müssen, daß der Altersunterschied nicht so gering ist, daß er einem Eltern- und Kindesverhältnis nicht mehr entspricht. Dem bisherigen Mindestalter von 50 Jahren lag der Gedanke zugrunde, daß in diesem Alter die Wahrscheinlichkeit der Erzeugung eigener Kinder geringer geworden ist (Staudinger § 1744 Anm. 1). Dieser Gedanke hat im Hinblick auf die starke Herabsetzung des Mindestalters, durch welche die Annahme von Kleinkindern gefördert werden soll (BT-Drucks. zu 2812/61 S. 6), und die Zulassung der Befreiung vom Erfordernis der Kinderlosigkeit an Bedeutung eingebüßt. Es wird daher nicht mehr der Nachweis der voraussichtlichen Kinderlosigkeit gefordert werden können, sondern entsprechend § 1745a zu prüfen sein, ob der Annahme überwiegende Interessen etwa noch zu erwartender ehelicher Abkömmlinge entgegenstehen und ob eine Gefährdung der Interessen des Anzunehmenden durch noch zu erwartende Nachkommenschaft zu befürchten ist[1]). Auch beim Nachweis voraussichtlicher Kinderlosigkeit können Gründe vorhanden sein, die Befreiung

[1]) So schon bisher AG Celle NJW 1952, 147; LG Kiel DAVorm. Jg. 28, 109; Erl. d. JM Bad.-Württ. v. 5. 10. 54, StAZ 1955, 6; Mattil. ZBlJugR 1950, 207.

gleichwohl zu versagen[2]). Außerdem kommt es auf die erzieherische Eignung des (der) Annehmenden, seine geistige Reife und sonstigen Verhältnisse sowie unter fürsorgerischen Gesichtspunkten auf die Dringlichkeit des Interesses des Kindes darauf an, eine Heimstatt gerade in der Familie des Annehmenden zu finden, in die es sich vielleicht schon eingelebt hat[3]).

B. Befreiung vom Erfordernis der Minderjährigkeit

Nach § 1744 Satz 3 muß der Anzunehmende minderjährig sein. Dazu § 65 Anm. 3f. Hiervon kann das Gericht nach § 1745 auf Antrag Befreiung erteilen. Über die Voraussetzung der Befreiung bestimmt *§ 1745c BGB* n. F.: **4**

Von dem Erfordernis der Minderjährigkeit des Kindes soll das Gericht befreien, wenn die Herstellung eines Annahmeverhältnisses sittlich gerechtfertigt ist.

Für die Befreiung genügt es hiernach nicht, daß i. S. des § 1754 Abs. 2 Satz 1 Nr. 2 keine begründeten Zweifel an der Absicht der Beteiligten bestehen, ein dem Eltern- und Kindesverhältnis entsprechendes Familienband herzustellen (vgl. § 65 Anm. 3k); es muß hinzukommen, daß die Herstellung des Annahmeverhältnisses sittlich gerechtfertigt ist. Bei der Anwendung dieses unbestimmten Rechtsbegriffs wird zu berücksichtigen sein, daß die Erwachsenen-Adoption eine notwendige und segensreichen Zwecken dienstbar zu machende Rechtseinrichtung ist, für welche nach wie vor ein praktisches Bedürfnis besteht[4]). Die Befreiung ist daher nicht nur in seltenen Ausnahmefällen zu erteilen. Den strengeren Standpunkt der Regierungsentwürfe 1955 und 1958 (BT-Drucks. 1586/55 und 530/58), welche „besondere Gründe“ für die sittliche Rechtfertigung forderten (vgl. Maßfeller, BAnz. Nr. 54/55 S. 6), hat das Gesetz durch Streichung dieses Erfordernisses aufgegeben, um eine Diskriminierung der Adoption Volljähriger zu vermeiden und sie nicht über Gebühr zu erschweren (BT-Drucksache zu 2812/61 S. 6; Maßfeller, StAZ 1961, 274). Sittlich gerechtfertigt ist daher die Annahme, wenn sie durch einen verständigen, von der Sittenordnung nicht mißbilligten Zweck veranlaßt ist, z. B. durch den Wunsch, einen Erben für den Hof oder das gewerbliche Unternehmen zu haben[5]).

3. Verfahren. Für das Verfahren gelten die Bemerkungen zu § 68a Anm. 3, 5 bis 8 entsprechend. **5**

Verbindung von Befreiung und Bestätigung

68c Das Gericht kann in demselben Beschluß von den Erfordernissen des § 1741 Satz 1 und des § 1744 Satz 1, 3 des Bürgerlichen Gesetzbuchs befreien und den Annahmevertrag bestätigen.

Eingefügt durch Art. 4 Nr. 10 FamRÄndG. In Kraft getreten am 1. 1. 1962.

1. Verbindung. Zur Vereinfachung und Beschleunigung des Verfahrens läßt das Gesetz es zu, daß die Befreiung vom Erfordernis der Kinderlosigkeit, vom Alterserfordernis und vom Erfordernis der Minderjährigkeit mit dem Beschluß über die Bestätigung des Annahmevertrages verbunden werden. Das ist möglich, weil die Voraussetzungen für das Wirksamwerden dieser Entscheidungen dieselben sind, so daß die Wirksamkeit bei Zusammenfassung in einem Beschluß gleichzeitig eintritt, und weil die Entscheidungen sämtlich unanfechtbar und mit der Bestätigung unabänderlich sind. Es können mithin schon das Befreiungs- und das Bestäti- **1**

2) BGHZ 2, 65/66.

3) Vgl. noch Glässing, Vorauss. d. Adoption S. 81 ff.; Staudinger-Engelmann BGB[11] § 1745 b Anm. 3; BGB-RGRK[11] § 1745 b Anm. 1, 2; Hamm JMBlNRW 1964, 103 = FamRZ 1964, 321 = Rpfleger 1965, 229.

4) Knur, DNotZ 1959, 284; ders., DNotZ 1962, 574.

5) Wie hier Bosch, FamRZ 1964, 401, 409 zu IV d; Staudinger-Engelmann BGB[11] § 1745 c Anm. 2, 4; Soergel-Lade BGB[9] § 1745 c Anm. 9; LG Düsseldorf FamRZ 1968, 537; zu eng Erman-Hefermehl BGB[3] § 1745 c Anm. 2; Palandt-Lauterbach BGB[26] § 1744 Anm. 1, § 1745 c Anm. 1.

gungsverfahren miteinander verbunden werden, vorausgesetzt, daß für beide Verfahren dasselbe Gericht örtlich zuständig ist (vgl. § 68a Rdn. 7). Dagegen kann, wenn das Bestätigungsgericht zugleich Vormundschaftsgericht ist, die Erteilung der vormundschaftsgerichtlichen Genehmigung wegen § 1829 BGB nicht mit dem Bestätigungsbeschluß verbunden werden (Vorbem. vor § 65 Rdn. 23). Kommt das Gericht zur Versagung einer beantragten Befreiung, so empfiehlt es sich, darüber vorab zu entscheiden und die Entscheidung über die Bestätigung, wenn ihr nicht noch weitere entscheidungsreife Gründe entgegenstehen, bis zum Abschluß des Rechtsmittelzuges im Befreiungsverfahren oder, da dieses Rechtsmittel unbefristet ist, auf angemessene Zeit zurückzustellen[1]). Andererseits erledigt sich die Beschwerde im Befreiungsverfahren nicht schlechthin durch die rechtskräftige Versagung der Bestätigung, wenn nämlich derselbe Annahmevertrag wiederholt werden kann (vgl. § 68 Rdn. 7), da die Befreiung im voraus erteilt werden kann.

2 2. *Keine nachträgliche Befreiung.* Nach der Bestätigung kann eine erforderliche, aber unterbliebene Befreiung, von der Berichtigung einer offenbaren Unrichtigkeit (§ 18 Rdn. 37) abgesehen, nicht mehr nachgeholt werden, weil der Annahmevertrag unheilbar nichtig geworden ist[2]).

Vierter Abschnitt

Personenstand

Vorbemerkung

A. Personenstand

1 Unter Personenstand ist das familienrechtliche Verhältnis einer Person zu einer anderen Person zu verstehen, wie es durch Geburt, Legitimation, Ehelicherklärung, Annahme an Kindes Statt, Vaterschaftsanerkenntnis, Anfechtung der Ehelichkeit, durch Eheschließung, Auflösung der Ehe, durch Tod und Todeserklärung begründet, geändert oder aufgehoben wird[1]). Die Voraussetzungen für den Eintritt dieser Rechtsverhältnisse sind im Familienrecht des Bürgerlichen Gesetzbuchs und in seinen Nebengesetzen, insbesondere im Ehegesetz und im Verschollenheitsgesetz, geregelt. Da an der richtigen und vollständigen Verlautbarung des Personenstandes ein erhebliches Interesse der Allgemeinheit besteht, ordnet das Gesetz an, daß die personenstandsrechtlichen Verhältnisse in Personenstandsbüchern beurkundet werden. Hierin besteht die Hauptaufgabe des Standesbeamten (§ 1 PStG).

B. Personenstandswesen

2 Die staatlichen Aufgaben im Personenstandswesen sind den *Standesämtern,* also Verwaltungsbehörden der Gemeinden, als staatliche Auftragsangelegenheiten übertragen (§ 51 PStG). Ihrer Natur gehören sie zur freiwilligen Gerichtsbarkeit im weiteren Sinne[2]) und stehen dem Beurkundungswesen nahe. Beitzke, Das Verhältnis von Justiz und Verwaltung im Bereich standesamtlicher Tätigkeit, 1957, rechnet die Beurkundung des Personenstandes zur Verwaltung. Jedoch schließt der öffentlichrechtliche Einschlag die Zuweisung zur freiwilligen Gerichtsbarkeit nicht aus, unbeschadet der positivrechtlichen Übertragung auf Verwaltungsbehörden, und macht die zur Entscheidung in Personenstandssachen berufenen Gerichte nicht zu besonderen Verwaltungsgerichten, wie Beitzke annimmt[3]). Der Standesbeamte ist bei der

[1]) Keidel Anm. 4; Pikart-Henn Lb. d. Freiw. Gerbkt. S. 266; Staudinger-Engler BGB[11] § 1745 Anm. 19.

[2]) Thiesing, Recht 1904, 382; Palandt[26] § 1745 Anm. 1; Siebert-Vogel[8] § 1745 Anm. 1; BGHZ 2, 66; incidenter BGH FamRZ 1966, 25 mit Anm. v. Bosch; BayObLG JW 1925, 2792; BayObLGZ 1964, 385, 393 = FamRZ 1965, 95; LG Bochum Rpfleger 1965, 142 mit zust. Anm. v. Peters = StAZ 1966, 173; Dölle FamR § 115 II 2; Keidel Anm. 1; Engler FamRZ 1966, 551 zu II 1 c; Knur, FamRZ 1967, 245 zu VII b.

[1]) Habscheid, Stichwort „Personenstandsrecht" im Staatslexikon der Görresgesellschaft; Thomsen, System des Personenstandsrechts, 1962, S. 2; Pfeiffer-Strickert PStG § 1 Anm. 3; Maßfeller-Hoffmann PStG § 1 Anm. 1; Lent-Habscheid Freiw. Gerbkt.[4] § 45 I 1; KG JW 1938, 1170.

[2]) Lent § 1 IV; Baur FamRZ 1957, 126 zu Fn. 16.

[3]) Vgl. dazu auch Baur, FamRZ 1959, 78; ferner Beitzke, StAZ 1959, 309; Breidenbach StAZ 1963, 96; Stich in Staatsbürger und Staatsgewalt, 1963, Bd. II S. 411.

Wahrnehmung seiner Befugnisse ähnlich dem Rechtspfleger (§ 8 RechtspflG) sachlich unabhängig und an Weisungen der Aufsichtsbehörde nicht gebunden[4]).

C. Rechtsgrundlagen

3 Rechtsgrundlage ist das Personenstandsgesetz vom 3. 11. 1937 (RGBl. I, 1146), das nach mehrfachen Änderungen, zuletzt durch das Zweite Gesetz zur Änderung und Ergänzung des PStG vom 18. 5. 1957 (BGBl. I, 518) in der ab 1. 1. 1958 ab geltenden Fassung am 8. 8. 1957 (BGBl. I, 1139) bekanntgemacht worden ist[5]). Dazu ist ergangen die AusfVO vom 12. 8. 1957 (BGBl. I, 1139) und die Dienstanweisung für die Standesbeamten und ihre Aufsichtsbehörden (DA) vom 16. 4. 1968 (Beil. z. BAnz. Nr. 85 vom 7. 5. 1968)[6]). Für die Beurkundung von Kriegssterbefällen und die Beurteilung früherer Rechtsverhältnisse ist die Personenstandsverordnung der Wehrmacht i. d. F. vom 17. 10. 1942 (RGBl. I, 597, BGBl. III, 211-1-2) noch von Bedeutung[7]). Das Beurkundungsgesetz vom 28. 8. 1969 (BGBl. I, 1513) hat die Zuständigkeiten des Standesbeamten unberührt gelassen (§ 58 BeurkG). Durch Art. 8 des G über die rechtliche Stellung der nichtehelichen Kinder vom 19. 8. 1969 (BGBl. I 1243) sind die §§ 12, 15, 29, 29a, 29b, 30, 31, 31a, 61, 61a, 62, 65 geändert und ist § 69e eingefügt worden.

4 Ausführungsvorschriften der Länder: *Baden-Württemberg*, DV vom 25. 11. 1957 (GVBl. Seite 143), DV d. IM vom 16. 12. 1957 (GVBl. 1958, 2); *Bayern*, PStG vom 3. 11. 1937 (BayBSErgB S. 7) i. d. F. vom 24. 6. 1969 (GVBl., 148), AG z. PStG vom 21. 12. 1957 (GVBl., 324), VO vom 14. 12. 1957 (GVBl., 318), ZuständigkeitsVO vom 11. 1. 1958 (GVBl., 6), Entschl. d. BayStMdI vom 1. 2. 1958 (MABl., 129 = StAZ, 60); *Berlin*, VO vom 23. 12. 1957 und 28. 1. 1958 (GVBl. 1958, 2, 93); *Bremen*, 1 DV vom 21. 12. 1957 (GVBl., 174); *Hamburg*, VO vom 17. 1. 1958 (GVBl., 11), DurchfAO vom 27. 2. 1957 (StAZ 1958, 5) i. d. F. vom 18. 12. 1962 (StAZ 1963, 37); *Hessen*, ErmächtigungsVO vom 17. 12. 1957 (GVBl., 172), 1. VO nach § 70a PStG vom 23. 12. 1957 (GVBl. 1958, 14), Beschl. d. LdReg. vom 10. 2. 1957 (StAnz., 298); *Niedersachsen*, AusfVO vom 16. 1. 1958 (GVBl., 1); *Nordrhein-Westfalen*, VO vom 22. 10. 1957 und 16. 11. 1957 (GVBl., 277, 278), ZuständigkeitsVO vom 21. 1. 1958 (GVBl., 31); *Rheinland-Pfalz*, LVO vom 17. 12. 1957 (GVBl., 211), 1. AV vom 14. 1. 1958 (GVBl., 33), RdErl. des MdI vom 12. 12. 1957 (MBl., 1119 = StAZ 1958, 8); *Saarland*, VO vom 4. 4. 1967 (ABl., 434); *Schleswig-Holstein*, RdErl. d. IM vom 23. 1. 1958 (ABl., 34 = StAZ, 95).

5 Ländererlasse zur Dienstanweisung: *Baden-Württemberg*, Erl. d. MdI vom 20. 5. 1968 (GABl., 357 = StAZ 1968, 218); *Bayern*, Entschl. d. BayStMdI vom 3. 7. 1968 (MinABl. Seite 265 = StAZ 1968, 283); *Berlin*, Richtlinien d. Sen. für Inn. vom 14. 6. 1968 (ABl. I Seite 665); *Bremen*, Erl. d. Sen. f. Inn. vom 24. 10. 1968 (StAZ 1968, 340); *Hamburg*, AO d. Beh. f. Inn. vom 27. 6. 1968 (StAZ 1968, 258); *Hessen*, RdErl. d. MdI vom 27. 5. 1968 (StAZ 1968, 184); *Niedersachsen*, Best. d. MdI vom 13. 6. 1968 (Nds. MBl. 1968, 579 = StAZ 1968, 261); *Rheinland-Pfalz*, RdErl. d. IM vom 10. 6. 1968 (MinBl. 1968, 261 = StAZ 1968, 261); *Nordrhein-Westfalen*, RdErl. d. IM vom 7. 5. 1968 (MBl. NRW 1968, 938

[4]) Frankfurt OLGZ 1966, 569; KG OLGZ 1969, 97 = StAZ 1969, 39; Pfeiffer-Strickert PStG § 51 Anm. 3; Feneberg-Simader PStG § 45 Anm. 1 c; Thomsen System Rdn. 305; a.M. Lent-Habscheid[4] § 45 I 2. Vgl. Schmidt, Standesamt und Standesamtsaufsicht, StAZ 1969, 121.

[5]) Schrifttum: Rietdorf, Die geschichtliche Entwicklung des Personenstandswesens, 1958; Thomsen, System des Personenstandsrechts, 1962; Beutler, Das Personenstandswesen, 1948; Ficker, Der Standesbeamte im dt. Recht, 1949; Maßfeller, Die Führung der Personenstandsbücher in Mustberbeispielen, 5. Aufl. 1961; Wagner- Peters, Alphabetischer Ratgeber für Standesämter, 3. Aufl. 1960; Neuffer-Menikheim, Standesamtsführung, 3. Aufl. 1968; Kommentare zum PStG 1937: Brandis-Maßfeller 1938; Stölzel 6. Aufl. 1939; Maßfeller 1951; Emig; Kommentare zum PStG 1957: Koehler-Maßfeller 1957; Feneberg-Simader 1958; Pfeiffer-Strickert 1961; Maßfeller-Hoffmann 1963 ff.; Koehler in Dt. Bundesrecht II F 15; Überblicke geben Beitzke FamR[12] § 4; Lent-Habscheid Freiw. Gerbkt.[4], § 45.

[6]) Dazu Gundrum StAZ 1968, 65; Baumann StAZ 1968, 93.

[7]) Vgl. Lente StAZ 1959, 19; Maßfeller-Hoffmann PStG Teil I 12 mit Vorbem.

= StAZ 1968, 187) nebst Erg. vom 11. 12. 1968 (StAZ 1969, 7); *Saarland*, Erl. d. MdI vom 30. 6. 1968 (GemMinBl. 1968, 257 = StAZ 1968, 317; Schleswig-Holstein Erl. d. MdI vom 23. 6. 1969 (StAZ 1969, 355).

D. Auslandsstandesamtswesen

6 Für die Beurkundung von Standesfällen *Deutscher im Ausland* gilt das Gesetz betreffend die Eheschließung und die Beurkundung des Personenstandes von Bundesangehörigen im Auslande vom 4. 5. 1870 (BGBl., 599) i. d. F. vom 18. 8. 1896 (RGBl., 614), 1. 6. 1920 (RGBl., 1210), 20. 12. 1934 (RGBl. I, 1260) und 14. 5. 1936 (RGBl. I, 447) mit AusfVorschriften vom 4. 12. 1936 (RMBl., 521; 1937, 1), abgedruckt bei Maßfeller-Hoffmann, PStG Teil I 11[8]).

E. Zwischenstaatliche Vereinbarungen

7 Dem internationalen Rechtsverkehr auf dem Gebiet des Personenstandswesens dienen eine Reihe von zwischenstaatlichen Vereinbarungen:

I. Übereinkommen der Internationalen Kommission für das Zivilstandswesen:[9])

8 *1.* Übereinkommen über die Erteilung gewisser für das Ausland bestimmter Auszüge aus Personenstandsbüchern vom 27. 9. 1956 (BGBl. 1961 II, 1055), in Kraft für Deutschland am 23. 12. 1961 (Bek. vom 8. 1. 1962, BGBl. II, 42). Es gilt (ohne Fundstelle gemäß BGBl. 1962 II, 42) im Verhältnis zu Frankreich, Italien (BGBl. 1969 II, 107), Jugoslawien (BGBl. 1967 II, 2467), Luxemburg, Niederlande, Österreich (BGBl. 1965 II, 1953) der Schweiz, Türkei. Es hat den Zweck, die Benutzung von Personenstandsurkunden in anderen Staaten als dem Ausstellungsstaat durch Einführung siebensprachiger Vordrucke zu erleichtern, die keiner Legalisation bedürfen. Dazu § 120 DA i. d. F. der Bek. vom 25. 2. 1969 (BAnz. Nr. 44 S. 1).

9 *2.* Übereinkommen über die kostenlose Erteilung von Personenstandsurkunden und den Verzicht auf ihre Legalisation vom 26. 9. 1957 (BGBl. 1961 II, 1055, 1067), in Kraft für Deutschland am 24. 12. 1961 (Bek. vom 8. 1. 1962, BGBl. 1962 II, 43). Es gilt (ohne Fundstelle gemäß BGBl. 1962 II, 43) im Verhältnis zu Belgien (BGBl. 1966 II, 613), Frankreich, Italien (BGBl. 1969 II, 107), Luxemburg, Niederlande, Österreich (BGBl. 1965 II, 1953) der Schweiz, Türkei (BGBl. 1963 II, 314). Jede Vertragspartei verpflichtet sich zur kostenlosen Ausstellung von Personenstandsurkunden für Verwaltungszwecke oder bedürftige Personen. Dazu § 121 DA.

10 *3.* Übereinkommen über den internationalen Austausch von Auskünften in Personenstandsangelegenheiten vom 4. 9. 1958 (BGBl. 1961 II, 1055, 1071), in Kraft für Deutschland am 24. 12. 1961 (Bek. vom 8. 1. 1962, BGBl. II, 44). Es gilt (ohne Fundstelle gemäß BGBl. 1962 II, 44) im Verhältnis zu Frankreich, Italien (BGBl. 1969 II, 108), Luxemburg, Niederlande (BGBl. 1962 II, 822) Österreich (BGBl. 1965 II, 1954), Türkei (BGBl. 1963 II, 172). Das Übereinkommen sieht einen Austausch standesamtlicher Mitteilungen über Eheschließungen und Sterbefälle von Amts wegen vor. Dazu § 119 DA.

11 *4.* Übereinkommen über die Änderung von Namen und Vornamen vom 4. 9. 1958 (BGBl. 1961 II 1055, 1076), in Kraft für Deutschland am 24. 12. 1961 (BGBl. 1962 II, 45). Es gilt im Verhältnis zu Frankreich (BGBl. 1962 II, 45), Italien (BGBl. 1969 II, 108), Niederlande (BGBl. 1962 II, 822), Österreich (BGBl. 1965 II, 1954), Türkei (BGBl. 1963 II, 172) und regelt die ausschließliche Zuständigkeit des Heimatstaates für behördliche Namensänderungen und deren Anerkennung in den Vertragsstaaten. Dazu § 126 DA.

[8]) Dazu Treviranus, Das deutsche Auslandsstandesamtswesen, StAZ 1965, 285.

[9]) Vgl. Verzeichnis der Übereinkommen nebst Angabe des Geltungsbereichs in StAZ 1968, 91; Richtlinien dazu in RdErl. d. IM SchlH v. 6. 1. 66 (ABl. 40 = StAZ 1966, 79); Maßfeller, StAZ 1962, 148, 205, 293, 321; Maßfeller, Das ges. Familienrecht Bd. 2 S. 151 ff.

5. Übereinkommen über die Erweiterung der Zuständigkeit der Behörden, vor denen nichteheliche Kinder anerkannt werden können, vom 14. 9. 1961 (BGBl. 1965 II, 17, Bek. vom 17. 8. 1965, BGBl. II, 1162). Es gilt im Verhältnis zu Belgien (BGBl. 1967 II, 2376), Frankreich, Niederlande, der Schweiz, Türkei. Es regelt die Zuständigkeit der Behörden der Vertragsstaaten, an Stelle der Heimatbehörden Erklärungen von Angehörigen eines Vertragsstaates über die Anerkennung der Vaterschaft entgegenzunehmen[10]). Dazu § 377 DA. **12**

6. Übereinkommen über die Feststellung der mütterlichen Abstammung nichtehelicher Kinder vom 12. 9. 1962 (BGBl. 1965 II, 17, Bek. vom 17. 8. 1965, BGBl. II, 1163, vom 3. 2. 1966, BGBl. II, 105). Es gilt im Verhältnis zu Niederlanden, der Schweiz, Türkei. Das Übereinkommen bezweckt, die innerstaatlichen Vorschriften über die mütterliche Abstammung nichtehelicher Kinder innerhalb der Vertragsstaaten in gewissem Umfange zu vereinheitlichen[11]). Dazu § 378 DA. **13**

7. Übereinkommen zur Erleichterung der Eheschließung im Ausland vom 10. 9. 1964 mit Zustimmungsgesetz vom 3. 2. 1969 (BGBl. II, 445). Nach Art. 1 können die Behörden des Eheschließungsstaates dem Angehörigen eines anderen Vertragsstaats, der im Eheschließungsstaat seinen gewöhnlichen Aufenthalt hat, nach Maßgabe seines Heimatrechts Befreiung von Ehehindernissen erteilen. Gemäß Art. 4 kann nach Maßgabe des Ortsrechts ein heimatliches Aufgebot unterbleiben. Nach Art. 6 können in einem Vertragsstaat, dessen Recht die religiöse Form der Eheschließung vorschreibt (Griechenland), die dazu ermächtigten diplomatischen oder konsularischen Vertreter Eheschließungen vornehmen, wenn wenigstens einer der Verlobten dem Entsendestaat und keiner dem Eheschließungsstaat angehört[12]). Unterzeichnerstaaten sind Belgien, Frankreich, Griechenland, die Niederlande, die Türkei und die Bundesrepublik. Diese hat jedoch erklärt, daß sie die Anwendung des Titels I ausschließe. Für das Recht der Bundesrepublik verbleibt es daher dabei, daß für die Befreiung von Ehehindernissen grundsätzlich der Heimatstaat international zuständig ist (vgl. § 44a Rdn. 15). Das Übereinkommen ist gemäß Bek. vom 22. 9. 1969 (BGBl. II 2054) für die Bundesrepublik am 25. 7. 1969, für die Niederlande einschließlich Surinam am 29. 5. 1968, für die Türkei am 29. 5. 1968 in Kraft getreten. **14**

8. Übereinkommen betreffend die Entscheidungen über die Berichtigung von Einträgen in Personenstandsbüchern (Zivilstandsregistern) vom 10. 9. 1964 mit Zustimmungsgesetz vom 3. 2. 1969 (BGBl. II, 445). Das Übereinkommen will sicherstellen, daß die in einem Vertragsstaat angeordnete oder vorgenommene Berichtigung eines Personenstandseintrags auch in den Personenstandsbüchern eines anderen Vertragsstaates durchgeführt wird, in die der gleiche Fehler durch einen späteren Eintrag übernommen worden ist. Dadurch wird zugleich bewirkt, daß der Standesbeamte des anderen Vertragsstaates überhaupt Kenntnis von einer Berichtigung erhält[13]). Für die Übersendung und den Empfang von Entscheidungen ist nach Art. 5 mit Anhang 1 das Standesamt I Berlin (West) im unmittelbaren Geschäftsverkehr zuständig. Die Vollziehung der ausländischen Entscheidung durch Berichtigung des inländischen Personenstandsbuchs nimmt der Standesbeamte nach Prüfung in eigener Verantwortung vor (Art. 2 Abs. 2); über die Ablehnung der Vollziehung entscheidet das nach § 50 PStG zuständige Amtsgericht durch begründeten Beschluß (Art. 4 mit Anhang 2). Unterzeichnerstaaten sind Belgien, Frankreich, Griechenland, Luxemburg, die Niederlande, die Schweiz, die Türkei und die Bundesrepublik. Das Übereinkommen ist gemäß Bek. vom 27. 9. 1969 (BGBl. II **15**

[10]) Dazu Maßfeller, StAZ 1962, 321; 1965, 119; ders., Das ges. Familienrecht Bd. 2 S. 205 ff.; Richtlinien in GemRdErl. d. MdI u. d. MfAVG Hessen v. 4. 3. 66 (StAZ 1966, 135).

[11]) Dazu Maßfeller, Das ges. Familienrecht Bd. 2 S. 227 ff.; ders., StAZ 1965, 119; van Sasse van Ysselt und Simitis, StAZ 1969, 77.

[12]) Dazu Maßfeller, Das ges. Familienrecht Bd. 2 S. 241 ff.; ders., StAZ 1965, 229.

[13]) Dazu Maßfeller, Das ges. Familienrecht, Bd. 2 S. 247 ff.; ders., StAZ 1965, 229; Baumann StAZ 1968, 337; nach dem Bericht von Maßfeller in StAZ 1965, 229 ist am 10. 9. 1964 in Paris ein weiteres Übereinkommen der CIEC Nr. 8 über Mitteilungspflichten beim Erwerb einer Staatsangehörigkeit geschlossen worden, welches aber die Bundesrepublik nicht unterzeichnet hat.

2054) für die Bundesrepublik am 25. 7. 1969, für Luxemburg und die Schweiz am 6. 4. 1966 und für die Türkei am 24. 8. 1967 in Kraft getreten.

II. Übereinkommen der Vereinten Nationen

16 Übereinkommen über die Erklärung des Ehewillens, das Heiratsmindestalter und die Registrierung von Eheschließungen vom 10. 12. 1962 mit Zustimmungsgesetz vom 7. 2. 1969 (BGBl. II, 161). Das Übereinkommen dient der Sicherung der Menschenrechte und Grundfreiheiten durch die darin enthaltenen Grundsätze des freien Ehekonsenses, der Erreichung eines bestimmten Heiratsalters und der Eintragung der Eheschließung in ein amtliches Register. Da diese Grundsätze im deutschen Recht verwirklicht sind, hat das Abkommen auf deutsche Rechtsverhältnisse keinen unmittelbaren rechtlichen Einfluß. Für Deutschland ist das Übereinkommen gemäß Bek. v. 17. 2. 1970 (BGBl. II 110) am 7. 10. 1969 in Kraft getreten.

III. Legalisation

17 Übereinkommen vom 5. 10. 1961 zur Befreiung ausländischer öffentlicher Urkunden von der Legalisation, Gesetz vom 21. 6. 1965 (BGBl. 1965 II, 875) nebst VO vom 23. 2. 1966 (BGBl. 1966 I, 138) über die Ausstellung der Apostille nach Art. 3 des Übereinkommens, in Kraft für Deutschland seit 13. 2. 1966 (BGBl. 1966 II, 106, weitere Bek. BGBl. 1967 II, 1811, 2082). Vertragsstaaten sind (ohne Fundstelle gemäß BGBl. 1966 II, 106) Frankreich, Jugoslawien, Malawi (BGBl. 1968 II, 76), Malta (BGBl. 1968 II, 131), Niederlande, Österreich (BGBl. 1968 II 76), Portugal (BGBl. 1969 II 120), Vereinigtes Königreich. Dazu § 114 DA. Vgl. dazu näher Vorbem. vor § 1 BeurkG Rdn. 42. Wegen Österreich vgl. ferner Vorbem. vor § 1 BeurkG Rdn. 40.

IV. Zweiseitige Personenstandsabkommen

18 *1. Schweiz:* Deutsch-Schweizerisches Abkommen über den Verzicht auf die Beglaubigung und über den Austausch von Personenstandsurkunden sowie über die Beschaffung von Ehefähigkeitszeugnissen vom 6. 6. 1956 mit ZustimmungsG vom 9. 2. 1960 (BGBl. II, 453), in Kraft seit 1. 9. 1960 (Bek. vom 7. 8. 1960, BGBl. II, 2123). Es gilt auch für Berlin[14]). Dazu § 118 DA.

19 *2. Luxemburg:* Deutsch-Luxemburgisches Abkommen über den Verzicht auf die Beglaubigung und über den Austausch von Personenstandsurkunden sowie über die Beschaffung von Ehefähigkeitszeugnissen vom 7. 12. 1962 mit ZustimmungsG vom 29. 2. 1964 (BGBl. II, 193), in Kraft seit 7. 9. 1966 (Bek. vom 23. 6. 1966, BGBl. II, 592). Es gilt auch für Berlin[15]). Dazu § 118a DA.

20 *3. Dänemark:* Notenwechsel vom 14. 6. 1893, 11. 3./19. 9. 1894 über den Austausch von Sterbeurkunden, und zwar bezüglich aller Sterbefälle von Staatsangehörigen des einen Staates in dem anderen Staate; Bek. vom 30. 6. 1953 (BGBl. 1953 II, 186). Bekanntmachung über den vereinfachten Behördenverkehr in Adoptionssachen vom 24. 1. 1969 (BGBl. II, 180). Wegen des deutsch-dänischen Beglaubigungsabkommens vom 17. 6. 1936 (RGBl. 1936 II 213) vgl. Vorbem. vor § 1 BeurkG Rdn. 37.

21 *4. Italien:* Vereinbarung vom 31. 5. 1937 über die gegenseitige Mitteilung von Geburtsurkunden (RMBl. 1937 S. 318, BGBl. 1952 II, 986). Dazu § 116 DA.

22 *5. Japan:* Abkommen vom 27. 6. 1957 über die Erteilung standesamtlicher Befugnisse, Bek. vom 30. 8. 1957 (BAnz. Nr. 174/57).

23 *6. Israel:* Vereinbarung über die gegenseitige gebührenfreie Erteilung von Personenstandsurkunden, Rdschr. d. BMdI vom 19. 6. 1969 (StAZ 1969, 349).

[14]) Vgl. dazu Maßfeller, StAZ 1956, 181, 209; StAZ 1960, 328; Maßfeller, Das ges. Familienrecht Bd. 2 S. 255 ff.; RdErl. d. JM NRW v. 30. 3. 61 (StAZ 1961, 159).

[15]) Dazu Delvaux, StAZ 1966, 273; Maßfeller, Das ges. Familienrecht Bd. 2 S. 279 ff.; RdErl. des Hess. MdI v. 5. 8. 68 (StAZ 1968, 260).

F. DDR

In der *DDR* erging das G über das Personenstandswesen (Personenstandsgesetz) v. 16. 11. 1956 (GBl. DDR 1283 = SaBl. 1957, 187), geändert durch G v. 13. 10. 1966 (GBl. I, 83), Bek. der neuen Fassung vom 13. 10. 1966 (GBl. I, 87), mit DBest. v. 13. 10. 1966 (GBl. II, 757), im Ostsektor Berlins eingeführt durch ÜbernahmeVO v. 18. 11. 1966 (VOBl. Berlin-Ost I, 833) u. v. 25. 11. 1966 (VOBl. Berlin-Ost I, 842). Eine gerichtliche Mitwirkung findet nicht statt. Berichtigungen, die der Leiter des Standesamts nach den §§ 44, 45 nicht vornehmen darf, können durch Entscheidung des zuständigen Fachorgans des Rates des Kreises angeordnet werden; die Entscheidung ist zu begründen und den Beteiligten zuzustellen (§ 46). Gegen Entscheidungen und Eintragungen haben die Beteiligten das Recht der Beschwerde, die innerhalb von 14 Tagen einzulegen ist. Über die Beschwerde entscheidet das übergeordnete staatliche Organ. Gegen die Entscheidung des Rats des Kreises ist die weitere Beschwerde innerhalb von 14 Tagen an das zuständige Fachorgan des Rats des Bezirks zulässig; dessen Entscheidung ist endgültig (§ 52). **24**

Zuständigkeit

69 *Für die nach dem Gesetz über die Beurkundung des Personenstandes und die Eheschließung vom 6. Februar 1875 (RGBl. S. 23) dem Gericht erster Instanz obliegenden Verrichtungen sind die Amtsgerichte zuständig.*

Die Vorschrift des § 69 hat durch das am 1. 7. 1938 in Kraft getretene PersonenstandsG v. 3. 11. 1937 (RGBl. I, 1146) i. d. F. v. 8. 8. 1957 (BGBl. I, 1125) seine Bedeutung verloren und ist ersetzt durch § 50 PStG:

§ 50 PStG. Für die in den §§ 45 und 47 vorgesehenen Entscheidungen sind ausschließlich die Amtsgerichte zuständig, die ihren Sitz am Ort eines Landgerichts haben. Ihr Bezirk umfaßt den Bezirk des Landgerichts. Haben am Orte des Landgerichts mehrere Amtsgerichte ihren Sitz, so bestimmt die Landesregierung durch Rechtsverordnung das zuständige Amtsgericht. Die Landesregierung kann diese Ermächtigung auf die Landesjustizverwaltung übertragen.

Die örtliche Zuständigkeit wird durch den Sitz des Standesbeamten bestimmt, der die angefochtene Verfügung erlassen oder die Sache dem Gericht zur Entscheidung vorgelegt hat oder dessen Personenstandsbuch berichtigt werden soll.

1. Die *sachliche Zuständigkeit* des AG als Gericht der FG in Personenstandssachen umfaßt:

a) Die Entscheidung bei *Ablehnung einer Amtshandlung* durch den Standesbeamten auf Antrag eines Beteiligten oder der Aufsichtsbehörde sowie bei Zweifeln darüber, ob eine Amtshandlung vorzunehmen ist, auf Anrufung des Standesbeamten (PStG § 45). **1**

b) Die Entscheidung über die *Berichtigung einer abgeschlossenen Eintragung* in den Personenstandsbüchern (PStG § 47). **2**

c) Die Entscheidung über die *Ablehnung der Ausstellung eines Ehefähigkeitszeugnisses* (PStG § 69b Abs. 3). **3**

Die Feststellung der *Legitimation durch nachfolgende Ehe* war nach § 31 PStG a. F. nicht dem Amtsgericht als Angelegenheit des Personenstandswesens, sondern dem Vormundschaftsgericht übertragen. Die örtliche und sachliche Zuständigkeit dafür richtete sich nach §§ 35. 43, 36 FGG. Infolge der mit Wirkung vom 1. 7. 1970 eingetretenen Änderung des § 31 PStG durch Art. 8 Nr. 5 NichtehelG ist die Eintragung eines Randvermerks über den Eintritt der Legitimation nicht mehr von einer vorherigen Entscheidung des Vormundschaftsgerichts abhängig. Der Standesbeamte hat selbständig zu prüfen, ob die Legitimation eingetreten ist. Eine Pflicht zur Vorlegung an das nach § 50 PStG zuständige Amtsgericht wird ihm aber durch § 31 Abs. 2 PStG n. F. auferlegt, wenn für die Legitimation die Anwendung ausländischen Rechts in Betracht kommt. Das Verfahren ist dargestellt im Anhang zu § 56a, **4** und zwar für die Rechtslage bis zum 1. 7. 1970 unter I (Rdn. 1—18), für die Rechtslage ab 1. 7. 1970 unter II (Rdn. 19 ff.).

5 PStG § 50 gilt nur für die bundesrechtlichen Personenstandssachen. Die Regelung der Aufbewahrung, Fortführung und Benutzung der vor dem 1. 1. 1876, dem Inkrafttreten des PStG v. 6. 2. 1875 (RGBl. 23) geführten Zivilstandsregister (Standesbücher) ist weiter dem Landesrecht vorbehalten, PStG § 70a Abs. 1. Das gilt insbesondere für die auf Grund des Code Napoleon, des preuß. G über die Beurkundung des Personenstandes und die Form der Eheschließung v. 9. 3. 1874 (GS 95) entstandenen Register sowie für die Standesregister der Juden nach dem preuß. G v. 23. 4. 1847 (GS 263) und der Instruktion v. 29. 7. 1847 (JMBl. 233). Vgl. dazu PrFGG Art. 133, 142 und Einl. VI B Nr. 8.

6 2. *Örtlich zuständig* ist nicht mehr, wie nach § 69 FGG, jedes Amtsgericht, sondern im Interesse einer einheitlichen Handhabung das Amtsgericht am Sitze eines Landgerichts für den gesamten Landgerichtsbezirk. In Abs. 1 Satz 3 und 4 wird Vorsorge für den Fall getroffen, daß am Ort des Landgerichts mehrere Amtsgerichte ihren Sitz haben. In diesem Fall wird das zuständige Amtsgericht durch RechtsVO der Landesregierung oder der von ihr ermächtigten LJustVerw. bestimmt. Solche Ermächtigungen haben erlassen Baden-Württ. DV v. 25. 11. 1957 (GBl. 143); Berlin VO v. 23. 12. 1957 (GVBl. 1958, 2); Nordrh.-Westf. VO v. 22. 10. 1957 (GVBl. 277). Demgemäß sind als zuständig bestimmt worden: Bremen 1. DV z. PStG v. 21. 12. 1957 (GBl. 174): AG Bremen. Berlin VO v. 28. 1. 1958 (GVBl. 93): AG Schöneberg. Hamburg VO v. 17. 1. 1958 (GVBl. 11): AG Hamburg. Baden-Württemberg DV d. JM v. 12. 12. 1957 (GVBl. 151): im Bezirk des LG Karlsruhe das AG Karlsruhe, im Bezirk des LG Stuttgart das AG Stuttgart. Nordrhein-Westfalen VO v. 16. 11. 1957 (GVBl. 278): in Duisburg, Krefeld, Bochum, Dortmund und Essen jeweils das AG dieses Namens.

7 3. Die *örtliche Zuständigkeit* des Gerichts folgt dem Amtssitz des Standesbeamten. Zweifel über die örtliche Zuständigkeit mehrerer Standesbeamten werden im Verwaltungswege entschieden (PStG § 43 Abs. 1), ebenso Zweifel darüber, ob ein Standesfall sich innerhalb des Geltungsbereichs des PStG ereignet hat (PStG § 43 Abs. 2). Personenstandsbücher und Standesregister aus Gebieten, in denen ein deutscher Standesbeamter nicht tätig, nicht erreichbar oder zur Durchführung des Gesetzes nicht bereit ist, werden von dem Standesbeamten des Standesamts I in Berlin (West) geführt (AusfVO § 72); für die mit ihrer Führung verbundenen gerichtlichen Obliegenheiten ist mithin das AG Schöneberg zuständig. Die Zuständigkeit des Standesamtes I in Berlin (West) erstreckt sich auch auf deutsche Personenstandsbücher aus Gebieten, die außerhalb Deutschlands nach dem Gebietsstande vom 31. 12. 1937 liegen, sofern die fortzuführenden Personenstandsbücher in Ausübung deutscher Hoheitsgewalt nach deutschen Rechtsvorschriften errichtet worden sind[1]), nicht aber auf die Fortführung von Personenstandsbüchern und -urkunden, die in den unter polnischer oder sowjetischer Verwaltung stehenden deutschen Ostgebieten nach Beginn dieser Verwaltung errichtet worden sind[2]).

Verrichtungen des Gerichts in Personenstandssachen

i. Anweisung des Standesbeamten zur Vornahme einer Amtshandlung.

§ 45 PStG. Lehnt der Standesbeamte die Vornahme einer Amtshandlung ab, so kann er auf Antrag der Beteiligten oder der Aufsichtsbehörde durch das Amtsgericht dazu angehalten werden.

Der Standesbeamte kann in Zweifelsfällen auch von sich aus die Entscheidung des Amtsgerichts darüber herbeiführen, ob eine Amtshandlung vorzunehmen ist. Für das weitere Verfahren gilt dies als Ablehnung der Amtshandlung.

8 1. *Amtshandlungen* im Sinne des § 45 sind Verrichtungen des Standesbeamten, die ihm durch Gesetz oder dazu ergangene Ausführungsvorschriften übertragen sind und auf deren

[1]) KG StAZ 1962, 121. [2]) KG StAZ 1962, 122.

Vornahme die Beteiligten ein Recht haben[1]). Den Gegensatz dazu bilden Verrichtungen, die zwar dem Standesbeamten durch Dienstvorschriften zur Pflicht gemacht sein mögen, die aber nur die Geschäftsführung betreffen und die Rechte der Beteiligten nicht unmittelbar berühren (standesamtliche Nebengeschäfte), oder die Vornahme von Handlungen, die ohne gesetzlich geregelt zu sein, in das freie Ermessen der Behörde gestellt sind, z. B. die Erteilung von Abschriften aus den standesamtlichen Sammelakten[2]). Der durch Art. 19 Abs. 4 GG gebotene Rechtsschutz erfordert es jedoch in Fortbildung dieser bisherigen Rechtsauffassung, auch die Ablehnung von Amtshandlungen, deren Vornahme im Ermessen des Standesbeamten steht, der gerichtlichen Nachprüfung zu unterstellen, die allerdings auf Ermessensfehler (Mißbrauch, Überschreitung oder Nichtausübung des Ermessens) zu beschränken ist[2a]). Als gerichtlich nachprüfbare Amtshandlungen kommen hiernach in Betracht der Erlaß des Aufgebots[3]), die Mitwirkung bei der Eheschließung[4]), die Beurkundung der Standesfälle, die Eintragung von Randvermerken über eine Veränderung des Personenstandes, PStG §§ 29 Abs. 1, 29b, 30, 31 Abs. 1, 31a Abs. 2, oder eine Namensänderung, G über die Änderung von Familiennamen und Vornamen v. 5. 1. 1938 (RGBl. I 9), i. d. F. des Art. III Nr. 4 des 2. Änd. u. ErgG z. PStG v. 18. 5. 1957 (BGBl. I, 518) §§ 9, 11, die Anlegung und Führung des Familienbuchs, PStG §§ 12, 15a[4a]), Eintragungen in Familienstammbücher[5]), Erteilung von Personenstandsurkunden und Gewährung von Einsicht in die Personenstandsbücher, PStG § 61[6]). Auch gegen die Weigerung, die Eheschließung ohne Aufgebot entgegenzunehmen (EheG § 12 Abs. 2, PStG § 7), gegen die Ablehnung der Befreiung vom Aufgebot (EheG § 12 Abs. 3, PStG §§ 3 Satz 3, 5 Abs. 2) und vom Ehehindernis der Wartezeit (EheG § 8 Abs. 2, PStG § 7a, AusfVO 14) ist die Anrufung des Gerichts statthaft[7]). Eine gerichtlich nachprüfbare Amtshandlung ist auch die Ablehnung der Eintragung eines Sperrvermerks nach § 61 Abs. 2 PStG oder die Ablehnung einer Auskunft aus den Namenslisten nach § 69a Abs. 2 Satz 4, 5 PStG[8]). Gegen die Festsetzung von Zwangsgeld nach § 69 PStG ist der Verwaltungsrechtsweg gegeben.

2. *Prüfungspflicht des Standesbeamten.* Der Standesbeamte hat grundsätzlich in eigener 9
Verantwortung von Amts wegen zu prüfen, ob die tatsächlichen und rechtlichen Voraussetzungen für sein Tätigwerden vorliegen. Der hiernach geltende Grundsatz der Amtsprüfung besagt jedoch nicht, daß der Standesbeamte auch den Sachverhalt stets durch eigene Ermittlungen von Amts wegen aufklären müßte. In der Regel kann er die Beibringung der erforderlichen Nachweise von den Beteiligten verlangen (vgl. §§ 5, 12 Nr. 3, 14 Nr. 9 PStG, § 25 PStG). Bei der Anzeige von Geburten und Sterbefällen muß er die Angaben des Anzeigenden nachprüfen, wenn er an ihrer Richtigkeit zweifelt (§§ 20, 36 PStG). Bei der Anlegung des Familienbuchs hat er den Sachverhalt, soweit erforderlich, durch Ermittlungen aufzuklären (§ 15b Abs. 2 PStG). Auch bei Anwendbarkeit ausländischen Rechts hat der Standesbeamte selbständig zu prüfen, ob die vorgelegten Urkunden die Eintragung rechtfertigen[9]), vorbehaltlich seiner Vorlegungsbefugnis nach § 45 Abs. 2 (Anm. 5) und seiner Vorlegungspflicht nach § 31 Abs. 2 PStG n. F., wenn für die Legitimation durch nachfolgende Ehe die Anwendung ausländischen Rechts in Betracht kommt (dazu Anh. nach § 56a Rdn. 19 ff.). Die Beischreibung eines Randvermerks ist auch auf Grund einer im Ausland nach ausländischem Recht verfügten Veränderung des Personenstandes zulässig, vorausgesetzt, daß die ausländische Behörde nach deutschem Recht zuständig gewesen ist und der Akt nach deutschem Recht auch

1) KGJ 40 A 18 = RJA 11, 9; KG JFG 9, 81.
2) KGJ 40 A 18.
2a) So mit Recht Bettermann, Formen der gerichtlichen Anfechtung verwaltungsbehördlicher Entscheidungen, in Festschr. f. Ed. Bötticher, 1969, S. 13 ff., 29.
3) KGJ 37 A 101; 39 A 34; BayObLGZ 1961, 168 u. 214 = StAZ 1961, 308; Peters StAZ 1960, 50.
4) KG OLGR 5, 413.
4a) BayObLGZ 1966, 186.
5) KG JFG 9, 81.
6) Düsseldorf JMBlNRW 1963, 10; Karlsruhe Rpfleger 1963, 162 mit Anm. v. Peters = StAZ 1963, 93 mit Anm. Ackermann StAZ 1963, 161; BayObLGZ 1961, 148; Frankfurt StAZ 1969, 154.
7) Maßfeller FamRZ 1957, 229 zu III b; Beitzke StAZ 1959, 311.
8) Braunschweig FamRZ 1962, 193.
9) RGZ 88, 250; KG OLGZ 1966, 244, 248; Frankfurt OLGZ 1967, 374.

im Inland Wirksamkeit erlangt hat[10]). Zur Verlautbarung eines „hinkenden", im deutschen Rechtsgebiet nicht anerkannten Personenstandes sind die deutschen Personenstandsbücher weder bestimmt noch geeignet[11]). Vor Eintragung eines Randvermerks nach § 30 PStG über eine Kindesannahme oder ihre Aufhebung darf der Standesbeamte die Wirksamkeit des bestätigten Vertrages selbständig prüfen, wenn sich ihm Bedenken aufdrängen (Vorbem. D vor § 65). Der Bescheid des OLGPräs. nach § 10 Abs. 2 EheG über die Befreiung von der Beibringung des Ehefähigkeitszeugnisses bindet den Standesbeamten ebensowenig wie das Zeugnis der ausländischen Behörde, wenn er gleichwohl ein Ehehindernis für gegeben erachtet[12]). Daß der Standesbeamte an gerichtliche Entscheidungen, Verfügungen der freiwilligen Gerichtsbarkeit und Verwaltungsakte mit allgemeinverbindlicher Kraft oder mit Gestaltungswirkung gebunden ist, ergibt sich aus allgemeinen Grundsätzen[13]). Die formellrechtskräftige Feststellung der Legitimation durch nachfolgende Ehe nach § 1719 BGB, § 31 PStG durch das Vormundschaftsgericht nach dem bis zum 1. 7. 1970 geltenden Rechtszustand ist für den Standesbeamten grundsätzlich maßgeblich; er ist nicht verpflichtet, in eine nochmalige Prüfung der Sach- und Rechtslage einzutreten. Die Enthebung von der Prüfungspflicht ergibt sich aus § 31 Abs. 5 Satz 1 PStG, wonach der rechtskräftige Beschluß Grundlage für die Eintragung des Randvermerks ist, sowie aus dem Zweck des Verfahrens nach § 31 PStG, an Stelle des Standesbeamten die Zuständigkeit des Gerichts für die Feststellung der Zulässigkeit der Eintragung zu begründen[14]). Die Bindung entfällt aber, wenn der Beschluß nichtig ist[14a]). Wenn geltend gemacht wird, daß die Legitimation aus anderen Gründen als der fehlenden Vaterschaft des Ehemannes der Mutter (§ 1721 BGB) nicht eingetreten sei, kann beim VormG eine abweichende Entscheidung nachgesucht werden (vgl. Anh. zu § 56a, § 31 PStG Rdn. 17). Es kann dem Standesbeamten aber auch nicht verwehrt werden, die Entscheidung des Amtsgerichts nach § 45 Abs. 2 PStG anzurufen, wenn er ernste Bedenken gegen den Eintritt der Legitimation hat; dazu ist es nicht erforderlich, daß der Beschluß offensichtlich unrichtig ist; es genügt, daß von einer vertretbaren und in Erwägung zu ziehenden Rechtsauffassung aus die Legitimation abweichend von der Meinung des VormG nicht eingetreten wäre[14b]); es gibt keinen Rechtsgrund, diese Frage anders zu beurteilen als bei der Bestätigung

[10]) Vgl. für Ehescheidung RGZ 88, 244; für Ehelichkeitserklärung BayObLG JFG 1, 137; für Adoption KG IPRspr. 1926 Nr. 81 = OLGR 46, 189 = JR 1927 Nr. 387; BGH FamRZ 1960, 229 = EJF A I i Nr. 12 mit Anm. v. Jansen = NJW 1960, 1059 = MDR 1960, 573 = ZBlJugR 1960, 119; für ausländ. Legitimationsfeststellung (keine Wirksamkeit im Inland) BayObLGZ 1966, 420 = NJW 1967, 504.

[11]) KG StAZ 1962, 41 = FamRZ 1961, 483; Düsseldorf StAZ 1965, 18; BayObLGZ 1963, 265; 1966, 1; Schmitt-Peters, Die Eintragungen in dt. Personenstandsbücher in Fällen mit Auslandsberührung 1960 S. 39; Beitzke StAZ 1953, 97; Siebert-Kegel BGB[9] Art. 22 EG Anm. 45; a.M. Müller StAZ 1955, 265; zur hinkenden Ehe vgl. Jochem FamRZ 1964, 392. Steht aber nach dem vom dt. IPR zur Anwendung berufenen Heimatrecht des Vaters das in einer Nichtehe geborene Kind einem ehelichen gleich, so kann dies am Rande des Geburtseintrags vermerkt werden; Henrich, Die Rechtsverhältnisse zwischen Eltern und Kindern aus hinkenden Ehen, StAZ 1969, 141 zu III 2 a; a.M. KG JFG 9, 73; Beitzke StAZ 1966, 330; Maßfeller-Hoffmann PStG § 21 Anm. 77.

[12]) München StAZ 1950, 130; LG Hannover StAZ 1961, 289; BGHZ 46, 87 = StAZ 1966, 287 = NJW 1966, 1811; Maßfeller-Hoffmann PStG Vorbem. 72 vor § 3; Beyer StAZ 1957, 34; Staudinger-Dietz BGB[11] § 10 EheG Anm. 166; BGB-RGRK[11] § 10 EheG Anm. 33.

[13]) Vgl. dazu Beitzke, Das Verhältnis von Justiz und Verwaltung im Bereich standesamtl. Tätigkeit 1957 S. 16 ff.; vgl. auch BayObLGZ 1966, 303 (Wirkung des Ehefeststellungsurteils auf Status des Kindes); vgl. aber auch BVerfGE 21, 132 = NJW 1967, 492.

[14]) AG Bielefeld StAZ 1963, 304; BayObLGZ 1967, 169; Feneberg-Simader PStG § 31 Anm. 4 a; Staudinger-Bökelmann BGB[11] § 1719 Anm. 43; a.M. LG Kleve StAZ 1963, 191; vgl. auch Beitzke StAZ 1968, 19 und 210 zu V.

[14a]) Vgl. LG Hamburg StAZ 1966, 234; Anh. zu § 56 a, § 31 PStG Anm. 6.

[14b]) Beitzke StAZ 1968, 210 zu V; ähnlich Staudinger-Bökelmann BGB[11] § 1719 Anm. 43; falls BayObLGZ 1967, 169 = StAZ 1967, 207 enger zu verstehen sein sollte, könnte ihm nicht beigetreten werden; a.M. Hamm FamRZ 1969, 166; Müller, StAZ 1969, 161 zu III; vgl. auch Frankfurt StAZ 1969, 154 mit Anm. v. Lüderitz (Inhalt der Geburtsurkunde). Bökelmann StAZ 1969, 169 zu II 2 nimmt jetzt an, der Standesbeamte könne im Verfahren nach § 45 Abs. 2 PStG nur die Gültigkeit der Entsch. des VormG zur Nachprüfung stellen, nicht aber ihre sachliche Richtigkeit; dieser Beschränkung ist nicht beizupflichten.

der Kindesannahme oder dem Bescheid nach § 10 Abs. 2 EheG. Wegen der seit dem 1. 7. 1970 eingetretenen Rechtslage vgl. Anh. zu § 56a Rdn. 19 ff.

3. Eine *Ablehnung der Amtshandlung* liegt nicht nur vor, wenn ihre Vornahme schlechthin verweigert wird, sondern auch wenn sie anders als beantragt in Aussicht gestellt oder an Bedingungen geknüpft wird[15]). Dieser Fall liegt aber nicht vor, wenn der Streit darum geht, ob die Amtshandlung gebührenfrei vorzunehmen ist[16]). Zwischenverfügungen des Standesbeamten sind mit dem Rechtsbehelf des § 45 nicht anfechtbar; der Rechtsbehelf ist erst gegeben, wenn der Standesbeamte wegen Nichtbehebung der Beanstandung die Amtshandlung ablehnt[17]). Ist eine abgeschlossene Eintragung abweichend von dem Verlangen eines Beteiligten vorgenommen worden, so findet nur das Berichtigungsverfahren nach § 47 statt[18]). Hat der Standesbeamte die verlangte Amtshandlung vorgenommen, so ist für die Anrufung des Gerichts kein Raum mehr, insbesondere nicht zur Erlangung eines Ausspruchs darüber, ob die Amtshandlung mit Recht oder zu Unrecht vorgenommen worden ist[19]). Nimmt der Standesbeamte die Amtshandlung nach der Anrufung des Gerichts vor, woran er nicht gehindert ist, so erledigt sich das Verfahren; es kann aber, wenn ein Beteiligter oder die Aufsichtsbehörde die Eintragung für unrichtig hält, als Berichtigungsverfahren fortgeführt werden[20]). Lehnt der Standesbeamte die Amtshandlung ab, weil er sich örtlich für unzuständig hält, so ist darüber nach § 43 PStG im Verwaltungswege zu entscheiden, wogegen der Verwaltungsrechtsweg gegeben sein kann[21]). Die Ablehnung muß auch sonst auf sachliche Hindernisse gestützt sein; gegen Ablehnungen aus Verwaltungsrücksichten oder gegen grundloses Unterbleiben der Amtshandlung ist die Aufsichtsbehörde anzurufen[22]). § 45 eröffnet also keinen der Untätigkeitsklage im Verwaltungsrecht ähnlichen Rechtsbehelf. **10**

4. *Antragsberechtigt* ist stets die Aufsichtsbehörde sowie jeder, der ein Recht auf die Vornahme der Amtshandlung hat, auch wenn ein anderer darum nachgesucht hatte. Bei einer Eheschließung sind nur die Verlobten, nicht auch Verwandte antragsberechtigt[23]). **11**

5. *Die Vorlegungsbefugnis* des Standesbeamten nach Abs. 2 ist eine Neuerung der Novelle v. 18. 5. 1957 (BGBl. I, 518), die dem Umstande Rechnung trägt, daß der Standesbeamte oft vor schwierige Fragen, etwa aus dem internationalen oder interlokalen Familienrecht gestellt ist. Der Aufsichtsbehörde steht die Vorlegungsbefugnis nicht zu[24]). Die Vorlegung kommt erst in Betracht, wenn der Standesbeamte die etwa von den Beteiligten beizubringenden Nachweise eingefordert und den Sachverhalt in tatsächlicher Hinsicht genügend geklärt hat. Bei der Vorlegung wird er darlegen, worauf sich seine Zweifel gründen. Zur Wahrung des rechtlichen Gehörs wird das Gericht die nach Abs. 1 Antragsberechtigten als Beteiligte hinzuziehen. Die Vorlegung durch den Standesbeamten ist kein förmlicher Antrag; der Standesbeamte wird dadurch nicht Antragsteller und Beteiligter. Deshalb kann ein in der Vorlegung vermeintlich liegender „Antrag des Standesbeamten auf gerichtliche Entscheidung" auch nicht als unzulässig oder unbegründet zurückgewiesen werden. Vielmehr steht die Vorlegung nach Abs. 2 Satz 2 einer Ablehnung der Amtshandlung gleich; die Regelung dient also einer Erleichterung und Beschleunigung des Verfahrens, in dem sie den Beteiligten und der Aufsichtsbehörde die Anrufung des Gerichts nach Abs. 1 erspart, mit der ohne die Vorlegung sonst regelmäßig zu rechnen wäre. Die Zweifel des Standesbeamten können tatsächlicher oder rechtlicher Art sein. Die Zulässigkeit der Vorlegung hängt nicht davon ab, ob die Zweifel des Standesbeamten mehr oder weniger berechtigt sind; auch wenn die **12**

15) KGJ 21 A 49 = RJA 2, 7; KGJ 37 A 101; KG StAZ 1964, 132; Frankfurt StAZ 1969, 154.
16) Celle StAZ 1962, 123 = NdsRpfl. 1962, 87 = DVBl. 1962, 644 mit Anm. v. Hw. Müller; LG Münster StAZ 1968, 49 mit Anm. v. Ahlborn; Keidel § 69 Anm. 8.
17) Pfeiffer-Strickert PStG § 45 Anm. 7; Keidel § 69 Anm. 10.
18) KGJ 27 A 34.
19) BayObLGZ 1961, 161 = StAZ 1961, 285.
20) BayObLGZ 1965, 450, 453.
21) Pfeiffer-Strickert PStG § 43 Anm. 5.
22) Schlegelberger § 69 Anm. 6; Hinschius-Boschan PStG[4] § 11 Anm. 68; Sartorius PStG 1902 § 11 Anm. 8 a; Brandis-Maßfeller PStG 1938 § 45 Anm. 1; a.M. Stölzel § 45 Anm. 4; Pfeiffer-Strickert § 45 Anm. 8; Keidel § 69 Anm. 10.
23) KG DFG 1937, 84.
24) Frankfurt OLGZ 1966, 569; KG OLGZ 1969, 97 = StAZ 1969, 39.

Zweifel offenbar unbegründet sind, muß das Gericht sachlich entscheiden, da in der Vorlegung jedenfalls die Ablehnung der Amtshandlung liegt. Ein Standesbeamter, der von dem Vorlegungsrecht ungerechtfertigterweise auch in Fällen Gebrauch macht, in denen begründete Zweifel verständigerweise nicht bestehen können, kann nur dienstrechtlich zur Verantwortung gezogen werden[25]). Voraussetzung ist allerdings stets, daß eine bestimmte von dem Standesbeamten verlangte oder ihm obliegende Amtshandlung in Frage steht; eine Vorlegung nur zur Klärung abstrakter, nicht durch eine bestimmte Amtshandlung veranlaßter Rechtsfragen wäre unzulässig.

13 Eine *Vorlegungspflicht* wird dem Standesbeamten durch § 31 Abs. 2 PStG i. d. F. des Art. 8 Nr. 5 NichtehelG auferlegt, wenn bei der Eintragung eines Randvermerks über die Legitimation durch nachfolgende Ehe die Anwendung ausländischen Rechts in Betracht kommt (dazu Anh. nach § 56a zu II Rdn. 19 ff.). Für diese Vorlegung gelten die vorstehenden Grundsätze entsprechend.

14 *Gerichtskosten* und Auslagen entstehen in dem Verfahren nach Abs. 2 nicht[26]); im ersten Rechtszuge kann eine Erstattung von Kosten der Beteiligten nach § 13a Abs. 1 nicht angeordnet werden.

15 *6. Wirkung der Anweisung.* Die den Standesbeamten zu Vornahme der Amtshandlung anweisende Entscheidung wird nach § 49 Abs. 1 Satz 1 Halbs. 2 erst mit der Rechtskraft wirksam. Dem Standesbeamten steht ein Beschwerderecht nicht zu, auch wenn er die Entscheidung nach Abs. 2 herbeigeführt hat, da er die Stellung einer dem Gericht im Instanzenzuge untergeordneten Behörde hat[27]); er kann lediglich bei der Aufsichtsbehörde die Einlegung eines Rechtsmittels anregen. Die wirksam gewordene Entscheidung ist für den Standesbeamten schlechthin bindend; er muß sie befolgen, auch wenn er sie für unrichtig hält (§ 52 DA), sofern nicht nach Erlaß der Entscheidung der letzten Tatsacheninstanz eine Veränderung des Sachverhalts eingetreten oder bekannt geworden, z. B. ein Ehehindernis neu entstanden ist. Der Umstand, daß eine Eintragung auf Anweisung des Gerichts vorgenommen worden ist, steht aber der Einleitung eines Berichtigungsverfahrens nach § 47 nicht entgegen, da die Entscheidung nicht in materielle Rechtskraft erwächst und ihre Wirkung sich in der Herbeiführung der Eintragung erschöpft[28]).

2. Berichtigung der Personenstandsbücher. PStG §§ 46 bis 47.

§ 46 PStG. In einer noch nicht abgeschlossenen Eintragung kann der Standesbeamte Zusätze und Streichungen vornehmen. Zusätze und Streichungen sind am Schluß der Eintragung anzugeben.

Sind in der schriftlichen Anzeige einer Geburt oder eines Sterbefalls die Angaben unrichtig oder unvollständig und ist der richtige oder vollständige Sachverhalt durch öffentliche Urkunden oder auf Grund eigener Ermittlungen des Standesbeamten festgestellt, so trägt er den richtigen oder vollständigen Sachverhalt in das Personenstandsbuch ein.

§ 46a PStG. Der Standesbeamte kann in einem abgeschlossenen Eintrag offensichtliche Schreibfehler berichtigen. Er kann auf Grund öffentlicher Urkunden oder auf Grund eigener Ermittlungen ferner berichtigen

1. die Hinweise auf Einträge in anderen Personenstandsbüchern,

2. im Heiratsbuch die Angaben über Beruf und Wohnort der Ehegatten sowie die Angaben über Vor- und Familiennamen der Zeugen, ihr Alter, ihren Beruf und Wohnort,

3. im Geburtenbuch die Angaben über Beruf und Wohnort der Eltern sowie die Angaben über Vor- und Familiennamen, Beruf und Wohnort des Anzeigenden,

[25]) A.M. Frankfurt FamRZ 1967, 640.

[26]) BayObLGZ 1961, 161 = Rpfleger 1961, 447 mit Anm. v. Peters.

[27]) KG OLGR 5, 444; 8, 233; Pfeiffer-Strickert § 45 Anm. 18; BayObLGZ 1961, 165; Braunschweig FamRZ 1962, 193.

[28]) KGJ 39 A 41, 47; Frankfurt StAZ 1960, 159; BayObLGZ 1961, 95, 100; 1966, 420 = NJW 1967, 504; Frese, ZBlFG 4, 677, 678.

4. im Sterbebuch die Angaben über Beruf und Wohnort des Verstorbenen sowie die Angaben über Vor- und Familiennamen, Beruf und Wohnort des Anzeigenden.

Im Heirats-, Geburten- und Sterbebuch kann der Standesbeamte nach Abschluß des Eintrags andere Berichtigungen vornehmen, wenn der richtige oder vollständige Sachverhalt durch inländische Personenstandsurkunden festgestellt ist.

In kreisangehörigen Gemeinden darf der Standesbeamte eine Berichtigung nach Absatz 2 nur mit Genehmigung der zuständigen Verwaltungsbehörde vornehmen. Die Genehmigung kann allgemein erteilt werden.

§ 46b PStG. Einen Eintrag im Familienbuch kann der Standesbeamte auch dann selbst berichtigen, wenn der Eintrag auf einem Eintrag im Heirats-, Geburten- oder Sterbebuch beruht und dieser berichtigt worden ist. Wird das Heirats-, Geburten- oder Sterbebuch nicht im Geltungsbereich dieses Gesetzes geführt, so gilt § 46a Abs. 1 Satz 2 Nr. 2, Abs. 2 und 3 entsprechend.

§ 47 PStG. Im übrigen kann ein abgeschlossener Eintrag nur auf Anordnung des Gerichts berichtigt werden. Das gleiche gilt, wenn der Standesbeamte Zweifel hat, ob er einen Eintrag berichtigen kann.

Den Antrag auf Berichtigung können alle Beteiligten und die Aufsichtsbehörde stellen. Sie sind vor der Entscheidung zu hören.

A. Berichtigungsbefugnis des Standesbeamten

1. Das gerichtliche Berichtigungsverfahren findet nur statt, soweit der Standesbeamte die **16**
Berichtigung nicht selbst vornehmen darf, gegebenenfalls mit Genehmigung der Aufsichtsbehörde. Die Befugnis des Standesbeamten zur selbständigen Berichtigung ist in den §§ 46, 46a, 46b geregelt. Davon behandelt § 46 Abs. 1 die Berichtigung einer noch nicht abgeschlossenen, d. h. vom Standesbeamten noch nicht unterschriebenen Eintragung, § 46 Abs. 2 die Ergänzung oder Richtigstellung einer schriftlichen Geburts- oder Sterbefallanzeige durch Feststellung des Standesbeamten vor der Beurkundung des Standesfalls, §§ 46a und b die Berichtigung abgeschlossener Eintragungen in den vier Personenstandsbücher (§ 1 PStG), wobei es sich entweder um Vermerke geringerer Bedeutung handel (§ 46a Abs. 1) oder die Unrichtigkeit durch besonders beweiskräftige Urkunden zweifelsfrei nachgewiesen ist (§§ 46a Abs. 2) oder die Berichtigung einer Eintragung im Heirats-, Geburten- oder Sterbebuch im Familienbuch lediglich nachzuvollziehen ist (§ 46b, Folgeberichtigung). Berichtigungen im Familienbuch darf der Standesbeamte nicht nur in dem in § 46b besonders geregelten Fall der Folgeberichtigung vornehmen, sondern, wie das Wort „auch" in § 46b zeigt, auch unter den allgemeinen Voraussetzungen der §§ 46, 46a, insbesondere also nach § 46a Abs. 2, wenn der richtige Sachverhalt durch inländische Personenstandsurkunden festgestellt ist[1]). Unter inländischen Personenstandsurkunden sind auch Kirchenbuchauszüge aus der Zeit vor der Errichtung staatlicher Standesämter zu verstehen, die der zuständige Pfarrer in gehöriger Form ausgestellt hat[2]). Es bestehen auch keine Bedenken dagegen, daß der Standesbeamte rechtlich unzulässige Eintragungen im Familienbuch berichtigt, wenn die Unzulässigkeit sich zweifelsfrei aus dem Gesetz ergibt[2a]). Im Fall des § 46a Abs. 2 PStG muß die als Grundlage der Berichtigung dienende Personenstandsurkunde nach ihrem Beweiswert die Unrichtigkeit des Eintrags zweifelsfrei erweisen[2b]).

2. Verfahren des Standesbeamten. Anrufung des Gerichts. Gerichtsfreie Berichtigungen **17**
hat der Standesbeamte von Amts wegen vorzunehmen, wenn er ihre Voraussetzungen feststellt. Nach § 47 Abs. 1 Satz 2 kann er jedoch die Entscheidung des Gerichts anrufen, wenn

[1]) LG Köln StAZ 1965, 333; BayObLGZ 1966, 211; Maßfeller, Die Führung der Personenstandsbücher in Musterbeispielen S. 638; Reichard StAZ 1961, 269; Gundrum StAZ 1963, 229 ff. Anm. 15; Reichard HessStB 1962, 20; a.M. Thomsen, System des Personenstandsrechts S. 57 Fn. 1; Wichenhäuser StAZ 1959, 327/328.

[2]) Frankfurt StAZ 1964, 247 = Rpfleger 1964, 56 mit Anm. v. Peters; Oldenburg StAZ 1966, 289; Hamm StAZ 1966, 319; Schott, Die Beweiskraft der Personenstandsurkunden 1926 S. 57 ff.

[2a]) Köln OLGZ 1967, 493 = StAZ 1968, 239.

[2b]) BayObLGZ 1967, 315; Thomsen, System S 55, 102 ff.

er Zweifel hat, ob er einen Eintrag in eigener Zuständigkeit berichtigen kann. Diese Vorschrift ist eingefügt durch die Novelle vom 18. 5. 1957 und entspricht dem § 45 Abs. 2 PStG. Das Gericht entscheidet auf die Vorlegung des Standesbeamten, die sich nicht als förmlicher Antrag im Sinne des § 47 Abs. 2 darstellt. Die Aufsichtsbehörde ist zu dieser Vorlegung nicht befugt. Hält das Gericht die Zweifel des Standesbeamten an seiner eigenen Zuständigkeit zur Berichtigung für unbegründet, so gibt es den Vorgang nicht etwa mit dieser Feststellung zurück, sondern ordnet wie sonst die Berichtigung an[3]). Kommt das Gericht zu dem Ergebnis, daß eine Berichtigung zwar geboten ist, daß aber ein Fall vorliegt, der die Zuständigkeit des Standesbeamten überschreitet und deshalb nach § 47 Abs. 1 Satz 1 dem Gericht vorbehalten ist, so muß es sich auf die Feststellung beschränken, daß der Standesbeamte zur Berichtigung nicht befugt ist. Es darf nicht etwa die Berichtigung nunmehr in eigener Zuständigkeit anordnen, weil es dazu an dem nach § 47 Abs. 2 erforderlichen Antrag fehlt. Der Standesbeamte ist kein nach § 47 Abs. 2 antragsberechtigter Beteiligter[4]). Eine solche Entscheidung würde voraussetzen, daß die Aufsichtsbehörde oder ein anderer nach § 47 Abs. 2 Antragsberechtigter gem. § 48 Abs. 2 dem Verfahren beitritt. Stellt die Aufsichtsbehörde oder ein Beteiligter einen Berichtigungsantrag nach § 47 Abs. 2, kommt aber das Gericht zu dem Ergebnis, daß ein Fall einer gerichtsfreien Berichtigung vorliegt, so muß es an sich den Berichtigungsantrag wegen mangelnder Zuständigkeit zurückweisen[5]); zweckmäßig dürfte bei dieser Sachlage aber eine Anfrage an den Standesbeamten sein, ob er Zweifel an seiner Berichtigungsbefugnis hat und deshalb nach § 47 Abs. 1 Satz 2 vorlegt, wodurch die Zuständigkeit des Gerichts begründet würde. Lehnt der Standesbeamte eine gerichtsfreie Berichtigung ab, so liegt darin die Ablehnung einer Amtshandlung im Sinne des § 45 Abs. 1; auf Antrag eines Beteiligten oder der Aufsichtsbehörde kann das Gericht die gerichtsfreie Berichtigung anordnen; den Standesbeamten in diesem Fall zur Vornahme der Berichtigung in eigener Zuständigkeit anzuweisen, erscheint unzweckmäßig[5a]).

B. Berichtigung auf Anordnung des Gerichts

18 *1. Anwendungsbereich.* In allen von der Ermächtigung der §§ 46, 46a, 46b nicht gedeckten Fällen bedarf es zur Berichtigung einer *Anordnung des Gerichts.* Gegenstand des gerichtlichen Verfahrens sind Eintragungen in allen vier Personenstandsbüchern, auch in dem durch die Novelle v. 18. 5. 1957 (BGBl. I, 518) neu geschaffenen Familienbuch (§ 12 bis 15c PStG, dazu Maßfeller, FamRZ 1957, 229), dessen Eintragungen dieselbe Beweiskraft wie die Eintragungen in den übrigen Personenstandsbüchern haben (§ 60 PStG). Hierin liegt eine Abweichung vom PStG 1937, das die besondere Beweiskraft des § 60 nur dem ersten Teil des Familienbuchs (dem jetzigen Heiratsbuch) beimaß und demgemäß eine Berichtigung des zweiten Teils des Blattes im Familienbuch nur im Verwaltungswege vorsah (§ 90 1. AVO-PStG 37). Für die Berichtigung von Eintragungen im Zweitbuch (§ 44 PStG) bedarf es keiner gerichtlichen Anordnung[6]).

19 *2. Berichtigung* ist die nachträgliche Änderung des Wortlauts einer abgeschlossenen Eintragung durch Richtigstellung einer von Anfang an bestehenden Unrichtigkeit. Die Unrichtigkeit muß mithin bereits zur Zeit der Eintragung bestanden haben[7]). Spätere Veränderungen des Personenstandes oder des Namens geben keinen Grund zur Berichtigung, sondern können nur zur Eintragung eines Randvermerks führen[8]). Genauer kommt es nicht auf den Zeitpunkt der Eintragung, sondern auf den Zeitpunkt an, der der Eintragung zugrunde zu legen ist, also auf den Zeitpunkt, in dem sich der Standesfall ereignet hat. Daher muß ein vor der Eheschließung der Eltern geborenes Kind als nichteheliches beurkundet werden, auch

[3]) BayObLGZ 1966, 211, 215 = StAZ 1966, 316; Köln OLGZ 1967, 493; Pfeiffer-Strickert PStG § 47 Anm. 13; Peters Rpfleger 1964, 57 Anm.

[4]) BayObLGZ 1951, 606; 1963, 312; BayObLG StAZ 1962, 215; KG FamRZ 1961, 483, 485; Pfeiffer-Strickert PStG § 47 Anm. 17.

[5]) Oldenburg StAZ 1966, 289; Feneberg-Simader PStG § 47 Anm. 4; Bussert StAZ 1961, 229, 230; a.M. Thomsen, System Rdn. 88, 89.

[5a]) Thomsen, System Rdn. 97.

[6]) KGJ 39 A 50; 45, 102; BayObLGZ 13, 208.

[7]) KG JW 1934, 1978; BayObLGZ 1958, 7 = StAZ 1958, 205; Köln NJW 1960, 2343; Frankfurt OLGZ 1966, 340.

[8]) KGJ 30 A 69 = RJA 6, 97.

wenn inzwischen die Ehe vor der Beurkundung der Geburt geschlossen worden ist[9]). Unerheblich ist es, ob die Unrichtigkeit ihre Ursache in der richtigen Beurkundung einer unrichtigen Anzeige oder in der unrichtigen Beurkundung einer richtigen Anzeige hat[10]). Gegenstand der Berichtigung ist nicht nur die Richtigstellung falscher, sondern auch die Vervollständigung inhaltlich unvollständiger Eintragungen[11]). Jedoch kann eine Vervollständigung nur verlangt werden, wenn eine Eintragung in bezug auf vorgeschriebene Angaben lückenhaft ist[12]). Da Gegenstand und Inhalt der Eintragungen in die Personenstandsbücher im Gesetz abschließend und erschöpfend geregelt sind, ist für nicht ausdrücklich vorgesehene weitere Zusätze kein Raum[13]). Fehlt die Unterschrift des Anzeigenden oder sonstiger Beteiligter, so ist die Urkunde durch einen Vermerk über den Grund des Fehlens zu ergänzen[14]). Ein Eintrag, der wegen Fehlens der Unterschrift des Standesbeamten ungültig ist, kann nicht durch Ersetzung der Unterschrift im Berichtigungsverfahren gültig gemacht werden[15]). Die ungültige Eintragung eines Nichtstandesbeamten ist im Verwaltungswege zu beseitigen[16]). Dagegen kann eine Eintragung wegen örtlicher Unzuständigkeit des Standesbeamten nur auf Anordnung des Gerichts berichtigt werden[16a]). Ebenso ist ein Berichtigungsbeschluß des Gerichts erforderlich, wenn der Standesbeamte eine dem Gericht vorbehaltene Berichtigung in irriger Auslegung der §§ 46a, 46b PStG selbst vorgenommen hat; ist die Berichtigung sachlich zutreffend, so genügt es, wenn sie von dem Gericht genehmigt und die Genehmigung am Rande der Urkunde vermerkt wird[16b]).

Die Berichtigung setzt hiernach eine der Form nach gültige Eintragung voraus, die unrichtig, unvollständig oder unzulässig ist. Die Unrichtigkeit kann tatsächlicher oder rechtlicher Art sein, also auch auf der Nichtigkeit oder Unwirksamkeit des beurkundeten Vorgangs beruhen. Eine Berichtigungsanordnung ist demnach veranlaßt, wenn ein eingetragener (oder am Rande vermerkter) Rechtsakt sich als von Anfang an nichtig erweist, z. B. ein Kindesannahmevertrag[17]) oder der Heiratseintrag über eine Nichtehe zwischen Personen gleichen Geschlechts[18]) oder ein unter Verletzung des § 1355 BGB gebildeter Familienname der Eheleute[18a]) oder eine unzulässigerweise von einer deutschen Behörde verfügte Namensänderung eines Ausländers[18b]). Eine Berichtigung ist geboten, wenn ein Vaterschaftsanerkenntnis nach § 1720 Abs. 2 BGB a. F. vermerkt, in Wahrheit aber eine Namensgebung nach § 1706 Abs. 2 BGB (jetzt § 1618 BGB) erklärt war[19]). Der über die Anerkennung der nichtehelichen Vaterschaft nach § 29 PStG eingetragene Randvermerk ist gemäß § 1600f Abs. 1 BGB einer Berichtigung im Verfahren nach § 47 PStG nur noch fähig, wenn die Anerkennung aus einem der Gründe der §§ 1600b bis 1600e BGB unwirksam ist[20]). Die Berichtigung kann daher nicht mehr darauf gestützt werden, daß das Vaterschaftsanerkenntnis bewußt wahrheitswidrig abgegeben und deshalb nach § 169 StGB, § 134 BGB nichtig[21]) oder daß es mit Erfolg 20

[9]) Thomsen, System Rdn. 76; zur personenstandsrechtlichen Bedeutung der Geschlechtsumwandlung bei Transsexualismus vgl. KG NJW 1965, 1084 = StAZ 1965, 217; Frankfurt OLGZ 1966, 340 = NJW 1966, 407; Becker, StAZ 1965, 189; Nevinny-Stickel u. Hammerstein, NJW 1967, 663; Frankfurt FamRZ 1969, 412.

[10]) BayObLG OLGR 12, 341.

[11]) KGJ 26 A 37 = RJA 4, 6; KG RJA 7, 12.

[12]) KG RJA 8, 11; Pfeiffer-Strickert PStG § 47 Anm. 6.

[13]) Frankfurt StAZ 1959, 129; OLGZ 1966, 516 = NJW 1966, 2126; KG StAZ 1962, 41, 43 = FamRZ 1963, 483, 485; BayObLGZ 1962, 317, 319; 1966, 331, 335; 1967, 212, 217 = StAZ 1967, 183 (Kinder im Familienbuch erneut verheirateter Eltern), bestätigt von BGHZ 50, 335 = StAZ 1968, 325; Celle OLGZ 1969, 392 (Ungültigkeit des § 22 Satz 2 AVO-PStG).

[14]) BayObLG 18, 111.

[15]) Dresden StAZ 1921, 128 = ZBlFG 21, 332; Simader StAZ 1965, 313, 316.

[16]) LG Kempten StAZ 1953, 272; vgl. auch Frankfurt StAZ 1965, 77.

[16a]) KGJ 41, 49; Frankfurt StAZ 1964, 133; vgl. auch (zum Familienbuch) Frankfurt StAZ 1969, 70.

[16b]) LG Bielefeld StAZ 1960, 178; Braunschweig StAZ 1931, 9; Peters StAZ 1969, 48.

[17]) KG RJA 16, 27; Hamm StAZ 1965, 98.

[18]) KG FamRZ 1958, 60 = StAZ 1958, 207.

[18a]) Hamm OLGZ 1967, 89.

[18b]) AG Hamburg StAZ 1969, 43.

[19]) KGJ 48, 21 = RJA 12, 96; KG OLGR 42, 101.

[20]) Vgl. amtl. Begr. BT-Drucks. V/2370 S. 30 zu § 1600 f.

[21]) Vgl. bisher Staudinger-Göppinger BGB[11] § 1718 Anm. 76; a.M. München JFG 17, 1 = JW 1938, 964. Wie hier Frank, FamRZ 1969, 626, 630.

angefochten sei, sei es wegen Erklärungsirrtums[22]), sei es wegen arglistiger Vorspiegelung des Alleinverkehrs der Kindesmutter[23]); dasselbe gilt für den einfachen Nachweis der inhaltlichen Unrichtigkeit des Anerkenntnisses[24]). Derartige Gründe führen die Unwirksamkeit der Anerkennung nicht unmittelbar herbei, sondern müssen gemäß §§ 1600f Abs. 1, 1600h Abs. 2, 1600l BGB im Wege der Anfechtung der Anerkennung durch Klage oder Antrag an das VormG geltend gemacht werden. Auch die Berufung auf die Unwirksamkeitsgründe der §§ 1600b bis 1600e BGB ist nicht mehr zulässig, wenn seit der Eintragung der Anerkennung in ein deutsches Personenstandsbuch fünf Jahre verstrichen sind (§ 1600f Abs. 2 BGB); es wird anzunehmen sein, daß diese Frist (außer durch Klage) auch durch den Antrag auf Berichtigung nach § 47 Abs. 2 PStG gewahrt werden kann, obschon in diesem Verfahren keine rechtskraftfähige Feststellung der Unwirksamkeit der Anerkennung ergehen, sondern nur der Randvermerk beseitigt werden kann. Gemäß der Übergangsvorschrift in Art. 12 § 3 NichtehelG gelten diese Grundsätze auch für die Berichtigung von Randvermerken, die auf einem vor dem Inkrafttreten dieses Gesetzes gemäß § 1718 BGB a. F. abgegebenen Vaterschaftsanerkenntnis beruhen.

21 *3. Berichtigungsfähigkeit.* Der Berichtigung unterliegen alle Teile der Eintragung, mögen sie wesentlich oder unwesentlich sein, mögen sie an der erhöhten Beweiskraft des § 60 PStG teilnehmen oder nur die Beweiskraft des § 415 ZPO haben, z. B. der Name des Anzeigenden[25]). Namensunterschriften der Beteiligten sind Bestandteil des Eintrags und deshalb ebenso berichtigungsfähig wie Namensangaben im Text der Eintragung[26]). Die Berichtigung kann sich erstrecken auf die richtige Schreibweise des Umlauts eines Vokals im Familiennamen (ö statt oe)[27]), auf die Schreibweise des Vornamens, wenn die Unrichtigkeit nicht nur Fragen der Rechtschreibung (th statt t) betrifft, sondern auf Form und Klang des Namens von Einfluß ist, z. B. wenn statt eines Doppelnamens mit Bindestrich zwei Vornamen oder umgekehrt eingetragen worden sind[28]), auf den Vornamen des Kindes, wenn im Geburtenbuch ein anderer als der erteilte Vorname eingetragen worden ist[29]), auf die Berechtigung zur Führung eines früheren Adelsprädikats als Bestandteil des Namens[30]) oder einer ausländischen Adelsbezeichnung[31]). Frauen führen vormals adelige Namen, die nach dem Geschlecht des Namensträgers abwandelbar sind, in der weiblichen Form[32]), auch wenn der Name von der Frau erst nach dem Inkrafttreten der WeimVerf. erworben worden ist[33]); dabei kann eine geschiedene Frau ihren vormals adeligen Mädchennamen in der für verheiratete Frauen gebräuchlichen Form wieder annehmen (Freifrau statt Freiin)[34]). Namen slawischen Ursprungs,

[22]) Vgl. bisher KGJ 42, 84 = RJA 12, 96.

[23]) Vgl. bisher BayObLGZ 1958, 7 = StAZ 1958, 205 = EJF A I g Nr. 5 mit Anm. v. Jansen; Pfeiffer-Strickert PStG § 47 Anm. 9 o; Staudinger-Göppinger BGB[11] § 1718 Anm. 78.

[24]) Vgl. bisher Maßfeller StAZ 1942, 134; Jansen EJF A 1 g Nr. 5 Anm.; Staudinger-Göppinger BGB[11] § 1718 Anm. 79; Palandt-Lauterbach BGB[25] § 1718 Anm. 1; Erman-Hefermehl BGB[3] § 1718 Anm. 4; beiläufig BGHZ 5, 400; 17, 252, 255; ebenso früher KGJ 22 A 255 = RJA 2, 153 = OLGR 3, 399; KG OLGR 7, 121; a.M. RGZ 68, 60 = RJA 9, 143; RJA 12, 195; BayObLGZ 10, 44; 21, 284 = JFG 1, 132 = OLGR 42, 100; BayObLGZ 1960, 143, 150 = StAZ 1960, 146; KG JFG 13, 385 = JW 1936, 2463; KG StAZ 1943, 93; Pfeiffer-Strickert PStG § 47 Anm. 9 o; Soergel-Lade BGB[9] § 1718 Anm. 15; Schlegelberger § 69 Anm. 12. Zur Beischreibung eines nach dem Heimatrecht des ausländ. Vaters unwirksamen Anerkenntnisses vgl. Düsseldorf OLGZ 1966, 511 = FamRZ 1966, 369.

[25]) KGJ 39 A 37.

[26]) KG OLGR 5, 341; KG StAZ 1962, 329 = FamRZ 1963, 43 = NJW 1963, 51; BayObLGZ 1960, 418; 1965, 221; Frankfurt NJW 1963, 2231 = FamRZ 1963, 571 = StAZ 1964, 16; Oldenburg StAZ 1966, 289; Stölzel PStG[5] § 47 Anm. 4; Keidel § 69 Anm. 16; Köln OLGZ 1969, 299 (Ehename der deutschen Ehefrau eines Niederländers, dazu auch BGHZ 44, 121); a.M. Thomsen, System Rdn. 69.

[27]) KGJ 39 A 40.

[28]) KG RJA 6, 99; KG JFG 23, 125; BayObLGZ 1962, 58; Hamm OLGZ 1967, 386; Pfeiffer-Strickert PStG § 47 Anm. 9 d; LG Dortmund StAZ 1960, 259; der Rufname wird nicht als solcher gekennzeichnet: KG JW 1937, 1745; KG StAZ 1965, 16; Kraft NJW 1963, 237; Haas, StAZ 1966, 123.

[29]) BayObLG OLGR 12, 341; KG JFG 23, 123.

[30]) KG JW 1932, 2818; KG JW 1934, 1978; Stuttgart OLGZ 1966, 194 („Reichsgraf"); BayObLGZ 1966, 23 („Fürst").

[31]) BayObLGZ 1956, 345; 1964, 377; 1965, 372; vgl. Maßfeller-Hoffmann PStG § 2 Anm. 14.

[32]) BayObLGZ 24, 259 = StAZ 1925, 333 = JW 1926, 257; RGZ 113, 107.

[33]) BayObLGZ 1955, 245; a.M. KG JFG 10, 56.

[34]) KG FamRZ 1964, 303.

deren Endsilben nach dem Sprachgebrauch des Heimatlandes bei weiblichen Namensträgern abgewandelt werden (z. B. ki in ka), sind auch bei weiblichen Namensträgern in der männlichen Form einzutragen, sofern die Namensträgerin deutschem Personalstatut untersteht[35]); bei Ausländern ist die Abwandlung zu beachten[36]). Das Fehlen des Wissenschaftsvermerks, der im Gesetz nicht vorgeschrieben ist, macht den Eintrag weder unvollständig noch unrichtig und kann daher nicht zu einer Berichtigung führen[37]). Die Bereinigung von Doppelbeurkundungen ist Sache des Standesbeamten[38]).

4. Antrag. Das Gericht wird nur auf Antrag tätig. Der Antrag kann schriftlich oder zum Protokoll der Geschäftsstelle jedes Amtsgerichts, nicht nur des nach § 50 PStG zuständigen, gestellt werden. Der Antrag ist zunächst Voraussetzung für das Tätigwerden des Gerichts (Verfahrensantrag). Er muß aber auch einen bestimmten Inhalt haben, also die erstrebte Berichtigung genau bezeichnen (Sachantrag). Der Sachantrag kann sich auf jede einzelne Angabe in der Urkunde beziehen; erstreckt er sich in diesem Sinne auf mehrere Angaben, so kann der Antrag teilweise begründet, teilweise unbegründet sein. Über den Inhalt des Antrags darf das Gericht nicht hinausgehen, mithin keine andere oder weitere Berichtigung als die beantragte anordnen[39]). Im Beschwerdeverfahren kann der Berichtigungsantrag nicht erstmalig gestellt oder der im ersten Rechtszuge gestellte erweitert werden[40]); dagegen kann der Beschwerdeantrag, wenn der Gegenstand teilbar ist, beschränkt werden; in diesem Fall beschränken die Anträge des Beschwerdeführers die Entscheidungsbefugnis des Rechtsmittelgerichts[41]). 22

5. Antragsberechtigung. Antragsberechtigt sind nach Abs. 2 die Aufsichtsbehörde und alle Beteiligten. Der Begriff des ***Beteiligten*** läßt sich nicht allgemein umgrenzen. Er kann je nach der Art der verlangten Berichtigung verschieden sein. Jedenfalls sind beteiligt alle Personen, auf die sich die zu berichtigende Eintragung bezieht oder auf deren Rechte, Personenstand oder Namen die Berichtigung einwirkt[42]). An der Berichtigung des Geburtenbuchs sind die Eltern und das Kind, an der Berichtigung des Heiratsbuchs die Eheschließenden beteiligt[43]); wenn der Name des Mannes im Heiratsbuch berichtigt werden soll, auch seine unmittelbaren Nachkommen[44]) nicht aber entferntere Verwandte aufsteigender Linie unter dem Gesichtspunkt des „Familienoberhaupts"[45]), auch nicht Seitenverwandte gleichen Namens[46]). Eine verheiratete Frau ist auch an der Berichtigung ihres Mädchennamens beteiligt[47]). Antragsberechtigter Beteiligter ist auch der Anzeigende, sofern es sich um die Richtigkeit der Beurkundung seiner Anzeige handelt[48]). Der Standesbeamte selbst ist nicht antragsberechtigt[49]); er kann nur gemäß § 47 Abs. 1 Satz 2 PStG vorlegen, ohne dadurch Beteiligter des Ver- 23

[35]) KGJ 23 A 60; KGJ 27 A 35; KG StAZ 1954, 273.

[36]) KG OLGR 1968, 105 = FamRZ 1968, 255 = StAZ 1968, 351; LG Hagen, StAZ 1969, 74; Maßfeller-Hoffmann PStG § 2 Anm. 13, § 11 Anm. 32; Schmitt-Peters S. 55; Pennrich StAZ 1965, 78; Hamm OLGZ 1970 H. 1.

[37]) Oldenburg StAZ 1961, 310; BayObLGZ 1962, 317; Simader StAZ 1965, 313, 317; a.M. Pfeiffer-Strickert PStG § 47 Anm. 9 s.

[38]) AG Koblenz StAZ 1961, 314; vgl. § 43 d PStG.

[39]) KG JFG 23, 123; 23, 243, 244; KG FamRZ 1961, 483, 485 = StAZ 1962, 41, 43; BayObLGZ 1963, 312; 1964, 114, 117; 1966, 331, 337; Thomsen, System Rdn. 317; Simader StAZ 1965, 313, 319.

[40]) KG FamRZ 1961, 483, 485 = StAZ 1962, 41, 43; BayObLGZ 1963, 312.

[41]) BayObLGZ 1964, 117.

[42]) KG RJA 17, 44 = OLGR 41, 12 = StAZ 1921, 210; KG StAZ 1927, 66; wie hier Stölzel[5] 47 Anm. 7; Brandis-Maßfeller PStG § 47 Anm. IV 1; Pfeiffer-Strickert PStG § 47 Anm. 16; Keidel § 70 Anm. 9; ersichtlich zu weitgehend Thomsen System Rdn. 85, 309, der das Antragsrecht jedem zubilligt, der nach § 61 PStG ein Recht auf Benutzung der Urkunde hat; dieses Recht geht jedoch nur dahin, die Urkunde so zu benutzen, wie sie lautet. Zu weitgehend wohl auch Frese ZBlFG 4, 675 ff., der ein Antrags- und Beschwerderecht jedem zubilligt, der an der Berichtigung ein b e r e c h t i g t e s Interesse hat.

[43]) KG JFG 23, 243; BayObLGZ 1967, 315, 318.

[44]) KG JFG 23, 366; ebenso die Ehefrau, KG RJA 13, 192.

[45]) KG JFG 23, 243.

[46]) KG RJA 17, 44.

[47]) KG JFG 19, 214.

[48]) Josef FGG[2] § 70 Anm. 2; Unger ZZP 34, 299.

[49]) Stölzel PStG[6] § 47 Anm. 7; Pfeiffer-Strickert PStG § 47 Anm. 17 a; BayObLGZ 1951, 606.

fahrens zu werden (oben Rdn. 17). Auch dem Vormundschaftsgericht steht kein Antragsrecht zu[50]).

24 *6. Anhörung der Beteiligten.* Durch Abs. 2 Satz 2 wird dem Gericht zur Pflicht gemacht, vor der Entscheidung die Aufsichtsbehörde und alle Beteiligten zu hören. Diese Pflicht entspricht dem Grundsatz des rechtlichen Gehörs (Art. 103 Abs. 1 GG). Das Gericht hat mithin den jeweiligen Gegnern Gelegenheit zu geben, zu dem Antrag Stellung zu nehmen, und das Ergebnis seiner Ermittlungen allen Beteiligten zugänglich zu machen (§ 12 Rdn. 99). Die Pflicht zur Anhörung besteht nach Abs. 2 Satz 2 grundsätzlich allen Beteiligten gegenüber. Der Kreis der Beteiligten kann aber nicht selten ungewiß sein (vgl. Rdn. 22). Auch das Gesetz geht davon aus, daß einzelne Beteiligte dem Gericht unbekannt bleiben können, wie § 48a Abs. 1 Satz 1 PStG zeigt. In erster Linie muß das Gericht versuchen, die Beteiligten zu ermitteln, um sie zu dem Antrage hören zu können[51]). Sind ihm gleichwohl einzelne Beteiligte nicht bekannt geworden und deshalb nicht gehört worden, so liegt ein Verfahrensmangel nicht vor[52]).

25 *7. Entscheidung.* Wird eine Berichtigung angeordnet, so hat die Formel des Beschlusses so zu lauten, daß die Anordnung von dem Standesbeamten ohne weitere Überlegungen vollzogen werden kann. Die Berichtigung geschieht durch Beischreibung eines Randvermerks im Personenstandsbuch, nicht durch Streichungen oder Zusätze innerhalb der Eintragung (§ 8 AVO-PStG, § 67 DA). Auch wenn der ganze Eintrag als unrichtig (z. B. weil der Standesfall erdichtet oder die Ehe nicht gültig geschlossen war) oder als unzulässig (z. B. weil der Standesbeamte örtlich unzuständig war) zu beseitigen ist, wird die Eintragung nicht durch Unleserlichmachen oder Durchstreichen getilgt, sondern ihre Beweiskraft wird durch Eintragung eines Randvermerks zerstört. Jeder Berichtigungsvermerk muß daher, auch bei Beseitigung der ganzen Eintragung, einen positiven Inhalt haben[53]). In der Formel des Berichtigungsbeschlusses ist in allen Fällen wörtlich anzugeben, wie der Randvermerk lauten soll[54]). Ist das im Einzelfall nicht geschehen, der Sinn der gerichtlichen Anordnung aber eindeutig, so bestehen keine Bedenken dagegen, daß der Standesbeamte dem Randvermerk die dem Gesetz und den Dienstvorschriften entsprechende Fassung gibt, solange er nur von dem Inhalt der Entscheidung nicht abweicht[55]).

3. Ausstellung eines Ehefähigkeitszeugnisses

§ 69b PStG. Zur Ausstellung eines Ehefähigkeitszeugnisses, dessen ein Deutscher zur Eheschließung im Ausland bedarf, ist der Standesbeamte zuständig, in dessen Bezirk der Verlobte seinen Wohnsitz, beim Fehlen eines Wohnsitzes seinen Aufenthalt hat. Hat der Verlobte im Inland weder Wohnsitz noch Aufenthalt, so ist der Ort des letzten gewöhnlichen Aufenthalts maßgebend; hat er sich niemals oder nur vorübergehend im Inland aufgehalten, so ist der Standesbeamte des Standesamts I in Berlin (West) zuständig.

Das Ehefähigkeitszeugnis darf nur ausgesteltl werden, wenn der beabsichtigten Eheschließung kein Ehehindernis entgegensteht; der Standesbeamte kann vom Ehehindernis der Wartezeit befreien. Die Beibringung eines ausländischen Ehefähigkeitszeugnisses für den anderen Verlobten ist nicht erforderlich. Das Ehefähigkeitszeugnis gilt nur für die Dauer von sechs Monaten.

Lehnt der Standesbeamte die Ausstellung des Ehefähigkeitszeugnisses ab, so kann der Antragsteller die Entscheidung des Gerichts anrufen. Die Vorschriften der §§ 45, 48 bis 50 sind entsprechend anzuwenden.

50) Stölzel PStG § 47 Anm. 7; BayObLGZ 1951, 606.
51) KG JFG 23, 245.
52) Thomsen System Rdn. 313.
53) KGJ 32 A 79; 37 A 109; 41, 49; KG StAZ 1925, 342; BayObLGZ 1960, 418, 432; 1966, 1, 7 = StAZ 1966, 84; Hamm OLGZ 1967, 89 = NJW 1967, 450; Stölzel PStG[5] § 47 Anm. 3; Pfeiffer-Strickert PStG § 47 Anm. 10.
54) KG JW 1937, 1745; BayObLGZ 1960, 418, 432; 1963, 265, 270; 1966, 1, 7 = StAZ 1966, 84; Stölzel PStG[5] § 47 Anm. 3; Pfeiffer-Strickert PStG § 47 Anm. 10.
55) Vgl. BayObLGZ 1966, 7.

1. Bedeutung. Die Vorschrift regelt die Zuständigkeit, die Voraussetzungen und das Verfahren bei der Erteilung von Ehefähigkeitszeugnissen für Deutsche. Wer Deutscher im Sinne des PStG ist, bestimmt sich gemäß § 69c PStG nach Art. 116 Abs. 1 GG. Das Ehefähigkeitszeugnis ist ein Zeugnis darüber, daß der beabsichtigten Eheschließung nach deutschem Recht kein Ehehindernis entgegensteht. Ob das Zeugnis erforderlich ist, bestimmt das Recht des Eheschließungsstaates. Staatenlosen wird das Zeugnis nicht erteilt[1]). **26**

2. Örtliche Zuständigkeit. Die örtliche Zuständigkeit wird in Abs. 1 dahin bestimmt, daß in erster Linie der inländische Wohnsitz, beim Fehlen eines solchen der inländische Aufenthalt, ersatzweise der letzte gewöhnliche Aufenthalt im Inland maßgebend ist und letzten Endes die Auffangzuständigkeit des Standesamtes I in Berlin West begründet wird. Über den Begriff des gewöhnlichen Aufenthalts vgl. § 45 Anm. B 1. Der hiernach zuständige Standesbeamte ist nach Abs. 2 Satz 1 Halbs. 2 auch zuständig für die Befreiung vom Ehehindernis der Wartezeit (§ 8 EheG, § 7a PStG, § 14 AVO-PStG). Sind beide Verlobte Deutsche, so genügt es, sofern das ausländische Recht nicht ausdrücklich etwas anderes bestimmt, daß ein deutscher Standesbeamter das Ehefähigkeitszeugnis ausstellt, auch wenn er nur für einen der Verlobten örtlich zuständig ist (§ 383 Abs. 5 DA). **27**

3. Voraussetzungen. Es dürfen weder die allgemeinen Ehefähigkeitsvoraussetzungen nach §§ 1 bis 3 EheG fehlen noch darf ein Eheverbot nach den §§ 4 bis 9 EheG bestehen. Die Prüfung der Ehefähigkeit hat der Standesbeamte nach Maßgabe des § 5 PStG in derselben Weise vorzunehmen, als wenn er das Aufgebot für eine inländische Eheschließung zu erlassen hätte (§ 383 DA). **28**

4. Gerichtliches Verfahren. Gegen die Ablehnung der Erteilung des Zeugnisses kann der Antragsteller das nach § 50 PStG zuständige Gericht in gleicher Weise wie gegen die Ablehnung einer sonstigen Amtshandlung (§ 45 PStG) anrufen. Für das Verfahren gelten § 45, 48 bis 50 PStG entsprechend (Abs. 3). **29**

Gerichtliches Verfahren

1. Verfahrensgrundsätze. Beitritt der Beteiligten

§ 48 PStG. Auf das gerichtliche Verfahren sind die Vorschriften des Gesetzes über die Angelegenheiten der freiwilligen Gerichtsbarkeit anzuwenden.

Die Aufsichtsbehörde und die Beteiligten können in jeder Lage des Verfahrens diesem beitreten; sie können ihren Beitritt auch durch Einlegung eines Rechtsmittels erklären.

1. Verfahrensgrundsätze. Auf das Verfahren des Gerichts sind nach Abs. 1 die Vorschriften der §§ 2 bis 34, 71 FGG anzuwenden, allerdings mit den durch die Besonderheiten des Verfahrensgegenstandes und vorbehaltlich besonderer gesetzlicher Vorschriften (§§ 48 Abs. 2, 48a, 49, 50 PStG) gebotenen Abweichungen[1]). Das Gericht wird niemals von Amts wegen, sondern nur auf Antrag der Aufsichtsbehörde oder eines Beteiligten oder auf Vorlegung des Standesbeamten (§§ 31 Abs. 2, 45 Abs. 2, 47 Abs. 1 Satz 2 PStG) tätig. Die Beurteilung der Frage, ob private oder öffentliche Interessen die Ausübung des Antragsrechts durch die Aufsichtsbehörde rechtfertigen, unterliegt allein deren pflichtmäßigem Ermessen, nicht der Prüfung des Gerichts[2]). Das in § 66 Abs. 2 PStG 1875 für Berichtigungen vorgesehen gewesene Vorverfahren vor der Aufsichtsbehörde, in welchem diese den gesamten Beweisstoff zu sammeln und die Beteiligten zu hören hatte, findet nicht mehr statt. Auch ist das Gericht nicht mehr, wie nach § 66 Abs. 2 Satz 3 PStG 1875, befugt, den Antragsteller auf den Prozeßweg zu verweisen (Maßfeller, JW 1937, 3284 zu I 2; a. M. Schlegelberger § 69 Anm. 14). Der Amts- **30**

[1]) Peters StAZ 1961, 117; Staudinger-Dietz BGB[11] § 10 EheG Anm. 184.

[1]) Emig PStG § 48 Anm. 2; Stölzel PStG[5] § 48 Anm. 2; Pfeiffer-Strickert PStG § 48 Anm. 1.

[2]) KGJ 21 A 53; KG FamRZ 1958, 60 = StAZ 1958, 207; Simader StAZ 1965, 313, 319.

ermittlungsgrundsatz (§ 12 FGG) wird im Verfahren nach § 45 PStG eingeschränkt durch die Nachweispflicht der Beteiligten nach § 5 PStG; im Berichtigungsverfahren gilt er uneingeschränkt[3]). Zum Nachweis einer Unrichtigkeit können Beweismittel aller Art, nicht notwendig Urkunden, herangezogen werden. Von einer vorherigen Berichtigung des Kirchenbuchs darf die Berichtigung nicht abhängig gemacht werden[4]), auch nicht von der Durchführung eines Namensfeststellungsverfahrens nach NamensänderungsG v. 5. 1. 1938 (RGBl. I, 9) § 8[5]). Bestehen nach dem Ergebnis der Ermittlungen Zweifel an der Richtigkeit des Eintrags, läßt sich die Unrichtigkeit aber nicht erweisen, dann ist der Berichtigungsantrag zurückzuweisen[6]). Weicht der Familienname im Geburtenbuch des Vaters von dem im Geburtenbuch der Kinder eingetragenen ab und läßt sich die Unrichtigkeit weder des einen noch des anderen Eintrags nachweisen, so geht die Beweiskraft der Eintragung im Geburtenbuch des Vaters vor[7]). Die Überzeugung von der Unrichtigkeit eines Eintrags darf aber nicht allein auf die Tatsache der Vorberichtigung einer anderen Urkunde gestützt werden, sondern lediglich auf die Vorgänge, die zur Berichtigung der älteren Urkunde geführt haben[8]). Auch der Nachweis, daß ein Kind früher als 302 Tage vor dem Tage der Geburt empfangen worden ist, kann im Berichtigungsverfahren geführt werden, wenn die Eintragung des Kindes als ehelich davon abhängt[9]).

31 2. *Eintrittsrecht.* Abs. 2 ist eingefügt durch die Novelle vom 18. 5. 1957; vorher war die Regelung in § 87 1. AVO-PStG 1937 enthalten. Die Beteiligten eines Anweisungs- oder Berichtigungsverfahrens und die Aufsichtsbehörde können hiernach dem Verfahren in jeder Lage und in jedem Rechtszug, auch durch Einlegung eines Rechtsmittels, beitreten. Sie können also das Verfahren nicht nur durch ihren Antrag einleiten, sondern auch dem durch den Antrag eines anderen oder durch eine Vorlegung des Standesbeamten nach §§ 31 Abs. 2, 45 Abs. 2, 47 Abs. 1 Satz 2 PStG eingeleiteten Verfahren beitreten, den Beitritt auch durch Einlegung eines Rechtsmittels erklären und dadurch das Verfahren selbständig weiterbetreiben. Der Beitretende kann mit oder gegen den Antragsteller die Vornahme der abgelehnten Amtshandlung oder der Berichtigung erstreben oder sich gegen die Vornahme der Berichtigung oder der Amtshandlung wenden. Er kann auch besondere Sachanträge stellen[10]), sofern die Verfahrenslage das noch zuläßt (vgl. § 47 Anm. B 4). Das Beitrittsrecht steht der Aufsichtsbehörde stets, anderen Personen oder Stellen nur zu, wenn sie Beteiligte sind (vgl. § 45 Anm. 4, § 47 Anm. B 5). Durch die Ausübung des Beitrittsrechts wird ein bisher materiell Beteiligter zum formell Beteiligten. Wird der Beitritt durch Einlegung eines Rechtsmittels erklärt, so muß dieses nach allgemeinen Grundsätzen zulässig sein. Ist das Rechtsmittel befristet, so darf die Beschwerdefrist gegenüber dem Beitretenden nicht abgelaufen sein (vgl. § 48a Abs. 2). Andere Beitretende als die Aufsichtsbehörde müssen ferner durch die Entscheidung beschwert sein[11]); das Beschwerderecht steht aber über § 20 Abs. 1 FGG hinaus jedem Beteiligten zu. Ferner hat das Eintrittsrecht der Beteiligten zur Folge, daß bei Zurückweisung eines Antrags § 20 Abs. 2 FGG nicht anwendbar ist[12]). Ist aber der Beschwerderechtszug durch das zulässige Rechtsmittel eines Beteiligten eröffnet, so unterliegt das Beitrittsrecht anderer Beteiligter keinen verfahrensrechtlichen Schranken.

32 3. *Funktionelle Zuständigkeit.* Das Verfahren gehört zum Zuständigkeitsbereich des *Richters.* Eine Übertragung auf den Rechtspfleger ist in keinem Falle angeordnet, wäre auch unangebracht, da der Standesbeamte ähnlich einem Rechtspflegeorgan sachlich unabhängig ist[13]). Da Personenstandssachen keine Verrichtungen des VormG sind bedurfte es auch keines Richtervorbehalts.

[3]) BayObLG NJW 1952, 1377; Hamm FamRZ 1965, 222; Frankfurt StAZ 1965, 218; Stuttgart OLGZ 1966, 194; Keidel Anm. 26.

[4]) KGJ 34 A 75.

[5]) BayObLG NJW 1952, 1377; Stuttgart OLGZ 1966, 194.

[6]) KGJ 39 A 49; BayObLG NJW 1952, 1377; Stuttgart OLGZ 1966, 194; Frankfurt StAZ 1966, 320.

[7]) Hamm JMBlNRW 1956, 249.

[8]) Köln StAZ 1960, 43.

[9]) Hamm OLGZ 1965, 106 = StAZ 1965, 155; Keidel Anm. 26.

[10]) Thomsen System Rdn. 312.

[11]) A.M. Thomsen System Rdn. 312; vgl. auch BayObLG StAZ 1961, 28.

[12]) BGH StAZ 1965, 299.

[13]) Arndt RechtspflG § 12 Anm. 65; Keidel Anm. 27.

4. Kosten. Die *Gerichtsgebühren* sind in § 127 Abs. 2 KostO geregelt. Das durch eine Vorlegung des Standesbeamten nach §§ 31 Abs. 2, 45 Abs. 2, § 47 Abs. 1 Satz 2 veranlaßte Verfahren ist ohne Rücksicht auf den Ausgang gebühren- und auslagenfrei[14]). Nur für die Zurückweisung von Anträgen sowie für die Verwerfung oder Zurückweisung einer Beschwerde werden die in §§ 130, 131 KostO bestimmten Gebühren erhoben. Die Aufsichtsbehörde genießt Kostenfreiheit nach § 11 KostO. Für die Gebühren eines *Rechtsanwalts* gilt § 118 BRAGebO. Der *Notar* erhält aber, auch wenn er zugleich Rechtsanwalt ist, für Anträge und Beschwerden auf Verlangen eines Beteiligten, die zum Vollzuge des Geschäfts erforderlich werden und rechtlicher oder tatsächlicher Begründung bedürfen (vgl. § 71), Gebühren nach Maßgabe des § 146 Abs. 2 KostO (vgl. § 65 Rdn. 27). Der Geschäfts- und Beschwerdewert bestimmt sich nach § 30 Abs. 3 KostO. Die *Anordnung der Kostenerstattung* ist bei Beteiligung mehrerer nach Maßgabe des § 13a Abs. 1 statthaft, auch zu Lasten der Aufsichtsbehörde, wenn sie durch Stellung des Verfahrensantrags oder durch Beitritt formell Beteiligte geworden ist, nicht aber, wenn sie auf Grund der Anhörungspflicht des Gerichts zu dem Antrag eines anderen Beteiligten lediglich Stellung nimmt. Dem Standesbeamten können Kosten anderer Beteiligter nicht auferlegt werden, auch wenn er von seiner Vorlegungsbefugnis Gebrauch gemacht hat, da er oder die Körperschaft, die Träger des Standesamts ist, dadurch nicht Beteiligter wird (§ 45 PStG Rdn. 13). **33**

2. Bekanntmachung der Entscheidung

§ 48a PStG. Das Gericht kann die öffentliche Bekanntmachung einer Entscheidung anordnen, wenn es Zweifel hat, ob ihm alle Beteiligten bekanntgeworden sind. An Beteiligte, die ihm bekannt sind, soll außerdem tunlichst eine besondere Bekanntmachung erfolgen. Dem Antragsteller, dem Beschwerdeführer und der Aufsichtsbehörde muß die Entscheidung stets besonders bekanntgemacht werden.

Die Entscheidung gilt allen Beteiligten mit Ausnahme der Beteiligten, denen die Entscheidung besonders bekanntgemacht worden ist oder besonders bekanntgemacht werden muß, als zugestellt, wenn seit der öffentlichen Bekanntmachung zwei Wochen verstrichen sind.

Die Art der öffentlichen Bekanntmachung bestimmt das Gericht. Es genügt die Anheftung einer Ausfertigung oder einer beglaubigten Abschrift der Entscheidung oder eines Auszugs davon an der Gerichtstafel. Das Schriftstück soll zwei Wochen, und wenn durch die Bekanntmachung der Entscheidung eine Frist in Gang gesetzt wird, bis zum Ablauf der Frist an der Tafel angeheftet bleiben. Auf die Gültigkeit der öffentlichen Bekanntmachung ist es ohne Einfluß, wenn das Schriftstück zu früh von der Tafel entfernt wird. Der Zeitpunkt der Anheftung und der Zeitpunkt der Abnahme sind auf dem Schriftstück zu vermerken.

1. Bekanntmachung der Entscheidungen. Die Vorschrift, bisher enthalten in § 88 1. AVO-PStG 37, ergänzt § 16 FGG. Das Gesetz läßt die *öffentliche Bekanntmachung* auch zu, wenn sie keine Frist in Lauf setzt, wie sich aus Abs. 3 Satz 3 ergibt. Bei ablehnenden Entscheidungen, die mit der unbefristeten Beschwerde anfechtbar sind (§ 49 Abs. 1 Satz 2 PStG), wird jedoch eine öffentliche Bekanntmachung kaum jemals in Betracht kommen. Es genügt die formlose Bekanntmachung an den Antragsteller, die Aufsichtsbehörde und die etwa zugezogenen sonstigen Beteiligten. Bedeutung erlangt die Vorschrift in den Fällen der sofortigen Beschwerde als Mittel, die formelle Rechtskraft herbeizuführen, von deren Eintritt die Wirksamkeit der Verfügung abhängt (§ 49 Abs. 1 Satz 1 Halbs. 1). Die Vorschrift wird vor allem im Berichtigungsverfahren Anwendung finden, wenn das Gericht eine Berichtigung angeordnet hat und der Kreis der möglicherweise Betroffenen ungewiß ist. In erster Linie muß aber das Gericht die Beteiligten zu ermitteln versuchen und ihnen die Entscheidung besonders bekanntmachen (Abs. 1 Satz 2)[1]). **34**

2. Förmliche Bekanntmachung. In den Fällen der sofortigen Beschwerde muß die Entscheidung durch förmliche Zustellung oder Eröffnung zu Protokoll bekannt gemacht werden **35**

[14]) BayObLGZ 1961, 161 = Rpfleger 1961, 447. [1]) KG JFG 23, 245.

(§ 16 Abs. 2 Satz 1, Abs. 3), und zwar dem Antragsteller, dem Beschwerdeführer und der Aufsichtsbehörde stets besonders (Abs. 1 Satz 3); anderenfalls wird ihnen gegenüber die Beschwerdefrist nicht in Lauf gesetzt. Als Antragsteller und Beschwerdeführer ist nur zu verstehen, wer von einem Antrags- oder Beschwerderecht wirklich Gebrauch gemacht hat; es genügt nicht, daß jemand zu dem Antrag oder der Beschwerde berechtigt gewesen wäre. Allen übrigen Beteiligten gegenüber gilt die Entscheidung, wenn sie nach Abs. 1 Satz 1 öffentlich bekannt gemacht wird, nach Abs. 2 als zugestellt, wenn seit der öffentlichen Bekanntmachung zwei Wochen verstrichen sind, und zwar auch wenn die Entscheidung ihnen entgegen der Sollvorschrift des Abs. 1 Satz 2 nicht besonders bekannt gemacht worden ist. Unterbleibt aber eine öffentliche Bekanntmachung, so muß die Entscheidung, damit sie rechtskräftig werden kann, allen bekannten Beteiligten besonders förmlich bekannt gemacht werden. Ein Verzicht auf die Bekanntmachung ist, wenn das Gesetz eine förmliche Zustellung verlangt, nicht statthaft[2]). In den anderen Fällen, also bei Zurückweisung von Anträgen, muß auch bei Verzicht der übrigen Beteiligten mindestens die zum Wirksamwerden der Entscheidung nach § 16 Abs. 1 erforderliche Bekanntmachung an den Antragsteller erfolgen.

36 *3. Zeitpunkt der Zustellung bei öffentlicher Bekanntmachung.* Anders als nach § 24 Abs. 3 VerschG, aber entsprechend § 206 Abs. 2 ZPO, gilt die Entscheidung nicht schon mit dem Tage der Bekanntmachung als zugestellt, sondern erst, wenn seit der öffentlichen Bekanntmachung zwei Wochen verstrichen sind. Erst mit diesem Zeitpunkt beginnt für die in Abs. 2 genannten Beteiligten der Lauf der Beschwerdefrist.

37 *4. Art der öffentlichen Bekanntmachung.* Die Wahl des Publikationsorgans ist dem Ermessen des Gerichts anheimgestellt. In jedem Fall genügt Anheftung an die Gerichtstafel. Das Schriftstück soll in den Fällen der sofortigen Beschwerde insgesamt vier Wochen, sonst zwei Wochen angeheftet bleiben (Abs. 3 Satz 3), jedoch ist eine vorzeitige Entfernung entsprechend § 206 Abs. 3 ZPO unschädlich (Abs. 3 Satz 4).

38 *5. Rechtsmittel.* Wird die Anordnung der öffentlichen Bekanntmachung abgelehnt, so steht dagegen der Aufsichtsbehörde und den Beteiligten, die an der Berichtigung ein schutzwürdiges Interesse haben (§ 70 Rdn. 3), die unbefristete Beschwerde nach § 19 FGG zu.

Rechtsmittel

70 *Gegen eine Verfügung, durch die angeordnet wird, daß eine Eintragung in dem Standesregister zu berichtigen ist, findet die sofortige Beschwerde statt. Die Verfügung tritt erst mit der Rechtskraft in Wirksamkeit.*

§ 70 ist ersetzt durch § 49 des Personenstandsgesetzes vom 3. 11. 1937 (RGBl. I, 1146) i. d. F. vom 8. 8. 1957 (BGBl. I, 1125):

§ 49 PStG. Gegen eine Verfügung, durch die der Standesbeamte zur Vornahme einer Amtshandlung angehalten oder durch die eine Berichtigung eines Personenstandsbuchs angeordnet wird, findet die sofortige Beschwerde statt; die Verfügung wird erst mit der Rechtskraft wirksam. Gegen andere Verfügungen ist die einfache Beschwerde zulässig.

Der Aufsichtsbehörde steht ein Beschwerderecht in jedem Falle zu.

1 *1. Art des Rechtsmittels.* Die Beschwerde gegen die Verfügung des Amtsgerichts ist eine *sofortige* (§ 22), wenn nach dem Inhalt der Entscheidung der Standesbeamte im Verfahren nach § 45 PStG zur Vornahme einer Amtshandlung angehalten oder im Verfahren nach § 47 Abs. 1 die Berichtigung eines Personenstandsbuchs, also des Heirats-, Familien-, Geburten- oder Sterbebuchs (§ 1 Abs. 2 PStG) angeordnet wird. Da in diesen Fällen eine Amtshandlung vorzunehmen oder eine Berichtigung zu vermerken ist, also eine Änderung der bisherigen Buch- oder Rechtslage eintreten soll, ist es im Interesse der Sicherheit des Rechtsverkehrs und der Stetigkeit der Rechtslage geboten, durch Befristung des Rechtsmittels zu gewährlei-

[2]) Emig StAZ 1936, 360; vgl. allgemein § 16 Rdn. 25; a.M. Bussert StAZ 1965, 22.

sten, daß die Veränderung erst nach Eintritt der formellen Rechtskraft und damit der Wirksamkeit der Entscheidung herbeigeführt werden kann (Denkschr. S. 55). Wenn dagegen die Ablehnung der Amtshandlung durch den Standesbeamten vom Amtsgericht gebilligt oder eine Berichtigung des Personenstandsbuchs abgelehnt wird, ist nach Abs. 1 Satz 2 die *unbefristete Beschwerde* gegeben, weil in diesem Fall keine Veränderung eintritt und deshalb eine baldige abschließende Klärung nicht erforderlich ist. Wird dem Anweisungs- oder Berichtigungsantrag *teilweise* entsprochen, er im übrigen aber abgelehnt, so ist das Rechtsmittel gleichwohl die sofortige Beschwerde, auch soweit die Ablehnung angefochten wird, da der Eintritt der formellen Rechtskraft nicht nach Teilen des Verfahrensgegenstandes aufgespalten sein kann[1]), es sei denn, daß Gegenstand der Entscheidung mehrere selbständige Verfahrensgegenstände sind.

2. Die weitere Beschwerde ist nach § 29 Abs. 2 FGG eine *sofortige*, wenn das Amtsgericht eine nach Anm. 1 mit der sofortigen Beschwerde anfechtbare Verfügung erlassen und das Landgericht die Beschwerde zurückgewiesen hat, aber auch, wenn das Amtsgericht den Antrag abgelehnt hat und die erste Beschwerde deshalb unbefristet war, das Landgericht aber dem Antrag durch Anweisung zur Vornahme einer Amtshandlung oder durch Anordnung einer Berichtigung stattgegeben hat[2]). Die sofortige weitere Beschwerde ist nach § 29 Abs. 2 FGG aber auch gegeben, wenn das Amtsgericht den Standesbeamten angewiesen oder eine Berichtigung angeordnet, das Landgericht aber diese Verfügung aufgehoben und den Antrag zurückgewiesen hat[3]). Unbefristet ist die weitere Beschwerde hiernach nur, wenn Amtsgericht und Landgericht die Anweisung oder Berichtigung übereinstimmend abgelehnt haben. **2**

3. Beschwerdeberechtigung

a) Beschwerderecht der Beteiligten. Im Verfahren nach § 45 zur Anweisung des Standesbeamten zur Vornahme einer Amtshandlung kann sich das Beschwerderecht Beteiligter nur aus § 20 Abs. 1 FGG ergeben, also nur gegeben sein, wenn ein eigenes Recht des Beschwerdeführers verletzt ist. Gegen die Entscheidung, durch die der Erlaß einer Anweisung an den Standesbeamten abgelehnt wird, ist mithin beschwerdeberechtigt nur, wer ein eigenes Recht auf die Vornahme der Amtshandlung hat; wird der Standesbeamte zur Vornahme einer Amtshandlung angewiesen, so kann beschwerdeberechtigt nur sein, wessen eigenes Recht durch die angeordnete Amtshandlung verletzt wird[4]). Die Eltern sind daher nicht aus eigenem Recht beschwerdeberechtigt, wenn das Aufgebot ihrer verlobten minderjährigen Tochter abgelehnt wird[5]). Im Berichtigungsverfahren nach § 47 wird der Kreis der Beschwerdeberechtigten etwas weiter zu ziehen sein; das Kammergericht hat mit Recht den Kreis der Beschwerdeberechtigten nicht unter Heranziehung des § 20 Abs. 1 FGG abgegrenzt[6]). Als beschwerdeberechtigt ist jeder anzusehen, der als Beteiligter antragsberechtigt wäre; die Antragsberechtigung erfordert aber nicht in jedem Fall die Verfolgung eines eigenen Rechts des Antragstellers (vgl. § 47 PStG Rdn. 23). Als beschwerdeberechtigt wird daher, wenn eine allgemeine Formel geprägt werden soll, angesehen werden müssen, wer ein schutzwürdiges Interesse an der richtigen Beurkundung des Standesfalls hat[7]). Daß der Kreis der Beteiligten nicht immer fest bestimmt oder bestimmbar ist, erkennt das Gesetz durch die in § 48a **3**

[1]) Stölzel PStG[5] § 49 Anm. 2; Schlegelberger Anm. 3; a.M. Maßfeller JW 1937, 3284, 3237; Emig PStG[2] § 49 Anm. 1; Keidel Anm. 4; offen gelassen in BayObLGZ 1966, 333.

[2]) BGHZ 30, 132; KG StAZ 1965, 16; Keidel Anm. 5, h. M.

[3]) KG JFG 19, 95 = JW 1939, 643 = StAZ 1939, 80; Düsseldorf JMBlNRW 1955, 42 = StAZ 1955, 162; BGH StAZ 1965, 299 = NJW 1965, 2052 (insoweit in BGHZ 44, 121 nicht abgedruckt); Frankfurt OLGZ 1966, 340; Waldmann DFG 1943, 65; Emig PStG[2] § 49 Anm. 4; Pfeiffer-Strickert PStG § 49 Anm. 7; Feneberg-Simader PStG § 49 Anm. 2 c bb; § 26 Abs. 3 DA; Keidel Anm. 5; a.M. Stölzel PStG[5] § 49 Anm. 2; Maßfeller StAZ 1939, 159; Koehler-Maßfeller PStG 1957 § 49 Anm. 3; Thomsen System S. 174 Fn. 1.

[4]) Vgl. KG DFG 1944, 15; KG RJA 15, 105 = KGJ 49, 45; BayObLGZ 1953, 189, 192; Düsseldorf OLGZ 1965, 355; Stölzel § 49 Anm. 3; Emig PStG[2] § 49 Anm. 2 a I; Keidel Anm. 7, 8.

[5]) Vgl. KG DFG 1937, 84.

[6]) KG JFG 23, 243; 23, 366.

[7]) Josef ZBlFG 8, 648; Schlegelberger Anm. 4.

Abs. 1 Satz 1 getroffene Regelung an[8]). Wird ein Antrag abgelehnt, so gilt die das Beschwerderecht einschränkende Bestimmung des § 20 Abs. 2 FGG wegen des Eintrittsrechts der Beteiligten nach § 48 Abs. 2 nicht (§ 48 PStG Rdn. 31).

4 *b) Beschwerderecht der Aufsichtsbehörde.* Der Aufsichtsbehörde, die für das betroffene Standesamt zuständig ist, steht nach Abs. 2 das Beschwerderecht in jedem Falle zu[9]). Das bedeutet, daß sie sowohl im Anweisungsverfahren nach § 45 als auch im Berichtigungsverfahren nach § 47 abweichend von § 20 Abs. 1 FGG Beschwerde auch ohne eigene Beschwer oder zugunsten oder zum Nachteil eines anderen Beteiligten oder im öffentlichen Interesse, um durch eine obergerichtliche Entscheidung die Klärung einer Rechtsfrage herbeizuführen, einlegen kann. Sie kann (erste oder weitere) Beschwerde auch einlegen, wenn sie mit dem Ergebnis und der Begründung der angefochtenen Entscheidung einverstanden ist und eine Bestätigung der Entscheidung durch die höhere Instanz erstrebt, insbesondere auch, wenn dem von ihr selbst gestellten Antrag oder der von ihr eingelegten Beschwerde stattgegeben worden ist[10]). Die Aufsichtsbehörde kann ihren Standpunkt im Laufe des Verfahrens nach erneuter Erwägung auch wechseln[11]). Auf Grund des Eintrittsrechts nach § 48 Abs. 2 kann die Aufsichtsbehörde Rechtsmittel mit dem Ziel der Aufhebung oder Bestätigung der Entscheidung auch einlegen, wenn die Entscheidung auf Antrag eines anderen Beteiligten ergangen war und wenn sie sich bis dahin an dem Verfahren nicht beteiligt hatte. Der Standesbeamte selbst hat kein Beschwerderecht, auch nicht, wenn er die Entscheidung des Gerichts durch eine Vorlegung nach § 31 Abs. 2 § 45 Abs. 2 oder § 47 Abs. 1 Satz 2 herbeigeführt hatte (§ 45 PStG Rdn. 15).

5 *4. Beschwerdeverfahren.* Für das Verfahren des Beschwerdegerichts gelten auf Grund der Verweisung in § 48 Abs. 1 PStG die allgemeinen Vorschriften (§§ 21 bis 31 FGG). Im Berichtigungsverfahren nach § 47 PStG gelten für die Bindung an Anträge und die Zulassung neuer Anträge die bei § 47 Anm. B 4 dargelegten Grundsätze. Wegen dieser Bindung an Sachanträge gilt im Verfahren nach § 47 das *Verbot der Schlechterstellung* (vgl. § 25 Rdn. 9 ff.)[12]); nur gegenüber der Aufsichtsbehörde als Beschwerdeführerin kommt ein Verbot der Schlechterstellung nicht in Betracht, da sie das Rechtsmittel im öffentlichen Interesse einlegt und dieses richtig verstandene Interesse nur auf die Erlangung einer richtigen, nicht einer von der Behörde für richtig gehaltenen Entscheidung gerichtet sein kann[13]). Dagegen ist im Anweisungsverfahren nach § 45 PStG, in dem überwiegend öffentliche Belange zu wahren sind, eine Schlechterstellung stets zulässig, auch wenn Beschwerdeführer ein Beteiligter ist[14]).

6 *5. Wirksamwerden der Entscheidung. Rechtskraft.* Verfügungen, durch die der Standesbeamte zur Vornahme einer Amtshandlung angehalten (§ 45 PStG) oder eine Berichtigung angeordnet wird (§ 47 PStG), werden erst mit der Rechtskraft wirksam. Der Standesbeamte darf mithin die Amtshandlung erst vornehmen und den Berichtigungsvermerk erst eintragen, wenn ihm die Rechtskraft der Entscheidung durch ein Rechtskraftzeugnis (§ 31) nachgewiesen

[8]) Diese Regelung zieht ersichtlich die Folgerungen aus der im älteren Schrifttum erhobenen Kritik, daß es wegen Unbestimmtheit des Kreises der Beteiligten nicht immer möglich sei, die Rechtskraft der Entscheidung herbeizuführen; so Frese ZBlFG 4, 675 ff.; Josef[2] § 70 Anm. 2.

[9]) Vgl. zur Entwicklungsgeschichte Maßfeller JW 1937, 3284. Zum Einfluß eines Zuständigkeitswechsels wegen Abgabe des Familienbuchs während des Verfahrens auf das Beschwerderecht der bisherigen Aufsichtsbehörde vgl. Frankfurt OLGZ 1970 Heft 1.

[10]) KG FamRZ 1961, 483; OLGZ 1968, 356; BayObLG StAZ 1961, 28; BayObLGZ 1963, 265, 267; 1965, 452; 1966, 2; 1967, 214; BGHZ 38, 380; 48, 92; BGH FamRZ 1965, 311 = JZ 1965, 531; Frankfurt Rpfleger 1964, 56; OLGZ 1966, 340; Stuttgart Die Justiz 1965, 144 mit Anm. v. Göppinger = StAZ 1966, 51; Hamm StAZ 1965, 131; Oldenburg StAZ 1965, 289; Brandis-Maßfeller PStG § 49 Anm. II 1 b; Feneberg-Simader PStG § 49 Anm. 3; Stölzel PStG[5] § 49 Anm. 3; Pfeiffer-Strickert PStG § 49 Anm. 9; Keidel Anm. 7, 9.

[11]) Stölzel PStG[5] § 49 Anm. 3.

[12]) Emig PStG[2] § 49 Anm. 5; Pfeiffer-Strickert PStG § 49 Anm. 13; a.M. Keidel § 19 Anm. 93.

[13]) Oldenburg StAZ 1966, 289; Pfeiffer-Strickert, Emig aaO.

[14]) Hamm Rpfleger 1954, 315; Braunschweig FamRZ 1962, 193; Pfeiffer-Strickert PStG § 49 Anm. 13; Keidel § 19 Anm. 93.

ist. Wird ein Berichtigungsvermerk gleichwohl vorher eingetragen, ohne die Rechtskraft abzuwarten oder auf Grund eines unrichtigen Rechtskraftzeugnisses, oder wird die bereits eingetretene Rechtskraft durch eine Wiedereinsetzung in den vorigen Stand beseitigt, so findet eine Beschwerde mit dem Ziel der Löschung des Vermerks nicht statt. Vielmehr muß ein Berichtigungsverfahren in umgekehrter Richtung beantragt werden[15]). Die Entscheidungen nach §§ 45, 47 PStG erwachsen nicht in materielle Rechtskraft[16]). Die formelle Rechtskraft schließt daher eine Berichtigung in einem auf Antrag eingeleiteten neuen Verfahren nicht aus (vgl. § 18 Rdn. 19). Zulässig ist sowohl einer Weiterberichtigung (mit verändertem Inhalt) als auch eine Rückberichtigung (Wiederherstellung des ursprünglichen Inhalts)[17]). Deshalb bedarf es auch keiner Wiederaufnahme des Verfahrens[18]). Die Anordnung der Rückberichtigung eines Berichtigungsvermerks setzt nicht notwendig eine Änderung der tatsächlichen oder rechtlichen Verhältnisse oder das Vorbringen neuer Beweismittel voraus[19]).

Antragsrecht des Notars

71 Sind Vorgänge, die auf Antrag eines Beteiligten in dem Standesregister am Rande einer Eintragung zu vermerken sind, von einem Notar beurkundet, so gilt dieser als ermächtigt, im Namen des Beteiligten, dessen Erklärung beurkundet ist, die Eintragung des Vermerkes in das Standesregister zu beantragen.

1. Bedeutung. Die Vorschrift enthält für Personenstandsregistersachen eine ähnliche Rege- 1
lung, wie sie für andere Registersachen in den §§ 129 Satz 1, 147 Abs. 1, 159, 161 Abs. 1 FGG, § 15 GBO und § 25 SchiffsRegO vorgesehen ist. Sie begründet für den Notar die gesetzliche Vermutung, von einem Antragsberechtigten zur Stellung des Antrags bevollmächtigt zu sein. Es wird mithin die Erteilung einer rechtsgeschäftlichen Vollmacht vermutet mit der Folge, daß der Notar der Pflicht zum Nachweis der Vollmacht enthoben ist[1]).

2. Anwendungsbereich. Als Randvermerke, deren Grundlage eine notarielle Beurkundung 2
sein kann, kommen in Betracht im Geburtenbuch die Anerkennung der Vaterschaft durch den nichtehelichen Vater, § 1600e Abs. 1 BGB, § 29 PStG, die Anerkennung der Mutterschaft nach ausländischem Recht, § 29b PStG, die Annahme an Kindes Statt und deren vertragliche Aufhebung, §§ 1741, 1768 BGB, § 30 PStG, die Namensgebung durch den Ehemann der Mutter oder den nichtehelichen Vater, § 1618 BGB, § 31a PStG; im Familien- oder Heiratsbuch Erklärungen über Namensänderung der Frau nach § 1355 Satz 2 BGB, §§ 55, 56 EheG, §§ 14 Nr. 7, 15c Abs. 2 PStG. 18 Abs. 1 AVO. Im Geburtenbuch wird die Namensänderung der Frau nur vermerkt, wenn der Mädchenname geändert wird, § 28 AVO. Den förmlichen Antrag eines Beteiligten erfordern nur die Randvermerke nach § 29b PStG; in den übrigen Fällen, in denen die Erklärung entweder dem Standesbeamten gegenüber abzugeben (§ 1355 Satz 2 BGB, §§ 55, 56 EheG mit 15c Abs. 2 PStG, §§ 1618, 1758 Abs. 4 BGB mit § 31a Abs. 2 PStG) oder ihm mitzuteilen ist (§§ 29 Abs. 2, 30 Abs. 2 PStG, § 27 AVO) wird der Randvermerk von Amts wegen eingetragen. Das schließt nicht aus, daß die Beteiligten einen darauf gerichteten Antrag stellen. Die vermutete Vollmacht des Notars ist deshalb auch auf diese Fälle zu erstrecken[2]). Die Frage ist für das gerichtliche Verfahren von Bedeutung, s. Anm. 4. Im Berichtigungsverfahren (§ 47 PStG) gilt die Ermächtigung niemals.

15) München JFG 16, 137; KG JFG 22, 302.

16) KGJ 32 A 76 = RJA 7, 89; KGJ 39 A 41; BayObLG OLGR 31, 284; BayObLGZ 1961, 100; Frankfurt StAZ 1960, 257; Stölzel PStG[5] § 47 Anm. 5; Emig PStG[2] § 49 Anm. 3; Pfeiffer-Strickert PStG § 49 Anm. 12; Keidel Anm. 11.

17) Pfeiffer-Strickert PStG § 49 Anm. 12; Keidel § 70 Anm. 6.

18) Frankfurt StAZ 1960, 257.

19) KGJ 32 A 76 = RJA 7, 89 = OLGR 14, 146; KGJ 39 A 41; BayObLGZ 1961, 95; Stölzel PStG[5] § 47 Anm. 5; Schlegelberger Anm. 6; Frese ZBlFG 4, 675, 678; Keidel Anm. 11; a.M. Neustadt StAZ 1960, 289; Pfeiffer-Strickert PStG § 49 Anm. 12.

1) Dazu Jansen, Zur Postulationsfähigkeit der Notare im Verfahren der freiw. Gerbkt., DNotZ 1964, 707.

2) Keidel Anm. 2; a.M. KG RJA 13, 11.

3 *3. Voraussetzungen.* Die vermutete Vollmacht des Notars ist abhängig davon, daß er den Vorgang beurkundet hat. Öffentliche Beglaubigung genügt nicht, auch wenn diese Form als Grundlage der Eintragung ausreicht[3]). Der Vorgang muß auf der Beurkundung des Notars beruhen. Daher keine Vollmachtsvermutung, wenn der Notar nur notwendige Einwilligungen (§§ 1746, 1747 BGB) beurkundet hat oder die Veränderung des Personenstandes oder des Namens auf staatlichem Hoheitsakt oder gerichtlicher Entscheidung beruht, z. B. die Ehelicherklärung nach §§ 1723, 1740a BGB[4]) oder die Namenserteilungen durch das VormG nach § 1740g BGB und Art. 12 § 6 Abs. 2 NichtehelG (dazu § 56b Rdn. 20, 34).

4 *4. Geltung im gerichtlichen Verfahren.* Die Vorschrift ist nach ihrer Stellung im Gesetz nicht zu beschränken auf die Antragstellung beim Standesbeamten, sondern gilt auch für die Weiterverfolgung des Antrags vor dem Amtsgericht, § 45 PStG, und die Einlegung der Beschwerde, § 49 PStG; auch hierzu bedarf der Notar unter den Voraussetzungen des § 71 keiner besonderen Vollmacht[5]). Wegen der Ermächtigung zur Zurücknahme des Antrags s. BNotO § 24 Abs. 3.

Fünfter Abschnitt

Nachlaß- und Teilungssachen

Vorbemerkungen

I. Bedeutung des Abschnitts

1 *1. Nachlaß- und Teilungssachen. Nachlaßsachen* ist die zusammenfassende Bezeichnung für eine Reihe von Angelegenheiten der freiwilligen Gerichtsbarkeit (§ 1), die sich an einen Erbfall anschließen können. Unter *Teilungssachen* ist nur die den Gerichten durch die §§ 86 bis 98, 99 übertragene Vermittlung der Auseinandersetzung über einen Nachlaß oder das Gesamtgut einen beendeten ehelichen oder fortgesetzten Gütergemeinschaft zu verstehen, nicht auch die Teilung sonstiger Gemeinschaften. Während das Teilungsverfahren eingehend geregelt ist, enthält das Gesetz für das Verfahren in Nachlaßsachen nur einige, die allgemeinen Vorschriften des ersten Abschnitts des FGG ergänzende Bestimmungen, da das Verfahren teilweise im BGB geregelt ist, insbesondere bei der Erteilung von Erbscheinen durch die §§ 2353 ff. BGB, die bei der Erteilung eines Testamentsvollstreckerzeugnisses oder eines Zeugnisses über die Fortsetzung der Gütergemeinschaft entsprechend anzuwenden sind (§§ 2368 Abs. 3, 1507 Satz 2 BGB), sowie bei der Eröffnung von Testamenten und Erbverträgen (§§ 2359 ff., 2300 BGB).

2 *2. Inhalt des fünften Abschnitts.* Der *Inhalt* des fünften Abschnitts betrifft in den §§ 72 bis 74 die sachliche und örtliche Zuständigkeit des Nachlaßgerichts. Die folgenden Vorschriften der §§ 75 bis 85 regeln das Verfahren bei der Nachlaßpflegschaft (§ 75), das Recht auf Einsichtnahme in Ermittlungen und auf Erteilung von Ausfertigungen (§§ 78, 85), das Beschwerdeverfahren und das Beschwerderecht bei der Nachlaßverwaltung (§ 76), bei der Setzung einer Inventarfrist (§ 77), bei erbrechtlichen Fristbestimmungen (§ 80), bei der Testamentsvollstreckung (§§ 81, 82) und bei der Kraftloserklärung von Erbscheinen und sonstigen Zeugnissen (§ 84) sowie das Verfahren beim Offenbarungseid des Erben (§ 79) und zur Erzwingung der Ablieferung von Testamenten (§ 83). In § 83a wird das Verfahren zur Stundung des Pflichtteilsanspruchs und des Erbersatzanspruchs geregelt. Die §§ 86 bis 99 regeln das Teilungsverfahren.

3 *3. Landesrecht. Landesrechtliche* Ergänzungs- und Ausführungsvorschriften sind für Nachlaß- und Teilungssachen in allen Ländern ergangen: *Baden:* §§ 5 bis 9, 31 bis 36 LFGG; *Bayern:* Art. 10 Abs. 3, 33 Abs. 2, 3 AGGVG, Art. 105 bis 108 AGBGB, NachlG vom 9. 8. 1902 (GVBl., 463), NachlO vom 20. 3. 1903 (JMBl. I, 459); *Bremen:* § 5 AGFGG; *Ham-*

[3]) KG OLGR 8, 231; Keidel Anm. 1.
[4]) A.M. für die Ehelichkeitserklärung Keidel Anm. 2.
[5]) Schlegelberger Anm. 3; Keidel Anm. 3.

burg: §§ 28, 29 AGFGG, § 78 AGBGB; *Hessen:* Art. 23 bis 30 HessFGG, §§ 19, 20 OrtsGerG; *Lübeck:* §§ 15, 16 AGFGG; *Niedersachsen:* Art. 10 bis 20 NdsFGG; *ehemals preuß. Gebiete:* Art. 19 bis 28, 104 ff. PrFGG; *Württemberg:* Art. 73 bis 93 AGBGB, VO d. JM über das Nachlaßwesen vom 10. 3. 1933 (ABl., 63 und 1934, 275).

4. Mitteilungspflichten in Nachlaßsachen. Um zu gewährleisten, daß die Stellen, bei denen sich Testamente und Erbverträge in amtlicher Verwahrung befinden, von dem Tode des Erblassers Kenntnis erlangen, ist ein besonderes Verfahren zunächst durch die AV d. RJM und RIM vom 15. 6. 1939 (DJ 1078) über *Benachrichtigung in Nachlaßsachen* eingeführt worden, jetzt ersetzt durch die bundeseinheitliche AV vom 2. 1. 1964, geändert durch AV vom 15. 12. 1965 (Bayern, JMBl. 1964, 39; 1966, 8; Berlin, ABl. 1964, 89; Bremen, ABl. 1964, 105; 1965, 360; Hamburg JVBl. 1964, 11; 1966, 2; Hessen JMBl. 1964, 7; 1966, 13; Niedersachsen NdsRpfl. 1964, 75; 1966, 4; Nordrhein-Westfalen, JMBl. 1964, 61; 1966, 2; Rheinland-Pfalz JBl. 1964, 57; Saarland JBl. 1964, 2; 92; 1966, 24; Schleswig-Holstein, SchlHA 1964, 33, 118; 1966, 33). Für Baden-Württemberg ist die Regelung enthalten in der AV vom 18. 4. 1966 (Die Justiz, 115 = StAZ 1966, 198). Die danach bestehenden Mitteilungspflichten sind angeführt in MiZi XVII/1. Die AV vom 2. 1. 1964 ist geändert durch AV vom 5. 12. 1969 (JMBlNRW 1969, 279). **4**

Weitere Mitteilungspflichten ergeben sich bei Maßregeln zur Sicherung eines Nachlasses aus MiZi XVII/3, wenn die Zuständigkeit des NachlG auf § 7 Abs. 1 Satz 1 ZustErgG beruht aus MiZi XVII/4, bei Zugehörigkeit eines Grundstücks oder Handelsgeschäfts zum Nachlaß aus MiZi XVII/5, bei Zugehörigkeit einer Heimstätte zum Nachlaß aus MiZi XVII/6, bei Bestimmung einer Inventarfrist, wenn der Erbe unter elterlicher Gewalt oder Vormundschaft steht, aus MiZi XVII/7, bei Beteiligung von Ausländern aus MiZi XVII/9 sowie im Kosteninteresse, wenn ein Erbschein oder sonstiges Zeugnis gebührenfrei oder -ermäßigt erteilt war, aus MiZi XVII/8. **5**

5. Steuerliche Beistandspflicht des NachlG. Nach § 189a AO, § 12 ErbStDVO i. d. F. vom 19. 1. 1962 (BGBl. I, 22) hat das NachlG dem für die Verwaltung der Erbschaftsteuer zuständigen Finanzamt (§§ 73a, 74 AO) mitzuteilen (mit den in § 12 Abs. 4 ErbStDVO bestimmten Ausnahmen) eröffnete Verfügungen von Todes wegen, Erbscheine, Testamentsvollstreckerzeugnisse, Zeugnisse über die Fortsetzung von Gütergemeinschaften, Beschlüsse über die Einleitung einer Nachlaßpflegschaft oder Nachlaßverwaltung sowie die Abwicklung von Erbauseinandersetzungen. Vgl. MiZi XVII/2. **6**

6. Gebühren bestimmen sich nach §§ 101 bis 117 KostO. **7**

II. Einfluß des Nichtehelichenrechts auf das Erbrecht

Aus dem am 1. 7. 1970 in Kraft getretenen Gesetz über die rechtliche Stellung der nichtehelichen Kinder vom 19. 8. 1969 (BGBl. I 1243) ergeben sich erbrechtliche Folgerungen auch aus der durch nichteheliche Geburt vermittelten Verwandtschaft. **8**

1. Erbrecht. Die Aufhebung des § 1589 Abs. 2 BGB durch Art. I Nr. 3 NichtehelG hat zur Folge, daß die nichteheliche Verwandtschaft erbrechtlich der ehelichen gleichsteht, soweit nicht Sonderregelungen getroffen sind. Der Referentenentwurf wollte das Fortbestehen des Unterhaltsanspruchs des nichtehelichen Kindes nach dem Tode des Vaters beibehalten und ein beschränktes Erbrecht des nichtehelichen Kindes oder seiner Abkömmlinge gegenüber dem Vater einführen. Neben ehelichen Abkömmlingen des Vaters und nach Verwandten des Vaters sollten das nichteheliche Kind und dessen Abkömmlinge nicht zur Erbfolge berufen sein; ebenso sollten der Vater und seine Verwandten nach dem nichtehelichen Kinde und seinen Abkömmlingen nicht erbberechtigt sein. Die Ehefrau sollte berechtigt sein, den Anteil des neben ihr berufenen nichtehelichen Kindes ihres Mannes zu übernehmen (vgl. dazu und zur Kritik Jansen/Knöpfel, Das neue Unehelichengesetz, 1967, S. 55 ff., 397 ff.). **9**

Das Gesetz, das dem Regierungsentwurf folgt, erkennt grundsätzlich die sich aus dem Wegfall des § 1589 Abs. 2 BGB ergebende erbrechtliche Gleichstellung der nichtehelichen **10** mit der ehelichen Verwandtschaft an, modifiziert die Erbfolge aber in den §§ 1934a bis 1934c BGB n. F. Danach tritt an die Stelle des gesetzlichen Erbteils ein Erbersatzanspruch gegen den Erben in Höhe des Wertes des Erbteils, wenn beim Tode des Vaters oder väterlicher Verwandter das nichteheliche Kind oder seine Abkömmlinge mit ehelichen Abkömmlingen oder dem überlebenden Ehegatten des Erblassers eine Erbengemeinschaft bilden würden, wenn beim Tode des nichtehelichen Kindes der Vater oder seine Abkömmlinge mit der Mutter oder ihren ehelichen Abkömmlingen, oder wenn beim Tode des nichtehelichen Kindes oder dessen Kindern der Vater oder seine Verwandten mit dem überlebenden Ehegatten zusammentreffen würden (§ 1934a Abs. 1 bis 3 BGB n. F.). Dabei steht ein nichteheliches Kind im Verhältnis zu seiner Mutter einem ehelichen gleich (§ 1934a Abs. 4 BGB n. F.). Der Erbersatzanspruch wird nach dem Bestand und dem Wert des Nachlasses z. Z. des Erbfalls berechnet (§ 1934b Abs. 1 BGB n. F.). Auf den Anspruch sind nach näherer Maßgabe des § 1934b Abs. 2 BGB n. F. die für den Pflichtteil sowie die für die Annahme und Ausschlagung eines Vermächtnisses geltenden Vorschriften sinngemäß anzuwenden. Der Erbersatzanspruch ist vererblich und übertragbar (§ 1934b Abs. 2 BGB n. F. i. V. mit § 2317 Abs. 2 BGB). Er verjährt in drei Jahren (§ 1934b Abs. 2 Satz 2 BGB n. F.).

11 Der Abkömmling oder der Vater des Erblassers, dem der an die Stelle des gesetzlichen Erbteils tretende Erbersatzanspruch durch Verfügung von Todes wegen entzogen worden ist (§§ 1938, 1937, 1941 BGB), ist pflichtteilsberechtigt (§ 2338a Satz 1 BGB n. F). Im Sinne der Vorschriften des fünften Abschnitts des fünften Buchs (Pflichtteil) des BGB steht der Erbersatzanspruch dem gesetzlichen Erbteil gleich (§ 2338a Satz 2 BGB n. F.). Der Erbersatzberechtigte kann also etwa nach § 2306 Abs. 1 Satz 2 BGB den Erbersatzanspruch ausschlagen und den Pflichtteil verlangen; er kann auch nach §§ 2326, 2329 BGB Ergänzung des Pflichtteils fordern.

12 2. *Stundung des Erbersatz- oder Pflichtteilsanspruchs.* Um Gefährdungen des Nachlasses nach Möglichkeit abzuwenden, die insbesondere entstehen können, wenn nichteheliche Kinder den ihnen nach der Neuregelung des Erbrechts beim Tod des Vaters oder väterlicher Verwandter zustehenden Pflichtteil oder Erbersatzanspruch durchzusetzen suchen, ohne zur Rücksichtnahme auf die Interessen der Erben bereit zu sein (vgl. die amtliche Begründung, BT-Drucks. V/2370, S. 98 zu Nr. 84), kann nach §§ 2331a, 1934b Abs. 2 BGB n. F. der Erbe, der selbst pflichtteilsberechtigt ist, gegebenenfalls Stundung des Erbersatz- oder Pflichtteilsanspruchs verlangen. Dafür wird in § 2331a Abs. 2 BGB n. F. die Zuständigkeit des *Nachlaßgerichts* begründet. Das Verfahren ist geregelt in § 83a FGG n. F.; vgl. die Darstellung dort. Dagegen gehört die Stundung des *Erbausgleichsanspruchs*, den das Kind nach § 1934d BGB n. F. gegen den Vater geltend machen kann, zur Zuständigkeit des Vormundschaftsgerichts; vgl. dazu Vorbem. vor § 35 Rdn. 11 sowie die Bem. zu § 53a.

13 3. *Höferecht.* Durch Art. 3 Nr. 1 NichtehelG wird § 5 HöfeO ergänzt, um zu verhindern, daß nach dem Wegfall des § 1589 Abs. 2 BGB künftig auch die nichtehelichen Kinder in die erste Hoferbenordnung (Kinder des Erblassers und deren Abkömmlinge) fallen. Soweit Kindern (und deren Abkömmlingen) an Stelle des gesetzlichen Erbteils ein Erbersatzanspruch zusteht (vgl. § 1934a BGB n. F.), sind sie nicht als Hoferben berufen.

14 4. *Übergangsbestimmungen.* Das Gesetz gilt grundsätzlich auch für die vor seinem Inkrafttreten (1. 7. 1970) geborenen Kinder und deren Abkömmlinge (Art. 12 § 1). Besondere erbrechtliche Übergangsbestimungen enthält jedoch Art. 12 § 10. Wenn der Erblasser vor dem Inkrafttreten des Gesetzes gestorben ist, bleiben danach für die erbrechtlichen Verhältnisse die bisher geltenden Vorschriften maßgebend (§ 10 Abs. 1 Satz 1). Das gleiche gilt für den Unterhaltsanspruch des nichtehelichen Kindes gegen den Erben des Vaters (§ 10 Abs. 1 Satz 2). Diese Regelung entspricht dem allgemeinen Grundsatz, daß sich die erbrechtlichen Verhältnisse nach dem Recht bestimmen, welches zur Zeit des Todes des Erblassers in Kraft war (Begründung zum Entwurf eines Einführungsgesetzes, BT-Drucks. V/3719 S. 69 zu § 10). Der Regierungsentwurf wollte es hierbei bewenden lassen und noch eine unterhaltsrechtliche Zwischenlösung für den Fall vorsehen, daß der Vater nach dem 30. 9. 1967, aber

vor dem Inkrafttreten des Gesetzes gestorben ist. Diese Übergangslösung, die damit begründet worden war, daß der Regierungsentwurf eines Gesetzes über die rechtliche Stellung der unehelichen Kinder am 7. 9. 1967 vom Bundeskabinett verabschiedet und im Laufe des Monats September veröffentlicht worden ist, wurde in Übereinstimmung mit dem Bundesrat vom Rechtsausschuß abgelehnt.

Die Beratungen des Rechtsausschusses führten sodann zu der jetzt in Art. 12 § 10 Abs. 2 **15**
enthaltenen Regelung. Danach bleiben für die erbrechtlichen Verhältnisse des nichtehelichen Kindes und seiner Abkömmlinge zum Vater und dessen Verwandten, auch wenn der Erblasser nach dem 1. 7. 1970 stirbt, die bisher geltenden Vorschriften maßgebend, wenn das nichteheliche Kind vor dem 1. 7. 1949 geboren ist, also beim Inkrafttreten des Gesetzes das 21. Lebensjahr bereits vollendet hatte (vgl. den Bericht des Rechtsausschusses, BT-Drucks. zu V/4179 S. 9 zu § 10).

5. Weitere Änderungen des Erbrechts. Das Gesetz enthält noch weitere Änderungen des **16**
Erbrechts, die nicht unmittelbar mit der Reform des Nichtehelichenrechts in Zusammenhang stehen, die aber der Rechtsausschuß bei Gelegenheit seiner Beratung der erbrechtlichen Bestimmungen vorgeschlagen hatte. Dem § 1931 BGB ist ein Abs. 4 angefügt worden, der das gesetzliche Erbrecht des überlebenden Ehegatten verbessert. Sind bei Gütertrennung als gesetzliche Erben neben dem überlebenden Ehegatten ein oder zwei Kinder des Erblassers berufen, so erben danach der überlebende Ehegatte und jedes Kind (oder dessen Abkömmlinge) zu gleichen Teilen. Statt einem Viertel erbt also der überlebende Ehegatte bei Gütertrennung künftig neben einem Kinde die Hälfte, neben zwei Kindern ein Drittel.

Der vom Rechtsausschuß eingefügte § 2057a BGB n. F. gewährt bei der Erbauseinander- **17**
setzung zwischen den als gesetzliche Erben berufenen Abkömmlingen demjenigen, der dem Erblasser ohne angemessenes Entgelt besondere Leistungen erbracht hat, einen Ausgleichsanspruch.

III. Recht der DDR

In der *DDR* und im Ostsektor Berlins sind die Verrichtungen des Nachlaßgerichts **18**
den staatlichen Notariaten übertragen worden, Verordnung über die Übertragung der Angelegenheiten der FG vom 15. 10. 1952 (GBl. DDR, 1057, SaBl. Beil. Nr. 46/52 Seite 78) § 3 Abs. 1 Nr. 2, 3, VO über die Errichtung und Tätigkeit des Staatlichen Notariats vom 15. 10. 1952 (GBl. DDR, 1055, SaBl. Beil. Nr. 46/52 S. 76) § 2 Nr. 2, 3. Die NotVerfO vom 16. 11. 1956 (GBl. DDR I, 1288) sieht eine Tätigkeit in Teilungssachen nicht mehr vor. § 91 Abs. 4 NotVerfO bestimmt, daß das FGG einschließlich der Ausf.- und DurchfBest. von staatlichen und freiberuflichen Notaren nicht mehr anzuwenden ist. Vgl. Einl. II Rdn. 45.

Das in der DDR und im Ostsektor Berlins geltende *Erbrecht* ist durch das am 1. 4. 1966 **19**
in Kraft getretene EinfG zum Familiengesetzbuch vom 20. 12. 1965 (GBl. DDR 1966 I, 19, VOBl. Berlin-Ost I, 135) — EGFGB — wesentlich geändert worden[1]). Durch § 27 Nr. 3 EGFGB sind die §§ 1931 bis 1934, 2050 Abs. 1, 2077 Abs. 1 Satz 2 und Abs. 2 BGB aufgehoben worden. Das gesetzliche Erbrecht des überlebenden Ehegatten ist wesentlich verbessert (§ 10 EGFGB); daneben kann ihm neben seinem Erbteil nach Maßgabe des § 40 FGB ein schuldrechtlicher Ausgleichsanspruch auf einen Anteil am Vermögen des anderen Ehegatten zustehen. Das außer der Ehe geborene Kind hat nach § 9 EGFGB mit gewissen Modifikationen ein gesetzliches Erbrecht nach dem Tode des Vaters und der Großeltern väterlicher-

[1]) Vgl. dazu Pernutz, Die erbrechtlichen Bestimmungen im neuen Familiengesetzbuch der DDR, NJW 1966, 530; Musiolik, JR 1966, 288; Riedel BWNotZ 1966, 192; Bartholomeyczik ErbR[8] § 10 I 10; v. Friesen-Heller, Das Familienrecht in Mitteldeutschland, hrsgg. v. BMin. f. Gesamtdt. Fragen, 1967, S. 82 ff.; Familienrecht der DDR, Lehrkomm., Anm. zu §§ 9, 10 EGFGB und § 40 FGB; Schrodt, Das Erbrecht des außerhalb der Ehe geborenen Kindes, NJ 1966, 299; Krone/Ullrich, Das neue Familienrecht und die Tätigkeit der Staatlichen Notariate, NJ 1966, 303. Das Erbrecht der DDR ist jetzt auch dargestellt bei Ferid-Firsching, Internationales Erbrecht, 2. Aufl. 1969.

seits; unter Umständen werden der Vater und seine Verwandten auch gesetzliche Erben des Kindes (§ 9 Abs. 4 EGFGB). Die Testierfreiheit bleibt unberührt (§§ 9 Abs. 5, 10 Abs. 3 EGFGB). Diese Vorschriften sind entsprechend Art. 24, 25 EGBGB zu beachten, wenn der Erblasser zur Zeit seines Todes ein mitteldeutsches interzonales Personalstatut (dazu § 35 Rdn. 122) hatte[2]).

Sachliche Zuständigkeit

72 Für die dem Nachlaßgericht obliegenden Verrichtungen sind die Amtsgerichte zuständig.

Übersicht

A. Sachliche Zuständigkeit

1 Das BGB setzt das Bestehen und die Mitwirkung eines Nachlaßgerichts voraus, ohne zu bestimmen, welche Behörde die Aufgaben des Nachlaßgerichts wahrzunehmen hat. Ergänzend hierzu überträgt § 72 diese Aufgaben dem Amtsgericht und begründet dadurch dessen sachliche Zuständigkeit. Das Gesetz hat damit den Rechtszustand übernommen, der schon bis dahin in den meisten deutschen Bundesstaaten bestand. Die Zuständigkeit des Amtsgerichts kann jedoch durch landesgesetzliche Vorbehalte oder abweichende bundesrechtliche Regelungen ausgeschlossen sein.

I. Landesgesetzliche Vorbehalte

2 Die Landesgesetzgebung ist auf Grund des Vorbehalts in Art. 147 EGBGB befugt, die Verrichtungen des Nachlaßgerichts mit Ausnahme der Abnahme des Offenbarungseides nach § 2006 BGB an andere als gerichtliche Behörden (nicht aber an andere gerichtliche Behörden) zu überweisen. Die VO über die Zuständigkeit der Amtsgerichte in Vormundschafts- und Nachlaßsachen vom 10. 6. 1936 (RGBl. I, 488), inzwischen aufgehoben durch Art. 9 I Abs. 2 Nr. 8 FamRÄndG vom 11. 8. 1961 (BGBl. I, 1221), bestimmte allgemein, daß die Verrichtungen des VormG und des NachlG zu einem von dem RJustMin. zu bestimmenden Zeitpunkt auf die Amtsgerichte übergehen; diese Anordnung ist nicht ergangen, so daß der Vorbehalt des Art. 147 EGBGB weiter in Kraft ist. Änderungen der dadurch in den Ländern Baden-Württemberg und Bayern begründeten Zuständigkeiten der Notariate bedürfen jetzt gemäß § 138 GG der Zustimmung der Landesregierung.

3 Auf Grund dieses Vorbehalts ist im württembergischen Rechtsgebiet des Landes Baden-Württemberg nach Art. 73 ff. WürttAGBGB — Anl. 17 — das in jeder Gemeinde bestehende staatliche NachlG (ordentliches NachlG) zuständig, dessen Geschäfte der Bezirksnotar, bei der Vermittlung von Nachlaß- und Gesamtgutsauseinandersetzungen unter Hinzuziehung von zwei Nachlaßrichtern, besorgt. Dem Amtsgericht sind nur die in Art. 91 WürttAGBGB aufgeführten Geschäfte vorbehalten. Im badischen Rechtsgebiet sind für die dem NachlG obliegenden Verrichtungen nach § 33 BadLFGG — *Anl. 16* — die (beamteten) Notare zuständig.

[2]) LG Berlin JR 1954, 108; KG OLGZ 1966, 592 = FamRZ 1967, 53; Palandt- Lauterbach BGB[28] vor Art. 7 EG Anm. 14 o; Soergel-Kegel BGB[9] vor Art. 25 EG Anm. 99; Erman-Marquordt BGB[4] Art. 24 EG Anm. 16.

Wegen des Verfahrens vor diesen Behörden vgl. § 194 mit Bem. Neben diesen Behörden und in anderen Ländern sind einzelne Geschäfte des Nachlaßgerichts, insbesondere bei der Nachlaßsicherung, nichtgerichtlichen Behörden (Gemeindebehörden, Dorfgerichten) übertragen, so nach Art. 105 BayAGBGB, § 20 Hess. OrtsgerG, Art. 10, 11 NdsFGG, Art. 83 Württ-AGBGB, §§ 5, 32 Abs. 2, 34 Abs. 2 BadLFGG, Art. 107, 111, 118, 122 f. PrGG. Für die Auseinandersetzung eines Nachlasses oder eines Gesamtguts kann auf Grund des Vorbehalts in § 193 FGG landesgesetzlich die Zuständigkeit der Notare begründet sein (vgl. § 193 Rdn. 3). Nach § 20 Abs. 4 BNotO sind die landesrechtlichen Vorschriften aufrechterhalten, nach denen die Notare zur Aufnahme von Nachlaßverzeichnissen und Nachlaßinventaren sowie zur Anlegung und Abnahme von Siegeln im Rahmen eines Nachlaßsicherungsverfahrens zuständig sind (Art. 87 PrFGG, Art. 85 HessFGG, Art. 13 NdsFGG, Art. 2 BayNotG, §§ 31, 32 BadLFGG). Auf Grund des Vorbehalts in Art. 148 EGBGB kann die in § 2003 Abs. 1 Satz 1 BGB bestimmte Zuständigkeit des NachlG zur Aufnahme des Inventars ausgeschlossen sein (vgl. § 77 Rdn. 16).

II. Zuständigkeit des Landwirtschaftsgerichts

Dem *Landwirtschaftsgericht* sind in den Ländern der ehemals britischen Zone (Hamburg, 4
Niedersachsen, Nordrhein-Westfalen und Schleswig-Holstein) Aufgaben des Nachlaßgerichts zugewiesen, wenn zum Nachlaß ein Hof im Sinne der Höfeordnung (Anl. B zur VO der brit. MilReg. Nr. 84) vom 24. 4. 1947 (ABl. d. MilReg. Nr. 18 S. 505, 982) i. d. F. des ÄndG vom 24. 8. 1964 (BGBl. I, 693) gehört. Diese Zuständigkeiten sind durch das Gesetz über das gerichtliche Verfahren in Landwirtschaftssachen vom 21. 7. 1953 (BGBl. I, 667) unberührt geblieben, wie sich aus §§ 1 Nr. 5, 20 Abs. 3, 50 LwVG und § 18 HöfeO ergibt[1]). Die Zuständigkeit umfaßt die Entgegennahme von Erklärungen über die Bestimmung des Hoferben nach § 14 Abs. 3 HöfeO, über die Ausschlagung des Hofanfalls nach § 11 HöfeO[2]) und über die Wahl eines von mehreren zum Nachlaß gehörenden Höfen nach § 9 HöfeO. Die Zuständigkeit erstreckt sich nach § 18 Abs. 2 HöfeO auch auf die Erteilung und Einziehung eines Gesamterbscheins über die Erbfolge in den Hof und das hoffreie Vermögen sowie eines nach § 18 Abs. 2 Satz 3 HöfeO zulässigen Hoffolgezeugnisses. Das LwG ist auch zuständig, wenn der Hof, weil kein Hoferbe vorhanden ist (§ 10 HöfeO), verwaist ist[3]) sowie für die Erteilung eines Zeugnisses über die Fortsetzung der ehelichen Gütergemeinschaft (§ 1507 BGB), wenn ein Hof zum Gesamtgut gehört[4]). Der Zuständigkeit des LwG steht es nicht entgegen, daß sich die Erbfolge noch nach dem Reichserbhofrecht bemißt (vgl. § 19 Abs. 1 HöfeO) oder daß ein vom NachlG nach § 15 Abs. 2 ErbhRVO erteiltes Hoffolgezeugnis eingezogen werden soll[5]); anders, wenn die Erbfolge sich nach dem BGB bemißt und die Hofeigenschaft erst nach dem Erbfall entstanden ist[6]). Stets ist jedoch Voraussetzung, daß der zum Nachlaß gehörende Hof in der ehemals brit. Zone belegen ist; für die Erteilung und Einziehung von Erbscheinen und Hoffolgezeugnissen über Höfe, die im übrigen Bundesgebiet einschließlich Berlin-West, in der DDR oder in den Gebieten jenseits der Oder-Neiße-Linie gelegen sind, ist das Nachlaßgericht sachlich zuständig[7]). Für die örtliche Zuständigkeit des LwG ist nicht der Wohnsitz des Erblassers, sondern nach § 10 LwVG die Lage der Hofstelle maßgebend; das gilt auch wenn ein Gesamterbschein beantragt

[1]) Pritsch LwVG § 1 Anm. H II b α S. 77, III a γ S. 81, L I b S. 103, § 20 Anm. V b S. 250; Barnstedt LwVG[2] § 1 Anm. 60; Lange-Wulff HöfeO[6] § 18 Anm. 246.

[2]) Schleswig DNotZ 1962, 425.

[3]) Celle NdsRpfl. 1950, 37; BGHZ 18, 63 = MDR 1956, 283 mit Anm. v. Rötelmann; Wöhrmann LwR § 10 Anm. 7, § 18 Anm. 16; Lange-Wulff HöfeO[6] § 18 Anm. 246; Barnstedt LwVG[2] § 1 Rdn. 60 zu 5.

[4]) Köln RdL 1960, 42; Lange-Wulff HöfeO[6] § 18 Anm. 259.

[5]) Hamm RdL 1950, 284; MDR 1949, 107; RdL 1951, 73; Schleswig SchlHA 1952, 159; 1956, 57; Scheyhing HöfeO § 18 Anm. 8.

[6]) Lange-Wulff HöfeO[6] § 18 Anm. 246.

[7]) BGHZ 9, 270 = NJW 1953, 943 = DNotZ 1953, 437 BayObLGZ 1967, 137 zu B; Staudinger-Firsching BGB[11] 17 vor § 2353; Celle NdsRpfl. 1963, 104; zur Zuständigkeit für Ost-Erbhöfe vgl. Wulff RdL 1953, 173; Köln RdL 1960, 77; Hamm RdL 1960, 131; § 73 Rdn. 13.

wird und das hoffreie Vermögen in dem Bezirk eines anderen Amtsgerichts liegt[8]). Wegen des Erbscheinsverfahrens vor dem LwG vgl. § 84 Rdn. 23.

5 Auch wenn zum Nachlaß ein Hof gehört, kann ein Erbschein erteilt werden, der lediglich die *Erbfolge in das hoffreie Vermögen* ausweist; das ist die notwendige Folge der Zulassung eines Hoffolgezeugnisses[9]). Für die Erteilung dieses Erbscheins ist jedoch, auch wenn zum Nachlaß ein in der britischen Zone belegener Hof gehört, das allgemeine Nachlaßgericht zuständig[10]). Ebenso ist das NachlG zuständig für die Erteilung eines Testamentsvollstreckerzeugnisses[11]), für die Ernennung und Entlassung des Testamentsvollstreckers, für die Anordnung einer Nachlaßpflegschaft oder einer Nachlaßverwaltung.

6 Für die *Vermittlung der Erbauseinandersetzung* nach §§ 86 ff. FGG ist das Nachlaßgericht zuständig, auch wenn zum Nachlaß ein Hof im Sinne der HöfeO gehört (§ 86 Rdn. 14). Die gerichtliche Zuweisung eines land- oder forstwirtschaftlichen Betriebes nach §§ 13 bis 17, 33 GrdstVG gehört jedoch nach § 1 Nr. 2 LwVG i. d. F. des § 25 Nr. 1 Buchst. a GrdstVG zur Zuständigkeit des LwG. Über das Verhältnis beider Verfahren zueinander vgl. § 86 Rdn. 29.

7 In *Rheinland-Pfalz* ist das Höferecht geregelt durch das Landesgesetz über die Höfeordnung vom 7. 10. 1953 (GVBl., 101) i. d. F. vom 18. 4. 1967 (GVBl., 138) — HöfeO-RhPf. — nebst LandesVO über die Höferolle i. d. F. vom 14. 3. 1967 (GVBl., 144) und vom 29. 10. 1968 (GVBl., 246) mit DVO vom 27. 4. 1967 (GVBl., 147). Das Landwirtschaftsgericht entscheidet bei Streitigkeiten über die Hoferbfolge kraft Gesetzes (§§ 16 bis 18 HöfeO-RhPf.) nach Anhörung des Höfeausschusses (§ 30 Abs. 2 HöfeO-RhPf.); dagegen ist das NachlG zuständig für die Erteilung eines Erbscheins, auch wenn zum Nachlaß ein Hof im Sinne der HöfeO gehört, sowie für die Erteilung eines auf die Hoferbfolge beschränkten Erbscheins (§ 30 Abs. 1 HöfeO-RhPf.) und für die Entgegennahme der Erklärung über die Ausschlagung des Hofanfalls (§ 19 HöfeO-RhPf.).

III. Weitere bundesrechtliche Zuständigkeiten

8 Nach § 18 KonsularG sind die Konsuln zuständig, Maßnahmen zur Sicherstellung des in ihrem Amtsbezirk befindlichen Nachlasses verstorbener deutscher Staatsangehöriger zu ergreifen. Nach §§ 16a, 37a KonsularG können deutsche Staatsangehörige vor besonders ermächtigten Berufskonsuln Testamente und Erbverträge errichten. Der Konsul kann das Testament nach Maßgabe der §§ 2260, 2261 Satz 2 BGB auch eröffnen, wenn der Erblasser vor der Absendung des Testaments an das AG Berlin-Schöneberg verstirbt (§ 16a Abs. 2 Satz 2 KonsularG). Die Fürsorge für den Nachlaß eines Mitgliedes der Schiffsbesatzung regelt § 76 SeemannsG vom 26. 7. 1957 (BGBl. II, 713) i. d. F. des Gesetzes vom 25. 8. 1961 (BGBl. II Seite 1391).

B. Verrichtungen des Nachlaßgerichts

9 Der Kreis der Aufgaben, die das Gesetz dem Nachlaßgericht zuweist, wird wesentlich bestimmt durch die Regelung des materiellen Erbrechts im bürgerlichen Recht. Danach fällt

8) Celle RdL 1950, 284; Oldenburg NdsRpfl. 1952, 69; Lange-Wulff LwVG[6] § 18 Anm. 246; Staudinger-Firsching BGB[11] 22 vor § 2353.

9) KG JW 1938, 3171 = DNotZ 1938, 801; Hamm JMBlNRW 1953, 42; Düsseldorf NJW 1953, 1870; Köln RdL 1953, 281; Celle RdL 1956, 113; Hamburg NJW 1958, 554 = MDR 1958, 247 = RdL 1958, 184; LG Köln JMBlNRW 1959, 125; Hense DNotZ 1952, 205; Lange-Wulff HöfeO[6] § 18 Anm. 248; Staudinger-Firsching BGB[11] 18 vor 2353.

10) Hamburg NJW 1958, 554 = MDR 1958, 247 = RdL 1958, 184; Hense DNotZ 1955, 370; 1959, 493; Wöhrmann LwR[2] § 18 HöfeO Anm. 17; Kipp-Coing ErbR § 128 V 3; Palandt-Keidel BGB[28] § 2353 Anm. 1; a.M. (LwG) LG Köln DNotZ 1959, 492; OLG Köln RdL 1960, 42; Lange-Wulff HöfeO[6] § 18 Anm. 248; Scheyhing HöfeO § 18 Anm. 7; Welskop Mitt.RheinNotK 1965, 269; BGB-RGRK[11] 19 vor § 2353; Staudinger-Firsching BGB[11] 18 vor § 2353.

11) Oldenburg NdsRpfl. 1953, 196 = RdL 1953, 281; LG Hannover RdL 1964, 244; Lange-Wulff HöfeO[6] § 18 Anm. 259 a; Wöhrmann LwR § 18 Anm. III 1; Scheyhing HöfeO § 18 Anm. 9; Palandt-Keidel BGB[28] § 2368 Anm. 3; a.M. Hamm NJW 1953, 1759; Firsching NachlR[3] S. 242.

die Erbschaft den testamentarischen oder gesetzlichen Erben im Wege der Gesamtrechtsnachfolge in der Weise an, daß sie in die Rechts- und Pflichtenstellung des Erblassers eintreten, ohne daß es der Mitwirkung von Nachlaßbehörden bedarf, insbesondere ist der Anfall der Erbschaft nicht von einer „Besitzeinweisung" oder „Einantwortung" abhängig, und es bedarf im Ergebnis nicht einmal einer willentlichen Annahme der Erbschaft durch den Erben, da die Annahme in Ermangelung einer fristgerechten Ausschlagung fingiert wird (§ 1943 BGB). Demgemäß steht das BGB nicht auf dem Boden einer von Amts wegen vorzunehmenden gerichtlichen Nachlaßbehandlung. In Übereinstimmung mit dem gemeinen, dem preußischen und dem sächsischen Recht geht es vielmehr von dem Grundsatz aus, daß die Regelung und Abwicklung des Nachlasses Sache der Beteiligten ist und ein amtliches Einschreiten nur in besonderen Fällen stattfindet, wenn die Fürsorge für einen unbetreuten Nachlaß oder das Interesse an Rechtsklarheit es erfordert oder das Tätigwerden einem Auftrag des Erblassers entspricht (§§ 2200, 83 BGB). Außerdem ist das Nachlaßgericht im Interesse der Rechtsgewißheit Sammelstelle für erbrechtliche Erklärungen. Im übrigen wird es nur auf Antrag tätig. Den in einigen süddeutschen Ländern überkommenen Gepflogenheiten Rechnung tragend, in denen das System der amtswegigen Nachlaßbehandlung eingeführt war[12]), hat der Gesetzgeber in Art. 140 EGBGB und § 192 FGG landesgesetzliche Vorbehalte zugunsten der Offizialmaxime vorgesehen. Nach Art. 140 EGBGB bleiben landesgesetzliche Vorschriften unberührt, nach welchen das NachlG auch unter anderen als den in § 1960 Abs. 1 BGB bezeichneten Voraussetzungen die Anfertigung eines Nachlaßverzeichnisses sowie bis zu dessen Vollendung die erforderlichen Sicherungsmaßregeln, insbesondere die Anlegung von Siegeln, von Amts wegen anordnen kann oder soll; auf diesem Vorbehalt beruhen die Vorschriften in § 34 BadLFGG — *Anl. 16* —, Art. 88, 89 WürttAGBGB — *Anl. 17* — und Art. 5 BayNachlG — *Anl. 21*. Nach § 192 FGG kann ferner das Landesrecht bestimmen, daß das NachlG die Auseinandersetzung eines Nachlasses von Amts wegen zu vermitteln hat, wenn die Erben sie nicht binnen einer bestimmten Frist bewirkt haben; hierauf beruhen die Vorschriften in Art. 3, 4 BayNachlG und Art. 87 WürttAGBGB. Bundesrechtlich läuft die Regelung in § 82a Satz 2 GBO auf eine Erbenermittlung von Amts wegen hinaus, wonach das Grundbuchamt im Interesse der Grundbuchberichtigung das NachlG um die Ermittlung der Erben des eingetragenen Eigentümers ersuchen kann[13]).

Hiernach lassen sich drei Gruppen von Verrichtungen des Nachlaßgerichts unterscheiden, **10**
nämlich solche, in denen es von Amts wegen tätig wird, andere, in denen ein Antrag Voraussetzung für die Einleitung eines Verfahrens ist, und schließlich Angelegenheiten, in denen sich die Zuständigkeit auf die Entgegennahme von Erklärungen beschränkt.

I. Amtsverfahren

Von Amts wegen vorzunehmende Verrichtungen des NachlG sind die Sicherung des Nach- **11**
lasses (§ 1960 BGB), die Feststellung des Erbrechts des Fiskus (§§ 1964, 1965 BGB), die Einholung der Genehmigung zu einer durch Verfügung von Todes wegen errichteten Stiftung (§ 83 BGB), die Ernennung eines Testamentsvollstreckers (§ 2200 BGB), die Veranlassung zur Ablieferung eines Testaments (§ 2259 BGB), die Eröffnung von Testamenten und Erbverträgen (§§ 2260 bis 2262, 2263a, 2273, 2300, 2300a BGB), die Einziehung von Erbscheinen und Testamentsvollstreckerzeugnissen (§§ 2361, 2368 BGB) und der in § 1507 BGB, §§ 36, 37 GBO, §§ 42, 74 SchiffsRegO bezeichneten Zeugnisse, ferner die Mitteilungen bei der Erbausschlagung (§ 1953 Abs. 3 BGB), bei der Anfechtung der Annahme oder Ausschlagung der Erbschaft (§ 1957 BGB) und bei der Anfechtung von Testamenten und Erbverträgen (§§ 2081 Abs. 2, 2281 Abs. 2 BGB). Auch die Aufgaben bei der Erbfolge in *Heimstätten* nach § 24 RHeimstG i. d. F. vom 25. 11. 1937 (RGBl. I 1291) i. V. mit §§ 25 bis 40 AVO-RHeimstG v. 19. 7. 1940 (RGBl. I, 1027) werden gemäß § 40 AVO von Amts wegen

[12]) Vgl. Probst, Verlassenschaftsverfahren in Württemberg, AcP 75, 23; Roth, Bayer. Civilrecht 3, 777; Weißler FGG (1900) Bem. zu § 192.

[13]) Dazu KG OLGZ 1969, 134.

wahrgenommen, soweit nicht nach § 26 Nr. 3 für die Herbeiführung einer Einigung der Miterben über die Heimstättenfolge ein Antrag erforderlich ist[14]).

II. Antragsverfahren

12 Einen Antrag erfordern die Bestellung eines Nachlaßpflegers auf Antrag eines Gläubigers (§ 1961, sog. Prozeßpflegschaft im Gegensatz zur Sicherungspflegschaft nach § 1960 Abs. 2) oder auf Antrag des Finanzamts (§ 106 Abs. 3 RAO), die Erbenermittlung auf Ersuchen des Grundbuchamts (§ 82a GBO), die Anordnung der Nachlaßverwaltung (§§ 1981, 1983 BGB), die Bestimmung einer Inventarfrist (§§ 1994, 1955 Abs. 3, 1996), die Aufnahme des Inventars (§ 2003 BGB), die Abnahme des Offenbarungseides über die Richtigkeit des Inventars (§ 2006), die Fristbestimmung bei Vermächtnissen und Auflagen (§§ 2151, 2153 bis 2155, 2192, 2193 BGB) und bei der Testamentsvollstreckung (§§ 2198, 2199, 2202 Abs. 3 BGB), die Außerkraftsetzung von Verwaltungsanordnungen des Erblassers für den Testamentsvollstrecker (§ 2216 Abs. 2 BGB), die Entscheidung von Meinungsverschiedenheiten unter mehreren Testamentsvollstreckern (§ 2224 BGB), die Entlassung des Testamentsvollstreckers (§ 2227 BGB), die Erteilung von Erbscheinen, Testamentsvollstreckerzeugnissen (§§ 2353, 2368, 2369 BGB), der in § 1507 BGB, §§ 36, 37 GBO, § 42, 74 SchiffsRegO vorgesehenen Zeugnisse und der Legitimationsbescheinigung bei der Rechtsnachfolge von Todes wegen nach § 16 RSchuldbG sowie die Vermittlung der Auseinandersetzung eines Nachlasses oder eines Gesamtguts (§§ 86, 99 FGG), ferner die Ermächtigungen in Staatsangehörigkeitsangelegenheiten Verstorbener nach § 21 des G zur Regelung von Fragen der Staatsangehörigkeit vom 22. 2. 1955 (BGBl. I, 65, BGBl. III, 102—5), nach § 9 Abs. 1 des 2. StAngRegG vom 17. 5. 1956 (BGBl. I, 431, BGBl. III, 102—6) und nach Art. II Abs. 3 des RuStAngÄndG vom 19. 12. 1963 (BGBl. I, 982).

III. Entgegennahme von Erklärungen

13 Das Nachlaßgericht soll nach einer in den Materialien zum BGB wiederholt ausgesprochenen Absicht Sammelstelle für auf den Nachlaß bezügliche Erklärungen und Urkunden sein, damit Nachlaßbeteiligte sich jederzeit Gewißheit darüber, ob eine bestimmte Erklärung abgegeben ist, und damit über die wesentlichen Rechtsverhältnisse am Nachlaß verschaffen können. Demgemäß ist das Nachlaßgericht zuständig für die Entgegennahme der Erklärung über die Ausschlagung einer Erbschaft (§ 1945 BGB) und über die Anfechtung der Annahme oder der Ausschlagung (§ 1955 BGB), der Erklärung über die Anfechtung eines Testaments oder eines Erbvertrages (§§ 2081, 2281 BGB), der Erklärungen über die Ablehnung und Aufhebung der fortgesetzten Gütergemeinschaft und den Verzicht des anteilsberechtigten Abkömmlings auf seinen Anteil am Gesamtgut (§§ 1484, 1491, 1492 BGB), der Anzeige über den Eintritt der Nacherbfolge (§ 2146 BGB), der Anzeige vom Erbschaftskauf (§§ 2384, 2385 BGB), der Erklärungen über die Annahme, Ablehnung oder Kündigung des Amts eines Testamentsvollstreckers (§§ 2202, 2226 BGB), der Erklärung über die Übernahme der Heimstätte und über den Verzicht auf die Heimstättenfolge (§§ 27, 28 AVO-RHeimstG) sowie für die Entgegennahme des Nachlaßverzeichnisses (Inventars) und der Erklärung des Erben über die Bezugnahme auf ein bereits vorhandenes Inventar (§§ 1993, 2004 BGB).

14 Richtige Empfangsstelle ist das nach § 72 FGG, Art. 147 EGBGB sachlich zuständige Nachlaßgericht, nicht etwa das Beschwerdegericht, wenn eine Nachlaßsache in der Beschwerdeinstanz anhängig ist. Im Beschwerdeverfahren kann nur vorgetragen werden (§ 23), daß die

[14]) Zum Verfahren nach § 26 Nr. 3 AVO-HeimstG vgl. BayObLGZ 1967, 40; zum Heimstättenfolgezeugnis Frankfurt NJW 1961, 562; die Sondervorschriften über die Heimstättenfolge sind auch auf den Miteigentumsanteil an einer Heimstätte anwendbar, Frankfurt und BayObLG aaO.; Schmidt-Futterer, DNotZ 1961, 251; Wormit-Ehrenforth RHeimstG[4] § 24 Anm. 1; vgl. auch Woesner, SchlHA 1959, 118 (Erbfolge in Heimstätte und Heimstättenzeugnis); Hamm RdL 1953, 216 (Genehmigungsverfahren nach § 26 Nr. 3 AVO-RHeimstG). Eine Reichsheimstätte kann nicht gleichzeitig dem Höferecht unterstehen, BGH NJW 1961, 122.

Erklärung gegenüber dem Nachlaßgericht abgegeben sei. Das Beschwerdegericht wird aber, wenn eine der angeführten Erklärungen, wie es mitunter vorkommt, ihm gegenüber abgegeben wird, die Erklärung unverzüglich an das Nachlaßgericht weiterzuleiten haben.

C. Zuständigkeit des Rechtspflegers

Nachlaß- und Teilungssachen gehören zum Gebiet der Vorbehaltsübertragung (vgl. allgemein § 1 Rdn. 103 ff.). Das bedeutet, daß die richterlichen Geschäfte in Nachlaß- und Teilungssachen, übrigens auch die Geschäfte des Amtsgerichts nach §§ 2258a, 2258b, 2261, 2263a, 2264, 2300, 2300a BGB bei der amtlichen Verwahrung von Testamenten und Erbverträgen, grundsätzlich auf den Rechtspfleger übertragen sind (§ 3 Nr. 2 Buchst. c RechtspflG), soweit nicht einzelne Geschäfte dem Richter vorbehalten sind. Diese Geschäfte sind in § 16 RechtspflG aufgeführt. Auf landesrechtliche Angelegenheiten ist das Rechtspflegergesetz nicht anwendbar[15]). **15**

Eine Übertragung der genannten Geschäfte auf den Rechtspfleger kommt nur insoweit in Betracht, als die *Amtsgerichte* sachlich zuständig sind. Die Zuständigkeit der im Landesteil Württemberg des Landes Baden-Württemberg auf Grund des Vorbehalts in Art. 147 EGBGB als ordentliche Nachlaßgerichte bestehenden Bezirksnotariate (oben Rdn. 3) wird durch das Gesetz nicht berührt. Welche Vorbehalte zugunsten des Amtsgerichts bestehen, bestimmt das Landesrecht. In Art. 91 WürttAGBGB sind nur wenige Geschäfte dem Amtsgericht vorbehalten. Davon entspricht Art. 91 Nr. 1 dem § 4 Abs. 2 Nr. 1 RechtspflG, Art. 92 Nr. 2 dem § 13 Nr. 10 RechtspflG a. F.; dagegen bestehen keine dem § 16 Nr. 1 bis 8 RechtspflG entsprechenden Richtervorbehalte. Das ist, soweit Aufgaben des NachlG Rechtsprechungscharakter haben (§§ 2216 Abs. 2, 2224, 2227 BGB, vgl. § 82 Rdn. 12), nicht unbedenklich. Nach Art. 92 WürttAGBGB können (entsprechend § 8 Abs. 1 RechtspflG) Verfügungen des Amtsgerichts nicht aus dem Grund angefochten werden, daß das ordentliche Nachlaßgericht zuständig gewesen wäre. Für das badische Rechtsgebiet des Landes Baden-Württemberg, wo die Verrichtungen des NachlG von beamteten, grundsätzlich zum Richteramt befähigten Notaren (§§ 33, 2, 3 BadLFGG) wahrgenommen werden (oben Rdn. 3), enthält § 35 RechtspflG eine Sonderregelung. Soweit einem solchen Notariat ein Rechtspfleger zugewiesen ist, ist dessen Zuständigkeitsbereich im Verhältnis zum Notar in gleicher Weise abgegrenzt wie nach §§ 3 Nr. 2 Buchst. c, 16 RechtspflG im Verhältnis des Rechtspflegers zum Richter (§ 35 Abs. 1 RechtspflG). Auch sonst tritt, wo das RechtspflG Zuständigkeiten im Verhältnis zwischen Richter und Rechtspfleger regelt (§§ 4 bis 11, 25, 28), an die Stelle des Richters der Notar (§ 35 Abs. 2 RechtspflG). Über Erinnerungen gegen Verfügungen des Rechtspflegers entscheidet mithin nach Maßgabe des § 11 Abs. 2 RechtspflG der Notar[16]), und gegen dessen Entscheidung kann nach § 57 BadLFGG das Landgericht angerufen werden (vgl. § 195 Rdn. 1). **16**

I. Der Richtervorbehalt

erstreckt sich gemäß § 16 RechtspflG auf folgende Verrichtungen in Nachlaß- und Teilungssachen (vgl. aber BT-Drucks. VI/289 betr. Streichung der Nrn. 1 und 8 a des § 16):

1. Nr. 1: die Geschäfte des NachlG, die bei einer Nachlaßpflegschaft oder Nachlaßverwaltung erforderlich werden, soweit sie den gemäß § 14 RechtspflG dem Richter vorbehaltenen Geschäften in Vormundschaftssachen entsprechen. Hierher gehören die Anordnung einer Nachlaßpflegschaft (§§ 1960 bis 1962 BGB, § 75 FGG) oder einer Nachlaßverwaltung (§§ 1975, 1981 BGB, § 76 FGG) einschließlich der Auswahl und Entlassung des Pflegers oder Verwalters (§ 1915 BGB), gegebenenfalls die Beschränkung des Wirkungskreises[17]), nicht aber die Aufhebung der Nachlaßpflegschaft (§ 1919 BGB) und der Nachlaßverwaltung (§ 1988 Abs. 2 BGB. Ferner fallen unter den Vorbehalt entsprechend § 14 Nr. 9 RechtspflG die nachlaßgerichtlichen Genehmigungen nach §§ 1962, 1975, 1915, 1822 Nrn. 1 bis 3, 12 und § 1823 **17**

[15]) Arndt RechtspflG § 1 Anm. 26.
[16]) Arndt RechtspflG § 33 Rdn. 21.
[17]) Vgl. KG OLGZ 1965, 259.

BGB. Dem Rechtspfleger übertragen bleibt die Bewilligung einer Vergütung (§§ 1836, 1915, 1987 BGB), die Entscheidung über sonstige nachlaßgerichtliche Genehmigungen, die Verpflichtung des Nachlaßpflegers (§§ 1975, 1962, 1915, 1789 BGB) und die allgemeine Beaufsichtigung der Tätigkeit des Nachlaßpflegers oder -verwalters (§§ 1962, 1837 BGB);

18 *2.* Nr. 2: Die Ernennung eines Testamentsvollstreckers (§ 2200 BGB). Dagegen gehören die hiermit in Zusammenhang stehenden Fristbestimmungen nach §§ 2198 Abs. 2, 2202 Abs. 3 BGB sowie die Entgegennahme der Erklärungen nach §§ 2198 Abs. 1, 2199 Abs. 3, 2202 Abs. 2 BGB und der Kündigung des Testamentsvollstreckers nach § 2226 BGB zur Zuständigkeit des Rechtspflegers;

19 *3.* Nr. 3: die Entscheidung über Anträge, eine vom Erblasser für die Verwaltung des Nachlasses durch letztwillige Verfügung getroffene Anordnung außer Kraft zu setzen (§ 2216 Abs. 2 Satz 2 BGB, § 82 FGG); wegen des Rechtssprechungscharakters dieser Entscheidung war schon bisher trotz des Fehlens eines Vorbehalts anzunehmen, daß der Richter zuständig ist[18]);

20 *4.* Nr. 4: die Entscheidung von Meinungsverschiedenheiten zwischen mehreren Testamentsvollstreckern (§ 2224 BGB, § 82 FGG);

21 *5.* Nr. 5: die Entlassung des Testamentsvollstreckers aus wichtigem Grunde (§ 2227 BGB, § 81 FGG). Die Rückforderung des infolge der Entlassung nach § 2368 Abs. 3 Halbs. 2 BGB kraft Gesetzes kraftlos gewordenen Testamentsvollstreckerzeugnisses[19]), die keine Einziehung i. S. des § 2361 BGB ist, ist eine bloße Vollziehungsmaßnahme und fällt nicht mehr unter den Richtervorbehalt[20]).

22 *6.* Nr. 6:

a) die Erteilung von Erbscheinen (§ 2353 BGB), sofern eine Verfügung von Todes wegen vorliegt. Der Richtervorbehalt besteht auch, wenn eine Prüfung ergibt, daß die Verfügung von Todes wegen unwirksam oder widerrufen ist oder keine Erbeinsetzung enthält[21]). Der Meinung, der Rechtspfleger brauche den Erbscheinsantrag nur vorzulegen, wenn er Zweifel an der Wirksamkeit des Testaments habe, der Richtervorbehalt bestehe also nicht, wenn der Rechtspfleger das Testament für unwirksam halte[22]), kann nicht beigetreten werden; diese Prüfung soll gerade dem Richter vorbehalten werden. Allenfalls kann angenommen werden, daß der Richtervorbehalt nicht in Betracht kommt, wenn die Annahme, ein vorgelegtes Schriftstück könne eine (wirksame oder unwirksame) Verfügung von Todes wegen sein, offensichtlich gänzlich unhaltbar ist. Die vorstehende Auffassung wird bestätigt durch § 16 Abs. 2 RechtspflG n. F. Danach kann, wenn trotz Vorliegens einer Verfügung von Todes wegen ein Erbschein oder ein Überweisungszeugnis nach §§ 36, 37 GBO oder §§ 42, 74 SchiffsRegO auf Grund gesetzlicher Erbfolge zu erteilen ist, der Richter die Erteilung des Erbscheins oder Zeugnisses dem Rechtspfleger übertragen, sofern deutsches Erbrecht anzuwenden ist; der Rechtspfleger ist an die Auffassung des Richters gebunden. Grundsätzlich besteht mithin der Richtervorbehalt und es bedarf einer Übertragung im Einzelfall. Bei Nichtbeachtung der Vorschrift gilt § 8 Abs. 2 RechtspflG, wonach Unwirksamkeit nicht eintritt;

23 *b)* die Erteilung von gegenständlich beschränkten Erbscheinen (§ 2369 BGB). Der Vorbehalt beruht darauf, daß in diesem Fall ein ausländisches Recht Erbstatut ist; er gilt sowohl bei gewillkürter als auch bei gesetzlicher Erbfolge und unabhängig davon, ob eine Verfügung von Todes wegen vorliegt oder nicht. Kommt infolge einer Rückverweisung auf deutsches Recht die Erteilung eines allgemeinen Erbscheins in Betracht (§ 73 Rdn. 28), so gilt die Vorlegungspflicht nach § 5 Abs. 1 Nr. 3 RechtspflG. Der Vorbehalt müßte auch gelten, wenn

[18]) Arndt RechtspflG § 13 Rdn. 13; Firsching NachlR³ S. 11; Keidel § 72 Anm. 17; a.M. Hofmann-Kersting RechtspflG S. 137.

[19]) Über die Pflicht des NachlG hierzu vgl. KG JFG 16, 299; KG NJW 1964, 1905; München NJW 1951, 74.

[20]) A.M. Arndt RechtspflG § 13 Anm. 15; Keidel § 72 Anm. 18.

[21]) Arndt, RechtspflG, § 13 Anm. 17; Arnold, RechtspflG, § 13 Anm. 4.

[22]) So Firsching NachlR³ S. 8/9; wie hier Arndt aaO.

man der (hier abgelehnten) Meinung sein sollte, daß für Erblasser mit mitteldeutschem Personalstatut nur ein beschränkter Erbschein in Betracht käme (vgl. § 73 Rdn. 38);

c) die Erteilung von Testamentsvollstreckerzeugnissen (§ 2368 BGB). Hierher gehört auch das Zeugnis über die Annahme des Testamentsvollstreckeramts (vgl. § 84 Rdn. 27), nicht aber das Zeugnis über den Eingang der Annahmeerklärung, welches lediglich die Beurkundung eines tatsächlichen Vorgangs enthält[23]). **24**

d) die Erteilung von Überweisungszeugnissen nach §§ 36, 37 GBO und §§ 42, 74 SchiffsRegO, sofern eine Verfügung von Todes wegen vorliegt; **25**

Kein Richtervorbehalt besteht für die Erteilung von Erbscheinen nach gesetzlicher Erbfolge, wenn außerdem keine Verfügung von Todes wegen vorliegt und deutsches Erbrecht maßgebend ist, von Zeugnissen nach §§ 1507 BGB, Art. 8, I Nr. 7 GleichberG mit §§ 1549, 1557 BGB über die Fortsetzung der ehelichen Gütergemeinschaft (vgl. § 84 Rdn. 26), für die Erteilung von Verfügungsbescheinigungen nach § 16 RSchuldbG (§ 84 Rdn. 29) und von Heimstättenfolgezeugnissen nach § 24 RHeimstG, ferner für die Feststellung nach §§ 1964, 1965 BGB, daß ein anderer Erbe als der Fiskus nicht vorhanden ist. **26**

Die Entgegennahme der eidesstattlichen Versicherung nach § 2356 Abs. 2 BGB ist keine Verrichtung des Nachlaßgerichts, sondern ein Beurkundungsgeschäft. Sie fällt mithin nicht unter § 3 Nr. 2 Buchst. c RechtspflG, sondern es bedurfte dazu der besonderen Übertragung (Vollübertragung) durch § 3 Nr. 1 Buchst. f RechtspflG. Da es sich hierbei nicht um die Beurkundung eines Rechtsgeschäfts handelt, greift der Vorbehalt in Art. 141 EGBGB nicht ein; der Landesgesetzgeber kann also die Zuständigkeit der Gerichte nicht ausschließen, so daß jedes Amtsgericht (neben den Notaren) zuständig ist[24]). Das Beurkundungsgesetz hat diese Zuständigkeit der Gerichte aufrechterhalten (§ 1 BeurkG Rdn. 18). **27**

7. Nr. 7: die Einziehung von Erbscheinen (§ 2361 BGB), von Testamentsvollstreckerzeugnissen (§ 2368 BGB), von Zeugnissen über die Fortsetzung der ehelichen Gütergemeinschaft (§§ 1507, 1549, 1557 BGB mit Art. 8, I Nr. 7 GleichberG) sowie der Überweisungszeugnisse nach §§ 36, 37 GBO und §§ 42, 74 SchiffsRegO. Für die Einziehung von Erbscheinen und der genannten Überweisungszeugnisse besteht der Richtervorbehalt jedoch nur, wenn die Erbscheine oder Zeugnisse vom Richter erteilt oder wegen einer Verfügung von Todes wegen einzuziehen sind. Es kann nur der Erlaß der Einziehungsordnung gemeint sein; ihre Vollziehung durch Einziehung (§ 33) oder Kraftloserklärung (§ 84 Rdn. 14) obliegt dem Rechtspfleger. Die Rückforderung eines kraft Gesetzes nach § 2368 Abs. 3 Halbs. 2 BGB kraftlos gewordenen Testamentsvollstreckerzeugnisses ist keine Einziehung in diesem Sinne und daher nicht dem Richter vorbehalten[25]); **28**

8. Nr. 8: die gerichtliche Vermittlung der Erbauseinandersetzung (§§ 86 bis 98 FGG) ist auf den Rechtspfleger übertragen. Richtervorbehalte bestehen jedoch für einzelne Geschäfte innerhalb des Verfahrens, nämlich **29**

a) bei der Anordnung einer Pflegschaft nach § 88 diejenigen Geschäfte, die bei der Nachlaßpflegschaft nach § 16 Nr. 1 RechtspflG dem Richter vorbehalten sind (oben Rdn. 18), insbesondere also die Anordnung der Pflegschaft, die Auswahl des Pflegers und seine Entlassung, **30**

b) die nach § 97 Abs. 2 an Stelle des VormG vom NachlG zu erteilenden Genehmigungen, soweit nach § 14 Nr. 9 RechtspflG die entsprechenden Genehmigungen des VormG dem Richter vorbehalten sind. **31**

Im badischen Rechtsgebiet des Landes Baden-Württemberg gelten dieselben Vorbehalte nach § 35 Abs. 1 RechtspflG zugunsten des Notars. Vgl. auch § 86 Rdn. 13. **32**

[23]) Firsching aaO. S. 12, 243.
[24]) Arndt RechtspflG § 23 Anm. 49; Palandt-Keidel BGB[28] § 2356 Anm. 6; a.M. Firsching NachlR[3] S. 8.
[25]) A.M. Arndt RechtspflG § 13 Anm. 24.

33 Für die gerichtliche Vermittlung der Auseinandersetzung einer beendeten ehelichen oder fortgesetzten Gütergemeinschaft (§ 99 FGG) besteht kein Richtervorbehalt mehr; sie ist durch § 3 Nr. 2 Buchst. c RechtspflG auf den Rechtspfleger übertragen. Die Vorbehalte vorstehend unter Nr. 8 zu a) und b) müssen aber entsprechend gelten. In Baden, wo auf Grund des Vorbehalts in § 193 FGG gemäß § 35 BadLFGG die Notare auch für das Verfahren nach § 99 zuständig sind, folgt die Übertragung auf den Rechtspfleger aus § 35 Abs. 1 RechtspflG.

34 An der Abnahme des Offenbarungseides in den Fällen, in denen das NachlG für die Abnahme dieses Eides zuständig ist, ist der Rechtspfleger durch § 4 Abs. 2 Nr. 1 RechtspflG gehindert. Das sind der Offenbarungseid des Erben über die Richtigkeit des von ihm errichteten Inventars nach § 2006 BGB, § 79 FGG (vgl. § 79 Rdn. 2) und der Offenbarungseid des mutmaßlichen Testamentsbesitzers nach § 83 Abs. 2 FGG (vgl. § 83 Rdn. 7). Das in § 163 FGG geregelte Verfahren zur Abnahme des Offenbarungseides nach §§ 259, 260, 2028, 2057 BGB ist auch bei Ansprüchen erbrechtlicher Art keine Verrichtung des Nachlaßgerichts, sondern nach § 261 BGB eine solche des Amtsgerichts; eine Übertragung auf den Rechtspfleger liegt insoweit nicht vor, so daß es auch keines Richtervorbehalts bedurfte.

35 *Kein Richtervorbehalt* besteht für das Verfahren zur Stundung eines Pflichtteilsanspruchs oder Erbersatzanspruchs nach §§ 2331a, 1934b Abs. 2 BGB, § 83a FGG. Das ist verfassungsrechtlich bedenklich (vgl. § 35 Rdn. 94, § 83a Rdn. 3).

II. Umfang des Richtervorbehalts

36 Soweit ein Richtervorbehalt besteht, ist eine Zuständigkeit des Rechtspflegers für das Verfahren nicht begründet. Das gilt für den gesamten Umfang des Verfahrens, also auch für dessen Einleitung und die Führung der Ermittlungen und Beweiserhebungen. Ist die Erteilung eines dem Richter vorbehaltenen Erbscheins beantragt, so hat der Richter darüber zu befinden, ob der Antrag zulässig ist oder ob ihm verfahrensrechtliche Hindernisse, etwa örtliche Unzuständigkeit oder fehlende Antragsberechtigung entgegenstehen, und bei der Einziehung eines Erbscheins ist es Sache des Richters, zu prüfen, ob hinreichender Anlaß zur Einleitung des Verfahrens besteht. Der Meinung, daß der Richtervorbehalt sich nicht auf die Ermittlungen und Beweiserhebungen (§ 2358 BGB, § 12 FGG) beziehe[26]), ist nicht beizutreten. Es ist offenbar sinnwidrig, wenn die Führung der Ermittlungen und Beweiserhebungen einer anderen Gerichtsperson obliegt als derjenigen, die zur Entscheidung in der Sache berufen ist; das muß dazu führen, daß später vom Richter für unerheblich erachtete Beweise erhoben oder die von ihm für erforderlich gehaltenen nicht erhoben werden oder daß Beweise erhoben werden, während der Richter auf Unzulässigkeit des Verfahrens erkennt. Soweit es sich um ein förmliches Beweisverfahren handelt, wird außerdem der Grundsatz der Unmittelbarkeit der Beweisaufnahme verletzt (§ 15 Rdn. 5). Allenfalls können einzelne formlose Erhebungen dem Rechtspfleger überlassen werden, sofern der Richter dadurch die Leitung der Ermittlungen nicht aus der Hand gibt (§ 12 Anm. 46).

37 Im Fall des Richtervorbehalts ist es außer im Umfang des § 16 Abs. 2 RpflG nicht zulässig, daß der Richter etwa nur zur Gültigkeit oder Auslegung der letzwilligen Verfügung Stellung nimmt und das weitere Verfahren dem Rechtspfleger überträgt[27]). Ein solches Verfahren ist in § 5 Abs. 2 RechtspflG nur vorgesehen für Geschäfte, die gesetzlich dem Rechtspfleger übertragen sind, die er aber nach § 5 Abs. 1 RechtspflG dem Richter vorlegt. Gibt der Richter die Sache alsdann mit seiner Stellungnahme zu der Frage, die dem Rechtspfleger Anlaß zu der Vorlegung gegeben hat, zurück, so ist dieser an die Auffassung des Richters gebunden (§ 5 Abs. 2 Satz 3 RechtspflG). Grundsätzlich darf er dann die Sache nicht noch einmal vorlegen mit der Begründung, er wolle von der Auffassung des Richters abweichen[28]); Gegenvorstellungen können allerdings wohl schwerlich ausgeschlossen sein; bei Eilbedürftig-

[26]) So Arndt RechtspflG § 13 Anm. 18; Keidel § 72 Anm. 22. Palandt-Keidel BGB[28] § 2353 Anm. 1; a.M. Arndt RechtspflG § 13 Anm. 17.

[27]) LG München NJW 1959, 300; Arnold Rpfleger 1960, 1 zu VI; Bärmann § 40 VII 1 d;

[28]) BGH WM 1968, 1374.

keit der Sache trägt dann aber der Rechtspfleger die Verantwortung für die durch die wiederholte Vorlegung eingetretene Verzögerung.

III. Aufgabenkreis des Rechtspflegers

Die in § 13 RechtspflG nicht angeführten richterlichen Geschäfte in Nachlaß- und Tei- 38
lungssachen sowie bei der Verwahrung von Testamenten und Erbverträgen sind auf den Rechtspfleger übertragen. Im einzelnen sind aus seinem Aufgabenkreis, soweit nicht bereits vorstehend erörtert, noch hervorzuheben[29]) die Einholung der Genehmigung einer durch letztwillige Verfügung errichteten Stiftung (§ 83 BGB), Maßnahmen der Nachlaßsicherung mit Ausnahme der Anordnung der Nachlaßpflegschaft (§ 1960 BGB), die Geschäfte bei der Inventarerrichtung einschließlich der Fristbestimmungen und Benachrichtigungen (§§ 1993 bis 2003, 2005 Abs. 2 BGB), die besondere amtliche Verwahrung von Testamenten und Erbverträgen (§§ 2246 bis 2250, 2258a, 2258b, 2277 BGB), die Erzwingung der Ablieferung und die Eröffnung letztwilliger Verfügungen (§§ 2259, 2260 bis 2264, 2273, 2300 BGB, §§ 33, 83 Abs. 1 FGG), die Rückgabe in amtliche Verwahrung genommener Testamente (§ 2256 BGB), die Fristbestimmungen bei Vermächtnissen und Auflagen (§§ 2151, 2155, 2192, 2193 BGB) und im Zusammenhang mit der Testamentsvollstreckung (§§ 2198, 2199, 2202 BGB), die Entgegennahme von Anzeigen und Erklärungen (§§ 1484, 1491, 1492, 2081, 2146, 2281, 2202, 2226, 2384, 2385 BGB) und die Entscheidung über die Einsichtnahme in Akten und Urkunden und die Erteilung von Abschriften und Ausfertigungen (§§ 34, 78, 85 FGG, §§ 1953 Abs. 3, 1957 Abs. 2, 2010, 2081 Abs. 2, 2146 Abs. 2, 2228, 2246, 2384 Abs. 2 BGB). Wegen der allgemeinen Befugnisse des Rechtspflegers im Rahmen seiner Zuständigkeit vgl. § 1 Rdn. 109 ff., § 35 Rdn. 90.

D. Staatsverträge

Die Tätigkeit des Nachlaßgerichts kann bei ausländischer Staatsangehörigkeit des Erblas- 39
sers oder des Bedachten durch staatsvertragliche Vereinbarungen beeinflußt sein, die entweder in Nachlaßabkommen oder in Konsular- und Handelsverträgen enthalten sind. Staatsverträge mit kollisionsrechtlichem Inhalt (nachst. Rdn. 42, 45, 50) gehen den Art. 24, 25 EGBGB vor. Konsular- und Handelsverträge enthalten meistens nur Vorschriften über die Befugnisse der Konsuln. Auf dem Gebiet des Nachlaßwesens kommen hierfür in Betracht:

I. Zweiseitige Staatsverträge

1. Großbritannien und Nordirland. Konsularvertrag vom 30. 7. 1956 (BGBl. 1957, II 40
284, 1958, II 17) Art. 21 bis 26. Danach ist der Konsul zu benachrichtigen, wenn ein Angehöriger des Vertragsstaates im Inland verstorben ist oder ein Angehöriger des Vertragsstaates, der im Inland weder ansässig ist noch dort einen Vertreter hat, einen Rechtsanspruch auf einen Nachlaß hat; vgl. MiZi XVII/9. Der Konsul ist befugt, Nachlässe vorläufig in Besitz zu nehmen.

2. Irland. Handels- und Schiffahrtsvertrag vom 12. 5. 1930 (RGBl. 1931 II, 115), 692) 41
Art. 22. Der Konsul ist berechtigt, Erben zu vertreten.

3. Sowjetunion. Konsularvertrag vom 25. 4. 1958 (BGBl. 1959, II, 232, 469) Art. 25 bis 42
28. Der Tod eines Angehörigen des Vertragsstaates im Inland ist dem Konsul mitzuteilen. Das NachlG ist zur Nachlaßsicherung verpflichtet, wobei dem Konsul ein Mitwirkungsrecht zusteht. Nach Art. 28 Abs. 4 ist für unbeweglichen Nachlaß das Recht der belegenen Sache maßgebend. Der Konsularvertrag gilt nicht in Berlin.

4. Spanien. Konsular-Konvention vom 12. 1. 1872 (RGBl. 1872 S. 211) über die Anwen- 43
dung der Konsular-Konvention vom 22. 2. 1870 zwischen dem Norddeutschen Bunde und

[29]) Vgl. die Zusammenstellung bei Firsching ErbR[3] S. 5 ff.; Arndt RechtspflG § 13 Anm. 3; Hofmann-Kersting RechtspflG § 13 Anm. I—XVI.

Spanien (BGBl. des Norddeutschen Bundes 1870 S. 99) Art. 10 bis 12. Mitteilungspflicht an Konsul. Recht des Konsuls zur Nachlaßsicherung. Ist am Sterbeort eine spanische Konsularbehörde nicht vorhanden und hat sich ein Angehöriger des nächstgelegenen Konsulats noch nicht eingefunden, so hat das NachlG den Nachlaß zu inventarisieren und zu liquidieren und der nächstgelegenen Heimatvertretung das Ergebnis mitzuteilen (Art. 12).

44 5. *Thailand* (früher Siam). Freundschafts-, Handels- und Schiffahrtsvertrag vom 30. 12. 1937 (RGBl. 1938, II, 51, Fortgeltung gemäß BAnz. Nr. 227/56) Art. 18. Pflicht zur Benachrichtigung des Konsuls von sicherungsbedürftigem Nachlaß. Recht des Konsuls zu vorläufiger Verwaltung. Die Mitteilungen sind nur zu machen, wenn der Verstorbene im Inland keine bekannte Erben oder von ihm ernannte Testamentsvollstrecker oder am Ort seines Ablebens keine Person hinterlassen hat, die befugt ist, sich des Nachlasses anzunehmen oder ihn zu verwalten.

45 6. *Türkei.* Konsularvertrag vom 28. 5. 1929 (RGBl. 1930, II, 747, 1931, II, 538, wieder anwendbar gemäß BGBl. 1952, II, 608, BAnz. Nr. 50/52, 145/52) mit Nachlaßabkommen in Anlage zu Art. 20. Pflicht zur Benachrichtigung des Konsuls von inländischem Tod oder dem Vorhandensein von inländischem Nachlaß eines im Ausland verstorbenen Angehörigen des Vertragsstaates; vgl. auch MiZi XVII/9. Befugnis des Konsuls zur selbständigen Nachlaßsicherung, hilfsweise Sicherungspflicht des NachlG. Nach Art. 14 der Anlage unterliegt beweglicher Nachlaß dem Heimatrecht des Erblassers, unbeweglicher dem Recht der belegenen Sache.

46 7. *Vereinigte Staaten von Amerika.* Freundschafts-, Handels- und Schiffahrtsvertrag vom 29. 10. 1954 (BGBl. 1956, II, 487, 763), nach dessen Art. 28 die Fortgeltung der konsularischen Bestimmungen in Art. 17 bis 28 des Freundschafts-, Handels- und Konsularvertrages vom 8. 12. 1923 (RGBl. 1925, II, 795, 967, Art. 19 geändert durch Abkommen vom 3. 6. 1953, BGBl. 1954, II, 721, 1051) vereinbart ist. Nach Art. 24 besteht eine Mitteilungspflicht an den Konsul, wenn der Verstorbene im Inland keine bekannten Erben oder von ihm ernannte Testamentsvollstrecker hinterlassen hat. Der Konsul ist zu vorläufiger Nachlaßsicherung befugt.

47 8. *Schweiz.* Für den OLG-Bezirk Karlsruhe ist noch anwendbar der Niederlassungsvertrag zwischen Baden und der Schweiz vom 6. 12. 1856 (BadRegBl. 1857, 431), der in Art. 5 und 6 Regeln für die Zuständigkeit der Nachlaßbehörden und Kollisionsnormen enthält[30]).

48 9. *Österreich.* Das Nachlaßabkommen vom 5. 2. 1927 (RGBl. 1927, II, 505, 887) ist durch den Anschluß gegenstandslos geworden und nicht mehr in Kraft[31]). Es kann aber für während seiner Geltungsdauer eingetretene Sterbefälle noch von Bedeutung sein. Einantwortungsurkunden österreichischer Gerichte sind, soweit sie den beweglichen Nachlaß österreichischer Erblasser in Deutschland betreffen, gemäß Art. 3 des Vertrages vom 6. 6. 1959 über die gegenseitige Anerkennung von gerichtlichen Entscheidungen, Vergleichen und öffentlichen Urkunden (BGBl. 1960 II, 1245) mit AusfG vom 8. 3. 1960 (BGBl. I, 169), in Kraft seit 29. 5. 1960 (BGBl. II, 1523), anzuerkennen.

49 10. *Iran.* Niederlassungsabkommen vom 17. 2. 1929 (RGBl. 1930 II 1002), in Kraft am 11. .1 1931 (RGBl. 1931 II 9), mit Protokoll vom 4. 11. 1954 (BGBl. 955 II 829). Nach Art. 8 Abs. 3 ist für den gesamten Nachlaß das Recht des Heimatstaates maßgebend.

[30]) Über die Fortgeltung vgl. Müller, Festschr. f. Raape 1948, 229; Soergel-Kegel BGB⁹ Rdn. 96 vor Art. 24 EG; Karle, Die Justiz 1966, 107 Fn. 7; Pinckernelle-Spreen DNotZ 1967, 195, 219.

[31]) Vgl. KG DNotZ 1953, 406 mit Anm. v. Firsching; BayObLGZ 1959, 390; 396; Soergel-Kegel BGB⁹ Rdn. 94 vor Art. 24 EG; Keidel § 73 Anm. 8. Vgl. Firsching, Die Behandlung der Nachlässe österreichischer Erblasser durch deutsche Gerichte, DNotZ 1963, 329.

11. Japan. Handels- und Schiffahrtsvertrag vom 20. 7. 1927 (RGBl. 1927 II 1087), in Kraft am 17. 4. 1928 (RGBl. 1928 II 238), wieder anwendbar nach Bek. vom 23. 8. 1951 (BAnz. Nr. 168/51). Es regelt die konsularischen Befugnisse bei der Nachlaßfürsorge in Art. III (3). 50

12. Italien. Frühere Staatsverträge, die den Konsuln Befugnisse bei der Nachlaßfürsorge einräumten, sind nicht mehr in Geltung (vgl. § 35 Fußn. 63). 51

Auch außerhalb staatsvertraglicher Vereinbarungen ist es angebracht, die Heimatvertretung des Erblassers von der Anordnung von Sicherungsmaßnahmen und der Verwahrung eines beim Nachlaßgericht abgelieferten Ausländertestaments zu benachrichtigen[32]). Nach § 304 der Dienstanweisung für die Standesbeamten hat der Standesbeamte alsbald die nächste Heimatvertretung vom Tod eines Ausländers zu benachrichtigen. 52

II. Mehrseitige Staatsverträge

Die Bundesrepublik ist Vertragspartner des Übereinkommens vom 5. 10. 1961 über das auf die Form letztwilliger Verfügungen anzuwendende Recht gemäß G vom 27. 8. 1965 (BGBl. 1965, II, 1144), in Kraft für Deutschland seit 1. 1. 1966 gemäß Bek. vom 29. 12. 1965 (BGBl. 1966, II, 11, BAnz. Nr. 246/65). Vertragsstaaten sind Frankreich (BGBl. 1967, II, 2548), Hongkong (BGBl. 1968, II, 808), Irland (BGBl. 1967, II, 2362), Japan, Jugoslawien, Österreich (BGBl. 1966, II, 11), Vereinigtes Königreich (BGBl. 1966, II, 11, 191, 296; 1968 II, 94), Botsuana (BGBl. 1969 II 993, 2200) und Polen (BGBl. 1969 II 2200). Das Übereinkommen bezweckt, durch Vermehrung der Anknüpfungspunkte im Interesse des favor testamenti die Möglichkeit der Formungültigkeit von letztwilligen Verfügungen einzuschränken[33]). Danach sind Testamente in den Vertragsstaaten, sofern der Erblasser nach dem Inkrafttreten des Abkommens verstorben ist, als formgültig zu betrachten, wenn entweder die Formvorschriften des Heimatstaates oder des Errichtungsortes oder die des Wohnsitzes oder gewöhnlichen Aufenthalts zur Zeit der Testamentserrichtung oder zur Zeit des Todes des Erblassers gewahrt sind oder auch, soweit das Testament die Vererbung unbeweglichen Nachlasses regelt, die Formvorschriften des Lageorts. Auf Erbverträge ist das Übereinkommen nicht anwendbar. 53

Örtliche Zuständigkeit

73 Die örtliche Zuständigkeit bestimmt sich nach dem Wohnsitz, den der Erblasser zur Zeit des Erbfalls hatte; in Ermangelung eines inländischen Wohnsitzes ist das Gericht zuständig, in dessen Bezirk der Erblasser zur Zeit des Erbfalls seinen Aufenthalt hatte.

Ist der Erblasser Deutscher und hatte er zur Zeit des Erbfalles im Inland weder Wohnsitz noch Aufenthalt, so ist das Amtsgericht Schöneberg in Berlin-Schöneberg zuständig. Es kann die Sache aus wichtigen Gründen an ein anderes Gericht abgeben; die Abgabeverfügung ist für dieses Gericht bindend.

Ist der Erblasser ein Ausländer und hatte er zur Zeit des Erbfalls im Inlande weder Wohnsitz noch Aufenthalt, so ist jedes Gericht, in dessen Bezirk sich Nachlaßgegenstände befinden, in Ansehung aller im Inlande befindlichen Nachlaßgegenstände zuständig. Die Vorschriften des § 2369 Abs. 2 des Bürgerlichen Gesetzbuchs finden Anwendung.

Abs. 2 i. d. Fassung des Art. 4 Nr. 11 FamRÄndG. In Kraft getreten am 1. 1. 1962.

[32]) Karle, Die Justiz 1966, 107, 109.
[33]) Dazu Ferid RabelsZ 1962/63, 417; Scheucher ZfRV 1964, 216; 1965, 85; v Schack, DNotZ 1966, 131; Kegel IPR² § 21 V; Text mit Erl. bei Palandt-Lauterbach BGB²⁸ Anh. zu Art. 24—26 EGBGB.

Übersicht

A. Bedeutung

1 Die §§ 73, 74 enthalten die Grundsätze für die örtliche Zuständigkeit in Nachlaß- und Teilungssachen. In § 73 wird die örtliche Zuständigkeit für sämtliche Verrichtungen des Nachlaßgerichts geregelt; in § 74 wird daneben unbeschadet der allgemeinen nach § 73 bestehenden Zuständigkeit ein Gerichtsstand des Fürsorgebedürfnisses für Sicherungsmaßnahmen (§ 1960 BGB) begründet. Nach § 73 richtet sich auch die örtliche Zuständigkeit für die Vermittlung der Erbauseinandersetzung (§ 86); für die Vermittlung der Auseinandersetzung eines Gesamtguts, die keine Verrichtung des Nachlaßgerichts ist (§ 99 Rdn. 12), ist die örtliche Zuständigkeit in § 99 Abs. 2 besonders geregelt. Keine Verrichtung des Nachlaßgerichts ist auch die Eröffnung von Testamenten und Erbverträgen durch das Verwahrungsgericht (§§ 2261, 2263a, 2300, 2300a BGB); insoweit ist die verwahrende Stelle örtlich zuständig.

2 Die Vorschrift des § 73 enthält in Abs. 1 die allgemeine Regel für die örtliche Zuständigkeit, in Abs. 2 und 3 Sondervorschriften für Fälle, in denen die Voraussetzungen des Abs. 1 für die Zuständigkeit fehlen, aber ein Bedürfnis für eine inländische Zuständigkeit besteht. Hiervon sind § 73 Abs. 1 und 2 dem § 36 Abs. 1 und 2 nachgebildet mit dem Unterschied, daß an Stelle der Verhältnisse des Mündels an die Verhältnisse des Erblassers angeknüpft wird. Die Vorschrift des § 73 Abs. 3 hat bei der Zuständigkeit des Vormundschaftsgerichts keine Entsprechung.

B. Örtliche Zuständigkeit

I. Wohnsitz oder Aufenthalt des Erblassers

3 *1. Wohnsitz.* Für die örtliche Zuständigkeit ist in erster Linie der letzte Wohnsitz des Erblassers maßgebend. Auf den Wohnsitz des Erben kommt es nicht an. Ist aber der Erblasser ein Deutscher, der das Recht der Exterritorialität genießt, oder ein im Ausland angestellter Beamter des Bundes oder eines deutschen Landes (vgl. § 3 Rdn. 2 bis 6), so geht die

besondere Regelung des § 3 der des § 73 vor[1]). Begriff, Begründung und Aufhebung des Wohnsitzes bestimmen sich nach §§ 7 bis 9, 11 BGB (vgl. § 36 Rdn. 8 bis 13). Die Verbringung in ein KZ hat keinen Verlust des Wohnsitzes zur Folge gehabt. Über den Wohnsitz auf der Flucht verstorbener Vertriebener vgl. nachst. Rdn. 9. Bei Verschollenheit muß der letzte bekannte Wohnsitz als fortbestehend gelten, solange nicht der Wille, ihn aufzugeben, erwiesen ist[2]). Hatte der Erblasser mehrere Wohnsitze, so sind auch die mehreren Amtsgerichte nebeneinander zuständig; jedoch verdrängt das zuerst in der einzelnen Nachlaßsache tätig gewordene Gericht durch sein Tätigwerden die Zuständigkeit des anderen für diese Sache (§ 4 Rdn. 4). Bei Streit oder Ungewißheit ist das zuständige NachlG nach § 5 zu bestimmen. Für mehrere Erbfälle kann ein gemeinschaftliches NachlG, z. B. für die Vermittlung der Erbauseinandersetzung, weder nach § 5 noch durch Vereinbarung der Beteiligten bestimmt werden[3]). Die endgültige Aufbewahrung eines gemeinschaftlichen Testaments obliegt dem für den zweiten Erbfall zuständigen NachlG[4]).

2. *Aufenthalt.* Hatte der Erblasser zur Zeit seines Todes im Inland keinen Wohnsitz im Rechtssinne, so ist der Ort seines schlichten inländischen Aufenthalts maßgebend. Dieser Fall liegt auch vor, wenn ein inländischer Wohnsitz mit den nach Lage der Sache vernünftigerweise anzustellenden Nachforschungen nicht zu ermitteln ist (§ 36 Rdn. 15). Ein festgestellter Wohnsitz im Ausland schließt die Aufenthaltszuständigkeit nicht aus. Zum Nachweis des Aufenthaltsorts genügt im allgemeinen der Nachweis des Sterbeorts[5]). Unter Aufenthalt ist der tatsächliche Zustand des Verweilens an einem Ort zu verstehen, gleichgültig, ob der Aufenthalt vorübergehend oder auf längere Dauer berechnet, willentlich oder unfreiwillig, bewußt oder unbewußt war[6]). Ein gewöhnlicher Aufenthalt im Inland (§ 45 Rdn. 8) hat vor dem schlichten Aufenthalt keinen Vorrang. **4**

3. *Maßgeblicher Zeitpunkt.* Für das Vorhandensein eines inländischen Wohnsitzes oder Aufenthalts sind die Verhältnisse zur Zeit des Erbfalls maßgebend, also zur Zeit des Todes des Erblassers (§ 1922 BGB). Auch bei der Nacherbschaft bleibt dieser Zeitpunkt maßgebend, nicht der Eintritt des Nacherbfalls (etwa Tod des Vorerben), da der Nacherbe nicht den Vorerben, sondern den Erblasser beerbt. Der Todeszeitpunkt wird durch die Sterbeurkunde mit der Beweiskraft des § 60 PStG nachgewiesen. Die durch *Todeserklärung* oder Todeszeitfeststellung begründete Todeszeitvermutung nach §§ 9 Abs. 1, 44 Abs. 2 VerschG gilt auch im Verfahren vor dem NachlG. Sie geht der Beweiskraft einer vorangegangenen Sterbebucheintragung vor (§§ 9 Abs. 1 Satz 2, 44 Abs. 2 Satz 2 VerschG). Über die Widerlegung dieser Vermutungen im Erscheinsverfahren vgl. § 12 Rdn. 12. Die ausländische Todeserklärung eines Deutschen ist grundsätzlich nicht anzuerkennen[6a]). Die Todeserklärung in Deutschland geht einer früheren ausländischen, die anzuerkennen ist, nicht vor[6b]). Ist der Zeitpunkt des Todes nicht festzustellen und ergibt sich daraus Ungewißheit über die örtliche Zuständigkeit, so ist das zuständige Gericht nach § 5 zu bestimmen[7]). Im Falle einer Änderung der Gerichtsbezirke bleibt die zur Zeit des Erbfalls bestehende Gerichtsorganisation nicht auch für alle späteren, den Nachlaß betreffenden Angelegenheiten maßgebend, vielmehr richtet sich die örtliche Zuständigkeit für jede einzelne Angelegenheit nach der Gerichtszugehörigkeit des Wohnsitzes (Aufenthalts) zu der Zeit, in der das Gericht mit der Angelegenheit befaßt wird[8]). **5**

4. *Persönlicher Anwendungsbereich des Abs. 1.* Die Vorschrift des Abs. 1 stellt nicht auf die *Staatsangehörigkeit* ab. Sie gilt daher für Deutsche, Staatenlose und Ausländer in gleicher Weise. Stirbt also ein Ausländer mit dem letzten Wohnsitz im Ausland während eines **6**

1) Wellstein[2] § 73 Anm. 2 a; a.M. Schlegelberger Anm. 1 a.
2) KG DFG 1943, 27 mit Anm. v. Heise.
3) Schlegelberger § 73 Anm. 1 a; a.M. bei Vereinbarung Breslau OLGR 41, 16.
4) München JFG 14, 73; Keidel Anm. 3.
5) Boschan GruchBeitr. 46, 296, 297.
6) Vgl. § 36 Rdn. 15; Keidel Anm. 5.
6a) Frankfurt JZ 1962, 119; Palandt-Lauterbach[28] § 12 VerschG Anm. 2; a.M. Kegel IPR[2] § 17 I 1 d.
6b) BGHZ 43, 80.
7) Keidel Anm. 2.
8) KGJ 32 A 6; Ebert-Dudek-Lindemann[2] Anm. 1 a; Schlegelberger Anm. 6.

vorübergehenden Aufenthalts im Inland, so geht die Aufenthaltszuständigkeit nach § 73 Abs. 1 der Belegenheitszuständigkeit nach Abs. 3 vor[9]). Der für die Begründung der örtlichen Zuständigkeit maßgebliche verfahrensrechtliche Wohnsitzbegriff ist auch bei ausländischer Staatsangehörigkeit des Erblassers nach der lex fori, also nach deutschem Recht zu beurteilen[10]). Wegen der internationalen Zuständigkeit vgl. nachst. Rdn. 26ff.

II. Gebietsveränderungen

7 Für die Frage, ob der letzte Wohnsitz oder Aufenthalt des Erblassers im Inland liegt, kommt es auf die staatsrechtlichen Verhältnisse Deutschlands in dem Zeitpunkt an, in dem das Nachlaßgericht mit der Sache befaßt wird. Denn da die Vorschriften über die örtliche Zuständigkeit bestimmen sollen, welches der mehreren nebeneinander geordneten deutschen Gerichte zur Entscheidung berufen ist, kommen sie insofern nicht in Betracht, als das Gebiet, auf welches der räumliche Anknüpfungspunkt hinweist, nicht der deutschen Gerichtshoheit untersteht. Gehört daher der Wohnsitz oder Aufenthalt des Erblassers zu der Zeit, in der das Nachlaßgericht tätig werden muß, infolge einer Gebietsabtretung nicht mehr zum staatsrechtlichen Inland, so muß er als Anknüpfungspunkt für die örtliche Zuständigkeit außer Betracht bleiben[11]). Umgekehrt umfaßt im Falle eines Gebietserwerbs die Zuständigkeit des Nachlaßgerichts alle Erbfälle, für welche zur Zeit des Todes des Erblassers ein räumlicher Anknüpfungspunkt zu diesem Gebiet nach Maßgabe des § 73 Abs. 1 begründet war. Das Saargebiet war auch in der Zeit der französischen Besetzung nach dem Zweiten Weltkrieg staatsrechtlich als Inland anzusehen[12]). Ebenso war das Gebiet von Elten auch in der Zeit der vorläufigen niederländischen Verwaltung (23. 4. 1949 bis 31. 7. 1963) Inland im Sinne des § 73 Abs. 1[13]).

III. Ersatzzuständigkeit (§ 7 ZustErgG)

8 Für die Gebiete, in denen seit dem Ende des Zweiten Weltkriegs deutsche Gerichtsbarkeit nicht mehr ausgeübt wird, ist für Nachlaßsachen eine Ersatzzuständigkeit der Gerichte der Bundesrepublik einschließlich West-Berlins und des Saarlandes (Art. 7 RechtsanglG) durch § 7 des Zuständigkeitsergänzungsgesetzes vom 7. 8. 1952 (BGBl. I, 207, BGBl. III, 310—1) — *Anl. 1* — begründet worden[14]). Die Vorschrift lautet:

Nachlaßsachen

§ 7. Wird am Sitze des nach § 73 Abs. 1 des Gesetzes über die Angelegenheiten der freiwilligen Gerichtsbarkeit zuständigen Nachlaßgerichts deutsche Gerichtsbarkeit nicht mehr ausgeübt, so ist jedes Amtsgericht, in dessen Bezirk sich Nachlaßgegenstände befinden, als Nachlaßgericht zuständig. Befinden sich im Geltungsbereich dieses Gesetzes keine Nachlaßgegenstände, so ist, wenn der Erblasser Deutscher ist, das Amtsgericht Schöneberg in Berlin-Schöneberg zuständig.

Ist ein Amtsgericht als Nachlaßgericht tätig geworden, so ist es für den gesamten Nachlaß ausschließlich zuständig.

§ 6 Abs. 2 gilt entsprechend.

Die Vorschrift des § 6 Abs. 2 ZustErgG, auf die § 7 Abs. 3 verweist, bestimmt:

9) Augsburg ZBlFG 5, 383; Josef[2] § 73 Anm.

10) KG NJW 1961, 1584 = FamRZ 1961, 383; KG OLGZ 1966, 321, 323; KG JW 1936, 3570 mit Anm. v. Süß; BayObLGZ 1966, 203; Serick ZZP 68, 278, 293; Keidel Anm. 2; a.M. RGZ 159, 169 (Heimatrecht); vgl. § 36 Rdn. 7.

11) KG JMBl. 1920, 278; Klein DRZ 1920, 59; Schlegelberger Anm. 1 b; a.M. Josef DNotV 20, 37; 21, 237.

12) BVerfGE 4, 157; 4, 299, 306; 6, 300; LG Mannheim NJW 1953, 1798; Soergel-Kegel BGB[9] vor Art. 7 EG Rdn. 370; Schlegelberger Anm. 1 b; a.M. Beitzke MDR 1954, 324; OLG Saarbrücken NJW 1952, 475, welches die Bundesrepublik als Ausland behandelt.

13) Düsseldorf JMBlNRW 1965, 94; OLGZ 1969, 80.

14) Wegen der Bedeutung des Gesetzes im allgemeinen vgl. die Vorbemerkung zum ZustErgG in Anl. 1.

§ 6 Abs. 2. Das Gericht wird erst tätig, nachdem es dem Amtsgericht Schöneberg in Berlin-Schöneberg Anzeige erstattet und dieses ihm mitgeteilt hat, daß eine frühere Anzeige gleichen Inhalts von einem anderen Gericht bei ihm nicht eingegangen ist. Ist ein Gericht vor Inkrafttreten dieses Gesetzes im Sinne des Absatzes 1 tätig geworden, so zeigt es dies dem Amtsgericht Schöneberg in Berlin-Schöneberg unverzüglich an.

1. Anwendungsbereich. Die Gebiete, in denen im Sinne des Gesetzes deutsche Gerichtsbarkeit nicht mehr ausgeübt wird, sind in § 1 ZustErgG — *Anl. 1* — abschließend aufgeführt. Österreich, die Slowakei sowie die DDR und der Ostsektor Berlins gehören nicht dazu. Die Anwendbarkeit der Vorschrift setzt voraus, daß der Erblasser zur Zeit seines Todes in dem in § 1 ZustErgG bezeichneten Gebiet seinen Wohnsitz oder in Ermangelung eines Wohnsitzes in diesem Gebiet oder im Reichsgebiet nach dem Gebietsstande vom 31. 12. 1937 seinen Aufenthalt hatte. Für das ehemalige Protektorat Böhmen und Mähren, das ehemalige Generalgouvernement und die ehemaligen Reichskommissariate Ostland und Ukraine wird außerdem vorausgesetzt, daß für den Nachlaß die deutschen Gerichte zuständig gewesen wären (§ 1 Nr. 6 ZustErgG), was in diesen Gebieten im allgemeinen nur für deutsche Staatsangehörige und deutsche Volkszugehörige zutrifft. Da das Gesetz keine zeitliche Grenze enthält, ist § 7 auch anwendbar, wenn der Erblasser nach dem 8. 5. 1945 in dem Gebiet des § 1 ZustErgG verstorben ist[15]); es ist nicht erforderlich, daß der Tod des Erblassers mit den Kriegs- und Nachkriegsereignissen in Zusammenhang steht. Tritt jedoch der Erbfall nach dem 8. 5. 1945 in einem der in § 1 ZustErgG genannten Gebiete ein, die auch in der Zeit der deutschen Besetzung staatsrechtlich *Ausland* waren (z. B. im ehemaligen Reichskommissariat Ostland), dann geht die allgemeine Regelung des § 73 der des § 7 ZustErgG vor, da es dann an einer Beziehung zu der früher dort ausgeübten deutschen Gerichtsbarkeit fehlt und das Bedürfnis für eine Ersatzzuständigkeit nicht besteht[15a]). Ist der Erblasser nach der Vertreibung verstorben, so hatte er den Wohnsitz im Vertreibungsgebiet infolge der Vertreibung und Aussiedlung auch ohne und gegen seinen Willen bereits verloren[16]); hatte er einen neuen Wohnsitz noch nicht begründet, aber im Geltungsbereich des ZustErgG seinen Aufenthalt genommen, so ist das Gericht des Aufenthalts nach § 73 Abs. 1 zuständig[17]). Aufenthalt zur Zeit des Todes im Geltungsbereich des ZustErgG oder in Mitteldeutschland bei letztem Wohnsitz im Gebiet des § 1 ZustErgG begründet aber nicht die Zuständigkeit des Aufenthaltsgerichts; es bleibt bei der Anwendbarkeit des § 7 ZustErgG[17a]). 9

2. Örtliche Zuständigkeit des Ersatzgerichts

a) Belegenheitszuständigkeit. In erster Linie ist nach § 7 Abs. 1 Satz 1 ZustErgG jedes Amtsgericht im Geltungsbereich des Gesetzes zuständig, in dessen Bezirk sich Nachlaßgegenstände befinden. Sind die Aufgaben des Nachlaßgerichts nach Landesgesetz nichtgerichtlichen Behörden übertragen (§ 72 Rdn. 2, 3), so bleibt deren Zuständigkeit unberührt (§ 21 ZustErgG). Diese Vorschrift gilt ebenso wie § 73 Abs. 1 FGG ohne Rücksicht auf die Staatsangehörigkeit für Deutsche, Staatenlose und Ausländer. Die Anknüpfung an die Belegenheit von Nachlaßgegenständen ist dem § 73 Abs. 3 FGG nachgebildet. Die Frage ist also nach § 2369 Abs. 2 BGB zu beurteilen; vgl. näher nachst. Rdn. 20 ff. Ansprüche auf Gewährung von Ausgleichsleistungen nach dem LAG entstehen, wenn der Erblasser vor dem 1. 4. 1952 verstorben ist, in der Person des Erben, gehören also nicht zum Nachlaß[18]). Die Ausgleichsansprüche nach § 12 Abs. 7 Satz 2 LAG gehören auch dann nicht zum Nachlaß, wenn der Erblasser nach dem 31. 3. 1952 im Vertreibungsgebiet verstorben ist[19]). In diesem Fall ist, 10

15) KG 1 AR 2/57; Mundt NJW 1952, 1279; Maßfeller in DBR II B 12, § 7 Anm. 2; Keidel Anm. 21; vgl. auch BayObLGZ 1956, 422, 423.

15a) KG 1 AR 31/60.

16) Vgl. RGZ 152, 56, 60; KG NJW 1956, 264.

17) KG 1 AR 98/57.

17a) KG 1 AR 38/66; KG Rpfleger 1968, 227.

18) KG NJW 1954, 1331 = MDR 1964, 625 = Rpfleger 1954, 451 = DNotZ 1954, 607 = JR 1954, 464; KG OLGZ 1966, 127; 1968, 472, 474; BVerwG NJW 1955, 116; BayObLGZ 1955, 231; 1956, 236; Schleswig SchlHA 1954, 231 = MDR 1954, 557; Keidel Anm. 21.

19) KG ZLA 1968, 351; vgl. jetzt § 12 Abs. 7 und § 229 Abs. 1 Satz 2 Halbs. 2 LAG i. d. F. des § 61 Nr. 1 Buchst. c, Nr. 6 Buchstabe a RepG v. 12. 2. 69 (BGBl. I 105); KG OLGZ 1969, 285 = Rpfleger 1969, 242; BayObLG Rpfleger 1969, 429.

wenn der Erblasser Deutscher war, das AG Schöneberg nach § 7 Abs. 1 Satz 2 zuständig; fehlt es hieran, so kann § 7 Abs. 1 Satz 1 entsprechend anwendbar sein (nachst. Rdn. 13).

11 Befinden sich Nachlaßgegenstände in den Bezirken mehrerer Amtsgerichte im Geltungsbereich des ZustErgG, so ist jedes dieser Gerichte örtlich zuständig. Ist aber eines der mehreren zuständigen Gerichte für den Nachlaß des Erblassers tätig geworden, so schließt es damit für sämtliche diesen Nachlaß betreffenden Verrichtungen die bis dahin daneben begründete Zuständigkeit der anderen Nachlaßgerichte aus (Abs. 2). Diese Vorschrift will vermeiden, daß mehrere Gerichte für die einzelnen denselben Nachlaß betreffenden selbständigen Verrichtungen (vgl. § 4 Rdn. 4) neben- oder nacheinander tätig werden. Sie weicht von der Regelung des § 4 insofern ab, als sie bestimmt, daß das in einer einzelnen nachlaßgerichtlichen Verrichtung tätig gewordene NachlG dadurch auch für alle weiteren denselben Nachlaß betreffenden Angelegenheiten zuständig wird. Die Beurkundung der Erbscheinsverhandlung (§ 2356 BGB) ist aber kein Tätigwerden als NachlG, sondern ein Beurkundungsgeschäft[20]). Die Vorschrift setzt im übrigen voraus, daß mehrere nach § 7 Abs. 1 Satz 1 örtlich zuständige Nachlaßgerichte vorhanden sind, weil sich Nachlaßgegenstände in den Bezirken mehrerer Amtsgerichte befinden, und eines der hiernach zuständigen Gerichte tätig geworden ist; das Tätigwerden eines örtlich unzuständigen NachlG schließt die Zuständigkeit des nach § 7 Abs. 1 Satz 1 zuständigen NachlG oder des AG Schöneberg nach § 7 Abs. 1 Satz 2 nicht aus[21]).

12 Durch die *Anzeigepflicht* nach § 7 Abs. 2 mit § 6 Abs. 2 sollen Doppelbearbeitungen vermieden werden, die sich ohne eine zentrale Meldestelle aus der mehrfachen Zuständigkeit nach § 7 Abs. 1 Satz 1 ergeben könnten.

13 *b) Ersatzzuständigkeit des Amtsgerichts Schöneberg.* Ist eine Zuständigkeit nach § 7 Abs. 1 Satz 1 nicht begründet, weil sich im Geltungsbereich des Gesetzes keine Nachlaßgegenstände befinden, so tritt nach § 7 Abs. 1 Satz 2 die Auffangzuständigkeit des Amtsgerichts Schöneberg ein, sofern der Erblasser Deutscher war. Das Vorhandensein von Nachlaßgegenständen in Mitteldeutschland oder im Ostsektor Berlins schließt diese Zuständigkeit nicht aus. Entsprechend § 73 Abs. 2 FGG wird jedoch deutsche Staatsangehörigkeit des Erblassers im Zeitpunkt seines Todes verlangt. Deutsche ohne deutsche Staatsangehörigkeit i. S. des Art. 116 Abs. 1 GG stehen nach Art. 9, II, Nr. 5 FamRÄndG deutschen Staatsangehörigen gleich, jedoch wird dieser Tatbestand hier mangels Aufnahme selten vorliegen[22]). Bewohner des deutschen Gebiets jenseits der Oder-Neiße-Linie verlieren gemäß § 25 RuStAG die deutsche Staatsangehörigkeit nicht dadurch, daß sie die polnische erwerben[23]). Der Besitz einer weiteren Staatsangehörigkeit neben der deutschen steht der Zuständigkeit nach § 7 Abs. 1 Satz 2 nicht entgegen. Beim Fehlen von Nachlaßgegenständen im Geltungsbereich des Gesetzes ist für die Erteilung von Erbscheinen auf Antrag Vertriebener für Lastenausgleichszwecke nach volksdeutschen Erblassern ohne deutsche Staatsangehörigkeit oder überhaupt ausländischen Erblassern, die mit dem letzten Wohnsitz oder Aufenthalt in dem Gebiet des § 1 ZustErgG verstorben sind, wenn der Ausgleichsanspruch nach Lastenausgleichsrecht nicht schon in ihrer Person entstanden ist, in entsprechender Anwendung des § 7 Abs. 1 Satz 1 das Amtsgericht zuständig, in dessen Bezirk das Ausgleichsamt seinen Sitz hat; hierfür kommt es nicht darauf an, ob schon der Erblasser oder erst der Erbe unmittelbar von dem Schaden betroffen worden ist[24]). Hatte der Erblasser seinen letzten Wohnsitz oder Aufenthalt im Ausland außerhalb des Gebiets des § 1 ZustErgG, so ist § 73 Abs. 3 FGG entsprechend

[20]) § 5 Rdn. 12; KG Rpfleger 1968, 227; zweifelnd Keidel Anm. 23.

[21]) Schleswig SchlHA 1953, 291; Neustadt MDR 1954, 492; Köln JMBlNRW 1957, 115; Hamm JMBlNRW 1957, 116; KG NJW 1960, 538 = Rpfleger 1960, 58 mit zust. Anm. v. Keidel; KG OLGZ 1966, 127; Schlegelberger zu § 73; Keidel Anm. 22.

[22]) Vgl. KG JR 1963, 144.

[23]) Celle NJW 1952, 475; LG Frankenthal NJW 1955, 108 = JZ 1955, 22 mit Anm. v. Makarow (Pflegschaft); KG MDR 1958, 692; KG ZLA 1968, 351; vgl. auch § 35 Rdn. 142.

[24]) Vgl. KG NJW 1954, 1331; BayObLGZ 1956, 236; Hamm JMBlNRW 1957, 259; § 7 Abs. 1 Satz 1 ZustErgG geht als Sonderregelung dem § 73 Abs. 3 FGG vor, wenn das Gebiet des § 1 ZustErgG in Betracht kommt.

anzuwenden (nachst. Rdn. 25). Für die Erteilung von Erbscheinen oder Hoffolgezeugnissen über die Erbfolge in einen früheren Erbhof, der in dem Gebiet des § 1 ZustErgG im Geltungsbereich des Reichserbhofrechts belegen ist, ist das AG Schöneberg als Nachlaßgericht zuständig; hat es die Sache an ein anderes NachlG abgegeben (Rdn. 14), so ist dieses, nicht das Landwirtschaftsgericht zuständig[24a]).

Eine *Abgabebefugnis* des Amtsgerichts Schöneberg entsprechend § 73 Abs. 2 Satz 2 FGG i. d. F. des Art. 4 Nr. 11 FamRÄndG, früher gemäß § 14 VereinheitlVO v. 31. 5. 1934 (RGBl. I, 472), sieht § 7 Abs. 1 Satz 2 ZustErgG nicht ausdrücklich vor. Es entspricht aber dem Wesen der Auffangzuständigkeit eines zentralen Gerichts, daß es das Verfahren an ein der Sache näher stehendes Gericht abgeben darf. Das AG Schöneberg ist daher, seine örtliche Zuständigkeit auf Grund des § 7 Abs. 1 Satz 2 vorausgesetzt, entsprechend § 73 Abs. 2 Satz 2 FGG für befugt zu erachten, die Sache aus wichtigen Gründen mit bindender Wirkung an ein anderes, von ihm nach Zweckmäßigkeitsgründen auszuwählendes Amtsgericht abzugeben; diese Auffassung hat sich jetzt nach anfänglichem Meinungsstreit durchgesetzt[25]). Diese Abgabebefugnis besteht auch noch, wenn das AG Schöneberg bereits in der Sache oder in einer anderen Nachlaßangelegenheit nach demselben Erblasser tätig geworden ist[26]). Die Bestimmung des § 7 Abs. 2 ZustErgG gilt hierfür nicht, weil sie eine Zuständigkeit mehrerer Amtsgerichte nach § 7 Abs. 1 Satz 1 voraussetzt (oben Rdn. 11). Das AG Schöneberg kann auch die Entscheidung über die Einziehung eines von ihm erteilten Erbscheins auf ein anderes NachlG übertragen[27]). Im übrigen sind die für die Abgabebefugnis nach § 73 Abs. 2 geltenden Grundsätze anwendbar (nachst. Rdn. 19). 14

3. Übergangsrecht. Die Wirksamkeit von Handlungen eines nach dem ZustErgG örtlich unzuständigen Gerichts in der Zeit vom 8. 5. 1945 bis zum Inkrafttreten des ZustErgG (23. 8. 1952) wird durch den Mangel der Zuständigkeit nicht berührt (§ 12 Satz 1 ZustErgG). Das gilt auch für die Entgegennahme amtsempfangsbedürftiger Willenserklärungen wie Erbannahme- oder Ausschlagungserklärungen oder deren Anfechtung und die Anfechtung einer Verfügung von Todes wegen (§ 12 Satz 2 ZustErgG). Nach §§ 20, 22 ZustErgG bleiben Ersatzzuständigkeiten aus früher erlassenen Vorschriften, die nicht aufgehoben sind, bestehen[28]). 15

IV. Zuständigkeit für Deutsche ohne Wohnsitz oder Aufenthalt im Inland (Abs. 2)

1. Allgemeines. Die örtliche Zuständigkeit eines deutschen Nachlaßgerichts wird für die Nachlaßangelegenheiten eines Erblassers deutscher Staatsangehörigkeit durch Abs. 2 stets gewährleistet, selbst wenn der Erblasser Wohnsitz oder Aufenthalt im Inland weder zur Zeit seines Todes noch überhaupt jemals gehabt hat. Diese Zuständigkeit ist zur Verwirklichung des Grundsatzes des Art. 24 Abs. 1 EGBGB erforderlich. Auch Abs. 2 kommt aber erst in Betracht, wenn keine andere spezielle deutsche Zuständigkeit gegeben ist. Ist der Erblasser ein Deutscher, der das Recht der Exterritorialität genießt, oder ein im Ausland angestellter Beamter des Bundes oder eines deutschen Landes (vgl. § 3 Rdn. 2 bis 6), so geht deshalb die besondere Regelung des § 3 der des § 73 Abs. 2 vor. Hatte der Erblasser seinen Wohnsitz im Ausland, ist er aber während eines Inlandsaufenthalts verstorben, so ist die Aufenthaltszuständigkeit nach Abs. 1 begründet. Bei Doppelwohnsitz im Inland und Aus- 16

24a) Köln RdL 1960, 77; Hamm RdL 1960, 131.

25) BGHZ 9, 271; KG NJW 1956, 1447; KG NJW 1960, 358 = Rpfleger 1960, 58; KG OLGZ 1966, 127; KG OLGZ 1968, 472; BayObLGZ 1956, 422 unter Aufgabe von BayObLGZ 1955, 231; Düsseldorf JMBlNRW 1957, 150 = MDR 1957, 492; Oldenburg NdsRpfl. 1957, 288 = MDR 1958, 111; Frankfurt NJW 1958, 308; Köln Rpfleger 1958, 379 = JMBlNRW 1959, 19; Celle NdsRpfl. 1963, 104; Karlsruhe Die Justiz 1966, 162; Hamm Rpfleger 1962, 277 mit Anm. v. Keidel unter Aufgabe von Rpfleger 1958, 86; Schleswig SchlHA 1963, 282 unter Aufgabe von SchlHA 1957, 271; Keidel Rpfleger 1958, 67; Keidel § 73 Anm. 24; Firsching NachlR[3] S. 3; a.M. Schlegelberger Anm. 1 c.

26) KG NJW 1960, 538 = Rpfleger 1960, 58 mit Anm. v. Keidel; Keidel § 73 Anm. 24; Firsching NachlR[3] S. 3.

27) KG OLGZ 1966, 127.

28) Dazu Jansen, JR 1958, 386; Keidel Anm. 26.

land ist der inländische Wohnsitz maßgebend. Auf die Belegenheit von Nachlaßgegenständen im Inland kommt es für die Anwendbarkeit des Abs. 2 nicht an. Ausländische Staatsangehörigkeit der Erben ist unschädlich.

17 2. *Deutsche Staatsangehörigkeit.* Die Zuständigkeit nach Abs. 2 setzt voraus, daß der Erblasser zur Zeit seines Todes deutscher Staatsangehöriger war. Hatte er zur Zeit seines Todes die deutsche Staatsangehörigkeit verloren, so ist eine Zuständigkeit beim Fehlen eines inländischen Wohnsitzes oder Aufenthalts nicht mehr nach Abs. 2, sondern allenfalls nach Abs. 3 begründet. Der Fortbestand einer einmal innegehabten deutschen Staatsangehörigkeit ist aber anzunehmen, solange ihr Verlust nicht erwiesen ist[29]). Die Aberkennung der deutschen Staatsangehörigkeit durch die 11. VO zum ReichsbürgerG vom 25. 11. 1941 (RGBl. I, 772) oder durch Einzelakt aus den in Art. 116 Abs. 2 GG genannten Verfolgungsgründen auf Grund des Gesetzes vom 14. 7. 1933 (RGBl. I, 480) oder nach §§ 26 bis 29, 32 RuStAngG vom 22. 7. 1913 (RGBl. I, 583) i. d. F. vom 7. 11. 1923 (RGBl. I, 1077) ist als nichtig zu erachten[30]). Die betroffenen Verfolgten haben die deutsche Staatsangehörigkeit nicht verloren, soweit sie nicht zu erkennen geben, daß sie die deutsche Staatsangehörigkeit nicht besitzen wollen; sie gelten, auch wenn sie eine fremde Staatsangehörigkeit erworben haben, gemäß Art. 116 Abs. 2 Satz 2 GG (mit Wirkung ex tunc) als nicht ausgebürgert, wenn sie nach dem 8. 5. 1945 ihren Wohnsitz in Deutschland genommen und nicht einen entgegengesetzten Willen zum Ausdruck gebracht haben. Ohne diese Voraussetzung können sie die deutsche Staatsangehörigkeit auf Antrag gemäß Art. 116 Abs. 2 Satz 1 GG (mit Wirkung ex nunc) wiedererlangen. Für Verfolgte, die den 8. 5. 1945 nicht überlebt haben, gilt Art. 116 Abs. 2 GG nicht; sie sind daher als deutsche Staatsangehörige zu betrachten, sofern nicht konkrete Anhaltspunkte dafür vorliegen, daß sie auf diese Staatsangehörigkeit verzichten wollten[31]). Statusdeutsche i. S. des Art. 116 Abs. 1 GG stehen gemäß Art. 9, II, Nr. 5 FamRÄndG deutschen Staatsangehörigen gleich (vgl. dazu § 36 Rdn. 25). Auch in Mitteldeutschland gelten volksdeutsche Umsiedler, die als solche anerkannt und aufgenommen worden sind, als deutsche Staatsangehörige; für einzelne Gebietsteile ist dies besonders bestimmt worden, z. B. durch Beschluß des Landtags der Provinz Sachsen-Anhalt vom 4. 12. 1946; im übrigen entsprach es der ständigen Verwaltungsübung der mitteldeutschen Behörden[32]). Diese Verleihung der deutschen Staatsangehörigkeit ist auch in der Bundesrepubik anzuerkennen[33]). Volksdeutsche Ausländer haben auf Grund des Erlasses vom 19. 5. 1943 (RGBl. I, 315) gemäß § 10 StAngRegG vom 22. 2. 1955 (BGBl. I, 65) die deutsche Staatsangehörigkeit nicht schon durch den Eintritt in die deutsche Wehrmacht, sondern erst durch einen Feststellungsbescheid der Einwandererzentralstelle erworben[34]). Bei mehrfacher Staatsangehörigkeit kann, wenn eine die deutsche ist, die daneben bestehende ausländische jedenfalls nicht die örtliche Zuständigkeit nach § 73 Abs. 2 ausschließen, unbeschadet der Prüfung, ob bei Bestimmung des Erbstatuts der effektiveren fremden Staatsangehörigkeit der Vorzug zu geben ist[35]). Die Amtsprüfung des Nachlaßgerichts erstreckt sich auch auf die Staatsangehörigkeit des Erblassers[36]).

[29]) KG DFG 1940, 28; Keidel Anm. 16.
[30]) BVerfGE 23, 98.
[31]) BVerfGE 23, 98; dazu Roellecke, Genzel, Westerath, JZ 1969, 97; a.M. Makarov, JZ 1968, 559 u. 1969, 102; früher auch BayObLGZ 1967, 3. Zu der Entsch. des BVerfG ferner Müller, RabelsZ 1968, 676; Genzel StAZ 1969, 113; für Verfolgte, die nach dem 8. 5. 1945, aber vor dem Inkrafttreten des GG mit Wohnsitz im Ausland verstorben sind, wird anzunehmen sein, daß es für den Besitz der dt. Staatsangehörigkeit darauf ankommt, ob sie sich diese erhalten wollten und bei Geltung des Art. 116 Abs. 2 GG dessen Voraussetzungen hätten erfüllen wollen (Genzel aaO.).
[32]) Schätzel, Dt. Staatsangehörigkeitsrecht, 2. Auflage, S. 112; Seeler, Die Staatsangehörigkeit der Volksdeutschen, 1960, 94.
[33]) Seeler und Schätzel aaO.
[34]) BVerfGE 2, 115; 14, 162; BVerwGE 11, 217; KG JR 1964, 24 = Rpfleger 1963, 352; a.M. BGH NJW 1954, 510.
[35]) RGZ 150, 382; BGHZ 3, 178 = NJW 1952, 184; KG OLGZ 1969, 285 = Rpfleger 1969, 242; vgl. über Berücksichtigung der Effektivität § 36 Fn. 63.
[36]) KGJ 36 A 102; KGJ 41, 62; KG JR 1951, 762; Keidel Anm. 16.

3. Örtliche Zuständigkeit des AG Schöneberg. Unter den Voraussetzungen des Abs. 2 wird die Auffangzuständigkeit des AG Schöneberg in Berlin-Schöneberg als zentrales Nachlaßgericht begründet. Wegen der Rechtsentwicklung vgl. § 36 Rdn. 21. Jedes andere Amtsgericht ist örtlich unzuständig, solange seine Zuständigkeit nicht durch eine Abgabe nach Abs. 2 Satz 2 begründet worden ist; auch durch ein Tätigwerden im Sinne des § 4 kann das örtlich unzuständige Gericht seine Zuständigkeit nicht begründen. **18**

4. Abgabebefugnis des AG Schöneberg. Entsprechend der für das VormG geltenden Regelung des § 36 Abs. 2 Satz 2 ist das AG Schöneberg befugt, die Sache aus wichtigen Gründen mit bindender Wirkung an ein anderes, von ihm nach Zweckmäßigkeitsgründen auszuwählendes Nachlaßgericht abzugeben. Die Abgabebefugnis setzt voraus, daß das AG Schöneberg selbst nach § 73 Abs. 2 örtlich zuständig ist; ist es örtlich unzuständig oder ist seine Zuständigkeit nach § 73 Abs. 1 oder 3 begründet, so besteht die Abgabebefugnis nicht. Die Abgabeverfügung ist mit Rechtsmitteln nicht anfechtbar[37]); sie kann aber vom AG Schöneberg gemäß § 18 geändert werden, solange das andereGericht nicht tätig geworden ist. Infolge der bindenden Wirkung der Abgabe findet im Zuständigkeitsstreit nach § 5 FGG keine Nachprüfung in der Richtung statt, ob wichtige Gründe für die Abgabe vorliegen[38]), auch nicht bei behauptetem Ermessensmißbrauch[39]). Die Abgabebefugnis besteht auch noch, wenn das AG Schöneberg in der Sache tätig geworden ist; es ist sogar befugt, das Verfahren zur Einziehung eines von ihm erteilten Erbscheins auf ein anderes Gericht zu übertragen[40]). Die Abgabe erfaßt aber nur die einzelne selbständige nachlaßgerichtliche Verrichtung, die abgegeben worden ist (vgl. § 4 Rdn. 4), nicht etwa sämtliche künftig anfallenden selbständigen Verrichtungen in bezug auf denselben Erblasser; dazu hätte es einer dem § 7 Abs. 2 ZustErgG entsprechenden Bestimmung bedurft, die hier fehlt, übrigens auch zweckwidrig wäre, da andere Nachlaßbeteiligte sich, insbesondere bei der Abgabe fristgebundener Erklärungen, auf die durch § 73 Abs. 2 begründete Zuständigkeit müssen verlassen können und oft nicht wissen werden, ob und wohin eine andere Nachlaßsache abgegeben worden ist. Gegen die Weigerung des AG Schöneberg, die Sache abzugeben, ist die Beschwerde nach § 19 statthaft[41]). In übertragenen Sachen (§ 4 Abs. 1 RechtspflG) ist der Rechtspfleger des AG Schöneberg befugt, die Abgabeverfügung unanfechtbar und bindend zu erlassen[42]). **19**

V. Belegenheitszuständigkeit (Abs. 3)

1. Voraussetzungen. Die Vorschrift des Abs. 3 begründet die örtliche Zuständigkeit für Verrichtungen des NachlG in bezug auf den Nachlaß eines ausländischen Erblassers unter der Voraussetzung, daß eine inländische Wohnsitz- oder Aufenthaltszuständigkeit nach Abs. 1 nicht begründet ist. Staatenlose stehen Ausländern gleich[43]), nicht aber Erblasser, die neben der deutschen noch eine ausländische Staatsangehörigkeit besaßen. Die Vorschrift greift auch ein, wenn nicht zu ermitteln ist, ob der Erblasser zur Zeit seines Todes im Inland Wohnsitz oder Aufenthalt hatte. Neben dem Mangel eines inländischen Wohnsitzes oder Aufenthalts wird weiter vorausgesetzt, daß sich irgendein Nachlaßgegenstand im Bezirk des NachlG befindet. Diese Zuständigkeit erstreckt sich auch auf weitere, in den Bezirken anderer Nachlaßgerichte belegene Nachlaßgegenstände[44]). Gleichgültig ist hierbei, ob es sich um bewegliche oder unbewegliche, um körperliche oder unkörperliche Gegenstände handelt. Nicht erforderlich ist, daß der Gegenstand pfändbar ist oder sich zur Befriedigung der Gläubiger eignet oder daß den Erben das Verfügungsrecht darüber zusteht. Es macht auch keinen Unter- **20**

[37]) KG JFG 23, 201.
[38]) KG JFG 14, 200; KG OLGZ 1966, 127, 129; BayObLGZ 1954, 161.
[39]) KG NJW 1955, 108.
[40]) KG OLGZ 1966, 127.
[41]) KG DFG 1938, 245.
[42]) KG OLGZ 1968, 472 = Rpfleger 1968, 225; BayObLGZ 1968, 302 = Rpfleger 1969, 18; Stöber Rpfleger 1967, 129.
[43]) Bamberg JZ 1951, 510; Hamm NJW 1954, 1731; Oldenburg NdsRpfl. 1955, 53; Keidel Anm. 27; Soergel-Kegel BGB[9] Rdn. 66 vor Art. 24 EG.
[44]) KG JFG 21, 203; Schlegelberger Anm. 5; Keidel Anm. 27.

schied, ob die in verschiedenen Gerichtsbezirken befindlichen Nachlaßgegenstände von größerer oder geringerer Bedeutung sind, z. B. ob in dem Bezirk des einen Gerichts nur bewegliche Sachen, in dem Bezirk des anderen aber unbewegliche Gegenstände belegen sind. Bei hiernach begründeter mehrfacher Zuständigkeit entscheidet gemäß § 4 der Vorgriff des zuerst in der einzelnen nachlaßgerichtlichen Verrichtung tätig gewordenen NachlG; beim Fehlen eines Vorgriffs ist die Bestimmung nach § 5 zu treffen. Für die Belegenheit maßgeblich ist der Zeitpunkt, in dem das NachlG mit der Sache befaßt wird, gleichgültig, ob die Nachlaßgegenstände sich schon zur Zeit des Erbfalls in seinem Bezirk befanden[45]). Eine Abgabe an ein anderes NachlG entsprechend § 46 findet außer bei der Nachlaßpflegschaft (§ 75 Rdn. 3) nicht statt.

2. Belegenheit von Nachlaßgegenständen

21 *a) Lageort.* Bei im Inland befindlichen beweglichen oder unbeweglichen Sachen ist der Ort maßgebend, an dem sie sich tatsächlich befinden. Auch für im Schiffsregister eingetragene Schiffe kommt es in erster Linie auf den Ort an, an dem sie sich befinden; die Fiktion des § 73 Abs. 3 Satz 2 mit § 2369 Abs. 2 Satz 1 BGB greift für im deutschen Schiffsregister eingetragene Schiffe erst ein, wenn das Schiff sich nicht tatsächlich im Inland befindet[46]). Forderungen sind am Wohnsitz des Schuldners belegen. Auch eine in Wertpapieren verbriefte Forderung ist nicht dort, wo die Urkunde verwahrt wird, sondern am Wohnsitz des Schuldners oder Ausstellers belegen[47]). Für grundstücksgleiche Rechte ist die Lage des Grundstücks (z. B. Erbbaurecht) oder der sonstigen Berechtigung (z. B. Bergwerkseigentum) maßgebend. Ansprüche auf *Rückerstattung* feststellbarer Vermögensgegenstände sind als zum Nachlaß des verfolgten Erblassers gehörend anzusehen und teilen, da sie bei dem Wiedergutmachungsamt des Bezirks, in dem sich der entzogene Gegenstand befindet, und gerichtlich bei dem für den Sitz dieses Wiedergutmachungsamts zuständigen Landgericht geltend zu machen sind, die Belegenheit des entzogenen Gegenstandes[48]). Kommt jedoch nur ein auf Schadensersatz wegen Entziehung gerichteter Rückerstattungsanspruch in Betracht, so ist das Amtsgericht des Entziehungsortes örtlich zuständig[49]). Rückerstattungsrechtliche Ansprüche nach §§ 1, 3 BRüG sind dort belegen, wo die für die Bescheiderteilung (§ 38 BRüG) zuständige Oberfinanzdirektion ihren Sitz hat[50]).

22 *b) Ort der Registerführung.* Durch die Verweisung in § 73 Abs. 3 Satz 2 auf § 2369 Abs. 2 BGB wird der Kreis der als im Inland befindlich geltenden Gegenstände weiter gezogen als dem sonst üblichen Begriff der „Belegenheit" entspricht[51]). Dadurch soll sichergestellt werden, daß die Erteilung eines Erbscheins stets gewährleistet ist, wenn der Erbe zur Geltendmachung von Rechten innerhalb des deutschen Rechtsgebiets eines Zeugnisses über sein Erbrecht bedarf[52]). Die Verweisung bezweckt nicht nur, den Kreis der „im Inland befindlichen Nachlaßgegenstände" abzugrenzen, sondern will zugleich die örtliche Zuständigkeit des NachlG an die Umstände anknüpfen, die nach § 2369 Abs. 2 BGB die inländische Belegenheit eines Gegenstandes begründen[53]). Demnach gelten gemäß § 2369 Abs. 2 Satz 1 BGB Gegenstände, für die eine deutsche Behörde ein zur Eintragung des Berechtigten bestimmtes Buch oder Register führt, als am Ort der Registerführung belegen. Dieser Fiktion bedarf es allerdings nur, wenn es an dem tatsächlichen Belegensein im Inland fehlt; andernfalls geht die durch den inländischen Lageort nach § 73 Abs. 1 Satz 1 begründete Zuständigkeit der an den Ort der Registerführung angelehnten vor. Als Bücher und Register dieser Art kommen in Betracht das Grundbuch, das Seeschiffsregister, das Binnenschiffsregister, das

[45]) Weißler FGG (1900) Anm. 6; Keidel Anm. 32; Staudinger-Firsching BGB[11] § 2369 Anm. 9; a.M. (Zeitpunkt des Erbfalls) Wellstein[2] Anm. 4; Ebert-Dudek-Lindemann FGG[2] § 73 Anm. 1 b β.

[46]) Schlegelberger Anm. 5 Abs. 2.

[47]) Frankfurt NJW 1955, 1564; KG NJW 1961, 1214; Soergel-Kegel BGB[9] Rdn. 456 vor Art. 7 EG; Keidel Anm. 28.

[48]) Hamm NJW 1954, 1731; Oldenburg Nds-Rpfl. 1955, 53; KG NJW RzW 1961, 479 = Rpfleger 1961, 439; vgl. auch Firsching DNotZ 1960, 568.

[49]) BayObLGZ 1961, 79; Keidel Anm. 29.

[50]) LG Berlin NJW RzW 1966, 208.

[51]) Soergel-Kegel BGB[9] Rdn. 68 vor Art. 24 EG.

[52]) KG JW 1933, 2068; KG NJW 1954, 1331.

[53]) Dorner § 73 Anm. 5 b; BayObLGZ 1961, 80.

Schiffsbauregister, das Register für Pfandrechte an Luftfahrzeugen, die Patentrolle, die Zeichenrolle, die Musterregister und die Staatsschuldbücher, nicht aber das Handelsregister und das Güterrechtsregister. Vorausgesetzt wird, daß das Recht wirklich eingetragen ist; es genügt nicht, daß es nur zur Eintragung geeignet ist[54]).

c) Inländischer Gerichtsstand für zum Nachlaß gehörende Ansprüche. Ansprüche gelten nach § 2369 Abs. 2 Satz 2 BGB als im Inland befindlich, wenn für die Klage ein deutsches Gericht zuständig ist, mag auch daneben die konkurrierende Zuständigkeit eines ausländischen Gerichts begründet sein[55]). Der Anspruch kann ein schuldrechtlicher, dinglicher, familienrechtlicher oder erbrechtlicher sein. Hat also der Schuldner einer zum Nachlaß gehörenden Forderung seinen Wohnsitz im Inland, so gilt diese als im Inland befindlich, weil sie vor einem deutschen Gericht eingeklagt werden kann. Nach § 23 Satz 1 ZPO gilt sie auch als im Inland befindlich, wenn der Schuldner im Inland keinen Wohnsitz hat, sich hier aber Vermögen des Schuldners oder der in Anspruch genommene Gegenstand befindet. Ein Herausgabeanspruch kann sich im Inland befinden, mag auch die herauszugebende bewegliche Sache im Ausland liegen, sofern der Besitzer seinen Wohnsitz im Inland hat[56]). Hinsichtlich der örtlichen Zuständigkeit des NachlG befinden sich die Ansprüche im Bezirk des für die Klage zuständigen Amtsgerichts und, wenn die sachliche Zuständigkeit des Landgerichts gegeben ist, nicht etwa im Bezirk des Amtsgerichts am Sitz des Landgerichts, sondern desjenigen Amtsgerichts, in dessen Bezirk die die örtliche Zuständigkeit des Landgerichts begründenden Tatsachen (Erfüllungsort, Wohnsitz des Schuldners) hervortreten („Kompetenztatsachen")[57]). Sind für die Klage mehrere Gerichtsstände begründet, so besteht auch eine mehrfache Zuständigkeit des Nachlaßgerichts. Zur Begründung einer örtlichen Zuständigkeit nach § 73 Abs. 3 reicht es nicht aus, wenn sich im Inland keine Nachlaßgegenstände befinden, sondern nur eine Nachlaßverbindlichkeit geltend gemacht werden soll[58]). 23

Entschädigungsansprüche nach dem BEG gehören zum Nachlaß des verfolgten Erblassers (§ 13 Abs. 1 BEG) und sind am Sitz der unteren Entschädigungsbehörde[59]) oder auch am Sitz der Feststellungsbehörde[60]) belegen. Wegen der Belegenheit von *Rückerstattungsansprüchen* vgl. oben Rdn. 21. 24

Bei *Lastenausgleichsansprüchen* besteht für die Anwendbarkeit des § 73 Abs. 3 die Schwierigkeit, daß sie erst in der Person des Erben entstehen, wenn der Erblasser vor dem 1. 4. 1952 verstorben ist, und deshalb nicht unmittelbar zum Nachlaß gehören[61]). Ebenso gehören auch die Ausgleichsansprüche nach § 12 Abs. 7 Satz 2 LAG nicht zum Nachlaß, wenn der Erblasser nach dem 31. 3. 1952 im Vertreibungsgebiet verstorben ist[62]). Die Meinung, in diesem Fall fehle es an einem zuständigen Nachlaßgericht und die Feststellungsbehörden müßten über die Erbfolge als Vorfrage selbständig befinden, wird dem Grundgedanken des § 73 Abs. 3 nicht gerecht; vielmehr ist diese Vorschrift entsprechend dahin anzuwenden, daß das Amtsgericht zuständig ist, in dessen Bezirk das zuständige Ausgleichsamt seinen Sitz hat[63]). Hierfür macht es keinen Unterschied, ob schon der Erblasser oder erst der Erbe unmittelbar Geschädigter i. S. des § 229 LAG ist[64]). Hatte der (ausländische oder staatenlose) Erblasser seinen letzten Wohnsitz oder Aufenthalt jedoch im Gebiet des § 1 ZustErgG, so ist § 7 Abs. 1 Satz 1 ZustErgG entsprechend anzuwenden (oben Rdn. 13), was zu demsel- 25

[54]) Martin Wolff IPR³ S. 236.
[55]) Vgl. RGZ 77, 252.
[56]) Martin Wolff IPR³ S. 236.
[57]) Dorner § 73 Anm. 5 f; Rausnitz Anm. 20, 22; Schlegelberger Anm. 5 Abs. 2; Keidel Anm. 31; BayObLGZ 1961, 79, 80.
[58]) Hamm JMBlNRW 1962, 209.
[59]) KG 1 AR 54/56; Hamm JMBlNRW 1957, 161; Stuttgart BWNotZ 1963, 300; Staudinger-Firsching BGB¹¹ § 2369 Anm. 35; Palandt-Keidel BGB²⁸ § 2353 Anm. 1 d.
[60]) Düsseldorf JMBlNRW 1957, 202; Keidel Anm. 29.
[61]) KG NJW 1954, 1331; KG OLGZ 1966, 127; 1968, 472, 474; BVerwG NJW 1955, 116; 1963, 1266; BayObLGZ 1956, 236.
[62]) KG ZLA 1968, 351.
[63]) KG NJW 1954, 1331; BayObLGZ 1956, 236; Hamm JMBlNRW 1957, 259; Palandt-Keidel BGB²⁸ § 2353 Anm. 1 c; Firsching NachlR³ S. 223; Staudinger-Firsching BGB¹¹ § 2369 Anm. 11; a.M. Karlsruhe BWNotZ 1961, 334.
[64]) KG NJW 1962, 258; KG JR 1963, 144; Palandt-Keidel BGB²⁸ § 2353 Anm. 1 c; a.M., wenn der Erbe unmittelbar Geschädigter ist, BayObLGZ 1956, 119; LG Dortmund NJW 1963, 496; Wähler NJW 1962, 1066; Firsching NachlR³ S. 223.

ben Ergebnis führt, abgesehen von den durch § 6 Abs. 2 und § 7 Abs. 2 ZustErgG begründeten Abweichungen.

C. Internationale Zuständigkeit in Nachlaßsachen

I. Grundsatz

26 Auch für die Tätigkeit des Nachlaßgerichts ist die internationale Zuständigkeit neben der örtlichen eine selbständige Verfahrensvoraussetzung (vgl. allgemein § 1 Rdn. 134 ff.). Die Normen über die internationale Zuständigkeit gehören dem innerstaatlichen Verfahrensrecht der freiwilligen Gerichtsbarkeit an, ergeben sich aber nicht ohne weiteres aus § 73 FGG, dessen Bestimmungen unmittelbar nur die örtliche Zuständigkeit regeln. Die Regeln des internationalen Privatrechts beziehen sich auf das in der Sache anzuwendende Recht, können also ebenfalls nicht unmittelbar über die verfahrensrechtliche Frage der Zuständigkeit Auskunft geben. Es kann sich nur fragen, ob und inwieweit es angebracht ist, bei der Bestimmung der internationalen Zuständigkeit auf das in der Sache anzuwendende Recht Rücksicht zu nehmen. Hierzu ist der Grundsatz entwickelt worden, daß die internationale Zuständigkeit des deutschen Nachlaßgerichts für die Gesamtheit der Nachlaßangelegenheiten nur gegeben ist, wenn das deutsche Recht Erbstatut ist, wofür in erster Linie ein etwa mit dem Heimatstaat des Erblassers abgeschlossener Staatsvertrag (dazu § 72 Rdn. 39 ff.), anderenfalls Art. 25 bis 29 EGBGB maßgeblich sind; ist ein ausländisches Recht Erbstatut, dann ist hiernach die deutsche internationale Zuständigkeit beschränkt auf die Erteilung eines gegenständlich beschränkten Erbscheins oder Testamentsvollstreckerzeugnisses nur für im Inland befindliche Nachlaßgegenstände gemäß §§ 2369, 2368, Abs. 3 BGB und auf sichernde Maßnahmen[65]). Dieser nicht ohne Widerspruch entwickelte Grundsatz ist nicht unangefochten[66]). Insbesondere wird eine Auflockerung dieses Grundsatzes dahin befürwortet, eine Zuständigkeit des deutschen Nachlaßgerichts auch bei ausländischem Erbstatut zu begründen, sofern die Tätigkeit des NachlG der Verwirklichung des ausländischen Rechts dienlich ist, die fremde Rechtsordnung eine derartige Mitwirkung billigt und die Tätigkeit dem deutschen Gericht nicht wesensfremd ist[67]). Nach anderer Auffassung genügt es, wenn das deutsche Verfahren mit dem ausländischen materiellen Erbrecht verträglich ist, mag auch das ausländische Verfahrensrecht ähnliche Maßnahmen nicht kennen, und wenn über die Nachlaßsicherung hinaus ein Bedürfnis der Fürsorge für Nachlaßberechtigte und Nachlaßgläubiger besteht[68]). Es ist einzuräumen, daß bei sorgfältiger Abwägung der beteiligten Interessen Bedürfnisse des Rechtsverkehrs eine Einschränkung des Gleichlaufsprinzips rechtfertigen können. Das ist z. B. geboten, wenn einerseits der ausländische Heimatstaat die Gerichtsbarkeit nicht in Anspruch nimmt, seine Zuständigkeit also verneint, andererseits ein innerdeutsches Interesse an der Regelung des Nachlasses besteht[69]). Auch sonst kann ein dringendes inlän-

[65]) KGJ 36 A 102; 41, 62 (grundsätzlich); KG IPRspr. 1926/1927 Nr. 91; 1934 Nr. 72; KG JFG 15, 78 = JW 1937, 1728 = DJ 1937, 554 mit Anm. v. Vogels; KG JFG 21, 203; Dresden KGJ 47, 238 = RJA 13, 216 = OLGR 30, 177; IPRspr. 1929 Nr. 93; Karlsruhe JFG 8, 116, 119; Neustadt JZ 1951, 644 mit Anm. v. Neuhaus; LG Koblenz JZ 1959, 316 mit Anm. v. Drobnig; BayObLGZ 19, 373 = OLGR 40, 160; BayObLGZ 1956, 119; 1958, 34; 1959, 390, 398 = NJW 1960, 775; BGHZ 49, 1, 2; sog. Grundsatz des Gleichlaufs, vgl. § 1 Rdn. 140; aus dem Schrifttum Staudinger-Raape BGB[9] Art. 25 EG Anm. G I; Raape IPR[5] § 39 I; Kipp-Coing ErbR[10] § 136 II 5; Schlegelberger § 73 Anm. 2; Staudinger-Firsching BGB[11] § 2353 Anm. 36; Erman-Marquordt BGB[3] Art. 24, 25 EG Anm. 13 b; Palandt-Lauterbach BGB[28] Art. 25 EG Anm. 3.

[66]) Vgl. die Schrifttumsangaben bei § 1 Rdn. 140 Fn. 157. Ferner Wiethölter, Internationales Nachlaßverfahrensrecht, in Vorschläge und Gutachten zur Reform des dt. intern. Erbrechts (Mat. z. ausl. u. intern. Privatrecht 12), hrsgg. v. Lauterbach, 1969. Dazu Neuhaus, FamRZ 1970, 12; Breuleux, Intern. Zuständigkeit und anwendbares Recht (Zürcher Studien zum Intern. Recht Nr. 44, 1969); Heldrich, Intern. Zuständigkeit und anwendbares Recht (Beiträge zum Ausl. und Intern. Privatrecht Bd. 36, 1969).

[67]) Lewald IPR S. 333; Wahl RabelsZ 10 (1936) S. 50, 52; Martin Wolff IPR[3] S. 235; Neuhaus JZ 1951, 646; Drobnig JZ 1959, 317; Keidel Anm. 6.

[68]) Soergel-Kegel BGB[9] vor Art. 24 EG Anm. 55, 62.

[69]) KG JR 1963, 144, 145 (während der Vertreibung verstorbener volksdeutscher Erblasser ausländ. Staatsangehörigkeit); BayObLGZ 1965, 423, 430 (italienischer Erblasser mit inländ. Wohnsitz); Raape IPR[5] § 39 I Abs. 4; Drobnig JZ 1959, 318.

disches Fürsorgebedürfnis Maßnahmen rechtfertigen, welche nicht die Gestaltung der Erbfolge berühren, z. B. die Anordnung der Nachlaßverwaltung (nachst. Rdn. 31). Als Ausgangspunkt der Zuständigkeitsprüfung ist aber der Grundsatz des Gleichlaufs weiterhin nützlich und beachtlich[70]).

II. Partielles deutsches Recht als Erbstatut

Bei der Prüfung der Frage, ob der Nachlaß einem fremden Erbstatut unterliegt, ist die infolge der territorialen Expansion des Deutschen Reiches eingetretene interlokale Rechtsverschiedenheit zu beachten. Nach dem Anschluß Österreichs wurden auf die Nachlaßsachen der dort ansässigen deutschen Staatsangehörigen, deren Erbfolge sich nach dem AGBGB als nunmehr innerdeutschem Partikularrecht richtete, für die Bestimmung der interlokalen Zuständigkeit die Grundsätze der internationalen Zuständigkeit entsprechend angewendet[71]). Auch im Sudetenland galt das Recht des AGBGB nach der Eingliederung in das Deutsche Reich fort; es war bis zum Wiedererstehen des tschechoslowakischen Staates im Mai 1945 innerdeutsches Partikularrecht[72]). Erst nach diesem Zeitpunkt wurde es wieder tschechoslowakisches Recht; es ist aber anzunehmen, daß das Recht des AGBGB abweichend von Art. 24 Abs. 1 EGBGB weiter Erbstatut der Sudetendeutschen bis zu ihrer Übersiedlung in das Altreich geblieben ist[73]). Die deutschen Nachlaßgerichte sind in diesem Fall für die Regelung der Nachlaßangelegenheiten der Sudetendeutschen allgemein international zuständig[74]); der Einschränkung, daß die Hinterbliebenen in das Altreich vertrieben sein müssen, bedarf es nicht; die umfassende Zuständigkeit des Nachlaßgerichts ergibt sich daraus, daß ihm durch § 7 ZustErgG die Aufgaben des Heimatgerichts übertragen worden sind. Auch die interzonale Zuständigkeit wird nicht dadurch beschränkt, daß der Erblasser nach dem von dem Recht des BGB abweichenden Recht der DDR (vgl. Rdn. 9 vor § 72) beerbt worden ist (vgl. nachst. Rdn. 38). Im übrigen ist eine unbeschränkte deutsche internationale Zuständigkeit nicht schon deswegen gegeben, weil der Erblasser deutscher Staatsangehöriger war, wenn und soweit gleichwohl fremdes Recht Erbstatut ist, etwa auf Grund des Art. 28 EGBGB[75]) oder weil bei doppelter Staatsangehörigkeit der effektiveren fremden der Vorzug zu geben ist. **27**

III. Die Verrichtungen des Nachlaßgerichts im internationalen Verfahrensrecht

Aus diesen Grundsätzen ergibt sich im einzelnen:

1. Erbschein. Ein allgemeiner Erbschein nach § 2353 BGB (Vollerbschein), der die Erbfolge in die Gesamtheit der Nachlaßgegenstände ausweist, kann nur erteilt werden, wenn und soweit deutsches Erbrecht für die Erbfolge maßgeblich ist (Eigenrechtserbschein)[76]). Wird ein deutscher Erblasser auf Grund des Art. 28 EGBGB in Ansehung im Ausland belegener Nachlaßgegenstände, die dort besonderen Vorschriften unterliegen, nach ausländischem Recht beerbt, so scheidet insoweit die Zuständigkeit des deutschen NachlG aus; es ist ein allgemeiner Erbschein zu erteilen, in dem jedoch zu vermerken ist, daß er sich auf den im Ausland belegenen Nachlaßgegenstand nicht erstreckt[77]). Die Anwendbarkeit deutschen Erbrechts und damit die Zuständigkeit zur Erteilung eines Vollerbscheins kann aber auch bei ausländischer Staatsangehörigkeit des Erblassers auf einer Rückverweisung (Art. 27 EGBGB) beruhen[78]). Bei nur partieller Rückverweisung auf deutsches Recht, z. B. hinsichtlich des beweglichen **28**

[70]) Neuhaus NJW 1967, 1167, 1168; Firsching ZZP 81 (1968) S. 300, 302.
[71]) KG JFG 21, 203.
[72]) Ferid, Der Neubürger, S. 60; BayObLGZ 1960, 478, 481.
[73]) BayObLGZ 1960, 478; 1961, 176; 1967, 197.
[74]) BayObLGZ 1961, 176; 1967, 197; Keidel Anm. 6.
[75]) Dazu BayObLGZ 1959, 390.
[76]) Dresden JFG 6, 123; 10, 81; Karlsruhe JFG 7, 135; 8, 116; KG IPRspr. 1934 Nr. 71; Soergel-Kegel BGB[9] Anm. 67 vor Art. 7 EG; Staudinger-Raape BGB[9] Art. 25 EG Anm. G I 6; Erman-Marquordt BGB[3] Art. 24, 25 EG Anm. 14 a.
[77]) BayObLGZ 1959, 390; Soergel-Kegel BGB[9] Anm. 67 vor Art. 24 EG. Vgl. BGHZ 50, 63 (Grundbesitz eines dt. Erblassers in Österreich).
[78]) Ferid-Firsching Intern. Erbrecht, Deutschland Grdz. Rdn. 68; Staudinger-Firsching BGB[11] § 2369 Anm. 4.

Nachlasses auf das Recht des letzten Wohnsitzes des Erblassers, hinsichtlich unbeweglicher Gegenstände auf die lex rei sitae, zerfällt der Nachlaß in mehrere Teile, die verschiedenen Rechten unterliegen (Nachlaßspaltung); das deutsche Nachlaßgericht hat unter Anwendung deutschen Rechts nicht einen gegenständlich beschränkten Erbschein im Sinne des § 2369 BGB, sondern einen allgemeinen Erbschein zu erteilen, weil durch die Nachlaßspaltung getrennte und als selbständig zu behandelnde Vermögensmassen gebildet werden, gleichsam als ob sie von verschiedenen Erblassern herrühren[79]). Der Umstand, daß der Erbschein sich infolge der Nachlaßspaltung nicht auf den dem fremden Recht unterliegenden Nachlaßteil bezieht, ist im Erbschein zu vermerken[80]). Ist ein fremdes Erbstatut für die Erbfolge maßgebend, so ist die deutsche internationale Zuständigkeit gemäß § 2369 BGB beschränkt auf die Erteilung eines gegenständlich beschränkten Erbscheins nur für im Inland befindliche Nachlaßgegenstände[81]). Er weist ebenso wie der unbeschränkte Erbschein die Gesamtnachfolge aus, aber nur mit Wirkung für die im Inland befindlichen Gegenstände. Es ist nicht erforderlich, daß das für die Beerbung maßgebende fremde Recht die Einrichtung des Erbscheins kennt[82]). Ist bereits im Ausland ein Erbschein erteilt worden, so steht dies einer Erteilung eines deutschen Erbscheins ohne Bindung an den ausländischen nicht entgegen[83]). Der Fremdrechtserbschein muß die Angabe enthalten, daß seine Geltung auf die im Inland befindlichen Nachlaßgegenstände beschränkt und nach welchem Recht er erteilt ist, damit der Anschein vermieden wird, als ob die Rechtsstellung des Erben sich nach deutschem Recht beurteile[84]). Im Fall der Nachlaßspaltung sind gesonderte Erbscheine für die dem deutschen und dem fremden Recht unterliegenden Nachlaßteile zu erteilen, die jedoch in einer Urkunde zusammengefaßt werden können[85]).

29 2. *Testamentsvollstreckerzeugnis.* Es gelten dieselben Grundsätze wie für die Erteilung eines Erbscheins. Auch ein gegenständlich beschränktes Zeugnis nur für im Inland belegene Nachlaßgegenstände ist nach § 2368 Abs. 3 Halbs. 1 mit § 2369 BGB zulässig[86]). Für die Rechtsstellung des Testamentsvollstreckers ist das Erbstatut maßgebend[87]), was in dem Zeugnis zum Ausdruck zu bringen ist[88]). Dabei können sich jedoch Angleichungs- und Umdeutungsschwierigkeiten ergeben, insbesondere bei Rechtsbegriffen des englisch-amerikanischen Rechts[89]). Der nach englischem oder amerikanischem Recht vom Erblasser ernannte executor

[79]) KG JFG 15, 78 = JW 1937, 1728 = DJ 1937, 554 mit Anm. v. Vogels; KG JFG 16, 23 = DFG 1937, 163 = HRR 1937 Nr. 1376 = JW 1937, 2527 mit Anm. v. Lewald; KG HRR 1938 Nr. 1125; Köln NJW 1955, 755; BayObLGZ 1967, 1, 7/8; BGHZ 24, 352; Saarbrücken NJW 1967, 732 mit Anm. v. Mezger; Guggumos, Einfluß der Spaltung eines Ausländernachlasses auf den deutschen Erbschein, DFG 1938, 28; Soergel-Kegel BGB[9] vor Art. 24 EG Anm. 67; Staudinger-Firsching BGB[11] § 2369 Anm. 4; Palandt-Keidel BGB[28] § 2369 Anm. 2 b.

[80]) BayObLGZ 1959, 390; Staudinger-Firsching BGB[11] § 2369 Anm. 6; Soergel-Kegel BGB[9] vor Art. 24 EG Anm. 67.

[81]) KG IPRspr. 1934 Nr. 71; BayObLGZ 1961, 4, 8; Düsseldorf NJW 1963, 2227; Erman-Marquordt BGB[3] Art. 24, 25 EG Anm. 14 a, b; Raape IPR[5] § 39 III 1; Kegel IPR[2] § 21 IV 2.

[82]) Colmar RJA 12, 210.

[83]) BayObLGZ 1965, 377; Firsching NachlR[3] S. 211.

[84]) KG RJA 17, 53; BayObLGZ 1961, 4; vgl. KGJ 36 A 109, 113; Firsching NachlR[3] S. 211; der Vermerk ist von Amts wegen aufzunehmen (BayObLG, Firsching aaO.); aber natürlich darf nicht ein beschränkter Erbschein erteilt werden, wenn ein Vollerbschein beantragt ist.

[85]) Staudinger-Firsching BGB[11] § 2369 Anm. 5; Muster bei Firsching NachlR[3] S. 211; vgl. auch BayObLGZ 1967, 1 zu II 6.

[86]) KGJ 36 A 109; 42, 141; KG JFG 15, 78; LG Frankfurt JW 1936, 1154; BayObLGZ 1965, 377 zu II B; Staudinger-Firsching BGB[11] § 2368 Anm. 32.

[87]) KG RJA 15, 28, 32; BayObLGZ 1965, 377 zu II A 3; Soergel-Kegel BGB[9] vor Art. 24 EG Anm. 23.

[88]) KGJ 36 A 109; 42, 141, 143.

[89]) Vgl. Gottheiner, Anpassungs- und Umdeutungsprobleme bei deutsch-englischen Erbrechtsfällen, Diss. Tübingen 1955; ders., Zur Anwendung englichen Erbrechts auf Nachlässse in Deutschland, RabelsZ 1956, 36; Firsching, Testamentsvollstrecker — executor — trustee, DNotZ 1959, 354; Wengler, Fragen des deutschen Erbscheinsrechts für Nachlässe, auf die englisches Intestaterbrecht anwendbar ist, JR 1955, 41; Schwenn, Die Erteilung eines Erbscheins nach § 2369 BGB in deutsch-amerikanischen Nachlaßfällen, NJW 1952, 1113; 1953, 1580; Firsching, Derutsch-amerikanische Erbfälle, 1965; Pinckernelle-Spreen, Das internationale Nachlaßverfahrensrecht, DNotZ 1967, 195, 208.

wird dem Testamentsvollstrecker nach § 2368 BGB vergleichbar sein und ein Zeugnis erhalten können[90]), dagegen nicht der nach amerikanischem Recht bei gesetzlicher Erbfolge vom NachlG bestellte administrator[91]).

3. Ablieferung und Eröffnung von Testamenten. Die Ablieferung von Testamenten zu erzwingen (§ 2259 BGB, § 83 FGG) ist das deutsche Nachlaßgericht, sofern nicht Staatsverträge entgegenstehen, unter dem Gesichtspunkt der Sicherstellung und Erhaltung auch zuständig, wenn der Erblasser ausländischer Staatsangehöriger und fremdes Recht Erbstatut ist[92]). Die Zuständigkeit zur *Eröffnung* ist nicht schlechthin für jedes Testament eines Ausländers anzunehmen[93]), sondern nur, wenn im übrigen eine internationale Zuständigkeit zur Regelung der Nachlaßangelegenheit besteht, nämlich wenn entweder ein Staatsvertrag die Mitwirkung des deutschen Gerichts vorsieht oder die lex causae die Zuständigkeit des Gerichts des Erblasserwohnsitzes oder des Auffindungsorts begründet und die ausländische Zuständigkeit nicht ausschließt[93a]); ferner wenn mindestens teilweise, etwa auf Grund einer Rückverweisung (Art. 27 EGBGB) deutsches Erbrecht anwendbar ist[94]) oder wegen der Belegenheit von Nachlaßgegenständen im Inland eine Zuständigkeit zur Erteilung eines beschränkten Erbscheins besteht[95]) oder wenn zur Prüfung, ob vorläufige sichernde Maßnahmen (Rdn. 34) einzuleiten sind, die Kenntnisnahme von dem verschlossenen Testament erforderlich ist[96]). Im Ergebnis fehlt mithin die deutsche Zuständigkeit nur, wenn ohne weiteres feststeht, daß ausschließlich fremdes Recht Erbstatut ist und ein inländisches Fürsorgebedürfnis nicht besteht[97]). Ist bei fremdem Erbstatut ein Testament bereits von der zuständigen Auslandsbehörde eröffnet worden, so ist eine Wiederholung im Inland nicht erforderlich; im Hinblick auf § 1944 Abs. 2 Satz 2 BGB ist die inländische Eröffnung aber nicht entbehrlich, wenn und soweit deutsches Erbrecht maßgebend ist[98]). 30

4. Nachlaßverwaltung. Die Nachlaßverwaltung (§§ 1975, 1981 BGB) hat mit dem Nachlaßkonkurs (§ 214 KO) gemeinsam, daß beide Pflegschaften zum Zwecke der Befriedigung der Nachlaßgläubiger sind und zu einer Gütersonderung und Haftungsbeschränkung führen[99]) mit dem Unterschied, daß die Nachlaßverwaltung keine Überschuldung voraussetzt. Der enge Zusammenhang zeigt sich auch darin, daß die Nachlaßverwaltung mit der Eröffnung des Nachlaßkonkurses endet (§ 1988 BGB). Für den Nachlaßkonkurs ist das nach §§ 214, 238 Abs. 2 KO örtlich zuständige deutsche Gericht international auch zuständig, wenn der Erblasser Ausländer und ein fremdes Recht Erbstatut ist[100]). Hiernach können auch keine Bedenken dagegen bestehen, daß das nach § 73 Abs. 1 oder 3 örtlich zuständige Nachlaßgericht eine 31

90) LG Frankfurt JW 1936, 1154; Raape IPR[5] § 39 III 3; einschränkend Staudinger-Firsching BGB[11] § 2368 Anm. 34 zu 2 β; Rheinstein AcP 1966, 547.

91) Raape IPR[5] § 39 III 3; Wengler JR 1955, 41 ff.; Staudinger-Firsching BGB[11] § 2368 Anm. 34; a.M. Kegel IPR[2] § 21 IV 2; Soergel-Kegel BGB[9] vor Art. 24 EG Anm. 72.

92) KGJ 36 A 85 = OLGR 18, 356; Staudinger-Firsching BGB[11] § 2259 Anm. 6; Palandt-Keidel BGB[28] § 2259 Anm. 2; Josef JW 1912, 1025.

93) Staudinger-Firsching BGB[11] § 2260 Anm. 16; Palandt-Keidel BGB[28] § 2260 Anm. 2 c; Schlegelberger § 83 Anm. 6; KG JW 1925, 2142; a.M. ersichtlich BayObLGZ 19, 373 = OLGR 40, 160; Josef JW 1912, 1025; Martin-Wolff IPR[3] § 54 I.

93a) Zum franz. Recht vgl. Schlechtriem, Ausl. Erbrecht im dt. Verfahren, 1966, S. 100.

94) KG OLGR 34, 310 = JW 1916, 1593; KGJ 51, 98 = RJA 16, 215 = Recht 1918 Nr. 1180; BayObLGZ 1958, 34.

95) LG Lübeck SchlHAnz. 1958, 334; Staudinger-Firsching BGB[11] § 2260 Anm. 16; Palandt-Keidel BGB[28] § 2260 Anm. 2 c; daß ein Erbscheinsantrag bereits gestellt oder zu erwarten ist, wird nicht erfordert werden können.

96) Staudinger-Firsching, Palandt-Keidel aaO.; Karle, Die Justiz 1966, 107 zu II; Pinckernelle-Spreen DNotZ 1967, 195, 201.

97) Über die Pflichten des NachlG gegenüber der zuständigen Auslandsvertretung vgl. Karle, Die Justiz 1966, 107 zu II.

98) Vgl. Staudinger-Firsching BGB[11] § 2260 Anm. 17; Pinckernelle-Spreen DNotZ 1967, 195, 202.

99) Jaeger, Lb. d. dt. Konkursrechts, 8. Aufl., § 26 I.

100) Jaeger KO, 6./7. Aufl., § 214 Anm. 34, 35; Mentzel-Kuhn KO[6] § 214 Anm. 9; a.M. Oetker ZHR 66, 216; es trifft daher nicht zu, wenn Pinckernelle-Spreen DNotZ 1967, 195, 218 meinen, die h. M. lehne einen Nachlaßkonkurs für Ausländer ab. Entsprechend müßte auch ein Vergleichsverfahren zur Abwendung des Nachlaßkonkurses (§ 113 VglO) für Ausländer zulässig sein; a.M. Bley-Mohrbutter VglO[3] § 2 Anm. 42.

Nachlaßverwaltung anordnet, auch wenn die Erbfolge einem fremden Erbstatut unterliegt[101]).

32 5. *Testamentsvollstreckung.* Für die Rechtsstellung des Testamentsvollstreckers ist das Erbstatut maßgebend[102]). Grundsätzlich ist das deutsche Nachlaßgericht bei Anwendbarkeit fremden Erbrechts zur Mitwirkung bei der Testamentsvollstreckung durch Erlaß rechtgestaltender Verfügungen entsprechend §§ 2200, 2216, 2227 BGB nicht berufen. Es fehlt daher die internationale Zuständigkeit für die Ernennung des Testamentsvollstreckers[103]), für seine Entlassung[104]) und für die Außerkraftsetzung von Verwaltungsanordnungen des Erblassers. Unbedenklich wäre die Annahme der deutschen Zuständigkeit, wenn der ausländische Heimatstaat die Gerichtsbarkeit nicht in Anspruch nimmt, seine Zuständigkeit also verneint, oder die konkurrierende Zuständigkeit des ausländischen Nachlaßgerichts anerkennt oder wenn der Nachlaß ausschließlich im Inland belegen ist. Für die Entscheidung von Meinungsverschiedenheiten zwischen mehreren Testamentsvollstreckern (§ 2224 BGB, § 82 FGG) wird anzunehmen sein, daß die nach § 73 begründete örtliche Zuständigkeit auch die internationale nach sich zieht, da es sich um eine lediglich streitentscheidende Tätigkeit handelt. Maßnahmen, die das Erbstatut nicht kennt, kann auch das deutsche Nachlaßgericht nicht erlassen[105]); bei gegebener internationaler Zuständigkeit ist das Verlangen unbegründet[106]).

33 6. *Entgegennahme rechtsgestaltender Erklärungen.* Für die Entgegennahme von Erklärungen, die zu den Modalitäten des Erbschaftserwerbs gehören (Annahme der Erbschaft ohne Vorbehalt oder unter der Wohltat des Inventars, Erbschaftsausschlagung) oder die Erbfolge gestalten (Anfechtung von Verfügungen von Todes wegen) bestimmt in der Regel der Grundsatz des Gleichlaufs die internationale Zuständigkeit[107]). Erklärungen dieser Art können nur auf den ganzen Nachlaß bezogen werden, also nicht gegenüber dem deutschen Nachlaßgericht nur mit Wirkung für die im Inland belegenen Nachlaßgegenstände abgegeben werden. Trotz Anwendbarkeit fremden Sachrechts könnte die internationale Zuständigkeit begründet sein, wenn im Heimatstaat nach dortigem Recht keine Zuständigkeit begründet ist[108]) oder das Erbstatut die deutsche Zuständigkeit anerkennt[109]) oder der Nachlaß ausschließlich im Inland liegt[110]).

34 7. *Maßnahmen zur Sicherung des Nachlasses.* Das deutsche Nachlaßgericht ist nach einem in Rechtsprechung und Schrifttum anerkannten Grundsatz auch dann, wenn ausländisches Recht Erbstatut ist, befugt, alle nach deutschen Verfahrensrecht zulässigen Maßnahmen zur Sicherung des Nachlasses zu treffen. Insbesondere kann es für die Siegelung des Nachlasses, die Aufnahme eines Nachlaßverzeichnisses, die Ablieferung und vorläufige Verwahrung von letztwilligen Verfügungen sorgen; auch eine Nachlaßpflegschaft nach § 1960 BGB kann angeordnet werden[111]). Anerkannt ist auch die internationale Zuständigkeit für die Pflegschaft

101) Im Ergebnis wie hier Soergel-Kegel BGB⁹ vor Art. 24 EG Anm. 55; a.M. KGJ 47, 238 = RJA 13, 216 = OLGR 30, 177; Keidel § 73 Anm. 15 b; Staudinger-Raape BGB⁹ Art. 25 EG Anm. G I 2.

102) KG RJA 15, 28; BayObLGZ 1965, 377, 382; Soergel-Kegel BGB⁹ vor Art. 24 EG Anm. 23.

103) Neustadt JZ 1951, 644; Staudinger-Firsching BGB¹¹ § 2368 Anm. 33; Neuhaus JZ 1951, 645 zu 3 stellt darauf ab, ob das Erbstatut die Substitution des ausländischen Wohnsitzgerichts zuläßt.

104) KGJ 41, 62; KG JFG 15, 78; Staudinger-Firsching BGB¹¹ § 2368 Anm. 33; Keidel Anm. 15 b; Schlegelberger Anm. 2; a.M. Schlechtriem, Ausl. Erbrecht im dt. Verfahren, 1966, 110 ff. (franz. Recht).

105) Neuhaus JZ 1951, 646 (Ernennung des TV); Schlechtriem S. 111; BayObLGZ 1965, 377, 384 (Entlassung des TV).

106) Kegel IPR² § 21 IV 1 S. 366; Schweizer NJW 1967, 428.

107) Staudinger-Raape BGB⁹ Art. 25 EG Anm. G 1 5; Keidel Anm. 15 b.

108) Vgl. BayObLGZ 1965, 423 (Annahme unter dem Vorbehalt des Inventars, Inventarerrichtung).

109) Josef JW 1912, 1026; vgl. auch Dölle RabelsZ 1962, 233.

110) BayObLGZ 1965, 423; Schlechtriem S. 93.

111) KGJ 25 A 241; 26 A 85; 53, 77; KG JFG 15, 78 = JW 1937, 1728 = DJ 1937, 554 mit Anm. v. Vogels; München JFG 16, 98 = HRR 1937 Nr. 1501 = Recht 1937 Nr. 8665; Hamm JMBlNRW 1962, 209; BayObLGZ 1963, 54; BGHZ 49, 1 = FamRZ 1968, 26 = Rpfleger 1968, 49 = DNotZ 1968, 437; Soergel-Kegel BGB⁹ vor Art. 24 EG Anm. 59—62; Raape IPR⁵ § 39 II; Keidel § 74 Anm. 7.

im Interesse eines Nachlaßgläubigers nach § 1961 BGB, obwohl sie nicht unmittelbar der Sicherung des Nachlasses dient[112]). Die Anordnung einer Nachlaßpflegschaft ist auch statthaft, wenn das Erbstatut diese Einrichtung nicht kennt[113]). Auch die Vergütung des Nachlaßpflegers wird nach deutschem Recht vom Nachlaßgericht festgesetzt[114]). Die Anordnung einer Pflegschaft setzt allerdings voraus, daß Nachlaßvermögen, nicht nur Verbindlichkeiten, im Inland vorhanden ist[115]). In Staatsverträgen ist verschiedentlich bestimmt, daß der ausländische Konsul von Todesfällen von Staatsangehörigen des Entsendestaates wowie von den ergriffenen Maßnahmen zur Regelung des Nachlasses in Kenntnis zu setzen ist oder daß er selbst zur Sicherung des Nachlasses oder zur Mitwirkung dabei berufen ist (vgl. § 72 Rdn. 39 ff. sowie MiZi XVII/9). Die örtliche Zuständigkeit des Nachlaßgerichts kann sich für Sicherungsmaßnahmen, also nicht für die Pflegschaft nach § 1961 BGB, außer aus § 73 auch aus § 74 ergeben.

IV. Verfahren

Das Verfahren des Nachlaßgerichts richtet stets nach deutschem Recht, auch wenn fremdes **35**
sachliches Recht anzuwenden ist[116]). Deutsches Recht entscheidet darüber, ob eine Angelegenheit zur freiwilligen Gerichtsbarkeit gehört oder vor das Prozeßgericht zu bringen ist, sowie über die an die Wirksamkeit der Verfahrenshandlungen des Gerichts und der Beteiligten zu stellenden Anforderungen (vgl. § 1 Rdn. 145). Die lex fori entscheidet auch über die Zulässigkeit von Beweismitteln[117]) und über die Beweiskraft ausländischer öffentlicher oder privater Urkunden. Ein vom deutschen Nachlaßgericht erteilter Erbschein entfaltet im Inland die Wirkungen der §§ 2365 bis 2367 BGB, auch wenn ausländisches Recht angewendet worden ist. Ein Nachlaßinventar kann in den Formen der §§ 2001 bis 2003 BGB auch bei Maßgeblichkeit eines fremden Erbstatuts errichtet werden; welche Rechtsfolgen sich daran knüpfen, bestimmt das Erbstatut[118]). Eine vom Erbstatut erforderte, dem deutschen Verfahrensrecht ihrer Art, nicht nur ihren tatbestandsmäßigen Voraussetzungen nach unbekannte und deshalb nicht ausführbare Maßnahme kann jedoch das deutsche Nachlaßgericht nicht erlassen[119]).

D. Interzonales Nachlaßverfahrensrecht

Fragen des interzonalen Verfahrensrechts treten auf, wenn der Erblasser zur Zeit seines **36**
Todes deutscher Staatsangehöriger oder Staatenloser (Art. 29 EGBGB) mit mitteldeutschem Personalstatut gewesen ist. Hierfür ist in erster Linie der gewöhnliche Aufenthalt zur Zeit des Todes maßgebend[120]); hilfsweise sind weitere Anknüpfungspunkte heranzuziehen (vgl. § 35 Rdn. 130).

I. Interzonale Zuständigkeit

Für die Regelung der Nachlaßangelegenheiten von Erblassern mit mitteldeutschem Per- **37**
sonalstatut sind, wie es sich von selbst verstehen sollte, in erster Linie die Gerichte und Behörden der DDR und des Ostsektors Berlins zuständig, also nach dem dort geltenden Verfahrensrecht (Einl. Rdn. 45, Vorbem. vor § 72 Rdn. 18) die Staatlichen Notariate, ebenso

112) KG JW 1934, 909 = HRR 1934 Nr. 1034 = IPRspr. 1934 Nr. 72 unter Aufgabe von KG IPRspr. 1926/27 Nr. 91 = JR 1927 Nr. 480 = Recht 1927 Nr. 348; KG JFG 15, 78; München JFG 16, 98; Soergel-Kegel BGB⁹ vor Art. 24 EG Anm. 60; a.M. Staudinger-Raape BGB⁹ Art. 25 EG Anm. G I 1.

113) KGJ 53, 79; BGHZ 49, 2; Schlegelberger § 74 Anm. 4.

114) Hamburg NJW 1960, 1207.

115) Hamm JMBlNRW 1962, 209.

116) KGJ 36 A 109; KG OLGR 46, 246 = JW 1927, 2316; KG JR 1951, 762; BayObLGZ 1965, 423, 437; Soergel-Kegel BGB⁹ vor Art. 7 EG Anm. 310; Kegel IPR² § 22 III; krit. Schlechtriem, Ausl. Erbrecht im dt. Verfahren, 1966, S. 32 ff.

117) BGH NJW 1955, 762 = JZ 1955, 702; Schnitzer IPR⁴ II S. 855.

118) BayObLGZ 1965, 423.

119) Kegel IPR² § 21 IV 1 S. 366; Heldrich NJW 1967, 417 zu 3; BayObLGZ 1965, 423, 437; vgl. § 1 Rdn. 142.

120) LG Berlin JR 1954, 108 = IzRspr. 1945/53 Nr. 558; Soergel-Kegel BGB⁹ vor Art. 24 EG Anm. 99.

wie im Verhältnis zum Ausland die Zuständigkeit der Heimatbehörden anerkannt wird. Welche Wirkungen den Verfügungen und Entscheidungen der Staatlichen Notariate im westdeutschen Rechtsgebiet beizumessen sind, ist eine Frage ihrer Anerkennungsfähigkeit (dazu Rdn. 40). Die unterschiedliche Rechtsentwicklung in beiden Teilen Deutschlands hat es aber notwendig gemacht, unter dem Begriff der interzonalen Zuständigkeit zusammengefaßte Regeln darüber zu entwickeln, unter welchen Voraussetzungen die Gerichte der BRD und West-Berlins berufen sind, bei den Nachlaßangelegenheiten von Erblassern mit mitteldeutschem Personalstatut mitzuwirken. Die Auffassung, daß schon die gerichtsverfassungsrechtlichen Abweichungen (vgl. Einl. II) es rechtfertigten, eine westdeutsche interzonale Zuständigkeit zu begründen[121]), so daß alleiniger und ausreichender Anknüpfungspunkt die deutsche Staatsangehörigkeit des Erblassers ist, ging wohl über das erforderliche Maß hinaus. Weitgehende Anerkennung fand die Auffassung, welche sich damit begnügte, eine subsidiäre interzonale Notzuständigkeit der westdeutschen Gerichte zu begründen. Hierfür war bestimmend, daß die Staatlichen Notariate durch RdVfg. des Leiters der DDR-Justizverwaltung Nr. 31/53 vom 7. 4. 1953 (Vfg. u. Mitt. d. JustVerw. Nr. 8 vom 15. 4. 1953, mitgeteilt in DNotZ 1953, 564) angewiesen worden sind, die Erteilung von Erbscheinen für Zwecke des Lastenausgleichs und der Wiedergutmachung abzulehnen, sowie die Erfahrung, daß Erbbeteiligte vielfach Benachteiligungen ausgesetzt sind, wenn sie die Vermögensverhältnisse des Erblassers den mitteldeutschen Behörden offenbaren müssen[122]). Demgemäß ist eine westdeutsche interzonale Zuständigkeit angenommen worden, wenn das Staatliche Notariat seine Mitwirkung als Nachlaßbehörde aus unsachlichen oder politischen Gründen verweigert[123]) oder wenn mit einer solchen Weigerung sicher zu rechnen ist[124]) oder wenn nach den besonderen Umständen des Falles den Beteiligten die Anrufung der mitteldeutschen Behörden nicht zuzumuten ist[125]) oder wenn im Einzelfall eine von diesen erlassene Entscheidung unter dem Gesichtspunkt des ordre public (Art. 30 EGBGB) nicht anzuerkennen ist[126]).

38 Inzwischen hat sich gezeigt, daß eine nur subsidiäre Notzuständigkeit für Ausnahmefälle den Bedürfnissen des Rechtsverkehrs und den berechtigten Belangen der Erbbeteiligten nicht ausreichend gerecht wird. Vielmehr ist eine konkurrierende, also neben der Zuständigkeit der Staatlichen Notariate bestehende interzonale Zuständigkeit der Gerichte der Bundesrepublik einschließlich Westberlins anzunehmen, wenn ein hinreichender Anknüpfungspunkt zum westdeutschen Rechtsgebiet gegeben ist und ein Bedürfnis für die Entscheidung durch ein hiesiges Nachlaßgericht hervortritt[127]). Ein solches Bedürfnis besteht regelmäßig, wenn Erbbeteiligte

[121]) So KG NJW 1953, 1186 = DNotZ 1953, 419; KG NJW 1953, 947; KG JR 1954, 265 = Rpfleger 1954, 453; SchlHOLG SchlHA 1954, 231; Granicki SchlHA 1954, 373, 375; Hahnenfeld NJW 1956, 164 zu 3; Hofmann JR 1953, 229; Schultz MDR 1954, 338; dagegen aber BayObLGZ 1955, 73; Firsching DNotZ 1953, 422.

[122]) Dazu Pernutz MDR 1963, 713.

[123]) Stuttgart JR 1952, 73 = DNotZ 1952, 231; KG DNotZ 1952, 231 = JZ 1952, 119; BayObLGZ 1954, 161 = Rpfleger 1954, 458 = NJW 1954, 1646; Celle RdL 1966, 295; Wulff RdL 1953, 173; Schlegelberger Anm. 1 b; Palandt-Keidel BGB[26] § 2353 Anm. 1 a.

[124]) BayObLGZ 1954, 161; LG Landau MDR 1960, 852.

[125]) Firsching DNotZ 1953, 422; Brand-Kleeff, Nachlaßsachen 2. Aufl. S. 14; Soergel-Ehard-Eder BGB[9] § 2353 Anm. 2.

[126]) LG Berlin JR 1954, 108; KG JR 1954, 265 = Rpfleger 1954, 453; Oldenburg NdsRpfl. 1963, 155; Überblick bei Welskop, MittRheinNotK 1965, 262 ff., 269.

[127]) KG OLGZ 1966, 499 = ROW 1966, 181 = DNotZ 1967, 378 = JZ 1967, 143 mit Anm. v. Firsching; zust. Firsching NachlR[3] S. 3; Bartholomeyczik ErbR[8] § 33 II 7; Keidel Anm. 18; Palandt-Keidel BGB[28] § 2353 Anm. 1 a. Abweichend hiervon nimmt BGHZ 52, 123 = JZ 1969, 658 mit Anm. v. Wengler = NJW 1969, 1428 = MDR 1969, 738 = FamRZ 1969, 480 = Rpfleger 1969, 292 an, daß die interzonale Zuständigkeit entsprechend § 73 Abs. 3 FGG auf die Erteilung eines gegenständlich beschränkten Erbscheins nur über die im westlichen Rechtspflegegebiet belegenen Nachlaßgegenstände beschränkt sei und ein allgemeiner Erbschein auch über die in der DDR und im Ostsektor Berlins belegenen Nachlaßgegenstände selbst im Falle einer Rechtsverweigerung nicht erteilt werden könne; dagegen zutreffend KG NJW 1969, 2101 = Rpfleger 1969, 387 = FamRZ 1969, 611. Beizupflichten ist insbesondere der Erwägung von Wengler, JZ 1969, 663 (666), der Umstand, daß angesichts der früheren vollen Staats- und Wirtschaftseinheit immer noch vielfältige Zusammenhänge zwischen den getrennten Teilen Deutschlands bestehen und in einer nicht zu übersehenden Zahl von Fällen ein westdeut-

oder Nachlaßgegenstände sich in diesem Gebiet befinden oder ein Erbschein sonst für westdeutsche Rechtsverhältnisse benötigt wird[128]). Im Erbscheinsverfahren erstreckt sich diese Zuständigkeit auf die Erteilung eines unbeschränkten Vollerbscheins mit Gültigkeit für den gesamten Nachlaß; die Erteilung eines beschränkten Erbscheins entsprechend § 2369 Abs. 1 BGB mit Wirkung nur für die im westdeutschen Rechtsgebiet belegenen Nachlaßgegenstände würde den Bedürfnissen des Rechtsverkehrs nicht gerecht werden[129]). Hatte der Erblasser ein mitteldeutsches Personalstatut, so ist für die Erbfolge entsprechend Art. 24, 25 EGBGB das materielle Erbrecht der DDR maßgebend (Vorbem. vor § 72 Rdn. 19). Es tritt keine Nachlaßspaltung in dem Sinne ein, daß die im Westen belegenen Nachlaßgegenstände nach Westrecht, die in Mitteldeutschland belegenen nach dem Recht der DDR vererbt würden[130]). Die interzonale Zuständigkeit bezieht sich auch auf die Einziehung eines Erbscheins, der vor der Rechtsspaltung von einem jetzt zum Gebiet der DDR gehörigen Nachlaßgericht erteilt worden ist[131]). Dagegen sind die westdeutschen Gerichte nicht berechtigt, einen von den Staatlichen Notariaten erteilten Erbschein als unrichtig einzuziehen. Sie können aber, ihre konkurrierende interzonale Zuständigkeit vorausgesetzt, einen Erbschein anderen Inhalts erteilen; dazu ist nicht erforderlich, daß der andere Erbschein aus Gründen des ordre public nicht anzuerkennen ist.

Die örtliche Zuständigkeit des nach vorstehenden Ausführungen interzonal zuständigen Nachlaßgerichts bestimmt sich nach § 73 Abs. 1 oder 2 FGG. Hatte mithin der Erblasser mit mitteldeutschem Personalstatut, wie es der Regel entspricht, zur Zeit seines Todes im westdeutschen Rechtsgebiet weder Wohnsitz noch Aufenthalt, so ist das Amtsgericht Schöneberg entsprechend § 73 Abs. 2 örtlich zuständig mit der Befugnis, die Sache aus wichtigen Gründen mit bindender Wirkung an ein anderes westdeutsches Nachlaßgericht abzugeben[132]). Hatte der Erblasser allerdings zur Zeit seines Todes seinen (schlichten) Aufenthalt im Geltungsbereich des Grundgesetzes bei Fortbestehen seines mitteldeutschen Personalstatuts, etwa auf einer Besuchsreise, so geht die Aufenthaltszuständigkeit nach § 73 Abs. 1 der Auffangzuständigkeit des AG Schöneberg nach § 73 Abs. 2 vor[133]). Dagegen kommt § 73 Abs. 3 als Zuständigkeitsnorm nicht in Betracht. Zwar stände es ihrer entsprechenden Anwendung nicht entgegen, daß sie unmittelbar nur für Ausländer gilt[134]); sie setzt jedoch die Belegenheit von Nachlaßgegenständen im Westen voraus und führt in Verbindung mit § 2369 BGB zur Erteilung eines auf diese Gegenstände beschränkten Erbscheins; eine so eingeschränkte interzonale Zuständigkeit genügt den Bedürfnissen des Rechtsverkehrs nicht[135]). Dagegen ist ent- 39

scher Erbe genötigt ist, in Westdeutschland ein Erbrecht am ganzen Nachlaß eines mit DDR-Wohnsitz verstorbenen Erblassers nachzuweisen, könne es angezeigt erscheinen lassen, daß ein solcher Erbe von einem westdeutschen Gericht einen unbeschränkten Erbschein erhält; Wengler weist aaO. zutreffend nach, daß die Meinung des BGH (aaO.), darin liege ein Eingriff in die Staatsgewalt der DDR, im Völkerrecht und internationalen Verfahrensrecht keine Grundlage findet.

128) KG OLGZ 1968, 462 = FamRZ 1968, 489 = Rpfleger 1968, 287.

129) KG JR 1954, 265; KG OLGZ 1966, 499; Keidel Anm. 18; Firsching NachlR[3] S. 3; h. M., a.M. LG Berlin JR 1954, 108; Soergel-Kegel BGB[9] vor Art. 7 EG Anm. 363. Ein solches Bedürfnis besteht z. B. bei der Durchführung des G über die Beweissicherung und die Feststellung von Vermögensschäden in der SBZ und im Sowjetsektor von Berlin vom 22. 5. 1965 (BGBl. I 425) i. d. F. v. 1. 10. 1969 (BGBl. I 1885); das verkennt der BGH aaO. Fn. 127. Außerdem besteht kein hinreichender Grund, den ohnehin in Zweifel gezogenen Grundsatz des Gleichlaufs auf interzonale Rechtsverhältnisse zu übertragen; vgl. dagegen KG OLGZ 1970, Heft 1 = Rpfleger 1969, 387 = FamRZ 1969, 611 = NJW 1969, 2101.

130) KG OLGZ 1967, 358 = JR 1967, 465.

131) KG OLGZ 1967, 356 = NJW 1968, 1055 = ROW 1968, 27 = Rpfleger 1968, 55.

132) KG JR 1954, 265 = Rpfleger 1954, 453; KG OLGZ 1966, 499 = ROW 1966, 181 = DNotZ 1967, 378 = JZ 1967, 143; KG OLGZ 1967, 356 = NJW 1968, 1055 = ROW 1968, 27 = Rpfleger 1968, 55; BayObLGZ 1954, 161; Bartholomeyczik ErbR[8] § 33 II 7; Staudinger-Firsching BGB[11] § 2353 Anm. 33; Palandt-Keidel BGB[28] § 2353 Anm. 1 a; Soergel-Ehard-Eder BGB[9] § 2353 Anm. 2.

133) KG OLGZ 1968, 462 = FamRZ 1968, 489 = Rpfleger 1968, 287; zust. Palandt-Keidel BGB[28] § 2353 Anm. 1 a.

134) Vgl. KG JFG 21, 203; LG Berlin JR 1954, 108.

135) KG OLGZ 1966, 499; Palandt-Keidel BGB[28] § 2353 Anm. 1 a; a.M. Soergel-Kegel BGB[9] vor Art. 7 EG Anm. 363; Erman-Marquordt BGB[3] Art. 25 EG Anm. 16 c.

sprechend § 7 Abs. 1 Satz 1 ZustErgG die Zuständigkeit des Nachlaßgerichts begründet, in dessen Bezirk sich Nachlaßgegenstände befinden, und diese Zuständigkeit geht der nur hilfsweise eingreifenden Auffangzuständigkeit des AG Schöneberg nach § 73 Abs. 2 vor[136]); auch diese Zuständigkeit bezieht sich auf die Erteilung eines unbeschränkten Erbscheins. Für sichernde Maßnahmen und eine Nachlaßpflegschaft nach § 1960 BGB kann die örtliche Zuständigkeit außer nach § 73 Abs. 1, 2 auch nach § 74 begründet sein.

40 § 2261 BGB über die *Eröffnung von Testamenten* durch das Verwahrungsgericht ist auch im interzonalen Rechtsverkehr anzuwenden; grundsätzlich ist das eröffnete Testament (unter Zurückbehaltung einer beglaubigten Abschrift) an die zuständige Nachlaßbehörde der DDR abzugeben, es sei denn, daß damit im Einzelfall aus besonderen Gründen eine Schädigung der Erben oder westdeutscher Belange verbunden wäre[137]).

II. Anerkennung von Entscheidungen der mitteldeutschen Nachlaßbehörden

41 Entscheidungen der interzonal zuständigen mitteldeutschen Nachlaßbehörden und Gerichte, insbesondere der Staatlichen Notariate, sind im westlichen Rechtsgebiet grundsätzlich anzuerkennen. Der Anerkennung steht es nicht entgegen, daß daneben eine konkurrierende Zuständigkeit der westdeutschen Gerichte bestanden hätte. Erbscheine der Staatlichen Notariate können ausländischen Erbscheinen (vgl. § 1 Rdn. 153) nicht gleichgestellt werden und haben daher auch vor den westdeutschen Gerichten Legitimationswirkung[138]). Für die Versagung der Anerkennung gelten die bei § 35 Rdn. 131 erörterten Grundsätze. Die Anerkennung ist zu versagen, wenn die Entscheidung entweder wegen ihres Inhalts mit den guten Sitten oder dem Zweck eines deutschen Gesetzes nicht vereinbar ist oder wenn sie auf einem Verfahren beruht, in welchem rechtsstaatliche Grundsätze in erheblichem Maße verletzt sind, insbesondere das rechtliche Gehör versagt worden ist[139]). Entscheidungen, durch die über Rechte und Pflichten der Beteiligten endgültig befunden wird sind nicht anzuerkennen, wenn die Anerkennung das Grundrecht auf Justizgewährung durch vollständige richterliche Nachprüfung deswegen verletzen würde, weil das Verfahrensrecht der DDR eine Anrufung des Gerichts nicht zuläßt[140]). Über die Anerkennung wird als Vorfrage in dem Verfahren entschieden, in welchem die Frage erheblich ist (§ 1 Rdn. 154).

Zuständigkeit für die Sicherung des Nachlasses

74 Für die Sicherung des Nachlasses ist jedes Amtsgericht zuständig, in dessen Bezirk das Bedürfnis der Fürsorge hervortritt. Das Gericht soll von den angeordneten Maßregeln dem nach § 73 zuständigen Nachlaßgericht Mitteilung machen.

1 *1. Allgemeines.* Die Pflicht des NachlG, von Amts wegen für die *Sicherung des Nachlasses* zu sorgen, ergibt sich aus §§ 1960, 1962 BGB. Die in Betracht kommenden Sicherungsmaßregeln sind in § 1960 Abs. 2 BGB beispielhaft angeführt. Nach EGBGB Art. 140 können die Länder die Sicherungspflicht des Nachlaßgerichts erweitern. Das ist geschehen durch § 34 BadLFGG, WürttAGBGB Art. 89, BayNachlG Art. 3, Ergänzendes Landesrecht: *Baden* §§ 30 bis 37 BadLFGG; *Bayern* AGBGB Art. 105, Bek. über die Mitwirkung der Gemeindebehörden bei der Sicherung des Nachlasses v. 18. 12. 1902 (JMBl. I, 435), BayNotG v. 9. 6. 1899 (BayBS III, 41) Art. 2, NachlG v. 9. 8. 1902 (BayBS III, 114) Art. 5, §§ 3 bis 26 NachlO v. 20. 3. 1903 (JMBl. I, 459), dazu Haberstumpf-Firsching, Nachlaßwesen in Bayern; *Bremen* § 5 AGFGG; *Hamburg* § 29 AGFGG; *Hessen* §§ 19, 20 OrtsGerG; HessFGG Art. 23, 26; *Niedersachsen* NdsFGG Art. 10 bis 13; ehemals *preuß. Gebiete* PrFGG Art. 19,

[136]) KG OLGZ 1970, H. 1 = Rpfleger 1969, 387 = FamRZ 1969, 611 = NJW 1969, 2101; vgl. auch KG Rpfleger 1969, 429.
[137]) KG Rpfleger 1969, 427.
[138]) LG Berlin JR 1954, 108.
[139]) BGHZ 20, 323, 335; KG OLGZ 1965, 214 = ROW 1965, 258 = JZ 1967, 123 mit Anm. v. Wengler; Keidel § 72 Anm. 35.
[140]) KG OLGZ 1965, 214; Keidel § 72 Anm. 35.

20, 104 bis 108, 128; *Württemberg* AGBGB Art. 82, 83, 89, 121, 122, §§ 35 bis 42 VO d. JM über das Nachlaßwesen v. 10. 3. 1933 (ABl. 63, 1934, 275).

Für Todesfälle von *Beamten* sind landesrechtliche Vorschriften zur Sicherung amtlicher Schriftstücke, Gelder oder sonstiger dienstlicher Gegenstände erlassen, Baden § 117 Abs. 2 VOFGG; Bayern AGBGB Art. 106, VO v. 7. 12. 1899 (GVBl. 1013) § 26 NachlO; Hessen HessFGG Art. 23; Niedersachsen NdsFGG Art. 12; ehemals preuß. Gebiete PrFGG Art. 20; Württemberg § 37 Abs. 4 NachlVO. Für Notare s. § 51 BNotO. Über Mitteilungspflichten vgl. MiZi XVII/3 Abs. 2. **2**

Wegen der Nachlaßsicherung durch deutsche Konsuln s. § 18 KonsularG. **3**

2. Gerichtsstand des Fürsorgebedürfnisses. Für sichernde Maßnahmen ist nach Satz 1 außer dem nach § 73 zuständigen NachlG jedes AG zuständig, in dessen Bezirk das Bedürfnis der Fürsorge hervortritt, jedoch unter Beschränkung auf die in seinem Bezirk wahrzunehmenden Angelegenheiten. Die Vorschrift begründet eine *außerordentliche Zuständigkeit* entsprechend § 44 FGG. Die vorläufigen Sicherungsmaßnahmen ergehen vorbehaltlich abweichender Regelung durch das ordentliche Nachlaßgericht. Das Gericht wird dadurch nicht zum Nachlaßgericht. Für die Entgegennahme von Erklärungen, die dem Nachlaßgericht gegenüber abzugeben sind, ist es nicht zuständig. Ein Vorgriff im Sinne des § 4 wird durch sein Tätigwerden nicht begründet. **4**

Zu den Sicherungsmaßnahmen, die das nach § 74 zuständige AG treffen kann, gehört auch die Anordnung einer *Nachlaßpflegschaft* nach § 1960 Abs. 2 BGB; dabei wird es regelmäßig den Wirkungskreis des Nachlaßpflegers auf die in seinem Bezirk wahrzunehmende Angelegenheit beschränken, die das Bedürfnis der Fürsorge begründet; eine solche Beschränkung ist zulässig[1]). Dagegen begründet § 74 keine Zuständigkeit des AG für eine Nachlaßpflegschaft auf Antrag eines Nachlaßgläubigers nach § 1961 BGB[2]). Denn diese Pflegschaft dient nicht, wie § 74 es erfordert, der Sicherung des Nachlasses, und ob ein Fürsorgebedürfnis für sie besteht, ist unerheblich[3]). **5**

3. Anzeigepflicht. Das AG, welches nach § 74 Sicherungsmaßregeln angeordnet hat, soll nach Satz 2 dem nach § 73 zuständigen NachlG hiervon Nachricht geben, damit dieses von der Sachlage Kenntnis erlangt und erforderlichenfalls weitere Sicherungsmaßnahmen trifft oder die Sache an sich zieht, wofür die in § 44 Rdn. 5 ff. erörterten Grundsätze gelten. **6**

4. Internationale (interzonale) Zuständigkeit. Sofern die deutsche internationale Zuständigkeit gegeben ist, was für Sicherungsmaßnahmen vorbehaltlich von Staatsverträgen stets zutrifft (§ 73 Rdn. 34), kann sich die örtliche Zuständigkeit außer aus § 73 Abs. 1, 3 auch aus § 74 ergeben, auch wenn fremdes Recht Erbstatut ist. Ebenso ist § 74 im interzonalen Verfahrensrecht anwendbar, vorbehaltlich der Zuständigkeit des ordentlichen Nachlaßgerichts nach § 73 Abs. 1, 2. **7**

5. Übertragung auf den Rechtspfleger. Maßnahmen der Nachlaßsicherung sind auf den Rechtspfleger übertragen (§ 3 Nr. 2 Buchst. c RechtspflG); ein Richtervorbehalt besteht jedoch für die Anordnung der Nachlaßpflegschaft und die Auswahl des Pflegers sowie für Geschäfte, für die in Vormundschaftssachen ein entsprechender Richtervorbehalt angeordnet ist (§§ 16 Abs. 1 Nr. 1, 14 Nr. 4, 9 RechtspflG). Vgl. § 72 Rdn. 16. **8**

6 DDR. In der DDR wird eine dem § 74 entsprechende Zuständigkeit des Notariats, in dessen Kreis sich Nachlaßgegenstände befinden, durch § 52 Abs. 3 NotVerfO begründet. **9**

7. Gebühren. Die Gebühren bestimmen sich nach §§ 104, 52 KostO, bei Anordnung einer Nachlaßpflegschaft nach § 106 KostO. **10**

1) KG OLGZ 1965, 259.
2) Rostock OLGR 2, 474; Firsching, NachlR² S. 100; Pikart-Henn Lb. d. Freiw. Gerbkt. S. 312; a.M. Schlegelberger Anm. 6; Keidel Anm. 2; Düsseldorf JMBlNRW 1954, 83.
3) Staudinger-Lehmann BGB¹¹ § 1961 Anm. 2.

Nachlaßpflegschaft

75 Auf die Nachlaßpflegschaft finden die für Vormundschaftssachen geltenden Vorschriften dieses Gesetzes Anwendung. Unberührt bleiben die Vorschriften über die Zuständigkeit des Nachlaßgerichts; das Nachlaßgericht kann jedoch die Pflegschaft nach Maßgabe des § 46 an ein anderes Nachlaßgericht abgeben.

1 *1. Allgemeines.* Die Bedeutung der Vorschrift besteht darin, daß die Bestimmungen des zweiten Abschnitts über Vormundschaftssachen, soweit sie sich nicht auf die Zuständigkeit (§§ 35 bis 45, 47), für welche die §§ 72 bis 74 maßgebend bleiben, sondern auf das Verfahren einschließlich des Beschwerdeverfahrens beziehen, auch auf die Nachlaßpflegschaft Anwendung finden. Diese Regelung entspricht (so Denkschr. S. 56) dem Standpunkt des BGB, welches die Nachlaßpflegschaft den sonstigen Pflegschaften (§§ 1915 ff. BGB) mit der Maßgabe gleichstellt, daß an die Stelle des VormG das NachlG tritt (§ 1962 BGB). Die Vorschrift gilt sowohl für die Nachlaßpflegschaften nach §§ 1960 Abs. 2, 1961 als auch für die Nachlaßpflegschaft zum Zwecke der Befriedigung der Nachlaßgläubiger (Nachlaßverwaltung) nach § 75 BGB sowie für die auf Antrag des Finanzamts nach § 106 Abs. 3 RAO angeordnete Nachlaßpflegschaft, die einer solchen nach § 1961 BGB gleichsteht.

2 *2. Verfahren des NachlG.* Die sachliche und örtliche Zuständigkeit bestimmt sich nach §§ 72, 73, 74. Nicht anwendbar sind die §§ 35 bis 47 mit Ausnahme des in Satz 2 Halbs. 2 für anwendbar erklärten § 46 über die Abgabe der Pflegschaft (Anm. 3). Der § 48 ist in Nachlaßsachen nicht anwendbar. Bundesrechtlich ist mithin eine Pflicht des Standesbeamten, Sterbefälle dem NachlG anzuzeigen, nicht begründet; landesrechtlich besteht eine solche Pflicht in Bayern nach § 1 NachlG, in Württemberg nach Art. 82 AGBGB. Auf Grund der Verweisung in § 75 sind anwendbar: § 49 (Vorschlag einer zum Pfleger geeigneten Person durch den Gemeindewaisenrat), § 50 (Anzeigepflicht der Gerichte), § 54 (Eintragung einer Sicherungshypothek auf Grundstück des Pflegers), §§ 55, 62 (Änderung der Erteilung oder Verweigerung der Genehmigung des NachlG zu einem Rechtsgeschäft) sowie die §§ 57 Abs. 1 Nrn. 3, 6, 7, 58, 60 Abs. 1 Nrn. 2, 3, 6, 63 (Beschwerde, sofortige Beschwerde, weitere Beschwerde). Für die Nachlaßverwaltung (§ 1975 BGB) wird jedoch das Beschwerdeverfahren in § 76 teilweise abweichend geregelt.

3 *3. Abgabe der Nachlaßpflegschaft.* Nach Satz 2 Halbs. 2 kann auch eine Nachlaßpflegschaft unter Beachtung des in § 46 geregelten Verfahrens, also aus wichtigen Gründen, an ein anderes NachlG abgegeben werden. *Abgabe* kommt z. B. in Betracht, wenn der Nachlaß hauptsächlich aus Grundstücken in einem anderen Bezirk besteht. Der Nachlaßpfleger muß zustimmen; anderenfalls und mangels Einigung der Gerichte Entscheidung nach § 46 Abs. 2. Nur die Zuständigkeit für die Nachlaßpflegschaft, nicht auch für andere Aufgaben des NachlG geht auf das andere Gericht über.

4 *4. Wirksamwerden. Beschwerderecht.* Die Anordnung der Nachlaßpflegschaft wird mit der Bekanntmachung an den bestellten Pfleger wirksam (§ 16 Abs. 1, §§ 1915, 1789 BGB). Gegen die Anordnung, ihre Ablehnung oder die Aufhebung sowie gegen die Auswahl des Pflegers ist die unbefristete *Beschwerde* nach § 19 statthaft; wegen der Nachlaßverwaltung vgl. aber § 76. Das *Beschwerderecht* aus § 20 Abs. 1 steht zu

5 *a)* gegen die *Anordnung* dem Erben, auch dem Erbprätendenten, der sein Erbrecht schlüssig behauptet[1]), dem Erbteilserwerber und dem Testamentsvollstrecker[2]), ferner dem Gläubiger des Erben, der den Herausgabeanspruch des Erben gegen den Nachlaßpfleger gepfändet hat[3]), nicht aber sonstigen Dritten, insbesondere Nacherben, Ersatzerben, Vermächtnisnehmern, Pflichtteilsberechtigten oder Nachlaßgläubigern[4]) oder dem Nachlaßschuldner oder

[1]) KG OLGR 12, 199; 21, 306; 32, 90; München JFG 14, 61.
[2]) Dresden ZBlFG 6, 370; Colmar OLGR 32, 47.
[3]) KG OLGR 12, 199.
[4]) BayObLGZ 5, 398; KG OLGR 21, 306; LG Berlin DFG 1943, 9.

Prozeßgegner des Nachlaßpflegers[4a]); auch nicht dem Nachlaßkonkursverwalter[5]) oder den Miterben gegen die Anordnung der Nachlaßpflegschaft über den Erbteil eines anderen Miterben, dem Vorerben gegen die Anordnung der Pflegschaft für unbekannte Nacherben[6]). In derselben Weise ist das Beschwerderecht gegen die Ablehnung der Aufhebung der Pflegschaft begrenzt. Den gegen die Anordnung Beschwerdeberechtigten steht auch die Beschwerde gegen die Auswahl des Pflegers zu[7]), daher nicht dem Nachlaßgläubiger[8]), aber auch nicht dem Testamentsvollstrecker[9]).

b) Gegen die *Ablehnung der Anordnung* und die *Aufhebung* der Pflegschaft kann sich ein Beschwerderecht sowohl aus § 20 als auch unter den erweiterten Voraussetzungen des § 57 Abs. 1 Nr. 3 ergeben. Gegen die Ablehnung der Anordnung steht ein Beschwerderecht aus § 20 Abs. 1, 2 dem Nachlaßgläubiger zu, der den Antrag aus § 1961 BGB gestellt hat[10]), aus § 57 Abs. 1 Nr. 3 dem Miterben gegen die Ablehnung der Pflegschaft über den Erbteil eines anderen unbekannten Miterben[11]), desgleichen gegen die Aufhebung, gegen diese ferner jedem Nachlaßgläubiger, auch wenn er den Antrag aus § 1961 BGB nicht gestellt hat[12]), mithin auch dem Vermächtnisnehmer und dem Pflichtteilsberechtigten, ferner dem Nachlaßkonkursverwalter[13]) und dem Testamentsvollstrecker. Dem Nachlaßpfleger (Nachlaßverwalter) selbst steht ein Beschwerderecht gegen die Aufhebung der Nachlaßpflegschaft (Nachlaßverwaltung) nicht zu[14]), wohl aber gegen seine Entlassung (§ 60 Abs. 1 Nr. 3) oder gegen eine nachträgliche Beschränkung seines Wirkungskreises[15]). 6

c) Gegen die *Bewilligung einer Vergütung* für den Nachlaßpfleger (§§ 1915, 1836 BGB) steht die Beschwerde aus § 20 Abs. 1 jedem (Mit-)Erben und dem Nachlaßpfleger zu, ferner dem Erbteilserwerber, dem Erbschaftskäufer[16]), dem Nachlaßkonkursverwalter[17]) unbeschadet des Beschwerderechts des Erben[18]), und dem Nachlaßgläubiger, wenn dadurch seine Befriedigung aus dem Nachlaß gefährdet wird[19]). 7

d) Gegen die *Erteilung der nachlaßgerichtlichen Genehmigung* zu Rechtsgeschäften des Nachlaßpflegers (§§ 1962, 1915, 1812, 1821, 1822 BGB) steht das Beschwerderecht dem Erben und jedem Miterben zu[20]), gegen die Versagung dem Nachlaßpfleger namens der Erben[21]); vgl. § 20 Rdn. 33, 34. Zweckmäßig wird der Erbe vorher gehört[22]). Der Nachlaßgläubiger hat kein Beschwerderecht, wenn das Nachlaßgericht ein Einschreiten gegen den Nachlaßpfleger nach §§ 1915, 1837 BGB ablehnt[23]). 8

5. *Anzeigepflicht.* Das Gericht hat die Anordnung einer Nachlaßpflegschaft dem für die Verwaltung der Erbschaftsteuer zuständigen Finanzamt mitzuteilen (§ 189a Abs. 2 Nr. 2 AbgO, § 12 ErbStDVO v. 19. 1. 1962 (BGBl. I, 22); vgl. MiZi XVII/2. 9

6. *Richtervorbehalt* besteht nach § 16 Nr. 1, § 14 Nr. 4, 9 RechtspflG für die Anordnung der Pflegschaft, die Auswahl des Pflegers und seine Entlassung sowie die Erteilung nachlaß- 10

4a) KG OLGR 43, 388 Fn. 1 b.
5) Hamburg RJA 3, 179 = OLGR 5, 436.
6) KG RJA 7, 29; KGJ 33 A 93; KG JFG 12, 143.
7) KG JW 1919, 999; LG Heidelberg, NJW 1955, 469.
8) KG DFG 1944, 54.
9) Vgl. KG OLGR 40, 133.
10) KGJ 22 A 71; a.M. Colmar ZBlFG 15, 562.
11) KG OLGR 10, 18; vgl. KG NJW 1962, 1921; Schlegelberger § 57 Anm. 9; a.M. Braunschweig OLGR 40, 107.
12) Jena OLGR 7, 135; KG RJA 7, 102, 105 = KGJ 31 A 82; Schlegelberger § 20 Anm. 21; Soergel-Ehard-Eder BGB[9] § 1960 Anm. 17; a.M. Colmar OLGR 30, 173; Staudinger-Lehmann BGB[11] § 1965 Anm. 65.
13) KGJ 38 A 116.
14) KGJ 40, 41; RGZ 151, 57; Josef BayZ 1927, 387.
15) München JFG 16, 98; KG OLGZ 1965, 237.
16) KGJ 52, 60 = RJA 17, 67.
17) KG RJA 16, 51; a.M. Schlegelberger § 20 Anm. 21.
18) Hamburg KGJ 33 A 312.
19) Hamburg RJA 8, 24 = KGJ 33 A 312; KG OLGR 40, 97 Fn. 1; BayObLGZ 1958, 74.
20) München DR 1943, 491.
21) KG OLGZ 1965, 375.
22) RG JR 1926, Nr. 463.
23) KG JFG 17, 214.

gerichtlicher Genehmigungen nach §§ 1822 Nr. 1 bis 3, 12, 1823 BGB, nicht auch für die Aufhebung der Pflegschaft. Die Verpflichtung (§§ 1962, 1915, 1789) nimmt der Rechtspfleger vor. Vgl. aber BT-Drucks. VI/289.

11 *7.* In der *DDR* sind die Staatlichen Notariate zuständig (§§ 2 Nr. 3, 52 NotVerfO).

12 *8. Gebühren* KostO § 106.

Nachlaßverwaltung

76 Gegen eine Verfügung, durch die dem Antrag des Erben, die Nachlaßverwaltung anzuordnen, stattgegeben wird, ist die Beschwerde unzulässig.

Gegen eine Verfügung, durch die dem Antrag eines Nachlaßgläubigers, die Nachlaßverwaltung anzuordnen, stattgegeben wird, findet die sofortige Beschwerde statt. Die Beschwerde steht nur dem Erben, bei Miterben jedem Erben, sowie dem Testamentsvollstrecker zu, welcher zur Verwaltung des Nachlasses berechtigt ist.

1 *1. Allgemeines.* Unter *Nachlaßverwaltung* versteht das Gesetz (§ 1975 BGB) die Nachlaßpflegschaft zum Zwecke der Befriedigung der Nachlaßgläubiger. Auf sie als eine Unterart der Nachlaßpflegschaft finden daher die für die Pflegschaft und mittelbar (§ 1915 BGB) auch die für Vormundschaften geltenden Bestimmungen des BGB mit gewissen aus den §§ 1981 Abs. 3, 1987, 1988 BGB sich ergebenden Abweichungen Anwendung. Auch die Vorschriften dieses Gesetzes über die Nachlaßpflegschaft und für Vormundschaftssachen sind gemäß § 75 auf die Nachlaßverwaltung anzuwenden, soweit § 76 keine Abweichungen enthält.

2 *2. Antragsverfahren.* Die Nachlaßverwaltung wird nur auf Antrag angeordnet. Während aber für die Anordnung auf Antrag des Erben keine besonderen sachlichrechtlichen Voraussetzungen bestehen (§ 1981 Abs. 1), setzt die Anordnung auf Antrag eines Nachlaßgläubigers voraus, daß Grund zu der Annahme besteht, die Befriedigung der Nachlaßgläubiger aus dem Nachlaß werde durch das Verhalten oder die Vermögenslage des Erben gefährdet[1]), und daß seit der Annahme der Erbschaft noch nicht zwei Jahre verstrichen sind (§ 1981 Abs. 2). Durch Sicherheitsleistung kann die Gefährdung beseitigt werden[2]).

3 *3. Antragsrecht des Erben.* §§ 1975, 1981 Abs. 1, 1982, 2013, 2062 BGB. Der an keine Frist gebundene *Antrag* des Erben kann schon vor der Annahme der Erbschaft gestellt werden[3]); von einer Mehrheit von Erben nur gemeinschaftlich und nur bis zur Teilung (§ 2062), vom Nacherben nach dem Eintritt des Nacherbfalls. Der Erbe ist nicht mehr antragsberechtigt, wenn er oder nur ein Miterbe allen Nachlaßgläubigern gegenüber wegen Versäumung der Inventarfrist (§ 1994 Abs. 1 Satz 2) oder wegen Inventaruntreue (§ 2005 Abs. 1) unbeschränkt haftet, § 2013. Das Bestehen einer Testamentsvollstreckung steht dem Antragsrecht des Erben nicht entgegen[4]). Neben dem Erben sind antragsberechtigt der Erbschaftserwerber, §§ 2283 Abs. 1, 2385 Abs. 1, der verwaltende Testamentsvollstrecker (str.), nicht aber der Nachlaßpfleger[5]). Gehört der Nachlaß zum Gesamtgut der Gütergemeinschaft, so gilt § 218 KO für das Antragsrecht der Ehegatten entsprechend[6]). Nach Eröffnung des Nachlaßkonkurses kann der Antrag nicht mehr gestellt werden (§ 1988 Abs. 1),. Wird der Nachlaß vom Konkursbeschlag über das Vermögen des Erben ergriffen (§§ 1, 9 KO), so übt der Konkursverwalter das Antragsrecht des Erben aus; der Erbe ist nicht mehr antragsberechtigt[7]).

[1]) Vgl. dazu KGJ 44, 72; KG OLGR 12, 357 = RJA 7, 18; KG DFG 1941, 25 = HRR 1941 Nr. 325; KG HRR 1930 Nr. 1109; Hamburg JW 1934, 1586; Colmar OLGR 24, 66; KG OLGR 14, 290 = KGJ 34 A 87 = RJA 8, 179; KGJ 43, 79 =RJA 12, 115; München JFG 15, 267; BayObLGZ 32, 336; BayObLG JZ 1954, 234.

[2]) KG OLGR 12, 357 = RJA 7, 18.

[3]) KGJ 31 A 73 = RJA 7, 102; KGJ 38 A 51.

[4]) KG OLGR 18, 316; RG LZ 1919, 875.

[5]) KG JFG 21, 213 = DR 1940, 801; Boehmer JW 1932, 1389.

[6]) Palandt-Keidel[25] § 1981 Anm. 2.

[7]) Jaeger-Lent KO[8] § 6 Anm. 6, § 9 Anm. 4; teilw. abw. LG Aachen NJW 1960, 46 mit Anm. v. Buch.

4. Anordnung der Verwaltung. Überschuldung des Nachlasses steht der Anordnung nicht entgegen (§§ 1985 Abs. 2, 1980)[8]), wohl aber das Fehlen einer den Kosten des Verfahrens entsprechenden Masse, § 1982, sofern nicht ein ausreichender Kostenvorschuß aufgebracht wird (§ 204 KO entspr.). Die Anordnung einschließlich der Auswahl des Verwalters sowie die Entlassung sind dem Richter vorbehalten, §§ 16 Nr. 1, 14 Nr. 4 RechtspflG; die Verpflichtung (§§ 1975, 1962, 1915, 1789) nimmt der Rechtspfleger vor. Öffentliche Bekanntmachung: § 1983. Benachrichtigung des Finanzamts: § 189a RAbgO, § 12 1. ErbStDV. Die Anordnung der Nachlaßverwaltung ist wegen der durch sie bewirkten Verfügungsbeschränkung (§ 1984 BGB) für das Grundbuch eintragungsfähig. Mangels einer durch § 38 GBO erforderten gesetzlichen Befugnis kann aber das NachlG das GBA nicht um die Eintragung ersuchen; jedoch ist der Nachlaßverwalter nach § 13 Abs. 2 GBO berechtigt (und verpflichtet), die Eintragung zu beantragen, wozu er vom NachlG angehalten werden kann (§§ 1915, 1837). **4**

5. Unanfechtbarkeit der auf Antrag des Erben erlassenen Anordnung (Abs. 1). Die *Beschwerde* gegen die einem Antrag des Erben stattgebende Verfügung ist sowohl dem antragstellenden Erben als auch denNachlaßgläubigern verwehrt. Der Ausschluß der Beschwerde dient der Vermeidung von Rechtsunsicherheiten[9]); unanfechtbar ist auch die Verfügung, durch welche eine mit der Begründung, es habe von Anfang an an einer den Kosten des Verfahrens entsprechenden Masse gefehlt, beantragte Aufhebung des Verfahrens abgelehnt wird[10]). Der Erbe kann die Nachlaßverwaltung nach ihrer Anordnung auch nicht durch Zurücknahme des Antrags zur Aufhebung bringen[11]). Statthaft ist aber die (unbefristete) Beschwerde unmittelbar gegen die Anordnung der Verwaltung oder gegen die Ablehnung ihrer Aufhebung (§ 18), wenn es an einem wirksamen Antrag fehlte, etwa bei Anordnung von Amts wegen oder auf Antrag eines Nichtberechtigten[12]) oder nur eines Miterben entgegen § 2062 Halbs. 1[13]) oder wenn der Erbe nach § 2013 nicht antragsberechtigt oder die Anordnung nach § 2062 Halbs. 2 unzulässig war. In diesem Fall steht die Beschwerde nicht nur den übrigen Erben, sondern auch den Nachlaßgläubigern zu[13a]). Der vorläufige Erbe, der nach der Anordnung der Verwaltung die Erbschaft ausschlägt, und der an seiner Stelle zur Erbfolge Berufene können die Aufhebung der Verwaltung betreiben[14]). **5**

6. Antragsrecht des Nachlaßgläubigers. (§ 1981 Abs. 2 BGB). Nachlaßgläubiger und deshalb antragsberechtigt sind auch Vermächtnisnehmer[15]) und Pflichtteilsberechtigte[16]), auch der Miterbe, der zugleich Nachlaßgläubiger ist[17]). Antragsberechtigt ist auch ein nach §§ 1973, 1974 ausgeschlossener Gläubiger[18]). Daß der Erbe allen Gläubigern bereits unbeschränkt haftet, steht nicht entgegen. **6**

Für das Bestehen der Forderung und das Vorliegen der Voraussetzungen des § 1981 Abs. 2 gilt unbeschadet der Förderungspflicht des Antragstellers der Grundsatz der Amtsermittlung (§ 12). Der Antragsteller hat keine Pflicht zur Glaubhaftmachung (§ 15 Abs. 2), vielmehr erstreckt sich die Amtsprüfung darauf, ob die Gefährdung glaubhaft ist[19]). **7**

7. Wirksamwerden der Anordnung. Die Frage, durch welchen Vorgang und zu welchem Zeitpunkt die Anordnung der Nachlaßverwaltung wirksam wird, ist von erheblicher Bedeutung im Hinblick auf die nach § 1984 BGB mit §§ 7, 8 KO eintretenden Rechtsfolgen für die Verwaltungs- und Verfügungsbefugnis des Erben (oder Testamentsvollstreckers) und den Übergang dieser Befugnisse auf den Nachlaßverwalter. Auf die öfentliche Bekanntmachung nach § 1983 BGB kommt es jedenfalls nicht an. Die Meinung, die Wirkungen der wirksam gewordenen Anordnung seien in Analogie zu § 108 KO auf den Zeitpunkt der schriftlichen **8**

[8]) KG RJA 8, 29.
[9]) Vgl. Denkschr. S. 56, 57; KGJ 36 A 70 = OLGR 17, 365.
[10]) KG aaO.
[11]) KGJ 42, 94 = RJA 12, 108; KG JFG 22, 65 = DR 1940, 2170.
[12]) KG JFG 21, 213.
[13]) Denkschr. S. 57 zu § 73; KGJ 31 A 73 = RJA 7, 102.
[13a]) Unger ZZP 37, 432[99]; Keidel Anm. 2.
[14]) KG aaO. Fn. 13.
[15]) KGJ 43, 79 = RJA 12, 115.
[16]) KG HRR 1930 Nr. 1109.
[17]) KGJ 44, 42.
[18]) Böhm GruchBeitr. 42, 687; Raape, IherJb. 72, 326; Soergel-Ehard-Eder BGB[9] § 1973 Anm. 8.
[19]) KGJ 44, 42.

Niederlegung in den Akten zurückzubeziehen, wird mangels einer hinreichenden gesetzlichen Grundlage heute mit Recht allgemein abgelehnt[20]). Einigkeit besteht darüber, daß der Eintritt der Wirksamkeit nach § 16 Abs. 1 FGG zu bestimmen ist. Die überwiegende Meinung folgert hieraus, daß die Anordnung mit der Bekanntmachung an den oder die Erben oder den Testamentsvollstrecker wirksam werde, für die sie ihrem Inhalt nach bestimmt sei[21]). Demgegenüber wird zutreffend darauf hingewiesen, daß eine Bekanntmachung an die Beteiligten mitunter auf Schwierigkeiten stoßen wird und sich Mißhelligkeiten und Kollisionen ergeben können, wenn der Verwalter nicht schon mit seiner Bestellung verfügungsberechtigt wird[22]). Die angeführte Aufassung beruht auf der Vorstellung, daß Bekanntmachungsadressat im Sinne des § 16 Abs. 1 derjenige sein müsse, der durch die Verfügung in seinen Rechten betroffen wird, während es richtigerweise der ist, dem eine Rechtsmacht verliehen wird (§ 16 Rdn. 11). Daraus ergibt sich, daß die Anordnung mit der Bekanntgabe an den Nachlaßverwalter wirksam wird[23]). Dogmatische Bedenken gegen diese zugleich den praktischen Bedürfnissen gerecht werdende Lösung können um so weniger bestehen, als die Nachlaßverwaltung eine Unterart der Pflegschaft ist (Rdn. 1) und sonst für Pflegschaften allgemein anerkannt wird, daß sie mit der Bekanntmachung an den Pfleger wirksam werden (§ 16 Rdn. 11 zu Fn. 32). Wird die Nachlaßverwaltung zunächst vorbehaltlich der Bestellung des Verwalters angeordnet, so verliert jeder Erbe die Verfügungsbefugnis mit der (förmlichen) Zustellung der Verfügung an ihn[24]).

9 *8. Sofortige Beschwerde.* Gegen die dem Antrag eines *Nachlaßgläubigers* stattgebende Verfügung ist die sofortige Beschwerde nach § 22 gegeben (Abs. 2). Die Beschwerdefrist beginnt für jeden Beteiligten mit der Bekanntmachung an ihn, §§ 22 Abs. 1, 16 Abs. 2, 3. Die öffentliche Bekanntmachung nach § 1983 ist auf den Fristbeginn ohne Einfluß. Die aufhebende Entscheidung des Beschwerdegerichts wird erst mit der Rechtskraft wirksam, §§ 29 Abs. 2, 26. Maßgebend sind die Verhältnisse zur Zeit der Entscheidung des Beschwerdegerichts, § 23, nicht zur Zeit der Anordnung[25]). Deshalb darf die Anordnung nicht aufgehoben werden, wenn ihre Voraussetzungen zwar zur Zeit des amtsgerichtlichen Beschlusses nicht vorlagen, aber nachträglich eingetreten sind[26]). Ordnet erst das Beschwerdegericht die Nachlaßverwaltung an, so findet dagegen die sofortige weitere Beschwerde statt (§ 29 Rdn. 26).

10 *9. Beschwerderecht.* Gegen die Anordnung auf Antrag eines Nachlaßgläubigers steht das Beschwerderecht abweichend von § 20 nur den in Abs. 2 Satz 2 genannten Beteiligten zu. Den Nachlaßgläubigern, auch soweit sie den Antrag nicht gestellt haben, ist die Beschwerde versagt. Den *Erben,* und zwar jedem Miterben für sich, ist die Beschwerde eingeräumt im Hinblick auf die Folgen, welche die Anordnung nach § 1984 BGB für sie mit sich bringt. Dem *Testamentsvollstrecker* steht ein Beschwerderecht nur zu, wenn er zur Verwaltung des Nachlasses berechtigt ist (§§ 2205, 2209, 2208, 2210 BGB). Mehreren Testamentsvollstreckern steht die Beschwerde nach § 2223 BGB nur gemeinschaftlich zu[27]).

11 *10. Rechtsmittel gegen andere Verfügungen als die Anordnung der Verwaltung.* Gegen die *Zurückweisung* des Antrags findet in allen Fällen die einfache (unbefristete) Beschwerde statt (§ 19). Das Beschwerderecht steht nach § 20 Abs. 2 nur dem Antragsteller zu, den Mit-

20) Planck-Flad BGB[4] § 1984 Anm. 1; Staudinger-Lehmann BGB[11] § 1984 Anm. 2; Kipp-Coing ErbR[11] § 97 III; Lange ErbR § 51 II 4 c Fn. 4.

21) KG RJA 8, 29, 31; BayObLGZ 1966, 75; außer den in Fn. 20 Genannten Soergel-Ehard-Eder BGB[9] § 1984 Anm. 1; Erman-Bartholomeyczik BGB[3] § 1983 Anm. 1; Palandt-Keidel BGB[27] § 1983 Anm. 1; Keidel Anm. 6; Schlegelberger Anm. 6.

22) Firsching, Nachlaßrecht, 3. Aufl. S. 284.

23) So auch Weißler, Nachlaßverfahren II 425; Josef ZBlFG 13, 345 zu III a; Rausnitz § 76 Anm. 7 C; Unger ZZP 34, 336 mit Fn. 230 nimmt an, daß der Erwerb der Verfügungsbefugnis durch den Verwalter mit der Bekanntgabe an ihn, der Verlust dieser Befugnis für die Erben mit der Bekanntgabe an sie eintrete, womit er die Einheitlichkeit des Vorgangs leugnet; dagegen zutreffend Josef aaO.

24) Josef aaO. S. 349/350; Planck-Flad aaO.

25) A.M. KG RJA 9, 11 = OLGR 17, 366; BayObLGZ 1966, 75; vgl. aber zu der entsprechenden Frage im Konkursverfahren Jaeger-Lent KO[8] § 103 Rdn. 10.

26) KGJ 44, 72.

27) Schlegelberger Anm. 6; Keidel Anm. 6; a.M. Wellstein[2] Anm. 3.

erben in ihrer Eigenschaft als Antragstellern nur gemeinschaftlich[28]). Die Wiederaufhebung einer auf Antrag des Erben angeordneten Nachlaßverwaltung als ungerechtfertigt nach § 18 Abs. 1 Halbs. 1 ist statthaft (Anm. 5). Sie steht der sofortigen Zurückweisung des Antrags nicht gleich; deshalb steht auch dem einzelnen Miterben das Beschwerderecht dagegen nach § 20 Abs. 1 zu[29]). Eine auf Antrag des Nachlaßgläubigers angeordnete Verwaltung darf nicht deshalb aufgehoben werden, weil das NachlG die Anordnung nachträglich für ungerechtfertigt erachtet (§ 18 Abs. 2)[30]). Die Nachlaßverwaltung endigt kraft Gesetzes nur mit der Eröffnung des Nachlaßkonkurses, § 1988 Abs. 1, sonst nur infolge Aufhebung durch das NachlG[31]), die von Amts wegen angeordnet wird und nur zulässig ist wegen Masseunzulänglichkeit (§ 1988 Abs. 2) oder wegen Zweckerreichung (§ 1919), nämlich wenn die bekannten Nachlaßverbindlichkeiten berichtigt sind oder der Nachlaß erschöpft ist[32]). Gegen die *Aufhebung* der Nachlaßverwaltung aus diesen Gründen steht das Beschwerderecht nach §§ 75, 57 Abs. 1 Nr. 3 jedem rechtlich Interessierten zu. Gegen die Ablehnung der Aufhebung ist jeder nach § 20 Abs. 1 Beschwerte beschwerdeberechtigt, auch jeder Miterbe allein[33]). Jedoch hat der Nachlaßgläubiger gegen die Ablehnung der Aufhebung kein Beschwerderecht, weil das Gesetz ihn durch das Bestehen der Verwaltung nicht als beeinträchtigt ansieht[34]). Aufhebung ist entsprechend § 202 KO auch zulässig im Einverständnis der Erben und aller bekannten Nachlaßgläubiger[35]), ferner wenn die Erbenstellung des bisherigen Erben durch Ausschlagung oder Eintritt des Nacherbfalls entfällt. Dem Nachlaßverwalter steht die Beschwerde zu gegen seine Entlassung und gegen die nachträgliche Beschränkung seiner Befugnisse,[36]), nicht aber gegen die Aufhebung der Verwaltung[37]).

11. Gebühren § 106 KostO. **12**

12. In der *DDR* ist das Beschwerderecht in § 53 NotVerfO ebenso wie in § 76 FGG geregelt. **13**

Inventarfrist

77 Gegen eine Verfügung, durch die dem Erben eine Inventarfrist bestimmt wird, findet die sofortige Beschwerde statt.

Das gleiche gilt von einer Verfügung, durch die über die Bestimmung einer neuen Inventarfrist oder über den Antrag des Erben, die Inventarfrist zu verlängern, entschieden wird.

In den Fällen der Absätze 1, 2 beginnt die Frist zur Einlegung der Beschwerde für jeden Nachlaßgläubiger mit dem Zeitpunkt, in welchem die Verfügung demjenigen Nachlaßgläubiger bekanntgemacht wird, welcher den Antrag auf die Bestimmung der Inventarfrist gestellt hat.

1. Allgemeines. Die Vorschrift regelt das *Beschwerdeverfahren bei der Setzung einer Inventarfrist,* und zwar die Anfechtbarkeit der Verfügung, durch die das NachlG dem Erben auf Antrag eines Nachlaßgläubigers eine Inventarfrist (§ 1994 BGB) oder eine neue Inventar- **1**

[28]) Keidel Anm. 3, 7; Schlegelberger Anm. 3; a.M. Staudinger-Lehmann BGB[11] § 1981 Rdn. 19 Anm. V 3, 4; Erman-Bartholomeyczik BGB[3] § 1981 Anm. 7. Die Vorschrift des § 57 Abs. 1 Nr. 3 ist zwar gemäß § 75 grundsätzlich auch auf die Nachlaßverwaltung anwendbar (RGZ 151, 57); da aber § 20 Abs. 2 in den Fällen des § 57 unberührt bleibt (oben § 57 Anm. C 3), kann das erweiterte Beschwerderecht aus § 57 Abs. 1 Nr. 3 für rechtlich Interessierte nur bei der Aufhebung der Nachlaßverwaltung in Betracht kommen, nicht bei Zurückweisung des Antrags auf ihre Anordnung.

[29]) Boehmer JW 1932, 1389; a.M. KG JW 1932, 1389 = HRR 1932 Nr. 956.

[30]) KG JW 1935, 2159 = HRR 1935 Nr. 1022; LG Mannheim MDR 1960, 505.

[31]) RGZ 72, 260.

[32]) KG aaO. Fn. 26.

[33]) Frankfurt JZ 1953, 53; Hamm JMBlNRW 1955, 230 gegen München JFG 14, 61.

[34]) Vgl. KGJ 36 A 70.

[35]) München JFG 14, 61.

[36]) München JFG 16, 98.

[37]) KGJ 40, 42; RGZ 151, 57.

frist (§ 2005 Abs. 2) bestimmt[1]) oder auf Antrag des Erben die Frist verlängert (§ 1995 Abs. 3) oder ihm nach Art einer Wiedereinsetzung in den vorigen Stand eine neue Inventarfrist bestimmt (§ 1996 BGB).

2. *Antragsberechtigung*

2 *a)* Für den Antrag aus §§ 1994, 2005 Abs. 2 ist antragsberechtigt jeder Nachlaßgläubiger (§ 1967), sofern er nicht ausgeschlossen ist oder als ausgeschlossen gilt (§§ 1973, 1974)[2]) oder selbst Miterbe ist[3]). Bei der Forderung einer Erbengemeinschaft müssen alle Miterben den Antrag stellen[4]).

3 *b)* Für den Antrag aus §§ 1995 Abs. 3, 1996 BGB ist antragsberechtigt jeder Erbe (Miterbe) mit Wirkung für die ihm gesetzte Frist, bei Gütergemeinschaft ferner der Ehegatte des Miterben nach § 2008 BGB[5]).

4 3. *Prüfung des NachlG.* Der antragstellende Gläubiger hat nach § 1994 Abs. 2 Satz 1 seine Forderung, also die Umstände, aus denen sich das Bestehen der Nachlaßverbindlichkeit ergibt, glaubhaft zu machen (vgl. über Glaubhaftmachung § 15 Rdn. 80). Dagegen besteht keine Pflicht zur Glaubhaftmachung hinsichtlich der behaupteten Erbenstellung des Antragsgegners; insoweit hat das NachlG bei Zweifeln oder Streit den Sachverhalt aufzuklären (§ 12)[6]). Ein Erbschein braucht noch nicht erteilt zu sein. Der Erbe darf die Erbschaft nicht wirksam ausgeschlagen haben[7]); die Annahme braucht aber nicht festzustehen (vgl. § 1995 Abs. 2 BGB). Aussetzung bis zur Klärung der Erbfolge ist nicht statthaft[8]). Die Prüfung erstreckt sich ferner darauf, ob die Fristsetzung nicht gegenüber dem Antragsgegner unzulässig ist, wie gegen den Fiskus als gesetzlichen Erben (§ 2011), den Nachlaßpfleger und Nachlaßverwalter (§ 2012). Die Fristsetzung ist unzulässig während der Dauer der Nachlaßverwaltung oder des Nachlaßkonkurses und nach durchgeführtem Nachlaßkonkurs (§ 2000 Satz 2, 3). Das Bestehen einer Testamentsvollstreckung hindert die Fristsetzung gegenüber dem Erben nicht, dem Testamentsvollstrecker kann aber keine Inventarfrist gesetzt werden (vgl. § 2115 Abs. 1). Der Antrag ist ferner abzulehnen, wenn dem Antragsgegner bereits eine Frist gesetzt ist oder wenn er oder ein anderer Beteiligter, dessen Inventar dem Antragsgegner zugute kommt (§§ 2008, 2063 Abs. 1, 2144 Abs. 2, 2383 Abs. 2), bereits ein Inventar errichtet hat, es sei dann, daß Unvollständigkeit des Inventars i. S. des § 2005 Abs. 2 geltend gemacht wird[9]).

5 4. *Die Fristsetzung* ergeht durch *Beschluß* (§ 1995 Abs. 1 Satz 2), der mit der Bekanntmachung an den Erben wirksam wird (§ 16 Abs. 1). Die gesetzte Frist beginnt aber erst mit der Zustellung des Beschlusses (§ 1995 Abs. 1 Satz 2), die mithin stets erforderlich ist; eine Bekanntmachung zu Protokoll (§ 16 Abs. 3) setzt nur die Beschwerdefrist in Lauf[10]). Für jeden Miterben beginnt die Frist besonders mit der Zustellung an ihn; sie kann auch verschieden bemessen werden[11]). Ferner ist der Beschluß dem antragstellenden Nachlaßgläubiger nach § 16 Abs. 2 Satz 1, Abs. 3 förmlich bekanntzumachen. Lebt der Erbe in Gütergemeinschaft, so muß die Frist auch dem Ehegatten gesetzt und der Beschluß ihm zugestellt werden (§ 2008). Die Frist soll mindestens einen, höchstens drei Monate betragen (§ 1995). Das NachlG kann den Beschluß nach seinem Erlaß (§ 18 Rdn. 5) nicht ändern; es kann nur auf einen vor Fristablauf gestellten Antrag des Erben die Frist nach Ermessen verlängern, auch mehrfach und über insgesamt drei Monate hinaus. Die Möglichkeit nachträglich entstehender

1) Auch die Fristsetzung aus § 2005 Abs. 2 erfordert einen Antrag des Gläubigers, Palandt-Keidel Anm. 4; a.M. Staudinger-Lehmann Anm. 6, je zu § 2005.
2) Kipp-Coing[10] § 91 Fußn. 9; Palandt-Keidel § 1994 Anm. 1; BGB-RGRK[11] Anm. 3; str., a.M. Staudinger-Lehmann Anm. 3; Erman-Bartholomeyczik Anm. 2, je zu § 1994.
3) BGB-RGRK u. Palandt-Keidel aaO.; a.M. Staudinger-Lehmann aaO.; Soergel-Ehard-Eder BGB[9] Anm. 1.
4) KG RJA 16, 50 = OLGR 35, 360.
5) Staudinger-Lehmann § 2008 Anm. 3.
6) KG KGJ 40, 43 = RJA 11, 89 = OLGR 24, 82; Schlegelberger Anm. 7.
7) BayObLGZ 3, 823 = RJA 3, 176.
8) BayObLG wie vor.
9) KGJ 34 A 92.
10) Staudinger-Lehmann[11] § 1995 Anm. 11.
11) KG KGJ 32 A 92 = RJA 8, 100 = OLGR 14, 293.

Nachlaßverbindlichkeiten ist aber kein Verlängerungsgrund[12]). Berechnung der neuen Frist nach § 190 BGB, § 17 FGG. Eine Verkürzung der Frist kann nur im Beschwerdewege erreicht werden.

5. Rechtsmittel

a) Die *unbefristete Beschwerde* ist gegeben, wenn der Antrag des Nachlaßgläubigers aus **6**
§ 1994 BGB auf Bestimmung der Inventarfrist zurückgewiesen wird.

b) Die *sofortige Beschwerde* ist gegeben gegen die Bestimmung der Inventarfrist (Abs. 1) **7**
und, gleichviel ob dem Antrag stattgegeben oder ob er zurückgewiesen wird, gegen die Verfügung, durch die über den Antrag des Erben auf Verlängerung (§ 1995 Abs. 3) oder auf Bestimmung einer neuen Inventarfrist (§ 1996) oder über den Antrag eines Nachlaßgläubigers auf Bestimmung einer neuen Inventarfrist (§ 2005 Abs. 2) entschieden wird (Abs. 2)[13]).

c) Das *Beschwerderecht* steht zu bei Zurückweisung des Antrags eines Erben oder eines **8**
Nachlaßgläubigers nur dem Antragsteller (§ 20 Abs. 2), bei Bestimmung oder Verlängerung der Inventarfrist oder Setzung einer neuen Frist dem Erben, dem die Frist gesetzt ist, im Fall des § 2008 auch seinem Ehegatten, sowie jedem Nachlaßgläubiger, nicht nur dem Antragsteller, da die Bestimmung gegen alle Gläubiger wirkt (§ 20 Abs. 1), dem Antragsteller wegen der Fristbemessung. Ein anderer Gläubiger als der Antragsteller muß zum Nachweis seines Beschwerderechts seine Forderung glaubhaft machen (§ 1994 Abs. 2)[14]).

d) Die *Beschwerdefrist* beginnt für jeden *Erben* (Ehegatten) nach der Regel des § 22 **9**
Abs. 1 Satz 2 mit der förmlichen Bekanntmachung (§ 16 Abs. 2 Satz 1, Abs. 3) des Beschlusses an ihn. Für die *Nachlaßgläubiger* dagegen trifft Abs. 3 eine Sonderregelung; die Beschwerdefrist beginnt für jeden Nachlaßgläubiger mit der Bekanntmachung an den antragstellenden Gläubiger. Der Grund hierfür liegt darin, daß selten alle Nachlaßgläubiger dem Gericht bekannt und deshalb eine allseitige Unanfechtbarkeit der Verfügung ohne diese Vorschrift fast nie herbeigeführt werden könnte (Denkschr. 57). Wird über Anträge des Erben nach § 1995 Abs. 3, 1996 entschieden, so ist maßgebend die Bekanntmachung an den Nachlaßgläubiger, auf dessen Antrag die ursprüngliche Inventarfrist bestimmt worden ist (Denkschrift 58). Hat aber ein anderer Gläubiger als dieser die Bestimmung einer neuen Inventarfrist (§ 2005 Abs. 2) beantragt, so läuft die Frist zur Beschwerde gegen die Entscheidung über diesen Antrag von der Bekanntmachung an den Gläubiger, der die Bestimmung der neuen Frist beantragt hat[15]). Nach dem Zweck der Regelung können die übrigen Nachlaßgläubiger Wiedereinsetzung in den vorigen Stand nicht mit der Begründung beantragen, von der Zustellung an den anderen unverschuldet keine Kenntnis erlangt zu haben[16]). Eine formlose Bekanntmachung an die übrigen bekannten Nachlaßgläubiger ist aber zweckmäßig.

6. Das Verfahren ist auf den *Rechtspfleger* übertragen, da kein Richtervorbehalt be- **10**
steht (§§ 3 Nr. 2 Buchst. c, 16 RechtspflG). Statt der einfachen Beschwerde ist mithin die unbefristete, statt der sofortigen Beschwerde die befristete Erinnerung gegeben (§ 11 RechtspflG).

7. Gebühren §§ 114 Nr. 1, 115 KostO. **11**

8. In der DDR und im Ostsektor Berlins ist das Staatliche Notariat zuständig (§ 2 Nr. 3 **12**
NotVerfO). Das Verfahren regelt § 54 NotVerfO wie § 77 FGG.

9. Mitteilungspflicht. Die Bestimmung der Inventarfrist ist dem VormG mitzuteilen, wenn **13**
der Erbe unter elterlicher Gewalt oder Vormundschaft steht (§ 1999 BGB, MiZi XVII/7).

10. Die Zuständigkeit für die Inventaraufnahme ist bundes- und landesrechtlich geregelt **14**
(EGBGB Art. 148, § 61 Abs. 1 Nr. 2 BeurkG). Die Beachtung der Zuständigkeitsvorschriften

12) BGHZ 32, 60, 65.
13) Ebert-Dudek-Lindemann[2] § 77 Anm. 2; Schlegelberger Anm. 11; a.M. für die Zurückweisung des Verlängerungsantrags Keidel Anm. 5.
14) Keidel Anm. 4.
15) Unger, ZZP 37, 484[248]; Keidel Anm. 6.
16) Unger, ZZP 37, 487.

ist wichtig, weil die Hinzuziehung eines unzuständigen Beamten die Unwirksamkeit des Inventars zur Folge hat[17]). Hierfür ist zwischen den Fällen der §§ 2002, 2003 BGB zu unterscheiden:

15 *a)* Nach § 2002 BGB kann der Erbe das Inventar selbst aufnehmen, unterschreiben (RG a. a. O.), und vor Ablauf der Frist dem Nachlaßgericht einreichen. Bei der Aufnahme des Inventars muß er eine zuständige Behörde oder einen zuständigen Beamten oder Notar hinzuziehen. Nach Bundesrecht ist stets der Notar zuständig § 20 BNotO. Im übrigen ist nach aufrechterhaltenem Landesrecht (§ 61 Abs. 1 Nr. 2 BeurkG) zur Mitwirkung bei der Inventaraufnahme *im unmittelbaren Auftrage des Erben* zuständig:

Baden: Nur der Notar im Bezirk des Nachlaßgerichts, § 31 BadLFGG.

Bayern: Nur der Notar, NotG Art. 2 Nr. 1, § 89 NachlO.

Bremen: Notar und Gerichtsvollzieher § 63 AGBGB, AGGVG v. 11. 10. 1960 (BremGBl. 123) § 21 Abs. 1 Nr. 2.

Hamburg: Notar und Gerichtsvollzieher, § 78 Abs. 1 AGBGB.

Hessen: Notar und jedes Amtsgericht, HessFGG Art. 38 Abs. 2.

Niedersachsen: Notar, jedes Amtsgericht, jeder Urkundsbeamte der Geschäftsstelle, Gerichtsvollzieher, NdsFGG Art. 24 Abs. 1, 28 Abs. 1 Nr. 6, 29 Abs. 1 Nr. 3.

Ehemals preuß. Gebiete: Notar und jedes Amtsgericht, PrFGG Art. 31[18]).

Rheinland-Pfalz: Notar, und zwar im Reg.-Bez. Pfalz auf Grund aufrechterhaltenen ehemals bayr. Rechts ausschließlich, in den übrigen ehemals preuß. Landesteilen außerdem jedes Amtsgericht, PrFGG Art. 31, § 61 Abs. 1 Nr. 2 BeurkG.

Württemberg: Öffentliche Notare und jedes Amtsgericht, AGBGB Art. 121.

16 *b)* Nach 2003 BGB kann der Erbe die Aufnahme eines amtlichen Inventars beim Nachlaßgericht beantragen und schon durch die Stellung dieses Antrags die Inventarfrist wahren. Das Nachlaßgericht kann das Inventar entweder selbst aufnehmen oder die Aufnahme einer zuständigen Behörde oder einem zuständigen Beamten oder Notar übertragen. Die Zuständigkeit des Nachlaßgerichts selbst ist auf Grund EGBGB Art. 148 ausgeschlossen in Bayern, AGGVG Art. 10 Abs. 3, in Bremen, § 63 AGBGB, und in Hamburg, § 78 Abs. 2 AGBGB. *Im Auftrage des Nachlaßgerichts* ist für die Aufnahme des Inventars ebenfalls jede der unter a) aufgeführten Amtspersonen zuständig, außerdem aber in

Bayern: Urkundsbeamter der Geschäftsstelle des Amtsgerichts, wenn der Wert des Nachlasses ohne Abzug der Schulden den Betrag von 5000 DM nicht oder nicht erheblich übersteigt, AGGVG Art. 33 Abs. 2, 3[19]).

Hessen: Urkundsbeamter der Geschäftsstelle des Amtsgerichts, Gerichtsvollzieher, HessFGG Art. 46, 44 Abs. 1 Nr. 6, 45 Abs. 1 Nr. 3, und Ortsgericht, § 23 OrtsGerG Abs. 1 Buchst. c.

Ehemals preuß. Gebiete außer Hessen, Niedersachsen und Rheinland-Pfalz: Urkundsbeamter der Geschäftsstelle des Amtsgerichts, Gerichtsvollzieher, PrFGG Art. 38, §§ 70, 74 Nr. 3 AGGVG; im Geltungsbereich des ALR das Dorfgericht, PrFGG Art. 108.

Rheinland-Pfalz: In den ehemals preuß. Gebietsteilen Urkundsbeamter der Geschäftsstelle des Amtsgerichts, Gerichtsvollzieher, PrFGG Art. 38, §§ 70, 74 Nr. 3 AGGVG; in Rheinhessen, dem Reg.-Bez. Montabaur und dem rechtsrheinischen Teil des Reg.-Bez. Koblenz auch das Ortsgericht, PrFGG Art. 122, 123, 108, JMErl. v. 18. 4. 1950 (JBl. 42). Im Reg.-Bez. Pfalz der Urkundsbeamte der Geschäftsstelle beim Amstgericht, wenn der Wert des Nach-

[17]) KG KGBl. 1909, 11; RGZ 77, 245.
[18]) KGJ 34 A 92.
[19]) Dazu BayObLGZ 1965, 423, 439.

lasses ohne Abzug der Schulden den Betrag von 2000 DM nicht oder nicht erheblich übersteigt, BayrAGGVG v. 23. 2. 1879 (GVBl. 273) Art. 63, § 76 Abs. 1 NotarO.

Ohne gerichtlichen Auftrag sind die vorstehend unter b) aufgeführten Beamten nicht zu- **17**
ständig. Das NachlG kann auch im Wege der Rechtshilfe um die Aufnahme des Inventars ersuchen (RGZ 106 287).

Akteneinsicht und Abschriften

78 Hat das Nachlaßgericht nach § 1964 des Bürgerlichen Gesetzbuchs festgestellt, daß ein anderer Erbe als der Fiskus nicht vorhanden ist, so steht die Einsicht der dieser Feststellung vorausgegangenen Ermittlungen jedem zu, der ein berechtigtes Interesse glaubhaft macht. Das gleiche gilt von der Einsicht einer Verfügung, welche die Bestimmung einer Inventarfrist oder die Ernennung oder die Entlassung eines Testamentsvollstreckers betrifft, eines Protokolls über die Leistung des im § 79 bezeichneten Eides sowie von der Einsicht eines Erbscheins und eines der in den §§ 1507, 2368 des Bürgerlichen Gesetzbuchs und den §§ 37, 38 der Grundbuchordnung vorgesehenen gerichtlichen Zeugnisse.

Von den Schriftstücken, deren Einsicht gestattet ist, kann eine Abschrift gefordert werden; die Abschrift ist auf Verlangen zu beglaubigen.

1. *Bedeutung.* Die Vorschrift trifft für die in ihr namentlich aufgeführten nachlaßgericht- **1**
lichen Angelegenheiten Bestimmungen über die *Akteneinsicht* und die *Erteilung von Abschriften,* die von der allgemeinen Vorschrift des § 34 abweichen. Die Gestattung der Einsicht ist, wenn ein berechtigtes Interesse glaubhaft gemacht wird, abweichend von § 34 nicht in das Ermessen des Gerichts gestellt, sondern unbedingt geboten. Wegen des Begriffs des berechtigten Interesses ist hier auf § 34 Rdn. 2 zu verweisen, wegen der Anforderungen an eine Glaubhaftmachung auf § 15 Rdn. 80.

2. *Anwendungsbereich.* Die Vorschrift bezieht sich nur auf einzelne Teile von Akten und **2**
die in ihr gewährte Berechtigung erstreckt sich nur auf diese Teile. Wird Einsicht in andere Aktenbestandteile verlangt, so ist darüber nach Maßgabe des § 34 zu befinden. Außerdem ist zu beachten, daß das BGB bei Glaubhaftmachung eines *rechtlichen Interesses* ein unbedingtes Recht auf Einsicht gewisser bei dem NachlG abgegebener Erklärungen oder eingereichter Schriftstücke gewährt; vgl. dazu näher § 34 Rdn. 22. Im einzelnen kommen nach § 78 in Betracht:

a) Die *Ermittlungen,* die zu der *Feststellung, daß ein anderer Erbe als der Fiskus nicht* **3**
vorhanden ist, geführt haben (§§ 1964, 1965 BGB). Das Erbrecht des Fiskus muß festgestellt sein; während des Ganges der Ermittlungen oder wenn in dem Verfahren ein anderer als Erbe ermittelt wird, besteht ein Einsichtsrecht nur nach § 34. Zu den Ermittlungen gehört auch das Verfahren nach § 1965 BGB[1]). Die Vorschrift gilt auch, wenn auf Grund des landesgesetzlichen Vorbehalts in Art. 138 EGBGB an Stelle des Fiskus eine Körperschaft, Stiftung oder Anstalt des öffentlichen Rechts als gesetzlicher Erbe festgestellt ist[2]).

b) Die Verfügung, welche die Bestimmung einer Inventarfrist betrifft. Dazu gehören alle **4**
nach §§ 1994 bis 1996, 2005 Abs. 2 BGB zu erlassenden Verfügungen, auch ihre Ablehnung; vgl. die Bem. zu § 77. Für die Einsicht des Inventars gilt § 2010 BGB, für die Einsicht in sonstige Vorgänge § 34.

c) Die Verfügung, welche die *Ernennung oder Entlassung eines Testamentsvollstreckers* **5**
betrifft (§§ 2200, 2227 BGB). Auch hier kommt nur die Einsicht in die Verfügung selbst, nicht auch in die ihr zugrunde liegenden Urkunden und Ermittlungen in Betracht, für welche § 34 gilt. Ein weiteres Einsichtsrecht für im Zusammenhang mit der Testamentsvollstreckung abgegebene Erklärungen gewährt § 2228 BGB.

[1]) A.M. Keidel Anm. 3.

[2]) Wellstein Anm. 2 a; Keidel Anm. 4.

6 *d)* Das Protokoll über die Leistung des Offenbarungseides des Erben nach § 2006 BGB; vgl. die Bem. zu § 79. Dazu gehören auch Protokollanlagen und Schriftstücke, auf die in dem Protokoll bezug genommen wird, nicht die sonstigen Aktenvorgänge.

7 *e) Erbscheine* (§ 2353 BGB), *Testamentsvollstreckerzeugnisse* (§ 2368 BGB), Zeugnisse über die *Fortsetzung der ehelichen Gütergemeinschaft* nach § 1507 BGB (dazu § 84 Rdn. 24) und *Überweisungszeugnisse* nach §§ 36, 37 GBO (dazu § 84 Rdn. 26), denen Überweisungszeugnisse nach § 42 SchiffsRegO gleichzustellen sind. Einsicht in eingezogene oder für kraftlos erklärte (§ 2361) oder kraftlos gewordene (§ 2368 Abs. 3 Halbs. 2 BGB) Zeugnisse dieser Art und die der Erteilung oder Einziehung vorausgegangenen Ermittlungen kann nur nach § 34 begeht werden.

8 *3. Abschriftserteilung* (Abs. 2). Soweit nach Abs. 1 ein Recht auf Einsicht besteht, gewährt Abs. 2 einen Anspruch auf Abschriftserteilung, ohne daß zusätzlich ein berechtigtes Interesse an der Abschrift glaubhaft gemacht werden müßte. Kann eine Abschrift gefordert werden, so ist sie auf Verlangen auch zu beglaubigen. Der Antragsteller hat auch das Recht, sich selbst Abschriften und Notizen zu machen. Er kann auch die Herstellung mechanischer, insbesondere photographischer Nachbildungen einer Urkunde fordern, sofern nicht besondere Verwaltungsrücksichten entgegenstehen, über welche im Dienstaufsichtswege zu entscheiden ist[3]). Für die Abschriftsbeglaubigung ist der Urkundsbeamte der Geschäftsstelle zuständig (vgl. § 34 Satz 2 FGG i. d. F. des § 57 Abs. 5 Nr. 1 BeurkG; die Form der Beglaubigung richtet sich gemäß § 1 Abs. 2 BeurkG nach § 42 BeurkG. Von den in Rdn. 7 genannten Zeugnissen kann unter den Voraussetzungen des § 85 auch eine *Ausfertigung* verlangt werden.

9 *4.* Die Verfügungen nach § 78 sind auf den *Rechtspfleger* übertragen (§ 3 Abs. 1 Nr. 2 Buchst. c RechtspflG)[4]).

10 *5. Gebühren.* Die Einsichtsgewährung ist gebührenfrei. Für Abschriften entstehen Schreibgebühren nach § 136 Abs. 1 Nr. 1 KostO, aber keine Beglaubigungsgebühr (§ 132 KostO).

Offenbarungseid des Erben

79 **Verlangt ein Nachlaßgläubiger von dem Erben die Leistung des im § 2006 des Bürgerlichen Gesetzbuchs vorgesehenen Offenbarungseids, so kann die Bestimmung des Termins zur Leistung des Eides sowohl von dem Nachlaßgläubiger als von dem Erben beantragt werden. Zu dem Termin sind beide Teile zu laden. Die Anwesenheit des Gläubigers ist nicht erforderlich.**

A. Allgemeines

1 Nach § 2006 BGB hat der Erbe auf Verlangen eines Nachlaßgläubigers zur Vermeidung des Eintritts der unbeschränkbaren Erbenhaftung gegenüber diesem Gläubiger vor dem NachlG den *Offenbarungseid* über die Richtigkeit des von ihm errichteten Inventars zu leisten. Hierzu regelt § 79 das Verfahren.

B. Verfahren

2 *1. Zuständig* ist sachlich und örtlich das NachlG (§ 2006 Abs. 1 BGB, §§ 72, 73 FGG). Es kann ein anderes Gericht um Rechtshilfe ersuchen (§ 15 FGG, § 479 ZPO). Ist die Nachlaßbehörde kein Gericht (§ 194), so ist nicht sie, sondern das Amtsgericht, in dessen Bezirk sie ihren Sitz hat, für die Abnahme des Eides zuständig, Art. 147 Abs. 2 EGBGB. *Richtervorbehalt* besteht nach § 16 RechtspflG n. F. nicht mehr; die Anordnung der Eidesleistung und die Abnahme des Eides sind dem Rechtspfleger aber durch § 4 Abs. 2 Nr. 1 RechtspflG verwehrt.

[3]) KGJ 44, 88.

[4]) Arndt, RechtspflG § 13 Rdn. 3 Nr. 16; Keidel Anm. 13.

2. *Antragsberechtigt* sind sowohl der Nachlaßgläubiger als auch der Erbe. Gegen den Erben, der die Erbschaft ausgeschlagen hat, ist der Antrag unzulässig[1]). Das Verfahren findet nicht statt während der Dauer einer Nachlaßverwaltung[2]) oder eines Nachlaßkonkurses, vgl. § 125 KO. **3**

3. *Prüfungspflicht*

a) Das *NachlG prüft,* ob ein vom Erben errichtetes wirksames Inventar vorliegt, ob das Verlangen zur Eidesleistung von einem Nachlaßgläubiger gestellt und ob der Gegner Erbe ist. **4**

b) Im übrigen liegt dem NachlG eine sachliche Prüfung nicht ob. Es hat daher im Fall des § 2006 Abs. 3 Satz 2, bevor es nach zwei versäumten Terminen auf Antrag einen weiteren Termin zur Eidesleistung anberaumt, nicht zu prüfen, ob das Ausbleiben im zweiten Termin genügend entschuldigt war, und im Fall des § 2006 Abs. 4 über die Berechtigung des Verlangens der wiederholten Eidesleistung nicht zu befinden, zumal auch in diesem Fall der Antrag von dem zur Eidesleistung bereiten Erben ausgehen kann. Die genannten Umstände sind nur von Bedeutung für die Frage, ob die unbeschränkte Haftung eingetreten ist, worüber nicht das NachlG, sondern das ProzeßG entscheidet. Das Verfahren vor dem NachlG zielt nur darauf ab, dem Erben eine Behörde zur Verfügung zu stellen, vor der er dem Verlangen des Nachlaßgläubigers nachkommen kann[3]). **5**

4. Die *Ladung* beider Teile zu dem zur Eidesleistung bestimmten Termin besorgt das Gericht im Amtsbetriebe. Dem Erben ist die Ladung förmlich nach § 16 Abs. 2 zuzustellen oder zu Protokoll bekanntzumachen (§ 16 Abs. 3), damit der Tatbestand des § 2006 Abs. 3 Satz 2 urkundlich nachweisbar ist. Über den Verlauf des Termins ist ein Protokoll zu errichten (vgl. § 78 Abs. 1 Satz 2), auch bei Nichterscheinen oder Eidesverweigerung. Das Verfahren bei der Eidesabnahme richtet sich nach § 15 FGG mit §§ 478 bis 484 ZPO; Eidesnorm § 2006 BGB. Bei Verweigerung der Eidesleistung findet kein Zwang durch das NachlG statt[4]); auch Klage ist ausgeschlossen[5]). **6**

5. Die *Beschwerde* steht dem Antragsteller zu gegen die Ablehnung der Terminsbestimmung und der Eidesabnahme, §§ 19, 20 Abs. 1 und 2[6]). Gegen die Terminsbestimmung und die Ladung findet keine Beschwerde statt[7]). **7**

6. Die *Kosten* (§ 124 KO) trägt der Antragsteller (§ 2 Nr. 1 KostO). Eine Auferlegung von Kosten auf den einen oder anderen Beteiligten findet nicht statt, BayObLG, OLGR 30, 406. § 13a ist im ersten Rechtszuge nicht anwendbar; ebenso Keidel Anm. 11. **8**

7. In der DDR und im Ostsektor Berlins sind die Staatlichen Notariate zuständig (§ 2 Nr. 9 NotVerfO, § 2 Nr. 9 StNotVO). Das Verfahren ist in § 67 NotVerfO geregelt. **9**

8. Wegen der *Abnahme des Offenbarungseides* nach §§ 2028, 2057 BGB vgl. die Bem. zu § 163. **10**

Erbrechtliche Fristbestimmungen

80 Gegen eine Verfügung, durch die nach den §§ 2151, 2153 bis 2155, 2192, 2193 und dem § 2198 Abs. 2 des Bürgerlichen Gesetzbuchs dem Beschwerten oder einem Dritten eine Frist zur Erklärung bestimmt wird, findet die sofortige Beschwerde statt.

1) KGJ 20 A 256.
2) KGJ 28 A 27 = RJA 4, 201.
3) Str., wie hier Rostock OLGR 4, 118; Carlebach FGG Anm. 3; Wellstein FGG[2] Anm. 5; Ebert-Dudek-Lindemann FGG[2] Anm. 2 d; Pikart-Henn, Lb. d. freiw. Gerbkt. S. 315; Josef, ZZP 35, 565; Soergel-Ehard-Eder[9] Anm. 4, Planck-Flad Anm. 4 b, BGB-RGRK[10] Anm. 6, je zu § 2006; Kipp-Coing, ErbR[10] § 91 Fußn. 26; a.M. Seibert, DFG 1937, 136; Keidel Anm. 4, 5; Schlegelberger Anm. 4; Staudinger-Lehmann[11] Anm. 13, Erman-Bartholomeyczik[3] Anm. 5, Palandt-Keidel[25] Anm. 4, je zu § 2006.
4) BayObLGZ 13, 371; München JFG 15, 121.
5) RG WarnR 12 Nr. 116.
6) München JFG 15, 120.
7) BayObLGZ 4, 229 = OLGR 6, 484; RJA 4, 166 = KGJ 28 A 305; Colmar Recht 1904 Nr. 2164; a.M. Keidel Anm. 4, Schlegelberger § 20 Anm. 22; wie hier Keidel § 20 Rdn. 43.

1 *1. Bedeutung.* Die Vorschrift regelt das Beschwerdeverfahren in einigen Fällen erbrechtlicher Fristbestimmungen, in denen zur Vervollständigung einer letztwilligen Anordnung die Willenserklärung eines anderen erforderlich ist. Den im Gesetz angeführten Vorschriften des bürgerlichen Rechts liegt der gemeinsame Gedanke zugrunde, daß die Beteiligten ein berechtigtes Interesse daran haben, innerhalb eines angemessenen Zeitraums Gewißheit zu erlangen. Der Zweck, alsbald klare Rechtsverhältnisse zu schaffen, wird in § 80 durch Einführung der sofortigen Beschwerde gegen die Fristbestimmung weiter gefördert, wodurch erreicht wird, daß die Verfügung formell rechtskräftig werden kann und dem Änderungsverbot des § 18 Abs. 2 unterliegt. Nach fruchtlosem Fristablauf tritt die im bürgerlichen Recht jeweils vorgesehene Gestaltungswirkung ein.

2 *2. Anwendungsbereich.* Die Regelung des § 80 bezieht sich auf folgende Bestimmungen des BGB:

a) § 2151. Der Erblasser kann mehrere mit einem Vermächtnis in der Weise bedenken, daß der Beschwerte oder ein Dritter zu bestimmen hat, wer von den mehreren das Vermächtnis erhalten soll (alternativ bedachte Vermächtnisnehmer).

b) § 2153. Der Erblasser kann mehrere mit einem Vermächtnis in der Weise bedenken, daß der Erblasser oder ein Dritter zu bestimmen hat, was jeder von dem vermachten Gegenstand erhalten soll (Unbestimmtheit der Anteile).

c) § 2154. Der Erblasser kann ein Vermächtnis in der Art anordnen, daß der Bedachte von mehreren Gegenständen nur den einen oder den anderen erhalten soll, und die Wahl einem Dritten übertragen (Wahlvermächtnis).

d) § 2155. Der Erblasser hat die vermachte Sache nur der Gattung nach bestimmt und ihre Bestimmung dem Bedachten oder einem Dritten übertragen (Gattungsvermächtnis).

e) § 2192. Bei der Auflage finden die §§ 2154, 2155 entsprechende Anwendung.

f) § 2193. Der Erblasser kann bei der Anordnung einer Auflage die Bestimmung des Begünstigten dem Beschwerten oder einem Dritten überlassen.

g) § 2198 Abs. 2. Der Erblasser kann die Bestimmung der Person des Testamentsvollstreckers einem Dritten überlassen[1]).

3 *3. Antragsrecht.* Das Verfahren wird in allen Fällen nur auf Antrag eingeleitet (§§ 2151 Abs. 3 Satz 2, 2198 Abs. 2 BGB). Das Antragsrecht wird jedem der *Beteiligten* eingeräumt. Dieser Begriff wird nur für den Fall des § 2193 (Anm. 2f) in § 2193 Abs. 3 Satz 3 Halbs. 2 dahin bestimmt, daß dazu der Beschwerte und diejenigen gehören, welche die Vollziehung der Auflage zu verlangen berechtigt sind, also nach § 2194 der Erbe, der Miterbe, derjenige, dem der Wegfall des mit der Auflage zunächst Beschwerten unmittelbar zustatten käme, sowie die zuständige Behörde, wenn die Vollziehung der Auflage im öffentlichen Interesse liegt. Im übrigen ist, wenn im bürgerlichen Recht von Beteiligten die Rede ist, deren Kreis weiter zu ziehen als der Kreis derer, die i. S. des § 20 Abs. 1 in ihren Rechten unmittelbar betroffen werden; es ist darunter jeder zu verstehen, der ein rechtliches Interesse an der Angelegenheit hat[2]). Hiernach sind Beteiligte in den Fällen Anm. 2a) bis d) der Beschwerte und der Bedachte, in den Fällen Anm. 2e) und f) der Beschwerte und der Auflagenberechtigte, soweit sie die Bestimmung nicht selbst zu treffen haben. Im Fall des § 2198 (Bestimmung des TV) sind antragsberechtigte Beteiligte jeder Erbe, Mitvollstrecker, Auflagenberechtigte, Vermächtnisnehmer, Pflichtteilsberechtigte[3]) und auch der gewöhnliche Nachlaßgläubiger[4]).

4 *4. Wirksam* wird die fristsetzende Verfügung nach § 16 Abs. 1 mit der Bekanntmachung an den, dem die Frist gesetzt wird. Die Verfügung muß deshalb diesem und wegen der Statthaftigkeit der sofortigen Beschwerde auch jedem Beteiligten (Anm. 3) nach § 16 Abs. 2 förmlich zugestellt werden. Nach ihrem Erlaß (§ 18 Rdn. 5) kann das Gericht sie nicht mehr ändern (§ 18 Abs. 2).

[1]) Hierzu Höver, Die Einschaltung des NachlG bei der Ernennung des TV, DFG 1939, 25.
[2]) BGHZ 35, 296; KG NJW 1963, 1553 = Rpfleger 1964, 54.
[3]) KG aaO. Anm. 2.
[4]) BGHZ 35, 296, 300.

5. Rechtsmittel. Gegen die den Antrag zurückweisende Verfügung steht nur dem Antragsteller die unbefristete Beschwerde zu (§§ 19, 20 Abs. 2). Gegen die fristsetzende Verfügung ist die sofortige Beschwerde gegeben. Das *Beschwerderecht* steht den nach Anm. 3 antragsberechtigten Beteiligten und dem zu, dem die Frist gesetzt ist. Die Beschwerde ist eine sofortige, auch wenn nach § 2155 Abs. 2 BGB die Frist dem Bedachten gesetzt wird, mag auch dieser Fall in § 80 nicht besonders erwähnt sein[5]). Auch eine Verkürzung oder Verlängerung der Frist kann nur im Beschwerdewege erreicht werden (§ 18 Abs. 2). **5**

6. Das Verfahren ist auf den *Rechtspfleger* übertragen, da kein Richtervorbehalt besteht (§§ 3 Nr. 2 Buchst. c, 16 RechtspflG). Entscheidet dieser, so ist bei Fristsetzung die befristete, sonst die unbefristete Erinnerung gegeben (§ 11 RechtspflG.) **6**

7. Gebühren: § 114 Nr. 2 KostO, im Fall des § 2198 Abs. 2 BGB § 113 KostO. **7**

Testamentsvollstreckung. Anfechtung von Verfügungen

81 Gegen eine Verfügung, durch die von dem Nachlaßgericht ein Testamentsvollstrecker ernannt oder einem zum Testamentsvollstrecker Ernannten eine Frist zur Erklärung über die Annahme des Amtes bestimmt wird, findet die sofortige Beschwerde statt.

Das gleiche gilt von einer Verfügung, durch die ein Testamentsvollstrecker gegen seinen Willen entlassen wird.

A. Bedeutung

In dem Bestreben, möglichst bald klare Rechtsverhältnisse zu schaffen, bestimmt die Vorschrift, daß gegen drei Arten von Verfügungen des NachlG, die im Zusammenhang mit der *Testamentsvollstreckung* stehen, das statthafte Rechtsmittel die *sofortige Beschwerde* nach § 22 ist, nämlich gegen die Verfügung, durch die das NachlG einen Testamentsvollstrecker ernennt (Anm. B) oder einem dazu Ernannten eine Frist zur Erklärung über die Annahme des Amtes bestimmt (Anm. C) oder einen Testamentsvollstrecker gegen seinen Willen entläßt (Anm. D). **1**

B. Ernennung des Testamentsvollstreckers

1. Zur *Ernennung eines Testamentsvollstreckers* ist das NachlG nach § 2200 BGB auf *Ersuchen des Erblassers* befugt, das sich als Verfügung von Todes wegen darstellt, nicht auf Antrag des Erben oder Dritter. Zuständig ist der Richter, § 16 Nr. 2 RechtspflG. Das Ersuchen braucht nicht ausdrücklich gestellt zu sein; es kann auch im Wege ergänzender Testamentsauslegung festgestellt werden[1]). Ein stillschweigendes Ersuchen ist insbesondere angenommen worden, wenn dem Testament zu entnehmen ist, daß die Testamentsvollstreckung auch nach dem Wegfall des vom Erblasser Ernannten fortdauern soll[2]). Das NachlG muß dem Ersuchen nicht unbedingt Folge geben, sondern kann es nach pflichtmäßigem Ermessen auch ablehnen, wenn die Ernennung nach der Lage des Nachlasses und den Belangen der Beteiligten nicht zweckdienlich erscheint[3]). Anhörung der Beteiligten ist nach § 2200 Abs. 2 BGB geboten. Die *Auswahl* hat das NachlG nach pflichtmäßigem Ermessen vorzunehmen, ohne an Vorschläge oder eine Einigung der Beteiligten gebunden zu sein, sofern nicht der Erblasser bestimmte Personen ausgeschlossen hat. Es hat dabei auch die Eignung des Auszuwählenden zu prüfen; ungeeignet ist insbesondere, in wessen Person wichtige Gründe im Sinne des § 2227 BGB vorliegen[4]). **2**

[5]) Schlegelberger Anm. 3; Keidel Anm. 9; a.M. Unger ZZP 37, 438[230].

[1]) KG DNotZ 1955, 651; Düsseldorf MDR 1957, 421; Hamm JMBlNRW 1964, 209.

[2]) KG Recht 1907 Nr. 774; KG OLGR 40, 132; 42, 128, 139; 43, 401 Anm. 1 b; KG DRiZ 1934 Nr. 264; KG DFG 1944, 57; KG DNotZ 1955, 652; RG WarnR 1913 Nr. 219.

[3]) KGJ 45, 114; KG JW 1937, 475; KG DR 1942, 1190 = HRR 1942 Nr. 691; BayObLGZ 1964, 153, 157.

[4]) LG Göttingen NdsRpfl. 1952, 104 = DNotZ 1952, 445; Düsseldorf MDR 1957, 421; Hamm JMBlNRW 1962, 211; Staudinger-Dittmann BGB[11] § 2200 Anm. 13.

3 2. Die *Wirksamkeit der Ernennungsverfügung* tritt mit der Bekanntgabe an den Ernannten ein (§ 16 Abs. 1); förmliche Zustellung oder Bekanntgabe zu Protokoll an den Ernannten (§ 16 Abs. 2 Satz 1, Abs. 3) ist nicht erforderlich, weil ihm gegenüber keine Frist in Lauf gesetzt wird[5]); damit wird die Ernennung wirksam. Nur um die Frist für die sofortige Beschwerde (Rdn. 4) in Lauf zu setzen, ist förmliche Zustellung oder Bekanntgabe zu Protokoll an die Beschwerdeberechtigten erforderlich. Das Amt beginnt aber erst mit seiner Annahme durch Erklärung gegenüber dem NachlG (§ 2202 BGB). Unwirksam ist die Ernennung, wenn der Ernannte nach § 2201 BGB zur Ausübung des Amtes unfähig ist. Im übrigen ist die Ernennungsverfügung als rechtsgestaltende Verfügung für andere Gerichte oder Behörden bindend (§ 16 Rdn. 22) und wirksam, auch wenn ein Ersuchen des Erblassers fehlte[6]), mag selbst das Testament für ein durch Auslegung zu ermittelndes Ersuchen des Erblassers keinen Raum bieten[7]). Die Bindung bezieht sich aber nur darauf, daß die Person des Ernannten nicht in Frage gestellt werden kann, nicht aber darauf, ob die sonstigen sachlichen Voraussetzungen für die Beschränkung des Erben durch eine Testamentsvollstreckung und deren Fortdauer gegeben sind[8]). Die Bindung entfällt auch nicht auf Grund neuer Tatsachen, die der Ernennung, wenn sie dem NachlG bekannt gewesen wären, entgegengestanden hätten[9]); auch das NachlG kann die Ernennungsverfügung nach § 18 Abs. 2 nicht auf Grund neuer Tatsachen ändern. Das Fehlen eines Ersuchens des Erblassers rechtfertigt jedoch einen Entlassungsantrag nach § 2227 BGB (Rdn. 8).

4 3. *Beschwerde*. Gegen die Ernennungsverfügung ist die sofortige Beschwerde nach § 22 gegeben (Abs. 1). Das *Beschwerderecht* steht jedem im Sinne des § 2200 Abs. 2 BGB Beteiligten zu. Darunter ist jeder zu verstehen, der ein rechtliches Interesse an der Testamentsvollstreckung hat, also nicht nur derjenige, dessen Recht im Sinne des § 20 Abs. 1 durch die Verfügung betroffen wird[10]). Hiernach ist gegen die Ernennung beschwerdeberechtigt jeder Erbe, Mitvollstrecker, Vermächtnisnehmer[11]), Pflichtteilsberechtigte[12]), nicht aber sonstige Nachlaßgläubiger[13]), nicht der Ernannte, weil er nach § 2202 ablehnen kann. Hat aber nach der Annahme des Amtes das LG die Ernennung auf Beschwerde aufgehoben, so steht dem Ernannten die (sofortige) weitere Beschwerde zu[14]). Gegen die Ablehnung der Ernennung steht die (einfache) Beschwerde demselben Personenkreis wie bei der Ernennung zu, dem Miterben auch, wenn der Testamentsvollstrecker nur für den Erbteil eines anderen Miterben bestellt werden soll[15]). § 20 Abs. 2 ist nicht anwendbar, da kein echter Antrag vorausgesetzt wird. Die Beschwerde gegen die Ernennung kann auch darauf gestützt werden, daß der Erblasser das Gericht nicht um die Ernennung ersucht habe[16]). Sie kann gemäß § 23 auch auf neue, nach der Ernennung eingetretene Tatsachen gestützt werden[16a]). Ein Beschwerderecht ist auch dem Dritten zuzubilligen, dem der Erblasser die Bestimmung des Testamentsvollstreckers überlassen hat (§ 2198 Abs. 1 BGB), gegen die Ernennung eines anderen als des von ihm bestimmten Testamentsvollstreckers[16b]).

5) Vgl. § 16 Rdn. 25; a.M. KG JFG 19, 40 = JW 1939, 421 = HRR 1939 Nr. 167 = DFG 1939, 35; KG DNotZ 1955, 649.

6) KG Recht 1925 Nr. 2438; KG DNotZ 1955, 649.

7) Lange, Lb. d. ErbR § 29 IV 1 Fußn. 8; BGB-RGRK[11] § 2200 Anm. 1; Staudinger-Dittmann[11] § 2200 Anm. 5, 7; Jansen, NJW 1966, 331 zu I; a.M. Schlegelberger § 81 Anm. 4.

8) Vgl. BGHZ 41, 23; Jansen, NJW 1966, 331; a.M. Hamburg NJW 1965, 1968.

9) Jansen NJW 1966, 331 zu I; a.M. Staudinger-Dittmann BGB[11] § 2200 Anm. 7.

10) BGHZ 35, 296; KG NJW 1963, 1553 = Rpfleger 1964, 54; a.M. (§ 20 Abs. 1) Baur JZ 1962, 123.

11) Rostock RJA 8, 189.

12) KG OLGR 40, 132 Anm. 1 b; KG NJW 1963, 1553 = Rpfleger 1964, 54.

13) KG JFG 5, 154; vgl. BGHZ 35, 296; a.M. Keidel § 20 Anm. 48.

14) KGJ 40, 42; KG JFG 20, 151 = DR 1939, 1585 = HRR 1939 Nr. 1166.

15) KG RJA 11, 15.

16) KGJ 31 A 86; BayObLGZ 16, 128 = RJA 15, 22 = KGJ 49, 250 = OLGR 32, 60.

16a) Vgl. § 23 Rdn. 12; a.M. Hamm JMBlNRW 1962, 211.

16b) A.M. KG JFG 20, 151; Keidel § 20 Anm. 49.

C. Fristbestimmung zur Erklärung über die Annahme des Amtes

Nach § 2202 Abs. 3 BGB kann das NachlG dem zum TV Ernannten auf Antrag eines Beteiligten eine Frist zur Erklärung über die Annahme bestimmen. Gleichgültig ist es, ob der TV von dem Erblasser (§ 2197), einem von ihm ermächtigten Dritten (§§ 2198, 2199) oder auf sein Ersuchen vom NachlG (§ 2200) ernannt ist. Die Frist wird nur auf Antrag bestimmt, nicht von Amts wegen[17]); eine von Amts wegen ergehende Aufforderung, sich über die Annahme zu erklären, hätte nicht die Wirkung des § 2202 Abs. 3 Satz 2. Antragsberechtigter Beteiligter ist jeder, der an der Klarstellung des Bestehens der Testamentsvollstreckung ein rechtliches Interesse hat (vgl. Rdn. 4), mithin der in § 80 Anm. 3 zu § 2198 BGB genannte Personenkreis, wegen § 2213 BGB, § 748 ZPO hier auch der gewöhnliche Nachlaßgläubiger. Die Fristsetzung ist abzulehnen, wenn eine Testamentsvollstreckung nicht angeordnet oder derjenige, dem die Frist gesetzt werden soll, zur Führung des Amtes nicht oder wegen eines Anfangstermins oder einer aufschiebenden Bedingung noch nicht berufen ist (Haegele, Der Testamentsvollstrecker, S. 19). Die sofortige Beschwerde hemmt den Fristenlauf nicht[18]). Eine Verlängerung oder Abkürzung der Frist kann nur mit der Beschwerde erstrebt werden (§ 18 Abs. 2). Es besteht kein Richtervorbehalt (§§ 3 Nr. 2 Buchst. c, 16 RechtspflG). Wegen des Wirksamwerdens der Verfügung, der Bekanntmachung, der Rechtsmittel und des Beschwerderechts gelten die Bem. zu § 80 Rdn. 4 bis 6. 5

D. Entlassung des Testamentsvollstreckers

Nach § 2227 BGB kann das NachlG den TV auf Antrag eines Beteiligten entlassen, wenn ein wichtiger Grund vorliegt, insbesondere grobe Pflichtverletzung oder Unfähigkeit zur ordnungsmäßigen Geschäftsführung. Das Verfahren ist dem *Richter* vorbehalten (§ 16 Nr. 5 RechtspflG). Vor der Entscheidung ist dem TV rechtliches Gehör zu gewähren (Art. 103 Abs. 1 GG, § 2227 Abs. 2 BGB). 6

1. *Antragsverfahren.* Das Verfahren wird nur auf Antrag eingeleitet. Der Antrag kann schon vor der Annahme des Amtes gestellt, aber erst nach ihr beschieden werden[18a]). Er kann zurückgenommen werden. Durch Kündigung (§ 2226) erledigt sich die Hauptsache. *Antragsberechtigt* ist jeder Erbe, auch wenn sein Erbteil nach § 2033 BGB übertragen, verpfändet oder gepfändet ist[19]), der Nacherbe, Mitvollstrecker, Auflagenberechtigte, Vermächtnisnehmer, Pflichtteilsberechtigte[20]), nicht aber ein gewöhnlicher Nachlaßgläubiger[21]), auch nicht der Testamentsvollstrecker selbst (§ 2226). 7

2. Der *Entlassungsgrund* braucht nicht verschuldet zu sein[22]). Es genügt, daß der Vollstrecker durch sein persönliches Verhalten oder durch die bei ihm tatsächlich bestehenden Verhältnisse begründeten Anlaß zu der Annahme gibt, sein Verweilen im Amt werde die Ausführung des letzten Willens beeinträchtigen oder die berechtigten Interessen der Erben gefährden[23]). Da nach den Motiven (V 224) die Entlassung ein Ersatz für das dem Geschäftsherrn zustehende Widerrufsrecht sein soll, ist auch in Betracht zu ziehen, ob Umstände vorliegen, die den Erblasser mutmaßlich zum Widerruf der Ernennung veranlaßt hätten und die auch objektiv den Widerruf als im Interesse der Erben liegend erscheinen lassen[24]). Feindschaft oder erheblicher Interessengegensatz zwischen Erben und Vollstrecker, auch zwischen Mitvoll- 8

[17]) Keidel Anm. 1; a.M. Palandt-Keidel[28] § 2202 Anm. 3.
[18]) KGJ 43, 86.
[18a]) Lange, Lb. d. ErbR, S. 316; a.M. Palandt-Keidel[25], Erman-Hense[3], je Anm. 1 zu § 2227, die Entlassung schon vor der Amtsannahme zulassen.
[19]) KG Recht 1929 Nr. 1232 = DRiZ 1929 Nr. 656.
[20]) BayObLGZ 21, 207; KG NJW 1963, 1553 = Rpfleger 1964, 54.
[21]) KG JFG 5, 154 = HRR 1928 Nr. 2281; BGHZ 35, 296.
[22]) KG OLGR 9, 407; KGJ 36 A 73; KG DFG 1943, 133; Celle NdsRpfl. 1961, 199; Stuttgart OLGZ 1968, 457.
[23]) RGZ 23, 206; BayObLGZ 14, 580 = OLGR 30, 210 = Recht 1914 Nr. 80; KG OLGR 37, 258.
[24]) KGJ 36 A 73; KG RJA 14, 25; BayObLGZ 1957, 320; wegen Abweichungen von Anordnungen des Erblassers über die Verwaltung des Nachlasses vgl. Hamm JMBlNRW 1961, 78.

streckern[25]), können Entlassungsgrund sein, sofern daraus eine Gefährdung des Nachlasses oder der Erbeninteressen zu besorgen ist[26]). Zu weitgehend ist die Annahme, daß ein durch Tatsachen begründetes Mißtrauen des Erben genügen soll[27]). Ernennung durch das NachlG trotz Fehlens eines Ersuchens des Erblassers rechtfertigt den Entlassungsantrag[28]). Verhinderung bei einer einzelnen Nachlaßangelegenheit reicht in der Regel nicht aus[29]). Die Entlassung kann nicht auf ein Teilgebiet beschränkt werden[30]). Sie ist nicht mehr statthaft, wenn die Testamentsvollstreckung wegen Erledigung der Aufgaben beendet ist[31]). Das NachlG ist nicht befugt, die Vollstreckung als solche aufzuheben[32]). Auch beim Vorliegen eines wichtigen Grundes muß das NachlG den TV nicht unter allen Umständen entlassen, sondern es kann davon auch absehen, wenn besondere Gründe für sein Verbleiben im Amte sprechen[32a]); der Begriff des wichtigen Grundes ist ein nachprüfbarer unbestimmter Rechtsbegriff, während das Absehen von der Entlassung unter der genannten Voraussetzung eine beschränkt nachprüfbare Ermessensausübung ist (§ 27 Rdn. 23, 25).

9 *3. Wirksamwerden der Entlassungsverfügung.* Die Entlassungsverfügung wird nach § 16 Abs. 1 mit der Bekanntmachung an den TV wirksam, die nach § 16 Abs. 2 Satz 1, Abs. 3 förmlich durch Zustellung oder Bekanntgabe zu Protokoll zu erfolgen hat. Damit endet das Amt; eine Beschwerde hat keine aufschiebende Wirkung (§ 24 Abs. 1); ein späterer Zeitpunkt kann nicht bestimmt werden[33]). Eine vorläufige Amtsenthebung ist unzulässig[34]), ebenso die einstweilige Untersagung jeder Amtsausübung[35]). Das NachlG kann die Entlassungsverfügung nach § 18 Abs. 2 nicht ändern. Die Entlassung verliert jedoch rückwirkend ihre Kraft mit dem Wirksamwerden einer aufhebenden Beschwerdeentscheidung (§ 18 Rdn. 31); das Testamentsvollstreckerzeugnis gilt nicht als kraftlos geworden[36]). Eine formell rechtskräftig verfügte Entlassung des TV kann nicht mit der Begründung, daß der Entlassungsgrund weggefallen sei oder sich sogar als unzutreffend erwiesen habe, geändert werden, noch gibt dieser Umstand dem Entlassenen ein Recht auf erneute Bestellung[37]); vgl. die Bem. zu § 18 Rdn. 18; eine Wiederaufnahme des Verfahrens findet nicht statt.

10 *4. Rechtsmittel.* Gegen die Zurückweisung des Entlassungsantrags ist die unbefristete Beschwerde nach § 19 gegeben; das Beschwerderecht steht nur dem Antragsteller zu (§ 20 Abs. 2), nicht auch anderen Antragsberechtigten, die den Antrag hätten stellen können (§ 20 Rdn. 25). Gegen die Entlassung gegen den Willen des TV findet die sofortige Beschwerde statt (Abs. 2). Das Beschwerderecht steht dem TV aus § 20 Abs. 1, außerdem allen Beteiligten im Sinne des § 2227 BGB zu, also allen, die an dem Bestehen der Testamentsvollstreckung ein rechtliches Interesse haben (Rdn. 4), mithin den nach Rdn. 7 Antragsberechtigten, nicht nur den i. S. des § 20 Abs. 1 in ihren Rechten Beeinträchtigten[38]). Die sofortige Beschwerde gegen die Entlassung findet auch statt, wenn die Ernennung nach § 2201 BGB oder aus einem sonstigen Grunde unwirksam war[39]).

E. Gebühren

11 KostO §§ 113, 115

[25]) KG RJA 14, 25 = OLGR 32, 62.
[26]) KG OLGR 34, 300; KG OLGR 40, 137; BayObLGZ 13, 49 = OLGR 26, 357; RGZ 168, 179; Stuttgart OLGZ 1968, 457; Köln OLGZ 1969, 281 = Rpfleger 1969, 207.
[27]) So Hamm JMBlNRW 1958, 101; Rpfleger 1968, 24 = NJW 1968, 800 = DNotZ 1968, 443; vgl. dagegen Hamburg OLGR 26, 358; Bedenken auch bei Lange, Lb. d. ErbR, § 29 VIII 2 b.
[28]) KG Recht 1925 Nr. 2438; KG DNotZ 1955, 649.
[29]) RGZ 98, 174.
[30]) KG DRiZ 1929, Nr. 498 = DJZ 1929, 1134.
[31]) KG JFG 14, 275 = HRR 1937 Nr. 259; BayObLGZ 1953, 357.
[32]) KG JR 1951, 732; BayObLGZ 1953, 361; Staudinger-Dittmann BGB[11] § 2227 Anm. VI (str.).
[32a]) BayObLGZ 34, 311; 1957, 321; Hamm Rpfleger 1959, 53.
[33]) KG DRiZ 1929 Nr. 498 = DJZ 1929, 1134.
[34]) KG JFG 3, 172 = OLGR 46, 231 = JR 1925, 879.
[35]) München DFG 1937, 42.
[36]) BayObLGZ 1959, 128 = NJW 1959, 1920.
[37]) KG SeuffBl. 76, 740 = Recht 1911 Nr. 3835; KGJ 41, 70, 74; BayObLGZ 1964, 153.
[38]) Vgl. Schlegelberger Anm. 7 mit Anm. 3; a.M. Keidel Anm. 8; Staudinger-Dittmann BGB[11] § 2227 Anm. 17.
[39]) KGJ 41, 70 = RJA 11, 92.

F. In der DDR

ist das Staatliche Notariat zuständig (§ 2 Nr. 3 NotVerfO); die Rechtsmittel sind in § 66 NotVerfO übereinstimmend mit § 81 FGG geregelt. 12

Beschwerderecht mehrerer Testamentsvollstrecker

82 Führen mehrere Testamentsvollstrecker das Amt gemeinschaftlich, so steht gegen eine Verfügung, durch die das Nachlaßgericht Anordnungen des Erblassers für die Verwaltung des Nachlasses außer Kraft setzt oder bei einer Meinungsverschiedenheit zwischen den Testamentsvollstreckern entscheidet, jedem Testamentsvollstrecker die Beschwerde selbständig zu.

Auf eine Verfügung, durch die bei einer Meinungsverschiedenheit zwischen den Testamentsvollstreckern über die Vornahme eines Rechtsgeschäfts das Nachlaßgericht entscheidet, finden die Vorschriften des § 53 und des § 60 Abs. 1 Nr. 6 entsprechende Anwendung.

A. Bedeutung

Die Vorschrift regelt in Abs. 1 bei einer Mehrheit von Testamentsvollstreckern, die das Amt nach § 2224 Abs. 1 Satz 1 BGB gemeinschaftlich führen, das *Beschwerderecht* eines jeden TV gegen die in § 2216 Abs. 2 Satz 2 und § 2224 Abs. 1 Halbs. 2 BGB vorgesehenen Entscheidungen des NachlG. Die Vorschrift verfolgt insofern einen ähnlichen Zweck wie die in § 58 bei einer Mehrheit von Vormündern getroffene Regelung. In Abs. 2 wird für einen Sonderfall zum Schutz des Vertrauens in die Rechtssicherheit bestimmt, daß die Verfügung erst mit der Rechtskraft wirksam wird, woraus die Anfechtbarkeit mit der *sofortigen Beschwerde* folgt. 1

B. Außerkraftsetzung von Verwaltungsanordnungen des Erblassers

Nach § 2216 Abs. 2 Satz 2 BGB können vom Erblasser durch letztwillige Verfügung getroffene *Verwaltungsanordnungen* auf Antrag des TV oder eines anderen Beteiligten vom NachlG außer Kraft gesetzt werden, wenn ihre Befolgung den Nachlaß erheblich gefährden würde. Die Nichtbefolgung dieser Anordnungen ist mithin dem Ermessen des Testamentsvollstreckers und der Erben entzogen. Sie setzt eine vorherige Außerkraftsetzung durch das Nachlaßgericht voraus, das ausschließlich zur Entscheidung berufen ist[1]). Verwaltungsanordnungen sind Richtlinien für die Verwaltung des Nachlasses durch den Testamentsvollstrecker. Hierzu gehören nicht Anordnungen über Bestehen und Dauer der Testamentsvollstreckung, die Zahl der Vollstrecker und ihre Vergütung[2]). Über die Vergütung (§ 2221) entscheidet im Streitfall das Prozeßgericht[3]). Eine Auflage kann vom Nachlaßgericht nicht außer Kraft gesetzt werden[4]), auch nicht eine Teilungsanordnung. Jedoch ist die Außerkraftsetzung einer Verwaltungsanordnung nicht deswegen unbedingt ausgeschlossen, weil dadurch die Teilungsanordnung unausführbar wird[5]). Eine bereits eigenmächtig übertretene Verwaltungsanordnung kann nicht mehr nachträglich außer Kraft gesetzt werden[6]). Eine *Gefährdung* des Nachlasses setzt nicht notwendig eine Gefährdung des Bestandes des Nachlasses voraus; vielmehr genügt es, wenn diejenigen Interessen der am Nachlaß Beteiligten erheblich gefährdet werden, die der Erblasser durch die Verwaltungsanordnung hat fördern wollen; die Gefährdung kann mithin je nach dem Zweck der Verwaltungsanordnung auch in einer wirtschaftlichen Gefährdung der daran Beteiligten liegen[7]). Hat aber der Erblasser durch die Verwaltungsanordnung nicht 2

1) KG HRR 1933 Nr. 19.
2) KG HRR 1934 Nr. 1681; KG JW 1937, 475; KG DR 1942, 1190 = HRR 1942, 691.
3) KG JW 1937, 475; BGH NJW 1957, 947; Bremen MDR 1963, 314 (auch bei Ernennung durch das NachlG); zur Höhe vgl. Glaser NJW 1962, 1998; BGH Rpfleger 1963, 77 = BB 1963, 161.
4) BayObLGZ 1961, 155.
5) KG DJZ 1927, 1559 = Recht 1928 Nr. 36; KG HRR 1933 Nr. 1765 = DNotZ 1934, 193; KG JFG 14, 154 = JW 1936, 3484 = HRR 1936 Nr. 1561.
6) KG RJA 10, 114, str.
7) KG HRR 1933 Nr. 1765 = DNotZ 1934, 193; KG JFG 14, 154, 157; München JFG 20, 121 = DFG 1939, 193; BayObLGZ 1961, 155, 159.

die Interessen des Erben oder anderer Nachlaßbeteiligter fördern, sondern andere Zwecke damit verfolgen wollen, so kann die Anordnung nicht deshalb außer Kraft gesetzt werden, weil ihre Durchführung nicht im Interesse jener Personen liegt[8]).

3 2. *Antragsberechtigt* ist der Testamentsvollstrecker und jeder andere Beteiligte, der ein rechtliches Interesse an der Außerkraftsetzung hat (§ 81 Anm. B 3), auch jeder Mitvollstrecker (§ 2224 BGB), denn er ist jedenfalls ein „anderer Beteiligter" im Sinne des § 2216 Abs. 2 Satz 2, a. M. die h. M.[9]), die gemeinschaftlichen Antrag aller Mitvollstrecker verlangt; von diesem Standpunkt aus müßte jeder Mitvollstrecker zunächst das NachlG gemäß § 2224 zur Entscheidung der Meinungsverschiedenheit darüber anrufen können, ob der Antrag auf Außerkraftsetzung zu stellen ist, ein unnötiger Umweg. Ist die Verwaltungsbefugnis der Vollstrecker nach Wirkungskreisen aufgeteilt (§ 2224 Abs. 1 Satz 3 BGB), so ist jeder nur für die seinen Wirkungskreis berührenden Anordnungen antrags- und beschwerdeberechtigt[10]).

4 *Anhörung* der Beteiligten: § 2216 Abs. 2 Satz 3 BGB, Art. 103 Abs. 1 GG. Das NachlG kann die Verwaltungsanordnung nur ganz oder teilweise aufheben, einschränken oder mit Bedingungen versehen, nicht aber durch eine andere ersetzen.

5 3. Die (einfache) *Beschwerde* gegen die Ablehnung steht nur dem Antragsteller zu (§ 20 Abs. 2), auch dem Mitvollstrecker, der den Antrag (mit-)gestellt hatte[11], gegen die stattgebende Entscheidung jedem Mitvollstrecker und abweichend von § 20 Abs. 1 jedem an dem Fortbestand der Verwaltungsanordnung rechtlich Interessierten (vgl. § 81 Anm. B 3).

C. Entscheidung von Meinungsverschiedenheiten zwischen mehreren Testamentsvollstreckern

6 1. Nach § 2224 BGB entscheidet das NachlG bei einer *Meinungsverschiedenheit* zwischen mehreren Testamentsvollstreckern, die das Amt gemeinschaftlich führen. Die Entscheidung ergeht nur auf *Antrag*. Das ist im Gesetz zwar nicht ausdrücklich gesagt, ergibt sich aber daraus, daß dem NachlG kein allgemeines Aufsichtsrecht über die Vollstrecker zusteht, so daß es sich nicht von Amts wegen in deren Geschäftsführung einmischen kann. *Antragsberechtigt* ist jeder Vollstrecker, nicht aber der Erbe oder andere Beteiligte. Denn die Aufgabe des NachlG besteht darin, bei der Bildung eines gemeinschaftlichen Willens der Testamentsvollstrecker mitzuwirken, um so die Handlungsfähigkeit der Testamentsvollstreckung zu gewährleisten. Auf Vorgänge bei der Willensbildung der Testamentsvollstrecker maßgebend einzuwirken, steht jedoch keinem Außenstehenden zu. Dritte sind darauf angewiesen, die Maßnahmen, auf deren Vornahme sie einen Anspruch zu haben meinen, durch Klage zu erzwingen, wenn eine Entschließung der Testamentsvollstrecker darüber unterbleibt, notfalls bei grober Pflichtverletzung deren Entlassung nach § 2227 BGB zu beantragen. Das schließt nicht aus, daß das NachlG den Interessierten hört (§ 12)[12]). Die Zuständigkeit des NachlG schließt die des Prozeßgerichts aus[13]).

7 2. Die *Meinungsverschiedenheit* muß eine bestimmte, zur gemeinschaftlichen Geschäftsführung gehörende Maßnahme betreffen, sei es ein Rechtsgeschäft, eine Rechtshandlung oder eine tatsächliche Verwaltungshandlung. Das NachlG prüft, ob die Maßnahme mit dem Gesetz und den letztwilligen Verfügungen vereinbar, ob sie notwendig und zweckmäßig ist[14]). Es ist auch dann zur Entscheidung berufen, wenn die rechtliche Zulässigkeit der erstrebten Maßnahme mit der Behauptung in Frage gestellt wird, sie sei mit dem Gesetz oder der letztwilligen Verfügung nicht zu vereinbaren, Hamm, 21. 2. 1956 (NJW, 608), gegen Hamburg,

[8]) München JFG 20, 121, 127; BayObLGZ 1961, 155, 161; Staudinger-Dittmann BGB[11] § 2216 Anm. 21.
[9]) München JFG 20, 121; Staudinger-Dittmann Anm. 25, Soergel-Ehard-Eder BGB[9] Anm. 6, je zu § 2216.
[10]) Keidel Anm. 8.
[11]) A.M. München JFG 20, 121.
[12]) Streitig, wie hier Carlebach Anm. 2; Sauerlandt DFG 1940, 11 zu II; LG Hamburg ZBlFG 21, 154; a.M. KG RJA 13, 94 = OLGR 30, 209; Staudinger-Dittmann[11] § 2224 Anm. 15; Schlegelberger Anm. 1; Keidel Anm. 3.
[13]) Hamburg OLGR 1, 196.
[14]) KG JW 1936, 1017 = DFG 1936, 38 = HRR 1936, Nr. 339 = DNotZ 1936, 379.

26. 2. 1953 (MDR, 364), welches meinte, daß dem NachlG die Entscheidungsbefugnis fehle, wenn bei der zu entscheidenden Meinungsverschiedenheit „in irgendeiner Beziehung" eine Rechtsfrage auftauche. Der letztgenannten Auffassung hat sich BGH, 18. 4. 1956 (20, 264 = NJW, 986 = JZ, 494) mit der Maßgabe angeschlossen, daß das Prozeßgericht zuständig sei, wenn der Streit darum gehe, ob die angestrebte Maßnahme mit dem Gesetz oder der letztwilligen Verfügung im Einklang stehe, ohne Unterschied, ob die Meinungsverschiedenheit unmittelbar die Rechtsfrage betreffe oder nur als Vorfrage erheblich sei. Dieser Auffassung, die zu einer erheblichen Einengung der Entscheidungsbefugnis des NachlG führt, ist nicht beizutreten[15]).

Das NachlG ist auch zur Entscheidung berufen, wenn die Tastamentsvollstrecker sich über die in ihr Ermessen gestellte Zuwahl eines Mitvollstreckers nicht einigen können[16]), nicht dagegen, wenn der Streit darum geht, ob die Maßnahme von den Testamentsvollstreckern gemeinschaftlich zu treffen ist oder ob einer von ihnen das Recht, z. B. zur Ernennung eines Mitvollstreckers, selbständig auszuüben befugt ist[17]). Keine Meinungsverschiedenheiten im Sinne des § 2224 liegt vor, wenn einer der Testamentsvollstrecker dem Nachlaß zugleich als Gläubiger oder Schuldner gegenübersteht und der Streit die Regelung dieses Rechtsverhältnisses betrifft[18]); in diesem Falle ist der andere Vollstrecker allein vertretungsberechtigt[19]). **8**

3. Entscheidung des NachlG. Das NachlG kann nur eine von einem der Vollstrecker vorgeschlagene Maßnahme billigen, nicht aber eine dritte Meinung zur Geltung bringen[20]), von unwesentlichen Änderungen abgesehen[21]). Billigt es keinen der Vorschläge, so lehnt es die Entscheidung ab[22]). Bei der Billigung eines Rechtsgeschäfts hat das NachlG nicht eine fehlende Zustimmung zu ersetzen, sondern auszusprechen, daß der widerstrebende Testamentsvollstrecker zuzustimmen hat[23]). Die einen Vorschlag billigende Entscheidung hat keine stärkere Wirkung, als hätten die Testamentsvollstrecker die Entschließung selbst gefaßt; sie ist daher für Dritte (Erben, Nachlaßgläubiger) oder das Prozeßgericht nicht bindend[24]). Streitigkeiten zwischen Testamentsvollstrecker und Erben entscheidet das Prozeßgericht[25]). **9**

4. Rechtsmittel

a) In der Regel ist die unbefristete Beschwerde nach § 19 gegeben (Ausnahme Abs. 2). Das *Beschwerderecht* steht nur jedem Mitvollstrecker zu, nicht einem Erben oder sonstigen Beteiligten[26]). Jeder Mitvollstrecker übt sein Beschwerderecht selbständig aus[27]). **10**

b) Gegen die Verfügung findet *sofortige Beschwerde* statt, wenn Gegenstand des Streits die Vornahme eines Rechtsgeschäfts ist, gleichviel, ob die Vornahme gebilligt oder der Antrag abgelehnt wird. Die Verfügung tritt erst mit der Rechtskraft in Wirksamkeit. Bei Gefahr im Verzuge gilt § 53 Abs. 2. Die Beschwerde steht jedem Testamentsvollstrecker zu[28]). **11**

D. Richtervorbehalt

für Entscheidung über Meinungsverschiedenheiten: § 16 Abs. 1 Nr. 4 RechtspflG; für die Außerkraftsetzung von Anordnungen des Erblassers ist der Richtervorbehalt jetzt in § 16 Abs. 1 Nr. 3 RechtspflG n. F. wegen der Bedeutung dieser Sachen und der Bedenken aus Art. 92 GG ebenfalls vorgesehen. **12**

E. Gebühren

§§ 113, 115 KostO. **13**

[15]) Wie hier mit Recht Baur JZ 1956, 495; Brox, ErbR, § 27 Rdn. 520; auch Staudinger-Dittmann[11] § 2224 Anm. 12; vgl. dazu Johannsen LM BGB § 2224 Nr. 1.
[16]) KG KGBl. 1913, 113 = Recht 1914 Nr. 1117 = ZBlFG 14, 476.
[17]) Colmar OLGR 26, 357.
[18]) KGJ 46, 134; RG HRR 1930 Nr. 110.
[19]) KGJ 46, 134; RGZ 98, 173.
[20]) KG JW 1936, 1017 = DFG 1936, 38 = HRR 1936 Nr. 339 = DNotZ 1936, 379.
[21]) München JFG 15, 344.
[22]) KG aaO. Fußn. 20.
[23]) KG DR 1943, 353 = DNotZ 1944, 160, str.
[24]) Hamburg OLGR 1, 196; KG aaO. Fußn. 20.
[25]) KG OLGR 3, 382.
[26]) Carlebach Anm. 2; Soergel-Ehard-Eder[9] § 2224 Anm. 5; Josef MecklZ 39, 328; LG Hamburg ZBlFG 21, 154; a.M. KG aaO. Fußn. 20; Keidel Anm. 10.
[27]) KG DFG 1938, 54.
[28]) München JFG 15, 344.

Erzwingung der Ablieferung von Testamenten

83 **Das Nachlaßgericht kann im Falle des § 2259 Abs. 1 des Bürgerlichen Gesetzbuchs den Besitzer des Testaments durch Ordnungsstrafen zur Ablieferung des Testaments anhalten.**

Besteht Grund zu der Annahme, daß jemand ein Testament im Besitz hat, zu dessen Ablieferung er nach § 2259 Abs. 1 des Bürgerlichen Gesetzbuchs verpflichtet ist, so kann er von dem Nachlaßgericht zur Leistung des Offenbarungseides angehalten werden; die Vorschriften des § 883 Abs. 2, 3, des § 900 Abs. 1 und der §§ 901, 902, 904 bis 910, 912, 913 der Zivilprozeßordnung finden entsprechende Anwendung.

A. Bedeutung

1 Die Vorschrift gibt dem NachlG Zwangsbefugnisse zur Erzwingung der nach § 2259 Abs. 1 BGB bestehenden Verpflichtung des Besitzers eines Testaments, das sich nicht in besonderer amtlicher Verwahrung befindet, es unverzüglich, nachdem er von dem Tode des Erblassers Kenntnis erlangt hat, an das NachlG abzuliefern. Die Ablieferungspflicht, von der der Erblasser nicht entbinden kann, dient der Erhaltung und Sicherstellung von letztwilligen Verfügungen und der Vorbereitung ihrer Eröffnung nach § 2360 BGB.

2 *1.* Abzuliefern sind alle *Schriftstücke*, die sich inhaltlich und äußerlich *als letztwillige Verfügungen darstellen*, ohne Rücksicht auf ihre sachliche und förmliche Gültigkeit[1]), auch wenn die letztwillige Verfügung nach § 2256 BGB oder sonstwie widerrufen ist[2]). Vgl. auch zur Frage, wann eine Urkunde als ablieferungsbedürftiges Testament erscheint, KG, Gutachten vom 17. 5. 1934 (JW, 2563). Wegen der (grundsätzlich zu bejahenden) Zuständigkeit zur Erzwingung der Ablieferung des im Inland befindlichen Testaments eines Ausländers s. § 73 Rdn. 30 Abzuliefern ist die Urschrift[3]), bei Errichtung mehrerer Urschriften alle, KG, 17. 5. 1934 (a. a. O.), eine etwa vorhandene beglaubigte Abschrift, wenn die Urschrift abhanden gekommen ist[4]), nicht eine einfache Abschrift[5]). Das Testament wird auch nach der Eröffnung nicht zurückgegeben[6]). § 2259 Abs. 1 BGB gilt auch für Erbverträge, jedoch kann sich die Urschrift des Erbvertrages bei richtiger Behandlung stets nur in amtlicher Verwahrung befinden[7]).

3 *2. Verfahren.* Für die Ablieferung Sorge zu tragen ist Amtspflicht des NachlG[8]). Das Verfahren bei Androhung und Festsetzung der Ordnungsstrafe und deren Höhe richten sich nach § 33 FGG. Zur Form der Aufforderung AV d. RJM vom 20. 10. 1941 (DJ, 1006). Außer dem Ordnungsstrafverfahren ist auch die Anwendung unmittelbaren Zwangs (Wegnahme) nach § 33 Abs. 2 statthaft. Beide Maßnahmen setzen den Besitz des Betroffenen am Testament voraus. Der bürgerlichrechtliche Anspruch aus § 2259 Abs. 1 wird durch die öffentlichrechtliche Befugnis des NachlG, die Ablieferung zu erzwingen, nicht berührt.

4 *3. Offenbarungseid.* Besteht hinreichender Grund zu der Annahme, daß jemand ein ablieferungsbedürftiges Testament im Besitz hat, worüber nach den Umständen Ermittlungen nach § 12 anzustellen sind, so kann ihn das NachlG nach pflichtmäßigem Ermessen zur Ableistung des Offenbarungseides laden, um festzustellen, ob ein Zwang zur Ablieferung (Anm. A 2) durchzuführen ist. Die Ladung erfolgt von Amts wegen; doch kann die Anregung dazu auch von Beteiligten ausgehen, die ihr Verlangen tatsächlich zu begründen haben[9]). Das Verfahren bei der Abnahme des Eides bestimmt sich nach § 15 FGG mit §§ 478 bis 484 ZPO, die Eidesnorm nach § 883 Abs. 2, 3 ZPO. Das NachlG kann im Wege der Rechtshilfe um die

[1]) KGJ 27 A 186; KG JFG 14, 158 = JW 1936, 3485 = HRR 1936 Nr. 1563 = DJ 1936, 1619 mit Anm. Vogels = DNotZ 1937, 324; Vogels, DRpfl. 1938, 274.
[2]) KG JFG 15, 92 = JW 1937, 1734 = HRR 1937 Nr. 933 = DNotZ 1938, 312; a.M. Boehmer DNotZ 1940, 192.
[3]) KGJ 27 A 186.
[4]) Hamburg RJA 15, 25.
[5]) LG Berlin DFG 1942, 88; Staudinger-Firsching BGB[11] § 2259 Anm. 5.
[6]) KG DFG 1943, 51.
[7]) KG JFG 17, 237 = JW 1938, 1455 = HRR 1938 Nr. 730 = DNotZ 1938, 450.
[8]) München JFG 15, 118.
[9]) BayObLGZ 18, 75.

Eidesabnahme ersuchen; der Eidespflichtige hat aber nicht das Recht, wie im Fall des § 261 Abs. 1 Satz 2 BGB, den Eid nach seiner Wahl vor dem AG seines Wohnsitzes oder Aufenthalts zu leisten[10]). Befindet er sich jedoch zur Erzwingung der Eidesleistung in Haft, so ist ihm auf Verlangen der Eid von dem AG des Haftorts abzunehmen (§ 902 ZPO). Bestreitet der Geladene seine Verpflichtung zur Eidesleistung, so entscheidet das NachlG; das Bestreiten kann nicht nur mündlich im Termin, sondern auch schriftlich vorgebracht werden, da § 900 Abs. 5 ZPO nicht für anwendbar erklärt ist. Bei Nichterscheinen im Termin oder grundloser Eidesverweigerung hat das NachlG nach § 901 ZPO von Amts wegen die Haft zur Erzwingung der Eidesleistung anzuordnen. Der Inhalt des Haftbefehls ergibt sich aus § 908 ZPO, jedoch ist ein Gläubiger nicht zu bezeichnen. Der Vollzug der Haft richtet sich nach den §§ 902, 904—907, 909, 910, 913 ZPO. Nach der Novelle zum RechtspflG 1969 (BT-Drucks. VI/289) soll der Offenbarungseid durch eine eidesstattliche Versicherung ersetzt werden, die der Rechtspfleger abnimmt.

4. Rechtsmittel. Nach § 19 beschwerdefähige Verfügungen sind die Androhung und Fest- **5**
setzung einer Ordnungsstrafe und die Anordnung unmittelbaren Zwanges nach Abs. 1 mit § 33, die Entscheidung über die Verweigerung der Eidesleistung und die Haftanordnung sowie die Ablehnung dieser Maßnahmen. Dagegen findet gegen die Terminsbestimmung und die Ladung keine Beschwerde statt[11]). Die Beschwerde gegen die Straffestsetzung hat nach § 24 Abs. 1 aufschiebende Wirkung; das gilt auch für die Beschwerde gegen die Haftanordnung[12]). Die Beschwerde ist in allen Fällen unbefristet, auch gegen die Haftanordnung. Das Beschwerderecht aus § 20 Abs. 1 steht dem Betroffenen und jedem zu, der geltend macht, in dem abzuliefernden Testament bedacht zu sein[13]).

B. Für die Ablieferungspflicht von Behörden und Beamten,

§ 2259 Abs. 2 BGB und des Verwahrungsgerichts, § 2261 BGB, gilt § 83 nicht. Zwangs- **6**
mittel stehen dem NachlG daher nicht zu, auch nicht gegen Notare, sondern nur Dienstaufsichtsbeschwerde[14]).

C. Der Rechtspfleger

ist zuständig für das Ordnungsstrafverfahren und die Anordnung der Wegnahme durch **7**
unmittelbaren Zwang, §§ 3 Nr. 2 Buchst. c, 4 Abs. 1 RechtspflG, für Baden § 35 Abs. 1 Richtervorbehalt besteht für das Offenbarungseidsverfahren nicht mehr; der Rechtspfleger ist aber an der Anordnung der Eidesleistung und der Abnahme des Eides sowie an der Haftordnung gemäß § 901 ZPO bei Nichterscheinen oder Eidesverweigerung durch § 4 Abs. 1 Nrn. 1, 2 RechtspflG gehindert. Im übrigen ist für das Eidesverfahren das Nachlaßgericht auch dann zuständig, wenn es eine nichtgerichtliche Behörde ist (§ 194), da es an einem Vorbehalt für die Zuständigkeit des Amtsgerichts fehlt, wie ihn Art. 147 Abs. 2 EGBGB für die Abnahme des Offenbarungseides nach § 2006 BGB enthält (vgl. § 79 Anm. 3). In Württemberg ist jedoch landesrechtlich die Abnahme des Offenbarungseides dem Amtsgericht vorbehalten, Art. 91 Nr. 1 AGBGB i. d. F. vom 30. 6. 1958 (BadWürttGBl., 168).

D. In der DDR

sind die Staatlichen Notariate zuständig (§ 2 Nr. 2 NotVerfO). Nach § 63 i. V. m. § 43 **8**
Abs. 2 bis 4 NotVerfO kann bei Verletzung der Ablieferungspflicht ein Zwangsgeld festgesetzt werden. Ein Offenbarungseidsverfahren ist nicht vorgesehen.

E. Gebühren

für die Festsetzung der Ordnungsstrafe § 119 Abs. 5, für Wegnahme § 134, für die Ver- **9**
handlung im Offenbarungseidstermin § 124 KostO.

[10]) KG RJA 11, 95.
[11]) Vgl. § 79 Anm. 7, § 163 Anm. B 6; a.M. Schlegelberger Anm. 13; Keidel Anm. 12.
[12]) Vgl. § 24 Anm. B 1; wie hier Unger ZZP 38, 530; Wellstein² § 24 Anm. 2 a; Ebert-Dudek-Lindemann² § 24 Anm. 1 a; a.M. Schlegelberger Anm. 13; Keidel Anm. 12.
[13]) München JFG 15, 118, 120; Wellstein² Anm. 3; Keidel Anm. 12.
[14]) KGJ 46, 136 = RJA 14, 135.

Verfahren zur Stundung eines Pflichtteilsanspruchs oder Erbersatzanspruchs

83a Für das Verfahren, das die Stundung eines Pflichtteilsanspruchs oder eines Erbersatzanspruchs zum Gegenstand hat (§ 2331a in Verbindung mit §§ 1382, 1934b Abs. 2 des Bürgerlichen Gesetzbuchs), gilt § 53a entsprechend.

Eingefügt durch Art. 7 Nr. 24 des G über die rechtliche Stellung der nichtehelichen Kinder vom 19. 8. 1969 (BGBl. I 1243). In Kraft getreten am 1. 7. 1970.

I. Bedeutung

1 *1. Stundung des Pflichtteilsanspruchs.* Der Pflichtteilsanspruch (§ 2303 BGB) entsteht mit dem Erbfall kraft Gesetzes (§ 2317 Abs. 1) und ist in der Regel sofort fällig (§ 271 BGB). Das kann dazu führen, daß der Erbe als Pflichtteilsschuldner in wirtschaftliche Bedrängnis gerät, da der Pflichtteilsberechtigte durch Zwangsvollstreckungsmaßnahmen den Nachlaß zur Auflösung bringen kann. Diese Lage hat schon wiederholt zu Erörterungen über die Möglichkeit einer Stundung des Anspruchs geführt[1]). Anläßlich der Begründung eines gesetzlichen Erbrechts des nichtehelichen Kindes nach dem Vater und den väterlichen Verwandten (§§ 1589 Abs. 1, 1924, 1934a BGB) hat sich der Gesetzgeber veranlaßt gesehen, diese Frage gesetzlich zu regeln, vor allem im Hinblick darauf, daß von dem nichtehelichen Kinde eine billige Rücksichtnahme auf die Interessen des Erben nicht immer erwartet werden könne (BT-Drucks. V/2370 S. 98). Nach § 2331a Abs. 1 BGB kann der Erbe, wenn er selbst pflichtteilsberechtigt ist, Stundung des Pflichtteilsanspruchs verlangen, wenn die sofortige Erfüllung des gesamten Anspruchs ihn wegen der Art der Nachlaßgegenstände ungewöhnlich hart treffen, insbesondere ihn zur Aufgabe seiner Familienwohnung oder zur Veräußerung eines Wirtschaftsguts zwingen würde, das für den Erben und seine Familie die wirtschaftliche Lebensgrundlage bildet. Stundung kann nur verlangt werden, soweit sie dem Pflichtteilsberechtigten bei Abwägung der Interessen beider Teile zugemutet werden kann. Hinweise für die Interessenabwägung werden in der amtl. Begründung (BT-Drucks. V/2370 S. 98/99, vgl. auch BT-Drucks. zu V/4179 S. 6 zu Nr. 84) gegeben[2]). Die Entscheidung über die Stundung wird, wenn der Anspruch nicht bestritten ist, durch § 2331a Abs. 2 BGB dem Nachlaßgericht zugewiesen; § 1382 Abs. 2 bis 6 BGB über die Stundung der Zugewinnausgleichsforderung gilt mit der Maßgabe entsprechend, daß an die Stelle des Vormundschaftsgerichts das Nachlaßgericht tritt.

2 *2. Stundung des Erbersatzanspruchs.* Infolge der Streichung des § 1589 Abs. 2 BGB durch Art. 1 Nr. 3 NichtehelG sind grundsätzlich auch das nichteheliche Kind und seine Abkömmlinge nach dem Vater des Kindes und dessen Verwandten zur gesetzlichen Erbfolge berufen (§§ 1924, 1930 BGB), sofern nach der Übergangsvorschrift in Art. 12 § 10 NichtehelG das Kind nach dem 30. 6. 1949 geboren und der Erblasser nicht vor dem 1. 7. 1970 gestorben ist. Sind jedoch das nichteheliche Kind oder seine Abkömmlinge beim Tode des Vaters des Kindes oder von väterlichen Verwandten neben ehelichen Abkömmlingen und dem Ehegatten des Erblassers (oder dem nichtehelichen Kinde einer Frau) zur gesetzlichen Erfolge berufen, so steht dem Kinde und seinen Abkömmlingen nach § 1934b Abs. 1, 4 BGB anstelle des gesetzlichen Erbteils ein Erbersatzanspruch gegen den Erben in Höhe des Wertes des Erbteils zu, so daß der nichteheliche Abkömmling nicht sachenrechtlich an dem Nachlaß beteiligt ist und nicht zu der Erbengemeinschaft gehört, sondern einen schuldrechtlichen Anspruch gegen den Erben erwirbt[3]). Voraussetzung ist nach § 1600a, daß die Vaterschaft anerkannt oder gerichtlich festgestellt ist oder, wenn dies beim Tode des Vaters oder eines Verwandten des Vaters noch nicht der Fall war, daß das gerichtliche Verfahren zur Feststellung der Vaterschaft zur Zeit des Erbfalls bereits anhängig war oder innerhalb bestimmter Frist anhängig gemacht wird (§ 1934c BGB). Die für den Pflichtteil geltenden Vorschriften der §§ 1967

[1]) Vgl. Staudinger-Ferid BGB[11] § 2303 Anm. 58.
[2]) Dazu auch Damrau, Erbersatzanspruch und Erbausgleich, FamRZ 1969, 579 zu I c.
[3]) Vgl. dazu Damrau, FamRZ 1969, 579 zu III.

Abs. 2 (Nachlaßverbindlichkeit), 1972 bis 1974 (Aufgebot), 1991 Abs. 4 mit § 226 Abs. 2 Nr. 6 KO, 2345 Abs. 2 (Erbunwürdigkeit), 2346 (Erbverzicht) sowie aus dem Abschnitt „Pflichtteil" die Vorschriften der §§ 2313, 2314 (Auskunftspflicht), 2317, 2319 bis 2321, 2331a (Stundung) sind sinngemäß anwendbar (§ 1934b Abs. 2 BGB). Demgemäß kann der Erbe, der selbst pflichtteilsberechtigt ist, nach Maßgabe des § 2331a Abs. 1 BGB Stundung des Erbersatzanspruchs verlangen. Zu der gebotenen Interessenabwägung wird in der amtl. Begründung (BT-Drucks. V/2370 S. 99) ausgeführt, daß dem Erbersatzberechtigten eher als dem Pflichtteilsberechtigten (Rdn. 1) eine Rücksichtnahme auf die Interessen des Erben zuzumuten sein werde, weil ihm der volle Wert seines gesetzlichen Erbteils zusteht. Ebenso wie für die Stundung des Pflichtteilsanspruchs gilt § 1382 Abs. 2 bis 6 nach §§ 1934b Abs. 2 Satz 1, 2331a Abs. 2 BGB für die Entscheidung des Nachlaßgerichts entsprechend.

II. Verfahren

1. Zuständigkeit

a) Sachliche Zuständigkeit. Sachlich zuständig ist nach § 2331a Abs. 2 BGB das Nachlaßgericht, also das Amtsgericht (§ 72). *Richtervorbehalt* besteht nach § 3 Nr. 2 Buchst. c i. V. mit § 16 RechtspflG i. d. F. des G vom 5. 11. 1969 (BGBl. I 2065) nicht. Das ist im Hinblick auf Art. 92 GG verfassungsrechtlich bedenklich, da es sich um eine Aufgabe der Rechtsprechung handelt (vgl. § 35 Rdn. 94). In Württemberg entscheidet nach Art. 73, 74 Satz 2 WürttAGBGB das ordentliche Nachlaßgericht (Bezirksnotar); ein Vorbehalt für das Amtsgericht für die Aufhebung oder Änderung der in einem Rechtsstreit über den Pflichtteils- oder Erbersatzanspruch durch Urteil ergangenen Entscheidung gemäß § 2331 a Abs. 2 Satz 2 mit 1382 Abs. 6 BGB entsprechend Art. 68 Nr. 12 WürttAGBGB (vgl. § 53a Rdn. 8) ist zu erwarten, aber noch nicht Gesetz geworden. **3**

b) Die *örtliche Zuständigkeit* bestimmt sich nach § 73, also nach den Verhältnissen des Erblassers. Eine Abgabe findet nicht statt. Zuständigkeitsvereinbarungen sind nicht statthaft (Vorbem. 41 vor § 3). **4**

2. Antragsverfahren.

a) Antrag. Das Verfahren wird nur auf Antrag eingeleitet. Das wird im Gesetz zwar nicht ausdrücklich gesagt, da auf § 1382 Abs. 1 in § 2331a Abs. 2 Satz 2 BGB nicht verwiesen wird; es ergibt sich aber daraus, daß Stundung nach § 2331a Abs. 1 nur auf Verlangen gewährt wird. Eine Befristung des Antrags ist nicht vorgesehen. Zur Einleitung des Verfahrens nach §§ 2331a Abs. 2, 1934b Abs. 2 Satz 1 genügt der Verfahrensantrag; ein bestimmter *Sachantrag* ist nicht erforderlich, wenn es auch angebracht ist, daß der Schuldner in dem Antrag das Maß der erstrebten Stundung und deren Modalitäten angibt, damit das Gericht Anhaltspunkte für die Ausübung seines Beurteilungsermessens (vgl. § 27 Rdn. 24) erhält. Hierüber ist erforderlichenfalls das richterliche Fragerecht (§ 12 Rdn. 7) auszuüben. **5**

b) Antragsberechtigung. Antragsberechtigt ist der Erbe als Schuldner des Pflichtteils- oder Erbersatzanspruchs (§§ 2331a Abs. 1, 1934b Abs. 1 Satz 2, 2303, 1967 Abs. 2 BGB). Bei Anordnung einer Vor- und Nacherbfolge ist bis zum Eintritt des Nacherbfalls der Vorerbe Schuldner dieser Ansprüche[4]) und demnach antragsberechtigt. Vorausgesetzt wird jedoch nach § 2331a Abs. 1 mit § 1934b Abs. 2 Satz 1, daß der Erbe selbst pflichtteilsberechtigt ist, also zu dem Kreis der Personen gehört, die im Falle ihres Ausschlusses von der gesetzlichen Erbfolge den Pflichtteil verlangen können; der Antragsteller muß mithin ein Abkömmling, Elternteil oder Ehegatte des Erblassers sein, der ohne einen Ausschluß durch Verfügung von Todes wegen zur gesetzlichen Erbfolge berufen wäre, wobei das Zustehen eines Erbersatzanspruchs dem gesetzlichen Erbteil gleichsteht (§§ 2303, 2338a BGB). Sind von mehreren Miterben nur einer oder einige pflichtteilsberechtigt, so können die anderen eine Stundung nicht verlangen (BT-Drucks. V/2370 S. 99); die Stundung wirkt dann nach §§ 2058, 425 BGB nur für den Gesamtschuldner, dem sie bewilligt ist. Bei einer Mehrheit antragsberech- **6**

[4]) Staudinger-Ferid BGB[11] § 2303 Anm. 70.

tigter Miterben kann der Stundungsantrag, da er der Erhaltung des Nachlasses dient, gemäß § 2038 Abs. 1 BGB von jedem Miterben allein gestellt werden (§ 53a Rdn. 3). Ein Testamentsvollstrecker ist nach §§ 2213 Abs. 1 Satz 3, 1934b Abs. 2 Satz 1 BGB nicht berufen, das Antragsrecht des Erben auszuüben[5]). Im Nachlaßkonkurs über den Nachlaß des Erblassers sind der Pflichtteilsanspruch und der Erbersatzanspruch (minderberechtigte) Konkursforderungen (§ 226 Abs. 2 Nrn. 4, 6 KO); antrags- und beschwerdeberechtigt ist während der Dauer des Konkursverfahrens anstelle des Schuldners der Konkursverwalter. Dasselbe gilt für die Nachlaßverwaltung (§ 1984 BGB); haftet aber der Erbe bei auf Antrag eines Nachlaßgläubigers angeordneter Nachlaßverwaltung allgemein unbeschränkbar (§ 2013 Abs. 1 Satz 1 BGB), so daß in sein Eigenvermögen vollstreckt werden könnte, so ist er neben dem Nachlaßverwalter antragsberechtigt. Bei Nachlaßpflegschaft hat der Erbe zu dem Antrage keinen Anlaß, da er bis zur Annahme der Erbschaft durch § 1958 BGB geschützt ist. Gegen den Nachlaßpfleger kann der Anspruch zwar geltend gemacht werden (§§ 1960 Abs. 3, 1961), jedoch setzt die Ausübung des Antragsrechts durch ihn den Nachweis voraus, daß der Erbe zum Kreis der Pflichtteilsberechtigten gehört. Im Konkurse des Gläubigers werden der Pflichtteilsanspruch und der Erbersatzanspruch vom Konkursbeschlag nur erfaßt, wenn sie durch Vertrag anerkannt oder rechtshängig geworden sind (§ 852 ZPO, § 1 KO, § 1934b Abs. 2 Satz 1 BGB); nur unter dieser Voraussetzung ist der Konkursverwalter berufen, die Rechte des Gläubigers in dem Verfahren auszuüben.

7 3. *Verfahrenshindernis der Rechtshängigkeit.* Unzulässig ist das Verfahren vor dem Nachlaßgericht, wenn und soweit ein Rechtsstreit über den Pflichtteilsanspruch oder den Erbersatzanspruch anhängig wird (§§ 2331a Abs. 2 Satz 2, 1934b Abs. 2 Satz 1 mit § 1382 Abs. 5 BGB); vgl. dazu § 53a Rdn. 6.

8 4. *Sachentscheidungsvoraussetzung* ist, daß die Forderung weder dem Grunde noch der Höhe nach bestritten ist (§§ 2331a Abs. 2 Satz 1, 1934b Abs. 2 Satz 1 BGB); vgl. dazu § 53a Rdn. 5.

9 5. *Inhalt der Sachentscheidung.* Für die Anordnung der Stundung, der Verzinsung und die Auferlegung einer Sicherheitsleistung nach §§ 2331a Abs. 2 Satz 2, 1934b Abs. 2 Satz 1 mit § 1382 Abs. 2 bis 4 sowie für den Ausspruch der Zahlungsverpflichtung (§ 83a mit § 53a Abs. 2 Satz 2) gelten die Bem. zu § 53a Rdn. 13 bis 16. Die Auferlegung einer Sicherheitsleistung dürfte bei Stundung des Pflichtteils- oder Erbersatzanspruchs in der Regel angebracht sein, um den Berechtigten vor Verlusten zu bewahren (BT-Drucks. V/2370 S. 99). Für die Änderung rechtskräftiger gerichtlicher Entscheidungen des Prozeßgerichts oder des Nachlaßgerichts oder von Vergleichen (§§ 2331a Abs. 2 Satz 2 mit § 1382 Abs. 6) ist auf die Bem. zu § 53a Rdn. 18, 19 zu verweisen.

10 6. *Verfahrensgrundsätze.* Nach § 83a ist § 53a auf das Verfahren vor dem Nachlaßgericht entsprechend anzuwenden. Es gelten insoweit die Bem. zu § 53a Rdn. 9 bis 12 (mündliche Verhandlung, Verhandlungsniederschrift, Vergleich) und Rdn. 20 bis 26 (Wirksamwerden, Rechtsmittel, einstweilige Anordnungen, Zwangsvollstreckung).

11 7. *Gebühren.* Die Gebühren des Gerichts bestimmen sich nach § 106a KostO i. d. F. des Art. 11 Nr. 5 NichtehelG; der Geschäftswert ist nach § 30 KostO zu bestimmen (§ 106a Abs. 2 KostO). Für die Gebühren des Rechtsanwalts ist § 118 BRAGebO maßgebend.

Kraftloserklärung von Erbscheinen und anderen Zeugnissen

84 Gegen einen Beschluß, durch den ein Erbschein für kraftlos erklärt wird, findet die Beschwerde nicht statt. Das gleiche gilt von einem Beschluß, durch den eines der in den §§ 1507, 2368 des Bürgerlichen Gesetzbuchs und den §§ 37, 38 der Grundbuchordnung vorgesehenen gerichtlichen Zeugnisse für kraftlos erklärt wird.

[5]) Vgl. Staudinger-Dittmann aaO. § 2113 Anm. 16; Staudinger-Ferid aaO. Anm. 71; Merkel, Der Testamentsvollstrecker und der Pflichtteilsanspruch, NJW 1969, 1285; BGHZ 51, 125 = NJW 1969, 424 = MDR 1969, 205 = FamRZ 1969, 85 = Rpfleger 1969, 45 = BB 1969, 422 = JR 1969, 299.

Übersicht

1. Erbscheinsverfahren. Das *Verfahren zur Erteilung des Erbscheins* ist in den §§ 2353 bis 2360, 2363, 2364, 2369 BGB, §§ 792, 896 ZPO, das Verfahren zur Einziehung oder Kraftloserklärung in § 2361 BGB geregelt. Daneben finden die allgemeinen Vorschriften des FGG (§§ 1 bis 34) Anwendung, soweit nicht die besondere Natur des Erbscheins als eines gerichtlichen Zeugnisses über das Erbrecht und der ihm verliehene öffentliche Glaube (§§ 2366, 2367) Abweichungen erfordern, insbesondere hinsichtlich der Anwendbarkeit der §§ 16, 18. 1

a) Antrag. Der Erbschein wird nur auf Antrag erteilt (§ 2353, 2357 BGB). Der Antrag und deshalb auch seine Änderung bedürfen als solche keiner Form; die Vorschrift des § 2356 Abs. 2 BGB bezieht sich nur auf die eidesstattliche Versicherung. Der Inhalt des erstrebten Erbscheins muß in dem Antrag bestimmt bezeichnet sein[1]), wozu auch die Angabe des Berufungsgrundes gehört. Bei zu erwartender Geburt weiterer Miterben kann allerdings die Höhe der Erbteile ungewiß gelassen werden[2]), und bei Ungeklärtheit des Wegfalls weiterer Erbanwärter ein Teilerbschein über einen Mindesterbteil erteilt werden[3]). Der Antragsteller kann es nicht dem Nachlaßgericht überlassen, den Inhalt des Erbscheins zu bestimmen; er kann auch nicht mehrere Anträge nebeneinander stellen und es der Entscheidung des NachlG überlassen, welchen Antrag es für begründet erachtet. Dagegen darf der Antragsteller einen Hauptantrag und einen Hilfsantrag unter der doppelten Voraussetzung miteinander verbinden, daß jeder der Anträge für sich das mit ihm beanspruchte Erbrecht genau bezeichnet und die Reihenfolge, in der die Anträge vom NachlG zu prüfen und zu bescheiden sind, bestimmt angegeben ist[4]). Ob der Antrag auf Grund gesetzlicher oder testamentarischer Erbfolge begründet ist, kann dahingestellt bleiben, wenn der Antrag wahlweise auf beide Berufungsgründe gestützt ist und der Inhalt des Erbscheins dadurch nicht berührt wird[5]), da der Grund der Berufung im Erbschein nicht anzugeben ist[6]). Einen vom Antrag inhaltlich abweichenden Erbschein darf das NachlG nicht erteilen[7]). Ist der gestellte Antrag unbegründet und verschließt sich der Antragsteller einer ihm etwa nahe gelegten Änderung, so ist der Antrag durch einen Beschluß, der der Begründung bedarf[8]), zurückzuweisen. Der Umstand, 2

[1]) KG DNotZ 1955, 408; der Antrag, einen Erbschein „nach Maßgabe des Testaments" zu erteilen, genügt in der Regel nicht, KG OLGR 18, 368; BayObLGZ 1967, 1.

[2]) KGJ 42, 128; KG JFG 1, 176; 10, 75; 13, 40; München JFG 15, 353 = DFG 1937, 165; Firsching DNotZ 1960, 640; Kipp-Coing ErbR[11] § 128 IV Fn. 68; Lange ErbR § 41 IV 3; Brox ErbR § 36 III 2 c Rdn. 747. Dieser Fall liegt auch vor, wenn zur Zeit des Erbfalls die Vaterschaft zu einem zur gesetzlichen Erbfolge berufenen nichtehelichen Kinde (§§ 1924, 1934 a BGB) noch nicht anerkannt oder gerichtlich festgestellt ist, solange das Erbrecht nicht nach § 1934 c BGB ausgeschlossen ist.

[3]) KG JFG 1, 176; 10, 75.

[4]) RGZ 156, 172 = JFG 16, 351.

[5]) KG JFG 5, 184 = JW 1928, 118 mit Anm. v. Herzfelder; Hamm OLGZ 1967, 71.

[6]) KG RJA 16, 45; JFG 5, 186; KG HRR 1941 Nr. 327 = DFG 1941, 27.

[7]) KGJ 42, 128; KG HRR 1933 Nr. 1492; KG DNotZ 1955, 410; BayObLGZ 19, 207; München JFG 14, 178; BGH FamRZ 1962, 18 (Hoffolgezeugnis).

[8]) Vgl. § 16 Rdn. 4; Lange Lb. d. ErbR § 41 II 5 b; bedenklich die Empfehlung von Firsching, DNotZ 1960, 569, den Erbschein abweichend vom Antrag zu erteilen mit dem Hinweis an den Antragsteller, sein Einverständnis mit der Abweichung werde angenommen; dagegen mit Recht Brand-Kleef Nachlaßsachen[2] S. 231, Hamm OLGZ 1967, 71, 72 und Rpfleger 1968, 357.

daß bereits ein Erbschein erteilt ist, steht der Zulässigkeit des Antrags auf Erteilung eines Erbscheins anderen Inhalts nicht entgegen[9]). Wegen fehlenden Rechtsschutzinteresses, etwa weil der Erbe des Erbscheins nicht bedürfe, kann der Antrag nicht zurückgewiesen werden, daher auch nicht mit der Begründung, daß die Behörde, der gegenüber der Erbe sich ausweisen möchte, über die Erbfolge als Vorfrage selbst befinden könne[10]).

3 *b) Antragsberechtigt* ist der Erbe, auch wenn Testamentsvollstreckung angeordnet ist[11]), der Erbeserbe[12]), jeder Miterbe für die Erteilung eines gemeinschaftlichen Erbscheins nach § 2357 BGB oder eines gemeinschaftlichen Teilerbscheins[13]), auch für den Antrag auf Erteilung eines Teilerbscheins über das Erbrecht eines anderen Miterben[14]), der Nacherbe vom Eintritt des Nacherbfalls an[15]), der Testamentsvollstrecker[16]), der Nachlaßverwalter, der Nachlaßkonkursverwalter[17]), der Gebrechlichkeits- oder Abwesenheitspfleger des Erben[18]), der Nachlaßpfleger über den Nachlaß eines Erben[19]), der Nachlaß- oder Erbengläubiger, der im Besitz eines vollstreckbaren Titels (§§ 792, 896 ZPO) ist[20]), der nach § 88 FGG bestellte Auseinandersetzungspfleger[21]), der Ehegatte, der das Gesamtgut allein verwaltet, wenn die dem anderen Ehegatten angefallene Erbschaft zum Gesamtgut gehört[22]). Der Erbteilserwerber nach § 2033 BGB kann in Ausübung des Antragsrechts des Erben den Erbschein beantragen, jedoch nur auf den Namen des ursprünglichen Erben[23]). Zur Durchführung einer Teilungsversteigerung zwecks Aufhebung einer Gemeinschaft kann der Antragsteller für die Erbfolge nach einem anderen Beteiligten einen Erbschein entsprechend §§ 792 ZPO, 180, 181, 17 Abs. 1, 3 ZVG beantragen, ohne eines vollstreckbaren Titels zu bedürfen[24]).

4 *Nicht antragsberechtigt* ist der Erbschaftskäufer (§ 2371 BGB), da er nur einen schuldrechtlichen Anspruch auf Übertragung der Nachlaßgegenstände erwirbt[25]), der Nachlaßpfleger über den Nachlaß des Erblassers[26]), der Nacherbe vor dem Eintritt der Nacherbfolge[27]), der Vorerbe nach dem Nacherbfall[28]), Vermächtnisnehmer[29]), Pflichtteilsberechtigte, Auflagenberechtigte oder -begünstigte, sofern nicht § 792 ZPO gegeben. Ein weiterer Hoferbe im Sinne der HöfeO ist nicht antragsberechtigt, solange er nicht endgültig feststeht[29a]).

2. Ermittlungen

5 *a) Art und Umfang.* Dem Antragsteller ist in den §§ 2354 bis 2356 BGB eine *Nachweispflicht* auferlegt. Die Beibringung der hiernach erforderlichen Unterlagen liegt dem Antragsteller ob[30]). Auf die Behebung von Mängeln ist durch Zwischenverfügungen hinzuwirken[31]). Im übrigen wird auch dieses Verfahren vom *Grundsatz der Amtsermittlung* beherrscht (§ 2358 BGB). Die Ermittlungspflicht erstreckt sich jedoch nur auf die Berechtigung des gestellten Antrags, nicht auf die Feststellung der Erbfolge schlechthin[32]). Ist ein Testament angefochten, so hat das NachlG die Ermittlungen auf die geltend gemachten Anfechtungsgründe zu be-

[9]) KGJ 48, 100; 44, 404; München JFG 13, 351, 354.
[10]) KG JR 1963, 144; Staudinger-Firsching BGB[11] § 2353 Anm. 20.
[11]) KG RJA 8, 32.
[12]) KGJ 45, 145 = RJA 13, 84.
[13]) KG JFG 13, 40; München JFG 15, 353.
[14] München HRR 1942 Nr. 840.
[15]) KGJ 33 A 98; BayObLGZ 1951, 561.
[16]) KGJ 22 A 56; München DFG 1936, 219.
[17]) RGZ 164, 238.
[18]) Colmar KGJ 53, 250.
[19]) KGJ 40, 38; 41, 97.
[20]) KGJ 29 A 74; 38 A 155; 49, 83.
[21]) Vgl. § 88 Rdn. 6.
[22]) BayObLGZ 1958, 364; Lange, Lb. d. ErbR, § 41 II 3 Fußn. 6.
[23]) KGJ 30 A 101 = OLGR 11, 274; RGZ 64, 173; München JFG 14, 65; h.M., vgl. Staudinger-Firsching[11] §2353 Anm. 44; Lange § 41 II 3 Fußn. 7; a.M. Schlegelberger § 84 Anm. 2.
[24]) Hamm MDR 1960, 1018; Palandt-Keidel § 2353 Anm. 3 b.
[25]) KGJ 34 A 112 = OLGR 16, 62; Staudinger-Firsching[11] § 2353 Anm. 45; Lange, Lb. d. ErbR § 41 II 3 Fußn. 7; a.M. BGB-RGRK[11] § 2353 Anm. 7; Erman-Bartholomeyczik[3] § 2363 Anm. 4.
[26]) KGJ 40, 37; Celle JR 1950, 58.
[27]) KG OLGR 11, 267; KGJ 33 A 98 = RJA 8, 27; KG OLGR 21, 352; KG Recht 1930 Nr. 435; BayObLGZ 1951, 561; Oldenburg DNotZ 1958, 263.
[28]) KG HRR 1932 Nr. 12.
[29]) München JFG 15, 246.
[29a] Schleswig SchlHA 1956, 57.
[30]) KG OLGR 8, 292.
[31]) KG DNotZ 1955, 408.
[32]) KGJ 26 A 62; KG OLGR 10, 19.

schränken und nicht nach weiteren Anfechtungsgründen zu forschen[33]). Auf die beigebrachten Beweismittel ist das NachlG nicht beschränkt[34]). Es kann Zeugen eidlich oder uneidlich nach § 15 vernehmen, aber auch eidesstattliche Versicherungen von Zeugen entgegennehmen[35]); dagegen ist eine eidliche Vernehmung Beteiligter unzulässig[36]). Die Ermittlungen haben sich zu erstrecken auf das Vorhandensein, die Echtheit, Gültigkeit und Auslegung letztwilliger Verfügungen[36a]), den Inhalt eines verlorengegangenen Testaments[37]), die Nichtigkeit einer Verfügung von Todes wegen wegen Verstoßes gegen die guten Sitten[38]), auf die Wirksamkeit einer Testamentsanfechtung[39]), auf die Rechtzeitigkeit der Erbausschlagung[40]), auf die Testierfähigkeit des Erblassers[41]), seine Gebundenheit durch Ehe- oder Erbvertrag, das Bestehen des Güterstandes der Zugewinngemeinschaft bei gesetzlicher Erbfolge (§ 2356 Abs. 2, § 1371 Abs. 1 BGB)[42]), die Bindung an ein gemeinschaftliches Testament[43]), die Widerlegung gesetzlicher Vermutungen, insbesondere der durch Todeserklärung begründeten Todeszeitvermutung[44]), auf den Ausschluß des Erben durch Verwandte näheren Grades[45]). Vertriebenen, die keine Personenstandsurkunden haben, kann die Anlegung eines Familienbuchs nach § 15a PStG aufgegeben werden[46]). Über *Aussetzung* des Erbscheinsverfahrens s. Vorbem. vor § 8 Rdn. 39; über Rechtshilfe § 2 Rdn. 9, 10.

b) Das *Erbenaufgebot* nach § 2358 Abs. 2 BGB dient der Befestigung der Überzeugung **6**
des NachlG von dem Erbrecht des Antragstellers. Es hat nicht den Zweck, dem Antragsteller den ihm nach §§ 2356 Abs. 1, 2354 Abs. 2 BGB obliegenden Nachweis des Wegfalls Besserberechtigter zu ersparen, wenn dieser Nachweis, z. B. durch Todeserklärung, möglich ist[47]). Die Verschweigung nicht angemeldeter Erbrechte hat deren Nichtberücksichtigung im anhängigen Erbscheinsverfahren zur Folge, aber keinen materiellen Rechtsverlust[48]). Zugunsten eines *Vermißten oder Verschollenen* kann ein Erbschein nur erteilt werden, wenn im Zeitpunkt des Erbfalls noch eine gesetzliche Lebensvermutung für ihn bestand[49]).

c) Rechtliches Gehör ist auch im Verfahren zur Erteilung oder Einziehung des Erbscheins **7**
zu gewähren. Deshalb ist den Beteiligten, deren Rechte im Sinne des § 20 Abs. 1 durch die Entscheidung betroffen werden könnten, Gelegenheit zur Stellungnahme zu geben. Die Sollvorschrift des § 2360 Abs. 2 BGB ist insofern als zwingende zu beachten[50]). Soweit die Anhörung Beteiligter nur der Sachaufklärung dient, kann sie nach § 2360 Abs. 3 BGB unter-

33) BayObLGZ 1962, 47 = NJW 1962, 1060.
34) KG JFG 14, 288 = DJ 1936, 1696; BayObLGZ 1951, 690; Frankfurt NJW 1953, 507.
35) Palandt-Keidel § 2358 Anm. 1; Firsching DNotZ 1960, 570; Düsseldorf MDR 1961, 342; a.M. Celle Rpfleger 1959, 161; Erman-Bartholomeyczik[3] § 2356 Anm. 3.
36) Vgl. § 15 Rdn. 78.
36a) Zur ergänzenden Testamentsauslegung vgl. RGZ 134, 277; 142, 171; BGH NJW 1963, 1150; KG DNotZ 1955, 408, 413; KG OLGZ 1966, 503; BayObLGZ 1966, 394; zur fortdauernden Wirksamkeit einer Verfügung von Todes wegen zugunsten des Ehegatten trotz späterer Ehescheidung BGH FamRZ 1960, 28; 1961, 364. Zur erg. Testamentsauslegung auch Köln OLGZ 1969, 290.
37) Celle NdsRpfl. 1962, 202; KG JW 1919, 586; BayObLGZ 1961, 11; 1967, 197, 205.
38) RG JW 1911, 29; JW 1929, 33; RGZ 166, 395; OGHZ 1, 249; 3, 158; BGH FamRZ 1964, 140 = NJW 1964, 764 = MDR 1964, 307; FamRZ 1968, 241; KG OLGZ 1967, 241; BGH DNotZ 1969, 427 = NJW 1969, 1343 mit Anm. v. Reinicke; dazu kritisch Müller-Freienfels, JZ 1968, 441.
39) KGJ 38 A 118; München JFG 13, 280; KG NJW 1963, 766 = JR 1963, 100; BayObLGZ 1962, 47; 1963, 260; Hamm OLGZ 1966, 497.
40) München JW 1937, 44; Hamm OLGZ 1969, 288.
41) BGH FamRZ 1958, 127; BGHZ 30, 294; KG NJW 1961, 2066; Celle NdsRpfl. 1962, 201; Hamm JMBlNRW 1964, 196; Hamm MDR 1967, 496.
42) Vgl. KG FamRZ 1961, 447; Tröster, Rpfleger 1960, 38.
43) KG JFG 14, 288 = DJ 1936, 1696 m. Anm. v. Vogels.
44) KG JFG 14, 288; KG NJW 1954, 1652 = DNotZ 1954, 374; vgl. § 12 Rdn. 12.
45) München DNotZ 1937, 702.
46) Bremen JR 1960, 422 = StAZ 1960, 290.
47) KGJ 45, 150 = RJA 13, 97; Hamburg NJW 1953, 627; vgl. auch Firsching DNotZ 1960, 570.
48) KG JFG 20, 388 = DR 1940, 198; Schleswig SchlHA 1965, 279.
49) KG RJA 13, 211; KG FamRZ 1963, 467, 469; BGHZ 5, 240; BayObLGZ 1952, 129; Oldenburg NdsRpfl. 1952, 53; Enneccerus-Nipperdey Allg. Teil § 87 Fußn. 12; Staudinger-Lehmann[11] § 1923 Anm. 9; Staudinger-Firsching[11] § 2356 Anm. 16.
50) BayObLGZ 1960, 432 = JR 1961, 100 = DNotZ 1961, 155; Palandt-Keidel[25] Anm. 2; a.M. Lange, Lb. d. ErbR § 41 II 5 a Fn. 1.

bleiben, wenn sie untunlich ist, nämlich wenn anzunehmen ist, daß die Anhörung nichts der Sachaufklärung Dienliches erbringen werde. Dagegen darf die Gewährung rechtlichen Gehörs grundsätzlich nicht als „untunlich" unterbleiben. Gerade in Verfahren, deren Aufgabe, wie im Erbscheinsverfahren, nicht darin besteht, über einen Lebenssachverhalt ein endgültiges und abschließendes Urteil zu fällen, sind aber Einschränkungen des rechtlichen Gehörs statthaft, wenn im Verfahren zu berücksichtigende Interessen es geboten erscheinen lassen[51]). Das kann in Betracht kommen, um den Beteiligten vor mit der Anhörung verbundenen Gefahren zu schützen (Sowjetzone), oder wenn anzunehmen ist, daß die Belange zahlreicher weit entfernt wohnender oder erst zu ermittelnder Beteiligter durch im Verfahren auftretende Beteiligte gewahrt werden. Ferner gelten §§ 2360 Abs. 2, 2368 Abs. 2 BGB fort, wonach die Anhörung nicht geboten ist, wenn die Verfügung von Todes wegen dem NachlG in einer öffentlichen Urkunde vorliegt[52]).

8 *3. Erteilung des Erbscheins.* Bei der *Erteilung des Erbscheins* ist die diese Maßnahme anordnende *Verfügung* des NachlG von der *Erteilung* selbst zu unterscheiden[53]). Die anordnende Verfügung ist das Gegenstück zu der Verfügung, durch die das NachlG den Erbscheinsantrag zurückweist. Während aber die zurückweisende Verfügung das Verfahren beendet, bedarf die stattgebende noch der *Vollziehung* dadurch, daß das NachlG die das Erbrecht bezeugende Urkunde ausstellt und in den Verkehr gelangen läßt (Staudinger-Herzfelder § 2353 III). Beide Vorgänge sind voneinander zu unterscheiden, da das NachlG in die Lage kommen kann, seine stattgebende Verfügung zu begründen, wenn ein Beteiligter dem Antrag widersprochen hat (§ 16 Anm. 8), während der Erbschein keine Begründung enthalten darf[54]). Diese Unterscheidung zwischen Anordnung und Vollzug ist durch die Besonderheiten des Verfahrens in Landwirtschaftssachen deutlich geworden[55]). Der Erbschein ist mithin keine Verfügung im Sinne des § 19, sondern die Vollziehung einer solchen (Planck, § 2353 Anm. 11; zust. jetzt Keidel, § 16 Anm. 2; a. M. Schlegelberger Anm. 8; Josef, AcP 96, 224). Die Erteilung des Erbscheins steht zu der anordnenden Verfügung in demselben Verhältnis wie die Einziehung oder Kraftloserklärung zu der die Einziehung anordnenden Verfügung, als deren Vollziehung sie sich darstellen.

9 Die *Form des Erbscheins* bestimmt sich nach Landesrecht. In den ehemals preußischen Gebieten bleibt die Urschrift bei den Gerichtsakten; der Antragsteller erhält eine Ausfertigung, die der Urkundsbeamte unterschreibt und mit dem Gerichtssiegel (nicht Stempel) versieht (Art. 18 PrFGG; Schlegelberger Anm. 6, 8). In Bayern wird eine Urschrift ausgehändigt, von der NachlO (§§ 57, 140) „Ausfertigung" genannt.

10 Die anordnende Verfügung wird gemäß § 16 Abs. 1, auch 3 (str.), mit der Bekanntgabe an den Antragsteller wirksam; von der Bekanntgabe an andere Beteiligte (Miterben) ist die Wirksamkeit nicht abhängig; a. M. Schlegelberger § 16 Anm. 28. In der Regel wird die Anordnungsverfügung nicht besonders bekanntgemacht; ihre Bekanntgabe fällt mit der Aushändigung des Erbscheins zusammen. *Die Wirksamkeit des Erbscheins ist von der Wirksamkeit der anordnenden Verfügung unabhängig.* Der Erbschein trägt als für den Rechtsverkehr bestimmtes Zeugnis den Grund seiner Wirksamkeit in sich selbst. § 16 ist auf den Erbschein selbst nicht anwendbar (Planck, § 2353 Anm. 11; a. M. Schlegelberger Anm. 8). *Der Erbschein ist wirksam erteilt, sobald er mit dem Willen des NachlG in den Verkehr kommt* (so auch Firsching, NJW 1955, 1540 zu I). Das geschieht in der Regel durch Aushändigung einer Ausfertigung des Erbscheins an den Antragsteller oder einen von ihm bestimmten Dritten; es

[51]) BVerfGE 9, 89, 95; das wird bei Lent-Habscheid, Freiw. Gerbkt.[4] § 20 II 4 a nicht ausreichend berücksichtigt.

[52]) KG NJW 1963, 880; Jansen, Wandlungen S. 25; Haegele Rpfleger 1964, 80; Palandt-Keidel[25] § 2360 Anm. 2; a.M. Köln NJW 1962, 1728; Bartholomeyczik ErbR[8] § 33 III 3 b; offen gelassen in BGH NJW 1963, 1972 = Rpfleger 1964, 78.

[53]) München JW 1935, 2518.

[54]) KGJ 29 A 65 = RJA 5, 163; BayObLGZ 1960, 194,

[55]) Vgl. BGH LM HöfeO § 18 Nr. 1 = RdL 1953, 137 = NJW 1953, 700 und nachst. Rdn. 23.

genügt aber auch die Vorlegung der in den Gerichtsakten befindlichen Urschrift zum Gebrauch bei einer anderen Stelle, z. B. Grundbuchamt, Registergericht oder einem Einsicht begehrenden Dritten[56]). Noch keine Erteilung liegt in der Übersendung einer Abschrift an das Finanzamt nach § 189a RAbgO, § 12 ErbStDVO oder in der Mitteilung an das GBA nach § 83 GBO[57]). Kostenrechtlich ist der Erbschein bereits mit der Verfügung in den Akten erteilt[58]).

4. Einziehung. Unrichtigkeit

a) Die *Einziehung eines Erbscheins* als unrichtig nach § 2361 BGB ist von Amts wegen 11
anzuordnen. Unrichtig ist der Erbschein, wenn sein Inhalt hinsichtlich der Angaben, die nach § 2365 BGB an dem öffentlichen Glauben des Erbscheins teilnehmen, mit dem materiellen Recht nicht oder nicht mehr übereinstimmt. Dazu gehören auch die nach §§ 2364, 2365 BGB aufzunehmenden Angaben, also das Fehlen oder die Unrichtigkeit des Nacherbenvermerks[59]), oder des Testamentsvollstreckervermerks[60]). Die Unrichtigkeit kann auch auf nachträglich eingetretenen Umständen beruhen, wie Erbausschlagung, Testamentsanfechtung, Fortfall des Nacherbenrechts infolge Zeitablaufs (§ 2109 BGB), Nichteintritts einer Bedingung[61]), Übertragung des Anwartschaftsrechts des Nacherben auf den Vorerben[62]), Fortfall der Testamentsvollstreckung[63]), Eintritt des Nacherbfalls[64]). Veräußerung des Erbteils oder der Erbschaft berührt den Inhalt des Erbscheins nicht[65]), wohl aber Veräußerung des Anwartschaftsrechts des Nacherben[66]). Die Einziehung eines sachlich unrichtigen Erbscheins kann nicht dadurch abgewendet werden, daß er nur „ergänzt" oder „berichtigt" wird[67]). Offenbare Unrichtigkeiten wie Schreib- oder Rechenfehler können aber auch im Erbschein ohne Einziehung berichtigt werden (§ 18 Rdn. 37); ebenso ist eine Einziehung entbehrlich, wenn es sich um die Beseitigung unzulässiger oder die Aufnahme vorgeschriebener Zusätze handelt, die den sachlichen Inhalt des Erbscheins unberührt lassen und an seinem öffentlichen Glauben nicht teilnehmen, wie etwa die Beseitigung des nicht in den Erbschein gehörenden Namens des Testamentsvollstreckers[68]). Ferner ist eine Ergänzung des Erbscheins durch namentliche Bezeichnung der zunächst unbekannt gewesenen Nacherben zulässig[68a]). Die Einziehung unterbleibt, wenn der Erbschein sich aus einem anderen Berufungsgrunde im Ergebnis als richtig erweist[68b]).

b) Verfahrensfehler rechtfertigen die Einziehung des Erbscheins nicht. Kein Einziehungs- 12
grund ist daher die Versagung des rechtlichen Gehörs im Erteilungsverfahren[69]) oder Mangelhaftigkeit oder formnichtige Beurkundung der eidesstattlichen Versicherung nach § 2356 BGB[70]). Dagegen ist ein Erbschein, ohne daß es auf seine sachliche Richtigkeit ankommt, einzuziehen, wenn es im Erteilungsverfahren an einer Verfahrensvoraussetzung als Bedingung

56) KG OLGR 9, 228; OLGR 42, 322; so jetzt auch BayObLGZ 1960, 192; 1960, 501; Palandt-Keidel[25] § 2353 Anm. 6 a; Pikart-Henn Lb. d. Freiw. Gerbkt. S. 321; teilw. abw. Lange Lb. d. ErbR § 41 II 6 b; Firsching DNotZ 1960, 573.

57) Palandt-Keidel[25] § 2353 Anm. 6 a.

58) München JFGErg. 17, 117.

59) KG OLGR 35, 367; KG JFG 5, 157.

60) Hamburg OLGR 32, 81.

61) Celle NdsRpfl. 1955, 189.

62) KG JFG 18, 223.

63) KGJ 50, 103 = RJA 16, 53; der Meinung, daß nach Fortfall der Testamentsvollstrekkung die Einziehung durch Berichtigung des Erbscheins abgewendet werden könne (so Staudinger-Firsching[11] § 2364 Anm. 13; Erman-Bartholomeyczik[3] § 2364 Anm. 3) ist nicht beizutreten.

64) KGJ 48, 112.

65) RGZ 64, 173; KG DNotZ 1933, 290.

66) KG JFG 20, 17; Staudinger-Firsching[11] § 2363 Anm. 15; Soergel-Ehard-Eder[9] § 2363 Anm. 3; str., a.M. BGB-RGRK[11] Anm. 8; Palandt-Keidel[25] Anm. 1 b, Erman-Bartholomeyczik[4] Anm. 6, je zu § 2363; Kipp-Coing ErbR[11] § 50 I 3 b.

67) KGJ 43, 92; 44, 77; KG JW 1936, 3403; BayObLGZ 24 A 299 = JFG 3, 152. Ein zunächst ohne Angabe der Erbteile erteilter Erbschein ist einzuziehen, wenn die Größe der Erbteile festgestellt wird, Hamm Rpfleger 1969, 299.

68) KG OLGR 40, 155 Fn. 1 f; KG OLGZ 1966, 612.

68a) Planck[4] § 2363 Anm. 2 c; Palandt-Keidel[25] § 2363 Anm. 1 b.

68b) Hamm OLGZ 1967, 74. Ebenso, wenn der Erbschein nachträglich durch eine Veränderung der Umstände (Fortfall der nicht vermerkten TV) richtig geworden ist, LG Koblenz DNotZ 1969, 430.

69) KG NJW 1963, 880; BGH NJW 1963, 1972 = Rpfleger 1964, 78 mit Anm. v. Haegele; a.M. Köln NJW 1962, 1727.

70) BayObLGZ 1961, 4, 10; Hamm OLGZ 1967, 74.

der Zulässigkeit des ganzen Verfahrens gefehlt hat. Ein ohne Antrag oder auf Antrag eines nicht Antragsberechtigten oder abweichend vom Antrag erteilter Erbschein ist deshalb ohne Rücksicht auf seinen Inhalt einzuziehen[71]), es sei denn, daß ein Antragsberechtigter die Erteilung nachträglich genehmigt[72]). Auch Unzuständigkeit für die Erteilung führt zur Einziehung, und zwar sachliche, z. B. des Landgerichts[73]), örtliche[74]) oder funktionelle, z. B. des Rechtspflegers, in nicht übertragenen Angelegenheiten[75]). Wenn der Mangel jedoch nur auf einem Wandel der Rechtsauffassung beruht, kann Zurückhaltung geboten sein[75a]).

13 *c) Einziehungsverfahren.* Nach § 2361 Abs. 3 BGB kann das NachlG von Amts wegen Ermittlungen über die Richtigkeit eines erteilten Erbscheins anstellen. Die Ausübung dieser Befugnis ist nicht in das Belieben des NachlG gestellt, sondern es hat die Amtspflicht, dafür zu sorgen, daß ein unrichtiger Erbschein alsbald aus dem Verkehr gezogen wird. Anträge Beteiligter haben nur die Bedeutung einer Anregung zur Einleitung des Amtsverfahrens. Die Einziehungsbefugnis des NachlG unterliegt nicht der Verwirkung; das Verfahren kann daher auch eingeleitet werden, wenn die Unrichtigkeit des Erbscheins sich erst nach geraumer Zeit herausstellt[76]). Bloße Zweifel an der Richtigkeit rechtfertigen die Einziehung des Erbscheins nicht[77]), das NachlG muß ihnen aber nachgehen[78]). Die Feststellung der Unrichtigkeit kann auf anderer tatsächlicher oder rechtlicher Würdigung des bisherigen Sachverhalts oder auf dem Ergebnis neu angestellter Ermittlungen beruhen. Nicht erforderlich ist, daß die Richtigkeit des erteilten Erbscheins geradezu widerlegt ist. Die Vermutung des § 2365 BGB für die Richtigkeit des Erbscheins bleibt hierbei außer Betracht[79]). Es genügt, wenn die nach § 2359 BGB erforderliche Überzeugung des NachlG von dem Vorliegen der das Erbrecht begründenden Tatsachen erschüttert ist[80]). Das bedeutet aber nicht, daß die Ermittlungen nur so weit zu erstrecken seien, bis sich mehr oder weniger starke Zweifel an der Richtigkeit des Zeugnisses ergeben haben; vielmehr ist über die Einziehung erst nach abschließender Aufklärung des Sachverhalts zu entscheiden. Das NachlG muß sich in die Lage versetzen, als hätte es über die Erteilung nach § 2359 BGB zu befinden, so daß es den Erbschein einziehen muß, wenn er, falls jetzt über die Erteilung zu entscheiden wäre, nicht mehr erteilt werden dürfte. Mithin ist es erforderlich, daß das NachlG nach Durchführung der notwendigen Ermittlungen die Richtigkeit der im Erbschein bezeugten Erbfolge nicht mehr als erwiesen erwachtet; eine vorläufige Einziehung vor Abschluß der Ermittlungen auf Grund nur erheblicher Bedenken gegen die Richtigkeit gibt es nicht[81]). Dabei kann sich auch im Einziehungsverfahren ergeben, daß eine erhebliche das Erbrecht begründende oder vernichtende Tatsache nicht erweisbar ist, also ein non liquet vorliegt. In diesem Fall ist nach den Grundsätzen über die Feststellungslast zu entscheiden, die im Einziehungsverfahren dieselben wie im Erteilungsverfahren sind[82]).

14 *d) Vollziehung der Einziehung.* Die *Einziehungsanordnung* erläßt das NachlG, das den Erbschein erteilt hat, mag es auch örtlich unzuständig gewesen sein[83]), oder das ihm übergeordnete Beschwerdegericht. Sie vernichtet mit ihrem Wirksamwerden (§ 16) den Erbschein mit Wirkung ex nunc nur dann, wenn alle in den Verkehr gelangten Urschriften oder Ausfertigungen sich noch oder schon bei den Gerichtsakten befinden[84]). Andernfalls bedarf die

[71]) KGJ 48, 107 = RJA 14, 268; KG RJA 17, 56; München JFG 14, 76 = DFG 1937, 21; BayObLGZ 1951, 567.
[72]) KGJ 48, 107 = RJA 14, 268; BayObLGZ 13, 437; 1951, 567.
[73]) KGJ 50, 92.
[74]) KGJ 53, 88; Köln JMBlNRW 1957, 15.
[75]) BayObLGZ 1949, 93; LG München NJW 1959, 300; Frankfurt OLGZ 1968, 110 = NJW 1968, 1289; LG Koblenz DNotZ 1969, 431.
[75a]) Vgl. § 18 Rdn. 12 a.E.; LG Berlin NJW 1970, 203 (interz. Zuständigkeit).
[76]) BGHZ 47, 58 = NJW 1967, 1126; BayObLGZ 1966, 233; Keidel Anm. 13 Fn. 9; a.M. Schleswig SchlHA 1964, 259; Stäklin DFG 1942, 71; Scheying SchlHA 1964, 260.
[77]) KG JR 1925, 1529.
[78]) KGJ 36 A 114.
[79]) RG WarnR 1913 Nr. 300; Rosenberg, Beweislast[5] § 16 II 4 b; offen gelassen in BGHZ 47, 58, 66.
[80]) KG JR 1925, 1529; KG OLGR 37, 256; BayObLGZ 1952, 165; 1953, 123.
[81]) BGHZ 40, 54 = NJW 1963, 1972 = MDR 1963, 751 = Rpfleger 1964, 77; KG NJW 1963, 766 = JR 1963, 100; a.M. BayObLGZ 1962, 299 = NJW 1963, 158 = MDR 1963, 220.
[82]) Vgl. § 12 Rdn. 9—11; BayObLGZ 1962, 299; KG NJW 1963, 766 = JR 1963, 100; Hamm OLGZ 1966, 497.
[83]) KGJ 44, 104.
[84]) BayObLGZ 1960, 501, 505.

Anordnung noch der *Vollziehung durch Einziehung oder Kraftloserklärung.* Die *Einziehung* besteht in der körperlichen Rücknahme der in den Verkehr gelangten Urkunde und wird nach § 33 durch Ordnungsstrafen oder unmittelbaren Zwang (Wegnahme) erzwungen. Sie ist erst vollendet, wenn alle erteilten Urschriften oder Ausfertigungen an das NachlG abgeliefert sind; Vermerke auf der in den Gerichtsakten befindlichen Urschrift führen das Kraftloswerden nach § 2361 Abs. 1 Satz 2 BGB noch nicht herbei[85]). *Kraftloserklärung* durch Beschluß des NachlG (§ 2361 Abs. 2 BGB) ist geboten, wenn Erbschein nicht sofort zu erlangen ist, d. h. wenn Einziehungsversuche nach § 33 nicht schneller zum Ziele führen als das Kraftloswerden mit dem Ablauf der Monatsfrist des § 2361 Abs. 2 Satz 3 BGB oder von vornherein aussichtslos erscheinen. Öffentliche Bekanntmachung nach § 204 Abs. 2, 3 ZPO. Wirksamwerden abweichend von § 16 mit dem Ablauf eines Monats nach der letzten Einrückung; Bekanntmachung an die Beteiligten zerstört aber deren guten Glauben, §§ 2366, 2367, 2024 BGB. Einziehungsanordnung und Kraftloserklärung können miteinander verbunden werden[86]); insbesondere liegt in der Kraftloserklärung zugleich die Einziehungsanordnung, wenn ihr eine solche nicht besonders vorangegangen ist. Jedoch ist ein solches Verfahren wenig zweckmäßig und zu vermeiden, da beide Verfügungen in ihren Rechtswirkungen, insbesondere hinsichtlich der Anfechtbarkeit (Rdn. 21), zu unterscheiden sind. Die Verwahrung des Erbscheins durch das NachlG auf Grund einer einstweiligen Anordnung (§ 24) führt das Kraftloswerden nicht herbei.

5. Beschwerde im Erbscheinsverfahren

Folgende Fälle sind zu unterscheiden:

a) Das NachlG hat die Erteilung des Erbscheins abgelehnt. Die Beschwerde (§§ 19, 20) **15**
steht gemäß § 20 Abs. 2 nur dem Antragsteller zu[87]). Haben mehrere Miterben einen gemeinschaftlichen Erbschein beantragt, so ist jeder von ihnen selbständig beschwerdeberechtigt[88]). Ein anderer Antragsberechtigter, der den Antrag im ersten Rechtszuge nicht gestellt hat, ist zur Einlegung der Beschwerde nicht befugt; er kann einen Antrag desselben oder anderen Inhalts beim NachlG stellen, welches darüber ohne Rücksicht auf die Zurückweisung des früheren Antrags selbständig entscheidet[89]). Die neuerdings hervorgetretene Auffassung[90]), das Beschwerderecht stehe jedem Antragsberechtigten zu, der den zurückgewiesenen Antrag eines anderen hätte stellen können, aber nicht gestellt hat, ist mit § 20 Abs. 2 ersichtlich unvereinbar. Mit dem *Beschwerdeantrag* ist zunächst der zurückgewiesene Antrag weiter zu verfolgen. Es kann aber im Beschwerdeverfahren erstmalig auch ein Hilfsantrag (Rdn. 2) gestellt werden, wenn er auf denselben Berufungsgrund wie der Hauptantrag gestützt wird; wird er auf einen anderen Berufungsgrund gestützt, so liegt es im Ermessen des LG, ob es ihn als sachdienlich zulassen will[90a]).

b) Das NachlG hat die Erteilung des Erbscheins angeordnet. Gegen die Anordnung ist, **16**
solange der Erbschein noch nicht erteilt, d. h. in Urschrift oder Ausfertigung in den Verkehr gelangt ist (Anm. 3), die unbeschränkte Beschwerde mit dem Ziel der Aufhebung der Verfügung statthaft (§ 19 Rdn. 16). Die Anordnung ist eine beschwerdefähige Verfügung im Sinne des § 19 (Rdn. 8), nicht nur eine interne Anweisung des Gerichts[91]). Das NachlG

[85]) Oldenburg DNotZ 1958, 263 mit Anm. v. Keidel = NdsRpfl. 1958, 154.

[86]) BayObLGZ 19 A 209 = OLGR 40, 155.

[87]) KGJ 37 A 132; BayObLGZ 20, 232.

[88]) KGJ 45, 145.

[89]) So die h. M., KG OLGR 40, 155 Anm. c: München JFG 13, 348; Schlegelberger § 20 Anm. 35; Lent-Habscheid Freiw. Gerbkt.[4] § 40 III 2; Lange Lb. d. ErbR § 41 II 7 Fußn. 1; Planck-Greiff[4] § 2359 Anm. 6; BGB-RGRK[11] § 2359 Anm. 7; Soergel-Ehard-Eder[9] § 2353 Anm. 17; Erman-Bartholomeyczik[3] § 2353 Anm. 8.

[90]) Staudinger-Firsching[11] § 2353 Anm. 82; Palandt-Keidel[27] § 2353 Anm. 6 c; Keidel § 84 Anm. 10; Baur § 29 A III 2 e; Pikart-Henn S. 323; so auch BayObLGZ 1963, 58 unter nicht zutreffender Berufung auf BGHZ 30, 220, wo über das Beschwerderecht gegen die Einziehung, nicht gegen die Zurückweisung des Erteilungsantrags entschieden worden ist.

[90a]) A.M. BayObLG JFG 3, 144, 151; Keidel § 19 Anm. 88; Hamm OLGZ 1968, 332; vgl. § 23 Rdn. 4.

[91]) Palandt-Keidel[25] § 2353 Anm. 6 c; a.M. Lange Lb. d. ErbR § 41 II 6 a.

ist befugt, der Beschwerde abzuhelfen (§ 18 Abs. 1) oder die Vollziehung seiner Verfügung, also die Erteilung des Erbscheins, auszusetzen (§ 24 Abs. 2).

17 Eine als *Vorbescheid* bezeichnete, trotz Entscheidungsreife erlassene Verfügung des Inhalts, daß das NachlG den beantragten Erbschein erteilen werde, jedoch erst, wenn innerhalb einer bestimmten Frist keine Beschwerde eingelegt werde, wird praeter legem für zulässig und beschwerdefähig gehalten mit der Einschränkung, daß dieses Verfahren nur in zweifelhaften Ausnahmefällen vertretbar sei[92]). Unklar bleibt hierbei zunächst, ob der Bescheid aufzuheben ist, wenn das Beschwerdegericht meint, daß kein Ausnahmefall vorliege. Das Verfahren läuft ferner darauf hinaus, daß entgegen § 24 Abs. 2 die gebotene Vollziehung der Verfügung durch Erteilung des Erbscheins bereits ausgesetzt wird, bevor ein Rechtsmittel eingelegt wird. Vor allem wird hierdurch der Justizgewährungsanspruch verletzt; der Antragsteller hat ein subjektives öffentliches Recht darauf, daß eine ihm günstige Entscheidung ergeht, der Erbschein also erteilt wird, sobald die Sache entscheidungsreif ist und das Gericht den Antrag für begründet erachtet[93]). Noch weniger ist der Meinung beizutreten, ein Vorbescheid sei auch zulässig, wenn ein Erbscheinsantrag noch nicht gestellt, aber mit ihm zu rechnen sei[94]). Solange ein Antrag nicht gestellt ist, kann das rechtliche Gehör weder gegenüber dem Antragsteller noch gegenüber anderen Beteiligten gewahrt sein; auch im Erbscheinsverfahren sollten die elementarsten Verfahrensgrundsätze nicht gänzlich außer acht gelassen werden.

18 *c) Das NachlG hat den Erbschein erteilt.* Mit Rücksicht auf den öffentlichen Glauben des Erbscheins können seine Wirkungen nicht rückwirkend, sondern nur ex nunc beseitigt werden. Der Beteiligte hat die Wahl, entweder beim NachlG die Einziehung gemäß § 2361 BGB anzuregen, oder, wenn ihm ein Beschwerderecht (§ 20 Abs. 1) zusteht, unmittelbar Beschwerde einzulegen mit dem Ziel, daß das Beschwerdegericht das NachlG zur Einziehung des Erbscheins anweise (§ 19 Rdn. 16). Die Vollziehung dieser Entscheidung durch Einziehung oder Kraftloserklärung liegt stets dem AG, nicht dem LG ob. Eine Änderung des Inhalts des erteilten Erbscheins kann mit der Beschwerde nicht verfolgt werden[95]); es ist aber zulässig, mit der Beschwerde mit dem Ziel der Einziehung den Antrag zu verbinden, das AG zur Erteilung eines anderen Erbscheins anzuweisen[96]), jedoch nicht mehr im dritten Rechtszuge[97]). Weist aber das LG zur Erteilung eines noch nicht beantragten Erbscheins an, so kann dieser Mangel durch Nachbringung des Antrags im Rechtsbeschwerdeverfahren geheilt werden[98]).

19 *d) Das NachlG lehnt die Einziehung ab.* Die Beschwerde (§§ 19, 20) steht jedem Beeinträchtigten (§ 20 Abs. 1), nicht nur demjenigen, der die Einziehung beim NachlG angeregt hatte, mit dem Ziel der Einziehung wie zu c) zu. Beeinträchtigt ist auch der Nichterbe, der fälschlich als Erbe ausgewiesen wird, im Hinblick auf die mit der Erbschaft verbundenen Pflichten[99]); ebenso der fälschlich als Nacherbe Bezeichnete, § 20 Rdn. 54, oder der Ersatznacherbe, der geltend macht, daß der Erbschein unrichtige Angaben über die Nacherbfolge enthalte[100]). Auch der Antragsteller, auf dessen Antrag der Erbschein erteilt worden ist, kann die Einziehung mit der Beschwerde betreiben[101]).

20 *e) Das NachlG ordnet die Einziehung an.* Solange die Einziehungsanordnung noch nicht vollzogen ist (Anm. 4d) ist die Beschwerde (§§ 19, 20) oder weitere Beschwerde (§ 27) mit dem Ziel der Aufhebung dieser Anordnung statthaft. Beschwerdeberechtigt (§ 20 Abs. 1) ist nicht nur derjenige, auf dessen Antrag der einzuziehende Erbschein erteilt war, sondern auch jeder andere, dessen Recht durch die Einziehung beeinträchtigt wird, also jeder Antragsberech-

92) BGHZ 20, 256; Firsching NJW 1955, 1540; Palandt-Keidel[25] § 2353 Anm. 6 c; BGB-RGRK[11] § 2359 Anm. 8; Staudinger-Firsching[11] § 2353 Anm. 83; Pikart-Henn S. 321; dagegen mit Recht KG NJW 1955, 1072; Baur ebenda und JZ 1958, 542; Schlegelberger Anm. 6; Bärmann § 19 II 1 c.

93) Vgl. Stein-Jonas-Pohle ZPO[19] Einl. E I 3 e S. 19; Blomeyer ZPR § 1 III 2; Habscheid FamRZ 1964, 479.

94) So BayObLGZ 1963, 20; Palandt-Keidel[25] § 2353 Anm. 6 c.

95) RGZ 61, 273; KG OLGR 16, 191.

96) BayObLGZ 15, 242.

97) KG OLGR 37, 261.

98) BayObLGZ 1963, 20.

99) BayObLGZ 5, 450; München JFG 13, 348; BayObLGZ 1960, 256; BGHZ 30, 263.

100) BayObLGZ 1960, 407.

101) KG NJW 1960, 1158; BayObLGZ 1963, 19, 26; 1966, 411; BGHZ 47, 58, 64.

tigte (Rdn. 3); § 20 Abs. 2 ist nicht entsprechend anwendbar[102]); vgl. dazu § 20 Rdn. 22. Wird demnächst die Einziehung vollzogen, so wird die Beschwerde nicht unzulässig, sondern sie kann mit dem Ziel der Erteilung eines neuen inhaltsgleichen Erbscheins (Rdn. 21) fortgeführt werden. So ist die Beschwerde in Ermangelung gegenteiliger Anhaltspunkte regelmäßig umzudeuten[103]).

f) Die Einziehungsanordnung ist durch Einziehung oder Kraftloserklärung vollzogen. **21**
Gegen die Einziehung ist die Beschwerde ausgeschlossen, weil sie keine Verfügung, sondern eine gerichtliche Handlung ist, § 19 Rdn. 16. Die Beschwerde gegen die Kraftloserklärung wird durch § 84 Satz 1 ausgeschlossen; auch die Änderung nach § 18 ist ausgeschlossen (Keidel Anm. 2; Schlegelberger Anm. 16). Dem Berechtigten bleibt es unbenommen, die Erteilung eines neuen Erbscheins beim NachlG zu beantragen, wenn er sich davon Erfolg verspricht. Auch mit dem Ziel der Erteilung eines neuen, inhaltsgleichen Erbscheins ist die Beschwerde gegen die Kraftloserklärung als solche nicht zuzulassen[104]). Weder die Einziehung noch die Kraftloserklärung sind aber ein Hindernis, die ihnen zugrunde liegende Einziehungsanordnung durch eine Beschwerde mit dem Ziel der Erteilung eines neuen, inhaltsgleichen Erbscheins anzufechten. Das ist für den Fall der Einziehung unbestritten[105]), gilt aber auch bei einer inzwischen erfolgten Kraftloserklärung[106]). Da mithin die Kraftloserklärung einer Beschwerde gegen die ihr vorangegangene oder mit ihr verbundene Einziehungsanordnung (vgl. Rdn. 14) mit dem genannten Ziel nicht entgegensteht, bedarf es nicht des Rechtssatzes, daß die Kraftloserklärung der Beschwerde unterliege, solange sie noch nicht öffentlich bekanntgemacht ist[107]).

6. *Weitere Beschwerde.* Für die Zulässigkeit der weiteren Beschwerde gelten die Grund- **22**
sätze zu a) bis f) entsprechend mit der Maßgabe, daß es auf den Inhalt der Beschwerdeentscheidung des LG ankommt (vgl. § 27 Rdn. 6). Hat das LG die Einziehungsanordnung des AG bestätigt oder unter Aufhebung der Entscheidung des AG dieses zur Einziehung angewiesen und hat das AG die Einziehungsanordnung durch Einziehung oder Kraftloserklärung vollzogen (Rdn. 14), so kann gegen den Beschluß des LG weitere Beschwerde mit dem Ziel der Erteilung eines neuen gleichlautenden Erbscheins eingelegt werden[108]). Der Beschwerdeantrag ist regelmäßig so umzudeuten, wenn der Beschwerdeführer die Wiederherstellung der Rechtsstellung erstrebt, die in dem eingezogenen Erbschein bezeugt war. Erstrebt er allerdings einen Erbschein anderen Inhalts, so ist das Rechtsmittel unzulässig. Erweist sich der mit der weiteren Beschwerde verfolgte Erbscheinsantrag als unbegründet, ist aber anzunehmen, daß der Beschwerdeführer sich der Stellung eines anderen Erbscheinsantrags nach Belehrung nicht verschließen wird, so kann ein Verfahrensfehler der Vorinstanzen darin liegen, daß sie dem Antragsteller vor der Zurückweisung des Antrags nicht Gelegenheit zu dessen Änderung gegeben haben; in diesem Fall kann die Sache zur Entgegennahme eines entsprechenden Antrags an das NachlG zurückverwiesen werden[109]).

7. *Erbscheinsverfahren vor dem Landwirtschaftsgericht*

a) Verfahrensgrundsätze. Soweit das *Landwirtschaftsgericht* für die Erteilung von Erb- **23**
scheinen und Hoffolgezeugnissen nach Höferecht zuständig ist (§ 72 Rd. 4). gehen die beson-

102) KG DNotZ 1955, 156 unter Aufgabe der bisher. Rechtspr., gebilligt von BGHZ 30, 220; jetzt h. M., a.M. Schlegelberger § 84 Anm. 14.

103) BayObLGZ 1959, 199, 203; Hamm Rpfleger 1969, 299.

104) Oldenburg DNotZ 1955, 158.

105) KGJ 36 A 116; Darmstadt JFG 10, 77; BayObLGZ 1951, 416; BGHZ 40, 54, 56; BGH RdL 1963, 247; Schlegelberger § 19 Anm. 18; Keidel Anm. 20.

106) KG JFG 10, 79; Keidel DNotZ 1955, 166; JZ 1955, 492; Staudinger-Firsching[11] § 2361 Anm. 34 Abs. 2; Erman-Bartholomeyczik[3] § 2361 Anm. 6; a.M. Schlegelberger Anm. 16; Planck[4] Anm. 8, Soergel-Ehard-Eder[9] Rdn. 11, je zu § 2361.

107) So BayObLGZ 1958, 364; Keidel Anm. 18. Diese Auffassung steht außerdem im Widerspruch zu dem Zweck der Unanfechtbarkeit der Kraftloserklärung, der dahin geht, ihre schleunige Ausführung durch Veröffentlichung sicherzustellen (Denkschr. S. 59); Unger ZZP 36, 12); die Verfügung über die Kraftloserklärung ist daher schon mit ihrem Erlaß unanfechtbar.

108) KG JFG 10, 79; BGH RdL 1963, 247.

109) RGZ 156, 172, 183 = JFG 16, 351, 359; BayObLGZ 1958, 225, 233; 1965, 166; 1967, 1, 10.

deren Verfahrensvorschriften des LwVG gemäß § 9 LwVG auch für das Erbscheinsverfahren den allgemeinen Vorschriften des BGB und des FGG vor. Es ist mithin durch begründeten Beschluß zu entscheiden (§ 21 Abs. 1 LwVG), in dem der zu erteilende Erbschein (Hoffolgezeugnis) seinem Inhalt nach festgelegt wird. Der Beschluß ist den Beteiligten mit Rechtsmittelbelehrung zuzustellen (§ 21 Abs. 2 LwVG) und wird erst mit der Rechtskraft wirksam (§ 30 Abs. 1 LwVG). Der Erbschein als das für den Rechtsverkehr bestimmte Zeugnis kann mithin erst erteilt werden, wenn der seine Erteilung anordnende Beschluß formell rechtskräftig geworden ist; allenfalls kann eine Erteilung des Erbscheins darin gesehen werden, daß dem Antragsteller eine mit Rechtskraftattest versehene Ausfertigung des Beschlusses ohne Gründe ausgehändigt wird, sofern die Beschlußformel den vollständigen Inhalt des Erbscheins enthält[110]). Gegen die Entscheidung findet die sofortige Beschwerde an das OLG und die Rechtsbeschwerde an den BGH (dazu Vorbem. 3 vor § 19) statt (§§ 22, 24 LwVG). Ist die Beschwerdefrist gegen die Anordnung der Erteilung versäumt, so kann beim LwG die Einziehung angeregt werden; hiergegen ist ebenfalls die sofortige Beschwerde an das OLG gegeben. Die Kraftloserklärung als solche ist nach § 84 Satz 1 FGG auch im Landwirtschaftsverfahren unanfechtbar[110a]).

24 *b) Abweichendes Landesrecht.* Durch § 20 Abs. 3 LwVG wird der Landesgesetzgeber ermächtigt, zu bestimmen, daß die Entscheidung über die Erteilung, Einziehung oder Kraftloserklärung eines Erbscheins ohne Zuziehung landwirtschaftlicher Beisitzer ergehen kann und daß die Vorschriften der §§ 14 Abs. 2 (Anhörung der Beteiligten), 21 (Entscheidung durch begründeten Beschluß, Zustellung und Rechtsmittelbelehrung), 22 (sofortige Beschwerde) und 30 (Wirksamkeit mit Eintritt der Rechtskraft) insoweit keine Anwendung finden. Von dieser Ermächtigung haben Gebrauch gemacht *Niedersachsen* durch Gesetz vom 19. 12. 1955 (GVBl. Seite 295) § 5 und *Nordrhein-Westfalen* durch Gesetz vom 20. 12. 1960 (GVBl., 233) §§ 2, 3, teilweise auch *Hamburg* durch Gesetz vom 6. 12. 1956 (GVBl., 508). In Niedersachsen und Nordrhein-Westfalen ist übereinstimmend bestimmt, daß im Verfahren über die Erteilung, Einziehung oder Kraftloserklärung eines Erbscheins die §§ 14 Abs. 2, 22 und 30 LwVG nicht anzuwenden sind, im ersten Rechtszug auch nicht die Bestimmung des § 21 Abs. 2 (Zustellung und Rechtsmittelbelehrung) und daß es der in § 21 Abs. 1 LwVG vorgeschriebenen Begründung nicht bedarf, wenn ein Erbschein erteilt oder für kraftlos erklärt wird. Ferner ist in beiden Ländern bestimmt, daß das Gericht ohne Zuziehung von LwRichtern entscheiden kann, daß es diese jedoch zuziehen soll, wenn es wegen der Besonderheit des Falles geboten ist, insbesondere wenn die Wirtschaftsfähigkeit des Hoferben in Frage steht. Die bedeutendste dieser Abweichungen besteht in dem Fortfall der Befristung der ersten Beschwerde. Es findet also gegen die Verfügungen des LwG im Erbscheinsverfahren die unbefristete Beschwerde nach § 19 FGG nach den allgemeinen, oben in Rdn. 15 bis 21 eröterten Grundsätzen an das OLG statt; der Beteiligte, der die Erteilung eines Erbscheins bekämpft, hat daher die Möglichkeit, sowohl die Einziehung beim LwG anzuregen (§ 2361 BGB) als auch unmittelbar Beschwerde an das OLG mit dem Ziel der Einziehungsanordnung einzulegen (oben Rdn. 18)[111]). Entscheidungen, durch welche die Erteilung oder Einziehung eines Erbscheins abgelehnt oder die Einziehung angeordnet wird, bedürfen nach wie vor der Begründung nach § 21 Abs. 1 LwVG. Ferner sind die Vorschriften des § 15 LwVG über die mündliche Verhandlung und das Beweisverfahren anwendbar geblieben. Ebenso sind die Vorschriften über Statthaftigkeit, Form und Frist der Rechtsbeschwerde an den BGH gegen Entscheidungen des OLG (§§ 24 bis 26 LwVG, vgl. Vorbem. 3 vor § 19) unberührt geblieben[111a]).

[110]) BGH LM HöfeO § 18 Nr. 1 = RdL 1953, 137 = NJW 1953, 700; BGH MDR 1954, 224; Staudinger-Firsching BGB[11] Rdn. 26, 27 vor § 2353.

[110a]) Pritsch LwVG § 20 Fn. 23; Lange-Wulff HöfeO[6] § 18 Anm. 258 a. E.; Staudinger-Firsching BGB[11] Rdn. 30 vor § 2353; Keidel § 84 Anm. 22; Scheyhing HöfeO § 18 Anm. 18.

[111]) Vgl. dazu Oldenburg DNotZ 1957, 21 mit Anm. v. Keidel; BGH RdL 1958, 39; 1963, 247; Braunschweig RdL 1958, 123; Wöhrmann RdL 1956, 269; Roemer RdL 1961, 32; Staudinger-Firsching BGB[11] Rdn. 16 vor § 2353; Scheyhing HöfeO § 18 Anm. 16 ff.; Keidel § 84 Anm. 6, 22.

[111a]) Barnstedt LwVG[2] § 20 Anm. 7; a.M. anscheinend Keidel § 84 Anm. 9.

In *Hamburg* ist durch Gesetz vom 6. 12. 1956 (GVBl., 508) nur bestimmt, daß im Erbscheinsverfahren ohne Zuziehung lw. Beisitzer entschieden werden kann. Das Land *Schleswig-Holstein* hat von dem Vorbehalt des § 20 Abs. 3 LwVG keinen Gebrauch gemacht. 25

8. Weitere Zeugnisse

Satz 2 schließt die Beschwerde aus gegen die Kraftloserklärung:

a) des *Zeugnisses über die Fortsetzung der ehelichen Gütergemeinschaft.* Die Vorschriften über den Erbschein gelten entsprechend, § 1507 BGB, insbesondere also § 2361 über die Einziehung. Das anfänglich richtige Zeugnis kann durch Zusätze ergänzt werden, wenn nach seiner Erteilung Umstände eintreten, die es unrichtig machen[112]). Das Zeugnis beweist nur den Eintritt, nicht den Fortbestand der fortgesetzten Gütergemeinschaft[113]); es wird deshalb mit deren Beendigung gegenstandslos, ohne der Einziehung zu bedürfen. Es kann noch nach Beendigung der fortgesetzten Gütergemeinschaft unter Angabe dieser Tatsache erteilt werden[114]). Auch ein *Negativzeugnis* des NachlG darüber, daß fortgesetzte Gütergemeinschaft nicht eingetreten ist, ist zulässig[115]). 26

b) des *Testamentsvollstreckerzeugnisses,* § 2368 BGB. Es wird bei Beendigung der Testamentsvollstreckung von selbst kraftlos, auch infolge Erledigung der Aufgaben[116]); anders, wenn eine vom Erblasser angeordnete Beschränkung der Amtsdauer im Zeugnis nicht vermerkt ist[117]). Das NachlG hat das kraftlos gewordene Zeugnis zurückzufordern[118]). §§ 2368, 2361 BGB gelten auch für das Zeugnis über die *Annahme* des Testamentsvollstreckeramts[119]). Das Testamentsvollstreckerzeugnis kann noch nach Beendigung des Amtes in der Weise erteilt werden, daß diese Tatsache in dem Zeugnis vermerkt wird[120]). 27

c) eines *Überweisungszeugnisses* nach §§ 36, 37 GBO, jetzt auch § 42 SchiffsRegO. § 2361 BGB gilt entsprechend[121]). 28

9. Für die *Verfügungsbescheinigungen* nach § 16 RSchuldbuchG und § 16 preuß. StaatsschuldbuchG gilt § 84 nicht, weil sie keinen öffentlichen Glauben genießen und eine Rechtsvermutung nicht begründen. Die Bescheinigung, daß ein Rechtsnachfolger von Todes wegen oder ein Testamentsvollstrecker über eine zum Nachlaß gehörige, in das Staatsschuldbuch eingetragene Forderung zu verfügen berechtigt ist, ist vom NachlG zu erteilen, wenn es in einem nicht an die §§ 2354 bis 2356, 2368 BGB gebundenen Verfahren die für die Begründung des Antrags erforderlichen Tatsachen für festgestellt erachtet[122]). In Berlin gilt das SchuldbuchG i. d. F. vom 28. 2. 1963 (GVBl., 353). 29

10. Zuständigkeit des Rechtspflegers. Richtervorbehalte im Verfahren zur Erteilung und Einziehung von Erbscheinen und anderen Zeugnissen ergeben sich aus § 16 Abs. 1 Nr. 6 und 7 und Abs. 2 RechtspflG. Vgl. dazu näher § 72 Rdn. 22 bis 28, 37. Soweit die Erteilung von Erbscheinen dem Rechtspfleger übertragen ist, gelten die Ausführungen über die Beschwerde entsprechend für den Rechtsbehelf der Erinnerung nach § 11 RechtspflG. Vgl. auch § 35 Rdn. 96. 30

11. Gerichtsgebühren für die Erteilung und Einziehung von Erbscheinen richten sich nach §§ 107, 107a, 108, 110 Abs. 2 KostO, der übrigen Zeugnisse nach §§ 109, 111 KostO. Vgl. ferner § 85 Rdn. 9. 31

112) KGJ 44, 118 = OLGR 26, 318; BayObLGZ 1954, 79; 1967, 70 = DNotZ 1968, 35; a.M. Bergerfurth NJW 1956, 1506.
113) KG OLGR 6, 319.
114) KG JFG 12, 198 = JW 1935, 1437 = DNotZ 1935, 401 = HRR 1935 Nr. 676.
115) KGJ 45, 246 = RJA 13, 154 = OLGR 27, 204.
116) RGZ 81, 166.
117) RGZ 83, 352.
118) KG JFG 16, 299.
119) KG RJA 8, 20; RJA 10, 116.
120) KG NJW 1964, 1905 = JR 1965, 20 = Rpfleger 1965, 143 = DNotZ 1965, 480.
121) KG JFG 14, 137 = JW 1936, 3565 = HRR 1937 Nr. 21; dazu KG JFG 18, 32; JFG 21, 234; JFG 22, 161 und Schlegelberger § 84 Anm. 25, § 98 Anm. 6; Güthe-Triebel GBO[6] § 37 Anm. 11; Meikel-Imhof-Riedel GBO[5] § 36 Anm. 18, § 37 Anm. 10; Beispiel bei Jansen in Lux, Schulung f. d. jur. Praxis[5] S. 612.
122) KGJ 45, 154; KG JW 1916, 1431.

32 Der *Beschwerdewert* bestimmt sich gemäß § 131 Abs. 2 KostO in allen Fällen nach § 30 KostO. Für den Beschwerdewert ist mithin nicht der Geschäftswert des ersten Rechtszuges (§ 107 Abs. 2 KostO) maßgebend, sondern der Wert ist nach freiem Ermessen zu bestimmen[124]). Hierfür kommt es auf die Bedeutung der Sache und das Interesse des Beschwerdeführers, insbesondere seine quotenmäßige Beteiligung am Nachlaß, an. Grundstücke sind ohne Bindung an § 19 Abs. 2 KostO i. d. F. des Art. 1 Nr. 1 des Gesetzes vom 28. 12. 1968 (BGBl. I Seite 1458) mit dem Verkehrswert, nicht mit dem Einheitswert zu berücksichtigen[125]).

Erteilung von Ausfertigungen

85 Wer ein rechtliches Interesse glaubhaft macht, kann verlangen, daß ihm von dem Gericht eine Ausfertigung des Erbscheins erteilt wird. Das gleiche gilt in Ansehung der im § 84 Satz 2 bezeichneten Zeugnisse sowie in Ansehung der gerichtlichen Verfügungen, die sich auf die Ernennung oder die Entlassung eines Testamentsvollstreckers beziehen.

1 *1. Anwendungsbereich.* Zur Erleichterung des Rechtsverkehrs gewährt die Vorschrift ein *Recht auf Erteilung von Ausfertigungen* folgender nachlaßgerichtlicher Urkunden: *a)* des Erbscheins; entsprechende Anwendung ist geboten auf Hoffolgezeugnisse und Heimstättenfolgezeugnisse (§ 24 RHeimstG, §§ 25 bis 40 HeimstAusfVO); *b)* des Zeugnisses über die Fortsetzung der Gütergemeinschaft (§ 1507 BGB) und entsprechend des Negativzeugnisses darüber, daß fortgesetzte Gütergemeinschaft nicht eingetreten ist (§ 84 Rdn. 26); *c)* des Testamentsvollstreckerzeugnisses und in entsprechender Anwendung des Annahmezeugnisses (§ 84 Rdn. 27); *d)* des Überweisungszeugnisses nach §§ 36, 37 GBO, §§ 42, 74 SchiffsRegO; *e)* der auf die Ernennung oder Entlassung des Testamentsvollstreckers bezüglichen Verfügungen, also nicht nur der Ernennung oder Entlassung selbst (§§ 2200, 2227 BGB, § 81 FGG), sondern auch der gerichtlichen Fristbestimmungen nach §§ 2198 Abs. 2, 2202 Abs. 3 BGB mit § 80, 81 FGG. Dagegen bezieht sich die Vorschrift nicht auf sonstige bei der Testamentsvollstreckung ergehende Verfügungen, z. B. nach § 2216, 2224 BGB (Schlegelberger Anm. 2; Wellstein Anm. 1).

2 Auf die Erteilung von Ausfertigungen der den vorstehenden Zeugnissen und Verfügungen zugrunde gelegten Verhandlungen und Urkunden bezieht sich die Vorschrift nicht. Ausfertigungen von Erbscheinsverhandlungen, Testamenten usw. können auf Grund dieser Vorschrift nicht gefordert werden (Schlegelberger Anm. 2; Keidel Anm. 1).

2. *Voraussetzungen*

3 *a)* Der Erbschein oder das Zeugnis muß bereits erteilt, die gerichtliche Verfügung erlassen und wirksam geworden sein. Die Vorschrift regelt nicht die Form, in welcher der Erbschein (das Zeugnis) dem Antragsteller zu erteilen ist (dazu § 84 Anm. 3), sondern erweitert den Kreis derjenigen, die eine Ausfertigung verlangen können, auf jeden, der ein rechtliches Interesse an der Erlangung der Ausfertigung glaubhaft macht. Unter dieser Voraussetzung besteht ein unbedingtes *Recht auf Ausfertigung;* die Erteilung ist mithin nicht in das Ermessen des Gerichts gestellt. Über den Begriff des rechtlichen Interesses s. § 57 Rdn. 4, über Glaubhaftmachung § 15 Rdn. 80. Der Antragsteller muß also unter Glaubhaftmachung darlegen, daß er in bezug auf ein bestimmtes Rechtsverhältnis der Ausfertigung bedarf. Der Kreis der rechtlich Interessierten deckt sich zunächst mit dem Kreis derer, die die Erteilung des Erbscheins hätten beantragen können (§ 84 Anm. 1b); dazu gehört z. B. der Nachlaß- oder Erbengläubiger, der im Besitz eines vollstreckbaren Titels ist (§§ 792, 896 ZPO). Rechtlich interessiert ist ferner der Erwerber eines Nachlaßgrundstücks, der seine Eintragung in das Grundbuch herbeiführen möchte. Das rechtliche Interesse muß sich gerade auf die Erlangung einer

[124]) KG NJW 1960, 778 = Rpfleger 1960, 98; OLG Köln, Hamm Rpfleger 1960, 96, 97; Celle NdsRpfl. 1961, 226.

[125]) KG NJW 1967, 1970 = JVBl. 1967, 133 = Rpfleger 1968, 37 = DNotZ 1968, 59; Frankfurt KostRspr. § 30 KostO Nr. 34; a.M. (Einheitswert) BayObLGZ 1965, 494; 1966, 160.

Ausfertigung beziehen; es genügt nicht, wenn das Interesse auch durch Erteilung einer beglaubigten Abschrift befriedigt werden könnte (§ 78); z. B. wenn es nur auf eine Unterrichtung über die Erbfolge ankommt. Für den Nachlaßgläubiger, der noch keinen vollstreckbaren Titel hat, ist die beglaubigte Abschrift in der Regel ausreichend. Der Nachlaßschuldner hat im Hinblick auf § 2367 BGB ein Interesse daran, nur an den durch Erbschein ausgewiesenen Erben zu leisten, und nach h. M. hat er kein Recht, die Leistung bis zur Vorlegung des Erbscheins zu verweigern (RGRKomm. 10 § 2365 Anm. 2). Der Gutglaubensschutz der §§ 2366, 2367 BGB ist jedoch nicht von dem Besitz oder der Vorlegung einer Ausfertigung des Erbscheins abhängig; entscheidend ist lediglich, daß der Erbschein im maßgebenden Zeitpunkt erteilt und noch in Kraft ist[1]). Auch die vom Nachlaßgericht erteilte beglaubigte Abschrift des Erbscheins beweist aber, daß der Erbschein zur Zeit der Ausstellung des Beglaubigungsvermerks noch in Kraft war (§ 418 ZPO), und selbst der Besitz der Ausfertigung schützt nicht dagegen, daß der Erbschein nicht gemäß § 2361 BGB für kraftlos erklärt ist (RGRKomm. 10 § 2366 Anm. 6). Entsprechendes gilt für das Testamentsvollstreckerzeugnis. Nach Lage des Falles kann sich daher auch das Interesse des Nachlaßschuldners in der Erlangung einer beglaubigten Abschrift erschöpfen. Notwendig wird die Ausfertigung sein, wenn der Nachweis der Erbfolge gegenüber dem Grundbuchamt oder dem Registergericht zu erbringen ist, insbesondere, wenn eine rechtsändernde Eintragung in Frage steht. Auch für das Grundbuchamt genügt aber eine von der Urschrift oder Ausfertigung genommene beglaubigte Abschrift, wenn es auf den Nachweis des Inhalts des Erbscheins und seiner Fortgeltung zu einem vor dem Beglaubigungsvermerk liegenden Zeitpunkt ankommt[2]).

Eine *sorgfältige Prüfung* ist stets angebracht, weil die Erteilung zahlreicher Ausfertigun- 4
gen das Einziehungsverfahren erschwert, da die Einziehung erst mit der Rücknahme *aller* Ausfertigungen, auch der nach § 85 erteilten, vollendet ist (§ 84 Rdn. 14) und die Kraftloserklärung die nach Möglichkeit zu vermeidende Folge hat, daß kraftlose Erbscheine mit dem Schein der Gültigkeit im Umlauf sind.

b) Auch *Behörden* müssen ihr rechtliches Interesse, *Notare* das ihres Auftraggebers, glaub- 5
haft machen[3]). Der Gesichtspunkt der Amtshilfe (§ 2 Anm. 3, § 87 Abs. 2 PrAGGVG) wird in der Regel nur die Erteilung beglaubigter Abschriften rechtfertigen.

c) Wer ein *nur berechtigtes Interesse* (§ 34 Rdn. 2) glaubhaft macht, kann nach § 78 nur 6
die Einsichtnahme oder die Erteilung einer beglaubigten Abschrift, nicht einer Ausfertigung, der in Anm. 1 angeführten Urkunden verlangen (kein Ermessen). Das Gericht ist auch nicht befugt, bei Darlegung eines nur berechtigten Interesses nach seinem Ermessen eine Ausfertigung zu erteilen. Vgl. ferner die Bem. zu §§ 34, 78.

3. Die *Zahl der Ausfertigungen*, die dem Antragsteller, der den Erbschein oder das Zeug- 7
nis erwirkt hat, oder dem im Sinne des § 85 rechtlich Interessierten zu erteilen sind, regelt nicht § 85[4]), sondern nach § 200 das Landesrecht, das aber durchweg ebenfalls schweigt (vgl. Art. 61 PrFGG). Die Beschränkung des § 51 BeurkG gilt nicht für die Ausfertigung gerichtlicher Verfügungen. Die Erteilung mehrerer Ausfertigungen steht also im Ermessen des Gerichts, welches sie von der Darlegung eines Bedürfnisses abhängig machen kann[4a]).

4. Der *Rechtspfleger* ist zuständig, auch wenn für die erste Erteilung des Erbscheins oder 8
Zeugnisses ein Richtervorbehalt (vgl. § 84 Rdn. 28) besteht[5]).

5. *Gebühren* für die weitere Ausfertigung entstehen grundsätzlich nur in Höhe der 9
Schreibgebühr (§ 136 Abs. 1 Nr. 1 KostO). War jedoch der Erbschein oder das sonstige

[1]) RG ZBlFG 8, 327; BGHZ 33, 317; BGB-RGRK[10] § 2366 Anm. 1; Kipp-Coing § 103 Fußn. 10.
[2]) KG KGJ 26 A 92 = OLGR 6, 479; Schleswig SchlHA 1949, 375.
[3]) Colmar OLGR 25, 408.
[4]) Schleswig SchlHA 1960, 58.
[4a]) Vgl. Schlegelberger Art. 61 PrFGG Anm. 7; Keidel Anm. 5; Schleswig SchlHA 1960, 58; unrichtig LG Köln MittRhNotK 1969, 280 = Rpfleger 1969, 350, wonach der Antragsteller die Zahl bestimmen könne und das NachlG sie nur bei offenbarem Rechtsmißbrauch beschränken dürfe.
[5]) Ebenso Keidel Anm. 6; a.M. Firsching DNotZ 1960, 374.

Zeugnis auf Grund besonderer Vorschriften gebührenfrei oder gebührenermäßigt erteilt (§§ 107 Abs. 3, 4, 109, 111 KostO) und wird die weitere Ausfertigung für nicht kostenbegünstigte Zwecke und ohne den beschränkenden Vermerk des § 11 Abs. 1 KostVf. verlangt, so sind die bisher außer Ansatz gebliebenen Gebühren nachzuerheben (§ 107a Abs. 1 KostO, § 11 Abs. 2 KostVf.); oder es ist das Zurückbehaltungsrecht des § 10 KostO auszuüben. Über Mitteilungspflichten zum Zwecke der Nacherhebung der Gebühren vgl. MiZi XVII/8.

Auseinandersetzung unter Miterben §§ 86 bis 98

1. Vermittlung, Antragsrecht

86 Hinterläßt ein Erblasser mehrere Erben, so hat das Nachlaßgericht auf Antrag die Auseinandersetzung in Ansehung des Nachlasses zwischen den Beteiligten zu vermitteln, sofern nicht ein zur Bewirkung der Auseinandersetzung berechtigter Testamentsvollstrecker vorhanden ist.

Antragsberechtigt ist jeder Miterbe, der Erwerber eines Erbteils sowie derjenige, welchem ein Pfandrecht oder ein Nießbrauch an einem Erbteile zusteht.

Übersicht

A. Allgemeines

1 Das BGB geht von dem Grundsatz aus, daß die Abwicklung und Auseinandersetzung des Nachlasses Sache der Beteiligten ist. Einigen sich die Beteiligten, so bedarf der Erbauseinandersetzungsvertrag als solcher keiner besonderen Form, es sei denn, daß nach dem Gegenstand der darin eingegangenen Verpflichtungen eine gesetzliche Form zu beachten ist, z. B. wenn Grundstücke oder GmbH-Anteile zum Nachlaß gehören (§ 313 BGB, § 15 Abs. 4 GmbHG)[1]) oder wenn der Vertrag einen Vergleich über das Erbrecht (§ 779 BGB) enthält und deshalb nach den §§ 2385, 2371, 2033 BGB der Form der notariellen Beurkundung bedarf[2]). Kommt eine Einigung nicht zustande, so kann jeder Miterbe zur Durchsetzung seines Anspruchs aus § 2042 Abs. 1 BGB gegen die widerstrebenden Miterben Klage auf Einwilligung in die Erbauseinandersetzung erheben. Dieser Anspruch geht auf Zustimmung zu dem von dem Kläger vorzulegenden Teilungsplan, der jedoch, wenn nicht Ausein-

[1]) KGJ 52, 272; KG FamRZ 1963, 468; Lange Lb. d. ErbR § 46 III 3.

[2]) Planck[4] Vorbem. 3 c vor § 2078; BayObLGZ 1966, 236.

andersetzungsanordnungen des Erblassers (§ 2048 BGB) oder Teilungsvereinbarungen der Miterben zu beachten sind, nach den gesetzlichen Teilungsvorschriften (§§ 2042 Abs. 2, 752, 753 BGB) aufzustellen ist, so daß Teilung in Natur und, wenn diese ausgeschlossen ist, Verkauf der gemeinschaftlichen Gegenstände nach den Vorschriften über den Pfandverkauf, bei Grundstücken durch Zwangsversteigerung (§§ 180—185 ZVG), und Teilung des Erlöses zu erfolgen hat. Da diese Art der Teilung nicht selten zu einer unwirtschaftlichen Zerschlagung des Nachlasses führt, sieht das Gesetz in den §§ 86 bis 98 FGG ein besonderes gerichtliches Verfahren zur Vermittlung der Erbauseinandersetzung vor. Der Zweck dieser Vorschriften geht dahin, den Erbbeteiligten, sofern ein zur Auseinandersetzung berechtigter Testamentsvollstrecker nicht vorhanden ist, auf Antrag eine Behörde zur Verfügung zu stellen, welche zwischen ihnen vermitteln und auf eine Einigung hinwirken kann. Zur Erleichterung einer Einigung ist in das Vermittlungsverfahren ein Versäumnisverfahren eingefügt, welches dazu führen kann, daß ein im Termin Ausbleibender als zustimmend gilt. Auf diese Weise soll das Verfahren unter Leitung und Mitwirkung des NachlG zu einer endgültigen Abwicklung und Auseinandersetzung der unter den Miterben bestehenden Gemeinschaft zur gesamten Hand führen. Das Verfahren endet mit der vom NachlG zu beurkundenden und zu bestätigenden Vereinbarung, die mit der Rechtskraft des Bestätigungsbeschlusses vollstreckbar ist. Ergeben sich Streitpunkte, so sind sie im Prozeßwege zu erledigen. Eine Entscheidungsbefugnis steht dem NachlG nicht zu. Insbesondere sind weder das Prozeßgericht noch das NachlG befugt, entsprechend dem Adjudikationssystem des gemeinen Rechts durch rechtsgestaltende Entscheidung Rechte zu begründen, zu übertragen oder aufzuheben, insbesondere einem Beteiligten Nachlaßgegenstände gegen Abfindung der übrigen zuzuweisen. Ein solches Verfahren ist nur für zum Nachlaß gehörende landwirtschaftliche Betriebe in § 13 Abs. 1 GrdstVG vorgesehen (nachst. Rdn. 29).

B. Voraussetzungen

1. Ungeteilte Erbengemeinschaft

a) Mehrheit von Erben. Es müssen mehrere Erben nebeneinander in der Weise zur Erbfolge nach demselben Erblasser berufen sein, daß sie eine ungeteilte Erbengemeinschaft (§ 2032 BGB) bilden. Der Auseinandersetzung zwischen Erben und Vermächtnisnehmern oder Pflichtteilsberechtigten dient das Verfahren nicht, sofern die Zuwendung nicht nach den Auslegungsregeln der §§ 2087, 2304 BGB als Erbeinsetzung anzusehen ist. Stellt sich nachträglich die Einsetzung nur eines Erben heraus, so wird das Verfahren unzulässig[3]). Das Verhältnis zwischen Vorerben und Nacherben begründet keine Erbengemeinschaft[4]); mehrere Mitnacherben bilden eine Erbengemeinschaft erst, wenn der Nacherbfall eingetreten ist. **2**

b) Erbengemeinschaft. Die mit dem Erbfall entstandene Erbengemeinschaft darf noch nicht vollständig beendet sein. Eine Aufhebung der Erbengemeinschaft tritt dadurch ein, daß alle Erbanteile durch Übertragung nach § 2033 BGB auf einen Miterben oder einen Dritten in einer Hand vereinigt werden[5]), sofern die Erbteile weder mit Pfandrecht noch mit Nießbrauch belastet sind[6]). Die Beendigung tritt ferner ein durch den Abschluß eines auf den gesamten Nachlaß bezüglichen Erbauseinandersetzungsvertrages (oder durch rechtskräftige Verurteilung zur Einwilligung in den vom Kläger vorgelegten Teilungsplan, § 894 ZPO) und dessen dingliche Vollziehung. Haben die Miterben sich in der Weise auseinandergesetzt, daß die Gesamthandsgemeinschaft in eine Gemeinschaft nach Bruchteilen umgewandelt worden ist (bei Grundstücken durch Auflassung und Eintragung), so kann die zwischen ihnen bestehende Bruchteilsgemeinschaft nicht mehr in einem Verfahren nach § 86 auseinandergesetzt werden. Durch Vertrag kann eine bereits beendete Erbengemeinschaft zwecks anderweiter Auseinandersetzung nicht wiederhergestellt werden[7]). Ein Auseinandersetzungsantrag ist aber zulässig, **3**

[3]) KG OLGR 40, 22.
[4]) KG OLGR 23, 373; KGJ 49, 303.
[5]) BayObLGZ 5, 659; KGJ 35 A 76; 46, 187; RGZ 88, 116.
[6]) Bartholomeyczik ErbR[7] § 39 IV 2.
[7]) KG OLGR 5, 357; 43, 393; KGJ 31 A 138 = RJA 6, 267; KG DNotZ 1952, 84.

wenn geltend gemacht wird, daß ein bereits abgeschlossener Auseinandersetzungsvertrag aus sachlich-rechtlichen Gründen unwirksam sei[8]). Eine bereits stattgefundene *Teilauseinandersetzung* steht der nachlaßgerichtlichen Vermittlung der Restauseinandersetzung oder einer weiteren Teilauseinendersetzung nicht entgegen. Die Teilauseinandersetzung kann gegenständlich oder subjektiv beschränkt sein oder beide Arten von Beschränkungen kombinieren. Bei der gegenständlich beschränkten Erbauseinandersetzung können einzelne Nachlaßgegenstände aus der gesamthänderischen Bindung durch Übertragung des Eigentums ausscheiden, so daß die Erbengemeinschaft hinsichtlich der übrigen Nachlaßgegenstände fortbesteht[9]). Eine subjektiv beschränkte Auseinandersetzung, durch welche einer oder mehrere Miterben aus der Erbengemeinschaft ausscheiden, während die verbleibenden die Gemeinschaft allein fortsetzen, ist rechtlich auf zwei Wegen durchführbar. Der ausscheidende Miterbe kann seinen Erbanteil nach § 2033 Abs. 1 BGB auf die übrigen Miterben übertragen[10]); der einzelne Miterbe kann aber auch mit dinglicher Wirkung im Wege der Abschichtung aus dem Nachlaß abgefunden werden und dadurch aus der Erbengemeinschaft ausscheiden, so daß der Nachlaß den übrigen Miterben nach Art der Anwachsung im Gesellschaftsrecht in ungeteilter Erbengemeinschaft verbleibt, wobei sich das Ausscheiden jedoch auf den ganzen Nachlaß erstrecken muß und einzelne Nachlaßgegenstände nicht ausgenommen werden können[11]).

4 *c) Gegenstand des Verfahrens* ist die Auseinandersetzung des Nachlasses, also des vom Erblasser hinterlassenen Vermögens einschließlich des gesetzlichen oder rechtsgeschäftlichen Ersatzerwerbs kraft dinglicher Surrogation (§§ 2041, 2019 Abs. 1, 2111 BGB). Hinsichtlich der Familien- und Nachlaßschriftstücke (§ 2047 Abs. 2) besteht zwar kein Anspruch auf Auseinandersetzung, jedoch ist eine Vereinbarung über die Teilung statthaft. Überschuldung des Nachlasses ist kein Hindernis[12]), auch nicht der Umstand, daß der Nachlaß nur aus Forderungen gegen einen Miterben besteht[13]). Die Teilungsmasse kann auch in dem hinterlegten Erlöse aus der Zwangsversteigerung eines Nachlaßgrundstücks zum Zwecke der Aufhebung der Gemeinschaft bestehen[14]). Grundsätzlich erstreckt sich das Verfahren auf den gesamten noch ungeteilten Nachlaß unter Einbeziehung aller Beteiligten[15]). Ebenso wie aber eine bereits außergerichtlich durchgeführte Teilauseinandersetzung der Zulässigkeit des Verfahrens nicht entgegensteht (Rdn. 3), kann der in dem Antrag zum Ausdruck zu bringende Wille der Beteiligten auch dahin gehen, eine subjektiv beschränkte Teilauseinandersetzung oder eine gegenständlich beschränkte Auseinandersetzung vorzunehmen und sie im übrigen noch aufzuschieben[16]). In diesem Fall kann später die Vermittlung der Auseinandersetzung über den restlichen Nachlaß oder eine weitere Teilauseinandersetzung beantragt werden[17]). Stellt sich nach Durchführung einer auf den Gesamtnachlaß gerichteten Auseinandersetzung das Vorhandensein weiterer, bisher nicht berücksichtigter Nachlaßgegenstände heraus, so kann ohne weiteres eine Nachtragsauseinandersetzung wegen der unverteilt gebliebenen Gegenstände beantragt werden[18]); anders nur, wenn die Auseinandersetzung in der Weise vorgenommen wurde, daß über den Nachlaß mit dinglicher Wirkung durch einen Gesamtakt ohne Einzelübertragung verfügt wurde, nämlich durch Erbteilsübertragung nach § 2033 Abs. 1 BGB oder durch Abschichtung (Rdn. 3); in diesem Fall muß der Vertrag angefochten und seine Unwirksamkeit durch Anerkennung der Beteiligten oder rechtskräftiges Urteil nachgewiesen werden. Über denselben Nachlaß können nicht gleichzeitig mehrere Verfahren anhängig sein; weitere Personen, die ihre Beteiligung behaupten, müssen dem anhängigen Verfahren beitreten[19]); es können aber Verfahren über den Nachlaß mehrerer Erblasser (z. B. Eheleute) oder über Nachlaß und Gesamtgut (§ 99) miteinander verbunden werden[20]).

8) Dresden OLGR 33, 387.
9) Colmar OLGR 21, 317; RG LZ 1918, 269; KGJ 52, 274.
10) BGHZ 21, 231; Düsseldorf JMBlNRW 1958, 127; Staudinger-Lehmann11 § 2042 Anm. 12.
11) KGJ 23 A 74; KG OLGZ 1965, 244; Düsseldorf JMBlNRW 1958, 127; Lange Lb. d. ErbR § 46 III 2 b.
12) BayObLGZ 1956, 368 = NJW 1957, 386.
13) Zweibrücken Recht 1904 Nr. 2544.
14) BGHZ 4, 86; BayObLGZ 1956, 363.
15) KGJ 35 A 74 = OLGR 16, 192.
16) Schlegelberger Anm. 2.
17) Dresden OLGR 32, 416.
18) A,M. Colmar OLGR 6, 486; Schlegelberger Anm. 2 ;vgl. KGJ 35 A 75; Bräcklein NJW 1967, 431.
19) KGJ 52, 84.
20) BayObLGZ 1956, 369.

2. *Unzulässigkeit des Verfahrens.* Das Verfahren kann aus nachstehenden Gründen unzulässig sein: 5

a) Ein zur Auseinandersetzung berechtigter Testamentsvollstrecker (TV) schließt das Vermittlungsverfahren vor dem NachlG aus, weil die Auseinandersetzung durch ihn wegen seiner weiterreichenden Befugnisse regelmäßig zweckmäßiger und erfolgversprechender ist[21]). In der Regel obliegt die Auseinandersetzung dem TV (§ 2204 Abs. 1), sofern ihm nicht lediglich nach § 2209 Satz 1 Halbs. 1 die Verwaltung des Nachlasses allein oder die beschränkten Rechte aus §§ 2222, 2223 BGB übertragen sind oder er nur für den Erbteil eines Miterben bestellt ist[22]). Das Recht zur Erbauseinandersetzung hat der TV ferner nach § 2808 Abs. 1 Satz 1 nicht, wenn anzunehmen ist, daß es ihm nach dem Willen des Erblassers nicht zustehen soll; ein solcher Wille muß in dem Testament deutlich erkennbar zum Ausdruck gekommen sein[23]). Hat der Erblasser die Testamentsvollstreckung nach § 2208 Abs. 1 Halbs. 2 BGB gegenständlich beschränkt, so obliegt dem TV die Auseinandersetzung in Ansehung dieser Gegenstände[24]), gegebenenfalls, soweit es sich um eine Teilauseinandersetzung handeln würde, nur mit Zustimmung der Erben[25]); dann ist das Verfahren vor dem NachlG insoweit ausgeschlossen. Der Umstand, daß der TV zugleich Miterbe ist, schließt seine Befugnis, die Auseinandersetzung zu bewirken und sich selbst Nachlaßgegenstände zuzuweisen, nicht grundsätzlich aus[26]). Das Hindernis entfällt, wenn die Testamentsvollstreckung wegen Todes, Ablehnung der Amtsübernahme, Kündigung oder Entlassung (§§ 2202, 2225—2227 BGB) endet und der Erblasser weder selbst einen Nachfolger ernannt noch das NachlG darum ersucht (§§ 2197 Abs. 2, 2200 BGB) noch den TV dazu ermächtigt hat (§ 2199 Abs. 2). Hat der Ernannte sich über die Annahme des Amtes noch nicht erklärt oder hat ein zur Bestimmung des Vollstreckers ermächtigter Dritter (§ 2198), der auch ein Erbe sein kann[27]), von seinem Bestimmungsrecht noch keinen Gebrauch gemacht, so ist dem Antragsteller durch Zwischenverfügung nach § 87 Abs. 2 aufzugeben, durch einen Antrag auf Fristsetzung nach §§ 2198 Abs. 2, 2202 Abs. 3 BGB Klarheit zu schaffen[28]). Haben die Erben die Auseinandersetzung durch Vereinbarung ausgeschlossen (§§ 2204 Abs. 1, 2042 Abs. 2, 749 Abs. 2) und heben sie diese Vereinbarung auf oder wird ein wichtiger Grund nach § 749 Abs. 2 BGB geltend gemacht, so obliegt die Auseinandersetzung dem TV, das Vermittlungsverfahren ist also unzulässig[29]). Der Hindernisgrund ist von Amts wegen zu beachten und kann durch Einvernehmen der Erben und des TV nicht ausgeräumt werden[30]).

b) Nachlaßverwaltung und Nachlaßkonkurs schließen während ihrer Dauer das Vermittlungsverfahren aus, weil den Erben die Verwaltungs- und Verfügungsbefugnis entzogen ist[31]). 6

c) Ausschluß der Auseinandersetzung kraft Gesetzes auf Zeit nach § 2043 BGB, soweit die Erbteile noch unbestimmt sind, nämlich wegen der zu erwartenden Geburt eines Miterben oder weil die Entscheidung über eine Ehelichkeitserklärung, über die Bestätigung einer Kindesannahme oder über die Genehmigung einer vom Erblasser errichteten Stiftung noch aussteht. Das Hindernis besteht bis zur Behebung der Unbestimmtheit. 7

3. *Der Zulässigkeit des Verfahrens* stehen folgende Umstände *nicht entgegen:*

a) Anordnungen des Erblassers und Vereinbarungen der Erben, welche die Auseinandersetzung unter den Erben ausschließen, aber nur schuldrechtliche Wirkung haben. Das trifft zu 8

[21]) Vgl. Bartholomeyczik ErbR[7] § 42 VI 2 b; Lange Lb. d. ErbR § 46 III 7.

[22]) Vgl. KGJ 28 A 16.

[23]) RG JW 1938, 1154; Staudinger-Dittmann[11] § 2208 Anm. 2.

[24]) RG WarnR 1934 Nr. 21.

[25]) Staudinger-Dittmann[11] § 2204 Anm. 2, § 2208 Anm. 8; vgl. auch BGH NJW 1963, 1541.

[26]) RGZ 61, 145; 130, 131; BGHZ 30, 67; KG JFG 12, 202; 21, 240; v. Lübtow JZ 1960, 151; Mattern BWNotZ 1961, 149.

[27]) RGZ 92, 68.

[28]) Schlegelberger Anm. 9; a.M. bei Bestimmungsrecht des Erben BGH RdL 1956, 280; Keidel Anm. 34.

[29]) BGB-RGRK[10] Anm. 1, Erman-Hense[3] Anm. 1, Palandt-Keidel[25] Anm. 1, je zu § 2204; a.M. München JFG 14, 190; Staudinger-Dittmann[11] § 2204 Anm. 3.

[30]) KGJ 33 A 106; KG OLGR 26, 286; Staudinger-Dittmann[11] § 2204 Anm. 5.

[31]) KGJ 49, 84 = RJA 15, 279; Keidel Anm. 41; Lange Lb. d. ErbR § 46 III 5 Fußn. 7; Lent-Habscheid § 40 V 1.

für Anordnungen des Erblassers nach § 2044 Abs. 1 BGB über den Ausschluß der Auseinandersetzung, die nur schuldrechtliche Wirkung haben, auch wenn der Anordnung die Bedeutung einer Auflage zukommt[32]), sowie für entsprechende Vereinbarungen der Erben nach §§ 2042 Abs. 2, 749 Abs. 2 BGB. In beiden Fällen ist die Auseinandersetzung nach § 749 Abs. 2 BGB zulässig, wenn ein wichtiger Grund vorliegt, mithin, wenn die Erben sich hierüber einig sind oder die Auseinandersetzung sonst ihrem übereinstimmenden Willen entspricht[33]). Dem Pfändungsgläubiger eines Erbanteils, dessen Schuldtitel nicht nur vorläufig vollstreckbar ist, und dem Konkursverwalter gegenüber, ist der Ausschluß der Auseinandersetzung ohnehin nicht wirksam (§§ 2044 Abs. 1, 2042 Abs. 2, 751 Satz 2 BGB, § 16 Abs. 2 KO). Hat der Erblasser nach § 2048 Satz 2 BGB angeordnet, daß die Auseinandersetzung nach billigem Ermessen eines Dritten erfolgen soll, so ist das Vermittlungsverfahren ebenfalls zulässig, da das Verfahren zu einer Einigung darüber führen kann, daß eine andere Art der Teilung stattfinden soll oder daß die Bestimmung als offenbar unbillig unverbindlich ist oder der Dritte sie nicht treffen kann oder will oder verzögert. Schließlich ist auch der Anspruch des Miterben auf Aufschub der Auseinandersetzung aus § 2045 verzichtbar.

9 Da diese Hindernisse durch Einigung der Beteiligten entfallen, ist die Zurückweisung des Antrags nicht gerechtfertigt und die Einleitung des Verfahrens zulässig, auch wenn erhellt, daß die Beteiligten zur Zeit noch nicht einig sind. Denn es ist gerade der Zweck des Verfahrens, durch Vermittlung des NachlG eine Einigung herbeizuführen. Wenn aber das NachlG seine Vermittlung für aussichtslos hält, so daß das Verfahren nach § 95 ausgesetzt werden müßte, kann es dem Antragsteller durch Zwischenverfügung nach § 87 Satz 2 aufgeben, die Beseitigung des Streits durch Einigung oder Urteil nachzuweisen[34]). Zur eigenen Entscheidung über die Voraussetzungen des § 749 Abs. 2 oder des § 2048 Satz 3 BGB ist das NachlG nicht berufen[35]).

10 *b) Die Anhängigkeit einer Erbteilungsklage* schließt das Vermittlungsverfahren nicht aus, da der Rechtsstreit eine Einigung der Parteien nicht hindert und das Verfahren des NachlG gerade dazu bestimmt und geeignet ist, die Streitpunkte zu begrenzen (§ 95). Endet das Verfahren mit der rechtskräftigen Bestätigung der Auseinandersetzung, so ist der Rechtsstreit in der Hauptsache für erledigt zu erklären, falls die Parteien ihn nicht zur Geltendmachung materieller Mängel der vermittelten Auseinandersetzung fortsetzen (vgl. § 97 Rdn. 4). Umgekehrt hindert selbst ein rechtskräftiges Urteil im Teilungsrechtsstreit die Beteiligten nicht daran, eine andere Art der Teilung zu vereinbaren, solange die Gemeinschaft durch dingliche Vollziehung der Teilung nicht beendet ist[36]).

C. Zuständigkeit

11 *1. Sachlich zuständig* ist das NachlG, also das Amtsgericht (§ 72). Auf Grund des Vorbehalts in Art. 147 EGBGB können nach Landesrecht nichtgerichtliche Behörden, auf Grund des Vorbehalts in § 193 FGG an Stelle des AG oder neben ihm die Notare zuständig sein; vgl. die Bem. zu § 193. Soweit die Amtsgerichte Nachlaßgericht sind, ist der *Rechtspfleger* zuständig, § 3 Nr. 2 Buchst. c RechtspflG. Richtervorbehalte bestehen nach § 16 Abs. 1 Nr. 8 RechtspflG für die Abwesenheitspflegschaft nach § 88 und die nachlaßgerichtlichen Genehmigungen nach § 97 Abs. 2. Soweit das Landesrecht die Zuständigkeit des Notars von einer Überweisung durch das NachlG abhängig macht (Art. 21 PrFGG, Art. 6, 8 BayNachlG; anders Art. 24 HessFGG, Art. 14 NdsFGG), ist für die Überweisung der Richter zuständig (Arndt, RechtspflG § 13 Anm. 28).

[32]) KG OLGR 40, 112; BGHZ 40, 115.
[33]) Oetker RheinZ 23, 251; Böthke Gruch. 49, 709; Schlegelberger Anm. 11; Keidel Anm. 39.
[34]) KGJ 31 A 135; KGJ 45, 162.
[35]) KG DRZ 1930 Nr. 325 = Recht 1930 Nr. 904.
[36]) A.M. Keidel Anm. 5, 37 unter Hinweis auf OLG München 2 W 646/49, wonach eine Erbteilungsklage das Vermittlungsverfahren ausschließen soll; ihm folgend Lange Lb. d. ErbR § 46 III 6 a; Lent-Habscheid § 40 V I; Pikart-Henn S. 330. Wie hier Beck DNotZ 1966, 259, 265.

2. Landwirtschaftsrecht. Das NachlG, nicht das Landwirtschaftsgericht, ist sachlich auch zuständig, wenn ein landwirtschaftlicher Betrieb oder ein Hof i. S. der HöfeOBrZ zum Nachlaß gehört[36a]). Über das Verhältnis des Vermittlungsverfahrens zum Zuweisungsverfahren nach §§ 13 ff. GrdstVG vgl. Rdn. 27—29. **12**

3. Die *örtliche Zuständigkeit* bestimmt sich nach § 73. Die *internationale Zuständigkeit* ist gegeben, soweit sich die Beerbung eines ausländischen Erblassers nach deutschem Recht richtet (§ 73 Rdn. 26), aber auch ohne diese Voraussetzung, sofern der Erblasser seinen letzten gewöhnlichen Aufenthalt im Inland hatte und das Heimatrecht die deutsche Zuständigkeit anerkennt[37]). **13**

D. Antragsverfahren

1. Grundsatz. Nach Bundesrecht wird das Verfahren nur auf Antrag eingeleitet. Landesgesetzlich kann auf Grund des Vorbehalts in § 192 FGG bestimmt werden, daß das NachlG die Auseinandersetzung von Amts wegen zu vermitteln hat, wenn sie nicht binnen einer bestimmten Frist bewirkt ist. Hiervon haben Bayern und Württemberg Gebrauch gemacht; vgl. die Bem. zu § 192. **14**

2. Antragsberechtigung. Antragsberechtigt sind:

a) Jeder Miterbe ohne Mitwirkung der übrigen. Die Belastung des Erbteils mit Pfand-, Pfändungspfandrecht oder Nießbrauch ist unschädlich[38]). Ist zur Verwaltung des Erbteils ein Testamentsvollstrecker bestellt, so ist nur dieser antragsberechtigt[39]). Im Konkurse des Miterben übt der Konkursverwalter das Antragsrecht aus (§§ 1, 6, 16 Abs. 2 KO)[40]). Gehört der Erbanteil zum Gesamtgut der Gütergemeinschaft, so ist antragsberechtigt der Ehegatte, der das Gesamtgut verwaltet, bei gemeinschaftlicher Verwaltung beide gemeinsam (§§ 1422, 1429, 1450, 1454 BGB); soweit der verwaltende Ehegatte der Einwilligung des anderen bedarf (§§ 1423—1425), ist dieser als Beteiligter hinzuzuziehen; § 1424 BGB ist auch anwendbar, wenn zu dem Nachlaß ein Grundstück gehört[41]). Nach dem Tode des Miterben ist antragsberechtigt sein Erbe, bei einer Mehrheit von Erben nach § 2039 BGB jeder seiner Miterben ohne Mitwirkung der übrigen[42]), ferner der für den Nachlaß des Miterben bestellte Testamentsvollstrecker, Nachlaßpfleger, Nachlaßverwalter oder Nachlaßkonkursverwalter. Das Antragsrecht des Miterben endet durch sein Ausscheiden aus der Erbengemeinschaft infolge Übertragung des Erbanteils nach § 2033 Abs. 1 BGB oder subjektiv beschränkter Teilauseinandersetzung (Rdn. 3). **15**

b) Erbteilserwerber. Das ist derjenige, dem der Miterbe seinen Erbteil (§ 1922 Abs. 2) nach § 2033 Abs. 1 BGB übertragen hat, oder wer den Erbteil von einem Erbteilserwerber nach § 2037 BGB erworben hat. Der Miterbe oder Erbteilserwerber kann auch einen Bruchteil seines Erbteils oder den gesamten Erbteil in Bruchteilen auf andere übertragen[43]). Würde dadurch in Ansehung des Erbteils eine Bruchteilsgemeinschaft begründet, so könnten die Teilhaber das Antragsrecht nur gemeinsam ausüben, da zur Geltendmachung von Ansprüchen, die aus dem gemeinsamen Recht erwachsen, grundsätzlich nur alle Teilhaber berechtigt sind[44]). Es wird aber anzunehmen sein, daß auch der Erwerber eines Teils eines Erbteils dadurch **16**

36a) Schulte RdL 1961, 279; Haegele Rpfleger 1961, 281; Keidel Anm. 23; a.M. Lange-Wulff, LwVG, Nachtr. 1963 S. 12.

37) Soergel-Kegel[9] Bem. 55 vor Art. 24 EGBGB; Drobnig JZ 1959, 318; Keidel Anm. 26; vgl. Schlechtriem, Ausländ. Erbrecht im dt. Verfahren, 1966, S. 114 ff. (franz. Erbstatut); a.M. Staudinger-Raape BGB[9] Art. 25 Anm. G I 4; Schlegelberger Bem. 4 vor § 86.

38) Vgl. KGJ 48, 161, 165; Keidel Anm. 55; Schlegelberger Anm. 12.

39) KGJ 28 A 16.

40) Jaeger-Lent KO[8] § 16 Anm. 12.

41) KG JFG 18, 226 = HRR Nr. 1535 = DFG 265 = JW 3115, je 1938 = DNotZ 1939, 508; str., vgl. BGB-RGRK[11] § 1424 Anm. 4; Staudinger-Lehmann[11] § 2033 Anm. 14.

42) Vgl. Jansen, Rpfleger 1954, 436; Bartholomeyczik NJW 1955, 1558; Staudinger-Lehmann[11] Anm. 5, Palandt-Keidel[25] Anm. 2, je zu § 2039.

43) KGJ 46, 181; RG Warn. 1913 Nr. 234; BGH DNotZ 1964, 622; Staudinger-Lehmann[11] § 2033 Anm. 3.

44) BGHZ 17, 184; Staudinger-Vogel[11] § 744 Anm. 6.

unmittelbar Mitglied der Erbengemeinschaft wird[44a]), so daß er das Antragsrecht selbständig ausüben kann.

17 *c) Pfandgläubiger eines Erbteils.* Das Pfandrecht kann sowohl durch rechtsgeschäftliche Verpfändung als auch durch Pfändung erworben sein.

18 α) Das *rechtsgeschäftliche Pfandrecht* an einem Erbteil wird bestellt durch Verpfändungsvertrag, der nach §§ 398, 413, 1274 Abs. 1 Satz 1 BGB der Form des § 2033 Abs. 1 Satz 2 BGB bedarf; Anzeige der Verpfändung an die Miterben (§ 1280) ist nicht erforderlich[45]). Vor dem Eintritt der Verkaufsberechtigung (§ 1228 Abs. 2) kann die Aufhebung der Erbengemeinschaft nach §§ 1273 Abs. 2, 1258 Abs. 2 Satz 1 BGB nur von dem Miterben und dem Pfandgläubiger gemeinschaftlich verlangt werden; dieser Umstand berührt aber nicht das selbständige Antragsrecht des Pfandgläubigers; er kann nur dazu führen, daß die Auseinandersetzung an dem Widerspruch des Miterben scheitert[46]). Nach dem Eintritt der Verkaufsberechtigung ist eine Vereinbarung der Miterben über den Ausschluß der Auseinandersetzung (§§ 2042 Abs. 2, 749 Abs. 2) dem Pfandgläubiger gegenüber unwirksam (§§ 1273 Abs. 2, 1258 Abs. 2 Satz 2 Halbs. 2); er bleibt aber gebunden an Anordnungen des Erblassers über die Auseinandersetzung (§ 2044 Abs. 1). Ein Ersatzpfandrecht an den dem Schuldner-Miterben bei der Teilung zugewiesenen Gegenständen (§ 1258 Abs. 3) erwirbt der Pfandgläubiger nicht kraft Gesetzes, sondern erst kraft Zuweisung und Übernahme[47]). Er ist aber dadurch gesichert, das er als Beteiligter zu dem Verfahren hinzuzuziehen ist; andernfalls ist die Auseinandersetzung ihm gegenüber nach § 1276 unwirksam[48]).

19 β) Das *Pfändungspfandrecht* (§ 804 Abs. 1 ZPO) an einem Erbteil wird erworben durch Pfändungsbeschluß des Vollstreckungsgerichts (§§ 859 Abs. 2, 857 Abs. 1, 829 ZPO) oder des Arrestgerichts (§§ 930 Abs. 1, 857 Abs. 1 ZPO); die Pfändung wird nach §§ 857 Abs. 1, 829 Abs. 3 ZPO wirksam mit der Zustellung des Beschlusses an die anderen Miterben als Drittschuldner[49]). Bereits die Pfändung gewährt dem Gläubiger das selbständige Antragsrecht aus § 86 Abs. 2[50]). Eine Überweisung zur Einziehung ist nicht erforderlich[51]). Zu pfänden ist der Erbteil, nicht der Auseinandersetzungsanspruch[52]). Das Antragsrecht besteht auch, wenn der Pfändung ein Arrestbefehl oder ein vorläufig vollstreckbares Urteil zugrunde liegt[53]); die Beschränkung des § 751 Abs. 1 Satz 2 BGB, wo ein nicht bloß vorläufig vollstreckbarer Schuldtitel verlangt wird, kommt nur in Betracht, wenn die Auseinandersetzung durch Vereinbarung der Erben oder Anordnung des Erblassers ausgeschlossen ist (§§ 2042 Abs. 2, 749 Abs. 2, 2044 Abs. 1 BGB). Auch in diesem Falle fehlt dem Gläubiger, dessen Schuldtitel nur vorläufig vollstreckbar ist, nicht das Antragsrecht; nur kann dann die Auseinandersetzung an dem Widerspruch der Erben scheitern (Anm. B 3 a). Der Schuldner-Miterbe bleibt auch an dem von dem Pfändungsgläubiger betriebenen Verfahren beteiligt[54]). Ob die Rechte des Pfändungsgläubigers durch Bestellung eines Pfandrechts an den dem Schuldner-Miterben zugewiesenen Gegenständen oder durch Zahlung oder Zuweisung von Gegenständen zu Eigentum zu berücksichtigen sind, ist Sache des zu vereinbarenden Teilungsplans, dem der Pfändungsgläubiger seine Zustimmung versagen kann.

20 *d) Nießbraucher eines Erbteils.* Der Nießbrauch muß mit dinglicher Wirkung bestellt sein; der Vertrag bedarf nach § 1069 der Form des § 2033 Abs. 1 Satz 2 BGB. Die Aufhebung der

[44a]) Str., vgl. Staudenmaier DNotZ 1966, 724; vgl. auch BayObLGZ 1967, 405 = NJW 1968, 505 = DNotZ 1968, 442.

[45]) KGJ 33 A 229; BayObLGZ 1959, 56; Staudinger-Spreng[11] § 1280 Anm. 1 f; a.M. Hoche NJW 1955, 654.

[46]) Schlegelberger Anm. 14; a.M. Keidel Anm. 62.

[47]) KGJ 43, 268; RGZ 84, 397; BGH NJW 1967, 200; Staudinger-Spreng § 1258 Anm. 3.

[48]) RGZ 90, 236.

[49]) RGZ 49, 406; 75, 180; die Zustellung an einen Testamentsvollstrecker ist nach RGZ 86, 294 zwar ebenfalls geboten, doch entfällt dann nach § 86 Abs. 1 die Zulässigkeit des Vermittlungsverfahrens (Anm. B 2 a).

[50]) RGZ 49, 408; 60, 133; 95, 232.

[51]) Liermann NJW 1962, 2189; Schlegelberger Anm. 15; vgl. auch Ripfel NJW 1958, 692.

[52]) Bamberg BayZ 1930, 307; über Umdeutung vgl. Braunschweig OLGR 19, 373; KGJ 42, 241; KG JW 1931, 1371.

[53]) A.M. Schlegelberger Anm. 15; Keidel Anm. 61; Lange Lb. d. ErbR § 46 III 5 a Fn. 2; wie hier Josef[2] § 86 Anm. 8 b; Baumbach-Lauterbach ZPO[28] § 859 Anm. 2 B.

[54]) KGJ 48, 161.

Erbengemeinschaft kann zwar nach §§ 1068 Abs. 2, 1066 Abs. 2 von dem Miterben und dem Nießbraucher nur gemeinschaftlich verlangt werden; diese Beschränkung berührt jedoch nicht das selbständige Antragsrecht des Nießbrauchers, sondern kann nur dazu führen, daß die Auseinandersetzung an dem Widerspruch des Miterben scheitert, der an dem Verfahren beteiligt bleibt[55]). Die Verwendungsbefugnis der Eltern aus § 1649 BGB ist kein Nießbrauch. Ein Nießbrauch an der Erbschaft (§§ 1089, 1085 BGB) steht dem Verfahren nicht entgegen (§ 1071), begründet auch keine Beteiligung, noch weniger das noch nicht erfüllte Nießbrauchsvermächtnis[56]).

e) Nicht antragsberechtigt sind Vermächtnisnehmer, Pflichtteilsberechtigte und sonstige Nachlaßgläubiger, ferner ein für den auseinanderzusetzenden Nachlaß bestellter Testamentsvollstrecker, Nachlaßpfleger, Nachlaßverwalter oder Nachlaßkonkursverwalter (anders wenn zu dem von ihnen verwalteten Nachlaß ein Miterbenanteil gehört, vgl. Rdn. 17). **21**

Auch der *Erbersatzberechtigte* (§ 1934a BGB), dem anstelle des gesetzlichen Erbteils nur ein schuldrechtlicher Anspruch gegen den Erben zusteht und der deshalb nicht der Erbengemeinschaft angehört (§§ 1934b Abs. 2 Satz 1 mit § 1967 Abs. 2 BGB), ist nicht antragsberechtigt. **22**

E. Beteiligte

Als Beteiligte zu dem Verfahren hinzuzuziehen sind alle diejenigen, von deren Mitwirkung nach bürgerlichem Recht die Wirksamkeit der Auseinandersetzung abhängt[57]). Dazu gehören zunächst alle Antragsberechtigten (Rdn. 17—22), auch soweit sie von ihrem Antragsrecht keinen Gebrauch machen. Der Kreis der Beteiligten ist jedoch weiter als der der Antragsberechtigten. Es gehört dazu der Nacherbe, soweit Verfügungen über Nachlaßgegenstände getroffen werden, die beim Eintritt der Nacherbfolge dem Nacherben gegenüber unwirksam wären (§§ 2113, 2114 bis 2118, 2136, 2137 BGB). Eine Beteiligung des Ehegatten des Miterben kann sich aus dem Güterrecht ergeben. Im gesetzlichen Güterstand der Zugewinngemeinschaft ist der andere Ehegatte beteiligt, wenn der Erbanteil im wesentlichen das ganze Vermögen des Miterben ausmacht (§ 1365)[57a]). Gehört der Erbanteil zum Gesamtgut der Gütergemeinschaft, so ist der nichtverwaltende Ehegatte hinzuzuziehen, soweit es seiner Einwilligung bedarf (§§ 1423 bis 1425 BGB); die Beteiligung des verwaltenden Ehegatten und bei gemeinschaftlicher Verwaltung (§ 1450 BGB) beider ergibt sich bereits aus ihrer Antragsberechtigung (Rdn. 17). Beteiligt ist der Testamentsvollstrecker, dem nur die Verwaltung eines Miterbenanteils oder die beschränkten Rechte aus §§ 2222, 2223 BGB übertragen sind, überhaupt jeder nicht zur Auseinandersetzung berechtigte Testamentsvollstrecker (vgl. Rdn. 6)[58]). Nicht beteiligt sind Nachlaßgläubiger, Vermächtnisnehmer[59]), Pflichtteilsberechtigte, die nicht Erben sind (vgl. § 2304 BGB), Erbersatzberechtigte (§ 1934a BGB) und die persönlichen Gläubiger des Miterben. **23**

F. Vertretung

Für die gewillkürte oder gesetzliche Vertretung der Beteiligten im Verfahren gelten die allgemeinen Grundsätze. Geschäftsführer ohne Auftrag sind nicht zuzulassen[60]). Mehrere vertretungsbedürftige Beteiligte können grundsätzlich im Hinblick auf §§ 1629 Abs. 2, 1795 Abs. 2, 181, 1915 BGB nicht durch denselben gesetzlichen Vertreter vertreten werden; das VormG ist nicht befugt, von den Beschränkungen des § 181 BGB zu befreien und die Mehr- **24**

[55]) Staudinger-Spreng[11] § 1089 Anm. 4 c; Schlegelberger Anm. 16; Keidel Anm. 64.
[56]) KG OLGR 40, 26 Fn. 1; KGJ 44, 120 = RJA 13, 14.
[57]) Fränkel ZBlFG 13, 188 ff.; Kipp-Coing ErbR[10] § 109 IV Fn. 12; Wellstein[2] Anm. 7; Keidel Anm. 44; Pikart-Henn S. 329.
[57a]) BGHZ 35, 135, 144.
[58]) KGJ 28 A 19.
[59]) BayObLGZ 4, 493; KGJ 28 A 16, 18; 44, 120, 122.
[60]) KG OLGR 41, 17; Keidel Anm. 51.

vertretung zu gestatten[61]). Es bedarf also der Bestellung von Ergänzungspflegern (§ 1909 BGB). Das gilt auch für die Überführung von Gesamthandseigentum in Bruchteilseigentum[62]). Ein unstatthaftes Insichgeschäft liegt allerdings nicht vor, wenn die Auseinandersetzung allein nach Maßgabe der gesetzlichen Teilungsvorschriften (§§ 2042, 752 bis 754 BGB) erfolgt, weil dann das Rechtsgeschäft ausschließlich in der Erfüllung einer Verbindlichkeit besteht[63]), was jedoch im Teilungsverfahren schwerlich vorkommen wird, oder wenn die mehreren Vertretenen ihre Erbanteile auf einen der anderen Beteiligten übertragen oder den Erbanteil des anderen Beteiligten gemeinschaftlich erwerben[64]). Ein Vormund oder Pfleger bedarf zu dem Erbauseinandersetzungsvertrage (nicht schon zu dem Antrag) der Genehmigung des VormG nach §§ 1822 Nr. 2, 1915 BGB, ebenso ein nach § 1690 BGB mit der Vermögensverwaltung betrauter Beistand. Eltern bedürfen zum Erbauseinandersetzungsvertrage der Genehmigung des VormG an sich nicht, da § 1822 Nr. 2 in § 1643 Abs. 1 BGB nicht angeführt wird; sie bedürfen der Genehmigung aber, wenn der Vertrag nach anderen Vorschriften genehmigungspflichtig ist, z. B. wenn über ein zum Nachlaß gehöriges Grundstück oder Erwerbsgeschäft verfügt wird (§ 1643 Abs. 1 mit §§ 1821 Nr. 1, 1822 Nr. 3 BGB)[65]). Ist dem Elternteil ein Beistand nach § 1685 bestellt, so bedarf er, sofern nach dem Gesagten nicht die Genehmigung des VormG erforderlich ist, der Genehmigung des Beistandes nach Aufhebung der §§ 1687, 1688 BGB durch Art. 1 Nr. 23 NichtehelG nicht mehr. Einem abwesenden Beteiligten kann unter den Voraussetzungen des § 88 vom NachlG ein Pfleger für das Verfahren bestellt werden. Die Genehmigung des VormG ist auch erforderlich, wenn das Einverständnis des gesetzlich Vertretenen als Säumnisfolge nach §§ 91 Abs. 3 Satz 2, 93 Abs. 2 fingiert wird[66]).

G. Zurücknahme des Antrags

25 ist zulässig. Als Zeitpunkt, bis zu dem die Rücknahme statthaft ist, wird teils die Ladung der übrigen Beteiligten zum Termin nach § 89 angenommen[67]), teils der Beginn des Termins, wenn wenigstens ein weiterer Beteiligter erschienen ist, andernfalls die Bekanntmachung nach § 91 Abs. 3[68]), teils der Erlaß des Bestätigungsbeschlusses[69]); teils wird die Einlassung der anderen Beteiligten als zeitliche Grenze angesehen[70]). Richtigerweise kann der Antrag mangels einer abweichenden Regelung nach allgemeinen Grundsätzen bis zur Rechtskraft des Bestätigungsbeschlusses zurückgenommen werden[71]). Ob in dem Verhalten eines anderen Beteiligten etwa ein selbständiger Antrag zu sehen ist, der die Fortsetzung des Verfahrens trotz Zurücknahme des zunächst gestellten Antrags rechtfertigt, ist eine Frage der Auslegung.

H. Landwirtschaftsrecht

26 In den §§ 13 bis 17, 33 GrdstVG ist ein gerichtliches Verfahren zur Zuweisung eines landwirtschaftlichen Betriebes, der einer nach gesetzlicher Erbfolge entstandenen Erbengemeinschaft gehört, vorgesehen.

27 *1. Bisheriges Recht.* Für die Auseinandersetzung einer Erbengemeinschaft über eine land- oder forstwirtschaftliche Besitzung war in der ehemals brit. Zone nach Nr. 84 MRVO vom 24. 4. 1947 (ABl.MilReg. Nr. 18 S. 500) Art. VI Nr. 17 das *Landwirtschaftsgericht* zuständig. Wenn eine Einigung nicht zustande kam, konnte das Gericht auf Antrag die Besitzung ungeteilt auf einen Miterben übertragen und die den weichenden Erben zu leistenden Beträge

[61]) RGZ 67, 61; 71, 162; 93, 334; BGHZ 21, 229; BayObLGZ 1958, 373; a.M. Enneccerus-Nipperdey, Allg. Teil 15. Aufl. § 181 II 1.
[62]) BGH NJW 1956, 1433 = EJF A I a Nr. 2 mit Anm. Guggumos.
[63]) RGZ 93, 336.
[64]) BGHZ 15, 97; vgl. Staudinger-Donau[11] § 1629 Anm. 46—49.
[65]) KGJ 20 A 237 = RJA 1, 135; OLGR 8, 236; BGH FamRZ 1961, 216.
[66]) Schlegelberger § 91 Anm. 11.
[67]) Rausnitz, ZZP 25, 165, 172; Fuchs § 87 Anm. 8.
[68]) So Wellstein[2] § 87 Anm. 5.
[69]) Oetker RheinZ 23, 252.
[70]) Keidel Anm. 71.
[71]) Ebert-Dudek-Lindemann[2] § 87 Anm. 2 d; Josef[2] Anm. 12; Schlegelberger Anm. 18.

festsetzen. Mit der Rechtskraft des Zuweisungsbeschlusses ging das Eigentum auf den Erwerber über. Auch nach Aufhebung der hierzu ergangenen Verfahrensvorschriften der Verfahrensordnung für Landwirtschaftssachen vom 2. 12. 1947 (VOBlBrZ, 157) durch § 60 Abs. 2 Nr. 4 LwVG war diese Zuständigkeit gemäß § 50 LwVG bestehen geblieben; Pritsch, LwVG, § 1 Bem. L I b, § 50 Bem. IV a. Gehörten zum Nachlaß außer der Land- oder Forstwirtschaft noch weitere Gegenstände, so blieb insoweit das NachlG zuständig, so daß zwei Verfahren nebeneinander stattfinden konnten[72]).

2. Geltende Regelung. Nach der für das ganze Bundesgebiet einschließlich Berlin (West) **28**
geltenden Regelung der §§ 13 bis 17, 33 GrdstVG kann das Gericht auf Antrag eines Miterben einen landwirtschaftlichen Betrieb, der einer kraft Gesetzes entstandenen Erbengemeinschaft gehört, einem der Miterben zuweisen. Den weichenden Miterben steht ein Abfindungsanspruch (§ 16) oder Abfindungsergänzungsanspruch zu (§ 17). Auf forstwirtschaftliche Betriebe oder Reichsheimstätten ist das Verfahren nicht anzuwenden (§ 13 Abs. 1 Satz 1, Abs. 3 Satz 2). Auf Gesetz beruht die Erbengemeinschaft auch dann nicht, wenn eine Verfügung von Todes wegen mit der gesetzlichen Erbfolge übereinstimmt[73]). Sachlich und örtlich zuständig ist das Landwirtschaftsgericht, in dessen Bezirk die Hofstelle liegt (§§ 12 Nr. 2, 10 LwVG)[74]). Da das Zuweisungsverfahren nach § 14 Abs. 2 GrdstVG voraussetzt, daß die Miterben sich über die Auseinandersetzung nicht einigen oder eine vereinbarte Auseinandersetzung nicht vollzogen werden kann, gebührt dem Vermittlungsverfahren vor dem NachlG der Vorzug. Stellt mithin ein Miterbe den Zuweisungsantrag, ein anderer den Antrag nach § 86, so ist zunächst das Vermittlungsverfahren vor dem NachlG durchzuführen und das Zuweisungsverfahren auszusetzen[75]). Das Zuweisungsverfahren setzt jedoch nicht voraus, daß ein Vermittlungsverfahren nach § 86 erfolglos versucht worden ist. Gehört zum Nachlaß außer dem landwirtschaftlichen Betrieb weiteres nicht der Zuweisung unterliegendes Vermögen, so können beide Verfahren unabhängig voneinander durchgeführt werden[76]).

I. Kosten

1. Die *Gebühren des Gerichts* oder des nach Landesrecht (§ 193 FGG) zuständigen Notars **29**
ergeben sich aus §§ 116, 141, 148 KostO. Geschäftswert § 116 Abs. 5 KostO. Kostenschuldner sind alle Anteilsberechtigten als Gesamtschuldner (§ 116 Abs. 6 KostO). Eine Entscheidung über die Pflicht zur Tragung der Gerichts(Notar-)kosten ist nicht veranlaßt[77]).

2. Kosten der Beteiligten. Die Kosten des Gerichts (Notars) fallen im Innenverhältnis der **30**
Beteiligten zueinander der Masse zur Last, soweit in dem Auseinandersetzungsvertrage nichts anders vereinbart ist (Art. 28 Abs. 1 Satz 1, Abs. 2 PrFGG, Art. 30 HessFGG, Art. 20 NdsFGG, Art. 132 BayAGGVG). Dagegen sind diese landesrechtlichen Vorschriften, soweit sie die Erstattung außergerichtlicher Kosten ausschließen oder abweichend regeln, durch die bundesrechtliche Regelung in § 13a FGG ersetzt und außer Kraft getreten[78]). Auch im ersten Rechtszuge kann daher eine Kostenerstattung angeordnt werden, wenn auch Billigkeitsgründe dafür i. S. des § 13a Abs. 1 Satz 1 wegen der Natur des Vermittlungsverfahrens selten vorliegen werden, sofern nicht besondere Kosten durch schuldhafte Säumnis (§ 13a Abs. 1 Satz 2) veranlaßt sind.

3. Gebühren des Rechtsanwalts richten sich nach § 118 BRAGebO. **31**

[72]) Celle NdsRpfl. 1949, 69; Schleswig SchlHA 1954, 243.

[73]) BGHZ 40, 60.

[74]) Wegen der Einzelheiten ist hier zu verweisen auf die Komm. z. GrdstVG: Lange[2] 1964, Pikalo-Bendel, Vorwerk-Spreckelsen, Wöhrmann 1963; ferner Keidel § 86 Rdn. 4 ff.; Palandt-Keidel[25] § 2042 Anm. 10; Erman-Bartholomeyczik[3] Nachtr. S. 58; Bergmann SchlHA 1961, 311; Drummen, RheinNotK 1961, 851; Haegele, Rpfleger 1961, 276; Rötelmann, DNotZ 1961, 185; ders, DNotZ 1964, 82; Schulte RdL 1961, 277.

[75]) Lange GrdstVG § 14 Anm. 5; Keidel Anm. 24; Haegele Rpfleger 1961, 281.

[76]) Lange GrdstVG § 13 Anm. 6; Keidel Anm. 24.

[77]) KGJ 46, 156.

[78]) KG OLGZ 1965, 226 = NJW 1965, 1538; Keidel Anm. 74.

2. Antrag

87 In dem Antrage sollen die Beteiligten und die Teilungsmasse bezeichnet werden.

Hält das Gericht vor der Verhandlung mit den Beteiligten eine weitere Aufklärung für angemessen, so hat es den Antragsteller zur Ergänzung des Antrags, insbesondere zur Angabe der den einzelnen Beteiligten in Ansehung des Nachlasses zustehenden Ansprüche, zu veranlassen. Er kann dem Antragsteller auch die Beschaffung der Unterlagen aufgeben.

1 *1. Form des Antrags.* Der Antrag kann schriftlich oder nach § 11 zum Protokoll der Geschäftsstelle des zuständigen NachlG oder eines jeden Amtsgerichts gestellt werden. In Hessen ist nach § 14 Abs. 2 HessOrtsGerG auch der Ortsgerichtsvorsteher zur Aufnahme des Antrags verpflichtet. Der Antrag muß erkennen lassen, daß er auf Einleitung eines Verfahrens nach § 86 gerichtet ist; das wird häufig nicht der Fall sein, wenn der überlebende Ehegatte im Hinblick auf § 1683 BGB, § 9 EheG die Auseinandersetzung mit seinen minderjährigen Kindern erstrebt; im Zweifel wird anzunehmen sein, daß der Antrag auf Bestellung von Ergänzungspflegern durch das VormG nach § 1909 BGB zwecks Vorbereitung des Erbauseinandersetzungsvertrages gerichtet ist[1]).

2 *2. Inhalt des Antrags.* In dem Antrag ist zunächst zur Abgrenzung des Verfahrensgegenstandes der Name des Erblassers und zur Prüfung der örtlichen Zuständigkeit sein letzter Wohnsitz oder Aufenthalt (§ 73) anzugeben. Als Ordnungsvorschrift schreibt Abs. 1 die Bezeichnung der Beteiligten (§ 86 Rdn. 24) und der Teilungsmasse vor. Die Beteiligten sind so vollständig zu bezeichnen, daß sie geladen werden können. Ferner ist zur Prüfung ihrer Beteiligung die Angabe ihrer Beziehung zum Nachlaß (Miterbe, Pfändungsgläubiger, Nacherbe usw.) erforderlich. Die Teilungsmasse ist so vollständig zu bezeichnen, als der Antragsteller dazu in der Lage ist. Die Beibringung eines genauen Nachlaßinventars kann nicht verlangt werden; auch ist das NachlG nicht berechtigt, von dem Antragsteller oder den übrigen Beteiligten die Einreichung eines Nachlaßverzeichnisses zu erzwingen oder gegen deren Willen ein solches aufzunehmen[2]). Nach Art. 26 HessFGG, Art. 5 BayNachlG, Art. 89 Württ-AGBGB kann das Gericht jedoch die Aufnahme eines amtlichen Nachlaßverzeichnisses anordnen, ebenso der Notar nach § 35 Abs. 2 BadLFGG. Kann der Antragsteller die Teilungsmasse oder die übrigen Beteiligten nicht vollständig angeben, so kann ihre Feststellung der Verhandlung mit den übrigen Beteiligten überlassen bleiben[3]). Das Vorliegen eines Erbscheins oder öffentlichen Testaments ist nicht Voraussetzung des Antrags.

3 *3. Prüfung des Antrags.* Das NachlG hat zunächst die *Zulässigkeit* des Antrags von Amts wegen zu prüfen. Dazu gehört seine örtliche Zuständigkeit, das Vorliegen des wirksamen Antrags eines Antragsberechtigten (§ 86 Rdn. 17—22), das Vorhandensein einer noch ungeteilten Erbengemeinschaft (§ 86 Rdn. 2), die Feststellung, daß ein Vermittlungsverfahren über denselben Nachlaß nicht bereits anhängig ist (§ 86 Rdn. 4) und das Fehlen von Umständen, die die Unzulässigkeit des Verfahrens begründen (§ 86 Rdn. 6—8). Erweist sich hiernach das Verfahren als unzulässig, so wird der Antrag zurückgewiesen. Ergeben sich Zweifel, so kann das Gericht dem Antragsteller die Ergänzung seines Vorbringens entsprechend § 87 Abs. 2 aufgeben. Ob das NachlG die übrigen Beteiligten schon vor der Einleitung des Verfahrens hören will, steht in seinem pflichtmäßigen Ermessen. Erhebt ein Beteiligter vor der Einleitung des Verfahrens *Widerspruch,* so ist nach der Art der erhobenen Einwendung zu unterscheiden:

4 *a)* Gründet sich der Widerspruch auf Streitpunkte, die durch Einigung der Beteiligten beseitigt werden können, oder erklärt der Beteiligte lediglich, sich auf das Verfahren nicht einlassen zu wollen, so ist der Widerspruch grundsätzlich unbeachtlich und die Einleitung

[1]) KGJ 27 A 159.
[2]) KGJ 23 A 197 = RJA 3, 10.
[3]) Keidel Anm. 3.

des Verfahrens zulässig; denn es ist gerade Zweck des Verfahrens, durch Vermittlung des NachlG eine Einigung herbeizuführen. Nur wenn das NachlG seine Vermittlung für aussichtslos hält, so daß das Verfahren nach § 95 sogleich ausgesetzt werden müßte, kann es dem Antragsteller durch Zwischenverfügung nach § 87 Abs. 2 aufgeben, die Beseitigung des Streits durch Einigung oder Urteil nachzuweisen; dagegen kann es den Antrag aus Gründen dieser Art nicht zurückweisen[4]).

b) Wird der Widerspruch auf Gründe gestützt, welche die rechtlichen Voraussetzungen des Verfahrens oder seine Zulässigkeit in Frage stellen und ihrer Art nach durch Einigung der Beteiligten nicht überwunden werden können, so hat das NachlG diese Gründe bei der Entscheidung über die Einleitung des Verfahrens in Erwägung zu ziehen. Hierfür kann insbesondere ein Streit über das Antragsrecht (Erbrecht) oder das Bestehen einer Testamentsvollstreckung in Betracht kommen. Das NachlG darf den Antrag aus Gründen dieser Art aber nur zurückweisen, wenn es die Beanstandung nach Prüfung, gegebenenfalls Beweiserhebung, für begründet erachtet. Es kann dem Antragsteller aber auch durch Zwischenverfügung nach § 87 Abs. 2 aufgeben, die Unbegründetheit des Widerspruchs durch Urteil nachzuweisen. Schließlich kann es das Vorbringen des Antragstellers ohne eigene Nachprüfung als richtig unterstellen, das Verfahren einleiten und im Termin nach § 95 verfahren[5]). Der Umstand, daß das Antragsrecht oder die sonstigen Voraussetzungen des Verfahrens bestritten sind, rechtfertigt die Zurückweisung des Antrags nicht[6]). Der Antrag kann nicht wegen Uneinigkeit der Erben über den Wert der Teilungsmasse abgelehnt werden; die Erklärung des Antragstellers, er werde den durch einen Sachverständigen ermittelten Wert anerkennen, kann nicht gefordert werden[7]). **5**

4. Ergänzung des Antrags. Beibringung von Unterlagen. Auch wenn der Antrag für zulässig erachtet wird, kann das Gericht, wenn es eine weitere Aufklärung für angemessen hält, dem Antragsteller eine Ergänzung des Antrags aufgeben. Die Ergänzung muß sich auf die Klärung der Nachlaßverhältnisse beziehen, damit nach Möglichkeit im ersten Termin ein Teilungsplan aufgestellt werden kann[8]). Auch die Beschaffung von Unterlagen kann das Gericht dem Antragsteller aufgeben; darunter sind die urkundlichen Nachweise der Voraussetzungen und förmlichen Grundlagen des Auseinandersetzungsverfahrens zu verstehen[9]). Die Auflage kann sich nicht nur auf Urkunden beziehen, die bereits vorhanden sind, sondern auch auf solche, die erst beschafft werden müssen, sofern ihre Beschaffung in der Rechtsmacht des Antragstellers liegt. Das Gericht kann mithin die Vorlegung des Testaments nebst Eröffnungsverhandlung, des Pfändungsbeschlusses, des Erbscheins oder eines bereits aufgestellten Nachlaßverzeichnisses verlangen. Es kann bei Zweifeln über die Erbfolge dem Antragsteller auch die Beschaffung eines noch nicht erteilten Erbscheins aufgeben, jedenfalls wenn zur Vollziehung der Auseinandersetzung wegen der Art der Nachlaßgegenstände (z. B. Grundstücke) ein Erbschein ohnehin erforderlich ist[10]). Insofern enthält Abs. 2 eine Einschränkung des Amtsermittlungsgrundsatzes. Das Gericht ist dadurch aber nicht gehindert, nach seinem Ermessen die Nachlaßverhältnisse auch von Amts wegen aufzuklären[11]), indem es von seiner Befugnis, Rechts- oder Amtshilfe in Anspruch zu nehmen, Gebrauch macht, z. B. durch Herbeiziehung von Grundakten oder Nachlaßakten. Die Vollständigkeit aller für die Auseinandersetzung erforderlichen Unterlagen ist aber nicht schlechthin Voraussetzung für die Einleitung des Verfahrens, wie die Fassung des § 89 Satz 4 zeigt. Unvollständigkeit des Antrags rechtfertigt mithin nicht die sofortige Zurückweisung, sondern nur den Erlaß einer Zwischen- **6**

[4]) KGJ 31 A 135; KGJ 45, 162; KG OLGR 24, 103; München JFG 14, 190; Keidel § 86 Anm. 5; anders aber ebenda § 87 Anm. 4, 5, § 95 Anm. 5.

[5]) KGJ 31 A 135; 33 A 104; 44, 120; 52, 84; OLGR 24, 103; München JFG 15, 161; Schlegelberger Anm. 3; Pikart-Henn S. 331.

[6]) KGJ 31 A 137; 33 A 104; OLGR 24, 103; München JFG 15, 161, 165; Jastrow ZZP 28, 488; a.M. Jena RJA 1, 182 = KGJ 21 D 10; Keidel Anm. 4, 5; Lent-Habscheid[4] § 40 V 1; Lange, Lb. d. ErbR § 46 III 5 a zu Fn. 14.

[7]) München JFG 14, 190.

[8]) Keidel Anm. 3.

[9]) München JFG 14, 190.

[10]) KGJ 51, 108 = OLGR 40, 23.

[11]) KG OLGR 41, 17 Anm.

verfügung. Wegen Nichterfüllung einer zulässigen Auflage darf der Antrag erst zurückgewiesen werden, wenn in der Zwischenverfügung eine Frist gesetzt und die Frist durch förmliche Zustellung (§ 16 Abs. 2) in Lauf gesetzt war.

5. Rechtsmittel

7 *a)* Gegen die *Zurückweisung des Antrags* und gegen eine *Zwischenverfügung* nach § 87 Abs. 2 findet die unbefristete Beschwerde nach § 19 statt. Das Beschwerderecht steht nach § 20 Abs. 2 nur dem Antragsteller zu, nicht auch anderen Antragsberechtigten, die den Antrag nicht gestellt haben. Die Beschwerde gegen die Zurückweisung kann auch darauf gestützt werden, daß der Erlaß einer Zwischenverfügung nach Abs. 2 geboten gewesen sei. Ist der Antrag nach fruchtlosem Ablauf der durch Zwischenverfügung gesetzten Frist (Rdn. 6) zurückgewiesen worden, so kann die Beschwerde darauf gestützt werden, daß der Mangel nunmehr behoben sei (§ 23). Eine Zurückweisung der Beschwerde wegen verspäteter Behebung des Mangels kommt nicht in Betracht; in diesem Fall hat das NachlG der Beschwerde abzuhelfen.

8 *b)* Die *Einleitung des Verfahrens,* sei es durch besonderen Beschluß, sei es konkludent durch Erlaß der Ladung nach § 89, ist eine nach § 19 beschwerdefähige Verfügung[12]). Die unbefristete Beschwerde steht nach § 20 Abs. 1 jedem Beteiligten (§ 86 Rdn. 24) sowie jedem zu, der als vermeintlich Beteiligter zu dem Verfahren hinzugezogen wird[13]). Die Beschwerde wird jedoch unstatthaft, wenn der als Beteiligter Hinzugezogene sich auf das Verfahren eingelassen hat; die Einlassung liegt auch darin, daß der Beteiligte nach Erhalt der Mitteilungen nach §§ 89, 91 Abs. 3 sich bis zum Beginn des Verhandlungstermins untätig verhalten hat[14]). Wird der Einleitungsbeschluß mit der Überweisung des Verfahrens an den Notar nach Art. 21 PrFGG verbunden, so ist der Beschluß, soweit die Einleitung angefochten wird, mit der einfachen, soweit die Überweisung angefochten wird, mit der sofortigen Beschwerde anfechtbar[15]). Nach der Bestätigung ist nur noch die sofortige Beschwerde gegen den Bestätigungsbeschluß nach § 96 gegeben.

3. Pflegschaft für abwesende Beteiligte

88 Einem abwesenden Beteiligten kann, wenn die Voraussetzungen der Abwesenheitspflegschaft vorliegen und eine Pflegschaft über ihn nicht bereits anhängig ist, für das Auseinandersetzungsverfahren von dem Nachlaßgericht ein Pfleger bestellt werden. Für die Pflegschaft tritt an die Stelle des Vormundschaftsgerichts das Nachlaßgericht.

1 *1. Allgemeines.* Die Vorschrift beruht auf der Erwägung, daß, sofern ein Bedürfnis für eine Abwesenheitspflegschaft im Interesse eines am Auseinandersetzungsverfahren beteiligten Abwesenden anzuerkennen ist, das NachlG zur Führung dieser Pflegschaft geeignet erscheint, weil es über das Bedürfnis der Fürsorge in der Regel am besten unterrichtet sein wird und weil durch die Begründung der Zuständigkeit des NachlG vor allem Weiterungen und Verzögerungen beim Auseinandersetzungsverfahren vermieden werden[1]).

2. Voraussetzungen

2 *a)* Es müssen die allgemeinen Voraussetzungen für eine *Abwesenheitspflegschaft* nach § 1911 BGB für einen abwesenden Beteiligten (Begriff § 86 Rdn. 24) erfüllt sein; vgl. dazu § 39 Rdn. 1. Man wird aber annehmen müssen, daß die Vorschrift auch eingreift, wenn eine Abwesenheitspflegschaft nach § 10 ZustErgG angeordnet werden könnte. Ausländische Staatsangehörigkeit des Abwesenden steht nicht entgegen. Art. 23 EGBGB ist nicht anzuwenden;

[12]) Jena RJA 1, 182 = KGJ 21 D 10; KGJ 30 A 106 = RJA 6, 35; 33 A 104; Keidel Anm. 8; Schlegelberger Anm. 6.

[13]) KGJ 24 A 189; 30 A 106 = RJA 6, 35; 33 A 104; KG OLGR 9, 366; 3, 310; Colmar OLGR 4, 430; 6, 486; Schlegelberger Anm. 6.

[14]) KGJ 30 A 106; Schlegelberger Anm. 6; Keidel Anm. 8.

[15]) KGJ 30 A 106.

[1]) Josef[2] Anm. 3; Schlegelberger Anm. 1.

das NachlG braucht also nicht zu ermitteln, ob der ausländische Staat die Fürsorge in dem Verfahren übernimmt[2]).

b) Eine *Pflegschaft* für den Abwesenden darf nicht bereits anhängig sein; das gilt erst recht, wenn bereits eine Vormundschaft besteht. Eine im Ausland anhängige Pflegschaft hindert nicht, kann aber dem NachlG Anlaß geben, von der Anordnung der Pflegschaft abzusehen, wenn dadurch die Vertretung des Abwesenden im Verfahren gewährleistet wird[3]). Die Pflegschaft muß aber ihrem Wirkungskreis nach die Befugnis umfassen, die Rechte des Abwesenden im Verfahren wahrzunehmen. **3**

3. Zuständigkeit. Die örtliche Zuständigkeit des NachlG richtet sich allein nach § 73, nicht nach § 39; es kann stets nur das NachlG zuständig sein, vor dem das Verfahren nach § 86 anhängig ist. Eine Abgabe an ein anderes NachlG oder VormG ist nach dem Zweck der Einrichtung (Rdn. 1) nicht statthaft[4]). Wenn aber das AG Schöneberg nach § 73 Abs. 2 örtlich zuständig ist, kann es mit dem Auseinandersetzungsverfahren auch die Pflegschaft nach § 73 Abs. 2 Satz 2 abgeben. **4**

4. Anordnung der Pflegschaft. Das NachlG kann, auch wenn die Voraussetzungen gegeben sind, von der Anordnung der Pflegschaft absehen und statt dessen bei dem nach § 39 zuständigen VormG die Anordnung einer Pflegschaft anregen. Wenn dieses aber die Anordnung ablehnt, weil es das NachlG für besser geeignet hält, wird dieses von seiner Befugnis aus § 88 Gebrauch machen müssen. Gegen die Ablehnung der Pflegschaft steht den übrigen Beteiligten (Miterben) die Beschwerde zu[5]). **5**

5. Der *Wirkungskreis* des Pflegers umfaßt die Vertretung des Abwesenden im Auseinandersetzungsverfahren. Dazu gehört auch das Recht, die Erbschaft für den Abwesenden anzunehmen und den Erbschein zu beantragen[6]). **6**

6. Für die *Führung der Pflegschaft* tritt das NachlG vollständig an die Stelle des VormG. Es führt daher die Aufsicht über den Pfleger, erteilt die erforderlichen Genehmigungen zu den Erklärungen des Pflegers und bewilligt ihm eine Vergütung (§§ 1915, 1822 Nr. 2, 1836, 1837 BGB). **7**

7. Beendigung der Pflegschaft. Die Pflegschaft endigt nach § 1918 Abs. 3 BGB kraft Gesetzes mit dem endgültigen Abschluß des Auseinandersetzungsverfahrens. Zur Entgegennahme und Verwaltung des Erbteils des Abwesenden und zum Betreiben der Zwangsvollstreckung aus der bestätigten Auseinandersetzung (§ 98) ist der Pfleger nicht mehr berufen. Besteht insoweit ein fortdauerndes Fürsorgebedürfnis, so hat das NachlG nach § 50 das nach § 39 zuständige VormG zu benachrichtigen, welches eine neue Pflegschaft nach § 1911 oder § 10 ZustErgG anordnen kann[7]). Vor dem Abschluß des Auseinandersetzungsverfahrens kann die Pflegschaft kraft Gesetzes enden nach § 1921 Abs. 3 mit der Rechtskraft des Todeserklärungsbeschlusses; sie ist vom NachlG aufzuheben, wenn der Abwesende an der Besorgung der Angelegenheit nicht mehr verhindert ist oder wenn dem NachlG sein Tod bekannt wird (§ 1921 Abs. 1, 2). **8**

8. Richtervorbehalt besteht nach § 16 Abs. 1 Nrn. 8, 1, § 14 Nrn. 4, 9 RechtspflG für die Anordnung der Pflegschaft und die Auswahl des Pflegers, die Erteilung nachlaßgerichtlicher Genehmigung zu den Erklärungen des Pflegers in den Fällen des § 1822 Nr. 1 bis 3 und 12 und des § 1823 BGB sowie für die Entlassung des Pflegers, nicht auch für die Aufhebung der Pflegschaft. **9**

9. Sind nach *Landesrecht* die Notare für die Vermittlung der Auseinandersetzung zuständig, so verbleibt es für die Anordnung und Führung der Pflegschaft bei der Zuständigkeit **10**

[2]) Josef[2] Anm. 1; Keidel Anm. 1.
[3]) Keidel Anm. 3.
[4]) Schlegelberger Anm. 3; Keidel Anm. 6.
[5]) KG NJW 1962, 1921 unter Aufgabe von KG RJA 16, 155 = OLGR 37, 252; Josef[2] Anm. 6; a.M. Keidel Anm. 4.
[6]) Colmar KGJ 53, 250 = RJA 16, 63 = OLGR 39, 11.
[7]) Keidel Anm. 12, 14.

des NachlG (Art. 23 PrFGG, Art. 24 Abs. 3 Nr. 1 HessFGG, Art. 15 Abs. 1 Nr. 1 NdsFGG, Art. 6 Abs. 2 BayNachlG); anders aber in Baden-Württemberg nach Art. 91 WürttAGBGB, §§ 31, 35 BadLFGG.

11 *10.* Die *Kosten* der Pflegschaft trägt der Abwesende, § 2 Nr. 2 KostO, Art. 28 PrFGG, Art. 30 HessFGG, Art. 20 NdsFGG. Gebühren: § 106 KostO.

4. Ladung

89 Das Gericht hat den Antragsteller und die übrigen Beteiligten, diese unter Mitteilung des Antrags, zu einem Verhandlungstermin zu laden. Die Ladung durch öffentliche Zustellung ist unzulässig. Die Ladung soll den Hinweis darauf enthalten, daß ungeachtet des Ausbleibens eines Beteiligten über die Auseinandersetzung verhandelt werden würde und daß, falls der Termin vertagt oder ein neuer Termin zur Fortsetzung der Verhandlung anberaumt werden sollte, die Ladung zu dem neuen Termin unterbleiben könne. Sind Unterlagen für die Auseinandersetzung vorhanden, so ist in der Ladung zu bemerken, daß die Unterlagen auf der Geschäftsstelle eingesehen werden können.

A. Terminsanberaumung

1 Eine förmliche Einleitung des Verfahrens durch Beschluß ist gesetzlich nicht vorgesehen, aber statthaft. Andernfalls setzt das Gericht, wenn es den Antrag für zulässig und ausreichend begründet hält, gegebenenfalls nach den erforderlichen Ergänzungen und Aufklärungen (§ 87 Abs. 2) einen Termin zur Verhandlung an und erläßt unter Beachtung der §§ 89, 90 Abs. 1 die Ladung. Die Abhaltung eines Verhandlungstermins ist ein wesentlicher Teil des Verfahrens; das NachlG darf davon nicht absehen. Es kann aber ein anderes NachlG im Wege der Rechtshilfe um die Abhaltung des Termins oder die Entgegennahme von Erklärungen einzelner Beteiligter ersuchen[1]). Der Ladung bedarf es nicht, wenn alle Beteiligten freiwillig vor Gericht erscheinen und das Gericht zur Verhandlung bereit ist[2]).

B. Ladung

2 *1.* Zu laden sind der Antragsteller und die im Antrag bezeichneten oder vom Gericht etwa ermittelten oder später (z. B. durch Pfändungsbeschluß) hinzugetretenen Beteiligten (Begriff § 86 Rdn. 24). Für geschäftsunfähige oder in der Geschäftsfähigkeit beschränkte Beteiligte sind deren gesetzliche Vertreter zu laden. Hat ein Beteiligter einen Bevollmächtigten für das Verfahren bestellt, so ist dieser, nicht der Beteiligte, zu laden[3]).

3 *2. Form der Ladung.* Die Ladung muß, da mit ihr der Lauf der Ladungsfrist (§ 90 Abs. 1) beginnt, gemäß § 16 Abs. 2 förmlich nach den Vorschriften der ZPO zugestellt oder nach § 16 Abs. 3 zu Protokoll bekanntgemacht werden[4]). Ladung durch öffentliche Zustellung wird durch Satz 2 ausgeschlossen; das gilt aber nur für die Ladung zum Verhandlungstermin; im übrigen ist öffentliche Zustellung zulässig, z. B. bei der Mitteilung nach § 91 Abs. 3[5]). Bei unbekanntem Aufenthalt eines Beteiligten findet mithin ein Verfahren gegen diesen nicht statt; in diesem Fall wird in der Regel ein Abwesenheitspfleger vom NachlG nach § 88 oder vom VormG bestellt sein. Ist ein solcher nicht bestellt, so ist eine Auseinandersetzung unter den übrigen Beteiligten zulässig, soweit sie nach Lage der Sache möglich ist. Durch Ordnungsstrafen oder unmittelbaren Zwang können die Beteiligten zum Erscheinen nicht angehalten werden, da die Folgen des Ausbleibens anderweit erschöpfend geregelt sind.

[1]) Josef[2] Anm. 3; ders., JW 1914, 1032; Keidel Anm. 8.
[2]) BayObLGZ 4, 504 = RJA 4, 16; KG OLGR 41, 17.
[3]) Vgl. § 16 Rdn. 30; a.M. Keidel Anm. 7; Schlegelberger Anm. 1.
[4]) Wellstein[2] Anm. 3; Keidel Anm. 2; Schlegelberger Anm. 3.
[5]) Josef[2] Anm. 4.

3. Inhalt der Ladung. Die Ladung hat außer der Angabe von Gegenstand, Ort und Zeit der Verhandlung zu enthalten: 4

a) eine Mitteilung des Anrtags, wozu auch die nach § 87 Abs. 2 beigebrachten Ergänzungen gehören. Es genügt Mitteilung des wesentlichen Inhalts oder eines das Wesentliche enthaltenden Auszuges; 5

b) den Hinweis, daß die Unterlagen, sofern solche vorgelegt sind, auf der Geschäftsstelle eingesehen werden können (Satz 4). Die Unterlagen brauchen also nicht abschriftlich mitgeteilt zu werden. Auch wird man nach der Fassung des Gesetzes nicht verlangen können, daß die Unterlagen näher bezeichnet werden[6]). Nach § 34 Abs. 2 können auf Antrag Abschriften erteilt werden; 6

c) einen Hinweis auf die Folgen des Ausbleibens (Satz 3). 7

Die Nichtbeachtung der Erfordernisse zu a) und b) macht die Ladung unwirksam und läßt die Säumnisfolgen (Anm. C) nicht eintreten; die Belehrung über die Folgen des Ausbleibens ist nur instruktionell vorgeschrieben, ihr Unterbleiben also ohne Rechtsfolgen[7]). 8

C. Säumnisfolgen

1. Wenn ein ordnungsmäßig geladener Beteiligter nicht erscheint, kann das Gericht mit den erschienenen Beteiligten gleichwohl verhandeln. Die Beachtung der Ladungsvorschriften ist Voraussetzung nur für das Säumnisverfahren, nicht für die Zulässigkeit der Verhandlung mit den erschienenen Beteiligten[8]). 9

2. Die Ladung des Nichterschienenen zu einem neuen Termin kann unterbleiben, falls der Termin vertagt oder zur Fortsetzung der Verhandlung ein anderer anberaumt. Die Ladung ist aber gleichwohl empfehlenswert, um den nach §§ 91 Abs. 3, 93 Abs. 2 möglichen Weiterungen zu entgehen. Den erschienenen Beteiligten wird der neue Termin nach § 91 Abs. 2 Satz 2 regelmäßig verkündet werden können. 10

D. Rechtsmittel

Wegen der Anfechtbarkeit der Ladung s. § 87 Rdn. 8 11

Ladungsfrist

90 Die Frist zwischen der Ladung und dem Termin muß mindestens zwei Wochen betragen.

Diese Vorschrift findet auf eine Vertagung sowie auf einen Termin zur Fortsetzung der Verhandlung keine Anwendung. In diesen Fällen kann die Ladung der zu dem früheren Termin geladenen Beteiligten durch die Verkündung des neuen Termins ersetzt werden.

1. Ladungsfrist. Zwischen der Zustellung der Ladung (§ 89 Anm. B 2) und dem ersten Verhandlungstermin nach § 89 muß eine Zwischenfrist von mindestens zwei Wochen liegen. Berechnung der Frist nach § 17 FGG, §§ 187, 188 BGB. Zur Abkürzung der Frist ist das Gericht nicht befugt. Die Frist ist erneut voll zu wahren, wenn der Termin aufgehoben, d. h. vor seinem Beginn abgesetzt, oder verlegt, d. h. vor dem Beginn aufgehoben und gleichzeitig ein anderer bestimmt wird. Durch Vereinbarung aller Beteiligten kann die Frist abgekürzt werden, so daß auch Säumnisfolgen bei Wahrung der gekürzten Frist eintreten[1]). 1

2. *Verletzung der Ladungsfrist* hat zur Folge, daß Versäumnisfolgen, soweit sie im Verfahren vorgesehen sind (§§ 91 Abs. 3, 93 Abs. 2), nicht eintreten und die Anberaumung eines 2

[6]) A.M. Schlegelberger Anm. 2.
[7]) Wellstein[2] Anm. 4; Keidel Anm. 3, 5; Schlegelberger Anm. 2.
[8]) KG OLGR 41, 17.

[1]) Keidel Anm. 1; vgl. Stein-Jonas-Schönke[19] § 224 Anm. I 2.

neuen Termins unter Wahrung der Frist erforderlich wird, es sei denn, daß der Verletzte Beteiligte sich im Termin auf die Verhandlung einläßt. Der Mangel kann mit der sofortigen Beschwerde gegen den Bestätigungsbeschluß gerügt, aber nicht selbständig mit der Beschwerde gegen die Ladung geltend gemacht werden[2]).

3 *3. Vertagung.* Eine Ladungsfrist ist nicht mehr zu wahren bei einer *Vertagung*, nämlich wenn nach Aufruf der Sache vor oder nach Eintritt in die Verhandlung diese auf einen anderen Termin verschoben wird, um die Sache dort von neuem zu verhandeln, oder bei Anberaumung eines *Termins zur Fortsetzung* der Verhandlung, wenn nämlich diese in einem neuen Termin ohne Wiederholung des bereits Verhandelten zu Ende geführt werden soll. Eine sachliche Bedeutung kommt dem Unterschied nicht zu[3]). Vorausgesetzt ist aber, daß alle Beteiligten zu dem ersten Termin ordnungsgemäß geladen waren oder erschienen waren und sich auf die Verhandlung eingelassen haben.

4 *4. Verkündung des neuen Termins.* Bei Vertagung oder Anberaumung eines Fortsetzungstermins (Anm. 3) kann die Ladung der zum Termin ordnungsgemäß geladenen Beteiligten, auch wenn sie ausgeblieben sind, unterbleiben, es genügt die Verkündung des Termins. Denn auf die Zulässigkeit dieses Verfahrens sind sie schon in der Ladung hingewiesen worden (§ 89 Satz 3). Das Gericht kann aber in jedem Fall auch neue Ladungen erlassen.

5. Vorbereitungsmaßregeln, Versäumnisverfahren

91 Treffen die erschienenen Beteiligten vor der Auseinandersetzung eine Vereinbarung über vorbereitende Maßregeln, insbesondere über die Art der Teilung, so hat das Gericht die Vereinbarung zu beurkunden. Das gleiche gilt, wenn nur ein Beteiligter erschienen ist, in Ansehung der von diesem gemachten Vorschläge.

Sind die Beteiligten sämtlich erschienen, so hat das Gericht die von ihnen getroffene Vereinbarung zu bestätigen. Dasselbe gilt, wenn die nicht erschienenen Beteiligten ihre Zustimmung zu gerichtlichem Protokoll oder in einer öffentlich beglaubigten Urkunde erteilen.

Ist ein Beteiligter nicht erschienen, so hat das Gericht, sofern er nicht nach Abs. 2 Satz 2 zugestimmt hat, ihm den Inhalt der Urkunde, soweit dieser ihn betrifft, bekanntzumachen und ihn gleichzeitig zu benachrichtigen, daß er die Urkunde auf der Geschäftsstelle einsehen und eine Abschrift der Urkunde fordern könne. Die Bekanntmachung muß den Hinweis darauf enthalten, daß, wenn der Beteiligte nicht innerhalb einer von dem Gericht zu bestimmenden Frist die Anberaumung eines neuen Termins beantrage oder wenn er in dem neuen Termin nicht erscheine, sein Einverständnis mit dem Inhalt der Urkunde angenommen werden würde. Beantragt der Beteiligte rechtzeitig die Anberaumung eines neuen Termins und erscheint er in diesem Termin, so ist die Verhandlung fortzusetzen. Anderenfalls hat das Gericht die Vereinbarung zu bestätigen.

A. Bedeutung

1 Das Gesetz unterscheidet zwischen den die Teilung *vorbereitenden Vereinbarungen* (§ 91) und der *endgültigen Auseinandersetzung* (§ 93). Vorbereitende Maßregeln können sich z. B. darauf beziehen, ob Nachlaßgegenstände zum Zweck der Besichtigung, der Abschätzung und des Verkaufs herauszugeben sind, ferner darauf, in welcher Art die Teilung vorzunehmen ist, insbesondere ob Teilung in Natur oder im Wege des Verkaufs von Nachlaßsachen oder durch Übernahme seitens eines Miterben erfolgen soll oder ob Lose gebildet und gezogen werden sollen (§ 94), schließlich auf die Feststellung des Gegenstandes und Wertes der unter Abkömmlingen zur Ausgleichung zu bringenden Zuwendungen oder die Art der Berichtigung

[2]) A.M. Josef ZBlFG 5, 169; Keidel Anm. 9. [3]) Stein-Jonas-Schönke[19] § 227 Anm. I 2.

von Nachlaßverbindlichkeiten (§ 2046 BGB). Nur auf solche vorbereitenden Maßregeln bezieht sich § 91. Ob sie jeweils erforderlich sind, hängt nach Lage des Falles von den Verhältnissen des Nachlasses ab. Die Beteiligten können, wenn die Lage des Nachlasses es zuläßt, auch schon im ersten Termin mit einer Vereinbarung über die Art der Teilung die endgültige Auseinandersetzung verbinden.

B. Verfahren bei Erscheinen sämtlicher Beteiligter

1. Einigung. Kommt es zu einer Einigung sämtlicher Beteiligter über vorbereitende Maß- **2**
nahmen, so hat das Gericht die getroffene Vereinbarung zu beurkunden und durch Beschluß (§ 96) zu bestätigen. Die Einigung setzt Willensübereinstimmung aller Erschienenen voraus; Mehrheitsbeschlüsse sind nicht ausreichend.

a) Form der Beurkundung. Bei der Beurkundung zum Protokoll des NachlG sind die **3**
Vorschriften der §§ 6 bis 16, 22 bis 26 BeurkG zu beachten, da es sich um die Beurkundung von Willenserklärungen handelt[1]), mit der Maßgabe, daß kraft Bundesrechts das Nachlaßgericht und, wenn dieses ein Amtsgericht ist, der Rechtspfleger zuständig ist (§ 86 Rdn. 13). Dieses Ergebnis steht mit der bisherigen Rechtslage im Einklang, nach welcher die Vorschriften der §§ 168 bis 182 FGG nicht nur für selbständige Beurkundungsgeschäfte, sondern auch dann galten, wenn innerhalb eines Verfahrens der freiwilligen Gerichtsbarkeit ein Rechtsgeschäft beurkundet wird[1a]). Zwar erfordert § 1 Abs. 2 BeurkG, daß die Zuständigkeit anderer Stellen für öffentliche Beurkundungen neben der des Notars begründet ist, und für das Teilungsverfahren sind die Notare jedenfalls nicht kraft Bundesrechts zuständig (§ 20 Abs. 4 BNotO). Für die Anwendbarkeit des § 1 Abs. 2 BeurkG muß es aber genügen, daß die neben der Zuständigkeit der Gerichte bestehende Zuständigkeit der Notare (dazu § 193 Rdn. 3, 4) auf Landesrecht beruht, da die Einheitlichkeit des Beurkundungsverfahrens nicht davon abhängig sein kann, ob dieselbe Aufgabe von einem Gericht oder einem Notar wahrgenommen wird. Immerhin wäre es angebracht gewesen, den § 91 dahin zu ergänzen, daß für die Beurkundung die Vorschriften des Beurkundungsgesetzes maßgebend sind, da dessen Vorschriften sonst für unselbständige Beurkundungen innerhalb eines gerichtlichen Verfahrens nicht gelten (§ 1 BeurkG Rdn. 14, 15, 22). Das Protokoll muß hiernach gemäß § 13 BeurkG den Beteiligten vorgelesen, von ihnen genehmigt und unterschrieben werden; nach § 13 Abs. 3 BeurkG muß der Richter (Rechtspfleger) es unterzeichnen.

Für die *Ausschließung und Ablehnung* der Gerichtspersonen ist zu beachten, daß das Tei- **4**
lungsverfahren sich nicht in der reinen Beurkundung von Willenserklärungen erschöpft, sondern eine Reihe von Verfahrenshandlungen mit sich bringt, die keine Beurkundungen sind und die deshalb von dem Beurkundungsgesetz nicht betroffen werden. Als Gründe für die Ausschließung und Ablehnung des Richters (Rechtspflegers) sind daher sowohl § 6 FGG als auch die §§ 6, 7 BeurkG zu beachten[2]), wobei sich der Unterschied ergibt, daß ein Verstoß gegen § 6 FGG die Wirksamkeit des Geschäfts gemäß § 7 unberührt läßt, während eine Verletzung der §§ 6, 7 BeurkG die Unwirksamkeit der Beurkundung nach sich zieht. Für die Bestätigung der Erbauseinandersetzung (§§ 91, 93) durch den Richter (Rechtspfleger) kommen allein die §§ 6, 7 FGG zur Anwendung (§ 7 Rdn. 8). Für die Ausschließung etwa hinzuziehender Zeugen (§§ 22, 25 BeurkG) gilt § 26 BeurkG. Für die Ausschließung des Dolmetschers gelten nach § 16 Abs. 3 die §§ 6, 7 BeurkG entsprechend.

Es fehlen bundesrechtliche Vorschriften über den *Urkundsbeamten der Geschäftsstelle.* **5**
Nach dem für das Teilungsverfahren weiter anwendbaren § 200 Abs. 1 FGG ist das Landesrecht maßgebend; danach steht die Zuziehung des Urkundsbeamten, wenn sie nicht gesetzlich vorgeschrieben ist, im Ermessen des Gerichts (Art. 2 Abs. 2 PrFGG, Art. 9 HessFGG, Art. 2

[1]) Keidel Anm. 12; Schlegelberger Anm. 2.

[1a]) Josef[2] II vor § 167; Schlegelberger[7] 5 vor § 167; Keidel[9] 2 vor § 167; Voraufl. 5 vor § 167.

[2]) KGJ 35 A 125; Josef, ZZP 29, 194.

NdsFGG). Für seine Ausschließung und Ablehnung im Rahmen des Teilungsverfahrens gelten nach Landesrecht (§ 200 Abs. 1 FGG) die §§ 6, 7 FGG (§ 6 Rdn. 26).

6 Ist ein *Notar* nach vorbehaltenem Landesrecht für die Vermittlung der Auseinandersetzung zuständig (§ 86 Rdn. 13), so gelten für seine dabei entfaltete Urkundstätigkeit die §§ 3, 6, 7 BeurkG unmittelbar, in Baden-Württemberg mit der Maßgabe des § 64 BeurkG. Für seine sonstige im Rahmen des Verfahrens entfaltete Amtstätigkeit gilt § 3 BeurkG gemäß § 16 Abs. 1 BNotO i. d. F. des § 57 Abs. 17 Nr. 2 BeurkG entsprechend. Ausschließungs- und Ablehnungsgründe sind im Verfahren nach Art. 22 Abs. 1 PrFGG, Art. 28 HessFGG, Art. 19 NdsFGG gerichtlich geltend zu machen (vgl. § 3 BeurkG Rdn. 55), unbeschadet des Rechts, die Unwirksamkeit der Beurkundung nach §§ 6, 7 BeurkG mit Rechtsmitteln gegen den Bestätigungsbeschluß zu rügen (§ 96 Rdn. 5). Nach § 16 Abs. 2 BNotO i. d. F. des § 57 Abs. 17 Nr. 2 BeurkG kann der Notar sich der Ausübung des Amtes auch wegen Befangenheit enthalten.

7 *b) Bestätigung.* Die Bestätigung hat die Bedeutung einer gerichtlichen Feststellung und Bezeugung, daß die vorbereitende Vereinbarung oder Auseinandersetzung in einem ordnungsmäßigen Verfahren unter Beachtung der Vorschriften der §§ 86 ff. zustande gekommen sei[2a]). Sie ergeht mithin ohne Rücksicht auf die Angemessenheit und Zweckmäßigkeit der Vereinbarung. Das Gericht prüft nur die Förmlichkeiten, nicht den sachlichen Inhalt[3]). Eine Vereinbarung, die gegen ein gesetzliches Verbot oder die guten Sitten verstößt, darf jedoch nicht beurkundet und, wenn dies geschehen ist, nicht bestätigt werden. Die bisher geltenden Vorschriften, aus denen sich diese Rechtsfolge ergab (Art. 40 Abs. 2 PrFGG, Art. 54 Abs. 2 HessFGG, Art. 40 Abs. 2 NdsFGG), sind zwar durch das BeurkG aufgehoben, und § 4 BeurkG enthält insofern nur noch eine Sollvorschrift, während § 14 Abs. 2 BNotO für die Gerichte nicht anwendbar ist; aus dem Zweck der Bestätigung folgt gleichwohl die Fortgeltung dieses Grundsatzes. Ferner müssen die abgegebenen oder im Versäumnisverfahren fingierten Erklärungen *rechtsverbindlich sein.* Bedarf ein Beteiligter der Genehmigung einer Behörde, insbesondere der Vormund, Pfleger oder Beistand mit den Rechten eines Pflegers (§ 1690 BGB), gegebenenfalls auch die Eltern, der Genehmigung des VormG (vgl. § 86 Rdn. 25), so muß diese vor der Bestätigung erteilt sein[4]). Auch muß die richtige Mitteilung der Genehmigung nach § 1829 BGB dargetan werden[5]). Ist einem Elternteil ein Beistand nach § 1685 BGB bestellt, so ist dessen Genehmigung nach Aufhebung der §§ 1687, 1688 BGB durch Art. 1 Nr. 23 NichtehelG nicht mehr erforderlich.

8 2. *Streitpunkte.* Ergeben sich unter den Beteiligten Streitpunkte, so ist nach § 95 zu verfahren.

C. Verfahren bei Ausbleiben einzelner Beteiligter

9 Als nicht erschienen gilt auch, wer vor Schluß der Verhandlung sich freiwillig entfernt oder in Ausübung der Sitzungspolizei (§ 8 FGG, § 177 GVG) aus dem Sitzungszimmer gewiesen worden ist, ohne vorher eine widersprechende Erklärung abgegeben zu haben[6]). Dagegen kann als ausgeblieben nicht gelten, wer im Termin zwar erscheint, aber nicht verhandelt; denn die Verweigerung einer Erklärung muß als Widerspruch gelten. Dasselbe gilt, wenn ein Beteiligter sich durch einen Bevollmächtigten vertreten läßt, obwohl das Gericht nach § 13 Satz 2 sein persönliches Erscheinen angeordnet hat[7]). Durch das Auftreten eines Vertreters ohne Vertretungsmacht können die Säumnisfolgen nicht abgewendet werden[8]). Vorherige Entschuldigung des Nichterscheinens kann dem Gericht Veranlassung geben, den Termin zu ver-

[2a]) *KG JFG 1, 364; Josef, ZZP 30, 120; 40,* 309, 318.
[3]) v. Amelunxen DNotV 7, 17.
[4]) Denkschr. 63 zu §§ 82 bis 94; KG OLGR 28, 334.
[5]) Colmar KGJ 44, 328 = RJA 12, 27.
[6]) Denkschr. 64; Ötker, RheinZ 1923, 254; Keidel Anm. 17; Schlegelberger Anm. 7; a.M. Rausnitz ZZP 25, 178; Josef[2] Anm. 6; Pikart-Henn S. 333.
[7]) Rausnitz ZZP 25, 181; Ebert-Dudek-Lindemann[2] Anm. 2 b; Keidel Anm. 18; Schlegelberger Anm. 7.
[8]) KG OLGR 41, 17.

legen; hält das Gericht den Termin gleichwohl ab, so berührt die Entschuldigung nicht die Zulässigkeit des Verfahrens.

1. *Erklärungen der Erschienenen.* Ist nur ein Beteiligter erschienen und macht er Vorschläge für vorbereitende Maßnahmen oder kommt unter mehreren erschienenen Beteiligten eine Einigung zustande, so ist der Vorschlag oder die Einigung nach Rdn. 3 zu beurkunden. Es hat also auch ein einzelner Beteiligter, der nicht der Antragsteller zu sein braucht, es in der Hand, das Verfahren zum Abschluß zu bringen, wenn nämlich die übrigen Beteiligten untätig bleiben. Für die nicht erschienen Beteiligten kann sich das Verfahren verschieden gestalten: **10**

a) Zustimmung. Die nicht erschienenen Beteiligten können ihre Zustimmung zum Protokoll des NachlG oder in einer öffentlich beglaubigten Urkunde (§ 129 BGB) oder in einer von einem Notar beurkundeten Erklärung (§ 129 Abs. 2 BGB) erteilen. Es genügt die Erteilung dem Gericht gegenüber; besondere Erklärung gegenüber den übrigen Beteiligten ist nicht erforderlich[9]). Die Zustimmung kann auch schon vor dem Termin in derselben Form erklärt werden[10]). Alsdann ist die Bestätigung nach Rdn. 4 statthaft. **11**

b) Fehlende Zustimmung. Wird die Zustimmung nach Abs. 2 Satz 2 nicht oder nicht in der gehörigen Form erteilt, so ist gegen den nicht erschienenen Beteiligten das Versäumnisverfahren nach Abs. 3 einzuleiten. Die Verweigerung der Zustimmung zum Protokoll des Gerichts oder in öffentlich beglaubigter Urkunde hat nicht die Wirkung eines im Termin erklärten Widerspruchs und kann deshalb die Einleitung des Versäumnisverfahrens nicht hindern[11]). **12**

c) Bindung der übrigen Beteiligten. Die erschienenen Beteiligten und diejenigen, die nach Abs. 2 Satz 2 zugestimmt haben, bleiben an ihre Erklärungen gebunden, sind also zum einseitigen Widerruf nicht berechtigt, solange gegen einen anderen Beteiligten ein Versäumnisverfahren schwebt und mithin eine vorbereitende Vereinbarung (Auseinandersetzung) noch zustande kommen kann; die Bindung erlischt erst, ein Widerruf wird also zulässig, wenn der Säumige nicht nur rechtzeitig Anberaumung eines neuen Termins beantragt, sondern in diesem Termin auch erscheint und die Fortsetzung der Verhandlung veranlaßt[12]). Ferner bleiben die Beteiligten an ihre Vereinbarungen über vorbereitende Maßnahmen oder die Auseinandersetzung bis zum Wirksamwerden der Versagung der Bestätigung gebunden; auch nachher bleiben ihre Erklärungen bis zum Widerruf in Kraft[13]). **13**

2. *Versäumnisverfahren*

a) Es wird eingeleitet durch den Erlaß einer Verfügung, die dem nichterschienenen Beteiligten wegen der darin enthaltenen Fristsetzung förmlich zuzustellen oder zu Protokoll bekanntzumachen ist (§ 16 Abs. 2, 3) auch öffentlich zugestellt werden kann, und als deren Inhalt das Gesetz bei Vermeidung der Unzulässigkeit des Versäumnisverfahrens vorschreibt: **14**

α) Wiedergabe des Inhalts der Beurkundung, soweit sie sich auf alle Beteiligten gemeinschaftlich oder auf ihn allein bezieht; **15**

β) Nachricht, daß die Urkunde auf der Geschäftsstelle eingesehen und eine Abschrift davon gefordert werden kann; abweichend von § 34 wird also ein unbedingtes Recht auf Abschrift gewährt; **16**

γ) Bestimmung einer *Frist,* innerhalb deren die Anberaumung eines neuen Termins beantragt werden kann. Die Dauer der Frist bestimmt das NachlG nach Ermessen; es kann sie nachträglich verlängern. Gegen die Fristbemessung steht dem Adressaten und den übrigen Beteiligten die Beschwerde zu, weil die Frist zu kurz oder zu lang sei[14]). **17**

δ) *Hinweis* darauf, daß das Einverständnis mit dem Inhalt der Urkunde angenommen werde, wenn nicht innerhalb der Frist die Anberaumung eines neuen Termins be- **18**

9) RG DNotV 12, 33.
10) KGJ 49, 88.
11) KG OLGR 40, 26.
12) KGJ 32 A 110 = RJA 7, 170.
13) KGJ 46, 151 = RJA 14, 27.
14) Josef² § 91 Anm. 8; Keidel Anm. 25.

antragt wird oder wenn der Beteiligte in diesem Termin ausbleibt. Ohne diesen Hinweis ist das Versäumnisverfahren unzulässig[15]).

19 *b) Terminsantrag.* Wird neuer Termin beantragt, so sind alle Beteiligten zu laden. Eine Ladungsfrist ist nicht mehr zu wahren (§ 90 Abs. 2 Satz 1), auch einer Wiederholung der Androhung nach § 91 Abs. 3 an den bisher Säumigen bedarf es nicht. Erscheint der Säumige im neuen Termin, so ist die Verhandlung fortzusetzen und, falls sich Streitpunkte ergeben, nach § 95 zu verfahren. Erscheint er auch in dem neuen Termin nicht, so gilt er, vorbehaltlich einer Wiedereinsetzung nach § 92, als mit dem Inhalt der Urkunde einverstanden und das Gericht hat die Vereinbarung zu bestätigen. Der Umstand, daß im neuen Termin ein früher erschienener Beteiligter ausbleibt, steht der Bestätigung nicht entgegen, da dieser Beteiligte an seine frühere Erklärung gebunden bleibt (Rdn. 10). Kommt aber zwischen dem säumig gewesenen Beteiligten im Fall des Ausbleibens eines früher erschienenen Beteiligten im neuen Termin mit den übrigen Beteiligten eine abweichende Vereinbarung zustande, so ist das Versäumnisverfahren erneut einzuleiten (Denksch. 63, 64).

20 *c) Unterbleiben des Terminantrags.* Wird nicht rechtzeitig von dem Säumigen ein neuer Termin beantragt, so wird die Vereinbarung bestätigt, vorbehaltlich einer Wiedereinsetzung nach § 92. Auch im Säumnisverfahren wird nur das Einverständnis des Beteiligten angenommen, nicht etwa die erforderliche *Genehmigung des VormG* (vgl. § 86 Rdn. 25 und oben Rdn. 6). Die Bestätigung kann also auch in diesem Fall erst nach Einholung der erforderlichen Genehmigung erteilt werden, die das NachlG beschaffen kann[16]). Wird diese verweigert, so steht es ebenso, als ob der Beteiligte im Termin widersprochen hätte.

D. Ausbleiben aller Beteiligten

21 Das Verfahren ruht, bis ein Beteiligter Anberaumung eines neuen Termins beantragt.

6. Wiedereinsetzung in den vorigen Stand

92 War im Falle des § 91 der Beteiligte ohne sein Verschulden verhindert, die Anberaumung eines neuen Termins rechtzeitig zu beantragen oder in dem neuen Termin zu erscheinen, so ist ihm auf Antrag von dem Gericht die Wiedereinsetzung in den vorigen Stand zu erteilen, wenn er binnen zwei Wochen nach der Beseitigung des Hindernisses die Anberaumung eines neuen Termins beantragt und die Tatsachen, welche die Wiedereinsetzung begründen, glaubhaft macht. Eine Versäumung, die in dem Verschulden eines Vertreters ihren Grund hat, wird als eine unverschuldete nicht angesehen. Nach dem Ablauf eines Jahres, von dem Ende der versäumten Frist an gerechnet, kann die Wiedereinsetzung nicht mehr beantragt werden.

1 *1. Wiedereinsetzung in den vorigen Stand* kann auf Antrag des säumigen Beteiligten sowohl gegen die Versäumung der richterlichen Frist zu dem Antrage auf Anberaumung eines neuen Termins als auch gegen die Versäumung dieses Termins gewährt werden, und zwar im Verfahren nach § 91 und nach § 93 (§ 93 Abs. 2 Satz 2). Die Voraussetzungen sind dieselben wie in § 22 Abs. 2, so daß auf die Bem. dort verwiesen werden kann. Die Versäumung ist nicht unverschuldet, wenn der verhinderte Beteiligte einen Vertreter bestellen konnte[1]).

2 *2. Zuständig* für die Entscheidung ist das NachlG (Rechtspfleger). Der nach Landesrecht zuständige Notar ist nach Art. 23, 25 PrFGG, Art. 24 Abs. 3 Nr. 3, 25 HessFGG, Art. 15 Abs. 1 Nr. 3, 17 NdsFGG nicht zur Entscheidung berufen; er hat den Antrag, der bei ihm oder dem NachlG gestellt werden kann, an das NachlG weiterzuleiten, welches in diesem Fall durch den Richter entscheidet.

[15]) BayObLGZ 25, 126.
[16]) KG OLGR 28, 334; Schlegelberger Anm. 11.
[1]) KGJ 52, 86.

3. Rechtsmittel. Gegen die Entscheidung ist die befristete Erinnerung (§ 11 Abs. 1, 4 RechtspflG) und die sofortige Beschwerde gegeben (§ 96), gleichgültig ob dem Antrage stattgegeben wird oder nicht; sie ist daher allen Beteiligten nach § 16 Abs. 2 Satz 1, Abs. 3 förmlich bekannt zu machen. Beschwerdeberechtigt ist bei Stattgabe jeder andere Beteiligte, bei Ablehnung nur der Antragsteller (§ 20 Abs. 2). Gegen die Versäumung der (Erinnerungs-) Beschwerdefrist kann nochmals Wiedereinsetzung nach § 22 Abs. 2 gewährt werden. 3

4. Wirkung. Durch die Wiedereinsetzung wird das Verfahren in die Lage zurückversetzt, in der es sich vor der Säumnis befand. Einen etwa schon erlassenen Bestätigungsbeschluß kann das Gericht zwar nicht aufheben oder ändern (§ 18 Abs. 2 mit § 96), er wird aber durch die Wiedereinsetzung wirkungslos[2]). Das kann das Gericht durch einen klarstellenden Beschluß aussprechen. Es ist ein neuer Termin anzuberaumen, zu dem alle Beteiligten zu laden sind. Eine Ladungsfrist ist nicht mehr zu wahren (§ 90 Abs. 2 Satz 1). In dem Termin ist nach den bei § 91 Rdn. 16 dargelegten Grundsätzen zu verfahren. Die von den früher erschienenen oder zustimmenden Beteiligten getroffenen Vereinbarungen oder gemachten Vorschläge werden durch die Wiedereinsetzung nicht etwa wirkungslos[3]). 4

7. Auseinandersetzungsplan, Versäumnisverfahren

93 Sobald nach Lage der Sache die Auseinandersetzung stattfinden kann, hat das Gericht einen Auseinandersetzungsplan anzufertigen. Sind die erschienenen Beteiligten mit dem Inhalt des Planes einverstanden, so hat das Gericht die Auseinandersetzung zu beurkunden. Sind die Beteiligten sämtlich erschienen, so hat das Gericht die Auseinandersetzung zu bestätigen; dasselbe gilt, wenn die nicht erschienenen Beteiligten ihre Zustimmung zu gerichtlichem Protokoll oder in einer öffentlich beglaubigten Urkunde erteilen.

Ist ein Beteiligter nicht erschienen, so hat das Gericht nach § 91 Abs. 3 zu verfahren. Die Vorschriften des § 92 finden entsprechende Anwendung.

1. Allgemeines. Wie die Fassung der Vorschrift zeigt, kann die gesamte Auseinandersetzung mit allen Vorfragen in einem einzigen Termin, und zwar in dem nach § 89 bestimmten, durchgeführt werden (§ 91 Rdn. 1). Das hängt von der Lage des Einzelfalls, der mehr oder minder guten Vorbereitung, der Einfachheit der Verhältnisse, der Bereitwilligkeit der Beteiligten zur Mitwirkung und anderen Umständen ab. Darüber, ob die Sache zur Auseinandersetzung reif ist, entscheidet das Ermessen des NachlG. Die Rechtskraft der Bestätigung etwa getroffener vorbereitender Vereinbarungen (§ 91) braucht nur abgewartet zu werden, wenn ein Versäumnisverfahren stattgefunden hat und nicht alle Beteiligten sich über die Art der Teilung einig sind[1]). 1

2. Auseinandersetzungsplan. Die Vorschrift ist nicht dahin zu verstehen, daß in jedem Fall neben dem Verhandlungsprotokoll ein besonderer Auseinandersetzungsplan aufgestellt werden müßte. In einfachen Sachen kann sich das erübrigen; der Plan ergibt sich dann unmittelbar aus der beurkundeten Auseinandersetzung, deren Grundlage er ist[2]). 2

a) Anfertigung. Der Auseinandersetzungsplan ist grundsätzlich vom NachlG (Rechtspfleger) aufzustellen. Das NachlG kann sich aber auch einen von den Beteiligten vorgelegten Plan nach Prüfung zu eigen machen[3]). Der Richter kann in Verfahren, die er selbst bearbeitet, den Rechtspfleger oder einen Rechnungssachverständigen heranziehen[4]). Der Plan kann in einem besonderen Schriftstück niedergelegt oder in das Protokoll aufgenommen werden. 3

b) Inhalt des Plans. In dem Plan sind zunächst die erbrechtlichen Verhältnisse, sodann der Stand der Nachlaßmasse unter Angabe der Aktiven und Passiven darzustellen und etwa 4

[2]) Wellstein[2] Anm. 2.
[3]) Vgl. § 91 Rdn. 10, 16; a.M. Keidel Anm. 6.
[1]) Keidel Anm. 1; Schlegelberger Anm. 1.
[2]) Vgl. KG OLGR 41, 17.
[3]) Dresden OLGR 40, 24; Keidel Anm. 2.
[4]) AV d. JM NRW v. 17. 5. 60 (JMBlNRW 122); AV d. NdsMdJ v. 3. 3. 59 (NdsRpfl. 55); AV d. JM Schlesw.-Holst. v. 2. 11. 60 (SchlHA 334); in Bayern kann auch der Rechtspfleger Rechnungsbeamte heranziehen, Bek. d. BayStMdJ v. 9. 10. 57 (BayJMBl. 499).

bestehende Ausgleichungspflichten zu berücksichtigen. Hiernach sind die Grundsätze der Teilung unter Berücksichtigung etwaiger Teilungsanordnungen des Erblassers darzulegen und die einzelnen Nachlaßgegenstände unter die Erben zu verteilen. An die gemäß § 91 etwa getroffenen vorbereitenden Vereinbarungen ist das Gericht gebunden; die Beteiligten können, wenn sie sich sämtlich einig sind, von solchen Vereinbarungen auch abweichen, wenn sie rechtskräftig bestätigt sind. Im übrigen ist das Gericht an die Vorschläge der Beteiligten, sofern nicht alle Beteiligten darüber einig sind, nicht schlechthin gebunden. Zweckmäßig wird es jedoch zur Vermeidung von Streitigkeiten sachgemäße Wünsche der Beteiligten berücksichtigen und dem Plan eine Fassung geben, die am ehesten die Zustimmung aller Beteiligten zu finden verspricht.

5 *c) Rechtlich zulässiger Inhalt der Auseinandersetzung.* Gegenstand der Auseinandersetzung können nicht nur solche Vereinbarungen sein, welche sich unmittelbar auf Nachlaßgegenstände beziehen, sondern auch andere zum Zweck der Aufhebung und Abwicklung der Gemeinschaft getroffenen Abmachungen, durch welche die Erben sich Ansprüche gegeneinander einräumen, mögen sie Sachen oder persönliche Leistungen, Rechte an Nachlaßgegenständen oder zum Zweck der Ausgleichung zu erbringende Leistungen aus dem Eigenvermögen der Erben betreffen[5]). Dabei ist die schuldrechtliche Verpflichtung zum Vollzug der vereinbarten Nachlaßteilung, insbesondere zur Übertragung der zugewiesenen Nachlaßgegenstände, von dem dinglichen Erfüllungsgeschäft zu unterscheiden, durch welches erst die bestehende Gesamthandsgemeinschaft beendet wird (vgl. § 86 Rdn. 3). Die dingliche Ausführung der Auseinandersetzung ist nicht ein notwendiger Bestandteil des Vermittlungsverfahrens. Um aber, soweit eine Verpflichtung zu einer Leistung übernommen wird, eine nach § 98 zulässige Zwangsvollstreckung oder, wenn die Verpflichtung auf Abgabe einer Willenserklärung geht, eine sonst erforderliche Klage zu vermeiden, können die Beteiligten auch die zur dinglichen Übertragung erforderlichen Erklärung bereits zum Gegenstand der vereinbarten Auseinandersetzung machen und das Vermittlungsverfahren erstreckt sich auch auf die Herbeiführung von Erklärungen dieser Art. Wenn die Auseinandersetzung in der Weise erfolgt, daß ein Miterbe die Erbanteile der übrigen nach § 2033 erwirbt (§ 86 Rdn. 3), kann nicht nur die schuldrechtliche Verpflichtung dazu, sondern auch die dingliche Übertragung nach § 2033 Abs. 1 in dem Verfahren erklärt werden[6]). Ferner können Abtretungs- und Übertragungserklärungen (§§ 398, 413 BGB), dingliche Einigungen über die Begründung, Übertragung, Inhaltsänderung oder Aufhebung dinglicher Rechte (§§ 873, 875, 929 BGB) einschließlich der gegenüber dem Grundbuchamt erforderlichen Bewilligungen in dem Verfahren abgegeben werden[7]). Wenn die Auseinandersetzung die Übertragung des Eigentums an einem zum Nachlaß gehörigen oder von einem Erben zur Ausgleichung verwendeten Grundstück vorsieht, können in dem Teilungsverfahren auch die zur *Auflassung* erforderlichen Erklärungen entgegengenommen und beurkundet werden. Das setzt aber voraus, daß die mit dem Verfahren befaßte Behörde eine zur Entgegennahme der Auflassung zuständige Stelle ist[7a]). Das trifft für die Amtsgerichte nach § 925 Abs. 1 Satz 2 BGB i. d. F. des § 57 Abs. 3 Nr. 3 BeurkG nicht mehr zu, sofern es in dem Verfahren nicht zu einem gerichtlichen Vergleich kommt (§ 925 Abs. 1 Satz 3 BGB). Denn die vom BeurkG nicht berührte Befugnis des Nachlaßgerichts, im Rahmen des Teilungsverfahrens öffentliche Beurkundungen vorzunehmen, genügt nicht, wenn die Zuständigkeit zur Entgegennahme der Auflassung fehlt (vgl. auch § 36 Abs. 3 GBO). Dieses Hindernis entfällt aber, wenn auf Grund der Vorbehalte in Art. 147 EGBGB und § 193 FGG eine nichtgerichtliche Behörde mit den Befugnissen eines Notars zuständig ist, wie die Bezirksnotare in Württemberg[8]) und die Notare in Baden (vgl. § 193 Rdn. 2), oder wenn auf Grund des Vorbehalts in § 193 FGG die Notare für die

[5]) KGJ 28 A 30 = OLGR 10, 36; BayObLGZ 5, 1 = OLGR 10, 38.
[6]) KGJ 35 A 74.
[7]) KGJ 41, 249; KG JFG 1, 362.
[7a]) KGJ 35 A 76; Keidel[9] § 98 Anm. 19.
[8]) Auch die Befugnis der württ. Bezirksnotare, Auflassungen entgegenzunehmen, ist nicht mehr auf in Württemberg belegene Grundstücke beschränkt; Jansen, JR 1960, 237; Haegele, Rpfleger 1960, 423; Palandt[25] § 925 Anm. 4 c.

Vermittlung der Auseinandersetzung zuständig sind oder infolge einer Überweisung des Gerichts zuständig werden (dazu § 193 Rdn. 3). Auch auf diese dinglichen Ausführungserklärungen erstrecken sich die Säumniswirkungen gegenüber nicht erschienenen Beteiligten; das Erfordernis gleichzeitiger Anwesenheit beider Teile (§ 925 BGB) steht nicht entgegen, da die Abgabe der Erklärung im Termin als Säumnisfolge fingiert wird[9]). Ebenso kann die beurkundete Auflassungserklärung der Erschienenen durch eine nach Abs. 1 Satz 3 Halbs. 2 nachträglich erteilte Zustimmung ergänzt werden[10]). Auch Vollmachten zu dinglichen Übertragungserklärungen können in die Teilungserklärung aufgenommen und infolge Säumnis als erteilt gelten[11]).

3. Verhandlung, Beurkundung, Bestätigung. Zur Verhandlung über den Auseinandersetzungsplan hat das NachlG einen Termin anzuberaumen und die Beteiligten zu laden. Eine Ladungsfrist braucht nach § 90 Abs. 2 Satz 1 nicht mehr gewahrt zu werden, wenn bereits ein Termin über vorbereitende Maßregeln nach § 91 vorausgegangen war[12]). Das Verfahren bei der Beurkundung der Auseinandersetzung, der Bestätigung und der Säumnis einzelner Beteiligter entspricht völlig dem bei der Verhandlung über vorbereitende Vereinbarungen nach § 91; die Bem. zu § 91 gelten daher auch hier. Auch Wiedereinsetzung in den vorherigen Stand nach § 92 kann gewährt werden (Abs. 2 Satz 2). 6

8. Losziehung

94 Ist vereinbart, daß eine Verteilung durch das Los geschehen soll, so wird das Los, sofern nicht ein anderes bestimmt ist, für die nicht erschienenen Beteiligten von einem durch das Gericht zu bestellenden Vertreter gezogen.

1. Verlosung. Die Vorschrift regelt nicht die in §§ 2042 Abs. 2, 752 Satz 2 BGB für den Fall gesetzmäßiger Teilung vorgesehene Verlosung, sondern setzt voraus, daß alle Beteiligten sich über eine vorzunehmende Verlosung verständigt haben oder daß die im Termin vor dem NachlG erschienenen Beteiligten die Verlosung als vorbereitende Maßregel vereinbart haben und diese Vereinbarung nach § 91 Abs. 3 für die Nichterschienenen verbindlich geworden ist. 1

2. Vertreter. Soweit nach der Vereinbarung (Anm. 1) ein Beteiligter zur Losziehung berufen ist und dieser in dem dazu bestimmten Termin ausbleibt, zieht an seiner Stelle ein vom Gericht zu bestellender Vertreter das Los, sofern für diesen Fall in der Vereinbarung nichts anderes bestimmt ist. Die Vertretungsbefugnis des Vertreters, dessen Bestellung mit der Bekanntmachung an ihn wirksam wird (§ 16 Abs. 1), beschränkt sich auf die Losziehung. Für die Bestellung besteht kein Richtervorbehalt. 2

9. Behandlung der Streitpunkte

95 Ergeben sich bei den Verhandlungen Streitpunkte, so ist ein Protokoll darüber aufzunehmen und das Verfahren bis zur Erledigung der Streitpunkte auszusetzen. Soweit bezüglich der unstreitigen Punkte die Aufnahme einer Urkunde ausführbar ist, hat das Gericht nach den §§ 91, 93 zu verfahren.

1. Streitpunkte. In der Vorschrift kommt der Grundsatz zum Ausdruck, daß das NachlG zwischen den Beteiligten nur zu vermitteln, nicht aber in der Sache unter ihnen bestehende Meinungsverschiedenheiten zu entscheiden hat[1]). Sie regelt die Behandlung von Streitpunkten, welche sowohl in einem Termin für vorbereitende Vereinbarungen nach § 91 als auch in einem Termin zur Verhandlung über den Auseinandersetzungsplan nach § 93 hervortreten können. 1

[9]) KGJ 28 A 30 = OLGR 10, 36; KGJ 41, 249; BayObLGZ 5, 1 = OLGR 10, 38; Lange, Lb. d. ErbR § 46 III 5 a β; Schlegelberger § 98 Anm. 6; Keidel § 98 Anm. 19; Pikart-Henn S. 335; a.M. Meikel-Imhof-Riedel GBO[5] § 36 Anm. 18.

[10]) Ebert-Dudek-Lindemann[2] Anm. 1 b; ZBlFG 4, 843; 8, 335.

[11]) KGJ 28 A 30 = OLGR 10, 36; KG JFG 1, 362; Keidel Anm. 3.

[12]) Keidel § 90 Anm. 5.

[1]) Vgl. § 86 Rdn. 1; KG OLGZ 1965, 226 = NJW 1965, 1538.

Ergeben sich Streitpunkte schon vor der Einleitung des Verfahrens, so ist nach in § 87 Anm. 3 a, b dargelegten Grundsätzen vorzugehen. *Nach der Einleitung des Verfahrens* rechtfertigen eine Aussetzung nur solche Streitpunkte, welche sich bei der Verhandlung in einem Termin vor dem NachlG ergeben und trotz des Einigungsversuchs des NachlG bestehen bleiben; ein außerhalb des Termins erklärter, schriftlich bei dem Gericht erhobener Widerspruch ist unbeachtlich[2]). Der Streitpunkt muß sich als Ergebnis der Verhandlung herausgestellt haben und soweit klargestellt werden, daß sich ein konkretes Streitverhältnis herausschält, welches Gegenstand eines Rechtsstreits sein kann. Es genügt nicht für eine Aussetzung des Verfahrens, wenn sich nur allgemeine Meinungsverschiedenheiten über die Auseinandersetzung ergeben haben, ohne daß im einzelnen festgestellt ist, worüber die Beteiligten sich einig sind und worüber sie streiten[3]). Die Streitpunkte müssen für die Auseinandersetzung von Bedeutung sein, dürfen also z. B. nicht nur irgendwelche sonstige Ansprüche zwischen den Beteiligten betreffen. Klarzustellen ist auch, unter welchen Beteiligten der Streit besteht und wie die nicht unmittelbar daran Beteiligten dazu Stellung nehmen[4]). Der Streit kann das Antrags- oder Erbrecht betreffen oder sich nur auf den Umfang der Teilungsmasse beziehen, z. B. auf die Zugehörigkeit bestimmter Gegenstände zum Nachlaß oder die unter Abkömmlingen bestehende Ausgleichungspflicht. Ist ein bestimmter einzelner Streitpunkt festgestellt, so darf die Verhandlung nicht schon abgebrochen werden, sondern es ist in der Verhandlung fortzufahren und zu klären, in welchen weiteren Punkten die Beteiligten einig sind oder Streit besteht. Das Gericht hat mithin auf eine Begrenzung der Streitpunkte hinzuwirken, damit ein Scheitern der Vermittlung nur in dem Umfange eintritt, als der Streit es bedingt. Ein im Termin erhobener Widerspruch bleibt so lange wirksam, bis er im Wege gütlicher Verständigung zurückgenommen oder durch rechtskräftiges Urteil beseitigt wird; unzulässig ist es, beim Ausbleiben des Widersprechenden in einem späteren Termin sein Einverständnis mit dem Vorschlag anzunehmen, dem er widersprochen hat[5]).

2 *2. Feststellung zu Protokoll.* Die als Ergebnis der Verhandlung verbleibenden Streitpunkte sind im Protokoll festzustellen und so zu kennzeichnen, daß sich ein bestimmtes Streitverhältnis ergibt. Für die Form des Protokolls gelten die allgemeinen Grundsätze (vgl. § 11 Rdn. 8); die Beachtung der für die Beurkundung von Rechtsgeschäften vorgeschriebenen Form ist nicht erforderlich.

3 *3. Aussetzung.* Im Umfang der festgestellten Streitpunkte ist das Verfahren auszusetzen Wenn die Streitpunkte die Grundlage des gesamten Verfahrens berühren, ist das Verfahren insgesamt auszusetzen; andernfalls nur hinsichtlich der streitig gebliebenen Teilfrage[6]).

4 *4. Dauer und Beendigung der Aussetzung.* Eine Frist zur Erledigung der Streitpunkte oder zur Erhebung der Klage kann das NachlG nicht setzen. Werden die Streitpunkte von den Beteiligten nicht verfolgt, so kann das NachlG nach angemessener Frist die Weglegung der Akten verfügen, worin allerdings keine förmliche Verfahrensbeendigung liegt; insbesondere wird dadurch kein Hindernis für eine Fortsetzung des Verfahrens nach Beilegung des Streits begründet. Ist der Streit durch Einigung oder rechtskräftiges Urteil beendet, so wird das Verfahren auf Antrag eines Beteiligten wieder aufgenommen. Das Urteil des Prozeßgerichts ist für das NachlG bindend[7]). Wird der rechtskräftig für unbegründet erklärte Widerspruch im weiteren Verfahren wiederholt, so ist er unbeachtlich[8]).

5 *5. Teilvereinbarungen und Teilauseinandersetzung (Satz 2).* Soweit das Verfahren durch die festgestellten Streitpunkte nicht berührt wird, ist es nach Maßgabe der §§ 91, 93 fortzusetzen. Es können also sowohl vorbereitende Vereinbarungen in bezug auf die unstreitig gebliebenen Verhältnisse nach § 91 getroffen als auch auf der Grundlage des aufgestellten

[2]) BayObLGZ 4, 500 = RJA 4, 14; KGJ 32 A 114 = RJA 7, 174; Ebert-Dudek-Lindemann[2] Anm. 1 b; Keidel Anm. 5.

[3]) KGJ 32 A 114 = RJA 7, 174.

[4]) Josef GruchBeitr. 49, 43; Keidel Anm. 2.

[5]) BayObLGZ 4, 500 = RJA 4, 14; Ebert-Dudek-Lindemann[2] Anm. 1 b.

[6]) Keidel Anm. 8.

[7]) Josef IheringsJ 61, 223; Schlegelberger Anm. 1.

[8]) Josef GruchBeitr. 49, 33; Schlegelberger Anm. 1; Keidel Anm. 9.

Auseinandersetzungsplans eine Teilauseinandersetzung zustande kommen, soweit eine solche statthaft ist (vgl. § 86 Rdn. 3, 4). Diese auf vorbereitende Maßregeln oder Teilauseinandersetzung gerichteten Vereinbarungen sind zu beurkunden und zu bestätigen; sie werden rechtskräftig und vollstreckbar ohne Rücksicht auf die verbliebenen Streitpunkte. Besteht z. B. unter vier zu gleichen Teilen berufenen Erben bei einem Nachlaßbestand von 100 000 Deutsche Mark Streit darüber, ob einer von ihnen 10 000 DM zur Ausgleichung zu bringen hat, so können den drei Erben je 25 000 DM, dem Ausgleichspflichtigen 17 500 DM sogleich endgültig zugewiesen werden, der Rest aber zur Nachtragsverteilung in der Schwebe bleiben[9]). Auch können einzelne Miterben, bezüglich derer kein Streit besteht, durch eine subjektiv beschränkte Erbauseinandersetzung ausscheiden (vgl. § 86 Rdn. 3). Besteht unter den Miterben Einigkeit über die Auseinandersetzung, erhebt aber ein vermeintlicher Pfändungspfandgläubiger, dessen Recht bestritten ist, Widerspruch, so kann die Auseinandersetzung unter den Erben beurkundet (wenn auch nicht bestätigt) werden und die Aussetzung ist auf die Erledigung des Streits über das Pfändungspfandrecht zu beschränken[10]). Unausführbar i. S. des Satzes 2 kann die Teilauseinandersetzung allerdings auch sein, wenn der unstreitig gebliebene Teil zu den Streitpunkten in keinem angemessenen Verhältnis steht.

10. Rechtsmittel

96 Gegen den Beschluß, durch welchen eine vorgängige Vereinbarung oder eine Auseinandersetzung bestätigt, sowie gegen den Beschluß, durch welchen über den Antrag auf Wiedereinsetzung in den vorigen Stand entschieden wird, findet die sofortige Beschwerde statt. Die Beschwerde gegen den Bestätigungsbeschluß kann nur darauf gegründet werden, daß die Vorschriften über das Verfahren nicht beobachtet seien.

1. Rechtsmittel. Grundsätzlich ist auch im Auseinandersetzungsverfahren die nach § 19 statthafte Beschwerde *unbefristet.* Das gilt vor allem für die Beschwerde gegen eine Zwischenverfügung nach § 87 Abs. 2, gegen die Zurückweisung des Antrags oder gegen die Einleitung des Verfahrens (§ 87 Rdn. 7, 8), aber auch für die *Versagung der Bestätigung.* Jedoch werden Verfügungen, die der Bestätigung vorausgehen, mit dem Erlaß des Bestätigungsbeschlusses (nicht erst mit seiner Rechtskraft) gegenstandslos; nur der Bestätigungsbeschluß kann noch angefochten werden[1]). **1**

2. Sofortige Beschwerde. In drei Fällen ist die Beschwerde eine *sofortige,* nämlich gegen die Entscheidung über die *Wiedereinsetzung* (dazu § 92 Rdn. 3) und gegen die *Bestätigung* vorbereitender Vereinbarungen (§ 91) oder der Auseinandersetzung (§ 93). Soweit der *Rechtspfleger* entschieden hat, ist die befristete Erinnerung (§ 11 Abs. 1 Satz 2 RechtspflG) gegeben. **2**

In diesen Fällen ist der Beschluß, soweit er den erschienenen Beteiligten nicht zu Protokoll bekanntgemacht wird (§ 16 Abs. 3), allen Beteiligten förmlich zuzustellen (§ 16 Abs. 2). Die Beschwerdefrist beginnt für jeden Beteiligten besonders mit der Bekanntmachung an ihn. Das Gericht ist nicht befugt, den Beschluß zu ändern (§ 18 Abs. 2). **3**

3. Beschwerderecht bei Anfechtung der Bestätigung. Das Beschwerderecht ergibt sich auch hier aus der allgemeinen Vorschrift des § 20 Abs. 1. Die Beschränkung der Beschwerdegründe durch § 96 Satz 2 enthält keine Abweichung von § 20[2]), sondern von § 23, indem die statthaften Beschwerdegründe ihrer Art nach beschränkt sind. Wird die Beschwerde von einem nach § 20 Abs. 1 Beschwerdeberechtigten auf nicht zugelassene Beschwerdegründe gestützt, so ist die Beschwerde nicht unzulässig, sondern unbegründet. Beschwerdeberechtigt sind alle zu dem Verfahren hinzugezogenen Beteiligten; ihre Rechtsbeeinträchtigung liegt darin, daß ihr Recht an der Gesamthandsgemeinschaft betroffen wird, wenn die bestätigte Vereinbarung **4**

[9]) Beispiel bei Schlegelberger Anm. 2.
[10]) KG RJA 5, 230; Josef[2] Anm. 3, 4; Schlegelberger Anm. 9.

[1]) Schlegelberger Anm. 1.
[2]) So Schlegelberger Anm. 2.

ihnen gegenüber verbindlich wird. Wer geltend macht, daß er zu Unrecht zu dem Verfahren als Beteiligter hinzugezogen worden sei, kann gegen den Bestätigungsbeschluß keine Beschwerde mehr einlegen, nachdem er sich auf das Verfahren eingelassen hat (§ 87 Rdn. 8). Ein nicht Hinzugezogener, dem in der Vereinbarung keine Pflichten auferlegt werden, ist nicht beschwerdeberechtigt, da die Vereinbarung, auch wenn er Beteiligter sein sollte, ihm gegenüber unwirksam ist[3]). Beschwerdeberechtigt ist auch der zur Auseinandersetzung berechtigte Testamentsvollstrecker.

5 *4. Beschränkung der Beschwerdegründe.* Die Beschwerde gegen die Bestätigung kann nur auf eine Verletzung der Vorschriften über das Verfahren gestützt werden. Diese Beschränkung beruht auf der nur förmlichen Bedeutung der Bestätigung (§ 91 Rdn. 4). Geltend gemacht werden kann die Unzulässigkeit des ganzen Verfahrens[4]) aus den bei § 86 Rdn. 6—8, § 87 Rdn. 3 dargelegten Gründen oder die Fehlerhaftigkeit einzelner Verfahrenshandlungen, insbesondere nach den §§ 89, 90 Abs. 1, 91, 93, 95, z. B. daß das Versäumnisverfahren nicht den gesetzlichen Vorschriften entspreche, die nach § 91 Abs. 3 gesetzte Frist unzulänglich sei, daß das Verfahren trotz festgestellter Streitpunkte nicht nach § 95 ausgesetzt worden sei[5]) oder daß zwingende Vorschriften über die Beurkundung nicht eingehalten seien[6]). Ferner kann mangelnde gesetzliche Vertretung geschäftsunfähiger oder in der Geschäftsfähigkeit beschränkter Beteiligter oder das Fehlen der Genehmigung des VormG gerügt werden[7]). Die Beschwerde kann darauf gestützt werden, daß die Vereinbarung wegen Verstoßes gegen die guten Sitten oder ein Verbotsgesetz nicht hätte beurkundet werden dürfen[8]), nicht aber auf dem sachlichen Recht entnommene Einwendungen gegen die Richtigkeit und Gültigkeit der Vereinbarung, etwa ihre Anfechtung wegen Willensmangels, noch weniger darauf, daß die Auseinandersetzung unbillig oder unzweckmäßig sei. Die Rüge ist nicht auf solche Verfahrensverstöße beschränkt, die den Beschwerdeführer selbst verletzen[9]). Die Abweichung von § 23 besteht nur darin, daß die Beschwerdegründe ihrer Art nach beschränkt sind; zu ihrer Darlegung ist das Vorbringen neuer Tatsachen und Beweise nicht ausgeschlossen[10]).

6 *5. Wirkung der Aufhebung des Bestätigungsbeschlusses.* Wird der Bestätigungsbeschluß des Rechtspflegers auf Erinnerung vom Amtsrichter aufgehoben, so wird der aufhebende Beschluß nach § 16 Abs. 1 mit der Bekanntmachung wirksam (§ 26 Rdn. 13). Eine aufhebende Entscheidung des Beschwerdegerichts dagegen wird nach § 26 erst mit dem Eintritt der Rechtskraft allen Beteiligten gegenüber wirksam[11]). Damit wird die Bestätigung allen Beteiligten gegenüber hinfällig[12]). Durch die Aufhebung wird der Zustand wiederhergestellt, der vor Erlaß des Bestätigungsbeschlusses bestand. Inwieweit das Verfahren zu wiederholen oder nur in einzelnen Punkten zu ergänzen ist, hängt von der Art des Mangels ab, der zur Aufhebung geführt hat[13]). Über Bindung der Beteiligten an ihre Erklärungen vgl. § 91 Rdn. 10.

11. Wirkung der Bestätigung. Vormundschaftsgerichtliche Genehmigung

97 Eine vorgängige Vereinbarung sowie eine Auseinandersetzung ist nach dem Eintritt der Rechtskraft des Bestätigungsbeschlusses für alle Beteiligten in gleicher Weise verbindlich wie eine vertragsmäßige Vereinbarung oder Auseinandersetzung.

Bedarf ein Beteiligter zur Vereinbarung oder zur Auseinandersetzung der Genehmigung des Vormundschaftsgerichts, so ist, wenn er im Inlande keinen Vormund, Pfleger oder Beistand hat, für die Erteilung oder die Verweigerung der Genehmigung an Stelle des Vormundschaftsgerichts das Nachlaßgericht zuständig.

3) Keidel Anm. 10.
4) BayObLGZ 14, 71 = BayZ 13, 193.
5) KGJ 32 A 114 = RJA 7, 174.
6) Josef ZZP 30, 122 Fußn. 16; Unger ZZP 39, 50 Fußn. 27; Keidel Anm. 7.
7) Unger, Keidel aaO.
8) § 91 Anm. B 1 b; Schlegelberger § 91 Anm. 4.
9) Unger ZZP 39, 50 Fußn. 27; Ötker RheinZ 1923, 257; Keidel Anm. 9; Schlegelberger Anm. 2; a.M. Josef[2] Anm. 8.
10) Unger ZZP 39, 55 Fußn. 38; oben § 23 Anm. 7.
11) KGJ 46, 151, 155 = RJA 14, 27.
12) Colmar DNotV 8, 131; Keidel Anm. 11.
13) KGJ 46, 151 = RJA 14, 27; Keidel Anm. 12.

A. Wirkung der Bestätigung

1. Der Eintritt der Verbindlichkeit vorbereitender Vereinbarungen (§ 91) und der Auseinandersetzung (§ 93) ist an den Eintritt der formellen Rechtskraft des Bestätigungsbeschlusses gebunden (vgl. § 31 Rdn. 4, 5). Da stets eine Mehrheit von Beteiligten vorhanden ist, tritt die Wirkung erst ein, wenn die Entscheidung für alle Beteiligten unanfechtbar geworden ist (§ 26 Rdn. 6). Wird die Bestätigung versagt und ist der Versagungsbeschluß wirksam geworden, so entfällt zwar die Bindung, die Erklärungen bleiben aber bis zum Widerruf in Kraft (§ 91 Rdn. 10). 1

2. *Umfang der Bindung.* Inhaltlich besteht die Wirkung darin, daß die Beteiligten so gebunden sind, als hätten sie die Vereinbarung (Auseinandersetzung) vertragsmäßig getroffen. 2

a) Verfahrensmängel können nach der Rechtskraft des Bestätigungsbeschlusses nicht mehr gerügt werden[1]); sie können nur mit der sofortigen Beschwerde gegen den Bestätigungsbeschluß geltend gemacht werden, werden durch die Rechtskraft geheilt und unterliegen nicht der Nachprüfung in einem anderen Verfahren der streitigen oder freiwilligen Gerichtsbarkeit, z. B. durch das Grundbuchamt. Ein Beteiligter, der zu dem Verfahren zugezogen war, aber seine Zustimmung weder im Termin noch nachträglich nach §§ 91 Abs. 2 Satz 2, 93 Abs. 1 Satz 3 Halbs. 2 erklärt hat, muß die beurkundeten Erklärungen so gelten lassen, als wenn er sein Einverständnis formgerecht erklärt hätte, auch wenn die Vorschriften über das Versäumnisverfahren verletzt sind[2]). Das gilt auch für die Bindung an die zur dinglichen Vollziehung der Auseinandersetzung beurkundeten Erklärungen, insbesondere eine Auflassung (§ 93 Rdn. 5). 3

b) Sachlichrechtliche Mängel der beurkundeten Vereinbarung (Auseinandersetzung) werden im Bestätigungsverfahren nicht geprüft (§ 96 Rdn. 5) und deshalb durch die Bestätigung nicht geheilt. Sie können mit der Feststellungs- oder der Vollstreckungsgegenklage (§§ 767, 794 Nr. 5, 795, 797 Abs. 4 ZPO) vor dem Prozeßgericht geltend gemacht werden[3]). Dazu gehören allgemeine Nichtigkeitsgründe (§§ 105, 117, 125, 134, 138 BGB) oder die Anfechtung wegen Willensmangels. Mit Klage kann auch geltend gemacht werden, daß eine erforderliche Genehmigung des VormG nicht erteilt oder zwingende Formvorschriften für die Beurkundung (§ 91 Rdn. 3) nicht gewahrt seien; soweit diese Mängel auch mit der Beschwerde gegen den Bestätigungsbeschluß gerügt werden können (§ 96 Anm. 4), tritt durch dessen Rechtskraft Heilung nicht ein. Mit der Feststellung der Nichtigkeit der Vereinbarung wird die Bestätigung gegenstandslos. 4

c) Beteiligten gegenüber, die zu dem Verfahren *nicht hinzugezogen* waren, tritt die verbindliche Wirkung nicht ein. Sie können, da die Auseinandersetzung ihnen gegenüber unwirksam ist, entweder ein neues Auseinandersetzungsverfahren beantragen oder ihr Recht gegen die übrigen Beteiligten im Prozeßwege verfolgen[4]). 5

3. Beendigung der Bindung. Da die Verbindlichkeit nur eine vertragsmäßige ist, steht es den Beteiligten frei, die Vereinbarung trotz der Bestätigung durch übereinstimmende Einigung zu ändern oder aufzuheben[5]); die durch dingliche Vollziehung der Auseinandersetzung bereits beendete Erbengemeinschaft kann jedoch durch Vertrag zwecks anderweitiger Auseinandersetzung nicht wiederhergestellt werden (§ 86 Rdn. 3). In diesem Fall können nur nach allgemeinen Grundsätzen Rechte an bisherigen Nachlaßgegenständen begründet werden. Die Bindung entfällt ferner, wenn die Unwirksamkeit der Vereinbarung durch rechtskräftiges Urteil festgestellt oder von allen Beteiligten anerkannt wird. Dann kann auf Antrag ein Vermittlungsverfahren erneut eingeleitet werden[6]). Zur Frage, wie zu verfahren ist, wenn sich nachträglich weitere ungeteilte Nachlaßgegenstände herausstellen, vgl. § 86 Rdn. 4. 6

[1]) KGJ 35 A 74; KG JFG 1, 362; Schlegelberger Anm. 3; Josef ZZP 30, 120; 40, 309, 318; irrig Lange Lb. d. ErbR § 46 III 5 a S. 590.

[2]) KG JFG 1, 362.

[3]) KG JFG 1, 362 = OLGR 42, 190; Keidel Anm. 6.

[4]) KG ZBlFG 15, 561; vgl. KG RJA 5, 230; Ebert-Dudek-Lindemann[2] Anm. 1 b; Keidel Anm. 9.

[5]) BayObLGZ 5, 472; Keidel Anm. 8.

[6]) Keidel Anm. 10.

7 4. *Mitteilungspflicht.* Die Abwicklung der Erbauseinandersetzung ist dem für die Verwaltung der Erbschaftssteuer zuständigen Finanzamt mitzuteilen (§ 189a AbgO, § 12 ErbStDV, MiZi XVII/2).

B. Vormundschaftsgerichtliche Genehmigung durch das NachlG (Abs. 2)

8 Der Bestätigung muß die nach bürgerlichem Recht erforderliche Genehmigung des VormG vorausgehen, auch wenn die Erklärung des gesetzlich Vertretenen im Versäumnisverfahren ersetzt wird (§ 91 Rdn. 4, 17). Sie ist notfalls vom NachlG einzuholen. Ausnahmsweise tritt aber, von dem Fall des § 88 abgesehen, für die Erteilung der Genehmigung das NachlG an die Stelle des VormG, wenn ein gesetzlich vertretungsbedürftiger Beteiligter im Inland keinen Vormund, Pfleger oder Beistand hat, d. h. wenn im Inland keine Vormundschaft usw. schwebt, so daß die Erklärungen des gesetzlichen Vertreters durch eine ausländische Behörde genehmigt werden müßten. Die Vorschrift dient der Erleichterung und Beschleunigung des Verfahrens. Nicht gemeint ist der Fall, wenn etwa der von einem inländischen Gericht bestellte Vormund sich im Ausland befindet oder weggefallen und noch kein neuer bestellt ist. Der gesetzliche Vertreter muß zum Verfahren hinzugezogen sein. Er kann auch ein Elternteil sein, dessen Erklärung von einem ausländischen VormG genehmigt werden müßte[7]). Unerheblich ist es, ob der vertretene Beteiligte Deutscher oder Ausländer ist[8]). Auf vertragsmäßige Auseinandersetzungen außerhalb eines Verfahrens nach den §§ 86 ff. ist die Vorschrift nicht anwendbar[9]).

9 2. *Prüfung.* Das NachlG hat wie das sonst zuständige VormG eine sachliche Prüfung anzustellen, ob die zu genehmigende Vereinbarung den Interessen des Mündels gerecht wird. Die Genehmigung muß nach §§ 1828, 1643 Abs. 3, 1690, 1915 BGB dem gesetzlichen Vertreter gegenüber erklärt und dem anderen Teil nach § 1829 mitgeteilt werden.

10 3. *Richtervorbehalt* besteht nach § 16 Abs. 1 Nr. 8 Buchst. b RechtspflG für die in § 14 Nrn. 9 und 17 vorgesehenen Genehmigungen.

12. Zwangsvollstreckung

98 Aus einer vorgängigen Vereinbarung sowie aus einer Auseinandersetzung findet nach dem Eintritt der Rechtskraft des Bestätigungsbeschlusses die Zwangsvollstreckung statt. Die Vorschriften der §§ 795, 797 der Zivilprozeßordnung finden Anwendung.

1 1. *Vollstreckungstitel.* Sowohl eine Vereinbarung über vorbereitende Maßregeln (§ 91) als auch der Auseinandervertrag (§ 93) ist in Verbindung mit dem rechtskräftigen Bestätigungsbeschluß ein zur Zwangsvollstreckung geeigneter Titel wegen der darin von den Beteiligten übernommenen Verpflichtungen. Es ist nicht erforderlich, daß die Beteiligten sich im Sinne des § 794 Abs. 1 Nr. 5 ZPO durch besondere Erklärung der sofortigen Zwangsvollstreckung unterworfen haben. Es jeweils zu prüfen, welcher Beteiligte der Gläubiger und welcher der Schuldner der zu vollstreckenden Verpflichtung ist.

2 2. *Zwangsvollstreckungsverfahren.* Die Zwangsvollstreckung ist kein Akt des FG; sie geschieht im Parteiauftrag nach der ZPO. Nur die vollstreckbare Ausfertigung wird durch die Organe der FG erteilt, und zwar von der Geschäftsstelle desjenigen Gerichts, welches den Bestätigungsbeschluß verwahrt (§ 797 Abs. 1 ZPO); in den Fällen des § 730 ZPO vom Rechtspfleger, § 20 Nr. 12 RechtspflG. Über Einwendungen, welche die Zulässigkeit der Vollstreckungsklausel betreffen (§ 797 Abs. 3 ZPO), entscheidet der Richter, §§ 11 Abs. 1, 28 RechtspflG. Die Erteilung einer weiteren vollstreckbaren Ausfertigung (§ 797 Abs. 3 ZPO)

[7]) Schlegelberger Anm. 5; Keidel Anm. 13 a.
[8]) LG Colmar ZBlFG 2, 14 = Recht 1901 Nr. 1376.
[9]) Colmar OLGR 5, 288.

ist dem Rechtspfleger übertragen, § 20 Nr. 13 RechtspflG. Die Beschwerde ist diejenige der freiwilligen Gerichtsbarkeit[1]). Vgl. ferner § 33 Rdn. 7 ff.

3. Abgabe und Erzwingung von Willenserklärungen. Einer Zwangsvollstreckung bedarf es nicht mehr, wenn die zur dinglichen Vollziehung des schuldrechtlichen Auseinandersetzungsvertrages erforderlichen Erklärungen bereits in die Vereinbarung aufgenommen sind (§ 93 Anm. 2 c), sofern es zum Rechtserwerb nicht noch der Übergabe oder Herausgabe einer Sache bedarf, die nach § 897 ZPO zu vollstrecken ist. Das gilt auch für eine in der Urkunde erklärte Auflassung. Fehlt es in der Urkunde an diesen Erklärungen, so gilt die Willenserklärung, zu deren Abgabe der Beteiligte sich verpflichtet hat, nicht etwa nach § 894 ZPO als abgegeben, sondern ihre Abgabe ist im Wege der Zwangsvollstreckung zu erzwingen, und zwar nicht nach § 887, sondern nach § 888 ZPO[2]). Führt dieser Weg nicht zum Erfolg, so muß auf Abgabe der Willenserklärung aus der Urkunde geklagt werden. **3**

Auseinandersetzung einer Gütergemeinschaft

99 Nach der Beendigung der ehelichen oder der fortgesetzten Gütergemeinschaft sind auf die Auseinandersetzung über das Gesamtgut die Vorschriften der §§ 86 bis 98 entsprechend anzuwenden.

Für die Auseinandersetzung ist, falls ein Anteil an dem Gesamtgut zu einem Nachlaß gehört, das Amtsgericht zuständig, das für die Auseinandersetzung über den Nachlaß zuständig ist. Im übrigen bestimmt sich die Zuständigkeit nach den Vorschriften des § 45.

Fassung des Art. 4 Nr. 12 GleichberG.

1. Gütergemeinschaft. Das BGB kannte als vertragliche Gütergemeinschaften die allgemeine Gütergemeinschaft (§§ 1437 bis 1518), die Errungenschaftsgemeinschaft (§§ 1519 bis 1548) und die Fahrnisgemeinschaft (§§ 1549 bis 1557). Das GleichberG sieht nur noch einen einheitlichen Typ der Gütergemeinschaft als gesetzlich normierten Wahlgüterstand vor (§§ 1415 bis 1518 BGB). In diesen Güterstand sind auch die am 1. 7. 1958 bestehenden vertraglichen Güterstände der allgemeinen Gütergemeinschaft des BGB übergeleitet mit der Maßgabe, daß die Fortsetzung der Gütergemeinschaft als vereinbart gilt, wenn die Ehegatten sie nicht ausgeschlossen haben (Art. 8 I Nr. 6 GleichberG), während künftig die Fortsetzung vertraglich vereinbart sein muß (§ 1483 n. F.). Vor dem 1. 7. 1958 vertraglich begründete Güterstände der Errungenschafts- und Fahrnisgemeinschaft bleiben unberührt; für sie gelten weiter die Vorschriften, die vor dem 1. 4. 1953 für diese Güterstände gegolten haben (Art. 8 I Nr. 7 GleichberG). Es können also auch in Zukunft Auseinandersetzungen über das Gesamtgut der (allgemeinen) Gütergemeinschaft, der Errungenschafts- und der Fahrnisgemeinschaft stattfinden. Der vom 1. 7. 1958 an geltende gesetzliche Güterstand der Zugewinngemeinschaft begründet kein gemeinschaftliches Vermögen der Ehegatten (§ 1363 Abs. 2 BGB). **1**

2. Beendigung der Gütergemeinschaften tritt ein durch Ehevertrag (§ 1414 n. F., § 1436 a. F.), durch Gestaltungsurteil (§§ 1449, 1470 n. F., §§ 1542, 1549 a. F.), Auflösung der Ehe, bei Auflösung durch Tod nur, sofern nicht bei der Gütergemeinschaft und der Fahrnisgemeinschaft die Fortsetzung vereinbart ist (§ 1483 n. F., § 1557 a. F.) oder bei der Gütergemeinschaft als vereinbart gilt (Art. 8 I Nr. 6 GleichberG); bei der Errungenschaftsgemeinschaft außerdem mit rechtskräftiger Eröffnung des Konkurses über das Mannesvermögen (§ 1543 a. F.) und mit der Todeserklärung eines Ehegatten (§ 1544 a. F.), während die Gütergemeinschaft und die Fahrnisgemeinschaft bei Todeserklärung erst mit der Schließung einer neuen Ehe durch den anderen Ehegatten endigen (§ 38 Abs. 2 EheG) und bis dahin nur die **2**

[1]) KGJ 46, 18 = RJA 14, 190.

[2]) KG JW 1923, 1045; Hamm NJW 1956, 1018; Rosenberg ZPR[9] § 128 II 2 b; Stein-Jonas-Pohle[18] § 887 Anm. II 2 b; a.M. (für § 887) RGZ 55, 57; Baumbach-Lauterbach ZPO[28] § 887 Anm. 6; Keidel Anm. 20.

Vermutung des § 9 VerschG gilt. Eine fortgesetzte Gütergemeinschaft gibt es nur bei der Gütergemeinschaft (§ 1557 n. F.) und bei der Fahrnisgemeinschaft (§ 1557 a. F.). Sie endigt durch Aufhebung (§ 1492), Wiederverheiratung (§ 1493), Tod oder Todeserklärung des überlebenden Ehegatten (§ 1494) und durch Gestaltungsurteil (§ 1496).

3 *3. Gegenstand der Auseinandersetzung* ist nur das Gesamtgut (§§ 1416, 1471, 1473; 1485, 1497; 1519, 1546; 1549). Die Auseinandersetzung richtet sich bei der Gütergemeinschaft nach den §§ 1471 bis 1482, bei der fortgesetzten Gütergemeinschaft nach den §§ 1497 bis 1505, bei der Errungenschaftsgemeinschaft nach § 1546, bei der Fahrnisgemeinschaft nach § 1549.

4. Antrag. Das Verfahren wird *nur auf Antrag* eingeleitet. *Antragsberechtigt* sind:

4 *a)* wenn eine eheliche Gütergemeinschaft außer durch Tod oder Konkurseröffnung endigt, jeder Ehegatte,

5 *b)* wenn eine eheliche Gütergemeinschaft durch Tod oder Todeserklärung endigt, ohne daß sie fortgesetzt wird, der überlebende Ehegatte und jeder Erbe des Verstorbenen,

6 *c)* wenn eine Errungenschaftsgemeinschaft durch Konkurs des Mannes endigt, der Konkursverwalter und der andere Ehegatte,

7 *d)* wenn eine fortgesetzte Gütergemeinschaft zu Lebzeiten des überlebenden Ehegatten endigt, dieser und die anteilsberechtigten Abkömmlinge, wobei zu beachten ist, daß beim Tode eines anteilberechtigten Abkömmlings entweder Anwachsung eintritt oder seine Abkömmlinge, nicht seine Erben, an seine Stelle treten (§ 1490), so daß die Erben dieses Abkömmlings nicht antragsberechtigt sind,

8 *e)* wenn fortgesetzte Gütergemeinschaft durch Tod oder Todeserklärung des überlebenden Ehegatten endigt, dessen Erben und die Abkömmlinge,

9 *f)* in allen Fällen der Pfändungsgläubiger, der nach der Beendigung der Gemeinschaft den Anteil am Gesamtgut gepfändet hat, § 860 Abs. 2 ZPO, §§ 99 Abs. 1, 86 Abs. 2 FGG, sowie der Konkursverwalter, wenn nach Beendigung der Gemeinschaft der Konkurs über das Vermögen eines Ehegatten oder eines Abkömmlings eröffnet wird, § 860 Abs. 2 ZPO, §§ 1, 2, 16 Abs. 1 KO[1]).

5. Örtliche Zuständigkeit. Sie ist verschieden geregelt:

10 *a)* Gehört ein *Anteil am Gesamtgut zum Nachlaß*, also in den Fällen Anm. 4 zu b) und e), so ist zuständig das Amtsgericht, das nach den §§ 86, 73 für die Auseinandersetzung des Nachlasses örtlich zuständig ist. Es handelt sich aber nicht um eine nachlaßgerichtliche Verrichtung des Amtsgerichts. Deshalb greift der Vorbehalt des Art. 147 EGBGB über die landesrechtliche Zuständigkeit nichtgerichtlicher Behörden nicht ein. Es bedurfte dazu des besonderen Vorbehalts in § 193 FGG. Vgl. dort auch wegen der Zuständigkeit der Notare.

11 *b)* In allen *übrigen Fällen,* nämlich in den Fällen Anm. 4 zu a), c) und d), richtet sich die Zuständigkeit nach § 45. Die Anwendung des § 45 kommt nur in Betracht, wenn die Gütergemeinschaft zu Lebzeiten beider Ehegatten oder eine fortgesetzte Gütergemeinschaft anders als durch Tod oder Todeserklärung des überlebenden Ehegatten beendigt worden ist. § 45, nicht § 73, gilt auch dann, wenn in diesen Fällen ein Anteilsberechtigter nach Beendigung der Gütergemeinschaft gestorben ist. Beeinträchtigter Ehegatte im Sinne des § 45 Abs. 2 ist der Gegner des Antragstellers. Im Falle Anm. 4 zu d) sind für die örtliche Zuständigkeit ohne Rücksicht auf die Person des Antragstellers die Verhältnisse des überlebenden Ehegatten zur Zeit der Antragstellung maßgebend (§ 45 Abs. 3, 5).

12 *6. Richtervorbehalt* besteht nur im Umfang des § 16 Abs. 1 Nr. 8 RechtspflG; vgl. § 72 Rdn. 33.

[1]) Böhle-Stamschräder, KO[5] § 2 Anm. 7; Jaeger-Lent, KO[8] § 2 Anm. 15; Mentzel-Kuhn, KO[6] § 2 Anm. 1.

Sechster Abschnitt

Schiffspfandrecht

1. Die §§ 100 bis 124 sind durch die DVO zum Gesetz über Rechte an eingetragenen Schiffen und Schiffsbauwerken v. 21. 12. 1940 (RGBl. I 1609) Art. 1 Nr. 4 *aufgehoben*, ihr Inhalt ist in die Schiffsregisterordnung v. 19. 12. 1940 (RGBl. I 1591) i. d. F. v. 26. 5. 1951 (BGBl. I 359) aufgenommen worden. **1**

Siebenter Abschnitt

Handelssachen

Vorbemerkung

I. Bedeutung des Abschnitts

1. Der *Inhalt des Abschnitts* bezieht sich auf die Zuständigkeit zur Führung des Handelsregisters (§ 125), das Verfahren bei der Führung des Handelsregisters (§§ 125a bis 130), das Ordnungsstrafverfahren (§§ 132 bis 140), das Verfahren zur Amtslöschung erloschener Firmen (§ 141), das Verfahren zur Beseitigung zu Unrecht vorgenommener oder bestehender Eintragungen von Amts wegen (§§ 141 bis 144), die Zuständigkeit für eine Reihe von Verrichtungen, für welche im Handelsgesetzbuch, im Aktiengesetz und in anderen handelsrechtlichen Gesetzen die Mitwirkung des Gerichts vorgesehen ist, sowie das Verfahren in diesen Angelegenheiten (§§ 145, 146), die Ausdehnung von Vorschriften dieser Art auf die Führung des Genossenschaftsregisters, auf Angelegenheiten der Genossenschaften und der Gesellschaften mit beschränkter Haftung, der Binnenschiffahrt und der Flößerei (§§ 147, 148) und schließlich auf das Dispacheverfahren (§§ 149 bis 158). **1**

2. *Handelssachen.* Unter der in der Überschrift verwendeten Bezeichnung Handelssachen sind nicht Handelssachen im materiellrechtlichen Sinne des Art. 2 EGHGB zu verstehen, also der Inbegriff der im Handelsgesetzbuch geregelten Rechtsverhältnisse, auch nicht Handelssachen im prozessualen Sinne des § 95 GVG, der für die dort angeführten Ansprüche im Bereich der streitigen Gerichtsbarkeit die Zuständigkeit der Kammer für Handelssachen begründet, sondern es handelt sich um eine aus Ordnungsgründen gewählte zusammenfassende Bezeichnung für zum Gebiet des Handelsrechts gehörende Angelegenheiten, welche in dem Gesetz zum Gegenstand seiner Regelung gemacht sind. Es gehören dazu außer den in diesem Abschnitt genannten Angelegenheiten auch solche, die durch andere handelsrechtliche Nebengesetze den Vorschriften dieses Gesetzes über Handelssachen unterstellt sind (vgl. näher § 30 Rdn. 4). Zu den Handelssachen gehören auch die Angelegenheiten der Versicherungsvereine auf Gegenseitigkeit, des Genossenschaftsregisters und des Musterregisters. Nur für Handelssachen in diesem Sinne ist die Zuständigkeit der Kammer für Handelssachen anstelle der Zivilkammer als Beschwerdegericht nach § 30 Abs. 1 Satz 2 begründet. In gewissen Handelssachen ist die Kammer für Handelssachen als Gericht des ersten Rechtszuges zuständig (vgl. Vorbem. zu §§ 3 bis 7 Rdn. 4, 7 bis 11, 21). **2**

3. *Verfahren.* Das Verfahren in Handelssachen im vorerwähnten Sinne wird in diesem Abschnitt nicht erschöpfend geregelt. Es finden sich verfahrensrechtliche Vorschriften auch in den grundsätzlich das sachliche Recht regelnden Gesetzen, wie im Handelsgesetzbuch und den handelsrechtlichen Nebengesetzen, in reichem Maße auch im Aktiengesetz. Diese Vorschriften sind ergänzend heranzuziehen. Soweit hiernach nichts anderes bestimmt ist, sind auch in Handelssachen die allgemeinen Vorschriften dieses Gesetzes (§§ 2 bis 34) anzuwenden (§ 1 FGG). **3**

II. Neue Entwicklungen auf dem Gebiet des Handels- und Gesellschaftsrechts

1. *Gesetz zur Durchführung der Ersten Richtlinie des Rates der Europäischen Gemeinschaften zur Koordinierung des Gesellschaftsrechts* vom 15. 8. 1969 (BGBl. I 1146). Über die allgemeine Bedeutung des Gesetzes vgl. § 144 Anm. A II und § 144a Anm. A. Das **4**

Gesetz (amtl. Begründung BT-Drucks. V/3862) ist am 1. 9. 1969 in Kraft getreten. Es enthält Änderungen des HGB, des AktG, des GmbHG und des VersAufsG und fügt in das FGG einen neuen § 144a ein. Als wichtigste Neuerungen seien hier hervorgehoben:

5 *a)* Unter Neufassung des § 9 Abs. 2 HGB bestimmt das Gesetz (Art. 1 Nr. 1), daß jedermann nicht nur von den Eintragungen, sondern auch von den zum Handelsregister eingereichten Schriftstücken eine Abschrift verlangen kann, die zu beglaubigen ist, sofern nicht auf die Beglaubigung verzichtet wird (dazu § 125 Anm. 7). Nach § 15 Abs. 2 HGB n. F. (Art. 1 Nr. 2) ist bei Rechtshandlungen, die innerhalb von 15 Tagen nach der Bekanntmachung einer Eintragung vorgenommen werden, der Beweis des Dritten zulässig, daß er die Tatsache weder kannte noch kennen mußte. In dem neu eingefügten § 15 Abs. 3 HGB wird bestimmt, daß ein Dritter sich auf die unrichtige Bekanntmachung einer einzutragenden Tatsache berufen kann, es sei denn, daß er die Unrichtigkeit kannte.

6 *b)* In den neuen Vorschriften der §§ 37 Abs. 2, 39 Abs. 1 Satz 2, 282 Satz 2 AktG, § 10 Abs. 1 Satz 2 GmbHG, §§ 30 Abs. 1 Satz 2, 32 Abs. 1 Satz 2 VersAufsG (Art. 2 Nr. 2, 3, 22; Art. 3 Nr. 1, 2, Art. 4 Nr. 1, 2) wird bestimmt, daß bei der Anmeldung der Gesellschaft anzugeben und in das Handelsregister einzutragen ist, welche Vertretungsbefugnis die Vorstandsmitglieder, bei der KGaA die persönlich haftenden Gesellschafter, bei der GmbH die Geschäftsführer haben. Soweit am 1. September 1969 die Art der Vertretungsbefugnis nicht eingetragen ist, ist sie nach der Übergangsvorschrift in Art. 8 § 2 des Gesetzes zum Handelsregister anzumelden. Die Anmeldung kann nach § 14 HGB erzwungen werden.

7 *c)* Nach den neuen Bestimmungen in §§ 181 Abs. 1 Satz 2, 248 Abs. 2 AktG (Art. 2 Nr. 9, 11) und § 54 Abs. 1 Satz 2 GmbH (Art. 3 Nr. 5) ist der Anmeldung einer Änderung der Satzung der AG oder KGaA (§ 278 Abs. 3 AktG) oder der Einreichung eines Urteils, durch welches ein satzungsändernder Beschluß für nichtig erklärt wird, sowie der Änderung des Gesellschaftsvertrages der GmbH der vollständige Wortlaut der Satzung (des Gesellschaftsvertrages) beizufügen. Der Wortlaut muß mit der Bescheinigung eines Notars versehen sein, daß die geänderten Bestimmungen mit dem Beschluß über die Satzungsänderung und die unveränderten Bestimmungen mit dem zuletzt zum Handelsregister eingereichten vollständigen Wortlaut übereinstimmen. Über die Erzwingbarkeit der Einreichung vgl. § 132 Anm. D. Dadurch soll sichergestellt werden, daß der neueste Stand der Satzung (des Gesellschaftsvertrages) stets aus einer einzigen, bei den Registerakten befindlichen Urkunde für jedermann ersichtlich ist. Die notarielle Bescheinigung ist eine solche über von dem Notar amtlich wahrgenommene Tatsachen i. S. des § 20 Abs. 1 BNotO; ihre Form bestimmt sich nach § 39 BeurkG.

8 Diese Regelung wird durch eine Übergangsvorschrift in Art. 8 § 1 ergänzt. Hiernach haben der Vorstand jeder AG, die persönlich haftenden Gesellschafter jeder KGaA und die Geschäftsführer jeder GmbH dafür zu sorgen, daß am 31. 12. 1970 der vollständige Wortlaut der Satzung oder des Gesellschaftsvertrages in der Fassung, wie sie sich unter Berücksichtigung aller bisherigen Änderungen ergibt, mit der Bescheinigung eines Notars über diese Tatsache zum Handelsregister des Sitzes der Gesellschaft eingereicht ist. Die Einreichung kann vom 1. 1. 1971 ab gemäß § 14 HGB erzwungen werden. Für den Fall, daß schon vorher eine Änderung der Satzung zum Handelsregister angemeldet wird, regelt Art. 8 § 1 Abs. 2 den Inhalt der notariellen Bescheinigung.

9 *d)* Die Voraussetzungen, unter denen auf Nichtigerklärung der AG, der KGaA und der GmbH geklagt werden kann und demgemäß diese Gesellschaften nach § 144 Abs. 1 im Handelsregister von Amts wegen als nichtig gelöscht werden können, werden durch Änderung der §§ 275, 276 AktG (Art. 2 Nr. 19, 20) und der §§ 75, 76 GmbH (Art. 3 Nr. 11, 12) eingeschränkt. Statt dessen wird ein in dem durch Art. 5 eingefügten § 144a FGG geregeltes Verfahren eingeführt, in welchem gewisse Mängel der Satzung, die bisher Nichtigkeitsgründe waren, durch Beschluß des Registergerichts festgestellt werden können mit der Folge, daß mit der Rechtskraft dieses Beschlusses die Gesellschaft aufgelöst ist. Vgl. näher § 144 Anm. A II und die Bem. zu § 144a.

2. Gesetz über die Rechnungslegung von bestimmten Unternehmen und Konzernen vom 15. 8. 1969 (BGBl. I 1189). Nach dem Gesetz, das am 21. 8. 1969 in Kraft getreten ist (§ 25), haben Unternehmen in der in § 3 des Gesetzes näher bestimmten Rechtsform sowie Konzernleitungen und Teilkonzernleitungen, wenn sie nach Bilanzsumme, Umsatz oder Zahl der beschäftigten Arbeitnehmer gewisse Voraussetzungen erfüllen (§§ 1, 11), nach den Vorschriften dieses Gesetzes Rechnung zu legen. Zur Durchführung des Gesetzes werden dem Registergericht eine Reihe von Aufgaben zugewiesen. Nach § 21 RechnungslG hat es gesetzliche Vertreter (§ 4 Abs. 1 Satz 1) oder Abwickler eines Unternehmens (Konzernleitung, Teilkonzernleitung) oder rechnungslegungspflichtige Einzelkaufleute zur Erfüllung gewisser Verpflichtungen durch Ordnungsstrafen anhalten; vgl. dazu § 132 Anm. C V. Nach §§ 2 Abs. 3, 12 Abs. 3 RechnungslG hat das nach § 145 zuständige Gericht Prüfer zur Prüfung der Rechnungslegungspflicht und nach § 6 Abs. 4 bis 7, 14 Abs. 1 Satz 5 Abschlußprüfer zur Prüfung des Jahresabschlusses rechnungslegungspflichtiger Unternehmen und Konzerne zu bestellen; vgl. dazu § 145 Anm. B 29 und 30. Durch § 22 Abs. 2 RechnungslG sind § 132 Abs. 1, § 145 Abs. 1 und § 146 Abs. 2 Satz 2 FGG geändert worden. **10**

3. Gesetz zur Ergänzung der handelrechtlichen Vorschriften über die Änderung der Unternehmensform vom 15. 8. 1969 (BGBl. I 1171). Das Gesetz, welches am 21. 8. 1969 in Kraft getreten ist (Art. 6), enthält Änderungen folgender Gesetze: **11**

Art. 1: Änderung des Gesetzes über die Umwandlung von Kapitalgesellschaften und bergrechtlichen Gewerkschaften vom 12. 11. 1956 (BGBl. I 844), das die Überschrift „Umwandlungsgesetz" erhält und gemäß Art. 2 in neuer Fassung vom 6. 11. 1969 (BGBl. I 2081) bekanntgemacht worden ist; **12**

Art. 3: Änderung des Aktiengesetzes durch Einfügung der §§ 385a bis 385q und Änderung des § 147; außerdem ist § 330 Abs. 1 Satz 1 AktG durch § 22 Abs. 1 RechnungslG geändert worden; **13**

Art. 4: Änderung des Gesetzes über die Beaufsichtigung der privaten Versicherungsunternehmungen und Bausparkassen (BGBl. III 7631-1) durch Einfügung der §§ 44a bis 44c und des § 53a. **14**

Im Umwandlungsgesetz ist nunmehr geregelt die Umwandlung durch Übertragung des Vermögens **15**

einer Kapitalgesellschaft oder bergrechtlichen Gewerkschaft auf eine Personengesellschaft oder einen Gesellschafter (§§ 1 bis 39),

einer Personenhandelsgesellschaft auf eine AG oder KGaA (§§ 40 bis 45),

einer Personenhandelsgesellschaft auf eine GmbH (§§ 46 bis 49),

des Unternehmens eines Einzelkaufmanns auf eine AG oder KGaA (§§ 50 bis 56),

anderer Unternehmen; hier ist vorgesehen die Umwandlung eines von Gebietskörperschaften oder Gemeindeverbänden, die nicht Gebietskörperschaften sind, betriebenen Unternehmens in eine AG oder GmbH (§§ 57, 58), von Körperschaften oder Anstalten des öffentlichen Rechts in eine GmbH (§ 59), von Realgemeinden oder ähnlichen Verbänden, Kolonialgesellschaften und Vereinen, denen die Rechtsfähigkeit vor Inkrafttreten des BGB verliehen ist, in eine Aktiengesellschaft (§§ 60 bis 62).

Im Aktiengesetz ist nunmehr neu vorgesehen die Umwandlung einer Körperschaft oder Anstalt des öffentlichen Rechts in eine AG (§§ 385a bis 385c), eines VVaG in eine AG (§§ 385d bis § 385) und einer Genossenschaft in eine AG (§§ 385m bis 385q). **16**

Im Gesetz über die Beaufsichtung der privaten Versicherungsunternehmungen und Bausparkassen sind Möglichkeiten vorgesehen zur Verschmelzung von Vereinen ohne Abwicklung durch Aufnahme oder Neubildung (§§ 44a, 53a Abs. 1 Nr. 1) und zur Übertragung des Vermögens auf eine Aktiengesellschaft oder auf eine öffentlich-rechtliche Versicherungsunternehmung (§§ 44b, 44c, 53a Abs. 1 Nr. 2). **17**

Steuerliche Erleichterungen bei Umwandlungen bringt das Gesetz über steuerliche Maßnahmen bei Änderung der Unternehmensform vom 14. 8. 1969 (BGBl. I 1163). **18**

Handelsregister. Zuständigkeit

125 Für die Führung des Handelsregisters sind die Amtsgerichte zuständig. Durch Anordnung des *Reichsministers der Justiz* kann die Führung des Registers für mehrere Amtsgerichtsbezirke einem Amtsgericht übertragen werden.

Die näheren Bestimmungen über die sachliche Zuständigkeit der Beamten, über die Einrichtung und Führung des Handelsregisters trifft der *Reichsminister der Justiz*.

Abs. 2 geändert, Abs. 3 angefügt durch VO vom 10. 8. 1937 (RGBl. I, 900) Art. 1 Nr. 1, 2.

1 *1. Sachliche Zuständigkeit.* Während § 8 HGB nur anordnet, daß das Handelsregister von den Gerichten geführt wird, ohne diese Gerichte zu bezeichnen, überträgt § 125 Abs. 1 diese Zuständigkeit auf die *Amtsgerichte.* Der Landesgesetzgeber ist nicht befugt, die Führung des Handelsregisters anderen als gerichtlichen Behörden zu übertragen oder abweichend von Abs. 2 andere Gerichte für zuständig zu erklären. Die Führung des Handelsregisters ist mithin eine durch Bundesgesetz den Gerichten übertragene Angelegenheit i. S. des § 1, so daß die allgemeinen Vorschriften (§§ 2 bis 34) Anwendung finden, soweit nichts anderes bestimmt ist.

2. Örtliche Zuständigkeit

2 *a) Anknüpfungspunkt.* Sie ist nach der Rechtsform des Unternehmens verschieden geregelt. Für Einzelkaufleute sowie für juristische Personen des privaten oder öffentlichen Rechts im Sinne der §§ 33, 36 HGB, die ein Handelsgewerbe betreiben, aber weder Handelsgesellschaften noch Genossenschaften sind, ist maßgebend der Ort der Handelsniederlassung (§ 29 HGB), bei Personenhandelsgesellschaften (OHG, KG) der Sitz (§§ 106, 161 Abs. 2 HGB), bei Kapitalgesellschaften (AG, KGaA, GmbH) der satzungsgemäße (statutarische) Sitz (§§ 14, 5 Abs. 1, 36 Abs. 1, 278 Abs. 3 AktG, § 7 GmbHG), ebenso bei Versicherungsvereinen a. G. (§ 30 VAG). Die Handelsniederlassung des Kaufmanns befindet sich an dem Ort, von dem aus die kaufmännische, nicht etwa die technische oder sonstige gewerbliche Leitung ausgeübt wird; der Wohnsitz des Geschäftsinhabers ist ebenso bedeutungslos wie der Ort der Betriebsstätte, sofern von dort aus nicht zugleich das Handelsgeschäft geführt wird[1]). Wird das Gewerbe im Umherziehen ausgeübt, so kann beim Fehlen eines geschäftlichen Mittelpunkts der bürgerliche Wohnsitz zugleich die Handelsniederlassung sein[2]). Der Sitz der Personengesellschaften (OHG, KG) folgt notwendig stets dem Ort, von dem aus die Geschäfte der Gesellschaft tatsächlich geführt werden; einen vom Ort der Geschäftsleitung verschiedenen Sitz können sie nicht bestimmen; Eine Sitzverlegung vollzieht sich außerhalb des Handelsregisters durch Verlegung des Ortes der Geschäftsleitung[3]). Bei den Kapitalgesellschaften (AG, KGaA, GmbH) und Versicherungsvereinen a. G. ist Sitz der Ort, den der Gesellschaftsvertrag oder die Satzung bestimmt; dieser Ort gilt als Sitz und Niederlassung der Gesellschaft für alle ihre Rechtsverhältnisse; ob die Verwaltung an einem anderen Ort geführt wird, ist ohne Bedeutung[4]). Nur die juristischen Personen der §§ 33, 36 HGB, die rechtlich einem Einzelkaufmann gleichgestellt werden, sind nach § 29 HGB bei dem Gericht einzutragen, in dessen Bezirk sich die geschäftliche Niederlassung befindet, auch wenn ihr satzungsgemäßer Sitz ein anderer ist[5]). Bei Unternehmen mit Hauptniederlassung oder Sitz im Ausland werden inländische Zweigniederlassungen bei dem Gericht angemeldet, in dessen Bezirk die Zweigniederlassung besteht (§ 13b HGB, § 44 AktG). Für die Entgegennahme von Anmeldungen, die Zweigniederlassungen betreffen, ist das Gericht

[1]) KGJ 44, 122 = OLGR 27, 306.
[2]) Staub § 29 Anm. 2; HGB-RGRK[2] § 29 Anm. 4; Sternberg-Siehr S. 32.
[3]) KG OLGR 42, 214 Fn. 1 a; KG NJW 1955, 1442; KG WM 1967, 148; BGH WM 1957, 999 = BB 1957, 799; Baumbach-Duden HGB[17] § 105 Anm. 6 B, D; Düringer-Hachenburg HGB[3] § 106 Anm. 3.
[4]) KGJ 22 A 91; 39 A 118; RGZ 59, 106; a. M. anscheinend Keidel Anm. 4; Pikart-Henn S. 365.
[5]) KGJ 44, 122 = OLGR 27, 306.

der Hauptniederlassung oder des Sitzes zuständig (§§ 13, 13a HGB, 42, 43, 278 Abs. 3 AktG, § 12 GmbHG). Sitzverlegungen im Inland sind bei dem bisher zuständigen Gericht anzumelden (§ 13c HGB, § 45 AktG). Auch eine Zweigniederlassung kann verlegt werden[6]).

b) Ersatzzuständigkeit. Für Einzelkaufleute, juristische Personen und Handelsgesellschaften, deren Hauptniederlassung (Sitz) sich am 8. 5. 1945 im Bezirk eines Gerichts befand, an dessen Sitz deutsche Gerichtsbarkeit nicht mehr ausgeübt wird (§ 1 ZustErgG), begründen §§ 14, 15 ZustErgG eine Ersatzzuständigkeit *(Anl. 1).* Auch schon vor Einführung dieser Regelung wurde es für zulässig gehalten, eine Sitzverlegung aus der Sowjetzone ohne Mitwirkung des Gerichts des bisherigen Sitzes durchzuführen[7]). Kapitalgesellschaften und Genossenschaften, die in der Sowjetzone oder im Ausland enteignet worden sind, bestehen wegen ihres außerhalb des Gebiets der enteignenden Macht belegenen Vermögens fort, ohne daß es zur Erhaltung der Rechtspersönlichkeit einer förmlichen Sitzverlegung bedarf[8]). Sie haben jedoch anstelle des bisherigen satzungsgemäßen Sitzes im Enteignunsstaat nicht ohne weiteres einen Sitz in der Bundesrepublik erworben; dazu bedarf es einer Satzungsänderung[9]). **3**

c) Doppelsitz. Eine Kapitalgesellschaft kann nur einen satzungsgemäßen Sitz haben, wie die §§ 5 Abs. 1, 14, 23 Abs. 3 Nr. 1 AktG, 3 Abs. 1 Nr. 1, 7 GmbHG voraussetzen[10]). Die durch die Zonentrennung herbeigeführten außergewöhnlichen Verhältnisse haben dazu geführt, daß mit teilweiser, nicht ohne beachtlichen Widerspruch gebliebener Billigung der Registergerichte und des Schrifttums die Errichtung eines zweiten Sitzes ohne Aufgabe des bisherigen zugelassen wurde[10a]). Der Gesetzgeber hat bei der Währungs- und Kriegsfolgengesetzgebung dieser Tatsache Rechnung getragen (§ 5 der 3., § 2 der 35., § 1 der 43. DVO-UmstG, § 62 WBG, § 5 DMBilErgG, § 1 DMBilG Berlin). Derartige Sitzbegründungen sind daher als Rechtstatsache hinzunehmen; nachdem aber die Verhältnisse sich konsolidiert haben, besteht kein Anlaß mehr, für die Zukunft die weitere Begründung von Doppelsitzen zuzulassen. Eine Personenhandelsgesellschaft kann ohnehin nicht zwei Sitze haben, da maßgebend der Ort der geschäftlichen Oberleitung ist (Rdn. 2), diese sich aber nur an einem Ort befinden kann[10b]); werden die Geschäfte an mehreren Orten geführt, so hat die Gesellschaft den Sitz dort, wo die Geschäfte überwiegend geführt werden[10c]). **4**

Für das Verfahren des Registergerichts ergibt sich die Folgerung, daß alle Anmeldungen bei beiden Sitzgerichten zu bewirken sind, um die vollständige Übereinstimmung beider Register zu gewährleisten. Auch Zweigniederlassungen müssen bei beiden Sitzgerichten angemeldet werden und werden vom Gericht der Zweigniederlassung erst eingetragen, wenn die Mitteilungen nach §§ 13, 13a HGB, 42, 43 AktG von beiden Sitzgerichten vorliegen[10d]). **5**

d) Zusammenlegung von Amtsgerichtsbezirken (Abs. 2). Da die Aufteilung des Handelsregisters nach Amtsgerichtsbezirken vielfach den Rechtsverkehr erschwert, wenn eine Gemeinde oder ein einheitliches Wirtschaftsgebiet mehrere Amtsgerichtsbezirke umfaßt, sieht Abs. 2 die Übertragung der Registerführung auf eines von mehreren Amtsgerichten vor. Diese Regelung gilt auch für das Genossenschafts-, Güterrechts-, Muster- und Binnenschiffregister (§§ 10 Abs. 2 GenG, 1558 Abs. 2 BGB, 9 Abs. 1 GeschmMG, 120 Abs. 2 BinnenSchG). **6**

[6]) Stuttgart NJW 1964, 112; Würdinger in HGB-RGRK² § 13 c Anm. 9; Keidel-Schmatz S. 16.

[7]) BGH NJW 1958, 671.

[8]) BGHZ 25, 134 = NJW 1957, 1433; BGH NJW 1952, 540.

[9]) KG NJW 1958, 1924; BGH WM 1959, 322; BGHZ 33, 195, 204; Karl, Zur Sitzverlegung deutscher juristischer Personen des privaten Recht nach dem 8. 5. 1945, AcP 159, 293; zu der währungsrechtlich erheblichen Streitfrage, ob der satzungsgemäße Sitz im Enteignungsstaat untergegangen ist, vgl. KG WM 1962, 122; BGHZ 38, 36; zu Problemen der Spaltgesellschaft vgl. Feaux de la Croix NJW 1961, 1950; Gurski NJW 1965, 1353; Beemelsmans WM 1966, 670; Schulte NJW 1966, 521.

[10]) KGJ 39 A 118; Sternberg-Siehr Registerrecht § 20, 2 a; Würdinger in HGB-RGRK² § 13 Anm. 3.

[10a]) Vgl. die Nachweise bei Würdinger a. a. O. Einl. Anm. 85, Keidel⁹ § 131 Anm. 4; ferner Godin-Wilhelmi AktG³ § 5 Anm. 4; Baumbach-Hueck AktG¹¹ § 5 Anm. 2 B.

[10b]) A. M. LG Köln NJW 1950, 871; Baumbach-Duden¹⁷ § 105 Anm. 6 C.

[10c]) KG WM 1967, 148 zu II 2 a.

[10d]) Stuttgart NJW 1953, 748; BayObLGZ 1962, 107; Hamm Rpfleger 1965, 120 = JVBl. 1964, 262; teilw. abw. Pleyer GmbHRdsch. 1962, 178.

Die in Abs. 2 dem RJM erteilte Ermächtigung zum Erlaß der erforderlichen RechtsVO ist nach Art. 129 Abs. 1, 80 Abs. 1 GG, § 1 G über RechtsVO im Bereich der Gerichtsbarkeit v. 1. 7. 1960 (BGBl. I, 481) auf die Landesregierungen übergegangen, welche die Ermächtigung durch RechtsVO auf die oberste Landesbehörde übertragen können[11]). Eine Übertragung ist in zahlreichen Fällen geschehen; Zusammenstellung vgl. DJ 1937, 1269 mit Berichtigung und Ergänzung (DJ 1937, 1461, 1913; 1938 323, 1939, 1495; 1944 247). Die früheren landesrechtlichen Anordnungen blieben in Kraft; vgl. Handelsregisterverfügung (unten Anl. 3) § 48 Abs. 2. Eine neuere Übersicht fehlt. In Bayern erging die VO v. 30. 11. 1956 (GVBl. 297) geändert durch VO v. 20. 6. 1967 (GVBl. 381), in Nordrhein-Westfalen VO v. 28. 2. 1966 (GVBl. 90), in Baden-Württemberg VO v. 20. 12. 1968 (BWGBl. 1969, 5) i. d. F. v. 19. 12. 1969 (BWGBl. 1970, 14). In Berlin (West) ist das AG Charlottenburg zuständig. Die Registerführung nach Abs. 2 regelt § 2 HRV (Anlage 3).

7 Beschwerdegericht ist in diesen Fällen nach § 19 Abs. 2 das Landgericht, welches dem für die Registerführung als zuständig bestimmten Amtsgericht vorgeordnet ist.

8 *e) Ausschließliche Zuständigkeit.* Die örtliche Zuständigkeit ist ausschließlich und in jeder Lage des Verfahrens von Amts wegen zu beachten[12]); auf Beschwerde ist die Verfügung des unzuständigen Gerichts aufzuheben. Streitig ist, ob § 7 FGG für Verfügungen und Eintragungen des Registergerichts gilt. Während für das Handelsregister allgemein angenommen wird, daß Verfügungen und Eintragungen des örtlich unzuständigen Registergerichts, von den Angelegenheiten des § 145 abgesehen, unwirksam seien[13]), weil § 7 hier nicht gelte, wird in Vereinsregistersachen überwiegend die Wirksamkeit der Eintragung des örtlichen unzuständigen Gerichts entweder auf Grund des § 7 oder nach allgemeinen Rechtsgrundsätzen angenommen[14]), in Güterrechtsregistersachen wiederum die Unwirksamkeit[15]). Die Frage kann aber jedenfalls für das Handels-, Vereins- und Genossenschaftsregister ersichtlich nur einheitlich beantwortet werden, und zwar im Sinne der Gültigkeit der Eintragungen und Verfügungen auf Grund des § 7. Die Eintragungen eines unzuständigen Gerichts sind jedoch im Amtslöschungsverfahren zu beseitigen (§§ 142, 143, 147, 159, 161 FGG). Es genügt, die Publizitätswirkung des Registers (§ 15 HGB, § 29 GenG, §§ 68, 70, 1412 BGB) wegen der besonderen Schutzfunktion dieser Vorschriften bei Eintragung im Register des unzuständigen Gerichts nicht eintreten zu lassen. In diesem Sinne können Eintragungen in das Güterrechtsregister, die sich in der Wirkung des 1412 erschöpfen, bei Unzuständigkeit mit Recht als unwirksam angesehen werden. Handlungen der Beteiligten gegenüber dem örtlich unzuständigen Gericht sind ohnehin nicht nach § 7 wirksam (§ 7 Rdn. 4); da die Rechtswirkungen des Geschmacksmusterschutzes mit der Anmeldung, nicht erst mit der Eintragung eintreten (§§ 7, 13 GeschmMG), ist die Anmeldung und Niederlegung des Musters bei dem örtlich unzuständigen Gericht unwirksam[16]).

9 *3. Handelsregister. Die Einrichtung und Führung des Handelsregisters* ist bundeseinheitlich geregelt durch die auf Grund des § 125 Abs. 3 erlassene AV d. RJM *(Handelsregisterverfügung)* v. 12. 8. 1937 (DJ 1251, Ber. S. 1461), geändert in §§ 5, 6 durch § 31 Abs. 2 REntlV v. 3. 7. 1943 (DJ 339), in §§ 23, 37 durch VO d. BMdJ v. 12. 11. 1958 (BAnz.

[11]) Vgl. für NRW VO v. 6. 7. 60 (GVBl. NRW 209), für Bayern VO v. 12. 7. 60 (BayGVBl. 131); vgl. zum Übergang vorkonstitutioneller Ermächtigungen nach Art. 129 GG Kienzle, NJW 1961, 298; Adam JR 1963, 86.

[12]) KGJ 31 A 206; KG JFG 20, 134; Keidel Anm. 9.

[13]) KG JFG 20, 134 = DR 1939, 1453; Schlegelberger § 1 Anm. 25; Keidel Anm. 9; Sternberg-Siehr Registerrecht S. 35; Krieger-Lenz § 125 Anm. 5; Keidel-Schmatz Registerrecht S. 1 Fn. 5; Pikart-Henn S. 365; a. M. Josef GruchBeitr. 54, 581; Bondi ZHR 78, 105.

[14]) Enneccerus-Nipperdey Allg. Teil[15] § 107 I; Planck-Knoke § 55 Anm. 1; Staudinger-Coing[11] § 55 Anm. 1; Soergel-Siebert[9] § 55 Anm. 4; Palandt-Danckelmann[25] § 55 Anm. 2; Josef GruchBeitr. 54, 581; ders., JW 1913, 1032; a. M. Schlegelberger § 1 Anm. 25.

[15]) Soergel-Lange[9] § 1558 Anm. 4; BGB-RGRK[11] § 1558 Anm. 27; Sternberg-Siehr S. 35; Schlegelberger § 1 Anm. 25; Palandt-Lauterbach[25] § 1558 Anm. 1; Josef GruchBeitr. 54, 581.

[16]) RGZ 71, 104.

Nr. 224), in § 7 (Umstellung auf Karteiform) durch VO d. BMdJ v. 30. 12. 1960 (BAnz. Nr. 253) und zur Anpassung an das AktG durch VO d. BMdJ v. 23. 5. 1967 (BAnz. Nr. 111)[17]), abgedruckt in *Anl. 3.* Dazu DurchfBest. v. 23. 9. 1937 (DJ 1519) u. 11.. 3. 1938 (DJ 400)[18]). Die HdlRegVfg. ist eine Rechtsverordnung, deren Verletzung die weitere Beschwerde begründet[19]), sie gilt gemäß Art. 125 GG als Bundesrecht fort und kann vom Landesgesetzgeber nicht geändert werden[20]). Durch § 55 Nr. 8 BeurkG ist § 24 Abs. 1 HRV (Form der Anmeldungen) aufgehoben worden. § 43 Nr. 6 ist mit Wirkung vom 1. 9. 1969 geändert durch VO v. 23. 7. 1969 (BGBl. I 1152).

a) Das *Handelsregister* besteht aus *zwei Abteilungen.* In Abt. A werden eingetragen **10**
Einzelkaufleute, die juristischen Personen der §§ 33, 36 HGB, OHG und KG, in Abt. B AG, KGaA, GmbH und VVaG (§ 3). Jeder Einzelkaufmann, jede juristische Person oder Handelsgesellschaft wird unter einer in derselben Abt. fortlaufenden Nummer (Registerblatt) eingetragen (§ 13). Auch für Zweigniederlassungen ist ein besonderes Registerblatt zu verwenden (§ 13 Abs. 4). Weitere Bestimmungen beziehen sich auf die Form des Registers und der Eintragungen (§§ 7, 12—22, 39—47), die Aufgabenverteilung zwischen Richter (Rechtspfleger) und UdG (§§ 4, 24, 25, 28, 29), die Ausschließung des UdG (§ 4 Abs. 2), die Form von Ausfertigungen, einfachen und begl. Abschriften (§ 30, 31), die Form der Eintragungsverfügungen und ihre Ausführung (§§ 27, 28). Zurückweisungen und Zwischenverfügungen (§ 26), die Einholung von Gutachten der Industrie- und Handelskammer oder der Handwerkskammer (§ 23), die Bekanntmachungen und Benachrichtigungen (§§ 32—38).

b) Aktenführung. Zu jedem Registerblatt der Abt. B ist ein mit dem Register wörtlich **11**
übereinstimmendes *Handblatt* zu führen, das in den Registerakten verwahrt wird (§ 9 Abs. 3); für Abt. A kann der OLGPräs. die Führung von Handblättern anordnen (§ 24 Abs. 2 Satz 1 AktO). Ein Namensverzeichnung wird nach §§ 9 Abs. 1, 2 HRV, 23 Abs. 2 AktO geführt. Die Anlegung von Registerakten für jede Firma regeln §§ 8 HRV, 24 AktO. Das Handelsregister ist dauernd aufzubewahren, Registerakten für Einzelkaufleute 10 Jahre, sonst 30 Jahre[21]).

4. Funktionelle Zuständigkeit der Rechtspflegeorgane. Nach § 4 HRV ist für die Geschäfte **12**
des Registergerichts der Richter zuständig, soweit sie nicht nach Gesetz oder den Vorschriften der HRV dem UdG obliegen. Die richterlichen Geschäfte sind jedoch in weitem Umfange auf den Rechtspfleger übertragen. Für Handelssachen (Vorbem. 2 vor § 125) gilt der Grundsatz der Vorbehaltsübertragung, d. h. das gesamte Sachgebiet ist grundsätzlich auf den Rechtspfleger übertragen unter dem Vorbehalt einzelner Geschäfte, die dem Richter verbleiben ((§§ 3 Nr. 2 Buchst. d, 17 RechtspflG. i. d. F. des Gesetzes vom 5. 11. 1969 (BGBl. I 2065). Musterregistersachen sind jedoch in vollem Umfange auf den Rechtspfleger übertragen (§ 3 Nr. 1 Buchst. c RechtspflG).

a) Dem *Richter* sind vorbehalten:

α) Im Handelsregister B (bei Aktiengesellschaften, Kommanditgesellschaften auf Aktien, **13**
Gesellschaften mit beschränkter Haftung und Versicherungsvereinen a. G.) nicht im Genossenschaftsregister- die in § 17 Nr. 1 Buchst. a bis d genannten Verfügungen auf erste Eintragung, auf Eintragung von Satzungsänderungen, auf Eintragung der Eingliederung, Verschmelzung, Vermögensübertragung oder Umwandlung und auf Eintragung von Unternehmensverträgen. Diesen Verfügungen ist gemeinsam, daß bei ihnen schwierige Fragen bei der Prüfung des

[17]) Dazu Hildebrandt DFG 1936, 692; Lenz DJ 1937, 1278 u. JW 1937, 2631; Groschuff JW 1937, 2628 u. DFG 1943, 45; Drischler, Handelsregisterverfügung, 1963; Erl. bei Krieger-Lenz, Firma und Handelsregister, 1938, S. 228 ff.; vgl. ferner Brand-Marowski, Registersachen[4] S. 167, 229; Keidel-Schmatz Registerrecht[2] S. 2.

[18]) Landesrechtl. VerwAnO sind angef. bei Keidel[9] Vorbem. 5 vor § 125; dazu noch AV d. JM NRW v. 31. 7. 67 (JMBlNRW 1967, 189) über Umstellung auf Karteiform.

[19]) KG JFG 17, 324; Krieger-Lenz 4 vor § 1 HRV; Keidel Anm. 15; Hamm OLGZ 1967, 333, 339.

[20]) Würdinger in HGB-RGRK[2] 2 vor § 8; Schlegelberger Anm. 19.

[21]) Best. über Aufbewahrungsfristen usw., abgedr. bei Piller-Hermann, JustVerwVorschr. Anh. II zur AktO.

Gründungsvorgangs, der Satzungsgestaltung, der Nichtigkeit von Versammlungsbeschlüssen und der Eintragung von Unternehmensverträgen auftreten können.

14 β) *Amtslöschungen* im Handelsregister Abt. B nach den §§ 142 und 144 FGG, nach § 2 LöschungsG (vgl. Anh. II nach § 144) und nach § 43 Abs. 2 KreditWG (vgl. Anh. I A nach § 144). Vgl. darüber, daß solche Verfügungen Rechtsprechungscharakter haben, § 1 Rdn. 7. *Kein Richtervorbehalt* besteht mehr für die Löschung erloschener Firmen nach § 141 FGG und wenn die Löschung gemäß § 143 FGG vom Landgericht als Gericht erster Instanz angeordnet ist (BT-Drucks. V/3134 S. 23), sowie für Amtslöschungen nach § 142 FGG im Handelsregister Abt. A und nach § 147 i. V. mit § 142 FGG im Genossenschaftsregister.

15 γ) *Feststellung eines Mangels der Satzung* einer AG, KGaA oder GmbH nach § 144a FGG.

16 δ) *Sonstige handelsrechtliche Geschäfte,* für die nach § 145 die sachliche Zuständigkeit des Amtsgerichts begründet ist, mit Ausnahme der in den §§ 146 Abs. 2, 147, 157 Abs. 2, 166 Abs. 3 und § 338 Abs. 3 HGB geregelten Geschäfte (vgl. § 145 mit Bem.). Durch diese Generalklausel werden die früher bestehenden Zweifelsfragen vermieden und es wird klargestellt, daß sämtliche in § 145 angeführten Geschäfte dem Richter vorbehalten sind, soweit nicht ausdrücklich eine Ausnahme zugunsten des Rechtspflegers angeordnet ist; insbesondere sollen alle Aufgaben auf dem Gebiet des Seerechts und des Rechts der Kapitalgesellschaften dem Richter vorbehalten bleiben (BT-Drucks. V/ 3134 S. 23). Dem Richtervorbehalt unterliegen nach § 17 Nr. 2 Buchst. a und b RechtspflG ferner die Bestellung von Liquidatoren nach § 2 Abs. 3 LöschungsG außer für Genossenschaften (vgl. Anh. II nach S. 144), von Abwicklern nach § 38 Abs. 1 Satz 5 KreditWG (vgl. Anh. I nach § 144 Anm. D b) und nach § 47 Abs. 2 VersAufsG (vgl. § 146 Rdn. 8) sowie von Abschlußprüfern nach § 28 Abs. 2 KreditWG (vgl. Anh. I nach § 144 Anm. B b).

17 ε) das Dispacheverfahren nach §§ 149 bis 158 FGG (§ 17 Nr. 3 RechtspflG).

18 Auf Eintragungen beim Gericht der *Zweigniederlassung* beziehen sich die Richtervorbehalte des § 17 Nr. 1 RechtspflG nur, wenn es sich um eine Gesellschaft mit dem Sitz im Ausland handelt.

19 *b)* Der *Rechtspfleger* ist zuständig für alle richterlichen Geschäfte in Handelssachen, für die nach Rdn. 13—17 kein Richtervorbehalt besteht, also uneingeschränkt für die Führung des Handelsregisters Abt. A und des GenR und für die Führung des Handelsregisters Abt. B mit Ausnahme der angeordneten Richtervorbehalte, mit derselben Einschränkung auch für die handelsrechtlichen Geschäfte des § 145[23]). Er ist auch zuständig für das Ordnungsstrafverfahren nach §§ 132 bis 140 einschließlich der Entscheidung über den Einspruch (§ 132 Rdn. 58). In Musterregistersachen umfaßt die Vollübertragung nach § 3 Abs. 1 Nr. 1 Buchst. c RechtspflG auch Amtslöschungen nach § 142 und die Entscheidung über den Widerspruch[24]).

20 *c)* Der *Urkundsbeamte der Geschäftsstelle* ist zuständig,das Register und die eingereichten Schriftstücke ohne richterliche Anordnung zur Einsicht vorzulegen (§ 10 HRV), die Eröffnung des Konkurs- oder Vergleichsverfahrens einzutragen (§ 29 Abs. 1 Nr. 3 HRV), die Eintragungsverfügungen auszuführen, die Eintragung zu unterzeichnen und die Bekanntmachung herbeizuführen und zu unterschreiben (§§ 28, 36, 17 Abs. 1 Satz 2 HRV) sowie Abschriften der Eintragungen und der zum Register eingereichten Schriftstücke, Zeugnisse und Bescheinigungen nach § 9 Abs. 3, 4 HGB, § 32 GBO zu erteilen, zu beglaubigen oder auszufertigen (§§ 29 bis 31 HRV). Die Zuständigkeit des UdG zur Erteilung von beglaubigten Abschriften aus dem Handelsregister ist ausschließlich; den Notaren steht diese Befugnis nicht zu[24a]). Über die Befugnis der Notare, Vertretungsbescheinigungen nach § 21 BNotO und zur Verwendung im Ausland Bescheinigungen über sonstige, aus dem Register ersichtliche rechtserhebliche Umstände von Handelsgesellschaften nach § 22a BNotO zu erteilen, vgl. § 12 BeurkG Rdn. 4 ff.

[23]) Vgl. im einzelnen Arndt, RechtspflG § 15 Anm. 11-16; Hofmann-Kersting, RechtspflG § 15 Anm. A-D; Keidel-Schmatz Registerrecht² S. 3.

[24]) Keidel Anm. 19; a. M. Arndt a. a. O. § 10 Anm. 27.

[24a]) Hamm OLGZ 1967, 334.

5. Eintragungsfähige Tatsachen. Das Handelsregister ist dazu bestimmt, der Sicherheit des rechtsgeschäftlichen Verkehrs mit den Unternehmen des Handelsstandes zu dienen. Es soll aber nicht ein lückenloses Bild aller für das Handelsgeschäft oder den Inhaber rechtlich bedeutsamen Umstände bieten, sondern nur über die grundlegenden Tatsachen und Rechtsverhältnisse Auskunft geben. Deshalb sind nur die durch Gesetz (HGB, GmbHG, AktG, Sondergesetze) zur Eintragung zugelassenen Tatsachen eintragungsfähig (*Grundsatz der festen Begrenzung der einzutragenden Tatsachen*)[25]. Nicht eingetragen wird der gesetzliche Vertreter eines minderjährigen Geschäftsinhabers oder Gesellschafters, seine Entmündigung, die Bestellung eines Nachlaßpflegers oder Nachlaßverwalters, die Pfändung eines Geschäftsanteils. Auch Verfügungsbeschränkungen sind mit Ausnahme des Konkursvermerks (§ 32 KO) und des Vergleichsvermerks (§ 23 VerglO) nicht eintragungsfähig. Nicht eingetragen wird ein rechtsgeschäftliches Treuhandverhältnis[26]), die Befreiung des Geschäftsführers der GmbH von den Beschränkungen des § 181 BGB[27]), die Beschränkung des Vorerben durch eine Nacherbschaft[28]), der Güterstand des Kaufmanns[29]), die Erteilung einer Handlungsvollmacht, auch nicht zur gemeinsamen Vertretung mit einem Prokuristen[30]) oder der Gegenstand des Unternehmens einer OHG[31]). Nicht eintragungsfähig ist ferner die Anordnung einer Testamentsvollstreckung; die Erben können nur das Handelsgeschäft, nachdem der Testamentsvollstrecker es nach § 2217 freigegeben hat, selbst fortführen oder der TV tritt in eigenem Namen, also nicht als solcher, nach außen hin unter seiner persönlichen Haftung als Geschäftsinhaber auf[32]). Auch Veränderungen eingetragener Tatsachen dürfen nur vermerkt werden, soweit dies zugelassen ist[33]). Änderungen in den Personalien (Namen, Berufsbezeichnung, Wohnort) sind zwar nicht anmeldungspflichtig, können aber zur Klarstellung auf Anmeldung eingetragen werden, ebenso bei Minderjährigen das Geburtsdatum[34]). Vormerkungen und Widersprüche sind im Handelsregister nicht vorgesehen; vgl. aber zu § 16 HGB unten § 127 Rdn. 18—24. Bei rechtsbekundenden Eintragungen ist der Zeitpunkt, zu dem die Änderung eingetreten ist, nicht einzutragen[34a]). Für die Frage, ob *künftige Rechtsverhältnisse* einzutragen sind, ist zwischen rechtsbekundenden und rechtsändernden Eintragungen zu unterscheiden.. Bei rechtsbekundenden Eintragungen, die eine bereits eingetretene Rechtsänderung verlautbaren sollen, entspricht es der Natur der Sache, daß die Eintragung nur vorgenommen werden kann, wenn die Veränderung eingetreten ist, allenfalls sind Zwischenräume von wenigen Tagen erträglich[34b]). Bei rechtsändernden Eintragungen, insbesondere Satzungsänderungen, die erst mit dem Eintritt eines künftigen Zeitpunktes oder Erreignisses wirksam werden sollen, ist es unbedenklich, sie schon vor dem Eintritt des Ereignisses oder Zeitpunkts 21

[25]) KGJ 29 A 213, 217; 35 A 152; KG RJA 12, 217; Dresden JFG 5, 217; RGZ 132, 138; Würdinger in HGB-RGRK² § 8 Anm. 7; Sternberg-Siehr Registerrecht S. 1.

[26]) Hamm NJW 1963, 1554.

[27]) Karlsruhe NJW 1963, 2328; beiläufig BGHZ 33, 189, 192.

[28]) München JFG 22, 89; Groschuff JW 1938, 1362; Würdinger in HGB-RGRK² § 22 Anm. 27; a. M. KG RJA 17, 89.

[29]) RG JW 1906, 405; Würdinger a. a. O. § 8 Anm. 7; vgl. aber über Führung eines Handelsgeschäfts in Gütergemeinschaft Beck DNotZ 1962, 348; Buchwald BB 1962, 1405.

[30]) KG RJA 9, 159; Karlsruhe RJA 17, 102.

[31]) KG JW 1934, 1730.

[32]) RGZ 132, 138; KG JW 1936, 1137; 1937, 2599 = HRR 1937 Nr. 1374; KG JFG 18, 276 = 1939, 104; KG NJW 1959, 1087; BGHZ 12, 100; 24, 112; Groschuff JW 1938, 1362; Hueck, ZHR 108, 1 ff.; Würdinger in HGB-RGRK² § 22 Anm. 28; Baumbach-Duden HGB¹⁷ § 1 Anm. 6 C; neuerdings nehmen Baur, Festschr. Dölle 1963, I 249 und Nolte, Festschr. Nipperdey 1965 I 667 an, der TV könne das Handelsgeschäft mit auf den Nachlaß beschränkter Haftung fortführen. Wird der TV von den Erben bevollmächtigt, das Handelsgeschäft in ihrem Namen zu führen (dazu auch BayObLG Rpfleger 1969, 299 mit Anm. v. Haegele), so tritt der TV nach außen nicht als solcher, sondern als Bevollmächtigter der im Handelsregister als Geschäftsinhaber allein einzutragenden Erben auf; dazu Haegele, Rpfleger 1968, 345 zu III 3; ders., BWNotZ 1968, 85, 90.

[33]) KGJ 20 A 269; 29 A 213.

[34]) BayObLGZ 20, 63; Hamm Rpfleger 1960, 310; Bondi JW 1931, 3075; Würdinger in HGB-RGRK² § 8 Anm. 7; Keidel-Schmatz² S. 7 Fn. 4; vgl. ferner Pabst, DNotZ 1957, 393; Keidel § 127 Anm. 4 Fn. 1.

[34a]) KG RJA 12, 217.

[34b]) RGZ 22, 59; Ritter HGB § 8 Anm. 2; Gadow § 12 HGB Anm. 2.

einzutragen[34c]). Vorauszusetzen ist hierbei, daß bei Befristung der Zeitpunkt des Inkrafttretens im Handelsregister angegeben wird und daß bei bedingten Änderungen die Bedingung von der Art ist, daß ihr Eintritt oder Nichteintritt aus dem Register ersichtlich ist.

22 *6. Prüfungspflicht des Registergerichts.* Im *Anmeldeverfahren* kann die Prüfungspflicht sich sowohl auf die förmlichen als auch auf die sachlichen Voraussetzungen beziehen.

23 *a)* Die *förmliche Prüfung* hat sich zu erstrecken auf die allgemeinen Verfahrensvoraussetzungen, wie örtliche und sachliche Zuständigkeit, die Wahrung der gesetzlichen Form für Anmeldungen (§ 128 Anm. E) und Vollmachten (§ 128 Anm. F, § 129 Anm. B 1), den gehörigen Nachweis einer Rechtsnachfolge (§ 128 Anm. G), die Anmeldeberechtigung des Anmeldenden (§ 128 Anm. B 3), geeignetenfalls seine Rechts- und Geschäftsfähigkeit, die Vertretungsbefugnis des gesetzlichen Vertreters[35]), die Eintragungsfähigkeit der angemeldeten Tatsachen (Rdn. 18) und die Gesetzmäßigkeit und Vollständigkeit der beigefügten Urkunden (vgl. für der Anmeldung der AG §§ 37 Abs. 2, 38 Abs. 1 AktG, der GmbH § 8 GmbHG).

24 *b)* Die *sachliche Prüfung* erstreckt sich zunächst auf die Wirksamkeit und Rechtsbeständigkeit der angemeldeten Rechtsverhältnisse[35a]) und die rechtliche Zulässigkeit der erstrebten Eintragung, z. B. ob die Firma dem Gesetz entsprechend gebildet und nicht zur Täuschung geeignet ist (§ 18 Abs. 2 HGB). Ein nichtiges Rechtsgeschäft darf das Registergericht nicht eintragen, z. B. eine Mantelgründung oder einen Mantelkauf[36]), oder ein mit Erfolg ausgefochtenes Rechtsgeschäft; dagegen rechtfertigt die Anfechtbarkeit die Zurückweisung einer Anmeldung nicht[37]). Eine erforderliche vormundschaftsgerichtliche Genehmigung ist beizubringen; in den Fällen der §§ 1829, 1643 Abs. 3 BGB ist nachzuweisen, daß die Genehmigung dem Vertragspartner mitgeteilt ist[38]. Verfügungsbeschränkungen können sich aus dem *Güterstand* ergeben. Bei allgemeiner Gütergemeinschaft ist zwar, wenn der nicht verwaltende Ehegatte oder bei gemeinschaftlicher Verwaltung einer von ihnen ein Erwerbsgeschäft betreibt, die fehlende Einwilligung oder der Einspruch des anderen (§§ 1431, 1456) für das Registergericht ohne Bedeutung, für eine Veräußerung des Betriebes oder der gesellschaftlichen Beteiligung bedarf es aber der Einwilligung des anderen Ehegatten[39]). Beim gesetzlichen Güterstand der *Zugewinngemeinschaft* kommt die Verfügungsbeschränkung des § 1365 BGB auch für die Prüfungsbefugnis des Registergerichts in Betracht. Hierbei kommt es für den Begriff der Verfügung nicht darauf an, ob eine gleichwertige Gegenleistung erlangt wird[40]). Die Einwilligung des anderen Ehegatten ist erforderlich, wenn objektiv der Gegenstand das ganze oder nahezu ganze Vermögen des Ehegatten ausmacht und subjektiv der Vertragspart-

[34c]) KGJ 19 A 3; 28 A 216, 224; Ritter, AktG § 148 Anm. 5; Eckardt NJW 1967, 369, 372. Für Bestellung von Vorstandsmitgliedern und Prokuristen mit Wirkung von einem in näherer Zukunft liegenden Zeitpunkt Frels AG 1967, 227.

[35]) KG HRR 1932 Nr. 1958; wegen Nachweis der Vertretungsbefugnis ausländischer Gesellschaften s. DNotZ 1963, 518; 1964, 288.

[35a]) RGZ 127, 153; 140, 174; zum Prüfungsrecht des Registergerichts vgl. allgemein Brand, Das Prüfungsrecht und die Prüfungspflicht des Registerrichters, ZBlHR 1928, 97 ff.; Wolf Schrader, Die Prüfungspflicht des Registerrichters, Diss. 1929; Menold, Das materielle Prüfungsrecht des Handelsregisterrichters, Diss. Tübingen 1966.

[36]) KG JFG 1, 200; KG HRR 1933 Nr. 833 = DNotZ 1933, 661; LG Ravensburg NJW 1964, 597; vgl. Beuck, Der Mantelkauf, GmbH-Rdsch. 1957, 69; Pape, Der Erwerb eines Gesellschaftsmantels, BB 1957, 179.

[37]) KGJ 30 A 109; A. Hueck, Anfechtbarkeit und Nichtigkeit von Generalversammlungsbeschlüssen bei Aktiengesellschaften, 1924, S. 186 ff., 252-254; Menold aaO. (Fn. 35 a) S. 169 f.; Keidel § 127 Rdn. 2, 19; Schlegelberger § 127 Anm. 3; a.M. neuerdings gegen die bisher h. M. Lutter, Die Eintragung anfechtbarer Hauptversammlungsbeschlüsse im Handelsregister, NJW 1969, 1873. Zur Aussetzungsbefugnis vgl. § 127 Rdn. 3, 7.

[38]) KGJ 34 A 49; 38 A 62; vgl. für GmbH-Beteiligungen von Minderjährigen Müller JR 1961, 326; Beteiligung Minderjähriger an Personengesellschaften Stöber Rpfleger 1968, 2 ff.; allgemein Würdinger in HGB-RGRK[2] 37 vor § 1.

[39]) KGJ 32, A 192; RGZ 127, 110; Erman BGB[3] § 1431 Anm. 5; Würdinger in HGB-RGRK[2] 7 vor § 1; Baumbach-Duden HGB § 1 Anm. 4.

[40]) BGHZ 35, 135, 145; Staudinger-Felgentraeger BGB[11] § 1365 Anm. 4; a. M. Rittner FamRZ 1961, 1; Fischer in HGB-RGRK[3] § 105 Anm. 25 d, nach denen § 1365 nur solche Verträge ergreift, durch die der Verfügende wirtschaftlich gesehen sein Vermögen hingibt und nicht nur eine Vermögensumschichtung vornimmt.

ner dies weiß oder zumindest die Verhältnisse kennt, aus denen sich dies ergibt[41]). Unter dieser Voraussetzung können zustimmungsbedürftig sein die Veräußerung des Handelsgeschäfts, die Einbringung des gesamten Vermögens in eine Personenhandels- oder Kapitalgesellschaft, die Übertragung eines Geschäftsanteils, Kündigung und Auflösung des Gesellschaftsverhältnisses; Änderungen des Gesellschaftsvertrages werden von § 1365 in der Regel nicht erfaßt, auch nicht die Aufnahme eines weiteren Teilhabers, sofern es sich nicht um Vereinbarungen handelt, durch die für den Fall des Ausscheidens Abfindung oder Auseinandersetzungsguthaben im Wesentlichen wegbedungen werden[42]). Zu einer Prüfung, ob die Verfügungsbeschränkung des § 1365 BGB eingreift, hat das Registergericht aber nur Anlaß, wenn hinreichende, auf Tatsachen beruhende Anhaltspunkte dafür vorliegen, daß über das Vermögen im ganzen verfügt wird[42a]). Wegen der Prüfung einzureichender Schriftstücke, insbesondere des Jahresabschlusses der AG (KGaA) vgl. § 132 Rdn. 18.

c) Die *Richtigkeit der Tatsachen*, die der Anmeldung zugrunde liegen, muß nicht in jedem Fall nach § 12 FGG erforscht oder nachgewiesen werden. In der Regel ist das Registergericht befugt, den Inhalt der Anmeldungen und der beigefügten Erklärungen als richtig anzunehmen[43]), insbesondere wenn die nach § 23 HRV gehörte Industrie- und Handelskammer keine Bedenken geäußert hat. Einer Anmeldung, deren Unrichtigkeit gerichtsbekannt ist, darf jedoch nicht stattgegeben werden[44]), und wenn sich begründete Zweifel an der Richtigkeit ergeben, ist das Registergericht berechtigt und verpflichtet, den Sachverhalt aufzuklären. In den §§ 38 Abs. 2, 52 Abs. 7, 184 Abs. 3, 188 Abs. 4, 195 Abs. 3, 206 AktG ist dem Gericht bei der Gründung, Nachgründung oder bei Kapitalerhöhungen über die Pflicht hinaus, auf die Einhaltung der gesetzlichen Vorschriften und die Förmlichkeiten des Hergangs zu achten, ein materielles Prüfungsrecht eingeräumt, insbesondere in bezug auf den Wert von Sacheinlagen und Sachübernahmen[45]). Auch bei der GmbH ist das Gericht trotz Fehlens besonderer Sicherungsbestimmungen für Sachgründungen befugt, dem Verdacht *verschleierter Sachgründung* trotz äußerlicher Bargründung nachzugehen oder bei Verdacht der Überbewertung den Wert der Sacheinlagen von Amts wegen (§ 12) nachzuprüfen[46]); bei unangemessen hoher Bewertung der Sacheinlage kann die Eintragung abgelehnt werden. *Strohmanngründungen* dienen entweder dem Zweck, alsbald nach der Gründung alle Geschäftsanteile in einer Hand zu vereinigen oder den Namen des Strohmanns bei der Bildung der Gesellschaftsfirma verwenden zu können oder das Interesse des Hintermanns an der Grün- 25

[41]) BGHZ 43, 174 = NJW 1965, 909 = JZ 1966, 191 mit Anm. v. Gernhuber; vgl. auch zum Grundbuchrecht BayObLGZ 1967, 87 = FamRZ 1967, 337 = DNotZ 1968, 38; BGH FamRZ 1969, 322 = DNotZ 1969, 422.

[42]) Im einzelnen ist manches ungeklärt und streitig; wie hier im wesentlichen Eiselt, JZ 1960, 562; Beitzke Betr. 1961, 21; Riedel Rpfleger 1961, 268; Haegele FamRZ 1964, 598; ders., GmbHRdsch. 1965, 187; Staudinger-Felgentraeger BGB[11] § 1365 Anm. 58-67; Erman-Bartholomeyczik BGB[3] § 1365 Anm. 5 b; Palandt-Lauterbach BGB[28] § 1365 Anm. 2; Baumbach-Duden HGB[18] § 105 Anm. 2; teilw. abw. Fischer NJW 1960, 937 (der seine dort vertretene Meinung in HGB-RGRK[3] § 105 Anm. 25 d aufgegeben hat); Reinicke BB 1960, 1002; Rittner FamRZ 1961, 1; vgl. ferner Mülke AcP 161, 129; Tubessing BB 1966, 829; Westermann FamRZ 1967, 645; Braga FamRZ 1967, 652; H. J. Gaedicke, § 1365 BGB und das Gesellschaftsrecht, Diss. München 1968. Vgl. auch Rohs, Die Geschäftsführung der Notare, 5. Aufl. S. 73 ff.

[42a]) Vgl. zum Grundbuchverfahren BGHZ 35, 135; BayObLGZ 1967, 87; für das Handelsregister Rohs, Geschäftsführung der Notare, 5. Aufl. S. 80.

[43]) Denkschr. zu § 12 Entw. HGB S. 25, Hahn-Mugdan VI 209; KGJ 39 A 122; Würdinger in HGB-RGRK[2] § 8 Anm. 9; Schlegelberger § 127 Anm. 3.

[44]) KG RJA 11, 196; Karlsruhe RJA 13, 116.

[45]) Zu den Aufgaben des Registergerichts nach dem neuen Aktienrecht s. Saage, Aktienrechtsreform und freiw. Gerichtsbarkeit, DNotZ 1960, 575; Geßler, Rpfleger 1966, 1; Kropff, Rpfleger 1966, 33; Möhring, NJW 1966, 1, 87.

[46]) KG HRR 1937 Nr. 1647; RGZ 155, 211 = JFG 16, 78; 159, 335; Kiel JR 1948, 325; Vogel, DNotZ 1950, 445; Scholz, GmbH-Rdsch. 1957, 65; Ilges, MittRheinNotK 1961, 560; Hachenburg-Schilling, GmbHG[6] § 5 Anm. 11 a; Baumbach-Hueck GmbH[12] § 5 Anm. 8 a; zum Maß der Überbewertung vgl. BGH LM § 5 GmbHG Nr. 1 mit Anm. Fischer = JZ 1960, 216 mit Anm. G. Hueck; Ensslin/Stauder, Rechtsfragen bei mangelhafter Sacheinlage in die GmbH, GmbHRdsch. 1968, 153.

dung nach außen hin zu verdecken[47]); da nur selten von vornherein unredliche oder gesetzwidrige Absichten verfolgt werden, ist sie in der Regel kein Eintragungshindernis[48]). Bei der Anwendung der §§ 2, 3 Abs. 2, 4 HGB kommt es für die Registerpflicht darauf an, ob der Gewerbebetrieb sowohl nach der Art als auch nach dem Umfang einen in kaufmännischer Weise eingerichteten Geschäftsbetrieb erfordert[49]). Der Nachweis, daß die Teilnehmer einer Geselllschafterversammlung der GmbH die Geschäftsanteile rechtswirksam erworben haben, kann ohne besondere Veranlassung nicht verlangt werden[50]). Die Gesellschafterliste (§ 40 GmbHG) ist nur daraufhin zu prüfen, ob sie gesetzmäßig aufgestellt, nicht aber, ob sie sachlich richtig ist[51]). Bei der Kapitalerhöhung aus Gesellschaftsmitteln braucht das Gericht nach § 210 Abs. 3 AktG die Bilanz nicht zu prüfen. Bei der Anmeldung eines Haftungsausschlusses nach §§ 25 Abs. 2, 28 Abs. 2 hat das Gericht die Rechtzeitigkeit der Eintragung nicht zu prüfen, dies vielmehr dem Prozeßgericht zu überlassen, sofern nicht die Vereinbarung wegen Verspätung zweifellos den Gläubigern gegenüber nicht mehr wirksam werden kann[52]). Bei der Anmeldung einer Zweigniederlassung obliegt dem Gericht der Hauptniederlassung die Prüfung in allen Punkten, die nicht durch § 13 Abs. 3 Satz 1 HGB dem Gericht der Zweigniederlassung zugewiesen sind[53]).

26 *d) Einfluß des öffentlichen Rechts.* Nach § 7 HGB wird die Anwendung der Vorschriften des HGB über Kaufleute nicht berührt durch Vorschriften des öffentlichen Rechts, nach welchen die Befugnis zum Gewerbebetrieb ausgeschlossen oder von gewissen Voraussetzungen abhängig gemacht ist. Nach dieser Vorschrift, die in ihrer Bedeutung nicht immer voll erkannt wird, darf das Registergericht die Eintragung eines Gewerbetreibenden (Einzelkaufmann, OHG, KG) nicht von dem Vorliegen einer für den Gewerbebetrieb erforderlichen öffentlichrechtlichen Erlaubnis abhängig machen; das gilt auch, wenn das Fehlen der Erlaubnis (Konzession) ihm bekannt ist[54]) Die Durchführung der für einen Geschäftszweig erforderlichen gewerbepolizeilichen Zulassungsbestimmungen hat das Registergericht den zuständigen Behörden zu überlassen. Das gilt bei Handwerksbetrieben auch für das Erfordernis der Eintragung in die Handwerksrolle nach § 1 HandwO i. d. F. v. 28. 12. 1965 (BGBl. 1966, I 1)[55]). Gesellschaftsverträge (OHG, KG) sind wegen Nichtbeachtung gewerbepolizeilicher Zulassungsvorschriften oder Befähigungsnachweise nicht gemäß § 134 BGB nichtig[56]). Etwas anderes gilt nur, wenn das Gesetz den Nachweis einer öffentlichrechtlichen Genehmigung als Voraussetzung der Eintragung erfordert, wie für AG, KGaA, GmbH (§§ 37 Abs. 2 Nr. 5, 278 Abs. 3 AktG, § 8 Abs. 4 GmbHG), Versicherungsvereine a. G. (§ 31 Abs. 1 Nr. 1 VersAufsG) und Genossenschaften[57]). Die Eintragung in die Handwerksrolle ist aber keine staatliche Genehmigung in diesem Sinne. Unternehmen, die *Bankgeschäfte*

[47]) RGZ 167, 184; Darmstadt JFG 10, 119; RGZ 84, 17.

[48]) Darmstadt JFG 10, 119; Baumbach-Hueck GmbHG[12] § 2 Anm. 2 E; KG OLGZ 1968, 477; vgl. Crisolli, Scheingründungen und Mantelverwertung, JW 1934, 936; Schilling, JZ 1957, 92; Gottschling, GmbHRdsch. 1959, 134; Schönle, Einmann- und Strohmanngesellschaft, 1957; O. Kuhn, Strohmanngründung bei Kapitalgesellschaften, 1934; zur Frage der Amtslöschung vgl. § 144 Rdn. 10.

[49]) Dazu KG NJW 1959, 1829; George, BB 1959, 1607; Schönle, BB 1960, 1230; Krauth, NJW 1961, 13; Droste NJW 1961, 1607.

[50]) KGJ 39 A 122 = OLGR 21, 50.

[51]) KG a. a. O. Fn. 50; KG DJZ 1930, 101; LG Frankfurt GmbHRdsch. 1962, 118; Hamm DNotZ 1969, 431, 433.

[52]) KGJ 33 A 217; KG JFG 18, 276, 283; KG DRW 1941, 1537 mit Anm. v. Groschuff; Schlegelberger § 127 Anm. 3; Würdinger in HGB-RGRK[2] § 25 Anm. 24; vgl. Keidel-Schmatz[2] S. 37 Fn. 7.

[53]) Neustadt NJW 1962, 1205.

[54]) KG JFG 18, 87 = HRR 1938 Nr. 1229 = JW 1938, 2751 = DNotZ 1938, 824 = DRW 1939, 685; KG NJW 1958, 1827; Groschuff JW 1936, 1127; Droste Betr. 1955, 1107, 1133; Full, DNotZ 1957, 628; Auweder Rpfleger 1962, 48; Schlegelberger-Geßler, HGB[3] § 105 Anm. 9, Schlegelberger-Hildebrandt HGB[3] § 7 Anm. 3; a. M. Würdinger in HGB-RGRK[2] § 7 Anm. 4; Baumbach-Duden HGB[13] § 7 Anm. A; Flad-Gadow-Heinichen HGB § 7 Anm. 4; Keidel[9] 31 vor § 125, anders aber § 127 Anm. 3. Unrichtig Drischler Büro 1967, 445 (Apotheke).

[55]) Droste, Full, Auweder a. a. O.

[56]) KG NJW 1958, 1827; Schlegelberger-Geßler[3] § 105 Anm. 9, Schlegelberger-Hildebrandt § 7 Anm. 3; Baumbach-Duden[13] § 7 Anm. 6; Auweder Rpfleger 1962, 50; a. M. BGHZ 8, 157; Droste, Betr. 1955, 1107; Riechert, Betr. 1955, 643.

[57]) KG JW 1936, 941 = HHR 1936 Nr. 410; Lang-Weidmüller GenG[27] § 11 Anm. 2.

betreiben, dürfen ohne Rücksicht auf die Rechtsform in das Register erst eingetragen werden, wenn die erforderliche Erlaubnis dem Registergericht nachgewiesen ist (§§ 43 Abs. 1, 32, 1 KreditWG); diese Regelung enthält für Einzelkaufleute, OHG und KG eine Ausnahme von § 7 HGB[57a]). Zu den genehmigungsbedürftigen Bankgeschäften gehören nach § 1 Abs. 1 Nr. 6 KreditWG auch die in § 1 des G über Kapitalanlagegesellschaften i. d. F. v. 14. 1. 1970 (BGBl. I, 128) bezeichneten Geschäfte (Investmentgeschäft). Handelsrechtliche Besonderheiten sind zu beachten bei Wirtschaftsprüfungs- und Buchprüfungsgesellschaften nach §§ 27, 28 Abs. 4, 5, 31, 130 Abs. 2, 133 der Wirtschaftsprüferordnung v. 24. 7. 1961 (BGBl. I, 1049) und bei Steuerberatungsgesellschaften nach §§ 11 Abs. 4, 12, 16, 17 Abs. 4, 19 des Steuerberatungsgesetzes v. 16. 8. 1961 (BGBl. I, 1301). Vorschriften des *öffentlichen Vereinsrechts* greifen insofern ein, als nach § 17 VereinsG v. 5. 8. 1964 (BGBl. I, 1964) dieses Gesetz auf AG, KGaA, GmbH, VVaG und Genossenschaften angewendet werden kann; auf Anzeige der Verbotsbehörde hat das Registergericht die in § 7 Abs. 2 VereinsG vorgesehene Eintragung vorzunehmen.

e) Amtsverfahren. Soweit das Registergericht ein Verfahren von Amts wegen betreibt 27
(§ 128 Rdn. 21), gilt der Amtsermittlungsgrundsatz (§ 12) uneingeschränkt, insbesondere im Einspruchsverfahren nach §§ 134, 140, im Widerspruchsverfahren nach §§ 141 Abs. 3, 142 Abs. 3, 144 Abs. 2, 144a Abs. 2 und im Löschungsverfahren nach § 2, 3 LöschG (Anh. I zu § 144).

7. Einsichtnahme. Über *Einsichtnahme* in das Handelsregister und die eingereichten 28
Schriftstücke s. § 34 Rdn. 23. Nach § 9 Abs. 2 HGB i. d. F. des Art. 1 Nr. 1 des G zur Durchführung der Ersten Richtlinie des Rates der Europäischen Gemeinschaften zur Koordinierung des Gesellschaftsrechts vom 15. 8. 1969 (BGBl. I 1146) darf die Erteilung einer Abschrift von den zum Handelsregister eingereichten Schriftstücken nicht mehr davon abhängig gemacht werden, daß ein berechtigtes Interesse glaubhaft gemacht wird. Abschriften von den eingereichten Schriftstücken können mithin ebenso wie bisher schon Abschriften von den Eintragungen von jedermann verlangt werden. Für Schriftstücke, die nicht unter § 9 Abs. 2 HGB fallen, gilt § 34 FGG. Die Abschrift ist von der Geschäftsstelle grundsätzlich auch ohne Verlangen zu beglaubigen, es sei denn, daß der Antragsteller auf die Beglaubigung verzichtet.

8. Musterregister. Die *Führung des Musterregisters* nach § 9 GeschmG ist ebenfalls eine 29
Handelssache (Vorbem. 2). Sachlich zuständig ist das mit der Führung des Handelsregisters befaßte AG (§ 9 Abs. 1 GeschmMG) auch im Fall einer Zusammenlegung von Gerichtsbezirken nach § 125 Abs. 2 FGG (oben Rdn. 6). Örtlich zuständig ist das Gericht der Hauptniederlassung des Urhebers oder, wenn er keine eingetragene Firma führt, seines Wohnorts (§ 9 Abs. 2 GeschmG). Für Urheber, die in der BRD einschließlich Berlin (West) weder Niederlassung noch Wohnsitz haben, ist das Patentamt örtlich zuständig (§ 4 G v. 18. 7. 1953, BGBl. I, 615, abgedr. in Anl. 6 S. Fn. 2). Die Führung des Registers richtet sich nach den Bestimmungen v. 18. 2. 1876 (ZBlDR 123, jetzt BGBl. III, 442-1-1), abgedr. in *Anl. 6.*[58]). Die Vorschriften über die Führung des Handelsregisters sind anzuwenden, soweit in den MustBest. nichts anderes bestimmt ist (§ 1 Satz 2 MustBest.). Die Geschäfte sind in vollem Umfange auf den Rechtspfleger übertragen (§ 3 Abs. 1 Nr. 1 Buchst. c. RechtspflG, oben Rdn. 12). Anträge können schriftlich oder zu Protokoll gestellt werden (§ 5 MustBest.). Die Rechtswirkungen der Anmeldung und Niederlegung des Geschmacksmusters treten mit der Anmeldung, nicht erst mit der Eintragung ein (§§ 7, 13 GeschmMG); über die Unwirksamkeit der Anmeldung beim unzuständigen Gericht oben Rdn. 7. Das Gericht prüft nur die Förmlichkeiten der Anmeldung, wie seine Zuständigkeit und die Ordnungsmäßigkeit

[57a]) Vgl. Consbruch BB 1966, 102; Consbruch-Möller, KWG-Komm. § 43 Anm. 2; Szagunn-Neumann KWG § 43 Anm. 7; vgl. ferner Anh. I nach § 144.

[58]) Schrifttum: Furler, GeschmMG, 3. Aufl. 1967; Frhr. v. Gamm, GeschmMG 1966; Tetzner, Registergerichtliche Fragen der Geschmacksmusterrechts, Rpfleger 1967, 347; Sternberg-Siehr Registerrecht § 44; Brand-Marowski Registersachen[4] S. 470 ff.; Keidel-Schmatz Registerrecht[2] S. 309; Jansen in Lux, Schulung f. d. jur. Praxis[5] S. 742.

der Anmeldung und Niederlegung, nicht aber die sachlichen Voraussetzungen, wie Urheberschaft, Neuheit, Geschmacksmusterfähigkeit[59]) Es kann den Antrag aber zurückweisen, wenn das Muster offensichtlich nicht geschmacksmusterfähig ist und die Eintragung sich deshalb als Mißbrauch darstellen würde[60]). Es werden nur die Anmeldung und die Verlängerung der Schutzfrist eingetragen. Eine Löschung findet nicht statt, da die Eintragung nur eine Registrierung der erfolgten Anmeldung ist und diese Tatsache, an die allein sich Rechtsfolgen knüpfen, durch die Löschung nicht beseitigt wird[61]). Nur wenn Förmlichkeiten der Anmeldung fehlen, kann die Eintragung nach §§ 142, 143 von Amts wegen gelöscht werden[62]). Gebühren § 82 KostO.

30 *9. Recht der DDR.* In der *DDR* werden das Handelsregister (Abt. A und B), das Genossenschaftsregister und das Register der volkseigenen Wirtschaft beim *Rat des Kreises* geführt, und zwar das Handelsregister bei der Abt. Örtliche Industrie und Handwerk, das Genossenschaftsregister für Konsum- und Handelsgenossenschaften bei der Abt. Handel und Versorgung, für landwirtschaftliche Genossenschaften bei der Abt. Land- und Forstwirtschaft, für Handwerksgenossenschaften bei der Abt. Örtliche Industrie und Handwerk, das Register der volkseigenen Wirtschaft beim Referat Staatliches Eigentum (§§ 48, 49, 60 FGVO). Das Musterregister wird beim Amt für Erfindungs- und Patentwesen geführt (§§ 45, 47 FGVO). Im Ostsektor Berlins gilt eine entsprechende Regelung nach der VO über die Übertragung der Angelegenheiten der FreiwG v. 19. 3. 1953 (VOBl. I, 99). Einsicht wird nur bei Glaubhaftmachung eines rechtlichen Interesses gewährt. Öffentliche Bekanntmachungen finden nicht statt (§ 56 FGVO). Über Beschwerden entscheidet im Verwaltungswege die Abt. des Rats des Bezirks (§ 52 FGVO). Die Führung des Registers der volkseigenen Wirtschaft ist geregelt in der 4. DurchfBest. zur VO v. 7. 4. 1952 (GBl. 290) i. d. F. der §§ 60, 62 FGVO, Berlin-Ost VO v. 4. 9. 1952 (VOBl. I, 447). Ergeben sich bei einem Antrag Zweifel über die Eintragungsfähigkeit oder Formerfordernisse, so hat der Rat des Kreises die Weisung des Rats des Bezirks oder über diesen die Weisung des MdI einzuholen, welches, soweit erforderlich, nach Anhörung des zuständigen Ministeriums entscheidet (§ 60 Abs. 3 FGVO). Beschwerden finden bei der Führung dieses Registers nicht statt (§ 63 FGVO).

Mitteilungspflicht der Behörden

125a Die Gerichte, die Beamten der Staatsanwaltschaft, die Polizei- und Gemeindebehörden sowie der Notare haben von den zu ihrer amtlichen Kenntnis gelangenden Fällen einer unrichtigen, unvollständigen oder unterlassenen Anmeldung zum Handelsregister dem Registergericht Mitteilung zu machen.

Die Steuerbehörden haben den Registergerichten Auskunft über die steuerlichen Verhältnisse von Kaufleuten oder Unternehmungen, insbesondere auf dem Gebiet der Gewerbe- und Umsatzsteuer zu erteilen, soweit diese Auskunft zur Verhütung unrichtiger Eintragungen im Handelsregister sowie zur Berichtigung und Vervollständigung des Handelsregisters benötigt wird. Die Auskünfte unterliegen nicht der Akteneinsicht.

Eingefügt durch VO v. 10. 8. 37 (RGBl. I 900) Art. 1 Nr. 3.

1 *1. Allgemeines.* Durch die Vorschrift wird die bis dahin auf Landesrecht beruhende Unterstützungspflicht anderer Behörden gegenüber dem Registergericht einheitlich geregelt. Sie soll dem Registergericht die Aufgabe erleichtern, die Rechtsverhältnisse der Unternehmen des Handelsstandes im Register zuverlässig zu verlautbaren und die Übereinstimmung des Registers mit der wirklichen Rechtslage notfalls zwangsweise herbeizuführen. In MiZi I/3 wird auf die Vorschrift hingewiesen.

[59]) KGJ 4, 46; 12, 43; 25 A 266; Sternberg-Siehr § 44 2 c; Keidel-Schmatz² S. 310.

[60]) BPatG Rpfleger 1964, 47; Tetzner, Rpfleger 1963, 363.

[61]) Furler GeschmG² § 10 Anm. 1; a. M. bei Verzicht BayObLGZ 1964, 183 = Rpfleger 1964, 282.

[62]) Sternberg-Siehr S. 464; Keidel-Schmatz² S. 312.

2. *Mitteilungspflicht.* Die den in Abs. 1 genannten Behörden und den Notaren auferlegte Mitteilungspflicht wird in erster Linie Fälle betreffen, in denen ein registerpflichtiger Rechtsvorgang eingetreten, aber nicht eingetragen ist, so daß die Anmeldung nach §§ 14 HGB, 407, 408 AktG, 28 Abs. 3 EGAktG, 132 FGG erzwungen werden kann. Soweit eine Anmeldung nicht erzwungen werden kann, wie in der Regel bei rechtserzeugenden Eintragungen, besteht nach dem Zweck der Vorschrift auch keine Mitteilungspflicht, falls nicht ausnahmsweise, wie in § 2 HGB, auch insoweit eine Anmeldepflicht begründet wird. Der Notar ist daher nicht gehalten, von der Beurkundung eines GmbH-Gesellschaftsvertrages Mitteilung zu machen, wohl aber von einem OHG-Vertrag, wenn die Anmeldung unterbleibt (§§ 106, 14 HGB). Nach MiZi XVII/5 hat das NachlG dem Registergericht Mitteilung zu machen, wenn ihm aus Anlaß der Erteilung eines Erbscheins, der Eröffnung eines Testaments oder Erbvertrages oder einer sonstigen Erbenermittlung bekannt wird, daß der Erblasser Inhaber eines Handelsgeschäfts oder Gesellschafter einer Personenhandelsgesellschaft gewesen ist. Mitzuteilen sind auch Vorgänge, die zur Einleitung eines Amtslöschungsverfahrens (§§ 142, 144, FGG, § 2 LöschG) Anlaß geben können. Es muß sich aber stets um Vorgänge handeln, die den Inhalt des Handelsregisters berühren, nicht bloß um die Nichterfüllung sonstiger Verpflichtungen, etwa zur Einreichung von Schriftstücken oder zur Vornahme anderer Handlungen. Der Vorgang muß der Behörde oder dem Notar amtlich zur Kenntnis gelangt sein; das trifft für den Anwaltsnotar nicht zu, wenn er die Wahrnehmung bei seiner anwaltlichen Tätigkeit gemacht hat[1]). Die Verschwiegenheitspflicht des Notars (§ 18 BNotO) entfällt im Rahmen des § 125a Abs. 1. Die Unterstützungspflicht der Behörden geht über die allgemeine Rechts- und Amtshilfepflicht hinaus, da sie ein selbständiges Tätigwerden verlangt[2]). Gegen die Verletzung der Pflicht ist nur Dienstaufsichtsbeschwerde gegeben. Die Amtspflicht besteht nur gegenüber dem Gericht, nicht gegenüber den Beteiligten oder Dritten. 2

3. Die *Auskunftspflicht der Steuerbehörden* (Abs. 2) kommt vor allem in Betracht, wenn zu ermitteln ist, ob ein Gewerbebetrieb seinem Umfang nach eine kaufmännische Einrichtung erfordert (§§ 2, 3 Abs. 2, 4 HGB). Sie darf nur beansprucht werden, wenn es zur Führung des Handelsregisters erforderlich ist. Im Kosteninteresse sind Auskünfte des Finanzamts über den Einheitswert nur einzuholen, wenn der Kostenschuldner den Steuerbescheid nicht vorlegt oder die Wertermittlung besonders schwierig ist (§ 15 Abs. 2 KostVfg.). Abweichend von § 34 unterliegen die Auskünfte zur Wahrung des Steuergeheimnisses nicht der Einsicht; um dies zu gewährleisten, sind sie nach § 24 Nr. 6 AktenO zu unter Verschluß zu haltenden Sammelakten zu nehmen, die nur den mit der Registerführung und Kostenberechnung befaßten Beamten zugänglich sind. Dieselbe Behandlung erfahren von den Notaren eingereichte Steuerbescheide[3]). 3

4. Auf das *Genossenschaftsregister* ist § 125a nicht anwendbar[4]). 4

Mitwirkung der Organe des Handelsstandes

126 Die Organe des Handesstandes und außer ihnen — soweit es sich um die Eintragung von Handwerkern handelt — die Organe des Handwerksstandes sind verpflichtet, die Registergerichte bei der Verhütung unrichtiger Eintragungen, bei der Berichtigung und Vervollständigung des Handelsregisters sowie beim Einschreiten gegen unzulässigen Firmengebrauch zu unterstützen; sie sind berechtigt, zu diesem Zwecke Anträge bei den Registergerichten zu stellen und gegen Verfügungen der Registergerichte das Rechtsmittel der Beschwerde einzulegen.

Die jetzige Fassung beruht auf dem G v. 10. 8. 37 (RGBl. I 897) Art. 3 und dem G über die Kaufmannseigenschaft von Handwerkern v. 31. 3. 53 (BGBl. I 106, Berlin-West GVBl. 238) Art. 2, Saarland G v. 27. 11. 56 (ABl. 1561) Art. 2.

[1]) Krieger-Lenz Anm. 4.
[2]) Keidel Anm. 2.
[3]) AV d. JM NRW vom 14. 6. 62 (JMBlNRW 154); AV d. NdsJM v. 26. 9. 62 (NdsRpfl. 218).
[4]) A. M. Keidel Anm. 6.

1 *1. Allgemeines.* Das Registergericht wird häufig darauf angewiesen sein, sich bei der Erfüllung seiner Aufgaben der Hilfe von Organen zu bedienen, die auf gesetzlicher Grundlage sich aus der Wirtschaft selbst heraus gebildet haben und die durch ihre Sachkunde und die Kenntnis der Verhältnisse die Grundlage dafür schaffen, daß Vorgänge, welche die Führung des Handelsregisters berühren, zur Kenntnis des Gerichts gelangen und die Entschließungen des Gerichts ein möglichst hohes Maß an Sachnähe und Richtigkeit gewinnen. Die Vorschrift begründet deshalb für die Organe des Handels- und des Handwerksstandes die öffentlichrechtliche Pflicht, das Registergericht in geeigneter Weise zu unterstützen, und verschafft ihnen zugleich durch die Gewährung eines Antrags- und Beschwerderechts die zur Wahrnehmung dieser Aufgaben erforderliche verfahrensrechtliche Stellung. Die genannten Organe erfüllen hierbei legitime öffentliche Aufgaben[1]).

2 *2. Organe des Handelsstandes* sind Einrichtungen, die für ihren Bereich den gesamten Handelsstand, nicht nur einen einzelnen Handelszweig, verkörpern und mit Befugnissen ausgestattet sind, die sich auf die Führung des Handelsregisters beziehen[2]). Solche Organe mit öffentlichen Aufgaben sind jetzt nur noch die *Industrie- und Handelskammern,* deren Recht nunmehr bundesrechtlich geordnet ist durch das G zur vorläufigen Regelung des Rechts der Industrie- und Handelskammern v. 18. 12. 1956 (BGBl. I, 920). Sie sind Körperschaften des öffentlichen Rechts (§ 3 Abs. 1); sie haben durch Vorschläge, Gutachten und Berichte die Behörden zu unterstützen (§ 1 Abs. 1) und unterstehen der Aufsicht der nach Landesrecht zu bestimmenden Behörden (§§ 11, 12 Abs. 1 Nr. 3). Es besteht eine Zwangsmitgliedschaft für alle natürlichen oder juristischen Personen und Handelsgesellschaften, die im Bezirk eine gewerbliche Niederlassung, Betriebsstätte oder Verkaufsstelle unterhalten. Im Rahmen dieses Gesetzes kann das Landesrecht die Rechtsverhältnisse näher ordnen, so Baden-Württemberg G v. 27. 1. 1958 (GBl. 77); Bayern G v. 25. 3. 1958 (GVBl. 40); Berlin G v. 21. 3. 1967 (GVBl. 512) i. d. F. v. 10. 11. 67 (GVBl. 1570); Bremen G v 6. 5 1958 (GBl 47); Hamburg G v. 27. 2. 1956 (GVBl. 21); Hessen G v. 6. 11. 1957 (GVBl 147); Niedersachsen G v. 20. 12. 1957 (GVBl. 136); Nordrhein-Westfalen G v. 23. 7. 1957 (GVBl. 187); Rheinland-Pfalz G v. 24. 2. 1958 (GVBl. 43); Saarland G Nr. 707 v. 29. 3. 1960 (ABl. 261)[3]).

3 *3. Organe des Handwerksstandes* sind nach dem G zur Ordnung des Handwerks (Handwerksordnung) i. d. F. v. 28. 12. 1965 (BGBl. 1966 I 1) die Handwerkskammern (§§ 90 bis 115 HandwO). Sie sind Körperschaften des öffentlichen Rechts (§ 90 Abs. 1) und haben die Behörden in der Förderung des Handwerks durch Anregungen, Vorschläge und Erstattung von Gutachten zu unterstützen (§ 91 Abs. 1 Nr. 2). Die Handwerksinnungen (§§ 52 bis 78 HandwO), Innungsverbände (§§ 79 bis 85) und Kreishandwerkerschaften (§ 86 bis 89) sind zwar Organisationen des Handwerks und können gutachtlich gehört werden und Auskünfte erstatten (§ 54 Abs. 1 Nr. 8, 81 Abs. 1 Nr.. 3, 87 Nr. 4 HandwO), sie sind aber nicht unmittelbar zur Vertretung der Interessen des gesamten Handwerks gegenüber dem Registergericht berufen und können deshalb die Rechte aus § 126 nicht in Anspruch nehmen[4]).

4 *4. Doppelzuständigkeit von Handels- und Handwerkskammer.* Handwerker, die zugleich Kaufleute sind, gehören sowohl der Handwerkskammer als auch der Handelskammer an. Das Organ des Handwerksstandes ist, wenn ein handwerkliches Unternehmen in Betracht kommt, neben dem Organ des Handelsstandes, nicht an seiner statt, zur Mitwirkung berufen[5]). Über die Voraussetzungen, unter denen das Registergericht die Handwerkskammer zu beteiligen

[1]) BVerfGE 15, 235, 241.
[2]) München JFG 14, 186; vgl. auch BVerfGE 15, 241.
[3]) Schrifttum: Bremer, Kammerrecht der Wirtschaft, 1960; Frentzel-Jäkel, G zur vorl. Regelung des Rechts der Industrie- u. Handelskammern, 2. Aufl. 1961; dies., DVBl. 1964, 973; Böshagen, BB 1961, 505; Hochköpper, BB 1962, 162.
[4]) so auch Keidel Anm. 10; vgl. KGJ 21 A 245 = RJA 2, 17.
[5]) Zum Begriff des Handwerks s. Krömer, DVBl. 1957, 257; Meyer-Hentschel, NJW 1958, 1321; Dohrn, BB 1961, 506 (Unterschied zw. Handwerk und Industrie); BVerwG Betr. 1965, 929; Eyermann-Fröhler, HandwerksO, 2. Aufl. 1967.

hat, s. HRegVfg. §§ 23, 37 Abs. 3 *(Anl. 3)*. Die Zuständigkeit der Handwerkskammer ist nicht davon abhängig, daß der Handwerker-Kaufmann in die Handwerksrolle (§§ 1, 6—17 HandwO) eingetragen ist[6]). Beide Organe über ihre Rechte und Pflichten aus § 126, auch das Antrags- und Beschwerderecht, unabhängig voneinander aus.

5. *Andere Stellen* oder Vereinigungen, mögen sie öffentlichen oder privaten Charakter haben, sind nicht befugt, die Rechte aus § 126 in Anspruch zu nehmen, z. B. die Prüfungsverbände der Genossenschaften[7]), Stadt- und Gemeindeverwaltungen[8]), Polizeibehörden[9]), das Aufsichtsamt für Privatversicherung[10]), gewerbliche Verbände zur Wahrnehmung gemeinschaftlicher Interessen[11]), die Bezirksstellen der Handelskammern[12]), die Apothekerkammern[13]), Innungen (Rdn. 3), das Finanzamt[14]), früher die Fachgruppen der Wirtschaft[15]). Ein Beschwerderecht kann anderen Stellen oder Personen nur nach Maßgabe des § 20 zustehen. Wegen der Beteiligung des Bundesaufsichtsamts für das Kreditwesen s. nachst. Anm. 10. 5

6. *Die Unterstützungspflicht der Organe des Handels- oder Handwerksstandes* besteht gegenüber dem Registergericht und dem nach § 143 tätig werdenden LG und bezieht sich auf folgende Gegenstände: 6

a) Verhütung unrichtiger Eintragungen. Diese Tätigkeit kommt vor allem in Betracht, wenn über eine Anmeldung zu befinden ist. Deshalb hat das Gericht nach § 23 HRV bei Eintragung neuer Firmen und Firmenänderungen in der Regel, sonst in zweifelhaften Fällen, das Gutachten der Handels(Handwerks-)kammer einzuholen und, wenn es von dem Vorschlag abweicht, seine Entscheidung der Kammer unter Angabe der Gründe mitzuteilen. Ein Bescheid, durch den das Gericht, ohne bereits über die Anmeldung zu befinden, den Vorschlag der Handelskammer, die Anmeldung zurückzuweisen, ablehnt, ist eine nach § 19 beschwerdefähige Verfügung[16]). 7

b) Berichtigung und Vervollständigung des Handelsregisters. Auf eine Vervollständigung wird vor allem hinzuwirken sein, wenn Anlaß besteht, eine Anmeldung durch Ordnungsstrafen zu erzwingen (§ 132 FGG). Zur Vollständigkeit des Handelsregisters gehört aber auch die nach § 10 HGB vorgeschriebene Bekanntmachung der Eintragungen[17]) und die gesetzlich angeordnete Einreichung von Schriftstücken[18]). Eine Berichtigung kommt in Betracht, wenn nach §§ 31 Abs. 2 HGB, 141 FGG das Verfahren zur Löschung einer erloschenen Firma einzuleiten ist oder eine unzulässige Eintragung nach §§ 142, 143, 144 FGG im Amtslöschungsverfahren beseitigt werden soll. Auch am Verfahren nach § 144a kann die Handelskammer sich durch Anregungen, Anträge und Rechtsmitteleinlegung beteiligen. 8

c) Einschreiten gegen unzulässigen Firmengebrauch (§ 37 Abs. 1 HGB, § 140 FGG). Vgl. die Bem. zu § 140. Diese erst durch G v. 10. 8. 1937 (RGBl. I, 897) eingeführte Erweiterung sichert vor allem das Mitwirkungsrecht der Handelskammer in den Fällen, in denen außerhalb des Handelsregisters eine Firma unbefugt geführt wird[19]). 9

d) Keine Unterstützungspflicht der Organe des Handels(Handwerks-)standes und deshalb kein Antrags- und Beschwerderecht besteht in den Angelegenheiten des § 145[20]) und in Genossenschaftsregistersachen[21]). Vor der Bestellung von Gründungsprüfern ist die Handelskammer zu hören (§ 33 Abs. 3 AktG); die Nichtanhörung gibt ihr aber kein Beschwerderecht (§ 145 Rdn. 2). 10

e) Das *Registergericht* wird seiner selbständigen *Prüfungspflicht* (§ 125 Rdn. 19—23) durch die Unterstützungspflicht der Kammern nicht enthoben, insbesondere wenn der Han- 11

[6]) Würdinger in HGB-RGRK² Nachtr. S. 801; a. M. Schmidt BB 1953, 280, 372.
[7]) Jena JW 1924, 1190.
[8]) KG OLGR 16, 188.
[9]) BayObLG Recht 1908 Beil. 504.
[10]) KG RJA 7, 122.
[11]) KG OLGR 12, 201; a.M. Keidel § 20 Anm. 88.
[12]) KG JW 1932, 753.
[13]) Keidel Anm. 11.
[14]) KG JFG 11, 140.
[15]) München JFG 14, 186.
[16]) KG JFG 23, 303 = DNotZ 1943, 71.
[17]) KG JFG 17, 250 = JW 1938, 1825.
[18]) Schlegelberger Anm. 3; Krieger-Lenz Anm. 7.
[19]) Zum fr. Rechtszustand vgl. KG RJA 8, 196.
[20]) Keidel Anm. 18.
[21]) KG JW 1933, 2155; vgl. § 147 Rdn. 3.

delskammer mit den ihr zu Gebote stehenden Mitteln die erforderliche Aufklärung nicht gelingt[22]). Die Ermittlungen der Kammer kann es nicht ohne weiteres seiner Entscheidung zugrunde legen; sie werden in der Regel nur die Grundlage für die selbständigen Beweiserhebungen des Gerichts bilden. An die Auffassung der Kammern ist das Gericht nicht gebunden.

12 *7. Antragsrecht.* Das Antragsrecht steht den Kammern im Rahmen der ihnen nach Rdn. 6 bis 9 obliegenden Unterstützungspflicht zu. Unter Anträgen sind nicht so sehr förmliche, zur Einleitung des Verfahrens notwendige Anträge zu verstehen, sondern vornehmlich Gegenanträge auf Zurückweisung von Anmeldungen und Anregungen zur Einleitung eines Amtsverfahrens, insbesondere des Ordnungsstrafverfahrens nach §§ 132 ff., des Amtslöschungsverfahrens nach §§ 141, 142 ff. und des Firmenmißbrauchsverfahrens nach § 140. Dagegen ist § 126 nicht dahin zu verstehen, daß anstelle der anmeldeberechtigten Beteiligten Anträge auf Eintragung unmittelbar von der Handelskammer gestellt werden könnten; der Grundsatz, daß das Tätigwerden des Registergerichts im Eintragungsverfahren eine Anmeldung der Beteiligten vorausgesetzt, soweit es nicht ausnahmsweise von Amts wegen tätig wird (§ 128 Anm. C), bleibt unberührt[23]). Macht die Kammer von ihrem Antragsrecht Gebrauch, so wird sie damit formell Beteiligte (§ 6 Rdn. 6) mit der Folge, daß ihr gegenüber das rechtliche Gehör zu wahren ist[24]) und daß sie nach § 13a Abs. 1 mit den Kosten anderer Beteiligter belastet werden kann (Rdn. 16). Die Stellung eines Beteiligten erlangt die Kammer aber nicht schon dadurch, daß sie sich auf Veranlassung des Gerichts in Erfüllung ihrer öffentlichrechtlichen Pflicht nach § 23 HRV gutachtlich geäußert hat, mag die Äußerung auch im Sinne der Unzulässigkeit der Anmeldung ausgefallen sein[25]). Lehnt das Gericht einen von der Kammer nach § 126 gestellten Antrag ab, so muß die Entscheidung mit Gründen versehen sein[26]).

13 *8. Beschwerderecht.* Unabhängig von § 20 Abs. 1 gewährt § 126 Halbs. 2 den Kammern gegen die Verfügungen des Registergerichts im Rahmen der ihnen nach Anm. 6a) bis c) obliegenden Unterstützungspflicht ein Beschwerderecht, allerdings nicht gegen die ihrem Antrag stattgebenden Verfügungen. Das Beschwerderecht setzt nicht mehr, wie vor der Änderung durch G v. 10. 8. 1937 (RGBl. I, 897) voraus, daß die Kammer den der anzufechtenden Entscheidung zugrunde liegenden Antrag gestellt hat; sie kann Beschwerde auch einlegen, wenn sie sich an dem Verfahren vor dem Registergericht noch nicht beteiligt hatte, vorausgesetzt, daß sie zur Stellung des Antrags nach Maßgabe des § 126 berechtigt gewesen wäre. Gegen die Zurückweisung der Anmeldung eines Beteiligten steht der Kammer daher nach § 20 Abs. 2 kein Beschwerderecht zu; sie kann nur beim Registergericht die Einleitung eines Ordnungsstrafverfahren zur Erzwingung der zurückgewiesenen Anmeldung anregen und gegen die Ablehnung Beschwerde einlegen[27]). Auch gegen die Ablehnung der Anregung, eine Anmeldung zurückzuweisen, ist das Beschwerderecht gegeben[28]), sowie gegen Entscheidungen im Amtslöschungsverfahren nach den §§ 141, 142 ff.[29]). Die Ausübung des Beschwerderechts setzt voraus, daß überhaupt eine nach § 19 beschwerdefähige Verfügung vorliegt; deshalb ist

[22]) KG JFG 1, 200 = OLGR 43, 297; Keidel Anm. 12.

[23]) KG JFG 19, 116 = DFG 1939, 69; Oldenburg NJW 1957, 350.

[24]) Hamm JMBlNRW 1964, 138 = BB 1964, 1197; Frankfurt NJW 1969, 330.

[25]) KG OLGR 42, 193 Anm.; die Auffassung, welche in jeder gegensätzlichen Stellungnahme einen Antrag sieht, so KG OLGR 12, 406; BayObLG JFG 6, 225; auch noch Hamm a. a. O. Fn. 24; Keidel Anm. 20, während Schlegelberger die Bem. zu § 126 Anm. 4 gegenüber den Voraufl. berichtigt hat, beruht noch auf der alten Fassung des § 126, welche für das Beschwerderecht der Kammer voraussetzte, daß die anzufechtende Verfügung auf ihren Antrag ergangen war. Nachdem dieses Erfordernis durch G v. 10. 8. 37 (RGBl. I 897) entfallen ist (Rdn. 13), besteht schon im Hinblick auf die Kostenfolgen kein Anlaß mehr, den Unterschied zwischen gutachtlicher Äußerung und Antragstellung zu verwischen. Vgl. auch Frey, BB 1965, 1208.

[26]) KGJ 27 A 56 = RJA 4, 28; § 26 HRV; vgl. § 16 Rdn. 4.

[27]) KG JFG 19, 116 = DFG 1939, 69; Oldenburg NJW 1957, 350; Keidel Anm. 21; Lenz DJ 1937, 1310.

[28]) KG JFG 23, 303 = DNotZ 1943, 71; dazu Frey, BB 1965, 1208.

[29]) Hamm DNotZ 1954, 92; Düsseldorf DNotZ 1957, 417 mit Anm. v. Schmatz; a. M. Grussendorf DNotZ 1954, 94.

eine Beschwerde gegen eine Eintragung mit dem Ziel der Löschung auch der Handelskammer verwehrt. Sie kann aber die Einleitung eines Verfahrens nach §§ 140, 142, 143 anregen, und diese Anregung kann auch in einer als Beschwerdeschrift bezeichneten Eingabe liegen[30]). Hat das Landgericht als Beschwerdegericht eine Eintragung angeordnet und ist diese vollzogen, so kann die Kammer weitere Beschwerde einlegen mit dem Ziel, zur Einleitung eines Firmenmißbrauchsverfahrens oder eines Amtslöschungsverfahren anzuweisen[31]).

9. Der Verhütung unrichtiger Eintragungen dient ferner die Pflicht des Registergerichts zu Mitteilungen und Anfragen nach der Handelsregisterverfügung (unten Anl. 3) §§ 37, 38. **14**

10. Beteiligung des Bundesaufsichtsamts für das Kreditwesen. Nach § 43 Abs. 3 KreditWG ist das Bundesaufsichtsamt für das Kreditwesen berechtigt, in Verfahren des Registergerichts, die sich auf die Eintragung oder Änderung der Rechtsverhältnisse oder der Firma von *Kreditinstituten* beziehen, Anträge zu stellen und die nach dem FGG zulässigen Rechtsmittel einzulegen. Die Vorschrift gilt auch für das Genossenschaftsregister. Kreditinstitute sind ohne Rücksicht auf die Rechtsform Unternehmen, die Bankgeschäfte in einem Umfang betreiben, der einen in kaufmännischer Weise eingerichteten Geschäftsbetrieb erfordert (§ 1 Abs. 1 KreditWG). Für das Antrags- und Beschwerderecht werden in Anm. 7, 8 für die Handelskammer dargelegten Grundsätze im wesentlichen entsprechend anzuwenden sein; die Beteiligung der Handelskammer wird natürlich durch die Rechte des Bundesaufsichtsamts nicht ausgeschlossen. Die Befugnisse des BAufsA beziehen sich auch auf die handelsrechtliche Zulässigkeit von Firmenzusätzen eines Kreditinstituts[32]) sowie auf das Einschreiten gegen Nicht-Kreditinstitute nach § 43 Abs. 2 KWG, die eine nach §§ 39 bis 41 KWG unzulässige Firma gebrauchen[33]). Eine Pflicht des Registergerichts, des BAufsA entsprechend §§ 23, 37 HRV von Amts wegen zu beteiligen, ist zwar gesetzlich nicht besonders begründet, wird sich aber im Rahmen der Prüfungspflicht (§ 125 Rdn. 19—23) häufig ergeben. Vgl. ferner Anh. I nach § 144. **15**

11. Kosten. Gebührenfreiheit besteht nach § 87 Nr. 2 KostO für Entscheidungen über Anträge und Beschwerden der Organe des Handels- und des Handwerksstandes im Rahmen des § 126. An Auslagen haben die Organe nur die einer zurückgewiesenen Beschwerde zu tragen. Kosten anderer Beteiligter können ihnen nach § 13a auferlegt werden[34]), jedoch nur, wenn sie durch Antragstellung oder Beschwerdeführung formell Beteiligte geworden sind, nicht schon auf Grund einer gutachtlichen Äußerung (oben Rdn. 12). **16**

Aussetzung der Verfügung

127 Das Registergericht kann, wenn eine von ihm zu erlassende Verfügung von der Beurteilung eines streitigen Rechtsverhältnisses abhängig ist, die Verfügung aussetzen, bis über das Verhältnis im Wege des Rechtsstreits entschieden ist. Es kann, wenn der Rechtsstreit nicht anhängig ist, einem der Beteiligten eine Frist zur Erhebung der Klage bestimmen.

1. Allgemeines. Die Vorschrift ermächtigt das Registergericht, eine Verfügung auszusetzen, bis über ein präjudizielles Rechtsverhältnis im Prozeßwege entschieden ist. Sie gilt sowohl für das Eintragungsverfahren als auch für das Ordnungsstrafverfahren nach den §§ 132 ff.[1]) und das Amts-Löschungsverfahren (§§ 142, 143, 144). In Genossenschafts-, Vereins- und Güterrechtsregistersachen ist die Vorschrift entsprechend anwendbar (§§ 147, 159, 161). Auch das Landgericht kann sein Verfahren auf Grund des § 127 aussetzen, sei es, daß es als Beschwerdegericht mit einer Registersache der angeführten Art befaßt ist[2]), sei es, daß es in den Fällen **1**

[30]) Keidel Anm. 21; vgl. § 142 Rdn. 25.
[31]) Vgl. § 140 Rdn. 21, § 142 Rdn. 25; a. M. Keidel[9] Anm. 24.
[32]) Consbruch-Möller KWG § 43 Anm. 4; a. M. Szagunn-Neumann KWG § 43 Anm. 31.
[33]) Szagunn-Neumann § 43 KWG Anm. 33; a. M. Consbruch-Möller § 43 KWG Anm. 4.
[34]) Oldenburg Rpfleger 1958, 381; vgl. § 13 a Rdn. 5.
[1]) KGJ 29 A 83 = RJA 5, 185; KG DNotZ 1955, 418, 419.
[2]) KGJ 29 A 83 = RJA 5, 185.

der §§ 143, 144 als Gericht des ersten Rechtszuges tätig ist. In übertragenen Sachen (§§ 3, 17 RechtspflG) steht die Aussetzungsbefugnis dem Rechtspfleger zu. Dagegen gilt § 127 nicht in den Angelegenheiten der §§ 145, 146„ da das Amtsgericht hier als solches, nicht als Registergericht tätig wird[3]); jedoch kann auch ein solches Verfahren zwar nicht nach § 127, wohl aber nach den allgemeinen Grundsätzen (vgl. Vorbem. von § 8 Rdn. 39) ausgesetzt werden, wenn bereits ein Rechtsstreit über das präjuzielle Rechtsverhältnis anhängig ist[4]).

2 2. *Streitiges Rechtsverhältnis.* Die vom Registergericht zu erlassenden Verfügungen hängen nicht selten von der Beurteilung streitiger Rechtsverhältnisse ab. Ein solches liegt vor, wenn unter mehreren Beteiligten über die zwischen ihnen bestehenden rechtlichen Beziehungen Streit besteht, der seiner Art nach im Wege des Rechtsstreits vor den ordentlichen Gerichten, also im Zivilprozeß, ausgetragen werden kann. Nur diese Art der Austragung des Streits hat § 127 im Auge; gleichzustellen ist ein schiedsgerichtliches Verfahren[5]). Unterliegt dagegen das streitige Rechtsverhältnis der Beurteilung in einem Verfahren anderer Art, z. B. einem anderen Verfahren der freiwilligen Gerichtsbarkeit oder einem Verfahren, in welchem seiner Natur nach der Streit nicht zwischen den Beteiligten des Verfahrens vor dem Registergericht ausgetragen werden kann, z. B. einem Strafverfahren oder Verwaltungsgerichtsverfahren, so ist eine Aussetzung zwar ebenfalls nicht schlechthin ausgeschlossen; sie kann ihre Grundlage aber nur in den allgemeinen Grundsätzen über die Aussetzung (Vorbem. vor § 8 Rdn. 39) finden, nicht in der besonderen Vorschrift des § 127[6]); vor allem ist die Anwendung des § 127 Satz 2 dann ausgeschlossen.

3 *Beispiele* für streitige Rechtsverhältnisse: Ein Kaufmann meldet eine bereits für einen anderen eingetragene Firma an und behauptet gegen den Widerspruch des letzteren, daß dieser nicht berechtigt sei, die Firma zu führen, oder der Erwerber eines Handelsgeschäfts führt die bisherige Firma fort und macht in dem auf Veranlassung des früheren Inhabers eingeleiteten Ordnungsstrafverfahren geltend, er habe zugleich mit dem Geschäft die Firma erworben[7]); der Generalversammlungsbeschluß einer Genossenschaft oder einer Aktiengesellschaft, von dessen Gültigkeit eine angemeldete Eintragung abhängt, ist angefochten[8]).

4 3. *Vorgreiflichkeit.* Die zu erlassende Verfügung muß mindestens teilweise von dem Bestehen oder Nichtbestehen eines Rechtsverhältnisses abhängen, über welches ein Rechtsstreit entweder bereits schwebt oder anhängig gemacht werden kann. In beiden Verfahren muß eine Feststellung über dasselbe Rechtsverhältnis zu treffen sein. Gleichheit der Parteien des Rechtsstreits mit denen des Verfahrens vor dem Registergericht ist nicht unbedingt erforderlich. Es genügt jeder rechtliche Einfluß, wenn auch nur als Beweisgrund[9]). Eine Bindung an die in dem anderen Verfahren ergehende Entscheidung (vgl. Rdn. 15 ff.) wird nicht vorausgesetzt, ebensowenig eine Rechtskraftwirkung dieser Entscheidung für die Beteiligten des registergerichtlichen Verfahrens. Vorgreiflichkeit fehlt aber im Eintragungsverfahren, wenn die Anmeldung schon aus verfahrensrechtlichen Gründen zurückzuweisen ist, etwa wegen Unvollständigkeit[10]) oder wenn einer von mehreren Anmeldepflichtigen sich weigert, an der Anmeldung mitzuwirken.

5 4. *Aussetzung* ist Stillstand des Verfahrens auf Grund gerichtlicher Anordnung. Die Aussetzungsbefugnis ist weniger eine Ausnahme vom Amtsermittlungsgrundsatz des § 12[11]) als eine Beschränkung des Anspruchs auf Justizgewährung[12]). Ihre Rechtfertigung findet sie in dem prozeßökonomischen Interesse an der Vermeidung doppelter Beweiserhebung und in dem Streben nach Entscheidungsharmonie. Für das Verhältnis zwischen Registergericht und Prozeßgericht mag weiter hinzukommen, daß Urteile der Prozeßgerichte im Gegensatz zu nur

[3]) BayObLGZ 1956, 316; Schlegelberger Anm. 24; Keidel Anm. 6.
[4]) BayObLGZ 1964, 231.
[5]) Krieger-Lenz, § 127 Anm. 5.
[6]) KG RJA 9, 90; KG HRR 1933 Nr. 939; Schlegelberger Anm. 26; Krieger-Lenz § 127 Anm. 5; a. M. Keidel § 127 Anm. 16.
[7]) Denkschrift zum FGG S. 70; Josef, JheringsJ 61, 222.
[8]) KGJ 21 A 240; KG RJA 15, 240.
[9]) Baumbach-Lauterbach, ZPO, § 148 Anm. 1 A.
[10]) Schlegelberger Anm. 25.
[11]) So Schlegelberger Anm. 25; Josef, DNotV 1904, 338.
[12]) Vgl. Rosenberg, ZPR, § 2 II 3 a; Stein-Jonas-Pohle, 19. Aufl., Einl. E 2.

rechtsbekundenden Eintragungen infolge der materiellen Rechtskraft geeignet sind, den Streit der Beteiligten endgültig beizulegen, sowie der Gesichtspunkt, daß das Verfahren des Registergerichts sich für umfangreiche Beweiserhebungen weniger eignet. Andererseits ist zu berücksichtigen, daß die Aufgabe des Handelsregisters, nicht nur den privaten Interessen der Geschäftsinhaber, sondern auch dem öffentlichen Interesse an der Kundbarmachung der Rechtsverhältnisse der Unternehmen des Handelsstandes zu dienen[13]), eine baldige Verlautbarung dieser Rechtsverhältnisse gebieten kann, um dem geschäftlichen Verkehr eine sichere Grundlage zu geben.

5. *Aussetzungsbefugnis.* Grundsätzlich ist das Registergericht nicht nur berechtigt, sondern **6**
auch verpflichtet, über streitige Rechtsverhältnisse, von deren Beurteilung eine Eintragung abhängt, selbständig zu entscheiden. Es kann deshalb z. B. die Gültigkeit eines Gesellschafterbeschlusses nachprüfen, wenn davon der Rechtsbestand einer angemeldeten Tatsache abhängt[14]). Dem Registergericht wird mithin durch § 127 nur die Befugnis zur Aussetzung eingeräumt, nicht aber eine Verpflichtung dazu auferlegt[15]). Es hat jedoch bei der Entscheidung hierüber *nach pflichtgemäßem Ermessen* zu verfahren[16]), soll also weder ohne ausreichenden Grund nach Belieben von dieser Befugnis Gebrauch machen, noch beim Vorliegen eines sachlichen Grundes die Aussetzung unterlassen[17]). Es hat also die sachlichen Gründe abzuwägen, die für oder gegen die Zurückstellung der Verfügung bis zu einer Entscheidung des Prozeßgerichts sprechen[18]). Die Tatsache allein, daß über das maßgebliche Rechtsverhältnis Streit besteht oder ein Rechtsstreit bereits anhängig, gegen den Beschluß der Hauptversammlung einer AG z. B. Anfechtungsklage erhoben ist, kann die Aussetzung noch nicht rechtfertigen[19]). Es bedarf einer gewissen Prüfung der Gewichtigkeit der Bedenken, die aus tatsächlichen oder rechtlichen Gründen gegen das Bestehen oder Nichtbestehen des streitigen Rechtsverhältnisses bestehen oder vorgebracht werden. Bleiben hierbei berechtigte Zweifel bestehen, so hat das Registergericht weiter zu prüfen, ob es angebracht ist, diese Zweifel selbst zu klären und die erstrebte Verfügung zu erlassen oder abzulehnen oder aber den Beteiligten die Klärung im Prozeßwege zu überlassen. Hierfür kommt es darauf an, ob im Interesse der Beteiligten oder im öffentlichen Interesse an der Verlautbarung der Rechtsverhältnisse des Unternehmens im Handelsregister (Rdn. 5) eine alsbaldige Entscheidung geboten oder eine Zurückstellung bis zur Klärung im Prozeßwege vertretbar ist[20]); hierbei sind auch die Folgen abzuwägen, die eintreten können, wenn die Beurteilung durch das Registergericht demnächst von der des Prozeßgerichts abweicht. Daß die Verfügung über die angemeldete Änderung des Vorstandes einer AG (GmbH) nicht ausgesetzt werden dürfe[21]), kann in dieser Allgemeinheit nicht anerkannt werden. Auch ein allgemeiner Grundsatz, daß im Antragsverfahren eine Aussetzung gegen den Willen des Antragstellers unzulässig sei, besteht jedenfalls im Rahmen des § 127 nicht[22]).

Ist ein Hauptversammlungsbeschluß zu Eintragung angemeldet, gegen den rechtzeitig **7**
Anfechtungsklage erhoben worden ist, so hat das Registergericht das Eintragungsverfahren auszusetzen, wenn ein Erfolg der Klage nicht gänzlich ausgeschlossen erscheint[22a]). Liegen

[13]) Vgl. KG OLGZ 1965, 124, 127.
[14]) KG JFG 8, 165; Josef, ZBlFG 3, 569, 590.
[15]) KG a. a. O.
[16]) KG RJA 5, 186; KGJ 21 A 243.
[17]) Ehrenberg, JheringsJ 61, 423, 461.
[18]) KG RJA 5, 185; Hamm JMBlNRW 1957, 203; KG OLGZ 1966, 602 = NJW 1967, 401.
[19]) KGJ 21 A 240; dazu Josef, DNotV 1904, 333.
[20]) KG RJA 10, 214; 12, 60; BayObLG OLGR 28, 337.
[21]) So KGJ 21, 240; Keidel Anm. 15; Brand-Marowski[4] S. 47; dagegen zutreffend Josef, DNotV 1904, 333; KG OLGZ 1966, 602 = NJW 1967, 401.
[22]) Vgl. auch KGJ 35 A 113; BayObLGZ 1964, 231.
[22a]) KGJ 28 A 238; KG OLGR 34, 348; vgl. Godin-Wilhelmi AktG[3] § 181 Anm. 5; Ritter AktG[2] § 148 Anm. 2 c; Fischer in Großkomm. AktG[2] § 148 Anm. 9. Weitergehend Lutter NJW 1969, 1873, der den Registerrichter auch zur Zurückweisung der Anmeldung anfechtbarer Hauptversammlungsbeschlüsse für ermächtigt hält, wenn der Anfechtungsgrund nicht nur die Individualinteressen eines oder einzelner Aktionäre berührt, sondern auch das öffentliche Interesse an der Einhaltung der Ordnung des Aktienwesens oder das Interesse von Gläubigern oder künftigen Aktionären; seine Ausführungen dürften aber nur beweisen, daß der Schutz öffentlicher Interessen im derzeitigen Recht nur unvollkommen ausgebildet und reformbedürftig ist.

aber im übrigen alle Eintragungsvoraussetzungen vor, unterliegt der Anfechtungsgrund, wie in der Regel, nicht der Prüfungsbefugnis des Registergerichts, erlaubt die Verfahrenslage keinen Schluß auf den Ausgang des Rechtsstreits und drohen der Gesellschaft aus der Nichteintragung besondere Nachteile, so hat das Registergericht trotz des Anfechtungsstreits der Anmeldung stattzugeben.

8 Vor der Amtslöschung einer AG (KGaA, GmbH, Genossenschaft) oder ihrer Beschlüsse als nichtig nach §§ 144, 147 wird wegen der Tragweite dieser Eingriffe das Registergericht in der Regel den Ausgang einer bereits anhängigen Nichtigkeits- oder Anfechtungsklage abzuwarten haben[23]).

6. Fristsetzung (Satz 2)

9 *a)* Die Aussetzung nach Satz 1 setzt nicht voraus, daß ein Rechtsstreit bereits anhängig ist. Damit geht die Aussetzungsbefugnis des Registergerichts über die des Prozeßgerichts nach § 148 ZPO und die für die Aussetzung eines Verfahrens der FG allgemein geltenden Grundsätze (Vorbem. vor § 8 Rdn. 39) weit hinaus. Um einer ungebührlichen Verzögerung des Verfahrens entgegenzuwirken, ermächtigt Satz 2 das Gericht, einem der Beteiligten eine Frist zur Erhebung der Klage zu bestimmen. Die Fristsetzung liegt im pflichtgemäßen Ermessen des Gerichts. Es kann auch ohne Fristsetzung bis zur Erledigung eines noch anzustrengenden Rechtsstreits aussetzen[24]), wird aber, wenn die Klageerhebung verzögert wird, nachträglich eine Frist setzen müssen, da das Verfahren nicht ad infinitum ausgesetzt bleiben kann.

10 *b) Beteiligter,* dem die Auflage zur Klagerhebung gemacht werden kann, ist im Anmeldeverfahren zunächst der Anmelder, außerdem jeder, der im Widerspruch zu einem anderen das vorgreifliche streitige Rechtsverhältnis behauptet oder leugnet und der für die zu erhebende Klage aktiv legitimiert ist. Nicht nötig ist, daß er in dem Verfahren vor dem Registergericht als formell Beteiligter hervorgetreten ist; es genügt, wenn dem Registergericht der Streitstand auf sonstige Weise, z. B. aus dem Vorbringen des Anmelders oder aus einem Bericht des Organs des Handels- oder Handwerksstandes (§ 126), bekannt geworden ist. Regelmäßig wird das Gericht allerdings vor der Entscheidung den Beteiligten auffordern, seinen Standpunkt darzulegen.

11 *c)* Die *Auswahl* des Beteiligten, dem die Frist zu setzen ist, liegt im Ermessen des Gerichts. Es wird die Frist regelmäßig demjenigen setzen, dessen Rechtsstandpunkt die geringere Wahrscheinlichkeit der Richtigkeit für sich hat. Die Dauer der Frist muß jedenfalls angemessen sein; ihre Verlängerung (vor oder nach dem Ablauf) ist statthaft (§ 18).

12 *d) Zwang* zur Klageerhebung wird nicht ausgeübt, insbesondere ist bei Nichtbefolgung der Auflage § 33 (Ordnungsstrafe) nicht anwendbar[25]). Auch ein sonstiger Rechtsnachteil ist von Rechts wegen mit dem Unterlassen der Klageerhebung nicht verbunden. Nach fruchtlosem Fristablauf muß das Registergericht nach Maßgabe des § 12 auf Grund der gegebenen Sachlage entscheiden[26]). Nur tatsächlich kann bei freier Würdigung das Unterlassen der Klageerhebung als Beweisanzeichen dafür gewertet werden, daß der Beteiligte, dem die Frist gesetzt worden ist, seine Rechtsverfolgung selbst für aussichtslos gehalten hat. Dieser Schluß muß aber nicht in jedem Falle gerechtfertigt sein. Nicht beizutreten ist der Auffassung, daß im Anmeldeverfahren die Pflicht des Registergerichts, über das streitige Rechtsverhältnis selbständig zu entscheiden, nunmehr beseitigt sei und es das im Wege des Rechtsstreits zu klärende Recht ohne weiteres als nicht vorhanden ansehen dürfe[27]); der Gedanke der Verschweigung liegt dem § 127 sicherlich nicht zugrunde.

7. Verfahren

13 *a)* Die Aussetzung geschieht von Amts wegen; ein Antrag hat nur die Bedeutung einer Anregung. Bei Widerspruch eines Beteiligten ist die Aussetzung oder ihre Ablehnung zu be-

[23]) Vgl. § 144 Anm. 11; Denkschrift z. FGG S. 75 (Hahn-Mugdan S. 71); KGJ 28 A 238; Schlegelberger Anm. 24.

[24]) Keidel Anm. 18; Krieger-Lenz, § 127 Anm. 6.

[25]) Josef, DNotV 1904, 337; Krieger-Lenz § 127 Anm. 7; Keidel Anm. 19.

[26]) Krieger-Lenz, a. a. O.; Schlegelberger Anm. 28.

[27]) So Josef, DNotV 1904, 338; Keidel Anm. 20.

gründen[28]). Die Verfügung kann nach § 18 geändert werden, wenn das Gericht dies für angezeigt hält, nicht nur bei einer Veränderung der Umstände. Die (unbefristete) *Beschwerde* nach § 19 findet sowohl gegen die Aussetzung[29]) als auch gegen ihre Ablehnung statt[30]); nur wird die Ablehnung der Aussetzung gegenstandslos, wenn die Eintragung vorgenommen ist.

b) Das *Beschwerderecht* gegen die Aussetzung steht im Anmeldeverfahren nur dem Anmelder zu (§ 20 Abs. 2), sonst jedem durch die Aussetzung oder ihre Ablehnung im Sinne des § 20 Abs. 1 Beeinträchtigten; auch der Beteiligte, dem nach § 127 Satz 2 eine Frist zur Klageerhebung gesetzt ist, ist beschwerdeberechtigt[31]). **14**

8. Beendigung der Aussetzung. Die Aussetzung endet, wenn sie nicht vorher gemäß § 18 oder auf Beschwerde aufgehoben wird (Rdn. 12), mit der Rechtskraft des über das streitige Rechtsverhältnis erwirkten Urteils. Auf Grund eines nur vorläufig vollstreckbaren Urteils ist das Registergericht berechtigt, aber nicht verpflichtet, die Aussetzungsverfügung aufzuheben (oder von einer Aussetzung abzusehen)[32]). Im Fall des § 127 Satz 2 endet die Aussetzung mit fruchtlosem Fristablauf. Das Verfahren wird formlos von Amts wegen wiederaufgenommen. **15**

9. Bindung des Registergerichts an Entscheidungen des Prozeßgerichts[33]). Der Grundsatz, daß das Gericht der freiwilligen Gerichtsbarkeit bei der Beurteilung streitiger Rechtsverhältnisse frei und an die Auffassung des Prozeßgerichts, mag sie auch in einem rechtskräftigen Urteil zum Ausdruck gebracht sein, nicht gebunden ist (§ 12 Rdn. 22), gilt auch für das Registergericht. Durch eine Entscheidung des Prozeßgerichts wird daher das Registergericht seiner Prüfungspflicht grundsätzlich nicht enthoben, da die Entscheidung des Prozeßgerichts in der Regel nur Recht zwischen den Parteien schafft und demnach das Registergericht, das auch den Interessen anderer Beteiligter und dem öffentlichen Interesse Rechnung zu tragen hat, nicht binden kann (Denkschr. z. FGG S. 29; vgl. aber nachst. Rdn. 25). Auch wenn das Registergericht das Verfahren nach § 127 ausgesetzt hat, ist es an die demnächst ergehende Entscheidung des Prozeßgerichts nicht schlechthin gebunden, wenn es auch nicht ohne gerechtfertigte Gründe von der Entscheidung abweichen wird[34]). *Maßgeblichkeit der Entscheidung des Prozeßgerichts auch für das Registergericht* besteht jedoch in folgenden Fällen: **16**

a) Rechtsgestaltende Entscheidungen des Prozeßgerichts sind auch für das Registergericht maßgebend, weil sie mit dem Eintritt ihrer Wirksamkeit unmittelbar eine Veränderung der materiellen Rechtslage herbeiführen, deren Beachtlichkeit für jedermann, nicht nur für die Prozeßparteien, eine Folge dieser Rechtsänderung ist[35]). In Betracht kommen Entziehung der Vertretungsmacht (§ 127 HGB), gerichtliche Auflösung der OHG (§ 133 HGB), Nichtigerklärung einer AG, GmbH oder Genossenschaft (§ 275 AktG, § 75 GmbHG, § 95 GenG). Die Gestaltungswirkung tritt erst mit der *Rechtskraft* der Entscheidung ein. Wird die Rechtsgestaltung durch vorläufig vollstreckbares Urteil oder durch einstweilige Verfügung ausgesprochen, so gilt § 16 Abs. 1 HGB (s. nachst. Rdn. 18 ff.). Nicht bindend sind Urteile, durch die eine auf Rechtsgestaltung gerichtete Klage abgewiesen wird. Wegen der Bindung an Urteile, durch welche die Nichtigkeit von Vereinsbeschlüssen festgestellt wird, vgl. § 159 Rdn. 24. **17**

b) Urteile, die zur Abgabe einer Willenserklärung verurteilen (§ 894 ZPO), können auch eine Anmeldung zum Handelsregister zum Gegenstande haben. Mit der Rechtskraft des **18**

[28]) Ehrenberg, JheringsJ 61, 451; Schlegelberger Anm. 27; vgl. § 16 Rdn. 4.
[29]) KGJ 21 A 240; BayObLG KGJ 47, 252; KG OLGZ 1966, 602 = NJW 1967, 401.
[30]) Ehrenberg a. a. O.; Josef, ZBlFG 5, 172.
[31]) Josef, DNotV 1904, 337.
[32]) Ehrenberg, JheringsJ 61, 459.
[33]) Schrifttum: Ehrenberg, Handelsregistergericht und Prozeßgericht, JheringsJ 61, 423, insbes. 441; Kuttner, Urteilswirkungen außerhalb des Zivilprozesses, 1914, S. 100 ff.; Lehmann, ZHR 75, 524; Bötticher, Die Bindung der Gerichte an Entscheidungen anderer Gerichte, Festschr. z. 100jährigen Bestehen des Dt. Juristentages Bd. I S. 511; Schwab, Rechtskrafterstreckung auf Dritte, ZZP 77, 124, insbes. 153 ff.
[34]) Würdinger in HGB-RGRK, 2. Aufl., § 16 Anm. 15; Schlegelberger Anm. 29; Keidel Anm. 23; a. M. Josef, JheringsJ 61, 227; Ehrenberg, JheringsJ 61, 452.
[35]) Allg. M., vgl. Würdinger a. a. O.; Ehrenberg, JheringsJ 61, 448, 460; Baur, Freiw. Gerichtsbarkeit, § 2 B VI b.

Urteils gilt die Anmeldung als erklärt; dem Registergericht gegenüber ist sie bewirkt mit der Vorlegung einer mit Rechtskraftattest versehenen Urteilsausfertigung. Durch das Urteil wird jedoch nur die Anmeldung des Verurteilten ersetzt; im übrigen, z. B. bei der Beurteilung der Frage, ob der Verurteilte (allein oder zusammen mit anderen) anmeldeberechtigt ist oder ob die sachlichen Voraussetzungen der Eintragung vorliegen, ist das Registergericht frei.

19 *c) Erweiterter Einfluß von Prozeßentscheidungen auf das Verfahren des Registergerichts (§ 16 HGB).* Dem Bedürfnis, welchem im Grundbuchverfahren durch § 895 ZPO, §§ 885, 899 BGB genügt wird, wird im Handelsregister, welches die Eintragung von Vormerkungen und Widersprüchen nicht kennt, durch die besondere Vorschrift des § 16 HGB Rechnung getragen. Danach gilt Folgendes:

20 *aa) § 16 Abs. 1 Satz 1 HGB.* Zur Eintragung genügt die Anmeldung der übrigen Beteiligten, wenn durch eine rechtskräftige oder vollstreckbare Entscheidung des Prozeßgerichts gegen einen von mehreren bei der Vornahme der Anmeldung Beteiligten festgestellt ist entweder

α) die Verpflichtung zur Mitwirkung bei einer Anmeldung zum Handelsregister oder

β) ein Rechtsverhältnis, bezüglich dessen eine Eintragung zu erfolgen hat[36]).

21 Diese Regelung geht über § 894 ZPO (vgl. Rdn. 17) insoweit hinaus, als sie auch Urteile über die Feststellung eines eintragungsfähigen Rechtsverhältnisses einbezieht und nur vollstreckbare Entscheidungen den rechtskräftigen gleichstellt. Es genügt mithin ein *vorläufig vollstreckbares Urteil*, aber auch, wie anerkannt ist, eine *einstweilige Verfügung*[37]). Ist die vorläufige Vollstreckbarkeit des Urteils oder die Vollziehung der einstweiligen Verfügung von einer Sicherheitsleistung abhängig gemacht, so ist der Nachweis, daß die Sicherheit geleistet ist, vor der Eintragung zu erbringen. Bei einstweiligen Verfügungen ist die Wahrung der Vollziehungsfrist (§§ 936, 929 ZPO) zu beachten. Vollstreckungstitel anderer Art, die keine Entscheidung des Prozeßgerichts enthalten, wie vollstreckbare Urkunden (§ 794 Abs. 1 Nr. 5 ZPO) oder Prozeßvergleiche, genügen nicht[38]).

22 Liegen diese Voraussetzungen vor, so wird die zur Eintragung erforderliche Anmeldung der unterlegenen Partei durch die Entscheidung des Prozeßgerichts ersetzt. Zur Eintragung bedarf es aber noch der Anmeldung durch den obsiegenden Anmeldeberechtigten, wenn dieser und der Unterlegene allein zur Anmeldung berechtigt sind, sonst aller Anmeldepflichtigen außer des Unterlegenen in der Form des § 12 Abs. 1 HGB. Das Prozeßgericht kann weder eine Eintragung (Löschung) anordnen noch darum ersuchen[39]).

23 Für das *Prüfungsrecht des Registergerichts* ist zu unterscheiden: Ist zur Mitwirkung bei einer Anmeldung verurteilt (oben α), so besteht ein Prüfungsrecht in demselbem Umfange wie bei rechtskräftiger Verurteilung zur Anmeldung nach § 894 ZPO (oben Rdn. 17). Das Registergericht darf mithin, abgesehen von der ersetzten Anmeldung des unterlegenen Beteiligten, prüfen, ob die sachlichen Voraussetzungen der erstrebten Eintragung vorliegen[40]). Ist ein eintragungsfähiges Rechtsverhältnis festgestellt (oben zu β), so ist eine Nachprüfung ausgeschlossen, sofern die Prozeßentscheidung rechtsgestaltend ist. Die Maßgeblichkeit rechtskräftiger rechtsgestaltender Entscheidungen (Rdn. 16) ist in diesem Fall auf vorläufig vollstreckbare Urteile und einstweilige Verfügungen vorverlegt. Das Registergericht hat daher nicht die Rechtmäßigkeit der einstweiligen Verfügung, z. B. über die Entziehung der Vertretungsmacht nach § 127 HGB, nachzuprüfen, sondern nur die Eintragungsfähigkeit des festgestellten Rechtsverhältnisses[41]). Aber auch soweit das ein Rechtsverhältnis feststellende

[36]) Vgl. dazu Ehrenberg, JheringsJ 61, 471 ff.
[37]) KGJ 37 A 142; 53, 91; Würdinger a. a. O. § 16 Anm. 4.
[38]) KGJ 34 A 121.
[39]) KGJ 34 A 121; KG JW 1931, 2992.
[40]) Würdinger a. a. O. § 16 Anm. 6; Sternberg-Siehr, Registerrecht, S. 47.
[41]) KGJ 53, 91; die Streitfrage, ob die Auflösung einer OHG nach § 133 HGB durch einstweilige Verfügung angeordnet werden kann, ist für das Registergericht ohne Bedeutung, da diese Tatsache jedenfalls eintragungsfähig ist; vgl. Cohn, JW 1931, 2992; a. M. Weipert in HGB-RGRK, 2. Aufl., § 133 Anm. 20 von dem Standpunkt aus, daß die einstweilige Verfügung unzulässig und wirkungslos sei; eine nichtige Prozeßentscheidung ist natürlich auch für das Registergericht unbeachtlich.

Urteil nicht rechtsgestaltend ist (Feststellung der Auflösung einer OHG durch Kündigung), ist es für das Registergericht maßgebend, sofern es zwischen denselben Parteien ergangen ist, die Beteiligte des Anmeldeverfahrens sind, mag die Prozeßentscheidung auch noch nicht rechtskräftig sein[42]).

bb) Aufhebung der Prozeßentscheidung (§ 16 Abs. 1 Satz 2 HGB). Wird die Prozeßentscheidung, auf Grund deren die Eintragung (ohne Mitwirkung des Unterlegenen) erfolgte, ihrerseits durch eine vollstreckbare (nicht notwendig rechtskräftige) Entscheidung aufgehoben, so ist dies auf Antrag eines der Beteiligten, also jedes Anmeldeberechtigten, ohne Prüfungsrecht des Registergerichts in das Handelsregister einzutragen. Wegen der registermäßigen Behandlung vgl. § 18 HRV. **24**

cc) Untersagung einer Eintragung als unzulässig (§ 16 Abs. 2 HGB)[43]). Die Vorschrift gewährt einen Rechtsbehelf jedem, der sich vor einer drohenden Eintragung schützen will. Hat jemand, der durch eine Eintragung in seinen Rechten verletzt würde (z. B. § 37 HGB), eine rechtskräftige oder vollstreckbare Entscheidung erwirkt, wobei es sich nach der Natur der Sache meist um eine einstweilige Verfügung handeln wird, durch welche die Vornahme einer Eintragung für unzulässig erklärt wird, so darf die Eintragung nicht gegen seinen Widerspruch erfolgen. Die Feststellung eines Rechtsverhältnisses im Sinne des § 16 Abs. 1 HGB, aus der sich mittelbar die Unzulässigkeit der Eintragung ergeben würde, genügt nicht[44]). Der Widerspruch kann formlos unter Vorlegung einer Ausfertigung der Entscheidung bei dem Registergericht angebracht werden; in das Handelsregister wird er nicht eingetragen, da er mit dem Widerspruch des § 899 BGB nichts zu tun hat. Gegenüber dem durch die Entscheidung gedeckten Widerspruch entfällt jedes Prüfungsrecht des Registergerichts; es hat jede damit nicht vereinbare Anmeldung des Verurteilten zurückzuweisen und darf eine solche auch nicht durch Ordnungsstrafen erzwingen. Diese Wirkung entfällt, wenn die Prozeßentscheidung aufgehoben wird oder der Begünstigte auf den Widerspruch verzichtet. Wird die Eintragung vorgenommen, weil Widerspruch nicht vorher erhoben war oder unter Nichtbeachtung des erhobenen Widerspruchs, so steht dem Widersprechenden nicht etwa die Beschwerde mit dem Ziel der Löschung zu[45]), vielmehr ist der Widerspruch gegenstandslos geworden[46]). Es kann nur nach den allgemeinen Grundsätzen (§§ 142, 143) ein Amtslöschungsverfahren in Betracht kommen, sofern dessen Voraussetzungen gegeben sind. **25**

d) Die materielle Rechtskraft von Zivilurteilen, die keine Gestaltungsurteile sind (dazu oben Rdn. 16), also von Feststellungs- und Leistungsurteilen, ist auch im Verfahren vor dem Registergericht zu beachten, wenn **26**

α) zwischen den Parteien des Zivilprozesses oder ihren Rechtsnachfolgern (§ 325 ZPO) und den materiell Beteiligten des registergerichtlichen Verfahrens Personengleichheit besteht[47]),

β) das Registergericht in dem Verfahren keine öffentlichen Belange zu wahren hat, wie vor allem im Amtslöschungsverfahren nach den §§ 142, 143, 144 und im Verfahren zur Feststellung eines Mangels der Satzung nach § 144a,

γ) der Verdacht, daß das Zivilurteil durch Kollusion erwirkt ist, ausscheidet[48]).

Die Maßgeblichkeit ist eine Reflexwirkung der Verpflichtung der Parteien, im Verhältnis zueinander das materiell rechtskräftige Urteil zu beachten. Wenn andere als private Belange der Beteiligten nicht auf dem Spiel stehen, ist im Interesse der Entscheidungsharmonie eine Beschränkung der richterlichen Entscheidungsfreiheit auch in Verfahren mit Amtsermittlungsgrundsatz vertretbar[49]). **27**

[42]) Würdinger a. a. O.; Schlegelberger § 12 Anm. 18; Brand-Marowski[4] S. 49; a. M. (nur bei Rechtskraft) Ehrenberg, JheringsJ 61, 477.

[43]) Dazu Ehrenberg, JheringsJ 61, 462 ff.; Würdinger a. a. O. Anm. 9 ff.; Sternberg-Siehr, Registerrecht, S. 48; Krieger-Lenz, § 16 Anm. 7.

[44]) Würdinger a. a. O.; Sternberg-Siehr a. a. O.; a. M. Ehrenberg a. a. O. S. 464.

[45]) A. M. Krieger-Lenz § 16 Anm. 8; Würdinger a. a. O. Anm. 13.

[46]) Sternberg-Siehr a. a. O. S. 49; Ehrenberg a. a. O. S. 466.

[47]) KGJ 51, 4; Baur, § 2 B VI 3 b bb; Schwab, ZZP 77, 153.

[48]) Vgl. Bötticher in Festschr. z. 100jährigen Bestehen d. Dt. Juristentages Bd. I S. 537.

[49]) Vgl. Schwab, NJW 1960, 2169, 2171; ders., ZZP 77, 152.

Form der Anmeldungen und Zeichnungen

128 *Die Anmeldungen zur Eintragung in das Handelsregister sowie die zur Aufbewahrung bei dem Gericht bestimmten Zeichnungen von Unterschriften können zu Protokoll der Geschäftsstelle des Registergerichts erfolgen.*

Die Vorschrift ist mit Wirkung vom 1. 1. 1970 aufgehoben durch § 57 Abs. 5 Nr. 2 des Beurkundungsgesetzes vom 28. 8. 1969 (BGBl. I 1513).

A. Rechtsentwicklung

1 Die Vorschrift enthielt eine die *Form der Anmeldungen und Zeichnungen* betreffende Ergänzung des § 12 HGB. Sie galt gemäß den §§ 147, 159, 161 auch für Anmeldungen zum Genossenschafts-, Vereins- und Güterrechtsregister. Sie ist durch § 57 Abs. 5 Nr. 2 BeurkG mit Wirkung vom 1. 1. 1970 aufgehoben worden. Gleichzeitig ist § 12 Abs. 1 HGB durch § 57 Abs. 8 Nr. 1 BeurkG dahin geändert worden, daß die Worte „persönlich bei dem Gericht zu bewirken oder" gestrichen worden sind. Während daher bis dahin Anmeldungen und Zeichnungen zum Handelsregister nicht nur in öttentlich beglaubigter Form, sondern auch zur Niederschrift des Richters (Rechtspflegers) und zum Protokoll der Geschäftsstelle des Registerrechts erfolgen konnten, ist jetzt die öffentliche Beglaubigung die einzige zugelassene Form. Dieser Gesetzesänderung hat der Bundesrat (BT-Drucks. V/3282 S. 50) mit beachtlichen Gründen, denen beizupflichten ist, widersprochen. Es handelt sich um Erklärungen überwiegend verfahrensrechtlicher Natur (Rdn. 2), die ein Tätigwerden des Gerichts auslösen sollen. Es entspricht dem Wesen der Sache, daß solche Erklärungen vor dem Gericht, dessen Tätigwerden erstrebt wird, auch abgegeben werden können, zumal der Gesichtspunkt, hier etwa entsprechend dem Anwaltszwang des Zivilprozesses einen Notarzwang einzuführen, nicht in Betracht kommt. Besonders mißlich ist dieser Zustand im Verfahren zur Erzwingung von Anmeldungen (§ 14 HGB, § 132 FGG). Wenn der Beteiligte im Erörterungstermin (§ 134) sich schließlich von der Notwendigkeit der Anmeldung überzeugt, bedeutet es eine erhebliche Erschwerung des Rechtsverkehrs, wenn die Erklärung nicht sogleich abgegeben werden kann. Ein Grund dafür, dem Urkundsbeamten die Entgegennahme von Unterschriftszeichnungen, die als Unterschriftsproben bei den Gerichtsakten verbleiben sollen, zu verwehren, ist überhaupt nicht ersichtlich. Bei einer Gesetzesreform sollte daher § 128 wiederhergestellt werden. In der Fassung des § 57 Abs. 8 Nr. 1 BeurkG lautet *§ 12 HGB:*

§ 12. Die Anmeldungen zur Eintragung in das Handelsregister sowie die zur Aufbewahrung bei dem Gericht bestimmten Zeichnungen von Unterschriften sind in öffentlich beglaubigter Form einzureichen.

Die gleiche Form ist für eine Vollmacht zur Anmeldung erforderlich. Rechtsnachfolger eines Beteiligten haben die Rechtsnachfolge soweit tunlich durch öffentliche Urkunden nachzuweisen.

B. Anmeldung

2 *1. Rechtsnatur.* Die Anmeldung ist zunächst eine reine Verfahrenshandlung, da sie das an das Registergericht gerichtete Begehren enthält, eine Eintragung vorzunehmen. Insoweit ist sie daher keine rechtsgeschäftliche Willenserklärung, sondern entspricht dem Eintragungsantrag nach § 13 GBO. Die Anmeldung enthält aber auch Elemente der Eintragungsbewilligung (§ 19 GBO), soweit sie auf eine rechtsändernde Eintragung gerichtet ist, oder der Berichtigungsbewilligung, soweit ihr Gegenstand eine rechtsbekundende Eintragung ist. In dieser Hinsicht können über ihre rechtsgeschäftliche Natur Zweifel bestehen; sie kann aber weder allgemein als rechtsgeschäftliche Willenserklärung[1]) noch allgemein als bloße Verfahrenshandlung[2]) angesehen werden. Vielmehr ist zu unterscheiden, ob die Anmeldung auf eine rechtsbegründende oder rechtsbekundende Eintragung gerichtet ist. Da rechtsbegründende Eintragungen als

[1]) So Schlegelberger-Hildebrandt § 12 Anm. 10; Baumbach-Duden § 12 Anm. 2.

[2]) So Würdinger in HGB-RGRK² § 12 Anm. 2.

unzulässig gelöscht werden können, wenn es an einer wirksamen Anmeldung fehlte (§ 142 Rdn. 6), kann die rechtsgeschäftliche Natur einer auf eine Rechtsänderung gerichteten Anmeldung nicht, wie bei der Eintragungsbewilligung des Grundbuchrechts[3]), mit der Begründung geleugnet werden, daß der Eintritt der Rechtswirkung nicht vom Willen des Erklärenden abhängig sei. Dagegen fehlt der rechtsgeschäftliche Charakter den Anmeldungen, die auf die Verlautbarung einer bereits außerhalb des Registers eingetretenen Rechtsänderung gerichtet sind; diese Anmeldungen haben daher nur die Bedeutung einer prozessualen Rechtshandlung[4]). Als einseitige amtsempfangsbedürftige Erklärung kann die Anmeldung nicht bedingt oder befristet abgegeben werden und unterliegt nicht der Anfechtung wegen Willensmangels. Für ihr Wirksamwerden gilt § 130 BGB.

2. Widerruf. Der Anmeldende kann die Anmeldung bis zur Vollziehung der Eintragung frei widerrufen. Das gilt auch dann, wenn eine Pflicht zur Anmeldung besteht; die Anmeldung ist gegebenenfalls durch ein Verfahren nach § 132 FGG zu erzwingen[5]). Der Widerruf der Anmeldung bedarf keiner Form[6]); dagegen hat die Zurücknahme des Widerrufs die Bedeutung einer neuen Anmeldung und bedarf daher der Form des § 12 HGB[7]), sofern nicht der Notar der Wahrung dieser Form nach § 129 enthoben ist (vgl. § 129 Rdn. 2). Bei einer Mehrheit von Anmeldeberechtigten kann jeder seine Anmeldung widerrufen mit der Folge, daß die Eintragung unterbleiben muß, wenn ein Zusammenwirken aller Anmeldeberechtigten erforderlich ist[8]). Von zwei je allein zur Anmeldung Berechtigten darf aber nicht der eine die Anmeldung des anderen widerrufen, wie das KG von dem unzutreffenden Standpunkt aus angenommen hat, daß der Anmeldende bei der Anmeldung in Vertretung der Gesellschaft handele[9]). 3

3. Anmeldungsbeteiligte. Die Person der zur Anmeldung Berechtigten und gegebenenfalls Verpflichteten bestimmt sich verschieden nach der Art des Unternehmens und bei juristischen Personen und Handelsgesellschaften auch nach dem Gegenstand der Anmeldung. 4

a) Einzelkaufmann. Anmeldepflichtig ist der Inhaber des Handelsgeschäfts. Das ist derjenige, unter dessen Namen (Firma) der Betrieb nach außen hin geführt wird, der mithin Träger der im Betriebe entstehenden Rechte und Verbindlichkeiten wird, u. U. statt des Eigentümers der Nutznießer oder Pächter[10]). Bei Veräußerung eines eingetragenen Handelsgeschäfts unter Lebenden sind, wenn die Firma fortgeführt wird, der Veräußerer und der Erwerber zur Anmeldung verpflichtet; wird die Firma nicht fortgeführt, so hat der Erwerber seine neue Firma, der Veräußerer das Erlöschen der bisherigen Fima anzumelden[11]). Ist das Handelsgeschäft infolge Todes des Geschäftsinhabes auf dessen Erben übergegangen, so sind diese zur Anmeldung verpflichtet. War die Firma schon zu Lebzeiten des Erblassers erloschen, so sind die Erben zur Anmeldung nicht mehr verpflichtet[12]). Der Testamentsvollstrecker ist nur anmeldepflichtig, wenn er das Geschäft als Treuhänder des Erben im eigenen Namen unter seiner persönlichen Haftung betreibt[13]). Der Konkurs berührt die Anmeldepflicht des Gemeinschuldners grundsätzlich nicht[14]). 5

b) Juristische Personen des privaten oder öffentlichen Rechts, die weder Handelsgesellschaften noch Genossenschaften sind, aber ein Handelsgewerbe betreiben (§§ 33, 36 HGB). Anmeldepflichtig sind für die erste Eintragung sämtliche Mitglieder des Vorstandes, auch die 6

3) Staudinger-Seufert BGB[11] § 873 Anm. 55 a.
4) KG JFG 1, 184, 187; Ehrenberg, Hdb. 1, 552.
5) KG JFG 19, 65, 68; Würdinger in HGB-RGRK § 12 Anm. 9; a.M. Ehrenberg Hdb. 1, 576.
6) KG OLGR 43, 204.
7) KG OLGR 43, 299; vgl. auch BayObLGZ 1966, 337; Würdinger aaO. Anm. 9; a.M. Ehrenberg Hdb. 1, 576.
8) Schlegelberger HGB § 108 Anm. 7; Baumbach-Duden § 108 Anm. 1 E; vgl. Vorbem. vor § 8 Rdn. 19; Becker-Berke DNotZ 1959, 532; a.M. Weipert in HGB-RGRK[2] § 108 Anm. 9.
9) A.M. KG JFG 19, 65 = HRR 1939 Nr. 312 = DFG 1939, 41 = JW 1939, 357 = DNotZ 1939, 267.
10) KG RJA 11, 36; OLGZ 1965, 315, 317; München JFG 14, 94; Köln NJW 1963, 541.
11) KG OLGZ 1965, 315, 319; KG HRR 1934 Nr. 1041.
12) KG JFG 3, 190.
13) Vgl. BGHZ 12, 100; 24, 106.
14) Jaeger-Lent KO[8] § 6 Anm. 6.

Stellvertreter und die nach außen nicht zur Vertretung berufenen, nicht ein etwa vorhandener Aufsichtsrat. Spätere Anmeldungen, auch einer Zweigniederlassung, sind vom Vorstand in der satzungsgemäß zur Vertretung berechtigten Zahl, nach der Anmeldung der ersten Liquidatoren von diesen zu bewirken (§§ 33 Abs. 3, 34 Abs. 3 HGB).

7 *c) Offene Handelsgesellschaft und Kommanditgesellschaft.* Anmeldepflichtig sind grundsätzlich sämtliche Gesellschafter, auch die von der Vertretung ausgeschlossenen persönlich haftenden Gesellschafter und die Kommanditisten (§§ 108 mit 106, 107, 125 Abs. 4, 143, 144, 148 Abs. 1, 150, 162 mit 106, 108, 161 Abs. 2, 175 HGB); bei Ausscheiden eines Gesellschafters oder Auflösung der Gesellschaft durch Tod kann nach Maßgabe des § 143 Abs. 3 von einer Mitwirkung der Erben abgesehen werden. Für die Erteilung einer Prokura oder die Errichtung einer Zweigniederlassung und die hierin eingetretenen Änderungen[15]) genügt Anmeldung durch zur Vertretung berufene Gesellschafter. Das Erlöschen der Firma nach Beendigung der Liquidation melden die Liquidatoren an (§ 157 Abs. 1 HGB).

8 *d) Aktiengesellschaft und Kommanditgesellschaft auf Aktien.* Die Anmeldung der Gesellschaft ist zu bewirken von allen Gründern (§§ 28, 280 Abs. 3 AktG) und Mitgliedern des Vorstands und des Aufsichtsrats (§ 36 AktG). Ist die in der Satzung vorgesehene Zahl der Mitglieder des Vorstands oder des Aufsichtsrats noch nicht vollständig bestellt, so ist eine Anmeldung nur der bisher Bestellten zurückzuweisen[16]). Zweigniederlassungen von Gesellschaften mit ausländischem Sitz sind durch alle Vorstandsmitglieder anzumelden (§ 44 AktG). Beschlüsse über die Erhöhung oder Herabsetzung des Grundkapitals sind vom Vorstand in der zur Vertretung satzungsgemäß berechtigten Zahl und vom Vorsitzenden des Aufsichtsrats anzumelden (§§ 184 Abs. 1, 195 Abs. 1, 207 Abs. 2, 223), ebenso die Durchführung der Erhöhung des Grundkapitals (§ 188 Abs. 1 AktG). In allen anderen Fällen obliegt die Anmeldung dem Vorstand in der zur Vertretung der Gesellschaft satzungsgemäß berechtigten Zahl, auch bei der Anmeldung von Zweigniederlassungen, Satzungsänderungen, Unternehmensverträgen, Eingliederungen, Verschmelzungen, Vermögensübertragungen und Umwandlungen (§§ 42, 52 Abs. 6, 81 Abs. 1, 181, 201 Abs. 1, 227 Abs. 1, 229 Abs. 3, 239 Abs. 1, 263, 266, 294, 298, 319 Abs. 3, 345 Abs. 1, 353Abs. 5 und 8, 359 Abs. 2, 360 Abs. 2, 364). Bei der Kommanditgesellschaft auf Aktien treten an die Stelle des Vorstandes die persönlich haftenden Gesellschafter (§§ 278 Abs. 3, 283 Abs. 1 AktG). Die Auflösung der Gesellschaft und das Ausscheiden eines persönlich haftenden Gesellschafters ist von allen persönlich haftenden Gesellschaftern anzumelden (§ 289 Abs. 6 AktG). Die Abwickler haben einen Wechsel in ihrer Person, den Schluß der Abwicklung und eine Fortsetzung der Gesellschaft anzumelden (§§ 266, 273 Abs. 1, 274 Abs. 3, 278 Abs. 3 AktG).

9 *e) Gesellschaft mit beschränkter Haftung.* Sämtliche Geschäftsführer einschließlich der Vertreter haben anzumelden die Gesellschaft, die Errichtung einer Zweigniederlassung, die Erhöhung oder Herabsetzung des Stammkapitals und die aus der Umwandlung einer Aktiengesellschaft entstandene Gesellschaft (§§ 7 Abs. 1, 12 Abs. 1, 57 Abs. 1, 58 Abs. 1 Nr. 3, 78 GmbHG, § 371 AktG), auch die Kapitalerhöhung aus Gesellschaftsmitteln nach dem Gesetz vom 23. 12. 1959 (BGBl. I, 789)[16a]), während in allen anderen Fällen, auch bei der Abänderung des Gesellschaftsvertrages, die Anmeldung durch die Geschäftsführer in der zur Vertretung berechtigten Zahl genügt (§§ 39, 54, 65, 67, 78 GmbHG). Die Liquidatoren haben einen Wechsel in ihrer Person (§ 67 GmbHG) und nach Beendigung der Liquidation das Erlöschen der Firma anzumelden (§ 31 HGB). Die Anmeldung der Auflösung obliegt den Geschäftsführern, wenn die Auflösung sich als Abänderung des Gesellschaftsvertrages darstellt und deshalb erst mit der Eintragung wirksam wird, sonst den Liquidatoren.

10 *f) Versicherungsverein auf Gegenseitigkeit.* Der Verein ist von allen Vorstands- und Aufsichtsratsmitgliedern anzumelden (§ 30 VersAufsG). Im übrigen genügt Anmeldung durch die Vorstandsmitglieder in vertretungsberechtigter Zahl, auch bei Satzungsänderungen[17]).

[15]) Wegen der Zweigniederlassung vgl. Weipert in HGB-RGRK² § 108 Anm. 2.

[16]) KG RJA 3, 124.

[16a]) Vgl. DNotZ 1960, 279.

[17]) KG JFG 7, 216 = JW 1930, 3640.

g) Besonderheiten zu a) bis f). Prokuristen sind in keinem Fall zur Anmeldung berechtigt. 11
Wenn aber Satzung oder Gesellschaftsvertrag vorsehen, daß ein Vorstandsmitglied oder Geschäftsführer in Gemeinschaft mit einem Prokuristen vertretungsberechtigt ist (unechte oder gemischte Gesamtvertretung), können Anmeldungen, für die ein Handeln des Vorstandes in der vertretungsberechtigten Zahl genügt, auch von dem Vorstand (Geschäftsführer) und dem Prokuristen bewirkt werden[18]), weil darin eine an die Mitwirkung eines Prokuristen gebundene Ausübung der gesetzlichen Vertretungsmacht des Vorstandsmitgliedes liegt. Bei einem Wechsel des Vorstandes hat der neue Vorstand sich selbst und das Ausscheiden der bisherigen Mitglieder anzumelden[19]). Wenn aber das Ausscheiden eines Geschäftsführers erst mit dem Eingang der Anmeldung beim Registergericht wirksam werden soll, ist der ausscheidende Geschäftsführer zur Anmeldung seines Ausscheidens befugt[20]). Handelt jemand bei der Anmeldung in doppelter Eigenschaft, z. B. als Kommanditist und als Geschäftsführer der GmbH als persönlich haftender Gesellschafterin, so muß dies aus der Anmeldung unzweideutig hervorgehen[21]). Soweit eine Mitwirkung sämtlicher Vorstandsmitglieder erfordert wird, sind darunter außer den ordentlichen auch die stellvertretenden Mitglieder zu verstehen; verhinderte Mitglieder sind jedoch so zu behandeln, als ob sie nicht vorhanden wären, sofern die verbleibende Zahl nach Gesetz oder Satzung zur Vertretung ausreicht[21a]).

4. Bevollmächtigte. Anmeldungen zum Handelsregister können im allgemeinen nach dem 12
Grundsatz des § 13 FGG auch durch Bevollmächtigte vorgenommen werden, wie sich aus § 12 Abs. 2 Satz 1 HGB ergibt, der für die Vollmacht zur Anmeldung die gleiche Form wie für die Anmeldung vorschreibt[22]). Die Vollmacht braucht nicht für die einzelne Anmeldung besonders erteilt zu sein, es genügt auch eine allgemeine Vollmacht, sofern sie nach ihrem Inhalt zu der Anmeldung ermächtigt[23]). Eine Generalhandlungsvollmacht (§ 54 HGB) begründet diese Befugnis aber nicht[23a]). Unzulässig ist es aber, daß ein Geschäftsführer der GmbH seine gesamten Befugnisse durch Generalvollmacht auf jemand anders überträgt[24]). Ausgeschlossen ist eine Vertretung, wenn mit der Anmeldung gewisse Erklärungen verbunden sind, deren Unrichtigkeit strafbar macht. Demgemäß ist eine Vertretung nicht zulässig für Vorstands- und Aufsichtsratsmitglieder, aber auch Gründer bei der Anmeldung der AG (§§ 36, 37, 399 Abs. 1 Nr. 1 und 2 AktG), für Vorstandsmitglieder bei der Anmeldung der Nachgründung (§§ 52 Abs. 6, 399 Abs. 1 Nr. 2 AktG), für Vorstandsmitglieder und Vorsitzende des Aufsichtsrats bei der Anmeldung der Kapitalerhöhung und ihrer Durchführung (§§ 184, 188, 201, 399 Abs. 1 Nr. 4 AktG), für Abwickler bei der Anmeldung der Fortsetzung der Gesellschaft (§§ 274 Abs. 3, 399 Abs. 1 Nr. 5 AktG)[25]). Für Mitglieder des Aufsichtsrats folgt die Unzulässigkeit der Vertretung im übrigen auch aus § 111 Abs. 5 AktG, wonach sie ihre Aufgaben nicht durch andere wahrnehmen lassen können. Geschäftsführer der GmbH können nicht vertreten werden bei der Anmeldung der Gesellschaft oder einer Erhöhung oder Herabsetzung des Stammkapitals (§§ 8 Abs. 2, 57 Abs. 2, 58 Abs. 1 Nr. 4, 82 GmbHG, § 7 Abs. 1 i. V. m. § 20 G über die Kapitalerhöhung aus Gesellschaftsmitteln i. d. F. des § 33 EGAktG). Handelsgesellschaften als Gründer oder Abwickler (§ 265 Abs. 2 Satz 2 AktG) handeln durch ihre vertretungsberechtigten Organe. Für den geschäftsunfähigen oder in der Geschäftsfähigkeit beschränkten Geschäftsinhaber, dem eine Genehmigung nach § 112 BGB nicht erteilt ist, nimmt der gesetzliche Vertreter die Anmeldung vor. Ein Vertreter ohne Vertretungsmacht darf zur Anmeldung nicht zugelassen werden.

[18]) RGZ 134, 303 = JFG 9, 1; KG JW 1937, 890 = DNotZ 1937, 345; KG JFG 18, 196 = HRR 1938 Nr. 1546 = JW 1938, 3121 = DNotZ 1939, 197; KG NJW 1962, 1349 = GmbHRdsch. 1962, 136 = WM 1962, 639 = Rpfleger 1962, 411.
[19]) Krieger-Lenz § 43 HRV Anm. 42; Keidel-Schmatz Registerrecht[2] S. 107.
[20]) KG DNotV 1928, 242.
[21]) KGJ 51, 125; Düsseldorf OLGZ 1966, 346.
[21a]) KG JFG 22, 211.
[22]) KGJ 26 A 232; 28 A 228; 33 A 143.
[23]) KG RJA 8, 130.
[23a]) BGH WM 1969, 43; Spitzbarth BB 1962, 851 zu 1.
[24]) KGJ 48, 130.
[25]) Vgl. KGJ 28 A 235. Str., wie hier Baumbach-Hueck AktG § 28 Anm. 2; Schlegelberger-Quassowski § 28 Anm. 1; Fischer in Großkomm. AktG § 28 Anm. 8; Godin-Wilhelmi AktG[3] § 36 Anm. 7; KG JW 1932, 2626 läßt Vertretung des Geschäftsführers einer GmbH durch einen Mitgeschäftsführer zu.

C. Eintragung von Amts wegen

13 Grundsätzlich setzt das Tätigwerden des Registergerichts im Eintragungsverfahren eine Anmeldung voraus. In einer Reihe von Fällen wird es jedoch von Amts wegen tätig:

14 *1. Amtseintragungen.* Auf Grund einzelner besonderer Vorschriften hat das Registergericht Eintragungen von Amts wegen vorzunehmen, ohne daß hierbei ein besonderes Verfahren einzuhalten ist. Von Amts wegen sind einzutragen:

15 *a)* Die *gerichtliche Bestellung* von Vorstandsmitgliedern und Liquidatoren einer juristischen Person i. S. des § 33 HGB, die gerichtliche Bestellung und Abberufung von Abwicklern (Liquidatoren) einer OHG, KG, AG, KGaA, GmbH sowie eines VVaG (§§ 34 Abs. 4, 148 Abs. 2, 161 HGB, §§ 266 Abs. 3, 273 Abs. 4, 290 Abs. 2 AktG, § 67 Abs. 3 GmbHG, § 47 VersAufsG). Diese Vorschriften sind bei gerichtlicher Bestellung von Vorstandsmitgliedern oder Abwicklern nach §§ 29, 48 BGB, § 85 AktG, § 38 Abs. 1 Satz 5 KreditWG und bei Widerruf oder Aufhebung einer solchen Bestellung entsprechend anzuwenden[26]).

16 *b)* Die *Eröffnung des Konkurses,* die Aufhebung des Eröffnungsbeschlusses sowie die Einstellung und Aufhebung des Konkurses über das Vermögen eines Einzelkaufmanns und der unter a) genannten juristischen Personen und Handelsgesellschaften (§§ 32, 34 Abs. 5, 6 HGB, § 13 GmbHG, § 3 AktG, § 16 VersAufsG), ferner die Auflösung der AG, KGaA, GmbH und des VVaG durch Eröffnung des Konkursverfahrens oder durch rechtskräftige Ablehnung der Eröffnung des Konkursverfahrens mangels Masse (§§ 262 Abs. 1 Nr. 3 und 4, 263, 289 Abs. 1 AktG mit §§ 161, 131 Nr. 3 HGB, § 289 Abs. 2 AktG, §§ 60 Abs. 1 Nr. 4, 65 GmbHG, § 45 Satz 3 VersAufsG, für GmbH § 1 LöschG). Vgl. MiZi XII/1, 2 und 3.

17 *c)* Die *Untersagung des Geschäftsbetriebes* beim VVaG auf Anzeige der Aufsichtsbehörde (§ 87 Abs. 3 VersAufsG) und die Rücknahme der Erlaubnis für Kreditinstitute und die Anordnung der Abwicklung auf Anzeige des Bundesaufsichtsamts für das Kreditwesen (§ 38 Abs. 1 Satz 3 KreditWG).

18 *d) Urteile,* durch welche die Nichtigkeit einer AG, einer KGaA, einer GmbH oder eines eingetragenen Beschlusses dieser Gesellschaften und des VVaG rechtskräftig festgestellt oder die Auflösung einer AG oder KGaA ausgesprochen wird (§§ 275 Abs. 4, 278 Abs. 3, 248 Satz 3, 249, 253 Abs. 2, 254 Abs. 2, 255 Abs. 3, 256 Abs. 7, 257 Abs. 2, 398 AktG, § 75 Abs. 2 GmbHG, § 36 VersAufsG i. d. F. des § 37 Nr. 3 EGAktG). Auch soweit bestimmt ist, daß der Vorstand das rechtskräftige Urteil zum Handelsregister einzureichen hat (§ 132 Anm. C III 2 g), bedarf es keiner förmlichen Anmeldung[27]). Über Mitteilungspflichten des Prozeßgerichts vgl. § 398 AktG und MiZi I/10.

19 *e)* Die aus der *Umwandlung* einer AG, KGaA oder GmbH entstehende offene Handelsgesellschaft oder Kommanditgesellschaft (§§ 18 Abs. 2, 19 Abs. 3, 20, 23, 24 des Umwandlungsgesetzes i. d. F. v. 6. 11. 1969, (BGBl. I 2081); vgl. auch §§ 44 Abs. 1 Satz 4, 49 Abs. 2 Satz 4, 55 Abs. 1 Satz 4 UmwandlG.

20 *f)* Die Errichtung oder Aufhebung einer *Zweigniederlassung* und die *Verlegung der Hauptniederlassung* eines Einzelkaufmanns oder einer juristischen Person oder des Sitzes einer Handelsgesellschaft aus dem Bezirk des bisherigen Registergerichts ist nach Eingang der Eintragungsnachricht des neuen Registergerichts von Amts wegen im Register zu vermerken (§§ 13 Abs. 4, 13c Abs. 2 Satz 6 HGB, §§ 42 Abs. 5, 45 Abs. 2 Satz 7 AktG, § 20 HRV). Vgl. MiZi XXI/1, 2.

21 *g)* Die *Auflösung* einer AG, KGaA oder GmbH, die gemäß § 262 Abs. 1 Nr. 5 AktG, § 289 Abs. 2 Nr. 2 AktG und § 60 Abs. 1 Nr. 5 GmbH i. d. F. des Art. 2 Nr. 14 und 23, und des Art. 3 Nr. 6 des G zur Durchführung der Ersten Richtlinie des Rates der Europäischen Gemeinschaften zur Koordinierung des Gesellschaftsrechts vom 15. 8. 1969 (BGBl. I 1146) mit der Rechtskraft der Verfügung des Registergerichts eintritt, durch welche nach

[26]) Sternberg-Siehr S. 138 unter Hinweis auf KG 1 X 46/23; Keidel-Schmatz² S. 107 Fußn. 2.

[27]) Sternberg-Siehr S. 138.

§ 144a FGG ein Mangel der Satzung festgestellt worden ist (§§ 263 Satz 2, 278 Abs. 3 AktG n. F., § 65 Abs. 1 GmbH n. F.).

2. *Amtsverfahren.* Von Amts wegen werden eingeleitet das Ordnungsstrafverfahren zur Erfüllung von Verpflichtungen (§ 132 FGG) und wegen unbefugten Firmengebrauchs (§ 140 FGG), das Verfahren zur Amtslöschung erloschener Firmen nach § 141 FGG, zur Löschung unzulässiger Eintragungen (§§ 142, 143 FGG), zur Löschung einer AG, KGaA, GmbH oder ihrer Beschlüsse als nichtig (§ 144 FGG) und zur Löschung einer AG, KGaA oder GmbH als vermögenslos nach § 2 LöschG sowie das Verfahren zur Feststellung eines Mangels der Satzung einer AG, KGaA oder GmbH nach § 144a. Hierfür ist auf die Erläuterung der einschlägigen Vorschriften zu verweisen. **22**

D. Zeichnung von Unterschriften

Unterschriften sind zur Aufbewahrung bei dem Gericht zu zeichnen, um im Interesse des Handelsverkehrs den Beteiligten die Prüfung der Echtheit von Unterschriften zu ermöglichen[28]). Es sind also Unterschriftsproben, die um ihrer selbst willen abgegeben werden und keine rechtsgeschäftliche Bedeutung haben. **23**

1. Es ist zu zeichnen die *Firma* vom Einzelkaufmann (§ 29 HGB); die *Namensunterschrift* von Vorstandsmitgliedern und Abwicklern einer juristischen Person (§ 35 HGB), einer AG (§§ 37 Abs. 3, 42 Abs. 2, 44 Abs. 5, 81 Abs. 3, 266 Abs. 4 AktG), eines VVaG (§§ 31 Abs. 2, 47 VersAufsG, § 266 Abs. 4 AktG), den vertretungsberechtigten persönlich haftenden Gesellschaftern und den Abwicklern der KGaA (§§ 283 Nr. 1, 37 Abs. 3, 290, 278 Abs. 3, 266 Abs. 4 AktG), den Geschäftsführern und Abwicklern der GmbH (§§ 8 Abs. 3, 67 Abs. 3 GmbHG); die *Firma und die Namensunterschrift* von den vertretungsberechtigten persönlich haftenden Gesellschaftern und den Abwicklern der OHG (§§ 108 Abs. 2, 148 Abs. 3 HGB), den vertretungsberechtigten persönlich haftenden Gesellschaftern und den Abwicklern der KG (§§ 161 Abs. 2, 108 Abs. 2, 148 Abs. 3 HGB) sowie von Prokuristen (§ 53 Abs. 2 HGB, § 42 Abs. 2 AktG). Soweit eine Namensunterschrift zu zeichnen ist, kann die Beifügung des Vornamens nicht verlangt werden[29]). **24**

2. *Die Zeichnungspflicht* besteht unabhängig von der Pflicht zur Anmeldung. Das Registergericht kann deshalb die Erledigung einer Anmeldung nicht von der Firmenzeichnung abhängig machen. Die unterbliebene oder zu beanstandende Firmenzeichnung kann dem Gericht nur Anlaß geben, die Zeichnung nach § 14 HGB, § 132 FGG durch Einleitung eines Ordnungsstrafverfahrens zu erzwingen[30]). Die Unterschrift ist so zu leisten, wie der Zeichnende sie im Geschäftsverkehr verwendet; überflüssige Zusätze, z. B. „Firma", sind unzulässig[31]). Eine zu anderen Zwecken als zur Aufbewahrung beim Gericht geleistete Zeichnung ist nicht verwendbar; zulässig ist es jedoch, daß sie zugleich die Unterschrift der Anmeldung darstellt[32]). Eine gewillkürte Vertretung ist nach der Natur der Sache ausgeschlossen; der gesetzliche Vertreter leistet seine eigene Zeichnung. Des Schreibens Unkundige oder Unfähige sind von der Zeichnung befreit; die Niederlegung eines Handzeichens kommt nicht in Betracht. Falls der Mangel behebbar ist, ist die Zeichnung später nachzuholen. Die Meinung, ein wegen Gebrechens Schreibunfähiger könne nicht Kaufmann sein, ist ersichtlich unbegründet[33]). **25**

E. Form der Anmeldungen und Zeichnungen

Anmeldungen und Zeichnungen können nach dem seit dem 1. 1. 1970 bestehenden Rechtszustand (Rdn. 1) nicht mehr vor dem Registergericht erfolgen, sondern sind gemäß § 12 **26**

[28]) RGZ 54, 171 = RJA 5, 49; KG RJA 9, 244 = OLGR 19, 309; Beck, BB 1962, 1265.
[29]) Keidel-Schmatz[2] S. 5 Fußn. 6.
[30]) KG RJA 9, 244 = OLGR 19, 309; KG OLGR 41, 195; KG OLGZ 1965, 127.
[31]) KG JFG 19, 82, 87 = DJ 1939, 400 = HRR 1939 Nr. 313 = JW 1939, 565 = DNotZ 1939, 272.
[32]) KG wie Anm. 28.
[33]) So Baumbach-Duden HGB § 12 Anm. 3; dagegen mit Recht Würdinger in HGB-RGRK[2] § 12 Anm. 10; Schlegelberger Anm. 6.

Abs. 1 HGB *in öffentlich beglaubigter* Form einzureichen. Die Form der Beglaubigung und die Zuständigkeit richten sich nach § 129 Abs. 1 BGB, §§ 40, 41 BeurkG und dem nach § 63 BeurkG vorbehaltenem Landesrecht; vgl. die Bem. zu §§ 40, 41 BeurkG.

27 Ein Einzelkaufmann kann Anmeldungen statt mit seinem bürgerlichen Namen mit der Firma unterzeichnen, falls keine Bedenken gegen die Identität bestehen[38]), ebenso Anmeldungen, die er als Gesellschafter einer Handelsgesellschaft vornimmt[39]). Die Einreichung der öffentlich beglaubigten Abschrift einer öffentlich beglaubigten Anmeldungserklärung genügt[40]). Anmeldungen und Zeichnungen juristischer Personen des öffentlichen Rechts, die ein Handelsgewerbe betreiben (§ 36 HGB), bedürfen nicht der öffentlichen Beglaubigung, wenn der Vorstand die Eigenschaft einer Behörde hat und die Erklärung unterschrieben und mit dem Amtssiegel versehen ist[41]). Nach § 129 Abs. 2 BGB wird die öffentliche Beglaubigung durch die notarielle Beurkundung der Anmeldung ersetzt. Die gesetzliche Form wird auch durch die im Rahmen eines Prozeßvergleichs erklärte Anmeldung gewahrt[42]). Zeichnungen von Firmen und Namensunterschriften dagegen müssen in einer Urkunde enthalten sein, deren Urschrift zu den Akten des Registergerichts gelangt. Bei ihnen muß der Beglaubigungsvermerk außerdem ergeben, daß die Zeichnung vor der Urkundsperson persönlich vollzogen, nicht nur anerkannt worden ist (§ 41 BeurkG).

F. Form der Vollmacht

28 Für die Vollmacht zur Anmeldung (vgl. Rdn. 12) erfordert § 12 Abs. 2 Satz 1 HGB die gleiche Form wie für die Anmeldung, also die Wahrung der in Rdn. 26 erläuterten Formen. Soweit § 23 Abs. 1 Satz 2 AktG, § 2 Abs. 2 GmbHG eine notariell beglaubigte Vollmacht verlangen, sind zwar andere, sonst nach Landesrecht zuständige Beglaubigungsstellen ausgeschlossen; diese Erschwerung gilt aber nur für die Feststellung der Satzung oder des Gesellschaftsvertrages, nicht für die Anmeldung durch Bevollmächtigte. Der Notar, der von seinem Antragsrecht nach § 129 Satz 1 Gebrauch macht, ist der Wahrung der Form enthoben.

G. Nachweis der Rechtsnachfolge

29 Rechtsnachfolger von Beteiligten haben sich nach § 12 Abs. 2 Satz 2 HGB „soweit tunlich" durch öffentliche Urkunden (§ 415 ZPO) auszuweisen. Darunter ist sowohl Einzel- wie Gesamtrechtsnachfolge zu verstehen. An den Nachweis der Erbfolge sind also weniger strenge Anforderungen als in § 35 GBO gestellt. Das Registergericht kann sich mit anderen Nachweisen begnügen; was es für genügend hält, bleibt seinem pflichtmäßigen Ermessen überlassen. Wo aber öffentliche Urkunden zum Nachweis der Rechtsnachfolge beigebracht werden können, muß das Registergericht grundsätzlich ihre Vorlegung verlangen. Nur wenn ihre Beschaffung auf Schwierigkeiten stößt und ein Aufschub der Eintragung erhebliche Nachteile für die Beteiligten erwarten läßt, soll das Registergericht sich mit anderen Nachweisen begnügen dürfen[43]). Die Vorlegung von Urkunden wird ersetzt durch Bezugnahme auf die Akten desselben Gerichts, in denen sie enthalten sind[44]).

H. Zwischenverfügung, Zurückweisung, Beschwerderecht

30 *1. Zwischenverfügung.* Ist eine Anmeldung unvollständig oder steht der Eintragung ein verfahrensrechtliches oder sachlichrechtliches Hindernis entgegen, so kann nach § 26 Satz 2 HRV eine Frist zur Behebung des Hindernisses gesetzt werden. Die Fristsetzung ist stets

[38]) KGJ 52, 88.
[39]) KG Recht 1929 Nr. 2008.
[40]) KG JFG 2, 172; BayObLG OLGR 43, 274; a.M. Altschul DNotV 1925, 241; Groschuff JW 1937, 2428; Godin-Wilhelmi AktG³ § 43 Anm. 1.
[41]) Vgl. BGHZ 45, 362 = NJW 1966, 1808; a.M. KG RJA 11, 24; JFG 1, 184 = OLGR 43, 275; Würdinger § 36 Anm. 5; Schlegelberger Anm. 4.
[42]) Vgl. § 127 a BGB; KGJ 34 A 121.
[43]) Schlegelberger HGB³ § 12 Anm. 18; Würdinger HGB-RGRK² § 12 Anm. 8.
[44]) KGJ 20 A 289; München JFG 20, 373.

geboten, wenn das Hindernis behebbar ist[45]). Die Verfügung hat die bestimmte Angabe des Hindernisses, welches der angemeldeten Eintragung entgegensteht, unter Darlegung der Gründe dafür zu enthalten und die zur Behebung des Hindernisses nach der Meinung des Gerichts geeigneten Mittel zu bezeichnen[46]). Dagegen ist das Registergericht nicht gehalten, dem Anmeldenden mitzuteilen, welche Fassung einer beanstandeten Satzungsbestimmung es nicht beanstanden würde[47]); es hat nur die Gründe anzugeben, warum die angemeldete Satzungsbestimmung zu beanstanden ist. Die Verfügung ist, da sie eine Frist in Lauf setzt, dem Anmeldenden (Notar) nach § 16 Abs. 2 Satz 1 förmlich zuzustellen.

2. *Zurückweisung.* Eine die Anmeldung einer Eintragung zurückweisende Verfügung muß mit Gründen versehen sein (§ 26 Satz 1 HRV). Eine einheitliche Anmeldung darf nicht teilweise durch Eintragung erledigt und teilweise zurückgewiesen werden; es ist die Zurückweisung insgesamt geboten[48]), es sei denn, daß ausscheidbare Teile der Anmeldung im Einverständnis mit dem Anmelder von der Eintragung ausgenommen werden oder mehrere von einander unabhängige Anmeldungen vorliegen. Eine als solche nicht zu beanstandende Anmeldung kann nicht deswegen zurückgewiesen werden, weil der Inhalt des Handelsregisters oder die Verhältnisse des Handelsgeschäfts in anderer Hinsicht zu Beanstandungen Anlaß geben. Die Eintragung einer Prokura kann nicht von der vorherigen Eintragung eines Inhaberwechsels[49]), die Eintragung eines Inhaberwechsels nicht von der vorherigen Änderung der nach Ansicht des Registergerichts unzulässig gewordenen Firma abhängig gemacht werden[50]). Werden gesetzlich erforderliche Beilagen einer konstitutiven Anmeldung (z. B. § 37 Abs. 2 AktG) nicht vorgelegt, so ist die Anmeldung nach Zwischenverfügung zurückzuweisen; soweit aber eine Anmeldepflicht besteht, darf die Anmeldung nicht wegen der Nichterfüllung von Nebenpflichten, die nach § 14 HGB erzwingbar sind, zurückgewiesen werden (vgl. § 132 Rdn. 45). **31**

3. *Beschwerde*

a) Statthaftigkeit. Gegen die Zwischenverfügung und die Zurückweisung der Anmeldung ist die unbefristete Beschwerde nach § 19 gegeben. **32**

b) Das *Beschwerderecht* steht nach § 20 Abs. 1 und 2 nur dem anmeldenden Anmeldeberechtigten zu, dessen Anmeldung zurückgewiesen worden ist. Mehrere Anmeldeberechtigte, die nach den Grundsätzen zu Anm. B 3 (Rdn. 4 bis 10) zusammenwirken müssen, können das Beschwerderecht nur gemeinschaftlich ausüben[51]). Die Beschwerde gegen die Zurückweisung der Anmeldung einer offenen Handelsgesellschaft oder Kommanditgesellschaft zur Eintragung in das Handelsregister steht daher nur allen Gesellschaftern gemeinschaftlich, die Beschwerde gegen die Zurückweisung der Anmeldung einer GmbH nur allen Geschäftsführern einschließlich der Vertreter zu (oben Rdn. 9); ein nur von einem Teil der Anmeldeberechtigten eingelegtes Rechtsmittel ist unzulässig. Die in Angelegenheiten einer Handelsgesellschaft Anmeldeberechtigten handeln hierbei nicht in Vertretung der Gesellschaft, sondern erfüllen eine ihnen selbst und nicht der Gesellschaft obliegende Aufgabe[52]). Eine Beschwerde der Gesellschaft selbst wäre unzulässig[53]). Genügt die Anmeldung durch Vorstandsmitglieder in der satzungsgemäß zur Vertretung berechtigten Zahl, so kann die Beschwerde gegen die Zurückweisung ihrer Anmeldung nicht von anderen Vorstandsmitgliedern eingelegt werden. Wird die Anmeldung eines nicht Anmeldeberechtigten zurückgewiesen, so ist das Rechtsmittel zwar **33**

[45]) KGJ 50, 1; KG JFG 5, 209, 212; Hamm NJW 1963, 1554.

[46]) KG JW 1935, 3042; KG OLGZ 1965, 244 für das Grundbuchverfahren.

[47]) A.M. Hamburg, NJW 1960, 870, 872; Keidel § 127 Anm. 2.

[48]) KG JFG 5, 237; Hamm NJW 1963, 1554.

[49]) KG NJW 1959, 1086.

[50]) KG OLGZ 1965, 124 = NJW 1965, 254 = DNotZ 1966, 47 = Rpfleger 1965, 146.

[51]) KG RJA 14, 44; KGJ 41, 135; KG OLGR 41, 208; KG GmbHRdsch. 1963, 167; München JFG 22, 90; BayObLGZ 1954, 204; Keidel § 20 Anm. 102; Schlegelberger § 20 Anm. 24; Würdinger in HGB-RGRK² § 8 Anm. 5; Jansen NJW 1966, 1813 Anm. zu 3.

[52]) KGJ 21 A 272; 41, 135; Jansen aaO.; Richert SchlHA 1955 A 351; ders., NJW 1956, 364.

[53]) KGJ 41, 135; KG OLGZ 1969, 502; BayObLGZ 1954, 204; München JFG 22, 90; a.M. f. d. Genossenschaft BayObLGZ 1967, 254; für den Verein BayObLGZ 1969, 35; vgl. § 20 Rdn. 63, 70.

nicht wegen des Hindernisses aus § 20 Abs. 2, aber wegen fehlender Rechtsbeeinträchtigung (§ 20 Abs. 1) unzulässig[54]).

34 *c) Beschwerdegericht.* Das Registergericht kann der Beschwerde abhelfen (§ 18). Hat der Rechtspfleger entschieden, so ist zunächst der Amtsrichter mit der Erinnerung anzurufen (§ 11 Abs. 1, 4 RechtspflG). Über die Beschwerde entscheidet die Kammer für Handelssachen (§ 30 Abs. 1 Satz 2), über die weitere Beschwerde ein Zivilsenat des OLG (ObLG).

35 *d) Schlechterstellung.* Für das Erinnerungs- und Beschwerdeverfahren wird anzunehmen sein, daß das Verbot der Schlechterstellung gilt, sofern nicht die Beachtung dieses Grundsatzes zu einer Eintragung führen würde, die nach den §§ 142, 144 als unzulässig von Amts wegen gelöscht werden oder zur Feststellung eines Mangels der Satzung nach § 144a Anlaß geben müßte[55]).

36 *e)* Die *Beschwerde gegen die Zurückweisung* der Anmeldung kann darauf gestützt werden, daß der angegebene Grund aus rechtlichen oder tatsächlichen Gründen unrichtig sei oder auf Grund neuer Tatsachen (§ 23) nicht mehr bestehe; daß der Anmeldende eine auf denselben Grund gestützte Zwischenverfügung nicht angefochten hatte, steht nicht entgegen. Die Beschwerde kann auch darauf gestützt werden, daß das Registergericht vor der alsbaldigen Zurückweisung eine Zwischenverfügung hätte erlassen müssen (§ 26 Satz 2 HRV). Bei der Entscheidung über die Beschwerde gegen die Zurückweisung einer Anmeldung hat das LG sich nicht darauf zu beschränken, die Gründe des Amtsgerichts und das Vorbringen des Beschwerdeführers nachzuprüfen. Es hat die Anmeldung in vollem Umfange zu prüfen und zu bescheiden. Ist die Begründung der angefochtenen Entscheidung unrichtig, so hat das LG zu prüfen, ob sie etwa aus anderen Gründen aufrechtzuerhalten ist, und je nach dem Ergebnis zur Eintragung oder zum Erlaß einer Zwischenverfügung anzuweisen oder die Beschwerde zurückzuweisen[56]). Eine Zurückverweisung ist nur unter den bei § 25 Rdn. 13 erörterten Voraussetzungen zulässig.

37 *f)* Die *Beschwerde gegen eine Zwischenverfügung* ist vor oder nach Ablauf der gesetzten Frist bis zur Zurückweisung der Anmeldung statthaft (vgl. § 19 Rdn. 27). Mit der Beschwerde kann auch eine Verlängerung der gesetzten und noch nicht abgelaufenen Frist erstrebt werden. Sie kann auf einzelne Beanstandungen beschränkt werden. Der Nachprüfung durch das Beschwerdegericht unterliegt nur die Zwischenverfügung in dem angefochtenen Umfange. Erweist sich die vom Registergericht erhobene Beanstandung als gerechtfertigt, so hat sich das Beschwerdegericht auf die Zurückweisung der Beschwerde zu beschränken und nicht die Anmeldung zurückzuweisen. Ist die Zwischenverfügung ungerechtfertigt, so ist sie aufzuheben und das AG anzuweisen, von den erhobenen Bedenken Abstand zu nehmen; das gilt auch, wenn das Beschwerdegericht der Meinung ist, daß die Anmeldung aus anderen Gründen zurückgewiesen werden müßte[57]). Allenfalls kann in diesem Fall, wenn das Beschwerdegericht es für angebracht hält, auf die sonst noch bestehenden Bedenken in wegweisenden, nicht bindenden Erörterungen hingewiesen werden.

I. Musterregister

38 Anträge auf Eintragung in das *Musterregister* können schriftlich oder nach § 11 zum Protokoll jedes Amtsgerichts gestellt werden (§ 5 MusterBest., unten Anl. 6).

Antrags- und Beschwerderecht der Notare

129 Ist die zu einer Eintragung erforderliche Erklärung von einem Notar beurkundet oder beglaubigt, so gilt dieser als ermächtigt, im Namen des zur Anmeldung Verpflichteten die Eintragung zu beantragen. Die Vorschriften des § *124* finden entsprechende Anwendung.

[54]) Köln NJW 1963, 541; vgl. § 20 Rdn. 24.

[55]) Vgl. für das Grundbuchbeschwerdeverfahren KG JFG 8, 239; 12, 295, 300; KG HRR 1941 Nr. 604.

[56]) KG JFG 5, 434; Henke-Mönch-Horber GBO[9] § 77 Anm. 4 c.

[57]) KG JFG 8, 236; KG OLGZ 1965, 92, 96 = Rpfleger 1965, 366; BayObLGZ 1967, 408 für das Grundbuchverfahren.

A. Allgemeines

Die Vorschrift dient dem Zweck, dem Notar seine Aufgabe, auf dem Gebiet vorsorgender Rechtspflege die Beteiligten rechtlich zu betreuen, zu beraten und vor den Gerichten zu vertreten (§ 24 Abs. 1 BNotO), zu ermöglichen und zu erleichtern, indem Satz 1 für den Notar eine Vollmachtsvermutung zur Stellung von Eintragungsanträgen begründet und Satz 2 ihm die Fähigkeit verleiht, für einen Anmeldepflichtigen weitere Beschwerde einzulegen. Die Vorschrift entspricht inhaltlich in ihrem Satz 1 dem § 15 GBO, in Satz 2 dem § 80 Abs. 1 Satz 3 GBO; nach §§ 147 Abs. 1, 159, 161 Abs. 1 gilt sie entsprechend in Genossenschafts-, Vereins- und Güterrechtsregistersachen. 1

B. Vollmachtsvermutung

1. Bedeutung. Satz 1 begründet für den *Notar die gesetzliche Vermutung,* von dem Anmeldepflichtigen zur Stellung des Eintragungsantrags ermächtigt zu sein. Nicht die Ermächtigung beruht mithin auf dem Gesetz, sondern die Vermutung für die Erteilung einer rechtsgeschäftlichen Vollmacht mit der Folge, daß der Notar abweichend von § 13 FGG des Nachweises der Vollmacht und der Verpflichtung, die Form des § 12 Abs. 2 Satz 1 HGB zu wahren, enthoben ist. Die Vorschrift findet ihre Rechtfertigung in dem besonderen Verhältnis, in welches der Notar durch seine Amtstätigkeit zu den Beteiligten getreten ist, und in der Erfahrung, daß der Wille der Beteiligten regelmäßig auf die Besorgung der den Gegenstand der Beurkundung oder Beglaubigung bildenden Angelegenheit durch den Notar gerichtet ist[1]). Der Notar wird hierbei amtlich, nicht vertraglich tätig[2]). Deshalb ist nach § 24 Abs. 2 BNotO anzunehmen, daß der Notar, der zugleich Rechtsanwalt ist, als Notar tätig geworden ist. 2

2. Persönlicher Umfang. Die Vorschrift gilt nur für *deutsche Notare,* mithin auch für die Staatlichen Notariate der DDR. Für ausländische Notare gilt die Vollmachtsvermutung nicht[3]). Dem Notar steht der Notarvertreter (§ 39 BNotO) und der Notariatsverweser (§ 56 BNotO) gleich. Auf diese geht auch die zugunsten des Notars, dessen Amt sie verwalten, begründete Vollmachtsvermutung für die Dauer ihrer Amtsführung über[4]); die zugunsten des Notarvertreters begründete Vermutung gilt nach Beendigung der Vertretung für den vertretenen Notar. Die Befugnis endet mit dem Erlöschen des Amtes (§ 47 BNotO) auch hinsichtlich der noch während der Amtsdauer aufgenommenen Urkunden[5]). Bei beamteten Notaren (Baden) und Behördennotariaten (Württemberg, DDR) geht die Befugnis auf den Amtsnachfolger über[6]), nicht dagegen auf den Amtsnachfolger eines freiberuflichen Notars, da dieser nicht Träger eines außerhalb seiner Person bestehenden Amtes ist[7]). Anders nur, wenn der neue Notar die von einem Notariatsverweser bereits begonnenen Amtsgeschäfte fortführt (§ 64 Abs. 3 BNotO). Während der Dauer einer Vertretung soll, während der Dauer einer vorläufigen Amtsenthebung hat der Notar sich jeder Amtsausübung zu enthalten (§§ 44 Abs. 1 Satz 2, 55 Abs. 2 Satz 1 BNotO); gleichwohl vorgenommene Amtshandlungen sind aber gültig (§ 55 Abs. 2 Satz 2 BNotO), berühren also das Antragsrecht nicht; dasselbe gilt für Handlungen, die der Notariatsverweser eines Anwaltsnotars nach Ablauf der Drei-Monats-Frist des § 56 Abs. 2 Satz 2 BNotO vornimmt[7a]). 3

3. Urkundliche Grundlage. Ob unter der zu einer *Eintragung erforderlichen Erklärung,* auf deren Beurkundung oder Beglaubigung sich die Vollmachtsvermutung gründet, nur die Eintragungsgrundlage, welche die Eintragung rechtfertigen soll, oder nur die Anmeldung 4

[1]) RGZ 110, 360; KGJ 44, 172; Unger, ZZP 37, 458; Jansen, DNotZ 1964, 707 zu I.

[2]) RGZ 93, 68; KG NJW 1959, 295 = DNotZ 1959, 51 = Rpfleger 1958, 377.

[3]) Josef, DNotV 1921, 226; Keidel Anm. 1; Güthe-Triebel GBO § 15 Anm. 3; Meikel-Imhof-Riedel GBO § 15 Anm. 3.

[4]) Saage, BNotO § 64 Anm. 6; Hesse-Saage-Fischer GBO[4] § 15 Anm. II.

[5]) RGZ 93, 71; Köln OLGR 2, 244.

[6]) Karlsruhe BadRspr. 68, 60 = ZBlFG 2, 742 Nr. 601; BadJM BadRspr. 71, 315; a.M. Unger, ZZP 37, 460, Fn. 172.

[7]) Riedel, JZ 1961, 598; a.M. BayObLGZ 1961, 23; 1969, 92; Meikel-Imhof-Riedel GBO § 15 Anm. 3.

[7a]) KG OLGZ 1967, 237.

oder beides zu verstehen ist, war streitig[8]). Nach der nunmehr h. M. wird die Vollmachtsvermutung begründet sowohl durch die Beurkundung oder Beglaubigung der Grundlagen der Anmeldung (Gesellschaftsvertrag, Versammlungsbeschluß, sonstige Erklärungen, deren Inhalt eingetragen werden soll)[9]), als auch der bloßen Anmeldung[10]). Die Meinung, nach welcher die Beurkundung oder Beglaubigung der bloßen Anmeldung nicht genügen und nur die Mitbeurkundung der Anmeldung neben der der Eintragsungsgrundlage unschädlich sein soll, wird darauf gestützt, daß es neben der Anmeldung des Beteiligten eines Eintragungsantrags des Notars nicht bedürfe. Diese Erwägung greift nicht durch, weil der Notar sich nur durch die Ausübung des Antragsrechts die Stellung verschaffen kann, die es ihm ermöglicht, den weiteren Ablauf des Verfahrens in der Hand zu behalten (Rdn. 7)[11]).

5 4. *Beurkundung oder Beglaubigung* müssen nicht gesetzliches Formerfordernis sein; es genügt, daß diese Form gewählt worden ist[12]). Sind mehrere Erklärungen zu der Eintragung erforderlich, so genügt es, wenn der Notar eine von ihnen beurkundet oder beglaubigt hat; es kann daher das Antragsrecht mehrerer Notare für dieselbe Eintragung nebeneinander bestehen[13]). Unter einer Beglaubigung i. S. des § 129 ist eine solche nach § 129 BGB, § 40 BeurkG zu verstehen, nicht eine bloße Abschriftsbeglaubigung[14]). Erklärungen und Urkunden, die zur Herbeiführung der Eintragung nur mittelbar erforderlich sind, wie Vollmachten, Legitimationsurkunden, gehören nicht hierher[15]).

6 5. Das *Antragsrecht* steht dem Notar nicht im eigenen Namen, sondern nur namens eines oder aller Anmeldepflichtigen zu; ein eigenes Antrags- oder Beschwerderecht begründet die Vorschrift nicht[16]). Nicht erforderlich ist, daß der Notar eine Erklärung gerade des Anmeldepflichtigen, für den er den Antrag stellt, beurkundet oder beglaubigt oder daß dieser Anmeldepflichtige überhaupt eine Erklärung abgegeben hat[17]). War die zur Eintragung erforderliche Erklärung von einem rechtsgeschäftlichen oder gesetzlichen Vertreter eines Anmeldepflichtigen abgegeben, so gilt der Notar als von dem Anmeldepflichtigen selbst ermächtigt. Die Antragsbefugnis hat der Notar auch, wenn ein Anmeldepflichtiger selbst den Antrag bereits in der überreichten Urkunde gestellt hat[18]). Mangels ausdrücklicher Angabe und gegenteiliger Umstände ist anzunehmen, daß der Antrag namens aller Anmeldepflichtigen gestellt wird[19]). Der Notar muß allerdings deutlich zu erkennen geben, ob er von seinem Antragsrecht Gebrauch macht oder ob er die Anmeldung der Beteiligten nur als Bote überreicht. Reicht er die Anmeldung der Beteiligten „zum Vollzuge" oder „zur weiteren Veranlassung" ein, so wird angenommen, daß er nur als Bote, nicht als Willensvertreter auftreten will[20]). Unklare Wendungen wie „mit der Bitte, den gestellten Anträgen stattzugeben", über deren Auslegung Streit herrscht[21]), sind zu vermeiden. Die Vollmachtsvermutung ist nicht anwendbar, wenn nur ein Recht, aber keine Pflicht zur Anmeldung besteht (z. B. §§ 3 Abs. 2, 25 Abs. 2 HGB)[22]) oder wenn mit der Anmeldung die Abgabe von Erklärungen verbunden ist, deren Unrichtigkeit strafbar macht (§§ 37, 184 Abs. 2, 188 Abs. 2, 206, 399 AktG). Zum Nachweis des Bestehens der Vollmachtsvermutung sind die von dem Notar beurkundeten oder beglaubigten Erklärungen vorzulegen; die bloße Versicherung des Notars, daß er Urkunden dieser Art errichtet habe, genügt nicht[23]). Der Antrag muß der beurkun-

[8]) Vgl. die Nachweise bei Unger ZZP 37, 461, Fn. 177.
[9]) So Dresden KGJ 49, 259 = RJA 15, 37 = OLGR 33, 5.
[10]) KG NJW 1959, 1086; BayObLGZ 1959, 197; Schlegelberger Anm. 2; Keidel Anm. 3; Unger aaO.; Würdinger in HGB-RGRK § 12 Anm. 5; a.M. Krieger-Lenz Anm. 2.
[11]) Vgl. KGJ 32 A 285; RG HRR 1929 Nr. 760.
[12]) Unger, ZZP 37, 462; Schiffer, GruchBeitr. 46, 350[18]; Schlegelberger Anm. 2.
[13]) Unger, Schlegelberger aaO.; Meikel-Imhof-Riedel GBO § 15 Anm. 7; a.M. Schiffer, GruchBeitr. 46, 356.
[14]) München JFG 20, 128.
[15]) Unger, ZZP 37, 460; Schiffer, GruchBeitr. 46, 352; Hesse-Saage-Fischer GBO[4] § 15 Anm. II 2 c; h.M., a.M. Meikel-Imhof-Riedel GBO § 15 Anm. 6.
[16]) KG NJW 1959, 1086; KG Rpfleger 1962, 411.
[17]) Unger ZZP 37, 463; Schlegelberger Anm. 2; Meikel-Imhof-Riedel GBO § 15 Anm. 11; RG HRR 1929 Nr. 760.
[18]) KGJ 44, 172; BayObLG JFG 9, 201; KG Rpfleger 1962, 411 = GmbHRdsch. 1962, 136.
[19]) KGJ 38 A 196; BayObLG JFG 9, 201; RG HRR 1929 Nr. 760.
[20]) KGJ 28 A 312; KG JW 1937, 114.
[21]) KG DNotZ 1933, 372; München JFG 22, 30.
[22]) BayObLGZ 1959, 257; Schlegelberger Anm. 2; Keidel Anm. 2.
[23]) KG RJA 1, 199.

deten oder beglaubigten Erklärung entsprechen; Abweichungen und Ergänzungen sind dem Notar nicht gestattet[24]). Der Anmeldepflichtige kann die vermutete Vollmacht durch (formlose) Erklärung gegenüber dem Registergericht ausschließen. Die Vollmachtsvermutung setzt voraus, daß der Vertretene noch zur Zeit des Eingangs des Antrags beim Registergericht anmeldeberechtigt ist[25]). Den von ihm selbst gestellten Antrag kann der Notar in der Form des § 24 Abs. 3 BNotO durch eine mit seiner Unterschrift und dem Amtssiegel versehene Erklärung zurücknehmen, nicht aber einen von einem Beteiligten selbst gestellten Antrag[26]). Daneben kann natürlich auch der Antragsberechtigte selbst den für ihn vom Notar gestellten Antrag zurücknehmen. Hat aber der Notar den Antrag für weitere Anmeldepflichtige gestellt, so bleibt dieser Antrag trotz der Rücknahmeerklärung des anderen Beteiligten bestehen.

6. *Verfahrensrechtliche Wirkungen.* Macht der Notar von seiner Antragsbefugnis Gebrauch, 7
so sind die auf seinen Antrag ergehenden Entscheidungen (Zwischenverfügung, Zurückweisung, Eintragung) dem Notar selbst, nicht dem von ihm vertretenen Anmeldepflichtigen bekanntzumachen, und zwar auch dann, wenn dieser neben dem Notar die Anmeldung erklärt hatte; eine Bekanntmachung an den Anmeldepflichtigen wäre unwirksam. Diese zu § 15 GBO entwickelten Grundsätze sind auch hier anzuwenden[27]). Der Notar verschafft sich dadurch die Möglichkeit, das Verfahren bis zu seiner endgültigen Erledigung in der Hand zu behalten und seinen ordnungsmäßigen Ablauf im Interesse der Beteiligten zu überwachen.

7. *Beschwerde.* Der Notar, der den Eintragungsantrag für einen Anmeldepflichtigen ge- 8
stellt hat, gilt ferner, obwohl dies im Gesetz nicht besonders hervorgehoben wird, als bevollmächtigt, ohne den Nachweis einer rechtsgeschäftlich erteilten Vollmacht namens dieses oder eines anderen Anmeldepflichtigen gegen die auf seinen Antrag ergehende Verfügung Beschwerde (und weitere Beschwerde) einzulegen[28]). Auch außerhalb der gesetzlichen Vollmachtsvermutung kann allerdings das Beschwerdegericht nach seinem Ermessen von dem Nachweis der Vollmacht absehen, wenn ein Notar die Beschwerde eingelegt hat, da von diesem auf Grund seiner beruflichen Stellung zu erwarten ist, daß er nicht ohne Vollmacht handeln wird[29]).

C. Fähigkeit des Notars zur Einlegung der weiteren Beschwerde (Satz 2)

Der in Satz 2 in Bezug genommene § 124 FGG ist mit dem 6. Abschnitt Schiffspfandrecht 9
aufgehoben durch Art. 1 Abs. 1 Nr. 4 DVO-SchiffsRG v. 21. 12. 1940 (RGBl. I, 1609) und gemäß Art. 1 Abs. 2 dieser VO ersetzt durch die Verweisung auf § 88 Abs. 1 Satz 3 der Schiffsregisterordnung vom 19. 12. 1940 (RGBl. I, 1951) i. d. F. v. 26. 5. 1951 (BGBl. I, 360)[30]). Diese Vorschrift lautet:

Der Zuziehung eines Rechtsanwalts bedarf es nicht, wenn die Beschwerde von einer Behörde oder von dem Notar eingelegt wird, der nach § 25 den Eintragungsantrag gestellt hat.

Hiernach bedarf es der Zuziehung eines Rechtsanwalts nicht, wenn die weitere Beschwerde 10
von dem Notar eingelegt wird, der nach § 129 Satz 1 FGG den Eintragungsantrag namens eines Anmeldepflichtigen gestellt hat. Die Vorschrift verleiht also dem Notar Postulationsfähigkeit für die Einlegung der weiteren Beschwerde[31]). Die Abweichung gegenüber § 29 Abs. 1 Satz 3 liegt darin, daß der Notar, der nicht Rechtsanwalt ist, die weitere Beschwerde auch dann einlegen kann, wenn er den Eintragungsantrag im ersten Rechtszuge nicht gerade

[24]) KGJ 31 A 221.
[25]) KG OLGR 2, 390; KGJ 44, 174; Güthe-Triebel GBO § 15 Anm. 14.
[26]) BayObLGZ 1955, 48 = DNotZ 1956, 206; Frankfurt Rpfleger 1958, 221; Schleswig SchlHA 1959, 197; a.M. Hieber DNotZ 1956, 174.
[27]) Vgl. KGJ 38 A 194; KG DNotZ 1933, 372; München JFG 18, 20; Zweibrücken Rpfleger 1968, 154; Jansen, DNotZ 1964, 707, 708; a.M. Schlegelberger § 130 Anm. 4 b.
[28]) Hamburg KGJ 20 D 31 = RJA 1, 153; KGJ 41, 136; KG JW 1938, 1834; BayObLGZ 34, 121; 1956, 260; 1957, 281; 1959, 197.
[29]) KGJ 32 A 285; 33 A 65; KG RJA 17, 78; JW 1938, 1834; BayObLGZ 1959, 257; Jansen DNotZ 1964, 707, 710; Keidel Anm. 5.
[30]) KG Rpfleger 1962, 411; Saage JR 1960, 37; Keidel Anm. 7.
[31]) Jansen, DNotZ 1964, 707; vgl. § 13 Rdn. 47.

für den Beschwerdeführer, sondern für einen *anderen Anmeldepflichtigen* gestellt hat; andererseits verlangt die Vorschrift, daß der Notar im ersten Rechtszuge den *Eintragungsantrag* gestellt hat, nicht nur, wie es nach § 29 Abs. 1 genügt, irgendeinen Verfahrensantrag[32]). Für die Postulationsfähigkeit nach § 129 Satz 2 mit § 88 Abs. 1 Satz 3 SchiffsRegO genügt es jedoch, daß der Notar das Antragsrecht aus § 129 Satz 1 für sich in Anspruch genommen hat; nicht entscheidend ist, ob es ihm auch tatsächlich zustand; es ist also unschädlich, wenn die zur Eintragung erforderliche Erklärung nicht von ihm beurkundet oder beglaubigt ist[33]). Andererseits genügt es nicht, daß der Notar zur Stellung des Eintragungsantrags berechtigt gewesen wäre, von dieser Befugnis aber keinen Gebrauch gemacht hat[34]). Der Notar, der den Eintragungsantrag namens *eines* Anmeldepflichtigen gestellt hat, kann hiernach die Beschwerde namens eines *anderen* Anmeldepflichtigen einlegen[35]). Mangels ausdrücklicher Angabe und gegenteiliger Umstände ist anzunehmen, daß er die Beschwerde namens aller Anmeldepflichtigen einlegt[36]).

11 Daneben gilt auch in Registersachen die allgemeine und umfassendere Vorschrift des § 29 Abs. 1 Satz 3, sofern nur ihre Voraussetzungen, nicht aber die des § 129 Satz 2 mit § 88 Abs. 1 Satz 3 SchiffsRegO erfüllt sind[37]). Nach § 29 Abs. 1 Satz 3 genügt es, wenn der Notar im ersten Rechtszug irgendeinen auf den Verfahrensbetrieb gerichteten Antrag gestellt hat; auch braucht er keine Erklärungen beurkundet oder beglaubigt zu haben. Andererseits kann er die weitere Beschwerde nur namens desjenigen Beteiligten einlegen, für den er den Antrag im ersten Rechtszuge gestellt hat (vgl. § 29 Rdn. 15). Stets aber muß der Notar schon im ersten Rechtszuge einen Antrag gestellt haben. Es genügt nicht, wenn er erst im Beschwerdeverfahren tätig wird[38]).

Form und Bekanntmachung der Eintragung

130 Jede Eintragung soll den Tag, an welchem sie erfolgt ist, angeben und mit der Unterschrift des zuständigen Beamten versehen werden.

Jede Eintragung soll demjenigen, welcher sie beantragt hat, bekannt gemacht werden. Auf die Bekanntmachung kann verzichtet werden.

1 *1. Form der Eintragung.* Unter Eintragung im Sinne des § 130 sind nicht nur Neueintragungen, sondern auch Änderungen des Inhalts einer Eintragung sowie Löschungen (§ 16 HRV) zu verstehen ohne Unterschied, ob die Eintragung auf Anmeldung, auf Antrag der Handels- oder Handwerkskammer (§ 126) oder von Amts wegen (§ 128 Anm. C) vorgenommen wird. Während die Eintragungsverfügung vom Richter (Rechtspfleger) erlassen wird, hat der Urkundsbeamte ihre Ausführung zu veranlassen (§ 28 HRV). Ob er die Einschreibung selbst vornimmt oder sie durch einen Beamten oder Angestellten des Kanzleidienstes vornehmen läßt, richtet sich nach den Bestimmungen der Geschäftsverteilung.

2 *a) Datierung.* Die Angabe des Tages der Eintragung ist, ebenso wie in § 44 Satz 1 GBO und § 48 Satz 1 SchiffsRegO, nicht zwingend vorgeschrieben, aber in § 15 HRV dienstrechtlich zur Pflicht gemacht. Die Unterlassung bewirkt mithin keine Nichtigkeit. Anzugeben ist der Tag der Eintragung, also der Einschreibung durch den zuständigen Beamten. Auf den Tag der Unterschriftsleistung kommt es nicht an[1]), da die Eintragung auch ohne Unterschrift gültig ist. Wenn aber die Eintragung von einer Hilfskraft vorgenommen worden ist (Anm. 1), ist sie erst vollendet, wenn der zuständige Urkundsbeamte sie billigend übernimmt, was in der Regel erst durch seine Unterschrift zum Ausdruck kommen wird. Datum und Unterschrift

[32]) Krieger-Lenz Anm. 4; Keidel Anm. 8.
[33]) KG HRR 1933 Nr. 949; München JFG 20, 128; 23, 324; Saarbrücken OLGZ 1969, 210; Henke-Mönch-Horber GBO[8] § 80 Anm. 3 b, sämtlich zu § 80 GBO; diese Grundsätze sind hier ebenfalls anwendbar.
[34]) Vgl. Meikel-Imhof-Riedel GBO[5] § 80 Anm. 8.
[35]) BayObLGZ 34, 121; Keidel Anm. 8.
[36]) BayObLGZ 31, 443 = JFG 9, 201.
[37]) Jansen, DNotZ 1964, 707, 709.
[38]) Vgl. § 29 Rdn. 15; Seybold-Hornig BNotO[4] § 24 Anm. 9.

[1]) Wellstein[2] § 130 Anm. 1, § 113 Anm. 1; Keidel Anm. 4; Ebert-Dudek-Lindemann Anm. 2; a.M. Krieger-Lenz § 15 HRV Anm. 1.

beziehen sich auf allle Eintragungen, die sich in der durch den in § 14 HRV vorgesehenen Abschlußstrich gebildeten Querspalte befinden. Der Beweis, daß die Eintragung an einem anderen Tage oder beim Fehlen der Datierung an welchem Tage sie vorgenommen worden ist, ist zulässig (§ 415 Abs. 2 ZPO). Der Tag der Eintragung ist in mehrfacher Hinsicht von Bedeutung:

α) Bei Kaufleuten kraft Eintragung (§§ 2, 3 HGB) beginnt die Kaufmannseigenschaft mit der Eintragung; ebenso ist für den Scheinkaufmann (§ 5 HGB) der Zeitpunkt der Eintragung wesentlich. 3

β) Die Wirksamkeit der OHG und KG tritt im Verhältnis zu Dritten mit dem Zeitpunkt der Eintragung der Gesellschaft ein, wenn die Geschäfte nicht schon vorher begonnen sind (§§ 123 Abs. 1, 161 HGB). 4

γ) Die Aktiengesellschaft, die Kommanditgesellschaft auf Aktien und die GmbH gelangen erst mit der Eintragung zur Entstehung (§§ 41 Abs. 1, 278 Abs. 3 AktG, § 11 GmbHG); beim Versicherungsverein a. G. dagegen hat die Eintragung nur rechtsbekundende Bedeutung (§ 15 VAG). 5

δ) Die Wirksamkeit von Satzungsänderungen und die Wirkung einer Kapitalerhöhung oder Kapitalherabsetzung, eines Unternehmensvertrages, einer Eingliederung, Verschmelzung, Vermögensübertragung oder Umwandlung ist an den Zeitpunkt der Eintragung geknüpft (§§ 181 Abs. 3, 189, 211, 224, 294 Abs. 2, 319 Abs. 4, 320 Abs. 4, 346 Abs. 3, 349 Abs. 2, 360 Abs. 2, 365, 368, 372, 381, 385, 387, 391, 393 AktG, § 54 Abs. 3 GmbHG). 6

ε) Mitunter beginnt die Verjährung von Ansprüchen mit dem Zeitpunkt der Eintragung (§§ 26 Abs. 2, 159 Abs. 2 HGB, § 51 AktG, § 9 Abs. 3 GmbHG). 7

b) Unterschrift. Die Unterschrift ist abweichend von § 44 Satz 2 GBO, § 48 Satz 2 SchiffsRegO ebenfalls nicht zwingend vorgeschrieben, aber in § 28 HRV dienstrechtlich zur Pflicht gemacht. Fehlen der Unterschrift macht die Eintragung mithin nicht ungültig. Zuständig ist der Urkundsbeamte der Geschäftsstelle (§ 28 HRV). Zu unterschreiben ist mit dem ausgeschriebenen Familiennamen; Namenszeichen genügt nicht. Die Unterschrift soll Gewähr für die Echtheit der Eintragung bieten. Doch ist auch die Unterzeichnung durch einen unzuständigen Beamten unschädlich, sofern nur die Eintragung von dem zuständigen Beamten herrührt[2]). Die Frage, ob überhaupt eine Eintragung durch den zuständigen Beamten vorliegt und wann sie erfolgt ist, kann im Streitfall zum Gegenstand des Beweises gemacht werden. 8

2. *Bekanntmachung.* Der Richter (Rechtspfleger) verfügt, der Urkundsbeamte der Geschäftsstelle erledigt die Bekanntmachungen (§§ 27, 28, 36 Abs. 2 HRV). Jede Eintragung soll dem, der sie beantragt hat, also dem oder den Anmeldenden, bekanntgemacht werden, im Fall des § 126 dem Organ des Handels- oder Handwerksstandes. Abweichend von § 55 GBO, § 57 SchiffsRegO wird mithin wegen der Person des zu Benachrichtigenden nicht darauf abgestellt, zu wessen Gunsten die Eintragung erfolgt oder wessen Recht durch sie betroffen wird. Von der Eintragung einer Prokura z. B. wird der Prokurist nicht benachrichtigt. Nicht anwendbar ist § 16 Abs. 1, da die Eintragung keine Verfügung, sondern eine gerichtliche Handlung ist und außerdem § 130 etwas anderes bestimmt (§ 1)[3]). Hat der *Notar* auf Grund des § 129 den Antrag gestellt, so ergeht die Nachricht an ihn, nicht an den von ihm vertretenen Anmeldepflichtigen, und zwar auch dann, wenn dieser neben dem Antrag des Notars die Anmeldung erklärt hat[4]). Bei anderen Bevollmächtigten hat das Gericht die Wahl. Eintragungen, die von Amts wegen erfolgen, werden dem Geschäftsinhaber (der Gesellschaft) bekanntgemacht. Auf die Bekanntmachung kann nach Abs. 2 Satz 2 (formlos) verzichtet werden; mit Recht wird aber darauf hingewiesen, daß es sich entgegen § 36 Abs. 2 Satz 2 HRV im Hinblick auf § 839 Abs. 3 BGB nicht empfiehlt, auf einen Verzicht hinzu- 9

[2]) Krieger-Lenz § 130 Anm. 3.
[3]) A.M. Schlegelberger Anm. 4; Krieger-Lenz Anm. 4; Keidel Anm. 7.
[4]) KG DNotZ 1933, 372 zu § 15 GBO; Ebert-Dudek-Lindemann[2] Anm. 4; Jansen, DNotZ 1964, 708; a.M. Schlegelberger Anm. 4 b.

wirken[5]). Für die Wirksamkeit der Eintragung und der öffentlichen Bekanntmachung (§ 10 HGB) ist diese Benachrichtigung ohne Bedeutung.

10 *3. Mitteilungen an die Industrie- und Handelskammer* und, wenn ein handwerkliches Unternehmen in Betracht kommt, zusätzlich an die Handwerkskammer sind nach Maßgabe des § 37 HRV vorzunehmen. Sie sollen diese Organe in die Lage versetzen, den ihnen nach § 126 obliegenden Aufgaben nachzukommen. Vgl. dazu MiZi XXI/1 und 2.

11 *4. Weitere Mitteilungspflichten.* Gegenüber den *Steuerbehörden* besteht eine Mitteilungspflicht nach §§ 188, 189b RAO mit § 8 DVO z. KapVerkStG v. 20. 4. 1960 (BGBl. I, 243), § 2 DVO z. GrundErwStG v. 30. 3. 1940 (RGBl. I, 595); gegenüber den *Anerkennungsbehörden* (G über die Gemeinnützigkeit im Wohnungswesen v. 29. 2. 1940, § 16 RGBl. I, 438) nach Maßgabe des § 21 DVO v. 23. 7. 1940 (RGBl. I, 1021). Von Eintragungen in Att. B ist dem Statistischen Landesamt Mitteilung zu machen. Vgl. die Zusammenstellung der Mitteilungspflichten in MiZi XXI/1 und 2.

12 *5. Öffentliche Bekanntmachung.* Dem Zweck des Handelsregisters, die Rechtsverhältnisse der Unternehmen des Handelsstandes zuverlässig zu verlautbaren, entspricht es, daß das Register nicht nur unbeschränkt zur Einsichtnahme offen steht (§ 9 HGB), sondern daß die Eintragungen auch öffentlich bekanntgemacht werden. Vorschriften hierüber enthalten §§ 10, 11 HGB, §§ 32 bis 35 HRV.

13 *a)* Grundsätzlich wird die *Eintragung ihrem ganzen Inhalt nach* ohne Auslassungen oder Zusätze veröffentlicht (§ 10 Abs. 1 Satz 2 HGB), gleichgültig ob die Eintragung auf Anmeldung oder von Amts wegen vorgenommen wurde. Hiervon bestehen folgende *Ausnahmen:*

14 *α) Nicht bekanntgemacht* werden die Eintragung der Eröffnung, Einstellung und Aufhebung des Konkurses (§§ 32, 34 Abs. 5 HGB) und der Eröffnung und Aufhebung des Vergleichsverfahrens (§§ 23, 98 Abs. 3 VerglO), weil diese Vorgänge bereits vom Konkurs- und Vergleichsgericht bekanntgemacht werden. Bei Eintragungen in bezug auf Zweigniederlassungen ergeben sich Besonderheiten aus §§ 13 Abs. 4, 13a HGB, 42 Abs. 5, 43 AktG.

15 *β) Beschränkt bekanntgemacht* wird die Eintragung einer Kommanditgesellschaft. Die Kommanditisten sind nur der Zahl nach, nicht mit Name und Betrag der Einlage bekanntzumachen; entsprechendes gilt für die Erhöhung oder Herabsetzung einer Einlage (§§ 162 Abs. 2, 175 Satz 2 HGB).

16 *γ)* Ein *erweiterter Inhalt der Bekanntmachung* ist vorgesehen bei der *Aktiengesellschaft* nach AktG §§ 40, 278 Abs. 3 (Eintragung der AG und der KGaA), § 42 Abs. 4 (Eintragung einer Zweigniederlassung), § 44 Abs. 4 (Eintragung von Zweigniederlassungen ausländischer Gesellschaften), § 45 Abs. 3 (Sitzverlegung), § 52 Abs. 8 (Nachgründung), § 181 Abs. 2 Satz 2 (Satzungsänderung), § 188 (Kapitalerhöhung gegen Einlagen), § 196 (bedingte Kapitalerhöhung), § 342 (Verschmelzung durch Aufnahme), § 353 Abs. 7 (Verschmelzung durch Neubildung), § 354 (Verschmelzung von AG mit KGaA oder zweier KGaA), § 380 (Umwandlung von GmbH in AG), § 392 (Umwandlung von GmbH in KGaA), bei der *GmbH* nach GmbHG § 10 Abs. 3 (Eintragung der Gesellschaft), § 12 Abs. 2 (Eintragung einer Zweigniederlassung), § 54 Abs. 2 (Änderung des Gesellschaftsvertrages), beim Versicherungsverein a. G. nach §§ 33, 40 Abs. 2 VAG. Geschäftszweig und Lage der Geschäftsräume sind nach § 3 HRV in die Bekanntmachung mit dem Hinweis, daß eine Gewähr nicht übernommen wird, aufzunehmen, wenn entsprechende Angaben nach § 24 Abs. 2 HRV bei der Anmeldung gemacht worden sind, was durch Ordnungsstrafen nicht erzwingbar ist[6]). Auf Antrag kann bei der Löschung einer Firma, weil der Inhaber nicht Vollkaufmann ist, dieser Grund und gegebenenfalls ein Hinweis auf die Eintragung in die Handwerksrolle in der Bekanntmachung erwähnt werden (§ 35 HRV).

[5]) Baur Freiw. Gerbkt. § 5 Fn. 26; Keidel-Schmatz[2] S. 9 Fn. 6.

[6]) KGJ 29 A 213; Krieger-Lenz § 24 HRV Anm. 5; Würdinger in HGB-RGRK[2] § 29 Anm. 6.

b) Zeitpunkt, Form und Wirkung der Bekanntmachung. Die Veröffentlichung ist unverzüglich von Amts wegen zu veranlassen (§ 32 HRV). Die Beteiligten können nicht darauf verzichten, auch nicht die Hinausschiebung verlangen[7]). Der Wortlaut ist nach § 27 Satz 2 HRV vom Richter (Rechtspfleger) besonders zu verfügen, wenn er von dem der Eintragung abweicht. Der Urkundsbeamte führt die Bekanntmachung herbei (§ 28 HRV) unter Beachtung des § 33 HRV. Die Bekanntmachung gilt im Sinne des § 15 HGB erfolgt mit dem Ablauf des Tages, an welchem das letzte Bekanntmachungsblatt erschienen ist (§ 10 Abs. 2 HGB), wofür es auf den Erscheinungstag, nicht auf das etwa vordatierte Datum der Ausgabe ankommt. Besteht zwischen der Eintragung oder dem besonders verfügten erweiterten Inhalt der Bekanntmachung (Rdn. 16) und der Veröffentlichung ein wesentlicher Widerspruch, so ist die Bekanntmachung unwirksam; die einzutragende Tatsache kann einem Dritten nach § 15 HGB nicht entgegengesetzt werden, es sei denn, daß sie ihm bekannt war[8]). Vgl. auch § 15 Abs. 3 HGB i. d. F. des Art. 1 Nr. 2 KoordG v. 15. 8. 1969 (BGBl. I 1146). **17**

c) Bekanntmachungsorgane sind der *Bundesanzeiger* (G v. 17. 5. 1950, BGBl. 183, Berlin-West G v. 9. 1. 1951, VOBl. 99, 241, Saarland G v. 22. 12. 1956, ABl. 1709, Art. 9, 10) und mindestens ein weiteres, vom Gericht jährlich im Dezember zu bezeichnendes Blatt, welches nicht notwendig eine Tageszeitung sein muß. Die Auswahl und die Bestimmung der Zahl der Blätter trifft der Registerrichter nach freiem Ermessen; mehrere Richter müssen sich einigen; anderenfalls entscheidet die Kammer für Handelssachen des vorgeordneten Landgerichts. Vor der Auswahl ist die Handelskammer gutachtlich zu hören (§ 11 HRV). Die Bestimmung wird durch Aushang und Mitteilung an Handels- und Handwerkskammer bekanntgemacht (§ 11 HRV). Sie ist keine Justizverwaltungssache[9]), sondern ein Akt der Gerichtsverwaltung und deshalb weder eine nach § 19 beschwerdefähige Verfügung noch ein nach § 23 EGGVG anfechtbarer Justizverwaltungsakt. Die Beschwerde steht weder interessierten Kaufmannskreisen noch dem bei der Auswahl übergangenen Blatt noch der Handelskammer zu, mag sie auch entgegen § 11 HRV nicht gehört worden sein[10]). Die Bestimmung ist für das ganze Jahr bindend; geht ein bezeichnetes Blatt im Laufe des Jahres ein, so muß, wenn es das einzige neben dem BAnz. war, sogleich ein anderes bestimmt werden[11]). **18**

6. *Rechtsmittel.* Gegen Eintragungen findet eine Beschwerde mit dem Ziel der Löschung nicht statt. Die Löschung kann nur im Verfahren nach §§ 142, 143, 144 verfolgt werden[12]). Vgl. dazu näher § 19 Rdn. 16, § 142 Rdn. 25. **19**

131 Die Vorschrift betraf Eintragungen in bezug auf Zweigniederlassungen und ist durch die 1. DVO zum AktG v. 29. 9. 37 (RGBl. I 1026) § 38 aufgehoben worden. Statt dessen gelten die §§ 13, 13a HGB, §§ 42, 43 AktG, § 12 GmbHG. **1**

Ordnungsstrafverfahren wegen Unterlassungen. §§ 132 bis 139

1. Einleitung des Verfahrens

132 Sobald das Registergericht von einem sein Einschreiten nach § 14 des Handelsgesetzbuchs, §§ 407, 408 des Aktiengesetzes, § 28 Abs. 3 des Einführungsgesetzes zum Aktiengesetz oder § 21 des Gesetzes über die Rechnungslegung von bestimmten Unternehmen und Konzernen vom 15. August 1969 (Bundesgesetzbl. I S. 1189) rechtfertigenden Sachverhalt glaubhafte Kenntnis erhält, hat es dem Beteiligten unter Androhung einer Ordnungsstrafe aufzugeben, innerhalb einer bestimmten Frist seiner gesetzlichen Verpflichtung nachzukommen oder die Unterlassung mittels Einspruchs gegen die Verfügung zu rechtfertigen.

Die Beschwerde gegen diese Verfügung ist unzulässig.

7) Würdinger in HGB-RGRK² § 10 Anm. 6.
8) Krieger-Lenz § 10 HGB Anm. 3; Würdinger aaO. § 10 Anm. 3.
9) RGZ 58, 434; 140, 428; Baumbach-Duden¹⁷ § 11 Anm. C.
10) BayObLG KGJ 31 A 367 = RJA 7, 37; KG JFG 17, 174; a.M. für IuHK bei unterbliebener Anhörung Würdinger § 11 Anm. 2.
11) Schlegelberger § 125 Anm. 4; Baumbach-Duden HGB¹⁷ § 11 Anm. C.
12) KGJ 41, 102; Hamm OLGZ 1966, 599; 1967, 471.

Abs. 1 i. d. F. des § 22 Abs. 2 Nr. 1 des G über die Rechnungslegung von bestimmten Unternehmen und Konzernen vom 15. 8. 1969 (BGBl. I 1189), in Kraft getreten am 21. 8. 1969.

A. Allgemeines

1 Das Verfahren nach den §§ 132 bis 139 FGG dient dazu, denjenigen, dem das Gesetz die Verpflichtung auferlegt, eine Anmeldung, eine Zeichnung der Unterschrift oder der Firma, eine Einreichung von Schriftstücken zum Handelsregister oder eine sonstige, gesetzlich erzwingbare Handlung oder Unterlassung vorzunehmen, zur Erfüllung dieser Pflicht anzuhalten. In dem Verfahren werden mithin nicht Streitigkeiten privatrechtlicher Art ausgetragen, sondern es handelt sich um ein dem öffentlichen Interesse dienendes Verfahren, um Verpflichtungen öffentlichrechtlicher Art zu erzwingen und in welchem die Gerichte materiell Verwaltungsgerichtsbarkeit ausüben[1]). Das Mittel dazu ist die Androhnung und Festsetzung von Ordnungsstrafen in Geld; die Anwendung unmitelbaren Zwangs oder die Verhängung von Haftstrafen ist nicht zulässig. Die Ordnungsstrafe ist keine Sühne für begangenen Ungehorsam, sondern ein Zwangsmittel zur Beugung des Willens der Beteiligten, also Beugestrafe[2]). Immerhin ist aber auch die Ordnungsstrafe dadurch gekennzeichnet, daß ihr Ziel, die Beugung des Willens, mit dem Mittel der Vergeltung für rechtlich verbotenes Verhalten erstrebt wird. Die Festsetzung der Strafe setzt daher außer der Rechtswidrigkeit des Verhaltens voraus, daß dem Betroffenen ein Schuldvorwurf mindestens im Schuldgrad der Fahrlässigkeit gemacht werden kann; das Rechtsstaatsprinzip erfordert, daß strafähnliche Sanktionen auch nichtkriminellen Unrechts, wie Ordnungsstrafen, nicht ohne Verschulden verhängt werden[2a]).

B. Bedeutung

2 Die Vorschriften der §§ 132 bis 139 stellen sich als verfahrensrechtliche Ergänzungen zu den §§ 14 HGB, 407, 408 AktG und 28 Abs. 3 EGAktG dar. Nach § 16 VAG findet § 14 HGB auch auf Versicherungsvereine a. G. Anwendung. Das Verfahren nach §§ 132 bis 139 ist ferner anwendbar nach § 140 beim Einschreiten gegen unbefugten Firmengebrauch (§ 37 Abs. 1 HGB), nach § 159 FGG zur Erzwingung der in § 78 BGB angeführten Verpflichtungen der Vorstandsmitglieder und Liquidatoren eines eingetragenen Vereins, nach § 160 Abs. 2 GenG gegen Vorsteher und Abwickler einer eingetragenen Genossenschaft (vgl. § 147 Rdn. 9) und nach § 19 Abs. 2 SchiffsRegO. Dagegen werden Anmeldungen zum Güterrechtsregister (§ 161) und zum Musterregister (§ 125 Anm. 7) nicht erzwungen, sondern stehen im Belieben der Beteiligten.

C. Anwendungsbereich

3 Auf dem Gebiet des Handelsregisters sind durch Ordnungsstrafen erzwingbar:

I. Anmeldungen:

4 1. *allgemein* ohne Rücksicht auf die Rechtsform des Unternehmens

a) Errichtung und Aufhebung einer Zweigniederlassung, Änderung von Tatsachen, die die Hauptniederlassung oder die Zweigniederlassung betreffen (§§ 13 bis 13c HGB, § 16 VAG, §§ 42 bis 44 AktG, § 12 GmbHG).

b) Erteilung und Erlöschen der Prokura (§ 53 HGB).

5 2. bei *Einzelkaufleuten*

a) Firma und Ort der Handelsniederlassung (§ 29 HGB).

[1]) KGJ 31 A 201 = RJA 6, 195; 37 A 183; KG NJW 1959, 1829 = Rpfleger 1959, 221; Josef[2] Anm. 2.

[2]) KGJ 40, 83; 41, 36; 48, 117; Josef[2] § 133 Anm. 2 a; Unger ZZP 36, 9 Fn. 21; Keidel § 133 Anm. 3.

[2a]) BVerfGE 20, 323 = NJW 1967, 195.

b) Änderung der Firma, Wechsel in der Person des Geschäftsinhabers, Verlegung der Handelsniederlassung (§ 31 Abs. 1 HGB).

c) Erlöschen der Firma (§ 31 Abs. 2 HGB).

3. bei *juristischen Personen des § 33 HGB* **6**

a) Firma, Sitz, Gegenstand des Unternehmens, Mitglieder des Vorstandes und Vertretungsmacht, Zeitdauer (§ 33 HGB).

b) Änderungen dieser Tatsachen § 34 HGB).

c) Auflösung der juristischen Person (außer durch Konkurs) und Bestellung der Liquidatoren (§ 34 HGB).

d) Erlöschen der Firma bei Aufgabe des Geschäftsbetriebes der fortbestehenden jur. Person (§ 31 Abs. 2 HGB)[3]).

Nicht anmeldepflichtig sind nach § 36 HGB Unternehmen des Bundes, eines Landes oder **7** eines inländischen Kommunalverbandes ohne eigene Rechtspersönlichkeit[4]). Sind sie eingetragen, so kann die Gebietskörperschaft sie auch bei Fortbestand des Handelsgeschäfts jederzeit löschen lassen[5]). Solange sie aber eingetragen sind, besteht eine Anmeldepflicht bei Änderung der eingetragenen Tatsachen. Jedoch kann die Erfüllung der Pflicht nicht nach § 132 erzwungen werden; es ist nur Dienstaufsichtsbeschwerde gegeben[6]).

4. bei der *offenen Handelsgesellschaft* und der *Kommanditgesellschaft* **8**

a) Errichtung der Gesellschaft (§§ 106, 161 Abs. 2, 162 HGB).

b) Bestimmungen über die Vertretungsmacht der persönlich haftenden Gesellschafter (§§ 125 126 Abs. 3, 161 Abs. 2 HGB).

c) Änderung der Firma, des Sitzes der Gesellschaft, Eintritt und Ausscheiden von Gesellschaftern (§§ 107, 143 Abs. 2, 161 Abs. 2, 162 HGB). Bei Erhöhung oder Herabsetzung einer Kommanditeinlage besteht ausnahmsweise keine Anmeldepflicht (§ 175 HGB).

d) Auflösung der Gesellschaft außer durch Konkurs und Bestellung der Abwickler (§§ 143 Abs. 1, 148, 161 Abs. 2 HGB).

e) Erlöschen der Firma (§ 157 HGB).

f) Fortsetzung der Gesellschaft nach Auflösung durch Konkurs (§§ 144 Abs. 2, 161 Abs. 2 HGB).

5. bei der *Gesellschaft mit beschränkter Haftung* **9**

a) Änderung in den Personen der Geschäftsführer und Beendigung der Vertretungsbefugnis (§ 39 GmbHG).

b) Auflösung der Gesellschaft außer durch Konkurs und Bestellung der Abwickler (§§ 65 Abs. 1, 67, 68 GmbHG).

c) Fortsetzung der Gesellschaft nach Auflösung durch Konkurs (§§ 65 Abs. 1 Satz 2, 60 Abs. 1 Nr. 4 GmbHG).

d) Schluß der Liquidation (§ 273 Abs. 1 AktG entsprechend).

6. bei der *Aktiengesellschaft* und der *Kommanditgesellschaft auf Aktien* **10**

a) Änderung des Vorstandes oder der Vertretungsbefugnis, Anordnungen des Aufsichtsrats nach § 78 Abs. 3 Satz 2 AktG, Eintritt und Ausscheiden persönlich haftender Gesellschafter (§§ 81, 94, 278 Abs. 3, 283 Nr. 1, 289 Abs. 6 AktG).

[3]) KG JW 1936, 1542.

[4]) Nach RGZ 166, 334 = JFG 22, 236 auch anwendbar auf mit der Gebietskörperschaft eng verbundene Anstalten mit Rechtspersönlichkeit, wie Sparkassen.

[5]) RGZ 152, 307.

[6]) Krieger-Lenz § 132 Anm. 2 A 6; Würdinger in HGB-RGRK² § 36 Anm. 11, str.

b) Ausgabe von Bezugsaktien bei bedingter Kapitalerhöhung (§ 201 AktG). Dagegen kann die Anmeldung des Beschlusses über die bedingte Kapitalerhöhung ebenso wie die Anmeldung des Beschlusses über die gewöhnliche Kapitalerhöhung und deren Durchführung und die Kapitalerhöhung aus Gesellschaftsmitteln nicht erzwungen werden (§§ 407 Abs. 2, 184, 188, 195, 210 AktG).

c) Durchführung der ordentlichen oder vereinfachten oder durch Einziehung von Aktien bewirkten Kapitalherabsetzung (§§ 227, 229 Abs. 3, 239 AktG). Dagegen kann die Anmeldung von Beschlüssen über die Kapitalherabsetzung nicht erzwungen werden (§§ 407 Abs. 2, 223, 229 Abs. 3, 237 Abs. 4 AktG).

d) Beendigung eines Unternehmensvertrages, Grund und Zeitpunkt der Beendigung (§ 298 AktG).

e) Ende der Eingliederung der Gesellschaft in eine andere AG, sein Grund und sein Zeitpunkt (§ 327 Abs. 3 AktG).

f) Auflösung der Gesellschaft außer durch Konkurs oder Konkursablehnung mangels Masse, Bestellung der Abwickler (§§ 263, 289 Abs. 6, 266).

g) Schluß der Abwicklung (§ 273 AktG).

11 *7.* bei *Versicherungsvereinen auf Gegenseitigkeit*

a) Verein, Sitz, Versicherungszweige, Höhe des Grundstocks, Mitglieder des Vorstandes (§§ 30 bis 32 VAG).

b) Änderungen des Vorstandes und der Vertretungsbefugnis (§ 34 VAG i. d. F. des § 37 Abs. 1 Nr. 3 EGAktG).

c) Änderungen der Satzung (§ 40 VAG).

d) Auflösung des Vereins außer durch Konkurs und Bestellung der Abwickler (§§ 45, 47 Abs. 3 VAG i. d. F. des § 37 Abs. 1 Nr. 6 EGAktG mit § 266 AktG).

e) Schluß der Abwicklung (§ 47 Abs. 3 VAG mit § 273 AktG).

f) Fortsetzung des Vereins nach Auflösung (§ 49 VAG).

12 **II. Zeichnungen der Firma und (oder) der Namensunterschrift:**

1. durch den Einzelkaufmann (§ 29 HGB);

2. durch die Vorstandsmitglieder einer juristischen Person (§ 35 HGB);

3. durch die vertretungsberechtigten persönlich haftenden Gesellschafter einer OHG oder KG (§§ 108 Abs. 2, 161 Abs. 2 HGB);

4. durch die Geschäftsführer der GmbH (§§ 8 Abs. 3, 39 Abs. 3 GmbHG);

5. durch die Vorstandsmitglieder der Aktiengesellschaft und die persönlich haftenden Gesellschafter der KGaA (§§ 37 Abs. 3, 42 Abs. 2, 44 Abs. 5, 81 Abs. 3, 94, 283 Nr. 1 AktG);

6. durch die Vorstandsmitglieder des Versicherungsvereins a. G. (§§ 31 Abs. 2, 34 VAG);

7. durch die Abwickler (Liquidatoren) (§§ 35, 148 Abs. 3 HGB, 67 Abs. 4 GmbHG, 266 Abs. 4 AktG, § 47 Abs. 3 VAG mit § 266 Abs. 4 AktG);

8. durch die Prokuristen (§§ 53 Abs. 2, 13 Abs. 2, 13a Abs. 5, 13b Abs. 3 HGB, §§ 42 Abs. 2, 43 Abs. 5, 44 Abs. 5 AktG).

13 Wegen Art und Form der Zeichnungen vgl. § 128 Anm. D.

14 **III. Einreichung von Schriftstücken**

kann nur in den gesetzlich bestimmten Fällen verlangt werden. Bei Einzelkaufleuten, juristischen Personen der §§ 33, 36 HGB, der OHG und der KG ist sie nicht vorgesehen. Eine nach § 14 HGB erzwingbare Einreichungspflicht besteht für folgende Urkunden:

15 *1.* bei *der Gesellschaft mit beschränkter Haftung*

a) Liste der Gesellschafter (§ 40 GmbHG);

b) Bekanntmachung der Bilanz, wenn Gegenstand des Unternehmens der Betrieb von Bankgeschäften ist (§ 41 Abs. 4 GmbHG);

c) Urteil, durch welches die Gesellschaft rechtskräftig für nichtig erklärt wird (§ 75 Abs. 2 GmbHG mit § 275 Abs. 4 AktG);

d) Bekanntmachung über einen Wechsel der Aufsichtsratsmitglieder, wenn ein Aufsichtsrat nach dem Gesellschaftsvertrag zu bestellen und in diesem nichts anderes bestimmt ist (§ 52 GmbHG i. d. F. des § 32 EGAktG) oder wenn der Aufsichtsrat nach § 77 Abs. 1 BetrVerfG, § 3 des G über Kapitalanlagegesellschaften v. 16. 4. 1957 (BGBl. I, 378) i. d. F. des § 34 Abs. 1 Nr. 1 EGAktG und der Bek. v. 14. 1. 1970 (BGBl. I 128) obligatorisch ist[7]).

2. bei der *Aktiengesellschaft und der Kommanditgesellschaft auf Aktien* 16

a) rechtskräftige gerichtliche Entscheidungen über die Zusammensetzung des Aufsichtsrats (§§ 99 Abs. 5, 363, 366 Abs. 3, 370, 377, 384 Abs. 6, 386 Abs. 6, 389 Abs. 5, 393 Abs. 3 AktG); anwendbar auch auf gerichtliche Entscheidungen nach §§ 132, 260, 306, 320 Abs. 6 AktG;

b) Bekanntmachung über einen Wechsel der Aufsichtsratsmitglieder (§ 106 AktG);

c) öffentlich beglaubigte Abschrift der Niederschrift über die Hauptversammlung (§ 130 Abs. 5 AktG);

d) Prüfungsbericht von Sonderprüfern (§ 145 Abs. 4 AktG);

e) Jahresabschluß mit Bestätigungsvermerk, Geschäftsbericht nebst Bericht des Aufsichtsrats (§§ 177 Abs. 1, 270 Abs. 2 AktG);

f) Bekanntmachung des Jahresabschlusses (§ 177 Abs. 2 AktG);

g) Urteile, durch welche auf Nichtigkeitsfeststellungs- oder Anfechtungsklage rechtskräftig für nichtig erklärt werden ein Hauptversammlungsbeschluß (§§ 248, 249 AktG), die Wahl eines Aufsichtsratsmitglieds (§§ 250 Abs. 3, 251 Abs. 3, 248 Satz 2 AktG), ein Beschluß über die Verwendung des Bilanzgewinns (§§ 253 Abs. 2, 254 Abs. 2, 248 AktG), ein Beschluß über eine Kapitalerhöhung gegen Einlagen (§§ 255 Abs. 3, 248 AktG) oder der festgestellte Jahresabschluß (§§ 256 Abs. 7, 257 Abs. 2, 249, 248 Satz 2 AktG);

h) beglaubigte Abschrift der Klage auf Nichtigerklärung der Gesellschaft und Ausfertigung des auf die Klage ergehenden rechtskräftigen Urteils, gleichgültig, wie es ausfällt (§ 275 Abs. 4 AktG);

i) Konzernabschluß und Konzerngeschäftsbericht sowie deren Bekanntmachung zum Register der eingegliederten Gesellschaft (§ 325 Abs. 2 AktG), entsprechend zum Register der Obergesellschaft (§ 338 AktG).

3. beim *Versicherungsverein auf Gegenseitigkeit* sind die vorstehend zu C III 2 a) bis g) genannten Schriftstücke einzureichen mit der Maßgabe, daß an die Stelle der Hauptversammlung die oberste Vertretung tritt (§§ 35 Abs. 3, 36, 36a Abs. 1, 47 Abs. 3 VAG). 17

4. Das *Registergericht* hat die Ordnungsmäßigkeit der eingereichten Schriftstücke zu prüfen (wegen der Prüfung der Liste der Gesellschafter vgl. § 125 Rdn. 22 Fn. 51). Die Prüfung des Jahresabschlusses ist in § 177 Abs. 3 AktG, §§ 36a Abs. 1, 47 Abs. 3 Nr. 1 VAG, die des Konzernabschlusses in §§ 325 Abs. 3, 338 Abs. 3 AktG besonders geregelt[8]). Danach hat sich die Prüfung außer auf die Ordnungsmäßigkeit und Vollständigkeit des Jahresabschlusses (§ 177 Abs. 1) und der Bekanntmachung (§ 178 Abs. 1) nicht darauf zu erstrecken, ob der Jahresabschluß und der Geschäftsbericht den Bestimmungen des Gesetzes und der Satzung entsprechen, sofern der Jahresabschluß nicht offensichtlich nichtig ist; hierfür kann vor allem eine unschwer feststellbare Verletzung der §§ 162 Abs. 1 und 3, 173 Abs. 3, 234 Abs. 3, 18

[7]) Vgl. dazu KG GmbHRdsch. 1963, 167; Quecke, GmbHRdsch. 1958, 117; Olbrich, GmbHRdsch. 1963, 165.

[8]) Vgl. dazu Godin-Wilhelmi AktG³ § 177 Anm. 4, § 325 Anm. 4, § 338 Anm.; Kropff, Rpfleger 1966, 33, 40 ff.; Geßler, Rpfleger 1966, 1 ff. zu VI, VIII.

235 Abs. 2, 256 Abs. 1 Nrn. 2, 3, Abs. 3 Nrn. 2, 3 in Betracht kommen. Die Nichtigkeit eines Jahresabschlusses ist offensichtlich, wenn sie sich ohne weitere Nachforschungen aus den eingereichten Unterlagen selbst tatsächlich und rechtlich zweifelsfrei feststellen läßt.

IV. Die Vornahme sonstiger Handlungen

19 die mit der Führung des Registers nicht unmittelbar in Verbindung stehen, ist (außer nach § 21 RechnungslG, vgl. nachst. zu V) nur bei der AG, der KGaA, der GmbH und Gesellschaften in Konzernen in der Rechtsform der GmbH oder der bergrechtlichen Gewerkschaft unter Ordnungsstrafzwang gestellt (§§ 407 Abs. 1, 408 AktG, § 28 Abs. 3 EGAktG, § 79 Abs. 1 GmbHG i. d. F. des Art. 3 Nr. 13 des G vom 15. 8. 1969, BGBl. I 1146). Erzwungen werden kann die Erfüllung bestimmter Pflichten des Vorstandes der AG, der persönlich haftenden Gesellschafter der KGaA, der gesetzlichen Vertreter einer GmbH oder bergrechtlichen Gewerkschaft und der Abwickler dieser Gesellschaften. Im einzelnen bestehen folgende *erzwingbare Pflichten:*

20 *1.* Auslegung des Nachgründungsvertrages zur Einsicht der Aktionäre und Erteilung von Abschriften (§ 52 Abs. 2, 3 AktG);

21 *2.* Anzeige der Aushändigung oder Hinterlegung neuer Aktien an Stelle für kraftlos erklärter (§ 73 Abs. 3 AktG); ebenso beim Umtausch von Aktien nach Verschmelzung (§ 346 Abs. 7 AktG);

22 *3.* Angabe der Namen der Vorstandsmitglieder oder Abwickler und des Aufsichtsratsvorsitzenden sowie des Sitzes der Gesellschaft auf Geschäftsbriefen (§§ 80, 268 Abs. 4 AktG);

23 *4.* Berichtspflicht des Vorstandes gegenüber dem Aufsichtsrat (§ 90 AktG);

24 *5.* Antrag auf Ergänzung des Aufsichtsrats bei Beschlußunfähigkeit (§ 104 Abs. 1 AktG); vgl. § 145 Anm. B 16;

25 *6.* Gestattung der Prüfung der Bücher, Schriften und Vermögensgegenstände durch den Aufsichtsrat (§ 111 Abs. 2 AktG), Abschlußprüfer (§§ 165, 313 Abs. 1 Satz 2) oder Konzernabschlußprüfer (§ 326 Abs. 4 AktG);

26 *7.* Pflichten des Vorstandes gegenüber Sonderprüfern, Aktionären und Aufsichtsrat aus Anlaß einer Sonderprüfung (§ 145 AktG);

27 *8.* Aufstellung des Jahresabschlusses und des Geschäftsberichts in den ersten drei Monaten des Geschäftsjahrs und Vorlegung an die Abschlußprüfer (§ 148 AktG);

28 *9.* Angaben auf Geschäftsbriefen nach Maßgabe der §§ 80, 268 Abs. 4 AktG, §§ 35a, 71 Abs. 3 GmbHG i. d. F. des Art. 2 Nr. 7 und 17 und des Art. 3 Nr. 3 und 10 des G zur Durchführung der Ersten Richtlinie des Rates der Europäischen Gemeinschaften zur Koordinierung des Gesellschaftsrechts vom 15. 8. 1969 (BGBl. I 1146);

29 *10.* Erteilung des Prüfungsauftrags an die gewählten Abschlußprüfer oder Antrag auf ihre Bestellung durch das Gericht oder auf Widerruf der Bestellung; Vorlegung des Prüfungsberichts an den Aufsichtsrat (§ 163 Abs. 1, 3, 5 AktG); bei Abwicklung vgl. § 270 Abs. 3 Satz 3 AktG;

30 *11.* Vorlegung des Jahresabschlusses, des Geschäftsberichts und des Prüfungsberichts der Abschlußprüfer an den Aufsichtsrat mit Vorschlag über die Verwendung des Bilanzgewinns (§ 170 AktG);

31 *12.* Setzung einer Nachfrist für den Aufsichtsrat zur Vorlegung seines Berichts über die Prüfung des Jahresabschlusses oder der Eröffnungsbilanz (§§ 171 Abs. 3, 270 Abs. 2 AktG);

32 *13.* Einberufung der Hauptversammlung zur Entgegennahme des festgestellten Jahresabschlusses oder zur Feststellung des Jahresabschlusses oder der Eröffnungsbilanz sowie Auslegung der Vorlagen zur Einsicht und Erteilung von Abschriften davon (§§ 175, 270 Abs. 2 AktG);

33 *14.* Aufforderung an die Aktionäre und deren Bekanntmachung, nach einer Kapitalerhöhung aus Gesellschaftsmitteln die neuen Aktien abzuholen (§ 214 Abs. 1 AktG);

15. Bekanntmachung der Erhebung der Klage auf Anfechtung oder Feststellung der Nichtigkeit eines Hauptversammlungsbeschlusses oder des festgestellten Jahresabschlusses und des Termins zur mündlichen Verhandlung in den Gesellschaftsblättern (§§ 246 Abs. 4, 249, 250 Abs. 3, 251 Abs. 3, 253 Abs. 3, 254 Abs. 2, 255 Abs. 3, 256 Abs. 7, 257 Abs. 2 AktG); **34**

16. Bekanntmachung der abschließenden Feststellungen der Sonderprüfer über unzulässige Unterbewertung oder Mängel des Geschäftsberichts (§ 259 Abs. 5 AktG); **35**

17. Aufstellung der Eröffnungsbilanz und des Jahresabschlusses nebst Bericht durch die Abwickler (§ 270 Abs. 1 AktG); **36**

18. Hinterlegung der Bücher und Schriften der Gesellschaft nach Beendigung der Abwicklung an einem vom Gericht bestimmten Ort (§ 273 Abs. 2 AktG); vgl. § 145 Anm. B 24; **37**

19. Auslegung eines Unternehmensvertrages oder seiner Änderung zur Einsicht der Aktionäre und Erteilung von Abschriften davon (§§ 293 Abs. 3 Satz 2, 3, 295 Abs. 1 AktG); **38**

20. Bekanntmachung der rechtskräftigen Entscheidung über die Bestimmung des angemessenen Ausgleichs oder der Abfindung für außenstehende Aktionäre bei Beherrschungs- und Gewinnabführungsverträgen, Eingliederung und Umwandlung (§§ 306 Abs. 6, 320 Abs. 6, 375 Abs. 2 AktG); **39**

21. Aufstellung eines Berichts über Beziehungen zu verbundenen Unternehmen, Vorlegung an die Abschlußprüfer, Gestattung der Prüfung der Bücher und Schriften durch die Abschlußprüfer, Vorlegung des Berichts und des Prüfungsberichts an den Aufsichtsrat (§§ 312 Abs. 1, 313 Abs. 1, 165, 314 Abs. 1 AktG); **40**

22. Aufstellung von Konzernabschlüssen und Konzerngeschäftsberichten durch den Vorstand der Obergesellschaft (§ 329), von Teilkonzernabschlüssen und Teilkonzerngeschäftsberichten durch den Vorstand der AG oder KGaA, die der Konzernleitung am nächsten steht, wenn diese nicht die Rechtsform einer AG oder KGaA hat (§ 330); Vorlegungspflichten gegenüber Konzernabschlußprüfern und Aufsichtsrat der Obergesellschaft (§§ 336 Abs. 4, 337 Abs. 1 AktG). Dieselben Pflichten haben nach § 28 Abs. 3 EGAktG gesetzliche Vertreter oder Abwickler einer GmbH oder bergrechtlichen Gewerkschaft, welche die Stellung einer Obergesellschaft über eine AG oder KGaA hat oder über welche eine nach den Vorschriften des Aktiengesetzes zur Rechnungslegung nicht verpflichtete Konzernleitung andere Konzernunternehmen in der Rechtsform der AG oder KGaA beherrscht[8a]). **41**

23. Auslegung von Verträgen über Verschmelzung oder Vermögensübertragung zur Einsicht der Aktionäre und Erteilung von Abschriften (§§ 340 Abs. 3 Satz 1, 2, 353 Abs. 1, 354 Abs. 2, 355 Abs. 2, 356 Abs. 2, 357 Abs. 2, 358 Abs. 2, 359 Abs. 2, 360 Abs. 2, 361 Abs. 2 Satz 1, 2 AktG). **42**

V. Erzwingbare Verpflichtungen von rechnungslegungspflichtigen Unternehmen und Konzernen

Nach dem Gesetz über die Rechnungslegung von bestimmten Unternehmen und Konzernen vom 15. 8. 1969 (BGBl. I 1189) — RechnungslG — haben Unternehmen, die in der in § 3 des Gesetzes näher bestimmten Rechtsform bestehen, sowie Konzernleitungen und Teilkonzernleitungen, wenn sie nach Bilanzsumme, Umsatz oder Zahl der beschäftigten Arbeitnehmer gewisse Voraussetzungen erfüllen (§§ 1, 11), nach den Vorschriften dieses Gesetzes Rechnung zu legen. Zur Sicherung dieser Rechnungslegungspflicht werden den bezeichneten Unternehmen in dem Gesetz eine Reihe von Verpflichtungen auferlegt, zu deren Erfüllung die gesetzlichen Vertreter (§ 4 Abs. 1 Satz 1) oder Abwickler eines Unternehmens (Konzernleitung, Teilkonzernleitung), beim Einzelkaufmann der Inhaber oder dessen gesetzlicher Vertreter, nach § 21 RechnungslG vom Registergericht, unbeschadet des § 14 HGB, durch Ordnungsstrafen, deren Betrag im Einzelfall 10 000 DM nicht übersteigen darf, anzuhalten sind. Die Vorschriften, deren Befolgung auf diese Weise erzwungen werden kann, sind in § 21 RechnungslG aufgezählt; es sind dies: **43**

[8a]) Vgl. Geßler, Rpfleger 1966, 1 ff. zu VIII; Kropff, Rpfleger 1966, 33, 43 f.

1. § 2 Abs. 2 Satz 3, § 12 Abs. 2 Satz 3 über die Einreichung von Erklärungen an die Aufsichtsbehörde.

2. § 2 Abs. 3 Satz 4, § 12 Abs. 3 Satz 3 in Verbindung mit § 145 Abs. 1 bis 3 des Aktiengesetzes über die Pflichten gegenüber Prüfern.

3. § 2 Abs. 3 Satz 7, § 12 Abs. 3 Satz 3 über die Einreichung des Berichts an die Aufsichtsbehörde,

4. § 2 Abs. 3 Satz 8, § 12 Abs. 3 Satz 3 über die Erteilung von Abschriften des Prüfungsberichts,

5. § 5 Abs. 1, § 13 Abs. 1 über die Aufstellung von Jahresabschluß und Geschäftsbericht, Konzernabschluß oder Teilkonzernabschluß und Konzerngeschäftsbericht oder Teilkonzerngeschäftsbericht,

6. § 6 Abs. 1 Satz 4, § 14 Abs. 1 Satz 2 in Verbindung mit §§ 165, 336 Abs. 4 des Aktiengesetzes über die Pflichten gegenüber Abschlußprüfern und Konzernabschlußprüfern,

7. § 6 Abs. 3 Satz 2 und 3, § 14 Abs. 1 Satz 5 über die Bestellung der Abschlußprüfer oder Konzernabschlußprüfer,

8. § 6 Abs. 3 Satz 4, § 14 Abs. 1 Satz 5 in Verbindung mit § 163 Abs. 1 Satz 3 des Aktiengesetzes über die unverzügliche Erteilung des Prüfungsauftrags,

9. § 6 Abs. 5 Satz 2, § 14 Abs. 1 Satz 5 in Verbindung mit § 163 Abs. 3 Satz 3 des Aktiengesetzes über die Pflicht, den Antrag auf gerichtliche Bestellung von Abschlußprüfern oder Konzernabschlußprüfern zu stellen,

10. § 6 Abs. 7, § 14 Abs. 1 Satz 5 in Verbindung mit § 163 Abs. 5 Satz 7 bis 9 des Aktiengesetzes über die Vorlage des Berichts über das Ergebnis der bisherigen Prüfung und das Recht der Aufsichtsratsmitglieder auf Kenntnisnahme und Aushändigung,

11. § 7 Satz 1, § 14 Abs. 3 Satz 1 über die Vorlagen an den Aufsichtsrat,

12. § 7 Satz 3 in Verbindung mit § 170 Abs. 3 des Aktiengesetzes, § 14 Abs. 3 Satz 2 und 3 über das Recht der Aufsichtsratsmitglieder auf Kenntnisnahme und Aushändigung der Vorlagen,

13. § 7 Satz 3 in Verbindung mit § 171 Abs. 3 Satz 2 des Aktiengesetzes über das Setzen einer Frist für den Aufsichtsrat,

14. § 8 Abs. 1 über die Vorlage des Jahresabschlusses an die für die Feststellung zuständige Stelle und über die Einberufung dieser Stelle,

15. § 10 Abs. 1 bis 3, § 15 Abs. 2 über die Bekanntmachung des Jahresabschlusses, Konzernabschlusses oder Teilkonzernabschlusses im Bundesanzeiger.

44 Soweit das Gesetz die Verpflichtung auferlegt, Schriftstücke zum Handelsregister einzureichen (§§ 9, 15) gilt für deren Erzwingung § 14 HGB unmittelbar, und zwar nach §§ 9 Abs. 1 Satz 4, 15 Abs. 1 Satz 5 auch gegenüber Unternehmen, die nicht in das Handelsregister eingetragen sind. Ist die Konzernleitung eine Genossenschaft, so tritt an die Stelle des Handelsregisters das Genossenschaftsregister (§ 15 Abs. 1 Satz 4). Für den Umfang der Prüfungspflicht des Registerrechts gegenüber den eingereichten Jahresabschlüssen, Konzernabschlüssen und Teilkonzernabschlüssen gelten gemäß §§ 9 Abs. 3, 15 Abs. 3 RechnungslG die oben bei Rdn. 18 dargelegten Grundsätze des § 338 Abs. 3 AktG.

D. Enumerationsgrundsatz

45 Nur in den gesetzlich bestimmten Fällen (Anm. C) darf das besondere registergerichtliche Ordnungsstrafverfahren angewendet werden. Eine allgemeine Ermächtigung, über Kaufleute und Handelsgesellschaften eine Aufsicht auszuüben, ist dem Registergericht nicht erteilt. Seine rechtspolizeilichen Befugnisse sind durch das Gesetz genau begrenzt; eine ausdehnende Auslegung ist unzulässig[9]). Die durch §§ 407 Abs. 1, 408 AktG, § 28 Abs. 3 EGAktG, § 21

[9]) KGJ 46, 161 = RJA 14, 149; BayObLGZ 1967, 240.

RechnungslG, § 79 Abs. 1 GmbHG begründete Erzwingbarkeit von Handlungen stellt sich als eine Erweiterung des § 14 HGB dar, während §§ 407 Abs. 2, 408 AktG, § 79 Abs. 2 GmbHG, soweit dort bestimmt ist, daß gewisse Anmeldungen nicht durch Ordnungsstrafen erzwungen werden, eine Einschränkung des § 14 HGB enthalten. Diesen Einschränkungen ist gemeinsam, daß es sich durchweg um Vorgänge handelt, bei welchen die Eintragung in das Handelsregister rechtsbegründend oder rechtsändernd (konstitutiv) ist. Das Gesetz will dem Gericht nicht die Möglichkeit geben, die Errichtung von Gesellschaften oder eine Veränderung der Verhältnisse der Gesellschaft durch sein Einschreiten herbeizuführen; unterläßt der Vorstand pflichtwidrig die Anmeldung, so ist es Sache der Gesellschaft, durch ihre Organe mit gesellschaftsrechtlichen Mitteln ihrem Willen gegenüber dem Vorstand Geltung zu verschaffen. Auch in diesen Fällen kann eine Ordnungsstrafe festgesetzt werden, wenn die Anmeldung vorliegt, aber nicht in der der Zahl der Zweigniederlassungen entsprechenden Stückzahl (§ 407 Abs. 2 Satz 2 AktG). Werden gesetzlich erforderliche Beilagen einer konstitutiven Anmeldung nicht vorgelegt (z. B. § 37 Abs. 3 AktG), so ist die Anmeldung nach Zwischenverfügung (§ 128 Rdn. 31) zurückzuweisen; ist gleichwohl eingetragen, so darf das Registergericht die Einreichung der fehlenden Nachweise durch Ordnungsstrafen erzwingen[10]). Das gilt mithin bei der Anmeldung von Satzungsänderungen auch für die Beifügung des vollständigen Wortlauts der Satzung nebst notarieller Bescheinigung nach § 181 Abs. 1 Satz 2 AktG n. F. und § 54 Abs. 1 Satz 2 GmbHG n. F. (G vom 15. 8. 1969, BGBl. I 1146). Wenn aber eine Anmeldepflicht besteht, darf die Eintragung nicht von der Erfüllung von Nebenerfordernissen, wie Zeichnungen und Einreichungen abhängig gemacht werden; jede Pflicht ist besonders erzwingbar[10a]). Ausnahmsweise können die rechtsändernden Eintragungen nach §§ 40 Abs. 3, 49 Abs. 4 VAG gemäß §§ 16 VAG, 14 HGB erzwungen werden (ebenso beim Verein nach §§ 78, 71 BGB). Die Pflichten des Vorstandes nach § 92 AktG bei Verlust, Überschuldung oder Zahlungsunfähigkeit können nicht erzwungen werden; das Gesetz begnügt sich mit der zivil- und strafrechtlichen Sanktion (§§ 93, 401 AktG). Der Aufsichtsrat kann vom Registerrecht nicht zur Einberufung einer Hauptversammlung nach § 111 Abs. 3 AktG oder zu anderen Maßnahmen angehalten werden[11]). Die Gesellschafter einer GmbH können nicht durch Ordnungsstrafen zur Bestellung eines Geschäftsführers genötigt werden[12]). Der Gesellschafter einer OHG kann nicht zur Anmeldung einer Verlegung seines Wohnorts[13]), der Geschäftsinhaber nicht zur Berichtigung einer unzutreffenden Berufsbezeichnung angehalten werden[14]). Bei der Aussetzung nach § 127 Satz 2 kann die Klageerhebung nicht erzwungen werden (§ 127 Rdn. 11). Eine OHG, die trotz Vorliegens eines kleingewerblichen Betriebes zu Unrecht eingetragen worden ist, kann nicht nach § 132 zur Löschung gebracht werden[15]). Ein Gewerbetreibender kann nicht durch Ordnungsstrafen dazu angehalten werden, der Industrie- und Handelskammer Auskunft über Art und Umfang seines Geschäftsbetriebes zu erteilen[15a]).

E. Verfahren

1. Zuständigkeit. Für die Durchführung des Ordnungsstrafverfahrens ist das Registergericht sachlich und örtlich ausschließlich zuständig. Ein anderes Amtsgericht als das Registergericht darf als Ordnungsstrafgericht nicht tätig werden[16]). Die Zuständigkeit des Landgerichts nach § 143 als Gericht erster Instanz erstreckt sich nur auf das Amtslöschungsverfahren, nicht auf das Ordnungsstrafverfahren; hält das Landgericht die Ablehnung des Einschreitens durch das Registergericht auf Beschwerde für ungerechtfertigt, so hat es sich darauf **46**

[10]) KG OLGR 24, 171; KGJ 41, 123, 130; RGZ 130, 256; Baumbach-Hueck AktG[12] § 29 Anm. 1; Würdinger in HGB-RGRK[2] § 14 Anm. 4.
[11]) KGJ 42, 167; BayObLGZ 1968, 118.
[11a]) KG RJA 9, 244 = OLGR 19, 309; KGJ 37 A 138; KG OLGR 41, 195; KG Recht 1926 Nr. 1115; KG OLGZ 1965, 124, 127.
[12]) KGJ 45, 178.
[13]) Hamburg KGJ 36 A 263.
[14]) KGBl. 1903, 102 = OLGR 7, 342.
[15]) Jena KGJ 44, 336 = RJA 12, 46; vgl. auch KGJ 44, 149.
[15a]) BayObLGZ 1967, 385 = NJW 1968, 306.
[16]) KGJ 31 A 206; KG JFG 20, 134.

zu beschränken, das Registergericht zur Einleitung des Verfahrens anzuweisen[17]). Jedoch hat ein Verstoß hiergegen keine Nichtigkeit zur Folge (§ 125 Rdn. 7, § 7 Rdn. 15). Das Gericht der Hauptniederlassung ist auch zuständig, Anmeldungen, Zeichnungen und Einreichungen zu erzwingen, die sich ausschließlich auf eine außerhalb seines Bezirks gelegene Zweigniederlassung beziehen, insbesondere die Anmeldung der Errichtung oder Aufhebung einer Zweigniederlassung[18]). Da aber dem Gericht der Zweigniederlassung eine selbständige Prüfung darüber zusteht, ob § 30 HGB beachtet und ob die Niederlassung tatsächlich errichtet (oder aufgehoben) und eine Zweigniederlassung im Rechtssinne ist (§ 13 Abs. 3, 5 HGB, § 42 Abs. 3, 6 AktG), kann das Gericht der Zweigniederlassung eine vom Gericht der Hauptniederlassung erzwungene Anmeldung mit der Begründung zurückweisen, die Zweigniederlassung sei nicht errichtet oder nicht aufgehoben, wenn auch ein solches Ergebnis durch eine gebotene Zusammenarbeit beider Gerichte vermieden werden sollte. Bleibt das Ordnungsstrafverfahren zur Erzwingung der Anmeldung der Aufhebung der Zweigniederlassung erfolglos, so ist für das Löschungsverfahren nach § 32 Abs. 2 Satz 2 HGB, § 141 FGG das Gericht der Zweigniederlassung zuständig[19]); dieses ist auch zuständig für die Einleitung eines Amtslöschungsverfahrens nach § 142, sofern der Unzulässigkeitsgrund einen Punkt betrifft, der der selbständigen Prüfung des Gerichts der Zweigniederlassung unterliegt[20]). Bei Zweigniederlassungen von Unternehmen, deren Hauptniederlassung oder Sitz sich im Ausland befindet, (§ 13b HGB, § 44 AktG), können derartige Zuständigkeitsfragen nicht auftreten, weil jede dieser Zweigniederlassungen so behandelt wird, als ob sie eine Hauptniederlassung wäre; alle Anmeldungen sind bei jeder Zweigniederlassung besonders vorzunehmen und können deshalb auch von jedem der Registergerichte erzwungen werden[21]).

47 2. *Einleitung des Verfahrens.* Das Registergericht ist verpflichtet, nach § 132 einzuschreiten, sobald es von einem diese Maßnahme rechtfertigenden Sachverhalt glaubhafte Kenntnis erhält. Es steht mithin nicht in seinem Ermessen, ob es einschreiten will. Wenn aber anzunehmen ist, daß die Erfüllung einer Pflicht, z. B. zur Einreichung von Schriftstücken, nur aus Nachlässigkeit unterblieben ist und nicht grundsätzlich verweigert wird, kann das Gericht zunächst den Verpflichteten durch eine formlose Mahnung an die Beachtung seiner Pflicht erinnern. Zur Einleitung des Verfahrens durch Erlaß der die Ordnungsstrafe androhenden Verfügung ist es erforderlich und genügend, daß das Gericht von dem Sachverhalt glaubhafte Kenntnis erlangt. Es ist nicht verpflichtet, ohne jede Veranlassung Nachforschungen anzustellen; wenn es aber einen gewissen Anhalt dafür zu haben meint, daß sein Einschreiten erforderlich sein könnte, ist es verpflichtet, weitere Ermittlungen (§ 12) anzustellen[22]). Diese Ermittlungen sind aber nicht bis zu völliger Gewißheit auszudehnen; der volle Nachweis des Sachverhalts und die endgültige Entscheidung ist dem Einspruchsverfahren vorbehalten[23]). Die Frage, wann ein Sachverhalt glaubhaft ist, hat das Registergericht nach verständigem Ermessen zu beurteilen; um eine Glaubhaftmachung im Sinne des § 15 Abs. 2 handelt es sich dabei nicht. So wie einerseits Mitteilungen des Organs des Handels- oder Handwerksstandes (§ 126) nicht immer zu genügen brauchen, dürfen andererseits nicht schon unbelegte Angaben des Beteiligten ausreichen, von weiteren Ermittlungen abzusehen. Kenntnis kann das Registergericht auf beliebige Weise erlangen, durch Anzeigen interessierter Dritter, durch Mitteilungen der in § 125a Abs. 1 genannten Behörden und Notare, der Organe des Handels- oder Handwerksstandes (§ 126), bei Kreditinstituten des Bundesaufsichtsamts für das Kreditwesen (§ 126 Anm. 10), bei Versicherungsvereinen a. G. der Aufsichtsbehörde (§§ 30 Abs. 2, 43 Abs. 2 VAG). Das Registergericht hat aber nicht über Anträge zu entscheiden (Anm. A),

17) KGJ 31 A 201 = RJA 6, 194; Keidel Anm. 29.
18) KG JFG 20, 134; Lenz DJ 1937, 1306; Krieger-Lenz § 13 HGB Anm. 17; Würdinger in HGB-RGRK § 13 a Anm. 9; Keidel Anm. 3.
19) Würdinger aaO. § 13 Anm. 24.
20) KG RJA 12, 225; KG JFG 20, 137; Würdinger aaO. § 13 a Anm. 9; Schlegelberger § 142 Anm. 1; Keidel Anm. 3.
21) KG JFG 22, 93; Würdinger aaO. § 13 b Anm. 2; Godin-Wilhelmi AktG[3] § 44 Anm. 4; Krieger-Lenz § 13 b HGB Anm. 9; Saage, DNotZ 1960, 579.
22) KGJ 27 A 56 = RJA 4, 28 = OLGR 8, 242; RJA 12, 40; Wellstein[2] Anm. 2; Keidel Anm. 13.
23) KGJ 30 A 116.

sondern ihnen nur Anregungen zur Prüfung der Frage zu entnehmen, ob Anlaß besteht, das Amtsverfahren einzuleiten. Deshalb ist die Zurücknahme eines „Antrags" für sich allein kein ausreichender Grund, das Verfahren einzustellen. Der Verfahrensgegenstand unterliegt nicht der Verfügung der Beteiligten. Vielfach ergibt sich die Kenntnis des Gerichts ohne weiteres aus den Akten, namentlich in den Fällen, in denen nach dem Gesetz in regelmäßigen Zeitabständen Handlungen gegenüber dem Gericht vorzunehmen sind, z. B. die Einreichung der Liste der Gesellschafter oder des Jahresabschlusses. In diesen Fällen ist das Registergericht verpflichtet, die Erfüllung der gesetzlichen Pflicht durch eine Fristenkontrolle selbst zu überwachen[24])

3. Beteiligte.

a) Beteiligte, gegen die das Ordnungsstrafverfahren zu richten ist, sind die Personen, denen die Pflicht zu der Handlung gesetzlich obliegt, welche mit der Ordnungsstrafe erzwungen werden soll. Welche Personen das sind, ist nicht im FGG geregelt, sondern ergibt sich aus den einschlägigen Normen des materiellen Rechts, welche die Verpflichtung auferlegen. Vgl. wegen der Art der erzwingbaren Anmeldungen oben Anm. C I, wegen der anmeldepflichtigen Personen § 128 Anm. B 3, wegen der Pflicht zur Zeichnung von Firma und Namensunterschrift oben Anm. C II und § 128 Anm. D. Die Pflicht zur Einreichung von Schriftstücken (oben Anm. C III) obliegt bei GmbH, AG, KGaA und VVaG den Geschäftsführern, dem Vorstand, den persönlich haftenden Gesellschaftern oder den Abwicklern in der satzungsgemäß zur Vertretung berechtigten Zahl, im Fall des § 145 Abs. 4 Satz 3 AktG den Sonderprüfern. Die Pflicht zur Vornahme der sonstigen, in §§ 407 Abs. 1, 408 AktG, § 28 Abs. 3 EGAktG genannten Handlungen (oben Anm. C IV) obliegt den Vorstandsmitgliedern oder Abwicklern. Aufsichtsratsmitglieder unterliegen dem Strafzwang nur, soweit sie nach § 105 Abs. 2 AktG zu zeitweiligen Vertretern von fehlenden oder behinderten Vorstandsmitgliedern bestellt sind oder soweit sie bei erzwingbaren Anmeldungen mitzuwirken haben; das ist jedoch nur bei der ersten Anmeldung des VVaG der Fall (§ 128 Rdn. 10); soweit Aufsichtsratsmitglieder bei Anmeldungen der AG oder KGaA mitzuwirken haben (§ 128 Rdn. 8), ist die Anmeldung nach §§ 407 Abs. 2, 408 AktG nicht erzwingbar. Deshalb kann gegen den Aufsichtsrat einer AG auch kein Zwang zur Einberufung der Hauptversammlung ausgeübt werden[25]). **48**

b) Adressat der Verfügung sind stets die natürlichen Personen, die für die Erfüllung der Verpflichtung verantwortlich sind, da die zu erzwingende Handlung nur von natürlichen Personen vorgenommen werden kann. Auch bei juristischen Personen und Handelsgesellschaften sind passiv Beteiligte ausschließlich die natürlichen Personen (Gesellschafter der OHG oder KG, Vorstandsmitglieder, Geschäftsführer), denen das Gesetz die Anmeldungs-, Zeichnungs-, Einreichungs- oder Handlungspflicht auferlegt. Das Ordnungsstrafverfahren ist deshalb gegen diese persönlich, nicht gegen den Vorstand als Organ, die juristische Person oder die Handelsgesellschaft durchzuführen[26]). Ist eine juristische Person zum Abwickler bestellt (§ 265 Abs. 2 Satz 2 AktG), so ist das Verfahren ebenfalls gegen diejenigen Personen zu richten, die als Mitglieder des Vertretungsorgans der juristischen Person zur Ausführung der dieser obliegenden Aufgaben berufen sind[27]). Bedarf es des Zusammenwirkens mehrerer Anmeldepflichtiger, so ist das Verfahren gegen jeden von ihnen zu richten, jedoch nicht gegen die zur Mitwirkung bereiten[28]). Genügt es, daß von mehreren Verpflichteten einer oder einige die Verpflichtung (z. B. die Anmeldung) erfüllen, so führt die Vornahme der Handlung durch die dafür notwendige Anzahl Pflichtiger die Erledigung des Verfahrens auch für die übrigen herbei. Gegen stellvertretende Vorstandmitglieder kann das Verfahren nur durchgeführt werden, soweit sie für ein behindertes ordentliches Vorstandsmitglied einzutreten haben[29]). Ge- **49**

[24]) Krieger-Lenz § 132 Anm. 8; Kropff Rpfleger 1966, 33, 38.
[25]) KGJ 42, 167.
[26]) KGJ 26 A 232; 30 A 125; 31 A 206; 41, 124; 45, 178; BayObLGZ 7, 446; München JFG 14, 488, 492; vgl. auch RGZ 56, 425, 430; Würdinger in HGB-RGRK² § 14 Anm. 8; Schlegelberger Anm. 12; Keidel Anm. 15.
[27]) KG JFG 10, 86.
[28]) KG RJA 9, 60; Hamm JMBlNRW 1959, 32.
[29]) KGJ 41, 123 = RJA 11, 205 = OLGR 27, 340.

gen rechtsgeschäftliche Vertreter Anmeldepflichtiger kann das Verfahren nicht eingeleitet werden[30]). Die Anmeldung einer Prokura kann nicht durch Ordnungsstrafzwang gegen den Prokuristen, die Anmeldung der Auflösung der GmbH nicht gegen die Gesellschafter erzwungen werden[31]). War die Firma schon zu Lebzeiten des Erblassers erloschen, so ist der Erbe nicht anmeldepflichtig[32]). Für geschäftsunfähige oder in der Geschäftsfähigkeit beschränkte Geschäftsinhaber ist der gesetzliche Vertreter in Anspruch zu nehmen, sofern nicht § 112 BGB vorliegt. Stirbt ein Beteiligter nach Einleitung des Verfahrens, so ist es gegen seinen Nachfolger von neuem einzuleiten[33]). Das Verfahren ist nur durchführbar, wenn die anmeldepflichtigen Personen sich im Inland aufhalten[34]). Bei Zweigniederlassungen von Unternehmen mit dem Sitz im Ausland (§ 13b HGB, § 44 AktG) richtet sich das Verfahren gegen die nach Maßgabe des für die Verfassung der Gesellschaft geltenden ausländischen Rechts als pflichtig zu erachtenden Mitglieder des Gesellschaftsorgans, dem die Leitung der Gesellschaft obliegt[35]); den Leitern der inländischen Zweigniederlassung, die eine solche Stellung nicht innehaben, liegt die Anmeldepflicht nicht ob[36]). Bei einem ausländischen Versicherungsverein a. G. ist aber der inländische Hauptbevollmächtigte (§ 88 VAG) anmeldepflichtig[37]). Eine ähnliche Regelung trifft § 2 Abs. 2 DM-BilG v. 21. 8. 1949 (WiGBl. 279).

50 *4. Inhalt der Verfügung.* Die Verfügung muß, um Grundlage eines gesetzmäßigen Verfahrens und der späteren Straffestsetzung sein zu können, bestimmten Anforderungen entsprechen:

51 *a)* Die *Verfügung* muß genau der gesetzlichen Vorschrift angepaßt sein; sie muß die zu erfüllende Verpflichtung, also die geforderte Handlung oder Unterlassung, bestimmt bezeichnen und die alternative Aufforderung enthalten, *entweder* die auferlegte Verpflichtung zu erfüllen *oder* die Unterlassung mittels Einspruchs zu rechtfertigen. Fehlt der Hinweis auf die Möglichkeit des Einspruchs, so ist die Verfügung mangelhaft und sie kann nicht zu einer Straffestsetzung führen[38]). Die Aufforderung muß zwar den Wortlaut des Gesetzes nicht unbedingt wörtlich wiederholen, eine enge Anlehnung an den Gesetzeswortlaut empfiehlt sich aber, um unwirksame Verfügungen zu vermeiden[39]). Die gesetzliche Verpflichtung, deren Erfüllung verlangt wird, muß so, wie sie besteht, bestimmt bezeichnet sein. Wenn mehrere Handlungen oder Erklärungen zu erzwingen sind, müssen alle bezeichnet werden. Wie die Verpflichtung erfüllt werden soll, braucht im einzelnen nicht angegeben zu werden. Hat der Beteiligte mehrere Möglichkeiten, um den gesetzmäßigen Zustand herzustellen, so muß ihm eine wahlweise Auflage (z. B. von zwei Firmen nach seiner Wahl die Löschung der einen oder der anderen anzumelden) gemacht werden[40]). Die Verfügung darf sich nicht erstrecken auf Maßnahmen, zu deren Durchsetzung das Registergericht nicht ermächtigt ist, z. B. auf die Entfernung eines Firmenschildes[41]), oder auf die Änderung der Standesbezeichnung des Kaufmanns[42]). Auch ist es nicht gestattet, unter Abstandnahme vom Ordnungsstrafverfahren dem Beteiligten die Eintragung seiner Firma aufzugeben[43]).

52 *b) Fristsetzung.* Die zu bestimmende Frist muß so bemessen sein, daß sie bei Anwendung der im Verkehr erforderlichen Sorgfalt zur Erfüllung der Verpflichtung ausreicht. Sie darf auch bei wiederholter Auflage (§ 133) nicht eine bloße Nachfrist sein[44]). Innerhalb der Frist muß die Erfüllung der Verpflichtung möglich sein. Der Vorstand einer Aktiengesellschaft kann zur Einreichung des Jahresabschlusses (§ 177 Abs. 1 AktG) noch nicht angehalten wer-

[30]) BayObLG KGJ 35 A 354 = RJA 9, 39.
[31]) BayObLG OLGR 29, 310; KGJ 45, 178.
[32]) KG JFG 3, 190; Schlegelberger Anm. 4.
[33]) Keidel Anm. 20.
[34]) Koenige LZ 1914, 1429; Würdinger in HGB-RGRK² § 13 b Anm. 3.
[35]) Schlegelberger Anm. 13; Godin-Wilhelmi AktG³ § 44 Anm. 2; vgl. auch KG JFG 22, 93.
[36]) Würdinger in HGB-RGRK² § 13 b Anm. 3, § 14 Anm. 8; Schlegelberger Anm. 13; Keidel Anm. 17; vgl. BayObLG RJA 9, 39 = KGJ 35 A 354; KG DNotZ 1930, 79, 3 a; KG HRR 1933 Nr. 1441.
[37]) KGJ 33 A 139.
[38]) KG OLGR 5, 274; KG Recht 1906 Nr. 93.
[39]) Krieger-Lenz § 132 Anm. 12.
[40]) KGJ 37 A 177; Schlegelberger Anm. 14.
[41]) KG OLGR 5, 274.
[42]) KG OLGR 7, 342.
[43]) KG OLGR 1, 356.
[44]) Karlsruhe OLGR 36, 193; München JFG 22, 205.

den, solange der Jahresabschluß noch nicht festgestellt ist; in diesem Fall können die Vorstandsmitglieder nur nach § 407 Abs. 1 AktG zur Vornahme derjenigen Handlungen angehalten werden, die ihnen bei der Feststellung des Jahresabschlusses nach den §§ 148, 163 Abs. 1, 3, 5, 170, 171 Abs. 3, 175 AktG obliegen[45]). Die Setzung einer zu kurzen Frist begründet die Beschwerde nach § 139. Die Frist kann, solange sie läuft, verlängert werden (§ 18). Verlängerung nach Fristablauf, auch durch Aussetzung oder Ruhenlassen des Verfahrens, ist unzulässig, nimmt der Strafandrohnung aber nicht ihre Wirkung[46]). Für die Berechnung der Frist gilt § 17.

c) Androhung der Ordnungsstrafe. Auch die Strafandrohung ist unerläßliche Voraussetzung der Wirksamkeit der Verfügung[47]). Die Androhnung setzt nicht voraus, daß mit einer Nichtbefolgung der Verfügung zu rechnen ist (§ 33 Rdn. 35). Die Strafe muß innerhalb des gesetzlichen Strafrahmens den besonderen Verhältnissen entsprechend in ziffernmäßig bestimmter Höhe angedroht werden; die bloße Bezugnahme auf den allgemeinen Strafrahmen oder die Androhung einer erst später zu bestimmenden, zunächst nur durch einen Höchstbetrag begrenzten Ordnungsstrafe („ bis zu") genügt nicht[48]). Statthaft ist es, mehrere Aufforderungen zur Erfüllung selbständiger Verpflichtungen unter Androhung einer einheitlichen Strafe zusammenzufassen; erweist sich jedoch eine der Auflagen als unbegründet, so entfällt damit die Wirksamkeit der Strafandrohung insgesamt[49]). Der Höchstbetrag, den die einzelne Strafe nicht übersteigen darf, ist durch § 14 HGB i. d. F. des § 31 Nr. 2 EGAktG und § 407 Abs. 1 Satz 2 AktG 1965 auf 10 000 DM erhöht worden. Für Genossenschaften und Vereine verbleibt es aber bei dem Höchstbetrag von 1000 DM nach § 160 GenG, § 78 BGB mit VO v. 6. 2. 1924 (RGBl. I, 44) Art. II und § 2 WährungsG, da § 14 HGB insoweit nicht anwendbar ist. Innerhalb dieses Rahmens bestimmt das Gericht die Höhe der Ordnungsstrafe unter Abwägung der jeweiligen Verhältnisse nach pflichtmäßigen Ermessen. Umwandlung in Haftstrafe ist ausgeschlossen; auch Anwendung unmittelbaren Zwanges ist nicht zulässig. Im Verfahren nach § 21 RechnungslG und § 79 Abs. 1 GmbHG beträgt der Höchstbetrag ebenfalls 10 000 DM. 53

d) Bekanntmachung. Die Verfügung ist, da mit ihr der Lauf einer Frist beginnt, dem Beteiligten durch Zustellung oder zu Protokoll bekanntzumachen (§ 16 Abs. 2, 3). Andernfalls beginnt die Frist nicht zu laufen und eine Strafe nach § 133 kann nicht festgesetzt werden[50]). 54

5. Rechtsbehelf. a) Gegen die einleitende Verfügung findet lediglich der Einspruch an das Registergericht statt; die Beschwerde ist unzulässig (Abs. 2). Durch diese Regelung soll erreicht werden, daß in einem einheitlichen Verfahren über das Bestehen der Verpflichtung und die Straffestsetzung verhandelt und entschieden wird, so daß die Straffestsetzung nicht so lange hinausgeschoben ist, bis eine rechtskräftige Entscheidung im Instanzenzuge über das Bestehen der zu erzwingenden Verpflichtung vorliegt[51]). Hieraus folgt, daß die Beschwerde auch unzulässig ist gegen eine Verfügung, durch die das Registergericht einen Beteiligten zur Erfüllung einer Anmeldepflicht unter Androhung der künftigen Einleitung eines Ordnungsstrafverfahrens auffordert[52]) oder ihm eine bloße Auflage dieses Inhalts ohne weitere Androhung macht[53]); auch wenn der Rechtspfleger die Verfügung erlassen hat, ist die Erinnerung nicht gegeben. Die (unbefristete) Beschwerde (Erinnerung) ist aber zulässig, wenn geltend gemacht wird, daß das Ordnungsstrafverfahren überhaupt unzulässig ist und jeder gesetzlichen Grundlage entbehrt[54]). Eine als Beschwerde bezeichnete Schrift ist bei Unzulässigkeit dieses Rechtsmittels regelmäßig als Einspruch zu behandeln[55]). 55

[45]) Hamm JMBlNRW 1960, 22; dazu Kropff, Rpfleger 1966, 33, 39.
[46]) München JFG 22, 205; BayObLGZ 1967, 463; Schlegelberger Anm. 15; Keidel Anm. 25; a.M. Krieger-Lenz § 133 Anm. 8.
[47]) KGJ 37 A 179.
[48]) KG OLGR 12, 410, 412; München JFG 15, 48.
[49]) KG Recht 1927 Nr. 166; Sternberg-Siehr, Registerrecht S. 112.
[50]) Sternberg-Siehr S. 113.
[51]) KGJ 22 A 11; Schlegelberger Anm. 16.
[52]) KGJ 37 A 191; KG RJA 16, 77.
[53]) KGJ 37 A 188; KG DNotZ 1929, 281; KG DRW 1943, 812; Hamm JMBlNRW 1965, 117.
[54]) KGJ 42 A 167; Rostock MecklZ 35, 192; Unger ZZP 34, 324; Ebert-Dudek-Lindemann[2] § 139 Anm. 5; Stark JW 1919, 95; Schlegelberger § 139 Anm. 5; a.M. Josef LZ 1913, 593; Keidel Anm. 28; Pikart-Henn S. 357.
[55]) KGJ 31 A 164.

56 *b)* Die *Ablehnung des Einschreitens* ist eine nach § 19 beschwerdefähige Verfügung[56]. Das Beschwerderecht steht regelmäßig dem Organ des Handels- oder Handwerksstandes (§ 126), bei Beteiligung von Kreditinstituten nach § 43 Abs. 3 KWG dem Bundesaufsichtsamt für das Kreditwesen zu (§ 126 Rdn. 15). Für andere Personen kann sich ein Beschwerderecht nur aus einer Rechtsbeeinträchtigung im Sinne des § 20 Abs. 1 ergeben. Da das Verfahren aber der Wahrung des öffentlichen Interesses, nicht der Durchsetzung privater Rechte dient (Anm. A), wird ein Beschwerderecht Dritter selten vorliegen. Kein Beschwerderecht gewährt demnach das Interesse des Gläubigers des Geschäftsinhabers an der Eintragung der Firma[57]) oder der Unterlassungsanspruch des Wettbewerbers[58]). Das Beschwerderecht könnte nur durch die Verletzung eines bestimmten individuellen Rechts des Beschwerdeführers begründet werden, wobei es sich um ein Firmen-, Namens- oder sonstiges Recht handeln kann[59]). Das Beschwerdegericht darf nur zur Einleitung des Verfahrens anweisen; zum selbständigen Erlaß einer Verfügung nach § 132 ist es nicht befugt[60]). An die dieser Anweisung zugrunde liegende Beurteilung der Sach- und Rechtslage durch das Gericht der (ersten oder weiteren) Beschwerde ist das Registergericht bei der Entscheidung über den Einspruch nicht gebunden, da die endgültige Entscheidung erst im Verfahren über den Einspruch getroffen werden darf[61]). Gegen die zur Einleitung des Verfahrens anweisende Beschwerdeentscheidung ist die weitere Beschwerde unzulässig; es ist der Einspruch gegen die nunmehr vom Registergericht zu erlassende Verfügung gegeben[62]).

57 *c)* Eine *Änderung der Verfügung* unter Absehen von der Straffestsetzung vor oder ohne Einlegung eines Einspruchs oder Erfüllung der Verpflichtung ist nicht ausgeschlossen (§ 18), wenn das Gericht sie nachträglich für ungerechtfertigt erachtet oder das Verfahren sich durch eine Veränderung der Umstände erledigt[63]). Wegen einer Änderung auf Grund Einspruchs vgl. § 134 Rdn. 2, bei verspätetem Einspruch § 133 Rdn. 11.

58 *6. Zuständigkeit des Rechtspflegers.* Dem *Rechtspfleger* war das Zwangsverfahren nach den §§ 132 bis 140 früher entzogen, weil er nach § 4 Abs. 1 Satz 5 REntlV zur Androhung und Festsetzung von Ordnungsstrafen nicht befugt war. Da diese Beschränkung entfallen ist (§ 4 RechtspflG) und ein richterlicher Vorbehalt fehlt, ist nunmehr der Rechtspfleger zuständig. Gegen seine das Verfahren einleitende Verfügung ist die Erinnerung nach § 11 RechtspflG ausgeschlossen (§ 19 Rdn. 49). Über den Einspruch entscheidet der Rechtspfleger[64]). Gegen die Verwerfung des Einspruchs und die Festsetzung der Ordnungsstrafe nach § 133 oder § 135 Abs. 2 findet die befristete Erinnerung an den Richter, gegen die Ablehnung des Einschreitens oder die Aufhebung der Verfügung nach § 135 Abs. 1 die unbefristete Erinnerung statt (§ 11 Abs. 1 RechtspflG). Ordnet der Richter die Durchführung des vom Rechtspfleger abgelehnten Ordnungsstrafverfahrens an, so ist die Beschwerde hiergegen ausgeschlossen (Rdn. 98); der Richter kann auf die Erinnerung hin das Verfahren aber auch selbst übernehmen.

59 *7. Gerichtsgebühren* werden für die Androhung der Ordnungsstrafe nicht erhoben (§ 119 Abs. 4 KostO).

2. Verfahren, wenn Einspruch unterbleibt

133 Wird innerhalb der bestimmten Frist weder der gesetzlichen Verpflichtung genügt noch Einspruch erhoben, so ist die angedrohte Strafe festzusetzen und zugleich die frühere Verfügung unter Androhung einer erneuten Ordnungsstrafe zu wiederholen.

In gleicher Weise ist fortzufahren, bis der gesetzlichen Verpflichtung genügt oder Einspruch erhoben wird.

[56]) BayObLG JFG 5, 230; Keidel Anm. 30.
[57]) KGJ 33 A 140.
[58]) RGZ 132, 311 = JFG 4, 163.
[59]) BayObLGZ 26, 291 = JFG 4, 163.
[60]) KGJ 31 A 201 = RJA 6, 194.
[61]) KG JW 1937, 1985 = HRR 1937 Nr. 1104; KG NJW 1955, 1926.
[62]) KG JW 1937, 1985; Hamm JMBlNRW 1957, 234.
[63]) KG Recht 1929 Nr. 1335 = DNotV 1930, 80; KG JW 1936, 202 = DFG 1936, 20.
[64]) KG NJW 1959, 1829 = Rpfleger 1959, 221; Jansen DNotZ 1958, 109, 111; Keidel Anm. 35; a.M. Arndt RechtspflG § 10 Anm. 26, § 15 Anm. 7.

Vorbemerkung. Die Vorschrift regelt den Fall, daß die Strafandrohung erfolglos bleibt; innerhalb der gesetzten Frist wird weder der gesetzlichen Pflicht genügt noch Einspruch erhoben. Ist eine Aufforderung nach § 132 ordnungsgemäß ergangen, so kann das Verfahren folgenden Verlauf nehmen: 1

A. Erfüllung der Verpflichtung

1. Erfordernisse und Folgen der Pflichterfüllung. Kommt der Beteiligte seiner Verpflichtung nach, so hat das Ordnungsstrafverfahren seinen Zweck erreicht und es erledigt sich, ohne daß es einer weiteren Verfügung bedarf. Ob die vorgenommene Handlung sich als Erfüllung der Verpflichtung darstellt, hat das Gericht zu prüfen. Ist die Handlung nicht dem Registergericht gegenüber vorzunehmen, so ist vor Festsetzung einer Strafe zu ermitteln, ob der Pflicht nicht genügt ist; zeigt der Beteiligte an, daß er seiner Verpflichtung genügt habe, so liegt darin kein Einspruch, sondern das Gericht hat zu prüfen, ob diese Angabe zutrifft; ist dies der Fall, so hat sich das Verfahren erledigt, anderenfalls ist die Strafe festzusetzen[1]) Hat der Beteiligte eine einheitliche Verpflichtung nur unvollständig erfüllt, etwa nur seine Firma, nicht aber den Ort der Handelsniederlassung angemeldet, so ist eine Erledigung nicht eingetreten und die Strafe festzusetzen, wenn der Mangel auch nach einem Hinweis nicht behoben wird[2]). Wenn aber von mehreren selbständigen Verpflichtungen nur eine erfüllt wird, z. B. die Firma zwar angemeldet wird, aber die Firmenzeichnung unterbleibt, ist das Verfahren nur hinsichtlich der erfüllten Verpflichtung erledigt, hinsichtlich der anderen aber fortzusetzen; war in diesem Fall eine einheitliche Strafe angedroht, so ist die Verfügung hinsichtlich der nicht erfüllten Verpflichtung zu wiederholen (§ 132 Rdn. 95). Richtet sich das Verfahren gegen *mehrere Verpflichtete,* so ist für jeden von ihnen besonders zu prüfen, ob er der Verpflichtung genügt hat; trifft das für einzelne Verpflichtete zu, so ist das Verfahren gegen sie erledigt, auch wenn die anderen Beteiligten ihrer Verpflichtung noch nicht genügt haben und das Verfahren gegen sie fortzusetzen ist. Kann aber eine Verpflichtung, die mehreren obliegt, ihrer Art nach von einigen von ihnen erfüllt werden, so genügt die Erfüllung durch die gesetzlich erforderliche Anzahl Pflichtiger, um auch das Verfahren gegen die übrigen zu erledigen. Hat z. B. der aus vier Mitgliedern bestehende Vorstand einer AG eine Änderung in der Zusammensetzung des Vorstandes anzumelden (§ 81 AktG), so sind anmeldepflichtig die vorhandenen vier Vorstandsmitglieder; gegen sie ist das Ordnungsstrafverfahren zu richten. Zur Erledigung des Verfahrens gegen alle genügt es aber, wenn die Anmeldung von einem Vorstandsmitglied in Gemeinschaft mit einem Prokuristen vorgenommen wird, sofern diese Art der Vertretung der Gesellschaft nach § 78 Abs. 3 AktG statthaft ist (vgl. § 128 Rdn. 11)[3]). Ist die in Erfüllung der Verfplichtung angemeldete Firma aus firmenrechtlichen Gründen zu beanstanden, so ist das Ordnungsstrafverfahren zunächst ebenfalls erledigt und über die Zulässigkeit der Firma in dem durch die Anmeldung eingeleiteten Eintragungsverfahren zu befinden, gegebenenfalls durch Zurückweisung der Anmeldung, wogegen nicht der Einspruch nach § 132, sondern die Beschwerde nach § 19 stattfindet[4]). Nach Zurückweisung der Anmeldung kann aber, wenn die Verpflichtung auch ferner nicht erfüllt wird, ein neues Ordnungsstrafverfahren eingeleitet werden[5]). 2

2. Zeitpunkt der Erfüllung

a) Die vor Ablauf der gesetzten Frist vorgenommene Erfüllung erledigt ohne weiteres das Verfahren (Rdn. 2). 3

b) Nach Ablauf der Frist, aber vor Erlaß des Straffestsetzungsbeschlusses vorgenommene Erfüllungshandlungen muß das Registergericht ebenfalls noch berücksichtigen. Es darf mithin die Strafe nicht mehr festsetzen, wenn die Verpflichtung zwar erst nach Fristablauf, aber vor der Straffestsetzung erfüllt ist. Diese mit dem Wortlaut des § 133 Abs. 1 scheinbar nicht 4

1) KG OLGR 31, 285 = RJA 14, 143.
2) Schlegelberger Anm. 2; Sternberg-Siehr S. 113/114; a.M. Keidel Anm. 6.
3) Krieger-Lenz § 133 Anm. 4.
4) KGJ 27 A 216; Schlegelberger Anm. 2; Sternberg-Siehr S. 114.
5) Krieger-Lenz § 133 Anm. 2.

vereinbare Auffassung ergibt sich zwingend aus der Erwägung, daß die Ordnungsstrafe nur Beugemittel, nicht aber Strafe für erwiesenen Ungehorsam ist, ein widerstrebender Wille aber nach Erfüllung der Verpflichtung nicht mehr zu beugen ist. Das Absehen von der Festsetzung der Ordnungsstrafe liegt in diesem Fall auch nicht im Ermessen des Registergerichts[6]).

5 *c) Nach Erlaß des Straffestsetzungsbeschlusses,* aber vor Ablauf der Frist für die Einlegung der sofortigen Beschwerde (§ 139) kann der Beteiligte die Erfüllung der Verpflichtung mit der Beschwerde geltend machen (§ 139 Rdn. 16); das Beschwerdegericht muß diese neue Tatsache berücksichtigen (§ 23)[7]), auch wenn die Strafe schon bezahlt oder beigetrieben ist[8]). Das Registergericht ist nicht befugt, seine Verfügung aus diesem Grunde, solange die Beschwerdefrist läuft oder das Beschwerdeverfahren anhängig ist, aufzuheben (§ 18 Abs. 2)[9]). Da die Beschwerde aufschiebende Wirkung hat, hat es aber mit der weiteren Beitreibung der Ordnungsstrafe einzuhalten (§ 24 Rdn. 5).

6 *d) Nach Rechtskraft der Straffestsetzung* ist diese ebenfalls wegen veränderter Umstände vom Registergericht aufzuheben und eine Beitreibung ist nicht mehr zulässig, wenn der Verpflichtete die ihm aufgegebene Handlung nach Eintritt der Rechtskraft der Straffestsetzung vornimmt, genauer nach Erlaß der Entscheidung der letzten Tatsacheninstanz (vgl. § 27 Rdn. 38) oder nach Erlaß des Straffestsetzungsbeschlusses, wenn sofortige Beschwerde nicht eingelegt worden ist. Die formelle Rechtskraft steht einer solchen Abänderung wegen veränderter Umstände, die auch gegenüber einer Entscheidung des Beschwerdegerichts statthaft ist, nicht entgegen[10]). Erst eine Änderung der Umstände (Erfüllung, Wegfall der Verpflichtung), die nach Eintritt der formellen Rechtskraft und der Einziehung der Strafe eingetreten ist, kann eine Änderung oder Aufhebung der rechtskräftigen Straffestsetzung nicht mehr rechtfertigen[11]). Ist die Ordnungsstrafe noch eingezogen worden, obwohl die Verpflichtung schon vorher erfüllt oder weggefallen war, so hat die Aufhebung der Verfügung die Rückzahlung der Strafe zur Folge.

B. Erledigung auf andere Weise

7 Außer durch Vornahme der verlangten Handlung kann die Strafandrohnung oder Festsetzung und damit das weitere Verfahren auch durch andere Umstände, die einen Fortfall der zu erzwingenden Verpflichtung begründen, gegenstandslos werden und damit seine Erledigung finden[12]). Solche Umstände können entweder gegenständlicher Art sein, wenn etwa die Firma, deren Anmeldung erzwungen werden soll, nach Einleitung des Verfahrens erlischt, oder in der Beendigung der Verpflichtung des in Anspruch genommenen Pflichtigen bestehen, wenn etwa das Amt des Vorstandsmitglieds der AG wegen Zeitablaufs nach § 84 Abs. 1 Satz 1 AktG beendet ist. Inwieweit derartige Umstände nach Maßgabe ihres zeitlichen Eintritts im Verfahren noch zu berücksichtigen sind, ist nach denselben Grundsätzen zu beurteilen wie eine Erledigung durch Erfüllung (Anm. A 2).

C. Erhebung des Einspruchs

8 *1. Form und Inhalt des Einspruchs.* Der Einspruch ist der Rechtsbehelf, mit dem der im Ordnungsstrafverfahren als Verpflichteter in Anspruch Genommene die Unrechtmäßigkeit der an ihn gerichteten Aufforderung geltend macht. Eine unrichtige Bezeichnung des Rechtsbehelfs ist unschädlich; es genügt, wenn die Eingabe erkennen läßt, daß der Betroffene die an

[6]) Dresden DNotV 1910, 828; KGJ 40, 83 = RJA 11, 44; KGJ 41, 34; München JFG 14, 315; Schlegelberger Anm. 1 b; Keidel Anm. 3; ders., Rpfleger 1955, 242; Sternberg-Siehr S. 114; Krieger-Lenz Anm. 7; a.M. Wellstein² Anm. 1 g; Ebert-Dudek-Lindemann² Anm. 1.

[7]) KG RJA 13, 36 = OLGR 28, 337; München DFG 1938, 79.

[8]) KGJ 48, 117 = RJA 15, 33 unter Aufgabe von KGJ 41, 34; Sternberg-Siehr S. 114; Keidel Anm. 5.

[9]) Ebenso Keidel Anm. 11; anders aber ebenda Anm. 4 und Rpfleger 1955, 241.

[10]) KG Gutachten v. 7. 1. 1929 PrJMBl. 1929, 36 = HRR 1929 Nr. 940 = DNotZ 1929, 279; München DFG 1938, 79; BayObLGZ 1955, 124, 130; Sternberg-Siehr S. 114; Keidel Anm. 5; Pikart-Henn S. 357.

[11]) BayObLGZ 1955, 124.

[12]) Vgl. Lazar, Die Zweckerreichung im Ordnungsstrafverfahren, JR 1927, 425.

ihn gerichtete Aufforderung für nicht gerechtfertigt und sich zur Vornahme der Handlung nicht für verpflichtet hält[13]). Eine Bitte um Verlängerung der gesetzten Frist enthält jedoch in der Regel kein Bestreiten der Berechtigung der Verfügung[14]). Die Anzeige, daß der Verpflichtung genügt sei, ist kein Einspruch (Anm. A 1). Einer Erklärung, die kein Einspruch ist, kann nicht durch eine erst nach Ablauf der Einspruchsfrist abgegebene Erklärung diese Bedeutung beigelegt werden[15]). Ein als Beschwerde bezeichneter Rechtsbehelf, der sich gegen die Strafandrohnung richtet, ist regelmäßig als Einspruch zu behandeln[16]). Der Einspruch bedarf keiner *Form.* Er kann schriftlich oder durch mündliche Erklärung zum Protokoll des Registergerichts (Richter, Rechtspfleger, UdG) oder der Geschäftsstelle eines jeden Amtsgerichts eingelegt werden, jedoch muß die Einspruchsschrift oder das Protokoll eines anderen Gericht vor Ablauf der Frist bei dem Registergericht eingehen. Ein Kaufmann darf den Einspruch statt mit seinem bürgerlichen Namen mit der Firma zeichnen[17]). Die Unterzeichnung mit der Firma einer OHG rechtfertigt regelmäßig die Annahme, daß der Einspruch von den Gesellschaftern eingelegt ist[18]). Eine *Begründung* ist, obwohl der Einspruch die Nichterfüllung der Verpflichtung rechtfertigen soll, für die förmliche Wirksamkeit des Einspruchs nicht wesentlich; jedoch liegt es im Interesse des Betroffenen seine Einwendungen alsbald, spätestens im Einspruchstermin vorzubringen. Eine *Rücknahme* des Einspruchs ist statthaft; sie hat die Wirkung, daß es so angesehen wird, als sei Einspruch nicht eingelegt worden; ein Widerruf der Rücknahme nach Fristablauf kann diese Wirkung an sich nicht beseitigen[19]), er wird jedoch einem verspäteten Einspruch (nachst. Rdn. 11) gleichzustellen sein.

2. Einspruchsberechtigung. Zur Erhebung des Einspruchs sind diejenigen natürlichen Personen befugt, gegen welche die Verfügung gerichtet war (§ 132 Rdn. 49). Hat nur einer von mehreren Verfügungsadressaten Einspruch eingelegt, so kommt dieser Rechtsbehelf den übrigen nicht zugute, sofern nicht nach Lage der Sache anzunehmen ist, daß der Einspruch auch in ihrem Namen eingelegt ist[20]). Neben den pflichtigen Einzelpersonen, denen die Strafe angedroht und gegen welche sie festgesetzt wird, ist aber in erweiternder Rechtsfortbildung auch die Gesellschaft (OHG, GmbH, AG, Genossenschaft) als einspruchs- und beschwerdeberechtigt anzusehen, wenn sie das Bestehen der Verpflichtung bestreitet und ihre Rechte im Sinne des § 20 Abs. 1 durch das Verlangen des Gerichts beeinträchtigt werden[21]). 9

3. Rechtzeitiger Einspruch. Wird innerhalb der gesetzten Frist von einem Einspruchsberechtigten ein zulässiger Einspruch erhoben, so verfährt das Gericht nach den §§ 134, 135; vgl. die Bem. dort. 10

4. Verfahren bei verspätetem Einspruch. Wird Einspruch erst nach Ablauf der gesetzten Frist, aber vor Erlaß des Straffestsetzungsbeschlusses eingelegt, so darf das Gericht jedenfalls nicht nach § 134 verfahren und über den wegen Verspätung unzulässigen Einspruch sachlich entscheiden[22]). Es ist vielmehr befugt, nach § 133 Abs. 1 zu verfahren, also die Strafe festzusetzen und eine erneute Strafandrohungsverfügung zu erlassen, sofern nicht nach § 137 gegen die Versäumung der Einspruchsfrist Wiedereinsetzung in den vorigen Stand gewährt wird; der verspätete Einspruch kann ohne Sachprüfung verworfen werden, jedoch bedarf es eines förmlichen Ausspruchs darüber nicht einmal[23]). Das Gericht ist aber nicht genötigt, die Strafe unbedingt unter allen Umständen festzusetzen. Gewinnt es nach der Strafandrohung, aber vor der Straffestsetzung, sei es auf Grund des verspäteten Einspruchs, sei es auf andere 11

13) KG Recht 1929 Nr. 865; KG JFG 8, 142; München JFG 22, 208; Sternberg-Siehr S. 115; Krieger-Lenz Anm. 5; Keidel Anm. 33.
14) KG Recht 1929 Nr. 865; KG JFG 8, 142.
15) KG JFG 8, 142; München JFG 22, 205.
16) KG OLGR 7, 346; KGJ 31 A 164.
17) KGJ 31 A 213; 52, 88; Sternberg-Siehr S. 115.
18) KGJ 31 A 206.
19) KG OLGR 5, 275.
20) KGJ 31 A 206; BayObLG OLGR 4, 100.
21) KG JFG 12, 258; München JFG 14, 488; BayObLGZ 1955, 197; 1962, 107, 111; BGHZ 25, 154; Keidel § 132 Anm. 18.
22) Schlegelberger Anm. 3 b; a.M. Wellstein[2] Anm. 1 f.
23) KG OLGR 43, 196; KGJ 49, 140; München JFG 22, 208; Keidel Anm. 2.

Weise, die Überzeugung, daß kein Anlaß zum Einschreiten besteht, so kann es die Strafandrohungsverfügung nach § 18 Abs. 1 aufheben, wodurch auch die Voraussetzung für die Straffestsetzung entfällt. Diese Maßnahme kann geboten sein, wenn sich nachträglich ergibt, daß die Androhungsverfügung ersichtlich unberechtigt gewesen ist oder wenn der Beteiligte aus entschuldbaren Gründen der Verfügung nachzukommen versäumt hat und zu erwarten ist, daß er ihr in angemessener Frist Folge leisten wird[24]).

12 Von der Aufhebung der Verfügung ist außer dem Beteiligten das etwa beschwerdeberechtigte Organ des Handels- oder Handwerksstandes zu benachrichtigen (§ 126).

D. Verfahren bei Säumnis

13 *1.* Bleibt die Strafandrohung erfolglos, wird also die zu erzwingende Verpflichtung weder vor noch nach Ablauf der gesetzten Frist erfüllt (Anm. A) und entfällt sie auch nicht durch eine Veränderung der Umstände (Anm. B), wird innerhalb der Frist auch kein Einspruch eingelegt (Anm. C 1—3), hat ferner das Gericht keinen Anlaß, aus besonderen Gründen unter Aufhebung der Strafandrohungsverfügung von der Straffestsetzung abzusehen (§ 132 Rdn. 57), oben Anm. C 4), so ergehen folgende Entscheidungen:

14 *a) Die Ordnungsstrafe ist durch Beschluß festzusetzen* (§§ 133 Abs. 1, 139 Abs. 1) unter Verurteilung des Beteiligten in die Kosten des Verfahrens (§ 138). Die festgesetzte Strafe kann niedriger als die angedrohte sein[25]). Das Gericht ist nach § 18 Abs. 2 zu einer Aufhebung oder Änderung der Straffestsetzung vorbehaltlich des § 136 nicht befugt[26]).

15 *b)* Durch *Verfügung* ist der Pflichtige mit Fristsetzung unter *erneuter Strafandrohung* wiederum anzuhalten, derselben Verpflichtung entweder nachzukommen oder die Unterlassung durch Einspruch zu rechtfertigen. Die Verfügung muß inhaltlich den Erfordernissen des § 132 Abs. 1 voll entsprechen, insbesondere also auch die Aufforderung enthalten, bei Nichterfüllung die Unterlassung durch Einspruch zu rechtfertigen[27]), und die zu erfüllende Verpflichtung kennzeichnen. Die Frist und das Strafmaß können anders bemessen sein. Um der Androhung mehr Nachdruck zu verleihen, kann es angebracht sein, innerhalb des gesetzlichen Rahmens die angedrohte Strafe zu erhöhen. Mehrere nacheinander angedrohte Ordnungsstrafen dürfen die nur für die Einzelstrafe festgesetzte Höchstgrenze übersteigen.

16 *2. Bekanntmachung. Rechtsmittel.* Beschluß und Verfügung (Anm. D 1 a, b) müssen gleichzeitig ergehen und werden zweckmäßig miteinander verbunden. Sie sind durch Zustellung oder zu Protokoll förmlich bekanntzumachen (§ 16 Abs. 2, 3), weil der Beschluß die Beschwerdefrist (§ 139), die Verfügung die in ihr gesetzte Frist in Lauf setzt. Die sofortige Beschwerde nach § 139 richtet sich nur gegen die Straffestsetzung; gegen die wiederholte Strafandrohung ist Einspruch einzulegen. Das Beschwerdegericht kann bis zur Entscheidung über den Einspruch, nicht aber das Registergericht bis zur Entscheidung über die Beschwerde aussetzen[28]).

E. Fortsetzung des Verfahrens (Abs. 2)

17 Mit der Straffestsetzung und der Wiederholung der Strafandrohnung ist fortzufahren, bis der gesetzlichen Verpflichtung genügt oder rechtzeitig Einspruch eingelegt wird, sofern nicht die Verpflichtung durch eine Veränderung der Umstände entfällt. Zu beachten ist nur die Beschränkung, daß die einzelne angedrohte und festgesetzte Strafe den Betrag von 10 000 DM nicht übersteigen darf (§ 132 Rdn. 53).

[24]) KG JW 1936, 202 = DFG 1936, 20; München JFG 22, 205, 210; Schlegelberger Anm. 4; Keidel Anm. 3, 10.

[25]) Schlegelberger Anm. 4; Keidel Anm. 8; Sternberg-Siehr S. 119; a.M. Krieger-Lenz Anm. 9.

[26]) Schlegelberger Anm. 4.

[27]) KG OLGR 43, 197 Fn. 2.

[28]) Keidel Anm. 13.

3. Verfahren bei erhobenem Einspruch

134 Wird rechtzeitig Einspruch erhoben, so hat das Gericht, wenn sich der Einspruch nicht ohne weiteres als begründet ergibt, zur Erörterung der Sache den Beteiligten zu einem Termine zu laden.

Das Gericht kann, auch wenn der Beteiligte nicht erscheint, nach Lage der Sache entscheiden.

1. Verfahren nach Einspruch. Ist rechtzeitig innerhalb der gerichtlich bestimmten oder verlängerten Frist gegen die nach § 132 Abs. 1 erlassene Verfügung oder gegen die nach § 133 Abs. 1 wiederholte Verfügung Einspruch eingelegt oder gegen die Versäumung der Einspruchsfrist Wiedereinsetzung in den vorigen Stand gewährt worden (§137), so kann das weitere Verfahren auf zweierlei Weise verlaufen: 1

a) Sofortige Aufhebung. Erweist sich der Einspruch ohne weiteres, nämlich nach dem Sachverhalt, wie er sich nach dem bisherigen Stande der Ermittlungen und dem Einspruchsvorbringen ohne die Notwendigkeit weiterer Beweiserhebungen ergibt, als begründet, und erscheint es auch ausgeschlossen, daß weitere Aufklärungen doch noch zur Feststellung des Bestehens der Verpflichtung führen könnten, so wird die Verfügung aufgehoben (§ 135 Abs. 1), ohne daß es der Verhandlung in einem Termin bedarf. Der Beteiligte wird benachrichtigt (§ 16). War das Verfahren auf einen Antrag nach § 126 eingeleitet, so muß die Aufhebung dem Organ des Handelsstandes im Hinblick auf dessen Beschwerderecht bekanntgemacht werden; vgl. § 139 Anm. A. Hebt das LG die *ohne* Abhaltung eines Termins ergangene aufhebende Verfügung des AG auf, so muß es die Sache zur Fortsetzung des Einspruchsverfahrens an das AG zurückverweisen; gegen diese Beschwerdeentscheidung ist die weitere Beschwerde unzulässig, weil die sachliche Prüfung zunächst im Einspruchsverfahren fortzusetzen ist[1]). War die aufhebende Verfügung vom Rechtspfleger erlassen, so ist gegen die auf Erinnerung (§ 11 Abs. 1 RechtspflG) ergehende Entscheidung des Richters nicht die Beschwerde gegeben, sondern das Einspruchsverfahren wird entweder vor dem Rechtspfleger oder vor dem Richter fortgesetzt. 2

b) Terminsanberaumung. Ist die Sache nicht zur sofortigen Entscheidung zugunsten des Einspruchsführers reif, so muß das Gericht von Amts wegen einen Termin anberaumen und den Beteiligten zur Erörterung der Sache laden. Der Termin muß auch abgehalten werden, wenn der rechtzeitige Einspruch offensichtlich unbegründet ist oder der Beteiligte auf Terminsanberaumung verzichtet; denn der Termin soll auch dazu dienen, dem Beteiligten die nötigen Belehrungen zu erteilen und ihn von der Unvermeidlichkeit seiner Verpflichtung zu überzeugen; außerdem gewinnt das Gericht durch die Erörterung im Termin eine Grundlage für die bei Verwerfung des Einspruchs nach § 135 Abs. 2 Satz 2 zu treffende Entschließung[2]). 3

Gegen die Terminsanberaumung findet ein Rechtsmittel nicht statt. Ist der Einspruch gleichwohl ohne Termin verworfen worden, so ist die Entscheidung auf Beschwerde auch ohne Rüge aufzuheben. Es ist auch anzunehmen, daß der Mangel durch das Beschwerdegericht durch Abhaltung eines Erörterungstermins nicht geheilt werden kann[3]). Der Amtsrichter dagegen kann auf Erinnerung die vom Rechtspfleger unterlassene Terminsanberaumung nachholen, da das Verfahren in der Instanz bleibt. Hat der Rechtspfleger den Einspruch ordnungsgemäß nach Abhaltung des Erörterungstermins verworfen, so ist eine Wiederholung des Termins vor dem Amtsrichter oder dem Landgericht bei Erinnerung und Beschwerde gesetzlich nicht vorgeschrieben. 4

2. Verhandlung. Die Verhandlung ist nicht öffentlich. Der geladene Beteiligte kann sich vertreten lassen. Das persönliche Erscheinen des Beteiligten kann mit der Folge des § 13 angeordnet, aber nicht erzwungen werden (§ 12 Rdn. 72). Führt die Erörterung in dem Termin zu keinem Abschluß, weil noch weitere Ermittlungen erforderlich sind, so ist die Anbe- 5

[1]) KG RJA 2, 127 = KGJ 22 A 8; Keidel Anm. 3.

[2]) München JFG 15, 359; Düsseldorf JMBlNRW 1960, 167.

[3]) Düsseldorf aaO.; Keidel Anm. 6.

raumung eines weiteren Termins zwar nicht ausgeschlossen, aber nicht zwingend geboten; jedoch ist im Hinblick auf ermittelte weitere Tatsachen das rechtliche Gehör (§ 12 Rdn. 90) zu wahren.

6 *3.* Das *Nichterscheinen* hat keine Säumnisfolgen, führt vor allem nicht ohne weiteres zur Verwerfung des Einspruchs. Das Gericht entscheidet in der Sache auf Grund des Ergebnisses der von Amts wegen anzustellenden Ermittlungen (§ 12). Einem Antrag auf Terminsverlegung muß nicht unbedingt stattgegeben werden, auch wenn der Beteiligte seine Verhinderung glaubhaft macht[4]); jedoch kann darin eine Verkürzung des rechtlichen Gehörs liegen.

Entscheidung über den Einspruch

135 Wird der Einspruch für begründet erachtet, so ist die erlassene Verfügung aufzuheben.

Andernfalls hat das Gericht den Einspruch zu verwerfen und die angedrohte Strafe festzusetzen. Das Gericht kann, wenn die Umstände es rechtfertigen, von der Festsetzung einer Strafe absehen oder eine geringere als die angedrohte Strafe festsetzen.

Im Falle der Verwerfung des Einspruchs hat das Gericht eine erneute Verfügung nach § 132 zu erlassen. Die in dieser Verfügung bestimmte Frist beginnt mit dem Eintritt der Rechtskraft der Verwerfung des Einspruchs.

A. Bedeutung

1 Die Vorschrift regelt Art und Inhalt der Entscheidung über den Einspruch. Bei der Sachentscheidung sind die Tat- und Rechtsfragen zu prüfen, von denen das Bestehen der zu erzwingenden Verpflichtung abhängt. Eine Aussetzung des Verfahrens nach § 127 ist nicht ausgeschlossen[1]). War das Verfahren nach § 132 erst auf Anordnung des Beschwerdegerichts eingeleitet worden, so ist das Registergericht bei der Entscheidung über den Einspruch an die Rechtsauffassung des Beschwerdegerichts nicht gebunden[2]). Dasselbe muß gelten, wenn der Richter auf Erinnerung (§ 11 Abs. 1 RechtspflG) den Rechtspfleger zur Einleitung des Verfahrens anweist; denn da der Richter über die Berechtigung des Einspruchs noch nicht entschieden hat, liegt ein Fall des § 5 Abs. 2 RechtspflG nicht vor[3]).

B. Der Einspruch ist begründet

2 *1. Entscheidung.* Erweist sich der Einspruch entweder ohne weiteres, also ohne daß es der Anberaumung eines Termins bedarf (§ 134 Rdn. 2), oder nach Abhaltung des Termins nach § 134 Abs. 1, mag auch der Beteiligte nicht erschienen sein, für begründet, so ist die nach § 132 Abs. 1 erlassene Verfügung aufzuheben. Die Verfügung muß gänzlich aufgehoben werden, auch wenn sie nur teilweise ungerechtfertigt ist oder wenn von mehreren auferlegten Verpflichtungen nur eine zu Recht besteht[4]). Wegen der verbleibenden Verpflichtung kann ein neues Verfahren nach § 132 eingeleitet werden. Wenn aber bei mehreren selbständigen Verpflichtungen je eine besondere Ordnungsstrafe angedroht war, braucht die Verfügung nur wegen der unbegründeten Verpflichtung aufgehoben zu werden; wegen der weiteren Verpflichtung kann die angedrohte Strafe festgesetzt werden.

3 *2. Rechtsmittel.* Gegen die aufhebende Verfügung findet die einfache Beschwerde statt; Beschwerderecht nach den §§ 20, 126. Vor dem Beschwerdegericht ist die Anberaumung eines Termins nach § 134 Abs. 1 nicht notwendig. Erachtet das Beschwerdegericht die Beschwerde für begründet, so entscheidet es in der Sache selbst, indem es nach Abs. 2 an Stelle des Regi-

[4]) KG DNotV 1928, 186.
[1]) KG DNotZ 1955, 418, 422.
[2]) KGJ 22 A 8 = RJA 2, 127; Josef[2] Anm. 1; Keidel Anm. 2.
[3]) Keidel Anm. 2.
[4]) KG OLGR 5, 274; KG Recht 1927 Nr. 166; BayObLGZ 1967, 458, 464; Sternberg-Siehr S. 113; Keidel Anm. 3.

stergerichts den Einspruch verwirft und die Strafe festsetzt[5]); nur den Erlaß der erneuten strafandrohenden Verfügung nach Abs. 3 muß das Beschwerdegericht dem Registergericht überlassen[6]). Gegen diese Beschwerdeentscheidung findet die sofortige weitere Beschwerde statt[7]). Entsprechendes gilt, wenn der Amtsrichter auf Erinnerung gegen die Verfügung des Rechtspflegers entscheidet; gegen die Entscheidung des Amtsrichters findet die sofortige Beschwerde statt.

C. Der Einspruch ist unbegründet

In diesem Fall ergehen, ähnlich wie im Fall des § 133, zwei Entscheidungen, von denen außerdem die erste einen zweifachen Inhalt hat: **4**

1. Verwerfung des Einspruchs. Darunter ist die Sachentscheidung zu verstehen, durch welche der Einspruch für unbegründet befunden wird. Förmliche Mängel des Einspruchs, die seine Unzulässigkeit begründen, namentlich Versäumung der Einspruchsfrist, führen dazu, daß der Einspruch als nicht vorhanden angesehen wird. Die Entscheidung über die Unzulässigkeit des Einspruchs ist in dem nach § 133 ergehenden Straffestsetzungsbeschluß enthalten und kann daher nur mit einer gegen diesen gerichteten sofortigen Beschwerde (§ 139) zur Nachprüfung gestellt werden. Ergeht eine besonderer Ausspruch über die Unzulässigkeit des Einspruchs, so ist er nicht selbständig mit Rechtsmitteln anfechtbar[8]). **5**

2. Festsetzung der angedrohten Strafe. Verwerfung des Einspruchs und Entscheidung über die Straffestsetzung, entweder durch Festsetzung der angedrohten Strafe nach Abs. 2 Satz 1 oder durch Absehen von der Straffestsetzung oder Verhängung einer geringeren als der angedrohten Strafe nach Abs. 2 Satz 2, sind Bestandteile einer einheitlichen Entscheidung. Eine Verwerfung des Einspruchs unter Vorbehalt der Entscheidung über die Straffestsetzung ist unstatthaft. Ist diese Entscheidung unterblieben, so muß sie in Ergänzung des unvollständigen Beschlusses nachträglich getroffen werden[9]). **6**

3. Absehen von Straffestsetzung oder Minderung der angedrohten Strafe. Grundsätzlich darf das Gericht die Strafe in der angedrohten Höhe festsetzen. Durch Abs. 2 Satz 2 wird ihm aber gestattet, eine geringere als die angedrohte Strafe festzusetzen oder von der Festsetzung einer Strafe ganz abzusehen. Vorausgesetzt wird, daß die Umstände dies rechtfertigen. Darüber entscheidet das Ermessen des Gerichts. Es wird darauf ankommen, ob das Verhalten des Pflichtigen Uneinsichtigkeit oder grobe Nachlässigkeit erkennen läßt und mit weiterer hartnäckiger Weigerung zu rechnen ist oder ob der Beteiligte verständigen Anlaß hatte, eine Entscheidung des Gerichts herbeizuführen. Das Gericht muß, wenn es von der Straffestsetzung absieht, dies in der Entscheidung zum Ausdruck bringen, anderenfalls ist der Beschluß unvollständig (Rdn. 6), auch wenn das Gericht von der Festsetzung absehen wollte. Zu dieser Entscheidung ist auch das Beschwerdegericht befugt[10]). Das Registergericht darf von der Befugnis des Abs. 2 Satz 2 nur bei der Verwerfung des Einspruchs Gebrauch machen. Eine nachträgliche Änderung der Straffestsetzung ist nur im Fall des § 136 und unter den allgemeinen, bei § 133 Anm. A, B erörterten Voraussetzungen statthaft. Wegen der Kostenentscheidung vgl. § 138. **7**

4. Wiederholung der Strafandrohungsverfügung. Für die gleichzeitig mit dem Verwerfungsbeschluß und zweckmäßig mit ihm zu verbindende wiederholte Verfügung nach § 132 Abs. 1 gelten die Bem. zu § 133 Rdn. 15. Ist vorher durch einen auf Einspruch ergangenen Straffestsetzungsbeschluß eine Strafe bereits rechtskräftig festgesetzt, so kann in der auf den Einspruch gegen die wiederholte Verfügung ergehenden Entscheidung die frühere rechtskräf- **8**

5) KGJ 22 A 12 = RJA 2, 172; Josef[2] Anm. 2; Keidel Anm. 5.
6) KG OLGR 7, 343.
7) KG wie Fn. 5; ist die erste Beschwerde erfolglos geblieben, so ist die weitere Beschwerde unbefristet, KG JFG 7, 222.
8) Krieger-Lenz Anm. 2.
9) KGJ 27 A 72 = OLGR 8, 376; Düsseldorf JMBlNRW 1960, 167; Schlegelberger Anm. 2; Sternberg-Siehr S. 117.
10) Schlegelberger Anm. 2; Keidel Anm. 7.

tige Straffestsetzung nicht mehr geändert, die Strafe also nicht ermäßigt oder aufgehoben werden[11]).

9 *5. Bekanntmachung. Rechtsmittel.* Der Beschluß über die Verwerfung des Einspruchs ist dem Beteiligten durch Zustellung oder zu Protokoll förmlich bekanntzumachen, weil die Frist für die sofortige Beschwerde (§ 139 Abs. 1) in Lauf gesetzt wird. Die wiederholte Verfügung (Rdn. 8) wird mit der Bekanntmachung wirksam (§ 16 Abs. 1). Beide Entscheidungen sind auf verschiedene Weise anzufechten: Gegen die Verwerfung des Einspruchs findet die sofortige Beschwerde, bei Entscheidungen durch den Rechtspfleger die befristete Erinnerung gemäß § 11 Abs. 1 Satz 2 RechtspflG, gegen die wiederholte Strafandrohung aber wiederum nur der Einspruch statt. Die in dieser Verfügung bestimmte Frist beginnt aber erst mit der Rechtskraft der Verwerfung des Einspruchs (Abs. 3 Satz 2). Der Beteiligte kann also seine Entschließung, wie er sich gegenüber der erneuten Strafandrohung verhalten will, bis zur Rechtskraft der Verwerfung des Einspruchs gegen die erste Verfügung zurückstellen. Im übrigen wird die Verfügung, insbesondere die Straffestsetzung, mit der Bekanntmachung (§ 16) wirksam. Erst die Einlegung der Beschwerde hindert die Beitreibung (§ 24 Abs. 1).

4. Einspruch gegen wiederholte Verfügungen

136 Wird im Falle des § 133 gegen die wiederholte Verfügung Einspruch erhoben und dieser für begründet erachtet, so kann das Gericht, wenn die Umstände es rechtfertigen, zugleich die früher festgesetzte Strafe aufheben oder an deren Stelle eine geringere Strafe festsetzen.

1 *1. Bedeutung.* Die Vorschrift regelt den besonderen Fall, daß gegen eine Verfügung nach § 132 Abs. 1 kein Einspruch eingelegt worden ist und erst der Einspruch gegen eine wiederholte Verfügung Erfolg hat. Hat der Beteiligte die Frist zur Einlegung des Einspruchs gegen die erste Verfügung versäumt, so muß nach § 133 eine Strafe festgesetzt werden. Dem Beteiligten steht dagegen zwar nach § 139 die sofortige Beschwerde zu, jedoch kann mit diesem Rechtsmittel wegen der Beschränkung des § 139 Abs. 2 das Bestehen der der Androhung zugrunde gelegten gesetzlichen Verpflichtung nicht zur Nachprüfung gestellt werden (§ 139 Rdn. 11). Der Beteiligte hat nur die Möglichkeit, gegen die wiederholte Verfügung Einspruch einzulegen. Ist dieser begründet, so wird zwar die wiederholte Verfügung aufgehoben; die auf Grund der früheren Verfügung festgesetzte Strafe bleibt aber bestehen. Das Gericht ist auch nach § 18 Abs. 2 an einer Aufhebung der Straffestsetzung gehindert und eine Änderung der Umstände, die eine solche Maßnahme rechtfertigen könnte, ist nicht eingetreten. Der Beteiligte bliebe also trotz der sachlich ungerechtfertigten Verfügung mit der festgesetzten Strafe belastet, würde also im Ergebnis allein wegen der Versäumung der Einspruchsfrist bestraft. Hierin soll § 136 Abhilfe schaffen.

2 *2. Voraussetzungen.* Vorausgesetzt wird, daß die Straffestsetzung auf § 133 beruht, also wegen unterbliebener oder nicht rechtzeitiger Einlegung des Einspruchs erging, und der nunmehr gegen die nach § 133 erneuerte Strafandrohnung gerichtete Einspruch für begründet erachtet wird. Das gilt auch, wenn nach mehreren aufeinanderfolgenden Straffestsetzungen nach § 133 erst der gegen die dritte oder weitere Strafandrohnung gerichtete Einspruch durchgreift. Dagegen betrifft die Vorschrift nicht den Fall, daß nach erhobenem und für unbegründet befundenem Einspruch die Strafe gemäß § 135 Abs. 2 festgesetzt worden ist; ferner darf die Änderungsbefugnis nur in Verbindung mit der Prüfung des Einspruchs gegen eine nach § 133, nicht auch nach § 135 wiederholte Verfügung ausgeübt werden[1]).

[11]) Schlegelberger Anm. 3; vgl. § 136 Rdn. 2.

[1]) BayObLGZ 1955, 124 = Rpfleger 1955, 239 mit Anm. Keidel; BayObLGZ 1967, 458, 463; Josef[2] Anm. 1; Schlegelberger Anm. 1; Keidel Anm. 2; Krieger-Lenz Anm. 2; a.M. Wellstein[2] § 136 Anm.; Günther[8] Anm. 2; Sternberg-Siehr S. 119; Unger ZZP 36, 9 Fn. 21.

3. Ermessensentscheidung. Die Befugnis wird nach billigem Ermessen ausgeübt. Sie steht bei der Entscheidung über den Einspruch dem Rechtspfleger, auf Erinnerung dem Amtsrichter, auf Beschwerde dem Beschwerdegericht zu. Gleichgültig ist, ob die frühere Straffestsetzung (wegen Ablaufs der Rechtsmittelfrist oder wegen Erschöpfung des Rechtsmittelzuges) rechtskräftig oder noch anfechtbar ist. Ein etwa gegen die Straffestsetzung anhängiges Beschwerdeverfahren erledigt sich durch die Aufhebung. Die Aufhebung ist auch auf die frühere Kostenentscheidung zu erstrecken; eine bloße Strafherabsetzung läßt sie unberührt. **3**

4. Die *Entscheidung* kann nur „zugleich", also in Verbindung mit der Einspruchsentscheidung ergehen. Sie führt zur Erstattung der bereits eingezogenen Strafe nebst Kosten. Wegen nachträglicher Änderung rechtskräftiger Straffestsetzungen bis zur Einziehung s. § 133 Rdn. 6. **4**

5. Rechtsmittel. Lehnt das Gericht, obwohl es den Einspruch für begründet erachtet, eine Aufhebung oder Minderung der früher festgesetzten Strafe ab, so wird man dagegen entsprechend § 139 Abs. 1 die sofortige Beschwerde zulassen müssen. **5**

5. Wiedereinsetzung

137 Gegen die Versäumung der Einspruchsfrist ist auf Antrag nach Maßgabe des § 22 Abs. 2 die Wiedereinsetzung in den vorigen Stand zu erteilen.

1. Wiedereinsetzung in den vorigen Stand kann nur gegen die Versäumung der Einspruchsfrist, nicht gegen das Ausbleiben in dem nach § 134 Abs. 1 anberaumten Termin oder zum Zwecke der Nachholung der zu erzwingenden Handlung gewährt werden. **1**

2. Verfahren. Es gelten dieselben Grundsätze, die bei Versäumung der Frist für die sofortige Beschwerde nach § 22 Abs. 2 maßgebend sind. Der *Antrag* auf Wiedereinsetzung ist mithin beim Registergericht binnen zwei Wochen nach der Beseitigung des Hindernisses zu stellen. Innerhalb derselben Frist ist der Einspruch nachzuholen. Der Wiedereinsetzungsgrund ist glaubhaft zu machen; das kann auch noch nach Ablauf der Wiedereinsetzungsfrist geschehen (§ 22 Rdn. 27). Der Antrag braucht nicht ausdrücklich gestellt zu werden; er kann sich aus den Umständen ergeben, etwa wenn der Beteiligte den Einspruch unter gleichzeitiger Rechtfertigung der Fristversäumnis einlegt. **2**

3. Entscheidung. Über den Wiedereinsetzungsantrag entscheidet das *Registergericht,* also der Rechtspfleger (§ 132 Anm. Rdn. 58); gegen seine Entscheidung, und zwar sowohl gegen die Gewährung wie gegen die Versagung der Wiedereinsetzung, findet befristete Erinnerung (§ 11 Abs. 1 Satz 2 RechtspflG), gegen die Entscheidung des Richters sofortige Beschwerde statt. Auch die sofortige weitere Beschwerde nach § 27 ist nicht ausgeschlossen. Wird der Antrag gestellt, bevor die Ordnungsstrafe nach § 133 festgesetzt ist, so braucht das Registergericht über den Antrag nicht besonders zu entscheiden; es kann die Entscheidung, wenn es den Antrag für begründet hält, in der Sachentscheidung über den Einspruch, wenn es ihn für unbegründet hält, in der Entscheidung über die Straffestsetzung treffen. In beiden Fällen kann die Wiedereinsetzungsfrage mit der Beschwerde gegen diese Entscheidungen zur Nachprüfung gestellt werden. Ist der Festsetzungsbeschluß bei Eingang des Wiedereinsetzungsantrags bereits erlassen (oder gar rechtskräftig), so wird er mit der Gewährung der Wiedereinsetzung hinfällig; dasselbe gilt, wenn die sofortige Beschwerde gegen die Versagung der Wiedereinsetzung Erfolg hat. Die Rechtskraft der Straffestsetzung ist daher weder Voraussetzung noch ein Hindernis für die Wiedereinsetzung[1]). **3**

[1]) KG Recht 1930 Nr. 903; bedenklich KGJ 26 A 75, wo weder ein Fall der Säumnis vorlag noch ein Wiedereinsetzungsantrag gestellt war.

6. Kostenentscheidung

138 Bei der Festsetzung der Ordnungsstrafe ist der Beteiligte zugleich in die Kosten des Verfahrens zu verurteilen.

1 *1. Kostenentscheidung.* Die Vorschrift ermächtigt nur zur Auferlegung der Gerichtskosten im Verhältnis zur Staatskasse, nicht zur Anordnung der Erstattung der einem Antragsteller oder Anzeigenden entstandenen Kosten[1]). Über Erstattung der Kosten Beteiligter kann nur nach Maßgabe des § 13a Abs. 1 entschieden werden; dessen Voraussetzungen werden aber im ersten Rechtszuge selten vorliegen.

2 2. Die *Auferlegung von Gerichtskosten* setzt die Festsetzung einer Ordnungsstrafe voraus. Auch wenn das Gericht den Einspruch verwirft, von der Festsetzung einer Strafe aber nach § 135 Abs. 2 absieht, ist eine Belastung mit Kosten nicht statthaft (Krieger-Lenz Anm. 1). Hat das AG die Auferlegung der Kosten verabsäumt, so kann das (Rechts-)Beschwerdegericht sie nachholen[2]). Erst die Verurteilung schafft der Staatskasse gegenüber den Kostenschuldner nach § 3 Nr. 1 KostO; eine Kostenhaftung kraft Gesetzes nach § 2 Nr. 2 KostO besteht nicht, auch nicht für Auslagen[3]). Zu verurteilen ist der in Anspruch genommene Pflichtige selbst, nicht die juristische Person, als deren Organ er die Verpflichtung zu erfüllen hätte[4]). Richtet sich das Verfahren gegen mehrere Beteiligte, so ist jeder von ihnen besonders in die Kosten zu verurteilen.

3 *3. Rechtsmittel.* Der Kostenausspruch ist nur nach Maßgabe des § 20a anfechtbar, nicht nach § 14 KostO (§ 20a Rdn. 5).

4 *4.* Bei nachträglicher Aufhebung der Straffestsetzung wegen veränderter Umstände (§ 133 Rdn. 6) bleibt die rechtskräftige Kostenentscheidung bestehen[5]); anders bei Aufhebung nach § 136, s. dort Rdn. 4.

5 *5. Gebühren* § 119 KostO; wegen der Bemessung des Beschwerdewerts vgl. § 140 Rdn. 25.

7. Rechtsmittel

139 Gegen den Beschluß, durch welchen die Ordnungsstrafe festgesetzt oder der Einspruch verworfen wird, findet die sofortige Beschwerde statt.

Ist die Strafe nach Maßgabe des § 133 festgesetzt, so kann die Beschwerde nicht darauf gestützt werden, daß die Verfügung, durch welche die Strafe angedroht worden ist, nicht gerechtfertigt gewesen sei.

A. Rechtsmittel im Ordnungsstrafverfahren

1 Die Anfechtbarkeit der im Ordnungsstrafverfahren ergehenden Entscheidungen ist in mehrfacher Hinsicht besonders geregelt. Die Beschwerde gegen die Strafandrohungsverfügung wird in § 132 Abs. 2 ausgeschlossen. Das Rechtsmittel gegen den Straffestsetzungsbeschluß und den Beschluß, durch den der Einspruch verworfen wird (§§ 133, 135 Abs. 2), ist nach § 139 Abs. 1 die sofortige Beschwerde; hierbei sind die Beschwerdegründe, wenn die Strafe wegen Säumnis nach § 133 festgesetzt wird, beschränkt (§ 139 Abs. 2). Demnach ergibt sich für die statthaften Rechtsmittel folgender *Überblick:*

2 *a)* Die Anregung zur Einleitung des Verfahrens wird abgelehnt: einfache Beschwerde nach §§ 19, 20, 126 FGG (§ 132 Rdn. 56);

3 *b)* Die Verfügung nach § 132 Abs. 1 wird erlassen: nur Einspruch an das Registergericht, keine Beschwerde (§ 132 Rdn. 55);

[1]) Nußbaum ZZP 29, 488; Keidel Rpfleger 1955, 242/243.
[2]) Hamm Rpfleger 1955, 241.
[3]) KGJ 29 B 10.
[4]) Krieger-Lenz Anm. 3; Keidel Anm. 3.
[5]) München DFG 1938, 79; Keidel Anm. 4.

c) Gegen die einleitende Verfügung wird kein Einspruch eingelegt, eine Strafe wird nach § 133 festgesetzt und eine wiederholte Verfügung nach § 132 erlassen: gegen die Straffestsetzung sofortige Beschwerde mit Beschränkung der Beschwerdegründe nach § 139 Abs. 2 (nachst. Rdn. 11), gegen die wiederholte Verfügung nur Einspruch, keine Beschwerde; **4**

d) Gegen die erste oder wiederholte Verfügung wird rechtzeitig oder nach Wiedereinsetzung in den vorigen Stand (§ 137) Einspruch eingelegt: **5**

α) Dem Einspruch wird stattgegeben: einfache Beschwerde nach §§ 19, 20, 126 FGG; **6**

β) Bei der Stattgabe des Einspruchs gegen eine nach § 133 wiederholte Verfügung wird die Aufhebung oder Minderung der früher festgesetzten Strafe abgelehnt: sofortige Beschwerde nach § 139 Abs. 1 (§ 136 Rdn. 5). **7**

γ) Der Einspruch wird mit oder ohne Straffestsetzung verworfen (§ 135 Abs. 2) und die Verfügung nach § 132 wiederholt: Gegen den Verwerfungsbeschluß und die Straffestsetzung sofortige Beschwerde nach § 139 Abs. 1, gegen die wiederholte Verfügung nach § 132 keine Beschwerde, nur Einspruch mit der Besonderheit, daß die Einspruchsfrist erst mit der Rechtskraft des Verwerfungsbeschlusses beginnt (§ 135 Abs. 3 Satz 2). **8**

e) Hat der *Rechtspfleger* entschieden, so gilt Entsprechendes für den Ausschluß, die Statthaftigkeit und die Befristung der Erinnerung (§ 11 Abs. 1 RechtspflG); auch die Beschränkung der Beschwerdegründe nach § 139 Abs. 2 gilt entsprechend für die Erinnerung[1]). **9**

B. Sofortige Beschwerde

Gegen *Straffestsetzungsbeschlüsse* und Beschlüsse auf *Verwerfung des Einspruchs* ist die sofortige Beschwerde nach § 22 gegeben. Die Beschwerde gegen eine Straffestsetzung hat aufschiebende Wirkung (§ 24 Abs. 1). Die Beschwerde eines von mehreren Verurteilten kommt den anderen nicht zustatten[2]). In keinem Fall ist die Beschwerde deswegen unzulässig, weil die Strafe schon bezahlt oder beigetrieben ist[3]), sofern nicht nach den Besonderheiten des Falles Verwirkung des Beschwerderechts (§ 21 Rdn. 18) anzunehmen ist. Es sind folgende Fälle zu unterscheiden: **10**

1. Straffestsetzung nach Versäumung der Einspruchsfrist (§ 133). In diesem Fall sind nach Abs. 2 die Beschwerdegründe beschränkt. Die Verpflichtung, zu deren Erfüllung das Registergericht angehalten hat, kann nur mit Einspruch gegen die Strafandrohungsverfügung, nicht mit Beschwerde gegen die Straffestsetzung bestritten werden[4]). Eine Erörterung darüber, ob die der Androhung zugrunde gelegte gesetzliche Verpflichtung mit Recht oder zu Unrecht angenommen worden ist, findet nicht statt[5]), und zwar auch dann nicht, wenn das Beschwerdegericht erkennt, daß die Verpflichtung nicht besteht[6]). Der *Nachprüfung* des Beschwerdegerichts unterliegen aber: **11**

a) Mängel des Verfahrens[7]), z. B. förmliche Fehler der Strafandrohungsverfügung, Zustellungsmängel, Straffestsetzung vor Ablauf der Einspruchsfrist oder trotz Einspruchs ohne Terminsanberaumung; **12**

b) Nichtbeachtung eines rechtzeitigen Einspruchs oder eines Wiedereinsetzungsgesuchs oder ungerechtfertigte Versagung der Wiedereinsetzung, wenn darüber nicht isoliert, sondern in dem Straffestsetzungsbeschluß nach § 133 entschieden worden ist (§ 137 Rdn. 3). Ist dagegen die Einspruchsfrist tatsächlich versäumt worden, so ist das Vorbringen, die Versäumung sei **13**

1) ebenso Keidel § 132 Anm. 36; BayObLGZ 1967, 458, 466.
2) BayObLG OLGR 4, 100; KGJ 31 A 206.
3) KGJ 48, 117 = RJA 15, 33; KG OLGR 4, 350; KG JW 1937, 1797; Baur Freiw. Gerbkt. § 26 B III 1 c; Siehr, Freiw. Gerbkt. S. 78, 226; Keidel Anm. 4; a.M. zu § 33 FGG Hamm OLGZ 1966, 484.
4) BayObLGZ 29, 82.
5) KG OLGR 5, 275; BayObLGZ 10, 149; Keidel Rpfleger 1955, 134.
6) BayObLGZ 29, 83.
7) Hamm JMBlNRW 1953, 185; Rpfleger 1955, 241; Keidel Rpfleger 1955, 134, 242.
8) A. M. KGJ 26 A 75; Keidel Anm. 10.

im Sinne des § 22 Abs. 2 unverschuldet, mit einem Wiedereinsetzungsantrag nach § 137 bei dem Registergericht, nicht mit der sofortigen Beschwerde geltend zu machen[8]);

14 *c)* Unangemessenheit der bestimmten Frist[9]);

15 *d)* Höhe der festgesetzten Strafe[10]);

16 *e)* Erfüllung der auferlegten Verpflichtung[11]) oder ihr nachträglicher Wegfall durch Veräußerung des Handelsgeschäfts oder Beendigung der die Verpflichtung begründenden Organstellung.

17 2. *Straffestsetzung in Verbindung mit der Verwerfung des Einspruchs* (§ 135 Abs. 2). Die Beschwerde kann auch bei Verwerfung des Einspruchs auf die Straffestsetzung beschränkt werden[12]). In diesem Fall kann nur geltend gemacht werden, daß das Registergericht zu Unrecht nicht nach § 135 Abs. 2 Satz 2 von der Festsetzung einer Strafe abgesehen oder eine geringere als die angedrohte festgesetzt habe; die nicht angefochtene Einspruchsverwerfung unterliegt in diesem Fall nicht der Nachprüfung des Beschwerdegerichts.

18 3. *Aufrechterhaltung der früher festgesetzten Strafe* ganz oder zum Teil, wenn dem Einspruch gegen eine nach § 133 wiederholte Verfügung stattgegeben wird (§ 136 Anm. 5).

19 4. *Verwerfung des Einspruchs* (§ 135 Abs. 2 Satz 1). Diese Beschwerde wird sich regelmäßig auch gegen die mit der Einspruchsverwerfung nach § 135 Abs. 2 Satz 1 verbundene Straffestsetzung richten. Die Verwerfung des Einspruchs ist aber auch anfechtbar, wenn das Gericht nach § 135 Abs. 2 Satz 2 von der Straffestsetzung abgesehen hat; denn der Beteiligte hat ein schutzbedürftiges Interesse daran, mit weiteren Strafandrohnungen nach § 135 Abs. 3 verschont zu werden[13]). Die Beschwerde führt zu einer vollständigen Nachprüfung der Einspruchsentscheidung in sachlicher und verfahrensrechtlicher Hinsicht, insbesondere darüber, ob der Beteiligte zur Vornahme der von ihm geforderten Handlung verpflichtet ist oder ob das Verfahren des Registergerichts an wesentlichen Mängeln leidet. Da das Rechtsmittel auf neue Tatsachen gestützt werden kann (§ 23), ist auch zu berücksichtigen, daß die Verpflichtung durch nachträglich eingetretene Umstände weggefallen (§ 133 Anm. B) oder im Sinne der Bem. zu § 133 Anm. A 1 erfüllt ist[14]). Wird die Verwerfung des Einspruchs rechtskräftig aufgehoben und dem Einspruch stattgegeben, so wird damit zugleich die nach § 135 Abs. 3 erlassene wiederholte Verfügung gegenstandslos; zur Klarstellung mag das ausgesprochen werden[15]). Wird dagegen die Beschwerde rechtskräftig als unbegründet zurückgewiesen, so bleibt der Beteiligte befugt, nach § 135 Abs. 3, 132 Abs. 1 gegen die wiederholte Verfügung Einspruch einzulegen. Das Beschwerdegericht kann, wenn es die Beschwerde zurückweist, von der Befugnis des § 135 Abs. 2 Satz 2 Gebrauch machen, also von Strafe absehen oder eine geringere als die angedrohte Strafe festsetzen oder, wenn es einen wiederholten Einspruch für begründet erachtet, dieselbe Befugnis gemäß § 136 in bezug auf eine früher nach § 133 festgesetzte Strafe ausüben.

C. Anfechtung gesetzwidriger Beschlüsse

20 Ist das Registergericht unzulässigerweise mit Ordnungsstrafen zur Erzwingung einer gesetzlich nicht erzwingbaren Handlung eingeschritten, so findet dagegen die unbefristete Beschwerde statt, auch wenn die Einspruchsfrist versäumt ist und ohne Beschränkung der Beschwerdegründe nach § 139 Abs. 2[16]). Dasselbe gilt für die Anfechtung von aus allgemeinen Gründen nichtigen Verfügungen.

[9]) München JFG 22, 209.
[10]) BayObLGZ 10, 149; Hamm Rpfleger 1955, 241; Schlegelberger Anm. 4; Keidel Anm. 10 u. Rpfleger 1955, 242; a.M. Karlsruhe OLGR 14, 154.
[11]) KGJ 48, 117 = RJA 15, 33.
[12]) Krieger-Lenz Anm. 5.
[13]) Schlegelberger Anm. 1.
[14]) KG RJA 13, 36 = OLGR 28, 337; KGJ 48, 117 = RJA 15, 33; München DFG 1938, 79; Schlegelberger Anm. 1; Krieger-Lenz Anm. 4; Keidel Anm. 8.
[15]) Sternberg-Siehr S. 120 u. Schlegelberger Anm. 1 halten abw. hiervon die Aufhebung für erforderlich.
[16]) KGJ 42, 167 = RJA 12, 35; Keidel Anm. 6; Schlegelberger Anm. 5; vgl. auch § 132 Rdn. 97 zu Fn. 54.

D. Beschwerderecht

Beschwerdeberechtigt ist in erster Linie derjenige, gegen den sich das Verfahren richtet, gegen den also die Ordnungsstrafe festgesetzt oder dessen Einspruch verworfen worden ist. Der Prokurist kann nicht Beschwerde gegen die Bestrafung des Geschäftsinhabers einlegen[17]). Das Beschwerderecht steht jedoch auch der Handelsgesellschaft (Genossenschaft) zu, wenn ihre Rechte durch das Einschreiten gegen Gesellschafter, Vorstandsmitglieder oder Geschäftsführer beeinträchtigt werden (§ 133 Rdn. 9). **21**

E. Verfahren

Beschwerdegericht ist das Landgericht, und zwar statt der Zivilkammer die Kammer für Handelssachen, wenn eine solche gebildet ist (§ 30 Abs. 1). Die Abhaltung eines Erörterungstermins nach § 134 Abs. 1 ist im Beschwerdeverfahren nicht erforderlich (vgl. § 134 Rdn. 3). **22**

Ordnungsstrafverfahren bei unbefugtem Firmengebrauch

140 Soll nach § 37 Abs. 1 des Handelsgesetzbuchs gegen eine Person eingeschritten werden, die eine ihr nicht zustehende Firma gebraucht, so finden die Vorschriften der §§ 132 bis 139 mit der Maßgabe Anwendung, daß

1. in der nach § 132 zu erlassenden Verfügung dem Beteiligten aufgegeben wird, sich des Gebrauchs der Firma zu enthalten oder binnen bestimmter Frist den Gebrauch der Firma mittels Einspruchs gegen die Verfügung zu rechtfertigen;

2. die Ordnungsstrafe festgesetzt wird, falls kein Einspruch erhoben oder der erhobene Einspruch rechtskräftig verworfen ist und der Beteiligte nach der Bekanntmachung der Verfügung dieser zuwidergehandelt hat.

A. Bedeutung

Die *Folgen des mißbräuchlichen Gebrauchs einer Firma* können privatrechtlicher oder öffentlichrechtlicher Art sein. Die privatrechtliche Folge des Firmenmißbrauchs ist in § 37 Abs. 2 HGB dadurch geregelt, daß dem Verletzten ein Unterlassungsanspruch gewährt wird. Die Wahrung des öffentlichen Interesses daran, daß die Vorschriften über die Firmenführung von jedermann beachtet werden, ist in *§ 37 Abs. 1 HGB* dem Registergericht anvertraut. Diese Vorschrift lautet: **1**

Wer eine nach den Vorschriften dieses Abschnitts ihm nicht zustehende Firma gebraucht, ist von dem Registergericht zur Unterlassung des Gebrauchs der Firma durch Ordnungsstrafen anzuhalten. Die Höhe der Strafen bestimmt sich nach § 14 Satz 2.

B. Anwendungsbereich

Die Vorschrift des § 37 Abs. 1 HGB gilt für alle Firmen, auch für die der AG und der KGaA, da die Bestimmungen über die Firma dieser beiden Gesellschaften (§§ 4, 279 AktG) früher in § 20 HGB enthalten waren. Die Vorschrift gilt auch für die GmbH[1]), gemäß § 16 VAG auch für Versicherungsvereine a. G. und für die eingetragene Genossenschaft, selbst wenn sie kein Handelsgewerbe betreibt, da sie nach § 17 Abs. 2 GenG als Kaufmann im Sinne des HGB gilt[2]). **2**

C. Unzulässigkeit der Firma

Die Unzulässigkeit der Firmenführung muß auf firmenrechtlichen Vorschriften beruhen. Hierfür kommen in erster Linie die Bestimmungen der §§ 17 bis 19, 21 bis 24, 30 HGB in Betracht, also die Fälle, in denen ein Nichtkaufmann oder Minderkaufmann überhaupt eine **3**

[17]) Colmar RJA 14, 56.

[1]) RG JW 1910, 121; RGZ 132, 311 = JFG 8, 9.

[2]) Parisius-Crüger GenG § 17 Anm. 18; Würdinger in HGB-RGRK² § 37 Anm. 2; BayObLGZ 1960, 345; a.M. Keidel § 147 Anm. 6.

Firma führt oder die neugebildete Firma eines Vollkaufmanns oder einer Handelsgesellschaft nicht den vorgeschriebenen Inhalt hat (§§ 18, 19, 21 HGB) oder einen zur Täuschung geeigneten Zusatz enthält (§ 18 Abs. 2 HGB) oder sich von vorher eingetragenen Firmen nicht deutlich unterscheidet (§ 30 HGB) oder in denen eine abgeleitete Firma unter Verletzung der §§ 22, 24 HGB fortgeführt wird. Die Unzulässigkeit der Firma kann sich über den zu engen Wortlaut des § 37 Abs. 1 HGB aber auch aus firmenrechtlichen Vorschriften anderer Gesetze ergeben, so für die GmbH aus § 4 GmbHG, für die AG und KGaA aus §§ 4, 279 AktG, für den Versicherungsverein a. G. aus § 18 Abs. 2 VAG, für die Genossenschaft aus § 3 GenG. Das Verfahren des Registergerichts zum Schutz der Bezeichnungen „Bank" und „Sparkasse" nach den §§ 39, 40 des G über das Kreditwesen v. 10. 7. 1961 (BGBl. I, 881) ist in § 43 Abs. 2 Satz 3 KWG teilweise abweichend von § 140 FGG geregelt (vgl. dazu Anh. I nach § 144 zu A). Vorschriften über die Firmenbildung in Sondergesetzen, z. B. in § 22 Abs. 2 WohnungsgemeinnützigkeitsG i. d. F. v. 29. 2. 1940 (RGBl. I, 438) haben zur Folge, daß ein Verstoß gegen sie bei der Firmenbildung im Sinne des § 18 Abs. 2 HGB zur Täuschung geeignet ist und ein Einschreiten des Registergerichts nach § 37 Abs. 1 HGB rechtfertigt. Vorschriften über die Firmenbildung bei Wirtschaftsprüfungs-, Buchprüfungs- und Steuerberatungsgesellschaften und den Schutz dieser Bezeichnungen finden sich in den §§ 31, 128 Abs. 2, 130 Abs. 2, 133 der Wirtschaftsprüferordnung v. 24. 7. 1961 (BGBl. I, 1049) und §§ 12, 19 des Steuerberatungsgesetzes v. 16. 8. 1961 (BGBl. I, 1301), ferner in § 7 G über Kapitalanlagegesellschaften i. d. F. v. 14. 1. 1970 (BGBl. I, 128)[2a]). Ein Einschreiten nach § 37 Abs. 1 HGB ist nur statthaft, wenn die Firma dem Benutzer gerade nach firmenrechtlichen Vorschriften nicht zusteht. Verstößt ihr Gebrauch gegen andere gesetzliche Bestimmungen, etwa die des Warenzeichen- oder Wettbewerbsrechts oder gegen gewerbepolizeiliche Vorschriften, so ist die Einleitung eines Firmenmißbrauchsverfahrens nicht gerechtfertigt[3]). Dasselbe gilt, wenn der Gebrauch nur private Rechte verletzt; die schuldrechtliche Verpflichtung des Erwerbers eines Handelsgeschäfts gegenüber dem Veräußerer, die bisherige Firma fortzuführen, berührt nicht die firmenrechtliche Befugnis des Erwerbers, eine andere Firma anzunehmen[4]). Dagegen ist die Fortführung der Firma eines erworbenen Handelsgeschäfts nach § 22 HGB auch firmenrechtlich nur zulässig, wenn der bisherige Geschäftsinhaber einwilligt. Im übrigen kann die Unzulässigkeit eines Firmengebrauchs nur im Rahmen des § 37 Abs. 2 HGB, nicht aber für die Anwendbarkeit des § 37 Abs. 1 HGB durch die Zustimmung des Verletzten geheilt werden.

D. Firma

4 Gegenstand des Einschreitens nach § 37 Abs. 1 HGB, § 140 FGG kann nur der Gebrauch einer *Firma* sein. Die Firma ist nach § 17 HGB der Name, unter welchem der Kaufmann im Handel seine Geschäfte betreibt und seine Unterschrift leistet. Sie ist der Handelsname des Kaufmanns, also der Name einer (natürlichen oder juristischen) Person, nicht der Name des „Geschäfts", des Unternehmens als Sachinbegriff. Wie der bürgerliche Name dient sie der Individualisierung des Firmenträgers, nämlich seiner Kenntlichmachung und Unterscheidung von anderen Firmenträgern. Nach § 37 Abs. 1 HGB angreifbar sind aber auch Namensgebungen, die den firmenrechtlichen Vorschriften nicht entsprechen, aber wie eine Firma individualisierend wirken, firmenähnlich und deshalb geeignet sind, als Firma aufgefaßt zu werden[5]). Hiervon zu unterscheiden sind *„Geschäftsbezeichnungen"* (Etablissementsbezeichnungen), die der Spezifizierung eines Geschäfts dienen und es aus der Menge gleichartiger Unternehmen herausheben und nach Art und Umfang kenntlich machen sollen[6]). Gegen die

[2a]) Dazu BayObLGZ 1969, 215.

[3]) KGJ 33 A 130; 41, 114; 49, 101; RJA 11, 195; RG Recht 1910 Nr. 381.

[4]) KG JFG 5, 212; KG OLGZ 1965, 315; Würdinger in HGB-RGRK[2] § 22 Anm. 34 u. 48; Baumbach-Duden HGB[16] § 22 Anm. 2 E, § 17 Anm. 3 F; Sternberg-Siehr S. 209; Krieger-Lenz § 22 HGB Anm. 14.

[5]) KG JW 1926, 2095; KG JW 1934, 3072 = HRR 1934 Nr. 1539; KG JFG 15, 54; BayObLGZ 1960, 345; Schlegelberger-Hildebrandt HGB[3] § 37 Rn. 4, § 17 Rn. 10; Würdinger in HGB-RGRK[2] § 37 Anm. 5; § 17 Anm. 7.

[6]) Hamm JMBlNRW 1959, 136; BayObLGZ 1960, 345; Peus JW 1936, 431.

Verwendung einer Geschäftsbezeichnung neben oder außerhalb einer Firma kann grundsätzlich nicht nach § 37 Abs. 1 HGB eingeschritten werden[7]), es sei denn, daß sie einen Übergriff in das Firmenrecht darstellt. Ist die Geschäftsbezeichnung zum Bestandteil der Firma gemacht worden, so ist sie lediglich nach den Vorschriften des Firmenrechts zu beurteilen[8]). Bei selbständigen Geschäftsbezeichnungen kommt es unabhängig von der Art ihrer Verwendung darauf an, ob sie den Eindruck einer Firma erwecken; ist das der Fall, so untersteht ihr Gebrauch dem § 37 Abs. 1 HGB[9]). Ist dagegen die Geschäftsbezeichnung nicht firmenähnlich, so kommt es für die Zulässigkeit eines Vorgehens nach § 37 Abs. 1 HGB darauf an, ob sie wie eine Firma zur Individualisierung des Geschäftsinhabers im rechtsgeschäftlichen Verkehr, insbesondere bei der Leistung von Unterschriften verwendet wird; wird die nicht firmenähnliche Geschäftsbezeichnung nicht rechtsgeschäftlich, z. B. nur bei der Werbung, verwendet, so ist eine Zuständigkeit des Registergerichts, weil das Firmenrecht nicht berührt wird, nicht gegeben[10]).

E. Gebrauch der Firma

1. Unter einem Gebrauch der Firma im Sinne des § 37 Abs. 1 HGB ist jede Handlung zu **5**
verstehen, die unmittelbar zu dem Betriebe des Geschäfts in Beziehung steht und den Willen zum Ausdruck bringt, sich beim Betriebe des Handelsgewerbes der Firma als des eigenen Handelsnamens zu bedienen. Die Firmenbenutzung muß in der Weise geschehen, daß jemand sich in seiner Eigenschaft als Kaufmann an das Publikum wendet und dabei zu erkennen gibt, daß er die Bezeichnung, die er sich beilegt, als die ihm zustehende Firma in Anspruch nehme. Hierher gehört zunächst die Verwendung der Firma im rechtsgeschäftlichen Verkehr, also beim Abschluß von Handelsgeschäften und bei der Leistung von Unterschriften. Aber auch jede andere Art der Verwendung der Firma für die Zwecke des Geschäftsbetriebes außerhalb des rechtsgeschäftlichen Verkehrs kommt in Betracht, z. B. die Verwendung auf Geschäftsbriefen, Rechnungen, Preislisten[11]). Das gilt auch für die Aufnahme der Firma in Adreßbücher und Telefonverzeichnisse; jedoch ist es zulässig, Firmen, bei denen es zweifelhaft sein kann, unter welchem Buchstaben sie in einem alphabetischen Verzeichnis zu finden sind, an mehreren Stellen in der Weise anzuführen, daß auf die Stelle, an welcher die volle Firma wiedergegeben ist, hingewiesen wird[12]). Ein Gebrauch der Firma liegt schon darin, daß sie im Handelsregister eingetragen bleibt[13]). Ein einmaliger oder auf wenige Fälle beschränkter unbefugter Firmengebrauch verpflichtet das Registergericht zum Einschreiten nur, wenn das öffentliche Interesse beeinträchtigt und mit Wiederholung zu rechnen ist[13a]).

2. Geschäftshinweise bei der Werbung. Kein Firmengebrauch liegt vor, wenn der Kauf- **6**
mann auf sein Geschäft in anderer Weise als durch den Gebrauch seines Handelsnamens hinweist, vor allem zu Zwecken der Werbung. In Zeitungsanzeigen, in Reklamerundschreiben, in Aufschriften auf dem Schaufenster oder der Wand des Geschäftshauses kommt es dem Kaufmann häufig nicht darauf an, sich seines Handelsnamens zu bedienen und den Anspruch zu erheben, daß er die zur Werbung verwendete Bezeichnung als die ihm zustehende Firma in Anspruch nehme, sondern es ist Zweck dieser Ankündigungen, auf das Geschäft als solches hinzuweisen. Derartige Hinweise werden nach jetziger Verkehrsauffassung auch objektiv nicht

7) KG JW 1926, 2095.
8) Hamm JMBlNRW 1959, 136; BayObLGZ 1960, 345; Würdinger in HGB-RGRK² § 17 Anm. 7.
9) KG HRR 1929 Nr. 22; KG JW 1934, 3072; Hamm JMBlNRW 1959, 136; BayObLGZ 1960, 345; a.M. Keidel Anm. 10.
10) KG JW 1934, 3072 = HRR 1934 Nr. 1539; Hamm JMBlNRW 1959, 136; Würdinger in HGB-RGRK² § 17 Anm. 7; abw. hiervon läßt BayObLGZ 1960, 345 (351) im Anschluß an Peus JW 1936, 431 und Schlegelberger-Hildebrandt HGB³ § 17 Anm. 10 jeden beliebigen Gebrauch einer zur Individualisierung geeigneten Geschäftsbezeichnung genügen; vgl. auch Krieger-Lenz § 17 HGB Anm. 9—13; Droste, Betr. 1957, 573.
11) KGJ 45, 168; BayObLGZ 1960, 348; Würdinger in HGB RGRK² § 37 Anm. 6; Schlegelberger § 140 Anm. 19; Keidel § 140 Anm. 7; Jansen GmbHRdsch. 1963, 163 zu IV.
12) KGJ 45, 168.
13) KGJ 48, 122 = RJA 14, 174 = OLGR 34, 330; Keidel Anm. 7.
13a) KGJ 36 A 127; KG Recht 1928 Nr. 2272.

als Firmen angesehen; ihre Verwendung stellt sich nicht als Firmengebrauch im Sinne des § 37 Abs. 1 HGB dar. In der Werbung ist es deshalb erlaubt, den Gesellschaftszusatz fortzulassen[14]). Es ist aber auch gestattet, als bloßen Hinweis auf das Geschäft schlagwortartige Abkürzungen oder den hervorstechendsten Bestandteil der Firma zu verwenden[15]). Auch in der Werbung dürfen allerdings keine Bezeichnungen verwendet werden, die den Eindruck einer Firma erwecken, die als solche aber dem Geschäftsinhaber nicht zustehet. Bezeichnungen wie „Radiohaus (Tuchhaus, Elektrohaus)“ sind wegen ihrer Form stets firmenähnlich und deshalb, wenn sie nicht Bestandteil der eingetragenen Firma sind, in der Werbung ebenso unzulässig wie im sonstigen kaufmännischen Verkehr[16]).

7 *3. Zugelassene Kurzformen.* Kein Firmengebrauch im Sinne des § 37 Abs. 1 HGB ist die Benutzung einer *Telegrammadresse.* Sie ist als „Kurzanschrift“ in der Telegraphenordnung zugelassen und wird durch Vereinbarung mit dem Postamt des Wohnorts und Hinterlegung der Adresse begründet. Ihr Gebrauch im telegraphischen Verkehr ist jedermann, also auch dem Einzelkaufmann und der Handelsgesellschaft, an Stelle der Firma gestattet. Sie kann in einem frei erfundenen Wort bestehen, aber auch die Firma in abgekürzter Form wiedergeben[17]). Es ist firmenrechtlich auch nicht zu beanstanden, wenn sie bei telegraphischen Abschlüssen als verpflichtende Unterschrift benutzt wird[18]). Schließlich ist es nach § 16 des Warenzeichengesetzes gestattet, die Firma, „sei es auch in abgekürzter Gestalt“, auf Waren, ihrer *Verpackung* oder Umhüllung anzubringen, sofern der Gebrauch nicht warenzeichenmäßig erfolgt. Dagegen liegt ein unbefugter Firmengebrauch vor, wenn ein Kaufmann auf den von ihm verwendeten Verpackungen eine fremde Firma als seinen eigenen Handelsnamen anbringt[19]); anders, wenn er die Waren mit einer fremden Firma versieht, aber unter der ihm zustehenden Firma verkauft, so daß er nur über die Herkunft der Ware täuscht[20]).

F. Unbefugter Gebrauch der Firma

8 liegt vor, wenn er eine Verletzung der Vorschriften über das Firmenrecht (Anm. C) darstellt. Objektiv unbefugter Gebrauch genügt; guter Glaube schützt nicht vor dem Einschreiten des Registergerichts[21]). Unbefugt ist der Gebrauch einer firmenrechtlich zulässigen Firma aber nicht schon deswegen, weil sie nicht eingetragen ist; vielmehr ist in diesem Fall auf die Anmeldung der Firma nach § 14 HGB, § 132 FGG hinzuwirken. Die Verfahren nach § 14 HGB, § 132 FGG und § 37 Abs. 1 HGB, § 140 FGG können aber auch nebeneinander eingeleitet werden, wenn ein Vollkaufmann eine Firma führt, die im Handelsregister nicht eingetragen und außerdem firmenrechtlich unzulässig ist. Im übrigen ist hervorzuheben:

9 *1. Nichtkaufleute oder Minderkaufleute* geben Anlaß zu einem Einschreiten nach § 37 Abs. 1 HGB bereits dadurch, daß sie überhaupt eine Firma führen[22]). Ein Firmengebrauch durch den Nicht- oder Minderkaufmann ist anzunehmen, wenn die von ihm gewählte Bezeichnung den Anschein der Firma eines Vollkaufmanns erweckt[23]). Das ist der Fall, wenn der Minderkaufmann die Firma seines Vorgängers fortführt oder sein Handelsname sich mit dem bürgerlichen Namen nicht deckt[24]) oder dem Firmenrecht vorbehaltene Zusätze wie „& Co.“, „Nachfolger“, oder „vormals“ enthält oder wenn zwei Namen durch das Zeichen

14) RG MuW 1931, 501.
15) KG Recht 1925 Nr. 1305 = DNotV 1927, 127; JW 1926, 2930; Recht 1928 Nr. 2272 = HRR 1929 Nr. 21; JW 1930, 3777; JW 1934, 3072 = HRR 1934 Nr. 1539; Baumbach-Duden HGB[15] § 37 Anm. 2 B; Sternberg-Siehr, Registerrecht, S. 122; Jansen, GmbH-Rdsch. 1963, 163 zu V; a.M. Keidel-Schmatz Registerrecht[2] S. 337.
16) KG JW 1934, 3072; Hamm JMBlNRW 1959, 136; KG JFG 15, 55; BayObLGZ 1960, 350; Würdinger in HGB-RGRK[2] § 17 Anm. 7.
17) RGZ 102, 89.
18) Würdinger in HGB-RGRK[2] § 17 Anm. 8.
19) München JFG 16, 361.
20) Vgl. Würdinger aaO. § 37 Anm. 7; Schlegelberger § 140 Anm. 19.
21) Schlegelberger Anm. 19; Keidel Anm. 8.
22) KGJ 31 A 143, 149; 33 A 115; 35 A 145; 38 A 158; 42, 161; 53, 95; Krieger-Lenz § 37 HGB Anm. 3; Sternberg-Siehr S. 121.
23) KG JW 1926, 2095; KG RJA 9, 153; Dresden JFG 7, 153; Würdinger in HGB-RGRK[2] § 37 Anm. 5.
24) KGJ 35 A 145; 38 A 158; 42, 161; 53, 95; Stuttgart Justiz 1965, 242; vgl. aber Hamm OLGZ 1968, 97 = Betr. 1968, 479 und dazu Welsch NJW 1969, 330.

„&" verbunden sind[25]). Der Gebrauch seines bürgerlichen Namens zur Bezeichnung seines Geschäfts ist aber auch dem Minderkaufmann gestattet, und zwar ohne die Beschränkung des § 30 Abs. 2 HGB; die Beifügung des Vornamens kann nicht verlangt werden[26]). Die Führung einer nicht firmenähnlichen Geschäftsbezeichnung steht dem Minderkaufmann frei[27]).Ist ein Minderkaufmann zu Unrecht im Handelsregister eingetragen, so gilt er zwar nach § 5 HGB als Kaufmann; die Eintragung macht aber die Firma nicht zulässig; trotz der Eintragung kann nach § 37 Abs. 1 HGB eingeschritten werden[27a]). Wird das Geschäft eines Minderkaufmanns veräußert, so kann der Erwerber nicht den Namen seines Vorgängers als Firma des jetzt vollkaufmännisch gewordenen Handelsgeschäfts fortführen; das Recht zur Firmenfortführung nach § 22 HGB setzt voraus, daß der Veräußerer Vollkaufmann ist und seine Firma mit Recht führt[28]).

2. *Vollkaufleute, Handelsgesellschaften, Versicherungsvereine a. G., Genossenschaften,* die zur Führung einer Firma berechtigt sind, können Anlaß zum Einschreiten nach § 37 Abs. 1 **10**
HGB bieten, wenn sie entweder eine (eingetragene oder nicht eingetragene) Firma gebrauchen, die gegen die Vorschriften des Firmenrechts (Anm. C) verstößt oder an Stelle oder neben der ihnen zustehenden Firma eine andere oder veränderte Firma benutzen. Das Verfahren nach § 140 FGG ist nicht nur zulässig, wenn jemand eine Firma gebraucht, die ihm schlechterdings nicht zusteht, sondern auch dann, wenn jemand von einer ihm zustehenden Firma in unzulässiger Form Gebrauch macht, etwa indem er sie durch Fortlassung oder Abkürzung von Firmenbestandteilen oder durch Hinzufügen von Zusätzen unzulässig verändert[29]). Im geschäftlichen Verkehr hat der Kaufmann die im Handelsregister eingetragene Firma zu führen, nicht eine nach Belieben durch Fortlassungen oder Zusätze geänderte oder abgekürzte Fassung. Mit der rechtswirksamen Annahme einer Firma entsteht neben dem Firmenrecht zugleich eine Firmenpflicht[30]). Das Wesen der Firma besteht in dem formelhaften Gebrauch in der einmal gewählten und durch die Registereintragung öffentlich kundgemachten Fassung, in welcher sie dem Kaufmann als Handelsname dient, einschließlich aller Bestandteile und der notwendigen oder freiwillig aufgenommenen Firmenzusätze, die nicht bald gebraucht, bald weggelassen werden dürfen[31]). Bei einer aus Personen- und Sachfirma zusammengesetzten gemischten Firma darf also z. B. nicht etwa der namentliche Bestandteil weggelassen und nur der Sachbestandteil gebraucht werden oder umgekehrt, selbst wenn der verbleibende Bestandteil für sich allein als zulässige Firma hätte angenommen werden können. Das Interesse des Kaufmanns daran, seiner Firma durch eine einprägsame Fassung Verkehrsgeltung zu verschaffen, muß schon bei der Wahl der Firma gebührend berücksichtigt werden und kann nicht erst dadurch verwirklicht werden, daß im geschäftlichen Verkehr eine Kurzform oder „kleine Firma" verwendet wird. Das gilt insbesondere von dem Gebrauch der Firmenzusätze, die aus Phantasieworten oder den Anfangsbuchstaben der Firma gebildet werden. Es ist unzulässig, im kaufmännischen Verkehr lediglich mit dem Phantasiewort zu firmieren. Ebenso darf die Wortfolge der Firma nicht willkürlich umgestellt oder ein Firmenbestandteil, etwa im Briefkopf, von den übrigen Firmenbestandteilen so abgetrennt werden, daß er nicht mehr als Teil der gesamten Firma erkenntlich ist. Handelsgesellschaften können ferner nur eine einzige Firma haben *(Grundsatz der Firmeneinheit);* sie können also, anders als der Einzelkaufmann, nicht zwei Handelsgeschäfte unter verschiedener Firma be-

25) KGJ 33 A 115; 35 A 145; 31 A 143.
26) KGJ 38 A 158.
27) KGJ 42, 161 = OLGR 24, 167; KG JFG 5, 54.
27a) KGJ 31 A 147; Dresden JFG 7, 153; Krieger-Lenz § 37 HGB Anm. 3; Würdinger in HGB-RGRK² § 37 Anm. 4.
28) KG RJA 9, 33; KG Recht 1930 Nr. 818; Jena RJA 11, 29; Hamm BB 1955, 1107; 1959, 463; LG Darmstadt BB 1964, 1196; Köln NJW 1963, 541, 543; Frankfurt NJW 1969, 330 mit Anm. v. Welsch; Baumbach-Duden HGB¹⁷ §§ 22, 23 Anm. 1 f; Würdinger in HGB-RGRK² § 22 Anm. 4.
29) KGJ 37 A 182.
30) KG OLGR 9, 245; KGJ 45, 169; BayObLGZ 1960, 348.
31) BayObLG OLGR 16, 78; KGJ 45, 169; KG NJW 1955, 1926; Jansen, GmbHRdsch. 1963, 163; wegen geschäftlicher Hinweise bei der Werbung vgl. oben Anm. E 2.

treiben[32]). Eine Handelsgesellschaft kann aber ein mit Firma erworbenes Geschäft zur Zweigniederlassung erheben und dessen Firma beibehalten, sofern die Firma der Zweigniederlassung als solche gekennzeichnet ist und die Firma der Hauptniederlassung klar erkennen läßt[33]).

11 Die *Zusätze* „mit beschränkter Haftung" und „Aktiengesellschaft" müssen zwar nach der Fassung des Gesetzes ausgeschrieben sein. Da die Abkürzungen „GmbH" und „AG" aber so allgemein bekannt geworden sind, daß ein Irrtum über die Rechtsform ausgeschlossen erscheint, wird der Gebrauch der Abkürzung im geschäftlichen Verkehr nicht mehr beanstandet; der ungekürzte Gebrauch des Zusatzes ist aber bei Formalakten, also im Gesellschaftsvertrag und bei Anmeldungen zum Handelsregister der gesetzlichen Vorschrift entsprechend nach wie vor zu verlangen[34]). Beifügungen, die nicht Bestandteil der Firma sind, sondern erklärende Mitteilungen an das Publikum enthalten, stellen keine Abweichung von der eingetragenen Firma dar[35]).

12 *3. Einfluß zeitlicher Veränderungen.* Das Firmenmißbrauchsverfahren nach § 37 Abs. 1 HGB, § 140 FGG ist auch statthaft, wenn eine ursprünglich zulässig gewesene Firma wegen nachträglichen Unwahrwerdens von Firmenzusätzen infolge einer bei dem Handelsgeschäft oder dem Inhaber eingetretenen Veränderung der tatsächlichen Verhältnisse unzulässig geworden ist[36]). Auch muß ein Geschäft, das dauernd auf den Umfang des Kleingewerbes herabgesunken ist, auf die Firma und die Eintragung im Handelsregister verzichten. Ein Einschreiten des Registergerichts ist aber nicht gerechtfertigt, wenn sich nach längerem unbeanstandeten Gebrauch die Gesetzesauslegung, die Rechtsanwendung, die Verkehrsauffassung oder der Sprachgebrauch geändert haben[37]).

G. Verfahren

13 Das Verfahren nach § 140 ist in seinem äußeren Ablauf dem Ordnungsstrafverfahren nach den §§ 132 bis 139 nachgebildet. Im einzelnen ergeben sich jedoch entsprechend der verschiedenen Zielrichtung beider Verfahren erhebliche Abweichungen. Das Verfahren zur Erzwingung von Anmeldungen und sonstigen Handlungen ist auf die Beugung des Willens des Pflichtigen gerichtet; sein Ziel ist mit der Erfüllung des gerichtlichen *Gebots* erreicht. Das Verfahren gegen Firmenmißbrauch dagegen bezweckt, Zuwiderhandlungen gegen ein gerichtliches *Verbot* zu ahnden; die Ordnungsstrafe wird für die Zuwiderhandlung gegen das gerichtliche Verbot verhängt. Beide Verfahren können, wenn sowohl der Tatbestand des § 14 HGB als auch der des § 37 Abs. 1 HGB erfüllt sind, nebeneinander eingeleitet werden (oben Anm. F). Das Verhältnis des Verfahrens nach § 140 zu dem Amtslöschungsverfahren nach § 142 besteht darin, daß ersteres dem Firmenmißbrauch der Beteiligten entgegentritt, auch wenn deren Verhalten den Inhalt des Handelsregisters nicht berührt, das Verfahren nach § 142 aber der Bereinigung des Handelsregisters durch Beseitigung unzulässiger Eintragungen dient[38]). Auch

[32]) KG OLGR 41, 193; RGZ 85, 397; Karlsruhe JFG 6, 215; für die OHG Schleswig NJW 1963, 1062; Celle, Betr. 1964, 836; Groschuff JW 1935, 3259; Esch, Zur Führung mehrerer Firmen durch Personengesellschaften, BB 1968, 235.

[33]) KG JFG 8, 146.

[34]) KGJ 36 A 127; Stuttgart DNotZ 1953, 546; Düsseldorf BB 1958, 1272 = Betr. 1958, 894 = GmbHRdsch. 1958, 182; Rpfleger 1969, 19 = MDR 1968, 847; auch bei Formalakten wollen die Abkürzung zulassen Hueck DNotZ 1953, 548; Schlegelberger Anm. 17. In der Firma der GmbH & Co. darf GmbH abgekürzt werden, Düsseldorf JMBlNRW 1969, 184.

[35]) Vgl. Naumburg JW 1931, 3142; BayObLGZ 1967, 353 zu II 3 b; Würdinger in HGB-RGRK² zu § 37 Anm. 8, § 18 Anm. 12; Siller JW 1932, 1023.

[36]) KG JW 1927, 720; JFG 10, 91 = JW 1932, 2622 = HRR 1932 Nr. 2282; JFG 12, 248, 252; NJW 1955, 1926; OLGZ 1965, 125, 127 = NJW 1965, 254 = DNotZ 1966, 47 = Rpfleger 1965, 146; RG JW 1936, 923; RGZ 169, 147 = JFG 23, 270 = DR 1942, 1229; Würdinger in HGB-RGRK² § 18 Anm. 18, Keidel Anm. 10.

[37]) München JFG 14, 475; Celle JR 1952, 74; Stuttgart NJW 1960, 1865; KG OLGZ 1965, 124 = NJW 1965, 254; Keidel Anm. 10; teilw. abw. bei Änderung der Verkehrsauffassung Würdinger in HGB-RGRK² § 18 Anm. 18.

[38]) Die Meinung, daß § 142 dem unrichtigen Verfahren des Registergerichts entgegentrete (so Schlegelberger Anm. 20, Keidel § 142 Anm. 5), läßt sich nicht mehr aufrechterhalten, nachdem § 142 auch auf nachträglich unzulässig gewordene Eintragungen für anwendbar gehalten wird (vgl. § 142 Anm. 63).

diese beiden Verfahren können nebeneinander eingeleitet werden[39]); die Einleitung eines Verfahrens nach § 140 muß auch nicht davon abhängig gemacht werden, ob ein Amtslöschungsverfahren nach § 142 Erfolg haben könnte[40]); wenn eine unzulässige Firma eingetragen ist und deshalb beide Verfahren in Betracht kommen, ist es dem Ermessen des Registergerichts überlassen, dasjenige Verfahren zu wählen, mit dem es am ehesten zum Ziel zu kommen meint.

1. Einleitung des Verfahrens

a) Das Verfahren wird von Amts wegen eingeleitet; Anträge Dritter oder des Organs des Handels- oder Handwerksstandes (§ 126) haben nur die Bedeutung einer Anregung. Abweichend von § 132 Abs. 1 genügt aber nicht glaubhafte Kenntnis des Registergerichts von einem das Einschreiten rechtfertigenden Sachverhalt, sondern es muß durch geeignete Ermittlungen festgesetellt sein, daß der Beteiligte eine ihm nicht zustehende Firma gebraucht[41]). Denn das Verfahren des Registergerichts setzt voraus, daß ein Verstoß gegen § 37 Abs. 1 HGB bereits begangen ist; es wird aber nicht dieser bereits vorliegende Verstoß geahndet, sondern das Verfahren dient der Verhinderung weiteren unbefugten Firmengebrauchs trotz des gerichtlichen Verbots[42]). **14**

b) Pflicht zum Einschreiten. Grundsätzlich ist das Registergericht zur Wahrung des öffentlichen Interesses an der Verhinderung unbefugter Firmenführung zum Einschreiten verpflichtet (§ 37 Abs. 1 HGB). Es kann aber nach seinem pflichtmäßigen Ermessen ausnahmsweise davon absehen, wenn sich aus der unzulässigen Firmenführung nur geringe Unzuträglichkeiten ergeben, durch ihre Verhinderung aber dem Geschäftsinhaber unverhältnismäßig große Nachteile erwachsen würden. Hierbei sind die widerstreitenden Interessen gegeneinander abzuwägen, nämlich einerseits das öffentliche Interesse an der Beachtung des Firmenrechts und andererseits das private Interesse des Geschäftsinhabers an der Vermeidung der Nachteile, die ihm aus dem Zwang zur Aufgabe oder Änderung einer seit langem unbeanstandet geführten und eingeführten Firma erwachsen würden. Auch ein im Laufe der Zeit erworbener wertvoller Besitzstand kann hierbei ins Gewicht fallen[43]). **15**

2. *Beteiligte,* gegen die sich das Verfahren richtet, sind auch hier, wie nach § 132 (§ 132 Rdn. 48, 49), die natürlichen Personen, welche den unbefugten Firmengebrauch betreiben, also der Geschäftsinhaber, die Gesellschafter der OHG, die Geschäftsführer der GmbH, die Vorstandsmitglieder einer juristischen Person[44]). **16**

3. *Inhalt der Verfügung.* In der Verfügung muß dem oder den Beteiligten unter Androhung einer Ordnungsstrafe (§ 132 Rdn. 95) aufgegeben werden, sich des Gebrauchs der ihm nicht zustehenden Firma zu enthalten oder binnen einer zu bestimmenden Frist (§ 132 Rdn. 94) den Gebrauch der Firma durch Einspruch gegen die Verfügung zu rechtfertigen. Die Verfügung muß zwar nicht unbedingt dem Wortlaut, aber dem Inhalt nach dem Gesetz entsprechen. Die Aufforderung darf daher nur das Verbot des Firmengebrauchs enthalten, nicht aber ein Gebot hinsichtlich der Firmenführung aussprechen. Dem Beteiligten darf also weder eine Änderung der Firma noch die Anmeldung der Löschung einer unzulässigen Firma aufgegeben werden[45]). Besteht die Zuwiderhandlung darin, daß der Berechtigte eine ihm **17**

[39]) Höver DFG 1938, 209; Keidel § 142 Anm. 5.

[40]) Oldenburg NJW 1928, 26; KG NJW 1955, 1926; Keidel Anm. 15; vgl. auch KG JFG 5, 212, 216.

[41]) Krieger-Lenz § 140 Anm. 1; Keidel-Schmatz, Registerrecht[2] S. 327; Schlegelberger Anm. 20; Pikart-Henn S. 359; a.M. Wellstein[2] Anm. 3; Sternberg-Siehr S. 123; Keidel Anm. 10.

[42]) Schlegelberger Anm. 20.

[43]) KG JFG 15, 54; KG OLGZ 1965, 124, 130 = NJW 1965, 254 = Rpfleger 1965, 146 = DNotZ 1966, 47; LG Göttingen NdsRpfl. 1959, 133; 1964, 63; Krieger-Lenz Anm. 1; Keidel Anm. 2; Schlegelberger Anm. 20; Baumbach-Duden HGB § 37 Anm. 3 C; Höver DFG 1938, 208; Jansen NJW 1966, 1813 zu 4; die Entscheidung BGHZ 30, 288 = NJW 1959, 2255 mit Anm. v. Hefermehl = Betrieb 1959, 941 = Rpfleger 1960, 285 steht nicht entgegen, weil dort die Eintragung einer unzulässigen Firma erstrebt wurde.

[44]) KG JFG 6, 188; BayObLGZ 1960, 345, 347; Keidel Anm. 14.

[45]) KG OLGR 6, 338; KGJ 48, 122 = RJA 14, 174 = OLGR 34, 330.

zustehende Firma in unzulässiger Form (Abkürzung u. dgl.) führt, so darf nur das Verbot erlassen werden, die Firma in dieser Fassung zu führen, nicht das Gebot, sie in bestimmter Form zu führen[46]). Das Verbot muß sich auf den Gebrauch der Firma in einer oder auch in mehreren genau zu bezeichnenden Fassungen beziehen und darf nicht allgemein den Gebrauch „einer" von dem bürgerlichen Namen abweichenden Firma untersagen[47]). Es ist die Verwendung der Firma in der vollen benutzten Form, nicht nur einzelner für unzulässig erachteter Teile von ihr zu untersagen[48]). Denn das Registergericht kann den Kaufmann nicht zum Gebrauch oder zur Anmeldung einer bestimmten, sondern nur einer gesetzlich zulässigen Firma anhalten; die Wahl des Firmenwortlauts muß dem Belieben des Kaufmanns überlassen bleiben, sofern er nur den Vorschriften des Firmenrechts genügt[49]). Das schließt nicht aus, daß das Registergericht beratend einen Hinweis gibt, wie die Beanstandung, etwa durch eine Firmenänderung, behoben werden könnte[50]). Gebote zu einem Tun, z. B. zur Entfernung eines Firmenschildes, dürfen in die Verfügung nicht aufgenommen werden[51]). Die zu setzende Frist ist nur für die Einlegung des Einspruchs zu bestimmen; das Verbot selbst wird mit der Bekanntmachung wirksam und verträgt keine Befristung[52]). Die Beschwerde gegen diese Verfügung ist nach § 132 Abs. 2 unzulässig (§ 132 Rdn. 55).

18 *4. Verfahren bei Versäumung der Einspruchsfrist.* Wird innerhalb der gesetzten Frist kein Einspruch eingelegt, so ist abweichend von § 133 nicht die Verfügung zu wiederholen und die Ordnungsstrafe ohne weiteres festzusetzen. Vielmehr ist zunächst festzustellen, ob der Beteiligte der Verfügung nach ihrer Bekanntmachung zuwidergehandelt hat. Es ist also zu ermitteln, ob er die Verfügung befolgt hat oder nicht[53]). Die Zuwiderhandlung muß schuldhaft sein; Handeln der Angestellten ohne Wissen und Willen des Inhabers genügt nicht[54]). Stellt das Gericht fest, daß der unbefugte Firmengebrauch fortdauert, so hat es die Ordnungsstrafe festzusetzen. Vor der Straffestsetzung ist dem Beteiligten rechtliches Gehör zu gewähren; jedoch kann jetzt nur noch darüber verhandelt werden, ob der Verfügung schuldhaft zuwidergehandelt worden ist[55]). Aus der Länge des seit dem Erlaß des Verbots verflossenen Zeitraums allein kann fehlendes Verschulden nicht hergeleitet werden[56]). Ein verspäteter Einspruch ist unbeachtlich. Von einer Straffestsetzung kann aber gemäß § 135 Abs. 2, auch wenn kein Einspruch eingelegt ist, abgesehen werden[57]). Bei Fortsetzung der Zuwiderhandlung nach Straffestsetzung ist eine erneute Strafandrohung nicht erforderlich; die Strafandrohungsverfügung rechtfertigt auch eine wiederholte Straffestsetzung, da die Aufforderung, sich des Firmengebrauchs zu enthalten, nicht befristet ist[58]). Nur wenn das Gericht bei hartnäckigen weiteren Zuwiderhandlungen eine höhere Strafe als die zuerst angedrohte für nötig hält, muß eine vorherige Strafandrohung vorausgehen, welche die höhere Strafe androht und dem Inhalt des § 140 voll entspricht[59]).

19 *5. Verfahren bei Einspruch.* Wird rechtzeitig oder nach Gewährung der Wiedereinsetzung in den vorigen Stand (§ 137) Einspruch eingelegt, so finden die §§ 134, 135 mit der Maßgabe Anwendung, daß, wenn der Einspruch für begründet erachtet wird, die Verfügung aufzuheben, andernfalls aber nach Abhaltung des Erörterungstermins (§ 134) der Einspruch zu verwerfen ist. Eine Straffestsetzung kann dagegen mit der Verwerfung des Einspruchs

46) KGJ 37 A 182 = RJA 10, 35.
47) KGJ 37 A 182; Dresden JFG 7, 153.
48) KG OLGR 6, 340; Sternberg-Siehr S. 124; Würdinger in HGB-RGRK² § 37 Anm. 9; Keidel Anm. 12.
49) KG OLGR 6, 338 u. 340; KG JFG 5, 216; KG NJW 1955, 1926, 1928; Würdinger a.a.O.
50) Vgl. BayObLG JW 1929, 674 mit Anm. v. Homburger; Würdinger aaO.
51) KG OLGR 5, 274; KGJ 37 A 186 = RJA 10, 38; Keidel Anm. 12.
52) Sternberg-Siehr S. 124 unter Hinweis auf KG 1 X 158/26, 595/26.
53) München JFG 14, 483, 487; 15, 359.
54) KG OLGR 44, 181 = Recht 1925 Nr. 1304; Keidel Anm. 17; vgl. zur Notwendigkeit eines Verschuldens bei strafähnlichen Sanktionen auch nicht kriminellen Unrechts BVerfGE 20, 323 = NJW 1967, 195.
55) Keidel Anm. 18.
56) Sternberg-Siehr S. 124 unter Hinweis auf KG 1 b X 1152/27.
57) KG Recht 1929 Nr. 1335; München JFG 14, 487; Sternberg-Siehr S. 124; Krieger-Lenz Anm. 9; Keidel Anm. 20; Schlegelberger Anm. 22.
58) München JFG 15, 48; Krieger-Lenz Anm. 5; Keidel Anm. 22.
59) Sternberg-Siehr S. 124; Krieger-Lenz Anm. 5; Keidel Anm. 22, Schlegelberger Anm. 21.

abweichend von § 135 Abs. 2 Satz 1 nicht verbunden werden, selbst wenn die Fortsetzung des unbefugten Firmengebrauchs feststeht. Denn nach § 140 Nr. 2 ist eine Straffestsetzung, wenn rechtzeitig Einspruch eingelegt ist, erst nach Rechtskraft des den Einspruch verwerfenden Beschlusses zulässig. Ferner muß auch in diesem Fall nach den in Anm. 4 erörterten Grundsätzen vorher festgestellt werden, ob der Verfügung nach ihrer Bekanntmachung, gleichgültig ob vor oder nach der Einlegung des Einspruchs, zuwidergehandelt worden ist.

6. Änderung der Verfügung. Die Strafandrohungsverfügung kann das Gericht nach § 18 **20**
aufheben, wenn es nachträglich, wenn auch auf Grund eines verspäteten Einspruchs, erkennt, daß die Verfügung ungerechtfertigt war, weil entweder kein Firmengebrauch vorlag oder der Gebrauch befugt war[60]). Eine Aufhebung ist auch geboten, wenn der Beteiligte die Berechtigung zur Führung der Firma nachträglich erwirbt, damit die Grundlage für weitere Straffestsetzungen beseitigt wird[61]). Die rechtskräftige Straffestsetzung kann dagegen nicht mit der Begründung aufgehoben werden, daß der Beteiligte seine Zuwiderhandlung später nicht mehr fortgesetzt habe; denn die Ordnungsstrafe ist für die Zuwiderhandlung gegen das gerichtliche Verbot verhängt worden, und dieser Rechtsgrund entfällt nicht durch künftige Beachtung des Verbots. Von der Beitreibung der Ordnungsstrafe kann daher nur im Gnadenwege abgesehen werden[62]).

7. Rechtsmittel

a) Gegen die *Ablehnung* des Einschreitens nach § 140 oder die Aufhebung der Verfügung **21**
auf Einspruch oder auf Grund des § 18 findet die unbefristete Beschwerde nach § 19 statt. Das *Beschwerderecht* steht der Handelskammer zu (§ 126 Rdn. 13). Dritten kann ein Beschwerderecht nach § 20 Abs. 1 zustehen, wenn sie die Verletzung eines eigenen Firmen- oder Namenrechts geltend machen[63]). Hat das Beschwerdegericht die Einleitung eines Verfahrens nach § 140 angeordnet, so ist das Registergericht im Einspruchsverfahren an dessen Beurteilung der Sach- und Rechtslage nicht gebunden[64]). Ist die Eintragung einer Firma auf Beschwerde im Anmeldeverfahren auf Anordnung des Landgerichts vorgenommen worden, so kann das Gericht der weiteren Beschwerde statt zur Einleitung eines Amtslöschungsverfahrens nach § 142 auch zur Einleitung eines Firmenmißbrauchsverfahrens nach § 140 anweisen[65]).

b) Gegen die *Verwerfung des Einspruchs* oder die *Festsetzung der Ordnungsstrafe* findet **22**
die *sofortige* Beschwerde statt (§ 139 Abs. 1). Die Beschwerde gegen die Straffestsetzung kann aber nicht darauf gestützt werden, daß in der beanstandeten Handlung kein Firmengebrauch liege oder daß die Firma befugt geführt werde. Denn wenn kein Einspruch eingelegt war, ist die Berufung hierauf durch die Beschränkung der Beschwerdegründe in § 139 Abs. 2 verwehrt; anderenfalls steht die Rechtskraft des den Einspruch verwerfenden Beschlusses entgegen. Beschwerdegrund sind nur förmliche Mängel des Straffestsetzungsverfahrens, der Einwand, daß der Verfügung nicht zuwidergehandelt worden sei und Beanstandung der Strafe der Höhe nach[66]). Es kann auch nicht vorgebracht werden, daß die festgestellte Zuwiderhandlung später nicht fortgesetzt worden sei[67]). Das *Beschwerderecht* steht außer der betroffenen natürlichen Person (Anm. G 2) auch der Gesellschaft zu, deren Firmenführung beanstandet wird[68]).

8. Zuständigkeit des Rechtspflegers. Das Verfahren ist einschließlich der Entscheidung **23**
über den Einspruch und die Straffestsetzung auf den Rechtspfleger übertragen (§ 132 Rdn. 58). Hat er entschieden, so ist, wenn eine entsprechende Verfügung des Richters mit der einfachen

[60]) Keidel Anm. 19, 23; Krieger-Lenz Anm. 11.
[61]) Schlegelberger Anm. 21; Sternberg-Siehr S. 125.
[62]) Trojan DNotV 1928, 186; Krieger-Lenz Vorbem. 4 vor § 132; Sternberg-Siehr S. 125.
[63]) Jena ZBlFG 3, 248; BayObLG JFG 5, 230; Krieger-Lenz Anm. 8; vgl. zur Rechtsverletzung i. S. des § 37 Abs. 2 HGB Würdinger in HGB-RGRK^2 § 37 Anm. 17, 22.
[64]) KG JW 1937, 1985 = HRR 1937 Nr. 1104; KG NJW 1955, 1926. Keidel Anm. 10.
[65]) Jansen NJW 1966, 1813 zu 2.
[66]) Krieger-Lenz Anm. 10; vgl. § 139 Anm. B 1.
[67]) Hamburg OLGR 29, 304.
[68]) KG JFG 12, 258; vgl. § 139 Rdn. 21, § 133 Rdn. 9.

oder sofortigen Beschwerde anfechtbar wäre, die befristete oder unbefristete Erinnerung (§ 11 Abs. 1 RechtspflG) gegeben.

24 *9.* Wegen des Verfahrens bei unbefugtem Gebrauch der Bezeichnungen „*Bank*" und „*Sparkasse*" vgl. Anhang I zu § 144 Bem. A.

25 *10. Kosten.* Für die Auferlegung der Gerichtskosten gilt § 138. Demgemäß kann ein Beteiligter zur Tragung der gerichtlichen Kosten des Verfahrens nur im Falle der Festsetzung einer Ordnungsstrafe zugleich mit dieser verurteilt werden. Die Verwerfung des Einspruchs ermächtigt nach § 138 noch nicht zur Auferlegung von Gerichtskosten, so daß die Gebühr dafür (§ 119 Abs. 1 Nr. 2 KostO) erst erhoben werden kann, wenn es zu einer Straffestsetzung kommt und dem Beteiligten hierbei die Kosten auferlegt sind[69]). Für den Geschäftswert trifft § 119 Abs. 2 eine Sonderregelung; nach dieser ist abweichend von § 131 Abs. 2 KostO auch der Beschwerdewert zu bestimmen[70]). Über außergerichtliche Kosten ist nach Maßgabe des § 13a Abs. 1 zu befinden, wenn mehrere Beteiligte sich gegenüberstehen; wer aber das Einschreiten des Gerichts anregt, wird dadurch nicht zum Antragsteller und Beteiligten, wenn er nicht zur Verfolgung einer gegebenen oder vermeintlichen Rechtsverletzung mit förmlichen Anträgen oder Beschwerden hervortritt[71]).

Löschung von Amts wegen. §§ 141 bis 144

1. Einer erloschenen Firma

141 Soll nach § 31 Abs. 2 des Handelsgesetzbuchs das Erlöschen einer Firma von Amts wegen in das Handelsregister eingetragen werden, so hat das Registergericht den eingetragenen Inhaber der Firma oder dessen Rechtsnachfolger von der beabsichtigten Löschung zu benachrichtigen und ihm zugleich eine angemessene Frist zur Geltendmachung eines Widerspruchs zu bestimmen. Die Frist darf nicht weniger als drei Monate betragen.

Sind die bezeichneten Personen oder deren Aufenthalt nicht bekannt, so erfolgt die Benachrichtigung und die Bestimmung der Frist durch Einrückung in diejenigen Blätter, welche für die Bekanntmachung der Eintragungen in das Handelsregister bestimmt sind. Es kann angeordnet werden, daß die Bekanntmachung noch in andere Blätter eingerückt wird.

Wird Widerspruch erhoben, so entscheidet über ihn das Gericht. Gegen die den Widerspruch zurückweisende Verfügung findet die sofortige Beschwerde statt.

Die Löschung darf nur erfolgen, wenn Widerspruch nicht erhoben oder wenn die den Widerspruch zurückweisende Verfügung rechtskräftig geworden ist.

A. Allgemeines

1 Das Erlöschen einer Firma ist ein Vorgang, der sich auf Grund tatsächlicher oder rechtlicher Veränderungen außerhalb des Handelsregisters vollzieht. Grundsätzlich ist das Erlöschen der Firma zur Eintragung in das Handelsregister anzumelden; unterbleibt die Anmeldung, so ist sie vom Registergericht durch Ordnungsstrafen zu erzwingen (§§ 31 Abs. 2 Satz 1, 14 HGB, § 132 FGG). Wegen des erheblichen öffentlichen Interesses daran, bereits erloschene, aber nicht gelöschte Firmen aus dem Handelsregister zu entfernen, ermächtigt ferner § 31 Abs. 2 Satz 2 HGB das Registergericht, das Erlöschen von Amts wegen in das Handelsregister einzutragen. Hierzu regelt § 141 das Verfahren. Die Eintragung des Erlöschens von Amts wegen hat ein sachlichrechtliches und ein verfahrensrechtliches Erfordernis zur Voraussetzung.

69) München JFG 15, 359.

70) Hamm Rpfleger 1955, 241 mit zust. Anm. v. Keidel; Korintenberg-Wenz-Ackermann KostO⁶ § 119 Anm. I 3; Lappe-Stöber, Kosten in Handelssachen S. 137; BayObLGZ 1969, 110 = Rpfleger 1969, 254 unter Aufgabe von BayObLGZ 1960, 345; a.M. Rohs-Wedewer KostO² § 119 Anm. II a.

71) Vgl. BayObLG OLGR 30, 387.

I. Erlöschen der Firma

1. Grundsatz[1]). Die Firma erlischt mit dem Verlust des Rechts, eine Firma zu führen. Die Frage, wann die Firma erlischt, ist verschieden zu beantworten, je nachdem ob die Firma eines Einzelkaufmanns, dem die juristischen Personen der §§ 33, 36 HGB gleichzustellen sind, einer Personenhandelsgesellschaft oder einer Kapitalgesellschaft in Betracht kommt. Bei den erstgenannten, personenbezogenen Unternehmen ist das Firmenrecht geknüpft an den Betrieb eines Handelsgewerbes (§ 1 HGB) oder eines diesem der Form wegen gleichgestellten Gewerbes (§§ 2, 3 Abs. 2 HGB). Kapitalgesellschaften (AG, KGaA, GmbH) dagegen sind nicht an den Betrieb eines Handelsgewerbes gebunden; sie können zu jedem gesetzlich zulässigen Zweck gegründet werden und gelten als Handelsgesellschaften, auch wenn sie kein Handelsgewerbe betreiben (§§ 3, 278 Abs. 3 AktG, § 13 Abs. 3 GmbHG, § 6 Abs. 1 HGB). Ferner gelten Genossenschaften nach § 17 Abs. 2 GenG als Kaufleute, und auf den VVaG finden die Vorschriften über die Firma nach § 16 VAG entsprechende Anwendung. 2

2. Die Firma des Einzelkaufmanns erlischt unmittelbar mit der vollständigen Aufgabe des Geschäftsbetriebes, für den sie geführt wird, ohne Rücksicht auf die Eintragung im Handelsregister[2]), auch wenn noch einzelne Rechtsverhältnisse aus dem Geschäftsbetriebe fortdauern[3]). Abwicklungsmaßnahmen eines Einzelkaufmanns oder eines zu diesem Zweck bestellten Treuhänders stehen dem Erlöschen der Firma nicht entgegen[4]). Vorausgesetzt wird, daß der Betrieb nicht nur vorübergehend stillgelegt wird oder ruht; dazu ist erforderlich, daß die Stillegung auf besonderen Gründen (Konjunktur, Krankheit, Tod) beruht und die wirtschaftlichen Grundlagen für eine Wiederaufnahme des Geschäftsbetriebes im Umfang eines Vollhandelsgewerbes (Warenlager, Geschäftseinrichtung) noch vorhanden sind[5]). Die Firma erlischt ferner, wenn der Gewerbebetrieb für die Dauer auf den Umfang des Kleingewerbes (§ 4 HGB) herabsinkt[6]). Diese Gründe führen auch bei Kaufleuten kraft Eintragung (§§ 2, 3 Abs. 2 HGB) unmittelbar das Erlöschen der Firma herbei[7]). Die Firma erlischt ferner durch dauernden Nichtgebrauch, sofern darin ein Aufgabewille zutage tritt[8]). Erlöschen tritt auch ein bei Veräußerung (Verpachtung, Nießbrauchsbestellung) ohne Fortführung der Firma durch den Erwerber[9]), sofern nicht der Veräußerer im unmittelbaren Anschluß daran ein neues Geschäft unter der bisherigen Firma beginnt[10]). Abgeleitete Firmen können aber für ein anderes Geschäft oder bei vollständiger Auswechselung des Gegenstandes des Handelsgeschäfts nicht fortgeführt werden[11]). Tod des Einzelkaufmanns bringt die Firma nicht zum Erlöschen, da sie von den Erben fortgeführt werden kann (§ 27 HGB). Auch der Konkurs läßt die Firma zunächst unberührt; kommt es zur Veräußerung des Geschäfts mit oder ohne Firma durch den Konkursverwalter oder zur Aufgabe des Geschäftsbetriebes wegen völliger Zerstörung seiner wirtschaftlichen Grundlagen, so treten die damit verbundenen handelsrechtlichen Folgen ein[12]). Eine Verlegung der Hauptniederlassung berührt die Firma ebenfalls nicht, kann aber nach § 30 HGB eine Änderung oder einen Zusatz erforderlich machen. Die Grundsätze der Sitzverlegung sind auch anzuwenden auf im Osten enteignete Flüchtlingsbetriebe, die in absehbarer Zeit im Westen wiederaufgenommen werden[13]). Geht das Unternehmen mit 3

[1]) Vgl. dazu Cohn, DNotV 1928, 18, 66; Groschuff, JR 1933, 90; ders., JW 1934, 940.

[2]) KGJ 28 A 44; 37 A 180; Dresden OLGR 33, 7.

[3]) BayObLG 6, 463.

[4]) Groschuff JW 1934, 942; a.M. Würdinger in HGB-Großkomm.³ § 31 Anm. 10, § 1 Anm. 17.

[5]) RGZ 110, 422; KG JW 1939, 163 = HRR 1939 Nr. 93 = DNotZ 1939, 347; Groschuff JW 1934, 942.

[6]) RGZ 155, 75 = JW 1937, 1982 mit Anm. v. Groschuff KG wie Fn. 5.

[7]) Würdinger in Großkomm. HGB³ § 2 Anm. 16; Groschuff JW 1934, 943; a.M. Baumbach-Duden HGB § 17 Anm. 2 B, wonach die Firma bis zur Löschung fortdauert.

[8]) RGZ 22, 60; BayObLG 6, 463.

[9]) KG OLGZ 1965, 315, 319.

[10]) KG RJA 11, 36.

[11]) Krieger-Lenz § 31 HGB Anm. 8 a, f; Würdinger in HGB-Großkomm. § 22 Anm. 33, 35.

[12]) KG JW 1929, 1059; BayObLG JW 1933, 179 mit Anm. v. Bondi; Jaeger-Lent KO⁸ § 1 Anm. 7; Würdinger in HGB-Großkomm. § 1 Anm. 18.

[13]) Springer NJW 1947/48, 458; Fischer ZHR 111, 18; Gierke ZHR 112, 1; Beuck, Interzonales Privatrecht S. 23; Würdinger in HGB-Großkomm.³ Einl. 79.

Firma auf einen neuen Inhaber über, so erlischt die Firma nicht, sondern es liegt ein Fall des Inhaberwechsels vor, dessen Anmeldung nach §§ 31 Abs. 1, 14 HGB, § 132 FGG zu erzwingen ist. Die in § 42 HRV beim Übergang eines in Abt. A eingetragenen Handelsgeschäfts mit Firma auf eine in Abt. B einzutragende Kapitalgesellschaft vorgesehene Rötung der Eintragungen in Abt. A ist keine Löschung im Rechtssinne, sondern ein rein registertechnischer Vorgang[14]). Nimmt eine Personenhandelsgesellschaft oder ein Einzelkaufmann den Geschäftsbetrieb nicht auf, so wird die Firma im Amtslöschungsverfahren nach § 142 FGG gelöscht.

4 *3. Die Firma der OHG oder KG* erlischt, wenn ein Auflösungsgrund vorliegt und die Liquidation stattfindet, erst mit der Beendigung der Liquidation; bis dahin ist sie als Liquidationsfirma zu bezeichnen (§§ 131, 145, 153, 157, 161 Abs. 2 HGB). Ebenso wie beim Einzelkaufmann erlischt die Firma dieser Gesellschaften aber auch mit der endgültigen Einstellung des Geschäftsbetriebes oder mit der Veräußerung (Verpachtung) des Handelsgeschäfts oder wenn das Handelsgewerbe auf den Umfang des Kleingewerbes herabsinkt mit der Folge, daß die Gesellschaft kraft Gesetzes als Gesellschaft bürgerlichen Rechts und deshalb ohne das Recht zur Führung einer Firma fortbesteht)[15]. Eine Enteignung in der sowjetischen Besatzungszone zieht nicht unmittelbar die Auflösung der Gesellschaft oder die Umwandlung in eine Gesellschaft bürgerlichen Rechts nach sich, wenn ein Wiederbeginn des Geschäftsbetriebes ins Auge gefaßt ist[16]). Wird das Handelsgeschäft allerdings während der Abwicklung oder während des Konkurses mit dem Recht zur Firmenfortführung veräußert, so wird man annehmen müssen, daß die Gesellschaft bis zur Beendigung der Abwicklung oder des Konkurses als OHG (KG) fortbesteht und befugt ist, eine andere Firma anzunehmen; wird das Handelsgeschäft vom Konkursverwalter veräußert und nimmt die Gesellschaft keine andere Firma an, so bleibt die Firma trotz des § 30 HGB neben der vom Erwerber fortgeführten für die Dauer des Konkursverfahrens erhalten[17]). Durch das Ausscheiden eines Gesellschafters der OHG oder KG, dessen Namen in der Firma enthalten ist, erlischt die Firma nicht; ihre Fortführung wird aber unzulässig, wenn der ausscheidende Gesellschafter oder seine Erben in die Fortführung seines Namens in der Firma nicht gemäß § 24 HGB einwilligen.

5 *4. Bei den Kapitalgesellschaften* (GmbH, AG, KGaA) kommt ein Erlöschen der Firma für sich allein nicht in Betracht. Die Firma erlischt mit dem Erlöschen der Gesellschaft selbst[18]). Entsprechendes gilt für die eingetragene Genossenschaft und den Versicherungsverein a. G. Nach der Auflösung hat, vom Fall des Konkurses abgesehen, die Abwicklung stattzufinden, während welcher die Firma mit einem die Abwicklung oder Liquidation andeutenden Zusatz geführt wird (§ 68 Abs. 3 GmbHG, §§ 264 Abs. 1, 269 Abs. 6, 278 Abs. 3 AktG, § 85 Abs. 3 GenG, § 47 VAG i. d. F. des § 37 Nr. 6 EGAktG). Bei der AG, der KGaA und dem VVaG ist der Schluß der Abwicklung anzumelden und die Gesellschaft (der Verein) zu löschen (§ 273 Abs. 1, 278 Abs. 3 AktG, § 47 Abs. 3 Satz 1 VAG i. d. F. des § 37 Nr. 6 EGAktG mit § 273 Abs. 1 AktG). Diese Grundsätze sind auch auf die GmbH anzuwenden[19]). Bei der Genossenschaft haben die Liquidatoren die Beendigung ihrer Vertretungsbefugnis anzumelden (§ 21 GenRegVO); die Beendigung der Liquidation selbst braucht nicht besonders angemeldet zu werden[20]). Werden diese Unternehmen gelöscht, ohne daß die gesetzlichen Voraussetzungen dafür vorliegen, so bleibt ihr Bestehen unberührt[21]). Die Veräußerung des Handelsgeschäfts einer Kapitalgesellschaft (GmbH, AG, KGaA) mit Firma hat auf den Bestand der Gesellschaft keinen Einfluß. Die veräußernde Gesellschaft muß im

[14]) Groschuff und Lenz JW 1937, 2628, 2631; Krieger-Lenz § 42 HRV Anm. 2.

[15]) RGZ 155, 75 = JW 1937, 1982 mit Anm. v. Groschuff; BGHZ 32, 311; KG WM 1967, 148; BayObLGZ 1967, 465; Würdinger in HGB-Großkomm.[3] § 31 Anm. 10.

[16]) BGH WM 1955, 973; KG WM 1967, 148.

[17]) KG JFG 16, 160 = JW 1937, 2976 mit Anm. v. Groschuff = HRR 1937 Nr. 1592 = DNotZ 1938, 91; Backs DFG 1938, 25; Würdinger in HGB-Großkomm.[3] § 31 Anm. 10; a.M. Lenz DJ 1937, 1818; Krieger-Lenz § 31 HGB Anm. 10.

[18]) Krieger-Lenz § 31 HGB Anm. 12, § 43 HRV Anm. 93; Groschuff JW 1934, 944.

[19]) Krieger-Lenz § 43 HRV Anm. 179; Keidel Anm. 2; a.M. Scholz GmbHG[4] § 74 Anm. 12.

[20]) KGJ 35 A 189; Lang-Weidmüller GenG[26] § 93 Anm. 1.

[21]) Über das Ende der Rechtspersönlichkeit der AG vgl. Godin-Wilhelmi AktG[3] § 273 Anm. 3.

Wege der Satzungsänderung eine neue Firma annehmen. Hierauf hat jedoch nur der Erwerber einen Anspruch; das Registergericht kann die Firmenänderung und ihre Anmeldung nicht erzwingen[22]). Hiernach kommt bei Unternehmen der hier erörterten Art die Eintragung eines Erlöschens der Firma von Amts wegen nach § 31 Abs. 2 Satz 2 HGB, § 141 FGG nicht in Betracht[23]); statt dessen findet bei AG, KGaA, GmbH und Genossenschaft das Verfahren zur Löschung als vermögenslos nach §§ 2, 3 LöschG Anwendung (Anh. II nach § 144).

5. *Die Firma der juristischen Personen des § 33 HGB* erlischt wie beim Einzelkaufmann mit der Aufgabe oder der Veräußerung des Geschäftsbetriebes oder mit dem Herabsinken auf den Umfang des Kleingewerbes. Wird aber die juristische Person, ohne daß ihre Firma erloschen ist, aufgelöst, so findet die Abwicklung nach den §§ 48 ff. BGB statt. Der Schluß der Abwicklung ist anzumelden und die juristische Person zu löschen[24]). **6**

6. *Nachträgliches Unzulässigwerden einer Firma* steht dem Erlöschen nicht gleich. Denn während die erloschene Firma nicht mehr besteht, entspricht die unzulässig gewordene nicht mehr den firmenrechtlichen Vorschriften, besteht aber noch fort, und der Mangel kann durch Änderung der Firma beseitigt werden. In diesem Fall ist das Amtslöschungsverfahren nach § 142 anzuwenden[25]). **7**

7. *Zweigniederlassungen.* Wird eine Zweigniederlassung aufgehoben (§ 13 Abs. 5 HGB, § 42 Abs. 6 AktG) und kann die Anmeldung nicht nach § 14 HGB, § 132 FGG erzwungen werden, so kann die Aufhebung von Amts wegen nach § 31 Abs. 2 Satz 2 HGB, § 141 FGG eingetragen werden; zuständig ist das Gericht der aufgehobenen Zweigniederlassung[26]). **8**

II. Erfolglosigkeit eines Ordnungsstrafverfahrens

Da Eintragungen in das Handelsregister grundsätzlich auf Anmeldung vorgenommen werden sollen (§ 128 Anm. C), ist in erster Linie das Ordnungsstrafverfahren nach § 14 HGB, § 132 FGG zur Erzwingung der Anmeldung des Erlöschens der Firma der gegebene Weg, um die Eintragung zu erreichen. Deshalb genügt es zur Anwendung des lediglich subsidiären Amtslöschungsverfahren nicht, daß der Anmeldepflichtige sich weigert, die Anmeldung vorzunehmen, noch weniger, daß er, etwa zur Kostenersparnis, darum bittet, die Firma statt auf Anmeldung von Amts wegen zu löschen. Hinreichender Grund zur Einleitung des Amtslöschungsverfahrens besteht vielmehr nur, wenn das Ordnungsstrafverfahren entweder nicht durchgeführt werden kann oder sich als wirkungslos bereits erwiesen hat oder voraussichtlich wirkungslos bleiben wird. Nicht durchgeführt werden kann es, wenn ein Anmeldepflichtiger nicht vorhanden ist, etwa weil die Firma schon zu Lebzeiten des verstorbenen Erblassers erloschen ist, da die Erben in diesem Fall zur Anmeldung zwar berechtigt, aber nicht verpflichtet sind[27]), oder wenn der Anmeldepflichtige nicht zu ermitteln ist oder sich im Ausland befindet (§ 132 Rdn. 49). Wirkungslos ist das Ordnungsstrafverfahren, wenn Ordnungsstrafen in Geld den Anmeldepflichtigen wegen seiner Mittellosigkeit zu beeindrucken nicht geeignet sind[28]). Ob diese Voraussetzungen für eine Abstandnahme vom Ordnungsstrafverfahren vorliegen, beurteilt das Registergericht nach seinem pflichtmäßigen Ermessen. Nach dem Übergang zum Amtslöschungsverfahren braucht auf das Ordnungsstrafverfahren nicht zurückgegriffen zu werden, selbst wenn dieses auf Grund neuer Umstände aussichtsreich erscheinen sollte. **9**

[22]) RGZ 107, 31, Krieger-Lenz § 46 HRV Anm. 3, 4; Godin-Wilhelmi[3] § 4 Anm. 9.

[23]) Krieger-Lenz § 2 LöschG Anm. 1; Schlegelberger-Quassowski AktG § 214 Anm. 28; Godin-Wilhelmi AktG[3] § 262 Anm. 7 a.E.

[24]) Würdinger in Großkomm. z. HGB[3] § 17 Anm. 16; Krieger-Lenz § 40 HRV Anm. 64.

[25]) RGZ 169, 147 = JFG 23, 270 gegen KGJ 48, 122, KG JFG 12, 248; Groschuff JW 1934, 946; Crisolli JW 1935, 434; Hildebrandt DFG 1936, 50; Würdinger in HGB-Großkomm.[3] § 31 Anm. 16; Keidel Anm. 4; a.M. Krieger-Lenz § 142 Anm. 4; Schlegelberger Anm. 1 a.E.

[26]) KG RJA 14, 153; Würdinger in HGB-GroßKomm.[3] § 13 Anm. 24; Keidel Anm. 6.

[27]) JFG 3, 190 = JW 1926, 1675; KG JW 1931, 2998 mit Anm. v. Endemann; Würdinger in HGB-GroßKomm.[3] § 31 Anm. 11.

[28]) Stuttgart BB 1964, 74; Wellstein[2] Anm. 2; Josef[2] Anm. 1; Krieger-Lenz Anm. 4; Keidel-Schmatz Registerrecht[2] S. 21; a.M. Schlegelberger Anm. 2.

B. Verfahren

I. Einleitung

10 Vor Einleitung des Verfahrens hat das Gericht durch geeignete Ermittlungen (§ 12) festzustellen, ob die in Anm. A zu 1 und 2 dargelegten Voraussetzungen vorliegen, insbesondere, ob die vorhandenen Grundlagen die Annahme des Erlöschens der Firma rechtfertigen. Da das Verfahren, wenn Widerspruch nicht erhoben wird, ohne weitere Feststellungen zur Löschung führen kann, sowie nach der Fassung der §§ 31 Abs. 2 HGB, 141 FGG genügt es abweichend von § 132 Abs. 1 nicht, daß das Gericht von dem Erlöschen der Firma nur glaubhafte Kenntnis erhält[29]). Sind die Voraussetzungen festgestellt, so ist das Gericht zur Bereinigung des Handelsregisters zum Vorgehen verpflichtet. Es erläßt eine *Löschungsankündigung* mit Fristsetzung zur Einlegung eines Widerspruchs.

II. Adressat der Verfügung

11 ist der Träger der eingetragenen Firma, weil sein Recht von der Löschung betroffen wird. Das ist beim Einzelkaufmann der Geschäftsinhaber, bei der OHG die Gesellschafter, bei der KG außer den persönlich haftenden Gesellschaftern auch die Kommanditisten, bei den juristischen Personen der §§ 33, 36, diese selbst, nicht die Vorstandsmitglieder persönlich, da es sich nicht um die Erzwingung einer Anmeldung handelt; dasselbe gilt für die Kapitalgesellschaften (AG, KGaA, GmbH), den VVaG und die Genossenschaft, bei denen allerdings nur die Löschung einer aufgehobenen Zweigniederlassung in Betracht kommt (Rdn. 5, 8). Ergibt sich, daß der im Register Eingetragene nicht der letzte Inhaber der erloschenen Firma war, so ist nicht der eingetragene, sondern der letzte Inhaber zu benachrichtigen, da nur er von der Vefrügung betroffen wird. Rechtsnachfolger im Sinne des § 141 Abs. 1 sind mithin nicht nur die Erben als Gesamtrechtsnachfolger, sofern die Firma nicht schon zu Lebzeiten des Erblassers erloschen war (Rdn. 9), sondern auch der Einzelrechtsnachfolger, der das Handelsgeschäft übernommen und die Firma fortgeführt hat, sowie der in eine OHG oder KG neu eingetretene Gesellschafter, wenn die Änderung nicht in das Handelsregister eingetragen worden ist.

III. Inhalt der Verfügung

12 Die Verfügung muß die bestimmte Absicht zum Ausdruck bringen, die eingetragene Firma als erloschen im Handelsregister von Amts wegen zu löschen, und eine Frist zur Geltendmachung eines Widerspruchs bestimmen. Die bloße Bezugnahme auf die gesetzlichen Vorschriften und die Ankündigung, daß nach fruchtlosem Fristablauf nach Lage der Sache entschieden werde, genügt nicht[29a]). Die Frist soll angemessen sein, darf aber nicht weniger als drei Monate betragen. Eine Verlängerung der Frist vor ihrem Ablauf ist zulässig. Die Verletzung der Vorschrift durch Bestimmung einer kürzeren Widerspruchsfrist ist unschädlich, wenn der Beteiligte sich vorbehaltlos eingelassen und dadurch auf die Befolgung der Vorschrift verzichtet hat[30]).

IV. Bekanntmachung

13 Die Löschungsankündigung ist den Beteiligten durch Zustellung von Amts wegen bekanntzumachen, da die Widerspruchsfrist in Lauf gesetzt wird (§ 16 Abs. 2 Satz 1). Für den Fall, daß die Beteiligten oder ihr Aufenthalt nicht bekannt sind, sieht § 141 Abs. 2 eine besondere Form der öffentlichen Zustellung vor, nämlich durch einmalige Einrückung in die für die Bekanntmachung der Eintragungen nach §§ 10, 11 HGB bestimmten Blätter (vgl. § 130 Rdn. 18), nach dem Ermessen des Gerichts auch noch in andere Blätter. Eine öffentliche Zustellung nach § 206 ZPO kommt nicht in Betracht. Die Frist beginnt mit dem Ablauf des Tages, an welchem das letzte die Bekanntmachung enthaltende Blatt erschienen ist (§ 10 Abs. 2 HGB).

[29]) KGJ 49, 138 = RJA 15, 126; Wellstein[2] Anm. 2; Krieger-Lenz Anm. 2; Schlegelberger Anm. 3; a.M. Keidel Anm. 6.

[29a]) KGJ 49, 138 = RJA 15, 126.

[30]) KG RJA 11, 33.

V. Widerspruch

Gegen die Löschungsankündigung findet nur der Widerspruch, nicht die Beschwerde statt; auch die weitere Beschwerde ist unzulässig, wenn das Beschwerdegericht das Einschreiten nach § 141 angeordnet hat[31]). Eine unrichtige Bezeichnung des Rechtsbehelfs ist unschädlich. Es genügt, wenn der Betroffene zu erkennen gibt, daß er mit der angekündigten Löschung nicht einverstanden ist. Der Widerspruch bedarf keiner bestimmten Form, auch nicht notwendig einer Begründung. Widerspruchsberechtigt ist jeder von der Löschung im Sinne des § 20 Abs. 1 in seinen Rechten Betroffene, dem die Verfügung bekanntzumachen war (Rdn. 11), bei Personenhandelsgesellschaften jeder Gesellschafter für sich allein, auch der Kommanditist, bei juristischen Personen diese selbst, vertreten durch den Vorstand in der vertretungsberechtigten Zahl. Auch der Konkursverwalter des Geschäftsinhabers ist zum Widerspruch berechtigt[32]). 14

VI. Entscheidung

Über den Widerspruch entscheidet das Registergericht (§ 141 Abs. 3 Satz 1). Der Widerspruch ist auch zu beachten, wenn er zwar nach Fristablauf, aber vor der Löschung erhoben wird[33]). Wiedereinsetzung in den vorigen Stand gegen die Versäumung der Widerspruchsfrist ist nicht zulässig[34]). Ein Termin zur Erörterung der Sache (§ 134) ist nicht vorgeschrieben. Die erforderlichen Ermittlungen hat das Gericht unter Wahrung des rechtlichen Gehörs von Amts wegen anzustellen (§ 12); dazu kann auch die persönliche Anhörung der Beteiligten gehören. Ist der Widerspruch begründet, so wird die Verfügung aufgehoben; anderenfalls wird der Widerspruch zurückgewiesen. 15

C. Rechtsmittel

I. Gegen die Ablehnung

der Einleitung des Verfahrens findet die unbefristete Beschwerde nach § 19 statt. Dasselbe gilt für die Entscheidung, durch welche die Löschungsankündigung auf Widerspruch aufgehoben wird[35]). Hält das Landgericht die vom Registergericht abgelehnte Einleitung des Verfahrens für geboten, so hat es sich darauf zu beschränken, das Registergericht zur Einleitung anzuweisen, da eine erstinstanzliche Zuständigkeit des Landgerichts nach § 143 für das Verfahren nach § 141 nicht gegeben ist; gegen diese Entscheidung ist die weitere Beschwerde ausgeschlossen (Rdn. 14). Das Registergericht ist aber bei der Entscheidung über den Widerspruch an die Auffassung des Landgerichts nicht gebunden. Hat das Registergericht die Verfügung auf Widerspruch aufgehoben, so entscheidet das Landgericht in der Sache selbst; weist es den Widerspruch unter Aufhebung der Vorentscheidung zurück, so findet dagegen die sofortige weitere Beschwerde des Widersprechenden statt. Gegen die Ablehnung oder Aufhebung beschwerdeberechtigt ist das Organ des Handels- oder Handwerksstandes (§ 126), auch wenn es das Verfahren nicht angeregt oder beantragt hatte, ferner jeder im Sinne des § 20 Abs. 1 durch das Unterbleiben der Löschung in seinen Rechten Beeinträchtigte[36]). 16

II. Gegen die Zurückweisung des Widerspruchs

ist die sofortige Beschwerde gegeben (§ 141 Abs. 3 Satz 2). Das Beschwerderecht steht nur dem zu, der erfolglos widersprochen hat. Die weitere Beschwerde ist eine sofortige, wenn das Landgericht den Widerspruch in Übereinstimmung mit dem Registergericht oder unter Aufhebung der Vorentscheidung zurückweist, aber auch wenn es unter Aufhebung der den Widerspruch zurückweisenden Verfügung des Registergerichts die Löschungsankündigung aufhebt 17

[31]) KGJ 37 A 194 = RJA 10, 23; RGZ 85, 276.
[32]) Vgl. KG JFG 11, 67; Keidel Anm. 14.
[33]) Denkschr. 72 zu § 137; Krieger-Lenz Anm. 13; Wellstein² Anm. 7, 11; Josef² Anm. 9; Keidel Anm. 10; a.M. Sternberg-Siehr S. 128; Schlegelberger Anm. 7.
[34]) KG JW 1936, 2935; Keidel Anm. 10.
[35]) Würdinger § 31 Anm. 14; Keidel Anm. 18; a.M. Staub-Bondi § 31 Anm. 5.
[36]) Würdinger § 31 Anm. 14; Schlegelberger Anm. 6; Keidel Anm. 7, 18; Sternberg-Siehr S. 128.

(§ 29 Rdn. 25). Die Beschwerde wird nicht dadurch unzulässig, daß das Registergericht die Löschung gesetzwidrig vor Eintritt der Rechtskraft vorgenommen hat[37]). Das Rechtsmittel kann jetzt aber nicht mehr zu einer Aufhebung der angefochtenen Verfügung, sondern nur noch dazu führen, daß das Registergericht zur Einleitung eines Amtslöschungsverfahrens nach § 142 angewiesen wird, sofern nicht das Landgericht selbst dieses Verfahren als Gericht erster Instanz nach § 143 einleitet[38]).

D. Löschung

18 Die Löschung darf nur vorgenommen werden, wenn entweder bis zur Ausführung der Löschung, sei es auch nach Ablauf der Widerspruchsfrist (Rdn. 15) Widerspruch nicht erhoben oder die den Widerspruch zurückweisende Verfügung rechtskräftig geworden ist (Abs. 4). Auch wenn diese Voraussetzungen vorliegen, ist das Registergericht nicht schlechthin in jedem Falle genötigt, die Löschung vorzunehmen. Wenn Widerspruch nicht erhoben ist, darf es unter Aufhebung der Löschungsankündigung von der Löschung absehen, wenn es sie nach nochmaliger Prüfung für nicht gerechtfertigt erachtet (§ 18 Abs. 1)[39]); nach rechtskräftiger Zurückweisung des Widerspruchs muß es von der Löschung Abstand nehmen, wenn der Löschungsgrund nach Eintritt der Rechtskraft fortgefallen ist[40]). Wird gegen die Versäumung der Frist für die sofortige Beschwerde Wiedereinsetzung in den vorigen Stand gewährt und erweist sich die Beschwerde als begründet, so ist die gelöschte Firma unter den Voraussetzungen und in den Formen des Amtslöschungsverfahrens (§ 142) wieder einzutragen[41]).

E. Beseitigung der Löschung

19 Die Eintragungsverfügung, mit welcher die Löschung im Register verfügt wird, ist, auch wenn die Löschung noch nicht ausgeführt ist, nach allgemeinen Grundsätzen (§ 19 Rdn. 15), die auch hier gelten, mit Rechtsmitteln nicht anfechtbar, weil sie keine Verfügung im Sinne des § 19 ist[42]) Die vollzogene Löschung kann nur im Amtslöschungsverfahren nach § 142 beseitigt werden, und in einer unzulässigen Beschwerde gegen die Löschung kann die Anregung an das Landgericht gesehen werden, nach § 143 zu verfahren (§ 143 Rdn. 3). Die Unzulässigkeit einer mangels Erhebung eines Widerspruchs vorgenommenen Löschung kann aber nicht daraus hergeleitet werden, daß ein materieller Löschungsgrund gefehlt habe. Denn wenn Widerspruch nicht erhoben war, war die Löschung nach § 141 Abs. 4 auch beim Fehlen eines Löschungsgrundes zulässig[43]). Nur wenn das erste Löschungsverfahren an einem wesentlichen Mangel gelitten hatte, etwa die Widerspruchsfrist nicht gesetzlich bestimmt oder bei Vornahme der Löschung noch nicht abgelaufen oder ein eingelegter Widerspruch noch nicht rechtskräftig zurückgewiesen war, ist das Amtslöschungsverfahren zulässig. Es kann aber, da die Eintragung des Erlöschens der Firma regelmäßig rechtsbekundend ist, zum Erfolge nur führen, wenn die Löschung sachlich unrichtig war (§ 142 Rdn. 6)[44]). Bei den Kaufleuten kraft Eintragung (§§ 2, 3 Abs. 2 HGB) ist zwar die Löschung insofern rechtsändernd (konstitutiv), als das Fortbestehen der Kaufmannseigenschaft von dem Eingetragensein abhängig ist und der Gewerbetreibende, der kein Grundhandelsgewerbe betreibt, mit der wenn auch zu Unrecht vorgenommenen Löschung aufhört, Kaufmann zu sein[45]). Auch in diesem Fall führt aber nicht schon die Feststellung eines Verfahrensfehlers zur Wiederherstellung der gelöschten Eintragung im Amtslöschungsverfahren, wenn die Löschung sachlich richtig war (§ 142 Rdn. 6), da die Anmeldung des Erlöschens der Firma nach § 31 Abs. 2 Satz 1 HGB, § 132 FGG erzwingbar ist.

37) BayObLG JFG 7, 144 = BayObLGZ 30, 242; 33, 364; Keidel Anm. 17.
38) KG JFG 9, 142; KG JFG 16, 189; Hamm OLGZ 1966, 598.
39) Sternberg-Siehr S. 129; Keidel Anm. 22.
40) KG JFG 1, 260; Sternberg-Siehr S. 129; Cohn DNotZ 1929, 700.
41) Keidel Anm. 23 scheint eine unmittelbare Wiedereintragung für zulässig zu halten.
42) KG JFG 1, 261; a.M. Josef[2] Anm. 9; Keidel Anm. 21.
43) KG JFG 1, 260; KG JW 1935, 1798.
44) KGJ 28 A 42; München JFG 16, 71.
45) Würdinger § 2 Anm. 3; Staub-Bondi § 2 Anm. 17; Düringer-Hachenburg § 2 Anm. 19; Schlegelberger-Hildebrandt § 2 Anm. 9; str.

F. Richtervorbehalt

Ein Richtervorbehalt besteht nicht mehr (§ 3 Nr. 2 Buchst. d, § 17 Nr. 1 Buchst. e RechtspflG). 20

G. Die Gerichtsgebühren

regelt § 88 Abs. 1 KostO. 21

2. Löschung unzulässiger Eintragungen

142 Ist eine Eintragung in das Handelsregister bewirkt, obgleich sie wegen Mangels einer wesentlichen Voraussetzung unzulässig war, so kann das Registergericht sie von Amts wegen löschen. Die Löschung geschieht durch Eintragung eines Vermerkes.

Das Gericht hat den Beteiligten von der beabsichtigten Löschung zu benachrichtigen und ihm zugleich eine angemessene Frist zur Geltendmachung eines Widerspruchs zu bestimmen.

Auf das weitere Verfahren finden die Vorschriften des § 141 Abs. 3, 4 Anwendung.

A. Bedeutung

Die Vorschriften der §§ 142 bis 144 sehen ein Verfahren vor, durch welches das Registergericht ermächtigt wird, zu Unrecht vorgenommene Eintragungen im Handelsregister unter gewissen Voraussetzungen von Amts wegen zu löschen. In § 142 ist die grundlegende Regelung enthalten; durch § 143 wird neben der Zuständigkeit des Registergerichts eine erstinstanzliche Zuständigkeit des diesem vorgeordneten Landgerichts begründet. In § 144 werden besondere Vorschriften für Aktiengesellschaften, Kommanditgesellschaften auf Aktien und Gesellschaften mit beschränkter Haftung gegeben, durch welche die auch dür diese Gesellschaften geltende allgemeine Regelung des § 142 für den Fall beschränkt wird, daß die Gesellschaft oder ein eingetragener Beschluß als nichtig gelöscht werden soll. Diese Vorschriften schaffen einen Ausgleich dafür, daß Eintragungen im Handelsregister weder vom Gericht auf Grund des § 18 von Amts wegen geändert werden können (§ 18 Rdn. 9) noch der Beschwerde mit dem Ziel der Löschung unterliegen (Rdn. 25). Sie dienen mithin einem ähnlichen Zweck wie die Amtslöschung inhaltlich unzulässiger Eintragungen und die Eintragung von Amtswidersprüchen im Grundbuchverfahren (§ 53 GBO) oder die Einziehung von Erbscheinen als unrichtig (§ 2361 BGB, § 84 FGG), wenn auch auf einem den Besonderheiten des Handelsregisters angepaßten Wege. 1

B. Verhältnis zu anderen Verfahrensarten

Ist eine Eintragung im Sinne des § 142 unzulässig, so kommt ein Ordnungsstrafverfahren nach § 14 HGB, § 132 FGG zur Erzwingung der Anmeldung der Löschung der Eintragung nicht in Betracht, weil eine Verpflichtung im Sinne des § 14 HGB, die Löschung unzulässiger Eintragungen anzumelden, im Gesetz nicht begründet ist[1]). Von dem Firmenmißbrauchsverfahren nach § 37 Abs. 1 HGB, § 140 FGG unterscheidet sich das Verfahren nach § 142 dadurch, daß dieses das Eingetragensein der Firma voraussetzt, im übrigen sich auch auf andere Eintragungen als die Firma bezieht, während das Verfahren nach § 140 auch anwendbar ist, wenn von einer nicht eingetragenen Firma Gebrauch gemacht wird. Wird von einer eingetragenen unzulässigen Firma Gebrauch gemacht, so ist grundsätzlich dem Löschungsverfahren nach den §§ 142, 143 der Vorzug zu geben, wenn anzunehmen ist, daß der Firmenträger nach der Löschung von der Firma keinen Gebrauch mehr machen wird. Für ein Verfahren 2

[1]) Jena KGJ 44, 336 = RJA 12, 46; Würdinger[3] § 14 Anm. 6, § 37 Anm. 11.

nach § 140 bleibt neben dem Amtslöschungsverfahren Raum, wenn der Gebrauch der Firma nach der Löschung fortgesetzt wird oder wenn dies von vornherein zu besorgen ist[2]).

C. Voraussetzungen der Amtslöschung

3 *1. Eintragung.* Es muß eine wirksame, von dem zuständigen Beamten ausgeführte Eintragung im Handelsregister vorliegen (vgl. § 130 Rdn. 2—8), gleichgültig, ob sie bekanntgemacht ist oder nicht. Ist der Eintragungsvermerk selbst ungültig, weil er von einem Unbefugten vorgenommen wurde, so ist die Eintragung ohne weiteres Verfahren zu löschen[2a]); in diesem Fall ist aber die unerledigte Anmeldung noch zu bescheiden. Solange die Eintragung nur verfügt, aber nicht ausgeführt ist, kann die Eintragungsverfügung jederzeit geändert werden[3]), ohne daß es einer Rechtfertigung durch § 18 bedarf, da die Verfügung nur eine den inneren Dienst betreffende Anweisung an den Urkundsbeamten ist. Gleichgültig ist, ob die Eintragung auf Anmeldung oder von Amts wegen vorgenommen worden ist. Es ist auch unschädlich, daß die Eintragung auf Anweisung des Beschwerdegerichts vorgenommen worden ist, da Entscheidungen in Handelsregistersachen nicht materielle Rechtskraft in dem Sinne schaffen, daß das Registergericht in einem neuen Verfahren an die dem früheren Verfahren zugrunde gelegte Rechtsauffassung gebunden wäre[4]). Die Vorschrift findet ferner sowohl auf rechtsbekundende als auch auf rechtsgestaltende Eintragungen Anwendung. Als Eintragung ist auch die Löschung anzusehen[5]). In Ansehung der Art der Eintragung ist zu beachten, daß für die Löschung der AG, KGaA oder GmbH sowie der Beschlüsse der Haupt- oder Gesellschafterversammlung dieser Gesellschaften als nichtig die besonderen Voraussetzungen des § 144 Abs. 1, 2 gelten; sonstige Löschungen von Amts wegen sind aber auch bei diesen Gesellschaften nach den §§ 142, 143 zulässig (§ 144 Anm. B, D). Nach § 142 ist daher zu verfahren, wenn der Gegenstand des Unternehmens der GmbH gelöscht werden soll, weil die Eintragung mit dem Inhalt des Gesellschaftsvertrages in Widerspruch steht und deshalb nicht hätte bewirkt werden dürfen[6]) oder wenn eine Eintragung gerade wegen des Nichtvorliegens eines ihr zugrunde liegenden Gesellschafterbeschlusses gelöscht werden soll (§ 144 Anm. D).

4 *2. Unzulässigkeit wegen Fehlens einer wesentlichen Voraussetzung.* Welche Voraussetzungen wesentlich sind, ist im Gesetz nicht näher bestimmt und der Auslegung durch Rechtsprechung und Rechtslehre überlassen worden[7]). Jedenfalls ist aber zum Ausdruck gebracht, daß abweichend von § 53 GBO nicht jede Verletzung gesetzlicher Vorschriften genügt. Als Grundsatz wird festgestellt werden können, daß eine Eintragung wegen des Mangels einer wesentlichen Voraussetzung unzulässig ist, wenn sie inhaltlich unzulässig ist, weil das Gesetz eine Eintragung dieser Art oder dieses Inhalts nicht gestattet oder verbietet, oder wenn sie zwar zulässig, aber sachlich unrichtig ist[8]) oder wenn gesetzliche Erfordernisse der Eintragung fehlen, deren Mangel die Beseitigung der Eintragung im öffentlichen Interesse oder im Interesse Beteiligter geboten erscheinen läßt[9]). Es wird also nicht vorausgesetzt, daß die Löschung ausschließlich im öffentlichen Interesse, etwa zur Verhütung von Täuschungen, erforderlich ist. Hiernach kann der Mangel sachlicher oder verfahrensrechtlicher Art sein.

5 *a) Mängel sachlicher Art.* Aus Gründen des sachlichen Rechts ist die Löschung gerechtfertigt, wenn eine Firma eingetragen ist, die den Vorschriften über die Firmenbildung nicht entspricht[10]), oder die sich von einer vorhandenen Firma nicht deutlich unterscheidet (§ 30 HGB)

[2]) Höver DFG 1938, 209; Würdinger[3] § 37 Anm. 11.
[2a]) Bondi ZHR 78, 102; Godin-Wilhelmi AktG[3] § 275 Anm. 2 a.E.
[3]) KGJ 30 A 142.
[4]) KGJ 47, 108 = RJA 14, 161; Cohn DNotZ 1929, 635; Schlegelberger Anm. 3; Keidel Anm. 1, 13.
[5]) KG RJA 11, 216; 16, 101; BayObLG JF G 7, 144; BayObLGZ 1956, 303.
[6]) KGJ 27 A 232 = RJA 4, 162 = OLGR 9, 263.
[7]) Denkschr. z. FGG S. 73; Hahn-Mugdan Mat. Bd. 7 S. 69; KGJ 31 A 150; 48, 116.
[8]) KGJ 34 A 126.
[9]) KG RJA 12, 60; Schlegelberger Anm. 3; Keidel Anm. 12; Cohn DNotZ 1929, 635, 637.
[10]) Jena KGJ 44, 336.

oder einen täuschenden Zusatz enthält[11]) oder wenn die nach §§ 22, 24 Abs. 2 HGB erforderliche Einwilligung zur Fortführung der Firma nicht erteilt ist[12]). Ein sachlicher Mangel liegt vor, wenn die Firma für das Gewerbe eines nach § 4 HGB nicht eintragungsfähigen Minderkaufmanns oder Nichtkaufmanns eingetragen ist[13]) oder wenn eine offene Handelsgesellschaft eingetragen ist, obwohl der Gewerbebetrieb nach Art oder Umfang einen in kaufmännischer Weise eingerichteten Geschäftsbetrieb nicht erfordert[14]), ferner wenn trotz des Fehlens derselben Voraussetzung ein handwerkliches oder sonstiges gewerbliches Unternehmen, welches kein Grundhandelsgewerbe betreibt, oder ein land- oder forstwirtschaftliches Nebengewerbe (§§ 2, 3 Abs. 2 HGB) eingetragen worden ist[15]). Die Löschung ist ferner gerechtfertigt, wenn sich ergibt, daß unter der eingetragenen Firma der Betrieb eines Handelsgewerbes gar nicht bezweckt war[16]) oder wenn der während seiner Vorbereitung eingetragene Betrieb nach seiner späteren Entwicklung die Firmenbezeichnung nicht rechtfertigt[17]) oder wenn der Betrieb des Handelsgewerbes nicht aufgenommen wird, überhaupt wenn die Eintragung sachlich unrichtig ist[18]). Hierzu gehört auch der Fall, daß eine Handelsgesellschaft, an der Minderjährige beteiligt sind, eingetragen worden ist, obwohl der Gesellschaftsvertrag nicht vom gesetzlichen Vertreter und vom Vormundschaftsgericht genehmigt worden ist[19]), oder wenn unzulässigerweise eine ungeteilte Erbengemeinschaft als Gesellschafter einer offenen Handelsgesellschaft[20]) oder als Rechtsnachfolger eines Kommanditisten eingetragen worden ist[21]). Eine Löschung ist geboten, wenn eine Firma bei einem anderen Gericht als dem der Hauptniederlassung (§ 29 HGB) eingetragen ist, die Löschung der Firmenlöschung, wenn nicht das Erlöschen der Firma, sondern die Verlegung der Hauptniederlassung angemeldet war[22]) oder wenn die gelöschte Firma von einer GmbH fortgeführt wird[23]). Ist aber eine Löschung nach § 141 oder nach §§ 142, 143 mangels Widerspruchs vorgenommen worden, so kann sie in einem neuen Löschungsverfahren nicht wegen Fehlens eines sachlichen Löschungsgrundes beseitigt werden, sondern nur wegen eines wesentlichen Verfahrensmangels[24]). Als weitere Beispiele aus der Rechtsprechung sind hervorzuheben die Löschung der Eintragung des Gegenstands des Unternehmens einer GmbH, wenn die Eintragung mit dem Gesellschaftsvertrag in Widerspruch steht[25]), oder der Eintragung einer Kapitalerhöhung, wenn statt der beschlossenen eine andere, wenn auch niedrigere Summe eingetragen ist[26]). Das Fehlen der nach öffentlichem Recht erforderlichen Erlaubnis zum Gewerbebetrieb ist kein Grund für eine Amtslöschung; es ist Sache der zuständigen Behörde, die Einstellung des unbefugten Gewerbebetriebs herbeizuführen mit der Folge, daß die Firma erlischt und das Registergericht nunmehr nach § 31 Abs. 2 HGB, §§ 132, 141 FGG vorgehen kann[27]) Keine firmenrechtliche Unzulässigkeit begründet auch ein Verstoß der Firma gegen Vorschriften des Wettbewerbsrechts[28]). Liegt ein sachlicher Mangel vor, so steht der Umstand, daß die Eintragung auf Grund eines einwandfreien Verfahrens vorgenommen worden ist, der Amtslöschung nicht entgegen[29]).

b) Mängel verfahrensrechtlicher Art. Ein Mangel dieser Art liegt zunächst vor, ohne daß es auf das Vorhandensein eines Mangels des Eintragungsverfahrens im übrigen ankommt, 6

11) KG NJW 1955, 1926; Oldenburg BB 1957, 946.
12) KGJ 31 A 154.
13) KGJ 31 A 150; KG RJA 11, 115.
14) Jena RJA 12, 46.
15) Schlegelberger Anm. 3; Cohn DNotZ 1928, 638.
16) Colmar OLGR 8, 378; KG OLGR 9, 369; wegen der Bedeutung der Strohmannseigenschaft des als Geschäftsinhaber Auftretenden vgl. KG JFG 18, 308 = HRR 1939 Nr. 90 = JW 1939, 293 mit Anm. v. Groschuff.
17) KG OLGR 43, 203.
18) KGJ 34 A 125; RGZ 85, 205.
19) KGJ 23, 93; KG RJA 3, 20.
20) KGJ 49, 108.
21) RGZ 171, 328 unter Aufgabe von RGZ 123, 366; Würdinger in HGB-RGRK² § 177 Anm. 16; Baumbach-Duden HGB § 177 Anm. 1 B.
22) KG RJA 11, 216.
23) KG OLGR 9, 248.
24) KG JFG 1, 260 = OLGR 43, 204; KG JR 1927, 1427; Dresden JFG 5, 233; KG JW 1935, 1798; Keidel Anm. 18; vgl. § 141 Anm. E und nachst. Anm. C 2 b.
25) KGJ 27 A 232 = RJA 4, 162 = OLGR 9, 263.
26) RGZ 85, 206.
27) Würdinger § 7 HGB Anm. 4; Keidel Anm. 16; a.M. Droste Betr. 1955, 1109, 1134.
28) KGJ 41, 114 = RJA 11, 192; BayObLG JFG 7, 156; Keidel Anm. 16.
29) KGJ 34 A 125; Schlegelberger Anm. 3; Cohn DNotZ 1929, 639.

wenn eine Eintragung vorgenommen worden ist, die in dieser Art oder mit diesem Inhalt gesetzlich nicht zugelassen ist, also eine ihrem Inhalt nach unzulässige Eintragung im Sinne des § 53 Abs. 1 Satz 2 GBO. Hierunter fällt die Eintragung eines nicht eintragungsfähigen Rechtsverhältnisses (§ 125 Rdn. 18)[30]. Dieser Fall ist z. B. gegeben, wenn eine andere Vollmacht als die Prokura[31], der Güterstand des Kaufmanns[32], der Gegenstand des Unternehmens einer OHG[33], die Höhe der einzelnen Stammeinlagen bei der GmbH und deren etwaige Bedingtheit[34] oder eines der weiteren, in § 125 Rdn. 18 angeführten nicht eintragungsfähigen Rechtsverhältnisse eingetragen worden ist. Liegt eine Unzulässigkeit in diesem Sinne nicht vor, so scheiden solche Mängel des Eintragungsverfahrens in jedem Falle aus, die nur in der Nichtbeachtung von Ordnungsvorschriften bestehen, z. B. wenn bei der Anmeldung der dazu Berechtigten die Vorschriften über die Form der Anmeldung (§ 12 HGB, § 128 FGG) nicht beachtet worden sind[35] oder wenn der Verfahrensverstoß überhaupt keine Rechtsfolgen hat, z. B. wenn die von dem zuständigen Registerführer bewirkte Eintragung statt vom Richter vom Rechtspfleger verfügt war[36]. Im übrigen ist für den Einfluß von Mängeln des Eintragungsverfahrens auf die Zulässigkeit der Eintragung zu unterscheiden zwischen rechtsbekundenden und rechtsändernden Eintragungen. Ist eine rechtsbekundende Eintragung unter Verletzung von Verfahrensvorschriften zustandegekommen, so rechtfertigt dieser Umstand die Löschung nicht, wenn die Eintragung sachlich richtig ist. Denn sonst müßte das Registergericht, nachdem es die Eintragung gelöscht hat, ihre Anmeldung sogleich wieder im Verfahren nach § 14 HGB, § 132 FGG erzwingen. Deshalb ist es kein Löschungsgrund, wenn der Eintritt eines persönlich haftenden Gesellschafters der OHG oder KG oder eines Kommanditisten, die Fortsetzung der Gesellschaft mit den Erben eines verstorbenen Gesellschafters (§ 139 Abs. 1 HGB) oder die Bestellung eines Liquidators nicht von allen Gesellschaftern angemeldet worden ist, sofern nur die eingetragene Veränderung wirklich eingetreten ist[37]. Ist aber ein Mangel des Eintragungsverfahrens, insbesondere die fehlende Mitwirkung aller Anmeldeberechtigten festgestellt, so darf die Amtslöschung nur unterbleiben, wenn die sachliche Richtigkeit der Eintragung feststeht[38]. Ist die Eintragung dagegen rechtsbegründend, so genügt die Feststellung eines wesentlichen Mangels des Eintragungsverfahrens, um die Amtslöschung zu rechtfertigen; denn in diesem Fall haben die gesetzlichen Erfordernisse für die Herbeiführung der Rechtsänderung gefehlt[39]. Zu löschen sind daher Eintragungen, denen eine Anmeldung überhaupt nicht oder nicht in der zur Mitwirkung erforderlichen Zahl von Anmeldeberechtigten zugrunde lag oder die vom Inhalt der Anmeldung abweicht. Wenn aber eine rechtsändernde Eintragung ausnahmsweise erzwingbar ist, wie im Fall des § 2 Satz 2 HGB, führt das Fehlen einer gültigen Anmeldung wie bei rechtsbekundenden Eintragungen zur Amtslöschung nur, wenn es auch an den sachlichen Voraussetzungen der Eintragung fehlt[40]. Bei rechtsändernden Eintragungen, die nicht erzwingbar sind (§ 3 Abs. 2 HGB, § 407 Abs. 2 AktG), wird der Mangel einer gültigen Anmeldung geheilt, wenn der Anmeldeberechtigte die Eintragung in Kenntnis von ihr bestehen läßt[41]. Die Gesetzmäßigkeit der gerichtlichen Bestellung eines Liquidators ist keine wesentliche Voraussetzung der Eintragung, sofern der Bestellungsbeschluß nicht etwa nichtig ist[42]. Eintragungen

30) Schlegelberger Anm. 4; Sternberg-Siehr S. 132; Krieger-Lenz Anm. 3; Cohn DNotZ 1929, 640.
31) KGJ 29 A 90.
32) RGZ 63, 245, 249.
33) KG JW 1934, 1730.
34) RGZ 78, 359.
35) KGJ 27 A 67; 28 A 42.
36) KG JFG 11, 178.
37) KG RJA 12, 60; KGJ 48, 115; BayObLG KGJ 53, 257 = RJA 16, 105; KG OLGZ 1965, 315; Richert NJW 1958, 894, der unter 5 hiergegen unbegründete Bedenken erhebt.
38) KG OLGR 43, 202; Celle NdsRpfl. 1964, 108 = BB 1964, 279 = MittRheinNotK 1964, 350 = NJW 1964, 933 (L); vgl. auch KG HRR 1934 Nr. 1041.
39) KGJ 48, 115; KG JFG 2, 188; KG OLGZ 1965, 315; München JFG 16, 71; BayObLGZ 1955, 333, 340; 1956, 303, 317; Hamm NJW 1963, 1554; Würdinger in HGB-RGRK[2] § 8 Anm. 6; Schlegelberger Anm. 4; Keidel Anm. 13; Krieger-Lenz Anm. 3; Sternberg-Siehr S. 132; Brand-Marowski, Registersachen[4] S. 57; Pikart-Henn S. 362; Richert NJW 1958, 894 zu 4.
40) Würdinger in HGB-RGRK[2] § 8 Anm. 6.
41) Würdinger aaO.
42) München JFG 14, 93.

bei Unternehmungen öffentlicher Verbände sind nicht deswegen unzulässig, weil sie über den durch § 36 HGB vorgeschriebenen Inhalt hinausgehen[43]).

3. *Maßgeblicher Zeitpunkt.* Grundsätzlich ist die Frage, ob eine Eintragung unzulässig ist, nach dem Zeitpunkt ihrer Vornahme zu beurteilen. Eine Löschung ist aber ausgeschlossen, wenn die Eintragung zwar ursprünglich unzulässig war, der Mangel aber durch Umstände, die erst nach der Eintragung eingetreten sind und nunmehr die Zulässigkeit der Eintragung begründen, bis zur Löschung behoben worden ist[44]). Das gilt auch dann, wenn das Registergericht sich nach fruchtlosem Ablauf der Widerspruchsfrist davon überzeugt, daß der Mangel nicht oder nicht mehr besteht, oder wenn der Mangel erst nach Rechtskraft der den Widerspruch zurückweisenden Entscheidung fortgefallen ist (vgl. § 141 Anm. D). Wenn allerdings eine vorzeitige Eintragung arglistig erschlichen worden ist, kann es geboten sein, die Eintragung gleichwohl zu löschen[45]). Eine zeitliche Beschränkung ist für die Zulässigkeit der Amtslöschung nicht vorgesehen; ein Einschreiten des Registergerichts ist aber nicht gerechtfertigt, wenn die tatsächlichen Verhältnisse des Geschäftsbetriebes im wesentlichen unverändert geblieben sind und die jetzige Beurteilung der Eintragung als unzulässig nur auf einem Wandel der Gesetzesauslegung, der Rechtsanwendung, der Verkaufsauffassung oder des Sprachgebrauchs beruht[46]). Das Amtslöschungsverfahren ist aber nach jetzt gefestigter Auffassung auch anwendbar, wenn eine ursprünglich zulässig gewesene Eintragung wegen einer bei dem Handelsgeschäft oder dem Inhaber eingetretenen Veränderung der Verhältnisse unzulässig geworden ist, wie es insbesondere bei eingetragenen Firmen wegen nachträglichen Unwahrwerdens von Firmenzusätzen vorkommen kann[47]). Ist allerdings eine Firma nachträglich erloschen, so kommt nur die Erzwingung der Anmeldung nach §§ 14, 31 Abs. 1 Satz 2 HGB, § 132 FGG oder das Verfahren zur Löschung von Amts wegen nach § 141 in Betracht. 7

D. Verfahren

1. *Zuständigkeit.* Sachlich und örtlich zuständig ist das Registergericht, welches das zu berichtigende Handelsregister führt. Außerdem ist nach § 143 auch das vorgeordnete Landgericht als Gericht des ersten Rechtszuges zuständig. Bei Eintragungen im Register der *Zweigniederlassung* kann das Registergericht selbständig das Löschungsverfahren einleiten, soweit es im Anmeldeverfahren die Zulässigkeit der Eintragung selbständig zu prüfen hätte[48]). Für die Erzwingung der Anmeldung der Errichtung oder Aufhebung der Zweigniederlassung ist das Gericht der Hauptniederlassung zuständig, dagegen für die Amtslöschung einer aufgehobenen Zweigniederlassung nach § 141 das Gericht der Zweigniederlassung (§ 132 Rdn. 88, § 141 Rdn. 8). Bei einer Sitzverlegung obliegt dem Registergericht des neuen Sitzes die Beurteilung der hierauf bezüglichen Vorgänge unter dem Gesichtspunkt des § 142[49]). 8

2. *Einleitung des Verfahrens*

a) *Voraussetzungen.* Das Verfahren wird von Amts wegen eingeleitet. Das schließt nicht aus, daß Anregungen dazu von anderer Seite an das Registergericht herangetragen werden. Anregungen können vornehmlich von dem Organ des Handels- oder Handwerksstandes (§ 126), aber auch von anderen Behörden oder öffentlichen Stellen oder von Privatpersonen ausgehen[50]). Auch in diesem Fall behält das Verfahren den Charakter eines dem 9

43) BayObLG JFG 7, 144.

44) KGJ 28 A 228, 239 = RJA 5, 171, 179; KG RJA 13, 45 = OLGR 28, 339; KG HRR 1935 Nr. 1472; BayObLGZ 1956, 303, 312; Schlegelberger Anm. 5; Keidel Anm. 11; Jansen NJW 1966, 1813 zu 1.

45) KGJ 31 A 147, 151.

46) München JFG 14, 475; Celle JR 1952, 74; Stuttgart NJW 1960, 1865; KG OLGZ 1965, 124 = NJW 1965, 254 = Rpfleger 1965, 146 = DNotZ 1966, 47; Keidel Anm. 11.

47) RGZ 169, 147 = JFG 23, 270 gegen KG JFG 12, 248; KG OLGZ 1965, 124 = NJW 1965, 254; Groschuff JR 1934, 22, 83; ders. JW 1934, 948; Hildebrandt DFG 1936, 50; Würdinger[3] § 37 HGB Anm. 11a; Schlegelberger Anm. 5; Keidel Anm. 11; a.M. Krieger-Lenz Anm. 4; Lenz DNotZ 1942, 328.

48) KGJ 44, 137 = RJA 12, 225; KG JFG 20, 137.

49) KGJ 44, 152; Kassel DNotZ 1950, 104; Keidel Anm. 8.

50) KGJ 28 A 61; 28 A 231; 30 A 142; 31 A 153; 33 A 142; 37 A 196; 41, 158; KG JFG 21, 316.

öffentlichen Interesse an der Richtigkeit und Vollständigkeit des Handelsregisters dienenden Amtsverfahrens und wird nicht etwa zu einem echten Streitverfahren[51]). Solche Anregungen muß das Registergericht pflichtgemäß prüfen[52]). Wegen der Tragweite, die eine Löschung von Amts wegen für das Unternehmen hat, und wegen der Schäden, die schon die bloße Androhung der Löschung nach sich ziehen kann, genügt es abweichend von § 132 FGG nicht, daß das Registergericht von den Tatsachen, welche die Unzulässigkeit der Eintragung begründen können, nur glaubhafte Kenntnis erhält. Zur Einleitung des Verfahrens ist erst Anlaß gegeben, wenn der dem Registergericht unterbreitete, notfalls durch eigene Ermittlungen (§ 12) vervollständigte Sachverhalt eine hinreichende Grundlage für die Annahme bietet, daß die Voraussetzungen des § 142 gegeben sind. Ihr volles Erwiesensein ist für die Einleitung des Verfahrens noch nicht zu fordern, sondern erst für die Löschung selbst; der einwandfreien abschließenden Feststellung dient das Widerspruchsverfahren, in welchem der Beteiligte Gelegenheit zur Darlegung seiner Auffassung hat[53]). Es geht daher zu weit, schon für die Einleitung des Verfahrens zu fordern, daß die Unzulässigkeit der Eintragung rechtlich „absolut zweifelsfrei" sein müsse[54]); keiner Hervorhebung bedarf es, daß die Zurückweisung des Widerspruchs nur gerechtfertigt ist, wenn die Unzulässigkeit der Eintragung rechtlich begründet und tatsächlich erwiesen ist, wofür der Firmenträger keine objektive Feststellungslast trägt. Wenn aber die zur Entscheidung über die Einleitung des Verfahrens angestellten Ermittlungen zu keinem zweifelsfreien Ergebnis geführt haben und auch nicht anzunehmen ist, daß das Widerspruchsverfahren zu einer Klärung führen wird, und wenn ferner das öffentliche Interesse nur unwesentlich berührt wird, kann das Registergericht dem Anregenden eine weitere Klarstellung im Prozeßwege überlassen[55]). Wegen der Bindung des Registergerichts an Entscheidungen des Prozeßgerichts vgl. § 127 Rdn. 15—26.

10 *b) Ermessensausübung.* Auch wenn das Registergericht sich überzeugt, daß eine im Sinne des § 142 Abs. 1 unzulässige Eintragung vorliegt, ist es nicht schlechthin genötigt, das Löschungsverfahren einzuleiten. Durch das Wort „kann" wird dem Registergericht keine unbedingte Pflicht auferlegt, sondern eine Befugnis eingeräumt, von der es nach seinem pflichtgemäßen Ermessen Gebrauch zu machen hat[56]). Von der Befugnis ist deshalb in der Regel nur Gebrauch zu machen, wenn die Amtslöschung entweder im öffentlichen Interesse an der Richtigkeit und Vollständigkeit des Handelsregisters oder im Interesse der Beteiligten liegt. Das Registergericht kann mithin nach seinem pflichtmäßigen Ermessen unter Abwägung der in Betracht kommenden privaten und öffentlichen Interessen von der Einleitung des Verfahrens auch absehen[57]). Das gilt auch, wenn jemand das Verfahren beantragt oder anregt[58]).

11 *3. Verlauf des eingeleiteten Verfahrens.* Der Ablauf des Verfahrens ist im wesentlichen mit einigen Abweichungen dem Verfahren nach § 141 nachgebildet, insbesondere durch die Verweisung in Absatz 3 auf § 141 Abs. 3 und 4. Auf die Erläuterungen zu § 141 kann daher verwiesen werden. An Besonderheiten sind hervorzuheben:

12 *a)* Die *Löschungsankündigung* (§ 141 Rdn. 12) wird zweckmäßig genau dem Wortlaut des Gesetzes angepaßt; Bezugnahme auf das Gesetz genügt nicht[59]). Sie ist an den Träger des Firmenrechts (Geschäftsinhaber, Gesellschaft) zu richten (§ 141 Rdn. 11). Ist eine Firma

[51]) KGJ 47, 108, 110; KG JW 1938, 1842.
[52]) Hamburg OLGR 8, 241; KGJ 30 A 141; BayObLG JFG 5, 280; BayObLGZ 1955, 333, 359; Schlegelberger Anm. 6; Keidel Anm. 20.
[53]) KG DNotZ 1929, 279; Sternberg-Siehr S. 134.
[54]) so KG RJA 15, 314; KG JFG 18, 308, 315; Schlegelberger Anm. 6; Keidel Anm. 17.
[55]) KG RJA 15, 313 = OLGR 38, 8; BayObLGZ 1958, 16, 21, beide Entscheidungen zur Löschung in der Liste der Genossen.
[56]) RGZ 122, 314; 132, 314; KG Recht 1928 Nr. 1412; KG JFG 21, 315, 319.
[57]) KGJ 31 A 147, 150; 44, 152, 154; KG JFG 11, 143; JFG 15, 54; KG JFG 18, 189 = JW 1938, 3048 mit Anm. v. Groschuff, KG OLGZ 1965, 124 = NJW 1965, 254; BayObLG OLGR 5, 445; BayObLGZ 30, 88; Rausnitz Anm. 6; Josef² Anm. 4; Wellstein² Anm. 5; Krieger-Lenz Anm. 7; Sternberg-Siehr S. 134; Keidel Anm. 19; Jansen NJW 1966, 1813 zu 4; Hamm BB 1954, 784; OLGZ 1969, 507; a.M. bei Unzulässigkeit der Firma Würdinger in HGB-RGRK² § 37 Anm. 11.
[58]) KG HRR 1933 Nr. 1688 = JW 1933, 1842; KG OLGZ 1967, 97 = WM 1967, 83 = NJW 1967, 933; a.M. BayObLG JFG 5, 280.
[59]) KGJ 49, 138 = RJA 15, 126.

nur wegen eines Zusatzes unzulässig, so kann von Amts wegen nur die ganze Firma, nicht bloß der Zusatz gelöscht werden; mithin muß auch die Löschung der ganzen Firma angekündigt werden[60]). Das gilt auch, wenn der verbleibende Teil als zulässige Firma ausreichen würde; die Beschränkung der Löschung auf den unzulässigen Teil wäre eine Firmenänderung, die nur der Geschäftsinhaber vornehmen kann. Die Löschung der ganzen Firma kann der Geschäftsinhaber dadurch abwenden, daß er in die Löschung des unlässigen Firmenteils einwilligt[61]). Gelöscht werden darf nur, was angekündigt ist.

b) Die *Widerspruchsfrist* muß angemessen sein; eine gesetzliche Mindestfrist von drei Monaten ist abweichend von § 141 Abs. 1 Satz 2 nicht zu wahren. Die Frist dient auch dem Zweck, dem Beteiligten Gelegenheit zu geben, die Löschung durch Behebung des Mangels abzuwenden[62]). Deshalb darf die Fristsetzung bei Vermeidung eines wesentlichen Verfahrensfehlers auch dann nicht unterbleiben, wenn der Widerspruch aussichtslos erscheint[63]). **13**

c) Die *Bekanntmachung* der Verfügung bedarf der förmlichen Zustellung von Amts wegen, weil die Widerspruchsfrist in Lauf gesetzt wird (§ 16 Abs. 2 Satz 1). Ist der Aufenthalt des Beteiligten unbekannt, so geschieht die Zustellung nach § 16 Abs. 2 FGG, §§ 204, 208 ZPO durch Anheftung an die Gerichtstafel; ein Ersatz der öffentlichen Zustellung durch öffentliche Bekanntmachung wie in § 141 Abs. 2 ist hier nicht vorgesehen. Unbekannten Beteiligten ist gemäß § 1913 BGB ein Pfleger zu bestellen[64]). Das Registergericht hat dem Vormundschaftsgericht von dem Pflegschaftsfall Kenntnis zu geben (§ 50 FGG). **14**

d) Für *das weitere Verfahren* gelten die Vorschriften des § 141 Abs. 3, 4 (Vgl. § 141 Rdn. 14—17). Gegen die Löschungsankündigung ist mithin nicht die Beschwerde, sondern der Widerspruch gegeben. Gegen die Zurückweisung des Widerspruchs findet die sofortige Beschwerde (§ 22), gegen die Verfügung, durch welche die Einleitung des Verfahrens abgelehnt oder die Löschungsankündigung auf Widerspruch aufgehoben wird, die unbefristete Beschwerde (§ 19) statt. **15**

4. Beschwerderecht

a) Gegen die *Zurückweisung* des Widerspruchs steht das Beschwerderecht dem Träger des betroffenen Firmenrechts zu, dessen Widerspruch erfolglos geblieben ist (§ 20 Abs. 1). **16**

b) Gegen die *Ablehnung der Anregung*, nach § 142 einzuschreiten, steht das Beschwerderecht dem Organ des Handels(Handwerks-)standes nach § 126, Dritten nach Maßgabe des § 20 Abs. 1 zu, setzt also voraus, daß ein (Firmen-, Namens- oder sonstiges) Recht des Beschwerdeführers verletzt ist[65]), z. B. wegen mangelnder Unterscheidbarkeit der eingetragenen Firma von der des Beschwerdeführers (§ 30 Abs. 1 HGB)[66]). Die Stellung als Gläubiger genügt nicht[67]), auch nicht das Interesse des Wettbewerbers, der Verletzung des § 18 Abs. 2 HGB rügt oder Unterlassungsansprüche nach dem UnlWG zu haben meint[68]). Dem Kommanditisten steht die Beschwerde zu gegen die Ablehnung der Löschung seiner Einlage[68a]). In Registerangelegenheiten der AG, KGaA oder GmbH steht dem einzelnen Aktionär oder Gesellschafter grundsätzlich kein Beschwerderecht zu[69]); anders, wenn er die Löschung eines seine Individualrechte verletzenden Beschlusses der Haupt-(Gesellschafter-)versammlung anregt, z. B. eines Kapitalerhöhungsbeschlusses[70]) oder eines Beschlusses über die Verschmelzung zweier Aktiengesellschaften[70a]). Der Umstand allein, daß der Aktionär in der Hauptver- **17**

[60]) KG JW 1925, 2489; KG NJW 1955, 1926; Hamm NJW 1959, 1973 = JMBlNRW 1959, 218 = Rpfleger 1960, 339; Würdinger in HGB-RGRK² § 37 Anm. 11; Keidel Anm. 14.
[61]) KG RJA 9, 91.
[62]) KGJ 28 A 228, 239 = RJA 5, 171, 197; Cohn DNotZ 1929, 642; Jansen NJW 1966, 1813, 1814.
[63]) Keidel Anm. 27; Jansen NJW 1966, 1813.
[64]) Rausnitz Anm. 10; Keidel Anm. 30; Cohn DNotZ 1929, 642.
[65]) KG OLGR 7, 211; KGJ 28 A 39; 31 A 152.
[66]) KGJ 37 A 199 = RJA 10, 20.
[67]) KGJ 33 A 140 = RJA 7, 186; OLGR 46, 286 = JR 1927, 1427; Karlsruhe OLGR 44, 179; Dresden JFG 5, 233; BayObLGZ 1968, 276; München JFG 13, 340.
[68]) KGJ 37 A 199 = RJA 10, 20; RGZ 132, 311 = JFG 8, 7 gegen BayObLG JFG 1, 188; JFG 7, 149 = JW 1930, 1416.
[68a]) KG JFG 11, 143.
[69]) KGJ 34 A 166.
[70]) KGJ 28 A 228 = RJA 5, 171; JFG 19, 80 unter Aufgabe von KG RJA 15, 39; KGJ 37 A 152 = RJA 9, 254; 41, 157.
[70a]) KGJ 37 A 152 = RJA 9, 254.

sammlung gegen einen Beschluß Widerspruch zur Niederschrift erklärt und rechtzeitig Anfechtungsklage erhoben hat (§§ 245 Nr. 1, 246 Abs. 1 AktG), gibt ihm noch kein Recht zur Beschwerde gegen die Ablehnung der Amtslöschung[70b]). Beim Fehlen einer Rechtsbeeinträchtigung (§ 20 Abs. 1) kann ein Beschwerderecht nicht schon deswegen zugestanden werden, weil das Registergericht es abgelehnt hat, die Anregung des Beschwerdeführers sachlich zu würdigen[71]).

18 *5. Verfahren des Beschwerdegerichts.* Hat das Amtsgericht die Löschungsankündigung auf Widerspruch aufgehoben oder den Widerspruch dagegen zurückgewiesen, so entscheidet das Landgericht auf Beschwerde eines Beschwerdeberechtigten in der Sache selbst, sofern es die Sache nicht wegen eines wesentlichen Verfahrensfehlers an das Amtsgericht zurückverweist. Hiergegen findet die weitere Beschwerde statt. Dieses Rechtsmittel ist unbefristet nur, wenn das Landgericht die Beschwerde gegen die Aufhebung der Löschungsankündigung zurückweist; in den anderen Fällen ist die weitere Beschwerde eine sofortige (§ 29 Rdn. 25, 26). Lehnt das Amtsgericht die Einleitung des Verfahrens ab und weist das Landgericht die Beschwerde dagegen zurück, so findet die unbefristete weitere Beschwerde statt; das Oberlandesgericht kann, wenn es das Rechtsmittel für begründet erachtet, unter Aufhebung der Vorentscheidungen nur das Amtsgericht oder das Landgericht (§ 143) zur Einleitung des Verfahrens anweisen, nicht aber unmittelbar die sofortige Löschung anordnen. Hält das Landgericht die Beschwerde gegen die Ablehnung der Einleitung des Verfahrens für begründet, so hat es entweder das Amtsgericht zur Einleitung des Verfahrens anzuweisen oder selbst auf Grund des § 143 eine Löschungsankündigung erlassen; gegen diese Entscheidung ist nicht die weitere Beschwerde, sondern nur der Widerspruch gegeben (§ 141 Rdn. 14, 16). Bei der demnächstigen Entscheidung über den Widerspruch ist das untere Gericht an die Auffassung des zur Einleitung des Verfahrens anweisenden Beschwerdegerichts (LG, OLG) nicht gebunden, weil die abschließende Entscheidung erst nach Durchführung des Widerspruchsverfahrens ergehen kann (§ 140 Rdn. 21; § 143 Rdn. 4).

19 6. Die *Löschung* geschieht durch Eintragung des Vermerks „Von Amts wegen gelöscht" (§ 142 Abs. 1 Satz 2, § 19 HRV). Die Löschung ist erst zulässig, wenn die Widerspruchsfrist abgelaufen oder ein etwa erhobener Widerspruch rechtskräftig zurückgewiesen worden ist. Auch in diesem Fall muß die Löschung unterbleiben, wenn die Eintragung bis zur Löschung durch eine Veränderung der Tatsachen zulässig geworden ist (§ 141 Anm. D; oben Anm. C 3). Wegen Beseitigung der Löschung in einem neuen Amtslöschungsverfahren vgl. § 141 Anm. E.

20 *7. Entbehrlichkeit des Verfahrens.* Die auf die Wahrung der Rechte des Beteiligten sorgfältig bedachten Vorschriften des § 142 haben zur Voraussetzung, daß die Amtslöschung dem Willen der Beteiligten widerspricht. Erklären sich sämtliche Beteiligte übereinstimmend oder der einzige Beteiligte mit der Löschung einverstanden, vorausgesetzt, daß das Registergericht die Eintragung für unzulässig hält, so kann die Einhaltung der besonderen Verfahrensvorschriften, insbesondere die förmliche Löschungsankündigung und die Fristsetzung, unterbleiben[72]). Die Durchführung des Verfahrens erübrigt sich jedoch nicht schon deswegen, weil die Unzulässigkeit der Eintragung durch Urteil des Prozeßgerichts rechtskräftig festgestellt ist (vgl. § 127 Rdn. 15, 25)[73]). Etwas anderes gilt für die bei § 128 Rdn. 18 angeführten rechtsgestaltenden Urteile im Recht der Kapitalgesellschaften und des VVaG, die ohne weiteres Verfahren von Amts wegen eingetragen werden.

21 *8. Richtervorbehalt.* Das Verfahren ist nach § 17 Nr. 1 Buchst. e RechtspflG dem Richter nur vorbehalten, wenn es sich um Amtslöschungen im Handelsregister B handelt. Für

[70b]) Josef HoldheimsMSchr. 10, 127; Schlegelberger Anm. 24; a.M. KGJ 37 A 152; KG JFG 1, 253; Keidel Anm. 55.

[71]) KG JFG 17, 174 = DJ 1938, 834 = JW 1938, 1535 = DNotZ 1938, 459 = HRR 1938 Nr. 742; KG OLGZ 1967, 97 = WM 1967, 83 zu II 2; a.M. München JFG 13, 340; BayObLGZ 1968, 276 = Rpfleger 1969, 56; Keidel Anm. 21.

[72]) KG JFG 16, 189; Sternberg-Siehr S. 130; Keidel Anm. 30.

[73]) ebenso Schlegelberger Anm. 6; Keidel Anm. 3.

Amtslöschungen im Handelsregister A und im Genossenschaftsregister ist der Rechtspfleger zuständig.

22 *9.* Die *Gerichtsgebühren* regelt § 88 Abs. 2 KostO.

E. Das besondere Amtslöschungsverfahren

23 zum Schutz der Bezeichnung *„Bank"* und *„Sparkasse"* nach § 43 Abs. 2 des G über das Kreditwesen v. 10. 7. 1961 (BGBl. I, 881) ist in Anhang I zu § 144 dargestellt.

F. Berichtigung von Eintragungen

24 Sonstige Unrichtigkeiten, die nicht die Zulässigkeit der Eintragung berühren, können nur auf Antrag der Beteiligten berichtigt werden[74]). Schreibfehler und offenbare Unrichtigkeiten werden von Amts wegen berichtigt. Hierzu bemerkt die Denkschr. S. 173 zu §§ 138—140: „Versehen rein äußerlicher Art, beispielsweise Eintragungen, die an falscher Stelle, insbesondere bei einer Firma, zu der sie nicht gehören, erfolgt sind, können selbstverständlich kurzer Hand berichtigt werden". Vgl. darüber Handelsregisterverfügung (unten Anl. 3 § 17).

G. Anhang. Beschwerde und weitere Beschwerde gegen Eintragungen

25 Das Verfahren nach § 142 ist der einzige Weg, auf welchem, von der Anmeldung durch die Beteiligten abgesehen, zur Löschung einer unzulässigen Registereintragung zu gelangen ist. Im Ordnungsstrafverfahren nach § 132 kann die Anmeldung zur Löschung einer unzulässigen Eintragung nicht erzwungen werden (Anm. B). Beschwerden gegen Eintragungen mit dem Ziel der Löschung sind unzulässig[75]). Es kann aber an das Landgericht die Anregung gerichtet werden, als Gericht des ersten Rechtszuges nach § 143 zu verfahren[76]); eine Anregung hierzu ist grundsätzlich in jeder als „Beschwerde" bezeichneten Eingabe an das Landgericht zu finden, die ihrem Wortlaut nach sich gegen eine Eintragung richtet; das Landgericht hat daher die Eingabe daraufhin zu prüfen, ob sie ihm Anlaß zur Einleitung des Verfahrens nach § 143 bietet[77]). Das Landgericht kann also die Sache an sich ziehen und selbst eine Löschungsankündigung nach § 142 Abs. 2 erlassen (vgl. Bem. zu § 143)[78]), keinesfalls aber ohne vorausgegangenes Widerspruchsverfahren unmittelbar die Löschung anordnen[79]). Auch eine unmittelbar gegen die Eintragung gerichtete Beschwerde muß entsprechend dem Grundgedanken des § 71 Abs. 2 Satz 2 GBO und der im Erbscheinsverfahren geltenden Grundsätze (§ 84 Rdn. 18, 21) mit dem Ziel für zulässig erachtet werden, daß das Landgericht als Beschwerdegericht das Amtsgericht zur Einleitung des Amtslöschungsverfahrens anweise[80]). Hat im Anmeldeverfahren das Landgericht auf die Beschwerde gegen die Zurückweisung einer Anmeldung das Registergericht zu einer Eintragung angewiesen und ist die Anweisung vollzogen, so ist die weitere Beschwerde mit dem Ziel der Löschung dieser Eintragung unzulässig[81]). Es ist jedoch zulässig, die weitere Beschwerde mit dem Ziel einzulegen, das Registergericht (oder nach § 143 das Landgericht) zur Einleitung des Amtslöschungsverfahrens nach §§ 142, 144 anzuweisen[82]). Dagegen darf auch in diesem Fall mit Rücksicht auf den Zweck der Widerspruchsfrist, dem Beteiligten Gelegenheit zur Behebung des Mangels zu geben (§ 142 Rdn. 13, § 144 Rdn. 20), das Gericht der weiteren Beschwerde nicht etwa in der Erwägung, daß ein Widerspruch, nachdem das Gericht letzter Instanz gesprochen habe, aussichtslos sei,

74) vgl. dazu Brand-Marowski Registersachen⁴ S. 56; Keidel-Schmatz Registerrecht² S. 9, 94, 369.

75) KGJ 41, 102; KG RJA 13, 42; vgl. § 19 Rdn. 16.

76) KGJ 31 A 152; 32 A 171 = RJA 7, 116; vgl. § 143 Rdn. 3.

77) KG JFG 1, 260; JFG 5, 270; BayObLGZ 1956, 303.

78) RGZ 85, 276 = RJA 14, 35; Dresden JFG 2, 267.

79) KGJ 28 A 40; 41, 102; Cohn DNotZ 1929, 700.

80) Hamm OLGZ 1967, 471.

81) KGJ 32 A 171.

82) KG JFG 16, 189 = DFG 1937, 227; Hamm OLGZ 1966, 598 = DNotZ 1967, 391.

unmittelbar die sofortige Amtslöschung anordnen[83]). Ist Gegenstand der als unzulässig beanstandeten Eintragung gerade die Firma, so kann das Rechtsbeschwerdegericht auch zur Einleitung eines Firmenmißbrauchsverfahrens nach § 140 (oder zu beidem, vgl. oben Anm. B) anweisen[84]).

Löschung auf Verfügung des Landgerichts

143 Die Löschung einer Eintragung kann gemäß den Vorschriften des § 142 auch von dem Landgericht verfügt werden, welches dem Registergericht im Instanzenzug vorgeordnet ist. Die Vorschrift des § 30 Abs. 1 Satz 2 findet Anwendung.

Gegen die einen Widerspruch zurückweisende Verfügung des Landgerichts findet die sofortige Beschwerde an das Oberlandesgericht mit der Maßgabe statt, daß die Vorschriften des § 28 Abs. 2, 3 zur entsprechenden Anwendung kommen. Die weitere Beschwerde ist ausgeschlossen.

1 *1. Zuständigkeit des Landgerichts.* Das *Landgericht* ist als *Gericht des ersten Rechtszuges* neben dem Registergericht sachlich zuständig, Amtslöschungen im Handelsregister (§§ 142, 144) und entsprechend im Genossenschafts- (§ 147), im Vereins- (§ 159) und im Güterrechtsregister (§ 161) anzuordnen. Nimmt das Landgericht diese Zuständigkeit in Anspruch, so ist damit Rechtshängigkeit eingetreten, die das AG zu beachten hat (§ 31 Anm. 8) und die es hindert, ein Verfahren mit demselben Ziel einzuleiten; a. M. Schlegelberger Anm. 1, Keidel Anmerkung 2, die dem AG den Vorzug geben. Umgekehrt wird die Zuständigkeit des LG durch ein bereits beim AG anhängiges Verfahren ausgeschlossen. Soweit es sich um Löschungen im Handels- oder Genossenschaftsregister handelt, ist nach Abs. 1 Satz 2 die Kammer für Handelssachen zuständig (§ 30 Rdn. 4); für Löschungen im Vereins- und Güterrechtsregister verbleibt es bei der Zuständigkeit der Zivilkammer.

2 2. Das *Verfahren des LG* ist dasselbe wie das des Registergerichts[1]). Das LG hat mithin die Förmlichkeiten des § 142 zu beachten, indem es eine Löschungsankündigung unter Bestimmung einer Widerspruchsfrist erläßt und über einen etwa erhobenen Widerspruch durch Stattgeben oder Zurückweisung entscheidet. Die Löschung darf es erst anordnen, wenn entweder Widerspruch nicht erhoben oder die den Widerspruch zurückweisende Verfügung des LG *rechtskräftig* geworden ist (§§ 142 Abs. 3, 141 Abs. 4)[2]). Der Vollzug der Löschungsanordnung obliegt dem Registergericht, welches die Eintragung verfügt (§ 25 Abs. 2 HRV); die Verfügung ist auf den Rechtspfleger übertragen (§ 125 Rdn. 14).

3. Verhältnis zwischen erst- und zweitinstanzlicher Zuständigkeit des Landgerichts

3 Das Landgericht kann gemäß Abs. 1 einschreiten, ohne daß ein Antrag vorliegt und ohne daß eine Entscheidung des Registergerichts in der Sache ergangen und Beschwerde dagegen eingelegt ist. In der Regel wird das Landgericht zu einer Prüfung der Frage, ob eine Amtslöschung angebracht ist, nur kommen, wenn ihm die Registerakten aus anderem Anlaß vorliegen, z. B. wenn es anläßlich einer Beschwerde gegen eine Verfügung des Registergerichts feststellt, daß eine Eintragung unzulässig ist. Meistens wird das Landgericht aber durch eine Eingabe, die sich äußerlich als eine (unzulässige) Beschwerde gegen eine Eintragung darstellt, vor die Frage gestellt werden, ob es das Amtslöschungsverfahren einleiten soll. Hierbei ist es nicht angebracht, die Eingabe als unzulässige Beschwerde zu bescheiden, sondern sie ist als An-

[83]) Vgl. § 143 zu Fn. 8; bedenklich daher BGHZ 46, 7 = NJW 1966, 1813 mit abl. Anm. v. Jansen = GmbHRdsch. 1966, 251 mit Anm. v. Hesselmann = JR 1967, 24 mit Anm. v. Wiedemann JR 1967, 102 = DNotZ 1966, 689 = BB 1966, 916 = Betr. 1966, 1269 (Firma der GmbH & Co.); vgl.auch Wessel BB 1966, 1327; kritisch zum Verfahren des BGH Jansen aaO., Wiedemann aaO. zu II; zust. Keidel Anm. 4 im Widerspruch zu Anm. 27 ebenda. Vgl. auch Braunschweig WRP 1968, 373 zu II, wo richtigerweise das nach der Zurückverweisung vor dem LG zu eröffnende Verfahren nur ein solches nach § 143 sein konnte.

[84]) Jansen NJW 1966, 1813 zu 2.

[1]) KGJ 28 A 39 = OLGR 9, 241.

[2]) KGJ 28 A 58.

regung zur Einleitung des Amtslöschungsverfahrens durch das LG aufzufassen[3]). Das LG wird also als Gericht des ersten Rechtszuges entweder die Einleitung des Verfahrens ablehnen oder die Löschungsankündigung erlassen. Auf ein Beschwerderecht (§ 20) des anregenden Dritten kommt es hierfür nicht an[4]).

b) Hat das AG die Einleitung eines Löschungsverfahrens abgelehnt und entschließt sich das mit einer Beschwerde hiergegen befaßte LG, die Sache gemäß § 143 als Gericht des ersten Rechtszuges zu übernehmen und eine Löschungsankündigung nach den §§ 142, 144 zu erlassen, wozu es ohne Rücksicht auf ein Beschwerderecht des Beschwerdeführers befugt ist, so ist hiergegen nur der Widerspruch an das LG, nicht die Beschwerde zulässig[5]). Die alsdann über den Widerspruch ergehende Entscheidung ist mit der ersten, nicht der weiteren Beschwerde anfechtbar[6]). Hält das LG aber mit dem AG die Einleitung des Löschungsverfahrens für ungerechtfertigt, so hat es als Beschwerdegericht zu entscheiden, wogegen die weitere Beschwerde stattfindet[7]). In keinem Fall dürfen das Landgericht als Gericht des ersten Rechtszuges oder als Beschwerdegericht und das Oberlandesgericht als Gericht der ersten oder der weiteren Beschwerde, wenn sie abweichend von der Vorinstanz die Eintragung für unzulässig erachten, unmittelbar die Löschung der Eintragung anordnen, ohne daß ein Widerspruchsverfahren mit Fristsetzung nach § 142 Abs. 2 entweder vor dem Registergericht oder nach § 143 vor dem Landgericht stattgefunden hat, weil der Widerspruch und die Frist außer der Verteidigung der Eintragung auch dem Zweck dienen, die Löschung durch Behebung des Mangels abzuwenden (§ 142 Rdn. 13), und die Gelegenheit hierzu dem Beteiligten durch Anordnung der sofortigen Löschung nicht vorenthalten werden darf. Wenn daher das Landgericht oder das Oberlandesgericht auf die Beschwerde eines Beschwerdeberechtigten (§ 142 Rdn. 17) gegen die Ablehnung der Einleitung eines Amtslöschungsverfahrens abweichend von der Vorinstanz die Eintragung für unzulässig halten, haben sie sich darauf zu beschränken, unter Aufhebung der Vorentscheidung die untere Instanz zur Einleitung des Verfahrens anzuweisen; diese hat dann nach § 142 Abs. 2 zu verfahren[8]). Das Landgericht hat außerdem die Befugnis, statt die Sache an das Amtsgericht zurückzuverweisen, gemäß § 143 das Verfahren nach § 142 Abs. 2 in eigener Zuständigkeit einzuleiten; wenn es aber auf die Beschwerde eines Beschwerdeberechtigten mit der Sache befaßt ist, ist die Entscheidung als Beschwerdegericht regelmäßig angemessener und vorzuziehen, damit dieselbe Sache nicht in drei Tatsacheninstanzen zu erörtern ist. Die Befugnisse aus §§ 143, 142 Abs. 2 stehen auch dem Oberlandesgericht zu, wenn es auf eine *erste* Beschwerde mit der Sache befaßt ist[9]). An die Entscheidung des Beschwerdegerichts, welche zur Einleitung des Verfahrens anweist, ist das untere Gericht bei der Entscheidung über den Widerspruch übrigens nicht gebunden[10]). **4**

4. Rechtsmittel. Die *sofortige Beschwerde* findet statt gegen die Entscheidung, durch welche das Landgericht den Widerspruch gegen eine von ihm nach §§ 143, 142 Abs. 2 als Gericht des ersten Rechtszuges erlassene Löschungsankündigung zurückweist. Die Regelung stimmt überein mit §§ 142 Abs. 3, 141 Abs. 3 Satz 2 für den Fall einer entsprechenden Entscheidung des Registergerichts. Die Beschwerde ist keine weitere, sondern eine erste Beschwerde, und zwar auch dann, wenn das als Beschwerdegericht angegangene LG die Sache als Gericht des ersten Rechtszuges an sich gezogen hat (Anm. 1)[11]); eine weitere Beschwerde nur dann, wenn es unter Außerachtlassung seiner Zuständigkeit nach § 143 als Beschwerdegericht entschieden hat und entscheiden wollte[12]). Das Verfahren der ersten Beschwerde vor dem Oberlandesgericht richtet sich nach den §§ 20 bis 25. Die Beschwerde ist nicht gemäß § 27 auf Ge- **5**

[3]) Karlsruhe JFG 13, 55; BayObLGZ 1956, 303; KG OLGZ 1967, 97 = NJW 1967, 933 = WM 1967, 83 zu II 3; vgl. § 142 Rdn. 25.
[4]) KGJ 28 A 39; BayObLGZ 1969, 215.
[5]) KG HRR 1933 Nr. 1688.
[6]) Dresden JFG 2, 267; KG Recht 1929 Nr. 1872.
[7]) KG OLGR 44, 231.
[8]) Dresden OLGR 36, 187 für Entscheidungen des LG; KGJ 31 A 152, 157 für Entscheidungen des OLG; Josef HoldhMSchr. 16, 137; ders. KGBl. 18, 63; Unger ZZP 41, 150 zu Fn. 12; vgl. auch § 142 Rdn. 25; Keidel § 142 Anm. 27.
[9]) KGJ 31 A 152, 157.
[10]) KG NJW 1955, 1926; Schlegelberger § 142 Anm. 8; Keidel § 142 Anm. 23.
[11]) KGJ 28 A 228 = RJA 5, 171; KG JFG 1, 253; KG Recht 1929 Nr. 1872.
[12]) KG JFG 5, 271.

setzesverletzung beschränkt, kann auf neue Tatsachen und Beweise gestützt werden und unterliegt nicht der erschwerten Form des § 29[13]). Das Gesetz regelt nur den Fall, daß das LG den Widerspruch gegen seine Löschungsankündigung zurückweist und gewährt dagegen die *sofortige* Beschwerde. Lehnt das LG die Einleitung des Löschungsverfahrens ab oder hebt es auf erhobenen Widerspruch die von ihm erlassene Löschungsankündigung auf, so ist dagegen die *unbefristete* erste Beschwerde nach § 19 gegeben[14]).

6 5. *Beschwerdegericht* ist abweichend von § 19 Abs. 2 sowohl für die sofortige als auch für die einfache Beschwerde (Anm. 4) das OLG, gemäß § 199 Abs. 2 in Bayern das BayObLG in Rheinland-Pfalz das OLG Zweibrücken (§ 28 Rdn. 1).

7 6. Eine Vorlegung an den *Bundesgerichtshof* ist nur für sofortige Beschwerde nach § 143 Abs. 2, nicht für die einfache Beschwerde nach § 19 angeordnet.

8 7. Die *Gebühren* richten sich, wenn das LG nach § 143 verfährt, nicht nach § 131 KostO, sondern nach § 88 KostO. Eine Gebühr entsteht hiernach nur, wenn das LG den Widerspruch gegen eine angedrohte Löschung zurückweist[15]).

3. Löschung nichtiger Gesellschaften und Beschlüsse

144 Eine in das Handelsregister eingetragene Aktiengesellschaft oder Kommanditgesellschaft auf Aktien kann nach den §§ 142, 143 als nichtig gelöscht werden, wenn die Voraussetzungen vorliegen, unter denen nach den §§ 275, 276 des Aktiengesetzes die Klage auf Nichtigerklärung erhoben werden kann. Das gleiche gilt für eine in das Handelsregister eingetragene Gesellschaft mit beschränkter Haftung, wenn die Voraussetzungen vorliegen, unter denen nach den §§ 75, 76 des Gesetzes, betreffend die Gesellschaften mit beschränkter Haftung, die Nichtigkeitsklage erhoben werden kann.

Ein in das Handelsregister eingetragener Beschluß der Generalversammlung oder Versammlung der Gesellschafter einer der im Absatz 1 bezeichneten Gesellschaften kann gemäß den Vorschriften der §§ 142, 143 als nichtig gelöscht werden, wenn er durch seinen Inhalt zwingende Vorschriften des Gesetzes verletzt und seine Beseitigung im öffentlichen Interesse erforderlich erscheint.

In den Fällen der Absätze 1, 2 soll die nach § 142 Abs. 2 zu bestimmende Frist mindestens drei Monate betragen.

Fassung des Abs. 1 Satz 1 nach EG z. AktG v. 6. 9. 65 (BGBl. I 1185) § 43 Nr. 2, in Kraft seit dem 1. 1. 66.

A. Bedeutung

I. Allgemeines

1 Die Vorschrift enthält gegenüber der allgemeinen Befugnis des Registergerichts und des vorgeordneten Landgerichts zur Vornahme von Amtslöschungen nach den §§ 142, 143 eine Sonderregelung für die Löschung von Kapitalgesellschaften (AG, KGaA, GmbH) und von Beschlüssen ihrer Haupt- oder Gesellschafterversammlung als nichtig. Soweit es sich um die Löschung der Gesellschaft selbst handelt, ist diese Regelung nach der Entstehungsgeschichte[1]) an die Stelle der im Entwurf vorgesehenen Befugnis der Staatsbehörde getreten, neben den Gesellschaftern oder den Mitgliedern des Vorstands oder des Aufsichtsrats Klage auf Nichtigerklärung der Gesellschaft (vgl. § 275 Abs. 1 AktG, § 75 Abs. 1 GmbHG) zu erheben; da ein unbedingtes Bedürfnis zur Löschung nichtiger Gesellschaften und ihrer Beschlüsse auch von Amts wegen anerkannt wurde, war es erforderlich, diese Löschung durch die Vorschrift

[13]) KGJ 28 A 228 = RJA 5, 171; München DFG 1939, 157; BayObLGZ 1955, 339.

[14]) KGJ 28 A 228 = RJA 5, 171; KGJ 31 A 152; BayObLGZ 1956, 309.

[15]) KGJ 51 B 370.

[1]) Vgl. die ausführliche Darstellung der Entstehungsgeschichte bei Schlegelberger Anm. 1.

des § 144 zu ermöglichen, da es nicht angängig erschien, die Beseitigung mit wesentlichen Mängeln behafteter Gesellschaften oder ihrer Beschlüsse dem Belieben der Beteiligten zu überlassen, die an einer Feststellung der Nichtigkeit nicht immer interessiert sein werden. Die Vorschrift des § 144 zieht aber weiter zugleich die Folgerungen daraus, daß eine Kapitalgesellschaft nicht bei jedem Mangel der Satzung oder des Gesellschaftsvertrages, ein Beschluß der Haupt- oder Gesellschafterversammlung nicht bei jedem Verstoß gegen Gesetz oder Satzung nichtig sein soll, daß vielmehr das Aktiengesetz und das GmbHG die Nichtigkeit der Gesellschaft oder von Beschlüssen ihres obersten Organs nur bei ganz bestimmten Verstößen vorsehen[2]). Wenn eine Klage auf Nichtigerklärung nicht gegeben ist, ist auch das Registergericht nicht befugt, die Gesellschaft wegen sachlichrechtlicher Mängel zu löschen. Die Voraussetzung für die Löschung von Beschlüssen der Haupt- oder Gesellschafterversammlung als nichtig wird ferner in § 144 Abs. 2 gegenüber dem sachlichen Recht noch insofern eingeschränkt, als erfordert wird, daß der Beschluß durch seinen Inhalt zwingende Vorschriften des Gesetzes verletzt und seine Beseitigung im öffentlichen Interesse erforderlich erscheint.

II. Auswirkungen der Koordinierung des Gesellschaftsrechts

Der Anwendungsbereich des § 144 Abs. 1 ist dadurch beeinflußt worden, daß die §§ 275, 276 AktG und §§ 75, 76 GmbHG, auf welche § 144 Abs. 1 hinsichtlich der Voraussetzungen für die Löschung der Gesellschaft als nichtig verweist, durch Art. 2 Nr. 19 und 20 und Art. 3 Nr. 11 und 12 des Gesetzes zur Durchführung der Ersten Richtlinie des Rates der Europäischen Gemeinschaften zur Koordinierung des Gesellschaftsrechts vom 15. 8. 1969 (BGBl. I 1146) — KoordG — geändert worden sind[2a]). Das Gesetz ist am 1. 9. 1969 in Kraft getreten. Es dient der Durchführung der Ersten Richtlinie des Rates der Europäischen Gemeinschaften zur Koordinierung des Gesellschaftsrechts vom 9. 3. 1968 (ABl. d. Europ. Gemeinschaften 11. Jgg. Nr. L 65), deren Rechtsgrundlage Art. 54 Abs. 3 Buchst. g des EWG-Vertrages ist. Danach sind, soweit erforderlich, die Schutzbestimmungen zu koordinieren, die in den Mitgliedstaaten den Gesellschaften im Sinne des Art. 58 Abs. 2 des EWG-Vertrages im Interesse der Gesellschafter sowie Dritter vorgeschrieben sind, um diese Bestimmungen gleichwertig zu gestalten. 2

Durch Art. 11 Nr. 2 der Richtlinie werden die Gründe, aus denen eine Gesellschaft für nichtig erklärt werden kann, eingeschränkt. Diese Bestimmung hatte zur Folge, daß einige der nach bisherigem Recht in § 275 Abs. 1 in Verbindung mit § 23 Abs. 3 AktG und in§ 75 Abs. 1 in Verbindung mit § 3 Abs. 1 GmbHG vorgesehenen Gründe, aus denen die Gesellschaft für nichtig erklärt werden kann, nicht mehr beibehalten werden konnten. Bis dahin konnte die Klage auf Nichtigerklärung der Aktiengesellschaft oder der Kommanditgesellschaft auf Aktien (§§ 278 Abs. 3, 281 Abs. 1 AktG) gestützt werden auf das Fehlen oder die Nichtigkeit von Bestimmungen der Satzung über die Firma und den Sitz der Gesellschaft, den Gegenstand des Unternehmens, die Höhe des Grundkapitals, die Nennbeträge der Aktien und die Zahl der Aktien jeden Nennbetrages sowie die Gattung der einzelnen Aktien, über die Zusammensetzung des Vorstandes und die Form der Bekanntmachung der Gesellschaft. Die Klage auf Nichtigerklärung der GmbH konnte gestützt werden auf das Fehlen oder die Nichtigkeit von Bestimmungen des Gesellschaftsvertrages über die Firma und den Sitz der Gesellschaft, den Gegenstand des Unternehmens, den Betrag des Stammkapitals und den Betrag der Stammeinlagen. In demselben Umfang bestand nach § 144 Abs. 1 die Befugnis des Registergerichts zur Amtslöschung der Gesellschaft als nichtig. Nunmehr kann die Nichtigkeitsklage nach § 275 Abs. 1 Satz 1 AktG n. F. und § 75 Abs. 1 GmbHG n. F. nur noch dar- 3

[2]) Krieger-Lenz Anm. 2.

[2a]) Zu dem Gesetz vgl. die amtl. Begründung BT-Drucks. V/3862 nebst Stellungnahme des Bundesrats und der Bundesregierung; Einmahl, Die Erste gesellschaftsrechtliche Richtlinie des Rates der Europäischen Gemeinschaften und ihre Bedeutung für das deutsche Aktienrecht, AG 1969, 131, 167, 210; Ankele, Die Anpassung des deutschen Rechts an die Erste gesellschaftsrechtliche Richtlinie des Rates der Europäischen Gemeinschaften und ihre Auswirkungen für die GmbH, GmbHRdsch. 1969, 52.

auf gestützt werden, daß Satzung oder Gesellschaftsvertrag keine Bestimmungen über die Höhe des Grundkapitals (Stammkapitals) oder über den Gegenstand des Unternehmens enthält oder die Bestimmungen über den Gegenstand des Unternehmens nichtig sind. Die Beschränkung der Gründe für die Nichtigerklärung einer Gesellschaft in § 275 Abs. 1 AktG und § 75 Abs. 1 GmbHG hat zur Folge, daß die Gründe, aus denen eine Gesellschaft vom Registergericht nach § 144 Abs. 1 von Amts wegen als nichtig gelöscht werden kann, ebenfalls eingeschränkt werden, ohne daß es einer Änderung dieser Vorschrift bedurfte.

4 Anstelle einiger der bisherigen Nichtigkeitsgründe sieht das Gesetz eine andere Sanktion als die Nichtigerklärung oder Amtslöschung der Gesellschaft vor. Es handelt sich hierbei um das Fehlen oder die Nichtigkeit von Bestimmungen der Satzung oder des Gesellschaftsvertrages über die Firma und den Sitz der Gesellschaft (§ 23 Abs. 3 Nr. 1 AktG, § 3 Abs. 1 Nr. 1 GmbHG) oder bei der AG und KGaA über die Nennbeträge, die Zahl und die Gattung der Aktien (§ 23 Abs. 3 Nr. 4 AktG), bei der GmbH über den Betrag der Stammeinlagen (§ 3 Abs. 1 Nr. 4 GmbHG) sowie um die Nichtigkeit der Bestimmungen über die Höhe des Grundkapitals oder den Betrag des Stammkapitals (§ 23 Abs. 3 Nr. 3 AktG, § 3 Abs. 1 Nr. 3 GmbHG). Als Sanktion sieht das Gesetz für diese Fälle ein in § 144a geregeltes gerichtliches Verfahren vor, in welchem das Registerrecht die Gesellschaft zur Behebung des Mangels der Satzung oder des Gesellschaftsvertrages anhalten soll und welches, wenn der Mangel nicht behoben wird, mit der gerichtlichen Feststellung des Mangels der Satzung endet. Die rechtskräftige Feststellung hat nach §§ 262 Abs. 1 Nr. 5, 289 Abs. 2 Nr. 2 AktG n. F., § 60 Abs. 1 Nr. 5 GmbHG n. F. die Auflösung der Gesellschaft zur Folge. Vgl. insoweit die Bem. zu § 144a.

5 Das Gesetz hat davon abgesehen, die bisherigen Nichtigkeitsgründe des § 23 Abs. 3 Nr. 5 und 6 AktG a. F. (Fehlen oder Nichtigkeit von Bestimmungen über die Zusammensetzung des Vorstandes und die Form der Bekanntmachungen der Gesellschaft) mit einer Sanktion zu versehen. Hinsichtlich der Art der Zusammensetzung des Vorstandes war dafür die Erwägung maßgebend, daß den Bestimmungen der Satzung darüber keine wesentliche Bedeutung zukommt, hinsichtlich der Form der Bekanntmachungen der Umstand, daß nach § 25 AktG auch beim Fehlen einer Satzungsbestimmung darüber die Form der Bekanntmachungen für alle wesentlichen Tatsachen feststeht (amtl. Begr. BT-Drucks. V/3862 S. 11). Das kommt gesetzestechnisch darin zum Ausdruck, daß § 23 Abs. 3 Nr. 5 AktG gestrichen und der bisherige Inhalt des § 23 Abs. 3 Nr. 6 AktG a. F. als § 23 Abs. 4 AktG in das Gesetz eingefügt worden ist.

B. Verhältnis zur allgemeinen Löschungsbefugnis aus § 142 Abs. 1

6 Die in § 144 genannten Kapitalgesellschaften selbst und die Beschlüsse ihrer Versammlungen können wegen Nichtigkeit aus sachlichen Gründen nur unter den in § 144 Abs. 1, 2 genannten Voraussetzungen gelöscht werden; in diesem Umfang wird die allgemeine Regelung des § 142 Abs. 1 ausgeschlossen[3]). Durch § 144 wird aber die Löschung dieser Kapitalgesellschaften und ihrer Beschlüsse auf Grund des § 142 Abs. 1 nicht ausgeschlossen, wenn sich die Unzulässigkeit der Eintragung auf *Mängel des Verfahrens* gründet. Das ist der Fall, wenn die Eintragung ohne Anmeldung oder auf die Anmeldung Unbefugter vorgenommen wurde, sofern die Eintragung nicht dem Willen der zur Anmeldung Berufenen entspricht, wenn die Eintragung trotz Widerrufs der Anmeldung erfolgt ist[4]) oder wenn die Gesellschaft bei einem örtlich unzuständigen Registergericht eingetragen worden ist (§ 125 Rdn. 7). Ferner können auch im Register der in § 144 genannten Gesellschaften Eintragungen als unzulässig unter den allgemeinen Voraussetzungen des § 142 Abs. 1 gelöscht werden, wenn es

[3] KG JFG 1, 253 (grundlegend); KGJ 37 A 152; KGJ 47, 109 = RJA 14, 161; KG JW 1934, 988; Keidel Anm. 1; Schlegelberger-Quassowski AktG § 195 Anm. 5; Godin-Wilhelmi AktG[3] § 241 Anm. 10 a. E., § 275 Anm. 16.

[4]) KG DNotZ 1925, 59; Keidel Anm. 1; Bondi ZHR 78, 103; Godin-Wilhelmi AktG[3] § 275 Anm. 10.

sich um Eintragungen anderer Art als der Gesellschaft oder ihrer Beschlüsse handelt, z. B. um die Eintragung einer Prokura[5]). Vgl. ferner nächst. Anm. D. Gleichzeitige Einleitung eines Löschungsverfahrens nach Abs. 2 bezüglich eines Gesellschafterbeschlusses und eines Verfahrens zur Löschung der Gesellschaft selbst nach Abs. 1 ist zulässig[6]). Auch ein Firmenmißbrauchverfahren nach § 140 ist gegen Kapitalgesellschaften statthaft[7]).

C. Voraussetzungen für die Löschung der AG, KGaA oder GmbH als nichtig

Das Gesetz regelt die sachlichen Voraussetzungen der Löschung durch Verweisung auf die **7**
§§ 275, 276 AktG und die §§ 75, 76 GmbHG und gewährleistet auf diese Weise, daß eine Gesellschaft, die vom sachlichen Recht als gültig anerkannt ist, auch vom Registergericht nicht gelöscht werden kann. § 275 AktG betrifft die Klage auf Nichtigerklärung der Aktiengesellschaft wegen Fehlens oder Nichtigkeit von wesentlichen Bestimmungen der Satzung; § 276 AktG regelt die Heilung von Nichtigkeitsmängeln. Diese Vorschriften gelten nach § 278 Abs. 3 AktG für die KGaA sinngemäß. § 75 GmbHG betrifft die Klage auf Nichtigerklärung der Gesellschaft wegen Fehlens oder Nichtigkeit von wesentlichen Bestimmungen des Gesellschaftsvertrages; § 76 GmbHG regelt die Heilung solcher Nichtigkeitsmängel. *Nichtigkeitsgründe,* welche die Löschung der *Gesellschaft* rechtfertigen können, sind hiernach das Fehlen der nach § 23 Abs. 3 Nr. 2 und 3 AktG, § 3 Abs. 1 Nr. 2 und 3 GmbHG wesentlichen Bestimmungen in Satzung oder Gesellschaftsvertrag über die Höhe des Grundkapitals oder den Betrag des Stammkapitals sowie über den Gegenstand des Unternehmens oder die Nichtigkeit der Bestimmungen über den Gegenstand des Unternehmens. Sind Bestimmungen über die Höhe des Grundkapitals oder den Betrag des Stammkapitals zwar in Satzung oder Gesellschaftsvertrag vorhanden, aber nichtig, so greift nicht das Amtslöschungsverfahren nach § 144 Abs. 1, sondern das Verfahren zur Feststellung eines Mangels der Satzung nach § 144a ein. Diese Regelung ist erschöpfend; das ergibt sich für die Aktiengesellschaft aus § 275 Abs. 1 Satz 2 AktG, ist aber auch für die GmbH anzunehmen[8]). Auf § 139 BGB kann die Nichtigkeit nicht gestützt werden[9]). Nachträgliche Nichtigkeit einer Satzungsbestimmung steht der ursprünglichen gleich[10]). Verstöße gegen Vorschriften des öffentlichen Rechts oder das Fehlen einer erforderlichen öffentlichrechtlichen Genehmigung (§ 37 Abs. 2 Nr. 5 AktG, § 8 Abs. 4 GmbHG) rechtfertigen nicht die Amtslöschung als nichtig, sondern können nur andere Rechtsfolgen öffentlichrechtlicher Art nach sich ziehen[11]). Vgl. § 396 AktG, § 62 GmbHG, § 17 VereinsG.

1. Ein *Löschungsgrund* ist hiernach gegeben:

a) wenn der *Gegenstand des Unternehmens* in Satzung oder Gesellschaftsvertrag nicht **8**
angegeben ist oder die Gründung einer verbotenen Gesellschaft verschleiert[14]) oder eine Mantelgründung verdeckt[15]) oder der Gesellschaftsvertrag der GmbH insgesamt gegen die guten Sitten verstößt[16]). Ungenügende Bestimmtheit des Gegenstandes des Unternehmens dagegen ist kein Nichtigkeitsgrund[17]); hieran wird auch nach der Neufassung des § 23 Abs. 3 Nr. 2 AktG festzuhalten sein. Nur bei Industrie- und Handelsunternehmen ist jetzt die nähere Angabe der Art der Erzeugnisse und Waren, die hergestellt oder gehandelt werden, vorgeschrieben; eine Verletzung dieser Vorschrift stellt sich allerdings als Nichtigkeitsgrund dar, kann aber geheilt werden (Rdn. 11);

[5]) KGJ 27 A 232; 44, 137; KG JFG 1, 253; KG OLGR 42, 195; BayObLGZ 1955, 333; Schlegelberger Anm. 1 a. E.; Keidel Anm. 1 u. 28.

[6]) KG DNotV 1929, 281.

[7]) KG JW 1933, 1842 = HRR 1933 Nr. 1688.

[8]) BGHZ 21, 378; Krieger-Lenz Anm. 7; Baumbach-Hueck GmbHG[12] § 75 Anm. 1 A.

[9]) RGZ 114, 80.

[10]) Vgl. § 142 Anm. C 3; Schlegelberger Anm. 5; Krieger-Lenz Anm. 2; Keidel Anm. 2; Baumbach-Hueck GmbHG[12] § 75 Anm. 1 A; Crisolli JW 1935, 434.

[11]) Baumbach-Hueck GmbHG[12] § 75 Anm. 1 A; Godin-Wilhelmi AktG[3] § 275 Anm. 13.

[14]) KG OLGR 9, 371; 24, 133.

[15]) KG HRR 1933 Nr. 833 = DNotZ 1933, 661; Crisolli JW 1934, 936.

[16]) KG Recht 1927 Nr. 1670.

[17]) RGZ 62, 96; KGJ 34 A 149 = RJA 8, 114; a.M. Godin-Wilhelmi AktG[3] § 275 Anm. 10 c.

9 *b)* wenn der Betrag des *Grund- oder Stammkapitals* nicht aus Satzung oder Gesellschaftsvertrag selbst ersichtlich ist[18]). Ist der Betrag zwar angegeben, die Bestimmung aber nichtig, etwa weil der Nennbetrag nicht den Vorschriften über Währung und Mindesthöhe entspricht, so findet nicht die Amtslöschung nach § 144 Abs. 1, sondern das Feststellungsverfahren nach § 144a statt.

10 *2. Kein Löschungsgrund* ist eine verschleierte Sachgründung[20]), eine Strohmanngründung[21]), ein sonstiger Mangel, der den Errichtungsakt, nicht aber den Inhalt des Vertrages berührt, z. B. die Mitwirkung eines Vertreters ohne Vertretungsmacht[22]), die Geschäftsunfähigkeit eines Gründers (str.), Mängel der Beurkundung[23]).

11 *3. Der Löschungsgrund entfällt durch Heilung* des in § 276 AktG, § 76 GmbHG angeführten heilbaren Mangels, nämlich der Bestimmungen über den Gegenstand des Unternehmens. Zur Heilung ist ein den Erfordernissen der Satzungsänderung (§§ 179 ff. AktG, §§ 53, 54 GmbHG) entsprechender eintragungsbedürftiger Beschluß der Haupt-(Gesellschafter-)Versammlung erforderlich, der bei der GmbH von allen Gesellschaften einstimmig gefaßt sein muß. Die Amtslöschung unterbleibt, wenn die Heilung herbeigeführt wird, sei es auch erst nach Ablauf der Widerspruchsfrist oder nach rechtskräftiger Zurückweisung des Widerspruchs[24]).

12 *4.* Die (konstitutive) *Wirkung der Amtslöschung* der Gesellschaft als nichtig ist dieselbe wie die Eintragung eines die Nichtigkeit aussprechenden Urteils. Die Gesellschaft erlischt nicht, sondern sie tritt wie bei einer Auflösung in Abwicklung, § 277 AktG, § 77 GmbHG, § 97 GenG[25]). Bei heilbaren Mängeln ist nach Heilung und Fortsetzungsbeschluß (§ 215 AktG) die Rückverwandlung in eine werbende Gesellschaft statthaft, solange mit der Verteilung des Vermögens noch nicht begonnen ist[26]).

D. Voraussetzungen für die Amtslöschung von Beschlüssen der AG, KGaA oder GmbH

13 Die Vorschrift des Abs. 2 bezieht sich nicht nur auf Beschlüsse, deren Gegenstand Änderungen des Gesellschaftsvertrages oder der Satzung sind, sondern auf alle zur Zuständigkeit der Haupt- oder Gesellschafterversammlung gehörenden und der Eintragung bedürfenden Beschlüsse[27]) z. B. die Abberufung eines Geschäftsführers[28]). Ein Prozeßvergleich aller Gesellschafter der GmbH steht einem Beschluß der Gesellschafterversammlung gleich[29]). Die allgemeine Vorschrift des § 142 Abs. 1, nicht die einschränkende des § 144 Abs. 2 ist aber anzuwenden, wenn eine Eintragung gerade wegen des Nichtvorliegens eines ihr zugrunde liegenden Gesellschafterbeschlusses gelöscht werden soll[30]). Hierher gehört der Fall, daß die Beschlußfassenden wegen Unwirksamkeit des Erwerbs der Geschäftsanteile nicht Gesellschafter waren, z. B. infolge fehlender Genehmigung des Vormundschaftsgerichts[31]) oder infolge Nichtigkeit des Erwerbs wegen Mantelkaufs[32]) oder wegen Widerspruchs der Eintragung zu dem von dem Vorsitzenden festgestellten Abstimmungsergebnis[33]). Vgl. ferner § 147 Anm. B 4. Soweit der Beschluß hiernach dem § 144 Abs. 2 unterliegt, müssen für die Amtslöschung *zwei Voraussetzungen* erfüllt sein:

14 *1. Verletzung zwingender Vorschriften des Gesetzes durch den Inhalt des Beschlusses.* Zwingend sind gesetzliche Vorschriften, die von den Beteiligten nicht abgeändert werden können. Beispiele: Satzungsänderung, die den Nennbetrag der Aktien unter das gesetzliche

18) KGJ 51, 130 = OLGR 40, 194.
20) KG JFG 1, 204; Götz-Hueck, JZ 1960, 218.
21) BGHZ 21, 378; BGHZ 31, 258, 263; KG OLGZ 1968, 477 = GmbHRdSch. 1968, 182; Schönle, GmbHRdSch. 1960, 17.
22) KG RJA 3, 16 = OLGR 4, 254.
23) Krieger-Lenz Anm. 8; Keidel Anm. 7; Baumbach-Hueck AktG § 216 a. F. Anm. 1; Godin-Wilhelmi AktG[3] § 275 Anm. 11; Scholz GmbHG[4] § 75 Anm. 8; a.M. RGZ 54, 418, vgl. aber RGZ 114, 80; Schlegelberger Anm. 2.
24) KG JFG 11, 159 = JW 1934, 1124 = DNotZ 1934, 441 = HRR 1934 Nr. 881.
25) RGZ 148, 225.
26) KG JFG 11, 159; Godin-Wilhelmi AktG[3] § 276 Anm. 5; a.M. Scholz JZ 1952, 199, 205.
27) KGJ 30 A 141.
28) BayObLGZ 1956, 303.
29) KGJ 51, 136.
30) KG RJA 15, 47.
31) KG JFG 3, 206.
32) KG JW 1934, 988.
33) BayObLGZ 1955, 333.

Maß herabsetzt (§ 8 AktG) oder für noch nicht gezahlte Bareinlagen Sacheinlagen setzt[34]); Sittenwidrigkeit des Beschlusses seinem Inhalt nach (§ 241 Nr. 4 AktG)[35]); ein Beschluß verstößt aber nicht schon deswegen inhaltlich gegen die guten Sitten, weil er die schuldrechtlichen Beziehungen der Gesellschafter zu ihrem Treugeber verletzt[36]). Die Rechtsverletzung muß in dem *Inhalt* des Beschlusses, nicht in der ordnungswidrigen Art seines Zustandekommens liegen[37]). Daher genügt es nicht, wenn der Beschluß auf einer Verletzung der Vorschriften über die Einberufung der Versammlung beruht (anders § 241 Nr. 1 AktG)[38]) oder auf nicht gehöriger Abstimmung oder Stimmenberechnung[39]), auf fehlender Stimmberechtigung, oder wenn der Beschluß mit unzureichender Mehrheit gefaßt ist[40]). Der Löschung entzogen ist aber der Beschluß nicht schon, wenn sein Inhalt rechtlich möglich ist, sondern nur, wenn er nach den auf ihn anwendbaren zwingenden Vorschriften einen zulässigen Inhalt hat[41]). Die Unterbewertung einer Verbindlichkeit hat die Nichtigkeit der DM-Eröffnungsbilanz und des Beschlusses über die Neufestsetzung der Kapitalverhältnisse einer GmbH nicht zur Folge, wenn dafür verständige Gründe vorlagen[42]). Behebung des Mangels schließt die Löschung aus (Rdn. 11)[43]). Die Löschung macht den Beschluß nichtig (§ 241 Nr. 6 AktG), auch wenn sie unbegründet ist[44]), [45]). Die Amtslöschung vernichtet den Beschluß mit Rückwirkung, vorbehaltlich des Schutzes Dritter aus § 15 HGB[46]). Wegen des Eintritts der Wirkungen der Löschung der Gesellschaft vgl. Rdn. 21.

2. *Im öffentlichen Interesse muß die Beseitigung des Beschlusses erforderlich erscheinen.* **15**
Hierüber hat das Registergericht nach pflichtmäßigem Ermessen zu entscheiden. Als öffentliches Interesse kann außer dem Interesse der Allgemeinheit auch das Interesse der Gesellschaftsgläubiger in Betracht kommen. Steuerliche Belastungen der Gesellschaft oder der Gesellschafter begründen kein öffentliches Interesse[47]). Dieses Erfordernis muß zu der Verletzung zwingender Gesetzesvorschriften kumulativ hinzutreten. Verletzt der Beschluß zwar zwingende Vorschriften, aber zugleich nur die Belange bestimmter Beteiligter, z. B. durch Nichteinhaltung der Vorschriften über die Abstimmung (§ 130 Abs. 2 AktG, vgl. Rdn. 14) so ist die Löschung unzulässig. Hier bleibt den Beteiligten die Anfechtung überlassen (§§ 243, 278 Abs. 3 AktG). Ablauf der dreijährigen Frist seit Eintragung des Beschlusses steht der Löschung nach Abs. 2 nicht entgegen (§ 242 Abs. 2 Satz 3 AktG). Längerer Zeitablauf kann aber das öffentliche Interesse verringern; denn maßgeblich ist nicht das ursprüngliche Interesse an dem Unterbleiben der Eintragung, sondern das an ihrer Beseitigung.

E. Verfahren

In Ansehung des Verfahrens verweist die Vorschrift auf die §§ 142, 143 mit der in Abs. 3 **16**
bestimmten Abweichung hinsichtlich der Dauer der Widerspruchsfrist. Das Verfahren kann sowohl von dem Registergericht als auch von dem vorgeordneten Landgericht (§ 143) eingeleitet werden. Es kann daher auf die grundsätzlich auch hier geltenden Bem. zu § 142 Anm. D und zu § 143 verwiesen werden. An Besonderheiten sind hervorzuheben:

[34]) KGJ 47, 108 = RJA 14, 161.
[35]) KG Recht 1927 Nr. 1670; RGZ 161, 129, 143; 166, 129; BGHZ 8, 356.
[36]) BGH NJW 1966, 1458 = Warn. 1966, 200 = MDR 1966, 655 = BB 1966, 636 = GmbHRdsch. 1966, 189.
[37]) KGJ 30 A 141; 37 A 152 = RJA 9, 254.
[38]) München JFG 16, 340; BayObLGZ 1956, 303; anders bei Klage auf Nichtigerklärung, vgl. BGHZ 36, 207.
[39]) KGJ 30 A 141.
[40]) KGJ 37 A 152 = RJA 9, 254; RGZ 75, 239; BGHZ 14, 35; BayObLGZ 1955, 333. Das gilt allerdings nur für Hauptversammlungsbeschlüsse der AG und satzungsändernde Beschlüsse der Gesellschafterversammlung der GmbH, die notarieller Beurkundung bedürfen, wenn der Vorsitzende ein positives Abstimmungsergebnis festgestellt hat; einfache Gesellschafterbeschlüsse nach § 47 GmbHG, die ohne die erforderliche Mehrheit gefaßt sind, können, wenn sie eingetragen sind, nach § 142 Abs. 1 wegen Fehlens eines Beschlusses gelöscht werden; so BGHZ 51, 209; Schmidt in Hachenburg GmbHG[6] § 45 Anm. 16 a; a.M. Scholz GmbHG[5] § 45 Anm. 15.
[41]) München JFG 16, 343.
[42]) KG NJW 1959, 1496 = WM 1959, 733.
[43]) BayObLGZ 1956, 312.
[44]) Godin-Wilhelmi AktG[3] § 241 Anm. 10.
[45]) Über Nichtigkeit von Gesellschafterbeschlüssen der GmbH vgl. allgemein Schönherr, JBl. 1960, 1; Hueck, Festschr. für Molitor, 1962, 401; Gutbrod, GmbHRdsch. 1966, 80.
[46]) Schilling in Großkomm. AktG § 195 Anm. 27; Godin-Wilhelmi AktG[3] § 241 Anm. 10; a.M. Keidel Anm. 32.
[47]) KG JW 1936, 1383.

17 *1. Einleitung des Verfahrens.* Da die Amtslöschung nach § 144, insbesondere der Gesellschaft selbst, eine folgenschwere Maßnahme ist (vgl. Rdn. 12), wird das Gericht sorgfältig prüfen müssen, ob die Voraussetzungen dafür gegeben sind, bevor es von diesem Mittel zur Bereinigung des Handelsregisters Gebrauch macht. Die Einleitung des Verfahrens kann abgelehnt werden, wenn sich als Ergebnis der Prüfung ergibt, daß die Unzulässigkeit der Eintragung nicht zweifelsfrei feststeht[48]).

18 *2. Ermessensausübung.* Auch bei der Einleitung des Verfahrens nach § 144 bleibt Raum für die Ausübung des pflichtmäßigen Ermessens des Registergerichts[49]). Grundsätzlich wird es allerdings geboten sein, gegen einen gesetzwidrigen Zustand, der im Handelsregister verlautbart ist, einzuschreiten. Soweit der Mangel heilbar ist (Rdn. 11, 14), ist die Einleitung des Verfahrens außerdem ein geeignetes Mittel, die Gesellschaft zur Behebung des Mangels anzuhalten. Unter besonderen Umständen aber kann das Registergericht, auch wenn es einen unheilbaren Nichtigkeitsgrund festgestellt hat, von der Einleitung des Verfahrens absehen, wenn die Gesellschaft lange Zeit unbeanstandet bestanden hat und die Löschung nur wirtschaftlichen Schaden bringen könnte[50]).

19 *3.* Die *Löschungsankündigung* (§ 142 Rdn. 12) muß im Fall des § 144 Abs. 1, auch wenn die Gesellschaft wegen Unzulässigkeit der Firma gelöscht werden soll, die Löschung der Gesellschaft, nicht nur die der Firma androhen[51]). Ist der Mangel heilbar (Rdn. 11), so soll in der Löschungsankündigung auf die Möglichkeit der Heilung ausdrücklich hingewiesen werden (§ 45 HRV). Die Benachrichtigung ist an die Gesellschaft als solche zu richten; diese ist selbst *Beteiligte,* da ihre Rechte im Sinne des § 20 Abs. 1 von der Löschung betroffen werden[52]). Die Vorstandsmitglieder (Geschäftsführer, persönlich haftenden Gesellschafter, Abwickler) sind an dem Verfahren nicht beteiligt[53]); sie sind nur berufen, in der zur Vertretung erforderlichen Zahl die Gesellschaft in dem Verfahren zu vertreten. Die Vorschriften der §§ 246 Abs. 2 Satz 2, 275 Abs. 4 Satz 1 AktG, nach denen bei der Anfechtungs- und Nichtigkeitsklage die Gesellschaft durch Vorstand und Aufsichtsrat vertreten wird, sind im Amtslöschungsverfahren nicht anzuwenden[54]). Die Handelskammer kann zu dem Verfahren Stellung nehmen und von ihrem Antrags- und Beschwerderecht Gebrauch machen (§ 126); in diesem Fall sind ihr die Entscheidungen bekanntzumachen. Die einzelnen Aktionäre oder Gesellschafter sind an dem Verfahren nicht beteiligt[55]). Wegen des Beschwerderechts vgl. § 142 Rdn. 16, 17.

20 *4. Widerspruchsfrist.* Die Bestimmung der Dauer der Widerspruchsfrist ist abweichend von § 142 Abs. 2 nicht in das Ermessen des Registergerichts gestellt, sondern die Frist soll mindestens drei Monate betragen; andererseits ist diese Mindestfrist abweichend von § 141 Abs. 1 Satz 2 nicht zwingend vorgeschrieben. Es wird daher anzunehmen sein, daß hier eine Sollvorschrift von der Art vorliegt, daß es dem Gericht gestattet ist, nach seinem Ermessen aus besonderen, überwiegenden Gründen anders zu verfahren (vgl. § 27 Rdn. 13), also eine kürzere Frist zu bestimmen. Dabei ist zu beachten, daß die Frist auch dem Zweck dienen soll, dem Beteiligten die Beseitigung des Mangels, auf dem die Nichtigkeit beruht, zu ermöglichen, sofern der Mangel nach § 276 AktG, § 76 GmbHG heilbar ist[56]). Auf die Einhaltung der Frist kann, auch durch Unterlassung der Rüge, verzichtet werden[57]).

[48]) KG RJA 10, 13; KG JFG 1, 204, 212 = JW 1923, 988.

[49]) KG RJA 10, 13; 12, 136; Keidel Anm. 31.

[50]) KG JFG 18, 189 = JW 1938, 3048 mit Anm. v. Groschuff; Schlegelberger Anm. 1; Keidel Anm. 31; Scholz GmbHG[4] § 75 Anm. 34; Baumbach-Hueck GmbHG[12] Anh. nach § 77 Anm. 2 A.

[51]) KG DNotV 1927, 120; BayObLGZ 1969, 215; jetzt gilt aber § 144 a.

[52]) Krieger-Lenz Anm. 13.

[53]) Mißverständlich Schlegelberger Anm. 10 zu 1; Keidel Anm. 35.

[54]) Krieger-Lenz Anm. 13; Schlegelberger Anm. 10.

[55]) KG RJA 11, 33; KG JFG 18, 189, 191; Schlegelberger Anm. 10; Keidel Anm. 35; Krieger-Lenz Anm. 13.

[56]) Denkschrift S. 75 zu §§ 138-140; Hahn-Mugdan S. 71, 154, 173; StenB v. 15. 2. 1898 S. 1060; KGJ 28 A 228, 239; Josef[2] Anm. 5; Krieger-Lenz Anm. 14.

[57]) KG RJA 11, 33; 14, 163; KG OLGR 42, 196 Anm.

5. Verhältnis zum Prozeßgericht. Die Aussetzungsbefugnis nach § 127 Satz 1 hat in diesem Verfahren besondere Bedeutung. Ist eine Nichtigkeits- oder Anfechtungsklage bereits erhoben, so wird die Aussetzung regelmäßig angebracht sein, wenn auch das Registergericht an der Fortsetzung seines Verfahrens rechtlich dadurch nicht gehindert wird. Ein diesen Klagen stattgebendes rechtskräftiges Urteil erledigt das Amtslöschungsverfahren, da das Urteil von Amts wegen in das Handelsregister einzutragen ist (§ 128 Rdn. 18). Das Registergericht hat lediglich zu prüfen, ob das Urteil rechtskräftig ist und ob es in Ausfertigung vorliegt, ferner bei Nichtigerklärung von Beschlüssen, ob sie eingetragen sind. Die Gestaltungswirkung eines die AG, KGaA, GmbH oder eGen. für nichtig erklärenden Urteils tritt Dritten gegenüber erst mit der Eintragung ein[58]), und zwar mit Wirkung ex nunc (§§ 277 Abs. 2 AktG, § 77 Abs. 2 GmbHG, § 97 Abs. 2 GenG). Andererseits wird durch die Amtslöschung ein rechtshängiger Nichtigkeitsstreit in der Hauptsache erledigt. Ein die Nichtigkeits- oder Anfechtungsklage abweisendes Urteil ist für das Registergericht nicht bindend (§ 127 Rdn. 16)[59]). 21

6. Löschung. Die Löschung ist nach § 141 Abs. 3 erst zulässig, wenn die Widerspruchsfrist fruchtlos verstrichen oder der erhobene Widerspruch rechtskräftig zurückgewiesen ist. Auch jetzt noch muß die Löschung unterbleiben, wenn der Mangel nachträglich geheilt worden ist (§ 141 Anm. D, oben Rdn. 11). Die Eintragung der Löschung im Register regeln §§ 44, 45 HRV[60]). Über Beseitigung der Löschung vgl. § 141 Anm. E. 22

7. Richtervorbehalt. Das Verfahren ist nach § 17 Nr. 1 Buchst. e RechtspflG dem Richter vorbehalten. 23

8. Die *Gerichtsgebühren* regelt § 88 Abs. 2 KostO. 24

Anhang zu § 144

I. Aufgaben des Registergerichts nach dem Gesetz über das Kreditwesen

A. Schutz der Bezeichnungen „Bank" und „Sparkasse"

Nach den §§ 39, 40 des G über das Kreditwesen vom 10. 7. 1961 (BGBl. I, 881, GVBl. f. Berlin 976) dürfen die Bezeichnungen „Bank", „Bankier", „Sparkasse" oder Bezeichnungen, in denen diese Worte enthalten sind, in der Firma, als Zusatz zur Firma, zur Bezeichnung des Geschäftszwecks oder zu Werbezwecken nur unter den gesetzlich bestimmten Voraussetzungen geführt werden, insbes. von Kreditinstituten oder öffentlich-rechtlichen Sparkassen, die eine Erlaubnis nach § 32 KWG besitzen oder von Unternehmen, die eine solche Bezeichnung beim Inkrafttreten des Gesetzes nach den bisherigen Vorschriften befugt geführt haben[1]). Ähnlich sind die Bezeichnungen „Volksbank", „Bausparkasse" und „Spar- und Darlehnskasse" geschützt (§§ 39 Abs. 2, 40 Abs. 2 KWG). Das gilt nach § 41 KWG nicht für Unternehmen, welche die geschützten Worte in einem Zusammenhang führen, der den Anschein ausschließt, daß sie Bankgeschäfte betreiben. Vorausgegangen war eine ähnliche Regelung in § 10 des G über das Kreditwesen v. 5. 12. 1934 (RGBl. I, 1203)/25. 9. 1939 (RGBl. I, 1955)[2]). Das *Verfahren* ist in den §§ 42, 43 KWG wie folgt geregelt: 1

Entscheidung des Bundesaufsichtsamtes

§ 42 Das Bundesaufsichtsamt entscheidet in Zweifelsfällen, ob ein Unternehmen zur Führung der in §§ 39 und 40 genannten Bezeichnungen befugt ist. Es hat seine Entscheidungen dem Registergericht mitzuteilen.

[58]) Barz in Großkomm. AktG § 218 Anm. 2; Baumbach-Hueck AktG[11] § 218 Anm. 2 B; Hachenburg-Schmidt GmbHG[6] § 75 Anm. 14; Godin-Wilhelmi AktG[3] § 277 Anm. 1; Brox, FamRZ 1963, 392 zu II.

[59]) Baumbach-Hueck AktG Anh. zu § 218 Anm. 2; Godin-Wilhelmi AktG[3] § 241 Anm. 10; Keidel Anm. 31.

[60]) Dazu Krieger-Lenz, Erl. zu §§ 44, 45 HRV.

[1]) Schrifttum: Schork WM IV B 1961 Sonderbeil. Nr. 7; Consbruch BB 1961, 837; ders. BB 1966, 102; Komm. z. KWG von Szagunn-Neumann 1961; Beck 1961; Pröhl 1962; Zimmerer-Schönle 1962; Consbruch-Möller 1965; Keidel FGG[9] § 142 Anm. 33-35, § 140 Anm. 28.

[2]) Vgl. dazu Hildebrandt DFG 1936, 50; Würdinger in HGB-RGRK[2] § 18 Anm. 20.

Registervorschriften

§ 43 (1) Soweit nach § 32 das Betreiben von Bankgeschäften einer Erlaubnis bedarf, dürfen Eintragungen in öffentliche Register nur vorgenommen werden, wenn dem Registergericht die Erlaubnis nachgewiesen ist.

(2) Führt ein Unternehmen eine Firma oder einen Zusatz zur Firma, deren Gebrauch nach §§ 39 bis 41 unzulässig ist, so hat das Registergericht die Firma oder den Zusatz zur Firma von Amts wegen zu löschen; § 142 Abs. 1 Satz 2, Abs. 2 und 3 sowie § 143 des Reichsgesetzes über die Angelegenheiten der freiwilligen Gerichtsbarkeit gelten entsprechend. Das Unternehmen ist zur Unterlassung des Gebrauchs der Firma oder des Zusatzes zur Firma durch Ordnungsstrafen anzuhalten; § 140 des Reichsgesetzes über die Angelegenheiten der freiwilligen Gerichtsbarkeit gilt entsprechend.

(3) Das Bundesaufsichtsamt ist berechtigt, in Verfahren des Registergerichts, die sich auf die Eintragung oder Änderung der Rechtsverhältnisse oder der Firma von Kreditinstituten beziehen, Anträge zu stellen und die nach dem Reichsgesetz über die Angelegenheiten der freiwilligen Gerichtsbarkeit zulässigen Rechtsmittel einzulegen.

2 *a)* Die *Entscheidung des Bundesaufsichtsamts* nach § 42 über die Befugnis zur Führung der geschützten Bezeichnungen ist nach § 4 Satz 2 KWG zwar für die Verwaltungsbehörden bindend, im Hinblick auf Art. 19 Abs. 4 GG jedoch nicht für das Registergericht[3]). Richtig ist, daß die Entscheidung des BAufsA als feststellender oder streitentscheidender Verwaltungsakt Bestandskraft und Bindungswirkung hat, es ist aber angebracht, kraft Sachzusammenhangs statt des Verwaltungsrechtswegs den Rechtsweg vor dem Registergericht zu eröffnen, in welchem die Rechte der Beteiligten und nach § 43 Abs. 3 KreditWG die des BAufsA ausreichend gewahrt sind. Das Einschreiten des Registergerichts im Amtslöschungsverfahren oder Firmenmißbrauchsverfahren nach § 43 Abs. 2 KWG mit §§ 142, 143, 140 FGG ist deshalb auch nicht von einer Vorentscheidung des BAufsA abhängig. Die Mitteilungspflicht des BAufsA gegenüber dem Registergericht nach § 42 Satz 2 KWG bezieht sich auf Entscheidungen, in welchen die Führung der geschützten Bezeichnungen für unzulässig, als auch auf solche, in denen sie für zulässig erklärt wird.

3 *b) Amtslöschungsverfahren.* Ist im Handelsregister oder Genossenschaftsregister (vgl. § 147 Abs. 1 FGG) eine Firma eingetragen, die ganz oder hinsichtlich eines Firmenzusatzes nach den §§ 39 bis 41 KWG unzulässig ist, so hat das RegisterG (oder nach § 143 das vorgeordnete Landgericht) nach § 43 Abs. 2 Satz 1 KWG das Amtslöschungsverfahren einzuleiten; abweichend von § 142 Abs. 1 Satz 1 FGG (vgl. § 142 Rdn. 10) steht dem Gericht insoweit kein Verfahrensermessen zu, da das Gesetz stets ein öffentliches Interesse an der Unterlassung der unzulässigen Firmenführung voraussetzt. Ist eine Firma nur wegen eines Zusatzes unzulässig i. S. der §§ 39 bis 41 KWG, so kann die Löschung abweichend vom allgemeinen Recht (vgl. § 142 Rdn. 12) auf den Zusatz allein beschränkt werden, wenn der verbleibende Firmenrest eine handelsrechtlich zulässige Firma darstellt[4]). Im übrigen richtet sich das Löschungsverfahren gemäß § 43 Abs. 2 Satz 1 Halbs. 2 nach den allgemeinen Vorschriften (§ 142 Abs. 1 Satz 2, Abs. 2 und 3 mit § 141 Abs. 3 und 4, § 143 — Zuständigkeit des LG — und §§ 147 Abs. 1, 159 — Anwendbarkeit auf Genossenschaften und Vereine). Das Verfahren wird, wie sonst, von Amts wegen, also auch auf Anregung eines Dritten, eingeleitet; außerdem verleiht § 43 Abs. 3 dem BAufsA ein *Antragsrecht.* Das Antragsrecht der Industrie- und Handelskammer (§ 126) bleibt daneben bestehen. Das BAufsA ist, auch wenn es keinen Antrag gestellt hat, nicht nur zweckmäßigerweise (so Keidel Rdn. 35), sondern stets als Beteiligter hinzuzuziehen, da seine Aufsichtsrechte i. S. des § 20 Abs. 1 beeinträchtigt werden können. Der *Richtervorbehalt* folgt in Handelsregistersachen aus § 17 Nr. 1 Buchst. e RechtspflG. Bei Genossenschaften ist auch dieses Verfahren dem Rechtspfleger übertragen.

[3]) So auch Szagunn-Neumann § 4 Anm. 19, § 42 Anm. 9, 10; Keidel[9] § 142 Anm. 33; vgl. bereits Voraufl. § 142 Anm. 13; a.M. Consbruch-Möller § 42 Anm. 3.

[4]) Szagunn-Neumann § 43 Anm. 10; Consbruch-Möller § 43 Anm. 3; Keidel[9] § 142 Anm. 34.

c) Das *Firmenmißbrauchsverfahren* nach § 140 FGG, dessen entsprechende Anwendung § 43 Abs. 2 Satz 2 anordnet, kommt nur in Betracht, wenn und soweit die nach den §§ 39 bis 41 KWG unzulässige Firma oder der Firmenzusatz außerhalb des Registers z. B. auf Briefbögen, zur Bezeichnung des Geschäftszwecks oder zu Werbezwecken (vgl. § 39 Abs. 1 KWG) gebraucht wird, da hinsichtlich der Registereintragung das Amtslöschungsverfahren (Anm. b) den Vorrang hat[5]); beide Verfahren können aber nebeneinander herlaufen. Für das *Verfahren* gelten §§ 132 bis 139 FGG mit der Maßgabe der Nrn. 1 und 2 des § 140. Ein Einschreiten nach § 37 Abs. 1 HGB mit §§ 140, 132 bis 139 FGG bleibt zulässig, wenn der Firmengebrauch nicht oder nicht nur nach den §§ 39 bis 41 KWG, sondern (auch) nach den allgemeinen handelsrechtlichen Vorschriften unbefugt ist. Hierfür kommt in Betracht, daß Kreditinstitute kleineren Umfangs sich nur als „Bankgeschäft" bezeichnen dürfen; Kreditinstituten mittlerer Größe kommt die Bezeichnung „Bankhaus" zu, während die Bezeichnung „Bank" nur großen Instituten mit erheblicher Kapitalausstattung vorbehalten ist. Wegen des Antragsrechts und der Beteiligung des BAufsA vgl. Anm. b und § 126 Rdn. 15. Eine Befugnis, nach Ermessen von der Einleitung des Verfahrens abzusehen (vgl. § 140 Rdn. 15), steht hier dem RegisterG nicht zu. Zuständig ist der *Rechtspfleger* (§ 132 Rdn. 100, § 140 Rdn. 23), da die Erweiterung des Anwendungsbereichs des § 140 wohl nicht als „Zuweisung weiterer Aufgaben" i. S. des § 3 Abs. 2 RechtspflG angesehen werden kann (vgl. Arndt, RechtspflG, § 3 Rdn. 32). **4**

d) Rechtsmittel. Für die Anfechtbarkeit der nach § 43 Abs. 2 KWG ergehenden Entscheidungen des RegisterG gelten die allgemeinen Vorschriften; wegen des Beschwerderechts vgl. § 142 Rdn. 16, 17. Außerdem verleiht § 43 Abs. 3 KWG dem *BAufsA ein Beschwerderecht,* sofern ein Rechtsmittel nach dem FGG statthaft ist. Soweit die sofortige Beschwerde stattfindet, muß die Entscheidung mithin dem BAufsA förmlich zugestellt werden. Das Beschwerderecht steht dem BAufsA zu, auch wenn es im ersten Rechtszuge von seinem Antragsrecht keinen Gebrauch gemacht hat; § 20 Abs. 2 FGG ist nicht anwendbar. Das BAufsA hat das Beschwerderecht unabhängig von § 20 Abs. 1 FGG auch, wenn seinen Anträgen entsprochen worden ist, z. B. um zur Klärung einer Rechtsfrage eine obergerichtliche Entscheidung herbeizuführen. Macht es von seinem Antrags- oder Beschwerderecht, das übrigens nicht nur im Fall des § 43 Abs. 2 KWG, sondern bei Angelegenheiten von Kreditinstituten allgemein im Verfahren des Registergerichts gilt, Gebrauch, so wird es dadurch formell Beteiligter (vgl. § 6 Anm. 4 Abs. 2), so daß ihm Kosten anderer Beteiligter nach § 13a Abs. 1 auferlegt werden können. **5**

B. Bestellung von Abschlußprüfern

a) Für *Kreditinstitute in der Rechtsform der GmbH* schreibt § 27 Abs. 2 Satz 4 Halbs. 2 KWG i. d. F. des § 22 Abs. 4 Nr. 1 des G über die Rechnungslegung von bestimmten Unternehmen und Konzernen vom 15. 8. 1969 (BGBl. I 1189) die sinngemäße Anwendung des § 163 Abs. 3 bis 5 AktG vor. **6**

Das bedeutet, daß das nach § 145 FGG zuständige AG auf Antrag der Geschäftsführer, eines etwa vorhandenen Aufsichtsrats oder eines Gesellschafters Abschlußprüfer bestellen (und die Bestellung auf Antrag der Geschäftsführer widerrufen) kann, wenn die Gesellschafterversammlung keine Abschlußprüfer oder an Stelle nicht annahmebereiter, verhinderter oder weggefallener keine anderen gewählt hat. Das Gericht setzt auch die Vergütung des Abschlußprüfers fest. Es gelten die Bem. zu § 145 Rdn. 42—47 entsprechend. **7**

b) Auf Antrag des Bundesaufsichtsamts für das Kreditwesen hat das *Registergericht* des Sitzes des Kreditinstituts für Kreditinstitute ohne Rücksicht auf die Rechtsform, sofern sie nicht einem genossenschaftlichen Prüfungsverband angehören oder durch die Prüfungsstelle eines Sparkassen- und Giroverbandes geprüft werden, einen Abschlußprüfer unter den Voraussetzungen des § 28 Abs. 2 KWG zu bestellen, insbes. wenn das Kreditinstitut nicht unverzüglich nach Ablauf des Geschäftsjahrs den von ihm bestellten Prüfer dem BAufsA angezeigt **8**

[5]) Szagunn-Neumann § 43 Anm. 20, 21; Keidel[9] § 140 Anm. 28.

hat oder dem Verlangen des BAufsA auf Bestellung eines anderen Prüfers nicht nachkommt. Die Vorschrift gilt auch für öffentlichrechtliche Kreditinstitute, die nicht im Handelsregister eingetragen sind[6]). Die Bestellung ist unanfechtbar; gegen die Ablehnung steht den BAufsA die unbefristete Beschwerde nach §§ 19, 20 Abs. 2 FGG zu, da § 146 Abs. 2 FGG nicht anwendbar ist. Das Gericht kann den von ihm bestellten Prüfer auf Antrag des BAufsA abberufen (§ 28 Abs. 2 Satz 4 KWG); das ist auch erforderlich, wenn das Verlangen des BAufsA auf Bestellung eines anderen Prüfers im Verwaltungsrechtsweg aufgehoben worden ist. Die Vergütung wird vom Gericht festgesetzt (§ 28 Abs. 2 Satz 3 KWG, § 29 Abs. 2 EGAktG, § 163 Abs. 4 AktG); insofern gelten die Bem. zu § 145 Rdn. 46). Es besteht Richtervorbehalt (§ 17 Nr. 2 Buchst. a RechtspG).

C. Bestellung von Notvorständen und Abwicklern

9 auf Antrag des Bundesaufsichtsamts für das Kreditwesen. Nach § 46 Abs. 2 KWG steht das Antragsrecht auch dem BAufsA zu, soweit nach anderen Rechtsvorschriften in Fällen, in denen die erforderlichen gesetzlichen Vertreter fehlen, auf Antrag eines Beteiligten das Gericht eine vertretungsberechtigte Person bestellen kann. Vorausgesetzt wird, daß Gefahr für die Erfüllung der Verpflichtungen des Kreditinstituts gegenüber seinen Gläubigern, insbes. für die Sicherheit der ihm anvertrauten Vermögenswerte besteht, was der Prüfung durch das Gericht unterliegt. Es kommt die Bestellung von Notvorständen und Abwicklern nach §§ 29, 48 BGB, §§ 146 Abs. 2, 147, 161 Abs. 2 HGB, §§ 85, 264 Abs. 2, 290 Abs. 2 AktG, § 66 Abs. 2, 3 GmbHG, § 83 Abs. 3, 4 GenG in Betracht. Die Anordnung eines Tätigkeitsverbots nach § 46 Abs. 1 KWG berührt aber nicht die organschaftliche Stellung des gesetzlichen Vertreters, kann also die Annahme eines „Fehlens" im Sinne der genannten Vorschriften nicht rechtfertigen[7]). Die Grenzen, in denen das Gericht Notvertreter bestellen kann, werden durch § 46 Abs. 2 KWG nicht erweitert, sondern es wird lediglich ein weiterer antragsberechtigter Beteiligter geschaffen.

D. Auflösung von Kreditinstituten nach Rücknahme der Betriebserlaubnis und Bestellung von Abwicklern (§ 38 KWG)

10 *a) Anordnung der Abwicklung.* Nimmt das BAufsA die Betriebserlaubnis zurück (§ 35 Abs. 2 KWG), so ist es nach § 38 KWG nach seinem pflichtmäßigen Ermessen befugt, bei Kreditinstituten, die juristische Personen des Privatrechts oder Personenhandelsgesellschaften sind, also nicht bei Einzelkaufleuten oder stillen Gesellschaften, die Abwicklung anzuordnen mit der Wirkung, daß das Unternehmen als aufgelöst gilt. Die Entscheidung wirkt wie ein Auflösungsbeschluß der sonst nach Gesetz oder Satzung dazu berufenen Organe (§ 38 Abs. 1 Satz 2 KWG). Die Abwicklung ist (vorbehaltlich nachst. zu b) nach den einschlägigen handelsrechtlichen Vorschriften von den dazu berufenen Personen durchzuführen, soweit der Zweck der Abwicklungsanordnung nicht entgegensteht; deshalb sind Vereinbarungen über den Ausschluß oder das Aufschieben der Liquidation (§§ 145 Abs. 1, 161 Abs. 2 HGB) oder Beschlüsse über die Fortsetzung des aufgelösten Unternehmens ohne Wirkung, solange des BAufsA die Abwicklungsanordnung nicht aufgehoben hat[8]). Das BAufsA hat die Anordnung dem Registergericht mitzuteilen, welches sie von Amts wegen, ohne daß es einer Anmeldung bedarf, in das Handels- oder Genossenschaftsregister einzutragen hat (§ 38 Abs. 1 Satz 3 KWG). Das Registergericht hat nicht die sachliche Berechtigung der Anordnung, wohl aber ihre Vollziehbarkeit zu prüfen. Es hat festzustellen, ob sie dem Kreditinstitut vorschriftsmäßig bekanntgemacht ist, ob ein die Vollziehung aufschiebender Widerspruch (§§ 69, 80 Abs. 1 VwGO) nicht eingelegt ist oder ob, wenn das BAufsA die sofortige Vollziehung besonders angeordnet hat (§ 80 Abs. 2 Nr. 4 VwGO), die aufschiebende Wirkung des Wi-

[6]) Consbruch-Möller KWG § 28 Anm. 4.
[7]) Vgl. zu § 85 AktG § 145 Anm. 13; a.M. Schork KWG § 46 Anm. 3; Consbruch-Möller § 46 Anm. 7.
[8]) Szagunn-Neumann § 38 Anm. 16; Consbruch-Möller § 38 Anm. 2.

derspruchs nicht durch verwaltungsgerichtliche Entscheidung wiederhergestellt ist (§ 80 Abs. 5 und 7 VwGO)[9]).

b) Bestellung von Abwicklern auf Antrag des BAufsA. Das Registergericht hat auf Antrag des BAufsA nach einer Rücknahme der Betriebserlaubnis Abwickler zu bestellen, wenn die sonst zur Abwicklung berufenen Personen keine Gewähr für die ordnungsmäßige Abwicklung bieten (§ 38 Abs. 1 Satz 5 KWG). Über diese Voraussetzung des Antragsrechts entscheidet das Registergericht selbständig. Die Ernennung ist unter Umständen schon vor der Vollziehbarkeit der Abwicklungsanordnung mit Wirkung von deren Eintritt an statthaft[10]). Bei der Auswahl der Abwickler ist das Gericht an Vorschläge des BAufsA nicht gebunden. Gegen die Entscheidung findet die *sofortige Beschwerde* statt; sie steht bei Zurückweisung dem BAufsA (§ 20 Abs. 2), sonst der Gesellschaft und jedem sonst zur Abwicklung Berufenen aus eigenem Recht zu. Ein *Richtervorbehalt* besteht bei Bestellung von Abwicklern nach § 17 Nr. 2 Buchst. b RechtspflegG ohne Rücksicht auf die Rechtsform des Unternehmens. Die Bestellung ist von Amts wegen in das Register einzutragen (§ 128 Rdn. 15). Das BAufsA kann auch die Abberufung der vom Gericht bestellten Abwickler beantragen[11]). 11

II. Gesetz über die Auflösung und Löschung von Gesellschaften und Genossenschaften

Vom 9. Oktober 1934 (RGBl. I, 914)

Vorbem. Das Gesetz dient der Säuberung des Handelsregisters von nicht mehr bestehenden Kapitalgesellschaften und Genossenschaften und ist wegen dieses Zwecks weiter unentbehrlich. Schon vor der gesetzlichen Regelung hatte die Rechtsprechung des Kammergerichts es mit Billigung des Reichsgerichts es für zulässig erklärt, daß eine Kapitalgesellschaft, die ihren Geschäftsbetrieb dauernd eingestellt hat, beim Fehlen jeglichen Aktivvermögens auch ohne Beschlußfassung und ohne förmliche Abwicklung als aufgelöst gelten und im Handelsregister gelöscht werden kann[1]). Das Gesetz brachte daher weniger eine Änderung des bestehenden Rechtszustandes, als eine Regelung des Verfahrens und eine Klarstellung der Rechtsfolgen[2]).

Auflösung durch Konkursablehnung mangels Masse

§ 1 Eine Aktiengesellschaft, Kommanditgesellschaft auf Aktien oder Gesellschaft mit beschränkter Haftung wird außer in den bisher bestimmten Fällen mit der Rechtskraft des Beschlusses aufgelöst, durch den ein Antrag auf Eröffnung des Konkursverfahrens mangels einer den Kosten des Verfahrens entsprechenden Konkursmasse abgewiesen wird. Gegen den abweisenden Beschluß steht außer demjenigen, der den Eröffnungsantrag gestellt hat, auch dem Gemeinschuldner die sofortige Beschwerde zu.

Die Geschäftsstelle des Konkursgerichts hat dem für die Führung des Handelsregisters zuständigen Gericht eine beglaubigte Abschrift des den Eröffnungsantrag abweisenden Beschlusses mit einer Bescheinigung der Rechtskraft zu übersenden. Die Auflösung ist von Amts wegen in das Handelsregister einzutragen.

1. Auflösung infolge rechtskräftiger Konkursablehnung mangels Masse. Nach Abs. 1 Satz 1 wird eine AG, KGaA oder GmbH mit der Rechtskraft des Beschlusses aufgelöst, durch den ein Antrag auf Eröffnung des Konkursverfahrens nach § 107 KO mangels Kostendeckung abgelehnt wird. Diese Vorschrift gilt nur noch für die GmbH. Für die AG und die KGaA ist 1

[9]) Consbruch-Möller § 38 Anm. 3.

[10]) Vgl. § 145 Anm. B 1; ebenso Szagunn-Neumann § 38 Anm. 49; a.M. Pröhl KWG § 38 Anm. 2 c; Consbruch-Möller § 38 Anm. 3.

[11]) Consbruch-Möller § 38 Anm. 3 a. E.; Keidel[9] § 144 Anm. 15.

[1]) KG JFG 4, 178 = OLGR 46, 272; RGZ 149, 293; 155, 42.

[2]) Schrifttum: Amtl. Erl. RAnz. Nr. 243/34; Bergmann, Umwandlung, Auflösung und Löschung von Kapitalgesellschaften, 1935; Crisolli-Groschuff-Kaemmel, Umwandlung und Löschung von Kapitalgesellschaften, 3. Aufl. 1937; Waldmann DGWR 1942, 89; ders. DFG 1944, 6; Krieger-Lenz Anh. S. 379 ff.; Keidel FGG[9] Anh. zu § 144; Kommentare zu § 262 AktG und § 60 GmbHG.

sie ersetzt durch die inhaltlich gleichen Bestimmungen der §§ 262 Abs. 1 Nr. 4, 263, 278 Abs. 3 AktG. Die dem Konkursverfahren angehörende Vorschrift des Abs. 1 Satz 2, nach welcher abweichend von dem Grundsatz des § 109 KO der Gesellschaft die Beschwerde gegen den abweisenden Beschluß zusteht, auch wenn ein Gläubiger den Antrag gestellt hat, gilt aber auch für AG und KGaA[3]). Bei Genossenschaften findet eine Konkursablehnung mangels Masse nach §§ 100 Abs. 3, 140 GenG nicht statt.

2 2. *Eintragung der Auflösung.* Die Vorschrift des Abs. 2 Satz 1, nach welcher die Geschäftsstelle des Konkursgerichts dem Registergericht eine beglaubigte Abschrift des die Eröffnung ablehnenden Beschlusses mit Rechtskraftattest mitzuteilen hat, entspricht der für die Eröffnung des Konkursverfahrens in § 112 KO getroffenen Regelung. Da diese Mitteilung zu den Registerakten zu nehmen ist, ist sie auch geboten, wenn dasselbe Amtsgericht zugleich Konkurs- und Registergericht ist. Nach Abs. 2 Satz 2 ist die Auflösung von Amts wegen einzutragen; hierzu bestimmt jetzt § 263 Satz 3 AktG, daß die Auflösung und ihr *Grund* einzutragen sind. Das wird auch für die GmbH zu beachten sein. Einer Anmeldung bedarf es nicht. Die Eintragung der Auflösung ist rechtsbekundend; Prokuren sind zu röten, die gesetzlichen Vertreter als Abwickler einzutragen. Öffentliche Bekanntmachung nach §§ 10, 11 HGB, da § 32 HGB nicht zutrifft. Löschungsverfahren nach § 142 wegen Fehlens einer wesentlichen Voraussetzung (z. B. Rechtskraft der Konkursablehnung) ist möglich.

3 3. Die *Rückverwandlung* in eine werbende Gesellschaft ist ausgeschlossen[4]), ebenso die Verwendung des Mantels zu einer Neugründung[5]). Soweit trotz des Mangels an Masse im Sinne des § 107 KO noch verwertbares Vermögen vorhanden ist, findet die Abwicklung statt; anderenfalls ist das Löschungsverfahren nach § 2 einzuleiten.

Löschung vermögensloser Kapitalgesellschaften

§ 2 Eine Aktiengesellschaft, Kommanditgesellschaft auf Aktien oder eine Gesellschaft mit beschränkter Haftung, die kein Vermögen besitzt, kann auf Antrag der amtlichen Berufsvertretung des Handelsstandes oder der Steuerbehörde oder von Amts wegen gelöscht werden; mit der Löschung gilt die Gesellschaft als aufgelöst. Eine Liquidation findet nicht statt. Vor der Löschung ist die amtliche Berufsvertretung zu hören.

Das Gericht hat die Absicht der Löschung den gesetzlichen Vertretern der Gesellschaft, soweit solche vorhanden sind und ihre Person und ihr inländischer Aufenthalt bekannt ist, nach den für die Zustellung von Amts wegen geltenden Vorschriften der Zivilprozeßordnung bekanntzumachen und ihnen zugleich eine angemessene Frist zur Geltendmachung des Widerspruchs zu bestimmen. Das Gericht kann anordnen, auch wenn eine Pflicht zur Bekanntmachung und zur Fristbestimmung nach Satz 1 nicht besteht, daß die Bekanntmachung und die Bestimmung der Frist durch Einrückung in die Blätter, die für die Bekanntmachung der Eintragungen in das Handelsregister bestimmt sind, sowie durch Einrückung in weitere Blätter erfolgt; in diesem Fall ist jeder zur Erhebung des Widerspruchs berechtigt, der an der Unterlassung der Löschung ein berechtigtes Interesse hat. Die Vorschriften des § 141 Abs. 3 und 4 des Reichsgesetzes über die Angelegenheiten der freiwilligen Gerichtsbarkeit gelten entsprechend.

Stellt sich nach der Löschung das Vorhandensein von Vermögen heraus, das der Verteilung unterliegt, so findet die Liquidation statt; die Liquidatoren sind auf Antrag eines Beteiligten durch das Gericht zu ernennen.

1 1. *Löschungsgrund* ist nicht Überschuldung, sondern Vermögenslosigkeit, also Fehlen eines Aktivvermögens. Darunter sind nur Werte zu verstehen, die ein ordentlicher Kaufmann noch als Aktivum in die Bilanz einstellt[6]). Der Firmenwert (good will) gehört nicht dazu[7]). Geringwertige, für eine Befriedigung der Gläubiger oder eine Verteilung nicht in Betracht kommende Gegenstände können außer Betracht bleiben. Die Vermögenslosigkeit wird in der Regel ein Anzeichen für die Lebensunfähigkeit der Gesellschaft sein[8]). Das Vorhandensein nur ge-

[3]) Jaeger-Weber KO[8] § 107 Anm. 7.
[4]) KG JFG 22, 247 = DR 1941, 1543; Jaeger-Weber aaO.
[5]) KG JFG 10, 152.
[6]) KG JFG 13, 379; Karlsruhe DFG 1936, 129.
[7]) LG Hamburg BB 1952, 530.
[8]) München JFG 15, 1.

ringen Vermögens rechtfertigt aber die Löschung nicht, wenn die Gesellschaft noch ein lebensfähiges Glied des Wirtschaftslebens ist[9]). Die Vermögenslosigkeit darf nicht auf einer Beiseiteschaffung oder Verteilung des Vermögens an die Gesellschafter beruhen, da sonst eine Umgehung der dem Schutze der Gläubiger dienenden Liquidationsvorschriften gefördert würde[10]). Unschädlich ist es, wenn die Gesellschaft sich bereits in Abwicklung befindet[11]).

2. Die *Einleitung des Verfahrens* ist, wenn hinreichender Anhalt für Vermögenslosigkeit vorliegt, nicht in das Belieben des Gerichts gestellt. Die Feststellung der Vermögenslosigkeit muß aber nicht schlechthin zur Löschung führen („kann"); das Gericht kann nach pflichtmäßigem Ermessen davon absehen, wenn die Löschung nach Lage der Verhältnisse nicht angezeigt ist[12]). Dabei ist das öffentliche Interesse an Bereinigung des Registers gegen das Interesse der Beteiligten abzuwägen. 2

3. Da das Verfahren auch *von Amts wegen* eingeleitet werden kann, haben *Anträge* des Organs des Handelsstandes (§ 126 Anm. 2) und der (staatlichen oder kommunalen) Steuerbehörde nur die Bedeutung von Anregungen. Die Verleihung des Antragsrechts gewährt aber ein *Beschwerde*recht gegen ablehnende Verfügungen. Dritten, die das Verfahren angeregt haben, steht ein Beschwerderecht nicht zu (§ 142 Rdn. 17). 3

4. Die *Löschung* ist konstitutiv insofern, als sie die *Auflösung* der Gesellschaft herbeiführt. Soweit sie das Erlöschen der Gesellschaft verlautbart, ist sie, wie sonst, nur rechtsbekundend; stellt sich später verteilbares Vermögen heraus (Abs. 3), so ergibt sich, daß die Gesellschaft als aufgelöste und nunmehr abzuwickelnde fortbesteht. Die auflösende Wirkung der Löschung kann in einem Verfahren nach § 142 nur beseitigt werden, wenn wesentliche Verfahrensvorschriften verletzt worden sind, nicht schon deswegen, weil sich nachträglich verteilbares Vermögen gefunden hat[13]). In diesem Fall wird die Gesellschaft, ohne daß es eines Verfahrens nach § 142 bedarf, als Abwicklungsgesellschaft wieder eingetragen (Anm. 8). Die Rückverwandlung in eine werbende Gesellschaft ist nicht ausgeschlossen, wenn das vorhandene Reinvermögen den Mindestbetrag des Stammkapitals einer GmbH erreicht[14]); Scholz, JZ 1952, 199, 204, fordert Erhaltung des satzungsmäßigen Stammkapitals. 4

Rückerstattung. Erlangt eine vermögenslose Gesellschaft oder Genossenschaft nach dem 30. 6. 1953 durch ein Rückerstattungsverfahren ihr Vermögen zurück, so kann sie bis zum Ablauf eines Jahres nach der rechtskräftigen Erledigung des Rückerstattungsverfahrens die Fortsetzung beschließen, § 14 des 3. DM-BilanzErgG v. 21. 6. 1955 (BGBl. I, 297). Eine Fortsetzung aufgelöster Unternehmen in besonderen Fällen sieht ferner § 9 des 4. DM-BilErgG v. 7. 4. 1961 (BGBl. I, 413) vor. 5

5. *Zuständig ist der Richter.* Der Vorbehalt ergibt sich für Löschungen nach § 2 Abs. 1 aus § 17 Nr. 1 Buchst. e, für Bestellung von Abwicklern nach § 2 Abs. 3 aus § 17 Nr. 2 Buchst. b RechtspflG; bis dahin war die Frage streitig[15]). Ob das Verfahren auf Antrag oder von Amts wegen eingeleitet wird (Anm. 3) ist hierbei unerheblich. 6

6. Eine *Löschungsankündigung* ist zwingend nur vorgeschrieben, wenn gesetzliche Vertreter der Gesellschaft vorhanden, nach Person und Aufenthalt bekannt und im Inland erreichbar sind. Dann ist förmliche Zustellung erforderlich. Fehlt es hieran, dann genügt die Anhörung der amtlichen Berufsvertretung (§ 2 Abs. 1 Satz 3). Öffentliche Zustellung findet mithin nicht statt. Das Gericht kann aber *neben* der Zustellung und vor allem dann, wenn sie nicht durchführbar ist, nach pflichtmäßigem Ermessen die öffentliche Bekanntmachung nach §§ 10, 11 HGB und in weiteren Blättern anordnen. Dadurch erweitert sich der Kreis der Widerspruchs- 7

[9]) München JFG 14, 197.
[10]) Marowski JW 1938, 11; Godin-Wilhelmi AktG[3] § 262 Anm. 7.
[11]) Hamm JMBlNRW 1953, 185.
[12]) KG JFG 13, 379.
[13]) KG JFG 15, 88 = JW 1937, 1739 = HRR 1937 Nr. 952; LG Düsseldorf GmbHRdsch. 1960, 143; vgl. auch BGH NJW 1968, 297 = BGHZ 48, 303, 307.
[14]) KG JFG 22, 245 = DR 1941, 1543.
[15]) Str., vgl. Hofmann-Kersting Anm. II B a; Arndt Anm. 44; Arnold Anm. 8, je zu § 15 RechtspflG; wie hier Hamm JMBlNRW 1963, 284; Keidel[9] § 125 Anm. 27.

berechtigten auf jeden, der an der Unterlassung der Löschung ein *berechtigtes Interesse* (§ 34 Anm. 2) hat; Beeinträchtigung eines Rechs (§ 20 Abs. 1) mithin nicht erforderlich. Die Stellung als Gläubiger genügt.

8 Beginn der von Fall zu Fall angemessen zu bestimmenden *Widerspruchsfrist* bei Zustellung mit dieser, bei Bekanntmachung nach § 10 Abs. 2 HGB. Eine Wiedereinsetzung gegen die Versäumung der Widerspruchsfrist findet nicht statt[16]).

9 *7. Löschung* findet erst statt nach fruchtlosem Ablauf der Widerspruchsfrist oder rechtskräftiger Zurückweisung aller Widersprüche, § 141 Abs. 4. Die zurückweisende Verfügung ist mit sofortiger Beschwerde anfechtbar und deshalb dem Widersprechenden stets förmlich zuzustellen (§ 16 Abs. 2 Satz 1); eine dem Widerspruch stattgebende Verfügung ist einem etwaigen Antragsteller (Anm. 3) bekanntzumachen. *Eintragung* der Löschung § 19 Abs. 2 HRV. *Gebühren* und Auslagen werden für die Löschung nicht erhoben § 88 Abs. 2 KostO[17]).

10 *8.* Die *Abwicklung* die mangels eines Bedürfnisses nach § 2 Abs. 1 Satz 2 grundsätzlich unterbleibt, findet statt, wenn sich nachträglich das Vorhandensein von Vermögen herausstellt, das der Verteilung, insbes. also dem Zugriff der Gläubiger unterliegt. Da die Abwicklung bis dahin gesetzlich ausgeschlossen war, sind die bisherigen gesetzlichen Vertreter nicht gemäß § 265 AktG, § 66 GmbHG als *Abwickler* berufen, auch werden sie nicht durch Beschluß der Hauptversammlung oder der Gesellschaft bestellt, sondern stets *nur durch das Gericht*[18]). Für den Fall, daß die Gesellschaft sich zur Zeit der Löschung bereits in Abwicklung befand, nimmt BGH 4. 6. 1957 (WM 975 = BB 725 = GmbHRdsch. 151) die Fortdauer der Vertretungsbefugnis der Abwickler an. *Antragsberechtigter Beteiligter* ist jeder, dessen Recht durch das Unterbleiben der Abwicklung beeinträchtigt wird, also Gesellschafter, Gläubiger der Gesellschaft und ein Dritter, dem etwa nach der Satzung das Vermögen anfällt[19]). Der Bestellte kann nur vom Gericht aus wichtigem Grunde abberufen werden, § 265 AktG, § 66 GmbHG entsprechend. Gegen die Entscheidung über die Bestellung und Abberufung findet entsprechend §§ 145, 146, 148 Abs. 1 FGG *sofortige* Beschwerde statt[20]). Die Gesellschaft wird als in Abwicklung befindlich in das Register eingetragen und die Bestellung der Abwickler vermerkt; eines Löschungsverfahrens nach § 142 bedarf es nicht[21]), vgl. Anm. 4.

11 Werden nachträglich Rechtshandlungen für die Gesellschaft erforderlich, ohne daß verteilbares Vermögen in Betracht kommt (Löschungsbewilligung für getilgte Hypothek u. dgl.), so wird ein Notliquidator mit beschränktem Wirkungskreis gemäß §§ 264 Abs. 2, 85 AktG, für die GmbH gemäß §§ 29, 48 BGB ohne Eintragung in das Register bestellt; vgl. auch KG 6. 6. 1935 (JW 3165 = DNotZ 759).

Löschung vermögensloser Genossenschaften

§ 3 Die Vorschriften des § 2 finden auf eingetragene Genossenschaften mit der Maßgabe entsprechende Anwendung, daß bei Genossenschaften, die einem Revisionsverband angeschlossen sind, im Falle des § 2 Abs. 1 dieser Revisionsverband an die Stelle der amtlichen Berufsvertretung tritt.

1 *1. Genossenschaften* können mit der Maßgabe als vermögenslos gelöscht werden, daß für die Voraussetzungen und das Verfahren die Vorschriften des § 2 entsprechend gelten. Die Befugnisse der amtlichen Berufsvertretung des Handelsstandes, die nach § 2 Abs. 1 antragsberechtigt ist und vor der Löschung gehört werden muß, nimmt statt des in § 3 genannten Revisionsverbandes jetzt der Prüfungsverband wahr, dem jede Genossenschaft nach § 54 GenG angehören muß. Für die Beurteilung der Vermögenslosigkeit kommt die Haftpflicht (Nachschußpflicht) der Genossen (§§ 2, 105, 141 GenG) als Vermögenswert nicht in Betracht, dagegen stellen nicht voll eingezahlte Geschäftsanteile (§§ 7 Nr. 2, 50 GenG) einen Vermögens-

16) KG JW 1936, 2935; Keidel Anm. 4 a.
17) KG JW 1937, 708.
18) KG NJW 1957, 1722; KG WM 1967, 283; BFH Betrieb 1968, 250; zweifelnd Keidel Anm. 6.
19) KG 17. 1. 57 (1 W 2021/56).
20) KG NJW 1957, 1722; Keidel Anm. 6.
21) KG JFG 15, 89.

wert dar[22]). Ein Richtervorbehalt besteht weder für die Löschung nach § 2 Abs. 1 noch für die Bestellung von Abwicklern nach § 2 Abs. 3 (vgl. § 17 Nr. 1 Buchst. e, Nr. 2 Buchst. b RechtspflG). Wegen eingetragener *Vereine* vgl. § 159 Rdn. 40.

Ermächtigung

§ 4 Der Reichsminister der Justiz erläßt die zur Durchführung und Ergänzung dieses Gesetzes erforderlichen Rechts- und Verwaltungsvorschriften.

1. Solche Vorschriften sind nicht ergangen. **1**

Feststellung eines Mangels der Satzung einer Aktiengesellschaft, einer Kommanditgesellschaft auf Aktien oder einer Gesellschaft mit beschränkter Haftung

144a Enthält die Satzung einer in das Handelsregister eingetragenen Aktiengesellschaft oder einer Kommanditgesellschaft auf Aktien eine der nach § 23 Abs. 3 Nr. 1 oder 4 des Aktiengesetzes wesentlichen Bestimmungen nicht oder ist eine dieser Bestimmungen oder die Bestimmung nach § 23 Abs. 3 Nr. 3 des Aktiengesetzes nichtig, so hat das Registergericht die Gesellschaft aufzufordern, innerhalb einer bestimmten Frist eine Satzungsänderung, die den Mangel der Satzung behebt, zur Eintragung in das Handelsregister anzumelden oder die Unterlassung durch Widerspruch gegen die Verfügung zu rechtfertigen. Das Gericht hat in der Verfügung darauf hinzuweisen, daß ein nicht behobener Mangel nach Absatz 2 festzustellen ist und daß die Gesellschaft dadurch nach § 262 Abs. 1 Nr. 5, § 289 Abs. 2 Nr. 2 des Aktiengesetzes aufgelöst wird.

Wird innerhalb der nach Absatz 1 bestimmten Frist weder der Aufforderung genügt noch Widerspruch erhoben oder ist ein Widerspruch zurückgewiesen worden, so hat das Gericht den Mangel der Satzung festzustellen. Die Feststellung kann mit der Zurückweisung des Widerspruchs verbunden werden.

Gegen Verfügungen, durch welche eine Feststellung nach Absatz 2 getroffen oder ein Widerspruch zurückgewiesen wird, findet die sofortige Beschwerde statt.

Diese Vorschriften gelten sinngemäß, wenn der Gesellschaftsvertrag einer in das Handelsregister eingetragenen Gesellschaft mit beschränkter Haftung eine der nach § 3 Abs. 1 Nr. 1 oder 4 des Gesetzes betreffend die Gesellschaften mit beschränkter Haftung wesentlichen Bestimmungen nicht enthält oder eine dieser Bestimmungen oder die Bestimmung nach § 3 Abs. 1 Nr. 3 des Gesetzes betreffend die Gesellschaften mit beschränkter Haftung nichtig ist.

Eingefügt durch Art. 5 des G zur Durchführung der Ersten Richtlinie des Rates der Europäischen Gemeinschaften zur Koordinierung des Gesellschaftsrechts v. 15. 8. 1969 (BGBl. I 1146). In Kraft getreten am 1. 9. 1969.

A. Bedeutung

Infolge der Änderung des § 275 Abs. 1 Satz 1 AktG und des § 75 Abs. 1 GmbHG durch Art. 2 Nr. 19 und Art. 3 Nr. 11 des Gesetzes zur Durchführung der Ersten Richtlinie des Rates der Europäischen Gemeinschaften zur Koordinierung des Gesellschaftsrechts vom 15. 8. 1969 (BGBl. I 1146) — KoordG — sind die Gründe, welche die Amtslöschung einer Aktiengesellschaft, einer Kommanditgesellschaft auf Aktien oder einer GmbH als nichtig nach § 144 Abs. 1 rechtfertigen können, stark eingeschränkt. Die Amtslöschung der Gesellschaft nach § 144 Abs. 1 findet nur noch statt, wenn die Satzung oder der Gesellschaftsvertrag keine Bestimmungen über die Höhe des Grundkapitals (Stammkapitals) oder über den Gegenstand des Unternehmens enthält oder wenn die Bestimmungen über den Gegenstand **1**

[22]) v. Nostitz, DJ 1934, 1314; Waldmann, DGWR 1942, 89; Keidel Anm. 10; vgl. auch München JFG 15, 1.

des Unternehmens nichtig sind; vgl. über die Gründe, die zu dieser Entwicklung geführt haben, die Bem. zu § 144 Rdn. 2 bis 5. Der Gesetzgeber wollte jedoch einige der bisherigen Nichtigkeitsgründe, welche die Nichtigerklärung der Gesellschaft oder ihre Amtslöschung als nichtig begründeten, nicht gänzlich ohne Sanktion lassen. Für gewisse wesentliche Mängel der Satzung oder des Gesellschaftsvertrages, die nicht zu den Nichtigkeitsgründen des § 275 Abs. 1 Satz 1 AktG n. F. und des § 75 Abs. 1 GmbH gehören, sieht deshalb das Gesetz in § 144a ein gerichtliches Verfahren vor, in welchem das Registergericht die Gesellschaft zur Behebung des Mangels der Satzung oder des Gesellschaftsvertrages anhalten soll. Das Verfahren endet, wenn der Mangel nach Fristsetzung nicht behoben wird, mit der Feststellung des Mangels der Satzung durch Beschluß des Registergerichts. Die rechtskräftige Feststellung hat nach §§ 262 Abs. 1 Nr. 5, 289 Abs. 2 Nr. 2 AktG n. F., § 60 Abs. 1 Nr. 5 GmbHG n. F. die Auflösung der Gesellschaft zur Folge.

2 Das Verfahren ist nur anwendbar auf Mängel der Satzung oder des Gesellschaftsvertrages einer im Handelsregister eingetragenen Aktiengesellschaft, Kommanditgesellschaft auf Aktien oder GmbH. Es findet keine Anwendung auf die Löschung eines eingetragenen Vereins (vgl. § 159 Anm. D 9) und einer Genossenschaft, deren Löschung als nichtig sich vielmehr weiterhin nach § 147 Abs. 2 FGG in Verbindung mit §§ 94, 95 GenG richtet; das ist in Bezug auf die Genossenschaft eine bedauerliche Inkongruenz gegenüber den in § 144a genannten Kapitalgesellschaften, die bei einer Gesetzesreform beseitigt werden sollte. Unberührt bleibt ferner das Verfahren nach § 43 Abs. 2 KWG zur Amtslöschung einer Firma oder eines Firmenzusatzes, deren Gebrauch nach §§ 39 bis 41 KWG unzulässig ist (Anh. I zu § 144 Rdn. 3).

B. Art der feststellbaren Mängel der Satzung oder des Gesellschaftsvertrages

3 Im Verfahren nach § 144a feststellbare Mängel sind nach Abs. 1 Satz 1 und Abs. 4 das Fehlen oder die Nichtigkeit von Bestimmungen der Satzung oder des Gesellschaftsvertrages über die Firma und den Sitz der Gesellschaft (§§ 23 Abs. 3 Nr. 1, 278 Abs. 3 AktG, § 3 Abs. 1 Nr. 1 GmbHG), bei der AG und der KGaA über die Nennbeträge, die Zahl und die Gattung der Aktien (§§ 23 Abs. 3 Nr. 4, 278 Abs. 3 AktG), bei der GmbH über den Betrag der Stammeinlagen (§ 3 Abs. 1 Nr. 4 GmbHG) sowie die Nichtigkeit der Bestimmungen über die Höhe des Grundkapitals oder den Betrag des Stammkapitals (§§ 23 Abs. 3 Nr. 3, 278 Abs. 3 AktG, § 3 Abs. 1 Nr. 3 GmbHG). Ist der Betrag des Grund- oder Stammkapitals aus der Satzung oder dem Gesellschaftsvertrag nicht ersichtlich, so findet nicht das Verfahren nach § 144a, sondern die Amtslöschung nach § 144 Abs. 1 statt (§ 144 Rdn. 9).

Als *feststellbare Mängel* kommen hiernach in Betracht:

4 *1. Firma.* Gänzliches Fehlen einer Firma ist kaum denkbar. Nichtigkeit der Firma im Sinne des Gesetzes liegt vor, wenn die in der Satzung oder im Gesellschaftsvertrag enthaltene Firma nach § 4 AktG oder § 4 GmbHG unzulässig ist[1]) oder gegen § 18 Abs. 2 HGB verstößt[2]) oder wenn die Firma unter Verletzung des § 22 HGB[3]) oder des § 30 HGB (mangelnde Unterscheidbarkeit) gebildet ist[4]). Nachträglich eingetretene Nichtigkeit einer Satzungsbestimmung, etwa weil die Firma wegen einer Veränderung der Verhältnisse unzulässig geworden ist, steht der ursprünglichen gleich[5]). Ist nicht die in der Satzung enthaltene Firma unzulässig, sondern nur die abweichend von der Satzung im Handelsregister eingetragene, so ist die Eintragung im Verfahren nach §§ 142, 143 zu löschen, sofern nicht die Berichtigung eines offenbaren Schreibfehlers (§ 142 Rdn. 24) in Betracht kommt. Wird von der eingetragenen unzulässigen Firma zugleich Gebrauch gemacht, so kann daneben auch ein Firmenmißbrauchsverfahren nach § 37 Abs. 1, HGB, § 140 FGG eingeleitet werden. Jedoch ist

[1]) KGJ 35 A 167; KG JFG 1, 204, 211 = JW 1923, 998 zu § 144 Abs. 1 FGG.

[2]) KG OLGR 19, 381; KG RJA 11, 33; KGJ 41, 110; KG OLGR 42, 195 Anm.; KG JFG 4, 198 = OLGR 46, 288; Godin-Wilhelmi AktG[3] § 275 Anm. 10 a.

[3]) KG JFG 1, 204, 211.

[4]) Godin-Wilhelmi AktG[3] § 275 Anm. 10; a.M. Baumbach-Hueck OmbHG[12] § 75 Anm. 1 B; vgl. Würdinger § 30 HGB Anm. 15.

[5]) Vgl. § 142 Anm. C 3; Crisolli JW 1935, 434; Schlegelberger § 144 Anm. 5; Krieger-Lenz § 144 Anm. 2; Keidel § 144 Anm. 2; Baumbach-Hueck GmbHG[12] § 75 Anm. 1 A.

grundsätzlich dem Verfahren nach § 144a der Vorzug zu geben, wenn anzunehmen ist, daß der Firmenträger nach der Feststellung des Mangels von der Firma keinen Gebrauch mehr machen wird. Für das Verfahren nach § 140 bleibt daneben Raum, wenn aus besonderen Gründen dem unzulässigen Firmengebrauch sogleich entgegentreten werden soll.

2. Sitz. Hierfür kommt das Fehlen einer Bestimmung über den satzungsgemäßen Sitz **5**
(§ 5 Abs. 1 AktG, § 3 Abs. 1 Nr. 1 GmbHG) oder die Unzulässigkeit der getroffenen Bestimmung in Betracht, z. B. wenn mehrere Orte als Sitz genannt sind (über Doppelsitz vgl. § 125 Rdn. 4) oder wenn ein Sitz im Ausland bestimmt ist.

3. Grund- oder Stammkapital. Die Bestimmungen über den Betrag des Grund- oder **6**
Stammkapitals sind nichtig, wenn der Nennbetrag nicht den Vorschriften über Währung und Mindesthöhe entspricht (§§ 6, 7 AktG, § 5 Abs. 1 GmbHG, § 44 Abs. 2 DM-BilG v. 21. 8. 1949, WiGBl. 249).

4. Aktien und Stammeinlagen. Ein Mangel nach §§ 23 Abs. 3 Nr. 4, 278 Abs. 3 AktG **7**
oder § 3 Abs. 1 Nr. 4 GmbHG liegt vor, wenn die Satzung nicht die Nennbeträge der einzelnen Aktien und die Zahl der Aktien jeden Nennbetrages sowie, wenn mehrere Gattungen bestehen, die Gattung der einzelnen Aktien bestimmt oder wenn die Vorschriften über den Mindestnennbetrag der Aktien (§ 8 AktG) oder über die Bemessung des Betrages der von jedem Gesellschafter der GmbH auf das Stammkapital zu leistenden Einlage (Stammeinlage) verletzt sind[6]).

Kein feststellbarer Mangel ist bei der AG und der KGaA nach Aufhebung des § 23 **8**
Abs. 3 Nr. 5 und 6 AktG die Verletzung von Vorschriften über die Zusammensetzung des Vorstandes und über die Form der Bekanntmachungen der Gesellschaft (§ 144 Rdn. 5).

C. Verfahren

1. Zuständigkeit. Sachlich und örtlich zuständig ist das Registergericht des Sitzes der Ge- **9**
sellschaft, in dessen Handelsregister die Gesellschaft eingetragen ist. Eine Zuständigkeit des vorgeordneten Landgerichts entsprechend § 143 ist nicht begründet. Eine Zuständigkeit des Gerichts der Zweigniederlassung kommt nicht in Betracht. Ist die Firma einer Zweigniederlassung unzulässig gebildet, so ist sie vom Gericht der Zweigniederlassung im Verfahren nach §§ 142, 143 zu beseitigen (§ 142 Rdn. 8). Das Verfahren ist dem *Richter* vorbehalten (§ 17 Nr. 1 Buchst. f RechtspflG); das ist nicht wegen der Schwierigkeit der Materie geboten (so BT-Drucks. V/3862 S. 18), sondern weil es sich um einen Akt der Rechtsprechung handelt (§ 1 Rdn. 7).

2. Einleitung des Verfahrens

a) Voraussetzungen. Das Verfahren wird von Amts wegen eingeleitet. Anregungen dazu **10**
können von anderer Seite an das Registergericht herangetragen werden, insbesondere vom Organ des Handelsstandes (§ 126), aber auch von Behörden oder öffentlichen Stellen oder Privatpersonen. Auch in diesem Fall behält das Verfahren den Charakter eines dem öffentlichen Interesse an der Richtigkeit und Vollständigkeit des Handelsregisters dienenden Amtsverfahrens und wird nicht etwa zu einem echten Streitverfahren (§ 142 Rdn. 9). Solche Anregungen sind aber pflichtgemäß zu prüfen. Da die Feststellung des Mangels eine folgenschwere Maßnahme ist, wird das Gericht sorgfältig prüfen müssen, ob die Voraussetzungen dafür gegeben sind, bevor es von diesem Mittel zur Bereinigung des Handelsregisters Gebrauch macht. Die Einleitung des Verfahrens kann, wie bisher schon zu § 144 angenommen wurde (vgl. § 144 Rdn. 17), abgelehnt werden, wenn die Prüfung ergibt, daß der Mangel der Satzung nicht zweifelsfrei feststeht. Für die Einleitung des Verfahrens andererseits muß es genügen, wenn das Gericht die Überzeugung erlangt, daß das Verfahren aller Voraussicht nach, wenn der Mangel nicht behoben wird, zur Feststellung des Mangels führen wird; denn ob der Mangel wirklich vorliegt, kann erst nach Gewährung rechtlichen Gehörs im Widerspruchsverfahren abschließend beurteilt werden. Gewinnt das Registergericht eine

[6]) KG JFG 18, 189 = JW 1938, 3048 mit Anm. v. Groschuff.

Überzeugung dieser Art, so ist es verpflichtet, das Verfahren einzuleiten; es ist abweichend von dem Verfahren nach §§ 142, 144 (§ 142 Rdn. 10, § 144 Rdn. 18) nicht befugt, nach seinem pflichtmäßigen Ermessen davon abzusehen. Das ergibt sich aus der Fassung des Abs. 1 Satz 1 und ist auch der in den Gesetzesmaterialien zum Ausdruck gebrachte Standpunkt des Gesetzgebers gewesen (BT-Drucks. V/3862 S. 22, 23 zu 6).

11 *b) Ankündigende Verfügung.* Das Verfahren beginnt damit, daß das Registergericht an die Gesellschaft eine Verfügung erläßt, in der zunächst der nach der Meinung des Gerichts bestehende Mangel der Satzung oder des Gesellschaftsvertrages genau zu bezeichnen ist und in der sodann die alternative Aufforderung an die Gesellschaft ergeht, innerhalb einer bestimmten Frist *entweder* eine Satzungsänderung, die den Mangel behebt, zur Eintragung in das Handelsregister anzumelden, *oder* die Unterlassung durch Widerspruch gegen die Verfügung zu rechtfertigen. Die Verfügung muß ferner nach Abs. 1 Satz 2 den Hinweis enthalten, daß ein nicht behobener Mangel nach Abs. 2 festzustellen ist und daß die Gesellschaft mit der Rechtskraft dieser Verfügung nach § 262 Abs. 1 Nr. 5 AktG (AG), nach § 289 Abs. 2 Nr. 2 AktG (KGaA) oder (GmbH) nach 60 Abs. 1 Nr. 5 GmbHG aufgelöst wird. Die Verfügung wird zweckmäßig genau dem Wortlaut des Gesetzes angepaßt; bloße Bezugnahme auf das Gesetz genügt nicht. Fehlt der Hinweis auf die Möglichkeit des Widerspruchs und auf die Folgen der Nichtbeachtung der Verfügung, so kann eine Feststellung des Mangels nach Abs. 2 nicht ergehen. Die Verfügung muß wiederholt werden.

12 *c) Die Widerspruchsfrist* ist der Dauer nach gesetzlich nicht bestimmt. Sie ist so zu bemessen, daß sie bei Anwendung der im Verkehr erforderlichen Sorgfalt zur Durchführung der Satzungsänderung ausreicht. Dabei ist zu berücksichtigen, daß die Gesellschaft der Aufforderung, eine Satzungsänderung zur Eintragung anzumelden, erst entsprechen kann, wenn die Satzungsänderung von der Hauptversammlung oder (GmbH) Gesellschafterversammlung beschlossen worden ist. Die Setzung einer zu kurzen Frist ist ein Verfahrensmangel, der mit der sofortigen Beschwerde gegen die Feststellung des Mangels nach Abs. 3 gerügt werden kann. Die Frist kann, solange sie läuft, verlängert werden (§ 18). Eine Wiedereinsetzung in den vorigen Stand findet nicht statt. Auch ein verspäteter Widerspruch ist aber zu beachten, solange die Verfügung nach Abs. 2 nicht erlassen ist (vgl. § 141 Rdn. 15). Verlängerung der Widerspruchsfrist nach Fristablauf, auch durch Aussetzung oder Ruhenlassen des Verfahrens, ist unzulässig, nimmt aber der Verfügung nicht ihre Wirkung. Für die Berechnung der Frist gilt § 17.

13 *d) Adressat der Verfügung* ist die Gesellschaft als solche; diese ist selbst *Beteiligte,* da ihre Rechte im Sinne des § 20 Abs. 1 durch die Feststellung des Mangels und die daraus folgende Auflösung der Gesellschaft betroffen werden. Die Vorstandsmitglieder (Geschäftsführer, persönlich haftenden Gesellschafter, Abwickler) sind nicht selbst Beteiligte; sie sind nur berufen, in der zur Vertretung erforderlichen Zahl die Gesellschaft in dem Verfahren zu vertreten. Auch die einzelnen Aktionäre oder Gesellschafter sind an dem Verfahren nicht beteiligt (vgl. § 144 Rdn. 19). Die Handelskammer kann an dem Verfahren teilnehmen (§ 126). Für die *Bekanntmachung* der Verfügung gelten die Bem. zu § 142 Rdn. 14.

14 *3. Rechtsbehelf.* Gegen die die Aufforderung zur Satzungsänderung enthaltende Verfügung findet nur der Rechtsbehelf des Widerspruchs statt, nicht die Beschwerde nach § 19. Auch die weitere Beschwerde ist unzulässig, wenn erst das Beschwerdegericht das Registergericht zur Einleitung des Verfahrens angewiesen hat (vgl. § 141 Rdn. 14). Der Widerspruch bedarf keiner bestimmten Form, auch nicht notwendig einer Begründung. Zur Erhebung des Widerspruchs berechtigt ist allein die Gesellschaft.

15 Über den Widerspruch entscheidet das Registergericht. Die Abhaltung eines Termins zur Erörterung der Sache (§ 134) ist nicht vorgeschrieben. Die etwa erforderlichen Ermittlungen hat das Gericht unter Wahrung des rechtlichen Gehörs von Amts wegen anzustellen (§ 12); dazu kann auch die persönliche Anhörung des Beteiligten dienlich sein. Ist der Widerspruch begründet, so wird die Verfügung aufgehoben; anderenfalls wird der Widerspruch zurückgewiesen.

4. Behebung des Mangels. Wird der Mangel dadurch behoben, daß die verlangte Satzungsänderung zur Eintragung in das Handelsregister angemeldet wird, sei es ohne oder nach Einlegung des Widerspruchs und sei es auch erst nach Ablauf der Widerspruchsfrist, aber bevor eine Verfügung nach Abs. 2, die den Mangel der Satzung feststellt, im Sinne der Ausführungen zu § 18 Rdn. 5 erlassen ist, so hat das Verfahren seinen Zweck erreicht und es erledigt sich, ohne daß es einer weiteren Verfügung bedarf. 16

5. Feststellung des Mangels. Nach Abs. 2 hat das Gericht den Mangel der Satzung (durch Beschluß oder Verfügung) festzustellen, wenn entweder die Gesellschaft innerhalb der Widerspruchsfrist untätig geblieben ist, also weder die verlangte Satzungsänderung zur Eintragung angemeldet noch Widerspruch erhoben hat, oder wenn ein erhobener Widerspruch zurückgewiesen worden ist. Der Nichtbehebung des Mangels steht es gleich, wenn die Gesellschaft zwar eine Satzungsänderung angemeldet hat, diese aber nicht geeignet ist, den Mangel zu beheben. Die Erwähnung der nach Abs. 1 bestimmten Frist bedeutet in diesem Zusammenhang nur, daß das Gericht, wenn der Mangel nicht behoben und kein Widerspruch eingelegt ist, die Verfügung über die Feststellung des Mangels nicht vor Ablauf der Frist erlassen darf. Auch nach Ablauf der Frist ist eine Behebung des Mangels oder ein Widerspruch noch zu berücksichtigen, solange die Verfügung nach Abs. 2 Satz 1 nicht erlassen ist. Ferner ist das Gericht nicht gehindert, seine einleitende Verfügung auch ohne Widerspruch gemäß § 18 aufzuheben, wenn es sie nachträglich für ungerechtfertigt erachtet. War Widerspruch erhoben, so darf die Feststellung erst getroffen werden, wenn der Widerspruch zurückgewiesen ist; es ist aber nicht erforderlich, die Rechtskraft der Verfügung über die Zurückweisung des Widerspruchs, die nach Abs. 3 selbständig anfechtbar ist, abzuwarten. 17

Kommt das Gericht ohne oder nach Einlegung des Widerspruchs zu dem Ergebnis, daß der in der einleitenden Verfügung bezeichnete Mangel der Satzung besteht, so ist es *verpflichtet, die Verfügung* über die Feststellung des Mangels *zu erlassen;* es darf nicht etwa in Ausübung pflichtmäßigen Ermessens unter Abwägung einerseits des öffentlichen Interesses an der Beseitigung des Mangels, andererseits der damit für die Gesellschaft verbundenen Nachteile davon absehen, die Feststellung zu treffen. Ein Vorschlag des Bundesrats, es in das Ermessen des Richters zu stellen, ob er den Mangel der Satzung mit der Folge der Auflösung der Gesellschaft feststellen will, hat nicht die Billigung der Bundesregierung gefunden (BT-Drucks. V/3862 Sr. 22, 23) und ist nicht Gesetz geworden. Darin liegt gegenüber dem bisherigen Rechtszustand eine wesentliche Verschärfung (vgl. § 144 Rdn. 18), die, jedenfalls soweit es sich um die Zulässigkeit einer vielleicht lange Zeit hindurch unbeanstandet geführten Firma handelt, sachlich nicht gerechtfertigt ist und eine Benachteiligung der Kapitalgesellschaften gegenüber Einzelkaufleuten, Personenhandelsgesellschaften und Genossenschaften enthält (vgl. § 142 Rdn. 10). 18

6. Verbindung. Die Vorschrift des Abs. 2 Satz 2, nach welcher die Feststellung des Mangels mit der Zurückweisung des Widerspruchs verbunden werden kann, hat nur verfahrensrechtliche Bedeutung. Da die Feststellung des Mangels bei Erhebung eines Widerspruchs nach Abs. 1 Satz 2 erst getroffen werden darf, wenn der Widerspruch zurückgewiesen worden ist, müßte streng genommen mit der Feststellung gewartet werden, bis die den Widerspruch zurückweisende Verfügung durch Bekanntmachung an die Gesellschaft wirksam geworden ist. Abs. 2 Satz 2 gestattet es deshalb, die Verfügungen miteinander zu verbinden, so daß sie zu gleicher Zeit wirksam werden. Abs. 2 Satz 2 ist dagegen nicht dahin zu verstehen, daß das Gericht, wenn es den Widerspruch zurückgewiesen hat, die Feststellung des Mangels der Satzung noch zurückstellen dürfte, etwa um die Rechtskraft der Entscheidung über den Widerspruch abzuwarten. Denn nach Abs. 2 Satz 1 ist es verpflichtet, den Mangel festzustellen, sobald der Widerspruch zurückgewiesen ist, und von der Rechtskraft dieser Entscheidung ist der Erlaß der feststellenden Verfügung nicht abhängig gemacht. Es ist auch wenig sinnvoll, die Zurückweisung des Widerspruchs und die Feststellung des Mangels gesondert im Rechtsmittelwege nachprüfen zu lassen, da der Verfahrensgegenstand derselbe ist und die Wirkung der Feststellung, die Auflösung der Gesellschaft, erst mit der Rechtskraft eintritt. 19

D. Rechtsmittel

I. Ablehnung

20 Gegen die Ablehnung der Einleitung des Verfahrens findet die unbefristete Beschwerde nach § 19 statt. Dasselbe gilt für die Entscheidung, durch welche die einleitende Verfügung auf Widerspruch aufgehoben wird. Im übrigen gelten für das Verfahren des Landgerichts und die Zulässigkeit der weiteren Beschwerde die bei § 141 Rdn. 16 erörterten Grundsätze. Gegen die Ablehnung oder Aufhebung beschwerdeberechtigt ist das Organ des Handelsstandes (§ 126), auch wenn es das Verfahren nicht angeregt oder beantragt hatte, ein Dritter nur nach Maßgabe der bei § 142 Rdn. 17 dargelegten Grundsätze.

II. Feststellung des Mangels oder Zurückweisung des Widerspruchs

21 Gegen Verfügungen, durch welche ein Mangel der Satzung festgestellt oder ein Widerspruch zurückgewiesen wird, findet gemäß Abs. 3 die sofortige Beschwerde nach § 22 statt. Beschwerdeberechtigt ist allein die Gesellschaft (Rdn. 13). Die Verfügung muß daher der Gesellschaft nach § 16 Abs. 2 Satz 1 förmlich durch Zustellung oder nach § 16 Abs. 3 bekannt gemacht werden. Das Gericht ist zu einer Änderung der Verfügung nicht befugt (§ 18 Abs. 2), selbst wenn der Mangel mit der Beschwerde behoben wird, und die Gesellschaft kann, selbst wenn sie den Mangel beheben will, den Eintritt der Rechtskraft und die Folge der Auflösung nur noch dadurch abwenden, daß sie Beschwerde einlegt. Nach § 23 kann die Beschwerde auch darauf gestützt werden, daß der Mangel nunmehr behoben sei; daraufhin hat das Landgericht die angefochtene Verfügung aufzuheben und das Verfahren für erledigt zu erklären. Im Rechtsbeschwerdeverfahren dagegen kann eine Behebung des Mangels als neue Tatsache nicht mehr berücksichtigt werden (§ 27 Rdn. 38); erweist sich die weitere Beschwerde als unbegründet und wird die Feststellungsverfügung deshalb rechtskräftig, so kann die damit kraft Gesetzes eintretende Folge der Auflösung nur noch durch einen Fortsetzungsbeschluß nach § 274 Abs. 2 Nr. 2 AktG beseitigt werden. Im übrigen kann die Annahme eines Mangels der Satzung ohne Beschränkung der Beschwerdegründe und ohne Unterschied, ob Widerspruch eingelegt war oder nicht, mit der Beschwerde aus tasächlichen oder rechtlichen Gründen bekämpft werden, im Verfahren der weiteren Beschwerde unter Beschränkung auf Rechtsgründe.

22 Nach der Fassung des Abs. 3 muß angenommen werden, daß die Verfügung über die Zurückweisung des Widerspruchs und die Verfügung über die Feststellung des Mangels gesondert anfechtbar sind und mithin auch gesondert in Rechtskraft erwachsen können. Das ist eine wenig sinnvolle Regelung, die für die Gesellschaft verfahrensrechtliche Fallstricke in sich birgt. Die Gesellschaft wird dadurch genötigt, beide Verfügungen mit Rechtsmitteln anzufechten. Denn wenn sie nur die Zurückweisung des Widerspruchs anficht, könnte inzwischen die Verfügung über die Feststellung des Mangels formell rechtskräftig werden mit der Folge, daß die Gesellschaft kraft Gesetzes aufgelöst ist und die Nachprüfung der Entscheidung über den Widerspruch sich erledigt. Wird andererseits nur die Verfügung über die Feststellung des Mangels angefochten, so könnte inzwischen die Zurückweisung des Widerspruchs rechtskräftig werden, was zur Folge hätte, daß die Feststellung des Mangels nach Abs. 2 Satz 1 in jedem Fall getroffen werden müßte und die Beschwerde gegen die Feststellungsverfügung schon aus diesem Grunde unbegründet würde. Es hätte daher bestimmt werden den sollen, daß die Zurückweisung des Widerspruchs nicht besonders angefochten werden, sondern nur mit der Beschwerde gegen die Feststellungsverfügung zur Nachprüfung gestellt werden kann, dies um so mehr, als der Verfahrensgegenstand derselbe ist[7]).

[7]) Abs. 2 und 3 sollten besser wie folgt zusammengefaßt werden: „Wird weder der Aufforderung genügt noch Widerspruch erhoben und ist die nach Absatz 1 bestimmte Frist abgelaufen oder wird ein erhobener Widerspruch für unbegründet erachtet, so hat das Gericht den Mangel der Satzung festzustellen. Gegen die Verfügung findet die sofortige Beschwerde statt."

Die Beschwerde wird nicht dadurch unzulässig, daß das Registergericht die Eintragung der Auflösung (§ 263 AktG, § 65 Abs. 1 GmbHG) gesetzwidrig vor Eintritt der Rechtskraft der Feststellungsverfügung vorgenommen hat. Denn da die Verfügung mit dem Eintritt der Rechtskraft kraft Gesetzes die Folge hat, daß die Gesellschaft aufgelöst ist, darf die Verfügung, wenn sie unbegründet ist, nicht rechtskräftig werden, weil sie sonst den Rechtsgrund der vorzeitigen Eintragung darstellen würde. Wird die Verfügung alsdann aufgehoben und die Feststellung abgelehnt, so ist die vorzeitige Eintragung im Verfahren nach § 142 zu beseitigen. Ebenso ist zu verfahren, wenn nach Eintritt der Rechtskraft und Eintragung der Auflösung gegen die Versäumung der Beschwerdefrist Wiedereinsetzung in den vorigen Stand gewährt wird und die Beschwerde sich als begründet erweist. **23**

Die weitere Beschwerde ist eine sofortige, wenn das Landgericht in Übereinstimmung mit dem Registergericht die Zurückweisung des Widerspruchs oder die den Mangel feststellende Verfügung bestätigt oder wenn es unter Aufhebung der dem Widerspruch stattgebenden oder die Feststellung des Mangels ablehnenden Vorentscheidung den Widerspruch zurückweist oder den Mangel feststellt, aber auch wenn es unter Aufhebung der den Widerspruch zurückweisenden oder den Mangel feststellenden Verfügung des Registergerichts dem Widerspruch stattgibt oder die Feststellung ablehnt. Im letztgenannten Fall muß mithin zur Herbeiführung der formellen Rechtskraft die Beschwerdeentscheidung der Industrie- und Handelskammer und einem sonstigen etwa vorhandenen Beschwerdeberechtigten förmlich zugestellt werden (§ 16 Abs. 2 Satz 1). **24**

E. Verfahren nach rechtskräftiger Feststellung des Mangels

Mit der Rechtskraft der Verfügung, die den Mangel der Satzung oder des Gesellschaftsvertrages feststellt — nicht mit der Rechtskraft einer Verfügung, die den Widerspruch zurückweist —, wird die Gesellschaft kraft Gesetzes aufgelöst (§§ 262 Abs. 1 Nr. 5, 289 Abs. 2 Nr. 2 AktG, § 60 Abs. 1 Nr. 5 GmbHG). Die Auflösung und ihr Grund sind von Amts wegen in das Handelsregister einzutragen (§ 263 AktG, § 65 Abs. 1 GmbH). Die Feststellung ist also rechtsgestaltend; die Eintragung der Auflösung ist nur deklaratorisch. Das Registergericht darf von der Eintragung der Auflösung nicht deswegen absehen, weil der festgestellte Mangel nach der Rechtskraft der Verfügung (oder nach Erlaß der Entscheidung der letzten Tatsacheninstanz, vgl. Rdn. 21) behoben worden ist; denn dadurch würde die bereits eingetretene Auflösung nicht entfallen. Die Gesellschaft kann aber durch Beschluß der Hauptversammlung, solange noch nicht mit der Verteilung des Vermögens unter die Aktionäre begonnen ist, ihre Fortsetzung und spätestens zugleich damit eine den festgestellten Mangel der Satzung behebende Satzungsänderung beschließen (§ 274 Abs. 2 Nr. 2 AktG). Die Wirksamkeit des Fortsetzungsbeschlusses ist nach § 274 Abs. 4 Satz 2 AktG davon abhängig, daß außer dem Fortsetzungsbeschluß der nach § 274 Abs. 2 Nr. 2 AktG erforderliche Beschluß über die Satzungsänderung, durch die der festgestellte Mangel der Satzung behoben wird, in das Handelsregister eingetragen worden ist. Dadurch soll sichergestellt werden, daß die Gesellschaft nur fortgesetzt werden kann, wenn der Mangel der Satzung, der zur Auflösung der Gesellschaft geführt hat, beseitigt worden ist (BT-Drucks. V/2362 S. 15 zu Nr. 18). Deshalb sollen beide Beschlüsse nur zusammen in das Handelsregister eingetragen werden (§ 274 Abs. 4 Satz 2 Halbs. 2 AktG). Entsprechendes gilt für die GmbH. **25**

Eine *Wiederaufnahme des Verfahrens* findet nicht statt, weil dem Registergericht vom Gesetz nicht die Rechtsmacht verliehen ist, die durch die rechtskräftige Verfügung eingetretene Rechtsgestaltung (Auflösung) wieder zu beseitigen und die aufgelöste Gesellschaft in eine werbende zu verwandeln (§ 18 Rdn. 40). Die Eintragung der Auflösung kann im Verfahren nach § 142 beseitigt werden, wenn sie vorgenommen worden ist, obwohl eine rechtskräftige Feststellung des Mangels nicht vorlag, mag auch der Mangel wirklich bestehen. Dagegen können sachliche Mängel oder Verfahrensmängel, die in dem Feststellungsverfahren nach § 144a vorgekommen sind, die Löschung der Eintragung der Auflösung nicht rechtfertigen, da die Eintragung, wenn die Verfügung formell rechtskräftig ist, infolge deren rechtsgestaltender Wirkung sachlich richtig ist (vgl. § 141 Rdn. 19). **26**

Sonstige handelsrechtliche Geschäfte. §§ 145, 146

1. Sachliche Zuständigkeit

145 Die Amtsgerichte sind zuständig für die nach § 146 Abs. 2, §§ 147, 157 Abs. 2, § 166 Abs. 3, § 338 Abs. 3, § 524 Abs. 1 und 2, § 530 Abs. 1, §§ 590, 685, § 729 Abs. 1, § 884 Nr. 4 des Handelsgesetzbuchs, die nach § 33 Abs. 3, §§ 35, 73 Abs. 1, §§ 85, 103 Abs. 3, §§ 104, 122 Abs. 3, §§ 142 Abs. 2 bis 6, § 147 Abs. 3, § 163 Abs. 2 bis 5, § 258 Abs. 1, § 265 Abs. 3 und 4, § 270 Abs. 3, § 273 Abs. 2 bis 4, §§ 315, 350 Abs. 1 und 4 des Aktiengesetzes, die nach § 2 Abs. 3, § 6 Abs. 4 bis 7, § 12 Abs. 3, § 14 Abs. 1 Satz 5 des Gesetzes über die Rechnungslegung von bestimmten Unternehmen und Konzernen vom 15. August 1969 (Bundesgesetzbl. I S. 1189), die nach § 11 Abs. 3 des Gesetzes über die Mitbestimmung der Arbeitnehmer in den Aufsichtsräten und Vorständen der Unternehmen des Bergbaus und der Eisen und Stahl erzeugenden Industrie vom 21. Mai 1951 (Bundesgesetzbl. I S. 347), die nach § 10 Abs. 2 des Gesetzes zur Ergänzung des Gesetzes über die Mitbestimmung der Arbeitnehmer in den Aufsichtsräten und Vorständen der Unternehmen des Bergbaus und der Eisen und Stahl erzeugenden Industrie vom 7. August 1956 (Bundesgesetzbl. I S. 707) und nach § 47 Abs. 3 Satz 2 Nr. 2 des Gesetzes über die Beaufsichtigung der privaten Versicherungsunternehmungen und Bausparkassen vom Gericht zu erledigenden Angelegenheiten.

Ist die Führung des Handelsregisters für mehrere Amtsgerichtsbezirke einem Amtsgericht übertragen worden, so gehören zur Zuständigkeit dieses Amtsgerichts auch die im Abs. 1 bezeichneten Angelegenheiten, mit Ausnahme derjenigen Geschäfte, welche den Gerichten nach § 524 Abs. 1, 2, § 530 Abs. 1, §§ 590, 685, § 729 Abs. 1, § 884 Nr. 4 des Handelsgesetzbuchs obliegen.

Abs. 1 in der Fassung des EG z. AktG v. 6. 9. 1965 (BGBl. I 1185) § 43 Nr. 3, in Kraft getreten am 1. 1. 1966, und in der Fassung des G über die Rechnungslegung von bestimmten Unternehmen und Konzernen v. 15. 8. 1969 (BGBl. I 1189), in Kraft getreten am 21. 8. 1969.

A. Allgemeines

1 1. Die Vorschrift regelt die *sachliche Zuständigkeit* für eine Reihe von Angelegenheiten für welche im HGB, im AktG und in anderen Gesetzen eine Mitwirkung des Gerichts vorgesehen ist, durch Zuweisung dieser Aufgaben an das AG. § 146 gibt hierfür einige Verfahrensvorschriften. Die *örtliche Zuständigkeit* ist nicht im FGG, sondern in den genannten Gesetzen geregelt. Für Angelegenheiten der Handelsgesellschaften ist stets das Gericht des Sitzes der Gesellschaft bestimmt; hiervon sieht Abs. 2 eine Ausnahme vor. Danach ist bei einer Zusammenlegung von Gerichtsbezirken nach § 125 Abs. 2 (§ 125 Rdn. 6) das mit der Führung des Handelsregisters betraute Amtsgericht auch für die Angelegenheiten des § 145 zuständig, mit Ausnahme der in Abs. 2 angeführten Geschäfte, die durchweg dem Gebiet des Seerechts angehören. Bei Doppelsitz (§ 125 Rdn. 4) ist das Gericht jeden Sitzes örtlich zuständig; das Tätigwerden eines der Gerichte schließt jedoch die Zuständigkeit des anderen nach § 4 aus. Die örtliche Zuständigkeit ist ausschließlich[1]); für Entscheidungen eines unzuständigen Gerichts gilt § 7 (vgl. § 125 Rdn. 7). Eine *Ersatzzuständigkeit* für Gerichte, in deren Bezirk deutsche Gerichtsbarkeit nicht mehr ausgeübt wird, begründet § 15 ZustErgG. Die *internationale Zuständigkeit* knüpft an den Sitz der Handelsgesellschaft an[2]). Hat eine außerhalb des Geltungsbereichs des Grundgesetzes enteignete Handelsgesellschaft noch keinen satzungsgemäßen Sitz in der BRD (vgl. § 125 Rdn. 3), so ist entsprechend § 15 ZustErgG das Gericht zuständig, in dessen Bezirk die Verwaltung geführt wird oder geführt werden soll.

[1]) A.M. Keidel Anm. 3.

[2]) BayObLGZ 1965, 294; Keidel Anm. 4 a; vgl. auch Godin-Wilhelmi AktG[3] § 85 Anm. 10.

2. Verfahren. Das AG wird als solches, nicht als RegisterG tätig. Deshalb gilt weder § 126 über das Antrags- und Beschwerderecht des Organs des Handelsstandes noch § 127 über die Aussetzungsbefugnis; über Vorfragen ist selbständig zu befinden (Keidel Anm. 1; Würdinger in RGRK zu § 146 HGB Anm. 57). Die Zuständigkeit des *ProzeßG* ist ausgeschlossen (§ 7 Anm. 5); es kann auch keine einstweilige Verfügung erlassen[3]). Einstweilige Anordnungen des Gerichts der FG sind ebenfalls unstatthaft (Schlegelberger Anm. 2; Würdinger a. a. O. Anm. 61). Der *Rechtspfleger* ist zuständig, soweit kein Richtervorbehalt besteht (§§ 3 Nr. 2 Buchst. d, 17 Nr. 2 Buchst. a RechtspflG), vorbehaltlich einer Abgabe an den Richter nach § 5 Abs. 1 Nr. 2 RechspflG, die hier bei Beurteilung streitiger Vorfragen häufiger in Betracht kommen wird. Auf den Rechtspfleger übertragen sind nur die nachstehend unter Rdn. 3 bis 7 angeführten Geschäfte; die Übertragung der Aufgaben nach §§ 166 Abs. 3, 338 Abs. 3 HGB (Rdn. 7) ist bedenklich (Art. 92 GG), da es sich um echte Streitsachen handelt. Für alle übrigen in § 145 geregelten Geschäfte, insbesondere auch alle seerechtlichen, besteht nach der eindeutigen Fassung des § 17 Nr. 2 Buchst. a RechtspflG, die Zweifelsfragen ausschließt, Richtervorbehalt. **2**

B. Anwendungsbereich

Die dem AG nach § 145 zugewiesenen Angelegenheiten sind:

1. §§ 146 Abs. 2, 147, 161 Abs. 2 HGB. Ernennung und Abberufung von *Abwicklern* einer offenen Handelsgesellschaft oder Kommanditgesellschaft aus wichtigen Gründen auf Antrag eines Beteiligten. *Antragsberechtigt* sind jeder Gesellschafter und jeder seiner Miterben (§ 2038 BGB), im Konkurse des Gesellschafters an seiner Stelle der Konkursverwalter, der Pfändungsgläubiger eines Gesellschafters gemäß § 135 HGB, *nicht* die Gesellschaftsgläubiger, nicht die bisherigen Abwickler als solche. Die Ernennung setzt nicht voraus, daß die Gesellschaft eingetragen ist[4]); sie ist unter Umständen schon vor der Auflösung mit Wirkung von deren Eintritt an zulässig[5]), und kann nicht von der Eintragung der Auflösung abhängig gemacht werden[6]). Der Antrag ist zulässig bis zur vollständigen Beendigung der Abwicklung[7]); er kann bis zur Rechtskraft der Verfügung zurückgenommen werden (§ 20 Anm. 8, § 27 Anm. 5 zu § 561 ZPO). Über den Verfahrensantrag darf das Gericht nicht hinausgehen, daher nicht Abwickler an Stelle der bisherigen berufen, wenn nur deren Ergänzung durch Bestellung weiterer Abwickler beantragt war (Würdinger a. a. O. Anm. 59). An sachliche Vorschläge der Beteiligten über Person, Zahl, Einzel- oder Gesamtvertretungsbefugnis der Abwickler ist es nicht gebunden[8]). Der Antrag kann auch nicht an die Bedingung geknüpft werden, daß der Vorgeschlagene bestellt wird (a. M. Würdinger a. a. O. Anm. 58; Schlegelberger § 146 Anm. 23 HGB). Abwickler kann auch eine juristische Person sein[9]) oder ein Nichtgesellschafter[10]). Die entsprechende Anwendung des § 146 Abs. 2 HGB auf die Gründervereinigung der AG wird für unzulässig erachtet[11]). **3**

Wichtige Gründe liegen vor, wenn die Besorgnis besteht, daß ohne das Eingreifen des Gerichts eine gedeihliche Durchführung der Abwicklung nicht gewährleistet ist[12]). Bei der Abberufung braucht der wichtige Grund nicht verschuldet zu sein[13]). **4**

Ein Zwang zur Annahme des Amtes besteht nicht[14]). Das Gericht kann die Ernennung von dem Vorschlag annahmebereiter Personen und von der Sicherstellung ihrer Vergütung abhängig machen[15]). Bei Aufhebung der Ernennung im Rechtsmittelwege gilt § 32. Ein Weisungs- **5**

[3]) Frankfurt JW 1921, 763 mit Anm. Fischer; Köln JW 1926, 2116; vgl. aber zu § 16 HGB § 127 Anm. 9.

[4]) KG RJA 10, 214; a.M. KG OLGR 41, 202; 43, 290.

[5]) KGJ 49, 116 = RJA 15, 121; a.M. Schlegelberger Anm. 2.

[6]) KG JW 1939, 163 = DNotZ 1939, 201 = HRR 1939 Nr. 95.

[7]) KG OLGR 9, 261; 43, 291.

[8]) BayObLGZ 24, 58 = JFG 2, 183.

[9]) Karlsruhe JFG 3, 210; KG JFG 7, 211.

[10]) Vgl. BGHZ 33, 105.

[11]) BayObLGZ 1965, 294.

[12]) KGJ 32 A 129.

[13]) BayObLGZ 23, 193; BayObLG JFG 4, 172 = JW 1928, 2639; vgl. ferner Braunschweig OLGR 24, 136; BayObLGZ 23, 210; BayObLG JFG 5, 246.

[14]) KGJ 30 A 127.

[15]) KGJ RJA 8, 267; BayObLGZ 1955, 293.

oder Überwachungsrecht übt das Gericht nicht aus[16]), vgl. § 152 HGB. Einen Vertreter für einen verhinderten Abwickler kann es nicht bestellen[17]). Die Vergütung setzt es nicht fest; darüber entscheidet das ProzeßG[18]).

6 *2. §§ 157 Abs. 2, 161 Abs. 2 HGB. Bestimmung des Verwahrers* der Bücher und Schriften einer aufgelösten OHG oder KG, wenn eine Verständigung hierüber zwischen den Gesellschaftern (oder ihren Erben) nicht erzielt wird. Der Abwickler hat bei der Bestimmung über die Verwahrung nicht mitzuwirken, auch nicht der Konkursverwalter (str.). Antragsberechtigt ist jeder Gesellschafter, aber auch der Abwickler, der sich der Bücher entledigen will (Schlegelberger Anm. 3). Der Beendigung der Abwicklung steht ihre Erledigung durch Konkurs gleich[19]), nicht aber die Veräußerung des Handelsgeschäfts[20]). Die Übergabe der Bücher an den Verwahrer kann das Gericht nicht gemäß § 33 erzwingen[21]). Der Verwahrer kann entsprechend § 147 HGB abberufen werden. Seine Befugnis erlischt, wenn eine anderweite Verständigung der Gesellschafter nachträglich zustande kommt.

7 *3. §§ 166 Abs. 3, 338 Abs. 3 HGB.* Anordnung der *Mitteilung einer Bilanz* oder sonstiger Aufklärungen sowie der Vorlegung der Bücher und Papiere aus wichtigen Gründen auf Antrag des Kommanditisten oder stillen Gesellschafters. Das Antragsrecht des Kommanditisten besteht schon vor der Eintragung der Gesellschaft und endet erst mit ihrer Vollbeendigung[22]). Nach dem Ausscheiden aus der Gesellschaft sind Kommanditist und stiller Gesellschafter auf den Prozeßweg angewiesen[23]). Über streitige Vorfragen, z. B. über das Bestehen der Gesellschaft, ihre Beendigung, die Eigenschaft des Antragstellers als Kommanditisten, befindet das Gericht (§ 12)[24]). Wichtige Gründe bestehen, wenn das durch Klage geltend zu machende ordentliche Prüfungsrecht nach §§ 166 Abs. 1, 388 Abs. 1 HGB oder dem Gesellschaftsvertrage nicht ausreicht, eine Gefährdung abzuwenden, z. B. bei Verdacht der Untreue, schlechter Geschäftsführung, Unzuverlässigkeit[25]). Das Gericht kann die Zuziehung eines Sachverständigen gestatten und Anordnungen über Art und Umfang der Auskünfte und über Ort und Zeit der Vorlegung treffen[26]). Die Befolgung der Anordnung wird gemäß § 33 FGG erzwungen[27]).

8 *4. § 524 HGB. Aufnahme einer angemeldeten Verklarung,* nämlich einer eidesstattlich bekräftigten Darstellung aller Reiseunfälle eines Seehandelsschiffs durch den Schiffer unter Hinzuziehung der Schiffsbesatzung, §§ 522, 523 HGB. Sie dient dazu, die Wahrnehmungen der Schiffsbesatzung bei einem Unfall möglichst bald festzulegen, ist also ein besonderes *Beweissicherungsverfahren.* Das Verfahren des Gerichts war geregelt in §§ 524, 525 HGB. Diese Vorschriften sind ersetzt durch die VO *zur Vereinfachung des Verfahrens über Verklarungen* v. 16. 8. 1944 (RGBl. I, 183), welche i. d. F. des § 56 Abs. 1 BeurkG bestimmt:

§ 1

Die Vorschriften der §§ 524, 525 des Handelsgesetzbuchs sind bis auf weiteres nicht anzuwenden.

§ 2

Die Verklarung (§ 522 des Handelsgesetzbuchs) wird dadurch bewirkt, daß der Schiffer oder der hierzu verpflichtete Schiffsoffizier den Verklarungsbericht (§ 523 des Handelsgesetzbuchs) bei dem zuständigen Gericht einreicht. Der Schiffer oder Schiffsoffizier hat zugleich eine vor dem Gericht oder vor einem Notar abgegebene Versicherung an

[16]) KG RJA 6, 128.
[17]) KG RJA 15, 127.
[18]) KGJ 27 A 222 = RJA 4, 144.
[19]) KG RJA 10, 39 = OLGR 19, 317.
[20]) KG RJA 10, 256. Wegen der Auswahl des Verwahrers s. Dresden OLGR 19, 316; KG RJA 10, 39.
[21]) LG Berlin JW 1933, 1040; BayObLGZ 1967, 240; Keidel Anm. 7.
[22]) KG Recht 1932 Nr. 337.
[23]) KGJ 28 A 56 = RJA 4, 208; KG JFG 6, 212; BayObLGZ 19, 57 = RJA 16, 74 = KGJ 53, 260; Hamburg MDR 1961, 325.
[24]) KG OLGR 42, 177; KG JFG 6, 212.
[25]) KGJ 30 A 120 = RJA 6, 124; Köln OLGZ 1967, 362.
[26]) KGJ 30 A 120 = RJA 6, 124; KG OLGR 27, 397; BayObLG RJA 13, 233.
[27]) KG JW 1937, 2289 = HRR 1937 Nr. 1326 zu § 74 Abs. 2 GmbHG.

Eides Statt beizufügen, daß der Bericht vollständig und richtig sei; das Gericht oder der Notar haben bei der Abnahme der Versicherung an Eides Statt erforderlichenfalls auf eine Ergänzung oder Richtigstellung des Verklarungsberichts hinzuwirken. Dem Verklarungsbericht sind ferner eine notarisch beglaubigte Abschrift der den Unfall betreffenden Eintragungen im Schiffstagebuch und ein Verzeichnis aller Personen der Schiffsbesatzung beizufügen.

§ 3

Der Mitwirkung von Personen der Schiffsbesatzung bei der Ablegung der Verklarung bedarf es nicht.

Der Richter ist befugt, zum Zwecke der besseren Aufklärung den Schiffer und Personen der Schiffsbesatzung zu vernehmen. Er hat in diesem Falle die Interessenten von Schiff und Ladung sowie die etwa sonst an dem Unfall Beteiligten von dem Vernehmungstermin zu benachrichtigen; die Benachrichtigung kann unterbleiben, wenn sie untunlich ist.

§ 4

Die §§ 145, 146 des Gesetzes über die Angelegenheiten der freiwilligen Gerichtsbarkeit gelten sinngemäß.

§ 5

Die Interessenten von Schiff und Ladung sowie die etwa sonst an dem Unfall Beteiligten können Abschrift des Verklarungsberichts und der Niederschrift über eine nach § 3 Abs. 2 vorgenommene Vernehmung verlangen. Die Abschrift ist auf Verlangen zu beglaubigen.

[Abs. 2 ist gegenstandslos.]

§ 6

An Gerichtsgebühren werden erhoben:

a) für die Entgegennahme des Verklarungsberichts und das nachfolgende gerichtliche Verfahren die Hälfte der vollen Gebühr,

b) für die Aufnahme der Versicherung an Eides Statt nach § 2 Satz 2, einschließlich der Ergänzung des Verklarungsberichts, die Hälfte der vollen Gebühr; die Gebühr wird auch bei Aufnahme der Versicherung durch das zuständige Gericht besonders erhoben.

Die Einreichung des Verklarungsberichts wird nicht erzwungen. Die Abnahme der Versicherung an Eides Statt nach § 2 Satz 2 ist eine reine Beurkundungsangelegenheit, für die jeder Notar und jedes Amtsgericht zuständig ist; jedoch hat die beurkundende Stelle den Bericht einer gewissen Prüfung zu unterziehen, die allerdings nur dahin gehen kann, ob er in sich schlüssig und lückenlos erscheint, und bei Mängeln auf ihre Behebung hinzuwirken. Die Entgegennahme des Verklarungsberichts und die weitere Aufklärung nach § 3 Abs. 2 ist Aufgabe des nach § 145 sachlich zuständigen AG. Die Bezeichnung der Orte in § 522 Abs. 2 HGB, an denen die Verklarung ohne Verzug zu bewirken ist, regelt nicht die örtliche Zuständigkeit, sondern die Pflichten des Schiffers[28]). Örtlich zuständig dürfte entsprechend § 486 Abs. 2 ZPO jedes AG sein, in dessen Bezirk die zu vernehmende Schiffsbesatzung (§ 481 HGB) sich zur Zeit der Einreichung des Verklarungsberichts aufhält. Das Gericht darf die Aufnahme der Verklarung nicht ablehnen, weil sie verspätet angemeldet sei[29]). Im Ausland ist der Konsul zuständig, § 36 KonsularG (Anl. 8). 9

Die Befugnis des Gerichts zu weiterer Aufklärung beschränkt sich auf die Vernehmung von Angehörigen der Schiffsbesatzung. Die Vernehmung anderer Zeugen (Fahrgäste) und Sachverständiger sowie Augenscheinseinnahme sind ausgeschlossen[30]). Über die Beeidigung entscheidet das Ermessen des Gerichts, § 15 FGG. Zu dem Vernehmungstermin hinzuzuziehen sind nach Möglichkeit die „Interessenten von Schiff und Ladung", also Reeder, Befrach- 10

[28]) KG JFG 1, 263; a.M. Schlegelberger-Liesecke, Seehandelsrecht § 525 Anm. 4.

[29]) KGJ 49, 141; KG JFG 1, 263.

[30]) KGJ 49, 143; a.M. Schlegelberger-Liesecke aaO. Fn. 28.

ter, Ablader, Ladungsempfänger, Schiffsgläubiger, Versicherer sowie die „etwa sonst an dem Unfall Beteiligten", also Berger, Lotsen, Angesegelte oder deren Vertreter (§ 13).

11 Die eingereichten und aufgenommenen Verhandlungen bleiben in der Verwahrung des Gerichts. Es hat dem zuständigen Seeamt von dem Unfall Anzeige zu machen, G über die Untersuchung von Seeunfällen v. 28. 9. 1935 (RGBl. I, 1183) i. d. F. v. 4. 12. 1944 (RGBl. I, 334), § 13 Abs. 3, in Bremen geändert durch G v. 27. 5. 1947 (GBl. 78) und v. 2. 3. 1948 (GBl. 34)[31]).

12 *5. *§ 530 Abs. 1 HGB. Feststellung der Notwendigkeit des Verkaufs des Schiffes durch den Schiffer.* Das Gericht des Ortes, an dem sich das Schiff befindet, hat Sachverständige anzuhören und den deutschen Konsul hinzuzuziehen, wo ein solcher vorhanden ist. Die Feststellung (Kondemnierungsbeschluß), die wegen der Bedeutung der Sache Sachverhalt und Gründe enthalten sollte, ist auch für den Umfang des Schadens bei der Seeversicherung maßgebend, § 873 HGB[32]). Die Beschwerde gegen die Feststellung ist ausgeschlossen, § 146 Abs. 3.

13 *6. *§ 590 HGB. Bestimmung des Zeitpunktes der Abreise* des auf Stückgüter angelegten Schiffes auf Antrag des Befrachters. Die Befolgung wird nicht erzwungen.

14 *7. § 685 HGB. Erteilung eines Zeugnisses* über die Notwendigkeit der Eingehung eines *Bodmereigeschäfts* durch den Schiffer. Das vor der Ausstellung des Bodmereibriefes erteilte Zeugnis begründet die widerlegbare Vermutung, daß der Schiffer zur Eingehung des Geschäfts befugt gewesen sei.

15 *8. *§ 729 Abs. 1 HGB. Ernennung von besonderen Dispacheuren* für den Seeverkehr in Ermangelung ein für allemal bestellter Dispacheure. Wegen der örtlichen Zuständigkeit s. § 149 Anm. 2.

16 *9. § 884 Nr. 4 HGB. Bestellung von Sachverständigen* zur Besichtigung und Abschätzung teilweiser Schäden am Schiffe bei der *Seeversicherung.*

17 *10. § 33 Abs. 3 AktG. Bestellung von Gründungsprüfern* einer AG oder KGaA auf Antrag der Gründer nach Anhörung der Industrie- und Handelskammer. Das Gericht kann die Prüfer aus wichtigem Grund entlassen. Über Auswahl und Ausschluß der Gründungsprüfer vgl. § 33 Abs. 4, 5 AktG. Gegen die Entscheidung des Amtsrichters ist die sofortige Beschwerde gegeben (§ 33 Abs. 3 Satz 2 AktG).

*11. *§ 35 AktG* regelt:

18 *a) 1. Entscheidung von Meinungsverschiedenheiten* zwischen Gründern und Gründungsprüfern über den Umfang der von den Gründern zu gebenden Aufklärungen und Nachweise. Die Entscheidung ist unanfechtbar. Ein Zwang gegen die Gründer wird nicht ausgeübt. Solange sie sich weigern, der Entscheidung nachzukommen, wird der Prüfungsbericht nicht erstattet, so daß die Entstehung der Gesellschaft unterbleibt.

19 *b) Festsetzung der Auslagen und der Vergütung der Gründungsprüfer.* Hierauf haben die Gründungsprüfer, anders als im Fall des § 1836 BGB, einen gesetzlichen Anspruch, der bei der Vergütung nur der Höhe nach in das Ermessen des Gerichts gestellt ist. Vereinbarungen über die Höhe der Vergütung und der Auslagen sind unwirksam[33]). Gegen die Entscheidung, also sowohl gegen die Festsetzung als auch gegen die Ablehnung, läßt § 35 Abs. 2 Satz 3, 4 die sofortige, aber keine weitere Beschwerde zu. Die rechtskräftige Festsetzung ist Vollstreckungstitel nach der ZPO gegen die Gesellschaft; solange sie nicht entstanden ist gegen die Gründer als Gesamtschuldner[34]).

[31]) Über Stellung, Aufgaben und Verfahren des Seeamts s. Hinrichsen DRiZ 1958, 76.

[32]) KG RJA 3, 240.

[33]) h. M., vgl. Fischer in Großkomm. AktG § 27 Anm. 5; Godin-Wilhelmi AktG³ § 35 Anm. 4.

[34]) Nach Godin-Wilhelmi AktG³ gegen die Gesellschaft im Errichtungsstadium.

12. § 73 Abs. 1 AktG. Genehmigung der Kraftloserklärung von Aktien durch die Gesellschaft. Die Genehmigung wird vom Vorstand nachgesucht. Die Aktionäre sind am Verfahren nicht beteiligt; ein Gegner (§ 146 Abs. 1) ist mithin nicht vorhanden. Das Gericht prüft die gesetzlichen Voraussetzungen (§ 67 Abs. 1 AktG), nicht die Zweckmäßigkeit der Kraftloserklärung (Baumbach-Hueck, § 67 Anm. 3). Nach der Kraftloserklärung kann die Verfügung nicht mehr geändert werden (§ 18). Die Aushändigung oder Hinterlegung der neuen Aktien ist dem Gericht anzuzeigen (§ 73 Abs. 3 AktG). Die Erteilung der Genehmigung ist unanfechtbar; anderenfalls sofortige Beschwerde der Gesellschaft (§ 73 Abs. 1 Satz 4 AktG). Die weitere Beschwerde ist nicht ausgeschlossen, wenn das LG die Beschwerde gegen die Versagung der Genehmigung zurückweist. **20**

*13. *§ 85 Abs. 1 AktG, § 34 VAG* i. d. F. des § 37 Abs. 1 Nr. 3 EGAktG. **21**
Bestellung fehlender Vorstandsmitglieder einer AG oder eines VVaG durch das Gericht auf Antrag eines Beteiligten. Auf die KGaA ist § 85 nicht anwendbar, da die Vorschriften über die AG für die KGaA nach § 278 Abs. 3 AktG nur gelten, soweit sich aus dem Fehlen eines Vorstandes nichts anderes ergibt[35]). Zum Begriff des Beteiligten vgl. § 20 Rdn. 16. Antragsberechtigt ist jedes Mitglied des Aufsichtsrats, jedes Vorstandsmitglied auch bei Gesamtvertretung, und jeder Aktionär[36]). Für Gläubiger genügt Abhilfe nach § 57 ZPO. Nach der Neufassung kommt es nur darauf an, daß ein erforderliches, nicht unbedingt ein zur Vertretung erforderliches Mitglied fehlt; auch wenn für die Vertretung der Gesellschaft noch gesorgt ist, können unaufschiebbare Maßnahmen der Geschäftsführung die Bestellung eines Vorstandsmitgliedes, z. B. eines Arbeitsdirektors (§ 13 MitBestG) erforderlich machen[37]). Die Ersatzbestellung ist nur zulässig, wenn ein Vorstandsmitglied durch Tod, Niederlegung oder Widerruf der Bestellung endgültig ausgeschieden oder eine neu geschaffene Vorstandsstelle noch nicht besetzt ist, nicht schon bei vorübergehender tatsächlicher oder rechtlicher Behinderung (arg. § 105 Abs. 2 Satz 1 AktG)[38]). Die Regelung der Vertretung durch Gesetz oder Satzung ist vom Gericht zu beachten; bei Gesamtvertretung darf nicht Einzelvertretung eintreten[39]). Ein dringender Fall liegt vor, wenn sofortiges Handeln erforderlich ist, um wesentliche Nachteile von der Gesellschaft abzuwenden[40]). Die etwa vorhandenen Vorstandsmitglieder und der Aufsichtsrat sind zu hören. Liegen die gesetzlichen Voraussetzungen vor, so darf der Antrag nicht gleichwohl nach Ermessen abgelehnt werden. Eine juristische Person kann nicht bestellt werden (§ 76 Abs. 3 AktG). Die Verfügung wird mit der Bekanntgabe an den Bestellten wirksam (§ 16 Rdn. 11). Das Amt erlischt nach § 85 Abs. 2 AktG von selbst mit der Bestellung eines ordentlichen Vorstandes. Auch fehlende *Abwickler* einer AG oder KGaA können nach § 85 bestellt werden (§§ 264 Abs. 2, 290 Abs. 2 AktG). Das Gericht ist befugt, einen von ihm bestellten Notvertreter von Amts wegen oder auf Antrag abzuberufen, wenn das Gesellschaftsinteresse es erfordert (vgl. § 160 Rdn. 8). Das *Beschwerderecht* steht bei Zurückweisung des Antrags nur dem Antragsteller zu (§ 20 Abs. 2), bei Bestellung der Gesellschaft, vertreten durch den Aufsichtsrat (§ 112 AktG), den Antragsberechtigten, die ein rechtliches Interesse an der Aufhebung der Bestellung haben, insbesondere einem Aktionär[40a]), nicht aber einem Gläubiger oder Schuldner (§ 160 Rdn. 11), bei Abberufung der Gesellschaft und dem abberufenen Notvertreter.

*14. *§ 85 Abs. 3 AktG, § 34 VAG i. d. F. des § 37 Abs. 1 Nr. 3 EGAktG.* **22**
Festsetzung der Vergütung und Auslagen gerichtlich bestellter Vorstandsmitglieder. Hierauf hat der Notvorstand einen gesetzlichen Anspruch. Die Anrufung des Gerichts setzt voraus,

[35]) Godin-Wilhelmi AktG³ § 278 Anm. 13; str., a.M. Keidel Anm. 13.
[36]) KGJ 34 A 169 = OLGR 14, 366; KG JFG 15, 101 = JW 1937, 1730 = DNotZ 1937, 495 = HRR 1937 Nr. 920.
[37]) Begr. zu § 82 RegE; Godin-Wilhelmi AktG³ § 85 Anm. 3.
[38]) Begr. zu § 82 RegE; Godin-Wilhelmi³ § 85 Anm. 4.
[39]) Schlegelberger-Quassowski AktG³ § 76 Anm. 5; vgl. KG OLGZ 1965, 332, 334.
[40]) Wegen Bestellung eines Notvorstandes für eine ostenteignete AG, die in der BRD keine Organe hat, vgl. Celle NJW 1964, 112; 1965, 504.
[40a]) KGJ 34 A 169 = RJA 8, 210; BayObLGZ 1956, 308.

daß keine vertragliche Einigung zustandekommt. Am Verfahren beteiligt ist der Notvorstand und die Gesellschaft, vertreten durch den Aufsichtsrat (§ 112 AktG). Gegen die Entscheidung, also sowohl gegen die Festsetzung als auch gegen die Ablehnung, läßt § 85 Abs. 3 Satz 3, 4 die sofortige, aber keine weitere Beschwerde zu. Die rechtskräftige Festsetzung ist Vollstreckungstitel nach der ZPO gegen die Gesellschaft.

23 *15. *§ 103 Abs. 3 bis 5 AktG, § 35 Abs. 3 VAG* i. d. F. des § 37 Abs. 1 Nr. 3 EGAktG. *Abberufung von Aufsichtsratsmitgliedern* oder Ersatzmitgliedern einer AG, einer KGaA oder eines VVaG, die von der Hauptversammlung (beim VVaG: der obersten Vertretung) ohne Bindung an einen Wahlvorschlag gewählt oder auf Grund der Satzung in den Aufsichtsrat entsandt worden sind, aus wichtigem, in der Person des Aufsichtsratsmitglieds liegendem Grunde.

24 *Antragsberechtigt* ist in allen Fällen der Aufsichtsrat, gleichgültig ob es sich um Aufsichtsratsmitglieder der Aktionäre oder der Arbeitnehmer handelt und auf Grund welcher Bestimmung sie in den Aufsichtsrat gelangt sind. Der Aufsichtsrat beschließt über die Antragstellung mit einfacher Mehrheit. Ist in der Satzung bestimmt, daß der Vorsitzende des Aufsichtsrats Erklärungen für diesen abgeben kann, so kann er den Aufsichtsrat auch im Verfahren vertreten, sofern er die Fassung des Mehrheitsbeschlusses nachweist[41]). Bei auf Grund der Satzung entsandten Aufsichtsmitgliedern ist antragsberechtigt auch die in § 103 Abs. 3 Satz 3 AktG bezeichnete Minderheit von Aktionären. Für die gerichtliche Abberufung von Aufsichtsratsmitgliedern der Arbeitnehmer (§§ 76, 77 BetrVerfG) gelten nach § 103 Abs. 4 AktG außer § 103 Abs. 3 AktG (Antragsrecht des Aufsichtsrats) auch § 11 Abs. 3 MitBestG, §§ 5 Abs. 3 Satz 2, 10 Abs. 2 MitBestErgG[41a]). Anwendbar nach § 11 MitbestG v. 21. 5. 1951 (BGBl. I, 347) i. d. F. des § 20 MitbestErgG v. 7. 8. 1956 (BGBl. I, 707) und nach § 5 Abs. 2 MitbestErgG auch auf die in § 5 MitbestG, § 5 Abs. 1 Buchst. a MitbestErgG bezeichneten Mitglieder des Aufsichtsrats einer *GmbH* der Montanindustrie oder einer *bergrechtlichen Gewerkschaft* mit eigener Rechtspersönlichkeit, wenn die Unternehmen unter § 1 des MitbestG oder die §§ 1 bis 3 des MitbestErgG fallen und die Stellung des Aufsichtsratsmitglieds auf einem Entsendungsrecht beruht.

25 Das *Verfahren* setzt nicht voraus, daß zunächst das ordentliche Abberufungsorgan mit der Sache befaßt worden ist; andererseits steht es der Zulässigkeit des Verfahrens nicht entgegen, daß zuvor die Hauptversammlung die Abberufung abgelehnt hat[41b]). Beteiligte des Verfahrens sind außer den Antragstellern der Entsendungsberechtigte und das abzuberufende Aufsichtsratsmitglied, nicht der Vorstand. Der unbestimmte Rechtsbegriff des wichtigen Grundes (keine Ermessensentscheidung) darf nicht zu weit gefaßt werden. Es wird ein Sachverhalt zu erfordern sein, der in einem kraß gesellschaftswidrigen Verhalten des Aufsichtsratsmitglieds besteht oder das Mitglied für schlechthin untragbar erscheinen läßt[41c]). Das Gericht kann nur abberufen, nicht aber einen Ersatzmann bestellen. Gegen die Entscheidung findet die sofortige Beschwerde ohne aufschiebende Wirkung (§ 24) statt. Die Entscheidung wird mit der Zustellung an den Abberufenen wirksam (§ 16 Abs. 1). Für die öffentliche Bekanntmachung des Wechsels gilt § 106 AktG.

26 *16. * AktG § 104, VAG § 35 Abs. 3* i. d. F. des § 37 Abs. 1 Nr. 3 EGAktG.

Ergänzung des Aufsichtsrats einer AG, KGaA oder eines VVaG und *Festsetzung der Vergütung*. Die Vorschrift des § 104 AktG lehnt sich in Abs. 1 bis 5 eng an die bereits durch § 89 AktG i. d. F. des G zur Änderung von Vorschriften des Aktienrechts und des Mitbestimmungsrechts v. 15. 7. 1957 (BGBl. I, 714) eingeführte Regelung an[42]). Die Neufassung dient der Behebung von Zweifeln, die hinsichtlich der Beschlußfähigkeit und der Notwendigkeit der Ergänzung des Aufsichtsrats durch die Beteiligung der Arbeitnehmer im Aufsichtsrat gemäß

[41]) Vgl. Eckardt NJW 1967, 1010.
[41a]) Vgl. dazu Godin-Wilhelmi AktG³ Anm. 4 ff. und unten Anm. 28.
[41b]) Godin-Wilhelmi AktG³ § 103 Anm. 8; Eckardt NJW 1967, 1010.
[41c]) Vgl. BGHZ 39, 116, 123; BT-Drucks. zu IV 3296; Eckardt NJW 1967, 1010; weniger eng Godin-Wilhelmi AktG § 103 Anm. 8.
[42]) Begr. zu § 101 RegE.

den §§ 76, 77 des BetriebsverfassungsG v. 11. 10. 1952 (BGBl. I, 681), § 1 des MitbestG v. 21. 5. 1951 (BGBl. I, 347) und den §§ 1 bis 3 des MitbestErgG v. 7. 8. 1956 (BGBl. I, 707) entstanden waren. Die Neuregelung gilt sowohl für die Aufsichtsräte beteiligungsfreier Aktiengesellschaften als auch für die Aufsichtsräte der Gesellschaften, in die nach den Mitbestimmungsgesetzen Arbeitnehmervertreter zu entsenden sind, und zwar gemäß § 104 Abs. 3 auch dann, wenn diese Gesellschaften in der Rechtsform der GmbH oder bergrechtlichen Gewerkschaft mit eigener Rechtspersönlichkeit betrieben werden (§ 1 Abs. 2 MitbestG, §§ 1 bis 3 MitbestErgG). § 104 gilt ferner gemäß § 77 BetrVerfG für den obligatorischen Aufsichtsrat einer GmbH, einer bergrechtlichen Gewerkschaft mit eigener Rechtspersönlichkeit oder eines Versicherungsvereins a. G. mit mehr als fünfhundert Arbeitnehmern. Die Vorschrift regelt nunmehr *zwei Fälle der Notbestellung von Aufsichtsratsmitgliedern* durch das Gericht[43]):

a) Ergänzung des Aufsichtsrats auf die zur *Beschlußfähigkeit* nötige Zahl von Mitgliedern, § 104 Abs. 1. Der Begriff der Beschlußfähigkeit ist für beteiligungsfreie Aufsichtsräte von Aktiengesellschaften und für Aufsichtsräte, die nach dem BertrVerfG zu bilden sind, in § 108 Abs. 2 AktG, für Aufsichtsräte von Gesellschaften, die dem MitbestG oder dem MitbestErgG unterliegen (Montangesellschaften), in § 10 MitbestG und § 11 MitbestErG i. d. F. des G v. 15. 7. 1957 (BGBl. I, 714) geregelt. Bei Montangesellschaften sind Satzungsbestimmungen über die Beschlußfähigkeit ausgeschlossen. Bei den übrigen Unternehmen ist für die Beschlußfähigkeit die Satzung maßgebend, soweit keine anderweite gesetzliche Regelung besteht. Beim Fehlen solcher Vorschriften ist die Beschlußfähigkeit gewahrt, wenn wenigstens die Hälfte der Mitglieder, aus denen der Aufsichtsrat nach Gesetz oder Satzung insgesamt bestehen muß, in jedem Fall aber drei Mitglieder an der Beschlußfassung teilnehmen. Bloße Unvollständigkeit des Aufsichtsrats durch Wegfall von Mitgliedern genügt also nicht, wenn sie nicht zur Beschlußunfähigkeit führt, selbst wenn das vorgeschriebene Zahlenverhältnis zwischen den Vertretern der Anteilseigner und den Vertretern der Arbeitnehmer nicht mehr gewahrt ist. **27**

Antragsberechtigt sind stets der Vorstand in der vertretungsberechtigten Zahl, ein Aufsichtsratsmitglied oder ein Aktionär, bei der KGaA jeder vertretungsberechtigte persönlich haftende Gesellschafter, beim VVaG jedes Mitglied der obersten Vertretung (§ 35 Abs. 3 Satz 3 VAG i. d. F. des § 37 Abs. 1 Nr. 3 EGAktG). Bei beteiligungspflichtigen Aufsichtsräten sind auch antragsberechtigt der Betriebsrat jedes wahlberechtigten Betriebes, ein Zehntel der zum Aufsichtsrat wahlberechtigten Arbeitnehmer oder hundert wahlberechtigte Arbeitnehmer (§ 184 Abs. 1 Satz 3, vgl. § 76 Abs. 3 Satz 3 BetrVerfG). Bei Montanaufsichtsräten steht das Antragsrecht auch den Spitzenorganisationen der Gewerkschaften zu, die nach § 6 Abs. 3 MitbestG und § 7 MitbestErgG Arbeitnehmervertreter in den Aufsichtsrat entsenden (§ 104 Abs. 1 Satz 3 Nr. 4). In allen Fällen ist die Ausübung des Antragsrechts unabhängig davon, ob ein Vertreter der Anteilseigner oder ein Vertreter der Arbeitnehmer weggefallen ist. Der Vorstand hat den Antrag unverzüglich zu stellen. Der Vorstand einer Aktiengesellschaft kann hierzu vom Gericht angehalten werden (§§ 407 Abs. 1, 408 AktG, § 14 HGB, § 132 FGG). **28**

b) Ergänzung des Aufsichtsrats auf die volle gesetzliche oder satzungsgemäße Stärke, auch wenn Beschlußunfähigkeit noch nicht vorliegt (§ 104 Abs. 2 AktG). Antragsberechtigung wie oben zu a). Eine Pflicht zur Antragstellung besteht hier auch für den Vorstand nicht. Der Antrag ist erst nach dreimonatiger Vakanz statthaft, in dringenden Fällen auch früher; ein solcher Fall ist bei Montanaufsichtsräten stets anzunehmen (§ 104 Abs. 3 Nr. 2). Ausgeschlossen ist die Notbestellung für ausgeschiedene 11., 15. und 21. (sog. neutrale) Aufsichtsratsmitglieder (§ 4 Abs. 1 Buchst. c, MitbestG, § 5 Abs. 1 Buchst. c MitbestErgG). **29**

[43]) Schrifttum: Auffarth, RdA 1957, 180 und NJW 1957, 1702; Fitting, BetrVerf. 1957, 121; Natzel, Betr. 1957, 748; Wagner, BB 1957, 713; Radke, NJW 1958, 973; Natzel, Die AG 1959, 93; Boesebeck, Die AG 1961, 117.

30 Für die *Auswahl* der Aufsichtsratsmitglieder gibt das Gesetz dem Gericht in § 104 Abs. 4 Richtlinien, deren Zweck es ist, bei der Ergänzung nach Möglichkeit das Zahlenverhältnis sowohl zwischen den Vertretern der Anteilseigner und Arbeitnehmer als auch zwischen den Gruppen der Arbeitnehmervertreter wiederherzustellen. Im übrigen sind §§ 100 Abs. 1 bis 3, 105 Abs. 1 AktG zu beachten. Die Bestellung wird mit der Bekanntgabe an den Ernannten wirksam (§16 Abs. 1).

31 *Öffentliche Bekanntmachung* der Bestellung und Einreichung der Bekanntmachung veranlaßt der Vorstand nach § 106. Das Amt erlischt von selbst mit der Behebung des Mangels durch Wahl oder Entsendung des fehlenden Mitglieds und Annahme des Amtes (§ 104 Abs. 5).

32 *Beschwerdeberechtigt* ist bei Zurückweisung des Antrags nur der Antragsteller (§ 20 Abs. 2), sonst jeder Antragsberechtigte und die Gesellschaft[44]).

33 *c) Festsetzung der Auslagen und der Vergütung* des gerichtlich bestellten Aufsichtsratsmitglieds (§ 104 Abs. 6 AktG). Ein Anlaß zur Anrufung des Gerichts besteht erst, wenn die Gesellschaft sich weigert, eine angemessene Vergütung zu zahlen. Erforderlich ist ein Antrag des Aufsichtsratsmitglieds. Auf Vergütung besteht ein Anspruch im Interesse der Gleichbehandlung nur, wenn den Aufsichtsratsmitgliedern der Gesellschaft allgemein eine Vergütung gewährt wird[45]). Gegen die Entscheidung, also sowohl gegen die Festsetzung wie gegen die Ablehnung, läßt § 104 Abs. 6 Satz 3, 4 die sofortige, aber keine weitere Beschwerde zu. Die rechtskräftige Entscheidung ist Vollstreckungstitel nach der ZPO gegen die Gesellschaft.

34 *17. AktG § 122 Abs. 3, VAG § 36* i. d. F. des § 37 Abs. 1 Nr. 3 EGAktG.

Ermächtigung einer Minderheit von Aktionären oder Kommanditaktionären zur Einberufung der Hauptversammlung der AG oder KGaA oder zur Bekanntmachung von Gegenständen der Beschlußfassung. Beim VVaG steht dasselbe Recht einer in der Satzung bestimmten Minderheit von Mitgliedern in bezug auf die Versammlung der obersten Vertretung zu (§ 36 VAG mit § 122 Abs. 3 AktG). Der Nachweis des zur Antragsberechtigung nach Gesetz oder Satzung (§ 122 Abs. 1, 2 AktG) erforderlichen Aktienbesitzes kann auf beliebige Weise geführt werden. Vorlegung der Aktien ist nicht erforderlich, wenn andere Beweismittel (Bankbescheinigung) ausreichen. Interimsscheine genügen[46]). Die Rechtmäßigkeit des Aktienbesitzes ist nicht zu prüfen[47]), sofern nicht der Verdacht des Stimmrechtsmißbrauchs (§ 405 Abs. 3 AktG) vorliegt. Die Fortdauer des Besitzes bis zur Beschlußfassung ist erst von der Hauptversammlung zu prüfen[48]). Vorausgesetzt wird, daß die Antragsteller vorher die Einberufung schriftlich unter Angabe des Zwecks und der Gründe beim Vorstand verlangt und weder der Vorstand noch der Aufsichtsrat dem Verlangen entsprochen haben. Gegner im Sinne des § 146 Abs. 1 und mithin zu hören sind Vorstand und Aufsichtsrat[49]). Das Gericht stellt nicht nur eine förmliche, sondern auch eine sachliche Prüfung in der Richtung an, ob der Gegenstand zur Zuständigkeit der Hauptversammlung gehört und ob mißbräuchliche oder rechtswidrige Zwecke (§ 226 BGB) verfolgt werden; eine Interessenabwägung und eine Prüfung der wirtschaftlichen Verhältnisse findet jedoch nicht statt[50]). Auch die Erfolgsaussichten des beabsichtigten Vorgehens sind nicht zu prüfen[51]); wenn aber die Erfolglosigkeit mit Sicherheit voraussehbar ist und der Antragsteller deshalb kein schutzwürdiges Interesse an der Abhaltung der Hauptversammlung hat, kann die Ermächtigung abgelehnt werden[52]), ebenso,

[44]) München JFG 20, 156; Frankfurt NJW 1955, 1929; KG OLGZ 1966, 596; a.M. für den Aktionär Schlegelberger § 20 Anm. 24.

[45]) Begr. zu § 101 RegE; Godin-Wilhelmi AktG[3] § 104 Anm. 9.

[46]) KG RJA 9, 44.

[47]) Hamburg OLGR 41, 206.

[48]) KG DNotZ 1927, 204; über einen Wechsel im Mitgliederbestand der antragstellenden Aktionärsgruppe s. KG Recht 1929 Nr. 2009 = DNotZ 1930, 141.

[49]) KGJ 28 A 216 = RJA 5, 63; Karlsruhe OLGR 43, 205; ist ein Vorstand nicht vorhanden, so muß in der Regel zuvor ein Notvorstand nach § 85 AktG bestellt werden, Celle NJW 1964, 112.

[50]) KGJ 28 A 216 = RJA 5, 63; KG JFG 2, 220 = OLGR 43, 314; Köln Die AG 1960, 47.

[51]) KGJ 32 A 140.

[52]) KG JFG 12, 218 = JW 1935, 2647 = DNotZ 1935, 592 = HRR 1935 Nr. 1478.

wenn der Gegenstand ohne Schaden für den Antragsteller bis zu einer ordentlichen Hauptversammlung zurückgestellt werden kann[53]). Mit der Ermächtigung ist regelmäßig die Bestimmung des Vorsitzenden zu verbinden, wenn sonst der ordnungsmäßige Ablauf der Versammlung nicht gewährleistet ist[54]). Die Ermächtigung wird erst durch den Zusammentritt einer beschlußfähigen Hauptversammlung verbraucht[55]). Das *Rechtsmittel* gegen die Entscheidung ist die sofortige (und sofortige weitere) Beschwerde (§ 122 Abs. 3 Satz 4 AktG). Gegen die Zurückweisung des Antrags steht die Beschwerde nur der antragstellenden Aktionärsminderheit gemeinsam zu (§ 20 Abs. 2), gegen die Stattgabe nur der Gesellschaft, nicht anderen Aktionären oder dem Aufsichtsrat; allenfalls kann unter besonderen Umständen, wenn die Gesellschaft ohne Vorstand ist, einer anderen Aktionärsgruppe ein Beschwerderecht eingeräumt werden[57]a).

*18. *AktG § 142 Abs. 2 bis 6, VAG § 36* i. d. F. des § 37 Abs. 1 Nr. 3 EGAktG. *Bestellung von Sonderprüfern* auf Antrag einer Minderheit von Aktionären oder Kommanditaktionären, beim VVaG auf Antrag einer in der Satzung bestimmten Minderheit von Mitgliedern der obersten Vertretung (§ 36b VAG), sowie *Festsetzung der Vergütung* und der Auslagen der bestellten Sonderprüfer. Das Gesetz regelt zwei Fälle: **35**

a) Prüfung eines Vorgangs bei der Gründung oder eines nicht über fünf Jahre zurückliegenden Vorgangs bei der Geschäftsführung, wenn die Hauptversammlung einen Antrag auf Bestellung der Prüfer abgelehnt hat (§ 142 Abs. 2); Vorgänge, die Gegenstand einer Sonderprüfung nach § 258 AktG sein können, kommen hierbei nicht in Betracht (§ 142 Abs. 3). Die zu prüfenden Vorkommnisse müssen individualisiert werden[56]). Förmliche Voraussetzung des Antrags ist, daß die Antragsteller Aktien in Höhe von mindestens einem Zehntel des Grundkapitals oder im Nennbetrag von zwei Millionen DM hinterlegen und zwar bei einer Hinterlegungsstelle oder der Gesellschaft[57]), und glaubhaft machen, (§ 15 Abs. 2) daß sie seit mindestens drei Monaten vor der Hauptversammlung Inhaber der Aktien sind. Auf die Zurechnung ist § 70 AktG anwendbar. Zur Glaubhaftmachung genügt eine eidesstattliche Versicherung vor einem Notar (§ 142 Abs. 2 Satz 3). Dem Antrag ist nur stattzugeben, wenn Tatsachen vorliegen (§ 12), die den Verdacht rechtfertigen, daß bei dem Vorgang Unredlichkeiten oder grobe Verletzungen des Gesetzes oder der Satzung vorgekommen sind. **36**

b) Bestellung anderer Sonderprüfer als der von der Hauptversammlung bestellten auf den binnen zwei Wochen seit der Hauptversammlung zu stellenden Antrag einer Minderheit (§ 142 Abs. 4), wenn dies aus den in § 142 Abs. 4 genannten in der Person des bestellten Sonderprüfers liegenden Gründen geboten erscheint. Sonstige erschwerende Antragsvoraussetzungen wie zu a) werden hier nicht erfordert. **37**

Liegen die Voraussetzungen zu a) oder b) vor, so muß das Gericht stattgeben und darf nicht gleichwohl nach Ermessen ablehnen[58]). Anhörung der Beteiligten, nämlich außer den Antragstellern des Vorstandes und des Aufsichtsrats, nicht auch der Aktionäre[59]), und im Fall b) des von der Hauptversammlung bestellten Sonderprüfers vor der Entscheidung ist zwingend angeordnet (§ 142 Abs. 2). Auswahl der Prüfer nach § 143 AktG. Einreichung des Prüfungsberichts zum Handelsregister nach § 145 Abs. 4 Satz 3 AktG. Die Verfügung wird mit der Bekanntgabe an den Bestellten wirksam (§ 16 Abs. 1); da er aber ablehnen kann, wird sein Einverständnis zweckmäßig vorher eingeholt. Gegen die Entscheidung findet die sofortige Beschwerde statt (§ 142 Abs. 5 Satz 2); das Beschwerderecht gegen die Zurückweisung des Antrags steht nur den Antragstellern gemeinschaftlich (§ 20 Abs. 2) zu, gegen die Stattgabe wird es außer der Gesellschaft im Hinblick auf § 145 Abs. 5 Satz 1 auch **38**

[53]) KGJ 32 A 140; BayObLG JFG 1, 247.
[54]) München JFG 20, 303 = HRR 1940 Nr. 17.
[55]) KG OLGR 41, 207; München wie Fn. 54.
[57a]) Vgl. Celle NJW 1964, 112.
[56]) KG OLGR 9, 263; vgl. allgemein Obermüller-Werner-Winden, Sonderprüfung nach dem AktG 1965, Betr. 1967, 1119.
[57]) KG JW 1930, 3777.
[58]) Baumbach-Hueck AktG[12] § 118 Anm. 3 A; a.M. Schlegelberger Anm. 20.
[59]) A.M. Keidel Anm. 18.

dem von der Hauptversammlung bestellten Prüfer einzuräumen sein, nicht aber dem, gegen den die Vorwürfe sich richten.

39 *c) Die Festsetzung der Vergütung* und der Auslagen erfolgt durch das Gericht (§ 142 Abs. 6), um die Unabhängigkeit der Sonderprüfer gegenüber der Gesellschaft zu gewährleisten. Gegen die Entscheidung steht dem Sonderprüfer und der Gesellschaft die sofortige Beschwerde zu; die weitere Beschwerde ist ausgeschlossen. Die rechtskräftige Entscheidung ist Vollstreckungstitel nach der ZPO gegen die Gesellschaft (§ 142 Abs. 6 Satz 5).

*19. * AktG § 147 Abs. 3, VAG § 36* i. d. F. des § 37 Abs. 1 Nr. 3 EGAktG.

40 *a) Bestellung besonderer Vertreter* der AG, der KGaA oder des VVaG zur Geltendmachung von Ersatzansprüchen aus der Gründung oder Nachgründung gegen Gründer, Gründergenossen, Mitglieder des Vorstandes und des Aufsichtsrats (§§ 46 bis 48, 53 AktG), aus der Geschäftsführung gegen Mitglieder des Vorstandes und des Aufsichtsrats (§§ 93, 94, 116 AktG, §§ 34, 35 VAG) und gegen den in § 117 AktG, § 35a VAG genannten Personenkreis. Es muß entweder die Hauptversammlung die Geltendmachung des Ersatzanspruchs beschlossen oder die in § 147 Abs. 1 AktG bezeichnete Minderheit das Verlangen zur Geltendmachung der Ersatzansprüche nach Ankündigung in der Tagesordnung unzweideutig gestellt haben[60]). Der Antrag, andere als die nach dem Gesetz (§§ 78, 112 AktG, § 34 VAG) zur Vertretung der Gesellschaft Berufenen oder von der Hauptversammlung bestellten besonderen Vertreter (§ 147 Abs. 3 Satz 1) als Vertreter der Gesellschaft zur Geltendmachung des Ersatzanspruchs zu bestellen, muß von soviel Angehörigen einer Minderheit gestellt werden, daß der in § 147 Abs. 3 Satz 2 erforderte Teil des Grundkapitals erreicht wird. Das Gericht hat zu prüfen, ob die Bestellung anderer Personen für die Geltendmachung zweckmäßig erscheint, nicht aber die Erfolgsaussichten des Ersatzanspruchs. Zu hören sind außer den Antragstellern die Gesellschaft und ein etwa nach § 147 Abs. 3 Satz 1 AktG bereits bestellter Sondervertreter, nicht etwa der Gegner des Ersatzanspruchs. Bei der Auswahl der Vertreter ist das Gericht frei und an Vorschläge der Antragsteller nicht gebunden[61]). Die Bestellungsverfügung wird mit der Bekanntgabe an den Bestellten wirksam (§ 16 Abs. 1). Bei Aufhebung gilt § 32 FGG. Die *sofortige Beschwerde* (§ 147 Abs. 3 Satz 2) steht bei Zurückweisung nur den Antragstellern gemeinschaftlich (§ 20 Abs. 2), bei Stattgabe nur der Gesellschaft zu, nicht aber demjenigen, gegen den der Ersatzanspruch geltend gemacht werden soll. Gibt das Gericht dem Antrag statt, so trägt die Gesellschaft die Gerichtskosten (§ 147 Abs. 3 Satz 3 AktG i. d. F. des G v. 15. 8. 69, BGBl. I 1171, Art. 3 Nr. 3).

41 *b) Festsetzung der Vergütung* und Auslagen der gerichtlich bestellten Vertreter (§ 147 Abs. 3 Satz 5 bis 8). Die Bem. zu Rdn. 39 gelten entsprechend.

42 *20. *§ 163 Abs. 2 bis 5 AktG. Bestellung von Abschlußprüfern* zur Prüfung des Jahresabschlusses von AG und KGaA (gilt nicht für VVaG, vgl. § 58 VAG). Das Gesetz sieht folgende Tätigkeiten des Gerichts vor:

43 *a) Bestellung anderer Abschlußprüfer* als der von der Hauptversammlung gewählten auf den binnen zwei Wochen seit der Hauptversammlung zu stellenden Antrag des Vorstandes, des Aufsichtsrats oder von Aktionären, deren Anteil ein Zehntel des Grundkapitals oder den Nennbetrag von zwei Millionen DM erreichen (§ 163 Abs. 2). Aktionäre als Antragsteller haben glaubhaft zu machen, daß sie seit mindestens drei Monaten vor der Hauptversammlung Inhaber der Aktien sind (vgl. oben Rdn. 36). Der Antragsteller muß gegen die Auswahl der Abschlußprüfer Widerspruch zur Niederschrift erklärt haben. Die Maßnahme muß aus einem in der Person des gewählten Prüfers liegenden Grunde geboten erscheinen, etwa wegen Besorgnis der Befangenheit. Beteiligte sind die Antragsteller und die Gesellschaft, der gewählte Prüfer erst, wenn ihm der Vorstand den Prüfungsauftrag erteilt hat (§ 163 Abs. 1 Satz 3); er kann aber im Rahmen der Aufklärungspflicht (§ 12) gehört werden[62]). Bei der Auswahl ist § 164 AktG zu beachten.

[60]) KGJ 20 A 167 = RJA 1, 111; Godin-Wilhelmi AktG³ § 147 Anm. 5.

[61]) Ausschußbericht bei Kropff, AktG, S. 216; Godin-Wilhelmi³ § 147 Anm. 9.

[62]) Godin-Wilhelmi³ § 163 Anm. 5.

b) Bestellung von Abschlußprüfern, wenn die Hauptversammlung keine oder an Stelle nicht annahmebereiter, verhinderter oder weggefallener keine anderen gewählt hat, auf Antrag des Vorstandes, des Aufsichtsrats oder eines Aktionärs (§ 163 Abs. 3). Der Vorstand kann zur Stellung des Antrags vom Registergericht angehalten werden (§ 132 Rdn. 73). **44**

c) Widerruf der Bestellung der vom Gericht bestellten Abschlußprüfer, aber nur auf Antrag des Vorstandes (§ 163 Abs. 5). Deshalb ohne Antrag kein Abänderungsrecht nach § 18; das Registergericht kann aber den Vorstand nach § 407 Abs. 1 AktG zur Stellung des Widerrufsantrags anhalten (§ 132 Rdn. 73), etwa wenn es § 164 AktG nicht beachtet hat. Dem Bestellten ist rechtliches Gehör zu gewähren (Art. 103 Abs. 1 GG). **45**

d) Festsetzung der Vergütung und der Auslagen der vom Gericht bestellltn Abschlußprüfer (§ 163 Abs. 4). Die Bem. zu Rdn. 39 gelten entsprechend. **46**

e) Verfahren zu a) bis d). Richtervorbehalt besteht auch für die Festsetzung der Vergütung[63]). Gegen die Entscheidungen findet die sofortige Beschwerde statt; bei Festsetzung der Vergütung (Anm. d) ist die weitere Beschwerde jedoch ausgeschlossen. Ferner ist die Bestellung der Abschlußprüfer im Fall Anm. b) unanfechtbar (§ 163 Abs. 3 Satz 4 Halbs. 2). **47**

f) Für die *Bestellung von Konzernabschlußprüfern* zur Prüfung der Konzernbilanz und der Konzern-Gewinn- und Verlustrechnung einer Obergesellschaft (Konzernabschluß) gelten die vorstehenden Erläuterungen zu § 163 Abs. 2 bis 5 entsprechend (§ 336 Abs. 1 Satz 4 AktG). **48**

g) Wegen der Bestellung von *Abschlußprüfern für Kredit*institute vgl. Anh. I nach § 144 Anm. B. **49**

*21. *§ 258 Abs. 1 AktG, § 36 VAG* i. d. F. des § 37 Abs. 1 Nr. 3 EGAktG. *Bestellung von Sonderprüfern* wegen unzulässiger Unterbewertung von Posten im festgestellten Jahresabschluß oder wegen Mängeln des Geschäftsberichts einer AG, KGaA oder eines VVaG sowie *Festsetzung der Vergütung* der Sonderprüfer. **50**

a) Sonderprüfer bestellt das Gericht auf den innerhalb eines Monats nach der Hauptversammlung über den Jahresabschluß zu stellenden Antrag von Aktionären, deren Anteile ein Zwanzigstel des Grundkapitals oder den Nennbetrag von einer Million DM erreichen (§ 258 Abs. 2 Satz 1 bis 3 AktG), beim VVaG auf Antrag einer in der Satzung bestimmten Minderheit von Mitgliedern der obersten Vertretung (§ 36b VAG). Die Antragsberechtigung haben Aktionäre entsprechend nachzuweisen, wie in Rdn. 36 dargelegt. Es muß „Anlaß für die Annahme" bestehen, daß der festgestellte Jahresabschluß oder der Geschäftsbericht nach Maßgabe des § 258 Abs. 1 Satz 1 Nrn. 1 und 2 zu beanstanden ist. Da die Antragsteller hierüber keine Gewißheit haben können, sind an ihre Darlegungspflicht (§ 12 Rdn. 6) keine zu hohen Anforderungen zu stellen[64]). Vor der Bestellung sind der Vorstand, der Aufsichtsrat und die Abschlußprüfer zu hören (§ 258 Abs. 3). Bei der Auswahl ist § 258 Abs. 4 zu beachten. Gegen die Entscheidung steht die *sofortige Beschwerde* bei Zurückweisung den Antragstellern gemeinsam (§ 20 Abs. 2), bei Stattgabe der Gesellschaft zu. Bei Kreditinstituten in der Rechtsform der AG oder KGaA können Sonderprüfer nur nach Maßgabe des § 26b Abs. 2 KreditWG i. d. F. des § 36 Nr. 1 EGAktG bestellt werden. **51**

b) Festsetzung der Vergütung und Auslagen. Das Gesetz verweist insoweit in § 258 Abs. 5 auf § 142 Abs. 6. Die Bem. zu Rdn. 39 gelten auch hier. **52**

*22. *§ 265 Abs. 3 und 4 AktG, § 47 VAG Abs.* 2 i. d. F. des § 37 Abs. 1 Nr. 6 EGAktG. *Bestellung und Abberufung von Abwicklern* einer AG, einer KGaA oder eines VVaG aus wichtigem Grunde auf Antrag des Aufsichtsrats oder der in § 265 Abs. 3 AktG näher bezeichneten Minderheit von Aktonären oder Kommanditaktionären, bei der KGaA auch auf Antrag jedes persönlich haftenden Gesellschafters (§ 290 Abs. 2 AktG), beim VVaG auf An- **53**

[63]) Zu dem Grundsatz bekennt sich Begr. zu § 38 RegE; vgl. auch Arnold RechtspflG § 15 Anm. 9 II; a.M. Keidel Anm. 20.

[64]) Ausschußbericht bei Kropff, AktG, S. 349; Godin-Wilhelmi[3] § 258 Anm. 2; vgl. auch Obermüller, BB 1962, 546.

trag des Aufsichtsrats oder einer in der Satzung zu bestimmenden Minderheit von Mitgliedern (§ 47 Abs. 2 VAG). Für eine bereits im Gründungsstadium in Abwicklung getretene, noch nicht eingetragene AG kann ein Abwickler nach dieser Vorschrift nicht bestellt werden[65]). Bei der Abberufung braucht der wichtige Grund nicht verschuldet zu sein[66]). Die Bem. zu § 146 Abs. 2 HGB (oben Anm. B 1) gelten hier entsprechend. Abwickler kann auch eine juristische Person sein (§§ 263 Abs. 2 Satz 2 AktG, 47 Abs. 1 Satz 2 VAG). Gegen die Entscheidung steht die *sofortige Beschwerde* (§ 265 Abs. 3 Satz 4 AktG, § 47 Abs. 2 Satz 2 VAG mit § 146 Abs. 2 FGG) bei Zurückweisung dem Antragsteller, mehreren nur gemeinsam Antragsberechtigten nur gemeinschaftlich (§ 20 Abs. 2) zu, bei Stattgabe durch Bestellung oder Abberufung nur der Gesellschaft, vertreten durch den Vorstand, und dem abberufenen Abwickler, nicht dem Aufsichtsrat oder seinem Vorsitzenden oder einem seiner Mitglieder, nicht einem früheren Abwickler oder einem Aktionär[66a]).

54 Die *Festsetzung der Vergütung* und Auslagen der gerichtlich bestellten Abwickler ist in § 265 Abs. 4 ebenso geregelt wie in § 85 Abs. 3 für Vorstandsmitglieder. Die Bem. zu Rdn. 22 gelten deshalb auch hier. Für die Festsetzung der Vergütung der Abwickler eines VVaG gilt § 265 Abs. 4 AktG nach § 47 Abs. 3 Satz 1 VAG entsprechend.

55 *23. *§ 270 Abs. 3 AktG, § 47 Abs. 3 Satz 2 Nr. 2 VAG i. d. F. des § 37 Abs. 1 Nr. 6* EGAktG. *Anordnung der Prüfung der Eröffnungsbilanz oder des Jahresabschlusses der Abwickler* einer AG, einer KGaA (§§ 278 Abs. 3, 290 Abs. 1 AktG) oder eines VVaG (§ 47 Abs. 3 Satz 2 Nr. 2 VAG) aus wichtigem Grunde. Grundsätzlich findet in der Abwicklung eine Abschlußprüfung nicht statt. Nur in besonderen Fällen kann das Gericht, wenn erhebliche Bedenken gegen die Richtigkeit des Jahresabschlusses oder der Eröffnungsbilanz vorgebracht werden, eine Prüfung anordnen[67]). *Richtervorbehalt* bestand bereits nach § 15 Nr. 3 Buchst. m RechtspflG; daß sich dieser Vorbehalt nicht auf die erst durch AktG 1965 eingeführte Prüfung der Eröffnungsbilanz bezieht, war schwerlich anzunehmen[68]). Gegen die Entscheidung findet die *sofortige Beschwerde* statt; das ergibt sich für AG und KGaA aus § 270 Abs. 3 Satz 2 Halbs. 2 AktG, für den VVaG aus §§ 145 Abs. 1, 146 Abs. 2 Satz 1 FGG. Ist die Prüfung angeordnet, so kann bei AG und KGaA nach §§ 270 Abs. 3 Satz 3 AktG auch ein Verfahren zur Bestellung von Abschlußprüfern nach § 163 AktG in Betracht kommen (Rdn. 42). Beim VVaG findet ein solches Verfahren im Hinblick auf die Befugnisse der Aufsichtsbehörde nicht statt (§§ 47 Abs. 3 Satz 2 Nr. 2, 58 VAG).

56 *24. § 273 Abs. 2, 3 AktG, § 47 Abs. 3 Satz 1 VAG* i. d. F. des § 37 Abs. 1 Nr. 6 EGAktG. Bestimmung über die *Aufbewahrung der Bücher und Schriften* der AG, der KGaA und des VVaG und Gestattung der Einsichtnahme durch Aktionäre (Mitglieder des Vereins) oder Gläubiger. Es entscheidet der Richter. Dagegen sofortige Beschwerde nach § 273 Abs. 5 AktG. Die Gestattung der Einsicht kann das Gericht nach § 33 erzwingen[69]).

57 *25. *§ 273 Abs. 4 AktG, § 47 Abs. 3 Satz 1 VAG* i. d. F. des § 37 Abs. 1 Nr. 6 EGAktG. *Bestellung von Abwicklern* für AG, KGaA und VVaG, wenn sich nachträglich die Notwendigkeit weiterer Abwicklungsmaßnahmen ergibt. Das ist der Fall, wenn sich Vermögen findet, das zu verteilen oder zur Befriedigung von Gläubigern zu verwenden ist, z. B. auch ein Rückgriffsanspruch der Gesellschaft gegen Abwickler[70]), aber auch sonst, wenn ein Bedürfnis für eine Betätigung der Gesellschaft besteht, mag sie sich dabei auch in passiver Rolle befinden (Bewilligung der Löschung eines getilgten Grundpfandrechts)[71]). Von selbst lebt das Amt der früheren Abwickler nicht wieder auf; die Neubestellung obliegt ausschließlich dem

[65]) BayObLGZ 1965, 294.
[66]) BayObLG NJW 1955, 1678.
[66a]) KG OLGR 8, 235 = RJA 4, 147; KG RJA 11, 30; Rostock JFG 2, 232; Godin-Wilhelmi AktG² § 265 Anm. 7, 10.
[67]) Herbig, DJ 1936, 889; Godin-Wilhelmi AktG³ § 270 Anm. 8; Baumbach-Hueck AktG¹² § 211 Anm. 3 B.
[68]) A.M. Keidel Anm. 23, 35.
[69]) KG JW 1937, 2289 = HRR 1937 Nr. 1326; Keidel Anm. 24; a.M. Marowski JW 1938, 11, 13.
[70]) RGZ 109, 391.
[71]) BayObLGZ 1955, 291.

Gericht[72]). Antragsberechtigte Beteiligte sind Aktionäre, Gläubiger, frühere Abwickler[73]). Beschwerdeberechtigt ist bei Ablehnung der Antragsteller, bei Anordnung die Gesellschaft und ein früherer Abwickler, nicht ein Aktionär oder Gläubiger[74]). Die Bestellung kann von der Sicherstellung der Vergütung des Abwicklers abhängig gemacht werden, oben Anm. B 1 a. E. Falls nur einzelne Rechtshandlungen erforderlich sind, kann ein Abwickler mit hierauf beschränktem Wirkungskreis bestellt werden, dessen Eintragung in das Register entbehrlich ist[75]). Es findet die *sofortige Beschwerde* statt (§ 273 Abs. 5).

Für die *Festsetzung der Vergütung* und Auslagen gilt § 265 Abs. 4 (§ 273 Abs. 4 Satz 2); **58**
vgl. oben Rdn. 54.

*26. *§ 315 AktG. Bestellung von Sonderprüfern* zur Prüfung der Beziehungen der AG **59**
(KGaA) zu dem herrschenden oder einem mit ihm verbundenen Unternehmen auf Antrag eines Aktionärs. Es müssen bestimmte, in § 315 Satz 1 Nrn. 1 bis 3 angeführte Voraussetzungen vorliegen, die ihre Grundlage in dem vom Vorstand nach § 312 AktG erstatteten Bericht, in dem Bestätigungsvermerk der Abschlußprüfer zu diesem Bericht (§ 313 Abs. 4 AktG) oder in der Schlußerklärung im Bericht des Aufsichtsrats (§ 314 Abs. 3 AktG) finden und die eine Benachteiligung der abhängigen Gesellschaft besorgen lassen. Die Vorschrift gilt nicht, wenn zwischen der abhängigen Gesellschaft und dem herrschenden Unternehmen ein Gewinnabführungsvertrag besteht (§ 316 AktG). Die Gesellschaft ist zu hören (§ 146 Abs. 1 FGG). Bei der Auswahl ist § 143 AktG zu beachten. Hat bereits die Hauptversammlung wegen desselben Vorgangs Sonderprüfer bestellt, so kann jeder Aktionär den Antrag nach § 142 Abs. 4 auf Bestellung eines anderen Sonderprüfers stellen (§ 315 Satz 3); vgl. oben Rdn. 37. Es entscheidet der *Richter* (§ 17 Nr. 2 Buchst. a RechtspflG). Die *sofortige Beschwerde* (§ 315 Satz 2) steht dem Antragsteller (§ 20 Abs. 2) oder der Gesellschaft zu (§ 20 Abs. 1). Für die *Festsetzung der Vergütung* und Auslagen gilt § 142 Abs. 6 (oben Rdn. 39)[77]).

*27. *§§ 350 Abs. 1 und 4, 353 Abs. 1, 354 Abs. 2, 355 Abs. 5, 356 Abs. 2, 357 Abs. 5,* **60**
358 Abs. 2, 359 Abs. 2, 360 Abs. 2 AktG. Bestellung besonderer Vertreter zur Geltendmachung von Ansprüchen der übertragenden Gesellschaft nach § 349 Abs. 1, 2 AktG aus Anlaß einer Verschmelzung oder Vermögensübertragung gegen Mitglieder des Vorstands oder Aufsichtsrats, Geschäftsführer oder persönlich haftende Gesellschafter der übertragenden Gesellschaft oder die gesetzlichen Vertreter der übertragenden bergrechtlichen Gewerkschaft. Für diese Ansprüche, die nur durch einen besonderen Vertreter geltend gemacht werden können, gilt die übertragende Gesellschaft als fortbestehend (§§ 349 Abs. 2, 350 Abs. 1). Antragsberechtigt ist jeder Gläubiger, der von der übernehmenden Gesellschaft keine Befriedigung erlangen kann, und jeder Aktionär, der seine Aktien bereits gegen Aktien der übernehmenden Gesellschaft umgetauscht hat, und zur Zeit der Eintragung der Verschmelzung Aktionär war, oder sein Gesamtrechtsnachfolger. Das Antragsrecht verbleibt diesem Aktionär auch bei Veräußerung der Aktie[78]). Entsprechendes gilt für das Antragsrecht der Gesellschafter der GmbH und der Gewerken. Der ehemalige Vorstand der übertragenden Gesellschaft hat kein Antragsrecht, auch nicht die aufnehmende Gesellschaft[79]). An Vorschläge ist das Gericht bei der Auswahl nicht gebunden; die Erfolgsaussichten hat es nicht zu prüfen. Der *Richtervorbehalt* ergab sich wegen Gleichheit der Rechtslage schon früher aus § 15 Nr. 3 Buchst. i RechtspflG[80]). Gegen die Entscheidung findet die *sofortige Beschwerde* statt (§ 350 Abs. 1 Satz 4).

Vergütung und Auslagen des besonderen Vertreters setzt das Gericht fest und verteilt sie **61**
auf die beteiligten Aktionäre und Gläubiger. Dagegen sofortige, aber keine weitere Beschwerde. Die rechtskräftige Festsetzung ist Vollstreckungstitel nach der ZPO gegen die als kostenpflichtig bestimmten Aktionäre und Gläubiger (§ 350 Abs. 4).

[72]) KGJ 41, 138 = RJA 10, 255; KGJ 45, 184; Godin-Wilhelmi AktG[3] § 273 Anm. 9.
[73]) KGJ 31 A 270; BayObLGZ 13, 681 = KGJ 45, 325 = RJA 12, 218.
[74]) BayObLG wie Fn. 73; JFG 4, 210.
[75]) BayObLGZ 1955, 293.
[77]) Ebenso Keidel Anm. 26.
[78]) Godin-Wilhelmi AktG[3] § 350 Anm. 2; Baumbach-Hueck AktG[12] § 244 Anm. 1; str.
[79]) Schlegelberger-Quassowski § 244 Anm. 1; a.M. Godin-Wilhelmi[3] § 350 Anm. 2 Abs. 3.
[80]) Ebenso Keidel Anm. 28.

62 *28. *§ 11 Abs. 3 MitBestG, § 10 Abs. 2 MitBestErgG. Abberufung von Aufsichtsratsmitgliedern* aus wichtigem Grunde, und zwar:

63 *a)* nach § 11 Abs. 3 MitbestG des im § 8 MitBestG bezeichneten (neutralen) Mitgliedes des Aufsichtsrats auf Antrag von mindestens drei Aufsichtsratsmitgliedern; die Vorschrift gilt nach § 5 Abs. 3 Satz 2 MitBestErgG entsprechend für die Abberufung des in § 5 Abs. 1 Buchst. c MitBestErgG genannten Mitglieds des Aufsichtsrats eines der in §§ 1 bis 3 MitBestErgG bezeichneten Unternehmen;

64 *b)* nach § 10 Abs. 2 MitBestErgG des von einer Spitzenorganisation der Gewerkschaften entsandten Mitgliedes des Aufsichtsrats auf Antrag dieser Organisation.

Vgl. auch oben Anm. Rdn. 26 zu § 104 AktG und § 1 Rdn. 70.

Wegen des *Richtervorbehalts* s. oben Rdn. 2.

65 *29. * §§ 2 Abs. 3, 12 Abs. 3 RechnungslG. Bestellung von Prüfern zur Prüfung der Rechnungslegungspflicht.* Nach § 2 Abs. 3 des Gesetzes über die Rechnungslegung von bestimmten Unternehmen und Konzernen vom 15. 8. 1969 (BGBl. I 1189) hat das Gericht zur Prüfung der Frage, ob ein Unternehmen in der Rechtsform des § 3 des Gesetzes nach dem ersten Abschnitt dieses Gesetzes Rechnung zu legen hat, insbesondere also gemäß § 1 nach Bilanzsumme, Umsatz oder Zahl der beschäftigten Arbeitnehmer zu den rechnungslegungspflichtigen Unternehmen gehören könnte, Prüfer zu bestellen, wenn Anlaß für die Annahme besteht, daß das Unternehmen zur Rechnungslegung verpflichtet ist. Dasselbe gilt nach § 12 Abs. 3 RechnungslG, wenn Anlaß für die Annahme besteht, daß eine Konzernleitung oder Teilkonzernleitung nach dem zweiten Abschnitt des Gesetzes (§ 11) zur Rechnungslegung verpflichtet ist. Das Verfahren wird von Amts wegen eingeleitet. Vor der Bestellung sind die gesetzlichen Vertreter des Unternehmens oder der Konzernleitung (§ 4 Abs. 1) sowie ein etwa vorhandener Aufsichtsrat zu hören. Für die Auswahl der Prüfer gilt § 143 AktG sinngemäß (§ 2 Abs. 3 Satz 3, 12 Abs. 3 Satz 3). Gegen die Entscheidung ist die sofortige Beschwerde (und weitere Beschwerde) zulässig. Gegen die Ablehnung der Bestellung fehlt es jedoch an einem Beschwerdeberechtigten. Gegen die Bestellung sind beschwerdeberechtigt das Unternehmen selbst und jeder gesetzliche Vertreter aus eigenem Recht, da die Prüfung der Vorbereitung seiner Verpflichtung aus §§ 2 Abs. 2, 12 Abs. 2 RechnungslG dient. Die Prüfer haben die Rechte aus § 145 Abs. 1 bis 3 AktG, die nach § 407 Abs. 1 AktG erzwungen werden können. Der Bericht ist die Grundlage für die Entschließung des Gerichts, gegen die gesetzlichen Vertreter zur Erfüllung der Verpflichtung aus §§ 2 Abs. 2, 12 Abs. 2 RechnungslG gemäß § 14 HGB mit Ordnungsstrafen einzuschreiten; er bindet weder die Gesellschaft noch das Gericht. Das Gericht kann, wenn der Bericht die Rechnungslegungspflicht verneint, gleichwohl das Ordnungsstrafverfahren einleiten und im umgekehrten Fall davon absehen, wenn es den Bericht für unrichtig hält, und das Unternehmen und die gesetzlichen Vertreter können die Rechnungslegungspflicht, wenn der Bericht sie festgestellt hat, mit den Rechtsbehelfen und Rechtsmitteln des Ordnungsstrafverfahrens bestreiten, sofern das Gericht daraufhin ein solches Verfahren gegen sie einleitet.

66 *Vergütung und Auslagen* der Prüfer setzt das Gericht fest; dagegen findet die sofortige Beschwerde, aber keine weitere Beschwerde statt. Aus der rechtskräftigen Entscheidung findet die Zwangsvollstreckung nach der ZPO statt (§§ 2 Abs. 3 Satz 3, 12 Abs. 3 Satz 3 RechnungslG mit § 142 Abs. 6 AktG). Bestellt das Gericht Prüfer, so trägt das Unternehmen die Gerichtskosten und die Kosten der Prüfung; die Kosten trägt jedoch die Staatskasse, wenn sich ergibt, daß eine Verpflichtung zur Rechnungslegung nicht besteht (§§ 2 Abs. 3 Satz 3, 12 Abs. 3 Satz 3 RechnungslG mit § 146 AktG).

67 *Richtervorbehalt* besteht nach § 15 Nr. 3 Buchst. n RechtspflG i. d. F. des § 22 Abs. 3 Nr. 2 RechnungslG, seit dem 1. 7. 1970 nach § 17 Nr. 2 Buchst. a RechtspflG.

68 *30. * §§ 6 Abs. 4 bis 7, 14 Abs. 1 Satz 5 RechnungslG. Bestellung von Abschlußprüfern und Konzernabschlußprüfern* zur Prüfung des Jahresabschlusses oder Konzernabschlusses von Unternehmen und Konzernen, die nach dem ersten oder dem zweiten Abschnitt des Rech-

nungslG vom 15. 8. 1969 (BGBl. I 1189) rechnungslegungspflichtig sind. Das Gesetz sieht folgende Tätigkeiten des Gerichts vor:

a) Bestellung anderer Abschlußprüfer als der Prüfer, die von den nach §§ 6 Abs. 3, 14 Abs. 1 Satz 5 RechnungslG zur Wahl Berechtigten gewählt worden sind, wenn dies aus einem in der Person des gewählten Prüfers liegenden Grund geboten erscheint, insbesondere wenn Besorgnis der Befangenheit besteht. Die Bestellung erfolgt nur auf Antrag. Antragsberechtigt sind die gesetzlichen Vertreter des Unternehmens, der Aufsichtsrat, wenn ein solcher bestellt ist, bei einer GmbH oder Personenhandelsgesellschaft jeder Gesellschafter, bei bergrechtlichen Gewerkschaften Gewerken, deren Anteile zusammen den zehnten Teil der Kuxe erreichen, bei Unternehmen, die einer staatlichen Aufsicht unterliegen, auch die Aufsichtsbehörde. Eine Frist für den Antrag ist nicht vorgesehen. Beteiligte sind die Antragsteller und das Unternehmen (Konzernleitung), der gewählte Prüfer erst, wenn ihm der Prüfungsauftrag erteilt ist (§§ 6 Abs. 3 Satz 3, 14 Abs. 1 Satz 5, RechnungslG, § 163 Abs. 1 Satz 3 AktG); er kann aber im Rahmen der Sachaufklärung (§ 12 FGG) gehört werden. Für die Auswahl des Prüfers gilt § 164 AktG sinngemäß (§§ 6 Abs. 1 Satz 4, 14 Abs. 1 Satz 5 RechnungslG). 69

b) Bestellung von Abschlußprüfern, wenn bis zum Ablauf des Gesellschaftsjahrs keine Abschlußprüfer gewählt oder bestellt oder an Stelle nicht annahmebereiter, verhinderter oder weggefallener keine anderen gewählt oder bestellt worden sind, auf Antrag der gesetzlichen Vertreter des Unternehmens oder der Konzernleitung, des Aufsichtsrats oder eines Gesellschafters oder Gewerken. Gesetzliche Vertreter sind zur Stellung des Antrags verpflichtet und können dazu vom Registergericht angehalten werden (§ 132 Rdn. 73). Vgl. §§ 6 Abs. 5, 14 Abs. 1 Satz 5 RechnungslG, § 163 Abs. 3 Satz 2 bis 4 AktG. 70

c) Widerruf der Bestellung der vom Gericht bestellten Abschlußprüfer, aber nur auf Antrag der gesetzlichen Vertreter des Unternehmens oder der Konzernleitung (§§ 6 Abs. 7, 14 Abs. 1 Satz 5 RechnungslG, § 163 Abs. 5 Satz 3 bis 9 AktG). Deshalb besteht ohne Antrag kein Abänderungsrecht nach § 18; das Gericht kann aber den Vorstand nach § 407 Abs. 1 AktG zur Stellung des Widerrufsantrags anhalten (§ 132 Rdn. 73). Dem Bestellten ist rechtliches Gehör zu gewähren (Art. 103 Abs. 1 GG). 71

d) Festsetzung der Vergütung und der Auslagen der vom Gericht bestellten Abschlußprüfer (§§ 6 Abs. 6, 14 Abs. 1 Satz 5 RechnungslG, § 163 Abs. 4 AktG). Die Bem. zu Rdn. 39 gelten entsprechend. 72

e) Verfahren zu a) bis d). Gegen die Entscheidungen findet die sofortige Beschwerde statt. Bei Festsetzung der Vergütung (Anm. d) ist die weitere Beschwerde jedoch ausgeschlossen. Ferner ist die Bestellung der Abschlußprüfer im Fall Anm. b) unanfechtbar (§ 163 Abs. 3 Satz 4 Halbs. 2 AktG). *Richtervorbehalt* besteht nach § 15 Nr. 3 Buchst. k RechtspflG i. d. F. des § 22 Abs. 3 Nr. 1 RechnungslG, seit dem 1. 7. 1970 nach § 17 Nr. 2 Buchst. a RechtspflG. 73

C. Kreditinstitute

Wegen der besonderen Aufgaben, die das Gesetz über das Kreditwesen vom 10. 7. 1961 (BGBl. I, 881) dem Registergericht und dem nach § 145 zuständigen Amtsgericht in bezug auf Kreditinstitute zuweist, vgl. Anhang I nach § 144. 74

D. In der DDR

ist für die in § 145 Abs. 1 FGG a. F. bezeichneten Angelegenheiten mit Ausnahme der seerechtlichen Geschäfte der §§ 524, 530, 590, 685, 729, 884 HGB der Rat des Kreises, Abt. Örtliche Industrie und Handwerk, zuständig (§ 55 FGVO). Im Ostsektor Berlins gilt eine entsprechende Regelung nach der VO v. 19. 3. 1953 (VOBl. I, 99). 75

E. Gerichtsgebühren

bestimmen sich nach § 50 Abs. 2 (Verklarungen) und § 121 KostO. 76

2. Verfahren

146 Soweit in den im § 145 bezeichneten Angelegenheiten ein Gegner des Antragstellers vorhanden ist, hat ihn das Gericht wenn tunlich zu hören.

Gegen die Verfügung, durch welche über den Antrag entschieden wird, findet die sofortige Beschwerde statt. Die Vorschriften des Aktiengesetzes und des Gesetzes über die Rechnungslegung von bestimmten Unternehmen und Konzernen vom 15. August 1969 (Bundesgesetzbl. I S. 1189) über die Beschwerde bleiben unberührt.

Eine Anfechtung der Verfügung, durch welche einem nach § 524 Abs. 1 und 2, § 530 Abs. 1, §§ 685, 729 Abs. 1 und § 884 Nr. 4 des Handelsgesetzbuchs gestellten Antrage stattgegeben wird, ist ausgeschlossen.

Abs. 2 Satz 2 eingefügt mit Wirkung vom 1. 1. 1966 durch § 43 Nr. 4 EG z. AktG v. 6. 9. 1965 (BGBl. I 1185) und geändert durch § 22 Abs. 2 Nr. 3 des G über die Rechnungslegung von bestimmten Unternehmen und Konzernen v. 15. 8. 1969 (BGBl. I 1189), in Kraft getreten am 21. 8. 1969. Abs. 3 geändert durch §§ 43 Nr. 5 EG z. AktG v. 6. 9. 1965 (BGBl. I 1185), in Kraft getreten am 1. 1. 1966.

1 *1. Allgemeines.* Die Vorschrift enthält für die handelsrechtlichen Angelegenheiten, für welche § 145 die sachliche Zuständigkeit des Amtsgerichts begründet, zwei verfahrensrechtliche Bestimmungen, indem Abs. 1 die Anhörung eines etwa vorhandenen Gegners vorschreibt und die Absätze 2 und 3 die Zulässigkeit und die Art der Beschwerde besonders regeln. Im übrigen gelten auch für diese Angelegenheiten die allgemeinen Vorschriften des ersten Abschnitts. Die vorangehenden Vorschriften des siebenten Abschnitts sind nicht anzuwenden. Insbesondere sind nicht anwendbar § 126 über das Antrags- und Beschwerderecht des Organs des Handelsstandes und § 127 über das Aussetzungsrecht[1]).

2 *2. Einschränkung des Anwendungsbereichs durch das Aktiengesetz.* Nach der durch § 43 Nr. 4 EGAktG v. 6. 9. 1965 (BGBl. I, 1185) eingefügten Bestimmung des Abs. 2 Satz 2 bleiben die Vorschriften des Aktiengesetz über die Beschwerde unberührt. Das bedeutet, daß für diejenigen Angelegenheiten des § 145, die auf dem Aktiengesetz beruhen, die Vorschriften über die Zulässigkeit und die Art des Rechtsmittels dem Aktiengesetz zu entnehmen sind. Der Rechtsausschuß des BT hat es für angebracht gehalten, im Interesse der Einheitlichkeit und des besseren Verständnisses des Gesetzes überall dort, wo eine gerichtliche Entscheidung des Gerichts der FG vorgesehen ist, zugleich auch die Vorschrift über die beschwerde in das Aktiengesetz aufzunehmen, weil eine Zusammenfassung der Beschwerdevorschriften im FGG den Nachteil hätte, zusammengehöriges auseinanderzureißen und dadurch die Feststellung der Rechtslage zu erschweren[2]). Immerhin darf hierbei nicht außer acht gelassen werden, daß diese Beschwerdevorschriften des AktG ihren systematischen Standort im FGG haben[3]). Es gelten daher auch für diese Angelegenheiten die allgemeinen Vorschriften des ersten Abschnitts. Die besonderen Vorschriften des AktG beziehen sich darauf, daß das Rechtsmittel grundsätzlich durch Einführung der sofortigen Beschwerde befristet ist, in einigen Fällen aber die Entscheidung für unanfechtbar erklärt wird (§§ 35 Abs. 1, 73 Abs. 1, 163 Abs. 3 Satz 4 Halbs. 2 AktG); bei der Festsetzung der Auslagen und der Vergütung gerichtlich bestellter Vertreter oder Prüfer ist die weitere Beschwerde durchweg ausgeschlossen. Wegen der Einzelheiten ist hier auf die Bem. zu § 145 Anm. B 10 bis 27 zu verweisen. Soweit im AktG die sofortige Beschwerde zugelassen und die weitere Beschwerde nicht ausdrücklich ausgeschlossen ist, ergibt sich aus dem Schweigen des Gesetzes gemäß § 1 FGG die Zulässigkeit der sofortigen weiteren Beschwerde nach den §§ 27, 29 FGG[4]). Dieselben Grundsätze gelten für Beschwerden nach dem Rechnungslegungsgesetz (vgl. § 145 Anm. B 29 und 30).

[1]) Ebert-Dudek-Lindemann[2] Anm. 1; Josef[2] Anm. 6; Schlegelberger Anm. 1.

[2]) Ausschußbericht zu § 33 RegEntw. bei Kropff, AktG, S. 54.

[3]) Saage, DNotZ 1960, 575, 588.

[4]) KG OLGZ 1966, 596.

3. Anhörung des Gegners

a) Begriff des Gegners. Die Vorschrift des Abs. 1 über die Pflicht zur Anhörung eines 3
etwa vorhandenen Gegners ist insofern zu eng, als sie einen Antragsteller vorauszusetzen scheint; sie ist auch anwendbar in Sachen, die keines förmlichen, zur Einleitung des Verfahrens erforderlichen Antrags bedürfen; in diesem Fall ist der im Sinne des § 20 Abs. 1 durch die Entscheidung in seinen Rechten Betroffene zu hören. Unter einem Antragsteller ist auch der zu verstehen, der die Anregung zum Einschreiten von Amts wegen gegeben hat[5]). Ob ein *Gegner* vorhanden ist, ist nach dem Inhalt der beantragten Verfügung zu beurteilen, insbesondere danach, ob die Verfügung dazu bestimmt ist, einen vorhandenen oder möglichen Streitpunkt unter mehreren Beteiligten zu erledigen. Das ist z. B. der Fall, wenn ein Kommanditist oder stiller Gesellschafter die Mitteilung einer Bilanz oder sonstiger Aufklärungen beantragt (§§ 166 Abs. 3, 338 Abs. 3 HGB, vgl. § 145 Rdn. 7); hier sind Gegner im Sinne des § 146 Abs. 1 die persönlich haftenden Gesellschafter oder der Inhaber des Handelsgeschäfts. Ebenso wird das Gericht, wenn der Gesellschafter einer OHG die Ernennung oder Abberufung eines Liquidators beantragt, die übrigen Gesellschafter und, wenn sich ein Gesellschafter im Konkurs befindet, an seiner Stelle den Konkursverwalter sowie im Fall des § 135 HGB den Gläubiger, durch dessen Kündigung die Gesellschaft aufgelöst ist, zu hören haben (§ 146 Abs. 2, 3 HGB, vgl. § 145 Rdn. 3). Handelt es sich um die Bestellung eines Abwicklers für eine Aktiengesellschaft (§ 265 Abs. 3 AktG, vgl. § 145 Rdn. 53), so ist allen Mitgliedern des Vorstandes Gelegenheit zur Äußerung zu geben[6]). Besondere Vorschriften über die Anhörung enthalten §§ 33 Abs. 3, 142 Abs. 5, 258 Abs. 3 AktG. Sind mehrere Gegner vorhanden, so sind sie sämtlich zu hören. Für die Auferlegung von Kosten bei Beteiligung mehrerer gilt § 13a FGG.

b) Pflicht zu Anhörung. Die Vorschrift des Abs. 1 wird überlagert durch die allgemeine 4
Pflicht des Gerichts nach Art. 103 Abs. 1 GG, den Beteiligten rechtliches Gehör zu gewähren; die Anhörung darf daher nicht mehr unterbleiben, wenn sie untunlich, d. h. unzweckmäßig erscheint. Für die Wahrung des rechtlichen Gehörs gelten die allgemeinen Grundsätze (§ 12 Rdn. 84 ff.). Die Anhörung darf nur unterbleiben, wenn sie unmöglich ist oder wenn zwingende Gründe, die sowohl im Rechtskreis des Betroffenen als auch in der Besonderheit der zu regelnden Angelegenheit liegen können, entgegenstehen. Das wird häufig für Angelegenheiten des Schiffsverkehrs zutreffen, wenn die Sache keinen Aufschub verträgt[7]).

4. Die *sofortige Beschwerde* findet statt, gleichviel ob dem Antrag stattgegeben wird oder 5
nicht. Unter „Antrag" ist hier die Anregung zum Einschreiten von Amts wegen mitbegriffen (Anm. 3). Das Gericht ist mithin zu einer Änderung seiner Entscheidung nicht befugt (§ 18 Abs. 2). Die sofortige *weitere* Beschwerde (§ 29 Abs. 2) ist im Rahmen der Anwendbarkeit des § 146 Abs. 1 Satz 1 nicht ausgeschlossen; über ihren Ausschluß in einigen im Aktiengesetz geregelten Fällen vgl. Anm. 2. Das Beschwerderecht bestimmt sich nach § 20. Die Entscheidung muß den Beschwerdeberechtigten, um die Beschwerdefrist in Lauf zu setzen, nach § 16 Abs. 2 Satz 1, Abs. 3 förmlich durch Zustellung oder zu Protokoll bekanntgemacht werden. Die Entscheidung wird aber nicht erst mit der Rechtskraft, sondern nach der Regel des § 16 Abs. 1 mit der Bekanntmachung an den, für den sie ihrem Inhalt nach bestimmt ist, wirksam, z. B. bei der Bestellung eines Vorstandes (§ 85 AktG) mit der Bekanntmachung an den Bestellten. Für das Wirksamwerden der Beschwerdeentscheidung gilt § 26 FGG.

5. *Unanfechtbar* sind *stattgebende* Verfügungen in allen seerechtlichen Angelegenheiten mit 6
Ausnahme des § 590 HGB; das gilt auch dann, wenn bei der Seeversicherung die Reparaturunfähigkeit des Schiffes gemäß § 830 HGB festgestellt wird[8]). § 524 HGB ist ersetzt durch

[5]) Unger ZZP 37, 476[226], Josef, ZBlFG 21, 323; Keidel Anm. 3.

[6]) Beispiele nach Denksch. S. 76; Wellstein[2] Anm. 2; Keidel Anm. 3.

[7]) Denkschr. S. 76, 77; Schlegelberger Anm. 3.

[8]) KGJ 26 A 9 = RJA 3, 240.

die VO zur Vereinfachung des Verfahrens über Verklarungen v. 16. 8. 1944 (RGBl. I, 183), vgl. § 145 Rdn. 8—11, nach deren § 4 § 146 sinngemäß gilt; gegen die Aufnahme der Verklarung findet daher ebenfalls kein Rechtsmittel statt.

7 Soweit jedoch der *Rechtspfleger* entscheidet, ist nach § 11 Abs. 1 Satz 2 RechtspflG die befristete Erinnerung an den Richter statthaft. Eine Änderung der Verfügung nach § 18 wird durch ihre Unanfechtbarkeit nicht ausgeschlossen (§ 18 Anm. 8).

8 6. *Entsprechend anwendbar* ist § 146 bei der gerichtlichen Bestellung oder Abberufung von Abwicklern eines *Versicherungsvereins a. G.* nach § 47 Abs. 2 VAG, eine Aufgabe, die diese Vorschrift abweichend von § 145 nicht dem Amtsgericht, sondern dem Registergericht zuweist; vgl. dazu § 145 Rdn. 53. Soweit im übrigen dem Amtsgericht Aufgaben in bezug auf Versicherungsvereine a. G. dadurch zugewiesen worden sind, daß das VersAufsG Vorschriften des Aktiengesetzes für entsprechend anwendbar erklärt, gelten nach § 146 Abs. 2 Satz 2 FGG die Vorschriften des Aktiengesetzes über die Beschwerde (vgl. § 145 Anm. B 13 bis 19, 21, 23 bis 25). Richtervorbehalt besteht auch für das Verfahren nach § 47 Abs. 2 VAG (§ 17 Nr. 2 Buchst. b RechtspflG).

Genossenschaftsregister

147 Die Vorschriften der §§ 127 bis 131, 142, 143 finden auf die Eintragungen in das Genossenschaftsregister entsprechende Anwendung.

Eine in das Genossenschaftsregister eingetragene Genossenschaft kann gemäß den Vorschriften der §§ 142, 143 als nichtig gelöscht werden, wenn die Voraussetzungen vorliegen, unter denen nach den §§ 94, 95 des Gesetzes, betreffend die Erwerbs- und Wirtschaftsgenossenschaften, die Nichtigkeitsklage erhoben werden kann.

Ein in das Genossenschaftsregister eingetragener Beschluß der Generalversammlung einer Genossenschaft kann gemäß den Vorschriften der §§ 142, 143 als nichtig gelöscht werden, wenn er durch seinen Inhalt zwingende Vorschriften des Gesetzes verletzt und seine Beseitigung im öffentlichen Interesse erforderlich erscheint.

In den Fällen der Abs. 2, 3 soll die nach § 142 Abs. 2 zu bestimmende Frist mindestens drei Monate betragen.

A. Allgemeines

1 Die Führung des *Genossenschaftsregisters* beruht auf dem GenG v. 1. 5. 1889 (RGBl. 55) i. d. F. v. 20. 5. 1898 (RGBl. 810) mit zahlreichen Änderungen, zuletzt durch ÄndG v. 21. 7. 1954 (BGBl. I, 212, Aufhebung der §§ 8 Abs. 4, 31, 152, 153) und KostÄndG v. 26. 7. 1957 (BGBl. I, 861, Aufhebung des § 159) sowie auf der VO über das Genossenschaftsregister (Anl. 4) v. 11. 7. 1889 i. d. F. v. 22. 11. 1923 (RGBl. I, 1123) und v. 19. 2. 1934 (RGBl. I, 113), die eine auf Grund des § 161 GenG erlassene *Rechtsverordnung* ist[1]); dazu Verwaltungsvorschriften der Länder, angeführt bei Keidel Anm. 1. Diese Vorschriften werden ergänzt durch §§ 1 bis 34, 147, 148 FGG. Das GenReg. wird bei dem für die Führung des Handelsregisters zuständigen Gericht geführt, § 10 Abs. 2 GenG, § 125 Abs. 1, 2 FGG. Örtlich zuständig ist das mit der Führung des Handelsregisters betraute AG, in dessen Bezirk die eG ihren Sitz hat, § 10 Abs. 1 GenG. Die Führung des GenReg. gehört zum Gebiet der Vorbehaltsübertragung (§ 3 Nr. 2 Buchst. d RechtspflG); *Richtervorbehalt* besteht jedoch gemäß § 17 Nr. 2 Buchst. b RechtspflG nur noch für die Bestellung von Abwicklern für Kreditgenossenschaften auf Antrag des Bundesaufsichtsamts für das Kreditwesen nach § 38 Abs. 1 Satz 5 KWG (vgl. Anh. I nach § 144 Anm. D b), sonst nicht, auch nicht für Amtslöschungen nach §§ 147, 142 FGG und nach §§ 2 Abs. 1, 3 LöschungsG. Das Genossenschaftsgesetz ist mit Wirkung vom 1. 1. 1970 durch § 57 Abs. 2 BeurkG in den §§ 11 Abs. 3,

[1]) BayObLG OLGR 23, 375; KG RJA 13, 30.

28 Abs. 2, 84 Abs. 3 (Form der Unterschriftszeichnungen) und in § 157 Abs. 1 (Form der Anmeldungen) geändert worden, die GenRegVO durch § 57 Abs. 9 BeurkG in den §§ 6 Abs. 1, 8 Abs. 1 und Abs. 2 Satz 2 (Form und Zuständigkeit für Anmeldungen und Beglaubigungen).

B. Verfahren

Durch die Vorschriften des § 147 soll tunlichst eine Übereinstimmung des Verfahrens bei der Führung des Genossenschaftsregisters und des Handelsregisters herbeigeführt werden. Zu diesem Zweck werden die in § 147 bezeichneten Bestimmungen für entsprechend anwendbar erklärt. In bezug auf § 125 war eine derartige Erklärung nicht erforderlich, weil bereits § 10 Abs. 2 GenG bestimmt, daß das Genossenschaftsregister bei dem für die Führung des Handelsregisters zuständigen Gericht geführt wird. **2**

1. Abs. 1 ordnet die *entsprechende Anwendung* von Vorschriften über die Führung des *Handelsregisters* an. § 126 ist nicht angeführt; eine *Mitwirkung der Organe des Handelsstandes* findet daher *nicht* statt[2]). Die Meinung, daß die Handelskammern insoweit zur Mitwirkung berufen seien, als es sich um das Firmenrecht des HGB handelt[3]), und die noch weitergehende Auffassung von Schlegelberger, Anm. 1, der für eine uneingeschränkte Anwendung des § 126 eintritt, können nicht gebilligt werden; sie stehen mit der im Schrifttum durchaus herrschenden Meinung im Widerspruch[4]). Deshalb kommt eine Mitwirkung der Handeslskammer in bezug auf Genossenschaften im Anmeldeverfahren und im Amtslöschungsverfahren nach den §§ 142, 143, 147 Abs. 2, 3 nicht in Betracht, da der Gesetzgeber ersichtlich die Wahrung des öffentlichen Interesses an der richtigen Führung des Genossenschaftsregisters den Handelskammern gerade nicht anvertrauen wollte. Dagegen ist die Handelskammer nach § 126 als antrags- und beschwerdeberechtigt zu erachten, wenn es sich um das Einschreiten in Firmenmißbrauchsverfahren nach § 37 Abs. 1 HGB, § 140 FGG handelt, auch wenn eine Genossenschaft eine ihr nicht zustehende Firma gebraucht. Denn die Einleitung dieses Verfahrens ist ganz unabhängig davon, ob die unbefugt gebrauchte Firma im Handelsregister, im Genossenschaftsregister oder überhaupt nicht eingetragen ist, und das der Handelskammer in § 126 eingeräumte Recht, darüber zu wachen, daß niemand eine ihm nicht zustehende Firma gebraucht, besteht gegenüber jedermann, gegenüber Kaufleuten und Nichtkaufleuten und deshalb auch gegenüber der Genossenschaft, die überdies nach § 17 Abs. 2 GenG als Kaufmann gilt. Die Erwägung, daß § 140 in § 147 Abs. 1 nicht für entsprechend anwendbar erklärt ist[5]), greift nicht durch, weil die Unterlassungspflicht aus § 37 Abs. 1 HGB und das ihrer Durchsetzung dienende Verfahren des Registergerichts nach § 140 sich gegen jedermann richtet, also auch gegen die Genossenschaft[6]). **3**

Entsprechend anwendbar sind:

a) § 127. Eine *Aussetzung* kann angezeigt sein, wenn ein zur Eintragung angemeldeter Generalversammlungsbeschluß angefochten ist, sofern das Gericht die Anmeldung nicht auf Grund eigener Prüfung alsbald zurückweist[7]). Nach ungenutztem Ablauf der Anfechtungsfrist darf die Eintragung von Beschlüssen, die mit Anfechtungsmängeln behaftet sind, nicht mehr abgelehnt werden[8]). **4**

[2]) KG DNotV 1928, 244; KG JW 1933, 2155.

[3]) So BayObLGZ 28, 446 = JFG 5, 266 = JW 1928, 2640; Keidel Anm. 5.

[4]) Parisius-Crüger GenG § 17 Anm. 17; Lang-Weidmüller, GenG § 17 Anm. 2; Meyer-Meulenberg GenG § 10 Anm. 8; Rieß in Ehrenbergs Hdb. 3 Abt. 2 S. 58; Goldschmit JW 1928, 2640; Cohn JW 1928, 2640 und ZBlHR 1929, 74; Josef JW 1929, 675; Wellstein[2] Anm. 1; Josef[2] Anm. 1.

[5]) So Rausnitz Anm. 10; Wellstein[2] Anm. 1; Keidel Anm. 6; ein Mitwirkungsrecht der Handelskammer beim Einschreiten gegen unzulässigen Firmengebrauch besteht übrigens erst seit der Neufassung des § 126 FGG durch das G v. 10. 8. 37 (RGBl. I 897); das ist bei der Würdigung älterer Äußerungen zu berücksichtigen.

[5a]) KG JFG 22, 211 = DR 1941, 1308 = BlfG 1941, 150.

[6]) Vgl. § 140 Anm. B; widerspruchsvoll Keidel, der in Anm. 5 eine Mitwirkung der Handelskammer zuläßt, soweit es sich um das Firmenrecht des HGB handelt, in Anm. 6 aber das Verfahren nach § 140 bei Genossenschaften für unanwendbar hält.

[7]) KG RJA 15, 140 = OLGR 34, 348.

[8]) KGJ 34 A 136; BayObLG NJW 1959, 485.

5 *b) § 128* über die *Form der Anmeldungen* ist durch § 57 Abs. 5 Nr. 2 BeurkG mit Wirkung vom 1. 1. 1970 aufgehoben worden (vgl. § 128 Rdn. 1). Auch § 157 Abs. 1 GenG und § 6 Abs. 1 GenRegVO sind durch § 57 Abs. 2 und 9 BeurkG dahin geändert worden, daß Anmeldungen nicht mehr persönlich bei dem Gericht bewirkt werden können. Ferner ist § 8 Abs. 1 GenRegVO aufgehoben worden, wonach für die Beglaubigung von Anmeldungen und sonstigen Erklärungen auch die Gemeinbehörde und die Polizeibehörde zuständig waren. Gemäß § 157 Abs. 1 GenG n. F. sind Anmeldungen zum Genossenschaftsregister durch sämtliche Mitglieder des Vorstandes oder sämtliche Liquidatoren in öffentlich beglaubigter Form einzureichen. Die Form der Beglaubigung und die Zuständigkeit richten sich nach § 129 Abs. 1 BGB, §§ 40, 41 BeurkG und dem nach § 63 BeurkG vorbehaltenen Landesrecht; vgl. die Bem. zu §§ 40, 41 BeurkG. Die Anmeldung durch einen Bevollmächtigten ist ausgeschlossen (§ 6 Abs. 3 GenRegVO). Anmeldungen sind vorgesehen in den §§ 11, 14, 16, 28, 78, 78a, 79, 84, 85, 93d, 93i Abs. 1, 133a, 144 GenG. Hieran müssen die Vorstandsmitglieder in der im Statut für die ordnungsmäßige Besetzung des Vorstandes vorgesehenen Zahl einschließlich der Stellvertreter mitwirken; ist die im Statut vorgesehene Zahl der Vorstandsmitglieder nicht vorhanden, so muß Ergänzung erfolgen[8a]). Sonstige Anzeigen, Einreichungen und Erklärungen zum Genossenschaftsregister oder zur Liste der Genossen (§§ 15, 33, 51, 69, 71, 76, 77, 89, 93l Abs. 1, 137, 138 GenG) können gemäß § 7 GenRegVO mündlich (§ 11 FGG) oder schriftlich in der für Willenserklärungen vorgeschriebenen Form (§§ 25, 85 GenG) bewirkt werden.

6 Vorstandsmitglieder und Liquidatoren haben ihre Unterschrift (nicht die Firma der Genossenschaft) zur Aufbewahrung bei dem Gericht zu zeichnen (§§ 11 Abs. 3, 28 Abs. 2, 84 Abs. 3 GenG i. d. F. des § 57 Abs. 2 BeurkG); vgl. dazu § 128 Rdn. 22, 24. Die Unterschrift kann nicht mehr vor dem Gericht gezeichnet werden, sondern ist in öffentlich beglaubigter Form, für welche § 41 BeurkG maßgebend ist, einzureichen.

7 Der Kreis der eintragungsfähigen Tatsachen ist wie beim Handelsregister gesetzlich umgrenzt und nicht erweiterungsfähig[9]). Die *Prüfungspflicht des Registergerichts* ist vom Gesetz in §§ 15 Abs. 1, 29 Abs. 3 bis 5 GenRegVO nur für die Eintragung der Satzung und der Genossen geregelt; jedoch ergibt sich hieraus der für alle Eintragungen geltende allgemeine Rechtsgedanke, daß die Prüfung des Registergerichts nicht auf die Wahrung der Förmlichkeiten beschränkt ist, sondern sich auch darauf erstreckt, ob die angemeldete Tatsache nach den vorgelegten Unterlagen rechtlichen Bestand haben kann[10]). Gegen die Anmeldung zurückweisende Verfügungen und gegen Zwischenverfügungen steht den Anmeldenden (§ 20 Abs. 2) die unbefristete *Beschwerde* nach § 19 zu (§ 20 Rdn. 69, § 128 Rdn. 33). Ablehnende Verfügungen müssen begründet werden (§ 3 Abs. 3 GenRegVO).

8 *c) § 129* über die gesetzlich vermutete *Vollmacht des Notars* zur Antragstellung gilt auch für das GenReg, ebenso § 24 Abs. 3 RNotO. Die Anmeldung durch andere Bevollmächtigte ist ausgeschlossen, § 6 Abs. 3 GenRegVO.

9 *d) § 130, Form der Eintragungen;* dazu §§ 2, 14 GenRegVO. *Benachrichtigungen:* § 3 GenRegVO. Abweichend von § 130 Abs. 2 Satz 2 FGG kann der Genosse auf seine Benachrichtigung von Eintragungen in die Genossenliste nicht verzichten, §§ 15 Abs. 4, 72, 76, 77 GenG. *Öffentliche Bekanntmachungen* erfolgen in den Fällen des § 156 GenG im Bundesanzeiger, auf Antrag des Vorstandes auch in anderen vom Gericht zu bestimmenden Blättern, § 5 GenRegVO, G über Bek. v. 17. 5. 1950 (BGBl. I, 183) § 1. *Mitteilungspflichten* gegenüber dem Finanzamt bei Genossenschaften, die sich mit dem Abschluß von Versicherungen befassen, gegenüber der Anerkennungsbehörde bei als gemeinnützig anerkannten Wohnungsunternehmen und im Verkehr zwischen den Gerichten der Hauptniederlassung und der Zweigniederlassung sind zusammengestellt in MiZi XXI/4.

[9]) RGZ 85, 139; 132, 140.

[10]) RGZ 140, 174; Schlegelberger Anm. 5; Paulick, Das Recht der eG, § 12 I 5; Parisius-Crüger, GenG § 16 Anm. 12 ff.; Brand-Marowski S. 418.

e) § 131 über *Zweigniederlassungen* ist aufgehoben; vgl. Anm. zu § 131. Die Errichtung ober Aufhebung einer Zweigniederlassung ist von sämtlichen Mitgliedern des Vorstandes bei dem Gericht, in dessen Bezirk die Zweigniederlassung sich befindet, anzumelden (§§ 14, 157 GenG, § 19 GenRegVO). Die zum Registergericht der Hauptniederlassung zu bewirkenden Anmeldungen sind auch zum Gericht der Zweigniederlassung zu machen, mit Ausnahme der Anmeldung der Auflösung (§§ 78, 78a, 79) und der Verschmelzung (§ 93d GenG) der Genossenschaft. Die Einreichungen und Anzeigen zur Liste der Genossen sind nur zum Register der Hauptniederlassung zu bewirken (§§ 157 Abs. 2, 158 GenG, §§ 19, 28 GenRegVO.) Die Eintragung im Register der Zweigniederlassung setzt die Eintragung im Register der Hauptniederlassung voraus. **10**

f) §§ 132 bis 139 über das *Ordnungsstrafverfahren* gelten gemäß § 160 Abs. 2 GenG für die Erzwingung der in § 160 Abs. 1 GenG angeführten Verpflichtungen der Vorstandsmitglieder und Liquidatoren. Beschwerdeberechtigt ist auch die Genossenschaft[11]). Die Höhe der einzelnen Strafe darf nach § 160 Abs. 1 GenG mit VO v. 6. 2. 1924 (RGBl. I, 44), 2. DVO z. MünzG v. 12. 12. 1924 (RGBl. I, 775) und § 2 WährungsG den Betrag von 1000 DM nicht übersteigen; die Erhöhung des Höchstbetrages auf 10 000 DM in § 14 HGB i. d. F. des § 31 Nr. 2 EGAktG ist nicht anwendbar (§ 132 Rdn. 53). **11**

g) § 140 über das Verfahren beim Einschreiten gegen *unbefugten Firmengebrauch* ist auch gegen die Genossenschaft anzuwenden; insoweit war es nicht erforderlich, die entsprechende Anwendung dieser Vorschrift in § 147 Abs. 1 anzuordnen, weil die Pflicht, sich des Gebrauchs einer ihm nicht zustehenden Firma zu enthalten, für jedermann, also auch für die Genossenschaft gilt[12]). Dagegen ist *§ 141* über die Eintragung des Erlöschens der Firma von Amts wegen auf die Genossenschaft *nicht anwendbar* (§ 141 Rdn. 5). **12**

h) §§ 142, 143 über die *Amtslöschung von Eintragungen als unzulässig* wegen Mangels einer wesentlichen Voraussetzung gelten außer für das GenReg. gemäß § 9 Abs. 2 GenRegVO auch für Eintragungen in die *Liste der Genossen*[13]). Unzulässig ist die Eintragung der Aufkündigung einzelner Geschäftsanteile durch einen mit mehreren Anteilen beteiligten Genossen[14]). Der Zeitpunkt des Ausscheidens kann nur im Löschungsverfahren geändert werden[15]). Die Beitrittserklärung wird nicht dadurch unwirksam, daß der Vorstand sie erst nach längerer Zeit zur Eintragung einreicht[16]). Der Beitritt eines Minderjährigen zu einer Genossenschaft mit beschränkter oder unbeschränkter Haftpflicht bedarf nicht der Genehmigung des VormG nach § 1822 Nr. 10[17]). **13**

Sachlichrechtliche Mängel der Beitrittserklärung und Verstöße gegen §§ 120, 131a GenG werden durch die Eintragung nicht geheilt[18]), dagegen wird Anfechtung wegen innerer Willensmängel ausgeschlossen[19]). Die Eintragung begründet eine tatsächliche Vermutung für die Mitgliedschaft[20]). Die Amtslöschung setzt eine zweifelsfreie Sach- und Rechtslage voraus und steht im pflichtgemäßen Ermessen des Gerichts, das die beteiligten öffentlichen und privaten Interessen abzuwägen hat[21]). **14**

2. Die *Löschung der Genossenschaft* als nichtig ist in Voraussetzungen, Heilbarkeit der Nichtigkeitsmängel und Wirkungen nachgebildet der Löschung einer AG oder GmbH nach § 144 Abs. 1 mit der Abweichung, daß die Nichtigkeitsgründe und ihre Heilbarkeit sich aus §§ 94, 95 GenG ergeben. Die Bem. zu § 144 Anm. C gelten daher entsprechend. Beispiel: Nichtigkeit einer eGmbH, weil die Haftsumme im Statut nicht festgesetzt ist[22]). Eine Amtslö- **15**

[11]) BayObLGZ 1955, 197; BGHZ 25, 154.
[12]) Vgl. § 140 Anm. B; oben Anm. B 1; BayObLGZ 1960, 345; a.M. Keidel Anm. 6.
[13]) KG RJA 13, 30; BayObLGZ 32, 548 = DRZ 1933 Nr. 234; BayObLGZ 1958, 16 = NJW 1958, 672 = Rpfleger 1958, 153.
[14]) KG JFG 8, 173.
[15]) BayObLGZ 32, 506 = JFG 10, 167.
[16]) RGZ 147, 257 = JW 1935, 2044 mit Anm. v. Ruth gegen KG JFG 5, 270 = JW 1929, 673 mit Anm. v. Saenger; Paulick, Recht der eG, § 15 II 2 b.
[17]) BGHZ 41, 71; Hamm OLGZ 1966, 474; a.M. Rehbinder NJW 1964, 1132; Paulick, FamRZ 1964, 205; ders., FamRZ 1966, 526.
[18]) RGZ 137, 73.
[19]) RGZ 147, 257.
[20]) BayObLGZ 1958, 16 = NJW 1958, 672 = Rpfleger 1958, 153.
[21]) KG RJA 15, 313 = OLGR 38, 7; KG JFG 21, 319.
[22]) BGHZ 7, 383.

schung erübrigt sich, wenn die eG bereits aufgelöst ist, etwa durch Konkurs[23]). Zu löschen ist eine eG, die entgegen § 7 PrivVUG die Versicherung auf Gegenseitigkeit betreibt[24]).

16 3. Über die *Löschung vermögensloser Genossenschaften nach § 3 des G v. 9. 10. 1934* s. Anhang II zu § 144. Nach §§ 54, 54a, 80 GenG hat das Gericht die *Auflösung der eG* auszusprechen, wenn sie keinem Prüfungsverband angehört oder die Zahl der Genossen unter sieben herabsinkt; dagegen findet die sofortige Beschwerde nach der ZPO statt, Vorbem. 7 Rdn. 30—39 vor § 19. Gegen die Ablehnung dieser Maßnahmen ist die unbefristete Beschwerde nach § 19 gegeben. Ferner kann das Gericht nach § 64b GenG für eine Genossenschaft, die keinem Prüfungsverband angehört, insbesondere für eine solche, die mangels dieser Zugehörigkeit nach den §§ 54, 54a GenG aufgelöst worden ist (§ 64c GenG), einen Prüfungsverband zur Wahrnehmung der im Gesetz den Prüfungsverbänden übertragenen Aufgaben bestellen. Gegen diese Entscheidung findet mangels einer besonderen Regelung die unbefristete Beschwerde nach § 19 statt. Weitere Zuständigkeiten des Gerichts in bezug auf Genossenschaften sind bei § 148 Rdn. 2 bis 5 erörtert.

17 4. *Amtslöschung von Beschlüssen der Generalversammlung als nichtig*[25]). Auf die Abgrenzung zwischen Nichtigkeit und Anfechtbarkeit von Beschlüssen der General- oder Vertreterversammlung einer eG sind die Grundsätze des Aktienrechts entsprechend anwendbar[26]). Demnach erfordert die Amtslöschung:

18 *a) Verletzung zwingender,* also unverzichtbarer *Vorschriften des Gesetzes* durch den Inhalt des Beschlusses. Das ist entsprechend § 241 Nr. 3, 4 AktG der Fall, wenn der Beschluß mit dem Wesen der eG unvereinbar ist oder durch seinen Inhalt Vorschriften verletzt, die ausschließlich oder überwiegend im Interesse der Gläubiger oder sonst im öffentlichen Interesse gegeben sind[27]), oder wenn der Beschluß durch seinen Inhalt, nicht nur durch die Art seines Zustandekommens, gegen die guten Sitten verstößt[28]). In Betracht kommen z. B. Verstöße gegen §§ 3, 8 Abs. 2, 36 Abs. 2, 43 Abs. 2, 65, 119, 131 GenG. § 139 BGB ist auf rechtsgeschäftliche Beschlüsse anwendbar[29]); die Nichtigkeit eines an sich selbständigen Beschlusses kann die Nichtigkeit eines anderen Beschlusses nach sich ziehen, wenn die Beschlüsse miteinander in innerem Zusammenhang stehen oder sich ergänzen[30]). *Nur Anfechtbarkeit* dagegen begründen die Nichterreichung einer erforderlichen Mehrheit[31]), die Teilnahme einzelner Nichtgenossen an der Abstimmung[32]), Mängel der Einberufung und der Ankündigung des Gegenstandes der Beschlußfassung[33]), ein satzungswidriger Versammlungsort[34]), sofern nicht der Verstoß so erheblich ist, daß ein bloßer *Scheinbeschluß* einer als gesetzliches Beschlußorgan nicht mehr anzuerkennenden Versammlung vorliegt[35]); in diesem Fall erfolgt die Löschung nach § 142, nicht nach § 147 Abs. 3. Beschlüsse einer auf Grund angemaßten Einberufungsrechts unbefugt einberufenen Generalversammlung dagegen sind keine unbeachtlichen Scheinbeschlüsse, sondern — wenn auch nichtige (§ 241 Nr. 1 AktG) — Generalversammlungsbeschlüsse[36]);sie können daher von Amts wegen nur unter den Voraussetzungen des § 147 Abs. 3 gelöscht werden, also nicht schon wegen des Einberufungsmangels, sondern nur wegen ihres Inhalts. Ein Scheinbeschluß einer unzuständigen Versammlung liegt vor, wenn entgegen der Satzung nicht die Gesamtheit der Genossen anwesend war[37]), oder wenn die zur Beschlußfähigkeit erforderliche Mindestzahl von Genossen nicht erreicht

[23]) Vgl. BGHZ 7, 385; Pohle ZfG 1953, 336; Paulick, Recht der eG, § 13 V.
[24]) KGJ 32 A 164; vgl. aber über die Ausschüttung von Sterbegeldern KG OLGR 32, 130.
[25]) Schrifttum: Eiser, Nichtigkeit und Anfechtbarkeit von Generalversammlungsbeschlüssen der eG, 1930; Paulick, Recht der eG, § 25.
[26]) RGZ 170, 83; BGHZ 18, 334.
[27]) RGZ 118, 72; 119, 97; RG JW 1935, 921.
[28]) RGZ 115, 383; 131, 141; vgl. § 144 Anm. D 1.
[29]) RGZ 125, 143; 137, 243.
[30]) RGZ 118, 226; 140, 174.
[31]) Dresden JFG 3, 217; RGZ 111, 227; 116, 83.
[32]) Rostock RJA 4, 214 = KGJ 28 A 311.
[33]) KGJ 34 A 136; KG JFG 18, 82; RGZ 89, 380; 141, 230; München JFG 15, 366.
[34]) BayObLGZ 1958, 294 = NJW 1959, 485 = MDR 1959, 216.
[35]) RGZ 141, 230; München JFG 15, 366.
[36]) BGHZ 11, 235; 18, 334 unter Aufgabe von RGZ 92, 418.
[37]) KGJ 41, 151; RGZ 76, 170.

war[38]). Unterbleibt bei einer Genossenschaft, deren Mitgliederzahl auf mehr als dreitausend angewachsen ist, die Einführung der nach § 43a GenG erforderlichen Vertreterversammlung, so sind die von der Mitgliederversammlung gefaßten Beschlüsse nichtig, weil eine Versammlung tätig geworden ist, die nach § 43a GenG nicht die Generalversammlung im Sinne des Gesetzes ist[39]).

b) Öffentliches Interesse an der Beseitigung des Beschlusses; vgl. dazu § 144 Rdn. 15. **19**

C. Amtslöschungsverfahren

Das Verfahren ist dasselbe wie bei der Amtslöschung von Eintragungen, Gesellschaften und Beschlüssen im Handelsregister. Es kann daher auf die Bem. zu § 142 Anm. D, § 143 und § 144 Anm. E verwiesen werden. **20**

a) An Besonderheiten sind hervorzuheben: In der *Verfügung*, durch welche die Löschung der Genossenschaft angekündigt wird, ist nach § 22 GenRegVO darauf hinzuweisen, daß der Mangel bis zur Löschung nach § 95 GenG geheilt werden kann. Bei Löschung der Genossenschaft oder eines Generalversammlungsbeschlusses als nichtig soll die Widerspruchsfrist mindestens drei Monate betragen (Abs. 3); über die Bedeutung dieser Sollvorschrift vgl. § 144 Rdn. 20. **21**

b) Beteiligt an dem Verfahren ist die Genossenschaft selbst, nicht die Mitglieder des Vorstandes[40]); diese sind nur berufen, in der zur Vertretung erforderlichen Zahl die Genossenschaft in dem Verfahren zu vertreten. Im Konkurse der Genossenschaft ist der Konkursverwalter am Amtslöschungsverfahren beteiligt und widerspruchs- und beschwerdeberechtigt[41]). Bei Amtslöschung von Eintragungen in die Liste der Genossen ist der betreffende Genosse beteiligt. In anderen Fällen kommt eine Beteiligung von Genossen nur in Betracht, wenn durch die Löschung eines Generalversammlungsbeschlusses ihre Individualrechte betroffen werden; die Beschwerde steht nach § 20 dem Genossen zu gegen die Ablehnung der Amtslöschung eines ihn belastenden Beschlusses[42]). Dem Prüfungsverband (§ 54 GenG) steht in Angelegenheiten der Genossenschaft kein Beschwerderecht zu[43]). **22**

c) Die *Eintragung der Amtslöschung* regeln §§ 9, 22 Abs. 2, 3, 23 GenRegVO. **23**

D. Gebühren

§§ 83, 86 Satz 3, 88 Abs. 2, 119, 121 KostO. **24**

E. Mitteilungspflichten

in Genossenschaftsregisterachsen sind zusammengestellt in MiZi XXI/4. **25**

F. Kreditgenossenschaften

und solche Waren- und sonstigen Genossenschaften, die in bestimmtem Umfange Bank- oder Sparkassengeschäfte betreiben, unterliegen dem *Gesetz über das Kreditwesen* vom 10. 7. 1961 (BGBl. I, 881)[44]). Für diese Genossenschaften gelten daher die Bem. in Anhang I zu § 144 über die besonderen Aufgaben des Registergerichts nach dem KredWG. **26**

G. In der DDR

wird das Genossenschaftsregister beim Rat des Kreises geführt, §§ 48, 50 bis 59 FGVO. **27**

[38]) KG RJA 13, 227; KG RJA 14, 50; KG JFG 18, 78 = JW 1938, 2675 = HRR 1938 Nr. 1227; die abw. Auffassung von KG RJA 13, 31 ist aufgegeben, KG JFG 4, 253.

[39]) BGHZ 32, 318, 325; Paulick, Recht der eG, § 24 II 2 b; a.M. Schnorr v. Carolsfeld ZfG 1961, 290.

[40]) Vgl. § 144 Anm. E 3; a.M. Keidel Anm. 19.

[41]) KG JFG 11, 167.

[42]) RGZ 140, 174.

[43]) Jena OLGR 43, 323 = JW 1924, 1190; a.M. Jena JFG 3, 224; Keidel § 20 Anm. 59.

[44]) Meyer-Meulenbergh GenG[10] § 1 Anm. 3 a.

Genossenschaften. Gesellschaften m. b. H. Binnenschiffahrt und Flößerei

148 **Die Vorschriften des § 146 Abs. 1, 2 finden auf die nach § 45 Abs. 3, § 61, § 83 Abs. 3, 4, § 93 des Gesetzes, betreffend die Erwerbs- und Wirtschaftsgenossenschaften, und nach § 66 Abs. 2, 3, § 74 des Gesetzes, betreffend die Gesellschaften beschränkter Haftung, von dem Registergericht zu erledigenden Angelegenheiten Anwendung.**

Gegen die Verfügung, durch welche der im § 11 des Gesetzes, betreffend die privatrechtlichen Verhältnisse der Binnenschiffahrt, oder der im § 8 des Gesetzes, betreffend die privatrechtlichen Verhältnisse der Flößerei, bezeichnete Antrag auf Beweisaufnahme oder der im § 87 Abs. 2 des ersteren Gesetzes bezeichnete Antrag auf Bestellung eines Dispacheurs zurückgewiesen wird, findet die sofortige Beschwerde statt. Eine Anfechtung der Verfügung, durch welche einem solchen Antrage stattgegeben wird, ist ausgeschlossen.

A. Angelegenheiten von Genossenschaften und Gesellschaften m. b. H.

1 *Abs. 1* bestimmt die *Anwendbarkeit der Verfahrensvorschriften* des § 146 Abs. 1, 2 auf einige Angelegenheiten, die das *GenG* und das *GmbHG* dem Gericht zuweisen. Die sachliche Zuständigkeit des AG ergibt sich aus den in § 148 Abs. 1 angeführten Vorschriften dieser Gesetze mit § 10 Abs. 2 GenG, § 7 Abs. 1 GmbHG und § 125 FGG. Örtlich zuständig ist das Gericht, in dessen Bezirk die eG oder GmbH ihren Sitz hat, § 10 GenG, § 7 GmbHG. Die Geschäfte des Abs. 1 sind sämtlich dem *Rechtspfleger* übertragen, § 3 Abs. 1 Nr. 2 Buchst. d RechtspflG, da ein Richtervorbehalt fehlt; vgl. dazu Arnold § 15 Anm. 17; Arndt § 15 Anm. 50.

1. Die *einzelnen Angelegenheiten des Abs. 1* betreffen:

2 *a) § 45 Abs. 3 GenG. Ermächtigung* einer Minderheit von Genossen zur *Berufung einer Generalversammlung* oder zur Ankündigung eines Gegenstandes der Beschlußfassung. Ein zur Einberufung der Versammlung berufenes Organ der Genossenschaft, in der Regel also der Vorstand, muß dem schriftlich gestellten Verlangen der Minderheit nicht entsprochen haben[1]). Die Minderheit kann einen Bevollmächtigten bestellen[2]). Die Bem. zu § 145 Rdn. 34 zu § 122 Abs. 3 AktG gelten entsprechend, insbesondere zum Umfang der gerichtlichen Prüfung[3]). Gegner im Sinne der §§ 148 Abs. 1, 146 Abs. 1 und mithin zu hören sind Vorstand und Aufsichtsrat. Gegen die Ablehnung des Antrags steht den Antragstellern gemeinschaftlich (§ 20 Abs. 2), gegen die Erteilung der Ermächtigung der Genossenschaft die sofortige Beschwerde zu. Das Rechtsmittel hat nach § 24 Abs. 1 keine aufschiebende Wirkung[4]).

3 *b) § 61 GenG* betraf die Revisorenbestellung durch das Gericht und ist infolge anderweiter Regelung des Prüfungswesens durch G v. 30. 10. 1934 (RGBl. 1077) *gegenstandslos* geworden. Fortgefallen ist auch § 62 Abs. 2 a. F. GenG, der die Festsetzung der Vergütung des vom Gericht bestellten Revisors durch das Gericht vorsah. Die Meinung von Schlegelberger, Anm. 6, wonach die nunmehr in § 61 GenG geregelte Vergütung des Prüfungsverbandes vom Gericht festgesetzt wird, ist irrig. Die Vergütung des Prüfungsverbandes wird vom Gericht ebensowenig festgesetzt wie früher die des vom Revisionsverband bestellten Revisors. Im Streitfall entscheidet das Prozeßgericht[5]).

4 *c) § 83 Abs. 3, 4 GenG. Ernennung und Abberufung von Abwicklern* auf Antrag des Aufsichtsrats oder des zehnten Teils der Genossen, aber nur aus wichtigem Grunde[6]). Gläubiger der Genossenschaft sind nicht antragsberechtigt[7]). Im übrigen gelten ähnliche Grundsätze, wie sie bei § 145 Rdn. 3 und 53 zu § 146 Abs. 2 HGB und § 265 Abs. 3 AktG dargelegt

[1]) KG HRR 1935 Nr. 250.
[2]) RGZ 170, 90.
[3]) Vgl. dazu auch Meyer-Meulenbergh[10] § 45 GenG Anm. 3; Lang-Weidmüller GenG[27] § 45 Anm. 3.
[4]) RGZ 170, 83.
[5]) Lang-Weidmüller GenG § 61 Anm. 1; Parisius-Crüger GenG § 62 Anm.; ebenso jetzt Keidel[9] Anm. 12.
[6]) KG JFG 8, 190.
[7]) KGJ 46, 161.

sind. Die Auswahl der Liquidatoren steht dem Registergericht zu[8]). Die Vergütung wird nicht vom Gericht festgesetzt[9]). Gegen die Zurückweisung des Antrags steht den Antragstellern gemeinschaftlich (§ 20 Abs. 2), gegen die Bestellung der Genossenschaft, vertreten durch die übrigen Liquidatoren, die sofortige Beschwerde zu (§§ 148 Abs. 1, 146 Abs. 2), nicht aber dem Aufsichtsrat und einzelnen Genossen[10]). Bei Notwendigkeit einer Nachtragsabwicklung gilt § 273 Abs. 4 AktG (dazu § 145 Rdn. 57) entsprechend[11]). Daneben können fehlende Abwickler auch nach den §§ 29, 48 BGB bestellt werden[12]). In diesem Fall findet jedoch die *unbefristete* Beschwerde nach § 19 statt[13]). Bei Kreditgenossenschaften können Abwickler auch auf Antrag des Bundesaufsichtsamts für das Kreditwesen bestellt werden (Anh. I nach § 144 Rdn. 8 und 11).

d) § 93 GenG. Bestimmung über die *Aufbewahrung der Bücher und Schriften* der aufgelösten eG und Ermächtigung ehemaliger Genossen und Gläubiger zur Einsichtnahme. Die Vorschrift entspricht dem § 273 Abs. 2, 3 AktG; vgl. § 145 Rdn. 56 und Rdn. 6. **5**

e) § 66 Abs. 2, 3 GmbHG. Bestellung und Abberufung von Abwicklern auf Antrag einer Minderheit von Gesellschaftern, deren Geschäftsanteile zusammen mindestens dem zehnten Teil des Stammkapitals entsprechen. Gläubigern steht das Antragsrecht nicht zu[14]). Vorausgesetzt ist das Vorliegen wichtiger Gründe[15]). Im Fall der Abberufung ist ein neuer Abwickler sogleich nur zu bestellen, wenn feststeht, daß ein Gesellschafterbeschluß hierüber nicht zum Ziele führen wird[16]), ebenso bei Amtsniederlegung des bisherigen gewählten Liquidators[17]). Gegen die Zurückweisung des Antrags steht die sofortige Beschwerde (§ 148 Abs. 1, § 146 Abs. 2) der antragstellenden Minderheit zu (§ 20 Abs. 2), nicht aber einem einzelnen Gesellschafter-Mitglied dieser Minderheit, das für sich allein nicht antragsberechtigt ist[18]). Gegen die Bestellung steht das Beschwerderecht der Gesellschaft, vertreten durch die übrigen Abwickler, zu, nicht aber den Geschäftsführern und Aufsichtsratsmitgliedern als solchen. Gegen die Abberufung sind die Gesellschaft und der Abberufene beschwerdeberechtigt (§ 20 Abs. 1), nicht ein Gesellschafter[18a]). **6**

Ergibt sich nach *Beendigung der Abwicklung* und nach Löschung der Gesellschaft die Notwendigkeit weiterer Abwicklungsmaßnahmen, so treten die früheren Liquidatoren ohne weiteres wieder in Tätigkeit; die abweichende Regelung in § 273 Abs. 4 AktG (vgl. § 145 Anm. B 25) ist nicht anwendbar[19]). Etwas anderes gilt auch für die GmbH nur bei Löschung als vermögenslos nach § 2 LöschG (vgl. Anh. II nach § 144, § 2 LöschG Rdn. 10). Sind die Liquidatoren weggefallen (Amtsniederlegung, Tod) und kommt ein Gesellschafterbeschluß nicht zustande, so kann das Gericht nach §§ 29, 48 BGB Abwickler bestellen, gegebenenfalls mit beschränktem Wirkungskreis[20]). Auch *Notgeschäftsführer* können für die GmbH in dringenden Fällen gemäß § 29 BGB bestellt werden, wenn die zur Vertretung der Gesellschaft erforderlichen Geschäftsführer fehlen[21]). Bei Bestellung nach § 29 BGB ist jedoch § 148 Abs. 1 **7**

[8]) BayObLG JFG 2, 183.

[9]) KGJ 27 A 222; Meyer-Meulenbergh GenG[10] § 83 Anm. 2 e; Keidel Anm. 10.

[10]) KG OLGR 8, 235.

[11]) Noell, NJW 1952, 331; Meyer-Meulenbergh GenG[10] § 91 Anm. 3.

[12]) Vgl. RG JW 1936, 2311 = Recht 1936 Nr. 5155; BGHZ 18, 337 und nachst. Anm. e; Meyer-Meulenbergh GenG[10] § 83 Anm. 2 f; Keidel Anm. 10.

[13]) BayObLGZ 1955, 288 = DNotZ 1955, 638; Hamm JMBlNRW 1960, 127.

[14]) KGJ 46, 161.

[15]) Dazu BayObLG OLGR 27, 390 Anm. 1; BayObLG NJW 1955, 1678; BayObLGZ 1969, 65 = Rpfleger 1969, 166 = MDR 1969, 488 (Abberufung). Für eine vor der Eintragung aufgelöste GmbH kann das Gericht keinen Liquidator bestellen, so BGHZ 51, 30 = NJW 1969, 509.

[16]) BayObLG NJW 1955, 1678.

[17]) Hamm JMBlNRW 1960, 127 = NJW 1960, 873; dazu Gottschling GmbHRdsch. 1960, 141.

[18]) München HRR 1937 Nr. 461.

[18a]) KG RJA 11, 30; Keidel § 20 Anm. 58.

[19]) KGJ 45, 184 = OLGR 27, 392; KG RJA 14, 61; KG WM 1956, 1198; RGZ 109, 362; BGH WM 1957, 975 = BB 1957, 725 = GmbHRdsch. 1957, 151; a.M. Scholz GmbHG[3] § 74 Anm. 15; Frankfurt NJW 1970, 112 (Vorlegungsbeschluß).

[20]) KGJ 23 A 105 = RJA 3, 25 = OLGR 4, 256; KG RJA 8, 210; BayObLGZ 26, 144 = JFG 4, 210; 1955, 288 = DNotZ 1955, 638.

[21]) KGJ 45, 329; KG JR 1950, 343; RGZ 138, 101; Frankfurt JZ 1952, 565; Soergel-Siebert[9] § 29 Anm. 2; vgl. dazu Freese, GmbHRdsch. 1961, 159 u. 1962, 194; Fichtner BB 1964, 868.

mit § 146 Abs. 2 nicht anwendbar; es findet die unbefristete Beschwerde nach § 19 statt[22]). Vgl. näher § 160 Rdn. 8 bis 15. Über Auslagen und Vergütung entscheidet in allen Fällen das Prozeßgericht[23]), da eine gesetzliche Ermächtigung für das Gericht der FG fehlt.

8 *f) § 74 GmbHG.* Bestimmung über Verwahrung der Bücher und Schriften der Gesellschaft und Ermächtigung von Gläubigern zur Einsichtnahme. Vgl. § 145 Rdn. 6 und 56. Die Gesellschafter und ihre Rechtsnachfolger sind ohne gerichtliche Ermächtigung zur Einsichtnahme berechtigt.

9 *2. Verfahren.* Das Verfahren in den in Abs. 1 bezeichneten Angelegenheiten richtet sich zunächst nach den allgemeinen Vorschriften des ersten Abschnitts (§§ 1 bis 34), sodann nach den Bestimmungen des § 146 Abs. 1 und Abs. 2 Satz 1, auf die § 148 Abs. 1 verweist. Auf die Bem. zu § 146 Rdn. 3—5 kann daher verwiesen werden. Die Vorschriften der §§ 126, 127 über das Antrags- und Beschwerderecht des Organs des Handelsstandes und die Aussetzungsbefugnis des Gerichst finden hier ebenfalls keine Anwendung[24]). Da die Angelegenheiten des Abs. 1 durchweg auf den Rechtspfleger übertragen sind (Anm. A), findet statt der sofortigen Beschwerde (§ 148 Abs. 1, § 146 Abs. 2 Satz 1) die befristete Erinnerung statt (§ 11 Abs. 1 Satz 2 RechtspflG). Die weitere Beschwerde ist nicht ausgeschlossen.

B. Angelegenheiten der Binnenschiffahrt und Flößerei

10 *Abs. 2* regelt die Anfechtbarkeit von Verfügungen in einigen Angelegenheiten des *Binnenschiffahrts- und Flößereirechts:*

1. Die *einzelnen Angelegenheiten des Abs. 2* betreffen:

11 *a) *§ 11 BinnenSchG. Verklarung eines Schiffsunfalls.* Die Verklarung ist ein in §§ 11 bis 14 BinnenSchG geregeltes besonderes gerichtliches *Beweissicherungsverfahren,* durch welches die Vorgänge bei einem Unfall, von dem ein Binnenschiff oder die Ladung betroffen wurde, vorläufig und beschleunigt als Grundlage für eine künftige Schadensregelung klargestellt werden sollen[25]). Das Verfahren ist eine Angelegenheit der FG. Es wird nur auf *Antrag* eingeleitet. Antragsberechtigt (und auf Verlangen des Schiffseigners oder eines Ladungsbeteiligten dazu verpflichtet) ist nur der Schiffer, bei Beteiligung mehrerer Schiffe jeder Schiffer, nicht der Schiffseigner als solcher oder andere Beteiligte[26]), auch nicht die an Schiff oder Ladung interessierte Versicherungsgesellschaft (Vortisch-Zschucke, Binnenschiffahrts- und Flößereirecht, 3. Aufl. § 11 Anm. 2b). Die Beweisaufnahme erfolgt nach den Vorschriften der ZPO in einem tunlichst nahen Termin, zu dem der Schiffer und die sonst bezeichneten Zeugen zu laden sind und der dem Schiffseigner und den Ladungsbeteiligten mitzuteilen ist, wenn es ohne unverhältnismäßige Verzögerung geschehen kann (§§ 12, 13 Abs. 1). Die Vernehmung der bezeichneten Zeugen darf das Gericht nicht als entbehrlich ablehnen (Vortisch-Zschucke a. a. O.). Eine Ausdehnung der Beweisaufnahme kann von den an Schiff und Ladung Beteiligten oder sonst Betroffenen beantragt, vom Gericht auch von Amts wegen angeordnet werden (§ 13 Abs. 3, 4). Beeidigung des Schiffers: § 13 Abs. 2. In einem späteren Rechtsstreit dürfen die Beweisergebnisse des Verklarungsverfahrens, wenn die Akten darüber zum Gegenstand der mündlichen Verhandlung gemacht werden, von den Parteien ebenso benützt werden, wie wenn die Beweise in einem sonstigen Beweissicherungsverfahren erhoben worden wären[27]).

12 *Örtlich zuständig* ist das Amtsgericht des Ortes, an dem die Reise endet oder an dem das Schiff vorher längere Zeit liegen bleiben muß, § 11 Abs. 1 BinnenSchG. Nach § 11 Abs. 2 BinnenSchG i. d. F. des § 25 Nr. 2 des G über das gerichtliche Verfahren in Binnenschiffahrts-

[22]) BayObLGZ 1955, 288; Hamm JMBlNRW 1960, 217.

[23]) KGJ 27 A 222; Baumbach-Hueck GmbHG[12] § 66 Anm. 3 a; Soergel-Siebert BGB[9] § 29 Anm. 20; a.M. Palandt-Danckelmann BGB[28] § 29 Anm. 3; Möhring BB 1953, 1037.

[24]) Keidel Anm. 5.

[25]) RG Warn. 1929 Nr. 16; BayObLG JFG 9, 154.

[26]) KGJ 29 A 104 = RJA 5, 180 = OLGR 10, 348.

[27]) BGH LM § 11 BinnenSchG Nr. 1 = MDR 1965, 116.

und Rheinschiffahrtssachen v. 27. 9. 1952 (BGBl. I, 641) kann der Antrag statt bei diesem Amtsgericht auch bei dem für Binnenschiffahrtssachen zuständigen Amtsgericht gestellt werden, in dessen Bezirk der Unfall sich ereignet hat. Diese Vorschrift begründet nur eine weitere örtliche Zuständigkeit, läßt aber das Verfahren im übrigen unberührt. Die Verklarung ist daher auch vor diesem Amtsgericht eine Angelegenheit der freiwilligen Gerichtsbarkeit, nicht eine Binnenschiffahrtssache im Sinne des § 2 des G v. 27. 9. 1952[28]).

Kosten des Gerichts §§ 50 Abs. 2, 2 Nr. 1 KostO, des Rechtsanwalts § 118 RAGebO. § 13a ist nicht anwendbar, weil das Gericht nicht entscheidet (§ 13a Anm. 1)[29]). § 14 Abs. 2 BinnenSchG gibt dem Schiffer einen sachlichrechtlichen Erstattungsanspruch. 13

*b) *§ 8 FlößG. Verklarung eines Floßunfalls.* Das Verfahren ist in §§ 8 bis 11 FlößG völlig übereinstimmend mit §§ 11 bis 14 BinnenschG (Rdn. 11, 12) geregelt mit der Maßgabe, daß an die Stelle des Schiffers der Floßführer tritt und als sonstige Beteiligte dessen Dienstherr, Absender und Empfänger des Floßes und sonst Betroffene mitwirken. Eine Zuständigkeit des SchiffahrtsG (Rdn. 12) besteht hier nicht. 14

*c) *§ 87 Abs. 2 BinnenSchG. Bestellung eines Dispacheurs* in Ermangelung eines für Havareifälle bei der Binnen- oder Seeschiffahrt ein für alle mal bestellten Dispacheurs auf Antrag des Schiffers. Örtliche Zuständigkeit § 149 FGG. 15

2. *Rechtsmittel*

a) Verfügungen, die einem der Anträge zu Anm. B 1 a) bis c) *stattgeben,* sind *unanfechtbar;* Änderung oder Aufhebung der Verfügung nach § 18 Abs. 1, wenn das Gericht sie nachträglich für ungerechtfertigt erachtet, wird dadurch nicht ausgeschlossen[30]). 16

b) Zurückweisende Verfügungen nach Anm. B 1 a) bis c) unterliegen der *sofortigen Beschwerde;* beschwerdeberechtigt ist nur der Antragsteller (§ 20 Abs. 2); Schlegelberger Anm. 10; a. M. Vortisch-Zschucke a. a. O. § 12 Anm. 1a. Gegen die Zurückweisung eines Antrags auf Ausdehnung der Beweisaufnahme (§ 13 Abs. 3 BinnenSchG, § 10 Abs. 3 FlößG) hat der diesen Antrag stellende Beteiligte die einfache Beschwerde nach § 19 FGG (Vortisch-Zschucke a. a. O. § 13 Anm. 1c). 17

3. Richtervorbehalt gilt für alle Geschäfte des § 148 Abs. 2, obschon er in § 17 Nr. 2 Buchst. a RechtspflG nur für die entsprechenden seerechtlichen Geschäfte ausdrücklich vorgesehen ist (Arndt § 15 Anm. 51; Hofmann-Kersting § 15 Anm. E 2, 4; Keidel Anmerkung 23). 18

Dispache. §§ 149 bis 158

1. Zuständigkeit

149 Für die Verrichtungen, welche den Gerichten in Ansehung der nach dem Handelsgesetzbuch oder nach dem Gesetze, betreffend die privatrechtlichen Verhältnisse der Binnenschiffahrt, aufzumachenden Dispache obliegen, ist das Amtsgericht des Ortes zuständig, an welchem die Verteilung der Havereischäden zu erfolgen hat.

1. Dispache[1]) ist die Rechnung und der Verteilungsplan über die *große Haverei.* Der gesamte Schaden, der die große Haverei bildet, nämlich die dem Schiff oder der Ladung oder beiden zum Zwecke der Errettung beider aus gemeinsamer Gefahr auf Geheiß des Schiffers vorsätzlich zugefügten Schäden und die zu diesem Zweck aufgewendeten Kosten, wird im Seeverkehr über das Schiff, die Ladung und die Fracht nach dem Verhältnis ihres Wertes (Betrages) verteilt (§§ 700, 716 HGB), im Binnenverkehr nur über das Schiff und die 1

[28]) RheinSchiffOG Köln MDR 1959, 937; Keidel Anm. 17; vgl. auch Wieczorek GVG S. 584 zu D; a.M. Brunner BB 1952, 760.
[29]) Ebenso Keidel Anm. 18.
[30]) KGJ 29 A 104 = RJA 5, 180 = OLGR 10, 348; Keidel Anm. 24.

[1]) Schrifttum außer den FGG-Kommentaren: Schaps-Abraham, Das dt. Seerecht[3] §§ 700 ff.; Schlegelberger-Liesecke Seehandelsrecht[2] §§ 700 ff.; Bartholomeyczik, Binnenschiffahrtsrecht[2] §§ 78 ff.; Vortisch-Zschucke, Binnenschiffahrts- und Flößereirecht[3] §§ 78 ff.

Ladung (§§ 78, 85 BinnenSchG). Grundlage der Dispache wird meistens eine Verklarung sein (§ 145 Rdn. 8, § 148 Rdn. 11).

2 2. *Örtlich zuständig* ist im Seeverkehr das AG des Bestimmungsorts und, wenn dieser nicht erreicht wird, des Hafens, wo die Reise endet (§ 727 HGB), im Binnenverkehr das AG des Ortes, wo die Reise endet (§ 86 BinnenSchG). Die Löschung eines erheblichen Teils der Ladung begründet die Zuständigkeit[2]). Eine von § 727 HGB abweichende *Vereinbarung* aller Beteiligten über den Ort, an dem die Havereischäden verteilt werden sollen, begründet zugleich die Zuständigkeit des AG dieses Ortes; die willkürliche Vereinbarung des Gerichtsstandes eines anderen als des nach Gesetz oder Einigung für die Verteilung bestimmten Orts dagegen ist unzulässig[3]).

3 3. *Richtervorbehalt* besteht für alle mit der Dispache zusammenhängenden Aufgaben, § 17 Nr. 3 RechtspflG.

4 *4. Gebühren § 123 KostO.*

5 5. *Zuständigkeit in der DDR.* Nach §§ 29, 30 der VO über die Übertragung der Angelegenheiten der FG v. 15. 10. 1952 (GBl. DDR 1057) sind an Stelle der Gerichte die bei der Generaldirektion Schiffahrt gebildeten Havarie-Kommissionen zuständig; über Beschwerden entscheidet die Generaldirektion Schiffahrt. Im Ostsektor Berlins gilt eine entsprechende Regelung nach der VO v. 19. 3. 1953 (VOBl. I, 99).

2. Verpflichtung des Dispacheurs

150 Lehnt der Dispacheur den Auftrag eines Beteiligten zur Aufmachung der Dispache aus dem Grunde ab, weil ein Fall der großen Haverei nicht vorliege, so entscheidet über die Verpflichtung des Dispacheurs auf Antrag des Beteiligten das Gericht. Gegen die Verfügung findet die sofortige Beschwerde statt.

1 1. *Dispacheur* ist der öffentlich bestellte Sachverständige zur Aufmachung der Dispache; er ist nicht nur Beweisperson, sondern hat die Eigenschaft eines öffentlichrechtlichen Organs[1]). Das Verfahren zur Berufung ständig bestellter Dispacheure regelt die Landesgesetzgebung[2]); im ehemals preuß. Gebiet ist die Industrie- und Handelskammer zuständig. In Ermangelung eines ständig bestellten Dispacheurs kann für den Einzelfall ein Dispacheur vom Gericht bestellt werden (§ 729 HGB, §§ 145, 146 FGG, § 87 Abs. 1 BinnenSchG, § 148 FGG). Im Ausland sind die Konsuln nach § 36 KonsG befugt, in Fällen der großen Haverei auf Antrag des Schiffsführers die Dispache aufzumachen.

2 2. *Beteiligte* sind die Teilnehmer der Gefahrengemeinschaft, denen aus der Haverei ein Vergütungsanspruch oder eine Beitragspflicht entsteht. Dazu gehören im Seeverkehr der Reeder, der Befrachter und die Ladungsinteressenten, im Binnenverkehr der Schiffseigner oder Ausrüster, der Frachtführer, die Ladungsbeteiligten, Absender und Empfänger, ferner in beiden Fällen unter Umständen die Schiffsbesatzung und die Reisenden (§ 85 BinnenSchG, § 723 Nr. 2, 3 HGB). Der Versicherer gehört nicht zu den Beteiligten[4]), auch nicht der Berger wegen seines Bergelohns[5]) oder sonstige Dritte. Der Kreis der Beteiligten kann aber durch die Dispache erweitert sein. So gehört der Versicherer von Schiff und Ladung dazu, wenn ihm der Dispacheur, wenn auch zu Unrecht, eine Beitragspflicht auferlegt hat[6]).

3 3. *Verpflichtung des Dispacheurs.* Die Aufmachung der Dispache soll nicht lediglich im Ermessen des Dispacheurs liegen. Andererseits soll er nicht verpflichtet sein, den Auftrag in

[2]) KGJ 53, 103.
[3]) Hamburg OLGR 44, 182.
[1]) KGJ 29 A 228 = RJA 5, 249 = OLGR 12, 227.
[2]) Vgl. Schaps-Abraham § 729 Anm. 2; Schlegelberger-Liesecke § 729 Anm. 1.
[3]) Schaps-Abraham § 702 Anm. 6; Schlegelberger-Liesecke § 702 Anm. 2; Vortisch-Zschucke § 79 Anm. 3; Bartholomeyczik § 79 Anm. 2.
[4]) KGJ 29 A 228; 37 A 202; Schlegelberger Anm. 2; Keidel Anm. 4.
[5]) BGHZ 29, 223.
[6]) KGJ 47, 115 = RJA 14, 166.

jedem Fall zu übernehmen, sondern nur, wenn ein Fall der großen Haverei vorliegt. Der Dispacheur hat mithin das Recht, das Vorliegen einer großen Haverei selbständig zu prüfen und, wenn er ihre Voraussetzungen verneint, den Antrag abzulehnen. Es ist aber auch nicht ausgeschlossen, daß der Dispacheur, wenn er dieser Ansicht ist, die Dispache unter Vorbehalt aufstellt und es den Beteiligten überläßt, ob sie trotz der gegen die Voraussetzungen der großen Haverei bestehenden Zweifel die Dispache anerkennen wollen[7]).

4. Anrufung des Gerichts

a) Zulässigkeit. Da die Beteiligten die Dispache zur Geltendmachung ihrer Rechte benötigen, kann das Gericht angerufen werden, wenn der Dispacheur den Auftrag ablehnt mit der Begründung, ein Fall der großen Haverei liege nicht vor. Lehnt er aus anderem Grunde oder ohne Grund ab, so ist der Antrag an das Gericht nicht gegeben; gegen einen ständig bestellten Dispacheur kann nach Maßgabe des Landesrechts im Aufsichtswege vorgegangen, es kann ein anderer Dispacheur beauftragt oder notfalls ein Dispacheur vom Gericht bestellt werden (Anm. 1). Der Binnenschiffer kann zur Erfüllung seiner Verpflichtung, die Dispache selbst aufzustellen (§ 87 Abs. 1 BinnenSchG) nicht nach § 150 angehalten werden, da jeder Beteiligte befugt ist, die Aufmachung der Dispache durch einen Dispacheur selbst zu veranlassen (§ 88 BinnenSchG). **4**

b) Antragsberechtigt ist nur der Beteiligte, dessen Auftrag der Dispacheur abgelehnt hat[8]). **5**

c) Entscheidung. Für die Prüfung, ob eine große Haverei vorliegt, gilt der Amtsermittlungsgrundsatz (§ 12). Die Entscheidung hat keine weitere Bedeutung, als die Weigerung des Dispacheurs auf ihre Berechtigung zu prüfen. Weiter reicht die bindende Kraft der Entscheidung nicht; die in den Gründen etwa erörterten sachlichrechtlichen Fragen erwachsen unter den Beteiligten nicht in Rechtskraft[9]). **6**

5. Rechtsmittel. Die Beschwerde ist eine *sofortige,* gleichviel ob die Entscheidung dem Antrag stattgibt oder ihn zurückweist. Die Entscheidung muß daher den beschwerdeberechtigten Beteiligten nach § 16 Abs. 2 Satz 1, Abs. 3 förmlich bekannt gemacht werden. Das Beschwerderecht steht, wenn dem Antrag stattgegeben wird, dem Dispacheur (§ 20 Abs. 1), anderenfalls nur dem Antragsteller zu (§ 20 Abs. 2)[10]). **7**

6. Zwangsmittel gegen den Dispacheur, wenn er der ihm auferlegten Verpflichtung nicht nachkommt (§ 33), werden vom Gericht nicht ausgeübt. Der öffentlich bestellte Dispacheur kann sich aber schadensersatzpflichtig machen, nach Landesrecht möglicherweise auch ein Einschreiten im Aufsichtswege gewärtigen. **8**

3. Aushändigung von Schriften

151 Auf Antrag des Dispacheurs kann das Gericht einem Beteiligten unter Androhung von Ordnungsstrafen aufgeben, dem Dispacheur die in seinem Besitze befindlichen Schriftstücke, zu deren Mitteilung er gesetzlich verpflichtet ist, auszuhändigen.

1. Bedeutung. Nach § 729 Abs 2 HGB ist jeder Beteiligte (§ 150 Rdn. 2) verpflichtet, die zur Aufmachung der Dispache erforderlichen Urkunden, soweit er sie zu seiner Verfügung hat, namentlich Chartepartien, Konnossemente und Fakturen, dem Dispacheur mitzuteilen. Dasselbe bestimmt § 87 Abs. 3 BinnenSchG mit der Maßgabe, daß die Urkunden, insbesondere Frachtbriefe, Ladescheine und Fakturen dem Schiffer, wenn dieser die Dispache selbst **1**

7) Denkschr. S. 79; Wellstein² Anm. 2; Keidel Anm. 2.

8) Wellstein² Anm. 3; Keidel Anm. 4.

9) Hamburg KGJ 20 D 3 = RJA 1, 62.

10) Ebert-Dudek-Lindemann² Anm. 1; Wellstein² Anm. 5.

aufmacht, oder dem Dispacheur mitzuteilen sind. Der erleichterten Durchsetzung dieser Verpflichtung gegenüber dem Dispacheur dient § 151. Jedoch sind die Voraussetzungen, unter denen nach § 151 Zwang angewendet werden kann, enger als die sachlichrechtliche Vorlegungspflicht; es genügt nicht, daß der Beteiligte als mittelbarer Besitzer (z. B. Verpfänder) ein Verfügungsrecht hat, er muß vielmehr den unmittelbaren Besitz (§§ 854, 855 BGB) an den Urkunden haben[1]).

2. Ordnungsstrafverfahren.

2 *a) Antragsberechtigt* ist der Dispacheur, nicht der Binnenschiffer, der nach § 87 BinnenSchG die Dispache selbst aufmacht, da er einen Dispacheur beauftragen kann. Der Dispacheur hat darzulegen, daß er von einem Beteiligten mit der Aufstellung der Dispache beauftragt ist, die Urkunde, in deren Besitz der Antragsgegner sein soll, näher zu bezeichnen und den Sachverhalt im allgemeinen darzustellen. Ob ein Fall der großen Haverei wirklich vorliegt, braucht nicht nachgewiesen und nicht festgestellt zu werden; darauf erstreckt sich auch die *Prüfungspflicht* des Gerichts nicht[2]). Dagegen muß festgestellt werden, daß der Antragsgegner sich im unmittelbaren Besitz der Urkunde befindet und Beteiligter ist.

3 *b)* Das *Verfahren* richtet sich nach § 33 und den Vorschriften des ersten Abschnitts, nicht nach den §§ 132 bis 139. Die Ordnungsstrafe kann wiederholt angedroht und festgesetzt werden. Auch unmittelbarer Zwang nach § 33 Abs. 2 ist zulässig.

4 *3. Gebühren* § 119 KostO.

4. Einsicht in die Dispache

152 Der Dispacheur ist verpflichtet, jedem Beteiligten Einsicht in die Dispache zu gewähren und ihm auf Verlangen eine Abschrift gegen Erstattung der Kosten zu erteilen. Das gleiche gilt, wenn die Dispache nach dem Gesetz, betreffend die privatrechtlichen Verhältnisse der Binnenschiffahrt, von dem Schiffer aufgemacht worden ist, für diesen.

1 *1. Einsichtsrecht der Beteiligten.* Die Vorschrift setzt die Beteiligten in die Lage, die Dispache näher zu prüfen, damit sie sich entschließen können, ob sie sich ihr unterwerfen oder nach § 153 eine Verhandlung über die Dispache beantragen wollen. Eine Mitteilung, die sich nur auf das Ergebnis der Dispache oder einen Auszug aus ihr beschränkt, ist dazu nicht immer genügend. Nach dem Zweck der Vorschrift ist anzunehmen, daß das Recht sich auch auf der Dispache zugrunde liegenden *Belege* erstreckt, und zwar nicht nur das Recht auf Einsicht, sondern auch auf Abschriftserteilung[1]). Das Recht besteht unbedingt ohne Nachweis eines besonderen Interesses; § 34 ist nicht anwendbar.

2 *2. Verpflichtet* ist der Dispacheur und der Schiffer, der nach § 87 BinnenSchG die Dispache selbst aufgemacht hat. Die Einsichtnahme kann nur in den Geschäftsräumen des Dispacheurs oder Schiffers beansprucht werden. Ein Recht auf Aushändigung oder Versendung der Dispache und der Belege haben die Beteiligten nicht.

3 Ein *Zwang* nach § 33 wird gegen den Dispacheur (Schiffer) nicht ausgeübt. Die Verpflichtung kann mit Klage oder einstweiliger Verfügung erzwungen werden; auch macht die Verletzung schadensersatzpflichtig. Es kann auch angebracht sein, vorsorglich Antrag nach § 153 zu stellen und die Unterlagen bei dem Gericht, nachdem sie gemäß § 153 herbeigezogen sind, einzusehen (vgl. § 153 Rdn. 6).

[1]) Ebert-Dudek-Lindemann[2] Anm. 1; Josef[2] Anm. 3; Schlegelberger Anm. 1; Keidel Anm. 2.

[2]) KGJ 29 A 228 = RJA 5, 249 = OLGR 12, 227; Josef[2] Anm. 1; Schlegelberger Anm. 2; a.M. Keidel Anm. 4.

[1]) Keidel Anm. 1; a.M. in Bezug auf Abschriften Schlegelberger Anm. a.

[2]) Schlegelberger § 152 Anm. 2, § 153 Anm. 4.

5. Gerichtliche Verhandlung. Ladung

153 Jeder Beteiligte ist befugt, bei dem Gericht eine Verhandlung über die von dem Dispacheur aufgemachte Dispache zu beantragen. In dem Antrage sind diejenigen Beteiligten zu bezeichnen, welche zu dem Verfahren zugezogen werden sollen.

Wird ein Antrag auf gerichtliche Verhandlung gestellt, so hat das Gericht die Dispache und deren Unterlagen von dem Dispacheur einzuziehen und, wenn nicht offentsichtlich die Voraussetzungen der großen Haverei fehlen, den Antragsteller sowie die von ihm bezeichneten Beteiligten zu einem Termin zu laden. Mehrere Anträge können von dem Gerichte zum Zwecke der gleichzeitigen Verhandlung verbunden werden.

Die Ladung muß den Hinweis darauf enthalten, daß, wenn der Geladene weder in dem Termin erscheine noch vorher Widerspruch gegen die Dispache bei dem Gericht anmelde, sein Einverständnis mit der Dispache angenommen werden würde. In der Ladung ist zu bemerken, daß die Dispache und deren Unterlagen auf der Geschäftsstelle eingesehen werden können.

Die Frist zwischen der Ladung und dem Termin muß mindestens zwei Wochen betragen.

1. Allgemeines. In den §§ 153 bis 158 wird das gerichtliche Verfahren geregelt, auf 1
Grund dessen die von dem Dispacheur aufgemachte Dispache von dem nach § 149 zuständigen Gericht sei es unverändert, sei es nach vorheriger Berichtigung bestätigt und hierdurch mit dei Wirkung der Vollstreckbarkeit ausgestattet wird. Auf die von dem Binnenschiffer nach § 87 BinnenSchG selbst aufgemachte Dispache bezieht sich das Verfahren nicht, da die Säumnisfolgen und die Vollstreckbarkeit sich nur rechtfertigen lassen, wenn die Grundlage auf den Feststellungen eines unparteiischen Sachverständigen beruht (Denkschr.). Dagegen ist es unerheblich, ob die Dispache eine bei der See- oder der Binnenschiffahrt erlittene große Haverei betrifft und ob der Dispacheur ständig oder nur für den Einzelfall bestellt ist. Der Dispacheur muß aber amtlich nach Maßgabe der gesetzlichen Vorschriften tätig geworden sein; es genügt nicht, wenn er „salvo iure" nur eine rechnerische Grundlage für die Auseinandersetzung unter den Parteien hat schaffen wollen[1]). In diesem Fall kann gegen die Mitbeteiligten unmittelbar auf Zahlung der Havereibeträge geklagt werden. Das Verfahren ähnelt dem Nachlaßteilungsverfahren insofern, als das Gericht zwischen den Beteiligten lediglich zu vermitteln und auf eine Abgrenzung der Streitpunkte hinzuwirken hat, die Entscheidung von Streitigkeiten unter den Beteiligten aber dem Prozeßgericht überlassen muß (§ 156).

2. Antrag. Das Verfahren zur *Verhandlung über die Dispache* wird nur auf Antrag einge- 2
leitet. Der Antrag ist an eine Form oder Frist nicht gebunden. In dem Antrag sind außer der Dispache die Beteiligten zu bezeichnen, welche zu dem Verfahren zugezogen werden sollen. Der Antragsteller hat es also in der Hand, den Kreis der Beteiligten, gegen welche er eine Entscheidung erwirken will (§ 155 Abs. 2, § 158 Abs. 2), zu beschränken. Personen, mit denen er sich außergerichtlich verständigt hat oder verständigen will, braucht er nicht hinzuzuziehen. Er kann sie aber hinzuziehen, wenn er einen vollstreckbaren Titel gegen sie haben möchte (§ 158 Abs. 2). Das gerichtliche Verfahren findet nur zwischen den im Antrag bezeichneten Beteiligten und dem Antragsteller statt, und die Wirkungen, die mit der Bestätigung der Dispache verbunden sind, bleiben nach § 158 Abs. 1 auf die zum Verfahren Hinzugezogenen beschränkt (Denkschr. S. 81—83). Der Umstand, daß die Beteiligten sich bereits geeinigt haben, steht der Zulässigkeit des Antrags im Hinblick auf § 158 Abs. 2 nicht entgegen[2]). Ein im Antrag nicht bezeichneter Beteiligter kann seinerseits jederzeit einen Antrag

[1]) Hamburg OLGR 10, 324; Josef[2] Anm. 1; Schlegelberger Anm. 1; vgl. auch Vortisch-Zschucke § 87 Anm. 3 b; Schaps-Abraham Anh. zu § 729, § 150 FGG Anm. 1.

[2]) Monse, Die gerichtliche Verhandlung über die Dispache S. 8; Schlegelberger Anm. 2; a.M. Oetker RheinZ 1923, 262.

nach § 153 stellen[3]). Ohne Antrag behält die Dispache die Bedeutung eines unverbindlichen Sachverständigengutachtens[3a]).

3 3. *Antragsberechtigt* ist jeder an der Haverei Beteiligte (§ 150 Rdn. 2), deren Kreis sich regelmäßig aus der Dispache ergeben wird, sowie deren Rechtsnachfolger. Antragsberechtigter Beteiligter ist aber auch, wem der Dispacheur, wenn auch zu Unrecht, eine Beitragspflicht auferlegt hat (§ 150 Rdn. 2). Wer in der Dispache, wenn auch zu Unrecht, nicht als an der Haverei beteiligt angesehen worden ist, kann nicht das gerichtliche Verfahren betreiben, sondern nur einen Dispacheur mit der Aufstellung einer anderen Dispache beauftragen[4]).

4 4. *Prüfung des Antrags.* Das Gericht hat zunächst die Dispache und deren Unterlagen von dem Dispacheur anzufordern; Zwangsmittel nach § 33 kann es gegen ihn aber nicht anwenden[5]). Eine Vervollständigung der Unterlagen kann nach § 154 angeordnet werden. Die *Zurückweisung* des Antrags ist geboten, wenn es an den allgemeinen Voraussetzungen des gerichtlichen Verfahrens (Rdn. 1) oder am Antragsrecht des Antragstellers fehlt (Rdn. 3) oder wenn die Voraussetzungen der großen Haverei offensichtlich nicht vorliegen, d. h. wenn dies ohne weitere Ermittlungen klar erhellt. Bloße Zweifel hieran rechtfertigen die Zurückweisung nicht. Wird der Mangel erst später festgestellt, so ist der Antrag nunmehr zurückzuweisen oder die Bestätigung zu versagen[6]).

5. *Ladung*

5 *a)* Als *Beteiligte* zu laden sind nur der Antragsteller und die von ihm bezeichneten Beteiligten. Andere Beteiligte, deren Zuziehung nicht verlangt ist, werden nicht geladen, weil das Verfahren sie nicht berührt (Rdn. 2). Eine in dem Antrag bezeichnete Person, die ersichtlich als Beteiligte nicht in Betracht kommt, braucht aber nicht geladen zu werden[7]). Der Dispacheur ist an dem Verfahren nicht beteiligt, wird also nicht geladen; seine Benachrichtigung und sein Erscheinen im Termin sind aber im Interesse der Beilegung von Streitpunkten empfehlenswert.

6 *b) Inhalt der Ladung.* Die Ladung muß außer der Angabe des Verhandlungstermins, der Bezeichnung des Antragstellers und der Dispache den in Abs. 3 Satz 1 vorgeschriebenen Hinweis auf die Säumnisfolgen und die Belehrung enthalten, daß die Dispache und deren Unterlagen auf der Geschäftsstelle eingesehen werden können. Insoweit wird abweichend von § 34 ein unbedingtes Recht auf Einsicht gewährt; Einsicht in die Gerichtsakten im übrigen und die Erteilung von Abschriften aus ihnen und von den Unterlagen der Dispache kann nur nach Maßgabe des § 34 verlangt werden[8]). Entspricht die Ladung diesen Erfordernissen nicht, so ist sie unwirksam; es kann, wenn der Geladene nicht erscheint, nicht verhandelt werden und Säumnisfolgen treten nicht ein. Der Mangel kann mit der Beschwerde gegen den Bestätigungsbeschluß gerügt werden und wird erst durch dessen Rechtskraft geheilt.

7 *c) Ladungsfrist (Abs. 4).* Wegen der Bedeutung und Berechnung der Ladungsfrist ist auf die Bem. zu § 90 zu verweisen, die hier entsprechend gelten. Die Ladung muß, da sie eine Frist in Lauf setzt, nach § 16 Abs. 2 Satz 1, Abs. 3 förmlich bekanntgemacht werden.

8 *d) Verbindung von Anträgen.* Mehrere dieselbe Dispache betreffende Anträge verschiedener Beteiligter können nach dem Ermessen des Gerichts zu gleichzeitiger Verhandlung verbunden werden. Wird die Verbindung schon vor der Ladung angeordnet, so muß für den Geladenen aus der Ladung hervorgehen, ob er nur auf Antrag eines oder mehrerer der Antragsteller und auf wessen Antrag er hinzugezogen wird. Da die Säumnisfolgen sich auf den Kreis der von dem jeweiligen Antragsteller „bezeichneten Beteiligten" beschränken, kann sich ergeben, daß die Bestätigung trotz Verbindung nicht einheitlich gegenüber allen Beteiligten erfolgen darf[9]).

[3]) Ebert-Dudek-Lindemann[2] Anm. 1.
[3a]) RGZ 147, 58.
[4]) Schlegelberger Anm. 2.
[5]) Wellstein[2] Anm. 6; Ebert-Dudek-Lindemann[2] Anm. 2; a.M. Keidel Anm. 9.
[6]) Keidel Anm. 10; Schlegelberger § 155 Anm. 1.
[7]) KGJ 47, 115; Keidel Anm. 13.
[8]) Schlegelberger Anm. 4.
[9]) Keidel Anm. 18.

6. Widerspruch. Säumnisfolgen. Um die gesetzlichen Folgen der Säumnis abzuwenden, muß der ordnungsgemäß geladene Beteiligte entweder im Termin erscheinen (oder sich durch einen Bevollmächtigten vertreten lassen) oder vorher Widerspruch gegen die Dispache bei dem Gericht anmelden. Auch der Antragsteller kann Widerspruch einlegen. Der Widerspruch kann mündlich im Termin, schriftlich oder nach § 11 zu Protokoll erklärt werden; er muß aber bis zum Beginn des Termins bei dem Dispachegericht eingegangen sein. Eine Begründung ist nicht erforderlich. Ein angemeldeter Widerspruch kann vor dem Termin zurückgenommen werden. Als Säumnisfolge wird angenommen, daß der Geladene mit der Dispache einverstanden sei. Das Einverständnis bezieht sich auf die Dispache, wie der Dispacheur sie aufgestellt hat, nicht etwa auf die nach § 155 Abs. 3 auf Grund der Terminsverhandlung berichtigte Dispache[10]). Das Einverständnis wirkt gegenüber dem Antragsteller und den übrigen zugezogenen Beteiligten (vgl. § 155 Abs. 2). **9**

Vervollständigung der Unterlagen

154 Erachtet das Gericht eine Vervollständigung der Unterlagen der Dispache für notwendig, so hat es die Beibringung der erforderlichen Belege anzuordnen. Die Vorschriften des § 151 finden entsprechende Anwendung.

1. Vervollständigung der Unterlagen. Eine Ergänzung der Unterlagen kann dem Gericht angemessen erscheinen, um im Verhandlungstermin eine Grundlage für die einverständliche Beilegung von Streitpunkten zu haben. Es kann deshalb die Beibringung der erforderlichen Belege anordnen. Es kommen vor allem die in § 151 Anm. 1 genannten Urkunden in Betracht. Die Verpflichtung kann dem Antragsteller, aber auch den übrigen Beteiligten auferlegt werden, auch soweit sie nicht zu dem Verfahren zugezogen sind. Von der Befugnis kann vor oder nach dem Termin Gebrauch gemacht werden. Kommt der Antragsteller einer ihm gemachten Auflage nicht nach, so kann die Terminsanberaumung bis zur Erfüllung unterbleiben. Die beschafften Belege unterliegen dem Einsichtsrecht nach § 153 Abs. 3 Satz 2. **1**

2. Ordnungsstrafverfahren. Unter den Voraussetzungen des § 151, nämlich wenn es sich um Belege im Besitz der Beteiligten handelt, zu deren Mitteilung sie gesetzlich verpflichtet sind, kann zur Erzwingung der Herausgabe nach § 33 das Ordnungsstrafverfahren oder unmittelbarer Zwang angewendet werden; ein Antrag des Dispacheurs ist nicht erforderlich. **2**

3. Weitere Ermittlungen auf Grund des § 12 sind nicht ausgeschlossen, soweit Beschränkungen sich nicht aus dem Umstande, daß das Gericht über Streitpunkte nicht zu entscheiden hat, oder hinsichtlich des Vorliegens einer großen Haverei aus § 153 Abs. 1 Satz 2 ergeben. **3**

6. Termin. Bestätigung. Widerspruch

155 In dem Termin ist mit den Erschienenen über die Dispache zu verhandeln.

Wird ein Widerspruch gegen die Dispache nicht erhoben und ist ein solcher auch vorher nicht angemeldet, so hat das Gericht die Dispache gegenüber den an dem Verfahren Beteiligten zu bestätigen.

Liegt ein Widerspruch vor, so haben sich die Beteiligten, deren Rechte durch ihn betroffen werden, zu erklären. Wird der Widerspruch als begründet anerkannt oder kommt anderweit eine Einigung zustande, so ist die Dispache demgemäß zu berichtigen. Erledigt sich der Widerspruch nicht, so ist die Dispache insoweit zu bestätigen, als sie durch den Widerspruch nicht berührt wird.

Werden durch den Widerspruch die Rechte eines in dem Termin nicht erschienenen Beteiligten betroffen, so wird angenommen, daß dieser den Widerspruch nicht als begründet anerkenne.

[10]) Wellstein[2] Anm. 11; Josef[2] Anm. 4; Keidel Anm. 14; Schlegelberger Anm. 5.

1 *1. Verhandlung.* Die Verhandlung über die Dispache hat den Zweck, eine Verständigung der am Verfahren Beteiligten zu fördern und, soweit diese nicht erzielt wird, die baldige Erledigung der Streitpunkte im Prozeßwege zu sichern (Denkschr. S. 81). Vor Eintritt in die Verhandlung ist zu prüfen, ob alle hinzuzuziehenden Beteiligten (§ 153 Anm. 2), sofern sie nicht sämtlich erscheinen, ordnungsmäßig geladen sind; anderenfalls ist neuer Termin anzuberaumen und von neuem zu laden.

2 *2. Verfahren bei Ausbleiben eines Widerspruchs.* Wird im Termin von den erschienenen oder vertretenen Beteiligten kein Widerspruch erhoben und ist auch vorher kein Widerspruch angemeldet worden (§ 153 Rdn. 9), so wird die Dispache so, wie sie von dem Dispacheur aufgemacht ist, durch Beschluß bestätigt. Das gilt selbst dann, wenn im Termin niemand von den Beteiligten, auch nicht der Antragsteller, erscheint[1]). In der Stellung des Antrags nach § 153 Abs. 1 liegt nicht schon ein Widerspruch; er müßte auch von dem Antragsteller besonders angemeldet werden. Der *Bestätigungsbeschluß* ergeht nur zwischen den am Verfahren Beteiligten, nämlich den von dem Antragsteller aus dem Kreise aller an der großen Haverei und der Dispache Beteiligten ausgewählten und dem Gericht zwecks Heranziehung zum Verfahren besonders bezeichneten Beteiligten, sofern diese vom Gericht auch wirklich hinzugezogen, also unter Beachtung des § 153 geladen worden sind. Zu diesen Beteiligten gehört auch der Antragsteller selbst; gegenüber den übrigen, zum Verfahren nicht hinzugezogenen Beteiligten wirkt die bestätigte Dispache nicht.

3 *3. Verfahren bei Erhebung von Widerspruch.* Wird im Termin oder schon vorher von einem oder mehreren der Beteiligten, zu denen auch der Antragsteller gehört, Widerspruch erhoben, so haben sich diejenigen erschienenen Beteiligten, deren Rechte durch den Widerspruch betroffen werden, zu erklären; eine Erklärung der übrigen Beteiligten ist unbeachtlich. Von einem betroffenen, aber nicht erschienenen Beteiligten wird angenommen, daß er den Widerspruch nicht anerkenne (Abs. 4). Betroffen sind die Beteiligten, deren rechtliche Stellung durch den Widerspruch, wenn er begründet wäre, verschlechtert würde, deren Vergütungsanspruch also nach dem Inhalt des Widerspruchs geschmälert oder deren Beitragspflicht erhöht würde. Enthält der Widerspruch keine Begründung, so muß die Dispache in vollem Umfange als angefochten gelten. Wird eine Erklärung zu dem Widerspruch nicht abgegeben, so tritt, obwohl § 155 Abs. 3 Satz 1 eine Pflicht zur Erklärung begründet, eine Säumnisfolge nicht ein, sondern der Widerspruch gilt i. S. des § 155 Abs. 3 Satz 3 als nicht erledigt. Jeder Beteiligte, der an den rechtlichen Folgen des Widerspruchs eines anderen Beteiligten teilhaben will, muß selbst widersprechen oder sich dem Widerspruch des anderen anschließen; anderenfalls kommen ihm die Vorteile nicht zustatten, die der Widersprechende gegenüber dritten Beteiligten erlangt hat[2]). Wird im ersten Termin die Verhandlung nicht beendet und Termin zur Fortsetzung bestimmt, so sind weitere Widersprüche statthaft, soweit noch keine Bestätigung vorliegt[3]).

4 *a) Erledigung des Widerspruchs.* Ein Widerspruch kann sich dadurch erledigen, daß er in oder vor dem Termin zurückgenommen wird, daß die betroffenen Beteiligten im Termin erscheinen und ihn als begründet anerkennen oder daß im Termin zwischen dem Widersprechenden und den Betroffenen eine anderweite Einigung zustande kommt, sofern die Rechte Nichterschienener, die auch keinen Widerspruch angemeldet haben, nicht betroffen werden. In diesem Fall ist die Dispache nach Maßgabe des anerkannten Widerspruchs oder der anderweiten Einigung zu berichtigen und mit diesem Inhalt zu bestätigen. Für die Beurkundung der Einigung zu gerichtlichem Protokoll sind die Formvorschriften der §§ 6 ff. BeurkG für die Beurkundung von Willenserklärungen zu beachten, wenn auch insoweit seit dem 1. 1. 1970 eine Gesetzeslücke besteht (vgl. § 1 BeurkG Rdn. 25 mit 22); jedoch wird der Mangel der Form durch die Rechtskraft des Bestätigungsbeschlusses geheilt[4]).

[1]) Hamburg HansRGZ 1930, B 723; Ebert-Dudek-Lindemann[2] Anm. 2; Keidel Anm. 8; Josef[2] Anm. 3.

[2]) RGZ 26, 421.

[3]) Hamburg HansRGZ 1931, B 659.

[4]) Monse S. 72; Schlegelberger Anm. 4; Keidel Anm. 10.

b) Nichterledigung des Widerspruchs. Wird ein Widerspruch nicht erledigt und betrifft er die ganze Dispache, so ist der Vermittlungsversuch gescheitert und eine Bestätigung ist vorerst nicht möglich. Für den Widersprechenden beginnt die Frist zur Klageerhebung gegen die Betroffenen nach § 156 mit § 878 ZPO. Betrifft der nicht erledigte Widerspruch nur einzelne Streitpunkte, so ist die Dispache insoweit zu bestätigen, als sie durch den Widerspruch nicht berührt wird[5]). Bei mehrfachem Widerspruch oder wenn mehrere Anträge verbunden sind (§ 153 Anm. 5 d) ist in dem Bestätigungsbeschluß die Beteiligung der einzelnen Interessenten ersichtlich zu machen. **5**

4. Bekanntmachung und Mängel des Bestätigungsbeschlusses. Der Beschluß kann durch Verkündung bekanntgemacht werden, § 16 Abs. 3. Bei unterlassener Verkündung sowie den nicht Anwesenden gegenüber muß er nach Maßgabe der ZPO zugestellt werden, § 157 mit § 16 Abs. 2, da den hinzugezogenen Beteiligten die sofortige Beschwerde zusteht. Ist die Dispache unter Übergehung eines nicht erledigten Widerspruchs zu Unrecht ganz bestätigt worden, so kann die Beschwerde auf die mit dem Widerspruch geltend gemachten Einwendungen gestützt werden[6]). Ein Beschluß, durch den in Verbindung mit der Bestätigung ein Beteiligter zur Zahlung von Bergelohn an den Berger verurteilt wird, überschreitet die Grenzen der Entscheidungsgewalt des Gerichts der FG und ist nichtig[7]). **6**

Verfolgung des Widerspruchs

156 Soweit ein Widerspruch nicht gemäß § 155 Abs. 3 erledigt wird, hat ihn der Widersprechende durch Erhebung der Klage gegen diejenigen an dem Verfahren Beteiligten, deren Rechte durch den Widerspruch betroffen werden, zu verfolgen. Die das Verteilungsverfahren betreffenden Vorschriften der §§ 878, 879 der Zivilprozeßordnung finden mit der Maßgabe entsprechende Anwendung, daß das Gericht einem Beteiligten auf seinen Antrag, wenn erhebliche Gründe glaubhaft gemacht werden, die Frist zur Erhebung der Klage verlängern kann und daß an die Stelle der Ausführung des Verteilungsplans die Bestätigung der Dispache tritt.

Ist der Widerspruch durch rechtskräftiges Urteil oder in anderer Weise erledigt, so wird die Dispache bestätigt, nachdem sie erforderlichen Falles von dem Amtsgericht nach Maßgabe der Erledigung der Einwendungen berichtigt ist.

1. Klageerhebung. Ein Widerspruch, der nicht nach § 155 Abs. 3 erledigt wird (§ 155 Anm. 3a, b) ist von dem Widersprechenden gegen die betroffenen Verfahrensbeteiligten durch Klage zu verfolgen. Für die Klage gelten die Vorschriften der §§ 878, 879 ZPO über die Widerspruchsklage im Verteilungsverfahren mit einigen Abweichungen entsprechend. Eine nachträgliche Anerkennung des Widerspruchs, die keiner Form bedarf, wird dadurch nicht ausgeschlossen[1]). **1**

2. Zuständig für die Klage ist nach § 879 ZPO das AG, welches Dispachegericht ist, oder wenn der Streitwert des Widerspruchs die Zuständigkeitsgrenze des AG (§§ 23, 71 GVG) übersteigt, das vorgeordnete LG. Das LG ist für sämtliche Klagen zuständig, wenn es nur für einen der erhobenen Widersprüche zuständig ist, mag selbst die diesen Widerspruch verfolgende Klage noch nicht erhoben sein. Die Zuständigkeit ist ausschließlich (§ 802 ZPO). Sämtliche an den unerledigten Widersprüchen Beteiligten können aber die Zuständigkeit des Dispachegerichts vereinbaren (§ 879 Abs. 2), nicht aber statt des zuständigen AG die des vorgeordneten LG. Beim LG kann, wenn es zuständig ist, der Rechtsstreit auf Antrag vor die Kammer für Handelssachen gebracht werden (§§ 95 Nr. 4 Buchst. f, 96, 98 GVG). **2**

[5]) Vgl. KGJ 47, 115; 51, 137 = RJA 16, 92.
[6]) KGJ 51, 137 = RJA 16, 92.
[7]) BGHZ 29, 223 = LM § 78 BinnenSchG Nr. 1 mit Anm. v. Liesecke; Schaps-Abraham, Seerecht, 3. Aufl. Anh. zu § 729, § 155 FGG Anm. 2; Schlegelberger-Liesecke, Seehandelsrecht[2] § 729 Anm. 5; Pikart-Henn Freiw-Gerbkt. S. 66; a.M. Keidel Anm. 25 unter Hinweis auf Habscheid NJW 1966, 1787; vgl. dazu § 7 Rdn. 19.
[1]) Keidel Anm. 1.

3 *3. Nachweisfrist.* Der widersprechende Beteiligte hat die Klageerhebung gegen die betroffenen Beteiligten dem Dispachegericht unaufgefordert innerhalb einer gesetzlichen Handlungsfrist von einem Monat nachzuweisen. Nachzuweisen ist die Zustellung der Klageschrift (§ 253 Abs. 1 ZPO), nicht nur die Klageeinreichung; eine Rückbeziehung nach §§ 261b Abs. 3, 496 Abs. 2 ZPO findet nicht statt[2]). Ist das Dispachegericht Prozeßgericht (§ 879 ZPO), so genügt Bezugnahme auf die Akten. Die Frist beginnt mit dem Verhandlungstermin über die Dispache; Berechnung nach §§ 17 FGG, §§ 187 Abs. 1, 188 Abs. 1 BGB. Zu Prüfen ist, ob Streitgegenstand der Klage der nicht erledigte Widerspruch ist, nicht aber die Ordnungsmäßigkeit der Klageschrift oder der Zustellung oder die Zuständigkeit des Prozeßgerichts, da diese Mängel geheilt oder durch Verweisung (§ 276 ZPO) behoben werden können[3]).

4 *4. Fristverlängerung.* Durch Vereinbarung der Beteiligten kann die Frist nicht verlängert werden[4]). Abweichend von § 878 ZPO kann aber das Gericht auf Antrag, wenn erhebliche Gründe glaubhaft gemacht werden, die Frist verlängern. Nach Fristablauf ist der Verlängerungsantrag aber unzulässig[5]). Eine Widereinsetzung in den vorigen Stand findet nicht statt. Gegen die Ablehnung der Verlängerung steht dem Antragsteller (§ 20 Abs. 2), gegen die Gewährung dem Gegenbeteiligten die unbefristete Beschwerde zu[6]).

5 *5. Folgen der Fristversäumnis.* Wird der Nachweis der Klageerhebung innerhalb der gesetzlichen oder verlängerten Frist nicht geführt, so erläßt das AG ohne Rücksicht auf den Widerspruch von Amts wegen und ohne Verhandlungstermin den Bestätigungsbeschluß (§ 156 Abs. 1 Satz 2 mit § 878 Abs. 1 Satz 2 ZPO). Es genügt aber, wenn die fristgemäße Klageerhebung vor Erlaß des Bestätigungsbeschlusses, wenn auch erst nach Ablauf der Nachweisfrist nachgewiesen wird[7]). Die Amtsermittlungspflicht (§ 12) erstreckt sich nicht darauf, ob die Klage erhoben ist[8]). Trotz der Bestätigung bleibt eine Bereicherungsklage des Widersprechenden nach § 878 Abs. 2 ZPO zulässig[9]).

6 *6. Verfahren nach Erledigung des Widerspruchs (Abs. 2).* Ist die Klageerhebung rechtzeitig nachgewiesen, so ruht das Verfahren. Es ist Sache der Beteiligten, die Erledigung dem Dispachegericht nachzuweisen[10]). Die Dispache wird ohne Anberaumung eines Termins und ohne erneute Anhörung der Beteiligten bestätigt, wenn der Widerspruch durch rechtskräftiges Urteil, das abweichend von § 880 ZPO nicht die Berichtigung der Dispache auszusprechen hat, oder auf andere Weise erledigt wird, z. B. durch Rücknahme der Klage, Anerkennung des Widerspruchs, Einigung der Beteiligten in gerichtlichem oder außergerichtlichen Vergleich. Je nach der Art der Erledigung ergeht die Bestätigung mit oder ohne entsprechende Berichtigung der Dispache. Die Bestätigung unterliegt der sofortigen Beschwerde nach § 157.

7. Rechtsmittel

157 Gegen die Verfügung, durch welche ein nach § 153 gestellter Antrag auf derichtliche Verhandlung zurückgewiesen oder über die Bestätigung der Dispache entschieden wird, findet die sofortige Beschwerde statt.

Einwendungen gegen die Dispache, welche mittels Widerspruchs geltend zu machen sind, können nicht im Wege der Beschwerde geltend gemacht werden.

[2]) Baumbach-Lauterbach ZPO[28] § 878 Anm. 1 A; Stein-Jonas-Pohle ZPO[18] § 878 Anm. I 3; a.M. Hamburg MDR 1960, 767.

[3]) Stein-Jonas-Pohle ZPO[18] § 878 Anm. I 3; a.M. Schlegelberger Anm. 2.

[4]) Die abw. Meinung bei Schlegelberger Anm. 1, Keidel Anm. 5 berücksichtigt noch nicht die seit 1924 geltende Fassung des § 224 Abs. 1 ZPO; vgl. RGZ 109, 344.

[5]) Karlsruhe OLGR 3, 37; vgl. § 17 Anm. A 1.

[6]) Josef ZBlFG 5, 172; Keidel Anm. 5.

[7]) Hamburg HansRGZ 1933, B 333; Keidel Anm. 4.

[8]) A.M. Schlegelberger Anm. 2.

[9]) Hamburg HansRGZ 1932 B 35; Keidel Anm. 6.

[10]) Dorner Anm. 4; a.M. (§ 12) Schlegelberger Anm. 4.

1. *Sofortige Beschwerde* (§ 22) ist gegeben:

a) Gegen die *Zurückweisung* des nach § 153 gestellten Antrags auf gerichtliche Verhandlung über die Dispache. Vgl. dazu § 153 Rdn. 4. **1**

b) Gegen die *Entscheidung über die Bestätigung* der Dispache, gleichgültig ob die Bestätigung ganz oder teilweise ausgesprochen (§§ 155 Abs. 2, Abs. 3 Satz 3, 156) oder versagt wird. **2**

2. Der *unbefristeten Beschwerde* nach § 19 unterliegen alle sonstigen im Laufe des Verfahrens erlassenen Verfügungen, sofern sie überhaupt anfechtbar sind. Insbesondere können die zum Verfahren hinzugezogenen Beteiligten gegen die Anordnung der Verhandlung einfache Beschwerde einlegen, müssen allerdings, wenn der Termin vor der Entscheidung des Beschwerdegerichts stattfindet, ihre Rechte durch Widerspruch wahren, da ihnen sonst gegen die Bestätigung nur noch das Rechtsmittel des § 157 zusteht[1]). **3**

3. *Beschwerderecht.* Gegen die Zurückweisung des Antrags (Rdn. 1) steht das Beschwerderecht nur dem Antragsteller zu (§ 20 Abs. 2). Das Beschwerderecht gegen die Entscheidung über die Bestätigung ergibt sich aus § 20 Abs. 1. Hiernach steht es nicht nur den zu dem Verfahren hinzugezogenen Beteiligten zu (vgl. § 153 Rdn. 2), denen gegenüber die Bestätigung nach § 158 Abs. 1 wirksam ist, sondern es kann eine Rechtsbeeinträchtigung auch gegenüber Beteiligten vorliegen, über deren Rechte in der bestätigten Dispache verfügt wird, ohne daß sie zum Verfahren hinzugezogen waren[2]). **4**

4. *Beschränkung der Beschwerdegründe* (Abs. 2). Der Ausschluß von Einwendungen gegen die Dispache, die mit Widerspruch hätten erhoben werden können, von der Geltendmachung mit der Beschwerde ist eine folgerichtige Präklusionswirkung des Säumnisverfahrens (§ 153 Abs. 3). Ausgeschlossen sind Einwendungen gegen die sachliche Richtigkeit der Dispache oder ihrer einzelnen Rechnungsposten, der Einwand eines zum Verfahren Hinzugezogenen, daß er nicht zu den Havereibeteiligten gehöre[3]), sowie Einwendungen gegen das Vorliegen der Voraussetzungen des ganzen Verfahrens[4]). Zulässige Beschwerdegründe können nur dem Verfahren des Dispachegerichts oder dem Inhalt der angefochtenen Entscheidung entnommen werden, wie Mängel der Ladung oder ihrer Zustellung, Bestätigung trotz rechtzeitigen Nachweises der Klageerhebung (§ 156 Rdn. 5), unrichtige Berichtigung der Dispache nach Erledigung eines Widerspruchs (§§ 155 Abs. 3, 156 Abs. 2), mangelhafte Beurkundung der Einigung oder Bestätigung unter Übergehung eines nicht erledigten Widerspruchs[5]). Wegen der Bedeutung einer Beschränkung der Beschwerdegründe im allgemeinen vgl. § 96 Rdn. 4, 5. **5**

8. Wirkungen der Bestätigung. Zwangsvollstreckung

158 Die Bestätigung der Dispache ist nur für das gegenseitige Verhältnis der an dem Verfahren Beteiligten wirksam.

Aus der rechtskräftig bestätigten Dispache findet die Zwangsvollstreckung nach den Vorschriften der Zivilprozeßordnung statt.

Für Klagen auf Erteilung der Vollstreckungsklausel sowie für Klagen, durch welche Einwendungen gegen die in der Dispache festgestellten Ansprüche geltend gemacht werden oder die bei der Erteilung der Vollstreckungsklausel als eingetreten angenommene Rechtsnachfolge bestritten wird, ist das Amtsgericht zuständig, welches die Dispache bestätigt hat. Gehört der Anspruch nicht vor die Amtsgerichte, so sind die Klagen bei dem zuständigen Landgericht zu erheben.

1) Schlegelberger Anm. 1.
2) KGJ 51, 137 = RJA 16, 92; Unger ZZP 34, 291 Fn. 127; Josef² Anm. 2; Schlegelberger Anm. 3; Keidel Anm. 3; a.M. Ebert-Dudek-Lindemann² Anm. 2; Wellstein² Anm. 2.
3) KGJ 37 A 202 = RJA 10, 25.
4) Wellstein² Anm. 3; Unger ZZP 39, 47; Schlegelberger Anm. 4.
5) KGJ 51, 137.

A. Umfang der Wirksamkeit

1 Da nicht alle Beteiligten zu der Verhandlung über die Dispache hinzugezogen zu werden brauchen (§ 153 Anm. 2), kann die Bestätigung der Dispache auch nur für und gegen die zu dem Verfahren hinzugezogenen Beteiligten wirksam sein. Die Havereibeteiligten, die zu dem Verfahren nicht hinzugezogen waren, können jederzeit eine neue Verhandlung beantragen (§ 153); dieses andere Verfahren kann dazu führen, daß die in dem früheren Verfahren bestätigte Dispache in dem Verhältnis der neuen Beteiligten zueinander geändert wird. Jede Bestätigung berührt nur das Verhältnis der jeweils an dem Verfahren Beteiligten.

B. Zwangsvollstreckung

2 Aus der bestätigten Dispache findet, wenn der Bestätigungsbeschluß formell rechtskräftig geworden ist, für und gegen die zu dem Verfahren hinzugezogenen Beteiligten die Zwangsvollstreckung nach den Vorschriften der ZPO statt. Für die Erteilung des Rechtskraftzeugnisses gilt § 31 FGG. Maßgebend sind die Vorschriften über die Zwangsvollstreckung aus gerichtlichen Urteilen (§§ 724—793, 802 ZPO), also abweichend von § 98 Satz 2 nicht die Vorschriften der §§ 795, 797 ZPO über die Zwangsvollstreckung aus gerichtlichen oder notariellen **Urkunden.**

3 *1. Die vollstreckbare Ausfertigung* wird von dem Urkundsbeamten der Geschäftsstelle des Dispachegerichts erteilt (§ 724 ZPO). Über Einwendungen, welche die Zulässigkeit der Vollstreckungsklausel betreffen, sowie über die Erteilung einer weiteren vollstreckbaren Ausfertigung entscheidet das Dispachegericht (§§ 732, 733 ZPO). Ein hierbei in Betracht kommendes Beschwerdeverfahren richtet sich nach §§ 19 ff. FGG.

4 *2. Zuständigkeit für Klagen.* Einer besonderen Regelung in Abs. 3 bedurfte die Zuständigkeit für die in den §§ 731, 767, 768 ZPO vorgesehenen Klagen. Zuständig ist das AG, das die Dispache bestätigt hat; wenn aber der Streitwert dessen Zuständigkeitsgrenze übersteigt, das vorgeordnete Landgericht (§§ 23, 71 GVG). Diese Zuständigkeit ist ausschließlich (§ 802 ZPO). Für die Vollstreckungsgegenklage gilt auch hier die Beschränkung des § 767 Abs. 2 ZPO mit der Maßgabe, daß als Schluß der mündlichen Verhandlung der Schluß der Verhandlung über die Dispache anzusehen ist, in der der Widerspruch hätte erhoben werden können (§§ 155 Abs. 1, 157 Abs. 2). Diese Beschränkung gilt aber nur für Einwendungen, für deren Erledigung das Verfahren vor dem Dispachegericht bestimmt ist; der Einwand, daß der dem klagenden Beteiligten zur Last fallende Havereibeitrag vor Einleitung des gerichtlichen Verfahrens bezahlt worden sei, bleibt unberührt, da im Dispacheverfahren nur die Feststellung der Beitragspflicht in Betracht kommt (Denkschr. S. 82).

Achter Abschnitt

Vereinssachen, Güterrechtsregister

Vereinssachen

159 Auf die Eintragung in das Vereinsregister finden die Vorschriften der §§ 127 bis 130,142, 143, auf das Verfahren bei der Verhängung von Ordnungsstrafen gegen Mitglieder des Vorstandes oder Liquidatoren eines eingetragenen Vereins finden die Vorschriften der §§ 127, 132 bis 139 entsprechende Anwendung.

A. Allgemeines

1 Das *Verfahren in Vereins- und Vereinsregistersachen* ist weitgehend im BGB geregelt, §§ 21 bis 79. §§ 55 bis 79 BGB regeln die Eintragung nichtwirtschaftlicher Vereine (§ 21 BGB) und deren besondere Rechtsverhältnisse. Diese Bestimmungen werden ergänzt durch §§ 159, 160, 160a, 162 FGG. Die allgemeinen Vorschriften des FGG (§§ 1 bis 34) finden Anwendung, soweit nicht das BGB Abweichendes bestimmt, wie insbesondere über die der Durchsetzung

des öffentlichen Vereinsrechts dienende Beteiligung der Verwaltungsbehörde bei der Anmeldung des Vereins und von Satzungsänderungen nach den §§ 61 bis 63, 71 Abs. 2 BGB (§§ 62 und 63 BGB i. d. F. des § 24 Nr. 2, 3 des Gesetzes zur Regelung des öffentlichen Vereinsrechts — Vereinsgesetzes — v. 5. 8. 1964, BGBl. I, 593).

1. *Vereinssachen* im Sinne des achten Abschnitts sind die Angelegenheiten der rechtsfähigen Vereine des privaten Rechts. Für Maßnahmen, welche die Organisation von Körperschaften des öffentlichen Rechts betreffen, z. B. die Bestellung eines Notvorstandes, ist eine Zuständigkeit des Gerichts der freiwilligen Gerichtsbarkeit nicht gegeben[1]). Der Begriff des Vereins wird im BGB nicht bestimmt, sondern als gegeben vorausgesetzt; es ist darunter zu verstehen eine auf die Dauer berechnete Verbindung einer größeren Anzahl von Personen zur Erreichung eines gemeinsamen Zweckes, die nach ihrer Satzung körperschaftlich organisiert ist, einen Gesamtnamen führt und auf einen Wechsel des Mitgliederbestandes angelegt ist[2]). Die Rechtsfähigkeit ist hiernach kein Wesensmerkmal des Vereins. Jedoch werden die nicht rechtsfähigen Vereine vom BGB dem Gesellschaftsrecht mit den sich aus ihrer Natur ergebenden Abweichungen unterstellt (§ 54 BGB). Kein wesentliches Merkmal des Vereins ist es ferner, ob er ideale oder wirtschaftliche Zwecke verfolgt; diese Unterscheidung ist nur von Bedeutung dafür, auf welchem Wege der Verein die Rechtsfähigkeit erlangen kann (§§ 21, 22 BGB). Die allgemeinen Vorschriften der §§ 21 bis 53 BGB über Vereine gelten nach der Absicht des Gesetzgebers, wie sich aus § 22 BGB ergibt, für rechtsfähige Vereine jeder Art, also nicht nur für die nichtwirtschaftlichen Vereine, die nach § 21 BGB die Rechtsfähigkeit durch Eintragung in das Vereinsregister erlangen, oder die wirtschaftlichen Vereine, deren Rechtsfähigkeit nach § 22 BGB auf staatlicher Verleihung beruht, sondern auch für als wirtschaftliche Vereine geltende Personenvereinigungen, welche die Rechtsfähigkeit nach dem System der Normativbestimmungen und durch konstitutive Eintragung in ein Register auf Grund besonderer bundesgesetzlicher Vorschriften erlangen. Hierzu gehören insbesondere die rechtsfähigen Handelsgesellschaften (AG, KGaA, GmbH) und die Genossenschaften, nicht aber OHG und KG. Soweit die Sondergesetze, nach denen diese wirtschaftlichen Vereine errichtet werden, keine besonderen Bestimmungen enthalten, gelten mithin subsidiär die Vorschriften der §§ 24 bis 53 BGB[3]), was für die Anwendbarkeit der §§ 29, 31, 35, 37, 38 Abs. 1 BGB bedeutsam werden kann. Soweit hiernach eine Tätigkeit des Gerichts für einen nicht in das Vereinsregister eingetragenen rechtsfähigen Verein in Betracht kommt, z. B. nach den §§ 29, 37 BGB, 160 FGG, handelt es sich um eine Vereinssache im Sinne des achten Abschnitts[4]); wenn die Tätigkeit jedoch eine Handelsgesellschaft, einen Versicherungsverein a. G. oder eine Genossenschaft betrifft, untersteht das Verfahren den Vorschriften über Handelssachen (vgl. § 30 Rdn. 4). 2

2. *Landesgesetzliche Vorbehalte* bestehen für Vereine, die dem Wasser-, Deich- und Sielrecht (Art. 65, 66 EGBGB), dem Bergrecht (Art. 67 EGBGB) und dem Jagd- und Fischereirecht (Art. 69 EGBGB) angehören, sowie für Waldgenossenschaften (Art. 83 EGBGB); sie sind nicht eintragungsfähig[4a]). Über die Verfassung wirtschaftlicher Vereine, deren Rechtsfähigkeit auf staatlicher Verleihung beruht, können die Landesgesetze Bestimmungen treffen (Art. 82 EGBGB); soweit von dem Vorbehalt kein Gebrauch ist, gelten die Vorschriften der §§ 25 bis 53 BGB, § 160 FGG auch für diese Vereine[4b]). Übergangsvorschriften für rechtsfähige Vereine, die zur Zeit des Inkrafttreten des BGB bereits bestanden, enthalten die Art. 163 bis 167 EGBGB; danach sind grundsätzlich die §§ 25 bis 53 BGB anwendbar, 3

1) KG NJW 1960, 151.
2) RGZ 60, 94; 76, 25; 106, 120; 143, 212; 165, 140, 143; Staudinger-Coing BGB[11] Vorbem. 6 vor § 21; Soergel-Schultze-v. Lasaulx BGB[10] Vorbem. 18 vor § 21; Fenn, JuS 1965, 179.
3) KGJ 23 A 105 = RJA 3, 25 = OLGR 4, 256; KG RJA 8, 267; Staudinger-Coing BGB[11] Vorbem. 17, 18 vor § 21; Soergel-Siebert[9] Vorbem. 4 vor § 21; Palandt-Danckelmann[28] Vorbem. 3 vor § 21; str.
4) Keidel Anm. 2; a.M. Schlegelberger Anm. 2.
4a) Soergel-Bauer[9] Art. 65 EG Anm. 1.
4b) Staudinger[10] Art. 82 EG Bem.; Staudinger-Coing[11] § 22 Anm. 7; Soergel-Bauer[9] Art. 82 EG Anm. 2; RGZ 81, 244; RG JW 1936, 2651; Keidel Anm. 2.

soweit in den Art. 164 bis 166 nichts anderes bestimmt ist[4c]). Religionsgesellschaften des privaten Rechts erwerben die Rechtsfähigkeit nach den allgemeinen Vorschriften des bürgerlichen Rechts, können also auch in das Vereinsregister eingetragen werden; der landesgesetzliche Vorbehalt des Art. 84 EGBGB ist aufgehoben (Art. 137 Abs. 4 WeimVerf., Art. 140 GG).

B. Aufgaben des Vereinsregisters

4 *1. Eintragungsfähigkeit.* Der Kreis der Vereine, die Rechtsfähigkeit durch Eintragung in das Vereinsregister erlangen können, wird in § 21 BGB negativ dahin umgrenzt, daß der Zweck des Vereins nicht auf eine *wirtschaftlichen Geschäftsbetrieb* gerichtet sein darf. Der Sinn dieser nicht ganz geglückten Umschreibung ist dahin zu verstehen, daß der Verein nicht einen erwerbswirtschaftlichen Zweck mit den Mitteln eines Geschäftsbetriebes erstreben darf. Der Zweck des Vereins darf nicht dahin gerichtet sein, durch seine Tätigkeit wirtschaftliche Vorteile zu erzielen, wozu nicht notwendig das Streben nach Gewinn erforderlich ist, sondern das Erlangen wirtschaftlichen Nutzens oder die Verhütung wirtschaftlicher Nachteile genügen kann, z. B. die Verbilligung des Bezuges oder des Verbrauchs[5]). Hierfür ist es gleichgültig, ob der erstrebte Vorteil dem Verein selbst oder unmittelbar seinen Mitgliedern zugute kommt[6]). Dieser Zweck muß mit den Mitteln eines Geschäftsbetriebes erzielt werden, worunter eine nach außen gerichtete, auf die Dauer angelegte Tätigkeit zu verstehen ist, die im allgemeinen im Abschluß von Rechtsgeschäften besteht, die den Verein berechtigen und verpflichten, deren Gegenstand aber nicht nur die Erzeugung, Verarbeitung oder der Absatz von Gütern, sondern auch das Erbringen von Dienstleistungen oder eine Vermittlungstätigkeit sein kann[7]). Nicht erforderlich ist es, daß dem Verein oder seinen Mitgliedern für die Geschäftstätigkeit des Vereins von außenstehenden Dritten ein Entgelt gewährt wird; es genügt, wenn der Verein für die Mitglieder Geschäfte übernimmt, die diese sonst durch Inanspruchnahme entgeltlicher Leistungen Dritter oder unter eigenen Aufwendungen bewerkstelligen müßten[8]). Eine nur auf die innere Verwaltung des Vereins gerichtete Tätigkeit auch rechtsgeschäftlicher Natur, wie die Einziehung von Vereinsbeiträgen, die Miete von Geschäftsräumen, die Einstellung von Vereinsangestellten ist kein wirtschaftlicher Geschäftsbetrieb[9]). Hiernach ist ein Verein ein nichtwirtschaftlicher, selbst wenn er rein wirtschaftliche Zwecke verfolgt, hierzu aber nicht einen wirtschaftlichen Geschäftsbetrieb unterhält, sondern darauf abzielt, durch das Gewicht des Zusammenschlusses seiner Mitglieder deren Interessen gegenüber anderen Gruppen der Gesellschaft oder staatlichen Stellen Geltung zu verschaffen[10]). Ein zulässiger Vereinszweck ist es auch, ein anderes, rechtlich selbständiges wirtschaftliches Unternehmen (GmbH, AG) durch Halten der Gesellschaftsanteile zu beherrschen (Holdingverein), wenn damit lediglich eine vermögensverwaltende Funktion verbunden ist[10a]). Dagegen ist die Beteiligung eines Vereins als persönlich haftender Gesellschafter einer OHG oder KG als wirtschaftlicher Geschäftsbetrieb anzusehen, ebenso wenn mit der Beteiligung an einer Kapitalgesellschaft geschäftsleitende Befugnisse verbunden sind[10b]). Andererseits ist ein Verein ein nichtwirtschaftlicher auch, wenn er zur Förderung seiner idealen Zwecke einen wirtschaftlichen Geschäftsbetrieb unterhält, der dem idealen Hauptzweck des Vereins untergeordnet ist, z. B. wenn ein Alpenverein Schutzhütten bewirtschaften läßt, ein Bibel-

[4c]) Vgl. Staudinger-Coing[11] Vorbem. 19 vor § 21; über altrechtliche bayerische Vereine vgl. BayObLGZ 1959, 152; 1959, 289; Keidel Anm. 3.

[5]) RGZ 154, 343, 351.

[6]) RGZ 83, 231; 154, 343, 349.

[7]) RGZ 154, 343, 351; Soergel-Siebert[9] § 21 Anm. 5.

[8]) Staudinger-Coing BGB[11] § 21 Anm. 15 a; ebenso jetzt BGHZ 45, 395 unter Aufgabe von RGZ 83, 231; 154, 343; Soergel-Schultze-v. Lasaulx, BGB[10] § 21 Anm. 6; a.M. die bisher überwiegende Meinung, vgl. Soergel-Siebert[9] § 21 Anm. 6; Keidel[9] Anm. 1.

[9]) RGZ 83, 231; Staudinger-Coing[11] § 21 Anm. 15.

[10]) RGZ 95, 91, 93; Soergel-Siebert[9] § 21 Anm. 8; Staudinger-Coing[11] § 21 Anm. 16.

[10a]) Dobroschke, Der ideelle Familienverein als vermögensverwaltende Holding, München 1966; Sauter-Schweyer, Der eingetr. Verein[7] S. 16.

[10b]) Dobroschke und Sauter-Schweyer aaO.

verein Bibeln ohne Gewinnabsicht vertreibt[11]) oder ein Verband karitativer Vereine sich die Schaffung von Siedlerheimen oder Wohnungen für hilfsbedürftige Familien zum Ziel gesetzt hat[12]). Wegen dieses Geschäftsbetriebes kann ein solcher Verein unter den Voraussetzungen der §§ 1, 2, 4 HGB nach § 33 HGB auch in das Handelsregister eingetragen werden, wenn der Geschäftsbetrieb sich als Gewerbebetrieb darstellt, also zur Förderung der ideellen Zwecke auf Gewinnerzielung gerichtet ist[13]); die Rechtsfähigkeit erlangt er aber nur durch die Eintragung in das Vereinsregister. Wenn ein Verein sowohl der Wirtschaft seiner Mitglieder dient als auch ideelle Zwecke verfolgt, kommt es auf den tatsächlich überwiegenden Hauptzweck des Vereins an; ein Verein, dessen Ziel auf eine ideelle Förderung seiner Mitglieder gerichtet ist, kann in das Vereinsregister eingetragen werden, auch wenn er daneben den Mitgliedern wirtschaftliche Vorteile bietet[14]). Sind aber ideeller und wirtschaftlicher Zweck gleichwertig, so kann der Verein die Rechtsfähigkeit nur durch Verleihung (§ 22 BGB) oder dadurch erlangen, daß er sich als Handelsgesellschaft (AG, GmbH) organisiert[15]). Über die Zweckbestimmung entscheidet nicht nur der Wortlaut der Satzung, sondern die tatsächlich beabsichtigte Betätigung des Vereins[16]). Wenn sich Zweifel darüber ergeben, welche Ziele die Gründer wirklich verfolgen, kann das Registergericht von Amts wegen Ermittlungen anstellen (§ 12). Nicht behebbare Zweifel müssen zur Zurückweisung der Anmeldung führen, da die objektive Beweislast für die Eintragungsfähigkeit des Vereins die Anmelder tragen. Abzulehnen ist die Eintragung eines Vereins, dessen als ideal getarnter Zweck in Wahrheit dahin geht, den Vorstandsmitgliedern für ihre gewerbliche Betätigung Kunden zuzuführen[17]). Die Rechtsprechung ist kasuistisch und nicht immer unbedenklich[17a]).

2. Eintragungsfähige Tatsachen. Der Kreis der eintragungsfähigen Tatsachen ist wie beim **5**
Handelsregister (§ 125 Rdn. 18) gesetzlich begrenzt. Das ist allerdings nicht unbestritten. Es ist aber auch für das Vereinsregister der Grundsatz anzuerkennen, daß in die gerichtlichen Register die im Gesetz bezeichneten Tatsachen und nur diese einzutragen sind, weil die Zulassung nur als zweckmäßig erscheinender Eintragungen die Klarheit des Registerinhalts beeinträchtigen könnte[18]). Bei der Streitfrage handelt es sich in Wahrheit nur darum, die zu eng gefaßte Bestimmung des § 64 BGB über die Eintragung von Beschränkungen der Vertretungsmacht des Vorstandes im Wege erweiternder Gesetzesauslegung den Bedürfnissen des Rechtsverkehrs dadurch anzupassen, daß die satzungsgemäße Verteilung der Geschäfte unter die Vorstandsmitglieder, soweit sie für die Ausübung der Vertretungsmacht wesentlich ist, als eintragungsfähig zugelassen wird; über dieses Ergebnis besteht keine Meinungsverschiedenheit. Dagegen sind die besonderen Vertreter des § 30 BGB keine Vorstandsmitglieder und daher nicht im Vereinsregister einzutragen[19]). *Eintragungsfähig* sind hiernach:

[11]) RGZ 83, 231, 237; 85, 256; KG Recht 1909 Nr. 191; Staudinger-Coing[11] § 21 Anm. 17; Soergel-Siebert[9] § 21 Anm. 6; Enneccerus-Nipperdey Allg. Teil[15] § 107 II 1; a.M. Planck § 21 Anm. 2; Schlegelberger § 159 Anm. 3; vgl. ferner KGJ 36 A 146; KG DNotZ 1928, 247; Mohrbutter, Rpfleger 1953, 611; Meltendorf, JR 1954, 410; Schopp Rpfleger 1959, 335; Göbel, Betrieb 1964, 137; Strickrodt, NJW 1964, 2085.

[12]) BayObLGZ 1953, 309.

[13]) Kiel OLGR 41, 189; KG JW 1928, 238; Würdinger in HGB-RGRK[2] § 33 Anm. 4; Sauter-Schweyer, Der eingetr. Verein[7] S. 165.

[14]) KGJ 44, 156, 158; RGZ 133, 170, 177; Soergel-Siebert[9] § 21 Anm. 7; Staudinger-Coing[11] § 21 Anm. 18.

[15]) Enneccerus-Nipperdey Allg. Teil[15] § 107 Fn. 11; Staudinger-Coing, Soergel-Siebert aaO.

[16]) KGJ 44, 158; Oppenheimer JheringsJ 47, 186; Staudinger-Coing[11] § 21 Anm. 5, 20; Enneccerus-Nipperdey Allg. Teil[15] § 107 II 1.

[17]) AG Berlin JW 1932, 3663 mit zust. Anm. Callmann; SächsOVG JW 1935, 976 u. 3687; LG Stuttgart JR 1953, 65; Mohrbutter Rpfleger 1953, 611; Soergel-Schultze-v. Lasaulx BGB[10] § 21 Anm. 13; Enneccerus-Nipperdey Allg. Teil[15] § 107 Fn. 10; Stuttgart OLGZ 1967, 475.

[17a]) Beispiele aus der Rechtsprechung bei Staudinger-Coing BGB[11] § 21 Anm. 19; Soergel-Schultze-v. Lasaulx BGB[10] § 21 Anm. 15; Schlegelberger § 159 Anm. 3.

[18]) RGZ 85, 138, 141; KG JFG 2, 280 = OLGR 44, 115 unter Aufgabe von KGJ 31 A 220; Soergel-Schultze-v. Lasaulx BGB[10] § 64 Anm. 3; a.M. Enneccerus-Nipperdey Allg. Teil[15] § 107 Fn. 29; Staudinger-Coing[11] § 64 Anm. 5; Palandt-Danckelmann[25] §§ 64-66 Anm. 1; BGB-RGRK § 64 Bem.

[19]) Soergel-Siebert[9] § 30 Anm. 14; Staudinger-Coing[11] § 67 Anm. 1; Palandt-Danckelmann[25] § 30 Anm. 1; a.M. KG JFG 2, 280 = OLGR 44, 115; Keidel-Schmatz Registerrecht[2] S. 269.

a) Name und Sitz des Vereins, der Tag der Errichtung der Satzung, die Mitglieder des Vorstandes sowie Bestimmungen, die den Umfang der Vertretungsmacht des Vorstandes beschränken oder die Beschlußfassung des Vorstandes abweichend von § 28 Abs. 1 BGB regeln (§ 64 BGB);

b) jede Änderung des Vorstandes; die erneute Bestellung bereits eingetragener Vorstandsmitglieder ist nach § 67 BGB i. d. F. des § 24 Nr. 4 VereinsG nicht mehr einzutragen; dazu Stöber, Rpfleger 1967, 342 zu III;

c) Änderungen der Satzung (§ 71 mit § 64 BGB);

d) die Auflösung des Vereins und die Entziehung der Rechtsfähigkeit (§ 74 BGB);

e) die Eröffnung des Konkurses und die Aufhebung des Eröffnungsbeschlusses (§ 75 BGB), ebenso die Eröffnung und Aufhebung des Vergleichsverfahrens (§§ 108 Abs. 1 Satz 2, 98 Abs. 3, 23 VglO);

f) die Liquidatoren sowie Bestimmungen, welche deren Beschlußfassung abweichend von § 48 Abs. 3 BGB (Einstimmigkeit) regeln; die Eintragung der Beendigung der Vertretungsbefugnis der Liquidatoren und des Erlöschens des Vereins infolge Beendigung der Liquidation (§§ 49 Abs. 2, 51, 52 BGB) ist im Gesetz nicht vorgesehen; wird sie angemeldet, so erscheint eine Eintragung unbedenklich[20]);

g) die Beschlagnahme des Vereinsvermögens durch die Verbotsbehörde und ihre Aufhebung (§ 7 Abs. 2 VereinsG);

h) die Bestellung und Abberufung von Verwaltern des beschlagnahmten Vereinsvermögens durch die Verbotsbehörde (§§ 7 Abs. 2, 10 Abs. 3 VereinsG);

i) die Auflösung des Vereins, nachdem das Verbot unanfechtbar geworden ist (§ 7 Abs. 2 VereinsG);

k) das Erlöschen des Vereins, nachdem außer dem Verbot auch die Einziehungsanordnung der Verbotsbehörde unanfechtbar geworden ist (§§ 7 Abs. 2, 11 Abs. 2 Satz 3 VereinsG).

6 3. *Wirkung der Eintragung.* Die Eintragung des Vereins ist rechtsgestaltend für den Erwerb der Rechtsfähigkeit (§ 21 BGB) und den Erwerb des Namenszusatzes „eingetragener Verein" (§ 65 BGB). Vorausgesetzt wird, daß die Eintragung gültig ist; dazu genügt es in förmlicher Hinsicht, daß sie von dem zuständigen Registerführer bewirkt ist (§ 130 Rdn. 8), und in sachlicher Hinsicht, daß der Verein durch Angabe mindestens des Namens und des Sitzes hinreichend individualisiert ist; die Angabe der sonstigen nach § 64 einzutragenden Tatsachen ist für die Gültigkeit der Eintragung nicht wesentlich[21]). Rechtsgestaltend ist ferner die Eintragung von Satzungsänderungen, da sie nach § 71 BGB zu ihrer Wirksamkeit der Eintragung in das Vereinsregister bedürfen. Ohne Eintragung sind Satzungsänderungen auch für das Innenleben des Vereins ohne Wirkung[22].) Alle übrigen Eintragungen sind nur rechtsbekundend; bei einem Widerspruch zwischen Register und wahrer Rechtslage ist diese unbeschadet der §§ 68, 70 BGB maßgebend. Besondere Bedeutung hat die Frage, ob der Verein die Rechtsfähigkeit auch erlangt, wenn es an einer wesentlichen Voraussetzung seiner Eintragung gefehlt hat, z. B. wenn verkannt worden ist, daß der Verein nach der Satzung auf einen wirtschaftlichen Geschäftsbetrieb gerichtet ist. Diese Frage ist mit Rücksicht auf die Natur der Eintragung als nach außen in Erscheinung getretener rechtsgestaltender Staatsakt und im Hinblick auf die Sicherheit des Rechtsverkehrs dahin zu beantworten, daß die Eintragung bis zu ihrer Löschung ihre volle rechtliche Wirkung behält und nur vom Registergericht im Amtslöschungsverfahren nach §§ 159, 142, 143 FGG beseitigt werden kann. Auch die Amts-

[20]) Sternberg-Siehr Registerrecht S. 451; Keidel-Schmatz Registerrecht[2] S. 273; LG Hannover Rpfleger 1967, 174; Sauter-Schweyer, Der eingetr. Verein[7] S. 148.

[21]) Staudinger-Coing BGB[11] § 64 Anm. 4; Palandt-Danckelmann BGB[25] §§ 64-66 Anm. 1.

[22]) BGHZ 23, 122; Köln NJW 1964, 1575.

löschung hat keine rückwirkende Kraft, sondern führt nur zum Verlust der Rechtsfähigkeit für die Zukunft. Bis dahin unterliegt der Erwerb der Rechtsfähigkeit nicht der Nachprüfung in einem anderen Verfahren der streitigen oder freiwilligen Gerichtsbarkeit, z. B. durch das Prozeßgericht oder das Grundbuchamt[23]). Der Umstand, daß der eingetragene Verein nach Art. 9 Abs. 2 GG verboten ist, berührt ohnehin nicht seine Rechtsfähigkeit, solange der Tatbestand des Art. 9 Abs. 2 GG nicht durch eine unanfechtbar gewordene Verfügung der Verbotsbehörde nach § 3 Abs. 1 VereinsG festgestellt ist[24]). Es kann auch nicht anerkannt werden, daß der eingetragene Verein ohne weiteres nichtig sei, wenn der äußere Tatbestand einer Personenvereinigung fehle, oder wenn er nicht hat eingetragen werden sollen[25]); auch in diesem Fall kann die durch die Eintragung begründete Rechtsfähigkeit nur im Amtslöschungsverfahren beseitigt werden.

4. Öffentlicher Glaube. Das Vereinsregister genießt keinen öffentlichen Glauben. Die §§ 68, 7
70 BGB begründen aber eine negative Publizität des Vereinsregisters wie § 15 HGB für das Handelsregister, beschränkt auf Veränderungen des Vorstandes oder Beschränkungen seiner Vertretungsmacht. Bei Rechtsgeschäften des Vereins braucht ein Dritter sich eine nicht eingetragene Änderung des Vorstandes nicht entgegenhalten zu lassen, wenn sie ihm nicht bekannt war; er kann also auf den Fortbestand der Vertretungsmacht des zur Zeit der Vornahme des Rechtsgeschäfts eingetragenen Vorstandes vertrauen, sofern dieser gültig bestellt war. Andererseits muß der Dritte eine eingetragene Änderung gegen sich gelten lassen, es sei denn, daß er sie nicht kennt und seine Unkenntnis auch nicht auf leichter Fahrlässigkeit beruht. Dasselbe gilt nach § 70 BGB für Beschränkungen der Vertretungsmacht des Vorstandes (§ 26 Abs. 2 Satz 2 BGB) und für Bestimmungen, welche die Beschlußfassung des Vorstandes abweichend von § 28 Abs. 1 BGB regeln. Diese Vorschriften gelten nach § 48 Abs. 2 BGB auch für Liquidatoren.

C. Die Einrichtung und Führung des Vereinsregisters 8

regeln die BRBest. v. 3. 11. 1898 (ZBlDR 438) i. d. F. v. 24. 1. 1924 (RMinBl. 22), abgedruckt in Anl. 5, und Ausführungsvorschriften der Länder: *Bayern* Bek. v. 20. 3. 1899 (JMBl. n. F. I, 335) §§ 1 bis 11, Bek. v. 26. 4. 1924 (JMBl. n. F. I, 338); *Preußen* PrFGG Art. 29, AV v. 6. 11. 1899 (JMBl. 299) und v. 27. 12. 1911 (JMBl. 1912 3); über die Eigenschaft dieser Vorschriften als Rechtsnormen s. PrFGG Art. 29 Anm. 4. Wegen der übrigen Länder s. HessFGG Art. 31 bis 34, 37, NdsFGG Art. 21, 22[26]).

1. Zuständigkeit. Sachlich zuständig ist das Amtsgericht (§ 21 BGB). *Örtlich* zuständig ist 9
das AG des Sitzes (§§ 55, 24 BGB); jedoch kann die LJustVerw. nach § 55 BGB Abs. 2 i. d. F. des § 30 Nr. 3 RechtspflG die Vereinssachen einem AG für die Bezirke mehrerer AG zuweisen[27]). Dieses AG ist auch für die Verrichtungen nach §§ 29, 37, 48 Abs. 1, 73 BGB zuständig. Für Gerichte, an deren Sitz deutsche Gerichtsbarkeit nicht mehr ausgeübt wird, begründet § 16 ZustErgG eine Ersatzzuständigkeit. Die Eintragung bei einem örtlich unzuständigen Gericht hindert den Erwerb der Rechtsfähigkeit nicht, ist aber ein Grund zur Einleitung des Amtslöschungsverfahrens nach § 142 (Staudinger § 55 Anm. 1). Eine *Sitzverlegung* ist ent-

[23]) KG OLGR 22, 110; RGZ 81, 206; RG HRR 1928 Nr. 1958; durchaus h. M., Enneccerus-Nipperdey Allg. Teil[15] § 107 VI 2 mit Fn. 33, 34; Staudinger-Coing BGB[11] § 21 Anm. 29; Soergel-Siebert BGB[9] § 21 Anm. 10, Vorbem. 29 vor § 21, 2 vor § 55; Stein-Jonas-Pohle ZPO[19] § 50 VII 1.

[24]) Schnorr, Öffentliches Vereinsrecht, § 3 Anm. 1; ebenso schon für die Rechtslage vor Erlaß des VereinsG BVerwG 4, 188; 6, 333; Enneccerus-Nipperdey aaO.; Soergel-Siebert[9] Vorbem. 8 vor § 55; Staudinger-Coing BGB[11] § 21 Anm. 29 a.

[25]) So Soergel-Siebert Vorbem. 8 vor § 55, § 59 Anm. 3; wie hier Staudinger-Coing[11] § 21 Anm. 30, § 59 Anm. 3; gegen Nichtigkeit wegen fehlender Anmeldung auch Schlegelberger Anm. 14.

[26]) Weitere landesrechtliche Vorschriften bei Keidel Anm. 13; dort in Anm. 14 auch Nachweis von Verwaltungsvorschriften über Führung des Vereinsregisters in Karteiform; dazu noch AV d. JMNRW v. 31. 7. 67, JMBlNRW 1967, 190.

[27]) Vgl. für Nordrhein-Westfalen VO über die Bildung gemeinsamer Vereinsregisterbezirke vom 28. 4. 63 (GVBl. 195).

sprechend AktG § 45 bei dem Gericht des bisherigen Sitzes anzumelden und von dem Gericht des neuen Sitzes einzutragen[28]).

10 2. Dem *Rechtspfleger* sind die Vereinssachen in vollem Umfange übertragen, § 3 Abs. 1 Nr. 1 Buchst. a RechtspflG. Das gilt auch für die Entscheidung über den Einspruch im Ordnungsstrafverfahren (§ 135) und über den Widerspruch im Amtslöschungsverfahren (§§ 142, 141); vgl. § 132; Rdn. 100; a. M. Arndt § 10 Anm. 26, 27, § 15 Anm. 7, 48. Rechtlich schwierige Fälle legt der Rechtspfleger gemäß § 5 Abs. 1 Nr. 2 RechtspflG dem Richter vor. Über Anregungen zur Einleitung des Amtslöschungsverfahrens befindet der Rechtspfleger (§ 19 Rdn. 49), der Richter gemäß § 5 Abs. 1 Nr. 2 RechtspflG oder das LG als Gericht des ersten Rechtszuges gemäß § 143.

D. Verfahren des Registergerichts

11 Nach § 159 gelten eine Reihe von Vorschriften über die Führung des Handelsregisters für die Führung des Vereinsregisters entsprechend. Hieraus ergibt sich für das Verfahren des Registergerichts:

12 *1. Anmeldungen.* Die Form der Anmeldungen richtet sich nach § 77 BGB; § 128 FGG, auf den § 159 verweist, ist mit Wirkung vom 1. 1. 1970 durch § 57 Abs. 5 Nr. 2 BeurkG aufgehoben worden (vgl. § 128 Rdn. 1). Hiernach sind die Anmeldungen in öffentlich beglaubigter Form zu bewirken (vgl. dazu § 128 Rdn. 25). Zum Protokoll der Geschäftsstelle des Registergerichts können Anmeldungen nicht mehr erklärt werden. § 11 FGG ist auf formbedürftige Erklärungen nicht anwendbar. Die öffentliche Beglaubigung wird durch die notarielle Beurkundung der Anmeldung ersetzt (§ 129 Abs. 2 BGB). Zeichnungen von Unterschriften sind zum Vereinsregister nicht vorgeschrieben. Der Anmeldepflichtige kann sich durch einen rechtsgeschäftlichen Bevollmächtigten vertreten lassen; eine solche Bevollmächtigung wird aber nicht begründet durch die satzungsgemäße Bestellung zum stellvertretenden Vorstandsmitglied. Das Registergericht kann Anmeldung durch die Vorstandsmitglieder selbst oder Vorlegung einer besonderen, auf die Anmeldung gerichteten Vollmacht anordnen[29]). Die Vollmacht bedarf nach § 77 BGB ebenfalls der öffentlichen Beglaubigung; § 167 Abs. 2 BGB ist nicht anwendbar, weil er nur formbedürftige Rechtsgeschäfte, nicht aber für verfahrensrechtliche Erklärungen gilt[30]). Die Zurücknahme der Anmeldung bedarf keiner Form. Für die gesetzlich vermutete Vollmacht des Notars zur Antragstellung gelten die Grundsätze des § 129 FGG entsprechend[31]); ebenso § 24 Abs. 3 BNotO über die Ermächtigung des Notars zur Zurücknahme des von ihm gestellten Antrags (§ 129 Rdn. 6).

13 Die Anmeldungen sind von *allen Mitgliedern des Vorstandes* einschließlich der Stellvertreter zu bewirken, nicht nur von der nach der Satzung zur rechtsgeschäftlichen Vertretung erforderlichen Zahl; denn der Vorstand, der nach den §§ 59, 67, 71, 74 BGB anzumelden hat, ist der satzungsgemäß zu bestellende Vorstand, und die Vorstandsmitglieder handeln hierbei nicht in Vertretung des Vereins, sondern in Erfüllung einer ihnen selbst obliegenden Pflicht[32]). Mitglieder eines „erweiterten Vorstandes", die von der Vertretung des Vereins ausgeschlossen sind, sind aber kein Vorstand im Sinne des § 26 BGB und deshalb

[28]) Schleswig SchlHA 1955, 165; 1965, 106; Köln JMBlNRW 1963, 201; grundlegend Schmatz Rpfleger 1963, 109; Keidel Anm. 20; Sauter-Schweyer, Der eingetr. Verein[7] S. 30; a.M. Karlsruhe RJA 17, 74; Düsseldorf MDR 1956, 607; Bremen NJW 1957, 714; Hamm NJW 1963, 254 = Rpfleger 1963, 119.

[29]) KGJ 33 A 143 = RJA 8, 130.

[30]) KGJ 26 A 232 = RJA 4, 31; Schlegelberger Anm. 12; Staudinger-Coing BGB[11] § 59 Anm. 10; Soergel-Siebert BGB[9] § 59 Anm. 2; a.M. Bockemühl RheinNotK 1965, 503, 511.

[31]) KGJ 31 A 220 = RJA 6, 205.

[32]) KGJ 21 A 271 = OLGR 3, 38; KG RJA 2, 183; KG RJA 9, 47; KG DR 1942, 725; BayObLGZ 10, 81 = Recht 1909 Nr. 1092; Schlegelberger Anm. 8; Keidel Anm. 21; Keidel-Schmatz Registerrecht[2] S. 267; Enneccerus-Nipperdey Allg. Teil[15] § 107 Fn. 20; BGB-RGRK[11] § 59 Anm. 1, § 67 Anm. 2; Soergel-Siebert BGB[9] § 59 Anm. 2, § 67 Anm. 1; ebenso mit Beschränkung auf erste Anmeldungen Staudinger-Coing BGB[11] § 59 Anm. 10, § 77 Anm. 2; Sauter-Schweyer, Der eingetr. Verein[7] S. 155; a.M. LG Bremen NJW 1949, 345; Bockemöhl RheinNotK 1965, 503, 508; Stöber, Rpfleger 1967, 342 zu I.

nicht anmeldepflichtig[33]). Die Mitwirkung aller Vorstandsmitglieder (Liquidatoren) ist erforderlich ohne Unterschied, ob es sich um die erste Anmeldung des Vereins oder einer Satzungsänderung oder um eine sonstige Anmeldung (§§ 67, 74, 76 BGB) handelt[33a]). Wird eine Satzungsänderung über die Bildung des Vorstandes mit der Neuwahl des Vorstandes verbunden, so ist der neue Vorstand befugt, die Änderung der Satzung und seine Wahl anzumelden[34]). Die Anmeldung der Liquidatoren (§ 76 BGB) ist erforderlich, auch wenn die bisherigen Vorstandsmitglieder Liquidatoren sind[35]). Dieser Fall kann der nicht mehr anzumeldenden erneuten Bestellung von Vorstandsmitgliedern (§ 67 BGB) nicht gleichgestellt werden, weil die Rechtsstellung der Liquidatoren eine andere als die des Vorstandes ist. Ist der Verein durch Beschluß der Mitgliederversammlung aufgelöst und hat diese nach § 48 Abs. 1 BGB andere Personen als den Vorstand zu Liquidatoren bestellt, so haben diese die Anmeldung vorzunehmen, da der Vorstand nicht mehr dazu legitimiert ist[36]).

2. *Prüfungspflicht.* Das Registergericht hat zunächst die Ordnungsmäßigkeit und Vollständigkeit der Anmeldung zu prüfen. Hierzu gehört die Prüfung, ob die Form der Anmeldung gewahrt ist, ob die vorgeschriebenen Urkunden beigefügt sind und ob die Anmeldenden die wirklichen, durch die Urkunden ausgewiesenen Vorstandsmitglider (Liquidatoren) sind und in voller Zahl mitgewirkt haben[37]). Im übrigen erstreckt sich die Prüfungspflicht im allgemeinen nur darauf, ob die nachgesuchte Eintragung durch den Inhalt der Urkunden, die der Anmeldung beizufügen sind, gerechtfertigt wird oder ob sich in dieser Hinsicht Bedenken aus den vorgelegten Urkunden ergeben[38]). Begründeten Zweifeln an der Richtigkeit der in den Urkunden angegebenen Tatsachen hat das Gericht jedoch nachzugehen[39]). Bei der Anmeldung des Vereins insbesondere ist zu prüfen, ob die Erfordernisse der §§ 56 bis 59 BGB gewahrt sind, ob die Satzung den vorgeschriebenen Inhalt hat und ob sie nicht Bestimmungen enthält, die gegen gesetzliche Vorschriften verstoßen, z. B. über die Form der Berufung der Mitgliederversammlung[40]), oder die wegen Verstoßes gegen ein gesetzliches Verbot oder die guten Sitten nichtig sind[41]). Die Eintragung ist auch abzulehnen, wenn die Satzung ihrem Gesamtinhalt nach sich als Mißbrauch der Rechtsform des Vereins darstellt, weil ihr die Grundzüge einer korporativen Verfassung fehlen und der Verein nur die organisatorische Form für eine Sonderverwaltung eines außenstehenden Dritten ist[42]). Die Prüfung erstreckt sich ferner darauf, ob der Name des Vereins dem § 57 Abs. 2 BGB genügt und nicht zu Täuschungen Anlaß gibt[43]), oder ob der Vereinszweck gesetz- oder sittenwidrig (§§ 134, 138 BGB) ist[44]), schließlich auf die Frage, ob der Zweck des Vereins nicht auf einen wirtschaftlichen Geschäftsbetrieb im Sinne des § 21 BGB gerichtet ist (oben Rdn. 4). Die Frage, ob der Verein nach öffentlichem Vereinsrecht unerlaubt ist und verboten werden kann, weil seine Zwecke oder seine Tätigkeit den Strafgesetzen zuwiderlaufen oder er sich gegen die verfassungsmäßige Ordnung oder gegen den Gedanken der Völkerverständigung richtet (Art. 9 Abs. 2 GG), ist jedoch der Beurteilung der nach § 61 Abs. 2 BGB einspruchsberechtigten Verwaltungsbehörde und der Entscheidung im Verwaltungsrechtswege zu überlassen[45]); die zum 14

[33]) KG Recht 1929 Nr. 1455; AG Mannheim MDR 1962, 302; Düsseldorf RheinNotK 1962, 495; LG Lüneburg DNotZ 1964, 491; Richert NJW 1956, 364; a.M. LG Stade MDR 1962, 50; LG Wuppertal MDR 1951, 735.

[33a]) A.M. für spätere Anmeldungen Staudinger-Coing BGB[11] § 77 Anm. 2; Sauter-Schweyer, Der eingetr. Verein[7] S. 156.

[34]) Richert DRiZ 1957, 17; a.M. BayObLGZ 10, 81 = Recht 1909 Nr. 1092; Bremen NJW 1955, 1925; Staudinger-Coing BGB[11] § 71 Anm. 2.

[35]) Staudinger-Coing BGB[11] § 76 Anm. 2.

[36]) Keidel-Schmatz Registerrecht[2] S. 272 Fn. 5; a.M. Sternberg-Siehr Registerrecht S. 451; Staudinger-Coing BGB[11] § 76 Anm. 2.

[37]) BayObLG JFG 1, 273; Sternberg-Siehr Registerrecht S. 443.

[38]) KGJ 41, 157; Hamburg JFG 11, 175; BayObLGZ 1963, 15.

[39]) KG Recht 1930 Nr. 778; BayObLGZ 1963, 15, 17.

[40]) Hamm OLGZ 1965, 65.

[41]) RGZ 165, 140, 144; KG NJW 1962, 1917.

[42]) Staudinger-Coing BGB[11] Vorbem. 14 vor § 21; Keidel Anm. 9; LG Siegen Rpfleger 1964, 267; LG Hildesheim NJW 1965, 2400.

[43]) KG JFG 3, 259; LG Berlin JR 1956, 24.

[44]) KG OLGR 36, 188; RG JW 1920, 961.

[45]) So schon zum bisherigen Recht Voraufl. Anm. 2 b; Schlegelberger Anm. 9.

bisherigen Recht im Schrifttum teilweise vertretene gegenteilige Auffassung[46]) ist durch § 3 Abs. 1 VereinsG überholt, wonach ein Verein als nach Art. 9 Abs. 2 GG verboten erst behandelt werden darf, wenn durch Verfügung der Verbotsbehörde festgestellt ist, daß er den Tatbestand dieser Verbotsnorm erfüllt. Dagegen unterliegt der Prüfung des Registergerichts, ob der Vereinszweck gemäß § 134 BGB nichtig ist wegen Verstoßes gegen § 129 StGB i. d. F. des § 22 Nr. 5 VereinsG, durch den Vereinigungen unter Strafe gestellt werden, deren Zwecke oder deren Tätigkeit darauf gerichtet sind, strafbare Handlungen zu begehen. Hierbei handelt es sich um ein Organisationsdelikt, für dessen Tatbestand es nur darauf ankommt, ob die Vereinigung kollektiv die Begehung strafbarer Handlungen bezweckt, und welches deshalb von § 3 Abs. 1 VereinsG nicht berührt wird[47]). Die Verfassungswidrigkeit einer politischen Partei kann niemand vor der Entscheidung des BVerfG nach Art. 21 Abs. 2 GG rechtlich geltend machen[48]). Die Verwirkung des Grundrechts der Vereinigungsfreiheit (Art. 9 GG) kann nur durch konstitutive Entscheidung des BVerfG nach Art. 18 GG mit Wirkung ex nunc ausgesprochen werden[49]). Bei der Anmeldung von Beschlüssen der Mitgliederversammlung erstreckt sich die Prüfung nicht auf Einberufungsmängel, die aus der überreichten Urkunde nicht ersichtlich sind und die sich auch sonst nicht aufdrängen[50]); bei der Prüfung der Urkunde auf solche Mängel ist zu beachten, daß eine Mitgliederversammlung, die nicht auf Grund eines gültigen Vorstandsbeschlusses oder sonst durch einen Unbefugten einberufen worden ist oder zu der nicht alle Vereinsmitglieder geladen worden sind oder die unter einer satzungswidrigen Leitung stand, keine gültigen Beschlüsse fassen kann[51]).

15 *3. Aussetzungsbefugnis.* Auch bei der Führung des Vereinsregisters ist das Registergericht auf Grund der Verweisung des § 159 auf § 127 nach seinem pflichtmäßigen Ermessen befugt, die Verfügung auszusetzen, wenn die Entscheidung von der Beurteilung eines unter mehreren Beteiligten streitigen Rechtsverhältnisses abhängt, welches seiner Art nach im Wege des Rechtsstreits vor den ordentlichen Gerichten ausgetragen werden kann (vgl. § 127 Rdn. 2, 6). Das wird insbesondere in Betracht kommen, wenn über die Gültigkeit von Beschlüssen der Mitgliederversammlung Streit herrscht[52]). Ein Urteil, welches auf Feststellungsklage (§ 256 ZPO) die Gültigkeit des Beschlusses feststellt, wirkt Rechtskraft nur unter den Parteien. Stellt aber das Urteil in einem Rechtsstreit, an dem der Verein als Partei beteiligt ist, die Ungültigkeit des Beschlusses fest, so ist es, obwohl es im prozessualen Sinne nicht rechtsgestaltend ist, wegen der sozialrechtlichen Natur des Vereinsbeschlusses für alle Beteiligten und auch für das Registergericht bindend[53]).

16 *4. Zurückweisung der Anmeldung.* Die Zurückweisung der Anmeldung ist geboten, wenn die Anmeldung oder die nachgesuchte Eintragung unzulässig ist oder die Anmeldung einen sachlichen Mangel aufweist, der nicht nur in dem Fehlen der Erfordernisse der §§ 56 bis 59 BGB (so § 60 Abs. 1) zu bestehen braucht, sondern auch jede andere dem Prüfungsrecht des Registergerichts unterliegende Beanstandung umfassen kann, z. B. weil der Vereinszweck auf einen wirtschaftlichen Geschäftsbetrieb gerichtet ist. Auch die Nichtbeachtung von Sollvorschriften (§§ 56, 57 Abs. 2, 58 BGB) rechtfertigt die Zurückweisung, wenn auch nicht die Amtslöschung. Ist der Mangel behebbar, so ist Zurückweisung erst angebracht, wenn er trotz Zwischenverfügung mit Fristsetzung nicht behoben wird. Die zurückweisende Verfügung ist mit Gründen zu versehen (§ 60 Abs. 1 BGB). Wegen der Rechtsmittel vgl. nachst. Rdn. 47 und § 160a Rdn. 2 bis 7.

46) Enneccerus-Nipperdey Allg. Teil[15] § 107 III 4; Staudinger-Coing[11] § 60 Anm. 3; BGB-RGRK § 60 Anm. 1; Soergel-Siebert[9] § 60 Anm. 2.

47) BGH NJW 1965, 162; Schnorr, Öffentliches Vereinsrecht § 22 Anm. 16; vgl. auch Petzold NJW 1964, 2281.

48) BVerfGE 12, 296; dazu Seifert DÖV 1961, 81.

49) Maunz-Dürig GG Art. 18 Rdn. 64, 67, 68.

50) KGJ 41, 157; Hamburg KGJ 49, 277 = RJA 14, 298; BayObLGZ 1963, 15.

51) Schleswig NJW 1960, 1862; BayObLGZ 1963, 15, 18; Staudinger-Coing[11] § 32 Anm. 21; Soergel-Siebert[9] § 32 Anm. 12. Über Mitwirkung Minderjähriger an Vereinsbeschlüssen vgl. Braun NJW 1962, 92; Hamelbeck NJW 1962, 722.

52) Vgl. Hamburg JFG 11, 175, 178; BayObLGZ 1963, 15, 18.

53) RG JW 1929, 2708; Enneccerus-Nipperdey Allg. Teil[15] § 111 Fn. 29; Soergel-Schultze-v. Lasaulx BGB[10] § 32 Anm. 36.

5. Zulassung der Anmeldung. Ergeben sich keine Beanstandungen sachlichrechtlicher oder 17
verfahrensrechtlicher Art, so wird die Anmeldung zugelassen (§ 61 Abs. 1 BGB). Die Zulassung bedarf keiner Form, wird auch den Beteiligten in der Regel nicht besonders bekannt gemacht. Bei rechtsbekundenden Eintragungen (Rdn. 16) wird ohne weiteres die Eintragung verfügt und ausgeführt. Bei Anmeldung des Vereins und von Satzungsänderungen liegt die Zulassung durch schlüssige Handlung in der Mitteilung der Anmeldung an die Verwaltungsbehörde (§§ 61 Abs. 1, 71 Abs. 2 BGB), wodurch das Einspruchsverfahren eröffnet wird. In Form einer Entscheidung ergeht die Zulassung, wenn der Amtsrichter auf Erinnerung (§ 11 RechtspflG) oder das Beschwerdegericht eine die Anmeldung zurückweisende Verfügung aufhebt. Auch wenn im Anmeldeverfahren mehrere Beteiligte mit widerstreitenden Interessen hervorgetreten sind, kann es angebracht sein, über die Zulassung durch besondere Verfügung zu befinden. Die besonders verfügte oder durch Mitteilung an die Verwaltungsbehörde schlüssig zum Ausdruck gebrachte Zulassung ist bis zur Eintragung eine nach § 19 beschwerdefähige Verfügung[54]). Die Zulassung kann vorbehaltlich der Bindung an eine Entscheidung des Beschwerdegerichts gemäß § 18 jederzeit bis zur Eintragung geändert werden.

6. Beteiligung der Verwaltungsbehörde am Eintragungsverfahren (§§ 61, 71 Abs. 2, 62, 18
63 BGB i. d. F. des § 24 Nr. 2, 3 VereinsG v. 5. 8. 1964, BGBl. I, 593). Wird die Anmeldung des Vereins oder einer Satzungsänderung zugelassen, so hat das Amtsgericht sie der zuständigen Verwaltungsbehörde mitzuteilen (§§ 61 Abs. 1, 71 Abs. 2 BGB). Satzungsänderungen sind ohne Rücksicht auf ihre Art mitzuteilen, nicht nur bei einer Änderung des Vereinszwecks, da auch Änderungen anderer Art der Behörde möglicherweise Anhaltspunkte für das Vorliegen des Verbotstatbestandes bieten können[55]). Zuständige Behörde ist in den ehemals preußischen Gebieten nach § 3 VO v. 16. 11. 1899 (GS S. 562) der Landrat, in Stadtkreisen die Ortspolizeibehörde[56]); die Behörde ist also eine andere als die nach § 3 Abs. 2 VereinsG zuständige Verbotsbehörde. Das weitere Verfahren gestaltet sich wie folgt:

a) Einspruch wird nicht eingelegt, sei es, daß die Verwaltungsbehörde dem Amtsgericht 19
alsbald mitteilt, daß Einspruch nicht erhoben werde, wozu sie in unbedenklichen Fällen regelmäßig gehalten sein wird, sei es, daß seit der Mitteilung sechs Wochen verstrichen sind und Einspruch nicht erhoben ist. Erst jetzt darf die Eintragung vorgenommen werden. Sie muß jetzt auch erfolgen, wenn sich inzwischen keine sonstigen Hindernisse ergeben haben, da der Verein bei Erfüllung der gesetzlichen Voraussetzungen einen öffentlichrechtlichen Anspruch auf Erwerb der Rechtsfähigkeit durch Eintragung hat[57]). Jedoch ist, wie die Fassung des § 63 Abs. 1 BGB ergibt, auch ein nach Fristablauf, aber vor der Eintragung eingegangener Einspruch noch zu beachten, mag auch die Eintragungsverfügung schon erlassen sein, so daß die Eintragung nicht mehr vorgenommen werden darf[58]). Die Berücksichtigung des verspäteten Einspruchs steht nicht etwa im Ermessen des Registergerichts[59]).

b) Verfahren bei Einspruch der Verwaltungsbehörde. Die Erhebung des Einspruchs hat das 20
Amtsgericht dem Vorstand des Vereins formlos mitzuteilen (§ 62 BGB). Der Einspruch ist kein Rechtsmittel gegen die Zulassung der Anmeldung; er kann nicht darauf gestützt werden, daß die bürgerlichrechtlichen Voraussetzungen für die Eintragung nicht vorlägen, etwa weil der Verein einen wirtschaftlichen Geschäftsbetrieb bezwecke[60]). Durch den Einspruch wird die Behörde nicht Beteiligte des Verfahrens vor dem Registergericht. Die Einspruchseinlegung kann im Verfahren vor dem Registergericht oder im Rechtsmittelwege des FGG auf ihre

[54]) KGJ 28 A 63 = ZBlFG 5, 141 (der Aufsichtsbehörde steht gegen die Zulassung ein Beschwerderecht zu, wenn sie geltend macht, daß der Verein ein ihrer Aufsicht unterstehender Versicherungsverein a. G. und deshalb nicht eintragungsfähig sei); Schlegelberger Anm. 10.

[55]) Oertmann § 71 Anm. 2; Schlegelberger Anm. 11; a.M. anscheinend Enneccerus-Nipperdey Allg. Teil[15] § 111 I 3.

[56]) Wegen der übrigen Länder vgl. Staudinger-Coing[11] § 61 Anm. 2.

[57]) Enneccerus-Nipperdey Allg. Teil[15] § 107 pr.; Staudinger-Coing[11] § 55 Anm. 6.

[58]) Staudinger-Coing[11] § 63 Anm. 1; Schlegelberger Anm. 10; Soergel-Schultze-v. Lasaulx BGB[10] § 63 Anm. 6.

[59]) Mißverständlich Keidel Vorbem. 5 a vor § 159.

[60]) KGJ 28 A 63, 67.

Zulässigkeit und Berechtigung nicht nachgeprüft werden. Der Einspruch ist aber abweichend von dem aufgehobenen § 62 Abs. 2 BGB a. F. auch kein anfechtbarer Verwaltungsakt. Denn während nach bisherigem Recht bereits der Einspruch die Eintragung endgültig hinderte, wenn er nicht im Verwaltungswege oder Verwaltungsrechtswege aufgehoben wurde, hat der Einspruch jetzt nur noch die Wirkung, eine weitere Frist von einem Monat in Lauf zu setzen, innerhalb derer die Verbotsbehörde (§ 3 Abs. 2 VereinsG) das Vereinsverbot auszusprechen hat, anderenfalls der Einspruch unwirksam wird mit der Folge, daß das Registergericht dem Eintragungsverfahren so Fortgang geben muß, als wenn kein Einspruch eingelegt worden wäre (§ 63 BGB). Wegen dieser rein interimistischen und verfahrensrechtlichen Wirkung unterliegt der Einspruch daher nicht der Anfechtung im Verwaltungsrechtsweg[61]); dieser Rechtsweg ist erst gegen die Verbotsverfügung eröffnet (vgl. §§ 48, 50 Abs. 1 Nr. 2, 51 VerwGO i. d. F. des § 23 VereinsG). Das Verfahren des Registergerichts bleibt weiter ausgesetzt, wenn die Verbotsbehörde innerhalb eines Monats nach Eingang des Einspruchs beim Registergericht ein Verbot des Vereins ausspricht; dazu wird es genügen müssen, daß die Verbotsverfügung innerhalb der Frist erlassen, d. h. nach außen hin in Erscheinung getreten ist, mag sie auch noch nicht nach § 3 Abs. 4 Satz 3 VereinsG, § 80 VwGO wirksam und vollziehbar geworden sein, da der vorläufige Stillstand des Verfahrens vor dem Registergericht sich noch nicht als Vollziehung des Vereinsverbots darstellt. Es ist Sache der Verbotsbehörde, den rechtzeitigen Erlaß der Verbotsverfügung dem Registergericht nachzuweisen; unschädlich ist es, wenn dieser Nachweis erst nach Ablauf der Monatsfrist erbracht wird, sofern die Eintragung noch nicht ausgeführt ist. Ergeht aber innerhalb der Monatsfrist keine Verbotsverfügung, so kann die gesetzliche Folge der Unwirksamkeit des Einspruchs (§ 63 Abs. 2 BGB) nicht dadurch abgewendet werden, daß das Registergericht das Verfahren gemäß § 127 FGG bis zu einer Entschließung der Verbotsbehörde auf deren Anregung aussetzt[62]). Denn die der Verwaltungsbehörde in § 63 Abs. 1 und der Verbotsbehörde in § 63 Abs. 2 BGB gesetzten Fristen haben gerade den Zweck, baldige Rechtsklarheit zu schaffen[63]); außerdem fehlt es an den Voraussetzungen des § 127 für eine Aussetzung (§ 127 Rdn. 2). Wird die Verbotsverfügung rechtskräftig, so ist die Anmeldung zurückzuweisen. Außer bei nicht rechtzeitigem Erlaß einer Verbotsverfügung wird der Einspruch unwirksam, wenn das Verbot zurückgenommen oder unanfechtbar aufgehoben wird (§ 63 Abs. 2 BGB); in diesem Fall ist dem Eintragungsverfahren Fortgang zu geben, ohne daß das Registergericht das Vorliegen von Verbotsgründen nach Art. 9 Abs. 2 GG noch prüfen dürfte (Rdn. 23).

21 *Politische Parteien* sind von der Anwendung des Verfahrens nach §§ 61 bis 63 BGB gemäß § 37 d. Ges. über die politischen Parteien (Parteiengesetz) vom 24. 7. 1967 (BGBl. I, 773) ausgenommen. Hinsichtlich ihres Namens und der Gestaltung der Satzung sind die §§ 4, 6 bis 16 ParteienG zu beachten[63a]).

22 7. *Eintragungen von Amts wegen.* Grundsätzlich wird das Registergericht nur auf Anmeldung tätig. Von Amts wegen werden jedoch eingetragen:

23 *a) Gerichtlich bestellte Vorstandsmitglieder* und Liquidatoren (§§ 67 Abs. 2, 76 Abs. 3 BGB); die Bestellung erfolgt nach §§ 29, 48 Abs. 1 BGB (vgl. § 160 Anm. B).

24 *b) Eröffnung des Konkurses* und Aufhebung des Eröffnungsbeschlusses (§ 75 BGB), ebenso die Eröffnung und Aufhebung des Vergleichsverfahrens (§§ 108 Abs. 1 Satz 2, 98 Abs. 3, 23 VglO).

25 *c) Entziehung der Rechtsfähigkeit* (§§ 43, 73 BGB). Die Entziehung der Rechtsfähigkeit durch Beschluß des Amtsgerichts nach § 73 BGB (dazu § 160a Anm. B) wird von Amts wegen eingetragen, wenn der Beschluß rechtskräftig geworden ist. Die Entziehung der Rechtsfähigkeit durch Verfügung der Verwaltungsbehörde nach §§ 43 Abs. 1, 2, 44 Abs. 1 BGB wird auf

[61]) Schnorr, Öffentliches Vereinsrecht § 1 Anm. 28 c; Soergel-Schultze-v. Lasaulx BGB[10] § 62 Anm. 2; a.M. Keidel[9] Vorbem. 5 b vor § 159.

[62]) Wie Keidel Vorbem. 5 b vor § 159 es für zulässig hält.

[63]) Schnorr, Öffentliches Vereinsrecht § 1 Anm. 27, 28.

[63a]) Vgl. dazu Roellecke, DRiZ 1968, 117.

Anzeige der zuständigen Behörde ebenfalls von Amts wegen eingetragen (§ 74 Abs. 3 BGB). Diese Vorschriften, insbesondere § 43 Abs. 1 BGB, sind durch Art. 9 Abs. 2 GG und §§ 1 Abs. 2, 3 Abs. 1 VereinsG unberührt geblieben[64]). Die Rechtmäßigkeit des Verwaltungsakts unterliegt, wenn er wirksam erlassen und vollziehbar ist, nicht der Nachprüfung des Gerichts, sofern nicht etwa Nichtigkeitsgründe vorliegen[65]).

d) Beschlagnahme des Vereinsvermögens durch die Verbotsbehörde (§ 3 Abs. 1 Satz 2 VereinsG), wenn die Verfügung nach § 3 Abs. 4 Satz 4 VereinsG, § 80 VwGO wirksam und vollziehbar ist, sowie die Aufhebung der Beschlagnahme (§ 10 Abs. 5 VereinsG); die Eintragung erfolgt auf Anzeige der Verbotsbehörde (§ 7 Abs. 2 VereinsG). **26**

e) Bestellung und Abberufung von Verwaltern des beschlagnahmten Vereinsvermögens durch die Verbotsbehörde (§ 10 Abs. 3 VereinsG); die Eintragung erfolgt auf Anzeige der Verbotsbehörde (§ 7 Abs. 2 VereinsG). **27**

f) Auflösung des Vereins, nachdem das Vereinsverbot unanfechtbar geworden ist. Die Verbotsverfügung enthält als wesentlichen Bestandteil die Anordnung der Auflösung des Vereins (§ 3 Abs. 1 Halbs. 2 VereinsG). Die Eintragung erfolgt auf Anzeige der Verbotsbehörde, die auch die Unanfechtbarkeit der Verfügung nachzuweisen hat (§ 7 Abs. 2 VereinsG). **28**

g) Das Erlöschen des Vereins nach öffentlichem Vereinsrecht. Der Verein erlischt, wenn das Vereinsverbot und die Anordnung der Einziehung des Vereinsvermögens unanfechtbar geworden sind (§ 11 Abs. 2 Satz 3 VereinsG). Das Erlöschen wird auf Anzeige der Verbotsbehörde eingetragen (§ 7 Abs. 2 VereinsG), die hier ebenfalls die Unanfechtbarkeit der Verfügungen nachzuweisen hat. **29**

h) Die *Auflösung des Vereins* ist von Amts wegen einzutragen, wenn sie auf dem Wegfall aller Mitglieder (durch Austritt oder Tod) beruht. Der Verein erlischt, ohne daß eine Liquidation stattfinden kann. Die Abwicklung obliegt einem nach § 1913 BGB zu bestellenden Pfleger[66]). Ein Verein wird ferner von Amts wegen im Vereinsregister gelöscht, wenn ihm die Eigenschaft einer Körperschaft des öffentlichen Rechts verliehen worden ist[67]). **30**

i) Eine *Löschung* des Vereins *wegen Vermögenslosigkeit* findet nicht statt; § 2 LöschG (Anh. II nach § 144) ist nicht anwendbar, auch nicht entsprechend[67a]). **31**

8. Eintragung. Bekanntmachung. Für die *Form der Eintragungen* und ihre Bekanntmachung an die Beteiligten gilt § 130 entsprechend; dazu BRBest. v. 3. 11. 1898 (Anl. 5) § 3 und AV v. 6. 11. 1899 (PrJMBl. 302) Art. 5. Benachrichtigung des Antragstellers oder seines Bevollmächtigten (Notars). Über den *Inhalt der Eintragungen* s. §§ 64, 67, 71, 74 bis 76 BSG, § 9 BRBest. Bei *Satzungsänderungen* ist einzutragen der Tag des die Satzung ändernden Beschlusses; die Änderung von Bestimmungen der in § 64 BGB genannten Art (Name und Sitz des Vereins, Beschränkungen der Vertretungsmacht des Vorstandes, Beschlußfassung des Vorstandes abweichend von § 28 Abs. 1 BGB) bedarf gemäß § 71 Abs. 2 mit § 64 BGB zu ihrer Wirksamkeit der unmittelbaren Eintragung in das Register[68]). Bei Beschlüssen, die **32**

[64]) Soergel-Siebert[10] § 43 Anm. 3; Schnorr, Öffentliches Vereinsrecht, § 1 Anm. 32; a.M. Staudinger-Coing[11] § 43 Anm. 5 a; ohne Stellungnahme Enneccerus-Nipperdey Allg. Teil[15] § 113 Fn. 9.

[65]) LG Frankfurt NJW 1953, 1748; Keidel Anm. 10.

[66]) OLG München JFG 18, 183; BGHZ 19, 51; KG WM 1957, 1108; KG WM 1964, 497; BAG NJW 1967, 1437; Staudinger-Coing[11] § 41 Anm. 12; Enneccerus-Nipperdey Allg. Teil[15] § 113 I 3 und Fn. 13; Keidel Anm. 27; Soergel-Schultze-v. Lasaulx BGB[10] Vorbem. 15 vor § 41; dagegen nehmen nur Auflösung mit anschließender Liquidation an Soergel-Siebert[9] Vorbem. 9 vor § 41; Beitzke, Mitgliedlose Vereine in Festschr. f. Wilburg 1965 S. 19. Vgl. auch Sauter, Vötsch, Rpfleger 1954, 289, 290; Meltendorf JR 1956, 4.

[67]) Keidel-Schmatz Registerrecht[2] S. 271 Fn. 8; Auweder, Rpfleger 1959, 45.

[67a]) Wagner DFG 1937, 221, 242; Seidel DFG 1937, 124, 221; Keidel-Schmatz S. 273; Keidel Anh. zu § 144 Rdn. 11; Bärmann § 49 III 4; a.M. Becker, ZAkDR 1937, 52; Wegener JW 1936, 2968.

[68]) RG WarnR 1933 Nr. 90 = DRZ 1933 Nr. 368 = Recht 1933 Nr. 369 = HRR 1933 Nr. 1635; München MDR 1955, 160; BGHZ 18, 303 = LM § 71 BGB Nr. 1 = NJW 1955, 1916 = DNotZ 1956, 54.

die Satzung in anderer Beziehung in einzelnen Punkten ändern, ist die allgemeine Bezeichnung des Gegenstandes der Änderung erforderlich, aber auch genügend (§ 9 Abs. 2 BRBest.; RGRKomm. 1 zu § 71; a. M. Staudinger-Coing 8 zu § 71, der volle Eintragung verlangt). Wird unter Aufhebung der bisherigen Satzung an deren Stelle eine neue Satzung errichtet, so genügt die Eintragung dieser Tatsache, des Tages der neuen Satzung und der in § 64 BGB genannten Bestimmungen (str.). Ohne Eintragung sind Satzungsänderungen auch für das Innenleben des Vereins ohne Wirkung[69]).

33 *Öffentlich bekanntgemacht* wird nach § 66 Abs. 1 BGB die Eintragung des Vereins unter Angabe des Namens und des Sitzes; in den ehemals preuß. Gebieten im öffentlichen Anzeiger des Amtsblatts, AV v. 11. 11. 1926 (JMBl. 397); in Bayern Bek. v. 12. 4. 1950 (JMBl. 63). Der Name des Vorstandes und Satzungsänderungen werden nicht veröffentlicht. Vgl. auch HessFGG Art. 37.

34 Über *Mitteilungen* in Vereinsregistersachen vgl. MiZi XXI/5.

35 9. *Die Amtslöschung von Eintragungen als unzulässig* wegen Mangels einer wesentlichen Voraussetzung richtet sich nach den §§ 142, 143. Der Löschung nach diesen Vorschriften unterliegt auch die Eintragung des Vereins selbst[70]) und von Beschlüssen der Mitgliederversammlung; eine dem § 144 entsprechende Vorschrift, welche die Löschung dieser Eintragungen an erschwerende Voraussetzungen knüpft, besteht für Vereine nicht. Die Löschung des Vereins kommt in Betracht, wenn die Satzung gemäß den §§ 134, 138 BGB nichtig ist[71]), wenn der Vereinsname zur Täuschung geeignet ist[72]), wenn sonst eine wesentliche Eintragungsvoraussetzung fehlte[73]) oder wenn der Zweck des Vereins nach der Satzung auf einen wirtschaftlichen Geschäftsbetrieb gerichtet ist[74]); verfolgt der Verein dagegen satzungswidrig einen solchen Zweck, so sind die Voraussetzungen für die Entziehung der Rechtsfähigkeit durch die Verwaltungsbehörde nach §§ 43 Abs. 2, 44 Abs. 1 BGB gegeben[75]). Ein Löschungsgrund ist ferner gegeben, wenn die Satzung entgegen § 57 Abs. 1 BGB nicht ergibt, daß der Verein eingetragen werden soll[76]), sofern dieser Mangel nicht durch einen Beschluß der Mitgliederversammlung mit satzungsändernder Mehrheit nachträglich behoben wird. Die Einleitung des Löschungsverfahrens ist geboten, wenn der Verein oder eine Satzungsänderung eingetragen wurde, ohne daß die Anmeldung der Verwaltungsbehörde nach §§ 61, 71 BGB mitgeteilt wurde, oder unter Nichtbeachtung eines Einspruchs der Verwaltungsbehörde oder eines rechtzeitig ausgesprochenen Vereinsverbots, oder wenn die Eintragung vor Ablauf der Fristen des § 63 Abs. 1, 2 BGB vorgenommen wurde, sofern noch innerhalb der Frist Einspruch eingelegt oder das Vereinsverbot erlassen wird[77]). Ist eine Eintragung vorgenommen worden, obwohl sie überhaupt nicht oder nicht von dem richtigen Vorstand oder nicht von allen Vorstandsmitgliedern angemeldet worden ist[78]), so ist zu unterscheiden: Rechtsbekundende Eintragungen und solche rechtsändernden Eintragungen, deren Anmeldung durch Ordnungsstrafen erzwingbar ist, wie die Anmeldung von Satzungsänderungen (§§ 78, 71 Abs. 1 BGB), können trotz dieses Verfahrensfehlers nicht gelöscht werden, wenn sie sachlich richtig sind (§ 142 Rdn. 6). Aber auch die Eintragung des Vereins muß trotz fehlerhafter Anmeldung bestehen bleiben, wenn die Satzung ergibt, daß der Verein eingetragen werden soll (§ 57 Abs. 1 BGB), und die anmeldeberechtigten Vorstandsmitglieder die Eintragung willentlich

69) BGHZ 23, 122.

70) KG JFG 3, 259; RGZ 154, 343.

71) KG OLGR 36, 188; KG NJW 1962, 1917 = Rpfleger 1963, 292.

72) KG JFG 3, 259 = OLGR 44, 184 = JW 1925, 2013 mit Anm. v. Bondi; BayObLGZ 1959, 287; Keidel Anm. 24.

73) RG HRR 1928 Nr. 1958.

74) KG JFG 3, 259; RGZ 154, 343; Frankfurt BB 1966, 52.

75) KG JFG 3, 259; Soergel-Schultze-v. Lasaulx BGB[10] § 21 Anm. 16.

76) Enneccerus-Nipperdey Allg. Teil[15] § 107 III 1; auch in diesem Fall hat die Eintragung die Rechtsfähigkeit zunächst konstitutiv begründet; sie ist nicht etwa absolut nichtig; Staudinger-Coing[11] § 59 Anm. 3; a.M. Soergel-Schultze-v. Lasaulx[10] § 59 Anm. 3; vgl. oben Rdn. 16.

77) Schlegelberger Anm. 14; Keidel Anm. 24 und Vorbem. 5 d vor § 159; Sternberg-Siehr S. 452.

78) Vgl. dazu BayObLG JFG 1, 273; KG HRR 1930 Nr. 765; Josef ZBlFG 21, 325.

bestehen lassen[79]). Nicht gerechtfertigt wird die Amtslöschung durch Verletzung von Vorschriften über die Form der Anmeldung (§ 77 BGB) oder durch die Nichtbeachtung der Sollvorschriften der §§ 56, 57 Abs. 2, 58, 59 Abs. 2 BGB. Beschlüsse von Mitgliederversammlungen können als unzulässig gelöscht werden, wenn sie wegen Verstoßes gegen das Gesetz oder zwingende Vorschriften der Satzung nichtig sind und der Mangel aus den vorgelegten Urkunden (vgl. §§ 67 Abs. 1 Satz 2, 71 Abs. 1 Satz 3) erkennbar war[80]).

Die *Löschung* ist keine Pflicht des RegisterG, sondern in sein *sachgemäßes Ermessen* gestellt; das Gericht muß erwägen, ob die Löschung nach der Sachlage geboten ist, ob sie insbesondere durch ein Recht oder ein schutzwürdiges Interesse Dritter oder durch das öffentliche Interesse angezeigt ist[81]); Anregungen Dritter sind zwar sachgemäß zu prüfen, zwingen aber nicht zur Löschung[82]). Wegen des Verfahrens im übrigen ist auf die Bem. zu den §§ 142, 143 zu verweisen. 36

Bis zur Löschung besitzt der Verein, auch beim Fehlen einer wesentlichen Vorbedingung seiner Eintragung, die Rechtsfähigkeit; das Fehlen einer Eintragungsvoraussetzung kann nur im Löschungsverfahren, nicht im Rechtsstreit geltend gemacht werden (oben Rdn. 16). 37

10. Das *Ordnungsstrafverfahren* nach den §§ 132 bis 139 findet statt zur Erzwingung der in § 78 BGB angeführten Verpflichtungen der Vorstandsmitglieder und Liquidatoren. Es ist gegen die Vorstandsmitglieder persönlich, nicht gegen den Vorstand als Organ zu betreiben[83]). Der Verein ist an dem Verfahren nicht beteiligt[84]). Das RegisterG ist zum Einschreiten verpflichtet, wenn es von einer Verletzung der Anmeldepflicht Kenntnis erhält[85]). Die einzelne Strafe darf den Betrag von 1000 DM nicht übersteigen (vgl. § 147 Rdn. 9). Auch ein Einschreiten wegen unbefugten Firmengebrauchs nach § 37 Abs. 1 HGB, § 140 FGG gegen einen eingetragenen Verein ist nicht ausgeschlossen, wenn er eine ihm nicht zustehende Firma oder firmenähnliche Geschäftsbezeichnung gebraucht; denn da diese Vorschriften eine Befugnis zum Einschreiten gegen jedermann gewähren, also auch gegen Vereine, war es nicht erforderlich, die entsprechende Anwendung des § 140 in § 159 besonders anzuordnen[86]). 38

F. Die Rechtsmittel

in Vereinssachen richten sich ausschließlich nach den §§ 19 ff. FGG, nachdem die Vorschriften des § 60 Abs. 2 BGB, auf den auch § 71 Abs. 2 BGB verwies, sowie der § 73 Abs. 1 Satz 2, 3 und Abs. 2, nach denen in gewissen Fällen ausnahmsweise die Beschwerde nach der ZPO stattfand, durch § 24 Nr. 1 und 5 VereinsG v. 5. 8. 1964 (BGBl. I, 593) aufgehoben und durch den neu eingefügten § 160a FGG ersetzt worden sind. Gegen Eintragungen in das Vereinsregister gibt es keine Beschwerde mit dem Ziel der Löschung[87]). Beschwerdegericht ist die Zivilkammer, nicht die Kammer für Handelssachen[88]). Grundsätzlich ist die Beschwerde nach § 19 unbefristet. Die sofortige Beschwerde nach § 22 findet statt im Ordnungsstrafverfahren gegen die Verwerfung des Einspruchs oder die Festsetzung der Strafe (§ 139 Anm. B), im Amtslöschungsverfahren gegen die Zurückweisung des Widerspruchs (§§ 142 Abs. 2, 143, 141 Abs. 3 Satz 2), im übrigen nur in den in §§ 160, 160a besonders geregelten Fällen. Soweit aber der Rechtspfleger entscheidet (oben Rdn. 20), findet statt der einfachen Beschwerde die unbefristete, statt der sofortigen Beschwerde die befristete Erinnerung an den Amtsrichter statt (§ 11 Abs. 1 RechtspflG). Vgl. ferner § 160a mit Bem. 39

79) Vgl. § 142 Anm. C 2 b; vgl. ferner Staudinger-Coing[11] § 59 Anm. 3; Soergel-Siebert[10] § 59 Anm. 3, die, wenn § 57 Abs. 1 BGB gewahrt ist, für volle Wirksamkeit der Eintragung eintreten und damit wohl auch das Amtslöschungsverfahren ausschließen wollen.

80) KGJ 41, 157; Schleswig NJW 1960, 1862; vgl. auch Sauter-Schweyer, Der eingetr. Verein[7] S. 163 ff.

81) KG HRR 1930 Nr. 765 = Recht 1930 Nr. 905.

82) KG aaO.; a.M. BayObLG JFG 5, 280; Keidel Anm. 24.

83) KGJ 26 A 232 = RJA 4, 31.

84) BayObLG OLGR 15, 306.

85) RG JW 1936, 3120.

86) Vgl. § 147 Rdn. 10, § 140 Rdn. 2; a.M. Schlegelberger Anm. 15; Keidel Anm. 30.

87) KG RJA 13, 119 = OLGR 29, 305; KG OLGZ 1967, 97 zu II 3; vgl. § 142 Anm. G.

88) KGJ 29 A 109 = RJA 5, 187.

F. Kosten für Aufnahme

40 von Anmeldungen § 86 KostO, für Eintragungen §§ 80, 87 KostO, im Löschungsverfahren § 88 KostO, im Ordnungsstrafverfahren § 119 KostO, für die Verrichtungen nach §§ 29, 37, 48 Abs. 1, 73 BGB gemäß § 121 KostO.

G. In der DDR

41 wird das Vereinsregister von den Volkspolizeikreisämtern geführt, auf die auch die übrigen Aufgaben des AG in Vereinssachen übergegangen sind, §§ 38 bis 44 FGVO. Im Ostsektor Berlins gelten entsprechende Vorschriften. Es scheint eine Bedürfnisprüfung stattzufinden (vgl. Samson JR 1960, 325, 328).

160 Im Falle des § 37 des Bürgerlichen Gesetzbuchs soll das Gericht vor der Verfügung, durch welche über das Verlangen, eine Mitgliederversammlung zu berufen, entschieden wird, soweit tunlich den Vorstand des Vereins hören. Gegen die Verfügung findet die sofortige Beschwerde statt.

A. Bedeutung.

1 Die Vorschrift enthält eine verfahrensrechtliche Ergänzung zu § 37 BGB.

2 *1. § 37 BGB* regelt die *Ermächtigung einer Minderheit* von Vereinsmitgliedern zur *Einberufung einer Mitgliederversammlung* oder, sofern die Satzung eine solche nicht vorsieht, einer Vertreterversammlung[1]). Zu dem Verlangen auf Einberufung einer Mitgliederversammlung ist nach § 37 Abs. 1 BGB berechtigt der durch die Satzung bestimmte Teil oder in Ermangelung einer Satzungsbestimmung der zehnte Teil der Mitglieder. Da hierdurch ein Minderheitenrecht begründet wird, darf die Satzung die erforderliche Mitgliederzahl nicht auf die Hälfte oder mehr festsetzen; anderenfalls ist die Satzungsbestimmung unwirksam mit der Folge, daß der vom Gesetz bestimmte zehnte Teil der Mitglieder genügt[2]). Antragsberechtigt ist eine Minderheit von Vereinsmitgliedern des hiernach erforderlichen Umfangs[3]). Vorher muß dieselbe Minderheit das Verlangen schriftlich unter Angabe des Zwecks (Tagesordnung) der Versammlung und der Gründe der Einberufung beim Vorstand vergeblich gestellt haben[4]). Der Antrag kann auch darauf beschränkt werden, die Minderheit zur Ankündigung eines Gegenstandes der Beschlußfassung einer bereits einberufenen Mitgliederversammlung zu ermächtigen. Das Gericht prüft nicht nur die förmlichen Voraussetzungen der Antragsberechtigung, sondern stellt auch eine (begrenzte) sachliche Prüfung in der Richtung an, ob der Gegenstand zur Zuständigkeit der Versammlung gehört und ob offenbar mißbräuchliche oder rechtswidrige Zwecke verfolgt werden[5]). Die bei § 145 Rdn. 34 zu § 122 AktG dargelegten Grundsätze gelten entsprechend. Ob die nach Gesetz oder Satzung erforderliche Minderheit erreicht ist, ergibt bei Zweifeln eine nach §§ 72, 78 BGB einzufordernde Bescheinigung des Vorstands über die Mitgliederzahl. Statt der Gesamtheit der Antragsteller kann auch einer von ihnen zur Einberufung ermächtigt werden[6]). Eine Anordnung über die Führung des Vorsitzes kann angebracht sein, wenn andernfalls eine Vereitelung des Versammlungszwecks zu besorgen ist (RGRKomm 2. zu § 37).

3 2. Die *Anhörung des Vorstandes* ist als Ordnungsvorschrift auch dann vorgeschrieben, wenn die Ablehnung des Antrags beabsichtigt ist (Keidel Anm. 5). Zwingend geboten ist sie

[1]) KG JFG 7, 233 = HRR 1929 Nr. 2071 = JW 1930, 1224; Soergel-Schultze-v. Lasaulx BGB[10] § 37 Anm. 4.
[2]) KG NJW 1962, 1917.
[3]) BayObLGZ 20, 328 = OLGR 41, 17 = Recht 1921 Nr. 5 bis 9; a.M. Keidel Anm. 2, nach dem jedes Vereinsmitglied und sogar ein Dritter antragsberechtigt sein soll (!).
[4]) BayObLG aaO.
[5]) KG JFG 13, 140 = JW 1935, 3636 = HRR 1935 Nr. 1653 = DFG 1936, 52; BayObLGZ 33, 16 = JFG 10, 182 = JW 1933, 1470.
[6]) BayObLGZ 20, 328.

zur Wahrung des rechtlichen Gehörs (GG Art. 103) vor Erteilung der Ermächtigung. Untunlich kann die Anhörung nur unter außergewöhnlichen Umständen sein (Fehlen oder Nichterreichbarkeit des Vorstandes).

3. Die *sofortige Beschwerde* nach § 22 findet statt gleichviel, ob eine stattgebende oder zurückweisende Verfügung ergeht. Die Antragsteller können die ermächtigende Verfügung auch anfechten, wenn der Vorsitz nicht oder nicht antragsgemäß geregelt ist oder wenn nicht alle Tagesordnungspunkte zugelassen sind. Wird dem Antrag ganz oder teilweise nicht entsprochen, so steht die Beschwerde nur der antragstellenden Minderheit von Vereinsmitgliedern gemeinsam zu (§ 20 Abs. 2); gegen die Erteilung der Ermächtigung ist der Vorstand beschwerdeberechtigt. **4**

Wirksam wird die Ermächtigung mit der Bekanntgabe an die Antragsteller (§ 16). Die sof. Beschwerde hatte keine aufschiebende Wirkung (§ 24); die Versammlung kann daher schon vor Rechtskraft wirksam einberufen werden, sofern die Vollziehung nicht nach § 24 Abs. 3 ausgesetzt wird[7]). **5**

.4 Entsprechend anwendbar ist § 37 BGB und damit § 160 FGG gemäß §§ 22, 25 BGB, Art. 82 EGBGB auf Vereine, deren Rechtsfähigkeit auf staatlicher Verleihung beruht, vorbehaltlich abweichenden Landesrechts[8]). Auf die Einberufung eines Aufsichtsrats kann die Vorschrift nicht entsprechend angewendet werden[9]). Auf *nicht rechtsfähige Vereine* mag zwar § 37 Abs. 1 BGB anwendbar sein, nicht aber die Befugnis zur gerichtlichen Ermächtigung nach § 37 Abs. 2; bloße Zweckmäßigkeitserwägungen sind nicht geeignet, die Zuständigkeit des Gerichts der freiwilligen Gerichtsbarkeit zu begründen. Die Mitglieder des nicht rechtsfähigen Vereins sind daher auf den Klageweg angewiesen[10]). **6**

5. Der *Rechtspfleger* ist zuständig, § 159 Rdn. 20. **7**

B. Bestellung von Notvorständen und Notliquidatoren (§§ 29, 48 Abs. 1 BGB)

Soweit die erforderlichen Mitglieder des Vorstandes fehlen, sind sie nach § 29 BGB in dringenden Fällen für die Zeit bis zur Behebung des Mangels auf Antrag eines Beteiligten von dem Amtsgericht zu bestellen, das für den Bezirk, in dem der Verein seinen Sitz hat, das Vereinsregister führt. Dasselbe gilt nach § 48 Abs. 1 BGB für die Bestellung von Liquidatoren. Die Zuständigkeit kann durch die Satzung nicht abbedungen werden (§ 40 BGB). Das Gericht ist auch befugt, einen von ihm bestellten (nicht aber einen gewählten) Notvertreter von Amts wegen oder auf Antrag abzuberufen[11]), wenn das Vereinsinteresse es erfordert. **8**

1. Sachliche Voraussetzungen

a) Fehlen der erforderlichen Vorstandsmitglieder. Es muß mindestens ein nach Gesetz oder Satzung für die Beschlußfassung des Vorstandes oder die Vertretung des Vereins erforderliches Vorstandsmitglied fehlen. Das Fehlen kann auf Wegfall durch Tod, Abberufung, Amtsniederlegung oder Ablauf der Amtszeit beruhen, auf tatsächlicher Verhinderung durch Geschäftsunfähigkeit, langdauernde Krankheit oder Abwesenheit oder grundsätzliche Verweigerung der Geschäftsführung im allgemeinen[12]), ferner auf rechtlicher Verhinderung bei Ausschluß von der Mitwirkung im Einzelfall nach §§ 34, 28 Abs. 1 oder § 181 BGB[13]). Die **9**

[7]) KG OLGR 43, 197; RGZ 170, 90.

[8]) Vgl. § 159 Anm. A 1, 2; Staudinger-Coing[11] § 22 Anm. 7; Keidel Anm. 3.

[9]) KG JFG 6, 204 = HRR 1929 Nr. 1034.

[10]) RGZ 78, 52; RG JW 1912, 410; KG JFG 13, 140; Soergel-Siebert[9] § 54 Anm. 6; BGB-RGRK[10] § 37 Anm. 3; Keidel Anm. 3; a.M. Habscheid AcP 155, 398; Enneccerus-Nipperdey Allg. Teil[15] § 116 Fn. 39; Staudinger-Coing[11] § 37 Anm. 17, § 54 Anm. 26; Soergel-Schultze-v. Lasaulx BGB[10] § 37 Anm. 5.

[11]) KG OLGZ 1967, 97 = NJW 1967, 933; Soergel-Siebert BGB[10] § 29 Anm. 25; Staudinger-Coing BGB[11] § 29 Anm. 11; Sauter, Der eingetr. Verein[6] S. 49.

[12]) KG JFG 15, 101 = JW 1937, 1730; Soergel-Siebert[10] § 29 Anm. 7; Staudinger-Coing[11] § 29 Anm. 7; Enneccerus-Nipperdey Allg. Teil[15] § 109 Fn. 6.

[13]) BayObLG OLGR 44, 116; Soergel-Siebert[10] § 29 Anm. 7.

Ablehnung einzelner Geschäftsführungsmaßnahmen genügt jedoch nicht, weil darin eine Nachprüfung der Geschäftsführung läge, die dem Gericht nicht zusteht[14]). Zweifel darüber, ob ein Vorstandsmitglied fehlt, z. B. das Amt niedergelegt hat, hat das Amtsgericht aufzuklären (§ 12). Ist zweifelhaft, ob der Verein noch besteht, so kann die Bestellung von Notvertretern nur abgelehnt werden, wenn das Nichtbestehen feststeht[15]).

10 *b) Dringlichkeit.* Ein dringender Fall liegt vor, wenn der Verein oder ein Beteiligter nur durch die alsbaldige Bestellung eines Notvertreters vor erheblichen Nachteilen bewahrt werden und das fehlende Vorstandsmitglied auf satzungsgemäßem Wege nicht oder nicht alsbald genug bestellt werden kann. Für den Fall, daß der Verein verklagt werden soll, ist das Verhältnis des § 29 BGB zu § 57 ZPO umstritten. Da Zwangseingriffe in das Vereinsleben auf das unumgängliche Maß beschränkt werden müssen, eine Maßnahme nach § 29 aber die umfassendere ist, wird anzunehmen sein, daß sie zu unterbleiben hat, wenn den Interessen der Beteiligten durch Bestellung eines Prozeßvertreters nach § 57 ZPO ausreichend gedient ist, es sei dann, daß eine Bestellung durch das Prozeßgericht auch im Beschwerdewege nicht erreicht werden kann[16]). Unter den Voraussetzungen des § 10 ZustErgG kann ein Abwesenheitspfleger auch für einen Verein bestellt werden.

2. Verfahren

11 *a) Antrag.* Die Bestellung setzt einen Antrag voraus; ohne Antrag ist die Bestellung zwar nicht nichtig, aber auf Beschwerde oder gemäß § 18 aufzuheben[17]). Antragsberechtigter Beteiligter ist jedes Vorstandsmitglied, auch wenn Gesamtvertretung vorgesehen ist, oder ein Vereinsmitglied[18]), ferner ein Dritter, der dem Verein gegenüber eine rechtsgeschäftliche oder prozessuale Willenserklärung abgeben oder ein Recht verfolgen will, z. B. ein Gläubiger oder Schuldner des Vereins[19]). Beteiligter ist auch ein anderer Verein (Genossenschaft, GmbH), dem der Verein als Mitglied (Genosse, Gesellschafter) angehört[20]). Allgemein wird bei Dritten zwar nicht die Beeinträchtigung eines Rechts i. S. des § 20 Abs. 1, aber ein rechtliches Interesse ausreichend, jedoch auch erforderlich sein (vgl. § 80 Rdn. 10, § 57 Rdn. 6, § 20 Rdn. 16). Für die Abberufung eines bestellten Notvorstandes kann deshalb ein Dritter kein Antragsrecht haben[21]), wohl aber ein Vereins- oder Vorstandsmitglied.

12 *b) Zuständig* ist das Amtsgericht, das für den Bezirk, in dem der Verein seinen Sitz hat, das Vereinsregister führt. Soweit jedoch die Anwendung der §§ 29, 48 Abs. 1 BGB auf eine Handelsgesellschaft oder Genossenschaft in Betracht kommt (§ 159 Anm. 1, nachst. Rdn. 14), ist das Amtsgericht zuständig, welches das Handels- oder Genossenschaftsregister führt (§§ 145 Abs. 2, 125 Abs. 2 entsprechend)[22]). Das Verfahren ist auf den *Rechtspfleger* übertragen (§ 3 Abs. 1 Nr. 1 Buchst. a RechtspflG). Für das Verfahren gelten die allgemeinen Vorschriften der §§ 1 bis 34, insbesondere § 12 (Amtsermittlungsgrundsatz); daß die Voraussetzungen nur glaubhaft gemacht sein müßten[23]), kann nicht anerkannt werden.

13 *c) Inhalt und Wirkungen des Bestellungsbeschlusses.* Grundsätzlich ist eine Bestellung von Notvertretern nur insoweit vorzunehmen, als es zur Behebung der Vakanz erforderlich ist Dabei sind Bestimmungen der Satzung über die Zusammensetzung des Vorstandes zu beachten. Wenn die Satzung einen mehrgliedrigen Vorstand vorsieht, sind soviele Vorstandsmitglieder einzusetzen, wie an der zur Beschlußfassung oder Vertretung erforderlichen

14) KG JFG 15, 101.
15) Frankfurt JZ 1952, 565; vgl. auch KG NJW 1957, 1722 a. E.
16) KG ZPrJAmtm. 1933, 12; Motive I 100; Erman-Westermann BGB[3] § 29 Anm. 2; Palandt-Danckelmann BGB[25] § 29 Anm. 2; a.M. Soergel-Siebert BGB[10] § 29 Anm. 11; Staudinger-Coing BGB[11] § 29 Anm. 9.
17) KG JW 1936, 335.
18) KG JFG 15, 101; KGJ 34 A 169 = RJA 8, 210 = Recht 1907 Nr. 1278.
19) KGJ 23 A 105 = RJA 3, 25 = OLGR 4, 256; BayObLG JFG 4, 210; Waldmann DFG 1940, 168; Soergel-Siebert BGB[10] § 29 Anm. 12; Staudinger-Coing BGB[11] § 29 Anm. 8; BGB-RGRK[11] § 29 Anm. 1; Enneccerus-Nipperdey Allg. Teil[15] § 109 I 1; nicht das Konkursgericht, BayObLGZ 1951, 340.
20) Hamm OLGZ 1965, 329; KG OLGZ 1967, 97.
21) KG OLGZ 1967, 97 = NJW 1967, 933; Soergel-Schultze-v. Lasaulx BGB[10] § 29 Anm. 25.
22) Keidel Anm. 10.
23) So Soergel-Siebert BGB[10] § 29 Anm. 14.

Anzahl fehlen[24]). Wird jedoch abweichend hiervon für einen Verein, dessen sämtliche Vorstandsmitglieder fehlen, eine Einzelperson zum Notvorstand bestellt, so erlangt diese infolge der rechtsgestaltenden Wirkung diese Verfügung alleinige Vertretungsbefugnis, auch wenn die Satzung Gesamtvertretung vorsieht[25]). Andererseits ist das Gericht befugt, bei satzungsgemäß vorgesehener Einzelvertretung einen mehrgliedrigen Notvorstand mit Gesamtvertretungsmacht einzusetzen. Das Amtsgericht kann nach Art und Dringlichkeit des auftretenden Bedürfnisses den Aufgabenkreis und die Vertretungsbefugnis des Notvorstandes beschränken, etwa auf eine einzelne oder einen Kreis von Angelegenheiten oder die Geltendmachung von Ansprüchen oder auf die Einberufung einer Mitgliederversammlung zwecks Neuwahl des Vorstandes[26]). Die Bestellung wird gemäß § 16 Abs. 1 mit der Bekanntgabe an den Bestellten wirksam[27]). Die Bekanntmachung auch an den Antragsteller ist zur Wirksamkeit nicht erforderlich[28]), keinesfalls aber ausreichend[29]). Die Bestellung setzt jedoch die Zustimmung des Bestellten voraus. Die wirksam gewordene Bestellung ist als rechtsgestaltende Verfügung der Nachprüfung auf ihre Richtigkeit und das Vorliegen der sachlichen Voraussetzungen durch andere Gerichte der streitigen oder freiwilligen Gerichtsbarkeit entzogen[30]). Sie hat aber nicht die Wirkung, daß ein in Wirklichkeit nicht fehlendes Vorstandsmitglied dadurch sein Amt verliert[30a]), selbst wenn dessen Wegfall in den Gründen des Beschlusses festgestellt wird, da die Beurteilung von Vorfragen an der Bindungswirkung nicht teilnimmt (§ 16 Rdn. 22). Die Bestellung endet, wenn sie befristet ist, mit dem Zeitablauf, sonst ohne weiteres mit der Behebung des Mangels, ohne daß eine förmliche Entlassungsverfügung des Gerichts erforderlich ist[31]). Eine Zuständigkeit für die gerichtliche Festsetzung der Vergütung ist nicht begründet[32]).

3. Anwendungsbereich. Die §§ 29, 48 Abs. 1 finden Anwendung auf alle rechtsfähigen 14
Vereine des privaten Rechts, soweit nicht, wie für die AG und den VVaG in § 85 Abs. 1 AktG und in § 34 VAG, Sonderregelungen bestehen, also nicht nur auf eingetragene Vereine, sondern auch auf wirtschaftliche Vereine, deren Rechtsfähigkeit nach § 22 BGB auf staatlicher Verleihung beruht, für diese mit dem Vorbehalt abweichenden Landesrechts (Art. 82 EGBGB), und auf die rechtsfähigen Vereine des Handelsrechts (vgl. allgemein § 159 Rdn. 1, 2). In Betracht kommen hierfür die GmbH (§ 148 Rdn. 6, 7), die Genossenschaft (§ 148 Rdn. 4) und die bergrechtliche Gewerkschaft[33]). Nicht anwendbar dagegen ist § 29 wegen ihrer gesellschaftsrechtlichen Struktur auf die OHG und KG[34]) und die BGB-Gesellschaft; auch für die KGaA kann ein Notvorstand weder nach § 29 BGB noch nach § 85 AktG bestellt werden[35]). Schließlich bietet § 29 BGB keine Rechtsgrundlage zur Bestellung eines Notvorstandes für

24) Brodmann, Aktienrecht § 231 Anm. 3 e; Schlegelberger-Quassowski AktG[3] § 76 Anm. 5; Sauter, Der eingetr. Verein[6] S. 48.

25) KG OLGZ 1965, 332; vgl. RG JW 1918, 361; BGHZ 6, 232; ebenso Soergel-Schultze-v. Lasaulx BGB[10] § 29 Anm. 21.

26) RAG JW 1937, 3187; Enneccerus-Nipperdey Allg. Teil[15] § 109 Fn. 7; Staudinger-Coing BGB[11] § 29 Anm. 11.

27) BGHZ 6, 232 = LM § 8 VerglO Nr. 1 mit Anm. v. Ascher; KG OLGZ 1965, 332, 334; Meltendorf JR 1956, 6; Schlegelberger § 16 Anm. 26; Soergel-Schultze-v. Lasaulx BGB[10] § 29 Anm. 18; Staudinger-Coing[11] § 29 Anm. 12.

28) A.M. Keidel Anm. 9.

29) Soergel-Schultze-v. Lasaulx BGB[10] § 29 Anm. 18; a.M. Palandt-Danckelmann BGB[26] § 29 Anm. 3; Erman-Westermann BGB[3] § 29 Anm. 3.

30) RGZ 105, 403; RG JW 1918, 361; BGHZ 24, 47; KG OLGZ 1965, 332, 334; Soergel-Schultze-v. Lasaulx BGB[10] § 29 Anm. 16; BGB-RGRK[11] § 29 Anm. 1.

30a) Schleswig NJW 1960, 1862.

31) Soergel-Schultze-v. Lasaulx BGB[10] § 29 Anm. 22; Staudinger-Coing BGB[11] § 29 Anm. 11; Meltendorf JR 1956, 6; Palandt-Danckelmann[26] § 29 Anm. 3; a.M. Schack GruchBeitr. 61, 854; Erman-Westermann BGB[3] § 29 Anm. 3; Schlegelberger Anm. 1.

32) Schack GruchBeitr. 61, 859; Soergel-Schultze-v. Lasaulx BGB[10] § 29 Anm. 24; a.M. Möhring BB 1953, 1037; Palandt-Danckelmann[25] § 29 Anm. 3.

33) BayObLG JW 1925, 1880 = OLGR 44, 116; LG Koblenz NJW 1961, 732; Soergel-Siebert BGB[10] § 29 Anm. 2; Staudinger-Coing BGB[11] § 29 Anm. 4; Enneccerus-Nipperdey Allg. Teil[15] § 109 Fn. 9; Reuß-Grotefeld-Dapprich Allg. BergG § 127 Anm. 2; a.M. Achilles-Greiff BGB[20] § 29 Anm. 4; Braunschweig OLGR 29, 83; Jena OLGR 40, 255.

34) KG RJA 15, 127; Peters MDR 1951, 343; Soergel-Siebert[10] § 29 Anm. 5; Enneccerus-Nipperdey Allg. Teil[15] § 109 Fn. 9.

35) Vgl. § 145 Anm. B 13; BGB-RGRK[10] § 37 Anm. 1; Soergel-Siebert[10] § 29 Anm. 5.

einen nichtrechtsfähigen Verein[36]). Auch für Körperschaften des öffentlichen Rechts kann das Gericht keinen Notvorstand bestellen[37]). Auf Stiftungen sind die §§ 29, 48 Abs. 1 BGB nach §§ 86, 88 BGB anwendbar, wenn ihre Verwaltung nicht von einer öffentlichen Behörde geführt wird.

15 *4. Rechtsmittel.* Gegen die Bestellung oder Abberufung oder ihre Ablehnung findet die unbefristete Beschwerde nach § 19 statt, auch wenn eine GmbH oder Genossenschaft betroffen wird[38]). Es entscheidet die Zivilkammer, bei Handelsgesellschaften oder Genossenschaften die Kammer für Handelssachen[39]). Das Beschwerderecht steht, wenn die Bestellung abgelehnt wird, nur dem Antragsteller zu (§ 20 Abs. 2), gegen die Bestellung, Abberufung und die Ablehnung der Abberufung jedem Antragsberechtigetn (Rdn. 11), jedoch nicht einem außenstehenden Dritten gegen die Bestellung oder die Ablehnung der Abberufung. Hat der Rechtspfleger entschieden (Rdn. 12), so ist die unbefristete Erinnerung gegeben (§ 11 Abs. 1 RechtspflG). Wird die Bestellung auf Erinnerung oder Beschwerde oder gemäß § 18 aufgehoben, so gilt § 32 FGG.

Sofortige Beschwerde in Vereinssachen

160a Gegen die Verfügung, durch welche die Anmeldung eines Vereins oder einer Satzungsänderung zur Eintragung in das Vereinsregister zurückgewiesen wird, findet die sofortige Beschwerde statt.

Die Verfügung, durch die dem Verein die Rechtsfähigkeit auf Grund des § 73 des Bürgerlichen Gesetzbuchs entzogen wird, ist dem Vorstand bekanntzumachen. Gegen sie findet die sofortige Beschwerde statt. Die Verfügung wird erst mit der Rechtskraft wirksam.

Eingefügt durch § 25 des VereinsG vom 5. 8. 1964 (BGBl. I, 593), in Kraft getreten am 13. 9. 1964 (§ 34 VereinsG).

A. Allgemeines

1 Die Vorschrift beseitigt die Anomalie, die darin bestand, daß das BGB gegen die Zurückweisung der Anmeldung des Vereins oder einer Satzungsänderung und gegen den Beschluß, durch den dem Verein die Rechtsfähigkeit entzogen wird, die sofortige Beschwerde nach der ZPO gewährte (§§ 60 Abs. 2, 71 Abs. 2, 73 Abs. 1 Satz 3 BGB a. F.). Die für dieses Rechtsmittel geltenden Rechtsgrundsätze, die teilweise noch in Genossenschaftssachen Anwendung finden, sind in Vorbem. 7 vor § 19 dargestellt; der Hauptunterschied bestand darin, daß die weitere Beschwerde keine Rechtsbeschwerde war wie nach § 27 FGG, sondern eine neue Tatsacheninstanz eröffnete (§ 570 ZPO), ihre Zulässigkeit jedoch durch das Erfordernis eines neuen selbständigen Beschwerdegrundes (§ 568 Abs. 2 ZPO) beschränkt war. Der § 60 Abs. 2 und damit die Verweisung hierauf in § 71 Abs. 2 sowie § 73 Abs. 1 Satz 2, 3 und Abs. 2 BGB sind durch § 24 Nr. 1 und 5 VereinsG aufgehoben worden. Das Rechtsmittelwesen in Vereins- und Vereinsregistersachen richtet sich daher jetzt einheitlich nach dem FGG. Soweit allerdings § 160a Abs. 1 gegen die Zurückweisung von Anmeldungen die sofortige Beschwerde statt der unbefristeten gewährt, ist eine weitere Unebenheit bestehen geblieben, da sonst in allen Registersachen gegen die Zurückweisung von Anmeldungen die unbefristete Beschwerde stattfindet und kein sachlicher Grund dafür ersichtlich ist, warum gerade die

[36]) RGZ 78, 52, 54; München HRR 1937 Nr. 75; Soergel-Siebert[9] § 54 Anm. 11; Staudinger-Coing[11] § 29 Anm. 4; Krönig MDR 1953, 217; a.M. Habscheid MDR 1952, 653; 1953, 726; AcP 155, 394; Enneccerus-Nipperdey Allg. Teil[15] § 116 Fn. 32; Soergel-Schultze-v. Lasaulx BGB[10] § 54 Anm. 22; Sauter-Schweyer, Der eingetr. Verein[7] S. 173.

[37]) KG NJW 1960, 151; Palandt-Danckelmann BGB[26] § 29 Anm. 1; Erman-Westermann BGB[3] § 29 Anm. 4; Soergel-Schultze-v. Lasaulx BGB[10] § 29 Anm. 3; a.M. Soergel-Siebert BGB[9] § 29 Anm. 2.

[38]) BayObLGZ 1955, 288; Hamm JMBlNRW 1960, 217.

[39]) BayObLG KGJ 49, 274; vgl. § 30 Rdn. 4.

Beschwerde gegen die Zurückweisung der Anmeldung eines Vereins befristet sein muß, während die Zurückweisung der Anmeldung einer Aktiengesellschaft unbefristet angefochten werden kann. Die Befristung des Rechtsmittels ist auch wenig sinnvoll, da die Zurückweisung der Anmeldung nicht in materielle Rechtskraft erwächst[1]), so daß die Anmeldung wiederholt werden kann, wenn die Anmeldenden sich von einer in dem neuen Verfahren rechtzeitig einzulegenden Beschwerde Erfolg versprechen. Dagegen ist die Befristung des Rechtsmittels in § 160a Abs. 2 sachlich geboten, weil die dort geregelte rechtsgestaltende Verfügung erst mit der Rechtskraft wirksam werden darf.

B. Rechtsmittel im Anmeldeverfahren (Abs. 1)

Verfügungen, durch die eine Anmeldung der Beteiligten beschieden wird, sind nur in den in § 160a Abs. 1 genannten besonderen Fällen mit der sofortigen Beschwerde anfechtbar; in allen übrigen Fällen ist das Rechtsmittel die unbefristete Beschwerde, sofern die Verfügung überhaupt nach Maßgabe des § 19 beschwerdefähig ist. **2**

1. Sofortige Beschwerde. Die sofortige Beschwerde (§ 22) findet statt gegen die Zurückweisung der Anmeldung des Vereins zur Eintragung in das Vereinsregister (§ 60 BGB) oder die Zurückweisung der Anmeldung einer Satzungsänderung (§§ 71 Abs. 2, 60 BGB), gleichgültig aus welchem Grunde die Anmeldung zurückgewiesen wird (vgl. § 159 Rdn. 25). **3**

2. Der *unbefristeten Beschwerde* unterliegen:

a) Die *Zurückweisung von Anmeldungen* anderer Art als des Vereins oder von Satzungsänderungen, nämlich die Anmeldung von Änderungen des Vorstandes (§ 67 Abs. 1 BGB), der Auflösung des Vereins (§ 74 Abs. 2 BGB) sowie der Liquidatoren und von Bestimmungen, welche deren Beschlußfassung abweichend von § 48 Abs. 3 BGB regeln (§ 76 BGB). **4**

b) Die *Zulassung einer Anmeldung* auch der in Anm. B 1 genannten Art, die in der Mitteilung der Anmeldung an die Verwaltungsbehörde liegt oder bei Widerspruch anderer Beteiligter durch besondere Verfügung ausgesprochen werden kann (§ 159 Rdn. 26); die Beschwerde, die keine aufschiebende Wirkung hat (§ 24 Abs. 1), wird mit der Eintragung unzulässig. **5**

c) Zwischenverfügungen, sofern sie nach allgemeinen Grundsätzen beschwerdefähig sind (vgl. § 19 Rdn. 24—27). Das gilt für die Aussetzung des Verfahrens nach § 127 (vgl. § 159 Rdn. 24) sowie für Zwischenverfügungen, durch welche dem Anmeldenden unter Fristsetzung die Beseitigung eines behebbaren Mangels aufgegeben wird (vgl. § 128 Rdn. 31; § 159 Rdn. 25). Das Rechtsmittel gegen die Zwischenverfügung ist unbefristet, auch wenn die endgültige Zurückweisung der Anmeldung nach Anm. B 1 der sofortigen Beschwerde unterliegt[2]). Die Beschwerde wird mit dem Erlaß der Endentscheidung unzulässig. **6**

3. Beschwerdeverfahren. Für das Beschwerdeverfahren gelten die allgemeinen Vorschriften der §§ 19 bis 30. Auch eine Vorlegung an den BGH nach § 28 Abs. 2 findet statt, was für die Beschwerde des § 60 Abs. 2 BGB a. F. nach der ZPO zweifelhaft war. **7**

a) Bekanntmachung. Soweit die sofortige Beschwerde stattfindet (Anm. B 1), muß die Entscheidung, weil die Beschwerdefrist (§ 22) in Lauf gesetzt wird, den Anmeldenden gemäß § 16 Abs. 2 Satz 1, Abs. 3 förmlich durch Zustellung oder zu Protokoll bekanntgemacht werden. Dasselbe gilt für eine Zwischenverfügung nach § 26 Satz 2 HRV, weil sie die in ihr gesetzte Frist in Lauf setzt. Hat ein Notar von seiner Antragsbefugnis aus § 129 Gebrauch gemacht, so sind die Bekanntmachungen an ihn zu richten (§ 129 Rdn. 7). **8**

b) Änderungsbefugnis. In den Fällen der sofortigen Beschwerde (Anm. B 1) ist dem Gericht eine Änderung der Entscheidung verwehrt (§ 18 Abs. 2). Soweit die Beschwerde unbe- **9**

[1]) LG Hildesheim NJW 1965, 2400; vgl. KGJ 47, 108 = RJA 14, 161; KGJ 44, 301; BayObLGZ 1959, 287, 296.

[2]) Ebenso Keidel Anm. 15; schon bisher KG OLGR 41, 10; BayObLGZ 1963, 15, 16; LG Münster JW 1937, 3180; a.M. KG Recht 1923 Nr. 1328 (gemäß § 567 ZPO unanfechtbar); KG DNotZ 1928, 247 (sof. Beschwerde).

fristet ist (Anm. B 2), kann es die Entscheidung auf Antrag ändern (§ 18 Abs. 1 Halbs. 2) oder einer Beschwerde abhelfen.

10 *c) Beschwerderecht.* Gegen die Zurückweisung von Anmeldungen und gegen Zwischenverfügungen steht das Beschwerderecht den anmeldenden Vorstandsmitgliedern (Liquidatoren) zu, und zwar allen gemeinschaftlich (§ 20 Abs. 2), nicht etwa dem Verein selbst, vertreten durch die zur Vertretung berechtigte Zahl von Vorstandsmitgliedern[3]). Gegen die Zulassung der Anmeldung (Anm. B 2 b) kann sich ein Beschwerderecht aus § 20 Abs. 1 ergeben.

11 *d) Beschwerdeentscheidung.* Es entscheidet die Zivilkammer. Die Nachprüfung der Zurückweisung einer Anmeldung wird nicht dadurch beschränkt, daß eine auf denselben Grund gestützte Zwischenverfügung unangefochten geblieben war. Es gilt das Verbot der Schlechterstellung soweit die Beachtung dieses Verbots nicht zu einer Eintragung führen würde, die nach § 142 von Amts wegen gelöscht werden müßte (§ 128 Rdn. 33). Wegen des Umfangs der Nachprüfung von Zurückweisungen und Zwischenverfügungen gelten im übrigen die Bem. zu § 128 Rdn. 33 entsprechend.

12 *e) Rechtspfleger.* Soweit der Rechtspfleger entschieden hat, dem Vereinssachen in vollem Umfange übertragen sind (§ 3 Abs. 1 Nr. 1 Buchst. a RechtspflG), ist statt der einfachen oder sofortigen Beschwerde unbefristete oder befristete Erinnerung einzulegen (§ 11 Abs. 1 RechtspflG).

C. Entziehung der Rechtsfähigkeit (Abs. 2)

13 Abs. 2 ist eine verfahrensrechtliche Ergänzung zu § 73 BGB i. d. F. des § 24 Nr. 5 VereinsG v. 5. 8. 1964 (BGBl. I, 593).

14 *1. Voraussetzungen.* Durch § 73 BGB wird das nach § 55 BGB zuständige Amtsgericht ermächtigt, einem nach § 21 BGB eingetragenen Verein die Rechtsfähigkeit zu entziehen, wenn die Zahl der Vereinsmitglieder unter drei herabsinkt. Die Entziehung der Rechtsfähigkeit aus den in § 43 Abs. 1 und 2 BGB genannten Gründen steht jedoch der nach § 44 Abs. 1 BGB zuständigen Verwaltungsbehörde zu. Das Herabsinken der Mitgliederzahl unter sieben (§ 56) ist unschädlich; erst wenn weniger als drei Mitglieder vorhanden sind, kommt eine Entziehung der Rechtsfähigkeit aus diesem Grunde in Betracht. Bis zur Rechtskraft der rechtsgestaltenden Entziehungsverfügung behält der Verein die Rechtsfähigkeit, auch wenn nur noch ein Mitglied vorhanden ist. Wenn alle Mitglieder weggefallen sind, entfällt das Verfahren nach § 73 BGB; die Auflösung des Vereins wird ohne weiteres Verfahren von Amts wegen eingetragen (§ 159 Rdn. 39).

2. Verfahren.

15 *a) Einleitung.* Das Verfahren wird auf Antrag des Vorstandes eingeleitet, von Amts wegen erst, wenn der Vorstand den Antrag nicht binnen drei Monaten gestellt hat (§ 73 BGB). Die Frist läuft von dem Tage an, an dem die Verminderung der Mitgliederzahl unter drei eingetreten ist, ohne daß der Vorstand den Antrag gestellt hat, nicht erst von dem Zeitpunkt an, an welchem das Gericht diesen Tatbestand feststellt. Durch Ordnungsstrafen kann die Antragstellung nicht erzwungen werden (§ 78 BGB). Die Zahl der Mitglieder kann das Gericht durch Einforderung einer Bescheinigung des Vorstandes nach § 72 BGB oder auf sonstige Weise (§ 12) ermitteln. Das Gericht kann nach seinem Ermessen von der Entziehung einstweilen absehen, wenn glaubhaft gemacht wird, daß die Zahl der Mitglieder sich alsbald wieder auf mindestens drei erhöhen wird[4]). Vor der Entziehung ist dem Verein durch Anhörung des Vorstandes rechtliches Gehör zu gewähren (§ 73 BGB). Fehlt ein Vorstand, so kann das Gericht ausnahmsweise einen Notvorstand nach § 29 BGB auch ohne

[3]) KGJ 41, 135; vgl. § 128 Rdn. 33, § 20 Rdn. 70.

[4]) Soergel-Siebert[10] § 73 Anm. 2; Staudinger-Coing[11] § 73 Anm. 1; Enneccerus-Nipperdey Allg. Teil[15] § 113 II 2.

Antrag eines Beteiligten bestellen, weil sonst die Verfügung nicht rechtskräftig werden könnte, das Verfahren also nicht durchführbar wäre[5]).

b) Rechtsmittel. Gegen die Verfügung, durch die der Antrag des Vorstandes zurückgewiesen wird, steht nur diesem (§ 20 Abs. 2) die unbefristete Beschwerde nach § 19 zu. Wird die Entziehung von Amts wegen abgelehnt, so kommt ein Beschwerderecht jedes rechtlich interessierten Beteiligten in Betracht (vgl. § 160 Rdn. 11), jedoch ist ein solcher schwer vorstellbar. Gegen die Entziehungsverfügung findet die sofortige Beschwerde nach § 22 statt (Abs. 2 Satz 2); sie ist deshalb dem Verein zu Händen des Vorstandes förmlich zuzustellen (§ 16 Abs. 2 Satz 1). Das Beschwerderecht steht dem Verein, gesetzlich vertreten durch den Vorstand zu, selbst wenn der Vorstand den Antrag gestellt hatte. Ein Beschwerderecht anderer Beteiligter will das Gesetz ersichtlich ausschließen, da die Verfügung sonst nicht rechtskräftig werden könnte. Die Beschwerde kann gemäß § 23 auch darauf gestützt werden, daß die Mitgliederzahl sich nach Erlaß der Verfügung wieder auf drei erhöht habe[6]). **16**

c) Der *Rechtspfleger* ist zuständig (§ 3 Abs. 1 Nr. 1 Buchst. a RechtspflG). Für die Anfechtung seiner Verfügungen gilt Rdn. 13. **17**

3. Wirksamwerden. Eintragung. Die Entziehung der Rechtsfähigkeit wird erst mit dem Eintritt der formellen Rechtskraft wirksam (Abs. 2 Satz 3); sie wird von Amts wegen in das Vereinsregister eingetragen (§ 159 Rdn. 34). **18**

Güterrechtsregister

161 Auf die Eintragung in das Güterrechtsregister finden die Vorschriften der §§ 127 bis 130, 142, 143 entsprechende Anwendung.

Von einer Eintragung sollen in allen Fällen beide Ehegatten benachrichtigt werden.

A. Aufgaben und Bedeutung des Güterrechtsregisters

Der Güterstand ist wegen seiner Wirkungen auf die Verfügungsbefugnis und die Haftung der Ehegatten von Bedeutung für die Wirksamkeit von Rechtsgeschäften eines Ehegatten mit einem Dritten oder die Tragweite eines zwischen dem Ehegatten und einem Dritten ergehenden Urteils. Güterrechtliche Verhältnisse, die von der als Regel zu vermutenden Geltung des gesetzlichen Güterstandes abweichen und gegen Dritte rechtlich erhebliche Wirkungen äußern sollen, müssen für Dritte ersichtlich sein. Diesem Zweck dient das Güterrechtsregister. Ausschluß oder Änderung des gesetzlichen Güterstandes sind Dritten gegenüber zu deren Nachteil nur wirksam, wenn die abweichende Regelung im Zeitpunkt der Vornahme des Rechtsgeschäfts oder des Eintritts der Rechtshängigkeit im Güterrechtsregister eingetragen oder dem Dritten bekannt war (§ 1412 BGB). Eine im Register richtig eingetragene abweichende Regelung darf der gutgläubige Dritte als fortbestehend annehmen, solange eine Änderung nicht eingetragen ist. Der Dritte erwirbt mithin aus dem Rechtsgeschäft oder aus dem Urteil die Rechte, die er erwerben würde, wenn die eintragbare, aber nicht eingetragene Tatsache nicht bestände; zu seinen Gunsten gilt diese Tatsache als nicht bestehend[1]). Andererseits muß der Dritte die eingetragene richtige Tatsache gegen sich gelten lassen, auch wenn er sie nicht kennt. Hiernach genießt das Güterrechtsregister *keinen öffentlichen Glauben* wie das Grundbuch, sondern es schützt nur das Vertrauen auf das Schweigen des Registers oder auf den Fortbestand eines richtig eingetragenen Rechtsverhältnisses. Auf eine eingetragene unrichtige Tatsache kann sich der Dritte nicht verlassen. Die Grundsätze der *Rechtsscheinhaftung* werden aber auch auf Eintragungen in das Güterrechtsregister angewendet werden können. **1**

[5]) Soergel-Siebert[10] § 73 Anm. 4; Staudinger-Coing[11] § 73 Anm. 2; Keidel Anm. 6; a.M. Enneccerus-Nipperdey Allg. Teil[15] § 113 II 2.

[6]) Enneccerus-Nipperdey Allg. Teil[15] § 113 II 2.

[1]) Enneccerus-Kipp-Wolff FamR[7] § 42 V 2; Soergel-Lange[9] § 1412 Anm. 2-4, Vorbem. 3 vor § 1558.

Danach müssen die Eheleute unrichtige Eintragungen, die sie herbeigeführt haben oder deren unterlassene Berichtigung ihnen zugerechnet werden kann, gegen sich gelten lassen, wenn ein gutgläubiger Dritter sich im Vertrauen auf den dadurch verursachten Rechtsschein auf Rechtsgeschäfte mit den Eheleuten eingelassen hat, die er bei Kenntnis der Sachlage nicht oder anders abgeschlossen hätte; unter denselben Voraussetzungen kann ein Dritter auch einseitige Rechtsgeschäfte, die ihm gegenüber vorgenommen werden, nach Maßgabe der Eintragung als gültig oder ungültig ansehen[2]). Die Eintragungen haben aber keine rechtsbegründende, sondern nur rechtsbekundende Wirkung[3]). Die Unwirksamkeit eines Ehevertrages wird durch die Eintragung nicht geheilt.

B. Rechtsquellen

2 Das *Verfahren in Güterrechtsregistersachen* ist überwiegend im BGB geregelt, §§ 1558 bis 1563 BGB, dazu die Übergangsvorschrift in GleichberG Art. 8, I Nr. 3 Abs. 2 und Art. 9, II Nr. 6 FamRÄndG. Ergänzend treten §§ 161; 162 FGG hinzu. Die *Einrichtung und Führung des Güterrechtsregisters* regeln die BRBest. v. 3. 11. 1898 (ZBlDR 438) i. d. F. v. 24. 1. 1924 (RMinBl. 22), abgedruckt in Anl. 5, und Ausführungsvorschriften der Länder: *Baden* §§ 18, 19, LFGG, FGVO v. 3. 12. 1926 (GVBl. 301, 316) § 86, RegVorschr. v. 18. 9. 1926 (Dienstvorschr. f. d. bad JustVerw. X S. 17) mit AV d. JM Bad.-Württ. v. 4. 5. 1966 (Die Justiz 142), *BayernJMBek.* v. 20. 3. 1899 (JMBl. n. F. I, 335) §§ 1 bis 7, 12—16, JMBek. v. 31. 1. 1900 (JMBl. n. F. I, 358), 4. 6. 1926 (JMBl. n. F. II, 789); *Hessen* HessFGG Art. 31 bis 34, Bek. v. 7. 8. und 15. 12. 1899 (RegBl. 437, 1391), v. 4. 2. 1925 (RegBl. 11); *Niedersachsen* NdsFGG Art. 21, 22; ehemals *preuß. Rechtsgebiet* PrFGG Art. 29, AV v. 6. 11. 1899 (JMBl. 299) i. d. F. vom 25. 2. 1924 (JMBl. 85), AV v. 27. 12. 1911 (JMBl. 1912 3), AV v. 19. 5. 1926 (JMBl. 200); *Württemberg* JMVfg. v. 9. 11. 1899 (RegBl. 435), v. 14. 7. 1910 (RegBl. 304) und 9. 1. 1924 (RegBl. 30).

C. Zuständigkeit

3 1. *Sachlich* zuständig ist das Amtsgericht. Die Landesjustizverwaltung kann einem AG die Führung des Registers für mehrere Bezirke übertragen, § 1558 BGB. *Örtlich* zuständig ist nach § 1558 Abs. 1 BGB das AG, in dessen Bezirk der *Mann* seinen Wohnsitz hat, auch wenn die Ehegatten getrennte Wohnsitze haben. Bei mehrfachem Wohnsitz des Mannes hat nur Eintragung in allen Registern die Wirkung des § 1412 BGB[5]). Bei Verlegung des Wohnsitzes gilt § 1159 BGB. Beim Fehlen inländischen Wohnsitzes des Mannes besteht keine inländische Zuständigkeit; vgl. aber § 3 FGG, § 15 ZPO. Ist ein Ehegatte Kaufmann und befindet sich seine Handelsniederlassung nicht im Bezirk des für den Wohnsitz des Mannes zuständigen RegisterG, so bedarf es zur Erhaltung der Wirkungen des § 1412 BGB in bezug auf die Rechtsverhältnisse des Handelsgewerbes der Eintragung beim Gericht der Handelsniederlassung, EGHGB Art. 4; dieses ist an die Eintragung des Wohnsitzgerichts nicht gebunden[6]). Für den Einspruch des Mannes gegen den inländischen Gewerbebetrieb einer Ehefrau ohne Wohnsitz im Inland begründet § 11a GewO eine Zuständigkeit[6a]). Die Eintragung im Register eines örtlich unzuständigen Gerichts ist zwar nicht verfahrensrechtlich ungültig (§ 7), aber nicht geeignet, die nach § 1412 BGB an die Eintragung im Register des zuständigen AG geknüpfte sachlichrechtliche Wirkung des § 1412 BGB herbeizuführen (§ 125 Rdn. 7).

[2]) Enneccerus-Wolff FamR[7] § 42 VI 2; Soergel-Lange[9] Vorbem. 4 vor § 1558; Beitzke FamR[12] § 12 V 5; Erman-Bartholomeyczik[4] § 1412 Anm. 4; Lange FamRZ 1964, 546, 549.

[3]) KG RJA 7, 164; 13, 121; KGJ 45, 195.

[4]) Vgl. für Nordrh.-Westf. VO v. 15. 2. 66 (GVBl. 69).

[5]) Staudinger-Engelmann[9] § 1558 Anm. 1 b; Soergel-Lange[9] § 1558 Anm. 2; Keidel Anm. 21; Schlegelberger Anm. 3; Gernhuber § 33 I 2 Anm. 2; a.M. BGB-RGRK[11] § 1558 Anm. 4; Palandt-Lauterbach[28] § 1558 Anm. 1; Erman-Bartholomeyczik[4] § 1558 Anm.

[6]) Hamburg OLGR 12, 308.

[6a]) Vgl. dazu Landmann-Rohmer-Fröhler GewO 11. Aufl. Bem. zu § 11 a; Soergel-Kegel BGB[9] Art. 16 EG Anm. 24-26.

2. Dem *Rechtspfleger* sind die Güterrechtsregistersachen im vollen Umfange übertragen, § 3 Nr. 1 Buchst. e RechtspflG; er entscheidet auch über den Widerspruch im Amtslöschungsverfahren (a. M. Arndt 5 zu § 14). *Richtervorbehalte* bestehen abweichend von § 14 RechtspflG a. F. auch nicht mehr für die Eintragung von Güterständen, die nicht im BGB geregelt sind (§ 1409 BGB) oder sofern die Eintragung ausländische Ehegatten betrifft (EGBGB Art. 15, 16); im letztgenannten Fall ist aber gemäß § 5 Abs. 1 Nr. 3 RechtspflG Vorlegung an den Richter geboten (BT-Drucks. V/3134 S. 17). Staatenlose stehen Ausländern nur gleich, wenn nicht deutsches Recht Güterrechtsstatut ist (EGBGB Art. 29). 4

D. Verfahren des Registergerichts

Nach § 161 gelten eine Reihe von Vorschriften über die Führung des Handelsregister mit der in Abs. 2 bestimmten Abweichung für die Führung des Güterrechtsregisters entsprechend. Hieraus in Verbindung mit den Vorschriften des BGB ergibt sich für die Führung des Güterrechtsregisters: 5

1. *Aussetzung* des Eintragungsverfahrens ist in entsprechender Anwendung des § 127 statthaft, z. B. wenn unter den Eheleuten über die Wirksamkeit eines angemeldeten Ehevertrages Streit besteht. 6

2. *Form der Anmeldungen.* Eine Eintragung soll nur auf *Antrag* und nur insoweit erfolgen, als sie beantragt ist, § 1560 Satz 1 BGB. Es ist also in das Belieben der Ehegatten gestellt, ob und in welchem Umfange sie ihre güterrechtlichen Verhältnisse verlautbaren wollen; ein Zwang zur Anmeldung wird nicht ausgeübt. Ein Antrag ist auch erforderlich, wenn die Änderung der güterrechtlichen Verhältnisse nicht durch Rechtsgeschäft, sondern auf Grund anderer Tatsachen (Urteil, Konkurs, Todeserklärung) eingetreten ist. Der Antrag ist schriftlich mit öffentlich beglaubigter Unterschrift zu stellen (§ 1560 Satz 2 BGB); vgl. dazu § 128 Rdn. 25. Da die öffentliche Beglaubigung nach § 129 Abs. 2 BGB durch die notarielle Beurkundung ersetzt wird, kann der Antrag bereits in dem nach § 1410 BGB dieser Form bedürfenden Ehevertrag gestellt werden. § 128 FGG, auf den in § 161 Abs. 1 verwiesen wird und nach welchem die Anmeldung auch zum Protokoll der Geschäftsstelle des Registergerichts erfolgen konnte, ist mit Wirkung vom 1. 1. 1970 durch § 57 Abs. 5 Nr. 2 BeurkG aufgehoben worden (dazu § 128 Rdn. 1). § 11 FGG ist auf formbedürftige Erklärungen nicht anwendbar (§ 11 Rdn. 4). Bevollmächtigte müssen sich durch eine öffentlich beglaubigte Vollmacht ausweisen; wegen des Notars s. Rdn. 16. In der Regel ist der Antrag beider Ehegatten erforderlich, § 1561 Abs. 1 BGB. Der Antrag eines Ehegatten genügt in den Fällen des § 1561 Abs. 2, der Antrag des Mannes nach § 1561 Abs. 3 im Fall des § 1357 Abs. 2. Das ProzeßG kann eine Eintragung weder bindend anordnen noch darum ersuchen[7]). Bei Ausschluß der Zugewinngemeinschaft durch einseitige Erklärung nach GleichberG Art. 8 I Nr. 3 Abs. 2, Nr. 5 Abs. 3 (nur bis 30. 6. 1958) ist der Antrag auf Eintragung der Gütertrennung, zu dem jeder Ehegatte ohne zeitliche Beschränkung berechtigt ist, bei dem Amtsgericht zu stellen, dem gegenüber die Erklärung abzugeben war; die Eintragung erfolgt nur auf Ersuchen dieses Amtsgerichts[8]). Der Eintragungsantrag kann schon vor der Eheschließung gestellt, aber erst nach ihr erledigt werden[9]). Eine schon vor der Eheschließung vorgenommene Eintragung wird aber mit der Eheschließung wirksam. 7

3. Die *Prüfungspflicht* des RegisterG erstreckt sich auf seine Zuständigkeit, die Wahrung der Förmlichkeiten, die Antragsberechtigung, die inhaltliche Zulässigkeit der Eintragung und bei einseitigen Anträgen nach § 1561 Abs. 2 Nr. 1, 2 BGB, darauf, ob die beigebrachten Unterlagen die Eintragung rechtfertigen, nicht aber auf die Wahrheit der abgegebenen Erklä- 8

7) KGJ 37 A 206.

8) Dazu Hamm Rpfleger 1958, 347 = DNotZ 1959, 54; Jansen Rpfleger 1958, 376; KG Rpfleger 1958, 377 = NJW 1959, 295 = DNotZ 1959, 51; BayObLGZ 1959, 89; 1963, 45; BGH NJW 1964, 356; Kersting Rpfleger 1959, 208; Düsseldorf FamRZ 1959, 250; Schleswig SchlHA 1959, 194; Hamm JMBl-NRW 1961, 247.

9) KGJ 20 A 65 = RJA 1, 12; Soergel-Lange[9] § 1560 Anm. 4; a.M. Staudinger-Engelmann[9] § 1558 Anm. 3.

rungen[10]). *Eintragungsfähig* sind nur Rechtsverhältnisse, die nach dem Gesetz zu ihrer Wirkung gegenüber gutgläubigen Dritten der Eintragung *bedürfen*[11]). Daher ist nicht eintragbar die Geltung des gesetzlichen Güterstandes nach Aufhebung einer nicht eingetragenen anderweiten Regelung. Das Register dient auch nicht der Widerlegung der Vermutung des § 1362 BGB[12]). Ausgeschlossen von der Eintragung sind Vereinbarungen, die nur das Innenverhältnis der Ehegatten berühren, z. B. die Einschränkung des Zugewinnausgleichs, die Schuldentragung im Verhältnis der Ehegatten zueinander, oder Vereinbarungen, die die Verhältnisse nach Auflösung der Ehe regeln, z. B. die Vereinbarung der fortgesetzten Gütergemeinschaft. Nicht eintragungsfähig sind ferner ehevertragliche Vereinbarungen, durch deren Nichtkenntnis Dritte im Rechtsverkehr mit den Eheleuten nicht beeinträchtigt werden können. Deshalb ist die Aufhebung der Verfügungsbeschränkung des § 1365 Abs. 1 BGB nicht eintragbar; das bloße Beweisinteresse der Eheleute ist kein gerechtfertigter Grund, das Güterrechtsregister mit dieser Eintragung zu belasten[13]). *Eintragungsfähig* sind hiernach:

9 *a)* die Ausschließung oder Änderung des gesetzlichen Güterstandes durch Ehevertrag, § 1412 Abs. 1 BGB mit §§ 1408, 1409, 1414. Eintragungsfähig ist insbesondere der ehevertragliche Ausschluß der Zugewinngemeinschaft zugunsten der Gütergemeinschaft. Wird der gesetzliche Güterstand der Zugewinngemeinschaft durch einen Ehevertrag, in dem Gütertrennung vereinbart oder der gesetzliche Güterstand ausgeschlossen oder aufgehoben wird, durch den Güterstand der Gütertrennung ersetzt (§§ 1408, 1414 BGB), so dürfte an sich diese Tatsache nach dem Zweck des Güterrechtsregisters (Anm. A) nicht eintragungsfähig sein, da keine Rechtsgeschäfte denkbar sind, die bei gesetzlichem Güterstand der Zugewinngemeinschaft wirksam bei Gütertrennung aber unwirksam sind und dasselbe auch für die in § 1412 BGB genannten Urteilswirkungen gilt[14]). Der Gesetzgeber hat jedoch in Art. 8 I Nr. 3 Abs. 2 GleichberG die Eintragung des an die Stelle des Güterstandes der Zugewinngemeinschaft tretenden Güterstandes der Gütertrennung zugelassen und dadurch den Anwendungsbereich des § 1412 BGB erweitert. Da schwerlich angenommen werden kann, daß die Eintragungsfähigkeit je nach dem Rechtsgrund des Eintritts der Gütertrennung verschieden beurteilt werden dürfte, ergibt sich die Folgerung, daß der gänzliche Ausschluß des gesetzlichen Güterstandes stets eintragungsfähig ist, auch wenn Gütertrennung eintritt. Demgemäß muß auch der Eintritt der Gütertrennung durch Urteil, welches auf vorzeitigen Ausgleich des Zugewinns erkennt (§ 1388 BGB), eintragungsfähig sein[15]). Allerdings erscheint dann der Ausschluß der Eintragung von Änderungen des gesetzlichen Güterstandes durch Aufhebung der Verfügungsbeschränkung des § 1365 Abs. 1 BGB nicht mehr als folgerichtig. Der Eintragung bedarf zur Wirksamkeit gegenüber Dritten auch ein kraft Ehevertrages noch fortbestehenden Güterstand der Verwaltung und Nutznießung, da dieser Güterstand nicht mehr gesetzlicher Güterstand ist.

10 *b)* die Aufhebung oder Änderung einer im Güterrechtsregister eingetragenen Regelung der güterrechtlichen Verhältnisse durch Ehevertrag, § 1412 Abs. 2 BGB, oder durch Urteil, §§ 1449 Abs. 2, 1470 Abs. 2, BGB, GleichberG Art. 8 I Nr. 7 mit §§ 1542, 1545, 1549 BGB a. F.

[10]) KGJ 45, 187; BayObLGZ 1959, 89, 101; Jansen, Rpfleger 1958, 376; Soergel-Lange[9] § 1560 Anm. 4; Dölle § 46 II 3; Gernhuber § 33 II 3; a.M. Wieruszowski, Hdb. d. EheR II S. 570.

[11]) KGJ 24 A 83; 32 A 176 = OLGR 12, 303; Colmar KGJ 29 A 267 = RJA 5, 190 = OLGR 10, 277; RGZ 63, 245; BGHZ 41, 370 = DNotZ 1964, 689 mit Anm. v. Beitzke = FamRZ 1964, 421 mit Anm. v. Bosch = JZ 1964, 513 mit Anm. v. Gaul = LM § 1412 BGB Nr. 1 mit Anm. v. Johannsen; ferner Lange FamRZ 1964, 546; Keidel Anm. 1.

[12]) KGJ 32 A 176.

[13]) BGHZ 41, 370; Keidel[9] Vorbem. 20 vor § 159; Gottschalg, Aufgabe und Inhalt des Güterrechtsregisters heute, Diss. Bonn 1966 S. 86 ff.; a.M. Lange FamRZ 1964, 546; Beitzke DNotZ 1964, 689; Erman-Bartholomeyczik BGB[4] Bem. 2 vor § 1558; Hoffmann, MittRheinNotK 1970, 31 ff., 45.

[14]) Vgl. Dieterle, BWNotZ 1963, 205; Schmidt BWNotZ 1964, 184; Lange FamRZ 1964, 546 zu III; Gottschalg aaO. S. 63 ff., 75.

[15]) Meyer FamRZ 1957, 285; Krüger-Breetzke GleichberG § 1388 Anm. 2; Palandt-Lauterbach[28] § 1388 Anm. 2; Keidel[9] Vorbem. 20 vor § 159; Staudinger-Felgentraeger BGB[11] § 1412 Anm. 9; Dölle FamR §§ 46 II 2 c, 62 III 1, 65 III 4; a.M. Soergel-Lange[9] § 1412 Anm. 6; Erman-Bartholomeyczik[4] § 1388 Anm. 1; Maßfeller-Reinicke GleichberG § 1412 Anm. 6; Gottschalg aaO. S. 102 ff.; ders., DNotZ 1969, 339.

Eintragungsfähig ist insbesondere der Übergang von einer eingetragenen güterrechtlichen Regelung zur Gütertrennung[15a]), die Aufhebung der Gütertrennung zugunsten der Gütergemeinschaft und der Übergang von der kraft Ehevertrages geltenden und eingetragenen Zugewinngemeinschaft zur Gütergemeinschaft. Dasselbe gilt für den ehevertraglichen Übergang von der eingetragenen Gütertrennung zur Zugewinngemeinschaft[15b]); daß hier der gesetzliche Güterstand verlautbart werden muß, beruht darauf, daß andernfalls nach § 1412 Abs. 2 BGB zugunsten unkundiger Dritter die eingetragene Gütertrennung als fortbestehend gelten würde.

c) die Beendigung der Errungenschaftsgemeinschaft durch Konkurs oder Todeserklärung, GleichberG Art. 8 I Nr. 7 mit §§ 1543 bis 1545 BGB a. F., und ihre Wiederherstellung durch Urteil, §§ 1547, 1548 BGB a. F.; **11**

d) die Eigenschaft einer Sache als Vorbehaltsgut bei den Gütergemeinschaften, § 1418, §§ 1526, 1549 BGB a. F.; **12**

e) die Geltung eines ausländischen Güterstandes, EGBGB Art. 16[15c]); wegen Eintragung altrechtlicher Güterstände nach Landesrecht s. AV v. 6. 11. 1899 (PrJMBl. 299) Art. 19; **13**

f) der Einspruch gegen den Betrieb eines Erwerbsgeschäfts und der Widerruf der Einwilligung bei Gütergemeinschaft sowie die Zurücknahme des eingetragenen Einspruchs oder Widerrufs, §§ 1431, 1456 BGB; **14**

g) die Beschränkung und Ausschließung der *Schlüsselgewalt,* § 1357 BGB Abs. 2, und deren Wiederaufhebung, § 53 FGG, § 1561 Abs. 2 Nr. 1 BGB. Die Prüfung erstreckt sich auf das Bestehen der Ehe und die wirksame Ausschließung durch Erklärung gegenüber der Ehefrau[16]), nicht aber auf das Vorliegen ausreichender Gründe[17]). Die Schlüsselgewalt kann auch während des Getrenntlebens ausgeschlossen werden[18]); ihr Ruhen wegen Getrenntlebens ist nicht eintragungsfähig[19]). Die Wiederherstellung der Schlüsselgewalt wird, wenn sie auf dem Widerruf des Mannes beruht, nach § 1561 Abs. 3 BGB auf Antrag des Mannes, wenn sie auf der rechtskräftigen Entscheidung des VormG beruht, nach § 1561 Abs. 2 Nr. 1 BGB auf Antrag des Mannes oder der Frau eingetragen; gegen die Eintragungsfähigkeit der Wiederherstellung, wenn die Beschränkung eingetragen war, bestehen keine Bedenken[19a]). **15**

4. Die gesetzlich vermutete *Vollmacht des Notars* zur Antragstellung entsprechend § 129 setzt hier voraus, daß der Notar nicht nur den Ehevertrag oder die einseitige güterrechtliche Erklärung beurkundet oder beglaubigt hat, sondern vor allem den Antrag der oder des Ehegatten, da die Entschließung, ob und in welchem Umfange eingetragen werden soll, den Ehegatten verbleiben muß[20]). Der gemäß § 129 gestellte Antrag des Notars bedarf keiner Form. **16**

5. Form der Eintragung. § 130 gilt entsprechend. Die Eintragung ist zu datieren und von dem UdG als Registerführer zu unterschreiben, § 130 Abs. 1, BRBest. § 3, AV v. 6. 11. 1899 (PrJMBl. 299) Art. 5. Bei der Eintragung von Vorbehaltsgut kann auf ein bei den Akten befindliches Verzeichnis Bezug genommen werden, § 13 Abs. 3 BRBest. Die Fassung der Ein- **17**

15a) Beitzke, DNotZ 1964, 695; Gottschalg aaO. S. 123.

15b) Erman-Bartholomeyczik BGB[4] § 1412 Anm. 2; Gottschalg aaO. S. 128.

15c) Dazu Wahl, RabelsZ Bd. 10 (1936) S. 45; Beitzke, FamRZ 1967, 592 zu IV 3 b.

16) KGJ 32 A 34 = OLGR 14, 218 = RJA 7, 162; KGJ 45, 192 = RJA 13, 120, str.

17) Schleswig SchlHA 1953, 285 = NJW 1954, 155.

18) KGJ 45, 192 = RJA 13, 120; München JFG 14, 224; BayObLGZ 1959, 267 = FamRZ 1959, 504.

19) Hamm MDR 1951, 740.

19a) KG OLGR 30, 39; Soergel-Lange BGB[9] § 1561 Anm. 4; BGB-RGRK[11] § 1558 Anm. 14, § 1561 Anm. 9; die Meinung von Gottschalg (aaO. Fn. 13) S. 99, die Wiederherstellung der Schlüsselgewalt sei nicht eintragungsfähig, weil die Eintragung zur Wirksamkeit gegenüber Dritten nicht erforderlich sei, erscheint überspitzt.

20) KGJ 21 A 88 = RJA 1, 199; KG OLGR 6, 286; Rostock OLGR 3, 368; Colmar ZBlFG 2, 844 Nr. 655; OLGR 5, 196; 17, 368; Soergel-Lange[9] § 1560 Anm. 3; Schlegelberger Anm. 6; BGB-RGRK[11] § 1560 Anm. 8; Sternberg-Siehr Registerrecht S. 456; Keidel-Schmatz Registerrecht[2] S. 296; es genügt aber, wenn die Eheleute in der Urkunde über den Ehevertrag erklären, daß der Notar den Eintragungsantrag für sie stellen solle, Hamburg RJA 1, 153.

tragung bestimmt das Gericht selbständig, ohne an Vorschläge der Beteiligten gebunden zu sein (Keidel Anm. 22). Die güterrechtliche Regelung ist nicht nur nach ihrem Inhalt, sondern auch nach ihrem Rechtsgrund zu kennzeichnen (Ehevertrag, Urteil, Bestimmung des Erblassers oder des Zuwendenden nach § 1418 Abs. 2 Nr. 2); jedoch nimmt die fehlende Angabe des Rechtsgrundes der Eintragung nicht die Wirkung des § 1412 BGB. Bei Gütergemeinschaft ist die Regelung der Verwaltungsbefugnis (§ 1421) einzutragen[20a]); eine Eintragung, die keinen Aufschluß über die Regelung der Verwaltung gäbe, wäre unvollständig.

18 6. Die *Amtslöschung von Eintragungen als unzulässig* wegen Mangels einer wesentlichen Voraussetzung richtet sich nach den §§ 142, 143. Dieser Fall liegt vor, wenn die Eintragung ohne Antrag oder auf Antrag eines allein nicht antragsberechtigten Ehegatten erfolgt ist, wenn das Gericht örtlich unzuständig war, wenn die Eintragung inhaltlich unzulässig ist, wenn sie sachlich unrichtig ist[21]), z. B. die eingetragene Ausschließung der Schlüsselgewalt nicht erklärt ist[22]), nicht aber, wenn die Schlüsselgewalt zur Zeit der Ausschließung wegen Getrenntlebens ruhte[23]). Der Mangel kann bis zur Löschung geheilt werden[24]). Die Anfechtung eines Ehevertrages rechtfertigt die Löschung nach § 142 nicht [25]).

19 7. *Benachrichtigungen* ergehen abweichend von § 130 Abs. 2 an beide Ehegatten auch dann, wenn nur einer von ihnen den Antrag gestellt hatte (§ 1561 Abs. 2, 3 BGB). Jeder Ehegatte kann nach § 130 Abs. 2 für sich auf die Benachrichtigung verzichten. *Veröffentlichung* gemäß § 1562 BGB in den bei § 159 Rdn. 41 bezeichneten Blättern. Die Wirkung des § 1412 BGB tritt bereits mit der Eintragung ein.

20 8. *Gerichtskosten* richten sich für die Aufnahme von Anmeldungen nach § 86 KostO, für Eintragungen nach § 81 KostO, im Löschungsverfahren nach § 88 KostO. Der Geschäftswert bestimmt sich bei Eheverträgen nach § 39 Abs. 3 KostO, sonst nach § 30 Abs. 2 KostO.

E. Interzonales Privatrecht

21 *In der DDR* wird seit dem Inkrafttreten der Verfassung vom 7. 10. 1949 ein Güterrechtsregister nicht mehr geführt. Aus dem Gleichberechtigungsgrundsatz der Art. 7, 30 VerfDDR war zunächst durch die Rechtsprechung die Geltung des Güterstandes der Gütertrennung hergeleitet worden[26]), abgewandelt durch einen bei Auflösung der Ehe durch Tod oder Scheidung fällig werdenden obligatorischen Ausgleichsanspruch, der auch dem Mann zustehen kann[27]). Dieselbe Rechtslage bestand im Ostsektor Berlins auf Grund der VO v. 12. 10. 1950 (VOBl. I, 315), in Kraft seit 21. 10. 1950. Nunmehr ist das eheliche Güterrecht in den §§ 13 bis 16, 39 bis 41 des am 1. 4. 1966 in Kraft getretenen Familiengesetzbuchs v. 20. 12. 1965 (GBl. DDR 1966 I 1) — FGB — geregelt[28]). Danach gilt als gesetzlicher Güterstand der Güterstand der Errungenschaftsgemeinschaft an den während der Ehe durch Arbeit oder aus Arbeitseinkünften erworbenen Gegenständen (§ 13 FGB); das gilt auch für vor dem 1. 4. 1966 erworbenes Vermögen (§ 4 EGFGB). Abweichende Vereinbarungen der Eheleute sind statthaft, soweit Gegenstände des Gesamtguts nicht der gemeinsamen Lebens-

[20a]) Palandt § 1412 Anm. 3, § 1421 Anm. 2; Soergel-Siebert § 1421 Anm. 5; BayObLGZ 1968, 15 zu II 2.
[21]) KGJ 45, 196.
[22]) KGJ 32 A 34.
[23]) KGJ 45, 192; München JFG 14, 224.
[24]) Rostock OLGR 26, 260.
[25]) KG DFG 1937, 61.
[26]) OLG Dresden NJ 1950, 21; OLG Halle NJ 1950, 414; OHG NJ 1951, 227; vgl. OLG Düsseldorf NJW 1965, 870; Granzow, FamRZ 1960, 91; Pernutz, ROW 1966, 104 zu III.
[27]) Nathan NJ 1950, 414; KG-Ost NJ 1951, 330; OHG NJ 1951, 227; 1952, 489; 1954, 87; 1956, 671; 1958, 145 u. 610; 1961, 366.
[28]) Dazu Thürmer, Musiolik, Schlicht, ROW 1966, 52-67; Wassermann JR 1966, 96; Pernutz NJW 1966, 530; Granzow FamRZ 1965, 465 u. 1966, 217; Raiser JZ 1966, 423; Boschan StAZ 1966, 125; Benjamin, Eberhardt, NJ 1966, 1, 8; Familienrecht der DDR, Lehrkomm., hrsgg. v. MdJ der DDR; vgl. auch Richtlinie Nr. 24 des Plenums des Obersten Gerichts zur Aufhebung der Eigentums- und Vermögensgemeinschaft der Ehegatten während und nach Beendigung der Ehe v. 22. 3. 67 (GBl. DDR II S. 180); zur Vermögensauseinandersetzung bei Auflösung der Ehe Seifert, Schellenberger, Benckendorff/Schuldt, NJ 1967, 380 ff.; Pleyer u. Lieser, Eheliches Güterrecht und Wirtschaftsordnung in beiden Teilen Deutschlands, FamRZ 1970, 1.

führung der Familie dienen, und bedürfen keiner Form; jedoch wird die einfache Schriftform empfohlen (§ 14 FGB, § 4 EGFGB). Verfügungen über das gemeinschaftliche Vermögen mit Ausnahme von Häusern und Grundstücken, kann jeder Ehegatte allein wirksam vornehmen, sofern dem Dritten ein entgegenstehender Wille des anderen Ehegatten nicht bekannt ist (§ 15 FGB). Der Ausgleichsanspruch an einem Erwerb, der nicht gemeinschaftliches Vermögen geworden ist, wird in § 40 FGB geregelt.

Für interzonale Rechtsverhältnisse ist in entsprechender Anwendung des Art. 15 EGBGB **22** an den gewöhnlichen Aufenthalt des Mannes zur Zeit der Eheschließung oder im Zeitpunkt der Rechtsspaltung am 7. 10. 1949, wenn die Ehe vorher geschlossen war, anzuknüpfen. Nach dem Grundsatz der Unwandelbarkeit des Güterrechtsstatuts ist anzunehmen, daß der sowjetzonale gesetzliche Güterstand bei einer Übersiedlung aus der Sowjetzone und dem Ostsektor Berlins in die Bundesrepublik einschließlich West-Berlin fortgilt und mithin nicht durch den Güterstand der Zugewinngemeinschaft ersetzt wird, solange die Ehegatten den Güterstand nicht durch Ehevertrag geändert haben[29]). Bei einer Übersiedlung vor dem 1. 4. 1966 wird aber anzunehmen sein, daß eine nach dem Statutenwechsel eingetretene Änderung des früheren Heimatrechts auf den Güterstand der Sowjetzonenflüchtlinge ohne Einfluß ist (Versteinerung des Güterstandes), so daß insbesondere dieser Güterstand von den Änderungen durch das Familiengesetzbuch v. 20. 12. 1965 nicht mehr erfaßt wird. Zuwanderer aus der Sowjetzone und dem Ostsektor Berlins, die erst nach dem 1. 4. 1966 übersiedeln, leben allerdings im gesetzlichen Güterstand der Errungenschaftsgemeinschaft nach §§ 13, 15 FGB; zum Schutz unkundiger Dritter wird jedoch die Eintragung dieses Güterstandes entsprechend Art. 16 EGBGB zu fordern sein. Für den Güterstand anderer volksdeutscher Flüchtlingsgruppen (Vertriebene aus den deutschen Ostgebieten jenseits der Oder-Neiße-Linie, Sudetendeutsche, Karpathendeutsche) werden dieselben Grundsätze anzuwenden sein[30]).

F. Überleitung des Güterstandes von Vertriebenen und Flüchtlingen

1. Gegenstand der Regelung

Um der Rechtsverwirrung und Rechtsunklarheit entgegenzutreten, die sich infolge der **23** Flüchtlingsbewegung nach dem zweiten Weltkrieg daraus ergeben können, daß zahlreiche Eheleute in der Bundesrepublik und West-Berlin, möglicherweise ohne sich dessen bewußt zu sein, nach den in Rdn. 22 erörterten Grundsätzen im gesetzlichen Güterstande eines fremden Rechts leben, in der Regel also im gesetzlichen Güterstande des Gebiets, aus dem sie vertrieben worden oder geflüchtet sind, sieht das *G über den ehelichen Güterstand von Vertriebenen und Flüchtlingen vom* 4. 8. 1969 (BGBl. I 1067) eine Überleitung dieser Güterstände in den gesetzlichen Güterstand des BGB, also in den Güterstand der Zugewinngemeinschaft (§ 1363 BGB) vor[31]). Das Gesetz betrifft nur gesetzliche Güterstände. Eheverträge, auch wenn sie nach fremdem Recht geschlossen sind, bleiben unberührt. Das Gesetz gilt nach § 1 Abs. 2 auch nicht, wenn im Zeitpunkt seines Inkrafttretens (1. 10. 1969) der bisherige ge-

[29]) Bremen FamRZ 1960, 158; BGHZ 40, 32; durch die Entscheidung des BGH dürfte die lebhaft umstrittene Frage geklärt sein. Vgl. auch Pernutz ROW 1966, 104.

[30]) BayObLGZ 1959, 89; 1961, 123; 1963, 45; 1965, 326; a.M. aber Erman-Marquordt BGB[3] Art. 15 EG Anm. 9; Soergel-Kegel BGB[9] Art. 15 Anm. 40, 45; vgl. ferner die Nachweise aus Rechtsprechung und Schrifttum bei Keidel Vorbem. 8 vor § 159 zu Fn. 4; zum Güterstand deutscher Staatsangehöriger, die nach dem 1. 7. 58 aus den unter polnischer oder sowj. Verwaltung stehenden deutschen Ostgebieten in die BRD umgesiedelt sind, vgl. RheinNotK 1964, 229; Riedel DNotZ 1965, 283.

[31]) Gesetzesmaterialien: BT-Drucks. V/3242 mit Stellungnahme des Bundesrats = BR-Drucks. 319/68 ohne diese Stellungnahme; BT-Drucks. V/4368, enthaltend den schriftlichen Bericht des Rechtsausschusses (12. Ausschusses) über den Gesetzentwurf (Bericht des Abgeordneten Erhard, Antrag des Ausschusses und Zusammenstellung des Entwurfs der Bundesregierung (Drucks. V/3242) mit den Beschlüssen des Rechtsausschusses; schließlich BR-Drucks. 389/69 mit der endgültigen Fassung des Gesetzes. Zum Entwurf der Bundesregierung vgl. Firsching FamRZ 1968, 631; zum Gesetz Verlautbarung des BMdJ in BAnz. Nr. 132 v. 23. 7. 1969; Haegele, Rpfleger 1969, 325; Bürgel, NJW 1969, 1838; Herz DNotZ 1970, 134; ein Beitrag von Firsching ist angekündigt in FamRZ 1970 Heft 3.

setzliche Güterstand im Güterrechtsregister eines Amtsgerichts der BRD oder West-Berlins eingetragen ist.

II. Personenkreis

24 Das Gesetz setzt voraus, daß die Ehegatten Vertriebene oder Sowjetzonenflüchtlinge im Sinne der §§ 1, 3, 4 BVertrG sind, beide ihren gewöhnlichen Aufenthalt, wenn auch nicht einen gemeinsamen, in der BRD oder West-Berlin haben und im gesetzlichen Güterstand eines außerhalb des Geltungsbereichs des Gesetzes maßgebenden Rechts leben (§ 1 Abs. 1 Satz 1). Das gleiche gilt für Eheleute, die aus der DDR oder dem Ostsektor Berlins zugezogen sind, sofern sie deutsche Staatsangehörige oder Deutsche im Sinne des Art. 116 Abs. 1 GG sind (§ 1 Abs. 1 Satz 2). Für diese Ehegatten gilt vom Inkrafttreten des Gesetzes, dem 1. 10. 1969 an der Güterstand der Zugewinngemeinschaft des BGB. Tritt die Voraussetzung des gewöhnlichen Aufenthalts beider Ehegatten erst nach diesem Zeitpunkt ein, so wird ihr bisheriger gesetzlicher Güterstand mit dem Beginn des nach Eintritt dieser Voraussetzung folgenden vierten Monats in den gesetzlichen Güterstand des BGB übergeleitet (§ 3).

25 Welche Eheleute im gesetzlichen Güterstand eines außerhalb des Geltungsbereichs des Gesetzes maßgebenden Rechts leben, wie es Voraussetzung für die Anwendbarkeit des Gesetzes ist, bestimmt sich nach der Staatsangehörigkeit des Ehemanns zur Zeit der Heirat (Art. 15 Abs. 1 EGBGB). Bei Heirat in der alten Heimat vor der Vertreibung oder Aussiedlung (§ 1 Abs. 2 Nr. 3 BVFG) kommt es daher darauf an, ob der Ehemann deutscher oder fremder Staatsangehöriger war. Aussiedler deutscher Staatsangehörigkeit aus den unter polnischer oder sowjetischer Verwaltung stehenden deutschen Ostgebieten nach dem Gebietsstand vom 31. 12. 1937 leben, wenn kein Ehevertrag geschlossen ist, gemäß Art. 15 Abs. 1 EGBGB im Güterstand der Zugewinngemeinschaft, so daß insoweit eine Überleitung nicht in Betracht kommt[32]). Dagegen kommt eine Überleitung in Betracht für Spätaussiedler deutscher Volkszugehörigkeit (§6 BVFG), aber fremder Staatsangehörigkeit aus Gebieten außerhalb Deutschlands nach dem Gebietsstande vom 31. 12. 1967, die nach § 1 Abs. 2 Nr. 3 BVFG Vertriebenen gleichstehen. Für Vertriebene und Aussiedler aus der Tschechoslowakei gilt, wenn der Ehemann bei Eheschließung im Sudetenland in den Jahren zwischen 1938 und 1945 deutscher Staatsangehöriger war, gemäß Art. 15 Abs. 1 EGBGB zwar ebenfalls deutsches Recht, aber das AGBGB als lokales deutsches Recht[33]), so daß eine Überleitung stattfindet. Ist die Ehe erst nach der Vertreibung in der BRD als der neuen Heimat geschlossen worden und war der Ehemann zur Zeit der Eheschließung zwar fremder Staatsangehöriger, aber Deutscher im Sinne des Art. 116 Abs. 1 GG, so gilt deutsches Güterrecht bereits gemäß Art. 9 II Nr. 5 FamRÄndG[34]). Hierfür kommt es nicht darauf an, ob die Ehe vor oder nach dem Inkrafttreten des FamRÄndG (1. 1. 1962) geschlossen worden ist, da die Vorschrift nur klarstellend ausspricht, was nach richtiger Auslegung des Art. 116 Abs. 1 GG schon vorher rechtens war[35]). Die Ehe muß jedoch nach dem Inkrafttreten des Grundgesetzes (24. 5. 1949) geschlossen sein, weil die rechtliche Gleichstellung volksdeutscher Vertriebener und Flüchtlinge mit deutschen Staatsangehörigen erst durch das Grundgesetz vollzogen wurde; bis dahin galt auch für volksdeutsche Vertriebene ihr früheres Heimatrecht[36]). Die Gebietsumschreibung in Art. 116 Abs. 1 GG umfaßt sowohl die Aufnahme in der BRD als auch in der DDR[37]). Ein volksdeutscher Vertriebener ohne deutsche Staatsangehörigkeit, der zunächst in der DDR Aufenthalt nahm, ist schon dadurch Deutscher im Sinne des Art. 116 Abs. 1 GG geworden (übrigens auch nach dem Recht der DDR, vgl. § 73 Rdn. 17). Bei späterer Übersiedlung in

[32]) Riedel DNotZ 1965, 283; Bürgel NJW 1969, 1838 zu 4.

[33]) Vgl. BayObLG NJW 1959, 1042; 1963, 1108; Riedel, Rpfleger 1962, 310 ff.; Oswald, JR 1967, 58.

[34]) Dunz NJW 1961, 2137, 2141; Meyer-Stolte, Rpfleger 1961, 427, 429; Maßfeller StAZ 1961, 301, 303; BT-Drucks. III/530 S. 35.

[35]) Rischl Rpfleger 1962, 313, 324; Erman-Marquordt BGB[4] 6 d vor Art. 7 EG; Herz DNotZ 1970, 134 zu II 5.

[36]) Erman-Marquordt BGB[4] 6 e vor Art. 7 EG; Herz aaO.; a.M. Reithmann DNotZ 1958, 525.

[37]) Schätzel, Dt. StaatsangehörigkeitsR[2] S. 133; Bonner Kommentar Art. 116 GG Anm. II A 6.

die BRD findet, wenn er Sowjetzonenflüchtling (§ 3 BVFG) ist, die Überleitung nach § 1 Abs. 1 Satz 1 statt, bei Zuzug ohne diese Voraussetzung nach § 1 Abs. 1 Satz 2.

Die Eigenschaft alsVertriebener oder Sowjetzonenflüchtling (§§ 1, 3, 4 BVFG) muß im Fall des § 1 Abs. 1 Satz 1 ÜberlG noch im Zeitpunkt der Überleitung (1. 10. 1969) vorhanden gewesen sein; im Fall des § 1 Abs. 1 Satz 2 ÜberlG muß die deutsche Staatsangehörigkeit oder die Eigenschaft als Deutscher im Sinne des Art. 116 Abs. 1 GG trotz des mißverständlichen Gesetzeswortlauts ebenfalls noch am Überleitungsstichtag bestehen[38]). Im übrigen müssen die von § 1 Abs. 1 ÜberlG vorausgesetzten Eigenschaften in der Person beider Eheleute erfüllt sein[39]). Nach § 1 Abs. 3 mit §§ 3 Abs. 3, 4 Abs. 2 BVFG gilt als Vertriebener oder Sowjetzonenflüchtling aber auch, wer, ohne selbst deutscher Staatsangehöriger oder deutscher Volkszugehöriger zu sein, als Ehegatte eines Vertriebenen oder Sowjetzonenflüchtlings seinen Wohnsitz im Vertreibungsgebiet oder in der SBZ verloren hat. Bei bloßem Zuzug ohne Flüchtlingseigenschaft aus der SBZ oder dem Ostsektor Berlins (§ 1 Abs. 1 Satz 2 ÜberlG) dagegen müssen beide Ehegatten deutsche Staatsangehörige oder Deutsche im Sinne des Art. 116 Abs. 1 GG sein[40]). 26

Für internationale Flüchtlinge, die weder die deutsche Staatsangehörigkeit besitzen noch deutsche Volkszugehörige sind und deren Güterrechtsstatut das deutsche Recht nicht schon auf Grund des Art. 29 EGBGB oder gemäß Art. 12 Abs. 1 der Genfer Flüchtlingskonvention (oder vor deren Inkrafttreten gemäß Art. 1 AHKG 23) ist, gilt das ÜberleitungsG nicht[41]). Der Gesetzgeber hat den Personenkreis bewußt eng gezogen (vgl. BT-Drucks. V/4368); bei diesem Personenkreis kann es sich nur darum handeln, ob der Grundsatz der Unwandelbarkeit des Güterrechtsstatuts aus allgemeinen Erwägungen aufgegeben werden sollte. 27

III. Verfahren

Jeder Ehegatte kann durch eine einseitige, amtsempfangsbedürftige Erklärung den Eintritt dieser Rechtsfolge abwenden und dadurch bewirken, daß der bisherige gesetzliche Güterstand fortgilt (§ 2). Die Erklärung bedarf der notariellen Beurkundung; für ihre Entgegennahme ist jedes Amtsgericht für zuständig erklärt worden (§ 4 Abs. 1), um die Folgen zu vermeiden, die sich aus einem Zuständigkeitsmangel ergeben können (vgl. § 7 Rdn. 4). Die Erklärung ist befristet; sie muß, sofern nicht vorher ein Ehevertrag geschlossen oder die Ehe aufgelöst ist, bis zum 31. 12. 1970 gegenüber dem Amtsgericht abgegeben, also bei ihm eingegangen sein (§ 2 Abs. 1); ist der gewöhnliche Aufenthalt beider Ehegatten im Geltungsbereich des Gesetzes erst nach dessen Inkrafttreten begründet worden, so beträgt die Frist ein Jahr nach dem gemäß § 3 für die Überleitung maßgebenden Zeitpunkt (§ 3 Satz 3). Eine Hemmung der Frist entsprechend §§ 203, 206 BGB ist nicht vorgesehen; sie wurde wegen der Länge der Frist für entbehrlich gehalten. Wird die Erklärung vor dem für die Überleitung maßgebenden Zeitpunkt abgegeben, so findet die Überleitung nicht statt; wird sie nach diesem Zeitpunkt abgegeben, so gilt die Überleitung rückwirkend als nicht erfolgt (§ 2 Abs. 2, Abs. 3 Satz 1, § 3 Satz 3). Im letztgenannten Fall können aber Einwendungen gegen ein unter den Ehegatten oder einem von ihnen und einem Dritten vorgenommenes Rechtsgeschäft aus der Wiederherstellung des ursprünglichen Güterstandes nicht hergeleitet werden (§ 2 Abs. 3 Satz 2, § 3 Satz 3). 28

Das Amtsgericht, dem gegenüber die Erklärung abgegeben wird, hat sie, wenn nicht beide Ehegatten gemeinsam gehandelt haben, dem anderen Ehegatten nach den für die Zustellung von Amts wegen geltenden Vorschriften der ZPO (vgl. § 16 Rdn. 26 ff.) bekanntzumachen (§ 4 Abs. 2). Über die Zuständigkeit dieses Amtsgerichts kann ein Streit nicht entstehen, da jedes Amtsgericht zuständig ist, auch wenn zu seinem Gerichtsbezirk keine Beziehungen der Beteiligten bestehen. Die Wirksamkeit der Erklärung tritt nach § 130 Abs. 3 BGB bereits 29

38) Herz DNotZ 1970, 134 zu III 2 a, b cc.
39) A.M. Herz DNotZ 1970, 134 zu II 3, III 3.
40) A.M. auch insoweit trotz des eindeutigen Gesetzeswortlauts und der Tendenz des Gesetzes Herz DNotZ 1970, 134 zu III 3.
41) A.M. Soergel-Kegel BGB[10] Art. 15 EG Anm. 44 und 57; Herz DNotZ 1970, 134 zu V.

mit dem Eingang beim Amtsgericht ein; es ist unschädlich, wenn die Zustellung erst nach dem Ablauf der Frist erfolgt. Ein Prüfungsrecht in formeller und materieller Hinsicht steht diesem Amtsgericht nicht zu. Über Einwendungen gegen die Wirksamkeit der Erklärung hat es nicht zu befinden. Ist die Erklärung verspätet oder nicht in der gesetzlichen Form eingegangen, so wird dies dem anderen Ehegatten bei der Zustellung zweckmäßig mitgeteilt.

30 Über die Frage, ob die Erklärung wirksam ist und in welchem Güterstand die Eheleute leben, ist erforderlichenfalls von dem Prozeßgericht oder als Vorfrage in dem Verfahren zu befinden, in welchem es darauf ankommt. Das Registergericht hat die Wirksamkeit der Erklärung zu prüfen, wenn die Eintragung des nach ihr fortgeltenden gesetzlichen Güterstandes in das Güterrechtsregister beantragt wird. Wird der Antrag mit der Erklärung nach § 2 verbunden, so hat das Amtsgericht ihn, wenn es nicht das Registergericht ist, an dieses weiterzuleiten (§ 4 Abs. 3), nachdem es zuvor die nach § 4 Abs. 2 erforderliche Zustellung vorgenommen hat. Der Antrag kann von jedem der Ehegatten gestellt werden, auch von dem, der die Erklärung nicht abgegeben hat. Der Antrag ist nicht befristet. Er bedarf der Form des § 1560 Satz 2 BGB. In dem Antrag ist der Güterstand zu bezeichnen, der nach Meinung des Antragstellers auf Grund seiner Ausschließungserklärung fortgilt[42]). Zu dem einseitig gestellten Antrag eines Ehegatten ist der andere zu hören (§ 4 Abs. 4 Satz 2). Bei begründetem Anlaß zu Zweifeln über die Richtigkeit der Angaben über den bestehenden Güterstand hat das Registergericht von Amts wegen Ermittlungen anzustellen (§ 4 Abs. 4 Satz 3). Das gilt auch, wenn beide Ehegatten den Antrag stellen oder der andere nicht widerspricht. Das Verfahren ist auf den Rechtspfleger übertragen (oben Rdn. 4); er ist aber nach § 5 Abs. 1 Nr. 3 RechtspflG zur Vorlegung an den Richter verpflichtet. Die Zurückweisung des Antrags ist nach allgemeinen Grundsätzen mit Rechtsmitteln anfechtbar. Eine sachlich unrichtige Eintragung kann im Amtslöschungsverfahren (§§ 161 Abs. 1, 142, 143) beseitigt werden.

31 Der Geschäftswert beträgt nach § 5 für Gericht und Notar in allen Fällen 3 000 DM.

Registerzeugnisse

162 Das Amtsgericht hat auf Verlangen eine Bescheinigung darüber zu erteilen, daß bezüglich des Gegenstandes einer Eintragung weitere Eintragungen in das Vereins- oder Güterrechtsregister nicht vorhanden sind oder daß eine bestimmte Eintragung in das Register nicht erfolgt ist.

A. Zeugnisse aus dem Vereins- und Güterrechtsregister

1 Die Vorschrift enthält ergänzende Bestimmungen in bezug auf das Vereinsregister zu den §§ 79, 69 BGB, in bezug auf das Güterrechtsregister zu § 1563 BGB und den §§ 33 GBO, 40 SchiffsRegO. Sie dient der Erleichterung des Rechtsverkehrs. Inhaltlich entspricht sie dem § 9 Abs. 4 HGB.

2 *1. Zeugnisse über Eintragungen.* Nach § 69 BGB wird der Nachweis, daß der Vorstand des Vereins aus den im Register eingetragenen Personen besteht, Behörden gegenüber durch ein Zeugnis des Amtsgerichts über die Eintragung geführt. Das gilt nach § 48 Abs. 2 BGB auch für eingetragene Liquidatoren. Das Zeugnis hat sich auch auf Eintragungen über den Umfang der Vertretungsmacht zu erstrecken. Nach § 33 GBO, § 40 SchiffsRegO wird der Nachweis, daß zwischen Ehegatten Gütertrennung oder ein vertragsmäßiges Güterrecht besteht oder daß ein Gegenstand zum Vorbehaltsgut eines Ehegatten gehört, durch ein Zeugnis des Gerichts über die Eintragung der güterrechtlichen Verhältnisse im Güterrechtsregister geführt. Diese Zeugnisse dienen der Legitimation gegenüber Behörden und Gerichten. Ihre Beweiskraft ergibt sich nicht aus der Natur des Vereins- oder Güterrechtsregisters, die kei-

[42]) Vgl. Reithmann DNotZ 1961, 12 mit Übersicht über die Güterstände von Flüchtlingen aller Herkunftsländer.

nen öffentlichen Glauben genießen, sondern mit verfahrensrechtlicher Wirkung aus der besonderen Anordnung in den §§ 69 BGB, 33 GBO, 40 SchiffsRegO. Die Behörde muß sich mit dem Nachweis begnügen, sofern nicht auf Tatsachen, nicht nur auf Vermutungen gestützte Zweifel an der Richtigkeit der in dem Zeugnis beurkundeten Rechtsverhältnisse bestehen. Das Zeugnis hat den gegenwärtigen Registerinhalt wiederzugeben. Der Nachweis, daß das Register in der Vergangenheit einen bestimmten Inhalt gehabt hat, ist durch eine beglaubigte Registerabschrift zu führen (vgl. § 16 Abs. 2 HRV). Die Beweiskraft des Zeugnisses erstreckt sich, wenn keine besonderen Umstände entgegenstehen, auch noch auf die nächste Zeit nach seiner Erteilung[1]).

2. *Negativzeugnisse.* Nach § 162 können negative Zeugnisse darüber erteilt werden, daß über den Gegenstand einer Eintragung weitere Eintragungen in das Vereins- oder Güterrechtsregister nicht vorhanden sind oder daß eine bestimmte Eintragung in das Register, z. B. über die Beschränkung der Schlüsselgewalt der Frau, nicht erfolgt ist. Diese Zeugnisse können selbständigen Beweiswert haben oder der Ergänzung bereits ausgestellter Zeugnisse oder beglaubigter Abschriften dienen. **3**

3. *Recht auf Zeugniserteilung.* Da § 162 nur ein Verlangen ohne jede Beschränkung voraussetzt, kann jedermann den Antrag ohne Nachweis eines Interesses oder Zweckes stellen. Dasselbe gilt für die Positivzeugnisse (Anm. A 1). Das Gesetz regelt zwar in § 69 BGB, § 33 GBO, § 40 SchiffsRegO nur die Beweiskraft dieser Zeugnisse. Daraus ergibt sich aber, daß, wer diesen Nachweis führen will, auch berechtigt ist, das Zeugnis zu verlangen. Da außerdem jedermann nach den §§ 79, 1563 BGB eine beglaubigte Abschrift der Eintragungen fordern kann, ist anzunehmen, daß das Zeugnis jedem ohne Begründung und ohne Glaubhaftmachung eines Interesses auf Antrag zu erteilen ist, nicht nur dem Vereinsvorstand oder den Ehegatten[2]). Vgl. ferner § 34 Rdn. 22. **4**

4. *Form der Zeugnisse.* Die Erteilung der Zeugnisse verfügt der Rechtspfleger (§ 3 Nr. 1 Buchst. a und e RechtspflG). Die Ausfertigungen in der Form der Art. 18 PrFGG, 22 HessFGG besorgt der Urkundsbeamte der Geschäftsstelle; vgl. für Preußen AV v. 6. 11. 1899 (JMBl. 302) Art. 3 u. VO v. 27. 12. 1911 (JMBl. 1912 3). **5**

5. Die *Gerichtsgebühren* regelt § 89 KostO. **6**

Neunter Abschnitt

Offenbarungseid, Untersuchung und Verwahrung von Sachen, Pfandverkauf

Vorbemerkung. Die Vorschriften dieses Abschnitts beziehen sich auf verschiedene Angelegenheiten, welche untereinander in keinem inneren Zusammenhange stehen. Sie stellen sich als ergänzende Vorschriften zum Bürgerlichen Gesetzbuch dar und regeln die Zuständigkeit und das Verfahren. Die Gliederung des Abschnitts folgt der Überschrift.

Offenbarungseid

163 Ist in den Fällen der §§ 259, 260, 2028, 2057 des Bürgerlichen Gesetzbuchs der Offenbarungseid nicht vor dem Prozeßgericht zu leisten, so finden die Vorschriften des § 79 entsprechende Anwendung.

A. Allgemeines

Die Vorschrift regelt das Verfahren in den Fällen, in denen jemand nach bürgerlichem Recht oder nach Handelsrecht zur Leistung des Offenbarungseides verpflichtet ist; sie stellt sich als verfahrensrechtliche Ergänzung zu den §§ 261, 2028 Abs. 3, 2057 Satz 2 BGB dar. **1**

[1]) Dresden JFG 6, 259; KG JFG 17, 228.
[2]) Staudinger-Coing[11] § 69 Anm. 2; Schlegelberger Anm. 1; Würdinger in HGB-RGRK[2] § 9 Anm. 4; a.M. BGB-RGRK[11] § 1564 Anm. 4.

Der Sinn der Bestimmung ist, dem Verpflichteten eine Behörde zur Verfügung zu stellen, vor der er dem Verlangen des Berechtigten zur Leistung des Eides freiwillig ohne Rechtsstreit nachkommen kann. Die in § 163 angeführten Vorschriften beziehen sich auf folgende Gegenstände:

2 1. *§ 259 BGB* regelt die Art der *Rechenschaftslegung* über eine mit Einnahmen oder Ausgaben verbundene Verwaltung. Die Vorschrift setzt das Bestehen einer Rechenschaftspflicht voraus. Diese Pflicht hat das Gesetz nicht allgemein, sondern für bestimmte Rechtsverhältnisse jeweils durch Einzelvorschriften begründet, namentlich für den Beauftragten (§ 666 BGB) und in entsprechender Anwendung für den Geschäftsführer kraft Dienst- oder Werkvertrags (§ 675), den Geschäftsführer ohne Auftrag (§§ 681 Satz 2, 687 Abs. 2), den Vorstand oder Abwickler eines Vereins oder einer Stiftung (§§ 27 Abs. 3, 48, 86 BGB), den geschäftsführenden Gesellschafter (§ 713), den Gesellschafter gegenüber dem ausgeschiedenen Mitgesellschafter (§ 740 Abs. 2), den Nutzungspfandgläubiger (§ 1214 Abs. 1), den Inhaber der elterlichen Gewalt (§§ 1667 Abs. 2, 1698), den Vormund oder Pfleger (§§ 1840 Abs. 1, 1890, 1897, 1915), den Erben gegenüber den Nachlaßgläubigern (§ 1978, 1991), den Vorerben gegenüber dem Nacherben (§ 2130 Abs. 2), den Testamentsvollstrecker gegenüber dem Erben (§ 2218), den Zwangsverwalter (ZVG § 154). Im *Handelsrecht* besteht eine Pflicht zur Rechenschaftslegung nach §§ 105 Abs. 2, 161 Abs. 2 HGB mit §§ 713, 666, 740 Abs. 2 BGB, §§ 340 Abs. 3, 384 Abs. 2, 499, 534 HGB, G über das Verlagsrecht § 24. Hieraus wird für alle Fälle gesetzlicher, vertraglicher oder angemaßter Geschäftsbesorgung der Grundsatz abgeleitet, daß rechenschaftspflichtig ist, wer fremde Angelegenheiten oder solche besorgt, die zugleich eigene und fremde sind[1]).

3 Die Rechenschaftspflicht umfaßt, wenn die Verwaltung mit Einnahmen und Ausgaben verbunden war, die Pflicht zur *Rechnungslegung*, nämlich zur Mitteilung einer geordneten Zusammenstellung der Einnahmen und Ausgaben unter Beifügung der Belege, soweit diese üblich sind. Der *Offenbarungseid*, der nach § 259 Abs. 2 BGB auf Verlangen bei begründetem Verdacht mangelnder Sorgfalt zu leisten ist, bezieht sich nur auf die Vollständigkeit der angegebenen *Einnahmen*, da für die Ausgaben der Rechnungspflichtige beweispflichtig ist. Der Testamentsvollstrecker hat jedoch auf Verlangen auch die Ausgaben eidlich zu bekräftigen[2]). Der Eid bezieht sich nur auf die Richtigkeit der Rechnungsposten, nicht auf die Vollständigkeit der Belege[3]). Der Eid kann auch auf selbständige Teile einer Rechnung beschränkt werden[4]), *Eidesnorm* § 259 Abs. 2, § 261 Abs. 2 BGB.

4 2. *§ 260 BGB* begründet eine Nebenpflicht zur *Vorlegung eines Bestandsverzeichnisses*, wenn jemand (aus besonderem Rechtsgrunde) verpflichtet ist, einen Inbegriff von Gegenständen herauszugeben oder über den Bestand eines solchen Inbegriffs Auskunft zu erteilen. Inbegriff ist eine Mehrheit von Gegenständen (Sachen oder Rechten), die durch die Einheitlichkeit des zur Herausgabe oder zur Auskunftserteilung verpflichtenden Rechtsgrundes zu einer Einheit verbunden sind und die der Berechtigte nicht einzeln bezeichnen kann (RGZ 90 139). In der Regel wird der Inbegriff im Verkehr unter einer gemeinsamen Bezeichnung zusammengefaßt (Herde, Sammlung, Erbschaft, Sondervermögen). Eine Verpflichtung zur *Herausgabe eines Inbegriffs* kann bestehen nach §§ 311, 314, 419, 667, 987, 988 BGB, beim elterlichen Gewalthaber (§ 1698), beim Vormund oder Pfleger (§§ 1890, 1897, 1915), beim Erbschaftsbesitzer (§ 2018), beim Vorerben (§ 2130), Testamentsvollstrecker (§ 2218), Erbschaftsverkäufer (§ 2374). Eine Verpflichtung zur *Auskunftserteilung* über den Bestand eines Inbegriffs kann bestehen nach §§ 402, 444, 666, 675, 681, 687 Abs. 2, 713, 740 Abs. 2 BGB, für Eheleute bei Beendigung des Güterstandes der Zugewinngemeinschaft (§ 1379), für den Gegenvormund (§ 1891 Abs. 2), für den Fiskus als Erben und den Nachlaßpfleger gegenüber den Nachlaßgläubigern (§§ 2011 Satz 2, 2012 Abs. 1 Satz 2), für den Erbschaftsbesitzer

[1]) RGZ 73, 288; 164, 350; BGB-RGRK Anm. 1, Soergel-Siebert Anm. 1, Palandt Anm. 1, je zu § 259.

[2]) RG JW 1913, 1150 = GruchBeitr. 58, 441.

[3]) RGZ 125, 256.

[4]) Naumburg JW 1927, 866; BGH NJW 1962, 245.

(§ 2027), für den Vorerben gegenüber dem Nacherben (§ 2127), für den Erben gegenüber dem Pflichtteilsberechtigten (§ 2314)[5]), anwendbar nach § 1934b Abs. 2 BGB auch auf den Erbersatzanspruch des nichtehelichen Kindes, für den Besitzer eines unrichtigen Erbscheins gegenüber dem wirklichen Erben oder dem zu Unrecht für tot Erklärten (§§ 2362 Abs. 2, 2370 Abs. 2). Darüber hinaus ist eine Auskunftspflicht anerkannt worden bei Rechtsverhältnissen, deren Wesen es mit sich bringt, daß der Berechtigte entschuldbarerweise über Bestehen und Umfang seines Rechts im ungewissen, der Verpflichtete aber zur Erteilung der Auskunft unschwer in der Lage ist[6]). Ohne besonderen Rechtsgrund besteht aber keine von einer Leistungspflicht unabhängige allgemeine Auskunfts- und Rechenschaftspflicht[7]).

Der *Offenbarungseid* bezieht sich auf die Vollständigkeit des Bestandsverzeichnisses; *Eidesnorm* § 260 Abs. 2, § 261 Abs. 2 BGB. 5

3. § 2028 BGB begründet eine *Pflicht des Hausgenossen* des Erblassers zur *Auskunft* darüber, welche erbschaftlichen Geschäfte er geführt hat und was ihm über den Verbleib der Erbschaftsgegenstände bekannt ist. Die Verpflichtung wird schon durch die Tatsache der häuslichen Gemeinschaft mit dem Erblasser z. Z. seines Todes begründet. Über den Begriff der häuslichen Gemeinschaft s. RGRKomm. z. § 2028 Anm. 1 BGB; Staudinger-Lehmann, § 2028 Anm. 3; sie wird nicht dadurch aufgehoben, daß der Erblasser kurz vor seinem Tode in eine Anstalt überführt wird[8]). Auch der Miterbe, der Hausgenosse war, ist nach § 2028 auskunftspflichtig[9]). Die Auskunft verlangen können außer dem Erben auch Nachlaßpfleger, Nachlaßverwalter, Nachlaßkonkursverwalter, verwaltender Testamentsvollstrecker[10]). Die Auskunftspflicht des Hausgenossen beschränkt sich auf sein eigenes Tun, nämlich die von ihm geführten einzelnen erbschaftlichen Geschäfte (§ 1959 Abs. 1), und auf sein eigenes Wissen über den Verbleib der Erbschaftsgegenstände. Zur Auskunft über den Bestand des Nachlasses als Inbegriff, zur Vorlegung eines Nachlaßverzeichnisses und zur Rechenschaftslegung über andere als von ihm geführte Geschäfte ist er nicht verpflichtet[11]). Die Auskunftspflicht kann sich auch auf Gegenstände erstrecken, die bereits vor dem Tode des Erblassers beiseite geschafft worden sind[12]), nicht aber auf vom Erblasser gemachte Schenkungen[13]). 6

Der *Offenbarungseid*, der auf Verlangen eines Berechtigten bei begründetem Verdacht mangelnder Sorgfalt zu leisten ist, bezieht sich auf die Vollständigkeit der gemachten Angaben. *Eidesnorm* § 2028 Abs. 2, 3, § 261 Abs. 2 BGB. 7

4. § 2057 BGB begründet die *Pflicht des Miterben*, den übrigen Erben auf Verlangen *Auskunft über die Zuwendungen* zu erteilen, die er nach den §§ 2050 bis 2053 zur Ausgleichung zu bringen hat. Auskunftsberechtigt ist jeder an der Ausgleichung beteiligte Miterbe, ebenso der mit der Erbauseinandersetzung beauftragte Testamentsvollstrecker; Nachlaß- und Nachlaßkonkursverwalter nur bei besonderem Interesse an der Klarstellung des Bestandes eines Erbteils[14]). Im Hinblick auf § 2316 BGB sind auskunftsberechtigt und verpflichtet auch nichterbende Abkömmlinge, die den Pflichtteil fordern[15]). Gegenstand der Auskunft sind alle Zuwendungen, die möglicherweise unter die Ausgleichungspflicht nach den §§ 2050 bis 2053 fallen können, da die Beurteilung der Ausgleichungspflicht nicht dem Auskunftspflichtigen überlassen bleiben kann[16]). Auch Angaben zur Beurteilung des Wertes des Empfangenen sind zu machen[17]). Auf den Erbersatzanspruch eines Abkömmlings des Erblassers ist § 2057 BGB nach § 1934b Abs. 3 BGB entsprechend anzuwenden. 8

[5]) Über den Umfang des Auskunftsanspruchs vgl. BGHZ 33, 373; BGH NJW 1962, 245; Kuchinke, NJW 1957, 1175.
[6]) RGZ 108, 7; 158, 377.
[7]) BGH NJW 1957, 669.
[8]) Kiel SchlHA 1910, 97; RG LeipzZ 1922, 196 = WarnR 1922 Nr. 75.
[9]) RGZ 80, 285.
[10]) Staudinger-Lehmann, § 2028 Anm. 2, § 2027 Anm. 2; Keidel Anm. 6.
[11]) KG OLGR 11, 230; RG aaO. Anm. 8.
[12]) RGZ 81, 295.
[13]) RGZ 84, 206.
[14]) Staudinger-Lehmann § 2057 Anm. 2; BGB-RGRK § 2057 Anm. 1.
[15]) RGZ 73, 372; Nürnberg NJW 1957, 1482.
[16]) Staudinger-Lehmann Anm. 4, Palandt Anm. 2, je zu § 2057.
[17]) BayObLGZ 19 A 44 = OLGR 40, 149.

9 Die *Form der Auskunft* ist nicht geregelt; sie wird aber regelmäßig schriftlich unter Angabe der Tatsachen zu erteilen sein, die für Art, Wert und Ausgleichungspflicht von Bedeutung sind[18]). Ein Bestandsverzeichnis i. S. des § 260 Abs. 1 BGB ist vorzulegen, wenn die Zuwendung einen Inbegriff von Gegenständen darstellte. Für die Verpflichtung *zur Eidesleistung* gelten §§ 260, 261 entsprechend (§ 2057 Satz 2). Die *Eidesnorm* ist gesetzlich nicht bestimmt; sie wird dahin zu fassen sein, daß der Schwurpflichtige die zur Ausgleichung zu bringenden (im Anschluß an die Ausgleichungsfälle des Gesetzes zu bezeichnenden) Zuwendungen so vollständig angegeben habe, als er dazu im Stande sei[19]).

B. Verfahren

1. Zuständigkeit

10 *a) Sachlich* zuständig ist das Amtsgericht (§ 261 BGB), welches auch bei erbrechtlichen Ansprüchen nicht als NachlG tätig wird. Keine Übertragung auf den Rechtspfleger.

11 *b) Örtlich* zuständig ist nach §§ 261 Abs. 1, 2028 Abs. 3, 2057 Satz 2 BGB das Amtsgericht des Erfüllungsorts, nach Wahl des Verpflichteten auch das Amtsgericht seines inländischen Wohnsitzes oder Aufenthalts. Wird zunächst das AG des Erfüllungsorts angerufen und macht der Schuldner von seinem Wahlrecht Gebrauch, so wird das gewählte Gericht zuständig; die Sache ist dorthin abzugeben. Abnahme des Eides auf Ersuchen des zuständigen Gerichts im Wege der Rechtshilfe (§§ 2, 15 FGG, 479 ZPO) ist daneben nicht ausgeschlossen.

12 2. *Antragsberechtigt* sind nach § 163 mit § 79 Satz 1 der Schuldner oder der Gläubiger der in Anm. 1 bis 4 dargelegten Ansprüche auf Rechnungslegung, Vorlegung eines Bestandsverzeichnisses oder Auskunftserteilung. Im Fall des § 2028 sind antragsberechtigt außer dem Erben auch Nachlaßpfleger, Nachlaßverwalter, Nachlaßkonkursverwalter und verwaltender Testamentsvollstrecker (Rdn. 6), im Fall des § 2057 außer dem an der Ausgleichung beteiligten Miterben der mit der Erbauseinandersetzung betraute Testamentsvollstrecker; Nachlaß- und Nachlaßkonkursverwalter nur bei besonderem Anlaß (s. Rdn. 8).

13 3. Die *Zulässigkeit* des Antrags setzt voraus, daß der Eid nicht vor dem *Prozeßgericht* zu leisten ist; das ist der Fall, wenn eine vollstreckbare Verurteilung zur Eidesleistung vorliegt und dem Gläubiger dadurch das Recht erwachsen ist, nach § 889 ZPO die Abnahme des Eides durch das Prozeßgericht im Wege der Zwangsvollstreckung zu beantragen. Gegen den Willen des Gläubigers kann in diesem Fall der Eid nicht im Verfahren nach § 163 abgenommen werden[20]). Bei Einverständnis des Gläubigers und Erbieten des Schuldners zur Eidesleistung entfällt aber dieses Bedenken[21]). Klageerhebung steht der freiwilligen Eidesleistung nicht entgegen, solange kein Urteil vorliegt[22]).

14 4. *Prüfungspflicht.* Das Gericht hat zunächst zu prüfen, ob nach dem Vorbringen des Antragstellers ein gesetzlich zugelassener Fall der Eidesleistung (Rdn. 2—8) überhaupt vorliegt, da unzulässige Eide nicht abgenommen werden dürfen[23]) Im übrigen hat es eine sachliche Prüfung darüber, ob die behauptete Verpflichtung zur Eidesleistung besteht, nicht vorzunehmen. Stellt der Gläubiger den Antrag, so genügt es, daß er die Voraussetzungen darlegt, ohne sie beweisen oder glaubhaft machen zu müssen; das Gericht darf auch die Abnahme des Eides nicht deshalb ablehnen, weil kein Grund zu der Annahme bestehe, daß die Auskunft nicht mit der erforderlichen Sorgfalt erteilt sei[24]), oder weil es aus sonstigen Gründen eine Verpflichtung zur Eidesleistung nicht für gegeben hält. Stellt der Schuldner den An-

[18]) BGB-RGRK § 2057 Anm. 2.

[19]) Vgl. RGZ 73, 372, 374, 377; BayObLG aaO. Anm. 17.

[20]) KG JFG 2, 62 = JR 1925 Nr. 285; Hamm Rpfleger 1958, 187; Düsseldorf MDR 1960, 590; a.M. Schlegelberger Anm. 5.

[21]) Keidel Anm. 3; KG aaO. läßt dahingestellt.

[22]) KGJ 45, 112 = RJA 13, 99; BayObLGZ 1953, 135.

[23]) KGJ 45, 112 = RJA 13, 99.

[24]) KG OLGR 42, 197; KGJ 45, 112 = RJA 13, 99; BayObLGZ 1953, 141; Josef ZBlFG 6, 820 ff.

trag, so muß er darlegen, daß der Gläubiger die Eidesleistung verlangt; das Verlangen liegt auch in der Klageerhebung; ohne Verlangen oder Einverständnis des Gläubigers darf der Eid auch bei Erbieten des Schuldners nicht abgenommen werden[25]). Die Rechnung, das Bestandsverzeichnis oder die Auskunft müssen erteilt sein und vorgelegt werden[26]). Der Schuldner kann sich auch bei grundsätzlichem Bestreiten seiner Eidespflicht zur Eidesleistung erbieten[27]); erscheint er trotz ordnungsmäßiger Ladung im Termin nicht oder verweigert er die Eidesleistung, so steht es dem Gläubiger frei, Klage zu erheben; Zwang wird in diesem Verfahren nicht ausgeübt.

5. Ladung. Zu dem Termin sind beide Teile zu laden; die Anwesenheit des Gläubigers ist nicht erforderlich (§ 79 Satz 2, 3); vgl. § 79 Rdn. 6. Die Abnahme des Eides richtet sich nach § 15 FGG, §§ 478 bis 484 ZPO. Wegen der Eidesnorm vgl. die Bem. Rdn. 2—9 jeweils am Ende. Nach § 261 Abs. 2 BGB kann das Gericht eine den Umständen entsprechende Änderung der Eidesnorm beschließen. **15**

6. Rechtsmittel. Die Bem. zu § 79 Rdn. 7 gelten auch hier. **16**

7. Kosten. Die Gerichtskosten trägt der Antragsteller (§§ 124, 2 Nr. 1 KostO). Über die sachlichrechtliche Kostentragungspflicht nach § 261 Abs. 3 BGB ist in diesem Verfahren nicht zu entscheiden; andererseits wird durch diese Vorschrift die Anwendung des § 13a im ersten Rechtszuge ausgeschlossen (§ 13a Rdn. 51; ebenso Keidel Anm. 8). **17**

8. In der DDR und im Ostsektor Berlins sind die Staatlichen Notariate zuständig (§ 2 Nr. 9 NotVerfO, § 2 Nr. 9 StNotVO). Das Verfahren regelt § 67 NotVerfO. **18**

9. Anhang. Eidesabnahme nach § 10 Abs. 4 VereinsG. Ist das Vermögen eines Vereins nach § 3 Abs. 1 Satz 2 des Vereinsgesetzes vom 5. 8. 1964 (BGBl. I, 593) beschlagnahmt, so sind die Vorstandsmitglieder nach § 10 Abs. 4 VereinsG verpflichtet, Auskunft über den Bestand und Verbleib des Vereinsvermögens zu geben. Auf Verlangen der Verbotsbehörde haben sie ein Verzeichnis des Bestandes vorzulegen und zu beeiden. Der Eid ist mit dem in § 260 Abs. 2 BGB bezeichneten Inhalt vor dem für den Wohnsitz des Eidespflichtigen zuständigen Amtsgericht zu leisten. Ein Zwang wird vom Gericht nicht ausgeübt. Im Weigerungsfalle ist es Sache der Behörde, die Eidesleistung nach Maßgabe des Verwaltungsvollstreckungsgesetzes zu erzwingen[29]). **19**

Feststellung des Zustandes oder Wertes von Sachen

164 In den Fällen, in denen nach den Vorschriften des bürgerlichen Rechtes jemand den Zustand oder den Wert einer Sache durch Sachverständige feststellen lassen kann, ist für die Ernennung, Beeidigung und Vernehmung der Sachverständigen das Amtsgericht zuständig, in dessen Bezirk sich die Sache befindet. Durch eine ausdrückliche Vereinbarung der Beteiligten kann die Zuständigkeit eines anderen Amtsgerichts begründet werden.

Eine Anfechtung der Verfügung, durch welche dem Antrage stattgegeben wird, ist ausgeschlossen.

Bei dem Verfahren ist der Gegner soweit tunlich zu hören.

1. Bedeutung. Anwendungsbereich

a) Die Vorschrift eröffnet in sehr begrenztem Umfange ein Verfahren zur Sicherung des Beweises. Von dem Beweissicherungsverfahren nach § 485 ZPO, welches in der freiwilligen Gerichtsbarkeit nicht anwendbar ist (§ 15 Rdn. 79) unterscheidet sich das Verfahren dadurch, daß das Recht, den Zustand oder Wert einer Sache durch Sachverständige feststellen zu lassen, im bürgerlichen Recht besonders begründet sein muß, während ein Antrag nach § 485 **1**

[25]) BayObLGZ 1953, 135.
[26]) KG OLGR 43, 207 Anm.; Schlegelberger Anm. 7.
[27]) BayObLGZ 1953, 141.
[28]) BayObLGZ 7, 531; 13, 375 = OLGR 25, 413.
[29]) A.M. Schnorr, Öffentl. Vereinsrecht 1965 § 10 Anm. 19, der meint, daß das AG nach § 901 ZPO Haft anordnen könne.

ZPO nur an verfahrensrechtliche Voraussetzungen geknüpft ist. Es muß mithin durch eine bestimmte Vorschrift des bürgerlichen Rechts jemandem die Befugnis, die genannte Feststellung durch Sachverständige treffen zu lassen, besonders eingeräumt sein[1]). Die Vorschrift findet deshalb keine Anwendung, wenn bei der Auseinandersetzung eines gesamthänderischen Vermögens nur allgemein bestimmt ist, daß der Wert des Vermögens im Wege der Schätzung zu ermitteln ist (§ 738 Abs. 2 BGB) oder jemandem das Recht eingeräumt ist, Gegenstände gegen Ersatz des Wertes zu übernehmen (§§ 1477 Abs. 2, 1502 Abs. 2 BGB)[2]). Es kommen ferner nur bundesrechtliche Angelegenheiten des bürgerlichen Rechts in Betracht[3]).

2 *b) Anwendbar* ist § 164 hiernach in den Fällen der §§ 1034, 1067 Satz 2, 1075 Abs. 2 BGB (Feststellung des Zustandes oder Wertes von Sachen beim Nießbrauch), §§ 1528 Abs. 2, 1150 Abs. 2 BGB a. F. mit Art. 8 I Nr. 7 GleichberG (Feststellung des Zustandes der zum eingebrachten Gut gehörenden Sachen bei Errungenschafts- und Fahrnisgemeinschaft), § 2122 BGB (Feststellung des Zustandes der zur Vorerbschaft gehörenden Sachen), § 438 Abs. 3 HGB, §§ 610, 611 Abs. 2 HGB i. d. F. v. 10. 8. 1937 (RGBl. I, 891), § 61 BinnenSchG (Feststellung des Zustandes eines Frachtguts). Dagegen ist § 164 nicht anwendbar im Fall des § 884 Nr. 4 HGB (Seeversicherung), da dieses Verfahren in § 145 Abs. 1 FGG geregelt ist[4]). Bei der *Zugewinngemeinschaft* kann jeder Ehegatte nach § 1377 Abs. 2 Satz 3 BGB den Wert der zum Anfangsvermögen gehörenden Gegenstände und der Verbindlichkeiten durch Sachverständige feststellen lassen. Obwohl § 164 nur von Sachen, also nach § 90 BGB körperlichen Gegenständen, spricht, wird anzunehmen sein, daß der Anwendungsbereich der Vorschrift insoweit durch § 1377 BGB erweitert worden ist[5]).

3 *c)* Durch *Vereinbarung* der Beteiligten kann die Ernennung von Sachverständigen über die gesetzlich begründete Zuständigkeit hinaus dem Gericht nicht übertragen werden[6]). Wegen weiterreichender landesrechtlicher Zuständigkeiten vgl. Rdn. 18.

2. *Zuständigkeit*

4 *a) Sachlich* zuständig ist das Amtsgericht. Das Verfahren ist auf den *Rechtspfleger* übertragen (§ 3 Abs. 1 Nr. 1 Buchst. b RechtspflG); für die Beeidigung besteht jedoch der Richtervorbehalt des § 4 Abs. 2 Nr. 1, 3 RechtspflG.

5 *b) Örtlich* zuständig ist das AG, in dessen Bezirk sich die Sache befindet. Abweichend von dem sonst geltenden Grundsatz (Vorbem. 2 vor § 3) ist es jedoch den Beteiligten gestattet (Abs. 1 Satz 2), durch eine ausdrückliche, also nicht stillschweigende, sonst aber an keine Form gebundene Vereinbarung die Zuständigkeit eines anderen AG zu vereinbaren. Die Vereinbarung muß sich auf eine bestimmte Untersuchung beziehen. Zur Vereinbarung eines Gerichtsstandes werden die Beteiligten vor allem Anlaß haben, wenn der Antrag sich auf mehrere Sachen bezieht, die sich in den Bezirken verschiedener Gerichte befinden, da sonst jedes dieser Gerichte nur für die in seinem Bezirk belegene Sache zuständig wäre. Erstreckt sich die Sache (Grundstück) über den Bezirk mehrerer Gerichte, so entscheidet nach § 4 FGG der Vorgriff, notfalls ist Entscheidung nach § 5 FGG geboten, wenn eine Gerichtsstandsvereinbarung nicht zustande kommt. Maßgebend ist die Lage der Sache zur Zeit des Eingangs des Antrags; eine spätere Ortsveränderung berührt die einmal begründete Zuständigkeit nicht (Keidel Anm. 4).

6 3. Das *Verfahren* wird nur auf Antrag eingeleitet (vgl. Abs. 2). Der Gegner ist, soweit tunlich, zu hören (Abs. 3), d. h. es ist ihm vor der Ernennung des Sachverständigen Gelegenheit zur Stellungnahme zu geben und er ist zu Terminen zur Vernehmung und Beeidigung des Sachverständigen zu laden. Zur Frage, inwieweit die Einschränkung „soweit tunlich" mit dem Grundsatz des rechtlichen Gehörs (Art. 103 Abs. 1 GG) vereinbar ist, vgl. die Bem. bei § 146 Rdn. 4.

1) KG KGJ 43, 101 = RJA 12, 55; BayObLG JFG 1, 31 = OLGR 43, 207.
2) KG und BayObLG aaO.
3) Vgl. näher Schlegelberger Anm. 1.
4) Vgl. § 145 Rdn. 16; a.M. Keidel Anm. 2.
5) Krüger-Breetzke, GleichberG, § 1377 Anm. 4; Staudinger-Felgentraeger, BGB[10/11] § 1377 Anm. 12.
6) RGZ 94, 172 = RJA 16, 1.

Das Verfahren bei der Ernennung, Vernehmung und Beeidigung des Sachverständigen richtet sich nach Maßgabe des § 15 FGG nach den §§ 404 bis 413 ZPO, die Abnahme des Sachverständigeneides nach §§ 478 ff. ZPO (vgl. § 15 Rdn. 73). Auch in diesem Verfahren kann schriftliche Begutachtung nach § 411 ZPO angeordnet und von der Beeidigung nach § 15 Abs. 1 Satz 2 FGG abgesehen werden. **7**

4. Rechtsmittel. Gegen die Ablehnung steht dem Antragsteller die einfache Beschwerde zu (§§ 19, 20 Abs. 2 FGG), gegen die Verfügung des Rechtspflegers die unbefristete Erinnerung nach § 11 Abs. 1 RechtspflG. Die dem Antrag stattgebende Verfügung ist auch dann unanfechtbar, wenn sie von unzutreffenden Voraussetzungen ausgeht[7]); sie kann aber nach § 18 Abs. 1 Halbs. 2 geändert werden. Gegen die stattgebende Verfügung findet trotz des Abs. 2 die befristete Erinnerung nach § 11 Abs. 1 Satz 2 RechtspflG statt; erst die Entscheidung des Richters ist unanfechtbar. Ferner bleibt das Recht unberührt, gemäß § 15 FGG mit § 406 ZPO den Sachverständigen abzulehnen und im Beweisverfahren die nach §§ 406 Abs. 5, 409, 411 ZOP zulässigen Rechtsmittel einzulegen (Keidel Anm. 10). **8**

5. Versicherungsschätzungssachen, §§ 64, 184 VVG. Eine weitere Zuständigkeit des Gerichts zur Ernennung von Sachverständigen ist in §§ 64, 184 VVG vorgesehen. In §§ 64 Abs. 1, 184 Abs. 1 VVG ist bestimmt, daß, wenn nach dem Vertrage einzelne Voraussetzungen des Anspruchs aus der Versicherung oder bei der Schadensversicherung die Höhe des Schadens, bei der Unfallversicherung das Maß der Einbuße an Erwerbsfähigkeit durch Sachverständige festgestellt werden sollen, die getroffene Feststellung nicht verbindlich ist, wenn sie offenbar von der wirklichen Sachlage erheblich abweicht. Hierbei handelt es sich mithin nicht wie bei Ernennungen nach § 164, darum, daß zum Zwecke der Beweissicherung eine Beweisunterlage geschaffen werden soll, die jedoch für die Beteiligten nicht bindend ist und durch andere Beweismittel erschüttert werden kann, sondern der Sachverständige hat die Stellung eines *Schiedsgutachters*, dessen Schadensfeststellung für die Beteiligten und damit daß Prozeßgericht ähnlich der Bestimmung der Leistung durch einen Dritten nach §§ 317 bis 319 BGB grundsätzlich bindend ist[8]). **9**

Über das *Verfahren* bestimmt *§ 64 Abs. 2 VVG:*

Sind nach dem Vertrage die Sachverständigen durch das Gericht zu ernennen, so ist für die Ernennung das Amtsgericht zuständig, in dessen Bezirk der Schaden entstanden ist. Durch eine ausdrückliche Vereinbarung der Beteiligten kann die Zuständigkeit eines anderen Amtsgerichts begründet werden. Eine Anfechtung der Verfügung, durch welche dem Antrag auf Ernennung der Sachverständigen stattgegeben wird, ist ausgeschlossen.

Hiernach ist das Verfahren hinsichtlich der sachlichen und örtlichen Zuständigkeit und der Rechtsmittel zwar dem § 164 nachgebildet, es ergeben sich aber, insbes. aus der unterschiedlichen Stellung dieses Sachverständigen (Schiedsgutachters) einige Abweichungen: **10**

a) Die Ernennung des Sachverständigen muß eine Grundlage in dem Versicherungsvertrage haben. **11**

b) Die Vernehmung oder Beeidigung des Sachverständigen kommt nicht in Betracht; die Tätigkeit des Gerichts erschöpft sich in seiner Ernennung. **12**

c) Der Sachverständige wird nicht nach § 413 ZPO aus der Staatskasse entschädigt. **13**

d) Eine Übertragung auf den *Rechtspfleger* liegt nicht vor. Die Vorschrift des § 3 Abs. 1 Nr. 1 Buchst. b RechtspflG kann wegen der andersartigen Bedeutung dieser Ernennung, die eine Parallele eher in § 1045 ZPO als in § 164 FGG findet, nicht sinngemäß angewendet werden[9]). **14**

6. Gebühren § 120 Nr. 1 KostO. **15**

[7]) KG KGJ 43, 9; vgl. auch KG JW 1929, 941.

[8]) KG KGJ 43, 8; KG OLGR 40, 348; Soergel-Reimer-Schmidt, BGB[9] § 317 Anm. 2; Staudinger-Kaduk BGB[10/11] § 317 Anm. 18, § 319 Anm. 3; Prölls, VVG[15] § 64 Anm. 2, 13.

[9]) A.M. Arndt, RechtspflG, S. 156; Arnold, RechtspflG § 3 Anm. 3; Keidel Anm. 7.

16 *7.* In der DDR und im Ostsektor Berlins sind für die Aufgaben nach § 164 FGG die Staatlichen Notariate zuständig (§ 2 Nr. 15 NotVerfO, § 2 Nr. 15 StNotVO).

17 *8. Landesrecht.* Außerhalb eines anhängigen Verfahrens begründet Art. 34 Abs. 2 PrFGG die Zuständigkeit des Amtsgerichts für die Beeidigung von Sachverständigen auf Antrag aller Beteiligten (dazu Art. 34 PrFGG, Anl. C I 1). Nach Art. 41 HessFGG (Anl. c II) und Art. 27 NdsFGG (Anl. C III) kann das Amtsgericht, wenn ein berechtigtes Interesse vorliegt, die Aussagen von Zeugen und die Gutachten von Sachverständigen beurkunden und auf Antrag aller Beteiligten den Sachverständigen, in Hessen auch die Zeugen beeidigen[10]). Zwang darf gegen Zeugen und Sachverständige in diesen Verfahren nicht ausgeübt werden. Hierfür besteht auch keine Übertragung auf den Rechtspfleger.

Bestellung eines Verwahrers

165 In den Fällen der §§ 432, 1217, 1281, 2039 des Bürgerlichen Gesetzbuchs ist für die Bestellung des Verwahrers das Amtsgericht zuständig, in dessen Bezirke sich die Sache befindet.

Über eine von dem Verwahrer beanspruchte Vergütung entscheidet das Amtsgericht.

Vor der Bestellung des Verwahrers und vor der Entscheidung über die Vergütung sind die Beteiligten soweit tunlich zu hören.

1 *1. Bedeutung.* Die Vorschrift begründet die Zuständigkeit und regelt das Verfahren in den Fällen, in denen nach dem BGB die Ablieferung einer Sache an einen gerichtlich bestellten Verwahrer verlangt werden kann; es sind dies: § 432 Abs. 1 BGB (Verwahrung einer geschuldeten Sache bei Unteilbarkeit der Leistung und Mehrheit von Gläubigern, die nicht Gesamtgläubiger sind), § 1217 (Verwahrung des Pfandes wegen Verletzung der Rechte des Verpfänders), § 1281 (Verwahrung einer geschuldeten Sache bei Verpfändung des Herausgabeanspruchs), 2039 (Verwahrung einer zum Nachlaß geschuldeten Sache bei Erbengemeinschaft). Vorausgesetzt ist in allen Fällen, daß die Sache sich nicht zur Hinterlegung eignet (§ 472 BGB, § 5 HinterlO). Für die Bestellung eines Verwalters zur Ausübung des Nießbrauchs nach § 1052 BGB ist dagegen das Vollstreckungsgericht zuständig[1]).

2 *2. Zuständigkeit. Sachlich* zuständig ist das Amtsgericht, und zwar der Rechtspfleger, auch für die Festsetzung der Vergütung nach Abs. 2 (§ 3 Abs. 1 Nr. 1 Buchst. b RechtspflG). *Örtlich* zuständig ist das Amtsgericht, in dessen Bezirk die Sache sich zur Zeit des Eingangs des Antrags befindet; ein etwa in Aussicht genommener anderer Verwahrungsort ist nicht maßgebend[2]). Eine Gerichtsstandsvereinbarung ist anders als nach § 164 nicht statthaft.

3. Aufgaben

3 *a) Bestellung des Verwahrers.* Das Gericht hat nur zu prüfen, ob ein gesetzlicher Verwahrungsfall vorliegt, nicht aber, ob der Ablieferungsanspruch begründet ist[3]). Die Ablieferung an den Verwahrer kann nicht nach 33, sondern nur durch Klage erzwungen werden.

4 *b) Festsetzung der Vergütung,* die der Verwahrer beansprucht. Sie kommt nicht in Betracht, wenn zwischen den Beteiligten ein Verwahrungsvertrag (§ 688 BGB) zustandegekommen ist; in diesem Fall entscheidet das Prozeßgericht, ebenso über den Anspruch auf Ersatz von Aufwendungen nach § 693 BGB[4]). Andernfalls wird die Vergütung der Höhe nach von dem Gericht nach pflichtmäßigem Ermessen festgesetzt, wobei auf eine Taxe oder die Üblichkeit Rücksicht zu nehmen ist. Die Festsetzung ist nicht vollstreckbar; sie bindet das Prozeßgericht dem Grunde und der Höhe nach, nicht hinsichtlich der Person des Schuldners.

[10]) Dazu Hornig, NdsRpfl. 1958, 101.

[1]) Soergel-Mühl[9] § 1052 Anm. 1; Staudinger-Spreng BGB[11] § 1052 Anm. 1 c.

[2]) Keidel Anm. 4.

[3]) KG KGJ 49, 1 = RJA 15, 220 = OLGR 35, 362.

[4]) Josef, ZZP 52, 248.

Nach Art. 6 Abs. 1 Nr. 3 NdsFGG findet jedoch aus dem Beschluß die Zwangsvollstreckung nach der ZPO statt. In diesem Fall ist auch der Zahlungspflichtige in dem Beschluß zu bezeichnen.

4. Anhörung. Sie ist nicht nur (Abs. 3) soweit tunlich, sondern im Hinblick auf Art. 103 Abs. 1 GG stets geboten, wenn sie nicht undurchführbar ist. **5**

5. Rechtsmittel. Die Anfechtbarkeit ist nicht, wie in § 164 Abs. 2, beschränkt; es gelten die allgemeinen Grundsätze. **6**

6. Gebühren. § 120 Nr. 2 KostO. **7**

7. In der DDR und im Ostsektor Berlins sind die Staatlichen Notariate zuständig (§ 2 Nr. 14 NotVerfO, § 2 Nr. 14 StNotVO). **8**

Pfandverkauf

166 Im Falle des § 1246 Abs. 2 des Bürgerlichen Gesetzbuchs ist für die Entscheidung des Gerichts das Amtsgericht des Ortes zuständig, an welchem das Pfand aufbewahrt wird.

Vor der Entscheidung sind die Beteiligten soweit tunlich zu hören.

1. Bedeutung. Die Vorschrift regelt die Zuständigkeit für die in § 1246 Abs. 2 BGB vorgesehene Anordnung einer Abweichung von den gesetzlichen Vorschriften über den Pfandverkauf. Die Vorschrift ist gemäß § 1257 BGB auch auf das gesetzliche Pfandrecht und ferner in allen Fällen anwendbar, in denen das bürgerliche Recht auf die Vorschriften über den Pfandverkauf verweist (§§ 753, 755, 756, 2042 BGB, §§ 371, 398 HGB). Bei einer Verwertung durch den Konkursverwalter gilt die Regelung ebenfalls[1]). Auf das Pfandrecht an Rechten ist die Vorschrift nicht anwendbar. **1**

2. Zuständigkeit. Sachlich zuständig ist das Amtsgericht. Der Rechtsweg wird dadurch ausgeschlossen, obwohl § 1246 Abs. 1 BGB einen bürgerlichrechtlichen Anspruch gewährt; es handelt sich um ein Streitverfahren. Das Verfahren ist durch § 3 Abs. 1 Nr. 1 Buchst. b RechtpflG auf den *Rechtspfleger* übertragen[2]). *Örtlich* zuständig ist das AG des Ortes, an dem das Pfand zur Zeit des Eingangs des Antrags aufbewahrt wird. Eine Gerichtsstandsvereinbarung ist nicht statthaft. **2**

3. Antragsberechtigt und beteiligt sind die in § 1245 Abs. 1 BGB Genannten, auch der nach § 1245 Abs. 1 Satz 2 Zustimmungsberechtigte, nicht auch der Verpfänder, wenn er nicht der Eigentümer ist (vgl. aber § 1248 BGB), oder der persönliche Schuldner. Mit dem Antrag sind Vorschläge zu verbinden, wie der Pfandverkauf vorgenommen werden soll; es ist nicht Sache des Gerichts, bei Unzweckmäßigkeit der gesetzlichen Art des Pfandverkaufs den Beteiligten abweichende Vorschläge zu machen; an Vorschläge der Beteiligten ist es allerdings nicht gebunden. Über die Zweckmäßigkeit einer anderen Art des Pfandverkaufs kann das Gericht Ermittlungen anstellen (§ 12) und z. B. Sachverständige hören. Über *Anhörung* der Beteiligten (Abs. 2) gilt das bei § 165 Rdn. 5 Gesagte. **3**

4. Die *Entscheidung* ergeht nur über die Art des Pfandverkaufs, nicht über das unter den Beteiligten etwa streitige Recht zum Pfandverkauf[3]). Dagegen hat das Gericht darüber zu entscheiden, ob eine wirksame Einigung der Beteiligten über eine abweichende Art des Pfandverkaufs vorliegt, da deren Fehlen nach § 1246 Abs. 2 BGB Voraussetzung für die Zulässig- **4**

[1]) KG KGJ 24 A 3 = OLGR 6, 370 = ZBlFG 3, 182; Jaeger-Weber KO[8] § 127 Anm. 18.

[2]) Die Bedenken von Arndt, RechtspflG S. 156 sind nicht ganz unbegründet und würden nur dann nicht durchgreifen, wenn man es genügen läßt, daß der Richter angerufen werden kann, so Keidel Anm. 4; Lent-Habscheid[4] § 44 IV 2; vgl. aber BVerfGE 22, 49, 78 ff.

[3]) KG aaO. Anm. 1; Staudinger-Spreng BGB[11] § 1246 Anm. 2; BGB-RGRK[10] § 1246 Anm. 2; Lent-Habscheid[4] § 44 IV 3; Keidel Anm. 5; a.M. Schlegelberger Anm. 1.

keit des Antrags ist[4]). Die Beschränkung des § 1245 Abs. 2 BGB ist auch vom Gericht zu beachten. Nach der Pfandveräußerung kann eine gerichtliche Entscheidung zur nachträglichen Rechtfertigung einer abweichenden Art des Pfandverkaufs nicht mehr nachgesucht werden[5])

5 *5. Wirksamwerden.* Die Entscheidung wird gemäß § 16 Abs. 1 mit der Bekanntmachung an die Beteiligten wirksam. Das Gericht kann sie nach Maßgabe des § 18 ändern. Nach § 32 wird die Rechtmäßigkeit des nach Maßgabe der Entscheidung durchgeführten Pfandverkaufs durch die Aufhebung der Entscheidung nicht berührt.

6 *6. Rechtsmittel.* Gegen die Ablehnung steht dem Antragsteller (§ 20 Abs. 2), gegen stattgebende Verfügung jedem Beteiligten die unbefristete Beschwerde zu (§§ 19, 20 Abs. 1), bei Entscheidung durch den Rechtspfleger die unbefristete Erinnerung (§ 11 Abs. 1 Satz 1 RechtspflG). Durch Aussetzung der Vollziehung (§§ 24 Abs. 2, 3) kann der Pfandverkauf einstweilen verhindert werden. Durch Pfandverkauf während der Wirksamkeit der Entscheidung wird die Beschwerde gegenstandslos und unzulässig.

7 *7. Kosten.* Gebühren des Gerichts § 120 Nr. 3 KostO, des Rechtsanwalts § 118 BRAGebO Für die Erstattung von Kosten der Beteiligten gilt § 13a. Für die Kosten haftet das Pfand nach § 1210 Abs. 2 BGB.

[4]) Ebenso Schlegelberger Anm. 1; vgl. zu dem vergleichbaren § 1 HausratsVO Hoffmann-Stephan, HausratsVO[2] § 1 Anm. 2 B; a.M. Staudinger-Spreng aaO.

[5]) BGB-RGRK aaO.

FGG

Gesetz über die Angelegenheiten der freiwilligen Gerichtsbarkeit mit Nebengesetzen und bundes- und landesrechtlichen Ergänzungs- und Ausführungsvorschriften

Kommentar bearbeitet von *Paul Jansen*, Senatspräsident am Kammergericht a. D.

2., neubearbeitete und erweiterte Auflage. 3 Bände.

Bereits erschienen:

Band I. Groß-Oktav. XVI, 685 Seiten. 1969. Gebunden DM 128,—
(Abnahmeverpflichtung für das Gesamtwerk)

Band I enthält eine Erläuterung der Allgemeinen Vorschriften (§§ 1 bis 34), der §§ 23 bis 30 EGGVG über die Anfechtung von Justizverwaltungsakten auf dem Gebiete des Zivilrechts und des Art. 7 FamRÄndG über die Anerkennung ausländischer Entscheidungen in Ehesachen.

Gesetzgebung, Rechtsprechung und Schrifttum sind nach dem Stande von Mitte Februar 1969 berücksichtigt.

In Vorbereitung:

Band III erscheint Ende 1970

Vergleichsordnung

Kommentar von Prof. Dr. *Erich Bley* †. 3. Auflage. Neu bearbeitet von Dr. *Jürgen Mohrbutter*, Oberamtsrichter i. R., Osnabrück. Lexikon-Oktav. 2 Bände.

Band I: §§ 1—81. XVI, 772 Seiten. 1970. Gebunden DM 144,— (Lieferungen 1—3)

Band II: 1970. In Vorbereitung (Lieferungen 4 und 5).

Aktiengesetz

Großkommentar

früher bearbeitet von W. *Gadow* †, Dr. *E. Heinichen* †, Dr. *Eberhard Schmidt*, Dr. *W. Schmidt* †, Dr. *O. Weipert* †, Dr. *R. Fischer*, Präsident des Bundesgerichtshofes

3., neubearbeitete Auflage von Dr. *Carl Hans Barz*, Dipl.-Kfm. Dr. Dr. *Herbert Brönner*, Prof. Dr. *Ulrich Klug*, Prof. Dr. *Konrad Mellerowicz*, Dr. *Joachim Meyer-Landrut*, Prof Dr. *Wolfgang Schilling*, Prof. Dr. *Herbert Wiedemann*, Prof. Dr. *Hans Würdinger*

4 Bände mit je etwa 800 Seiten. Balacron. Lexikon-Oktav

Band I: Lfg. 1: §§ 1—53, bearbeitet von *Carl Hans Barz*, *Joachim Meyer-Landrut* und *Hans Würdinger*.
IV, 377 Seiten. 1970. DM 66,—

Band II: §§ 148—160, bearbeitet von *Konrad Mellerowicz*
§§ 161—178, bearbeitet von *Herbert Brönner*
VIII, 730 Seiten. 1970. DM 136,—

Erscheint auch als Sonderband:
Mellerowicz — Brönner, Rechnungslegung und Gewinnverwendung der Aktiengesellschaft
zum Preis von DM 144,—

WALTER DE GRUYTER & CO · BERLIN

J. Schweitzer Verlag · Berlin

SCHMITZ-HERSCHEIDT

Die Unternehmernachfolge in der OHG von Todes wegen

von Dr. jur. Friedhelm Schmitz-Herscheidt, Rechtsanwalt, Diplomkaufmann in Münster. Oktav. XXVIII, 207 Seiten. 1969. Broschiert DM 28,—

Auf einer richtungweisenden Rechtsprechung aufbauend gehen Wissenschaft und Praxis immer mehr dazu über, dem Fortbestand der Unternehmung bei der Vertragsgestaltung besondere Aufmerksamkeit zu widmen; dabei gilt es, störende Einflüsse insbesondere aus dem persönlichen Gesellschafterbereich auszuschalten. Für den Gesellschafterwechsel (vornehmlich auf den Todesfall) heißt das, Vorsorge für eine funktionsfähige, kontinuierliche Leitung der Gesellschaft zu treffen und zu gewährleisten, daß die Produktions- und Ertragskraft des Unternehmens nicht durch hohe Abfindungsleistungen geschwächt wird. Die enge Verknüpfung von Gesellschaftsrecht und Betriebswirtschaftslehre tritt hier zutage.

Den Fragen der Unternehmernachfolge widmet sich dieses Buch in besonderer Weise. Es zeigt die Möglichkeiten der Vertragsgestaltung und erörtert unter weitgehender Berücksichtigung der herrschenden Meinung die Vor- und Nachteile verschiedener Alternativlösungen. Da ein typisches Unternehmer-Erbrecht fehlt, geht es zugleich darum, die Grenzen zu erkennen, die unser geltendes Recht setzt. Dabei kommt dem Buch zugute, daß sein Verfasser sowohl Jurist als auch Betriebswirt ist. Das Buch ist für die Wissenschaft und Praxis des Gesellschaftsrechts in gleicher Weise von Bedeutung.

MÜLLER

Zwangsvollstreckung gegen Ehegatten

Von Dr. jur. Hansjörg Müller. Oktav. XVI, 115 Seiten. 1970. DM 18,—

Die grundlegende Umgestaltung im materiellen Eherecht mußte zwangsläufig zu entsprechenden Änderungen bei der Zwangsvollstreckung gegen Ehegatten führen. Diese Änderungen sind Gegenstand der vorliegenden Untersuchung. Sie geht der Frage nach, inwieweit sich für den Gläubiger bei der Zwangsvollstreckung gegen einen verheirateten Schuldner Besonderheiten ergeben. Dabei beschränkt sie sich im wesentlichen darauf, diejenigen vollstreckungsrechtlichen Regelungen zu erörtern, die grundsätzlich unabhängig von dem Güterstand gelten, in dem die Ehegatten leben. Das sind bei der Einzelzwangsvollstreckung vor allem die Zwangsvollstreckung in bewegliche Sachen wegen Geldforderungen, die Zwangsvollstreckung zur Erwirkung der Herausgabe von beweglichen Sachen und die Räumungszwangsvollstreckung in die eheliche Mietwohnung. Im konkursrechtlichen Teil wird vorwiegend die aussonderungsrechtliche Regelung untersucht.

Es wird versucht sowohl da, wo gesetzliche Sonderregelungen zur Verfügung stehen, als auch da, wo von den allgemeinen Vorschriften auszugehen ist, unter eingehender Berücksichtigung von Literatur und Rechtsprechung sachgerechte und praktikable Lösungen aufzuzeigen. Dabei orientiert sich die Frage nach der Sachgerechtheit an dem für die einzelnen vollstreckungsrechtlichen Regelungen in gleicher Weise geltenden Kriterium, inwieweit die Interessen der Gläubiger hinreichend geschützt sind, ohne daß andererseits schutzwürdige Interessen der Ehegatten von Schuldnern beeinträchtigt werden. Gerade unter diesem Gesichtspunkt ist die eingehende kritische Auseinandersetzung mit der Entscheidung des Bundesverfassungsgerichts, in der § 45 KO für nichtig erklärt worden ist, von besonderem Interesse.

FSC
www.fsc.org
MIX
Papier | Fördert gute Waldnutzung
FSC® C083411

Kolibri 360 GmbH
Ferdinand-Jühlke-Straße 7
99095 Erfurt, Deutschland
produktsicherheit@kolibri360.de